Peter Mrozynski
SGB I

SGB I

Allgemeiner Teil

Kommentar

Von

Prof. Dr. Peter Mrozynski
München

6., vollständig neubearbeitete Auflage 2019

C.H.BECK

Zitiervorschlag:
Mrozynski SGB I § 1 Rn. 1

www.beck.de

ISBN 978 3 406 74144 9

Wilhelmstraße 9, 80801 München
Druck: Beltz Grafische Betriebe GmbH
Am Fliegerhorst 8, 99947 Bad Langensalza

Satz: Meta Systems Publishing & Printservices GmbH, Wustermark
Umschlaggestaltung: Druckerei C.H. Beck Nördlingen

Gedruckt auf säurefreiem, alterungsbeständigem Papier
(hergestellt aus chlorfrei gebleichtem Zellstoff)

Für Hannah

Vorwort zur 6. Auflage

Mit dem Vorhaben der Schaffung eines Sozialgesetzbuches war zunächst die Absicht verbunden, das Sozialrecht durch Verringerung der Anzahl von Vorschriften sowie durch einheitliche Begriffsbildung und Gesetzessystematik für den Bürger überschaubarer zu machen. Dabei war zunächst nur eine begrenzte Sachreform angestrebt.

In den folgenden Jahren ist die Rechtsentwicklung dazu aber genau gegenläufig gewesen. Der Gedanke einer Kodifikation des Sozialrechts ist in den Hintergrund getreten. Große Teile des Sozialrechts wurden reformiert.

Dadurch, dass der Allgemeine Teil des Sozialgesetzbuches (SGB I) gemeinsam mit dem Sozialverwaltungsverfahren (SGB X) gleichsam vor die Klammer der Besonderen Teile des Gesetzbuches gezogen worden ist, hat sich dennoch bis zu einem gewissen Grade eine Vereinheitlichung des Gesetzesrechts ergeben. Sie blieb aber hinter der ursprünglichen Absicht zurück. Selbst wo es möglich gewesen wäre, hat der Gesetzgeber in den letzten Jahren auf Vorschriften allgemeinen Charakters verzichtet. Damit ist das Sozialrecht eher wieder unübersichtlicher geworden. Der Vorbehalt des § 37 SGB I ist mehr und mehr ignoriert worden.

Mit dem Neunten Buch des Sozialgesetzbuches, über Rehabilitation und Teilhabe behinderter Menschen, sind zu den vorhandenen Regelungskomplexen weitere Regelungen allgemeinen Charakters hinzugetreten. Die §§ 1–89 SGB IX modifizieren die Vorschriften des SGB I und des SGB X. Im Übrigen lassen sie das Leistungsrecht der Besonderen Teile aber weitgehend unberührt. Insoweit stellt der Vorbehalt des § 7 SGB IX sogar eine gegenläufige Regelung zu § 37 SGB I dar. Des Weiteren wird im Neunten Buch mit dem Schwerbehindertenrecht ein Besonderer mit einem Allgemeinen Teil des Sozialgesetzbuches verbunden. Das ist bei der Übernahme der Eingliederungshilfe aus dem SGB XII in das SGB IX fortgesetzt worden.

Die Arbeitsmarktreform des Jahres 2005 hat mit Schaffung der Grundsicherung für Arbeitsuchende zu weitgehenden Veränderungen im Fürsorgesystem geführt. Ihre Auswirkungen zeigen sich, nicht zuletzt auch als Folge der geänderten gerichtlichen Zuständigkeit, in vielen Einzelregelungen des Allgemeinen Teils.

Vor neuen Herausforderungen steht das Sozialrecht, zumal in seinem Allgemeinen Teil, angesichts der Entwicklung des Europäischen Gemeinschaftsrechts.

Weiterhin stößt das Bemühen um einheitliche, widerspruchsfreie und dauerhafte Regelungen im Sozialrecht auf fast unüberwindliche Schwierigkeiten. Infolgedessen kann auch die Erarbeitung allgemeiner Grundsätze des Sozialrechts immer nur ein Anliegen von begrenzter Reichweite sein. Dabei gilt es, im Getriebe der Gesetzgebung allgemeine Grundsätze des Sozialrechts sichtbar bleiben zu lassen und den Sinn bzw. den Anlass für abweichende Regelungen zu verdeutlichen. Mit dieser Intention, die übergreifenden Grundsätze und die Zusammenhänge der einzelnen Sozialrechtsbereiche im Sinne eines Allgemeinen Teils zu herauszuarbeiten, wurden auch die §§ 3–10 und 18–29 SGB I kommentiert.

Die Vorschriften des SGB IX sind nach der Fassung des Gesetzes, abgedruckt in BGBl 2016 S. 3234, zitiert. Nur wenn eine alte Fassung zitiert wird, erfolgt das durch den Hinweis „aF". Eine Übersicht über das Inkrafttreten der einzelnen

Vorwort zur 6. Auflage

Teile des Gesetzes und zu den Übergangsvorschriften findet sich in der Kommentierung des § 29 Rn. 1a.

Die Erläuterungen gehen systematisch von der Norm aus, stellen diese in einen sachlichen Zusammenhang und klären die wichtigsten Begriffe in Orientierung an der Rechtsprechung ausgerichtet an den Bedürfnissen der Praxis. Die bis Juni 2019 erschienene Literatur und Rechtsprechung habe ich eingearbeitet.

Gauting, im Juli 2019 *Peter Mrozynski*

Inhaltsverzeichnis

Inhaltsverzeichnis

Abkürzungsverzeichnis

aA	anderer Ansicht
AAG	Aufwendungsausgleichsgesetz
aaO	am angegebenen Ort
Abl EG	Amtsblatt der Europäischen Gemeinschaften
Abs.	Absatz
AcP	Archiv für civilistische Praxis
AEUV	Vertrag über die Arbeitsweise der Europäischen Gemeinschaft
aF	alte Fassung
AFG	Arbeitsförderungsgesetz
AGG	Allgemeines Gleichbehandlungsgesetz
Alg I VO	Verordnung zur Berechnung von Einkommen sowie zur Nichtberücksichtigung von Einkommen und Vermögen beim Arbeitslosengeld II
ALG	Gesetz über die Alterssicherung der Landwirte
AlhiVO	Arbeitslosenhilfeverordnung
AltTZG	Altersteilzeitgesetz
AltZertG	Altersvorsorgeverträge-Zertifizierungsgestz
ANBA	Amtliche Nachrichten der Bundesanstalt für Arbeit
Anm.	Anmerkung
AO	Abgabenordnung
AöR	Archiv des öffentlichen Rechts
ApoG	Apothekengsetz
ARB	Armuts- und Reichtumsbericht
ArchsozArb	Archiv für Wissenschaft und Praxis der sozialen Arbeit
AsylbLG	Asylbewerberleistungsgesetz
AVG	Angestelltenversicherungsgesetz
AvmG	Altersvermögensgesetz
BA	Bundesagentur für Arbeit
BAföG	Bundesausbildungsförderungsgesetz
BArbBl	Bundesarbeitsblatt
Bay.	Bayerischer
BB	Betriebsberater
BBG	Gesetz zur Gleichstellung behinderter Menschen
BBiG	Berufsbildungsgesetz
BDSG	Bundesdatenschutzgesetz
BEEG	Bundeselterngeld und Elternzeitgesetz
BErzGG	Bundeserziehungsgeldgesetz
BFH	Bundesfinanzhof
BG	Die Berufsgenossenschaft
BGB	Bürgerliches Gesetzbuch
BGBl	Bundesgesetzblatt
BGH	Bundesgerichtshof
BGHZ	Entscheidungen des Bundesgerichtshofes in Zivilsachen
BGSG	Bundesgrenzschutzgesetz
BKGG	Bundeskindergeldgesetz
BKK	Die Betriebskrankenkasse
BKVO	Berufskrankheitenverordnung
Bln.	Berlin
BlStSozArbR	Blätter für Steuerrecht, Sozialversicherung und Arbeitsrecht

Abkürzungsverzeichnis

BMA .... Bundesministerium für Arbeit und Sozialordnung
BochKomm .... W. Wertenbruch (Hrsg), Bochumer Kommentar zum Sozialgesetzbuch Allgemeiner Teil
Brandbg. .... Brandenburg
Breith. .... H. Breithaupt, Sammlung von Entscheidungen aus dem Sozialrecht
BRK .... Übereinkommen über die Rechte von Menschen mit Behinderungen (Behindertenrechtskonvention)
BSeuchG .... Bundesseuchengesetz
BSG .... Bundessozialgericht
BSHG .... Bundessozialhilfegesetz
BT-Drs. .... Bundestagsdrucksache
BTHG .... Bundesteilhabegesetz
BudgetV .... Budgetverordnung
BVerfG .... Bundesverfassungsgericht
BverwG .... Bundesverwaltungsgericht
BVG .... Bundesversorgungsgesetz
BW .... Baden-Württemberg
CuR .... Computer und Recht
DÄBl .... Deutsches Ärzteblatt
DAngV .... Die Angestelltenversicherung
DAVorm .... Der Amtsvormund
DDR .... Deutsche Demokratische Republik
DGVZ .... Deutsche Gerichtsvollzieher Zeitschrift
DIJuF .... Deutsches Institut für Jugendhilfe und Familienrecht
DIV .... Deutsches Institut für Vormundschaftswesen
DOK .... Die Ortskrankenkasse
DöV .... Die öffentliche Verwaltung
DRV .... Deutsche Rentenversicherung
DS-GVO .... Datenschutz-grundverordnung
DVBl .... Deutsches Verwaltungsblatt
EAO .... Erreichbarkeitsanordnung
EFA .... Europäisches Fürsorgeabkommen
EG .... Europäische Gemeinschaft
EinglVO .... Eingliederungshilfeverordnung
EntgFG .... Entgeltfortzahlungsgesetz
ERVV .... Verordnung über die technischen Rahmenbedingungen des elektronischen Rechtsverkehrs und über das besondere elektronische Behördenpostfach
EU .... Europäische Union
EuG .... Entscheidungen und Gutachten der Spruchstellen für Fürsorgestreitigkeiten
EuGH .... Europäischer Gerichtshof
EuGRCh .... Europäische Grundrechtscharta
EuZW .... Europäische Zeitschrift für Wirtschaftsrecht
EVS .... Einkommens- und Verbrauchsstichprobe
EWG .... Europäische Wirtschaftsgemeinschaft
FamRZ .... Zeitschrift für das gesamte Familienrecht
FEVS .... Fürsorgerechtliche Entscheidungen der Verwaltungs- und Sozialgerichte
Fn .... Fußnote
FuR .... Familie und Recht
GAL .... Gesetz über die Altershilfe für Landwirte

GBA	Gemeinsamer Bundesausschuss
GBL	Gesetzblatt (DDR)
GdB	Grad der Behinderung
GemS-OBG	Gemeinsamer Senat der obersten Bundesgerichte
GG	Grundgesetz
Giese/Krahmer	D. Giese/U. Krahmer Sozialgesetzbuch Allgemeiner Teil und Verfahrensrecht, Kommentar
GK SGB I	Gemeinschaftskommentar zum Sozialgesetzbuch Allgemeiner Teil
GK SGB IV	Gemeinschaftskommentar zum Sozialgesetzbuch – Gemeinsame Vorschriften für die Sozialversicherung
GKV	Gesetzliche Krankenversicherung
GrS	Großer Senat
GsiG	Grundsicherungsgesetz
GWB	Gesetz gegen Wettbewerbsbeschränkungen
Hamb.	Hamburg
Hauck/Noftz	K. Hauck/W. Noftz, Sozialgesetzbuch Allgemeiner Teil, Kommentar
Hess.	Hessisch
HHG	Häftlingshilfegesetz
HwO	Handwerksordnung
IAO	Internationale Arbeitsorganisation
idR	in der Regel
IFG	Informationsfreiheitsgesetz
IfSG	Infektionsschutzgesetz
iSd	im Sinne des
Jahn	K. Jahn, Sozialgesetzbuch für die Praxis, Kommentar
JAmt	Das Jugendamt
jM	juris – Die Monatszeitschrift
JVEG	Gesetz über die Vergütung von Sachverständigen, Dolmetscherinnen, Dolmetschern, Übersetzerinnen und Übersetzern sowie die Entschädigung von ehrenamtlichen Richterinnen, ehrenamtlichen Richtern, Zeuginnen, Zeugen und Dritten
JVKostO	Justizvollzugskostenordnung
JWG	Jugendwohlfahrtsgesetz
JZ	Juristenzeitung
KassKomm	Kasseler Kommentar zum Sozialversicherungsrecht
KGSt	Kommunale Gemeinschaftsstelle
KHEntgG	Krankenhausgentgeltgesetz
KHV	Kommunikationshilfeverordnung
KVLG	Gesetz über die Krankenversicherung der Landwirte
KZfSS	Kölner Zeitschrift für Soziologie und Sozialpsychologie
LAG	Gesetz über den Lastenausgleich
LG	Landgericht
LPartG	Lebenspartnerschaftsgesetz
LPK	Lehr- und Praxiskommentar
LSG	Landessozialgericht
MdE	Minderung der Erwerbsfähigkeit
MDK	Medizinischer Dienst der Krankenversicherung
MedSach	Der Medizinische Sachverständige
Meyer-Ladewig/ Keller/Leitherer	J. Meyer-Ladewig/W. Keller/St. Leitherer, Sozialgerichtsgesetz mit Erläuterungen

Abkürzungsverzeichnis

MüKo	Münchener Kommentar
Nds.-Brem.	Niedersachsen-Bremen
NDV	Nachrichtendienst des deutschen Vereins für öffentliche und private Fürsorge
nF	neue Fassung
NJW	Neue Juristische Wochenschrift
NRW	Nordrhein-Westfalen
NStZ	Neue Zeitschrift für Strafrecht
NVwZ	Neue Zeitschrift für Verwaltungsrecht
NZA	Neue Zeitschrift für Arbeitsrecht
NZFam	Neue Zeitschrift für Familienrecht
NZS	Neue Zeitschrift für Sozialrecht
ObLG	Oberstes Landesgericht
OEG	Opferentschädigungsgesetz
OLG	Oberlandesgericht
OVG	Oberverwaltungsgericht
Peters/Hommel	H. Peters/H. Hommel, Sozialgesetzbuch Allgemeiner Teil, Kommentar
PflR	Pflegerecht
PQSG	Pflegequalifizierungs-Sicherungsgesetz
PsychKG	Gesetz für Psychisch Kranke
RBEG	Regelbedarfs-Ermittlungsgesetz
RdLH	Rechtsdienst der Lebenshilfe
RehaAnglG	Rehabilitationsangleichungsgesetz
RentenSV	Renten Service VO
RG	Reichsgericht
RGZ	Entscheidungen des Rechtsgerichts in Zivilsachen
RhPf.	Rheinland-Pfalz
Rn.	Randnummer
Rpfleger	Der deutsche Rechtspfleger
RPflG	Rechtspflegergesetz
RSAV	Risikostrukturausgleichsverordnung
RsDE	Recht der sozialen Dienste und Einrichtungen
RSVO	Regelsatzverordnung
RV	Rentenversicherung
RVO	Reichsversicherungsordnung
Saarl.	Saarland
Sächs.	Sächsisch
Sachs.-Anh.	Sachsen-Anhalt
SchlH	Schleswig-Holstein
SchwbAVO	Schwerbehinderten -Ausgleichsabgabe-Verordnung
SchwbG	Schwerbehindertengesetz
SchwbWV	Schwerbehinderten-Werkstättenverordnung
SF	Sozialer Fortschritt
SGB I	Sozialgesetzbuch – Allgemeiner Teil
SGB II	Sozialgesetzbuch – Grundsicherung für Arbeitsuchende
SGB IV	Sozialgesetzbuch – Gemeinsame Vorschriften für die Sozialversicherung
SGB IX	Sozialgesetzbuch – Rehabilitation und Teilhabe behinderter Menschen
SGB V	Sozialgesetzbuch – Krankenversicherung
SGB VI	Sozialgesetzbuch – Rentenversicherung

SGB VIII	Sozialgesetzbuch – Kinder- und Jugendhilfe
SGB X	Sozialgesetzbuch – Verwaltungsverfahren
SGB XI	Sozialgesetzbuch – Pflegeversicherung
SGB XII	Sozialgesetzbuch – Sozialhilfe
SGB XIV-E	Sozialgesetzbuch-Entwurf Soziale Entschädigung
SGb	Die Sozialgerichtsbarkeit
SGG	Sozialgerichtsgesetz
SozR	Sozialrecht – Entscheidungssammlung, bearbeitet von den Richtern des Bundessozialgerichts
SozSich	Soziale Sicherheit
SozVers	Die Sozialversicherung
SozVersGes-Komm	Sozialgesetzbuch – Sozialversicherung – Gesamtkommentar
SRH	Sozialrechtshandbuch
StGB	Strafgesetzbuch
StPO	Strafprozessordnung
StVollzG	Strafvollzugsgesetz
SVG	Soldatenversorgungsgesetz
Thür.	Thüringen
TPG	Transplantationsgesetz
TzBfG	Teilzeit- und Befristungsgesetz
UN	Vereinte Nationen
UnterbG	Unterbringungsgesetz
USK	Urteilssammlung für die gesetzliche Krankenversicherung
UVG	Unterhaltsvorschussgesetz
VDG	Vertrauensdienstegesetz
VerbK	Verband Deutscher Rentenversicherungsträger (Hrsg), Kommentar zum Recht der gesetzlichen Rentenversicherung
VergModG	Vergaberechtsmodernisierungsgesetz
VersMedV	Versorgungsmedizinverordnung
VerwArch	Verwaltungsarchiv
VGH	Verwaltungsgerichtshof
VgV	Vergabeverordnung
VO	Verordnung
VRG	Vorruhestandsgesetz
VSSR	Vierteljahresschrift für Sozialrecht
VVDStRL	Veröffentlichungen der Vereinigung der deutschen Staatsrechtslehrer
VwfG	Verwaltungsverfahrensgesetz
VwGO	Verwaltungsgerichtsordnung
VwZG	Verwaltungszustellungsgesetz
Wannagat	G. Wannagat (Hrsg), Sozialgesetzbuch, Kommentar
WBVG	Wohn- und Betreuungsvertragsgesetz
wd	Wissenschaftliche Dienste Deutscher Bundestag
WfbM	Werkstatt für behinderte Menschen
WoGG	Wohngeldgesetz
ZAO	Zumutbarkeitsanordnung
ZDG	Zivildienstgesetz
ZEKO	Zentrale Ethikkommission bei der Bundesärztekammer
ZESAR	Zeitschrift für europäisches Sozial- und Arbeitsrecht
ZfF	Zeitschrift für das Fürsorgewesen
ZfJ	Zeitschrift für Jugendrecht
ZfS	Zentralblatt für Sozialversicherung,

Abkürzungsverzeichnis

ZfSH/SGB	Zeitschrift für Sozialhilfe und Sozialgesetzbuch
Ziff.	Ziffer
ZIP	Zeitschrift für Wirtschaftsrecht
ZPO	Zivilprozessordnung
ZSEG	Gesetz über die Entschädigung von Zeugen und Sachverständigen
ZSR	Zeitschrift für Sozialreform
Zweng/Scheerer/ Buschmann	J. Zweng/R. Scheerer/G. Buschmann, Handbuch der Rentenversicherung, Kommentar
ZZP	Zeitschrift für Zivilprozess

Sozialgesetzbuch (SGB)
– Allgemeiner Teil –

Artikel 1 des Gesetzes vom 11. Dezember 1975, BGBl I S. 3015,
BGBl III/FNA 860-1

zuletzt geändert* durch Artikel 5 Abs. 18 des Gesetzes vom 14. Juni 2019 (BGBl I S. 846)

Erster Abschnitt Aufgaben des Sozialgesetzbuchs und soziale Rechte

§ 1 Aufgaben des Sozialgesetzbuchs

(1) [1]**Das Recht des Sozialgesetzbuchs soll zur Verwirklichung sozialer Gerechtigkeit und sozialer Sicherheit Sozialleistungen einschließlich sozialer und erzieherischer Hilfen gestalten.** [2]**Es soll dazu beitragen,**
ein menschenwürdiges Dasein zu sichern,
gleiche Voraussetzungen für die freie Entfaltung der Persönlichkeit, insbesondere auch für junge Menschen zu schaffen,
die Familie zu schützen und zu fördern,
den Erwerb des Lebensunterhalts durch eine frei gewählte Tätigkeit zu ermöglichen und
besondere Belastungen des Lebens, auch durch Hilfe zur Selbsthilfe, abzuwenden oder auszugleichen.

(2) **Das Recht des Sozialgesetzbuchs soll auch dazu beitragen, daß die zur Erfüllung der in Absatz 1 genannten Aufgaben erforderlichen sozialen Dienste und Einrichtungen rechtzeitig und ausreichend zur Verfügung stehen.**

Übersicht

1. Verfassungsrechtliche Grundlagen

Mit den Aufgaben des Sozialgesetzbuches verdeutlicht der Gesetzgeber seine das Sozialrecht betreffenden Grundvorstellungen. Insoweit stellt § 1 die Umsetzung des Sozialstaatsprinzips des Art. 20 GG auf der Ebene des einfachen Gesetzes dar. Die zentrale Aufgabe des Sozialstaats ist noch immer in der staatlichen Vor- und Fürsorge für Gruppen der Gesellschaft zu sehen, die auf Grund persönlicher Schwäche oder Schuld, Unfähigkeit oder gesellschaftlicher Benachteiligung in **1** ihrer persönlichen Entfaltung beeinträchtigt sind (BVerfG 35 S. 236). Darauf sind die Aufgaben des Sozialstaates aber nicht beschränkt. Sie erstrecken sich auch auf die Schaffung annähernd gleicher Lebensbedingungen für alle Bürger, umfassen damit ein Element der relativen Umverteilung und tragen so zur Realisierung der Freiheit des Einzelnen bei (BVerfG 69 S. 304).

2 Die Rechtsprechung zum **Sozialstaatsprinzip** kann man wie folgt zusammenfassen: „Dem Sozialstaatsprinzip kann Bedeutung für die Auslegung von Grundrechten sowie für die Auslegung und verfassungsrechtliche Beurteilung von – nach Maßgabe des Gesetzesvorbehalts – grundrechtseinschränkenden Gesetzen zukommen. Es ist jedoch nicht geeignet, Grundrechte ohne nähere Konkretisierung durch den Gesetzgeber, also unmittelbar, zu beschränken. Es begründet die Pflicht des Staates, für eine gerechte Sozialordnung zu sorgen, bei der Erfüllung dieser Pflicht kommt dem Gesetzgeber ein weiter Gestaltungsspielraum zu. Das Sozialstaatsprinzip stellt also dem Staat eine Aufgabe, sagt aber nichts darüber aus, wie diese Aufgabe im Einzelnen zu verwirklichen ist – wäre es anders, dann würde das Prinzip mit dem Prinzip der Demokratie in Widerspruch geraten: „Die demokratische Ordnung des Grundgesetzes würde als Ordnung eines freien politischen Prozesses entscheidend eingeschränkt und verkürzt, wenn der politischen Willensbildung eine so und nicht anders einzulösende verfassungsrechtliche Verpflichtung vorgegeben wäre. Wegen dieser Offenheit kann das Sozialstaatsprinzip den Grundrechten keine unmittelbaren Schranken ziehen" (BVerfG 59 S. 231). Wohl aber ist das Sozialstaatsprinzip insoweit begrenzt, als seine Ziele nur mit rechtsstaatlichen Mitteln erreicht werden können (BVerfG 88 S. 203). Konkreter formuliert stellt das Sozialstaatsprinzip einen allgemeinen Regelungsauftrag an den Gesetzgeber dar. Vor diesem Hintergrund setzt es aber auch dem Gesetzgeber Grenzen. Des Weiteren trägt es in Verbindung mit den Einzelgrundrechten zu einer faktischen Entfaltung von Freiheit und Gleichheit bei (Voßkuhle, SGb 2011 S. 181. Insbesondere die Auslegung des Art. 1 Abs. 1 GG im Sinne der Gewährleistung eines menschenwürdigen Existenzminimums ist im Lichte des Sozialstaatsprinzips erfolgt (vgl. dagegen noch BVerfG 1 S. 97, 104). Wenn auch über seine Höhe keine konkreten Aussagen gemacht werden können, so ist es doch in Verbindung mit dem Rechtsstaatsprinzip erforderlich, dass das Existenzminimum in einem transparenten Verfahren nachvollziehbar ermittelt wird (BVerfG 125, 175). Unstrittig ist es, dass der Sozialstaat sich in erster Linie der sozial Schwachen annehmen muss (Steinwedel, SGb 2011 S. 241). Das ist aber im modernen Sozialstaat nicht immer ohne Widersprüche verwirklicht worden (vgl. Mrozynski, SGb 2016 S. 1).

3 Die „Offenheit des Sozialstaatsprinzips" und damit auch seine Interdependenz mit der gesellschaftlichen Entwicklung legt es nahe, die soziale Gerechtigkeit heute in stärkerem Maße auch als **Generationengerechtigkeit** zu verstehen. In ähnlicher Weise Ausdruck der Offenheit des Sozialstaatsprinzips ist auch der Wandel zum „fördernden" bzw. **aktivierenden Sozialstaat,** wie ihn der Gesetzgeber vor allem im Zusammenhang mit der Grundsicherung für Arbeitsuchende, also im Fürsorgesystem, vollzogen hat (5. Sozialbericht, BT-Drs. 15/5955 S. 18). Kernmerkmale sind danach die Befähigung des Bürgers zur Selbsthilfe und seine Verpflichtung, darauf ausgerichtete Angebote anzunehmen. Das geht aber nicht so weit, dass im Falle der Not, vom Leistungsberechtigten „zunächst" mehr als eine Annahme des Hilfsangebots verlangt würde (vgl. § 15a SGB II aF). Die gegenwärtige Auseinandersetzung mit den Begriffen des Förderns und Forderns (vgl. § 14 SGB II) scheint etwas an dieser Entwicklung des Sozialstaatsprinzips vorbei zu gehen. Auch schon nach altem Recht war der Sozialstaat insoweit fordernd, als er voraussetzte, dass der Hilfebedürftige zu Eigenaktivitäten bereit ist (§ 25 BSHG aF). Im letzten Jahrzehnt wurden solche Elemente immer häufiger in das Sozialrecht eingeführt. Im Kern besteht der Wandel darin, dass der Hilfebedürftige zur Übernahme einer Beschäftigung auf dem allgemeinen Arbeitsmarkt verpflichtet ist und dies als Gegenleistung für die gewährte Hilfe angesehen wird (v. Koppenfels-Spies, NZS 2011 S. 1). Die Eingliederung in Arbeit wird mit Förderleistungen (§§ 16 ff. SGB II) unterstützt und ggf. durch Kürzung oder Vorenthaltung der Hilfe sanktioniert (§ 31 SGB II). Von den Grundrechten her verstanden, kann dieser Wandel durchaus eine Rechtfertigung erhalten. Man kann sich auf den Standpunkt stellen, dass es dem Grundsatz der Wahrung der Menschenwürde (Art. 1 Abs. 1 GG) widersprechen würde, wenn der Staat dem Hilfebedürftigen nur in der Weise – allein materiell – hilft, dass er nicht aus der Abhängigkeit von Fürsorge befreit wird (vgl. § 1 Abs. 1 Satz 1 SGB II). Auch in diesem Sinne könnte der Hilfebedürftige zum Objekt, nämlich der Fürsorge, werden. Dagegen wird allerdings auch eingewandt, dass Eigenverantwortung in dem erwähnten Sinne vor allem bedeuten würde, gesellschaftliche Interessenlagen als Maßstab des eigenen Handelns anzuerkennen und dass somit die individuellen Freiheits- und Teilhaberechte einen dezidiert autoritären Charakter bekämen (Brettschneider, ZSR 2007 S. 365, 381). Diese Sichtweise ist sicher etwas übertrieben. Gleichwohl ist der Möglichkeit einer solchen Entwicklung bei der Gesetzesanwendung Rechnung zu tragen (Bieback, ZfSH/SGB 2009 S. 259).

Das neue Verständnis des Sozialstaatsprinzips hat jedenfalls einen etwas verän- 4
derten Akzent auch in das Fürsorgesystem gebracht. Während nach früherem Verständnis die Eigenaktivität, also vor allem die Arbeit des Hilfebedürftigen, immer als eine Form der Selbsthilfe angesehen wurde, versteht man heute die Arbeit stärker als eine Gegenleistung des Hilfebedürftigen dafür, dass er Hilfe erhält. Betrachtet man die Einzelnormen insbesondere des SGB II, so wird diese neue Sichtweise durchaus erkennbar. Doch auch beim Sofortangebot einer Arbeit nach § 15a SGB II aF stand zunächst einmal die Hilfe im Vordergrund. Die häufig kritisierte Eingliederungsvereinbarung nach § 15 SGB II wird von der Rechtsprechung auch unter dem Blickwinkel der Rechte des Hilfebedürftigen gesehen (BSG 121 S. 261). Er ist auch rechtlich Partner einer Vereinbarung. Zudem werden aus dem Verständnis der Arbeit als Gegenleistung für die sozialstaatliche Hilfe im Grunde keine konkreten rechtlichen Folgerungen abgeleitet. Relativ hart, zumindest aber sehr unflexibel, sind jedoch die Reaktionen auf eine Selbsthilfeverweigerung in § 31 SGB II.

Andererseits ist der Sanktionsmechanismus doch nicht so unflexibel, wie häufi- 5
ger in der Literatur dargestellt (vgl. Bittner, FS Löwisch, 2007 S. 29; Berlit, ZfSH/SGB 2008 S. 1). Insbesondere, was die Problemgruppen auf dem Arbeitsmarkt angeht, so ist auf die Gesetzesbegründung zu § 54 SGB II hinzuweisen: „Soweit bestimmte Maßnahmen nicht auf die sofortige Integration in Arbeit abzielen, sondern zunächst helfen sollen, die Arbeits- und Beschäftigungsfähigkeit von erwerbsfähigen Hilfebedürftigen wiederherzustellen, sind hierzu von der Bundesagentur geeignete Indikatoren zu entwickeln" (BT-Drs. 15/1516 S. 65). Diese Begründung und der Verhältnismäßigkeitsgrundsatz sind die Anknüpfungspunkte dafür, dass auf Schwierigkeiten bei der Integration in Arbeit zunächst mit dem Förderinstrumentarium zu reagieren ist. Insoweit sind auch den Sanktionen nach § 31 SGB II Grenzen gesetzt (vgl. LSG NRW info also 2009 S. 277).

5a In einem gewissen Kontrast zu diesem Umdenken im Fürsorgesystem in Richtung auf die Stärkung der Eigenverantwortung des Einzelnen steht die Rechtsprechung zur Gewährleistung des Existenzminimums (Art. 1 Abs. 1, 20 Abs. 1 GG). Es ist dem Grunde nach unverfügbar und muss eingelöst werden. „Art. 1 Abs. 1 GG begründet diesen Anspruch". Trotz vieler dogmatischer Bedenken wird auf diese Weise ein unmittelbarer verfassungsrechtlicher Leistungsanspruch begründet (dazu Mayen, Festschrift für Stern 2012 S. 1451). Dieser Anspruch bedarf freilich einer stetigen Aktualisierung durch den Gesetzgeber (BVerfG 125, 175 Rz. 133, 135). Von ihm verlangt das BVerfG nicht nur ein transparentes und nachvollziehbares Vorgehen, sondern auch die Berücksichtigung atypischer Bedarfe, also solcher, die bei der Mehrheit der Leistungsberechtigten nicht gegeben sein müssen, aber das Existenzminimum Einzelner betreffen. Solche Bedarfe werden im Allgemeinen durch die EVS nicht erfasst (BVerfG 125 S. 175 Rz. 204–206). Insoweit war die weitgehende Aufgabe des Individualisierungsprinzips im SGB II auch verfassungsrechtlich bedenklich (vgl. dagegen § 9 SGB XII). Sie musste auf der Grundlage der Rechtsprechung des BVerfG später wieder teilweise rückgängig gemacht werden (§ 21 Abs. 6 SGB II). Anders als die §§ 21 Abs. 1–5 SGB II und 30 SGB XII benennt § 21 Abs. 6 SGB II den Mehrbedarf nicht konkret. Das hat bereits dazu geführt, dass diese Vorschrift im Wege der Analogie wie eine Auffangvorschrift verstanden wird (LSG Ns.-Brem. ZfSH/SGB 2018 S. 165; 222, unter Hinweis auf BT-Drs. 17/1465 S. 9) und sich damit auch zu einer Parallelvorschrift zu § 27a Abs. 4 Satz 1 SGB XII entwickelt (vgl. § 19a Rn. 30g).

6 Andererseits darf man das Sozialstaatsprinzip nicht allein unter dem Blickwinkel von Fürsorgegesetzen (SGB II und SGB XII) beurteilen. Will man vor dem Hintergrund des neuen Verständnisses des Sozialstaatsprinzips einen allgemeinen Gedanken herausstellen, so kann das nur die Tatsache sein, dass man heute stärker die Eigenvorsorge des Bürgers betont (vgl. Schnapp, DVBl 2004 S. 1053). Damit wird dann doch der Grundsatz von Leistung und Gegenleistung etwas relativiert. Im Grunde wird hier nochmals ein Gedanke aufgegriffen, der dem Eigentumsschutz von Sozialleistungsansprüchen innewohnt. Das ist der Gedanke einer nicht unerheblichen Eigenleistung, von der allerdings nicht alle Sozialleistungen abhängig sind. Man kann insgesamt eine Rangfolge bilden, in der sich allerdings keineswegs die Schwäche eines Sozialleistungsanspruchs ausdrücken muss. Im unteren Bereich haben wir die steuerfinanzierten Fürsorgeleistungen, die soweit sie das Existenzminimum gewährleisten, unverfügbar sind und voraussetzungslos erbracht werden. Andere steuerfinanzierten Sozialleistungen, wie etwa das Kindergeld, sind den Änderungen durch den Gesetzgeber bis hin zu einer Abschaffung ausgesetzt. Nur den beitragsfinanzierten Sozialleistungen kann ein Eigentumsschutz zukommen.

7 Wie auch das Rechtsstaatsprinzip hat das Sozialstaatsprinzip nicht den Inhalt, dass der Einzelne aus ihm unmittelbar Ansprüche ableiten könnte. Des Weiteren muss man sagen, dass durch das Sozialstaatsprinzip zwar bestimmte Ziele festgesetzt sind, jedoch hat der Staat einen weiten politischen Gestaltungsspielraum bei der Erreichung dieser Ziele. Er ist also nicht auf einen bestimmten Weg festgelegt (BVerfG 40 S. 121). So ist es unbestreitbar, dass die Pflege von hilflosen Personen zu den Aufgaben des Sozialstaats gehört. Bis zum Jahre 1995 war diese Pflege aber fast ausschließlich im Fürsorgesystem abgesichert. Ausnahmen gab es anfangs nur in der Unfallversicherung und der sozialen Entschädigung (vgl. §§ 44 SGB VII, 35 BVG). Dies widersprach nicht dem Sozialstaatsprinzip. Erst später wurde eine allgemeine Pflegeversicherung eingeführt, die aber auch heute noch keine volle

Bedarfsdeckung gewährleistet, so dass weiterhin ergänzende Fürsorgeleistungen zu erbringen sind (§§ 61ff SGB XII). In besonderen Fällen kann jedoch die **Verweisung** des Hilfebedürftigen **auf das Fürsorgesystem** keinen ausreichenden Schutz bieten. So hat es das BVerfG als unvereinbar mit dem Sozialstaatsprinzip angesehen, wenn der Embryo nicht wie die Mutter selbst in den Schutz der Unfallversicherung einbezogen ist, wenn er also bei Schädigungen, die auf betriebliche Vorgänge zurückgehen, lediglich auf Fürsorgeleistungen verwiesen wird. Ursprünglich fehlte ein Unfallversicherungsschutz des Embryos (unten Rn. 42). Heute besteht er nach § 12 SGB VII. Das BVerfG hatte den früheren Zustand für verfassungswidrig erklärt und dies ua mit der Gleichheit der Gefahrenlage von Mutter und Kind begründet, es hat also auch mit dem Gleichheitssatz des Art. 3 Abs. 1 GG argumentiert (BVerfG 45 S. 376).

Auch in anderen Fällen wird deutlich, dass das BVerfG bei der Konkretisierung 8
der Grundrechte gern ergänzend auf das Sozialstaatsprinzip zurückgreift (vgl. Kirchhof, NZS 2015 S. 1; Steiner, NZS 2019 S. 1). Das gilt vor allem aber nicht nur für den Gleichheitssatz (Art. 3 Abs. 1 GG). So hat es nicht nur das Existenzminimum aus dem Sozialstaatsprinzip in Verbindung mit der Wahrung der Menschenwürde (Art. 1 Abs. 1 GG) abgeleitet. Das „Interesse" an der Resozialisierung wurde mit dem Sozialstaatsprinzip in Verbindung mit dem allgemeinen Persönlichkeitsrecht des Art. 2 Abs. 1 GG begründet. Häufig wird auch Art. 6 GG in engem Zusammenhang mit dem Sozialstaatsprinzip gesehen. Diese Linie hat das BVerfG auch in neuerer Zeit beibehalten. Zum Leistungsrecht, speziell zu den dort vorgesehenen Leistungseinschränkungen der gesetzlichen Krankenversicherung (§ 21 Rn. 16–19) hat es folgendermaßen entschieden: Es ist mit den Grundrechten aus Art. 2 Abs. 1 GG in Verbindung mit dem Sozialstaatsprinzip und aus Art. 2 Abs. 2 Satz 1 GG nicht vereinbar, einen gesetzlich Krankenversicherten, für dessen lebensbedrohliche oder regelmäßig tödliche Erkrankung eine allgemein anerkannte, dem medizinischem Standard entsprechende Behandlung nicht zur Verfügung steht, von den Leistungen der gesetzlichen Krankenversicherung bei einer von ihm gewählten, ärztlich angewandten Behandlungsmethode auszuschließen, wenn eine nicht ganz entfernt liegende Aussicht auf Heilung oder auf eine spürbare positive Einwirkung auf den Krankheitsverlauf besteht (BVerfG 115 S. 25; BVerfG NZS 2017 S. 582, dazu Langhals, NZS 2007 S. 76; Padé, NZS 2007 S. 352; Bockholdt, NZS 2017 S. 569). Durch die medizinische Entwicklung ist der Sozialstaat vor neue Aufgaben gestellt. Immer deutlicher wird es, dass die Verteilung von nicht beliebig vermehrbarer Ressourcen, wie etwa von Organen, rechts- und sozialstaatlich konsequent ausgestaltet werden muss. Die derzeitige Rechtsentwicklung ist eher durch einen Rückzug des Staates aus der dabei schwer zu tragenden Verantwortung festzustellen (§ 17 Rn. 22–25).

Bisher hatte das BVerfG immer – so auch im Falle der Behandlungsmethoden – 9
die Auffassung vertreten, dass dem Sozialstaatsprinzip Bedeutung für die Auslegung von Grundrechten zukommt. Es ist jedoch nicht geeignet, Grundrechte ohne nähere Konkretisierung durch den Gesetzgeber, also unmittelbar zu beschränken (BVerfG 59 S. 231; ebenso Voßkuhle, SGb 2011 S. 181, 184). In Zukunft dürfte das BVerfG aber eher von einer Wechselwirkung von Grundrechten und Sozialstaatsprinzip ausgehen. Das deutet sich in seiner Rechtsprechung zur **Tariftreueregelung** an. Damit ist Folgendes gemeint: Unternehmen, die sich um einen öffentlichen Auftrag bewerben, müssen erklären, dass sie ihre Arbeitnehmer nach den jeweils geltenden Tarifen entlohnen (BVerfG 116 S. 202; EuGH EuZW 2008 S. 306 – Rüffert). Andernfalls erhalten sie den öffentlichen Auftrag

nicht. Hierbei entsteht ein Konflikt zwischen einzelnen sozialstaatlichen Zielen, wie der Erreichung eines hohen Beschäftigungsstandes bei angemessener Bezahlung und der Berufsfreiheit des tariflich nicht gebundenen Unternehmers (Art. 12 Abs. 1 GG). Das BVerfG hatte einen Verstoß gegen Art. 12 Abs. 1 GG verneint. Vielmehr sei eine (moderate) Beschränkung der Freiheit der Berufsausübung aus Gründen des Gemeinwohls hinzunehmen. Unter dem Blickwinkel der Waren- und Dienstleistungsfreiheit in Europa hat der EuGH in derselben Sache eine eher marktliberale Position eingenommen und das Erfordernis einer Tariftreueerklärung beanstandet (EuGH EuZW 2008 S. 306 – Rüffert, mAnm Wiedmann; EuGH ZESAR 2015 S. 176 – Bundesdruckerei). Begründet wurde dies damit, dass die Mindestlohnsätze durch Rechts- oder Verwaltungsvorschriften festgelegt werden müssten (RL/EG 96/71 Art. 3 Abs. 1 lit. c). Daran fehlte es im Vergabeverfahren. Dasselbe kann man deswegen nicht für die Bedingung einer Zahlung des **Mindestlohnes** sagen, der von Gesetzes wegen geschuldet ist (EuGH ZESAR 2016 S. 176 Rn. 63 – RegioPost; Hantel, ZESAR 2016 S. 159). Das BVerfG hat darüber hinaus in der Entscheidung zur Einführung des Basistarifs verbunden mit einem Kontrahierungszwang und einer Portabilität der Altersrückstellungen (zu einem anderen Versicherungsträger) in der Privaten Krankenversicherung (§ 193 VVG) an seiner Auffassung festgehalten: „Die Vorschriften über den Basistarif in der privaten Krankenversicherung beschränken zwar die Berufsausübung der privaten Krankenversicherungsunternehmen. Sie sind aber im Hinblick auf die von ihnen verfolgten Ziele gerechtfertigt und derzeit nach der nicht zu beanstandenden Prognose des Gesetzgebers nicht als so schwerwiegend anzusehen, dass sie die Funktionsfähigkeit der privaten Krankenversicherung in Zukunft ausschließen. Zwar müssen die Unternehmen neben ihren Normaltarifen nunmehr zusätzlich einen Basistarif anbieten und dort auf Antrag Versicherungsschutz gewähren. Die sinnvolle Ausübung des Berufs eines privaten Krankenversicherers wird dadurch aber weder unmöglich noch nachhaltig erschwert“ (BVerfG, NZS 2009 S. 436; vgl. Axer, MedR 2008 S. 482). Die früher vom Gericht hervorgehobenen Unterschiede zwischen Sozial- und Privatversicherung sind dabei allerdings etwas modifiziert worden (BVerfG 76 S. 256, 300). Insgesamt muss man aber angesichts dieser Rechtsprechung sagen, dass sich das BVerfG in diesen Fällen immer mit konkreten gesetzlichen Regelungen auseinanderzusetzen hatte. Es musste also nicht unmittelbar auf das Sozialstaatsprinzip zurückgreifen.

10 Insgesamt zeigt die Rechtsprechung des BVerfG, dass es eigentlich nie möglich ist, einzelne Grundrechtspositionen oder Verfassungsprinzipien isoliert zu betrachten. Es geht immer um eine praktische Konkordanz, um ein Austarieren der einzelnen Grundsätze in einer konkreten Situation. Die überkommene Auffassung nach der, wegen seiner Allgemeinheit, allein durch das Sozialstaatsprinzip Grundrechte nicht eingeschränkt werden könnten, hat das BVerfG bisher nicht ausdrücklich aufgegeben, weil es in dem Berliner Vergabegesetz, das die Tariftreueregelung enthält, die gesetzliche Grundlage gefunden hatte, die Art. 12 Abs. 1 Satz 2 GG für eine Regelung der Berufsausübung verlangt. Es fragt sich aber doch, ob es lediglich die Offenheit des Sozialstaatsprinzips ist, die daran hindert, ihm eine begrenzende Wirkung zuzusprechen. Rein begrifflich ist auch das Rechtsstaatsprinzip offen. Vor diesem Hintergrund könnte sich auch folgende Frage ergeben: Die Pflicht zur **Beschäftigung schwerbehinderter Menschen** (§ 154 SGB IX) ist eine zulässige Berufsausübungsregelung (BVerfG NVwZ 2005 S. 321). Wenn es aber Unternehmen vorziehen, schwerbehinderte Menschen nicht zu beschäftigen, die Ausgleichsabgabe zu leisten und damit das eigentliche Ziel der Beschäftigung nur in Grenzen erreicht wird, dann wäre daran zu denken, solche Unternehmen von der Vergabe öffentlicher Aufträge auszuschließen. Das Läge in der Nähe der Rechtsprechung des BVerfG zur Tariftreueregelung, würde wohl auch nicht auf den Widerspruch des EuGH stoßen, da die Beschäftigungspflicht gesetzlich geregelt ist (vgl. oben Rn. 9). Auch andere unionsrechtliche Fragen dürften sich in diesem Falle nicht stellen, denn die Beschäftigungspflicht besteht im Wesentlichen nur für Unternehmen mit Sitz im Inland. Nur sie können gegen diese Pflicht verstoßen.

2. Soziale Gerechtigkeit und soziale Sicherheit

Die **Umsetzung des Sozialstaatsprinzips** in das einfache Recht erfolgt nicht 11
allein, aber hauptsächlich im Sozialrecht. Als noch sehr allgemeine Grundprinzipien des Sozialgesetzbuches benennt § 1 Abs. 1 Satz 1 die Ziele einer Verwirklichung der sozialen Gerechtigkeit und der sozialen Sicherheit. Diese beiden Ziele haben innerhalb des gesamten Sozialrechts den gleichen Rang. Beide Begriffe sind aber kaum präzise genug, als dass man aus ihnen konkrete sozialrechtliche Aufgaben ableiten könnte. Es ist einzuräumen, dass § 1 für die Entscheidung einzelner praktischer Zweifelsfragen keine Bedeutung hat. Sein Schwergewicht liegt woanders. Es ist vor allem nicht zu übersehen, dass § 1 gerade im weit verzweigten Sozialrecht, das oft durch kaum aufeinander abgestimmte Normen gekennzeichnet ist, eine wichtige Bedeutung hat. Die in § 1 normierten Grundsätze und Leitlinien haben eine insgesamt ordnende Funktion und bestimmen die weitere Entwicklung des Sozialrechts in Gesetzgebung und Rechtsprechung. Diese Funktion wird auch in dem gesetzlichen Merkmal „gestalten" zum Ausdruck gebracht.

Man darf also nicht die gesellschaftliche Funktion solcher Leerformeln, wie sie 12
§ 1 verwendet, unterschätzen. Soziale Sicherheit und soziale Gerechtigkeit stehen in einem historischen Kontext und erhalten von daher ihre Bedeutung. Während man mit dem ersteren Begriff die Vorstellung des Schützens und Bewahrens verbindet, wohnt dem Begriff der sozialen Gerechtigkeit eher ein Element der Umgestaltung inne. Dabei ergeben sich im Vergleich einzelner Lösungen durch den Gesetzgeber aber auch Dissonanzen, vor allem wenn man davon ausgeht, dass das Sozialrecht auch einen Beitrag zu Verwirklichung einer Chancengleichheit leisten sollte. So gibt es eine nennenswerte Bildungsförderung erst nach den Pflichtschuljahren (§ 18 Rn. 27), also zu einer Zeit, zur der wesentliche Grundentscheidungen über den Bildungsverlauf bereits getroffen sind. In § 29 SGB II ist als Bildung und Teilhabe keine nennenswerte Bildungsförderung geregelt. Die Vorschrift steht vielmehr im Zeichen der Armutsbekämpfung. In wirtschaftlicher Hinsicht werden Eltern behinderter Kindern in der Sozialhilfe stärker geschont als diese Kinder selbst. Das galt immer schon gemäß § 94 Abs. 2 SGB XII. Durch die Neuregelungen der §§ 136 Abs. 5, 138 Abs. 4 SGB IX sich die Lage für die gesamte Familie des **behinderten Menschen** verbessert. Keine Änderung hat sich in dem schwierigsten Fall ergeben, wenn nämlich ein behinderter Mensch auch pflegebedürftig ist. In diesem Falle entfalten die §§ 135 ff. SGB IX keine Wirkung. Es findet nur § 94 Abs. 2 SGB XII Anwendung. Dort aber werden auch höchste Einkommen und Vermögen der Eltern eines behinderten Kindes geschont. Dieser Schutz einer Gruppe, der Eltern, ist auch systematisch verfehlt, denn einen so weitgehenden wirtschaftlichen Schutz kennt die Sozialhilfe nicht. Dass die pflegebedürftigen Kinder selbst geschützt würden, kann man ohnehin

nicht sagen, denn sie werden mit ihrem Einkommen und Vermögen herangezogen. Das gilt insbesondere auch nach einem Erbfall, was nur durch testamentarische Konstruktionen der Eltern verhindert werden kann (19a Rn. 47c). Die Gerechtigkeitslücke besteht darin, dass nur Einkommen und Vermögen der Eltern volljähriger pflegebedürftiger Kinder ohne jede Einschränkung geschützt werden, nicht aber Partner und Kinder von anderen Pflegebedürftigen. Eine Rechtfertigung für die Ungleichbehandlung wird man nicht in Art. 6 Abs. 2 GG finden können, denn dort werden Ehe und Familie, also nicht nur die Eltern, geschützt (vgl. unten Rn. 16). Die Rechtsprechung zum Elternunterhalt hat hier einen gewissen Schutz der unterhaltspflichtigen Kinder entwickelt (BGHZ 186 S. 350; BGH NJW 2013 S. 301; BGHZ 205 S. 165, BGHZ 213 S. 288). Er erstreckt sich aber nicht auf Partner einer pflegebedürftigen Person. Außerdem ist er, anders als in § 94 Abs. 2 SGB XII, durch die Notwendigkeit einer eigenen Alterssicherung des unterhaltspflichtigen Kindes begrenzt.

13 Von Einzelfällen abgesehen erkennt man aber in den Begriffen des § 1 Abs. 1 Satz 1 die zentralen Aufgaben des modernen Staates in der Schaffung von Sicherheit und Gerechtigkeit. Diese immer gleiche Aufgabe kann der Staat auf vielerlei Weise erfüllen, durch Wirtschaftsförderung ebenso wie mit polizeilichen Mitteln. Nur im Rahmen des Sozialgesetzbuches bedient er sich der Mittel des (formellen) Sozialrechts. Das bedeutet in jedem Falle auch Intervention mit den Mitteln, die dem Staate zu Gebote stehen. Daraus ergibt sich auch die Aufgabe der Schaffung **sozialer Gerechtigkeit durch eine relative Umverteilung.** Es ist zugleich erkennbar, dass der Gesetzgeber davon ausgeht, dass die Sicherheit, die der Staat seinen Bürgern zu gewährleisten hat, nicht nur mit polizeilichen Mitteln, sondern auch mit denen des Sozialrechts anzustreben ist. Es ist aber dieselbe Sicherheit, die hier vom Gesetz benannt wird. In dem Begriff der sozialen Sicherheit kommt die Ratio der modernen Verwaltung zum Ausdruck. Er hat nicht allein den humanitären Gehalt, der in der Sozialpolitik oft in den Vordergrund gerückt wird. Mit „social security" ist in diesem Zusammenhang die kollektive Verantwortung für individuelle Not gemeint. Aber es ist damit auch gemeint die gesellschaftlich vermittelte Sicherheit im Sinne einer verlässlichen Ordnung (vgl. Kaufmann, Sicherheit als soziologisches und sozialpolitisches Problem 1973 S. 94, 149).

14 Soziale Sicherheit bzw. soziale Sicherung wird zumeist als Übersetzung des Begriffs social security gesehen. Im anglo-amerikanischen Raum wird der Begriff in einem sehr weiten Sinne verwendet und umfasst auch ein wirtschaftspolitisches Konzept (New Deal). Teilweise engt man den Begriff auf die Sozialversicherung ein und bringt ihn in einen nahen Zusammenhang mit dem Arbeitsrecht (vgl. Heinze, SGb 2000 S. 241). Historisch und im Zusammenhang mit der durch die Lage der Industriearbeiterschaft aufgekommenen sozialen Frage ist das gewiss richtig. Aber aus systematischen Gründen wird man heute das Arbeits- vom öffentlich-rechtlichen Sozialrecht trennen müssen. Auch die besondere Hervorhebung der Sozialversicherung hat ihre historische Berechtigung. Dennoch darf man den Begriff der **sozialen Sicherheit** nicht auf die Sozialversicherung einschränken. Hierbei würde man allzu sehr auf den Erhalt des vom Einzelnen einmal erreichten sozialen Status abstellen. Der Begriff der sozialen Sicherheit ist also weiter als der der Sozialversicherung aber er ist enger als der Begriff des Sozialstaatsprinzips (kritisch Schnapp, SGb 2000 S. 341).

15 Vernachlässigt man die Dynamik des Ausgleichs, die angesichts des gesellschaftlichen Wandels auch in der immer wieder neu zu schaffenden verlässlichen Ordnung liegt, dann gefährdet man die Sicherheit, die es zu bewahren gilt. Deswegen

wird man sagen müssen, das Element des Ausgleichs ist nicht erst in der sozialen Gerechtigkeit, sondern bereits auch in der sozialen Sicherheit zu sehen. Die seit einigen Jahren gängige Rede vom **Umbau des Sozialstaats** hatte insoweit immer einen berechtigten Kern (vgl. Schulin, NJW 1984 S. 1936; v. Maydell, NJW 1992 S. 2195). In einer Hinsicht erfolgt der Umbau in Form von Anpassungen des Leistungssystems an die wirtschaftliche Entwicklung. Das führt überwiegend zu Leistungskürzungen (Sodan, NZS 2003 S. 393, zur Ausgliederung des Zahnersatzes aus der GKV; zur medizinischen Versorgung bei lebensbedrohlichen Erkrankungen vgl. § 17 Rn. 22; § 21 Rn. 18). Diese Kürzungen, wenn sie in mehreren Teilsystem erfolgen, können als „additive Grundrechtseingriffe" durchaus zu einem verfassungsrechtlichen Problem werden (Kirchhoff, NZS 2015 S. 1). Die Einführung der Pflegeversicherung und die allseits anerkannte Notwendigkeit ihrer grundlegenden Reformierung ist aber auch ein Beispiel dafür, dass sich das Sozialrecht dem sozialen und demografischen Wandel stellen muss, wenn dies auch durch Leistungen erfolgt, die im Allgemeinen nicht bedarfsdeckend sind. Umbau des Sozialstaates bedeutete auch eine **Erprobung von Ordnungsprinzipien,** die sich zum Teil am Privatrecht orientiert haben. Das gilt im Leistungsrecht etwa durch die Eingliederungsvereinbarung (§ 15 SGB II) und viel stärker im Leistungserbringungsrecht durch das Eindringen wettbewerbs- und verbraucherschutzrechtlicher Elemente (unten Rn. 18 ff.). Gegenwärtig erstrecken sich die Überlegungen zum Umbau des Sozialstaats auf sehr konkreten sozialrechtliche Teilbereiche (vgl. Fock/Fuchsloch/Mecke/Merz, SGb 2018, 591). Des Weiteren verlagern sie sich stärker auf die Sicherung der Funktionsfähigkeit des Systems. Das gilt zumindest für die Renten- und Pflegeversicherung. Dabei wird eine verfassungsrechtliche Absicherung im Sinne eines Institutionenschutzes gefordert (vgl. Schlegel, NZS 2017 S. 241; Hebeler, NZS 2018 S. 848).

Im Detail bereitet jeder Umbau allerdings größere Schwierigkeiten, weil die **16** anzustrebende gleichmäßige Lastenverteilung immer wieder zu wenig systemgerechten Lösungen führt, die das Sozialrecht noch unübersichtlicher machen. Des Weiteren sind von der Verfassung her einem Umbau in unterschiedlicher Weise Grenzen gesetzt (Ebsen, NZS 1997 S. 441; Louven, SGb 1998 S. 507; Preis/Kellermann, SGb 1999 S. 329; Storr, SGb 2004 S. 279). Am wenigsten gilt das noch für das Sozialstaatsprinzip, bei dessen Verwirklichung dem Gesetzgeber ein großer Gestaltungsspielraum zukommt (BVerfG 70 S. 278; BSGE 78 S. 201). Auch an Art. 3 Abs. 1 GG kann ein Umbau kaum scheitern. Unter Beachtung der sog. neuen Formel ist nur dafür Sorge zu tragen, dass bei einer **Ungleichbehandlung** von Gruppen der Normadressaten Unterschiede von solcher Art und von solchem Gewicht bestehen, dass sie eine ungleiche Behandlung rechtfertigen können (BVerfG 83 S. 401; BVerfG 87 S. 1). Diese Gesichtspunkte gaben den Ausschlag, als die beitragsrechtliche Behandlung einmaligen Arbeitsentgelts verfassungsrechtlich zu beurteilen war (BVerfG SGb 1995 S. 547 mAnm Wallerath). Hier war aber nicht die Belastung, sondern die ungleiche Belastung der Angriffspunkt. Wichtig ist in diesem Zusammenhang, dass einem Versicherten nicht Beitragslasten auferlegt werden dürfen, denen keine Versicherungsleistungen gegenüberstehen. Daran könnte etwa ein Solidarbeitrag der Beamten zur Arbeitslosenversicherung scheitern. Darüber hinaus kann in einigen Fällen bei der Einschränkung von Versicherungsleistungen eine Berufung auf die **Eigentumsgarantie** des Art. 14 GG den Reformbestrebungen Grenzen setzen (BVerfG 53 S. 257). Weniger eindeutige Grenzen bestehen demgegenüber bei der Reform jener Sozialleistungssysteme, die ausschließlich steuerfinanziert sind. Diese sind zwar auch privatnützig zugeordnet und können der Existenzsicherung dienen, sie beruhen aber nicht auf einer „nicht unerheblichen Eigenleistung" (BVerfG 53 S. 257). Nicht erforderlich ist es demgegenüber, dass die sozialrechtliche Position allein oder überwiegend auf eigenen Beiträgen beruht. Zweifelhaft ist aber bereits, ob auch die Rentenanpassungen unter die Garantie des Art. 14 GG fallen (§ 4 Rn. 10). Allgemein hat das BVerfG die Kürzung bzw. Einschränkung sozialversicherungsrechtlicher Positionen immer nur als Inhalts- oder Schrankenbestimmung des Art. 14 Abs. 1 Satz 2 GG angesehen. Auch dabei hat das Gericht dem Gesetzgeber einen großen Gestaltungsspielraum zugebilligt (BVerfG 74 S. 203). In diesem Punkt ist die Möglichkeit zu Einschränkungen umso größer, je weniger die sozialrechtliche Position auf Eigenleistungen des Betroffenen beruht. Dies hat allerdings die Frage aufkommen lassen, ob eine Garantie von Versicherungsleistungen nach Art. 14 Abs. 1 GG mehr bewirkt als ein Vertrauensschutz dies täte (vgl. Neumann, NZS 1998 S. 407; Jaeger, NZS 2003 S. 225; Sodan, NZS 2003 S. 393). Insgesamt aber steht der Grundrechtsschutz (Art. 3, 12, 14 GG) auch größeren Reformen nicht entgegen. Das hat sich bei den zuletzt größten Umbauten, der Einbeziehung des Versicherungssystems der DDR (BVerfG 100 S. 1; 59; 138) und der Untergliederung des Fürsorgesystems in die beiden Teilbereiche Grundsicherung für Arbeitsuchende (§§ 19 ff. SGB II) und der Grundsicherung im Alter bzw. bei voller Erwerbsminderung (§§ 41 ff. SGB XII) gezeigt (BVerfG 125 S. 175; BVerfG 128 S. 90; BVerfG 134, 37).

17 Nicht unter dem Blickwinkel eines Umbaus des Leistungssystems, sondern unter dem einer besseren Organisation der Leistungserbringung ergeben sich aus Art. 12 GG gewisse Einschränkungen für den einfachen Gesetzgeber. Im Allgemeinen ist hier nur die Freiheit der **Berufsausübung** derjenigen betroffen, die an der Erbringung von Sozialleistungen beteiligt sind. Sie findet ihre Grenze bereits an „vernünftigen Erwägungen des Gemeinwohls" (BVerfG 7 S. 377). Die Finanzierbarkeit des Sozialsystems wird sogar als „überragend wichtiges Gemeinschaftsgut" angesehen, das die Freiheit der Berufsausübung einschränken kann (BVerfG 68 S. 216; BVerfG 70 S. 25; BSG 66 S. 159). Das gilt – umstrittenermaßen – auch für die vertragsärztliche Bedarfsplanung, die schon einen Eingriff darstellt, der der Berufswahl sehr nahe kommt (Boecken, NZS 1999 S. 417).

3. Wettbewerbsrechtliche Elemente

18 Mit den Erwägungen zur Berufsausübung hängen wirtschaftliche und weitere rechtliche Fragen zusammen, die sich aus dem **Wettbewerbsrecht** ergeben. Die Frage, unter welchen Voraussetzungen Leistungsträger als Unternehmen anzusehen sind und ihre Tätigkeit als wirtschaftliche Tätigkeit und damit als Teilnahme am Wettbewerb zu betrachten ist, wird nicht erst in den letzten Jahren aufgeworfen (GmS-OBG NJW 1988 S. 2295). Die Antworten, die hier gefunden werden, haben zum Teil einen verfassungsrechtlichen und zum Teil einen unionsrechtlichen Hintergrund (§ 30 Rn. 100; EuGH ZESAR 2004 S. 187 – AOK Bundesverband; BSG NZS 1995 S. 507). Trotz aller Zweifelsfragen, ist jedenfalls klar, dass aus Art. 3 Abs. 1 GG der Grundsatz abzuleiten ist, das jeder geeignete Bewerber die gleichen Chancen haben muss, auf dem Markt der Erbringung von Sozialleistungen tätig zu werden (bereits BVerfG 11 S. 30). Grenzen ergeben sich im Grunde nur, soweit die Berufswahl oder die Berufsausübung beschränkt werden kann (Art. 12 Abs. 1 GG). In der dogmatischen Auseinandersetzung um das Wettbewerbs- und insbesondere das Vergaberecht tritt dies zuweilen in den Hinter-

grund. Zunehmend haben unionsrechtliche Fragen an Gewicht gewonnen (vgl. Becker, ZfSH/SGB 2007 S. 134; Möschel, JZ 2007 S. 601; Kingreen, SGb 2008 S. 437). Dieser Hintergrund verstärkte den wettbewerbsrechtlichen Akzent in der Auseinandersetzung, ohne dass daraus jedoch immer einheitliche Schlussfolgerungen gezogen wurden (vgl. Sormani-Bastian, ZESAR 2010 S. 13; Klöck, NZS 2010 S. 358; Goodarzi/Jansen, NZS 2010 S. 427; Gaßner/Eggert, NZS 2011 S. 249; Wallrabenstein, NZS 2015 S. 48; Kretschmer, SGb 2015 S. 357; Kaerding; ZESAR 2016 S. 259).

Kaum Auswirkungen auf die Diskussion der letzten Jahre hatte die vom BGH **18a** schon im Jahre 1961 getroffene Feststellung: „Die Sozialversicherungsträger, insbesondere die Krankenkassen, sind unbeschadet ihrer öffentlich-rechtlichen Aufgabe und Struktur als Unternehmen iSd GWB zu betrachten und daher im privatrechtlichen Verkehr regelmäßig denjenigen Vorschriften dieses Gesetzes unterworfen, deren sachlicher Geltungsbereich die Unternehmenseigenschaft voraussetzt" (BGHZ 31 S. 91). Die Auffassung ist inzwischen allerdings insoweit überholt, als die Rechtsbeziehungen der Krankenkassen zu den Leistungserbringern nicht mehr als privatrechtlich geregelt angesehen werden können (vgl. unten Rn. 18e) Dass der „soziale Ausgleich" als solcher nicht dem Wettbewerb ausgeliefert werden sollte, ist ohnehin unstrittig. Es geht jedoch um die Frage: wenn es in Teilbereichen des Sozialrechts tatsächlich einen Wettbewerb gibt, darf er dann ungeregelt erfolgen, bzw. wie muss er geregelt werden? Dabei kann die Antwort nicht mehr ohne Rückgriff auf das Unionsrecht gefunden werden. Andererseits hat die die Aussage, dass die Sozialleistungsträger auch bei der Erfüllung ihrer in § 1 grundlegend normierten Aufgaben, sofern sie als Marktteilnehmer handeln, den Wettbewerbsregeln zu unterwerfen sind, nie ungeteilte Zustimmung gefunden (Schultz, NZS 1998 S. 269; Baltzer, SGb 2007 S. 573, 638). Schwierig zu beantworten ist bereits die Frage, wann die **Marktteilnahme** eines Sozialleistungsträgers gegeben ist. Insoweit ist ein funktionaler Unternehmensbegriff vorzuziehen. Danach ist auf die jeweils ausausgeübte Tätigkeit abzustellen. Wesentlicher Streitpunkt ist dabei die Beschaffungstätigkeit der Sozialleistungsträger. Die Tätigkeit als öffentlich-rechtlich einzuordnen und sie damit dem Einfluss des Wettbewerbsrechts zu entziehen löst die verfassungsrechtliche Frage jedenfalls nicht, sondern verstärkt sie nur.

Besonders differenziert ist die Rechtslage in der **Krankenversicherung** (Han- **18b** sen, NZS 2016 S. 814). Dort begründet § 69 SGB V ein abgestuftes Regel- und Ausnahmeverhältnis zwischen dem Sozial- und dem Wettbewerbsrecht, wobei speziell dem Vergaberecht insoweit eine besondere Bedeutung zukommt, als es unmittelbar, also – anders als das Kartellrecht (§ 69 Abs. 2 SGB V) – nicht nur entsprechend anwendbar ist. Insoweit trifft § 69 Abs. 3 SGB V eine klarstellende Rechtsgrundverweisung (KassKomm-Krasney § 69 SGB V Rn. 63). Wenn es in § 69 Abs. 1 Satz 2 SGB V heißt, das Verhältnis der Krankenkassen zu den Leistungserbringern sei „abschließend" geregelt, so bedeutet das im Wesentlichen nur, dass die Rechtsbeziehungen zu den Leistungserbringern öffentlich-rechtlich und damit auch sozialrechtlich einzuordnen sind. Gemäß § 69 Abs. 1 Satz 3 SGB V gelten jedoch die Vorschriften des BGB entsprechend, soweit dies mit § 70 SGB V vereinbar ist (vgl. Art. 106 Abs. 2 AEUV). Das Verhältnis der Krankenkassen untereinander wird durch § 69 SGB V nicht berührt. Jedoch können die Krankenkassen die Unterlassung unzulässiger Werbemaßnahmen von anderen Krankenkassen verlangen (§ 4 Abs. 3 SGB V). Dabei ist § 12 Abs. 1–3 UWG entsprechend anzuwenden (KassKomm-Krasney § 69 SGB V Rn. 8). Im Verhältnis zu den Leistungserbringern sind nur die §§ 69–140h SGB V anwendbar. Das gilt im Ergebnis aber auch für die vielfältigen Verweisungen in § 69 SGB V. So wird in § 69 Abs. 2 Satz 1 SGB V eine Reihe von Vorschriften des GWB für entsprechend anwendbar erklärt, darunter die §§ 32–34 und 48–80 GWB. Die Krankenkassen sind also einer weitgehenden **Wettbewerbsaufsicht** unterworfen. Eine entsprechende Anwendung des GWB erfolgt gemäß § 69 Abs. 2 Satz 2 SGB V jedoch nicht für Verträge und sonstige Vereinbarungen zu deren Abschluss die Krankenkassen verpflichtet sind (zB Kollektivverträge, Richtlinien). Insofern als die Krankenkassen öffentliche Aufträge erteilen, finden unmittelbar die §§ 97 ff. GWB Anwendung. Das gilt dann auch für § 130 GWB, der die Sozialleistungsträger, sofern sie überhaupt **öffentliche Aufträge** erteilen, von den strengen Bindungen des Vergabeverfahrens befreit (unten Rn. 19b). Letzeres wird für die Dienstleistungsaufträge nach den §§ 63 und 140a SGB V in § 69 Abs. 4 SGB V nur noch klargestellt. Insgesamt hat der Gesetzgeber jedenfalls für das Leistungserbringungsrecht der Krankenversicherung folgende Entscheidung getroffen: „öffentlich-rechtlich bei weitgehender Orientierung am Wettbewerbsrecht." Eindeutig geklärt ist das Verhältnis zwischen dem Sozial- und dem Wettbewerbsrecht durch die detaillierte Regelung des § 69 SGB V immer noch nicht. Strittig ist vor allem, ob dem Abschluss von Verträgen über die Versorgung mit Hilfsmitteln (§ 127 SGB V) und die ambulante Palliativversorgung nach § 132d SGB V ein Vergabeverfahren vorausgehen muss (dazu KassKomm-Krasney § 69 SGB V Rn. 67, 68). Das hängt maßgeblich davon ab, wie der Begriff des öffentlichen Auftrags zu verstehen ist (unten Rn. 19a).

18c Weniger ausdifferenziert gelten dieselben Grundsätze auch für die anderen Sozialleistungsträger. Von erheblicher theoretischer und praktischer Bedeutung ist dabei die Tatsache, dass die Ausnahme vom Wettbewerbsrecht auch gelten soll, wenn die Leistungsträger in Erfüllung einer öffentlichen Aufgabe unter staatlicher Aufsicht und dabei überwiegend auf der Basis von Versicherungszwang einen solidarisch ausgerichteten Versicherungsschutz betreiben (vgl. EuGH ZESAR 2009 S. 343 – Kattner; Giesen, ZESAR 2009 S. 311; Fuchs, ZESAR 2009 S. 365; Baier, MedR 2011 S. 345; Fuchs, SGb 2012 S. 507). Sie sind in diesem Falle nicht als Unternehmen anzusehen. Dem wird man zustimmen müssen. Nach einer relativ weitgehenden Auffassung sind die Wettbewerbsregeln jedoch auch dann nicht anzuwenden, wenn die Sozialleistungsträger mit der **Beschaffung von Dienstleistungen** zur Erfüllung ihrer Aufgaben befasst sind, weil der Beschaffungsvorgang nicht von der späteren Verwendung für den sozialen Ausgleich zu trennen ist. Damit wären alle Vertragsschlüsse im sozialrechtlichen Dreiecksverhältnis einer wettbewerbsrechtlichen Beurteilung entzogen (vgl. Becker/Kingreen, NZS 2010 S. 417). Nach einer mE zutreffenden Auffassung sind solche Beschaffungsvorgänge jedoch als Marktteilnahme anzusehen und die Sozialleistungsträger sind bei dieser Tätigkeit Unternehmen. Zwar ist es zutreffend, dass die bloße Nachfrage am Markt nicht als unternehmerische Tätigkeit aufgefasst werden kann. Das gilt aber nur für die Nachfrage des Endverbrauchers, hier also des Sozialleistungsberechtigten. Dies lässt sich nicht auf die Organisation der gesamten Leistungserbringung übertragen. Teilweise werden demgegenüber die Sozialleistungsträger selbst dort als Unternehmen angesehen, wo Versicherungszwang und **solidarische Aufgabenerfüllung** ihr Handeln bestimmen (Frenz, ZESAR 2013 S. 107; Kaeding, ZESAR 2016 S. 259, 262). So hat auch der EuGH einen öffentlich-rechtlich organisierten Träger der Krankenversicherung im Zusammenhang mit der Richtlinie 2005/29/EG (unlautere Geschäftspraktiken) als Gewerbetreibenden angesehen (EuGH NZS 2013 S. 896 – BKK Mobil Oil, dazu Bloch/Hansen, KrV 2014 S. 89; Forst, ZESAR 2014 S. 163). Einmal mehr wird dadurch bestätigt, dass nach der Art der Tätigkeit zu differenzieren ist. Anders ausgedrückt, der rechtlichen Bewertung ist ein **funktionaler Unternehmensbegriff** zu Grunde zu legen. Das kann dann für jedes Teilgebiet zu unterschiedlichen Ergebnissen führen.

Dass die Leistungsträger im Rahmen ihrer Beschaffungstätigkeit im Wesentlichen nur nachfragen und nicht anbieten, ändert also an dem wirtschaftlichen Charakter ihrer Tätigkeit nichts. Den Besonderheiten dieser Tätigkeit der Sozialleistungsträger ist im Rahmen von Art. 106 Abs. 2 AEUV Rechnung zu tragen. Danach gelten für Unternehmen, die mit Dienstleistungen von allgemeinem wirtschaftlichem Interesse betraut sind, die Wettbewerbsregeln nur, soweit die Anwendung dieser Vorschriften nicht die **Erfüllung der ihnen übertragenen besonderen Aufgabe** rechtlich oder tatsächlich verhindert. Darüber hinaus besteht auch für einen Verzicht auf die Anwendung der Wettbewerbsregeln auf das Verhältnis der Leistungsträger zu den Leistungserbringern kein Anlass. Das folgt bereits aus der grundsätzlichen Bedeutung der Art. 3 Abs. 1 und 12 Abs. 1 GG für das gesamte Leistungserbringungsrecht. Allerdings ergibt sich daraus die Folge eines Kontrahierungszwanges für den Leistungsträger nur dann, wenn er sich allein auf diese Weise rechtmäßig verhalten kann (BSG NZS 2010 S. 349). **18d**

Was das Leistungserbringungsrecht im Detail angeht, so ergibt sich in den einzelnen Sozialleistungsbereichen eine höchst ambivalente rechtliche Situation (vgl. Becker ua VSSR 2011 S. 323; VSSR 2012 S. 1, 104). Die Leistungsträger organisieren privat-gewerblich tätige Leistungsanbieter, um ihre gesetzlichen Verpflichtungen zu erfüllen. Diejenigen, die sich an der Leistungserbringung beteiligen wollen, können sich dabei auf einen aus Art. 3 Abs. 1 GG abzuleitenden chancengleichen Zugang zum Leistungserbringermarkt berufen (BVerfG 116 S. 135). Inzwischen betrachtet der EuGH die Leistungsträger als **öffentliche Auftraggeber** im Sinne des Vergaberechts. Dabei sieht er das Kriterium der staatlichen Finanzierung in der RL 2004/18/EG Art. 1 Abs. 9 lit. c) durch die Erhebung von Pflichtbeiträgen erfüllt (EuGH ZESAR 2009 S. 395 – Oymanns; aA Ruland, SGb 2014 S. 645, 650; vgl. dagegen Höfer/Nolte, NZS 2015 S. 441). Hier ist allerdings zu unterscheiden: Das Vergaberecht ist nur anwendbar, wenn ein öffentlicher Auftrag erteilt wird (Koop, NZS 2017 S. 103). Jedoch muss nicht die gesamte **Beschaffungstätigkeit** eines Leistungsträgers in der Erteilung öffentlicher Aufträge im Rechtssinne bestehen. Insoweit stellt die Reduzierung des ganzen Themas auf die „Ausschreibung" eine zu große Vereinfachung dar. Man kann in diesem Zusammenhang durchaus § 69 Abs. 4 SGB V als Modell für das ganze Sozialrecht begreifen. **18e**

Typischerweise erfolgt der Zuschlag als öffentlicher Auftrag, jedoch werden die Verträge im Sinne des Vergaberechts in privatrechtlicher Form geschlossen. Das Vergaberecht erhält so seine rechtlichen Maßstäbe aus dem Zivilrecht und dem öffentlichen Recht (Burgi, NZBau 2001 S. 64). In dieser Mischform trifft das Vergaberecht nun auf das Sozialrecht. Dort ist nicht immer ganz klar, ob der Leistungserbringungsvertrag öffentlich-rechtlich oder privatrechtlich einzuordnen ist (Eicher, SGb 2013 S. 127; Ladage, SGb 2013 S. 553). Schwerer wiegt folgender Unterschied: Mit dem vergaberechtlichen Zuschlag erhält der Bewerber – legitimiert durch ein rechtsstaatlich organisiertes Auswahlverfahren – ein exklusives Betätigungsrecht. Im sozialrechtlichen Leistungserbringungsrecht hat sich demgegenüber immer stärker eine Hinwendung zur Vielfalt der Leistungsanbieter erge- **18f** ben (BVerfG NZS 2004 S. 420; BSG SozR 3-2500 § 111 Nr. 1, 2; § 124 Nr. 5, 9). Die Zuweisung eines exklusiven Betätigungsrechts und damit im Grunde das ganze Vergabeverfahren, verträgt sich damit nicht. Insgesamt hat sich ein sozialrechtliches Leistungserbringungsrecht nicht nur an den Art. 3 Abs. 1, 12 Abs. 1 GG zu orientieren, sondern auch an dem Wunsch- und Wahlrecht der Leistungsberechtigten, das seine Begründung aus Art. 2 Abs. 1 GG ableitet (vgl. § 33 Rn. 13).

18g Eine gewisse Klärung der Zweifelsfragen hat sich dadurch ergeben, dass die EU in den Art. 74–77 ihrer Richtlinie über die öffentliche Auftragsvergabe (RL 2014/24/EU) flexiblere Beschaffungsregelungen bei sozialen Dienstleistungen im Rahmen eines öffentlichen Auftrags getroffen hat. Dabei wurden die **Schwellenwerte** bei öffentlichen Dienstleistungsaufträgen betreffend soziale und andere besondere Dienstleistungen im Sinne von Anhang XIV auf 750 000 € angehoben (Art. 4 lit. d) RL 2014/24/EU. Damit ist die Durchführung eines Vergabeverfahrens nicht nötig. Jedoch eine Rechtsbindung, sei es auch außerhalb eines Vergabeverfahrens, ist nicht aufgehoben (vgl. Höfer/Nolte, NZS 2015 S. 441). Man wird darüber hinaus sagen müssen, dass die Zielsetzung der neuen Regelungen auch darin besteht, die ursprüngliche Vergabefremdheit sozialer Zwecke in das Vergaberecht zu integrieren und damit die Auftragsvergabe für die Unterstützung gemeinsamer gesellschaftlicher Ziele fruchtbar zu machen (Ziekow, DöV 2015 S. 897; Frenz ZESAR 2018 S. 101).

19 Für welche Dienstleistungen die Sonderregelungen gelten, ist in Anhang XIV der Richtlinie geregelt. Erfasst sind praktisch alle Sozialleistungen: „Dienstleistungen des Gesundheits- und Sozialwesens und zugehörige Dienstleistungen". Ausdrücklich erwähnt werden noch „Unterstützungsleistungen und Zuwendungen", die über den sozialrechtlichen Rahmen hinausweisen. Die Richtlinie 2014/24/EU wurde durch das VergRModG in das innerstaatliche Recht überführt. Dabei wurden für soziale und andere besondere Dienstleistungen in den §§ 130 ff. GWB Sonderregelungen getroffen. Sie gelten also oberhalb de Schwellenwerte. Danach stehen bei der Vergabe von öffentlichen Aufträgen über soziale Dienstleistungen **mehrere Vergabeverfahren** zur Verfügung (§ 130 Abs. 1 GWB). Insgesamt verfügen die Mitgliedsstaaten infolge des erhöhten Schwellenwerts, ab dem überhaupt erst § 130 GWB anzuwenden ist und der dann bestehenden Möglichkeit einer Auswahl zwischen mehreren Verfahren bei der Vergabe eines öffentlichen Auftrags über einen erheblichen Entscheidungsspielraum (vgl. Luthe, SGb 2015 S. 489).

19a Vorgeschrieben sind die Verfahren nach § 130 GWB zudem nur, wenn ein öffentlicher Auftrag erteilt wird. In Art. 1 Abs. 2 lit. a) RL 2014/24/EU wird er definiert als schriftlichen, entgeltlichen Vertrag, der zwischen einem oder mehreren Wirtschaftsteilnehmern und einem oder mehreren öffentlichen Auftraggebern geschlossen wird und die Ausführung von Bauleistungen, die Lieferung von Waren oder die Erbringung von Dienstleistungen zum Gegenstand hat. Dem entspricht auch die Definition des § 103 GWB (vgl. OLG Düsseldorf NZBau 2014 S. 654). Ausschlaggebendes Merkmal für den öffentlichen Auftrag ist die **Entscheidung im Anschluss an ein Auswahlverfahren** (OLG Düsseldorf NZS 2012 S. 504; EuGH C 410/14 – Falk-Pharma ZESAR 2017 S. 30 mAnm Kingreen). Dem Ausgewählten kommt dann ein exklusives Betätigungsrecht zu. Damit ist etwa das „open-house-Verfahren", bei dem grundsätzlich jeder geeignete Marktteilnehmer zu vorher festgelegten gleichen Bedingungen Vertragspartner des Anbieters werden kann, nicht als öffentlicher Auftrag anzusehen (vgl. dazu Hansen/

Heilig, NZS 2017 S. 290; Luthe, SGb 2018 S. 206; Meyer-Hofmann/Bördner/Kruse, NZS 2018 S. 473).

Die Voraussetzung, dass ein Vergabeverfahren zu einer Auswahlentscheidung führen muss, könnte allerdings im Einzelfall dazu führen, dass sich ein Leistungsträger, sofern er die Wahl hat (§ 130 GWB), unter Berücksichtigung der dadurch eingeschränkten Wahlfreiheit des Leistungsberechtigten, auf die Durchführung dieses Vergabeverfahrens verzichtet. Unverzichtbar ist auch in diesem Falle der diskriminierungsfreie Zugang zum Markt. Diese Situation hat sich im Verhältnis der §§ 31 Abs. 1 Satz 5 zu § 129 Abs. 2 SGB V ergeben. Das Recht, auch die Apotheke frei zu wählen, kann eingeschränkt sein, wenn die Krankenkasse nach einem Vergabeverfahren einer Apotheke ein exklusives Betätigungsrecht eingeräumt hat. Als Folge eines solchen Exklusivvertrages sind andere Apotheker von der Versorgung ausgeschlossen. Zugleich ist das Wahlrecht des Leistungsberechtigten eingeschränkt. Dabei stellen sich die Fragen als etwas komplexer dar, wenn man berücksichtigt, dass auch das Wahlrecht der Leistungsberechtigten, wie in § 11 Abs. 1 und 2 ApoG, begrenzt sein kann, und dass die Versorgungssicherheit gerade die Auswahl eines einzigen Anbieters, der direkt mit dem Arzt kooperiert, verlangen kann (vgl. BSG SGb 2017 S. 219 mAnm Kieser). Auch auf diese Weise kann ein Recht im Einzelnen bestimmt sein (§ 33 Satz 1 SGB I). **19b**

4. Besonderheiten im Dreiecksverhältnis

Von diesen Besonderheiten aber abgesehen ist das deutsche Leistungserbringungsrecht dadurch gekennzeichnet, dass grundsätzlich alle geeigneten Marktteilnehmer zur Leistungserbringung zugelassen werden. Beim Abschluss solcher Verträge, die das typische **Dreiecksverhältnis** begründen, findet kein Auswahlverfahren statt. Das Dreiecksverhältnis gleicht weder einer Konzession (vgl. Art. 5 Nr. 1 lit. b) RL EU 2004/23), noch einem open-house-Verfahren (ob Rn. 19a). Es handelt sich vielmehr um ein einfaches Zulassungssystem, das für den Vertragspartner keine Exklusivität der Betätigung begründet (Burgi/Dreher-Rixen § 130 GWB Rn. 40–42; BT-Drs. 18/6281 S. 73). Eine Entgeltlichkeit ergibt sich erst auf der Grundlage der Inanspruchnahme von Leistungen. Solche Verträge sind keine öffentlichen Aufträge und aus dem gleichen Grund auch keine Konzessionen. Damit findet das Vergabeverfahren nach den §§ 97 ff. GWB und insbesondere der §§ 130 GWB, 64 ff. VgV keine Anwendung. **19c**

Was die gebräuchliche Formel vom Dreiecksverhältnis angeht, so ist zu betonen, dass dieses Bild geeignet ist, das Verhältnis von Leistungsberechtigtem, Leistungsträger und Leistungserbringer anschaulich zu machen. Es beschreibt ein mehr oder weniger durchstrukturiertes Rechtsverhältnis, das sich in der Krankenversicherung unter Einbeziehung der Kassenärztlichen Vereinigung sogar zu einem Vierecksverhältnis entwickelt. Dabei gilt es immer zu beachten, dass es nicht das Dreieckverhältnis selbst ist, das die Rechtsverhältnisse bestimmt, sondern das es die im Einzelnen sehr unterschiedlichen, teils öffentlich-rechtlichen, teils privatrechtlichen Normen sind, die in dem Begriff des Dreiecksverhältnisses zusammengefasst werden (vgl. BSG 102 S. 1). Von daher eignet sich der Verweis allein auf das Dreiecksverhältnis nie zu Begründung einer rechtlichen Entscheidung. **19d**

Wenn das Vergaberecht ua eine Ungleichbehandlung der Marktteilnehmer verhindern soll, dann ergibt sich im Dreiecksverhältnis ein gleichgelagertes Problem jedoch auf der zweiten Stufe. Wenn durch eine nicht selektive Zulassung eine Ungleichbehandlung ausgeschlossen ist, dann ist dies aber immer noch bei der **19e**

Inanspruchnahme durch den Leistungsträger, bei der Belegung, möglich. Das Wunsch- und Wahlrecht (§ 33 Rn. 13) des Leistungsberechtigten ist hier sicher ein Korrektiv. Die Verwaltungspraxis verläuft aber häufig so, dass die Belegung von Einrichtung nach einem administrativen Grundmuster erfolgt. Um hier Gleichbehandlung der Marktteilnehmer und das Wunsch- und Wahlrecht der Leistungsberechtigten gleichermaßen zu gewährleisten, wäre jedem Bescheid zur Kostenübernahme eine Aufstellung der zugelassenen – möglichst aller wohnortnahen – Leistungserbringer beizufügen. Vorbild dafür könnte die Regelung des § 17 Abs. 1 Satz 2 SGB IX zur Gutachterauswahl sein. Ist diese Voraussetzung nicht erfüllt, so entfällt damit die Rechtfertigung dafür, dass auf ein Vergabeverfahren verzichtet wird.

19f Insgesamt wird man nach der Neuordnung des Vergaberechts sagen müssen, dass die Sonderstellung insbesondere der Sozialleistungsträger sowohl nach Unions-, als auch nach innerstaatlichem Recht sinnvoll ist. Es ist aber zu beachten, dass diese Stellung vor allem geschaffen wurde, weil die Verträge über die Erbringung von Sozialleistungen oft keine europaweite Bedeutung haben (RL 2014/24/EU, Erwägungsgrund 114). Das kann nicht so verstanden werden, dass eine Rechtsbindung für die Leistungsträger nicht oder nur in geringerem Umfange bestünde. So hat der EuGH in der Rechtssache Falk-Pharma zum wiederholten Mal betont, dass auch dann, wenn eine Vergabeverfahren nicht durchgeführt werden muss, die Grundsätze der Nichtdiskriminierung und Gleichbehandlung, sowie das Transparenzgebot beachtet werden müssen (EuGH C 410/14 – Falk-Pharma ZESAR 2017 S. 30 mAnm Kingreen). Soweit das europäische bzw. das innerstaatliche Wettbewerbsrecht nicht anwendbar ist, muss besonders darauf geachtet werden, dass alle Entscheidungen auf der Grundlage der Art. 3 Abs. 1 und 12 Abs. 1 GG erfolgen. Gerade nur lokal agierende Leistungserbringer, dürften wirtschaftlich eher schwächer und damit in größerem Maße schutzbedürftig sein.

19g Zu verhindern ist, dass sich die marktorientierte Sichtweise des Handelns der Leistungsträger in ihrem Verhältnis zu den Leistungserbringern auf das Leistungsrecht auswirkt. Im Leistungserbringungsrecht ist in den letzten Jahren zudem ein neuer Aspekt immer deutlicher geworden. Er wirkt gewissermaßen intern: In praktisch allen Bereichen, abgesehen von der Unfall- und teilweise auch der Rentenversicherung, ist das Leistungserbringungsrecht so organisiert, dass sich die Leistungsträger bei der Erfüllung ihrer auf Solidarausgleich ausgerichteten Aufgabe solcher Leistungserbringer bedienen, die auf privatrechtlicher Grundlage tätig werden und die selbst nicht zwangsläufig ein Interesse am sozialen Ausgleich haben, jedenfalls rechtlich nicht unmittelbar in ihn eingebunden sind. Das sind praktisch alle Anbieter von Medizinprodukten, auch die Ärzte und andere private Anbieter von Leistungen, etwa Pflegeheime. Dasselbe gilt in abgeschwächter Form auch für Wohlfahrtsverbände. Die sozialrechtlichen Regelungen gelten nicht unmittelbar für sie. Die auf Sozialleistungen angewiesenen Leistungsberechtigten lassen sich im Verhältnis zu den Leistungserbringern auch als Abnehmer von Waren und Dienstleistungen verstehen. Ihre mehr oder weniger große Angewiesenheit auf Leistungen und ihre faktische Abhängigkeit vom Leistungserbringer legen es nahe, wenn schon das Sozialrecht dazu keine besondere leistungserbringungsrechtlichen Regelungen getroffen hat, verbraucherschutzrechtliche Maßstäbe anzulegen (Hänlein, RsDE 2011/73 S. 28). Im wichtigsten Bereich, nämlich der stationären Versorgung, hat sich der Gesetzgeber dieser Aufgabe angenommen, und das bisherige und noch weiter geltende Heimgesetz zu einem „Wohn- und Betreuungsvertragsgesetz" fortentwickelt (Plantholz/Bansen, RsDE 2010/71

S. 1). Allerdings stehen bei diesen Regelungen die wirtschaftlichen Interessen der „Verbraucher von Sozialleistungen" sehr im Vordergrund (vgl. §§ 7–9 WBVG). Jedoch ergeben sich zunehmend auch sozialrechtliche Akzente. Das gilt etwa für die Aufgabe der Krankenkassen in der „Verbraucher- und Patientenberatung", der Unterstützung bei Behandlungsfehlern (§§ 65b, 66 SGB V) oder für die Schaffung des besonderen Vertragstyps „Pflegevertrag" in § 120 SGB XI (vgl. Bieback, SGb 2018 S. 321). Vor diesem Hintergrund wirkt die kassenarztrechtliche Regelung des § 76 Abs. 4 SGB V mit ihrer Verweisung auf das „bürgerliche Vertragsrecht" doch etwas antiquiert. Die das Rechtsverhältnis jetzt konkretisierenden §§ 660a ff. BGB bringen zwar gesetzliche Klarstellungen, jedoch fassen sie im Wesentlichen (vgl. § 660h BGB) nur die vorhandene Rechtsprechung zusammen.

Teilweise wird aus der Entwicklung der letzten Jahre gefolgert, dass das Sozial- 20
recht in bestimmten Bereichen „privatisiert" werden könne bzw. müsse. So wird im Hinblick auf Art. 12 GG dem Instrument einer vertragsärztlichen Bedarfsplanung entgegengehalten, dass die Einfügung „privatversicherungsrechtlicher Wettbewerbselemente" in die Sozialversicherung das geeignetere Mittel wäre, die Ausgabenentwicklung zu begrenzen, andernfalls stünde der Grundrechtsschutz zur Disposition des sich für ein bestimmtes System entscheidenden Gesetzgebers (Boecken, NZS 1999 S. 420). Dieser Erwägung wird man aber entgegenhalten müssen, dass der Gestaltungsspielraum des Gesetzgebers nicht schon eingeschränkt werden kann, wenn sich ein bestimmtes System als Möglichkeit anbietet. Ob eine stärkere privatrechtliche Gestaltung des sozialen Ausgleichs die bessere Alternative zum jetzigen System darstellt, müsste zumindest plausibel gemacht werden. Inzwischen setzt sich vor dem Hintergrund von Entscheidungen im kommunalen Sektor allenthalben die Erkenntnis durch, dass „wirtschaften" nicht rationaler ist als „verwalten" Hendricks/Tops, VerwArch 2001 S. 560). Abgesehen davon stößt ein zu weitgehender Abbau einer Staatlichkeit im Sozialrecht auf rechtliche Bedenken (Penski, DÖV 1999 S. 85; Grawert, Der Staat 2011 S. 227; Kretschmer, SGb 2015 S. 357). Es ist der Sozialstaat, der eine Antwort auf unzuträgliche gesellschaftliche Entwicklungen gefunden hat. Angesichts der wachsenden Finanzierungsprobleme bei der Erfüllung sozialstaatlicher Aufgaben, die nur durch eine Verbreiterung der Basis zu bewältigen sind, wären die Systemunterschiede zwischen Privat- und Sozialrecht wieder stärker zu akzentuieren und eine Orientierung des letzteren an ersterem eher zu vermeiden. Zum Leistungsvertrag vgl. § 17 Rn. 33.

Gleichwohl ist die Ausgestaltung des „Systems" des Sozialtrechts oder eines 20a
Teils von ihm ein wichtiger Faktor, der die Frage einer privat- oder öffentlich-rechtlichen Gestaltung der Marktverhältnisse überlagert und sogar den Einfluss derjenigen Grundrechte, die für den Wettbewerb die größte Bedeutung haben (Art. 3 Abs. 1 und 12 Abs. 1 GG), durchaus relativieren kann. Dies zeigt sich am deutlichsten in der Krankenversicherung und dort natürlich vor allem im Leistungserbringungsrecht. Einer Berufung eines Marktteilnehmers, zB des niedergelassenen Arztes, auf Art. 12 GG zur Absicherung seiner Erwerbstätigkeit ist grundsätzlich der Einwand entgegenzusetzen, dass sich aus Art. 12 Abs. 1 GG kein Recht auf einen Schutz vor Konkurrenz ableiten lässt, und zwar auch dann nicht, wenn dies zu einem individuellen Verdrängungswettbewerb führen könnte (BVerfG NVwZ 2009 S. 977). Das gilt im Prinzip im gesamten Leistungserbringungsrecht und betrifft etwa auch die Tätigkeit der Wohlfahrtsverbände, die insoweit einen Beruf ausüben. Dem bereits auf dem Markt tätigen Leistungserbringer ist grundsätzlich kein Vorrang einzuräumen. Einer den Konkurrenten abwehrenden, sog. defensiven Konkurrentenklage, kann also im Normalfall kein Erfolg

beschieden sein (BSG 98 S. 98). Dies gilt etwa auch für den Fall der Anerkennung einer konkurrierenden Behandlungsmethode (BSG SozR 4-2500 § 135 Nr. 22).

20b Anders muss dies aber vor dem Hintergrund der Rechtsprechung des BVerfG beurteilt werden, wenn der Gesetzgeber, wie insbesondere im Leistungserbringungsrecht der Krankenversicherung, wegen der Wahrung verfassungsrechtlich begründbarer Gemeinwohlbelange ein relativ festgefügtes System begründet hat und begründen durfte. Ein solches System geht prinzipiell auch mit Einschränkungen der Berufsfreiheit der am System teilnehmenden Wettbewerber einher. Zum Erhalt dieses Systems kann der Gesetzgeber also weitere Regelungen schaffen, die die Berufsfreiheit und auch den Zugang neuer Bewerber und damit den Wettbewerb einschränken können. Das gilt auch für die Minderung von Erwerbschancen, die gleichfalls ihre Grundlage in Art. 12 Abs. 1 GG haben.

20c Alle Einschränkungen müssen sich aber wiederum an den Gemeinwohlbelangen messen lassen, mit denen die „durchstrukturierten Marktbedingungen" gerechtfertigt werden. Dabei wird man besonders darauf zu achten haben, dass dies nicht auf einen Schutz vor Konkurrenz reduziert werden darf. Geschützt wird in erster Linie das als notwendig angesehene System, geschützt werden nicht unmittelbar die Eigeninteressen der Akteure innerhalb dieses Systems, bzw. kommt ihnen nur Schutz zu, soweit dies im Interesse des Systemerhalts erforderlich ist. Daraus folgt: Auf der Grundlage der §§ 73 ff. SGB V müssen die Vertragsärzte verschiedene Einschränkungen ihrer Berufsfreiheit hinnehmen und können gleichwohl nicht die Konkurrenz anderer Vertragsärzte abwehren. In einem wichtigen Punkt ist dies jedoch anders. Gemäß § 116 SGB V können Krankenhausärzte zur vertragsärztlichen Versorgung zugelassen werden. Diese bilden vor dem Hintergrund einer wirtschaftlich gesicherten Existenz eine Konkurrenz für den niedergelassenen Arzt – eine Konkurrenz, die dieser abwehren kann. Eine Zulassung der Krankenhausärzte kann danach grundsätzlich nur erfolgen, wenn eine Versorgungslücke besteht, die Funktionsfähigkeit des Systems also nicht gewährleistet ist:

20d „Die Berufsausübung des Vertragsarztes findet in einem staatlich regulierten Markt statt… Der Gesetzgeber hat dem spezifischen unternehmerischen Risiko der niedergelassenen Ärzte im Verhältnis zu den Krankenhausärzten, die auf mit staatlichen Mitteln geförderte Investitionen zurückgreifen können, dadurch Rechnung getragen, dass er in § 116 S. 2 SGB V den Vertragsärzten für den gesamten Bereich der ambulanten Versorgung gesetzlich Versicherter den Vorrang gegenüber den Krankenhausärzten eingeräumt hat. Deren Teilnahme ist nur im Fall einer Versorgungslücke vorgesehen… Das Grundrecht des Vertragsarztes aus Art. 12 Abs. 1 GG wird im Interesse der Funktionsfähigkeit des Systems der gesetzlichen Krankenversicherung in vielfältiger Weise eingeschränkt. Zur Sicherung von Qualität und Wirtschaftlichkeit muss er Einschränkungen seines Behandlungsspektrums ebenso hinnehmen wie Regelungen, die seine Niederlassungsfreiheit, seine Fallzahlen und seine Vergütung begrenzen. Diese Eingriffe können im Bereich der gesetzlichen Krankenversicherung durch den Gemeinwohlbelang der Sicherstellung der Versorgung der gesetzlich Versicherten gerechtfertigt werden. An diesem legitimen Zweck sind aber die jeweiligen Beschränkungen der Berufsfreiheit der im System tätigen Leistungserbringer auch zu messen… Kommt es durch hoheitliche Maßnahmen zu weitergehenden, an diesen Belangen nicht ausgerichteten Eingriffen in die gesetzlich durchstrukturierten Marktbedingungen, die zu einer Verwerfung der Konkurrenzverhältnisse führen können, können die im System eingebundenen Leistungserbringer in ihrem Grundrecht aus Art. 12

Abs. 1 GG verletzt sein. Eine Verwerfung der Konkurrenzverhältnisse ist dann zu besorgen, wenn den bereits zum Markt zugelassenen Leistungserbringern ein gesetzlicher Vorrang gegenüber auf den Markt drängenden Konkurrenten eingeräumt ist … Fehlt es hieran, so realisiert sich in dem Marktzutritt (eines Newcomers) lediglich ein dem jeweiligen Markt bereits immanentes Wettbewerbsrisiko" (BVerfG NZS 2005 S. 199).

Einem am Markt tätigen Leistungserbringer kann also durch gesetzliche Rege- 20e lung ein Vorrang eingeräumt sein, den er auch gegenüber seinem Konkurrenten verteidigen kann, wenn anders die Versorgung nicht gewährleistet werden kann. Wieder anders ist die Sachlage zu beurteilen, „wenn mehrere Bewerber um eine Planposition konkurrieren. Hier liegt in der Aufnahme des erfolgreichen Bewerbers implizit auch die Nichtaufnahme des übergangenen Bewerbers… Die Nichtaufnahme (in einen Krankenhausplan) greift aber in die berufliche Betätigungsmöglichkeit in einer Weise ein, die einer Berufszulassungsbeschränkung nahe kommt… Dies rechtfertigt es, dem übergangenen Bewerber zeitnah die Möglichkeit der Drittanfechtung gegen den an den Konkurrenten gerichteten Feststellungsbescheid einzuräumen" (BVerfG NVwZ 2009 S. 977 Rn. 11).

Vor diesem Hintergrund hat das BSG seine neuere Rechtsprechung entwickelt 20f und dabei die Möglichkeit wettbewerbsregulierender Eingriffe wohl etwas erweitert, weil für das Gericht die Absicherung eines durchstrukturierten Versorgungssystems wohl im Vordergrund steht. Für die Zulässigkeit berufs- und wettbewerbseinschränkender Regelungen stellt das BSG folgende Gesichtspunkte heraus. Es müssen „erstens (1) der Kläger und der Konkurrent im selben räumlichen Bereich die gleichen Leistungen anbieten, (und es müssen) weiterhin (2) dem Konkurrenten die Teilnahme an der vertragsärztlichen Versorgung eröffnet oder erweitert und nicht nur ein weiterer Leistungsbereich genehmigt werden, und (es muss) ferner (3) der dem Konkurrenten eingeräumte Status gegenüber demjenigen des Anfechtenden nachrangig sein. Letzteres ist der Fall, wenn die Einräumung des Status an den Konkurrenten vom Vorliegen eines Versorgungsbedarfs abhängt, der von den bereits zugelassenen Ärzten nicht abgedeckt wird". Etwas missverständlich ist die Formulierung des BSG, die Anfechtungsberechtigung setze voraus, dass zwischen den Beteiligten ein faktisches Konkurrenzverhältnis vorliege, durch dass plausibel wird, dass der bereits tätige Leistungserbringer eine „nicht nur geringfügige Schmälerung seiner Erwerbsmöglichkeiten zu befürchten hat" (BSG SozR 4-2500 § 121a Nr. 4 Rn. 25; LSG Ns.-Brem., NZS 2015 S. 233 mAnm Flachsbarth). Dies darf nur mit der Einschränkung gelten, dass unmittelbar damit eine Gefährdung der Versorgung verbunden sein muss (vgl. auch BSG SozR 4-2500 § 121a Nr. 4).

5. Sozialrecht als öffentliches Recht

Ob durch eine Orientierung am Markt das System besser gesteuert werden 21 kann, wird auch in der Ökonomie eher bezweifelt (Kühn, SF 1998 S. 131; Wüstenbecker, SF 1999 S. 297). Der Gesetzgeber selbst scheint einem eher am Markt entwickelten Ordnungsprinzip der Leistungserbringung nicht ganz zu vertrauen. So wurde zunächst in § 69 SGB V das Leistungserbringungsrecht auf eine einheitliche öffentlich-rechtliche Grundlage gestellt, was ganz offensichtlich geschehen war, um die Krankenversicherung nicht länger den Mechanismen des Marktes auszusetzen. Für andere Sozialrechtsbereiche ist dies aber nicht geschehen. Wohl nicht richtig gewürdigt hat der Gesetzgeber dabei die Tatsache, dass auch bei einer öffentlich-rechtlichen Gestaltung die Wirkungen, die von den Art. 3 Abs. 1 und 12 GG auf das Leistungserbringungsrecht ausgehen, kaum zu anderen Ergebnissen führen, als das Wettbewerbsrecht (vgl. BSG SGb 2001 S. 328 mAnm Meydam; BSG SGb 2001 S. 450 mAnm Bieback). Die erste Konsequenz daraus war zunächst einmal eine uneinheitliche obergerichtliche Rechtsprechung (BSG 89 S. 24; OLG Dresden NZS 2002 S. 33). Des Weiteren ist schwerlich zu erwarten, dass ein Sozialrecht, dessen Steuerung schon immer ein Problem war, nun besser organisiert werden könnte, wenn der Gesetzgeber sich nicht zwischen privatrechtlich und hoheitlich wirkenden Instrumenten entscheiden kann (vgl. auch Gröpl, VerwArch 2002 S. 459; Eichenhofer, NZS 2004 S. 169). Gegenwärtig wird man aber sagen müssen, dass die Grundentscheidungen, die in den §§ 69 SGBV und 130 GWB zum Ausdruck kommen, Modell für das gesamte Leistungserbringungsrecht sein können.

22 Ein Eindringen privatrechtlicher Elemente ist aber auch im **Leistungsrecht** festzustellen. So ist mit der Weiterentwicklung der Rentenversicherung in die Rentenformel der leistungsverkürzende Faktor der privaten Vorsorge eingegangen (§ 23 Rn. 29 ff.). Nach den ersten Anfängen des § 37a Abs. 1 Satz 4 SGB III aF hat sich später ein System der privaten Arbeitsvermittlung entwickelt (§§ 292 ff. SGB III). Nicht ganz so weit geht die Regelung des § 29 SGB IX, die für einen behinderten Menschen die Bedarfsdeckung über ein persönliches Budget ermöglichen. Dabei bildet die Zielvereinbarung (§ 29 Abs. 4 SGB IX) einen relativ engen Rahmen (vgl. § 29 SGB I Rn. 24). Das persönliche Budget tritt an die Stelle von Sach- oder Dienstleitungen. Eine vertragliche Beziehung zwischen dem Leistungsträger und dem Leistungserbringer besteht nicht mehr. Auch dadurch erhofft man sich durch Ablösung einer rein caritativ verstandenen Fürsorge mehr Autonomie für den Berechtigten und eine Mobilisierung von Wirtschaftlichkeitsreserven (Hajen, NDV 2001 S. 66, 113). Eine davon deutlich zu unterscheidende, fast gegenläufige Entwicklung hat sich in der Krankenversicherung ergeben. Hier ist die private stärker an die gesetzliche Krankenversicherung herangeführt worden (§ 4 Rn. 3)

23 Diese Entwicklungen ändern aber nichts daran, dass das Sozialrecht öffentliches Recht ist. Denn in seinem Zentrum steht der Sozialleistungsanspruch, über den durch Verwaltungsakt entschieden wird. Auch die jetzt stärkere Heranführung der Privatversicherung an Grundsätze, die bisher nur die Sozialversicherung prägten, lässt Zweifel daran aufkommen, dass sich ein sozialer Ausgleich im Privatrecht organisieren ließe. Lediglich auf den Vollzug, die Leistungserbringung, wirken zunehmend privatrechtliche Handlungsformen ein.

24 Vor seinem historischen Hintergrund gesehen, dürfte der Begriff der **sozialen Sicherheit** eine sehr umfassende Bedeutung haben. Er lässt sich nicht vollständig mit den Rechten und Interessen Einzelner beschreiben. Deswegen darf man bei der Weiterentwicklung des Systems auch nicht allzu sehr auf die Rechte und Interessen Einzelner abstellen. Es geht auch um einen Institutionenschutz, also um das Aufrechterhalten von Strukturen, die – auch – im Interesse Einzelner bestehen (Raiser JZ 1961 S. 465). Größere gesellschaftliche Umbrüche lassen erkennen, wie sehr Sicherheit im Staate und durch den Staat heute auch als soziale Sicherheit zu verstehen ist, und wie sehr die soziale Sicherung des Einzelnen als Schutz vor Lebensrisiken durch eine Reihe wichtiger Sozialgesetze auf die überindividuelle, die gesellschaftliche Ebene der Sicherheit zu heben ist (vgl. bereits Wolzendorff, Der Polizeigedanke des modernen Staates 1918 S. 215; Ritter, Die Entstehung der Sozialversicherung besonders in Deutschland, Köhler/

Zacher, Beiträge zu Geschichte und aktueller Situation der Sozialversicherung 1983 S. 79). Der Zweck des Staates, der zu einem erheblichen Teil in der Schaffung von Sicherheit zu sehen ist, kann also nicht nur im Sinne von Ruhe und Ordnung verstanden werden. Soziale Sicherheit und soziale Gerechtigkeit sind integrative Bestandteile ein und derselben Staatsfunktion und ein und desselben Sozialrechts. Das entspricht einem Wandel, der sich in der demokratischen Gesellschaft auch in anderen Rechtsbereichen vollzogen hat. Wenn zB im Strafrecht der Rechtsgüterschutz durch integrative Generalprävention (Verteidigung der Rechtsordnung) angestrebt wird, dann ist damit das Abzielen auf jenen Grundkonsens gemeint, auf den jede funktionierende Demokratie angewiesen ist und durch den sie sich von der konstitutionellen Monarchie unterscheidet.

Demgegenüber wird herkömmlicherweise mehr auf das Spannungsverhältnis 25
zwischen der sozialen Sicherheit und der sozialen Gerechtigkeit hingewiesen. Soziale Sicherheit kann nur mit den Mitteln des Rechtsstaats hergestellt werden. Es ist nicht zu übersehen, dass auch dies ein wesentlicher Grundsatz ist, der in § 1 Abs. 1 Satz 1 zum Ausdruck kommt. So rechtfertigt die staatliche Befugnis zur **Umverteilung** keine Enteignung. Dem steht schon Art. 14 GG entgegen, wie auch sozialrechtliche Positionen durch Art. 14 GG gesichert sein können (BVerfG 69 S. 272). Auch dies ist eine rechtsstaatliche Seite der sozialen Sicherheit. Insoweit lassen sich Rechts- und Sozialstaatlichkeit auf eine gemeinsame materielle Grundkomponente zurückführen (Scheuner, Die neuere Entwicklung des Rechtsstaats in Deutschland, in Forsthoff, Hrsg, Rechtsstaatlichkeit und Sozialstaatlichkeit, 1968 S. 461). Jedenfalls ist die gerechte Gesellschaftsordnung, deren Schaffung seit Lorenz v. Stein als Aufgabe des Sozialstaats angesehen wird, nicht nur eine der bürgerlich-liberalen Gesellschaft, deren Mängel ja maßgeblich zur Begründung der modernen Sozialversicherung beigetragen haben (Vogel, Bismarcks Arbeiterversicherung 1951 S. 131; Ritter, Der Sozialstaat, 1989 S. 70; Koslowski, Der Staat 1995 S. 230). In der Herstellung dieses größeren verfassungsrechtlichen und historischen Zusammenhangs liegt die eigentliche Bedeutung des § 1 Abs. 1 Satz 1.

Zum **Begriff des Sozialrechts** finden sich in § 1 keine direkten Aussagen. 26
Die Vorschrift verwendet nicht einmal den Begriff des Sozialrechts. Zu unterscheiden sind der formelle und der materielle Sozialrechtsbegriff. Ersterer bezeichnet die gesamte Rechtsmaterie, die in das Sozialgesetzbuch Aufnahme gefunden hat. Insbesondere ist damit das Lastenausgleichsrecht vom formellen Sozialrecht ausgenommen. Das bedeutet ua auch, dass bestimmte Normen, etwa § 54 SGB I, keine Anwendung auf das LAG finden können. Ein neueres Beispiel für diesen Weg des Gesetzgebers ist das Asylbewerberleistungsgesetz, nach dem zwar im materiellen Sinne Sozialleistungen erbracht werden, das aber nicht in das Sozialgesetzbuch gehört (BGBl I 1997 S. 2022). Allerdings können in diesen Rechtsgebieten sozialrechtliche Normen ausdrücklich für anwendbar erklärt werden, wie dies in § 9 Abs. 3 AsylbLG geschehen ist (BSG SozR 4-3520 § 9 Nr. 1; vgl. auch LSG BW FEVS 64 S. 516).

Eine Klärung wenigstens der wesentlichen Merkmale des **materiellen Sozial-** 27
rechtsbegriffs ist erforderlich, da von diesem Verständnis her die Auslegung einzelner Normen des Sozialgesetzbuches bestimmt wird. Insbesondere können über den Begriff des materiellen Sozialrechts auch diejenigen Zweifelsfragen entschieden werden, die dadurch entstehen, dass man etwa über bestimmte Bereiche des Bildungsrechts geteilter Meinung sein kann. So könnte man etwa Teile des Kinder- und Jugendhilferechts auch außerhalb des Sozialrechts ansiedeln (vgl. § 26

SGB VIII). Insbesondere ist die seit 2009 neu geordnete Kindertagesbetreuung in erheblichem Maße in den Dienst der Sprachförderung und Schulvorbereitung gestellt worden (§§ 22 Abs. 3 Satz 3, 22a Abs. 2 Nr. 3 SGB VIII). Man könnte sie deswegen, heute eher noch als vor der Neuordnung, dem Bildungsbereich zurechnen.

28 Auch zum **Bundeselterngeldgesetz** wird die Auffassung vertreten, dass es nicht zum Sozialrecht im materiellen Sinne gehören würde. Ein vormaliges Einkommen sei für sich betrachtet kein Maßstab für aktuelle Bedürftigkeit und die zu beeinflussende familieninterne Aufteilung von Familien- und Berufstätigkeit würde kein spezifisches Fürsorgeanliegen darstellen (Seiler, NVwZ 2007 S. 129). Bei dieser Argumentation wird Bezug genommen auf Art. 74 Abs. 1 Nr. 7 GG. Danach hat der Bund die konkurrierende Gesetzgebung für die „öffentliche Fürsorge". Dieser verfassungsrechtliche Begriff ist aber sehr viel weiter zu verstehen als der gleiche sozialrechtliche Begriff im Sinne des Fürsorgesystems im engeren Sinne also des SGB II und des SGB XII (Jarass/Pieroth, Art. 74 Rn. 17). Der verfassungsrechtliche Begriff umfasst auch die Ausbildungsförderung, das Kindergeld usw (BVerwG 27 S. 58; BSG 6 S. 213). Man wird deswegen auch das Elterngeld zur öffentlichen Fürsorge iSd Art. 74 Abs. 1 Nr. 7 GG rechnen müssen. Entscheidend ist die familienpolitische Zielsetzung, die auch darin besteht, Väter stärker an der Erziehungsaufgabe zu beteiligen. Wie beim Sozialstaatsprinzip schon erwähnt, hat der Gesetzgeber einen großen Gestaltungsspielraum bei der Festlegung und Verwirklichung sozialpolitischer Ziele (Brosius-Gersdorf, VSSR 2008 S. 209). Meinungsverschiedenheiten dieser Art zeigen aber immer wieder, wie schwer es ist, den Begriff des Sozialrechts in seinen Randbereichen zu präzisieren.

29 Ein wichtiger Hinweis zum Verständnis des Sozialrechtsbegriffs geht vom **formellen Sozialrecht** aus und ist in der Tatsache zu sehen, dass in § 1 Abs. 1 SGB I der Begriff der Sozialleistung Verwendung findet. Das Sozialrecht ist in seinem Schwerpunkt ein Leistungsrecht, auch wenn es – wie etwa bei der Erhebung von Versicherungsbeiträgen – eingreift. Leistung heißt im Grundsatz, dass das Sozialrecht auf das Überwinden eines Zustandes ausgerichtet ist. Dieser „transitive" Charakter ist Merkmal aller Sozialleistungsbereiche und deswegen vielleicht der wichtigste Aspekt des Sozialrechts. Dabei wird nicht nur an individuelle Güterdefizite angeknüpft. Im Bereich der Rehabilitation und Teilhabe selbst im Fürsorgesystem werden Leistungen weitgehend ohne Rücksicht auf die wirtschaftliche Lage des Leistungsberechtigten erbracht (§§ 135 ff. SGB IX) Von der ursprünglichen „Lösung der sozialen Frage" hat sich das Sozialrecht über die „Bekämpfung materieller Armut" hin zur „Verwirklichung von Teilhabechancen" entwickelt. Andererseits muss der Umbau des Sozialstaats, den wir seit Jahren erleben, auch der Tatsache Rechnung tragen, dass die Bereitschaft Mittel für soziale Zwecke zur Verfügung zu stellen, in der Gesellschaft nicht unbegrenzt vorhanden ist, und dass es eine Hierarchie der sozialen Probleme gibt. So haben heute die Bekämpfung der Arbeitslosigkeit und die Bewältigung der Pflegebedürftigkeit im Alter andere soziale Probleme an den Rand gedrängt. Das alles muss ein Begriff des Sozialrechts abbilden. Dabei kann es nicht überraschen, dass der Begriff vage bleibt. Er muss offen sein, für sich verändernde gesellschaftliche Anforderungen. In diesem Zusammenhang ist gegenwärtig sehr deutlich, dass das „Überwinden" heute sehr viel stärker die Selbsthilfebereitschaft des Einzelnen betont und vor allem sie fördert. Das mag in dem Begriff des aktivierenden Sozialstaats durchaus auf besseren Einsichten beruhen. Der Wandel erklärt sich aber auch durch die

Erkenntnis, dass die Mittel, die für die Erfüllung sozialer Aufgaben zur Verfügung stehen, begrenzt sind.

Zu diesem **materiellen Sozialrechtsbegriff** haben sich in der Literatur unterschiedliche Positionen herausgebildet. Alle sprechen einen wesentlichen Teil an, können aber den Begriff des Sozialrechts nicht vollständig klären. Unstreitig ist, dass das Sozialrecht dem öffentlichen Recht zugeordnet werden muss. Zum Sozialrecht gehören also nicht private Vergünstigungen, einschließlich betrieblicher Sozialleistungen. Das gleiche gilt für die Entgeltfortzahlung im Krankheitsfalle. Im Übrigen findet sich ein facettenreiches Bild des Sozialrechtsbegriffs. Die vielen Bemühungen um diesen Begriff stehen in keinem Verhältnis zum Ertrag für die theoretische Durchdringung und die praktische Anwendung des Sozialrechts. Die Auseinandersetzungen bleiben häufig auf Abgrenzungsfragen beschränkt (vgl. Bley/Kreikebohm/Marschner, Sozialrecht 2007 S. 3 ff.; Igl/Welti, Sozialrecht 2007 S. 1 ff.; Eichenhofer, Sozialrecht 2012 S. 10; Muckel/Ogorek, Sozialrecht 2011 S. 18: Waltermann, Sozialrecht 2016 S. 18; v. Koppenfels-Spies, Sozialrecht 2018 S. 2; Kokemoor, Sozialrecht 2018 S. 3). Am Ende ist kaum mehr möglich, als die Aussage, das Sozialrecht ist ein wichtiges Instrument in dem Prozess, der auf die Ermöglichung von Freiheit und Gleichheit in Gemeinschaftsgebundenheit gerichtet ist (Becker, SRH § 1 Rn. 90). Damit unterscheidet es sich aber vom modernen Zivilrecht nur noch darin, dass es zur Erreichung dieser Ziele interveniert und letzten Endes auch umverteilt. 30

Über den Begriffskern des Sozialrechts besteht weitgehend Einigkeit. Zum Sozialrecht gehört danach diejenige Rechtsmaterie, die für besondere Lebenssituationen oder für den Eintritt bestimmter Lebensrisiken wegen der damit grundsätzlich verbundenen wirtschaftlichen Schwäche des Einzelnen eine allgemeine staatliche Hilfe und Unterstützung regeln und insoweit den Staat als Träger öffentlicher Gewalt berechtigen und verpflichten. Diese Begriffsbestimmung, die stark durch die Sozialversicherung geprägt ist, stellt die wirtschaftliche Schwäche des Einzelnen in den Mittelpunkt. Doch schon mit Blick auf die Sozialversicherung muss man sagen, dass die wirtschaftliche Schwäche des Einzelnen zwar den Anstoß für ihre Entstehung gab, dass sie aber schon lange nicht mehr den einzigen Leistungsgrund abgibt. 31

Zacher unterscheidet einen pragmatischen, einen positiven und einen verstehenden Begriff des Sozialrechts. Sozialrecht im positiven Sinne ist danach die umfassende Ordnung der Erwartungen, die in der Gesellschaft hinsichtlich der wirtschaftlichen und dienstleistenden Sicherung und der annähernd egalitären Entfaltung der physischen und ökonomischen Existenz der Einzelnen durch das Gemeinwesen bestehen, und die Erfüllung dieser Erwartungen (Zacher, VSSR 1976 S. 7). Nach anderer Auffassung ist das Sozialrecht derjenige Teil der Rechtsordnung, der eigenständig und primär das Sozialstaatsprinzip im Einzelfall realisiert, indem er mittels gezielter Leistungen eines Trägers öffentlicher Verwaltung individuelle Güterdefizite und hierauf beruhende Bedarfssituationen verhindert oder beseitigt (Bley/Kreikebohm/Marschner, Sozialrecht 2007 S. 4). Auch diese Definition deckt nicht den ganzen Sozialrechtsbegriff ab. Sie ist aber für die juristische Arbeit noch am brauchbarsten. Die Hauptaufgabe des Sozialrechts liegt danach in der Umsetzung des Sozialstaatsprinzips, ohne dass damit gesagt sein könnte, dass das Sozialstaatsprinzips nur im Sozialrecht, und nicht etwa auch im Steuerrecht umgesetzt werden kann. Die charakteristische Handlungsform im Sozialrecht ist die gezielte Leistung. Prävention und Restitution sind die wichtigsten konkreten Zielsetzungen sozialrechtlicher Normen. Darauf ist das Sozialrecht 32 aber nicht beschränkt. Insbesondere müssen die Bedarfssituationen nicht auf Güterdefiziten beruhen. Es können auch immaterielle Bedarfslagen bestehen, die auch dann durch sozialrechtliche Regelungen behoben oder gelindert werden sollen, wenn ein Defizit an Gütern nicht besteht. Dieses Absehen von einer wirtschaftlichen Bedarfslage kann bei Behinderungen bis hinein in die Normen der Sozialhilfe reichen (vgl. §§ 90 ff. SGB IX). Der Begriff des Bedarfs selbst kann sehr von sozialpolitischen Einschätzungen abhängen. Es kommt hinzu, dass es dem Gesetzgeber überlassen bleibt zu entscheiden, in welchem Sozialleistungsbereich er einen Bedarf decken will, ob er also etwa Leistungen der sozialen Entschädigung oder der Sozialhilfe vorsieht. Nur in wenigen Ausnahmefällen ist es zwingend, dass die Lösung eines sozialen Problems innerhalb eines bestimmten Sozialleistungsbereichs erfolgt. Damit hat die große systematische Ordnung des Sozialrechts auch einen sozialpolitischen Stellenwert.

33 Die herkömmliche **Gliederung des Sozialrechts** in Sozialversicherung, Versorgung und Fürsorge wird heute durch die Sozialförderung ergänzt. Noch bis vor wenigen Jahren rechnete man sie als Allgemeinversorgung der Versorgung zu. Gegenwärtig gliedern wir das Sozialrecht in die Sozialversicherung (§ 4), die als überwiegend zwangsweiser Zusammenschluss Vorsorge bei bestimmten Risiken, insbesondere Krankheit, Pflegebedürftigkeit, Arbeitsunfall, Invalidität und Alter schaffen soll. Daneben tritt die soziale Entschädigung (§ 5), die aus der Kriegsopferversorgung hervorgegangen ist und heute auch aus anderen Gründen zB bei Impfschäden nach § 60 IfSG oder für Opfer von Gewalttaten (§ 1 OEG) einsteht. Die Sozialförderung schließlich dient in erster Linie nicht dem Ausgleich von Schäden, sondern der Verwirklichung der Chancengleichheit. Sie umfasst vor allem die Berufs- und Bildungsförderung (§ 3). Heute sind in diesem Zusammenhang aber auch Eltern-, Kinder- und Wohngeld und zumindest Teile Kinder- und Jugendhilfe (§§ 6–8) zu nennen. Vervollständigt wird diese Systematik durch den vierten großen Bereich, die Fürsorge, die bislang idR als Sozialhilfe (§ 9) bezeichnet wurde, aber etwa auch die Kriegsopferfürsorge umfasst. Teilweise ist die klassische Sozialhilfe durch die Grundsicherung für Arbeitsuchende (SGB II) verdrängt worden. Diese Tatsache hat dazu geführt, dass der alte Begriff der Fürsorge als Oberbegriff wieder Verwendung findet. Auch das seit dem 1.1.2003 geltende **Grundsicherungsgesetz,** das im Jahre 2005 in die Sozialhilfe aufgegangen ist (§§ 41 ff. SGB XII) und das der Bekämpfung „verschämter Altersarmut" dienen soll, ist dem System der Fürsorge zuzurechnen. Ursprünglich war sie in § 2 Abs. 1 GsiG aF als „beitragsunabhängig und bedarfsorientiert" konzipiert. Nach seiner Integration in das SGB XII ist es nur noch als Sonderfall der Sozialhilfe anzusehen. In ihrer Zielsetzung, vor allem unterhaltspflichtige Eltern bzw. Kinder zu entlasten, erleichtert die Grundsicherung älteren und dauerhaft voll erwerbsgeminderten Menschen (§ 41 SGB XII) die Inanspruchnahme von Leistungen, die dem Umfange nach der Hilfe zum Lebensunterhalt entsprechen (§ 42 SGB XII). Gemäß § 43 Abs. 1 SGB XII müssen diese Leistungsberechtigten aber ihr eigenes Einkommen und Vermögen einsetzen (§ 28 Rn. 11 ff.).

34 Die vier großen Bereiche des Sozialrechts lassen sich nur theoretisch trennen. Die Zuordnung einzelner Gesetze zu einem der Bereiche ist keineswegs immer widerspruchsfrei möglich. Charakteristisch dafür ist das Arbeitsförderungsrecht, das sowohl Elemente der Versicherung (§§ 136 ff. SGB III), als auch der Sozialförderung (§ 56 ff. SGB III) enthält. Insbesondere im Arbeitsförderungsrecht können sich Elemente der Sozialversicherung mit denen der Sozialförderung auch innerhalb eines kleineren Regelungskomplexes miteinander verbinden. Das zeigt sich

vor allem in der beruflichen Weiterbildung nach den §§ 81 ff. SGB III. Im Rahmen der Förderungsvoraussetzungen wechseln die gesetzlichen Vorschriften teilweise zwischen dem Versicherungsprinzip (§ 136 Abs. 1 Nr. 2 SGB III) und dem der Sozialförderung (§ 81 Abs. 1 SGB III). Auch in anderen Fällen kann es dann zweifelhaft sein, ob wir, wie bei der beitragsfreien Familienversicherung nach § 10 SGB V, noch von einer Sozialversicherung sprechen können, oder ob hier unsystematischer Weise ein Fürsorgeelement in die Sozialversicherung eingefügt ist (§ 4 Rn. 4). Das ließe sich auch für die Auffangversicherung nach § 5 Abs. 1 Nr. 13 SGB V insoweit annehmen, als dazu in § 16 Abs. 3a Satz 2 SGB V bestimmt ist, dass ein Ruhen der Leistungen nicht in Betracht kommt, wenn der Versicherte hilfebedürftig im Sinne der §§ 19 ff. SGB II, 27 ff. SGB XII ist. Demgegenüber lassen sich bei den sozialhilferechtlichen Vorschriften über die Eingliederung behinderter Menschen in den §§ 90 ff. SGB IX; 92 Abs. 2 und 94 Abs. 2 SGB XII Elemente der sozialen Entschädigung erkennen.

Insbesondere Zacher hat dieser systematischen Gliederung ein anderes System 35
gegenübergestellt (Zacher, VVDStRL 1970/28 S. 237). Er unterscheidet Vorsorgesysteme (zB die Sozialversicherung), Entschädigungssysteme (Kriegsopferversorgung) und Ausgleichssysteme (zB Wohngeld, Kindergeld, Sozialhilfe). Dieser anderen Systematisierung wird vor allem in der Literatur eine gewisse Berechtigung nicht abgesprochen (vgl. etwa Schulte/Trenk-Hinterberger, Sozialhilfe 1986 S. 32; Eichenhofer, SGb 1998 S. 289). Zumindest die Sozialhilfe lässt sich aber nicht zusammen mit dem Wohn- und Kindergeld in ein System des Ausgleichs einfügen. Das wäre nur möglich, wenn man den Begriff des Ausgleichssystems so allgemein fassen würde, dass er mit der allgemeinen Zielsetzung des Sozialrechts überhaupt identisch wäre. Wohl deswegen hat Zacher sein drittes, das Ausgleichssystem, untergliedert und in ein Hilfs- und ein Förderungssystem getrennt (Zacher, Einführung in das Sozialrecht der Bundesrepublik Deutschland 1985 S. 21).

6. Sozialleistungen

Die Ausrichtung des § 1 Abs. 1 Satz 1 auf einen bestimmten Ausschnitt des 36
materiellen Sozialrechts scheint in der Formulierung „Sozialleistungen einschließlich sozialer und erzieherischer Hilfen" durch. Damit wird verdeutlicht, dass das Sozialrecht umfassender ist als das Recht der Sozialversicherung und dass die Sozialleistungen nicht nur Sach- und Geldleistungen, sondern eine Vielfalt von persönlichen, in jedem Falle aber immaterieller Hilfen umfassen.

In der Verwendung des Begriffs **Sozialleistungen** wird zudem verdeutlicht, 37
dass das Sozialrecht immer auf das Überwinden bestimmter Bedarfslagen ausgerichtet ist. Die sozialstaatliche Komponente, die wir etwa in der Progression im Steuerrecht finden, macht mangels einer leistungsrechtlichen Tendenz das Steuerrecht noch nicht zum Sozialrecht. Eine der Steuerprogression durchaus vergleichbare Gestaltung finden wird zwar auch im Beitragsrecht in der Sozialversicherung, jedoch steht sie ganz im Zeichen der Finanzierung der Leistungen der Sozialversicherung (Rüfner, Landesbericht für die Bundesrepublik Deutschland, Zacher (Hrsg), Die Rolle des Beitrags in der sozialen Sicherung, 1980 S. 184 ff.). Insbesondere wird im Steuerrecht nichts mehr umverteilt, wenn ein zu besteuerndes Einkommen nicht erzielt wird (vgl. Jachmann, NZS 2003 S. 281). Das kann dann zu systematisch höchst fragwürdigen Sonderregelung im Sozialrecht führen (vgl. § 11a BKGG aF). Zweifel können sich auch im Bereich der beruflichen Bildung

ergeben. Schon allgemein sind die Aufgaben der Arbeitsförderung nach § 1 SGB III darauf ausgerichtet, dass ein Ausgleich am Arbeitsmarkt unterstützt wird. Das erfolgt über Beratung und Vermittlung, sowie bei benachteiligten Ausbildung- und Arbeitssuchenden über eine Verbesserung der Erwerbsfähigkeit. Alle Leistungen, auch solche der beruflichen Bildung, werden heute vorrangig unter dem Blickwinkel der arbeitsmarktpolitischen Zweckmäßigkeit, insbesondere der Vermeidung des Bezugs von Leistungen bei Arbeitslosigkeit, erbracht. Auch wenn mit einer bestimmten Leistung eine Wirtschaftsförderung bezweckt wird, so kann man solange noch von einer Sozialleistung sprechen, als der Zweck des Überwindens einer bestimmten Bedarfslage überwiegt. Das gilt für alle Leistungen des Arbeitsförderungsrechts, insbesondere auch für die Transferleistungen nach den §§ 110 ff. SGB III.

38 Die Anknüpfung an eine Bedarfssituation deutet sich in Abs. 1 Satz 1 in der Verwendung des Merkmals Hilfen an, da wir davon ausgehen müssen, dass das Wort Hilfe sinnvoller Weise nur verwendet werden kann, wenn das eigene Vermögen zur Lebensgestaltung beeinträchtig ist (Hilfeleistung, Hilflosigkeit). Deswegen kann man auch das Subventionsrecht, das im Wesentlichen auf die Wirtschaftsförderung ausgerichtet ist, nicht zum Sozialrecht zählen.

39 Wenn darüber hinaus in § 1 Abs. 1 Satz 2 das gesetzliche Merkmal **„beitragen"** verwendet wird, dann bedeutet dies zweierlei. Einmal ist damit gesagt, dass Sozialleistungen nicht immer einen Bedarf voll decken müssen. Wichtiger ist noch, dass in diesem gesetzlichen Merkmal ein charakteristischer Grundzug des modernen Sozialrechts zum Ausdruck gebracht wird. Sozialstaatlichkeit darf nie im Sinne einer obrigkeitlichen – Abhängigkeit eher fördernden – Fürsorge verstanden werden. Letztlich sollen durch Sozialleistungen Autonomie und Selbstverantwortlichkeit des Sozialleistungsberechtigten gestärkt werden. Dieses Ziel wäre im Sinne einer kostensparenden Grundversorgung falsch verstanden. Wenn das ehemalige Industrieproletariat durch die moderne Sozialgesetzgebung in den bürgerlich-liberalen Rechtsstaat eingebunden werden sollte, dann war die Bindung an die Ideale, der diesen Staat tragenden Gesellschaftsschicht zwar nicht in jeder Hinsicht politisch gewollt, letztlich aber unausweichlich, wie es sich in der Entwicklung des Parteiensystems jetzt zeigt. Das moderne Sozialrecht basiert deswegen in diesem Sinne zu Recht auf dem Gedanken der Eigenverantwortlichkeit. Beitragen iSd § 1 Abs. 1 Satz 2 heißt also nicht bloß einen Beitrag, einen Zuschuss leisten, sondern befähigen.

40 § 1 Abs. 1 Satz 2 stellt den ersten Schritt zu einer Konkretisierung dar, indem beispielhaft fünf wesentliche Zielsetzungen genannt werden. Damit werden auch bereits einzelne Sozialleistungsbereiche angesprochen, ohne dass Vorgriffe auf die Systematik erfolgen. Die Regelung bezeichnet den Kern des Sozialstaatsprinzips und bezieht sich zugleich auf elementare Grundrechte, nämlich auf Art. 1, 2, 6, 12 GG ohne sie direkt einzubeziehen. Deswegen ist die Erwähnung der fünf engeren Zielsetzungen des § 1 Abs. 1 für die Gesetzesanwendung nicht sehr ergiebig. Der Regelung lässt sich vor allem keine Rangfolge entnehmen. Eine Rangfolge war auch vom Gesetzgeber nicht beabsichtigt. Sie hätte uU sogar das Missverständnis gefördert, das Sozialgesetzbuch würde mit der Wahrung der Menschenwürde vorrangig nur eine Grundsicherung der Bürger anstreben.

41 Darüber hinaus wird in § 1 Abs. 1 Satz 2 nicht vorgeschrieben, ob ein Risiko etwa in der Sozialversicherung oder in der Sozialhilfe abgedeckt werden soll. Die Frage, in welchem Teilsystem ein Risiko abgedeckt werden soll, hat heute aber eine wesentlich größere Bedeutung als diejenige, ob überhaupt eine sozialrechtli-

che Regelung zu erfolgen hat. So spricht der fünfte Grundsatz besondere Belastungen des Lebens an. Hierunter wird man heute auch die Pflege bei Hilflosigkeit verstehen müssen. Entscheidend ist nun nicht, ob man dieses Risiko überhaupt, sondern ob man es in der Sozialversicherung (§§ 14 ff. SGB XI) oder wie bis zum Jahre 1995 nur in der Sozialhilfe abdeckt (§§ 68, 69 BSHG aF).

Nicht Abs. 1 sondern der Gleichheitssatz des Art. 3 Abs. 1 GG und das Sozial- 42
staatsprinzip des Art. 20 GG sind in diesen Fällen uU aussagekräftiger. So hat das BVerfG zur Frage eines Unfallversicherungsschutzes des Embryos ausgeführt: „Die sozialstaatliche Pflicht zu einer umfassenden Sicherung in der gesetzlichen Unfallversicherung wird auch durch das Interesse der Allgemeinheit an der Arbeitswelt als einer wesentlichen Grundlage der Volkswirtschaft begründet: die mit dem Arbeitsleben der Industriegesellschaft zwangsläufig verbundenen Risiken können nicht von dem einzelnen Arbeitnehmer getragen werden, sondern müssen durch umfassende Systeme der sozialen Sicherung wie insbesondere durch die gesetzliche Unfallversicherung aufgefangen oder doch gemildert werden" (BVerfG 45 S. 387; vgl. auch BVerfG 75 S. 348). Damit war auch ausgesagt, dass es nicht immer genügt, wenn ein Schutz überhaupt gewährleistet ist. Es kann auch darauf ankommen, dass er in der Sozialversicherung und nicht (nur) in der Sozialhilfe verankert ist (vgl. oben Rn. 7).

In § 1 Satz 2 erfolgt eine Orientierung des Beitrags, den das Sozialgesetzbuch 43
leisten soll, an wichtigen Grundrechten. Ohne dass dabei ausdrücklich eine Hierarchie gebildet würde, wird doch deutlich, mit einer Basissicherung beginnt und zu den Entfaltungshilfen übergeht. Im Einzelnen gilt Folgendes: Die Zielsetzung eines **menschenwürdigen Daseins,** die sich bereits aus Art. 1 Abs. 1 GG ergibt, ist noch einmal auf der Ebene des § 1 Abs. 1 SGB XII angesprochen. Sie bedeutet nach einer älteren Entscheidung des BVerwG, dass es die Sozialhilfe dem Hilfesuchenden ermöglichen soll, in der Umgebung von Nicht-Hilfeempfängern ähnlich wie diese zu leben (BVerwG 36 S. 256). Später hat das Gericht diese Formel etwas eingeschränkt. Die Lebensgewohnheiten der Nicht-Hilfeempfänger sind danach nicht unbedingt maßgeblich (BVerwG FEVS 41 S. 399). Eine Orientierung hat allerdings an den Lebensgewohnheiten der unteren Einkommensgruppen zu erfolgen (vgl. § 9 Rn. 40). Betrachtet man die Regelungen genauer, so ergibt sich, dass erst die §§ 26 Abs. 2, 39a SGB XII letztlich eine Untergrenze garantieren. Im Prinzip darf bei Kürzungen der Sozialhilfe nicht das zum Lebensunterhalt Unerlässliche tangiert werden. Das sind, ohne Festlegung im Einzelnen, etwa 70 % des Regelsatzes im Sinne des § 28 SGB XII (OVG Bremen FEVS 37 S. 471). Dieser Betrag soll die Gewährleistung sowohl des ökonomischen als auch das sozio-kulturellen Existenzminimums umfassen (vgl. auch § 31 SGB II). Das BVerfG legt sich weiterhin nicht auf bestimmte Beträge des Existenzminimums fest. Es verlangt aber, dass die Regelbedarfe des Fürsorgesystems transparent und nachvollziehbar ermittelt werden. Des Weiteren verlangt das Gericht, dass der Gesetzgeber auch individuelle bestehende „atypische" Bedarfe berücksichtigt werden. Insoweit hat das BVerfG sogar einen verfassungsunmittelbaren Leistungsanspruch aus Art. 1 Abs. 1 GG abgeleitet (im Einzelnen § 9 Rn. 7; § 19a Rn. 3, 30c; § 28 Rn. 5)

Soweit die freie **Entfaltung** der Persönlichkeit angesprochen wird, wird darauf 44
hingewiesen, dass das Grundrecht des Art. 2 Abs. 1 GG nur ein Abwehrrecht ist, nicht aber Leistungsansprüche gewährleistet (v. Maydell, GK-SGB I § 1 Rn. 13). Demgegenüber ist § 1 Abs. 1 auf die Begründung von Leistungsansprüchen ausgerichtet. Einschränkend dazu wird aber ausgeführt, dass sich diese Leistungsansprü-

che nicht auf alles beziehen könnten, was als Inhalt der allgemeinen Handlungsfreiheit angesehen wird (Lilge, SGB I § 1 Rn. 52). Dem wird man zwar im Grundsatz zustimmen müssen. Jedoch darf auch die Tatsache, dass Sozialleistungen erbracht werden, nicht zu einer staatlichen Bevormundung führen. Diese Gefahr kann sich aber ergeben, wenn man den von Art. 2 Abs. 1 GG geschützten Bereich in eine „förderungsfähige" und eine „nicht förderungsfähige" Persönlichkeitsentfaltung zerlegt (so Lilge, SGB I § 1 Rn. 54). Im Gesetz wird besonders die Gruppe der jungen Menschen hervorgehoben. Insoweit zielt die Regelung vor allem auf die §§ 1 BAföG und 1 SGB VIII und meint also im Wesentlichen den Komplex von Bildung und Erziehung. Demgegenüber wird man die Vorschriften der §§ 56 ff. SGB III über die berufliche Bildung nicht hierzu rechnen können (aA Wannagat-Rüfner, SGB I § 1 Rn. 12). Die Vorschriften über die berufliche Bildung sind zu sehr arbeitsmarktbezogen (vgl. §§ 60–63 SGB III), als dass man sie als Entfaltungshilfen bezeichnen könnte.

45 Den Grundsatz von Schutz und **Förderung der Familie** wird man heute in fast allen Sozialleistungsbereichen wiederfinden können (vgl. etwa BSG SozR 3-4100 § 134 Nr. 7). Neben den speziellen Regelungen über den Mutterschutz, soweit sie im Sozialrecht getroffen wurden (vgl. §§ 24c ff. SGB V), dem Kinder- und Elterngeld, muss man etwa auch die Familienversicherung nach § 10 SGB V und die Leistungen an Hinterbliebene nach den §§ 46 ff. SGB VI nennen. Das gleiche gilt für die Forderung des BVerfG, dass Familien, die Kinder erziehen, in der Sozialversicherung einer geringeren Beitragsbelastung ausgesetzt sein müssten (BVerfG 103 S. 197). Das gilt aber nicht durchgehend für alle Zweige der Sozialversicherung, sondern verlangt vom Gesetzgeber eine differenzierende Betrachtung. Er ist nicht gehalten, jegliche Benachteiligung der Familie auszugleichen und insbesondere nicht verpflichtet, die in einem bestimmten Bereich der Gesetzgebung, der Rentenversicherung, zu tun (vgl. BSG SozR 4-2600 § 157 Nr. 1; BSG 120, 23, dazu Lenze, NVwZ 2015 S. 1658; Ruland, NZS 2016 S. 361). Einen neuen Akzent haben Teile des Kinder- und Jugendhilferechts in das Sozialrecht gebracht. Insbesondere die allgemeine Förderung der Familie nach § 16 SGB VIII ist auf die Stärkung der Familie als Erziehungsinstanz ausgerichtet (vgl. auch §§ 17 und 18 SGB VIII). Insoweit unterscheiden sich die Leistungen des Kinder- und Jugendhilferechts von denen des früheren Jugendwohlfahrtsgesetzes, das mit seinen Leistungen und Maßnahmen lediglich auf eine Gefährdung des Kindes reagierte. Neue Dimensionen der Familienförderung ergaben sich, weil das BVerfG in den letzten Jahren wiederholt die Neuordnung des Familienlastenausgleichs angemahnt hatte. Seit Schaffung der sozialen Pflegeversicherung dürfte diese Frage die größte sozialpolitische Herausforderung der nächsten Jahre sein (§ 6 Rn. 9 ff.).

46 Mit dem Erwerb des Lebensunterhalts durch **frei gewählte Tätigkeit** spricht das Gesetz eine in Zeiten größerer konjunktureller Schwankungen heikle Frage an. Wenn es zu den Aufgaben des Sozialgesetzbuches gehört, eine frei gewählte Tätigkeit zu ermöglichen, dann muss dies Einfluss auf die Auslegung der Bestimmungen über die Leistungen bei Arbeitslosigkeit haben (§§ 19 ff. SGB II; 136 ff. SGB III) und kann sich nicht nur auf die Förderung der beruflichen Bildung (§§ 56 ff. SGB III) beschränken. Die wirtschaftliche Entwicklung der letzten Jahre hat aber dazu geführt, dass Sozialleistungen, die eine freie Wahl der Tätigkeit unterstützen, eher eingeschränkt wurden.

47 In § 2 Nr. 1 AFG aF wurde der erwähnte Grundsatz mit Blick auf alle Leistungen des Arbeitsförderungsrechts konkretisiert. Danach gehörte es zu den Aufgaben

der Arbeitsförderung, weder Arbeitslosigkeit und unterwertige Beschäftigung noch einen Mangel an Arbeitskräften eintreten oder fortdauern zu lassen. Das bedeutet eigentlich auch in Zeiten größerer bzw. dauerhafter Arbeitslosigkeit, dass es nicht allein darum gehen kann, die Arbeitslosigkeit abzubauen. Vielmehr ist auch dabei die Entstehung unterwertiger Beschäftigung zu vermeiden. Bei der Auslegung des § 103 AFG aF (zumutbare Arbeit) war also auch diesem Ziel Rechnung zu tragen. Eine dem § 2 Nr. 1 AFG aF entsprechende Regelung ist aber in das SGB III nicht übernommen worden. Man wird im Hinblick auf § 33 SGB I auch bei der Arbeitsvermittlung dem gesetzlichen Merkmal der frei gewählten Tätigkeit Beachtung schenken müssen. Das kann bedeuten, dass die Verhängung einer Sperrzeit nach § 159 SGB III dann nicht in Betracht kommen kann, wenn die angebotene Stelle deutlich vom Wunsch des Arbeitssuchenden abweicht. Andererseits ist natürlich auch dem Ziel der Verminderung der Arbeitslosigkeit Rechnung zu tragen. Es muss also immer nach einem Ausgleich der Interessen des Arbeitslosen und der Beitragszahler gesucht werden. Immerhin anerkennt § 1 Abs. 2 Nr. 3 SGB III das Ziel der Arbeitsförderung, einer unterwertigen Beschäftigung entgegenzuwirken.

In der Teilhabe am Arbeitsleben hat die Rechtsprechung stärker auf den Gedanken der freigewählten Tätigkeit abgestellt. Auch in § 4 Abs. 1 Nr. 3 SGB IX ist der Anspruch auf Leistungen zur Teilhabe am Arbeitsleben auf die Neigung des behinderten Menschen ausgerichtet. Allerdings ist die Dauer von Maßnahmen der beruflichen Weiterbildung in § 53 Abs. 2 SGB IX grundsätzlich auf zwei Jahre begrenzt worden. Eine Ausnahme wird im Wesentlichen aber dann gemacht, wenn der behinderte Mensch nur durch eine länger dauernde Maßnahme eingegliedert werden kann. Das hat in der Vergangenheit wiederholt dazu geführt, dass ein Rehabilitand seinen Berufswunsch nicht realisieren konnte (vgl. BSGE 46 S. 198; BSG 49 S. 263). Später hat dann das BSG stärker die Berufsfreiheit des behinderten Menschen betont (Art. 12 GG). Danach kann er nur dann auf eine zweijährige Maßnahme verwiesen werden, wenn eine solche, seinen Neigungen und seiner Eignung entsprechende Maßnahme unter Berücksichtigung der Ausbildungsordnungen zur Verfügung steht (BSG SGb 1991 S. 143 mAnm Boecken; BSG 69 S. 128; BSG 72 S. 77; Benz, BG 1992 S. 642). **48**

Der Ausgleich **besonderer Belastungen** des Lebens bezieht sich nicht auf ein bestimmtes Grundrecht. Insoweit aber als hier an die Ungleichheit von Belastungssituationen zu denken ist, steht die Regelung auch im Zusammenhang mit Art. 3 Abs. 1 GG. Insoweit ist bei der Besonderheit der Belastungen wohl weniger auf den Kernbereich der sozialen Sicherung und mehr auf das Ausmaß des Zurückbleibens hinter den allgemeinen Lebensverhältnissen abzustellen. Dies ist als Auftrag dahin zu deuten, Sozialrecht nicht allein im Sinne der ständigen Verbesserung der Lebensverhältnisse der arbeitenden Bevölkerung zu sehen, sondern immer auch den Blick auf die besondere Lage Einzelner zu richten. In der heutigen Zeit steht natürlich die sozialrechtliche Absicherung des Risikos der Hilflosigkeit durch Leistungen **Pflege** im Vordergrund. Besonderen Belastungen sind aber etwa auch Elternteile ausgesetzt, die ihre Kinder allein erziehen. Sie darf der Gesetzgeber nicht lediglich als kleinere Familien ansehen (vgl. etwa § 18 SGB VIII). Er muss ihrer grundlegend anderen Lebenssituation Rechnung tragen, was er bisher in den Erziehungs- und Kindergeldregelungen nicht getan hat. Ein gewisser Hinweis für eine Neuorientierung der Sozialpolitik ist die Regelung des § 45 SGB V. Danach ist der Anspruch auf das Krankengeld bei Erkrankung des Kindes eines **allein Erziehenden** doppelt so lang wie der Anspruch bei vollständigen Familien. **49**

Durch Neufassung des § 45 Abs. 4 SGB V hat der Gesetzgeber bei schwerstkranken Kindern, mit noch kurzer Lebenserwartung die zeitliche Begrenzung völlig aufgehoben. Entsprechende Erwägungen liegen auch der ambulanten Palliativversorgung (§ 37b SGB V) und den Hospizleistungen (§ 39a SGB V) zu Grunde.

50 Besonderen Belastungen sind auch kinderreiche Familien ausgesetzt. Insoweit ist es richtig, dass der VGH Kassel bei einer wohnungssuchenden, kinderreichen Familie eine besondere soziale Schwierigkeit im Sinne des § § 67 SGB XII (§ 72 BSHG aF) angenommen hat (VGH Kassel FEVS 41 S. 138; weitgehend anders VGH Mannheim FEVS 43 S. 470; vgl. auch § 7 Rn. 8).

51 Insgesamt gelangt in § 1 in der Orientierung an Freiheit und Gleichheit sowie in der Hilfe zur Selbsthilfe ein eher liberales Menschenbild zum Ausdruck. Damit erkennen wir in seiner ersten Konkretisierungsstufe den Sozialrechtsbegriff als den des bürgerlich-liberalen Rechtsstaats. Unter anderen Verfassungsbedingungen ist auch ein Versorgungsstaat mit einem obrigkeitlichen System der Fürsorge denkbar. Dieses System sieht das Glück des Bürgers nicht in seiner Entfaltung, sondern in bestimmten Vorgaben, denen sich der Einzelne in seinem besten Interesse zu fügen hat. Ansätze dazu hatten und haben wir auch in unserem System. So kannte § 73 BSHG aF unter bestimmten Voraussetzungen eine Form der Zwangsfürsorge, die vom BVerfG für verfassungswidrig erklärt wurde. „Der Staat hat aber nicht die Aufgabe, seine Bürger zu bessern und deshalb auch nicht das Recht, ihnen die Freiheit zu entziehen, nur um sie zu bessern, ohne dass sie sich selbst oder andere gefährdeten, wenn sie in Freiheit blieben" (BVerfG 22 S. 219). In der Gegenwart kann eine zu stringente Handhabung der Mitwirkungspflichten nach den §§ 60 ff. das Sozialrecht an den Rand einer Bevormundung des Bürgers bringen (vgl. § 65 Rn. 7, 8).

52 § 1 Abs. 2 stellt die organisatorische Ergänzung des Abs. 1 dar. Der Begriff der „sozialen Dienste und Einrichtungen" ist nicht in einem engen Sinne zu verstehen. Das verdeutlicht schon die Ergänzung des Begriffes Einrichtung durch den des Dienstes (vgl. etwa § 75 Abs. 1 SGB XII). Aus dem Regelungszusammenhang wird vielmehr ersichtlich, dass es um die **organisatorischen Voraussetzungen** für die Rechtsverwirklichung geht, die im sozialen Leistungsstaat eine immer größere Bedeutung bekommen. Ein Staat, der Rechte auf Leistungen gewährt, muss auch ihre Durchsetzung gewährleisten. An diesen Grundsatz hat sich der Gesetzgeber in § 60 Abs. 3 SGB IX nicht gehalten und damit zugleich die §§ 17, 37 Satz 2 SGB I nicht beachtet. In der Sache wird in § 1 Abs. 2 an die Überlegungen des BVerfG im Numerus-clausus-Urteil angeknüpft: „Da diesen Auswirkungen (des numerus clausus) nachhaltig nur durch Erweiterung der Kapazitäten begegnet werden kann, ließe sich fragen, ob aus den grundrechtlichen Wertentscheidungen und der Inanspruchnahme des Ausbildungsmonopols ein objektiver sozialstaatlicher Verfassungsauftrag zur Bereitstellung ausreichender Ausbildungskapazitäten für die verschiedenen Studienrichtungen folgt" (BVerfG 33 S. 333). Da die gesamte Regelung des § 1 als eine Umgestaltung des Sozialstaatsprinzips unter Einbeziehung wesentlicher Grundrechtspositionen auf der einfachgesetzlichen Ebene darstellt, ist es nur konsequent, dass § 1 Abs. 2 diese teilhaberechtliche Dimension in die Aufgaben des Sozialgesetzbuches einfügt.

53 Die Regelung des § 1 Abs. 2 ist natürlich auch aus der einfachen praktischen Erfahrung geschaffen worden, dass Ansprüche auf Sozialleistungen leer laufen können, wenn es an den tatsächlichen Voraussetzungen für ihre Erbringung fehlt (§ 17 Rn. 6, 20). Aus der Vorschrift wird erkennbar, dass die Erbringung von Sozialleistungen in starkem Maße von einer Kooperation mit den Verbänden der freien Wohlfahrtspflege abhängig ist. Das gilt vor allem für die Sozial- und die Kinder- und Jugendhilfe (§§ 18 SGB II, 5 SGB XII, 4 SGB VIII). In § 1 Abs. 2 wird auch verdeutlicht, dass der Gesetzgeber den Dienst- und Sachleistungen einen großen Stellenwert beimisst, denn die Regelung des § 1 Abs. 2 hat für die Erbringung von Geldleistungen praktisch keine Bedeutung. Fraglich ist allerdings, ob man aus der Regelung des § 1 Abs. 2 weitergehende Folgerungen ableiten kann, insbesondere ob sich in Verbindung mit § 17 in Einzelfällen ein Rechtsanspruch auf die Schaffung von Einrichtungen begründen lässt (vgl. Pitschas, VSSR 1977 S. 141, 156).

§ 2 Soziale Rechte

(1) [1]**Der Erfüllung der in § 1 genannten Aufgaben dienen die nachfolgenden sozialen Rechte.** [2]**Aus ihnen können Ansprüche nur insoweit geltend gemacht oder hergeleitet werden, als deren Voraussetzungen und Inhalt durch die Vorschriften der besonderen Teile dieses Gesetzbuchs im einzelnen bestimmt sind.**

(2) **Die nachfolgenden sozialen Rechte sind bei der Auslegung der Vorschriften dieses Gesetzbuchs und bei der Ausübung von Ermessen zu beachten; dabei ist sicherzustellen, daß die sozialen Rechte möglichst weitgehend verwirklicht werden.**

Übersicht

1. Soziale Aufgaben und soziale Rechte

Die Vorschrift leitet von den in § 1 genannten Aufgaben zu den in den §§ 3–10 geregelten sozialen Rechten über und führt so zu einer weiteren Konkretisierung. In § 2 Abs. 1 selbst wird kein soziales Recht normiert. Die Vorschrift handelt vielmehr von den nachfolgenden sozialen Rechten. Schon hinsichtlich der begrifflichen Einordnung der sozialen Rechte besteht eine große Unklarheit. In der amtlichen Begründung wird § 2 als Einleitungs- und Grundsatznorm für die §§ 3–10 bezeichnet, ohne dass die sozialen Rechte selbst charakterisiert würden (BT-Drucks. 7/868 S. 23, ebenso Voelzke in jurisPK-SGB I § 2 Rn. 1). Die Literatur behandelt die sozialen Rechte wie Staatszielbestimmungen (Wannagat-Rüfner, SGB I § 2 Rn. 5), häufiger ähnlich wie Programmsätze (Wannagat-Rüfner, SGB I § 2 Rn. 6; v. Maydell, DVBl 1976 S. 1), oder sie sollen Stamm- oder Basisrechte (Grüner, SGB I § 2 Anm. II) bzw. Orientierungshilfen (Peters/Hommel, SGB I § 1 Anm. 3) sein. Schließlich werden sie auch als Brückenglieder (Rohwer-Kahlmann, SGb 1976 S. 41) oder Leitvorstellungen (Lilge, SGB I § 2 Rn. 3) bezeichnet. Alle diese Charakterisierungen verdeutlichen nicht nur, dass eine große Unklarheit über die sozialen Rechte besteht. Sie sind darüber hinaus auch dogmatisch unergiebig, weil sie überwiegend den Bereich umgangssprachlicher Benennung nicht verlassen. Juristisch ergiebiger ist die amtliche Begründung zur Funktion des § 2: „Er erleichtert und lenkt die Anwendung der Einzelvorschriften 1 durch Verwaltung und Rechtsprechung, die bei der Auslegung, Lückenfüllung und Ermessensausübung immer wieder auf Grundsätze des Sozialrechts zurückgreifen müssen." (BT-Drs. 7/868 S. 21). Dennoch verbleibt eine Unklarheit, die in der Verwendung des Begriffs der sozialen Rechte selbst begründet ist. Mit ihnen hat der Gesetzgeber die Diskussion um die sozialen Grundrechte und damit eine verfassungsrechtliche Diskussion aufgegriffen. Im einfachen Gesetzesrecht büßt sie viel von ihrem sozialpolitischen Sinngehalt ein.

2 Der Gesetzgeber hat die §§ 3–10 so formuliert, als ob Grundrechte gewährt (Wannagat-Rüfner, SGB I § 2 Rn. 5), zumindest aber als ob Rechtsansprüche begründet werden sollten. In praktisch allen sozialen Rechten verwendet der Gesetzgeber die Formulierung „hat ein Recht auf". Dies wird aber gewissermaßen im vorhinein durch § 2 Abs. 1 Satz 1 dahingehend relativiert, dass Ansprüche nur insoweit geltend gemacht werden können, als Voraussetzungen und Inhalt der sozialen Rechte in den Besonderen Teilen des Gesetzbuches im Einzelnen bestimmt sind. Die theoretische wie praktische Bedeutung der sozialen Rechte wird also entscheidend durch die Grundtendenz der Regelung des § 2 geschwächt. Die zentrale Funktion der Vorschrift beschränkt sich damit auf Abs. 1 Satz 1. Danach dienen die sozialen Rechte der Erfüllung der in § 1 genannten Aufgaben. Damit wird deutlich, dass sich § 2 nicht an den Bürger, sondern an Gesetzgeber, Verwaltung und Gerichte wendet. Das hat allerdings auch zur Kritik herausgefordert (Arndt, SGb 1979 S. 406). Andererseits betont Wannagat, dass die sozialen Rechte für den Richter eine Hilfe bei der Rechtsfortbildung darstellen würden (RdA 1974 S. 212). In der neueren Auseinandersetzung um die sozialen Rechte (Eichenhofer, SGb 2011 S. 303, 511; Fichte, SGb 2011 S. 492; Bieback, Festschrift für Eichenhofer 2015 S. 69) wird jedenfalls eines deutlich: Entgegen dem, was man angesichts ihrer dogmatischen Struktur erwarten konnte, haben sie eine ganz erhebliche Auswirkung auf die Rechtsentwicklung gehabt. Auch innerhalb der EU deutet sich an, dass sich eine „Europäische Säule sozialer Rechte" zu einem Gegengewicht zum Marktliberalismus der EU entwickelt (Eichenhofer, ZESAR 2018 S. 401).

3 § 2 Abs. 1 ist vor dem Hintergrund der Diskussion um die **sozialen Grundrechte** entstanden. Ein größerer Teil der Literatur steht der Aufnahme sozialer Grundrechte in die Verfassung eher skeptisch gegenüber (vgl. Brunner, Die Problematik der sozialen Grundrechte, 1971 S. 14ff; Merten, BlStSozArbR 1975 S. 357; Badura, Der Staat 1975 S. 17; v. Maydell, DVBl 1976 S. 1; Rode, SGb 1977 S. 268; Isensee, Der Staat 1980 S. 365; Lücke, AöR 107 S. 15; Schnapp, Soziale Grundrechte aus verfassungsrechtlicher Sicht, in v. Maydell (Hrsg), Soziale Rechte in der EG, 1990 S. 5; Borgmann/Hermann, JA 1992 S. 337; Ganßmann, Z. f. Soziologie 1993 S. 385; Brohm, JZ 1994 S. 213). Diese Skepsis besteht aber mehr in dogmatischer als in sozialpolitischer Hinsicht. Man wird sagen müssen, dass die sozialen Grundrechte eine Konsequenz aus der veränderten gesellschaftlichen Lage im bürgerlich-liberalen Rechtsstaat sind. Oft können sie erst diejenige Freiheit überhaupt gewährleisten, die dieser Rechtsstaat in der gesellschaftlichen Sphäre voraussetzt (vgl. Böckenförde in Böckenförde/Jekewitz/Ramm, Soziale Grundrechte 1981 S. 9; Die Linke, (BT-Drs. 18/10860). Wenn heute der Wandel der Grundrechte in Teilhaberechte (BVerfG 33 S. 333) weithin akzeptiert wird, dann erklärt sich diese Akzeptanz aus eben dem Gedanken, dass Freiheit im und vom Sozialstaat zu gewährleisten ist. Der hauptsächliche Einwand gegenüber den sozialen Grundrechten geht dahin, dass sie inhaltsleer seien und erst durch das einfache Gesetz Konturen gewinnen könnten. In diesem Zusammenhang hat

Ramm darauf hingewiesen, dass derselbe Einwand ursprünglich auch gegenüber den klassischen Grundrechten erhoben wurde (Ramm in Böckenförde/Jekewitz/Ramm, Soziale Grundrechte 1981 S. 20).

Andererseits ist nicht zu übersehen, dass die sozialen Grundrechte, insbesondere wenn man an die Rechte auf eine **Wohnung** und einen **Arbeitsplatz** denkt, ein Verfügungsrecht des Staates über Grund und Boden sowie über die Produktionsmittel voraussetzt (vgl. VGH Mannheim FEVS 43 S. 472, für den Fall der Verschaffung von Wohnraum). Selbst wenn man so weit ginge, zur Realisierung der sozialen Grundrechte eine Zwangsbewirtschaftung zuzulassen, würde dies ja noch nicht die Existenz von Wohnraum und Arbeitsplätzen garantieren. Im Grunde gilt das auch für die sozialen Rechte des einfachen Gesetzes, die sich von den sozialen Grundrechten letztlich nur durch die erschwerte Abänderbarkeit der letzteren unterscheiden. Wie eine solche Garantie von Wohnung und Arbeitsplatz erreicht werden könnte, ist nicht ersichtlich. Konsequenterweise begründet § 7 nur ein Recht auf Zuschuss für eine angemessene Wohnung. Selbst im Fürsorgesystem wird überwiegend die Auffassung vertreten, dass ein Recht auf Wohnung nicht gebe (§ 7 Rn. 8, 9). Nicht anders ist es um das Recht auf Arbeit bestellt. Selbst im Schwerbehindertenrecht gibt es dieses Recht auf Arbeit nicht. Es besteht lediglich ein besonderer Kündigungsschutz. Angesichts der Kritik an den sozialen Rechten, die ja ganz überwiegend methodischer Natur ist, hat es aber keinen Sinn, weiterhin die Einführung sozialer Grundrechte zu fordern, ohne den methodischen Bedenken Rechnung zu tragen. Insgesamt kann man dem Lösungsversuch der Wandlung der Grundrechte in Teilhaberechte nicht den Vorzug absprechen, mit den methodischen Problemen besser fertig geworden zu sein. 4

Demgegenüber wirbt Wertenbruch für die sozialen Rechte unter Hinweis darauf, dass es Jahrhunderte gebraucht habe, liberale Grundrechte politisch durchzusetzen und in den Verfassungen zu verankern. Liberale und soziale Rechte hätten unterschiedliche Wurzeln, sie müssten folglich ganz verschieden gedanklich und normativ entfaltet werden. Es sei ungleich schwerer, soziale Rechte gesetzgeberisch zu konkretisieren als liberale Rechte (Wertenbruch, BochKomm § 2 Rn. 16). Dagegen ist jedoch im Grundsatz zweierlei einzuwenden. Bei den sozialen Rechten geht es um die gleiche Freiheit wie bei den liberalen Rechten. Es sind lediglich die gesellschaftliche und wirtschaftliche Entwicklung, die uns erst später haben erkennen lassen, dass die Zuerkennung von Rechten oft nicht genügt, um ein Recht auch ausüben zu können. Im Verhältnis der liberalen zu den sozialen Rechten geht es also nicht um Rechte, sondern um Staatsfunktionen. Ähnlich zu beurteilen ist die Entfaltung des Gleichheitssatzes in den letzten Jahrzehnten. 5

Was die **Konkretisierung** von Rechten angeht, so wird man keine wesentlichen Unterschiede zwischen den liberalen und den sozialen Rechten feststellen können (aA etwa Isensee, Der Staat 1980 S. 376). Ja, man wird Zweifel haben können, ob etwa die Freiheit des Warenverkehrs dieselbe Qualität hat, wie die des Gewissens. Demgegenüber wären die sozialen Rechte auf Wohnung oder auf Arbeit sogar relativ konkret. Durch Gesetz ließe sich auch festlegen, wer zur Erfüllung des Anspruchs verpflichtet ist. Es sind also nicht die Ungewissheit der sozialen Rechte, der Stand der Methodenlehre oder der Gesetzgebungstechnik, die ein Hindernis für Begründung durchsetzbarer Ansprüche darstellten. Es ist vielmehr der politische Zustand des Gemeinwesens, das den Schritt bis zu den Teilhaberechten getan hat, aber einen weiteren Schritt zu tun mehrheitlich nicht bereit ist. 6

7 Angesichts der allgemeinen Zielsetzung der sozialen Rechte ist auf einen Punkt hinzuweisen, der sie als problematisch erscheinen lässt. Sie tragen eher zur Besitzstandwahrung als zum Ausgleich bei sozialer Benachteiligung bei. Wer etwa als schwerbehinderter Mensch einen Arbeitsplatz hat, der ist vor einer Kündigung sehr weitgehend geschützt (§§ 168 ff. SGB IX). Dagegen gibt es ein Recht auf Arbeit aber nicht einmal im Schwerbehindertenrecht (§ 154 SGB IX) allenfalls ein Recht auf behinderungsgerechte Gestaltung desjenigen Arbeitsplatzes, den der Schwerbehinderte innehat (§ 185 SGB IX). Gleichfalls gibt es nicht ein Recht auf eine Wohnung, sondern allenfalls ein Recht auf Zuschuss für die Aufwendungen, die der Mieter für eine Wohnung hat (§ 7 SGB I). Desgleichen sichert der Kündigungsschutz bei Wohnraum (§§ 542 ff. BGB) nur das Bestandsrecht auf eine Wohnung, nicht aber die Erlangung einer Wohnung. Insoweit geht allerdings § 27a Abs. 1 SGB XII über die sozialen Rechte hinaus, denn er rechnet immerhin die Unterkunft als solche zum notwendigen Lebensunterhalt. Es ist eine Frage der Auslegung, ob darunter nur die Übernahme der Mietkosten zu verstehen ist oder ob sich zumindest in besonders gelagerten Einzelfällen daraus ein Recht auf eine Wohnung ergibt (vgl. VGH Kassel FEVS 41 S. 138; NDV 91 S. 203, 216; Brühl, ZfF 1991 S. 49; VGH Mannheim FEVS 43 S. 470; § 7 Rn. 7–9). In § 35 Abs. 1 SGB XII wird der Leistungsanspruch dann auf die Aufwendungen für die Unterkunft eingeschränkt.

8 Nicht in einem systematischen wohl aber in einem sozialpolitischen Zusammenhang mit dieser Frage steht die Tatsache, dass im Allgemeinen Teil des Sozialgesetzbuches zwar soziale Rechte aber **keine sozialen Pflichten** geregelt sind (vgl. Wannagat-Rüfner, SGB I § 2 Rn. 12; aA Lilge, SGB I § 2 Rn. 8, 11). Das ist zutreffend und auch kennzeichnend für die Regelungen des Allgemeinen Teils. Insoweit lässt sich aus § 2 Abs. 2 in Verbindung mit § 17 Abs. 1 Nr. 1 eine Verpflichtung für den Leistungsträger ableiten, dafür zu sorgen, dass der Berechtigte die Leistung auch erhält. Sie stellt jedoch keine selbständige Grundlage für Eingriffe dar, wenn sich dieses Ziel auf Grund des Verhaltens des Berechtigten nicht erreichen lässt (LSG NRW Breith. 1999 S. 863; BSG 76 S. 16; BSG 86 S. 107; BSG 87 S. 239; BSG 91 S. 68 – Colonia Dignidad). Es wird allerdings die Auffassung vertreten, ausnahmsweise könne ein Sozialleistungsträger aus Gründen des Eigentumsschutzes des Versicherten zur treuhänderischen Zurückhaltung von Leistungen berechtigt oder sogar verpflichtet sein (vgl. dazu § 61 Rn. 10). Echte Pflichten, wie zB **Beitragspflichten,** ergeben sich nur aus den Besonderen Teilen des Sozialgesetzbuchs. Ansätze zu Pflichten erkennen wir in § 1 Abs. 2 darin, dass die Aufgaben des Sozialgesetzbuches ua in der Hilfe zur Selbsthilfe gesehen werden. Dasselbe ergibt sich aus den **Mitwirkungspflichten** der §§ 60 ff. Demnach können wir aus den §§ 1 und 2 eine gewisse Grundtendenz zur Stärkung der Eigenverantwortung des Sozialleistungsberechtigen ableiten. Das entspricht der liberal-rechtsstaatlichen Ausrichtung des Sozialgesetzbuches und insbesondere auch der neuen Entwicklung zum aktivierenden Sozialstaat (§ 1 Rn. 3). Weitergehende Pflichten lassen sich aus den §§ 2–10 nicht ableiten.

9 Wohl überwiegend im Hinblick auf methodische Probleme ist die Diskussion um die sozialen Grundrechte in den letzten Jahren zunächst nicht fortgeführt, dann aber bei der Schaffung der Verfassungen in den neuen Bundesländern wieder aufgegriffen worden (Borgmann/Hermann, JA 1992 S. 339). Mit Blick auf § 2 Abs. 1 ist diese Diskussion im Sozialrecht kaum noch ergiebig. Anders als die methodische besteht die erwähnte verfassungsrechtliche Problematik hier ja nicht mehr, denn die sozialen Rechte sind jetzt im einfachen Gesetz geregelt. Nun

könnte man gegenüber diesem Standort der sozialen Rechte einwenden, dass der Gesetzgeber sie jederzeit beseitigen könnte. Die eigentliche Garantiefunktion könnten deswegen nur die klassischen Grundrechte übernehmen, wie dies sich etwa bei der Eigentumsgarantie des Art. 14 GG und bestimmten Sozialversicherungsansprüchen erwiesen hat (§ 4 Rn. 10). Sozialpolitisch bedeutungslos sind die sozialen Rechte deswegen nicht. Sie sagen zumindest etwas über den Zustand des Gemeinwesens aus. Es kann vor allem nicht übersehen werden, dass ein soziales Recht, auch im einfachen Gesetz einmal garantiert, nicht so leicht wieder gänzlich beseitigt werden kann. Seine Modifikation durch den einfachen Gesetzgeber, seine Anpassung an die wirtschaftliche und gesellschaftliche Entwicklung ist aber durchaus sinnvoll. Damit steht das einfachgesetzliche soziale Recht zwischen der fast unaufhebbaren Garantie durch die Grundrechte und der beliebigen Preisgabe unverbindlicher politischer Absichtserklärungen.

Sozialpolitische Bedeutung und Rechtsnatur der sozialen Rechte sind und blei- **10**
ben trotzdem umstritten. Im Hinblick auf ihren geringen Grad an normativer Ausgestaltung, liegt es nahe, sie lediglich als **Programmsätze** zu bezeichnen (v. Maydell, DVBl 1976 S. 1). Programmsätze haben ihren herkömmlichen Standort aber eher im Verfassungsrecht. Darüber hinaus lässt der Wortlaut des § 2 darauf schließen, dass der Gesetzgeber mehr gewollt hat, als die Schaffung einer ganzen Reihe von Programmsätzen (§§ 3–10). Es bietet sich deswegen an, zumindest die Auffassung zu vertreten, dass die sozialen Rechte darüber etwas aussagen, was wir unter der **Regelungsabsicht** und dem Zweck des Gesetzes sowie unter der Normvorstellung des Gesetzgebers als verbindlichem Auslegungskriterium verstehen. Darüber scheint in der Literatur Einigkeit zu bestehen (Rode SGb 1977 S 271, 272; Wannagat-Rüfner, SGB I § 2 Rn. 8).

Zumeist will man über eine darauf begrenzte Funktion der sozialen Rechte **11**
noch hinausgehen. Es fragt sich aber, wo die sozialen Rechte innerhalb der herkömmlichen Systematik zu verorten sind. Die Lösung des damit verbundenen methodischen Problems ist kaum darin zu sehen, dass man die sozialen Rechte als vorteilhafte Rechtspositionen, ja als subjektive Rechte wenn auch keine Vollrechte oder als sozialrechtliche Positionen des Bürgers bezeichnet, aus denen Leistungsansprüche erwachsen (Bley, SozVersGesKomm § 2 Anm. 3f cc; Lilge, SGB I § 2 Rn. 32). Mit solchen Formulierungen soll offensichtlich eine Charakterisierung der sozialen Rechte lediglich als Bestandteile des objektiven Rechts vermieden werden. Andererseits kann man angesichts des Wortlauts des § 2 Abs. 1 Satz 2 den Schritt zur Bezeichnung als subjektive Rechte nicht tun. In methodischer Hinsicht ist es jedoch nicht zu akzeptieren, wenn mit dem Begriff Vollrecht Parallelen zu einer Vorstufe, der Anwartschaft, im Verhältnis zum Eigentumsrecht, gezogen werden, und damit doch in irgendeiner Form an das subjektive Recht angeknüpft wird. Man kann nicht erwarten, dass die Rechtsprechung bereit wäre, mit solchen Konstruktionen zu arbeiten. Damit tragen sie eher zur Ent- als zur Aufwertung der sozialen Rechte bei.

Es ist sinnvoller, in der herkömmlichen Systematik zu verbleiben und dort nach **12**
einer Antwort zu suchen. Richtigerweise kann man danach die sozialen Rechte nur als Bestandteile des **objektiven Rechts** ansehen, aus denen selbst unter keinen Umständen Ansprüche des Einzelnen erwachsen können. Darüber hinaus haben die sozialen Rechte noch eine zusätzliche Funktion bei der Auslegung sozialrechtlicher Vorschriften und bei der Ermessensausübung (§ 2 Abs. 2). Etwas anderes lässt sich aus der Vorschrift des § 2 nicht ableiten. Das ergibt sich eindeutig aus § 2 Abs. 1 Satz 2, wonach die Begründung eines subjektiven Rechts ausgeschlossen

ist. Damit hat der Gesetzgeber für die sozialen Rechte auch eine Übernahme jener Rechtsprechung vermeiden wollen, wonach im Zweifel Verpflichtungen der Verwaltung, die sich im Interesse eines Einzelnen aus dem objektiven Recht ergeben, auch subjektive Rechte begründen könnten (BVerwG 37 S. 243).

2. Soziale Rechte als Auslegungsregeln und Ermessensleitlinien

13 Damit ist bereits auf die Regelung des § 2 Abs. 2 übergeleitet. Die sozialen Rechte sind bei der **Auslegung und bei der Ausübung des Ermessens** zu beachten. Das erstreckt sich auch auf die **Analogiebildung,** und zwar insoweit, als die Feststellung einer planwidrigen Regelungslücke als Voraussetzung einer Analogie durch Auslegung erfolgen muss. Für diese Fälle wird der Grundsatz einer möglichst weitgehenden Sicherstellung der Wirkung sozialer Rechte aufgestellt. Die Regelung des Absatzes 2 ist aus dem Gesamtzusammenhang des § 2 zu verstehen. Absatz 1 trifft in den Sätzen 1 und 2 generelle Regelungen zu den sozialen Rechten. Nach seinem Wortlaut übernimmt Satz 1 die Regelungsabsicht des Gesetzgebers in den Gesetzestext. Demgegenüber hat Satz 2 nur eine ausschließende Funktion.

14 § 2 Abs. 2 betrifft die Tätigkeit der Verwaltung und der Gerichte. Diese Regelung ist nur aus dem zuvor in Absatz 1 Satz 2 getroffenen Ausschluss des subjektiven Rechts zu verstehen. Der Ausschluss der verpflichtenden Wirkung sollte nicht so weit gehen, dass § 2 nur als unverbindlicher Programmsatz verstanden werden könnte. Der verpflichtende Charakter des § 2 Abs. 2 unterstreicht seine Stellung lediglich im objektiven Recht. Die vorausgehende Regelung des Absatzes 1 Satz 2 bewirkt aber, dass diese verpflichtende Wirkung nicht in ein subjektives Recht umschlagen kann. Insoweit hat § 2 Abs. 2 eine sehr wichtige klarstellende Funktion. Der Umfang der verpflichtenden Wirkung des § 2 wird unter **Ausschluss des bloßen Programmsatzes einerseits und des subjektiven Rechts andererseits** und damit beschränkt auf das objektive Recht eindeutig festgelegt.

15 Die für Verwaltung und Gerichte verpflichtende Wirkung liegt in dem Grundsatz der möglichst weitgehenden Verwirklichung der sozialen Rechte (Effektuierungsgrundsatz) und in ihrer Beachtung bei der Ermessensausübung. In systematischer Hinsicht etwas verallgemeinert kann man sagen, es handele sich bei § 2 Abs. 2 um die Grundlage für ein sog. intendierten Ermessens, bei dem die Richtung für die Ermessensausübung vorgegeben ist (vgl. BVerwG 91 S. 82). Darüber hinaus wirkt die normierende Kraft des § 2 Abs. 2 nicht. Das hat unmittelbar praktische Bedeutung.

16 Der Grundsatz der möglichst weitgehenden Verwirklichung der sozialen Rechte darf vor allem nicht in Widerspruch zu den anerkannten Prinzipien der Methodenlehre geraten. Insoweit ist auch im Sozialrecht an den herkömmlichen Methodenkanon anzuknüpfen. Seine Bedeutung hat § 2 Abs. 2 deswegen vor allem dann, wenn unter Heranziehung aller Auslegungskriterien Zweifel über das richtige Ergebnis verbleiben. Nur in diesem Falle ist dasjenige Ergebnis zu wählen, bei dem ein soziales Recht möglichst weitgehend verwirklicht wird. Die herkömmlichen Auslegungsprinzipien werden damit durch § 2 Abs. 2 ergänzt. In der obergerichtlichen Rechtsprechung hat § 2 Abs. 2 bisher keine allein ausschlaggebende Bedeutung für die Entscheidung eines Rechtsstreits bekommen.

16a Vor diesem Hintergrund nicht ganz eindeutig zu beantworten ist die Frage, ob der Träger der Unfallversicherung verpflichtet ist, die Kosten eines **Berufsbetreuer** zu übernehmen (§§ 1896 ff. BGB). Hierfür fand das BSG keine Rechtsgrundlage, weder als Leistung zur Teilhabe am Leben in der Gemeinschaft, noch als ergänzende Leistung, noch als besondere Unterstützung. Die in § 39 Abs. 1 SGB VII geregelte Teilhabe am Leben in der Gemeinschaft ist abschließend und auf konkrete Leistungen bezogen. Insoweit besteht nach Auffassung des Gerichts kein Auslegungsspielraum. Allerdings kennt § 39 Abs. 1 Nr. 2 SGB VII „sonstige Leistungen zur Sicherstellung der Teilhabe". Hierzu führt das BSG aus: „Nach der Definition des § 55 SGB IX aF (§ 76 SGB IX nF) werden Leistungen zur Teilhabe am Leben in der Gemeinschaft zu dem Zweck erbracht, behinderten Menschen eine Teilhabe am gesellschaftlichen Leben zu ermöglichen, diese Teilhabe zu sichern oder sie unabhängig von Pflege zu machen... Zur Bestimmung von Art und Umfang solcher Leistungen ist der Katalog des § 55 Abs. 2 SGB IX zu beachten" (BSG SozR 4-2700 § 39 Nr. 2). Dagegen könnte man bereits einwenden, dass § 39 SGB VII aF einleitend die §§ 44, 53, 54 SGB IX zitiert, jedoch nicht § 55 SGB IX. Das entspricht auch der neuen Rechtslage. Insoweit werden in § 39 Abs. 1 Nr. 2 SGB VII nur allgemein die Leistungen zur Sicherstellung der Teilhabe genannt. Es bestand also schon vom Wortlaut der Vorschrift her keine Notwendigkeit, sich auf den Katalog des § 55 SGB IX zu beschränken. Anwendbar gewesen wäre aber auf jeden Fall § 39 Abs. 2 SGB VII, der eine besondere Unterstützung zum Ausgleich besonderer Härten vorsieht. Hierzu führt das BSG aus, dass eine besondere Härte gemäß § 39 Abs. 2 SGB VII im Sinne einer schwierigen persönlichen oder wirtschaftlichen Situation, die den Kläger bei Mittellosigkeit dauerhaft mit Kosten der Betreuung belasten würde, nicht vorläge „Hierbei ist auch zu beachten, dass nach der gesetzlichen Ausgestaltung der bürgerlich-rechtlichen Betreuung der Betreute Kosten für eine Betreuung nur ausnahmsweise aus seinem Einkommen und Vermögen aufzubringen hat" (BSG SozR 4-2700 § 39 Nr. 2). Hiermit wird die Härteklausel jedoch etwas zu eng ausgelegt. Was im Falle einer Betreuung im Bürgerlichen Recht gilt, kann nicht ohne Weiteres auf die Unfallversicherung übertragen werden. Berücksichtigt man, dass die Unfallversicherung auch der Ablösung des Schadenersatzanspruchs diente, so würden sich schon Bedenken ergeben, die Kosten des Berufsbetreuers vom Anspruch nach § 823 BGB auszuschließen. Auf diesen Vergleich kommt es aber nicht einmal an. Allein die Anwendung des § 2 Abs. 2 hätte dazu veranlassen müssen, unter Rückgriff auf die allgemeine Formulierung „mit allen geeigneten Mitteln" in § 26 Abs. 1 SGB VII zu einer flexibleren Handhabung des § 39 Abs. 2 SGB VII zu gelangen. Dazu sah sich das BSG jedoch nicht veranlasst, weil es in seiner Auslegung der Bestimmungen des SGB VII keine gesetzlich Grundlage für den Anspruch gefunden hatte. Dies folgte aus der restriktiven Auslegung der Vorschrift, nach der das Gericht der Regelung des § 39 Abs. 2 SGB VII auch keine selbständige Bedeutung beigemessen hat. Die Auslegung des § 39 Abs. 1 Nr. 2 und des Abs. 2 SGB VII mussten unter Beachtung des § 2 Abs. 2 erfolgen. Dem Ergebnis, dass die LSGe gefunden hatten, nämlich dass die Kosten des Berufsbetreuers übernommen werden können, stand insbesondere auch der Wortlaut des § 39 SGB VII nicht entgegen. (vgl. LSG RhPf. L 3 U 172/03, juris; LSG BW L 6 U 340/09, juris). Zumindest nach § 39 Abs. 2 SGB VII können untypische Bedarfe gedeckt werden, die mit den üblichen Leistungen nicht aufzufangen sind (KassKomm-Federn § 39 Rn. 5–7). Sie müssen nicht einmal dem Beispielskatalog des § 39 Abs. 1 SGB VII entsprechen.

Insbesondere im Hinblick darauf, dass der Wortlaut eines Gesetzes nicht unter **16b**
Berufung auf § 2 Abs. 2 überschritten werden darf, wird man es demgegenüber nicht als zulässig ansehen dürfen, wenn ein Gericht bei einem Pflegebedürftigen

auch dann vom **Vorliegen der früheren Pflegestufe III** ausging, wenn der Bedarf an häuslicher Grundpflege nicht, wie es in § 15 Abs. 3 Nr. 3 SGB XI aF geregelt war, mindestens vier Stunden beträgt, sondern sich nach gutachterlicher Feststellung nur auf 232 Min. beläuft (SG Münster RdLH 2012 S. 125 mAnm Langer). Im Hinblick darauf, dass menschliche Zustände nicht durch eine Untersuchung auf einen bestimmten Bedarf hin zeitlich fixiert werden können, sondern in Abhängigkeit vom Lebensalltag wechselnd sind, kann man mit dem Gericht die Feststellung eines Grundpflegebedarfs von 232 Min. mit dem Gericht sicher als eine scheinrationale Größe bezeichnen. Damit kann sich ein Gericht aber nicht, auch nicht unter Berufung auf § 2 Abs. 2, über den nicht mehr näher interpretierbaren Wortlaut des Gesetzes hinwegsetzen (LSG NRW L 10 P 38/12, juris). Das schließt nicht aus, dass im Bereich der Tatsachen immer auch Schätzungen erforderlich werden können. Eine in rechtlicher Hinsicht anders zu beantwortende Frage ist es zudem, wenn im Hinblick auf § 48 SGB X eine geringfügige Verminderung des Pflegebedarfs nicht als „wesentliche" Änderung im Sinne des Gesetzes angesehen wird, wenn also der Umfang der Pflegebedürftigkeit von 240 Min. 232 Min. absinkt (BSG 95 S. 57). Nach Umstellung des Gesetzes auf Pflegegrade (§ 15 SGB XI) kann sich das Problem immer noch ergeben, etwa, wenn 12 Punkte ermittelt werden und damit ein Pflegegrad knapp verfehlt wird (§ 15 Abs. 3 Satz 4 Nr. 1 SGB XI).

17 Insoweit als die sozialen Rechte nach den §§ 3–10 dem einzelnen Bürger zustehen, bewirkt der Grundsatz des § 2 Abs. 2 auch, dass im Zweifel zugunsten einer umfassenderen Geltung der sozialen Rechte entschieden werden muss (vgl. Rode, SGb 1977 S. 268, 272). Dabei ist aber in besonderem Maße zu beachten, dass zunächst klargestellt sein muss, dass dem Bürger ein soziales Rechts auch wirklich zusteht. Dieser **Effektuierungsgrundsatz** kann also nicht dazu herangezogen werden, soziale Rechte dort zu begründen, wo sie gar nicht bestehen. In diesem Zusammenhang hat das BSG betont, dass eine für richtig befundene Rechtsprechung nicht allein deswegen unter Berufung auf § 2 Abs. 2 aufgegeben werden könne, weil nach einer anderen Auffassung soziale Rechte weitgehender verwirklicht würden (BSG 44 S. 163; BSG 52 S. 81). Des Weiteren bedeutet der Effektuierungsgrundsatz keineswegs, dass immer auch zugunsten einer größeren Freiheit des Einzelnen entschieden werden müsste. Wenn etwa Auslegungszweifel über den Umfang einer Versicherungspflicht bestehen (§§ 5 SGB V, 1 SGB VI), so kann dies dazu führen, dass sich ein Gericht unter Heranziehung des § 2 Abs. 2 für die Annahme einer Versicherungspflicht entscheidet. In der Begründung dieser Pflicht liegt aber zugleich auch die Einschränkung des Freiheitsraumes. So führt das BSG aus, die Annahme, eine Ehe schließe das Vorliegen eines Beschäftigungsverhältnisses zwischen den Ehepartnern aus, sei überholt (BSG 74 S. 275). Darin ist einerseits eine konsequente Anwendung des § 2 Abs. 2 Hs. 2 zu sehen. Anderseits wird darin auch die Freiheit des Einzelnen eingeschränkt, nicht pflichtversichert zu sein.

17a Wie mit der Auslegungsregel des § 2 Abs. 2 zu verfahren ist, lässt sich am Beispiel der **Mehrbedarfe im Fürsorgesystem** erläutern (§§ 21 SGB II, 30 SGB XII). Nach § 30 Abs. 1 Nr. 1 SGB XII aF war bis zum 7.12.2006 die Zuerkennung des dort geregelten Mehrbedarfszuschlags davon abhängig, dass der Leistungsberechtigte **im Besitz** eines Schwerbehindertenausweises war. Weder die tatsächliche Schwerbehinderung noch die bereits erfolgte Beantragung eines Ausweises genügten dazu (LSG BW L 2 SO 404/13, juris). Über den klaren Wortlaut des Gesetzes („besitzen") konnte man sich nicht unter Bezugnahme auf § 2 Abs. 2

hinwegsetzen. Allerdings bestand und besteht im Sozialhilferecht die Möglichkeit, besondere individuelle Bedarfe durch Erhöhung des Regelsatzes zu decken (§§ 28 Abs. 2 Satz 2 aF; 27a Abs. 4 Satz 1 SGB XII). Dies konnte und musste im Verwaltungsverfahren nach den §§ 20, 21 SGB X festgestellt werden (BSG SozR 4-3500 § 30 Nr. 4). Im SGB II war zum damaligen Zeitpunkt eine Bewältigung des Problems nicht möglich. Nicht nur, dass es dort an einem vergleichbaren Mehrbedarf aus dem zumeist, aber keineswegs immer, naheliegenden Grund einer ausgeschlossenen Erwerbsfähigkeit fehlt (vgl. § 21 SGB II). Die Ausnahmeregelung des § 23 Nr. 4 SGB II spricht immer noch vom Innehaben eines Schwerbehindertenausweises. Das Problem wäre also auch heute noch im SGB II nicht lösbar, wenn nicht das BVerfG des Fehlen solcher individueller Bedarfssituationen beanstandet hätte (BVerfG 125 S. 175). Infolgedessen war es notwendig geworden, diese sogenannten atypischen Bedarfe als Mehrbedarfe in § 21 Abs. 6 SGB II anzuerkennen. Vor dem Hintergrund der Rechtsprechung des BSG und unter Berufung auf § 2 Abs. 2 wird man deswegen einen solchen Mehrbedarf immer annehmen müssen, wenn der Leistungsberechtigte (noch) nicht Inhaber eines Schwerbehindertenausweises ist. Dagegen wird man den Begriff des Innehabens nicht weiter auslegen können als den des Besitzes. Nach allem kann sich auch eine an § 2 Abs. 2 orientierte Auslegung nicht an dem Wortlaut „Inhaber eines Ausweises" (§ 23 Nr. 4 SGB II) bzw. „durch einen Bescheid … oder einen Ausweis … nachweisen" (§ 30 Abs. 1 Nr. 2 SGB XII) hinwegsetzen. Das entbindet aber nicht davon, einer individuellen Bedarfssituation Rechnung zu tragen (§§ 21 Abs. 6 SGB II, 27a Abs. 4 Satz 1 SGB XII). Das wäre nur dann nicht möglich, wenn der Gesetzgeber die erstgenannten Vorschriften als Ausschlussregelungen konzipiert hätte. Insbesondere ist dabei auch zu berücksichtigen, dass aus dem Persönlichkeitsrecht die Entscheidungsfreiheit resultiert, auf die förmliche Anerkennung als schwerbehindert zu verzichten (BSG SGb 1987 S. 126 mAnm Kopp).

Als ein Grundsatz, der die **Ermessensausübung** lenkt, tritt § 2 Abs. 2 neben 18
§ 39 (BSG 48 S. 190). Dabei hat er insoweit eine ergänzende Funktion, als der in § 39 genannte Zweck der Ermächtigung auch in dem Grundsatz einer möglichst weitgehenden Verwirklichung der sozialen Rechte zu sehen ist. Hier wird man, anders als bei der Auslegung, aber nicht nur im Zweifelsfalle zwischen zwei Ergebnissen wählen müssen (vgl. oben Rn. 17). Vielmehr ist in jedem Falle der Anwendung einer Ermessensvorschrift die möglichst weitgehende Verwirklichung eines sozialen Rechts anzustreben. Das folgt aus dem Ermessensspielraum, der der Verwaltung eingeräumt ist, und der so bei der Auslegung nicht besteht. Der Unterschied erklärt sich also daraus, dass man bei der Gesetzesauslegung nicht allein unter Berufung auf § 2 Abs. 2 vom eindeutigen Wortlaut des Gesetzes abweichen darf. Demgegenüber hat die Ermessensausübung immer entsprechend dem Zweck der Ermächtigung zu erfolgen und die möglichst weitgehende Verwirklichung der sozialen Rechte stellt eine solche Ermächtigung dar. Im Ermessensbereich liegt etwa auch die Frage, welche Krankenkasse nach § 18c Abs. 1 Satz 3 BVG zur Leistungserbringung zuzulassen ist. Unter Hinweis auf die §§ 2 Abs. 2, 33 geht des BSG davon aus, dass eine dazu bereite und vom Leistungsberechtigten gewünschte Krankenkasse zuzulassen ist (BSG 109 S. 138).

Das BSG misst in seiner Rechtsprechung zu diesem Thema den sozialen Rech- 19
ten darüber hinaus auch eine besondere Bedeutung für das Verwaltungsverfahren bei, weil nach Auffassung des Gerichts soziale Rechte vor allem dort verwirklicht werden (BSG 51 S. 95). In diesem Zusammenhang ist insbesondere darauf hinzuweisen, dass der Effektuierungsgrundsatz erhebliche Bedeutung bei Auskunft und

Beratung (§§ 14, 15), bei der Anregung sachdienliche Anträge zu stellen (§ 16 Abs. 3) und bei der Auslegung und Behandlung der Anträge des Leistungsberechtigten hat (BSG 49 S. 71; BSG 51 S. 89). Es ist deswegen nur konsequent, wenn das BSG zur Begründung des Herstellungsanspruchs (§ 14 Rn. 23) häufig auch auf § 2 Abs. 2 zurückgreift (BSG 51 S. 89; BSG SozR 1200 § 14 Nr. 13; BSG SozR 2200 § 1241d Nr. 9). Unter Hinweis auf § 2 Abs. 2 wird auch begründet, dass die Wiedereinsetzung nach § 27 SGB X den Herstellungsanspruch nicht wegen Spezialität verdrängt (BSG 96 S. 44). In ähnlicher Weise ist auch § 44 SGB X insoweit als eine Ausführung der Grundgedanken des § 2 Abs. 2 zu betrachten, als er der materiellen Gerechtigkeit einen gewissen Vorrang vor der Rechtssicherheit einräumt (BSG 63 S. 214). Auch unter dem Blickwinkel des § 2 Abs. 2 kann Gegenstand eines Verfahrens nach § 44 SGB X immer nur eine Sozialleistung iSd § 11 sein. So kann im Rahmen des § 44 SGB X zwar überprüft werden, ob bei der Zuweisung einer Arbeitsgelegenheit die Voraussetzungen des § 16d SGB II erfüllt waren. Dasselbe gilt aber nicht bei deren Rechtswidrigkeit für den daraus resultierenden öffentlich-rechtlichen Erstattungsanspruch (BSG 109 S. 70; Geiger, info also 2014 S. 147).

19a Auch die Rücknahme eines rechtswidrigen begünstigenden Verwaltungsaktes (§ 45 SGB X) kann daran scheitern, dass der Berechtigte zeitgleich einen anderen Anspruch auf Sozialleistungen in etwa gleicher Höhe hatte (BGSE 48 S. 190). Konstruktiv hat hier § 2 Abs. 2 eine ermessensleitende Funktion bei der Entscheidung nach § 45 SGB X. Auch auf eine verzerrende Mitgliederwerbung einer Krankenkasse findet § 2 Abs. 2 Anwendung, da ein unvollständiges und damit irreführendes Informationsverhalten einer Krankenkasse, das die Ausübung von Wahlrechten ihrer Versicherten vereitelt und die Versicherten davon abhält, ihre Rechte in den dafür vorgesehenen Verfahren zu verfolgen (LSG NRW NZS 2005 S. 370). Schließlich wird auch der Meistbegünstigungsgrundsatz bei der Antragstellung (§ 16 Rn. 4) mit § 2 Abs. 2 begründet. Das gilt auch für die Auslegung von rein verfahrensrechtlichen Anträgen, etwa für die Behandlung eines Erstattungsantrags als Widerspruch (BSG SGb 2012 S. 616 mAnm Grube).

20 Wenn sich in der neueren Rechtsprechung des BSG zum SGB II und SGB XII zeigt (BSG 99 S. 137; BSG SozR 4-1300 § 44 Nr. 15), das Gericht wolle nicht mehr an den „abweichenden Strukturprinzipien" des Sozialhilferechts alter Prägung festhalten, sondern im Prinzip einheitliche Grundsätze für das gesamte Sozialrecht gelten lassen, so lässt sich das auch als eine Anwendung des § 2 Abs. 2 auf das soziale Recht des § 9 verstehen (§ 37 Rn. 11–17). ME ist auch der Kenntnisgrundsatz der Sozialhilfe (§ 18 Abs. 1 SGB XII) unter dem Blickwinkel der Bedeutung des § 2 für das Verwaltungsverfahren zu überdenken (Mrozynski, ZfSH/SGB 2007 S. 463). Dieser Aufgabe hat sich das BSG mehr und mehr unterzogen (§ 37 Rn. 16).

21 Damit kann man für den Umgang mit § 2 und den sozialen Rechten Folgendes feststellen: Wenn die sozialen Rechte der Erfüllung der in § 1 genannten Aufgaben dienen sollen, dann werden damit Verwaltungshandeln und Rechtsprechung bestimmt. Dem Bürger werden aber keine Rechte eingeräumt. Der Effektuierungsgrundsatz des § 2 Abs. 2 bestimmt die Gesetzesauslegung und die Ermessensausübung. Aus dem Zusammenhang, in dem dieser Grundsatz steht, ergeben sich aber auch seine Grenzen. Eine möglichst weitgehende Verwirklichung der sozialen Rechte kann nicht in einem Sinne verstanden werden, dass etwa der in der Sozialversicherung geschützte Personenkreis erweitert werden könnte (vgl. Neumann, SGb 1983 S. 510). Dies ist nur durch gesetzliche Regelung möglich (§ 31).

Dies ist jetzt etwa durch § 5 Abs. 1 Nr. 13 SGB V geschehen. Des Gleichen kann dieser Grundsatz nicht im Sinne einer besonderen **Beweisregel** verwendet werden (vgl. Bürck, SGb 1984 S. 8). Unbewiesene aber möglicherweise vorliegende Tatbestandselemente einer Anspruchsnorm können also nicht über den Effektuierungsgrundsatz fingiert werden (BSG 63 S. 270). Insoweit hat § 2 Abs. 2 trotz seines Wortlauts in methodischer Hinsicht eine gänzlich andere Funktion als der strafrechtliche Grundsatz des in dubio pro reo. In diesen Fällen begründet aber § 2 Abs. 2 eine Verpflichtung für die Verwaltung, den Sachverhalt besonders gründlich aufzuklären (§§ 20, 21 SGB X). Insbesondere bei eingeschränkter Selbsthilfefähigkeit begründet § 2 Abs. 2 eine Verpflichtung für die Verwaltung statt von § 66 Abs. 1 SGB I von § 15 SGB X Gebrauch zu machen.

3. Einzelfälle

Für die Gesetzesauslegung hat § 2 Abs. 2 zum einen darin eine Bedeutung, dass 22 sich aus den sozialen Rechten der §§ 2–10 eine gewisse **systematische Ordnung** erkennen lässt. Das wird besonders deutlich bei dem etwas schillernden Bereich der Sozialförderung. Zu ihm gehören die sozialen Rechte der §§ 3 und 6–8. Schon nach ihrem größeren systematischen Zusammenhang unterscheiden sich diese sozialen Rechte. Nur § 3 ist auf das Arbeitsleben bezogen. Die Entfaltungshilfen nach den §§ 6–8 gehören in andere Lebenszusammenhänge. Das kann für die berufliche und die Bildungsförderung durchaus Bedeutung haben. So wird man die Jugendberufshilfe nach § 13 Abs. 3 SGB VIII in ihrem pädagogischen Zusammenhang sehen müssen (§ 8) und nicht zu stark arbeitsmarktbezogen betreiben dürfen. Etwas anderes gilt für das Gebiet der Hilfe zur Arbeit (§§ 18–20 BSHG aF), die jetzt in die §§ 16 ff. SGB II eingegangen ist und damit nur noch sehr bedingt als Entfaltungshilfe verstanden werden kann. Die Stellung des sozialen Rechts in § 9 veranlasst zu einem anderen Verständnis der Förderung einer Eingliederung in das Arbeitsleben (vgl. § 11 Abs. 2 Satz 2, Abs. 3 Satz 4 SGB XII). Demgegenüber erweist schon die Systematik, dass die berufliche und die Bildungsförderung auf der Grundlage des § 3 stärker arbeitsmarktbezogen erfolgen können. Eine besondere Stellung nimmt § 4 mit der Sozialversicherung ein (§ 4 Rn. 25).

Schließlich wird man in dem Effektuierungsgrundsatz des § 2 Abs. 2 eine 23 Absage an restriktive Auslegungsverfahren sehen müssen. Insbesondere ist es im Sozialrecht nicht ohne Weiteres möglich, den in methodischer Hinsicht ohnehin zweifelhaften Auslegungsgrundsatz anzuwenden, Ausnahmevorschriften seien eng auszulegen. Das BSG hat allerdings unter Berufung auf § 2 Abs. 2 eine restriktive Auslegung eines Gesetzesbegriffs vorgenommen (BSG SozR 3 – 2500 § 34 Nr. 2). Es handelte sich um das gesetzliche Merkmal „geringer Abgabepreis" in § 34 SGB V aF. Dieser Gesetzesbegriff hat aber die Funktion, in Ausnahmefällen den Ausschluss der Leistungspflicht der Krankenkasse zu ermöglich. Legt man ihn restriktiv aus, so läuft das im Ergebnis auf einen größeren Anwendungsspielraum der leistungsrechtlichen Normen (§§ 27 ff. SGB V) der Krankenversicherung hinaus. Es sind also jeweils Auslegungs- und Anwendungsspielräume im Sinne einer möglichst weitgehenden Verwirklichung der sozialen Rechte zu nutzen (BSG SozR 3 – 4100 § 134 Nr. 9; LSG NRW Breith. 2005 S. 433). So müssen Zuschüsse nach § 39a SGB V aF, die von Kranken- und Pflegekasse zu erbringen sind, so berechnet werden, dass dem Versicherten „möglichst kein Eigenanteil" verbleibt (BSG SozR 4-1200 § 2 Nr. 2). Eine sehr grundsätzliche Bedeutung hatte es, als nach mehrjähriger anders lautender Rechtsprechung die Rechtsfigur des

missglückten Arbeitsversuchs, die ja die Funktion eines Ausschlusses vom Schutz in der Krankenversicherung hat, unter Hinweis auf § 2 Abs. 2 auf Missbrauchsfälle beschränkt wurde (LSG Berlin NZS 1994 S. 460; BSG 81 S. 231). Damit wird also dem sozialen Recht aus § 4 zu einer größeren praktischen Wirkung verholfen (vgl. Kretschmer, VSSR 1995 S. 171). Des Weiteren hat das BSG unter Hinweis auf § 2 Abs. 2 die Auffassung vertreten, dass der Herstellungsanspruch und die Wiedereinsetzung in den vorigen Stand einander nicht ausschließen (BSG 96 S. 44). Auch die Nichtauszahlung einer bewilligten Rente kann gegen § 2 Abs. 2 verstoßen (BSG 91 S. 68 – Colonia dignidad). Angesichts des nicht ganz eindeutigen Wortlauts der früheren Fassung des § 37 Abs. 1 SGB V, wonach Versicherte häusliche Krankenpflege nur „in ihrem Haushalt oder ihrer Familie" erhielten, hat das BSG aus § 2 Abs. 2 die Auffassung abgeleitet, die häusliche Krankenpflege könne auch dann noch in der Familie erfolgen, wenn sie nicht in der Familienwohnung erbracht werde (BSG 90 S. 143). Diese Rechtsprechung hat letztlich zu einer erweiterten Neuregelung des § 37 SGB V geführt.

23a Angesichts der Entwicklungen im Arbeits- und Sozialrecht, die man – vielleicht etwas übertrieben – als Abschied vom Normalarbeitsverhältnis bezeichnen kann (Wank, RdA 2010 S. 193; Deinert, RdA 2014 S. 65; Seewald, NZS 2014 S. 481), und die auch mit einem Rückgang des versicherungspflichtigen Arbeitsverhältnisses verbunden sein können, wird man zu einer moderneren Sicht des sozialen Rechts nach § 4 Abs. 1, dem Zugang zur Sozialversicherung, gelangen müssen. Während die arbeitsrechtliche Entwicklung angesichts der dort zwar eingeschränkt, aber grundsätzlich gegeben Privatautonomie Spielräume für die Entwicklung nicht pflichtversicherter Tätigkeiten möglich erscheinen lässt, ist das auf der Grundlage des Beschäftigungsverhältnisses (§ 7 SGB IV) nicht möglich, da das Sozialrecht eine Privatautonomie allenfalls im Ansatz kennt. Außerdem verpflichtet § 2 Abs. 2 dazu, eine Auslegung des § 4 Abs. 1 zu suchen, die den Zugang zur Sozialversicherung möglichst umfassend gewährleistet. Das kann im Ergebnis zu einer unerwünschten Auseinanderentwicklung von Arbeits- und Sozialrecht führen. Andererseits ist es nicht zulässig, den Begriff des Beschäftigungsverhältnisses der arbeitsrechtlichen Privatautonomie zu unterwerfen. Daran hindert schon der Wortlaut des § 7 Abs. 1 SGB IV, der sich ersichtlich am Normalarbeitsverhältnis, und nicht an seinen Abwandlungen orientiert (vgl. im Einzelnen § 4 Rn. 25).

24 Die weite Auslegung von Sozialgesetzen bedeutet hingegen nicht, dass sich ein Gericht über den eindeutigen Wortlaut eines Gesetzes hinwegsetzen könnte. Lediglich, wo mehrere Auslegungsergebnisse zulässig erscheinen, kann der Effektuierungsgrundsatz eine Bedeutung erlangen. Das entspricht in seinem methodischen Stellenwert der verfassungskonformen Auslegung. Aus diesem Grunde konnte das BSG den Ausschluss bestimmter Behandlungsmethoden von der Krankenversicherung nicht korrigieren. Insoweit sah das Gericht sich nicht in der Lage, selbst bei lebensbedrohlichen Erkrankungen eine vom Wortlaut des § 135 Abs. 1 Satz 5 SGB V aF abweichende Entscheidung zu treffen, wenn eine zugelassene Behandlungsmethode nicht zur Verfügung steht. Es hatte allerdings in dieser Regelung auch keinen Verfassungsverstoß sehen können (BSG 81 S. 54). Erst das BVerfG hat diesen festgestellt (vgl. § 21 Rn. 16–19).

25 In einem anderen Falle hat sich das BSG dann doch nicht so strikt an den Wortlaut der Norm gehalten. So hat es § 37 SGB V aF unter Bezugnahme auf Art. 3 Abs. 1 GG verfassungskonform dahin ausgelegt, dass über den Wortlaut der Vorschrift hinaus Leistungen nicht nur für das Anziehen von Kompressionsstrümpfen, sondern auch bei schwerer betroffenen Versicherten mit anderem Hilfebedarf erbracht werden müssen. Die Begründung ist allerdings tragfähig und entspricht durchaus den Anforderungen, die das BVerfG an eine verfassungskonforme Auslegung stellt (BVerfG 97 S, 186, 196). Das BSG führt aus: „Die gesetzliche Änderung in § 37 Abs. 2 Satz 1 SGB V bringt dem Wortlaut nach nicht eindeutig zum Ausdruck, dass sie eine abschließende Regelung darstellen soll; sie kann auch als exemplarische Teilregelung der Schnittstellenproblematik zwischen Kranken- und Pflegeversicherung verstanden werden, die der Gesetzgeber für besonders regelungsbedürftig und auch gesetzgebungsreif angesehen hat. Mit einer Ausdehnung des darin enthaltenen Regelungsgedankens auf alle Behandlungspflegemaßnahmen wird der gesetzgeberische Wille nicht verfälscht oder gar in sein Gegenteil verkehrt; die parlamentarische Mehrheit hat von einer erweiterten Regelung – jedenfalls nach den Verlautbarungen – nur deshalb Abstand genommen, weil sie verwaltungspraktische Umsetzungsschwierigkeiten und unvertretbaren Mehraufwand befürchtete, ohne dies indessen näher zu konkretisieren. Es ist anzunehmen, dass das Gesetz in der umfassenderen Weise beschlossen worden wäre, wenn allen Parlamentariern der allenfalls geringfügig erhöhte Verwaltungsaufwand bekannt gewesen wäre“ (BSG 94 S. 192). Damit ist das BSG sicher an die Grenze einer wortlautorientierten Auslegung gegangen. Andererseits wird die Bindung des Richters an das Gesetz zu eng gesehen, wenn sie trotz eindeutiger Hinweise im Gesetzgebungsverfahren lediglich als Bindung an den Wortlaut des Gesetzes verstanden wird (BVerfG 97 S. 186, 196; BSG SozR 4-4200 § 60 Nr. 4 Rn. 24). In seiner Entscheidung zu § 46 SGB V aF (vgl. § 21 Rn. 34) hat das BSG dies, unter teilweiser Aufgabe seiner früheren Rechtsprechung (BSG 118 S. 52), bekräftigt. Danach „müssen gesetzliche bzw. auf dem Gesetz beruhende Leistungsausschlüsse und Leistungsbegrenzungen ebenso wie die nachteilige Auslegung und Anwendung von Regelungen des Leistungsrechts der GKV durch die Fachgerichte stets daran gemessen werden, ob sie im Rahmen des Art 2 Abs. 1 GG gerechtfertigt sind, insbesondere dem Verhältnismäßigkeitsgrundsatz entsprechen…“ Das Gericht hat sich dabei auch auf § 2 Abs. 1 SGB I bezogen (BSG NZS 2018 S. 19 mAnm Knispel). Auf den, nach der konkreten Fallgestaltung, naheliegenden Gedanken des Herstellungsanspruchs ist das Gericht nicht eingegangen, weil diese die Grundproblematik des § 46 SGB V aF nicht behoben hätte.

§ 3 Bildungs- und Arbeitsförderung

(1) **Wer an einer Ausbildung teilnimmt, die seiner Neigung, Eignung und Leistung entspricht, hat ein Recht auf individuelle Förderung seiner Ausbildung, wenn ihm die hierfür erforderlichen Mittel nicht anderweitig zur Verfügung stehen.**

(2) **Wer am Arbeitsleben teilnimmt oder teilnehmen will, hat ein Recht auf**

1. **Beratung bei der Wahl des Bildungswegs und des Berufs,**
2. **individuelle Förderung seiner beruflichen Weiterbildung,**
3. **Hilfe zur Erlangung und Erhaltung eines angemessenen Arbeitsplatzes und**
4. **wirtschaftliche Sicherung bei Arbeitslosigkeit und bei Zahlungsunfähigkeit des Arbeitgebers.**

Die Bildungs- und Arbeitsförderung wird vom Gesetzgeber an erster Stelle 1
unter den sozialen Rechten geregelt und untergliedert sich nochmals in § 3 Abs. 1

und Abs. 2. Damit wird auch eine gewisse **Rangfolge** zum Ausdruck gebracht. Sie besteht in dem Vorrang der Förderungsleistungen vor solchen der wirtschaftlichen Sicherung. Dieses Anliegen setzt sich bis in das Fürsorgesystem, etwa in § 3 Abs. 2 SGB II, fort. Allerdings verbindet der Gesetzgeber in § 3 die recht unterschiedlichen Leistungen des Bundesausbildungsförderungsgesetzes mit denen des Arbeitsförderungsrechts in einer einzigen Vorschrift. Selbst im engeren Bereich der Bildung erfolgen die Leistungen aber nach unterschiedlichen Grundsätzen. In den Einweisungsvorschriften ist das soziale Recht des § 3 wieder auf zwei Komplexe verteilt (vgl. §§ 18 und 19).

2 Das Recht der Ausbildungsförderung ist vor allem deshalb nicht einheitlich, weil seine sozialpolitischen Motive unterschiedlich sind und nicht in gleichem Maße in den jeweiligen sozialrechtlichen Bestimmungen zum Ausdruck kommen. Generell ist die Ausbildungsförderung nicht lediglich Begabtenförderung. Die Ausbildungsförderung nach § 1 BAföG soll vor allem zur Herstellung der **Chancengleichheit** beitragen und in diesem Zusammenhang auch einen gewissen Familienlastenausgleich bewirken. Demgegenüber hat die Ausbildungsförderung nach den §§ 56 ff. SGB III mittelbar auch das Ziel, das Arbeitskräfteangebot auf die Erfordernisse des Arbeitsmarktes hinzulenken. Allerdings ist die in § 57 SGB III geregelte Förderungsfähigkeit der Ausbildung nicht von der Lage des Arbeitsmarktes abhängig. Sofern Ausbildungsförderung auch Arbeitsmarktpolitik, zumindest im Sinne von Verhinderung von Arbeitslosigkeit ist, (Hebeler, SRH § 31 Rn. 20) ergibt sich immer eine gewisse Spannung mit dem Grundrecht aus Art. 12 GG. Obwohl demgegenüber eine Ausbildungsförderung nach § 1 BAföG nicht arbeitsmarktbezogen erfolgt, ist die „reine Bildung" auch im Hochschulbereich nur noch begrenzt möglich. Das ergibt sich aber nicht aus einer Modifikation des sozialen Rechts aus § 3, sondern aus den Rahmenlehrplänen, die den Studienverlauf wesentlich bestimmen.

3 In § 3 Abs. 1 wird ohne weitere Eingrenzung die Ausbildung geregelt. Im Wesentlichen handelt es sich dabei um die schulische und hochschulische Ausbildung iSd § 2 BAföG, wobei die schulische Ausbildung im Sozialrecht kaum Bedeutung hat (§ 12 BAföG). Die Leistungen für Schüler an allgemeinbildenden Schulen werden erst ab der 10. Klasse erbracht (§ 2 Abs. 1 Nr. 1 BafoG) und zwar nur, wenn der Schüler nicht bei seinen Eltern wohnt und unter den zusätzlichen Voraussetzungen des § Abs. 1a Nr. 1–3 BafoG. Damit setzt die Ausbildungsförderung erst in einem Alter ein, in dem die wesentlichen Entscheidungen über den Bildungsverlauf des Kindes bereits getroffen worden sind. In den Jahren davor bestehen nur Ansprüche nach § 28 SGB II, die aber nicht im Zeichen der Bildungsförderung, sondern der Armutsbekämpfung stehen. Zu diesen Leistungen musste der Gesetzgeber zudem erst durch das BVerfG gedrängt werden. Dabei hat das BVerfG auch verdeutlicht, dass es die landesrechtlichen Kompetenzen im Schulrecht nicht rechtfertigen würden, dass sich der Bund auch im sozialrechtlichen Bereich aus der schulischen Bildungsförderung zurückzieht (BVerfG 125 S. 175 Rn. 180–182).

3a Mit Ausbildung ist aber auch die Ausbildung iSd § 56 SGB III gemeint. Man wird sagen müssen, dass sich das soziale Recht des § 3 auf die klassische Erstausbildung erstreckt. Das soziale Recht des § 3 ist dabei nicht allein auf eine rein finanzielle Ausbildungsförderung beschränkt. Die erforderlichen Mittel können auch in der Schaffung von institutionellen Voraussetzungen für die Ausbildungsförderung bestehen (§ 76 SGB III). Andere Formen der Bildungsförderung haben nur eine untergeordnete Bedeutung. Das gilt etwa für die Erziehungshilfe nach

§ 27 BVG. Die berufliche Bildung behinderter Menschen ist heute in § 42 SGB IX als Teilhabe am Arbeitsleben ausgestaltet und verfolgt eine spezielle Zielsetzung. Gleichfalls eine andere Zielsetzung hat die Jugendberufshilfe nach § 13 Abs. 3 SGB VIII. Sie kann jedoch neben die Leistungen nach den §§ 56 ff. SGB III treten und der beruflichen Eingliederung besonders Benachteiligter dienen (§ 51 SGB III). Die für § 3 maßgeblichen Rechtsansprüche auf Leistungen der Bildungsförderung ergeben sich aus den §§ 56 ff. SGB III. Soweit es um die **Weiterbildung** geht, ist § 81 SGB III anzuwenden. Dabei ist zu beachten, dass eine solche Weiterbildung auch in Betracht kommt, wenn ein Hauptschulabschluss erworben werden soll (§ 81 Abs. 3 SGB III) oder wenn erstmals ein Berufsabschluss angestrebt wird (§ 81 Abs. 2 Nr. 2 SGB III). Insgesamt kann man sagen, dass die sozialrechtliche Bildungsförderung heute durchaus auch Hilfen bereitstellt, wenn die schulische oder berufliche Entwicklung des Einzelnen problembehaftet war (§§ 2 Abs. 1 Nr. 4 Bafög, 81 SGB III). Präventiv reagiert sie aber nicht. Das sog. Meister-Bafög (§ 2 AFBG) findet seine Grundlage im Aufstiegsfortbildungsförderungsgesetz (BGBl I 2016 S. 1450). Dieses Gesetz ist nicht Bestandteil des formellen Sozialrechts (vgl. § 68) Gänzlich außerhalb des Sozialrechts steht die Hochbegabtenförderung, die auf der Grundlage verschiedener Stiftungen erfolgt.

Auch im Übrigen ist die Bildungsförderung nicht sehr einheitlich. Schon der Begriff der **Ausbildung** wird in den §§ 1, 7 BAföG und 56 SGB III nicht im gleichen Sinne gebraucht. So kennt § 7 BAföG nur die Begriffe der Erstausbildung und der weiteren Ausbildung (vgl. BVerwG 89 S. 334). Dabei wird letztere nur unter den engen Voraussetzungen des § 7 Abs. 2 BAföG gefördert. Im Arbeitsförderungsrecht wird zwischen der Ausbildung und Weiterbildung (Fortbildung und Umschulung) unterschieden. Ausbildung iSd § 56 SGB III ist im Allgemeinen die erste zu einem Abschluss führende Bildungsmaßnahme (§ 19 Rn. 7). In besonderen Fällen kann eine solche Maßnahme aber auch der Weiterbildung zugerechnet werden (§ 81 Abs. 2 SGB III). Durch eine solche begriffliche Zuordnung wird andererseits eine **Stufenausbildung,** bei der die Bildungsmaßnahme durch Zeiten der beruflichen Tätigkeit unterbrochen wird, nicht ausgeschlossen. Eine spezifische Weiterentwicklung dieser Art der Bildungsförderung ist in den **Qualifizierungsbausteinen** nach § 69 BBiG zu sehen (vgl. Kempkens SF 2015 S. 63). Danach kann eine berufliche Qualifizierung auch durch inhaltlich und zeitlich abgegrenzte Lerneinheiten erfolgen, die aus den Inhalten anerkannter Ausbildungsberufe entwickelt werden. Sie kann, muss aber nicht, bis zu einer vollständigen Lehrabschlussprüfung fortgeführt werden. Möglich ist auch eine Beschränkung auf Teilqualifikationen eines Ausbildungsberufes. Das entspricht in etwa dem Teilfacharbeiter, den die ehemalige DDR kannte. Die Qualifizierungsbausteine sind zwar ein rein berufsbildungsrechtliches Institut. Ein zusätzlicher praktischer Effekt besteht aber darin, dass diese Qualifizierungsbausteine auch Gegenstand berufsvorbereitender Bildungsmaßnahmen nach § 51 SGB III sein können, ohne darauf beschränkt zu sein. **4**

Die arbeitsförderungsrechtliche Ausbildungsförderung richtet sich auch auf die Problemgruppen des Arbeitsmarktes. So umfasst die Ausbildung iSd § 56 SGB III auch berufsvorbereitende Maßnahmen. Sie können sogar auf eine ungelernte Tätigkeit vorbereiten (BSG 42 S. 70). Eine besondere Ausrichtung erfährt die Ausbildungsförderung für die Problemgruppen in den §§ 51 ff. SGB III. Häufig genügen diese Maßnahmen allein noch nicht. Insbesondere auf der Grundlage des § 13 Abs. 3 SGB VIII müssen ergänzend Leistungen der Jugendberufshilfe erbracht werden. Diese erfolgen aber nach pädagogischen Grundsätzen. Sie sind **5** auf das Ziel einer Persönlichkeitsentwicklung (§ 1 SGB VIII) ausgerichtet und nicht unmittelbar arbeitsmarktbezogen.

6 In § 3 Abs. 1 werden die Kriterien der Neigung, Eignung und Leistung genannt, ohne sie ausdrücklich zur Voraussetzung für die Bildungsförderung zu erheben. Mittelbar ergibt sich dies aber daraus, dass Bildungsförderung nur erhält, wer an einer Ausbildung teilnimmt, die diesen Voraussetzungen entspricht. Der Begriff der Leistung hat offensichtlich keine eigenständige Bedeutung. In § 9 Abs. 1 BAföG wird er im Sinne von **Eignung** gebraucht. Der zentrale Begriff der Eignung wird wiederum nicht einheitlich verwendet. In § 9 BAföG besteht das Eignungskriterium im Wesentlichen darin, dass die Leistungen des Auszubildenden erwarten lassen, dass er das angestrebte Ausbildungsziel erreichen wird. Die parallelen Eignungskriterien der §§ 53, 81 SGB III sind wesentlich stärker arbeitsmarktbezogen. So wird auf einen erforderlichen Schulabschluss nur im Rahmen einer berufsfördernden Maßnahme vorbereitet. Diese Beschränkung folgt natürlich aus § 1 SGB III. Gegenüber den früheren relativ engen Regelungen in § 36 AFG aF sind die Voraussetzungen jedoch liberalisiert worden.

7 In § 3 Abs. 1 ist des Weiteren eine Subsidiarität der Ausbildungsförderung geregelt. Das bedeutet, dass vor allem der Unterhaltsanspruch nach § 1601 BGB Vorrang vor der staatlichen Ausbildungsförderung hat. Die nach § 1603 Abs. 2 BGB bestehende gesteigerte **Unterhaltspflicht** gegenüber minderjährigen Kindern findet in §§ 2 Abs. 1a, 11 Abs. 2 Satz 1 BAföG und 56 Nr. 3, 60, 61 Abs. 1 SGB III ihre Entsprechung. Danach wird grundsätzlich an Auszubildende unter 18 Jahren Ausbildungsförderung nur geleistet, wenn sie ihre Ausbildungsstätte nicht von der elterlichen Wohnung aus erreichen können (Vgl. OVG Lüneburg NJW 2009 S. 3670).

8 Welchen Stellenwert das soziale Recht nach § 3 hat, lässt sich letztlich erst aus den **Förderungssätzen** und aus den Freibeträgen der Eltern ableiten. Die Freibeträge ergeben sich aus 67 SGB III unter weitgehender Bezugnahme auf die Regelungen der §§ 21–23 BAföG. Sie werden zwar an die Einkommensentwicklung angepasst, doch sind sie im Allgemeinen so niedrig, dass der Anteil der Studenten, die Ausbildungsförderung erhalten, eher sinkt. In der Anfangsphase des BAföG wurden mehr als ein Drittel aller Studierenden gefördert. Nach einer Steigerung in den Jahren 2010–2012 ist die Zahl der Leistungsempfänger auf etwa 15% der Studierenden gesunken. Sie wird aber infolge der geplanten Erhöhung der Freibeträge der Eltern wieder steigen. Für die Frage der Einbeziehung der Ausbildungsförderung in das Fürsorgesystem (§ 7 Abs. 5 SGB II) ist dabei wichtig, dass knapp zwei Drittel der Geförderten nicht bei ihren Eltern leben (vgl. § 18 Rn. 25).

8a Die Erhöhung der Freibeträge der Eltern führt solange immer nur vorübergehend zu einer Zunahme der Förderungszahlen, als die Ausbildungsförderung nicht an die Einkommens- und Preisentwicklung angebunden ist. Auch der Höhe nach ist die bundesweit einheitliche Festlegung der Ausbildungsförderung unter Vernachlässigung der Verhältnisse, insbesondere der Verfügbarkeit von Wohnraum, am Ausbildungsort nicht immer ausreichend. Diese kann sogar teilweise unter den sozialhilferechtlichen Bedarfssätzen liegen (vgl. § 28 Rn. 5–10a). Allerdings ist zu beachten, dass Kindergeld im BAföG nicht als Einkommen angerechnet wird, also zusätzlich zur Verfügung steht. Oft ergibt sich eine gewisse Notwendigkeit zur Ausübung von Beschäftigungen neben dem Studium, die ihrerseits eine Verlängerung der Studiendauer zur Folge hat. Durch die grundsätzliche Einbeziehung Auszubildender in das Fürsorgesystem dürfte sich diese Situation aber entschärfen (vgl. § 18 Rn. 25 ff.). Das gilt aber nicht für Studierende an Hochschulen, die nicht bei ihren Eltern leben.

In § 3 Abs. 2 Nr. 1–4 sind die zentralen Tatbestände der Arbeitsförderung mit Ausnahme der Ausbildung (§ 56 SGB III) geregelt. Dabei werden alle Leistungen davon abhängig gemacht, dass der Antragsteller am Arbeitsleben teilnimmt oder teilnehmen will. In diesem gesetzlichen Merkmal kommt auch die Stellung der Arbeitsförderung zwischen der Sozialversicherung im weiteren Sinne (§§ 24 ff. SGB III) und einer Sozialförderung als einem eigenständigen Gebiet des Sozialrechts (§ 1 Rn. 34) zum Ausdruck. Durchgehend kann man für die Bestimmungen des Arbeitsförderungsrechts feststellen, dass die Leistungen teils beitragsabhängig (§§ 136 ff. SGB III), teils beitragsunabhängig (§ 112 SGB III) sind. Vgl. im Einzelnen § 19 Rn. 11. **9**

Die mit der Arbeitsmarktreform eingeführte Grundsicherung für Arbeitsuchende hat ihren Standort im SGB I schwer finden können. Als eine Leistung des Fürsorgesystems hätte sie eigentlich in § 9 geregelt werden müssen. In § 3 wird sie nicht ausdrücklich erwähnt. Sie kann aber allen Ziffern des § 3 Abs. 2 zugeordnet werden. Dies wird noch dadurch unterstrichen, dass sie – soweit es um die Leistungen geht – im Anschluss an die Leistungen der Arbeitsförderung (§ 19) in § 19a geregelt ist. In § 16 Abs. 2 und 3 SGB II schafft der Gesetzgeber eine enge Verbindung zwischen dem SGB II und dem SGB III. Nicht nur dadurch wird deutlich, dass die Leistungen der Grundsicherung für Arbeitsuchende sowohl solche zur beruflichen Eingliederung als auch zur materiellen Grundsicherung sind (§§ 2–4 SGB II). Ihrem Grundcharakter nach sind sie aber insgesamt Fürsorgeleistungen. Diese Zuordnung wirkt bis in das Unionsrecht hinein (§ 30 Rn. 51). **10**

§ 4 Sozialversicherung

(1) **Jeder hat im Rahmen dieses Gesetzbuchs ein Recht auf Zugang zur Sozialversicherung.**

(2) **[1]Wer in der Sozialversicherung versichert ist, hat im Rahmen der gesetzlichen Kranken-, Pflege-, Unfall- und Rentenversicherung einschließlich der Alterssicherung der Landwirte ein Recht auf**

1. die notwendigen Maßnahmen zum Schutz, zur Erhaltung, zur Besserung und zur Wiederherstellung der Gesundheit und der Leistungsfähigkeit und

2. wirtschaftliche Sicherung bei Krankheit, Mutterschaft, Minderung der Erwerbsfähigkeit und Alter.

[2]Ein Recht auf wirtschaftliche Sicherung haben auch die Hinterbliebenen eines Versicherten.

Übersicht

1. Systemmerkmale der Sozialversicherung

1 Die Sozialversicherung stellt den sozialpolitisch wichtigsten Teil des Sozialrechts dar. Viele Regelungen des Allgemeinen Teils des Sozialgesetzbuches beziehen sich vornehmlich auf sie. Das bringt auch heute noch Anwendungsprobleme insoweit mit sich, als einzelne Vorschriften unter dem Vorbehalt „abweichender Strukturprinzipien" stehen. Diese finden sich vor allem außerhalb der Sozialversicherung (§ 37 Rn. 8). Als Versicherung ist sie vor allem **Vorsorge** (Zacher, VVDStRL 1970/28 S. 237). Insoweit ist der Begriff der Sozialversicherung enger als der der sozialen Sicherheit, der auch diejenigen Bereiche des Sozialrechts umfasst, die nicht einen vorsorgenden Charakter haben. Obwohl es an einer hinreichenden Klarheit fehlt, gilt das charakteristische Merkmal des allgemeinen **Begriffs der Versicherung** auch für die Sozialversicherung (vgl. Schnapp, VSSR 1995 S. 101). Sie ist „die gemeinsame Deckung eines möglichen, in seiner Gesamtheit abschätzbaren Bedarfs durch eine organisierte Vielheit" (BSG 6 S. 228; BVerfG 11 S. 112). Der sozialrechtliche Begriff der Versicherung ist aber mit dem allgemeinen Begriff der Versicherung nicht in vollem Umfang identisch (BVerfG 39 S. 237). Das BVerfG bezeichnet ihn als einen weitgefassten verfassungsrechtlichen Gattungsbegriff, der für neue Lebenssachverhalte offen ist. Insbesondere besteht für die Sozialversicherung keine Beschränkung auf Arbeitnehmer oder auf die Behebung von Notlagen. Es genügt ein soziales Bedürfnis nach Ausgleich von besonderen Lasten. Weiterhin kennzeichnend ist für das Gericht die Art und Weise, wie die soziale Aufgabe bewältigt wird. Sie erfolgt durch selbständige Anstalten oder Körperschaften und unter Erhebung von Beiträgen durch Beteiligte. Beteiligter ist nur, wer einen gewissen Bezug zu dem zu lösenden sozialen Problem aufweist (BVerfG 75 S. 146).

2 In Abgrenzung zur Privatversicherung hat das BVerfG für die Rentenversicherung und damit auch für die gesamte Sozialversicherung folgende Kriterien herausgestellt: „… Die Privatversicherung wird vom reinen Versicherungsprinzip beherrscht. Danach soll mittels der Versicherung ein Risikoausgleich durch Zusammenfassung einer genügend großen Anzahl von Personen herbeigeführt werden, die alle von einem oder mehreren gleichartigen Risiken bedroht sind, ohne dass sich diese Risiken gleichzeitig, in jedem Fall oder im gleichen Umfang realisieren. Grundgedanke der Versicherung ist somit die gemeinsame Selbsthilfe von gleichartig Gefährdeten durch ihren Zusammenschluss. Der bei Eintritt des Versicherungsfalls bei dem Einzelnen entstandene Bedarf wird von der Gesamtheit der Gefahrengemeinschaft gedeckt … Das System der gesetzlichen Rentenversicherung ist zwar auch durch das Versicherungsprinzip geprägt und gerechtfertigt. Es unterscheidet sich vom Privatversicherungsverhältnis jedoch wesentlich dadurch, dass es von Anfang an nicht auf dem reinen Versicherungsprinzip beruht, insbesondere nicht von dem individualbezogenen Risikobegriff der Privatversicherung ausgeht. Die gesetzliche Rentenversicherung, vor allem auch die Einrichtung der Rentenkasse, dient nicht nur der Sicherung der Versicherten vor einer individuell unkalkulierbaren Gefahrenlage. Das Versicherungsprinzip wird bei ihr durch soziale und damit versicherungsfremde Gesichtspunkte zwar nicht vollständig beseitigt, aber doch – im Vergleich zur Privatversicherung – entscheidend modifiziert. Denn die gesetzliche Rentenversicherung beruht wesentlich auf dem Gedanken der Solidarität ihrer Mitglieder sowie des sozialen Ausgleichs und enthält von jeher auch ein Stück sozialer Fürsorge. Der versicherungsmäßige Risikoausgleich wird also mit sozialen Komponenten verbunden. Die annähernd gleichmäßige Förderung des Wohls aller Mitglieder der Solidargemeinschaft mit besonderer Berücksichtigung der Hilfsbedürftigen steht bei der gesetzlichen Rentenversicherung im Vordergrund … Die Prinzipien des sozialen Ausgleichs, der Solidarität und des Generationenvertrags

lassen sich mit den Rechtsgrundsätzen, die private Kassen prägen, und mit den rechtlichen Gestaltungsformen, die für das Bild privater Kassen typisch sind, nicht verwirklichen. Der Gesetzgeber hat deshalb für die gesetzliche Rentenversicherung eigene und besondere Rechtsgrundsätze und Organisationsformen entwickelt, die von denjenigen bei privaten Kassen erheblich abweichen. Dies gilt insbesondere im Hinblick auf das Finanzierungsverfahren, die Beitragsbemessung, die Leistungsberechnung, das fehlende Gewinnstreben, die eingeschränkten Dispositionsmöglichkeiten bei der Begründung und Ausgestaltung des Versicherungsverhältnisses sowie die öffentlich-rechtliche Ausgestaltung der Rentenversicherung im übrigen. Durch die insoweit bestehenden öffentlich-rechtlichen Regelungen gewährleistet der Staat die Funktionsfähigkeit des Systems der gesetzlichen Rentenversicherung, für die er einzustehen hat" (BVerfG 76 S. 256 (300).

In seinen späteren Entscheidungen, insbesondere zur Pflegeversicherung 3
(BVerfG 103 S. 197) und bei der Begründung eines fast lückenlosen Schutzes in der Krankenversicherung (BVerfG 123 S. 186) hat das BVerfG diese Grundsätze weiterentwickelt. Gegenüber der bisherigen Rechtsprechung ist eigentlich nicht überraschend, dass das Gericht einer Entwicklung der Sozialversicherung zur Bürgerversicherung nichts entgegen setzt (vgl. aber Schmitt, VSSR 2018 S. 197). Auffallend ist aber die neue Akzentuierung der Privatversicherung. In seiner Entscheidung zur Einführung der Pflegeversicherung hatte das BVerfG bereits klargestellt, dass der Gesetzeber befugt war, eine möglichst alle Bürger umfassende Absicherung des Risikos der Pflegebedürftigkeit einzuführen. Das Gericht sieht es als zulässig an, die Privatversicherung in dieses Konzept einzubeziehen. Dabei durfte der Gesetzgeber auch Elemente des sozialen Ausgleichs in die private Pflegeversicherung einfügen. Die kompetenzrechtlichen Grundlagen dazu findet das Gericht in Art. 74 Abs. 1 Nr. 11 und 12 GG. Den mit der Einführung der Versicherungspflicht verbundenen Eingriff in die allgemeine Handlungsfreiheit des Art. 2 Abs. 1 GG betrachtet das Gericht als verhältnismäßig, was eigentlich angesichts der Entwicklung der Sozialversicherung nicht mehr in Frage stand. Der Eingriff war auch erforderlich, „da große Teile der Bevölkerung nicht bereit waren, sich freiwillig gegen das – allgegenwärtige – Pflegerisiko abzusichern" (BVerfG 103 S. 197).

Die Einführung eines **Basistarifs** verbunden mit einem **Kontrahierungs-** 3a
zwang und der Schaffung einer Notversorgung in der Privatversicherung hat das BVerfG letztlich mit weiteren Argumenten der Unerlässlichkeit einer Rückwirkung der Sozialversicherung auf die Privatversicherung gerechtfertigt (§ 152 VAG). Das Gericht bezeichnet es als ein „grundsätzlich legitimes gesetzgeberisches Ziel …, einen aus sozial-ethischen Gründen unverzichtbaren Mindestschutz sicherzustellen". Wenn nämlich einerseits diese Mindestsicherung in der sozialen Krankenversicherung, wenn nicht geboten, so doch jedenfalls zulässig ist, und wenn ein duales System von privater und sozialer Krankenversicherung besteht, dann erscheint es unerlässlich, auch die Privatversicherung in diese Basis-, bzw. Notversorgung einzubeziehen. Darin sind keine unzumutbaren Eingriffe in die Berufsausübungsfreiheit zu sehen, die bereits schon durch vernünftige Erwägung des Gemeinwohls legitimiert sind (BVerfG 123 S. 186). Darin die Sicherung der Funktionsfähigkeit der sozialen Krankenversicherung durch Belastungen der Privatversicherung zu sehen, würde etwas zu kurz greifen. Letzten Endes geht es um die Funktionsfähigkeit eines Mindestschutzes. Wenn dieser auch durch Versicherungszwang gewährleistet werden darf, wenn zudem die Privatversicherung über Art. 12 GG garantiert ist, und wenn Berufsausübungsregelungen zulässig sind, dann kann der Gesetzgeber die Privatversicherung in dieses Mindestschutz-Kon-

zept einbeziehen. Andernfalls würden alle schlechten Risiken in die soziale Krankenversicherung verlagert, was deren Funktionsfähigkeit beeinträchtigen könnte. Der Gesetzgeber muss nur darauf achten, dass die Belastungen für die Privatversicherung nicht ein Ausmaß annehmen, dass deren Funktionsfähigkeit beeinträchtigt wird. Das Credo des BVerfG lautet: „Der Gesetzgeber will das duale Krankenversicherungssystem erhalten und stärken; dabei soll auch die private Säule zur Vollfunktionalität gelangen und ihre Mitglieder in gleicher Weise wie die öffentlich-rechtliche Versicherung umfassend, rechtssicher und dauerhaft absichern" (BVerfG 123 S. 186 Rn. 190; vgl. auch Sodan/Schaks, VSSR 2011 S. 289; Bieback, SGb 2012 S. 1). Diese Erwägungen dürften auch maßgebend sein, wenn es darum geht, als Reaktion auf die Entwicklungen des Arbeitsmarktes die Einbeziehung derer in den sozialen Schutz auszubauen, die nicht mehr im **Normalarbeitsverhältnis** tätig sind (vgl. unten 25).

3b Über die **Grundcharakteristika der Sozialversicherung** als eines öffentlich-rechtlich organisierten Vorsorgesystems, das auf Versicherungszwang beruhend dem sozialen Ausgleich dient und das überwiegend durch Beiträge finanziert wird, die nicht risiko-, sondern einkommensabhängig erhoben werden, besteht weitgehend Einigkeit. In dem letzteren Gesichtspunkt ist auch trotz der neueren Entwicklung der wesentliche Unterschied zur Privatversicherung zu sehen. Für diese ist weiterhin kennzeichnend, dass durch den Zusammenschluss Einzelner typische Risiken durch das Eintreten aller für Einzelne abgesichert werden. Insoweit sind gemeinschaftliche Risikoübernahme und sozialer Ausgleich von einander zu unterscheiden (Bieback, VSSR 2003 S. 1; Schmähl, BKK 2005 S. 312). Typisch, wenn auch nicht durchgängig feststellbar, ist in der Sozialversicherung die solidarische Finanzierung durch Beträge der Arbeitgeber und Arbeitnehmer (vgl. Schnapp, SGb 2005 S. 1). Dieses Verhältnis ist seit der Einführung der Pflegeversicherung wiederholt verschoben, aber auch teilweise wieder rückgängig gemacht worden.

2. Der Beitrag in der Sozialversicherung

4 Der Beitrag hat in der Sozialversicherung mehrere Funktionen. Er legt den Kreis derjenigen fest, die für das Finanzaufkommen verantwortlich sind und begründet zugleich eine Ertragshoheit des Versicherungsträgers. Darüber hinaus erfolgt eine Zweckbestimmung des Beitragsaufkommens und damit verbunden eine Eigenvorsorge durch die Beitragspflichtigen. Zumindest mittelbar ergibt sich daraus eine Äquivalenz von Beitrag und Leistung (Wallerath, JZ 2004 S. 949). Als sozial ist die Versicherung deswegen zu bezeichnen, weil die von der Solidargemeinschaft aufzubringenden **Beiträge** nicht nach dem jeweiligen Risiko, sondern nach dem Einkommen der Versicherten bestimmt werden. Allerdings steht der Begriff des Einkommens nicht für die gesamte Wirtschaftskraft des Versicherten. Vielmehr sind nur bestimmte Einkünfte beitragspflichtig (vgl. §§ 14–17 SGB IV). Dabei ist die früher umstrittene Frage der Beitragspflichtigkeit des einmalig gezahlten Arbeitsentgelts (BVerfG SGb 1995 S. 547 mAnm Wallerath; BSG 103 S. 229) nur noch eine solche des „Wie", also der Beitragsberechnung (§ 23a SGB IV). Unverzichtbar ist dabei der Grundsatz, dass sich die Höhe einer Entgeltersatzleistung aus dem Einkommen bestimmt, das „der Beitragsberechnung unterliegt" (§§ 151 Abs. 1 Satz 1 SGB III, 47 Abs. 1 SGB V).

4a Prägend war früher die solidarische Finanzierung der Sozialversicherung durch Arbeitnehmer und Arbeitgeber. Ausgenommen war nur die Unfallversicherung, die durch die Arbeitgeber allein finanziert wird (§§ 150 ff. SGB VII). Komplizierter geworden ist das ohnehin recht differenzierte Beitragsgefüge in der Krankenversicherung (§§ 241–258 SGB V). Vorübergehend war der Beitragsanteil der Arbeitgeber mit 7,3 % festgeschrieben. Zum Beitragsanteil der Arbeitnehmer kam ein „mitgliedsbezogener" also nur von den Arbeitnehmern zu tragender, Beitragsanteil von 0,9 % hinzu. Mit Wirkung ab dem 1.1.2019 ist der Gesetzgeber zu einer solidarischen Finanzierung zurückgekehrt. (BT-Drs. 19/4454 S. 2). Dies entspricht aber insoweit auch nicht ganz den Tatsachen, als die Krankenversicherung zusätzlich aus Steuermitteln finanziert wird (§§ 221 ff. SGB V). Diese Zuschüsse gehen in den Gesundheitsfond, aus dem die Krankenkassen Zuweisungen erhalten. Dabei findet ein Finanzausgleich statt (§§ 265 ff. SGB V), bei dem der Risikostrukturausgleich nach § 266 SGB V eine erhebliche Bedeutung hat. Soweit der Finanzbedarf der Krankenkasse nicht aus den Zuweisungen gedeckt werden kann, bestimmt sie in ihrer Satzung, dass von den Mitgliedern ein einkommensabhängiger, solidarisch finanzierter Zusatzbeitrag erhoben wird (§ 242 SGB V). Das damit begründete Sonderkündigungsrecht der Mitglieder soll die Krankenkasse zu einem wirtschaftlicheren Verhalten veranlassen.

Die Formen der Finanzierung der Sozialversicherung sind vielfältiger geworden. Mit Blick auf die besondere Leistung der Familie für das System der Sozialversicherung kennt das BVerfG neben dem „Geldbeitrag" auch den „generativen Beitrag", also die Erziehung von Kindern durch die Generation, die zeitgleich auch die Beiträge zur Sozialversicherung aufbringt (BVerfG SGb 2002; dazu Estelmann, SGb 2002 S. 245; Papier, NJW 2002 S. 2129). Dieser generative Beitrag ist nun in seiner Finanzierungsfunktion für die Sozialversicherung unterschiedlich zu bewerten. In der Pflegeversicherung scheint er unverzichtbar zu sein, in der Arbeitslosenversicherung kann er in der Gegenwart aber durchaus eine Belastung darstellen. In der Rentenversicherung sind die Meinungen zu dieser Frage geteilt. Begreift man sie als Drei-Generationen-System, dann wird man auch in der Rentenversicherung den generativen Beitrag als Leistung in das System anerkennen müssen (Kingreen, JZ 2004 S. 938). Anders kann dies aber beurteilt werden, wenn man die Lasten, die mit dem Nachwachsen der nächsten Generation verbunden sind, als gesamtgesellschaftliche Aufgabe betrachtet (Ruland, NZS 2010 S. 121, 128). Bei der Frage, wie die Funktion der Familie zu bewerten ist und wie die Nachteile ausgeglichen werden, hat der Gesetzgeber aber einen großen Gestaltungsspielraum (BSG SozR-2600 § 157 Nr. 1). Damit kann man nicht sagen, nur die Lösung über den generativen Beitrag oder nur die steuerrechtliche Lösung sei verfassungsgemäß (vgl. § 6 Rn. 12–14). Das BSG hat dazu insoweit Stellung bezogen, als es der Auffassung ist, die Überlegungen des BVerfG zum „generativen Beitrag in der Pflegeversicherung, wären nicht auf die Rentenversicherung übertragbar (BSG SGb 2019 S. 173 Rn. 24–33 mAnm Graue). Es stellt im Wesentlichen darauf ab, dass die Rentenversicherung über die Anrechnung von Kindererziehungszeiten (§ 56 SGB V) noch weitere kindbezogene Vorteile kennt (§§ 57, 58 Abs. 1 Satz 1 Nr. 2, 70 Abs. 3a, 78a, 270 SGB VI). Vor diesem Hintergrund gelangt das BSG auch im Hinblick auf die Bedeutung der Kinder in einem Drei-Generationen-System zu dem Ergebnis, dass der Gesetzgeber einen (noch) ausreichenden Ausgleich für die Nachteile, die sich aus der Kindererziehung ergeben, geschaffen hat. Damit kann von einer Verletzung der Art. 3 Abs. 1; 6 Abs. 1 GG nicht ausgegangen werden (dazu Ruland, NZS 2016 S. 361; Seiler NZS 2016 S. 641; Lenze, SGb 2017 S. 130). Es ist allerdings zweifelhaft, ob die Gewichtung, die das BSG vornimmt, als Ausgleich für die gesamten familiären Belastungen 5 ausreicht. Vor allem tritt dieser Ausgleich erst ein, wenn die Kindererziehungsphase, in der die Familie am meisten belastet wird, bereits beendet ist. Eine nennenswerte Bedeutung für die Rente hat lediglich die Beitragszeit des § 56 SGB VI wegen Kindererziehung. Sie ist auf die ersten drei Lebensjahre pro Kind begrenzt. Im Gesamtzusammenhang sind auch Kinder- und Elterngeld zu berücksichtigen (§ 25 Rn. 4. 16). Diese haben keinen Einfluss auf die Altersvorsorge, wirken sich aber in der Phase der stärksten Belastung der Familie aus.

6 Unabhängig davon stellt sich angesichts der Zurückdrängung des Beschäftigungsverhältnisses als Anknüpfungspunkt für die Versicherungspflicht die Frage, ob weiterhin der Beitrag nur aus dem Arbeitseinkommen oder ob er nicht vielmehr aus allen Einkünften zu berechnen ist (BVerfG 102 S. 68). Solange die Sozialversicherung ganz überwiegend Arbeitnehmerversicherung war, konnte der Gesetzgeber typisierend davon ausgehen, dass die Einkünfte der Versicherten fast ausnahmslos aus Arbeitseinkünften bestanden und daran die Beitragsberechnung knüpfen (§ 14 SGB IV). In dem Maße aber, in dem Arbeitnehmer selbst andere Einkünfte haben und auch Personen, die nicht Arbeitnehmer sind, in die Versicherung einbezogen werden, könnte ein ausschließliches Anknüpfen an das Arbeitsentgelt Gleichheitsprobleme heraufbeschwören (Huster, JZ 2002 S. 371).

7 Einen ganz anderen Stellenwert hat die **Sonderabgabe,** die auf bestimmte gesundheitsgefährdende Waren (Tabak, Alkohol) erhoben werden könnte. Sie wäre verfassungs- und sozialrechtlich unbedenklich, soweit sie eine Antriebs- bzw. Ausgleichsfunktion in Bezug auf die Gruppe hat, bei der die Abgabe erhoben wird, und nicht ausschließlich der Beschaffung von Finanzmitteln dient (BVerfG 55 S. 274, zur früheren Berufsbildungsabgabe; BVerfG 57 S. 139, zur Ausgleichsabgabe). Eine solche Sonderabgabe würde allerdings sowohl die „risikoneutrale" Finanzierung der Sozialversicherung als auch deren Abhängigkeit von bestimmten Einkünften modifizieren. Aus den finanzverfassungsrechtlichen Zusammenhängen, in denen „Steuer, Sonderabgabe und Beitrag" stehen, ist auch abzuleiten, dass Sozialversicherungsbeiträge nur zur Finanzierung der Sozialversicherung verwandt werden dürfen (BVerfG 75 S. 108). Daraus ergeben sich zwei Folgerungen. Einmal besteht eine Neigung des Gesetzgebers, der Sozialversicherung versicherungsfremde Leistungen aufzuerlegen, die dann durch Beiträge, für die sie eigentlich nicht erhoben wurden, finanziert werden. Fraglich und umstritten ist darüber hinaus, welche Leistung überhaupt **versicherungsfremd,** genauer: sozialversicherungsfremd, ist (vgl. Schmähl, DRV 1995 S. 601; Lampert, VSSR 1995 S. 84; Hase, VSSR 1996 S. 87; Leisner, NZS 1996 S. 97; Kufer, NZS 1996 S. 559; Frohn, SGb 2000 S. 1; Becker, JZ 2001 S. 820; Kube, Der Staat 2002 S. 452). Besonders umstritten ist dies bei Kriegsfolgelasten, beim Familienleistungsausgleich und bei der Finanzierung der Wiedervereinigung. Der Begriff „versicherungsfremd" beruht letztlich auf einem Dezisionismus, der auch nur benennt, was ein bestimmtes sozialrechtliches Phänomen, etwa die Kindererziehungszeit nach § 56 SGB VI – vermeintlich – nicht ist („fremd"). Die Berücksichtigung einer Kindererziehungszeit in der Rentenversicherung ist jedoch keine Leistung der Allgemeinheit, die aus Steuern zu finanzieren wäre, weil die Rentenversicherung richtig nur als Drei-Generationen-System konzipiert werden kann. Der „Beitrag", der durch die Kindererziehung geleistet wird, ist also notwendig, um das System funktionsfähig zu erhalten. Berücksichtigt man dies nicht innerhalb des Systems, also bei den Beiträgen, dann erlangen kinderlose Versicherte einen systemspezifischen Vorteil (vgl. § 6 Rn. 12, 13). Ähnliche Überlegungen gelten auch für die Pflegeversicherung (Kingreeen, JZ 2004 S. 938, 945). Unübersehbar ist zudem,

dass der Begriff versicherungsfremd noch immer zu sehr aus seiner Quelle, dem Äquivalenzprinzip der Privatversicherung, gespeist wird (Lampert, VSSR 1995 S. 84). Bezieht man in die Beurteilung der Äquivalenz in der Sozialversicherung drei Generationen ein, so erhält der Begriff „versicherungsfremd" eine wesentlich engere Bedeutung (vgl. § 6 Rn. 6, 7). Unabhängig von dieser Streifrage ist darauf zu achten, dass Beiträge nur innerhalb des Versicherungszweiges Verwendung finden, in dem sie erhoben wurden. Etwaige Überschüsse in der Pflegeversicherung können also nicht zur Finanzierung der Rentenversicherung herangezogen werden, um auf diese Weise Bundeszuschüsse (§§ 213 ff. SGB V) kürzen zu können. Ein auf die Krankenversicherung begrenzter Risikostrukturausgleich (§§ 266 ff. SGB V) ist dagegen unbedenklich (BVerfG 89 S. 365). Zu den verfassungsrechtlichen Fragen Kirchhoff, NZS 1999 S. 161).

Die soziale Ausprägung ist nicht in allen Zweigen der Sozialversicherung völlig **8** gleich. So tritt vor allem in der Krankenversicherung das Element des Sozialen durch die **beitragsfreie** Mitversicherung der Familienmitglieder (§ 10 SGB V) stärker hervor. Dasselbe gilt infolge des Grundsatzes, dass eingebrachte Krankheiten und Behinderungen voll in den Schutz der Krankenversicherung einbezogen sind. Dies gilt auch in der Rentenversicherung im Hinblick auf Leistungen zur Rehabilitation und Teilhabe (§§ 10, 11 SGB VI), jedoch bei Behinderungen, die eine Erwerbsminderung zur Folge haben und damit geeignet sind, einen Rentenanspruch zu begründen, gemäß § 43 Abs. 6 SGB VI nur sehr eingeschränkt (vgl. Rademacker, NDV 1993 S. 260). Konsequenter wäre es, im System einen allgemeinen Minderleistungsausgleich bei Erwerbsminderung zu verankern, der es der betroffenen Person ermöglichen würde, auf dieser Grundlage eine versicherungspflichtige Beschäftigung auszuüben und Beiträge zu leisten. Ansätze dafür sind in den §§ 55 und 61 SGB IX erkennbar.

Die Beiträge in der Unfallversicherung sind ohne Einschränkung risikobezo- **9** gen. Außerdem werden die Beiträge nur von den Unternehmern aufgebracht (§§ 150 ff. SGB VII). Unmittelbar leistungsberechtigt sind jedoch die Arbeitnehmer. Im Hinblick darauf und im Hinblick auf die Tatsache, dass die Unfallversicherung, historisch gesehen, das Haftungsrisiko der Unternehmer abgelöst und zugleich eine Haftungsbeschränkung in ihrem Interesse gebracht hat (vgl. §§ 104 ff. SGB VII), ähnelt die Unfallversicherung noch stärker der privaten Versicherung.

Mit unterschiedlicher Ausprägung in den einzelnen Versicherungszweigen muss **10** man also feststellen, dass die Sozialversicherung keine begrifflich reine Versicherung ist (BVerfG 10 S. 166). Vor allem kennt die Sozialversicherung keine individuelle **Äquivalenz** von Beitrag und Leistung. Sie ist immer auch durch rein fürsorgerische Elemente gekennzeichnet (vgl. etwa § 59 SGB VI), was ihrem Charakter als Sozialversicherung keinen Abbruch tut. Allerdings hat das einen gewissen Einfluss auf die Beurteilung von Leistungsansprüchen aus der Sozialversicherung nach dem Maßstab des Art. 14 GG. Dabei ergibt sich die Tatsache, das Ob, des Eigentumsschutzes aus Art. 14 Abs. 1 Satz 1 GG. Praktisch bedeutsamer ist die Inhalts- und Schrankenbestimmung des Art. 14 Abs. 1 Satz 2 GG. Soweit es um Versicherungsanwartschaften geht, sind die Voraussetzung für den **Eigentumsschutz** dann erfüllt, wenn eine vermögenswerte Rechtsposition besteht, die dem Rechtsträger nach Art eines Ausschließlichkeitsrechts als privatnützig zugeordnet ist. Sie muss aber auf einer nicht unerheblichen Eigenleistung des Versicherten beruhen und zudem der Sicherung seiner Existenz dienen (BVerfG 69 S. 300; BVerfG 72 S. 18, 153; BVerfG 76 S. 235; BVerfG 87 S. 348; BVerfG 100 S. 1; 128 S. 90). Die Existenzsicherung ist nicht individuell zu begreifen. Sie ist vielmehr ein Systemmerkmal. Geschützt ist also auch das Eigentum derjenigen, die auf die Versicherungsansprüche nicht angewiesen sind. Auch an einer Äquivalenz von Beitrag und Leistung fehlt es oft in der Person eines einzelnen Versicherten (BVerfG 89 S. 365). Darauf kommt es aber nach Ansicht des BVerfG in der auf Solidarausgleich angelegten Versicherung nicht an. Insgesamt ist keine Individual-, sondern nur eine **Globaläquivalenz** gefordert. Staatliche Gewährung schließt den Eigentumsschutz nicht von vornherein aus, wie dies auch am Beispiel von Sachgütern, die mit Hilfe von Subventionen erworben wurden, erkennbar wird. Das praktisch wohl wichtigste Kriterium der **Eigenleistung** im Sinne einer Globaläquivalenz ist für den Begriff des Eigentums eigentlich auch nicht entscheidend. Es war aber erforderlich, um die Versicherungs- von den Fürsorgeleistungen abzugrenzen. Auf letztere besteht in gleicher Weise wie in der Sozialversicherung gemäß §§ 7 Abs. 1 SGB II, 17 Abs. 1 SGB XII ein Rechtsanspruch (vgl. auch BSG SGb 1992 S. 508 mAnm Wallerath; BSG SozR 3-2600 § 255c Nr 1; Deppenheuer, AöR 1995 S. 417; Ruland, DRV 1997 S. 94; Jarass, NZS 1997 S. 545; Spellbrink, SGb 2000 S. 296; Papier, DRV 2001 S. 350; Jäger, NZS 2003 S. 225; Sodan, NZS 2003 S. 393; Lenze, NZS 2003 S. 505; Becker, JZ 2004 S. 929; Ruland, NZS 2010 S. 121, 125; Adam, DRV 2010 S. 7; Vießmann, VSSR 2010 S. 105; Kirchhoff, NZS 2015 S. 1; Axer/Wiegand, SGb 2015 S. 477). Nicht dem Eigentumsschutz des Art. 14 GG unterliegen die rentenversicherungsrechtlichen Ansprüche der Versicherten auf Versorgung ihrer Hinterbliebenen (BVerfG 97 S. 271).

3. Die Risiken der Sozialversicherung

11 Die immer noch zentrale Aufgabe der Sozialversicherung besteht darin, den Arbeitnehmer vor den typischen Risiken, die mit dem Arbeitsleben zusammenhängen, abzusichern. Diese Risiken müssen nicht aus dem Arbeitsleben resultieren. Es genügt, wenn sie mit der Lage des Arbeitnehmers in der Weise zusammenhängen, dass er sie selbst nicht auffangen kann. Dabei ist es für die zukünftige Entwicklung von erheblicher Bedeutung, wenn man feststellen muss, dass die Sozialversicherung nicht auf die Absicherung der Arbeitnehmer beschränkt ist. Sie kann auch auf andere Personen zumindest dann erstreckt werden, wenn sie auf Grund ihrer typischen Erwerbssituation nicht in der Lage sind, die erwähnten Risiken selbst aufzufangen. Weiteres charakteristisches Merkmal der Sozialversicherung ist, dass sie weitgehend auf einem Zwang, der **Versicherungspflicht,** beruht. Unterhalb des § 4 SGB I treffen die §§ 2 Abs. 2 SGB, 7 IV Regelungen allgemeinen Charakters, die die Versicherungspflicht an die „nichtselbständige Arbeit, insbesondere in einem Arbeitsverhältnis" knüpfen und zugleich eine Erweiterung auf die freiwillige (Weiter)versicherung vornehmen. Erst in den einzelnen Zweigen der Sozialversicherung wird der Zugang zur Sozialversicherung konkret geregelt. An die dort bestehenden Grundsätze ist heute gemäß § 1 Abs. 1 Satz 2 SGB IV auch die Arbeitslosenversicherung angeglichen (vgl. §§ 24–28a SGB III, 5–10 SGB V, 20–26a SGB XI, 1–3 SGB VI; 2, 3, 6 SGB VII).

12 Die Versicherungspflicht bedeutet immer auch eine Einschränkung der Freiheit des Einzelnen (Art. 2 Abs. 1 GG). Angesichts ihrer historischen Aufgabe, eine Verelendung der Arbeiterschaft als Folge von Krankheit oder Invalidität zu verhindern (Ritter, Der Sozialstaat 1989 S. 60 ff.), ist dieser Verlust an Freiheit in sozialpolitischer Hinsicht aber zu vernachlässigen. Allerdings ist es nicht so, dass nur die Sozialversicherung eine Versicherungspflicht kennen würde. Auch die private

Haftpflichtversicherung des Kfz-Halters beruht auf Zwang. Er besteht jedoch darin, dass eine Pflicht zum Abschluss eines Versicherungsvertrages begründet wird. In letzter Zeit ist auch die Sozialversicherung zunehmend dadurch gekennzeichnet, dass in bestimmten Fällen die Pflicht zum Abschluss eines Vertrages mit einem privaten Unternehmen zur Absicherung des Risikos der Pflegebedürftigkeit besteht (§ 23 SGB XI). Entsprechendes gilt heute gemäß § 193 Abs. 3 VVG auch für die private Krankenversicherung. Dadurch wird die Versicherungspflicht nach § 5 Abs. 1 Nr. 13 SGB V ergänzt (vgl. § 5 Abs. 1 Nr. 13 lit. b Hs. 2).

Parallel zur Entstehung von neuen Arbeits- und Beschäftigungsformen, die nicht nur die Zeit und den Ort der Arbeit betreffen, sondern die man in ihren Auswirkungen auf den Einzelnen und je nach Affinität auch mit Begriffen wie „neue Selbständigkeit", „verfeinerte Abhängigkeit", „arbeitnehmerähnlich", „scheinselbständig", „prekär" oder auch nur „proletaroid" belegen kann, lässt sich in der Sozialversicherung eine recht vielfältige Entwicklung beobachten, die in jedem Falle damit zu erklären ist, dass sie auf den Bedeutungsverlust des Beschäftigungsverhältnisses, wenn auch noch unzureichend, reagiert (unten Rn. 24). Das können Sondertatbestände einer Bürgerversicherung sein (§ 5 Abs. 1 Nr. 13 SGB V). Im Übergang von der versicherungsfreien geringfügigen Beschäftigung zum vollwertigen Beschäftigungsverhältnis hat sich eine „Gleitzone" entwickelt (§ 20 Abs. 2 SGB IV), in der die Beitragspflicht für den Arbeitnehmer kontinuierlich ansteigt (§§ 226 Abs. 4 SGB V, 163 Abs. 10 SGB VI). Punktuell besteht nach § 2 SGB VI aber auch bereits eine Versicherungspflicht für Selbständige (BSG 109 S. 265; BSG SozR 4-2700 § 2 Nr. 18; BSG SGb 2018 S. 697). **12a**

Ob sich nach allem eine allgemeine Erwerbstätigenversicherung entwickeln wird, ist zwar eine rein politische Frage. Diese aber kann strukturelle Veränderung in der Arbeitswelt nicht ignorieren. Dabei muss es dann zu denken geben, dass nicht nur die Zahl der Selbständigen gestiegen ist, sondern unter ihnen in deutlichem Umfang auch die Zahl derer, die keine Arbeitnehmer beschäftigen. Diese „Solo-Selbständigen" dürften in nennenswertem Umfang aus der Arbeitnehmerschaft hervorgegangen sein (Bieback, VSSR 2011 S. 93, Kreikebohm, NZS 2010 S. 184). Darüber hinaus ist unter dem Blickwinkel des Art. 3 Abs. 1 GG die Frage aufzuwerfen, ob es gerechtfertigt ist, ausschließlich abhängig Beschäftigte zur Finanzierung des Systems der Sozialversicherung heranzuziehen (Schlegel, NZS 2000 S. 421). Die Trennlinie zwischen arm und reich verläuft nicht mehr parallel zur Trennlinie zwischen beschäftigt und selbständig. Darüber hinaus gilt es, darauf hinzuweisen, dass der Schutz in der Sozialversicherung in bestimmten Fällen (§§ 9 SGB V, 7 SGB VI) auch freiwillig, also durch **Beitritt,** begründet werden kann. Das gilt auch für die Arbeitslosenversicherung nach § 28a SGB III. Die soziale Schutzbedürftigkeit ist damit nur eines von mehreren Kriterien für den Zugang zur Sozialversicherung. **12b**

Gegenüber der Entwicklung einer solchen „Bürgerversicherung" werden unter dem Blickwinkel des Art. 2 Abs. 1 GG Bedenken erhoben, weil der damit verbundenen Zwangsversicherung ein Rechtfertigungsgrund fehlen würde (Kirchhof, NZS 2004 S. 1). Andererseits lässt sich die Annahme, bei typisierender Betrachtung seien freiberuflich Tätige weniger schutzbedürftig als Arbeitnehmer heute nicht mehr aufrecht erhalten (vgl. BVerfG 102 S. 68). Damit kann sich aber durchaus ein Rechtfertigungsgrund für die Gleichbehandlung beider Gruppen – auch durch Begründung einer Versicherungspflicht für beide – ergeben (BVerfG SGb 2008 S. 479 mAnm Temming). Zweifel könnten sich noch aus der Frage ergeben, ob mit den ersten Ansätzen zu einer neuen Entwicklung **12c** nicht der Rahmen der Sozialversicherung gesprengt wird. Es gibt jedoch keinen unwandelbaren Typus der Sozialversicherung, der in der Verfassung festgeschrieben wäre (dazu Schenkel, VSSR 2010 S. 79). Man würde Art. 74 Abs. 1 Nr. 12 GG etwas überstrapazieren, wenn man in dieser Regelung die Garantie eines überkommenen Rechtinstituts sehen würde. Nicht nur, dass Art. 74 GG lediglich eine Kompetenznorm ist, auch die Tatsache, dass in Art. 74 Abs. 1 Nr. 12 GG ua auch das gesamte Arbeitsrecht geregelt ist, lässt erkennen, dass es sich hier nur um eine Aufzählung von Kompetenzen handelt. Der Begriff Sozialversicherung ist also an Hand der herkömmlichen Methoden auszulegen. Dabei ist es von erheblicher Bedeutung, dass über die Sozialversicherung – und abweichend von der Fürsorge – unter maßgeblichem Einsatz der Eigenverantwortung, Risiken, die der Einzelne nicht tragen kann, durch eine Solidargemeinschaft aufgefangen werden sollen. Ihre Ausrichtung auf die Arbeitnehmerschaft ist eine historische Tatsache, die mit dem Zeitpunkt der Entstehung der Sozialversicherung zusammenhängt und kein zwingendes Strukturmerkmal ist. Auch die Mitverantwortung des Staates bei der Bewältigung der Risiken gelangt in dem ursprünglichen Konzept Bismarcks einer Drittel-Finanzierung durch Arbeitnehmer, Arbeitgeber und Staat hinreichend deutlich zum Ausdruck. Sie scheiterte ursprünglich lediglich an den Mehrheitsverhältnissen im Reichstag und wurde nicht etwa auf Grund besserer Einsicht aufgegeben.

13 Im Regelfall wird heute die Zugehörigkeit zur Sozialversicherung mit der Erfüllung der gesetzlichen Voraussetzungen, vor allem der Aufnahme einer Beschäftigung im Sinne des § 7 SGB IV, von Gesetzes wegen begründet. Schon wegen des historischen Zusammenhanges der sozialen Absicherung der Arbeiterschaft war der **Begriff des Beschäftigungsverhältnisses** jedenfalls in der Vergangenheit weitgehend, wenn auch nicht völlig identisch mit dem des Arbeitsverhältnisses (BSG SGb 1994 S. 388 mAnm v. Hoyningen-Huene, unten Rn. 25) In § 7 Abs. 1 Satz 2 SGB IV wird lediglich bestimmt „Anhaltspunkte für eine Beschäftigung sind eine Tätigkeit nach Weisungen und eine Eingliederung in die Arbeitsorganisation des Weisungsgebers". Die Versuche, dem Beschäftigungsverhältnis durch Einfügung eines Beispielkatalogs in § 7 Abs. 4 SGB IV aF klarere Konturen zu geben, dürften als politisch gescheitert anzusehen sein. Vorgesehen war in § 7 Abs. 4 SGB IV aF, dass bei der Erfüllung von drei aus fünf Kriterien ein Beschäftigungsverhältnis vermutet wurde: 1. von der betreffenden Person wird regelmäßig nicht mehr als ein Arbeitnehmer beschäftigt, 2. es wird eine Tätigkeit nur für einen Auftraggeber ausgeführt, 3. die in Rede stehende Tätigkeit wird regelmäßig von Arbeitnehmern ausgeübt, 4. die typischen Merkmale unternehmerischer Tätigkeit sind nicht erkennbar, 5. die Tätigkeit entspricht derjenigen, die zuvor für den Auftraggeber ausgeübt wurde. Obwohl nicht mehr Gesetz sind die ursprünglich genannten Kriterien für die Feststellung des Beschäftigungsverhältnisses weiterhin relevant: Sie Sind notwendigerweise weiter auszudifferenzieren (unten Rn. 13a, 25).

13a Nach weitgehend unangefochtener Auffassung sind folgende, wenn auch recht unbestimmte Kriterien für die Abgrenzung des Beschäftigungsverhältnisses zu nennen (Brand, NZS 1997 S. 552; Reiserer/Freckmann, NJW 2003 S, 180; Sommer, NZS 2003 S. 169; Seewald, SGb 2014 S. 169; Greiner, SGb 2016 S. 301; Diepenbrock, NZS 2016 S. 127):

- persönliche Abhängigkeit vom Auftraggeber, sie wird typischerweise durch Eingliederung in eine fremde Arbeitsorganisation zum Ausdruck gebracht
- geschuldet wird eine Tätigkeit und nicht ein konkretes Ergebnis (Werk)

– kein Recht und keine Pflicht zu einer Nacherfüllung (§ 635 BGB)
– fehlende Befugnis vertragliche Pflichten auf andere zu delegieren
– keine Verfügungsgewalt über die eigene Arbeitskraft und die Arbeitszeit
– weitreichende Kontrollrechte des Auftraggebers
– andauernde Interventionsmöglichkeit des Auftraggebers
– Existenz eines direkten Vorgesetzten
– kein Unternehmerrisiko
– kein eigener Kapitaleinsatz
– kein werbendes Auftreten am Markt
– kein Erstkontakt zu Abnehmern
– keine eigenen Betriebsmittel
– keine eigene Betriebsstätte
– keine eigene Beschäftigung von Arbeitnehmern
– Bindung an einen einzigen Auftraggeber
– keine Tätigkeit auf eigene Rechnung
– keine sachlich bzw. zeitlich begrenzte Einzelleistung
– bei Übernahme: frühere Ausübung einer ähnlichen Tätigkeit beim gleichen Auftraggeber
– feste Vergütung, keine erfolgsorientierte Entlohnung
– Urlaubs- und Lohnfortzahlungsanspruch

Gewisse Besonderheiten lassen sich im Pflegebereich feststellen (BSG B 12 R 16/ **13b** 18 R). Hier hat die freiberufliche Pflege, selbst in stationärer Form, eine gewisse Tradition (vgl. Hofmann, NZS 2015 S. 41). Dies ist auch der Grund dafür, warum diese Gruppe in die Rentenversicherung der Selbständigen einbezogen wurde (§ 2 Satz 1 Nr. 2 SGB VI). Grundsätzlich ist in diesem Zusammenhang aber Folgendes zu beachten: werden für dieselbe Tätigkeit sowohl Selbstständige als auch abhängig Beschäftigte eingesetzt, so setzt die Zuordnung der Tätigkeit zum Typus der Selbstständigkeit voraus, dass sich ihre Ausgestaltung erkennbar von der einer abhängigen Beschäftigung unterscheidet (LSG Bln.-Brandbg. NZS 2015 S. 349; LSG BW Breith. 2016 S. 244). So kann ein Honorar, das erheblich über dem Arbeitsentgelt für vergleichbare Tätigkeiten liegt, Eigenvorsorge ermöglichen und ein Indiz für selbständige Tätigkeit sein (BSG 123 S. 50). Dieser Gesichtspunkt dürfte sich über den Pflegebereich hinaus verallgemeinern lassen.

Im Einzelnen ist eine genaue Ermittlung der tatsächlichen Voraussetzungen **13c** des Versicherungsschutzes erforderlich (BSG 103 S. 17). Hierbei können gewisse Unterschiede im Arbeits- und Beschäftigungsverhältnis feststellbar sein. Als öffentlich-rechtlicher Status-Begriff des Sozialrechts ist der Begriff des Beschäftigungsverhältnisses einer Pateiabsprache nicht zugänglich. Das betrifft sowohl die Begründung als auch die Gestaltung eines Beschäftigungsverhältnisses. Für privatautonome Vereinbarungen gibt es also keinen Raum. Doch auch im Arbeitsrecht besteht uneingeschränkt eine Privatautonomie nur im Sinne einer Abschlussfreiheit. Die Gestaltungsfreiheit ist auch im Arbeitsrecht durch Mindeststandards eingeschränkt (vgl. Greiner, NZS 2009 S. 657). Die Weisungsbefugnis aber, die sowohl für das Arbeits- als auch für das Beschäftigungsverhältnis prägend ist, hat in beiden aber durchaus unterschiedliche Facetten.

Keines der genannten Kriterien ist allein ausschlaggebend. Selbst die Möglich- **13d** keit einer Beauftragung eines Dritten schließt das Bestehen eines Beschäftigungsverhältnisses nicht aus, weil gemäß § 613 Satz 1 BGB die Dienstleistung nur „im Zweifel" persönlich zu erbringen ist. Auch kann allgemein die Weisungsbefugnis bei bestimmten Dienstleistungen erheblich abgeschwächt sein. Sie ist dann oftmals nicht „gegenstandsbezogen". Bei einer Freistellung von der Arbeit bis zum Ablauf einer Kündigungsfrist und fortdauernder Zahlung des Arbeitsentgelts, entfällt faktisch die Weisungsbefugnis. Dennoch bleibt im Allgemeinen die Versicherungspflicht bestehen (BSG SozR 4-2400 § 7 Nr. 9). Eine solche Freistellung ist im Hinblick auf die Privatautonomie im Arbeitsrecht weitgehend unproblematisch. Eine vergleichbare, vom Willen der Vertragspartner abhängige, Gestaltung des Beschäftigungsverhältnisses stößt aber an Grenzen. Bei einer Freistellung von der Arbeit nach einer Kündigung beruht der Fortbestand der Weisungsbefugnis auf einer arbeitsrechtlich zulässigen Fiktion. Sie entspricht jedoch nicht den tatsächlichen Verhältnissen, auf die im Grundsatz beim Begriff des Beschäftigungsverhältnisses abzustellen ist. Dabei wird allerdings zunehmend zwischen den einzelnen Versicherungszweigen differenziert und es werden die Auswirkungen des Beschäftigungsbegriffs auf Beitrag und Leistung unterschieden (BSG SozR 4-2400 § Nr. 9). Generell geht das BSG von einem beitrags- und einem leistungsrechtlichen Beschäftigungsbegriff aus (BSG 101 S. 273; BSG SozR 4-2600 § 96a Nr. 14; BSG NZS 2019 S. 396).

13e Im Extremfall können die Unterschiede bedeuten, dass ein freigestellter Arbeitnehmer beschäftigt, also beitragspflichtig, im Sinne der Kranken-, Renten- und Pflegeversicherung aber beschäftigungslos im Sinne des § 136 SGB III ist. Wesentlich ist allerdings immer die Entgeltlichkeit des andauernden Beschäftigungsverhältnisses (BSG SozR 4-2400 § 7 Nr. 9). Bei Lichte betrachtet, hat sich der Beschäftigungsbegriff etwas für privatautonome Vereinbarungen geöffnet. Insgesamt aber bleiben die Auswirkungen einer Privatvereinbarung auf die Versichertengemeinschaft in einem überschaubaren Rahmen. In einzelnen Fällen, etwa wenn der GmbH-Fremdgeschäftsführer zwar als Beschäftigter aber nicht als Arbeitnehmer angesehen wird, deutet sich noch etwas darüber hinaus gehend ein Auseinanderfallen von Arbeits- und Beschäftigungsverhältnis an (BSG 95 S. 275; BAG 116 S. 254, dazu Wank/Maties NZA 2007 S. 353; Fabritius/Markgraf, NZS 2016 S. 808). Diese Tendenz verstärkt sich eher (unten Rn. 25 ff.). Sie wird auch durch § 7 Abs. 4 SGB IV nicht ausgeschlossen.

14 Die im Jahre 1999 geschaffene und 2003 wieder aufgegebene Regelung des § 7 Abs. 4 SGB IV aF, nach der in bestimmten Fällen vermutet wurde, dass ein Beschäftigungsverhältnis vorliegt, wirkt in der Weise fort, dass die ursprünglich genannten Kriterien auch heute noch eine Bedeutung für die Entscheidung über ein Beschäftigungsverhältnis haben. Angesichts der Schwierigkeiten bei der Feststellung des Beschäftigungsverhältnisses und damit der Versicherungspflicht, hat die Regelung des § 28h Abs. 2 SGB IV eine große praktische Bedeutung. Danach entscheidet der Träger der Krankenversicherung als **Beitragseinzugsstelle** über das Bestehen der Versicherungspflicht. Solange ein solches Verfahren noch nicht eingeleitet worden ist, besteht nach § 7a SGB IV die Möglichkeit im Rahmen des sog. **Antragsverfahrens** eine Entscheidung des Trägers der Rentenversicherung herbeizuführen (BSG SGb 2016 S. 710 mAnm Knospe; Brand, NZS 2013 S. 641; Zieglmeier, NZS 2013 S. 854; Berchthold, NZS 2014 S. 885). Ein solches Verfahren kann durch einen „Beteiligten" eingeleitet werden. Dazu genügt das Bestehen eines Rechtsverhältnisses, das auf die Erbringung menschlicher Arbeit ausgerichtet ist (zum Verfahren vgl. KassKomm-Körner § 7a SGB IV Rn. 3–22). In den in § 7a Abs. 1 Satz 2 SGB IV genannten Fällen ist das Anfragefahren für die Einzugsstelle (§ 28h SGB IV) obligatorisch. Nicht gelöst ist damit das Kernproblem, nämlich die Aufgabe, die maßgebenden Kriterien des Beschäftigungsbegriffs zu präzisieren und weiter zu entwickeln (vgl. unten Rn. 25 ff.).

Die Reaktionen des Gesetzgebers auf die Tatsache, dass angesichts zunehmend gebrochener Erwerbsbiografien die herkömmliche, aus einem Beschäftigungsverhältnis resultierende Versicherung großer Teile der arbeitende Bevölkerung allein für einen sozialen Schutz nicht mehr ausreichend ist, sind in den einzelnen Zweigen der Sozialversicherung durchaus unterschiedlich. In der Rentenversicherung wird eine private freiwillige ergänzende Versicherung aufgebaut (Riester-Rente). Die Krankenversicherung kennt in § 5 Abs. 1 Nr. 13 SGB V seit einigen Jahren eine Versicherungspflicht für all diejenigen, die „keinen anderweitigen Anspruch auf Absicherung im Krankheitsfall haben" (BSG SGb 2014 S. 387 mAnm Padé; Algermissen, NZS 2013 S. 881; Felix NZS 2013 S. 921). Auch die Pflegeversicherung tendiert zu einer weitgehenden Versicherungspflicht (§§ 21, 23 SGB XI). Die Arbeitslosenversicherung kennt in § 28a SGB III eine Versicherungspflicht auf Antrag. Voraussetzung ist jedoch, dass davor ein Versicherungspflichtverhältnis bestanden hat (§ 28a Abs. 1 Satz 2 SGB III). Es handelt sich also um eine Form der Weiterversicherung (BSG SGb 2009 S. 469). 15

Die von der Sozialversicherung zu tragenden Risiken werden nicht in gleicher Weise eingegrenzt, wie dies in der privaten Versicherung erfolgt. Vor allem wegen ihrer sozialen Aufgabe, kann die Sozialversicherung die „schlechten Risiken" nur schwer ausschließen. Teilweise ist sie sogar gezielt auf die Übernahme solcher **Risiken** ausgerichtet, wie dies etwa bei der freiwilligen Krankenversicherung für schwerbehinderte Menschen der Fall ist (§ 9 Abs. 1 Nr. 4 SGB V). Immerhin wird in einer Reihe von Fällen die Inanspruchnahme von Versicherungsleistungen von einer längeren Zugehörigkeit zur Solidargemeinschaft abhängig gemacht (vgl. §§ 50 SGB VI, 29 SGB XI). Insgesamt aber muss die Sozialversicherung alle Risiken in dem Maße aufnehmen, indem sie eine von der Eigenschaft als Arbeitnehmer abgelöste Versicherungspflicht begründet. Das gleiche gilt aber auch, wenn sie den Zugang zum Versicherungsschutz auf freiwilliger Basis eröffnet. So kann die freiwillige Versicherung schwerbehinderter Menschen in der Krankenversicherung nach § 9 Abs. 2 Nr. 4 SGB V begrenzt werden. Sie löst sich zum Teil wieder auf, wenn nach § 5 Abs. 1 Nr. 13 SGB V ein subsidiärer Versicherungsschutz begründet wird, der allenfalls noch über die §§ 5 Abs. 8a, 6 Abs. 3 SGB V eingegrenzt werden kann. 16

Eine weitere Eingrenzung der zu tragenden Risiken erfolgt dadurch, dass die Sozialversicherung ihre **Versicherungsfälle** abschließend regelt. In der Krankenversicherung sind dies Krankheit und Mutterschaft. Die Pflegeversicherung hat den Versicherungsfall der Pflegebedürftigkeit geschaffen (§§ 14, 15 SGB XI). Nach der Neufassung der beiden Vorschriften ist dieser Versicherungsfall umfassender als vor der Pflegereform. Versicherungsfälle der Unfallversicherung sind Arbeitsunfall, einschließlich des Wegeunfalls und die Berufskrankheit. Die Rentenversicherung erstreckt sich auf die Risiken der teilweisen bzw. vollen Erwerbsminderung (§ 43 SGB VI), Alter und Tod (§§ 35, 46 SGB VI). In der Arbeitslosenversicherung ist es nach wie vor schwierig, von einem Versicherungsfall der Arbeitslosigkeit zu sprechen (vgl. §§ 136–138 SGB III). 17

Die **Risiken der Sozialversicherung** sind darüber hinaus auch dadurch begrenzt, dass die Leistungen der Sozialversicherung keineswegs die gesamten wirtschaftlichen Folgen eines Versicherungsfalles abdecken. Am wenigsten begrenzt ist insoweit noch die Unfallversicherung, die auch in diesem Zusammenhang der privaten Versicherung noch am nächsten steht. Wenn es auch nicht richtig ist zu sagen, die Sozialversicherung stelle nur eine Grundsicherung dar, so muss man doch feststellen, dass ihre Leistungen die Risiken nicht immer voll 18 abdecken. In der Rentenversicherung ist dies insoweit ein Systemmerkmal geworden, als die private Altersvorsorge neben die überkommene Rente getreten ist (§ 23 Rn. 30 ff.). Deutlich wird diese Funktion auch in der Pflegeversicherung. Gemäß § 4 Abs. 2 SGB XI haben ihre Leistungen nur eine ergänzende Funktion. In vielen Fällen sind zusätzlich Leistungen der Sozialhilfe erforderlich (§ 21a Rn. 54).

19 Die Sozialversicherung im Sozialgesetzbuch gliedert sich in die Kranken-, die Pflege-, die Unfall- und Rentenversicherung. Die Arbeitslosenversicherung ist mit dem SGB III auch in systematischer Hinsicht stärker in die Sozialversicherung einbezogen worden. Dies kommt vor allem darin zum Ausdruck, dass die **Gemeinsamen Vorschriften** über die Sozialversicherung nunmehr weitgehend auch für die Arbeitsförderung gelten (§ 1 Abs. 1 Satz 2 SGB IV).

20 Im sozialen Recht des § 4 Abs. 1 wird jedem ein Zugang zur Sozialversicherung eingeräumt. Allerdings erfolgt dies nur im Rahmen des Sozialgesetzbuches. Damit wird im Grunde die allgemeine Einschränkung des § 2 Abs. 1 Satz 2 wiederholt. Die Wortwahl „Zugang" hat Interpretationsschwierigkeiten verursacht. Man kann darunter jede Form der Verwirklichung des **Zugangs** zur Sozialversicherung, also auch die Versicherungspflicht, verstehen. Demgegenüber wurde eingewandt, mit dem Zugang zur Sozialversicherung könne nur die freiwillige Versicherung gemeint sein (Wannagat-Rüfner, SGB I § 4 Rn. 3; Kretschmer, GK-SGB I § 4 Rn. 10; Lilge, SGB I § 4 Rn. 13). Das rechtliche und sozialpolitische Charakteristikum besteht jedoch nicht in der freiwilligen Versicherung, sondern gerade im Versicherungszwang. Ohne ihn hätte die Sozialversicherung ihre große Bedeutung nie bekommen. Es wäre im Gesamtzusammenhang des Allgemeinen Teils des Sozialgesetzbuches nur schwer verständlich, warum eine Grundlagenregelung, wie § 4 Abs. 1, nur auf ein relativ untergeordnetes Phänomen der Sozialversicherung, die freiwillige Versicherung, bezogen worden sein sollte. Der Schlüssel zur Lösung der Auslegungsschwierigkeiten liegt wohl darin, dass der Gesetzgeber natürlich beabsichtigte, in § 4 die gesamte Sozialversicherung zu regeln. Er konnte aber in dem Abschnitt „soziale Rechte" kaum eine Regelung treffen, die den Zwangscharakter der Sozialversicherung hervorhebt. Man muss allerdings einräumen, dass die Absicht des Gesetzgebers im Wortlaut des § 4 Abs. 1 allenfalls ansatzweise zum Ausdruck gekommen ist. Wenn man also § 4 Abs. 1 nicht im Sinne aller Erscheinungsformen des Zugangs zur Sozialversicherung auslegen will, dann muss man zugeben, dass diese Vorschrift nicht nur sprachlich, sondern auch in der Sache verunglückt ist. Es wäre dann sinnvoller gewesen, der Gesetzgeber hätte die Sozialversicherung mit ihrem Zwangscharakter in einer besonderen Grundlagenvorschrift außerhalb des Katalogs der sozialen Rechte geregelt. Ihrer besonderen Bedeutung innerhalb des Sozialrechts wäre er damit wohl besser gerecht geworden.

21 Letztlich hängt es von den einzelnen Regelungen in Kranken-, Pflege-, Unfall- und Renten- und Arbeitslosenversicherung ab, ob der Zugang zur Sozialversicherung eröffnet ist. Bei der Auslegung dieser Normen kann aber § 4 Abs. 1 in Verbindung mit dem Gleichheitssatz des Art. 3 Abs. 1 GG zB dann Bedeutung erlangen, wenn eine Gruppe ohne hinreichenden Grund von der Sozialversicherung ausgeschlossen ist (BVerfG 38 S. 41; Rüfner, NZS 1992 S. 81). Insbesondere darf auch nicht ohne weiteres – zur allgemeinen Missbrauchsbekämpfung – im Falle der Beschäftigung bei einem nahen Angehörigen oder dem Ehepartner ein Ausschluss der Versicherungspflicht angenommen werden (BVerfG 20 S. 374; BSG SGb 1994 S. 388 mAnm v. Hoyningen-Huene; Sommer, NZS 2003 S. 169).

Ausnahmsweise kann in besonders gelagerten Fällen unmittelbar aus der Verfassung ein entsprechendes **Recht auf Gewährleistung des Versicherungsschutzes** abgeleitet werden. Dies ist bisher in einem Falle vom BVerfG so entschieden worden. Es handelte sich um den Fall einer unfallversicherten Mutter deren Kind vor der Geburt durch eine Berufskrankheit geschädigt worden war. Das BVerfG sah in dem Ausschluss des Kindes von den Leistungen der Unfallversicherung einen Verstoß gegen Art. 3 Abs. 1 GG in Verbindung mit dem Sozialstaatsprinzip (Art. 20 Abs. 1 GG). Wenn es auch nur um die Erstreckung der Leistungen auf das Kind ging, so lief die Entscheidung doch auf die Eröffnung des Zuganges zur Unfallversicherung hinaus. Im Allgemeinen ist es nur eine Frage der gesetzlichen Konstruktion, ob eine Person Versicherter ist, oder ob Leistungen für sie verlangt werden können (vgl. §§ 205 RVO aF, 10 SGB V).

Wenn auch einerseits zu betonen ist, dass es in der politischen Entscheidungsfreiheit des Gesetzgebers liegt, auf welche Weise er sozialstaatliche Ziele verwirklicht, also ob er etwa den Familienleistungsausgleich (vgl. § 6 Rn. 8 ff.) durch direkte Transferleistungen, wie im Kinder- und Elterngeld, bzw. durch steuerrechtliche Regelungen oder durch Berücksichtigung von Kindererziehungszeiten in der Rentenversicherung verwirklicht, so kann in ganz besonders gelagerten Fällen diese Entscheidungsfreiheit des Gesetzgebers eingeengt sein. Für den Bereich der Unfallversicherung genügt es nach Auffassung des BVerfG nicht, wenn bestimmte Risiken überhaupt sozialrechtlich abgesichert sind: Die mit dem Arbeitsleben der Industriegesellschaft verbundenen Risiken können nicht von dem einzelnen Arbeitnehmer getragen werden, sondern müssen durch ein umfassendes System der sozialen Sicherung, wie insbesondere durch die gesetzliche Unfallversicherung, aufgefangen oder doch gemildert werden. Erst hierdurch ist es dem Einzelnen möglich, seinen für die Allgemeinheit wichtigen Beitrag in der Arbeitswelt zu leisten. Je besser das System der sozialen Sicherheit ausgestaltet ist, desto eher werden demnach nicht nur schutzwürdige individuelle Belange gewahrt, sondern wird zugleich dem Allgemeinwohl gedient … Eine Einbeziehung des als Leibesfrucht einer versicherten Mutter geschädigten Kindes in die gesetzliche Unfallversicherung ist hiernach geboten, wenn man die Situation der werdenden Mutter hinsichtlich der Auswirkungen eines Arbeitsunfalls mit der Lage des nasciturus vergleicht. Ausschlaggebend ist für das BVerfG die „Gleichheit der Gefahrenlage". Ausdrücklich lässt es das Gericht nicht genügen, dass dem durch die Berufskrankheit der Mutter geschädigten Kind Leistungen der Sozialhilfe zur Verfügung stehen (BVerfG 45 S. 387, 388, 391, BVerfG 75 S. 348). Damit bleibt festzuhalten, dass es von Verfassung wegen ein Recht auf Zugang zur Sozialversicherung geben kann. Aus dieser verfassungsrechtlichen Ausgangslage hatte der Gesetzgeber in § 555a RVO die Konsequenz gezogen und zunächst die Leibesfrucht einer Versicherten gleichgestellt (kritisch Krasney, VSSR 1993 S. 91). In § 12 SGB VII wurde die Schädigung der Leibesfrucht später als Versicherungsfall geregelt. 22

Im sozialen Recht des § 4 Abs. 2 werden bestimmte grundlegende Leistungen demjenigen zugestanden, der in der Sozialversicherung versichert ist. Damit wird der versicherte Personenkreis angesprochen. Er besteht, in den einzelnen Zweigen der Sozialversicherung unterschiedlich, aus den Pflichtversicherten und denjenigen, die der Versicherung beitreten können. Unter den Voraussetzungen der §§ 7, 8 SGB V, 5, 6 SGB VI besteht daneben die Versicherungsfreiheit bzw. die Möglichkeit einer Befreiung von der Versicherungspflicht. Während es aber in der Rentenversicherung mit der Befreiung sein Bewenden hat, wurde in der Kranken- 23 versicherung die Pflicht begründet, zumindest privat gegen das Risiko der Krankheit versichert zu sein (§ 193 Abs. 3 VVG). Dabei ist allerdings eine Wahl zwischen beiden Systemen nicht möglich. Die Zuordnung ist durch den Gesetzgeber erfolgt (§ 5 Abs. 1 Nr. 13 lit. a) und b) SGB V.

24 Die Kerngruppe der Versicherten besteht in allen Zweigen der Sozialversicherung noch immer aus den Personen, die eine Beschäftigung iSd § 7 SGB IV ausüben. Damit zusammenhängend hat sich im letzten Jahrzehnt zunehmend ein besonderes Problem entwickelt, das auch mit der modernen Betriebsführung zusammenhängt. Es handelt sich um die Versicherungsfreiheit bei geringfügiger Beschäftigung und die sog. Scheinselbständigkeit. Die **geringfügige Beschäftigung** ist in Einzelfällen zeit- (§ 8 Abs. 1 Nr. 2 SGB IV) und zumeist nur noch entgeltbezogen. Sie begründet gemäß § 8 SGB IV eine Versicherungsfreiheit grundsätzlich in allen Bereichen der Sozialversicherung (§§ 27 Abs. 2 SGB III, 7 SGB V, 20 Abs. 1, 23 SGB XI, 5 Abs. 2 SGB VI). In der Unfallversicherung genügt demgegenüber bereits eine zeitlich außerordentlich begrenzte Tätigkeit im Interesse des Betriebes, um für diese Tätigkeit einen Versicherungsschutz zu begründen (§ 2 Abs. 2 SGB VII). Die Frage des Entgelts hat dabei überhaupt keine Bedeutung. Vorgelagert ist die Frage, ob überhaupt eine Beschäftigung ausgeübt wird. Ist das nicht der Fall, so besteht wegen der Tätigkeit als Selbständiger oder Unternehmer ohnehin eine Versicherungsfreiheit, sofern nicht eine allgemeinen Versicherungspflicht eingreift (vgl. §§ 5 Abs. 1 Nr. 13 SGB V, 193 Abs. 3 VVG).

4. Das Arbeits- und Beschäftigungsverhältnis im Wandel

25 Das sozialrechtliche Beschäftigungsverhältnis, das noch immer weitgehend dem Arbeitsverhältnis entspricht, ist hauptsächlich durch eine persönliche Abhängigkeit gekennzeichnet (Giesen, SGb 2012 S. 305). Sie ist wie im faktischen Arbeitsverhältnis rein tatsächlich zu verstehen, wenn auch normative Aspekte einzubeziehen sind (vgl. Rn. 14, 27f). Eine Unwirksamkeit des zu Grunde liegenden Rechtsverhältnisses ändert daran nichts. Hier bleibt das eigentlich rechtlich Zulässige und Gewollte von einer gewissen Bedeutung. Insoweit ist maßgebend für die Zuordnung zum Beschäftigungsverhältnis die vertragliche Vereinbarung, so wie sie im Rahmen des rechtlichen von den Parteien tatsächlich vollzogen wird (BSG 111 S. 257). In diesem Zusammenhang ist es nicht ganz konsequent, wenn die Unwirksamkeit der Vereinbarung, etwa wegen Sittenwidrigkeit, ohne Bedeutung bleibt. Hier hat das tatsächlich Gewollte keinen rechtlichen Rahmen. Vom Schutz will das BSG dennoch allenfalls die Fallgestaltungen ausnehmen, in denen die Rechtsordnung auch das rein tatsächliche Geschehen unterbunden wissen will (vgl. BSG SGb 2002 S. 174 mAnm Schmitt; Schlegel, NZS 2000 S. 421; Felix, NZS 2002 S. 225). Das würde aber bedeuten, dass die „einfache" Prostitution unter den Schutz des § 7 SGB IV fiele, nicht aber die Zwangsprostitution. Allein die besondere Schutzbedürftigkeit würde daran nichts ändern (unten Rn. 25a).

25a Die persönliche Abhängigkeit ist gegeben, wenn sich eine Dienstbereitschaft des Arbeitnehmers und eine Weisungsbefugnis des Arbeitgebers feststellen lassen. Die Weisungsbefugnis erstreckt sich im Wesentlichen auf Zeit, Ort, Dauer, Inhalt und Gestaltung der Arbeitsleistung. Je nach Art der Tätigkeit ist die Weisungsbefugnis mehr oder weniger stark ausgeprägt. Bei Diensten höherer Art kann sie auch einmal ganz fehlen und als funktionsgerechte, dienende Teilhabe am Arbeitsprozess erfolgen (BSG 53 S. 242; BSG NZS 2018 S. 592; Stindt, NZS 2018 S. 481). In der Rechtsprechung des EuGH lautet dies etwas erweitert, dass die

„Tätigkeit nach der Weisung oder unter der Aufsicht eines anderen Organs" ausgeübt werden muss (EuGH ZESAR 2011 S. 463 – Danosa, dazu Hohenstadt/Naber, NZA 2014 S. 637). Entscheidend ist nicht die Weisungsbefugnis, sondern dass der Beschäftigte auf Grund einer privatautonomen Vereinbarung in eine fremde Arbeitsorganisation eingegliedert ist. Das festzustellen, ist bei Tätigkeiten im Digitalbereich zuweilen besonders schwierig (LSG BW NZS 2018 S. 382, 383, dazu Mecke, SGb 2016 S. 481; Brose, NZS 2017 S. 7; Waltermann, SGb 2017 S. 425). Die Entgeltlichkeit muss der Beschäftigung den Charakter eines Austauschverhältnisses geben (BSG 13 S. 130; BSG 51 S. 164; BSG SGb 1993 S. 627 mAnm Wagner; BSG SGb 1994 S. 587 mAnm Breunig; BSG SGb 1999 S. 715 mAnm Pawlita; BSG SGb 2002 S. 298 mAnm Hergenröder; Hess. LSG NZS 2009 S. 628). Aus dem Austauschcharakter des Beschäftigungsverhältnisses darf jedoch nicht geschlossen werden, dass wirtschaftliche Abhängigkeit oder soziale Schutzbedürftigkeit die ausschlaggebenden Kriterien für den Begriff des Arbeitnehmers bzw. des Beschäftigten sind. So begründet die Tätigkeit bei einer Beschäftigungsgesellschaft keine Versicherungspflicht, wenn die Zuordnung zu ihr nur formal ist, ein Arbeitsloser nur „aufgefangen" und eine Tätigkeit mit Austauschcharakter nicht ausgeübt wird (LSG NRW Breith. 2009 S. 164). Insoweit bestehen noch gewisse Zweifel, ob Praktikanten oder Umschüler, die aus Mitteln der Bundesagentur gefördert werden, Arbeitnehmer sind (so in einem Vorlagebeschluss an den EuGH AG Verden NZA 2014 S. 665, dazu EuGH NZA 2015 S 86 – Balkaya). Wenn der EuGH ausführt: „Das wesentliche Merkmal des Arbeitsverhältnisses besteht darin, dass eine Person während einer bestimmten Zeit für eine andere nach deren Weisung Leistungen erbringt, für die sie als Gegenleistung eine Vergütung erhält," (EuGH ZESAR 2011 S. 463 – Danosa), dann ist noch zu klären, ob es zwingend ist, dass die Vergütung vom Empfänger der Gegenleistung gezahlt wird. Das wird man nicht annehmen müssen.

Demgegenüber ist eine **selbstständige Tätigkeit** durch das eigene Unterneh- **25b**
merrisiko gekennzeichnet, und damit durch ein Tätigwerden auf eigene Rechnung, ein Entgelt, das Vorhandensein eigener Betriebsmittel, die Verfügungsmöglichkeit über die eigene Arbeitskraft und die im Wesentlichen frei gestaltete Tätigkeit und Arbeitszeit. Ob jemand abhängig beschäftigt oder selbstständig ist, hängt davon ab, welche Merkmale überwiegen. Maßgeblich ist stets das Gesamtbild (BVerfG SozR 3-2400 § 7 Nr. 11; BSG 87 S. 53; LSG SchlH, NZS 2013 S. 430; zur Familiengesellschaft BSG SozR 4-2400 § 7 Nr. 17). Beispielsweise kann eigentlich mit Hilfe des Kriteriums der **Entgeltlichkeit** keine relevante Aussage gemacht werden, da alle hier interessierenden Tätigkeiten entgeltlich ausgeübt werden. Berücksichtigt man demgegenüber aber die Tatsache, dass im Werkvertrag das Werk geschuldet ist und nur das Werk vergütet wird, dann können **Zahlungsmodalitäten,** wie etwa Abschlagszahlungen bevor das Werk erstellt ist, Hinweise darauf sein, dass hier ein Beschäftigungsverhältnis gegeben ist. Zwingend ist das aber auch nicht. Andererseits spricht zwar die Existenz eines Weisungsrechts für das Vorliegen eines Beschäftigungsverhältnis, jedoch ist auch ein Weisungsrecht des Bestellers eines Werkes im Sinne einer Leistungskonkretisierung anzuerkennen, etwa bestimmte Materialien (nicht) zu verwenden oder nur zu bestimmten Zeiten tätig zu werden (Dieckmann, NZS 2013 S. 647). Um den konkreten Aspekt herauszustellen, ist es besser von Anweisung zu sprechen. Insgesamt kann man sagen, dass die zum Beschäftigungsverhältnis zu nennenden Kriterien (oben Rn. 13a) auch als Negativmerkmale gegen eine selbständige Tätigkeit wirken

(Seewald, SGb 2014 S. 169, 170). Je mehr oder mit je größerem Gewicht solche Merkmale festzustellen sind, umso eher liegt ein Beschäftigungsverhältnis vor.

25c Im Grenzbereich ist die Beschäftigung von der Tätigkeit als Unternehmer dadurch abzugrenzen, dass letzterer die **Chancen und Risiken des Wirtschaftslebens** nutzt (Wank, Arbeitnehmer und Selbständige, 1988 S. 127 ff.; Greiner, NZS 2009 S. 657). Eine Übertragung nur der Risiken auf eine andere Person spricht für das Vorliegen eines Beschäftigungsverhältnisses, wenn dadurch eine ohnehin gegebene persönliche Abhängigkeit nur verstärkt wird. Entscheidend kommt es dabei darauf an, ob mit der Übertragung der unternehmerischen Risiken auch der Übergang unternehmerischer Freiheiten verbunden ist. Ergänzend kann man sagen, dass Selbständiger und Arbeitnehmer mit ihrer wirtschaftlichen Tätigkeit gleichermaßen ein Entgelt erzielen wollen. Aber nur der Selbstständige definiert weitergehende Ziele. Der Arbeitnehmer ordnet sich diesen Zielsetzungen unter. Dies ist das Hauptmerkmal seiner persönlichen Abhängigkeit. Insoweit nutzt er nicht eigene Chancen im Wirtschaftsleben; er trägt aber auch nicht die Risiken. Das kann zu schwierigen Abgrenzungsfragen führen, wenn Tätigkeiten zeitlich begrenzt, aber wiederholt und ggf. bei unterschiedlichen Auftraggebern als unständige Beschäftigungen ausgeführt werden, wie etwa im Bereich der Schauspielkunst (BSG NZS 2018 S. 472). Hier folgt aus dem Auftragsrisiko noch kein Unternehmerrisiko bezüglich einzelner Einsätze (BSG NZS 2017 S. 784 mAnm Knopse). Allgemein formuliert das BSG:

„Maßgebendes Kriterium für ein unternehmerisches Risiko ist … ob eigenes Kapital oder die eigene Arbeitskraft auch mit der Gefahr des Verlustes eingesetzt wird, der Erfolg des Einsatzes der sächlichen oder persönlichen Mittel also ungewiss ist. Allerdings ist ein unternehmerisches Risiko nur dann Hinweis auf eine selbstständige Tätigkeit, wenn diesem Risiko auch größere Freiheiten in der Gestaltung und der Bestimmung des Umfangs beim Einsatz der eigenen Arbeitskraft…oder größere Verdienstchancen gegenüberstehen…§ 7 Abs. 1a Aus dem (allgemeinen) Risiko, außerhalb der Erledigung einzelner Aufträge zeitweise die eigene Arbeitskraft ggf. nicht verwerten zu können, folgt kein Unternehmerrisiko bzgl. der einzelnen Einsätze… Zudem wird angesichts zunehmender Freiheiten bzgl. Arbeitsort und Arbeitszeitgestaltung, die im Zuge moderner Entwicklungen der Arbeitswelt auch Arbeitnehmern eingeräumt werden…zu prüfen sein, ob Freiheiten in der Gestaltung und der Bestimmung des Umfangs beim Einsatz der eigenen Arbeitskraft zukünftig nur dann als Indiz für Selbstständigkeit angesehen werden können, wenn gerade hieraus verbesserte Verdienstchancen erwachsen…" (BSG 120 S. 99 Rn. 36)

25d Zur Bewältigung des Problems, das herkömmlicherweise mit dem Begriff der **Scheinselbständigkeit** bezeichnet wird (Gitter, SGb 1996 S. 263; Brand, NZS 1997 S. 552; Reiserer/Freckmann, NJW 2003 S, 180; Lanzinner/Nath, NZS 2015 S. 210, 251; Mette, NZS 2015 S. 721; Benecke, RdA 2016 S. 65), hatte der Gesetzgeber zunächst die Regelungen der §§ 7 Abs. 4, 7aff. SGB IV aF getroffen. Dabei wurde in § 7 Abs. 4 SGB IV aF eine widerlegbare Vermutung begründet, dass eine versicherungspflichtige Beschäftigung ausgeübt wird (oben Rn. 14). Die Vorschrift wurde zeitweise durch eine Regelung ersetzt, die eine widerlegbare Vermutung zugunsten einer selbständigen Tätigkeit aufstellte. Diese Vermutung knüpfte an die bloße Beantragung eines Zuschusses nach § 421l SGB III aF. Solange ein solcher Zuschuss geleistet wurde, galten die Personen als Selbständige. Der Begriff scheinselbständig ist besser zu vermeiden, weil mit ihm zwangsläufig die Nichtigkeit der Vereinbarung nach § 117 BGB impliziert ist. Genau das aber gilt es zuvor festzustellen (vgl. Schlegel, NZS 2000 S. 421). Gewissermaßen ein

Spiegelbegriff dazu ist der **Scheinwerkvertrag** (vgl. Hamann/Rudnik, NZA 2015 S. 449). Ob ein Arbeits- bzw. Beschäftigungsverhältnis vorliegt ist in jedem Falle jenseits dieser „Scheinbegriffe" festzustellen (LArbG BW NZA 2013 S. 1017). Dabei kommt es für die Annahme eines Werkvertrages entscheidend darauf an, ob ein vertraglich festgelegtes abgrenzbares, dem Auftragnehmer als eigene Leistung zurechenbares und abnahmefähiges Werk vorliegt (BAG RdA 2015 S. 115 mAnm Boemke).

Im Einzelfall können bestimmte Tätigkeiten, je nach Ausgestaltung, sowohl in **26** abhängiger Form als auch selbständig ausgeübt werden. Das gilt besonders in dem Bereich von Pflege, Betreuung und Erziehung (BSG SozR 4-2400 § 7 Nr. 29; BSG NZS 2017 S. 664 mAnm Knospe). Die Praxis entwickelt darüber hinaus aber zunehmend Formen, bei denen nicht allein der Charakter eines Beschäftigungsverhältnisses zweifelhaft sein kann (vgl. BSG SozR 4-2400 § 7 Nr. 21). Deswegen musste die Diskussion über die selbständige und abhängige Tätigkeit auf eine andere Konkretisierungsstufe verlagert werden. Zweifelhaft kann auch sein, mit wem ein Beschäftigungsverhältnis begründet worden ist. In der arbeits- und sozialrechtlichen Diskussion steht für die erstere Variante der **Werkvertrag** und für die letztere das **Leiharbeitsverhältnis.** Unstrittig ist, dass die Bezeichnung einer Tätigkeit, etwa als Werkvertrag, bedeutungslos ist. Es kann sich aber ergeben, dass Tätigkeitsformen so organisiert werden, dass nicht immer klar wird, ob die Begründung eines Beschäftigungsverhältnisses, was zulässig wäre, vermieden, oder, was unzulässig ist, umgangen wird. So werden Dreiecks-Verhältnisse organisiert, in denen der Auftragnehmer im Rahmen eines Werkvertrages auf das Erreichen eines bestimmten Betriebsziels beim Auftraggeber hinwirkt. Zu diesem Zweck setzt der Auftragnehmer im Betrieb des Auftraggebers Kräfte ein, mit denen er gleichfalls eine als Werkvertrag bezeichnete Vereinbarung schließt. Häufig handelt es sich hierbei aber um ganz normale Beschäftigungsverhältnisse, wobei allenfalls noch zweifelhaft sein kann, ob eine Beschäftigung für den Auftraggeber oder für den Auftragnehmer ausgeführt wird. Hier muss man entscheiden, ob die rechtliche Weisungsbefugnis des Werk-Auftragnehmers gegenüber der Eingliederung in den Betrieb des Werk-Auftraggebers überhaupt noch eine Bedeutung hat. Diese Frage ist im Bereich der Tatsachen, also durch Beweisaufnahme, zu entscheiden (Franzen, RdA 2015 S. 141).

Während im **Leiharbeitsverhältnis** das Personal dem Entleiher zur Verfügung **26a** gestellt wird, in dessen Betrieb eingegliedert ist und die Arbeit allein nach Weisungen des Entleihers und in dessen Interesse ausgeführt wird, organisiert der Werkunternehmer die zur Erreichung eines wirtschaftlichen Erfolgs notwendigen Arbeitsvorgänge nach seinen eigenen betrieblichen Gegebenheiten und bleibt für die Erfüllung der vertraglich vorgesehenen Dienste bzw. für die Herstellung des geschuldeten Werks gegenüber dem Drittunternehmen verantwortlich. Maßgeblich ist in diesem Falle, dass die für die Erfüllung der Aufgaben eingesetzten Arbeitnehmer den Weisungen des Werkunternehmers unterliegen, dessen Erfüllungsgehilfen sie sind. Dabei ist das auf ein Produkt bezogene Weisungsrecht des Auftraggebers gegenüber dem Werkunternehmer nach § 645 BGB von dem Weisungsrecht des Arbeitgebers zu unterscheiden (BAG NZA-RR 2012 S. 455 Rn. 27). Der Verleiher schuldet das Bereitstellen von Arbeitskräften, wobei zumindest nach neuem Recht nicht nur das Weisungsrecht auf den Entleiher übergeht. In § 1 Abs. 1 Satz 2 AÜG heißt es: „Arbeitnehmer werden zur Arbeitsleistung überlassen, wenn sie in die Arbeitsorganisation des Entleihers eingegliedert sind und seinen Weisungen unterliegen" (Wank, RdA 2017 S. 100; Thüsing/

Vianden, NZS 2017 S. 847 zu § 33 SGB V). Der Werkunternehmer schuldet den vereinbarten Erfolg, das Werk, wobei er sich eines bei ihm Beschäftigten als Erfüllungsgehilfen bedienen kann. Letzterer kann auch Anweisungen nach § 645 BGB gewissermaßen als Vertreter des Werkunternehmers (§ 164 Abs. 3 BGB) entgegen nehmen (Greiner, NZA 2013 S. 697; Greiner, RdA 2014 S. 262). Im Ergebnis kann nur ein Arbeitnehmer zur Leiharbeit überlassen werden. Demgegenüber ist nur der Selbständige Partner eines Werk- oder Dienstvertrages. Beide Ebenen dürfen nicht vermischt werden. Kooperiert der Selbständige zur Erfüllung seiner Aufgabe mit anderen, so ist ausschließlich in diesem Rechtsverhältnis zu prüfen, ob es sich dabei um Arbeitnehmer handelt. Auswirkungen, die sich aus dem ersteren Rechtsverhältnis ergeben, wären auch anhand der Kriterien des Vertrages zu Lasten Dritter zu beurteilen.

„Die klagende Kommanditgesellschaft (KG) ist eine Fleisch-Bearbeitungs- und Verarbeitungsgesellschaft mbH & Co. Sie stand in Geschäftsbeziehungen zu fleischverarbeitenden Unternehmen, von denen sie Aufträge zum Zerlegen und Ausbeinen von Schlachtvieh erhielt. Zur Ausführung der Aufträge setzte sie sogenannte Ausbeiner ein, mit denen sie eine „Vereinbarung über ein freies Mitarbeiterverhältnis" getroffen hatte. Sie stellte die Ausbeiner bei Bedarf anhand einer etwa 140 Personen umfassenden Kartei zu Kolonnen zusammen. Die Arbeiten wurden in den Betriebsräumen der Auftraggeber ausgeführt und von diesen nach dem Gewicht des bearbeiteten Fleisches in einem Gesamtbetrag an die Klägerin bezahlt, die eine „Vermittlungsprovision" abzog und den Rest auf die Ausbeiner verteilte. Der Eingliederung der Ausbeiner in den Betrieb der Klägerin stand nicht entgegen, dass diese nach der Vereinbarung über ein freies Mitarbeiterverhältnis das Recht hatten, das einzelne Arbeitsangebot der Klägerin abzulehnen. Die Beklagte hat Versicherungspflicht und Beitragspflicht nicht für ein einheitliches Beschäftigungsverhältnis ab Unterzeichnung der Vereinbarung festgestellt, sondern für Beschäftigungsverhältnisse jeweils während des Kolonneneinsatzes zur Erledigung der Einzelaufträge. Das LSG hat für die Frage der Eingliederung und des Weisungsrechts der Klägerin gegenüber den Ausbeinern ebenfalls auf die Verhältnisse abgestellt, die nach Annahme des einzelnen Arbeitsangebots während des Einsatzes in der Kolonne bestanden … Nach den Feststellungen des LSG bot sie am Markt das Zerlegen und Ausbeinen von Schlachtvieh an und erhielt von fleischverarbeitenden Unternehmen entsprechende Aufträge … Sie führte das Zerlegen und Ausbeinen des Schlachtviehs aufgrund von Werkverträgen mit diesen Auftraggebern als eigenes Geschäft für eigene Rechnung aus. Sie setzte zu diesem Zweck die Ausbeiner ein. Dass sie nicht Eigentümerin, Mieterin oder Leasingnehmerin der für die Erbringung der Arbeit erforderlichen Betriebsmittel war, sondern sich diese hauptsächlich von den Auftraggebern zur Verfügung stellen ließ, ändert nichts an dem von ihr als KG mit Hilfe sächlicher Mittel verfolgten arbeitstechnischen Zweck des Zerlegens und Ausbeinens von Schlachtvieh. Voraussetzung einer Beschäftigung ist die Einordnung in eine von anderer Seite vorgegebene Ordnung, in der fremdbestimmte Arbeit geleistet werden kann … Sie ist jedenfalls erfüllt, wenn die Arbeit in einem Betrieb im arbeitsrechtlichen Sinn geleistet wird" (BSG SozR 3- 2400 § 7 Nr. 13).

27 Die Abgrenzung zwischen versicherungsfreier und versicherungspflichtiger Tätigkeit stellt eine dauerhafte Herausforderung dar. Im Hinblick auf die dabei bestehenden Schwierigkeiten wird die Frage aufgeworfen, ob im Hinblick auf die gravierenden Folgen des Eintretens einer Versicherungspflicht das „Alles-oder-Nichts-Prinzip" zu rechtfertigen ist (Schlegel, NZS 2000 S. 421). Andererseits kann es in der Begrifflichkeit des Beschäftigungsverhältnisses keine „Gleitzone" geben. Das Unbehagen daran resultiert aus den gravierenden Folgen, die an die Feststellung bzw. die Verneinung eines Beschäftigungsverhältnisses geknüpft sind,

zumal die Vertragsparteien einen gewissen Gestaltungsspielraum haben, der eine Anpassung der betrieblichen Praxis an die Rechtsprechung ermöglicht, wobei eine Vertragsparität nicht immer gegeben ist. Das berührt die Idee der Sozialversicherung. Die Rechtsprechung entwickelt sich weiter. Dabei ist festzustellen, dass der Begriff des „Typus" Eingang in die Diskussion gefunden hat. Allerdings hat auch die ältere Lehre den Begriff des Arbeitnehmers schon typologisch bestimmt (vgl. Hromadka, RdA 1997 S. 569). In methodischer Hinsicht bedeutet das, dass auf einen abstrakten Begriff des Beschäftigungsverhältnisses im Sinne einer Realdefinition verzichtet und auf den Typus abgestellt werden kann. Das heißt, das Beschäftigungsverhältnis wird nicht zwangsläufig abstrakt definiert. Vielmehr wird es als Typus begriffen, der beim Vorliegen einer Anzahl von Merkmalen anzunehmen ist. Diese Merkmale können jeweils ein unterschiedliches Gewicht haben und es müssen auch nicht immer alle relevanten Merkmale vorliegen. Demgegenüber ist in dem an sich sinnvollen Vorschlag bei zweifelhaften Werk- oder Dienstverträgen eine Beweislastumkehr einzuführen (Brors/Schüren, NZA 2014 S. 569), eine Zurückverlagerung des Problems auf die Beweisebene zu sehen, die mit etwa den gleichen Problemen wie § 7 Abs. 4 SGB IV aF belastet ist.

Zu der Ausdifferenzierung der bisher gefundenen Kriterien zur Bestimmung **27a** des Beschäftigungsverhältnisses treten in letzter Zeit hinzu: a) eine verstärkte Anforderung an die richterliche Aufklärungspflicht, b) eine sachgerechte Gewichtung der Einzelkriterien, die also unterschiedliche Bedeutungen haben und entsprechend unterschiedlich gewichtet in die Entscheidung eingehen müssen, c) schließlich wird in letzter Zeit stärker vergleichsbezogen argumentiert. Damit ist gesagt, dass innerhalb eines Betriebes schwerlich bei im Wesentlichen gleichen Tätigkeiten einige als abhängig und andere als selbständig eingeordnet werden können. Allerdings ist das nicht so zu verstehen, dass nur auf eine abstrakt charakterisierte Tätigkeit abgestellt wird. Natürlich kann zB „Pflege" selbständig oder abhängig ausgeübt werden. Wenn aber die Ausübung der Pflege unter bestimmten tatsächlichen Gegebenheiten durch ein Merkmalsgefüge charakterisiert wird, das den Typus Beschäftigung entspricht, dann gilt das in allen vergleichbaren Fällen, unter welchen zusätzlichen Bedingungen die Pflege auch ausgeübt werden mag. Dabei ist zu beachten, dass nicht alle Merkmale gleich stark ausgeprägt sein, und dass sie auch nicht immer alle zugleich vorliegen müssen. Einzelne Merkmale können durch andere ersetzt werden. Entsprechendes gilt für die starke und schwache Ausprägung einzelner Merkmale (vgl. Schnapp, NZS 2014 S. 41).

Demgegenüber wird mit einigem Recht dem Begriff der Scheinselbständigkeit **27b** der Begriff der Neuen Selbständigkeit gegenüber gestellt. Es ist dann ist aber doch problematisch, wenn dieser Begriff nur den Inhalt haben soll, „dass Tätigkeiten, die bislang von Arbeitnehmern wahrgenommen wurden, nunmehr von Selbstständigen ausgeführt werden" (Uffmann, ZfA 1012 S, 1, 13). Weder unter dem Blickwinkel eines „Käufermarktes", noch dem der wirtschaftlichen (Un)abhängkeit oder der gestörten Vertragsparität ist es gerechtfertigt, diese Neue Selbstständigkeit anders zu beurteilen als das traditionelle Beschäftigungsverhältnis. Denn die genannten Kriterien (Markt, wirtschaftlich) sind nicht erheblich für die sozialrechtliche Einordnung einer Tätigkeit. Es müssten Kriterien genannt werden, nach denen sich die Neue Selbstständigkeit kategorial und eben nicht nur in einzelnen Nuancen vom Beschäftigungsverhältnis unterscheidet. Wenn man in diesem Zusammenhang beim Begriff des Arbeitsverhältnisses stärker als bisher auf den Parteiwillen abstellt und damit den Rechtsformzwang relativiert, dann könnte es doch zu einer Auseinanderentwicklung von Arbeits- und Beschäftigungsverhältnis kommen, da letzteres gegen privatautonome Modifikationen weitgehend resistent ist (vgl. Hilger, RdA 1989 S. 1; Hromadka, NZA 1997 S. 569; Stoffels, NZA 2000 S. 690).

27c Das alles hat weniger mit Gleichbehandlung und mehr mit begrifflicher Konsistenz zu tun. Die sozialpolitische Konsequenz besteht darin, dass es für den Einzelbetrieb schwerer wird, mit einer Stammbelegschaft von Beschäftigten arbeiten zu können, die er dann, unter gleichbleibenden betrieblichen Bedingungen, nach Bedarf mit freiberuflich Tätigen ergänzt. Man wird in Zukunft sogar über den innerbetrieblichen Vergleich hinausgehen müssen, denn für die rechtliche Qualifizierung der Erscheinungsform einer Tätigkeit macht es keinen Unterschied, in welchem Betrieb sie ausgeübt wird. Selbst wenn es hierbei auch um die „Rekrutierung von Beitragszahlern" geht, so darf man das Problem nicht darauf reduzieren. Es geht vorrangig um ein Verständnis der Privatautonomie, die durch Art. 2 Abs. 1 GG und damit durch eine Vertragsparität geprägt ist (BVerfG 103 S. 89). Gerade im Arbeitsverhältnis muss der Gesetzgeber nicht im Einzelfall berücksichtigen, dass einer der Vertragspartner nicht schutzbedürftig ist. Es geht schließlich auch um die Verhinderung von Scheingeschäften (vgl. § 117 BGB).

27d Hinzu kommt folgender Gesichtspunkt: Lässt man es zu, dass einzelne Betriebe mit einem größeren Anteil an nicht versicherungspflichtigen Personen arbeitet, dann sind diese auf Grund einer Umgehung oder Vermeidung der Versicherungspflicht im Hinblick auf ihre Arbeitskosten auf dem Markt gegenüber anderen Betrieben im Vorteil. Dem wird nicht zu Unrecht entgegengehalten, dass die Unternehmen zunehmend ein berechtigtes Interesse daran haben, eine flexible Arbeitsorganisation zu entwickeln (Hromadka, RdA 1997 S. 569; Wank, RdA 2010 S. 193, Deinert, RdA 2014 S. 65). Das sollte aus sozialrechtlicher Sicht eher durch eine Anpassung des Normalarbeitsverhältnisses an die Erfordernisse des Wirtschaftslebens erfolgen. In dem Rahmen, in dem für Unternehmen die Notwendigkeit besteht, zeitlich begrenzte „Bedarfsspitzen" an Arbeitskräften zu decken, stehen ihnen vor allem die Instrumente der Arbeitnehmerüberlassung und der Befristung von Arbeitsverhältnissen zur Verfügung. Diese Instrumente dürfen aber nur dem Zweck entsprechend eingesetzt werden. So bestimmt § 1 Abs. 1 Satz 4 AÜG, dass die Arbeitnehmerüberlassung „vorübergehend" erfolgt (Thüsing, NZS 2013 S. 1248). Ob diese Einschränkung zulässig ist oder nicht, kann unterschiedlich beantwortet werden, je nachdem, ob der Schutz von Arbeitnehmern oder die Freiheit von Restriktionen in den Vordergrund gestellt wird (EuGH ZESAR 2015 S. 344 – Työntekijäliito, mAnm Albers). Eine Kompromisslinie ist im Grunde nur in einer Überlassungshöchstdauer zu finden. Eine Befristung von Arbeitsverhältnissen erfolgt auf der Grundlage des § 14 Abs. 1 und 2 TzBfG. Danach können Befristungen mit und ohne Sachgrund erfolgen (Jörchel, NZA2012 S. 1065). Letztere sind grundsätzlich auf zwei Jahre begrenzt, eine Wiederholung ist ausgeschlossen (§ 14 Abs. 2 TzBfG). Erstere unterliegen (lediglich) einer Missbrauchskontrolle (EuGH NZA 2015 S. 153 – Mascolo).

27e Auf diese beiden Möglichkeiten einer Modifizierung des Normalarbeitsverhältnisses, also der Arbeitnehmerüberlassung und der kontrollierten Befristung von Arbeitsverträgen, wird man die Unternehmen im Wesentlichen beschränken müssen, wenn man an einem Kompromiss zwischen wirtschaftlicher Notwendigkeit und sozialem Schutz festhalten will (Lembke/Rothmann, ZESAR 2014 S. 372; Greiner, ZESAR 2014 S. 357). Zumal überkommene Formen im Arbeitsrecht, wie etwa die Teilzeitarbeit erhalten bleiben. Das flexibel gestaltete Arbeitsverhältnis bleibt einerseits Arbeitsverhältnis. Andererseits wird der Begründungsdruck größer, vom Arbeitsrecht abzuweichen, wenn dort genügend flexible Instrumente zur Verfügung stehen. Anders ausgedrückt, der Missbrauchsverdacht liegt dann umso näher.

Im Arbeitsrecht werden jedoch auch „arbeitnehmerähnliche" Beschäftigungsformen favorisiert, die nicht zugleich auch sozialrechtlichen Beschäftigungsverhältnisse sind (Wank, RdA 2010 S. 193, vgl. dagegen Hromadka, RdA 1997 S. 569). Bei Lichte besehen sind sie, weil und wenn nur „ähnlich", also selbständige Beschäftigungsformen. Allerdings muss man zugestehen, dass sich zwei Sachverhalte mehr oder weniger ähnlich sein können. Insbesondere kann auch das Maß der persönlichen Abhängigkeit unterschiedlich stark ausgeprägt sein. Aber das sind Fragen, die im Bereich der Tatsachen zu klären sind. Deren Beantwortung kann nur darauf hinauslaufen, dass – nach einer Beweisaufnahme – das „ähnlich" entweder der einen oder der anderen Kategorie zuzuordnen ist, sich also in der juristischen Schlussfolgerung auflöst. Nur der Gesetzgeber könnte das ändern (vgl. § 2 Abs. 2 SGB VII). Letztlich ist es auch inkonsequent, wenn man sagt, die persönliche Abhängigkeit im Arbeits- und Beschäftigungsverhältnis hätte nichts mit der sozialen Schutzbedürftigkeit und auch nichts mit der wirtschaftlichen Abhängigkeit zu tun (oben Rn. 25, 25a), dann aber sagt, wer wirtschaftlich und sozial, aber nicht persönlich abhängig ist, ist arbeitnehmerähnlich (Hromadka, RdA 1997 S. 569). Im Übrigen könnte der Begriff „ähnlich" Anlass dazu sein, in methodischer Hinsicht den Weg der Analogie zu beschreiten. Das würde aber schnell dazu führen, dass man erkennt, dass deren erste Voraussetzung, das Vorliegen einer planwidrigen Regelungslücke, nicht erfüllt ist. **27f**

Insgesamt stellt sich die Situation derzeit so dar, dass die Privatautonomie im Arbeitsrecht zunehmend stärker betont wird. Dies bleibt nicht ohne Rückwirkung auf das sozialrechtliche Beschäftigungsverhältnis. Das Beschäftigungsverhältnis selbst kann jedoch nicht in gleicher Weise wie das Arbeitsverhältnis privatautonom abgewandelt werden. Folge kann deswegen nur sein, dass es in Zukunft weniger Arbeits- aber nicht weniger Beschäftigungsverhältnisse gibt. Die Vorschrift des § 7 Abs. 1 Satz 1 SGB IV wäre dann so zu lesen, dass das Arbeitsverhältnis nur einer von mehreren möglichen Fällen des Beschäftigungsverhältnisses wäre und dass die neu sich entwickelnden Formen der Ausübung einer Tätigkeit Beschäftigungsverhältnisse bleiben (Seewald, SGb 2014 S. 169, 173 und Seewald, NZS 2014 S. 481, zum Werkvertrag und zur Leiharbeit; Greiner, RdA 2014 S. 262). Aus dem Gesamtzusammenhang des § 7 SGB IV ist aber wohl eher das Gegenteil abzuleiten. Das wiederum bedeutet, dass man der Privatautonomie im Arbeitsrecht nicht eine so große Bedeutung beimessen darf. Dies entspricht auch eher der Historie der Entstehung des Arbeitsrechts. Wie auch immer man die „Flucht aus dem Arbeitsrecht" bewertet: § 7 SGB IV bleibt von ihr unberührt. **27g**

Anzuknüpfen ist auch weiterhin nicht allein an die vertragliche Vereinbarung, sondern auch an die tatsächlichen Verhältnisse im Arbeitsleben. Ausschlaggebend ist die vertragliche Beziehung, so wie sie im betrieblichen Alltag praktiziert wird (BSG 111 S. 257). Damit ist es prinzipiell möglich, dass sich im betrieblichen Alltag ein Rechtsverhältnis zum Arbeitsverhältnis hin oder weg entwickelt. Dabei ist aber zu berücksichtigen, dass der Beendigungsteil bei der Änderungskündigung eines Arbeitsvertrages gemäß § 623 BGB schriftlich erfolgen muss (Münchener Kommentar-Henssler § 623 Rn. 30). Es gibt also keine gleitende Entwicklung weg vom Arbeits- und hin zum Honorarvertrag. Demgegenüber kann sich eine sonstige vertragliche Vereinbarung, etwa ein Werkvertrag oder ein Leiharbeitsverhältnis, im betrieblichen Alltag auch zu einem Arbeitsvertrag hin entwickeln. Das **27h** könnte bei einem Leiharbeitsverhältnis schon dann erfolgen, wenn die Tätigkeit anfangs als vorübergehende geplant war (Art. 4, 9, 10 Richtlinie 2008/104/EG, § 1 Abs. 1 Satz 4 AÜG), sie dies aber später nicht mehr ist (vgl. BAG 145 S. 355, dazu Thüsing, NZS 2013 S. 1248). An sich gilt das nur für die Fälle der Unwirksamkeit nach den §§ 9 Nr. 1, 10 Abs. 1 AÜG, also wenn die erforderliche Erlaubnis zur Arbeitnehmerüberlassung überhaupt fehlt. Erfolgt dagegen die Überlassung entgegen § 1 Abs. 1 Satz 4 AÜG nicht nur vorübergehend, so führt dieser Verstoß nicht dazu, dass ein Arbeitsverhältnis mit dem Entleiher entsteht (BAG 146 S. 384). Dem ist, trotz gegenteilige Stimmen und Literatur und Rechtsprechung (Krannich/Simon, BB 2012 S. 1414) zu folgen, wenn auch nur mit einer Einschränkung. Von der Konstellation des BAG ist nämlich der Fall zu unterscheiden, in dem sich in einem Dauerschuldverhältnis der Parteiwille ändert. Dafür gilt generell im Vertragsrecht: Was die Parteien ursprünglich gewollt haben, kann seine Bedeutung verloren haben. Der Wille einer vorübergehenden Beschäftigung kann durch einen gegenteiligen Willen ersetzt worden sein. Der Berufung auf etwas Gegenteiliges ist das Argument eines venire contra factum proprium entgegenzusetzen. Konsequenterweise ist hier auch keine Nichtigkeit im Sinne des § 134 BGB anzunehmen (vgl. Hamann, RdA 2014 S. 271). Ein gesetzliches Verbot besteht nur, wenn von Anfang an keine vorübergehende Beschäftigung gewollt war (BAG 145 S. 355 Rn. 32). Etwas Drittes ist aber nicht möglich. Also kann sich nur entweder eine Nichtigkeit (§ 134 BGB) oder die Begründung eines Arbeitsverhältnisses mit dem Entleiher wegen Änderung des Parteiwillens ergeben. Eine solche Änderung der tatsächlichen Verhältnisse kann ihre Wirkung allerdings nur im Rahmen des rechtlich Zulässigen entfalten (BSG SGb 2013 S. 364 mAnm Littmann). Kurz: Ein Dienstverhältnis kann sich konkludent in ein Arbeitsverhältnis wandeln. Letzeres kann aber nur schriftlich gekündigt werden.

27i Insgesamt wird man als Kerngedanken der Diskussion um das Beschäftigungsverhältnis festhalten müssen, dass sich § 7 SGB IV sowohl nach Wortlaut als auch nach seinem Entstehungszeitpunkt (1976) am **Normalarbeitsverhältnis** orientiert. Unabhängig davon kann diese Vorschrift nicht den Wandel im Arbeitsrecht nachvollziehen, soweit dieser Wandel mit der Privatautonomie begründet wird. Unerwünschte Folge ist, dass sich Arbeits- und Beschäftigungsverhältnis auseinander entwickeln. Nicht auf der Beweisebene, wohl aber auf der Ebene sozialrechtlicher Argumentation wird man eine Reihe von Zweifelsfragen damit auch beantworten müssen, dass § 4 SGB I ein **soziales Recht** begründet. Bei der Auslegung ist sicherzustellen, dass dieses soziale Recht möglichst weitgehend verwirklicht wird. Demnach ist jede Auslegung, die den Zugang zur Sozialversicherung erleichtert, anderen Auslegungen vorzuziehen. Fraglich könnte sein, ob diese Grundsätze auch bei der Auslegung von Verträgen zu beachten sind. Das wird man bejahen müssen, da ein Zugang zur Sozialversicherung im praktisch häufigsten Fall auf der Grundlage von Verträgen erfolgt. Auch § 32 SGB I ist ein Hinweis darauf, dass der Gesetzgeber davon ausgeht, soziale Rechte könnten auch durch Verträge tangiert werden. Auf rein politischer Ebene ist die Frage zu beantworten, ob die Sozialversicherung nicht für alle geöffnet werden muss, weil die Entwicklung in Wirtschaft und Gesellschaft nicht längst über die Notwendigkeit einer Arbeitnehmerversicherung hinausgegangen ist (Becker, ZESAR 2018 S. 307; Schmitt, SGb 2018 S. 541)

28 Nach dem gegenwärtigen Stand der Rechtsprechung setzt das Vorliegen eines Beschäftigungsverhältnisses voraus,

„dass der Arbeitnehmer vom Arbeitgeber persönlich abhängig ist. Bei einer Beschäftigung in einem fremden Betrieb ist dies der Fall, wenn der Beschäftigte in den Betrieb eingegliedert ist und dabei einem Zeit, Dauer, Ort und Art der Ausführung umfassenden Weisungsrecht des Arbeitgebers unterliegt. Diese Weisungsgebundenheit kann eingeschränkt und zur <funktionsgerecht dienenden Teilhabe am Arbeitsprozess> verfeinert sein. Demgegenüber ist eine selbstständige Tätigkeit vornehmlich durch das eigene Unternehmerrisiko, das Vorhandensein einer eigenen Betriebsstätte, die Verfügungsmöglichkeit über die eigene Arbeitskraft und die im Wesentlichen frei gestaltete Tätigkeit und Arbeitszeit gekennzeichnet. Ob jemand abhängig beschäftigt oder selbstständig tätig ist, richtet sich ausgehend von den genannten Umständen nach dem Gesamtbild der Arbeitsleistung und hängt davon ab, welche Merkmale überwiegen...Das kann bei manchen Tätigkeiten – zB in Bereichen, in denen persönliche Zuwendung Gegenstand zu erbringender Dienste ist – dazu führen, dass sie nach den jeweiligen Umständen sowohl als Beschäftigung als auch im Rahmen eines freien Dienstverhältnisses ausgeübt werden können …

Die Zuordnung des konkreten Lebenssachverhalts zum rechtlichen Typus der (abhängigen) Beschäftigung als <nichtselbstständige Arbeit, insbesondere in einem Arbeitsverhältnis> i. S. von § 7 Abs. 1 S 1 SGB IV nach dem Gesamtbild der Arbeitsleistung erfordert … eine Gewichtung und Abwägung aller als Indizien für und gegen eine Beschäftigung bzw. selbstständige Tätigkeit sprechenden Merkmale der Tätigkeit im Einzelfall. Bei Vorliegen gegenläufiger, d. h. für die Bejahung und die Verneinung eines gesetzlichen Tatbestandsmerkmals sprechender tatsächlicher Umstände oder Indizien hat das Gericht insoweit eine wertende Zuordnung aller Umstände im Sinne einer Gesamtabwägung vorzunehmen. Diese Abwägung darf allerdings nicht (rein) schematisch oder schablonenhaft erfolgen, etwa in der Weise, dass beliebige Indizien jeweils zahlenmäßig einander gegenübergestellt werden, sondern es ist in Rechnung zu stellen, dass manchen Umständen wertungsmäßig größeres Gewicht zukommen kann als anderen, als weniger bedeutsam einzuschätzenden Indizien. Eine rechtmäßige Gesamtabwägung setzt deshalb – der Struktur und Methodik jeder Abwägungsentscheidung... entsprechend – voraus, dass alle nach Lage des Einzelfalls wesentlichen Indizien festgestellt, in ihrer Tragweite zutreffend erkannt und gewichtet, in die Gesamtschau mit diesem Gewicht eingestellt und in dieser Gesamtschau nachvollziehbar, d. h. den Gesetzen der Logik entsprechend und widerspruchsfrei, gegeneinander abgewogen werden …(BSG SGb 2013 S. 364 mAnm Littmann).

In der Krankenversicherung sind die in § 5 SGB V genannten Personen pflicht- 28a
versichert. In erster Linie sind die Arbeitnehmer zu nennen (§ 5 Abs. 1 Nr. 1 SGB V). Das entspricht im Wesentlichen der Pflichtversicherung in der Pflege- (§ 20 Abs. 1 Nr. 1 SGB XI, Unfall- (§ 2 SGB VII) und Rentenversicherung (§ 1 Nr. 1 SGB VI). Als nicht besonders schutzbedürftig werden diejenigen Arbeitnehmer angesehen, die einer geringfügigen Beschäftigung iSd § 8 SGB IV nachgehen. Geringfügig Beschäftigte sind in der Kranken-, Pflege- und Rentenversicherung, nicht jedoch in der Unfallversicherung, versicherungsfrei (vgl. § 7 SGB V, 20 Abs. 1 Satz 1 SGB XI, 5 Abs. 2 SGB VI. Der wohl wichtigste Fall einer Ablösung des Versicherungspflicht vom Beschäftigungsverhältnis ist die Auffangpflichtversicherung nach § 5 Abs. 1 Nr. 13 SGB V. Diese kann im Idealfall gerade nicht mit Aufnahme des Beschäftigungsverhältnisses beginnen (§ 186 Abs. 1 SGB V), sondern mit dessen Ende (§ 186 Abs. 11 Satz 1 SGB V). Man kann hier also auch Ansätze für die Ablösung der Versicherungspflicht vom Beschäftigungsverhältnis erkennen. In diesem Sinne kennt auch die Rentenversicherung schon die Versicherungspflicht selbständig Tätiger (§ 2 SGB VI).

Versicherungsfreiheit besteht bei einer geringfügigen Beschäftigung iSd §§ 8 29
SGB IV, 7 SGB V, 5 Abs. 2 SGB VI). Nach der Grundlagenregelung des § 8

SGB VI ist zwischen einer Entgelt- und einer Zeitgeringfügigkeit zu unterscheiden (BSG SozR 3-2400 § 8 Nr. 3 und 4). Vor dem Hintergrund des § 8 Abs. 1 Nr. 1 SGB IV, wonach eine entgeltgeringfügige Beschäftigung vorliegt, wenn das Arbeitsentgelt aus dieser Beschäftigung „regelmäßig" im Monat 450 € nicht übersteigt, hängt die Annahme einer zeitgeringfügigen Beschäftigung davon ab, dass eine Tätigkeit nicht regelmäßig, also nur gelegentlich ausgeübt wird (BSG SozR 4-2400 § 8 Nr. 6). Mehrere geringfügige Beschäftigungen sind zusammenzurechnen (§ 8 Abs. 2 Satz 1 SGB IV). Eine **geringfügige Beschäftigung** wird überwiegend von Frauen ausgeübt. Der Anteil der Frauen an geringfügig Beschäftigten überwiegt, wenn auch der Anteil der Männer steigt. In geringerem Umfange üben Schüler, Studenten, Arbeitslose und Rentner eine geringfügige Beschäftigung aus (Sowka, NZA 1993 S. 108). Aus dieser Tatsache ist der Schluss einer mittelbaren Diskriminierung von Frauen und damit ein Verstoß gegen Art. 4 Abs. 1 der EG-Richtlinie 79/7 abgeleitet worden (vgl. SG Speyer NZS 1994 S. 80). Dieser Auffassung hat sich der EuGH jedoch nicht angeschlossen (EuGH SozR 3-6083 Art 4 Nr. 12; dazu Fuchsloch, NZS 1996 S. 607; Rombach, SGb 1996 S. 193; Bieback, SGb 1996 S. 513). Der Frauenanteil in der geringfügigen Beschäftigung liegt bei etwa 2/3. Darüber hinaus hängt die sozialpolitische Bewertung davon ab, ob eine geringfügige Beschäftigung nur als Nebentätigkeit ausgeübt und ob dies ergänzend durch die Person geschieht, die auch dem Haupterwerb nachgeht (vgl. § 8 Abs. 2 Satz 1 Hs. 2 SGB IV). Schließlich kommt es darauf an, ob der geringfügig Beschäftigte noch nicht ins Erwerbsleben eingetreten, oder ob er bereits ausgeschieden ist (Studenten, Rentner).

29a Ein weiteres Gegenwartsproblem der Anpassung der Sozialversicherung an die sich verändernden Beschäftigungsformen besteht auch darin, angesichts **flexibler Arbeitszeiten** ein durchgehendes, also sowohl die Anspar- als auch die Freistellungsphase umfassendes Beschäftigungsverhältnis anzunehmen (Knospe, NZS 2004 S. 638). Das geschieht in § 7 Abs. 1a SGB IV auf der Grundlage einer gesetzlichen Fiktion, wenn „während der Freistellung Arbeitsentgelt aus einem Wertguthaben nach § 7b SGB IV fällig ist und das monatlich fällige Arbeitsentgelt in der Zeit der Freistellung nicht unangemessen von dem für die vorausgegangenen zwölf Kalendermonate abweicht, in denen Arbeitsentgelt bezogen wurde" (Rolfs/Witschen, NZS 2009 S. 295). Die Abführung von Sozialversicherungsbeiträgen erfolgt in der Anspar- und in der Freistellungsphase für Einkünfte die ausgezahlt werden, also nicht für solche, die in das Wertguthaben für die Freistellungsphase überführt werden. Einkünfte, die in der Ansparphase über der Beitragsbemessungsgrenze liegen und in der Freistellungsphase ausgezahlt werden, unterliegen dann der Beitragspflicht (BSG SozR 4-2400 § 7 Nr. 18). Zu weiteren Fragen der Altersteilzeit vgl. § 19 Rn. 27a, 36, 19b Rn. 3 ff.

30 Personen, die nicht erwerbsmäßig pflegen, sind gemäß § 3 Satz 1 Nr. 1a SGB VI rentenversichert. Auch hier besteht insoweit Versicherungsfreiheit bei geringfügiger Pflege, als die Versicherungspflicht nur bei einer Pflegetätigkeit von 10 Stunden an mindestens zwei Tagen in der Woche eintritt (vgl. § 5 Abs. 2 Nr. 3 SGB VI aF). Wie bei der Kindererziehungszeit erfolgt hier eine Zusammenrechnung von **Pflege** und Erwerbstätigkeit. Eine erhebliche Ausweitung bzw. Verfremdung des pflichtversicherten Personenkreises in der Unfallversicherung wird schließlich dadurch vorgenommen, dass etwa Nothelfer und Blutspender (§ 2 Abs. 1 Nr. 12 und 13 SGB VII) in den Schutz der Versicherung einbezogen werden (BSG 54 S. 190). Der Sache nach handelt es sich bei dieser „unechten" Unfallversicherung um soziale Entschädigung (§ 5 SGB I). Nach § 2 Abs. 2 SGB VII sind zudem

Personen in den Schutz der Unfallversicherung einbezogen, „die wie nach Absatz 1 Versicherte tätig werden" (§ 22 Rn. 6). Diese Regelung bezieht sich nicht nur auf Arbeitnehmer, sondern auf alle Personen, die in § 2 Absatz 1 Nr. 1–17 SGB VII genannt sind (vgl. BSG 57 S. 262; BSG SozR 3 – 2200 § 539 Nr. 15, 16).

Im Übrigen ist der Kreis der **Pflichtversicherten** unterschiedlich je nach der Zielrichtung des Versicherungszweiges. So stehen zwar Auszubildende den Beschäftigten gleich. Studenten sind jedoch nur kranken- und pflege- nicht aber rentenversichert (§§ 5 Abs. 1 Nr. 9 SGB V, 20 Abs. 1 Nr. 9 SGB XI). Der Unfallversicherungsschutz erstreckt sich vom Besuch des Kindergartens bis hin zur Hochschule (§ 2 Abs. 1 Nr. 8 SGB VII). Die Pflichtversicherung behinderter Menschen ist entsprechend ihrer Herkunft aus dem früheren Gesetz über die Sozialversicherung Behinderter auf die Teilnahme an einer Maßnahme zur Teilhabe am Arbeitsleben bzw. die Beschäftigung in Einrichtungen für behinderte Menschen ausgerichtet (§§ 5 Abs. 1 Nr. 6–8 SGB V, 20 Abs. 1 Nr. 6–8 SGB XI, 1 Nr. 2, 3 Nr. 3 SGB VI). Eine direkte Familienversicherung gibt es nur in der Kranken- und Pflegeversicherung (§§ 10 SGB V, 25 SGB XI). Durch Zeiten der **Kindererziehung** kann unter den Voraussetzungen der §§ 1 Nr. 1, 56 SGB VI zwar eine Versicherungspflicht in der Rentenversicherung begründet werden. Dasselbe gilt jedoch nicht in der Krankenversicherung. Hier kann unter den Voraussetzungen des § 192 Abs. 1 Nr. 2 SGB V nur eine bereits bestehende Mitgliedschaft aufrechterhalten werden. Diese Einschränkungen werden jetzt durch die subsidiäre Versicherungspflicht nach § 5 Abs. 1 Nr. 13 SGB V überlagert. **31**

Die Möglichkeit einer freiwilligen Versicherung ist in der Sozialversicherung begrenzt. In der Krankenversicherung ist sie nur unter den Voraussetzungen des § 9 SGB V zulässig. Größere Bedeutung haben dabei die **freiwillige Weiterversicherung** nach § 9 Abs. 1 Nr. 1 SGB V bei Aufgabe eines Beschäftigungsverhältnisses und die freiwillige Weiterversicherung bei Erlöschen der Familienversicherung nach § 9 Abs. 1 Nr. 2 SGB V. Die Einschränkungen sind aber insoweit weitgehend bedeutungslos geworden, als § 5 Abs. 1 Nr. 13 SGB V eine weitgehende Versicherungspflicht in der Krankenversicherung begründet hat. Nur sofern hier noch Ausschlüsse nach §§ 5 Abs. 8a, 6 Abs. 3 SGB V in Betracht kommen, kann eine etwa entstehende Lücke durch eine freiwillige Weiterversicherung geschlossen werden. In der Unfallversicherung hat die freiwillige Versicherung kaum praktische Bedeutung (§ 6 SGB VII). Frühzeitig war die Rentenversicherung in § 7 SGB VI zu einer echten Volksversicherung geöffnet worden. Ähnliches gilt jetzt nach §§ 20 ff. SGB XI für die Pflegeversicherung. **32**

Für den Freiheitsentzug gelten die Grundsätze der §§ 41 ff. StVollzG oder der entsprechenden Regelungen der Bundesländer. Freigänger, die außerhalb der Strafanstalt einer Beschäftigung nachgehen (§ 11 Abs. 1 Nr. 1 StVollzG), sind ohne Einschränkung wie andere Arbeitnehmer sozialversichert. Gesundheitsfürsorge wird allen Gefangenen nach den §§ 56 ff. StVollzG geleistet (vgl. § 16 Abs. 1 Satz 1 Nr. 4 SGB V). Unfallversicherungsschutz besteht für die Gefangenen, die im Freiheitsentzug einer Tätigkeit nachgehen (§ 2 Abs. 2 Satz 2 SGB VII). Im Übrigen sind Strafgefangene lediglich gemäß § 26 Abs. 1 Nr. 4 SGB III gegen das Risiko der Arbeitslosigkeit versichert (Schäferskküpper/Bließen, NZS 2017 S. 454). Das gilt im Wesentlichen, wenn sie Arbeitsentgelt, Ausbildungsbeihilfe oder Ausfallentschädigung (§§ 43–45 StVollzG) erhalten. Der Ausschluss der Gefangenen von den anderen Zweigen der Sozialversicherung wird damit gerechtfertigt, dass für sie eine Arbeitspflicht besteht (§ 41 Abs. 1 StVollzG). Es fehlt also an der privatau- **32a** tonomen Vereinbarung (BSG SozR 3-4100 § 104 Nr. 4; BSG NZS 2017 S. 432). Ein Problem stellt in diesem Zusammenhang die Regelung des § 41 Abs. 3 StVollzG dar. Danach bedarf die Beschäftigung in einem von privaten Unternehmen in er Strafanstalt unterhaltenen Betrieb (§ 149 Abs. 4 StVollzG) der Zustimmung des Gefangenen. Der Widerruf der Zustimmung wird erst wirksam, wenn der Arbeitsplatz von einem anderen Gefangenen eingenommen werden kann, spätestens nach sechs Wochen. Arbeitsrechtlich gesehen, wäre eine sechswöchige Kündigungsfrist zulässig. Damit muss man in diesem Falle noch von einer Freiwilligkeit mit der Folge eines Schutzes in der Sozialversicherung ausgehen. Das gilt auch angesichts des Wiederbesetzungsvorbehalts, der eher vollzugsrechtliche Gründe haben dürfte. Ergänzend ist auf Art. 2 Abs. 2 lit. c des Übereinkommens Nr. 29 der IAO über Zwangs- und Pflichtarbeit hinzuweisen (BGBl II 1956 S. 640). Danach kann Arbeit von Gefangenen unter der Voraussetzung verlangt werden, dass sie durch die Behörden überwacht wird, und „dass der Verurteilte nicht an Einzelpersonen oder private Gesellschaften und Vereinigungen verdingt oder ihnen sonst zur Verfügung gestellt wird“. Die allgemein nach § 41 StVollzG bestehende Arbeitspflicht des Gefangenen in der Strafanstalt erstreckt sich also nicht auf eine Arbeit für Dritte. Damit kann die Arbeit eines Gefangenen in einem Unternehmerbetrieb innerhalb der Anstalt nur als freiwillige Arbeit überhaupt möglich sein. Konsequenterweise wird man hier uneingeschränkt einen Versicherungsschutz in der gesamten Sozialversicherung annehmen müssen. Im Maßregelvollzug (vgl. §§ 63, 64 StGB) besteht keine Arbeitspflicht. Dennoch kann hier idR kein Beschäftigungsverhältnis angenommen werden, da die Arbeit im Maßregelvollzug einen therapeutischen Charakter hat (BSG SozR 4-2400 § 7 Nr. 39)

5. Leistungen der Sozialversicherung

33 Die von den Trägern der Sozialversicherung zu erbringenden Leistungen sind in § 4 Abs. 2 Nr. 1 und 2 in zwei Gruppen zusammengefasst. Sie orientieren sich nur in höchst allgemeiner Weise an den Versicherungsfällen. Es kommt hinzu, dass einzelne Leistungen, vor allem solche im Präventionsbereich, ohne Rücksicht darauf gewährt werden, ob der Versicherungsfall möglicherweise eintritt.

34 Die in § 4 Abs. 2 Nr. 1 genannten Leistungen gliedern sich in zwei Untergruppen, nämlich Schutz und Erhalt bzw. Besserung und Wiederherstellung von Gesundheit und Leistungsvermögen. Sie erstrecken sich damit vor allem auf den Bereich von Prävention sowie auf Rehabilitation und Teilhabe. Während der Gegenbegriff zur Gesundheit nur die Krankheit ist, kontrastiert zur Leistungsfähigkeit sowohl die Arbeitsunfähigkeit im Sinne der Krankenversicherung (§ 44 Abs. 1 SGB V), die Minderung der Erwerbsfähigkeit in der Unfallversicherung (§§ 56 ff. SGB VII), als auch die Erwerbsminderung im Sinne der Rentenversicherung (§ 43 SGB VI). Die in der Nr. 1 angesprochenen Leistungen beschränken sich auf Sach- und Dienstleistungen. Die wirtschaftliche Sicherung wird erst in Nr. 2 geregelt.

35 Die Bereiche von **Gesundheit** und Leistungsfähigkeit überschneiden sich, aber sie decken sich nicht völlig. Der Schutz der Gesundheit erfolgt vielmehr auch unabhängig von der Leistungsfähigkeit. In der neueren Entwicklung der Krankenversicherung ist die Tendenz des Gesundheitsschutzes merklich verstärkt worden. Dabei ist nicht in erster Linie an die Vorsorgeleistungen der §§ 23 und 24 SGB V und die Gesundheitsuntersuchungen nach den §§ 25 und 26 SGB V zu denken,

da es sie auch schon früher gegeben hat. Deutlicher wird der Wandel in § 20 SGB V, da dort primäre Prävention und Gesundheitsförderung zur Aufgabe der Krankenversicherung erklärt wurden. Die in § 20 Abs. 1 SGB V geregelten Leistungen der primären Prävention gehen noch über eine Vorsorgekur hinaus, die vor allem den Eintritt eines Versicherungsfalles abwenden soll. Verstärkt worden ist diese Tendenz noch durch die nationale Gesundheitsstrategie der §§ 20d ff. SGB V.

In der Unfallversicherung sind in diesem Zusammenhang die Unfallverhütungsvorschriften (§§ 14 ff. SGB VII) zu nennen. Die Rentenversicherung steht zu sehr im Zeichen des Erhalts der Erwerbsfähigkeit, als dass sie reine Leistungen zur Gesundheitsförderung erbringen würde. Dieses Ziel wird nur in der Kinderheilbehandlung nach § 31 Abs. 1 Nr. 4 SGB VI verfolgt (vgl. Aster-Schenk/Winnefeld/Hillman, DAngV 2001 S. 408). **36**

Die in § 4 Abs. 2 Nr. 1 genannten Maßnahmen erstrecken sich auch auf die Wiederherstellung der Gesundheit und damit vor allem auf die Krankenhilfe nach den §§ 27 ff. SGB V. Beschränkt auf diese enge Aufgabe hat der Träger der Rentenversicherung überhaupt keine Leistungen zu erbringen (vgl. § 13 Abs. 2 Nr. 1 SGB VI). Leistungen der Unfallversicherung sind nur dann auf die Wiederherstellung der Gesundheit beschränkt, wenn ein Arbeitsunfall weitere Folgen nicht hatte (§§ 27 ff. SGB VII). Herkömmlicherweise wird als Krankheit eine Funktionsstörung bezeichnet, die auf einer Regelwidrigkeit beruht und behandlungsbedürftig ist und/oder Arbeitsunfähigkeit zur Folge hat (vgl. § 21 Rn. 7). **37**

Bei den Maßnahmen zum Schutz der **Leistungsfähigkeit** wendet sich das Bild. In diesem Bereich verwirklicht sich ein von der Krankenversicherung zu tragendes Risiko nur, wenn eine Krankheit Arbeitsunfähigkeit zur Folge hat. Das erklärt sich eben aus der eindeutig auf die Gesundheitsförderung und Krankheitsbewältigung ausgerichteten Zielsetzung der Krankenversicherung. Eine Abhängigkeit von Leistungen zum Erhalt oder zur Wiederherstellung der Gesundheit vom Leistungsvermögen des Versicherten würde die rein auf die Gesundheitsförderung bezogene Aufgabenstellung verfremden. Das ist besonders wichtig bei der Abgrenzung von ähnlichen Leistungen in der Kranken- und Rentenversicherung. So können etwa Vorsorgekuren (§ 23 Abs. 2–6 SGB V) erbracht werden. Sie dienen in der Krankenversicherung dem Schutz der Gesundheit. Soll durch entsprechende Leistungen auch die Erwerbsfähigkeit des Versicherten gebessert werden, so kommen Leistungen des Trägers der Rentenversicherung in Betracht (§§ 9 ff. SGB VI). **38**

Die zentralen Maßnahmen zur Besserung oder Wiederherstellung des Leistungsvermögens sind die Leistungen zur medizinischen Rehabilitation und zur Teilhabe am Arbeitsleben in der Unfallversicherung nach den §§ 26 ff. SGB VII und in der Rentenversicherung nach den §§ 9 ff. SGB VI. Innerhalb des sozialen Rechts des § 4 erfahren sie eine unterschiedliche Gewichtung. In der Unfallversicherung sind die Leistungen, abgesehen von der Unfallverhütung, an die Versicherungsfälle (vgl. § 22 Rn. 3 ff.) gebunden. Bei den Rehabilitationsleistungen der Rentenversicherung ist dies heute nicht mehr der Fall. Infolge der relativ engen versicherungsrechtlichen Voraussetzungen in § 11 Abs. 1 SGB VI (Erfüllung einer Wartezeit von fünfzehn Jahren) war in der Vergangenheit der Schutz der Leistungsfähigkeit in der Rentenversicherung jedoch unvollständig. Für die medizinische Rehabilitation werden allerdings in § 11 Abs. 2 SGB VI die beitragsrechtlichen Voraussetzungen herabsetzt. Durch die Regelung des § 11 Abs. 2a SGB VI, die den Grundsätzen der Teilhabe vor Rente und der Einheitlichkeit des Rehabilitati- **39** onsverfahrens Rechnung trägt, ist eine weitere Lücke geschlossen worden, die in der beruflichen Rehabilitation bestanden hatte. Greifen diese Regelungen nicht ein, so sind Versicherte zu ihrer beruflichen Eingliederung auf Leistungen der Arbeitsförderung nach den §§ 112 ff. SGB III angewiesen. In diesem Falle erfolgt also der Schutz der Leistungsfähigkeit außerhalb des sozialen Rechts des § 4.

40 Gegenüber der Regelung des sozialen Rechts in § 4 Abs. 2 Nr. 1 ergibt sich in der Rentenversicherung eine weitere Einschränkung allgemeiner Art. An sich sind die Leistungen auch zum Erhalt der Leistungsfähigkeit zu erbringen. Aus der engeren Formulierung des § 10 Abs. 1 Nr. 2 SGB VI ist aber abzuleiten, dass zur medizinischen **Rehabilitation und zur Teilhabe am Arbeitsleben** Leistungen erst bei einer erheblichen Gefährdung der Erwerbsfähigkeit erbracht werden. Der reine Erhalt der Leistungsfähigkeit erfolgt also nur mittelbar durch gesundheitsfördernde Maßnahmen der Krankenversicherung. Die Einengung des Leistungsspektrums gerade der Rentenversicherung im Bereich der Sicherung des Leistungsvermögens ist im Hinblick auf die allgemeine Hinwendung zur Prävention nur schwer verständlich. Demgegenüber kennt die Unfallversicherung über die Unfallverhütungsvorschriften hinaus auch Maßnahmen zum Erhalt des Leistungsvermögens. So besteht nach § 3 Abs. 1 Satz 2 BKVO die Möglichkeit, einen Versicherten zu veranlassen, eine Beschäftigung aufzugeben.

41 Eine Ergänzung ist für die **Krankenversicherung** zu machen. Auch dort werden Leistungen zur medizinischen Rehabilitation erbracht (§§ 11 Abs. 2, 40 SGB V). Diese können auch dem Erhalt der Leistungsfähigkeit dienen, sofern Leistungen anderer Sozialversicherungsträger, insbesondere der Unfall- und der Rentenversicherung, nicht in Betracht kommen (§ 40 Abs. 4 SGB V). Die Rehabilitationsleistungen der Krankenversicherung haben aber auch die eigenständige Aufgabe der Sicherung der Gesundheit. Gemäß § 11 Abs. 2 Satz 2 SGB V dienen sie auch dem Ausgleich einer Behinderung oder der Verminderung einer Pflegebedürftigkeit. Dies sind originäre, eigenständige Leistungen der Krankenversicherung, die ohne jeden Bezug zur Leistungsfähigkeit erbracht werden. Insbesondere haben sie eine zunehmende Bedeutung in der geriatrischen Rehabilitation, da die Pflegekassen eigene Leistungen dieser Art überhaupt nicht erbringen (vgl. §§ 31, 32 SGB XI).

42 In § 4 Abs. 2 Nr. 2 werden die wichtigsten Geldleistungen der Sozialversicherung geregelt (zu den Leistungen im Einzelnen vgl. §§ 21–23). Im Vordergrund stehen dabei die Entgeltersatzleistungen des Krankengeldes und der Renten. Nur an dieser Stelle spricht das soziale Recht des § 4, vermittelt über die Leistungen, die Versicherungsfälle an. Als eines der grundlegenden Probleme der wirtschaftlichen Sicherung bei Eintritt eines Versicherungsfalles ist die zum Teil unzureichende Höhe der Leistungen zu nennen. Dieses Problem ergibt sich weitgehend aus der Tatsache, dass die Sozialversicherung ihrem Rechtscharakter nach auch Versicherung ist und sich, anders als die Sozialhilfe, nicht am Bedarfsdeckungsprinzip orientiert (vgl. 9 Rn. 38). Die Einführung der beitragsunabhängigen bedarfsorientierten Grundsicherung, die später in das SGB XII übernommen wurde (vgl. § 28 Rn. 10), hat hier eine Zwischenform entstehen lassen, die aber systematisch und sozialpolitisch jetzt eindeutig der Fürsorge zuzurechnen ist. Ihre Weiterentwicklung in eine steuerfinanzierten Grundrente stünde vor einem Dilemma. Einen Sinn würde sie nur machen, wenn sie, wie die Sozialhilfe, bedarfsdeckend wäre. Verzichtet sie zugleich auf andere fürsorgerische Elemente, insbesondere als nicht oder nur in geringem Umfang beitragsfinanzierte Rente auf eine Subsidiarität (vgl. § 2 Abs. 1 SGB XII), dann muss man konsequenter Weise in diesem Teilbereich die Unterscheidung von Versicherung und Fürsorge aufgeben und nach einer anderen Rechtfertigung für den Einsatz der Mittel suchen. Der Hinweis auf eine langjährige berufliche Tätigkeit würde nur auf einen Teil der Fälle erklären und zudem die Frage aufkommen lassen, warum diese Leistung nicht bei langjähriger Kindererziehung und nicht bei einer vor oder zu Beginn des Arbeitslebens eingetretenen Behinderung in Betracht kommen soll.

Unabhängig von der Frage der Bedarfsdeckung ist aber auch in anderen Fällen **43** die wirtschaftliche Sicherung nicht in jeder Hinsicht gewährleistet. Noch am ehesten ist dies beim Krankengeld wegen seiner strengen Orientierung am erzielten regelmäßigen Arbeitsentgelt der Fall (§ 47 SGB V). Jedoch schon das Übergangsgeld während der Rehabilitation und Teilhabe, das an sich die gleiche Entgeltersatzfunktion hat wie das Krankengeld, wird je nach Familienstand und Art der Maßnahme gekürzt (§ 66 SGB IX). Das ist in der Unfallversicherung wegen ihrer Aufgabe, die Arbeitgeberhaftung abzulösen, rechtlich besonders heikel. Hier kann sich die Situation ergeben, dass ein Arbeitnehmer nach einem durch den Arbeitgeber schuldhaft verursachten Arbeitsunfall, etwa bei mangelndem Arbeitsschutz, wirtschaftlich nicht voll gesichert ist und dass er auch anderweit keinen Ersatz erlangen kann (§§ 104 ff. SGB VII). Wirtschaftliche Sicherung besteht nach § 4 Abs. 2 Satz 2 zwar auch für die Hinterbliebenen, doch ist auch sie in aller Regel unzureichend. So bleiben Waisenrenten (§§ 48, 67 SGB VI) idR hinter dem Betrag zurück, den die Waise nach den §§ 1601 ff. BGB als **Unterhalt** aus dem Arbeitnehmereinkommen hätte fordern können. Die Renten an Hinterbliebene werden zudem durch die Anrechnung von Einkommen nach § 97 SGB VI begrenzt. Das widerspricht zwar nicht dem Grundsatz der wirtschaftlichen Sicherung kann aber in Konflikt mit dem Versicherungsprinzip geraten, da durch Versicherung erworbene Anwartschaften durch die Anrechnung von Einkommen entwertet werden können (Ruland, DRV 1985 S. 278; Ruland, DRV 1993 S. 344).

§ 5 Soziale Entschädigung bei Gesundheitsschäden

[1]Wer einen Gesundheitsschaden erleidet, für dessen Folgen die staatliche Gemeinschaft in Abgeltung eines besonderen Opfers oder aus anderen Gründen nach versorgungsrechtlichen Grundsätzen einsteht, hat ein Recht auf

1. die notwendigen Maßnahmen zur Erhaltung, zur Besserung und zur Wiederherstellung der Gesundheit und der Leistungsfähigkeit und

2. angemessene wirtschaftliche Versorgung.

[2]Ein Recht auf angemessene wirtschaftliche Versorgung haben auch die Hinterbliebenen eines Beschädigten.

Übersicht

Die sozialpolitische Funktion der sozialen Entschädigung ergibt sich unmittel- **1** bar aus dem Wortlaut der Regelung. Danach kommt der Allgemeinheit die Aufgabe zu, für Gesundheitsschäden einzutreten, die Einzelne durch ein **besonderes Opfer** erleiden. Damit steht der geschützte Personenkreis nicht von vornherein fest. Er ergibt sich vielmehr aus einer Opferlage, so wie sie in einzelnen Gesetzen normiert ist. Dabei hat die Allgemeinheit durch Entscheidung des Gesetzgebers durchaus die Wahl, ob und wo sie eine erhöhte Verantwortung übernehmen will, dh welches Opfer sie als ein „besonderes" überhaupt entschädigen will oder welche „anderen Gründe" einem besonderen Opfer gleich zu erachten sind. Das Spektrum spannt sich vom Kriegsdienst (§ 1 BVG) über die Entschädigung der Opfer von Gewalttaten (§ 1 OEG) bis hin zur Abgeltung eines Impfschadens, nach einer öffentlichen Impfempfehlung. Ihr ist auch der Rechtsschein einer solchen Empfehlung gleich zu setzten (BSG SozR 4-3851 § 60 Nr. 3). Für alle Fälle regelt das BVG die entschädigungsrechtlichen Grundlagen. Auf diese wird in den Einzelgesetzen verwiesen (unten Rn. 6). Das künftige Recht der Sozialen Entschädigung wird voraussichtlich ab 2022 als SGB XIV in das Sozialgesetzbuch eingefügt werden (§ 24 Rn. 1).

1a Ungeachtet des Verhältnisses der sozialen Entschädigung zum klassischen **Aufopferungsanspruch** wird man darüber hinaus sagen müssen, dass sich die staatliche Gemeinschaft ihrer Verantwortung für Opfer nicht dadurch entziehen kann, dass sie die Tatbestände des § 5 zu eng fasst, oder gar solche wieder beseitigt. In diesem Falle bliebe es beim Aufopferungsanspruch. Vor der entschädigungsrechtlichen Lösung des Impfschadens (unten Rn. 14) hat der BGH dies genau so gesehen (BGHZ 9 S. 83; BGHZ 22 S. 43). Auch weiterhin hat der in § 75 ALR zum Ausdruck gelangende Rechtsgedanke eine subsidiäre Bedeutung für das Entschädigungsrecht (BVerfG 58 S. 300; BGH VersR 1994 S. 471): Sofern eine konkrete Entschädigungsregelung nicht besteht, gilt weiterhin: „Dagegen ist der Staat denjenigen, welcher seine besonderen Rechte und Vortheile dem Wohle des gemeinen Wesens aufzuopfern genötigt wird, zu entschädigen gehalten". Diese Regelung kann insbesondere auch dann relevant werden, wenn, anders als in § 5 vorgesehen, nicht lediglich der Gesundheitsschaden Gegenstand eines Entschädigungsanspruchs ist. Allerdings greift § 75 ALR nur ein, wenn eine Aufopferung „zum Wohle des gemeinen Wesens" erfolgt war.

1. Grundtatbestände der sozialen Entschädigung

2 Über die Zuordnung bestimmter Risiken zur sozialen Entschädigung kann man unterschiedlicher Auffassung sein. So steht die Soldatenversorgung (§ 80 SVG) dem Beamtenrecht gewiss näher als der Kriegsopferversorgung (Schnapp, BochKomm § 5 Rn. 19). Die Entschädigung der Opfer von Gewalttaten könnte ihren Standort auch in einem allgemeinen Staatshaftungsrecht finden. Andere Tatbestände, die, wie Hilfeleistungen bei Unglücksfällen, Blut- oder Organspenden, Festnahme oder Schutz einer Person usw, der Sache nach zur sozialen Entschädigung zu rechnen sind, wurden als **unechte Unfallversicherung** in § 2 Abs. 1 Nr. 13 SGB VII geregelt. Innerhalb der Sozialhilfe gibt es bei der Eingliederungshilfe für behinderte Menschen Ansätze für eine Umgestaltung im Sinne einer sozialen Entschädigung, wenn in bestimmten Bereichen das Nachrangprinzip des § 91 Abs. 1 SGB IX erheblich eingeschränkt oder sogar ganz aufgehoben wird (vgl. §§ 135 ff. SGB IX). Unabhängig von der sozialpolitisch motivierten Zuordnung des einen oder des anderen Risikos, gibt es zwischen sozialer Entschädigung und Unfallversicherung eine Vielzahl von Berührungspunkten. Das gilt sowohl für die Versicherungs- bzw. Versorgungsfälle (BSG SozR 3-3200 § 81 SVG Nr. 8) als auch für Kausalitäts- und Beweisfragen (BSG SGb 1993 S. 238 mAnm Schroth; BSG SozR 3-3200 § 81 SVG Nr. 9). In der Sache gilt das weiterhin auch für den Grad der Schädigungsfolgen (GdS), der nur noch in der Unfallversicherung als Minderung der Erwerbsfähigkeit (MdE) bezeichnet wird (vgl. Dahm, ZfS 1995 S. 185; Jung, BG 2004 S. 486).

Vor diesem Hintergrund lässt sich die soziale Entschädigung durch folgende Merkmale charakterisieren: Da die Allgemeinheit für den Gesundheitsschaden eintritt, erfolgt ihre Finanzierung aus Steuermitteln. Dadurch, dass sie auf bestimmte Schadensursachen abstellt, ist sie der Prototyp einer **kausal** orientierten Sozialleistung. Der präventive Charakter, der vor allem die modernen Sozialleistungen kennzeichnet, ist der sozialen Entschädigung fremd. Insoweit ist sie noch enger als die gleichfalls kausal orientierte gesetzliche Unfallversicherung, die mit der Unfallverhütung über ein ausgeprägtes präventives Element verfügt. Diese Besonderheit der sozialen Entschädigung beruht natürlich auf einem Strukturmerkmal: Typischerweise entsteht erst durch das schädigende Ereignis ein Sozialrechtsverhältnis zwischen dem Einzelnen und dem Leistungsträger. Mangels eines Sozialrechtsverhältnisses besteht also keine rechtliche Möglichkeit für präventive Einwirkungen. 3

Wenn auch die soziale Entschädigung nur eine Eintrittspflicht für **Gesundheitsschäden** kennt (§§ 1 BVG, 5 SGB XIV-E), so werden doch Leistungen erbracht, die praktisch alle Folgen der Schädigung abdecken. Das hat zur Folge, dass der Geschädigte, seine Familienangehörigen und Hinterbliebenen praktisch auf die Inanspruchnahme anderer Sozialleistungen nicht angewiesen sind, soweit es um die Behebung oder Linderung der Folgen der Schädigung geht. Allerdings werden Leistungen der Kriegsopferfürsorge nur subsidiär erbracht (§§ 25–25f BVG). Diese Einschränkung besteht jedoch nicht bei der Teilhabe am Arbeitsleben (§ 26 Abs. 5 Satz 2 BVG). Andererseits werden in einer gewissen Zahl der Fälle sogar Gesundheitsstörungen, die nicht Folge einer Schädigung sind, durch die soziale Schädigung mit abgegolten. Das gilt vor allem bei der Heilbehandlung für Schwerbeschädigte (§ 10 Abs. 2 BVG). 4

Versorgung wird nach § 1 Abs. 1 BVG auf **Antrag** gewährt. Dieser Antrag hat materiell-rechtliche Bedeutung (vgl. § 40 Rn. 10–12). Das Antragserfordernis wiederholt sich in den Einzelgesetzen der sozialen Entschädigung. Es gilt aber auch § 60 Abs. 1 Satz. 3 BVG. Danach kann im Falle der Verhinderung der Antrag nachgeholt werden. Unkenntnis, etwa der Ansprüche nach § 1 OEG, stellt jedoch auch dann kein Hindernis dar, wenn der Geschädigte einem fremden Kulturkreis angehört (BSG SGb 2017 S. 230 mAnm Sommer). Verschiedene Leistungen der sozialen Entschädigung müssen auch gesondert beantragt werden (Knickrehm, Soziales Entschädigungsrecht § 1 BVG Rn. 3). Jedoch ist auch insoweit der Meistbegünstigungsgrundsatz zu beachten (§ 16 Rn. 4). Darüber hinaus können die Leistungen nach den §§ 10–24a BVG gemäß § 18a Abs. 1 Satz 1 BVG auch von Amts wegen gewährt werden (vgl. BSG 63 S. 204). Leistungen werden für die Folgen von Gesundheitsschäden erbracht, für die nach besonderer gesetzlicher Regelung die staatliche Gemeinschaft eintritt, und zwar entweder in Abgeltung eines besonderen Opfers oder aus anderen Gründen. Ganz im Vordergrund steht die Abgeltung eines besonderen Opfers. Wenn Leistungen nach versorgungsrechtlichen Grundsätzen gewährt werden, dann sind damit die §§ 10 ff. BVG gemeint. Insoweit ist auch das Bundesversorgungsgesetz noch immer Modell für die soziale Entschädigung. Die Entschädigung umfasst die gesundheitlichen und wirtschaftli- 5 chen Folgen. Der Schaden selbst kann aber, abgesehen von den Fällen des § 8b BVG, nicht an Sachen eintreten.

6 Das Bundesversorgungsgesetz ist nur noch Modell für eine Vielzahl von **Tatbeständen der sozialen Entschädigung.** Die §§ 1 BVG und 81 SVG regeln die Entschädigungsfälle des letzen Weltkriegs und aus dem Dienst in der Bundeswehr. Weitere wichtige Tatbestände der sozialen Entschädigung finden sich in den §§ 47 ZDG; 13 Abs. 2 BFDG; 1, 4 HHG (für Fälle der Ingewahrsamnahme bis zum 31.12.1989); 60 IfSG; 1 OEG; 59 BGSG. Im Zusammenhang mit der Deutschen Einigung ist noch das Rehabilitierungsgesetz der damals im Untergang begriffenen DDR vom 6.9.1990 (DDR-GBl 1990 Nr. 60 S. 1459) hinzugekommen. Dessen § 7 Abs. 2 erklärte das HHG für anwendbar. Im Übrigen aber gab es in der ehemaligen DDR kein der sozialen Entschädigung vergleichbares Recht. Erst durch den Einigungsvertrag (Kap. VIII, Sachgebiet K, Abschnitt III) wurde das soziale Entschädigungsrecht mit geringfügigen Modifikationen, die die Höhe der Geldleistungen betreffen, in den damals neuen Bundesländern eingeführt. Das strafrechtliche Rehabilitierungsgesetz, mit dem die Gesetzgebung der DDR abgelöst wurde (BGBl I 1997 S. 1614, BGBl I 1999 S. 2662), regelt ua eine Reihe von sozialen Ausgleichsleistungen (§§ 16 ff. StrRehaG) und erklärt die Bestimmungen des Bundesversorgungsgesetzes für anwendbar (§ 21 Abs. 1 StrRehaG). Entsprechendes gilt für das Verwaltungsrechtliche Rehabilitierungsgesetz (§§ 3 ff. VwRehaG).

7 Allgemeine Voraussetzung für das Erbringen von Leistungen der sozialen Entschädigung ist die gesundheitliche Schädigung, die durch einen bestimmten Vorgang verursacht sein muss. Nach der Grundnorm des § 1 Abs. 1 BVG ist dies ein **schädigender Vorgang,** der durch eine **militärische** oder militärähnliche (§ 3 BVG) **Dienstverrichtung** bewirkt wird (haftungsbegründende Kausalität). Dienst in diesem Sinne leistet der Soldat nur in Erfüllung militärischer Pflichten (BSG 80 S. 236). Mit anderen Worten, die eine Schädigung auslösende Handlung muss wertend dem Militärdienst zugerechnet werden können (BSG SGb 1993 S. 235 mAnm Riecker). Darüber hinaus muss der schädigende Vorgang eine **Gesundheitsstörung** zur Folge haben (haftungsausfüllende Kausalität). Häufig besteht der schädigende Vorgang in einem Unfall während einer Dienstverrichtung. Der Begriff des Unfalls entspricht dem allgemeinen Begriff (§ 22 Rn. 3). Aus dem gesetzlichen Merkmal „während“ ergibt sich, dass nur ein zeitlicher nicht ein ursächlicher Zusammenhang zwischen der Dienstverrichtung und dem Unfall gefordert ist (BSG 8 S. 264; BSG 41 S. 153). Reinigt also ein Soldat sein Gewehr (Dienstverrichtung) und löst sich dabei ein Schuss (schädigender Vorgang), der eine Verletzung zur Folge hat (Gesundheitsstörung), so sind die Voraussetzungen des § 1 Abs. 1 BVG erfüllt. Dabei kommt es nicht darauf an, ob sich der Schuss durch die Reinigung gelöst hat. Es genügt, wenn zwischen beiden ein innerer, durch Wertung festzustellender, Zusammenhang im Sinne der Theorie der wesentlichen Bedingung besteht (BSG 41 S. 153; BSG SozR 3200 § 81 SVG Nr. 8). Das wäre zB nicht der Fall, wenn sich der Soldat während des Dienstes einem privaten Hobby widmen würde (§ 22 Rn. 14).

8 Anknüpfungstatsache können auch die dem Dienst eigentümlichen Verhältnisse sein (BSG 57 S. 171; BSG SozR 3200 § 81 SVG Nr. 8). Es handelt sich dabei um Verhältnisse, die von den Verhältnissen des zivilen Lebens abweichen, wie sie sich zB aus der Kasernierung usw ergeben. Dazu kann auch die Behandlung durch einen Truppenarzt gehören (BSG 57 S. 171; BSG 4-3200 § 81 Nr. 1). Entscheidend für die dem Dienst eigentümlichen Verhältnisse ist in diesem Falle, dass eine

freie Arztwahl nicht gegeben ist. Zum ärztlichen Kunstfehler, bzw. zur fehlenden Einwilligung in die Behandlung vgl. unten Rn. 11f).

In § 1 Abs. 2 lit. a–f) BVG sind bestimmte, mit dem Kriegsgeschehen verbundene Vorgänge einer Schädigung im Sinne des § 1 Abs. 1 BVG gleichgestellt. Dazu gehören vor allem die unmittelbare Kriegseinwirkung, Kriegsgefangenschaft, Vertreibung und andere ungerechtfertigte Zwangsmaßnahmen. **9**

Während der jeweils geschützte Personenkreis in einer Reihe von Einzelgesetzen zu bestimmen ist, ergeben sich die Entschädigungsansprüche durchgehend aus dem Bundesversorgungsgesetz, auf das die Einzelgesetze verweisen. Allerdings werden die **Leistungen nur wegen einer gesundheitlichen Schädigung** – dann aber auch wegen der daraus resultierenden wirtschaftlichen Folgen erbracht. Diese wiederum umfassen bei der Grundrente (§ 31 BVG) auch immaterielle Folgen (vgl. Knickrehm, Soziales Entschädigungsrecht § 1 BVG Rn. 18). Eine gesundheitliche Schädigung ist auch in der Beeinträchtigung der seelischen Gesundheit zu sehen. Insoweit können über die soziale Entschädigung jedoch nicht alle Folgen aufgefangen werden, bei denen allgemein Leistungen der Jugend- oder Sozialhilfe zu erbringen sind. Diese Einschränkung ist auch im Rahmen familiärer Gewalt, sowohl unter Partnern, als auch gegenüber Kindern zu beachten. So kann etwa die Aufnahme in ein Frauenhaus oder die Gewährung von Hilfen zur Erziehung, die ihre Ursache in familiärer Gewalt haben, jedenfalls dann nicht auf der Basis von Leistungen der sozialen Entschädigung erfolgen, wenn die Folgen der Gewalt nicht in einem pathologischen Zustand bestehen (etwas zu weitgehend daher Heinz, SGb 2007 S. 45). Eben diese Einschränkung besteht auch, wenn Folge einer sexuellen Gewalttat eine Schwangerschaft ist (vgl. § 21b Rn. 12). Soweit medizinische Leistungen zu erbringen sind, werden zum Teil die Träger der Krankenversicherung in die Durchführung des Gesetzes einbezogen (§§ 10, 18c Abs. 1 Satz 2 und 3 BVG). Die Grenze ist also immer dort zu ziehen, wo man keine gesundheitliche Schädigung feststellen kann. Ein Rückgriff auf § 75 ALR ist angesichts der engen Tatbestandsmerkmale der sozialen Entschädigung nur dann möglich, wenn eine Aufopferung „zum Wohle des gemeinen Wesens" erfolgt ist (oben Rn. 1a). **10**

2. Begriff der Gewalttat

In der sozialen Entschädigung steht der geschützte Personenkreis nicht immer in der gleichen Weise von vornherein fest, wie es in der Sozialversicherung der Fall ist. Er geht vielmehr unmittelbar erst aus der, durch die einzelnen Gesetze normierten, staatlichen Pflicht zur Tragung eines bestimmten Risikos hervor (Knickrehm, SGb 2010 S. 381). Dies kommt im Gesetzestext der Opferentschädigung sinnfällig im Gebrauch des Wortes „Wer" zum Ausdruck. Wenn es zB heißt, wer Opfer einer Gewalttat wird usw, dann ist dieser Wer grundsätzlich jede Person sein, in der sich das in § 1 OEG normierte Risiko verwirklicht hat. Es ist dagegen nicht erforderlich, dass die Identität des Täters festgestellt wird (Wachholz, br 1992 S. 145). Es ist auch nicht erforderlich, dass er eine bestimmte Person angreifen wollte. Allerdings müssen die Umstände des Geschehens den Schluss zu lassen, dass der Unbekannte vorsätzlich gehandelt hat. Das kann, zB beim Zünden eines Feuerwerkskörpers, schwierig sein (BSG 81 S. 288). Größere Schwierigkeiten bereitet der Begriff der **Gewalttat.** Diese, einen Entschädigungsanspruch auslösende Handlung, wird in § 1 Abs. 1 OEG als rechtswidriger „tätlicher Angriff" umschrieben (vgl. dagegen §§ 14–16 SGB XIV-E). Im Allgemeinen ist darunter **11** ein gewaltsames, handgreifliches Vorgehen gegen eine Person in kämpferischer, feindseliger Absicht zu verstehen (BSG 59 S. 46). Dass das Opfer eine Psyche hat, die auch beeinträchtigt werden kann, ist unbestritten. Das Problem liegt in der „Handgreiflichkeit" des Vorgehens gegen das Opfer. Rein verbale, herabsetzende Übergriffe erfolgen nicht „tätlich". Allerdings ergibt sich bereits hier eine gewisse Diskrepanz, weil auch die Androhung einer Gewalttat die Voraussetzungen des § 1 Abs. 1 OEG erfüllt. Dagegen ist die Androhung von Gewalt mit Hilfe einer ungeladenen täuschend echt aussehenden Schreckschusspistole selbst noch nicht tätlich und kann als solche auch nicht in eine Gewalttat übergehen (vgl. BSG 118 S. 63, ablehnend Heinz, ZfSH/SGB 2017 S. 17). Der Alkohol- oder Drogenkonsum während der Schwangerschaft wird gleichfalls nicht als tätlicher Angriff auf das Kind angesehen, weil es insoweit an einem Angriff im Sinne einer feindlichen Willensrichtung fehle (LSG NRW 2017 S. 680; LSG Nds.-Brem. ZfSH/SGB 2018 S. 111, vgl. auch unten Rn. 11e). Zum **Schockschaden** vgl. unten Rn. 16. Die **Härteregelung** des § 10a OEG erstreckt sich auf Entschädigungsfälle vor Inkrafttreten des OEG (vgl. BSG 120 S. 89).

11a Schon nach der Zielsetzung des OEG steht der Begriff des tätlichen Angriffs in enger Beziehung mit der Straftat. Jedoch hat er auch eine eigenständige sozialrechtliche Bedeutung (vgl. Heinz, SGb 2016 S. 434). Man kann sogar sagen, dass es zunehmend zu einer Verselbständigung dieses Begriffs kommt, ohne dass die strafrechtlichen Wurzeln ganz aufgegeben werden. Das Strafrecht übernimmt vor allem dann eine defintorische Hilfsfunktion, wenn, etwa wie beim Mobbing, beim Missbrauch oder der Vernachlässigung von Kindern, gewisse Schwierigkeiten bei der Präzisierung des Begriffs des tätlichen Angriffs bestehen. Die Hauptschwierigkeit der Definition des tätlichen Angriffs liegt, ähnlich wie bei der strafrechtlichen Gewalttat nicht in der körperlichen Kraftentfaltung durch den Täter, auf die es nicht ankommt, sondern darin, dass man nicht ganz auf die körperliche Wirkung des tätlichen Angriffs auf das Opfer im Sinne eines handgreiflichen Vorgehens verzichten will (BSG 49 S. 98, Flucht vor einem Einbrecher). Die sich daraus – bei allein auf die Psyche des Opfers wirkenden Handlungen – ergebenden begriffliche Schwierigkeiten werden mit Hilfe der Strafbarkeit eines Tuns überbrückt. Dabei darf aber nicht übersehen werden, dass auch das Strafrecht Schwierigkeiten mit der „Auflösung des Gewaltbegriffs" hat (Müller-Dietz, GA 1974 S. 33).

11b Ein besonderes Verhältnis zum Strafrecht kommt auch in § 1 Abs. 1 Satz 2 OEG zum Ausdruck: „Die Anwendung dieser Vorschrift wird nicht dadurch ausgeschlossen, dass der Angreifer in der irrtümlichen Annahme von Voraussetzungen eines Rechtfertigungsgrunds gehandelt hat". Damit sind die Fälle geregelt, in denen die tatsächlichen Voraussetzungen der Notwehr (§ 32 StGB) oder des rechtfertigenden Notstandes (§ 34 StGB) vom vermeintlichen Opfer einer Straftat und damit dem Angreifer im Sinne des § 1 OEG angenommen wurden. In entsprechender Anwendung des § 16 StGB wird hier der Vorsatz ausgeschlossen (Schönke/Schröder-Perron § 32 StGB Rn. 65). Damit kann zwar immer noch Fahrlässigkeit gegeben sein. Die Fahrlässigkeitstat wäre aber ohne die Regelung des § 1 Abs. 1 Satz 2 OEG in der Opferentschädigung nicht relevant (vgl. BSG SozR 4-3800 § 1 Nr. 1). Bei Notwehrüberschreitung wäre dagegen schon im Strafrecht eine vorsätzliche rechtswidrige Tat anzunehmen. Vorsätzlich und rechtswidrige können auch Handlungen von Kindern sein (BSG (SozR 4-3800 § 1 Nr. 11). Insgesamt muss nur der tätliche Angriff vorsätzlich ausgeführt worden sein. Die gesundheitliche Schädigung des Angegriffenen muss nicht vom Vorsatz umfasst sein.

Als tätlicher Angriff ist etwa anzusehen, ein an sich „gewaltloser“ **sexueller Missbrauch** vor allem eines Kindes (BSG 77 S. 7; 11; LSG Nds. Breith. 2005 S. 688). Entscheidend ist die Rechtsfeindlichkeit, die in einer Handlung hervortritt (BSG SozR 4-3800 § 1 Nr. 20; Sächs. LSG ZfSH/SGB 2019 S. 107). Diese Rechtsfeindlichkeit wird mit dem Verstoß gegen § 176 StGB begründet. Dabei kommt es nicht darauf an, welche Einstellung der Täter zum Opfer hat und wie die Tat vom Opfer empfunden wurde. Im Falle eines **Stalking** kann nur eine schwere Belästigung oder Nachstellung als tätlicher Angriff angesehen werden. Allerdings kann aus einer Belästigung, die kein tätlicher Angriff ist, nicht allein dadurch ein tätlicher Angriff werden, weil sie schwer ist. Dasselbe müsste dann für eine schwere Beleidigung gelten. Das begriffliche Dilemma wird wieder dadurch aufgelöst, dass das Stalking in § 238 StGB zu einem Straftatbestand erhoben wurde. „Soweit sich eine feindselige Willensrichtung des Täters nicht feststellen lässt, kommt es auch beim Stalking auf das Vorliegen einer mit Gewaltanwendung verbundenen vorsätzlichen Straftat an“ (BSG 108 S. 97). Konsequenterweise geht das BSG beim **Mobbing,** bei dem das Opfer in einem sich über einen sich längere Zeit hinziehenden Konflikt im seinem sozialen Umfeld, in dessen Zusammenhang es verbal attackiert, in seinen Kommunikationsmöglichkeiten eingeschränkt und in seinem Ansehen herabgesetzt wird, nur dann von einem tätlichen Angriff aus, wenn zumindest teilweise die Grenze des Strafbaren überschritten wird. Verhaltensweisen, die nur als verwerflich angesehen werden, genügen nicht (BSG 87 S. 276). Die Verabreichung von Dopingmitteln ohne wirksame Einwilligung ist als Giftbeibringung im Sinne von § 1 Abs. 2 Nr. 1 OEG anzusehen (SG Berlin SGb 2013 S. 718). 11c

Prinzipiell gelten diese Gesichtspunkte auch im Zusammenhang mit der **familiären Gewalt,** sei es gegenüber Kindern, sei es gegenüber dem Ehepartner, soweit eine gesundheitliche Schädigung Folge der Gewalthandlung ist (vgl. BSG SozR 4-3100 § 60 Nr. 5). In einer Reihe von Fällen hat man auch hier Schwierigkeiten mit der Annahme eines tätlichen Angriffs. Das sind die Fälle, die sich auf „seelische Verletzungen und andere entwürdigende Maßnahmen“ beschränken (§ 1631 Abs. 2 BGB). Noch schwieriger zu bewältigen sind die Fälle, in denen sich die Vernachlässigung nur in einer Gleichgültigkeit gegenüber dem Kind äußert. In diesen Fällen würde trotz gravierender Folgen für das Kind der Begriff des tätlichen Angriffs doch überstrapaziert. Ein solches Verhalten dürfte selbst durch § 15 Abs. 1 Nr. 3 SGB XIV-E (erhebliche Vernachlässigung eines Kindes) nicht sanktioniert werden. Eine vertretbare Lösung wird man über die strafrechtliche Garantenpflicht finden können. Gemäß § 13 StGB steht das Unterlassen dem Tun gleich, wenn jemand rechtlich dafür einzustehen hat, dass der Erfolg nicht eintritt. Diese Garantenpflicht besteht zumindest unter Ehepartnern und im Verhältnis zu Kindern (im Einzelnen Schönke/Schröder-Stree/Bosch § 13 Rn. 17–59). In krassen Fällen kann auch eine strafrechtlich relevante Verletzung der Fürsorge- oder Erziehungspflicht nach § 171 StGB in Betracht kommen. Die Voraussetzung einer Misshandlung von Schutzbefohlenen im Sinne des § 225 StGB müssen noch nicht gegeben sein (enger Bay. LSG L 15 VG 15/06, juris; vgl. auch Heinz, ZfSH/SGB 2018 S. 197). 11d

Auch das aus einer gewaltsamen **Inzestbeziehung** geschädigt geborene Kind hat Anspruch auf Opferentschädigung (BSG 89 S. 199). Tätlicher Angriff und Zeugung des Kindes liegen nahe beieinander. Typischerweise liegt der Fall sogar so, dass zum Zeitpunkt des Angriffs auf die Frau das Kind noch nicht existierte. Es ist nicht erforderlich, dass die angegriffene Person mit dem Opfer identisch 11e ist. Darüber hinaus muss man die gesundheitlichen Folgen des tätlichen Angriffs feststellen. Nach seinem Wortlaut setzt § 1 Abs. 1 OEG jedoch voraus, dass der Geschädigte im Zeitpunkt des Angriffs bereits gelebt hat. Für das BSG stellt sich damit folgende Frage: „Stehen einem Kind, das gewaltsam gezeugt wird und wegen des Inzestes erheblich geschädigt geboren wird, Entschädigungsleistungen nach dem Opferentschädigungsgesetz zu?" Diese Frage hat das BSG mittels einer analogen Anwendung des § 1 OEG bejaht. Im Ergebnis kann das Kind also schon vor der Zeugung geschädigt sein. Ausschlaggebend ist dabei für das Gericht die gesundheitliche und soziale Belastung des Kindes durch die Folgen der Gewalttat im Sinne eines „wrongful life" (BSG 89 S. 199 Rn. 25–27). In dieser Entscheidung war aber die Frage eines nicht gewaltsamen Inzests noch nicht relevant. Bei Gewaltlosigkeit des Inzests kann man die Diskrepanz zwischen „nur verwerflich" und „tätlichem Angriff" allein durch das Strafrecht überbrücken. Dies folgt aus der Rechtsprechung des BSG (oben Rn. 11c). Grundsätzlich aber bestehen darüber hinaus in der Literatur systematische Bedenken gegenüber der Begründung von Entschädigungsansprüchen für ein behindertes Kind, das aus einer Inzestbeziehung hervorgegangen ist (vgl. Knickrehm/Rademacker, § 1 OEG Rn. 15). Man wird aber dem BSG folgen müssen. Alle Voraussetzungen für eine Analogie sind gegeben. Man kann hier nur eine planwidrige Regelungslücke annehmen. Auch an der Rechtsähnlichkeit der Schädigung kurz vor der Zeugung und kurz danach wird man keine Zweifel haben können.

11f Für ärztliche Eingriffe gilt Folgendes: **Ärztliche Kunstfehler** sind als sorgfaltswidrige Verstöße gegen die Regeln der ärztlichen Kunst noch keine tätlichen Angriffe. Sie sind in der Regel ohnehin nur als Fahrlässigkeitstaten einzuordnen. Jedoch: „Ein als vorsätzliche Körperverletzung strafbarer ärztlicher Eingriff ist dann ein tätlicher Angriff im Sinne des OEG, wenn er aus der Sicht eines verständigen Dritten in keiner Weise dem Wohle des Patienten dient" (BSG SGb 2011 S. 273 mAnm Czerner). Diese Situation ist vor allem dann gegeben, wenn eine wirksame Einwilligung in den ärztlichen Eingriff nicht erteilt worden war. Fraglich ist aber, ob dasselbe gilt, wenn eine wirksame Einwilligung vorliegt, der Arzt aber einen riskanten Eingriff vornimmt, der nicht den fachlichen Standards entspricht, aber das Leben des Patienten retten könnte (Bay LSG NZS 2016 S. 742). Hier wird man eine feindliche Willensrichtung auch im Sinne einer Rechtsfeindlichkeit nicht annehmen können.

12 Gegenüber jedem Entschädigungsanspruch eines Opfers einer Gewalttat regelt § 2 Abs. 1 Satz 1 OEG zwei zu unterscheidende **Versagungsgründe** (vgl. §§ 18, 19 SGB XIV-E). Der erstere ist gegeben, wenn der Geschädigte die Schädigung verursacht hat, der zweite ist anzunehmen wenn es aus sonstigen, insbesondere im eigenen Verhalten des Geschädigten liegenden Gründen, unbillig wäre, Entschädigung zu gewähren. Diese sonstigen Gründe müssen nach Auffassung des BSG ein solches Gewicht haben, dass sie einer Mitverursachung der Schädigung entsprechen. Es darf sich aber nicht um Gründe handeln, die sich mit dem Tatbeitrag decken, denn die Mitverursachung ist ein Sonderfall der Unbilligkeit (BSG SozR 3800 § 2 Nr. 7). So ist es bei einem Geschädigten, der sich freiwillig auf ungeschützten Geschlechtsverkehr mit einer Zufallsbekanntschaft einlässt. Eine dabei erworbene Aids-Infektion hat er „gleichwertig" mitverursacht (§ 2 Abs. 1 1 Alt. OEG) und deshalb keinen Anspruch auf Versorgung (BSG 77 S. 18; BSG 3-3800 § 2 Nr. 7). Zur Mitursächlichkeit reicht nur ein Mitwirken am Tathergang aus, das dem Verhalten des Täters annähernd gleichwertig ist. Moralische Bewertungen haben dabei außer Betracht zu bleiben (BSG SGb 1998 S. 176 mAnm

Dannecker; BSG SGb 2000 S. 139; dazu Dannecker/Biermann, SGb 2000 S. 101; Heinz, ZfSH/SGB 2019 S. 646). Insbesondere führt auch ein riskantes Verhalten nicht zum Ausschluss von der Versorgung, wenn es von friedensstiftender Absicht getragen war (BSG 66 S. 115). Anders ist dies bei leichtfertiger Provokation von Gewalthandlungen (LSG Bln.-Brandbg. NZS 2018 S. 712). Andererseits sollte bei der Frage der Mitursächlichkeit der Begriff der in hohem Maße vernunftwidrigen Handlung vermieden werden (vgl. Knickrehm/Rademacker, Soziales Entschädigungsrecht § 2 OEG Rn. 13, 14).

Wegen Unbilligkeit (§ 2 Abs. 1 Satz 1 2 Alt. OEG) kann eine Entschädigung **12a** versagt werden, wenn sich das Opfer bewusst außerhalb der staatlichen Gemeinschaft gestellt hat und dabei einer damit verbundenen Gefahr erlegen ist, so bei einer gewaltsamen Auseinandersetzung von Straftätern im Drogenmilieu (BSG SozR 4-3800 § 2 Nr. 1). Eine bloße Straffälligkeit allein reicht dabei noch nicht aus (BSG 72 S. 136; BSG 89 S. 75). Andererseits genügt aber ein leichtfertiges Eingehen von Gefahren, vor allem auch eine massive Provokation. Auch der Verbleib in einer andauernden Gefahrensituation, in einer eheähnlichen Gemeinschaft, lässt nach Auffassung des BSG eine Entschädigung als unbillig erscheinen (BSG 57 S. 167). Dabei darf man aber die Schwierigkeiten solcher gewaltgeprägten Lebensverhältnisse nicht außer acht lassen. Als unbillig wird es auch angesehen, wenn, zumeist im familiären Nahraum, der Täter durch die Entschädigungsleistungen begünstigt würde (BSG 88 S. 103). Bei Gewalttaten in der Strafhaft hatte das BSG zunächst einen Entschädigungsausschluss wegen Unbilligkeit angenommen. Der Gefangene hätte sich durch seine Straftat den gefängniseigentümlichen Gefahren in vorwerfbarer Weise ausgesetzt (BSG 88 S. 103). Demgegenüber hat das Bay. LSG die Auffassung vertreten, der Angriff durch einen Mithäftling, dem ein Gefangener ausgesetzt ist, ist nicht als Folge der ursprünglichen Straftat anzusehen. Es bestehe also kein Versagungsgrund (Bay. LSG Breith. 2005 S. 952). Insoweit stellen Verurteilung und Strafhaft eine Zäsur zur bisherigen Straffälligkeit dar. Damit lässt sich insbesondere eine Unbilligkeit im Sinne des § 2 Abs. 1 Satz 1 2 Alt. OEG nicht annehmen. Dies würde sich auch vor dem Hintergrund der Resozialisierungsaufgabe des Strafvollzugs verbieten. Der Auffassung des Bay. LSG hat sich jetzt das BSG angeschlossen. Die Vortat ist zwar kausal für die spätere Schädigung geworden. Sie erreicht aber nicht das Gewicht einer Mitverursachung im Sinne des § 2 Abs. 1 Satz 1 1 Alt. OEG (BSG SGb 2008 S. 483 mAnm Heinig). Ausgebaut wurden die Versagungsgründe noch durch § 2 Abs. 1 Satz 1 Nr. 1–3 OEG (politische Auseinandersetzungen, organisierte Kriminalität). Es handelt sich dabei um selbständige Gründe, bei denen eine Bewertung als ursächlich oder unbillig nicht erforderlich ist.

Da der materielle Kern der Opferentschädigung in der Tatsache zu sehen ist, **13** dass der Staat seiner dem Bürger gegenüber bestehenden Schutzpflicht nicht nachkommen konnte, ist das OEG mehr als andere Sozialleistungsbereiche durch ein ausgeprägtes Territorialitätsprinzip gekennzeichnet. Das ging zunächst so weit, dass ein im Inland eingetretener Schockschaden selbst dann nicht entschädigt wurde, wenn er auf einer im Ausland begangenen Gewalttat beruhte (BSG 90 S. 190). Später hat § 3a OEG einen besseren Auslandsschutz für deutsche Staatsbürger und ihnen gleichgestellte Personen geregelt (Dau, SGb 2009 S. 695; Bischofs, SGb 2010 S. 693). Einschränkungen können sich auch bei Unionsbürgern aus dem in § 1 Abs. 4 Nr. 3 OEG geregelten Grundsatz der Gegenseitigkeit ergeben (vgl. BSG 78 S. 51; EuGH SozR 6030 Art. 7 Nr. 3). Im Übrigen aber besteht als Konsequenz des Freizügigkeitsrechts ein gleicher Schutzanspruch der

Unionsbürger in allen Mitgliedsstaaten auf der Grundlage der RL 2004/80/EG. Für andere Ausländer gilt die Regelung des § 1 Abs. 5 und 6 OEG. Muss ein Ausländer das Bundesgebiet verlassen, oder verlässt er es für mehr als sechs Monate, so wird nach § 1 Abs. 7 OEG eine Entschädigung gezahlt (BSG 109 S. 147). Zur Abgrenzung des tätlichen Angriffs vom Arbeitsunfall vgl. BSG SGb 1997 S. 88 mAnm Wolber. Grundsätzlich kann ein und dasselbe Geschehen sowohl einen **Arbeits-, bzw. Wegeunfall** als auch eine entschädigungsrelevante Gewalttat darstellen (§ 22 Rn. 5). Dabei wird man von einem Vorrang der Leistungen der Unfallversicherung ausgehen müssen, da mit Schaffung des OEG nur ein zusätzlicher Schutzanspruch begründet werden sollte. Die wird in Zukunft in § 20 SGB XIV-E so geregelt werden. Solange Leistungen der Unfallversicherung erbracht werden, ruht der Anspruch auf Entschädigungsleistungen gemäß § 65 Abs. 1 und 3 BVG (Mutschler, NZS 2014 S. 647).

14 Die gleiche Grundstruktur mit einzelnen Besonderheiten besteht auch im Infektionsschutzgesetz (IfSG). Gemäß § 60 Abs. 1 IfSG muss eine Impfung auf Grund eines der dort in den Nrn. 1–4 oder in Abs. 2 oder 3 genannten Tatbestände durchgeführt worden sein. In den §§ 26 ff. SGB XIV-E wird eine Erweiterung auf andere Maßnahmen der spezifischen Prophylaxe vorgenommen. Ganz im Vordergrund steht die öffentliche Impfempfehlung durch die Landesbehörden, die ihrer Entscheidung die Erkenntnisse der Ständigen Impfkommission zu Grunde legen (§ 20 Abs. 3 IfSG). Von der Entschädigung sind Auslandsimpfungen auch in einem EU-Staat, selbst bei dortigem Impfzwang und bei dienstlichem Aufenthalt dort, von der Entschädigung ausgeschlossen, weil die Entschädigung ihre Rechtfertigung nur darin findet, dass die Impfung mit der Autorität einer deutschen Behörde durchgesetzt wurde. Das BSG sah sich für diese Fallgestaltung nicht in der Lage, eine verfassungskonforme Auslegung des § 89 BVG vorzunehmen und hat die Entscheidung dem Gesetzgeber überlassen (BSG SGb 2000 S. 482 mAnm Hansen). ME wäre in dieser besonderen Situation – Auslandsaufenthalt und Impfung waren unausweichlich – ein selbständiger und insoweit subsidiärer allgemeiner Aufopferungsanspruch zu prüfen gewesen. Allerdings hätte ein Aufenthalt lediglich aus beruflichen Gründen nicht genügt (vgl. vorn Rn. 1a).

15 Die **Impfung** ist das Einbringen des Impfstoffs in den menschlichen Körper (BSG SozR 3850 § 51 Nr. 8). Erstreckte sich die Impfempfehlung auf die Verwendung eines zugelassenen Impfstoffs, so ist der Entschädigungstatbestand nicht gegeben, wenn ein nicht zugelassener Impfstoff verwendet wurde (BSG 95 S. 66). Die Impfung muss einen **Impfschaden,** dh eine übermäßige Impfreaktion, zur Folge haben, die einen Gesundheitsschaden bewirkt hat (BSG 60 S. 58; BSG SozR 3850 § 51 Nr. 10). Dies ist jetzt in § 2 Nr. 11 IfSG übernommen worden. Übermäßig ist eine Impfreaktion dann, wenn ein über das übliche Ausmaß einer Impfreaktion hinausgehende gesundheitliche Schädigung festzustellen ist. Das erfordert oft eine recht komplizierte Bewertung der Tatsachen (vgl. LSG Sachs.-Anh. ZfSH/SGB 2011 S. 602). Zur Anerkennung des Gesundheitsschadens als Folge einer Schädigung genügt die Wahrscheinlichkeit des ursächlichen Zusammenhanges (§ 61 IfSG).

3. Unmittelbarkeit der Schädigung

16 Grundsätzlich muss die Schädigung unmittelbar sein. Davon zu unterscheiden ist die mittelbare Schädigungsfolge. Wer nur mittelbar geschädigt ist, hat keine

Ansprüche aus der sozialen Entschädigung. Das gilt etwa, wenn eine Tbc als Schädigung anerkannt ist, und dann der Ehepartner angesteckt wird. Dieser ist nur mittelbar Geschädigter (BSG SGb 1983 S. 448 mAnm Schulin). Allerdings ist die Auslegung relativ weit (BSG 18 S. 55; BSG 20 S. 41). Ein besonderes Problem stellen die Fälle eines **Schockschadens** dar (Loytved NZS 2004 S. 516; Bischofs, SGb 2010 S. 693). Das sind Fälle, in den es ein Primäropfer gibt und in denen die Wahrnehmung von diesem Vorgang bei einer anderen Person (Sekundäropfer) einen Schock auslöst (BSG 89 S. 75; BSG 91 S. 107). Der eindrücklichste Fall ist die Tötung eines Kindes und die Kenntniserlangung davon bei einem Elternteil. Während sich in § 1 BVG dabei Auslegungsschwierigkeiten ergeben, ist dies bei § 1 OEG nicht der Fall. Hier genügt ein tätlicher Angriff gegen die geschädigte oder eine andere Person. Nach Einführung der §§ 1 Abs. 4 bis 6, 3a OEG wird man nicht mehr davon ausgehen müssen, dass die primäre Schädigung im Inland erfolgt sein muss (EuGH SozR 4-3800 § 1 Nr. 14 einschränkend noch BSG 90 S. 190). Das Gesetz definiert nicht, wer Sekundäropfer sein kann (LSG RhPf. Breith. 2015 S. 1075). Im familiären Nahraum wird man das immer annehmen können. Im Allgemeinen kann man eine Eingrenzung danach vornehmen, dass man zwischen Primär- und Sekundäropfer eine „besondere emotionale Beziehung" verlangt. Bei erlebten, besonders grausamen Taten wird man diese Einschränkung, angesichts des Wortlautes der Vorschrift aber nicht machen dürfen. Ein Schockererlebnis mit traumatisierender Wirkung ist auch ohne engere Beziehungen zum Opfer denkbar. Eine uferlose Ausweitung des Gesetzes ist in diesen, wie auch in allen anderen Zweifelsfällen, nicht zu befürchten, da ja als weitere Leistungsvoraussetzung, immer eine durch das Geschehen bewirkte gesundheitliche Schädigung festzustellen ist (vgl. LSG Sachs.-Anh. Breith. 2014 S. 659, 764).

Keine Ausnahme von dem Grundsatz der Unmittelbarkeit begründet § 2 Nr. 11 **17**
IfSG, wonach ein Impfschaden auch gegeben ist, wenn mit „vermehrungsfähigen Erregern" geimpft und eine andere als die geimpfte Person geschädigt wurde. Entsprechendes gilt für die Regelung des § 1 Abs. 1 OEG, die davon ausgeht, dass eine gesundheitliche Schädigung auch durch einen Angriff gegen eine dritte Person verursacht werden kann. Davon zu unterscheiden ist die mittelbare Schädigungsfolge (unten Rn. 25), die immer nur beim unmittelbar Geschädigten selbst eintreten kann.

Im Zusammenhang mit dem Begriff des Schadens ist die gesundheitliche **18**
Schädigung **(Primärschaden)** von der Gesundheitsstörung als deren Folge zu unterscheiden. Erstere wäre etwa eine Kopfverletzung, letztere eine etwa sich daraus ergebende Sehstörung. Dasselbe ist auch gegeben, wenn ein Impfschaden iSd § 2 Nr. 11 IfSG einen „Cerebralschaden mit Intelligenzdefekten" als Gesundheitsstörung zur Folge hat (BSG 60 S. 58; Bay. LSG Breith. 1991 S. 662). Der Begriff der Gesundheitsstörung ist mit dem Begriff der Krankheit bzw. dem der Behinderung gleichzusetzen. Andere als gesundheitliche Folgen werden nicht entschädigt. Das betrifft insbesondere solche Folgen, die sich lediglich als Verminderung der Lebenschancen oder als Beeinträchtigungen im familiären Rahmen ergeben. Auch die Schwangerschaft nach einer Vergewaltigung ist kein Gesundheitsschaden. In Betracht kommen in diesen Fällen aber Leistungen zum Abbruch der Schwangerschaft nach den §§ 24b ff SGB V (§ 21b Rn. 3 ff.), bei Gewalthandlungen unter Partnern zB Hilfen in einem Frauenhaus (§ 67 SGB XII) oder bei Kindern und Jugendlichen Hilfen zu Erziehung nach den §§ 27 ff. SGB VIII

4. Kausalität und Beweisanforderungen

19 Insgesamt orientiert sich also die Dogmatik aller Entschädigungstatbestände an dem gleichen Grundmodell. Strukturell ändert sich aber nichts. Im Detail gilt Folgendes: Der gesetzliche Tatbestand § 1 BVG besteht aus einer dreigliedrigen **Kausalkette.** Auf der ersten Stufe, der **Schädigungskausalität** bedarf es in der Regel keiner positiven Feststellung. Vielmehr wird die Ursächlichkeit eines entschädigungsrelevanten Geschehens vermutet (BSG SGb 2006 S. 242 mAnm Keller; BSG SGb 2008 S. 52 mAnm Holtstraeter; BSG NZS 2010 S. 47). Diese Vermutung kann aber durch eine Konkurrenzursache widerlegt werden (§ 22 Rn. 17, 18). Auf der zweiten Stufe folgt die haftungsbegründende Kausalität, die den schädigenden Vorgang mit der gesundheitlichen Schädigung (Primärschaden) sowie die dritte Stufe, die als haftungsausfüllende Kausalität: die letztere mit der Gesundheitsstörung verbindet. Für den Nachweis beider Stufen der Kausalität genügt nach neuerer Rechtsprechung eine Wahrscheinlichkeit (BSG SozR 3-3200 § 81 Nr. 6; Sächs LSG ZfSH/SGB 2019 S. 107). Ein Vollbeweis, im Sinne einer an Sicherheit grenzender Wahrscheinlichkeit, ist jedoch für das tatsächliche Geschehen erforderlich. Dieses muss also feststehen, und es muss mindestens wahrscheinlich sein, dass es die jeweilige Folge (Primärschaden und Gesundheitsstörung) wesentlich verursacht hat. Die Unterscheidung in haftungsbegründende und haftungsausfüllende Kausalität wird zunehmend als wenig hilfreich angesehen (Schulin in: Schulin HS-UV § 27 Rn. 109; Ricke, BG 1996 S. 770; aA Knickrehm, Soziales Entschädigungsrecht § 1 BVG Rn. 26, 31). Das BSG hat auch in der sozialen Entschädigung die Beweisanforderungen in beiden Fällen einander angeglichen. Andererseits hat sich die Kausalitätslehre in der Unfallversicherung mit dem Begriff der Unfallkausalität noch weiter ausdifferenziert (BSG SGb 2006 S. 242 mAnm Keller; BSG SGb 2008 S. 52 mAnm Holtstraeter). Dies wird man auch in die soziale Entschädigung berücksichtigen müssen (§ 22 Rn. 14).

20 Die Feststellung der Kausalität in der sozialen Entschädigung bereitet häufig Schwierigkeiten, obwohl durch die Rechtsprechung eine weitgehend einheitliche Behandlung erfolgt. So muss zwischen der militärischen Dienstverrichtung und dem schädigenden Vorgang der ursächliche Zusammenhang nach neuerer Rechtsprechung nur noch wahrscheinlich sein. Dabei muss im Allgemeinen das für die Schädigung relevante Geschehen durch wertende Betrachtung der Dienstverrichtung zugerechnet werden. Die Notwendigkeit einer Zurechnung erübrigt sich etwa bei der Impfung, weil sich hier der ganze Lebenssachverhalt in dem schädigenden Vorgang erschöpft (BSG 60 S. 58; BSG SozR 3850 § 51 Nr. 10; LSG NRW Breith. 1991 S. 662). Deswegen spricht die Praxis oft noch verkürzt vom Gesundheitsschaden als wahrscheinlicher Folge der Impfung (§ 52 BSeuchG aF). In § 61 Satz 1 IfSG heißt es jetzt aber „als Folge einer Schädigung“. Es gilt also auch hier, dass die übermäßige Impfreaktion (Impfschaden) als „Brückensymptom“ in der durch die beiden Endglieder begrenzten Kette von Ursachen (Impfung) und Wirkungen (Gesundheitsstörung) mit Gewissheit feststehen muss (BSG 60 S. 58).

21 Als Schädigungsursachen gelten nur die Bedingungen, die wegen ihrer besonderen Beziehung zum Erfolg zu dessen Eintritt wesentlich beigetragen haben (BSG 62 S. 187). Diese Theorie der **wesentlichen Bedingung** findet aber nur im Verhältnis zum Geschädigten bei der Feststellung des Versorgungsleidens Anwendung. Haben mehrere Bedingungen annähernd gleichwertig zum Erfolg beigetragen, so ist jede auch Ursache im Sinne der sozialen Entschädigung.

Kommt einer Bedingung gegenüber den anderen die überwiegende Bedeutung zu, so ist nur diese als Ursache anzusehen (Wilke/Fehl, SozEntschR § 1 Rn. 69; Knickrehm, Gesamtes Soziales Entschädigungsrecht § 1 BVG Rn. 34). Dies kann bei den inneren Ursachen, der sog. selbstgeschaffenen Gefahr (BSG SGb 1994 S. 236 mAnm Schroth), der absichtlich herbeigeführten Schädigung (BSG 70 S. 164 – Freitod als Schädigungsfolge) aber auch bei den praktisch wichtigen Trunkenheitsfällen gegeben sein. Zweifelhaft erscheint es, ob man eine schädigungsbedingte Risikoerhöhung, die zum Ausschluss des Schutzes in der sozialen Entschädigung führt, dann annehmen kann, wenn sich der (Vor)geschädigte, mit der Teilnahme am motorisierten Straßenverkehr, sozialadäquat verhalten hat (BSG 71 S. 1; Keller, NZS 1994 S. 161). Durch ein gefahrerhöhendes, als vorsätzliches Vergehen strafbares Verhalten wird der Versorgungsschutz unterbrochen (BSG 94 S. 133). Insbesondere schließt die rechtskräftige strafgerichtliche Verurteilung wegen rücksichtslosen Verhaltens im Straßenverkehr Versorgungsschutz wegen eines deshalb erlittenen Unfalls aus (BSG 75 S. 180).

Bei der Prüfung des nächsten Gliedes der Kausalkette genügt es, wenn die 22 Gesundheitsstörung – das Versorgungsleiden – lediglich wahrscheinliche Folge der gesundheitlichen Schädigung ist (§ 1 Abs. 3 Satz 1 BVG). Also muss zB die Sehstörung wahrscheinliche Folge der Kopfverletzung (§ 1 Abs. 3 Satz 1 BVG), bzw. die cerebrale Schädigung wahrscheinliche Folge der übermäßigen Impfreaktion sein (§ 61 Satz 1 IfSG) usw. Die Tatsachen der Kopfverletzung bzw. der übermäßigen Impfreaktion müssen dagegen feststehen (oben Rn. 19). **Wahrscheinlichkeit** bedeutet hier, dass unter Berücksichtigung der herrschenden medizinisch-wissenschaftlichen Lehrmeinungen, mehr Umstände für als gegen den Kausalzusammenhang sprechen (BSG SozR 3850 § 51 Nr. 10). Eine bloße Möglichkeit dieses Zusammenhanges reicht demnach nicht aus. Liegt andererseits eine sog. bestärkte Wahrscheinlichkeit vor, so kann diese nur durch einen anderen sicheren Kausalverlauf widerlegt werden (BSG 91 S. 107). Das Wahrscheinlichkeitsurteil beschränkt sich auf den Kausalzusammenhang. Demgegenüber müssen die einzelnen anspruchsbegründenden Tatsachen (schädigender Vorgang, gesundheitliche Schädigung, Gesundheitsstörung) immer bewiesen sein. Hier reicht also nie ein Geschehen aus, das nur wahrscheinlich ist. Zu beachten ist allerdings die **Beweiserleichterung** des § 15 KOVVfG (BSG 65 S. 123; BSG SozR 3100 § 5 Nr. 2; BSG 83 S. 279). Danach sind die Angaben des Antragstellers, die sich auf die mit der Schädigung im Zusammenhang stehenden Tatsachen beziehen, zugrunde zu legen, wenn Unterlagen nicht vorhanden oder nicht zu beschaffen oder ohne Verschulden des Antragstellers oder seiner Hinterbliebenen verloren gegangen sind, soweit nach den Umständen des Falles die Angaben glaubhaft erscheinen. Eine solche Beweisnot kann sich nicht nur bei Kriegsopfern, sondern etwa auch bei Gewaltopfern ergeben. Hier tritt die Beweiserleichterung des § 15 KOVVfG vor allem deswegen und dann ein, wenn Tatzeugen nicht vorhanden sind. Ein Beschuldigter, der die Tat bestreitet, ist als nicht vorhandener Zeuge iSd § 15 Satz 1 KOVVfG anzusehen (BSG 113 S. 205). Beim Opfer muss aber eine Erinnerung an den behaupteten schädigenden Vorgang vorhanden sein (LSG SchlH Breith. 2015 S. 678; LSG BW NZS 2018 S. 160). Soweit hier Fragen der **Glaubwürdigkeit** aufzuwerfen sind, kann das Gericht zwar ein aussagepsychologisches Gutachten einholen; jedoch muss das Gericht selbst auf der Grundlage eines solchen Gutachten und des gesamten Akteninhalts eine Beurteilung der Glaubwürdigkeit vornehmen (BSG SGb 2018 S. 116 mAnm Friedrich; zum Teil abweichend LSG RhPf. ZfSH/SGB 2016 S. 261). Im Zusammenhang mit § 60

IfSG kann auch einmal die Tatsache der Impfung zweifelhaft sein. Der Antragsteller muss allerdings zumindest Angaben über die mit der Schädigung zusammenhängenden Tatsachen machen können. Ist nicht einmal das möglich, so greift die Beweiserleichterung nicht ein (BSG 63 S. 270). Zur Beweislastumkehr im Impfschadensrecht vgl. EuGH ZESAR 2017 S. 514, dazu Roos, ZfSH/SGB 2018 S. 146).

23 Lässt sich im zweiten Glied der Kausalkette nicht feststellen, dass die gesundheitliche Schädigung wahrscheinliche Ursache der Gesundheitsstörung ist, weil in der medizinischen Wissenschaft Ungewissheit über die Ursache eines Leidens besteht, so kann Versorgung gewährt werden (BSG SozR 3-3100 § 1 BVG Nr. 14). Andere als medizinische Zweifel rechtfertigen die Anwendung des § 1 Abs. 3 Satz 2 BVG jedoch nicht (Bay. LSG Breith. 1991 S. 661). Im Gesetzestext heißt es: „nur deshalb nicht gegeben ist“. Hinsichtlich der Ungewissheit als Ursache ist des Weiteren zu betonen, dass es nicht genügt, dass die Ungewissheit im Falle eines einzelnen Beschädigten gegeben ist. Vielmehr ist erforderlich, dass in der medizinischen Wissenschaft allgemein Zweifel (unterschiedliche Lehrmeinungen) über die Ursache eines Leidens bestehen (Wilke/Fehl, SozEntSchR § 1 Rn. 101; Knickrehm, Gesamtes Soziales Entschädigungsrecht, § 1 Rn. 7). Nach mindestens einer wissenschaftlichen Lehrmeinung muss der Ursachenzusammenhang wahrscheinlich, nicht nur möglich, sein (BSG SozR 3-3200 § 81 Nr. 9; 13).

24 Steht später unzweifelhaft fest, dass eine Gesundheitsstörung nicht Folge einer Schädigung ist, können Verwaltungsakte mit Wirkung für die Vergangenheit zurückgenommen werden. Eine hohe Wahrscheinlichkeit für die Unrichtigkeit des früheren Bescheides genügt nicht (BSG SozR 3100 § 1 Nr. 41). Erbrachte Leistungen werden im Falle der **Rücknahme** nicht zurückgefordert. Diese Rücknahmemöglichkeit nach § 1 Abs. 3 Satz 3 BVG ist eine Sonderregelung zu §§ 45, 48 Abs. 3 SGB X (BSG 64 S. 190). Die Rücknahmemöglichkeit besteht nur für die Kannversorgung iSd § 1 Abs. 3 Satz 1 und 2 BVG (BSG 61 S. 295). Die Kriterien, die in § 45 SGB X genannt werden, sind Ausdruck rechtsstaatlicher Grundsätze. Sie sind deswegen auch bei der Ermessenserwägung, die nach § 1 Abs. 3 Satz 3 BVG anzustellen ist, zu beachten (BSG 65 S. 60).

25 Entschädigungspflichtig kann auch eine sog. **mittelbare Schädigungsfolge** sein. Dabei kann es sich einmal um die Verschlimmerung eines Leidens durch eine anerkannte Schädigungsfolge handeln zB durch eine schädigungsbedingte Amputation verschlimmert sich eine Herz-Kreislauf-Erkrankung. Entsprechendes gilt, wenn ein Beinamputierter stürzt und sich dabei eine Schädelverletzung zuzieht (BSG 48 S. 187). Doch auch hier kann in besonderen Fällen die Ursächlichkeit der Schädigung zu verneinen sein (BSG 71 S. 1). Hiervon zu unterscheiden ist der mittelbar Geschädigte (oben Rn. 16)

26 Grundsätzlich außerhalb der Entschädigungspflicht bleibt der **Nachschaden** (§ 22 Rn. 22; § 24 Rn. 19). Er ist zB dann anzunehmen, wenn der Erblindung auf einem Auge als anerkannter Schädigungsfolge die Erblindung auch auf dem anderen Auge aber schädigungsunabhängig erfolgt (BSG 41 S. 70). Allerdings spielt bei der Beurteilung der Hilflosigkeit (§ 35 BVG) der Gesamtzustand der Blindheit eine Rolle (BSG 41 S. 83; BSG 48 S. 248).

§ 6 Minderung des Familienaufwands

Wer Kindern Unterhalt zu leisten hat oder leistet, hat ein Recht auf Minderung der dadurch entstehenden wirtschaftlichen Belastungen.

Übersicht

1. Familie

Eine einheitliche sozialpolitische Begründung des Familienleistungsausgleichs lässt sich nicht geben. Die Bedeutung der Familie für die Aufgabe der „gesellschaftlichen Reproduktion“ von der allgemeinen Geburtenförderung bis hin zur Sicherung künftiger Beitragszahlung in der Rentenversicherung ist unbestritten. Für die Erfüllung dieser Aufgabe steht ihr wirtschaftliche Entlastung zu. Daraus abgeleitet, verfolgt der Familienleistungsausgleich zumindest drei Ziele, nämlich die Sicherung des Mindestbedarfs der Kinder, einen in der Fassung des § 6 nur materiellen Ausgleich für die gesellschaftspolitische Funktion der Familien und die Angleichung des Haushaltsnettoeinkommens bei Familien mit Kindern an das Haushaltsnettoeinkommen kinderloser Personen. Damit ist der Familienleistungsausgleich stark kindbezogen, er ist weitgehend ein Kinderlastenausgleich. Dabei ist es nicht von ausschlaggebender Bedeutung, wie man den **Begriff des Kindes** in § 6 definiert. Man kann darunter alle Kinder verstehen, denen Unterhalt geleistet wird. Das wären dann uU auch ältere Kinder, die etwa wegen einer Behinderung nicht erwerbsfähig sind. Die entlastende Wirkung ergibt sich in diesem Falle vor allem aus § 138 Abs. 1 SGB IX. Doch auch daran dürfte man im Gesetzgebungsverfahren nicht gedacht haben. Vielmehr wurde es als gerechtfertigt angesehen, „dass dem, der für Kinder Unterhalt zu leisten hat oder leistet, durch Kindergeld oder Kinderzuschläge zu anderen Sozialleistungen ein Teil seiner wirtschaftlichen Belastung abgenommen wird.“ (BT-Drs 7/868 S. 24). Demnach wird man die Altersgrenze für Kinder eher bei 25 Jahren festlegen müssen. Bei Unterhaltspflichten gegenüber älteren Kindern ist eine Entlastung auch nicht in der Sozialgesetzgebung erfolgt, sondern in der Rechtsprechung zum Unterhaltsrecht (vgl. § 29 Rn. 14b). 1

Angesichts der Entwicklung, die der Familienlastenausgleich in den letzten Jahren genommen hat, bedürfte § 6 einer Neuformulierung. In seiner gegenwärtigen Fassung spiegelt das soziale Recht eigentlich nur noch das Kindergeld wider. Es hat sich aber gezeigt, dass damit allein die sozialpolitisch erwünschten Ziele nicht erreichbar sind. So kommt dem Elterngeld nach § 2 BEEG eine Entgeltersatzfunktion zu. Nur so lässt sich dafür sorgen, dass beide Eltern die Erziehungsaufgabe übernehmen. Damit wird staatlicherseits Einfluss auf die innere Gestaltung der Familie genommen, was verfassungsrechtlich nicht ganz unproblematisch ist (vgl. Brosius-Gersdorf, VSSR 2008 S. 299). So hat das BVerfG entschieden, dass sich aus der Schutzpflicht des Art. 6 Abs. 1 GG auch die Aufgabe des Staates ergeben würde, die Kinderbetreuung in der von den Eltern gewählten Form zu ermöglichen und zu fördern (BVerfG 99 S. 216, 234). 2

Da das Elterngeld hauptsächlich eine Entgeltersatzleistung ist, wird man es noch dem sozialen Recht aus § 6 zuordnen können. Aus der Gesetzesbegründung wird nicht ersichtlich, dass das soziale Recht des § 6 auf das Kindergeld begrenzt sein soll. Ob man den Mehrbedarfszuschlag für Alleinerziehende nach § 21 Abs. 3 SGB II dem sozialen Recht des § 6 oder dem des § 9 zuordnen muss, ist letzten 3

Endes nicht ausschlaggebend. Ähnliches gilt für den Ausbau der Kindestagesbetreuung nach den §§ 22 ff. SGB VIII. Sie ist eher dem § 8 zuzuordnen. Seit Abschluss der Ausbaustufe des Jahres 2010 bestand zunächst für die Träger der öffentlichen Jugendhilfe eine Verpflichtung, Kinder unter drei Jahren in Tagesbetreuung zu fördern, wenn ihre Eltern in den Arbeitsmarkt eingegliedert werden sollten oder erwerbstätig waren (§ 24 Abs. 3, 24a Abs. 1, 4 SGB VIII). Seit Abschluss der Ausbaustufe 2013 besteht ein Rechtsanspruch bereits für Kinder ab Vollendung des 1. Lebensjahres, ohne dass explizit an die Eingliederung von Eltern in Arbeit angeknüpft wird. Allgemein erkennbares familienpolitisches Ziel ist es dennoch, die Vereinbarkeit von Familien- und Erwerbsarbeit zu ermöglichen. Diesem Zweck dient vor allem die Weiterentwicklung des Elterngeldes (dazu Brose, NZS 2017 S. 362). Dem dient jetzt auch § 8 Abs. 2 SGB III. Die moderne Familienpolitik findet also zu einem erheblichen Teil außerhalb des sozialen Rechts des § 6 statt.

3a Innerhalb der Sozialwissenschaften ist der Begriff der **Familie** nicht exakt definiert (vgl. v. Trotha, KZfSS 1990 S. 452; Kaufmann, FamRZ 1995 S. 129). Auch die Rechtsordnung gebraucht den Begriff nicht einheitlich. Ausgehend von Art. 6 GG kann man feststellen, dass es im Laufe der Jahre zu einer Verselbständigung der „Familie" gegenüber der „Ehe" gekommen ist (Classen, DVBl 2013 S. 1086). Beide Institute aber sind entwicklungsoffen (Böhm, DVBl 2014 S. 401). Nur die Ehe ist lange Zeit gegenüber der gesellschaftlichen Entwicklung relativ stabil geblieben, was sich am deutlichsten darin ausdrückt, dass eine Ehe unter **gleichgeschlechtlichen Partnern** nicht möglich war. Sieht man aber das Kernmerkmal der Ehe in einer auf Dauer angelegten Verantwortungsgemeinschaft, so kann es auf das Geschlecht nicht ankommen. Die Familie wurde lange Zeit nur als Verbindung von Eltern mit Kindern angesehen und damit als Kleinfamilie verstanden. Insbesondere im Hinblick auf Art. 8 EMRK wird man die Familie aber auch auf andere Verwandte ausdehnen müssen (Otte, FamRZ 2013 S. 585). Das schließt nicht aus, dass insbesondere der Familienleistungsausgleich auf die Kleinfamilie beschränkt bleibt, denn ein erweiterter Familienbegriff verlangt nicht eine gleiche Intensität in der Förderung, zumal diese überwiegend kindorientiert erfolgt. Vom Kindeswohl aus betrachtet, lässt sich die Familie heute am besten dadurch definieren, dass es nur noch darauf ankommt, dass eine Person dauerhaft die persönliche Verantwortung für ein Kind übernommen hat (Classen, DVBl 2013 S. 1086). Die Existenz eines Partners oder das Bestehen einer Ehe bzw. Lebenspartnerschaft unter beiden ist nicht erforderlich. Nur noch in Randbereichen lassen sich insoweit Defizite feststellen. Das zeigt sich etwa darin, dass in einer Lebenspartnerschaft eine künstliche Befruchtung auf der Grundlage des § 27a SGB V nicht möglich ist und darin, dass lange Zeit Lebenspartner nicht gemeinsam ein Kind adoptieren konnten. Insoweit hat das BVerfG entschieden, das sich zwar aus Art. 2 Abs. 1 iVm Art. 6 Abs. 2 Satz 1 GG ein Recht des Kindes auf staatliche Gewährleistung elterlicher Pflege und Erziehung ableiten lässt, und dass diese Eltern auch Personen gleichen Geschlechts sein können. Jedoch ergab sich nach Auffassung des Gerichts daraus allein nicht die weitergehende Verpflichtung des Gesetzgebers, die Adoption des angenommenen Kindes eines eingetragenen Lebenspartners durch den anderen Lebenspartner zu ermöglichen (BVerfG FamRZ 2013 S. 521). Inzwischen hat sich das Problem durch die Ermöglichung der Ehe von gleichgeschlechtlichen Partnern und die daraus resultierende Möglichkeit der Adoption weitestgehend erledigt. Neue Lebenspartnerschaften können nicht mehr begründet werden (§ 32b Rn. 2a; 3a).

4 Vor diesem Hintergrund, teilweise der verfassungsrechtlichen Entwicklung vorauseilend, hatte sich in den vergangenen Jahren das einfache Recht entwickelt. Dabei ist der sozialrechtliche Begriff der Familie weiter als der des Familienrechts. Hier genügen zumeist für die Annahme einer Familie und damit der grundsätzlichen Voraussetzungen des Familienleistungsausgleichs ein Elternteil und ein Kind. Damit fällt natürlich auch die Erziehungsgemeinschaft zweier unverheirateter Personen unter den Begriff Familie und damit unter den Schutz des Art. 6 Abs. 1 GG. Der Begriff Familie darf also nicht zu eng verstanden werden. Wesentlich für die Familie ist auch, dass sich der Staat bei der Einflussnahme auf die innere Gestaltung der Familie zurückhalten muss. Dies ergibt sich aus dem Neutralitätsgebot des Art. 6 Abs. 1 GG. Insoweit aber als Art. 6 Abs. 2 Satz 2 GG ein staatliches Wächteramt formuliert, ergeben sich weitergehende Eingriffsbefugnisse des Staates. Auf dieser Grundlage konkretisiert § 8a SGB VIII den staatlichen Schutzauftrag zugunsten der Kinder. Dieser Schutzauftrag muss zwangsläufig noch erweitert werden, wenn man sich der Tatsache vergewissert, dass im Fürsorgesystem das Existenzminimum des Kindes aus Art. 1 Abs. 1 GG abgeleitet wird. Der Staat muss sich schützend auch vor dieses Grundrecht stellen (vgl. BVerfG JZ 1994 S. 408 mAnm Wiedemann, Böckenförde, Der Staat 1990 S. 1; Hermes, NJW 1990 S. 1764). Insoweit wird die Interventionsschwelle noch herabgesetzt.

5 Ergänzend zum Alter des Kindes kann weitgehend an die Regelung des § 56 angeknüpft werden. Eine einheitliche Definition bringt aber auch diese Vorschrift nicht (vgl. § 56 Rn. 15). Vor allem ist für die Bestimmung des Begriffs Kind, wie etwa beim Pflegekind (§ 33 SGB VIII), eine verwandtschaftliche Beziehung zu den Eltern nicht zwingend erforderlich (§ 2 Abs. 1 Nr. 2 BKGG). Auch eine Verheiratung der Eltern ist zumeist nicht Voraussetzung für den Familienleistungsausgleich. Die Großfamilie, die sich über mehr als zwei Generationen erstreckt, hat allenfalls noch im Unterhaltsrecht (§ 1601 BGB) aber schon im Sozialhilferecht praktisch keine Bedeutung mehr (§ 94 Abs. 1 Satz 3 SGB XII).

6 Unabhängig davon scheint sich, trotz unterschiedlicher Bewertung im einzelnen, die Familie als Institution über die Generationen- und Parteigrenzen hinweg einer hohen Wertschätzung zu erfreuen (BT-Dr. 11/6576 S. 53, 54). Damit wird dann auch die Förderung der Familie als wertvolle Institution Gegenstand des Familienleistungsausgleichs. Mit ihm lassen sich also auch weitere Ziele verbinden. So bezeichnet es der 7. Jugendbericht als oberste Aufgabe der Jugend- und Familienpolitik Rahmenbedingungen dafür zu schaffen, dass Familien ihr Leben nach eigenen Vorstellungen gestalten können, Kinder Geborgenheit, Anerkennung und Förderung in der Familie erfahren und Eltern Beruf und Familie besser miteinander in Einklang bringen können (BT- Dr. 10/6730 S. III). Auch im 8. Jugendbericht, wird auf die allgemeine Wertschätzung, die die Familie erfährt, hingewiesen (BT-Drs. 11/6576 S. 53, 54). Der 11. Kinder- und Jugendbericht betrachtet die Familie wesentlich nüchterner als Lebensform mit Kind oder Kindern, die viele Gesichter hat. Trotz des Wandels der Familie wird ihre „erstaunliche Stabilität" konstatiert. Bis zum 14. Lebensjahr wachsen bei fallender Tendenz 87 % der ost- und 86 % der westdeutschen Kinder überwiegend bei beiden Elternteilen auf (11. Kinder- und Jugendbericht BT-Drs. 14/8181 S. 122, 123). Der 12. Kinder- und Jugendbericht gelangt zu folgender Feststellung: „Die Scheidungsrate ist hier seit 1990 relativ kontinuierlich von 2 auf 2,67 im Jahr 2003 (Scheidungen je 1000 Einwohner) gestiegen. In Ostdeutschland liegt sie nach einem deutlichen Einbruch nach der „Wende" bei deutlich über 2,2. (BT-Drs. 15/6014 S. 53). Insoweit muss man die Aussage des 7. Familienberichts (BT-Drs. 16/1360 S. 126) von

„gegenwärtig hohen Scheidungsraten" etwas relativieren. Es kommt sehr darauf an, ob Kinder und in welchem Lebensalter sie von einer Scheidung betroffen sind. Die Scheidung Kinderloser, zumal in den ersten Ehejahren ist für die Kinder- und Jugendhilfe kein nennenswertes Problem. Dasselbe gilt für eine Scheidung nachdem die Kinder eine eigene Lebensstellung erlangt haben. Die Zahl von knapp 3 Scheidungen pro 1000 Einwohner (nicht Ehen) ist also um die nicht relevanten Daten zu bereinigen.

7 In jüngster Zeit hat sich die Wertschätzung der Familie verlagert. Schon beim Ausbau der Kindertagesbetreuung ging es eigentlich schon nicht mehr vorrangig um das in § 1 Abs. 2 SGB VIII formulierte Ziel einer Entwicklung des Kindes zu einer eigenverantwortlichen und gemeinschaftsfähigen Persönlichkeit, sondern um die Vereinbarkeit von Familien- und Berufsarbeit. Genau betrachtet hat sich der Akzent vom Kind auf die Eltern verlagert. Sowohl der 12. Kinder- und Jugendbericht, als auch der 8. Familienbericht legen ein starkes Gewicht auf diese Überlegungen, wobei aber insbesondere beanstandet wird, dass das Zeitbudget für die Kinderbetreuung zu gering bemessen ist, und dass sich die Familie an die Arbeitswelt anpassen muss; dass es aber keine gegenläufige Tendenz gibt (12. Kinder- und Jugendbericht BT-Drs. 15/6014 S. 65, 298; 8. Familienbericht BT-Drs. 17/9000 S. 45). Der 9. Familienbericht wird das Thema Elternschaft genauer untersuchen.

7a Im Hinblick darauf, dass die Familie zumindest für die jüngeren Kinder eine wichtige Lebensform geblieben ist, und im Hinblick auf die Tatsache, dass die Erwerbstätigkeit von Müttern ständig zunimmt, ergeben sich für die Familienförderung vielfältige Aufgaben. Der Trend zum Ausbau der Erwerbstätigkeit von Müttern seit den 70er Jahren, wird sich nicht umkehren lassen (BT-Drs. 13/11368 S. 31). Angesichts der demografischen Entwicklung dürfte eine nennenswert erweiterte Familienarbeit durch Väter ebenfalls unerreichbar sein. Die sich daraus für die Familienpolitik ergebenden Folgerungen reichen von der Neuorganisation der Kindertagesbetreuung (§§ 22 ff. SGB VIII), über den Ausbau der Ganztagsschule bis hin zur Modifikation einzelner Regelungen des Arbeitsförderungsrechts (§§ 8 Abs. 2, 78 Satz 2 SGB III aF). Damit kann etwa auch eine spezifische Förderung der Frau im Beruf zum Gegenstand des Familienleistungsausgleichs werden (vgl. Ruland, DRV 1993 S. 337). Schließlich kann sich die Familienpolitik darauf ausrichten, für Kinder gleiche Startchancen zu schaffen. Daraus ergeben sich im Sinne eines vertikalen Familienleistungsausgleichs besondere Aufgaben für die allgemeine Bildungsförderung (Dornbusch, FamRZ 1983 S. 103, 111).

8 Trotz dieser Entwicklung, die von den Erfordernissen der Arbeitswelt ausgeht, kann man feststellen, dass die Familie heute nicht mehr von der Ehe, sondern vom Kind her verstanden wird (Schwab, FamRZ 2007 S. 3). Das bedeutet nicht nur, dass unverheiratete Paare mit ihrem gemeinsamen Kind eine Familie bilden, sondern dass auch der Familienleistungsausgleich vom Kind her gedacht wird. In Ergänzung des herkömmlichen Kindergeldes (§ 2 BKGG) durch das Elterngeld (§ 1 Abs. 1 BEEG) kommt das sinnfällig zum Ausdruck. Das gilt auch für den Kinderzuschlag, der seinen Standort im Fürsorgesystem hat (§ 25 Rn. 14). Da der Staat zwar immer die Neutralität gegenüber der Ehe wahren musste, aber auch schon immer im Interesse des Kindes intervenieren konnte (Art. 6 Abs. 2 Satz 2 GG), hat sich in einer stärker vom Kind her verstandenen Familie die Interventionsschwelle ihr gegenüber verschoben. Anders ausgedrückt: Eine Maßnahme, die das Verhalten der Ehepartner beeinflusst (§ 4 Abs. 2 Satz 2 BEEG), wird nicht oder jedenfalls viel weniger als Verletzung der staatlichen Neutralität angesehen,

wenn im Interesse des Kindes gehandelt wird. Die Gesichtspunkte für eine Beurteilung des familiären Geschehens müssen neu justiert werden, wenn das traditionelle Eltern-Kind-Verhältnis durch die Dimension der Arbeitswelt erweitert wird. Insbesondere muss die Diskussion über „versicherungsfremde" Familienleistungen in der Sozialversicherung neu bewertet werden. Insgesamt wird man sagen müssen, dass aus der staatlichen Schutzpflicht nicht folgt, dass angesichts verschiedener Modelle familiären Zusammenlebens eines besonders geschützt werden müsse. Wenn man das Augenmerk auf das Kind richtet, so darf man dabei nicht übersehen, dass auch die kinderlose Ehe zu schützen ist. Eine Rangfolge kennt Art. 6 Abs. 1 GG nicht.

2. Funktion des Familienleistungsausgleichs

Die Meinungsverschiedenheiten um den Familienleistungsausgleich sind zum Teil aber auch darauf zurückzuführen, dass über den Begriff keine einheitlichen Vorstellungen bestehen. In einem eher weiten Sinne hat er alle Maßnahmen zum Gegenstand, die auf die Familie wegen ihrer besonderen Funktionen und ihrer besonderen Belastungen ausgerichtet sind. Es geht also nicht darum, „Ehe und Familie" zu fördern, sondern um die Entlastung und Unterstützung der Familie im Hinblick auf ihre spezifischen Funktionen (Bieback, VSSR 1996 S. 74, 75; Kingreen, JZ 2004 S. 938). Damit würde man im weiteren Sinne noch die Betreuung von Kindern in Tageseinrichtungen und Tagespflege (§ 22 ff. SGB VIII) aber nicht mehr den Schulbereich (Art. 7 GG) dem Familienleistungsausgleich zuordnen können. Ein eher enger Begriff des Familienleistungsausgleichs ergibt sich noch immer aus den §§ 6, 25 SGB I, insoweit als im Wesentlichen nur auf die Entlastung wegen der Erfüllung von Unterhaltspflichten abgestellt wird. Nach § 1610 Abs. 2 BGB gehört zu dieser Unterhaltspflicht auch der Betreuungsunterhalt (zu steuerrechtlichen Bedenken Birk/Wernsmann, JZ 2001 S. 218; 221). Damit erstreckt sich zumindest § 6 auch auf die besondere Erziehungsfunktion der Familie. Dem trägt § 1 Abs. 1 BEEG jetzt besser Rechnung. Andererseits ist es richtig, dass aus der Notwendigkeit eines Familienleistungsausgleichs keine zwingenden Folgerungen für die Ausgestaltung eines Sozialversicherungssystems gezogen werden können (Estelmann, SGb 2002 S. 248). **9**

Streitpunkt ist vor allem die Frage, ob bestimmte sozialversicherungsrechtliche Regelungen versicherungsfremd sind (vgl. § 4 Rn. 4), oder ob sie ihre Legitimation aus dem Gedanken des Familienleistungsausgleich beziehen (Hase, VSSR 1996 S. 87; Shirvani, NZS 2009 S. 242). Das würde bedeuten, dass sich die Sozialversicherung auch dieser Aufgabe zu stellen hat. Abstrakt wird man das weder bejahen oder verneinen können. Jedenfalls lässt sich heute nicht mehr die Auffassung vertreten, eine Sozialversicherung könne ausschließlich an die Erwerbstätigkeit anknüpfen. Der Begriff der Sozialversicherung ist vielmehr ein weiter Gattungsbegriff (vgl. § 4 Rn. 1). Ob er auch Elemente eines Familienleistungsausgleichs mit umfasst, hängt sehr von der Ausgestaltung eines konkreten Sozialversicherungssystems ab. Wenn Erwerbstätigkeit den Familienunterhalt sichert, dann gilt dies unbestrittenermaßen auch für eine an sie anknüpfende Sozialversicherung. Die Grenzen zum Familienleistungsausgleich ließen sich nur dann eindeutig bestimmen, wenn es einen klar abgrenzbaren Begriff der Sozialversicherung gäbe, wenn die Familienfunktionen ebenso eindeutig bestimmt werden könnten und wenn diese Begriffe statisch wären. Beide hängen aber von historischen und politischen Gegebenheiten ab. Beispielsweise wurden die **10**

Hinterbliebenenrenten erst im Jahre 1912 eingeführt (vgl. Rust, VSSR 1996 S. 108). Der Begriff „versicherungsfremd" darf nur als „sozialversicherungsfremd" verstanden werden. In der Diskussion dominiert aber viel zu sehr ein an der Privatversicherung entwickeltes Äquivalenzprinzip (§ 4 Rn. 2). Das BVerfG betrachtet gerade unter Einbeziehung der überpersonellen und der zeitlichen Dimension (Drei-Generationen-Vertrag) diese Äquivalenz in der umlagefinanzierten Sozialversicherung als gestört, wenn es hervorhebt, die Gruppe der Sozialversicherten, die Kinder erzieht, würde dauerhaft mehr in dieses System einbringen, als es aus ihm erhält, wenn der Vorteil der anderen Gruppe, die keine Kinder erzieht, zukommt (BVerfG SGb 2002 S. 285; dazu Estelmann, SGb 2002 S. 245; Papier, NJW 2002 S. 2129; Steiner, NZS 2004 S. 505; Shirvani, NZS 2009 S. 242).

11 Des Weiteren ist es wenig hilfreich, die Auffassung zu vertreten, schon das bisherige Erziehungsgeld würde nicht zum Familienleistungsausgleich gehören. Hierin sei vielmehr eine Gleichbewertung unbezahlter familiärer Tätigkeit mit der Erwerbstätigkeit zu sehen (so Hase, VSSR 1996 S. 94). Entsprechendes wird für das jetzige Elterngeld vertreten (Seiler, NVwZ 2007 S. 129). Vor dem Hintergrund einer bestimmten Systemannahme ist das natürlich richtig. Aber auch diese ist nicht zwingend. Wenn das Elterngeld die zeitlich begrenzte Möglichkeit bietet, dass sich ein Elternteil in den ersten Lebensjahren überwiegend der Erziehung widmet, dann wird eine für das Kind geradezu lebenswichtige Familienfunktion staatlicherseits unterstützt (vgl. BVerfG 99 S. 216, 234). Es fragt sich auch, wohin das Elterngeld in der sozialrechtlichen Systematik eigentlich gehören sollte, wenn nicht zum Familienleistungsausgleich.

3. Duale Finanzierung

12 Generell sind staatliche Aufgaben im Sozialrecht sowohl durch Steuern als auch durch Beiträge finanzierbar (vgl. Jachmann, NZS 2003 S. 281). Im Detail wird man aber unterscheiden müssen: Wenn man wegen der gesamtgesellschaftlichen Bedeutung des Familienleistungsausgleichs dessen Finanzierung aus Steuermitteln befürwortet, dann kann man die Auffassung vertreten, die beitragsfreie Familienversicherung (§§ 10 SGB V, 25 SGB XI), die nur von den Beitragszahlern aufgebracht wird, gehöre nicht in den Familienleistungsausgleich. Dasselbe kann man aber nicht für die Kindererziehungszeiten in den Rentenversicherung sagen (§ 56 SGB VI), die für die Versicherten „beitragsfrei" sind. Gleichwohl werden die Beiträge vom Bund und damit aus Steuermitteln aufgebracht (§ 177 SGB VI). Hinsichtlich der beitragsfreien Versicherung nach § 25 SGB XI hat das BVerfG festgestellt, dass der Nachteil, den Familien auch innerhalb des Versicherungssystems erleiden, durch die beitragsfreie Familienversicherung nicht einmal ausgeglichen wird (BVerfG SGb 2002 S. 285, dazu Estelmann, SGb 202 S. 251). Auch hier wird man noch differenzieren müssen, weil sich dies in der Arbeitslosenversicherung anders darstellen dürfte.

12a Darüber hinaus ist nichts dagegen einzuwenden, dass der Staat die Aufgabe des Familienleistungsausgleichs auch in der Weise bewältigt, dass er einen Teil der Allgemeinheit überantwortet und aus **Steuermitteln** finanziert (Kinder- und Elterngeld). Einen anderen Teil kann er der kleineren Gruppe der Sozialversicherten überantworten und ausschließlich durch **Beiträge** finanzieren (beitragsfreie Familienversicherung). Daran ist er weder durch verfassungsrechtliche noch durch systematische Erwägungen gehindert. So wurde es vom BVerfG nicht beanstandet, dass es der Gesetzgeber über viele Jahre hin bei der Beitragsgestaltung zu Lasten der Familien dadurch vernachlässigt hatte, dass nur ein Teil der Versicherten auch Erziehungsleistungen erbracht hatte. Dies wurde erst anders, seit sich Teile der Sozialversicherung nicht mehr in einem „generativen Gleichgewichtszustand" befinden. Daraus könnten kinderlose Versicherte zumindest in der Renten- und Pflegeversicherung einen systemspezifischen Vorteil ziehen, da diese im Wesentlichen nur durch das Nachwachsen vorhandener Generationen funktionieren. Eine speziell auf Altersrisiken ausgerichtete Versicherung ist nur als Drei-Generationen-System richtig konzipiert. Ein Ausgleich muss dann in diesem System, also auf der Seite der Beiträge, erfolgen (BVerfG SGb 2002 S. 285, dazu Estelmann, SGb 2002 S. 245; Kingreen, JZ 2004 S. 938, 942). Die generell richtige Annahme, Kindererziehung sei eine gesamtgesellschaftliche Aufgabe (pointiert Ruland, NZS 2010 S. 121, 128), darf nicht übersehen lassen, dass die Familien darüber hinaus eine versicherungsspezifische Leistung erbringen, die auf der Beitragsseite berücksichtigt werden muss (§ 4 Rn. 5). Der „dualen" Funktion der Familie, kann durchaus eine duale Finanzierung des Familienleistungsausgleich entsprechen. Um der Tatsache Rechnung zu tragen, dass die Familie in der Erziehungsphase am stärksten der Entlastung bedarf, muss die Entlastung bei den Beiträgen erfolgen und nicht erst durch Berücksichtigung von Kindererziehungszeiten, wenn Leistungen im Alter zu erbringen sind.

Über die Schwierigkeiten bei der Zuordnung hinaus wird man insgesamt sagen **13** müssen, dass es unerheblich ist, ob man eine bestimmte gesetzliche Regelung als solche des Familienleistungsausgleichs betrachten kann oder nicht. Weder die Verfassung noch die §§ 6 und 25 verwenden diesen Begriff. Auch das BVerfG gebraucht ihn nicht, um eine rechtliche Streitfrage zu entscheiden: „Aus dem Verfassungsauftrag, einen wirksamen Familienlastenausgleich zu schaffen, lassen sich konkrete Folgerungen für die einzelnen Rechtsgebiete und Teilsysteme, in denen der Familienlastenausgleich zu verwirklichen ist, nicht ableiten" (BVerfG SGb 2002 S. 284, dazu Estelmann, SGb 2002 S. 245). Nur im Einzelfall, wie in der Pflegeversicherung, kann eine systeminterne Lösung über Beiträge erforderlich sein. Dies erfordert eine genaue Analyse des Verhältnisses von Beiträgen und Leistungen im jeweiligen Versicherungssystem (vgl. Ruland NZS 2016 S. 361). Im Hinblick darauf hat es das BSG abgelehnt, die Gedanken zum generativen Beitrag auf die Rentenversicherung zu übertragen (§ 4 Rn. 5).

In § 6 knüpft der sozialrechtliche Anspruch auf Minderung des Familienauf- **14** wands daran, dass Unterhalt zu leisten ist. Im Grundsatz geht das Bürgerliche Recht von einem Gleichrang des Bar- und des Betreuungsunterhalts aus (§ 1606 Abs. 3 BGB). Deswegen ist es nicht ganz konsequent, wenn § 6 nur die Minderung der wirtschaftlichen Belastungen in den sozialen Ausgleich einbezieht. Demgegenüber wird in Übereinstimmung mit dem Bürgerlichen Recht in der Ausgestaltung des Familienleistungsausgleichs in den einzelnen Sozialleistungsbereichen, auch nicht beim Kindergeld, nicht mehr nach Bar- und Betreuungsunterhalt unterschieden. Dies hat auch das BVerfG veranlasst, das **Existenzminimum des Kindes** über die materiellen Aufwendungen und den Betreuungs- und Erziehungsbedarf zu definieren (BVerfG 99 S. 216, kritisch zu letzterem Birk/Wernsmann, JZ 2001 S. 218).

So kurz wie die gesetzliche Regelung der Minderung des Familienaufwands **15** ist, so vielgestaltig wirkt er weit über das Sozialrecht hinaus. Er umfasst außerhalb des Sozialrechts eine Vielzahl steuerrechtlicher Regelungen und reicht sogar bis in das Zwangsvollstreckungsrecht hinein (§ 850c ZPO). Aber auch dort ist er unzureichend, weil die Steigerung der pfändungsfreien Beträge hinter dem tatsächlichen Aufwand für Kinder zurückbleibt. Da allerdings das Kindergeld nur unter den Voraussetzungen der §§ 54 Abs. 5 SGB I bzw. 76 EStG, also nur wegen gesetzlicher Unterhaltsansprüche eines Kindes, pfändbar ist, kann das Existenzminimum des Kindes nicht gefährdet sein. Problematisch ist allerdings, dass die pfändungsfreien Beträge nicht mehr automatisch bei einer Unterhaltspflicht gegenüber mehr als fünf Personen steigen (vgl. § 850f ZPO). Im Arbeitsrecht ergeben sich Berührungspunkte mit dem Sozialrecht. Das betrifft die Beschäftigungsverbote nach den §§ 3 ff. MuSchG (Friese, NJW 2002 S. 3208), die Elternzeit nach §§ 15, 16 BEEG und den Freistellungsanspruch nach § 44 Abs. 3 SGB V bei Erkrankung eines Kindes. Das sog. **Familiensplitting** ist bei genauer Betrachtung keine Form des Familienleistungsausgleichs, sondern Ausdruck des Grundsatzes, dass sich die steuerliche Belastung an der individuellen Leistungsfähigkeit zu orientieren hat (Oberhauser, SF 1985 S. 15). Seine Einführung – anstelle des bisherigen Ehegattensplittings – würde wohl zu einer noch größeren Steuerkomplizierung führen (Horlemann, BB 1996 S. 187). Im Übrigen sprechen auch für das überkommene Ehegattensplitting verfassungsrechtliche Gründe (vgl. Papier, NJW 2002 S. 2130). Des Weiteren rechnen die Leistungen der Rentenversicherung an Hinterbliebene nicht zum Familienleistungsausgleich ieS, da sie ihrer Funktion nach einen Ausgleich für den Fortfall eines Unterhaltspflichtigen darstellen.

16 Betrachtet man den Stand, den der Familienleistungsausgleich erreicht hat, so ist noch immer ein gewisser Widerspruch zur allgemeinen Wertschätzung der Familie zu erkennen. Zunächst ist festzustellen, dass Armut heute weniger Altersarmut und mehr die Armut von Familien und insoweit von allein Erziehenden geworden ist (§ 9 Rn. 3). Allein die materiellen Mindestaufwendungen der Eltern für ein Kind belaufen sich im Jahr auf etwa 6000,– €. Diese Aufwendungen wurden unter Geltung des Grundgesetzes lange Zeit dem privaten Konsum gleichgestellt. Erst die Rechtsprechung des BVerfG zur Steuerfreiheit des Existenzminimums hat hier einen Wandel eingeleitet, der aber nur allmählich zu einer Umsteuerung geführt hat (BVerfG 82 S. 60; 198). Die Behandlung der Familie im Sozial- und Steuerrecht war und ist deswegen einer erheblichen Kritik ausgesetzt (vgl. Borchert, Innenweltzerstörung 1989 S. 48 ff; Prinz, DRV 1994 S. 259; Birk/Wernsmann, JZ 2001 S. 218; Ruland, FamRZ 2004 S. 493). Die zwei zentralen Kritikpunkte sind folgende: Der rentenrechtliche **Generationenvertrag** benachteiligt vor allem die Mütter. Ihre Erziehungsleistung wird nicht vergütet. Außerdem verzichten sie während der Erziehung weitgehend auf den Ausbau ihrer eigenen sozialen Sicherung. So ist die durchschnittliche Rente für Männer mehr als doppelt so hoch als die für Frauen. Mit einer höheren Kinderzahl korreliert eine geringere Rente (Ruland, NJW 1994 S. 2050). Zugleich mit dem Verzicht auf eine eigene Alterssicherung tragen vor allem die Frauen durch die Erziehung der Kinder zur späteren Finanzierung der Rentenversicherung bei. Den größten Vorteil daraus haben vor allem die Kinderlosen, deren Rentenbiografie nicht durch Kindererziehungszeiten unterbrochen ist. Den größten Nachteil erleiden die allein Erziehenden, bei denen die Doppelbelastung durch Erziehung und Berufstätigkeit besonders stark ist. Heute regelt § 70 Abs. 2 SGB VI immerhin, dass bei einem Zusammentreffen von Kindererziehungszeiten mit anderen Zeiten eine Zusammenrechnung der Entgeltpunkte erfolgt (BVerfG FamRZ 1996 S. 1137; KassKomm-Körner § 70 SGB VI Rn. 13).

17 Die rentenrechtliche Ausgangslage kann im – wohl nur gedanklich anzunehmenden – Extremfall dazu führen, dass die Kinder mit ihrem späteren Erwerbseinkommen die dann zu zahlenden Renten aus ihrem Bruttoeinkommen finanzieren. Ihre Mutter aber erhält eine zumindest ausreichende Rente nicht. Sie ist auf Unterhaltsleistungen ihrer Kinder angewiesen (§ 1601 BGB). Die unterhaltsrechtliche Leistungsfähigkeit der Kinder bestimmt sich nun nach ihrem Nettoerwerbseinkommen. Die zuvor abgezogenen Beiträge zur Sozialversicherung dienen ua der Finanzierung der Renten von Personen, die, anders als die Mutter, eine Erziehungsleistung nicht oder in geringerem Umfang erbracht haben. Während also die Kinder die Renten fremder Personen mitfinanzieren, ist ihre Mutter auf Leistungen der Grundsicherung im Alter nach den §§ 41 ff. SGB XII angewiesen.

Auch im **Steuerrecht** ließ ein Wandel lange auf sich warten. Noch immer 18
werden durch das Ehegattensplitting kinderlose Ehepaare bevorzugt. Andererseits werden die finanziellen Mittel, die Eltern für ihre Kinder aufwenden, steuerlich heute nicht mehr wie Ausgaben für den allgemeinen Konsum behandelt. Sie mindern die steuerliche Leistungsfähigkeit um die Freibeträge nach § 32 Abs. 6 EStG. Im Kern beruht die Regelung darauf, dass das Existenzminimum des Kindes entweder durch diese Freibeträge oder durch das steuerliche Kindergeld nach den §§ 62 ff. EStG gesichert wird. Deswegen bestimmt § 31 Satz 1 EStG, dass entweder die Steuerfreibeträge oder das Kindergeld in Anspruch genommen werden können. Für die meisten Familien bis zu den mittleren Einkommensgruppen, ist das steuerliche Kindergeld die günstigere Alternative. Das Existenzminimum umfasst nicht nur den materiellen Bedarf des Kindes, sondern auch seinen Betreuungs- und Erziehungsbedarf (BVerfG 99 S. 216). Dem hat der Gesetzgeber mit dem Zweiten Gesetz zur Familienförderung Rechnung getragen (BGBl I 2001 S. 2074). Gegen den weitergehenden Ansatz eines Familiensplittings, wie im Grunde jede rein steuerrechtliche Lösung, spricht vor allem, dass es in erster Linie Besserverdienende bevorzugt.

Den früheren Familienleistungsausgleich, der auf der Basis eines **dualen Sys-** 19
tems von steuerlicher Entlastung und einem relativ geringen Kindergeld basierte, wodurch die höheren Einkommensgruppen bevorzugt wurden, hat der Gesetzgeber durch ein **alternatives System** ersetzt. Die Familie wird steuerlich entweder durch Freibeträge oder durch das steuerliche Kindergeld entlastet. Kindergeld als Sozialleistung wird nur noch in sehr geringem Umfange gezahlt. Anspruchsberechtigt sind nach § 1 BKGG Personen, die nach § 1 Abs. 1–3 EStG nicht unbeschränkt einkommenssteuerpflichtig sind oder so behandelt werden und die weiteren Voraussetzungen nach § 1 Abs. 1 Nr. 1–4 BKiGG erfüllen. Unbeschränkt einkommenssteuerpflichtig sind nach § 1 Abs. 1 EStG natürliche Personen, die im Inland einen Wohnsitz oder gewöhnlichen Aufenthalt haben.

Von der Wirkungsrichtung des Familienleistungsausgleichs zu unterscheiden ist 20
seine Finanzierung. Zum großen Teil, vor allem beim Eltern- und Kindergeld, erfolgt sie über Steuern. Sofern innerhalb der Sozialversicherung Familienleistungsausgleich betrieben wird, ist zwar auch, durch Bundeszuschüsse, eine steuerliche Finanzierung möglich (§ 177 SGB VI). Sie kann aber auch allein über Beiträge erfolgen, wie es bei der Familienversicherung nach den §§ 10 SGB V, 25 SGB XI der Fall ist. Wegen der grundsätzlich gesellschaftspolitischen Aufgabe des Familienleistungsausgleichs wird eine durchgehende steuerliche Finanzierung gefordert (Ruland, DRV 1993 S. 349). Dagegen kann im Augenblick zwar eingewandt werden, die Familien würden in diesem Falle ihren Ausgleich selbst finanzieren (Suhr, Der Staat 1990 S. 75; Borchert, ZSR 1994 S. 543). Letztlich hängt dies aber von der Ausgestaltung des Steuerrechts ab. Hohe Kinderfreibeträge kommen vor allem Besserverdienenden zugute. Demgegenüber würde eine Mehrwert-

steuererhöhung die Familien, vor allem aber einkommensschwache Familien zusätzlich belasten, da sie praktisch ihr gesamtes Einkommen für den Konsum mehrwertsteuerpflichtiger Güter verwenden. Die politisch höchst umstrittene zusätzliche Abgabe für Kinderlose, würde Lastenverschiebungen zu Ungunsten von Familien am ehesten vermeiden (vgl. Ruland, NJW 1994 S. 2053). Gegen eine rein steuerliche Finanzierung ist jedoch der Einwand zu erheben, dass steuerlich finanzierte Sozialleistungen, grundsätzlich nicht der Eigentumsgarantie des Art. 14 GG unterliegen. Es besteht also die Gefahr, dass ein steuerlich finanzierter Familienleistungsausgleich zur Manövriermasse bei Einsparungsbemühungen wird (Stober, SGb 1989 S. 56). Betrachtet man aber die Kindererziehung als einen Beitrag zur Finanzierung der Renten- und Pflegeversicherung (BVerfG 87 S. 1; BVerfG 103 S. 242), dann ist die beitragsrechtliche Bewertung der Kindererziehung nur konsequent und nur sie wird der individuellen Leistung gerecht (vgl. Ebsen, SozVers 1993 S. 144, Pfaff, VSSR 2004 S. 19).

21 Als besondere Form des Familienleistungsausgleichs hat sich in den letzten Jahren immer mehr die Gleichstellung der **Kindererziehungszeiten** mit den Beschäftigungszeiten in der gesetzlichen Rentenversicherung herauskristallisiert (vgl. §§ 3 Nr. 1, 56 SGB VI). In einer Reihe von Entscheidungen hat das BVerfG in diese Richtung argumentiert (BVerfG 87 S. 1). Gegen diesen Weg wird jedoch eingewandt, dass nur die Lösung über das Steuerrecht und das Kindergeld den Familien dann die Entlastung bringt, wenn sie sie wirklich brauchen. Das ist die Lebensphase der Eltern, in der Kinder erzogen werden und das Haushaltseinkommen absinkt, weil ein Elternteil die Erwerbstätigkeit zumindest einschränken muss und zudem mehr Personen von dem Einkommen leben müssen. Im Rentenalter der Eltern kann man nicht mehr von einer familienspezifisch gesteigerten Bedarfssituation ausgehen. Die zzt. noch geringe Altersarmut ist ein Hinweis auf diese Tatsache. Kindererziehungszeiten in der Rentenversicherung verfehlen nach dieser Auffassung also ihr familienpolitisches Ziel, wenn sie auch zur eigenständigen sozialen Sicherung der Frau beitragen mögen (Ruland, NZS 1993 S. 1; v. Einem, ZfS 1987 S. 91; André, SF 1987 S. 91). Darin verdeutlicht sich in einem zentralen Punkt das bleibende Dilemma des Familienleistungsausgleichs. Seine Finanzierung über Steuern schafft nicht die Sicherheit, derer die Familie auf lange Sicht bedarf. Seine Finanzierung über Beiträge verschafft den Familien Entlastung nicht zur der Zeit, zu der sie am notwendigsten wäre. Es wird deswegen wohl dabei bleiben müssen, dass man steuerliche und sozialversicherungsrechtliche Lösungsansätze nebeneinander verfolgt (Scherf, SF 1994 S. 259; Burmester, SGb 1995 S. 49; Schmähl, DRV 2002 S. 721).

22 Regelungen des sozialrechtlichen Familienleistungsausgleichs gibt es über das Kinder- und Erziehungsgeld hinaus praktisch in allen Besonderen Teilen des Sozialgesetzbuches. In der Krankenversicherung ist dies vor allem die Familienversicherung nach § 10 SGB V, die bei behinderten Kindern unter den Voraussetzungen des § 10 Abs. 2 Nr. 4 SGB V ohne Altersgrenze besteht. Dasselbe gilt für das Krankengeld bei Erkrankung eines Kindes, wobei auch die besondere Lage allein erziehender Elternteile besonders berücksichtigt wird (§ 45 Abs. 2 SGB V). Im Recht der Krankenversicherung ist eine Differenzierung der Beiträge nach der Zahl der unterhaltenen Angehörigen nicht zulässig (BSG 56 S. 259; BSG SozR 3-2500 § 240 SGB V Nr. 10). In der Rentenversicherung haben die wiederholt erweiterten Kindererziehungszeiten (Mütterrente) eine zunehmende Bedeutung (Meickmann, NZS 2016 S. 88). Entsprechendes gilt für die Berücksichtigungszeiten (§ 23 Rn. 20). Dem Familienleistungsausgleich jedenfalls iwS dienen die Leistungen an Hinterbliebene (§§ 46 ff. SGB VI). Auch die Möglichkeit wegen Kindererziehung die Verfügbarkeit nach § 119 Abs. 4 Nr. 2 SGB III aF einzuschränken, orientierte sich am Gedanken des Familienleistungsausgleichs (Fuchsloch, FuR 1993 S. 7). Dasselbe gilt wenigstens im Ansatz für den höheren Betrag bei der Berechnung des Arbeitslosengeldes nach § 149 Nr. 1 SGB III. Entsprechendes gilt für die Mehrbedarfszuschläge für Alleinerziehende nach den §§ 21 Abs. 3 SGB II und 30 Abs. 3 SGB XII. Der spezifischen familiären Situation von Studierenden trägt § 14b BAföG Rechnung. Allgemein gehören die Regelungen der Ausbildungsförderung in diesen Zusammenhang, wenn sie auch nicht ausschließlich dem Familienleistungsausgleich dienen. Über die bisher überwiegend monetäre Ausgestaltung geht die Regelung des § 16 SGB VIII hinaus. Sie ist gezielt auf die Stärkung der Familie als Erziehungsinstanz ausgerichtet. In dieser besonderen Zielsetzung stellt diese Leistung eine Verbindung zu dem sozialen Recht nach § 8 dar. Zum Wechselverhältnis von Sozial- und Familienrecht vgl. Schneider, NZS 2017 S. 608; NZS 2019 S. 361.

§ 7 Zuschuß für eine angemessene Wohnung

Wer für eine angemessene Wohnung Aufwendungen erbringen muß, die ihm nicht zugemutet werden können, hat ein Recht auf Zuschuß zur Miete oder zu vergleichbaren Aufwendungen.

Das soziale Recht des § 7 knüpft an die unzumutbaren Aufwendungen für 1 angemessenen Wohnraum (vgl. § 26 Rn. 11). Die Kriterien der Angemessenheit und Zumutbarkeit engen den Anwendungsspielraum des sozialen Rechts ein. Es ist in diesem Zusammenhang nicht geboten, die Frage zu erörtern, ob sich daraus eine Verpflichtung zum Wechsel in eine kostengünstigere Wohnung ergeben kann. Wenn sich aus den sozialen Rechten schon keine Ansprüche ergeben (§ 2 Abs. 1 Satz 2), dann ganz gewiss auch keine Verpflichtungen.

Der Begriff der Angemessenheit wird durch die Bestimmungen des Wohngeld- 1a gesetzes näher konkretisiert. Die Zumutbarkeit ist in diesem Zusammenhang eigentlich ein eher politischer Begriff. Der Gesetzgeber muss sich dadurch veranlasst sehen, eine Entscheidung darüber zu treffen, bei welcher Familiengröße und bei welcher Einkommenshöhe welche Aufwendungen für die Wohnung noch zu tragen sind.

Unterhalb der Ebene des sozialen Rechts aus § 7 ergibt sich beim Bezug von 2 Leistungen der Fürsorge im Zusammenhang mit den §§ 22 Abs. 1 Satz 3 SGB II; 35 Abs. 2 Satz 1 und 2 SGB XII durchaus eine gewisse Obliegenheit zur Senkung der Unterkunftskosten (§ 19a Rn. 38). Sie kann auch den Wohnungswechsel mit umfassen. Dieser darf freilich nicht mit dem Wechsel des sozialen Umfeldes verbunden sein (BSG 97 S. 254). Soweit jedoch Wohngeldansprüche geltend gemacht werden, kommt ein Wohnungswechsel unter keinen Umständen in Betracht. Das System des Wohngeldes orientiert sich an der zuschussfähigen Miete. Die Höhe des Zuschusses hängt also nicht von der tatsächlich gezahlten Miete ab. Ein Mietaufwand muss in jedem Falle tatsächlich angefallen sein (OVG Lüneburg 4 LA 114/12, juris). Darüber hinaus kennt das Wohngeldrecht mit seinen sechs Mietstufen keine Obliegenheit zum Wechsel des Wohnortes in eine kostengünstigere Gemeinde.

Gleichfalls ist es nicht zutreffend, das soziale Recht des § 7 in die Nähe der 3 Hilfe in besonderen Lebenslagen, insbesondere nach § 67 SGB XII zu rücken. In der Systematik der Grundsicherung für Arbeitsuchende oder des Sozialhilferechts kann § 7 schon deswegen nur im Zusammenhang mit der Hilfe zum Lebensunterhalt Erwähnung finden, weil ein Wohnraumbedarf für alle Bevölkerungskreise in grundsätzlich gleicher Weise besteht. Davon ist die Frage zu unterscheiden, ob im Rahmen der Hilfe in besonderen Lebenslagen (§§ 47–74 SGB XII) ein Anspruch auf Verschaffung von Wohnraum gegeben sein kann, der durch das soziale Recht des § 7 gerade nicht gewährleistet ist (vgl. unten Rn. 8).

4 Das soziale Recht des § 7 beschränkt sich auf einen **Zuschuss.** Im Zusammenhang damit wird die begrenzte Reichweite der sozialen Rechte schon im Wortlaut der gesetzlichen Regelung deutlich. Den Zuschuss für eine angemessene Wohnung erhält zudem nur derjenige, der die wirtschaftlichen Belastungen für Wohnraum tragen muss (§ 1 WoGG). Die Beschaffung des Wohnraums selbst liegt damit außerhalb des Anwendungsbereichs dieses sozialen Rechts. Demgegenüber ließ § 12 BSHG aF eine Auslegung zu, die im Einzelfall dem Hilfesuchenden einen Anspruch auf Beschaffung von Wohnraum gab (vgl. § 2 Rn. 7). Seine Nachfolgeregelung, die Vorschrift des § 22 SGB II, erfasst schon nach ihrem Wortlaut nur die „tatsächlichen Aufwendungen" für eine Unterkunft. Sie beinhaltet also keinen Wohnraumverschaffungsanspruch. Eine andere Auffassung ließe sich noch zum Sozialhilferecht vertreten. Der notwendige Lebensunterhalt erstreckt sich nach § 27a Abs. 1 SGB XII ua auch auf die Unterkunft. Erst § 35 SGB XII nimmt dann eine Einschränkung auf die tatsächlichen Aufwendungen für die Unterkunft vor. Es bestehen allerdings gewisse Unterschiede zwischen dem SGB II und dem SGB XII. Insbesondere aus § 27 Abs. 3 SGB XII ergibt sich, dass die Hilfe zum Lebensunterhalt nicht darauf beschränkt ist, dass dem Hilfebedürftigen lediglich materielle Mittel zur Verfügung gestellt werden. Er hat auch einen Anspruch auf Unterstützung bei einzelnen erforderlichen Tätigkeiten. Daraus wird man aber allenfalls einen Anspruch auf Hilfe bei der Wohnungssuche ableiten können.

5 Gänzlich außerhalb der sozialrechtlichen Regelungen steht die Förderung des sozialen **Wohnungsbaus.** Im Übrigen hat der Kündigungsschutz bei der Vermietung von Wohnraum eine große Bedeutung (§§ 549 ff. BGB). Durch die besonderen Regelungen der §§ 22 Abs. 9 SGB II, 36 Abs. 2 SGB XII wird er in der Weise flankiert, dass es den Gerichten zur Aufgabe gemacht wurde, bei Eingang einer Räumungsklage die Grundsicherungsträger bzw. die Träger der Sozialhilfe zu informieren. Diese können dann nach § 543 Abs. 2 Satz 2 BGB die Mietschulden übernehmen und so die Kündigung des Wohnraums verhindern. Das geschieht auf der Grundlage der §§ 22 Abs. 8 SGB II, 36 Abs. 1 SGB XII (§ 19a Rn. 39).

6 Da abgesehen von diesen Ausnahmen ist festzustellen, dass die Vermietung von Wohnungen insgesamt marktwirtschaftlichen Grundsätzen folgt, ist es angesichts der obwaltenden Umstände unausweichlich, eine sozialrechtliche Absicherung des elementaren menschlichen Bedürfnisses nach Wohnraum ähnlich wie im Bereich der Arbeit zu garantieren. Ob die Regelungen ausreichten, wurde in den vergangenen Jahren eher bezweifelt (Harke, NDV 1990 S. 401; Reis, NDV 1995 S. 20). Vorrübergehend hatte sich der Wohnungsmarkt in Teilbereichen, und keineswegs auf Dauer, entspannt. Die Entspannung war auch nicht überall eingetreten und oft auch nicht im unteren Preissegment, soweit dort angemessener Wohnraum nachgefragt wird. Billiger und angemessener Wohnraum in Ballungsgebieten dürfte dauerhaft nur sehr begrenzt verfügbar sein. Ihn zu schaffen, ist wirtschaftlich zumeist nicht attraktiv.

7 Wenn ein beträchtlicher Teil des Familieneinkommens für Wohnraum aufzuwenden ist, und wenn über das Wohngeld nur gut ein Drittel dieser Aufwendun-

gen aufgefangen werden kann, dann wird die wirtschaftliche Lage des Arbeitnehmers ganz entscheidend vom Wohnungsmarkt beeinflusst (Busch-Geertsema/Ruhstrat, NDV 1995 S. 400, 443). Anders als in einigen anderen Bereichen der privaten Lebensführung ist beim Wohnraum ein Verzicht praktisch kaum zu realisieren. Die Möglichkeit des Ausweichens auf qualitativ weniger hochstehenden Wohnraum besteht angesichts der Marktlage und der Tendenzen zum Bau hochwertigen Wohnraums nur in sehr geringem Umfang. Auch ein Wegzug aus Ballungsgebieten ist zumindest für Familien nur in engem Rahmen möglich. Nicht selten ist sie heute aus Gründen des Arbeitsmarktes ausgeschlossen. Andererseits sind die Ansprüche an aufwändigeren Kraftfahrzeugen in den letzten Jahren durchaus realisiert worden.

Insgesamt kann sich allenfalls unterhalb der Ebene des sozialen Rechts aus § 7 **8**
ein Anspruch auf die **Verschaffung von Wohnraum** ergeben. Dessen Grenzen werden aber dadurch verdeutlicht, dass es die Rechtsprechung schon früher ablehnte, im Rahmen der Hilfe zum Lebensunterhalt aus § 12 BSHG aF ein Recht auf Zuweisung einer Wohnung abzuleiten, obwohl § 12 BSHG aF die Unterkunft als solche und nicht nur die Aufwendungen dafür zum notwendigen Lebensunterhalt rechnet (vgl. OVG Münster FEVS 42 S. 241; VGH Mannheim FEVS 43 S. 472). Zwar ist insoweit durch § 27 Abs. 1 SGB XII keine Änderung eingetreten. Jedoch erhält der größte Teil der Hilfebedürftigen Leistungen nach dem SGB II. Hier kennt § 22 Abs. 1 SGB II nur die Übernahme der tatsächlichen Aufwendungen für die Unterkunft. Wenn andererseits das „Obdach" zum Existenzminimum (Art. 1 Abs. 1 GG) gehört, dann gebietet es die staatliche Schutzpflicht auch für ein Obdach zu sorgen. Das muss jedoch nicht im Sozialrecht geschehen. Die Aufgabe kann der Staat auch den Ordnungsbehörden überlassen. Insoweit finden wir im Bereich der Unterkunft noch ein Relikt armenpolizeilichen Denkens. Dadurch unterscheidet sich das soziale Recht des § 7 von den anderen sozialen Rechten. Die **Basisversorgung** mit Wohnraum ist von seinem Geltungsumfang ausgeschlossen. Sie setzt erst oberhalb einer gewissen Schwelle ein. Demgegenüber sind alle anderen sozialen Rechte nicht im unteren, wohl aber im oberen Bereich begrenzt. Insoweit ist zwar der Auffassung zuzustimmen, die da lautet: „Das Obdachlosenpolizeirecht ist gegenüber dem Sozialrecht nachrangig. Die Vorschriften des Sozialgesetzbuches enthalten differenzierte gesetzliche Regelungen zur Beseitigung wirtschaftlicher Notlagen. Soweit sozialrechtliche Leistungsansprüche bestehen, bedarf es nicht des Rückgriffs auf das Obdachlosenpolizeirecht. Dies kann allenfalls dann zur Anwendung kommen, wenn es gilt, kurzfristige zeitliche Lücken zu überbrücken" (OVG Bremen, ZfSH/SGB 2013 S. 356). Sozialrechtliche Ansprüche, die auf die Erlangung von Wohnraum gerichtet sind, bestehen aber, wenn überhaupt, nur auf der Grundlage der §§ 67, 68 SGB XII.

Wenn die obergerichtliche Rechtsprechung demgegenüber dazu neigte, bei **9**
sehr großen Familien den Mangel an Wohnraum als eine besondere soziale Schwierigkeit im Sinne des § 72 BSHG aF (§ 67 SGB XII) anzusehen, um darüber ein Recht auf Verschaffung von Wohnraum zu begründen, dann wird damit die Lage sehr genau erfasst (VGH Kassel NJW 1991 S. 244). Dasselbe ist heute für § 67 SGB XII anzunehmen. Diese Auffassung wird auch vom BSG vertreten (BSG FEVS 64 S. 486). Für Leistungsberechtigte, die nicht zu dem Personenkreis des § 67 SGB XII gehören und für Familien normaler Größe besteht ein Anspruch auf Verschaffung von Wohnraum nicht. Diese Lücke wird auch nicht durch das Wohngeldrecht geschlossen. Der in § 1 WoGG genannte Zweck des familiengerechten Wohnens beschränkt sich allein auf die wirtschaftliche Entlastung. Nur

in besonderen Lebenslagen, wie sie in § 67 SGB XII normiert sind, kann überhaupt ein Verschaffungsanspruch in Betracht kommen. Systematisch richtig ist dies in der Weise zu begründen, dass sich der Träger der Sozialhilfe trotz grundsätzlichen Vorrangs der Geldleistung (§ 10 Abs. 1 SGB XII) im Rahmen seiner Ermessensentscheidung nach § 10 Abs. 3 SGB XII nicht immer auf die Übernahme der Kosten für die Unterkunft beschränken kann. Ist der Hilfesuchende nicht zur Beschaffung von Wohnraum in der Lage, kann er sich also nicht selbst helfen, wie dies § 2 Abs. 1 SGB XII vorsieht, so muss der Träger der Sozialhilfe sein Ermessen in der Weise ausüben, dass er die Unterkunft beschafft (§§ 67, 68 SGB XII). Dabei darf er sich nicht lediglich auf eine Obdachlosenunterkunft beschränken (VGH München FEVS 45 S. 159). Diese entspricht nicht den Anforderungen des § 35 SGB XII (aA OVG Münster NVwZ 1993 S. 202). Dagegen konnte noch nie eingewandt werden, durch die § 35 Abs. 1 SGB XII (§§ 22 BSHG, 3 Abs. 1 RSVO aF) sei ein Ermessen ausgeschlossen (so zum alten Recht Kunkel, NDV 1994 S. 229). In diesen Vorschriften ist nur geregelt, in welcher Höhe die Kosten der Unterkunft zu übernehmen sind, sofern Geldleistungen erbracht werden. In § 35 Abs. 1 SGB XII (§ 22 BSHG aF) ist nicht geregelt, dass ausschließlich Geldleistungen zu erbringen sind. Diese Frage ist vielmehr auf der Grundlage der allgemeinen Regelung des § 10 Abs. 3 SGB XII zu entscheiden (Mrozynski, ZfSH/SGB 1996 S. 461; Sunder, NDV 2002 S. 21). In § 35 SGB XII wird lediglich kein Verschaffungsanspruch auf Wohnraum begründet. Davon unabhängig gilt, dass der Sozialhilfeträger die Kosten einer Obdachlosenunterkunft dennoch nach den §§ 27a Abs. 1, 35 Abs. 1 SGB XII übernehmen muss, wenn sich für den Obdachlosen keine angemessene Unterkunft findet (BVerwG 100 S. 136). Im Ergebnis ist ein Verschaffungsanspruch auf Wohnraum nur in den Fällen der §§ 67, 68 SGB XII iVm § 10 Abs. 3 SGB XII begründbar. Ist der Wohnraum verschafft worden, so ist auf der Grundlage der §§ 10, 35 SGB XII zu entscheiden, in welcher Form die Kosten getragen werden. Vor dem Hintergrund der Kostenbeitragsregelungen der Sozialhilfe (§ 28 Rn. 10, 15) ist es sogar denkbar, dass der Wohnraum nach § 67 SGB XII verschafft wird, und dass der Hilfeempfänger im Anschluss daran wirtschaftlich in der Lage ist, die Unterkunftskosten selbst zu tragen.

§ 8 Kinder- und Jugendhilfe

[1]Junge Menschen und Personensorgeberechtigte haben im Rahmen dieses Gesetzbuchs ein Recht, Leistungen der öffentlichen Jugendhilfe in Anspruch zu nehmen. [2]Sie sollen die Entwicklung junger Menschen fördern und die Erziehung in der Familie unterstützen und ergänzen.

Übersicht

1. Jugendalter als Lebenslage

1 Nur insoweit als das SGB VIII Leistungsansprüche begründet, ist es Bestandteil des Sozialgesetzbuches geworden. Nicht dazu gehören die in § 2 Abs. 3 SGB VIII

als „andere Aufgaben" geregelten Teile des Achten Buches, also die §§ 42 ff. SGB VIII. Zum Teil sehr informative Berichte über die Situation in der Kinder- und Jugendarbeit geben die Kinder- und Jugendberichte. Das gilt vor allem für den **8. Jugendbericht** (BT-Dr. 11/6576), der einen nicht geringen Einfluss auf die Schaffung des SGB VIII hatte. Eine der wesentlichen Grundaussagen des 8. Jugendberichts besteht darin, dass die Lebenslagen von Kindern und Jugendlichen sehr differenziert gesehen werden müssen. Dafür wird der Begriff der Pluralisierung der Lebensverhältnisse gewählt (BT-Dr. 11/6576 S. 27 ff.). Das bedeutet für die Rechtsanwendung vor allem, dass die unterschiedlichen Lebenslagen, die etwa mit der sozialen Schichtung aber auch mit der Staatsangehörigkeit zusammenhängen (§ 6 SGB VIII), stärkere Beachtung finden müssen. Ein besonderes Gewicht legte der Bericht und legt das Gesetz auf die Berücksichtigung der unterschiedlichen Lebenslagen von Jungen und Mädchen (§ 9 Nr. 3 SGB VIII). Ganz generell sieht sich die Gesetzgebung mit der gewandelten Realität der „Jugendphase" konfrontiert. Diese Lebensphase ist nicht mehr nur als Übergang in das Erwachsenenleben (Existenz- und Familiengründung), sondern als Entwicklungsabschnitt von eigenem Gewicht zu begreifen. Es kommt hinzu, dass infolge des schnellen gesellschaftlichen Wandels die Autorität der älteren Generation auf der Basis eines überlegenen Wissens weitgehend geschwunden ist (vgl. Ferchhoff, ArchsozArb 1991 S. 162). Es bilden sich Formen des Zusammenlebens, etwa auch in eheähnlichen Gemeinschaften, heraus, die sich nicht nur als Subkultur in der sie umgebenden Gesellschaft verstehen lassen. Hier ist ein Lebensstil neben die Lebensstile der Erwachsenen getreten. Andererseits ist die Jugendphase heute in stärkerem Umfange eine Phase des Lernens als dies früher der Fall war. Die „arbeitende Jugend" ist eine wesentlich kleinere Gruppe geworden. Sie allerdings ist in verstärktem Maße von Arbeitslosigkeit, Armut und geringeren Lebenschancen bedroht. Gerade mit Blick auf diese Situation regelt das soziale Recht des § 8 nur Ausschnitte des Risikokomplexes „Kindheit und Jugend". Immer mehr drängen sich auch hier Arbeitsförderung, Grundsicherung und Sozialhilfe in den Vordergrund (vgl. § 10 Abs. 3 SGB VIII).

Fast ein Vierteljahrhundert später ergeben sich aus dem 14. Kinder- und 1a Jugendbericht (BT-Drs. 17/12200) keine grundlegend anderen Erkenntnisse, aber doch ein aus der Erfahrung von zwei Jahrzehnten entstandenes differenzierteres Wissen. So werden die Begriffe **Migration** und Migrationshintergrund problematisiert. Dabei wird stärker auf die Herkunft und den Zeitpunkt der Migration derjenigen abgestellt, die nun in Deutschland leben. Nach einer gewissen Zeit der Generationenfolge kann man nur noch sehr bedingt von einem Migrationshintergrund sprechen. Irgendwann gewinnen sie sozialen Verhältnisse im Inland die Oberhand. Deren Wirkung würde dann durch den Begriff Migrationshintergrund eher insoweit verschleiert, als er ein Defizit an Integration insinuiert. Die Situation von **Mädchen** und jungen Frauen steht nicht mehr so im Vordergrund der Überlegungen wie vor zwanzig Jahren, was offensichtlich darauf zurückzuführen ist, dass sie ihre Chancen in der Gesellschaft in stärkerem Maße wahrnehmen konnten. In den „letzten zwei, drei Jahrzehnten" haben sie „die sich ihnen bietenden Chancen des Bildungsaufstiegs auf breiter Ebene genutzt" (BT-Drs. 17/12200 S. 53, 54).

Unter Berücksichtigung der Situation, wie sie sich seit der Zeit nach dem 2 letzten Weltkrieg kontinuierlich fortentwickelt hat, kann man für Kinder und Jugendliche feststellen, dass die Familien kleiner werden. Es gibt mehr allein Erziehende und die Hälfte der Kinder wächst ohne **Geschwister** auf. Die **Medien** bilden auch insoweit einen Ersatz. Das hat aber offensichtlich nicht dazu geführt, dass der Wunsch zu lesen dramatisch nachgelassen hätte. Allerdings machen die Jungen dabei eine durchgehend schlechte Figur (14. Kinder- und Jugendbericht, BT-Drs. 17/12200 S. 123). Auffallender Weise setzt sich der 14. Kinder- und Jugendbericht noch nicht mit der Wirkung der medialen Vereinsamung der Kinder auf deren Sozialverhalten auseinander. Der Anteil der erwerbstätigen Mütter ist gestiegen (BT-Dr. 11/6576 S. 36 ff.). Die Zahl der Mütter, die jährlich in das Erwerbsleben zurückkehrt, oder zumindest zurückkehren will, wächst ständig. Das hängt zum Teil mit wirtschaftlichen Notwendigkeiten zusammen, aber auch damit, dass Frauen heute beruflich besser qualifiziert sind. Daraus ergibt sich eine geringere Bereitschaft auf die Ausübung einer Erwerbstätigkeit zu verzichten. Diese Tendenz hat sich auf Grund der Gegebenheiten, wie sie in der DDR bestanden hatten, noch verstärkt. Frauenarbeit war dort und ist in Ostdeutschland in wesentlich größerem Umfange vorzufinden. Dennoch ist auch in Westdeutschland die Erwerbstätigkeit von Frauen kontinuierlich gestiegen (§ 6 Rn. 7). Zugenommen hat auch die Einbeziehung der Männer in die Bewältigung familiärer Aufgaben. Diese ist aber mit der Einführung von zwei Vätermonaten (Partnermonaten) ins das Elterngeld nach § 4 Abs. 4 BEEG noch relativ begrenzt (§ 25 Rn. 32). Aus dem 8. Familienbericht wird ersichtlich, dass sich die so beschriebene Entwicklung fortgesetzt hat. Dabei wird aber auch festgestellt, dass es trotz einer gewachsenen Quote an Teilzeitarbeitsplätzen nicht gelungen ist, den Trend von einer Anpassung der Familie an die Arbeitswelt zu einer familiengerechten Arbeit umzukehren (BT-Drs. 17/9000 S. 24, 45 ff.).

3 Die Situation auf dem Wohnungsmarkt war vorübergehend auch in Ballungsgebieten nur noch in begrenztem Maße ein familien- und sozialpolitisches Problem. Inzwischen hat sich die Lage wieder verschärft. Wenn auch in abgelegenen Regionen ein Leerstand von Wohnungen Zeichen einer Überversorgung ist, so ist sie oft mit Wegzug oder Perspektivlosigkeit verbunden. Arbeitslosigkeit und die Abhängigkeit von Leistungen der **Grundsicherung für Arbeitsuchende** gehen auch an der jungen Generation nicht vorüber. Noch unbeeinflusst vom Untergang der DDR konnte im Sozialbericht 1990 festgestellt werden, dass sich die Zahl arbeitsloser Jugendlicher von 1986 bis 1989 auf nahezu 78.000 halbiert habe (BT-Drs. 11/7527 S. 8). Inzwischen treffen Wirtschaftsabläufe und Generationsfolge in der Weise zusammen, dass auf absehbare Zeit einen Mangel an qualifizierten Nachwuchskräften geben wird. Heute steht nicht mehr so sehr die Quote der Arbeitslosigkeit im Vordergrund. Vielmehr ist es deren Struktur. Unübersehbar ist, dass die Entwicklung dazu geführt hat, dass wir Arbeitslosigkeit und Unterbeschäftigung zugleich haben.

4 Die vielen und unterschiedlichen Versuche, das Problem der Arbeitslosigkeit in den Griff zu bekommen, haben bisher immer nur zu vorübergehenden Verbesserungen geführt. Selbst wenn es mit dem Wandel der Bevölkerungsstruktur längerfristig wieder zu einer Entspannung auf dem Arbeitsmarkt kommt, verbleibt für die Jugendhilfe ein Dauerproblem: Die in der Jugendarbeit immer wieder notwendig werdende Auseinandersetzung mit den Fragen der Schulschwierigkeiten, der Lehrabbrüche und der Beschäftigungslosigkeit hängt heute auch mit dem grundlegenden Wandel der industriellen Produktion zusammen. Er bewirkt ua, dass **Arbeitsplätze** für einfachere Tätigkeiten in weit geringerem Maße als früher zur Verfügung stehen. Damit wird es schwer, die kleinere Gruppe der weniger Qualifizierten in Arbeit zu vermitteln. Andererseits sind im Allgemeinen das Niveau und die Dauer der Ausbildung junger Menschen angestiegen. Auf diese

Weise haben sich auch die Chancen von Mädchen verbessert, wenn auch Leistung und Berufserfolg noch erheblich auseinanderfallen. Insgesamt aber verläuft die scharfe Trennlinie nicht mehr zwischen weiblich und männlich, sondern zwischen qualifiziert und nicht qualifiziert, wobei praktisch nur noch auf den Arbeitsmarkt abgestellt wird. Zugleich haben sich die Dauer der Jugendphase verlängert und die Lebensarbeitszeit verkürzt. Europaweit wird dem jetzt durch Verkürzung der Studienzeiten und Heraufsetzung des Rentenalters entgegen gewirkt. Andererseits ergeben sich Probleme in der Freizeit, die vom Rauschmittelkonsum über Gewalt unter und gegenüber Kindern bis hin zum Attraktivitätsverlust der Angebote der Jugendarbeit reichen. Als besondere Problemgruppe sind diejenigen Jugendlichen zu nennen, die die Schule ohne Hauptschulabschluss verlassen. Insoweit wird der Begriff der Arbeitslosigkeit zu Recht durch den der Ausbildungslosigkeit ergänzt. Nach dem im EU-Verbund erstellten Nationalen Sozialbericht 2012 unternimmt die Bundesrepublik erhebliche Anstrengungen, um nach der Schulphase noch einmal Ausbildungsinitiativen zu fördern. Der Ist-Stand innerhalb der Gruppe der Jugendlichen, der sich eher zu Lasten von Migranten verschiebt (Bildungsbericht 2018 S. 39), stellt sich folgendermaßen dar (14. Kinder- und Jugendbericht BT-Drs. 17/12200 S. 87):

Das schulische und berufliche Bildungsniveau in der Bevölkerung ist in den vergangenen Jahrzehnten gestiegen. Im Vergleich der Alterskohorten weisen jüngere Personen einen besseren Bildungsstand auf als ältere; dies trifft sowohl auf Personen ohne als auch mit Migrationshintergrund zu. Der Bildungsaufstieg in beiden Gruppen spiegelt sich im wachsenden Anteil höherer Bildungsabschlüsse in den jüngeren Altersgruppen ebenso wider wie in der geringer werdenden Zahl von Personen, die die Schule ohne Abschluss verlassen. Der Anteil dieser Gruppe ist auch unter den Migrantinnen und Migranten stark zurückgegangen … Dennoch bestehen nach wie vor deutliche Unterschiede zwischen beiden Gruppen. Bei den Schulbildungs- und den Berufsausbildungsabschlüssen weisen Personen mit Migrationshintergrund durchwegs niedrigere Abschlüsse auf. Der geringste Unterschied zeigt sich mit Blick auf die Hochschulreife. So verfügen in der Altersgruppe der 25- bis 35-Jährigen 37 Prozent der Migrantinnen und Migranten über die Hochschulreife, in der altersgleichen Bevölkerung ohne Migrationshintergrund sind es mit knapp 45 Prozent nur etwas mehr. Umgekehrt haben in der gleichen Altersgruppe jedoch nahezu doppelt so viele Migrantinnen und Migranten (37 %) wie Personen ohne Migrationshintergrund maximal einen Hauptschulabschluss (20 %) 5

Auffallend ist, dass die Zahl der Schüler an weiterführenden Schulen wächst, dass dies aber nicht zur Folge hat, dass insgesamt das Bildungsniveau in der Weise angehoben wird, dass in stärkerem Maße besser qualifizierter Nachwuchs auf den Arbeitsmarkt drängt (vgl. 15. Kinder- und Jugendbericht BT-Drs. 18/11050 S. 162). Vor diesem Hintergrund formuliert der 15. Kinder- und Jugendbericht unter dem Leitgedanken „Jugend ermöglichen" relativ idealistische Grundsätze:

„Demnach kann das Jugendalter gegenwärtig durch die drei Kernherausforderungen – Qualifizierung, Verselbstständigung, Selbstpositionierung – charakterisiert werden.

– Mit Qualifizierung wird die Erwartung verknüpft, dass junge Menschen allgemeinbildende, soziale und berufliche Handlungsfähigkeiten erlangen.
– Mit Verselbstständigung wird verbunden, dass junge Menschen soziokulturell, ökonomisch und politisch Verantwortung übernehmen.
– Mit Selbstpositionierung wird die Anforderung formuliert, dass junge Menschen eine Balance zwischen subjektiver Freiheit und sozialer Zugehörigkeit ausbilden (BT-Drs. 18/11050 S. 49, 178).

5a Wie dies in der digitalisierten Lebenswelt Jugendlicher – dem eine umfangreiche, aber gegenüber dem Medium nicht sehr kritische Bestandsaufnahme gewidmet wird (BT-Drs- 18/11050 S. 273–327) – erreicht werden soll, kann auch der 15. Jugendbericht nicht klären (vgl. BT-Drs. 18/11050 S. 303- 306, 327). Die Schlussfolgerung „Jugend digital ermöglichen“ klingt eher resignativ. Demgegenüber lassen sich Risiken im Bildungsbereich und im Sozialverhalten wohl ganz pragmatisch nur durch den Ausbau der Ganztagsschule erreichen (BT- Drs. 18/11050 S. 329–363). Die künftige Schule kann dann aber nicht mehr nur Bildungseinrichtung bleiben.

6 Die gegenwärtige Entwicklung lässt aber keineswegs nur negative Schlüsse zu. Vor allem darf man nicht übersehen, dass die Mehrheit der jungen Menschen in intakten Familien aufgewachsen ist und ein gutes Verhältnis zwischen Eltern und Kindern besteht. Deswegen ist auch die Feststellung einer früheren Ablösung junger Menschen von ihren Eltern nicht immer aussagekräftig im Sinne eines **Funktionsverlusts der Familie.** Es ist zwar nicht zu übersehen, dass sich die Scheidungsrate in den letzten 20 Jahren verdoppelt hat. Jedoch ist das Scheidungsrisiko nach relativ kurzer Ehedauer und bei Ehen ohne Kinder am größten. Nach den Feststellungen des 7. Jugendberichts ist etwa die Hälfte aller geschiedenen Ehen kinderlos (BT-Dr. 10/6730 S. 11). Auch die – auf das alte Bundesgebiet bezogene – Aussage, jedes 7. Kind müsse sich mit der Tatsache abfinden, dass sich seine Eltern haben scheiden lassen (ZfJ 1989 S. 455), muss man mit Blick auf das Alter der betroffenen Kinder etwas genauer fassen. Zwischen 1961 und 1987 ging der Anteil der Kinder unter 15 Jahren, die mit beiden Eltern zusammenlebten, von 93,3 auf 89,3 % zurück (BT-Dr. 11/6576 S. 36). Auch angesichts der gegenwärtig schwierigen Entwicklung haben sich diese Zahlen nicht wesentlich verschlechtert. Bis zum 14. Lebensjahr wachsen 87 % der ost- und 86 % der westdeutschen Kinder überwiegend bei beiden Elternteilen auf (11. Kinder- und Jugendbericht 14/8181 S. 122, 123). Die Scheidungsrate ist seit 1990 von 2 auf 2,67 im Jahr 2003 gestiegen, das sind also knapp drei Scheidungen je 1 000 Einwohner. In Ostdeutschland liegt sie nach einen deutlichen Einbruch nach der Wende mittlerweile bei 2,2 (12. Kinder- und Jugendbericht, BT-Drs. 15/6014 S. 53). Im Jahre 2017 ist die Scheidungsrate gesunken. Insoweit muss man die Aussage des 7. Familienberichts (BT-Drs. 16/1360 S. 126) von gegenwärtig hohen Scheidungsraten etwas relativieren. Es kommt zudem sehr darauf an, ob Kinder und in welchem Lebensalter sie von einer Scheidung betroffen sind (§ 6 Rn. 6). Insgesamt kann man feststellen, dass sich die Situation der Kinder und Jugendlichen auch bei einem Anstieg der Scheidungsrate eher verbessert hat (14. Kinder- und Jugendbericht, BT-Drs. 17/12200 S. 263 ff.). Das dürfte vor allem darauf zurückzuführen sein, dass die Änderungen im Familienrecht zur Ausübung der elterlichen Sorge im Lebensalltag angekommen sind. Die Trennung der Eltern wirkt nicht mehr so massiv auf die Trennung von den Eltern zurück.

7 Jugendliche stufen ihr Verhältnis zu den Eltern heute in der Regel mindestens ebenso gut oder sogar noch besser ein, als dies in der vorangegangenen Generation der Fall war (BT-Dr. 11/6576 S. 60). Auch die erhebliche Zunahme nichtehelicher Lebensgemeinschaften lässt sich nicht zwingend als Ablehnung von Ehe und Familie deuten. Sie hat sich als übergangsweise Form des Zusammenlebens jüngerer Menschen herausgebildet, die wirtschaftlich noch nicht unabhängig sind. Jedenfalls sind eine außerordentliche Stabilität der Institution der Familie und ihre Wertschätzung, auch bei jüngeren Menschen festzustellen (BT-Drs. 11/6576 S. 53, 54).

Die also festzustellenden positiven Tendenzen in der familiären Entwicklung können jedoch nicht übersehen lassen, dass die Familie in mancher Hinsicht stark gefordert, wenn nicht überfordert ist. Die persönliche und wirtschaftliche Situation allein erziehender Elternteile ist oft bedrückend. Wenn hier das Sozialrecht überhaupt Leistungen anbietet, so sind sie bei weitem nicht geeignet, den spezifischen Nachteil **allein Erziehender** auszugleichen (vgl. §§ 45 SGB V, 21 Abs. 3 SGB II, 18 SGB VIII). Die Familienpolitik ist bisher bei allein Erziehenden lediglich von besonders kleinen Familien, idR einem Elternteil mit einem Kind, ausgegangen. Ihre grundlegend andere Lebenssituation bedarf jedoch einer gezielten Sozialgesetzgebung. 8

In seiner deutlichen Ausrichtung auf familiäre Belange nähert sich das Kinder- und Jugendhilferecht zumindest in einzelnen seiner Abschnitte dem **Familienleistungsausgleich** an. Wenn es gleichwohl innerhalb der sozialen Rechte eine eigenständige Rolle spielt, dann erklärt sich das vor allem historisch. Das soziale Recht des § 6 konzentriert sich auf die Minderung der wirtschaftlichen Belastungen von Familien. Im Kinder- und Jugendhilferecht dominieren die sozialen Dienstleistungen und damit vor allem die immateriellen Hilfen. Darin gleicht es dem alten Jugendwohlfahrtsgesetz; es unterscheidet sich jedoch von ihm durch seinen Verzicht auf die Gefährdung des Kindes als genereller Leistungsvoraussetzung und seine insgesamt präventive Ausrichtung, einschließlich der allgemeinen Familienförderung. 9

2. Leistungsberechtigte

Das soziale Recht des § 8 Satz 1 räumt jungen Menschen und Personensorgeberechtigten ein Recht auf Leistungen der Jugendhilfe ein. Diese Einräumung eines Rechts wird in § 1 Abs. 1 SGB VIII wiederholt. Gleichwohl ist es einhellige Auffassung in der Praxis, dass ein **Rechtsanspruch** des Jugendlichen selbst nicht besteht, sofern Leistungen der Hilfe zur Erziehung nach den §§ 27 ff. SGBVIII verlangt werden (BT-Drs. 11/5948 S. 47). Damit weicht das Kinder- und Jugendhilferecht von anderen Gesetzbüchern des Sozialgesetzbuches ab (vgl. § 36 Rn. 1–4). Im Wesentlichen beruht dies auf der Überlegung, dass ein eigenständiger Rechtsanspruch Minderjähriger das Elternrecht aus Art. 6 Abs. 1 GG tangieren könnte. Berücksichtigt man die Tatsache, dass ein Minderjähriger die Leistungen zur beruflichen Bildung nach den §§ 56 ff. SGB III eigenständig in Anspruch nehmen kann, so sind die aus Art. 6 Abs. 1 GG abgeleiteten Bedenken nicht sehr überzeugend. Die Widersprüche, die sich daraus etwa bei behinderten Kindern im Hinblick auf deren Rechtsanspruch nach § 53 Abs. 1 SGB XII aF (§ 99 SGB IX) ergaben, wollte der Gesetzgeber durch § 35a SGB VIII auflösen, der dem seelisch behinderten Minderjährigen einen eigenen Rechtsanspruch einräumt. Er hat sie jedoch noch vergrößert. Nach § 35a Abs. 1 SGB VIII haben seelisch behinderte Kinder und Jugendliche einen Rechtsanspruch auf Leistungen. Die Rechtslage ist damit sogar innerhalb des Kinder- und Jugendhilferechts unterschiedlich. Diese widersprüchliche Regelung wird noch dadurch verstärkt, dass nach § 24 Abs. 1 SGB VIII das Kind selbst einen Anspruch auf einen Kindergartenplatz hat. Insgesamt führt es also zu wenig sinnvollen Ergebnissen, wenn man Minderjährigen kein eigenes Recht auf die Hilfe zur Erziehung zubilligt (vgl. OVG Münster JAmt 2009 S. 384). 10

Folgende Gesichtspunkte treten hinzu: Die Stellung der Eltern eines Minderjährigen ist so stark, dass gegen ihren Willen ohnehin nur unter sehr engen Voraus- 11 setzungen gehandelt werden kann. Insoweit haben mehr als fünfundzwanzig Jahre Kinder- und Jugendhilferecht gezeigt, dass es die rechtlich starke Stellung der Eltern ist, die in den Problemfamilien zu einer entscheidenden Schwächung der Kinder- und Jugendhilfe führt. Dies hat die Begründung eines explizit formulierten Schutzauftrags in § 8a SGB VIII erforderlich werden lassen. Jede Maßnahme im Interesse der Wahrung des Kindeswohls muss sich an Art. 6 GG und am Persönlichkeitsrecht des Kindes (Art. 2 GG) messen lassen (BVerfG NJW 2017 S. 1295 mAnm Lack). Dabei betont das BVerfG die Verantwortung des Trägers der Jugendhilfe für die **Realisierung einer weniger schädlichen Alternative:**

„Eine Entziehung des Sorgerechts zur Trennung eines Kindes von seinen Eltern ist nur bei einer Gefährdung des Kindeswohls verfassungsrechtlich gerechtfertigt. Das elterliche Fehlverhalten muss insoweit ein solches Ausmaß erreichen, dass das Kind bei einem Verbleib in der Familie in seinem körperlichen, geistigen oder seelischen Wohl nachhaltig gefährdet ist…

Die Fachgerichte müssen die dem Kind drohenden Schäden nach ihrer Art, Schwere und Eintrittswahrscheinlichkeit konkret benennen und sie vor dem Hintergrund des grundrechtlichen Schutzes vor der Trennung des Kindes von seinen Eltern bewerten. Unzureichend ist es, wenn die Fachgerichte ihren Blick nur auf die Verhaltensweisen der Eltern lenken, ohne die sich daraus ergebenden schwerwiegenden Konsequenzen für die Kinder darzulegen…" (BVerfG NJW 2015 S. 223).

„Zur Beseitigung der Kindeswohlgefährdung ist ein Sorgerechtsentzug nur dann geeignet, wenn der Ergänzungspfleger oder Vormund geeignete Maßnahmen zur Verbesserung der Situation des Kindes einleiten oder wenigstens zur Beendigung des kindeswohlgefährdenden Zustandes beitragen kann.

Das Familiengericht muss vertieft prüfen, ob eine Sorgerechtsübertragung auf das Jugendamt zur Beseitigung der Kindeswohlgefährdung geeignet ist, wenn deutlich erkennbar ist, dass das Jugendamt derzeit keine entsprechenden Maßnahmen ergreifen wird…" (BVerfG FamRZ 2014 S. 1177).

12 Mit der Neuordnung des Jugendhilferechts im Jahre 1990 wurde die alte fürsorgerische Konzeption des Jugendwohlfahrtsgesetzes aufgegeben. Zwar geht es auch heute noch um den Schutz gefährdeter Jugendlicher. Im Vordergrund stehen aber die Entfaltungshilfen für den jungen Menschen. Die neue Ausrichtung der Kinder- und Jugendhilfe wird in § 8 Satz 1 verdeutlicht. Die beiden in § 8 zum Ausdruck kommenden Grundsätze sind konsequent im Kinder- und Jugendhilferecht umgesetzt worden. Genauer muss man sagen, dass mit der Neuordnung des Kinder- und Jugendhilferechts auch eine Umgestaltung des sozialen Rechts aus § 8 verbunden war. Die Fürsorge ist um die Sozialförderung ergänzt worden. Die Verwirklichung des sozialen Rechts wird zudem stark von der verfassungs- (Art. 6 GG) und familienrechtlichen (§§ 1626 ff. BGB) Ausgangslage bestimmt. Demgegenüber wird man sagen müssen, dass das Übereinkommen der Vereinten Nationen über die Rechte des Kindes kaum einen Einfluss auf das Kinder- und Jugendhilferecht hat (vgl. Münning ZfJ 1992 S. 553).

13 Das Kinder- und Jugendhilfegesetz hat nach einer jahrelangen Reformdiskussion das Jugendwohlfahrtsgesetz aus dem Jahre 1922 abgelöst. Die dadurch entstandene Rechtslage ist durch mehrere Grundmerkmale gekennzeichnet (Wabnitz/Wiesner, ZfJ 1992 S. 497). Zumindest mit seinen Leistungen ist das Kinder- und Jugendhilfegesetz als SGB VIII konsequenter als sein Vorgänger in das Sozialrecht eingefügt worden. Die Hilfsangebote beschränken sich nicht nur auf Kinder- und Jugendliche, sondern beziehen auch **junge Volljährige** ein. In Ausnahmefällen kann die Hilfe bis zur Vollendung des 27. Lebensjahres erbracht werden (§§ 7 Abs. 1 Nr. 3, 41 SGB VIII). Zwang und die Möglichkeit des Freiheitsentzugs sind weitgehend aus dem Gesetz beseitigt (§ 42 SGB VIII). Unabhängig von der Bedarfslage des Einzelnen geht es dem Gesetz allgemein um die Stärkung der Familie als Erziehungsinstanz (§ 16 SGB VIII). Damit hat das neue Recht die alte Orientierung der Jugendhilfe an Benachteiligung, Gefährdung des Kindeswohls usw. durch eine neue Sichtweise im Sinne allgemeiner **Familienförderung,** Prävention usw ergänzt, ohne die alte Aufgabe der Jugendfürsorge vollständig zu ersetzen (§§ 27 ff. SGB VIII). Damit verbunden ist eine Verstärkung des Tagesbetreuungsangebots (§§ 22 ff. SGB VIII) und eine weitere Differenzierung der Fremdunterbringung. Hinsichtlich der Trägerschaft hat das Kinder- und Jugendhilfegesetz die Erziehungshilfen auf kommunaler Ebene konzentriert (§ 85 Abs. 1 SGB VIII) und setzt die Jugendhilfeplanung als Instrument zur Gewährleistung eines bedarfsgerechten Angebots ein (§ 80 SGB VIII). Die Eigenständigkeit der Jugendhilfe wird im Geheimnisschutz (§§ 61 ff. SGB VIII) und im gerichtlichen Verfahren betont (§§ 50 ff. SGB VIII).

Innerhalb des Sozialrechts ist die Kinder- und Jugendhilfe vielfältig eingebun- **14**
den. Zwar ergibt sich allgemein aus § 10 SGB VIII der Grundsatz, dass das Kinder- und Jugendhilferecht gegenüber allen anderen Sozialrechtsbereichen – mit Ausnahme der Sozialhilfe – **nachrangig** ist. Im Verhältnis zur **Grundsicherung für Arbeitsuchende** und zur **Sozialhilfe** ergibt jedoch sich ein abgestuftes Rangverhältnis. Grundsätzlich gehen die Leistungen des Kinder- und Jugendhilferechts diesen Leistungen vor. Dieser Vorrang besteht aber nicht, bei bestimmten Leistungen des SGB II im Verhältnis zu den Leistungen der Jugendhilfe (§ 27 Rn. 2 VIII), Insoweit kommt es zu einem begrenzten Vorrang der Grundsicherung für Arbeitsuchende und der Sozialhilfe. Dasselbe gilt, wenn junge Menschen wegen einer körperlichen oder geistigen Behinderung Leistungen der Eingliederungshilfe beanspruchen. In diesen Fällen bleibt es bei dem Anspruch nach den §§ 90 ff. SGB IX. Auch im Übrigen gibt es eine Reihe von Querverbindungen zu anderen Büchern des Sozialgesetzbuches. So reicht die Jugendberufshilfe nach § 13 Abs. 3 SGB VIII an die Leistungen nach den §§ 56 ff. SGB III heran. Vor allem im Zusammenhang mit der Hilfe an junge Volljährige (§ 41 SGB VIII) ergeben sich Berührungspunkte zu § 67 SGB XII. Besonders komplex ist das Verhältnis im Bereich der Eingliederungshilfe (§ 10 Abs. 4 SGB VIII). Schwer lösbare Probleme haben sich ergeben, wenn ein behinderter allein erziehender Elternteil der Hilfen sowohl wegen seiner Behinderung als auch bei der Erziehung seines Kindes bedarf (§ 10 Rn. 1c; § 27 Rn. 2, 7–12).

3. Verhältnis zum Familienrecht

Soweit Leistungen an Kinder und Jugendliche erbracht werden, ist das Kinder- **15**
und Jugendhilferecht immer auch im Verhältnis zum Recht der elterlichen Sorge zu sehen (vgl. oben Rn. 11). Das Gesetz betont außerordentlich stark den Grundsatz des Vorranges der **Elternverantwortung** und nimmt dabei wörtlich Bezug auf Art. 6 Abs. 2 GG (vgl. § 1 Abs. 2 SGB VIII). Der Gesetzgeber ging also davon aus, dass es nicht zulässig sein könne, an Kinder und Jugendliche Leistungen zu erbringen und damit die Gefahr einer staatlichen Erziehung heraufzubeschwören. Es ist gewiss nicht unproblematisch, wenn der Staat Kindern und Jugendlichen Erziehungsangebote macht, ohne dass zuvor die Eltern davon in Kenntnis gesetzt wurden. Dieser geringen Gefahr, die hier der eigenverantwortlichen Ausübung

der elterlichen Sorge droht, hätte man allerdings mit anderen Mitteln begegnen können, als dadurch, dass man Kindern und Jugendlichen keinen Rechtsanspruch einräumt (vgl. Köckeritz, ZKJ 2017 S. 56). Insoweit wird man es mit dem BVerwG als ausreichend ansehen müssen, dass die Gewährung von Leistungen der Jugendhilfe gegen den erklärten Willen der personensorgeberechtigten Eltern unzulässig ist (BVerwG NJW 2002 S. 232). Es ist aber nicht erforderlich, bei jedem erzieherischen Angebot an Minderjährige gleichsam höchst vorsorglich einen abweichenden Elternwillen zu ermitteln. Im Übrigen ist zu betonen, dass der Vorrang der Eltern nicht uneingeschränkt besteht. So haben Eltern nicht unter allen Umständen ein Recht darauf, Beratungsgeheimnisse ihrer Kinder zu erfahren (vgl. BVerfG 59 S. 385). Gegen eine Offenbarung können schwerwiegende Gründe der Wahrung des Kindeswohls sprechen. Dies erkennt auch § 8 Abs. 3 SGB VIII an.

16 Im Übrigen ist die Auffassung des Gesetzgebers des SGB VIII auch unter verfassungsrechtlichem Blickwinkel inkonsequent. Wenn es darum geht, das Grundrecht des Art. 6 Abs. 1 GG staatlicherseits zu respektieren, und wenn es darüber hinaus die staatliche Schutzpflicht gebietet, dass sich der Staat schützend vor ein Grundrecht stellt, dann müsste der Schutzauftrag im SGB VIII auch so ausgestaltet sein, dass andere, gesellschaftlich vermittelte oder auf wirtschaftlichen Überlegungen beruhende Einflüsse auf die elterliche Sorge zu verhindern wären. Vor dem Hintergrund der Auffassung des Gesetzgebers ginge es nicht lediglich darum, eine Gefährdung des Kindes zu verhindern. Zu schützen wäre auch die eigenverantwortliche Ausübung der elterlichen Sorge gegen eine Einflussnahme auf das Kind unter Umgehung der Eltern, durch wenn auch immer. Tatsächlich sind aber die Jugendschutzbestimmungen so ausgestaltet, dass zwar das Persönlichkeitsrecht des Kindes aus Art. 2 GG geschützt wird. Dasselbe gilt aber nicht für das eigenständige Recht der Eltern aus Art. 6 Abs. 1 GG. Eine Bevormundung der Eltern ist nicht zu befürchten, solange sie den Schutz durch den Staat zurückweisen können. Dasselbe gilt dann natürlich auch für Angebote an ihr Kind.

17 Die Querverbindungen des Kinder- und Jugendhilferechts zum Familienrecht werden vor allem auch bei den Teilnahme- und Kostenbeiträgen zu den Förderangeboten und Hilfen deutlich (§§ 90 ff. SGB VIII). Die bürgerlich-rechtliche **Unterhaltspflicht** (§§ 1601 ff. BGB) wird durch das Gesetz grundsätzlich nicht berührt. Andererseits hat das Kinder- und Jugendhilferecht bei der Erhebung von Kostenbeiträgen die Ausrichtung auf das Unterhaltsrecht aufgegeben. Allerdings ignoriert das Gesetz auch nicht die Tatsache, dass Eltern unterhaltspflichtig sind (§ 10 Abs. 2 SGB VIII). Die Kostenbeiträge werden in Orientierung am Einkommen nach einer Kostenbeitragstabelle und damit nur mittelbar entsprechend der Unterhaltspflicht erhoben. Der frühere Grundsatz, dass die Eltern nicht für die Kosten einer notwendigen, ergänzenden Erziehung aufkommen müssen, ist aufgehoben worden. Im Ergebnis betrifft dass aber nur die höheren Einkommensgruppen.

18 Aus der Tatsache, dass das Kinder- und Jugendhilferecht seine Stellung zwischen dem Sozial- und dem Familienrecht gefunden hat, ergibt sich auch, dass es hier, abgesehen von dem Fall des § 42 SGB VIII keinen Zwang zur Annahme von Leistungen und auch keinen Freiheitsentzug gibt (vgl. aber unten Rn. 18). Verfassungsrechtlich wäre es wohl haltbar gewesen, einen solchen Zwang bei Kindern und Jugendlichen zuzulassen. Das BVerfG schließt ihn nur im Hinblick auf die erwachsenen Bürger aus (BVerfG 22 S. 219, 220). In systematischer Hinsicht ist aber ein Zwang zur Annahme von Leistungen im Sozialrecht verfehlt. Insoweit ist das Gesetz konsequent.

Die sozialrechtliche Ausgangslage des Kinder- und Jugendhilferechts hat keineswegs zur Folge, dass jeglicher Zwang oder der Freiheitsentzug aus der Kinder- und Jugendhilfe verbannt wären. Das Familienrecht gibt weiterhin den Hintergrund dafür ab, Leistungen des Kinder- und Jugendhilferechts durch staatlichen Zwang zu erbringen. Die elterliche Sorge kann unter den Voraussetzungen der §§ 1666, 1666a BGB eingeschränkt bzw. (teilweise) entzogen werden. In diesen Fällen kommt es unter den Voraussetzungen der §§ 1680, 1909 Abs. 1 BGB zur Bestellung eines Ergänzungspflegers, der die Leistungen des Kinder- und Jugendhilferechts in Anspruch nimmt. Häufig ist es das Jugendamt selbst, das zum Ergänzungspfleger bestellt wird (§ 55 SGB VIII). In diesem Zusammenhang ist nach § 1631b BGB auch die Anordnung des Freiheitsentzugs möglich – allerdings nur mit Genehmigung des Familiengerichts. Darüber hinaus kennt das Kinder- und Jugendhilferecht in einem Falle Zwang und Freiheitsentzug auf eigenständiger Rechtsgrundlage. Dabei handelt es sich um die andere Aufgabe der Inobhutnahme iSd § 42 Abs. 3 SGB VIII. In ihrem Rahmen sind unter den Voraussetzungen des § 42 Abs. 3 SGB VIII auch freiheitsentziehende Maßnahmen zulässig. 19

Die deutliche Ausrichtung des Kinder- und Jugendhilferechts auf familiäre Belange kann nichts an der familienrechtlichen Stellung der Eltern ändern. Deswegen ist das Gesetz ganz im Spannungsfeld zwischen dem Familien- und dem Sozialrecht angesiedelt. Dabei sind die Leistungen, die nach diesem Gesetz verlangt werden können, heute uneingeschränkt als Sozialleistungen anzusehen (vgl. § 27 Abs. 1). Doch auch bei der Erfüllung der anderen Aufgaben nach dem Kinder- und Jugendhilfegesetz, die nicht dem Leistungsrecht iSd § 11 SGB I zuzurechnen sind (§ 2 Abs. 3 SGB VIII), ist nicht zu übersehen, dass in allen Fällen das Jugendamt und damit letztlich ein Sozialleistungsträger (§ 69 Abs. 1 SGB VIII) tätig wird. 20

§ 9 Sozialhilfe

[1]Wer nicht in der Lage ist, aus eigenen Kräften seinen Lebensunterhalt zu bestreiten oder in besonderen Lebenslagen sich selbst zu helfen, und auch von anderer Seite keine ausreichende Hilfe erhält, hat ein Recht auf persönliche und wirtschaftliche Hilfe, die seinem besonderen Bedarf entspricht, ihn zur Selbsthilfe befähigt, die Teilnahme am Leben in der Gemeinschaft ermöglicht und die Führung eines menschenwürdigen Lebens sichert. [2]Hierbei müssen Leistungsberechtigte nach ihren Kräften mitwirken.

Übersicht

Seit der Arbeitsmarktreform sind die Leistungen der Sozialhilfe von denen der Grundsicherung für Arbeitsuchende abzugrenzen. Dabei sind die Leistungen der Sozialhilfe nicht lediglich als nachrangig gegenüber denen der Grundsicherung für Arbeitsuchende zu bezeichnen, und zwar auch dann nicht, wenn Leistungen zum Lebensunterhalt erbracht werden. Die Grundsicherung für Arbeitsuchende wendet sich an den Personenkreis, der grundsätzlich für eine Tätigkeit auf dem 1 allgemeinen Arbeitsmarkt in Betracht kommt (§ 7 Abs. 1 Nr. 1–4 SGB II). Für Personen, für die dies wegen ihres Alters oder wegen ihrer dauerhaften vollen Erwerbsminderung nicht der Fall ist (§§ 19 Abs. 2, 41 Abs. 1–3 SGB XII) werden Leistungen der Grundsicherung im Alter oder bei Erwerbsminderung, also der Sozialhilfe, erbracht. Für eine dritte Gruppe, für die keine der beiden Alternativen in Betracht kommt, besteht eine nachrangige Basissicherung zum Lebensunterhalt auf der Grundlage der §§ 19 Abs. 1, 27 ff. SGB XII). In der Praxis sind das häufig Personen, die allein wegen stationärer Unterbringung gemäß § 7 Abs. 4 SGB II keine Leistungen der Grundsicherung für Arbeitsuchende erhalten, die gleichwohl nicht vermindert erwerbsfähig iSd § 8 Abs. 1 SGB II sind (BSG SGb 2008 S. 664 mAnm Hannes). Weiterhin eine selbständige Bedeutung hat das Asylbewerberleistungsgesetz, das nicht zum Sozialrecht im formellen Sinne gehört (vgl. 68 SGB I).

2 Eine relativ scharfe Zäsur zwischen den beiden Teilsystemen der Hilfe zum Lebensunterhalt im SGB II und im SGB XII wird durch die §§ 5 Abs. 2 Satz 1 SGB II, 21 Satz 1 SGB XII bewirkt. Allerdings ist zu beachten, dass hierdurch nur der Rückgriff auf Leistungen des „Dritten Kapitels“, also auf die §§ 27 ff. SGB XII, ausgeschlossen ist. Damit wurde im SGB II ein sachlich eingegrenzter Begriff der Hilfe zum Lebensunterhalt geschaffen (vgl. dagegen §§ 27 Abs. 3, 27a Abs. 4 Satz 1 SGB XII). Diese Beschränkung war nicht zu halten. Das BVerfG hatte dem Gesetzgeber aufgegeben, auch in der Grundsicherung die Möglichkeit zu schaffen, „atypische Bedarfe“ anzuerkennen, was dann durch Einfügung des § 21 Abs. 6 SGB II geschehen ist (§ 19a Rn. 30b). Doch davon abgesehen, werden jedenfalls an alle Hilfebedürftigen die Leistungen nach den §§ 47 ff. SGB XII erbracht, die ehemals als Hilfen in besonderen Lebenslagen bezeichnet wurden und die durch die Sozialhilfereform ihren Rechtscharakter nicht geändert haben.

1. Armut

3 Vereinfachend ist als arm zu bezeichnen, wer seinen notwendigen Lebensunterhalt nicht aus eigenen Mitteln bestreiten kann. Der Begriff Armut findet allerdings in unseren Fürsorgegesetzen keine Verwendung. Ein daraus abzuleitender Bedarf ist jedoch unausgesprochen die allgemeine Leistungsvoraussetzung bei der Hilfe zum Lebensunterhalt, die in modifizierter Form in dem Begriff der Hilfebedürftigkeit (§ 9 Abs. 1 SGB II) bzw. dem der Leistungsberechtigung (§ 19 Abs. 1 SGB XII) zum Ausdruck kommt. Im Fürsorgesystem ist es gebräuchlich, von bekämpfter Armut zu sprechen. Genauer wäre hier die Bezeichnung Einkommensarmut. Jedenfalls soll damit zum Ausdruck gebracht werden, dass die Leistungsbezieher nicht (mehr) als arm anzusehen sind. Das ist zumindest insoweit zutreffend, als mit dem **Leistungsbezug** als solchem der Begriff der Armut nicht konkretisiert werden kann. Das hätte die widersprüchliche Konsequenz, dass bei einer Absenkung der Regelsätze die Zahl der Leistungsbezieher und damit auch der Armen sinken würde, weil vorhandene geringe Einkünfte häufiger ausreichend wären, um den als notwendig angenommenen Lebensunterhalt zu decken. Bei einer Anhebung der Regelsätze würde dementsprechend die Zahl der Armen steigen. Mit anderen Worten, als in Ostdeutschland zu Beginn der Reformphase im Jahre 2005 die Regelleistungen auf 345 € angehoben wurden, ist dadurch allein zwar die Zahl der Leistungsberechtigten aber nicht die Armut gestiegen. Auf der anderen Seite ist der Leistungsbezug auch deswegen nicht aussagekräftig, weil gemäß § 12 Abs. 2 Satz 2 Nr. 1–3, Abs. 3 Satz 1 Nr. 2 und 4 SGB II ein nennenswertes Vermögen geschont wird (§ 19a Rn. 43).

Angelpunkt für jede Argumentation zur Armut ist die in Art. 1 Abs. 1 GG als unantastbar garantierte Menschenwürde. Sie umfasst auch das **Existenzminimum.** Dabei ist es nur noch von historischem Interesse, dass das BVerfG ursprünglich die Bewahrung vor materieller Not nicht dem Schutzbereich des Art. 1 Abs. 1 GG zuordnete (BVerfG 1 S. 97 Rn. 32–34). Wie die Schutzpflicht in der Gegenwart zu konkretisieren ist, was sie über die Gewährleistung der physischen Existenz hinaus noch beinhaltet, ist umstritten. Eindeutiger als in anderen Grundrechten wird aber in Art. 1 Abs. 1 Satz 2 GG ausdrücklich eine staatliche Schutzpflicht begründet. Klarstellend ist zwischen dem Existenzminimum und dem fürsorgerechtlichen Bedarf zu unterscheiden. Letzterer liegt nach überkommener Praxis über dem Betrag, der als Existenzminimum angenommen wird. Das wird vor allem aus der Tatsache abgeleitet, dass der fürsorgerechtliche Bedarf unter bestimmten Voraussetzungen um etwa 30 % abgesenkt werden kann. Der verbleibende Betrag wird zumeist als das zum Lebensunterhalt Unerlässliche bezeichnet (§§ 31a Abs. 1 SGB II, 26 Abs. 1 SGB XII). Doch auch insoweit vermeidet die Rechtsprechung eine betragsmäßige Festlegung des Existenzminimums: „Dieses einzuschätzen ist Aufgabe des Gesetzgebers … Je näher sich der Gesetzgeber den denkbar untersten verfassungsrechtlichen Grenzen nähert, desto geringer wird sein Spielraum" (BVerfG 125 S. 175; BVerfG 134 S. 37; BSG 100 S. 221; § 19a Rn. 30c, 30l). Demnach kann letzten Endes die Rechtsprechung der Festlegung eines Mindestbetrages nicht ausweichen. Anders gewendet: Nur der Kern des materiellen Existenzminimums ist verfassungsrechtlich garantiert. Weitergehende Erwägungen bleiben außerhalb des Art. 1 Abs. 1 GG. Es dürfte auch kaum möglich sein, aus Art. 1 Abs. 1 GG mehr abzuleiten als die Gewährleistung der psychophysischen Existenz, deren soziale Komponente im Achtungsanspruch gegenüber dem Einzelnen zum Ausdruck gebracht wird. Hinter der Frage, wie hoch das Existenzminimum bzw. das zum Lebensunterhalt Unerlässliche anzusetzen ist, wann demnach von Armut gesprochen werden kann, verbergen sich häufig Vorstellungen über die soziale Gerechtigkeit (Hauser in Masuch/Spellbrink/Becker/Leibfried, Grundlagen und Herausforderungen des Sozialstaats Bd. II 2015 S. 446). Sie lassen sich durchaus über eine Mindestsicherung des Bürgers im Sinne von Teilhabe- und Verwirklichungschancen des je Einzelnen oder als Startchancengleichheit bzw. Leistungs- und Bedarfsgerechtigkeit verstehen (Vgl. 2. ARB BT-Drs. 15/5015 S. 45 ff.). So richtig es ist, Armut und Reichtum im Zusammenhang zu sehen, so sehr wird dadurch die Frage der Armut in eine Diskussion über Verteilungsgerechtigkeit gezogen (vgl. § 17 Rn. 22). Damit mündet die Armutsdiskussion aber in eine Diskussion um soziale Gerechtigkeit und verlässt den Bereich gesicherter verfassungsrechtlicher Erkenntnis. Nicht zur Klärung trägt darüber hinaus bei, dass die Begriffe Armut und Armutsrisiko häufig nicht exakt unterschieden werden (vgl. Butterwegge, SozSich 2013 S. 88; Künkler, SozSich 2017 S. 143). Ein Armutsrisiko besteht nach EU-Standards, wenn das individuelle 60 % des mittleren Einkommens nicht erreicht (unten Rn. 11). Dabei ist der Prozentsatz eine gegriffene Größe und noch weniger empirisch abzuleiten als die Regelbedarfe, die immerhin auf die EVS zurückgeführt werden können. Berücksichtigt man zudem die unterschiedlich hohen Unterkunftskosten, so ist ein ausschließlich einkommensorientierter Armuts(risiko)begriff ohnehin nicht aussagekräftig. Andererseits erscheint die Annahme plausibel, dass bei allein Erziehenden oder Menschen mit Migrationshintergrund Armut stärker verbreitet ist als bei anderen (vgl. 5. ARB BT-Drs. 18/11980 S. 74; Seils, SozSich 2013 S. 94ff). Aber das hat eben auch viel mit sozialer Ungleichheit zu tun. 4

5 Alle Konzepte der sozialen Gerechtigkeit haben insoweit einen Einfluss auf den Armutsbegriff, als sich die Auffassung durchgesetzt hat, dass es generell in der staatlichen Sozialpolitik nicht mehr allein um eine materielle Umverteilung, sondern um Teilhabe- und Verwirklichungschancen geht. Dazu gehören zumindest die gesellschaftliche Teilhabe sowie die Teilhabe an Bildung und Gesundheit. Dass Bildungschancen eng mit dem sozio-ökonomischen Status zusammenhängen, bedarf heute keiner Begründung mehr (3. ARB BT-Drs. 16/9915 S. 128 ff.; 5. ARB BT-Drs.18/11980 S. 215; Cremer, SGb 2018 S. 65). Ebenso ist der Zusammenhang zwischen der gesundheitlichen und der sozialen Lage nicht zu leugnen (3. ARB BT-Drs. 16/9915 S. 82 ff.). Insbesondere deuten die vorliegenden Daten darauf hin, dass ein Zusammenhang zwischen Armutsgefährdung und dem Verzicht auf notwendige medizinische Leistungen besteht (Radermacher, KrV 2007 S. 8; Huster, FS Schnapp, 2008 S. 463; Razum/Voigtländer, SF 2009 S. 36). Fraglich ist nur, ob und wie dies als Dimension der Armut verfassungsrechtlich abzuleiten ist bzw. ob der Verfassung mehr zu entnehmen ist als die Garantie der physischen Existenz (Nettesheim, AöR 2005 S. 71; Soria, JZ 2005 S. 644; Wallerath, JZ 2008 S. 157; Classen, DöV 2009 S. 689: Nettesheim, JZ 2019 S. 1). Das betrifft das für die Rechtsanwendung schwer fassbare sozio-kulturelle Existenzminimum und die weitergehenden Formen gesellschaftlicher Teilhabe (Bieritz-Harder, Menschenwürdig leben 2001 S. 278 ff.). In der Literatur wird zur Begründung der über die physische Existenz hinausgehenden Dimensionen des Existenzminimums teilweise auf das Sozialstaatsprinzip, teilweise auf den Gleichheitssatz zurückgegriffen, was die dogmatische Schwäche der Ableitung nur deutlich werden lässt. Insbesondere ist auch die Zuordnung der „Sicherung der Gesundheit" zum Existenzminimum und damit zu Art. 1 Abs. 1 GG nicht ohne Weiteres möglich. Geklärt ist allerdings, dass die Krankenversicherungsbeiträge beim steuerlichen Existenzminimum berücksichtigt werden müssen (BVerfG 120 S. 125). Soweit es um die Gewährleistung der Gesundheit selbst geht, wäre aber daran zu denken, in diesem Falle das speziellere Grundrecht des Art. 2 Abs. 2 GG anzuwenden. Angesichts des Wortlautes des Art. 2 Abs. 2 GG hätte das aber ein sehr enges Verständnis der Gesundheit zur Folge (Maunz/Dürig/DiFabio Art. 2 Rn. 51, 94; Neumann, RsDE 2009/68 S. 1). Immerhin lässt sich auf diese Weise der Anspruch auf eine medizinische Mindestversorgung jedenfalls dann begründen, wenn der Staat eine Krankenversicherung organisiert, die Bürger also zu einer Vorsorge verpflichtet (BVerfG 115 S. 41; § 4 Rn. 34 ff.; § 21 Rn. 17–19).

6 Die Schwierigkeiten, ein umfassenderes Existenzminimum verfassungsrechtlich zu begründen, haben dazu geführt, dass sich Stimmen regen, die in Art. 1 Abs. 1 GG nur die materielle Grundsicherung gewährleistet sehen wollen. Es ist jedenfalls schwierig, über Art. 1 Abs. 1 GG hinaus, in der Verfassung einen klaren Anknüpfungspunkt zu finden. Vor allem muss man sehen, dass die **Menschenwürde absolut gewährleistet** ist. Nach dem Wortlaut des Art. 1 Abs. 1 GG ist sie – trotz gewisser Zweifel in neuerer Zeit – unantastbar (zusammenfasssend v. Bernstorff, JZ 2013 S. 905). Sie darf also in keiner Weise und durch nichts in Frage gestellt werden. Überdies ist sie ausdrücklich staatlicherseits zu schützen. Kein anderes Grundrecht enthält einen so weitgehenden Achtungsanspruch, der noch dazu ausdrücklich mit einer **Schutzpflicht** verbunden ist. Ein dermaßen absolut formuliertes Grundrecht kann dazu verführen, den Begriff der Menschenwürde sehr eng zu interpretieren. Würde man demgegenüber die Teilhabe an Bildung, Gesundheit usw in den Schutzbereich des Art. 1 Abs. 1 GG einbeziehen, dann wären ja auch sie absolut zu gewährleisten, was ein Staat vielleicht gar nicht kann.

Das BVerfG führt zwar aus, dass das Existenzminimum durch Art. 1 Abs. 1 iVm 20 Abs. 1 GG ausreichend erfasst werde und dass es eines Rückgriffs auf weitere Grundrechte nicht bedürfe (BVerfG 125 S. 175). Es ist aber eine andere Frage, wie weit oder wie eng man den Begriff des Existenzminimums fasst. Vom Absolutheitsanspruch des Art. 1 Abs. 1 GG her ist es sachgerechter, wirklich nur den Kernbereich des Existenzminimums zu gewährleisten, um dann gewissermaßen durch flexiblere Grundrechte einen größeren Bereich in den Schutz einzubeziehen. Dieser Weg wäre im Grunde auch in systematischer Hinsicht konsequent. In Art. 1 Abs. 1 GG ist die Rede von der „Würde" des Menschen. Die sprachlichen Bestandteile des Begriffs Existenzminimum legen gleichfalls keine extensive Auslegung des Begriffs nahe. Umfasst ist allerdings neben der physischen Existenz der persönliche Achtungsanspruch, die Würde des Menschen. Demgegenüber wäre eine Teilhabe an Gesundheit oder Bildung eher im Sinne der Chancengleichheit zu verstehen. Damit ist Art. 3 Abs. 1 GG das einschlägige Grundrecht. Es ist allerdings erkennbar, dass das BVerfG nicht beabsichtigt, diesen Weg zu beschreiten (BVerfG 125 S. 175). Ein teilhabeorientierter Armutsbegriff würde jedoch nicht dadurch entwertet, dass er einem anderen Grundrecht zugeordnet wird. Anders formuliert, eine Ablösung des erweiterten Armutsbegriffs von dem des Existenzminimums schlösse einen verfassungsrechtlichen Schutz nicht aus. Insbesondere würde er nicht bedeuten, dass weitergehende Bedarfspositionen nicht in die Regelungen des SGB II oder des SGB XII eingehen könnten. Keines der beiden Gesetze orientiert sich ausschließlich an der Gewährleistung des Existenzminimums. In diesem Sinne dürfte sich auch die Rechtsprechung des BSG verstehen lassen. Es nimmt durch Art. 1 Abs. 1 GG nur eine ökonomische Mindestsicherung als gewährleitstet an, ohne dass es diese schon auf bestimmte Mindestbeträge erstrecken will (BSG 100 S. 221). Auch das BVerfG sieht die Regelleistungen des Jahres 2009 nicht als „evident unzureichend" an (BVerfG 125 S. 175, § 19a Rn. 30c). 7

Gesichtspunkte, die eine staatlicherseits betriebene Armutsbekämpfung auch auf elementare Gesundheits-, Bildungs- und Teilhabechancen ausrichten, lassen einen speziellen Aspekt der Generationengerechtigkeit in den Vordergrund treten. Die Gewährleistung solcher Chancen für die jetzt arbeitende und heranwachsende Generation kann es rechtfertigen, der älteren Generation Einschränkungen abzuverlangen, also deren Teilhabechancen einzuschränken. Im 2. ARB wird das mit der einfachen Formel ausgedrückt, „Chancen der heute lebenden Menschen dürfen nicht zu Lasten künftiger Generationen gehen" (BT-Drs. 15/1550 S. 13). Ordnet man diese Chancen jedoch dem Art. 1 Abs. 1 GG zu, so ist jede Relativierung, in diesem Falle also der Menschenwürde, ausgeschlossen. 8

Auch außerhalb des Sozialrechts besteht über die Begriffe des Existenzminimums bzw. der Armut allenfalls im Kernbereich Klarheit. Schon über die Vergleichsmaßstäbe, die als Messinstrumente dienen, besteht keine Einigkeit. In der Diskussion dominieren drei **Armutskonzepte** mit jeweils recht unterschiedlichen Facetten. Sie sind entweder ausgaben- oder einkommens- oder schließlich lebenslagenorientiert (vgl. Hauser/Neumann, KZfSS 1992 Sonderheft 32 S. 245). Weitgehend besteht darin Einigkeit, dass Armut in den entwickelten Staaten als relative Armut zu verstehen ist. Dh also, der Teil der Bevölkerung, der als arm angesehen wird, ist hinsichtlich der verfügbaren Mittel zur Bedürfnisbefriedigung gegenüber anderen Bevölkerungsgruppen benachteiligt. Hierzu wird die Auffassung vertreten, dass damit im Grunde Ungleichheit gemessen wird (Hanz, ZfSH/SGB 1999 S. 20). Die Schwierigkeit kommt in § 20 Abs. 1 Satz 2 SGB V zum Ausdruck, 9 wenn dort die Verminderung sozial bedingter Ungleichheit von Gesundheitschancen geregelt ist. Man wird aber zumindest sagen müssen, dass in der Einkommensungleichheit auch Armut zum Ausdruck kommen kann. Allerdings sagt auch das Einkommen nicht unbedingt etwas darüber aus, welche Ressourcen der Einzelne zu seiner Bedarfsdeckung hat (vgl. § 12 Abs. 2 Satz 2 Nr. 1–3 SGB II). Des Weiteren darf man nicht übersehen, dass der politisch gewollte Ausbau der Teilzeitarbeit auch einen Anstieg geringer Einkünfte zur Folge hat (2. ARB BT-Drs. 15/5015 S. 49–53; 3. ARB BT-Drs. 16/9915 S. 68). Jedenfalls im Zusammenhang mit freiwilliger Teilzeitarbeit kann man nicht ohne Weiteres vom Einkommen auf Armut schließen (vgl. Greiner, ZESAR 2014 S. 357).

10 Die Schwierigkeit eines **ausgabenorientierten** Konzepts der Armut besteht natürlich darin, festzustellen, welche Bedürfnisse zum Existenzminimum gehören und in welchem Ausmaß Mittel zur Befriedigung dieser Bedürfnisse erforderlich sind, wann man also von einer Unterversorgung sprechen kann. Das wird besonders schwierig, wenn man zum Bedarf auch sozio-kulturelle Bedürfnisse rechnet. Welche Dimensionen diese Bedürfnisse haben, kommt nur recht vage in den §§ 20 Abs. 1 SGB II und 27a Abs. 1 SGB XII zum Ausdruck. Dass dazu Ernährung, Kleidung und Unterkunft gehören, ist völlig unstrittig. Was aber der „vertretbare Umfang“ von Beziehungen zu Umwelt und der Teilnahme am kulturellen Leben ist, das kann nicht ohne zusätzliche wertende Entscheidungen festgestellt werden.

11 Scheinbar eindeutiger ist demgegenüber die Orientierung am **Einkommen als Messgröße** für Armut. Nach diesem auch von der EU favorisierten Armutskonzept ist Armut dann gegeben, wenn dem Betroffenen ein bestimmtes Mindesteinkommen nicht zur Verfügung steht. Der Betrag kann in einer absoluten Zahl angegeben werden oder auch, in Anknüpfung an den relativen Armutsbegriff, in einer Verhältniszahl. So wird die Auffassung vertreten, Einkommensarmut sei gegeben, wenn der Arme über ein Einkommen verfügt, das nicht über 50 % des nationalen Nettoeinkommens im Sinne eines Medianwertes liegt. Dieser Medianwert schließt Extremwerte aus, bildet aber kein Durchschnittseinkommen ab. Teilweise werden auch die Werte 40 % oder 60 % genannt. Inzwischen zeigt sich im ganzen europäischen Raum die Notwendigkeit zu einer größeren Differenzierung (vgl. Hauser, ZSR 2002 S. 253, 254; wd 6-077-17). In den Armuts- und Reichtumsberichten wird in diesem Zusammenhang klarstellend von einer **Armutsrisikoquote** gesprochen. Damit wird entgegen landläufiger Meinung nicht Armut beschrieben:

> „Mit der Benennung als Armutsrisikoquote sollte deutlich werden, dass dieser Indikator die Möglichkeit einer Armutsgefährdung – insbesondere bei längerem Verbleiben in diesem niedrigen Einkommensbezug – beschreibt. Relative Einkommensarmut ist damit nicht „der“ Indikator für die Messung und Feststellung von Armut. Ihre Bedeutung ist in mehrfacher Hinsicht zu relativieren. Die Wahl einer bestimmten Datenquelle, die Definition und Erhebung des Einkommens, die Festlegung eines Gewichtungsverfahrens für Mehrpersonen-Haushalte, die Wahl eines Mittelwertes und einer Armutsrisikogrenze sind normative Entscheidungen. Die statistische Kennziffer des Armutsrisikos wird durch diese methodischen Entscheidungen maßgeblich beeinflusst, so dass es zu unterschiedlichen Armutsrisikoquoten und Armutsschwellen je nach verwendeter Datenbasis und Berechnungsmethodik kommt“ (3. ARB BT-Drs. 16/9915 S. 38).

12 Die Armutsrisikoquote bezeichnet den Anteil der Personen, deren bedarfsgewichtetes Nettoäquivalenzeinkommen weniger als 60 % des Mittelwerts aller Personen beträgt. Entscheidend ist nicht das arithmetische Mittel, sondern der

Median. Zu seiner Feststellung wird die Menge der gesammelten Daten in zwei gleich große Hälften geteilt. Die Trennlinie ist der Median. Das Nettoäquivalenzeinkommen wird in Haushalten gewichtet. Der Haupteinkommensbezieher erhält einen Gewichtungsfaktor von 1,0. Die Haushaltsmitglieder über 14 Jahren werden mit 0,5 und die jüngeren mit 0,3 gewichtet. Das Nettohaushaltseinkommen wird durch die Summe der Personengewichte teilt (3. ARB BT-Drs. 16/9915 S. 36). Bei dieser kleinteiligen Ermittlung des Armutsrisikos bleibt im Hintergrund, dass jeder einzelne der genannten Faktoren auch auf einer Wertentscheidung beruht. Die Zahl dieser armutsgefährdeten Haushalte ist in den Jahren 1998 bis 2003 von 12,6 % auf 13, 9 gestiegen (2. ARB BT-Drs. 15/5015 S. 78). Auf der Basis der Werte seit 2002 stellen die Personen ein Armutsrisiko dar, deren Nettoeinkommen je nach Datenbasis bei 781 € – 980 € liegt (vgl. 3. ARB BT-Drs. 16/9915 S. 33, 39; 4. ARB BT-Drs. 17/12650 S. 303). Bis zum Jahre 2014 ist die Zahl der armutsgefährdeten Haushalte auf knapp 16% gestiegen und scheint seither stabil zu bleiben (5. ARB BT-Drs. 18/11980 S. VIII). Damit kann aber nicht Armut beschrieben werden, sondern eben ein Risiko, das sich durchaus verwirklichen kann. Wenn dagegen die durch das Fürsorgesystem bekämpfte Armut definiert wird, so liegen die Sätze, abhängig von den Kosten der Unterkunft um 10–20 % darunter.

Aus der Sicht des Fürsorgesystems wird man feststellen müssen, dass ein 13
bestimmter Prozentsatz vom Durchschnittseinkommen nichts darüber aussagt, ob ein Bedarf gedeckt werden kann oder nicht, weil dies auch eine Frage des Preises der Verbrauchsgüter ist. Insbesondere ist es denkbar, dass die Einkommen weiter absinken, so dass ein über 60 % liegender Anteil am Durchschnittseinkommen bereits die Realisierung des Risikos der Armut bezeichnet. Anders ausgedrückt, bei sehr schlechten Lebensbedingungen innerhalb eines Wirtschaftsraumes lassen sich Armut und ihr Risiko nicht mehr allein über einen Verhältnisbegriff definieren. Darüber hinaus liegen im Allgemeinen die Bezieher von Einkommen in Höhe von weniger als der Hälfte der durchschnittlichen Nettoeinkommen bereits unter dem Gesamtbedarf der Hilfe zum Lebensunterhalt (vgl. Höft-Dzemski, NDV 1994 S. 405). Die Gefahr, dass durch überdurchschnittliche hohe Einkünfte die Zahlen verfremdet werden, besteht allerdings nicht, da man sich des Medianwertes bedient. Bei der Einkommensarmut ist andererseits unklar, wie das Vermögen zu behandeln ist. Da das Schonvermögen in der Grundsicherung für Arbeitsuchende erheblich höher ist als in der Sozialhilfe (§§ 12 SGB II, 90 SGB XII), kann sich trotz eines beachtlichen Vermögens in der Grundsicherung für Arbeitsuchende das Armutsrisiko bereits verwirklicht haben, wohingegen es in der Sozialhilfe während der Phase des Verbrauchs eines Vermögens bis hinunter auf die geringeren Schongrenzen Armut gar nicht erkennbar wird (zur Einkommens- und Vermögensverteilung vgl. 5. ARB BT-Drs. 18/11980 S. 86).

Schließlich muss berücksichtigt werden, dass die Kosten der Unterkunft in 14
vielen Fällen entscheidenden Einfluss auf die sonst verfügbaren Mittel haben. Wer beim Armutsbegriff nur auf die Einkommensseite abstellt, verliert damit auf der Ausgabenseite einen wesentlichen Gesichtspunkt aus den Augen. Zunächst ließ sich feststellen, dass sich in den Jahren nach 1998 die **Wohnungsversorgung** einkommensschwacher Haushalte deutlich verbessert hatte, dass sie sich inzwischen aber deutlich verschlechtert haben. Dabei hat es anfangs einen Aufholprozess in den neuen Bundesländern gegeben (3. ARB BT-Drs. 16/9915 S. 70). Andererseits hatten sich auch in den positiven Jahren nicht nur in Großstädten infolge der Konzentration von Arbeitslosigkeit, Armut und einer Verschlechterung des

öffentlichen Raums zunehmend Problemviertel entwickelt (3. ARB BT-Drs. 15/1550 S. 104 ff.; 5. ARB BT-Drs. 18/11980 S. 138). Insoweit wird von einer sozialräumlichen Konzentration der Probleme gesprochen, von der auch Haushalte mit betroffen sein können, die nach den herkömmlichen Maßstäben eigentlich kein Armutsrisiko darstellen, weil sie zwar noch ihren Bedarf decken, aber nicht die Problemviertel verlassen können. Sie tauchen in den Statistiken weder als arm noch als Armutsrisiko auf. Zudem erweist sich einmal mehr, dass eine Entlastung im Bereich der Unterkunftskosten keineswegs zu einer allgemeinen Verbesserung der Lebenssituation führen muss.

15 Zu Unrecht vernachlässigt werden zumeist regionale Unterschiede in einem Wirtschaftsraum und die sich daraus ergebenden Folgerungen für die Teilhabechancen. Thematisiert wird diese Frage nur mit Blick auf einzelne europäische Regionen, insbesondere für Portugal sowie Nord- und Süditalien. Die dort vorzufindenden Verhältnisse bedeuten aber keineswegs, dass Teilhabechancen bereits deswegen schon vermindert wären (Paugam, Die elementaren Formen der Armut, 2008 S. 153). Armut ist nicht so eindimensional, als dass sie durch den Mangel am materiellen Mitteln bereits entsteht oder durch ihre Verfügbarkeit bereits behoben werden könnte.

16 Einer Berücksichtigung bedarf auch die Tatsache, dass wirtschaftlich Schwächere idR ihr gesamtes Einkommen zur Deckung ihres Bedarfs einsetzen müssen. Demgegenüber wird mit zunehmender Höhe des Einkommens der Spielraum größer. Dh also, die übliche rechnerische Halbierung des Einkommens bei der Einschätzung des Armutsrisikos bewirkt eine erheblich größere Einschränkung als dies die Verhältniszahl von 50 % bzw. 60 % erkennen lässt. Aus ähnlichen Gründen können auch die durchschnittlichen Lebenshaltungskosten nicht unbesehen als Indikator für Armut genommen werden. Die Lebenshaltungskosten umfassen auch Ausgaben, die zum gehobenen Lebensstandard gehören und deswegen kaum geeignet sind, materiell Armut zu bestimmen. Das gilt aber dann kaum noch, wenn man sich an der Einkommens- und Verbrauchsstichprobe (EVS) orientiert und das Verhalten der unteren Einkommensgruppen als Maßstab heranzieht.

17 Das dritte Armutskonzept ist weder rein ausgaben- noch rein einkommensorientiert, sondern setzt bei den Lebenslagen und dem Mangel an Verwirklichungschancen an. Als Lebenslage wird bezeichnet die „Gesamtheit der sozialen Zusammenhänge, in denen Personen ihre materiellen und immateriellen Möglichkeiten nutzen" (Engels, SF 2006 S. 110). Damit wird aber im Grunde auch nicht Armut erklärt, sondern nur darauf aufmerksam gemacht, dass bestimmte Dimensionen Einfluss auf die Entstehung von Armut haben. Welche dies sind, muss noch gesondert erklärt werden. Die Orientierung an der Lebenslage geht auf das von dem englischen Armutsforscher Townsend entwickelte Deprivationskonzept zurück. Danach ist Armut nicht nur als Mangel an materiellen Mitteln, sondern in dem Spannungsverhältnis von gesellschaftlicher Inklusion und Exklusion zu verstehen. Armut besteht auch in Bezug auf verminderte Bildungschancen, Beschäftigungsmöglichkeiten, Gesundheit (vgl. § 20 Abs. 1 Satz 2 SGB V), Wohnverhältnisse, Überschuldung usw Einen geradezu multiplen Einfluss auf die Armut hat der Migrationshintergrund einer Person (3. ARB BT-Drs. 16/9915 S. 102 ff. 4. ARB BT-Drs. 17/12650 S. 26, 109, 198). In gewisser Weise knüpft bereits der 2. ARB an diese Überlegungen an und stellt Armut in einen engen Zusammenhang mit den „Verwirklichungschancen" des Einzelnen. Armut ist damit gleichbedeutend mit einem Mangel an **Verwirklichungschancen** (2. ARB BT-Drs. 15/1550

S. 39–41). Dabei entsteht aber wieder das Problem, wie viele Einschränkungen noch hinzunehmen sind, ohne dass man schon von Armut sprechen kann. Armutsbekämpfung muss jedenfalls darauf gerichtet sein, die Verwirklichungschancen zu verbessern. Dabei kann sich aber die Wirkung einstellen, dass mit den Maßnahmen nur diejenigen erreicht werden, die der Hilfe am wenigsten bedürfen, wie das häufig in der Gesundheitsprävention der Fall ist. Andererseits ist es konsequent, wenn die Auffassung vertreten wird, dass allein materielle staatliche Leistungen die Abhängigkeit des Einzelnen nicht vermindern, also Armut im Grunde auch nicht bekämpfen können. Es kann nicht überraschen, dass sich daraus dann schnell das Konzept des Förderns und Forderns entwickelt hat. In etwas kleinerer Münze kann man die Verwirklichungschancen auch danach beurteilen, über welche Zeitspanne der Einzelne in der Armutsphase verbleibt (Hanesch in Masuch/Spellbrink/Becker/Leibfried, Grundlagen und Herausforderungen des Sozialstaats Bd. II 2015 S. 479) und welche Mittel ihm dabei zur Verfügung gestellt werden (§ 3 SGB I). Erhellend könnte auch sein, wer unter gleichen Rahmenbedingungen erfolgreich ist und wer nicht. Dazu wird aus der Armutsforschung nichts ersichtlich.

Der Vorteil des lebenslagen- bzw. chancenorientierten Armutsbegriffs besteht **18** darin, dass er gleichsam ein Spiegelbild des Entwicklungsmodells einer Gesellschaft darstellt. Allerdings ist er unscharf. Insbesondere aber lässt sich vor seinem Hintergrund eine eindeutige Armutsgrenze nicht mehr benennen. Unbestritten dürfte sein, dass Arbeitslose und allein Erziehende jedenfalls eine ganz erhebliche Risikogruppe darstellen. Andererseits ist der lebenslagenorientierte Armutsbegriff auch offen für Bewertungen, die sich etwa in Begriffen wie Armutsmilieu oder kulturelle Bedingungen äußern. Sie können vorurteilsbehaftet sein. Der Begriff Einkommensarmut ist rationaler, greift aber zu kurz.

Eine vollständige Erklärung kann auch der chancenorientierte Armutsbegriff **19** nicht bieten, denn ein erheblicher Teil von Leistungen der Sozialhilfe wird nur überbrückungsweise bezogen. Armut ist also nicht immer eine konstante Lebenslage. Sie kann temporär sein und war in den langen Jahren wirtschaftlicher Prosperität oft marginal. Eine Reintegration in den Arbeitsmarkt war und ist in vielen Fällen prinzipiell möglich. Allerdings kennt man auch eine von der wirtschaftlichen Entwicklung unabhängige, sog. strukturelle Armut, die auch unter guten wirtschaftlichen Bedingungen fortbesteht (Paugam, Die elementaren Formen der Armut, 2008 S. 91, 111). Die unterschiedlichen Erscheinungsformen der Armut erfordern unterschiedliche Reaktionen. Mit Schaffung des SGB II hat der Gesetzgeber jedoch ein Interventionsschema entwickelt, das eine bürokratische Reaktion auf das Problem eher fördert, eine individualisierende Reaktion jedenfalls hindert. Anders ist dies nur noch in der Sozialhilfe (vgl. § 11 Abs. 3 Satz 4 SGB XII). Doch sie ist heute nicht mehr auf eine vollständige Integration in den Arbeitsmarkt ausgerichtet.

Hilfebedürftig ist eine unverhältnismäßig hohe Anzahl von Kindern. Ihre **20** Armutsrisikoquote ist mit 18% höher als die von Erwachsenen (5. ARB BT-Drs. 18/11980 S. 324). Andererseits erschienen Kinder mit Migrationshintergrund in Haushalten mit geringem Einkommen erst an vierter Stelle nach den Merkmalen „arbeitslos", „partnerlos" und „drei oder mehr Kinder" (4. ARB BT-Drs. 17/12650 S. 36). Generell im Hinblick auf die Lage von Familien werden Kinder als Armutsfaktoren bezeichnet. Eine erste aber noch unzureichende Reaktion des Gesetzgebers darauf ist in der Einführung eines Kinderzuschlags nach § 6a BKGG zu sehen (§ 25 Rn. 14). Im Jahre 2005 war von den etwa 6,5 Mill.

Leistungsberechtigten nach den §§ 19 ff. SGB II ein Viertel unter 15 Jahre alt. Wenn sich die Zahl nur geringfügig, auf 1, 9 Mio erhöht hat, dann liegt das auch daran, dass mit dem Kinderzuschlag, ein erster Schritt zur Bekämpfung der Kinderarmut gemacht worden ist. Des Weiteren wird im 5. ARB BT-Drs. 18/11980 S. 152 ff. ein relativ ambitioniertes Konzept zur Verwirklichung von Chancengleicht und der Bekämpfung der Armut von Kindern dargestellt. Entscheidende Faktoren der Kinderarmut dürften die Zunahme allein Erziehender und zugleich ihre nicht einfache Einbindung in eine Erwerbstätigkeit sein. Beides ist staatlicherseits nur begrenzt beeinflussbar. Insbesondere hilft der Ausbau der Kinderbetreuung nur wenig, wenn Arbeitsplätze für Elternteile nicht ausreichend zur Verfügung stehen. Andererseits ist der Begriff der Kinderarmut nicht vollständig beschrieben, wenn man ausschließlich die verfügbaren Einkommen betrachtet. Das neue Verständnis der Armut legt es nahe, auch Güter wie Bildung und Gesundheit, die kostenlos oder kostengünstig von jedermann erlangt werden können, zu berücksichtigen (Heekerens/Ohling, UJ 2005 S. 367–370).

21 Erstmals eine besondere Beachtung fand im 2. ARB die „extreme Armut“. Von ihr sind etwa 1,9 % der Bevölkerung betroffen (2. ARB BT-Drs. 15/5015 S. 32). Die Ursachen sind vielfältig. Nur teilweise kann die zunehmende Langzeitarbeitslosigkeit als Ursache genannt werden. **Extreme Armut** besteht vor allem bei Wohnungslosigkeit, dauerhafter Straffälligkeit, Suchtkrankheiten und Aids. Letztere ist seit 1998 um 7000 Fälle gestiegen und betrifft etwa 44.000 Personen. Die Zahl der Wohnungslosen ist im Zeitraum bis 2006 von 530.000 auf 254.000 stark zurückgegangen (BT-Drs. 16/9915 S. 118) In diesem Zusammenhang wurde geschätzt, dass etwa 5000 bis 7000 Kinder, Jugendliche und junge Volljährige „nur noch geringfügige andere Orientierungen und Anbindungen als die Straße haben“ (2. ARB BT-Drs. 15/1550 S. 137). Dass sich die Situation angesichts der Lage auf dem Wohnungsmarkt wieder verschlechtert hat, kann nicht überraschen. Nahezu 40.000 Personen leben gänzlich ohne Unterkunft (5. ARB BT-Drs. 18/11980 S. 328).

22 Insgesamt führt der 3. ARB aus: „Ein typisches Merkmal extremer Armut besteht darin, dass die hiervon betroffenen Personen über ihre besonders schlechten Berufs-, Gesundheits- und Einkommenschancen hinaus durch staatliche Hilfsangebote nur noch eingeschränkt bzw. gar nicht mehr erreicht werden können. Entscheidend für den Schritt in die extreme Armut ist aber eine <Kooperationsblockade> zwischen Menschen in Notlagen und dem Hilfesystem. Daher wurde untersucht, ob Personen, die einen minimalen Lebensstandard deutlich unterschreiten, alle wichtigen Ressourcen (einschließlich derer des sozialen Hilfesystems) ausschöpfen. Es zeigte sich dabei, dass Betroffene oftmals Hilfen nicht nutzen können oder an Hilfsangeboten nicht interessiert sind oder sie sogar ablehnen. Die Verfestigung von Armutslagen kann schließlich dazu führen, dass extrem arme Menschen nur an Hilfe zum Überleben interessiert sind, einen Ausstieg aus ihrer Lebenssituation jedoch nicht mehr ernsthaft anstreben und insofern oft einen <point of no return> überschritten haben“ (BT-Drs. 15/1550 S. 132).

23 Zur extremen Armut muss man wohl auch die **Überschuldung** von Privathaushalten rechnen (BT-Drs. 15/1550 S. 63, 132 ff.). Trotz des Ausbaus der Schuldnerberatung hat sich die Gesamtzahl der überschuldeten Haushalte von 1999 bis 2002 von 2,77 Mio auf 3,13 Mio erhöht. Rund 8 % der Privathaushalte sind überschuldet. Der Anteil der Haushalte in den neuen Ländern ist überproportional (11, 3 % Ost und 7, 2 % West). Als Ursachen werden neben der Arbeitslosigkeit gescheiterte Selbständigkeit, Trennung und Scheidung genannt. Häufig bestanden aber schon bei Eingehung der Schuldverpflichtungen „instabile ökonomische Verhältnisse". Die häufigste Schuldenart besteht in Kreditforderungen (Bertsch/Just, NDV 2005 S. 54). Bis zum Jahre 2008 hatte sich der Anteil der überschuldeten Haushalte annähernd halbiert. Die Ursachen dafür sind jedoch nicht bekannt (BT-Drs. 16/9915 S. 53). Die Angaben sind auch in der Gegenwart etwas unklar. Die Zahl der überschuldeten Haushalte ist zwischen 2005 und 2011 von 1,6 Mio auf 1,8 Mio gestiegen (4. ARB BT-Drs. 17/12650 S. 245). In den Jahren 2013 – 2106 ist die Zahl der Personen mit hoher „Überschuldungsintensität" auf 4, 17 Mio angestiegen (5. ARB BT-Drs. 18/11980 S. 332).

Übergreifend über alle Armutskonzepte kann man drei Grundprobleme des 24 Armutsbegriffs festhalten. Die vor allem für ein Fürsorgesystem wichtigen Fragen lauten, wie ist der notwendige Lebensbedarf zu bestimmen, welche Mittel sind erforderlich, um ihn zu decken und wie groß darf der noch zu tolerierende Abstand zu den besser gestellten gesellschaftlichen Gruppen sein. Wenn das BVerwG die Auffassung vertritt, Aufgabe der Sozialhilfe sei es, dem Hilfeempfänger zu ermöglichen, in der Umgebung von Nicht-Hilfeempfängern ähnlich wie diese zu leben (BVerwG 36 S. 258), dann drückt sich die Problematik des Armutsbegriff in dem „ähnlich wie diese" sehr plastisch aus. In der Auseinandersetzung mit dem Komplex Armut, Grundsicherung und Sozialhilfe ist aber auch der Tatsache Rechnung zu tragen, dass sich die reale Kaufkraft des Regelsatzes seit Beginn der 60er Jahre um 80 % erhöht hat. Wäre der Regelsatz nur entsprechend der Inflationsrate gestiegen, so würde er zu der Zeit, als das BSHG noch galt, nicht bei knapp 300 €, sondern bei etwas mehr als der Hälfte dieses Betrages gelegen haben (Hanz, ZfSH/SGB 1999 S. 22; VG Berlin NDV 2002 S. 237). In diesen Vergleich müsste heute die Neuregelung bei den einmaligen Leistungen einbezogen werden. Das würde aber nur bedeuten, dass beide Vergleichszahlen um jeweils knapp 50 € heraufgesetzt werden müssen. Das Verhältnis beider bliebe gleich. Im Zusammenhang mit der Einkommensarmut ist noch ein anderer Aspekt zu beachten. Armut ist weiterhin durch eine Fluktuation gekennzeichnet. In den Jahren 1998 bis 2003 war nach einem Jahr etwa ein Drittel der Phasen relativer Einkommensarmut unterbrochen oder abgeschlossen. Nach zwei Jahren waren dies zwei Drittel (2. ARB BT-Drs. 15/1550 S. 48). Allerdings ist das Risiko, dauerhaft arm zu sein, seit 2002 um zwei Prozentpunkte auf 11 % gestiegen (3. ARB BT-Drs. 16/9915 S. 41). Zwischen Februar 2005 bis Juli 2007 waren von allein Erziehende nach zwölf Monaten noch rund 70 % im Leistungsbezug des SGB II, während es von den Paaren mit Kindern noch rund 56 % und von den Paaren ohne Kinder und Alleinstehenden nur noch rund 50 % waren (4. ARB BT-Drs 17/12650 S. 109). Ein wichtiger Indikator für den Verbleib in der Armut ist die Langzeitarbeitslosigkeit. Ihr Anteil an allen Arbeitslosen betrug in den letzten zehn Jahren weitgehend unverändert 37%. Immerhin ist ihre absolute Zahl im Jahre 2016 unter die Marke von einer Million gesunken (5. ARB BT-Drs. 18/11980 S. 395).

Der Begriff der Armut und die Lebenssituation der Armen sind nicht präzise 25 zu erfassen. Die Einkommenssituation der unteren Lohngruppen und die Leistungshöhe der Hilfe zum Lebensunterhalt geben dabei Maßstäbe ab, die zwar für die Gesetzesanwendung ausreichen, jedoch nicht entscheidend zu einer Klärung des Armutsbegriffs insgesamt beitragen. Auch für die Rechtsanwendung bleibt hervorzuheben, dass Armut, selbst wenn man sie nur unter dem Blickwinkel der Verfügbarkeit materieller Mittel definiert, nicht allein durch materielle Mittel behoben werden kann. Auch angesichts der neuen Gesetzgebung bleibt zu betonen, dass sich der Begriff der Armut an einem auf das Angewiesensein auf persönliche Hilfen erweiterten notwendigen Lebensunterhalt orientiert, dass er andererseits in der Grundsicherung für Arbeitsuchende stark auf die Arbeitslosigkeit hin ausgerichtet und damit auch eingeschränkt wird. Das lässt sich insoweit rechtfertigen, als das Armutsrisiko in erheblichem Umfang mit der Arbeitslosigkeit korrespondiert. In den besonderen Lebenslagen (§§ 47–74 SGB XII) wird der Begriff der Armut wiederum erweitert und teilweise sogar von der Einkommenssituation abgelöst. Es ist dann doch fraglich, ob man insoweit in allen Fällen von Armut sprechen darf.

26 Im Übrigen aber ist zu hervorzuheben, dass die Unklarheit des Armutsbegriffs nachteilige Konsequenzen hat. Wenn der Begriff der Armut in einer Gesellschaft nicht klar ist, dann bleibt auch unklar, welches Individuum als arm bezeichnet werden kann und muss. Etwa mit Blick auf die für das Selbsthilfestreben so wichtige Arbeit kann sich tatsächlich aber auch im Urteil über die jeweils relevanten Tatsachen eine Grauzone zwischen Arbeitslosigkeit, Arbeitsunfähigkeit und Arbeitsunwilligkeit herausbilden (BSG SGb 2005 S. 588 mAnm Bieback). Das ist umso leichter möglich, als der wirtschaftliche Wandel eine Verminderung von „Einfacharbeitsplätzen" im Niedriglohnsektor zur Folge hat. Hieraus resultiert ein struktureller Arbeitsplatzmangel und eine strukturelle Zugangsbarriere zum Arbeitsmarkt. Nachteilige Konsequenzen ergeben sich aber auch für die sog. Dunkelziffer der Armut. Damit wird der Teil der Hilfebedürftigen bezeichnet, der aus Unwissenheit, Furcht vor einer nicht immer bürgerfreundlichen Verwaltung oder aus einem Mangel an Information Fürsorgeleistungen nicht in Anspruch nimmt. Dass es diese Dunkelziffer gibt, lässt sich nicht ernsthaft bestreiten. Wie groß sie aber ist, welche Struktur sie hat, wer also unter allen Bedürftigen Leistungen nicht in Anspruch nimmt, das alles entzieht sich unserer sicheren Erkenntnis. Es kommt noch hinzu, dass die nicht durchgehend gesicherten Erkenntnisse je nach sozialpolitischer Affinität ganz verschieden interpretiert werden (vgl. Jacobs, NDV 1993 S. 424). Sie sind zumeist auch Gegenstand der politischen Auseinandersetzung (vgl. Hanesch, TuP 1992 S. 20; Schubert, NDV 1995 S. 101; Höck, ZSR 1996 S. 448; Butterwegge, SozSich 2017 S. 137).

27 Es scheint aber relativ gesichert zu sein, dass allein Erziehende Hilfe eher in Anspruch nehmen. Bei der Einschätzung der Armut älterer Menschen wird davon ausgegangen, dass auf drei Empfänger von Hilfe zwischen 1,5 und 2 potenziell Berechtigte kommen (2. ARB BT-Drs. 15/1550 S. 75). Allerdings sind die Schätzungen unterschiedlich. Es werden auch 3:1 oder 3:2 potenziell Berechtigte angenommen (Martens, SozSich 2005 S. 289). In früheren Untersuchungen hatte man allgemein festgestellt, dass auf etwa 100 Hilfeempfänger 110 verdeckt Arme kommen (Vgl. Hanz, ZfSH/SGB 1999 S. 19).

28 Gegenwärtig meint man Hinweise darauf zu haben, dass die Gruppe derjenigen, die Leistungen der Sozialhilfe nicht in Anspruch nimmt, eher kleiner geworden ist. Unter der deutschen Bevölkerung sind Frauen und allein Erziehende und damit auch Kinder weiterhin unter den Beziehern von Hilfe zum Lebensunterhalt überrepräsentiert. In den Jahren 1973 bis 1993 hat sich die Altersarmut verringert. In den darauf folgenden Jahren hat sie wieder zugenommen (Sozialbericht 2005 S. 72). Durch die Gesetzgebung zur Grundsicherung im Alter wird der Trend wohl nur vorrübergehend umgekehrt werden (vgl. 3. ARB BT-Drs. 16/9915 S. 46 ff.). Noch im Sozialbericht 2009 S. 10 wird konstatiert: „Altersarmut ist in Deutschland kaum anzutreffen". Das wird sich ändern, sofern das Normalarbeitsverhältnis weiterhin an Bedeutung verliert (§ 4 Rn. 25). Relativ gesichert ist, dass heute mehr jüngere als ältere Menschen auf Leistungen der Sozialhilfe angewiesen sind und sie auch in Anspruch nehmen.

29 Zum Teil sind also die Auffassungen zur Armut widersprüchlich. Zum Teil widersprechen die Feststellungen auch der landläufigen Vorstellung zur Armut. Zum Teil hängen die Feststellungen unmittelbar mit der wirtschaftlichen Entwicklung zusammen und sind durchaus instabil. Zum Teil erklärt sich schließlich das Wissensdefizit zur Inanspruchnahme von Fürsorgeleistungen wohl auch aus der Unklarheit des Armutsbegriffs. Bezieht man die Dunkelziffer und die bedrückenden Begleiterscheinungen extremer Armut mit ein, so kann man nicht einmal aus den erbrachten Fürsorgeleistungen auf das Ausmaß der Armut schließen.

2. Öffentliche Fürsorge

30 In Art. 74 Abs. 1 Nr. 7 GG wird für die Sozialhilfe noch der Begriff „öffentliche Fürsorge" verwendet. Der mit In-Kraft-Treten des Bundessozialhilfegesetzes im Jahre 1961 vollzogene sprachliche Wandel schloss zunächst einen fürsorgerechtlichen Entwicklungsprozess ab, der sich seit 1949 vollzogen hatte. Ursprünglich wurde die Fürsorge aus Gründen der Wahrung der öffentlichen Ordnung geleistet. Mehrere untere Gerichte haben schon unmittelbar nach Inkrafttreten des Grundgesetzes unter Hinweis auf die Art. 1 und 20 GG die Auffassung vertreten, der in Not geratene Einzelne habe einen **Rechtsanspruch** auf Hilfe durch die Gemeinschaft. Diese Auffassung wurde dann mit Urteil vom 24.6.1954 vom Bundesverwaltungsgericht bestätigt (BVerwG 1 S. 159). Mit dieser Rechtsprechung wurde eine Entwicklung abgeschlossen, die über Jahrhunderte die Fürsorge geprägt hatte (Schnapp, SGb 2010 S. 61). Lange Zeit war nicht vollständig geklärt, ob sich ein Rechtsanspruch, zumindest auf Gewährleistung des Existenzminimums unmittelbar aus der Verfassung ergibt. Das BVerfG beschränkte sich bisher auf die eher objektivrechtliche Formulierung: „Aus Art. 1 Abs. 1 GG in Verbindung mit dem Sozialstaatsgrundsatz des Art. 20 Abs. 1 GG folgt das verfassungsrechtliche Gebot, dass der Staat das Einkommen dem Steuerpflichtigen insoweit steuerfrei belassen muss, als es Mindestvoraussetzung eines menschenwürdigen Daseins ist" (BVerfG 99 S. 246). Inzwischen geht das BVerfG von einem verfassungsunmittelbaren Anspruch auf Fürsorge aus. Das hatte dann dazu geführt, dass im Falle eines Bedarfs, der bei der Schaffung des SGB II im Leistungssystem nicht berücksichtigt worden war, und den das Gericht als „atypischen Bedarf" bezeichnet, zunächst unmittelbar aus Art. 1 Abs. 1 GG ein Anspruch abzuleiten war (BVerfG 125 S. 175; dazu Schulz, SGb 2010 S. 201). Später wurde dann die einfachgesetzliche Regelung des § 21 Abs. 6 SGB II eingefügt. In der Sozialhilfe musste das nicht eigens geschehen, weil hier Leistungen schon immer stärker individualisierbar waren, was auch heute noch in § 27a Abs. 4 Satz 1 SGB XII der Fall ist. Unglücklich sind die Regelungen deswegen, weil für denselben Bedarf in einem Gesetz ein Mehrbedarf anzunehmen ist (§ 21 Abs. 6 SGB II) und in dem anderen der Regelbedarf individuell angepasst wird (§ 27a Abs. 4 Satz 1 SGB XII). Hintergrund dafür ist die Tatsache, dass der Gesetzgeber von Anfang an darauf bedacht war, das SGB II durch Datenverarbeitung auszuführen. Dem steht jede Individualisierung entgegen. In § 21 SGB II ist aber ohnehin zu individualisieren, so dass hier der atypische Bedarf normiert werden konnte.

31 Zum Rechtsanspruch des Einzelnen ist des Weiteren festzustellen: Die Entstehung des Sozialrechts überhaupt, auch was die Sozialversicherung angeht, steht immer auch im Zusammenhang mit der Sicherheit und Ordnung im Gemeinwe-

sen (vgl. § 1 Rn. 13). Die Sozialhilfe hatte dabei stets eine Sonderstellung. Ihre Inanspruchnahme wird von weiten Bevölkerungskreisen bis auf den heutigen Tag als diskriminierend empfunden. Dieses „Stigma", das der Sozialhilfe anhaftet, erklärt sich vor allem daraus, dass es ihr an irgendeiner Form der Äquivalenz fehlt, durch die etwa die überwiegend beitragsfinanzierte Sozialversicherung gekennzeichnet ist. Damit ist aber die besondere Stellung der Sozialhilfe noch nicht erklärt. Heute ist bei den Sozialleistungsberechtigten weithin bekannt, dass eine Reihe von Sozialleistungen (Eltern-, Kinder- und Wohngeld) nicht beitragsfinanziert sind, ohne dass die Inanspruchnahme als diskriminierend empfunden wird. Nun kann man die gesellschaftlich nützliche Aufgabe der Kindererziehung noch im weitesten Sinne in ein Äquivalenzprinzip einordnen. Dasselbe ist auch in der sozialen Entschädigung im Hinblick auf das Eintreten einer Opferlage möglich. Etwa im Bereich des Wohnens lässt sich eine solche Annahme aber nicht mehr machen. Wenn also die Inanspruchnahme von Leistungen der Sozialhilfe als diskriminierend empfunden wird, dann erklärt sich das auch daraus, dass das Klientel der Sozialhilfe oft zu den gesellschaftlichen Randgruppen gehört und dass von daher eine eher negative Bewertung der Sozialhilfe insgesamt erfolgt. Die inzwischen erfolgreichen Bestrebungen, die Eingliederungshilfe für behinderte Menschen aus der Sozialhilfe zu lösen, verstärken dieses Gesamtbild. Doch die ab dem 1.1.2020 anwendbaren §§ 90 ff. SGB IX sind dem Rechtscharakter nach weiterhin Leistungen der Fürsorge (§ 29 Rn. 2a). Auch die Einführung der Grundsicherung für Arbeitsuchende hat an diesem Bild grundsätzlich nichts geändert. Da aber nunmehr auch eine Gruppe der Gesellschaft in das Fürsorgesystem einbezogen wird, die nicht zwangsläufig am Rande der Gesellschaft lebt oder bis dahin gelebt hat, scheint sich der „Stigma-Effekt" etwas abzuschwächen. Dazu mag in gewisser Weise auch die veränderte Vorstellung der Grundsicherung für Arbeitsuchende beitragen, wenn nun die Arbeit (§§ 16 ff. SGB II) als Gegenleistung – als Äquivalent – für die Hilfe angesehen wird.

32 Der wirtschaftliche Wandel, die angespannte Beschäftigungslage selbst in den wirtschaftlich starken europäischen Ländern und die gesellschaftlichen Umbrüche in Europa lassen uns erkennen, dass die Sozialhilfe heute weniger als in den ersten Jahrzehnten nach dem letzten Weltkrieg als Armenfürsorge richtig verstanden werden kann (Giese, ZfSH/SGB 1986 S. 376; Schellhorn, NDV 1987 S. 242; Grube, NDV 1999, 150). Der schon erwähnte Mangel an Einfacharbeitsplätzen (vgl. oben Rn. 26), die Flexibilisierung der Arbeitszeit, die Zurückdrängung des Normalarbeitsverhältnisses (§ 4 Rn. 25) und die damit verbundene Vermehrung beitragsfreier Beschäftigungen (§§ 7 ff. SGB IV) haben zur Folge, dass die dauernde oder häufiger auftretende Arbeitslosigkeit zu einer Verminderung des Sozialversicherungsschutzes in der Biographie des einzelnen Arbeitnehmers führt, sei es auch nur in der Form, dass geringere Beiträge entrichtet werden (vgl. Schäfer, SF 1983 S. 121). Allerdings hat die Grundsicherung für Arbeitsuchende nur für die Erwerbsphase des Leistungsberechtigten eine Aufgabe übernommen, dies bislang von der Sozialhilfe zu erfüllen waren. Die längerfristigen Folgen aus der Änderung der Arbeitswelt sind freilich weiterhin von der Sozialhilfe zu erfüllen (§§ 41 ff. SGB XII). Das gilt umso mehr, als die ursprünglich bestehende Rentenversicherungspflicht beim Bezug von SGB II-Leistungen zugunsten eine Anrechnungszeit aufgegeben wurde (vgl. §§ 3 Satz 1, 58 Abs. 1 Satz 1 Nr. 6 SGB VI).

33 Aus den zuletzt genannten Gründen wird man die Aufgabe des Fürsorgesystems wieder stärker in einer allgemeinen sozialen Grundsicherung aller Bürger zu sehen haben. Von der Gesetzeslage aus betrachtet, ist es dabei nicht zutreffend, die

Auffassung zu vertreten, Leistungen der Sozialhilfe hätten lediglich das Existenzminimum zu garantieren. Schon im Rahmen der Hilfe zum Lebensunterhalt steht das Gesetz auf einem anderen Standpunkt. Diese Leistungen können nämlich unter den Voraussetzungen des § 26 SGB XII bis auf das zum Lebensunterhalt Unerlässliche eingeschränkt werden. Nach § 31a SGB II sind weitergehende Eingriffe möglich, denen jedoch ihrerseits in § 31a Abs. 3 SGB II Grenzen gesetzt sind (§ 19a Rn. 67). Erst durch die danach prinzipiell möglichen Einschränkungen wird das Existenzminimum tangiert. Eine andere Frage und sozialpolitisch umstritten ist natürlich, ob die Leistungen zum Lebensunterhalt ausreichend sind, um ein menschenwürdiges Leben zu garantieren (vgl. § 19a Rn. 26; § 28 Rn. 5).

Als Bestandteil des gesamten Sozialrechts hat die Sozialhilfe darüber hinaus die Aufgabe, gleichsam als „Netz unter dem Netz“ der sozialen Sicherheit zu fungieren. Insbesondere im Hinblick auf die Sozialversicherung hat sie die Funktion, einen unzureichenden Schutz zu vervollständigen. Das geschieht auf drei Ebenen. Sowohl der versicherte Personenkreis als auch die durch die Sozialversicherung abgedeckten Risiken und die von der Versicherung zu erbringenden Leistungen weisen Lücken auf. Wer infolgedessen ohne sozialen Schutz bleibt, ist auf Leistungen der Sozialhilfe angewiesen. 34

Der versicherte Personenkreis in Kranken- (§§ 5–10 SGB V), Pflege-, (§ 20 ff. SGB XI), Unfall- (§§ 2–6 SGB VII und Rentenversicherung (§§ 1–3 SGB VI) ist unvollständig. Aus dem Versicherungsschutz fallen zum Teil heraus, die kleinen Gewerbetreibenden, die wegen geringer Einkünfte keine eigene Sicherung aufbauen können, aber auch behinderte Menschen, die auf dem allgemeinen Arbeitsmarkt nicht oder nur geringfügig beschäftigt sind. In diesem Zusammenhang ist zu beanstanden, dass der Gesetzgeber die neuen Entwicklungen in der Rehabilitation bisher nicht aufgegriffen hat und noch an einem Versicherungsschutz für behinderte Menschen festhält, der sich auf die Beschäftigung in Einrichtungen konzentriert (vgl. § 5 Abs. 1 Nr. 7, 8 SGB V, § 1 Nr. 2 SGB VI). Allerdings ist jetzt in der **Krankenversicherung** durch § 5 Abs. 1 Nr. 13 SGB V ein umfassender Schutz begründet worden (vgl. § 4 Rn. 16) Auf der Ebene der versicherten Risiken ist vor allem das noch immer nicht vollständig abgedeckte Risiko der Pflegebedürftigkeit zu nennen. Hier müssen weiterhin die Leistungen der **Pflegeversicherung,** die bei Eintritt des Versicherungsfalls der Pflegebedürftigkeit (§§ 28 ff. SGB XI) zu erbringen sind, durch solche der Sozialhilfe (§§ 61 ff. SGB XII) bis zur vollen Bedarfsdeckung ergänzt werden. Nur auf diese Weise lässt sich ein ausreichender sozialer Schutz erreichen. In keiner Weise ein sozialversicherungsrechtlich relevantes Risiko ist die besondere Lebenslage, auf die sich § 67 SGB XII bezieht. Auf der Ebene der Leistungen ist bei den Geldleistungen die in einzelnen Fällen zu geringe Höhe zu nennen. Dabei haben vor allem das Kinder- und Wohngeld nur einen Zuschusscharakter, können aber gerade deswegen nicht verhindern, dass Fürsorgeleistungen in Anspruch genommen werden müssen. Dasselbe gilt aber auch bei der Rehabilitation und Teilhabe behinderter Menschen. Hier sind die Leistungen der Sozialversicherung gemessen an der Zielsetzung des § 1 SGB IX oft zu begrenzt (vgl. BSG 50 S. 73; BSG 54 S. 54). Infolge der Regelungen der 135 ff. SGB IX sind hier allerdings behinderte Menschen und ihre Familien weitgehend von Kostenbeiträgen freigestellt. Aber dies gilt nicht, wenn der behinderte Mensch auch pflegebedürftig ist (§ 136 Abs. 1 SGB IX, „nach diesem Teil“). Außerdem wird durch die §§ 135 ff. SGB IX nur vorhandenes Einkommen geschützt, jedoch nicht ein – behinderungsbedingter – Ausfall ausgeglichen. 35

36 In der auf drei Stufen (versicherter Personenkreis, Versicherungsfälle, Leistungen) zu verwirklichenden **Ergänzungsfunktion** der Sozialhilfe wird man heute als wesentliche Aufgabe der überkommenen Sozialhilfe sehen müssen, die sich gerade in den „besonderen Lebenslagen" der §§ 47 ff. SGB XII manifestiert. Dass ein Einzelner ohne jeden Schutz in der Sozialversicherung und Arbeitsförderung leben muss, stellt im modernen Sozialstaat den Ausnahmefall dar. Eine bislang noch in der Krankenversicherung vorhandene Lücke ist durch § 5 Abs. 1 Nr. 13 SGB V nunmehr geschlossen worden. Danach besteht – von wenigen Ausnahmen abgesehen (§ 5 Abs. 8a SGB V) – ein Krankenversicherungsschutz für alle, die keinen „anderweitigen Anspruch auf Absicherung im Krankheitsfall" haben. Generell wird der Schutz in der Sozialversicherung jedoch umso bruchstückhafter, je weiter sich eine gesellschaftliche Gruppe vom Bild des Arbeitnehmers entfernt. Das beginnt schon bei der noch immer unzureichenden rentenversicherungsrechtlichen Absicherung der Kindererziehungszeit (vgl. auch § 6 Rn. 11 ff.), setzt sich bei bestimmten Formen der Beschäftigung behinderter Menschen fort, ist durch den unzureichenden Schutz arbeitender Strafgefangener in der Rentenversicherung gekennzeichnet (BVerfG NJW 1998 S. 3337; BVerfG NJW 2002 S. 2023; LSG BW Breith. 1979 S. 593; Mrozynski, SGb 1990 S. 315; Pawlitta, ZfHS/SGB 1999 S. 67) und endet bei dem Personenkreis, der im Sozialhilferecht durch seine besonderen sozialen Schwierigkeiten charakterisiert wird (§ 67 SGB XII). Besonders diese Gruppe ist nach den Maßstäben des SGB II einerseits erwerbsfähig, aber andererseits auf Grund der eigenen Lebenssituation oft nicht in der Lage, sich am Arbeitsmarkt zu behaupten. Dem tragen insbesondere die §§ 31 ff. SGB II nicht Rechnung (vgl. § 19a Rn. 67).

37 Wir finden also vielgestaltige aber zumeist kleine gesellschaftliche Gruppen, die von der Sozialversicherung überhaupt nicht erreicht werden. Bei ihnen erfüllt die Sozialhilfe noch ihre herkömmliche Fürsorgefunktion eines umfassenden sozialen Schutzes. Ihr heutiges Bild darf aber davon nicht bestimmt werden – und doch hat die Sozialhilfe lange Zeit ihre Sonderstellung bis hin zur Anwendung einzelner Vorschriften des Allgemeinen Teils des Sozialgesetzbuches bewahrt (vgl. § 37 Rn. 11–19).

3. Grundsätze des Sozialhilferechts

38 Das Gesetz unterscheidet in § 8 Nr. 1–7 SGB XII die Arten der Sozialhilfe. Dabei werden die Hilfe zum Lebensunterhalt (§ 27 SGB XII) und die Grundsicherung im Alter und bei Erwerbsminderung (§ 41 SGB XII) neben anderen Hilfen genannt, die bisher unter dem Begriff der Hilfen in besonderen Lebenslagen zusammengefasst wurden (§§ 47 ff. SGB XII). Die Unterscheidung der Hilfearten wurde dabei nicht aufgegeben, was insbesondere aus den besonderen Vorschriften über die Kostenbeiträge (§§ 85 ff. SGB XII) ersichtlich ist. Während sich die beiden ersteren Hilfearten im Wesentlichen auf Ernährung, Unterkunft, Kleidung und gewisse immaterielle Grundbedürfnisse des Menschen erstrecken (§§ 27a, 28, 42 SGB XII), beziehen sich die Hilfen in besonderen Lebenslagen auf Risiken, wie Krankheit, Behinderung, Pflegebedürftigkeit, besondere soziale Schwierigkeiten usw (§§ 47–74 SGB XII). Diese Unterscheidung hat Konsequenzen für die Ausgestaltung des Nachrangprinzips. So wird der Einsatz der **Arbeitskraft** nur bei der Hilfe zum Lebensunterhalt gefordert (§ 39a SGB XII). Gewisse Einschränkungen ergeben sich auch beim Einsatz von eigenem **Einkommen** bei der Hilfe in besonderen Lebenslagen (vgl. unten Rn. 41). Auch die Heranziehung Unter-

haltspflichtiger ist bei einzelnen Hilfen in besonderen Lebenslagen begrenzt (§§ 68 Abs. 2 Satz 2, 94 Abs. 2 Satz 1 SGB XII).

In den §§ 1–16 SGB XII sind allgemeine Regelungen der Sozialhilfe getroffen 39
worden, die sich auf alle Grundformen der Sozialhilfe erstrecken. Durch sie wird die moderne Sozialhilfe charakterisiert. Im sozialen Recht des § 9 SGB I werden die zentralen Grundsätze der §§ 1–16 SGB XII zusammengefasst. Ausdruck des gewandelten Grundverständnisses, wenn auch ohne dogmatische Konsequenzen ist es dabei, dass es in § 9 SGB I heißt: „Wer nicht in der Lage ist ... hat ein Recht auf ... Hilfe". Demgegenüber formuliert § 2 Abs. 1 SGB XII noch: „Sozialhilfe erhält nicht, wer sich ... selbst helfen kann ...". Für die Auslegung schon eher relevant ist die Tatsache, dass nur in § 9 SGB I die Teilnahme am Leben in der Gemeinschaft eine selbständige Erwähnung findet (vgl. bereits BVerwG 97 S. 376 – Teilnahme an einer Klassenfahrt als notwendiger Lebensunterhalt). Dem entsprachen § 31 Abs. 1 Nr. 3 SGB XII aF und auch § 23 Abs. 3 Nr. 3 SGB II aF des sonst eher restriktiven SGB II. Inzwischen ist diese Leistung in den Komplex Bildung und Teilhabe eingegangen (§§ 28 Abs. 1 Nr. 1 und 2 SGB II, 34 Abs. 2 Nr. 1 und 2 SGB XII).

Ganz im Vordergrund steht die in § 1 Satz 1 SGB XII formulierte Aufgabe der 40
Sozialhilfe, die es dem Hilfeempfänger ermöglichen soll, ein Leben zu führen, das der Würde des Menschen entspricht (oben Rn. 3–5). Das bedeutet im Wesentlichen, dass der Hilfeempfänger die Hilfe erhalten muss, die es ihm ermöglicht, in der Umgebung von Nicht-Hilfeempfängern ähnlich wie diese zu leben (BVerwG 36 S. 258). Daraus hatte sich in der Vergangenheit die Tendenz entwickelt, bei der Frage, ob ein Gegenstand zum notwendigen Lebensbedarf gehört, auf die **Ausstattungsdichte** mit diesem Gegenstand in der Bevölkerung und auf die herrschenden Lebensgewohnheiten abzustellen (BVerwG 35 S. 178). Das bedeutete einerseits etwa, dass nach dieser Auffassung das Fernsehgerät schon wegen seiner Verbreitung zum notwendigen Lebensunterhalt gehört, und dass man andererseits den Hilfeempfänger nicht auf die Inanspruchnahme von Gebrauchtkleidung verweisen durfte (vgl. LPK BSHG § 1 Rn. 7, 8). Das BVerwG hat in seiner Rechtsprechung in den letzten Jahren eine eher restriktive Haltung eingenommen (BVerwG 80 S. 349). Insbesondere hat es betont: „Nur im Rahmen dessen, was zur Führung eines menschenwürdigen Lebens gehört, muss die Sozialhilfe dem Hilfeempfänger Lebensgewohnheiten und Lebensumstände der übrigen Bevölkerung und Gleichstellung mit ihr ermöglichen" (BVerwG NJW 1991 S. 2305). Dies dürfte jetzt die Standardformel zum notwendigen Lebensunterhalt geworden sein (vgl. OVG Koblenz FEVS 52 S. 109). Das BVerwG definierte mit dieser Formel die Menschenwürde also nicht mehr maßgeblich durch die Teilhabe am allgemeinen Lebensstandard. Die Menschenwürde gebiete vielmehr nur Teilhabe an einem **Mindeststandard.** Was jedermann als unzumutbar erscheint und was nach den allgemeinen Lebensgewohnheiten und Lebensumständen deshalb gemieden zu werden pflegt, darf auch einem Sozialhilfeempfänger nicht zugemutet werden (BVerwG NJW 1991 S. 2305). Annehmlichkeiten gehören nicht zum notwendigen Lebensunterhalt. In der Praxis dürfte sich die geänderte Rechtsprechung nur in Einzelfällen auswirken – immerhin hält das erwähnte Urteil die Verweisung des Hilfeempfängers auf eine gebrauchte Matratze für zulässig. Im Grundsätzlichen ist aber doch ein erheblicher Wandel feststellbar. Der frühere Ansatzpunkt der Rechtsprechung bestand darin, dass es dem Hilfeempfänger ermöglicht werden sollte, in der Umgebung von Nichthilfeempfängern ähnlich wie diese zu leben. Das „ähnlich wie diese" war geeignet, immer nur einen

geringen Abstand von dem Standard der Gesamtbevölkerung zu gewährleisten. Dies ist nun nicht mehr der Fall. Es ist unbestreitbar, dass der Verzicht auf eine Reihe von **Konsumgütern** noch nicht die Menschenwürde tangiert. Das ist jedoch dann der Fall, wenn es zu einer allgemeinen Absenkung des Lebensstandards kommen sollte. Eine zentrale Frage des gegenwärtigen Sozialrechts wird jedoch in dem Auseinanderfallen der gesellschaftlichen Gruppen gesehen (Leisering/Leibfried, ZSR 1995 S. 325). Man wird gegen die Rechtsprechung des BVerwG zumindest einwenden müssen, dass sie eine solche Entwicklung nicht verhindern kann. Mit der bisherigen Formel des „ähnlich wie diese" hätte man überzogene Konsumwünsche durchaus zurückweisen können. Später hat sich dann auch gezeigt, dass das BVerwG, wenn auch in modifizierter Form, auf den alten Maßstab zurückkommen wollte. In einer Entscheidung aus dem Jahre 1993 knüpfte es wieder an die herrschenden Lebensgewohnheiten und Erfahrungen an, stellte dabei allerdings auf die **unteren Lohngruppen** ab (BVerwG 92 S. 112; BVerwG 92 S. 109). Die wechselvolle Geschichte der Rechtsprechung zum Fernsehgerät hatte zunächst ihren Abschluss darin gefunden, dass es zum notwendigen Lebensbedarf gerechnet wurde (BVerwG 106 S. 99). Das BSG rechnet nun wieder das Fernsehgerät nicht zur Erstausstattung nach § 24 Abs. 3 Nr. 1 SGB II (BSG SozR 4-4200 § 23 Nr. 11). Dies folgt aber nach Auffassung des Gerichts aus der Auslegung des § 24 Abs. 3 Nr. 1 SGB II. Danach dient das Fernsehgerät nicht als Erstausstattung „für die Wohnung", sondern „der Befriedigung von Unterhaltungs- und Informationsbedürfnissen". Diese sind dem Regelbedarf (§ 20 SGB II) zugewiesen und aus ihm zu bestreiten. Die Diskussion um die Modalität „ähnlich wie diese leben" setzt sich inzwischen in der Diskussion um die Höhe der Regelsätze fort (§ 19a Rn. 3). Obwohl sie auf eine sehr breite Datenbasis zurückgreifen kann, scheint sie kaum rationaler zu sein.

41 Der zweite zentrale Grundsatz des Sozialhilferechts ist der aus § 2 Abs. 1 SGB XII abzuleitende **Nachrang** (Siefert, ZfSH/SGB 2016 S. 661). Danach erhält Leistungen der Sozialhilfe nicht, wer sich selbst helfen kann. Das erfolgt durch Arbeit, den Einsatz des Einkommens (§§ 82 ff. SGB XII) oder des Vermögens (§ 90 SGB XII). Bei der Hilfe in besonderen Lebenslagen ist der Einsatz des Einkommens nach Maßgabe der §§ 85–89 SGB XII begrenzt. Im sozialen Recht des § 9 wird dieser Nachrang der Sozialhilfe positiv und damit zutreffender ausgedrückt. Hilfe erhält, wer nicht in der Lage ist, sich aus eigenen Kräften zu helfen oder die Hilfe von anderen tatsächlich erhält. Auch § 19 Abs. 5 SGB XII ist insoweit Ausdruck des Nachranggrundsatzes, als bei unmittelbar bestehendem Bedarf im Laufe des Verwaltungsverfahrens noch geklärt werden muss, ob bereite Mittel vorhanden sind, „erweiterte Hilfe" geleistet wird. Ggf. besteht später ein Erstattungsanspruch des Trägers der Sozialhilfe. Aus diesem Nachranggrundsatz ergibt sich nicht nur in der Grundsicherung für Arbeitsuchende (§§ 16 ff. SGB II), sondern auch für die Hilfe zum Lebensunterhalt nach den §§ 27 ff. SGB XII eine Selbsthilfeverpflichtung, insbesondere die Pflicht zum Einsatz der eigenen Arbeitskraft (§ 39a SGB XII). Die Heranziehung der Familie, also praktisch der Unterhaltspflichtigen ist unterschiedlich stark ausgeprägt (§§ 19 Abs. 1–3, 94 SGB XII) und bei der Grundsicherung im Alter ganz erheblich abgeschwächt (§ 43 Abs. 5 SGB XII). Die Tatsache, dass eine Obliegenheit des Hilfesuchenden zur Selbsthilfe durch Arbeit und der Hilfe zur Arbeit auch durch den Sozialhilfeträger besteht (§ 11 Abs. 3 Satz 4 SGB XII) ist völlig unumstritten (BVerwG 29 S. 99). So ist insbesondere § 39a Abs. 1 SGB XII nicht als Sanktion, sondern als ein Instrument anzusehen, dem mangelnden Selbsthilfestreben entgegen zu wirken (BVerwG 29

S. 99 zu § 25 BSHG aF). Mit dieser Zielsetzung kann der Hilfeempfänger zur Arbeit herangezogen werden (BVerwG 68 S. 97; OVG Münster FEVS 51 S. 86). Eindeutig ist dabei auch, dass der Anspruchsverlust bei Verweigerung der Arbeit, zunächst nur zu einer Einschränkung der Hilfe führt (§§ 31a Abs. 1 SGB II, 39a Abs. 1 SGB XII). Dies beschränkt sich auch nur auf die Person, die selbst die Arbeit verweigert (OVG Bautzen FEVS 48 S. 488). Schwierigkeiten bereitet die Frage, unter welchen Voraussetzungen, Bedingungen und in welchem Umfange Selbsthilfe durch Arbeit geleistet werden muss und wie weit die Konsequenzen einer Verweigerung gehen dürfen (BVerwG 98 S. 203; OVG Lüneburg FEVS 52 S. 185; VGH München FEVS 53 S. 181; OVG Münster FEVS 53 S. 270). Jedenfalls bei extremer Arbeitsentwöhnung – der Hilfesuchende weigert sich „standhaft und unbelehrbar" – ist eine Verweisung auf die Ausübung einer Arbeit nicht als Form der Selbsthilfe iSd § 2 Abs. 1 SGB XII anzusehen (OVG Hamburg FEVS 49 S. 44). Auch in anderen Fällen dürfte des praktisch kaum, oder nur für sehr kurze Zeiträume, realisierbar sein, bei einer Arbeitsverweigerung, die Hilfe auf das zum Lebensunterhalt Unerlässliche einzuschränken (vgl. Michel, NDV 1997 S. 92; Falterbaum, ZfSH/SGB 2000 S. 579). Es kommt hinzu, dass gemäß § 39a Abs. 2 SGB XII zu vermeiden ist, dass durch die Einschränkung der Hilfe unterhaltsberechtigte Angehörige mit betroffen werden (VGH Mannheim FEVS 51 S. 423). In besonderen Fällen wird aber die vollständige Versagung der Hilfe für möglich gehalten (VGH Mannheim FEVS 52 S. 284; VGH München FEVS 52 S. 312). In diesen Punkten ist der Sanktionsmechanismus des § 31a SGB II nicht nur unflexibler, sondern auch härter. Allerdings sind ihm in § 31a Abs. 3 SGB II gewisse Grenzen gesetzt. Insbesondere muss das Existenzminimum gewährleistet bleiben (§ 31a Abs. 3 Satz 1 SGB II). Das dort geregelte Ermessen schrumpft auf Null, wenn durch eine Sanktion Art. 1 Abs. 1, 20 GG verletzt würden (aA Bay. LSG ZfSH/SGB 2010 S. 52; § 19a Rn. 13, 67).

Über die Erwerbsobliegenheit hinaus besteht eine allgemeine, nicht auf 42
bestimmte Verhaltensweisen begrenzte Verpflichtung zur Selbsthilfe. Sie muss aber zumutbar sein. Es besteht dagegen nicht die Verpflichtung, anderweit, etwa gegenüber einem Wohlfahrtsverband, um Hilfe nachzusuchen. Ausdrücklich heißt es in § 2 Abs. 1 SGB XII Hilfe erhält nicht, wer die Hilfe von anderen erhält; es heißt dagegen nicht Hilfe erhalten kann. Eine Praxis der Sozialämter, Hilfesuchende an Kleiderkammern der Wohlfahrtsverbände zu verweisen, verstößt danach zwar nicht gegen § 1 Abs. 2 SGB XII, wohl aber gegen § 2 Abs. 1 SGB XII. Zulässig ist es aber, wenn der Sozialhilfeträger mit Kleiderkammern Verträge über die Abgabe von Gebrauchtkleidung schließt (VGH Mannheim FEVS 45 S. 258). Zum Selbsthilfestreben gehört es auch, Rechte gegenüber anderen geltend zu machen. Dazu gehört auch die Rückforderung einer Schenkung nach § 528 Abs. 1 BGB (OVG Hamburg FEVS 46 S. 386). Keine Form der zumutbaren Selbsthilfe stellt es dar, wenn der Träger der Sozialhilfe ein behindertes Kind, dass Hilfe zu einer angemessenen Schulbildung beansprucht (§§ 91 Abs. 1, 112 SGB IX) auf den Besuch einer Sonderschule verweist, solange der Schulträger eine Sonderschulpflicht nicht festgestellt hat (OVG Münster FEVS 52 S. 513; BVerwG 123 S. 316). Eine besondere Selbsthilfeobliegenheit der vorherigen Fühlungnahme mit dem Sozialhilfeträger zur Begrenzung der Unterkunftskosten bei **Neuanmietung einer Wohnung** ist in § 35 Abs. 2 Satz 3 SGB XII (§ 22 Abs. 4 Satz 1 SGB II) begründet worden (BVerwG 107 S. 239). In allen Fällen der Selbsthilfe kommt es nicht darauf an, welche Ansprüche der Hilfesuchende gegenüber anderen (Sozialleistungsträgern, Familienunterhalt) hat, sondern nur darauf, ob er über **bereite**

Mittel verfügt (BVerwG 55 S. 148; BSG 112 S. 229). Fehlt es ihm, aus welchem Grunde auch immer, daran, so sind Leistungen der Sozialhilfe zu erbringen. Es ist dann eine Frage der Überleitung oder Überganges von Ansprüchen (§§ 93, 94 SGB XII) oder des Erstattungsrechts (§§ 102 ff. SGB X), wer letztlich für das Risiko eintreten muss. In Betracht kommen kann auch eine Einschränkung der Hilfe (§ 26 Abs. 1 SGB XII) oder ein Übergang auf Sachleistungen (§§ 9, 10 SGB XII). Bereite Mittel sind nur solche, die der Hilfesuchende hat, oder die er sich mühelos beschaffen kann. Ein Unterhaltsanspruch, der nicht unmittelbar erfüllt wird, ist zB kein bereites Mittel. Dasselbe gilt für den Anspruch gegenüber einem Leistungsträger, der aus irgendeinem Grund nicht erfüllt wird. Der (vermeintlich) Berechtigte muss aber zumindest versuchen, auf administrativem Wege eine Vorleistung (§ 43) oder einen Vorschuss (§ 42) zu erlangen.

43 Neben diesen leistungsrechtlichen Nachrang tritt die **institutionelle Subsidiarität** des § 5 SGB XII. Durch sie ist nicht nur die deutsche Fürsorge, sondern zum Teil auch das ganze Sozialrecht gekennzeichnet (vgl. § 17 Rn. 2). Das in § 5 SGB XII geregelte Verhältnis der öffentlichen zur freien Wohlfahrtspflege ist durch eine nicht immer konfliktfreie Partnerschaft gekennzeichnet. Die Spannung ergibt sich zwischen den Polen der Gesamtverantwortung des öffentlichen Trägers (BVerfG 22 S. 180) und seiner in § 5 Abs. 2 Satz 2 SGB XII begründeten Verpflichtung, die Selbständigkeit der freien Wohlfahrtspflege in Zielsetzung und Durchführung ihrer Aufgaben zu achten (vgl. Neumann, Freiheitsgefährdung im kooperativen Sozialstaat 1992 S. 9 ff.). Bei der Leistungserbringung bestimmt sich das Verhältnis der öffentlichen zu den freien Trägern nach den §§ 75 ff. SGB XII. Dabei wird zunehmend der Vorrang der freien Wohlfahrtspflege abgeschwächt. So erfolgt zwar nach § 5 Abs. 3 Satz 2 SGB XII (§ 17 Abs. 1 Satz 2 SGB II) eine Förderung nur der freien Wohlfahrtspflege und setzt damit an eine Gemeinnützigkeit voraus. Sie kommt im Allgemeinen nur einem Wohlfahrtsverband zu. Beim Abschluss von Verträgen nach den §§ 75 ff. SGB XII wird dagegen nur noch darauf abgestellt, dass die Träger bestimmte Voraussetzungen erfüllen. Dazu gehört die Gemeinnützigkeit nicht mehr. Damit wandelt sich auch in der Sozialhilfe die Rechtsbeziehung zu den freien Trägern immer mehr hin zu einem an den Strukturen des Marktes orientiertem Verhalten (§ 1 Rn. 18, 19c). Mit der Verlagerung der Eingliederungshilfe für behinderte Menschen in das SGB IX ist es auch insoweit zu einem Wandel gekommen, als generell nur zwischen externen und internen Leistungserbringern unterschieden wird. Der institutionelle Nachrang umfasst nicht mehr die Förderungspflicht (§ 124 Abs. 1 SGB IX).

44 Das praktisch wichtige **Bedarfsdeckungsprinzip** der Sozialhilfe erfährt seine gesetzliche Begründung aus den §§ 1 Satz 1 und 2 Abs. 1 SGB XII. Als Bedarf des Hilfesuchenden ist nur dasjenige anzusehen, was ihm vor dem Hintergrund der Normen des Sozialhilferechts zugestanden wird. Aus dem Bedürfnis des Einzelnen wird erst nach Anerkennung durch den Gesetzgeber ein Bedarf. Was dazu gehört, ist im Wesentlichen eine Frage der Auslegung des § 1 Satz 1 SGB XII (vgl. oben Rn. 4, 40). Ein Bedarf wird grundsätzlich nicht zur Tilgung von Schulden anerkannt. Von diesem Grundsatz stellt § 36 SGB XII nur scheinbar eine Ausnahme dar. Wenn danach in bestimmten Fällen Schulden übernommen werden können, so darf das nur zur Deckung eines akuten Bedarfs, insbesondere des Wohnbedarf (Mietschulden) geschehen (§ 19a Rn. 39).

45 Der in § 27a Abs. 1 SGB XII noch vage umschriebene Bedarf wird durch laufende Leistungen (§ 27a Abs. 3 SGB XII), bestimmte Mehrbedarfszuschläge (30 SGB XII) und zusätzlich durch abschließend aufgezählte einmalige Leistungen

(§ 31 SGB XII), Leistungen für Bildung und Teilhabe (§ 34 SGB XII) und die Kosten der Unterkunft (§ 35 SGB XII) gedeckt. Als Sonderbedarf kommt die Übernahme von Beiträgen zur Sozialversicherung nach den §§ 32, 33 SGB XII hinzu, sofern der Hilfeempfänger Versicherungsschutz zu erlangen vermag. Ist das ausnahmsweise nicht der Fall, so ist im Bedarfsfalle Hilfe in besonderen Lebenslagen zu leisten (§§ 47, 61 SGB XII).

Die Regelbedarfe basieren auf statistischen Erhebungen über die durchschnittlichen Ausgaben und das Verbraucherverhalten der unteren Einkommensgruppen (EVS) – ungeachtet der Verhältnisse des Einzelfalles (BVerwG 102 S. 274). Trotz vielfältiger Kritik an dieser Form der Bestimmung des Bedarfs (§ 19a Rn. 28–30l) wird es als ein im Prinzip praktisch brauchbares Modell für die Ermittlung der Regelsätze angesehen (BSG 97 S. 265; vgl. im Detail Schwabe, ZfF 2019 S. 1). Der Schluss vom Ausgabeverhalten auf den Bedarf, auf dem dieses System beruht, ist zwar nicht ganz unproblematisch. Wenn aber das Ausgabeverhalten der unteren Einkommensgruppen Gegenstand der Erhebung ist, dann ist dieses Verfahren durchaus schlüssig. Allerdings verträgt dieses Statistikmodell keine Anpassung des Regelbedarfs an individualisierende Maßstäbe. Insoweit wird man in der Regelung des § 27a Abs. 4 Satz 1 SGB XII ein Korrektiv zum Statistikmodell sehen und es mit dieser Zielsetzung sogar fortentwickeln müssen (aA OVG Münster FEVS 52 S. 417). Diese Möglichkeit bestand bisher in der Grundsicherung für Arbeitsuchende nicht, da dort die Regelleistungen in § 20 Abs. 2 SGB II gesetzlich festgeschrieben sind (BSG 101 S. 70). Das BVerfG hat jedoch eine Änderung des Gesetzes mit dem Ziel einer Berücksichtigung atypischer Bedarfe angemahnt. Dies ist dann durch Einfügung des § 21 Abs. 6 SGB II erfolgt (§ 19a Rn. 30c). **46**

Ob ein Bedarf gedeckt ist, richtet sich allein nach den tatsächlichen Verhältnissen, also danach, ob dem Hilfesuchenden Selbsthilfe möglich ist bzw. ob er Hilfe von anderen tatsächlich erhält (vgl. oben Rn. 44). So vertragen sich Pauschalen nur sehr bedingt mit dem Bedarfsdeckungsprinzip (BVerwG 35 S. 178). In jedem Falle ist zu prüfen, ob der Bedarf tatsächlich vollständig gedeckt wird. Der Begriff des Bedarfsdeckungsprinzips trennt sich also in eine normative und eine empirische Sphäre. So darf die Vergütung nach Leistungskomplex-Punkten in der Pflegeversicherung nur in der Weise in die Sozialhilfe übernommen werden, als die Punktwerte keine Obergrenze darstellen (OVG Lüneburg FEVS 48 S. 158). Ebenso verlangt es das Bedarfsdeckungsprinzip eigentlich, dass bei der Krankenhilfe nach § 47 SGB XII, dass die zum Teil unzureichenden Leistungen der Krankenversicherung bis zur vollen Deckung des Bedarfs aufgestockt werden. Das gilt an sich auch für die Brille, die nach § 33 Abs. 2 SGB V von der Krankenkasse grundsätzlich nicht mehr geleistet wird. Allerdings sind auf der Grundlage der EVS im Regelbedarf auch gewisse Gesundheitsleistungen enthalten. Das sind zzt. etwa 16 € im Monat. Zuzahlungen zu den Leistungen der Krankenversicherung haben bei Empfängern von SGB II- oder SGB XII-Leistungen nur einen geringen Umfang (vgl. § 62 Abs. 2 SGB V). Es ist also rechnerisch möglich, dass aus den angesparten Beträgen von der Krankenversicherung ausgeschlossene, aber medizinisch notwendigen Leistungen beschafft werden kann (§ 27a Abs. 3 Satz 2 SGB XII). Andernfalls muss eine Regelbedarfserhöhung nach § 27a Abs. 4 Satz 1 SGB XII vorgenommen werden (vgl. SG Osnabrück ZfSH/SGB 2013 S. 291, zu § 24 SGB II). Etwas komplizierter ist die Rechtslage in § 21 Abs. 6 SGB II (§ 19a Rn. 30g–30k). Dass insoweit im Fürsorgesystem Leistungen über die Krankenversicherung hinaus erbracht werden, ist kein Widerspruch zu dem „gehobenen System" der Versicherung. Vielmehr durfte der Gesetzgeber in der Krankenversi- **47** cherung davon ausgehen, dass die Versicherten einen Teil der Kosten für Gesundheitsleistungen selbst aufbringen können. Diese Annahme darf aber nicht mehr gemacht werden, wenn der Kranke zu den Einkommensschwachen gehört. Gleichwohl hat der Gesetzgeber die Regelung des § 52 Abs. 1 Satz 1 geschaffen. Danach entsprechen die Leitungen der Sozialhilfe denen der gesetzlichen Krankenversicherung. Das bedeutet nicht weniger, als dass der Träger der Sozialhilfe medizinisch notwendige aber in der Krankenversicherung nicht vorgesehene Leistungen, seinerseits nicht erbringen darf. Dass es sich hier nur um wenige Fälle handeln dürfte, ändert nichts daran, dass der Gesetzgeber mit dieser Regelung im Bereich der gesundheitlichen Versorgung das Bedarfsdeckungsprinzip eingeschränkt hat.

48 Nicht selten kommt es auch in anderen Fällen zu Irritationen beim Bedarfsdeckungsprinzip. Verwendet beispielsweise ein Hilfeempfänger die ihm zur Verfügung stehenden Mittel unwirtschaftlich, kommt er nicht mit ihnen aus, so entsteht erneut ein Bedarf, der zu decken ist (vgl. aber § 42 Abs. 2 SGB II). Keineswegs kann der Träger der Sozialhilfe davon ausgehen, der Bedarf wäre „an sich“ gedeckt (BVerwG 38 S. 307). Er darf auch nicht Darlehen oder Leistungen im Vorgriff auf den Folgemonat gewähren, weil dann wieder das Bedarfsdeckungsprinzip verletzt wäre. Es besteht nur die Möglichkeit nach den §§ 10 Abs. 3, 26 Abs. 1 Nr. 2, 103 SGB XII zu verfahren, also die Hilfe in Form von Sachleistungen zu gewähren, einzuschränken oder ggf. einen Kostenersatzanspruch durchzusetzen (BVerwG 105 S. 374). Aus den gleichen Gründen darf bei der Entscheidung über die Leistungsvoraussetzungen nicht darauf abgestellt werden, ob der Bedarf schuldhaft entstanden ist (BVerwG 32 S. 271). In der Grundsicherung für Arbeitsuchende besteht diese Möglichkeit zwar auch (§§ 24 Abs. 2, 31 Abs. 2 Nr. 2, 34 SGB II). Hier wählt die Praxis aber, den mE unzulässigen Weg, einer darlehensweisen Gewährung der Hilfe nach § 24 Abs. 1 Satz 1 SGB II (§ 19a Rn. 67a).

49 Der in § 9 Abs. 1 SGB XII – in dieser Form aber nicht in der Grundsicherung für Arbeitsuchende (§ 19a Rn. 3) – geregelte **Individualisierungsgrundsatz** ist Ausdruck der Stellung des Sozialleistungsberechtigten. Art und Maß der Sozialhilfe richten sich nach der Besonderheit des Einzelfalles. Das gilt allerdings nur, soweit der Leistungsanspruch nicht im Einzelnen gesetzlich geregelt ist (vgl. § 33 Rn. 3). Größere praktische Bedeutung hat der Individualisierungsgrundsatz deswegen bei den Ermessensleistungen. Soweit dem Sozialhilfeträger ein Ermessensspielraum eingeräumt ist (§ 17 Abs. 2 SGB XII), muss er im Rahmen der Ermessensausübung dem Individualisierungsgrundsatz Rechnung tragen. Konstruktiv gehört also dieser Grundsatz zum Zweck der Ermächtigung; seine Vernachlässigung stellt einen Ermessensfehlgebrauch dar (vgl. § 39 Rn. 47). Der Individualisierungsgrundsatz wird einerseits durch das Postulat der familiengerechten Hilfen (§ 16 SGB XII) ergänzt und andererseits durch die besondere Beratungspflicht des § 11 SGB XII oft erst praktisch wirksam. Vor allem als **Wunsch- und Wahlrecht,** wie es in § 9 Abs. 2 SGB XII zum Ausdruck kommt, ist der Individualisierungsgrundsatz allgemein für das Sozialrecht in § 33 begründet (vgl. § 33 Rn. 18). Die Wünsche des Hilfeempfängers finden ihre Grenze an den unverhältnismäßigen Mehrkosten (§ 9 Abs. 2 Satz 3 SGB XII). Die Praxis verfährt zumeist nach dem Grundsatz, dass 20 % Mehrkosten noch nicht als unverhältnismäßig anzusehen sind (vgl. BVerwG 65 S. 52). Im Übrigen aber ist das Verhältnis von Wahlrecht und **Mehrkostenkostenvorbehalt** nicht leicht zu bestimmen. Im Zusammenhang mit § 13 Abs. 1 Satz 2 SGB XII, dem relativen Vorrang offener Hilfen, ergibt sich für das Wunsch- und Wahlrecht eine besondere Problematik insoweit, als dieser Vorrang offener Hilfen nicht unter dem Mehrkostenvorbehalt des § 9 Abs. 2 Satz 2 und 3 SGB XII steht. Offene Hilfen können aber finanziell erheblich aufwendiger sein, als die stationären. Das ergibt sich vor allem im Zusammenhang mit der ambulanten 24-Stunden-Pflege. In diesem Falle ist eine schwierige Entscheidung nach § 13 Abs. 1 Satz 3–6 SGB XII zu treffen. Nur sofern die kostengünstigere stationäre Hilfe zumutbar ist, darf ein Kostenvergleich nach § 9 Abs. 2 Satz 3 SGB XII vorgenommen werden (§ 33 Rn. 23–25a). Stärker bildet sich bei höheren Mehrkosten in der letzten Zeit allgemein die Tendenz heraus, es dem Hilfeempfänger zu überlassen, den Teil der unangemessenen Mehrkosten aus sog. freien Mitteln selbst zu tragen, sofern diese nicht nach den §§ 82 ff. SGB XII für die Bedarfsdeckung eingesetzt werden müssen (BVerwG FEVS 51 S. 49).

Keiner besonderen Erwähnung bedarf heute die Tatsache, dass auf Leistungen 50
der Sozialhilfe gemäß § 17 Abs. 1 Satz 1 SGB XII ein **Rechtsanspruch** besteht (Schnapp, SGb 2010 S. 61). Der Anspruch kann nicht übertragen, verpfändet oder gepfändet werden. Dazu sind aber ergänzende Regelungen zu beachten. Zur Aufrechenbarkeit bestehen Sonderregelungen in den §§ 26 Abs. 2 und 44b SGB XII. Eine allgemeine Unpfändbarkeit kannte anfangs die Grundsicherung für Arbeitsuchende nicht. Sie ist jetzt in § 42 Abs. 4 SGB II eingeführt worden. Bei der Abtretung ergeben sich aber Besonderheiten (§ 53 Rn. 27, 27a). Allerdings sind auch in der Sozialhilfe nur die Ansprüche selbst dem Rechtsverkehr entzogen. Ein mit Mitteln der Sozialhilfe erworbener Gegenstand unterliegt im Rahmen der Pfändungsgrenzen des § 811 ZPO der Sachpfändung. Insoweit ergeben sich viele Abstimmungsprobleme zwischen dem sozialen Schutz und der Zwangsvollstreckung (vgl. § 54 Rn. 31). Etwas missverständlich ist § 17 Abs. 2 SGB, wenn dort auch für das Maß der Leistungserbringung ein **Ermessen** vorgesehen ist. Dies ist zumeist ausgeschlossen. Anders ist dies etwa im Falle des § 31 Abs. 2 Satz 2 SGB XII oder wenn im Rahmen des § 35 Abs. 2 Satz 2 SGB XII in einem atypischen Fall ein Ermessen auszuüben ist. Die Leistungen werden als Dienst-Geld- und Sachleistungen mit einem gewissen Vorrang der Geldleistungen erbracht (§ 10 Abs. 3 SGB XII). Eine Ermessensentscheidung über die Art der Hilfe ist etwa zu treffen, wenn nach § 35 Abs. 1 Satz 3 und 4 SGB XII die Kosten für Unterkunft und Heizung durch Direktzahlungen an Dritte übernommen werden.

Von besonderer Wichtigkeit ist der **Kenntnisgrundsatz** des § 18 Abs. 1 51
SGB XII (VGH Kassel FEVS 44 S. 156). In ihm verdeutlicht sich die besondere Stellung der Sozialhilfe innerhalb des Sozialrechts. Nach diesem Grundsatz leistet die Sozialhilfe zwar einerseits ab Kenntnis, also ohne Antrag, aber andererseits auch erst ab Kenntnis und damit grundsätzlich nicht rückwirkend (vgl. Rothkegel, ZfSH/SGB 2000 S. 3; Mrozynski, ZfSH/SGB 2007 S. 463). Dies hat erhebliche Bedeutung für die Antragstellung und auch für die Reichweite des Herstellungsanspruchs (vgl. § 14 Rn. 51 ff.). Wendet sich der Leistungsberechtigte an einen unzuständigen Leistungsträger, so ist in jedem Falle § 16 Abs. 2 Satz 2 SGB I anwendbar (§ 16 Rn. 31–34). Der Kenntnisgrundsatz verpflichtet den Sozialhilfeträger zum Handeln von Amts wegen. Das gilt auch, wenn während des Bezug laufender Leistungen zusätzlich ein einmalige Bedarf entsteht (OVG Bautzen FEVS 48 S. 462). Für die Leistungen nach den §§ 41 ff. SGB XII besteht allerdings das Antragsprinzip (§ 44 Abs. 1 Satz 1 SGB XII). Im Falle einer **Säumigkeit des Sozialhilfeträgers** kann sich der Hilfesuchende die Leistung selbst beschaffen (OVG Münster FEVS 53 S. 84). Das ist für das Fürsorgesystem jetzt in den §§ 30 SGB II, 34a SGB XII unnötigerweise gesondert geregelt worden (§ 43 Rn. 30 ff.).

Eine solche Situation kann grundsätzlich schon unmittelbar nach Kenntnisverschaffung gegeben sein, wenn die Deckung des Bedarfs besonders dringlich ist. In diesem Falle kann der Hilfesuchende erforderlichenfalls den Bedarf durch Kreditaufnahme oder mit Hilfe Dritter decken und vom Träger der Sozialhilfe Erstattung verlangen (§ 42 Rn. 3). Ihm kann dann nicht entgegengehalten werden, der Bedarf sei gedeckt und Hilfe würde nicht für die Vergangenheit geleistet. Ebenso eindeutig ist die Rechtslage vor Kenntnisverschaffung. Für diese Zeit bestehen Ansprüche regelmäßig nicht (OVG Münster FEVS 45 S. 469). Wird eine ablehnende Entscheidung des Sozialhilfeträgers bestandskräftig, dann muss ihm der Hilfesuchende erneut Kenntnis verschaffen.

51a Vor allem durch Schwierigkeiten im **Pflegebereich** veranlasst, hat das BSG den Kenntnisgrundsatz fortentwickelt (§ 37 Rn. 16a). Pflegeleistungen werden typischerweise sowohl als Versicherungsleistungen (§§ 36 ff. SGB XI), als auch bis zur vollen Bedarfsdeckung als Sozialhilfeleistungen (§§ 61 ff. SGB XII) erbracht. Im ersteren Falle gilt der Antragsgrundsatz und im letzteren Falle der Kenntnisgrundsatz. Eine Koordinierung beider Teilbereiche des Sozialrechts ist schwierig. In einer Reihe von Entscheidungen hat das BSG jedoch die beiden Grundsätze im praktischen Ergebnis einander angenähert, wenn auch Kenntnisverschaffung und Antragstellung weiterhin zu unterscheiden sind. **Kenntnis im Rechtssinne** hat der Sozialhilfeträger dann, wenn er sich auf der Grundlage seiner Informationen veranlasst sehen muss zu ermitteln (§§ 20, 21 SGB X). Damit bringt der Kenntnisgrundsatz eher eine Erweiterung als eine Einschränkung der Pflichten des Sozialhilfeträgers. Daraus folgt für das BSG, dass es ausreicht, wenn die Notwendigkeit der Hilfe erkennbar ist. Nicht notwendig ist die Kenntnis vom Umfang der Hilfe. Eine solche Situation ist häufig während des Aufenthalts in einem Pflegeheim gegeben. Vergrößert sich im Verlauf der Betreuung der Pflegebedarf, so sind die Voraussetzungen des § 48 Abs. 1 Satz 2 Nr. 1 SGB X erfüllt. Der Verwaltungsakt ist mit Wirkung ab dem Zeitpunkt der Änderung der Verhältnisse aufzuheben und an die veränderten Verhältnisse anzupassen (BSG SGb 2013 S. 295 mAnm Löcher). Zumindest wenn sich die Entwicklung des Pflegebedarfs im **konkreten Fall** im erwartbaren Verlauf befindet, genügt die Kenntnis vom Bedarf als solchem. Es genügt noch nicht, dass ein bestimmter Verlauf allgemein üblich ist (BSG SGb 2017 S. 155 mAnm Grube; BSG NZS 2019 S. 423 mAnm Kellner; LSG NRW NZS 2017 S. 756). Dieses Verständnis des Kenntnisgrundsatzes ist nicht auf die Anwendung des § 48 SGB X beschränkt. Es gilt vielmehr, also auch über den Pflegebereich hinaus, im gesamten Sozialhilferecht. Die Kenntnis kann man konsequenter Weise nicht auf **atypische Entwicklungen** im Hilfebedarf oder auf eine neue einmalige Bedarfssituation erstrecken. Damit bleibt weiterhin eine gewisse Unsicherheitszone. Sie ist gegenüber der früheren Rechtsprechung nicht größer geworden, sie sondern hat sich etwas vorverlagert.

52 Gewisse Probleme der Kenntnis eines Bedarfsfalles ergeben sich, wenn der Hilfesuchende ein Kfz besitzt (vgl. Ferdy, ZfSH/SGB 2001 S. 144). Nach anfangs uneinheitlicher Rechtsprechung hat sich jetzt die Auffassung herausgebildet, dass das Kfz dem Schonvermögen zugerechnet wird, wenn einschließlich des zu schätzenden Erlöses aus dem Verkauf des Kfz die Grenzen des § 90 Abs. 2 Nr. 9 SGB XII noch nicht überschritten sind (BVerwG 106 S. 105; BSG SGb 2008 S. 602 mAnm Berlit. zu § 12 SGB II). Davon zu unterscheiden ist aber die Tatsache, dass der Hilfesuchende dieses Kfz unterhält. Eine Selbsthilfeobliegenheit, das Kfz stillzulegen gibt es schon deswegen nicht, weil Kosten für den Betrieb eines

Kfz sowieso nicht im Regelsatz enthalten sind (§ 27a Abs. 1 SGB XII). Die Annahme eines unwirtschaftlichen Verhaltens iSd § 26 Abs. 1 Nr. 2 SGB XII ist jedenfalls dann problematisch, wenn ein Hilfeempfänger mit den ihm zur Verfügung stehenden Mitteln auskommt bzw. wenn er frei verfügbare Mittel (oben Rn. 49) dafür einsetzt (BVerwG FEVS 52 S. 444; OVG Lüneburg FEVS 52 S. 450). Überwiegend wird jetzt die Auffassung vertreten, dass der Besitz und Betrieb eines Kfz Zweifel daran aufkommen lässt, ob beim Hilfeempfänger ein sozialhilferechtlich relevanter Bedarf überhaupt besteht. Deswegen hat er detailliert und nachvollziehbar darzulegen, dass in seiner Person die Voraussetzungen der §§ 27 ff. SGB XII erfüllt sind. Dies gehört zur Angabe von Tatsachen iSd § 60 Abs. 1 Nr. 1 (OVG Münster FEVS 49 S. 37). Verbleiben danach vernünftige Zweifel am Bestehen eines Bedarfs, so geht dies zu Lasten des Hilfesuchenden (VGH Kassel FEVS 35 S. 333; OVG Münster FEVS 39 S. 430).

Das BVerwG hat aus § 18 Abs. 1 SGB XII (§ 5 BSHG aF) des Weiteren den **53**
Gesamtfallgrundsatz abgleitet. Danach muss der Sozialhilfeträger den Sachverhalt, so wie er ihm zur Kenntnis gelangt, selbst umfassend prüfen (BVerwG 22 S. 319). Er ist zur umfassenden Beseitigung der Notlage verpflichtet und darf sich also nicht auf ein bestimmtes Leistungsverlangen beschränken. Andererseits braucht er einen sozialhilferechtlichen Bedarf nicht zu „erahnen" (OVG Hamburg FEVS 41 S. 326; OVG Münster FEVS 41 S. 350). Damit geht der Gesamtfallgrundsatz über die bloße Amtsermittlung nach § 20 SGB X und die schlichte Beratung nach § 14 SGB I hinaus (vgl. § 14 Rn. 10). Es genügt, wenn eine vom Sozialhilfeträger beauftragte Stelle Kenntnis erlangt. Das wird häufig im Verhältnis zum überörtlichen Träger der örtliche Träger der Sozialhilfe sein (§ 99 SGB XII). Beauftragt werden kann aber auch der Träger eines Krankenhauses oder ein Wohlfahrtsverband sein (zB eine Einrichtung der Wohnungslosenhilfe, die Bahnhofsmission). Die übliche Zusammenarbeit mit der freien Wohlfahrtspflege stellt noch keine Beauftragung dar (vgl. § 5 Abs. 2 und 5 SGB XII).

Wie oben (Rn. 41) dargelegt, leistet die Sozialhilfe nachrangig (§ 2 Abs. 1 **54**
SGB XII). Das bedeutet, dass zunächst alle anderen Hilfsmöglichkeiten, vor allem solche des sonstigen Sozialrechts (zB Krankenversicherung, Arbeitsförderung usw), ausgeschöpft sein müssen. Im Grundsatz gilt das auch für das Einstehenmüssen der unterhaltspflichtigen Familienmitglieder der Hilfesuchenden. Die Eintrittspflicht der Familie ist im Einzelnen schwer in eine konkrete Verwaltungsentscheidung umzusetzen, und zwar sowohl was das „Ob", als auch was die Höhe der Eintrittspflicht angeht (vgl. BVerwG FEVS 43 S. 9). Im Prinzip gibt es dafür zwei Wege. Entweder der Träger der Sozialhilfe darf unter den Voraussetzungen der §§ 19 Abs. 1 bzw. 2 SGB XII (bei der Hilfe zum Lebensunterhalt) oder des § 19 Abs. 3 SGB XII (bei den Hilfen in besonderen Lebenslagen) vom Bestehen einer sogenannten **Einstandsgemeinschaft** (Bedarfsgemeinschaft) ausgehen oder nach § 39 SGB XII die Existenz einer Haushaltsgemeinschaften annehmen (§§ 7 Abs. 3, 9 Abs. 5 SGB II). Der Einsatz von Einkommen und Vermögen erfolgt dann nach den Grundsätzen der §§ 82–84, 90 SGB XII. Sind diese Annahmen nach den erwähnten gesetzlichen Regelungen nicht zulässig, kann unter den Voraussetzungen des § 94 SGB XII der Unterhaltsanspruch auf den Träger der Sozialhilfe übergehen. Andere Ansprüche (zB Schadenersatzansprüche) müssen gemäß § 93 SGB XII übergeleitet werden (vgl. auch § 33 SGB II). Im Verhältnis zu anderen Sozialleistungsträgern gilt das Erstattungsrecht der §§ 102 ff. SGB X (vgl. § 28 Rn. 54).

§ 10 Teilhabe behinderter Menschen

Menschen, die körperlich, geistig oder seelisch behindert sind oder denen eine solche Behinderung droht, haben unabhängig von der Ursache der Behinderung zur Förderung ihrer Selbstbestimmung und gleichberechtigten Teilhabe ein Recht auf Hilfe, die notwendig ist, um
1. die Behinderung abzuwenden, zu beseitigen, zu mindern, ihre Verschlimmerung zu verhüten oder ihre Folgen zu mildern,
2. Einschränkungen der Erwerbsfähigkeit oder Pflegebedürftigkeit zu vermeiden, zu überwinden, zu mindern oder eine Verschlimmerung zu verhüten sowie den vorzeitigen Bezug von Sozialleistungen zu vermeiden oder laufende Sozialleistungen zu mindern,
3. ihnen einen ihren Neigungen und Fähigkeiten entsprechenden Platz im Arbeitsleben zu sichern,
4. ihre Entwicklung zu fördern und ihre Teilhabe am Leben in der Gesellschaft und eine möglichst selbständige und selbstbestimmte Lebensführung zu ermöglichen oder zu erleichtern sowie
5. Benachteiligungen auf Grund der Behinderung entgegenzuwirken.

Übersicht

1. Der Einfluss der UN-Behindertenrechtskonvention

1 Im Vordergrund der Teilhabe behinderter Menschen stehen derzeit die Themen „Wohnen" und „Schule". Von besonderer Bedeutung ist natürlich auch der Bereich der Arbeit behinderter Menschen. Alle drei Bereiche bilden den Kern der sozialen Teilhabe, die aber darauf nicht beschränkt ist (§ 76 Abs. 2 SGB IX). Im Leistungsrecht sind auch nach Erlass des Bundesteilhabegesetzes einige Ziele der UN-BRK noch nicht erreicht. Im Bereich der Schule erklärt sich das zum Teil daraus, dass die Länder die Gesetzgebungskompetenz für das Schulrecht haben. Daraus ergeben sich gewisse Spannungen mit dem Sozialrecht (§ 29 Rn. 15). Was die Teilhabe behinderter Menschen am Arbeitsleben angeht, so ergibt sich einmal eine Schwierigkeit daraus, dass das Sozialrecht eine Trennung von beruflicher Rehabilitation und behinderungsgerechter Arbeit kennt. Dies erschwert Innovationen, die im Zwischenbereich beider angesiedelt sind. Das gilt etwa für die unterstütze Beschäftigung (vgl. §§ 16 SGB VI, 55 SGB IX). Auch die Struktur, die durch die WfbM aufgebaut und weitgehend aufrecht erhalten wird, hat nachteilige Auswirkungen auf das Teilhaberecht. In der WfbM können zwei Ziele des Art. 27 Abs. 1 der UN-BRK nicht erreicht werden. Es sind dies die Möglichkeiten, dass der behinderte Mensch auf einem offenen und integrativen Arbeitsmarkt tätig wird und dort seinen Lebensunterhalt verdienen kann.

1a Die Meinungsunterschiede zum Rechtscharakter einzelner Regelungen der Konvention hängen damit zusammen, dass hinsichtlich der Auslegung einzelner ihrer Normen grundlegende Differenzen bestehen. Fraglich ist, in welchem Ausmaß es die UN-BRK selbst ist, die den behinderten Menschen subjektive Rechte einräumt, bzw. ob sie lediglich staatliche Gewährleistungen regelt. Diese wären auf jeden Fall mehr als bloße Programmsätze. Vielmehr gilt für sie die objektivrechtlich Verpflichtung, der sog. Progressionsvorbehalt, des Art. 4 Abs. 2 UN-BRK:

„Hinsichtlich der wirtschaftlichen, sozialen und kulturellen Rechte verpflichtet sich jeder Vertragsstaat, unter Ausschöpfung seiner verfügbaren Mittel und erforderlichenfalls im Rahmen der internationalen Zusammenarbeit Maßnahmen zu treffen, um nach und nach die volle Verwirklichung dieser Rechte zu erreichen, unbeschadet derjenigen Verpflichtungen aus diesem Übereinkommen, die nach dem Völkerrecht sofort anwendbar sind."

Demgegenüber ist das Gebot der Gleichberechtigung und Nichtdiskriminierung unmittelbar geltendes Recht, das jedem behinderten Menschen einen Anspruch auf Achtung einräumt. Allerdings bereitet die Legaldefinition des Art. 5 Abs. 4 UN-BRK Schwierigkeiten:

„Besondere Maßnahmen, die zur Beschleunigung oder Herbeiführung der tatsächlichen Gleichberechtigung von Menschen mit Behinderungen erforderlich sind, gelten nicht als Diskriminierung im Sinne dieses Übereinkommens."

Schwierigkeiten bereitet die Frage der Regelbeschulung behinderter Kinder **1b** (Rux, DÖV 2017 S. 309). Hierzu trifft Art. 24 UN-BRK eine relativ weitgehende Regelung, die darauf gerichtet ist, dass behinderte Kinder ihre Begabungen und Fähigkeiten voll zu Entfaltung bringen können. Sie dürfen nicht vom obligatorischen und unentgeltlichen Grundschulunterricht und vom Besuch weiterführender Schulen ausgeschlossen werden. Der Unterricht hat in integrativer Form zu erfolgen. Damit wird man sagen müssen, dass das deutsche Sonderschulsystem vor dem Hintergrund der UN-BRK auf Dauer nicht aufrecht erhalten bleiben kann. Allerdings tendiert die Rechtsprechung dazu, nur eine staatliche Gewährleistungspflicht auf Veränderung des Schulsystems anzunehmen. Außerdem müssten gesetzliche Regelungen zur Umsetzung des Art. 24 UN-BRK, die das Schulrecht betreffen, durch die Länder erfolgen. Das muss aber auch tatsächlich im jeweiligen Landesrecht geschehen sein (VGH Kassel NVwZ-RR 2010 S. 602; OVG Lüneburg – 2 ME 278/10, juris; LSG Sachs.-Anh. ZfSH/SGB 2011 S. 414, zu Art. 19 UN-BRK; Bay. LSG RdLH 2011 S. 181 mAnm Schumacher). Demgegenüber geht die Literatur überwiegend von einem subjektiven Recht des behinderten Kindes aus (Rasch, RsDE 2011/72 42; Banafsche, ZfSH/SGB 2011 S. 685). Dabei wird die Frage nicht beantwortet, wie durch die Gerichte zu verfahren ist, wenn zwar eine Pflicht zur landesrechtlichen Umsetzung der UN-BRK besteht, diese aber, wie vom VGH Kassel zu Recht festgestellt, unterlassen wurde (Riedel/Arndt, NVwZ 2010 S. 1346; Lachwitz, RdLH 2010 S. 84; Rasch, RsDE 2011/72 S. 46–48). Entgegen der Kritik, die ihm in der Literatur entgegengebracht wird, gelangt der VGH Kassel im Hinblick auf Art. 35 UN-BRK zu dem Ergebnis, dass im Falle einer Nicht-Umsetzung der Konvention innerhalb von zwei Jahren nach ihrem In-Kraft-Treten, das wäre nach dem 23.3.2011 gewesen, allenfalls die Verletzung des Völkervertragsrechts in Betracht käme. Damit wäre aber ein subjektives Recht des behinderten Menschen noch immer nicht gegeben (VGH Kassel NVwZ-RR 2011 S. 602, 603). Zum Rechtsanspruch nach innerstaatlichem Recht vgl. § 29 Rn. 15).

Größere Auseinandersetzungen hat es auch um die Fragen des Wohnens behin- **1c** derter Menschen gegeben. Dazu ist festzuhalten, dass Art. 19 UN-BRK, auf den sich die Literatur bezieht, den Komplex „unabhängige Lebensführung und Einbeziehung in die Gemeinschaft" regelt. In Art. 19 lit. a UN-BRK wird dann bestimmt: dass die Vertragsstaaten gewährleisten,

„dass Menschen mit Behinderungen gleichberechtigt die Möglichkeit haben, ihren Aufenthaltsort zu wählen und zu entscheiden, wo und mit wem sie leben, und nicht verpflichtet sind, in besonderen Wohnformen zu leben …"

Im Gesamtzusammenhang geht es bei der Regelung wohl doch eher darum, zu verhindern, dass behinderte Menschen, dadurch dass man sie zwingt, in besonderen Wohnformen zu leben, aus der Gemeinschaft ausgegliedert werden. Dennoch wird hieraus abgeleitet, dass der Mehrkostvorbehalt des § 13 SGB XII nicht gelten soll, wenn ein behinderter Mensch, der eine Wohnform mit unverhältnismäßigen Mehrkosten wünscht, auch wenn für ihn eine zumutbare Alternative besteht (Lachwitz/Trenk-Hinterberger, RdLH 2010 S. 45, dagegen Münning, NDV 2013 S. 148). Selbst wenn man Art. 19 lit. c UN-BRK in einem weiteren Sinne auslegt, so ergibt sich doch aus dem Wortlaut, dass der behinderte Mensch nicht daran gehindert werden darf, seinen Aufenthaltsort frei zu wählen. Eine Interpretation der Vorschrift, sie würde, ohne einen Finanzierungsvorbehalt, auch einen sozialrechtlichen Leistungsanspruch begründen, geht doch zu weit (LSG Sachs.-Anh. ZfSH/SGB 2011 S. 414; LSG BW RdLH 2014 S. 135). Der behinderte Mensch ist nicht verpflichtet, in einer besonderen Wohnform zu leben. Daraus folgt aber noch nicht, dass er bei der Wahl seiner Wohnform uneingeschränkte finanzielle Unterstützung verlangen kann.

1d Bei einer Gesamtbetrachtung der Art. 3–30 UN-BRK erweist sich, dass die Konvention schon sprachlich unterscheidet, wo sie einen Rechtsanspruch einräumen will (duty to fulfil) und wo nur staatliche Schutz- oder Gewährleistungspflichten (duty to protect) bzw. nur Abwehrrechte (duty to respect) begründet werden. Mehrheitlich sind diese Rechte auf gesellschaftliche Veränderungen gerichtet und verlangen oft einen großen finanziellen und organisatorischen Aufwand. Ein Rechtsanspruch in allen Bereichen, die die Konvention regelt, wäre überhaupt nicht realisierbar. Das allein würde noch nicht gegen einen Rechtsanspruch sprechen. Die UN-BRK ist in Deutschland geltendes Recht (BGBl II 2008 S. 1419). Aber sie gilt so, wie sie abgefasst ist. Bei der Auslegung ihrer Normen darf man den Leitgedanken des Art. 4 Abs. 2 UN-BRK nicht übersehen. Danach verpflichten sich die Vertragsstaaten, die volle Verwirklichung der Rechte behinderter Menschen „nach und nach" zu erreichen. Das geschieht unter Ausschöpfung der verfügbaren Mittel. Darin ist kein allgemeiner Finanzierungsvorbehalt zu sehen. Vielmehr muss ein kontinuierlicher Fortschritt bei der Verwirklichung der Rechte behinderter Menschen erkennbar sein. Andererseits jedoch nimmt die Konvention von diesem Progressionsvorbehalt diejenigen Verpflichtungen aus, die nach dem Völkerrecht sofort anwendbar sind. Das ist dann der Fall, wenn eine Rechtsnorm keiner weiteren normativen oder administrativen Ausfüllung bedarf, um vollzogen zu werden („self-executing-right"). Genau das gilt für das Diskriminierungsverbot des Art. 5 Abs. 2 UN-BRK und wird auch für einen Kernbereich des Art. 24 UN-BRK, insbesondere für Art. 24 Abs. 2 lit. b UN-BRK, angenommen (Banafsche, ZfSH/SGB 2011 S. 685, 689, ebenso Schulte, ZESAR 2012 S. 115, differenzierend Krajewski, JZ 2010 S. 123). Diese Auffassung wird damit begründet, dass Art. 24 UN-BRK mit dem Recht auf unentgeltlichen Unterricht in Regelschulen hinreichend individualisiert ist. Die integrative Beschulung behinderter Kinder setzt voraus, dass diese „ihre Persönlichkeit, ihre Begabungen und ihre Kreativität sowie ihre geistigen und körperlichen Fähigkeiten voll zur Entfaltung bringen" kann. Das verlangt aber Veränderungen im baulichen Bereich, in den Lehrplänen und der Unterrichtspraxis. Diese sind noch nicht in dem Maße erfolgt, wie dies erforderlich ist. Entsprechendes gilt für die meisten Regelungen der UN-BRK. Formulierungen wie die Vertragsstaaten „anerkennen", „gewährleisten" oder „stellen sicher" sprechen eher dagegen, dass ein subjektives Recht eingeräumt werden soll. Man kann also Art. 24 Abs. 2 lit. b UN-BRK nicht dahingehend auslegen, dass diese Vorschrift, wäre sie innerstaatliches Recht, dem behinderten Kind unmittelbar einen Anspruch den Besuch einer Regelschule einräumen würde. Erforderlich ist vielmehr ein zusätzlicher, eben diesen Anspruch zuweisenden, innerstaatlicher Rechtsakt. Das ist vor allem auch deswegen notwendig, weil auch die Auffassung, die dem VGH Kassel nicht folgen will, zugesteht, dass in Einzelfällen die Zuweisung eines behinderten Kindes in ein besonderes schulisches Fördersystem keine verbotene Diskriminierung ist (Riedel/Arndt, NVwZ 2010 S. 1346, 1348). Bei einem derart gravierenden Akt ist die Annahme eines „self-executing" völlig ausgeschlossen. Es bedarf also noch staatlicher Maßnahmen. Hat ein Land jedoch den Anspruch eingeführt (§ 112 SGB IX), dann ist er auch zu erfüllen (oben Rn. 1c). Darüber hinaus wird man sagen müssen, dass alle Rechtsnormen, die den §§ 10 und 29 SGB I zuzuordnen sind, im Lichte der UN-BRK ausgelegt werden müssen. Sie ist geltendes Recht, und kann also weder von der Verwaltung, noch von den Gerichten ignoriert werden und reicht weit über das Sozialrecht hinaus (vgl. etwa Lipp, FamRZ 2012 S. 669; Masuch/Gmati, NZS 2013 S. 521; Leonhard, RdLH 2013 S. 6). Für den Schulunterricht ergeben sich daraus durchaus auch nach gegenwärtiger Rechtslage Konsequenzen (§ 29 Rn. 14a, 15).

Kaum überzeugend ist die Auffassung, dass die Regelungen über die Erhebung **1e** von Kostenbeiträgen in der Sozialhilfe (§§ 92, 94 SGB XII) gegen das Diskriminierungsverbot des Art. 5 Abs. 2 UN-BRK verstoßen würden. Sie wird es auch im künftigen Recht, wenn auch in wesentlich geringerem Umfang geben (§§ 135 ff. SGB IX). Im Hinblick auf Art. 28 UN-BRK, wonach ua ein angemessener Lebensstandard behinderter Menschen zu gewährleisten ist, können die Kostenbeiträge in der Tat dazu führen, dass ein behinderter Mensch, nicht wie andere auch, ein überdurchschnittliches Einkommen erzielen und daraus ein Vermögen ansparen kann. Würde man jedoch die Beachtung der allgemeinen Grundsätze des Fürsorgesystems als Diskriminierung im Sinne des § 5 Abs. 2 UN-BRK betrachten, so wären alle Hilfebedürftigen, auch wenn sie nicht behindert sind, diskriminiert. Das gilt umso mehr, als die UN-BRK kein neues Menschenrecht geschaffen, sondern bekräftigt hat, dass die bestehenden Menschenrechte auch für behinderte Menschen gelten. Die Limitierung der wirtschaftlichen Chancen behinderter Menschen auf das Niveau der §§ 85 ff. SGB XII aF war aber und ist noch ein Problem (SG Karlsruhe RdLH 2013 S. 193 mAnm Axmann). Insoweit haben die Art. 5, 28 UN-BRK den Gesetzgeber dazu veranlasst, seine Regelungen zur Kostenheranziehung in erheblichem Umfang zu modifizieren. Vorrangiges Ziel war dabei, die Teilhabechancen behinderter Menschen auch in wirtschaftlicher Hinsicht zu verbessern. Auffallend ist aber, dass behinderte Menschen, die auch pflegebedürftig und auf Hilfen nach § 61 SGB XII angewiesen sind, die Vorteile der §§ 135 ff. SGB IX nur ansatzweise nutzen können. Weiterhin sind es nur die unterhaltspflichtigen Eltern behinderter Kinder, die in nennenswertem Umfang von Kostenbeiträgen freigestellt werden (§§ 92 Abs. 2, 94 Abs. 2 SGB XII). Das schließt auch die Nichtberücksichtigung auch sehr hoher Einkünfte und Vermögen ein (vgl. §§ 92 Abs. 2 Satz 2, 94 Abs. 2 SGB XII). Bei

zusätzlichem Pflegebedarf bestehen so weit gehende Regelungen für den behinderten Menschen selbst nicht und auch nicht für die Partner und Kinder eines behinderten Menschen. Wenn die Art. 5, 28 UN-BRK so zu verstehen sind, dass der behinderte Mensch nicht isoliert gesehen werden darf, dann rechtfertigt das auch die Einbeziehung der Familie. Unter dem Blickwinkel der Teilhabe nicht zu rechtfertigen ist es dann aber, dass Partner und Kinder des behinderten Menschen von den Vorteilen ausgeschlossen sind (§ 94 Abs. 2 SGB XII), und dass sogar der behinderte Mensch selbst schlechter gestellt ist, als seine unterhaltspflichtigen Eltern (vgl. §§ 87 Abs. 1, 88 Abs. 1 Satz 2, 92 Abs. 2, 94 Abs. 2 SGB XII, 135 ff. SGB IX). Diese Lage wird sich auch nach 2020 nicht ändern, wenn der behinderte Mensch auch pflegebedürftig ist. Im Hinblick auf die Ziele der UN-BRK wäre also anzustreben, dass zunächst einmal die behinderten Menschen selbst, und sodann gleichermaßen ihre Eltern, Partner und Kinder grundsätzlich nicht oder nur begrenzt zu den Kosten der Teilhabeleistungen herangezogen werden. Demgegenüber ist es im Interesse der Teilhabe behinderter Menschen nicht geboten, Regelungen im SGB XII beizubehalten, auf deren Grundlage auch höchste Einkünfte und Vermögen von unterhaltspflichtigen Eltern nicht zu Kostenbeiträgen herangezogen werden, solange dies in einem Fürsorgesystem ohnehin ein Systemmerkmal ist. Diese Divergenzen erklären sich natürlich daraus, dass im deutschen Sozialrecht die Pflegebedürftigkeit noch immer nicht vollständig abgesichert ist. Tritt sie aber zu einer Behinderung hinzu, so hat dies den Effekt, dass in den besonders schweren Fällen der Pflegebedarf die Vorteile der §§ 135 ff. SGB XII weitgehend zunichte macht. Eine Lösung des Problems könnte nur darin bestehen, dass auch der Pflegebedarf einbezogen wird, dass aber in größerem Umfange höhere Einkommen und Vermögen zu Kostenbeiträgen herangezogen werden.

2. Behinderung

2 In § 2 Abs. 1 SGB IX ist der Begriff der Behinderung mit Wirkung für alle Sozialleistungsbereiche geregelt worden. Dabei hat der Gesetzgeber auf die früheren Begriffsbestimmungen in den einzelnen Sozialleistungsbereichen zurückgegriffen. Man wird auch heute noch darauf Bedacht zu nehmen haben, dass die Aufgaben der einzelnen Rehabilitationsträger nicht identisch sind. Damit wird auch der Begriff der Behinderung in seinen Randbereichen immer auch gewisse Differenzierungen im Sinne von Einschränkungen oder Erweiterungen aufweisen, die jedoch nur in Einzelfällen eine Bedeutung haben. So setzt der Anspruch auf Leistungen nach § 19 SGB III abweichend von § 2 Abs. 1 SGB IX voraus, dass die Teilhabebeeinträchtigung „wesentlich" ist, bzw. dass eine wesentliche Behinderung droht. Zudem ist nur die Teilhabebeeinträchtigung im Arbeitsleben relevant. Die nicht unumstrittene Frage, ob eine Lernbehinderung unter § 2 SGB IX fällt, wird jedenfalls für die Arbeitsförderung nach § 19 Abs. 1 SGB III bejaht. Unter diesem Blickwinkel wird der Begriff sogar erweitert. Mit Blick auf die besonderen Aufgaben, die bei dieser Gruppe auf dem allgemeinen Arbeitsmarkt zu erfüllen sind (§§ 56 ff. SGB III), ist dies auch sachgerecht und zumindest hier nur als Klarstellung anzusehen. Insgesamt ist festzustellen, dass der Begriff der Behinderung, zwar im Kern, aber nicht in seinen Randbereichen für das gesamt Sozialrecht einheitlich festgelegt ist. Auch in § 10 SGB VI ist die Behinderung nur relevant, wenn die Erwerbsfähigkeit zumindest gefährdet ist. Demgegenüber werden nach § 11 Abs. 2 SGB V Leistungen zur medizinischen Rehabilitation

erbracht, um eine Behinderung oder Pflegebedürftigkeit zu verhüten, abzuwenden, zu mindern oder ihre Folgen zu mildern.

2a Soweit die WHO im Jahre 2001 mit dem ICF einen weiten Begriff der Behinderung entwickelt hat, ist er für das deutsche Sozialrecht bisher nicht sehr innovativ gewesen (vgl. Schuntermann, Die Neue Sonderschule 1999 S. 342; Luthe, SGb 2009 S. 569). Desgleichen hatte die Definition des Art. 1 Satz 2 UN-BRK bisher kaum nachhaltige Auswirkungen auf das deutsche Recht, das galt auch für die in Deutschland in der Vergangenheit nicht gebräuchliche besondere Erwähnung der Sinnesbehinderung. Auch die Ausrichtung des Begriffs der Behinderung auf die Wechselwirkung zwischen Individuum und Gesellschaft war bis zum Erlass des Bundesteilhabegesetzes für das deutsche Verständnis nicht bestimmend. Durch die Neufassung des § 2 SGB IX hat sich das geändert (Luthe, br 2017 S. 53; Kainz, NZS 2017 S. 649; Schaumberg/Seidel, SGb 2017 S. 572, 618). Künftig wird die Schwierigkeit darin bestehen, die (Wechsel)wirkung einstellungs- und umweltbedingter Barrieren im konkreten Fall der Feststellung einer Behinderung so zu ermitteln, dass sie im Einzelfall rechtliche Relevanz hat.

„Zu den Menschen mit Behinderungen zählen Menschen, die langfristige körperliche, seelische, geistige oder Sinnesbeeinträchtigungen haben, welche sie in Wechselwirkung mit verschiedenen Barrieren an der vollen, wirksamen und gleichberechtigten Teilhabe an der Gesellschaft hindern können.“

In der Präambel lit. c der UN-BRK wird definiert, dass die Behinderung sich ständig weiter entwickelt und dass Behinderung aus der Wechselwirkung zwischen Menschen mit Beeinträchtigungen und einstellungs- und umweltbedingten Barrieren entsteht, die sie an der vollen, wirksamen und gleichberechtigten Teilhabe an der Gesellschaft hindern. Präziser, nämlich unter ausdrücklicher Betonung des medizinischen Zusammenhanges hat der EuGH den Begriff der Behinderung wie folgt definiert (EuGH ZESAR 2013 S. 415 – Ring ua):

Der Begriff „Behinderung“ im Sinne der Richtlinie 2000/78/EG …ist dahin auszulegen, dass er einen Zustand einschließt, der durch eine ärztlich diagnostizierte heilbare oder unheilbare Krankheit verursacht wird, wenn diese Krankheit eine Einschränkung mit sich bringt, die insbesondere auf physische, geistige oder psychische Beeinträchtigungen zurückzuführen ist, die in Wechselwirkung mit verschiedenen Barrieren den Betreffenden an der vollen und wirksamen Teilhabe am Berufsleben, gleichberechtigt mit den anderen Arbeitnehmern, hindern können, und wenn diese Einschränkung von langer Dauer ist. Für die Frage, ob der Gesundheitszustand einer Person unter diesen Begriff fällt, kommt es nicht auf die Art der Maßnahmen an, die der Arbeitgeber ergreifen muss.

2b Für den Begriff der Behinderung wird in § 2 Abs. 1 SGB IX auf einer ersten Stufe vorausgesetzt, dass eine Beeinträchtigung gegeben ist, die auf der zweiten Stufe in Wechselwirkung mit einstellungs- und umweltbedingten Barrieren mit hoher Wahrscheinlichkeit ein Integrationsrisiko von mehr als sechs Monaten zur Folge haben. Das entspricht nicht ganz dem Art. 1 Satz 2 UN-BRK, der von einer langfristigen Beeinträchtigung ausgeht. Berücksichtigt werden körperliche, seelisch geistige oder Sinnesbeeinträchtigungen. Bisher hatte der Gesetzgeber statt des Begriffs der Beeinträchtigung den der Funktionsstörung verwandt. Man wird aber davon ausgehen müssen, dass mit der neuen Wortwahl, mit der eine negative Zuschreibung nicht vermieden worden ist, weiterhin an die erste Stufe im Krankheitsbegriff anknüpft, also auf die Funktionsstörung, die auf einer Regelwidrigkeit beruht. Konkretisiert wird die Beeinträchtigung durch eine Abweichung von dem für das Lebensalter typischen Zustand (§ 2 Abs. 1 Satz 2 SGB IX). Damit sind vor allem lediglich soziale Einflusse und Alterungsprozesse vom Begriff der Behinderung ausgeschlossen (zum Meinungsstand, Löbner, br 2015 S. 1; Kessler, SGb 2016 S. 373)

2c Auf der zweiten Stufe des Krankheitsbegriffs ist die Behandlungsbedürftigkeit (Heilungszugänglichkeit) dieses Zustandes angesiedelt. Sie ist häufig auch bei der Behinderung festzustellen. Auf sie kommt es jedoch nicht entscheidend an. Für den **Begriff der Behinderung** sind damit die tragenden begrifflichen Merkmale erstens die **Funktionsstörung** bzw. eine dementsprechende **Beeinträchtigung** menschlicher Fähigkeiten, etwa auch im geistig-seelischen Bereich (vgl. BSG NZS 2015 S. 662). Diese Feststellung ist von einem Arzt zu treffen. Des Weiteren ist für den Begriff der Behinderung konstituierend, dass die Folgen der Funktionsstörung nicht allein durch ärztlich verantwortete Maßnahmen im Sinne einer Krankenbehandlung (§§ 27 ff. SGB V) behoben werden können bzw. dass solche Maßnahmen überhaupt nicht angezeigt sind, wie etwa bei einer geistigen Behinderung. Entscheidend ist die Feststellung eines auf der Funktionsstörungen beruhenden oder dadurch zumindest mit verursachten Integrationsrisikos. Vor dem Hintergrund eines teilhabeorientierten Begriffs der Behinderung ist also eine spezifische Hilfestellung erforderlich. Insoweit bilden die §§ 42, 49 und 76 SGB IX einen allgemeinen Rahmen. Erforderlich ist aber deren Verankerung in den Besonderen Teilen des Sozialgesetzbuches (§ 7 SGB IX). Eine solche Hilfestellung kann sich auch auf die schulische und berufliche Förderung oder auf Maßnahmen der Alltagsbewältigung erstrecken. Ohne eine derartige Hilfestellung wäre die **soziale Teilhabe** beeinträchtigt. Die Annahme einer solchen Beeinträchtigung muss, anders als die Feststellung einer Funktionsstörung, nicht auf ärztlicher, sondern sie kann auch auf sonstiger fachlicher Erkenntnis beruhen. Welcher Art diese sein muss, hängt wieder von der im konkreten Fall zu erfüllenden Aufgabe ab. Eine Hilfestellung kann also in der Erforderlichkeit einer Maßnahme der medizinischen Rehabilitation bestehen (§ 42 SGB IX). Sie kann aber auch als heilpädagogische Maßnahme (§ 79 SGB IX) oder als Hilfe zur Erlangung eines Arbeitsplatzes (§ 49 Abs. 3 Nr. 1 SGB IX) erfolgen. Wichtig ist in allen Fällen, dass die alleinige Krankenbehandlung zur Behebung der Folgen der Funktionsstörung nicht geeignet oder nicht ausreichend ist. Dies entspricht der Sachlage in der Pflegeversicherung. Auch dort ist von der „gesundheitlich bedingten Beeinträchtigung" auszugehen (§ 14 Abs. 2 SGB XI). Eine zusätzliche und entscheidende Frage ist, ob diese Beeinträchtigung eine Pflegebedürftigkeit, also einen Hilfebedarf bei den in § 14 Abs. 2 Nr. 1–6 SGB XI genannten Verrichtungen im Ablauf des täglichen Lebens, zur Folge hat. Dies wird unter Hinzuziehung von Fachkräften aus dem Pflegebereich festgestellt (§ 18 Abs. 6 SGB XI). Im Falle einer Pflegebedürftigkeit wird immer auch eine Behinderung vorliegen. Umgekehrt ist diese Annahme aber nicht zwingend. Vor diesem Hintergrund ist festzustellen, dass die Leistungen zur Teilhabe an behinderte Menschen auch die Aufgabe haben, einer (drohenden) Pflegebedürftigkeit entgegenzuwirken (§§ 11 Abs. 2 SGB V, 90 Abs. 2 SGB IX).

2d Die gesetzliche Ausgestaltung des Begriffs der Behinderung ist im Recht der Eingliederungshilfe (§§ 90 ff. SGB IX) nicht ganz unproblematisch. Im Gesetzgebungsverfahren konnte man sich nicht auf eine dem § 2 SGB IX entsprechende Regelung verständigen. Eine endgültige Neuregelung wurde auf das Jahr 2023 vertagt. Bis dahin gilt die Übergangsregelung des § 99 SGB IX. Dort wird auf die Weitergeltung des § 53 Abs. 1 und 2 SGB XII aF und die §§ 1–3 der Eingliederungshilfe-Verordnung verwiesen. Damit fehlt es zur Zeit am der Einbeziehung des Kriteriums der „einstellungs- und umweltbedingten Barrieren" in die Eingliederungshilfe. Verwiesen wird auch nicht auf § 53 Abs. 3 SGB XII aF. In dieser Vorschrift wurden bisher zwei Aufgaben der Eingliederungshilfe normiert. Es sind dies die Verhütung einer drohenden Behinderung und die Aufgabe, den behinderten Menschen so weit wie möglich unabhängig von Pflege zu machen. Gemäß § 90 Abs. 2 SGB IX ist nur noch eine Verschlimmerung der Behinderung zu verhüten. Zudem wird das Unabhängigwerden von Pflege nur als Aufgabe der medizinischen Rehabilitation formuliert. Diese wird aber nachrangig erbracht (§ 91 SGB IX) und ist damit praktisch angesichts des umfassenden Versicherungsschutzes (§ 5 Abs. 1 Nr. 13 SGB V) allein Aufgabe der Krankenversicherung.

Ob es zu der für 2023 geplanten Neuregelung des Begriffs der Behinderung **2e** kommt, hängt noch vom Erlass eines Bundesgesetzes ab (Art. 25a BTHG). Die künftige Regelung knüpft an § 2 SGB IX an, vermeidet aber den bisher in der Eingliederungshilfe engeren Begriff der „Wesentlichkeit" der Behinderung (vgl. § 53 SGB XII aF). Stattdessen wird vorausgesetzt, dass die Fähigkeit zur Teilhabe an der Gesellschaft in „erheblichem Maße" eingeschränkt ist. Zudem wird präzisiert, dass die Beeinträchtigung Folge einer Schädigung der Körperfunktion und -struktur sein muss." Erweitert wird der Begriff wieder durch die drohende Behinderung (§ 99 Abs. 1 und 2 SGB IX, Art. 25a BTHG). Umstritten war, ob es tunlich ist, dass der Gesetzgeber der Verwaltung einen zusätzlichen Kriterienkatalog an die Hand geben sollte, um die Leistungsvoraussetzungen der Eingliederungshilfe festzustellen (BT-Drs. 19/4500, Abschlussbericht). Der Gesetzgeber nimmt in § 99 Abs. 2 und 4 SGB IX, Art. 25a BTHG eine erhebliche Teilhabegefährdung an, wenn die Ausführung von Aktivitäten in einer größeren Anzahl der Lebensbereiche nach Absatz 4 nicht ohne personelle oder technische Unterstützung möglich oder in einer geringeren Anzahl der Lebensbereiche auch mit personeller oder technischer Unterstützung nicht möglich ist. Mit steigender Anzahl der Lebensbereiche nach Absatz 4 ist ein geringeres Ausmaß der jeweiligen Einschränkung für die Leistungsberechtigung ausreichend. Diese Lebensbereiche sind:
1. Lernen und Wissensanwendung,
2. allgemeine Aufgaben und Anforderungen,
3. Kommunikation,
4. Mobilität,
5. Selbstversorgung,
6. häusliches Leben,
7. interpersonelle Interaktionen und Beziehungen,
8. bedeutende Lebensbereiche sowie
9. Gemeinschafts-, soziales und staatsbürgerliches Leben

Das Nähere über die größere und geringere Anzahl nach Absatz 1 Satz 2, 2. **2f** das Verhältnis von der Anzahl der Lebensbereiche zum Ausmaß der jeweiligen Einschränkung nach Absatz 1 Satz 3 und 3. die Inhalte der Lebensbereiche nach Absatz 4 bestimmt ein Bundesgesetz (§ 99 Abs. 7 SGB XII, 25a BTHG).

In § 2 Abs. 2 und 3 SGB IX werden ergänzende Regelungen getroffen, die **3** sich aber nur auf das Schwerbehindertenrecht erstrecken. Das betrifft einmal den Begriff der Schwerbehinderung (§ 2 Abs. 2 SGB IX). Deren Feststellung ist in den §§ 151, 152 SGB IX geregelt. Entsprechendes gilt für die Gleichstellung mit schwerbehinderten Menschen (§ 2 Abs. 3 SGB IX). Die Feststellung der Schwerbehinderteneigenschaft ist nicht konstitutiv. Der Schwerbehindertenschutz, insbesondere auch der Kündigungsschutz knüpft also nicht an eine vorausgegangene Feststellung. Eine Gleichstellung nach § 151 Abs. 2 Satz 2 SGB IX beginnt dagegen erst mit dem Antrag des behinderten Menschen. Materiell setzt sie einen Grad der Behinderung von mindestens 30 voraus, und dass ohne die Gleichstellung ein geeigneter Arbeitsplatz nicht gefunden werden kann (§ 2 Abs. 3 SGB IX). Nochmals erweitert ist Gleichstellung für behinderter Jugendliche und junge Erwachsene (§ 7 Abs. 1 Nr. 3 SGB VIII) und einer Maßnahme der beruflichen Förderung (§ 151 Abs. 4 SGB IX). Hier kann sogar auf eine ausdrückliche Feststellung der Behinderung verzichtet werden (vgl. § 151 Abs. 4 Satz 2 SGB IX).

3. Leistungen zur Teilhabe

4 Die spezifischen Leistungen an behinderte Menschen werden in dem Begriffspaar „Rehabilitation und Teilhabe“ zusammengefasst. Seit In-Kraft-Treten des SGB IX findet der Begriff der Rehabilitation hauptsächlich für medizinische Maßnahmen Verwendung. Definiert wird der **Begriff der medizinischen Rehabilitation** auch in § 42 SGB IX nicht. Auf der Basis der bisherigen Rechtsprechung kann man hierzu folgende Grundaussage machen: Die medizinische Rehabilitation erfolgt fachlich-medizinisch unter ärztlicher Verantwortung, nach einem ärztlichen Behandlungsplan und je nach dem individuellem Bedarf unter Einsatz sowohl medizinischer Mittel als auch pädagogischer und psychosozialer Hilfen. Mittels physischer aber auch geistig-seelischer Einwirkung auf den Versicherten bietet ihm ein für die jeweilige Aufgabe besonders ausgebildetes Personal Hilfestellung bei der Entwicklung eigener Abwehr-, Heilungs- und Widerstandskräfte. Das strengere Leistungserbringungsrecht der Krankenbehandlung (vgl. § 124 SGB V) wird in der medizinischen Rehabilitation also erweitert. Insbesondere ist auch eine ärztliche Leitung nicht erforderlich. Allerdings verantwortet der Arzt den fachlich-medizinischen Teil der Rehabilitation (§ 107 Abs. 2 Nr. 2 SGB V). Ein schlechtes Licht auf das Versorgungssystem wirft die bloße Tatsache der Existenz einer Regelung wie der des § 40 Abs. 3 Satz 5–8 SGB V, die das Unterbleiben von Rehabilitationsleistungen sanktioniert.

5 In den anderen Zusammenhängen bedient sich der Gesetzgeber des Begriffs der Teilhabe am Arbeitsleben (§ 49 SGB IX) oder der sozialen Teilhabe (§ 76 SGB IX). Hinsichtlich der Teilhabe am Arbeitsleben ist eine Differenzierung geboten. Ebenso wie das frühere Recht ist das SGB IX von einer Zweispurigkeit der Teilhabe am Arbeitsleben gekennzeichnet. Zum einen geht es dabei um die gezielte Verbesserung der individuellen beruflichen Fähigkeiten des behinderten Menschen. Dies entspricht der herkömmlichen **beruflichen Rehabilitation** (§ 49 SGB IX). Darüber hinaus geht es auch um die Schaffung behinderungsgerechter Arbeitsbedingungen. Dieser Aspekt ist heute stärker in die Leistungen zur Teilhabe am Arbeitsleben integriert. Sichtbarer Ausdruck dieser Zielsetzung des Neunten Buches ist seine Einbeziehung des Schwerbehindertenrecht (§§ 151 ff. SGB IX). Die Schaffung behinderungsgerechter Arbeitsbedingungen war in der Vergangenheit noch stärker eine eigenständige Aufgabe der Sozialhilfe (vgl. §§ 54 Abs. 1 SGB XII aF, 41 SGB IX aF). Hier hat der Gesetzgeber gewollt einen Rückzug der Eingliederungshilfe vorgesehen. Insoweit regelt § 111 SGBIX einen abschließenden Katalog, dessen Leistungen vorrangig von der Bundesagentur für Arbeit zu erbringen sind. Eine eigenständige Aufgabe hat der Träger der Eingliederungshilfe weiterhin bei der Erbringung von Leistungen im Arbeitsbereich der WfbM (§ 58 SGB IX). Er wird durch die Möglichkeit der Inanspruchnahme anderer Leistungsanbieter (§ 60 SGB IX) erweitert.

Andererseits wird die Schaffung **behinderungsgerechter Arbeitsbedingungen** in wachsendem Umfang auch Aufgabe der anderen Rehabilitationsträger, wie es vor allem in der Einbeziehung der Arbeitsassistenz in § 49 Abs. 8 Nr. 3 SGB IX zum Ausdruck kommt. Eine deutlichere Ausrichtung hat der in § 55 SGB IX neu eingeführte Leistungstyp der **unterstützten Beschäftigung.** Abgesehen von diesen noch vereinzelten Regelungen bleibt es bei der Trennung von beruflicher Rehabilitation und behinderungsgerechter Arbeit und damit verbunden der weitgehenden Beschränkung der Rehabilitationsträger auf die berufliche Rehabilitation. Beispielhaft dafür ist die Werkstatt für behinderte Menschen (§§ 56 ff. SGB IX). Die Leistungen im Berufsbildungsbereich der Werkstatt (§ 57 SGB IX), die der beruflichen Rehabilitation entsprechen, werden von allen Rehabilitationsträgern für die Dauer von zwei Jahren erbracht (§ 63 Abs. 1 SGB IX. Die Leistungen im Arbeitsbereich (§ 58 SGB IX), die der behinderungsgerechten Arbeit entsprechen, werden im Wesentlichen nur vom Träger der Eingliederungshilfe erbracht (§ 63 Abs. 2 SGB IX). Im Prinzip gelten diese Grundsätze für die gesamte Teilhabe am Arbeitsleben. Damit sind die Aufgaben der Rehabilitationsträger sowohl im medizinischen als auch im beruflichen Bereich auf die individuelle Förderung des behinderten Menschen beschränkt. Die Schaffung behinderungsgerechter Lebens- und Arbeitsbedingungen obliegt ihnen zumeist nicht. Sozialhilfe und Schwerbehindertenrecht haben hier ergänzende aber durchaus eigenständige Aufgaben. Vor dem Hintergrund des Art. 27 Abs. 1 der UN-BRK wird es im Bereich der Arbeit behinderter Menschen Veränderungen geben müssen. Die mit der integrativen Beschulung behinderter Kinder in der Regelschule verfolgte Zielsetzung kann beim Wechsel in das Arbeitsleben nicht aufgegeben werden. Gemeinsam lernen, gemeinsam leben, aber abgesondert arbeiten würde der Konvention nicht gerecht. Diese verlangt die Schaffung eines „offenen, integrativen und für Menschen mit Behinderungen zugänglichen Arbeitsmarktes." 5a

In § 10 werden fünf **Aufgabenkomplexe** der Teilhabeleistungen umschrieben. 6 Die Nr. 1–4 entsprechen inhaltlich der Grundlagenregelung des § 4 Abs. 1 Nr. 1–4 SGB IX. In § 10 Nr. 5 wird eine Aufgabe formuliert, die nicht, oder zumindest nicht allein im Sozialrecht bewältigt werden kann. Erwähnt wird sie auch in § 1 Satz 1 SGB IX. Es handelt sich darum, dass Benachteiligungen auf Grund der Behinderung entgegenzuwirken ist. Auf das Sozialrecht bezogen kann man diese Aufgabe kaum selbständig sehen, da praktisch jede Leistung dem Ziel dient, einer Benachteiligung entgegenzuwirken. Sie ist aber auf das Sozialrecht beschränkt. Insoweit müssen ergänzend die Bestimmungen des Gesetztes zur Gleichstellung behinderter Menschen (BGG) und des Allgemeinen Gleichstellungsgesetzes hinzutreten, die insbesondere auch im Privatrechtsverkehr ihre Wirkung entfalten (§ 19 AGG). Das ist im deutschen Sozialrecht vor allem deswegen erforderlich, weil die öffentlich-rechtlich organisierten Sozialleistungen zumeist durch privatrechtlich organisierte Dritte erbracht werden (unten Rn. 16).

Eine grundlegende Schwierigkeit des ganzen Komplexes der Rehabilitation 7 und Teilhabe besteht darin, dass die in § 10 Nr. 1–4 genannten Aufgaben in den verschiedenen Sozialleistungsbereichen erfüllt werden müssen. In besonders komplizierten Bedarfslagen müssen drei oder gar vier Rehabilitationsträger zusammenwirken. In den Regelungen der §§ 4–6 SGB IX werden zwar die Leistungen zur Teilhabe, die Leistungsgruppen und die Rehabilitationsträger normiert. Der Gesetzgeber konnte sich jedoch nicht dazu entschließen, daraus eine übergreifende Regelung zu machen, in der **Leistungen und Zuständigkeiten** aufeinander bezogen wären (vgl. § 29 Rn. 17). Ein solches Vorhaben hätte wahrscheinlich längerer Vorarbeiten bedurft und wäre wohl auch auf schwer überwindbare politische Widerstände gestoßen. Wie unbefriedigend aber die derzeitige Rechtslage ist, kommt in § 7 SGB IX zum Ausdruck. Praktisch das ganze System der Rehabilitation und Teilhabe steht unter dem Vorbehalt der Regelungen in den Leistungsgesetzen. Das sind die Besonderen Teile des Sozialgesetzbuches, die Leistungsansprüche der behinderten Menschen begründen, also insbesondere die Kranken-, Renten- und Unfallversicherung, die Arbeitsförderung, die soziale Entschädigung sowie die Jugendhilfe. Hinzu getreten ist die Eingliederungshilfe nach den §§ 90 ff. SGB IX, die aber in systematischer Hinsicht Sozialhilfe geblieben ist (§ 29 Rz. 2a). Das Verhältnis dieser Träger zueinander ist aus den jeweiligen Normkomplexen abzuleiten. Dabei sind es nur die Träger der Unfallversicherung und der sozialen Entschädigung, die die Aufgaben nach § 10 Nr. 1–4 in eigener Zuständigkeit umfassend erfüllen. Bei allen anderen Rehabilitationsträgern muss jeweils eine Aufgabenzuordnung vorgenommen werden.

4. Die Aufgaben der Behindertenarbeit

8 Die in Nr. 1 normieren Aufgaben sind unmittelbar auf die Behinderung ausgerichtet. Sie lassen sich unter den Oberbegriffen Prävention und Restitution zusammenfassen. Was die **Minderung der Behinderung** angeht, so ist in der beruflichen Förderung stärker in den Vordergrund zu rücken, dass es bei der Teilhabe am Arbeitsleben nicht vorrangig darum gehen muss, dass ein behinderter Mensch einen Beruf in fachlicher und zeitlicher Hinsicht immer voll ausfüllt. Hinsichtlich der Aufgabe, die **Folgen der Behinderung** zu mildern, ergeben sich gewisse Schwierigkeiten. Insbesondere die Leistungen der Krankenversicherung (§§ 27 ff. SGB V) sind lediglich darauf ausgerichtet, den Gesundheitszustand des Versicherten zu verbessern (§ 1 Satz 1 SGB V). Dazu gehört an sich nicht, dass auch die Folgen einer Krankheit oder Behinderung behoben werden, insbesondere wenn sie sich im sozialen Kontext manifestieren (BSG 45 S. 133; BSG 51 S. 206). Betrachtet man allerdings die Funktion der Heil- oder Hilfsmittel, so wird doch deutlich, dass auch die Leistungen der Krankenversicherung bis zu einem gewissen Grade folgenorientiert sind (§ 11 Rn. 25). Das gilt jedenfalls dann, wenn elementare menschliche Grundbedürfnisse, im Sinne eines **Basisausgleichs** betroffen sind (vgl. § 21 Rn. 20b–20d). Die Zuordnung zu der einen oder der anderen Leistung ist schwierig: „Maßgebend für die **Abgrenzung von medizinischer und sozialer Rehabilitation** ist … ob die Therapie direkt an der Behandlung der behinderungsbedingten Störung ansetzt … oder unmittelbar die sozialen Folgen einer Behinderung beseitigen bzw mildern soll … Dies bedeutet nicht, dass eine Leistungserbringung, die an der Behandlung der behinderungsbedingten Störung ansetzt, nicht gleichzeitig mit dem Ziel durchgeführt werden kann, die sozialen Folgen einer Behinderung zu beseitigen bzw. zu mildern und umgekehrt" (BSG NZS 2019 S. 32 Rn. 22, 23). Soweit die Grenzen der Leistungspflicht der Krankenversicherung erreicht sind, ist der behinderte Mensch zur Behebung der Folgen einer Behinderung auf Leistungen zur sozialen Teilhabe (§ 76 SGB IX) angewiesen. Das bedeutet, das die Leistungen zumeist als Eingliederungshilfe (§ 113 SGB IX) erbracht werden. Die Behebung der sozialen Folgen einer Behinderung wird damit hauptsächlich im Fürsorgesystem zugewiesen. Die Kostenbeiträge, die hierbei erhoben werden, sind relativ gering (§ 29 Rz. 14a). Jedoch werden in diesem Rahmen keine Leistungen zum Lebensunterhalt erbracht (§ 28a SGB I).

Ohne Einschränkung auf die Behebung auch der Folgen einer Behinderung ausgerichtet sind allerdings die Leistungen der Unfallversicherung (§ 26 Abs. 2 Nr. 1 SGB VII) und der sozialen Entschädigung (§ 10 Abs. 1 Satz 1 BVG). In der Rentenversicherung und in der Arbeitsförderung hat der Gesichtspunkt der Behebung der Folgen nur Bedeutung im Hinblick auf die Sicherung der Erwerbsfähigkeit. Andere Folgen, insbesondere auf privatem und gesellschaftlichem Gebiet, können auch im Bereich der beruflichen Förderung nicht behoben werden. Andererseits aber ist es zumindest angesichts der neuen Rechtslage nicht mehr zutreffend, die Auffassung zu vertreten, die „soziale Rehabilitation" sei Aufgabe der Sozialhilfe. Eine Teilhabe am Leben in der Gemeinschaft kann nicht nur durch Leistungen nach § 76 SGB IX erreicht werden. Die Ergotherapie zur „Schul-, Arbeitsplatz-, Wohnraum- und Umfeldanpassung" ist als Heilmittel nach § 32 SGB V von der Krankenkasse zu leisten (Nr. 35 der Heilmittel-Richtlinien BAnz 2011 S. 2247). Ein Hörgerät, das ausschließlich geleistet wird, um den Kontakt zu den Mitmenschen aufrecht zu erhalten, ist ein Hilfsmittel iSd § 33 SGB V. Sofern die Leistungen der Krankenversicherung beim mittelbaren Ausgleich einer Behinderung im Rahmen der Befriedigung eines menschlichen Grundbedürfnisses dienen, werden sie auch zur sozialen Eingliederung des behinderten Menschen erbracht. 8a

Die Nr. 2 verknüpft verschiedene Aufgaben der Teilhabeleistungen. Soweit sich Leistungen der medizinischen Rehabilitation auf die **Pflegebedürftigkeit** richten, werden sie nur von der Krankenversicherung erbracht (§ 11 Abs. 2 SGB V). Sie konnten in der Vergangenheit auch als nicht-medizinische Leistungen, zB als heilpädagogische Maßnahmen, originäre Leistungen der Eingliederungshilfe sein (§ 53 SGBXII). In § 90 Abs. 2 SGB IX werden diese Leistungen aber nur noch als solche der medizinischen Rehabilitation genannt. Im angrenzenden Bereich erbrachte bisher die Pflegekasse, die kein Rehabilitationsträger ist, nach § 28 Abs. 4 SGB XI Leistungen der aktivierenden Pflege. Diese haben in der reformierten Pflegeversicherung auch nur noch eine untergeordnete Bedeutung (§ 21a Rn. 28a). Die Beschränkung dieser Maßnahmen auf die medizinische Rehabilitation lässt sich im Hinblick auf diejenigen behinderten Menschen nicht rechtfertigen, die keinen Anspruch auf Leistungen der medizinischen Rehabilitation haben. Das ist bei der geistigen Behinderung der Fall. 9

Gleichfalls in der Nr. 2 ist, aber besser in einer eigenständigen Vorschrift wäre, die auf die Sicherung der Erwerbsfähigkeit gerichtete Aufgabe geregelt worden. Sie kann sowohl mit medizinischen als auch mit berufsfördernden Mitteln erfüllt werden. Ganz überwiegend wird damit das Aufgabenfeld der Träger der Rentenversicherung angesprochen. Ihre Leistungen sind von einer Erfolgsprognose abhängig (§§ 9 ff. SGB VI). Das kann aber nur in ganz eindeutigen Fällen bedeuten, dass bereits eine Leistung zur medizinischen Rehabilitation vom Träger der Rentenversicherung verweigert wird, wenn feststeht, dass eine spätere berufliche Förderung nicht aussichtsreich ist. Daraus ergibt sich dann aber immer noch die Konsequenz, dass der Träger der Krankenversicherung Leistungen der medizinischen Rehabilitation allein zur Verbesserung des Gesundheitszustandes erbringt (§ 40 SGB V). 10

Als dritte Aufgabe wird in der Nr. 2 geregelt, den vorzeitigen Bezug von Sozialleistungen zu vermeiden oder auch laufende Leistungen zu vermindern. Diese Regelung stellt die Verallgemeinerung des Grundsatzes **Teilhabe vor Rente** dar (§ 9 Abs. 1 SGB VI). Die Fortführung und Verallgemeinerung dieses Grundsatzes in § 8 SGB IX als „Vorrang der Leistungen zur Teilhabe" ist aber 11 missverständlich. Diese Regelung erstreckt sich nicht nur auf die Rente. Eine Verminderung des laufenden Bezugs von Sozialleistungen kann sich auch ergeben, wenn durch Leistungen der medizinischen Rehabilitation die Lage eines Pflegebedürftigen so verbessert wird, dass er nicht mehr der Stufe 2, sondern der Stufe 1 zugeordnet wird (§§ 40 Abs. 3 SGB V,15, 87a Abs. 4 IX SGB XI). Einen Vorrang der Teilhabe vor Pflege, wie ihn § 9 SGB IX nahe legt, gibt es aber nicht. Es kann ihn auch nicht geben, weil dies ja bedeuten würde, dass Pflegeleistungen erst erbracht werden, wenn Teilhabeleistungen gescheitert sind. Dies ist beim Vorrang der Teilhabe vor Rente anders. Während einer Teilhabeleistung wird Übergangsgeld gezahlt (§ 116 SGB VI).

12 Mit der Nr. 3 werden die Aufgaben der Teilhabe am Arbeitsleben benannt. Mit den Merkmalen „Neigungen und Fähigkeiten" werden die Aufgaben aber nicht vollständig umschrieben. Nach der Grundlagennorm des § 49 Abs. 4 SGB IX werden auch die Lage und Entwicklung auf dem Arbeitsmarkt berücksichtigt. Soweit in der Nr. 3 die berufliche Förderung des behinderten Menschen angesprochen ist, ist dies das klassische Tätigkeitsfeld der Rentenversicherung und der nachrangigen Arbeitsförderung (§ 22 Abs. 2 SGB III). Soweit hierbei über die berufliche Rehabilitation hinausgewiesen wird (vgl. oben Rn. 5), sind vor allem auch Leistungen der Integrationsämter nach den §§ 184 ff. SGB IX zu erbringen. Des Weiteren haben für die Teilhabe am Arbeitsleben die nachrangigen Leistungen der Träger der Sozialhilfe eine begrenzte Ergänzungsfunktion (§ 111 SGB IX). Die Leistungen nach § 49 SGB IX umfassen praktisch das ganze Spektrum der individuellen beruflichen Förderung. Durch Leistungen an Arbeitgeber nach § 50 SGB IX können sie noch ergänzt werden. Sind sie ausgeschöpft und ist gleichwohl eine berufliche Eingliederung noch nicht erfolgt, so kommen Leistungen der Integrationsämter in Betracht. Schwerpunktmäßig handelt es sich dabei um begleitende Hilfen im Arbeitsleben und um die Arbeitsassistenz (§ 185 Abs. 3–5 SGB IX), um die Tätigkeit der Integrationsfachdienste (§§ 192 ff. SGB IX) und um Beschäftigungsmöglichkeiten in Integrationsbetrieben (§ 215 SGB IX). Diese Leistungen sind heute durch die unterstützte Beschäftigung nach § 55 SGB IX erweitert worden. Diese Form wird man je nach ihrer Ausgestaltung im Einzelfall als berufliche Rehabilitation oder als weitere Form der behinderungsgerechten Arbeit ansehen müssen. In dieser Doppelfunktion hat sei ihr Vorbild in der Arbeitsassistenz.

13 Abgesehen vom Arbeitsbereich einer Werkstatt für behinderte Menschen (§§ 56, 57 SGB IX) kommen bei der Teilhabe am Arbeitsleben Leistungen der Sozialhilfe praktisch nicht mehr Betracht. Lediglich die §§ 60, 61 SGB IX bringen eine gewisse Erweiterung. Für einen begrenzten Bereich ist hier aber eine eigenständige Aufgabe des Trägers der Sozialhilfe hervorzuheben. Nach der auch in der Eingliederungshilfe anwendbaren Vorschrift des § 11 Abs. 3 Satz 2 SGB XII werden ergänzend zu den Leistungen zur Teilhabe iSd § 49 SGB IX auch Beschäftigungsangebote gemacht. Das können Leistungen an schwerstbehinderte Menschen sein, die mit den Mitteln der §§ 49 und 184 ff. SGB IX nicht beruflich eingegliedert werden können. Insoweit ist das Leistungsspektrum in der Eingliederungshilfe beschränkt (§ 111 SGB IX). In diesem Falle ist immer noch die Erbringung von Leistungen nach § 11 Abs. 3 Satz 2 SGB XII in Erwägung zu ziehen.

14 In der Nr. 4 wird schließlich die Aufgabe geregelt, die durchaus von allen Rehabilitationsträgern zu erfüllen ist. Das geschieht allerdings nur, wenn medizinische oder berufsfördernde Leistungen zu erbringen sind und wenn in diesem Rahmen weitergehende aber abhängige Leistungen zu erbringen sind. Dies ist ausdrücklich in den §§ 32 Abs. 3 und 49 Abs. 6 SGB IX geregelt. Damit wird deutlich, dass vor allem die Aufgabe der medizinischen Rehabilitation auch im sozialen Kontext sehr umfassend ist (vgl. auch oben Rn. 8). Insoweit ist natürlich im Zusammenhang mit den Leistungen nach den §§ 42 und 49 SGB IX die Zielsetzung eines selbständigen und selbstbestimmten Lebens tunlichst anzustreben. In der Nr. 4 wird aber auch ein anderer Leistungskomplex angesprochen, der in den §§ 113 ff. SGB IX konkretisiert ist, und als soziale Teilhabe immer noch vorrangig eine Aufgabe der Träger der Jugend- und Sozialhilfe ist. Lediglich die Träger der Unfallversicherung und der sozialen Entschädigung erbringen alle Leistungen zur Rehabilitation und Teilhabe in eigener Zuständigkeit (vgl. vorn Rn. 8). Die Leistungen sind nicht abschließend geregelt. Sie wären als bloße Vervollständigung der medizinischen und beruflichen Rehabilitation nicht richtig bezeichnet. Sie dienen zwar der sozialen Eingliederung. Jedoch soweit es dabei um elementare Bedürfnisse des Menschen geht, zu ihnen gehört etwa auch die Kommunikation, sind solche Leistungen bereits nach § 42 SGB IX zu erbringen, und zwar idR von den Trägern der Krankenversicherung, weil die anderen Rehabilitationsträger speziellere Aufgaben haben. Die Besonderheit der eigenständigen Leistungen der sozialen Teilhabe besteht darin, dass es dem behinderten Menschen in bestimmten Lebensbereichen (Freizeit, Sport, Kulturelles, Urlaub) ermöglichen sollen, trotz seiner Behinderung teilzuhaben.

Durch das **persönliche Budget** ist eine neue Dimension in das selbstbestimmte **15** Leben eingeführt worden. Auf einer ersten Stufe begründet § 8 Abs. 2 SGB IX zunächst einmal nur die Möglichkeit Sachleistungen als Geldleistungen zu erbringen. In 29 SGB IX wird dies dann zu einem persönlichen Budget fortentwickelt. Das persönliche Budget ist ein Geldbetrag, dessen Höhe sich an den Kosten des jeweils zu deckenden Bedarfs orientiert und der an einen behinderten Menschen ausgezahlt wird, damit er die Kosten der Deckung dieses Bedarfs eigenverantwortlich aus dem Budget bestreiten kann. Zwischen dem Erbringer der Dienstleistung und dem Rehabilitationsträger besteht keine Rechtsbeziehung mehr (§ 29 Rn. 21). In den Materialien zum Neunten Buch wird dies als Ausdruck des Wunsch- und Wahlrechts des behinderten Menschen bezeichnet (BT-Drs. 14/5074 S. 103). Seit Anfang 2008 besteht ein Rechtsanspruch auf das persönliche Budget. Auf dieser Grundlage kann der Leistungsberechtigte insoweit selbstbestimmt handeln, als er als Käufer auf dem Markt auftritt. Ob allerdings der Markt die autonomiesichernde Funktion hat, die man ihm beimisst, ist fraglich. Zweifelhaft ist auch, ob die Leistungserbringung wirtschaftlicher erfolgen kann, weil im Zusammenhang mit dem persönlichen Budget Transaktionskosten entstehen, über deren Höhe man keine sichere Kenntnis hat.

Mit der Nr. 5 wird der sozialrechtliche Zusammenhang verlassen. Als Benachtei- **16** ligungsverbot, wie bereits in Art. 3 Abs. 3 Satz 2 GG geregelt ist, hat die Nr. 5 ihre Bedeutung zwar auch im, aber doch schwerpunktmäßig außerhalb des Sozialrechts. Insoweit hat der Gesetzgeber im Gesetz zur Gleichstellung behinderter Menschen (BGBl I 2002 S. 1467) Regelungen getroffen, die auch als Ergänzungen zu dem sozialen Recht des § 10 außerhalb des Sozialrechts zu verstehen sind (vgl. Moritz, ZfSH/SGB 2002 S. 204). Dieses Gesetz bringt ua die Anerkennung der Gebärdensprache als Verständigungsmittel (§ 6 Abs. 1 BGG) und ebnet den Weg zu einer umfassenden Barrierefreiheit im gesellschaftlichen Leben (§ 4 BBG). Allerdings ist die Durchsetzung dieses Ziels reduziert auf den Abschluss von Zielvereinbarungen zwischen Verbänden behinderter Menschen und Unternehmen (§ 5 BGG). Darüber hinaus wird in § 13 BGG ein gegenständlich beschränktes Verbandsklagerecht geschaffen. Für die verfassungsrechtliche Ausgangslage ist dabei festzuhalten, dass Art. 3 Abs. 3 Satz 3 GG nicht wie dessen Satz 1 Differenzierungen schlechthin untersagt. „Nur an die Behinderung anknüpfende Benachteiligungen sind nach der Neuregelung verboten. Bevorzugungen mit dem Ziel einer Angleichung der Verhältnisse von Nichtbehinderten und Behinderten sind dagegen erlaubt, allerdings nicht ohne weiteres auch verfassungsrechtlich geboten" (BVerfG 96 S. 302, 303). Größere gesellschaftliche Wirkung dürften die Bestimmungen des Allgemeinen Gleichstellungsgesetzes erhalten. Sie unterbinden eine Benachteiligung aus verschiedenen Gründen (§ 1 AGG), aber eben auch wegen einer Behinderung. In § 19 AGG wird das Benachteiligungsverbot auf den Zivilrechtsverkehr erweitert. Ergänzend bestimmt die Beweislastregel des § 22 AGG: „Wenn im Streitfall die eine Partei Indizien beweist, die eine Benachteiligung wegen eines in § 1 genannten Grundes vermuten lassen, trägt die andere Partei die Beweislast dafür, dass kein Verstoß gegen die Bestimmungen zum Schutz vor Benachteiligung vorgelegen hat." Damit geht das gemeinschaftsrechtlich bestimmte Allgemeine Gleichbehandlungsgesetz wesentlich weiter als das Behindertengleichstellungsgesetz.

Zweiter Abschnitt Einweisungsvorschriften

Erster Titel Allgemeines über Sozialleistungen und Leistungsträger

§ 11 Leistungsarten

[1]Gegenstand der sozialen Rechte sind die in diesem Gesetzbuch vorgesehenen Dienst-, Sach- und Geldleistungen (Sozialleistungen). [2]Die persönliche und erzieherische Hilfe gehört zu den Dienstleistungen.

Übersicht

1. Soziale Rechte und Sozialleistungen

Die Vorschrift leitet von den sozialen Rechten zu den einzelnen Sozialleistungen über. Dabei ist es schon zweifelhaft, wie die Formulierung zu verstehen ist, **Gegenstand der sozialen Rechte** seien die im Sozialgesetzbuch genannten Sozialleistungen. Nach einer engen Auffassung sind darunter nur diejenigen Leistungen zu verstehen, die zur Verwirklichung der sozialen Rechte der §§ 3–10 erbracht werden (Bley, SozVersGesKomm § 11 Anm. 5; Lilge, SGB I § 11 Rn. 5). Diese Auffassung ist vom BSG anfangs im Hinblick auf den Herstellungsanspruch vertreten worden, den es also zunächst nicht als Sozialleistung angesehen hat (BSG 55 S. 40; BSG 96 S. 44). Für diese Auffassung spricht vor allem die Stellung des § 11 als Zwischenglied zwischen den sozialen Rechten und den Sozialleistungen. Gegen diese Auffassung spricht der Wortlaut der Vorschrift. Wäre tatsächlich an eine enge Anbindung an die sozialen Rechte gedacht worden, so hätte der Gesetzgeber die naheliegende Formulierung gewählt „Sozialleistungen dienen der Verwirklichung der sozialen Rechte". Er hat sich aber der nichtssagenden Wendung „Gegenstand der sozialen Rechte" bedient. Lediglich in der amtlichen Begründung wird erläutert, § 11 stelle klar, wie sich die sozialen Rechte für den Einzelnen verwirklichen (BT-Drucks. 7/868 S. 24). Für den auch mit § 2 Abs. 2 begründeten Herstellungsanspruch (§ 2 Rn. 19) als Sozialleistung spricht letztlich, dass er, je nach Lage des Falles, der Verwirklichung eines jeden sozialen Rechts der §§ 3–10 dienen kann. In der Rechtsprechung des BSG finden sich in anderen Fällen eher Hinweise auf die engere Auffassung. Danach umfasst § 11 „alle Vorteile, die dem Einzelnen nach den Vorschriften des Sozialgesetzbuchs zur Verwirklichung seiner sozialen Rechte zugute kommen sollen (BSG 71 S. 72 Rn. 29; BSG 109 S. 70 Rn. 34). 1

Überwiegend wird die Auffassung vertreten, eine so enge Verbindung zwischen den sozialen Rechten und den Sozialleistungen sei im Sozialgesetzbuch nicht vorgesehen. Das ergebe sich etwa aus der Überschrift des Zweiten Titels (Zeihe, 2

SGb 1984 S. 561). Man kann zwar sagen, wenn durch eine staatliche Leistung ein soziales Recht verwirklicht wird, dann handelt es sich um eine Sozialleistung. Es kann aber auch Sozialleistungen geben, mit denen dieses Ziel nicht verfolgt wird, bzw. die über dieses Ziel hinausgehen. So wird weder in § 9 noch in § 10 ausdrücklich ein soziales Recht bei Pflegebedürftigkeit begründet. Die Leistungen der Pflegeversicherung haben jedoch für den Einzelnen wie auch in sozialpolitischer Hinsicht eine größere Bedeutung als einige Sozialleistungen, die der Verwirklichung von sozialen Rechten dienen. Insgesamt wird man es deswegen für die Anwendung des § 11 als ausreichend ansehen können, dass eine Leistung im Sozialgesetzbuch geregelt ist. Die zusätzliche Prüfung, dass sie auch der Verwirklichung eines sozialen Rechts dient, ist nicht erforderlich (BSG 56 S. 1). Man wird aber sagen müssen, dass eine Sozialleistung immer nur dann gegeben ist, wenn im Sozialgesetzbuch eine irgendwie vorteilhafte Rechtsposition begründet wird. Die Grenze ist allerdings überschritten, wenn etwa Fördermittel zur Schaffung sozialer Einrichtungen aufgewandt oder Vergütungen an Leistungserbringer gezahlt werden.

3 Einen Grenzfall stellen die Leistungen zur Eingliederung in Arbeit nach den §§ 16 ff. SGB II dar. Die Heranziehung eines Hilfesuchenden nach den §§ 18–25 BSHG aF hatte zwar nach ständiger Rechtsprechung des BVerwG Hilfecharakter (BVerwG 98 S. 203). Schon nach altem Recht ergaben sich jedoch allein aus der Weigerung, Arbeit zu leisten, Nachteile (§ 25 Abs. 1 BSHG aF). Diese Situation hat sich durch die unflexible Regelung des § 31 SGB II noch verschärft (vgl. § 19a Rn. 48). Dennoch wird man auch für das neue Recht sagen müssen, die Nachteile ergeben sich nicht aus dem Hilfeangebot nach den §§ 16 ff. SGB II, sondern aus seiner Ausschlagung. Deswegen wird man die Leistungen zur Eingliederung in Arbeit nach den §§ 16 ff. SGB II noch als Sozialleistung ansehen müssen. Dasselbe wird man aber nicht für die alleinige Leistungskürzung nach § 31 SGB II sagen dürfen (aA VGH München FEVS 53 S. 183 zu § 25 BSHG aF). Wieder anders liegt der Fall, in dem eine Person zu einer Arbeit herangezogen wurde, obwohl die Voraussetzungen des § 16d SGB II nicht vorlagen. In diesem Fall hat sie einen öffentlich-rechtlichen Erstattungsanspruch (BSG 108 S. 116). Dieser ist keine Sozialleistung (BSG 109 S. 70).

4 In gleicher Weise ist es fraglich, ob in § 3 Abs. 2 SGB II eine Sozialleistung geregelt ist. Danach sind Hilfebedürftige unverzüglich nach Antragstellung auf Leistungen der Grundsicherung für Arbeitsuchende in eine Arbeit, Ausbildung oder eine Arbeitsgelegenheit zu vermitteln. Dabei hat eine Ausbildung bzw. eine Arbeit, die zu einer beruflichen Qualifikation beiträgt, Vorrang (§ 3 Abs. 2 Satz 2 SGB II). In § 10 Abs. 3 Satz 2 SGB VIII wird die Regelung des § 3 Abs. 2 SGB II als „Leistung" bezeichnet. Sie steht dort zwar im Zusammenhang mit den §§ 14–16 SGB II, bleibt aber relativ selbständig. Seinem Wortlaut nach begründet § 3 Abs. 2 SGB II eine klare Verpflichtung für das Jobcenter, die auf eine Einschränkung der Vermittlung zugunsten einer beruflichen Förderung hinausläuft (§§ 16 Abs. 1 SGB II, 35 SGB III). Andererseits regelt § 3 SGB II die „Leistungsgrundsätze". Das spricht dann doch eher dafür, dass die Vorschrift einen allgemeinen, die berufliche Eingliederung modifizierenden Charakter hat, aber selbst keine Sozialleistung ist. So dient § 3 Abs. 2 SGB II zwar der Verwirklichung des sozialen Rechts des § 3. Dies geschieht jedoch nur vermittelt über eine andere Leistung.

5 Allgemeine **Kriterien des Begriffs** der Sozialleistung ergeben sich nach allem aus dem Gesetzestext nicht. Auch in der Dreiteilung in Dienst-, Sach- und Geldleistungen ist die Vorschrift wenig aussagekräftig. Der Klammerzusatz, Sozialleis-

tungen, ist eher irreführend. Aus der Tatsache, dass eine bestimmte Leistung in eine der drei genannten Gruppen eingeordnet werden kann, ergibt sich für den Begriff der Sozialleistung überhaupt nichts, da es solche Leistungen auch außerhalb des Sozialrechts gibt („Dienstleistungssektor"). Auch die Klarstellung, dass die persönliche und erzieherische Hilfe zu den Dienstleistungen gehört, hat nur einen geringen Erkenntniswert, denn zu den Sach- oder Geldleistungen können sie nicht gehören. Neuere Entwicklungsformen im Leistungsrecht kann man idR einer der drei Leistungsarten zuordnen. So hat man anfangs das persönliche Budget des § 17 SGB IX aF nach der Intention des Gesetzgebers als Geldleistung angesehen. Heute hat es zwar eine Entwicklung eigener Art genommen. Doch wird man es angesichts der relativ klaren Fassung des § 29 Abs. 2 Satz 1SGB IX im Regelfall weiterhin als Geldleistung ansehen müssen, die sich allerdings nur schwer in die Trias des § 11 einfügen lässt (vgl. § 29 Rn. 21). Gutscheine wiederum (§§ 29 SGB II, 81 Abs. 4 SGB III, 35a SGB XI) wird man als Sachleistungen ansehen müssen (Hammel, ZfF 2015 S. 25). Der Gesetzgeber scheint hier allerdings anderer Auffassung zu sein und, wenn auch nicht sehr genau, zu unterscheiden. In § 10 Abs. 3 Satz 1 SGB XII heißt es „Geldleistungen haben Vorrang vor Gutscheinen „oder" Sachleistungen. Demgegenüber können nach § 29 Abs. 1 Satz 1 SGB II Sach- und Dienstleistungen in Form von Gutscheinen erbracht werden.

Nach einer ersten Analyse des Gesetzestextes lässt sich nur sagen, dass die **6** Sozialleistung zwar typischerweise aber nicht zwangsläufig der Verwirklichung der sozialen Rechte dient (BSG 58 S. 295; BSG 64 S. 227). Eine relativ eindeutige, wenn auch etwas formale Bestimmung kann danach erfolgen, dass nur ein Leistungsträger im Sinne des § 12 eine Sozialleistung erbringen kann. Das allein reicht aber nicht aus, weil die Leistungsträger darauf nicht beschränkt sind (unten Rn. 12). Darüber hinaus ist festzustellen, dass die §§ 18 ff. einen Katalog der wichtigsten **Sozialleistungen** enthalten. Dieser Katalog enthält aber keine abschließende Regelung. Die Bestimmung einzelner Leistungen als Sozialleistungen kann deswegen nur in Orientierung an der durch das formelle Sozialrecht gestalteten Beziehung zwischen dem Bürger und einem Sozialleistungsträger erfolgen. Maßgeblich ist dabei, ob eine Leistung nach den Bestimmungen des Sozialgesetzbuches einem Sozialleistungsberechtigten zusteht. In aller Regel wird sie dann auch der Verwirklichung eines sozialen Rechts dienen. Im Einzelfall kann sie aber auch aus der Stellung des Sozialleistungsberechtigten als Mitglied der Solidargemeinschaft resultieren. Das ist etwa bei einem **Beitragserstattungsanspruch** der Fall, der ja nicht der Verwirklichung des sozialen Rechts nach § 4 dient (vgl. BSG SGb 1984 S. 583 mAnm Zeihe; BSG RV 1986 S. 200 mAnm v. Einem).

Soweit eine Sozialleistung der **Verwirklichung eines sozialen Rechts** dient **7** ist sie materiell dadurch definiert, dass sie gezielt dem **Ausgleich** für einen Nachteil dient, zumeist handelt es sich um ein Güterdefizit. Dieser Nachteil muss aber in den Normen des Sozialrechts als solcher anerkannt sein (Krankheit, Arbeitslosigkeit usw). In ihrer Ausgleichsfunktion unterscheidet man Sozialleistungen ergänzend nach ihrem Zweck. Ganz im Vordergrund steht die Unterscheidung in Präventionsleistungen (§ 20 SGB V), die typischerweise der Vermeidung des Eintritts eines Bedarfs dienen, der nicht notwendigerweise schon ein Versicherungsfall sein muss, in Restitutionsleistungen (§ 27 ff. SGB V), die eine wiederherstellende Funktion haben und in Kompensationsleistungen (§ 44 SGB V), die vor allem Güterdefizite ausgleichen sollen (Lilge, SGB I § 11 Rn. 15 ff.).

Von großer praktischer und sozialpolitischer Bedeutung ist dabei, dass Sozialleis- **7a** tungen oft nicht auf den vollen Ausgleich des Nachteils angelegt sind. So wird aus den §§ 7 und 26 ersichtlich, dass es kein soziales Recht auf eine Wohnung gibt, sondern nur auf einen Zuschuss zu den Aufwendungen für eine Wohnung (vgl. § 4 Rn. 4; § 7 Rn. 8). Der sozialrechtlich relevante Nachteil ist also wesentlich enger normiert als das soziale Problem, dem der Einzelne ausgesetzt sein kann. Darüber hinaus deckt die Sozialleistung des Wohngeldes nicht den ganzen Nachteil zu hoher Aufwendungen für die Unterkunft ab. Gewährt wird vielmehr nur ein Zuschuss. Das kann zur Folge haben, dass der Sozialleistungsberechtigte darüber hinaus für die Sicherung seiner Unterkunft auf Leistungen aus dem Fürsorgesystem angewiesen ist. Dies ist nur auf der Grundlage der komplizierten Regelungen der §§ 7, 8 WoGG möglich (§ 26 Rn. 3–5). Entsprechendes gilt in anderen Sozialleistungsbereichen, so zB für die Leistungen bei Pflegebedürftigkeit (§§ 36, 43 SGB XI). Im Sinne dieser Zuordnung stehen hinter den sozialen Rechten der §§ 3–10 bestimmte Nachteile, Risiken oder Güterdefizite. Die Sozialleistungen der §§ 18–29 sind darauf bezogen, sie dienen jedoch in einigen Fällen nicht dem vollen sozialen Ausgleich. Soweit ein voller sozialer Ausgleich erfolgt, wie etwa im Pflegefall, so geschieht das nur durch ergänzende Leistungen im Fürsorgesystem, die allerdings zumeist nachrangig nach dem Einsatz von Einkommen und Vermögen erbracht werden (vgl. § 21a Rn. 54). Im Prinzip gilt das dasselbe für die Kosten der Unterkunft (§§ 22 SGB II, 35 SGB XII). Die Verschaffung einer Unterkunft wird jedoch bis auf wenige Ausnahmen (§ 67 SGB XII) nicht als Aufgabe der Sozialhilfe angesehen (§ 2 Rn. 4).

8 Soweit eine Sozialleistung **nicht der Verwirklichung eines sozialen Rechts** dient, ist sie dadurch charakterisiert, dass sie einem Sozialleistungsberechtigten unmittelbar einen sonstigen Vorteil (zB eine Beitragserstattung) gewährt. Demnach sind **keine Sozialleistungen** alle Leistungsverpflichtungen des Bürgers gegenüber einem Sozialleistungsträger, und zwar selbst dann nicht, wenn es sich dabei um die Erstattung einer ihm zu Unrecht erbrachten Sozialleistung handelt (§ 50 SGB X). Das gleiche gilt für das Entgelt, das ein Sozialleistungsträger einem Leistungserbringer zu zahlen hat. Die Sozialleistung ist also ergänzend auch dadurch zu charakterisieren, dass sie den Vorteil **unmittelbar** bewirkt. Sozialleistung ist damit zwar zB die Krankenbehandlung (§§ 27 ff. SGB V), jedoch nicht der Honoraranspruch des Vertragsarztes (vgl. unten Rn. 13). Das gilt für alle anderen Formen der Leistungserbringung in gleicher Weise. Diese Leistungserbringung durch Dritte ist typisch für das gesamte Sozialrecht. Zunehmend wird das Verhältnis des Sozialleistungsträgers zu dem Leistungserbringer nicht nur privatrechtlich, sondern darüber hinaus auch durch wettbewerbsrechtliche Regelungen gestaltet (vgl. § 1 Rn. 18 ff.).

9 Jenseits der sozialpolitischen Dimensionen des Begriffs der Sozialleistung hat die Zuordnung einer Leistung zum Sozialrecht vor allem die praktische Konsequenz, dass auf sie die §§ 30 ff. Anwendung finden. Das gilt vor allem für Übertragung und Pfändung (§§ 53, 54) und insbesondere auch für Verzinsung und Verjährung (§§ 44, 45). Handelt es sich nicht um eine Sozialleistung, so sind Verzinsung und Verjährung zwar auf anderer Rechtsgrundlage aber oft in gleicher Weise geregelt (vgl. 113 Abs. 1 SGB X). Das ist aber keineswegs in allen Fällen so (vgl. § 44 Rn. 2; § 45 Rn. 8–10).

10 Vor dem Hintergrund eines formellen **Sozialrechtsbegriffs** (vgl. § 1 Rn. 27 ff.) ist davon auszugehen, dass nur solche Leistungen zu den Sozialleistungen iSd des § 11 gerechnet werden können, die im Sozialgesetzbuch geregelt sind. Das gilt auch im Hinblick auf solche außerhalb des Sozialgesetzbuchs geregelten Leistungen, die der Verwirklichung der sozialen Sicherheit oder sozialen Gerechtigkeit dienen. Demnach zählt etwa die Beamtenversorgung schon mehr nicht zu den Sozialleistungen. Gleichfalls keine Sozialleistungen sind solche nach dem Asylbewerberleistungsgesetz. Im Sinne des § 188 VwGO wurden diese Leistungen aber schon immer der „materiellen Sozialhilfe" zugerechnet (OVG Münster FEVS 45 S. 187). Dies wird durch die Regelung des § 51 Abs. 1 Nr. 6a SGG hinsichtlich der Zuständigkeit des BSG unterstrichen. Keine Sozialleistung ist die Prozesskostenhilfe (vgl. OLG Koblenz SGb 1993 S. 286). Dasselbe gilt für die betrieblichen Sozialleistungen, einschließlich der Entgeltfortzahlung im Krankheitsfalle. Im Einzelnen kann die Zuordnung zweifelhaft sein. So muss man etwa bei den Leistungen zum gleitenden Übergang in den Ruhestand nach § 19b differenzieren. Als Sozialleistungen sind nur diejenigen Leistungen anzusehen, die die Bundesagentur für Arbeit erbringt, um Vereinbarungen über den Vorruhestand zu erleichtern. Zu den Sozialleistungen gehören dagegen nicht betriebliche Leistungen, die zum Wechsel in den Vorruhestand erbracht werden. Diese Leistungen laufen nach Maßgabe des § 16 AltTZG aus (§ 19b Rn. 4).

2. Einzelfälle

Einzelne Vorschriften knüpfen in allgemeiner Weise an die Sozialleistung an (vgl. §§ 44–59). Im Detail ist die Einordnung klärungsbedürftig. Zu den Sozialleistungen wurden bislang nicht gerechnet die früheren **Lohnkostenzuschüsse** an den Arbeitgeber nach §§ 54, 58 Abs. 1b, 60 AFG aF, § 217 SGB III aF, die der Förderung der Arbeitsaufnahme oder der Ausbildung dienten (Bley, SozVersGes-Komm § 11 Anm. 5; Wannagat-Rüfner, § 11 Rn. 4). Heute gilt dasselbe für die Leistungen zur Aufnahme einer Erwerbstätigkeit nach den §§ 88 ff. SGB III. Entsprechendes wäre auch für Leistungen an Arbeitgeber nach § 102 Abs. 3 Nr. 2 SGB IX in Erwägung zu ziehen. ME handelt es sich hier um Sozialleistungen, und zwar an den Arbeitnehmer. Die Form der Leistung an den Arbeitgeber musste der Gesetzgeber oft nur aus tarifrechtlichen Gründen wählen. Es wäre auch zulässig gewesen, für den Arbeitgeber die Möglichkeit einer untertariflichen Bezahlung zu schaffen und den Differenzbetrag als Leistung der Bundesagentur für Arbeit oder des Integrationsamtes an den Arbeitnehmer zu erbringen. So etwa ist es beim Kurzarbeitergeld geregelt. Hier knüpft der Anspruch des Leistungsberechtigten auf Kurzarbeitergeld an einen Arbeitsausfall mit Entgeltausfall (§ 95 Satz 1 Nr. 1 SGB III). Es fehlt bei den Lohnkostenzuschüssen auch nicht an der Unmittelbarkeit des Vorteils für den Arbeitnehmer. Er besteht in der Förderung seiner Arbeitsaufnahme bzw. dem Erhalt seiner Beschäftigungsmöglichkeit. Die Auszahlung der Geldleistung an einen Dritten ändert daran nichts (vgl. BSG 22 S. 183). Aus den gleichen Gründen muss man den Minderleistungsausgleich im Schwerbehindertenrecht, insbesondere auch die Leistungen nach 185 Abs. 3 Nr. 2 lit. e SGB IX, als Sozialleistungen ansehen. Gegen diese Auffassung spricht nicht, dass der Verwaltungsakt gegenüber dem Arbeitgeber ergeht (§ 31 SGB X). Für den Begriff der Sozialleistung kommt es nur darauf an, dass einem Sozialleistungsberechtigten ein Vorteil eingeräumt wird. Auch in der amtlichen Begründung wird die Auffassung vertreten, dass es für den Begriff der Sozialleistung entscheidend ist, dass sie dem Berechtigten **„zugute kommt"** (BT-Drucks. 7/868 S. 24). In diesem Sinne kommen auch abgezweigte Teile von Sozialleistungen (§ 48) noch dem Berechtigten zugute. Konsequenterweise ist auch die Hilfe zur Erziehung nach den §§ 27 ff. SGB VIII als Sozialleistung für das Kind anzusehen, obwohl sie den Eltern als Anspruchsberechtigten zusteht (OVG Münster FEVS 45 S. 289). **11**

Dementsprechend hat das BSG entschieden, dass die, dem Träger einer Einrichtung zur Rehabilitation zu leistende Erstattung von Beiträgen zur gesetzlichen Kranken- und Pflegeversicherung (§ 251 Abs. 1 Satz 2 SGB V), eine Sozialleistung ist (BSG SozR 4-1200 § 45 Nr. 8). Für die Eingliederungszuschüsse an Arbeitgeber wurde diese Fragen offen gelassen (BSG SozR 4-1500 § 183 Nr. 2 Rn. 9).

12 Während die Leistungen der Kinder- und Jugendhilfe zu den Sozialleistungen zu rechnen sind, gilt dies nicht für die anderen Aufgaben des Jugendamtes iSd § 2 Abs. 3 SGB VIII. Insbesondere sind die Beistandschaft, die Amtspflegschaft und die Amtsvormundschaft (§ 55 SGB VIII), die lediglich von einem Sozialleistungsträger ausgeführt werden, keine Sozialleistungen (vgl. OVG Münster FEVS 53 S. 318). Dasselbe gilt für die Inobhutnahme nach § 42 SGB VIII.

13 Keine Sozialleistungen sind die Geldleistungen, die an **Leistungserbringer** ausgezahlt werden, das gilt zB für die Gehälter von Bediensteten aber auch für die Honorare der Vertragsärzte (BSG 56 S. 116; LSG SchlH SGb 1999 S. 29). Demgegenüber wird man die im Zusammenhang mit der Privatisierung der Arbeitslosenvermittlung (§§ 292 ff. SGB III) erfolgende Aushändigung eines **Gutscheins** an den Arbeitslosen als zweckgebundene Sozialleistung in der Form einer Sachleistung ansehen müssen (§ 45 Abs. 4 SGB III). Mit diesem Gutschein kann er sich an einen privaten Arbeitsvermittler wenden (Marx/Schmachtenberg, BArbBl 2002/4 S. 5). Zu den Sozialleistungen sind wiederum nicht die **Erstattungsansprüche** der Sozialleistungsträger untereinander nach den §§ 102 ff. SGB X zu rechnen (BSG SGb 1981 S. 32 mAnm Sieveking; BSG 102 S. 10). Das hat etwa zur Folge, dass die Vorschrift über die Verjährung (§ 45) hier nicht gilt. In § 113 Abs. 1 SGB X besteht aber eine inhaltsgleiche Sonderregelung. Keine Sozialleistung ist der Erstattungsanspruch bei öffentlich-rechtlicher Geschäftsführung ohne Auftrag für einen Sozialleistungsträger (BSG 123 S. 238). Infolgedessen erfolgt eine Verzinsung nach § 256 BGB (BVerwG 80 S. 170). Ebenfalls nicht zu den Sozialleistungen zählen Ansprüche, die ein Sozialleistungsträger gegenüber einem Sozialleistungsberechtigten hat. Das gilt auch dann nicht, wenn sie aus der Rückabwicklung zu Unrecht erbrachter Sozialleistungen resultieren, also vor allem für die §§ 45, 50 SGB X. Entsprechendes gilt auch für den Kostenbeitragsanspruch nach § 27 Abs. 3 Satz 2 SGB XII. Das schließt aber nicht aus, dass auch für die Durchsetzung dieser Ansprüche schon wegen Sachzusammenhanges die Zuständigkeit der Verwaltungs- und Sozialgerichte begründet ist (§§ 40 VwGO, 51 SGG).

14 Zu den Sozialleistungen gehören schließlich nicht diejenigen Leistungen, die die **freie Wohlfahrtspflege** nach ihrem Selbstverständnis an einzelne Gruppen der Bevölkerung erbringt. Häufiger befindet sich die freie Wohlfahrtspflege allerdings in der Stellung desjenigen, der staatliche Sozialleistungen erbringt, so etwa in einem Alten- oder Pflegeheim (§§ 27b, 61 ff. SGB XII). In diesem Falle werden Sozialleistungen im formellen Sinne an die Hilfebedürftigen erbracht, und zwar mit allen Konsequenzen, die sich aus den gesetzlichen Regelungen ergeben. Allerdings werden die Leistungen dem Leistungsträger iSd § 12 zugerechnet. Die freie Wohlfahrtspflege verlässt auch in diesem Falle die Rolle des Leistungserbringers nicht. Auch in dieser Eigenschaft ist die freie Wohlfahrtspflege im Hinblick auf die §§ 17 Abs. 3 SGB I, 75 ff. SGB XII nicht frei von gesetzlichen Bindungen. Die Notwendigkeit einer stärkeren Regulierung des Leistungsgeschehens ergibt sich auch aus der Tatsache, dass zunehmend gewerbliche Leistungserbringer am Markt auftreten. In diesem Zusammenhang ergeben sich vor allem bei den Dienstleistungen schwierige Rechtsfragen aus dem Dreiecksverhältnis zwischen dem Leistungsberechtigten, dem Leistungserbringer und dem Sozialleistungsträger (§ 1

Rn. 19c). Diese Probleme sind in § 17 nur ansatzweise und im Hinblick auf die große Abhängigkeit desjenigen, der Sozialleistungen erhält, noch immer unzureichend geregelt (vgl. Neumann, Freiheitsgefährdung im kooperativen Sozialstaat 1992 S. 202 ff; Igl, VSSR 1978 S. 201; Krause, Rechtsprobleme einer Konkretisierung von Dienst- und Sachleistungen, Festschrift für Wannagat 1981 S. 239). Ansatzweise enthalten das Wohn- und Betreuungsvertragsgesetz und das Heimgesetz, die nicht zum Sozialrecht im formellen Sinne zu rechnen sind, Regelungen über die Rechtsstellung der Leistungsberechtigten. Damit wird aber nur ein, wenn auch ein sehr wichtiger Ausschnitt, aus allen Dienstleistungsverhältnissen geregelt. In den letzten Jahren hat die Sicht für die mit der Leistungserbringung verbundenen Probleme dazu geführt, dass der Gesetzgeber auch diesen Teil des Rechtsverhältnisse normativ besser ausgestaltet hat. Das gilt insbesondere für die §§ 135 ff. SGB V, 78a ff. SGB VIII, §§ 75 ff. SGB XII. Dabei wird zunehmend Gewicht auf die Qualitätssicherung gelegt (§§ 36 ff. SGB IX). Im Übrigen aber betont die Rechtsprechung die Eigenständigkeit der Rechtsbeziehungen von Leistungsberechtigtem bzw. Leistungserbringer einerseits zu dem Leistungsträger andererseits (Hess. LSG FEVS 60 S. 329).

Die Rechtsprechung hat den Anspruch auf Erstattung von Beiträgen nach **15**
Wegfall der Versicherungspflicht (§§ 1303 RVO, 82 AVG aF) als einen Anspruch auf Sozialleistungen angesehen. Diese Auffassung ist deswegen umstritten, weil der Erstattungsanspruch gerade nicht auf die Verwirklichung eines sozialen Rechts abzielt. Andererseits resultiert der Beitragserstattungsanspruch aus der Stellung des Sozialleistungsberechtigten in der Solidargemeinschaft. Darüber hinaus rechtfertigte sich diese Auffassung vor dem Hintergrund der früheren Vorschrift des § 1235 Nr. 4 RVO. Danach wurden zu den Regelleistungen der Rentenversicherung auch die Beitragserstattungen gerechnet. Diese Zuordnung wird im Sechsten Buch des Sozialgesetzbuches nicht mehr vorgenommen. Vielmehr regelt § 210 SGB VI jetzt die Beitragserstattung außerhalb des Leistungsrechts der Rentenversicherung. Eine Änderung der bisherigen Rechtslage hat der Gesetzgeber damit aber nicht beabsichtigt (Finke/Geisler/Schmidt, DAngV 1990 S. 57). Deswegen wird man die **Beitragserstattung** auch heute noch den Sozialleistungen zuordnen können. Dasselbe gilt nach wohl unbestrittener Auffassung aber nicht für die Erstattungsansprüche nach den §§ 26 ff. SGB IV (vgl. Ross in Hauck/Noftz, SGB I § 11 Rn. 9, 10; Lilge, § 11 Rn. 13). Sozialleistung ist also nur die Erstattung rechtmäßig entrichteter, nicht jedoch zu Unrecht entrichteter Beiträge (BSG SGb 1995 S. 497 mAnm Peters-Lange).

Die Literatur folgt überwiegend nicht der Auffassung des BSG, dass die Erstat- **16**
tung des Gegenwertes für ungültig gewordene **Beitragsmarken** eine Sozialleistung darstellte (BSG SGb 1984 S. 583 mAnm Zeihe). Seine weitergehende Auffassung begründet das BSG im Wesentlichen mit der an sich weitgehend geteilten Auffassung, dass § 11 nach seinem Wortlaut nicht zwingend voraussetze, dass eine Leistung der Verwirklichung der in den §§ 3–10 genannten sozialen Rechte diene. Wenn man davon aber ausgeht, dann liegt ein weites Verständnis des Begriffs der Sozialleistung nahe. Allerdings musste man dem BSG dann entgegenhalten, dass auch eine im Wege des Herstellungsanspruchs zu bewirkende Beitragserstattung eine Sozialleistung in diesem weiteren Sinne ist (vgl. BSG 55 S. 40; Zeihe, SGb 1984 S. 562).

Auch ein ausschließlich an der Verwirklichung der sozialen Rechte orientiertes **17**
Verständnis vom Begriff der Sozialleistung, müsste zu dem Ergebnis gelangen, dass die Erklärung eines schwerbehinderten Menschen nach § 9 Abs. 1 Nr. 4

SGB V, die auf einen **Beitritt** zur sozialen Krankenversicherung ausgerichtet ist, mit fristwahrender Wirkung gemäß § 16 Abs. 2 beim unzuständigen Leistungsträger abgegeben werden kann. Die Regelung des § 16 Abs. 2 gilt nach ihrem Wortlaut nur für Anträge auf Sozialleistungen. Man kann den Beitritt zur sozialen Krankenversicherung noch nicht als Antrag auf Sozialleistungen ansehen; vielmehr begründet er einen Versicherungsschutz und schafft damit nur die Voraussetzungen für die Inanspruchnahme von Sozialleistungen. Jedoch kann man in diesem Falle § 16 entsprechend anwenden. Das ergibt sich vor allem aus dem sozialen Recht des § 4, das im Wesentlichen den Zugang zur Sozialversicherung normiert. Dieser Zugang ist logisch die Vorstufe zur Erlangung von Sozialleistungen iSd § 11 (BSG SozR 1200 § 16 SGB I Nr. 8).

3. Dienst-, Sach- und Geldleistungen

18 Die Einteilung in eine der drei Leistungsgruppen (Dienst-, Sach- oder Geldleistungen) hat eine gewisse Bedeutung für die Anwendung einzelner Vorschriften des Allgemeinen Teils. So können nur Ansprüche auf Geldleistungen verzinst (§ 44), aufgerechnet, verrechnet oder gepfändet werden (§§ 51–54). Demgegenüber sind Ansprüche auf Dienst- bzw. Sachleistungen weder übertragbar noch pfändbar (§ 53 Abs. 1). Sie sind auch nicht vererbbar (§ 59 Satz 1). Die Verjährung ist für alle Leistungsarten in § 45 einheitlich geregelt.

19 Vor allem im Fürsorgesystem können die Leistungen auch untereinander austauschbar sein. So bestimmt § 10 Abs. 3 SGB XII, dass Geldleistungen Vorrang vor den Sachleistungen haben, soweit im Gesetz nichts anderes bestimmt ist oder das Ziel der Sozialhilfe durch eine Sachleistung erheblich besser oder wirtschaftlicher erreicht werden kann. Das ist vor allem dann der Fall, wenn Hilfebedürftige, etwa Alkoholkranke, Geldleistungen nicht zweckentsprechend verwenden können. Im Rahmen des Individualisierungsgrundsatzes (§ 9 SGB XII) kann in diesen Fällen auf Sachleistungen übergegangen werden. Gutscheine gelten insoweit als Sachleistungen (§ 10 Abs. 2 Satz 3 SGB XII). Weniger flexibel ist das SGB II, das keinen Individualisierungsgrundsatz kennt. In § 24 Abs. 2 SGB II ist die Auszahlung der Regelleistung (teilweise) als Sachleistung vorgesehen. Die Kosten für Unterkunft und Heizung sollen unter den Voraussetzungen des § 22 Abs. 7 Satz 2 SGB II an den Vermieter oder andere Empfangsberechtigte ausgezahlt werden. Darin liegt noch kein Übergang auf eine Sachleistung. Als Begründung für die genannten Modifikationen werden die Sicherung einer zweckentsprechenden Verwendung der Mittel, bei unwirtschaftlichem Verhalten und Sucht genannt. Einen ähnlichen Hintergrund hat § 29 Abs. 1 Satz 1 SGB II im Bereich Bildung und Teilehabe. Dort ist vorgesehen, dass einzelne Leistungen durch „Sach- und Dienstleistungen, insbesondere in Form von personalisierten Gutscheinen oder Direktzahlungen an Anbieter von Leistungen" erbracht werden. Der Leistungsträger muss hier also nach Ermessensgrundsätzen eine Auswahl unter der ganzen Palette von Leistungsformen treffen.

20 Bei der Einteilung der Sozialleistungen ist die Zuordnung der **Geldleistung** als Geldzahlung weitgehend unproblematisch. Gewisse Zweifel haben sich bei der Zuordnung des Pflegegeldes ergeben. Das BSG bezeichnet es als Sachleistungssurrogat. Es hat aber offen gelassen, ob es im Hinblick auf seine Exportfähigkeit in das EU-Ausland als Geldleistung anzusehen ist (BSG SGb 1998 S. 77 mAnm Mrozynski). Der EuGH rechnet es zu den Geldleistungen (EuGH NZS 1998 S. 240 – Molenaar). Dies wird man auch im Hinblick auf die Tatsache als zutref-

fend erachten müssen, als das Pflegegeld in § 37 Abs. 1 SGB XI zweckgebunden ist. Die Zweckbindung erfolgt völlig unabhängig davon, ob eine Leistung Geld- oder Sachleistung ist. Zu unterscheiden sind einmalige und laufende Geldleistungen und solche die der Sicherung des Lebensunterhalts zu dienen bestimmt sind, von Geldleistungen, bei denen dies nicht der Fall ist. Nach diesen Unterscheidungen richtet sich die Anwendung einzelner Vorschriften des Allgemeinen Teils. So erfolgt die Aufrechnung nach § 51 Abs. 2 nur gegen laufende Geldleistungen. Laufende Leistungen der Hilfe zum Lebensunterhalt nach den §§ 27 ff. SGB XII wurden bisher in diesem Sinne nicht als „laufende" Leistungen angesehen, es sei denn, sie wurden für einen bestimmten Zeitraum bewilligt (BVerwG 89 S. 81; Grieger, ZfSH/SGB 2002 S. 451). Für diesen Zeitraum waren die Leistungen der Sozialhilfe schon immer als laufende Leistungen anzusehen. Das BSG vertritt jedoch eine noch etwas weitergehende Auffassung. Nach seiner Ansicht beschränkt sich ein Bescheid über einmalige Leistungen auf ein einmaliges Ge- oder Verbot oder eine einmalige Gestaltung der Rechtslage. Das ist schon nicht mehr der Fall, wenn „der Bewilligungszeitraum in die Zukunft reicht". Er begründet in diesem Falle ein auf Dauer „für den gesamten Monat März" berechnetes Rechtsverhältnis (BSG SGb 2013 S. 295 mAnm Löcher). Die Unterscheidung von einmaliger und laufender Leistung ist also danach vorzunehmen, dass erstere sich auf eine einmalige Gestaltung der Rechtslage beschränkt, während letztere eine Regelung auch für die Zukunft vornimmt. Ein längerer Zeitraum ist dabei nicht erforderlich. Die Pfändung einmaliger Leistungen ist in § 54 Abs. 2 besonders geregelt. Dienen Geldleistungen der Sicherung des Lebensunterhalts, so gelten für sie die besonderen Regelungen der §§ 48, 53 Abs. 1 (vgl. § 48 Rn. 11, 14). Besondere Bedeutung hat diese Unterscheidung auch für § 48 SGB X, der die Aufhebung eines Verwaltungsaktes mit Dauerwirkung bei Änderung der Verhältnisse regelt.

Von einer Geldleistung wird auch dann gesprochen, wenn der Leistungsberechtigte einen **Kostenerstattungsanspruch** hat, weil er sich eine Sach- oder Dienstleistung selbst beschaffen musste (vgl. § 43 Rn. 30). Ein ähnlicher Fall ist gegeben, wenn gemäß § 38 Abs. 4 SGB V vom Versicherten eine Haushaltshilfe beschafft und Kostenerstattung verlangt wird (vgl. auch § 37 Abs. 4 SGB V). Nach wohl überwiegender Auffassung soll es bei der Zuordnung nur darauf ankommen, ob die Leistung ihrer Form nach in Geld erbracht wird (BSG SozR 1200 § 44 SGB I Nr. 13; Bley, SozVersGesKomm § 11 Anm. 6) bzw. es komme auf den Ersatz, nicht auf das Ersetzte an (Lilge, SGB I § 11 Rn. 18). Allerdings legt sich die Literatur nicht völlig fest. Es muss eine „sachgerechte Lösung" erarbeitet werden, bzw. es komme auf den jeweiligen Sachzusammenhang an (Ross in Hauck/Noftz, SGB I § 11 Rn. 19; Wannagat-Rüfner, SGB I § 11 Rn. 5). Die sachgerechte Lösung kann nur darin bestehen, dass man auf den Zweck der Selbstbeschaffung, nämlich die Erlangung der Sach- oder Dienstleistung abstellt (vgl. BSG SGb 1993 S. 477 mAnm Meydam). Der Erstattungsanspruch (vgl. § 13 Abs. 3 SGB V) ist im Hinblick auf Verzinsung und Auszahlung (§§ 44, 47) wie ein Anspruch auf eine Geldleistung zu behandeln. Dasselbe wird man aber nicht für die Übertragung und die Pfändung (§§ 53, 54) annehmen dürfen. Selbstbeschaffung und Erstattung sollen dem Sozialleistungsberechtigten den Zugang zu einer Dienst- oder Sachleistung ermöglichen, wenn der Sozialleistungsträger die rechtzeitige Erbringung pflichtwidrig unterließ. Der Zugriff eines Außenstehenden auf den Erstattungsanspruch würde diesen Zweck vereiteln. Deswegen wird man unter Anwendung der §§ 53 Abs. 1 und 54 Abs. 1 den Erstattungsanspruch als unübertragbar und 21 unpfändbar ansehen müssen. Auch wenn der Erstattungsanspruch den Charakter einer einmaligen Leistung hat, wird man die Anwendung der §§ 53 Abs. 2 und 54 Abs. 2 erwägen müssen. Der Erstattungsanspruch darf in diesem Falle aber nur demjenigen zur Verfügung stehen, der anstelle des Sozialleistungsträgers die Leistung tatsächlich erbracht hat, zB dem Träger eines Krankenhauses. In diesem Falle würde der Zweck von Selbstbeschaffung und Erstattung nicht vereitelt werden. In allen anderen Fällen hätte es mit der Anwendung der §§ 53 Abs. 1 und 54 Abs. 1 sein Bewenden. Diese Zuordnung zur Sach- oder Geldleistung der Funktion nach entspricht auch besser dem Unionsrecht (vgl. § 30 Rn. 44–50).

22 In seiner neueren Rechtsprechung behandelt das BSG den Erstattungsanspruch nach § 13 Abs. 3 SGB V als Geldanspruch, dessen Abtretbarkeit nach § 53 Abs. 1 nicht grundsätzlich ausgeschlossen ist. Die Abtretung ist damit unter den Voraussetzungen des § 53 Abs. 2 und 3 möglich (BSG 97 S. 6). Auch wenn der 1. Senat des BSG nunmehr den Anspruch nach § 13 Abs. 3 SGB V als laufende Geldleistung behandelt (BSG 97 S. 112), kann dessen Abtretung nicht nach § 53 Abs. 3 erfolgen, da der Anspruch nicht der Sicherung des Lebensunterhalts zu dienen bestimmt ist. Der 9. Senat (BSG 92 S. 42) und der 3. Senat (BSG SGb 2007 S. 292 mAnm Igl) gehen ohnehin von einer einmaligen Geldleistung aus, weil der Anspruch nicht von vornherein auf eine wiederkehrende Zahlung gerichtet ist. Im Ergebnis kann eine Abtretung des Anspruchs nach § 13 Abs. 3 SGB V nur nach § 53 Abs. 2 erfolgen. Eine Pfändung nach § 54 Abs. 4 wäre allerdings möglich, da das Gesetz hier nur darauf abstellt, dass eine Geldleistung „laufend" gezahlt wird. Auch eine Sonderrechtsnachfolge nach § 56 ist möglich (§ 56 Rn. 2).

23 Demgegenüber wird man nicht allgemein die Auffassung vertreten können, eine Geldleistung, die nur ein Surrogat für eine Sach- oder Dienstleistung darstellt, weil sie zweckgebunden gewährt würde, sei weder abtretbar, noch pfändbar (so Häusler in Hauck-Noftz, SGB I § 53 Rn. 22; § 54 Rn. 32). Der Gesetzgeber hat Abtretbarkeit und Pfändbarkeit in den §§ 53 Abs. 2 und 3 sowie 54 Abs. 3 und 4 so ausführlich geregelt, dass die zugegebenermaßen zum Teil unbilligen Ergebnisse nicht durch Auslegung vermieden werden können. Zumeist, so bei den Antragsleistungen nach § 8 Abs. 2 SGB IX und vor allem beim persönlichen Budget nach § 29 SGB IX, wird man aber davon ausgehen müssen, dass eine Unpfändbarkeit nach § 54 Abs. 3 Nr. 3 gegeben ist. Der dort geschützte Mehraufwand ist nicht auf einen Mehrbedarf zum Lebensunterhalt, wie in § 21 Abs. 2–7 SGB II, beschränkt. Eine Abtretung kann bei den in Rede stehenden Erstattungsansprüchen und Surrogaten immer nur nach § 53 Abs. 2 Nr. 2 erfolgen und setzt damit eine Prüfung des wohlverstandenen Interesses voraus (vgl. § 53 Rn. 3, 3a).

24 Hat dagegen anstelle des leistungspflichtigen Sozialleistungsträgers ein anderer Sozialleistungsträger unter den Voraussetzungen der §§ 102–105 SGB X geleistet, so sind Sach- oder Dienstleistungen gleichfalls in Geld zu erstatten (§ 108 SGB X). In diesem Falle handelt es sich nicht um eine Geldleistung iSd § 11, weil **Erstattungsansprüche** unter den Trägern überhaupt nicht zu den Sozialleistungen rechnen. Entsprechendes gilt für den Aufwendungsersatzanspruch nach § 25 Satz 1 SGB XII.

25 Das Grundmerkmal der **Sachleistungen** besteht im Zurverfügungstellen von Sachen. Insoweit ist diese Leistungsart, wie die Geldleistung, unproblematisch. Die Sachleistung kann jedoch auch Elemente der Dienstleistung enthalten. Besonders deutlich wir dies bei den Hilfsmitteln der Krankenversicherung. Sie können dem Versicherten nach § 33 Abs. 5 Satz 1 SGB V auch leihweise überlassen werden. Darüber hinaus umfasst der Anspruch auch die Ausbildung im Gebrauch des

Hilfsmittels, sowie Wartung und technische Kontrollen (§ 33 Abs. 1 Satz 4 SGB V). Mehr noch ist das Heilmittel (§ 32 SGB V) nicht eindeutig zuzuordnen. Der Wortbestandteil Mittel lässt eigentlich auf einen körperlichen Gegenstand, eine Sache, schließen. Der Begriff des Heilmittels hat sich jedoch im Laufe der Jahre so entwickelt, dass er später Sach- und Dienstleistungen umfasste (vgl. BSG 28 S. 158). Das gilt etwa für Massagen. Diese Tendenz hat sich in neuerer Zeit verstärkt, so dass sich schließlich der Begriff des Heilmittels immer stärker auf hochkomplexe therapeutische Dienstleistungen, wie sie in der psychiatrischen Versorgung erbracht werden, verlagerte (vgl. die Heilmittelrichtlinien, 2018 Nr. 35 ff.). Im Jahre 2001 hat das BSG dann entschieden, Heilmittel wären nur noch als Dienstleistungen abzugeben. Alle Sachleistungen würden den Hilfsmitteln zuzurechnen sein (BSG SGb 2002 S. 401 mAnm Mrozynski). Soweit die Sozialleistung unterschiedliche Bestandteile enthält, hat die rechtliche Zuordnung jeweils danach zu erfolgen, wo der Schwerpunkt der einzelnen Sozialleistung liegt. Danach sind Hilfsmittel immer den Sachleistungen zuzuordnen, auch wenn untergeordnet Dienstleistungen erbracht werden (§ 33 Abs. 5 SGB V).

Ein sozialpolitisch hochinteressanter Prozess findet seit Jahren im Zwischenbereich von Dienst- und Sachleistungen statt. Die medizin-technische Entwicklung hat dazu geführt, dass in manchen Lebensbereichen heute Hilfsmittel als Sachleistungen eingesetzt werden können, in denen früher Dienstleistungen erforderlich waren. Das gilt vor allem für die sog. Pflegehilfsmittel. So hat das BSG entschieden, dass eine WC-Automatik, die einem behinderten Menschen das selbständige Benutzen der Toilette ermöglicht, Hilfsmittel iSd § 33 SGB V und damit von der Krankenkasse zu leisten ist (BSG SozR 2200 § 182b RVO Nr. 10). Zuvor war der behinderte Mensch dabei auf Hilfeleistungen von Pflegepersonen angewiesen. Letztere waren Dienstleistungen und ließen sich deswegen nicht der Regelung über die Hilfsmittel zuordnen. Da diese Hilfeleistungen auch keine Heilmittel sind, kam vor Inkrafttreten des SGB XI für sie nur eine Leistung der Sozialhilfe nach den §§ 61 ff. SGB XII in Betracht. Ihr Ersatz durch Pflegehilfsmittel diente nicht nur der Wahrung der Menschenwürde des Pflegebedürftigen, sondern der dadurch erfolgte Wandel von der Dienstleistung zur Sachleistung iSd § 33 SGB V führte auch zu einer partiellen Befreiung von der Sozialhilfe. Heute werden Pflegehilfsmittel nach § 40 SGB XI erbracht. Vor diesem Hintergrund neigt das BSG dazu, seinen anfangs sehr weitgefassten Begriff des Hilfsmittels iSd § 33 SGB V wieder einzuschränken. Es stellt vor allem darauf ab, dass der Leistungsberechtigte das Hilfsmittel iSd § 33 SGB V „mit sich führen" können muss (vgl. § 21 Rn. 20b–20d). Auf die hier interessierende Zuordnungsfrage hat das aber keinen Einfluss das es bei § 11 nur auf die Frage Sach- oder Dienstleistung ankommt. **26**

Nicht mit dem Begriff der Sachleistung zu verwechseln ist das in einem völlig anderen Zusammenhang stehende **Sachleistungsprinzip** der Krankenversicherung (Fischer, SGb 2008 S. 461. Danach hat der Versicherte gegenüber der Krankenversicherung grundsätzlich einen Anspruch darauf, dass ihm alle zur Heilung seiner Krankheit erforderlich Hilfen zur Verfügung gestellt werden. Die Kasse darf sich nur dort auf eine Kostenerstattung beschränken, wo dies gesetzlich ausdrücklich zugelassen ist (vgl. § 13 SGB V). Das Sachleistungsprinzip umfasst also Dienst- und Sachleistungen (BSG 69 S. 170). Gebräuchlicher ist deswegen heute der Begriff der **Naturalleistung.** Dieses Naturalleistungsprinzip hatte in der Anfangszeit der Krankenversicherung die sozialpolitisch wichtige Funktion, dem versicherten Arbeiter im Falle einer Erkrankung einen Anspruch auf die Hilfe selbst zu verschaffen und ihn nicht auf Kostenerstattungsansprüche zu verweisen. In **27** erheblichem Umfange ist das Sachleistungsprinzip auch heute noch unverzichtbar. Dennoch wird in ihm eine gewisse Entmündigungstendenz gesehen (§ 21 Rn. 3a ff.). In der gegenwärtigen Entwicklung der sozialen Krankenversicherung wird das Prinzip partiell modifiziert und durch Kostenerstattungsregelungen ergänzt (§ 13 SGB V).

28 Im Hinblick auf die Sachleistungen nach § 11 stellt sich das Sachleistungsprinzip (Naturalleistungsprinzip) der Krankenversicherung folgendermaßen dar: Dienst- und Sachleistungen sind grundsätzlich nach diesem Prinzip, dh zur vollständigen Deckung des Bedarfs bei Krankheit zu erbringen. Zuzahlungen, die in einzelnen Fällen zu leisten sind (vgl. §§ 31, 32, 61, 62 SGB V), ändern nichts am Sachleistungsprinzip. Die Einordnung einer Versorgungsform als Sach- oder Geldleistung kann auch davon abhängen, in welchem Sozialrechtsbereich der Anspruch wurzelt. So wird die stationäre Versorgung in der Sozialhilfe nicht als Sachleistung angesehen. Vielmehr soll der Anspruch nach § 75 Abs. 3 Satz 1 SGB XII auf „Übernahme der Vergütung" für die Betreuung in einer Einrichtung ein Anspruch auf eine Geldleistung sein. Dies wird auch damit begründet, dass die Sozialhilfe, anders als die Krankenversicherung, kein Sachleistungsprinzip kenne (LSG Nds.-Brem. ZfSH/SGB 2007 S. 607, 611). Überzeugend ist diese Begründung nicht, weil zum einen Sachleistungen auch außerhalb des Sachleistungsprinzips erbracht werden und zum anderen in den §§ 75 ff. SGB XII die Verantwortung des Sozialhilfeträgers für die stationäre Versorgung so detailliert geregelt ist (§ 76 SGB XII), dass die Annahme, hier würde nur eine Geldleistung erbracht, nicht stichhaltig ist. Das BSG ist der Auffassung inzwischen entgegen getreten (BSG 102 S. 1). Es stellt maßgeblich auf folgende Gesichtspunkte ab: Für eine Sachleistung in Form der Sachleistungsverschaffung sprechen die Regelungsdichte der §§ 75 ff. SGB XII, der Wortlaut und die Systematik der Vorschriften. Des Weiteren betrifft die Vergütungsvereinbarung im sozialrechtlichen Dreiecksverhältnis nur das Verhältnis zwischen der Einrichtung und dem Sozialhilfeträger. Zudem sind bei einem Streit zwischen Einrichtung und Sozialhilfeträger die für das Sachleistungsprinzip typischen Schiedsstellen vorgesehen (§ 80 SGB XII). Schließlich spricht § 75 Abs. 3 SGB XII von der „Übernahme" der Vergütung und § 75 Abs. 4 Satz 1 SGB XII formuliert, dass bei fehlender Vereinbarung der Träger der Sozialhilfe Leistungen unter bestimmten Voraussetzungen „durch" eine andere Einrichtung erbracht werden dürfen (vgl. auch Eicher, SGb 2013 S. 217; Ladage, SGb 2013 S. 553). Entscheidend dürfte die Formulierung in § 76 Abs. 1 Satz 2 SGB XII sein: „In die Vereinbarung ist die Verpflichtung der Einrichtung aufzunehmen, im Rahmen des vereinbarten Leistungsangebotes Leistungsberechtigte aufzunehmen und zu betreuen". Das entspricht weitgehend dem Sicherstellungsauftrag der Krankenversicherung, der die wichtigste Voraussetzung für ein Naturalleistungsprinzip ist.

29 In mehrfacher Hinsicht war der **Zahnersatz** nach § 30 SGB V aF schon immer anders zu behandeln. Letztlich war er immer, wenn auch in unterschiedlicher Form, auf Zuschüsse beschränkt und folgte damit nie uneingeschränkt den Grundsätzen des Sachleistungsprinzips. Im Sinne der Terminologie des § 11 ist er sehr schwer einzuordnen. Schon im alten Recht der Krankenversicherung wurde der Zahnersatz vom BSG als Leistung eigener Art angesehen (BSG 25 S. 116). An sich ist der Zahnersatz eine Kombination von Sach- und (ärztlicher) Dienstleistung. Nach § 30 Abs. 1 SGB V aF in der Fassung des Gesundheitsstrukturgesetzes 1993 hatte der Versicherte jedoch nur einen Anspruch auf einen Zuschuss zum Zahnersatz, so dass man hier an eine Geldleistung hätte denken können. Das Bild änderte sich jedoch, wenn man § 30 Abs. 4 SGB V aF mit in die Erwägungen einbezog (§ 30 Abs. 3 SGB V aF). Danach erfüllte die Krankenkasse ihre Leistungspflicht gegenüber dem Versicherten, indem sie den von ihr zu tragenden Kostenanteil an die Kassenärztliche Vereinigung zahlte. In entsprechender Höhe hatte der Zahnarzt keinen Anspruch gegenüber dem Versicherten. Daraus war zu schließen, dass § 30 SGB V aF keine Geldleistung, sondern eine kombinierte Sach- und Dienstleistung darstellte. Nach der späteren Fassung hatte der Versicherte nach § 30 Abs. 1 SGB V aF einen Anspruch auf die notwendige Versorgung mit Zahnersatz. Es wurde jedoch nach § 30 Abs. 2 SGB V aF nur ein Anteil geleistet. Demgegenüber enthielt § 30 Abs. 1 SGB V in der Fassung des 2. NOG (BGBl I 1997 S. 1521) einen reinen Erstattungsanspruch in Form eines Festzuschusses (§ 30a SGB V aF). Der Anspruch des Zahnarztes richtete sich unmittelbar gegen den Versicherten. Für die kurze Zeitspanne der Geltung des 2. NOG bis zum GKV-SolG (BGBl I 1998 S. 3853) war der Zahnersatz also eine reine Geldleistung. Die spätere Fassung des § 30 SGB V war als eine partielle – systematisch unglückliche – Rückkehr zum Sachleistungsprinzip anzusehen. Nach dem jetzt geltenden § 55 SGB V wird zum Zahnersatz nur ein Festzuschuss geleistet. Damit handelt es sich um eine Geldleistung. Allerdings haben die Krankenkassen über den gemeinsamen Bundesausschuss immer noch einen erheblichen Einfluss auf die Versorgung (§ 56 SGB V).

Dienstleistungen sind persönliche Hilfen, die auf die Verwirklichung der sozialen Rechte der §§ 3–10 ausgerichtet sind. Ihr Spektrum reicht von der einfachen Auskunft (§ 15) bis hin zu so komplexen Prozessen wie der Psychotherapie als ärztlicher Leistung (§ 27 Abs. 1 Nr. 1 SGB V) oder der Pflege bei Hilflosigkeit (§§ 36 ff. SGB XI, 61 SGB XII). Noch immer sind die mit der Erbringung von Dienstleistungen verbundenen Probleme wenig durchdacht. Schon die Wirtschaftswissenschaft hat mit der Bewertung der Produktion von Dienstleistungen erhebliche Probleme (Maleri, Grundlagen der Dienstleistungsproduktion, 1991 S. 129 ff.). Dienstleistungen können wegen ihrer Bedarfsindividualität praktisch nicht bevorratet werden. Damit hängt auch zusammen, dass der Bedarf an Dienstleistungen schlecht vorhersagbar ist und dass deswegen hohe Vorhaltekosten entstehen können. Das kann, etwa bei Notfalldiensten, auch dazu führen, dass unter enormen Kostenaufwand eine Leistungsbereitschaft hergestellt werden muss, die nur in geringem Umfang in Anspruch genommen wird. Diese Situation hat sogar den EuGH dazu veranlasst, seine sehr liberalen Grundsätze für den freien Verkehr von Waren und Dienstleistungen innerhalb Europas nach den Grundsätzen des § 86 Abs. 2 EGV (Art 106 Abs. 2 AEUV) einzuschränken (EuGH EuzW 2002 S. 25 – Ambulanz Glöckner). Schließlich ist auch eine **Qualitätskontrolle** der Dienstleistungen notwendig, aber nur erschwert möglich, weil zumindest bei der Erbringung persönlicher Dienstleistungen Leistungserbringer und Leistungsberechtigter zusammenwirken müssen. So ist der Erfolg oder das Ausbleiben eines Erfolgs bei der Krankenbehandlung nicht immer leicht auf die Tätigkeit des Arztes zurückzuführen (vgl. § 660h BGB). Der Leistungsberechtigte selbst spielt auf jeden Fall bei der Qualitätssteigerung der Dienstleistung eine nicht zu unterschätzende Rolle. In diesem Zusammenhang haben Beratung (§ 14), Mitwirkungsrecht (§ 33) und Mitwirkungspflicht (§§ 60 ff.) eine wichtige Funktion. In neuerer Zeit versucht der Gesetzgeber die Qualitätskontrolle zum Gegenstand sozialrechtlicher Regelungen zu machen (vgl. §§ 135 ff SGB V; 36 ff. SGB IX; 112 ff. SGB XI). 30

4. Zusammentreffen mehrerer Leistungen

31 Zum Teil werden Sozialleistungen auch in zusammengesetzter Form erbracht. Das kann das in der Weise geschehen, dass die Leistungsbestandteile in der Zuständigkeit eines Leistungsträgers miteinander verknüpft sind, wie bei der Ausstattung mit einem Hilfsmittel und der Ausbildung in seinem Gebrauch (§ 33 Abs. 5 Satz 2 SGB V). Die rechtliche Einordnung richtet sich dann nach dem Schwerpunkt der Leistung. Was die Zuordnung unterschiedlicher Leistungen zu mehreren Leistungsträgern angeht, so kann man an folgende weitergehende Überlegungen des BSG zur Identifizierung des Leistungsbestandteile anknüpfen:

Das „Nebeneinander von zwei sozialversicherungsrechtlichen Zuständigkeiten für eine einheitliche Sozialleistung ist sachlich geboten und im Hilfsmittelbereich auch nicht systemfremd. Wählt ein Versicherter ein zum Behinderungsausgleich geeignetes Hilfsmittel in einer über das medizinisch Notwendige hinausgehenden aufwändigeren Ausführung, trägt die Krankenkasse nur die Kosten des Hilfsmittels in der notwendigen Ausstattung, während die Mehrkosten grundsätzlich vom Versicherten selbst zu tragen sind (§ 33 Abs. 1 Satz 5 SGB V und § 31 Abs. 3 SGB IX). Ist die höherwertige Ausstattung dagegen zwar nicht für den Alltagsgebrauch, wohl aber aus rein beruflichen Gründen erforderlich, fallen die Mehrkosten, die sonst der Versicherte selbst tragen müsste, dem Rentenversicherungsträger zur Last. Für medizinische Hilfsmittel (§ 33 SGB V), die zugleich Pflegehilfsmittel sind (§ 40 Abs. 1 SGB XI) und deswegen als Hilfsmittel mit Doppelfunktion sowohl von den Krankenkassen als auch von den Pflegekassen zu finanzieren sind, hat der Gesetzgeber einen eigenständigen Finanzausgleich nach § 40 Abs. 5 SGB XI geschaffen“ (BSG SGb 2014 S. 27 mAnm Spiolek).

32 Die gemeinsame Finanzierung einer Leistung durch mehrere Leistungsträger ist zwar wünschenswert, aber im Hinblick auf § 30 SGB IV nicht ganz unbedenklich (vgl. unten Rn. 37). Häufiger werden – in rechtlich zulässiger Weise – einzelne Leistungen in eine einheitlichem organisatorischen Rahmen erbracht. Sie sind idR noch trennbar und können einem Leistungsträger zugeordnet werden. So umfasst die Betreuung in einem Pflegeheim nach §§ 43 Abs. 1, SGB XI, 61 SGB XII ein Zurverfügungstellen von Sachleistungen, wie etwa die Möglichkeit der Benutzung von Räumlichkeiten, Dienstleistungen in Form der Betreuung und schließlich auch eine Geldleistung in Form des Barbetrags nach § 27b Abs. 2 Satz 1 SGB XII. Diese Leistungen wurden nach bisherigem Recht auch angesichts der vom Pflegebedürftigen früher uneingeschränkt selbst zu tragenden Kosten für Unterkunft und Verpflegung (vgl. § 43 Abs. 2 Satz 1 und 2 SGB XI nF) einheitlich als Hilfe zur Pflege behandelt (§ 27 Abs. 3 BSHG aF). Sie blieben aber in ihrer rechtlichen Qualität selbständige Sach-, Dienst- und Geldleistung (vgl. BSG 20 S. 226). In § 27b SGB XII wurde dann ein Teil der Leistungen verselbständigt. Im Hinblick auf die Stellung der Leistungserbringer im Sozialrecht (vgl. §§ 82 ff. SGB XI, 75 SGB XII) lässt es sich nicht rechtfertigen, bei solchen Komplexleistungen nur deswegen ausschließlich von einer Geldleistung zu sprechen, weil sich der Leistungsträger (§ 12) oft auf die Vergütung der Leistung beschränkt. Er ist nicht lediglich Kostenträger sondern das verantwortliche Rechtssubjekt für die Leistungserbringung (BSG SozR 3-5765 § 10 KfzHV Nr. 1). Er trägt immer die Gesamtverantwortung.

33 In wenigen Fällen kann der Sozialleistungsberechtigte auch zwischen einer Geldleistung und einer Dienstleistung wählen. So besteht nach den §§ 36, 37 SGB XI die Möglichkeit, Pflegeleistungen entweder in Form eines Geldbetrages (§ 37 SGB XI) oder in Form einer Pflegesachleistung (§ 36 SGB XI) in Anspruch

zu nehmen. Hier entscheidet die Wahl des Sozialleistungsberechtigten, ob es sich um eine Geld- oder Sachleistung handelt. In aller Regel ist im Gesetz aber eindeutig festgelegt, in welcher Form eine Sozialleistung zu erbringen ist. Im Fürsorgesystem erfolgt zum Teil die Wahl zwischen Sach- und Geldleistung als Ermessensentscheidung (oben Rn. 19). Dabei wird grundsätzlich der Geldleistung ein Vorrang vor der Sachleistung eingeräumt (vgl. § 10 Abs. 3 Satz 1 SGB XII). Das hat zwar im Hinblick auf die Autonomie des Hilfeempfängers einiges für sich. Ergänzend wird man sagen müssen, dass die Wahrung der Autonomie des Hilfeempfängers bzw. eines jeden Leistungsberechtigten ein Gesichtspunkt bei der Ausübung des Ermessens ist (§ 39). Dabei kann es sich ergeben, dass die Entscheidung häufig zugunsten einer Geldleistung zu fallen hat (VGH München FEVS 45 S. 196). Derselbe Gesichtspunkt kann aber auch zu einer anderen Entscheidung führen. Beispielsweise gehört gemäß § 27a Abs. 1 SGB XII zum notwendigen Lebensunterhalt auch die Unterkunft. In besonders gelagerten Fällen verfehlt die gegenwärtige Praxis, nur die Geldleistung einer Übernahme der Mietkosten zu erbringen, aber eine wesentliche Aufgabe, die dem Träger der Sozialhilfe durch § 27 Abs. 1 SGB XII gestellt ist. Die nach § 10 Abs. 3 Satz 1 SGB XII zu treffende Ermessensentscheidung kann dazu führen, dass die Sachleistung der Zurverfügungstellung einer Unterkunft zu erbringen ist (vgl. § 7 Rn. 8, 9). Weiterentwicklungen von kombinierten Leistungsformen stellen die §§ 39a SGB V und 43a SGB IX dar. Sie erfolgen in der Weise, dass ein Leistungsträger Zuschüsse zu den Leistungen eines anderen erbringt.

Zum Teil werden Sozialleistungen auch in integrierter Form in der Weise **34** erbracht, dass ihre Bestandteile nicht mehr isolierbar sind. Dieser bei komplexen Bedarfen notwendigen Erbringungsform sind aber durch § 30 SGB IV gewisse Grenzen gesetzt (vgl. Ruland, SGb 2014 S. 645). Die Leistungsträger dürfen ihre Mittel nur für gesetzlich vorgeschriebene oder zugelassene Aufgaben einsetzen. Das bedeutet, dass eine Leistungsintegration im Prinzip nur dann möglich ist, wenn die Leistungsbestandteile den jeweiligen Leistungsträgern zugeordnet werden können. Ausgeschlossen ist damit allerdings nicht, dass Leistungen in einem lediglich organisatorischen Rahmen verbunden werden. Es gibt aber auch einzelne, weitergehende gesetzliche Regelungen. Eine sozialpolitisch wichtige Weiterentwicklung der Kombination von Leistungen hat § 46 Abs. 3 SGB IX gebracht. Bei komplexen Bedarfslagen, wie sie häufige bei behinderten Menschen gegeben sind, ist es sachlich geboten, zum Teil sehr unterschiedliche Leistungen zu einer Einheit zusammenzufassen (§ 29 Rn. 17 ff.). Das ist dann rechtlich kaum möglich, wenn Leistungen zu einem Komplex verbunden werden sollen, die an sich von verschiedenen Leistungsträgern zu erbringen sind. Die sachliche Zuständigkeit kann idR nicht verwischt werden. Erstmals ermöglichte jetzt § 30 Abs. 1 Satz 2 SGB IX aF (§ 46 Abs. 3 SGB IX) Leistungen der Frühförderung mit heilpädagogischen Leistungen zu einer Einheit zu verbinden. Die beteiligten Rehabilitationsträger, die Krankenkassen und die Träger der Jugend- bzw. Sozialhilfe, müssen sich auf eine anteilige Kostenübernahme verständigen (§ 46 Abs. 5 SGB IX).

Sozialpolitisch nicht weniger bedeutsam ist eine neuere Entwicklung, die durch **35** das SGB IX eingeleitet worden ist. Behinderte Menschen können unter den Voraussetzungen des § 8 Abs. 2 SGB IX beantragen, statt einer Sach- eine Geldleistung zu erhalten. In § 29 SGB IX wird dies noch zu einem **persönlichen Budget** ausgestaltet (§ 29 Rn. 21). Dahinter verbirgt sich der Gedanke, dass es die Autonomie des behinderten Menschen fördern würde, wenn man ihm zu seiner eigenverantwortlichen Bedarfsdeckung einen Geldbetrag überlässt. So wie das persönliche Budget in der Neufassung des § 29 SGB IX ausgestaltet ist, wird man es eigentlich nicht mehr als reine Geldleistung ansehen können. Doch § 29 Abs. 2 Satz 1 SGB IX sieht dies jedoch weiterhin für den Regelfall vor. Vor allem ist auch die Verantwortung des Rehabilitationsträgers für die durchzuführende Maßnahme nicht mehr gegeben. Das ergibt sich daraus, dass die in § 28 SGB IX geregelte Verantwortung des Rehabilitationsträgers nicht auf das persönliche Budget (§ 29 SGB IX) erstreckt wird. Das bedeutet, dass der behinderte Mensch über sein persönliches Budget, seine Rehabilitation und Teilhabe selbst verantworten kann und muss (vgl. Becker ua VSSR 2012 S. 7 ff.). Ein gewisser Irrationalismus des persönlichen Budgets und seinem Anliegen der Förderung der individuellen Autonomie wird in der Frage deutlich, warum nicht allen, also auch nicht behinderten, Leistungsberechtigten ein persönliches Budget zugestanden wird.

36 Vor allem vor dem Hintergrund des nicht anwendbaren § 28 SGB IX und der relativen Kostendeckelung nach § 29 Abs. 2 Satz 5 und 6 SGB IX ist mit dem persönlichen Budget eine Reihe von rechtlichen und wirtschaftlichen Zweifelsfragen verbunden (§ 29 Rn. 21). Wenn etwa im Zusammenhang mit dem persönlichen Budget vom „kritischen Verbraucher" die Rede ist (Baur, ZfS 1999 S. 323), dann ist dies an Voraussetzungen zu knüpfen, die schon allgemein im Sozialrecht, zumindest aber im Gesundheitssektor, schwer zu erfüllen sind. Das beginnt bereits mit der Tatsache, dass die erforderlichen Dienstleistungen zu einem bestimmten Zeitpunkt und an einem bestimmten Ort, sowie häufig mit unterschiedlicher Intensität benötigt werden. Diese Faktoren lassen sich zumeist nicht im Voraus kalkulieren. Zwar stellen weiterhin die Rehabilitationsträger den Rehabilitationsbedarf fest (§ 29 Abs. 2 SGB IX). Der Leistungsberechtigte ist dennoch nur bedingt in der Lage, im Prozess der Leistungserbringung seinen konkreten Bedarf genau zu bestimmen und vor allem die Leistungen, die er zur **Bedarfsdeckung** benötigt, so zu definieren, dass er als informierter oder kritischer Verbraucher am Markt auftreten und Leistung und Gegenleistung bewerten kann. Wesentliche Aufgaben müssen andere für ihn übernehmen. Insoweit wird es für erforderlich gehalten, ein „Netzwerk der Unterstützung" schaffen. Damit verlangt aber die Sicherstellung aller sozialpolitischen Ziele des persönlichen Budgets „in einem Wettbewerbssystem einen enormen Regulierungsapparat zu Standardisierung der Produkte, Qualitätstransparenz und -sicherung, Informationsbeschaffung und -verteilung, Preiskontrolle, Marktaufsicht usw der aufgrund der Komplexität und Lebenswichtigkeit umfassender und kostspieliger wäre als auf anderen Märkten" (Kühn, SF 1998 S. 132). Das alles fehlt beim persönlichen Budget. In der alltäglichen Praxis wird sich der behinderte Mensch häufig nur darauf verlassen können, dass sich ein Vertrauen zu einem Anbieter von Dienstleistungen entwickelt hat. Dieses Vertrauen wird häufig auf Erfahrung beruhen, kann sich aber auch scheinbar rational aus einer Zertifizierung ergeben. Ein Ausweg aus diesem Dilemma wird in dem Arbeitgebermodell gesehen, in dem die Prinzipal-Agent-Beziehung dazu führt, dass der Auftragnehmer auf die Interessen des Auftraggebers verpflichtet wird (Hajen, NDV 2001 S. 70). Das bedeutet aber, dass der behinderte Mensch fachlich kompetent Bedarf und Leistungen in Beziehung setzen können muss. Seine Interessen können nicht an die Stelle einer **Qualitätskontrolle** treten. Deswegen muss eine Beratung und Assistenz des behinderten Menschen bei der Inanspruchnahme der Leistung erfolgen. Schließlich kann auch auf eine Kontrolle der Qualität nicht verzichtet werden. Damit entstehen aber Zusatzkosten, die als sog. **Transaktionskosten** in die Wirtschaftlichkeitsberechnung eingehen müssen.

Über ihre Höhe bestehen keine genauen Vorstellungen (Wüstenbecker, SF 1999 S. 299; Hajen, NDV 2001 S. 69).

Vor dem Hintergrund längerer Auseinandersetzungen um die Abgrenzung des Pflegehilfsmittels (§ 40 SGB XI) vom Hilfsmittel im Sinne der Krankenbehandlung (§ 33 SGB V) hat der Gesetzgeber in § 40 Abs. 5 SGB XI eine Regelung getroffen, nach der der Leistungsträger, bei dem die Leistung beantragt wird, prüft, ob ein Anspruch gegenüber der Kranken- oder der Pflegekasse besteht. Er entscheidet über die Leistung. Darüber hinaus wird in Richtlinien geregelt, in welchem Verhältnis die Ausgaben für Hilfs- und Pflegehilfsmittel aufzuteilen sind. Darüber hinaus werden Einzelheiten zur Umsetzung einer Pauschalierung festgelegt. Damit ist die bisher deutlichste Abweichung von § 30 SGB IV geregelt worden (§§ 21a Rn. 37a; 43 Rn. 4–6). 37

Noch etwas über diese Regelung hinaus geht das BSG in seiner Rechtsprechung zum Hilfsmittel (oben Rn. 31). Auch soweit es sich um einen einzelnen Gegenstand handelt, lässt es dessen Gewichtung nach unterschiedlichen Teilzwecken zu (Behinderungsausgleich und berufliche Förderung). Vor diesem Hintergrund gelangt es zu einer gemeinsamen Finanzierung des Hilfsmittels durch Kranken- und Rentenversicherung. Das ist insoweit noch mit § 30 Abs. 1 SGB IV zu vereinbaren, als dieses Ergebnis allein durch Auslegung der §§ 31, 33 Abs. 2 Nr. 6 SGB IX erreicht wird. So betrachtet, wäre § 40 Abs. 5 SGB XI jedoch nur eine klarstellende Regelung. Mit seiner Auffassung gelangt das BSG sehr in die Nähe einer Mischleistung. Für die Einführung der Leistungsintegration in der Frühförderung im Sinne einer Komplexleistung hatte der Gesetzgeber jedoch noch eine gesetzliche Regelung in § 30 SGB IX aF als notwendig erachtet (vgl. Mrozynski, SGb 2001 S. 277; Neumann, NZS 2004 S. 281). 38

Bisher hat die Rechtsprechung des BSG eine größere Bedeutung nur bei der Hilfsmittelversorgung gehabt. Im Hinblick darauf ist aber zu beachten, dass es oft aus einem spezifischen Grund nicht zu einer Mischleistung kommt. Im Rahmen des unmittelbaren Behinderungsausgleichs (§ 21 Rn. 20b) muss durch die Leistung nach § 33 SGB V, also durch die Krankenkasse allein, ein „vollständiger funktionaler Ausgleich einschließlich des Hörens und Verstehens in größeren Räumen und bei störenden Umgebungsgeräuschen erreicht" werden (BSG 117 S. 192). Generell bedeutet das, dass beim unmittelbaren Behinderungsausgleich kein Raum für einen zweiten Leistungsträger bleibt. 39

§ 12 Leistungsträger

[1]Zuständig für Sozialleistungen sind die in den §§ 18 bis 29 genannten Körperschaften, Anstalten und Behörden (Leistungsträger). [2]Die Abgrenzung ihrer Zuständigkeit ergibt sich aus den besonderen Teilen dieses Gesetzbuchs.

Die Vorschrift ist von geringem praktischen Wert, da sie bei der Definition der Leistungsträger und bei der Begründung ihrer Zuständigkeit auf außerhalb der Rechtsnorm liegende Grundsätze und Regelungen verweist. Aus § 12 lässt sich also nicht ablesen, wer Leistungsträger ist, wie er rechtlich verfasst ist und wie seine Zuständigkeit abzugrenzen ist. Klargestellt wird im Grunde nur, dass Leistungsträger Körperschaften, Anstalten und Behörden sein können. Damit kommen jedenfalls Verbände, Stiftungen oder private Vereine nicht als Leistungsträger in Betracht. Die **Verbände** der Leistungsträger und sonstige öffentlich-rechtliche 1

Vereinigungen können allerdings zur Aufklärung gemäß § 13 verpflichtet sein. Dadurch werden die Verbände jedoch nicht zu Leistungsträgern. Gleichfalls keine Leistungsträger sind die Versicherungsämter (§§ 91 ff. SGB IV), die gemäß § 93 Abs. 1 SGB IV eine wichtige Funktion bei der Erteilung von Auskünften in allen Angelegenheiten der Sozialversicherung haben. Dasselbe gilt auch für die nach Landesrecht zuständigen Stellen, die nach § 15 Abs. 1 zur Auskunft über alle sozialen Angelegenheiten verpflichtet sind. Keine Leistungsträger sind des Weiteren die privaten Pflegeversicherungsunternehmen, obwohl in § 23 Abs. 1 Satz 2 SGB XI eine Gleichwertigkeit mit den Leistungen der §§ 28 ff. SGB XI vorgesehen ist (BSG SozR 3-3300 § 43a Nr. 3). Nicht Leistungsträger, sondern Beauftragte von Leistungsträgern sind die freien Träger der Jugendhilfe, denen gemäß § 76 Abs. 1 SGB VIII Aufgaben zur Ausführung übertragen werden. Es handelt sich dabei nur um die in § 2 Abs. 3 SGB VIII genannten „anderen Aufgaben". Die Leistungen der Kinder- und Jugendhilfe (§ 2 Abs. 2 SGB VIII) werden, wie auch sonst im Fürsorgesystem, zumeist durch freie Träger erbracht. Angesichts ihrer relativen Selbständigkeit (§§ 4 SGB VIII, 5 SGB XII) sind sie weder Leistungsträger noch deren Beauftragte (§§ 77 ff. SGB VIII, 75 ff. SGB XII). Die wichtigste praktische Konsequenz aus der Tatsache, dass eine Organisation kein Leistungsträger ist, besteht darin, dass das Erstattungsrecht der §§ 102 ff. SGB X im Verhältnis zu ihr nicht gilt. Ein Träger der Jugend- oder Sozialhilfe müsste ohne diese Regelungen einen etwaigen Anspruch überleiten (§§ 95 SGB VIII, 93 SGB XII). Hätte ein Jobcenter geleistet, so ginge der Anspruch von Gesetzes wegen über (§ 33 Abs. 1 SGB II). In allen drei Fällen wird vorausgesetzt, dass der Anspruchsgegner nicht Leistungsträger im Sinne des § 12 ist.

2 Der Klarstellung im Verhältnis zu den Leistungserbringern, insbesondere zur freien Wohlfahrtspflege, dient eine zu einem Randgebiet ergangene Entscheidung des BSG. Darin wird ausgeführt, dass der Leistungsträger kein bloßer Kostenträger, sondern das verantwortliche Rechtssubjekt ist, das die Leistungen entweder mit eigenen Mitteln oder durch Vertragseinrichtungen erbringt (BSG SozR 3-5765 § 10 KfzHV Nr. 1). Die Tatsache, dass man heute die Leistungserbringer immer häufiger als Unternehmen betrachtet, die auf eigenes wirtschaftliches Risiko hin handeln (§ 1 Rn. 18 ff.), ändert an der Verantwortung des Leistungsträgers nichts. Das Verhältnis der Leistungsträger zu den Leistungserbringern, wird sich in Zukunft aber insoweit ändern, als dem öffentlich-rechtlich organisierten Leistungsträger privatrechtlich organisierte Auftragnehmer gegenüber stehen. Damit finden grundsätzlich die Bestimmungen des Vergaberechts Anwendung (§ 1 Rn. 19c ff.)).

3 Demgegenüber führt das **persönliche Budget,** das gemäß § 29 SGB IX heute behinderten Menschen zur eigenverantwortlichen Bedarfsdeckung zur Verfügung stehen kann, nicht zu einer Modifikation der bisherigen Rechtslage (§ 11 Rn. 35, 36). Zwar ergibt sich bereits aus der bisherigen Fassung des § 17 Abs. 1 Satz 2 SGB IX aF für das persönliche Budget, dass der Rehabilitationsträger für die Ausführung der Leistungen nicht mehr verantwortlich ist. Heute ergibt sich dasselbe aus den §§ 28 und 29 SGB IX. Dies hat aber nur Einfluss, auf die Frage, ob das persönliche Budget eine Geldleistung ist und sich damit die Verantwortung des Leistungsträgers auf die Auszahlung begrenzt (§ 29 Rn. 21). Nach dem Wortlaut des § 29 SGB IX ist das persönliche Budget also eine Form der Ausführung von Leistungen. Die Träger, die das persönliche Budget „trägerübergreifend" gewähren (§ 29 Abs. 1 Satz 3 SGB IX), bleiben selbständige Leistungsträger (§ 6 Abs. 2 SGB IX). Auch die Bundesagentur für Arbeit und die kommunalen Träger,

die im Jobcenter zusammengefasst sind, bleiben selbständige Leistungsträger. Das ergibt sich bereits aus dem Wortlaut des § 6 Abs. 1 SGB II.

Körperschaften bilden die sog. mittelbare Staatsverwaltung. Ihre Aufgaben 4 werden ihnen durch Gesetz übertragen. Sie unterstehen der Staatsaufsicht. Körperschaften sind mitgliedschaftlich organisierte, rechtsfähige juristische Personen des öffentlichen Rechts. Sie sind nicht grundrechtsfähig (BVerfG NZS 2005 S. 139). Diese Verfassung gilt für alle Träger der Kranken-, Pflege-, Unfall- und Rentenversicherung. Insoweit regelt § 29 Abs. 1 SGB IV, die Träger der Sozialversicherung sind rechtsfähige Körperschaften des öffentlichen Rechts mit Selbstverwaltung. Hierzu ist einiges klarzustellen. Die Regelung erstreckt sich nicht unmittelbar und vollständig auf die Arbeitsförderung. Hier trifft § 1 Abs. 2 Satz 2 und 3 SGB IV eine Sonderregelung. Teile des SGB IV, dazu gehört aber nicht § 29 SGB IV, gelten auch für die Arbeitsförderung. Soweit das SGB IV anwendbar ist, gilt die Bundesagentur für Arbeit als Versicherungsträger. Die früher für die Rentenversicherung missverständlichen Bezeichnungen „Landesversicherungsanstalt bzw. Bundesversicherungsanstalt" sind durch die Begriffe Regionalträger und Rentenversicherung Bund ersetzt worden. In allen Fällen handelt es sich um Körperschaften. Allerdings ist zu sehen, dass die körperschaftliche Verfassung der Versicherungsträger insoweit eine unterschiedliche Ausprägung erfahren hat, als der bestimmende Einfluss der Mitglieder nicht überall gleich groß ist. Besonders gering ist er bei den Trägern der Rentenversicherung. Für die Berufsgenossenschaften ist zu betonen, dass dort Mitglieder nur die Unternehmer sind (§ 658 RVO aF). In den §§ 114 ff. SGB VII werden die Unternehmer zwar nicht mehr als Mitglieder besonders erwähnt. Aus der Tatsache der Versicherung der Arbeitnehmer ergibt sich aber weiterhin nicht, dass sie Mitglieder wären. Mitglied einer Krankenkasse ist ebenfalls nicht, wer nach § 10 SGB V lediglich familienversichert ist (§ 186 Abs. 1 SGB V). Entsprechendes gilt gemäß § 49 Abs. 1 SGB XI für die Pflegeversicherung.

Als Leistungsträger kommen auch die **Gebietskörperschaften** in Betracht. 5 Das gilt für die Kinder- und Jugendhilfe sowie die Sozialhilfe. Für die Erfüllung dieser Aufgaben sind die Kreise und kreisfreien Gemeinden zuständig (§§ 27 Abs. 2, 28 Abs. 2 SGB I). In der Grundsicherung für Arbeitsuchende sind die Gebietskörperschaften in den meisten Fällen Teil einer gemeinsamen Einrichtung, die das Gesetz als Jobcenter bezeichnet (§§ 6b, 44ab SGB II). In relativ wenigen Fällen gibt es aber auch selbständige „zugelassene kommunale Träger" (§ 6a SGB II). Nicht das Jobcenter, sondern die in ihm zusammengefassten Träger (§ 6 Abs. 1 SGB II) sind Leistungsträger im Sinne des § 12 (BT-Drs. 17/1555 S. 23). Für die Kinder- und Jugendhilfe ist es charakteristisch, dass aus historischen Gründen die Erfüllung der Aufgaben bei einer Behörde, dem Jugendamt, konzentriert ist. Die relativ eigenständige Existenz dieser Behörde ist, anders als die des Sozialamtes, im Gesetz zwingend vorgesehen (§ 69 Abs. 3 SGB VIII). Durch diese Garantie des **Jugendamtes,** die eine Fachlichkeit der Kinder- und Jugendhilfe gewährleisten soll, wird das Jugendamt selbst aber nicht zum Leistungsträger. Dieser ist vielmehr der Landkreis bzw. die kreisfreie Gemeinde. In der Sozialhilfe wird noch zwischen der Zuständigkeit des örtlichen (Landkreis oder kreisfreie Gemeinde) und des überörtlichen Trägers unterschieden (§§ 97 SGB XII). Letztere bestimmen sich nach Landesrecht. Es handelt sich zumeist um die Bezirke, Landschaftsverbände oder die Länder selbst. Neben den örtlichen und den überörtlichen Träger der Sozialhilfe stellt § 28 Abs. 2 SGB I für besondere Aufgaben noch die Gesundheitsämter, die je nach landesrechtlicher Ausgestaltung kommunale oder staatliche Behörden, aber jedenfalls keine Leistungsträger im Sinne des § 12 SGB I sind. Bei der Rehabilitation und Teilhabe behinderter Menschen obliegen ihnen die Erfüllung der relativ eingeschränkten Aufgaben nach den §§ 35, 121 Abs. 3 SGB IX.

6 **Anstalten** stellen eine organisatorische Zusammenfassung von personellen und sächlichen Mitteln zur Erledigung einer speziellen Verwaltungsaufgabe in der Hand eines Trägers der öffentlichen Verwaltung dar. Kennzeichnend ist nicht ein Mitgliedschafts-, sondern ein Benutzungsverhältnis. Wenn auch Anstalten über eine gewisse Selbständigkeit verfügen, so können sie, müssen aber nicht rechtsfähig sein. Anstalten haben keine Mitglieder, sondern Nutzer. Nicht unumstritten ist die rechtliche Qualifizierung der **Bundesagentur für Arbeit.** Zwar regelt § 367 SGB III weitgehend wortgleich mit § 29 Abs. 1 SGB IV, dass die Bundesagentur für Arbeit eine bundesunmittelbare rechtsfähige Körperschaft des öffentlichen Rechts mit Selbstverwaltung ist. Ihr fehlt es jedoch an einer mitgliedschaftlichen Verfassung. Die organisationsrechtliche Struktur hat sich mit der ersten Stufe der Organisationsreform der Bundesagentur für Arbeit nicht geändert. In den Verwaltungsablauf wurden lediglich Elemente des modernen Managements eingefügt. So steht an der Spitze der Bundesagentur für Arbeit jetzt nicht mehr ein Präsident, sondern ein Vorstand mit drei Mitgliedern, darunter einem Vorsitzenden. Kontrolliert wird der Vorstand von einem Verwaltungsrat (Marx/Schmachtenberg, BArbBl 2002/4 S. 5). In dieser Organisationsform sind körperschaftliche Elemente noch weniger erkennbar als bisher. Damit ist die Bundesagentur für Arbeit nicht als Körperschaft, sondern als rechtsfähige Anstalt anzusehen (vgl. Bley, NJW 1977 S. 363; Lilge, SGB I § 12 Rn. 19). Wohl überwiegend wird demgegenüber die Auffassung vertreten, es handelte sich bei der Bundesagentur für Arbeit um eine Mischform (vgl. Peters/Hommel, SGB I § 12 Rn. 5). Dem entspricht es, wenn die Bundesagentur für Arbeit als Anstalt mit beträchtlichen Mitwirkungsrechten der Nutzer bezeichnet wird (so Lilge, SGB I § 12 Rn. 20).

7 Obwohl die **Behörde** in der gesamten Verwaltungsorganisation eine zentrale Bedeutung hat, ist ihr Begriff im Einzelnen doch unklar (Rasch, VerwArch 1959 S. 1, 8; Schnapp, NZS 2010 S. 241). Die Behörde ist als Organ eines Verwaltungsträgers unabhängig vom Wechsel der Personen und vertritt ihn nach außen. Sie kann auch Organ mehrerer Verwaltungsträger sein (BVerfG SGb 2003 S. 458 mAnm Fahlbusch). Man unterscheidet Behörden im organisatorischen und funktionellen Sinne. Mit ersteren meint man die Behörde als ein in die Verwaltungshierarchie eingeordnetes Organ. Behörde im funktionellen Sinne ist das Organ, wenn es zur Durchführung einer Verwaltungstätigkeit mit Außenwirkung berufen ist. In jedem Falle ist die Behörde durch eine organisatorische Verknüpfung personeller und sächlicher Mittel und durch eine gewisse Selbständigkeit bei der Erfüllung von hoheitlichen Aufgaben gekennzeichnet (BVerfG 10 S. 48; BVerwG 9 S. 179; BGHZ 40 S. 228). Nach der etwas farblosen Regelung des § 1 Abs. 2 SGB X ist Behörde jede Stelle, die Aufgaben der öffentlichen Verwaltung wahrnimmt. Innerhalb des Sozialrechts sind die wichtigsten Behörden die Arbeitsagenturen-, die Jugend- und Sozialämter sowie im SGB IX die Integrationsämter. Auch die **Schiedsstelle** nach § 80 SGB XII wird als Behörde angesehen (LSG München RdLH 2012 S. 26 mAnm Langer). Dasselbe wird man für § 114 SGB V und § 76 SGB XI annehmen müssen.

7a Ob eine Verwaltungseinheit Behörde ist, wird etwa bei der Anwendung des § 45 Abs. 4 Satz 2 SGB X relevant. Die eine Rücknahme des rechtswidrigen begünstigenden Verwaltungsaktes zeitlich einschränkende Kenntnis von Tatsachen muss bei der „Behörde" gegeben sein. Die Frist beginnt nicht eher zu laufen, als die Tatsachen der „für die Entscheidung ... zuständigen Behörde" bekannt sind (BSG 63 S. 224). Ob dies genügt, wird nicht einheitlich beantwortet. Jedenfalls können in tatsächlicher Hinsicht nur Menschen Kenntnis erlangen. Nicht erforderlich ist es, dass der zur Rücknahmeentscheidung befugte Bedienstete die Kenntnis hat. Kenntnis kann auch der mit der Vorbereitung betraute Sachbearbeiter haben. Auch dies ist dann eine Kenntnis der Behörde (BSG 77 S. 295). Weitergehend wird die Auffassung vertreten, es komme lediglich auf die Aktenkundigkeit der Tatsachen im Sinne einer hinreichend sicheren Informationsgrundlage an (v. Wulffen/Schütze, SGB X § 45 Rn. 83). Teilweise wird auch auf die Kenntnis des für die Rücknahme zuständigen Sachberarbeiters abgestellt (KassKomm-Steinwedel, § 45 SGB X Rn. 30).

Hinsichtlich der **Zuständigkeit** werden in § 12 eher irreführende Aussagen gemacht. Gemäß § 12 Satz 1 werden die in den §§ 18–29 genannten Leistungsträger für zuständig erklärt. Das ist in einer Reihe von Fällen zwar klar geregelt, geht über eine Aufzählung aller in Betracht kommenden Leistungsträger nicht hinaus (§§ 21 Abs. 2, 22 Abs. 2, 23 Abs. 2). In § 26 Abs. 2 unterbleibt aber die Regelung des zuständigen Trägers, da insoweit auf die Bestimmung durch das Landesrecht verwiesen wird. Noch undurchsichtiger ist die Begründung der Zuständigkeit beim Elterngeld. So wird in § 25 Abs. 3 geregelt, zuständig sind „die nach § 12 BEEG bestimmten Stellen". In § 12 Abs. 1 BEEG heißt es dann: „Die Landesregierungen oder die von ihnen bestimmten Stellen bestimmen die für die Ausführung dieses Gesetzes zuständigen Behörden". Damit fehlt es an jeder bundesgesetzlichen Regelung über die Zuständigkeit. Es wird aber der Eindruck erweckt, hier wäre etwas geregelt. 8

In allgemeiner Hinsicht ist zur Zuständigkeit festzustellen, dass alle Leistungsträger die Grenzen ihrer eigenen Zuständigkeit und damit vor allem die der anderen zu respektieren haben. Dieser allgemeine Grundsatz jeder staatlichen Tätigkeit wird aber im Sozialrecht modifiziert. Insbesondere stellt jede Vorleistung immer auch einen gewissen Übergriff in eine fremde Zuständigkeit dar (§ 43 Rn. 10 ff.). Während § 43 eine Vorleistung bei Zweifeln über die örtliche bzw. sachliche Zuständigkeit zulässt, gehen spezielle Regelungen noch weiter. Gemäß § 32 SGB XI kann die Pflegekasse sogar vorläufige Leistungen zur Rehabilitation erbringen. Das sind also Leistungen, die nicht in ihr originäres Leistungsspektrum gehören. Insoweit geht auch § 32 SGB XI über die allgemeine Regelung des § 43 hinaus. Des Weiteren regelt jetzt § 14 Abs. 1 Satz 3 und 4 SGB IX eine Zuständigkeitsklärung, die es teilweise ermöglicht, Leistungen unter Vernachlässigung einer Klärung von Zuständigkeiten zu erbringen (§ 16 Rn. 17 ff.). 9

Gemäß § 86d SGB VIII muss ein Jugendamt auch dann tätig werden, wenn der örtlich zuständige Träger nicht tätig wird. Für Beurkundungen nach § 59 SGB VIII ist jedes Jugendamt zuständig (§ 87e SGB VIII). Hinzuweisen ist schließlich auf § 2 Abs. 4 SGB X. Danach wird bei Gefahr im Verzuge für unaufschiebbare Maßnahmen die Zuständigkeit einer jeden Behörde begründet. Bei einem Konflikt über die örtliche Zuständigkeit entscheidet schließlich gemäß § 2 Abs. 1 Satz 2 SGB X die gemeinsame Aufsichtsbehörde. 10

§ 13 Aufklärung

Die Leistungsträger, ihre Verbände und die sonstigen in diesem Gesetzbuch genannten öffentlich-rechtlichen Vereinigungen sind verpflichtet,

im Rahmen ihrer Zuständigkeit die Bevölkerung über die Rechte und Pflichten nach diesem Gesetzbuch aufzuklären.

Übersicht

1. Standort und Funktion der Aufklärung

1 Zur Terminologie vgl. § 14 Rn. 1. Die gesetzliche Begründung einer allgemeinen Aufklärungspflicht ist zwangsläufige Folge der Unübersichtlichkeit und der häufigen Änderungen des Sozialrechts. Vor diesem Hintergrund wäre die praktische Wirkung der sozialen Rechte ohne eine entsprechende Information der Bevölkerung erheblich eingeschränkt. Der Zweck der Sozialleistungen, nämlich die Veränderung der Lebenssituation bei denjenigen, die dieser Leistungen bedürfen, kann nur erreicht werden, wenn die Behörde durch ihre Informations- und Beratungstätigkeit auf eine möglichst umfassende Information aller Beteiligten hinwirkt (BSG SozR 1200 § 14 Nr. 16 S. 34). So findet jede Information ihre allgemeine Grundlage in den §§ 2 Abs. 2, 17 Abs. 1. Danach gehört es ua zu den Aufgaben des Sozialgesetzbuches, den **Zugang zu Sozialleistungen** möglichst einfach zu gestalten. Dies setzt eine Information über die sozialen Rechte voraus. Insoweit erfolgt die Aufklärung nach § 13 auch im öffentlichen Interesse (BSG SGb 1992 S. 548 mAnm Bogs). Sie stellt eine dauerhafte Aufgabe der Sozialleistungsträger dar. Diese wird nicht immer in ausreichendem Maße erfüllt. So hatte ist im Jahre 2005 bei Inkrafttreten des SGB II, keine hinreichende Aufklärung der möglicherweise Betroffenen gegeben (unten Rn. 6).

2 Eine Aufklärung allein genügt jedoch nicht, um den sozialen Rechten die ihnen gebührende Geltung zu verschaffen. Deswegen sind Auskunft (§ 15) und Beratung (§ 14) wichtige ergänzende Regelungen in dem Gesamtkomplex der Information (Krasney, BKK 1985 S. 337; v. Maydell, ZfSH/SGB 1986 S. 361). Weniger sinnvoll ist, dass diese Trias (§§ 13–15) in den besonderen Teilen noch durch Regelungen ergänzt wird, die eigentlich in den Allgemeinen Teil gehören. So sind nach § 23 Abs. 3 Satz 3 SGB XII die Leistungsberechtigten zu „unterrichten“. Eine solche Verwaltungsaktivität kann entweder dem § 13 oder dem § 14 zugeordnet werden. Ähnliches gilt für die früheren Servicestellen der §§ 22 und 23 SGB IX aF. Sie sind abgeschafft worden. Mit ihrer weitgehend unverbindlichen „Beratung und Unterstützung“ behinderter Menschen konnten sie nicht die Prägnanz erlangen, die den §§ 13–15 zugewachsen ist.

3 In § 7 SGB XI wird die Aufgabe der Pflegekassen geregelt, durch Aufklärung und Auskunft auf die Lebensführung der Versicherten einzuwirken. Diese Aufklärung bewegt sich im Rahmen der Prävention. Demgegenüber gehört die Pflegeberatung nach den §§ 7a ff. SGB IX eher ins Leistungsrecht der Pflegeversicherung (vgl. §§ 37 Abs. 3–6 SGB XI). Im Verhältnis zu den §§ 13–15 kann dies auch zu Missverständnissen führen (vgl. § 14 Rn. 1). Im Hinblick auf die **Pflegeberatung** werden klare Rechte für die Leistungsberechtigten und Pflichten der Pflegekassen begründet. Was die Intensität dieser Rechte und Pflichten angeht, so gehört dieser Komplex nicht in den Bereich der Aufklärung, sondern in den der Beratung (§ 14 Rn. 10 ff.).

Wie auch andere spezielle Regelungen, die etwa in den §§ 14 SGB II, 29 SGB III, 65b Abs. 1 SGB V; 115 Abs. 6 SGB VI; 17 SGB VIII; 22 SGB IX; 7 Abs. 1 SGB XI; 11 Abs. 2–5 SGB XII bestehen, erkennen lassen, enthalten die §§ 13–15 **keine abschließende Regelung** des Komplexes der Information. An der Unterscheidung in Aufklärung, Auskunft und Beratung, wie sie der Gesetzgeber in den §§ 13–15 SGB I getroffen hat, und die von einem praktischen Wert ist, wird in keinem Falle festgehalten. Allgemeiner und gemeinsamer Hintergrund dieser Regelungen ist, dass aus dem **Sozialrechtsverhältnis** eine generelle Verpflichtung des Sozialleistungsträgers auf verständnisvolle Förderung des Sozialleistungsberechtigten abgeleitet wird (BSG 50 S. 88). Es bleibt allerdings zweifelhaft, wie eine solche Verpflichtung zu begründen ist. Das Sozialstaatsprinzip ist viel zu allgemein, als dass sich so detaillierte Pflichten, wie sie im Zusammenhang mit dem Herstellungsanspruch erörtert werden, daraus ableiten ließen (vgl. § 14 Rn. 23). Immerhin ist zu erwähnen, dass den Sozialleistungsberechtigten über die Mitwirkungspflichten hinaus auch eine Reihe von Obliegenheiten trifft, so dass sich Rechte und Pflichten im Sozialrechtsverhältnis zu einem relativ komplexen Gefüge verdichten (vgl. § 60 Rn. 4–7). **4**

Nicht übersehen werden darf, das der gesamte Komplex der Information selbst nur eine von mehreren Konsequenzen aus der Unübersichtlichkeit des Sozialrechts ist. An der Schwelle des erleichterten Zuganges zu den Sozialleistungen stehen vor allem die Regelungen über die Antragstellung (§ 16) und die Vorleistung (§ 43). Als Vorschriften des Allgemeinen Teils des Sozialgesetzbuches sind sie unter dem Blickwinkel der Zuständigkeit nicht vollständig zu erklären. Sie sind gemeinsam mit den Vorschriften über die Information unmittelbar verbindliche Ausprägungen der §§ 2 Abs. 2, 17 Abs. 1 (BSG 50 S. 16). **4a**

Der Kreis der **Adressaten** der Aufklärungspflicht ist relativ weit gefasst (vgl. Schnapp, ZSR 1977 S. 449). Neben die Leistungsträger iSd § 12 und die öffentlich-rechtlichen Vereinigungen, soweit sie im Sozialgesetzbuch genannt sind (vgl. § 77 SGB V), treten die Verbände der Leistungsträger. Letztere trifft nur dann eine Aufklärungspflicht, wenn sie öffentlich-rechtlich organisiert sind (Schellhorn in GK-SGB I, § 13 Rn. 26; Peters/Hommel, SGB I § 13 Anm. 22; aA Bley, SozVersGesKomm § 13 Anm. 3; Wannagat-Rüfner, SGB I § 13 Rn. 6; Wiesner in Hauck/Noftz, SGB I § 13 Rn. 6; Lilge, SGB I § 13 Rn. 5). Es ist zwar möglich, auch privatrechtlichen Vereinigungen bestimmte Pflichten aufzuerlegen. Nach dem Wortlaut des § 13 ist dies aber nicht geschehen. Deswegen ist es insbesondere nicht möglich, die privatrechtlich organisierten Verbände als mit der Aufklärungspflicht beliehene Privatrechtssubjekte zu bezeichnen (so Lilge, SGB I § 13 Rn. 7). Dies würde die Existenz eines Beleihungsaktes voraussetzen. Dagegen spricht bereits der Wortlaut des § 13. Insbesondere kann man nicht sagen, das Wort „sonstige" in § 13 sei falsch gewählt (so Köhler, ZfSH/SGB 2015 S. 639, 640). Im sprachlichen Zusammenhang bringt es nicht zum Ausdruck, dass auch privatrechtlich organisierte Vereinigungen einbezogen werden. Das Wort „sonstigen" verbindet die „Verbände der Leistungsträger" und die „öffentlich-rechtlichen Vereinigungen." Das kann nicht als stillschweigende Einbeziehung Privater gedeutet werden. In der Gesetzesbegründung wird lediglich zum Ausdruck gebracht, dass die Verbände unabhängig von ihrer Rechtsform einbezogen werden sollen (BT-Drs. 7/868 S. 25). Der Begriff Rechtsform hebt aber die Unterscheidung von privatem und öffentlichem Recht nicht auf. Dass Private aufklären können, ist nicht in Frage gestellt. Wären aber auch Private in die **Verpflichtung zur unentgeltlichen Aufklärung** einbezogen, so wäre darin eine Berufsausübungsregelung zu sehen, **5** die schwerlich mit Art. 12 Abs. 1 Satz 2 GG zu vereinbaren ist. Abgesehen davon gäbe es keine (Rechts)aufsicht über die Privaten. Auch die Fragen der (Amts)pflichtverletzung durch sie und des Herstellungsanspruchs wäre ungeklärt (vgl. unten Rn. 15–18). Schließlich ist die Sorge, dass sich Leistungsträger durch die Entscheidung einen privatrechtlichen Verband zu gründen, der Aufklärungspflicht entziehen könnten, unberechtigt. Sie bleiben ja als Leistungsträger aufklärungspflichtig.

6 Da sich die Aufklärung an die Bevölkerung richtet, geht sie zwangsläufig über den großen Kreis der Sozialleistungsberechtigten hinaus. Andererseits erfolgt die Aufklärung nur im Rahmen der örtlichen und sachlichen Zuständigkeit der Sozialleistungsträger. Damit erfolgt unter dem Blickwinkel ihrer gesetzlichen Aufgaben wieder eine gewisse Begrenzung der Aufklärung. Mit Einführung des SGB II hätte eine Aufklärung der Allgemeinheit erfolgen müssen, weil die Bezeichnung des Gesetzes als „Grundsicherung für Arbeitsuchende" zu Missverständnissen Anlass gab. Erst einige Zeit nach Inkrafttreten des Gesetzes wurde deutlich, dass Leistungen nach den §§ 19 ff. SGB II auch an vollschichtig Beschäftigte erbracht werden, die keine Arbeit suchen, die aber ein nicht bedarfsdeckendes Einkommen erzielen. In der Verwaltungspraxis werden sie als Aufstocker bezeichnet. Einen Grenzfall zur Aufklärung stellt die Mitgliederwerbung dar. Diese Grenze ist allerdings nicht schon überschritten, wenn eine Aufklärung auch einen werbenden Nebeneffekt hat. Schwieriger ist der Sachverhalt zu beurteilen, wenn Aufklärungsmaßnahmen eindeutig auf potentielle Mitglieder abzielen, die sog. „gute Risiken" darstellen. Insoweit wird nicht die „Allgemeinheit" aufgeklärt (unten Rn. 13).

7 Ein **subjektives Recht** des Einzelnen auf Aufklärung besteht dagegen nicht. Es wäre zwar auch im Hinblick auf § 14 nicht überflüssig. Jedoch ist die Aufklärung nach ihrem Ziel in § 13 bewusst auf die Allgemeinheit ausgerichtet. Darin hat sie gegenüber der Beratung des Einzelnen ihre eigenständige Bedeutung. Jede Ausrichtung der Aufklärung auf die Interessenlage eines Einzelnen würde die Aufklärung im Grunde verfälschen. Gerade im Verhältnis zu den §§ 14 und 15 erfüllt die Aufklärung einen eigenständigen, nur inhaltlich begrenzten, aber personell sehr umfassenden Zweck der Information. Darin ist sie geradezu ein Gegenstück zu § 14. Die Verletzung der allgemeinen Aufklärungspflicht kann demgemäß auch nicht mit der Popularklage geltend gemacht werden (BSG SGb 1977 S. 355 mAnm Rüfner). Jedoch kann der Einzelne die Verletzung der Aufklärungspflicht im Aufsichtswege rügen.

8 Neben den in § 13 Genannten übernehmen vor allem die Träger der **freien Wohlfahrtspflege** und die sonstigen Verbände eine Reihe von Informationsaufgaben. Dies erfolgt außerhalb der gesetzlichen Regelungen über die Aufklärung. Entsprechendes gilt auch für die vielfältigen Informationen durch die Bundes- und die Landesregierungen. Häufig erfolgt auch durch die Kommunen eine breite Information der Bevölkerung, obwohl sie nur in der Jugend- und Sozialhilfe Leistungsträger und nur dort zur Aufklärung verpflichtet sind. Wegen solcher Aktivitäten ist die Aufklärung nach § 13 aber nicht überflüssig. Vor allem der Adressatenkreis der freien Wohlfahrtspflege ist häufig nach den von den Verbänden selbst gewählten Aufgaben eingegrenzt. Darüber hinaus besteht immer die Gefahr einer gewissen Akzentuierung der Information nach der jeweiligen Interessenlage. Es gibt darüber hinaus auch ein psychologisches Moment der Informationsaufnahme. Nicht jeder Berechtigte nimmt in gleicher Weise Informationen von jeder beliebigen Informationsquelle entgegen. Das im Zusammenhang mit der Sozialhilfe diskutierte Thema „Dunkelziffer der Armut" (vgl. § 9 Rn. 26) hat

mehrere Dimensionen. Eine davon sind die Modalitäten der Information über die Sozialhilfe. Auch aus diesen Gründen ist es sinnvoll, dass im Bereich der Aufklärung konkurrierende Aktivitäten entfaltet werden, wenn dazu auch kein rechtliches Gebot besteht. Außerhalb des Sozialrechts steht die öffentliche Impfempfehlung der Landesgesundheitsbehörden (§ 20 Abs. 3 IfSG).

2. Form, Inhalt und Umfang der Aufklärung

Dem Inhalt nach erstreckt sich die Aufklärung auf die **Rechte und Pflichten** 9 nach dem Sozialgesetzbuch. So wichtig auch die Kenntnis der Pflichten, etwa im Zusammenhang mit den §§ 60 ff. ist, so wenig bewirkt eine auf die Aufklärung beschränkte Information der Bevölkerung über diese Pflichten. Soll eine Pflichtverletzung, etwa über § 66 mit nachteiligen Folgen belegt werden, so genügt eine allgemeine Aufklärung im Sinne des § 13 nicht. Deswegen regelt § 66 Abs. 3 zutreffender Weise, dass eine Sozialleistung wegen fehlender Mitwirkung nur dann versagt oder entzogen werden kann, wenn gegenüber dem Leistungsberechtigten ein schriftlicher Hinweis auf diese Folgen vorausgegangen war. Ähnliches ergibt sich bei der Verletzung der Meldepflicht nach § 28a SGB IV. Die sich daraus ergebenden Konsequenzen der Verhängung eines Bußgeldes (vgl. § 111 Abs. 1 Nr. 2 SGB IV) hängen nicht davon ab, ob eine allgemeine Aufklärung vorausgegangen war.

Mangels eines Regelungscharakters ist die Aufklärung kein Verwaltungsakt. 10 Auch im Übrigen ist die Form der Aufklärung über die Rechte gesetzlich nicht vorgeschrieben. Das gleiche gilt für ihre Intensität. Gebräuchlich sind in der Praxis zumeist **Merkblätter** und andere Informationsschriften. Erforderlichenfalls wird sich der Sozialleistungsträger auch der Medien bedienen müssen. Auch wenn die Bevölkerung in ihrer Allgemeinheit oder eine bestimmte Gruppe der Bevölkerung zu informieren ist, empfiehlt es sich nicht immer, auf eine möglichst große Breitenwirkung abzustellen, da die Aufklärung auch in der Informationsflut untergehen kann. Deswegen sollte eine Aufklärung, etwa im Bereich der Agrarsozialreform, nicht unbedingt in einer überregionalen Tageszeitung erfolgen. Der jeweilige Landfunk kann das wirksamere Medium sein. Auch aus Kostengründen sollte der Sozialleistungsträger zuallererst Presseerklärungen in Erwägung ziehen und eine Vermittlung der Information über die Tageszeitungen, Rundfunk- und Fernsehanstalten abwarten. Eine wirksame Kontrollmöglichkeit, ob die Aufklärung bei denjenigen Teilen der Bevölkerung ankommt, die ihrer am dringendsten bedürfen, hat der Sozialleistungsträger praktisch nicht. Obwohl gemäß § 19 Abs. 1 SGB X die **Amtssprache** deutsch ist, wird man wegen des hohen Anteils ausländischer Arbeitnehmer eine Aufklärung auch in den häufigsten Fremdsprachen für erforderlich halten müssen. Aufzuklären ist die „Bevölkerung" (aA Wiesner in Hauck/Noftz § 13 Rn. 14). Die Verpflichtung geht aber nicht soweit, dass jede denkbare Fremdsprache berücksichtigt werden müsste. Auch das ist eine Folge daraus, dass ein subjektives Recht auf Aufklärung nicht besteht. Jedoch ist die in § 23 Abs. 3 Satz 3 SGB XII vorgeschriebene Unterrichtung der (ausländischen) Leistungsberechtigten in der deutschen Amtssprache zumeist nicht möglich

Auch was die **Intensität der Aufklärung** angeht, muss notgedrungen differen- 11 ziert werden. Einmal ist der Sozialleistungsträger gar nicht in der Lage, über alle Rechte und Pflichten ausführlich zu informieren. Zum anderen wäre dies aber auch nicht sinnvoll. Die Information nach § 13 soll den Zugang zu Sozialleistungen erleichtern. Sie muss deswegen so gestaltet sein, dass der Bürger angeregt wird, sich über seine Rechte Gedanken zu machen und ggf. nachzufragen (§ 14). Eine mit Details überfrachtete erste Information könnte das Gegenteil bewirken. Insoweit ist das gesetzliche Merkmal „Rechte und Pflichten" in § 13 enger als in § 14 auszulegen. Auf Informationen über gesetzliche Einzelheiten des Sozialrechtsverhältnisses erstreckt sich die Aufklärung nicht (vgl. LSG NRW Breith. 2005 S. 377). Die Aufklärung muss andererseits besonders nachdrücklich sein, wenn **Fristen** zu wahren sind. Ausführlicher hat die Information nach einer Rechtsänderung zu erfolgen. So ist eine Information über die Kernleistungen der Krankenversicherung heute nicht mehr unbedingt erforderlich. Der auch durch § 20 SGB V vollzogene Wandel zur Gesundheitsförderung, der über die hergebrachten Präventionsleistungen hinausgeht, war dagegen der Bevölkerung zu verdeutlichen, etwa auch durch die plastische Begriffsbildung „Gesundheitskasse".

12 Wenn auch die Bevölkerung über Rechtsänderungen zu unterrichten ist, so geht die Verpflichtung doch nicht so weit, die Sozialleistungsberechtigten darüber zu informieren, wie sie den mit einer **Rechtsänderung** verbundenen Nachteilen ausweichen können. Das betrifft vor allem Fälle, in denen der Gesetzgeber eine sozialpolitisch unbefriedigende Regelung aufhebt, den Sozialleistungsberechtigten aber eine Übergangsfrist einräumt oder aus verfassungsrechtlichen Gründen einräumen muss (BSG 55 S. 257). Da lediglich die Allgemeinheit aufzuklären ist, sind die Sozialleistungsträger nicht verpflichtet, bestimmte Gruppen, die von einer Rechtsänderung betroffen sind, zu ermitteln und sie gezielt zu informieren (BSG SozR 3 – 1200 § 14 Nr. 12).

13 Im Zusammenhang mit der Information entsteht das Problem der nicht mehr durch § 13 gedeckten **Mitgliederwerbung.** Eine Aufklärung hat nach anderen Maßstäben zu erfolgen als eine Werbemaßnahme. Aus diesem Grunde wäre unzulässig die gezielte Aufklärung eines potentiellen Mitgliederkreises, der der einzelnen Krankenkasse genehm wäre (vgl. LSG RhPf. Breith. 1995 S. 670). Aufzuklären ist vielmehr die Bevölkerung, nicht Teile von ihr (vgl. BKK 1993 S. 287; Bloch, NZS 1993 S. 383). Durch das Gesundheitsstrukturgesetz 1993 ist die Tendenz zu Werbemaßnahmen etwas größer geworden. Nach den §§ 173–175 SGB V bestehen jetzt relativ weitgehende Kassenwahlrechte. Über diese Rechte kann natürlich informiert werden, zumal eine gewisse Konkurrenz der Krankenkassen untereinander vom Gesetzgeber gewollt war. Das geht nach der Auffassung des BSG aber nicht soweit, dass die öffentlich-rechtlich strukturierte Pflicht einer objektiven Aufklärung über das System der Krankenversicherung durch den Wettbewerb von Konkurrenten am Markt ersetzt worden wäre. Wenn also in der Krankenversicherung die Belange der Allgemeinheit nicht dem Interesse der Mitgliederwerbung untergeordnet werden, dann dürfen nach Ansicht des Gerichts die Grenzen des Wettbewerbs zwischen den Kassen nicht nach den Regeln des Wettbewerbsrechts bestimmt werden. Das Verhältnis der Leistungsträger untereinander ist vielmehr durch die Normen des Sozialrechts abschließend geregelt (BSG SGb 1999 S. 365 mAnm Gitter/Köhler-Fleischmann). Die Rechtsprechung wendet sogar § 2 Abs. 2 auf die Mitgliederwerbung an (LSG NRW NZS 2005 S. 370). Da andererseits der Gesetzgeber aber den Schritt dahin getan hat, dass zumindest die Krankenkassen nicht mehr nur als Behörden tätig werden, sondern auch untereinander als Wettbewerber am Markt teilnehmen, wird man auch eine ausschließlich sozialrechtliche Betrachtung ihres Verhältnisses untereinander nicht als ausreichend ansehen können (Köhler, NZS 1998 S. 153). Soweit Werbemaßnahmen durchgeführt werden, wird man also entgegen dem BSG das Wettbewerbsrecht, einschließlich seiner Unterlassungs- und Schadenersatzansprüche anwenden müssen. In der Sache orientieren sich auch die Sozialgerichte an den Grundsätzen des fairen Wettbewerbs. So muss eine Krankenkasse, die einen Vergleich der Beitragssätze mit einer konkurrierenden Kasse vornimmt, auch auf unterschiedliche Service- und Leistungsangebote hinweisen. Sie darf nicht in „unlauterer Weise" handeln (LSG RhPf. Breith. 2005 S. 613). Schwierigkeiten ergeben sich allerdings im Einzelfall bei der Abgrenzung einer Werbemaßnahme von der Aufklärung. Maßgebend dabei wird sein, dass der Werbende immer eigene Interessen verfolgt. Die Allgemeinheit ist nur das Forum seiner Selbstdarstellung. Demgegenüber dient die Aufklärung maßgeblichen den Interessen dieser Allgemeinheit.

Die Aufklärung erfolgt im Rahmen der **Zuständigkeit** der Sozialleistungsträ- 14
ger und erstreckt sich damit vor allem nur auf Angelegenheiten nach dem Sozialgesetzbuch. Eine allgemeine Information über Angelegenheiten, die mit dem Sozialrecht zusammenhängen können, ist nicht vorgesehen. Das gilt vor allem für das Arbeitsrecht. Eine solche Informationspflicht würde die Sozialleistungsträger auch überfordern. Beispielsweise kann es schwierige Grenzfragen zwischen dem Recht der Unfallversicherung und dem privaten Schadenersatzrecht geben. Wird nicht erkannt, dass ein Arbeitsunfall vorliegt, so wird uU ein aussichtsloser Schadenersatzprozess geführt (§§ 114 ff. SGB VII). Der dadurch bewirkte Zeitablauf kann dem Versicherten auch Nachteile in der Unfallversicherung bringen (§ 45). Über derartige Grenzfragen zum privaten Schadenersatzrecht muss nicht aufgeklärt werden (BSG 71 S. 38). Das BSG weist zwar darauf hin, dass in einem solchen Falle ein Recht auf Beratung nach § 14 besteht. Diese Auffassung ist aber ein Beispiel dafür, dass die Aufklärung nach § 13 eine eigenständige Bedeutung neben der Beratung hat. Eine Beratung wird durch einen Sozialleistungsberechtigten erst in Anspruch genommen, wenn er der Auffassung ist, ihm könne ein soziales Recht zustehen. Wer bei einem Schadensereignis im Rahmen privater Hilfeleistung überhaupt nicht auf den Gedanken kommt, es könnte ein Arbeitsunfall gegeben sein, wird nicht um eine Beratung nachsuchen, sondern ggf. erst durch ein klageabweisendes Urteil eines Zivilgerichts zu einer solchen Überlegung gebracht werden. Durch eine Aufklärung kann man diesen Nachteil letzten Endes nicht vermeiden, da sie sich nicht auf alle sozialrechtlichen Details erstrecken kann. Es verbleibt also ein gewisser Bereich in der Eigenverantwortung des Bürgers, bzw. seines Rechtsanwalts, der uU seinem Mandanten gegenüber schadenersatzpflichtig ist.

3. Unzureichende Aufklärung

Generell hat das **Unterlassen** einer Aufklärung nach § 13 keine haftungsrechtli- 15
chen Konsequenzen für den Sozialleistungsträger (BSG SGb 1992 S. 548 mAnm Bogs; BSG SozR 3-5750 § 6 Nr. 15; aA KassKomm-Seewald § 13 SGB I Rn. 67, 103). Auf dieser gesetzlichen Ebene ist von dem Grundsatz auszugehen, dass Gesetze mit ihrer Verkündung im Bundesgesetzblatt den Normadressaten bekannt sind. Würde man rechtliche Konsequenzen, sei es was die Geltung der Norm, sei es was die Haftung angeht, von einer zusätzlichen Information abhängig machen, so würde dies zu einer erheblichen Rechtsunsicherheit führen. Beim Lauf von Fristen wird das unmittelbar einsichtig. In diesem Zusammenhang würde es keinen Sinn machen, wenn man die Tatsache einer allgemeinen Information der Bevölkerung nach § 13 für den Beginn einer Frist fordern würde. Dies hätte über die Verkündung von Gesetzen im Bundesgesetzblatt keine zusätzliche normative Wirkung. Die Aufklärung nach § 13 hat ihre Bedeutung gerade darin, dass dem

Bürger über das Inkrafttreten eines Gesetzes hinaus etwas zur Kenntnis gebracht wird. Fragen der Geltung des Fristablaufs usw können aus Gründen der allgemeinen Rechtsklarheit aber nicht von der Kenntnis im Einzelfall abhängig gemacht werden. In solchen Konstellationen ist grundsätzlich auch nicht nach § 27 SGB X Wiedereinsetzung in den vorigen Stand zu gewähren (BSG 64 S. 153; BSG 72 S. 80). In diesem Zusammenhang betrachtet, ist es konsequent, dass der Einzelne kein Recht auf Aufklärung und dass eine lediglich unterlassene Aufklärung keine haftungsrechtlichen Folgen hat. Damit wird man bei unterlassener Aufklärung auch zu der Auffassung gelangen müssen, dass ein Herstellungsanspruch (vgl. § 14 Rn. 23) nicht gegeben ist (BSG SozR 4-1200 § 46 Nr. 1). Anders hat das BSG zu § 115 Abs. 6 SGB VI entschieden. Dort ist eine Hinweispflicht gegenüber den „Berechtigten in geeigneten Fällen" geregelt (BSG 79 S. 168; BSG 81 S. 251). Daraus lassen sich aber keine Schlüsse für § 13 ziehen (aA Wannagat-Rüfner, SGB I § 13 Rn. 13). Das ist insbesondere deswegen nicht möglich, weil sich die Hinweispflicht nach § 115 Abs. 6 SGB VI auf einen näher eingegrenzten Personenkreis erstreckt (vgl. Mey, DAngVers 2002 S. 137). Ein geeigneter Fall iSd § 115 Abs. 6 SGB VI ist nur anzunehmen, wenn der Adressat eines solchen Hinweises ohne weitere Ermittlung bestimmbar ist (KassKomm-Kater § 115 SGB VI Rn. 25, 26).

16 Eine andere Auffassung zu dieser Frage wird vertreten, wenn ein Sozialleistungsträger zwar eine Aufklärung betreibt, aber etwa in einem Merkblatt **falsche** oder **unvollständige** Informationen verbreitet. Nach überwiegender Auffassung wird darin eine Amtspflichtverletzung iSd § 839 BGB gesehen (Wannagat-Rüfner, SGB I § 13 Rn. 13; Schellhorn, GK-SGB I § 13 Rn. 32; Knecht in Hauck/Noftz, SGB I § 13 Rn. 16; Bley, SozVersGesKomm § 13 Anm. 10b; KassKomm-Seewald § 13 SGB I Rn. 106; Lilge, SGB I § 13 Rn. 24). ME kann man im Falle des § 13 jedoch nicht von einer Drittbezogenheit der Amtspflicht sprechen (vgl. Schwager/Krohn, DVBl 1990 S. 1077; Wurm, JA 1992 S. 1). Erforderlich wäre, dass eine besondere Beziehung zwischen der verletzten Amtspflicht und dem geschädigten Dritten besteht (Münchener Kommentar-Papier/Shirvani § 839 Rn. 229). Sie ist insbesondere bei einem Verstoß gegen ein subjektives Recht gegeben. Ein solches wird durch § 13 aber nicht begründet. Andere Fälle des § 839 BGB sind in deliktischen Eingriffen (§ 823 BGB) zu sehen. Im Übrigen kommt es auf den Schutzzweck der Amtspflicht an (BGHZ 109 S. 163). Aufgeklärt wird „die Bevölkerung". Eine solche Aufklärung, soll sie den Adressatenkreis überhaupt erreichen, muss notgedrungen vereinfachen und unvollständig sein. Sie soll die Bevölkerung anregen, zumindest von ihren Rechten nach den §§ 14 und 15 Gebrauch zu machen. Gerade wenn man § 13 im Zusammenhang mit diesen Vorschriften sieht, geht es bei der Aufklärung eher um eine Breitenwirkung. Darin ist der Schutzzweck der Aufklärung zu sehen. Die Ausrichtung der Aufklärung auf die Rechtsstellung oder auch nur die Interessenlage einzelner Personen ist also gar nicht der Sinn des § 13. Wegen der weitergehenden Rechte und Pflichten aus den §§ 14 und 15 ist dies auch nicht erforderlich. Ein falsches oder unvollständiges Merkblatt bleibt im Übrigen aber nicht ohne Konsequenzen. Zum einen könnte es aufsichtlich beanstandet werden. Würde es in einem konkreten Fall Bestandteil eines Beratungsprozesses nach § 14, so würde dadurch die für die Amtspflichtverletzung erforderliche besondere Beziehung zwischen der Verwaltung und dem Bürger begründet (BGH NVwZ 1990 S. 499). In diesem Falle wäre § 839 BGB anwendbar (vgl. BSG SGb 1995 S. 83 mAnm v. Einem).

Auch ein **Herstellungsanspruch** soll nach den erwähnten Auffassungen in Betracht kommen. Dessen Begründung ist allerdings nicht leicht (vgl. BSG SGb 1992 S. 550 mAnm Bogs). Bei grundsätzlicher Bejahung des Herstellungsanspruchs vertritt auch das LSG Niedersachsen hierzu eine einschränkende Auffassung (LSG Nds. SGb 1999 S. 359). Wie schon im Falle des § 839 BGB wird man auch beim Herstellungsanspruch sagen müssen, dass eine auf Anschaulichkeit und Breitenwirkung angelegte Aufklärung haftungsrechtlich nicht erschwert werden sollte. Ein Sozialleistungsträger, der im Falle des § 13 mit einem Haftungsrisiko zu rechnen hat, wird entweder sozialrechtlich sehr genau formulieren und damit oft unverständlich sein, zumindest nicht anregen oder in seinen Aussagen unverbindlich bleiben. So besteht die Gefahr, dass das Ziel der Aufklärung nicht erreicht wird. 17

Wenn darüber hinaus der Einzelne kein subjektives Recht auf Information hat, dann kann eine falsche oder unvollständige Information auch kein subjektives Recht verletzen. Es lässt sich auch nicht argumentieren, die objektive Pflicht zur Aufklärung bestünde im Interesse auch des Einzelnen, deswegen würde ihre Verletzung einen Herstellungsanspruch begründen. In diesem Punkt fehlt die Vermittlung durch das subjektive Recht. Herkömmlicherweise argumentiert man nämlich, dass einer öffentlich-rechtlichen Verpflichtung grundsätzlich auch ein Rechtsanspruch des Einzelnen korrespondieren würde, wenn sich aus dem Normzusammenhang nichts Gegenteiliges ergibt (BVerwG 37 S. 243). Die Verletzung einer solchen Pflicht kann natürlich haftungsrechtliche Konsequenzen haben. Im Zusammenhang mit § 13 ist es aber gesicherte Rechtsauffassung, dass der Verpflichtung des Sozialleistungsträgers kein subjektives Recht des Sozialleistungsberechtigen korrespondiert. Der Vermittlung eines solchen Rechtes bedarf es aber, um haftungsrechtliche Konsequenzen auszulösen. Es liegt zwar nahe, den entscheidenden haftungsrechtlichen Unterschied darin zu sehen, dass im Falle der Nichtaufklärung etwas unterlassen und im Falle der Falschaufklärung etwas getan wurde. Grundsätzlich muss man aber davon ausgehen, dass bei gleicher Pflichtenlage das Tun und das Unterlassen die gleiche rechtliche Qualität haben. 18

Vor diesem Hintergrund und im Hinblick auf die Rechtsprechung des BSG wird man allerdings eine modifizierende Auffassung vertreten müssen, wenn ein Verwaltungsfehler nicht mit den Besonderheiten der „Aufklärung der Bevölkerung“ zusammenhängt. Richtet ein Leistungsträger an Angehörige eines von einer Gesetzesänderung betroffenen Personenkreises ein Serienschreiben, in dem er eine Antragstellung empfiehlt, so darf er in seinen Unterlagen erfasste Angehörige des begünstigten Personenkreises nicht aus verwaltungstechnischen Gründen von der Benachrichtigung ausnehmen. In diesem Unterlassen liegt eine gegen Art. 3 Abs. 1 GG verstoßende Ungleichbehandlung (BSG 87 S. 280). Aus dieser Fallgestaltung wird auch ersichtlich, dass das Problem des Herstellungsanspruchs bei der Aufklärung nicht darin zu sehen ist, dass – so die herrschende Auffassung – eine „Nichtaufklärung der Bevölkerung“ einen Herstellungsanspruch nicht begründen könnte. Es bestünde vielmehr nur ein Recht darauf, nicht falsch aufgeklärt zu werden. Der Anknüpfungspunkt des Herstellungsanspruchs bei der Aufklärung liegt eben nicht in einer sowieso nicht unterlassenen oder gar fehlerhaften Aufklärung, sondern in der besonderen Pflichtenlage, die durch Art. 3 Abs. 1 GG geschaffen wurde und auch in vergleichbaren Fällen bestehen kann. 19

Es kommt hinzu, dass die Aufklärung gegenüber der Bevölkerung, also gegenüber einer unbestimmten Vielzahl von Personen, erfolgt. Eine falsche Information muss sich nicht auf das Verhalten eines Sozialleistungsberechtigten auswirken. Es 20 müsste zumindest geklärt werden, ob er sich auf die entsprechende Information eingerichtet hat. Das ist hier eben anders als bei der Beratung nach § 14, bei der im Allgemeinen genau diese Tatsache feststeht. Im Zusammenhang mit dem Herstellungsanspruch kann man nicht darauf verzichten, die Kausalität des Verwaltungsfehlers oder der sonst unrichtigen Information festzustellen (BSG SozR 1200 § 14 Nr. 11). Dabei ist nach der im Sozialrecht vorherrschenden Theorie der wesentlichen Bedingung zu verfahren (§ 14 Rn. 30). Würde man dagegen im Rahmen des § 13 von der Feststellung der Ursächlichkeit einer Falschinformation absehen, so könnte auch derjenige einen Herstellungsanspruch wegen falscher Aufklärung der Allgemeinheit geltend machen, der die Information überhaupt nicht zur Kenntnis genommen hat. Letztlich könnte auf diese Weise die nicht gegenüber dem Einzelnen bestehende Aufklärungspflicht durch eben diesen Einzelnen im Rahmen des Herstellungsanspruchs doch noch erzwungen werden (so BSG SGb 1992 S. 551 mAnm Schlenker). Nach allem sprechen sowohl rechtssystematische Gründe als auch solche der Praktikabilität – entgegen einer vorherrschenden Meinung – gegen die Begründung eines Herstellungsanspruchs im Rahmen des § 13 (vgl. Bley, SozVersGesKomm § 13 Anm. 10c; KassKomm-Seewald § 13 SGB I Rn. 106; Lilge, SGB I § 13 Rn. 22; Tannen, DRV 1984 S. 336; BSG USK 83163; BSG SozR 5070 § 10 WGSVG Nr. 30).

§ 14 Beratung

[1]Jeder hat Anspruch auf Beratung über seine Rechte und Pflichten nach diesem Gesetzbuch. [2]Zuständig für die Beratung sind die Leistungsträger, denen gegenüber die Rechte geltend zu machen oder die Pflichten zu erfüllen sind.

Übersicht

1. Standort und Funktion des Beratungsanspruchs

1 Der Beratungsanspruch hat seine Stellung im Zusammenhang der Vorschriften über die Information (Weinreich, SGb 2014 S. 427; Köhler, ZfSH/SGB 2015 S. 181). Dazu regeln die §§ 13 und 15 mit der Aufklärung und der Auskunft, zwei die Beratung ergänzende Verpflichtungen, ohne die der Gesamtkomplex der Information weniger wirksam wäre (vgl. unten Rn. 4; § 13 Rn. 1; § 15 Rn. 1). Der Komplex der Information stellt eine weitgehend selbständige, gleichwohl nicht abschließende Regelung gegenüber den fortbestehenden Nebenpflichten aus dem Sozialrechtsverhältnis dar. So existiert eine Reihe von Vorschriften in den Besonderen Teilen, die Beratungspflichten begründen (vgl. § 14 Abs. 2 SGB II; §§ 29, 30 SGB III; § 93 SGB IV, §§ 1 Satz 3, 65b; 219a Abs. 1 Nr. 5 SGB V; §§ 105 Abs. 6, 109, 109a SGB VI; §§ 17, 28 SGB VIII, §§ 7–7c SGB XI;

§§ 11 Abs. 2 und 5, 23 Abs. 3 Satz 4 SGB XII). In terminologischer Hinsicht verfährt der Gesetzgeber nicht einheitlich. Zunehmend findet der Begriff Information Verwendung, wobei dann aus dem gesetzlichen Zusammenhang erschlossen werden muss, ob eine Beratung oder Auskunft, bzw. eine dritte Form der Information des Bürgers gemeint ist. So besteht nach § 7a Abs. 1 Satz 3 Nr. 1–6 SGB XI ein Anspruch auf Pflegeberatung, der sich auf alle wesentlichen Fragen der Pflege erstreckt. Gemäß § 65b SGB V fördern die Krankenkassen Einrichtungen der Verbraucher- und Patientenberatung. Sie dienen der „gesundheitlichen Information, Beratung und Aufklärung." Darüber hinaus erfolgt nach § 7a Abs. 4 SGB XI eine Information „zur Sicherstellung einer wirtschaftlichen Aufgabenwahrnehmung". Weitergehende Maßnahmen „zur Förderung des Wettbewerbs und der Überschaubarkeit des vorhandenen Angebots" (§ 7 Abs. 3 SGB XI) umfassen Informationen zur Marktransparenz. Sie beeinträchtigen nicht das Grundrecht der Wettbewerbsteilnehmer aus Art. 12 Abs. 1 GG (BVerfG 105 S. 252). Auf individueller Ebene reicht die Pflegeberatung nach den §§ 7–7c SGB XI bis hin zur Erstellung eines individuellen Versorgungsplanes (vgl. dazu Krahmer, ZfSH/SGB 2015 S. 468; Krahmer, 2016 ZfSH/SGB S. 79; Rymarczyk, ZfSH/SGB 2016 S. 419. Der Anspruch auf Erstellung eines individuellen Versorgungsplanes nach § 7a Abs. 1 Satz 3 Nr. 2 SGB XI wird durch eine vergleichbare, allgemeine Aufgabe der Krankenkassen ergänzt. Sie werden durch § 11 Abs. 4 SGB V zu einem Versorgungsmanagement verpflichtet. Es erstreckt sich auch auf den Übergang von der medizinischen Behandlung in die Pflege, also keineswegs nur auf den stationären Bereich. Alle diese Beratungsformen gehen über die Beratung nach § 14 hinaus, weil sie sich nicht nur auf Rechte und Pflichten beschränken (vgl. unten Rn. 21). In § 11 Abs. 5 SGB XII wird mit der Beratungs- eine Hinwirkungspflicht verbunden. Ursprünglich regelte § 3 Abs. 2 RehaAnglG aF einen speziellen Beratungsanspruch behinderter Menschen. An seine Stelle sind später die Regelungen über die Aufgaben der Servicestellen getreten (§§ 22, 23 SGB IX aF). Sie bestanden nur noch bis zum 31.12.2018 fort (§ 241 Abs. 7 SGB IX). Stattdessen schafft § 32 SGB IX die Grundlage für eine unabhängige ergänzende Beratung als niedrigschwelliges Angebot.

Mit dem AVmG (BGBl I 2001 S. 1310) hat der Gesetzgeber die speziellen Informations- und Auskunftsvorschriften der §§ 109 ff. SGB VI geschaffen. Sie sind seit dem 1.1.2004 anzuwenden (Dünn/Grintsch, DRV 2001 S. 378). Danach erhält jeder Versicherte ab dem 27. Lebensjahr eine jährliche Renteninformation, die nach Vollendung des 55. Lebensjahres durch eine Rentenauskunft ersetzt wird (§ 109 Abs. 1 SGB VI). Die Renteninformation nach § 109 Abs. 3 SGB VI enthält neben einer Reihe von Angaben allgemeiner Art im Wesentlichen nur eine Rentenprognose (unten Rn. 12). Im Zusammenhang mit dem AVmG wurde auch § 15 SGB I um einen Abs. 4 erweitert. Danach werden durch die Träger der gesetzlichen Rentenversicherung Auskünfte über den Aufbau einer privaten Alterssicherung erteilt, „soweit sie dazu im Stande sind" (§ 15 Rn. 14). Schließlich wurde durch § 109a SGB VI eine besondere Informations- und Beratungspflicht des Trägers der Rentenversicherung in Angelegenheiten der Grundsicherung nach § 41 SGB XII begründet (§ 15 Rn. 15). Diese geht in § 109a Abs. 2 SGB VI in eine allgemeine Begutachtungsaufgabe über (Klingbeil, DAnGV 2002 S. 129; Marx, NDV 2002 S. 56). 2

Eine eindeutige Abgrenzung zwischen Auskunft und Beratung gibt es nicht (§ 15 Rn. 4). Man wird letztere lediglich gegenüber der Auskunft als umfassender ansehen müssen. Damit ist die Regelung des § 14 die zentrale Vorschrift im Kom- 3 plex der Informationsvorschriften (Krasney, BKK 1985 S. 337; v. Maydell, ZfSH/SGB 1986 S. 361; Schulin/Gebler, VSSR 1992 S. 33). Ihre praktisch größte Bedeutung haben die Informationspflichten im Hinblick auf die Rechtsfolgen ihrer unzureichenden Erfüllung. Sie haben ihren Schwerpunkt im Herstellungsanspruch (unten Rn. 23).

4 Im logischen Zusammenhang steht die Aufklärung nach § 13 am Anfang des Informationskomplexes. Sie erstreckt sich zwar, wie die Beratung, auf die Rechte und Pflichten. Jedoch wenden sich die Leistungsträger mit der Aufklärung an die Bevölkerung (§ 13 Rn. 6). Die Beratung nach § 14 wird dagegen einzelnen Sozialleistungsberechtigten erteilt. In ihrer Bedeutung hinsichtlich des Zuganges zu Sozialleistungen steht die Auskunft nach § 15 logisch und zeitlich meistens noch vor der Beratung. Die Auskunft beschränkt sich im Wesentlichen auf die Benennung des zuständigen Sozialleistungsträgers (§ 15 Abs. 2). Erst die Beratung nach § 14 richtet sich auf alle Rechte und Pflichten nach dem Sozialgesetzbuch und wendet sich an den einzelnen Sozialleistungsberechtigten. Sinnvollerweise kann eine Beratung in diesem Sinne deswegen nur durch den zuständigen Sozialleistungsträger erfolgen. Damit ist zwar auch die örtliche Zuständigkeit gemeint. In der Praxis kommt es aber regelmäßig nur auf die sachliche Zuständigkeit an. Die Frage, ob das Geltendmachen eines Beratungsanspruchs ein **berechtigtes Interesse** voraussetzt, ist zu verneinen. Schon angesichts des Wortlauts der Vorschrift wird man ein rechtlich geschütztes Interesse nicht verlangen dürfen. Letztlich hat diese Zweifelsfrage keine große praktische Bedeutung, denn nach dem Wortlaut des § 14 hat zwar jeder Anspruch auf Beratung jedoch nur über seine Rechte und Pflichten. Der Anspruch kann ohne Einschränkung von jeder handlungsfähigen natürlichen oder juristischen Person geltend gemacht werden. Erweiternd wird man aber auf Folgendes hinweisen müssen: Zwar ist nach § 36 die Handlungsfähigkeit erst ab Vollendung des 15. Lebensjahres gegeben. Erst ab diesem Zeitpunkt können Anträge auf Sozialleistungen gestellt werden. Das soll auch für die Beratung gelten (Lilge, SGB I § 14 Rn. 9). Jedoch ist die Beratung nach § 14 nicht antragsabhängig. Sie muss vielmehr, als Spontanberatung, bereits erteilt werden, wenn der Beratungsbedarf für den Leistungsträger offen zutage liegt (unten Rn. 19).

5 Eine Beratung kann also **jedermann** verlangen, der nach dem Sozialgesetzbuch Rechte haben kann oder Pflichten zu erfüllen hat. Von der Sache her dürfte man eigentlich nicht die Einschränkung vornehmen, dass der Ratsuchende zumindest seinen gewöhnlichen Aufenthalt (§ 30 Abs. 3) im Inland hat, weil etwa in den Fällen der Ein- und Ausstrahlung (§§ 4, 5 SGB IV) auch ein Beratungsbedarf bei fehlendem Inlandsaufenthalt bestehen kann. Genau diese Einschränkung auf den Wohnsitz oder gewöhnlichen Aufenthalt im Inland wird jedoch in § 30 Abs. 1 vorgenommen. Innerhalb der EU könnte das zu Problemen führen. Hier kennt man zwar den auf das Inland ausstrahlenden grenznahen Auslandsaufenthalt (§ 30 Rn. 24). Jedoch genießt der Unionsbürger ein Freizügigkeitsrecht zur Arbeitsuche (§ 30 Rn. 51). Insoweit kann er auch ein Interesse daran haben, eine Beratung noch vom Ausland aus bekommen. Verbleibende Lücken werden in der Regel durch Sozialversicherungs-Abkommen geschlossen (§ 30 Rn. 7). Eine Beratung nach § 23 Abs. 3 SGB XII für die von dieser Vorschrift unmittelbar betroffenen Ausländer wäre damit aber an sich nicht möglich, weil ihr Aufenthalt mangels Zukunftsoffenheit kein gewöhnlicher ist (§ 30 Rn. 26–30). Jedoch kennt § 23 Abs. 3 Satz 4 SGB XII eine selbständige Pflicht zur Unterrichtung.

Bei der **Verletzung von Beratungsansprüchen** tritt der vor dem Sozialgericht geltend zu machende Herstellungsanspruch (unten Rn. 23 ff.) selbständig neben die Ansprüche auf Amtspflichtverletzung nach § 839 BGB (BGHZ 103 S. 242; BGHZ 155 S. 354; BGH JZ 2018 S. 1166 mAnm Felix). Auch die Wiedereinsetzung in den vorigen Stand (§ 27 SGB X und die wiederholte Antragstellung (§ 28 SGB X) kommen in diesem Zusammenhang ergänzend in Betracht. Beide setzen aber keinen Verwaltungsfehler voraus (unten Rn. 47). Die Rechtsprechung zum Herstellungsanspruch hat erhebliche Bedeutung für die Auslegung des § 14, ja sie hat im Grunde den Umfang der Beratungspflicht im Laufe der Jahre erheblich erweitert (Gagel, SGb 2000 S. 521). Fraglich ist aber, ob bei den weitergehenden Beratungsformen der Herstellungsanspruch das geeignete Korrekturinstrument ist. Zwar greift er bei jedem Verwaltungsfehler ein, also nicht nur bei der Beratung im engeren Sinne. Jedoch stellt sich bei den weitergehenden Beratungsformen, etwa einer Pflegeberatung nach § 7a Abs. 1 SGB XI, die Frage, ob durch die erforderliche zulässige Amtshandlung eine Herstellung überhaupt möglich ist (unten Rn. 36 ff.). 5a

Als **Adressat** der Beratungspflicht wird, anders als bei der Auskunft nach § 15, derjenige Sozialleistungsträger genannt, demgegenüber die Rechte geltend zu machen oder die Pflichten zu erfüllen sind. Damit deutet das Gesetz bereits etwas über die Intensität der Information an. Wenn der Beratungsanspruch gegenüber dem Sozialleistungsträger besteht, der auch die Entscheidung über den Leistungsanspruch zu treffen hat, dann besteht kein Grund, die Information einzugrenzen (vgl. § 15 Abs. 2). Wendet sich der Ratsuchende an einen nach § 14 nicht zuständigen Leistungsträger, so muss dieser ihn gemäß § 16 Abs. 2 SGB I weiterleiten, denn der Antrag auf eine Beratung ist ein Antrag auf eine Sozialleistung. 6

Im Hinblick auf die moderne Verwaltung ist es nicht unproblematisch, wenn die Auffassung vertreten wird, dass die Pflicht zur **Spontanberatung** (unten Rn. 19) bei solchen Verwaltungsvorgängen ausgeschlossen ist, die in einem weitgehend automatisierten Verwaltungsverfahren ablaufen (Lilge, SGB I § 14 Rn. 21; Öndül in jurisPK-SGB I § 14 Rn. 38). Diese Auffassung dürfte etwas zu weit gehen. Man wird lediglich aus tatsächlichen Gründen sagen können, dass in einem automatisierten Verwaltungsverfahren oft ein Beratungsbedarf nicht offen zutage liegt. Würde man diese Tatsache als Rechtsgrundsatz behandeln, so läge darin ein Verstoß gegen § 31. Soweit ist das BSG aber auch nicht gegangen: „Ein konkreter Anlass für eine spontane Beratung des Versicherungsträgers kann im Rahmen der Massenverwaltung nur dann entstehen, wenn sich ein Sachbearbeiter persönlich mit dem Versicherungs- oder Leistungsverhältnis des betreffenden Versicherten befassen muss. Nur diese Art von Verwaltungsverfahren ist in diesem Zusammenhang gemeint… Das wäre aber nicht der Fall, wenn die Ermittlungen… ergeben sollten, dass die Rentenakte nicht in die Hand genommen würde, weil in ca. 97 % der Umwertungs- und Anpassungsfälle alles automatisch abläuft" (BSG 81 S. 251). 7

Die Rechtsprechung zur Beratung findet ihre ersten wesentlichen Anknüpfungspunkte in den **Nebenpflichten** aus dem Sozialrechtsverhältnis und reicht folglich weit in die Zeit vor Inkrafttreten des Allgemeinen Teils des Sozialgesetzbuches zurück. Die wichtigsten Urteile des BSG zum Beratungsanspruch sind zur Frage der Nachentrichtung von Beiträgen zur Rentenversicherung ergangen (vgl. BSG 60 S. 245). Erst durch § 14 ist der Beratungsanspruch auf eine allgemeine Ebene gehoben worden. Danach hat nicht nur der Sozialleistungsberechtigte, sondern jeder hat einen Anspruch auf Beratung. Das gilt zB für denjenigen, der 8 durch freiwilligen Betritt (§ 9 SGB V) erst noch Mitglied einer Krankenkasse werden will. Dabei handelt es sich um das Recht eines jeden, das allerdings nach Maßgabe des § 9 SGB V eingeschränkt ist. Der Anspruch auf Beratung richtet sich auf die Vornahme einer Amtshandlung, die mit der allgemeinen Leistungsklage gerichtlich durchzusetzen wäre. Die Beratung selbst regelt nichts. Wohl aber stellt die Ablehnung einer Beratung eine Regelung dar (§ 31 SGB X). Damit sind in diesem Falle Widerspruch und kombinierte Anfechtungs- und allgemeine Leistungsklage der richtige Rechtsbehelf (§§ 42 VwGO, 54 SGG).

9 An die Äußerung des **Beratungsbegehrens** dürfen keine überspannten Anforderungen gestellt werden (BSG SozR 1200 § 14 Nr. 9; 17). Gerade dann, wenn ein Sozialleistungsberechtigter in hohem Maße der Beratung bedarf, wird er oft nicht in der Lage sein, entsprechende Fragen zu stellen, denn sie setzen schon einen gewissen Informationsstand voraus. Vielmehr muss der Sozialleistungsträger den Berechtigten auch ohne dessen Wunsch beraten, wenn ein konkreter, für die Sozialleistungsträger erkennbarer, Anlass dazu besteht. Diese Pflicht zur **Spontanberatung** setzt eine für die Verwaltung erkennbare, klar zu Tage tretende Gestaltungsmöglichkeit voraus, deren Wahrnehmung offensichtlich so zweckmäßig ist, dass sie ein verständiger Antragsteller mutmaßlich nutzen würde (unten Rn. 19). Dies ist nach objektiven Merkmalen zu prüfen (BSG 52 S. 145; BSG 55 S. 257; BSG SozR 1200 § 4 Nr. 15; BSG SGb 1999 S. 251; BSG SGb 2001 S. 239). Nur eine geringfügige Einschränkung ergibt sich aus einer Entscheidung des 4. Senats, wenn er unter Hinweis auf die bisherige Rechtsprechung des BSG ausführt, dass die Pflicht zur Spontanberatung „ausnahmsweise" besteht (BSG 115 S. 225 Rn. 29). Eine solche Situation ist jedenfalls schon dann gegeben, wenn wegen der Beendigung eines Versicherungsverhältnisses oder des Leistungsbezuges ein Beratungsbedarf besteht (BSG SozR 3-1200 § 14 Nr. 22). Das gilt vor allem für den Hinweis auf die Möglichkeit der Begründung eines freiwilligen Versicherungsschutzes nach den §§ 9 SGB V, 4 SGB VI (BSG SozR 3-1200 § 14 Nr. 15; LSG RhPf. NZS 2011 S. 625).

9a Eine Beratung muss selbst dann erfolgen, wenn nicht sicher ist, ob im konkreten Fall ein Beratungsbedürfnis vorliegt, der Sozialleistungsberechtigte jedoch einer Gruppe angehört, für die die betreffende Information in einer großen Zahl von Fällen Bedeutung hat (BSG SozR 1200 § 14 Nr. 16 S. 33). Die Beratung muss auch so rechtzeitig erfolgen, dass sich der Sozialleistungsberechtigte auf die für ihn maßgebende Situation einrichten, insbesondere Fristen einhalten kann (BSG SozR 1200 § 14 SGB I Nr. 13). Insbesondere nach einer **Gesetzesänderung** darf der Leistungsträger nicht davon ausgehen, dass dem Leistungsberechtigten die neue Lage bereits bekannt ist. Insoweit kann eine gesteigerte Pflicht zu Beratung gehören. Dies galt etwa nach Einführung des Mehrbedarfs bei dezentraler Wasserversorgung nach § 21 Abs. 7 SGB II (BSG B 4 AS 47/12 R, juris).

2. Form, Inhalt und Umfang der Beratung

10 Was den **Umfang der Beratung** angeht, so ergibt sich auch aus dem Zusammenhang der §§ 13–15 kein konkreter Anhaltspunkt. Zwar umfassen die „Rechte und Pflichten" alle relevanten Fragen über den Zugang zu Sozialleistungen. Jedoch muss nicht über jedes Detail beraten werden. Es ist auch nicht erforderlich, dass die Beratung besonders institutionalisiert wird, wie es etwa durch den „persönlichen Ansprechpartner" in § 14 Abs. 1 Satz 2 SGB II aF geschehen ist. Auch die institutionalisierte Pflegeberatung nach den §§ 7–7c SGB XI geht über § 14 SGB I hinaus.

Der Umfang der Beratung wird zunächst durch das Anliegen des Leistungsberechtigten bestimmt aber auch durch Rechte und Pflichten „nach diesem Gesetzbuch" begrenzt (§ 14 Satz 1). Die Beratung erstreckt sich also nicht auf Rechtsbereiche außerhalb des Sozialrechts, und zwar auch dann nicht, wenn sie, wie das Arbeitsrecht, eng mit ihm zusammenhängen (unten Rn. 18). Die Beratung erstreckt sich auch nur auf den eigenen Zuständigkeitsbereich der beratenden Stelle (vgl. jedoch unten Rn. 31). Beurteilt man das Beratungsersuchen richtigerweise als Antrag auf eine Sozialleistung, so muss bei Unzuständigkeit eine Weiterleitung nach § 16 Abs. 2 erfolgen.

Häufig werden sich erst aus dem Beratungsgespräch Umstände ergeben, die erkennbar für den Leistungsberechtigten relevant sind. Ist das der Fall, so wird man die Beratung auch darauf erstrecken müssen. So hat das BSG auch in der Grundsicherung für Arbeitsuchende die Beratungspflicht nach § 14 bekräftigt (BSG SGb 2008 S. 610 mAnm Ladage). Insoweit ist der Beratungspflicht aber auf jeden Fall Genüge getan, wenn der Leistungsberechtigte auf das Erfordernis der **Weiterbewilligung** hingewiesen worden ist, und ihm sogar ein Fortzahlungsantragsformular übersandt wurde (BSG SGb 2011 S. 723 mAnm Löcher). Wird allerdings ohne einen Fortzahlungsantrag weitergezahlt, dann muss für einen dritten Weiterzahlungszeitraum auf das Erfordernis eines Fortzahlungsantrags hingewiesen werden (BSG SozR 4-1200 § 14 Nr. 15). Insgesamt wird man die Pflicht des Leistungsträgers nach § 16 Abs. 3 schon nach dem Wortlaut der Vorschrift nicht auf bereits gestellte Anträge beschränken können (aA wohl Weinreich, SGb 2014 S. 430). **10a**

Im Zusammenhang mit der **Kostensenkungsaufforderung** (§ 19a Rn. 38) betreffend die Unterkunftskosten (§ 22 Abs. 1 Satz 3 SGB II) hat das BSG die Auffassung vertreten, dass zwar über die Höhe der noch angemessenen Miete und über die Folgen einer unterbliebenen Absenkung, nicht aber darüber beraten werden muss, auf welchem Wege das angestrebte Ziel erreicht werden kann (BSG SGb 2009 S. 105 mAnm Hannappel). Es hat damit auch die Auffassung zurückgewiesen, die eine Parallele zu der Obliegenheit einer frühzeitigen Meldung als arbeitsuchend (§ 37b SGB III aF) ziehen wollte (BSG SGb 2006 S. 49 mAnm Merten). Das ist insoweit auch zutreffend, als es um die Kenntnis einer Obliegenheit geht (§ 2 Abs. 2 Satz 2 Nr. 3 SGB III). Das entspricht der Auffassung, dass der Hilfebedürftige im Falle der Kostensenkungsaufforderung die Höhe der angemessenen Miete kennen muss. Das bedeutet aber noch nicht, dass auch über jede Einzelheit der Suche nach einer entsprechenden Wohnung informiert werden muss. Stellt sich allerdings heraus, dass der Hilfesuchende sich nicht in der Lage sieht, die Kosten der Unterkunft zu senken, wird das Jobcenter ihm entsprechende Hinweise geben müssen. Darauf weist das BSG aber auch hin (BSG SGb 2009 S. 105, 107 mAnm Hannappel). Für den Fall der Kosten einer Auszugsrenovierung hat das BSG inzwischen entschieden, es würde nicht genügen, wenn das Jobcenter dem Leistungsberechtigten lediglich mitteilt, die Forderung wäre zu hoch. Vielmehr muss es dem Leistungsberechtigten das von ihm befürwortete Vorgehen aufzeigen und ihn in die Lage versetzen, seine Rechte gegenüber dem Vermieter wahrzunehmen (BSG SGb 2013 S. 50 mAnm Körtek). Letzten Endes geht es also immer um die Frage, in welchem Ausmaß der Beratungsbedarf des Hilfebedürftigen für das Jobcenter offen zu Tage liegt. Auch im Hinblick auf § 2 Abs. 2 SGB I als zu eng wird man die Auffassung ansehen müssen, dass in dem Falle, in dem auf einer Krankenhauseinweisung kein Krankenhaus genannt ist (§ 39 Abs. 2 SGB V), die Suche „nach einem geeigneten und aufnahmebereiten Krankenhaus" **10b**

Sache des Versicherten ist (LSG Bln.-Brandbg. L 9 KR 143/13 B ER, juris). Zwar erfolgt die Beratung nur über „Rechte“. Ein solches Recht ergibt sich jedoch aus den §§ 39 SGB V iVm § 17 Abs. 1 Nr. 1 und 2 SGB I.

11 Von diesen Einzelheiten abgesehen ist der Berechtigte auf die für ihn günstigste **Gestaltungsmöglichkeit** oder auch auf Nachteile hinzuweisen, die sich mit seinem Anliegen verbinden (BSG 59 S. 60). Das kann etwa bedeuten, dass, anders als in § 16 Abs. 3 vorgesehen, ein Arbeitsloser zu veranlassen ist, seinen Antrag auf Arbeitslosengeld zurückzustellen, wenn ein Hinausschieben der Leistung für ihn vorteilhafter ist (BSG SozR 3-4100 § 110 Nr. 2; vgl. aber BSG SozR 3-1200 § 14 Nr. 16). Andererseits ist der Arbeitslose auch auf eine rechtzeitige Antragstellung hinzuweisen, um die Anwartschaft iSd § 142 SGB III zu sichern (BSG SozR 3-4100 § 105a Nr. 2). Wurde eine **Arbeitsunfähigkeit** für einen bestimmten Zeitraum festgestellt, so ist die Krankenkasse nicht verpflichtet, den Versicherten spontan im vorhinein auf die Notwendigkeit einer erneuten Feststellung hinzuweisen (BSG 118 S. 52). Man kann also allgemein sagen, dass die **Komplexität einer Rechtsfrage** zwar die Anforderungen an die **Intensität der Beratung** erhöht. Diese Tatsache allein begründet aber noch keine Pflicht zur Spontanberatung (unten Rn. 19, 40a). Im Zusammenhang mit der Ablehnung häuslicher Krankenpflege wegen einer Heimunterbringung (§ 37 SGB V) ist auch darüber zu beraten, wie diese Heimunterbringung vermieden werden kann (BSG SGb 2002 S. 694 mAnm Igl). Allerdings bestehen hier gewisse Schwierigkeiten, weil die damit verbundenen Leistungen der häuslichen Pflege (§§ 36, 37 SGB XI) bzw. zur Weiterführung des Haushalts (§ 70 SGB XII) nicht von der Krankenkasse zu erbringen sind. Im Hinblick auf diese Leistungen ist sie nicht zuständig iSd § 14 Satz 2 (vgl. unten Rn. 31).

12 Als ein besonderer Fall der gesetzlichen Regelung des Anlasses und des Umfanges der Beratungspflicht ist in § 115 Abs. 6 SGB VI anzusehen. Dort ist eine Hinweispflicht gegenüber den „Berechtigten in geeigneten Fällen“ geregelt (BSG 79 S. 168; BSG 81 S. 251; BSG SozR 3-2600 § 115 Nr. 4, LSG SchlH NZS 2005 S. 321). Diese Hinweispflicht erstreckt sich auf einen näher eingegrenzten Personenkreis (vgl. Mey, DAngV 2002 S. 137). Anders als § 13 begründet § 115 Abs. 6 SGB VI ein subjektives Recht des Einzelnen auf den Hinweis (vgl. Marschner, ZfSH/SGB 1998 S. 522). Ein geeigneter Fall im Sinne dieser Vorschrift ist jedoch nur anzunehmen, wenn der Adressat eines solchen Hinweises ohne weitere Ermittlung bestimmbar ist (BSG SozR 3-2600 § 115 Nr. 3; KassKomm-Kater § 115 SGB VI Rn. 26, 27). Deswegen ergibt sich in der weitgehend automatisierten Verwaltung nur dann ein Anlass, auf eine Antragstellung hinzuwirken, sobald es dem Leistungsträger möglich ist, zu erkennen, dass bei typischen Lebenssachverhalten die Angehörigen einer abgrenzbaren Gruppe von Versicherten durch die Antragstellung in der Regel höhere Leistungen in nicht unerheblichem Umfang erhalten (BSG 81 S. 251). Zur **Sonderrechtsnachfolge** vgl. §§ 56, 59 Rn. 2. Der durch das AVmG neu gefasste § 109 SGB VI begründet eine Informationspflicht, die gemäß 109 Abs. 2 SGB VI unter dem Vorbehalt künftiger Rechtsänderungen und der Richtigkeit und Vollständigkeit der im Versichertenkonto gespeicherten rentenrechtlichen Zeiten steht (vgl. § 15 Rn. 13).

13 Eine besondere Form der Beratung ist nicht vorgesehen. Vor allem besteht kein Recht darauf, dass der wesentliche Inhalt der Beratung **schriftlich** mitgeteilt wird. Die Beratung richtet sich auf die Rechte und Pflichten nach dem Sozialgesetzbuch. Anders als dies bei der Aufklärung (§ 13) der Fall ist, hat die Beratung auch über **Pflichten** einen praktischen Wert. Das gilt vor allem für die Information über die **Mitwirkungspflichten** nach den §§ 60 ff, sowie andere Obliegenheiten (vgl. §§ 22 Abs. 1 Satz 3, 31 SGB II, 145 Abs. 2 SGB III, 51 SGB V). Sie erleichtert den Verwaltungsablauf im Einzelfall, wenn auch bei der Verletzung einer Mitwirkungspflicht die Versagung oder ein Entzug der Leistungen nach § 66 Abs. 3 nur möglich ist, wenn die Beratung in schriftlicher Form durchgeführt worden war, was allgemein für die Beratung nicht vorgesehen ist. Im Übrigen kann eine zu einem früheren Zeitpunkt erteilte Beratung etwa bei einem Verstoß gegen die Meldepflicht (§ 28a SGB IV) durchaus Einfluss auf die Höhe eines zu verhängenden Bußgeldes haben (§ 111 Abs. 1 Nr. 2 SGB IV). Entsprechendes gilt bei fehlender Beratung über Pflichten, die nicht ohne Weiteres erkennbar sind.

Was die Beratung über den Umfang der Rechte des Sozialleistungsberechtigten 14 angeht, so gilt hier dasselbe wie für die Tatsache, ob überhaupt zu beraten ist. Es bedarf nicht eines konkreten Ersuchens und auch nicht gezielter Nachfragen. Der Umfang der Beratung richtet sich in erster Linie nach der Kompliziertheit des jeweiligen Normenkomplexes und sodann nach dem Grad der Angewiesenheit des Sozialleistungsberechtigten auf beratende Hilfe. Es ist nicht Sache des Sozialleistungsträgers zu beurteilen, ob die Hilfe vom Sozialleistungsberechtigten angenommen wird. Die Beratung muss also auch erfolgen, wenn sie von Anfang an wirkungslos zu sein scheint (BSG SozR 1200 § 14 Nr. 15). Das bedeutet natürlich auch, dass der Sozialleistungsträger nicht überprüfen muss, ob sein Rat befolgt wird. Zwar dürfen auch für die Beratung grundsätzlich **Merkblätter** eingesetzt werden. Aus ihnen muss der Berechtigte jedoch ohne Weiteres erkennen können, welche Gesichtspunkte für ihn von Bedeutung sind. Sie dürfen sich nicht erst aus der Zusammenschau getrennter Abschnitte oder unter Einsatz speziell juristischer Denkweisen ergeben (BSG SozR 3 – 1200 § 14 Nr. 5; LSG Nds. SGb 1994 S. 77). Damit reicht ein bloßes Aushändigen von Merkblättern allenfalls bei einfachsten Rechtsfragen aus. Bei der Versendung von Hinweisschreiben trägt der Leistungsträger das Übermittlungsrisiko (BSG SGb 2008 S. 559 mAnm Pohl).

Die Beratung erstreckt sich ausdrücklich nur auf die Rechte und Pflichten. 15 Dazu gehört über die Auslegung von Gesetzen hinaus auch die Ermessensausübung (§ 39), denn es besteht ein Anspruch auf fehlerfreie Ermessensausübung. Die Beratung umfasst auch die Information über die tatsächlichen Voraussetzungen, die erfüllt sein müssen, damit ein Recht in Anspruch genommen werden kann. Sie umfasst jedoch nicht das Recht auf Einsicht in innerdienstliche Weisungen oder auf Akteneinsicht. Das Recht auf Kenntnisnahme solcher Weisungen ergibt sich aber im Widerspruchsverfahren, soweit es zur Begründung des Widerspruchs erforderlich ist (vgl. Lübbe-Wolff, DöV 1980 S. 594). Im Übrigen ist heute § 1 IFG zu beachten, der einen Informationsanspruch gegenüber den Behörden des Bundes einräumt. **Akteneinsicht** kann nur im Verwaltungsverfahren unter den Voraussetzungen des § 25 SGB X verlangt werden.

Die Beratung muss sich auf diejenigen Gestaltungsmöglichkeiten erstrecken, 16 die jeder verständige Sozialleistungsberechtigte mutmaßlich nutzen würde (BSG SozR 1200 § 14 Nr. 15). Der bloße Hinweis auf den Gesetzestext reicht niemals aus (BSG 49 S. 30). Grundsätzlich sind auch Hinweise auf eine **sich verändernde Rechtslage** zu geben, soweit sie bereits erkennbar ist. Ergeben sich im Laufe des Gesetzgebungsverfahrens neue Gesichtspunkte, die für den Berechtigten sprechen, so ist die Beratung jedoch ohne konkreten Anlass nicht erneut aufzugreifen (BSG SozR 3-3200 § 86a Nr. 2). Bei umstrittenen Rechtsfragen darf der Sozialleistungsträger nicht nur seine Rechtsauffassung vermitteln, sondern er muss auch auf ernst zu nehmende gegenteilige Auffassungen hinweisen oder darauf, dass in einer bestimmten Rechtsfrage ein Rechtsstreit anhängig ist (BSG 50 S. 12). Dagegen muss keine Beratung darüber erfolgen, wie man die Nachteile einer zwischen Verkündung und Inkrafttreten des neuen Gesetzes umgehen kann. Das gilt besonders dann, wenn der Gesetzgeber eine sozialpolitisch unbefriedigende Regelung aufhebt aber aus verfassungsrechtlichen Gründen eine Übergangsfrist vorsieht (vgl. Reker, SGb 1996 S. 459). Ihre Ausnutzung zu ermöglichen, ist nicht Gegenstand der Beratungspflicht (BSG 55 S. 257; BSG 66 S. 258). Andererseits muss aber eine Beratung darüber erfolgen, wie in § 12 SGB II Vermögen angelegt werden kann, damit es dem Schonvermögen zuzurechnen ist, also beim Bezug von Leistungen nicht berücksichtigt wird (unten Rn. 37a). Abgesehen von den Hinweisen auf strittige Rechtsfragen bzw. bevorstehende Gesetzesänderung darf die Beratung nicht „unter Vorbehalt" erfolgen. Für einen Vorbehalt fehlt es an einer Rechtsgrundlage (§ 31).

17 Auch wenn die Beratung umfassend sein muss, so kann doch vom Sozialleistungsträger nicht verlangt werden, dass er auf alle denkbaren Möglichkeiten hinweist. Die sozialrechtliche Relevanz einer Frage muss für den Sozialleistungsträger offen zutage liegen. Er muss also nicht erahnen, ob ein bestimmter Bedarf besteht (BSG 50 S. 88) oder ob eine besondere Interessenlage gegeben sein könnte (BSG 60 S. 79; BSG SozR 1200 § 14 Nr. 17). Auch eine vorherige Beratung durch das Versicherungsamt oder einen Rechtsanwalt können Einfluss auf die Intensität der Beratung haben (BSG SGb 1985 S. 295 mAnm Scheerer; BSG SozR 3 – 1200 § 14 Nr. 10). Insbesondere muss eine rentenrechtliche **Optimierungsberechnung,** also der Vergleich, welche Beitragsgestaltung die günstigste ist, nur auf Antrag vorgenommen werden (BSG SozR 1200 § 14 Nr. 9). Teilweise wird überhaupt bezweifelt, ob der Beratungsanspruch so weit reicht. Die Optimierungsberechnung wäre nach dieser Auffassung mehr als eine Beratung (vgl. Bley, SozVersGesKomm § 14 Anm. 5; Lilge, SGB I § 14 Rn. 33, 34). Unter Hinweis auf die besondere Regelung des § 109 SGB VI wird man diese Auffassung als zutreffend erachten müssen.

18 Da sich die Beratung auf Rechte nach dem Sozialgesetzbuch erstreckt, besteht kein Anspruch auf Beratung über **angrenzende Rechtsfragen** (BSG SozR 4-1200 § 14 Nr. 1). Bei einer Beratung über Angelegenheiten des Kindergeldes besteht weder das Recht noch die Pflicht zur Beratung über steuerliche Vorteile aus Anlass der Elternschaft. Dasselbe galt bisher für das Elterngeld, bei dem vor Einfügung des § 2c Abs. 3 BEEG ein Steuerklassenwechsel Einfluss auf die zu erbringende Leistung haben konnte (vgl. § 25 Rn. 24). Desgleichen muss im Zusammenhang mit der Hilfe für behinderte Menschen nicht über Steuervorteile für diesen Personenkreis beraten werden. Wer allerdings in Erwägung zieht, eine Anerkennung als Schwerbehinderter zu beantragen, muss auch über die komplizierten Fragen des **Kündigungsschutzes schwerbehinderter Menschen** beraten werden, denn davon kann uU seine Entscheidung abhängen, den Antrag zu stellen oder auch zurückzunehmen. Der Kündigungsschutz, obwohl auch arbeitsrechtlicher Natur, ist in „diesem" Gesetzbuch geregelt (§§ 168 ff. SGB IX). Eine Beratungspflicht nach § 14 hinsichtlich der Fragen, die außerhalb des Sozialrechts liegen, besteht dann, wenn solche Fragen in einem unmittelbaren Zusammenhang mit dem Sozialrecht stehen. Deswegen ist zwar nicht über die Modalitäten einer Zusatzversorgung zu beraten, wohl aber über ihre Auswirkung auf die Alterssicherung (BSG 1200 SozR § 14 Nr. 29). Anders ist dies, wenn § 109 SGB VI Anwendung findet (vgl. oben Rn. 1). Daraus wird deutlich, dass der Umfang der Beratungspflicht Vorfrage für deren Verletzung und damit für den Herstellungsanspruch ist (unten Rn. 23).

19 Aus dem Gesamtzusammenhang der Rechtsprechung kann man sowohl hinsichtlich des Ziels der Beratung als auch ihres Umfanges Folgendes schließen: Durch die Beratung muss dem Berechtigten positiv der Weg aufgezeigt werden, auf dem er zu der gesetzlich vorgesehenen Leistung gelangt (BSG 54 S. 62). Es müssen unrichtige Vorstellungen beim Berechtigten ausgeräumt werden (BSG 65 S. 56). Die Beratung muss als **Spontanberatung** erfolgen, wenn im konkreten Fall ein Beratungsbedarf offen zu Tage liegt (BSG 66 S. 258; BSG SozR 4-1200 § 14 Nr. 15 Rn. 14). Er ist umso eher erkennbar, je mehr der Fall im typischen Bereich liegt. Bei ungewöhnlichen Fragen muss das Beratungsverlangen ausdrücklich vorgebracht werden. Aber auch in diesem Falle muss die Beratung erfolgen. Insbesondere rechtfertigen Verwaltungsaufwand, begrenzte personelle Kapazitäten, Kosten usw nicht eine Einschränkung des Beratungsanspruchs. Der Sozialleistungsberechtigte darf auch nicht an andere Beratungsstellen (Verbände, Rentenberater, Rechtsanwaltschaft) verwiesen werden (BSG SozR 1200 § 14 Nr. 11, 16). Das erklärt sich daraus, dass der Anspruch aus § 14 durch die genannten Umstände nicht begrenzt ist und folglich entsprechend der Grundlagenvorschrift des § 31 uneingeschränkt geltend gemacht werden kann, soweit eine ausdrückliche einschränkende gesetzliche Regelung nicht besteht.

20 Die Beratung selbst muss sich auf alle **Gestaltungsmöglichkeiten** erstrecken, die für den Sozialleistungsberechtigten erkennbar von Bedeutung sind. Davon ist wiederum umso eher auszugehen, je mehr der Fall im durchschnittlichen Bereich liegt. Die Beratung erstreckt sich nicht auf Fragen außerhalb des Sozialrechts. Schwierige Fragen sind besonders gründlich zu erläutern. Zu einer richtigen Beratung gehört auch, dass sich der Beratende durch Rückfragen vergewissert, ob die Beratung erfolgreich verläuft. Die Anforderungen an die Beratung können geringer sein, wenn sich der Sozialleistungsberechtigte bereits anderweit hat beraten lassen (BSG SozR 1200 § 14 Nr. 25).

21 In der Beschränkung auf die Beratung in rechtlichen Fragen bleibt die Vorschrift des § 14 dem Umfange nach hinter vergleichbaren Regelungen zurück. Das gilt bereits für die Arbeits- und Berufsberatung nach den §§ 29, 30 SGB III. Die Beratung nach § 14 Abs. 2 SGB II erstreckt praktisch auf den gesamten Regelungsbereich des SGB II. Noch umfassender ist etwa die Beratung nach § 11 Abs. 2 SGB XII, die als Form der persönlichen Hilfe auch die Beratung in sonstigen sozialen Angelegenheiten umfasst und sich darüber hinaus auf die Hilfe zur aktiven Teilnahme am Leben in der Gemeinschaft erstreckt. Das kann bis hin zur **Schuldnerberatung** reichen (§ 11 Abs. 5 SGB XII). Darüber hinaus ist § 11 Abs. 2 SGB XII die Rechtsgrundlage für die Tätigkeit der Allgemeinen Sozialdienste der örtlichen Träger der Sozialhilfe. Spezielle Beratungen erfolgen auch im Rahmen der Eingliederungshilfe für behinderte Menschen (§§ 90 ff. SGB IX), im Pflegebereich (§ 7a SGB XI) und der Hilfe zur Überwindung besonderer sozialer Schwierigkeiten (§ 67 SGB XII). Teilweise noch umfassender ist die Beratung im Kinder- und Jugendhilferecht, die außer der allgemeinen Familienberatung (§ 16 SGB VIII) auch die Scheidungs- und Trennungsberatung (§ 17 SGB VIII) sowie die Erziehungsberatung beinhaltet (§ 28 SGB VIII). Eine spezielle Beratung kann auch durch die Krankenkassen im Rahmen der allgemeinen Gesundheitsförderung nach den §§ 20 Abs. 1, 65b SGB V erfolgen (vgl. Schulin/Gebler, VSSR 1992 S. 33). Sehr umfassend ist die Pflegeberatung nach § 7a SGB XI, die unter Einbeziehung der Bezugspersonen erfolgt. Andererseits fehlt beim persönlichen Budget

nach § 29 Abs. 2 SGB IX ein genuiner Beratungsanspruch, obwohl er hier dringend geboten ist (vgl. § 29 Rn. 22–25a). Das Grundproblem des persönlichen Budgets besteht darin, dass der Rehabilitationsträger aus der Verantwortung nach § 28 Abs. 1 Satz 2 SGB IX für die Leistungserbringung entlassen ist (vgl. § 29 Abs. 2 Satz 1 und 2 SGB IX). Das ist nach der Konzeption des persönlichen Budgets, auf das gemäß § 29 Abs. 1 SGB IX ein Rechtsanspruch besteht, konsequent, aber in manchen Fällen auch lebensfremd. Einen nicht ausreichenden Ersatz hat die Budgetberatung nach § 11 Abs. 2 Satz 4 SGB XII gebracht (vgl. § 29 Abs. 2 Satz 7 SGB IX).

22 Angesichts dieser Entwicklung zu einer sehr differenzierten Beratung in den einzelnen Sozialleistungsbereichen besteht kein Bedürfnis, die Beratung nach § 14 über ihren Wortlaut hinaus auszudehnen. Die Beratung über Rechte umfasst nicht die Beratung in persönlichen Angelegenheiten, und zwar auch dann nicht, wenn sie in den Zuständigkeitsbereich des angegangenen Sozialleistungsträgers fällt. Wer sich von seiner Krankenkasse über die rechtlichen Möglichkeiten einer Kur (§§ 23, 24 SGB V) beraten lässt, dem ist aus diesem Anlass keine Gesundheitsberatung (§ 20 SGB V) zu erteilen. Allerdings wird es hier in bestimmten Fällen offen zutage liegen, den Ratsuchenden auf die Möglichkeit – das Recht aus § 20 SGB V – zur Gesundheitsberatung, etwa bei Übergewichtigkeit oder zur Stressbewältigung, hinzuweisen. Im Übrigen besteht nur nach § 11 SGB XII ein Recht auf Beratung in persönlichen Angelegenheiten. Auch aus diesem Grunde ist es schwierig, die Frage zu beantworten, ob der Leistungsträger auf eine Beratung verzichten kann, wenn er erkennt, dass diese schwerwiegende **Nachteile** für den Berechtigten hätte. Das wären also vor allem Hinweise auf eine gravierende Krankheitsentwicklung (so Lilge § 14 Rn. 20). Der Hinweis auf den Rechtsgedanken des § 25 Abs. 2 Satz 2 SGB X könnte nur dazu führen, dass die Information durch einen Arzt vermittelt wird. Vorenthalten werden kann sie dem Berechtigten nicht.

22a Einen neuen Akzent auf die Beratungspflicht setzt der 13. Senat des BSG. Er entwickelt eine Obliegenheit des um eine Beratung ersuchenden Bürgers, „innerhalb einer angemessenen Frist" nachzufragen, „wo die Antwort auf sein Auskunftsbegehren bliebe". Diese Obliegenheit kann schon begrifflich nicht die Fälle der Spontanberatung betreffen, in denen lediglich für den Leistungsträger offen zutage lag, dass ein Beratungsbedarf besteht. Hat dagegen der Leistungsberechtigte durch seine Anfrage zu erkennen gegeben, dass er einen Beratungsbedarf hat, dann muss er sein Ersuchen im Auge behalten. Tut er das nicht, so kann er später keinen Herstellungsanspruch geltend machen. Er „besteht nicht" (BSG SGb 2015 S. 35 mAnm Mrozynski). Insoweit hat der 13. Senat keine Entscheidung zu Verjährung oder Ausschlussfrist getroffen (vgl. unten Rn. 49). Vielmehr hat er eine Nebenpflicht begründet, die einer Verwirkung ähnelt. Jede Verwirkung setzt jedoch eine illoyales Verhalten voraus (BGHZ 105 S. 290). Das kann man auch bei einer Nachlässigkeit nicht unterstellen. Darüber hinaus ist es problematisch, im Umfeld von Ausschlussfrist, Verjährung und Verwirkung Nebenpflichten aus dem Sozialrechtsverhältnis zu begründen, die die Konturen der erstgenannten Institute verwischen. Immerhin hat das BSG entschieden, dass ein bloßes Nichtweiterbetreiben eines Antrags nicht zur Verwirkung führt (BSG SGb 2010 S. 731 mAnm Winter). Diese Konsequenz tritt aber, sei es auch nur als Obliegenheitsverletzung, beim Nichtweiterbetreiben eines Beratungsersuchens ein. Die Beziehung zwischen Bürger und Verwaltung ist bei letzterem aber nicht enger als nach einer Antragstellung.

3. Herstellungsanspruch

Als das Ergebnis höchstrichterlicher Rechtsfortbildung ist der Herstellungsanspruch heute ein weitgehend unbestrittener Bestandteil im System des Staatshaftungsrechts iwS, wenn auch seine allgemeine **Ableitung** umstritten ist (vgl. Ebsen, DBVl 1987 S. 389). Die über Jahrzehnte hin anhaltende Meinungsvielfalt reicht von der Annahme, der Herstellungsanspruch sei das Ergebnis der Schließung einer planwidrigen Regelungslücke bis hin zu der Auffassung, er sei das Ergebnis einer Rechtsfortbildung contra legem (Grötschel, Der (sozialrechtliche) Herstellungsanspruch 2015 S. 338, 379, 607). Er tritt jedenfalls neben den im Sozialrecht weniger wichtigen Aufopferungsanspruch und neben die Amtshaftung nach § 839 BGB, Art. 34 GG (unten Rn. 47). Parallelen zum Herstellungsanspruch ergeben sich auch zur Wiedereinsetzung in den vorigen Stand nach § 27 SGB X (Ladage, Der sozialrechtliche Herstellungsanspruch 1990 S. 87). Sie ist nach jetzt gesicherter Auffassung auch bei der Versäumung materiell-rechtlicher Fristen zulässig (BSG SGb 1990 S. 26 mAnm Bogs/Mestwerdt). Die Einhaltung von Fristen ist aber ein zentrales Thema des Herstellungsanspruchs. Wenn er gleichwohl neben die Wiedereinsetzung in den vorigen Stand tritt, dann deswegen, weil bei ihm, im Gegensatz zur Wiedereinsetzung, der Fehler in der Verantwortungssphäre der Verwaltung liegt und außerdem grundsätzlich jeder Verwaltungsfehler einen Herstellungsanspruch auslösen kann (BSG SozR 4-4300 § 28a Nr. 5). Er ist also nicht auf Fristversäumnisse beschränkt. **23**

Seine allgemeine verfassungsrechtliche Begründung findet der Herstellungsanspruch in dem Grundsatz der Gesetzmäßigkeit der Verwaltung. Damit besteht allerdings die Gefahr, dass der Herstellungsanspruch zum Allheilmittel bei jedem Gesetzesverstoß wird. Eine kaum auf einheitliche Grundsätze rückführbare Rechtsprechung zur Begrenzung des Herstellungsanspruchs verdeutlicht dies (vgl. Bieback, SGb 1990 S. 520–523). Die entscheidenden praktischen Probleme des Herstellungsanspruchs bestehen im Umfang der Beratungspflicht (oben Rn. 10 ff.) und in dem Begriff der gesetzlich zulässigen Amtshandlung (unten Rn. 36), durch die der Verwaltungsfehler zu korrigieren ist. Beide Probleme finden ihre gemeinsame Wurzel in den gesetzlichen Aufgaben des jeweiligen Sozialleistungsträgers. Nur um ihre am Gesetz orientierte Erfüllung geht es beim Herstellungsanspruch. **24**

Vor dem Hintergrund der Ableitungsschwierigkeiten ist die Auffassung des LSG NRW erwähnenswert, das die Grundsätze des Herstellungsanspruchs auch in der **privaten Pflegeversicherung** angewendet wissen will: „Der Senat verkennt nicht, dass das Institut des Herstellungsanspruchs ganz wesentlich auf die (gesetzlichen) Nebenpflichten im Sozialrechtsverhältnis abstellt und insofern keine unmittelbare Anwendung auf das vorliegende private Versicherungsverhältnis finden kann. Gleichwohl obliegen der Beklagten auch im Rahmen des privatrechtlichen Vertragsverhältnisses Fürsorge- und Beratungspflichten, deren Verletzung und die hieraus resultierenden Nachteile entsprechend der Grundsätze des sozialrechtlichen Herstellungsanspruchs durch Herstellung des Zustandes, der bei ordnungsgemäßer Pflichterfüllung des Versicherungsträgers bestünde, zu kompensieren sind. Dies ergibt sich für den Bereich des Zivilrechts auch aus dem in § 242 BGB verankerten Prinzip von Treu und Glauben" (LSG NRW NZS 2015 S. 707). **24a**

Ein Herstellungsanspruch ist gegeben, wenn eine Behörde eine Betreuungspflicht verletzt, die ihr dem Sozialleistungsberechtigten gegenüber obliegt (Beratungs- oder sonstiger Verwaltungsfehler). Auf der Tatbestandsseite hat der **Herstellungsanspruch** zur **Voraussetzung,** dass **25**

a) eine dem Leistungsträgers zuzurechnende **Pflichtverletzung** im Verhältnis zum Berechtigten festzustellen ist. Eine solche Zurechnung ist auch möglich, wenn ein anderer als der herstellungspflichtige Leistungsträger fehlerhaft gehandelt hat, sofern dieser in den Verwaltungsablauf des herstellungspflichtigen Leistungsträgers einbezogen ist (BSG 51 S. 89). Des Weiteren muss sich
b) ein sozialrechtlicher **Nachteil** für den Berechtigten ergeben haben und es muss
c) ein **Kausalzusammenhang** zwischen Pflichtverletzung und Nachteil gegeben sein. Dieser auf der Pflichtverletzung beruhende Nachteil muss nicht in einer rechtswidrigen Entscheidung resultieren. Auch ein Verschulden ist nicht erforderlich. Der Herstellungsanspruch knüpft vielmehr an die Folgen einer objektiv feststellbaren Pflichtverletzung. Auf der Rechtsfolgeseite muss
d) der Zustand, der ohne die Pflichtverletzung gegeben wäre, durch eine gesetzlich **zulässige Amtshandlung** hergestellt werden können (unten Rn. 36).

26 Während ursprünglich nur die Verletzung einer Nebenpflicht, insbesondere einer Beratungspflicht, den Herstellungsanspruch begründete, hat ihn die Rechtsprechung später auf alle Pflichtverletzungen ausgedehnt (BSG SozR 3-2600 § 300 Nr. 5). Die Pflicht muss dem Sozialleistungsträger gerade dem Anspruchsteller gegenüber obliegen. Der Sozialleistungsträger muss sie objektiv rechtswidrig „nicht oder schlecht" erfüllt haben. Außerdem muss die Pflichtverletzung die wesentliche Ursache, also neben anderen Bedingungen, zumindest gleichwertig dafür sein, dass der Berechtigte eine ihm nachteilige Disposition trifft. Des Weiteren muss ein Schutzzweckzusammenhang zwischen Pflichtverletzung und Nachteil gegeben sein. Festzustellen ist also, dass die verletzte Pflicht darauf gerichtet gewesen ist, den Anspruchsteller gerade vor dem eingetretenen Nachteil zu bewahren. Es ist nicht erforderlich, dass sich der daraus ergebende nachteilige Zustand rechtswidrig ist. Die Disposition des Leistungsberechtigten muss aber dazu geführt haben, dass ihm ein verfahrens- oder materiell-rechtliches Recht (Leistungs-, Gestaltungs-, oder Abwehrrecht), das ihm auf Grund sozialrechtlicher Bestimmungen, dem Primärrecht, zugestanden hätte, nicht mehr oder nicht mehr in dem geregelten Umfange, zusteht. Maßstab dafür ist das mutmaßliche Verhalten des verständigen Bürgers. Der Fehler muss durch eine zulässige Amtshandlung behoben werden können. Die Korrektur richtet sich auf die Herstellung des Zustandes, der bestanden hätte, wenn der Verwaltung ein Fehler nicht unterlaufen wäre. Anstelle vom **Berechtigten** selbst kann der Herstellungsanspruch auch von einem Sozialhilfeträger geltend gemacht werden, wenn die Voraussetzungen des § 95 SGB XII vorliegen (BSG SozR 3-1200 § 16 Nr. 5). Entsprechendes gilt gemäß § 5 Abs. 3 SGB II für das Jobcenter und nach § 97 SGB VIII für das Jugendamt.

26a Der Herstellungsanspruch ist gegenüber anderen Möglichkeiten der Korrektur von Verwaltungsfehlern **subsidiär.** Das gilt insbesondere im Verhältnis zur Rücknahme rechtswidriger Verwaltungsakte nach § 44 SGB X (BSG SozR 3-2600 § 58 Nr. 2). Eine Subsidiarität ist auch gegenüber einer Kostenerstattung nach Selbstbeschaffung gegeben (§§ 30 SGB II; 13 Abs. 3, 3a SGB V; 36a Abs. 3 SGB VIII; 18 SGB IX; 34b SGB XII, § 43 Rn. 17). Zusätzliche Fragen ergeben sich, wenn infolge einer unterbliebenen Beratung ein **falscher Beschaffungsweg** gewählt wurde (unten Rn. 40a). Auch die Regelung des § 63 SGB X zur Kostentragung im Widerspruchsverfahren, die allein auf den Erfolg des Widerspruchs abstellt, lässt für den Herstellungsanspruch keinen Raum (BSG NZS 2012 S. 957). Damit ist auch die Wirkung verbunden, dass die „systembedingten Eingrenzungen" dieser Ansprüche durch einen Herstellungsanspruch nicht unterlaufen werden können (BSG 96 S. 161). Als gegenüber dem Herstellungsanspruch vorrangig betrachtet das BSG auch die Härteregelung des § 324 Abs. 1 Satz 2 SGB III, nach der eine „verspätete Antragstellung" zugelassen werden kann (BSG 98 S. 108). Entsprechendes gilt für die wiederholte Antragstellung nach § 28 SGB X (BSG SozR 4-4200 § 37 Nr. 3). Das BVerwG ist der Auffassung, dass die bei schuldloser Versäumung gesetzlicher Antragsfristen vorgesehene Möglichkeit der Wiedereinsetzung einen Herstellungsanspruch auch bei unrichtiger behördlicher Beratung ausschließt (BVerwG NJW 1997 S. 2966). Das ist nach Auffassung des Gerichts jedenfalls dann der Fall, wenn, wie im Wohngeldrecht, die Wiedereinsetzung speziell und abschließend geregelt ist. Demgegenüber vertritt das BSG unter Hinweis auf § 2 Abs. 2 SGB I die Auffassung, dass die Wiedereinsetzung nach § 27 SGB X den Herstellungsanspruch nicht verdrängt (BSG 96 S. 44).

Praktische Bedeutung hat der Herstellungsanspruch nur, soweit Sozialleistungs- 27
ansprüche berührt sind. Einschränkend ist festzustellen, dass der Herstellungsanspruch anfangs Anerkennung nur im Zuständigkeitsbereich der Sozialgerichtsbarkeit gefunden hatte (vgl. OVG Lüneburg FamRZ 1994 S. 1072; Adolf, Der sozialrechtliche Herstellungsanspruch 1991 S. 42; Grötzschel, Der (sozialrechtliche) Herstellungsanspruch 2015 S. 272; aA Wallerath, DöV 1994 S. 757). Das BVerwG hält ihn auch bei der Beantragung von Wohngeld grundsätzlich für gegeben (BVerwG NJW 1997 S. 2966). Größere Bedenken bestehen gegenüber dem Herstellungsanspruch in der Sozialhilfe (vgl. unten Rn. 51) Seine rechtssystematische Ableitung schwankt zwischen einem, auf die Aufgaben der Leistungsverwaltung hin modifizierten Folgenbeseitigungsanspruch (Brugger, AöR 1987 S. 409; Wallerath, DöV 1987 S. 511) und der Verletzung von Pflichten aus dem Sozialrechtsverhältnis. Im letzteren Falle kommt den auch im öffentlichen Recht anerkannten Instituten des venire contra factum proprium, der positiven Forderungsverletzung und der culpa in contrahendo so große Bedeutung zu, dass kaum noch eine Bedarf für den Herstellungsanspruch gesehen wird (Wallerath, DöV 1987 S. 509; Adolf, Der sozialrechtliche Herstellungsanspruch, 1991 S. 147). Gelegentlich wird auch nur allgemein auf den Grundsatz der Wahrung von Treu und Glauben Bezug genommen (Ladage, Der sozialrechtliche Herstellungsanspruch 1990 S. 48, 77). Schließlich werden auch spezifisch sozialrechtliche Ableitungsmuster entwickelt (Ebsen, DVBl 1987 S. 392; Kreßl, Öffentliches Haftungsrecht und sozialrechtlicher Herstellungsanspruch, 1990 S. 300; Bieback, DVBl 1983 S. 159). Angesichts der Vielfalt und Uneinheitlichkeit seiner dogmatischen Begründungen kann es nicht überraschen, dass der Herstellungsanspruch überhaupt abgelehnt wird (Schoch, VerwArch 1988 S. 54). Insbesondere soll ein mit Art. 14 GG in Verbindung gesehener Vertrauensschutz ausreichend sein, um alle relevanten **Verwaltungsfehler** zu korrigieren (Schmidt-De Caluwe, Der sozialrechtliche Herstellungsanspruch 1992 S. 509 ff; Schmidt-De Caluwe, DRV 1992 S. 119). Das BSG selbst schwankt in seiner Ableitung des Herstellungsanspruchs zwischen dem Folgenbeseitigungsanspruch (BSG 49 S. 76; BSG 51 S. 94) und den Nebenpflichten aus dem Sozialrechtsverhältnis (BSG 50 S. 12; BSG 56 S. 61; 266). Die Probleme der Ableitung des Herstellungsanspruchs dürften einen sachlichen Hintergrund haben. In ihm dokumentiert sich im Grunde die Verantwortung der Verwaltung sowohl für pflichtwidriges Verhalten als auch für rechtswidrige Zustände (vgl. Ebsen, DVBl 1987 S. 392).

Es muss also ein **rechtswidriges Verhalten** eines Sozialleistungsträgers festge- 28
stellt sein. Dabei kommt es nur auf eine ex-post-Betrachtung an. Rechtswidrig ist das Verhalten eines Sozialleistungsträgers demnach auch dann, wenn sich dies

erst aus einer späteren, vielleicht sogar geänderten, Rechtsprechung ergibt. Allerdings muss man sich in diesem Falle fragen, ob für den Sozialleistungsträger Gestaltungsmöglichkeiten offen zutage gelegen haben (Schmidt-De Caluwe, SGb 1992 S. 493). Der Fehler kann in einer unrichtigen oder unvollständigen Beratung, in einer unzutreffenden oder unvollständigen Ermittlung iSd § 20 SGB X (BSG SGb 1985 S. 295 mAnm Scheerer), der unzureichenden Begründung einer Entscheidung (BSG SozR 1300 § 44 Nr. 18) in der verzögerten Bearbeitung eines Vorganges (BSG SozR 2200 § 1241a Nr. 9), der Verletzung des Sicherstellungsauftrags einer Krankenkasse (BSG SGb 1983 S. 26 mAnm Bieback) usw liegen. Vor allem bei der Verletzung von **Hauptpflichten** aus dem Sozialrechtsverhältnis ist der Herstellungsanspruch dann begründet, wenn anders eine Korrektur des Verwaltungsfehlers nicht möglich ist (BSG 60 S. 158).

28a Noch nicht endgültig entschieden ist die Frage, ob ein Unterlassen der Beratung über die Möglichkeit einer **Auslandsunfallversicherung** rechtswidrig ist mit der Maßgabe, dass ein Herstellungsanspruch ausgelöst wird. Das betrifft nur die Fälle, die nicht ohnehin schon im Wege der Ausstrahlung (§ 4 SGB IV) in den Unfallversicherungsschutz einbezogen sind. Bei ihnen handelt es sich dennoch um Fälle, die in § 140 Abs. 2 SGB VII geregelt sind, und die deswegen nicht außerhalb des Sozialrechtsverhältnisses liegen (oben Rn. 18). Als Vorfrage ist aber zu klären, ob es eine Fürsorgepflicht des Arbeitgebers gibt, für seinen Arbeitnehmer eine Auslandsunfallversicherung abzuschließen (§ 618 BGB). Das wird unter Hinweis auf die Gefahrerhöhung bejaht (Edenfeld, NZA 2009 S. 938; Leube, ZESAR 2010 S. 171). ME wird man darauf nicht abstellen müssen. Übt der Arbeitnehmer auf Weisung des Arbeitgebers im Ausland eine Tätigkeit aus, die im Inland unfallversichert wäre, so muss er ihn so stellen, wie erstünde, wenn er im Inland tätig würde. Das BAG hat lediglich die Verpflichtung zu einem darüber hinausgehenden Versicherungsschutz verneint (BAG BeckRS 1983 04911). Zu beraten ist in diesem Falle der Arbeitgeber, der den Antrag nach § 140 Abs. 2 SGB VII stellen muss. Im Falle eines Unterbleibens der Beratung ist er so zu stellen, wie er stünde, wenn die Beratung erfolgt wäre. Letzten Endes Begünstigter ist der unfallgeschädigte Arbeitnehmer (einschränkend BSG SozR 4-2700 § 140 Nr. 1)

29 Der Verwaltungsfehler muss **ursächlich** dafür gewesen sein, dass der Sozialleistungsberechtigte eine Gestaltungsmöglichkeit, sei es durch aktives Tun (zB Nachentrichtung von Beiträgen, dem Absehen von einer Antragstellung), sei es durch Unterlassen (zB Verstreichenlassen einer Frist) nicht wahrgenommen hat (BSG 59 S. 60; BSG 62 S. 96; BSG SozR 3-4100 § 249e Nr. 4; BSG SozR 4-1200 § 14 Nr. 15) und dass als Folge davon seine Rechtsstellung in der Weise ungünstig beeinflusst worden ist, dass er insbesondere Leistungen überhaupt nicht oder nur in geringerem Umfange erhält oder dass er nutzlose Aufwendungen hatte (zB Beitragszahlung).

30 Zweifelhaft ist, ob bei der Frage der Kausalität die Grundsätze der adäquaten Verursachung des Schadenersatzrechts gelten oder ob nach der besonderen sozialrechtlichen **Theorie der wesentlichen Bedingung** zu verfahren ist (Ladage, Der sozialrechtliche Herstellungsanspruch 1990 S. 81, 82; Adolf, Der sozialrechtliche Herstellungsanspruch, 1991 S. 51). Sieht man den entscheidenden Haftungsgrund des Herstellungsanspruchs in der Verletzung von Nebenpflichten aus dem Sozialrechtsverhältnis, dann bietet sich die Anwendung schuldrechtlicher Haftungsgrundsätze an. Doch die rechtssystematische Einordnung ist unklar. Nach anfänglichen Zweifeln (BSG SozR 1200 § 14 Nr. 11 S. 14), bzw. ohne Festlegung (BSG SozR § 14 Nr. 16 S. 31; Nr. 25 S. 67) verwendet die Rechtsprechung nun, ohne dies näher zu begründen, die Formulierung „wesentliche Ursache“ und orientiert sich damit an der im Sozialrecht vorherrschenden Kausalitätslehre (vgl. BSG 62 S. 96; BSG SozR 3-2600 § 58 Nr. 2).

4. Funktionseinheit innerhalb der Sozialverwaltung

Nicht erforderlich ist, dass der Sozialleistungsträger, der den Herstellungsan- 31 spruch erfüllen muss, selbst fehlerhaft gehandelt hat. Ausreichend ist vielmehr, wenn der Verwaltungsfehler einem Sozialleistungsträger unterlaufen ist, der in den Verwaltungsablauf des herstellungspflichtigen Sozialleistungsträgers einbezogen ist. Das ist letztlich eine Frage der Zurechnung (BSG 51 S. 89). Insoweit ist der Begriff der arbeitsteiligen **Einbeziehung in den Verwaltungsablauf** sehr vage. Das BSG begründet seine Auffassung damit, dass der Herstellungsanspruch ein Instrument zur Erreichung und Sicherung des Gesetzeszwecks sei. Deswegen kann die organisatorische Verlagerung von Teilen eines Verwaltungsverfahrens auf eine andere Behörde grundsätzlich kein entscheidendes Argument gegen die Begründetheit des Anspruchs sein. Mit dem Herstellungsanspruch werden dem Sozialleistungsträger, anders als beim Schadenersatz, keine zusätzlichen Lasten aufgebürdet. Er muss in jedem Falle nur leisten, was dem Berechtigten nach den gesetzlichen Bestimmungen zusteht (BSG 51 S. 94). Mit Blick auf den objektiv herzustellenden Zustand wird deswegen das entscheidende Merkmal nicht in der Zurechnung der Pflichtverletzung, sondern in der Kompetenz zur Behebung des Verwaltungsfehlers gesehen (Ebsen, DVBl 1987 S. 394).

Der Begriff der Einbeziehung in den Verwaltungsablauf bereitet einige Schwie- 32 rigkeiten. Damit der Herstellungsanspruch seine Konturen nicht einbüßt, muss mit Blick auf die Erfüllung einer bestimmten Aufgabe eine Form der Arbeitsteilung bzw. der **Funktionseinheit** der Verwaltung festgestellt werden. Wesentlich dabei ist, dass eine Behörde durch gesetzliche Regelung in die Aufgabenerfüllung einer anderen Behörde eingebunden ist, die dann im Falle eines Verwaltungsfehlers, der der ersteren Behörde unterläuft, herstellen muss. Eine Funktionseinheit ist zweifellos anzunehmen, wenn gemäß § 93 Abs. 1 SGB IV ein Versicherungsamt in Angelegenheiten der Sozialversicherung Auskunft erteilt (BSG 57 S. 288). Wegen der besonderen Aufgaben der Krankenkassen, ua als Auskunfts- und Beitragseinzugsstellen, geht deren Einbeziehung in den Verwaltungsablauf anderer Leistungsträger relativ weit (BSG SozR 4-2600 § 4 Nr. 2, etwas restriktiver Bay. LSG L 2 P 61/12, juris). Ein ebenso klarer Fall der Funktionseinheit innerhalb des Allgemeinen Teils findet sich in § 16 Abs. 2. Danach muss ein unzuständiger Leistungsträger einen Antrag, der bei ihm gestellt worden ist, an den zuständigen Leistungsträger weiterleiten (§ 16 Rn. 16a). Fraglich ist, ob man im Falle des § 7 WoGG eine Einbeziehung der Wohngeldbehörde in den Verwaltungsablauf des Jobcenters annehmen kann. Das wird man Im Hinblick auf die in § 8 Abs. 1 WoGG geregelte Möglichkeit des Verzichts auf Leistungen der Grundsicherung für Arbeitsuchende bejahen müssen. Dies setzt einen Vergleich der Leistungen voraus und schließt die Möglichkeit des Jobcenters aus, den Leistungsberechtigten gemäß § 12a SGB II auf die Inanspruchnahme der vorrangigen Leistung zu verweisen (§ 26 Rn. 4a–4d). Entsprechendes gilt für einzelne Leistungen der Jugend- und Sozialhilfe und an Asylbewerber (§ 7 Abs. 1 Nr. 6–9 WoGG). Eine Einbeziehung wird man vor allem auch im Falle des § 7 Abs. 5 und 6 SGB II annehmen müssen. Diese Vorschriften regeln sehr detailliert die Abstimmung der Leistungserbringung im SGB II und in der Ausbildungsförderung (§ 18 Rn. 25).

33 Die Bundesagentur für Arbeit verletzt ihre Beratungspflicht, wenn sie bei einer Einschränkung der Verfügbarkeit über § 138 Abs. 5 SGB III hinaus und einem damit verbundenen Verlust des Anspruchs auf Leistungen bei Arbeitslosigkeit nicht auf mögliche Folgen in der Rentenversicherung hinweist. Entsprechendes gilt, wenn der Träger der Rentenversicherung nicht über die Möglichkeit der Befreiung von der Versicherungspflicht der Rentner (§ 8 Abs. 1 Nr. 4 SGB V) informiert (BSG SGb 1984 S. 250 mAnm Bieback). Das setzt allerdings eine **Verflechtung** von Arbeitsförderung und Rentenversicherung voraus, wie sie bei den früheren §§ 1246 Abs. 2a, 1259 Abs. 1 RVO gegeben war (BSG SozR 3 – 1200 § 14 Nr. 9). Heute wird man dasselbe beim Anspruch auf Krankengeld nach § 48 Abs. 2 Nr. 2 SGB V annehmen müssen. Eine Funktionseinheit hat das BSG gleichfalls zwischen der Berufsgenossenschaft und einem Arzt angenommen, der gemäß § 5 Abs. 1 BKVO verpflichtet ist, den Verdacht einer Berufskrankheit unverzüglich anzuzeigen (BSG SGb 2000 S. 29 mAnm Brandenburg). In gleicher Weise zu beurteilen ist der Fehler eines Vertragsarztes bei der Weiterleitung einer Arbeitsunfähigkeitsanzeige an die Krankenkasse. Dasselbe gilt für andere – auch nichtmedizinische – Fehlentscheidungen des Vertragsarztes (BSG NZS 2018 S. 19 Rn. 28 mAnm Knispel, dort allerdings nur zu § 2 SGB I). Dies lässt sich aus den Regelungen der Krankenkassen mit den Kassenärztlichen Vereinigungen und insbesondere auch aus dem Sicherstellungsauftrag des § 72 SGB V ableiten. (BSG 52 S. 254). In gleicher Weise ist angesichts der Tatsache zu entscheiden, dass die in § 7 Abs. 2 Satz 2 SGB XI genannten Personen oder Institutionen im Falle einer sich abzeichnenden Pflegebedürftigkeit die Pflegekasse zu benachrichtigen haben (LSG Bln.-Brandbg. RdLH 2011 S. 16 mAnm Langer). Für den in dieser Vorschrift auch genannten Arzt besteht allerdings die Schwierigkeit, dass er nicht über einen Sicherstellungsauftrag, sondern allein über § 7 Abs. 2 Satz 2 SGB XI in die Aufgaben der Pflegekasse einbezogen ist. Von einer Funktionseinheit ist das BSG auch ausgegangen, wenn die Arbeitsagentur, die einem behinderten Menschen nur Leistungen zur Teilhabe am Arbeitsleben erbringt (§ 49 SGB IX), nicht die Stellung eines Antrags auf Leistungen zur medizinischen Rehabilitation (§ 42 SGB IX) beim Träger der Rentenversicherung anregt (BSG SozR 3-1200 § 14 Nr. 19). Zu begründen ist dies damit, dass die Rehabilitationsträger nicht nur für ihren Leistungsbereich, sondern zumindest auch für die Koordinierung der gesamten Rehabilitation verantwortlich sind (BSG 74 S. 244). Dies ist jetzt in § 25 Abs. 1 Nr. 1–6 SGB IX geregelt.

33a Zurechenbare Verwaltungsfehler einer anderen Behörde können auch bei der Kindergeldgewährung vorkommen, wenn vergleichbare Leistungen (§ 4 BKGG) von einer anderen Stelle zu erbringen waren und diese Leistung nicht mehr zu gewähren ist. In diesem Falle muss die Stelle, die die andere Leistung für Kinder erbracht hat, auf die nun bestehende Notwendigkeit der Stellung eines Antrags auf Kindergeld hinweisen. (BSG 58 S. 283; BSG 62 S. 96; BSG SozR 1200 § 14 Nr. 19). Dies geht im Grunde schon über die bisherige Rechtsprechung hinaus, denn Kindergeld und vergleichbare Leistungen stehen nur miteinander in Konkurrenz. Eine Einbeziehung in den Verwaltungsablauf ist hier nicht gegeben. Auch in anderen Fällen war das BSG relativ großzügig mit der Annahme einer Funktionseinheit. Davon wurde etwa ausgegangen, wenn nur die Arbeitsagentur in der Lage war, eine arbeitsrechtliche Auflösungsvereinbarung darauf hin zu beurteilen, dass die Nichtigkeit einer Abrede, Arbeitslosengeld zu beantragen, gemäß § 3 Abs. 1 Nr. 3 SGB VI auch Nachteile in der Rentenversicherung mit sich bringt. Berät die Arbeitsagentur bei Beendigung des Bezugs von Leistungen bei Arbeitslosigkeit nicht über die Möglichkeiten des Erhalts von Rentenanwartschaften, muss der Träger der Rentenversicherung im Rahmen des Herstellungsanspruchs die spätere Entrichtung von Beiträgen zulassen, obwohl auch hier nicht von einer Einbeziehung in den Verwaltungsablauf gesprochen werden kann (BSG SozR 3-1200 § 14 Nr. 22). Ähnlich liegt es im Falle eines Ruhens von Leistungen bei Arbeitslosigkeit nach § 156 SGB III. Wenn die dort genannten Leistungsträger den Arbeitslosen nicht darauf hinweisen, dass zum Erhalt der Anwartschaft (§§ 142, 143 SGB III) eine frühzeitige Antragstellung, also zB noch während der Arbeitsunfähigkeit, erforderlich ist, muss die Bundesagentur für Arbeit im Rahmen des Herstellungsanspruchs die Erfüllung der Rahmenfrist fingieren (BSG SozR 3-4100 § 105a Nr. 2).

In den zuletzt genannten Fällen besteht keine Funktionseinheit zwischen den **33b** Leistungsträgern. Vielmehr ist der betreffende Sozialleistungsträger der „aktuelle Ansprechpartner" des Berechtigten (Gagel, SGb 2000 S. 521). Das erweitert den Anwendungsspielraum des Herstellungsanspruchs ganz erheblich. Generell spricht nichts gegen eine derartige Erweiterung, da das Ergebnis des Herstellungsanspruchs immer nur ein rechtmäßiger Zustand ist. Er führt also nie zu einer materiell nicht gerechtfertigten Leistungserbringung. Der rechtliche Anknüpfungspunkt bleibt gleichwohl schwierig. In § 14 SGB I ist nur eine Beratungspflicht des zuständigen Leistungsträgers geregelt. Durch § 16 Abs. 2 SGB I erfolgt zwar eine Einbeziehung in den Verwaltungsablauf, jedoch nur im Sinne einer Weiterleitung von Anträgen. Eine Funktionseinheit muss also in den einzelnen Sozialgesetzen festgestellt werden.

Einbezogen in den Verwaltungsablauf eines Sozialleistungsträgers ist nach allem **34** ein anderer Träger auf jeden Fall dann, wenn er einen bestimmten Teil des Verwaltungsverfahrens abzuwickeln hat (§ 93 Abs. 1 SGB IV). Das kann bei einer gesetzlichen Zuweisung aber auch als Folge einer Organisationsentscheidung, etwa bei den früheren gemeinsamen Servicestellen nach den §§ 22, 23 SGB IX aF oder bei einer Beauftragung nach § 88 SGB X, der Fall sein. Ein Sozialleistungsträger ist nach der weitergehenden Auffassung zur Funktionseinheit auch dann in den Verwaltungsablauf eines anderen einbezogen, wenn er bei der Erfüllung seiner eigenen Aufgaben zwangsläufig von damit zusammenhängenden Aufgaben eines anderen Sozialleistungsträgers **Kenntnis** erlangt, die jenem wiederum nicht ohne weiteres zugänglich ist. Leistete also ein Träger der Renten- oder der Unfallversicherung einen Kinderzuschuss bzw eine Kinderzulage (§§ 583 Abs. 1 RVO aF, 270 SGB VI) und fällt diese etwa wegen Todes des einen berechtigten Elternteils fort, so muss er den Hinweis nach § 9 BKGG geben, obwohl er selbst mit der Gewährung von Kindergeld nicht befasst ist. Die das Kindergeld zahlende Stelle erlangt von diesem Vorgang zunächst keine Kenntnis. Ihr wird aber der Fehler des anderen Sozialleistungsträgers zugerechnet. Hier kann man, wegen der **Zwangsläufigkeit des Wissens von dem anderen Verwaltungsvorgang** noch von einer Funktionseinheit zweier Sozialleistungsträger sprechen. Dies wird dahingehend verallgemeinert, dass auch bei einer Konkurrenz von Leistungen eine Funktionseinheit der Verwaltung angenommen wird, und zwar auch dann, wenn es an einer Einbeziehung eines Leistungsträgers in den Verwaltungsablauf eines anderen fehlt. Voraussetzung ist dann, dass „die Zuständigkeitsbereiche beider Stellen materiell-rechtlich eng miteinander verknüpft sind" oder ein „zwingender sozialrechtlicher Beratungsbedarf … ersichtlich" ist (BSG SozR 1200 § 14 Nr. 19; BSG SozR 4-1200 § 14 Nr. 13; LSG Bln.-Brandbg. info also 2013 S. 38). Das wird für Leistungen nach dem SGB II und dem SGB XII (vgl. §§ 5 Abs. 2 SGB II, 21 SGB XII), aber nicht für die Hinterbliebenenrenten aus der Unfall- und der Rentenversicherung angenommen (BSG SozR 4-1200 § 14 Nr. 13).

34a Insgesamt ist die Frage der Zurechnung eines Verwaltungsfehlers unter verschiedenen Leistungsträgern schwer zu beantworten, da schon der Begriff der Funktionseinheit nicht sehr präzise ist. Diese Schlussfolgerung ergibt sich vor allem aus einer nicht ganz homogenen Rechtsprechung. So heißt es beim 4. Senat des BSG danach „ist die Zurechnung der Pflichtverletzung eines Dritten in den Fällen einer gesetzlich vorgesehenen Aufgabenteilung oder bewussten Einbeziehung eines Dritten in die Aufgabenerfüllung sachgerecht. Die Zurechnung in den Fällen einer spezifischen Beratungspflicht des einen Leistungsträgers für Aufgaben des anderen bedarf keiner grundlegenden Entscheidung, sondern ist von der jeweiligen Fallgestaltung abhängig …" (BSG SGb 2010 S. 47 mAnm Mrozynski; ebenso der 13. Senat BSG SozR § 14 Nr. 13). Der 9. Senat meint: Eine zurechenbare Beratungspflichtverletzung wird von der Rechtsprechung des BSG auch dann angenommen, wenn die Zuständigkeitsbereiche beider Stellen materiell-rechtlich eng miteinander verknüpft sind, die andere Behörde im maßgeblichen Zeitpunkt aufgrund eines bestehenden Kontaktes der aktuelle „Ansprechpartner" des Berechtigten ist und sie – die Behörde – aufgrund der ihr bekannten Umstände erkennen kann, dass bei dem Berechtigten im Hinblick auf das andere sozialrechtliche Gebiet ein dringender Beratungsbedarf in einer gewichtigen Frage besteht (BSG 104 S. 245).

35 Besteht also eine spezifische Beratungspflicht oder treten Sozialleistungen lediglich in ein Konkurrenzverhältnis, wie es beim Kindergeld und der Ausbildungsförderung der Fall ist, so reicht das im Allgemeinen für die Annahme einer Funktionseinheit der Behörden selbst nicht aus (BSG SGb 1993 S. 525 mAnm Kreßl; Wallerath, DöV 1994 S. 761). Eine Funktionseinheit besteht gleichfalls nicht zwischen den Gewerbeämtern der Gemeinden und den Trägern der Unfallversicherung (BSG SozR 3 – 1200 § 14 Nr. 11). Desgleichen ist die Funktionseinheit nicht bei einem Träger der Rentenversicherung und der Versorgungsverwaltung gegeben (BSG SozR 3-1200 § 14 Nr. 30). Ebenso trifft das Jugendamt im Rahmen der Erstellung eines Hilfeplans nach § 36 SGB VIII keine Pflicht, den Jugendlichen von Amts wegen auf Leistungen nach einem Landesblindengeldgesetz hinzuweisen (BSG SozR 4-1200 § 14 Nr. 5). Auch in Fällen der Misshandlung Minderjähriger wird keine Funktionseinheit zwischen den Jugendämtern und der Versorgungsverwaltung angenommen (BSG SGb 2017 S. 230 mAnm Sommer).

5. Zulässige Amtshandlung

36 Da der Herstellungsanspruch zumindest auch Ausdruck des Rechtsstaatsprinzips ist, kann die Behebung des Nachteils nur durch eine vom Gesetz an sich vorgesehene **Amtshandlung** bewirkt werden (BSG 58 S. 104; BSG 71 S. 17; BSG SozR 1200 § 14 Nr. 21; BSG SozR 3 – 1200 § 14 Nr. 13; BSG SGb 1996 S. 331 mAnm Maier). Erforderlich ist überhaupt eine Amtshandlung. So kann der Übergang eines Anspruchs nach den §§ 33 SGB II, 94 SGB XII nicht durch einen Herstellungsanspruch korrigiert werden, weil er von Gesetzes wegen erfolgt (BSG SozR 4-4200 § 33 Nr. 2). Eine andere Auffassung wird man aber für § 93 SGB XII vertreten müssen, da hier eine Überleitungsanzeige erfolgt. Der Begriff der „an sich zulässigen" Amtshandlung ist nicht ganz unproblematisch (vgl. BSG SGb 1985 S. 295, 301 mAnm Scheerer). Nach Auffassung des BSG handelt es sich dabei um eine Amtshandlung, die in ihrer **wesentlichen Struktur** im Gesetz vorgesehen sein muss (BSG 55 S. 261; BSG 59 S. 190). Erforderlich ist dabei nur, dass die Amtshandlung ihrer Art nach zulässig ist. Das wäre etwa die Erstattung zu Unrecht entrichteter Beiträge. Der Struktur nach ist eine solche Amtshandlung in § 26 SGB IV vorgesehen. Konkreter und wohl auch etwas enger formuliert heißt es später: „Der Herstellungsanspruch ist auf Herstellung eines dem Gesetz und seinen Zielen entsprechenden Zustands gerichtet und darf nicht zu Ergebnissen führen, die mit dem Gesetz nicht übereinstimmen" (BSG 106 S. 296). Zur **Sonderrechtsnachfolge** (§§ 56, 59) vgl. § 59 Rn. 2.

Zweifelhaft ist dagegen schon, ob es eine zulässige Amtshandlung der Erstattung **37** **zu Recht** entrichteter Beiträge gibt. Aber auch das ist in der Vergangenheit in bestimmten Fallkonstellationen bejaht worden, etwa wenn die auf Grund einer Falschberatung aber zu Recht gezahlten Beiträge dem Versicherten oder dem Hinterbliebenen keine oder keine sinnvolle Sicherung mehr vermitteln (BSG 61 S. 175; BSG SozR 1200 § 14 Nr. 25). Hinsichtlich der Behandlung von Beiträgen in der Rentenversicherung ergeben sich also im Detail recht schwierige Fragen (vgl. Dörr, DAngV 1993 S. 182). Das BSG hält an dem Grundsatz fest, dass Versicherungsverhältnisse nicht rückwirkend verändert werden dürfen. Insbesondere dürfen also Beiträge nicht auf einen anderen Zeitraum umgebucht werden (Verschiebung). Unzulässig ist ihre nachträgliche Aufstockung, die Zusammenlegung mehrerer Beiträge auf einen Monat oder die Aufspaltung eines Beitrags einer höheren Klasse in mehrere Beiträge in niedrigeren Klassen. Ursprünglich hatte das BSG für den Herstellungsanspruch noch eine Ausnahme davon gemacht, wenn eine solche Behandlung des Beitrags nicht ausdrücklich ausgeschlossen ist und der Verwaltungsfehler nicht auf andere Weise korrigiert werden kann (BSG SGb 1986 S. 429 mAnm Oberfeld). An dieser Auffassung hält das Gericht nicht mehr fest: „Rechtsfolge eines Herstellungsanspruchs kann nicht die Erstattung von rechtmäßig entrichteten Beiträgen sein… Denn ein früheres Fehlverhalten des Versicherungsträgers ändert an der Rechtmäßigkeit der erfolgten Beitragsentrichtung nichts (BSG 104 S. 108 Rn. 35–40). Dasselbe wird man konsequenterweise auch für zum Erhalt einer Rentenanwartschaft notwendige Umbuchung von Beiträgen annehmen müssen (anders noch BSG SGb 1996 S. 331 mAnm Maier). Anderer Auffassung war das BSG schon immer bei „unwirtschaftlich" entrichteten Beiträgen. Hier wird eine Strukturähnlichkeit mit § 26 SGB IV verneint (BSG SozR 1200 § 14 Nr. 21).

Von der Arbeitsagentur konnte nicht fingiert werden der, von der Finanzver- **37a** waltung vorzunehmende, Eintrag einer anderen Steuerklasse (vgl. § 136 Abs. 3 SGB III aF) auf der Lohnsteuerkarte (vgl. BSG 92 S. 267). Nicht durch eine zulässige Amtshandlung kann die Reduzierung einer Tätigkeit unter die 15- Stunden-Grenze des § 138 Abs. 3 SGB III fingiert werden, da sich dies im Bereich reiner Tatsachen vollzieht (BSG SozR 4-4300 § 118 Nr. 5). Tatsachen können aber nicht durch eine Amtshandlung verändert werden. Sie können weder hinzu noch hinweg gedacht werden (Sächs. LSG info also 2019 S. 62 Rn. 54–56, dazu Bienert info also 2019 S. 51). Das gilt etwa für den Verbrauch von Vermögen, das nach § 12 SGB II nicht geschont wird, sei es auch ein Verbrauch zur Deckung von Schulden (LSG BW FEVS 68 S. 406). Keine zulässige Amtshandlung wäre die Fiktion der Änderung eines Pfändungs- und Überweisungsbeschlusses. Damit würde die Verwaltung unzulässiger Weise in die Befugnisse der Vollstreckungsgerichte eingreifen (BSG SozR 3-1200 § 14 Nr. 28). Da also immer durch eine an sich zulässige Amtshandlung korrigiert werden muss, können über den Herstellungsanspruch insbesondere keine tatsächlichen Verhaltensweisen des Leistungsberechtigten, wie etwa die fehlende Meldung als arbeitsuchend, ersetzt werden (BSG SGb 2005 S. 49 mAnm v. Koch; LSG BW NZS 2014 S. 634; einschränkend im Hinblick auf § 37b SGB III aF LSG RhPf. Breith. 2008 S. 614). Möglich ist aber die Verschiebung des Zeitpunktes einer erfolgten Meldung (Hess. LSG info also 2007 S. 208). Auch die Änderung eines Versicherungsvertrages mit dem Ziel, Vermögen nach § 12 Abs. 2 Nr. 3 SGB II zu schützen, ist nicht möglich, weil diese Änderung nicht von einem Leistungsträger vorgenommen werden kann, sondern das Ergebnis einer vertraglichen Vereinbarung ist (BSG SGb 2008 S. 610 mAnm Ladage).

38 Nach dem Vorhergesagten wird man von einer zulässigen Amtshandlung immer dann sprechen können, wenn diese Amtshandlung – den durch den Verwaltungsfehler verursachten Rechtsnachteil hinweg gedacht – an sich vorgenommen werden könnte. Eine Unklarheit ergibt sich jedoch daraus, dass sie ihrer „wesentlichen Struktur" nach, also nicht in allen Details, im Gesetz vorgesehen sein muss. Mit dieser Schwäche hat aber jede Fehlerkorrektur zu kämpfen. Andererseits ist zu betonen, dass sich der Sozialleistungsberechtigte über einen Herstellungsanspruch keine Sozialleistung verschaffen kann, die er ohne ihn, dh ohne einen Verwaltungsfehler, so nicht erhalten könnte. Im Einzelnen ist der Begriff der an sich zulässigen Amtshandlung wohl das größte Problem des Herstellungsanspruchs (BSG SozR 3-4100 § 249e Nr. 4). Zumindest im Hinblick auf die vielfältigen Einschränkungen, ist es missverständlich, wenn die Auffassung vertreten wird, die „Herstellung ist qualitativ Schadenersatz im weiten Verständnis des § 249 Satz 1 BGB" (Lilge, SGB I Vor §§ 13–15 Rn. 26).

39 Nach Auffassung des BSG liegt es allerdings nicht nur in der Natur des allgemeinen Schadenersatzanspruchs sondern auch des sozialrechtlichen Herstellungsanspruchs, dass ein solcher Anspruch gerade deshalb über den Weg zu der vorgesehenen Leistung hinausgreifen muss, weil die Leistung widerrechtlich nicht gewährt wurde. Ersatz oder auch Herstellung wegen einer nicht gewährten Leistung kann immer nur auf andere Weise als im Gesetz vorgesehen, erlangt werden. Das kann auch unter **Abweichung von leistungsrechtlichen Grundsätzen** geschehen (BSG SGb 1983 S. 26 mAnm Bieback; LSG Ns.-Brem. Breith. 2007 S. 939). Kann demgegenüber der Sozialleistungsberechtigte die Leistung noch in der gesetzlich vorgesehenen Weise erlangen, dann besteht gerade kein Herstellungsanspruch (BSG 60 S. 158). Dies hat das BSG für den Fall entschieden, in dem eine zur Eingliederung ungeeignete Maßnahme zur beruflichen Rehabilitation durchgeführt wurde. Da der behinderte Mensch auf diese Weise nicht eingegliedert war, bestand der Rehabilitationsanspruch nach § 56 AFG aF (§ 49 SGB IX) fort und damit trotz eines Verwaltungsfehlers kein Herstellungsanspruch (BSG SozR 4100 § 56 Nr. 18). Das ist auch der Grund dafür, warum die Regelung des § 44 SGB X den Herstellungsanspruch verdrängt (unten Rn. 48). Auch § 44 SGB X ist ein gesetzlich vorgesehener Weg zur Erlangung der Leistung. Dasselbe gilt im Verhältnis zweier Sozialleistungen nach § 28 Satz 2 SGB X, wenn die Beantragung einer vorrangigen Leistung aus Unkenntnis unterblieben ist (BSG SozR 4-4200 § 37 Nr. 3). Ähnliche gesetzlich vorgesehene Korrekturmöglichkeiten bestehen bei der Antragsfiktion nach § 16 Abs. 2 Satz 2 SGB I und bei der Selbstbeschaffung (§§ 30 SGB II; 13 Abs. 3, 3a SGB V; 18 SGB IX; 34a SGB XII, § 43 Rn. 17). Auch in diesen Fällen muss und darf also nicht auf den Herstellungsanspruch zurückgegriffen werden (Benz, BG 1998 S. 173).

39a Schon sehr in die Nähe eines Schadenersatzanspruchs gerät der Herstellungsanspruch, wenn eine Krankenkasse nicht über die Möglichkeiten einer häuslichen

Krankenpflege (§ 37 SGB V) beraten hat, und der Versicherten selbst für die Behandlungspflege in einem Pflegeheim Aufwendungen hatte, die ihm später von der Kasse zu erstatten waren (BSG SGb 2002 S. 694 mAnm Igl). Wenn aber die Kasse Ersatz für eine Maßnahme leisten muss, die nicht in die Leistungspflicht der gesetzlichen Krankenversicherung gehört, dann wird das Kriterium der an sich zulässigen Amtshandlung zugunsten eines allgemeinen Schadenersatzanspruchs doch sehr entwertet. Insoweit einschränkend führt der 13. Senat aus: „Der sozialrechtliche Herstellungsanspruch ist vielmehr auf Naturalrestitution gerichtet, dh auf Vornahme einer Handlung zur Herstellung einer sozialrechtlichen Position im Sinne desjenigen Zustandes, der bestehen würde, wenn der Sozialleistungsträger die ihm aus dem Sozialrechtsverhältnis erwachsenen Nebenpflichten ordnungsgemäß wahrgenommen hätte“ (BSG SozR 4-1500 § 193 Nr. 6).

6. Einzelfälle

Der in der Praxis wohl häufigste Fall des Herstellungsanspruchs besteht in der **40** Fiktion der Einhaltung gesetzlicher **Fristen.** Damit hängt eng zusammen die Nachholung von **Anträgen,** die infolge falscher Beratung nicht gestellt wurden (BSG 57 S. 179; BSG SozR 3 – 4100 § 105a Nr. 2; BSG SGb 1996 S. 331 mAnm Maier; BSG SozR 4-1200 § 14 Nr. 15). Entsprechendes gilt, wenn eine Befreiung von der Versicherungspflicht nicht fristgerecht beantragt worden war (BSG 51 S. 89; BSG SGb 1984 S. 250 mAnm Bieback). Eine unterlassene Beratung kann, in Abweichung von § 20 SGB X, zu gewissen Beweisnachteilen für die Verwaltung führen (BSG 66 S. 268; 275). Ausgeschlossen sein kann die Berufung auf die Verjährung (BSG 62 S. 10). Der Herstellungsanspruch kann uU dazu führen, dass infolge der späteren Antragsfiktion im Rahmen des Herstellungsanspruch eine wegen Bezugs von Arbeitslosengeld zustehende Ausfallzeit nach § 1259 Abs. 1 S. 1 Nr. 3 RVO aF anzuerkennen ist, obwohl infolge des Verwaltungsfehlers tatsächlich kein Arbeitslosengeld gezahlt worden ist (BSG 63 S. 112). Entsprechendes gilt jetzt für die Anrechnungszeit nach § 58 Abs. 1 Nr. 3 SGB VI. Auch der Bezug anderer Leistungen, der für weitere Leistungen die Voraussetzung ist, kann ersetzt werden, wenn ein Beratungsfehler ursächlich für deren Nichtbezug war. Häufig ist im Rahmen des Herstellungsanspruch über die Nachentrichtung oder Rückforderung von Beiträgen zur Rentenversicherung zu entscheiden (BSG SozR 1200 § 14 Nr. 21; BSG SozR 3-1200 § 14 Nr. 15; 22; BSG SGb 2001 S. 627; dazu Haase, SGb 2001 S. 593). Des Weiteren kann im Falle der Beitragserstattung nach § 26 Abs. 2 SGB VI auch fingiert werden, Leistungen wären nicht in Anspruch genommen worden (BSG 52 S. 145). Auch die Rücknahme oder zeitliche Verschiebung eines Antrags kann fingiert werden (BSG 60 S. 79; BSG SGb 2002 S. 450 mAnm Bieback). Entstehen durch eine falsche Rechtsbehelfsbelehrung unnötige Kosten für eine Rechtsverfolgen, so können sie nicht im Rahmen des Herstellungsanspruchs ersetzt werden, da dessen Rechtsfolge nie ein Ersatz in Geld sein kann (BSG (BSG SozR 4-1500 § 193 Nr. 6). In diesen Fällen kommt nur eine Anwendung des § 839 BGB in Betracht (unten Rn. 47).

Schwierigkeiten bereitet die **Selbstbeschaffung** von Leistungen. Sie ist in **40a** Einzelfällen ausdrücklich geregelt (§§ 30 SGB II, 13 Abs. 3, 3a SGB V, 36a SGB VIII, 18 SGB IX) beruht aber auf einem allgemeinen Rechtsgedanken (vgl. § 43 Rn. 30). Ihr gegenüber ist der Herstellungsanspruch an sich subsidiär. Insbesondere aber kann es im Rahmen des § 13 Abs. 3 SGB V dazu kommen, dass infolge eines Beratungsfehlers ein **falscher Beschaffungsweg** gewählt wurde.

Über die unrechtmäßige Leistungsablehnung hinaus, die den Weg zu § 13 Abs. 3 SGB V eröffnet, wird in diesem Falle also ein zusätzlicher Grund dafür geschaffen, dass der Versicherte die Primärleistung nicht erlangt. Dies ist über den Herstellungsanspruch zu korrigieren (LSG SchlH NZS 2014 S. 621). Demgegenüber hat das BSG entscheiden: „Die in § 13 Abs. 3 SGB V SGB V und § 15 Abs. 1 Satz 1 SGB IX geregelten Ansprüche auf Kostenerstattung stellen sich als abschließende gesetzliche Regelung der auf dem Herstellungsgedanken beruhenden Kostenerstattungsansprüche im Krankenversicherungsrecht dar; für einen sozialrechtlichen Herstellungsanspruch ist daneben kein Raum (BSG 99 S. 180 Rn. 32; ebenso KassKomm-Schifferdecker § 13 Rn. 56). Dessen ungeachtet wird man aber dem LSG SchlH im Grundsatz zustimmen müssen. Ein über die ungerechtfertigte Leistungsablehnung hinweisender Beratungsfehler kann auf einen falschen Beschaffungsweg verweisen. Dieser Fall ist in § 13 Abs. 3 SGB V nicht geregelt. Schwierigkeiten werden sich aber häufig daraus ergeben, dass eine Korrektur nur durch eine zulässige Amtshandlung möglich ist (OLG Karlsruhe NZS 2013 S. 381, mAnm Gaßner und oben Rn. 36).

40b Eine recht komplizierte Fallgestaltung kann sich im Zusammenhang mit den §§ 46 Satz 1 Nr. 2, 192 Abs. 1 Nr. 2 SGB V bei der Beendigung eines Arbeitsverhältnisses ergeben. Gemäß § 192 Abs. 1 Nr. 2 SGB V bleibt die Mitgliedschaft in der Krankenversicherung erhalten, solange ein Anspruch auf Krankengeld besteht. Gemäß § 190 Abs. 2 SGB V endet die Mitgliedschaft mit Ablauf des Tages an dem das Beschäftigungsverhältnis endet. Wird nun genau an diesem Tag von einem Arzt die Arbeitsunfähigkeit bescheinigt, so entsteht der Anspruch auf Krankengeld erst am folgenden Tag (§ 46 Satz 1 Nr. 2 SGB V). An diesem Tage war das Arbeitsverhältnis aber schon beendet (§ 190 Abs. 2 SGB V). Folglich kann es auch nicht mehr „aufrecht erhalten" werden. Das führt also dann zu Problemen, wenn ein Versicherungsverhältnis nur nach § 192 Abs. 1 Nr. 2 SGB V wegen Krankengeldanspruchs erhalten bleiben kann und es wegen verspäteter, ggf. erneuter Feststellung der Arbeitsunfähigkeit schon nicht mehr besteht (BSG SGb 2013 S. 409 mAnm Meyerhoff). Der Anspruch auf Krankengeld entsteht nämlich gemäß § 46 Nr. 2 SGB V am Tag nach der ärztlichen Feststellung (Knipsel NZS 2014 S. 561; Hammann, NZS 2014 S. 729). Ob ein fehlender Hinweis durch die Krankenkasse auf diesen Umstand einen Herstellungsanspruch bergründet, war umstritten (LSG NRW ZfSH/SGB 2012 S. 44, bejahend). Das BSG teilt nicht die Auffassung, dass **allein schon angesichts der recht komplizierten Regelungen** (§§ 46 Satz 1 Nr. 2, 190 Abs. 2, 192 Abs. 1 Nr. 2 SGB V) der Krankenkasse gegenüber dem einzelnen Versicherten eine Informationspflicht obliegen würde. Es weist diesen Sachverhalt vielmehr der Aufklärungspflicht nach § 13 zu. Deren Verletzung begründet jedoch keinen Herstellungsanspruch (vgl. § 13 Rn. 17). Allerdings können sich aus dem Kontakt der Krankenkasse zum einzelnen Versicherten Gesichtspunkte ergeben, die für eine Spontanberatung sprechen. Deren Verletzung begründet dann einen Herstellungsanspruch (BSG SozR 4-2500 § 192 Nr. 6).

40c Inzwischen hat das BSG seine Auffassung präzisiert und modifiziert. Es ist für das auch bis zum 22.7.2015 geltende Recht der Auffassung, dass ein Versicherter „Anspruch auf Krankengeld ab dem Folgetag eines rechtzeitig erfolgten persönlichen Arzt-Patienten-Kontakts (hat), wenn er alles in seiner Macht Stehende und ihm Zumutbare zur ärztlichen Feststellung der Arbeitsunfähigkeit getan hat, die Feststellung aber wegen der nichtmedizinisch begründeten Fehlvorstellung des Vertragsarztes unterblieben ist, die Arbeitsunfähigkeit könne krankengeldunschädlich auch noch rückwirkend im Nachhinein attestiert werden" (BSG SozR 4-2500 § 46 Nr. 8). Der Unterschied zur bisherigen Rechtsprechung besteht darin, dass es vorrangig darauf ankommt, dass der Versicherte das ihm Zumutbare getan hat, um die Arbeitsunfähigkeit feststellen zu lassen, und dass der Fehler des Arztes, welcher Art er auch sein mag, der Krankenkasse zugerechnet wird (oben Rn. 31). Es geht also nicht mehr um den Umfang der Beratung, sondern um einen sonstigen Verwaltungsfehler. Den entscheidenden Anknüpfungspunkt findet das Gericht in bis zum 3.3.2016 geltenden § 6 AU-Richtlinie, der von der Krankenkasse mit beschlossen wurde, und der Fehlvorstellungen bei den Beteiligten auslösen konnte (BSG SozR 4-2500 § 46 Nr. 8 Rn. 32). Inzwischen ist die Gesamtproblematik der Feststellung einer Folgearbeitsunfähigkeit durch die ab die, 23.7.2018 geltende Neufassung des § 46 Satz 2 SGB V entschärft worden (Knipsel, NZS 2018 S. 23).

An sich braucht die Bundesagentur für Arbeit nicht über die Zahlungsfähigkeit eines Betriebes zu informieren, in den sie einen Arbeitslosen vermittelt. Eine Verletzung der Beratungspflicht kann jedoch dann gegeben sein, wenn ein Arbeitsloser in einen Betrieb vermittelt wird, der vor dem wirtschaftlichen Zusammenbruch steht. In diesem Falle verletzt die Bundesagentur für Arbeit ihre Pflicht nach § 3 Abs. 2 Nr. 2 AFG aF, Arbeitslose möglichst auf Dauerarbeitsplätze zu vermitteln. Diese konkrete Pflicht ist jetzt nicht mehr so eindeutig in § 1 SGB III geregelt. **41**

Wurde ein Antrag auf Leistungen zur Rehabilitation verzögerlich behandelt, so ist bei der Berechnung des Übergangsgeldes ein früheres, nicht mehr im Bemessungszeitraum liegendes Entgelt, zugrunde zu legen (BSG SozR 2200 § 1241a Nr. 9). Die vormals unterschiedliche Behandlung des früher erzielten Arbeitsentgelts in Fällen der ehemaligen Arbeitsbeschaffungsmaßnahme erklärte sich aus den Aufgaben der Bundesagentur für Arbeit. Im Falle des Arbeitslosen musste die Bundesagentur für Arbeit darauf hinwirken, dass er in eine zumutbare Beschäftigung vermittelt wird. Dabei genügte erforderlichenfalls eine Arbeitsbeschaffungsmaßnahme mit einem geringeren Entgelt. Der Arbeitslose hatte also kein rechtlich geschütztes Interesse daran, dass ein früher höheres Einkommen als Bemessungsentgelt erhalten bleibt. Demgegenüber muss die Bundesagentur für Arbeit eine berufliche Rehabilitation so zügig wie möglich betreiben (§ 14 Abs. 1 SGB IX). Unterlässt sie dies, so liegt darin ein Verwaltungsfehler, der durch die Fiktion eines höheren Einkommens behoben werden kann. **42**

Von diesen **gesetzlichen Aufgaben** der Bundesagentur für Arbeit her betrachtet, ist es konsequent, wenn das BSG die Auffassung vertritt, dass über die Verfallsfrist des § 125 Abs. 2 AFG aF (§ 161 Abs. 2 SGB III) eine Beratung nicht erfolgen muss. Dies könnte nämlich dazu führen, dass ein Arbeitnehmer sein Arbeitsverhältnis früher als notwendig auflöst, um seinen Anspruch auf Arbeitslosengeld noch innerhalb der Frist des §§ 161 Abs. 2 SGB III anzumelden. Es gehört aber nicht zu den Aufgaben der Bundesagentur für Arbeit, die Beendigung von Arbeitsverhältnissen zu fördern oder zu beschleunigen (BSG 66 S. 258, 266). Demgegenüber hat das BSG im Hinblick auf dieselbe Verfallsfrist die Auffassung vertreten, dass die Bezieherin von Mutterschaftsgeld darüber zu beraten sei, dass sie durch teilweisen Verzicht auf das Mutterschaftsgeld ihren Anspruch auf Arbeitslosengeld noch innerhalb der Frist des § 161 Abs. 2 SGB III geltend machen könne. Der Hinweis auf den Verzicht auf eine Sozialleistung (§ 46), um den Anspruch auf eine andere Sozialleistung wahren zu können, widerspreche eben nicht den gesetzlichen Aufgaben der Bundesagentur für Arbeit (BSG 62 S. 179, 183). Dem entspricht auch die in den §§ 7 und 8 WoGG eingeführte Möglichkeit für den Emp- **43** fänger von Arbeitslosengeld II durch Verzicht auf die jeweils andere Leistung einen möglichst hohen Auszahlungsbetrag zu erhalten. Wurde über diese Möglichkeit nicht beraten, so kann über den Herstellungsanspruch eine Korrektur erfolgen.

44 Schwierige Fragen der an sich zulässigen Amtshandlung ergeben sich auch in anderen Bereichen des Arbeitsförderungsrechts (vgl. oben Rn. 37a; Kreßel, NZS 1994 S. 395; Schweiger, NZS 2019 S. 11; Bienert, info also 2019 S. 51). So kann durch den Herstellungsanspruch zwar der Antrag auf Arbeitslosengeld (vgl. § 323 Abs. 1 SGB III), nicht aber die fehlende persönliche Arbeitslosmeldung nach § 141 SGB III ersetzt werden (BSG SozR 4-4300 § 125 Nr. 5). Dieselbe Auffassung hat das BSG auch hinsichtlich der fehlenden Verfügbarkeit nach § 138 Abs. 5 SGB III vertreten (BSG 58 S. 104, 144; BSG SGb 1987 S. 32 mAnm Heuer; aA Bieback, SGb 1990 S. 524, 525). Inzwischen neigt das BSG dazu, seine Auffassung zur Verfügbarkeit etwas zu modifizieren. So hält es hinsichtlich der Fiktion der Erreichbarkeit des Arbeitslosen einen Herstellungsanspruch für möglich, da § 3 Abs. 1 EAO Abweichungen von der Anwesenheitspflicht zulässt. Wegen der darin liegenden Gestaltungsmöglichkeit würde ein Herstellungsanspruch die Bundesagentur für Arbeit nicht zu einem rechtswidrigen Tun veranlassen (BSG 71 S. 22). Ersetzt werden kann der fehlende Antrag auf Arbeitslosengeld (BSG 63 S. 112). Es kann auch fingiert werden, ein solcher Antrag sei nicht gestellt worden (BSG 60 S. 79). Vom Antrag ist jedoch die persönliche Meldung als arbeitslos § 141 SGB III zu unterscheiden. Sie kann nicht fingiert werden (BSG 60 S. 43; BSG 62 S. 43). Eine fehlende Zustimmung der Agentur für Arbeit zu einer Maßnahme der Weiterbildung nach § 81 Abs. 1 Nr. 3 SGB III (§ 77 Abs. 1 Nr. 3 SGB III aF) kann ersetzt werden. Ebenso wird man auch dann entscheiden müssen, wenn eine Beratung zum Tatbestandsmerkmal einer Anspruchsnorm erhoben worden ist, wie in § 81 Abs. 1 Satz 1 Nr. 2 SGB III. Danach kann eine Weiterbildung zwar nur nach einer Beratung durchgeführt werden. Das Gesetz stellt jedoch nur auf die Tatsache der Beratung ab, nicht auf deren Wirkung auf den Leistungsberechtigten, die nicht fingiert werden könnte (vgl. BSG NZS 2006 S. 104 Rn. 26, 27). Allgemein begründet das BSG die unterschiedliche Behandlung der einzelnen Fallkonstellationen damit, dass Tatbestände, die **außerhalb des Sozialrechtsverhältnisses** liegen, nicht mit dem Herstellungsanspruch fingiert werden könnten (BSG 65 S. 21; BSG 65 S. 293). Doch dieses Kriterium ist zur Grenzziehung nicht immer geeignet (vgl. BSG SozR 3-4100 § 249e Nr. 4, Altersübergangsgeld; BSG SozR 4-2700 § 140 Nr. 1, Auslandsunfallversicherung).

45 Betrachtet man die Entscheidungen, die das BSG zu der zulässigen Amtshandlung getroffen hat, so lässt sich ein einheitlicher Ausgangspunkt nur in der an sich nach der gesetzlichen Aufgabe des Sozialleistungsträgers gebotenen Beratung erkennen. Ist auf dieser Grundlage ein Beratungs- oder einer sonstiger Verwaltungsfehler feststellbar, bereitet es nur in den durchschnittlich gelagerten Fällen keine Schwierigkeiten, die an sich zulässige Amtshandlung zur Korrektur des Fehlers zu bestimmen. Sie darf nur nicht zu einer Bestätigung oder Vertiefung des unrechtmäßigen Zustandes führen. Der Sinn des Herstellungsanspruchs liegt in der Korrektur des Unrechts, nicht in der Sicherung der dadurch etwa entstanden Vorteile. Hinsichtlich der vielen schwierigen Einzelfragen lässt sich der Begriff der an sich zulässigen Amtshandlung nicht mehr mit rationalen Kriterien fassen. Die in diesem Zusammenhang verwendeten Begriffe der „Ähnlichkeit", „der Art nach" oder „Strukturgleichheit" sind ebenso wie der Begriff „an sich zulässig" offene Begriffe. Damit kann man kaum mit Sicherheit vorhersagen, wie das BSG

in speziell gelagerten Fällen entscheiden wird (vgl. Bieback, SGb 1990 S. 518; Ladage, Der sozialrechtliche Herstellungsanspruch 1990 S. 80).

Der Verwaltungsfehler kann nach Auffassung des BSG unbeachtlich sein, wenn dem Sozialleistungsberechtigten der Vorwurf grober Fahrlässigkeit gemacht werden kann (BSG SGb 1985 S. 295 mAnm Scheerer; BSG 91 S. 1). Diese Auffassung wird im Schrifttum geteilt (Ladage, Der sozialrechtliche Herstellungsanspruch 1990 S. 36, Bieback, SGb 1990 S. 523; Gagel, SGb 2000 S. 520). ME ist es jedoch konsequenter, auch auf dieser Ebene vom Verschulden abzusehen und die Lösung allein in der Kausalitätsprüfung zu suchen. Danach besteht ein Herstellungsanspruch dann nicht, wenn das eigene Verhalten des Sozialleistungsberechtigten so sehr im Vordergrund steht, dass der Verwaltungsfehler nicht mehr als wesentliche Ursache für den eingetretenen Rechtsnachteil anzusehen ist. Im Ergebnis wird sich das kaum von der Berücksichtigung eines **Mitverschuldens** unterscheiden (vgl. aber unten Rn. 47a). Lediglich die Begründung liegt mehr auf der Linie des Sozialrechts (vgl. dagegen aber Ladage, Der sozialrechtliche Herstellungsanspruch 1990 S. 81, 82, der konsequent durchgehend die haftungsrechtlichen Maßstäbe des Schuldrechts vorzieht). Aus allen Auffassungen folgt ua auch, dass trotz grundsätzlicher Anwendung des § 27 SGB X neben dem Herstellungsanspruch (oben Rn. 26), die Umstände, die zu einem Fristversäumnis durch den Leistungsberechtigten geführt haben, so sehr im Vordergrund stehen können, dass ein Verwaltungsfehler nicht mehr als wesentliche Ursache für den Rechtsnachteil angesehen werden kann. 46

7. Verhältnis zu § 839 BGB zu § 27 SGB X und zu § 44 SGB X

Im **Verhältnis zur Amtspflichtverletzung** (§ 839 BGB) ist der Herstellungsanspruch folgendermaßen näher zu konkretisieren: Letzterer richtet sich nicht auf Schadenersatz in Geld (OLG Karlsruhe NZS 2013 S. 381 mAnm Gaßner), sondern auf die Herstellung eines Zustandes, der in der Art und Weise seiner Herbeiführung und im Ergebnis dem Gesetz entsprechen muss. Das kann nur durch eine rechtmäßige Amtshandlung geschehen. Dennoch muss der zu behebende Nachteil nicht notwendigerweise einem rechtswidrigen Zustand entsprechen. Es kann also sein, dass durch den Herstellungsanspruch ein rechtmäßiger aber für den Leistungsberechtigten nachteiliger Zustand durch einen rechtmäßigen und für ihn nicht nachteiligen Zustand ersetzt wird. Grund dafür ist eine Pflichtwidrigkeit der Behörde. Das Mittel zum Zweck kann nur eine rechtmäßige Amtshandlung sein. Lässt sich ein in diesem doppelten Sinne rechtmäßiger Zustand nicht erreichen, kann ein Herstellungsanspruch nicht, wohl aber noch ein Amtshaftungsanspruch geltend gemacht werden. Dieser richtet sich dann nicht auf die Vornahme einer Amtshandlung, sondern nur auf Ersatz des Schadens in Geld (§§ 249 Abs. 1, 251 Abs. 1 BGB). Diese Einschränkung erklärt sich daraus, dass sich der Anspruch aus § 839 BGB unmittelbar gegen den Beamten als Privatperson richtet. Der Amtsträger wird erst über Art. 34 GG einbezogen. Demgegenüber richtet sich der Herstellungsanspruch direkt gegen den Leistungsträger. Die von ihm vorzunehmende Amtshandlung muss in dem dargelegten Sinne dem Gesetz entsprechen (oben Rn. 36–46). 47

Materiell haben sich beide Ansprüche insoweit aneinander angenähert, als auch beim Herstellungsanspruch zu prüfen ist, dass die verletzte Pflicht gerade dem Anspruchsteller gegenüber oblag. Anders als bei der Amtspflichtverletzung ist beim Herstellungsanspruch ein Verschulden nicht festzustellen. Es genügt, wenn 47a die Pflichtverletzung objektiv rechtswidrig und dass sie kausal für den entstandenen Nachteil war. Bei der Kausalität können sich allerdings Unterschiede ergeben. Der zivilrechtliche Anspruch nach § 839 BGB ist durch die Adäquanztheorie geprägt, im Sozialrecht herrscht die Wesentlichkeitstheorie vor (Felix, SGb 2014 S. 469, 471). Das kann auch zu folgender Konsequenz führen: Hat ein bestimmtes Verhalten des Leistungsberechtigten zu einer Mitverursachung des Schadens bzw. Nachteils geführt, so kann bei Anwendung des § 839 BGB der Schaden in Quoten zugerechnet werden. Auf der Grundlage der Wesentlichkeitstheorie gilt im Sozialrecht das Alles-oder-Nichts-Prinzip.

47b Beide Ansprüche bestehen selbständig nebeneinander. Insbesondere ist der Herstellungsanspruch kein Rechtsmittel im Sinne des § 839 Abs. 3 BGB. Allerdings kann der Anspruchsteller im Rahmen des § 254 Abs. 2 BGB auf den Herstellungsanspruch verwiesen werden (BGH NZS 2013 S. 826). Eine Konstellation iSd § 839 Abs. 3 BGB ist jedoch nur selten gegeben, weil sich der Herstellungsanspruch nicht unmittelbar gegen das Eintreten eines Nachteils richtet, sondern eine Konsequenz aus dessen Entstehen ist. Prozessual empfiehlt es sich jedoch in jedem Falle, den Herstellungsanspruch vorrangig geltend zu machen. Insbesondere kann in diesem Zusammenhang noch von der Feststellung eines Verschuldens abgesehen werden. Außerdem besteht ein wesentlich geringeres Prozesskostenrisiko. Wird zunächst der Herstellungsanspruch gerichtlich geltend gemacht, so ist nach den Neuregelungen der §§ 204 Abs. 1 Nr. 1, 213 BGB die auch Verjährung des Anspruchs aus Amtspflichtverletzung gehemmt (BGHZ 103 S. 242). Verneint ein SG die Voraussetzungen eines Herstellungsanspruches, so schließt das ein Geltendmachen des Anspruchs aus § 839 BGB nicht aus.

47c Eine Besonderheit ergibt sich in den Fällen der Einbeziehung eines Sozialleistungsträgers in den Verwaltungsablauf des anderen (oben Rn. 31). Der Verwaltungsfehler kann durch einen Bediensteten der ersteren entstanden sein, herzustellen hat der letztere. Haftungsrechtlich greift hier die Nachrangklausel des § 839 Abs. 1 Satz 2 BGB. Der Beamte, bzw. seine Anstellungskörperschaft, kann im Falle bloßer Fahrlässigkeit nur in Anspruch genommen werden, wenn der Verletzte nicht auf andere Weise Ersatz erlangen kann. In diesem Falle muss also der Herstellungsanspruch gegenüber der Behörde zuerst durchgesetzt werden, der der Beratungsfehler zuzurechnen ist (v. Koch, NZS 1998 S. 171). Demgegenüber wird wohl überwiegend die Auffassung vertreten, dass § 839 Abs. 1 Satz 2 BGB dann nicht anwendbar sein soll, wenn es um das Verhältnis zweier Sozialleistungsträger geht (Münchener Kommentar-Papier/Shirvani § 839 BGB Rn. 310–312; Felix, SGb 2014 S. 469, 474). Die dafür gegebene Begründung, dass das Verweisungsprivileg des § 839 Abs. 1 Satz 2 BGB dem Schutz öffentlicher Haushalte dient, ist aber zumindest dann nicht tragfähig, wenn – wie im Verhältnis zweier Sozialleistungsträger – ein Schutz öffentlicher Haushalte ohnehin nicht zu erreichen ist. Die Beschränkung des § 839 Abs. 1 Satz 2 BGB auf Fälle der Fahrlässigkeit lässt demgegenüber erkennen, dass das Verweisungsprivileg auch auf das Gewicht des Vorwurfs abstellt. Insoweit ist es im Rahmen des § 839 BGB vorzuziehen, zunächst den Sozialleistungsträger auf Herstellung in Anspruch zu nehmen, bei dem es zu einer Pflichtverletzung gekommen ist. Nicht zu übersehen ist auch, dass der Herstellungsanspruch trotz vieler Besonderheiten dem Gedanken des Primärrechtsschutzes näher steht als der Schadenersatzanspruch in Geld, und dass dem Primärrechtschutz grundsätzlich Vorrang zukommt (BGHZ 103 S. 242; BSG 105 S. 100; BSG SGb 2015 S. 35 mAnm Mrozynski). Dass der Herstellungsanspruch wie der Schadenersatzanspruch nur die Konsequenzen aus einer Pflichtwidrigkeit zieht, ändert nichts daran, dass er, anders als der Schadenersatzanspruch in Geld, auf Herstellung des Zustandes ausgerichtet ist, der unmittelbar dem Gesetz entspricht. Wenn das, in einem wohl nur theoretisch anzunehmenden Fall, noch zu erreichen ist, muss man dem Herstellungsanspruch im Rahmen des § 839 Abs. 1 Satz 2 BGB Vorrang einräumen. Dasselbe gilt aber nicht für § 839 Abs. 3 BGB, denn das dort genannte Rechtsmittel ist zwar in einem sehr weiten Sinne zu verstehen, es ist aber unmittelbar gegen das Tun oder Unterlassen gerichtet, also darauf, dass die Folgen einer Pflichtwidrigkeit gar nicht erst eintreten (Münchener Kommentar-Papier/Shirvani § 839 Rn. 331, 332; aA OLG München NZS 2012 S. 862). Der Herstellungsanspruch ist demgemäß kein Rechtsmittel iSd § 839 Abs. 3 BGB. Ein fahrlässiges Verhalten des Leistungsberechtigten in diesem Zusammenhang ist nur unter dem Blickwinkel des Mitverschuldens nach § 254 BGB zu würdigen (BGH NZS 2013 S. 826). Im Ergebnis können also Herstellungs- und Amtshaftungsanspruch selbständig gerichtlich durchgesetzt werden. Geht der Leistungsberechtigte nach § 839 BGB vor, dann kann er, entgegen der wohl überwiegenden Meinung, unter folgender Voraussetzung auf den Herstellungsanspruch verwiesen werden: Es liegt ein Fall der Einbeziehung zweier Sozialleistungsträger in den Verwaltungsablauf vor (oben Rn. 31). In diesem Falle ist der Herstellungsanspruch gegenüber dem Leistungsträger, bei dem unmittelbar die Pflichtwidrigkeit vorgekommen ist, als vorrangig iSd § 839 Abs. 1 Satz 2 BGB anzusehen.

In seiner neueren Rechtsprechung hat der BGH die beiden Rechtsinstitute **47d** weiter harmonisiert. Aus den §§ 2 Abs. 2 14, 15 und 17 SGB I leitet er eine umfassende Beratungspflicht des Beamten gegenüber dem Leistungsberechtigten ab. Sie ist die Grundlage für ein Funktionieren des immer komplizierter werdenden sozialen Leistungssystems. Der BGH knüpft dabei an die Rechtsprechung des BSG zur Spontanberatung an (oben Rn. 9, 19). Er verlangt also kein ausdrückliches Nachfragen durch den Berechtigten. Auch die Tatsache, dass die Beratung gemäß § 14 Satz 2 SGB I durch den zuständigen Leistungsträger zu erfolgen hat, ist für den BGH nicht ausschlaggebend. Ausdrücklich knüpft er an die Rechtsprechung des BSG zur Funktionseinheit von Leistungsträgern an (oben Rn. 31). Dabei ist es ausreichend, wenn der aktuelle Ansprechpartner erkennen kann, dass bei dem Berechtigten auch im Hinblick auf ein anderes sozialrechtliches Gebiet ein dringender Beratungsbedarf in einer gewichtigen Frage besteht (BGH JZ 2018 S. 1162 Rn. 15, 16 mAnm Felix). Damit entwickelt der BGH auch ein Korrektiv gegenüber einer zu weitgehenden Beratungspflicht, die darin bestehen könnte, dass jeder Leistungsträger über jede sozialrechtliche Frage beraten müsste. Eine solche Amtspflicht, das ganze Sozialrecht zu kennen, ließe sich jedenfalls nicht aus § 14 Satz 2 SGB I ableiten. Der BGH formuliert: der Beamte dürfe nicht „sehenden Auges" zulassen, dass der vorsprechende Bürger Schäden erleidet, die der Beamte durch einen kurzen Hinweis, eine Belehrung mit wenigen Worten oder eine entsprechende Aufklärung über die Sach- und Rechtslage zu vermeiden in der Lage ist. Hinsichtlich des Gegenstandes der Beratung geht der BGH also etwas weiter als das BSG (oben Rn. 31). Er engt seine Auffassung aber dadurch wieder ein, dass er darauf abstellt, dass der Beamte in der Lage sein muss, die relevante Rechtsfrage zu erkennen. Damit erhält das „Offen-zu-Tage-liegen" des Beratungsbedarfs neben einer objektiven (§ 14 SGB I) auch eine subjektive (§ 839 BGB) Komponente. Ein Unterschied zum Herstellungsanspruch wird damit deutlich: Bei ihm muss nur der Leistungsträger über seinen Zuständigkeitsbereich beraten. Seine Mitarbeiter können sich dann aber nicht auf Unwissenheit berufen.

Die Amtspflicht nach § 839 BGB erstreckt sich auf die Beratung in allen Fragen des Sozialrechts. Dabei kann es sich aber immer ergeben, dass der Beamte nicht alle relevanten Fragen in den Sozialleistungsbereichen erkennen kann. Man wird für einen solchen Fall bereits eine Amtspflicht nicht bejahen können, die Frage also nicht erst auf der Verschuldensebene beantworten müssen. Eine praktische Konkordanz des Herstellungsanspruchs mit § 839 BGB wird man dadurch erreichen können, dass man an die Funktionseinheit der Leistungsträger keine zu großen Anforderungen stellt (oben Rn. 31).

47e Klärungsbedürftig ist auch das Verhältnis des Herstellungsanspruchs zur **Wiedereinsetzung in den vorigen Stand** nach § 27 SGB X. Sie wird auf Antrag gewährt, wenn jemand ohne Verschulden gehindert ist, eine gesetzliche Frist einzuhalten. Da die Nichteinhaltung einer Antragsfrist der in der Praxis wohl häufigste Fall der Anwendung des Herstellungsanspruchs ist, liegt eine Überschneidung beider auf der Hand. Nach gefestigter Auffassung des BSG regelt § 27 SGB X nicht abschließend die Folgen einer Fristversäumnis. Diese selbst kann auf einem Verwaltungsfehler beruhen (BSG 96 S. 44; BSG SozR 4-4300 § 28a Nr. 5). Für den Leistungsberechtigten ist die Berufung auf den Herstellungsanspruch insbesondere deshalb von Vorteil, weil er die Zwei-Wochen-Frist des § 27 Abs. 2 Satz 1 SGB X und die Jahresfrist des § 27 Abs. 3 SGB X nicht einhalten muss. Auch ein Verschulden hat beim Herstellungsanspruch nicht die ausschließende Wirkung, wie sie in § 27 Abs. 1 Satz 1 SGB X geregelt ist. Im Rahmen des Herstellungsanspruchs hat das Verschulden des Leistungsberechtigten nur dann eine Bedeutung, wenn sich bei seiner Berücksichtigung ergibt, dass der Nachteil nicht mehr wesentliche Ursache des Verwaltungsfehlers ist. Demnach ist der Hauptanwendungsfall des § 27 SGB X eine Fristversäumnis, die nicht auf einem Verwaltungsfehler beruht (BSG SozR 4-4300 § 28a Nr. 5).

48 Soweit beim Erlass eines Verwaltungsaktes das **Recht unrichtig angewandt** oder von einem **unzutreffenden Sachverhalt** ausgegangen worden ist, ist in § 44 SGB X eine Regelung zu sehen, die zwar die speziellere ist, deren Verhältnis zum Herstellungsanspruch jedoch noch nicht gänzlich geklärt ist (Heidemann, DRV 2004 S. 532). Falsch wäre es, den Herstellungsanspruch nur bei Beratungsfehlern und § 44 SGB X beim Erlass von Verwaltungsakten anzuwenden. Mit dem Herstellungsanspruch kann vielmehr jedes Verwaltungshandeln korrigiert werden. Der entscheidende Unterschied besteht darin, dass § 44 SGB X die Existenz eines bestandskräftigen Verwaltungsaktes voraussetzt (vgl. Breitkreuz/Merten, SGb 2014 S. 113). Demgegenüber setzt der Herstellungsanspruch nicht einmal voraus, dass ein Verwaltungsverfahren durchgeführt worden ist. Der Nachteil kann sogar darin bestehen, dass es auf Grund eines Verwaltungsfehlers nicht einmal eröffnet worden ist (§ 18 SGB X). Sind die Voraussetzungen für beide gegeben, so geht § 44 SGB X vor (Bay. LSG NZS 2016 S. 397). Dies erklärt sich daraus, dass diese Vorschrift eine im Gesetz ausdrücklich vorgesehene Korrekturmöglichkeit darstellt. Ihr gegenüber ist der Herstellungsanspruch subsidiär (aA Bieback, DVBl 1983 S. 162; Adolf, Der sozialrechtliche Herstellungsanspruch 1991 S. 52). Geklärt ist darüber hinaus, dass das Recht auch dadurch unrichtig angewandt werden kann, dass ein Herstellungsanspruch übersehen wurde. Der so ergangene Verwaltungsakt ist gemäß § 44 SGB X zurückzunehmen (BSG SozR 1300 § 44 Nr. 17; BSG SozR 4-1300 § 44 Nr. 12). Es kann sich also ergeben, dass im Erstfeststellungsverfahren ein Antrag zurückgewiesen wird, etwa weil eine Frist nicht eingehalten worden war und das Versäumnis auf einem Verwaltungsfehler beruht. In diesem Falle wurde Richterrecht, nämlich der Herstellungsanspruch, falsch angewandt, was die Folge des § 44 SGB X auslöst. Denkbar ist darüber hinaus, dass die Begründung eines rechtswidrigen Verwaltungsaktes einen zusätzlichen Nachteil bewirkt, die den Sozialleistungsberechtigten davon abhält, eine bestimmte Gestaltungsmöglichkeit zu nutzen. Allein durch **Rücknahme** des rechtswidrigen Verwaltungsaktes nach § 44 SGB X kann dieser zusätzliche Nachteil nicht behoben werden. Für diesen Fall, tritt der Herstellungsanspruch neben § 44 SGB X (BSG 60 S. 158).

Die zeitliche Begrenzung auf vier Jahre für die rückwirkende Leistungserbringung wird in (analoger) Anwendung des § 44 Abs. 4 SGB X auch auf den Herstellungsanspruch übertragen. Dies ist nach einer auch innerhalb des BSG uneinheitlichen Auffassung daraus abzuleiten, dass der Gesetzgeber mit der Vorschrift des § 44 Abs. 4 SGB X eine allgemeine Regelung treffen wollte, die auch die Verjährungsfrist des § 45 zum Vorbild hat. Es soll aber nicht mit der Verjährung sein Bewenden haben, vielmehr war daran gedacht, mit § 44 Abs. 4 SGB X eine Vorschrift zu schaffen, die einer materiell-rechtlichen **Ausschlussfrist** entspricht. Dabei soll zum Ausdruck kommen, dass bei der Erbringung von Sozialleistungen nicht länger als vier Jahre in die Vergangenheit zurückgegangen werden darf. Für diesen Grundsatz sprechen die Aktualität der Sozialleistungen und die Überschaubarkeit der Leistungsverpflichtung. Insoweit ging das BSG früher davon aus, die Frist von vier Jahren sei Ausdruck eines allgemeinen Rechtsgedanken (BSG 60 S. 245). Daran wird nicht mehr festgehalten (BSG SozR 3-2600 § 99 Nr. 5). Es bleibt aber dabei, dass nach Fristablauf (§ 44 Abs. 4 SGB X) durchweg eine Leistung nicht mehr verlangt werden kann. Anders wäre dies, wenn man hier von einer Verjährungsfrist ausginge. Im Rahmen der Ermessensausübung bei der Frage, ob sich die Behörde auf Verjährung beruft, wäre immer zu prüfen, ob die Erhebung der Verjährungseinrede wegen des vorausgegangenen Verwaltungsfehlers ermessenswidrig ist oder eine unzulässige Rechtsausübung darstellt (BSG SozR 3-1200 § 45 Nr. 2; BSG SGb 1997 S. 475 mAnm v. Einem; Benz, BG 1998 S. 173, 174). Dabei handelt es sich aber um eine im Gesetz vorgesehene behördliche Entscheidung (§§ 39, 45) und nicht um die Durchsetzung eines Herstellungsanspruchs. 49

Gegenüber der Rechtsprechung, dass der Herstellungsanspruch nicht zu einer länger als vier Jahre rückwirkenden Leistungserbringung führen kann (BSG 3-1300 § 44 Nr. 25; BSG SozR 4-5425 § 8 Nr. 1; LSG NRW L 14 R 432/12, juris – BSG B 13 R 23/13 R, juris), lassen sich mE Einwände erheben (§ 45 Rn. 6). Sie lassen sich in dem Grundsatz zusammenfassen, dass einer Ausschlussfrist im Sinne des § 44 Abs. 4 SGB X immer ein Verwaltungsverfahren vorausgegangen sein muss. Die Voraussetzungen für einen Herstellungsanspruch können dagegen auch bei einem höchst informellen Verhalten der Verwaltung erfüllt sein. Das kann sich etwa dann ergeben, wenn die Verwaltung auf einen Beratungsbedarf, der offen zu Tage lag, nicht reagiert, also auch kein Verwaltungsverfahren eröffnet hat. In diesem Falle lässt sich die Annahme einer Ausschlussfrist (§ 44 SGB X) nicht rechtfertigen (BSG SGb 2007 S. 675 mAnm Mrozynski). Geht man dagegen von einer Verjährung aus, dann könnte der Erhebung einer Verjährungseinrede (§ 45 SGB I) der Einwand der unzulässigen Rechtsausübung entgegen stehen (vgl. SG Gießen info also 2016 S. 21; dazu Bienert, info also 2016 S. 59). Der entscheidende Unterschied besteht aber darin, dass im Falle des § 44 SGB X immer ein bestandskräftiger Verwaltungsakt vorliegt. Im Falle des Herstellungsanspruchs kann es bei der Annahme einer Ausschlussfrist (§ 44 Abs. 4 SGB X) dazu kommen, dass auf Grund eines Verwaltungsfehlers nie ein Verwaltungsverfahren über einen Leistungsanspruch durchgeführt worden war und dennoch der Anspruch nicht 50 mehr durchgesetzt werden kann. Dies lässt sich nur durch Ermessenserwägungen, die der Verjährungseinrede vorausgehen, verhindern (vgl. § 45 Rn. 6–6b).

51 Nach einer in der Vergangenheit wohl überwiegenden Auffassung sollte der Herstellungsanspruch in der **Sozialhilfe** keine Anwendung finden (Pietzner/Müller, VerwArch 1994 S. 612 f.; aA Brugger, AöR 1987 S. 439; Adolf, Der sozialrechtliche Herstellungsanspruch 1991 S. 42). Ihm sollte ein abweichendes Strukturprinzip entgegen stehen (dazu § 37 Rn. 11–18). Von einer gefestigten Rechtsprechung konnte aber keine Rede sein (OVG Koblenz NVwZ 1985 S. 509). Allerdings sind beim BVerwG größere Vorbehalte gegenüber dem Herstellungsanspruch zu erkennen (BVerwG 79 S. 192; BVerwG FEVS 49 S. 49). Das entscheidende Argument gegen die Anwendung des Herstellungsanspruchs in der Sozialhilfe besteht darin, dass diese Hilfe nach dem Grundsatz des § 18 Abs. 1 SGB XII nie für die Vergangenheit erbracht werden kann. Sie dient vielmehr immer der Behebung einer gegenwärtigen Notlage (Wallerath, DöV 1987 S. 514). Gegen diese Auffassung war schon immer einiges einzuwenden (Brugger, AöR 1987 S. 439; Schmitz, ZfSH/SGB 2006 S, 393; Heinz, ZfF 2009 S. 12). Vor allem ist die Gleichsetzung eines Verwaltungsfehlers mit einer Leistung für die Vergangenheit nicht ganz richtig. Man muss allerdings einräumen, dass es einem Strukturprinzip der Sozialhilfe (vgl. § 37 Rn. 8 ff.) entspricht, dass Leistungen der Sozialhilfe, von den Ausnahmen abgesehen (§ 36 SGB XII), nur der akuten Bedarfsdeckung dienen dürfen (vgl. Mrozynski, ZfS 1987 S. 289). Der Begriff der Leistung für die Vergangenheit ist jedoch nur in dem Sinne zu verstehen, dass es sich dabei um Bedarfsdeckungsvorgänge handelt, die abgewickelt worden sind, bevor der Träger der Sozialhilfe Kenntnis von ihnen erlangte. Der Sachverhalt jedoch, der einen Herstellungsanspruch begründet, begründet in den meisten Fällen auch eine **Kenntnis** des Trägers der Sozialhilfe. Er muss sich durch einen konkreten Hinweis auf eine Bedarfssituation veranlasst sehen, der Sache nachzugehen (BVerwG 22 S. 322). Solange trotz der Kenntnis die Bedarfsdeckung noch unterblieben ist, handelt es sich bei den ausstehenden Leistungen nicht um Leistungen für die Vergangenheit. Allerdings wird hier wegen Subsidiarität der Herstellungsanspruch zurück gedrängt. Vielmehr ist ein Bedarf, von dem der Träger der Sozialhilfe schon Kenntnis hat, noch zu decken. Das Gegenwärtigkeitsprinzip des Sozialhilferechts ist also so zu verstehen, dass – Kenntnis vorausgesetzt – Leistungen zu erbringen sind, wenn ein Bedarf noch gedeckt werden kann (Mrozynski, ZfSH/SGB 2007 S. 463).

52 Die Situation ist beim Herstellungsanspruch etwas anders gelagert als bei § 44 SGB X. Hierzu vertritt das BVerwG die Auffassung, eine rückwirkende Erbringung von Leistungen nach § 44 Abs. 4 SGB X verstoße gegen das Strukturprinzip der akuten Bedarfsdeckung in der Sozialhilfe (BVerwG 68 S. 289). Von daher darf man aber nicht auf den Herstellungsanspruch schließen. Die Kenntnis iSd § 18 Abs. 1 SGB XII, die ein Träger der Sozialhilfe erlangt, endet im Rechtssinne mit dem Abschluss des Verwaltungsverfahrens, also spätestens mit Bekanntgabe und Bestandskraft des Verwaltungsaktes (§§ 36, 37 SGB X). Dies ist genau die Situation bei § 44 SGB X. Ein bloßer Verwaltungsfehler, also typischerweise eine unterlassene Beratung, führt demgegenüber nicht zwangsläufig zur Beendigung des Verwaltungsverfahrens. Die Kenntnis besteht also auch noch im Rechtssinne fort. So ist zwar das BVerwG in ständiger Rechtsprechung der Ansicht, von einer rückwirkenden Leistungserbringung könne nicht die Rede sein, wenn der Hilfesuchende gegen die Leistungsverweigerung Rechtsmittel mit Erfolg eingelegt hat. Das bedeutet aber, dass auch nach einem jahrelangen Rechtsstreit noch Leistungen

der Sozialhilfe erbracht werden müssen (BVerwG 90 S. 154). Da der Verwaltungsakt nicht bestandskräftig geworden war, handelt es sich nicht um Leistungen für die Vergangenheit (vgl. Mrozynski, ZfS 1987 S. 304).

Die Rechtsprechung des BVerwG zu § 44 SGB X ließ sich also schon in der 53
Vergangenheit nicht auf den Herstellungsanspruch übertragen. Der Herstellungsanspruch kann allerdings als subsidiär zurücktreten, wenn schon das materielle Sozialhilferecht eine Leistungsverpflichtung im Sinne einer nachträglichen Korrektur des Verwaltungsfehlers begründet. Dies wird bei den Kostenübernahmen für einen bereits durchgeführten Umzug deutlich (VGH München FEVS 24 S. 284; VGH Kassel FEVS 41 S. 422). Dogmatisch sehr in der Nähe des Herstellungsanspruchs liegt ein Fall, den das OVG Lüneburg zu entscheiden hatte. Ein Träger der Sozialhilfe hatte von dem sich ständig verschlimmernde Leiden einer Pflegebedürftigen Kenntnis (§ 18 Abs. 1 SGB XII). Er bewilligte Pflegegeld in einer bestimmten Höhe (§ 69 BSHG aF), unterließ es jedoch, den Fall unter Kontrolle zu halten und in regelmäßigen Abständen eine Erhöhung des Pflegegeldes zu prüfen. Dieser Verwaltungsfehler war nur deswegen nicht über den Herstellungsanspruch zu korrigieren, weil der Träger der Sozialhilfe zu einem relativ frühen Zeitpunkt Kenntnis hatte und ab Kenntnis Leistungen erbringen musste. Es waren also lediglich die Festsetzung und Auszahlung des höheren Pflegegeldes unterblieben. In dieser Nachholung ist keine Leistung für die Vergangenheit zu sehen (OVG Lüneburg FEVS 36 S. 329).

Eine Leistungspflicht der Sozialhilfe nach § 18 Abs. 1 SGB XII im Sinne einer 54
Nachholung ist nicht einmal dann ausgeschlossen, wenn der Bedarf durch Selbsthilfe oder durch **Hilfe eines Dritten** gedeckt wurde. In diesem Falle muss aber feststehen, dass dem Hilfesuchenden ein Zuwarten nicht möglich oder nicht zumutbar war (BVerwG 90 S. 154). Schwierigkeiten bereiten im Grunde nur die Fälle, in denen dem zuständigen Träger der Sozialhilfe der Bedarf in keiner Weise bekannt war (vgl. § 16 Rn. 31), bzw. wenn der Hinweis auf eine Bedarfslage nicht hinreichend konkret war, so dass kein Anlass bestand, dem nachzugehen (OVG Hamburg FEVS 41 S. 326; OVG Münster FEVS 41 S. 350). In diesem Falle muss der Sozialhilfeträger mangels Kenntnis nicht leisten. Aus dem gleichen Grunde fehlt es aber auch an den Voraussetzungen für einen Herstellungsanspruch, denn es hätte eine Gestaltungsmöglichkeit offen zutage liegen müssen. Das war nicht der Fall. Ausnahmsweise kann hier die Möglichkeit einer spezifischen sozialhilferechtlichen Korrekturmöglichkeit bestehen. Sie kann gegeben sein, wenn ein sozialhilferechtlicher Bedarf objektiv bestanden hat, wenn dieser Bedarf gedeckt worden ist und wenn deswegen der Hilfesuchende noch Forderungen des Leistungserbringers ausgesetzt ist. Der praktisch häufige Fall wäre der Wechsel von einem Krankenhaus in ein Pflegeheim, ohne dass der Träger der Sozialhilfe sogleich Kenntnis davon erlangt. In dieser Fallkonstellation kann man § 73 SGB XII (§ 27 Abs. 2 BSHG aF) anwenden und Leistungen auch im Rechtssinne für die Vergangenheit erbringen (OVG Lüneburg FEVS 33 S. 118). Bei der Hilfe zum Lebensunterhalt gelten gemäß § 36 SGB XII die gleichen Grundsätze (so jetzt auch Wallerath, NDV 1998 S. 73). Immer aber ist darauf zu achten, dass mit den Leistungen der Sozialhilfe zur Deckung eines Bedarfs beigetragen wird. In keiner Form, auch nicht über den Herstellungsanspruch, können Leistungen der Sozialhilfe als Entschädigung für unterlassene Hilfe eingesetzt werden. Nach allem ist die Auffassung, der Herstellungsanspruch finde im Sozialhilferecht keine Anwendung, unzutreffend. Er ist vielmehr zumeist gegenüber den materiell-

rechtlichen Regelungen der Sozialhilfe subsidiär. Dieser Grundsatz besteht aber generell für den Herstellungsanspruch im Sozialrecht.

55 Überdies ist in der neueren Rechtsprechung des BSG zum SGB II und SGB XII zu erkennen (BSG 99 S. 137; BSG SozR 4-1300 § 44 Nr. 15; BSG 102 S. 126), dass das Gericht nicht mehr an den „abweichenden Strukturprinzipien" des Sozialhilferechts alter Prägung festhalten, sondern im Prinzip einheitliche Grundsätze für das gesamte Sozialrecht gelten lassen will. Damit wird man in Zukunft davon ausgehen müssen, dass der Herstellungsanspruch auch in der Sozialhilfe anwendbar ist. Entsprechendes gilt für § 44 SGB X (vgl. § 37 Rn. 11–18). Allerdings ergibt sich aus dem Sozialhilferecht eine weitere Besonderheit. Zu § 44 SGB X hat das BSG zunächst entschieden, dass die Formulierung in § 44 Abs. 4 SGB X „nach den Vorschriften der besonderen Teile dieses Gesetzbuches" auch auf die Leistungsgrundsätze des jeweiligen Rechtsgebietes zu beziehen ist. Das bedeutet ua, dass Leistungen der Sozialhilfe immer nur zu erbringen sind, wenn dadurch ein Bedarf gedeckt werden kann. Dies ist nur der Fall, „wenn die Bedürftigkeit fortbesteht, also nicht temporär oder auf Dauer entfallen ist." Bei Wegfall der Bedürftigkeit scheidet eine Leistung nach § 44 Abs. 4 SGB X grundsätzlich aus (BSG 104 S. 213; BSG SozR 4-3500 § 116a Nr. 2). Dies wird man auch für den Herstellungsanspruch annehmen müssen, denn die Leistung an eine Person, die nicht bedürftig ist, wäre keine gesetzlich zulässige Amtshandlung (vgl. oben Rn. 36).

55a Allerdings deutet sich auch hier eine Änderung der Rechtsprechung an. Zum Verfahren nach § 44 SGB X hat das BSG entschieden, dass die Leistungserbringung für die Vergangenheit (§ 44 Abs. 4 SGB X) nicht voraussetzt, dass der Leistungsberechtigte noch im Bezug der Leistungen nach dem SGB II steht (BSG NZS 2017 S. 335 mAnm Mushoff). Da sich das BSG in der Begründung seiner Entscheidung ausdrücklich auf die Verweisung auf die §§ 44 SGB X, 330 SGB III in § 40 Abs. 1 Satz 1 und Abs. 2 SGB II bezieht, könnte man schließen, dass im SGB XII nicht mit der Fortführung dieser Rechtsprechung zu rechnen ist (vgl. Felix, NZS 2016 S. 401). Zu der Voraussetzung, dass ein Leistungsbezug noch andauern müsse, meint das BSG allerdings: „Eine solche – zusätzliche – Anspruchsvoraussetzung lässt sich dem geltenden Recht nicht entnehmen. Der Senat hat bereits entschieden, dass sich aus dem SGB II keine § 40 SGB II iVm § 44 SGB X verdrängenden Besonderheiten i. S. von § 37 Satz 1 Halbsatz 1 SGB I ergeben, die als <Vorschriften der besonderen Teile dieses Gesetzbuches> i. S. von § 44 Abs. 4 SGB X die Rücknahme und Nachzahlung von Sozialleistungen beschränken würden" (vgl. auch BSG 106 S. 155). Dies könnte dann auch für das SGB XII gelten (vgl. § 37 Rn. 18a).

56 Aus der soeben zitierten Rechtsprechung ergeben sich noch weitere Bedenken, die jedenfalls in der Sozialhilfe noch nicht ausgeräumt sind. Wenn nach längerem **Rechtsstreit** der Träger der Sozialhilfe zur Leistung verurteilt wird, hängt dies nach gesicherter Rechtsprechung nicht mehr davon ab, ob der Kläger (noch) bedürftig ist. Wenn man die bisherige Rechtsauffassung aus dem Grundsatz der Effektivität des Rechtsschutzes heraus erklärte, dann musste man auch erklären, warum das im Rahmen des § 44 Abs. 4 SGB X oder des Herstellungsanspruchs anders sein soll. Dass der Berechtigte eine Frist hat verstreichen lassen, würde ohnehin nur ein Argument im Rahmen des § 44 SGB X sein. Ein zweites Bedenken ergab sich jedenfalls bisher daraus, dass bei einer nachträglichen Leistung an einen noch Bedürftigen, diese Leistung oft nicht mehr einen in der Vergangenheit liegenden Bedarf decken kann. Das Gegenwärtigkeitsprinzip der Sozialhilfe bezeichnet aber die zeitliche Übereinstimmung von Bedarf und dessen Deckung, sei es auch in Form der Befreiung von Verbindlichkeiten, die für die Bedarfsdeckung durch Hilfe eines Dritten entstanden sind. Dagegen kann die Entschädigung für unterbliebene Hilfe keine Leistung der Sozialhilfe sein. Sucht man, ähnlich wie beim normalen Rechtsschutz, die Erklärung in dessen Effektivität, dann lassen sich die bisherigen Bedenken des 8. Senats des BSG nicht aufrecht erhalten. Geschwächt wäre dann ja auch die Effektivität des Herstellungsanspruchs. Dennoch lassen sich die Unterschiede rechtfertigen. Das geschieht aber nicht dadurch, dass es der Leistungsberechtigte, vor allem im Falle des § 44 SGB X, zunächst unterlassen hat, gegen den Leistungsträger vorzugehen. Vielmehr muss man weitgehend prozessual sagen, im Rechtsstreit wird der Leistungsträger zur Leistung verurteilt. Damit hat es sein Bewenden. Im Falle der Anwendung des § 44 Abs. 4 SGB X, bzw. des Herstellungsanspruchs haben diese beiden Institute ihre eigenen Leistungsvoraussetzungen. Dass ist beim § 44 Abs. 4 SGB X der Hinweis auf die Leistungsgrundsätze der besonderen Teile des Sozialgesetzbuches und beim Herstellungsanspruch auf die gesetzlich zulässige Amtshandlung. Beides liegt nahe beieinander. Das veranlasst in allen Fällen zu einer konsequenten Anwendung des Gegenwärtigkeitsprinzips in der Sozialhilfe und damit zu der Frage, ob der Bedarf noch gedeckt werden kann. Das würde gegen eine Übertragung der Rechtsprechung zum SGB II auf das SGB XII sprechen. Dem steht nicht unbedingt die Regelung des § 116a SGB XII entgegen, die von einer Anwendbarkeit des § 44 SGB X im SGB XII ausgeht. Die Tatsache, dass § 44 Abs. 4 Satz 1 SGB X für die Erbringung der rückwirkenden Leistungen auf die Vorschriften der Besonderen Teile des SGB verweist, kann aber nicht ignoriert werden (vgl. § 37 Rn. 18a). Darin liegt der Unterschied zu einer Verurteilung des Leistungsträgers unmittelbar im Anschluss an ein Erstverfahren. Der Blick darauf, ob der Berechtigte noch im Leistungsbezug steht, wäre aber zu eng. Es kommt darauf an, ob die leistungsrechtlichen Grundsätze des SGB XII noch eingehalten werden können. Das könnte durch Freistellung von Aufwendungen geschehen, die zur Bedarfsdeckung gemacht worden sind. ME könnte auch ein zum selben Zweck angegriffenes Schonvermögen wieder ausgeglichen werden (aA Grötschel, Der (sozialrechtliche) Herstellungsanspruch 2015 S. 632). Die rückwirkend erbrachte Leistung bezieht sich auf einen Bedarfsfall und ist eine Leistung der Sozialhilfe. Durch sie kann auch Schonvermögen gebildet werden. Dass letzteres in der Praxis selten vorkommt, ist eine andere Frage. Im Rahmen des § 44 Abs. 4 SGB X erfolgt also nichts anderes als die Beachtung des SGB XII.

§ 15 Auskunft

(1) **Die nach Landesrecht zuständigen Stellen, die Träger der gesetzlichen Krankenversicherung und der sozialen Pflegeversicherung sind verpflichtet, über alle sozialen Angelegenheiten nach diesem Gesetzbuch Auskünfte zu erteilen.**

(2) **Die Auskunftspflicht erstreckt sich auf die Benennung der für die Sozialleistungen zuständigen Leistungsträger sowie auf alle Sach- und Rechtsfragen, die für die Auskunftsuchenden von Bedeutung sein können und zu deren Beantwortung die Auskunftsstelle imstande ist.**

(3) **Die Auskunftsstellen sind verpflichtet, untereinander und mit den anderen Leistungsträgern mit dem Ziel zusammenzuarbeiten, eine möglichst umfassende Auskunftserteilung durch eine Stelle sicherzustellen.**

(4) **Die Träger der gesetzlichen Rentenversicherung sollen über Möglichkeiten zum Aufbau einer staatlich geförderten zusätzlichen Altersvorsorge produkt- und anbieterneutral Auskünfte erteilen.**

Übersicht

1. Standort und Funktion des Auskunftsanspruchs

1 Zur Terminologie vgl. § 14 Rn. 1. Die Regelung über die Auskunftspflicht steht in der logischen Reihenfolge zwischen der Aufklärung (§ 13) und der Beratung (§ 14). Neben beiden hat sie, abgesehen von der Benennung des zuständigen Sozialleistungsträgers, keine besondere praktische Bedeutung. Die Aufklärung ist auf die Information der Allgemeinheit ausgerichtet, und die Beratung verhilft dem Berechtigten zu einer umfassenden Information im Einzelfall (§ 13 Rn. 6; § 14 Rn. 4). Auf diese Weise erfüllen beide eine sehr spezielle Aufgabe. Die Beratung im Einzelfall kann nicht die Aufklärung der Bevölkerung ersetzen. Die Aufklärung ist zu allgemein, als dass mit ihr schon die Aufgaben der Beratung erfüllt werden könnten. In keinem Falle besteht ein Anspruch auf schriftliche Information (§ 14 Rn. 13). Ein besonderes Angebot der Beratung und Unterstützung bestand ursprünglich bei der Rehabilitation behinderter Menschen nach den §§ 22 und 23 SGB IX aF Diese Regelungen sind aufgehoben worden (§ 241 Abs. 7 SGB IX). Soweit eine Auskunft hinsichtlich Renten- oder Pflegeleistungen an behinderte Menschen in Betracht kommt, gilt ausschließlich § 15 Abs. 1. Die §§ 7 und 7a SGB XI erstrecken sich nur auf die Aufklärung einerseits und die Beratung im Zusammenhang mit Pflegebedürftigkeit andererseits.

2 Der Auskunftsberechtigte ist, anders als in § 14, in § 15 nicht benannt. Es wird lediglich eine Verpflichtung der dort genannten Sozialleistungsträger und Stellen begründet. Aus dieser objektiven Verpflichtung wird man aber schließen müssen, dass, wie bei der Beratung, jeder einen Anspruch darauf hat (BVerwG 37 S. 243). Ein rechtliches Interesse an der Auskunft wird nach dem Wortlaut der Vorschrift nicht gefordert. Jedoch ergibt sich eine gewisse Einschränkung daraus, dass sich nach § 15 Abs. 2 die Auskunft nur auf Sach- und Rechtsfragen erstreckt, die für den Auskunftssuchenden von Bedeutung sein können (vgl. § 14 Rn. 3). Des Weiteren erstreckt sich die Auskunft nur auf soziale Angelegenheiten. Das sind alle Fragen des formellen Sozialrechts. Eine Beschränkung auf die Bücher I bis XII ist damit aber nicht vorgenommen worden. Gemäß § 68 gelten vielmehr auch die dort genannten Sozialgesetze als Besondere Teile des SGB I. Dort ist zB das AsylbLG nicht genannt. Eine engere Auffassung aber auch eine Erweiterung über das Sozialrecht hinaus lassen sich nicht aus der Rechtsprechung des BSG ableiten (vgl. Köhler, ZfSH/SGB 2014 S. 587, 588). Insoweit hat das Gericht nur entschieden, dass sich die Auskunft allgemein auf soziale Angelegenheiten erstreckt, und dass die Erweiterung auf „alle Sach- und Rechtsfragen, die für den Auskunftssuchenden von Bedeutung sein können", die Beschränkung auf das formelle Sozialrecht nicht aufhebt (BSG 59 S. 76).

3 Ein ausdrückliches Auskunftsbegehren ist nicht erforderlich. Es genügt, es ist aber auch erforderlich, dass für den Sozialleistungsträger ein entsprechender Bedarf

offen zutage liegt, und dass die damit verbundene Gestaltungsmöglichkeit von einem verständigen Leistungsberechtigten genutzt worden wäre (BSG SozR 4-4300 § 28a Nr. 5). Eine Auskunft muss nicht schriftlich erteilt werden. **Merkblätter** können die Auskunft nur ergänzen, aber nicht ersetzen. Nicht zu folgen ist der Ansicht, dass eine Pflicht zur **Spontanauskunft** nicht bestünde (so Köhler, ZfSH/SGB 2014 S. 589). Insbesondere bietet die Entscheidung des LSG Bln.-Brandbg. auch zu § 15 keine Grundlage für diese Auffassung. Das Gericht ist vielmehr der Auffassung, dass „bei Vorliegen eines konkreten Anlasses auf klar zu Tage tretende Gestaltungsmöglichkeiten im Wege einer Spontanberatung hinzuweisen" ist (LSG Bln.-Brandbg. L 27 R 1569/05, juris). Im Ergebnis wäre die einschränkende Auffassung auch widersprüchlich. Nach einhelliger Meinung kann die Verletzung des § 15 einen Herstellungsanspruch zur Folge haben (unten Rn. 11). Dieser greift aber bereits ein, wenn der Aufklärungsbedarf eines Leistungsberechtigten für den Leistungsträger (lediglich) offen zu Tage gelegen hat (§ 14 Rn. 9, 19).

Die Auskunft selbst ist ein schlicht hoheitliches Verwaltungshandeln (vgl. Bay. 3a
LSG NZS 2012 S. 440). Erforderlichenfalls ist sie durch eine allgemeine Leistungsklage durchzusetzen. Die **Ablehnung der Auskunft** dagegen stellt einen Verwaltungsakt dar (§ 31 SGB X). Damit sind Widerspruch und kombinierte Anfechtungs- und allgemeine Leistungsklage (§§ 42 VwGO, 54 SGG) der richtige Rechtsbehelf (§ 14 Rn. 6, 8). Meinungsverschiedenheiten bestehen hinsichtlich der Frage des **Rechtswegs.** Eine überwiegende Auffassung hält im Falle einer jeden Auskunft den Rechtsweg zu den Verwaltungsgerichten für gegeben. Dies wird damit begründet, dass sich die Auskunft in dem Rahmen des § 15 Abs. 2 auf alle Gebiete des Sozialrechts beziehe. Damit soll eine spezielle Zuweisung nach § 51 SGG nicht gegeben sein. (Schellhorn, GK-SGB I § 15 Rn. 32; Wannagat-Rüfner, SGB I § 15 Rn. 5; Lilge, SGB I § 15 Rn. 20). Diese Auffassung ist seit der Neufassung des § 51 SGG nicht überholt, da eine Reihe anderer Sozialleistungsbereiche in der Zuständigkeit der Verwaltungsgerichte geblieben sind (Kinder- und Jugendhilfe, Ausbildungsförderung, Wohngeld). Eine gegenteilige Auffassung geht jedoch allgemein davon aus, dass auch bei der Auskunft die Frage des Rechtswegs nach der Rechtsnatur des anspruchsbegründenden Rechtsverhältnisses zu entscheiden ist (Krasney, BKK 1985 S. 345). Dieser Auffassung ist zumindest mit Blick auf die nach § 15 Abs. 1 zuständigen Träger der Kranken- und Pflegeversicherung zuzustimmen. Insoweit gründet der Auskunftsanspruch im Recht der Sozialversicherung und nicht in dem Rechtsgebiet, über das Auskunft erteilt wird. Damit ist der Rechtsweg zu den Sozialgerichten eröffnet (§ 51 SGG). Dasselbe gilt für Auskünfte durch Versicherungsämter. Deren Tätigkeit erfolgt auf der Grundlage des § 93 SGB IV. Sofern ein Landesgesetzgeber den Träger der Sozialhilfe für auskunftspflichtig erklärt hat, fehlt es an einer speziellen Rechtswegzuweisung. In diesem Falle war bis zur Neufassung des § 51 SGG der Verwaltungsrechtsweg eröffnet (§ 40 VwGO). Gegenwärtig kann der Verwaltungsrechtsweg also nur noch in einem landesrechtlichen Ausnahmefall eröffnet sein. Diesem Ergebnis kann man nicht entgegenhalten, eine besondere Rechtswegzuweisung würde immer dann fehlen, wenn nicht feststehe, auf welchen Sozialleistungsbereich sich die Auskunft beziehe (so Bley, SozVersGesKomm § 15 Anm. 4b). Der Rechtsweg wird nicht durch den Inhalt der Auskunft bestimmt, sondern durch den Rechtsgrund, aus dem sich der Auskunftsanspruch als solcher ergibt. Wird der Anspruch **gegenüber einem Versicherungsträger geltend gemacht,** so

betrifft er diese Angelegenheit. Ggf. ist der Anspruch nur in dem Umfange des § 15 Abs. 2 Hs. 2 zu erfüllen oder er ist ganz unbegründet.

4 Auskunft und Beratung werden in der Weise voneinander abgegrenzt, dass die Auskunft auf eine Information über eine konkrete Rechtsfrage beschränkt ist und die Beratung auf eine Handlungsanleitung ausgerichtet sein soll (v. Maydell, ZfSH/SGB 1986 S. 368). Dies trifft zwar für viele Formen der Beratung in mehr oder minder starker Form zu (vgl. Schulin/Gebler, VSSR 1992 S. 33). Bereits nur im Ansatz gilt das für die Beratung nach § 11 Abs. 2 SGB XII. Demgegenüber enthält die Erziehungsberatung nach § 28 SGB VIII eine deutliche Handlungsanleitung (vgl. § 14 Rn. 21). Es ist aber nicht zwingend, dies für jede Form der Beratung anzunehmen. Das verlangt schon der Begriff nicht (vgl. auch § 16 Abs. 3). So beinhaltet eine Beratung über Rentenansprüche nach den §§ 35 ff. SGB VI keineswegs auch den Rat, eine solche Rente auch zu beantragen. Eine gute Beratung zeigt allerdings Alternativen auf, belässt die Auswahl unter ihnen jedoch beim Sozialleistungsberechtigten, sie ist, wie es im Zusammenhang mit § 218 StGB heißt, „ergebnisoffen". Das gilt aber für die Auskunft in gleicher Weise. Deswegen wird man keinen qualitativen Unterschied zwischen Auskunft und Beratung feststellen können. Der Unterschied liegt in der Zuständigkeit für die Erteilung der Information und in deren Umfang (Krasney, BKK 1985 S. 339). Auch das Kriterium des fachlichen „Im- Stande-Seins" eignet sich nicht für die Abgrenzung. Denn diese Kriterium erstreckt sich innerhalb des § 15 Abs. 2 nur auf die Sach- und Rechtsfragen, nicht aber auf die Benennung des zuständigen Leistungsträgers (aA wohl Köhler, ZfSH/SGB 2014 S. 588). Das ergibt sich aus der klaren Zuordnung der Begriffe Benennung, Rechtsfragen und Beantwortung in § 15 Abs. 2.

2. Umfang der Auskunft

5 Nur in ihrem Kernbereich ist die Auskunftspflicht klar geregelt und erfüllt die Auskunft eine wichtige Aufgabe. Die Auskunft erstreckt sich auf „alle sozialen Angelegenheiten nach diesem Gesetzbuch". Demnach lässt sich nicht die Auffassung vertreten, zB über Fragen des Kinder- und Wohngeldrechts wären keine Auskünfte zu erteilen (Köhler, ZfSH/SGB 2015 S. 588). Zum Sozialgesetzbuch gehören alle in § 68 genannten Rechtsgebiete. Nicht genannt sind ua das Asylbewerberleistungs- und das Lastenausgleichsrecht, wohl aber das Kinder- und Wohngeldrecht. Nicht zu eng interpretiert werden darf zudem die Formulierung des BSG: „Eine soziale Angelegenheit nach dem SGB kann eine Auskunft schon deswegen nicht sein, wenn der Auskunftssuchende in keinerlei sozialen Rechtsbeziehungen zum Sozialleistungsträger steht" (BSG 59 S. 76 Rn. 15). Wer in keiner rechtlichen Beziehung zu einem (deutschen) Sozialleistungsträger steht, kann dennoch eine Auskunft darüber einholen, ob die Möglichkeit einer freiwilligen Versicherung besteht und wer dafür zuständig ist. Es genügt also, wenn sich das Auskunftsbegehren auf einen Sachverhalt bezieht, der für den Auskunftsuchenden Gegenstand des Sozialgesetzbuches sein kann.

5a Auskunftspflichtig sind die Träger der gesetzlichen Krankenversicherung (Orts-, Betriebs-, Innungs-, Ersatz-, landwirtschaftliche Krankenkasse, Bundesknappschaft) und der Pflegeversicherung. Mit ihnen verfügt das Sozialrecht über ein im ganzen Bundesgebiet immer noch relativ weitgefächertes Netz von **Auskunftsstellen.** Sie sind zudem wegen der vielfältigen Aufgaben der Krankenkassen, die über die Durchführung des SGB V hinausgehen, als Auskunftsstellen besonders geeignet. Insoweit war die Einbeziehung der Pflegekassen in § 15 Abs. 1 nicht sinnvoll und auch nicht notwendig. Nach Landesrecht sind darüber hinaus die jeweils dazu bestimmten Stellen auskunftspflichtig. Die Länder haben zumeist die Landkreise und kreisfreien Gemeinden bzw. Städte bestimmt. In den Stadtstaaten Berlin und Hamburg sind es die Bezirksämter. Da sie zugleich auch die Träger der Sozialhilfe sind, besteht bei ihnen mit Blick auf das Subsidiaritätsprinzip (§ 2 Abs. 1 SGB XII) ein eigenes Interesse, Auskunftsaufgaben besonders qualifiziert durchzuführen. Soweit Gegenstand der Auskunft Leistungen zur Rehabilitation und Teilhabe für behinderte Menschen sind, hat der Gesetzgeber nach Abschaffung der Servicestellen aber nicht eine Auskunftspflicht der Rehabilitationsträger beibehalten (vgl. § 22 Abs. 2 Satz 2 SGB IX aF). So wenig sinnvoll die Servicestellen waren, so wichtig wäre eine spezielle Auskunftsstelle für behinderte Menschen gewesen, da gerade Zuständigkeitsfragen in der Rehabilitation und Teilhabe sehr kompliziert sein können (unten Rn. 6; § 29 Rn. 26). Insbesondere ist es nicht sinnvoll die Zuständigkeitsklärung in den Leistungsbereich hinein zu verlagern und dadurch das Konfliktfeld nur zu vergrößern.

Die Regelung über die Auskunftspflicht fügt sich in die Reihe derjenigen 6
Vorschriften ein, die dazu beitragen sollen, die Nachteile des gegliederten Systems zu überwinden (vgl. § 13 Rn. 1). Deswegen erstreckt sich die Auskunftspflicht zuerst und uneingeschränkt auf die Benennung der für die jeweiligen Sozialleistungen zuständigen Leistungsträger einschließlich seiner offiziellen Bezeichnung, die etwa auch in einem Klageverfahren erfolgen müsste. Das schließt sinnvollerweise die genaue Anschrift ein. Nach dem Zweck der Vorschrift, die Unübersichtlichkeit des Sozialrechts überwinden zu helfen, ist letzteres jedoch nicht zwingend geboten. Die Ermittlung der Anschrift, die etwa auch im Internet erfolgen könnte, setzt keinerlei Kenntnis des Sozialrechts voraus. Andererseits ist die Erteilung einer richtigen Auskunft angesichts der zum Teil sehr komplizierten Zuständigkeitsregelungen, eine in ihren Schwierigkeiten nicht zu unterschätzende Aufgabe. Im Normalfall mag sie mit der üblichen Verwaltungsroutine zu erfüllen sein.

Da aber die Auskunftspflicht hinsichtlich der Benennung des zuständigen Leis- 6a
tungsträgers uneingeschränkt besteht, kann die Aufgabe im Einzelfall nicht ohne **Rückgriff auf das Leistungsrecht** des zuständigen Trägers erfüllt werden. So kann es nach einem schädigenden Ereignis sehr schwierig sein, dieses Ereignis als einen Arbeits- bzw. Wegeunfall oder als einen Unfall im eigenwirtschaftlichen Bereich (§ 8 SGB VII) zu qualifizieren (vgl. § 22 Rn. 3). Davon hängt es aber ab, ob die Berufsgenossenschaft oder ein Träger der Krankenversicherung zuständig ist. Die Auskunftsstelle kann sich nach dem Gesetzeswortlaut nicht damit begnügen, alternativ die Berufsgenossenschaft, den Träger der Krankenversicherung oder, was im Einzelfall auch denkbar ist, die Versorgungsbehörde als zuständig zu benennen. Eine solche Auskunft wäre unvollständig. Ähnliche Probleme können sich ergeben, wenn ein in seinem Leistungsvermögen beeinträchtigter Arbeitnehmer seinen Arbeitsplatz verliert und Lohnersatzleistungen begehrt. Zuständig könnte die Bundesagentur für Arbeit für die Gewährung von Arbeitslosengeld (§§ 136 ff. SGB III) sein. Die Frage der Zuständigkeit wäre gänzlich anders zu beantworten, wenn sich zum Zeitpunkt des Arbeitsplatzverlustes eine Arbeitsunfähigkeit feststellen ließe. In diesem Falle wäre keine Verfügbarkeit iSd § 138 Abs. 5 SGB III gegeben. Es bestünde aber ein Anspruch auf Krankengeld nach den §§ 44 ff. SGB V. Die in diesem Falle gegebene Zuständigkeit des Trägers der Krankenversicherung ließe sich erst nach einer genauen leistungs- und mitgliedschaftsrechtlichen Prüfung feststellen (vgl. § 192 Abs. 1 Nr. 2 SGB V). Schließlich könnte

in demselben Falle aber auch die Zuständigkeit des Trägers der Rentenversicherung für eine Rente wegen Erwerbsminderung gegeben sein (§ 43 SGB VI). Diese Frage würde nun durch die Nahtlosigkeitsregelung des § 145 SGB III noch komplizierter. Ähnliche Probleme ergeben sich auch bei der Benennung des zuständigen Trägers der Sozialhilfe. Hier hängt die Zuständigkeit oft von einer kombinierten Prüfung der Leistungsart und der Form der Erbringung dieser Leistung ab. Besonders deutlich wird dies in der Vorschrift des § 97 SGB XII, die sich nur dem erschließt, der auch mit der Sozialhilfe vertraut ist. Häufig, aber keineswegs in allen Fällen, hängt die Zuständigkeit des Trägers der Sozialhilfe davon ab, ob die Hilfe (teil)stationär oder ambulant geleistet wird. Dabei kommt es ergänzend auf landesrechtliche Regelungen an (§§ 97, 98 SGB XII). Der Begriff der Einrichtung, der für die stationäre Versorgung steht (BVerwG 48 S. 231; BVerwG 95 S. 149), ist aber angesichts der Veränderung der Versorgungsstrukturen in Auflösung begriffen (beispielhaft BSG SozR 4-1750 § 524 Nr. 1 Rn. 23–25). Es genügt für die Auskunft nicht, irgendeinen Träger der Sozialhilfe zu benennen, sondern es muss derjenige genannt werden, der für die konkret zu erbringende Leistung in der Gestalt, die sie in dem jeweiligen Versorgungsgebiet gefunden hat, zuständig ist (vgl. § 16 Rn. 30–32). Kompliziert werden kann die Auskunft auch bei einem behinderten Menschen. Bei ihm ist zunächst die Art des Teilhabebedarfs zu klären, sodann ist in den praktisch häufigen Fällen festzustellen, ob der Träger der Kranken- oder Rentenversicherung (§ 42 SGB IX) bzw. der Träger der Rentenversicherung oder der Arbeitsförderung (§ 49 SGB IX) zuständig ist. Kommen auch Leistungen zum Lebensunterhalt in Betracht, so ist die Zuständigkeit des Jobcenters oder des Trägers der Sozialhilfe zu ermitteln. Das Ergebnis kann von der Versorgungsform oder dem Leistungsvermögen des behinderten Menschen abhängen (vgl. § 7 Abs. 1 Nr. 2, Abs. 4 SGB II). Bei diesem letzteren Anspruch tritt noch hinzu, dass nicht § 14 SGB IX, sondern § 16 SGB I anwendbar ist.

7 Da es bei der Auskunft wie bei der Beratung (§ 14 Rn. 9) nicht erforderlich ist, dass der Sozialleistungsberechtigte konkrete Fragen stellt, muss auch bei der Auskunft höchst sorgfältig verfahren werden. Dabei ist vor allem zu beachten, dass vom Zeitpunkt der Antragstellung, die durch die Auskunft angeregt wird, der Beginn der Leistungen abhängig sein kann. Häufig wird die Antragstellung beim unzuständigen Träger wegen der Regelung des § 16 Abs. 2 zwar unschädlich sein, aber zB kann die persönliche Meldung als arbeitslos (§ 141 SGB III) nicht beim unzuständigen Träger erfolgen und in der Sozialhilfe, in der es die schwierigsten Zuständigkeitsfragen gibt, ist es noch immer nicht ganz zweifelsfrei, ob § 16 Abs. 2 uneingeschränkt anwendbar ist, oder ob die Sonderregelung des § 18 Abs. 2 Satz 1 SGB XII gilt (vgl. § 16 Rn. 30–32).

8 Über die Frage der Zuständigkeit hinaus ist der Inhalt der Auskunftspflicht eher vage. Welche **Sach- bzw. Rechtsfragen** für den Auskunftsuchenden von Bedeutung sein können, lässt sich ohne eine nähere Erörterung seines Anliegens nicht feststellen. In diesem Falle wird aber bereits eine Beratung durchgeführt, zu der der auskunftspflichtige Sozialleistungsträger zumeist nicht in der Lage und auch nicht verpflichtet ist. Die Auskunft über die genannten Sach- und Rechtsfragen muss nur erfolgen, wenn der Sozialleistungsträger zu deren Beantwortung imstande ist. Es ist zweifelhaft, wie weit diese Einschränkung reicht (vgl. v. Maydell, ZfSH/SGB 1986 S. 369). Nicht jedes Unvermögen kann ein Grund sein, die Auskunft abzulehnen bzw. Vorbehalte oder Einschränkungen zu machen. Aus dem Gesamtzusammenhang der §§ 13–16, in dem § 15 steht, muss man jedoch schließen, dass der Sozialleistungsträger über die Benennung der Zuständigkeit

anderer Sozialleistungsträger hinaus nur zur Auskunft über diejenigen Sach- und Rechtsfragen imstande sein muss, die zu seinem eigenen Zuständigkeitsbereich gehören. Wenn dieser Grundsatz schon für die Beratung gilt, dann kann man im Rahmen der Auskunft durch einen für die Leistungserbringung selbst unzuständigen Träger keine weitergehenden Anforderungen stellen. Für eine Ausdehnung der Auskunftspflicht besteht auch kein Bedürfnis. Kann der die Auskunft erteilende Träger die Fragen aus seinem Zuständigkeitsbereich beantworten und kann er zudem im Übrigen den zuständigen Träger benennen, dann ist die Information vollständig. Im Interesse möglichst genauer Informationen ist es dem Sozialleistungsberechtigten zuzumuten, diese beim zuständigen Sozialleistungsträger in Form einer Beratung nach § 14 einzuholen. Allerdings wird man nicht die Auffassung vertreten können, die Auskunft könne auf die Benennung des zuständigen Sozialleistungsträgers beschränkt werden. Eine solche Einschränkung hätte zwar in der Sache viel für sich, sie ließe sich jedoch nicht mit dem Wortlaut der Vorschrift vereinbaren. Zumindest muss festgestellt werden, dass der Leistungsträger zu einer weitergehenden Auskunft nicht in der Lage ist. Demgegenüber kann man nicht allgemein sagen, dass die Auskunft nicht über die Frage hinausgehen müsse (so Knecht in Hauck/Noftz, SGB I § 15 Rn. 10). Dagegen spricht schon der Wortlaut des § 15 Abs. 2 „von Bedeutung sein können".

Der Auskunftsanspruch kann jedoch an objektive Grenzen stoßen. Er erstreckt 9
sich nicht auf Fragen, die keine sozialen Angelegenheiten zum Gegenstand haben. Eine weitergehende Auffassung kann auch nicht aus dem Wortlaut der Vorschrift „sowie auf alle Sach- und Rechtsfragen, die für den Auskunftsuchenden von Bedeutung sein können" abgeleitet werden. Auch diese Erweiterung steht im sozialrechtlichen Zusammenhang. Über den Regelungsbereich des § 15 hinaus sind behördliche Auskünfte nur nach Ermessensgesichtspunkten zu erteilen (BVerfG NStZ 1982 S. 44; BVerwG NJW 1989 S. 2960; VGH München NVwZ 1990 S. 777). Auch in diesen Fällen kann eine Auskunft nur erteilt werden, soweit Rechte anderer dem nicht entgegenstehen. Zu diesen Rechten gehört vor allem der Anspruch auf Schutz der personenbezogenen Daten (BSG 59 S. 76).

Angesichts der Schwierigkeiten, in den komplizierteren Fällen eine zutreffende 10
Auskunft über die Zuständigkeit zu erteilen, ist es konsequent, wenn § 15 Abs. 3 eine weitgehende Verpflichtung zur Zusammenarbeit begründet. Auch aus dieser Vorschrift ist abzuleiten, dass eine Auskunft zumindest dann über die Zuständigkeitsfrage hinausgehen muss, wenn ein entsprechendes Interesse des Sozialleistungsberechtigten erkennbar ist.

Im Falle einer unzutreffenden Auskunft ergeben sich die gleichen haftungs- 11
rechtlichen Konsequenzen wie bei der Beratung. Insbesondere bestehen Ansprüche nach § 839 BGB, Art. 34 GG wegen **Amtspflichtverletzung** (vgl. § 14 Rn. 47–47d). Auch ein Herstellungsanspruch ist im Grundsatz gegeben. Er dürfte jedoch in der Praxis oft daran scheitern, dass die Auskunftsstelle mangels Zuständigkeit nicht zur Vornahme der erforderlichen und zulässigen Amtshandlung in der Lage ist (vgl. § 14 Rn. 36 ff.). In der Praxis sind die haftungsrechtlichen Folgen der falschen Auskunft bei weitem nicht so groß wie bei der Beratung nach § 14. Das ergibt sich schon aus der viel geringeren Zahl der Urteile des BSG zu dieser Frage. Eine falsche Auskunft zur Zuständigkeit hat zudem oft nicht so schwerwiegende Folgen wie eine falsche Beratung, da gemäß § 16 Abs. 2 Anträge grundsätzlich auch bei einem unzuständigen Träger gestellt werden können. Soweit eine Auskunft über die Zuständigkeitsfrage hinausgeht, wird der die Auskunft erteilende Sozialleistungsträger den Ratsuchenden zur Einholung einer Beratung auf-

fordern. Unterlässt der Ratsuchende dies, so wird man die Auffassung vertreten müssen, dass die etwa falsche Auskunft nicht die wesentliche Ursache für den entstandenen Rechtsnachteil war. Die wohl überwiegende Auffassung müsste hier, mit im Wesentlichen gleichen Ergebnis, eine grobe Fahrlässigkeit des Sozialleistungsberechtigten annehmen (vgl. § 14 Rn. 46).

3. Rentenauskunft

12 Hinsichtlich der Auskunftserteilung ergaben sich schon immer Besonderheiten in der Rentenversicherung. Soweit hier bisher schon Rentenauskünfte erteilt wurden (§ 109 SGB VI aF), handelte es sich nicht um einen Fall des § 15. Vielmehr ist das BSG auch davon ausgegangen, dass bei einer solchen Rentenauskunft der behördliche Wille zur Selbstverpflichtung fehle, eine Rente zumindest in der Höhe des Auskunftsschreibens zu bewilligen (BSG 78 S. 138). Insoweit ist auch eine Korrektur über einen Herstellungsanspruch nicht möglich, da es keine gesetzliche vorgesehene Amtshandlung gibt, der falschen Auskunft nachträglich Verbindlichkeit zu verleihen (vgl. § 14 Rn. 36 ff.). Informationspflichten der Träger der Rentenversicherung bestehen auch nach § 115 Abs. 6 SGB VI (vgl. § 14 Rn. 12).

13 Das AVmG hat durch Neufassung des § 109 SGB VI und durch Anfügung eines Abs. 4 in § 15 SGB I die Informationspflichten der Rentenversicherung mit Wirkung ab dem 1.1.2004 erweitert. Nach § 109 Abs. 1 SGB VI erhalten Versicherte, die das 27. Lebensjahr vollendet haben, jährlich eine schriftliche **Renteninformation.** Diese Renteninformation steht allerdings unter dem Vorbehalt künftiger Rechtsänderungen (§ 109 Abs. 2 SGB VI). Nach Vollendung des 55. Lebensjahres wird die Auskunft alle drei Jahre durch eine **Rentenauskunft** ersetzt. Gegenüber der eher allgemein gehaltenen Renteninformation, die aber immerhin auch eine Prognose über die Höhe der zu erwartenden Rente beinhaltet (§ 109 Abs. 3 Nr. 3 SGB VI) übermittelt die Rentenauskunft (§ 109 Abs. 4 SGB VI) individuelle Daten über das Versicherungskonto. Auch sie sind aber gemäß § 109 Abs. 2 SGB VI mit dem Zusatz zu versehen, dass sie unter dem Vorbehalt künftiger Rechtsänderungen sowie der Richtigkeit und Vollständigkeit der im Versicherungskonto gespeicherten rentenrechtlichen Zeiten stehen.

14 Die Renteninformationen nach § 109 SGB VI bleiben in ihrer Verbindlichkeit noch hinter der Auskunft nach § 15 zurück. Das gilt auch für den später in § 15 angefügten Abs. 4. Auch die Auskünfte, die danach erteilt werden können, stehen im Zeichen des Aufbaus der **privaten Altersvorsorge.** In diesem Zusammenhang werden Auskünfte erteilt, die über den Bereich des Sozialrechts hinausgehen. Sie umfassen auch Hinweise auf Vor- und Nachteile bestimmter Anlageformen; finden jedoch ihre Grenze bei einer Anlageempfehlung (Ruland, SGb 2014 S. 645). Andererseits erfolgt die jeweilige Auskunft aber insoweit eingeschränkt, als der Träger der Rentenversicherung zu ihr „im Stande" sein muss. Auch was ihren Gegenstand angeht, ist die Auskunft eingeschränkt. Im Wesentlichen erstreckt sich die objektiv neutrale Auskunft darauf, dem Bürger Handlungsmöglichkeiten aufzuzeigen. Insbesondere eine Einschätzung, welche Vorsorge im Einzelfall die geeignetste ist, ginge über den Gegenstand der Auskunft hinaus. Allerdings sollte der Hinweis erfolgen, dass eine Zertifizierung gemäß § 2 Abs. 1 AltZertG nur die Übereinstimmung des Vertrages mit den gesetzlichen Regelungen bestätigt, aber keine Aussage über die versicherungswirtschaftlichen Aspekte macht (Dünn/Grintsch, DRV 2001 S. 378). Soweit

eine falsche Auskunft erteilt wird, ist ein Herstellungsanspruch gegeben (§ 14 Rn. 23). Das gilt auch angesichts der Regelung dass die Auskunft nur erteilt werden kann, soweit der Leistungsträger zu ihr im Stande ist. Dieses gesetzliche Merkmal berechtigt den Leistungsträger zwar, die Auskunft gegenständlich zu beschränken. Sie stellt jedoch keine Haftungsbegrenzung bei fehlerhaftem Verwaltungshandeln dar.

Eine weitere Hilfeverpflichtung, die über die eine bloße Information oder Auskunft hinausgeht, wurde dem Träger der Rentenversicherung durch § 109a SGB VI im Zusammenhang mit dem Gesetz über eine **bedarfsorientierte Grundsicherung** auferlegt, die jetzt Eingang in die §§ 41 ff. SGB XII gefunden hat. Wer iSd § 41 Abs. 2 oder Abs. 3 SGB XII antragsberechtigt ist, wird vom Träger der Rentenversicherung über Leistungsvoraussetzungen und Antragsverfahren informiert. Das erfolgt ohne Anfrage, wenn der Antragsberechtigte rentenberechtigt ist und die Rente unter dem 27fachen des aktuellen Rentenwerts liegt. Personen, die nicht rentenberechtigt sind, sind auf Anfrage zu beraten und zu informieren. Der Information, die schriftlich erfolgen kann, ist ein Antragsformular für Leistungen auf Grundsicherung beizufügen. Der Antrag kann beim Träger der Rentenversicherung gestellt werden und ist von diesem an den Träger der Grundsicherung weiterzuleiten, was ohnehin schon nach § 16 Abs. 2 zu erfolgen hat, also überflüssigerweise geregelt ist. **15**

§ 16 Antragstellung

(1) [1]**Anträge auf Sozialleistungen sind beim zuständigen Leistungsträger zu stellen.** [2]**Sie werden auch von allen anderen Leistungsträgern, von allen Gemeinden und bei Personen, die sich im Ausland aufhalten, auch von den amtlichen Vertretungen der Bundesrepublik Deutschland im Ausland entgegengenommen.**

(2) [1]**Anträge, die bei einem unzuständigen Leistungsträger, bei einer für die Sozialleistung nicht zuständigen Gemeinde oder bei einer amtlichen Vertretung der Bundesrepublik Deutschland im Ausland gestellt werden, sind unverzüglich an den zuständigen Leistungsträger weiterzuleiten.** [2]**Ist die Sozialleistung von einem Antrag abhängig, gilt der Antrag als zu dem Zeitpunkt gestellt, in dem er bei einer der in Satz 1 genannten Stellen eingegangen ist.**

(3) **Die Leistungsträger sind verpflichtet, darauf hinzuwirken, daß unverzüglich klare und sachdienliche Anträge gestellt und unvollständige Angaben ergänzt werden.**

Übersicht

1. Begriff und Funktion des Antrags

1 Die Vorschrift steht in engem Zusammenhang mit den §§ 8 ff. SGB X, die das Verwaltungsverfahren regeln. Aus § 18 Satz 1 SGB X ist an sich der Grundsatz abzuleiten, dass die Behörde nach pflichtgemäßem Ermessen über den Beginn des Verfahrens entscheidet. Dieser Fall ist jedoch eher selten gegeben. Er liegt etwa bei den §§ 44–48 SGB X vor. Ein Ermessen steht der Behörde nicht zu, wenn sie von Amts wegen oder auf Antrag tätig werden muss (§ 18 Satz 2 Nr. 1 SGB X), bzw. wenn sie nur auf Antrag tätig werden darf und ein solcher Antrag nicht vorliegt (§ 18 Satz 2 Nr. 2 SGB X). Ein solcher Fall ist dann gegeben, wenn der Antrag materiell-rechtliche Leistungsvoraussetzung ist (vgl. § 40 Rn. 10–16). Das ist etwa bei der freiwilligen Versicherung nach § 9 SGB V gegeben. Dem Rentenantrag kann man im Hinblick auf die Regelungen der §§ 99, 115 SGB VI materiell-rechtliche Funktion nicht beimessen (vgl. § 1248 RVO aF). Demgegenüber hat der Antrag auf Beitragserstattung nach § 210 SGB VI materiell-rechtliche Bedeutung (BSG 41 S. 89). Dasselbe galt für den Antrag auf Arbeitslosengeld nach § 100 Abs. 1 AFG aF. Diese materielle Antragsfunktion ist jedoch in § 323 Abs. 1 Satz 1 SGB III entfallen. Der Antrag hat jetzt nur noch formelle Bedeutung. Dabei kommt der persönlichen Arbeitslosmeldung (§ 141 SGB III) im Zweifel die Wirkung eines Antrags zu (§ 323 Abs. 1 Satz 2 SGB III). Hat ein Antrag eine **materiell-rechtliche Funktion,** so bedeutet dies, dass der Anspruch als solcher ohne den Antrag nicht entstehen kann. Die materiell-rechtliche Funktion des Antrags besteht also darin, dass er die gleiche Bedeutung hat wie jedes andere gesetzliche Merkmal der Anspruchsnorm. Bei einem Antrag im verfahrensrechtlichen Sinne kann lediglich ohne den Antrag über den Anspruch nicht entschieden werden (§ 31 SGB X). Ein gleichwohl ergangener Verwaltungsakt ist im Allgemeinen nicht nichtig (§ 40 SGB X) wohl aber anfechtbar (vgl. Gusy, BayVBl 1985 S. 490; aA Lilge, § 16 Rn. 14). Das Fehlen eines Antrags im lediglich formellrechtlichen Sinne führt nur in besonders schwerwiegenden Fällen zu einer Nichtigkeit des Verwaltungsaktes. Welche Fälle das sind, ist im Einzelnen strittig (BSG 76 S. 149 Rn. 18, 19). Im Prinzip wird man eine Nichtigkeit nur in den Fällen annehmen können, in denen der Antrag eine unabdingbare Verfahrenshandlung ist und der Betroffene zugleich durch sein Fehlen „nur oder überwiegend belastet wird." (v. Wulffen/Schütze-Roos § 40 SGB X Rn. 9). Man darf bei der Auseinandersetzung um diese Frage nicht übersehen, dass auch ein lediglich anfechtbarer Verwaltungsakt auch nach Bestandskraft noch gemäß § 44 Abs. 2 SGB X zurückgenommen werden kann. Eine Behörde, die trotz Fehlens eines Antrags entschieden hat, dürfte kaum einen Ermessensgesichtspunkt finden, die Rücknahme anzulehnen.

2 Typischerweise beginnt das Verwaltungsverfahren auch dann mit einem **Antrag,** wenn er nicht zwingende Voraussetzung für die Eröffnung des Verfahrens ist. Die Antragstellung ist nicht nur der häufigste Fall in der Praxis. Es entspricht auch der Rechtslage, nach der die meisten Sozialleistungen nur auf einen Antrag hin gewährt werden. Die praktisch wichtigste Ausnahme von diesem Grundsatz regelt § 19 Satz 2 SGB IV. Danach werden Leistungen der Unfallversicherung von Amts wegen erbracht (BSG SGb 1990 S. 29 mAnm Wolber). Etwas andere Grundsätze bestehen in der sozialen Entschädigung. Nach § 1 Abs. 1 BVG wird Entschädigung nur auf Antrag gewährt. Dem Antrag kommt materiell-rechtliche Bedeutung zu. Unter bestimmten Voraussetzungen kann aber in der Opferentschädigung von einem Antrag abgesehen werden, wenn das Opfer zu einer

Antragstellung nicht mehr in der Lage war (BSG 61 S. 180; BSG 63 S. 204). Das ist allerdings nicht immer schon dann möglich, wenn das Opfer verstorben ist, denn auch hier können Gründe des Persönlichkeitsschutzes dafür sprechen, sich nicht über einen fehlenden Antrag hinwegzusetzen. Die Leistungen der sozialen Entschädigung, die im Anschluss an die antragsabhängige förmliche Feststellung der Entschädigungsvoraussetzungen nach den §§ 10–24a BVG zu erbringen sind, werden jedoch auf Antrag oder von Amts wegen gewährt (§ 18a Abs. 1 BVG). Wieder andere Grundsätze gelten für die Leistungen des Kinder- und Jugendhilferechts. Zwar wird Hilfe zur Erziehung den Personensorgeberechtigten für ihre Kinder gewährt (§ 27 Abs. 1 SGB VIII), jedoch ist ein Antrag der Personensorgeberechtigten nicht materiell-rechtliche Leistungsvoraussetzung. Das Jugendamt muss vielmehr ggf. im Interesse der Wahrung des Kindeswohls von Amts wegen tätig werden. Das wird durch den Schutzauftrag des § 8a SGB VIII noch unterstrichen. Dadurch wird letztlich der Grundsatz des Kinder- und Jugendhilferechts relativiert, dass Kinder- und Jugendliche keinen Anspruch auf die Leistungen der Hilfe zur Erziehung haben. Sie können jedoch ein Tätigwerden des Jugendamtes anregen, das dann nach den Grundsätzen des § 18 SGB X das Verwaltungsverfahren eröffnet. Im Hinblick auf Art. 6 GG können allerdings Personensorgeberechtigte Leistungen der Jugendhilfe zurückweisen. Durch diese Möglichkeit ist aber das Jugendamt nicht gehindert, ein Verwaltungsverfahren zu eröffnen (vgl. Mrozynski, ZfJ 1999 S. 410, 471).

Im überkommenen Sozialhilferecht besteht ebenfalls kein Antragserfordernis. 3
Hier ist die Kenntnis iSd § 18 Abs. 1 SGB XII Leistungsvoraussetzung. Ursprünglich behandelte die Praxis diesen Kenntnisgrundsatz als materiell-rechtliche Leistungsvoraussetzung (§ 40 Rn. 11). Es spricht aber mehr dafür, diesen Kenntnisgrundsatz wie einen Antrag im lediglich formellen Sinne zu behandeln (Mrozynski, ZfSH/SGB 2007 S. 463). Die Rechtsprechung des BSG dürfte diese Auffassung bestätigen (§ 37 Rn. 11–18). Der Wandel im Fürsorgesystem zeichnet sich auch darin ab, dass die Leistungen der Grundsicherung für Arbeitsuchende gemäß § 37 Abs. 1 SGB II auf Antrag gewährt werden. Kenntnis genügt hier also nicht mehr. Zudem entscheidet der Zeitpunkt des Antrags darüber, in welchem Umfang vorhandene Mittel als Einkommen oder als Vermögen anzurechnen sind (BSG SozR 4-4200 § 11 Nr. 59). Dabei wirkt der Antrag auf den Beginn des Monats zurück (§ 37 Abs. 2 Satz 2 SGB II). Auch die Grundsicherung im Alter bzw. bei voller Erwerbsminderung wird nach § 44 Abs. 1 Satz 1 SGB XII auf Antrag gewährt. Hierzu wird teilweise die Auffassung vertreten, der Antrag hätte materiell-rechtliche Bedeutung (Niewald in LPK-SGB XII § 41 Rn. 16). Dafür konnte ursprünglich die Verwendung des Merkmals „Antrag" im Wortlaut des § 41 Abs. 1 SGB XII aF sprechen. Dies reicht allerdings im Allgemeinen nicht aus. Vielmehr müssten Gründe des Persönlichkeitsschutzes oder ähnlich schwer wiegende Grunde dafür sprechen, die Entstehung des Anspruchs in die Hände des Leistungsberechtigten zu legen. Es genügt aber, wenn er durch Antrag entscheiden kann, ob das Verwaltungsverfahren eröffnet wird. Das Antragserfordernis in § 44 Abs. 1 Satz 1 SGB XII (§ 41 Abs. 1 SGB XII aF) hat demnach nur die Funktion, die Abweichung von § 18 Abs. 1 SGB XII zu verdeutlichen.

Allerdings hat auch das BSG dem Antrag auf Leistungen der Grundsicherung 3a
im Alter eine materiell-rechtliche Bedeutung beigemessen (BSG 104 S. 207). Diese Auffassung wurde noch zu dem ehemaligen § 1 GSiG vertreten. Sie galt nach überwiegender Auffassung nur für den Erstantrag, nicht aber für den Folgeantrag. Entwickelt wurde sie vom BSG unter Hinweis auf die damalige Rechtslage.

Der Antrag nach § 1 GSiG wurde als „Türöffner" für einen Systemwechsel von der Sozialhilfe zur Grundsicherung angesehen (BSG 104 S. 207 Rn. 15). Ein solcher Systemwechsel erfolgt nach der Eingliederung der Grundsicherung in die Sozialhilfe (§§ 41 ff. SGB XII) nicht mehr. Insbesondere weist das BSG für die neue Rechtslage darauf hin, „dass auch für Grundsicherungsleistungen trotz des Antragsprinzips die Kenntnis Voraussetzung für die Leistungsgewährung ist" (SozR 4-3500 § 18 Nr. 3 Rn. 14). Die heutige Einbindung der Grundsicherung in das SGB XII, die Betonung des Kenntnisgrundsatzes (§ 18 Abs. 1 SGB XII) und die Tatsache, dass die in § 44 Abs. 1 Satz 2 SGB XII genannten Leistungen gesondert zu beantragen sind, widerlegen zwar nicht die Auffassung von der materiell-rechtlichen Wirkung des Antrags lassen sie aber als reichlich gekünstelt erscheinen (vgl. Bay LSG ZfSH/SGB 2014 S. 758; Wahrendorf in Grube/Wahrendorf SGB XII § 44 Rn. 5). Auch der Wortlaut der Vorschrift zwingt zu dieser Annahme nicht mehr, seit der „Antrag" von der Anspruchsnorm (§ 41 Abs. 1 SGB XII aF) nach § 44 Abs. 1 SGB XII nF verlagert worden ist. Diese Vorschrift steht im Abschnitt „Verfahrensbestimmungen".

4 Der Antrag ist eine empfangsbedürftige (§ 130 BGB) öffentlich-rechtliche **Willenserklärung,** die auf eine bestimmte Leistung gerichtet ist. Auf den Antrag sind ergänzend die bürgerlich-rechtlichen Bestimmungen über die Willenserklärung anwendbar. In jedem Falle ist also der wirkliche Wille des Erklärenden zu erforschen und nicht am buchstäblichen Sinne des Ausdrucks zu haften (BSG SGb 1980 S. 249 mAnm Bley; BSG SozR 3100 § 48 Nr. 7). Auch eine **Umdeutung** des Antrags nach § 140 BGB kann in Betracht kommen (Bay. LSG Breith. 1997 S. 533). Das BSG hat in einer Reihe von Entscheidungen den **Meistbegünstigungsgrundsatz** entwickelt (BSG 100 S. 131; BSG 101 S. 217; BSG 104 S. 207; LSG Bln.-Brandbg. info also 2013 S. 38). Danach ist bei der Auslegung grundsätzlich davon auszugehen, dass der Antragsteller alle ihm zustehenden Rechte geltend machen wollte. Insoweit kann man auch § 2 Abs. 2 auf die Auslegung von Anträgen anwenden (§ 2 Rn. 19). Dabei erfolgt keine Beschränkung auf die Leistungen des angegangenen Leistungsträgers. (BSG SozR 4-4200 § 7 Nr. 31Rn. 18; BSG SozR 4-3500 § 18 Nr. 1). Voraussetzung dafür ist aber, dass dem Leistungsträger Tatsachen unterbreitet werden, denen zu Folge er die notwendigen rechtlichen Schlüsse ziehen kann. Da der Antrag als Willenserklärung empfangsbedürftig ist, muss die Auslegung auch unter Berücksichtigung der Verkehrssitte erfolgen (vgl. § 157 BGB). Dieser Grundsatz gilt jedenfalls dann, wenn der wirkliche Wille nicht zu ermitteln ist. Unter Berücksichtigung des § 16 Abs. 3 kann diese Situation allerdings kaum eintreten. Im Recht der Rehabilitation und Teilhabe dürfte der Meistbegünstigungsgrundsatz seine größte, die Zuständigkeit der Rehabilitationsträger sogar überschreitende Bedeutung haben. „Im Zweifel will der behinderte Mensch die ihm günstigste Art der Leistungsgewährung in Anspruch nehmen, so dass der gestellte Antrag umfassend, dh auf alle nach Lage des Falles in Betracht kommenden Leistungen zu prüfen ist" (BSG 117 S. 192 Rn. 30).

4a Nicht zu eng interpretiert werden darf die Auffassung des BSG zum Verhältnis des Arbeitslosengeldes (§§ 136 ff. SGB III) zum Arbeitslosengeld II (§§ 19 ff. SGB II). Danach ist eine Berufung auf den Meistbegünstigungsgrundsatz, wenn ausdrücklich nur Leistungen nach dem SGB III beantragt worden sind, allenfalls dann möglich, „wenn der Antragsteller einen für den unzuständigen Leistungsträger erkennbaren Willen zum Ausdruck bringt, neben der beantragten Leistung noch weitere Sozialleistungen zu begehren. Zumindest bedarf es dann im Verhältnis von Alg I zu Alg II (Sozialgeld) tatsächlicher Angaben – unter Berücksichtigung der Laiensicht – aus denen insbesondere auf die Hilfebedürftigkeit, aber ggf. auch das Vorliegen anderer Anspruchsvoraussetzungen der Leistungen zur Sicherung des Lebensunterhalts nach dem SGB II zu schließen ist" (BSG 115 S. 225 Rn. 17). Sind also nicht auch ausdrücklich Leistungen nach den §§ 19 ff. SGB II beantragt, so können die mitgeteilten oder sonst erkennbaren wirtschaftlichen Verhältnisse des Leistungsberechtigten gleichwohl für einen Antrag auch auf Leistungen nach den §§ 19 ff. SGB II sprechen. Ob allein der Antrag auf „Leistungen bei Arbeitslosigkeit" für die Annahme, dass beide Leistungen beantragt sind, genügt, ist zweifelhaft. Es wird auch hier auf den Tatsachenvortrag ankommen. Nur „sofern eine ausdrückliche Beschränkung auf eine bestimmte Leistung nicht vorliegt, ist davon auszugehen, dass der Leistungsberechtigte die Sozialleistungen begehrt, die nach der Lage des Falls ernsthaft in Betracht kommen" (vgl. BSG SozR 4-4200 § 37 Nr. 3 Rn. 18). In jedem Falle aber kann sich daraus oder aus dem für die Arbeitsagentur erkennbaren Umfang der zu erwartenden Leistung, nach § 16 Abs. 3 die Verpflichtung ergeben, auf eine Klarstellung oder Vervollständigung des Antrags hinzuwirken bzw. über die Möglichkeit solcher Leistungen zu beraten (vgl. unten Rn. 5a, 39). Diese Beratung muss sich auch auf die „wiederholte" Antragstellung nach § 28 SGB X erstrecken (unten Rn. 10b). Die etwas engere Auffassung der BSG ist nicht auf den Fall zu übertragen, in dem Leistungen nach dem SGB XII beantragt worden sind. Ein solcher Antrag erstreckt sich – ohne zusätzliche Gesichtspunkte – auch auf Leistungen nach dem SGB II, weil in beiden Fällen eine vergleichbare Bedarfslage besteht (LSG Nds.-Brem. ZfSH/SGB 2017 S. 103). Entsprechendes gilt für einen Antrag auf Leistungen nach dem SGB II. Ohnehin ist § 16 Abs. 2 SGB I anzuwenden. Ob die Anträge in dem einen oder anderen Falle erfolgreich sein werden, hat für die Einordnung als Antrag keine Bedeutung (§ 20 Abs. 3 SGB X). So kann bei einem höheren Schonvermögen (§ 12 Abs. 2 Nr. 1 SGB II) ein auf Leistungen nach dem SGB II gestellter Antrag für das SGB XII offensichtlich unbegründet sein (§ 90 Abs. 2 Nr. 9 SGB XII). Dennoch handelt es sich um einen Antrag auf Leistungen nach dem SGB XII, es sei denn, es wird etwas anderes erklärt.

Ein Antrag ist nach Auffassung des BSG dann gegeben, wenn der Berechtigte **5** gegenüber dem zuständigen Leistungsträger sein Begehren, ggf. auch fernmündlich (BSG 3-2200 § 539 Nr. 32), jedenfalls aber **unmissverständlich zum Ausdruck** bringt (BSG SozR 3100 § 35 BVG Nr. 1). Dieser Grundsatz ist nach der besonderen Regelung des § 16 etwas zu modifizieren. Aus § 16 Abs. 1 Satz 2 ergibt sich, dass auch die Antragstellung gegenüber dem unzuständigen Träger genügt. Außerdem sind die Leistungsträger nach § 16 Abs. 3 verpflichtet, darauf hinzuwirken, dass ua klare Anträge gestellt werden. Nicht nur die Tatsache der Stellung des Antrags, sondern auch dessen Inhalt kann also durchaus einmal missverständlich sein. Es sind jedenfalls keine hohen Anforderungen an den Inhalt des Antrags zu stellen. Ein unvollständiges bzw. unklares Vorbringen löst die Verpflichtung nach § 16 Abs. 3 aus (BSG 57 S. 157). Allerdings ist ein Antrag vor allem dann noch nicht gegeben, wenn der Berechtigte lediglich um eine **Beratung** nachsucht (LSG RhPf. Breith. 1977 S. 428).

Ist die Situation zu Beginn eines Antragsverfahrensverfahrens **unklar,** so kön- **5a** nen sich daraus also unterschiedliche Konsequenzen ergeben. Ist sie dergestalt, dass ein Missverständnis darüber besteht, wie eine (Willens)äußerung des Berechtigten zu verstehen ist oder ist sie zu vage, so ist noch kein Antrag gestellt. Insoweit ist der Auffassung zu folgen, dass ein Antrag auf „die Überprüfung sämtlicher bestandskräftiger Bescheide auf ihre Rechtmäßigkeit" zu allgemein ist, als dass er eine Prüfungsverpflichtung nach § 44 SGB X auslöst (BSG 115 S. 126). Die Hinwirkungspflicht nach § 16 Abs. 3 besteht gleichwohl, denn sie setzt nicht voraus, dass das Begehren des Leistungsberechtigten bereits Antragscharakter hat. Noch kein Antrag ist im Falle eines bloßen Beratungsersuchens gegeben. Zu beachten ist in diesen Fällen allerdings, dass für den Sozialleistungsträger infolge des Beratungsersuchens offen zutage liegen kann, dass eine Antragstellung zumindest anzuregen ist. Wird dies unterlassen, dann kann ein Antrag im Rahmen des Herstellungsanspruchs fingiert werden (§ 14 Rn. 23). Aus dem Meistbegünstigungsgrundsatz (oben Rn. 4) folgt noch nicht, dass der Leistungsträger einen Bedarf erahnen muss. Es kommt also sehr darauf an, welcher Sachverhalt dem Leistungsträger unterbreitet wird. Ist erkennbar, dass kein oder nur ein geringes Arbeitslosengeld I zu zahlen ist, dann kann nicht ohne Weiteres davon ausgegangen werden, dass Arbeitslosengeld II mit beantragt ist (oben Rn. 4a). In diesen Fällen wird aber zumeist ein Beratungsbedarf beim Leistungsberechtigten offen zutage liegen. Dieser erstreckt sich ja lediglich auf die Erwägung, ob Leistungen nach den §§ 19 ff. SGB II in Betracht kommen (etwas enger BSG 115 S. 225 Rn. 29). Fraglich ist allerdings, ob die Arbeitsagentur zuständiger Leistungsträgers im Sinne des § 14 SGB I ist. Das wird man im Hinblick auf die §§ 6, 44b SGB II bejahen müssen. Im Anschluss an die Beratung kann eine Antragstellung beim Jobcenter anzuregen sein. Das kann allerdings auch schon bei der Arbeitsagentur als unzuständigem Leistungsträger geschehen. Die Antragstellung bei der Arbeitsagentur muss angeregt werden, wenn andernfalls dem Leistungsberechtigten Nacheile drohen (§ 37 Abs. 2 Satz 2 und 3 SGB II). In diesem Falle muss anschließend nach § 16 Abs. 2 weitergeleitet werden.

6 Wenn, wie in der Regel, eine besondere gesetzliche Vorschrift nicht besteht, ist **Schriftlichkeit** (§ 126 BGB) für den Antrag nicht erforderlich (§ 9 SGB X). Ausnahmen wären etwa die §§ 9 BKGG, 7 BEEG, 188 Abs. 3 SGB V und 46 Abs. 1 BAföG (vgl. BVerwG 105 S. 377). Deswegen ist auch eine konkludente Antragstellung oder eine solche per e-mail möglich (vgl. § 36a Rn. 7). Die Verwendung eines Antragformulars ist auch im Falle der Schriftlichkeit nicht Wirksamkeitsvoraussetzung für den Antrag. Konsequenterweise ist auch die Verwendung eines falschen **Antragsformulars** unschädlich, wenn in ihm nur das Begehren des Leistungsberechtigten unmissverständlich zum Ausdruck kommt. Das Ausfüllen von Formularen kann allerdings im Rahmen der Mitwirkungspflicht nach § 60 Abs. 2 verlangt werden. Dabei handelt es sich aber auch nur um eine Sollvorschrift, von der etwa abzuweichen wäre, wenn der Antragsteller der deutschen Sprache nicht mächtig ist. Insoweit ist § 19 Abs. 2 SGB X zu beachten, der sich aber nur auf Anträge und vorgelegte Dokumente in einer fremden Sprache erstreckt. In keinem Falle ist die Verwendung des Antragsformulars Wirksamkeitsvoraussetzung für den Antrag. Andererseits kann schon in der Aushändigung eines Antragsformulars durch den Leistungsträger eine Antragstellung zu sehen sein (BSG SozR 4-1200 § 44 Nr. 6). Dies ist jedenfalls für den Beginn der Verzinsung bei antragsunabhängigen Leistungen anzunehmen (§ 44 Rn. 16). Darüber hinaus wird man davon ausgehen müssen, dass die Entgegennahme des Formulars den Erklärungswert hat, damit einen Antrag zu stellen wollen. Diese Annahme liegt deswegen nahe, weil das Ausfüllen eines Formulars nur noch der Erfüllung einer Mitwirkungspflicht dient (§ 60 Abs. 2).

7 Zusammenfassend muss die Behörde also den Antrag nach den Grundsätzen der §§ 133, 157 BGB auslegen. Daran anschließend muss sie den Sachverhalt nach den Grundsätzen des § 20 SGB X aufklären. Ggf. muss sie eine Klarstellung nach

§ 16 Abs. 3 anregen. Es kann sich sogar ergeben, dass eine Willenserklärung des Bürgers zwei Anträge enthält, die an verschiedene Leistungsträger gerichtet werden müssen. In diesem Falle muss eine – teilweise – Weiterleitung gemäß § 16 Abs. 2 erfolgen. Eine solche Situation kann sich vor allem im Pflegebereich ergeben (§§ 36 ff. SGB IX, 61 ff. SGB XII). Allerdings muss in jedem Falle das Anliegen des Bürgers bei einem Vorgehen nach den §§ 130 Abs. 3 BGB, 20 SGB X für die Behörde erkennbar sein. In diesen Fällen kann sich auch das Erfordernis einer Spontanberatung ergeben (§ 14 Rn. 9, 19).

Der Antrag ist nur wirksam gestellt, wenn der Beteiligte (§ 10 SGB X) hand- **8**
lungsfähig iSd § 11 SGB X ist. Danach gelten im Wesentlichen die Grundsätze des Bürgerlichen Rechts über die **Geschäftsfähigkeit** (§ 11 Abs. 1 Nr. 1 SGB X). Wer unter Betreuung iSd §§ 1896 ff. BGB steht, ist allein deswegen noch nicht in der Geschäftsfähigkeit beschränkt und damit im Sinne des Sozialrechts durchaus handlungsfähig. Aus § 11 Abs. 2 SGB X ergibt sich aber für den **Einwilligungsvorbehalt** iSd § 1903 BGB eine Einschränkung der Handlungsfähigkeit, und zwar auch dann, wenn der Betreute voll geschäftsfähig ist. In § 1903 Abs. 1 BGB erfolgt jedoch eine Modifikation der Einschränkung dadurch, dass die §§ 108–113 BGB für anwendbar erklärt werden. Daraus ergibt sich, dass auch bei einem Einwilligungsvorbehalt der Betreute in den Fällen des Bürgerlichen Rechts, die in diesen Vorschriften genannt sind, handlungsfähig ist. Entsprechende Grundsätze gelten auch bei Minderjährigen (§ 11 Abs. 1 Nr. 2 SGB X). Ergänzend tritt zu dieser Regelung die besondere sozialrechtliche Handlungsfähigkeit nach § 36 hinzu (vgl. § 36 Rn. 7). In den Betreuungsfällen nach den §§ 1896 ff. BGB ist zu ergänzen, dass eine Zustellung (§ 7 Abs. 1 Satz 2 VwZG) in Bereichen, die zum Aufgabenkreis des Betreuers gehören, niemals an den Betreuten erfolgen darf, und zwar auch dann nicht, wenn letzterer voll geschäftsfähig bzw. ein Einwilligungsvorbehalt nicht gegeben ist. Gewinnt die Behörde den Eindruck, dass ein Antragsteller seine Angelegenheiten nicht besorgen kann, so kann sie gemäß § 15 Abs. 2 SGB X das Betreuungsgericht um die Bestellung eines **Vertreters** ersuchen. Zu den angrenzenden zivilrechtlichen Fragen vgl. Lipp, FamRZ 2012 S. 669; Janda, FamRZ 2013 S. 16.

Der Handlungsfähige kann sich gemäß § 13 SGB X bei der Antragstellung **9**
vertreten lassen (vgl. Vetter, ZfS 1992 S. 195). Dabei genügt es, wenn sein Wille, etwa von einem Wohlfahrtsverband vertreten zu werden, erkennbar ist (BSG 57 S. 157). Es handelt sich in diesem Falle um seinen eigenen Antrag. Zwar kann das Fehlen einer Vollmacht nachträglich durch Genehmigung geheilt werden (v. Wulffen/Schütze-Roller, § 13 SGB X Rn. 12). Bei der Antragstellung wird man dies aber nicht zulassen dürfen. Das ergibt sich nicht unmittelbar aus § 13 SGB X, wohl aber aus einer entsprechenden Anwendung des § 180 BGB (vgl. § 13 Abs. 1 Satz 2 SGB X).

Auch eine **Rücknahme oder Anfechtung** des Antrags (§§ 119, 123, 130 **10**
BGB) kann in Betracht kommen. Die Rücknahme ist uneingeschränkt bis zur Bestandskraft des Verwaltungsaktes möglich (BSG 60 S. 79; BVerwG 30 S. 185). Eine weitergehende Einschränkung der Befugnis zur Rücknahme besteht jedoch dann, wenn die **Dispositionsfreiheit** des Leistungsberechtigten nicht mehr in vollem Umfange gegeben ist (BSG 68 S. 144). Das ist vor allem dann der Fall, wenn er auf Grund einer besonderen rechtlichen Regelung zur Antragstellung verpflichtet ist und der Leistungsträger von den ihm darin verliehenen Befugnissen Gebrauch gemacht hat (BSG SGb 1996 S. 276 mAnm Buschmann). Solche Regelungen bestehen in den §§ 145 Abs. 2 SGB III, 51 Abs. 2 SGB V. Dasselbe ist

auch für § 12a SGB II anzunehmen, der eine grundsätzliche Verpflichtung zur Inanspruchnahme vorrangiger Leistungen begründet. Unzumutbare Nachteile entstehen dadurch nicht. Ohnehin haben die Leistungsträger im Fürsorgesystem nach den §§ 5 Abs. 3 SGB II, 97 SGB VIII, 95 SGB XII die Möglichkeit, selbst Anträge zu stellen (vgl. dazu § 26 Rn. 4a; § 39 Rn. 4a).

10a Abgesehen von diesen Obliegenheiten kann der Leistungsberechtigte seinerseits den **Antrag beschränken,** soweit objektiv durch den Verwaltungsakt Teilbereiche in der Weise geregelt werden können, dass bestimmte Leistungen nicht erbracht werden sollen, oder im Verwaltungsverfahren ein bestimmter Sachverhalt nicht zu berücksichtigen ist. Dies widerspricht nicht dem Amtsermittlungsgrundsatz des § 20 SGB X. Aus Gründen des **Persönlichkeitsschutzes** ist die Verwaltungsbehörde nur innerhalb des Rahmens, der durch den Antrag gesteckt wird, zur Aufklärung des Sachverhalts befugt (BSG SGb 1987 S. 126 mAnm Kopp). Das entbindet allerdings nicht von der Verpflichtung nach § 16 Abs. 3. Eine zusätzliche Begründung für die Beschränkung des Antrags ergibt sich daraus, dass auf Sozialleistungen verzichtet werden kann (vgl. § 46 Rn. 1, 2). In dem Ausnahmefall des § 18a Abs. 1 Satz 3 BVG gilt ein Antrag auf einzelne Leistungen der sozialen Entschädigung auch als Antrag auf Leistungen der gesetzlichen Krankenversicherung und umgekehrt (BSG SozR 3100 § 18a Nr. 2). Hier erfolgt also ggf. eine Art **Umdeutung** einer Willenserklärung (vgl. § 140 BGB). Ähnliches gilt nach § 116 Abs. 2 SGB VI beim Antrag auf Leistungen zur medizinischen Rehabilitation oder zur Teilhabe am Arbeitsleben. Ein solcher Antrag gilt auch als Rentenantrag. Doch auch insoweit kann der Antrag eingeschränkt werden. In diese Richtung darf auch eine Beratung durch den Träger der Rentenversicherung erfolgen, damit der Leistungsberechtigte sich ein gegenüber der Rente höheres Krankengeld sichert. Dem kann wiederum der Träger der Krankenversicherung nach § 51 Abs. 3 SGB V entgegenwirken und damit die Dispositionsfreiheit des Berechtigten einschränken (BSG SozR 3-1300 § 86 Nr. 3).

10b Einen angrenzenden Sachverhalt regelt § 28 SGB X für das gesamte Sozialrecht (BSG SozR 2200 § 216 Nr. 11). Für die danach mögliche „wiederholte" Antragstellung sind drei objektive Voraussetzungen zu machen. Es wurde eine Sozialleistung beantragt, eine andere wurde nicht beantragt und der Antrag auf erstere wurde abgelehnt, die Leistung wurde also „versagt". Nach § 28 Satz 1 SGB X ist subjektiv erforderlich, dass eine Leistung nicht beantragt worden war, „weil" eine andere beantragt wurde (BSG SozR 4-4200 § 37 Nr. 3 Rn. 27). Abgesehen davon, dass dieses subjektive Merkmal schwer aufklärbar ist, wird die Regelung durch § 28 Satz 2 SGB X erweitert. Danach genügt eine Unkenntnis über die Anspruchsvoraussetzungen der anderen Leistung. Zusätzlich ist erforderlich, dass „die zweite Leistung gegenüber der ersten Leistung" nachrangig gewesen wäre (LSG NRW SGb 1993 S. 316). Mit dieser Erweiterung gilt die Regelung des § 28 SGB X auch in der Grundsicherung für Arbeitsuchende (BSG SozR 4-4200 § 37 Nr. 3). Allerdings gilt besteht hier die Einschränkung des § 40 Abs. 7 SGB II. Danach muss der Antrag innerhalb eines Monats nach Ablehnung der anderen Leistung gestellt werden. In § § 28 Satz 1 SGB X wird dagegen eine Frist von sechs Monaten bestimmt.

10c Nach Auffassung des BSG ist § 28 SGB X nicht anwendbar, wenn das beantragte Arbeitslosengeld I zu gering ist und durch das noch nicht beantragte Arbeitslosengeld II aufgestockt werden muss. In diesem Falle ist das beantragte Arbeitslosengeld I nicht „versagt" worden. Man wird angesichts des Wortlauts der Vorschrift nicht darauf abstellen können, welche weitergehenden Motive zur Entlastung des Verwaltungsablaufs der Gesetzgeber für diese Regelung hatte. Jedoch ist der Wortlaut klar. Die Regelung des § 28 SGB X ist nur anwendbar, wenn die Leistung versagt wurde. Sie erstreckt sich insbesondere nicht auf den Fall einer nur erwartungswidrig unzureichenden Leistung (BSG 115 S. 225 Rn. 26).

Nicht als Anträge iSd § 16 sind bestimmte **verfahrenserhebliche Handlungen** des Sozialleistungsberechtigten anzusehen. Dazu gehört vor allem die persönliche Meldung als arbeitslos iSd § 141 SGB III. Diese Meldung ist an sich noch kein Antrag auf Sozialleistungen, sondern die Mitteilung einer Tatsache (BSG SGb 1987 S. 32 mAnm Heuer). Allerdings bestimmt davon abweichend in § 323 Abs. 1 Satz 2 SGB III, dass Leistungen bei Arbeitslosigkeit als beantragt gelten, wenn der Arbeitslose keine andere Erklärung abgibt. Darüber hinaus kann gemäß § 324 Abs. 1 Satz 2 SGB III zur Vermeidung unbilliger Härten eine verspätete Antragstellung zugelassen werden. Gleichfalls keine Antragsfunktion hat die Meldung als arbeitsunfähig iSd § 49 Abs. 1 Nr. 5 SGB V (BSG 52 S. 254). Schließlich hat auch das Verschaffen der Kenntnis von einer Notlage nach § 18 Abs. 1 SGB XII nicht den Charakter eines Antrags. Daraus ergibt sich auch nach Neufassung des § 18 Abs. 2 Satz 1 SGB XII (§ 5 Abs. 2 BSHG aF) die Zweifelsfrage, ob für die genannten Verfahrenshandlungen die Regelung des § 16 Abs. 2 gilt (vgl. unten Rn. 30 ff.). Als Antrag iSd § 16 wird dagegen das Erstattungsbegehren des Nothelfers nach § 25 Satz 1 SGB XII angesehen (EuG 45 S. 464). Diese Auffassung ist aber abzulehnen, da die Erstattung nach § 25 Satz 2 SGB XII selbst unmittelbar keinen Einfluss auf den Zugang zu Sozialleistungen hat. Davon ist die Frage zu unterscheiden, ob der Sozialhilfeträger Kenntnis im Sinne der §§ 18, 25 SGB XII erlangt, wenn der Nothelfer Erstattung gemäß § 25 Satz 2 SGB XII bei einem unzuständigen Träger beantragt. Das ist zu bejahen (BSG SozR 4-3500 § 25 Nr. 4). 11

Demgegenüber wendet das BSG auf die **Beitrittserklärung** eines schwerbehinderten Menschen zur sozialen Krankenversicherung nach § 9 Abs. 1 Nr. 4 SGB V die Vorschrift des § 16 analog an (BSG SozR 1200 § 16 Nr. 8). Das hat zur Folge, dass dieser Beitritt mit fristwahrender Wirkung auch beim unzuständigen Sozialleistungsträger gestellt werden kann (§ 16 Abs. 2 Satz 2). Das gleiche gilt für andere Erklärungen, die den Zugang zur Sozialversicherung zum Ziel haben, einschließlich des Antrags auf Nachentrichtung von Beiträgen zur Rentenversicherung (BSG 59 S. 190; BSG SozR 3-1200 § 16 Nr. 2). Nach Auffassung des Gerichts lässt sich § 16 zwar nicht entsprechend auf Tatsachenmitteilungen anwenden. Demgegenüber ist nach Sinn und Zweck dieser Vorschrift aber nicht zwischen einem Antrag auf Sozialleistungen, der das Bestehen eines Sozialrechtsverhältnisses voraussetzt, und einer Beitrittserklärung, die dieses Rechtsverhältnis erst begründet, zu differenzieren (BSG SGb 1990 S. 29 mAnm Wolber; vgl. aber BSG SGb 2010 S. 47 mAnm Mrozynski). 12

Ein Antrag ist beim zuständigen Leistungsträger zu stellen. Er ist gestellt, wenn er in den Machtbereich des Sozialleistungsträgers gelangt ist (§ 130 Abs. 1 und 3 BGB). Dabei muss dafür Sorge getragen werden, dass ein Zugang auch außerhalb der Dienststunden möglich ist (BSG USK 7556). In anderen Fällen trägt der Leistungsberechtigte das **Risiko des Zugangs.** Das gilt vor allem bei einer Übersendung durch die Post (BSG SozR 2200 § 1227 Nr. 25). Der Sozialleistungsträger darf die **Entgegennahme des Antrags** auch dann nicht ablehnen, wenn er sich für unzuständig hält oder der Antrag nach seiner Auffassung unzulässig oder unbegründet ist (§ 20 Abs. 3 SGB X). Nach § 16 Abs. 1 Satz 2 besteht also immer eine uneingeschränkte Empfangszuständigkeit des Sozialleistungsträgers (BSG 117 13

S. 192). Er darf dem Berechtigtem weder vorschreiben, wo er den Antrag zu stellen hat, noch einen Zeitpunkt bestimmen, zu welchem der Antrag gestellt werden muss, bzw. nicht gestellt werden darf (LSG NRW L 9 B 38/08 AS, juris). Grundsätzlich kann das Antragsrecht auch nicht verwirkt werden (BSG SGb 2011 S. 731 mAnm Winter). Vielmehr kann der Leistungsberechtigte nach Antragstellung darauf vertrauen, dass die Behörde das Verfahren nach den §§ 8 ff. SGB X durchführt. Konsequenzen können sich für den Leistungsberechtigten erst ergeben, wenn er bestimmte Mitwirkungshandlungen (§§ 60 ff.) unterlassen hat.

13a Der Antrag hat verschiedene Rechtswirkungen (Lilge, § 14 Rn. 33). Er verhindert, dass Ausschluss- und Verjährungsfristen laufen. Die Verjährung wird allerdings nur bei Schriftlichkeit unterbrochen (§ 45 Abs. 3 Satz 1). Durch die mit dem Antrag bewirkte Eröffnung des Verwaltungsverfahrens wird zudem die Möglichkeit der Rechtsnachfolge in Sozialleistungen aufrecht erhalten (§ 59). Entstehen und fällig werden kann ein Anspruch allerdings auch ohne Antrag (vgl. § 43 Rn. 31). Auch vorläufige Leistungen können ohne Antrag erbracht werden (§ 43).

2. Antrag beim unzuständigen Träger

14 Eine wichtige Ausnahme von dem Grundsatz des § 16 Abs. 1 Satz 1 enthält Satz 2 dieser Vorschrift. Anträge sind auch von allen anderen Sozialleistungsträgern, von den Gemeinden, und zwar dort bei allen Stellen, die rechtlich nicht verselbständigt sind, entgegenzunehmen. Das gilt etwa auch für ein städtisches Krankenhaus. Die **Eigeneinrichtung eines Leistungsträgers** ist diesem Träger selbst zugeordnet. In diesem Sinne hat das BSG für die Rehabilitationsklinik eines Trägers der Rentenversicherung entschieden. Allerdings kann nach Auffassung des Gerichts in diesem Falle ein Antrag nicht wirksam beim behandelnden Arzt gestellt werden. Der Zugang eines Antrags setzt vielmehr voraus, dass er auf dem üblichen, hierfür vorgesehenen Weg in den Machtbereich des Leistungsträgers gelangt. Auf Grund besonderer gesetzliche Regelung kann jedoch ein Arzt in die Aufgabenerfüllung eines Sozialleistungsträgers einbezogen sein (BSG SGb 2000 S. 29 mAnm Brandenburg). Auch wenn ihm gegenüber das Begehren unmissverständlich zum Ausdruck gebracht wurde, ist der Antrag zwar nicht dem Leistungsträger zugegangen, der Zugang kann aber im Rahmen des Herstellungsanspruchs fingiert werden (§ 14 Rn. 23, 33). Entsprechendes gilt heute für die Pflegeversicherung nach § 7 Abs. 2 Satz 2 SGB XI. Entgegen genommen werden Anträge bei einem **Auslandsaufenthalt** auch von den amtlichen Vertretungen (Botschaften, Konsulate, Gesandtschaften, Handelsvertretungen). Diese Regelung ist auch auf deutsche Vertretungen bei zwischen- und überstaatlichen Organisationen zu erstrecken, denn auch sie befinden sich im Ausland. Für Angehörige der EU wird zudem der Anwendungsbereich von Abs. 2 auch inhaltlich durch Art. 81 VO (EG) 883/2004 auf den Bereich der EU erweitert: „Anträge, Erklärungen oder Rechtsbehelfe, die gemäß den Rechtsvorschriften eines Mitgliedstaats innerhalb einer bestimmten Frist bei einer Behörde, einem Träger oder einem Gericht dieses Mitgliedstaats einzureichen sind, können innerhalb der gleichen Frist bei einer entsprechenden Behörde, einem entsprechenden Träger oder einem entsprechenden Gericht eines anderen Mitgliedstaats eingereicht werden". Sind innerhalb der EU von mehreren Staaten **Familienleistungen** zu erbringen, so kommt die Anwendung der Sonderregelung des Art. 60 VO EG 987/2009 in Betracht (vgl. § 30 Rn. 133).

15 Auch für die örtlich oder sachlich **unzuständigen Leistungsträger** gilt, dass sie die Entgegennahme von Anträgen nicht, auch nicht unter Hinweis auf den zuständigen Träger, ablehnen dürfen (§ 20 Abs. 3 SGB X). Eine ergänzende Regelung trifft § 93 Abs. 2 Satz 1 SGB IV. Danach müssen die Versicherungsämter Anträge auf Leistungen der Sozialversicherung entgegennehmen. Nicht ganz in Übereinstimmung mit Abs. 1 Satz 1 ist in § 9 Abs. 1 Satz 2 BKGG geregelt, dass der Antrag beim zuständigen Träger gestellt werden „soll". Damit konnte der Gesetzgeber keine Abweichung von dem Grundsatz regeln, dass Anträge von allen Leistungsträgern entgegengenommen werden. Dies würde einen Verstoß gegen § 37 Satz 2 bedeuten. Für den Leistungsberechtigten empfiehlt es sich in keinem Falle, einen Antrag, den er beim unzuständigen Träger gestellt hatte, zurückzunehmen, wenn dessen Unzuständigkeit geklärt ist. Er müsste in diesem Falle den Antrag beim zuständigen Träger neu stellen. Daraus kann sich ein Nachteil ergeben, weil nur der nach § 16 Abs. 2 weitergeleitete Antrag eine **fristwahrende Wirkung** hat. Für die Weiterleitung gibt es keine gesetzliche Frist. Mittelbar ergibt sich eine Befristung nur daraus, dass die beim unzuständigen Träger beantragte Sozialleistung der Verjährung unterliegt (§ 45 SGB I).

16 Anträge, die bei einem unzuständigen Leistungsträger oder den anderen genannten Behörden gestellt worden sind, müssen unverzüglich (§ 121 BGB) an den zuständigen Leistungsträger **weitergeleitet** werden. Da diese Vorschrift keine Einschränkung enthält, muss die unzuständige Stelle selbst prüfen, welcher Sozialleistungsträger zuständig ist. In dieser Prüfungspflicht geht die Vorschrift des § 16 Abs. 2 noch über § 15 hinaus. Dies bleibt aber hinter § 14 SGB IX zurück (unten Rn. 17). In § 15 ist im Wesentlichen nur der Träger der Krankenversicherung verpflichtet, Auskunft über die Zuständigkeit zu geben, sie also zu kennen. Die Frage des zuständigen Trägers ist oftmals deswegen so schwer zu beantworten, weil sie von einer sehr differenzierten leistungsrechtlichen Prüfung abhängen kann (vgl. § 15 Rn. 6). Sollte sich die weiterleitende Stelle über den zuständigen Träger geirrt haben, so muss dieser seinerseits den Antrag weiterleiten. Demnach ist eine mehrfache Weiterleitung nicht ausgeschlossen. Wesentlich weitergehende Konsequenzen ergeben sich aus der Zuständigkeitsklärung nach § 14 SGB IX (unten Rn. 17).

16a Fraglich ist, wie verfahren werden muss, wenn der unzuständige Leistungsträger nicht weiterleitet. Im Falle einer Leistung zur Rehabilitation und Teilhabe würde er allein deswegen nach außen hin, also gegenüber dem Leistungsberechtigten zuständig (unten Rn. 17). In allen anderen Fällen hängt die Zugangsfiktion des § 16 Abs. 2 Satz 2 nach Auffassung des BVerwG davon ab, dass der Antrag dem zuständigen Leistungsträger auch tatsächlich zugegangen ist. Die „für den Fall der Weiterleitung vorgesehene Fiktion der Antragstellung im Zeitpunkt des Eingangs beim unzuständigen Leistungsträger setzt voraus, dass der Antrag den zuständigen Leistungsträger … tatsächlich erreicht. Dies ist mangels Weiterleitung aber nicht geschehen". (BVerwG 140 S. 103 Rn. 13). Man wird das gesetzliche Merkmal „eingegangen ist" auch nicht unter Hinweis auf § 2 Abs. 2 in einem umfassenderen Sinne auslegen können. Das BVerwG löst dieses Problem aber über den Herstellungsanspruch. Es muss in diesem Falle eine Funktionseinheit zwischen dem unzuständigen und dem zuständigen Träger annehmen (§ 14 Rn. 31). Diese ergibt sich tatsächlich unmittelbar aus der Auslegung des § 16 Abs. 2 Satz 1 und 2. Dennoch ist es zweifelhaft, ob ein Herstellungsanspruch, der subsidiär ist und nach herrschender Auffassung innerhalb von vier Jahren verjährt (vgl. § 44 Abs. 4 SGB X), überhaupt eingreift. Ist eine Weiterleitung unterblieben, so ist der unzuständige

Träger durch nichts gehindert, diese Weiterleitung nachzuholen. Anders ausgedrückt, solange die Weiterleitung noch erfolgen kann, ist der Herstellungsanspruch gegenüber § 16 Abs. 2 Satz 1 subsidiär. Die Weiterleitung könnte sogar im Wege der Leistungsklage durchgesetzt werden.

3. Zuständigkeitsklärung

17 Im Zusammenhang mit der Rehabilitation und Teilhabe behinderter Menschen hat § 14 SGB IX eine von den §§ 16 Abs. 2, 43 abweichende Regelung getroffen. Diese ist im Hinblick auf § 37 Satz 2 nicht unproblematisch. Danach kann sich zwar aus den anderen Büchern des Sozialgesetzbuches gegenüber dem SGB I etwas Abweichendes ergeben (§ 37 Satz 1 Hs. 2). Genau dieser Vorbehalt gilt aber ua für § 16 nicht. Da es um die Einhaltung des Kodifikationsgrundsatzes geht, liegt auch in der Besserstellung, die § 14 SGB IX vornimmt, ein Verstoß. Die lediglich als **Auslegungsregeln** zu betrachtenden Grundsätze betreffend den Vorrang des späteren oder spezielleren Gesetzes, also des § 14 SGB IX, führen angesichts der Regelung des § 37 Satz 2 SGB I zu keinem anderen Ergebnis. Zu ändern wäre letztere Vorschrift. Eine solche Notwendigkeit hatte der Gesetzgeber bei der Schaffung des § 37 Satz 3 SGB I durchaus erkannt (vgl. Mrozynski, SGb 2016 S. 1). Über diese Bedenken hat sich die Rechtsprechung jedoch hinweggesetzt. Betrachtet man dagegen die Zuständigkeitsklärung nach § 14 SGB IX nur unter dem Blickwinkel der Vorleistung, so ergeben sich die gleichen Bedenken nicht, denn die Einschränkung des Vorbehalts in § 37 Satz 2 erstreckt sich nicht auf § 43 SGB I. Diese Auffassung lässt sich aber schon im Hinblick auf § 14 Abs. 5 SGB IX nicht vertreten. Dort wird definitiv eine Weiterleitung ausgeschlossen. Auch dies konnte angesichts des § 37 Satz 2 nicht geregelt werden.

18 Die Regelungen des § 14 SGB IX gelten **nur für Rehabilitationsträger** im Sinne des § 6 Abs. 1 SGB IX und auch nur dann, wenn **Leistungen zur Rehabilitation und Teilhabe** beantragt werden (§§ 42, 49, 75, 76, 90 SGB IX). In diesem Stadium ist (noch) nicht zu prüfen, ob der Antragsteller behindert ist (BSG SozR 4-3250 § 14 Nr. 3 Rn. 27). Jedoch ist § 14 SGB IX bereits auf Pflegeleistungen für behinderte Menschen nicht anwendbar. Lediglich der Klarstellung dient die Regelung des § 6 Abs. 3 SGB IX. Danach ist die Bundesagentur für Arbeit Rehabilitationsträger auch für die Leistungen zur Teilhabe am Arbeitsleben für erwerbsfähige behinderte Leistungsberechtigte im Sinne des SGB II. Die Zuständigkeit des Jobcenters für diese Leistungen bleibt unberührt (vgl. § 16 Abs. 1 Satz 3 SGB II). Der Abstimmungsprozess nach § 6 Abs. 3 SGB IX mündet in eine Entscheidung des Jobcenters (§ 6 Abs. 3 Satz 6 SGB IX).

18a Angesichts der Schwierigkeiten einer Abgrenzung der einzelnen Leistungen zur Rehabilitation und Teilhabe (§§ 5, 6 SGB IX) wollte Gesetzgeber mit § 14 SGB IX eine Regelung treffen, die sicherstellt, dass Zuständigkeitsfragen nicht zu Lasten des behinderten Menschen entschieden werden. Werden Leistungen zur Rehabilitation oder Teilhabe beantragt, so stellt der zunächst angegangene Rehabilitationsträger innerhalb von zwei Wochen fest, ob er zuständig ist (§ 14 Abs. 1 Satz 1 SGB IX). Dabei wird durch den an sich überflüssigen Hinweis auf § 40 Abs. 4 SGB V die nachrangige Zuständigkeit der Krankenversicherung innerhalb der medizinischen Rehabilitation unterstrichen. Stellt der Rehabilitationsträger fest, dass er nicht zuständig ist, so leitet er den Antrag an den nach seiner Auffassung zuständigen Träger weiter (§ 14 Abs. 1 Satz 2 SGB IX). Die Weiterleitung darf nach dem Wortlaut der Vorschrift nur bei einem Zuständigkeitszweifel und nur an einen Rehabilitationsträger erfolgen.

Gelangt der erstangegangene Träger zu der Auffassung, dass es sich der Sache nach nicht um einen „Rehabilitationsfall" handelt, so greift der Mechanismus des § 14 SGB IX nicht ein (vgl. BSG SGb 2011 S. 39 mAnm Jährling-Rahnefeld; BSG RdLH 2014 S. 71 mAnm Schumacher). In diesem Falle ist nach den §§ 16, 43 zu verfahren. Klarstellend dazu bestimmt jetzt § 24 Satz 1 SGB IX, dass die Verpflichtung der Rehabilitationsträger zur Erbringung vorläufiger Leistungen, die nicht Teilhabeleistungen sind, nach den für sie jeweils geltenden Leistungsgesetzen unberührt bleibt. Durch die Erbringung solcher Leistungen werden sie bei der Feststellung des Rehabilitationsbedarfs nicht gebunden (§ 24 Satz 2 SGB IX). Eine dazu ergänzende Regelung wird für den Fall getroffen, in dem **ausdrücklich Leistungen zur Teilhabe** beantragt werden. Für diesen Fall schließt § 24 Satz 3 SGB IX die Anwendung des § 43 SGB I aus. Entsprechendes gilt für die Weiterleitung bei der Beantragung von Leistungen zur Teilhabe. In sachlicher Übereinstimmung mit § 24 Satz 3 SGB IX bestimmt § 14 Abs. 5 SGB IX, dass in diesem Falle § 16 Abs. 2 Satz 1 SGB I nicht, sondern nur § 14 SGB IX anzuwenden ist. Die Regelungen bedeuten im Ergebnis aber nicht, dass die Antragstellung in der Weise bindend ist, dass Leistungen zur Teilhabe (vor)geleistet werden müssten. Während § 24 Satz 1 und 2 SGB IX immerhin bestimmt, dass die allgemeine Verpflichtung der Leistungsträger zur Vorleistung nach § 43 SGB I unberührt bleibt und nur beim Antrag auf Leistungen zur Teilhabe zurücktritt, kann im Falle des § 14 Abs. 5 SGB IX eine wohl ungewollte Folge eintreten. Werden Leistungen zur Teilhabe beantragt, dann müssen diese natürlich nicht bewilligt werden. Das kann im Falle eines sehr schwer behinderten Menschen im Verhältnis zur Pflege sehr wohl vorkommen. Gelangt der angegangene Leistungsträger zu dem Ergebnis, dass Leistungen zur Teilhabe nicht verlangt werden können, so kann er nicht nach § 16 SGB I weiterleiten, da ja Leistungen zur Teilhabe beantragt worden sind. Ebenso kann in diesem Falle auch eine Vorleistung nach § 43 SGB I nicht erfolgen, da Leistungen zur Teilhabe beantragt waren (§ 24 Satz 3 SGB IX). Die Materialien setzten sich nur mit der Frage des Antrags auseinander (BT-Drs. 18/9522 S. 232, 242). Man wird die Vorschriften deswegen so auslegen müssen, dass die Ausschlüsse nur bis zur (ablehnenden) Entscheidung über den Antrag gelten. Wird also der Antrag auf Leistungen zur Teilhabe abgelehnt, weil nicht diese, sondern nur Leistungen zur Pflege verlangt werden können, so ist nach den §§ 16 und 43 SGB I vorzugehen. **18b**

Eine Weiterleitung nach § 14 Abs. 1 Satz 2 SGB IX muss innerhalb von zwei Wochen erfolgten. Dabei kommt es auf den Zeitpunkt des Einganges des Antrags bei dem anderen Rehabilitationsträger nicht an (BSG 109 S. 99). In der Auslegung, die § 14 SGB IX durch das BSG erfahren hat (BSG 98 S. 283), wird durch Weiterleitung bzw. Nichtweiterleitung eines Antrags auf Rehabilitationsleistungen eine neue Zuständigkeit begründet. Eine zweite Weiterleitung ist nicht zulässig. Auch die Aufspaltung in mehrere Anträge ist ausgeschlossen (LSG BW NZS 2013 S. 825). Konsequenter Weise kann ein „drittangegangener" Leistungsträger Erstattung allenfalls nach § 105 SGB X als unzuständiger Leistungsträger verlangen (BSG SGb 2017 S. 281 Rn. 18 mAnm Ulrich). Selbst mit Zustimmung des Leistungsberechtigten kann die nach außen entstandene Zuständigkeit nicht mehr geändert werden (BSG SozR 4-3250 § 14 Nr. 19; BSG NZS 2019 S. 155). Es kommt bei der Anwendung des § 14 SGB IX insbesondere nicht darauf an, ob der zuständig gewordene Rehabilitationsträger die begehrte Leistung nach seinem **19**

Leistungsrecht zu erbringen hat. Er muss vielmehr auch die zuständigkeitsfremden Leistungen prüfen (BSG SozR 4-3250 § 14 Nr. 8; Sächs. LSG NZS 2013 S. 868). Seine Zuständigkeit erstreckt sich also auf alle Ansprüche, die nach dem Recht der Rehabilitation und Teilhabe bestehen (BSG SozR 4-3250 § 14 Nr. 24). Daran ändern auch unterschiedliche Leistungshöhen, die teilweise vorgesehene Anrechnung von Einkommen oder Vermögen nichts (BSG SGb 2015 S. 515 mAnm Busch). Es muss sich aber immer um Leistungen zur Teilhabe handeln und nicht zB um eine einfache Leistung der Krankenbehandlung (oben Rn. 18b). Nach der durchaus als sehr weitgehend zu bezeichnenden Auslegung des § 14 SGB IX durch das BSG ist durch die (Nicht)Weiterleitung eine vorübergehend neue Zuständigkeit gegenüber dem Leistungsberechtigte begründet worden, die in der Praxis nur schwer akzeptiert wird (vgl. Kern, ZfSH/SGB 2010 S. 397). Es ist deswegen konsequent, dass im Falle einer Weiterleitung ein rechtsmissbräuchliches Verhalten nicht zu prüfen ist (LSG RhPf. Breith. 2012 S. 1). Entscheidend ist lediglich die Tatsache der Weiterleitung. Auch der Einwand, die Leistung wäre bei dem Leistungsträger, der weitergeleitet hat, keine Leistung zur Teilhabe gewesen (oben Rn. 18b), sondern zB eine der Krankenbehandlung, ist abgeschnitten (BSG 101 S. 207).

19a Unabhängig davon, ob weitergeleitet wird oder nicht, gilt Folgendes: Als Ergebnis jeder dieser beiden Möglichkeiten wird „eine nach außen verbindliche neue Zuständigkeit geschaffen". Die Formulierung „nach außen" bezeichnet das Verhältnis zum Leistungsberechtigten auch hinsichtlich der materiell-rechtlichen Leistungspflicht. Ist danach zB eine Krankenkasse durch Weiterleitung zuständig geworden, dann gilt das selbst dann, wenn der Leistungsberechtigte nicht ihr Mitglied ist (VGH München FEVS 57 S. 162). Der durch (Nicht)weiterleitung zuständig gewordene Rehabilitationsträger muss die Leistung zu Teilhabe nach allen rechtlichen Gesichtspunkten prüfen (BSG 101 S. 207). Es gilt der Grundsatz „eine nach § 14 SGB IX begründete Zuständigkeit ist endgültig" (BSG SGb 2010 S. 649 mAnm Pattar). Dies gilt auch für den Fall, in dem der Leistungsträger dem Antrag zu einem Teil entspricht und im Übrigen einen anderen Leistungsträger für zuständig hält (BSG 113 S. 40). Die Annahme einer Doppelzuständigkeit entspricht nicht dem Gesetz (so aber LSG SchlH ZfSH/SGB 2013 S. 346 unter Berufung auf BSG SozR 4-3250 § 14 Nr. 3). Eine Besonderheit regelt § 14 Abs. 1 Satz 3 SGB IX. Er betrifft im Wesentlichen das Verhältnis von Kranken- und Unfallversicherung und sozialer Entschädigung. Die beiden letzteren Träger erbringen ihre Leistungen in Abhängigkeit von der Ursache einer Behinderung, zumeist eines Arbeitsunfalles. Kann innerhalb der Zwei-Wochen-Frist die Ursache der Behinderung nicht geklärt werden, so soll der Antrag an den Träger weitergeleitet werden, der die Leistungen ohne Rücksicht auf die Ursache erbringt, also in aller Regel an den Träger der Krankenversicherung. Eine weitere, sachlich begründete, Modifikation bringt jetzt § 14 Abs. 3 SGB IX (unten Rn. 21).

20 Wird der Antrag nicht weitergeleitet, so **entscheidet** der Rehabilitationsträger innerhalb von drei Wochen nach Antragseingang. Ist für die Feststellung des Rehabilitationsbedarfs ein **Gutachten** erforderlich, wird die Entscheidung innerhalb von zwei Wochen nach Vorliegen des Gutachtens getroffen. Wird der Antrag weitergeleitet, gelten die Sätze 1 bis 3 für den Rehabilitationsträger, an den der Antrag weitergeleitet worden ist, entsprechend; die Frist beginnt mit dem Antragseingang bei diesem Rehabilitationsträger. Besondere gutachterliche Aufgaben der Bundesagentur für Arbeit ergeben sich in diesem Zusammenhang aus § 54 SGB IX.

21 Eine Modifikation des Ausschlusses einer Weiterleitung durch den zweitangegangenen Träger ergibt sich aus § 14 Abs. 3 SGB IX nF. Ist der Rehabilitationsträger, an den nach § 14 Abs. 1 Satz 2 SGB IX **weitergeleitet worden ist,** nach seinem Leistungsrecht für die beantragte Leistung insgesamt nicht zuständig, so kann er den Antrag im Einvernehmen mit dem nach seiner Auffassung zuständigen Rehabilitationsträger an diesen weiterleiten. In diesem Falle verlängern sich die Fristen nicht. Die Entscheidung muss innerhalb der nach § 14 Abs. 2 Satz 4 SGB IX laufenden Frist getroffen werden. Der Leistungsberechtige ist lediglich zu unterrichten. Gewisse Schwierigkeiten dürfte die Auslegung des gesetzlichen Merkmals „insgesamt" bereiten. Unzweifelhaft ist § 14 Abs. 3 SGB IX anzuwenden, wenn Leistungen im Grenzbereich der medizinischen Rehabilitation, zB eine Arbeitstherapie nach § 42 SGB V, bei der Krankenkasse beantragt und diese den Antrag an die Bundesagentur für Arbeit weiterleitet. Die Bundesagentur kann insgesamt kein Träger der medizinischen Rehabilitation sein. Dasselbe gilt aber nicht, wenn bei Leistungen zur Teilhabe am Arbeitsleben die Bundesagentur für Arbeit den Träger der Rentenversicherung für sachlich zuständig hält und an diesen weiterleitet. Beide können insgesamt sehr wohl zuständig sein. Hier ist § 14 Abs. 3 SGB IX nicht anwendbar. Anders stellt sich der Sachverhalt dar, wenn als Leistung zur Teilhabe am Arbeitsleben eine unterstützte Beschäftigung nach § 55 SGB IX in Betracht kommt. Diese wird vom Träger der Rentenversicherung nicht erbracht (§ 16 SGB VI). Wurde an ihn weitergeleitet, so kann man aber nicht davon ausgehen, dass er wegen des Ausschlusses einer konkreten Leistung „insgesamt" nicht zuständig ist. In diesem Falle kann also nicht nach § 14 Abs. 3 SGB IX vorgegangen werden. Der Träger der Rentenversicherung muss ggf. die Leistung nach § 55 SGB IX erbringen und von der Bundesagentur für Arbeit Erstattung verlangen. Anders wird das jedoch für diese sog. Turbo-Klärung in der Gesetzesbegründung gesehen: Sie gilt „selbst dann, wenn der zweitangegangene Träger für die betreffende Leistungsgruppe gleichwohl nach § 6 Absatz 1 Rehabilitationsträger sein könnte, er aber nach seinem Leistungsgesetz nicht zuständig ist" (BT-Drs. 18/9522 S. 233). Damit wird dem Merkmal „insgesamt" keine Bedeutung beigemessen.

22 Gleichzeitig mit dem Zuständigkeitswechsel bestehen intern die Verpflichtungen des eigentlich zuständigen Rehabilitationsträgers fort. Das bedeutet vor allem, dass er im Verhältnis zum leistenden Rehabilitationsträger nach § 16 Abs. 1 SGB IX zur Erstattung verpflichtet ist (BSG SozR 4-3250 § 14 Nr. 2; 12; BSG SGb 2011 S. 39 mAnm Jährling-Rahnefeld). In diesem Verfahren sind dann die leistungs- und leistungserbringungsrechtlichen Voraussetzungen zu beachten (BSG 98 S. 277; BSG SozR 4-3250 § 14 Nr. 18). Sofern im Leistungsverfahren ein Urteil ergangen ist, ergibt sich der Erstattungsanspruch aus der Rechtskraftwirkung dieses Urteils. Das materielle Leistungsrecht ist also nicht mehr zu prüfen (BSG SGb 2014 S. 161 mAnm Bolay). Kommt es nach einer Entscheidung des zweitangegangenen Rehabilitationsträger zu einem Verfahren über die Rücknahme eines Verwaltungsaktes, so bleibt der Rehabilitationsträger auch für die Entscheidung nach § 44 SGB X zuständig (Hess. LSG NZS 2016 S. 425). Die Vorschrift des § 16 SGB IX hat wegen Spezialität Vorrang vor allen anderen Erstattungsregelungen, dies jedoch nur, sofern ein „zweitangegangener" Träger geleistet hat (BVerwG JAmt 2017 S. 504 Rn. 11, zu § 89c Abs. 1 SGB VIII; VGH München JAmt 2014 S. 586 Rn. 25, zu § 10 Abs. 4 SGB VIII).

23 Insgesamt ergeben sich damit aus der Rechtsprechung des BSG zur § 14 SGB IX folgende allgemeine Grundsätze (BSG 93 S. 283; BSG 101 S. 207):

- Werden Leistungen zur Teilhabe beantragt, so stellt der Rehabilitationsträger innerhalb von zwei Wochen fest, ob er zuständig ist (§ 14 Abs. 1 Satz 1 SGB IX).
- Stellt er fest, dass er nicht zuständig ist, so leitet er den Antrag an den nach seiner Auffassung zuständigen Träger weiter (§ 14 Abs. 1 Satz 2 SGB IX).
- Wird der Antrag nicht weitergeleitet, so ergibt sich eine vorläufige Zuständigkeit des Rehabilitationsträgers, bei dem der Antrag gestellt worden war. Das gilt auch, wenn die Weiterleitung lediglich versäumt worden war.
- Wird der Antrag weitergeleitet, so ergibt sich eine vorläufige Zuständigkeit des Rehabilitationsträgers, an den weitergeleitet wurde. Eine nochmalige Weiterleitung ist unzulässig (§ 14 Abs. 2 Satz 3 SGB IX).
- Eine so entstandene Zuständigkeit kann nicht mehr geändert werden. Nur im Falle einer Weiterleitung an einen Rehabilitationsträger, der insgesamt nicht zuständig sein kann, können der Rehabilitationsträger, an den weitergeleitet wurde und derjenige, der von letzterem für zuständig gehalten wird, innerhalb der laufenden Fristen einverständlich die Zuständigkeit des letzteren Rehabilitationsträgers begründen (§ 14 Abs. 3 SGB IX).
- Die Zuständigkeit des nach § 14 SGB IX berufenen Trägers schließt die Zuständigkeit aller anderen Träger aus und erstreckt sich gegenüber dem behinderten Menschen auf Ansprüche aus allen Rechtsgrundlagen, die für Rehabilitationsträger vorgesehen sind.
- Im Rahmen der vorläufigen Zuständigkeit kommt es also nicht mehr darauf an, ob der Rehabilitationsträger „an sich" zur Leistung verpflichtet ist. Vielmehr besteht eine nach außen verbindliche neue Zuständigkeit.
- Gleichviel, ob weitergeleitet wird oder nicht: In drei Wochen nach Antragseingang ist der Rehabilitationsbedarf zu klären. Wurde weitergeleitet, so beginnt die Frist erst mit Eingang des Antrags bei dem zweitangegangenen Träger (§ 14 Abs. 2 Satz 4 SGB IX). Die Frist kann sich nur verlängern, wenn für die Antragsprüfung ein medizinisches Gutachten erforderlich ist.
- Wurden Leistungen zur Teilhabe beantragt, so ist eine Weiterleitung nach § 16 Abs. 2 Satz 1 SGB ausgeschlossen (§ 14 Abs. 5 SGB IX). Auch eine Vorleistung nach § 43 SGB I ist nicht zulässig (§ 24 Satz 3 SGB IX),
- Die Verpflichtung des Trägers der Sozialhilfe, nach § 2 Abs. 1 SGB XII einen Bedarf einstweilige zu decken ist nicht eingeschränkt. Sie kommt in Betracht, wenn von einem vorrangig zuständigen Träger, als welchem Grunde auch immer, tatsächlich nicht geleistet wird.
- Das Recht zur Selbstbeschaffung nach § 18 Abs. 6 SGB IX besteht unabhängig von Zuständigkeitsklärung und Vorleistung.

24 Legt man nach allem § 14 SGB IX in der Weise aus, wie es BSG in seiner inzwischen gefestigten Rechtsprechung tut, dann ist eigentlich eine Konsequenz unausweichlich: Der Rehabilitationsträger, der weiterleitet, regelt verbindlich die (vorläufige) Zuständigkeit eines anderen Trägers. Anders wird dies von der herrschenden Auffassung gesehen. Danach wird die Weiterleitung nach § 14 SGB IX als „Verfahrensentscheidung ohne Außenwirkung und Regelungscharakter" angesehen (*Götz* DRV 2003 S. 632; Ulrich, SGb 2008 S. 452, 455). Anders als die schlichte Weiterleitung nach § 16 SGB I, die als Tathandlung anzusehen ist, erfüllt jedoch die Weiterleitung nach § 14 SGB IX alle Kriterien eines **Verwaltungsaktes** (§ 31 SGB X). Adressaten dieses Verwaltungsaktes sind sowohl der Rehabilitationsträger als auch der Leistungsberechtigte. Nicht nur gegenüber letzterem tritt eine Außenwirkung ein. Auch Rehabilitationsträger haben eigene Rechtspersönlichkeit (vgl. § 6 Abs. 2 SGB IX). Es lässt sich auch nicht einwenden, es bestünde keine Regelungsbefugnis des weiterleitenden Rehabilitationsträgers. Diese ergibt sich bereits aus § 14 Abs. 1 Satz 2 iVm § 14 Abs. 2 Satz 4 SGB IX. Würde man aus dieser Vorschrift keine Regelungsbefugnis ableiten, dann könnte sich auch die Konsequenz, einer Zuständigkeit des zweitangegangenen Trägers nicht ergeben. So ist es nur in § 16 SGB I geregelt. Letzterer erschöpft sich in der Tatsache der Weiterleitung und begründet gerade keine neue Zuständigkeit. Mit anderen Worten: Die Zuständigkeit des zweitangegangenen Trägers ergibt sich aus einem begründenden Rechtsakt oder sie entsteht überhaupt nicht. Dies übersieht die hL, die eine Regelungsbefugnis bestreitet. Würde sich die Rechtsfolge allein aus der Vorschrift des § 14 Abs. 2 Satz 1 iVm Satz 3 SGB IX ergeben (so Ulrich, SGb 2008 S. 455), so wäre die Zuständigkeit völlig unbestimmt, weil nach dieser gesetzlichen Regelung jeder Rehabilitationsträger zuständig wäre. Eine Auswahlentscheidung würde erst durch die Weiterleitung getroffen. Dass die Rehabilitationsträger untereinander nicht im Verhältnis der Über- und Unterordnung stehen, ist bedeutungslos. Entscheidend ist die hoheitliche Maßnahme, mit der ein Einzelfall geregelt wird. Sie ist in der vorläufig verbindlichen Festlegung der Zuständigkeit zu sehen. In jedem Falle einer Weiterleitung muss der Leistungsberechtigte eine Verlängerung der Frist für die Entscheidung über den Rehabilitationsbedarf von drei auf fünf Wochen hinnehmen (§ 14 Abs. 2 Satz 3 Hs. 2 SGB IX). Es ergeben sich aber auch weitere nachteilige Konsequenzen. Bei einer Weiterleitung von der Krankenkasse an einen Sozialhilfeträger kann es sich ergeben, dass der Leistungsberechtigte zumindest vorläufig von einer Versicherungs- auf eine Fürsorgeleistung verwiesen wird. Das kann für ihn nachteilige wirtschaftliche Konsequenzen haben, da uU Kostenbeiträge zu seiner Rehabilitation leisten muss (§§ 135 ff. SGB IX; 82 ff. SGB XII). Insbesondere erbringt der Träger der Eingliederungshilfe keine unterhaltssichernden Leistungen (§§ 5 Nr. 3, 6 Abs. 1 Nr. 7 SGB IX). Der behinderte Mensch, der zB einen Anspruch auf Krankengeld hat, wird also auf Leistungen zum Lebensunterhalt außerhalb des Rehabilitationssystems verwiesen (§§ 19 ff. SGB II; §§ 27 ff. 41 ff. SGB XII). Dabei käme es zu einem erheblichenen, vorrangigen Einsatz von Einkommen und Vermögen (§§ 11 ff. 12 SGB II; §§ 82, 90 SGB XII). Für den Rehabilitationsträger, an den weitergeleitet wird, wird eine vorläufige Zuständigkeit festgelegt. Er muss nicht nur leisten, sondern er wird auch in die Durchführung eines Erstattungsverfahrens gedrängt. Konsequenterweise können sich beide Adressaten gegen eine Weiterleitung mit Widerspruch und Anfechtungsklage zur Wehr setzen. Damit tritt auch, die vom Gesetzgeber sicher nicht gewollte, aufschiebende Wirkung ein.

4. Weiterleitung bei sonstigen Verfahrenshandlungen

Bei wortgetreuer Anwendung des § 16 Abs. 2 ist der unzuständige Sozialleistungsträger nur verpflichtet, Anträge weiterzuleiten. Andere verfahrenserhebliche Handlungen würden demnach von dieser Vorschrift nicht erfasst. Das wären also ua die oben in Rn. 11 genannten Handlungen sowie auch eine Mitwirkungshandlung nach den §§ 60 ff., die gegenüber einer unzuständigen Stelle vorgenommen worden ist. Man wird trotz der für den Sozialleistungsberechtigten unangenehmen Konsequenzen, die Weiterleitungspflicht auf **Anträge beschränken** müssen. Ins Gewicht fallende zusätzliche Nachteile erleidet er nicht. Soweit die Verfahrenshandlungen keine Anträge sind, kann durch Vornahme beim unzuständigen Sozialleistungsträger ohnehin keine Frist gewahrt werden (vgl. unten Rn. 26). Das ist nur anders, wenn für die sonstige Verfahrenshandlung eine entsprechende Anwen- 25 dung des § 16 vorgesehen ist, wie bei der Erklärung über die Zuordnung der Erziehungszeit nach § 56 Abs. 2 Satz 7 SGB VI. In den anderen Fällen kann es nicht geschehen, dass der Berechtigte nicht in Erfahrung bringen könnte, bei welchem Sozialleistungsträger er die Verfahrenshandlung vornehmen muss. Insoweit ist er auf den Auskunftsanspruch nach § 15 Abs. 2 zu verweisen. Gegen diese Auffassung könnte man allerdings einwenden, dass die Argumente, die dafür sprechen, dass Verfahrenshandlungen, wie eine Meldung, Anzeige oder das Kenntnisverschaffen, nur vor dem zuständigen Sozialleistungsträger vorgenommen werden können, für die Weiterleitung nicht gelten. Wenn das BSG ausführt, dass die Anzeige des witterungsbedingten Arbeitsausfalls nach § 88 Abs. 1 AFG aF beim örtlich zuständigen Arbeitsamt diesem eine Prüfung der Verhältnisse ermöglichen soll (BSG SozR 1200 § 16 Nr. 7), dann ist dieser Gedanke ja nicht für die Weiterleitung relevant. Erfolgt die Anzeige bei der unzuständigen Arbeitsagentur, so würde diese weiterleiten. Alle Wirkungen der Anzeige könnten aber erst eintreten, wenn sie bei der zuständigen Arbeitsagentur eingeht. Schließlich könnte man einwenden, dass nicht sogleich erkannt werden kann, ob eine Verfahrenshandlung einen Antrag darstellt oder nicht. Der Sozialleistungsträger müsste erst in eine Prüfung dieser Frage eintreten. Hierzu ist zu sagen, dass der Sozialleistungsträger das Risiko einer Nichtweiterleitung eines Antrags in jedem Falle selbst trägt. Es geht nur um die Frage, ob er weiterleiten muss, wenn für ihn klar ersichtlich ist, dass es sich nicht um einen Antrag handelt. Hierfür ist eine gesetzliche Grundlage nicht zu erkennen. Eine Betreuungspflicht wird man nur insoweit annehmen können, als der Sozialleistungsberechtigte darauf hinzuweisen ist, die Verfahrenshandlung beim zuständigen Träger vorzunehmen.

26 Hinzuweisen ist in diesem Zusammenhang auf unterschiedliche Rechtsauffassungen der oberen Gerichte zu der angrenzenden Frage der **Wiedereinsetzung** in den vorigen Stand bei falscher Adressierung von Schreiben an ein Gericht (Herold-Tews/Merkel, Der Sozialgerichtsprozess 2017 Rn. 165 ff). Diese Rechtsprechung hat sich auch auf das Verwaltungsverfahren und damit auf die Wiedereinsetzung nach § 27 SGB X ausgewirkt (vgl. BVerwG NJW 1990 S. 2639). Das BSG vertritt in einer Entscheidung des Großen Senats die Auffassung, dass Wiedereinsetzung zu gewähren ist, wenn der Prozessbeteiligte fahrlässig ein Schriftstück an ein unzuständiges Gericht gerichtet hat und dort eine Weiterleitung pflichtwidrig unterbleibt (BSG 38 S. 248). Demgegenüber sind die anderen oberen Gerichte der Ansicht, die verfahrensrechtliche Fürsorgepflicht gehe so weit nicht, dass für die Einhaltung von Verfahrensfristen durch die Beteiligten gesorgt werden müsse (BFH 90 S. 395; BVerwG 55 S. 62; BGH VersR 1988 S. 251). Der wesentliche Unterschied in den Auffassungen besteht darin, dass man entgegen dem BSG davon ausgeht, der Fehler eines Prozessbeteiligten würde nicht dadurch seine prägende Bedeutung für das Verstreichen einer Frist verlieren, dass er durch ein Gericht oder eine Behörde noch vertieft wird (BVerwG 55 S. 67). So meint das BSG, das Verschulden einer Partei schlösse die Wiedereinsetzung nicht aus, wenn zwar eine schuldhafte Versäumnis vorliege, deren Folgen aber durch ein von anderer Seite zu erwartendes pflichtgemäßes Handeln ausgeschaltet worden wären (BSG 38 S. 257). Demgegenüber ist ua der BFH der Ansicht: „Wer das Risiko unrichtiger Adressierung schuldhaft übernimmt, kann zu seiner Entschuldigung auch nicht geltend machen, dass der unrichtige Adressat bei schnellerer Bearbeitung des Vorgangs die Sache noch rechtzeitig an die richtige Stelle hätte weiterleiten können" (BFH 90 S. 395; vgl. auch Bay. LSG Breith. 1997 S. 773).

27 Die Kritik an seiner Auffassung hat das BSG, jedenfalls was das materielle Leistungsrecht angeht, zurückgewiesen. Unterlässt danach eine Behörde – außerhalb des Anwendungsbereichs des § 16 Abs. 2 – pflichtwidrig die Weiterleitung eines Schreibens an die zuständige Behörde, so ist die falsche Adressierung durch den Leistungsberechtigten für die Versäumung der Frist nicht ursächlich (BSG SGb 1992 S. 357 mAnm Buchner). Im Ergebnis bedeutet das: Wendet man § 16 Abs. 2 nur auf Anträge an, so ist nach der bisher weitgehend abgelehnten Auffassung des BSG bei sonstigen Schriftstücken immer noch eine Wiedereinsetzung nach § 27 SGB X in Erwägung zu ziehen. Diese Auffassung des BSG dürfte sich durchsetzen. Die 3. Kammer des Ersten Senats des BVerfG hat nämlich entschieden, dass bei einer Wiedereinsetzung zu prüfen ist, ob durch offenkundig nachlässiges Fehlverhalten auf Seiten der Behörde bei einem leicht als Rechtsbehelf erkennbares Schreiben die Tatsache einer falschen Adressierung übersehen wurde (BVerfG SozR 3-1500 § 67 Nr. 22).

28 Die Pflicht zur Weiterleitung von Anträgen ist eine **Amtspflicht.** Deren Verletzung kann also zu den haftungsrechtlichen Konsequenzen nach § 839 BGB, Art. 34 GG führen. Darüber hinaus kann auch ein Herstellungsanspruch gegeben sein (§ 14 Rn. 23, 26). Häufig dürfte er allerdings daran scheitern, dass der Sozialleistungsträger, der nicht weitergeleitet hat, für die Vornahme der Amtshandlung nicht zuständig ist (vgl. § 14 Rn. 36 ff.). Im Allgemeinen reicht die Wirkung, die sich aus § 16 Abs. 2 Satz 2 ergibt, aus.

5. Zugangsfiktion

29 Eine im gegliederten System des Sozialrechts besonders wichtige Regelung trifft § 16 Abs. 2 Satz 2. Danach hat der bei einem unzuständigen Träger gestellte Antrag **fristwahrende** Funktion. Auch die Verzinsung gemäß § 44 beginnt (BSG 66 S. 234) und der Lauf der Verjährung wird gehemmt, sofern der Antrag schriftlich gestellt war (§ 45 Abs. 3). Dies gilt jedoch nur für die antragsabhängigen Sozialleistungen. Im Falle der **Genehmigungsfiktion** nach § 13 Abs. 3a SGB V (§ 43 Rn. 35) ist eine Abstimmung mit § 16 Abs. 2 Satz 2 SGB I erforderlich. Dort ist der frühestmögliche Zeitpunkt der Wirkung eines Antrags geregelt. In § 13 Abs. 3a SGB V wird der letztmögliche Termin für die Entscheidung der Krankenhäuser festgelegt. Man kann § 16 Abs. 2 Satz 2 SGB I nicht so auslegen, dass der einer Krankenkasse zur Verfügung stehende Zeitraum von drei Wochen bereits mit der Antragstellung beim unzuständigen Träger beginnt (aA LSG Sachs.-Anh. L 8 SO 41/13 B ER BeckRS 2014, 70474). Vielmehr ist die Vorschrift mittels einer teleologischen Reduktion dahingehend zu begrenzen, dass in den Fällen einer Weiterleitung der Krankenkasse auf jeden Fall eine Prüfungsfrist von drei Wochen verbleibt. Dabei ist zu berücksichtigen, dass die Krankenkasse keinen Einfluss darauf hat, wann ein Antrag an sie weitergeleitet wird. Insoweit ist § 13 Abs. 3a Satz 1 SGB V zu lesen: „drei Wochen nach Antragseingang bei Ihr".

30 Zu Zweifeln über die Zuständigkeit kommt es idR, wenn die leistungsrechtliche Zuordnung eines Antrags nicht eindeutig ist. In diesem Falle ist immer auch eine **Vorleistung** nach § 43 in Erwägung zu ziehen (vgl. § 43 Rn. 10). Die Regelung des § 16 Abs. 2 steht schließlich auch im Zusammenhang mit § 2 SGB X. Zum einen entscheidet bei Zweifeln über die örtliche Zuständigkeit die gemeinsame Aufsichtsbehörde. Zum anderen ist unter den Voraussetzungen des § 2 Abs. 2 und 3 SGB X das Verwaltungsverfahren von der zuerst befassten Behörde fortzuführen.

31 Der Grundsatz der **Zugangsfiktion** beim zuständigen Leistungsträger, den § 16 Abs. 2 Satz 2 nur für die **antragsabhängigen** Sozialleistungen aufstellt, hat zu erheblichen Zweifeln in der Sozialhilfe geführt, die noch immer nicht ganz behoben sind. Zwar können Leistungen der Sozialhilfe auch auf einen Antrag hin gewährt werden. Sie sind jedoch nicht davon abhängig, sondern davon, dass der Träger der Sozialhilfe **Kenntnis** erlangt. Nach der ursprünglichen Regelung des § 18 SGB XII (§ 5 BSHG aF) genügte es dabei nicht, dass irgendein Träger der Sozialhilfe Kenntnis erlangt. Vielmehr musste derjenige Kenntnis erlangen, der die erforderliche Leistung in eigener Zuständigkeit zu erbringen hat (BVerwG 69 S. 5). Die Kenntnis als reine Tatsache konnte, anders als die rein rechtliche Antragswirkung, nicht einem anderen zugerechnet werden.

32 Diese Ausgangssituation war gerade in der Sozialhilfe von nachteiliger praktischer Wirkung, weil es hier auch objektiv zweifelhaft sein kann, welcher Träger im Einzelfall sachlich zuständig ist. Die Zuständigkeitsabgrenzung zwischen örtlichem und überörtlichem Träger der Sozialhilfe erfolgt nach den Grundsätzen des § 97 SGB XII und ist im Wesentlichen davon abhängig, welche Leistung erbracht wird und in welcher Form dies geschieht. Vergleichbare Schwierigkeiten hinsichtlich der örtlichen Zuständigkeit ergeben sich bei der Anwendung des § 98 Abs. 5 SGB XII. Im Einzelnen ist die Zuständigkeit zudem im Landesrecht des jeweiligen Bundeslandes zu prüfen, kann also auch von Land zu Land unterschiedlich sein (§ 97 Abs. 3 SGB XII). So kann die Abgrenzung der Hilfe zum Lebensunterhalt in einem Heim (§ 27b SGB XII) von bestimmten Hilfen in besonderen Lebenslagen (§§ 90 ff. SGB IX, 61, 67 SGB XII), die auch in einem Heim erbracht werden, zweifelhaft sein. Im Landesrecht ist jedenfalls häufig die stationäre Erbringung der Hilfe zum Lebensunterhalt (§ 27b SGB XII dem örtlichen Träger der Sozialhilfe zugewiesen. Mit der zunehmenden Flexibilisierung der Versorgungsformen kann es des Weiteren zweifelhaft sein, ob man im Einzelfall von einer ambulanten oder einer stationären Versorgungsform sprechen kann, die eine Zuständigkeit des überörtlichen Trägers begründen kann (BVerwG 95 S. 149). Das ist des Öfteren bei Wohngemeinschaften für behinderte Menschen unklar und hängt von dem jeweiligen Betreuungskonzept ab (vgl. OVG Bremen FEVS 36 S. 338; VGH Mannheim FEVS 38 S. 293). Die Schwierigkeit der leistungsrechtlichen Zuordnung hat also eine Unklarheit bei der Begründung der Zuständigkeit zur Folge. Allerdings gibt das Bundesrecht vor, dass für Leistungen nach § 8 Nr. 1–6 SGB XII möglichst eine einheitliche sachliche Zuständigkeit begründet wird, also ambulante und stationäre Leistungen von demselben Träger erbracht werden (§ 97 Abs. 2 Satz 2 SGB XII). In der Praxis kann man der Zuständigkeitsfrage häufig dadurch ausweichen, dass man mehreren in Betracht kommenden Sozialhilfeträgern zugleich Kenntnis iSd § 18 Abs. 1 SGB XII verschafft. In den Fällen, in denen es an einer rechtzeitigen Kenntnis fehlte, ist zu prüfen, ob eine Leistungspflicht über § 73 SGB XII begründet werden kann (vgl. § 14 Rn. 54).

33 Wohl im Hinblick auf die vielen praktischen Schwierigkeiten, die sich aus einer restriktiven Auslegung des § 16 Abs. 2 ergeben, hat das BVerwG seine Rechtsprechung geändert. Das Gericht betont zwar weiterhin, dass Leistungen der Sozialhilfe nicht „antragsabhängig“ wären. Dennoch ist es der Auffassung, dass „die Sozialhilfe von diesem Antrag, wenngleich nur mittelbar wegen der mit ihm vermittelten Kenntnis abhängig“ ist (BVerwG 98 S. 248). Es hat also eine recht extensive Auslegung der Abhängigkeit gefunden, die allerdings vor dem Hintergrund des § 2 Abs. 2 konsequent ist. Damit wendet das BVerwG nunmehr § 16 Abs. 2 Satz 2 auch auf die Sozialhilfe an. Im Anschluss an diese Rechtsprechung

hat der Gesetzgeber § 18 Abs. 2 SGB XII (§ 5 Abs. 2 Satz 1 BSHG aF) folgendermaßen gefasst: „Wird einem nicht zuständigen Träger der Sozialhilfe … im Einzelfall bekannt, dass Sozialhilfe beansprucht wird, so sind die darüber bekannten Umstände dem zuständigen Träger der Sozialhilfe … unverzüglich mitzuteilen … Ergeben sich daraus die Voraussetzungen für die Leistung, setzt die Sozialhilfe zu dem nach Satz 1 maßgebenden Zeitpunkt ein." Damit ist § 18 Abs. 2 SGB XII an § 16 Abs. 2 Satz 2 SGB I angepasst worden. Dies geschieht allerdings mit einer wesentlichen Einschränkung. Die Zurechnung der Kenntnis erfolgt nur, wenn die unzuständige Stelle ein Sozialhilfeträger war. Häufig erlangt aber eine Kranken- oder Pflegekasse bzw. die Arbeitsagentur Kenntnis. Diese müssen zwar weiterleiten (§ 16 Abs. 2 Satz 1). Fraglich ist weiterhin, ob auch ihre Kenntnis dem zuständigen Sozialhilfeträger zugerechnet wird oder ob dies nur unter Sozialhilfeträgern geschehen soll. Sicher ist nur, dass der Gesetzgeber mit der Änderung des § 18 Abs. 2 SGB XII (§ 5 Abs. 2 BSHG aF) der neueren Rechtsprechung des BVerwG Rechnung tragen wollte (BT-Drs. 13/3904 S. 44). Im Wortlaut der Vorschrift kommt dies aber nicht vollständig zum Ausdruck. Es ergeben sich also drei Möglichkeiten: Entweder man rechnet eine Kenntnis nur innerhalb der Sozialhilfe zu (so wohl Schellhorn, Sozialhilferecht § 5 Rn. 15), oder man legt § 18 Abs. 2 SGB XII in der Weise aus, dass diese Vorschrift sprachlich verunglückt ist und rechnet die Kenntnis eines jeden Sozialleistungsträgers zu (dazu Rothkegel, Die Strukturprinzipien des Sozialhilferechts, 2000 S. 62–66). Schließlich lässt sich auch noch die Auffassung vertreten, § 16 Abs. 2 Satz 2 finde neben § 18 Abs. 2 SGB XII Anwendung (OVG Lüneburg Nds.VBl 1999/8 S. VI; VG Braunschweig, NDV RD 2002 S. 29). Da der Wortlaut des § 18 Abs. 2 SGB XII trotz der anderslautenden amtlichen Begründung eindeutig ist, lässt sich diese Vorschrift allenfalls nur auf das Verhältnis mehrere Sozialhilfeträger untereinander und die anderen dort genannten Stellen anwenden. Der anders gelagerte Fall, dass eine Leistung, die nicht Sozialhilfe ist, bei einem unzuständigen Träger der Sozialhilfe beantragt wird, ist unstrittig bereits durch § 16 Abs. 2 geregelt.

Da der Gesetzgeber aber eigentlich für die Sozialhilfe eine Parallelvorschrift zu **34**
§ 16 Abs. 2 Satz 2 schaffen wollte, kann man zumindest nicht die Auffassung vertreten, er wollte mit der Neufassung des § 5 Abs. 2 BSHG aF (§ 18 Abs. 2 SGB XII) die neue und weitergehende Rechtsprechung des BVerwG einschränken. Damit ist § 16 Abs. 2 Satz 2 auf jeden Fall zumindest ergänzend in der Sozialhilfe anwendbar. In § 18 Abs. 2 SGB XII ist nach der einschränkenden Auffassung nur eine bereichsspezifische Klarstellung und Konkretisierung zu sehen. Dadurch wurde § 16 Abs. 2 Satz 2 aber nicht in der Sozialhilfe verdrängt. Demgegenüber will das OVG Münster die Wirkung des § 16 Abs. 2 Satz 2 nur eingreifen lassen, wenn bei einem – beliebigen – unzuständigen Träger ein „Antrag auf Sozialhilfe" gestellt wurde (OVG Münster FEVS 52 S. 326). Damit dürfte das OVG Münster die Passage in der Urteilsbegründung (BVerwG 98 S. 248), auf die es sich ausdrücklich bezieht, aber zu eng interpretieren. Dort ist nicht explizit von einem „Antrag auf Sozialhilfe" die Rede. Für die Auffassung des OVG Münster könnte allerdings eine andere Entscheidung des BVerwG zum Erstattungsrecht (§§ 102 ff. SGB X) sprechen. Dort hat das Gericht die entsprechende Anwendung des § 16 Abs. 2 SGB I auf § 105 Abs. 3 SGB X abgelehnt, weil die letztere Vorschrift, die „Kenntnis des Sozialhilfeträgers" verlange (BVerwG FEVS 51 S. 448). Offensichtlich reichte dort die Kenntnis einer Krankenkasse als Zurechnungsgrund nicht aus. Diese Auffassung wurde aber nur für das Erstattungsverfahren vertreten.

35 Im Ergebnis wird man Folgendes sagen müssen: § 16 Abs. 2 Satz 2 regelt als Verfahrensnorm den Zugang zu Sozialleistungen und damit auch die Verwirklichung der sozialen Rechte. Insoweit wird man § 2 Abs. 2 als Auslegungsregel beachten müssen. Danach ist der Auslegung der Vorzug zu geben, die zu einer möglichst weitgehenden Verwirklichung der sozialen Rechte führt. Dabei ist das gesetzliche Merkmal „abhängig" im Sinne von „Voraussetzung dafür, dass" zu verstehen. Das ist vom Wortlaut noch gedeckt. Folglich ist an der ursprünglich weiten Auffassung des BVerwG zu § 16 Abs. 2 Satz 2 festzuhalten. Diese Auffassung wird auch für die Zeit nach der Sozialhilfereform vertreten (BSG SozR 4-3500 § 18 Nr. 1; BSG SozR 4-4200 § 7 Nr. 42). In § 5 Abs. 2 BSHG aF ist nach allem nur eine sprachlich verunglückte Konkretisierung zu sehen. Aus der Sozialhilfereform 2005 lassen sich keine Schlüsse ziehen, die eine andere Auffassung rechtfertigen könnten. In der Begründung zu § 18 SGB XII-E heißt es lapidar: „Die Regelung überträgt inhaltsgleich den bisherigen § 5 des Bundessozialhilfegesetzes." (BT-Drs. 15/1514 S. 57).

36 Des Weiteren ist darauf hinzuweisen, dass das BSG in seiner neueren Rechtsprechung (BSG 99 S. 137; BSG SozR 4-1300 § 44 Nr. 15) nicht mehr an den „abweichenden Strukturprinzipien" des Sozialhilferechts alter Prägung festhalten, sondern im Prinzip einheitliche Grundsätze für das gesamte Sozialrecht gelten lassen will (§ 37 Rn. 11–18). Allerdings ist die Rechtsprechung zu dieser Frage noch nicht abgeschlossen (BSG 102 S. 126).

37 Insoweit ist es konsequent, wenn das BSG § 16 Abs. 2 Satz 2 auch anwendet, wenn ein Antrag auf Leistungen der Sozialhilfe beim Träger der Grundsicherung für Arbeitsuchende gestellt wurde. Insbesondere versteht das Gericht in einer Entscheidung des 8. Senats den Kenntnisgrundsatz des Sozialhilferechts als Instrument des niedrigschwelligen Zugangs zum System der Sozialhilfe und fordert deswegen in Übereinstimmung mit der Rechtsprechung des BVerwG für § 16 Abs. 2 nicht einen Antrag im formalen Sinne. Es genügt also eine Kenntnisverschaffung, zumindest dann, wenn sie eine dem Antrag vergleichbare Funktion hat (BSG SozR 4-3500 § 18 Nr. 1; LSG NRW, L 20 SO 54/07 juris). Demgegenüber will der 2. Senat § 16 Abs. 2 Satz 2 SGB I weiterhin nicht auf reine Tatsachenerklärungen anwenden. In einer Entscheidung zur Unfallversicherung vertritt er die Auffassung, dass zwar eine Antragstellung beim unzuständigen Träger dem zuständigen zugerechnet werden kann. Dasselbe lässt sich nach seiner Ansicht aber nicht für die Verschaffung von Kenntnis annehmen (BSG SGb 2010 S. 47 mAnm Mrozynski). Damit steht eine endgültige Klärung der Zweifelsfragen noch immer aus.

6. Sachdienliche Anträge

38 Die Regelung des Abs. 3 gehört in den größeren Zusammenhang mit den behördlichen **Betreuungspflichten** (§§ 13–15). Sie hat zwei Zielrichtungen. In erster Linie ist sie geeignet, eine Auskunft oder Beratung (§§ 14, 15) zu einem sinnvollen Abschluss zu bringen. Es wird häufig das Ergebnis eines Beratungsprozesses sein, sofort die Stellung eines Antrags anzuregen ist. Wurde ein Antrag gestellt, so ist die Ergänzung unvollständiger Angaben anzuregen (BSG 46 S. 124; BSG 92 S. 159). Generell ist dem Leistungsberechtigten der Weg zu weisen, auf dem er zu der begehrten Leistung gelangt (BSG 57 S. 62). Diese Verpflichtungen bestehen im Grunde erst dann, wenn der Wille des Antragstellers nicht schon durch Auslegung zu ermitteln ist. Anregungen haben dann nur noch eine klarstel-

lende Funktion. Dieser Gesichtspunkt kann Bedeutung erlangen, wenn der Lauf der Frist von einem Antrag abhängig ist. Auch ein unvollständiger oder unverständlicher Antrag ist ein Antrag, wenn sein Gegenstand durch Auslegung zu ermitteln ist (§ 133 BGB). Anders ist dies nur bei Anträgen, die nicht in deutscher Sprache gestellt wurden (§ 19 Abs. 4 SGB X).

Die Verpflichtung nach § 16 Abs. 3 richtet sich zunächst einmal nur an die Sozialleistungsträger, nicht an die anderen in § 16 Abs. 2 genannten Stellen. Die Pflicht richtet sich des Weiteren schon nach dem Wortlaut der Vorschrift nicht nur an den Sozialleistungsträger, der für die Erbringung der Leistung zuständig ist, sondern an alle Sozialleistungsträger, (aA Wannagat-Rüfner, SGB I § 16 Rn. 6; Knecht in Hauck/Noftz, SGB I § 16 Rn. 16; Lilge, SGB I § 16 Rn. 64). Die ablehnende Auffassung kann sich vor allem nicht darauf berufen, dass der Gesetzgeber § 16 Abs. 3 als eine Konkretisierung des § 14 angesehen hat, der nur den zuständigen Leistungsträger verpflichtet. Der Gesetzesentwurf kannte noch keinen § 16 Abs. 3, infolgedessen gab es auch noch keine Begründung dazu (vgl. BT-Drs. 8/868 S. 6, 26, 40). Es mag zutreffen, dass nur der für die Erbringung der Leistung zuständige Träger beurteilen kann, welche Angaben erforderlich sind. Ist aber für den unzuständigen Träger ersichtlich, dass eine Angabe unvollständig ist, so spricht nichts dagegen, dass er eine Vervollständigung anregt, weiterleitet und es danach zu einer weiteren Vervollständigung kommt. Hierbei ist zu berücksichtigen, dass „Angaben" so unvollständig sein können, dass noch nicht von einem Antrag gesprochen werden kann. Dass diese Schwelle überschritten wird, kann in jedem Stadium eines Verwaltungsverfahrens wichtig sein (§ 16 Abs. 2). **39**

In einer bestimmten Fallkonstellation ergänzt § 16 Abs. 3 auch die Auskunft nach § 15 Abs. 2. Hierbei kann es sich ergeben, dass der die Auskunft erteilende Sozialleistungsträger die Zuständigkeit eines anderen feststellt und erkennt, dass eine Frist zu verstreichen droht. In diesem Falle hat er die Antragstellung bei sich selbst als dem unzuständigen Träger anzuregen. Damit erfolgt dann eine Fristwahrung nach § 16 Abs. 2 Satz 2. **40**

§ 17 Ausführung der Sozialleistungen

(1) **Die Leistungsträger sind verpflichtet, darauf hinzuwirken, daß**
1. **jeder Berechtigte die ihm zustehenden Sozialleistungen in zeitgemäßer Weise, umfassend und zügig erhält,**
2. **die zur Ausführung von Sozialleistungen erforderlichen sozialen Dienste und Einrichtungen rechtzeitig und ausreichend zur Verfügung stehen,**
3. **der Zugang zu den Sozialleistungen möglichst einfach gestaltet wird, insbesondere durch Verwendung allgemein verständlicher Antragsvordrucke und**
4. **ihre Verwaltungs- und Dienstgebäude frei von Zugangs- und Kommunikationsbarrieren sind und Sozialleistungen in barrierefreien Räumen und Anlagen ausgeführt werden.**

(2) [1]**Menschen mit Hörbehinderungen und Menschen mit Sprachbehinderungen haben das Recht, bei der Ausführung von Sozialleistungen, insbesondere auch bei ärztlichen Untersuchungen und Behandlungen, in Deutscher Gebärdensprache, mit lautsprachbegleitenden Gebärden oder über andere geeignete Kommunikationshilfen zu kommunizieren.** [2]**Die**

für die Sozialleistung zuständigen Leistungsträger sind verpflichtet, die durch die Verwendung der Kommunikationshilfen entstehenden Kosten zu tragen. [3]§ 5 der Kommunikationshilfenverordnung in der jeweils geltenden Fassung gilt entsprechend.

(2a) **§ 11 des Behindertengleichstellungsgesetzes gilt in seiner jeweils geltenden Fassung bei der Ausführung von Sozialleistungen entsprechend.**

(3) **[1]In der Zusammenarbeit mit gemeinnützigen und freien Einrichtungen und Organisationen wirken die Leistungsträger darauf hin, daß sich ihre Tätigkeit und die der genannten Einrichtungen und Organisationen zum Wohl der Leistungsempfänger wirksam ergänzen. [2]Sie haben dabei deren Selbständigkeit in Zielsetzung und Durchführung ihrer Aufgaben zu achten. [3]Die Nachprüfung zweckentsprechender Verwendung bei der Inanspruchnahme öffentlicher Mittel bleibt unberührt. [4]Im übrigen ergibt sich ihr Verhältnis zueinander aus den besonderen Teilen dieses Gesetzbuchs; § 97 Abs. 1 Satz 1 bis 4 und Abs. 2 des Zehnten Buches findet keine Anwendung.**

Übersicht

1. Gewährleistungspflicht

1 Die Vorschrift regelt die sozialpolitisch außerordentlich wichtige institutionelle Seite des Leistungssystems. Ihre Bedeutung wird dadurch unterstrichen, dass wesentliche Elemente des § 17 bereits in § 1 Abs. 2 Erwähnung finden. Durch § 17 werden die Leistungsträger zu einer gewissen Vorsorge verpflichtet. Aus den §§ 2 Abs. 2 iVm § 17 Abs. 1 Nr. 1 soll nach Auffassung des 4. Senats des BSG sogar eine gewisse Obhutspflicht folgen, die dahin geht, dass der Leistungsträger die Verantwortung dafür trägt, dass dem Berechtigten die Leistung in der gesetzlich vorgesehenen Weise zugeht (BSG 87 S. 239; BSG 91 S. 68; aA 5. Senat BSG 86 S. 105). Im Zusammenhang mit den Vorgängen um die Colonia Dignidad geht das Gericht von einer Kollision zwischen der Rentenzahlungspflicht und der Obhutspflicht aus, die auf der Basis einer Ermessensentscheidung dazu führen kann, dass der Leistungsträger dem Zahlungsanspruch eine aufschiebende Einrede entgegensetzt. Ob sich aus den §§ 2 Abs. 2, 17 Abs. 1 Nr. 1 ein solcher Leistungsverweigerungsrecht ableiten lässt, ist jedoch zweifelhaft. Klar geregelt ist nur die Möglichkeit der Bestellung eines Vertreters des Leistungsberechtigten nach § 15 SGB X (vgl. auch § 61 Rn. 10). Wenn auch die Vorgänge um die Colonia Dignidad eine singuläre Erscheinung waren, so stellt sich doch immer wieder die Frage, in welchem Umfange die Leistungsträger die Verwendung der Mittel steuern können. Das kann als „zweckgerechte Verwendung" von ausgezahlten Geldleistungen immer wieder zu sekundären Fragen führen. So wird dem behinderten Menschen ein persönliches Budget gewährt, damit er ein selbstbestimmtes Leben führen kann (§ 29 Rn. 21). Zugleich aber wird nach § 29 Abs. 4 SGB IX eine

Zielvereinbarung geschlossen, bei der man angesichts der Partner der Vereinbarung stärker das Augenmerk darauf richten muss, ob eine Vertragsparität gegeben ist.

Die Leistungsträger müssen jedenfalls in einer Weise initiativ werden, die dazu führt, dass im Bedarfsfalle der Sozialleistungsanspruch des Einzelnen nicht daran scheitert, dass ein Dienst oder eine Einrichtung nicht zur Verfügung steht. Insoweit begründet § 17 eine umfassende sozialrechtliche Gewährleistungspflicht. In diesem Zusammenhang hat die Regelung des § 17 Abs. 1 Nr. 1 Bedeutung für die Abgrenzung zum Bürgerlichen Recht bekommen, und zwar für die Abtretung nach § 53. An sich gelten hier ergänzend die §§ 398 ff. BGB. In welchem Umfang das der Fall ist, muss innerhalb des Sozialrechts geklärt werden. Keinesfalls gelten die zivilrechtlichen Vorschriften uneingeschränkt. So bestimmt § 409 Abs. 1 Satz 2 BGB für den Fall der Abtretungsanzeige durch den bisherigen Gläubiger, dass es dieser gleich stehe, wenn der neue Gläubiger dem Schuldner eine Urkunde, aus der sich die Abtretung ergibt, vorlegt. Das BSG betont nun, dass § 17 Abs. 1 Nr. 1 auf den „Berechtigten" abstellt. Daraus leitet es ab, dass der Leistungsträger in stärkerem Maße als zivilrechtliche Schuldner Zweifeln an der Wirksamkeit der Abtretungserklärung nachgehen muss: „Des Weiteren ist zu beachten, dass die sinngemäße Anwendung des § 409 Abs. 1 Satz 2 BGB die Maßgeblichkeit zwingenden Sozialverwaltungsrechts nicht beeinträchtigen darf" (BSG SGb 2011 S. 476 mAnm Pflüger). Zwingend ist für das BSG, dass festgestellt werden muss, wer Berechtigter ist. In den Fällen der Colonia Dignidad hätte sich diese Frage nur auswirken können, wenn es Hinweise auf die fehlende Handlungsfähigkeit der Berechtigten gegeben hätte (§§ 36 SGB I, 11 SGB X). **1a**

Der allgemeinen Gewährleistungspflicht korrespondiert jedoch kein subjektives Recht des Einzelnen. Dies wäre auch nicht sinnvoll. Die wesentliche Bedeutung der Gewährleistungspflicht besteht gerade darin, dass sie zu erfüllen ist, noch bevor überhaupt ein Leistungsanspruch besteht. Durch § 17 werden die Leistungsträger allerdings nicht verpflichtet, selbst eigene Einrichtungen und Dienste vorzuhalten (EuG 53 S. 340). Dazu sind sie oftmals auch nur berechtigt, wenn andernfalls eine Leistungsvorsorge überhaupt nicht möglich wäre. So können die Krankenkassen nur in engem Rahmen eigene Einrichtungen unterhalten (BGHZ 82 S. 375). Demgegenüber bestehen in der Unfall- und Rentenversicherung häufig Eigeneinrichtungen der Sozialleistungsträger. Ganz anders ist die Rechtslage in der Sozialhilfe. Dort sollen die Träger **eigene Einrichtungen** nicht neu schaffen, wenn geeignete Einrichtungen der freien Wohlfahrtspflege vorhanden sind (§§ 5 Abs. 2 Satz 2, 75 Abs. 2 SGB XII). Dieselben Grundsätze gelten im Kinder- und Jugendhilferecht (§§ 4 Abs. 2, 74 SGB VIII). Dort wird sogar ein „relativer Vorrang der freien Träger" begründet. Das bedeutet im Ergebnis, dass die öffentlichen Träger auch dann keine eigenen Angebote vorhalten dürfen, wenn diese durch finanzielle Förderung der freien Träger geschaffen werden können (§§ 4 Abs. 2 SGB VIII; 5 Abs. 4 SGB XII). Auch in § 17 Abs. 1 SGB II sind diese Grundsätze übernommen worden. Allerdings hat diese institutionelle Subsidiarität des Fürsorgesystems in den letzten Jahren in praktischer Hinsicht gelitten. Das erklärt sich vor allem daraus, dass die Leistungsträger dazu übergegangen sind, im Rahmen der Sozialraumorientierung eigene Grundsätze einer Entwicklung der sozialen Infrastruktur umzusetzen (unten Rn. 32). Mit der Verlagerung der Eingliederungshilfe für behinderte Menschen hat sich das Verhältnis weiter verschoben. So kennt § 124 SGB IX vorrangig den Begriff der „geeigneten Leistungserbringer." Er unterscheidet die externen von den internen und regelt ergänzend, dass neue Angebote **2** nicht geschaffen werden sollen, soweit geeignete Leistungserbringer vorhanden sind. Damit wird zugleich der Vorrang der freien Träger aufgegeben, bzw. auf einen Bestandsschutz reduziert. Außerdem wird der Vorrang der freien Wohlfahrtspflege aufgegeben. Das ist insoweit problematisch, als jetzt gewerbliche Leistungserbringer im Bereich der Eingliederungshilfe häufiger tätig werden können (vgl. §§ 5, 75 Abs. 2 SGB XII). Über diese Entwicklung hinaus stellt sich damit die Frage, ob, wo und in welcher Weise § 17 einem Rückzug des Staates aus dem Leistungserbringungsrechts Grenzen setzt (vgl. § 1 Rn. 18 ff.).

3 Wesentliche Aufgabe der Leistungsträger im Rahmen des § 17 ist herkömmlicher Weise die **Organisierung der Leistungserbringung durch Dritte** (allgemein Becker ua VSSR 2011 S. 323; VSSR 2012 S. 1, 104) Darin kommt auch die alte Tradition der deutschen Fürsorge, die partnerschaftliche Zusammenarbeit von öffentlich-rechtlichen Trägern und freier Wohlfahrtspflege, zum Ausdruck. Sie prägt darüber hinaus das ganze Sozialrecht (§ 17 Abs. 3 Satz 1). Hauptsächlich erfolgt die Zusammenarbeit in der Förderung der Schaffung von Einrichtungen und im Abschluss von Kosten- bzw. Pflegesatzvereinbarungen. Ausdruck des Gewährleistungsgrundsatzes ist aber auch eine in neueren Vorschriften sehr differenziert geregelte Qualitätsentwicklung in der Leistungserbringung (vgl. etwa §§ 135 SGB V; 78a ff. SGB VIII; 36 ff. SGB IX; 80 SGB XI; 75 Abs. 3 Nr. 1 SGB XII). Eine problematische Ausnahme von diesen Grundsätzen trifft die Regelung über das persönliche Budget in der Rehabilitation und Teilhabe. Eine Verantwortung der Rehabilitationsträger für diese Form der Rehabilitation und Teilhabe besteht nicht mehr. Das ist daraus abzuleiten, dass § 29 SGB IX nF gegenüber § 28 Abs. 1 Satz 2 SGB IX aF eine eigenständige Regelung trifft (§ 29 Rn. 21).

4 Die Sozialleistungsträger dürfen sich nicht darauf verlassen, dass die freie Wohlfahrtspflege oder andere Leistungserbringer das Versorgungssystem sicherstellen. Erforderlichenfalls müssen sie die Initiative ergreifen, damit notwendige soziale Dienste und Einrichtungen geschaffen werden. Sie müssen auch tätig werden, wenn vorhandene Versorgungsstrukturen an zeitgemäße Vorstellungen anzupassen sind. Dabei müssen sie allerdings nicht jede neue Idee aufgreifen.

5 Durch § 17 wird dem Einzelnen **kein subjektives Recht** einräumt, und zwar auch nicht in dem nur noch theoretisch anzunehmenden Fall einer extremen Unterversorgung (aA Pitschas, VSSR 1977 S. 158). Dem Bürger bleibt im Allgemeinen nur die Möglichkeit, bei einer Verletzung der Gewährleistungspflicht, ein Einschreiten der Rechtsaufsicht anzuregen. Zuzustimmen ist aber der Auffassung von Lilge, wonach ein konkreter Sozialleistungsanspruch mit einem Gewährleistungsanspruch iSd § 17 Abs. 1 verbunden werden kann, wenn anders der Leistungsanspruch nicht durchsetzbar ist (Lilge, SGB I § 17 Rn. 21). Häufig wird das in der Praxis nicht erforderlich sein. Gelegentlich ergibt sich aber – zB bei einem Streit um die Höhe der Vergütung – die Situation eines zeitweilig **vertragslosen Zustands** zwischen den Leistungsträgern und den Leistungserbringern (vgl. Schütze, NZS 2003 S. 467). In diesen Fällen wird man ein Rechtschutzbedürfnis des Leistungsberechtigten bejahen müssen, über § 17 Abs. 1 auf dem Klagewege zumindest eine ad-hoc-Vereinbarung mit dem Ziel der Realisierung eines konkreten Sozialleistungsanspruchs durchzusetzen, soweit dies nach dem Leistungserbringungsrecht möglich ist (vgl. §§ 126 ff. SGB V, 71 ff. SGB XI, 75 ff. SGB XII). Bisher werden diese Zweifelsfragen nur über einen Bereicherungsanspruch (BSG SozR 3-2500 § 132a Nr. 1) oder über die Selbstbeschaffung gelöst (LSG SchlH Breith. 1993 S. 446). Man wird dem Leistungsberechtigten aber zugestehen müs-

sen, dass er ein Interesse daran hat, bereits bei der Inanspruchnahme einer Leistung Klarheit über die Leistungserbringung zu haben, zumal jede Selbstbeschaffung voraussetzt, dass der Leistungsberechtigte die Mittel zunächst aufbringt (§ 43 Rn. 30). Vor diesem Hintergrund der Gewährleistungspflicht wird man die Auffassung als zu eng ansehen müssen, nach der in dem Falle, in dem auf einer Krankenhauseinweisung kein Krankenhaus genannt ist (§ 39 Abs. 2 SGB V), die Suche „nach einem geeigneten und aufnahmebereiten Krankenhaus" Sache des Versicherten ist (LSG Bln.-Brandg. L 9 KR 143/13 B ER, juris). Zwar erfolgt die Beratung nur über „Rechte". Ein solches Recht ergibt sich jedoch aus den §§ 39 SGB V iVm § 17 Abs. 1 Nr. 1 und 2 SGB I.

Insgesamt wird man die soziale Infrastruktur inzwischen im gesamten Bundes- 6
gebiet so beurteilen müssen, dass kein Anlass für ein rechtsaufsichtliches Einschreiten besteht. In einzelnen Punkten ergeben sich allerdings Zweifel. So hat die starke Akzentuierung auf die Förderung der Werkstätten für behinderte Menschen in den letzten Jahren dazu geführt, dass die Teilhabe am Arbeitsleben für behinderte Menschen auf dem allgemeinen Arbeitsmarkt nur unzureichend entwickelt ist. In diesem Falle lag eine Verletzung des § 17 Abs. 1 Nr. 1 bzw. Nr. 2 nahe. Das galt umso mehr, als die institutionelle Förderung nach § 248 SGB III aF (§ 61 Abs. 1 AFG aF) vornehmlich auf Werkstätten für behinderte Menschen ausgerichtet war. Inzwischen hat aber eine Gegenentwicklung eingesetzt. Insbesondere durch den Ausbau der Arbeitsassistenz (§§ 49 Abs. 8 Nr. 3, 185 Abs. 5 SGB IX) und die Inklusionsbetriebe (§ 215 SGB IX) wird für behinderte Menschen der Übergang auf den allgemeinen Arbeitsmarkt erleichtert (vgl. auch §§ 58 Abs. 2 Nr. 3, 60, 61 SGB IX). Dazu trägt auch die Neuregelung des § 55 SGB IX bei. Darin wird eine unterstützte Beschäftigung auf dem allgemeinen Arbeitsmarkt institutionalisiert (§ 29 Rn. 5). Verstärkt wird diese Tendenz durch Art. 27 UN-BRK (vgl. § 10 Rn. 1). Einen Verstoß gegen § 17 wird man aber in der Vorschrift des § 60 Abs. 3 SGB IX erkennen müssen. Dort ist geregelt, dass es keine Verpflichtung gibt, die zur WfbM alternativen Leistungen durch „Andere Leistungsanbieter" zu ermöglichen. Wenn das Leistungsrecht jedoch eine Leistung vorsieht, dann müssen auch die erforderlichen Dienste und Einrichtungen zur Verfügung gestellt werden (§ 17 Abs. 1 Nr. 2). Diese Regelung konnte angesichts des § 37 Satz 2 nicht abgeändert werden (vgl. §§ 16 Rn. 17; § 29 Rn. 12; 37 Rn. 7). Konsequenterweise hat auch der BGH zur Kindertagesbetreuung (§§ 22 ff. SGB VIII) entschieden, dass es insoweit keinen „Kapazitätsvorbehalt" eines Leistungsträgers gibt und einen Anspruch aus § 839 BGB bejaht (BGHZ 212 S. 303).

Es lässt sich durchaus die Auffassung vertreten, die Vorschrift des § 17 hätte in 7
der Praxis eine größere Bedeutung als das subjektive Recht auf Sozialleistungen. Ein solcher Anspruch würde nämlich leer laufen, wenn der erforderliche Dienst bzw. die Einrichtung, die die Leistung erbringen könnten, nicht zur Verfügung stünde und der Sozialleistungsträger auch nicht verpflichtet wäre, für deren Schaffung zu sorgen. Dieser Zusammenhang ist im Prozess der deutschen Einigung deutlich geworden. Im Einigungsvertrag wurde festgelegt, dass gesetzliche Ansprüche auf Leistungen der Sozialhilfe nur insoweit zu erfüllen sind, als die im Einzelfall dafür erforderlichen sozialen Dienste und Einrichtungen im Gebiet der ehemaligen DDR vorhanden sind. Zugleich wurde bekräftigt, dass die Verpflichtung der Träger der Sozialhilfe auf die Schaffung ausreichender sozialer Dienste und Einrichtungen hinzuwirken (§ 17 Abs. 1 Nr. 2), unberührt bleibt. Es wurde also ganz klar der Rechtsanspruch mit der Gewährleistungspflicht verknüpft (Einigungsvertrag, Kapitel X, Sachgebiet H, Abschnitt III). Bezeichnenderweise hat

diese Beschränkung des Rechtsanspruch deswegen keine größere Bedeutung gewonnen, weil es schneller als erwartet gelungen ist, die erforderlichen Dienste und Einrichtungen zu schaffen, wenn auch noch vorhandene Baulichkeiten usw längere Zeit einen Einfluss auf die Qualität der Leistungserbringung hatten.

8 Das Gesetz konkretisiert die Gewährleistungspflicht auf drei Stufen, die aber eng zusammenhängen. So kann man die zeitgemäße Versorgung (Nr. 1) nicht von der Verfügbarkeit der erforderlichen sozialen Dienste und Einrichtungen trennen (Nr. 2). Eine gewisse Selbständigkeit erlangt in diesem Zusammenhang die Nr. 3, die in der einfachen Gestaltung des Zuganges zu Sozialleistungen eher in das Verwaltungsverfahren gehört (§ 9 SGB X). Sie umfasst auch die sachgerechte Dokumentation des Verwaltungshandelns im Einzelfall (LSG BW U. v. 5.2.2010, AZ L 8 AL 66/08, juris). Unübersehbar ist der Zusammenhang mit der später eingeführten Nr. 4, die eine Barrierefreiheit der Verwaltungs- und Dienstgebäude regelt und damit auf spezifische Weise behinderten Menschen den Zugang zu Sozialleistungen erleichtert (unten Rn. 15 und 27).

2. Zugang zu Sozialleistungen

9 Der in § 17 Abs. 1 Nr. 3 geregelte Zugang zu den Sozialleistungen ist im Ersten und Zehnten Buch des Sozialgesetzbuches selbst schon durch einige gesetzliche Regelungen einfach gestaltet worden. Die Antragstellung ist zB in § 16 so geregelt, dass zumindest die größten Nachteile des gegliederten Systems behoben werden. Dem Grundsatz der einfachen Gestaltung entspricht in diesem Zusammenhang auch die Rechtsprechung des BSG, dass an den Begriff des Antrags keine große Anforderungen gestellt werden dürfen (vgl. § 16 Rn. 10). In § 9 SGB X wird der Grundsatz der Nichtförmlichkeit des Verfahrens geregelt. Auch die Vorschriften über Vorschüsse und Vorleistungen (§§ 42, 43) dienen dem erleichterten Zugang zu Sozialleistungen. Für die Leistungen zur Rehabilitation und Teilhabe behinderter Menschen hat der Gesetzgeber später versucht, über die in § 14 SGB IX geregelte Zuständigkeitsklärung einen zügigen und leichten Zugang zu Sozialleistungen zu regeln (vgl. § 16 Rn. 17). Erweitert wurde dieses Spektrum durch die vorläufige Entscheidung nach den §§ 41a SGB II und 44a SGB XII (vgl. § 42 Rn. 27c). Aus § 17 Abs. 1 Nr. 1 und 3 ist auch die prinzipielle Zulässigkeit der Selbstbeschaffung von Sozialleistungen abzuleiten, wie sie vor allem in den §§ 30 SGB II; 13 Abs. 3 und 3a SGB V, 36a Abs. 3 SGB VIII und 18 SGB IX, 34b SGB XII für den Fall normiert ist, dass der Sozialleistungsträger das Verfahren nicht mit der notwendigen Beschleunigung betreibt (vgl. § 43 Rn. 30). Eine nicht unumstrittene Konkretisierung des § 17 Abs. 1 in der Krankenversicherung hat der Gesetzgeber mit der Genehmigungsfiktion des § 13 Abs. 3a SGB V vorgenommen (§ 43 Rn. 35).

10 Nicht nur Gesetzgebung und Rechtsprechung tragen zum erleichterten Zugang zu Sozialleistungen bei. Diese Aufgabe trifft in besonderem Maße auch die Verwaltung. Das beginnt schon bei der Festlegung der Dienstzeiten, die darauf Rücksicht nehmen muss, dass die meisten Sozialleistungsberechtigten Arbeitnehmer sind. Aber auch die Anlage und Ausgestaltung der Dienstgebäude gehören zur den Aufgaben, die nach § 17 Abs. 1 Nr. 3 zu erfüllen sind. Dies wird für die Behinderungsgerechtigkeit der Institutionen durch § 17 Abs. 1 Nr. 4 konkretisiert. Dasselbe gilt zwar auch für die Ausbildung des Personals und die ausreichende Schaffung von Planstellen. Jedoch erstrecken sich § 17 Abs. 1 Nr. 2 und 4 nur auf Baulichkeiten. Was die Personalausstattung angeht, so gilt jedoch § 17 Abs. 1 Nr. 1. Die Regelung des § 17 Abs. 1 Nr. 3 erstreckt sich eher auf organisatorische

Maßnahmen. So ist es gewiss nicht mehr von dieser Vorschrift gedeckt, wenn einzelne Sozialleistungsträger selbst für die Bearbeitung von Anträgen auf Vorschüsse nach § 42 eine lange Zeit benötigen. Zum einfach gestalteten Zugang zu Sozialleistungen gehört etwa auch, dass ein **Sozialhilfeträger** immer in der Lage sein muss, während seiner Dienstzeiten Barauszahlungen vorzunehmen (vgl. § 47 Rn. 9). Er muss auch Vorkehrungen dafür treffen, dass in bestimmten Fällen ein dringender Bedarf auch außerhalb der Dienststunden gedeckt werden kann. Das geschieht etwa durch Absprachen mit freien Trägern, insbesondere mit den Bahnhofsmissionen. Diesem Grundsatz trägt § 42 SGB II nicht Rechnung. Dort ist im Interesse der Verwaltungsvereinfachung eine Barauszahlung grundsätzlich nicht mehr vorgesehen. Da die Grundsicherung für Arbeitsuchende aber zum Fürsorgesystem gehört, ist hier immer damit zu rechnen, dass ein überraschender Bedarf entsteht, der sogleich gedeckt werden muss. In solchen Fällen müssen die Träger der Sozialhilfe weiterhin ihre Aufgaben nach § 2 Abs. 1 SGB XII erfüllen.

Was die Verwendung von **Antragsvordrucken** angeht, so ist zunächst hervor- 11
zuheben, dass der Gesetzestext an dieser Stelle missverständlich ist. Die Wirksamkeit eines Antrags hängt nicht von der Verwendung eines Vordrucks ab (vgl. § 16 Rn. 3). Die Verwendung eines Vordrucks kann aber im Rahmen der Mitwirkungspflichten nach § 60 Abs. 2 verlangt werden. Hier allerdings ist eine allgemein verständliche Ausdrucksweise und auch Gestaltung des Vordrucks zu fordern (BSG 65 S. 160; BSG 66 S. 188; BSG SGb 1996 S. 335 mAnm Schnath). Sieht man die Frage der Gestaltung des Vordrucks in diesem Zusammenhang, dann wird man einen Verstoß gegen den Grundsatz des § 17 Abs. 1 Nr. 3 nur im Rahmen des § 66 lösen können. Eine Versagung oder ein Entzug der Leistungen kommt nicht in Betracht, wenn ein Vordruck nicht klar genug die Mitwirkungspflichten erkennen lässt. Das ergibt sich letztlich auch aus § 66 Abs. 3. Ein Herstellungsanspruch (vgl. § 14 Rn. 23) tritt demgegenüber als subsidiär zurück.

Die Regelung des § 17 Abs. 1 Nr. 4 ist nicht allein im Sinne einer „Rollstuhlge- 12
rechtigkeit" zu verstehen. Zu beseitigen sind vielmehr alle **„Zugangs- und Kommunikationsbarrieren"**, unabhängig von der Art der Behinderung (vgl. BSG FamRZ 2014 S. 1016). Dass auch Räume und Anlagen, die der Ausführung von Sozialleistungen dienen, barrierefrei sind, versteht sich für Einrichtungen, in denen behinderte Menschen betreut werden, von selbst. Schwieriger zu praktizieren ist dieser Grundsatz in Einrichtungen, in denen behinderte und nicht behinderte Menschen Leistungen erhalten. Soweit Einrichtungen von allen Bürgern genutzt werden (Bibliotheken, Gerichte, Verkehrsmittel usw.) ist eine Barrierefreiheit nur außerhalb des Sozialrechts, auf der Basis des § 4 BBG zu erreichen (vgl. Welti, SGb 2015 S. 533). Den Begriff der Beseitigung von Kommunikationsbarrieren darf man aber nicht über den Anlass seiner Einfügung in den Allgemeinen Teil hinaus ausdehnen. Er erstreckt sich auf die besonderen Bedürfnisse behinderter Menschen und kann damit nicht als Regelung einer allgemein verbesserten Kommunikation, etwa mit Ausländern, erweitert werden (vgl. § 82 SGB IX). Dies ist schon deswegen nicht möglich, weil die Vorschrift nur den räumlich-gegenständlichen Bereich erfasst. Allerdings könnte hier durch § 33c Satz 1 eine neue Entwicklung eingeleitet werden. Unabhängig davon sieht Art. 76 Abs. 7 VO (EG) 883/2004 vor, dass innerhalb der EU Anträge in jeder Amtssprache der Gemeinschaft gestellt werden können.

Die Barrierefreiheit ist durch den später eingefügten § 17 Abs. 2a erheblich 12a
erweitert worden. Dort wird auf § 11 BGG verwiesen. Die Vorschrift stellt folgende Grundsätze für alle Träger öffentlicher Gewalt, also auch für Leistungsträger,

jedoch nicht unmittelbar für Leistungserbringer auf: Mit Menschen mit geistigen Behinderungen und Menschen mit seelischen Behinderungen ist in einfacher und verständlicher Sprache zu kommunizieren. *Nur auf* Verlangen sollen ihnen insbesondere Bescheide, Allgemeinverfügungen, öffentlich-rechtliche Verträge und Vordrucke in einfacher und verständlicher Weise erläutert werden. Erforderlichenfalls sind ihnen auf Verlangen Bescheide, Allgemeinverfügungen, öffentlich-rechtliche Verträge und Vordrucke in Leichter Sprache erläutern. Dafür anfallende Kostenbeiträge können von ihnen nicht verlangt werden. In § 11 Abs. 4 BGG wird eine Gewährleistungspflicht der öffentlichen Gewalt dafür begründet, dass die Leichte Sprache stärker eingesetzt und die Kompetenzen für das Verfassen von Texten in Leichter Sprache auf- und ausgebaut werden.

13 In § 17 Abs. 1 Nr. 1 ist bestimmt, dass jeder „Berechtigte" die ihm zustehenden Sozialleistungen in zeitgemäßer Weise erhält. Die Regelung des § 17 Abs. 1 Nr. 1 gebietet darüber hinaus auch eine umfassende und zügige Versorgung. Der Grundsatz einer umfassenden Versorgung schließt nicht aus, dass in Teilbereichen, wie beim Zahnersatz, nur Zuschüsse vorgesehen sind (§ 55 SGB V) oder dass Zuzahlungen erfolgen müssen (vgl. §§ 61, 62 SGB V). Aus dem Gebot der schnellen Versorgung ist einmal abzuleiten, dass die Sozialleistungsträger für ein zügiges Verwaltungsverfahren zu sorgen haben (BSG SozR 3-3100 § 1 Nr. 14). Darüber hinaus muss durch Vorschüsse (§ 42) und Vorleistungen (§ 43) sichergestellt werden, dass die mit der notwendigen Sachprüfung und dem gegliederten System verbundene Nachteile für den Berechtigten gering gehalten werden.

14 Von einem zügigen Zugang zu Kuren und anderen Rehabilitationsmaßnahmen wird man im Hinblick auf eine Entscheidungspraxis der Träger der Rentenversicherung, die zumindest in der Vergangenheit die Versorgung geprägt hat, nicht sprechen können. Die Maßnahmen werden idR in eigenen Einrichtungen der Träger der Rentenversicherung oder in solchen, mit denen Versorgungsverträge bestehen, durchgeführt. Dabei ist eine Belegungspraxis zu erkennen, die darauf ausgerichtet ist, die eigenen Einrichtungen möglichst wirtschaftlich, dh plan- und gleichmäßig mit dem Ziel eines hohen Belegungsgrades auszulasten. Dies hat des Öfteren Wartezeiten zur Folge, die bei einer Reihe von Krankheitsbildern, insbesondere bei Alkoholkranken, nicht zu verantworten sind. Das Gebot der zügigen Versorgung verlangt hier von den Trägern der Rentenversicherung ein flexibleres Eingehen auf die Bedarfssituation beim Leistungsberechtigten (vgl. Schmid/Egner, DAngV 2002 S. 369).

15 Ein ausreichender Bestand an sozialen Diensten und **Einrichtungen,** wie er in Nr. 2 vorausgesetzt wird, ist unerlässlich, um die Aufgaben des Sozialgesetzbuches zu erfüllen (§ 1 Abs. 2). Wesentlich für den Begriff der sozialen Dienste und Einrichtungen ist immer, dass sie den organisatorischen Hintergrund für die Erbringung einer Sozialleistung darstellen. Beide sind auf eine gewisse Dauer angelegt und verfügen über eine organisatorische Einheit von personellen und sächlichen Mitteln. Die Einrichtung weist idR einen Bezug zu Räumlichkeiten auf (BVerwG 48 S. 231; BVerwG 95 S. 149). Sie kann voll- oder teilstationär betrieben werden. Der Begriff **sozialer Dienst** steht hauptsächlich für die ambulanten Formen der Leistungserbringung. Auf der Ebene des § 17 Abs. 1 Nr. 2 ist es nicht notwendig, den sozialen Dienst von der Einrichtung abzugrenzen. Vor allem in der Sozialhilfe kann jedoch von der Abgrenzung die sachliche Zuständigkeit des örtlichen oder überörtlichen Trägers abhängen (vgl. §§ 97, 98 SGB XII). Zum Begriff der Einrichtung vgl. BSG BSG SozR 4-1750 § 524 Nr. 1 Rn. 23–25.

Schaffung und Betrieb von Einrichtungen unterliegen einer Reihe von Einfluss- und Kontrollmöglichkeiten. Das gilt für Krankenhäuser nach den jeweiligen Krankenhausgesetzen und bei Heimen für das HeimG (BGBl I 2001 S. 2970) und das WBVG (BGBl I 2009 S. 2319). Diese beiden Gesetze muss man in systematischer Hinsicht dem Verbraucherschutzrecht zuordnen. In § 15 WBVG ist jedoch ausdrücklich die Einhaltung sozialrechtlicher Grundsätze, allerdings nur für den Pflegebereich geregelt. Einrichtungen, in denen Minderjährige betreut werden, unterliegen der zusätzlichen Kontrolle nach den §§ 45 ff. SGB VIII (Grünenwald, ZfSH/SGB 2018 S. 191). Insbesondere bedürfen sie einer vorherigen Betriebserlaubnis. Für soziale Dienste, wie etwa Sozialstationen oder einen sozialpsychiatrischen Dienst bestehen vergleichbare Kontrollmöglichkeiten nicht. Der Unterschied erklärt sich aus der Tatsache, dass mit der Betreuung in einer Einrichtung oftmals die Aufnahme in diese Einrichtung verbunden ist und damit der Sozialleistungsberechtigte dort seinen Lebensmittelpunkt hat. Es ist auch nicht zu übersehen, dass die Öffentlichkeit weniger Zugang zu dem Geschehen innerhalb einer Einrichtung hat. 16

3. Zeitgemäße Versorgung

Gegenüber den verfahrensrechtlichen Normen des § 17 Abs. 1 Nr. 3 und 4 enthält § 17 Abs. 1 Nr. 1 eine materiell-rechtliche Regelung, die voraussetzt, dass festgestellt ist, dass einem Berechtigten eine bestimmte Sozialleistung zusteht (vgl. BSG 54 S. 266). Mit dem Merkmal „in zeitgemäßer Weise" will der Gesetzgeber erreichen, dass die Leistung grundsätzlich dem neuesten Stand wissenschaftlich-technischen Entwicklung entspricht. Dieser Grundsatz besteht zwar in allen Bereichen des Sozialrechts, größere praktische und sozialrechtliche Bedeutung hat er aber eigentlich nur im Bereich der medizinischen Versorgung. In einer Zeit einer äußerst schnellen technischen Entwicklung können sich hierbei allerdings einige schwerwiegende Wertungsfragen ergeben. Ganz generell bedeutet eine **zeitgemäße Versorgung** nicht, dass der Sozialleistungsberechtigte immer eine maximale Betreuung oder die beste Leistung verlangen kann (vgl. Hänlein, SGb 2003 S. 302). Weitgehend unproblematisch sind Zuzahlungen, denen man eine steuernde Wirkung der Inanspruchnahme von Leistungen beimisst. Auch Kosten-Nutzen-Bewertungen sind im Prinzip zulässig (§ 35a Abs. 1 Satz 3 Nr. 2 und 5 SGB V). Das gleiche gilt für Leistungsausschlüsse, bei nicht schwerwiegenden Erkrankungen (§ 34 Abs. 1 Satz 6 SGB V). Bei den Sehhilfen geht das Gesetz in § 33 Abs. 2 SGB V allerdings sehr weit (§ 19a Rn. 30k). Alle diese Regelungen kann man als Ausdruck der beiden Prinzipien von Solidarität und Eigenverantwortung (§ 1 SGB V) betrachten. Sie stehen damit immer auch im Zeichen der Kostenbegrenzung. Andererseits können es nicht die Kosten sein, die den Ausschlag dafür geben, dass eine Leistung noch verlangt werden kann. Eine extrem kostenaufwendige, lebenserhaltende Maßnahme ist iSd § 17 Abs. 1 Nr. 1 natürlich zeitgemäß. 17

Insoweit sind sogar die engen leistungsrechtlichen Strukturen der Krankenversicherung an die Notwendigkeit der Versorgung anzupassen (vgl. § 1 Rn. 9; § 21 Rn. 17 ff.). Demgegenüber wurde etwa durch das Gesundheitsstrukturgesetz 1993 infolge der Neufassung des früheren § 30 SGB V aF der Anspruch auf Zahnersatz auf ein Maß zurückgeschraubt, das deutlich hinter den zahntechnischen Möglichkeiten zurückbleibt. Dieser Grundsatz ist nach Streichung des § 30 SGB V aF in den, diese Vorschrift ersetzenden §§ 55 ff. SGB V beibehalten worden (§ 11 18

Rn. 29). Auch das ist aber noch eine Versorgung in zeitgemäßer Weise, weil es nur darum geht, die Funktionsfähigkeit des Gebisses zu sichern. Die Problematik solcher Regelungen besteht allerdings darin, dass sich das Leistungsspektrum des Sozialrechts zu sehr auf eine Mindestversorgung hin entwickelt. Damit könnte es zu einer Diskrepanz zwischen Sozialversicherung und privater Vorsorge kommen. Zumindest ein zu deutlicher Unterschied zwischen beiden ist auf der Grundlage der Regelung des § 17 Abs. 1 Nr. 1 zu verhindern. Es geht bei der Versorgung in zeitgemäßer Weise also bis zu einem gewissen Grade immer auch um **Teilhabe am erreichten Standard.** Angesichts der Entwicklung, die die Versorgung mit Zahnersatz in Deutschland genommen hatte, wird man in den einschränkenden Regelung der §§ 55 ff. SGB V aber keinen Verstoß gegen die Grundsätze einer zeitgemäßen Versorgung sehen können.

19 Schwierigkeiten können sich aber ergeben, wenn aufwändige Versorgungsformen bei einem besonders dringlichen Bedarf in Betracht kommen. Hier kann eine Reduktion des Leistungsangebots im Hinblick auf § 17 Abs. 1 Nr. 1 bedenklich sein. Exemplarisch dafür ist die frühere Auseinandersetzung um das Lesegerät Optacon, das blinden Menschen einen leichten und schnellen Zugang zu allen schriftlichen Informationsquellen ermöglicht. Dieses Gerät, das durch die informationstechnische Entwicklung überholt ist, war gewiss teuer und aufwändig. Bei der Entscheidung, ob dieses Gerät oder ob modernere Formen PC-gestützter Kommunikation Hilfsmittel iSd § 33 SGB V sind, kommt es letztlich darauf an, ob man die Grundbedürfnisse des blinden Menschen auf den Zugang zu Informationen überhaupt reduziert, wobei akustische Informationen und Blindenschrift genügen würden, oder ob man ein Grundbedürfnis „Lesen" anerkennt. Hierzu waren die Auffassungen im 3. und 8. Senat des BSG nicht einheitlich (vgl. BSG SozR 2200 § 182b Nr. 34; BSG SozR 5420 § 16 KVLG Nr. 1; Schlenker, SGb 1988 S. 98). Man wird diese Frage nicht allein über die Notwendigkeit des Hilfsmittels, wie durch das BSG geschehen, beantworten können. Die Möglichkeiten technischer Hilfen, die wir heute haben, zwingen uns dazu, das Problem der Versorgung in zeitgemäßer Weise in einem Ausgleich zwischen der Dringlichkeit eines Bedarfs und dem Machbaren zu lösen. Dabei darf die Kostenfrage nicht die eigentlich notwendige Wertung unterschiedlicher Situationen des Bedarfs überdecken. In besonderem Maße stellen sich diese Fragen bei der Versorgung mit Arzneimitteln und Hilfsmitteln (§ 21 Rn. 20a, 21a).

20 Das Thema der zeitgemäßen Versorgung ist aber nicht nur eines der technischen Entwicklung. Es verlangt auch, alle neuen Erkenntnisse zu berücksichtigen. So haben ua die Erkenntnisse der Ernährungswissenschaft dazu geführt, den Krankenkassen in diesem Bereich durch § 20 SGB V neue Aufgaben zu übertragen. Vorübergehend kannte die Krankenversicherung zur Weiterentwicklung des Leistungsangebots sogar Erprobungsregelungen (§ 63 SGB V aF), die jetzt durch die Durchführung von Modellvorhaben ersetzt wurden (§§ 63, 64 SGB V). Andererseits wird die Auffassung vertreten, dass die Träger der Krankenversicherung nicht den medizinischen Fortschritt finanzieren müssten. Dieses Problem spitzt sich im Zusammenhang mit den sog. **unkonventionellen Heilmethoden** in der Medizin auf die umstrittene Auslegung des § 2 Abs. 1 Satz 2 und 3 SGB V zu. Danach sind einerseits die Behandlungsmethoden und Arznei- und Heilmittel der besonderen Therapierichtungen nicht ausgeschlossen. Andererseits müssen Qualität und Wirksamkeit der Leistungen dem allgemein anerkannten Stand der medizinischen Erkenntnisse und auch dem medizinischen Fortschritt entsprechen (vgl. Schulin/ Enderlein, ZSR 1990 S. 502; Kirsten, SGb 1991 S. 257; Schulin, ZSR 1994

S. 546). Weder der Gesetzgeber noch die Gerichte können einen medizinischen Schulenstreit entscheiden. Das BSG hielt anfänglich den Einsatz solcher Methoden für zulässig und geboten, wenn die herkömmlichen Mittel bei der Behandlung versagt haben (BSG 63 S. 102; BSG 64 S. 255; BSG SGb 1994 S. 527 mAnm Plagemann). In seiner späteren Rechtsprechung ist es davon jedoch abgerückt. Danach durfte sich der Vertragsarzt nur solcher Heilmethoden bedienen, bei denen sich in einer statistisch relevanten Zahl der Fälle ein Wirksamkeitsnachweis führen lässt (BSG 81 S. 54). Dies kann im Einzelfall dazu führen, dass dem Versicherten die notwendige Behandlung vorenthalten bleibt, nämlich dann, wenn die bekannten Heilmethoden versagt haben und eine neue, möglicherweise wirksame Methode noch keine Anerkennung gefunden hat. In der Folgezeit hatte das BSG dann seine restriktive Rechtsprechung wieder etwas gelockert, wenn es bei schweren Erkrankungen, bei denen keine Behandlungsalternative zur Verfügung steht, eine Ausnahme zulässt (BSG SGb 2003 S. 102 mAnm Mrozynski). Diese Tendenz wird auch durch die Rechtsprechung des BVerfG gestützt (BVerfG 115 S. 25; dazu Bockholt, NZS 2017 S. 569). Danach dürfen dem Versicherten zumindest bei lebensbedrohlichen Erkrankungen nicht solche Behandlungsmethoden, bzw. Arznei- oder Heilmittel vorenthalten werden, bei denen eine nicht ganz entfernt liegende Aussicht auf Heilung oder auf eine spürbare positive Einwirkung auf den Krankheitsverlauf besteht (§ 1 Rn. 8; § 21 Rn. 16). Sie haben insoweit einen verfassungsunmittelbaren Anspruch auf Krankenbehandlung (BVerfG SozR 4-2500 § 137c Nr. 8) Später hatte der Mechanismus des § 135 SGB V über die Bewertung von Untersuchungs- und Behandlungsmethoden regulierend eingegriffen. Dabei war eine Entscheidung des Gemeinsamen Bundesausschusses dergestalt möglich, dass eine Behandlungsmethode von der Versorgung ausgeschlossen ist (§ 135 Abs. 1 Satz 3 SGB V) und nur diese die einzige Behandlungschance darstellt. In diesem Falle galten aber die vom BVerfG entwickelten Kriterien weiter. Inzwischen hat der Gesetzgeber durch Schaffung des § 2 Abs. 1a SGB V einige Zweifelsfragen geklärt:

„Versicherte mit einer lebensbedrohlichen oder regelmäßig tödlichen Erkrankung oder mit einer zumindest wertungsmäßig vergleichbaren Erkrankung, für die eine allgemein anerkannte, dem medizinischen Standard entsprechende Leistung nicht zur Verfügung steht, können auch eine von Absatz 1 Satz 3 abweichende Leistung beanspruchen, wenn eine nicht ganz entfernt liegende Aussicht auf Heilung oder auf eine spürbare positive Einwirkung auf den Krankheitsverlauf besteht. Die Krankenkasse erteilt für Leistungen nach Satz 1 vor Beginn der Behandlung eine Kostenübernahmeerklärung, wenn Versicherte oder behandelnde Leistungserbringer dies beantragen. Mit der Kostenübernahmeerklärung wird die Abrechnungsmöglichkeit der Leistung nach Satz 1 festgestellt“.

Die Regelung dürfte sich als Untergrenze für eine Verallgemeinerung des § 17 Abs. 1 Nr. 1 verstehen lassen. Eine Untergrenze stellt sie insoweit dar, als sie nur bei lebensbedrohlichen oder regelmäßig tödlichen Erkrankungen eingreifen soll. Demgegenüber wird unter Hinweis auf Art. 2 Abs. 1 GG die Auffassung vertreten, dass eine Leistungspflicht auch in den Fällen besteht, in denen eine schwerwiegende Erkrankung vorliegt, die ohne rechtzeitige Behandlung aller medizinischen Voraussicht nach die körperliche Unversehrtheit des Versicherten auf Dauer nachhaltig und gravierend beeinträchtigen würde (LSG Nds.-Brem. NZS 2011 S. 668). Die Zweifelsfragen zum Versorgungsstandard dürften also von Dauer sein. Dabei darf aber auch nicht übersehen werden, dass jenseits aller finanziellen Erwägungen der leistende Staat über die Krankenversicherung hinaus mit unterschiedlichen Formen der Knappheit von Ressourcen zu kämpfen hat (unten Rn. 22–26).

21 Allgemein ist das BVerfG der Auffassung, dass es mit dem aus Art. 2 Abs. 1 GG abzuleitenden Recht auf freie Entfaltung der Persönlichkeit zwar vereinbar ist, für den Einzelnen eine Versicherungspflicht zu begründen und damit einen beachtlichen Teil seines Einkommens über Beiträge zu dieser Versicherung zu binden. Unter Berücksichtigung des Sozialstaatsprinzips ist es dann aber nicht mehr mit der Verfassung zu vereinbaren, dem Pflichtversicherten Leistungen vorzuenthalten, die für die Behandlung einer lebensbedrohlichen oder regelmäßig tödlichen Erkrankung erforderlich sind. Des Weiteren ist ein so weitgehender Leistungsausschluss nicht mit der aus Art. 2 Abs. 2 Satz 1 GG abzuleitenden Schutzpflicht des Staates für das menschliche Leben zu vereinbaren. Freilich kann der Versicherte im Allgemeinen auf eine den medizinischen Standards entsprechende Behandlung verwiesen werden. Steht eine solche aber nicht zur Verfügung, so ist auch eine Behandlungsmethode einzusetzen, die eine nicht ganz entfernt liegende Aussicht auf Heilung oder eine spürbare positive Einwirkung auf den Krankheitsverlauf hat. Auch das gilt aber nur, wenn die Krankheit lebensbedrohlich ist (vgl. § 21 Rn. 18).

4. Verteilungsgerechtigkeit

22 Zu einem Grundlagenproblem, das ebenfalls an Verfassungsfragen rührt, entwickelt sich die zeitgemäße Versorgung, wenn man der Tatsache Rechnung trägt, dass vor allem medizinische Güter und Dienstleistungen sowohl im Hinblick auf die wirtschaftlichen als auch die tatsächlichen Möglichkeiten knapp sein können. In diesem Falle ist eine **Rationierung** oder zumindest eine **Priorisierung** unausweichlich. Während die Priorisierung eine Rangfolge unter mehr oder weniger dringlichen medizinischen Maßnahmen bildet, schließt die Rationierung bestimmte Maßnahmen oder Personen(gruppen) von der Versorgung aus. Am unteren Ende der Skala der Priorisierung ist eine Unterscheidung zur Rationierung nicht mehr möglich (vgl. § 34 SGB V), betrifft dann aber kaum noch „wesentliche" Sachverhalte (vgl. Zentrale Ethikkommission <ZEKO>) 2007, Internet/Priorisierung). Da Entscheidungen zum Kernbereich der medizinischen Versorgung aber Grundrechtsrelevanz haben, muss der Gesetzgeber selbst die wesentlichen Voraussetzungen für die Regulierung schaffen. Davon hat er bisher abgesehen (vgl. Kemmler, NZS 2014 S. 521). Schon die Terminologie, die in diesem Zusammenhang Verwendung findet, lässt erkennen, dass eine rationale Bewältigung der Probleme kaum möglich, ihre parlamentarische Diskussion aber umso dringlicher ist. So unterscheidet man zwischen weicher und harter, direkter und indirekter, verdeckter und offener sowie expliziter und impliziter Rationierung (vgl. Nettesheim, VerwArch 2002 S. 317; Kingreen, VVStRL 2011 S. 159). Ein konkretes Beispiel für die verschlungenen Wege sind die Richtgrößen für die Arzneimittelversorgung nach § 84 SGB V. Nach § 84 Abs. 5 SGB V wird ein Ausgabevolumen festgestellt, und zwar „arztbezogen, nicht versichertenbezogen". Überschreitet das tatsächliche das festgestellte Ausgabevolumen, so wird die „Überschreitung Gegenstand der Gesamtverträge" (§ 84 Abs. 3 SGB V). In diesen Gesamtverträgen wird ua auch die Vergütung der Ärzte vereinbart. Die unbestreitbar notwendigen Einsparungen im Arzneimittelbereich sind damit in ein durchweg implizites System einbezogen.

22a In einem engen Sinne ist unter Rationierung nur das Vorenthalten medizinisch notwendiger Leistungen zu verstehen (vgl. Nettesheim, VerwArch 2002 S. 317;

Oduncu, MedR 2012 S. 359). Das markanteste Beispiel ist der Ausschluss der Sehhilfen von den Leistungen der Krankenversicherung (§ 33 Abs. 2 SGB V). Weniger strikt eingeschränkt ist die Versorgung mit Zahnersatz (§ 55 Abs. 1 und 2 SGB V). Entsprechendes gilt für die Zuzahlungen zu Versicherungsleistungen (§§ 61, 62 SGB V). Von einer Rationierung ist in allen diesen Fällen nur zu sprechen, wenn die Versorgungslücken nicht im Fürsorgesystem geschlossen werden können, weil der Gesetzgeber verfassungsrechtlich nicht gehalten ist, alle notwendigen Sozialleistungen im Versicherungssystem zu regeln (§ 1 Rn. 7). Wesentliche Versorgungslücken im Versicherungssystem werden durch die §§ 21 Abs. 5 und 6 SGB II, 27 Abs. 3, 27a Abs. 4 Satz 1, 47 ff., 61 ff. SGB XII geschlossen. Das Problem besteht also nicht so sehr darin, dass die Sozialversicherung Leistungsausschlüsse kennt, sondern darin, nach welchen Kriterien eine Rationierung erfolgt. Unter diesem Blickwinkel verliert selbst das Argument, die Funktionsfähigkeit der Sozialversicherung müsse gewährleistet werden, an Überzeugungskraft (vgl. Steiner, in Kingreen/Laux (Hrsg.), Gesundheit und Medizin im interdisziplinären Diskurs, 2008, 129).

Als Beispiel dafür, dass der Gesetzgeber in diesem Bereich bisher zu wenig **22b** geregelt hat, ist auf die Vorschrift des § 84 Abs. 3 SGB V zu verweisen, die praktisch die ganze Versorgung berührt. Einschränkend ist hervorzuheben, dass damit eine frühere, wesentlich weitergehende Regelung abgeschafft wurde. Das bis Ende 2001 existierende Arznei- und Heilmittelbudget, das bei Budgetüberschreitung praktisch eine Kollektivhaftung er Ärzte beinhaltete (KassKomm-Hess § 84 Rn. 21), besteht jetzt in der wesentlich abgemilderten Form, dass bei Überschreitung des Ausgabevolumens für Leistungen diese Überschreitung zum Gegenstand der Gesamtverträge über die vertragsärztliche Versorgung gemacht wird (§ 83 SGB V). Das berührt die vertragsärztliche Vergütung. Bei Einhaltung des Ausgabevolumens sind Bonuszahlungen möglich (§ 84 Abs. 4 SGB V). Positiv an dieser Regelung ist sicher, dass sie nur eine globale Wirkung hat, insbesondere also, dass sie kein Individualbuget für einzelne Versichertengruppen schafft. Andererseits werden keine gesetzlichen Vorgaben für das Verordnungsverhalten des einzelnen Arztes geschaffen. Seine Entscheidung ist nicht nur von individuellen Maßstäben bestimmt. Sie ist zudem völlig intransparent und kann den Charakter einer impliziten Rationierung annehmen (vgl. Oduncu, MedR 2012 S. 361).

Es bestehen aber auch eher explizite Regelungen. Die in diesem Zusammen- **22c** hang eingeführte Kosten-Nutzen-Bewertung beschränkt sich vorerst noch auf den Arzneimittelsektor. Sie lässt sich aber auch auf die anderen Versorgungsbereiche, selbst über die Krankenversicherung hinaus, erweitern und könnte sich zu einer auf Kostengründe gestützte Rationierungsentscheidung entwickeln (Huster, MedR 2010 S. 234, 236; Hess, KrV 2010 S. 223; Roters, NZS 2010 S. 612). Im geltenden Recht ist dies aber allenfalls im Rahmen eines Kostenvergleichs angelegt. Sowohl bei den Arzneimitteln mit neuen Wirkstoffen (§ 35a SGB V) als auch bei den bereits auf dem Markt befindlichen Arzneimitteln (§ 35b SGB V) erfolgt eine Bewertung nach dem Zusatznutzen im Vergleich zu den Kosten. Eine Kostenbewertung im Sinne der Schaffung absoluter Kostenobergrenzen kennt das Gesetz nicht. Dennoch ist der Vorgang nicht in vollem Umfange rational, denn in der Relation „Zusatznutzen" und „Kosten" lässt sich nicht mit Sicherheit feststellen, was den Ausschlag gegeben hat. Dabei fällt ins Gewicht, dass die in Ziffern ausdrückbaren Kosten eher die Vermutung der Rationalität für sich haben, als der Begriff des Nutzens, der von einer subjektiven Bewertung nicht ganz frei ist. Das ergibt sich etwa auch daraus, dass insbesondere der Zusatznutzen sowie die

Therapiekosten bei Anwendung des jeweiligen Arzneimittels festgestellt werden müssen (§ 35b Abs. 3 SGB V). Während die explizite Rationierung Ansprüche ausdrücklich begrenzt, wie es etwa beim Zahnersatz oder Zuzahlungen der Fall ist (§§ 55 Abs. 1, 61 SGB V), erfolgt dies bei der impliziten Rationierung, zB bei Fallpauschalen, nicht. Man wird sagen müssen, dass die Formel des § 35b Abs. 1 Satz 4 SGB V, die auch die Zumutbarkeit einer Kostenübernahme durch die Versichertengemeinschaft in die Bewertung von Arzneimitteln einbezieht, zwar kein allgemeiner Rechtsgedanke ist. Dennoch dürfte sie einen „impliziten" Einfluss auf das gesamte Leistungsrecht haben, etwa wenn „kostensensible" Leitlinien für die ärztliche Versorgung geschaffen werden (vgl. Hauck, SGb 2004 S. 193; Hauck, SGb 2010 S. 193, 197). Dabei ist aber auch zu berücksichtigen, dass die Krankenversicherung jedenfalls von Verfassungs wegen nicht verpflichtet ist, jede denkbare Gesundheitsleistung bereit zu stellen (§ 21 Rn. 18). Andererseits besteht die Gefahr, dass vulnerable Patientengruppen, die am meisten auf die medizinische Versorgung angewiesen sind, auch besonders nachhaltig von der impliziten Rationalsisierung betroffen werden (vgl. Huster, MedR 2012 S. 565), und das umso mehr als die Kriterien der expliziten Rationierung auf den Prüfstand gestellt werden.

22d Wo konkretere Entscheidungskriterien für die Rationierung genannt werden, sind sie durchaus rational, wie etwa der, dass die Verteilungsmaßstäbe „statusblind" sein müssten, was im Hinblick auf Art. 3 Abs. 1 GG und die Antidiskriminierungs-Gesetzgebung unumgänglich ist. Wenn aber letzten Endes nur das Losverfahren als geeignetes Instrument der Verteilung gefunden werden kann, dann wird aus der Rationalität ein Zufallsprinzip, das seine Legitimation tatsächlich allein aus der Blindheit des Verfahrens bezieht. Ähnliche Bedenken bestehen gegenüber einer Priorisierung im Sinne einer Warteliste (vgl. Nettesheim, VerwArch 2002 S. 343). Generelle Altersgrenzen, die auch als Zuweisungskriterien genannt werden, sind schon im Hinblick auf Art. 2 Abs. 2 GG problematisch, da dieses Grundrecht „jedem" zukommt (BVerfG 39 S. 1). Dem Gesichtspunkt, dass über das Alter die Verteilung knapper Leistungen gesteuert werden kann, wird gleichwohl eine Rationalität nicht abgesprochen; er ist vor allem „egalitär" (Huster, MedR 2010 S. 369; Huster, MedR 2012 S. 570). In Einzelfällen lässt sich jedoch das Alter allenfalls als Entscheidungskriterium über das der Mindesterfolgschance halten (vgl. § 27a Abs. 3, 28 Abs. 2 Satz 6 SGB V). Zwar erwähnt das Benachteiligungsverbot des § 33c – abweichend von §§ 1, 2 Abs. 1 Nr. 5 AGG – das Alter nicht. Jedoch darf diese Regelung nicht vor dem Hintergrund der Rationierung von knappen Ressourcen verstanden werden (§ 33c Rn. 2). Auch in anderen Fällen findet das Alter als Rationalisierungskriterium Anwendung. Das gilt zB für die kierferorthopädische Behandlung (§ 28 Abs. 2 Satz 6 SGB V), für die Sehhilfen (§ 33 Abs. 2 SGB V) und für die Gesundheitsuntersuchungen (§ 25 SGB V). Soweit die Rationierung in diesem Zusammenhang den Sinn hat, dass die Behandlung noch nicht nötig ist (§ 25 SGB V) oder dass sie keine Erfolgschance mehr bietet (§§ 27a Abs. 2, 28 Abs. 2 Satz 6 SGB V) hat sie noch einen rationalen Kern und dürfte als explizite Rationierung auch vor den Art. 2 und 3 GG Bestand haben. Wesentlich problematischer ist es aber, wenn das (hohe) Alter als solches als Rationierungskriterium eingesetzt werden soll. Das ist grundsätzlich ausgeschlossen, weil die aus den Art. 1 und 2 GG abzuleitende staatliche Schutzpflicht nicht von der Dauer des Lebens abhängig ist. Allgemeiner ausgedrückt, müssen alle Entscheidungen vor dem Hintergrund der Lebenswertindifferenz der Verfassung getroffen werden (BVerfG 115 S. 118).

Überdeutlich werden die Probleme der Rationierung angesichts der Versorgung von Patienten mit zu **transplantierenden Organen** (vgl. BT-Drs. 14/4655). Dies ist zunächst einmal keine sozialrechtliche Frage. Sie betrifft aber alle krankenversicherten Patienten und damit die überwiegende Mehrheit der Bevölkerung. Der **Mindeststandard** müsste nicht unbedingt in der Krankenversicherung garantiert werden. Es würde auch eine Absicherung über die Sozialhilfe genügen (§ 47 SGB XII). Nicht tragfähig ist dagegen die an sich zutreffende Argumentation, dass sich aus der staatlichen Schutzpflicht für Leben und Gesundheit keine Leistungsansprüche, insbesondere nicht auf die Zuteilung von Organen, ableiten ließen. Die Rationierungsentscheidung betrifft jedoch den diskriminierungsfreien Zugang zu den knappen Ressourcen. Im Grundsatz geht es darum, dass sich der Staat schützend vor das Leben eines jeden Menschen stellen muss (BVerfG 88 S. 203) und darum, wann er angesichts des Todes, den der Sterbende nicht wünscht, intervenieren muss oder unter welchen Umständen er davon absehen kann. Sind die Möglichkeiten zum Erhalt des Lebens begrenzt, so wird aus dieser Tatsache ein Verteilungsproblem. Die Kriterien hierfür sind zu entwickeln. Bei der Organtransplantation kommt zu dem grundsätzlichen Knappheitsproblem noch hinzu, dass eine Kapazitätsplanung oder gar -ausweitung praktisch nicht erfolgen kann. Es geht praktisch nur darum, die begrenzten Möglichkeiten zu verwalten. Damit ist eine **Verteilungslenkung** unausweichlich. Jede Versagung stellt sich als ein Eingriff in das Recht auf Leben oder Gesundheit dar. **22e**

Im Transplantationsgesetz hat der Gesetzgeber für den Vorgang der Entnahme und Verteilung von Organen eine Lösung gesucht, die unter einer Reihe von Legitimationsdefiziten leidet (Schmidt-Aßmann, Grundrechtspositionen und Legitimationsfragen im öffentlichen Gesundheitswesen, 2001 S. 82 ff., 100). Die Defizite bestehen vor allem darin, dass die Organzuteilung durch eine ausländische Stiftung, Eurotransplant, (§ 12 Abs. 2 TPG) auf der Basis von Richtlinien der Bundesärztekammer nach § 16 TPG erfolgt. Eurotransplant, dessen „Manual" nicht öffentlich zugänglich ist, trifft die maßgebliche Entscheidung über die Organvergabe (Bader, Organmangel und Organverteilung, 2010 S. 169, 172). Wichtige innerstaatliche Organisations- und Aufsichtsaufgaben erfüllt dabei die Deutsche Stiftung Organtransplantation. Das bisher geltende Transplantationsgesetz ist zwar neu und wesentlich strenger gefasst worden (BGBl I 2012 S. 1601; dazu Neft, MedR 2013 S. 82). Das grundlegende Verteilungsproblem besteht aber weiterhin (Krüger, Die Organvermittlungstätigkeit Eurotransplants im Sinne des § 12 TPG, 2011 S. 217 ff.). So bestimmen die Richtlinien der Bundesärztekammer „die Regeln zur Aufnahme in die Warteliste nach § 10 Abs. 2 Nr. 2 einschließlich der Dokumentation der Gründe für die Aufnahme oder die Ablehnung der Aufnahme" (§ 16 Abs. 1 Nr. 2 TPG). Diese wird getrennt nach Organen geführt. Auch wenn die Organvergabe nach einem ausgeklügelten und fachlich-medizinisch wohl kaum angreifbaren System erfolgt, und wenn § 16 TPG für die Richtlinien gewisse Vorgaben macht, so sind sie doch den allgemeinen Bedenken aller normkonkretisierenden Vorschriften ausgesetzt, die darin bestehen, dass ein hoher fachlicher Standard eine demokratische Legitimation hinsichtlich des Zustandekommens von Richtlinien mit Rechtsnormcharakter nicht ersetzen kann (§ 31 Rn. 20–26). Im Falle des § 10 TPG gilt darüber hinaus, dass hier keine Richtlinie im Sinne der Selbstverwaltung, die das ärztliche Handeln regelt, erlassen wird. Vielmehr wird insoweit Fremdverwaltung ausgeübt, als auch die Stellung des potentiellen Organempfängers geregelt wird. So ist die Aufnahme in die Warteliste ist unabdingbare Voraussetzung für die Teilnahme an der Organvergabe. Ergän- **23** zend bestimmt § 10 Abs. 2 Nr. 2 TPG das die Bundesärztekammer Regelungen trifft: „über die Aufnahme in die Warteliste…, die dem Stand der Erkenntnisse der medizinischen Wissenschaft entsprechen, insbesondere nach Notwendigkeit und Erfolgsaussicht einer Organübertragung." Die Verordnungsermächtigung des § 16a TPG hebt dieses Defizit nicht auf. Sie erstreckt sich nur auf Qualität der Entnahme und Übertragung von Geweben und eben nicht auf die Warteliste. Auch das mit § 15a TPG eingeführte Transplantationsregister hebt das Legitimationsdefizit nicht auf. Bewirkt werden soll dadurch nur eine „Erhöhung der Transparenz" in wesentlichen Bereichen der Organvergabe. Gleichfalls hat das Zweite Änderungsgesetz zum TPG an den Kritikpunkten nichts geändert. Es regelt zwar wichtige Fragen der Organentnahme, jedoch nichts zum Zugang zu Organen (BGBl 2019 S. 352).

23a Es ist zudem zweifelhaft, was mit dem Begriff „Richtlinie" eigentlich gemeint ist. Der Begriff der Richtlinie ist jedenfalls so schillernd, dass man aus ihm allein keine rechtliche Schlussfolgerung ableiten kann (Mrozynski, SGb 2016 S. 9). Zutreffender Weise wird man die nach § 16 TPG erlassenen Richtlinien nicht als Rechtsnormen ansehen dürfen. Sie werden von der privatrechtlich organisierten Bundesärztekammer erlassen und sind schon deswegen nicht mehr als Leitlinien zu fachlichen Standards (aA Bader, Organmangel und Organverteilung, 2010 S. 179). Eine Bindungswirkung können sie kaum gegenüber dem Arzt und jedenfalls nicht gegenüber dem potentiellen Organempfänger entfalten. Vor allem darf man die Richtlinien nach § 16 TPG nicht mit den ohnehin umstrittenen Richtlinien in der Krankenversicherung gleichsetzen (vgl. § 31 Rn. 34). Letztere ergehen im Rahmen der sozialversicherungsrechtlichen Selbstverwaltung. Die Richtlinien nach § 16 TPG sind insoweit Fremdverwaltung, als sie die Stellung der potentiellen Organempfänger berühren. Nach der Neufassung des Gesetzes sind die Richtlinien dem Bundesministerium für Gesundheit vorzulegen (§ 16 Abs. 3 TPG). Damit ist aber nur einer von mehreren Mängeln des Gesetzes behoben worden (aA Hess, NZS 2015 S. 761). Materiell spricht gegen den Rechtsnormcharakter die Regelung des § 16 Abs. 1 Satz 2 TPG: „Die Einhaltung des Standes der Erkenntnisse der medizinischen Wissenschaft wird vermutet, wenn die Richtlinien der Bundesärztekammer beachtet worden sind." Würde es sich bei den Richtlinien um Rechtsnormen handeln, so wären sie von den Normunterworfenen vorbehaltlos zu beachten. Vermutungsregelungen stehen im Zusammenhang mit Tatsachen, aber nicht mit der Geltung einer Norm. Die jetzige Regelung lässt es überdies zu, dass ein Normunterworfener von der Richtlinie abweichen und dennoch für sich in Anspruch nehmen kann, der hätte den Stand der medizinischen Erkenntnisse beachtet (§ 16 Abs. 1 TPG). Ob er das mit guten Gründen tun kann, wäre für die Frage der Geltung einer Norm nicht relevant. Ein Gesetz gilt oder es gilt nicht. Die Geltung kann nicht allein durch Argumente entkräftet werden (aA Rissing-van Saan, NStZ 2014 S. 233, 235). Insgesamt bestimmt § 16 TPG zwar die Praxis, normiert aber nichts (vgl. OLG Hamm, NJW 2000 S. 1801; Taupitz, NJW 2003 S. 1145).

23b Dagegen ist nach wohl überwiegender Auffassung die Bundesärztekammer als nach § 16 Abs. 1 TPG beliehen anzusehen (aA Höfling, Transplantationsgesetz § 16 Rn. 13–16). Doch damit wird das Verfahren nicht problemlos. Die Beleihung soll sich auf eine administrative Normsetzung erstrecken. Tatsächlich stellt die Bundesärztekammer „den Stand der Erkenntnisse der medizinischen Wissenschaft fest." Ob sich daraus eine Verbindlichkeit ergibt, ist unklar. Aber selbst wenn man sie bejaht, fragt sich, wer – außer der Ärzteschaft – der Norm unterworfen sein soll. Insoweit wird ein außerordentlich schillerndes und widerspruchsvolles Bild der Rechtsnorm entworfen (vgl. die Zusammenstellung bei Bader, Organmangel und Organverteilung, 2010 S. 183, 184; Woinikow, Richtlinien der Transplantationsmedizin, 2014 S. 151 ff.). Der Richtliniengebung wird jedenfalls entgegen früherer Auffassung (Baltzer, SGb 1998 S. 438, Lang VSSR 2002 S. 21), nicht mehr ein privatrechtlicher Charakter beigemessen. Vielmehr soll die Richtliniengebung Ausübung öffentlicher Gewalt sein. Damit ist Art. 19 Abs. 4 GG anwendbar. Nach überwiegender Auffassung gilt Folgendes: Die Richtlinien müssen Regeln für die Aufnahme von Patienten in die Warteliste erstellen, „die dem Stand der Erkenntnisse der medizinischen Wissenschaft entsprechen, insbesondere nach Notwendigkeit und Erfolgsaussicht einer Organübertragung." Es ist eher zu bezweifeln, dass diese Voraussetzungen eingehalten sind. Als Ermächtigungsnorm, gemessen etwa an Art. 80 GG, ist § 16 TPG außerordentlich dürftig abgefasst. So hätte das Verfahren zum Erlass der Richtlinien und die Zusammensetzung der feststellenden Gremien geregelt werden müssen, was in § 16 Abs. 2 TPG nur im Ansatz geschehen ist (vgl. § 39 Rn. 24). Demgegenüber sind die Anforderungen, die das BVerfG an die Übertragung einer Normsetzungskompetenz stellt, relativ streng: Überlässt der Gesetzgeber „öffentlich-rechtlichen Körperschaften und Anstalten als Trägern funktionaler Selbstverwaltung bestimmte Aufgaben zur Regelung in Satzungsautonomie, darf er ihnen die Rechtsetzungsbefugnis nicht zur völlig freien Verfügung überlassen, sondern muss institutionelle Vorkehrungen zur Wahrung der Interessen der von ihr erfassten Personen treffen" (BVerfG 111 S. 191). Die Anforderungen an privatrechtliche Zusammenschlüsse, zumal wenn die Entscheidungen mit Wirkung gegenüber Dritten treffen können, dürfen sicher nicht geringer sein.

Darüber hinaus wird kritisiert, dass die Bundesärztekammer, ihre ohnehin zwei- 23c
felhafte Ermächtigungsgrundlage ganz erheblich überschritten hat (Gutmann/Fateh-Moghadam, NJW 2002 S. 3365). Insbesondere wird beanstandet, dass § 16 Abs. 1 Satz 1 TPG, zwar auf den „Stand der medizinischen Erkenntnisse abstellt, dass jedoch § 10 Abs. 2 Nr. 2 TPG eine Reihe außermedizinischer, zum Teil diffuser, subjektiver Wertungen zulässt" (Höfling-Lang, Transplantationsgesetz § 10 Rn. 11–40; vgl. demgegenüber Woinikow, Richtlinien der Transplantationsmedizin, 2014 S. 514, Nr. 4–6). Die Kriterien sind zum Teil verfassungsrechtlich höchst problematisch, wie etwa das Kriterium der verbesserten Lebensqualität oder die Bewertung der Überlebensdauer, wenn sie im Vergleich mit anderen, etwa älteren oder schwerer erkrankten Leistungsberechtigten erfolgt, denn Art. 2 Abs. 2 GG lässt eine Bewertung des Lebenswertes nicht zu. Etwas weniger kritisch wird man die sog. non-compliance-Kriterien, wie den nachlässigen Umgang mit Medikamenten oder die Überschreitung von anderen, für die Heilung notwendigen Verhaltensregeln, betrachten müssen, da von ihnen die Erfolgschance der Behandlung abhängt (BVerfG NJW 2013 S. 1727). Schließlich werden nur Regelungen über die Aufnahme in die Warteliste getroffen. Entscheidend ist aber dort die Rangfolge der Wartenden. Bei ihr ist die Wartezeit aber nur eines von mehreren Kriterien, wobei die medizinischen Kriterien im Vordergrund stehen. Gesetzlich geregelt sind aber nur „Notwendigkeit und Erfolgsaussicht einer Organübertragung." Zudem besteht zumindest keine Klarheit beim Rechtsschutz betreffend die Aufnahme in die und den Rang auf der Warteliste (Höfling, Transplantationsgesetz, Einführung Rn. 30, 54).

Letztlich kann die Frage, ob die Richtlinien Rechtsnormcharakter haben oder 23d
nicht, dahinstehen, weil ihnen schon aus einem übergeordneten Gesichtspunkt die Rechtswirkung versagt bleiben muss: Nicht beachtet hat der Gesetzgeber den Parlamentsvorbehalt, mithin, dass er die wesentlichen Fragen der Zuteilung von

Organen selbst, also im Gesetz, regeln muss (§ 31 Rn. 3). Im Gesamtzusammenhang darf nicht übersehen werden, dass die Zuteilung eines Organs an einen Patienten, letzten Endes den Tod eines anderen bedeuten kann (vgl. BSG 92 S. 19, zur Überkreuzlebendnierenspende bei Ehepaaren). Eine solche Entscheidung, so unbeabsichtigt sie sein mag, kann unausweichlich sein. In seinem Urteil zu § 218 StGB hat das BVerfG aber bereits ausgeführt, dass es rechtsstaatlichen Grundsätzen entspricht, dass einem Ausnahmetatbestand rechtfertigende Wirkung nur dann zukommen kann, wenn das Vorliegen seiner Voraussetzungen unter staatlicher Verantwortung festgestellt wird (BVerfG 88 S. 203). Das geschieht eben nicht bei der Erstellung einer Warteliste nach § 10 Abs. 2 Nr. 2 TPG. Man muss also zu der Auffassung gelangen, dass der gesamte Vorgang nach den §§ 10, 16 TPG ein rechtlich unhaltbarer Zustand ist. Damit sind die Richtlinien der Bundesärztekammer zur Aufnahme von Patienten in die Warteliste, welchen Rechtscharakter man ihnen auch immer beimisst, nicht als verbindlich anzusehen (Schmidt-Aßmann, Grundrechtspositionen und Legitimationsfragen im öffentlichen Gesundheitswesen, 2001 S. 104; Schroth/König/Gutmann/Odunco, § 16 TPG Rn. 1–8, 29; Höfling, Transplantationsgesetz § 16 Rn. 23–31; Bader, Organmangel und Organverteilung, 2010 S. 186).

23e Man wird die Frage der Organtransplantation nie ohne den Einfluss von Wertentscheidungen beantworten können. Das beginnt bereits bei der Organentnahme nach der Feststellung des Todes, der nur scheinbar eine reine Tatsache ist. Er ist zumindest auch eine Frage der Definition, wenn man berücksichtigt, dass es Meinungsverschiedenheiten über den Herztod und den Hirntod geben kann. Letztere Definition, die sich seit 1968 nicht ohne Widerspruch durchsetzte (vgl. Deutsch, NJW 1998 S. 777), passt besser in das Zeitalter der Organtransplantation (coma dépassé). Aber gerade deswegen ist eine Entscheidung des Gesetzgebers erforderlich. Dies ist bei der Feststellung des Todes, wenn auch nur durch Ergänzung des medizinisch relevanten Sachverhalts um eine Karenzzeit von drei Stunden geschehen (§ 5 Abs. 1 Satz 2 TPG). Auch hierüber kann man geteilter Meinung sein. Jedoch konnte der Gesetzgeber und konnte nur er eine solche Entscheidung treffen. Im Gesetzgebungsverfahren wurde nicht der Tatsache Rechnung getragen, dass die Frage, ob und wann ein Leistungsberechtigter bei der Organvergabe berücksichtigt wird, die gleiche existentielle Bedeutung hat wie die Entscheidung über den Todeszeitpunkt dessen, der seine Organe hergibt, und damit im Gesetz geregelt werden muss (vgl. Höfling/Engels, GesR 2012 S. 532; Höfling, MedR 2013 S. 412; Hess, MedR 2013 S. 719).

23f Durch Nichtbeachtung des Parlamentsvorbehalts hat der der Staat auch seine Schutzpflicht gegenüber dem Bürger verletzt, der von einer Grundrechtsbeeinträchtigung bedroht ist (BVerfG JZ 1994 S. 408 mAnm Wiedemann; Böckenförde, Der Staat 1990 S. 1, 19; Hermes, NJW 1990 S. 1764; Singer JZ 1994 S. 1134). Die Schutzpflicht besteht allerdings nur, wenn die Grundrechtsverletzung von einem Dritten ausgeht. Insoweit besteht bereits jenseits aller Fragen der Knappheit bzw. Unmöglichkeit einer Versorgung mit Organen jedenfalls kein verfassungsrechtlicher Anspruch auf Versorgung mit einem Organ. Der Verfassungsverstoß liegt jedoch darin, dass verfassungsrechtlich nicht dazu legitimierte, seien es privat- oder öffentlichrechtlich organisierte Institutionen (Eurotransplant, Bundesärztekammer) maßgeblich über die unstrittig wesentliche Frage entscheiden, wer mit einem Organ versorgt wird, ohne dass der Gesetzgeber selbst dafür die konkrete Grundlage gelegt hätte.

Über die Organtransplantation hinaus besteht das Kernproblem darin, dass die Verteilung knapper Mittel nach rechtlich zulässigen Kriterien erfolgen und dass deren Einhaltung kontrollierbar sein muss. Es hat sich aber gezeigt (oben Rn. 22), dass die Suche nach Kriterien, die allen verfassungsrechtlichen Anforderungen genügen, kaum erfolgreich ist. Fast zwangsläufig sind sie entweder zu abstrakt („statusblind") oder sie enthalten wertungsabhängige Wirtschaftlichkeitserwägungen („Kosten-Nutzen-Relation"), so dass sie kaum geeignet sind, die allein durch Art. 2 Abs. 2 GG determinierte Entscheidung von Einzelfällen rechtlich zweifelsfrei zu lenken. Auch die Tatsache, dass eine neue Behandlungsmethode sogar im Einzelfall nicht allein deswegen zugelassen wird, weil sie in einem bestimmten Einzelfall erfolgreich war (oben Rn. 16), ist ein Hinweis darauf, dass die Funktionsfähigkeit des Versorgungssystems, nicht aber der Anspruch des Einzelnen im Vordergrund steht. Will man sich nicht mit einem Losverfahren begnügen, so bleibt jedenfalls bei der Organvergabe nur die Möglichkeit, § 10 Abs. 2 Nr. 2 TPG um einige Gesichtspunkte zu ergänzen, die keinen rein medizinischen Charakter haben. Diese müssten aber in einem öffentlich geführten Diskussionsprozess ermittelt werden. Insoweit bedarf auch deswegen der Beachtung des Parlamentsvorbehalts. 24

Einen gesellschaftlichen Konsens über die wertgebundenen Verteilungskriterien wird man nicht erwarten dürfen. Etwas einfacher stellt sich das wirtschaftliche **Verteilungsproblem** zumeist als Frage eines mehr oder minder breit angelegten Globalbudgets dar, das den Vorzug eines flexiblen Einsatzes der Mittel je nach dem Ausmaß der Bedarfssituationen hat. Der Nachteil besteht aber darin, dass der Arzt im Einzelfall entscheidet, welche Mittel in welchem Falle eingesetzt werden. Eine Budgetierung in Teilsegmenten der Versorgung (zB Heilmittel, Zahnersatz usw) hat diesen Nachteil nicht. Sie steht aber vor dem Problem, dass Ansprüche, die an sich ja jedem Leistungsberechtigten zustehen, bei Erschöpfung der Mittel versagt werden könnten (vgl. § 39 Rn. 49 ff.). Negativ kann man sicher formulieren, dass alle in Art. 3 Abs. 3 GG genannten Merkmale nicht als Verteilungskriterien verwendet werden dürfen. Die Suche nach anderen Kriterien führt dann schnell zum Ausschlusskriterium des unvernünftigen Verhaltens (§ 52 SGB V), zur Warteliste oder gar zum Losverfahren. Die Warteliste wird dabei nicht immer nach dem Prioritätsprinzip geführt. Eine Rangfolge kann auch von wertenden Kriterien abhängig sein. So ist zB gemäß § 10 Abs. 2 Nr. 2 TPG „über die Aufnahme in die Warteliste nach Regeln zu entscheiden, die dem Stand der Erkenntnisse der medizinischen Wissenschaft entsprechen, insbesondere nach Notwendigkeit und Erfolgsaussicht einer Organübertragung …". Die damit gewollte Lenkung führt auch dazu, dass die Krankenkasse für eine im Ausland selbst beschaffte Transplantation (§ 18 SGB V) keine Kostenerstattung leisten muss. Das gilt selbst dann, wenn dadurch im Verbund von Eurotransplant keinem Patienten ein Nachteil entsteht (Hess. LSG Breith. 2002 S. 162). Vermieden werden soll, dass die finanziellen Möglichkeiten eines Patienten über den Zugang zu Organen entscheiden (BSG SGb 2004 S. 704 mAnm Wolf; dazu Linke, NZS 2005 S. 467). Auch das ist ein wertendes Kriterium, das gegenüber demjenigen, der über genügend eigene Mittel verfügt, jedenfalls dann schwer zu rechtfertigen ist, wenn er im Geltungsbereich des GG bzw. des AEUV niemanden aus der Versorgung verdrängt. Demgegenüber scheint ein Losverfahren relativ neutral zu sein. Es führt aber zu einem vollständigen Verlust an Staatlichkeit in einem sehr elementaren Bereich des menschlichen Lebens und Sterbens. Insgesamt scheint die Formel „zeitgemäße Versorgung" heute zu einfach geworden zu sein. Realistischer 25

Weise wird man zur zeitgemäßen Versorgung also auch die Suche nach den besten Verteilungskriterien für den Einsatz knapper Mittel rechnen müssen. Als grobe Orientierung mag der Grundsatz gelten, dass die Leistungen den Personen zukommen sollen, die am meisten auf sie angewiesen sind oder die von ihnen am meisten profitieren (Nettesheim, VerwArch 2002 S. 344). Aber häufig sind das zwei einander ausschließende Alternativen. Es fragt sich auch, wie man vor diesem Hintergrund vor dem Einzelnen eine Versicherungspflicht noch rechtfertigen kann. Unter dem Blickwinkel einer neuen Solidarität betrachtet, wird es dabei als verfassungsrechtlich unbedenklich angesehen, wenn die eigene, früher erklärte, **Spendebereitschaft** des Patienten bei einer späteren Organvergabe zu seinen Gunsten berücksichtigt wird (Schmidt-Aßmann, Grundrechtspositionen und Legitimationsfragen im öffentlichen Gesundheitswesen, 2001 S. 22, 23). Das lässt sich als reiner Utilitarismus begreifen, fügt sich aber auch in das Verfassungsverständnis des Menschen als eines gemeinschaftsgebundenen Wesens ein und findet auch in § 1 SGB V seinen Ausdruck. Des Weiteren könnte sich daraus auch ein Effekt für die Verbesserung der Versorgungssituation ergeben. Aus Gründen der Rechtssicherheit müssten die Bereitschaft bzw. ihr Widerruf in einem förmlichen Verfahren erklärt werden, um Geltung für einen neu zu fassenden § 10 TPG zu erlangen. Ein Festhalten an einer einmal abgegebenen Erklärung wäre ausgeschlossen (Art. 2 Abs. 1 GG). Ein Widerruf würde aber auch alle Vorteile beseitigen.

26 Die Probleme der zeitgemäßen Versorgung stellen sich nicht nur im medizinischen Sektor, sondern in allen Bereichen des Sozialrechts. Zumeist beschränken sie sich auf die Notwendigkeit der Anpassung an den wissenschaftlich-technischen Standard. Es stellen sich aber, wie in der Krankenversicherung, immer wieder Grundlagenfragen. So ist etwa in der **Sozialhilfe** das Thema der Armut auch eines des § 17 Abs. 1 Nr. 1. Ursprünglich hat das BVerwG zur Aufgabe der Sozialhilfe nach § 1 Abs. 2 Satz 1 BSHG aF die relativ klare Auffassung vertreten, der Bedürftige solle die Hilfe finden, die es ihm ermöglicht, in der Umgebung von Nicht-Hilfeempfängern ähnlich wie diese zu leben (BVerwG 36 S. 256). Es wird also beim Maß der Leistungen der Sozialhilfe auf die Lebensgewohnheiten und Lebensumstände der übrigen Bevölkerung abgestellt. Das beinhaltet auch eine Teilhabe am jeweils erreichten gesellschaftlichen Standard und damit eine Leistung der Sozialhilfe in zeitgemäßer Weise. Armut wird so immer in Relation zu dem erreichten Stand der Entwicklung definiert. Daraus hatte sich in den Vergangenheit dann das sicher unzureichende Kriterium der Ausstattungsdichte in der Bevölkerung mit bestimmten Gegenständen (Kühlschrank, Waschmaschine, Fernsehgerät) als Maßstab für die zeitgerechte Versorgung entwickelt (vgl. LPK BSHG § 1 Rn. 8). In späterer Zeit hat das BVerwG seine Auffassung etwas modifiziert und den Lebensgewohnheiten der übrigen Bevölkerung für die Leistungen der Sozialhilfe erst dann ausschlaggebende Bedeutung beigemessen, wenn anders die Menschenwürde des Hilfeempfängers verletzt wäre. Später ist das Gericht von dieser Aussage dann wieder abgerückt und stellt jetzt auf die Lebensgewohnheiten der unteren Lohngruppen ab (§ 9 Rn. 20 ff.). Von diesem Ansatz muss man auch für die §§ 19 ff. SGB II ausgehen.

5. Weiterentwicklung der Versorgungsformen

27 In § 17 Abs. 2 ist das Recht zur Benutzung der deutschen **Gebärdensprache** und anderer Kommunikationshilfen geschaffen worden. Diese Vorschrift steht im Zusammenhang mit § 19 SGB X und ist eine Folgeregelung zu § 57 SGB IX aF.

Beide Vorschriften mussten aufeinander abgestimmt werden. In den Neufassungen werden einheitlich Hilfen für hör- und sprachbehinderte Menschen geregelt. Sie sind nicht mehr auf den Einsatz von Gebärdendolmetschern begrenzt. Während § 82 SGB IX die Hilfe anderer aus besonderem Anlass vorsieht, erstreckt sich § 17 Abs. 2 auf die Ausführung von Sozialleistungen, insbesondere ärztliche Untersuchungen und Behandlungen. Im Kern geht es aber in beiden Vorschriften darum, dass hörbehinderte Menschen aus **besonderem Anlass,** dass sind vor allem Behördenkontakte und der Arztbesuch, sich eines Gebärdendolmetschers bedienen können. Zu weitergehenden Leistungen vgl. § 29 Rn. 16. Die Kosten sind von dem jeweils für die Leistung zuständigen Rehabilitationsträger zu übernehmen (§ 17 Abs. 2 Satz 2). Das gilt auch dann, wenn in der Sache der Antrag zurückgewiesen wird (vgl. § 64 SGB X). In den Materialien wird betont, dass der Anspruch auf Stellung eines Gebärdendolmetschers in den anderen Büchern des Sozialgesetzbuches ausdrücklich zu regeln ist (BT-Drs. 14/5074 S. 111). Dort bestehen bereits ausreichende Rechtsgrundlagen (vgl. § 29 Rn. 16). Für das Verwaltungsverfahren trifft § 19 Abs. 1 Satz 2 SGB X eine dementsprechende Regelung. Besonderer Regelungen bedarf es vor allem außerhalb des Sozialrechts, insbesondere gilt das für das gerichtliche Verfahren (BGBl I 2002 S. 1468). Hinsichtlich der Höhe der Vergütung verweist § 17 Abs. 2 auf § 5 KHV und legt somit die entsprechende Anwendung des Justizvergütungs- und -entschädigungsgesetzes fest. Eine vergleichbar weitgehende Regelung besteht nicht, bei anderen Verständigungsschwierigkeiten (§ 19 Abs. 2–4 SGB X). Eine neuerliche Erweiterung hat § 17 Abs. 2a insoweit gebracht, als allgemein für die Ausführung von Sozialleistungen auf § 11 BGG verwiesen wird (vgl. oben Rn. 12a). Das betrifft aber nur die Träger öffentlicher Gewalt (§ 1 Abs. 2 BGG), also zwar auch die Leistungsträger, nicht jedoch die zumeist privatrechtlich organisierten Leistungserbringer.

Das Gebot der **Zusammenarbeit** des § 17 Abs. 3 Satz 1 ist die wesentliche **28** strukturelle Grundlage des deutschen Fürsorgewesens zumindest in der Kinder- und Jugendhilfe sowie in der Sozialhilfe. Dort sind die Grundsätze der Zusammenarbeit in den §§ 4, 74 SGB VIII, 5, 75 SGB XII geregelt. Diese Struktur wird in § 17 Abs. 3 über die genannten Rechtsgebiete hinaus erweitert und prägt damit das gesamte Sozialrecht. Eine Erweiterung erfolgt auch insoweit, als die Zusammenarbeit mit allen gemeinnützigen und freien Einrichtungen und Organisationen vorgeschrieben wird. Das bedeutet vor allem eine gleichberechtigte Einbeziehung auch derjenigen gemeinnützigen Leistungserbringer, die nicht in den §§ 4 SGB VIII, 5 SGB XII genannt sind. Dazu gehören etwa auch Selbsthilfegruppen und ähnliche Zusammenschlüsse. Zwar wird die Zusammenarbeit mit den gemeinnützigen Organisationen an erster Stelle genannt. Das Gesetz schließt aber die Heranziehung gewerblicher Leistungserbringer nicht aus. Insoweit verstößt es nicht gegen die §§ 17, 37, wenn jetzt § 124 SGB IX ohne weitere Unterscheidung die Zusammenarbeit mit (externen) geeigneten Leistungserbringern regelt.

Hauptsächliches Ziel muss nach der gesetzlichen Regelung die wirksame **29** Ergänzung der Tätigkeit der Einrichtungen und Organisationen sein. Damit ist einmal gefordert, dass auf die Schaffung eines möglichst vollständigen Leistungsangebots hingewirkt wird. Zum anderen soll auch eine gewisse weltanschauliche Pluralität in der Versorgungsstruktur gewährleistet sein. Wenn das Gesetz bei dieser Zielsetzung auf das Wohl des Leistungsberechtigten abstellt, dann ist damit klargestellt, dass das Eigeninteresse der Leistungserbringer jedenfalls nicht vorrangig ist. Dem öffentlichen Leistungsträger kommt bei der Planung der sozialen Infrastruktur die Gesamt- bzw. Letztverantwortung zu. Er muss aber andererseits die Selbständigkeit der freien Wohlfahrtspflege respektieren (§ 5 Abs. 2 Satz 2 SGB XII). Insbesondere soll er auch von der Schaffung eigener Einrichtungen absehen, wenn geeignete Einrichtungen der freien Wohlfahrtspflege vorhanden sind oder geschaffen werden können In § 124 Abs. 1 Satz 1 SGB IX wird dies allerdings auf einen Bestandsschutz vorhandener Einrichtungen reduziert. Darin ist zwar ein Bruch mit der Tradition der Sozialhilfe zu sehen, jedoch keine Verletzung des § 17.

30 Vor allem im Kinder- und Jugendhilferecht sowie im Sozialhilferecht hat sich in der Vergangenheit die Zusammenarbeit in Form der Zurverfügungstellung von finanziellen und Sachmitteln zur Schaffung von Diensten oder Einrichtungen herausgebildet. Auch der Abschluss von Kostensatzvereinbarungen über das Entgelt für die Durchführung einer Betreuungsmaßnahme wird der Zusammenarbeit zugerechnet. Der Abschluss einer solchen Kostensatzvereinbarung steht zwar einerseits im Ermessen des öffentlichen Trägers. Andererseits wird das Fehlen eines Bedarfs an einem Dienst oder einer Einrichtung nicht als zulässiger Ermessensgesichtspunkt anerkannt, der eine Ablehnung rechtfertigen könnte (BVerwG 94 S. 202). Damit ist dem öffentlichen Träger aber nicht ein Instrument der **Steuerung des Angebots** an sozialen Einrichtungen aus der Hand genommen worden (Mrozynski, ZfSH/SGB 2011 S. 197). Aus der Rechtsprechung des BVerwG folgt, dass der Sozialhilfeträger im Rahmen seines Ermessens die Ablehnung eines Vertragsschusses nicht damit begründen kann, dass für weitere Plätze kein Bedarf besteht. Die Überlegungen sind vielmehr auf die konkrete Einrichtung zu beziehen. Anhand ihrer Unterlagen ist festzustellen, ob sie leistungsfähig ist. Nur wenn sich hier ergibt, dass die Einrichtung etwa infolge einer zu erwartenden Unterbelegung defizitär arbeitet, kann der Vertragsschluss abgelehnt werden. In diesem Falle und in diesem Sinne besteht kein Bedarf an der Einrichtung. Letzten Endes führt nur dieser Weg zu einer wirtschaftlich sinnvollen Ausnutzung öffentlicher Mittel. Würde man eine kostengünstig arbeitende neue Einrichtung von der Versorgung ausschließen, so könnte das bedeuten, dass ältere und vielleicht weniger wirtschaftlich arbeitende Einrichtungen an der Versorgung beteiligt bleiben. Lässt man die neue Einrichtung dagegen zu, so werden sich die vorhandenen Einrichtungen auf die neue Lage einstellen müssen. Es liegt in der Konsequenz der Regelung des § 75 Abs. 2 SGB XII, dass uU nach der Zulassung einer neuen kostengünstig arbeitenden Einrichtung, die vertragliche Beziehung zu einer älteren, weniger kostengünstig arbeitenden Einrichtung beendet werden muss. Zu einem unwirtschaftlichen Überangebot an Plätzen kann es also nicht kommen.

31 Durch die finanzielle Unterstützung bei der Schaffung von Einrichtungen in Form von Zuwendungen und **Subventionen** können Staat und Gebietskörperschaften aber auch die Sozialleistungsträger jedoch einen erheblichen Einfluss auf die Ausgestaltung der sozialen Infrastruktur nehmen. Dies ist zumindest insoweit problematisch, als dieser Bereich noch immer unzureichend durchnormiert ist. Es ist einhellige Auffassung, dass ein Rechtsanspruch auf Förderung nicht besteht, wohl aber ein Anspruch auf Gleichbehandlung.

32 Schon aus § 17 Abs. 1 Nr. 1–3 ergibt sich, dass die Leistungsträger die **Gesamtverantwortung** für die Erbringung von Sozialleistungen trifft. Dies wurde vom BVerfG für die frühere Jugendhilfe und die Sozialhilfe klargestellt (BVerfG 22 S. 180). Deswegen ist die Bezeichnung der Sozialleistungsträger als Kostenträger unvollständig. Die gemäß § 17 Abs. 3 Satz 2 zu achtende Selbständigkeit der Einrichtungen und Organisationen ändert daran nichts. Diese Regelung hat nur zum Inhalt, dass die Sozialleistungsträger nicht bestimmend auf die Betreuungskonzepte der Einrichtungen und Organisationen einwirken können. Herkömmlicherweise bezeichnet man das mit der Formel, die freien Träger wären nicht Erfüllungsgehilfen der Sozialleistungsträger. Dies schließt aber insbesondere die Nachprüfung der zweckentsprechenden Verwendung von Mitteln nicht aus (§ 17 Abs. 3 Satz 3). Wenn in derselben Vorschrift § 97 Abs. 1 Satz 1–4 und Abs. 2 SGB X für unanwendbar erklärt werden, dann bedeutet dies nur, dass sich das Verhältnis der Sozialleistungsträger zu den Einrichtungen und Organisationen ausschließlich nach den Regelungen der besonderen Teile des Sozialgesetzbuches, insbesondere der Kinder- und Jugendhilfe sowie der Sozialhilfe bestimmt.

Vor dem Hintergrund der Gesamtverantwortung hat sich in den letzten Jahren **33** eine Entwicklung ergeben, die als **Neue Steuerung, bzw. New Public Management,** vor allem in der Jugend- und Sozialhilfe als Sozialraumorientierung zunehmend Gewicht erlangt hat. Zunächst einmal will dieses Konzept nichts anderes, als die Übernahme betriebswirtschaftlicher Grundgedanken in die Verwaltungstätigkeit (KGSt, Das neue Steuerungsmodell, Bericht 8/1994; Lüder, DöV 2000 S. 837; Schaad, DöV 2000 S. 22). In dem Bestreben aber, die kameralistische Verwaltung durch ein modernes Management zu ersetzen, wird auch das Verhältnis zu den Leistungserbringern und insbesondere zu den Wohlfahrtsverbänden verändert. Das Instrument hierfür ist der **„Leistungsvertrag",** der nach dem Vorbild des § 55 BHO entwickelt wird. Nach diesem Vertragsmodell geht es nicht mehr darum, die Verwendung von öffentlichen Mitteln nach haushaltsrechtlichen Grundsätzen zu kontrollieren. Im Vordergrund steht die vertragsgemäß erbrachte Leistung. Die Kommunale Gemeinschaftsstelle formuliert folgendermaßen: „Ein Leistungsvertrag enthält als Ergebnis des Kontraktmanagements eine verbindliche Vereinbarung zwischen der Kommune als Gewährleistungsträger und einem freien Träger als Leistungserbringer. In ihr werden Zahlungen der Kommune an einen freien Träger an Aussagen darüber gebunden, welche Ziele mit den Aktivitäten des freien Trägers verfolgt, welche Standards eingehalten und welche Indikatoren dazu herangezogen werden sowie welche Leistungen/Produkte dazu zu erbringen sind" (KGSt, Bericht 12/1998 S. 11). Kurz: „Im Extremfall kommt es zum reinen Dienstleistungseinkauf" (Goetz, RsDE 2000/44 S. 21). Mit Blick auf den praktischen Vollzug wird die Auffassung vertreten: „Eine Umstellung auf Verträge erfordert nicht mehr die Kontrolle der Einnahmen und Ausgaben, sondern die der erbrachten Leistung nach Umfang, Qualität und Ordnungsmäßigkeit … Der Anspruch des Leistungserbringers auf das vereinbarte Entgelt hängt nicht mehr von der zweckgerechten Verwendung der eingesetzten Zuwendungsmittel (Input), sondern von der vertragsgerecht erbrachten Leistung (Output) ab" (Mehls, NDV 1996 S. 130; Stähr/Hilke, ZfJ 1999 S. 169). Die Monopol-Kommission hat aber deutlich gemacht, worin ein wesentliches Merkmal des Leistungsvertrages besteht. Der Leistungserbringer stellt entweder Kapazitäten oder ein Versorgungspaket zur Verfügung, wobei das „unternehmerische Risiko" von ihm getragen wird (BT-Drs. 13/11291 S. 346, 347). Das heißt im Ergebnis, der öffentliche Träger gewinnt einen größeren Einfluss auf das Angebot von Leistungen der Wohlfahrtsverbände, und zwar über die Gesamtverantwortung für das Angebot hinaus bis in die Details der Leistungserbringung. Zugleich muss er für Fehlplanungen keine Verantwortung übernehmen. Diese verbleibt als unternehmerisches Risiko beim freien Träger. Die Eigenständigkeit, die den freien Trägern nur zukommt, weil sie in die Erfüllung sozialstaatlicher Aufgaben in der Bundesrepublik einbezogen sind, wandelt sich im Leistungsvertrag zur Indifferenz. In dieser Form aber lässt sich das Konzept der Neuen Steuerung und der Leistungsverträge nicht realisieren, weil es der rechtlich geregelten Stellung der Leistungserbringer, insbesondere der

Wohlfahrtsbände nicht ausreichend Rechnung trägt (vgl. Eicher, SGb 2012 S. 127; Ladage, SGb 2013 S. 553). Auch darüber hinaus ist die Rechtsferne dieses neuen Konzepts zu beanstanden (vgl. Hendricks/Tops, VerwArch 2001 S. 560; Elsenhans/Kulke/Roschmann, VerwArch 2005 S. 315; Bull, VerwArch 2012 S. 1).

34 Das Verhältnis der Sozialleistungsträger zu den Leistungserbringern ist in den besonderen Teilen nicht einheitlich geregelt. Im Kinder- und Jugendhilfe- sowie im Sozialhilferecht bestehen einheitliche Grundsätze. Dort wird den Verbänden der freien Jugendhilfe bzw. der **freien Wohlfahrtspflege** eine Selbständigkeit in der Erfüllung ihrer Aufgaben und, heute nur noch eingeschränkt, ein Vorrang vor anderen Leistungserbringern eingeräumt. Für beide Rechtsgebiete handelt es sich dabei neben einer Anzahl sozialpolitisch weniger wichtiger Organisationen um die Arbeiterwohlfahrt, den Caritasverband, das Deutsche Rote Kreuz, den Paritätischen Wohlfahrtsverband, das Diakonische Werk und die Zentrale Wohlfahrtsstelle der Juden in Deutschland (§§ 4 SGB VIII, 5 SGB XII). Der Vorrang dieser Organisationen ist im Kinder- und Jugendhilferecht weniger ausgeprägt als in der Sozialhilfe (vgl. §§ 74–77 SGB VIII). Im Sozialhilferecht wurde bisher die Stellung der Verbände der freien Wohlfahrtspflege vor allem dadurch unterstrichen, dass vorrangig mit ihnen Kostenvereinbarungen abgeschlossen werden sollten. Die dadurch bewirkte Zurückdrängung gewerblicher Anbieter war sozialpolitisch gewollt und verfassungsrechtlich unbedenklich. Im Gefolge der Entwicklung des Gemeinschaftsrechts ist es dann aber doch allmählich zu einer Ablösung des Vorranges der freien Wohlfahrtspflege und zu einer stärkeren Orientierung am Wettbewerbsrecht gekommen (vgl. § 1 Rn. 18). Mit der Verlagerung der Eingliederungshilfe in das SGB IX ist die Stellung der Wohlfahrtspflege weiter geschwächt worden (vgl. §§ 5, 75 SGB XII einerseits und §§ 96, 124 SGB IX andererseits).

35 In den gesetzlichen Details völlig anders gestaltet ist etwa in der Krankenversicherung die Beziehung zu den Leistungserbringern. So enthalten die §§ 72 ff. SGB V komplizierte Regelungen über das Verhältnis zu den Vertragsärzten. Kaum weniger kompliziert ist das Rechtsverhältnis zu den Krankenhäusern und anderen Einrichtungen (§§ 107 ff. SGB V) sowie zu sonstigen Leistungserbringern (§§ 124 ff. SGB V) geregelt. Entsprechendes gilt für alle anderen Rehabilitationsträger, wenn hier auch das Rechtsverhältnis nur in den wesentlichen Grundsätzen durchnormiert ist (vgl. §§ 15 Abs. 2 SGB VI, 36 ff. SGB IX). In allen Regelungen, besonders in denen der Krankenversicherung, kann man eine sich in den letzten Jahren verstärkende Tendenz erkennen, die Gesamtverantwortung des Sozialleistungsträgers für die Erbringung der Leistung in allen Einzelheiten klarzustellen (vgl. § 21 SGB IX aF, §§ 36 ff. SGB IX nF).

36 Wenn auch einzelne Regelungen, wie etwa § 69 SGB V, zum Teil noch gegen die Anwendbarkeit der Wettbewerbsregeln sprechen, so ist es jedoch absehbar, dass das gesamte Leistungserbringungsrecht auf Dauer dem Wettbewerbsrecht unterworfen werden wird. Ein Wettbewerb unter Leistungsträgern und Leistungserbringern wäre an sich unproblematisch, zumal das Wettbewerbsrecht den Akteuren Bindungen auferlegt (vgl. § 1 Rn. 18). Es zeichnet sich aber ab, dass es nicht möglich ist, nur einzelne Segmente des Sozialrechts dem Wettbewerbsrecht zu unterwerfen. Vielmehr ergeben sich innerhalb eines Sozialleistungsträgers, der eine Einheit darstellt, Auswirkungen auf das ganze Organisationsgeschehen. Schon immer gab es Wechselwirkungen zwischen dem Leistungs- und dem Leistungserbringungsrecht. In der Vergangenheit hatte, zumindest in der Krankenversicherung, ersteres das letztere dominiert. Das stellt sich heute völlig anders dar (§ 31 Rn. 34 ff.). Es gibt bisher keine rechtliche Regel, die diese Umkehrung wirksam

verhindern könnte. Der Rechtsanspruch des Leistungsberechtigten, der dem noch am ehesten entgegenstehen könnte, teilt das Schicksal aller subjektiven Rechte. Sie entfalten ihre Wirkung in Abhängigkeit vom Einzelfall. Auch das unterstreicht die Bedeutung des § 17.

Herkömmlicherweise charakterisiert man das Verhältnis von Leistungsberech- 37
tigtem, Leistungsträger und Leistungserbringer als **Dreiecksverhältnis.** Dabei ist es vor allem wichtig, dass das Verhältnis der beiden letzteren zueinander durch Verträge und nicht durch Verwaltungsakt gestaltet wird und deckungsgleich mit der Anspruchsnorm sein muss. Das Leistungserbringungsrecht darf also nicht das Leistungsrecht dominieren oder sogar einschränken. Das kann bei Wirtschaftlichkeitserwägungen im Rahmen von Kostensatzvereinbarungen durchaus und schwer überprüfbar geschehen (§ 1 Rn. 19c). Anders zu beurteilen sind Anforderungen an die Qualität der Leistungserbringung (BSG 122 S. 46). Darüber hinaus gilt es immer zu beachten, dass es nicht das Dreieckverhältnis selbst ist, das die Rechtsverhältnisse bestimmt, sondern das es die im Einzelnen sehr unterschiedlichen, teils öffentlich-rechtlichen, teils privatrechtlichen Normen sind, die in dem Begriff des Dreiecksverhältnisses zusammengefasst werden. Von daher eignet sich der Verweis allein auf das Dreiecksverhältnis nie zu Begründung einer rechtlichen Entscheidung. Einzelne Zweifelsfragen müssen anhand der jeweiligen Rechtsbeziehungen beantwortet werden. Das gilt etwa für die Frage, ob Erbringer von Fürsorgeleistungen einen eigenen Vergütungsanspruch haben (vgl. Eicher, SGB 2013 S. 127; Ladage, SGb 2013 S. 553). Diese Frage war, vor allem im Hinblick auf die Versorgungspflicht des Leistungserbringers nach § 76 Abs. 1 Satz 2 SGB XII, schon immer zu bejahen (vgl. BVerfG 54 S. 251; BVerfG 83 S. 1). Inzwischen hat der Gesetzgeber hierzu klarstellende Regelungen getroffen (§§ 123 Abs. 6 SGB IX, 75 Abs. 6 SGB XII nF). Wenig konkret ist bisher die rechtliche Beziehung des Leistungsberechtigten zum Leistungserbringer. Sie ist privatrechtlicher Natur. Die Anwendung von Vorschriften des Verbraucherschutzrechts ist hier zwar sinnvoll. Sie kann jedoch der Tatsache, dass in dieser Beziehung ein soziales Recht realisiert wird, nicht gerecht werden (vgl. § 1 Rn. 19g).

Zweiter Titel Einzelne Sozialleistungen und zuständige Leistungsträger

§ 18 Leistungen der Ausbildungsförderung

(1) **Nach dem Recht der Ausbildungsförderung können Zuschüsse und Darlehen für den Lebensunterhalt und die Ausbildung in Anspruch genommen werden.**

(2) **Zuständig sind die Ämter und die Landesämter für Ausbildungsförderung nach Maßgabe der §§ 39, 40, 40a und 45 des Bundesausbildungsförderungsgesetzes.**

Übersicht

1. Leistungsvoraussetzungen

1 Die Regelung basiert auf dem sozialen Recht des § 3 und ist in engem Zusammenhang mit § 19 Abs. 1 Nr. 3b – d zu sehen (vgl. § 3 Rn. 3a). Leistungen zur Bildungsförderung sind danach unterschiedlich geregelt, je nachdem, ob sie im schulischen bzw. hochschulischen Bereich oder zur Durchführung einer betrieblichen oder überbetrieblichen Ausbildung erbracht werden. Nur die ersteren werden auf der Grundlage des § 18 und der Bestimmungen des Bundesausbildungsförderungsgesetzes (BAföG) erbracht. Die letzteren finden ihre Grundlage in § 19 Abs. 1 Nr. 3b – d und in den §§ 48 ff. SGB III. Daraus ergibt sich, dass die Zielsetzungen in den beiden Bereichen nicht völlig gleich sind. Nach § 1 BAföG wird im Rahmen von Neigung, Eignung und Leistung eine allgemeine Ausbildungsförderung geleistet.

1a Nicht im sozialen Recht des § 3 benannt, aber im Gesamtzusammenhang der sozialrechtlichen Bildungsförderung nicht übersehen werden dürfen die Leistungen zur Bildung und Teilhabe nach den §§ 28, 29 SGB II, 34, 34a SGB XII. Diese dienen aber eher der Armutsbekämpfung. Eine typisch sozialrechtliche Sonderregelung ist § 81 SGB III, der im Rahmen der Weiterbildung auch das Nachholen eines Hauptschul- und eines Lehrabschlusses ermöglicht (§ 81 Abs. 2 Satz 1 Nr. 2, Abs. 3 Satz 1 SGB III). Einen Sonderfall regelt schließlich auch § 75 SGB IX (§ 54 Abs. 1 Satz 1 Nr. 1 SGB XII aF), auf dessen Grundlage im Rahmen der Eingliederungshilfe für behinderte Menschen Hilfe zu einer Schulbildung, insbesondere im Rahmen der Schulpflicht, und das heißt heute oftmals zum Besuch einer Regelschule geleistet wird (BVerwG FEVS 43 S. 19; BSG 112 S. 196). Diese Leistungen umfassen auch schulvorbereitende Maßnahmen. Diese auf Inklusion ausgerichteten Maßnahmen werden aber entwertet, wenn sie nicht in gleichem Maße auf dem Arbeitsmarkt fortgesetzt werden (§ 29 Rn. 15).

2 Ausbildungsförderung wird Ausländern nach den §§ 8 BAföG bzw. 59 SGB III geleistet. Das gilt in erster Linie für Unionsbürger, die nach einem fünfjährigen rechtmäßigem Aufenthalt im Inland ein Daueraufenthaltsrecht haben (§§ 8 Abs. 1 Nr. 2 BAföG, 4a Abs. 1 FreizügG/EU). Auch im Übrigen stehen freizügigkeitsberechtigte **Unionsbürger** den Deutschen weitgehend gleich (§ 30 Rn. 94, 95). Das gilt jedenfalls für erwerbstätige Unionsbürger bzw. ihre Kinder (§§ 2 Abs. 2 Nr. Nr. 1, 3 Abs. 2 FreizügG/EU, 59 Abs. 1 Nr. 2–4 SGB III, 8 Abs. 1 Nr. 3 und 4 BaföG). Für wirtschaftlich nicht aktive Unionsbürger bestehen Sonderregelungen (§ 4 FreizügG/EU). Sie werden in den ausbildungsrechtlichen Vorschriften nicht erwähnt, stehen aber den anderen Ausländer mindestens gleich. Für diese anderen Ausländer gilt § 8 Abs. 2–3 BaföG. Danach wird auf einzelne aufenthaltsrechtliche Erlaubnisse und teils zusätzlich auf eine Aufenthaltsdauer abgestellt. Darauf können sich natürlich auch die wirtschaftlich nicht aktiven Unionsbürger berufen. Die bisherige Regelung des § 5 BaföG, die das Studium eines Deutschen in einem EU-Staat erschwerte, ist vom EuGH als unvereinbar mit Art. 18 EGV aF angesehen worden (EuGH ZESAR 2008 S. 64 – Morgan, Bucher). Sie wurde in den §§ 5 und 6 BAföG inzwischen an das Unionsrecht angepasst (§ 30 Rn. 94, 95). Die inzwischen sehr restriktive Rechtsprechung der EuGH zum Freizügigkeitsrecht (§ 30 Rn. 51) könnte auch zu Einschränkungen in der Ausbildungsförderung führen. Das deutet sich bereits bei der Rechtsprechung zum Kindergeld an (§ 30 Rn. 90a). Bisher hat der deutsche Gesetzgeber daraus aber keine Konsequenzen gezogen.

3 Jede Ausbildungsförderung ist insoweit nachrangig, als sie nur geleistet wird, wenn die erforderlichen Mittel nicht anderweitig zur Verfügung stehen. Das

bedeutet vor allem, dass Unterhaltsleistungen nach den §§ 1601 ff. BGB vorrangig in Anspruch zu nehmen sind. Die Zielsetzung der Ausbildungsförderung besteht im Abbau **ungleicher Bildungschancen** und in der Hebung des allgemeinen Bildungsniveaus. Gemäß § 1 SGB III besteht das etwas enger formulierte Ziel der Arbeitsförderung darin, „dem Entstehen von Arbeitslosigkeit" entgegenzuwirken. Einen so eindeutigen Bezug zum Arbeitsmarkt kennt § 1 BAföG nicht. Das Recht auf Ausbildung und deren Förderung besteht selbst dann, wenn dadurch ein im Studium Zugang zum Arbeitsmarkt nicht angestrebt werden sollte.

Im Grundsatz wird Ausbildungsförderung nur für die Erstausbildung geleistet. **4** Allerdings gibt es auch gewisse Überschneidungen. In den Grundlagenregelungen der §§ 2 und 7 BAföG ist durchgehend von einer Ausbildung die Rede. Demgegenüber unterscheiden die §§ 48 ff. und 81 ff. SGB III zwischen Aus- und Weiterbildung. So bezeichnet § 7 Abs. 2 BAföG als weitere Ausbildung auch eine Maßnahme, die in der Terminologie der Arbeitsförderung eine Weiterbildung ist (vgl. §§ 81 ff. SGB III). Unter den Voraussetzungen des § 81 Abs. 3 SGB III wird in der Arbeitsförderung sogar das Nachholen eines Hauptschulabschlusses als Weiterbildung angesehen. Schlecht abzustimmen mit der überkommenen Terminologie von Aus- und Weiterbildung sind auch die Master- bzw. Magisterstudiengänge iSd § 19 HRG. Sie sind gemäß § 7 Abs. 1a BAföG grundsätzlich förderungsfähig.

In einzelnen Fällen kann es zweifelhaft sein, ob bei einer Weiterbildung ein **5** Anspruch auf Leistungen nach den §§ 81 ff. SGB III oder den §§ 1–7 BAföG besteht. Dieser Zweifel ergibt sich daraus, dass eine Weiterbildung iSd §§ 81 ff. SGB III auch dann gefördert werden kann, wenn sie nicht in einem Betrieb oder einer überbetrieblichen Einrichtung, sondern in schulischer Form erfolgt. Aus § 2 Abs. 6 Nr. 1 BAföG ist für diesen Fall abzuleiten, dass die Leistungen nach den §§ 81 ff. SGB III vorrangig zu erbringen sind.

Während in den §§ 48 ff. SGB III die **Bildungsstätten,** in denen Leistungen **6** erbracht werden, nicht konkret genannt sind (vgl. § 57 SGB III), werden in § 2 Abs. 1 Nr. 1–6 BAföG die förderungsfähigen Ausbildungen detailliert geregelt. Maßgebend ist dabei nicht die Bezeichnung der Einrichtung, sondern Art und Inhalt der Ausbildung. Deswegen fallen auch Ausbildungsstätten unter diese Vorschrift, die nicht ausdrücklich so wie im Gesetz bezeichnet sind. Unter den Voraussetzung des § 2 Abs. 2 BAföG werden auch **nichtstaatliche Hochschulen** in die Förderung einbezogen (BVerwG 92 S. 340). Erforderlich ist danach, dass die zuständige Landesbehörde anerkennt, dass der Besuch der Ausbildungsstätte dem Besuch einer in § 2 Abs. 1 BAföG bezeichneten Ausbildungsstätte gleichwertig ist. Diese institutionalisierte Förderungsfähigkeit ist also Voraussetzung jeder Ausbildungsförderung

Auch unter individuellem Blickwinkel müssen Ausbildungen dem Grunde nach **6a** förderungsfähig sein. Das gilt etwa nicht für ein **Teilzeitstudium** an einer der in § 2 BAföG genannten Hochschulen. An sich wird Ausbildungsförderung schon „für den Besuch" dieser Hochschulen geleistet, jedoch wird in § 2 Abs. 5 BAföG zusätzlich vorausgesetzt, dass „die Ausbildung die Arbeitskraft des Auszubildenden im Allgemeinen voll in Anspruch nimmt". Dies ist bei einem Teilzeitstudium nicht der Fall. Infolgedessen wird hierfür Ausbildungsförderung schon dem Grunde nach nicht geleistet. Folglich greift die Ausschlussregelung des § 7 Abs. 5 SGB II bei einem Teilzeitstudium nicht ein. Es ist nach allgemeinen Grundsätzen zu prüfen, ob Leistungen nach den §§ 19 ff. SGB II zu erbringen sind (unten Rn. 25). Dabei kommt es auch hier entscheidend darauf an, ob bzw. in welchem

Umfange Arbeit zugemutet werden kann. Ist dies zu bejahen, muss immer noch festgestellt werden, ob eine solche Arbeit auch zur Verfügung steht.

6b Die Voraussetzungen, unter denen ein **Teilzeitstudium** absolviert werden kann, ergeben sich aus dem Hochschulrecht der Länder. Häufig wird durch dieses Studium den familiären Verpflichtungen Rechnung getragen, die neben dem Studium erfüllt werden müssen. Insoweit ist nicht davon auszugehen, dass in diesen Fällen durch die Grundsicherung für Arbeitsuchende (unten Rn. 25) eine versteckte Ausbildungsförderung geleistet wird (LSG Bln.-Brandbg, ZfSH/SGB 2014 S. 708). Davon ist selbst dann nicht auszugehen, wenn Studium und Berufstätigkeit miteinander verbunden werden, weil es in diesem Falle gerade der teilweise Fortfall der Erwerbsmöglichkeit während des Teilzeitstudiums ist, der zu den aufstockenden Leistungen nach den §§ 19 ff. SGB II führt. Den Abbruch des Teilzeitstudiums und die Aufnahme einer Vollerwerbstätigkeit wird man als unzumutbar ansehen müssen (§ 10 Abs. 1 Nr. 5, Abs. 2 SGB II), solange der Gesetzgeber die Möglichkeit eines Teilzeitstudiums zulässt. Auch ein reines **Promotionsstudium** ist keine, dem Grunde nach förderungsfähige Ausbildung, weil es nicht zu einem erstmals berufsqualifizierenden Abschluss führt. Auch insoweit genügt nicht die Besuch einer in § 2 BAföG genannten Hochschule. Zusätzlich müssten vielmehr die Voraussetzungen des § 7 BAföG erfüllt sein, was nicht der Fall ist. Der **Masterstudiengang** ist unter den Voraussetzungen des § 7 Abs. 1a BAföG förderungsfähig (BSG SozR 4-4200 § 7 Nr. 26).

7 Für die **Schülerförderung** iSd § 2 Abs. 1 Nr. 1 BAföG bestehen gegenüber den allgemeinen Grundsätzen der Bildungsförderung erheblich einschränkende Regelungen, die kaum als Ausdruck des Bestrebens anzusehen sind, eine Chancengleichheit im Bildungswesen zu verwirklichen. Der Anspruch besteht grundsätzlich nur, wenn der Auszubildende eine zumutbare Ausbildungsstätte von der Wohnung seiner Eltern aus nicht erreichen kann und einen eigenen Haushalt führt. Die eigene Haushaltsführung wird aber noch ergänzt durch die Merkmale, dass der Auszubildende verheiratet ist oder war oder dass er mit mindestens einem Kind zusammenlebt (§ 2 Abs. 1a BafÖG). Im Verordnungswege kann darüber hinaus eine Schülerförderung auch zugelassen werden, wenn ein Wohnen bei den Eltern aus schwerwiegenden sozialen Gründen nicht zumutbar ist (§ 2 Abs. 1a Satz 2 BafÖG). Im Grundsatz gleichen die Voraussetzungen der Schülerförderung nach dem BAföG denen der Ausbildungsförderung nach § 60 SGB III. Die Parallelvorschrift des § 60 SGB III ist jedoch etwas großzügiger gehalten. Die **einschränkenden Regelungen** über die Schülerförderung gelten nur für die in § 2 Abs. 1 Nr. 1 BAföG genannten Ausbildungen. Sie erfassen also insbesondere nicht die Ausbildung an Berufsfachschulen und diejenige des zweiten Bildungsweges (§ 2 Abs. 1 Nr. 2–4 BafÖG). Des Weiteren ist zu beachten, dass die Auszubildenden, die die Voraussetzungen des § 2 Abs. 1a BAföG nicht erfüllen – und deswegen nicht „dem Grunde nach Ausbildungsförderung“ erhalten – gemäß § 7 Abs. 5 Satz 1, Abs. 6 Nr. 1 SGB II nicht von der **Grundsicherung für Arbeitsuchende** ausgeschlossen sind. Dasselbe gilt für berufsvorbereitende Bildungsmaßnahmen nach den §§ 51 ff. SGB III. Sie sind nur noch in dem sehr beschränkten Umfange des § 7 Abs. 5 Satz 2 SGB II von der Grundsicherung für Arbeitsuchende ausgeschlossen (vgl. unten Rn. 25).

8 Nach den Förderungsgrundsätzen besteht ein Anspruch auf Ausbildungsförderung nur einmal. Der Anspruch besteht grundsätzlich schon nicht mehr, wenn der Auszubildende zu einem früheren Zeitpunkt eine nach den §§ 2 und 3 BAföG an sich förderungsfähige Ausbildung durchgeführt oder abgebrochen hat, und

zwar auch dann nicht, wenn er dafür Ausbildungsförderung nicht in Anspruch genommen hat. Es ist nicht die Absicht des Gesetzgebers, wenigstens einmal eine Ausbildung zu fördern, sondern dies nur dann zu tun, wenn eine berufsqualifizierende Ausbildung noch nicht durchgeführt worden war. Auch ob sie erfolgreich abgeschlossen ist, spielt dabei keine Rolle. Diese Einschränkung erfolgt nicht, wenn zu einem früheren Zeitpunkt eine Ausbildung durchgeführt wurde, die nach den Bestimmungen des Bundesausbildungsförderungsgesetzes **dem Grunde nach nicht förderungsfähig** ist. Das gilt also vor allem für Ausbildungen in Betrieben oder überbetrieblichen Einrichtungen, für die nur unter den Voraussetzungen der §§ 48 ff. SGB III Ausbildungsförderung geleistet wird. Die Einschränkung besteht auch nicht, wenn eine zwar berufsqualifizierende Ausbildung im schulischen Bereich durchgeführt wurde, diese aber nicht drei Jahre gedauert hat (vgl. § 7 Abs. 1 BaföG). Das Gesetz strebt also eine **Vollausbildung** an. Allgemein bedeutet dies, dass eine spätere Ausbildung immer dann nach § 7 Abs. 1 BAföG gefördert wird, wenn die frühere, in welchem Bildungszweig auch immer durchgeführt, weniger als drei Jahre dauerte (OVG Bremen FamRZ 1993 S. 742 mAnm Wattenberg; BVerwG FamRZ 1994 S. 726; BVerwG NVwZ-RR 2015 S. 737). Für die neu entwickelten Aufbau- und Ergänzungsstudiengänge trifft § 7 Abs. 1a BAföG eine zusätzliche Regelung, die diese Formen als Teile einer Erstausbildung behandelt. Bei der Einordnung als Erstausbildung iSd § 7 Abs. 1 BAföG ist es unerheblich, ob die Erstausbildung gefördert worden ist.

Dieser Grundsatz einer nur einmaligen Möglichkeit zu einer berufsqualifizierenden Ausbildung wird durch § 7 Abs. 2 BAföG durchbrochen. Danach wird unter verschiedenen Voraussetzungen eine einzige weitere Ausbildung gefördert. Nach § 7 Abs. 2 Nr. 2 BAföG können Hochschulausbildungen gefördert werden, die für die Aufnahme des angestrebten Berufs rechtlich erforderlich sind. Auch aus § 7 Abs. 2 Nr. 3–5 BAföG ergeben sich Ansprüche auf die Förderung einer einzigen weiteren Ausbildung. Sie erklären sich vor allem aus der größer gewordenen **Durchlässigkeit des Bildungssystems.** **9**

Die Förderung einer weiteren Ausbildung nach § 7 Abs. 2 Nr. 5 BAföG erklärt sich aus der Struktur unseres Bildungssystems. Ausbildungen an Berufsfachschulen oder **Fachschulen** sind einerseits nach § 2 Abs. 1 Nr. 2 BAföG förderungsfähige Ausbildungen. Andererseits führen sie zu Abschlüssen, die den nach den Bestimmungen der §§ 48 ff. SGB III geförderten Ausbildungen entsprechen. So können Ausbildungen in den Heilhilfsberufen als betriebliche oder auch als schulische Ausbildungen eingestuft werden (BSG SozR 4100 § 40 Nr. 13; BVerwG 81 S. 242). Wer eine Ausbildung solcher Art auf der förderungsrechtlichen Grundlage des § 48 SGB III macht, wird in einer späteren Ausbildung im Sinne der §§ 2, 3 BAföG ohne Einschränkung gefördert (§ 7 Abs. 1 BaföG). Dasselbe soll nun nach § 7 Abs. 2 Nr. 5 BAföG auch für diejenigen gelten, die eine inhaltlich gleiche Ausbildung, jedoch auf der Grundlage des § 2 Abs. 1 Nr. 2 BAföG durchgeführt haben. Über die genannten Fälle des § 7 Abs. 2 Nr. 2–5 BAföG hinaus wird nach § 7 Abs. 2 Satz 2 BAföG Förderung für eine einzige weitere Ausbildung dann geleistet, wenn die besonderen Umstände des Einzelfalles, insbesondere das angestrebte Ausbildungsziel, dies erfordern (BVerwG FamRZ 1993 S. 863). **10**

Eine weitere Durchbrechung des Grundsatzes, dass Ausbildungsförderung grundsätzlich nur einmal geleistet wird, enthält § 7 Abs. 3 BaföG. Nach dem **Abbruch einer Ausbildung** oder dem Wechsel einer Fachrichtung (§ 7 Abs. 3 Satz 3 BaföG) wird Ausbildungsförderung für eine oder mehrere andere Ausbildungen (BVerwG NVwZ 1987 S. 135) nur dann geleistet, wenn ein wichtiger **11** oder unabweisbarer Grund vorlag (BVerwG 67 S. 235; BVerwG 72 S. 265). Eine Ausbildung ist abgebrochen, wenn sie der Auszubildende nach seinen nach außen erkennbaren Vorstellungen nicht mehr fortsetzen will (§ 7 Abs. 3 Satz 2 BaföG). War eine Ausbildung nicht abgebrochen worden, ergibt sich aber im Berufsleben ein **Neigungswandel,** so kann eine spätere weitere Ausbildung nach § 7 Abs. 2 Satz 2 BAföG gefördert werden (OVG Münster FamRZ 1993 S. 865).

12 Ob ein **wichtiger Grund** bzw. unabweisbarer Grund vorliegt, muss als Rechtsfrage unter Abwägung der Bildungsinteressen des Auszubildenden und dem Interesse am sparsamen Einsatz öffentlicher Mittel entschieden werden (BVerfG 70 S. 230). Diese Fragen sollten zweckmäßigerweise durch **Vorabentscheidung** nach § 46 Abs. 5 BAföG beantwortet werden. Die entscheidenden Gründe für einen Wechsel, die die Praxis anerkennt, bestehen darin, dass der Auszubildende erst zu spät erkennt, dass er für die gewählte Ausbildung nicht geeignet ist oder dass eine anfänglich noch bestehende Eignung, etwa bei einer Ausbildung zum Sportlehrer, später wegfällt. Der zweite wichtige Grund ist im Neigungswandel zu sehen. In beiden Fällen muss der Wechsel unverzüglich angestrebt werden (OVG Bremen FamRZ 1994 S. 1070; vgl. auch OVG Brandenburg FamRZ 1995 S. 382).

13 Als persönliche Voraussetzung stellt das Ausbildungsförderungsrecht auf die **Eignung** ab. Sie wird grundsätzlich unterstellt, wenn der Auszubildende die formalen Voraussetzungen für den Besuch der Ausbildungsstätte erfüllt und wenn er die Ausbildungsstätte tatsächlich besucht (§ 9 Abs. 2 BaföG). Zu den Eignungsvoraussetzungen gehört auch das **Alter** des Auszubildenden. Nach § 10 Abs. 3 BAföG wird Ausbildungsförderung nicht geleistet, wenn der Auszubildende bei Beginn des Ausbildungsabschnitts (§ 2 Abs. 5 Satz 2 BaföG) das 30. Lebensjahr vollendet hat. Im Falle des § 7 Abs. 1a BAföG gilt eine Altersgrenze von 35 Jahren. Davon machen § 10 Abs. 3 Nr. 1–4 BAföG eine Reihe von sachlich begründeten Ausnahmen (zweiter Bildungsweg, Art der Ausbildung, Kindererziehung, einschneidende Veränderung der Lebensverhältnisse).

14 Die Leistungen sind in den §§ 11 ff. BAföG geregelt. Sie umfassen die Kosten des Lebensunterhalts und in begrenztem Umfange die Aufwendungen für die Unterkunft (§§ 14a BaföG, 8, 9 HärteVO) sowie die Kosten der Ausbildung (§ 11 Abs. 1 BaföG). Anders als dies im gewerblichen Bereich sein kann (§ 76 SGB III), müssen jedoch die Kosten der Ausbildung selbst im schulischen und hochschulischen Bereich idR nicht durch Sozialleistungen abgedeckt werden. Zum Bedarf gehören bei Studierenden auch die Kosten für die Begründung des Kranken- und Pflegeversicherungsschutzes (§§ 5 Abs. 1 Nr. 9 SGB V, 13 Abs. 2a, 13a BaföG). Wegen Schwangerschaft, Krankheit, Behinderung usw kann ein erhöhter Bedarf nicht anerkannt werden. In diesen Fällen eines nicht ausbildungsgeprägten Bedarfs kommen aber Leistungen der Hilfe zum Lebensunterhalt, insbesondere die Anerkennung eines Mehrbedarfs nach § 21 Abs. 2–5 SGB II in Betracht (unten Rn. 25, 26).

14a Trotz der insgesamt stark pauschalierenden Leistungen des BAföG hat der Gesetzgeber in der Folgezeit bis zu einem gewissen Grade auch eine Individualisierung zugelassen. Das gilt insbesondere für § 14a BaföG, auf dessen Grundlage die Härteverordnung ergangen ist. In den dort genannten Ausnahmefällen, können auch Zusatzleistungen, die über die gesetzlich geregelten Leistungen hinausgehen, erbracht werden. Das können etwa Zusatzkosten beim Besuch von Tagesheimschulen sein. Praktisch relevant wird die Regelung vor allem, wenn behinderungsbedingte Mehrkosten für die Unterbringung zu übernehmen sind (BVerwG 135 S. 310; OVG Münster FEVS 64 S. 87). Um der Tatsache veränderter Lebensbedingungen auch im Ausbildungsalter Rechnung zu tragen, ist eine weitere Zusatzleistung für Auszubildende mit Kind hinzu gekommen (§ 14b BaföG). Diese soll Studierende entlasten, die wegen der ausbildungstypischen unregelmäßigen Arbeitszeiten die übliche Kinderbetreuung nach den §§ 22 ff. SGB VIII nicht in jeder Arbeitsphase in Anspruch nehmen können.

2. Bedarfssätze

Die Leistungen zur Ausbildungsförderung sind pauschaliert **(Bedarfssätze)** 15
und je nach Art der besuchten Ausbildungsstätte unterschiedlich hoch (§§ 12, 13 BaföG). Gemäß § 17 Abs. 2 BAföG wird beim Besuch von Höheren Fachschulen, Akademien und Hochschulen, einschließlich der Praktika, der Förderungsbetrag zur Hälfte als Darlehen gewährt wird. Allerdings ist die Gesamthöhe auf 10.000 € begrenzt (§ 17 Abs. 2 BaföG). Anders als im Fürsorgesystem werden in der Ausbildungsförderung die Kosten der Unterkunft nicht selbständig ausgewiesen. Allerdings erhöhen sich die Bedarfssätze um die Pauschalbeträge des § 13 Abs. 2 Nr. 1 und 2 BAföG unterschiedlich danach, ob der Auszubildende bei seinen Eltern wohnt oder nicht.

Die tatsächliche Höhe der Förderung ergibt sich nach Feststellung des Bedarfs- 16
satzes (§§ 12, 13 BaföG) unter Anrechnung des Einkommens und Vermögens des Auszubildenden (vgl. § 11 Abs. 2 BaföG). Daraus errechnet sich die Gesamtförderung für einen Studierenden, der nicht bei den Eltern wohnt, von zzt. 861 €. Hinzu kommen die Beiträge für die Kranken- und Pflegeversicherung (§ 13a BaföG). Das ist nur dann der Fall, wenn eine Familienversicherung nicht besteht (§ 10 SGB V). Sofern der Betrag, insbesondere wegen hoher Unterkunftskosten, nicht bedarfsdeckend ist, muss das dem Studierenden zustehende Kindergeld berücksichtigt werden, dass in der Ausbildungsförderung – anders als nach § 11 Abs. 1 Satz 5 SGB II – nicht als Einkommen angerechnet wird (§ 23 BaföG). In anderen Fällen kommen nach der Neuregelung des § 7 Abs. 5 und 6 SGB II aufstockende Leistungen der Grundsicherung in Betracht (unten Rn. 25). Vermögen des Ehepartners oder der Eltern des Auszubildenden wird nicht angerechnet (§ 26 BaföG), wohl aber Einkünfte aus Vermögen. Ist der Ausbildungswillige verheiratet, so bestimmt sich die Anrechnung von Einkommen seines Ehepartners und seiner Eltern in Orientierung an § 1608 BGB (BVerwG NZS 1993 S. 33).

Für den Begriff des **Einkommens** bestehen in den einzelnen Sozialleistungsbe- 17
reichen unterschiedliche Regelungen, die sich nur im Grundsatz an den §§ 14–16 SGB IV orientieren (vgl. §§ 11 SGB II, 82 SGB XII). Für die Ausbildungsförderung ist der Begriff des Einkommens in § 21 BAföG zwar in weitgehender Anlehnung an das Steuerrecht geregelt (BVerwG 92 S. 275). Jedoch erfolgt die Anrechnung des Einkommens beim Auszubildenden selbst in den §§ 22, 23 BAföG und bei seinen Eltern bzw. dem Ehepartner in §§ 24, 25 BAföG nicht ganz einheitlich. Ein **Verlustausgleich** zwischen den einzelnen Einkunftsarten erfolgt nicht (§ 21 Abs. 1 Satz 2 BaföG). Soweit es sich um Arbeitseinkommen handelt, ist grundsätzlich von dem steuerlichen Nettoeinkommen auszugehen (§ 21 Abs. 1 Nr. 1–4 BaföG). Dabei erfolgt ein pauschalierter Abzug der Beiträge zur Sozialversicherung (§ 21 Abs. 2 BaföG).

Hat der Auszubildende selbst Einkommen, vor allem durch eine **Nebenbe-** 18
schäftigung oder eine solche in den Ferien, so wird dieses als Durchschnittsbetrag auf die einzelnen Monate des Bewilligungszeitraumes angerechnet (§ 21 Abs. 2 BaföG). Beim Auszubildenden selbst ist also immer auf das Einkommen abzustellen, das er für den Bewilligungszeitraum erzielt (BVerwG 92 S. 274). Das Jahres-

einkommen der Eltern wird demgegenüber grundsätzlich zu einem Zwölftel auf den Bedarf im Bewilligungszeitraum angerechnet (§ 24 Abs. 4 Satz 1 BaföG). Gemäß § 23 BAföG sind je nach Einkunftsart unterschiedlich hohe **Freibeträge** abzusetzen (§ 23 Abs. 1 und 3 BaföG). Die Freibeträge mindern sich nach den Grundsätzen des § 23 Abs. 2 BaföG.

19 Die Anrechnung des Einkommens der Eltern und des Ehepartners ist in § 24 BAföG weitgehend gleich geregelt (vgl. § 11 Abs. 2 BaföG). Bei Getrenntleben der Ehepartner erfolgt keine Anrechnung (BVerfG 91 S. 389). Dabei ist aus Gründen der Praktikabilität von dem Einkommen auszugehen, das für das vorletzte Kalenderjahr vor Beginn des Bewilligungszeitraumes erzielt wurde, da für dieses Jahr idR ein Steuerbescheid vorliegt (vgl. § 24 Abs. 2 BaföG). Nach § 24 Abs. 3 BAföG ist jedoch auf Antrag des Auszubildenden von den Verhältnissen im Bewilligungszeitraum auszugehen. Das die Grundfreibeträge übersteigende Einkommen bleibt zu 50 % anrechnungsfrei. Dieser Prozentsatz erhöht sich um jeweils 5 Prozentpunkte für jedes weitere Kind, für das ein Freibetrag gewährt wird (§ 25 Abs. 4 BaföG). Zur Vermeidung unbilliger Härten kann nach § 25 Abs. 6 BAföG weiteres Einkommen anrechnungsfrei bleiben.

20 Anzurechnen ist auch das **Vermögen** des Auszubildenden nicht aber das seiner Eltern bzw. seines Ehepartners. Vermögen des Auszubildenden sind grundsätzlich alle Sachen, Forderungen und sonstigen Vermögenswerte, es sei denn, sie wären aus rechtlichen Gründen nicht verwertbar (§ 27 Abs. 1 Satz 2 BaföG). Die Wertbestimmung des Vermögens erfolgt nach den Grundsätzen des § 28 BaföG. Maßgebend ist also der Kurs- bzw. Zeitwert. Nicht als Vermögen des Auszubildenden sind die in § 29 BAföG genannten Werte anzusehen (vgl. §§ 12 Abs. 2 SGB II, 90 Abs. 2 SGB XII). Die in dieser Vorschrift genannten Freibeträge beziehen sich nicht nur auf Barbeträge, sondern auf alle Vermögenswerte. Bei Vorliegen einer unbilligen Härte bleiben weitere Vermögensbestandteile unberücksichtigt (§ 29 Abs. 3 BaföG). Das ist dann anzunehmen, wenn bei Einsatz des Vermögenswertes die Lebensgrundlage der Familie konkret gefährdet wäre. Unter Übernahme des Rechtsgedanken aus den §§ 12 Abs. 3 Nr. 4 SGB II 90 Abs. 2 Nr. 8 SGB XII wird dies für das selbstbewohnte Familieneigenheim angenommen (BVerwG 74 S. 267).

21 Unter den Voraussetzungen des § 11 Abs. 3 BAföG erfolgt die Förderung unabhängig von Einkommen der Eltern. Die in den Nr. 1–3 dieser Vorschrift genannten Fälle sind nur teilweise von dem Grundgedanken bestimmt, dass die Eltern im Prinzip Unterhalt lediglich für eine Ausbildung leisten müssen. **Elternunabhängig** ist die Förderung auch bei Beschreiten des zweitens Bildungsweges über ein Abendgymnasium oder ein Kolleg (§ 11 Abs. 3 Nr. 1 BaföG), nicht jedoch bei einer seiner anderen Formen (vgl. § 7 Abs. 2 Nr. 4 BaföG). Elternunabhängig ist die Förderung auch, wenn ein Ausbildungsabschnitt (§ 2 Abs. 5 Satz 2 BaföG) erst nach Vollendung des 30. Lebensjahres begonnen wird (§ 11 Abs. 3 Nr. 2 BaföG) oder wenn dies nach Vollendung des 18. Lebensjahres geschieht und der Auszubildende vor der Ausbildung fünf Jahre lang erwerbstätig war. In diesem letzteren Falle durften sich die Eltern darauf einrichten, keinen Ausbildungsunterhalt mehr leisten zu müssen. Zeiten der Ausbildung sind keine Erwerbstätigkeit (BVerwG 60 S. 231). Eine Erwerbstätigkeit liegt dagegen vor, wenn der Auszubildende Leistungen bei Arbeitslosigkeit nach den §§ 136 ff. SGB III erhalten hat (BVerwG 95 S. 252; BVerwG FamRZ 1994 S. 1493). Ein Vertrauen konnte aber nur bestehen, wenn der Auszubildende in den Jahren seiner Erwerbstätigkeit oder durch die Leistungen bei Arbeitslosigkeit in der Lage war, sich selbst zu unterhalten (§ 11 Abs. 3 Satz 2 BaföG). Eine dementsprechende Regelung besteht nach § 11

Abs. 3 Nr. 4 BafóG, wenn der Auszubildende nach einer mindestens dreijährigen berufsqualifizierenden Ausbildung drei Jahre, bei kürzerer Ausbildung entsprechend länger, erwerbstätig war.

Haben die Eltern während einer Erstausbildung (BVerwG NVwZ 1989 S. 59) ihre Unterhaltspflicht bereits erfüllt (§ 1610 Abs. 2 BGB), so erfolgt eine weitere Förderung elternunabhängig. Dies ist nicht schon immer dann der Fall, wenn sie die Kosten einer Ausbildung getragen haben. In einer Reihe von Fällen (Fehleinschätzung der Begabung, eine das Kindeswohl beeinträchtigende Bestimmung bei der Berufswahl, gesundheitliche Gründe für einen Berufswechsel, von Anfang an geplante weitere Ausbildung) ist die Unterhaltspflicht durch die Finanzierung der ersten Ausbildung noch nicht erfüllt (vgl. VGH Kassel FamRZ 1997 S. 775). Dasselbe gilt, wenn ein Berufswechsel aus Gewissensgründen erforderlich wird (OVG Münster FamRZ 1994 S. 1215). Darüber hinaus hat der BGH entschieden, dass die Unterhaltspflicht auch dann noch nicht voll erfüllt ist, wenn in einem engen zeitlichen Zusammenhang der Ausbildungsweg vom Abitur über eine Lehre hin zum Studium gewählt wird (BGHZ 107 S. 376; vgl. aber BVerwG 5 B 53/90, juris). Dies entspreche einem sich immer mehr durchsetzenden Bildungsverhalten. Zudem ist die Vergütung während der Lehre oft so hoch, dass Unterhaltsleistungen der Eltern daneben nur in geringem Umfange in Betracht kommen. Infolge dieser Rechtsprechung hat § 11 Abs. 3 Nr. 5 BAföG an praktischer Bedeutung verloren. 22

Ein Sonderfall der elternunabhängigen Förderung ist die **Vorausleistung** nach § 36 BafóG. Sie erfolgt, wenn die Eltern keinen Unterhalt leisten (§ 36 Abs. 1 Satz 2 und 3 BafóG) oder die für seine Feststellung erforderlichen Auskünfte nicht geben (§ 36 Abs. 2 BafóG). In diesem Falle geht der Unterhaltsanspruch des Auszubildenden gemäß § 37 BAföG auf das jeweilige Bundesland über (OLG Hamburg FamRZ 1993 S. 102). Die Regelung entspricht nur teilweise den §§ 33 SGB II, 94 SGB XII. 23

Der als **Darlehen** geleistete Teil der Ausbildungsförderung ist nach den Grundsätzen der §§ 18–18b BAföG und der Darlehensverordnung zurückzuzahlen. Die Rückzahlung des unverzinslichen Darlehens beginnt grundsätzlich fünf Jahre nach dem Ende der Förderungshöchstdauer, also nicht unbedingt der Beendigung der Ausbildung. Maßgebend ist der Zeitpunkt der ersten Auszahlungsrate (§ 18 Abs. 3 BafóG). Nach § 18b BAföG erfolgt ein **Teilerlass** des Darlehens bei beschleunigtem Abschluss des Studiums bzw. bei besonders guten Leistungen (§ 18b Abs. 4 BafóG). Unter den Voraussetzungen des § 18b Abs. 5 aF BAföG wurde auf Antrag für jeden Monat der Kindererziehung ein Betrag in Höhe der jeweiligen Rückzahlungsrate erlassen (OVG Münster FamRZ 1994 S. 471). Diese Regelung ist auf den 31.12.2009 begrenzt worden. Bei vorzeitiger Rückzahlung erfolgt auf Antrag ein Teilerlass des Darlehens (§ 18 Abs. 5b Satz 2 BafóG. 24

3. Verhältnis zu den Fürsorgeleistungen

Der Grundsatz, dass keine Leistungen zum Lebensunterhalt nach dem SGB II oder dem SGB XII erhält, wer dem „Grunde nach förderungsfähig" nach dem BAföG oder dem SGB III ist, besteht weiterhin (§§ 7 Abs. 5 Satz 1 SGB II, 22 Abs. 1 Satz 1 SGB XII). Er ist jedoch auf vielfältige Weise eingeschränkt worden. Ursprünglicher Grundgedanke des Ausschlusses Auszubildender von Fürsorgeleistungen war der Plan, für Auszubildende ein eigenständiges Förderungssystem im Rahmen der Sozialförderung zu entwickeln. Insoweit aber, als diese Leistungen in vielen Fällen nicht bedarfsdeckend sind, ist der Plan nie vollständig verwirklicht 25 worden. Damit ist es lange Zeit bei einem erheblichen Widerspruch zwischen Ausbildungsförderung und Fürsorge geblieben.

26 Durch die Neufassung der §§ 7 Abs. 5 und 6, 27 SGB II, 22 SGB XII ist dieser Widerspruch inzwischen aber erheblich abgemildert, wenn auch nicht völlig behoben worden. Im Ergebnis kann in den meisten Fällen Ausbildungsförderung durch Fürsorgeleistungen ergänzt werden. Das gilt jedoch nicht für Studierende an Hochschulen und Fachhochschulen, die nicht bei ihren Eltern wohnen (unten Rn. 34). Das erklärt sich wohl nur daraus, dass der Gesetzgeber vermeiden wollte, dass bedarfsdeckende Unterkunftskosten an Hochschulorten übernommen werden müssen. Aus dem Grundzusammenhang der §§ 7 Abs. 5 und 6 SGB II und § 22 SGB XII ergibt sich zunächst, dass Leistungen nach § 22 SGB XII nur nachrangig gegenüber den §§ 19 ff. SGB II in Betracht kommen. Das folgt aus den §§ 5 Abs. 2 SGB II und § 21 Satz 1 SGB XII. Die Grundsätze des Ein- und Ausschlusses Auszubildender sind aber in beiden Fällen im Wesentlichen gleich, so dass hier eine Beschränkung auf die §§ 7 Abs. 5 und 6, 27 SGB II erfolgen kann. Es bestehen zwei **allgemeine Grundsätze:** Sind Auszubildende nach § 7 Abs. 5 Satz 1 SGB II von der Grundsicherung für Arbeitsuchende ausgeschlossen, so erhalten sie gleichwohl Leistungen nach § 27 SGB II. Sind sie dagegen nicht ausgeschlossen, so erhalten sie keine Leistungen nach § 27 SGB II, wohl aber alle Leistungen nach den §§ 19 ff. SGB II. Die Gesetzesbegriffe „dem Grunde nach förderungsfähig" und „ausbildungsgeprägter Bedarf", die in der Vergangenheit große Schwierigkeiten bereitet haben, sind zwar weiterhin relevant, haben jedoch infolge der Neuregelungen an Bedeutung verloren. Schon immer erfolgte ein Ausschluss nur während einer **Ausbildung.** Leistungen zur beruflichen **Weiterbildung** nach den §§ 81 ff. SGB III führten demgegenüber zu keiner Zeit zu einem Ausschluss vom SGB II (BSG SozR 4-4200 § 7 Nr. 19).

27 Anknüpfungspunkt auch für die Neuregelung ist die Frage, ob dem Auszubildenden dem Grunde nach Ausbildungshilfe zusteht. Diese Tatsache begründete früher den **Ausschluss** von den Leistungen nach dem SGB II. Heute ist sie die erste Voraussetzung für den **Zugang** zu diesen Leistungen. Eine **Förderungsfähigkeit dem Grunde nach** ist gegeben, wenn ein Auszubildender eine Ausbildung absolviert, für die Ausbildungsförderung geleistet werden kann. Für Studierende sind das die in § 2 BAföG genannten Ausbildungsgänge. Nicht dem Grunde nach förderungsfähig ist der Besuch von Schulen unter der Jahrgangsstufe 10 oder der Besuch privater Bildungsinstitute, auch wenn sie zu einem Berufsabschluss führen, zB einer Ausbildungsstätte für Heilpraktiker, sofern nach dem Ausbildungsförderungsrecht für eine solche Ausbildung keine Förderung gewährt werden kann (vgl. Sächs. LSG FEVS 63 S. 229). Fehlt es an einer Förderungsfähigkeit dem Grunde nach, so sind zwar Leistungen nach den §§ 19 ff. SGB II zu erbringen. Es stellt sich jedoch immer die Frage, ob der Abbruch einer solchen Maßnahme zugunsten der Aufnahme einer Erwerbstätigkeit verlangt werden kann. Sie ist auf der Grundlage der §§ 3 Abs. 1 Satz 2 Nr. 4; 10 Abs. 2 Nr. 5, Abs. 3 SGB II zu beantworten. Eine Berufslenkung hin zu einer sinnvollen Berufsausbildung wird man aber nicht vornehmen dürfen. Ist eine Förderungsfähigkeit dem Grunde nach gegeben, so ist § 7 Abs. 6 SGB II zu prüfen (unten Rn. 33).

28 Ausbildungsförderung wird grundsätzlich nur für eine erste Ausbildung gewährt (§ 7 Abs. 1 BaföG). Sie wird zB nicht geleistet, wenn er die Förderungshöchstdauer überschritten ist oder eine Zweitausbildung absolviert wird, ohne das § 7 Abs. 2 BAföG eingreift. Ausschlussgrund nach § 7 Abs. 5 Satz 1 SGB II ist also der Besuch einer Ausbildungsstätte, die eine **förderungsfähige Ausbildung** anbietet

(„abstrakte Förderungsfähigkeit"). Ein Ausschlussgrund besteht dagegen nicht, wenn ein Student **beurlaubt** ist. In diesem Falle erhält er nicht einmal dem Grunde nach Ausbildungsförderung, infolgedessen greift die Ausschlussregelung des § 7 Abs. 5 SGB II auch nicht ein. Davon ist auch auszugehen, wenn der Student zwar organisationsrechtlich noch der Hochschule angehört, wenn er aber sein Studium nicht weiterbetreibt. Konsequenterweise endet der Leistungsausschluss mit dem Zeitpunkt des letzten Prüfungsteils (LSG Ns.-Brem. NZS 2012 S. 676).

Die Regelung des § 7 Abs. 5 Satz 1 SGB II schließt zunächst einmal nur noch **29** Auszubildende und sie auch nur in einem ersten Schritt vom SGB II aus, wenn ihre Ausbildung **im Rahmen des BAföG** dem Grunde nach förderungsfähig ist. Erst in § 7 Abs. 5 Satz 2 SGB II wird der Ausschluss auch auf **wenige Fälle des SGB III** erstreckt. Es handelt sich dabei um stationär durchgeführte Ausbildungen §§ 61, 52 SGB II), die häufiger auch bei behinderten Auszubildenden vorkommt (§§ 123, 124 SGB III). In diesen Ausbildungsformen ist der allgemeine Lebensbedarf anderweitig gedeckt (vgl. § 61 Abs. 2 SGB III). Im Ergebnis sind Leistungsberechtigte, die die Ausbildungsförderung **nach den §§ 51 ff. SGB III** erhalten, nicht mehr von der Grundsicherung für Arbeitsuchende ausgeschlossen. Ergänzend gilt: Der erweiternde Ausschluss des § 7 Abs. 5 Satz 2 SGB II von den Leistungen des SGB II beim Anspruch auf Berufsausbildungsbeihilfe erstreckt sich ausdrücklich nicht auf die nach § 61 Abs. 1 SGB III iVm § 13 Abs. 1 Nr. 1 BAföG zu leistende Berufsausbildungsbeihilfe. Neben ihr werden also Leistungen nach dem SGB II erbracht. Eine dementsprechende Aufstockung durch Leistungen nach dem SGB II erfolgt auch während berufsvorbereitender Maßnahmen nach § 62 Abs. 1 SGB III iVm § 12 Abs. 1 Nr. 1 BAföG bzw. für Auszubildende mit eignem Haushalt nach § 62 Abs. 2 SGB III. Insoweit wird in § 7 Abs. 5 Satz 2 SGB II lediglich bestimmt: „Satz 1 gilt auch für … § 61 Absatz 2 und 3, § 62 Absatz 3 …". Dabei knüpft § 62 Abs. 2 SGB III an die Vorschrift des § 60 Abs. 2 SGB III an. Damit besteht folgender, geringfügig eingeschränkter, **Grundsatz:** Wer Leistungen nach dem SGB III erhält, kann diese durch Leistungen nach den §§ 19 ff. SGB II aufstocken, es sei denn, die Ausbildungsförderung würde stationär erbracht (§ 7 Abs. 5 Satz 2 SGB II). Das gilt ausdrücklich auch für Auszubildende, die an einer dualen Berufsausbildung teilnehmen (BT-Drs. 18/8041 S. 30). Solche Ausbildungen können ihre rechtliche Grundlage in § 2 BAföG haben, aber in der Praxisphase auch nach § 57 SGB III durchgeführt werden (aA LSG Bln.-Brandbg. info also 2017 S. 266, dagegen Bienert, info also 2017 S. 258; vgl. auch Geiger, ZfSH/SGB 2017 S. 9).

Im Zusammenhang mit der abstrakten Förderungsfähigkeit nach den §§ 11 ff. **30** BAfög sind also folgende zwei Fragen zu prüfen. **Kann** nach Ausbildungsförderungsrecht eine bestimmte Ausbildung abstrakt **gefördert werden?** Ist das **nicht** der Fall, so erfolgt schon nach dem Wortlaut des § 7 Abs. 5. SGB II kein Ausschluss vom SGB II. Besteht dagegen für eine bestimmte Ausbildung eine abstrakte Förderungsfähigkeit, so erfolgt zunächst einmal nach § 7 Abs. 5 SGB II ein Ausschluss von den Leistungen nach den §§ 19 ff. SGB II. Nun aber sind die Rückausnahmen nach § 7 Abs. 6 SGB II zu prüfen. Im Ergebnis können also sowohl eine abstrakt, also eine dem Grunde nach überhaupt nicht förderungsfähige Ausbildung, mangels Anwendbarkeit des § 7 Abs. 5 SGB II, als auch eine abstrakt förderungsfähige Ausbildung (§ 7 Abs. 6 SGB II) mit Leistungen nach dem SGB II verknüpft sein. Erfolgt danach jedoch ein allgemeiner Ausschluss von den Leistungen nach den §§ 19 ff. SGB II, so löst dies die in § 27 SGB II geregelten Leistungen aus. Das sind insbesondere einzelne Mehrbedarfe (§ 27 Abs. 2 SGB II). Für weitere Leistungen gelten Härte- und Darlehensregelungen (§ 27 Abs. 3 SGB II, unten Rn. 38).

31 Auch das Verhältnis von SGB II und SGB III bleibt spannungsreich. Zum förderungsfähigen Personenkreis trifft § 59 SGB III in weitgehender Übereinstimmung mit § 8 BAföG eine Grundlagenregelung. Dabei kann es in einzelnen Fällen der Berufsausbildungsförderung darauf ankommen, ob der Auszubildende im Haushalt seiner Eltern lebt. Nur wenn das nicht der Fall ist, kommt eine Berufsausbildungsförderung in Betracht. Hierzu trifft § 60 SGB III als sonstige persönliche Leistungsvoraussetzung eine Regelung allgemeiner Art (vgl. auch § 2 Abs. 1a BafoG). Im Wesentlichen kommt es also ergänzend zu § 59 SGB III darauf an, dass der Auszubildende außerhalb des Haushalts seiner Eltern lebt (§ 60 Abs. 1 Nr. 1 SGB III) und die **Ausbildungsstätte** von der elterlichen Wohnung aus **nicht erreichbar** ist (§ 60 Abs. 1 Nr. 2 SGB II). Grundsätzlich wird nur im Falle der Nichterreichbarkeit gefördert (§ 60 Abs. 1 Nr. 2 SGB III). Das Kriterium der (Nicht)Erreichbarkeit wird aber durch § 60 Abs. 2 SGB III im Hinblick auf das Alter und Gesichtspunkte der Lebensstellung des Auszubildenden modifiziert (§ 60 Abs. 2 Nr. 1–4 SGB III). Volljährige, verheiratete, verpartnerte oder geschiedene Auszubildende werden nicht auf die Wohnung der Eltern verwiesen. Dasselbe gilt, wenn sie mit einem Kind zusammen leben. Insoweit ergibt sich ein wesentlicher Unterschied zu Studierenden an höheren Fachschulen, Akademien und Hochschulen (§ 13 Abs. 1 Nr. 2 BafoG). Wenn diese nicht bei ihren Eltern leben, können sie die Leistungen nach den §§ 11 ff. BAföG nicht aufstocken (vgl. unten Rn. 34).

32 Zu praktischen Schwierigkeiten führt häufig § 60 Abs. 2 Nr. 4 SGB III. Danach können schwerwiegende soziale Gründe dazu führen, dass Auszubildende nicht auf die Wohnung der Eltern verwiesen werden können (LSG NRW 12 A 2454/16 Rn. 43, juris). Können sie jedoch auf die elterliche Wohnung verwiesen werden, so erhalten sie keine Berufsausbildungsförderung. An sich ist dieser Ausschluss für die ohnehin in Betracht kommenden Leistungen nach den §§ 19 ff. SGB II nicht unmittelbar relevant. Jedoch kann sich, beim Wohnen außerhalb des Elternhauses, ein eigenständiger Ausschluss von Leistungen nach dem SGB II ergeben. In diesen Fällen ist § 22 Abs. 5 SGB II zu prüfen. In den praktisch besonders relevanten Problemfällen wird das Auslegungsergebnis bei den §§ 22 Abs. 5 Satz 2 Nr. 1 SGB II und 60 Abs. 2 Nr. 4 SGB III praktisch immer gleich sein. Das bedeutet aber auch: können **allein lebende Auszubildende** auf die Wohnung ihrer Eltern verwiesen werden, so greifen die Ausschlussgründe nach § 60 Abs. 1 SGB III und nach § 22 Abs. 5 Satz 2 Nr. 1 SGB II ein. Es werden nur die Leistungen nach den §§ 20 Abs. 3, 22 Abs. 5 Satz 1 SGB II erbracht. Eine Unstimmigkeit des Gesetzes besteht noch darin, dass über 18jährige Auszubildende gemäß § 60 Abs. 2 Nr. 1 SGB III im Arbeitsförderungsrecht generell nicht auf die Wohnung seiner Eltern verwiesen werden dürfen. Für § 22 Abs. 5 SGB II gilt dies in der Grundsicherung jedoch erst, ab einem Alter von 25 Jahren. Im Ergebnis können also über 18 und unter 25jährige, die auf die elterliche Wohnung verwiesen werden können, nicht aufstocken. Die Vorschrift des § 27 SGB II ist in diesen Fällen nicht anzuwenden, da ein Ausschluss nicht nach § 7 Abs. 5 SGB II, sondern nach § 22 Abs. 5 SGB II erfolgt.

33 Für Leistungsberechtigte nach dem BAföG wird in § 7 Abs. 6 SGB II ein Rückausschluss geregelt. Dieser beschränkt sich jedoch darauf, dass nur „Absatz 5 Satz 1" nicht anzuwenden ist. In den genannten Fällen erfolgt also kein Ausschluss vom SGB II. Diese Leistungen treten vielmehr ergänzend neben die tatsächlich bezogenen Leistungen nach dem BAföG oder an deren Stelle. Das betrifft die in § 7 Abs. 6 Nr. 1–3 SGB II genannten Regelungen über Ausbildungsförderung. Sie erstrecken sich auf sehr unterschiedliche ausbildungsförderungsrechtliche Ansatzpunkte. Der Rückausschluss gilt 1. für diejenigen, die aufgrund des § 2 Abs. 1a BAföG von der Ausbildungsförderung ausgeschlossen sind. Diese Leistungsberechtigten nehmen an sich an einer förderungsfähigen Ausbildung teil und würden eigentlich unter die Regelung des § 7 Abs. 5 Satz 1 SGB II fallen. Der Rückausschluss gilt des Weiteren 2. für die in den §§ 12 und 13 BAföG genannten Auszubildenden, die a) während ihrer Ausbildung Förderung „ erhalten" oder **nur wegen der** Vorschriften über Einkommen und Vermögen nach dem BAföG Ausbildungsförderung „nicht erhalten" oder die b) Leistungen der Ausbildungsförderung beantragt haben und über deren Antrag noch nicht entschieden ist. Schließlich greift der Rückausschluss nicht ein für 3. die Absolventen des Zweiten Bildungsweges, sofern sie die Altersgrenze des § 10 Abs. 3 BAföG überschritten haben.

Im Detail bedeutet das für § 7 Abs. 6 Nr. 2: Der Ausschluss vom SGB II erfolgt **34** nicht bei studierenden Fachschülern (§ 13 Abs. 1 Nr. 1 BAföG) und Studierenden an Höheren Fachschulen, Akademien und Hochschulen (§ 13 Abs. 1 Nr. 2 BAföG). Für beide wird auf § 13 Abs. 2 Nr. 1 BAföG verwiesen. Für beide ist also erforderlich, dass sie **bei ihren Eltern wohnen.** Kein Ausschluss nach § 7 Abs. 5 Satz 1 SGB II erfolgt auch bei studierenden Fachschülern **mit abgeschlossener Berufsausbildung** (§ 13 Abs. 1 Nr. 1 BAföG), die nicht bei **nicht bei ihren Eltern wohnen.** Nur für sie wird in § 7 Abs. 6 Nr. 2 SGB II auch auf § 13 Abs. 2 Nr. 2 BAföG verwiesen. Dasselbe gilt aber nicht für Studierende an Höheren Fachschulen, Akademien und Hochschulen, die **nicht bei ihren Eltern wohnen** (§ 13 Abs. 1 Nr. 2 BAföG). Letztere können also in keinem Falle – auch nicht im Antragsverfahren – ihre Ausbildungsförderung durch Leistungen nach den §§ 19 ff. SGB II aufstocken. Denn diese Studierenden können eindeutig zugeordnet werden und sind durch keine der Varianten des § 7 Abs. 5 und 6 SGB II begünstigt. Beim Begriff des „Wohnens bei den Eltern" wird nur auf das räumliche Zusammenleben und den sich typischerweise daraus ergebenden wirtschaftlichen Vorteil abgestellt. Ein gemeinsames Wirtschaften ist nicht erforderlich. Anders ist dies aber wenn Auszubildende einen Elternteil bei sich aufnehmen (BVerwG 160 S. 237).

Größere praktische Bedeutung hat die Variante § 7 Abs. 6 Nr. 2b SGB II, wenn **35** Ausbildungsförderung beantragt aber über sie nicht entschieden worden ist. Angesichts der Unklarheit während des Verfahrens könnte die Ausbildung mangels ausreichender Mittel gefährdet sein. Also wird zunächst Grundsicherung geleistet. Allerdings sind vorläufige Leistungen nach den §§ 36, 51 BAföG in Anspruch zu nehmen. Wird im Laufe des Verfahrens festgestellt, dass im Einzelfall im Rahmen einer dem Grunde nach förderungsfähigen Ausbildung Ausbildungsförderung nicht geleistet werden kann, so findet die Ausschlussklausel des § 7 Abs. 5 SGB II vom Beginn des folgenden Monats Anwendung. Das heißt also, es wird nunmehr geprüft, ob ein Ausschlussgrund nach § 7 Abs. 5 SGB II vorliegt.

Damit ist der Plan des Gesetzgebers deutlich: Es sollen nur bestimmte Auszubil- **36** dende eine Ausbildungsförderung erhalten (förderungsfähige Ausbildung). Erhalten sie nun auch tatsächlich diese Ausbildungsförderung, so soll sie bedarfsdeckend aufgestockt werden können. Nicht aber soll durch Fürsorgeleistungen eine Ausbildung gefördert werden, die der Gesetzgeber nicht als förderungsfähig betrachtet. Vielmehr wird dem jungen Menschen zugemutet, diese Ausbildung selbst zu finanzieren oder sie aufzugeben.

37 Eine ergänzende Erklärung für diese Regelungen ergibt sich daraus, dass Studierende an Höheren Fachschulen, Akademien und Hochschulen, nur wenn sie im Haushalt ihrer Eltern wohnen, in die Leistungen nach dem SGB II einbezogen werden sollen, sofern sie eine dem Grunde nach förderungsfähige Ausbildung absolvieren. Ob und in welcher Höhe im letzteren Falle Leistungen der Grundsicherung für Arbeitsuchende erbracht werden, richtet sich ausschließlich nach den §§ 19 ff. SGB II. Dabei ist davon auszugehen, dass diese Studierenden zumeist noch Mitglieder der Bedarfsgemeinschaft sind (§ 7 Abs. 3 Nr. 4 SGB II). Verfügen die Eltern – bzw. verfügt die Bedarfsgemeinschaft – über ein Einkommen, dass zwar unter den Grenzen der §§ 24, 25 BafôG, aber über denen der §§ 11 ff. SGB II liegt, so werden auch an diese Studierenden zwar Leistungen nach den §§ 7 ff. BafôG, aber keine aufstockenden Leistungen nach dem SGB II erbracht.

38 Wie bereits erwähnt, führt die Anwendung der Ausschlussklauseln des § 7 Abs. 5 und 6 SGB II dazu, dass in diesen Fällen § 27 SGB II anwendbar wird. Damit sollen gewisse Härten vermeiden werden, die sich daraus ergeben können, dass die Ausbildungsförderung nicht bedarfsdeckend ist, oder dass in einigen Fällen weder Ausbildungsförderung geleistet wird, noch ein Anspruch nach den §§ 19 ff. SGB II besteht. Letzteres betrifft in der Praxis vor allem Auszubildende, die die **Altersgrenze** des § 10 Abs. 3 BAföG überschritten haben. Im Hinblick auf die in § 10 Abs. 3 Nr. 1–4 BAföG geregelten Ausnahmefälle werden das vor allem Auszubildende sein, die während des üblichen Ausbildungsalters ihre Ausbildung ohne zureichenden Grund nicht nachdrücklich betrieben haben. Hierbei ist zu beachten, dass § 7 Abs. 5 Satz 1 SGB II an die dem Grunde nach förderungsfähige Ausbildung anknüpft. Ist das der Fall, so ist § 27 SGB II anzuwenden. Anders ist dies jedoch, wenn eine nicht dem Grunde nach förderungsfähige Ausbildung durchgeführt wird. In diesem Falle werden die Leistungen nach den §§ 19 ff. SGB II erbracht. Es stellt sich lediglich die Frage, ob ein Abbruch einer solchen Ausbildung zugemutet werden kann (§ 5 SGB II).

39 Hinsichtlich der Leistungen ist festzustellen, dass sie nach § 27 Abs. 2 SGB II als Pflichtleistungen und nach § 27 Abs. 3 SGB II als Ermessensleistungen erbracht werden. Des Weiteren ist festzuhalten, dass gemäß § 27 Abs. 1 Satz 2 SGB II die nach § 7 Abs. 5 SGB II an Auszubildende zu erbringenden Leistungen nicht als Arbeitslosengeld II gelten. Dadurch wird ein Schutz in der Kranken- und Rentenversicherung ausgeschlossen (§§ 5 Abs. 1 Nr. 2a SGB V, 58 Abs. 1 Satz 1 Nr. 6 SGB VI). Die Leistungen sind unter Berücksichtigung von Einkommen und Vermögen zu erbringen. Das bedeutet, dass vorhandene Mittel des Auszubildenden nach den Bestimmungen des SGB II auf den Bedarf anzurechnen sind. Es hat eine Überprüfung nach den §§ 11 ff. SGB II zu erfolgen. Dazu bestimmt § 11b Abs. 2 Satz 5 SGB II, dass von dem Betrag der Ausbildungsförderung (§ 11a Abs. 3 Satz 2 Nr. 3–5 SGB II) „mindestens" 100 € abzusetzen sind (Sehmsdorf, info also 2016 S. 205). Es können also auch höhere Aufwendungen nachgewiesen werden. Die Regelung bezieht sich auf die in § 11b Abs. 1 Satz 1 Nr. 1–3 SGB II genannten Aufwendungen. Diese müssen dem einzelnen Leistungsberechtigten nicht entstanden sein (vgl. § 11b Abs. 2 Satz 1 SGB II).

40 Von den Mehrbedarfen des § 21 SGB II wird nur der Mehrbedarf nach § 21 Abs. 4 SGB II nicht erbracht. Er ist ausbildungsgeprägt, deswegen wird bei ihm davon ausgegangen, dass er durch die Ausbildungsförderung abgedeckt ist (BSG 116 S. 25). Der Mehrbedarf nach § 21 Abs. 7 SGB II, der der Sache nach eigentlich zu den Leistungen für Unterkunft und Heizung gehört, wird nur nach § 27 Abs. 3

SGB II, also als Ermessensleistung, erbracht. Zu erbringen sind auch die Leistungen zur Erstausstattung nach § 24 Abs. 3 Nr. 2 SGB II.

Eine weitere Gruppe bilden die Ermessensleistungen des § 27 Abs. 3 SGB II. 41
Ermessensauslösend ist die Tatsache, dass der Leistungsausschluss nach § 7 Abs. 5 SGB II eine besondere Härte bedeuten kann. Ist nach Bejahung der Härte das Ermessen eröffnet, so können Leistungen für Regelbedarfe, Unterkunft und Heizung, einschließlich des § 21 Abs. 7 SGB II, für Bildung und Teilhabe und Beiträge für Kranken- und Pflegeversicherung erbracht werden. Dies geschieht jedoch nur darlehensweise (§ 27 Abs. 3 Satz 1 Hs. 1 SGB II).

Nur bedingt wird man bei der Anwendung des § 27 Abs. 3 SGB II an die 42
Rechtsprechung zur Härteklausel des § 7 Abs. 5 aF anknüpfen können. Bei den von der früheren Rechtspraxis entwickelten Fallgruppen zur Härte handelt es sich nur um Kerntatbestände, die dadurch gekennzeichnet sind, dass sie über den Ausschluss des Anspruchs hinaus Folgen haben, die der Gesetzgeber mit der Regelung des § 7 Abs. 5 SGB II nicht beabsichtigt hat. **Härtefälle** wurden deswegen auch angenommen, wenn die Ausbildung wegen Krankheit, Behinderung oder der Geburt eines Kindes ruhte, also nicht abgebrochen wurde und auch keine Beurlaubung erfolgte (BVerwG FEVS 51 S. 151). Das gleiche gilt, wenn die Ausbildung wegen dieser Sachverhalte länger als vorgesehen dauerte und bei ihrem Abbruch zu besorgen wäre, dass der Hilfebedürftige dauerhaft ohne beruflichen Abschluss bliebe, hinzukommen musste, dass die Ausbildung nun in absehbarer Zeit beendet wird (BSG FEVS 61 S. 104). Als besonderer Härtefall wurde zuweilen auch der Abbruch einer weit vorangeschrittenen Ausbildung angesehen, falls Leistungen nach den §§ 19 ff. SGB II nicht erbracht würden, wenn die finanzielle Grundlage einer Ausbildung zunächst gesichert war, dann aber ohne Schuld des Auszubildenden entfallen ist oder wenn die Förderung deutlich unter dem Betrag liegt, der für eine Bedarfsdeckung erforderlich ist und deswegen ein Abbruch der Ausbildung und als Folge davon eine dauerhafte Abhängigkeit von Fürsorgeleistungen drohte (OVG Bremen ZfSH/SGB 2007 S. 341). Weitergehend wurde ein Härtefall angenommen, wenn ein nichtgefördertes Studium bis zur Vorbereitung auf die Abschlussprüfung geführt wurde (Sächs. LSG NZS 2006 S. 161). Hierbei dürfte es sich aber eher noch um Fälle eines Regelausschlusses nach § 7 Abs. 5 SGB II handeln. Insgesamt war die bisherige Rechtsprechung zum Härtefall nicht sehr einheitlich. Sie ist gleichwohl teilweise in die Neuregelungen des § 27 Abs. 3 Satz 2 und 3 SGB II eingegangen.

Die Erweiterung der engen Ausnahmen schien bisher kaum möglich, weil die 43
Härteklausel nur in „außergewöhnlichen, schwerwiegenden, atypischen" Fällen eingreift. Anders formuliert: Die mit dem Ausschluss dem Gesetzgeber bekannten und von ihm hingenommenen Härten konnten nicht über die Härteregelung wieder aufgefangen werden (LSG Thür. FEVS 57 S. 542). So konnte sich ein allein erziehender Elternteil nicht schon wegen seiner zusätzlichen Belastungen auf die Härteklausel berufen. Das wiederum bedeutete nur, dass er selbst mit seinem ausbildungsgeprägten Bedarf, nicht aber sein Kind von den Leistungen ausgeschlossen war und ist. Der allein erziehende Elternteil ist in diesem Falle auch nicht mit seinem Mehrbedarf nach § 21 Abs. 3 SGB II ausgeschlossen, da dieser nicht ausbildungsgeprägt ist.

Die genannten Fallgruppen waren nie als abschließend zu verstehen. Allgemein 44
wurde bisher schon die Auslegung der Härteklausel, die sich bereits in § 26 BSHG aF befand, zunehmend als zu restriktiv angesehen (Riehle, ZfSH/SGB 2003 S. 3). Insbesondere wird auch eine Auslegung als zutreffend erachtet, die einen Härtefall

immer dann annimmt, wenn von der Auszubildenden die Ausübung einer Arbeit ohnehin nicht verlangt werden könnte. Das würde heute bedeuten, die Regelung des § 27 Abs. 3 Satz 2 SGB II in Orientierung an § 10 SGB II auszulegen. Dabei darf nicht außer acht gelassen werden, dass die ursprüngliche Entscheidung des Gesetzgebers darin bestanden hatte, das **Fürsorgesystem** von den Kosten der **Ausbildungsförderung** freizuhalten. An diesem Ziel musste sich die Auslegung der Härteklausel orientieren. Dem entsprach die ältere Rechtsprechung des BVerwG, dem aber einzelne Oberverwaltungs- und Landessozialgerichte die Gefolgschaft verweigern (BVerwG 94 S. 224; OVG Lüneburg FEVS 54 S. 379; LSG Hess. ZfSH/SGB 2005 S. 672). Die Neufassungen der §§ 7 Abs. 6, 27 Abs. 3 SGB II haben diese Abschottung des Fürsorgesystems aber doch etwas relativiert. Damit besteht nicht mehr die Notwendigkeit einer einengenden Auslegung der Härteklauseln.

45 Insgesamt muss auch Folgendes berücksichtigt werden: Wer die allgemeinen Voraussetzungen für Leistungen nach den §§ 19 ff. SGB II erfüllt, muss zwar zur Selbsthilfe durch Arbeit bereit sein. Solange sich für ihn aber eine Arbeit nicht finden lässt, ist er durch keine Rechtsnorm, auch nicht durch § 10 SGB II, gehindert, eine Ausbildung seiner Wahl durchzuführen. Ein genereller Ausschluss von Fürsorgeleistungen also ist zumindest dann bedenklich, wenn trotz einer begonnenen förderungsfähigen Ausbildung eine Bereitschaft zur Aufnahme einer Arbeit fortbesteht. Flexibler ist dies beim **Arbeitslosengeld I** für arbeitslose Studierende in § 139 Abs. 2 SGB III geregelt, der nur den Charakter einer Beweislastregelung hat. Auf der Grundlage dieser Vorschrift können Studierende die Vermutung einer fehlenden Verfügbarkeit widerlegen und dann Arbeitslosengeld I beanspruchen. Die Besserstellung, die sich aus § 139 Abs. 2 SGB III gegenüber der Grundsicherung für Arbeitsuchende ergibt, lässt sich allenfalls damit begründen, dass es sich beim Arbeitslosengeld I um eine Versicherungsleistung handelt. Dabei ist aber zu beachten, dass die Anwartschaftszeit nach den §§ 142, 143 SGB III nach zwölf Monaten bei einem Beitragsatz von zzt. 2,5 % des Bruttoeinkommens erfüllt ist (§ 341 Abs. 2 SGB III). Dies begründet einen Anspruch auf Arbeitslosengeld I in Höhe von 60% des entgangenen Nettoeinkommens (§ 149 Nr. 2 SGB III) für die Dauer von sechs Monaten. Zwar darf man in einem Versicherungssystem nicht auf die individuelle Äquivalenz von Beitrag und Leistung abstellen (BVerfG 89 S. 365). Dennoch ist vor dem Hintergrund des Art. 12 Abs. 1 GG die Frage aufzuwerfen, ob ein so geringer Unterschied in der Eigenleistung es rechtfertigt, den Hilfebedürftigen den Abbruch einer Ausbildung oder den Ausschluss von den SGB II-Leistungen auch dann zuzumuten, wenn ihnen eine Arbeit nicht vermittelt werden kann.

46 Vor diesem Hintergrund erklärt sich der besondere Akzent den die Härteklausel durch § 27 Abs. 3 Satz 3 SGB II erhält. Danach ist eine besondere Härte auch anzunehmen, wenn sich der Bedarf Auszubildender nach § 12 BAföG (Schüler) oder nach § 13 Abs. 1 Nr. 1 BAföG (studierende Fachschüler mit abgeschlossener Berufsausbildung) bemisst und wenn diesen Auszubildenden wegen des Überschreitens der Altersgrenze des § 10 Abs. 3 BAföG Ausbildungsförderung nicht zusteht. Weitere Voraussetzung ist, dass die Leistung im Einzelfall für die Eingliederung in das Erwerbsleben zwingend erforderlich ist und ohne sie der Abbruch der Ausbildung droht. Sind alle diese Voraussetzungen erfüllt, so ist die Leistung als Zuschuss zu erbringen (§ 27 Abs. 3 Satz 2 Hs. 2 SGB II (spezielle Härteklausel). In § 27 Abs. 3 Satz 3–5 SGB II werden noch weitere Maßgaben geregelt. Die spezielle Härteklausel greift nur ein, wenn die Ausbildung vor dem 31.12.2020 begonnen wurde. Leistungen nach § 27 Abs. 3 Satz 1 SGB II sind gegenüber denen nach § 27 Abs. 2 SGB II nachrangig. Die spezielle Härteklausel des § 27 Abs. 3 Satz 2 SGB II erstreckt sich nicht auf Studierende an Höheren Fachschulen, Akademien und Hochschulen (§ 13 Abs. 1 Nr. 2 BaföG). Für sie gilt jedoch die allgemeine Härteklausel des § 27 Abs. 3 Satz 1 SGB II.

§ 19 Leistungen der Arbeitsförderung

(1) **Nach dem Recht der Arbeitsförderung können in Anspruch genommen werden:**

1. Berufsberatung und Arbeitsmarktberatung,
2. Ausbildungsvermittlung und Arbeitsvermittlung,
3. Leistungen
   a) zur Aktivierung und beruflichen Eingliederung,
   b) zur Berufswahl und Berufsausbildung,
   c) zur beruflichen Weiterbildung,
   d) zur Aufnahme einer Erwerbstätigkeit,
   e) zum Verbleib in Beschäftigung,
   f) der Teilhabe behinderter Menschen am Arbeitsleben,
4. Arbeitslosengeld, Teilarbeitslosengeld, Arbeitslosengeld bei Weiterbildung und Insolvenzgeld.

(2) **Zuständig sind die Agenturen für Arbeit und die sonstigen Dienststellen der Bundesagentur für Arbeit.**

Übersicht

1. Aktive Arbeitsförderung

1 Das Arbeitsförderungsrecht gehört zu den Büchern des Sozialgesetzbuches, die sich in einem ständigen Reformprozess befinden. Die allgemeinen Grundsätzen der Bildungs- und Arbeitsförderung sind in § 3 Abs. 2 Nr. 1–4 sind geregelt. Das Leistungsspektrum wird erst durch § 19 vervollständigt und in § 3 SGB III weiter konkretisiert. Die neuere Entwicklung im Arbeitsförderungsrecht ist durch einen Ausbau und Vorrang der aktiven Arbeitsförderung gekennzeichnet (§§ 5 und 7 SGB III). Der aktiven Arbeitsförderung wird zudem in § 8 Abs. 1 SGB III die Aufgabe zugewiesen, die Vereinbarkeit von **Familie und Beruf** verbessern zu helfen. Im Wesentlichen wird das einen verstärkten Ausbau von Teilzeitarbeit, verbunden mit einer Kinderbetreuung bedeuten (vgl. § 16 Nr. 1 SGB II). Insoweit geht die aktive Arbeitsförderung über das soziale Recht des § 6 SGB I hinaus, da dort nur die wirtschaftlichen Entlastungen geregelt sind. Zur aktiven Arbeitsförderung tritt aber das soziale Recht des § 8 SGB I hinzu und ergänzt sie durch den Ausbau der Kindertagesbetreuung in den §§ 22–24a SGB VIII. Des Weiteren soll durch die aktive Arbeitsförderung auch eine Rückkehr in die Erwerbstätigkeit erleichtert werden (§ 8 Abs. 2 SGB III). Damit sind zumeist Elternteile nach einer Erziehungsphase gemeint. Dem Wortlaut der Vorschrift nach ist die Aufgabe darauf nicht beschränkt. Sie richtet sich vielmehr auf jeden Berufsrückkehrer.

2 Zur aktiven Arbeitsförderung sind also Maßnahmen zu rechnen, die auf eine Integration in den Arbeitsmarkt zielen und sich nicht auf die Zahlung von Entgeltersatzleistungen beschränken. Als ein relativ flexibles Instrument hat sich die haushaltsrechtlich nicht ganz unbedenkliche freie Förderung nach § 19 Abs. 1 Nr. 4 aF erwiesen. Danach konnte ein Teil der Eingliederungsmittel zur Erweiterung der gesetzlichen Leistungen, im Sinne einer Erprobung innovativer Ansätze eingesetzt werden. Die Regelung hat nunmehr Eingang in § 16f SGB II gefunden. Eine ergänzende Regelung dazu hatte der Gesetzgeber mit § 421h Abs. 1 Satz 1 SGB III getroffen, die später aber aufgehoben worden ist. Die gesetzlichen Leistungen selbst sind aber erweitert worden. Im Hinblick darauf ist aber Folgendes zu beachten: Trotz der im Laufe der Jahre zunehmenden Ausdifferenzierung der Leistungen des Arbeitsförderungsrechts hat der Gesetzgeber an der Grundtendenz festgehalten, dass die Arbeitsförderung nicht den Charakter einer allgemeinen Wirtschaftsförderung annehmen darf. Im Vordergrund steht also immer der Arbeitsplatz des einzelnen Arbeitnehmers (vgl. Eichenhofer, SGb 2000 S. 289).

3 Einen Anspruch auf **Arbeitsberatung** haben nicht nur Beitragspflichtige sondern alle Arbeitnehmer und Arbeitgeber. Die **Berufsberatung** umfasst auch die Beratung zur Erlangung einer Ausbildungsstelle (§§ 30, 31 SGB III). Die **Arbeitsvermittlung** (§ 35 SGB III) ist darauf ausgerichtet, Arbeitssuchende mit Arbeitgebern zur Begründung von Arbeitsverhältnissen zusammenzuführen (BSG SozR 4100 § 13 Nr. 2; BSG SozR 4100 § 4 Nr. 5 – zur Leiharbeit). Entsprechendes gilt für die Ausbildungsstellen. Eine besondere Verpflichtung begründet § 38 SGB III mit der Obliegenheit einer **frühzeitigen Meldung** als arbeitslos. Die Agentur für Arbeit ist ihrerseits unter den Voraussetzungen des § 38 Abs. 3 SGB III zur Durchführung der Arbeitsvermittlung verpflichtet. Ansonsten ist die Vermittlung nur anzubieten (§ 35 Abs. 1 Satz 1 SGB III). Im Sinne einer Effektuierung wurde die Potenzialanalyse eingeführt, die unverzüglich nach der Meldung als Ausbildungsplatz- bzw. Arbeitsplatzsuchender erfolgen muss (§ 37 Abs. 1 SGB III).

3a Des Weiteren ist nach § 37 Abs. 2 SGB III eine **Eingliederungsvereinbarung** zu schließen, in der Eingliederungsziel und Leistungen zur Eingliederung sowie Vermittlungs- und Eigenbemühungen festzulegen sind (§ 37 Abs. 2 Nr. 1–4 SGB III). Die Eingliederungsvereinbarung ist also eine echte Vereinbarung, die Rechte und Pflichten der Beteiligten festlegt. Konsequenterweise hat das BSG entschieden, dass eine Vereinbarung, die zwar Pflichten des Arbeitsuchenden, nicht aber ihnen korrespondierende Rechte begründet, jedenfalls keine Grundlage für die Verhängung einer Sprechzeit sein kann. Dies folgt aus § 55 Abs. 1 Satz 2 SGB X. Häufig kommt sogar eine Nichtigkeit der ganzen Vereinbarung nach § 58 Abs. 3 SGB X in Betracht (BSG 121 S. 161; BSG 123 S. 69, dazu Bittner, NZS 2017 S. 693; Bienert, SGb 2018 S. 63). Andererseits ist die Eingliederungsvereinbarung nicht die einzige Grundlage für Eingliederungsbemühungen der Arbeitsagentur. Sie kann dem Arbeitsuchenden auch ergänzende Angebote machen (Sächs. LSG NZS 2017 S. 398).

4 Das frühere Vermittlungsmonopol der BA nach § 4 AFG aF (BSG SozR 3-4100 § 4 Nr. 3) besteht nicht mehr. Vielmehr hatte der Gesetzgeber zunächst gemäß § 291 Abs. 1 SGB III aF in größerem Umfange die Arbeitsvermittlung durch Dritte zugelassen. Später war die Möglichkeit einer Arbeitsvermittlung durch Dritte ist mit der Einfügung des § 37a SGB III aF durch das Job-AQTIV-Gesetz (BGBl 2001 S. 3443) nochmals erweitert worden (Luthe, SGb 2002 S. 77, 136). Nennenswerte Anstöße mit einer Breitenwirkung auf dem Arbeitsmarkt haben sich durch diese Regelungen bisher aber nicht ergeben. Den vorläufigen

Endpunkt der Entwicklung bildet der Zweite Unterabschnitt des SGB III „Beratung und Vermittlung durch Dritte" (§§ 288a ff. SGB III). Ob die damit verbundene Liberalisierung der Arbeitsvermittlung positive Auswirkungen hat, ist angesichts der Vorerfahrungen, vor allen mit den Vermittlungshemmnissen, die bei vielen Dauerarbeitslosen bestehen und des wirtschaftlichen Interesses privater Arbeitsvermittler eher zu bezweifeln.

Im sozialen Recht des § 3 wird die Ausbildung bereits in Abs. 1 geregelt. Deswegen regelt § 3 Abs. 2 Nr. 2 nur noch die Weiterbildung, also in der früheren Terminologie hauptsächlich Fortbildung und Umschulung. In § 19 Abs. 1 Nr. 3b und c werden Berufsausbildung und berufliche Weiterbildung – nun aber unter Ausschluss der in § 18 Abs. 2 genannten Leistungen – wieder zu einem einheitlichen Komplex zusammengefügt. Nach den allgemeinen Vorschriften im Arbeitsförderungsrecht werden in den §§ 48 ff. SGB III und 81 ff. SGB III Ausbildung und Weiterbildung im Einzelnen geregelt. Im Vorfeld der Ausbildung erfolgen bereits Berufsorientierung und Berufseinstiegsbegleitung für Schüler, die den oft schwierigen Übergang in das Berufsleben ebnen sollen (§§ 48, 49 SGB III). Um jungen Menschen mit wenig ausgeprägter Begabung den Übergang zusätzlich zu erleichtern, begründet § 51 SGB III einen Anspruch auf berufsvorbereitende Bildungsmaßnahmen, die unterhalb der Schwelle eines anerkannten Ausbildungsberufs liegen. Sie kann sich auf die Vorbereitung auf eine Tätigkeit als (ungelernter) Arbeitnehmer beschränken. (vgl. Dittrich, BArbBl 2001 S. 5). Andererseits wird ausdrücklich die Möglichkeit eines nachträglichen Hauptschulabschluss geregelt (§ 51 Abs. 3 SGB III). Dieser Gedanke des Erwerbs von Basisqualifikationen ist auch in § 3 Abs. 2a SGB II eingegangen. Danach ist bei unzureichenden deutschen Sprachkenntnissen die Verpflichtung zur Teilnahme an einem Integrationskurs in die Eingliederungsvereinbarung nach § 15 SGB II „als vorrangige Maßnahme" aufzunehmen (§ 3 Abs. 2a Satz 3 SGB II). Der Ausbau dieses Komplexes ist eine Reaktion auf die im Wirtschaftsleben bestehende Tendenz zum Abbau von Einfacharbeitsplätzen. In diesem Zusammenhang besteht die Notwendigkeit einer stärkeren Zusammenarbeit der Arbeitsagenturen und der Jugendämter (vgl. § 13 Abs. 3 SGB VIII). Einen anderen Zugang zu diesen Problemen sucht die Berufsbildungs- und Arbeitsmarktpolitik über § 69 BBiG zu finden. Danach können aus anerkannten Ausbildungsberufen **Teilqualifikationen** entwickelt und verselbständigt werden (§ 3 Rn. 4). 5

Besonders wichtig sind die fachlichen Anforderungen an berufsfördernde Bildungsveranstaltungen. Sie haben jetzt in den § 176 ff. SGB III eine eigenständige Regelung gefunden. Danach können Leistungen der Aus- und Weiterbildung nur in Bildungseinrichtungen erbracht werden, die die Zulassungsvoraussetzungen der §§ 179, 180 SGB III erfüllen. Es erfolgt ein Akkreditierungsverfahren vor einer „fachkundigen Stelle". Einzelheiten sind in der Akkreditierungs- und Zulassungsverordnung Arbeitsförderung (BGBl I 2012 S. 504) geregelt. 6

Herkömmlicherweise wird als **Ausbildung** jede erste, zu einem Abschluss führende Bildungsmaßnahme angesehen (BSG 37 S. 163; BSG 38 S. 174; BSG SozR 4100 § 40 Nr. 12; BVerwG 82 S. 125; BVerwG FEVS 44 S. 445). Dazu ist auch eine **Stufenausbildung** zu rechnen, wenn die einzelnen Stufen Bestandteile einer einheitlichen Maßnahme sind. Noch keine Erstausbildung ist in einer unzulänglichen Bildungsmaßnahme zu sehen, die weniger als zwei Jahre dauert (BSG SozR 3-4100 § 42 Nr. 1; BSG SozR 3-4100 § 44 Nr. 5). Mit dieser Rechtsprechung orientiert sich das BSG an den §§ 25 BBiG, 25 HwO. Sie entspricht auch den Grundsätzen des Bundesausbildungsförderungsgesetzes (§ 18 Rn. 8 ff.). 7

8 Die heutige **Weiterbildung** umfasst erstens die Fortbildung. Darunter versteht man den Aufbau und die Erweiterung des beruflichen Wissens unter Übernahme des früher erworbenen Wissens in den neuen Beruf oder die neue Tätigkeit. Die Umschulung soll zu einer anderen beruflichen Tätigkeit befähigen. Für beide Bildungsmaßnahmen gelten nach den §§ 81 ff. SGB III dieselben Leistungsvoraussetzungen. Der Begriff Weiterbildung ist heute aber umfassender zu verstehen. Gemäß § 81 Abs. 2 Nr. 2 bzw. Abs. 3 Satz 1 SGB II gehört dazu auch der Erwerb eines bisher nicht erreichten Hauptschul- oder eines Berufsabschlusses. Systematisch weitgehend als Teil der beruflichen Bildung ist die **Teilhabe behinderter Menschen am Arbeitsleben** geregelt (§§ 42 SGB IX, 112 SGB III). Dabei lässt sich aus § 4 Abs. 2 Satz 1 SGB IX ein gewisser Nachrang der rehabilitationsspezifischen Leistungen ableiten.

9 Die Hilfe zur Erlangung und zum Erhalt eines Arbeitsplatzes, wie sie im sozialen Recht des § 3 Abs. 2 Nr. 3 geregelt ist, hat in § 19 und in den einzelnen Bestimmungen des SGB III eine unterschiedliche Ausgestaltung gefunden. Sie umfasst die Vermittlungsunterstützung (§ 19 Abs. 1 Nr. 2), die Aktivierung und Eingliederung von Arbeitnehmern (§ 19 Abs. 1 Nr. 3a), die Hilfe zur Aufnahme einer Erwerbstätigkeit (§ 19 Abs. 1 Nr. 3d), den Verbleib in einer Beschäftigung (§ 19 Abs. 1 Nr. 3e) als Kurzarbeiter- und Transferkurzarbeitergeld (§§ 95, 111 SGB III), sowie Entgeltersatzleistungen, wie Arbeitslosen- und Insolvenzgeld (§ 19 Abs. 1 Nr. 4). Zumindest das Arbeitslosengeld dient dabei nicht der Erhaltung eines Arbeitsplatzes. Für das Teilarbeitslosengeld (§ 162 SGB III) könnte man das schon anders sehen. Die systematisch noch zur Förderung der beruflichen Bildung gehörende Einstiegsqualifizierung des § 54a SGB III dient im Grunde bereits der Erlangung eines Arbeitsplatzes (BSG SozR 3-4100 § 49 Nr. 3). In diesen Zusammenhang gehören auch die relativ selbständigen vermittlungsunterstützenden Leistungen zur Aktivierung und beruflichen Eingliederung nach den §§ 44–46 SGB III. Dabei ist das Vermittlungsbudget des § 44 SGB III geeignet, die Arbeit der Agenturen zu flexibilisieren (Stascheit, info also 2009 S. 7). Nach den §§ 88 ff. SGB III werden **Eingliederungszuschüssen** an Arbeitgeber gezahlt. Dabei handelt es sich aber letzten Endes auch um Leistungen zur Eingliederung von Arbeitnehmern, sofern bei ihnen Vermittlungshemmnisse vorliegen (§ 88, 90 SGB III).

10 Nicht der Schaffung, sondern dem Erhalt des Arbeitsplatzes dienen das Kurzarbeitergeld sowie das Saison-Kurzarbeitergeld (Wintergeld) nach den §§ 95, 101 ff. SGB III. Unter diesen Leistungen hat das **Kurzarbeitergeld** die größte Bedeutung (Bieback, SGb 2007 S. 197). Es wird zwar aus Gründen gewährt, die mit der allgemein-wirtschaftlichen Lage des Betriebes zusammenhängen. Im Prinzip muss der Arbeitsausfall erheblich, darf aber nur vorübergehend sein (zur Kurzarbeit Null vgl. BSG 4-4300 § 173 Nr. 1). Anspruchsberechtigt ist nach § 95 Satz 1 SGB III jedoch der einzelne Arbeitnehmer. Die wichtigste Leistungsvoraussetzung ist ein nur vorübergehender Arbeitsausfall und damit zusammenhängend die Erwartung, dass den Arbeitnehmern die Arbeitsplätze und dem Betrieb die eingearbeiteten Arbeitnehmer erhalten. Als betriebliche Voraussetzung für die Zahlung von Kurzarbeitergeld kommt neben der Anzeige nach §§ 95 Satz 1 Nr. 4, 99 SGB III hinzu, dass der Arbeitsausfall vorübergehend ist, auf **wirtschaftlichen Ursachen,** oder auf einem unabwendbaren Ereignis beruht (§ § 96 Abs. 1 Satz 1 Nr. 1–4 SGB III). Die frühere Förderung der ganzjährigen Beschäftigung in der **Bauwirtschaft** (vgl. § 75 AFG aF) ist auf anderen saisonbedingten Arbeitsausfall erweitert worden (§ 101 SGB III). Sie umfasst jetzt aber nur noch Geldleistungen an Arbeitnehmer. Neben diese beiden traditionellen Formen ist selbständig das

Transferkurzarbeitergeld getreten, das gemäß § 111 SGB III bei betrieblichen Umstrukturierungen geleistet wird. Hier ist gemäß § 111 Abs. 2 Satz 2 SGB III auch ein völliger Ausfall des Entgelts möglich (BSG 111 S. 177). Einen Sonderfall, der schon in den Sachbereich der Leistungen bei Arbeitslosigkeit fällt, stellt der **Gründungszuschuss** nach § 93 SGB III dar. Er wird an (ehemalige) Arbeitnehmer geleistet, die ihre Arbeitslosigkeit durch Aufnahme einer selbständigen Tätigkeit beenden wollen (LSG RhPf. NZS 2002 S. 382; Bienert, info also 2013 S. 99). Diese Leistung hat der Gesetzgeber später auch für die Teilhabe behinderter Menschen am Arbeitsleben nach § 49 Abs. 3 Nr. 6 SGB IX übernommen.

2. Leistungen bei Arbeitslosigkeit

Leistungen bei Arbeitslosigkeit können nach den §§ 136 ff. SGB III verlangt werden. Diese sind anders als die Leistungen der aktiven Arbeitsförderung durchgehend echte Versicherungsleistungen. Insoweit hängen sie davon ab, dass während der Anwartschaftszeit des § 142 SGB III ein Versicherungsverhältnis bestanden hat, also eine nach den §§ 24–26 SGB III beitragspflichtige Beschäftigung ausgeübt wurde (unten 27a), oder gemäß § 28a, 345b SGB III ein Versicherungsverhältnis auf Antrag bestanden hat (vgl. BSG NZS 2016 S. 714). Zur Pflichtversicherung während der Kindererziehung nach § 26 Abs. 2a SGB III vgl. LSG BW info also 2017 S. 67; LSG RhPf. info also 2017 S. 69). In dualen Studiengängen besteht gemäß § 25 Abs. 1 Satz 2 SGB III eine Versicherungspflicht. Eine Versicherungspflicht kann auch Rückwirkungen auf an sich beitragsfreie Leistungen haben. So muss nach § 38 Abs. 3 SGB III eine Arbeitsvermittlung durchgeführt werden, dies geschieht nach Nr. 1 jedoch nur solange als „Leistungen zum Ersatz des Arbeitsentgelts bei Arbeitslosigkeit oder Transferkurzarbeitergeld" beansprucht werden. **11**

Seit dem 1.1.2005 wird im Falle der Arbeitslosigkeit nur noch Arbeitslosengeld gewährt. An die Stelle der früheren Arbeitslosenhilfe ist das Arbeitslosengeld II getreten. Diese Bezeichnung, die das Gesetz in § 19 SGB II verwendet, ist missverständlich. Eher hätte diese Bezeichnung auf die frühere Arbeitslosenhilfe zutreffen können. Diese war eine beitragsabhängige Fürsorgeleistung. Das jetzige Arbeitslosengeld II ist eine reine Fürsorgeleistung. Analog zur Sozialhilfe wäre jetzt der Begriff Arbeitslosenhilfe zutreffender. Darüber hinaus ist im Zusammenhang mit den Leistungen nach den §§ 19 ff. SGB II der Begriffsteil „arbeitslos" auf jeden Fall unzutreffend, weil die Leistungen auch an diejenigen Hilfebedürftigen zu erbringen sind, die vollschichtig arbeiten, jedoch kein bedarfsdeckendes Einkommen erzielen. **12**

Was die Situation **Selbständiger** angeht, so wird, von der allgemeinen Regelung des § 35 SGB III abgesehen, anstelle des Arbeitslosengeldes nach den §§ 136 ff. SGB III nur der Gründungszuschuss nach § 93 SGB III zur Aufnahme einer selbständigen Tätigkeit geleistet. Demgegenüber werden die Leistungen nach den §§ 19 ff. SGB II an alle Berechtigten erbracht, die erwerbsfähig sind (§ 7 Abs. 1 Satz 1 Nr. 2 SGB II). Nur einige wenige Vorschriften des SGB II modifizieren die Leistungen an Selbständige (§§ 16c SGB II, 3 Alg II VO). **12a**

Die allgemeinen Voraussetzungen für das Arbeitslosengeld sind in § 137 SGB II geregelt. Danach muss Arbeitslosigkeit gegeben sein (§ 138 SGB III). Der Arbeitslose muss sich bei der Agentur für Arbeit persönlich arbeitslos gemeldet haben (§ 141 SGB III) und er muss innerhalb der Rahmenfrist des § 143 SGB III die Anwartschaftszeit erfüllt haben (§ 142 SGB III). **13**

Die Regelung des Versicherungsfalles der **Arbeitslosigkeit** ist in § 138 SGB III immer mehr ausdifferenziert worden. Er setzt sich aus den Bestandteilen der **14**

Beschäftigungslosigkeit und der Beschäftigungssuche zusammen. Die Beschäftigungslosigkeit muss „vorübergehend" sein. Das ergibt sich aus § 16 Abs. 1 Nr. 1 SGB III, jedoch nicht mehr ausdrücklich aus § 138 SGB III. Mittelbar ergibt sich das aber aus dem Merkmal der Beschäftigungssuche, die im Gesetz auch als Eigenbemühung bezeichnet wird. Bei Ausübung einer Beschäftigung von weniger als 15 Stunden wöchentlich ist die Annahme einer Beschäftigungslosigkeit nicht ausgeschlossen (§ 138 Abs. 3 SGB III). Die Beschäftigungssuche setzt voraus, dass der Arbeitslose alle Möglichkeiten nutzt und nutzen will, die der beruflichen Eingliederung dienen (§ 138 Abs. 4 Satz 1 SGB III). Dazu gehören insbesondere die Erfüllung von Verpflichtungen aus der Eingliederungsvereinbarung und die Mitwirkung bei und die Inanspruchnahme von Diensten (§ 138 Abs. 4 Satz 2 Nr. 1–3 SGB III).

15 Die praktisch wichtigste Voraussetzung des Versicherungsfalles ist die Tatsache, dass der Arbeitslose den Vermittlungsbemühungen des Arbeitsamtes zur Verfügung steht (§ 138 Abs. 1 Nr. 3 SGB III). Diese Voraussetzung wird herkömmlicherweise über die subjektive und objektive Verfügbarkeit konkretisiert (unten Rn. 19). Diese Verfügbarkeit besteht heute auch, wenn nur eine versicherungspflichtige Teilzeitarbeit von mindestens 15 Stunden gesucht wird. Es ist also nicht mehr erforderlich, dass für die **zeitliche Einschränkung** ein besonderer Grund (zB Kindererziehung, Pflege von Angehörigen) gegeben ist. Des Weiteren setzt die Verfügbarkeit des Arbeitssuchenden voraus, dass er erreichbar ist, bereit ist, jede zumutbare Beschäftigung anzunehmen bzw. an Maßnahmen zur beruflichen Eingliederung teilzunehmen (§ 138 Abs. 5 Nr. 1–4 SGB III).

16 In den §§ 136 ff. SGB III sind zunächst einmal die allgemeinen Voraussetzungen für das Arbeitslosengeld geregelt. Gemäß § 162 SGB III wird auch **Teilarbeitslosengeld** gezahlt, wenn eine von zwei versicherungspflichtigen Teilzeitbeschäftigungen verloren wurde (BSG SGb 2002 S. 450 mAnm Bieback; BSG SGb 2006 S. 677 mAnm Wank/Maties). Hier sind gemäß § 162 Abs. 2 Nr. 2 SGB III zwei Anwartschaftszeiten zu unterscheiden (BSG NZS 2018 S. 668). Leistungsvoraussetzungen sind in allen Fällen sowohl die Beschäftigungslosigkeit als auch die Beschäftigungssuche. Eine **Beschäftigungslosigkeit** kann bei Fortdauer des Arbeitsverhältnisses schon dann gegeben sein, wenn der Arbeitnehmer nicht mehr der Verfügungsgewalt des Arbeitgebers unterworfen ist oder sich ihr nicht mehr unterwirft (BSG 73 S. 126; BSG SGb 1994 S. 587 mAnm Breunig; LSG BW Breith. 1993 S. 157, unten Rn. 27a). Das gilt auch für festgelegte Zeiträume (Aussetzzeiten) während eines an sich fortdauernden Beschäftigungsverhältnisses, und zwar auch angesichts einer schuldrechtlichen Verpflichtung zur Wiederaufnahme der Arbeit (BSG SozR 3-4100 § 101 Nr. 9; BSG SGb 1999 S. 85, dazu Norpoth, SGb 1999 S. 67). Beim Begriff der Beschäftigungslosigkeit ist zusätzlich zu beachten, dass der Leistungsberechtigte nach § 138 Abs. 3 SGB III während dieser Beschäftigungslosigkeit eine Beschäftigung von weniger als 15 Stunden wöchentlich ausüben kann. Dabei erfolgt eine Anrechnung des Einkommens auf das Arbeitslosengeld nach § 155 SGB III. Eine Beschäftigung suchend ist nur, wer sich bemüht, seine Beschäftigungslosigkeit zu beenden (§ 138 Abs. 1 Nr. 2 SGB III). Das Gesetz verlangt also ein aktives Tun.

17 Zu unterscheiden sind **objektive und subjektive Verfügbarkeit** (§ 138 Abs. 1 Nr. 3 SGB III). Erstere bezieht sich vor allem darauf, ob der Arbeitslose in der Lage ist, eine versicherungspflichtige Beschäftigung unter den üblichen Bedingungen des für ihn in Betracht kommenden Arbeitsmarktes aufzunehmen und auszuüben (§ 138 Abs. 5 Nr. 1 SGB III). Die Verfügbarkeit ist weiter zu konkretisieren:

Der Arbeitssuchende muss das Arbeitsamt täglich aufsuchen können und für das Arbeitsamt erreichbar sein (§ 1 EAO), und zwar auch in der Weise, dass er täglich Briefpost entgegen nehmen kann (vgl. Winkler, info also 1998 S. 9). Er muss zudem eine zumutbare, beitragspflichtige Beschäftigung ausüben können und dürfen, bzw. bereit sein, an berufsfördernden Maßnahmen teilzunehmen (BSG SGb 1994 S. 534 mAnm Schuler). Dies bedeutet ua auch, dass ein Wohnungswechsel persönlich und unverzüglich dem zuständigen Arbeitsamt mitzuteilen ist. Ein Postnachsendeantrag genügt nicht (BSG SGb 2002 S. 185 mAnm Wagner; vgl. jedoch BSG 95 S. 43). Die Arbeitsbereitschaft (subjektive Verfügbarkeit) muss sich auf Tätigkeiten unter den üblichen Bedingungen des allgemeinen Arbeitsmarktes erstrecken. Üblich sind Bedingungen, die auf dem für den Arbeitslosen erreichbaren Arbeitsmarkt in nennenswertem Umfang zur Anwendung kommen (BSG SozR 4100 § 103 Nr. 23, 39). Die objektive Verfügbarkeit kann durchaus wegen einer individuellen Situation des Arbeitslosen ausgeschlossen sein. So fehlt es an der objektiven Verfügbarkeit, wenn der Arbeitslose bei der Meldung als arbeitslos arbeitsunfähig krank ist. In diesem Falle hat er einen Anspruch auf Krankengeld nach § 44 SGB V, und zwar auch dann, wenn das Beschäftigungsverhältnis beendet wurde. Erkrankt er erst während des Bezugs von Leistungen bei Arbeitslosigkeit, so ist § 146 SGB III anzuwenden, der insoweit eine Ausnahme von der Verfügbarkeit als Leistungsvoraussetzung darstellt (BSG SGb 2005 S. 588 mAnm Bieback). In keinem Falle werden Ansprüche nach den §§ 19 ff. SGB II durch eine Krankheit berührt §§ 7 Abs. 1 Nr. 2, 8 Abs. 1 SGB II). Ein Elternteil, der aufsichtsbedürftige Kinder zu erziehen hat, kann allein deswegen objektiv nicht verfügbar sein. Er kann allerdings – abgesehen von § 139 Abs. 4 Satz 2 SGB III – nach freier Entscheidung seine Verfügbarkeit einschränken, solange er noch imstande ist, mindestens 15 Stunden wöchentlich zu arbeiten (§ 138 Abs. 5 Nr. 1 SGB III). Die Lage der Arbeitszeit muss aber auch in diesem Falle den üblichen Bedingungen auf dem Arbeitsmarkt entsprechen (BSG SozR 4100 § 103 Nr. 23).

Mit der subjektiven Verfügbarkeit ist eigentlich nur die Arbeitsbereitschaft 18
gemeint, also die Bereitschaft jede zumutbare Beschäftigung auszuüben. Die meisten Merkmale, auch wenn sie in der Person des Arbeitslosen wurzeln, gehören zur objektiven Verfügbarkeit. In § 140 SGB III wird die Zumutbarkeit der Arbeit relativ weit gefasst. Insbesondere gibt es keinen Berufsschutz mehr, sondern nur noch einen begrenzten Entgeltschutz (vgl. § 140 Abs. 3 SGB III). Praktisch dürfte sich das aber nur in geringem Umfange auswirken, denn das Risiko arbeitslos zu werden, ist umso größer, je geringer die berufliche Qualifikation ist.

Die **objektive Verfügbarkeit** hängt mit allen arbeitsmarktbezogenen Umstän- 19
den zusammen, die Einfluss auf die Aufnahme einer zumutbaren Beschäftigung haben. Neben der Arbeitsunfähigkeit sind das auch andere scheinbar subjektive Merkmale. Objektiv verfügbar ist zB auch nicht, wer wegen seines Verhaltens nach der im Arbeitsleben herrschenden Auffassung nicht für eine Beschäftigung als Arbeitnehmer in Betracht kommt. Eine Verfügbarkeit liegt gleichfalls nicht vor, wenn der Arbeitssuchende bei der Arbeitslosmeldung zumutbare Tätigkeiten nicht aufnehmen darf. Von praktischer Bedeutung ist der Fall, in dem die nach § 284 SGB III erforderliche Arbeitsgenehmigung trotz längerer Vermittlungsbemühungen nicht erteilt werden kann (BSG 43 S. 162; BSG 67 S. 176 BSG SozR 4100 § 103 Nr. 38; BSG SozR 3-4100 § 103 Nr. 3). Soweit ein Beschäftigungsverbot nach §§ 3 ff. MuSchG in Betracht kommt, kann man einen Ausschluss der Verfügbarkeit nur annehmen, wenn ärztlicherseits jegliche Beschäftigung untersagt wurde (BSG 109 S. 300; Schmidt, SGb 2014 S. 242). Auch bei einer stufenweisen

Eingliederung nach § 74 SGB V bleibt die objektive Verfügbarkeit erhalten (BSG NZS 2008 S. 16). Widmen sich beide Eltern der Kindererziehung, so sind beide verfügbar, solange beide bereit sind, die Betreuung der Kinder im Falle einer Vermittlung aufzugeben. Ist ein Elternteil vermittelt worden, so ist der andere nicht mehr verfügbar, wenn er durch die Kindererziehung vollständig in Anspruch genommen wird (BSG SozR 3 – 4100 § 103 Nr. 5). Demgegenüber wurde früher uneingeschränkt die objektiven Verfügbarkeit verneint, wenn der Arbeitslose eine auf Dauer angelegte Tätigkeit planvoll betreibt (zB ein Studium), und zwar auch dann, wenn er bereit ist, diese Tätigkeit jederzeit aufzugeben (BSG 62 S. 166; BSG 71 S. 17). In § 139 Abs. 2 SGB III wird für Schüler und Studenten eine widerlegbare Vermutung gegen die Verfügbarkeit aufgestellt (LSG Hess. info also 2008 S. 119; LSG Hess. info also 2013 S. 27).

19a Nimmt der Arbeitslose an einer der in § 139 Abs. 1 SGB III genannten Maßnahme teil, so schließt dies die Verfügbarkeit nicht aus. Anders ist dies bei der Teilnahme an Maßnahmen nach den §§ 51 ff. SGB III SGB III. In diesen Fällen wird Berufsausbildungsbeihilfe unter Anrechnung von Einkommen gezahlt (§§ 56, 67 SGB III). Demgegenüber wird bei einer beruflichen Weiterbildung (§ 81 SGB III) Arbeitslosengeld gezahlt (§ 136 Abs. 1 Nr. 2 SGB III). Eine Besonderheit besteht, wenn der Arbeitslose an einer Maßnahme teilnimmt, die nicht die Voraussetzungen des § 81 SGB III erfüllt. In diesem Falle wird vermutet, dass die Verfügbarkeit weiter besteht. Dies erfolgt jedoch nur unter den Voraussetzungen des § 139 Abs. 3 Nr. 1 und 3 SGB III. Das ist dann der Fall, wenn die Arbeitsagentur der Maßnahme zugestimmt hat und die Bereitschaft des Arbeitslosen besteht, zugunsten einer anderweitigen beruflichen Eingliederung die Maßnahme abzubrechen. Dies muss mit dem Träger der Maßnahme vereinbart worden sein. Damit wollte der Gesetzgeber die Eigeninitiative von Arbeitslosen stärken (vgl. SG Berlin info also 2013 S. 165).

20 Schwierig zu beurteilen ist, welche **außerberuflichen Aktivitäten** des Arbeitslosen Einfluss auf die Verfügbarkeit haben. Eine ganztätig ausgeübte caritative Kinderbetreuung lässt die Verfügbarkeit unberührt (LSG RhPf. SGb 1995 S. 267, dazu Ebsen, SGb 1995 S. 229). Dasselbe gilt für die Pflege eines Familienmitglieds (BSG SozR 3 – 4100 § 103 Nr. 4). Im Falle der Teilnahme an einem Praktikum wurde dagegen die Verfügbarkeit verneint (LSG Ns. Breith. 1994 S. 488). Infolge der Neufassung des § 139 Abs. 1 SGB III ist nunmehr davon auszugehen, dass die Verfügbarkeit dann nicht ausgeschlossen ist, wenn der Arbeitslose an einer der dort genannten Maßnahmen teilnimmt, die zur beruflichen Wiedereingliederung oder zur Verbesserung seiner Vermittlungsaussichten beitragen. Entsprechendes gilt für Hilfeleistungen bei Notständen anderen gemeinnützigen Aktivitäten und beim Abarbeiten einer Strafe. Relativ weit geht die Rechtsprechung des BSG, wenn sie auch bei der Übernahme einer Tagespflege nach § 23 SGB VIII von der Verfügbarkeit der sog. Tagesmutter ausgeht (BSG SozR 3-4100 § 101 Nr. 10). Dies ist deswegen problematisch, weil diese Tätigkeit wegen der Notwendigkeit einer Beaufsichtigung des Kindes keineswegs kurzfristig wieder aufgegeben werden kann. Insgesamt erweist sich an der Entwicklung um § 139 SGB III, dass der Begriff der Verfügbarkeit zwar weiterhin maßgeblich von den tatsächlichen Umständen bestimmt wird, dass er aber zunehmend normativ zu verstehen ist und dementsprechend modifiziert wird (vgl. Wissing, info also 2002 S. 147). Danach schließt ein bestimmtes sozial erwünschtes Verhalten die Verfügbarkeit nicht aus. So regelt auch § 138 Abs. 2 SGB III, dass eine ehrenamtliche Tätigkeit Arbeitslosigkeit nicht ausschließt, wenn die berufliche Eingliederung des Arbeitslosen dadurch nicht beeinträchtigt wird (LSG RhPf. info also 2005 S. 217). Eine ehrenamtliche Tätigkeit kann auch 15 Stunden wöchentlich übersteigen, was eigentlich die Beschäftigungslosigkeit ausschlösse (§ 138 Abs. 3 SGB III).

Besondere Bedeutung für die Leistungsfortzahlung und die **Nahtlosigkeit** zwischen Kranken-, Renten- und Arbeitslosenversicherung haben die Regelungen der §§ 145 und 146 SGB III. Wer bei der Meldung als Arbeitsloser arbeitsunfähig krank ist, gilt nur dann als nicht verfügbar, wenn durch die Arbeitsunfähigkeit jegliche Tätigkeit ausgeschlossen ist. Das muss aber nicht der Fall sein (vgl. LSG BW info also 2017 S. 214). In aller Regel bezieht sich die ärztliche Arbeitsunfähigkeitsbescheinigung nur auf die bisher ausgeübte Tätigkeit und lässt keine Schlüsse darauf zu, ob der Antragsteller auch im Sinn der Arbeitsvermittlung als generell arbeitsunfähig einzustufen ist. Insbesondere ist im Gegensatz zur Krankenversicherung darauf hinzuweisen, dass es in der Arbeitslosenversicherung gemäß § 140 SGB III keinen Berufsschutz gibt (Bay. LSG NZS 2013 S. 356, Geiger, info also 2013 S. 90). Der Arbeitsunfähige hat jedoch gemäß § 44 SGB V einen Anspruch auf Krankengeld, und zwar auch dann, wenn sein bisheriges Arbeitsverhältnis beendet ist. Infolgedessen bleibt er auch Mitglied in der gesetzlichen Krankenversicherung (§ 192 Abs. 1 Nr. 2 SGB V). In diesem Falle ruht der Anspruch auf Arbeitslosengeld nach § 156 Abs. 1 Satz 1 Nr. 2 SGB III. Wird der Arbeitssuchende erst während des Bezugs von Arbeitslosengeld krank, so erhält er bis zur Dauer von sechs Wochen weiter Arbeitslosengeld, danach Krankengeld (§ 146 Abs. 1 SGB III). **21**

Den wichtigsten Fall der Nahtlosigkeit regelt § 145 Abs. 1 Satz 1–3 SGB III. **21a** Kann eine Person, allein wegen einer mehr als sechsmonatigen Leistungsminderung nicht mehr mindestens 15 Stunden versicherungspflichtig tätig sein, so ist sie an sich nicht verfügbar und damit nicht arbeitslos (§ 138 Abs. 1 Nr. 3, Abs. 5 Nr. 1 SGB III). In diesem Falle ist jedoch solange eine volle Verfügbarkeit zu unterstellen, bis der Träger der gesetzlichen Rentenversicherung eine Erwerbsminderung iSd § 43 SGB VI festgestellt hat (§ 145 Abs. 1 Satz 2 SGB III). Erst von diesem Zeitpunkt an ist die Verfügbarkeit zeitlich beschränkt oder ganz ausgeschlossen (BSG 71 S. 12; BSG SGb 1999 S. 315 mAnm Wagner; LSG BW info also 2008 S. 161). Vorher ist es der Arbeitsverwaltung verwehrt, die objektive Verfügbarkeit des Arbeitslosen wegen einer nicht nur vorübergehenden Einschränkung der Leistungsfähigkeit zu verneinen. Durch Neufassung des § 101 Abs. 1a lit. a SGB VI ist bewirkt worden, dass eine Rente wegen Erwerbsminderung ab dem Zeitpunkt des Fortfalls von Arbeitslosengeld zu zahlen ist und nicht erst ab dem siebten Monat danach (vgl. Winkler, info also 2017 S. 106; Nazik, NZS 2018 S. 198). Die Nahtlosigkeitsregelung des § 145 Abs. 1 SGB III schließt nicht aus, dass andere Voraussetzungen des § 138 SGB III, etwa die subjektiven Verfügbarkeit, verneint werden. Dies folgt aus dem gesetzlichen Merkmal „allein" in § 145 Abs. 1 Satz 1 SGB III (BSG 84 S. 262; LSG Hambg. NZS 2011 S. 117; LSG Ns.-Brem. info also 2018 S. 62, Sächs. LSG info also 2019 S. 65). Auch auf die **Meldung als arbeitssuchend** hat der Gesetzgeber nicht verzichtet. Diese kann aber durch einen Vertreter persönlich erfolgen und muss durch die leistungsgeminderte Person nach § 145 Abs. 1 Satz 3 und 4 SGB persönlich unverzüglich nachgeholt werden (BSG NZS 2015 S. 230).

Neben der subjektiven und der objektiven Verfügbarkeit verlangt das Gesetz **22** in § 138 Abs. 4 SGB III Eigenbemühungen. Diese unterscheiden sich von der Verfügbarkeit dadurch, dass sie eine verselbständigte Selbsthilfeobliegenheit darstellen und vor allem auch durch die Folgen einer Verletzung. Fehlt es an der Verfügbarkeit, so besteht keine Arbeitslosigkeit und kein Anspruch auf Arbeitslosengeld.

Bei unzureichenden Eigenbemühungen kommt es dagegen nach § 159 Abs. 1 Nr. 3 SGB III zu einer Sperrzeit. Da die Eigenbemühungen in § 138 Abs. 4 Nr. 1–3 SGB III aber nur beispielhaft aufgezählt sind, ist deren Konkretisierung durch die Agentur für Arbeit erforderlich. Es müssen also bestimmte Eigenbemühungen verlangt worden sein. Von einer Verletzung dieser Selbsthilfeobliegenheit, kann also nur ausgegangen werden, wenn die Agentur für Arbeit dem Arbeitslosen konkret dargelegt hat, welche Eigenbemühungen sie von ihm verlangt (BSG 96 S. 40; LSG Bln.-Brandbg. ZfSH/SGB 2007 S. 479). Nur wenn diese vom Arbeitslosen nicht nachgewiesen werden, kann es überhaupt zu einer Sperrzeit kommen. Dabei ist ein subjektiver Sorgfaltsmaßstab anzulegen (BSG SozR 4-4300 § 119 Nr. 3).

23 Lehnt ein Arbeitsloser eine angebotene Stelle ab, so kann das dreierlei bedeuten: War die Beschäftigung nicht zumutbar (§ 140 SGB III), so bleibt die Ablehnung folgenlos. War sie zumutbar, so kommt eine Sperrzeit nach § 159 SGB III in Betracht, wenn der Arbeitslose nur in diesem konkreten Falle eine Beschäftigung ablehnte. Nur wenn sich im Einzelfall aus der Ablehnung schließen lässt, dass der Arbeitslose jegliche Beschäftigung oder eine bestimmte Gruppe von Tätigkeiten verweigert, ist er (subjektiv) nicht verfügbar. Es besteht dann überhaupt kein Anspruch auf Arbeitslosengeld, weil es an der Voraussetzung der Arbeitsbereitschaft iSd § 138 Abs. 5 Nr. 3 SGB III.

24 Im Einzelnen kann es schwierig sein, die fehlende subjektive Verfügbarkeit von den Voraussetzungen für eine Sperrzeit zu unterscheiden. Lehnt der Arbeitslose jegliche Beschäftigung ab, so ist er unzweifelhaft subjektiv nicht verfügbar. Nach Auffassung der Rechtsprechung entfällt die **subjektive Verfügbarkeit** aber auch dann, wenn der Arbeitslose seine Verfügbarkeit auf einen Teil der ihm objektiven Möglichkeiten beschränkt. Das ist besonders dann der Fall, wenn bestimmte Tätigkeiten abgelehnt werden, zB solche mit Samstagsarbeit. Zur subjektiven Verfügbarkeit gehört auch die Bereitschaft an Bildungsmaßnahmen teilzunehmen. Das BSG hat in einem Falle, in dem ein Arbeitsloser zwar grundsätzlich zu Bildungsmaßnahmen bereit war, er jedoch Maßnahmen in einer Übungsfirma ablehnte, die subjektive Verfügbarkeit verneint (BSG SozR 3-4100 § 103 Nr. 13). Das rührt schon eng an den Bereich für Sperrzeiten. Eine Sperrzeit ist vor allem dann anzunehmen, wenn der Arbeitslose ein konkretes zumutbares Arbeits- oder Bildungsangebot ablehnt (vgl. insbesondere den Wortlaut des § 159 Abs. 1 Nr. 1–7 SGB III), ohne damit deutlich zu machen, dass er auch andere, ähnliche Arbeiten ablehnen wird. Dass ein hartnäckiges, wiederholtes Ablehnen von Arbeit gefördert würde, ist nicht zu erwarten. Gemäß § 161 Abs. 1 Nr. 2 SGB III erlischt der Anspruch auf Arbeitslosengeld, wenn der Arbeitslose Anlass für Sperrzeiten von insgesamt 21 Wochen gegeben hat. Allerdings kann sich die Ablehnung mehrerer Stellenangebote auch als ein einheitlicher Lebenssachverhalt darstellen und die Verhängung nur einer Sperrzeit rechtfertigen. Eine solche „einheitliche Betrachtungsweise ist geboten, weil dem Arbeitslosen in Fällen mehrerer ihm vorliegender Arbeitsangebote eine Gesamtwürdigung und -abwägung abverlangt wird" (BSG SozR 4-4300 § 159 Nr. 6 Rn. 24, 25).

25 Weitere wichtige Voraussetzung für den Anspruch auf Arbeitslosengeld ist vor allem die **persönliche Meldung** (§ 141 Abs. 1 SGB III). Schriftlichkeit oder eine Vertretung sind also nicht zulässig. Eine Vertretung ist ausnahmsweise möglich, wenn sich der Berechtigte wegen gesundheitlicher Einschränkungen vom Ausmaß des § 145 Abs. 1 Satz 3 SGB III nicht persönlich arbeitslos melden kann. Das Erfordernis einer persönlichen Meldung setzt aber nicht voraus, dass bei der Meldung auch eine Personenidentifikation des Arbeitslosen durch einen Personalausweis erfolgen kann. Diese kann vielmehr auch nachgeholt werden (LSG BW info also 2011 S. 259 mAnm Geiger). Eine Meldung erstreckt sich immer nur auf die konkret eingetretene Arbeitslosigkeit (BSG 77 S. 175; BSG 79 S. 66). Die Wirkung der Meldung als arbeitslos erlischt also, wenn die Arbeitslosigkeit mehr als sechs Wochen unterbrochen wird oder wenn eine der in § 141 Abs. 2 Nr. 2 SGB III genannten Beschäftigungen oder Tätigkeiten ausgeübt wird. Auf den an sich unschädlichen zeitlichen Umfang von weniger als 15 Stunden wöchentlich stellt das Gesetz hier nicht ab. Im Zweifel gelten mit einer Meldung als arbeitslos auch Leistungen bei Arbeitslosigkeit als beantragt (§ 323 Abs. 1 Satz 2 SGB III).

Des Weiteren ist die Erfüllung der **Anwartschaftszeit** nach den §§ 142, 143 **26**
SGB III zu prüfen. Das Gesetz fordert eine versicherungspflichtige **Beschäftigung** (§ 24 SGB III) von mindestens 12 Monaten innerhalb einer Rahmenfrist. Eine versicherungspflichtige Beschäftigung ist auch dann noch anzunehmen, wenn der Arbeitnehmer bei Fortzahlung des Arbeitsentgelts von der Arbeitsleistung freigestellt wird (BSG NZS 2015 S. 314). Die **Rahmenfrist** beträgt zwei Jahre (§ 143 Abs. 1 SGB III). Hier muss in die Vergangenheit gerechnet werden. Die Rahmenfrist beginnt mit dem Tag vor Erfüllung aller sonstigen Voraussetzungen für den Anspruch auf Arbeitslosengeld (§ 143 Abs. 1 SGB III). Diese sonstigen Voraussetzungen sind in § 137 SGB III geregelt. Dazu gehört ua auch die Meldung als arbeitslos. Wer also die Rahmenfrist nur knapp erfüllt hat und sich nicht sogleich nach dem Verlust des Arbeitsplatzes meldet, kann dadurch die Erfüllung der Rahmenfrist verfehlen. Denn die Tage, für die er sich nicht gemeldet hat, zählen beim Lauf der Rahmenfrist mit. Eine Rahmenfrist reicht nicht in eine vorangegangene Rahmenfrist hinein, in der der Arbeitslose eine Anwartschaft erfüllt hatte (§ 143 Abs. 2 SGB III). Zeiten der Rehabilitation und Teilhabe, in denen Übergangsgeld gezahlt wurde, werden bei der Rahmenfrist nicht mitgerechnet. In diesem Falle endet die Rahmenfrist spätestens fünf Jahre nach ihrem Beginn (§ 143 Abs. 3 SGB III).

Die Anspruchsdauer des Arbeitslosengeldes ergibt sich aus § 147 SGB III. Sie **27**
verlängert sich mit der vorausgegangenen Beschäftigung und ab dem 50. Lebensjahr auch mit dem Lebensalter auf höchstens 24 Kalendermonate. Die Leistungsdauer mindert sich nach den Grundsätzen des § 148 SGB III. Die Höhe des Anspruchs ergibt sich aus den §§ 149 ff. SGB III. Dabei orientiert sich das Gesetz an dem Grundgedanken, dass der Lebensstandard des Arbeitnehmers infolge der Arbeitslosigkeit nicht allzu sehr beeinträchtigt werden soll. Deswegen wird an das Bemessungsentgelt des § 151 SGB III angeknüpft. Es wird also nicht lediglich vom letzten Einkommen vor der Arbeitslosigkeit ausgegangen. Abgestellt wird vielmehr auf den **Bemessungszeitraum** des § 150 SGB III, der in die Vergangenheit hineinragt (BSG 77 S. 244). Er umfasst die abgerechneten Entgeltabrechnungszeiträume im Bemessungsrahmen. Dieser Bemessungsrahmen umfasst ein Jahr und endet mit dem letzten Tag des letzten Versicherungspflichtverhältnisses vor Entstehung des Anspruchs (§ 150 Abs. 1 Satz 2 SGB III). Nach den Grundsätzen des § 150 Abs. 3 SGB III erweitert sich der Bemessungsrahmen auf zwei Jahre. Das ist in der Praxis vor allem dann der Fall, wenn der Bemessungszeitraum weniger als 150 Tage mit Anspruch auf Arbeitsentgelt enthält (vgl. auch § 150 Abs. 3 Nr. 2 und 3 SGB III). Vereinfacht ist also zunächst ein Bemessungsrahmen festzustellen. Dieser umfasst ein Jahr. In diesem Rahmen liegt der Bemessungszeitraum (§ 150 Abs. 1 Satz 1 SGB III). Er umfasst die abgerechneten Entgeltabrechnungszeiträume (§ 130 Abs. 2 SGB III). Im Allgemeinen hat es damit sein Bewenden. Liegen jedoch im Bemessungszeitraum weniger als 150 Tage mit Anspruch

auf Arbeitsentgelt (zB bei häufigen kürzeren Unterbrechungen), so wird der Bemessungsrahmen auf zwei Jahre erweitert (§ 150 Abs. 3 Nr. 1 SGB III).

27a In diesem Zusammenhang ist es von Bedeutung, dass man auf der Grundlage ständiger Rechtsprechung einen versicherungsrechtlichen Beschäftigungsbegriff, von dem der tatsächlichen Beschäftigung in einem Arbeitsverhältnis unterscheiden muss. Das hat folgende Konsequenz: „Eine das Versicherungspflichtverhältnis in der Arbeitslosenversicherung begründende Beschäftigung liegt auch dann vor, wenn das Arbeitsverhältnis fortbesteht und der Arbeitgeber dem Arbeitnehmer das Arbeitsentgelt (weiter)zahlt, auch wenn der Arbeitnehmer einvernehmlich und unwiderruflich bis zum Ende des Arbeitsverhältnisses von der Arbeitsleistung freigestellt ist" (BSG NZS 2015 S. 314 Rn. 20). Solche Absprachen, die das Versicherungsverhältnis nicht berühren, gibt es häufig bei der Beendigung von Arbeitsverträgen mit Mitarbeitern in gehobenen Funktionen. Im Zusammenhang mit den Vereinbarungen zur Altersteilzeit hat das zu zusätzlichen Zweifelsfragen geführt, die jetzt geklärt sind (vgl. unten Rn. 36). Danach werden im Rahmen der **Altersteilzeit** sowohl für die Feststellung eines Beschäftigungsverhältnisses als auch für die Ermittlung des Bemessungszeitraumes **Zeiten der unwiderruflichen Freistellung,** also eine faktische Beschäftigungslosigkeit, berücksichtigt. Nach der Klarstellung durch das BSG ist auf den versicherungsrechtlichen Beschäftigungsbegriff abzustellen: „Der Alg-Bemessung unterfällt nach § 151 Abs. 1 Satz 1 SGB III das im Bemessungszeitraum erzielte beitragspflichtige Arbeitsentgelt. Hierzu zählen nach § 14 Abs. 1 SGB IV alle Einnahmen aus einer Beschäftigung iSd § 7 SGB IV, § 151 Abs. 1 Satz 2 SGB III … Bemessungsrechtlich ist also relevant, dass der Anspruch auf beitragspflichtiges Arbeitsentgelt bis zum Zeitpunkt des Ausscheidens entstanden und das Entgelt später zugeflossen ist" (BSG SozR 4-4300 § 150 Nr. 5 Rn. 27, 30; dazu Weber NZA-RR 2018 S. 638; Reichenberger, NZA 2019 S. 87).

28 Davon ausgehend wird auf das **Bemessungsentgelt** abgestellt. Hierbei gilt der Grundsatz: Bemessungsentgelt ist das durchschnittlich auf den Tag entfallende beitragspflichtige Arbeitsentgelt, das der Arbeitslose im Bemessungszeitraum erzielt hat (§ 151 Abs. 1 Satz 1 SGB III). Dazu gehört auch ein Entgelt, das während einer Freistellung (oben Rn. 27a) gezahlt worden ist (BSG SozR 4-4300 § 150 Nr. 5). Erzielt ist ein Entgelt regelmäßig, wenn es zugeflossen ist (BSG SozR 3-4100 § 112 Nr. 10, 12). Berücksichtigt wird aber auch ein Entgelt, das zur nachträglichen Vertragserfüllung geleistet wird. Das gilt insbesondere, wenn eine unrichtige Abrechnung später korrigiert wird (BSG 76 S. 162; BSG 78 S. 109). Insoweit hat sich die frühere Zuflusstheorie weitgehend in eine Anspruchstheorie gewandelt (Wannagat-Brandenburg, SGB IV § 14 Rn. 22–24; Valgolio, NZS 1993 S. 16). Das so ermittelte Bemessungsentgelt wird um die pauschalen Abzüge nach § 153 SGB III vermindert und stellt das Leistungsentgelt dar. Es ist also ein pauschaliertes Nettoentgelt und die Grundlage für die Bestimmung des Arbeitslosengeldes nach § 149 SGB III.

29 Auf dieses Arbeitslosengeld wird nach Maßgabe des § 155 SGB III Nebeneinkommen angerechnet. Es kann sich dabei nur um ein Nebeneinkommen aus einer Beschäftigung von weniger als 15 Stunden wöchentlich handeln. Auszugehen ist vom Nettobetrag. Hieraus errechnet sich ein Freibetrag von 165 €. Wurde in den letzten 18 Monaten vor Entstehung des Anspruchs auf Arbeitslosengeld für mindestens 12 Monate eine Nebenbeschäftigung im Sinne des § 138 Abs. 3 SGB III ausgeübt, so bleibt nach § 155 Abs. 2 SGB III ein höherer Betrag anrechnungsfrei (BSG 106 S. 249).

Bezieher von Leistungen bei Arbeitslosigkeit sind gemäß § 5 Abs. 1 Nr. 2 SGB V in den Schutz der sozialen Kranken- und damit auch der Pflegeversicherung (§ 20 Abs. 1 Nr. 2 SGB XI) einbezogen (BSG SozR 3-2500 § 5 Nr. 26). Das gilt auch für die Dauer einer Sperrzeit oder einer Urlaubsabgeltung. Gemäß § 3 Nr. 3 SGB VI werden für sie auch Beiträge zur Rentenversicherung entrichtet, wenn sie im letzten Jahr vor Beginn der Leistungen bei Arbeitslosigkeit zuletzt versicherungspflichtig waren. Ist das nicht der Fall gewesen, so kann gemäß § 4 Abs. 3 Nr. 1 SGB VI eine Versicherungspflicht auf Antrag eintreten. Bei Arbeitslosen, die sich arbeitslos gemeldet haben, die aber keine Leistungen bei Arbeitslosigkeit erhalten, kommt eine Anrechnungszeit nach § 58 Abs. 1 Nr. 3 SGB VI in Betracht (BSG 78 S. 1). 30

Ergänzend zu den Leistungen bei Arbeitslosigkeit regelt das Gesetz die wirtschaftliche Sicherung bei Zahlungsunfähigkeit des Arbeitgebers, also das **Insolvenzgeld** nach den §§ 165 ff. SGB III (Rein/Koch NZS 2016 S. 681; Rein NZS 2018 S. 723). Es wird durch eine Umlage der Arbeitgeber finanziert (§§ 358, 359 SGB III). Das Insolvenzgeld sichert nach § 165 Abs. 1 SGB III die noch nicht erfüllten Ansprüche aus dem Arbeitsverhältnis für die letzten drei Monate, dem sog. **Ausfallzeitraum,** vor Eröffnung des Insolvenzverfahrens (BSG SozR 4100 § 141b Nr. 30; SozR 4-4300 § 183 Nr. 9 und 14; BSG SGb 1993 S. 582 mAnm Hergenröder). Die Abweisung eines Insolvenzantrags mangels Masse (§ 26 InsO) und die völlige Betriebseinstellung (BSG SozR 4100 § 141b Nr. 18) stehen gemäß § 165 Abs. 1 Nr. 2 SGB III der Eröffnung des Insolvenzverfahrens gleich (BSG 70 S. 9). Durch das Insolvenzgeld werden diejenigen Ansprüche auf Arbeitsentgelt gesichert, die von der Insolvenz erfasst werden (BSG SozR 3-4100 § 141b Nr. 11). Das Insolvenzgeld entspricht in der Höhe dem **Nettoentgelt** (§ 167 Abs. 1 SGB III). Arbeitsentgelt sind alle Ansprüche für geleistete Arbeit (BSG SozR 4100 § 141b Nr. 39). Der Antrag auf Insolvenzgeld ist innerhalb einer zweimonatigen, aber nach § 324 Abs. 3 Satz 2 SGB III abgeschwächten Ausschlussfrist zu stellen (LSG Hess. info also 2008 S. 20). Die Frist beginnt mit dem Insolvenzereignis. Gemäß § 168 SGB III kann ein Vorschuss auf das Insolvenzgeld gezahlt werden. 31

3. Ruhen der Leistungen

Unter den Voraussetzungen der §§ 156 ff. SGB III kommt ein Ruhen der Leistungen in Betracht. Das gilt etwa für den Bezug anderer Sozialleistungen (§ 156 SGB III), wenn ein Anspruch auf Arbeitsentgelt oder Urlaubsabgeltung besteht (§ 157 SGB III) oder wenn eine Entlassungsentschädigung gezahlt wird (§ 158 SGB III). Letzteres gilt aber nicht für den Fall einer Abfindung nach § 1a KSchG (BSG SGb 2017 S. 728 mAnm Schweiger). Ein häufig behandeltes Problem der Praxis ist die Frage einer **Sperrzeit** nach § 159 SGB III (Legde, SGb 2003 S. 617; Klöcker, SGb 2004 S. 442; Eicher, SGb 2005 S. 553). Sie knüpft an ein versicherungswidriges Verhalten (BSG SGb 2004 S. 50 mAnm Köhler) und tritt vor allem dann ein, wenn sich der Arbeitslose weigert, eine konkrete zumutbare Beschäftigung auszuüben (vgl. § 157 Abs. 1 Nr. 1–7 SGB III), ohne für sein Verhalten einen wichtigen Grund zu haben. Ob ein solcher Grund vorliegt, ist unter Berücksichtigung von Sinn und Zweck der Sperrzeitregelung zu beurteilen. Danach soll die Allgemeinheit, die die Leistungen aus Beiträgen finanziert, vor der Inanspruchnahme durch Leistungsberechtigte geschützt werden, die den Eintritt des Risikos der Arbeitslosigkeit durch aktives Tun selbst herbeigeführt oder zu vertreten haben. Die praktisch wichtigsten Fälle für eine Sperrzeit sind das 32

Lösen eines Beschäftigungsverhältnisses (§ 159 Abs. 1 Nr. 1 SGB III) und die Ablehnung einer von der Arbeitsagentur angebotenen Beschäftigung (§ 159 Abs. 1 Nr. 2 SGB III). Sofern es nach dem Lauf der Dinge tatsächlich (noch) möglich ist, setzt die Erfüllung eines Sperrzeittatbestandes eine Belehrung über die Folgen der Ablehnung voraus (§ 159 Abs. 1 Nr. 2–4, 6 SGB III). Auch im Vorfeld der Aufnahme einer Arbeit kann aus dem Verhalten des Arbeitslosen auf einen Ablehnungswillen geschlossen werden (vgl. Geiger, info also 2002 S. 56). Ist der Arbeitslose dagegen überhaupt nicht willens oder nicht in der Lage eine zumutbare Beschäftigung auszuüben, so ist er bereits nicht verfügbar iSd § 138 Abs. 5 SGB III. Bei Auseinandersetzungen um die Frage, ob Verfügbarkeit gegeben, bzw. eine Sperrzeit eingetreten ist, kann keine vorläufige Entscheidung nach § 328 Abs. 1 Satz 1 Nr. 3 SGB III ergehen. Diese Vorschrift ist vielmehr nur anwendbar, wenn über die „Erbringung einer Geldleistung" **vorläufig entschieden** werden soll. Sie dient einer möglichst schnellen Leistungsgewährung, aber nicht einer möglichst schnellen Leistungsversagung (Bay. LSG NZS 2013 S. 196; Schweiger, NZS 2015 S. 810).

33 Allgemein erfolgt die Prüfung der Voraussetzungen für eine Sperrzeit auf mehreren Ebenen. Sie hat folgende Grundstruktur: Ihrem Tatbestand zuzurechnen sind das Bestehen eines Beschäftigungsverhältnisses, das Lösen dieses Beschäftigungsverhältnisses und die Kausalität des Arbeitnehmerverhaltens für die Beendigung. Das Vorliegen eines wichtigen Grundes ist auf der Ebene der Rechtfertigung zu prüfen. Dabei ist grundsätzlich zu klären, ob dem Arbeitnehmer ein anderes Verhalten, als dasjenige, das zur Lösung geführt hat, objektiv zumutbar war. Eine solche Rechtfertigung als wichtiger Grund zur Kündigung kann auch darin zu sehen sein, dass der Arbeitnehmer ein unbefristetes Arbeitsverhältnis zur Aufnahme eines befristeten Arbeitsverhältnisses kündigt, wenn mit dem Wechsel eine Erweiterung der beruflichen Möglichkeiten verbunden ist (BSG NJW 2006 S. 3517 mAnm Ricken). Vorsatz oder grobe Fahrlässigkeit bei der Erfüllung eines Beendigungstatbestandes gehören zur Verschuldensebene. Für den Fall einer Arbeitsablehnung (§ 159 Abs. 1 Satz 2 Nr. 2 SGB III), die auch durch schlüssiges Verhalten erfolgen kann, hat das BSG grobe Fahrlässigkeit nicht gefordert, sondern nur allgemein ein vorwerfbares Verhalten genügen lassen (BSG 93 S. 105). Auf keinen Fall reicht eine einfache Fahrlässigkeit aus (BSG SozR 4-4300 § 144 Nr. 3).

34 Die Anlässe für eine Sperrzeit (§ 159 Abs. 1 Nr. 1–7 SGB III) müssen wesentliche Ursache für die Arbeitslosigkeit sein. Das ist einmal die Kündigung durch den Arbeitslosen selbst. Die gleiche Rechtsfolge tritt ein, wenn er Anlass für eine verhaltensbedingte Kündigung gegeben hat. In beiden Fällen muss der Arbeitslose mindestens grob fahrlässig gehandelt haben. Das bedeutet vor allem, dass ein arbeitsvertragswidriges Verhalten von geringem Gewicht, das zwar zu einer Kündigung führen kann, noch nicht die Verhängung einer Sperrzeit rechtfertigt (LSG BW info also 1993 S. 175; SG Chemnitz info also 1994 S. 135). Allgemein muss man sagen, dass die bloße Hinnahme einer objektiv rechtmäßigen Kündigung durch den Arbeitgeber grundsätzlich keinen Sperrzeittatbestand begründet, (BSG SGb 2002 S. 497; BSG SGb 2003 S. 109 mAnm Wank). In diesem Falle hat der Arbeitnehmer das Beschäftigungsverhältnis nicht „gelöst" (vgl. unten Rn. 39). Allerdings ist gesondert zu prüfen, ob er Anlass zu einer Lösung gegeben hat.

35 Im Falle des § 159 Abs. 1 Nr. 2 SGB III (Ablehnung einer Beschäftigung) ist unverzichtbare Voraussetzung, dass das Angebot der Arbeitsagentur so konkret war, dass der Arbeitssuchende die Zumutbarkeit der Beschäftigung prüfen konnte (BSG 52 S. 63). Außerdem muss er über die Rechtsfolgen der Ablehnung belehrt worden sein. Strukturell gleich geregelt sind die Sperrzeiten bei der Weigerung an einer Trainingsmaßnahme oder an einer Maßnahme der beruflichen Bildung teilzunehmen (§ 159 Abs. 1 Nr. 4 SGB III), bzw. bei deren Abbruch (§ 159 Abs. 1 Nr. 5 SGB III). Bei einem arbeitsvertragswidrigen Verhalten, das zu einer Arbeitgeberkündigung führte, muss geprüft werden, ob das Verhalten des Arbeitnehmers für die Kündigung und diese wiederum für die Arbeitslosigkeit kausal war. Das wäre zB nicht der Fall, wenn das Arbeitsverhältnis aus einem anderen Grund ohnehin beendet worden wäre.

Bei der Beurteilung der Frage, ob der Arbeitssuchende einen **wichtigen** 36 **Grund** für sein Verhalten hatte, sind die Interessen des Arbeitslosen und der Beitragszahler zu berücksichtigen. Dabei ist auf den Zeitpunkt der Kündigung bzw. des Lösens abzustellen. Der Arbeitnehmerkündigung muss ein Einigungsversuch vorausgehen, soweit dieser im Hinblick auf das Verhalten des Arbeitsgebers möglich und zumutbar ist (BSG SGb 2003 S. 477 mAnm Gitter). Dabei ist möglichst auf objektive Kriterien abzustellen (BSG 66 S. 94), obwohl auch weltanschauliche Gründe eine Rolle spielen können (BSG 51 S. 70; BSG 54 S. 7; BSG 58 S. 97; BSG 60 S. 158; LSG RhPf. Breith. 2010 S. 375). Wird ein unbefristetes in ein befristetes Arbeitsverhältnis umgewandelt, so ist darin grundsätzlich ein Lösen auch dann zu sehen, wenn dies im Rahmen einer **Altersteilzeitvereinbarung** geschieht. Eine Sperrzeit würde mit dem Ende der Freistellungsphase beginnen. Es besteht jedoch ein wichtiger Grund, wenn die Vereinbarung geschlossen wurde, um nahtlos von der Freistellungsphase in den Rentenbezug zu wechseln (BSG 104 S. 90). Dieser wichtige Grund entfällt nicht, wenn nachweisbar zunächst beabsichtigt worden war, nahtlos im Anschluss an eine Altersteilzeit eine Altersrente zu beziehen, diese Absicht aber später zugunsten einer Arbeitslosmeldung aufgegeben wurde (BSG NZS 2018 S. 533 mAnm Schnell, vgl. Müller, NZS 2017 S. 172). Zur Bemessungen des Arbeitslosgengeldes vgl. Rn. 27a. Die Gründe für Sperrzeiten sind vielfältig:

Relativ eindeutige Fälle sind die untertarifliche Bezahlung, eine Überforderung des Leis- 37 tungsvermögens des Arbeitslosen oder die Beeinträchtigung seiner Gesundheit infolge der Tätigkeit (BSG 71 S. 256; BSG SozR 4-4300 3 144 Nr. 4). In solchen Fällen ist immer ein wichtiger Grund für ein Lösung oder die Ablehnung gegeben. Für die Auflösung eines Lehrverhältnisses besteht ein wichtiger Grund, wenn es dem Auszubildenden an der Eignung mangelt (BSG 67 S. 26). Angesichts der Entwicklung auf dem Arbeitsmarkt zu bejahen ist die Frage, ob die Ablehnung einer Vermittlung in Leiharbeit einen Sperrzeittatbestand begründet (SG Hannover Breith. 1994 S. 476; LSG Ns. info also 1996 S. 70; BSG SGb 2002 S. 635 mAnm Roth). Wer bestimmte Kündigungsfristen einhalten musste, um auf einen Anschlussarbeitsplatz überzuwechseln, hat einen wichtigen Grund. Kein wichtiger Grund für eine Kündigung wird jedoch anerkannt, wenn ein neuer Arbeitsplatz noch nicht sicher in Aussicht steht. Ein wichtiger Grund ist auch anzunehmen: bei einer Kündigung wegen schleppender oder untertariflicher Lohnzahlung, bei **Mobbing** oder einer anderen völligen Zerrüttung des Betriebsklimas. Ein Mobbing ist nicht schon bei angemessener Kritik und Kontrollen anzunehmen. Es setzt vielmehr ein Verhalten voraus, dass den Arbeitnehmer aus der Betriebsgemeinschaft ausgrenzen, ihn geringschätzig behandeln, ihn von der Kommunikation ausschließen oder diskriminieren will. Auch die allgemeine Überforderung durch die Arbeit kann ein wichtiger Grund zur Kündigung durch den Arbeitnehmer darstellen. Auch eine angestrebte Maßnahme der Weiterbildung kann ein wichtiger Grund für eine Kündigung sein (BSG NJW 2006 S. 3517 mAnm Ricken; Hümmerich, NJW 2007 S. 1025; Schweiger, NZS 2016 S. 213). Die **Darlegungslast** dafür, dass kein wichtiger Grund vorliegt, liegt grundsätzlich bei der BA, es sei denn, die Gründe lägen in der Sphäre des Arbeitslosen (§ 159 Abs. 1 Satz 3 SGB III). Der Arbeitslose trägt auch den Nachteil, der daraus entsteht, dass er sich erst nachträglich auf das Vorliegen eines wichtigen Grundes beruft und eine Aufklärung nicht mehr möglich ist (BSG 71 S. 256). Besonders geregelt ist der Sperrzeitgrund des Meldeversäumnisses in § 159 Abs. 1 Nr. 6 SGB III (BSG SozR 4-4300 § 144 Nr. 22).

38 Gegenstand von Auseinandersetzungen um Sperrzeiten sind auch folgende Fälle: Bei der Kündigung zu dem Zweck die Ehe- oder Erziehungsgemeinschaft an einem anderen Ort fortzusetzen (Umzug) ist ein wichtiger Grund anzuerkennen. Wird ein Arbeitsverhältnis aufgelöst, weil der Arbeitnehmer zu seinem Ehepartner ziehen will, so wird ein wichtiger Grund anerkannt (BSG 43 S. 269). Das gilt aber grundsätzlich nicht beim Zuzug zum nichtehelichen Lebenspartner, es sei denn, die Eheschließung stünde unmittelbar bevor (BSG 64 S. 202; Sächs. LSG NZS 2002 S. 492; LSG Nds.-Brem. info also 2018 S. 51, 60 mAnm Bienert). Dabei ist es aber erforderlich, dass der Arbeitslose zumindest den Versuch unternommen hat, eine Vereinbarung über die Auflösung des Arbeitsverhältnisses zum geplanten Termin der Eheschließung zu erreichen. Diese restriktive Auslegung findet ihre Erklärung darin, dass den Arbeitnehmer eine sehr weitgehende Obliegenheit trifft, den Versicherungsfall der Arbeitslosigkeit zu vermeiden (BSG SozR 3-4100 § 119 Nr. 14). Ebenso ist der Fall zu beurteilen, in dem beide ein gemeinschaftliches Kind haben, also eine Erziehungsgemeinschaft begründen, da diese durch Art. 6 Abs. 1 GG geschützt ist (BSG 52 S. 276). Das galt bisher aber nicht für die eheähnliche Gemeinschaft ohne gemeinsame Kinder. Es liegt eigentlich nahe, dass sich die sozialgerichtliche Rechtsprechung im Sinne einer Angleichung an die Ehe ändert, dass dabei aber – wie durch das BVerfG – strenge Anforderungen an den Begriff der eheähnlichen Gemeinschaft gestellt werden (BVerfG 87 S. 264). Danach ist eine Gemeinschaft eheähnlich, wenn sie von einem gegenseitigen Einstehen füreinander geprägt ist. In diese Richtung hat der 7. Senat des BSG argumentiert und die Annahme eines wichtigen Grundes für möglich gehalten (BSG SGb 1999 S. 201, dazu Eichenhofer, SGb 1999 S. 167). Der 11. Senat des BSG hat dann allerdings der Auffassung vertreten, dass die Rechtsprechung des BVerfG für die Auslegung des wichtigen Grundes zumindest für die erstmalige Begründung einer nichtehelichen Lebensgemeinschaft nichts hergäbe (BSG SozR 3-4100 § 119 Nr. 16). Daraus zeichnet sich eine Rechtsprechung ab, die einen wichtigen Grund annimmt, wenn ein Zuzug zu dem bisher schon nichtehelichen Lebenspartner erfolgt (BSG SozR 3-4300 § 144 Nr. 10; BSG 90 S. 90; LSG Nds.-Brem. info also 2018 S. 60). Dasselbe muss man auch für den eingetragenen Lebenspartner annehmen, soweit es dieses Verhältnis noch gibt.

39 Größere Schwierigkeiten hat in den letzten Jahren **Erfordernis des Lösens** eines Beschäftigungsverhältnisses bereitet. Die bloße Hinnahme einer rechtmäßigen Kündigung durch den Arbeitgeber begründet keinen Sperrzeittatbestand. In der Hinnahme der Kündigung liegt nicht ein Lösen des Arbeitsverhältnisses. Mehr noch: angesichts der Tatsache, dass ein Lösen des Arbeitsverhältnisses immer eine aktive Mitwirkung des Arbeitnehmers voraussetzt, kann die Hinnahme einer Kündigung auch in anderen Fällen nicht als ein Lösen angesehen werden. Insoweit kann der Arbeitnehmer nach nicht unbestrittener Auffassung auch die objektiv rechtswidrige Kündigung folgenlos hinnehmen (Maties, NZS 2006 S. 73). Es gibt keine versicherungsrechtliche Obliegenheit, gegen den Ausspruch einer rechtswidrigen Arbeitgeberkündigung vorzugehen (BSG SGb 2003 S. 109 mAnm Wank). Davon zu unterscheiden ist die Tatsache, dass der Arbeitnehmer einer

Kündigung zuvorkommt oder dass er eine Aufhebungsvereinbarung schließt (Gagel, SGb 2006 S. 264). In diesem Falle löst er das Arbeitsverhältnis. Insbesondere wäre es als ein versicherungswidriges Verhalten, also als ein Verhalten, das die Interessen der anderen Versicherten verletzt, anzusehen, wenn der Arbeitnehmer dem Arbeitgeber das Risiko einer Kündigungsschutzklage dadurch abnimmt, dass er selbst kündigt oder eine Aufhebungsvereinbarung schließt. Ein solches Verhalten ist immer ein „Lösen". Das gilt selbst dann, wenn das Lösen im Rahmen eines arbeitsgerichtlichen Vergleichs erfolgt. In diesen und in anderen besonderen Fällen kann das Lösen jedoch gerechtfertigt sein. Das gilt im arbeitsgerichtlichen Vergleich dann, „wenn keine Gesetzesumgehung zu Lasten der Versichertengemeinschaft vorliegt (BSG SozR 4-4300 144 Nr. 17). Schon begrifflich kein Lösen durch den Arbeitnehmer ist demgegenüber darin zu sehen, dass er durch vertragswidriges Verhalten Anlass zu einer Kündigung gegeben hat. Diese Veranlassung des Lösens genügt als versicherungswidriges Verhalten jedoch für die Verhängung einer Sperrzeit nach § 159 Abs. 1 Nr. 1 SGB III. Zur Altersteilzeit vgl. oben Rn. 36.

Differenzierender ist der Abschluss einer **Aufhebungsvereinbarung** zu beurteilen. 40 Wird eine solche Vereinbarung innerhalb der laufenden Kündigungsschutzfrist getroffen, so handelt es sich um einen Fall der Lösung des Beschäftigungsverhältnisses. Ein Sperrzeittatbestand ist nur dann nicht verwirklicht, wenn der Arbeitslose einen wichtigen Grund für den Abschluss der Vereinbarung hatte. Die dafür maßgebenden Tatsachen hat der Arbeitnehmer dazulegen und nachzuweisen, sofern sie in seiner Sphäre oder seinem Verantwortungsbereich liegen (§ 159 Abs. 1 Satz 3 SGB III). Ein wichtiger Grund liegt nur vor, wenn die Kündigung durch den Arbeitgeber objektiv rechtmäßig war bzw. sein würde (BSG SGb 2004 S. 755 mAnm Gitter). Soweit ein Fall der **betriebsbedingten Kündigung** mit einem Abfindungsanspruch nach § 1a Abs. 2 KSchG gegeben ist, wird dieser trotz der Ähnlichkeit mit einer Aufhebungsvereinbarung als sperrzeitneutral angesehen (Voelzke, NZS 2005 S. 281; Eicher, SGb 2005 S. 558; Hümmerich, NJW 2007 S. 1025). Ebenso behandelt werden personenbezogene Gründe, sofern sie nicht verhaltensbedingt sind (vgl. Bienert, info also 2017 S. 158). Die Inanspruchnahme der vom Gesetzgeber in § 1a Abs. 2 KSchG angebotenen Möglichkeit kann nur als Rechtsfertigungsgrund angesehen werden. Dabei genügt es als Rechtfertigung, wenn sich der Arbeitnehmer angesichts der unvermeidlichen Beendigung des Arbeitsverhältnisses wenigstens die Abfindung sichern will. Nicht ganz unproblematisch war die Ankündigung des BSG in den Fällen des § 1a Abs. 2 KSchG „auf eine ausnahmslose Prüfung der Rechtmäßigkeit der Arbeitgeberkündigung" in Zukunft verzichten zu wollen (BSG NJW 2006 S. 3514 mAnm Ricken). Man wird vielmehr davon ausgehen müssen, dass ein Lösen des Beschäftigungsverhältnisses durch den Arbeitnehmer nicht allein durch § 1a Abs. 2 KSchG gerechtfertigt werden kann. Auf die Voraussetzung des Drohens einer rechtmäßigen Arbeitgeberkündigung wird man deswegen nicht verzichten können. Diese liegt noch nicht vor, wenn der Arbeitgeber Personal abbauen will und freiwillige Ausscheidungsvereinbarungen mit vergleichsweise hohen Abfindungen anbietet (Schweiger, NZS 2015 S. 328). Das BSG hat zur Frage der Rechtmäßigkeit der Arbeitgeberkündigung eine klarstellende Entscheidung getroffen. Wird in den Grenzen des § 1a Abs. 2 KüSchG eine Abfindungsvereinbarung abgeschlossen, so entfällt nach Auffassung des Gerichts die Prüfung der Rechtmäßigkeit der Arbeitgeberkündigung. Es hat aber ausdrücklich daran festgehalten, dass diese Kündigung drohen muss. Auch die Tatsache, dass diese Kündigung betriebsbedingt sein muss, steht außer Frage. Der Arbeitnehmer kann sich also auf das Vorliegen eines wichtigen Grundes berufen, es sei denn es bestehen Anhaltspunkte für eine Gesetzesumgehung zu Lasten der Versichertengemeinschaft (BSG 111 S. 1). Bei Überschreiten der in § 1a Abs. 2 KSchG genannten Beträge, können dennoch andere Umstände, dafür sprechen, dass ein wichtiger Grund für eine Änderungsvereinbarung bestanden hat (Bay. LSG NZS 2013 S. 674; aA Sächs. LSG info also 2013 S. 260). Ein Ruhen des Anspruchs, wie bei der Entlassungsentschädigung nach § 158 SGB III kommt bei Abfindung nach § 1a KSchG nicht in Betracht (BSG SGb 2017 S. 728 mAnm Schweiger).

41 Die Aufhebungsvereinbarung ist wiederum dann anders zu beurteilen, wenn die Höhe des Abfindungsanspruchs (0,5 Monatsverdienste pro Beschäftigungsjahr) von den gesetzlichen Vorgaben in § 1a Abs. 2 KSchG abweicht. In diesem Falle wird man eine Rechtfertigung nur annehmen können, wenn aus sonstigen Gründen, die etwa auch eine Arbeitnehmerkündigung rechtfertigen könnten, ein wichtiger Grund für den Abschluss der Vereinbarung vorliegt. Dies kann auch der Fall sein, wenn bei einer drohenden objektiv rechtmäßigen Kündigung durch den Arbeitgeber eine Aufhebungsvereinbarung geschlossen wird, die dem Arbeitnehmer als vorteilhaft für sein berufliches Fortkommen erscheint (BSG 95 S. 232). Es kann aber auch genügen, wenn nur durch die Aufhebungsvereinbarung der Beendigungszeitpunkt hinausgeschoben werden kann. Dasselbe gilt für eine Freistellung unter Fortzahlung des Arbeitsentgelts (kritisch dazu Schweiger, NZS 2015 S. 328, 333). Wieder anders ist der Abschluss eines gerichtlichen Vergleichs in einem Kündigungsschutzprozess zu beurteilen. Es ist nicht zu bestreiten, dass darin, ebenso wie in der Aufhebungsvereinbarung, ein Lösen zu sehen ist. Jedoch muss man dagegen Folgendes sagen: Wenn es keine Obliegenheit gibt, eine Kündigungsschutzklage zu erheben, dann gibt es auch keine Obliegenheit, diese Klage aufrechtzuerhalten. Das BSG behandelt einen entsprechenden Vergleich als ein Lösen. Nimmt dafür aber grundsätzlich einen wichtigen Grund an (BSG SozR 4-4300 § 144 Nr. 17). Ähnlich ist auch die Frage der **Abwicklungsvereinbarung** zu beantworten. Das BSG behandelt sie wie eine Aufhebungsvereinbarung (BSG 92 S. 74), sieht in ihr also jedenfalls dann ein Lösen, wenn sie noch innerhalb der Frist zur Erhebung einer Kündigungsschutzklage abgeschlossen wird. Typischerweise folgt jedoch die Abwicklungsvereinbarung einer Arbeitgeberkündigung. Damit kann sie den Tatbestand eines Lösens nicht erfüllen. Hierin ist nur die Hinnahme einer Kündigung zu sehen. Folglich verletzt der Arbeitnehmer keine sperrzeitrelevante Obliegenheit (Hümmerich NJW 2007 S. 1028; Panzer, NJW 2010 S. 11).

42 In der Sperrzeit werden keine Leistungen bei Arbeitslosigkeit erbracht. Zugleich verkürzt sich die Anspruchsdauer nach § 148 Abs. 1 Nr. 3 und 4 SGB III. Die Tage der Sperrzeit gehen also völlig verloren. Der Krankenversicherungsschutz wird nach der Neufassung des § 5 Abs. 1 Nr. 2 SGB V durch die Sperrzeit nicht mehr tangiert. Er bleibt also bestehen. Dies gilt jedoch nur für die Sperrzeit nach § 159 SGB III. Kommt es zu einer Sperrzeit nach § 161 Abs. 1 Nr. 2 SGB III, so erlischt gemäß § 161 Abs. 1 Nr. 2 SGB III der Anspruch auf Leistungen bei Arbeitslosigkeit. In diesem Falle besteht nur der Anspruch auf nachgehende Leistungen § 19 Abs. 2 SGB V). Sofern in dieser Zeit Leistungen nach den §§ 19 ff. SGB II in dem reduzierten Umfange des § 31 Abs. 2 Nr. 3 SGB II erbracht werden, besteht in Versicherungsschutz nach § 5 Abs. 1 Nr. 2a SGB V. Ist auch das nicht der Fall so greift der Krankenversicherungsschutz nach § 5 Abs. 1 Nr. 13 SGB V ein (vgl. § 4 Rn. 12–15).

Die Sperrzeit beginnt nach § 159 Abs. 2 SGB III an dem Tag, der auf das Ereignis folgt, das die Sperrzeit begründet. Dieser Tag gilt, unabhängig davon, „ob, wann und wie lange" der Arbeitslose Leistungen wegen Arbeitslosigkeit erhält bzw. erhalten würde (BSG 54 S. 41). Die Sperrzeit läuft also unabhängig von konkreten Leistungsansprüchen. Bei verspäteter Meldung als arbeitsuchend beginnt die Sperrzeit allerdings mit der Beschäftigungslosigkeit (BSG 125 S. 170). Zur Altersteilzeitvereinbarung vgl. oben Rn. 36. 43

Die Dauer der Sperrzeit ist, je nach dem Gewicht des Verstoßes, unterschiedlich lang (§ 159 Abs. 3–7 SGB III). Ihre regelmäßige Dauer beträgt bei Arbeitsaufgabe 12 Wochen. Unter den Voraussetzungen des § 159 Abs. 3 SGB III wird sie in Abhängigkeit von der Zeit, die das Arbeitsverhältnis noch gedauert hätte, verkürzt. Für die Ablehnung eines Arbeitsangebots gelten nach § 159 Abs. 4 SGB III entsprechende Grundsätze. Damit ist die Sperrzeitentscheidung in den letzten Jahren zunehmend flexibler gestaltet worden. Die Sperrzeit hat auch außerhalb der Regelungen des Arbeitsförderungsrechts Folgen. An sich hätte der Arbeitslose innerhalb der Sperrzeit uneingeschränkt einen Anspruch auf Leistungen zum Lebensunterhalt nach den §§ 19 ff. SGB II. Damit wäre aber die Sperrzeit insbesondere in den Fällen wirkungslos, in denen neben den Leistungen bei Arbeitslosigkeit wegen nicht ausreichender Höhe ohnehin ein Anspruch auf ergänzende Leistungen zum Lebensunterhalt besteht. Die Aufstockung des Arbeitslosengeldes ist nicht ausgeschlossen (vgl. § 5 Abs. 2 Satz 1 SGB II). Deswegen sind die Bestimmungen der Grundsicherung für Arbeitsuchende auf die Sperrzeit hin angepasst worden. Nach §§ 31 Abs. 2 Nr. 3, 31a Abs. 1 SGB II können die Leistungen zum Lebensunterhalt bei einer ersten Pflichtverletzung um 30 % der maßgebenden Regelleistung gekürzt werden, wenn bei dem Hilfesuchenden eine Sperrzeit oder das Erlöschen des Anspruchs festgestellt wurden oder zumindest deren Voraussetzungen vorliegen (§ 19a Rn. 48). 44

Zuständig ist die Bundesagentur für Arbeit. Die Arbeitsagenturen sind rechtlich nicht selbständig (vgl. § 12 Rn. 5). 45

§ 19a Leistungen der Grundsicherung für Arbeitsuchende

(1) **Nach dem Recht der Grundsicherung für Arbeitsuchende können in Anspruch genommen werden**
1. Leistungen zur Eingliederung in Arbeit,
2. Leistungen zur Sicherung des Lebensunterhalts.

(2) [1]**Zuständig sind die Agenturen für Arbeit und die sonstigen Dienststellen der Bundesagentur für Arbeit, sowie die kreisfreien Städte und Kreise, soweit durch Landesrecht nicht andere Träger bestimmt sind.** [2]**In den Fällen des § 6a des Zweiten Buches ist abweichend von Satz 1 der zugelassene kommunale Träger zuständig.**

Übersicht

1 Seit Anfang 2005 hat sich das Fürsorgesystem, vom Sozialhilferecht ausgehend, ausdifferenziert. Zum Verhältnis der einzelnen Gesetze zueinander ist Folgendes festzustellen: Das **SGB II** (Grundsicherung für Arbeitssuchende) trifft eine eigenständige Regelung nur für die Hilfe zum Lebensunterhalt. Innerhalb der Sozialhilfe, also im **SGB XII,** gibt es den eigenständigen Bereich der Grundsicherung im Alter und bei voller Erwerbsminderung (§§ 41 ff. SGB XII) sowie die eigentliche Basissicherung der Hilfe zum Lebensunterhalt (§§ 27 ff. SGB XII). Die bisherigen **Hilfen in besonderen Lebenslagen,** die nicht mehr als solche bezeichnet werden, finden weiterhin ausschließlich ihre Regelung im Sozialhilferecht (§§ 47 ff. SGB XII). Sie haben wegen ihrer spezifischen Ausrichtung, insbesondere auf Krankheit (§ 47 SGB XII), Behinderung (§§ 53 SGB XII; 90, 99 SGB IX) und Pflegebedürftigkeit (§ 61 SGB XII), abgesehen von § 67 SGB XII, wenig mit dem Thema „Armut" zu tun. Das gilt insbesondere auch deswegen, weil diese Leistungen auch den Personen zustehen, die deutlich über der Armutsgrenze leben (vgl. § 85 SGB XII). Die Hilfen in besonderen Lebenslagen werden an alle Personen erbracht, die einen entsprechenden Bedarf haben. Abgrenzungsprobleme zwischen dem SGB II und dem SGB XII können sich nur bei den Leistungen zum Lebensunterhalt ergeben (§§ 5 Abs. 2 Satz 1 SGB II, 21 Satz 1 SGB XII). Außerhalb des formellen Sozialrechts (§ 68) ist noch das Asylbewerberleistungsgesetz (AsylbLG) als unterster Regelungskomplex anzuwenden.

2 Als weiterer struktureller Wandel im gesamten Fürsorgesystem fällt ins Gewicht, dass die Leistungen zum Lebensunterhalt stärker als bisher pauschaliert worden sind. Das gilt in besonderem Maße für das SGB II, aber weniger ausgeprägt auch für das SGB XII. Insbesondere ist die bisherige Unterscheidung in laufende und einmalige Leistungen weitgehend aufgehoben worden. Einmalige Bedarfe, die jetzt treffender als abweichende Erbringung von Leistungen bezeichnet werden, kennen das SGB II und das SGB XII im Wesentlichen nur noch bei der Erstausstattung mit Wohnraum und Bekleidung, einschließlich Schwangerschaft und Geburt sowie bei der Ausstattung mit therapeutischen Geräten (§§ 24 Abs. 3 SGB II, 31 SGB XII). Diese Leistungen werden abweichend von dem System der pauschalierenden Regelbedarfe erbracht. Auch bei den Unterkunftskosten ist in begrenztem Umfange eine Pauschalierung möglich (§§ 22, 22b SGB II, 35 Abs. 2 SGB XII). Erstmals im Jahre 2011 hatte man den spezifischen Bedarf der Kinder erkannt und in diesem Zusammenhang auch den Abschnitt Bildung und Teilhabe ins Gesetz eingefügt (§§ 28, 29 SGB II, 34, 34a SGB XII).

3 Obwohl § 28 Abs. 3 Satz 1 SGB XII aF bestimmte: „Die Regelsätze werden so bemessen, dass der Bedarf nach Absatz 1 dadurch gedeckt werden kann", war die Kritik an der zu geringen Höhe der Regelsätze nie verstummt, wobei sozialpolitische Affinitäten unvermeidbar sind (vgl. Hanz, ZfSH/SGB 1999 S. 18; Fromman, NDV 2004 S. 246; Rothkegel, ZfSH/SGB 2011 S. 69; Lenze, NVwZ 2011 S. 1104; Butterwegge, SozSich 2017 S. 137; Künkler, SozSich 2017 S. 143). Das BVerfG hat Anfang 2010 das überkommene Regelsatzsystem, nicht jedoch die Höhe der einzelnen Regelsätze, beanstandet (unten Rn. 8; § 9 Rn. 3–7). Es hat vielmehr die Regelsätze des Jahres 2009 nicht als „evident unzureichend" bezeichnet, aber dem Gesetzgeber abverlangt, die Regelsätze in Zukunft transparent und

nachvollziehbar festzulegen (BVerfG 125 S. 175). Das geschieht heute auf der Grundlage der EVS nach den Bestimmungen der §§ 2 ff. RBEG). Weniger beachtet worden ist, dass das BVerfG einen sehr wunden Punkt des modernen Fürsorgesystems angesprochen hatte. Es handelt sich dabei um die strikte Pauschalierung, die für das SGB II, aber nicht für das SGB XII prägend war. Während pauschalierende Leistungen, etwa im Kinder- oder Wohngeldrecht kaum problematisch sind, weil der Gesetzgeber noch davon ausgehen kann, dass die Leistungsberechtigten über finanzielle Mittel verfügen, um individuell von der Mehrheit der Leistungsberechtigten abweichende Bedarfe zu decken, ist eine solche Annahme im Fürsorgesystem per definitionem ausgeschlossen, weil die Fürsorge prinzipiell erst dann eintritt, wenn beim Einzelnen die zur Bedarfsdeckung erforderliche Mittel nicht vorhanden sind. Demnach, so das BVerfG, muss ein Fürsorgesystem so organisiert sein, dass auch „atypische Bedarfe" gedeckt werden können. Das SGB II kannte diese Möglichkeit nicht. Sie wurde nach der Entscheidung des BVerfG erst durch § 21 Abs. 6 SGB II geschaffen. Verfassungsrechtlich interessant ist daran, dass – ohne eine einfachgesetzliche Regelung – am Tag nach der Entscheidung, also ab dem 10.2.2010, der atypische Bedarf unmittelbar nach Art. 1 Abs. 1 GG zu decken war (BVerfG 125 S. 175; dazu Schulz, SGb 2010 S. 201; Rothkegel, ZfSH/SGB 2010 S. 135). In der früheren Regelung des § 3 Abs. 3 SGB II wurde im Zusammenhang mit der Einfügung des § 21 Abs. 6 SGB II folgender Zusatz gestrichen: „Eine davon abweichende Festlegung der Bedarfe ist ausgeschlossen." Mit dieser Streichung ist zwar noch immer kein **Individualisierungsprinzip,** das dem § 9 SGB XII entsprechen würde, in das SGB II eingefügt worden, aber es ist jedenfalls das Verbot einer Individualisierung aufgehoben worden. Die Praxis wird daraus noch die Konsequenz ziehen müssen, dass § 33 SGB I uneingeschränkt auch in der Grundsicherung für Arbeitsuchende anzuwenden ist (§ 37 Satz 2 SGB I). Das gilt insbesondere für die Leistungen nach § 24 Abs. 3 SGB II, die, anders als die Regelsätze, nicht dem Umfange nach bestimmt sind.

Eine Pauschalierung von Leistungen ist nie ganz unproblematisch. Das gilt 4
insbesondere, wenn die Verwaltung aus Vereinfachungsgründen solche Pauschalen bildet. Schon unter Geltung des BSHG war allgemein anerkannt, dass durch eine weitgehende Pauschalierung die Bedarfsdeckung gefährdet sein kann (BVerwG 35 S. 178). Das gilt insbesondere dann, wenn ein individueller Bedarf deutlich von dem Modell, nach dem die Pauschale aufgebaut ist, abweicht. Der bisher gegebene Zusammenhang zwischen Bedarfsdeckungs- und Individualisierungsprinzip wird im neuen Recht nur noch sehr abgeschwächt fortgeführt. Obwohl das Individualisierungsprinzip vor allem im SGB XII nicht ausdrücklich aufgegeben worden ist (§ 9 SGB XII), sind die Möglichkeiten einer Anpassung der Leistungen an den individuellen Bedarf äußerst begrenzt (§§ 21 Abs. 6 SGB II; 27a Abs. 4 Satz 1 SGB XII). Hat der Gesetzgeber selbst pauschaliert, so kann auch § 33 SGB I daran nichts ändern, denn die Vorschrift setzt voraus, dass der Inhalt von Rechten … nicht im einzeln bestimmt ist.

1. Systematik der Grundsicherung für Arbeitsuchende

Die neue Leistung nach dem SGB II, die teilweise die überkommene Sozialhilfe 5
abgelöst hat, müsste eigentlich Arbeitslosenhilfe heißen, da sie nicht einkommens-, sondern bedarfsorientiert ist. Insbesondere ist die Bezeichnung als Arbeitslosengeld II ungenau, da die Leistungen eben keine Fortsetzung des Arbeitslosengeldes I sind. Auch als Grundsicherung für Arbeitsuchende ist sie nicht richtig bezeichnet.

Die Leistung wird vielmehr auch an diejenigen erbracht, die durch ihre Arbeit kein bedarfsdeckendes Einkommen erzielen. Neben der Grundsicherung für Arbeitsuchende haben wir aber noch das überkommene Fürsorgesystem (Sozialhilfe), das seinen Standort im SGB XII gefunden hat. Dieses System wendet sich vor allem an Personen, die für den Arbeitsmarkt nicht (mehr) in Betracht kommen. Insoweit haben wir im neuen Recht mit dem SGB II und dem SGB XII zwei konkurrierende und einander ausschließende Teilsysteme der Fürsorge. Das betrifft aber **nur die Leistungen zum Lebensunterhalt.** Alle anderen Leistungen (§§ 47 ff. SGB XII) sind von den Ausschlussregelungen nicht erfasst (§§ 5 Abs. 2 Satz 1 SGB II, 21 Satz 1 SGB XII).

6 Ein Anwendungsproblem zwischen dem SGB II und dem SGB XII ergibt sich aus der Regelung des § 5 Abs. 2 Satz 1 SGB II. Auch diese Regelung erklärt sich letzten Endes daraus, dass das SGB II nicht stringent als ein Fürsorgegesetz konzipiert worden ist. Die Vorschrift lautet: „Der Anspruch auf Leistungen zur Sicherung des Lebensunterhalts nach diesem Buch schließt Leistungen nach dem Dritten Kapitel des Zwölften Buches aus." Dieser Ausschluss gilt schon nicht mehr für die Grundsicherung im Alter und bei voller Erwerbsminderung (vgl. aber §§ 7 Abs. 1 Satz 1 Nr. 3 SGB II, 41 Abs. 3 SGB XII), und schon gar nicht für die Hilfen in besonderen Lebenslagen nach den §§ 47 ff. SGB XII. Er erstreckt sich aber auf alle Leistungen zum Lebensunterhalt. Über den Regelbedarf (§ 20 SGB II) und die Unterkunftskosten hinaus (§ 22 SGB II) gehören dazu auch Mehrbedarfe (§ 21 SGB II), die anderen abweichenden Bedarfe des § 24 SGB II, Zuschüsse zu Versicherungsbeiträgen (§ 26 SGB II) und die Leistungen für Bildung und Teilhabe (§ 28 SGB II).

7 Die Ausschlussregelung ist solange unproblematisch, als nach dem SGB II und dem SGB XII gleichartige Leistungen erbracht werden. Jedoch enthalten die §§ 27 ff. SGB XII weitergehende Leistungen bei Sonderbedarfen. Von diesen sind die Empfänger des Arbeitslosengeldes II ausgeschlossen. In der Tatsache, dass gemäß § 27a Abs. 4 Satz 1 SGB XII der Regelsatz an den individuellen Bedarf angeglichen werden kann, dies aber nach den §§ 20, 23 SGB II nicht möglich ist, hat das BVerfG einen Verstoß gegen Art. 3 Abs. 1 GG gesehen (BVerfG 125 S. 175; dazu Schulz, SGb 2010 S. 201). Bei der Bedarfsdeckung muss man zwei Fragen unterscheiden: Einmal geht es um die absolute Höhe der Leistungen, also um die Frage, ob eine Regelleistung von zzt. 424 € den notwendigen Lebensbedarf deckt (§ 20 Abs. 2 SGB II). Da das Bedarfsdeckungsprinzip zwar von einer gewissen Standardisierung des Bedarfs bei allen Berechtigten ausgeht, aber andererseits immer auch individualisieren muss, ergibt sich die zweite Frage daraus, ob im Gesetz dafür Sorge getragen ist, dass der standardisierte (oder pauschalierte) Bedarf an die individuellen Verhältnisse angepasst werden kann. Das war bisher im SGB II praktisch ausgeschlossen. Auch die Regelung des § 21 Abs. 6 SGB II, die einen nicht näher eingegrenzten Mehrbedarf kennt, hat das Problem nicht gänzlich behoben. Hat ein Leistungsberechtigter einen solchen atypischen Bedarf (unten Rn. 30b), dann werden ihm Leistungen nur unter engen Voraussetzungen erbracht. Diese werden im Gesetz dadurch charakterisiert, dass der besondere Bedarf nicht nur einmalig sein darf, und dass er nicht durch Einsparmöglichkeiten gedeckt werden kann. Das bedeutet im Ergebnis, dass derjenige, der einen atypischen Bedarf hat, uU dauerhafte Einschränkungen in seiner Lebensführung hinnehmen muss, die anderen Leistungsberechtigten nicht zugemutet werden (vgl. unten Rn. 26).

Mit dem in § 20 Abs. 2 SGB II gesetzlich festgelegten Regelbedarf soll der notwendige Lebensunterhalt der Berechtigten gedeckt werden. Ob die Beträge ausreichend sind, den Bedarf zu decken, ist seit Jahren Gegenstand von Auseinandersetzungen (§ 9 Rn. 3–7). Im Prinzip geht es um eine verfassungsrechtliche Frage. Das Existenzminimum ist in Art. 1 Abs. 1 Satz 1 GG garantiert. In dieser Auseinandersetzung hat sich die Rechtsprechung nie auf bestimmte Beträge festgelegt. Auch das BVerfG hat dies nicht getan (vgl. § 9 Rn. 3–7). Die Frage der Höhe der Regelleistung ist wohl auch nicht so bedeutsam, wie die der Möglichkeit ihrer Anpassung an den individuellen Bedarf. In einem Fürsorgesystem kann man sich nicht darauf beschränken zu sagen, im Allgemeinen werde durch die Leistungen der notwendige Lebensbedarf gedeckt. Art. 1 GG ist ein Individualgrundrecht. Es ist also dafür Sorge zu tragen, dass die Menschenwürde eines jeden Einzelnen gewährleistet ist. Dabei hatte sich der Gesetzgeber selbst in Widersprüche verwickelt. In § 20 Abs. 2 SGB II ist der Regelbedarf als feste und unveränderbare Größe gesetzlich fixiert worden. Demgegenüber kann nach der Parallelvorschrift des § 27a Abs. 4 Satz 1 SGB XII der Regelsatz je nach dem individuellen Bedarf erhöht oder vermindert werden. Diese Flexibilität der Leistung ist Ausdruck der Tatsache, dass ein Fürsorgesystem, das den Bedarf auf der untersten Stufe deckt, einen gewissen Spielraum für individuelle Bedarfe haben muss. Es kann nicht davon ausgegangen werden, dass auch dort, wo kaum noch eine Möglichkeit für die finanzielle Gestaltung durch den Leistungsberechtigten bleibt, alle Bedarfe in etwa gleich sind. Dies hatte das BSG zum Anlass genommen, seinen Vorlagebeschluss an das BVerfG mit dem Verstoß gegen Art. 3 Abs. 1 GG zu begründen (BSG B 14/11b AS 9/07 R, juris). **8**

Die Erklärung für diesen Widerspruch findet sich nicht etwa in dem Bestreben, Einsparungen zu erreichen. Dazu ist die Gruppe derer, die einen abweichenden Bedarf hat, zu gering. Die Erklärung findet sich vielmehr in der Begründung zur Auszahlungsregelung des § 42 SGB II. Man wollte erreichen, dass die Auszahlung der Leistungen in einem automatisierten Verfahren erfolgen kann (BT-Drs. 15/1516 S. 63). Ein Individualisierungsprinzip verträgt sich aber nicht mit der EDV. Zwar haben die Gerichte dem Gedanken der Verwaltungsvereinfachung immer ihren Tribut gezollt. Es stößt aber an verfassungsrechtliche Grenzen, wenn man dies auch am unteren Ende des Fürsorgesystems tut. **9**

Das Gesetz arbeitet nach dem Prinzip des „Forderns und Förderns" (§§ 14–16h SGB II. Die Vorschrift über das Fördern ist in § 16 SGB II relativ ausführlich gefasst worden. Das praktische Instrument der Förderung ist der Abschluss einer Eingliederungsvereinbarung nach § 15 SGB II. Ein grundsätzlicher Mangel besteht in Folgendem: Viele Personen, die Schwierigkeiten auf dem Arbeitsmarkt haben, sind völlig unabhängig vom Erwerbsleben auf psycho-soziale Hilfen angewiesen. Ihre Problemlage hat viele Dimensionen, von denen die Arbeit nur eine ist. Das betrifft psychisch Kranke ebenso wie Wohnungslose. Sie erhalten zwar weiterhin Hilfen in besonderen Lebenslagen nach den §§ 47 ff. SGB XII. Es besteht aber eine gewisse Gefahr, dass dies auf der Basis unterschiedlicher sachlicher Zuständigkeiten, nämlich des Jobcenters und des Sozialhilfeträgers, und damit ohne Abstimmung der Erfordernisse des Arbeitsmarktes mit anderen Problembereichen erfolgt. So beschränkt sich die „ganzheitliche und umfassende Betreuung" nach § 16a SGB II auf die Eingliederung in Arbeit. Es gibt aber Lebensweisen angesichts derer an eine Eingliederung in Arbeit (noch) nicht zu denken ist. In diesen Fällen sind Leistungen nach § 67 SGB XII zu erbringen. Lediglich in einem Punkt hat der Gesetzgeber des SGB II diesem Umstand Rechnung getragen, ohne **10** dass dies bisher praktische Konsequenzen hat: „Soweit bestimmte Maßnahmen nicht auf die sofortige Integration in Arbeit abzielen, sondern zunächst helfen sollen, die Arbeits- und Beschäftigungsfähigkeit von erwerbsfähigen Hilfebedürftigen wiederherzustellen, sind hierzu von der Bundesagentur geeignete Indikatoren zu entwickeln" (BT-Drs. 15/1516 S. 65). Der Gesetzestext kennt den Begriff der „Beschäftigungsfähigkeit" als Alternative zur Erwerbsfähigkeit nicht. Insbesondere hat er vor diesem Hintergrund, für die Anwendung der §§ 31 ff. SGB II keine Differenzierung vorgesehen. Dies wird auf der Grundlage der Rechtsprechung des BVerfG geändert werden müssen (unten Rn. 13).

11 Der Ausrichtung des SGB II auf die Arbeit entspricht auch das Verständnis, dass diese Arbeit nicht mehr nur eine Form der Hilfe zur Selbsthilfe ist, sondern auch eine Gegenleistung an die Gesellschaft, die die materiellen Leistungen erbringt. Immerhin wird man sagen müssen, dass entgegen der Kritik, zumindest im Gesetzestext der Gesichtspunkt des Förderns gegenüber dem Fordern nicht zu kurz kommt. Das ergibt sich aus § 16 Abs. 1 SGB II, der die aktive Arbeitsförderung des SGB III in das SGB II integriert. Insbesondere ist die nach § 15 SGB II abzuschließende Eingliederungsvereinbarung nichtig, wenn sie nicht ein angemessenes Verhältnis von Leistung und Gegenleistung beinhaltet (BSG 123 S. 69 zu § 37 SGB III). Werden Leistungen erbracht, dann muss der Hilfebedürftige auch zur Arbeit bereit sein. Ist das nicht der Fall, so setzt allerdings ein recht empfindlicher und auch unflexibler Sanktionsmechanismus ein (unten Rn. 48). Andererseits verschafft der sog. 1-Euro-Job dem Hilfebedürftigen ein Zusatzeinkommen, das nicht auf die Leistungen angerechnet wird (§ 16d SGB II). Bei anderen Einkünften aus einer Erwerbstätigkeit kennt das Gesetz in § 11b Abs. 2 und 3 SGB II Freibeträge als Arbeitsanreiz.

12 Im Einzelnen gliedert sich das Instrumentarium zur Eingliederung in Arbeit unter weitgehender Einbeziehung der Bestimmungen des SGB III, wie folgt:

- Das komplizierte Verhältnis zum SGB III ist in § 16 Abs. 1–3a SGB II geregelt. Um das Verhältnis von SGB II und SGB III vollständig zu bestimmen, ist immer auch § 22 Abs. 4 SGB III heranzuziehen.
- Die Arbeitsgelegenheiten, also hauptsächlich der 1-€-Job, sind in § 16d SGB II geregelt (§ 16d Abs. 7 SGB II). Grundsätzlich gebührt einer Beschäftigung auf dem allgemeinen Arbeitsmarkt der Vorrang.
- Langzeitarbeitslose erhalten eine besondere Förderung nach § 16e SGB II. Gemäß § 16i SGB II können Zuschüsse an Arbeitgeber geleistet werden. Das Einstiegsgeld nach § 16b SGB II bietet Anreiz zur Arbeitsaufnahme.
- An andere Problemgruppen sind nach § 16a SGB II kommunale Eingliederungsleistungen zu erbringen. Dazu gehören auch die Sucht- und Schuldnerberatung.
- Zur Eingliederung des eher schwierigen Klientels kann die Agentur für Arbeit die gesetzlichen geregelten Eingliederungsleistungen durch Leistungen der freien Förderung erweitern (§§ 16f, 16h SGB II).
- Da sich das SGB II an alle Erwerbsfähigen wendet, waren auch Regelungen für Selbständige erforderlich. Sie sind in § 16c SGB II getroffen worden. Danach können neben den Leistungen zum Lebensunterhalt auch Eingliederungsleistungen und Zuschüsse zur Aufnahme einer wirtschaftlich tragfähigen selbständigen Tätigkeit gewährt werden.

13 An sich steht vor diesem gesetzlichen Hintergrund ein brauchbares Instrumentarium zur Eingliederung in Arbeit zur Verfügung. Im Zusammenhang mit der Sanktionsregelung des § 31 SGB II hat der Gesetzgeber jedoch wenig Gespür für die Problemgruppen des Arbeitslebens entwickelt. Auch der Grundsatz der Verhältnismäßigkeit der Mittel ist dabei aus dem Blickfeld geraten. Nach dem Wortlaut der Vorschrift kommt es zu Einschränkungen oder zum Wegfall der Leistung ohne Ansehen der Person oder des Gewichts eines Verstoßes. Lediglich in der Begründung zu § 54 SGB II klingt an, dass die Verwaltung auch bei erwerbsfähigen Leistungsberechtigte helfen soll, die Arbeits- und Beschäftigungsfähigkeit wiederherzustellen (BT-Drs. 15/1516 S. 63). Das ist ein schwacher Hinweis darauf, dass die Vorschrift des § 31 SGB II nicht mit voller Schärfe angewandt werden darf. Vielmehr ist einer Arbeitsentwöhnung oder einer Selbsthilfeunfähigkeit durch verständnisvolle Förderung entgegenzuwirken. Dies entspricht auch einem älteren verfassungsrechtlichen Gebot (BVerfG 35 S. 235). Es ist damit zu rechnen, dass es auf der Grundlage der Rechtsprechung des BVerfG zu einer Änderung der §§ 31 ff. SGB II kommt, die sich im Grundsatz an § 39a SGB XII orientieren muss (BVerfG 1BvL 7/16; Mushoff, NZS 2018 S. 153; Schwarz, NDV 2019 S. 97).

2. Berechtigter Personenkreis

Für die Hilfe zum Lebensunterhalt nach dem SGB II, die nicht ab Kenntnis, wie nach § 18 Abs. 1 SGB XII, sondern nur auf Antrag gewährt wird (§ 37 SGB II), ergibt sich das folgende Verhältnis: Alle Personen im Alter zwischen 15 und 65 Jahren, bzw. der erhöhten Altersgrenze (§ 7a SGB II) erhalten bei Hilfebedürftigkeit als **Berechtigte** Leistungen nach den §§ 19 ff. SGB II, wenn sie erwerbsfähig sind und einen gewöhnlichen Aufenthalt im Inland haben (§ 7 SGB II). Dasselbe gilt für Mitglieder von Bedarfsgemeinschaften (§ 7 Abs. 2 Satz 1 SGB II). Zu den Leistungsausschlüssen für **Ausländer** vgl. § 30 Rn. 51 ff.). **14**

Entscheidende Leistungsvoraussetzung im SGB II ist die **Erwerbsfähigkeit.** **15** Sie „lehnt sich" an die Rentenversicherung an (§ 8 SGB II). Voraussetzung ist also im Wesentlichen, dass die Fähigkeit gegeben ist, in absehbarer Zeit – die Praxis nimmt einen Zeitraum von sechs 6 Monaten an – voraussichtlich, mindestens drei Stunden täglich erwerbstätig sein zu können. Ausgeschlossen sein kann die Erwerbsfähigkeit nur wegen Krankheit oder Behinderung (§ 8 Abs. 1 SGB II). Andere Probleme, wie etwa eine extreme soziale Randständigkeit, haben keinen Einfluss auf die Erwerbsfähigkeit, und zwar auch dann nicht, wenn die Fähigkeit, einer Arbeit nachzugehen, erheblich eingeschränkt ist.

Auch Eltern, die aufsichtsbedürftige Kinder zu betreuen haben, sind im Sinne **16** der §§ 7 und 8 SGB II erwerbsfähig und erhalten Leistungen nach den §§ 19 ff. SGB II. Ihnen wird jedoch unter den Voraussetzungen des § 10 Abs. 1 Nr. 3 SGB II keine Arbeit zugemutet. Insbesondere im Hinblick auf diese Regelung ergeben sich für allein erziehende Elternteile gegenüber dem bisherigen Recht keine zusätzlichen Nachteile. Ist das Kind noch nicht drei Jahre alt, so kann dem Elternteil eine Arbeit nicht zugemutet werden. Er kann sich allerdings für eine Arbeit entscheiden und kann dazu vom Jobcenter nach § 16a Nr. 1 SGB II zusätzliche Hilfe erhalten. Wer als nicht erwerbsfähiger Angehöriger mit einem nach dem SGB II Berechtigten in Bedarfsgemeinschaft lebt, das sind also vor allem Kinder bis zum vollendeten 14. Lebensjahr, erhält nach §§ 19 Abs. 1 Satz 2, 23 SGB II ein Sozialgeld (BSG 97 S. 231). Das Sozialgeld wird nicht gezahlt, wenn ein Anspruch auf Leistungen der Grundsicherung nach den §§ 41 ff. SGB XII besteht (§ 19 Abs. 1 Satz 2 SGB II). In der Praxis betrifft das häufig Kinder, die wegen einer Behinderung erwerbsunfähig sind und das 18. Lebensjahr vollenden

(§ 41 Abs. 3 SGB XII). Dabei schließt jedoch ein lediglich dem Grunde nach bestehender Anspruch nach § 41 SGB XII den Anspruch auf Sozialgeld nicht aus (BSG NZS 2019 S. 277). Geringere praktische Bedeutung haben in diesem Zusammenhang auch die §§ 7 Abs. 3 Nr. 2, 19 Abs. 1 Satz 2 SGB II. Danach können nicht erwerbsfähige Eltern mit ihren Kindern in Bedarfsgemeinschaft leben, ohne dass schon die Voraussetzungen des § 41 Abs. 3 SGB XII erfüllt sein müssten. In diesem Falle wird nach §§ 19 Abs. 1 Satz 2, 23 SGB II Sozialgeld gezahlt.

17 Da § 7 Abs. 4a SGB II die Erreichbarkeits-Anordnung für entsprechend anwendbar erklärt hat, werden Leistungen grundsätzlich nicht erbracht, wenn sich die Hilfebedürftige außerhalb des zeit- und ortsnahen Bereichs des Jobcenters aufhält (§§ 2, 3 EAO). Von den Leistungen der Grundsicherung für Arbeitsuchende waren bisher Auszubildende nach Maßgabe des § 7 Abs. 5 SGB II aF ausgeschlossen. Dieser Ausschluss hat sich als nicht haltbar erwiesen. Durch Neufassung des § 7 Abs. 5 und 6 SGB II sind **Auszubildende** in größerem Umfange in das Leistungssystem der Grundsicherung für Arbeitsuchende einbezogen worden. Das bedeutet im Ergebnis, dass die Ausbildungsförderung durch Leistungen nach den §§ 19 ff. SGB II aufgestockt werden kann. Im Grundsatz gilt das jedoch nicht für Studierende, die nicht bei ihren Eltern leben (im Einzelnen § 18 Rn. 25 ff.)

18 Ein weiterer Ausschlussgrund besteht nach § 7 Abs. 4 SGB II bei stationärer Unterbringung. Er führt zumeist ins SGB XII und dort in der Regel zur Anwendung des § 27b SGB XII. Nur die Sozialhilfe kennt den notwendigen Lebensunterhalt in Einrichtungen. Im Grundsatz gilt Folgendes: Kein Arbeitslosengeld II wird bei stationärer Unterbringung geleistet (§ 7 Abs. 4 Satz 1 SGB II). Als stationäre Unterbringung gilt auch der Freiheitsentzug (Straf- und Untersuchungshaft, Maßregelvollzug, landesrechtliche Unterbringung, Unterbringung durch den Betreuer mit richterlicher Genehmigung). Dazu ist auch der offene Vollzug im Sinne des § 10 StVollzG zu rechnen. Man mag ihn nicht mehr als richterlich angeordneten Freiheitsentzug ansehen. (LSG Bln.-Brandbg. ZfSH/SGB 2009 S. 562; LSG Nds.-Brem. FEVS 70 S. 181). In § 7 Abs. 4 Satz 2 SGB II ist aber der „Aufenthalt" in einer freiheitsentziehenden Einrichtung dem Aufenthalt in einer stationären Einrichtung gleichgestellt. Dieser ist auch im offenen Vollzug möglich und der stationären Unterbringung gleich gestellt (BSG SGb 2012 S. 172 mAnm Hammel). In allen Vollzugsformen, auch in der Untersuchungshaft ist § 27b Abs. 2 Satz 1 SGB XII hinsichtlich des Anspruchs auf einen Barbetrag zur persönlichen Verfügung entsprechend anzuwenden (BSG SozR 4-3500 § 27b Nr. 1; LSG Nds.-Brem. FEVS 70 S. 181). Insgesamt aber kann die Regelung zu dem wenig sinnvollen Ergebnis führen, dass ein Strafgefangener während der Strafhaft arbeitslosenversichert war. Nach seiner Entlassung in eine Übergangseinrichtung erhält er zunächst Arbeitslosengeld I. Die §§ 136 ff. SGB III stellen nicht auf den Aufenthalt in einer stationären Einrichtung, sondern auf die Verfügbarkeit ab (§ 138 Abs. 5 SGB III). Läuft das Arbeitslosengeld aus, so erhält der Strafentlassene in einer Übergangseinrichtung gemäß § 7 Abs. 4 Satz 1 SGB II kein Arbeitslosengeld II, sondern Leistungen der Sozialhilfe (§§ 27b SGB XII). Verlässt er die Übergangseinrichtung, so erhält er Arbeitslosengeld II.

19 In § 7 Abs. 4 Satz 3 Nr. 1 und 2 SGB II werden zwei Ausnahmen vom Ausschluss geregelt: Es bleibt beim Bezug von Arbeitslosengeld II, wenn eine Unterbringung im Krankenhaus oder einer medizinischen Rehabilitationseinrichtung voraussichtlich weniger als 6 Monate dauert (Nr. 1). Bei der Bestimmung des

Zeitraumes kommt aus nur auf die Prognose bei der Aufnahme in die Einrichtung an. Arbeitslosengeld II wird auch gezahlt, wenn ein stationär Untergebrachter (zB in einem Übergangsheim für Strafentlassene) während dieser Unterbringung mindestens 15 Stunden in der Woche erwerbstätig ist (Nr. 2).

Die entscheidenden Merkmale, die das BSG zu § 7 Abs. 4 SGB II herausstellt 20 bestehen in Folgendem: Tragender Gesichtspunkt für eine Zuweisung zum SGB II oder zum SGB XII ist die Annahme, dass der in einer Einrichtung Untergebrachte auf Grund der Vollversorgung und auf Grund seiner Einbindung in den Tagesablauf der Einrichtung räumlich und zeitlich so weitgehend fremdbestimmt ist, dass er für die für das SGB II im Vordergrund stehenden Integrationsbemühungen zur Eingliederung in Arbeit nicht oder nicht ausreichend zur Verfügung steht (BSG SGb 2008 S. 664 mAnm Hannes; BSG SGb 2015 S. 509 mAnm Harich).

Im Kontext der Abgrenzung von SGB II und SGB XII ist der Begriff der 21 Einrichtung im Sinne im Sinne des § 7 Abs. 4 Satz 1 SGB II also danach zu bestimmen, ob durch die Betreuung in einer Einrichtung die Möglichkeit zur Aufnahme einer mindestens 15stündigen wöchentlichen Erwerbstätigkeit auf dem allgemeinen Arbeitsmarkt ausgeschlossen ist. Mit dem Merkmal der Fremdbestimmung knüpft das BSG in der Tat an das wichtigste Merkmal des überkommenen, sozialhilferechtlichen Einrichtungsbegriffs an. Es modifiziert ihn in die Richtung einer deswegen **ausgeschlossenen Möglichkeit einer Arbeit nachzugehen.** Insoweit ist die Entscheidung des BSG als sinnvolle Fortentwicklung des sozialhilferechtlichen Einrichtungsbegriffs anzusehen. Dem Aufenthalt in einer Einrichtung im Sinne des Sozialrechts wird der richterlich angeordnete Freiheitsentzug gleichgestellt (§ 7 Abs. 4 Satz 2 SGB II). Dabei ist auf den vollzugsrechtlichen Begriff abzustellen. Es kommt nur auf die richterliche Anordnung an. Deswegen fällt auch der offene Vollzug unter § 7 Abs. 4 Satz 2 SGB II (vgl. BSG FEVS 68 S. 174).

Insgesamt ist also zunächst festzustellen, ob eine Betreuungsform stationär ist. 22 Wird diese Frage bejaht, so erfolgt ein Ausschluss vom SGB II nach Maßgabe des § 7 Abs. 4 SGB II. Im SGB II verbleibt, wer 15 Stunden wöchentlich auf dem allgemeinen Arbeitsmarkt erwerbstätig ist. Es genügt also nicht, dass er erwerbstätig sein könnte. Die Tätigkeit muss ausgeübt werden. Man kann allenfalls die Auffassung vertreten, dass derjenige, der trotz der Einbeziehung in das Betreuungskonzept einer Einrichtung noch in der Lage ist, 15 Stunden wöchentlich zu arbeiten, ohne dass er dies aktuell tun müsste, wegen des ihm verbliebenen Freiraums nicht „vollstationär" untergebracht ist (LSG BW FEVS 63 S. 311). Hiermit wird jedoch nur der Begriff der Einrichtung modifiziert. Die Anwendung des § 7 Abs. 3 Satz 3 Nr. 2 SGB II setzt jedoch voraus, dass der stationär Untergebrachte erwerbstätig „ist".

Eine Sonderregelung wird in § 7 Abs. 4 Satz 3 Nr. 1 SGB II für den Aufenthalt 22a in einem Krankenhaus oder einer Rehabilitationseinrichtung getroffen. Diese ist von dem Grundgedanken bestimmt, dass ein Wechsel vom SGB II in das SGB XII lediglich für kurze Zeit vermieden werden soll. Wer also aus einem stationären Aufenthalt im Sinne des § 13 Abs. 1 SGB XII für kurze Zeit in ein Krankenhaus wechselt, verbleibt im Leistungsbezug nach dem SGB XII (BSG SGb 2016 S. 647 mAnm Busse). Bei der Aufnahme in ein Krankenhaus ist eine Prognose zu erstellen. Ergibt sich, dass der Aufenthalt länger als sechs Monate dauern wird, so werden von Anfang an keine Leistungen nach dem SGB II erbracht. Dabei sind verschiedene stationäre Aufenthalte zusammenzurechnen, soweit die Prognose über die Aufenthaltsdauer dies zulässt. Dies kommt insbesondere bei Suchttherapien vor, weil bei ihnen klar ist, dass auf die Entzugsbehandlung eine Entwöhnungsbehandlung erfolgt. Stellt sich etwa im Verlauf einer Behandlung, deren Dauer anfangs mit mehr als sechs Monaten prognostiziert wurde, heraus, dass einer Dauer von weniger als sechs Monaten erforderlich ist, so ist die Prognose geändert und es werden ab diesem Zeitpunkt Leistungen nach dem SGB II erbracht.

22b In diesem Zusammenhang wird die Auffassung vertreten, sofern eine Prognose nicht möglich ist, werden Leistungen nach dem SGB II erbracht. Dies soll sich aus dem Rechtsgedanken des § 44a Abs. 1 Satz 7 ergeben (Eicher/Luik/G. Becker, SGB II § 7 Rn. 151). Dem ist nicht zu folgen. In § 7 Abs. 4 Satz 3 SGB II ist geregelt, dass Leistungen nach dem SGB II erhält, wer voraussichtlich „für weniger als sechs Monate in einem Krankenhaus … untergebracht ist. Ist eine Prognose nicht möglich, so kann eben dies nicht voraus gesehen werden. Zutreffender Weise kann man zwar nach § 44a Abs. 1 Satz 7 SGB II im Widerpruchsverfahren über die Erwerbsfähigkeit davon ausgehen, dass im Zweifel von einer Erwerbsfähigkeit auszugehen ist und Leistungen nach dem SGB II zu erbringen sind. Dies hat aber für § 7 Abs. 4 SGB II aus folgendem Gesichtspunkt keine Bedeutung:

22c Unzutreffender Weise wird häufig die Auffassung vertreten, die Regelung des § 7 Abs. 4 SGB II regele einen Fall vermuteter Erwerbsunfähigkeit. Dies beruht auf einer Fehleinschätzung, die bis in das Gesetzgebungsverfahren zurückreicht. In der Gesetzesbegründung zu § 7 Abs. 4 SGB II aF, in dem stationäre Untergebrachte mit Auszubildenden als erwerbsfähige Hilfebedürftige zusammen gefasst werden, werden keinerlei Ausführung zum Grund des Ausschlusses bei stationären Unterbringung gemacht (BT-Drs. 15/1516 S. 10, 52). Erst in der Gesetzesänderung wurde der in der Literatur geäußerte Gedanke der vermuteten Erwerbsunfähigkeit aufgegriffen. „Mit der Neufassung von Satz 1 werden Personen, die in stationären Einrichtungen untergebracht sind, vom Leistungsbezug nach diesem Buch grundsätzlich ausgeschlossen. Damit kommt es auf die Dauer des voraussichtlichen Aufenthalts in der stationären Einrichtung nun nicht mehr an. Auf diese Weise entfällt die häufig langwierige und schwierige Feststellung, ob im Einzelfall Erwerbsfähigkeit vorliegt. Ausnahmen von diesem Grundsatz sind in Satz 3 geregelt“ (BT-Drs. 16/1410 S. 20).

22d Damit wird die Regelung des § 7 Abs. 4 SGB II aber vollends widersprüchlich, soweit sich Satz 1 auf stationäre Einrichtungen jeder Betreuungsart erstreckt, also auch auf Einrichtungen für eindeutig erwerbsfähige Personen (zB Strafentlassene in Übergangseinrichtungen). Bei ihnen soll die „häufig langwierige und schwierige Feststellung“ der Erwerbsfähigkeit entfallen. Sie ist bei ihnen im Normalfall aber ohnehin nicht erforderlich. Abweichungen von diesem Grundsatz sind in Satz 3 geregelt. In der Nr. 1 sind das Betreuungsformen wie Krankenhäuser und Rehabilitationseinrichtungen, in denen noch am ehesten mit einer Erwerbsunfähigkeit zu rechnen ist. Hier, wo es häufiger auf die Erwerbsfähigkeit ankommen kann, beseitigt die Gesetzesänderung aber nicht die von ihr „erwähnte langwierige und schwierige“ Feststellung. Vielmehr ist eine Prognose der Aufenthaltsdauer zu erstellen. Diese hängt praktisch immer von der Schwere des Krankheitsbildes ab. Auch der 14. Senat des BSG hat die wenig sinnvolle Konstruktion einer vermuteten Erwerbsunfähigkeit übernommen. „Diese Fiktion kann nur mit der Aufnahme einer mindestens 15 Wochenstunden umfassenden Erwerbsarbeit zu regulären Arbeitsmarktbedingungen widerlegt werden“ (BSG SGb 2008 S. 664 mAnm Hannes). Zumindest der Gesetzestext fingiert aber gar keine Erwerbsunfähigkeit. Er regelt lediglich einen Ausschluss vom SGB II. Darüber hinaus wird die Aufnahme einer Erwerbstätigkeit während eines Krankenhausaufenthalts wohl nie vorkommen. In anderen stationären Einrichtungen, in denen weder Kranke noch behinderte Menschen betreut werden, würde sachlich unzutreffend etwas fingiert, was allein durch eine Arbeitsaufnahme widerlegt werden könnte. Schon bei behinderten Menschen wäre eine Fiktion höchst problematisch.

Wie in der alten Fassung kommt es auch in der jetzt geltenden Fassung der Ausschlussregelung im Grundsatz nicht darauf an, ob der einzelne stationär Untergebrachte tatsächlich erwerbsfähig ist oder nicht. Ist er es nicht, so begründet nicht erst § 7 Abs. 4 SGB II, sondern bereits § 7 Abs. 1 Nr. 2 SGB II den Ausschluss von der Grundsicherung für Arbeitsuchende. Besteht dagegen ein Ausschlussgrund nach § 7 Abs. 4 SGB II, so kommt es auf die individuelle Erwerbs(un)fähigkeit nicht mehr an, weil der Ausschluss bereits wegen der stationären Unterbringung erfolgt. Das wird vor allem darin besonders deutlich erkennbar, dass etwa auch Strafentlassene in einem Übergangsheim stationär untergebracht und vom SGB II ausgeschlossen sein können. Angesichts es klaren Wortlauts des § 7 Abs. 4 Satz 1 SGB II ist hier weder etwas zu fingieren, noch zu vermuten. Bei behinderten Menschen, die stationär untergebracht sind, wäre eine vermutete Erwerbsunfähigkeit zumindest etwas vorschnell. Eine sinnvolle Lösung besteht eigentlich nur darin, dass § 7 Abs. 4 SGB II aufgehoben wird. Es wäre stattdessen eine dem § 27b SGB XII vergleichbare Regelung zu schaffen. **22e**

3. Bedarfs- und Haushaltsgemeinschaft

Der Begriff der Bedarfsgemeinschaft ist in § 7 Abs. 3 SGB II (§ 19 SGB XII) näher geregelt (Spellbrink, NZS 2007 S. 121). Er wird häufig überbewertet. Im Wesentlichen ist mit ihm nur geregelt, dass Eheleute untereinander und mit ihren unverheirateten Kindern, die noch nicht 25 Jahre alt sind und im Haushalt ihrer Eltern leben, bei der Berechnung der Hilfe trotz grundsätzlicher Einzelansprüche als Einheit zusammengefasst werden. Eheleute werden im Gesetz als Partner bezeichnet, dasselbe gilt für eheähnliche und gleichgeschlechtliche Partner. Die nicht verheirateten Personen bilden aber nur dann eine Bedarfsgemeinschaft, wenn sie – ähnlich wie Eheleute – vorbehaltlos für einander eintreten wollen (BSG 111 S. 250; Greiser/Ottenströer, ZfSH/SGB 2013 S. 181). Da dies immer schwer feststellbar ist, wurde mit § 7 Abs. 3a Nr. 1–4 SGB II eine Vermutungsregelung geschaffen. Es genügt, wenn eines der vier genannten Kriterien vorliegt. Zumeist ist es das Zusammenleben von länger als einem Jahr. Wer trotz Erfüllung eines der vier Kriterien vorträgt, er würde nicht in einer Bedarfsgemeinschaft leben, trägt dafür die materielle Beweislast. Innerhalb eines Mehrgenerationen-Haushalts können auch zwei sich überlappende Bedarfsgemeinschaften leben (BSG 116 S. 200 Rn. 18). Die frühere vertretene Auffassung, niemand könne Mitglied zweier Bedarfsgemeinschaften sein, ist vor dem Hintergrund des § 7 Abs. 3 SGB II überholt. Als Sonderform ist die **temporäre Bedarfsgemeinschaft** anzusehen. Sie besteht, wenn sich ein Kind bei Trennung der Eltern zur Ausübung des Umgangsrechts regelmäßig beim anderen Elternteil aufhält. Für diese Zeit werden Leistungen für das Kind (nur) in der temporären Bedarfsgemeinschaft erbracht (Dern/Fuchsloch, SGb 2017 S. 61; Oberdieck, info also 2019 S. 56). Relativ unklar ist noch, wie zu reagieren ist, wenn die Bedarfsgemeinschaft nicht so funktioniert, wie der Gesetzgeber es in § 7 Abs. 3 SGB II unterstellt. Bisher konnte das BSG immer von einer noch **funktionierenden Bedarfsgemeinschaft** ausgehen (BSG 97 S. 217 Rn. 15; BSG 100 S. 186 Rn. 41; BSG SozR 4-4200 § 9 **23**

Nr. 5 Rn. 48; BSG NZS 2018 S. 739 Rn. 22). Klar ist immerhin, dass die Fiktion der Bedarfsgemeinschaft nicht greift, wenn Eltern und Kinder im konkreten Fall tatsächlich nicht füreinander eintreten (BVerfG 142 S. 353 Rn. 65). Dies muss aber nach den Grundsätzen der §§ 20, 21 SGB X geklärt werden.

23a Schwieriger sind die Fragen, die sich aus der Möglichkeit einer **gemischten Bedarfsgemeinschaft** ergeben (Stölting/Greiser, SGb 2011 S. 631). Damit ist der Fall bezeichnet, in dem ein Mitglied Leistungen nach dem SGB II und andere solche nach dem SGB XII oder dem AsylbLG erhält. Zunächst ist davon auszugehen, dass jede Person einer solchen Bedarfsgemeinschaft Leistungen nach dem auf sie anwendbaren Gesetz erhält. Man kann sie jedoch nicht rechnerisch aus der Bedarfsgemeinschaft heraus nehmen (BSG 108 S. 241). Das bedeutet also für den praktisch häufigsten Fall des „älteren Ehepaars", dass Leistungen nach den §§ 19 ff. SGB II und den §§ 41 ff. SGB XII erbracht werden. Die Probleme ergeben sich daraus, dass die Schongrenzen für Einkommen und Vermögen unterschiedlich sind. Das aber ist im Grunde in einer Bedarfsgemeinschaft nicht relevant. So regelt § 43 Abs. 1 SGB XII: „Einkommen und Vermögen des nicht getrennt lebenden Ehegatten … die dessen notwendigen Lebensunterhalt nach § 27a SGB XII übersteigen, sind zu berücksichtigen. Bezieht nun dieser Ehepartner Leistungen nach den §§ 19 ff. SGB II, so ist zunächst problemlos sein fiktiver notwendiger Lebensunterhalt nach § 27a SGB XII zu bestimmen. Sodann aber sind sein Einkommen und Vermögen einzusetzen, soweit es nicht nach den §§ 82 und 90 SGB XII geschont wird. Es besteht keine Regelung, die den weitergehenden Schutz nach den §§ 11 ff. und 12 SGB II auf die gemischte Bedarfsgemeinschaft erstreckt. Unstrittig ist dabei inzwischen, dass **Leistungen** nach dem SGB II und dem SGB XII (sowie dem AsylbLG) nicht wechselseitig bei den anderen Partnern als Einkommen angerechnet werden können. Insoweit kommt in den inhaltsgleichen Vorschriften der §§ 11a Abs. 1 Nr. 1 SGB II und § 82 Abs. 1 Satz 1 SGB XII der Systemgedanke zum Ausdruck, dass Leistungen der Fürsorge kein Einkommen bei anderen Leistungen der Fürsorge sind (BSG 108 S. 241 Rn. 16; BSG 112 S. 61; BSG 119 S. 164; LSG Nds.-Brem. FEVS 63 S. 513). In der gemischten Bedarfsgemeinschaft stellt sich aber die anders gelagerte Frage eines im SGB II in größerem Umfange geschonten Einkommens und Vermögens. Hier handelt es sich zumeist um Arbeitseinkommen, das bei einem Mitglied der Bedarfsgemeinschaft geschont wird und das deswegen für das andere Mitglied, das Leistungen nach dem SGB XII bezieht, zur Verfügung steht. Dies ist die Konsequenz einer jeden Bedarfsgemeinschaft. Das BSG ist jedoch der Auffassung, es gelte „der Grundsatz, dass die Berechnung der Sozialhilfeleistung nach Maßgabe des SGB XII **nicht dazu führen darf,** dass Einkommen, das nach der Zielsetzung des SGB II geschont werden soll, gleichwohl zu Gunsten der dem SGB XII unterworfenen Personen verwertet werden" müsse (BSG SozR 4-4200 § 9 Nr. 5; BSG 108 S. 241 Rn. 24). Aus § 43 Abs. 1 Satz 2 SGB XII ist auf das Gegenteil zu schließen. Zuzustimmen ist dem Gericht jedoch darin, dass bei der Auslegung der §§ 82 Abs. 3 Satz 3, 90 Abs. 3 SGB XII den Besonderheiten der gemischten Bedarfsgemeinschaft Rechnung getragen werden kann.

24 Das Konstrukt der Bedarfsgemeinschaft ist unvollständig, wenn nicht auch § 9 Abs. 2 Satz 1 und 2 SGB II berücksichtigt wird. Erst daraus ergibt sich, dass bei Personen, die in einer Bedarfsgemeinschaft lebenden, Einkommen und Vermögen auch des jeweiligen nicht getrennt lebenden Partners berücksichtigt werden (BVerwG 97 S. 344). Das Verhältnis zu den Kindern wird erst in § 9 Abs. 2 Satz 2 SGB II geregelt. Soweit sie zur Bedarfsgemeinschaft gehören, wird bei der Hilfe

an diese Kinder auch das Einkommen der Eltern berücksichtigt. Das gilt nach weitgehend gesicherter Auffassung in der Rechtsprechung auch im Verhältnis zum Stiefkind (BSG SGb 2013 S. 233 mAnm Harich vgl. aber LSG SchlH Breith. 2009 S. 435). Jedoch gelten die Grundsätze der Bedarfsgemeinschaft nicht für hilfebedürftige Eltern, die mit **nicht hilfebedürftigen Kindern** in häuslicher Gemeinschaft leben. Das war in der Praxis solange zumeist unproblematisch, als nur minderjährige Kinder in die Bedarfsgemeinschaft einbezogen wurden. Heute erstreckt sich die Bedarfsgemeinschaft auf die bis zu 25jährigen (§ 7 Abs. 3 Nr. 2 SGB II). Es kann sich also ergeben, dass ein recht gut verdienender junger Mann mit seinen Eltern in einem Haushalt lebt und an sich eine Bedarfsgemeinschaft mit ihnen bilden könnte. Dennoch kann nach der Regelung des § 9 Abs. 2 Satz 2 SGB II sein Einkommen nicht den Eltern zugeschlagen werden. Allerdings ist in diesem Falle – mit anderem Ergebnis – die Vorschrift des § 9 Abs. 5 SGB II anzuwenden:

Ergänzend zur Frage der Bedarfsgemeinschaft ist also immer auch zu prüfen, 25
ob eine **Haushaltsgemeinschaft** im Sinne des § 9 Abs. 5 SGB II gegeben ist. In systematischer Hinsicht handelt es sich hierbei um die Frage der Anrechnung von Einkommen, was in § 39 SGB XII klarer bezeichnet ist. Mit rechtlichen Konsequenzen kann im SGB II eine Haushaltsgemeinschaft nur von Verwandten und Verschwägerten gebildet werden. Etwas weiter gefasst ist die Regelung des § 39 SGB XII. Bilden Verwandte und/oder Verschwägerte eine Haushaltsgemeinschaft, so wird vermutet, dass sie einander Leistungen zum Lebensunterhalt erbringen, soweit dies nach ihrem Einkommen und Vermögen vermutet werden kann. Erforderlich ist aber die Feststellung eines gemeinsamen Wirtschaftens. Es genügt also nicht, wenn man nur gemeinsam in einer Wohnung lebt. Diese **Vermutung** kann zunächst durch plausible und nachvollziehbare Erklärungen wiederlegt werden. Zieht also etwa eine Person in die Wohnung zu ihrem allein erziehenden Sohn, und unterstützt sie ihn bei der Haushaltsführung und Kindererziehung, um dem Sohn den Abschluss einer Ausbildung zu ermöglichen, so kann nicht noch darüber hinaus davon ausgegangen werden, dass diese Person den Sohn auch noch aus ihren Mitteln wirtschaftlich unterstützt. In der Praxis wird die Vermutung des § 9 Abs. 5 SGB II zumeist anders widerlegt. Wenn nämlich eine solche uneigennützige Konstellation nicht gegeben ist, besteht hinsichtlich der Vermutung eine Rechenregel, die sich aus § 1 Abs. 2 der Arbeitslosengeld II-Verordnung ergibt. Danach wird das nicht hilfebedürftige Haushaltsmitglied in erheblichem Umfange geschont.

4. Allgemeine Regelungen des Leistungsrechts

Die Leistungen beschränken sich nicht auf die Kernleistungen zur Bekämpfung 26
der sogenannten absoluten Armut „Ernährung, Unterkunft, Kleidung". Sie dienen auch der gesellschaftlichen Teilhabe. Insoweit ist von einem relationalen oder auch soziokulturellen Armutsbegriff auszugehen (§ 9 Rn. 3 ff.) Folglich ist auch die Hilfe zum Lebensunterhalt nicht auf materielle Bedarfe begrenzt (§ 20 Abs. 1 SGB II). Die Leistungen sind jedoch nicht so umfassend wie in § 27 Abs. 3 SGB XII. Nur dort werden auch konkrete Hilfen für einzelne Verrichtungen zur Alltagsbewältigung geleistet. Das können personen- oder haushaltsbezogene Tätigkeiten sein, wenn ein Hilfebedürftiger sie wegen Alters oder Krankheit nicht allein vornehmen kann. Diese Unterstützung gehört noch zum Lebensunterhalt. Sie ist damit bei weitem noch nicht Hilfe zur Pflege oder zur Weiterführung des

Haushalts (§§ 61, 70 SGB XII). Der Gesetzgeber hatte in der Grundsicherung für Arbeitsuchende genau diesen Unterstützungsbedarf anfangs vollständig übersehen (§ 28 Rn. 2, 16) und musste nachbessern (oben Rn. 3, 7). Er betrachtete anfangs den Hilfebedürftigen im SGB II nur unter dem Blickwinkel der Arbeitsuche, was einerseits zu konzentrierten Hilfen führen kann, aber andererseits Lebenszusammenhänge auch ausblendet. Daraus resultiert eine Reihe von praktischen Problemen. Ohne Einfluss auf eine Erwerbstätigkit kann ein begrenzter Unterstützungsbedarf bei der Vornahme von Alltagsverrichtungen gegeben sein. Dies ist über Leistungen zum Lebensunterhalt als **atypischer Bedarf** aufzufangen, was in der Sozialhilfe durch § 27a Abs. 4 Satz 1 SGB XII geschehen ist. Die später eingeführte Regelung des § 21 Abs. 6 SGB II dürfte so weit nicht gehen, dass alle Bedarfe der Alltagsbewältigung im Sinne des § 27a Abs. 4 Satz 1 SGB XII davon erfasst werden. Insgesamt wird man aber eine verfassungsorientierte erweiterte Auslegung des § 21 Abs. 6 SGB II anstreben müssen. Der Wortlaut der Vorschrift hindert daran nicht (vgl. unten Rn. 30b). Alle Leistungen werden grundsätzlich als Zuschuss erbracht. Eine **darlehensweise Bewilligung** ist nur zulässig, wenn dies im Gesetzestext ausdrücklich vorgesehen ist (vgl. §§ 22 Abs. 6 Satz 3, Abs. 8 Satz 4; 24 Abs. 1 Satz Abs. 4, 42a SGB II). Der darlehensweisen Bewilligung von Leistungen an minderjährige Mitglieder der Bedarfsgemeinschaft sind zusätzliche Grenzen gesetzt (§ 39 Rn. 46a, 46b). Dasselbe gilt gemäß § 42a SGB II für die Tilgung (§ 51 Rn. 1b).

27 Der notwendige Lebensunterhalt wird in den Regelbedarf und den Mehrbedarf (§§ 20, 21 SGB II), Unterkunft einschließlich Heizung (§ 22 SGB II) und in die einmaligen, genauer den abweichend zu erbringenden, Leistungen (§ 24 Abs. 3 SGB II) gegliedert. Eine Individualisierung, wie in der Sozialhilfe (§ 9 SGB XII) gibt es in der Grundsicherung für Arbeitsuchende allenfalls im Ansatz. Das hat ua zur Folge, dass die Regelleistung nach § 20 Abs. 2 SGB II gesetzlich festgelegt ist und nicht an den Einzelfall angepasst werden kann (vgl. dagegen § 27a Abs. 4 Satz 1 SGB XII). Die einzelnen Bedarfspositionen der Mitglieder werden zusammengerechnet. Auch wenn sie in den Gesamtbedarf der Bedarfsgemeinschaft eingehen, bleiben sie doch Einzelbedarfe. Das anrechenbare Einkommen in einer Bedarfsgemeinschaft wird nach § 9 Abs. 2 Satz 3 SGB II im Verhältnis des Gesamtbedarfs zu den Einzelbedarfen angerechnet (BSG SGb 2009 S. 548 mAnm Rosenow).

28 Die Höhe des **Regelbedarfs** ist individuell abgestuft. Für allein Stehende oder Erziehende – Eckregelleistung genannt – beläuft sie sich zzt. auf 424 €. Daraus abgeleitet ergeben sich für Partner und andere Mitglieder der Bedarfsgemeinschaft geringere Beträge, die sich an den Regelbedarfsstufen der §§ 28 SGB XII, 8 RBEG orientieren. Das entspricht nicht mehr ganz der früheren prozentualen Abstufung. Darin sah das BVerfG einen Verstoß gegen Art. 3 Abs. 1 GG. Insbesondere musste eine größere Differenzierung nach dem Lebensalter erfolgen. Außerdem musste der mit dem Aufwachsen und der Ausbildung von Kindern verbundene Aufwand in den Regelleistungen abgebildet werden (BVerfG 125 S. 175; Rothkegel, ZfSH/SGB 2010 S. 135). Dies ist jetzt in den §§ 5 und 6 RBEG erfolgt. Die Differenzierung der Regelbedarfe erfolgt auch, wenn einzelne Mitglieder der Bedarfsgemeinschaft keine Leistungen beziehen (BSG NZS 2019 S. 35).

29 Die Regelbedarfe werden durch die **Mehrbedarfszuschläge** (§ 21 SGB II) ergänzt. In gewisser Weise sind sie individualisierend, weil sie bestimmten, wenn auch im Gesetz nahezu abschließend geregelten Fällen Rechnung tragen. Eine gewisse Öffnung kennen nur § 21 Abs. 5 und 6 SGB II. Aus terminologischen

Gründen darf der Begriff Mehrbedarf nur für die Fälle des § 21 Abs. 2–7 SGB II Verwendung finden. Der Mehrbedarf nach § 21 Abs. 7 SGB II wäre besser bei besonderen Kosten der Unterkunft geregelt worden, weil sich nicht auf persönliche, sondern auf Wohnverhältnisse bezieht. In § 21 SGB II wird keine vollständige Anpassung aller denkbaren individuellen Bedarfe vorgenommen. Der Mehrbedarf nach § 21 Abs. 2 SGB II wird nach der 12. Woche der Schwangerschaft bis zur Entbindung gezahlt. Für den Mehrbedarf allein Erziehender ist hervorzuheben, dass er, anders als nach früherem Recht, auch in Betracht kommt, wenn nur ein Kind unter 18 Jahren erzogen wird. Außerdem schließt allein das Zusammenleben mit anderen Personen im Haushalt die Tatsache des allein Erziehens noch nicht aus (BSG 102 S. 290). Der Mehrbedarfszuschlag ist bei getrennt lebenden Eltern aufzuteilen, wenn jeder etwa die Hälfte der Betreuung übernimmt und das jeweilige Betreuungsintervall etwa eine Woche beträgt (BSG 102 S. 290). Die Aufteilung des Mehrbedarfs kommt nicht in Betracht, wenn die Eltern die Erziehung nicht in etwa hälftig teilen (BSG NZS 2015 S. 512). Der Begriff „allein erziehend" setzt voraus, dass von keinem Mitglied der Haushaltsgemeinschaft eine Unterstützung geleistet wird, wie sie normalerweise vom anderen Elternteil zu erwarten wäre. Diese Situation kann aber auch bei längerem Krankenlager oder Strafhaft des anderen Elternteils gegeben sein.

Der Mehrbedarf nach § 21 Abs. 4 SGB II setzt voraus, dass der behinderte 30
Mensch an einer Maßnahme der Teilhabe am Arbeitsleben iSd beruflichen Rehabilitation teilnimmt (Straßfeld, SGb 2017 S. 440). Das ist nur der Fall, wenn die individuellen beruflichen Fähigkeiten eines behinderten Menschen in einer regelförmigen Maßnahme gezielt gefördert werden (BSG SozR 4-4200 § 21 Nr. 23). Dies folgt jetzt auch aus der Verweisung auf § 49 SGB IX. Dabei dürfte der Ausschluss des § 49 Abs. 3 Nr. 2 und 4 SGB IX kaum sinnvoll sein. Bejaht wurde der Mehrbedarf bei Maßnahmen zur stufenweisen Wiedereingliederung in das Arbeitsleben, als sonstige Hilfe zur Erlangung eines geeigneten Arbeitsplatzes (BSG 123 S. 287). Sie werden im Gesetz als Maßnahme der medizinischen Rehabilitation betrachtet (§ 44 SGB IX, § 28 SGB IX aF). Das könnte zu der Annahme veranlassen, auch andere Maßnahmen, wie etwa die „Belastungserprobung oder Arbeitstherapie" als mehrbedarfsfähig anzusehen (§ 42 Abs. 2 Nr. 7 SGB IX). Ein Lehrgang im herkömmlichen Sinne ist jedenfalls nicht erforderlich. Die Ausübung einer behinderungsgerechten Beschäftigung genügt dagegen nicht. In einem derartigen Falle kommt aber der Freibetrag nach den §§ 11b Abs. 2 und Abs. 3 SGB II in Betracht.

Für den Mehrbedarf wegen krankheitsbedingter, kostenaufwändiger Ernährung 30a
(§ 21 Abs. 5 SGB II), bestehen in der Praxis feste Beträge, die auf medizinischen und ernährungswissenschaftlichen Erkenntnissen beruhen (BSG SozR 4-4200 § 21 Nr. 2; 14). Zu den Leistungsvoraussetzungen hat das BSG entschieden, dass der Mehrbedarf anzunehmen ist, „wenn mit der Regelernährung bestimmte Inhaltsstoffe nicht vermieden werden können, sodass aus physiologischen Gründen ein objektiver Bedarf an einer besonderen Ernährung bedingt ist, die auf einer spezifischen Ernährungsempfehlung beruht" (BSG SozR 4-4200 § 21 Nr. 25). Der Mehrbedarf besteht nicht, bei einem Ernährungsverhalten, das nicht physiologisch bedingt ist oder bei einem bestimmten (unsachgemäßen) Umgang mit Lebensmitteln, auch wenn dies auf individuelle Schwächen oder eine Behinderung von Leistungsberechtigten zurückzuführen ist.

Als eine der Folgerungen, die aus der Entscheidung des BVerfG vom 9.2.2010 30b
zu ziehen waren, hat der Gesetzgeber in § 21 SGB II einen Absatz 6 angefügt.

Dort wird als unbenannter Mehrbedarf ein weiterer, anders gelagerter Fall des unabweisbaren Bedarfs geregelt (§ 24 SGB II). Die Rechtsähnlichkeit beider wird aus § 24 Abs. 3 Satz 1 Nr. 3 SGB II ersichtlich. Es handelt sich immer um Bedarfspositionen, die nicht von den Regelbedarfen umfasst sind. Das BVerfG hatte eine Regelung angemahnt, die eine Bedarfsdeckung bei **atypischen Bedarfen** vorsieht. Eine dementsprechende Regelung fehlte bislang im SGB II. Atypisch kann ein Bedarf wegen seiner Art oder seiner Höhe sein. Das erklärt sich daraus, dass die EVS nur den durchschnittlich gegebenen Bedarf, der bei allen Leistungsberechtigten in annähernd gleicher Weise besteht, abbildet. Nur dieser geht in den Regelbedarf ein. Insoweit ist es sachlich nicht zutreffend, bei § 21 Abs. 6 SGB II von einem Härtefall zu sprechen. Der entscheidende Punkt besteht darin, dass der fragliche Bedarf nicht in den Regelbedarfen abgebildet ist. Es besteht zwar immer die Möglichkeit einer gewissen Umschichtung innerhalb des Regelbedarfs. Dies wird in § 21 Abs. 6 SGB II auch als Einsparung durch den Leistungsberechtigen verlangt. Der Spielraum dafür ist aber relativ eng, ohne dass das Gesetz Anhaltspunkte dafür bietet, in welcher Größenordnung solche Umschichtungen möglich bzw. zumutbar sind. In Orientierung an den früheren „geringfügigen Mitteln" (§ 85 Abs. 1 Satz 1 Nr. 2 BSHG aF) wird man eine Größenordnung von etwa 15 € annehmen können. Darüber hinaus gehende Ausgaben können nicht mehr durch Umschichtungen im Regelbedarf bestritten werden. Eine Auslegung des § 21 Abs. 6 SGB II, die unter Einsparmöglichkeiten nur die jeweils kostengünstigste Inanspruchnahme von Hilfen verstehen will, entspricht wohl nicht dem Wortlaut „Einsparmöglichkeit". Sie versteht sich ohnehin von selbst (BSG 117 S. 240). Andererseits kann ein Anspruch auch nicht mit dem Argument zurückgewiesen werden, es handelte sich um einen Bagatellbetrag (BSG 116 S. 86; LSG NRW NZS 2013 S. 626). Entscheidend ist, ob der Aufwand aus den im Regelbedarf vorgesehenen Mitteln bestritten werden kann (§ 5 RBEG).

30c Nach Auffassung des BVerfG muss der atypische Bedarf zum notwendigen Lebensunterhalt gehören, ohne in den Regelleistungen abgebildet zu sein. Zudem darf er nicht nur einmalig gegeben sein, sondern muss zumindest einen Bedarfszeitraum, also einen Monat, überdauern. Die Bemühungen in der Literatur, den Begriff des atypischen Bedarfs über die Begriffe „regelmäßig", „laufend", „nicht nur einmalig", „nicht aufschiebbar" oder „unabweisbar" zu konkretisieren, sind auch angesichts des Gesetzeswortlauts wenig hilfreich (Eicher/Luik/Knickrehm/Hahn, SGB II § 21 Rn. 67–69). Ein atypischer Bedarf, der zum notwendigen Lebensbedarf gehört, ist immer unabweisbar. Da er auch allein wegen der Höhe der Kosten zu seiner Deckung atypisch sein kann, zumal bei sehr hohen Kosten, kann selbst ein **einmaliges Auftreten dieses Bedarfs** atypisch sein. Insoweit bedarf es einer genaueren Betrachtung des Urteils des BVerfG (Regelsatz I):

„Ein pauschaler Regelleistungsbetrag kann jedoch nach seiner Konzeption nur den durchschnittlichen Bedarf decken. Der nach dem Statistikmodell ermittelte Festbetrag greift auf eine Einkommens- und Verbrauchsstichprobe zurück, die nur diejenigen Ausgaben widerspiegelt, die im statistischen Mittel von der Referenzgruppe getätigt werden. Ein in Sonderfällen auftretender Bedarf nicht erfasster Art oder atypischen Umfangs wird von der Statistik nicht aussagekräftig ausgewiesen. Auf ihn kann sich die Regelleistung folglich nicht erstrecken. Art. 1 Abs. 1 GG in Verbindung mit Art. 20 Abs. 1 GG gebietet jedoch, auch einen unabweisbaren, laufenden, nicht nur einmaligen, besonderen Bedarf zu decken, wenn dies im Einzelfall für ein menschenwürdiges Existenzminimum erforderlich ist. Zum Anderen vermag die Regelleistung des § 20 SGB II nicht denjenigen besonderen, laufenden,

nicht nur einmaligen und unabweisbaren Bedarf zu erfassen, der zwar seiner Art nach berücksichtigt wird, dies jedoch nur in durchschnittlicher Höhe. Tritt in Sondersituationen ein höherer, überdurchschnittlicher Bedarf auf, erweist sich die Regelleistung als unzureichend. Auch hier können einmalige oder kurzfristige Spitzen im Bedarf durch ein Darlehen nach § 23 Abs. 1 SGB II (§ 24 Abs. 1 nF) ausgeglichen werden. Bei einem längerfristigen, dauerhaften Bedarf ist das indessen nicht mehr möglich. Deshalb bedarf es neben den in §§ 20ff. SGB II vorgegebenen Leistungen noch eines zusätzlichen Anspruchs auf Leistungen bei unabweisbarem, laufendem, nicht nur einmaligem und besonderem Bedarf zur Deckung des menschenwürdigen Existenzminimums. Er entsteht erst, wenn der Bedarf so erheblich ist, dass die Gesamtsumme der dem Hilfebedürftigen gewährten Leistungen – einschließlich der Leistungen Dritter und unter Berücksichtigung von Einsparmöglichkeiten des Hilfebedürftigen – das menschenwürdige Existenzminimum nicht mehr gewährleistet. Dieser zusätzliche Anspruch dürfte angesichts seiner engen und strikten Tatbestandsvoraussetzungen nur in seltenen Fällen entstehen. Der Gesetzgeber hat wegen dieser Lücke in der Deckung des lebensnotwendigen Existenzminimums eine Härtefallregelung in Form eines Anspruchs auf Hilfeleistungen zur Deckung dieses besonderen Bedarfs für die nach § 7 SGB II Leistungsberechtigten vorzugeben" (BVerfG 125 S. 175 Rn. 204–209).

Aus dem Gesamtzusammenhang ergibt sich, dass das Gericht sprachlich an **30d** einen laufenden atypischen Bedarf anknüpft. Entscheidend sind für das Gericht aber zwei Gesichtspunkte: Der (atypische) Bedarf ist nicht durch die EVS erhoben und damit auch nicht im Regelbedarf abgebildet. Außerdem muss es unmöglich sein, den konkreten Bedarf aus den gewährten Leistungen zu decken, sei es durch Einsparungen, Umschichtungen oder durch ein Darlehen. Beim Darlehen sind aber zwei zusätzliche Voraussetzungen zu machen. Eine darlehensweise Gewährung muss nach dem Gesetzestext möglich sein. Das ist nach § 24 Abs. 1 SGB II nur bei Bedarfen möglich, die vom Regelbedarf „umfasst" sind. Das gilt für den atypischen Bedarf gerade nicht. Außerdem darf eine darlehensweise Erbringung von Leistungen nur bei Bedarfen von begrenzter Zeitdauer (von etwa drei Monaten) erfolgen, weil die mit einer Tilgung verbundenen Einschränkungen begrenzt bleiben sollen. Damit ist aber nicht ausgesagt, dass der atypische Bedarf selbst über einen solchen Zeitraum vorliegen muss. Das BVerfG spricht von „Sondersituationen" und „kurzfristen Bedarfsspitzen" es meint damit aber ersichtlich die Tilgbarkeit von darauf bezogenen Darlehensleistungen (vgl. § 33 Rn. 5b). Vor diesem Hintergrund ist § 21 Abs. 6 SGB II verfassungskonform dahingehend auszulegen, dass der dort geregelte Mehrbedarf nur dann, aber immer auch dann in Betracht kommt, wenn eine gesetzlich zulässigerweise vorgesehene darlehensweise Gewährung nicht möglich ist. Auf die **Dauer oder Einmaligkeit** des Bedarfs kommt es nicht entscheidend an. Der Anwendungsspielraum des § 21 Abs. 6 SGB II kann nur dadurch eingeschränkt werden, dass eine begrenzte Darlehensregelung auch für atypische Bedarfe eingeführt wird. Daran fehlt es bislang.

Anders als die sonstigen Mehrbedarfe in § 21 Abs. 1–5 SGB II ist der Mehrbe- **30e** darf nach § 21 Abs. 6 SGB II nicht nach der **Art des Bedarfs** eingegrenzt. Er ist wird auch nicht von der Deckelungsregelung des § 21 Abs. 8 SGB II erfasst. Durch § 21 Abs. 6 SGB II wurde nichts an der allgemeinen Voraussetzung für alle Leistungen nach den §§ 19–28 SGB II geändert, nämlich dass jeder Bedarf immer zum notwendigen Lebensunterhalt gehören muss. Insbesondere bedeutet auch das Merkmal der „Zuwendungen Dritter" nicht, dass der Leistungsberechtigte auf private Hilfe verwiesen werden könnte. Lediglich wenn er eine entsprechende Hilfe von Dritten erhalten hat, ist diese bei der Bedarfsdeckung zu berücksichtigen. Mit § 21 Abs. 6 SGB II ist lediglich ein Element der Individualisierung in das sonst pauschalierende Bedarfsdeckungssystem des SGB II eingefügt worden. Eine solche Regelung ist in einem Fürsorgesystem unerlässlich, weil der Gesetzgeber nicht davon ausgehen kann, dass die insoweit Berechtigten in der Lage wären, einen atypischen Bedarf zu decken. Das bedeutet: wenn nach einer nicht ganz einfachen Wertung ein Gegenstand oder eine Dienstleistung zur Deckung des notwendigen Lebensunterhalts erforderlich ist, und wenn die Kosten dafür nicht aus dem Regelbedarf zu decken sind, dann ist § 21 Abs. 6 SGB II anzuwenden. Ungedeckt bleiben darf ein solcher Bedarf nicht. Dem entspricht auch die Regelung des § 27a Abs. 4 Satz 1 SGB XII. Ein Ausweichen auf die §§ 47 ff. SGB XII ist nicht zulässig, da § 21 Abs. 6 SGB II Teile des notwendigen Lebensunterhalts regelt. Es würde auch das grundsätzlich Problem nicht lösen, da sich auch die §§ 47 ff. SGB XII nicht auf jeden Bedarf erstrecken.

30f Im Gesetzgebungsverfahren konnte man nicht dazu entschließen, in § 20 SGB II die Möglichkeit einer im Einzelfall von den Regelleistungen abweichenden Leistungserbringung nach dem Vorbild des § 27a Abs. 4 Satz 1 SGB XII vorzusehen. Die Erklärung dafür ist wohl darin zu finden, dass das SGB II von Anfang an auf eine edv-mäßige Durchführung hin angelegt worden war (oben Rn. 9). Die im Gesetz vorgesehene Möglichkeit, die Regelleistung entsprechend dem Individualisierungsprinzip zu modifizieren, könnte dem Anliegen einer pauschalierenden Massenverwaltung zuwider laufen. Allerdings wird darauf in einem Fürsorgesystem nie verzichtet werden können. Dies hat das BVerfG mit der Notwendigkeit, einen atypischen Bedarf zu berücksichtigen, in den Mittelpunkt gerückt. Der Gesetzgeber hatte schließlich mit § 21 Abs. 6 SGB II eine Lösung innerhalb der Mehrbedarfszuschläge gefunden. Damit wird eine von § 27a Abs. 4 Satz 1 SGB XII abweichende Regelung getroffen. Ergänzend dazu werden die Mehrbedarfszuschläge im SGB II gegenüber § 30 SGB XII erweitert. Den wesentlichen Anforderungen des BVerfG wird damit Rechnung getragen. Auch in der Sache ist der Standort der Vorschrift durchaus richtig gewählt. Die bisherigen Mehrbedarfe ließen sich schon immer als atypische Bedarfe verstehen. Sie gehören zum notwendigen Lebensunterhalt einer begrenzten, aber vielgestaltigen Gruppe und dieser Bedarf kann nicht in den Regelleistungen abgebildet werden.

30g Im Grundsatz wird nach § 21 Abs. 6 SGB II der Mehrbedarfszuschlag geleistet, soweit „im Einzelfall ein unabweisbarer, laufender, nicht nur einmaliger besonderer Bedarf besteht". Damit ist eine Abgrenzung zu § 24 Abs. 1 Satz 1 SGB II vorzunehmen. Nach der letzteren Vorschrift werden unter engen Voraussetzungen darlehensweise Leistungen erbracht, wenn „im Einzelfall ein von den Regelleistungen umfasster und nach den Umständen unabweisbarer Bedarf nicht ... auf andere Weise gedeckt werden" kann. Wesentliche Unterscheidungsmerkmale im Wortlaut der Vorschriften sind: Der Mehrbedarf im Sinne des § 21 Abs. 6 SGB II ist nicht von den Regelleistungen umfasst (vgl. § 21 Abs. 1 SGB II). Der Bedarf nach § 24 Abs. 1 Satz 1 SGB II ist von der Regelleistung umfasst. Der Mehrbedarf nach § 21 Abs. 6 SGB II muss laufend, jedenfalls nicht nur einmalig, auftreten. Der Bedarf nach § 24 Abs. 1 Satz 1 SGB II tritt einmalig auf, jedenfalls darf ein- und dieselbe Bedarfssituation nicht dauerhaft bestehen. Gemeinsam ist beiden Vorschriften, dass die jeweiligen Bedarfe „unabweisbar" sein müssen. Insgesamt reagieren beide Vorschriften auf Ausnahmesituationen. Damit könnte dem Wortlaut nach ein einmaliger, nicht von den Regelsätzen umfasster, aber einen hohen Kostenaufwand erfordernder Bedarf weder nach § 21 Abs. 6 SGB II noch nach § 24 Abs. 1 SGB II gedeckt werden (§ 33 Rn. 5b). In diesem Falle müsste man den Anspruch, wie unmittelbar nach Erlass des Urteils des BVerfG, unmittelbar auf Art. 1 Abs. 1 GG stützen (BVerfG 125 S. 175 Rn. 220). Vor diesem Hintergrund ist § 21 Abs. 6 SGB II in verfassungskonformer Auslegung analog auch auf einmalige atypische Bedarfe anzuwenden (LSG Nds.-Brem ZfSH/SGB 2018 S. 165 Rn. 70–80, und S. 222 Rn. 32; dazu Lenze info also 2018 S. 55; vgl. auch wd 6-3000-122/18).

Schwierigkeiten bestehen auch angesichts des Tatsache, dass § 21 Abs. 6 Satz 2 SGB II bestimmt, dass der Bedarf unabweisbar ist, „wenn … er … nicht … unter Berücksichtigung von Einsparmöglichkeiten der Hilfebedürftigen gedeckt“ werden kann. Wer etwa wegen einer Erkrankung einen höheren Hygienebedarf hat, muss diesen Bedarf zunächst durch Einsparmöglichkeiten decken. Hat er wegen derselben Krankheit (auch) einen erhöhten Ernährungsbedarf, wird ihm dies nicht abverlangt (§ 21 Abs. 5 SGB II). Im Vergleich des § 21 Abs. 5 und 6 SGB II ist die Regelung also in sich nicht konsequent. Unabhängig davon werden dem Hilfebedürftigen mit dem Ansinnen, Einsparungen aus der Regelleistung vorzunehmen, allein wegen einer Erkrankung Einschränkungen bei seiner sonstigen Lebensführung abverlangt. Die Situation ist nicht vergleichbar mit der des § 24 Abs. 1 Satz 1 SGB II. Dort ist ein Bedarf gegeben, der von der Regelleistung umfasst ist. Dem Hilfebedürftigen kann also zugemutet werden, wie andere Hilfebedürftige auch, mit der Regelleistung auszukommen (vgl. § 24 Abs. 1 Satz 3 SGB II). Ist ihm das nicht gelungen, so darf im Rahmen der Unabweisbarkeit des Bedarfs geprüft werden, ob er innerhalb der Regelleistung Einsparungen vornehmen kann. Erst wenn das nicht möglich ist, ist der Bedarf unabweisbar. Demgegenüber liegt der Bedarf nach § 21 Abs. 6 SGB II von Anfang an außerhalb der Regelleistung – er ist atypisch. Wenn man gleichwohl verlangt, ihn durch Umschichtungen in den Regelleistungen zu decken, führt das dazu, dass der Hilfebedürftige wegen seines atypischen Bedarfs mit weniger Mitteln zur Deckung seines Lebensbedarfs auskommen muss als andere Hilfebedürftige. Zudem wird ihm das dauerhaft zugemutet, wenn ein Bedarf nach § 21 Abs. 6 SGB II nicht nur einmalig gegeben ist. Die Vorschrift des § 21 SGB II ist also intern und im Verhältnis § 24 Abs. 1 SGB II inkonsequent. Intern ist sie inkonsequent, weil sie – zumindest mit dem Merkmal der Unabweisbarkeit – innerhalb der verschiedenen Mehrbedarfe unterschiedliche Anknüpfungspunkte schafft – nur in § 21 Abs. 6 SGB II werden Einsparungen verlangt. Im Verhältnis zu § 24 Abs. 1 SGB II ist sie inkonsequent, weil sie für unterschiedliche Sachverhalte gleiche Anknüpfungspunkte schafft. **30h**

Hinsichtlich der Einzelfälle zu § 21 Abs. 6 SGB II kann man auf die bisherige Rechtsprechung zurückgreifen, die sich mangels einer gesetzlichen Alternative auf § 73 SGB XII stützte. Auch einzelne Fälle aus der Rechtsprechung zu § 27a Abs. 4 Satz 1 SGB XII können übernommen werden. Schließlich sind die bisher ergangenen, zusprechenden oder abweisenden Urteile zu § 23 Abs. 1 Satz 1 SGB II aF insoweit relevant, als sie sich zum Teil auch auf dauerhafte Bedarfe bzw. auf solche erstreckten, die von den Regelleistungen nicht umfasst waren. Das betrifft etwa die Übernahme der Fahrtkosten zur Ausübung des Umgangsrechts (BSG 118 S. 82). Unabweisbar sind dabei nur die „Kosten für die preiswerteste Fahrkarte“ (Bay. LSG FEVS 65 S. 374). Zu übernehmen sind unter dieser Voraussetzung konsequenterweise auch die Fahrkosten ins entfernte Ausland (LSG NRW ZfSH/SGB 2014 S. 296). Unter dem Blickwinkel des Art. 6 Abs. 1 GG sind auch die Fahrkosten zum Besuch des Partners in der Strafanstalt unabweisbar (einschränkend Sächs. LSG L 3 AS 428/14, juris). **30i**

30j Dasselbe wird aber nicht für eine Besuchsfahrt zu einem im Ausland lebenden Ehepartner angenommen. Insoweit müssen sich die Ehepartner auf den Zuzug ins Inland verweisen lassen. Nur wenn dieser rechtlich nicht möglich wäre, wäre der Bedarf unabweisbar (Hess LSG FEVS 64 S. 277). Die Ausübung des Umgangsrechts von Großeltern mit ihren Enkeln wird nicht als unabweisbar geboten angesehen (LSG Nds.-Brem FEVS S. 30; SG Karlsruhe NZS 2014 S. 78). Diese Auffassung dürfte im Hinblick auf § 1685 BGB zu eng sein. Demgegenüber wird man es als zutreffend ansehen müssen, dass die stillende Mutter keinen Mehrbedarf nach § 21 Abs. 6 SGB II beanspruchen kann (Hess LSG FEVS 65 S. 370). Der Gesetzgeber hat in diesem Zusammenhang die Sachverhalte „werdend" und „allein erziehend" verselbständigt (§ 21 Abs. 2 und 3 SGB II) ein zusätzlicher Bedarf ist im Hinblick auf den Regelbedarf auch dann nicht als „atypisch" anzusehen, wenn er nicht gesondert in der EVS erhoben wird. Die Kosten für einen Kabelanschluss, soweit sie nicht als notwendige Unterkunftskosten anfallen, sind im Hinblick auf den Regelbedarf zwar atypisch. Die Kosten des Zugangs zum Fernsehen sind jedoch im Regelbedarf enthalten. Ein weitergehender Zugang über einen Kabelanschluss ist kein unabweisbarer Bedarf (LSG NRW ZfSH/SGB 2014 S. 234). Erfolgen kann auch die Übernahme eines höheren Beitrags in der privaten Krankenversicherung bis zum Wechsel in den Basistarif (BSG 119 S. 7). Das Anlegen eines Notfallpakets für den Krisenfall wird nicht als atypischer Bedarf angesehen (LSG BW NZS 2018 S. 994). Das wird man damit begründen müssen, dass das Eintreten eines solchen Bedarfs nur möglich, aber nicht hinreichend wahrscheinlich ist. Die Kosten für die Beschaffung eines Personalausweises sind schon Bestandteil des Regelbedarfs. Grundsätzlich ist dies ebenso, wenn ein ausländischer Pass beschafft werden muss (BSG SozR 4-4200 § 20 Nr. 24). Für diesen Fall wird die Anwendbarkeit des § 21 Abs. 6 SGB II verneint, jedoch soll § 73 SGB XII Anspruchsgrundlage sein (LSG Nds.-Brem. ZfSH/SGB 2017 S. 710). Letztere Vorschrift gehört jedoch in den Sachbereich besondere Lebenslagen. Ob § 21 Abs. 6 SGB II anwendbar ist, hängt davon ab, ob man bereit ist, diese Vorschrift auch auf einmalige Bedarfe anzuwenden, was im Grundsatz zu bejahen ist (oben Rn. 30c).

30k Zu übernehmen sind Fahrtkosten (vgl. § 60 SGB V) zur medizinischen Behandlung oder andere, medizinisch notwendige, aber in der Kranken- und Pflegeversicherung beschränkte oder ausgeschlossene Gesundheits- und Pflegeleistungen, einschließlich eines Hygienebedarfs, der bei HIV generell anerkannt ist, sich aber auch auf Fälle der Inkontinenz erstreckt. Bei Inkontinenz sind vorrangig die Leistungen nach den §§ 33 SGB V, 40 Abs. 2 SGB XI in Anspruch zu nehmen (BSG FEVS 68 S. 107). Dieser Bedarf ist durch Einmalwindeln aber nicht vollständig abgedeckt. Dementsprechend sind auch, über Arzneimittel hinaus (§ 31 SGB V), Leistungen bei krankhaftem Übergewicht (SG Gießen ZfSH/SGB 2013 S. 668), Waschzwang (LSG Nds.-Brem ZfSH/SGB 2011 S. 483), oder für medizinisch notwendige, aber von der Krankenkasse nicht zu übernehmende Hautpflegemittel, etwa bei Neurodermitis, zu erbringen. Dasselbe gilt für frühere Ansätze in der Rechtsprechung und Literatur (vgl. Hengelhaupt in Hauck/Noftz SGB II § 23 Rn. 120–130; Gagel/Bender SGB II § 23 Rn. 10, 11) zumindest als „Notlösung" bei diesen und ähnlichen Bedarfen § 23 Abs. 1 SGB II aF anzuwenden. Als atypischer Bedarf sind auch anzusehen, zwingend notwendige Putz- und Haushaltshilfen für Personen, die solche Verrichtungen nicht vornehmen können (vgl. § 27 Abs. 3 SGB XII) sowie Über- und Untergrößen bei Bekleidung und Schuhen (LSG Bln.-Brandbg FEVS 63 S. 184). Als vom Regelbedarf umfasst, nämlich als persönliche Bedürfnisse des täglichen Lebens (LSG NRW NZS 2013 S. 833), werden dagegen die Kosten zur Teilnahme an einer Demonstration angesehen.

Noch nicht völlig geklärt ist, in welchem Umfange **medizinische Bedarfe,** für **30l** die Leistungen, die in der Krankenversicherung eingeschränkt oder ausgeschlossen sind, einen Mehrbedarf nach § 21 Abs. 6 SGB II begründen können (Harich, SGb 2012 S. 584). Das BSG von folgenden Grundsätzen aus:

„Dabei ist zu unterscheiden zwischen dem Fall, in dem der Ausfall der Bedarfsdeckung durch die gesetzliche Krankenversicherung aufgrund der gesetzlichen Verpflichtung des Versicherten zur Zuzahlung oder vorläufigen/endgültigen Tragung eines Eigenanteils ...erfolgt und dem Fall, dass dem Leistungsberechtigten durch eine medizinisch notwendige Behandlung deswegen regelmäßig Kosten entstehen, weil Leistungen der Krankenversicherung etwa wegen ihres geringen Abgabepreises, aus sonstigen Kostengründen oder aus systematischen/sozialpolitischen Gründen von der Versorgung nach dem SGB V ausgenommen werden. In ersterem Fall sieht § 62 SGB V auch für Bezieher von Alg II eine Zuzahlung bis zur Belastungsgrenze vor .... Werden... Aufwendungen für eine medizinisch notwendige Behandlung aus dem Leistungskatalog der gesetzlichen Krankenversicherung ausgeschlossen, kann grundsätzlich ein Anspruch auf eine Mehrbedarfsleistung entstehen. Jedenfalls scheidet eine Leistungsgewährung aus, wenn der Leistungsberechtigte wegen der Erkrankungen keine Kosten geltend macht, die über das hinausgehen, was für die übrigen Kosten für Gesundheitspflege im Regelbedarf vorgesehen ist ... und wenn die gesetzliche Krankenversicherung die Kosten einer medizinisch notwendigen Behandlung trägt" (BSG 115 S. 77).

Die Beschaffung einer Normalbrille kann im Allgemeinen aus dem Betrag für Gesundheitsleistungen in Abteilung 6 des Regelbedarfs erfolgen (§§ 20 Abs. 1 Satz 4 SGB II, 5 RBEG). Nur bei darüber liegenden notwendigen Aufwendungen kommen Leistungen nach § 21 Abs. 6 SGB II in Betracht (LSG Bln.-Brandbg ZfSH 2018 S. 344). Die Kostenübernahme für die Reparatur einer Brille und anderen therapeutischen Geräts erfolgt auf Grund einer Sonderregelung nach § 24 Abs. 1 Satz 1 Nr. 3 SGB II (BSG SozR 4-4200 § 24 Nr. 7). Im Grundsatz ist davon auszugehen, dass bei medizinischen Leistungen, die ärztlich verordnet sind, mehr für als gegen die Unabweisbarkeit des Bedarfs spricht. Sind dagegen Untersuchungs- oder Behandlungsmethoden von der Versorgung eingeschränkt oder ausgeschlossen – was in der Regel durch Richtlinien des Gemeinsamen Bundesausschusses (§§ 91, 92 137 SGB V) geschieht – so ist grundsätzlich davon auszugehen, dass der Bedarf nicht unabweisbar ist (LSG NRW FEVS 65 S. 86; LSG BW FEVS 66 S. 178). Insgesamt kann man also feststellen, dass im Rahmen des § 21 Abs. 6 SGB II alle medizinisch begründeten Bedarfe als Mehrbedarf anzuerkennen sind, soweit sich nicht bereits im Regelbedarf berücksichtigt worden sind (§ 5 RBEG). Rechnet man noch zumutbare Einsparungen (§ 21 Abs. 6 Satz 2 SGB II) hinzu, dann belaufen sich die verfügbaren Mittel pro Jahr auf etwa 300 € für alle Bedarfe (enger LSG NRW FEVS 66 S. 418). Diese Auslegung des § 21 Abs. 6 SGB II ist insgesamt auch verfassungsrechtlich geboten. Die Sicherung der Gesundheit gehört zum Existenzminimum. Bedarfe können allein schon deswegen atypisch sein, weil sie der Höhe nach über die auf der Basis der EVS entwickelten Regelbedarfe hinausgehen. Soweit also in der Krankenversicherung medizinisch notwendige Leistungen ausgeschlossen sind, weil sie der Gesetzgeber der Eigenverantwortung der Versicherten überantwortet hat, wie etwa bei der Brille, kann man nicht zugleich davon ausgehen, dass ein solcher Bedarf nicht unabweisbar wäre, weil die nach den §§ 19 ff. SGB II Leistungsberechtigten in finanzieller Hinsicht zu dieser Eigenverantwortung nicht in der Lage sind. In diesem Zusammenhang ist auch an eine analoge Anwendung des § 24 Abs. 3 Satz 3 und 4 SGB II bei denjenigen zu denken, die aus eigenen Mitteln ihren laufenden Bedarf decken, aber nicht die Mittel für Sonderbedarfe aufbringen können.

30m In einer weiteren Entscheidung des BVerfG 134 S. 37 (Regelsatz II) wurden die Regelsätze als „derzeit noch" verfassungsgemäß angesehen. Das Gericht hat dabei seine Anforderungen an die Transparenz und Nachvollziehbarkeit der Ermittlung der Regelsätze abgeschwächt und mehr auf das Ergebnis des Prozesses abgestellt. Dies hat zu neuen Anforderungen an den Gesetzgeber geführt. Das Augenmerk liegt jetzt vor allem auf der **Vermeidung einer Unterversorgung** in besonderen Situationen. Der Gesetzgeber muss die Bedarfsbestimmung von Kinder und Erwachsenen in besonderer Weise beachten, die Preisentwicklung im Mischindex stärker gewichten und auf die Preisentwicklung zeitnah reagieren und insbesondere auch Unterdeckungen bei der Anschaffung von langlebigen Wirtschaftsgütern vermeiden.

„Auf die Gefahr einer Unterdeckung kann der Gesetzgeber durch zusätzliche Ansprüche … auf Zuschüsse zur Sicherung des existenznotwendigen Bedarfs reagieren. Fehlt es auf Grund der vorliegend zu Grunde gelegten Berechnung des Regelbedarfs an einer Deckung der existenzsichernden Bedarfe, haben die Sozialgerichte Regelungen wie § 24 SGB II über gesondert neben dem Regelbedarf zu erbringende einmalige, als Zuschuss gewährte Leistungen verfassungskonform auszulegen … Fehlt die Möglichkeit entsprechender Auslegung geltenden Rechts, muss der Gesetzgeber einen Anspruch auf einen Zuschuss neben dem Regelbedarf schaffen. Auf ein nach § 24 Abs. 1 SGB II mögliches Anschaffungsdarlehen, mit dem zwingend eine Reduzierung der Fürsorgeleistung um 10 % durch Aufrechnung nach § 42a Abs. 2 Satz 1 SGB II 1 iVm § 24 Abs. 1 SGB II (das) ab dem Folgemonat der Auszahlung verbunden ist, kann nur verwiesen werden, wenn die Regelbedarfsleistung so hoch bemessen ist, dass entsprechende Spielräume für Rückzahlungen bestehen" (BVerfG 134 S. 37 Rn. 116).

Bei der Umsetzung dieser Entscheidung hat der Gesetzgeber einen relativ großen Entscheidungsspielraum. Diesen nutzt er jedoch eher zögerlich aus. Er sieht grundsätzlich keine Notwendigkeit für ergänzende Regelungen zur Vermeidung von Bedarfsunterdeckungen im Einzelfall. Dabei ist die Bezugnahme auf die Entscheidung des BSG B 3 KR 21/15 R (NZS 2016 S. 863) eher ein Hinweis darauf, dass eine recht eingeschränkte Prüfung der Urteilsgründe des BVerfG vorgenommen worden ist (BT-Drs. 18/9984 S. 26). Andererseits wird man die richtigen Schlüsse aus der Rechtsprechung des BVerfG nicht ziehen können, wenn man den Statistikdiskurs über die Höhe der Regelsätze, der mit dem ersten Urteil (oben Rn. 30c) begonnen hat, unentwegt fortführt. Diese Diskussion ist, trotz umfangreicher Datenlage (vgl. wd 6 – 3000 – 077/7 und wd 6 – 036/18), nicht über den Stand an Präzision hinausgelangt, den das BVerwG im Band 36 S. 258 mit folgender Formulierung erreicht hatte: Aufgabe der Sozialhilfe ist es, dem Hilfeempfänger zu ermöglichen, in der Umgebung von Nicht-Hilfeempfängern ähnlich wie diese zu leben" (vgl. § 9 Rn. 40). Armut als gesellschaftliche Tatsache ist nicht so homogen, wie dies in der Diskussion um die Höhe der Regelsätze oft erscheint (§ 9 Rn. 3–29). Daraus folgt auch, dass die vom BVerfG angesprochene Gefahr der Unterdeckung in diesem Bereich immer gegeben ist. In einem Fürsorgesystem ist sie zu vermeiden. Erforderlich ist eine Regelung, in der der Tatsache Rechnung getragen wird, dass Art. 1 Abs. 1 GG ein Individualgrundrecht ist. Das kann nur dadurch geschehen, dass die Regelsätze nicht in der Weise gesetzlich fixiert werden, wie das in § 20 Abs. 2 SGB II geschehen ist.

Sachgerechter ist dies geschehen in den §§ 9 Abs. 1, 27a Abs. 4 SGB XII. In diesem Punkt kann man in der Rechtsprechung des BVerfG eine konsequente Entwicklung erkennen. Sie hat mit dem eher individualisierenden „atypischen Bedarf" begonnen (oben Rn. 30c) und wird jetzt über die Vermeidung der „Gefahr einer Unterdeckung" verallgemeinert.

Einmalige Leistungen werden nur noch in den Fällen erbracht, die in § 24 **31**
Abs. 3 Nr. 1–3 SGB II ausdrücklich genannt sind. Es handelt sich also hauptsächlich um **Erstausstattungen.** Von einer Erstausstattung ist immer bei einer „neuen Lebenssituation" auszugehen, also etwa schon nach einer Scheidung und der Aufteilung des Hausrats, beim Wechsel von einer Untermiete in eine eigene Wohnung, beim Bezug einer Wohnung nach Nichtsesshaftigkeit oder Strafhaft (BSG SozR 4-4200 § 23 Nr. 4). Soweit § 24 Abs. 3 SGB II nicht eingreift, muss der Bedarf aus den Regelleistungen gedeckt werden. Insgesamt muss eine wertende Zuordnung zum Regelbedarf bei „Abnutzung durch Gebrauch" und zu den Leistungen nach § 24 Abs. 3 SGB II bei einer „neuen Lebenssituation" gefunden werden. Die Rechtsprechung des BSG hat dazu geführt, dass bei einer erheblichen Reduzierung eines Übergewichts die neue Kleidung auf der Grundlage des § 24 Abs. 3 SGB II zu erbringen war, bei wachstumsbegründetem Kleidungsbedarf müssen die Kosten dagegen aus dem Regelbedarf gedeckt werden (BSG SozR 4-4200 § 20 Nr. 8) Im Falle eines Übergangs von einem Kinder- zu einem Jugendbett schwankt die Rechtsprechung zwischen einer Deckung aus dem Regelbedarf (LSG BW ZFSH/SGB 2013 S. 49) und einer Leistung nach § 24 Abs. 3 SGB II (BSG SozR 4-4200 § 24 Nr. 5). Maßstab für die Entscheidung können aber nicht die Vorhersehbarkeit der Bedarfe, sondern nur die statistischen Werte in der EVS sein. Ergänzend hervorzuheben ist die Regelung des § 24 Abs. 3 Satz 3 SGB II. Danach werden die einmaligen Leistungen auch erbracht, wenn ein Hilfebedürftiger zwar keine laufenden Leistungen nach den §§ 19 ff. SGB II bezieht, wenn er jedoch den Bedarf nach § 24 Abs. 3 Satz 1 und 2 SGB II nicht voll aus eigenen Kräften und Mitteln decken kann (dazu Mrozynski, ZfSH/SGB 2012 S. 75).

Vor dem Hintergrund der Rechtsprechung des BVerfG, dass dem besonderen **32**
Bedarf von Kindern nicht allein durch Abschläge von den Regelbedarfen Rechnung getragen werden darf, wurde der Abschnitt **Bildung und Teilhabe** in den §§ 28, 29 SGB II eingefügt. Der Gesetzgeber wollte sicher stellen, dass dieser Bedarf der Kinder auch gedeckt wird, und nicht allein über einen erhöhten Regelbedarf in die familiäre Bedarfsdeckung ein- und in ihr untergeht. Deswegen werden die in § 28 Abs. 2 und 5–7 SGB II genannten Bedarfe (Schulausflüge, Klassenfahrten, Lernförderung Mittagsverpflegung sowie Teilhabe am kulturellen und sozialen Leben) durch Sach- und Dienstleistungen, personalisierte Gutscheine und Direktzahlung an Leistungsanbieter erbracht. Der unmittelbar unterrichtsbezogene Bedarf (§ 28 Abs. 3 SGB II) ist knapp bemessen. Er wird aber angesichts der Tatsache, dass Schulbücher nicht dazu gehören, noch als ausreichend angesehen (vgl. LSG Nds.-Brem ZfSH/SGB 2018 S. 222). Auch die Vorschrift des § 28 Abs. 5 SGB II über die Lernförderung wurde anfangs entgegen ihrem Wortlaut in der Praxis nur als Hilfe bei gefährdeter Versetzung in die nächst höhere Klasse verstanden. „Gerade noch" versetzt werden, ist aber kein „wesentliches" Lernziel. Die unterste Grenze kann allenfalls bei einer Note ausreichend in allen Fächern liegen. Nicht die Versetzung als solche ist wesentliches Lernziel der Schule, sondern die Vermittlung der Kulturtechniken Lesen und Schreiben (BSG SozR 4-4200 § 28 Nr. 11). Weitergehend wird man auch das Erlangen eines ausreichenden Lernniveaus für einen regulären Hauptschulabschluss als wesentliches Lernziel

ansehen müssen (vgl. LSG Nds.-Brem. NZS 2012 S. 630; LSG SchlH NZS 2014 S. 476). Zum **Kinderzuschlag** vgl. § 25 Rn. 14

33 Das **Sozialgeld** nach § 23 SGB II ist eigentlich eine Regelleistung für nicht erwerbsfähige Mitglieder der Bedarfsgemeinschaft. Es wird also hauptsächlich an Kinder bis zum vollendeten 15. Lebensjahr gezahlt. Es ist aber auch an ältere nicht erwerbsfähige Mitglieder der Bedarfsgemeinschaft zu leisten. Bei ihnen ist aber immer zu prüfen, ob stattdessen Leistungen nach § 41 Abs. 1 Nr. 1 oder 2 SGB XII in Betracht kommen (§ 19 Abs. 1 Satz 2 SGB II). Diese Regelung hat insoweit eine erhebliche praktische Bedeutung, als bei älteren Ehepaaren zumeist einer Arbeitslosengeld II und der andere Grundsicherung nach § 41 Abs. 1 Nr. 1 SGB XII erhält. Bei diesen „gemischten Bedarfsgemeinschaften" ergeben sich erhebliche Schwierigkeiten bei der Anrechnung von Einkommen und Vermögen (oben Rn. 23a). Das BSG tendiert dazu, diesen Bedarfsgemeinschaften die Vorteile des SGB II zu erhalten (BSG 108 S. 241). Trotz der klarstellenden, dabei aber etwas missverständlichen Regelungen des § 23 Nr. 1–4 SGB II umfasst das Sozialgeld jede Art von Mehrbedarfszuschlag. Das ergibt sich aus dem Verhältnis von § 19 Abs. 1 Satz 2 zu Satz 3 SGB II: Wenn Sozialgeld gezahlt wird, dann umfassen die Leistungen auch den Mehrbedarf. Gegenüber § 21 SGB II bringt § 23 Nr. 4 SGB II sogar eine Erweiterung.

5. Kosten für Unterkunft und Heizung

34 Hinsichtlich der **Kosten der Unterkunft,** die sich nicht selten bis auf die Hälfte des Gesamtbedarfs belaufen, ergibt sich das Problem, dass das Gesetz, anders als beim Regelbedarf, keine festen Beträge kennt. Vielmehr ist der Wohnbedarf gemäß § 22 Abs. 1 SGB II zu regionalisieren aber auch zu individualisieren. Bewohnen mehrere Personen eine Wohnung, so ist die Miete grundsätzlich nach Köpfen zu teilen, und zwar auch dann, wenn nicht alle Bewohner Leistungen beziehen (BSG NZS 2019 S. 35). Es kommt auch nicht darauf an, ob eine Bedarfs- oder Haushaltsgemeinschaft besteht (SozR 4-4200 § 22 Nr. 66). Bei einer Sanktion eines Haushaltsmitglieds (§ 31 SGB II) kann davon aber abgewichen werden (BSG SozR 4-4200 § 22 Nr. 68; Nr. 82). In Falle einer Versagung nach § 66 SGB I gilt das aber nicht (BSG NZS 2018 S. 739 Rn. 21, 22). Das BSG hat zu § 22 SGB II das Erfordernis der Ermittlung der Unterkunftskosten nach einem schlüssigen Konzept des zuständigen Jobcenters entwickelt. Das war vor dem Hintergrund der Rechtsprechung des BVerfG, wonach die Bedarfe nachvollziehbar und transparent ermittelt werden müssen, auch unabdingbar (BVerfG 125 S. 175). Eigentlich ist mehr erforderlich als eine Festlegung durch Verwaltungspraxis. Dem hat der Gesetzgeber auch Rechnung getragen, in dem er in den §§ 22a–22c SGB II die Möglichkeit einer Satzungsregelung geschaffen hat. Dieser Möglichkeit scheint die Praxis aber auszuweichen. Auf lange Sicht wird das aber nicht gehen (vgl. Berlit, info also 2017 S. 147). Wenn schon die Höhe der Unterkunftskosten kaum durch ein bundesweit geltendes Gesetz geregelt werden kann, so scheint eine zwingende regionale Satzungslösung doch ein notwendiger Ersatz dafür zu sein (vgl. Anders, SGb 2015 S. 434 für Dresden).

35 Was das **schlüssige Konzept** angeht, so sind folgende allgemeine Gesichtspunkte zu beachten (BSG SGb 2013 S. 246 mAnm Groth). Zunächst ist die abstrakt angemessene Größe einer Wohnung einfachen Standards für den jeweiligen Haushalt zu ermitteln. Bei einer Person wären das etwa 45 qm, pro Kopf sind jeweils 15 qm hinzuzurechnen. Für einen Vier-Personen-Haushalt sind damit

etwa 95 qm anzunehmen. In einem zweiten Schritt muss der räumliche Vergleichsmaßstab, also der räumliche Bereich festgelegt werden, auf den der Hilfesuchende verwiesen werden kann. Dabei ist auf die Schaffung und Erhaltung einer sozial ausgeglichenen Bewohnerstruktur zu achten. Wohnungen einfachsten Standards haben auszuscheiden. Der auf diese Weise ermittelte Quadratmeterpreis, der die Nettokaltmiete und die kalten Betriebskosten getrennt ausweist, ist in einem dritten Schritt mit der abstrakt angemessenen Wohnungsgröße zu multiplizieren. Dies ergibt die Referenzmiete, die die Ausgangsgröße für die angemessenen Unterkunftskosten im Sinne des § 22 Abs. 1 SGB II darstellt. Eine Orientierung an den Wohngeldtabellen ist nur unter engen Voraussetzungen und mit einem Sicherheitszuschlag von 10% möglich (BSG SGb 2016 S. 528 mAnm Lauterbach; LSG Sachs.-Anh. NZS 2018 S. 666). Die methodengerecht ermittelten Daten müssen alle zwei Jahre fortgeschrieben und für die Gerichte nachvollziehbar dargelegt werden. Fehlt es trotz Aufforderung durch das Gericht an einer Überprüfung und Fortschreibung der Unterkunftskosten, so ist bei einer Aktualisierung der Jahresverbraucherpreisindex zu Grunde zu legen (BSG SGb 2018 S. 774, dazu Straßfeld, SGb 2018 S. 754).

Insgesamt gelangt die Rechtsprechung zu einer sinnvollen Angleichung des **35a** schlüssigen Konzepts mit den Kriterien für den Erlass von Satzungen (§§ 22a–22c SGB II) und der Erstellung des Mietspiegels (§§ 558c, 558d BGB). Die Werte sind bei einem selbstbewohnten **Familieneigenheim** (§ 12 Abs. 3 Nr. 4 SGB II) etwas höher. Bei einer vierköpfigen Familie ist von einem Wohnraum von ca. 130 qm auszugehen. Die laufenden Kosten der Unterkunft entsprechen aber auch hier den Grundsätzen, die für Mietwohnungen entwickelt wurden (BSG 97 S. 254; BSG 102 S. 263). Nach Auffassung des BSG kann bei Wohneigentum unter engen Voraussetzungen, „wenn lediglich noch eine Restschuld abzutragen ist", auch der Tilgungsanteil, also nicht nur der Darlehenszins übernommen werden (BSG B 4 AS 49/14 R, juris; Sächs. LSG FEVS 69 S. 382).

Insbesondere stark marginalisierte Leistungsberechtigte haben auf dem Woh- **36** nungsmarkt eine besonders schwache Stellung. Im Hinblick darauf, dass § 22 Abs. 1 Satz 3 SGB II – anders als § 20 SGB II – auf die Besonderheiten des Einzelfalles abstellt, unterscheidet bereits BVerwG in seiner Rechtsprechung **die abstrakt und die konkret angemessene Miete** (BVerwG 101 S. 194). Letztere berücksichtigt ergänzend zum allgemeinen Mietniveau auf dem örtlichen Wohnungsmarkt die konkrete Situation von Wohnungssuchenden, die nur mit höherem finanziellen Aufwand eine Wohnung erlangen können (BSG 97 S. 254). Diese konkret angemessene Miete ist als tatsächlicher Aufwand anzuerkennen. Obwohl also bei den Kosten der Unterkunft die Marktverhältnisse zugrunde zu legen sind (abstrakt angemessene Miete), muss immer auch geprüft werden, ob der konkrete Hilfebedürftige eine reale Chance hat, die Wohnung zum Marktpreis zu erhalten. Häufig ist er (zB allein erziehender Elternteil mit mehreren Kindern) gegenüber seinen Konkurrenten unterlegen. In diesem Falle ist eine höhere Miete zu übernehmen (konkret angemessene Miete).

Bei der Prüfung der **Angemessenheit der Unterkunftskosten** darf nach dem **37** Wortlaut der Vorschrift nur auf die tatsächliche Höhe der Aufwendungen abgestellt werden. Sie ergeben sich aus dem **Produkt** von Quadratmeterzahl und Quadratmeterpreis. Es damit also durchaus möglich, eine kleine Wohnung mit hohem Quadratmeterpreis zu bewohnen. In die Angemessenheitsprüfung sind allerdings auch die **Heizungs- und Nebenkosten** einzubeziehen. Dabei war zunächst eine gesonderte Prüfung der Angemessenheit der Heizkosten vorzunehmen (BSG 104 S. 41). Es war also kein Ausgleich mit einem besonders geringen Quadratmeterpreis möglich. Die Satzungsregelung des § 22b Abs. 1 Satz 3 SGB II ermöglichte später die Festlegung einer Gesamtangemessenheitsgrenze, unter Einbeziehung der Heizkosten. Diese war ursprünglich in § 22 Abs. 1 Satz 1 SGB II nicht vorgesehen. Sie ist später aber durch § 22 Abs. 10 SGB II eingeführt worden. Die sog. kalten Nebenkosten gehören bereits zu den Unterkunftskosten. Nachforderungen von Nebenkosten sind im Zeitpunkt der Fälligkeit zu berücksichtigen, und zwar auch dann wenn die Wohnung nicht mehr bewohnt wird, aber noch Hilfebedürftigkeit gegeben ist (BSG SozR 4-4200 § 22 Nr. 92). Bei der Prüfung der insgesamt angemessenen Unterkunftskosten ist auf die Mitglieder der Bedarfsgemeinschaft abzustellen, und zwar auch dann, wenn andere Personen in der Wohnung leben. Diese tragen zwar ihren Anteil an den Unterkunftskosten; sie sind aber nicht an die Angemessenheitskriterien gebunden. Das gilt selbst dann, wenn Eltern mit einem Kind in der Wohnung leben und dieses Kind wegen eigenen Einkommens (§ 7 Abs. 3 Nr. 4 SGB II) nicht mehr zur Bedarfsgemeinschaft gehört (BSG FamRZ 2018 S. 1898 mAnm Schürmann. Zum Kinderwohngeld vgl. § 26 Rn. 4–4b).

37a Kosten der **Einzugs- und Auszugsrenovierung** werden als einmalige Leistungen nach § 22 Abs. 1 Satz 1 SGB II übernommen. Für die Auszugsrenovierung ist das schwer begründbar, weil zu diesem Zeitpunkt kein Bedarf an der verlassenen Wohnung mehr besteht (vgl. LSG Bln.-Brandbg. FEVS 66 S. 88; Hess. LSG FEVS 66 S. 110). Eine rechtlich bestehende Verpflichtung ist keine ausreichende Begründung. Da dies auf eine Übernahme von Schulden hinausläuft, die jedoch an einen bestehenden und zu deckenden Bedarf geknüpft ist (§ 22 Abs. 8 SGB II). Für den Erhaltungsbedarf von Wohneigentum, das nach § 12 Abs. 3 Satz 1 Nr. 4 SGB II geschützt ist, trifft § 22 Abs. 2 SGB II eine Sonderregelung, soweit unabweisbare Aufwendungen erforderlich sind. Teilweise können diese als Darlehen erbracht werden. Zum Begriff der Instandhaltung LSG Bln.-Brandbg. ZfSH/SGB 2017 S. 763.

38 In § 22 Abs. 1 Satz 3 SGB II ist der Fall einer unangemessen teuren Wohnung geregelt. Der Hilfebedürftige muss in der Regel die Kosten innerhalb eines Zeitraum von sechs Monaten vermindern. Die an ihn gerichtete **Kostensenkungsaufforderung,** in der die noch angemessenen Aufwendungen zu benennen sind (BSG 106 S. 155), ist kein Verwaltungsakt. Nur unter engen Voraussetzungen ist gegen sie eine Feststellungsklage zulässig (BSG SozR 4-4200 § 22 Nr. 90). Auf die sechsmonatige Übergangsfrist kann sich uneingeschränkt berufen, wer in einer Wohnung lebt, die durch besondere Umstände (zB Tod oder Auszug eines Mitbewohners) zu teuer wurde. Die Frist kann abgekürzt werden, wenn von Anfang an eine zu teure Wohnung angemietet wurde (BSG 105 S. 188). Dies ist als atypischer Fall einzuordnen (§ 39 Rn. 8). Der zum Umzug Verpflichtete ist gehalten, vom ersten Tag der Aufforderung an intensiv nach einer günstigeren Wohnung zu suchen. Findet er sie nicht, muss die Frist verlängert werden. Die Erfolglosigkeit der Suche kann zudem ein Hinweis darauf sein, dass die konkreten Unterkunftskosten nicht zu hoch sind.

39 In allen Umzugsfällen ist in der Praxis zu beachten, dass vor Abschluss eines neuen Mietvertrages nach § 22 Abs. 4 SGB II eine Zusicherung des Leistungsträgers am Zuzugsort eingeholt werden soll. Dasselbe gilt nach § 22 Abs. 6 SGB II für die **Wohnungsbeschaffungskosten** (Umzugskosten, Kaution, Ablöse, uU auch Makler). Zumeist wird die Kaution nur als Darlehen übernommen (§ 22 Abs. 6 Satz 3 SGB II). Durch § 42a Abs. 2 SGB II ist die bislang fehlende und von der Praxis geforderte Möglichkeit geschaffen worden, dass die Rückzahlung des Kautionsdarlehens aus den laufenden Leistungen erfolgt (§ 51 Rn. 19, 19a). Das ist insoweit bedenklich, dass auf diese Weise infolge eines erhöhten Bedarfs die Leistungen nicht vollständig zur Verfügung stehen (vgl. Nguyen, SGb 2017 S. 202). Die Lösung des Problems ist in § 22 Abs. 6 Satz 3 SGB II zu suchen. Danach soll die Mietkaution als Darlehen erbracht werden. Von der Sollvorschrift ist im Sinne eines Zuschusses abzuweichen, wenn ersichtlich wird, dass das Darlehen nicht innerhalb eines überschaubaren Zeitraums von etwa drei bis sechs Monaten getilgt werden kann (SG Berlin info also 2011 S. 275). Das entspricht der Rechtsprechung des BVerfG, das die „Ansparkonzeption" des SGB II als in diesem Sinne begrenzt angesehen hat (BVerfG 125 S. 175). Alle Kosten für Unterkunft und Heizung können nach § 22 Abs. 7 Satz 2 SGB II auch an andere Empfangsberechtigte ausgezahlt werden (BSG NZS 2019 S. 36; LSG Nds.-Brem. FEVS 68 S. 508). Das gilt zumeist in **Überschuldungsfällen** (Blüggel/Wagner, NZS 2018 S. 677). Schulden bei Unterkunft und Heizung können nach § 22 Abs. 8 SGB II übernommen werden (BVerfG SGb 2017 S. 643 mAnm Wunder). Im Rahmen der danach zu treffenden Ermessensentscheidung kann auch auf die Selbsthilfebereitschaft und auf wirtschaftlich unvernünftiges Verhalten des Leistungsberechtigten abgestellt werden (LSG Bln.-Brandbg. NZS 2017 S. 557; Hahn, NZS 2017 S. 98). Bei drohender Wohnungslosigkeit ist der Ermessensspielraum allerdings eingeschränkt (LSG Nds.-Brem. FEVS 68 S. 229).

In der Vergangenheit konnte es sich ergeben, dass **unter 25jährige** ohne Aus- 40
bildung oder Arbeit die elterliche Wohnung verließen und Leistungen nach den §§ 19 ff. SGB II bezogen. In diesem Falle waren die Eltern auf Grund der Regelung des § 33 Abs. 2 Nr. 2 SGB II nicht mehr in der Verantwortung. Aus diesem Grund hat man eine Reihe von Vorschriften geändert. Leistungsberechtigte dieser Gruppe sind in die Bedarfsgemeinschaft mit den Eltern einbezogen (§ 7 Abs. 3 Nr. 4 SGB II). Sie erhalten eine Regelleistung der Regelbedarfsstufe 3 (§ 20 Abs. 2 Satz 2 Nr. 2 SGB II). Wollen unter 25jährige umziehen, so ist § 22 Abs. 5 SGB II anzuwenden. Es muss einer der in den Nrn. 1–3 genannten Gründe gegeben sein. In diesem Falle muss eine Zusicherung der Zulässigkeit des Umzugs erfolgen (BSG SozR 4-4200 § 22 Nr. 95; BSG SGb 2019 S. 113 mAnm Kohnke/Grosse). Hauptsächlich handelt es sich um schwere Konflikte mit den Eltern oder um eine für die Bedarfsgemeinschaft zu kleine Wohnung. Auch häufige Beleidigungen durch einen Elternteil oder Alkoholmissbrauch können als Grund in Betracht kommen. Insbesondere in solchen Fällen kann auch auf die vorherige Zusicherung verzichtet werden (§ 22 Abs. 5 Satz 3 SGB II).

Wird eine Zusicherung nicht erteilt und zieht der unter 25jährige gleichwohl 41
um, so erhält er keine Leistungen für die Unterkunft (§ 22 Abs. 5 Satz 4 SGB II) und keine Erstausstattung für die Wohnung (§ 24 Abs. 6 SGB II). Kosten für eine Obdachlosenunterkunft gelten als Unterkunftskosten. Auch sie werden also nicht erbracht. Auch die Regelleistung entspricht weiterhin nur der Regelbedarfsstufe 3 (§ 20 Abs. 3 SGB II). Zu beachten ist schließlich, dass § 22 Abs. 5 SGB II nur den Fall regelt, dass ein unter 25jähriger durch Umzug aus der Bedarfsgemeinschaft mit den Eltern ausscheidet. Man kann auch durch Heirat aus der Bedarfsgemeinschaft ausscheiden (vgl. § 7 Abs. 3 Nr. 2 SGB II). Schließlich kann auch ein Elternteil mit einem Kind in der Wohnung leben und der Elternteil zieht aus. Auch in diesem Falle ist § 22 Abs. 5 SGB II schon nach seinem Wortlaut nicht anwendbar. Die Situation kann sich schließlich auch so darstellen, dass die Eltern den Aufenthalt des volljährigen Kindes in ihrer Wohnung nicht wünschen. Gemäß § 1612

Abs. 2 BGB können sie die Art der Unterhaltsgewährung bestimmen. Beschränken sie sich darauf, nur noch Barunterhalt gewähren zu wollen, dann hat das Kind einen wichtigen Grund dafür, in eine andere Wohnung umzuziehen.

42 Wichtig ist, dass § 22 Abs. 5 SGB II keine Rückzugsverpflichtung begründet. Dies gilt jedenfalls dann, wenn er sich zu einem früheren Zeitpunkt „aus eigenen Kräften aus dem Elternhaus gelöst" hat und „später hilfebedürftig geworden" ist (LSG Bln.-Brandbg. ZfSH/SGB 2011 S. 218). Insoweit ist später in § 22 Abs. 5 Satz 4 SGB II eingefügt worden, dass Leistungen an Personen nur dann nicht erbracht werden, wenn sie umgezogen sind, in der Absicht die Voraussetzungen für die Hilfe herbeizuführen. Wer also früher – ohne hilfebedürftig zu sein – guten Glaubens oder auch unbedachterweise ausgezogen ist, und dann hilfebedürftig wird, kann später nicht mehr auf die elterliche Wohnung verwiesen werden. Nur der Minderjährige kann man im Rahmen ihrer Selbsthilfeobliegenheit auf die elterliche Wohnung verweisen.

6. Einsatz von Einkommen und Vermögen

43 Auf den nach den Vorschriften der §§ 19–29 SGB II zu ermittelnden Gesamtbedarf einer Bedarfsgemeinschaft sind Einkommen (§ 11 SGB II) und Vermögen (§ 12 SGB II) anzurechnen. Das geschieht allerdings nicht in vollem Umfange. Die in § 11a SGB II genannten Leistungen werden nicht als Einkommen berücksichtigt. Gemäß § 11b SGB II werden bestimmte Beträge abgesetzt. Von größerer praktischer Bedeutung sind die Freibeträge nach § 11b Abs. 2 und 3 SGB II. Auch in der Sozialhilfe gibt es nach § 82 Abs. 3 SGB XII einen – zumeist geringeren – Freibetrag (BSG SGb 2019 S. 237 mAnm Kötter). Nach der Neufassung des § 11 Abs. 1 Satz 2 SGB II werden **Einnahmen in Geldeswert** nur dann als Einkommen betrachtet, wenn sie in den in der Vorschrift genannten Freiwilligendiensten zugeflossen sind. Diese Behandlung der Leistungen in Geldeswert, die nicht mit § 82 Abs. 1 Satz 1 SGB XII übereinstimmt, wird man aus folgenden Gründen nicht als sachgerecht ansehen können: Wann man von Geldeswert sprechen kann, hängt von einer Definition ab. Stellt man auf die jederzeitige Tauschbarkeit in Geld ab, so ist der Begriff sehr eng gefasst, weil man häufig Waren nicht in Geld tauschen kann, sondern lediglich Geld in Waren. Geht man davon aus, dass es genügt, wenn eine Ware einen in Geld ausdrückbaren Wert hat, dann wird man etwa einen (spezifizierten) Einkaufsgutschein als Einnahme in Geldeswert ansehen müssen. Damit kann keine Anrechnung erfolgen. Das dürfte kaum sinnvoll sein und es ist wohl damit zu rechnen, dass der Gesetzgeber seine Entscheidung bald korrigiert. Es fehlt zudem eine Abstimmung mit § 11a Abs. 5 SGB II. Zuwendungen der Wohlfahrtsverbände haben häufig den Charakter von Geldeswert wie zB solche einer Tafel. Damit widersprechen sich die Anrechnungsregeln der §§ 11 Abs. 1 Satz 2 und 11a Abs. 5 SGB II teilweise.

44 Bei der Berücksichtigung von Einkommen und Vermögen ist im Grundsatz ist vom Nettoeinkommen auszugehen (§ 11 Abs. 2 SGB II). Es kann idR um weitere Beträge vermindert werden. Bestimmte Einkünfte werden nicht als anrechenbares Einkommen angesehen, das gilt insbesondere für zweckbestimmte Leistungen, sowie für solche, die Leistungen nach dem SGB II, dem SGB XII oder dem AsylbLG sind (BSG 119 S. 164). Eine Motivationszuwendung durch einen Träger der freien Wohlfahrtspflege ist nicht als Einkommen anzusehen (BSG SGb 2014 S. 640 mAnm Kokemoor). Entscheidend ist, dass es sich dabei nur um einen geringen Betrag handelt, und dass eine solche Zuwendung nicht das Entgelt für

eine Gegenleistung ist. Unabhängig von ihrer rechtlichen Zuordnung dürfen nur die Einkünfte angerechnet werden, die den Charakter von **„bereiten Mitteln"** haben, die also unmittelbar zur Bedarfsdeckung zur Verfügung stehen (BSG 112 S. 229). Anders als im Unterhaltsrecht gibt es im Fürsorgesystem kein „fiktives" Einkommen (Hess. LSG NZS 2013 S. 833). Davon macht § 24 Abs. 4 SGB II insoweit eine begrenzte Ausnahme, als auch Einkommen berücksichtigt werden kann, das voraussichtlich zufließt. In diesem Falle kann aber ein Darlehen gewährt werden. Es handelt sich dabei nicht um ein Ermessen, sondern um ein „darf nur wenn, muss dann aber auch" (§ 39 Rn. 4). **Kindergeld** ist Einkommen des zur Bedarfsgemeinschaft gehörenden Kindes, soweit es zur Sicherung seines Lebensunterhalts benötigt wird (§ 11 Abs. 1 Satz 5 SGB II). Ist es dazu, wegen anderer Einkünfte des Kindes nicht erforderlich, so ist das Kindergeld Einkommen der Eltern. In anderen Fällen greift § 1 Abs. 1 Nr. 8 Alg II VO ein: Leiten die Eltern das Kindergeld nachweislich an das nicht in ihrem Haushalt lebende Kind weiter, so ist es dessen Einkommen (BSG SozR 4-4225 § 1 Nr. 2). In § 82 Abs. 2 Satz 3 SGB II wird das Kindergeld nicht völlig übereinstimmend mit dem SGB II behandelt (§ 25 Rn. 13–13d). Umstritten ist, ob bei mehreren Kindern ein Durchschnittskindergeld angerechnet wird (LSG Nds.-Brem. FEVS 69 S. 472 Rn. 18). Dies ist im Hinblick auf die Funktion des Kindergeldes und angesichts der Regelung des § 54 Abs. 5 entgegen der wohl überwiegenden Meinung zu bejahen (§ 54 Rn. 33).

Wird das Kindergeld nicht (in vollem Umfang) für den Kindesunterhalt benötigt, etwa weil auch Ausbildungsentgelt gezahlt oder weil materieller Unterhalt vom nicht betreuenden Elternteil geleistet wird, so ist das Kindergeld weiterhin **Einkommen der Eltern.** Dabei kann es entscheidend darauf ankommen, in welcher Reihenfolge die Einkünfte des Kindes bei seiner Bedarfsberechnung eingestellt werden. Ein den Bedarf des Kindes übersteigendes eigenes Einkommen wird in begrenztem Umfang nach § 9 Abs. 5 SGB II beim betreuenden Elternteil berücksichtigt. Nicht benötigtes Kindergeld ist unmittelbar Einkommen des Elternteils und wird vollständig als Einkommen bei ihm berücksichtigt (§ 11 Abs. 1 Satz 5 SGB II). Schon im Hinblick auf § 1612b BGB wird man das Kindergeld zunächst beim Kind berücksichtigen müssen. Dasselbe muss auch im Verhältnis zu seinem Arbeitseinkommen gelten. Zwar muss man von einem Vorrang der Entgeltersatzleistungen vor dem Arbeitseinkommen ausgehen, jedoch ist das Kindergeld keine Entgeltersatzleistung. Zudem wird es völlig unabhängig vom Einkommen geleistet. Gegen dieses Ergebnis, dass auch zu einer gerechten Verteilung des Kindergeldes auch unter betreuenden und barunterhaltspflichtigen Elternteilen führt, spricht allerdings, dass § 11 Abs. 1 Satz 5 SGB II dann praktisch keine Bedeutung mehr hat, weil das Kindergeld immer, zunächst vollständig für den Bedarf des Kindes eingesetzt wird. Zum **Kinderwohngeld** vgl. § 26 Rn. 4a–4d. **44a**

Schwierigkeiten bereitet der Kontokorrent, also die Verrechnung eines Überweisungsbetrages auf dem Konto des Leistungsberechtigten. Diese Verrechnung ist zivilrechtlich nichts anderes als die Verwendung eines zunächst bereiten Mittels, letzten Endes also dessen Verbrauch zur Schuldentilgung. Damit ist der (verbrauchte) Überweisungsbetrag als Einkommen anzurechnen (BSG SozR 4-4200 § 11 Nr. 70; LSG Bln.-Brandbg. NZS 2019 S. 311). **44b**

Einkommen muss für den Leistungsberechtigten tatsächlich, und zwar zur zeitnahen Bedarfsdeckung, verfügbar sein. Damit gehören bloße Forderungen nicht zum Einkommen. Kein Einkommen ist nach dieser Grundregel auch das **„fiktive Einkommen"** im Sinne des Unterhaltsrechts, also das Einkommen, das hätte **44c** erzielt werden können, aber wegen Verletzung der Erwerbsobliegenheit nicht erzielt wurde. Dieses Einkommen mag zwar im Unterhaltsrecht, kann aber nicht im Leistungsrecht der Grundsicherung berücksichtigt werden, da sie auf die tatsächlichen Verhältnisse im Sinne einer zeitnahen Bedarfsdeckung durch bereite Mittel abstellt (BSG 123 S. 199; Bay. LSG FEVS 62 S. 319). Auf die Weigerung, Selbsthilfe durch Arbeit zu leisten (§ 2 Abs. 1 Satz 1 SGB II), kann also nicht mit der Annahme eines fiktiven Einkommens und damit einer fiktiv nicht bestehenden Hilfebedürftigkeit reagiert werden, sondern nur mit § 31 SGB II. Bei unregelmäßigen Unterhaltszahlungen ist nur der im Bedarfsmonat erfolgt Zufluss bereites Mittel (BSG NZS 2018 S. 468).

45 Vom Vermögen wird das Einkommen in der Weise abgegrenzt, dass grundsätzlich alle Zuflüsse im Bedarfsmonat Einkommen sind (BSG 101 S. 291). Allgemein gilt die Formel: Kein Wert kann dem Berechtigten zweimal zufließen. Deswegen kann man nicht von einem Zufluss von Einkommen sprechen, wenn Ersparnisse oder auch eigene Versicherungen aufgelöst werden. Sie bleiben Vermögen. Abgesehen von § 37 Abs. 2 Satz 2 SGB II ist der Zeitpunkt der Antragstellung maßgehend (BSG SozR 4-4200 § 11 Nr. 59). Für das Einkommen ist der Gesichtspunkt wesentlich, dass die wirtschaftliche Lage des Betroffenen verbessert wird. Das ist nach Auffassung des BSG nicht der Fall, wenn ein Darlehen gewährt wird (BSG SozR 4-4200 § 11 Nr. 30). Im Einzelnen ist diese Zuflusstheorie differenziert zu handhaben (BVerwG 108 S. 296; BSG SozR 4-4200 § 11 Nr. 17). Als „normative" Zuflusstheorie lässt sie Abweichungen zu. So bleiben **Surrogate von Vermögensgegenständen,** wie der Schadenersatz, Vermögen. Demgegenüber sind Erbschaften, Steuererstattungen, Nachzahlungen usw Einkommen. Als einmalige Einkünfte werden sie nach den Grundsätzen des § 11 Abs. 3 SGB II berücksichtigt. Sie werden im Zuflussmonat angerechnet. Entfiele dadurch aber der Leistungsanspruch und – damit der Versicherungsschutz nach § 5 Abs. 1 Nr. 2a SGB V – so wird die Anrechnung auf sechs Monate verteilt (§ 11 Abs. 3 Satz 3 SGB II). Für das **Überbrückungsgeld** Strafentlassener ist in § 11a Abs. 6 SGB II eine Sonderregelung getroffen worden. Der **Kinderzuschlag** ist „abweichend vom tatsächlichen Zufluss dem Monat als Einkommen zuzurechnen, für den er zur Vermeidung von Hilfebedürftigkeit nach dem SGB II erbracht worden ist" (BSG 124 S. 243).

45a Der **Zugewinnausgleich** wird in der Praxis als Einkommen behandelt. ME ist er jedoch Vermögen, da das entscheidende Kriterium des Einkommensbegriffs, der wertmäßige Zuwachs im Bedarfsmonat, hier nicht zutrifft. Die Regelung des Zugewinnausgleichs geht von der Vorstellung aus, dass ein Bestand von Gütern materiell als von beiden Ehepartnern erworben anzusehen und nur schuld- oder sachenrechtlich jeweils einem der Ehepartner zugewiesen ist (§ 1373 BGB). Solche zivilrechtlichen Gesichtspunkte haben im SGB II zwar keine Bedeutung. Anlässlich der Scheidung findet aber ein Ausgleich statt. In der familienrechtlichen Literatur wird weitgehend unangefochten die Auffassung vertreten, dass vor Rechtskraft des Scheidungsurteils, weder ein Anspruch noch eine Anwartschaft des ausgleichsberechtigten Ehepartners besteht (MüKo-Koch § 1378 Rn. 12–15). Andererseits erhält der ausgleichsberechtigte geschiedene Ehepartner nicht, was nicht schon vorher seine wirtschaftliche Lage geprägt hat. Er erhält gerade nicht „wertmäßig" etwas dazu. Dem ist im Hinblick darauf Rechnung zu tragen, dass die Zuflusstheorie insoweit normativ ist, als sie nicht zwingend an zivilrechtliche Vorgaben gebunden ist. Deswegen wird man auch angesichts der Unterschiede zum Schuld- und Sachenrecht doch von einer Umschichtung von vorhandenem Vermögen unter den Eheleuten und damit davon ausgehen müssen, dass der

Zugewinnausgleich uneingeschränkt dem Vermögen zuzurechnen ist (im Ergebnis ebenso SG Berlin ZfSH/SGB 2010 S. 183).

Nicht leicht zu beantworten ist auch die Frage, ob der **Rückgewähranspruch** des verarmten Schenkers als Einkommen oder als Vermögen anzusehen ist. Nach § 528 Abs. 1 Satz 1 BGB kann die Herausgabe des „Geschenkes“ verlangt werden. Bei der gemischten Schenkung gilt dasselbe für den unentgeltlich zugewendeten Anteil des Gesamtgeschäfts (VGH Mannheim FEVS 51 S. 130). Der Rückgewähranspruch geht unter den Voraussetzungen des § 33 Abs. 1 Satz 1 SGB II bzw. des § 93 Abs. 1 Satz 1 SGB XII auf den Leistungsträger über (Bay. LSG ZfSH/SGB 2017 S. 759). Insoweit könnte davon ausgegangen werden, dass es sich bei einem solchen Vorgang um eine Rückführung von Vermögen handelt. Gemäß § 528 Abs. 1 Satz 2 BGB kann der Beschenkte jedoch die Herausgabe durch Zahlung des für den Unterhalt des Schenkers erforderlichen Betrages abwenden. Das würde eher für die Annahme von Einkommen sprechen. Allerdings kann sich der Beschenkte auch durch Herausgabe der Sache befreien (BGH NJW 2005 S. 670). Dies würde die Rückführung des Gegenstandes in das Vermögen bedeuten. Nach der überholten Identitätstheorie hat das OVG Münster in diesem Falle ein Vermögen angenommen (OVG Münster ZfSH/SGB 1987 S. 604). Das BVerwG ist im gleichen Falle von einem Einkommen ausgegangen (BVerwGE 90 S. 245). Auch nach Anerkennung der Zuflusstheorie scheint dieser Fall Schwierigkeiten zu bereiten. Im Grundsatz ist der Rückgewähranspruch nach § 528 BGB nicht auf ein Rückgängigmachen der Schenkung, sondern auf Wertersatz gerichtet. Insbesondere kann der Beschenkte die Herausgabe durch Zahlung des für den Unterhalt erforderlichen Betrags an den Schenker abwenden (§ 528 Abs. 1 Satz 2 BGB). Im Hinblick darauf könnte man davon ausgehen, dass es sich bei dem jeweiligen Zufluss um Einkommen handelt. Das BSG hat diese Frage dahinstehen lassen (BSG B 8 SO 21/08 R, juris Rn. 13). Inzwischen wird erneut davon ausgegangen, dass der Anspruch dem Vermögen zuzuordnen ist (LSG BW FEVS 69 S. 475 Rn. 36). Gibt der Beschenkte den Gegenstand en bloc heraus, so wird man diesen dem Vermögen des Schenkers zuordnen müssen. Für die Zahlung des Betrages nach § 528 Abs. 1 Satz 2 BGB, der ja nicht das Korrelat der Schenkung ist, und der sich am Bedarf des Schenkers orientiert, wird man das aber nicht annehmen können und folglich hier von Einkommen ausgehen müssen. Es hat eine „Umwandlung des Schuldverhältnisses“ stattgefunden (MüKo BGB-Koch § 528 Rn. 21). 45b

Zur Förderung der Arbeitsbereitschaft kennt § 11b Abs. 2 und 3 SGB II Freibeträge vom Arbeitseinkommen. Dabei regelt § 11b Abs. 2 SGB II keinen echten **Freibetrag,** sondern eine pauschalierte Absetzung für Aufwendungen iSd § 11b Abs. 1 Nr. 3–5 SGB II. Als Ausgangsgröße für die Berechnung der Freibeträge ist immer das Bruttoeinkommen heranzuziehen. Abgesetzt werden die Freibeträge aber vom Nettoeinkommen. Liegt das Bruttoeinkommen nicht über 400 €, so sind pauschal 100 € abzusetzen. Liegt das Bruttoeinkommen über 400 €, so können anstelle der 100 € die Beträge im Sinne des § 11b Abs. 1 Nr. 3–5 SGB II abgesetzt werden, die tatsächlich angefallen sind. Bei ehrenamtlicher Tätigkeit erhöhen sich die Beträge nach § 11b Abs. 2 Satz 3 SGB II. Die Berechnung des Freibetrages nach § 11b Abs. 3 SGB II erfolgt oberhalb der bereits abgesetzten 100 € Berechnungsgrundlage. Das ist also der darüber liegende Betrag bis zum Bruttoeinkommen. Das sind also von 100 € bis zu 1000 €. Somit ergibt sich eine Berechnungsgrundlage von 900 €. Daraus werden 20 % als Freibetrag anzusetzen, also 180 €. Bei einem Einkommen von 1100 € wären Grundlage für die Berech- 46 nung 900 €, die über dem Betrag von 100 € liegen. Für den Betrag bis zu 1000 € wären 20 %, also 180 € und für den Betrag, der über 1000 € liegt, nochmals 10 %, also aus den 1000 € bis zu 1100 €, das ergäbe noch einmal 10 €. Der gesamte Freibetrag beliefe sich also auf 290 €.

47 **Vermögen** wird auf der Grundlage des § 12 SGB II in erheblich größerem Umfange geschont, als dies nach § 90 SGB XII der Fall ist (vgl. Lange, SGb 2013 S. 618). Neben dem allgemeinen Schonvermögen nach § 12 Abs. 2 Nr. 1 SGB II haben vor allem die zusätzlichen Rücklagen zur Altersvorsorge (§ 12 Abs. 2 Nr. 2 und Nr. 3 SGB II) und das selbstbewohnte Familieneigenheim (§ 12 Abs. 3 Nr. 4 SGB II) Bedeutung. Bei einer vierköpfigen Familie wird die angemessene Größe mit 130 qm angenommen (BSG 98 S. 243; BSG 100 S. 186). Im Grundsatz ist Vermögen die Summe aller im Leistungszeitraum (§ 37 Abs. 2 Satz 2 SGB II) schon vorhandenen Güter (Sachen und Rechte) von wirtschaftlichem Wert. Im Allgemeinen stehen sie im Eigentum des Leistungsberechtigten. Jedes Vermögen, das einen Leistungsbezug suspendieren soll, muss immer in einer Weise verwertbar sein, die geeignet ist, zur Bedarfsdeckung beizutragen. So kann eine vermögenswerte Forderung uneinbringlich, ein Vermögensgegenstand nicht marktfähig oder die Verwertbarkeit von Wohneigentum ausgeschlossen sein, wenn es mit dinglichen Rechten Dritter (zB Nießbrauch, Erbbaurecht, Wegerecht) belastet ist. Eine solche Unverwertbarkeit ergibt sich aber nicht allein aus der Belastung, sondern kann als tatsächliche Folge daraus eintreten und ist deswegen nur nach den Bedingungen des Grundstücksmarktes zu beurteilen.

47a In § 12 SGB II ist das Vermögen teils betragsbezogen (§ 12 Abs. 2 Satz 1 Nr. 1 SGB II), teils sachbezogen (§ 12 Abs. 3 Satz 1 Nr. 1 SGB II) geschont. Daraus können sich einige Zweifelsfragen ergeben. Im Prinzip wird man aber davon ausgehen müssen, dass diese Regelungen getrennt zu prüfen sind. Es kann also nicht zwischen § 12 Abs. 2 Satz 1 und Abs. 3 Satz 1 SGB II eine bilanzierender Ausgleich vorgenommen werden. Die gegenteilige Auffassung hätte zur Folge, dass ein die Grenzen des § 12 Abs. 2 Satz 1 SGB II übersteigender Betrag damit verrechnet werden kann, dass davon eigentlich eine Eigentumswohnung (§ 12 Abs. 3 Satz 1 Nr. 4 SGB II) angeschafft werden könnte. Das BSG lässt es aber zu, dass bei der Frage des Verkaufs eines nicht mehr angemessenen Kfz (§ 12 Abs. 3 Nr. 2 SGB II) berücksichtigt wird, dass der Betrag des Schonvermögens nach § 12 Abs. 2 Nr. 1 SGB II noch nicht voll ausgeschöpft ist und nach dem Verkauf des Kfz aufgefüllt werden könnte. In diesem Falle kann der Verkauf unterbleiben (BSG SGb 2008 S. 602 mAnm Berlit). Offensichtlich soll dies aber nur für den nicht zweckgebundenen Grundfreibetrag gelten. Betrachtet man § 12 Abs. 2 Satz 1 und 3 Satz 1 SGB II im Gesamtzusammenhang, so wird ersichtlich, dass die Zweckbindung bzw. Zweckfreiheit kein durchgängig verwendetes Ordnungsprinzip in der Vorschrift ist. So sind der Grundfreibetrag (§ 12 Abs. 2 Satz 1 Nr. 1 SGB II) und das Kfz (§ 12 Abs. 3 Satz 1 Nr. 2 SGB II) zweckfrei. Konsequenterweise müsste in jede Richtung verrechnet werden können. Zutreffend dürfte es aber sein, die Tatbestände in § 12 Abs. 2 Satz 1 und 3 Satz 1 SGB II immer getrennt zu betrachten (LSG BW NZS 2009 S. 338). Allerdings kann der Leistungsberechtigte auch nicht daran gehindert werden, nicht mehr zu schonende Geldbeträge nach § 12 Abs. 2 Satz 1 Nr. 1 SGB II zur Anschaffung von Gegenständen im Sinne des § 12 Abs. 3 Satz 1 SGB II zu verwenden, die dann zu schonen sind. Das könnte auch während des Leistungsbezugs geschehen; wird aber tatsächlich zumeist in der Zeit davor erfolgen, da Leistungen nicht erbracht werden, solange verwertbares

Vermögen vorhanden ist. Die einzige Grenze für ein solches Verhalten ergibt sich aus § 31 Abs. 2 Nr. 1 SGB II.

Zum Vermögen kann auch das Rückkaufrecht aus einer eigenen Versicherung gehören. Der Zufluss bei einem lediglich aus der Versicherung eines Dritten Begünstigtem ist dagegen Einkommen. Des Weiteren kann ein Nutzungsrecht, wie zB ein Wegerecht, Vermögen sein. Zum Vermögen gehört auch der Auseinandersetzungsanspruch des Miterben (BSG SGb 2010 S. 53 mAnm Deinert). Dasselbe gilt für den Bereicherungsanspruch nach § 812 BGB (LSG RhPf. FEVS 63 S. 330). Insgesamt können auch Rechte und Forderungen zum Vermögen gehören. Allgemein gilt: „Nach § 11 Abs. 1 SGB II sind nur Einnahmen in Geld oder Geldeswert als Einkommen zu berücksichtigen; dagegen ist die Berücksichtigung von Vermögen auch dann möglich, wenn weitere Verwertungshandlungen „zwischengeschaltet" sind. Vermögensgegenstände können daher neben beweglichen Sachen und Immobilien auch (künftig fällig werdende) Forderungen und Rechte sein, denn auch nicht bereite Mittel sind, wenn es sich um verwertbares Vermögen handelt, zur Existenzsicherung einzusetzen. Als Möglichkeit der Verwertung der dinglich gesicherten Forderung kommen deren Umwandlung in Geld durch Verkauf oder die Beleihung dieser Forderung durch Aufnahme eines Darlehens (ggf. mit zeitlich befristeter Aussetzung von Zins- und Tilgungszahlungen) in Betracht" (BSG SGb 2011 S. 646 mAnm Koepke). **47b**

Die **Erbschaft** ist im Zuflussmonat Einkommen (BSG SozR 4-4200 § 11 Nr. 47), obwohl der Nachlass Vermögen des Verstorbenen gewesen sein mag. Zu beachten ist, dass die Erbschaft unmittelbar mit dem Tod des Erblassers auf den Erben übergeht. Dieser erhält also mit dem Erbfall die Verfügungsbefugnis über seinen Anteil am Nachlass. Das gilt auch dann, wenn dem Erbfall eine längere Auseinandersetzung unter den Erben folgt. Wird der Erbe erst in dieser Zeit leistungsberechtigt, und beantragt er erst nach dem Erbfall Leistungen, so ist ihm das Erbe trotz der Auseinandersetzung unter den Erben vorher zugeflossen. Liegt der Zufluss also außerhalb des durch § 37 Abs. 2 Satz 2 SGB II bestimmten Zeitraums, so ist diese Erbschaft Vermögen (BSG NZS 2011, 874). Auch der **Pflichtteilsanspruch** aus einem Berliner Testament gegenüber dem erstverstorbenen Elternteil gehört zum Vermögen. Allerdings kann einer Verwertung die Härteklausel des § 12 Abs. 3 Nr. 6 SGB II entgegenstehen. Dies gilt aber nicht schon wegen der wirtschaftlichen Einbußen, sondern nur wenn familiäre Belange einer Verwertung entgegenstehen (LSG NRW NZS 2011 S. 392). Jenseits sozialrechtlicher Erwägungen stellt sich immer wieder die Frage, ob testamentarische Regelungen (Behindertentestament), die Ausschlagung der Erbschaft oder das Nichtgeltendmachen eines Pflichtteilsanspruchs sittenwidrig und deswegen gemäß § 138 BGB nichtig sein können. Entgegen einiger Auffassung in der Literatur (Eichenhofer, JZ 1999 S. 226; Rodert/Dillmann, ZfF 2012 S. 193) lehnt der BGH die Annahme einer Sittenwidrigkeit (§ 138 BGB) ab. Allerdings nimmt er das nur für den Fall an, in dem ein Vater sein bescheidenes Vermögen im Interesse des behinderten Kindes so weiterleitet, dass der Soziahilfeträger keine Möglichkeit hat, wegen seiner Aufwendungen für das Kind auf den Nachlass zuzugreifen (BGHZ 111 S. 36). ME würdigt der BGH bei der Frage der Sittenwidrigkeit des sog. **Behindertentestaments** nicht ausreichend, dass es auch in einem solchen Falle die Absicht des Erblassers ist, sein behindertes Familienmitglied, idR das eigene Kind, auf Leistungen der Sozialhilfe zu verweisen. Ein Blick in § 170 StGB zeigt, dass die Entscheidung zur Frage der Sittenwidrigkeit nicht allen über den verständlichen Gesichtspunkt der Schonung des Familienvermögens, sondern auch danach **47c** zu erfolgen hat, dass in diesem Falle ein behindertes, bei der Errichtung des Testaments noch unterhaltsberechtigtes, Familienmitglied der Sozialhilfe überantwortet wird. Die grundsätzliche Strafbarkeit eines solchen Vorgehens ist ein Gesichtspunkt, der bei der Bewertung der Sittenwidrigkeit nicht außer Acht gelassen werden darf. Hinzu kommt, dass solche Testamente, wie auch der Fall zeigt, den der BGH zu entscheiden hatte, keineswegs immer einen altruistischen Charakter haben. Zudem ist die freie Entscheidung des behinderten Menschen, das Erbe auszuschlagen und den Pflichtteil zu verlangen, bei den testamentarischen Konstruktionen kaum realisierbar.

47d Sparbücher bzw. andere Anlageformen auf den Namen eines Dritten gehören zum Vermögen desjenigen, der das Sparbuch angelegt hat. Das gilt zumindest dann, wenn erkennbar ist, dass er sich die Verfügungsgewalt vorbehalten hat. In der Regel ist davon auszugehen, wenn **Sparbücher** für Kinder oder Enkelkinder angelegt werden. In den Fällen einer Treuhand ist zunächst zu prüfen, ob es sich hierbei um ein nichtiges Scheingeschäft handelt (§ 117 Abs. 1 BGB). Davon ist bei Rechtsgeschäften unter nahen Verwandten kurz vor der Beantragung von Leistungen, jedenfalls dann auszugehen, wenn sie nicht einem „Fremdvergleich standhalten". Das Handeln des Treuhänders im fremden Interesse muss eindeutig erkennbar sein (LSG BW FEVS 63 S. 354). Wegen der Manipulationsmöglichkeiten und Missbrauchsgefahren, die mit verdeckten Treuhandverhältnissen typischerweise verbunden sind, ist bei der Prüfung, ob ein Treuhandverhältnis tatsächlich besteht, ein strenger Maßstab anzulegen (LSG NRW FEVS 61 S. 269). Sind solche Geschäfte jedoch wirksam, so sind die offene und die verdeckte Treuhand zu unterscheiden. Im Falle der offenen Treuhand gelangt das direkt erworbene Treugut in das Vermögen des Treuhänders. Auch bei der verdeckten fremdnützigen Treuhand ist grundsätzlich davon auszugehen, dass das Treugut dem Vermögen des Treuhänders zuzuordnen ist. Allerdings hat der Treugeber ein Forderungsrecht gegen den Treuhänder. Dieses Recht kann gemäß § 33 SGB II auf den Leistungsträger übergehen. Wird der Treuhänder hilfebedürftig, so müsste er eigentlich, das ihm zugeordnete Vermögen verwerten. Dies ist ihm jedoch nicht zuzumuten, da in diesem Falle die Vermögensinteressen des Treugebers in strafbarer Weise verletzen würde (§ 266 Abs. 1 StGB). Es wird allerdings auch die gegenteilige Auffassung vertreten. Danach muss sich der verdeckte Treuhänder am Rechtsschein der Vermögensinhaberschaft festhalten lassen (LSG RhPf. NZS 2006, 49). Dem ist das BSG jedoch entgegen getreten. Einen solchen Rechtsschein gibt es nach seiner Auffassung nicht. Vielmehr muss im Einzelnen aufgeklärt werden, ob und mit welchem Inhalt eine Treuhand vereinbart oder eine Abtretung (BSG 96 S. 238) vorgenommen worden ist. Auch in diesen Fällen gelten die Grundsätze der Amtsermittlung (§ 20 SGB X). Kann nach Ausschöpfung aller Ermittlungsmöglichkeiten ein der Sphäre des Hilfebedürftigen zuzurechnender Vorgang nicht aufgeklärt werden, so geht dies zu seinen Lasten. Das kann bedeuten, dass ihm ein strittiger Vermögensgegenstand zugerechnet wird. Einer Klärung, der hiermit zusammenhängenden Fragen dient auch die Auskunftspflicht nach § 60 Abs. 2 SGB II.

47e Vorhandenes und tatsächlich verwertbares Vermögen schließt insgesamt Leistungen aus, und zwar nicht nur in dem Umfang, in dem dieses Vermögen zu verbrauchen wäre. Die Leistungen setzen erst ein, wenn ein nicht zu schonendes und verwertbares Vermögen effektiv verbraucht ist. Die Tatsache des Verbrauchs von Vermögen muss nach Maßgabe der §§ 20, 21 SGB X objektiv feststellbar sein. Wird wegen vorhandenen und verwertbaren Vermögens zunächst Hilfe nicht geleistet, so muss der nicht geschonte Teil dieses Vermögens verwertet werden. Es ist nicht zulässig, Vermögen nur rechnerisch und damit gleichsam fiktiv zu verbrauchen. Ist also Vermögen zu einem späteren Zeitpunkt noch vorhanden, obwohl es zur Bedarfsdeckung zu verwerten war, werden weiterhin Leistungen nicht erbracht (BVerwG 106 S. 105; BSG SozR 4-3500 § 19 Nr. 4).

Der Zeitpunkt der wirtschaftlichen **Verwertbarkeit** oder der Wert zum **Zeitpunkt des Bedarfs** haben keine Bedeutung für den Begriff des Vermögens. Sie können aber im Rahmen des § 12 Abs. 3 Satz 1 Nr. 6 SGB II Bedeutung erlangen. Verwertbar im Sinne des § 12 Abs. 1 Satz 1 SGB II ist ein Vermögen immer nur dann, wenn es innerhalb eines absehbaren Zeitraums durch eine eigene Rechtshandlung des Hilfebedürftigen „versilbert" werden kann. Als Zeitspanne wird man den Bewilligungszeitraum des § 41 SGB II annehmen müssen (BSG 99 S. 248). In einem späteren Bewilligungszeitraum ist natürlich die Verwertbarkeit erneut zu prüfen. Bei der Frage der Verwertbarkeit ist eine weitere Unterscheidung zu machen. Ist die **Verwertung** eines Rechts oder einer Sache **als solche** offensichtlich unwirtschaftlich oder würde sie eine unbillige Härte bedeuten, so ist § 12 Abs. 3 Satz 1 Nr. 6 SGB II anzuwenden. In diesem Falle ist das Recht oder die Sache überhaupt nicht als Vermögen zu berücksichtigen. Greift die Regelung des § 12 Abs. 3 Satz 1 Nr. 6 SGB II nicht ein, so muss eine Verwertung des Vermögens erfolgen. Jedoch kann die **„sofortige"** Verwertung des Vermögens nicht möglich sein oder eine besondere Härte bedeuten. In diesem Falle ist die Verwertung des Vermögens zumutbar und muss zu einem späteren Zeitpunkt erfolgen. Für die Übergangszeit sind Leistungen als Darlehen zu erbringen (§ 24 Abs. 5 SGB II). Dem entspricht die Regelung des § 91 SGB XII. **47f**

Die Regelung zur Unwirtschaftlichkeit der Verwertung bzw. zur **besonderen Härte** in § 12 Abs. 3 Satz 1 Nr. 6 SGB II entspricht § 90 Abs. 3 SGB XII. Bei einem besonderen Härtefall muss es sich um einen Sachverhalt handeln, der in seinem Gewicht den in § 12 Abs. 3 Satz 1 Nr. 1–5 SGB II genannten Sachverhalten gleich zu erachten ist. Berücksichtigt werden können nur „außergewöhnliche Umstände" (BSG 98 S. 243). Häufiges Beispiel für eine besondere Härte ist das Ansinnen einer Verwertung von angespartem Blindengeld, dabei wird auch die Möglichkeit höherer blindenspezifischer Ausgaben hingewiesen (BSG SozR 4-3500 § 90 Nr. 1). Entsprechendes gilt für die angesparte entschädigungsrechtliche Grundrente (BVerwG 137 S. 85). Die Verwertung eines Pflichtteilsanspruchs gegenüber dem erstverstorbenen Elternteil aus einem Berliner Testament ist mit Blick auf die daraus folgende Beschränkung auf den Pflichtteil gegenüber dem zweitversterbenden Elternteil im Allgemeinen nicht unwirtschaftlich auf Grund familiärer Belange kann aber eine besondere Härte gegeben sein (BSG NZS 2011 S. 392). **47g**

Grundgedanke des § 12 Abs. 3 Satz 1 SGB II ist es, durch einen gewissen **Substanzerhalt** den Selbsthilfewillen des Hilfebedürftigen zu stärken, also bei ihm nicht den Eindruck entstehen zu lassen, einen Ausweg aus seiner Lage sowieso nicht mehr finden zu können. Damit besteht auch im SGB II die Möglichkeit, bestimmte Vermögenswerte, die in § 12 Abs. 3 Satz 1 Nr. 1–5 SGB II nicht ausdrücklich genannt sind, zu schonen. So gilt trotz der überwiegend klaren betragsmäßigen Beschränkungen der Schonvermögen in § 12 SGB II immer noch die Möglichkeit der Einschränkung einer Verwertung über § 12 Abs. 3 Satz 1 Nr. 6 SGB II. So besteht etwa kein Zwang zur Verwertung einer privaten Lebensversicherung wenn bei einem langjährig selbstständigen Leistungsberechtigten bei Vorliegen einer Kumulation von Belastungen (Versorgungslücke, Behinderung, **47h**

Lebensalter, Berufsausbildung) eine besondere Härte gegeben ist (BSG 103 S. 146).

47i Eine **Unwirtschaftlichkeit der Verwertung** ist bei einem offensichtlichen Missverhältnis zwischen objektivem Wert und dem Erlös anzunehmen. Zu beachten ist insoweit § 12 Abs. 4 Satz 3 SGB II. Danach sind wesentliche Änderungen des Verkehrswerts zu berücksichtigen. Man wird dies im Sinne einer Dauerhaftigkeit verstehen müssen. Ist ein Vermögensgegenstand im Wert dauerhaft gesunken, so ist von diesem Wert auszugehen. Die Verwertung eines dauerhaft entwerteten Gegenstands ist allein deswegen noch nicht unwirtschaftlich. Häufiger Streitgegenstand ist der **Rückkaufwert einer Lebensversicherung.** Insoweit wird herkömmlicherweise eine Einbuße von 10% gegenüber den eingezahlten Beträgen als nicht unwirtschaftlich angesehen. Es wird andererseits auch nicht ausdrücklich festgelegt, ab welchem Betrag von einer Unwirtschaftlichkeit auszugehen ist. In der Sozialhilfe, die in § 90 SGB XII den Begriff der Unwirtschaftlichkeit nicht kennt (BSG FEVS 60 S. 297), wird davon ausgegangen, dass die Verwertung einer Lebensversicherung auch dann keine Härte darstellt, wenn der Rückkaufwert erheblich unter den Eigenkosten bleibt, es sei denn, die Leistungen müssen nur für einen kurzen Zeitraum erbracht werden (BVerwG 121 S. 34). Wesentlich konkreter ist die Situation auch in den letzten Jahren nicht geworden. Aus der Rechtsprechung des BSG lässt sich ableiten, dass eine Einbuße von 12,9% nicht offensichtlich unwirtschaftlich ist. Das Gegenteil wurde bei 48, 2% angenommen. Bei einem Rückkaufwert von 18,5% wurde die Frage der Wirtschaftlichkeit des Rückkaufs offen gelassen (BSG SGb 2008 S. 602 mAnm Berlit). Die noch tolerierbaren Beträge sind vom BSG bisher nicht weiter konkretisiert worden. Das wäre angesichts der Vielgestaltigkeit der Lebensverhältnisse auch nicht sinnvoll (BSG NZS 2009 S. 332). Dies lässt sich auch je nach Vermögensgegenstand unterschiedlich bewerten (BSG NZS 2012 S. 871).

47j Gerade weil der Gesichtspunkt einer Gesamtwürdigung aller Umstände immer berücksichtigt werden muss, ist eine klare Unterscheidung von **„Unwirtschaftlichkeit"** und „besonderer Härte" häufig nicht möglich. Unwirtschaftlichkeit bezeichnet ein objektives Missverhältnis. Ob eine **„besondere Härte"** vorliegt, richtet sich nach den Umständen des Einzelfalls. Erforderlich sind außergewöhnliche Umstände, die dem Betroffenen ein deutlich größeres Opfer abverlangen als eine einfache Härte und erst recht als die mit der Vermögensverwertung stets verbundenen Einschnitte. Außergewöhnliche Umstände im Sinne einer besonderen Härte können vorliegen, wenn ein Hilfebedürftiger kurz vor dem Rentenalter seine als Altersvorsorge gebildeten Ersparnisse einsetzen muss, obwohl seine Rentenbiografie Lücken wegen selbstständiger Tätigkeit aufweist. Beruht dagegen die Versorgungslücke im Wesentlichen auf dem Umstand der Arbeitslosigkeit und hat sich damit ein Risiko verwirklicht, das grundsätzlich im Rahmen der gesetzlichen Rentenversicherung durch Berücksichtigung rentenrechtlicher Zeiten abgedeckt wird, so ist nach Auffassung des BSG keine besondere Härte gegeben (BSG info also 2008 S. 278). Bei der Verwertung von Aktien ist bei den üblichen Kursschwankungen noch keine Unwirtschaftlichkeit der Verwertung anzunehmen. Das gleiche gilt bei einem dauerhaften Wertverlust, da der Schaden nicht erst durch die Verwertung eintritt. Damit ist die Verwertung von Aktien praktisch immer zu fordern. Insgesamt lässt sich das Risiko sich verändernder Marktpreise nicht als Härte verstehen (BSG SozR 4-4200 § 12 Nr. 19). Die Verwendung des Merkmals „soweit" in § 12 Abs. 3 Satz 1 Nr. 6 SGB II kann dazu führen, dass nur ein Teil des Vermögens geschont wird. Nicht immer kommt es auf den Umfang der Einbuße an. So kann es eine Härte darstellen, wenn durch die Verwertung die Möglichkeit einer Schuldentilgung unmöglich gemacht und infolgedessen eine Eingliederung des Hilfebedürftigen im Sinne der §§ 53 oder 67 SGB XII erschwert würde (OVG Lüneburg RdLH 2003 S. 124).

7. Minderung der Leistungen

Der Gesetzgeber hat in § 31 SGB II für die Minderung der Leistungen bei einer Pflichtverletzung eine ausdrückliche schriftliche **vorherige Belehrungspflicht** vorgesehen. Auf diese Belehrung kommt es allerdings nicht an, wenn der Leistungsberechtigte Kenntnis von den Rechtsfolgen der Pflichtverletzung hat. Ein Kennen müssen reicht nicht aus (§ 31 Abs. 1 Satz 1 SGB II). Für die Minderung ab einer ersten wiederholten Pflichtverletzung wird man im Prinzip eine Kenntnis voraussetzen können. Bei einer zweiten Wiederholung (§ 31a Abs. 1 Satz 3 SGB II), die mit dem Fortfall der Leistungen auch den Verlust des Versicherungsschutzes nach § 5 Abs. 1 Nr. 2a SGB V, verbindet, wird man von einer so weit reichenden Kenntnis nicht ausgehen können. Entsprechendes ergibt sich auch für den Sonderfall einer ersten Wiederholung bei den jüngeren Hilfebedürftigen (§ 31a Abs. 2 Satz 2 SGB II). Belehrungen müssen auch erfolgen, wenn nach § 31 Abs. 2 SGB II gemindert werden soll. Im Falle einer Sperrzeit (§ 31 Abs. 2 Nr. 3 SGB II), die die Bundesagentur als Versicherungsträger ausgesprochen hat, erübrigt sich eine Belehrung. Eine solche Sperrzeit nach § 159 SGB III hat Tatbestandswirkung für die Entscheidung nach § 31 SGB II und knüpft ihrerseits entweder an Sachverhalte an, die in der Vergangenheit liegen (Aufgabe einer Beschäftigung) oder sie setzen im Rahmen des § 159 SGB III selbst eine Belehrung voraus (Ablehnung einer Beschäftigung). Die Belehrung muss für den Empfänger verständlich und zeitnah zum Minderungstatbestand vorgenommen werden. Insbesondere genügt nicht die Aushändigung eines Informationsblattes beim Erstkontakt des Hilfebedürftigen mit dem Jobcenter. Die Behörde trägt die materielle Beweislast dafür, dass die Belehrung erfolgt ist, bzw. dass Kenntnis gegeben ist. Beide müssen sich auf „die" Rechtsfolgen, also alle konkreten Rechtsfolgen, erstrecken (Breitkreuz/Wolff-Dellen, SGb 2006 S. 206). Eine Minderung tritt nicht ein, wenn der Hilfebedürftige nachweist, dass er einen wichtigen Grund für sein Verhalten hatte (§ 31 Abs. 1 Satz 2 SGB II). Ein solcher Grund liegt praktisch nur vor, wenn einer der Tatbestände des § 10 SGB II eingreift, also wenn die Arbeit nach den dort genannten Kriterien unzumutbar ist (vgl. Bay. LSG ZfSH/SGB 2009 S. 431). **48**

Die Minderung erfolgt durch Verwaltungsakt, der als Änderungsbescheid nach § 48 SGB X ergeht (BSG 119 S. 17), und umfasst das Arbeitslosengeld II (Regelleistung, Mehrbedarf, Unterkunft). Bei der Frage, ob auch Mehrbedarfszuschläge gemindert werden, darf man nicht übersehen, dass allein der Zahlungsbetrag des Arbeitslosengeldes als solcher um einen Betrag von 30 % der Regelleistung, also zur zzt. um 127 €, gemindert wird. Darin weicht das Gesetz von § 39a SGB XII ab. Dort wird nur der Regelsatz vermindert, und zwar um bis zu 25%. Erst bei einer zweiten oder dritten Stufe kann sich die Situation ergeben, dass bestimmte Bedarfe nicht mehr gedeckt werden könnten. Dem wird man durch die dann nach § 31a Abs. 3 Satz 1 SGB II mögliche Ermessensentscheidung entgegenwirken müssen. Allerdings ergeht diese nur auf Antrag des Leistungsberechtigten. Über diese Befugnis ist er zu beraten (§ 14 Rn. 10). **49**

50 In § 31 Abs. 1 Nr. 1 bis 3 SGB II werden die einzelnen **Anlässe der Minderung** aufgezählt. In § 31 Abs. 2 Nr. 1–4 SGB II erfolgt noch eine Erweiterung der Anlässe. Ein weiterer Fall ist mit dem Meldeversäumnis in § 32 SGB II geregelt. Im Wesentlichen ist also die Weigerung, eine Maßnahme der beruflichen Förderung oder eine Arbeit aufzunehmen bzw. fortzusetzen, Anlass für eine Minderung. Das beginnt bereits mit der Obliegenheit, Pflichten aus einer Eingliederungsvereinbarung oder einem sie ersetzenden Verwaltungsakt (§ 15 SGB II) zu erfüllen. Dasselbe gilt für die Übernahme eines 1-Euro-Jobs (BSG 102 S. 201). Schließlich werden über § 31 Abs. 2 Nr. 3 und 4 SGB II auch die Sperrzeittatbestände des § 159 SGB III einbezogen. Jedes sperrzeitrelevante Verhalten im SGB III kann auch zu einer Minderung im SGB II führen.

51 Auf einer ersten Stufe wird das Arbeitslosengeld II um einen Betrag von 30 % der nach § 20 SGB II **maßgebenden Regelleistung** gekürzt. Die Minderung muss also immer von dem gesetzlichen Ausgangsbetrag ausgehen, der dem Hilfebedürftigen nach § 20 Abs. 2 bis 4 SGB II zusteht. Da der Kürzungsbetrag mit 30 % der Regelleistung, also bei allein Stehenden mit 127 € festliegt, kann der Zahlbetrag des Arbeitslosgeldes II schon bei der ersten Minderung auch gegen Null gehen. Jede Minderung kann also das ganze Arbeitslosengeld II im Sinne des § 19 Abs. 1 Satz 3 SGB II, also einschließlich der Kosten er Unterkunft erfassen.

52 Das bedeutet aber keineswegs, dass der Hilfebedürftige bereits bei der ersten Minderung ohne ein Minimum an Mitteln dastünde. Ein Fall, in dem auch die Unterkunftskosten bei der ersten Pflichtverletzung abgesenkt werden, kann sich nur ergeben, wenn der Hilfebedürftige ein weitgehend bedarfsdeckendes Einkommen hat, und wenn er deswegen nur einen relativ geringen Zahlbetrag des Arbeitslosengeldes II erhält. Liegt der Bedarf des Hilfebedürftigen zB bei 750,– € und ist ein anrechenbares Einkommen von 600,– € vorhanden, so werden ihm 150,– € gezahlt. Auch in diesem Falle beträgt die Minderung wegen einer ersten Pflichtverletzung 30 % der Regelleistung im Sinne des § 20 Abs. 2 SGB II, also 127 €. Damit werden nur noch 23 € ausgezahlt.

53 Wird einer der Tatbestände des § 31 Abs. 1 oder 2 SGB II wiederholt verletzt, so sieht § 31a Abs. 1 Satz 2 und 3 SGB II eine Ausweitung der Sanktionen vor. Dabei wird in § 31a Abs. 1 SGB II zwischen der ersten und jeder weiteren Wiederholung unterschieden. Für die erste Wiederholung sieht § 31a Abs. 1 Satz 2 SGB II vor, dass eine Minderung um den gegenüber § 31 Abs. 1 bzw. 2 SGB II verdoppelten Prozentsatz, also 60 % der maßgebenden Regelleistung (§ 20 SGB II) erfolgt. Bei der weiteren Wiederholung ändert sich der Maßstab: Handelt es sich um einen der in § 31 SGB II geregelten Fälle, erfolgt eine Minderung des gesamten Arbeitslosengeldes II um 100 %, also nicht nur 100 % der Regelleistung, sondern des ganzen Zahlbetrages (§ 31a Abs. 1 Satz 3). Das Arbeitslosengeld II entfällt also vollständig. Im Falle des § 32 SGB II summieren sich die Prozentsätze der Minderung. Sie steigen also mit jeder wiederholten Pflichtverletzung von 10 % auf 20 %, dann auf 30 % usw. Sie erreichen also nicht sofort den Wert von 100 % des gesamten Arbeitslosengeldes II.

54 Bei der Bestimmung des Begriffs „Wiederholung" sind innerhalb der beiden ersten Absätze des § 31 SGB II die dort normierten Pflichtverletzungen jeweils gleich zu erachten. Also können die einzelnen Tatbestände innerhalb des § 31 Abs. 1 SGB II wiederholte Pflichtverletzungen sein. Jedoch ist das Meldeversäumnis nach § 32 SGB II gegenüber § 31 SGB II von anderer Art und somit gegenüber § 31 SGB II keine wiederholte, sondern eine zusätzliche, selbständige Pflichtverletzung. Die Dauer der Minderung beträgt für jede Pflichtverletzung gesondert

drei Monate (§ 31b Satz 3 SGB II). Von einer wiederholten Pflichtverletzung bei gleichartigen Verstößen kann jedoch nur gesprochen werden, wenn der Beginn des dreimonatigen Sanktionszeitraumes nicht länger als ein Jahr zurückliegt. Es kommt für den Beginn der Jahresfrist also nicht auf den Zeitpunkt des Verstoßes an, sondern auf den Kalendermonat, der auf das Wirksamwerden des Verwaltungsaktes nach § 31a Abs. 1 Satz 5 SGB II folgt.

Ist eine erste wiederholte Pflichtverletzung festgestellt, so wird eine Minderung des Arbeitslosengeldes II in Höhe von 60 % vorgenommen (§ 31a Abs. 1 Satz 2 SGB II). Bei einer weiteren wiederholten Pflichtverletzung (§ 31a Abs. 1 Satz 3 SGB II) erfolgt eine Minderung um 100 % des gesamten Arbeitslosengeldes II (§ 31 Abs. 3 Satz 2 SGB II). Liegt eine wiederholte Pflichtverletzung nach § 32 SGB II vor, so erhöht sich die Minderung auf 20 %. Eine weitere Wiederholung dieser Art führt zu einer Summierung des in § 32 SGB II genannten Prozentsatzes und dem der jeweils vorangegangenen Minderung zugrunde liegenden Prozentsatz. Treffen Pflichtverletzungen nach § 31 und 32 SGB II zusammen, so begründen sie zwar nicht wechselseitig einen Wiederholungfall, jedoch erfolgt eine Minderung nach jeder dieser Vorschriften, die sich dann zB auf 30 % und 10 % summieren können. **55**

Liegt ein Fall einer **weiteren wiederholten** Pflichtverletzung im Sinne des § 31a Abs. 1 Satz 3 SGB II vor, wurde also wegen Verstoßes gegen die Pflichten nach § 31 SGB II um 100 % gemindert, dann kann die Minderung des Arbeitslosengeldes II auf 60 % der Regelleistung begrenzt werden, wenn sich der Hilfebedürftige nachträglich bereit erklärt, seinen Pflichten nachzukommen, also insbesondere eine zumutbare Arbeit auszuüben (§ 31a Abs. 1 Satz 6 SGB II). Unabhängig davon kann nach § 31a Abs. 3 Satz 1 SGB II der zuständige Träger Sach- oder geldwerte Leistungen erbringen, wenn um mehr als 30 % der Regelleistungen abgesenkt wurde. Dies hat zu geschehen, wenn im Haushalt des Leistungsberechtigten minderjährige Kinder leben. Insgesamt ist die Regelung insoweit problematisch, als die Ermessensentscheidung nach § 31a Abs. 3 Satz 1 auf Antrag erfolgt. Sollte aber durch die Minderung das Existenzminimum beeinträchtigt sein, kann dessen Wahrung nicht von einem Antrag des Leistungsberechtigten abhängen. Das gilt insbesondere, dass man gerade im Zusammenhang mit wiederholten Minderungen nach § 31a SGB II an ein Klientel denken muss, dessen Selbsthilfefähigkeit stark beeinträchtigt sein kann. **56**

Insgesamt folgt daraus, dass der Leistungsträger nur in sehr begrenztem Umfang überhaupt einen Spielraum für eine ablehnende Ermessensentscheidung hat (§ 39 SGB I). Übernimmt man die bisherige Rechtsauffassung, dass ein Betrag von 25–30 % des Regelsatzes das zum Lebensunterhalt Unerlässlichem bzw. das Existenzminimum, ausmacht, so wäre bei einer weitergehenden Minderung die Menschenwürde des Hilfebedürftigen (Art. 1 Abs. 1 GG) tangiert. Ist im Einzelfall zu besorgen, dass Art. 1 GG verletzt wird, so schrumpft das Ermessen auf Null. Damit wird man auch das Antragserfordernis als verdrängt ansehen müssen. Das ist nicht immer der Fall, zB kann der Hilfebedürftige uU auf Schonvermögen zurückgreifen. Bei dem hier betroffenen eher schwierigen Klientel dürfte dies seltener der Fall sein. Ist durch das Ausmaß der Minderung die Menschenwürde tangiert, so sind – auf dem um 30 % der Regelleistung abgesenkten Niveau – Sachleistungen zu erbringen (aA Bay. LSG ZfSH/SGB 2010 S. 52). **57**

Bei den **jüngeren Arbeitsuchenden** zwischen 15 und 25 Jahren trifft § 31a Abs. 2 SGB II gegenüber § 31a Abs. 1 SGB II eine noch weitergehende Regelung. Danach werden bereits bei der ersten Pflichtverletzung die Leistungen auf die **58**

Kosten der Unterkunft und Heizung beschränkt. Diese sollen an den Vermieter bzw. das Energieversorgungsunternehmen gezahlt werden. Die Leistungen nach den §§ 20, 21, 23 und 24 SGB II entfallen sofort. Bereits bei der ersten wiederholten Pflichtverletzung nach § 31 Abs. 1 oder 2 SGB II wird das Arbeitslosengeld II um 100 % gemindert. Haben die wiederholten Pflichtverletzungen nur ein Meldeversäumnis zum Gegenstand (§ 32 SGB II), so kommt es lediglich zu einer Summierung der Prozentsätze. Eine Wiederholung ist in allen Fällen nur anzunehmen, wenn sie innerhalb eines Jahres nach Beginn des vorangegangenen Sanktionszeitraumes erfolgt.

59 Unter vier Voraussetzungen kann die Schärfe der Regelung des § 31a SGB II abgemildert und im Ansatz eine Einzelfallprüfung ermöglicht werden. Für beide Fälle der Minderung (§ 31a Abs. 1 und 2 SGB II) gelten die Grundsätze des § 31a Abs. 3 Satz 1 SGB II. Das heißt, a) wenn eine Minderung über 30 % der maßgebenden Regelleistung hinausgeht, kann die Agentur für Arbeit Sachleistungen oder ergänzende Leistungen erbringen (BSG SozR 4-4200 § 31a Nr. 2). Das ihr insoweit eingeräumte Ermessen schrumpft auf Null, wenn andernfalls eine menschwürdige Existenz des Hilfebedürftigen nicht mehr gewährleistet wäre. Wenn b) bei wiederholter Pflichtverletzung eine Minderung um 100 % erfolgt, kann die Agentur für Arbeit unter den Voraussetzungen des § 31a Abs. 1 Satz 6 SGB II die Minderung auf 60% begrenzen, bzw. c) nach § 31a Abs. 2 Satz 4 SGB II unter Berücksichtigung aller Umstände des Einzelfalles Leistungen für Unterkunft und Heizung erbringen, wenn der Hilfebedürftige sich nachträglich bereit erklärt, seinen Pflichten nachzukommen, also insbesondere eine zumutbare Arbeit auszuüben. Schließlich kann d) die Dauer der Minderung oder des Wegfalls der Leistungen gemäß § 31b Abs. 1 Satz 4 SGB II unter Berücksichtigung aller Umstände des Einzelfalles auf sechs Wochen verkürzt werden. Bei solchen Umständen wird man vor allem auf das Gewicht des Pflichtenverstoßes abstellen müssen. Auch die nach der Minderung erklärte Bereitschaft, eine Arbeit auszuüben, rechtfertigt eine Verkürzung der Minderungsdauer. Fragen des Existenzminimums sind dagegen bereits nach § 31a Abs. 3 Satz 1 SGB II bei jeder Minderung um mehr als 30 % zu beachten.

60 Nach § 31 Abs. 2 Nr. 1 SGB II erfolgt eine Minderung, wenn ein Hilfebedürftiger nach Vollendung des 18. Lebensjahres Einkommen und Vermögen in der Absicht vermindert hat, die Gewährung oder Erhöhung von Leistungen herbeizuführen. Diese Voraussetzung kann an sich auch gegeben sein, wenn ein Hilfebedürftiger eine Arbeit, die für ihn eine Einnahmequelle darstellt, aufgibt. Vorrang haben hier aber die speziellen Vorschriften der § 31 Abs. 1 Nr. 1–3 und Abs. 2 Nr. 3 und 4 SGB II. Zudem setzt Absicht immer einen **direkten Vorsatz** voraus. Dieser ist bei einem unverständlichen oder leichtfertigem Umgang mit den eigenen Mitteln und Möglichkeiten noch nicht gegeben. Andererseits ist ein über die Absicht hinausgehendes unlauteres Verhalten nicht erforderlich (VGH Mannheim FEVS 49 S. 311). Ein Verschenken von Mitteln, die erkennbar zur eigenen Bedarfsdeckung erforderlich sind, kann eine Absicht begründen (OVG Hamburg FEVS 41 S. 288). In einem solchen Falle können die persönlichen Verhältnisse von Bedeutung sein. So wird man insbesondere bei einem Hilfebedürftigen, dessen intellektuelle Fähigkeiten erheblich unter dem Durchschnitt liegen, auch keine Gewandtheit im Umgang mit Geld erwarten können und das Vorliegen einer Absicht besonders sorgfältig prüfen müssen. Im Einzelfall ist die Abgrenzung schwierig. Gerade weil § 31 Abs. 2 Nr. 2 SGB II mit der Fortsetzung des unwirtschaftlichen Verhaltens einen angrenzenden Fall regelt, ist bei § 31 Abs. 2 Nr. 1

SGB II darauf abzustellen, dass der Leistungsberechtigte eine Herbeiführung der Notlage nicht lediglich in Kauf genommen hat, sondern dass sein Verhalten darauf abzielte. Ein Fall des § 31 Abs. 2 Nr. 1 SGB II wird aber schon angenommen, wenn ein Hilfebedürftiger eine Erbschaft zum Anlass nimmt, Schulden zu tilgen, anstatt seinen Bedarf zu decken (LSG SchlH FEVS 57 S. 280).

Im Falle der Verschwendung eigener Mittel kann anstelle des § 31 Abs. 2 Nr. 1 **61** SGB II unter bestimmten Voraussetzungen § 31 Abs. 2 Nr. 2 SGB II erfüllt sein. Die dort geregelte Minderung bei **unwirtschaftlichem Verhalten** kommt in Betracht, wenn der Berechtigte bei allen oder einzelnen seiner Handlungen jede wirtschaftlich vernünftige Betrachtungsweise vermissen lässt und dabei ein Verhalten zeigt, dass vom Durchschnitt wesentlich abweicht. Dieser Tatbestand ist also weiter gefasst als der des § 31 Abs. 2 Nr. 1 SGB II. Von Bedeutung soll dabei die Überlegung sein, dass der Leistungsträger nicht mit zusätzlichen Ausgaben belastet werden soll. Nach dem Wortlaut aber kann es nicht mehr auf die ergänzende Überlegung ankommen, ob ein Dritter mit Ausgaben belastet wäre. Auch in der amtlichen Begründung wird nicht auf diesen Umstand abgestellt (BT-Drs. 16/1516 S. 61). Er ist gewissermaßen nur als Motiv der gesetzlichen Regelung anzusehen.

Eine Bewertung des Verhaltens als unwirtschaftlich kann allerdings immer erst **62** zum Zeitpunkt des Leistungsbezugs einsetzen. Es ist aber zu differenzieren: Wer zunächst noch keine SGB II-Leistungen bezieht, ist in der Verwendung seiner Mittel bis zur Grenze ihrer absichtlichen Verminderung mit die Ziel eine Leistungsgewährung herbeizuführen, frei (§ 31 Abs. 2 Nr. 1 SGB II). Wer aber SGB II-Leistungen erhält, ist zu ihrer zweckentsprechenden Verwendung verpflichtet. Er muss mit diesen Mitteln auskommen. Ist das nicht der Fall, so kann darin unwirtschaftliches Verhalten zu sehen sein, das ein Vorgehen nach § 31 Abs. 2 Nr. 2 SGB II rechtfertigt. Für die Zeit vor dem Leistungsbezug ist nur § 31 Abs. 2 Nr. 1 SGB XII anzuwenden.

Bei Anwendung des § 31 Abs. 2 Nr. 2 SGB II genügt die Feststellung eines **63** unwirtschaftlichen Verhaltens allein noch nicht. Erforderlich ist vielmehr auch seine **Fortsetzung trotz Belehrung** über die Rechtsfolgen. Erst sie kann zu einer Minderung nach § 31 Abs. 2 Nr. 2 SGB II führen. Dabei muss es sich um ein Verhalten handeln, das während des Leistungsbezugs vorkommt, denn nur dann und nicht rückwirkend kann eine Belehrung erfolgen. Dieses Verhalten muss dazu geführt haben, dass die Leistung für den Bedarfsmonat nicht ausreichte. Insoweit hat der Hilfebedürftige eine Dispositionsfreiheit. Kommt er mit den ihm zur Verfügung stehenden Mitteln aus, so darf ein unwirtschaftliches Verhalten grundsätzlich nicht angenommen werden.

Gemäß § 31b Abs. 1 Satz 1 SGB II beginnen Minderung und Wegfall jeweils **64** in dem auf das Wirksamwerden der Entscheidung folgenden Kalendermonat. Sie dauern drei Monate. Im Falle des § 31 Abs. 2 Nr. 3 SGB II, also wenn eine Sperrzeit nach § 159 SGB III eingetreten war, beginnt die Minderung zeitlich **parallel zur Sperrzeit** (§ 31b Satz 2 SGB II). Während allerdings die Minderung drei Monate dauert (§ 31b Abs. 1 Satz 3 SGB II), ist die Dauer der Sperrzeit sehr differenziert geregelt (§ 159 Abs. 3 SGB III). Damit kann im Falle der Aufstockung der Leistungen die Sperrzeit uU schon beendet sein, während die Minderung noch andauert. Angesichts der unterschiedlichen Tatbestände der §§ 31 und 32 SGB II ist davon auszugehen, dass jede selbständige Entscheidung über Minderung oder Wegfall drei Monate dauert. Nur bei Gleichartigkeit des Verstoßes, handelt es sich überhaupt um eine wiederholte Pflichtverletzung iSd § 31a Abs. 1 Satz 2

SGB II. Um die Rechtsfolgen der wiederholten Pflichtverletzung auszulösen, muss der erneute Pflichtenverstoß innerhalb eines Jahres nach Beginn des vorherigen Drei-Monatszeitraumes erfolgt sein (§ 31a Abs. 1 Satz 5 SGB II). Es sind also zwei Zeiträume zu unterscheiden. Der Drei-Monatszeitraum für die Dauer der Minderung oder des Wegfalls (§ 31b Abs. 1 Satz 3 SGB II) und der Jahreszeitraum für die Annahme eines Wiederholungsfalles (§ 31a Abs. 2 Satz 5 SGB II).

65 Was die Dauer der Minderung oder des Wegfalls angeht, so kann die Drei-Monatsfrist nur im Falle des § 31b Abs. 1 Satz 4 SGB verkürzt werden, ua wenn der Hilfebedürftige wieder seine Arbeitsbereitschaft dokumentiert. Des Weiteren bestimmt § 31b Abs. 2 SGB II, dass während der Minderung oder des Wegfalls der Leistung kein Anspruch auf Leistungen nach den §§ 27 ff. SGB XII besteht. Diese Regelungen werden in den Materialien damit begründet, dass Minderung und Wegfall der Leistungen Sanktionscharakter haben. Aus dieser Sanktion kann sich aber die Gefahr ergeben, dass das Selbsthilfestreben zumindest nicht gefördert wird. Sollte etwa der Hilfebedürftige nach einigen Wochen der Minderung oder gar des Wegfalls von Leistungen seine Arbeitsbereitschaft überzeugend dokumentieren, so ist es zumindest möglich, dass er sie aus Mangel an Mitteln nicht sogleich in die Tat umsetzen kann. An sich wäre hier zumindest an die Aufhebung des Bescheides über die Minderung nach § 48 SGB X wegen Änderung der Verhältnisse zu denken. Der Gesetzgeber hat jedoch mit der Regelung des § 31b Abs. 2 SGB II bestimmt, dass dies erst nach drei Monaten geschehen darf und damit dem Leistungsträger die Möglichkeit genommen, eine dem Einzelfall angemessene Entscheidung zu treffen.

66 Die Minderung als solche hat noch keinen Einfluss auf den **Krankenversicherungsschutz,** da die Versicherungspflicht gemäß § 5 Abs. 1 Nr. 2a SGB V an den Bezug von Geldleistungen geknüpft ist. Er besteht allerdings dann nicht, wenn die Leistungen darlehensweise oder wenn nur einmalige Leistungen nach § 24 Abs. 3 SGB II erbracht werden. Kommt es bei einer Minderung zu einem vollständigen Wegfall der Leistungen, so wird kein Arbeitslosengeld II bezogen. Damit entfällt auch der Versicherungsschutz. Allerdings ist zu beachten, dass nach § 5 Abs. 1 Nr. 13 SGB V unabhängig von sonstigen Voraussetzungen ein Versicherungsschutz begründet ist. Dies hat zwar zur Folge, dass der Hilfebedürftige gemäß § 250 Abs. 3 SGB V die Beiträge selbst aufbringen muss, andererseits kommt es jedoch nicht zu einem Ruhen des Anspruchs auf Leistungen nach § 16a Abs. 3a Satz 2 SGB V, solange eine Hilfebedürftigkeit besteht.

67 Die insgesamt harte und weitgehend unflexible Reaktion des SGB II auf Pflichtverletzungen lässt es unmöglich erscheinen, auf die Schwere einer der in § 31 Abs. 1 SGB II genannten Pflichtverletzungen zu reagieren. Eine in das Fürsorgesystem besser integrierte Regelung trifft demgegenüber § 39a SGB XII. Auch die Sperrzeitregelung des § 159 SGB III unterscheidet nach dem Ausmaß der Pflichtverstöße. Gänzlich verschlossen zeigt sich das SGB II gegenüber Leistungsberechtigten, deren Selbsthilfefähigkeit erheblich eingeschränkt ist. Ihnen ist ggf. Hilfe nach § 67 SGB XII zu leisten (vgl. dazu § 9 Rn. 41). Doch auch das würde nicht dazu führen, dass von einer Entscheidung nach § 31a SGB II abzusehen wäre. Zudem könnten Leistungen nach den §§ 27 ff. SGB XII nicht neben denen nach § 67 SGB XII erbracht werden (§ 31b Abs. 2 SGB II).

67a Vor dem Hintergrund der bisherigen Rechtsprechung des BVerfG (oben Rn. 30c, 30m) ist zu erwarten, dass das Gericht in einer weiteren Entscheidung (oben Rn. 13) weder die Minderung auf einer ersten Stufe, noch den Übergang auf Sachleistungen bei der zweiten Stufe beanstanden wird. Kaum haltbar dürften jedoch der vollständige Wegfall von Geldleistungen und die Unmöglichkeit der Berücksichtigung individueller Verhältnisse, insbesondere des Gewichts einer Pflichtverletzung sein. Vor diesem Hintergrund sind Neuregelungen der §§ 31 ff. SGB II nach dem Vorbild des § 39a SGB XII zu erwarten.

Eine gänzliche andere Unstimmigkeit des Gesetzes wird sichtbar, wenn man den Fall betrachtet, in dem ein Hilfebedürftiger unwirtschaftlich handelt und mit den Regelleistungen nicht auskommt. Hier sieht § 31 Abs. 2 Nr. 2 SGB II zunächst nur eine Belehrung und erst bei Fortsetzung des Verhaltens eine Mnderung der Leistungen vor. Auf den gleichen Sachverhalt ist nach seinem Wortlaut auch § 24 Abs. 1 SGB II anwendbar. Diese Vorschrift ermöglicht bereits bei einem erstmaligen Verhalten der genannten Art, die nicht einmal eine Pflichtverletzung sein muss, den Übergang auf eine darlehensweise Gewährung. Die Möglichkeit, dass ein und derselbe Sachverhalt zwei verschiedene Rechtsfolgen auslöst, lässt sich aber durch Auslegung vermeiden (Mrozynski, SGb 2012 S. 677). **67b**

Teilweise können sich die **Ersatzansprüche** nach den §§ 34 ff. SGB II mit den §§ 31 ff. SGB II überschneiden. Das gilt insbesondere für den Erstattungsanspruch wegen eines sozialwidrigen Verhaltens (§ 34 SGB II), der selbständig neben eine Sanktion nach § 31 SGB II treten kann (BSG 112 S. 135). Häufig wird eine Minderung nicht unmittelbar zur Anwendung des § 34 SGB II führen. Das kann aber anders sein, wenn ein Verhalten die Hilfebedürftigkeit „erhöht, aufrecht erhalten oder nicht verringert" hat (§ 34 Abs. 1 Satz 2 SGB II). Abgesehen von § 31 Abs. 2 Nr. 1 SGB II kommt eine Pflichtwidrigkeit nur während des Leistungsbezugs in Betracht. Ein sozialwidriges Verhalten verursacht dagegen häufig erst die Hilfebedürftigkeit, wenn es dazu „einen spezifischen Bezug" hat (LSG BW Breith. 2019 S. 155; LSG Nds.-Brem. info also 2018 S. 262). **67c**

8. Zuständigkeit

Die Zuständigkeit teilt sich nach § 6 Satz 1 Nr. 1 und 2 SGB II zwischen der Bundesagentur und den kommunalen Trägern (Landkreise und kreisfreie Gemeinden) auf. Beide wurden anfangs in § 44b SGB II zur ARGE zusammengefasst. Abweichend davon kann nach § 6a SGB II die gesamte Zuständigkeit auf die kommunalen Träger übergehen. Das BVerfG hat die frühere Konstruktion der ARGE für verfassungswidrig erklärt und dem Gesetzgeber aufgegeben, innerhalb von drei Jahren eine dem Grundgesetz entsprechende Regelung zu treffen (BVerfG 119 S. 331). Dies ist durch Schaffung der Jobcenter geschehen. Sie werden in § 44b SGB II als Gemeinsame Einrichtung bezeichnet. **68**

§ 19b Leistungen bei gleitendem Übergang älterer Arbeitnehmer in den Ruhestand

(1) **Nach dem Recht der Förderung eines gleitenden Übergangs älterer Arbeitnehmer in den Ruhestand können in Anspruch genommen werden:**

1. **Erstattung der Beiträge zur Höherversicherung in der gesetzlichen Rentenversicherung und der nicht auf das Arbeitsentgelt entfallenden Beiträge zur gesetzlichen Rentenversicherung für ältere Arbeitnehmer, die ihre Arbeitszeit verkürzt haben.**
2. **Erstattung der Aufstockungsbeträge zum Arbeitsentgelt für die Altersteilzeitarbeit.**

(2) **Zuständig sind die Agenturen für Arbeit und die sonstigen Dienststellen der Bundesagentur für Arbeit.**

1 In der Vorschrift werden nur Erstattungsansprüche von Arbeitgebern geregelt, die auf der Grundlage eines Tarifvertrages Altersteilzeitverträge mit Arbeitnehmern geschlossen haben (§ 4 AltTZG). Es ist deswegen fraglich, ob man bei diesen Erstattungsansprüchen von Sozialleistungen sprechen kann (§ 11 Rn. 10, 11). Die Leistungen zur Förderung des gleitenden Übergangs in den Ruhestand wurden erstmals im Altersteilzeitgesetz mit Wirkung ab dem 1.1.1989 geregelt. Es knüpfte an das Vorruhestandsgesetz an (§ 19a SGB I aF). Die neue Rechtslage wird durch das Gesetz zur Förderung des gleitenden Überganges in den Ruhestand bestimmt (BGBl 1996 S. 1078). Sie wird ergänzt durch das Gesetz zur sozialrechtlichen Absicherung flexibler Arbeitszeiten (BGBl 1998 S. 688). In der Folgezeit wurden das (erste) Gesetz zur Fortentwicklung der Altersteilzeit (BGBl 1999 S. 2494) und das Zweite Gesetz zur Fortentwicklung der Altersteilzeit (BGBl 2000 S. 910) erlassen (Rittweger, NZS 2000 S. 240, 393). Diese Rechtsentwicklung verdeutlicht, dass in Deutschland der Übergang zur flexiblen Arbeitszeit mit erheblichen arbeits- und sozialrechtlichen Schwierigkeiten verbunden war (v. Einem, SozVers 1996 S. 281; Preis/Rolfs, SGb 1998 S. 147; Buczko, DAngV 1999 S. 73; Wolf, NZA 2000 S. 637; Husmann, SGb 2002 S. 22). Im Sozialrecht mussten insbesondere die Vorschriften über die Versicherungspflicht angepasst werden (§§ 7b–7g, 23b SGB IV). Dabei stellt § 23b Abs. 1 SGB IV für die Beitragsberechnung den Grundsatz auf, dass in Zeiten von tatsächlicher Arbeitsleistung und Freistellung (Blockmodell), das für den jeweiligen Zeitraum fällige Arbeitsentgelt maßgeblich iSd § 23b Abs. 1 SGB IV ist. Es wird also nicht an die Arbeitsleistung, sondern an die (vereinbarte) Fälligkeit des Entgelts angeknüpft. Darüber hinaus war das System der Teilzeitarbeit auch durch die Wahlmöglichkeit zwischen Voll- und Teilrente (§ 42 SGB VI) zu komplettieren. Allerdings kommen Leistungen nach § 4 AltTZG in keinem Falle eines Rentenbezugs in Betracht. Teilrente und Teilzeitarbeit sind also neben § 19b eigenständige Formen des Altersüberganges. Insbesondere ist die Rente gemäß § 237 Abs. 1 Nr. 3b SGB VI eine Rente „nach" Altersteilzeitarbeit (Recht, NZS 1996 S. 552). Von Anfang an verfolgten die Leistungen nach § 19b neben dem Zweck eines flexiblen Überganges in den Ruhestand durch Teilzeitarbeit auch arbeitsmarktpolitische Ziele (BT-Drs. 11/2990 S. 44). Die Möglichkeit des Wechsels in eine Altersteilzeit besteht zwar unbefristet. Jedoch werden die diesen Wechsel unterstützenden Leistungen nach § 4 AltTZG nur noch erbracht, wenn die Voraussetzungen für den Wechsel in die Altersteilzeit (§ 2 AltTZG) vor dem 1.1.2010 vorgelegen haben (§ 16 AltTZG). Der Wechsel von einem unbefristeten Arbeitsverhältnis in eine Teilzeitarbeit ist durchaus als ein sperrzeitrelevantes Lösen anzusehen. Das BSG nimmt in diesem Falle jedoch einen wichtigen Grund für eine Lösung an (§ 19 Rn. 36).

2 Leistungen zur Förderung der Altersteilzeitarbeit werden nach § 4 AltTZG nur erbracht, wenn die Voraussetzungen der §§ 2 und 3 AltTZG erfüllt sind. Es muss also ein mindestens 55 Jahre alter Arbeitnehmer nach dem 14.2.1996 durch Vereinbarung mit dem Arbeitgeber seine Arbeitszeit auf die Hälfte der bisherigen wöchentlichen Arbeitszeit vermindert haben (BSG SozR 3 – 4170 § 2 Nr. 1). Dabei kann die durchschnittliche Arbeitszeit eines Zeitraums von bis zu zwei Jahren herangezogen werden (§ 6 Abs. 2 AltTZG). Vermindert werden kann auch die bisherige Arbeitszeit eines Teilzeitbeschäftigten. Die Vereinbarung muss sich auf den ganzen Zeitraum erstrecken, nach dessen Ablauf eine Rente wegen Alters

beansprucht werden kann. Dieser vom Gesetz geforderte Übergang hat zur Folge, dass ein Arbeitnehmer nur in dem Maße Altersteilzeitarbeit leisten kann, als er anschließend die Möglichkeit hat, in den Rentenbezug überzuwechseln. Weitere Voraussetzung ist das Bestehen einer Versicherungspflicht nach den §§ 24 ff. SGB III während der ganzen Altersteilzeit. Erforderlich ist drittens, dass in den letzten fünf Jahren für 1080 Kalendertage eine Versicherungspflicht nach den §§ 24 ff. SGB III bestanden hat. Der Bezug von Entgeltersatzleistungen, insbesondere des Arbeitslosengeldes, steht einer Versicherungspflicht gleich. Das gilt auch für Leistungen nach den §§ 19 ff. SGB II (§ 2 Abs. 1 Satz 2 AltTZG). Nicht einbezogen werden Tätigkeiten in einem anderen Unionsstaat. Zwar unterliegen auch die Vorruhestandsleistungen der Koordinierung. Ausgenommen ist jedoch Art. 6 VO EG 883/2004 (Art. 66 Abs. 1 (VO EG 883/2004). Es erfolgt also keine Zusammenrechnung von Beschäftigungs- und Versicherungszeiten. Der Grund ist darin zu sehen, dass zwar der Export von Vorruhestandsleistungen gewollt ist. Eine Zusammenrechnung von Zeiten erscheint aber nicht tunlich, weil es solche Leistungen nur in wenigen Mitgliedsstaaten gibt (Erwägungsgrund 33).

Auch eine schon ausgeübte Teilzeitbeschäftigung kann nach § 2 AltTZG ver- 3
mindert werden. Auch dies kann aber nur geschehen, wenn die verminderte Teilzeitarbeit versicherungspflichtig ist. Sie darf also nicht als geringfügige Beschäftigung iSd § 27 Abs. 2 SGB III versicherungsfrei sein. Diese Voraussetzung ist regelmäßig erfüllt, weil die Entgeltgrenzen des § 8 SGB IV überschritten werden. Die **Verteilung der Arbeitszeit** ist gesetzlich nicht geregelt. Vermindert werden kann also wahlweise die tägliche, wöchentliche oder monatliche Arbeitszeit für einen Zeitraum von bis zu drei Jahren (§ 2 Abs. 2 Nr. 1 AltTZG). In der Praxis hat sich mehr und mehr das Blockmodell durchgesetzt. Danach kann der Arbeitnehmer innerhalb der Altersteilzeitspanne zunächst eineinhalb Jahre in Vollzeit arbeiten, woran sich dann die gleich lange Freistellungsphase anschließt. Durch Tarifvertrag kann die Altersteilzeitspanne auf sechs Jahre verlängert werden. Während der gesamten Zeit müssen Arbeitsentgelt für die Altersteilzeitarbeit sowie der steuer- und beitragsfreie Aufstockungsbetrag nach § 4 AltTZG fortlaufend gezahlt werden (§ 2 Abs. 2 Nr. 2 AltTZG). Das bedeutet, dass ein älterer Arbeitnehmer zu einem bestimmten Zeitpunkt, etwa mit 57 oder 59 Jahren aus der Vollzeitarbeit in Altersteilzeit überwechselt. Das geschieht in der Weise, dass er zunächst den Arbeitsblock für zwei oder drei Jahre leistet. Danach wechselt er in die gleichlange Freistellungsphase. Während der gesamten Zeit erhält der das verminderte Arbeitsentgelt nach § 3 AltTZG, wobei er in der Arbeitsphase ein Wertguthaben für die Freistellungsphase angesammelt hat. Führt eine Vereinbarung über Altersteilzeitarbeit zum Aufbau eines Wertguthabens, das den Betrag des Dreifachen des Regelarbeitsentgelts nach § 6 Abs. 1 AltTZG übersteigt, so ist es gegen das Risiko der Zahlungsunfähigkeit (Insolvenz) zu sichern (§ 8a AltTZG).

Das infolge der Teilzeitarbeit verminderte Regelarbeitsentgelt muss vom 4
Arbeitgeber um mindestens 20 % des früheren Bruttoentgelts aufgestockt werden (§§ 3 Abs. 1, 6 AltTZG). Der Aufstockungsbetrag zählt nicht zum steuerpflichtigen Einkommen des Arbeitnehmers (§ 3 Nr. 28 EStG). Darüber hinaus muss der Arbeitgeber zusätzliche Beiträge zur gesetzlichen Rentenversicherung übernehmen, und zwar mindestens in Höhe von 80% des Regelarbeitsentgelts für die Altersteilzeitarbeit, aber begrenzt auf den Unterschiedsbetrag zwischen 90% der monatlichen Beitragsbemessungsgrenze und dem Regelarbeitsentgelt, höchstens bis zur Beitragsbemessungsgrenze der früheren Vollzeitbeschäftigung (§ 3 Abs. 1 Nr. 1a und b AltTZG). Dieser Unterschiedsbetrag ist nur eine Rechengröße für

die Beiträge zur Rentenversicherung, also ebenfalls kein steuerpflichtiges Einkommen. Damit wird eine spürbare Verminderung der Rente nach Altersteilzeitarbeit vermieden.

5 Die dritte Voraussetzung ist arbeitsmarktpolitischer Natur. Der Arbeitgeber muss aus Anlass des Überganges in die Altersteilzeitarbeit einen bei der Agentur für Arbeit arbeitslos gemeldeten Arbeitnehmer (BSG SozR 4-4170 § 3 Nr. 2), einen Bezieher von Arbeitslosengeld II oder einen Arbeitnehmer nach Abschluss der Ausbildung auf dem freigemachten oder in diesem Zusammenhang durch Umsetzung freigewordenen Arbeitsplatz versicherungspflichtig (§§ 24 ff. SGB III) beschäftigen (§ 3 Abs. 1 Nr. 2 AltTZG). Von einer Wiederbesetzung des freigewordenen Arbeitsplatzes kann man nur sprechen, wenn eine rechtliche Identität des Arbeitgebers besteht. Eine wirtschaftliche Identität von Betrieben genügt nicht. In § 3 Abs. 1 Nr. 2a AltTZG ist der „Arbeitgeberbegriff arbeitsrechtlich definiert" (BSG 107 S. 249). Es genügt des Weiteren nicht, wenn ein von Arbeitslosigkeit lediglich bedrohter Arbeitnehmer übernommen wird (vgl. Siegers/Müller-Roden, NZA 1989 S. 291). Gleichfalls genügt es nicht, wenn die Wiederbesetzung lediglich mit einem Arbeitnehmer erfolgt, der, noch in einem Arbeitsverhältnis befindlich, sich lediglich als arbeitsuchend (§ 38 Abs. 1 SGB III) gemeldet hat (BSG SGb 2011 S. 169 mAnm Bieback). Andererseits ist es nicht erforderlich, dass die neue Arbeitskraft im gleichen zeitlichen Umfang tätig wird, wie die ausgeschiedene. Es genügt, wenn sie aus dem Leistungsbezug der Arbeitsverwaltung oder des Jobcenters ausscheidet (BSG NZS 2014 S. 633).

5a Die **Wiederbesetzung** des frei gewordenen Arbeitsplatzes war anfangs schwierig, da ursprünglich eine lückenlose Umsetzungskette festgestellt werden musste. Davon ist das Gesetz abgerückt. Bei Betrieben bis zu 50 Arbeitnehmern wird jetzt gemäß § 3 Abs. 1 Nr. 1b) AltTZG unwiderleglich vermutet, dass ein neu eingestellter Arbeitnehmer auf dem frei gewordenen Arbeitsplatz beschäftigt wird. In allen anderen Fällen genügt es, wenn der Nachrücker funktionsadäquat, etwa auch nach einer Umbesetzung von mehreren Arbeitnehmern innerhalb des Betriebes, beschäftigt wird (Wolf, NZA 2000 S. 639, 640). Eine arbeitsmarktpolitische Besonderheit ergibt sich daraus, dass die Wiederbesetzung auch mit einem Arbeitnehmer nach Abschluss der Ausbildung erfolgt (Recht, NZS 1996 S. 555). Im Zusammenhang mit dem auf sechs Jahre erweiterten Blockmodell kann der Betrieb demnach die Personalplanung so vornehmen, dass zu Beginn der Altersteilzeit eines älteren Arbeitnehmers, ein Auszubildender eingestellt wird, der dann beim Überwechseln des ersteren in die Freizeitphase auf den frei gewordenen Arbeitsplatz übernommen wird.

6 Sind alle Voraussetzungen erfüllt, so erstattet die Arbeitsagentur dem Arbeitgeber für längstens sechs Jahre den Aufstockungsbetrag in Höhe von 20 % auf das Arbeitsentgelt und den zusätzlichen Beitragsanteil zur gesetzlichen Rentenversicherung (§ 4 Abs. 1 AltTZG). Der Arbeitgeber trägt das Wiederbesetzungsrisiko. Findet sich also nach Vereinbarung der Altersteilzeitarbeit kein geeigneter Arbeitnehmer, der den freigewordenen Arbeitsplatz einnehmen kann, so werden Gemäß § 5 Abs. 2 AltTZG die Leistungen nach § 4 Abs. 1 AltTZG nicht erbracht.

7 In § 5 AltTZG sind Ausschlusstatbestände geregelt. Leistungen der BA werden nicht mehr erbracht, wenn der Arbeitnehmer die Teilzeitarbeit aufgibt oder das 65. Lebensjahr vollendet. Das gleiche gilt, wenn er eine Altersrente beanspruchen kann, und zwar auch dann, wenn es sich dabei um eine Teilrente iSd § 42 Abs. 2 SGB VI handelt (§ 23 Rn. 6). Leistungen nach § 4 AltTZG werden auch nicht erbracht, solange der frei gewordene Arbeitsplatz nicht durch einen Arbeitslosen

wiederbesetzt ist. Allerdings ist eine erneute Wiederbesetzung innerhalb von drei Monaten leistungsunschädlich (§ 5 Abs. 2 AltTZG). Wird neben der Altersteilzeitarbeit noch eine mehr als geringfügige Beschäftigung (§ 8 SGB IV) ausgeübt, so ruht der Anspruch auf Leistungen (§ 5 Abs. 3 AltTZG).

In § 10 AltTZG ist die soziale Sicherung des Teilzeitarbeitnehmers geregelt **8** (Schmalor, ZfS 2001 S. 65). Insbesondere, wenn nach Leistung von Altersteilzeitarbeit Leistungen bei Arbeitslosigkeit beansprucht werden müssen, wird das Bemessungsentgelt zugrunde gelegt, das zugrunde zu legen gewesen wäre, wenn die Arbeitszeit nicht im Rahmen der Altersteilzeit vermindert worden wäre. Das gilt nicht ab dem Zeitpunkt, zu dem Rente wegen Alters beansprucht werden kann (§ 10 Abs. 1 AltTZG). Zur Berechnung des Arbeitslosengeldes in diesen Fällen vgl. § 19 Rn. 27a.

Bei der Begründung des Krankenversicherungsschutzes kann sich eine gewisse **9** Einschränkung ergeben. Durch die Verminderung des Arbeitsentgelts infolge der Altersteilzeit kann ein bisher höher verdienender Arbeitnehmer erstmals versicherungspflichtig werden (§ 5 Abs. 1 Nr. 1 SGB V). Bisher galt für ihn § 6 Abs. 1 Nr. 1 SGB V. Jetzt ist § 6 Abs. 3a SGB V anwendbar. Die Versicherungspflicht tritt also nur ein, wenn der Arbeitnehmer in den letzten fünf Jahren gesetzlich versichert war. Damit knüpft die Versicherungspflicht an eine geübte Solidarität innerhalb der gesetzlichen Krankenversicherung. In diesem Falle besteht also die Notwendigkeit der Begründung eines anderen Versicherungsschutzes (§§ 5 Abs. 1 Nr. 13 SGB V, 193 VVG). Wer allerdings vor Inanspruchnahme der Altersfreizeit nach § 6 Abs. 1 SGB V versicherungsfrei war, verbleibt in dieser Rechtsposition auch wenn er später die Voraussetzungen des § 5 Abs. 1 Nr. 13 SGB V erfüllt (§ 6 Abs. 3 SGB V). Es muss also ein Versicherungsvertrag nach § 193 VVG geschlossen bzw. aufrecht erhalten werden.

Bezieht der Arbeitnehmer Krankengeld oder eine vergleichbare Leistung, und **10** liegt der Bemessung ausschließlich die Altersteilzeit zugrunde, so erbringt die Bundesagentur für Arbeit auch in diesem Falle anstelle des Arbeitgebers die Leistungen nach § 3 Abs. 1 Nr. 1 AltTZG in Höhe der Erstattungsleistungen nach § 4 AltTZG. Im Ergebnis wird der Arbeitnehmer nach dem Überwechseln in die Freizeitphase so gestellt, als hätte er während des Krankengeldbezugs gearbeitet. Für die Berechnung des Krankengeldes gilt Folgendes: Im Anschluss an die Entgeltfortzahlung wird in der Arbeitsphase Krankengeld auf der Basis des tatsächlich gezahlten, also verminderten, Arbeitsentgelts gezahlt. Wurde darüber hinaus Arbeitsentgelt für die Freizeitphase angespart (Wertguthaben), so wird dies bei der Berechnung des Krankengeldes nicht berücksichtigt (§ 47 Abs. 2 Satz 4 SGB V).

Zuständig ist die Bundesagentur für Arbeit. **11**

In gewisser Weise sind die Regelungen über die Altersteilzeit Vorbild für andere **12** Formen der Flexibilisierung der Arbeitszeit geworden (Knospe/Ewert/Marx, NZS 2001, S. 459). So werden auf der Grundlage des § 7b SGB IV Vereinbarungen über Wertguthaben getroffen. Wertguthaben sind nach den Grundsätzen des § 7d SGB IV zu führen. Sie können für die in § 7e SGB IV genannten Fälle, insbesondere auch für Pflege- (§ 7c Abs. 1 Nr. 1a SGB IV) oder Erziehungszeiten (§ 7c Abs. 1 Nr. 1a SGB IV), in Anspruch genommen werden. Darüber hinaus sind gemäß § 7e SGB IV Vorkehrungen für den Fall der Insolvenz des Arbeitgebers zu treffen. Das gilt nur, soweit der Anspruch auf Insolvenzgeld nach den §§ 183 ff. SGB III nicht besteht. Gemäß § 7f SGB IV kann der Arbeitnehmer beim Wechsel des Arbeitsplatzes verlangen, dass sein Wertguthaben auf einen neuen Arbeitgeber übertragen wird.

§ 20 *(aufgehoben)*

§ 21 Leistungen der gesetzlichen Krankenversicherung

(1) **Nach dem Recht der gesetzlichen Krankenversicherung können in Anspruch genommen werden:**

1. Leistungen zur Förderung der Gesundheit, zur Verhütung und zur Früherkennung von Krankheiten,

2. bei Krankheit Krankenbehandlung, insbesondere
   a) ärztliche und zahnärztliche Behandlung,
   b) Versorgung mit Arznei-, Verband-, Heil- und Hilfsmitteln,
   c) häusliche Krankenpflege und Haushaltshilfe,
   d) Krankenhausbehandlung,
   e) medizinische und ergänzende Leistungen zur Rehabilitation,
   f) Betriebshilfe für Landwirte,
   g) Krankengeld,

3. bei Schwangerschaft und Mutterschaft ärztliche Betreuung, Hebammenhilfe, stationäre Entbindung, häusliche Pflege, Haushaltshilfe, Betriebshilfe für Landwirte, Mutterschaftsgeld,

4. Hilfe zur Familienplanung und Leistungen bei durch Krankheit erforderlicher Sterilisation und bei nicht rechtswidrigem Schwangerschaftsabbruch.

(2) **Zuständig sind die Orts-, Betriebs- und Innungskrankenkassen, die Sozialversicherung für Landwirtschaft, Forsten und Gartenbau als landwirtschaftliche Krankenkasse, die Deutsche Rentenversicherung Knappschaft-Bahn-See und die Ersatzkassen.**

Übersicht

1. Strukturmerkmale

1 Zur Stellung der Krankenversicherung innerhalb der Sozialversicherung vgl. § 4 Rn. 7–13, zum versicherten Personenkreis § 4 Rn. 11–15, 30.

2 Seit Schaffung des SGB V im Jahre 1989 hat es eine Vielzahl von grundlegenden Gesetzesänderungen in der Krankenversicherung gegeben. Ein entscheidender Reformschritt wurde mit dem GKV-Wettbewerbsstärkungsgesetz im Jahre 2007 eingeleitet (BGBl I 2007 S. 378). In jüngster Zeit gingen die größten Veränderungen von folgenden Gesetzen aus von: dem Arzneimittelmarktneuordnungsgesetz (BGBl I 2010 S. 2262), dem GKV-Versorgungsstrukturgesetz (BGBl I 2011 S. 3057), dem Patientenrechtegesetz (BGBl 2013 S. 277) dem GKV-Versorgungsstärkungsgesetz (BGBl 2015 S. 1211), dem Qualitäts-Weiterentwicklungsgesetz (BGBl 2014 S. 1133), dem Krankenhausstrukturgesetz (BGBl 2015 S. 2229), dem Gesetz zur Stärkung der Heil- und Hilfsmittelversorgung (BGBl 2017 S. 778),

dem Gesetz zur Stärkung der Arzeneimittelversorgung (BGBl 2017 S. 1050). Einfluss hatten auch die drei Pflegestärkungsgesetze (BGBl 2014 S. 2222; BGBl 2015 S. 2424; BGBl 2016 S. 3191). Mit dem GKV-Versichertenentlastungsgesetz (BGBl 2018 S. 2387) ist der Gesetzgeber zur solidarischen Finanzierung zurückgekehrt. Insgesamt wird man sagen müssen, dass die Krankenversicherung derjenige Teil des Sozialrechts ist, der am stärksten durch eine permanente Reform geprägt wird (vgl. Hauck, SGb 2011 S. 187; zu aktuellen Entwicklung Knispel, NZS 2017 S. 521; NZS 2018 S. 435; NZS 2019 S. 401).

Deutlicher als dies in anderen Versicherungszweigen der Fall ist, betont die **2a** Krankenversicherung die Grundsätze der Solidarität und Eigenverantwortung (§ 1 SGB V). Beide sind vor dem Hintergrund der Einschränkung von Freiheitsrechten im Zusammenhang mit Versicherungszwang einerseits und der Leistungsbeschränkungen andererseits zu sehen (Nettesheim, VerwArch 2002 S. 315; Vießmann, VSSR 2010 S. 105; Kingreen, VVStRL 2011/70 S. 150). Unabhängig davon sind Risikostrukturausgleich und Gesundheitsfond Kennzeichen der Tatsache, dass diese Grundsätze auch kassenübergreifend bestehen (§§ 268–272 SGB V). Vorübergehend war der Gedanke der Solidarität insoweit eingeschränkt worden, als im Laufe der Reformen zu einer Festschreibung der Arbeitgeberbeiträge gekommen war. Damit sollten die Arbeitskosten von den Gesundheitskosten abgekoppelt werden.

Aus dem Grundsatz der Eigenverantwortung, der zunehmend auch andere **2b** Zweige des Sozialrechts prägt, lassen sich konkrete Schlüsse nur dann ziehen, wenn in die Konsequenzen in einzelnen krankenversicherungsrechtlichen Regelungen vorgesehen sind. In jüngster Zeit ist dies etwa durch die Einfügung des § 52 Abs. 2 SGB V geschehen, der ein an sich „freies" Verhalten, wie eine Tätowierung, sanktioniert, wenn sich ein Versicherter durch eine solche nicht medizinisch indizierte Maßnahme eine Krankheit zuzieht. Das geht über die Tatsache hinaus, dass die Entfernung einer Tätowierung noch nie zu Lasten der Krankenkasse erfolgen konnte. Mit § 52 Abs. 2 SGB V verlagert der Gesetzgeber die Tätowierung auch dann in die Eigenverantwortung, wenn sie zu einer Erkrankung der Haut geführt hat (Krasney, KrV 2015 S. 57). Auch Zuzahlungen (§ 61 SGB V) und die Einschränkung der Leistungen nach Maßgabe des Wirtschaftlichkeitsgebots (§§ 2 Abs. 1, 12 Abs. 1 Satz 2 SGB V) sind Ausdruck einer durch Eigenverantwortung der Versicherten bestimmten Solidarität. Da § 35b Abs. 1 Satz 3 SGB V eine Bewertung des therapeutischen Zusatznutzens für den Patienten im Verhältnis zu den Kosten von Arzneimitteln zulässt, kann dies – wenn auch nur in Extremfällen – durchaus zu einer Verminderung der Solidarität seitens der Versichertengemeinschaft auch dort führen, wo Eigenverantwortung nicht mehr möglich ist. Einer allzu weitgehenden Einschränkung der Leistungspflicht der Krankenkassen hat das BVerfG Grenzen gesetzt (BVerfG 115 S. 25; BVerfG NZS 2013 S. 500; BVerfG NZS 2016 S. 20; BSG SGb 2017 S. 710 mAnm Zuck). Dieser Rechtsprechung wurden zunächst in § 135 SGB V nur leistungserbringerrechtliche Konturen gegeben. Später ist in § 2 Abs. 1a SGB V eine allgemein gültige Regelung für das gesamte Leistungsrecht getroffen worden (unten Rn. 18).

Leitend für die soziale Krankenversicherung ist das **Wirtschaftlichkeitsgebot** **3** des § 12 SGB V. Dieses Gebot ist zwar einerseits bei jeder Anwendung von Normen des SGB V zu beachten, allein kann es aber nicht Grundlage für Leistungseinschränkungen sein. Vielmehr bedarf es dazu konkreter Regelungen (§ 27a Abs. 3; 28 Abs. 2; 33 Abs. 2, 34 SGB V). Im Übrigen leidet die Vorschrift unter erheblichen Anwendungsschwierigkeiten. So wird als nicht ausreichend eine Leistung angesehen, wenn sie in zu geringem Umfang erbracht wird. Die Zweckmäßigkeit einer Leistung wird nach dem medizinischen Ziel bestimmt. Die Notwendigkeit begrenzt die Leistung nach „oben", bzw. im Hinblick auf eine günstigere Alternative. Insgesamt kann man auch eine Regelung wie § 12 SGB V zwar nicht verzichten. Ihre kostendämpfende Wirkung hält sich aber in sehr engen Grenzen (vgl. Greiner/Benedix, SGb 2013 S. 1).

3a Für mehr als ein Jahrhundert war die gesetzliche Krankenversicherung durch das **Natural- oder Sachleistungsprinzip** geprägt, das sowohl Sach- als auch Dienstleistungen iSd § 12 umfasst (Muckel, SGb 1998 S. 386; Fischer, SGb 2008 S. 461). In § 2 Abs. 2 SGB V ist nunmehr allgemein bestimmt, dass davon im Fünften bzw. Neunten Buch Abweichungen geregelt werden können. Das betrifft vor allem das Persönliche Budget im Sinne des § 29 SGB IX, das sich nicht in das Schema Sach- und Dienstleistungen zwängen lässt (§ 29 Rn. 21). Von einigen Ausnahmen abgesehen, steht das Natural- oder Sachleistungsprinzip auch heute noch im Vordergrund. Es hat aber auch im engeren Rahmen der Krankenversicherung an Bedeutung verloren. Grundsätzlich hat der Versicherte nur Anspruch auf Sach- und Dienstleistungen (§ 2 Abs. 2 SGB V). Die Kasse trägt die Verantwortung dafür, dass sie ihm in natura zur Verfügung gestellt werden. Kostenbeteiligungen in Form der Zuzahlung (vgl. §§ 31 Abs. 3, 32 Abs. 2, 33 Abs. 8, 39 Abs. 4 SGB V) sind durch das Sachleistungsprinzip nicht ausgeschlossen. Dem Schutzprinzip der sozialen Krankenversicherung entsprechend, sind hier jedoch Überforderungsklauseln erforderlich (§§ 61, 62 SGB V). Das Sachleistungsprinzip umfasst den nicht zu unterschätzenden Vorteil, dass die Versicherten Leistungen in Anspruch nehmen können, ohne dass sie dafür zunächst die Kosten selbst aufzubringen hätten. Allerdings schwächt das auch das für die Eigenverantwortung wichtige Kostenbewusstsein. Ein weiterer, wohl noch größerer Vorteil, ist, dass durch die Regelungen des Leistungserbringungsrechts, jedenfalls im Prinzip die Qualität der Leistungen insoweit sichergestellt wird, als grundsätzlich nur zugelassene Leistungserbringer in Anspruch genommen werden können (vgl. § 1 Rn. 18b). Diesem Umstand hat man bei der Schaffung des Persönlichen Budgets für behinderte Menschen nicht Rechnung getragen, da § 17 Abs. 1 Satz 2 SGB IX aF nicht auf § 17 Abs. 2 SGB IX aF erstreckt wurde. Auch in der Neufassung des § 29 SGB IX ist das nicht geändert worden.

3b Die früher bestehende Möglichkeit, im Falle einer unzureichenden Versorgung Leistungen der Sozialhilfe in Anspruch zu nehmen, ist durch § 52 Abs. 1 und 3 SGB XII ausgeschlossen worden. Daraus können sich dann schwer zu vermeidende Härten ergeben, wenn die Versicherten auf Leistungen der Grundsicherung für Arbeitsuchende nach den §§ 19 ff. SGB II angewiesen sind. Vom Leistungsrecht der Krankenversicherung ausgeschlossene, aber notwendige Gesundheitsleistungen müssen vom Versicherten aus den eigenen Mitteln aufgebracht werden. Das gilt etwa für Sehhilfen nach dem jetzt geringfügig erweiterten § 33 Abs. 2 Satz 2 Nr. 1 und 2 SGB V. Verfassungsrechtliche Bedenken hat das BSG nicht (BSG NZS 2016 S. 863, aA Wrase, NZS 2014 S. 569) Der Spielraum, der dem Versicherten dafür im Rahmen des Regelbedarfs nach § 20 Abs. 2 SGB II zur Verfügung steht, ist denkbar gering (vgl. Bockholdt, NZS 2016 S. 881). Vor dem statischen Hintergrund der EVS enthält der monatliche Regelbedarf von zzt. 424 € nur etwa 16 € für „Gesundheitspflege" (§ 5 RBEG). Nur in begrenztem Umfang lässt sich das Problem einzelner Gesundheitsleistungen über die §§ 21 Abs. 6, 24 Abs. 3 Nr. 3 SGB II lösen (§ 19a Rn. 30k).

Andererseits gilt Folgendes: Die allgemeine **Belastungsgrenze** des § 62 Abs. 2 SGB V liegt bei 2 % des Regelbedarfs der Stufe 1 für die gesamte Bedarfsgemeinschaft, also 2 % aus 424 €. Weitergehend ist die Regelung beim Zahnersatz (§ 55 Abs. 2 SGB V). Damit bleiben bei Alleinstehenden etwa 8 € für andere notwendige Gesundheitsleistungen (§ 34 SGB V). Das Gesetz geht davon aus, dass aus der monatlichen Regelleistung dafür Rücklagen gebildet werden (§ 20 Abs. 1 Satz 4 SGB II). In besonderen Fällen ist ergänzend an die „atypischen Bedarfe" im Sinne des § 21 Abs. 6 SGB II zu denken (Bay. LSG NZS 2013 S. 237). Das BVerfG geht von ihrer Existenz nicht nur aus, wenn sie der Art nach, sondern auch wenn sie der Höhe nach vom typischen Bedarf, wie er in der EVS abgebildet ist, abweichen (BVerfG 125 S. 175). Als allgemeiner Grundsatz zu § 21 Abs. 6 SGB II gilt: „Unabweisbar kann ein durch eine medizinische Behandlungsmaßnahme ausgelöster Mehrbedarf gegenüber dem Regelbedarf nur dann sein, wenn die medizinisch notwendige Versorgung durch das Leistungsrecht der gesetzlichen Krankenversicherung beschränkt wird" (BSG 115 S. 77). Davon kann man nicht in den Fällen ausgehen, in denen die Leistung nicht als **medizinisch notwendig** angesehen wird. Das gilt etwa für die in § 34 Abs. 1 Satz 7 und Abs. 3 Satz 1 SGB V. Dasselbe wird man für nicht verschreibungspflichtige Arzneimittel, die von der Versorgung ausgeschlossen sind (§ 34 Abs. 1 Satz 1 und 2 SGB V annehmen müssen, wenn eine verschreibungspflichtige Alternative zur Verfügung steht. **3c**

Eine **Kostenerstattung** erfolgt nur, soweit dies im Recht der gesetzlichen Krankenversicherung ausdrücklich vorgesehen ist (§§ 13 Abs. 2, 14 SGB V). Das Sachleistungsprinzip (BSG 73 S. 271) begründet nämlich für die Krankenkasse die Verpflichtung, die Leistungserbringung zu organisieren und für den Versicherten das Recht, die Leistungen in Anspruch zu nehmen, ohne dafür die Mittel zunächst selbst aufzuwenden. Eine wesentliche Konsequenz daraus ist der Sicherstellungsauftrag iSd § 72 SGB V, der allerdings erst unter den Voraussetzungen des § 72a SGB V von den Kassenärztlichen Vereinigungen auf die Krankenkassen übergeht. Mittelbar ergibt sich damit aus dem Sachleistungsprinzip für die Krankenkasse die Möglichkeit einer Steuerung der Versorgung. Auf diese Weise kann sie sowohl auf die Qualität als auch auf die Wirtschaftlichkeit der Leistungserbringung Einfluss nehmen. Allerdings ist es zweifelhaft, ob diese rechtlich durchaus gegebene Möglichkeit nicht an der Realität der ökonomischen Bedingungen scheitert (vgl. Wasem in: Schulin HS-KV § 3 Rn. 154 ff.). Ein spezieller Fall ist dabei die Kostenerstattung bei Selbstbeschaffung unter den Voraussetzungen der §§ 13 Abs. 3, Abs. 3a; 37 Abs. 4 SGB V (dazu § 43 Rn. 30). Sie modifiziert nicht das Sachleistungsprinzip, sondern ist eine Reaktion auf sein Versagen im Einzelfall (BSG SozR 3-2500 § 13 Nr. 22; BSG SozR 4-2500 § 13 Nr. 20). **4**

Das Sachleistungsprinzip hatte die historisch wichtige Funktion, der versicherten Arbeitnehmerschaft durch kostenlose Inanspruchnahme der Kassenleistungen einen Schutz bei Krankheit überhaupt erst möglich zu machen. Daraus resultierte später eine vielfältig begründete Kritik, die im Sachleistungsprinzip eine Entmündigung der Versicherten sah oder es auch für ein bei ihnen fehlendes Kostenbewusstsein verantwortlich machte. Heute hat das Sachleistungsprinzip ein wenig von seiner Funktion eingebüßt. So ist es beim Zahnersatz nach einer wechselvollen Geschichte ganz aufgegeben worden (vgl. § 11 Rn. 29). Hier bestehen Sonderregelungen nach den §§ 55 ff. SGB V. Gemäß § 13 Abs. 1 SGB V können nunmehr die Versicherten auch für einzelne Versorgungsformen eine Kostenerstattung wählen. Nach vorheriger Zustimmung der Krankenkasse können auch nicht zugelassene Leistungserbringer (§§ 13 Abs. 2 Satz 5, 69 ff. SGB V) in Anspruch genom- **5** men werden (vgl. LSG Ns.-Brem. FEVS 61 S. 328). Es bleibt aber weiterhin bei dem Grundsatz, dass der Vertragsarzt die Behandlung zu den Bedingungen des Sachleistungsprinzips nicht verweigern darf. Jedoch können die Kassen den Versicherten jetzt auch besondere Tarife für die Kostenerstattung anbieten. Damit erfolgt eine gewisse Gleichstellung mit dem Privatpatienten. Allerdings kann der Leistungsrahmen der sozialen Krankenversicherung durch die Wahl der Kostenerstattung nicht erweitert werden (BSG SGb 2010 S. 656 mAnm Littmann). Eine weitere, deutliche Modifikation hat das Sachleistungsprinzip durch die Einführung der Wahltarife erfahren (§ 53 SGB V). Es handelt sich dabei um Satzungsregelungen der Kasse, die Selbstbehalte, Prämien für nicht in Anspruch genommene Leistungen und Zuzahlungsermäßigungen für besondere Versorgungsformen festlegen. Insbesondere durch die generelle Wahl einer Kostenerstattung kann heute auch der Pflichtversicherte bei der Inanspruchnahme von Leistungen die Stellung eines privat Versicherten erlangen. Er muss dann aber die Mehrkosten selbst tragen. Hierzu kann ihm die Kasse einen Zusatztarif anbieten. Zu den Besonderheiten in der EU vgl. § 30 Rn. 90–104.

6 Unter den in § 21 Abs. 2 genannten Krankenkassen, die bisher jeweils für einen relativ geschlossenen Mitgliederkreis zuständig waren, hat der Versicherte mit Wirkung seit dem 1.1.1996 ein weitgehendes **Wahlrecht** (§§ 173–175 SGB V). Damit zusammenhängend wurde in den §§ 266, 267 SGB V ein Risikostrukturausgleich (RSA) eingeführt und in den folgenden Jahren fortentwickelt (BVerfG NZS 2005 S. 139). Er will den Grundsatz der Wirtschaftlichkeit und Sparsamkeit mit dem Ziel einer annähernd gleichen Risikobelastung aller Krankenkassen verbinden (Steffens, ZfS 1994 S. 65; Möller SGb 2007 S. 138). Die entscheidenden Größen für den RSA sind der Beitragsbedarf und die Finanzkraft der Krankenkasse. Die Finanzkraft ist das Produkt ihrer Grundlohnsumme und dem sog. Ausgleichsbedarfssatz, der vom Bundesversicherungsamt ermittelt wird (§ 11 RSAV). Ist der Beitragsbedarf einer Kasse höher als die Finanzkraft, so hat sie einen Ausgleichsanspruch. Im umgekehrten Falle besteht eine Ausgleichspflicht. In der Praxis laufen die Finanzströme von den Ersatz- und Betriebskrankenkassen zu den Allgemeinen Ortskrankenkassen. Später wurde eine morbiditätsorientierte Komponente in den RSA eingefügt. Dieser war immer noch nicht hinreichend „manipulationsresistent". Im GKV-WSG wurde der morbiditätsorientierte RSA mit dem Gesundheitsfond verknüpft (§§ 266–273 SGB V). Derzeit erhalten die Krankenkassen aus dem **Gesundheitsfond** Zuweisungen in Form einer Grundpauschale (Sichert/Göpfharth, SGb 2010 S. 394). Sie entspricht zunächst einmal den durchschnittlichen Pro-Kopf-Ausgaben in der gesetzlichen Krankenversicherung. Diese Grundpauschale wird auf einer ersten Stufe für alle Versicherten durch Zu- und Abschläge nach den Kriterien Alter und Geschlecht angepasst. Hierfür wurden 40 Gruppen gebildet. Auf einer zweiten Stufe erfolgt dann eine Anhebung der zunächst verminderten Grundpauschale für einzelne Versicherte nach Morbiditätskriterien für 80 vom Bundesversicherungsamt ermittelte Krankheiten sowie den Bezug von Renten wegen Erwerbsminderung angehoben. Der Morbiditätszuschlag richtet sich auf die Folgekosten bei schwerwiegenden chronischen Erkrankungen, deckt aber nicht die akuten Behandlungskosten ab (Hecken, KrV 2008 S. 248).

2. Krankheitsbegriff

7 Der Versicherungsfall der **Krankheit** stellt gewissermaßen einen Grundtatbestand dar, der auch für die Unfallfolgen (§ 26 SGB VII), die Behinderung (§ 2

Abs. 1 SGB IX), die Erwerbsminderung (§ 43 SGB VI) und die Pflegebedürftigkeit (§ 14 SGB XI) von jeweils unterschiedlicher Bedeutung ist. Das gilt etwa für die geistige Behinderung, bei der grundsätzlich kein medizinischer Versorgungsbedarf besteht. Der Pflegefall (§ 14 SGB XI) setzt eine „gesundheitliche Beeinträchtigung" voraus (vgl. § 21a Rn. 7). Als Krankheit wird von der Rechtsprechung bezeichnet ein regelwidriger Zustand, der behandlungsbedürftig ist und/oder Arbeitsunfähigkeit zur Folge hat (BSG 39 S. 167; BSG 50 S. 47; BSG 59 S. 119; BSG 62 S. 83; Schlüter, SGb 1971 S. 465. Schlüter, SGb 1973 S. 346; Prehn, VSSR 2014 S. 1). Der Krankheitsbegriff ist also mit dem regelwidrigen Zustand und der Behandlungsbedürftigkeit zweigliedrig. Auf der ersten Ebene des Krankheitsbegriffs sollte man besser die Regelwidrigkeit im Sinne einer Funktionsstörung verstehen (BSG 35 S. 10). Allerdings genügt auch eine auf einer Regelwidrigkeit beruhende entstellende Wirkung.

In neuerer Zeit stellt die Rechtsprechung auf die Ausübung „der normalen psychophysischen Funktionen" ab (BSG 62 S. 83). Das erleichtert eine weitgehend einheitliche Auslegung verwandter Begriffe in Übereinstimmung mit anderen Sozialleistungsbereichen. So definiert § 14 Abs. 2 SGB XI aF Krankheiten und Behinderungen überwiegend als Funktionsstörungen. Dasselbe gilt für die Behinderung iSd § 2 Abs. 1 SGB IX. Danach setzen Krankheit, Behinderung und Pflegebedürftigkeit, trotz teilweise veränderter Wortwahl (§ 14 SGB XI), grundsätzlich an der **Funktionsstörung** an. In zweiter Hinsicht ist bei der Bestimmung der Krankheit im Sinne der Krankenversicherung auf die Behandlungsbedürftigkeit abzustellen. Das ist die prinzipielle Zugänglichkeit der Funktionsstörung im Sinne einer Heilung oder Linderung durch ärztlich verantwortete Maßnahmen (Heilungszugänglichkeit). Wenig sinnvoll dürfte es sein, bei der Bestimmung des Krankheitsbegriffs die medizinischen von den sozialrechtlichen Aspekten zu trennen. Vielmehr ist bereits der Begriff der Regelwidrigkeit bzw. der Funktionsstörung in Orientierung an der medizinischen Wissenschaft in einem pathologischen Sinne zu verstehen. Eine normal verlaufende Schwangerschaft oder reine Alterserscheinung, die sich in der menschlichen Entwicklung ergeben, sind deswegen keine Krankheiten. Als Krankheit anzusehen sind aber degenerative Veränderungen infolge des Alters (BSG USK 88135). **Einzelfälle** aus der Rechtsprechung: BSG 21 S. 189 (neurotische Störung); BSG 28 S. 114 (Trunksucht); BSG 35 S. 10; (Kiefer- und Zahnstellungsanomalie); BSG 48 S. 258 (Legasthenie); BSG 54 S. 54 (Drogenabhängigkeit); BSG 59 S. 119 (Empfängnisunfähigkeit); BSG 62 S. 83; BSG 72 S. 96 (Kleinwüchsigkeit); BSG 85 S. 36 (erektile Dysfunktion); BSG 111 S. 289 (Transsexualität); Empfängnisunfähigkeit, selbst wenn sie erst wegen der Therapie einer anderen Krankheit droht und die Empfängnisfähigkeit als solche wieder hergestellt werden kann (BSG SozR 4-2500 § 27 Nr. 18; vgl. dagegen BSG SozR 4-2500 § 27a Nr. 12 zu § 27a SGBV). 8

Bejaht wird ein Anspruch aus § 27 SGB V schon immer bei Operationen nach **Brustkrebs,** nun aber auch in den rechtlich heikleren Fällen zu seiner Vermeidung, nicht jedoch bei der Korrektur von Fehlentwicklungen mit der Folge einer Asymmetrie, die der Situation nach einer Krebsoperation nicht vergleichbar sein soll (BSG 100 S. 119). Problematisch scheint dabei die Auffassung zu sein, nach der ein operativer Eingriff in einen an sich nicht behandlungsbedürftigen körperlichen Zustand zur Behandlung einer seelischen Störung keine Leistungspflicht der Krankenkasse begründen würde (BSG 82 S. 158; BSG B 1 KR 9/04 R, juris). Hierzu bedürfe es einer besonderen Rechtfertigung (BSG 90 S. 289). Das zeigen auch die Fälle der **Transsexualität** (BVerfG 115 S. 1; BVerfG 128 S. 109; BSG NJW 9

2011 S. 1899; BSG SozR 4-2500 § 27 Nr. 28; dazu Knispel, SGb 2016 S. 632; Reitter/Seiwert, SGb 2017 S. 126). Der operative Eingriff erfolgt mit dem Ziel, das körperlich bestehende dem empfundenen Geschlecht anzugleichen und damit den seelischen Leidensdruck der betroffenen Person zu lindern. Die Fälle einer präventiven Operation zur Vermeidung von Brustkrebs haben allerdings eine andere Dimension: Unter den besonderen Umständen eines Einzelfalls – bei der auf Tatsachen gestützten konkreten Gefahr einer schwerwiegenden Gesundheitsschädigung – kann schon die konkrete Gefahr einer künftigen Erkrankung im medizinischen Sinne ausreichend sein, um das Vorliegen einer Krankheit zu bejahen (BVerwG 160 S. 71, für das Beihilferecht; SG Koblenz, RdLH 2014 S. 12). Insgesamt wird die Entwicklung der Medizin dazu führen, dass der Begriff des Krankheitsverdachtes an die heutigen Erkenntnismöglichkeiten angepasst wird. Eine Gesetzesänderung wird als nicht erforderlich angesehen (Hauck, NJW 2016 S. 2695). In Auslegung des § 27 SGB V verneint das BSG allerdings „die Behandlungsbedürftigkeit psychischer Krankheiten mittels angestrebter körperlicher Eingriffe, wenn diese Maßnahmen nicht durch körperliche Fehlfunktionen oder durch Entstellung, also nicht durch einen regelwidrigen Körperzustand veranlasst werden … In Bezug auf Operationen am – krankenversicherungsrechtlich betrachtet – gesunden Körper, die psychische Leiden beeinflussen sollen, lässt sich … eine Behandlungsbedürftigkeit nicht begründen“ (BSG NJW 2011 S. 1899 Rn. 13).

3. Vertragsarztrecht

10 Die Krankenbehandlung umfasst schwerpunktmäßig die ärztliche und zahnärztliche Behandlung (§ 28 SGB V). Für die in § 27b SGB V genannten Fällen hat der Gesetzgeber den Versicherten das Recht eingeräumt, eine Zweitmeinung einzuholen (BSG 123 S. 15; Knipsel, NZS 2016 S. 174). Generell ist die Krankenversicherung durch das System der **Vertragsärzte** geprägt. Andere Behandler dürfen nur unter den engen Voraussetzungen des § 28 Abs. 1 Satz 2 SGB V hinzugezogen werden, wenn der Arzt die Hilfeleistung anderer Personen anordnet und sie auch verantwortet. Im Zusammenhang mit der psychotherapeutischen Versorgung war das frühere Delegationsverfahren, in dem **nichtärztliche Therapeuten** hinzugezogen werden konnten, rechtlich zweifelhaft (vgl. Lubecki, DOK 1991 S. 615). Heute ist mit § 28 Abs. 3 SGB V die Grundlage dafür geschaffen, dass eine Behandlung durch psychologische Psychotherapeuten erfolgen kann.

11 Strukturmerkmal der Krankenversicherung ist des Weiteren die im Laufe der Jahre immer enger gewordene Verknüpfung von Leistungs- und Leistungserbringungsrecht. Sie ist historisch durch die Stellung des Kassenarztes, des Vertragsarztes, in der ambulanten Versorgung und die starke Zäsur zum stationären Bereich, dem Krankenhaus, geprägt (§ 75 Abs. 1 SGB V). Diese Grundstruktur ist vielfach modifiziert, aber nicht grundsätzlich aufgehoben worden. Immerhin regelt § 11 Abs. 4 SGB V jetzt, dass die einzelnen Versorgungsbereiche unter Einbeziehung der Pflegeversicherung zu vernetzen sind. Die Pflegeversicherung selbst hat eine ähnliche Versorgungstruktur wie die Krankenversicherung. Sie kennt aber nicht eine vergleichbar strikte Trennung von ambulant und stationär (§§ 69 ff. SGB XI). Typischerweise ist heute der Leistungsanspruch aus dem Zusammentreffen dreier Regelungskomplexe zu erschließen. Zunächst ist auf den gesetzlichen Anspruch, wie er in den §§ 27 ff. SGB V – nicht nur als Rahmenrecht – geregelt ist, abzustellen. Er allein begründet aber den Leistungsanspruch jedoch noch nicht abschließend (vgl. BSG 117 S. 10 Rn. 8; BSG NZS 2018 S. 698 Rn. 10). Vielmehr sind in praktisch allen relevanten Fällen Leistungsinhalt und Leistungsumfang aus den **Richtlinien** des Gemeinsamen Bundesausschusses zu ermitteln (§ 92 SGB V). Diese Richtlinien sind dann für die Krankenkasse und den Versicherten maßgebend (BSG 90 S. 289), es sei denn, es läge eine objektiv willkürliche Entscheidung vor (unten Rn. 17). Insgesamt sind sie verfassungsrechtlichen Bedenken ausgesetzt (§ 31 Rn. 34). Schließlich ist anhand der Regelungen des Leistungserbringungsrechts der §§ 124 ff. SGB V festzustellen, wer die Leistung erbringen darf. Im Normalfall nennt das Gesetz als Leistungserbringer keine bestimmte Berufsgruppe (BSG SozR 3-2500 § 124 Nr. 9), jedoch ist in starkem Maße auf die Eignung für die jeweils zu erfüllende Aufgabe abzustellen (BSG 109 S. 9). So besteht nach § 32 SGB V ein Anspruch auf die Versorgung mit Heilmitteln. Was ein Heilmittel ist, ergibt sich erst aus den Heilmittel-Richtlinien (§ 92 Abs. 1 Nr. 6 SGB V). Dabei versteht es sich nach dem Wortlaut des § 32 SGB V nicht von selbst, dass auch „Beratungen zur Schul-, Arbeitsplatz-, Wohnraum- und Umfeldanpassung" als Bestandteil des Heilmittels zu erbringen sind (§ 35 Abs. 3 Heilm-RL). Schließlich bestimmt § 124 SGB V, wer geeignet ist, ein solches Heilmittel zu erbringen. Dieser Dreiklang (Gesetz – Richtlinie – Leistungserbringer) bestimmt grundsätzlich das gesamte Leistungsrecht der GKV.

Ergänzend zu diesem etablierten Versorgungssystem entwickeln sich in der Krankenversicherung seit einigen Jahren neue Formen der Leistungserbringung, die speziell auf eine zeitgemäße Versorgung ausgerichtet sind und sich an medizinisch-fachlichen Vorgaben orientieren (Nicklas-Faust, RsDE 2006/63 S. 1). Bei diesen neuen Versorgungsformen verbinden sich im Allgemeinen zwei Aspekte: a) es kommt zu Veränderungen der Behandlungsformen als solcher, b) der Kreis der Vertragspartner der Krankenkassen wird erweitert. Schon im Jahre 2000 wurde in § 140a SGB V die **integrierte Versorgung** eingeführt (LSG BW SGb 2007 S. 621; BSG SozR 4-2500 § 140a Nr. 2, dazu Jung, SGb 2009 S. 385; Huster/Schütz, NZS 2017 S. 645). Sie will die stark zersplitterte Versorgungslandschaft durch Vernetzung von Haus- und Fachärzten, ärztlichen und nichtärztlichen Leistungserbringern, wie zB Ergotherapeuten, stationären und ambulanten Angeboten effektiver und wirtschaftlicher gestalten (§ 140b Abs. 1 Nr. 1–9 SGB V) oder eine hochspezialisierte ambulante Versorgung durch Krankenhäuser gewährleisten (§ 140b Abs. 4 SGB V). Dies geschieht unter Einziehung von Pflegeeinrichtungen (§ 92b SGB XI). Auf diese Weise sollen unnötige Wartezeiten, Doppeluntersuchungen und Brüche im Behandlungsverlauf vermieden werden. Durch vertragliche Vereinbarungen werden verschiedene Leistungserbringer in eine „interdisziplinär-fachübergreifende Versorgung" eingebunden (§ 140a Abs. 1 Satz 1 SGB V). So könnten innerhalb einer bestimmten Region bei der Behandlung zB von multipler Sklerose die Versorgung durch die Fachambulanz einer Klinik, Krankengymnastik und Ergotherapie erfolgen. Große Zustimmung hat die integrierte Versorgung bei den Versicherten bisher nicht gefunden. **11a**

Bei grundsätzlich gleicher Zielsetzung setzen die Disease Management Programme (DMP) bei der Krankheit selbst an. Im Gesetz werden sie als **strukturierte Behandlungsprogramme** bezeichnet (§§ 137f, 137g SGB V). Sie wollen eine qualitativ hochwertige, ganzheitliche und wissenschaftlich abgesicherte Therapie chronischer Erkrankungen erreichen. Dabei setzen sie sich über die institutionellen Grenzen des Versorgungssystems hinweg. Solche Programme bestehen zzt. bei Diabetes, koronaren Herzerkrankungen, Asthma und chronisch obstruktiven Lungenerkrankungen (Entzündung mit vermehrter Schleimbildung). Bei diesen **11b** neuen Versorgungsformen ist nicht entscheidend, dass die jeweiligen Angebote bestehen, sondern dass sie aufeinander abgestimmt sind.

12 Parallel zu diesen Veränderungen des Leistungserbringungsrechts im ambulanten Bereich erfolgt auch eine Öffnung der stationären Versorgung (unten Rn. 38). Dabei kommt es auch zu Schwierigkeiten bei der Kompetenzabgrenzung zwischen Bund und Ländern. Über diese Aspekte hinaus stellen eigentlich alle neuen Entwicklungen ein wesentliches Merkmal unserer ambulanten Versorgung in Frage: Es ist die starke Stellung des frei niedergelassenen Arztes. Insoweit begründen die §§ 73 Abs. 1, 75 Abs. 1 SGB V mit dem Sicherstellungsauftrag der Vertragsärzte deren monopolartige Stellung. Diese Stellung ist praktisch in jeder Gesundheitsreform der letzten Jahre immer wieder eingeschränkt worden. So wurde auch die Möglichkeit der ambulanten Versorgung durch die Krankenhäuser auf der Basis von Einzelverträgen immer mehr erweitert (§ 116b SGB V). Auf derselben Linie liegt die Etablierung der **medizinischen Versorgungszentren,** die als fachübergreifende ärztlich geleitete Einrichtungen noch dem ambulanten Bereich zuzuordnen sind (§ 95 Abs. 1 Satz 2–4 SGB V). Auch sie sollen durch eine abgestimmte Behandlung durch verschiedene Fachärzte mit anderen medizinischen und therapeutischen Fachkräften optimale Wege für Diagnose und Therapie entwickeln und beschreiten. Nach der Neufassung des § 95 Abs. 1 Satz 2 SGB V ist die fachübergreifende Tätigkeit nicht mehr zwingend vorgesehen. Die mitwirkenden Vertragsärzte büßen ihre Selbständigkeit nicht ein (BSG SozR 4-2500 § 95 Nr. 33). Medizinische Versorgungszentren können auch von Krankenhäusern oder Kommunen gegründet werden (Klöck, NZS 2013 S. 368; Schaks, NZS 2016 S. 761).

12a Was die Beziehungen der Krankenkassen zur Ärzteschaft angeht, so steht zwar noch immer der Sicherstellungsauftrag (für die ambulante Behandlung) durch die Kassenärztlichen Vereinigungen im Vordergrund (§ 75 Abs. 1 SGB V). Der Sicherstellungsauftrag wird durch die einzelnen Vertragsärzte erfüllt (§ 73 SGB V). Deren Therapiefreiheit ist durch eine Vielzahl von Regelungen erheblich eingeschränkt worden (§ 135 SGB V). Eine weitere Besonderheit besteht seit Mitte 2012. Für die ambulante Versorgung wird gemäß § 28 Abs. 1 Satz 3 SGB V „beispielhaft" festgelegt, bei welchen ärztlichen Leistungen andere Personen unter der Verantwortung des Arztes tätig sein können. Damit ist einerseits ein weiteres Eindringen einzelner Berufe in den Kernbereich ärztlicher Tätigkeit möglich, andererseits behält der Arzt die Letztverantwortung. In unterversorgten Regionen kann das aber zu Entwicklungen führen, deren Konsequenzen bisher noch nicht abzusehen sind. Deswegen ist insbesondere darauf zu achten, dass die Anforderungen, die an die Leistungserbringung gestellt werden, besonders gründlich zu regeln sind. Auffallend ist aber, dass die Festlegungen von den Partnern der Mantelverträge getroffen werden. Richtlinien nach § 92 SGB V sind nicht vorgesehen.

12b Insbesondere die integrierte Versorgung (§ 140b SGB V) und die medizinischen Versorgungszentren (§ 95 Abs. 1 SGB V) stellen eine Auflockerung des überkommenen Sicherstellungsauftrags dar. Einen Fortschritt durch Rückgriff stellt die **Hausarztzentrierte Versorgung** nach § 73b SGB V dar. Sie will den Hausarzt in seiner früheren Funktion wieder stärken, dabei aber die Qualität der Versorgung verbessern (§ 73b Abs. 2 Nr. 1–4 SGB V). Allen diesen Formen sind drei Dinge gemeinsam: 1. Die Teilnahme ist für die Versicherten freiwillig, 2. in Form günstigerer Tarife haben sie gewisse wirtschaftliche Vorteile (vgl. § 53 Abs. 3 SGB V), 3. das Vertrags- und Vergütungssystem bei der Leistungserbringung ist abweichend von dem fast undurchschaubaren allgemeinen Finanzierungssystem der ambulanten Versorgung geregelt (vgl. §§ 73b Abs. 5 SGB V).

4. Leistungen der Krankenversicherung

In § 11 SGB V werden die **Leistungen** der gesetzlichen Krankenversicherung 13
in fünf Hauptgruppen gegliedert, deren wesentlichste ist die zweite Gruppe. Sie umfasst die Leistungen bei Krankheit. Durch diese Leistungen wird die Krankenversicherung noch immer maßgeblich charakterisiert. Sie wird in § 11 Abs. 2 SGB V um die Leistungen zur medizinischen Rehabilitation erweitert (unten Rn. 46). Unter den fünf Hauptgruppen hat sich der erste Bereich, die **Gesundheitsförderung und Prävention** (§§ 20–26 SGB V) in den letzten Jahren nicht immer gleichmäßig, aber insgesamt positiv entwickelt. Insbesondere sind die Gesundheitsuntersuchungen (§§ 25, 26 SGB V) und die Vorsorgemaßnahmen (§ 24 SGB V) aus dem Leistungssystem nicht mehr wegzudenken. Die Förderung der Selbsthilfe nach § 20h SGB V ist eher eine Förderung der Selbsthilfeorganisationen. Mit dem GKV-WSG haben die Schutzimpfungen als Pflichtleistungen einen größeren Stellenwert innerhalb der Prävention erhalten (§ 20i SGB V). Für Impfungen, die wegen eines Auslandsaufenthalts veranlasst sind, gelten aber immer noch einschränkende Regelungen (§ 20i Abs. 1 Satz 2 SGB V). In den §§ 20d–20f SGB V wird eine nationale Präventionsstrategie begründet. Allgemein haben sich für den Bereich der Gesundheitsförderung einzelne klassische Themenbereiche, wie die Auseinandersetzung mit Nikotin- und Alkoholmissbrauch, Bewegungsmangel, Übergewicht und Stress herausgebildet (Zoike, BKK 1998 S. 606). Für diese in § 20 Abs. 1 SGB V geregelten Maßnahmen der primären Prävention wenden die Kassen orientiert an der Zahl der Versicherten jährlich je 7,52 € auf. Hinzu kommen mindestens 2,15 € und 3,15 € für die Maßnahmen nach den §§ 20a und 20b SGB V. Die Beträge werden entsprechend der monatlichen Bezugsgröße angepasst (§ 20 Abs. 6 SGB V). Das Problem der Prävention liegt aber nicht in den zu knappen Mitteln, sondern darin, dass sie noch immer keine breite Akzeptanz gefunden hat. Ein Licht auf diese Tatsache wirft die Regelung des § 20 Abs. 1 Satz 2 SGB V. Danach soll die Primärprävention insbesondere einen Beitrag zur Verminderung sozial bedingter und geschlechtsbezogener Ungleichheit von Gesundheitschancen leisten. Letzteres dürfte wohl eher Männer betreffen.

Während in der Vergangenheit der Leistungskatalog immer stärker reglemen- 13a
tiert und auch eingeschränkt worden war (vgl. § 33 Abs. 2 SGB V), hat nun eine gewisse Gegenbewegung eingesetzt. Durch Einfügung des § 11 Abs. 6 SGB V hat der Gesetzgeber für die Krankenkassen die Möglichkeit geschaffen, durch Satzung Leistungen einzuführen, sofern diese nicht ausdrücklich vom Bundesausschuss ausgeschlossen worden sind. Die Leistungsgruppen sind im Gesetzestext ausdrücklich genannt. Möglich wäre etwa die Wiedereinführung von Sehhilfen in größerem Umfange als Satzungsleistung (§ 33 SGB V). Auch Leistungen durch nicht zugelassene Leistungserbringer können vorgesehen werden. Damit können die Krankenkassen in einen Leistungswettbewerb treten. Nicht möglich ist nach dem Wortlaut des Gesetzes eine Erweiterung der Zahnvorsorge nach § 22 SGB V, obwohl diese Vorschrift nur unvollständig mit der Bonusregelung des § 55 Abs. 1 SGB V harmoniert. Von den §§ 63–65 SGB V ist § 11 Abs. 6 SGB V in der Weise abzugrenzen, dass letztere Vorschrift nur eine Erweiterung der Standardleistungen ermöglicht, während die §§ 63 ff. SGB V durch Förderung von Modellvorhaben

dem medizinischen Fortschritt dienen. Die Regelung des § 65a SGB V hält sich wiederum im Rahmen des § 11 Abs. 6 SGB V, in dem sie die Möglichkeit eines Bonus für gesundheitsbewusstes Verhalten erweitert.

14 Bei Krankheit wird **Krankenbehandlung** nach den §§ 27 ff. SGB V geleistet. Inhalt und Umfang des Anspruchs lassen sich idR nicht aus dem Gesetz entnehmen. Insoweit haben die Richtlinien (§ 92 SGB V) eine wichtige Funktion. Als § 27 Abs. 1a SGB V eingefügt worden ist die Krankenbehandlung von Spendern von Organen und Geweben (§ 17 Rn. 22e ff.). Dieser Anspruch besteht selbst für Spender, die nicht gesetzlich krankenversichert sind. Nur soweit eine Organspende unter Lebenden erfolgt (§§ 8, 8a TPG), ist die Krankenkasse des Empfängers der Spende zuständig (§ 27 Abs. 1a Satz 4 SGB V). Wesentliches Merkmal für alle Leistungen der Krankenbehandlung ist, dass eine Krankheit gezielt bekämpft wird. Eine „relative Gesunderhaltung" genügt nicht. Dieser schwer abgrenzbare Bereich ist der Eigenverantwortung des Versicherten überlassen. Auch die Maßnahmen zur Herbeiführung einer Schwangerschaft nach § 27a SGB V stellen eine Ausnahme dar, da sie nicht eine Krankheit, die Empfängnisunfähigkeit, sondern deren Folgen bekämpfen (BSG SozR 4-2500 § 27a Nr. 1; Hauck, SGb 2009 S. 321). Insoweit bestehen keine verfassungsrechtlichen Bedenken gegenüber der insgesamt engen Regelung des § 27a SGB V (BVerfG NJW 2007 S. 1343; BVerfG NJW 2009 S. 1733, dazu Huster, NJW 2009 S. 1713; BSG 117 S. 236).

15 Für die einzelnen medizinischen Leistungen begründet § 27 SGB V nicht nur ein Rahmenrecht (vgl. oben Rn. 11). Jedoch kommt den Richtlinien nach § 92 SGB V erhebliche Bedeutung zu. Sie werden vom Bundesausschuss der Ärzte und Krankenkassen (§ 91 SGB V) erlassen. Sehr umstritten ist, ob ihnen die Qualität von Rechtsnormen zukommt. Das BSG bejaht diese Frage in verschiedenen Entscheidungen mehrerer Senate. Die grundsätzlichen Bedenken, die bis in die Rechtsquellenlehre hineinreichen, sind damit aber nicht ausgeräumt worden. Jenseits aller rechtlichen Erwägungen fragt sich, ob es praktisch wirklich notwendig gewesen ist, von der bisher vertretenen Auffassung abzuweichen, die Richtlinien würden als Verwaltungsbinnenrecht nur das Verhalten der Krankenkassen und der Vertragsärzte regeln (BSG 73 S. 287). Die damit nicht ganz leichte aber erwünschte Harmonisierung von Leistungs- und Leistungserbringungsrecht hätte sicher nur in mehreren Teilschritten erfolgen können. Es wäre aber vermieden worden, anhand der Richtlinien ein Sonderrecht der Krankenversicherung zu begründen (vgl. § 31 Rn. 34–44).

16 Der Arzt selbst ist in der Wahl seiner Behandlungsmethoden grundsätzlich frei. Eine Grundaussage dazu trifft § 2 Abs. 1 Satz 3 SGB V. Dabei ergibt sich ein gewisses Spannungsverhältnis daraus, dass einerseits „besondere Therapierichtungen" nicht ausgeschlossen sind. Andererseits muss die Qualität und Wirksamkeit der Leistungen dem Stand der medizinischen Erkenntnisse entsprechen. Dabei wird die Wirtschaftlichkeit der Leistungen in § 12 SGB V besonders betont (Huster, VSSR 2013 S. 327). Die Wirtschaftlichkeit einer Leistung ergibt sich nur aus ihrem Vergleich mit einer anderen Leistung (BSG 117 S. 1). Allein notwendige hohe Kosten begründen keine Unwirtschaftlichkeit. Eine Obergrenze wird jedoch durch einen Festbetrag begründet (§ 12 Abs. 2 SGB V). Dieser muss jedoch so festgesetzt werden, dass der Versicherte mindestens ein Medikament zuzahlungsfrei erhalten kann (BVerfG 106 S. 275; BSG 105 S. 170). Letzten Endes werden Art und Umfang der Therapie und ihre Freiheit durch Richtlinien bestimmt (§§ 92 Abs. 1 Satz 2 Nr. 5, 135 SGB V). Der insoweit bestehende Auftrag an den Gemeinsamen Bundesausschuss ist über die „neuen" Methoden hinaus erweitert

worden (§ 135 Abs. 1 Satz 2 SGB V). Er „überprüft die zu Lasten der Krankenkassen erbrachten vertragsärztlichen und vertragszahnärztlichen Leistungen daraufhin, ob sie den Kriterien nach Satz 1 Nr. 1 entsprechen. Dabei ist auf die Meinung der einschlägigen Fachkreise abzustellen (Engelhard, SGb 2006 S. 132), und zwar auch über das Inland hinaus (BSG SGb 2006 S. 689 mAnm Legde). Falls die Überprüfung einer Behandlungsmethode ergibt, dass die genannten Kriterien nicht erfüllt werden, dürfen die Leistungen nicht mehr als vertragsärztliche oder vertragszahnärztliche Leistungen zu Lasten der Krankenkassen erbracht werden" (§ 135 Abs. 1 Satz 3 SGB V). Insgesamt müssen also die Behandlungsmethoden in Qualität und Wirksamkeit der Leistungen dem allgemein anerkannten Stand der medizinischen Erkenntnisse zu entsprechen haben und den medizinischen Fortschritt zu berücksichtigen. Das bedeutet, dass alle Behandlungsmethoden, auch die der besonderen Therapierichtungen (§ 2 Abs. 1 Satz 2 SGB V), zumindest therapieimmanent wissenschaftlich überzeugend sein müssen (vgl. Busse, SGb 2000 S. 61).

Nach einer älteren Auffassung, die das BSG entwickelt hat, und an der es trotz **17** gewisser Bedenken festhält, bedeutet das, dass ein Behandlungserfolg im Einzelfall nicht ausreicht, die Zulässigkeit einer Heilmethode zu belegen. Demgegenüber kann es im Rahmen des § 2 Abs. 1a SGB V (vgl. unten Rn. 18) durchaus auf diesen Einzelfall ankommen (BSG SGb 2016 S. 97 mAnm Reimer). Generell muss jedoch die Wirksamkeit anhand einer größeren Zahl von Behandlungsfällen, und zwar statistisch relevant, nachgewiesen worden sein (BSG 76 S. 194). Die Umsetzung dieser, in den §§ 2 und 12 SGB V geregelten allgemeinen Grundsätze, in die medizinische Versorgungspraxis erfolgt auf der Grundlage des § 135 SGB V (für den Bereich der vertragsärztlichen Versorgung) und des § 137c SGB V (für den Krankenhaussektor). Im Bereich der vertragsärztlichen Versorgung beschließt der gemeinsame Bundesausschuss Richtlinien (§§ 91, 92 SGB V über **neue Untersuchungs- und Behandlungsmethoden.** Neu ist eine Behandlungsmethode, wenn sie „hinsichtlich des medizinischen Nutzens, möglicher Risiken und in Bezug auf die Wirtschaftlichkeit wesentliche, bisher nicht vom Gemeinsamen Bundesausschuss (GBA) geprüfte Änderungen aufweist, die sich insbesondere aus einer bisher nicht erprobten Wirkungsweise oder aus einer Änderung des Anwendungsgebietes ergeben können" (BSG SozR 4-2500 § 33 Nr. 51, Souglu SGb 2018 S. 153). Erst auf der Grundlage einer Richtlinie darf eine Behandlungsmethode zu Lasten der Krankenkasse erbracht werden. Die Behandlung im Krankenhaus ist etwas flexibler. Die Überprüfung der Qualität einer Behandlungsmethode, die im Krankenhaus eingesetzt wird, erfolgt vielmehr bis zum Erlass einer Richtlinie nur individuell. Auf eine Qualitätssicherung wird also auch hier nicht verzichtet (BSG 113 S. 167; BSG NZS 2018 S. 694). Entspricht eine Krankenhausleistung nicht den Qualitätskriterien, so besteht keinen Vergütungsanspruch (BSG SozR 4-5562 § 6 Nr. 1). In § 137c Abs. 1 Satz 2 SGB V wird im Grunde ein bloßer Verbotsvorbehalt begründet, der in §§ 137c Abs. 3, 137h SGB V modifiziert wird (BSG 113 S. 241; dazu Stallberg, NZS 2017 S. 332). Demgegenüber begründet § 135 SGB V für den ambulanten Sektor einen Erlaubnisvorbehalt. Fachlich-medizinisch sind jedoch die §§ 135 und 137c SGB V miteinander verknüpft (vgl. unten Rn. 38a). Das bedeutet vor allem, dass Erkenntnisse, die in dem einen Verfahren gewonnen wurden, in dem anderen verwertet werden müssen. Das Verfahren zu Erlass einer Richtlinie ist in § 135 Abs. 1 Satz 2–5 SGB V geregelt. Wird unter Verstoß gegen die dort normierten Grundsätze eine Richtlinie nicht erlassen, so sieht das BSG darin ein Systemversagen (BSG 111 S. 155; BSG 113

S. 167; BSG 113 S. 241), das den Versicherten berechtigt, sie die Leistung nach den Grundsätzen de § 13 Abs. 3 SGB V selbst zu beschaffen (§ 43 Rn. 30).

17a Dieses Regelungskonzept hat natürlich zunächst einige nachteilige Konsequenzen: Wenn auf der Grundlage der §§ 92, 135 SGB V kein Arznei-, oder Heilmittel, bzw. keine Behandlungsmethode erbracht werden kann, weil sie nicht in die Richtlinien aufgenommen worden ist, dann kann sich daraus die Situation ergeben, dass Versicherte bei einer bestimmten Erkrankung nicht ausreichend behandelt werden können, obwohl außerhalb des Systems der Krankenversicherung eine (noch nicht anerkannte) Heilmethode verfügbar ist. Das dient einerseits der Qualitätssicherung, kann aber andererseits dazu führen, dass eine vielleicht wirksame Methode nicht eingesetzt werden kann. Der daraus im Einzelfall resultierenden Leistungseinschränkung hat das BVerfG auf Grund folgender Überlegungen Grenzen gesetzt:

18 Der Versicherte wird durch die Pflichtversicherung in die Situation versetzt, einen nennenswerten Teil seines Einkommens als Beitrag aufzubringen. Diese Mittel stehen ihm nicht mehr für eine anderweitige Vorsorge im Krankheitsfall zur Verfügung. Insoweit ist sein Grundrecht aus Art. 2 Abs. 1 GG (allgemeine Handlungsfreiheit) tangiert. Des Weiteren ergibt sich aus Art. 2 Abs. 2 GG (Schutz von Leben und Gesundheit) die Verpflichtung des Staates, sich „schützend vor das Leben" zu stellen. Daraus ergibt sich für das BVerfG folgende Konsequenz: Die leistungsrechtlichen Bestimmungen der gesetzlichen Krankenversicherung sind von den Sozialgerichten im Lichte des Art. 2 Abs. 1 und 2 GG auszulegen (BVerfG 115 S. 25; BVerfG 140 S. 229). Daraus folgt für Versicherte, die an einer lebensbedrohlichen oder regelmäßig tödlich verlaufenden Krankheit leiden und für die keine den allgemein anerkannten medizinischen Standard entsprechende Behandlungsmethode existiert, muss der Träger der Krankenversicherung Leistungen nach den §§ 27 ff. SGB V außerhalb des Rahmens der Richtlinien erbringen (BSG SozR 4-2500 § 27 Nr. 16). Das BVerfG hat wiederholt seine Rechtsprechung bekräftigt und ergänzt, dass sich der Versicherte nicht auf lediglich pallitative Therapien verweisen lassen muss. Die „nicht ganz entfernte Aussicht auf Heilung" durch eine alternative Methode muss sich allerdings auf Indizien stützen können (BVerfG NJW 2013 S. 1664, dazu Nimis, KrV 2013 S. 229; NZS 2016 S. 20, Gassner, NZS 2016 S. 121; Reimer, SGb 2016 S. 100; Bockholdt, NZS 2017 S. 569). Versuchen, diese Grundsätze zu erweitern, ist das BVerfG entgegen getreten (BVerfG 140 S. 229; BVerfG NZS 2017, 582).

19 Nach anfänglichen Versuchen, das Problem im Rahmen des § 135 SGB V zu lösen, hat der Gesetzgeber die leistungsrechtlichen Voraussetzungen jetzt allgemein in § 2 Abs. 1a SGB V geregelt. Diese Voraussetzungen sind sehr eng gefasst. In diesem Zusammenhang bringt § 13 Abs. 3a SGB V eine Beschleunigung des Verfahrens, die nicht auf die Anwendung des § 2 Abs. 1a SGB V beschränkt ist (§ 43 Rn. 35). In einer gewissen Erweiterung der verfassungsgerichtlichen Entscheidungsgründe (BVerfG 140 S. 229 Rn. 17) ist jetzt geregelt: Steht im Falle einer

a) lebensbedrohlichen oder regelmäßig tödlichen Erkrankung oder einer zumindest wertmäßig vergleichbaren Erkrankung
b) eine allgemein anerkannte, dem medizinischen Standard entsprechende Leistung nicht zu Verfügung
c) kann auch eine dem nicht entsprechende Leistung verlangt werden, wenn eine nicht ganz fern liegende Aussicht auf Heilung oder auf eine spürbar positive Einwirkung auf den Krankheitsverlauf besteht.

Die Krankenkasse erteilt vor Beginn der Behandlung eine Kostenübernahmeerklärung, wenn Versicherte oder behandelnde Leistungserbringer dies beantragen.

Die **zahnärztliche Behandlung** umfasst die in § 28 Abs. 2 SGB V genannten Leistungen, also ua auch den Zahnersatz nach Maßgabe der §§ 55 ff. SGB V und die kieferorthopädische Behandlung (§ 29 SGB V). Der Zahnersatz ist grundsätzlich auf einen Festzuschuss von 50 % zu den Kosten beschränkt (§ 55 Abs. 1 Satz 1 SGB V). Im Rahmen der Härteregelung des § 55 Abs. 2 SGB V übernimmt die Kasse zu dem Festzuschuss „einen Betrag in jeweils gleicher Höhe" (unten Rn. 49). Das gilt insbesondere auch für Empfänger von Leistungen der Grundsicherung für Arbeitsuchende bzw. entsprechender Leistungen nach den §§ 27, 41 SGB XII (§ 19a Rn. 30k). Sofern mit dem doppelten Festzuschuss die Kosten des Zahnersatzes nicht voll gedeckt werden können, besteht nicht mehr die Möglichkeit ergänzender Leistungen der Sozialhilfe (§ 52 Abs. 1 und 3 SGB XII). Der Anspruch nach § 28 SGB V umfasst nur in Ausnahmefällen Zahnimplantate (BSG SozR 4-2500 § 28 Nr. 6, Nr. 7). **19a**

Arzneien und Heilmitteln ist gemeinsam, dass sie zur Verbesserung des Gesundheitszustandes des Versicherten eingesetzt werden. Arzneien wirken von innen auf den kranken Organismus, **Heilmittel** von außen. Letztere können auch, nach neuerer Rechtsprechung des BSG nur als Dienstleistungen von dafür ausgebildeten Personen (§ 124 SGB V) erbracht werden (BSG SGb 2002 S. 401 mAnm Mrozynski). Deswegen betrachtet das BSG antiallergene Matratzenumhüllungen nicht als Heilmittel, sondern als Hilfsmittel (BSG NZS 2012, 740). Wenn man etwa die Petö-Therapie als Heilmittel ansehen kann (BSG SozR 4-2500 § 18 Nr. 1; Bay. LSG ZfSH/SGB 2016 S. 90; BSG SGb 2018 S. 702), so folgt aus § 124 Abs. 2 Nr. 1 SGB V zugleich, dass sie nur von einer Angehörigen eines Medizinalberufes erbracht werden kann. Dabei kommt es auf dessen Ausbildung, nicht aber auf die Berufsbezeichnung, etwa als Ergotherapeutin oder Logopädin an. Arzneien sind immer sächlicher Natur. **Arzneimittel** sind solche Stoffe, die vom Hersteller so bezeichnet werden (Präsentationsarzneimittel) oder solche, die nach ihrer Bestimmung im oder am menschlichen Körper physiologische Funktionen durch eine iwS pharmakologische Wirkung beeinflussen sollen (Funktionsarzneimittel). Sie sind vor allem von den Lebensmitteln abzugrenzen, die überwiegend der relativen Gesunderhaltung dienen (§ 2 AMG). Arzneimittel sind auch nicht kosmetische Mittel und solche, die der Reinigung oder Pflege dienen (BSG 110 S. 183). Selbst wenn ein Stoff Arzneimittel ist, begründet das allein noch keine Leistungspflicht der Krankenkasse. Vielmehr müssen die zusätzlichen Voraussetzungen des § 31 SGB V erfüllt sein. Als Fertigarzneimittel muss es zugelassen und apothekenpflichtig sein (BSG SGb 2009 S. 96 mAnm Temizel). Das Gesetz etwas erweiternd besteht gemäß § 31 Abs. 5 SGB V ein Anspruch auf Versorgung mit bilanzierten Diäten zur enteralen Ernährung. Voraussetzung ist, dass diese Stoffe durch Richtlinien nach § 92 Abs. 1 Satz 2 Nr. 6 SGB V zugelassen sind. Darauf kann nur im Falle einer willkürlichen Entscheidung verzichtet werden (oben Rn. 17). Sind andere krankheitsbedingte Ernährungsarten erforderlich, die nicht in § 31 SGB V einbezogen sind, so sind die Versicherten auf ihre Eigenverantwortung verwiesen. Fehlen dazu die wirtschaftlichen Voraussetzungen, so können Leistungen lediglich nach den §§ 21 Abs. 5 SGB II bzw. 30 Abs. 5 SGB XII verlangt werden (§ 19a Rn. 30k). **20**

Eine weitere Neuerung stellt § 31 Abs. 6 SGB V dar, der unter engen Voraussetzungen **Cannabisprodukte** als Arzneimittel zulässt (LSG RhPf. Breith. 2018 S. 433). Keine Konsequenzen in der Krankenversicherung hat bisher die Recht- **20a** sprechung des BVerwG, nach der in Ausnahmesituationen eine sterbewillige Person das aus Art. 1 Abs. 1 und 2 Abs. 1 GG abzuleitende Recht hat, diesen Wunsch zumindest dadurch zu verwirklichen, dass ihm der Zugang zu einem Medikament für einen **Suizid** nicht verwehrt wird (BVerwG 158 S. 142 Rn. 32, dazu Sachs, NJW 2017 S. 2215).

20b **Hilfsmittel** sind in jedem Falle sächliche Mittel oder sonst technische Produkte (vgl. auch § 126 SGB V). Sie haben die Aufgabe, entweder den Erfolg der Krankenbehandlung zu sichern, oder eine ausgefallene oder beeinträchtigte Körperfunktion zu ersetzen oder zu ergänzen (BSG NZS 2015 S. 662). Dies dient der Abwehr einer (drohenden) Behinderung (§ 33 Abs. 1 Satz 1 SGB V). Der Anspruch umfasst auch das nicht nach § 34 Abs. 4 SGB V ausgeschlossene Zubehör sowie der Wartung und Reparatur (BSG SozR 4-2500 § 33 Nr. 29). In Bezug auf die Ausgleichsfunktion des Hilfsmittels unterscheidet das BSG den unmittelbaren und den mittelbaren Ausgleich. Diese Unterscheidung ist nicht ohne Kritik geblieben (vgl. BSG SGb 2010 S. 353 mAnm Knipsel; Schütze, SGb 20013 147; Henning, SGb 2015 S. 83; Uyanik, SGb 2019 S. 8). Im Bereich des **unmittelbaren Behinderungsausgleichs** geht es um einen möglichst vollständigen funktionellen Ausgleich im Sinne eines „Gleichziehens" mit dem gesunden Menschen. Hier kann auch die Ausstattung mit einem technisch weiterentwickelten Hilfsmittel verlangt werden, wenn damit wesentliche Gebrauchsvorteile verbunden sind (BSG SozR 4-2500 § 33 Nr. 40; 44). Eingeschränkt ist die Leistungspflicht nach § 33 SGB V, wenn ein solcher Funktionsausgleich nicht mehr erforderlich, oder wenn er nicht möglich ist und wenn deswegen das Hilfsmittel im Sinne eines **mittelbaren Behinderungsausgleichs** nur zum Ausgleich von direkten oder indirekten Folgen der Behinderung benötigt wird (BSG SGb 2010 S. 719 mAnm Waßer). Das bedeutet: Wird durch einen Gegenstand eine Organfunktion ausgeglichen, so handelt es sich um ein Hilfsmittel im Sinne eines unmittelbaren Funktionsausgleichs. Hier sind grundsätzlich keine weitergehenden Erwägungen anzustellen. Die beeinträchtigte konkrete Funktion wird gleichsam „allgemein" und mit unmittelbarer Wirkung in allen Lebensbereichen ausgeglichen. Darauf ist sie aber auch beschränkt. Aus medizinischen oder technischen Gründen bzw. aus solchen der Unzumutbarkeit (zB des Transports) kann auch eine Mehrfachausstattung mit einem Hilfsmittel in Betracht kommen (BSG SozR 4-2500 § 33 Nr. 36; 37, einschränkend BSG SozR 4-2500 § 33 Nr. 35). Erreicht die Medizintechnik einen Stand, der über den bisherigen Versorgungsstandard hinausgeht, kann der Anspruch auf das (neue) Hilfsmittel nicht mit der Begründung abgelehnt werden, die bisherige Versorgung wäre ausreichend, solange noch kein vollständiger Gleichstand mit dem gesunden Menschen erreicht ist. Auch über den Festbetrag kann dieser Anspruch nicht eingeschränkt werden (BSG SGb 2014 S. 27 mAnm Spiolek; BSG 93 S. 183 c-leg; BSG 105 S. 170 Hörgerät, dazu Weber, NZS 2012 S. 331; Zimmermann, SGb 2012 S. 312; BSG SozR 4-2500 § 33 Nr. 48, Fingerendgliedprothese). Im Verhältnis zur weitergehenden Funktion des Hilfsmittels in der Rentenversicherung vgl. § 11 Rn. 31; in der Pflegeversicherung vgl. § 21a Rn. 19, 45 ff.

20c Ist der Ausgleich der Behinderung nicht vollständig möglich und werden durch einen Gegenstand nur die Auswirkungen einer Behinderung im gesamten täglichen Leben beseitigt oder gemildert (mittelbarer Ausgleich der Behinderung), besteht eine Leistungspflicht nach § 33 SGB V nur, soweit dieser Ausgleich ein allgemeines Grundbedürfnis des täglichen Lebens betrifft (SozR 4-2500 § 33 Nr. 44). Dadurch ergeben sich erhebliche Abgrenzungsschwierigkeiten zur Pflegeversicherung und zur Sozialhilfe (Schütze, SGb 2013 S. 147). Elementares Grundbedürfnis ist etwa das Gehen, das Stehen, das Sitzen, das Liegen, das Hören, das Sehen, das Greifen, auch die Nahrungsaufnahme, die „elementare" Körperpflege, das selbständige Wohnen, die Erledigung von Alltagsgeschäften, das Erschließen eines „gewissen" körperlichen oder geistigen Freiraumes (BSG 93 S. 176). In diesen Katalog des **Basisausgleichs** der Folgen einer Behinderung gehört auch der Erwerb von **lebensnotwendigem Grundwissen** im Sinne von Schulwissen (BSG SozR 3-2500 § 33 Nr. 32; 34). Dasselbe gilt auch, wenn diese Fähigkeiten in der weiteren Folge etwa im Arbeitsleben oder auch der Schule erforderlich sind, wenn also zunächst ein Hilfsmittel geleistet wird, damit der Versicherte überhaupt erst eine sinnvolle Tätigkeit ausüben kann. Entscheidend ist also, dass elementare menschliche Verrichtungen ermöglicht werden, deren der Mensch um seiner Existenz willen bedarf und die krankheits- oder behinderungsbedingt beeinträchtigt sind. Überschreitet der Ausgleich der Folgen einer Behinderung diesen Basisausgleich, so besteht kein Anspruch nach § 33 SGB V mehr. Jedoch können Aufgaben anderer Rehabilitationsträger gegeben sein (vgl. §§ 49 Abs. 8 Nr. 4, 113 Abs. 2 Nr. 8 SGB IX) Sog. Hüftprotektoren, die nicht wie Gehhilfen, einen Sturz vermeiden, sondern nur seine Folgen abmildern sollen, sieht das BSG nicht als Hilfsmittel im Sinne des § 33 SGB V an (BSG 103 S. 66). Sie sind nach § 40 Abs. 1 SGB XI als Pflegehilfsmittel zu leisten (§ 21a Rn. 36). Diese Auffassung dürfte aber nicht ganz mit der Rechtsprechung zur Dekubitusprophylaxe harmonieren (§ 21a Rn. 45). Allergendichte Matratzenumhüllungen sind Hilfsmittel, und zwar zur Sicherung des Erfolgs der Krankenbehandlung (BSG SozR 4-2500 § 33 Nr 38, dazu Rixen, SGb 2013 S. 147). Würde man den Begriff des Heilmittels nicht auf Dienstleistungen beschränken, wäre auch eine Zuordnung als Heilmittel möglich. Insbesondere zwingen weder der Wortlaut des § 32 SGB V, noch seine Entstehungsgeschichte zu der Auffassung, Heilmittel wären ausschließlich Dienstleistungen. Auch die Regelung des § 124 SGB V gilt nur für diejenigen Heilmittel, die als Dienstleistungen erbracht werden. Hilfsmittel für behinderte Menschen, die lediglich wegen konkreter Wohnverhältnisse erforderlich werden, können nicht nach § 33 SGB V erbracht werden (BSG 107 S. 44). Hier kommen je nach Lage des Falles Leistungen nach § 40 Abs. 4 SGB XI oder nach § 76 Abs. 2 Nr. 1 SGB IX in Betracht (BSG NZS 2014 S. 902). Sind die Voraussetzung des § 33 SGB V erfüllt, so kann entsprechend den Grundsätzen des § 33 SGB I eine Auswahl unter mehreren Hilfsmitteln getroffen werden (§ 33 Rn. 13).

Ein Barcode-Lesegerät, das einem blinden Menschen ermöglicht, selbst Einkäufe zu machen, ist noch als Hilfsmittel im Sinne des § 33 SGB V anzusehen, weil es unmittelbar mit dem Grundbedürfnis des selbständigen Lebens im eigenen Haushalt zusammenhängt (BSG SozR 4-2500 § 33 Rn. 33). Soweit aber seine Mobilität betroffen ist, besteht eine Aufgabe nach § 33 SGB V nur im Nahbereich, der üblicherweise zu Fuß erschlossen wird. Deswegen ist ein GPS-Gerät für Blinde kein Hilfsmittel im Sinne des § 33 SGB V (BSG SozR 4-2500 § 33 Nr. 26). Es kommt aber als Teilhabeleistung nach § 76 Abs. 2 SGB IX in Betracht. Sie ist dann nach § 103 Abs. 2 Nr. 7, 8 SGB IX im Rahmen der Eingliederungshilfe zu leisten (vgl. Zumbansen, RdLH 2016 S. 10). Größere Schwierigkeiten bereitet auch die Abgrenzung des Hilfsmittels im Sinne des § 33 SGB V vom Pflegehilfsmittel (§ 21a Rn. 45 ff.). Dasselbe gilt auch für die Abgrenzung von Hilfsmitteln, die der Teilhabe am Leben in der Gemeinschaft dienen (§ 76 Abs. 2 SGB IX). So kann im Falle der Schwerhörigkeit eine Klingelleuchte ein Hilfsmittel im Sinne **20d** des § 33 SGB V sein. Entsprechendes gilt für ein Rauchwarnmeldesystem (BSG 116 S. 120). Das gilt aber dann nicht mehr, wenn diese Gegenstände fest im Gebäude verankert sind. Das erklärt sich daraus, dass der behinderte Mensch das Hilfsmittel im Sinne des § 33 SGB V mit sich führen können muss. Im anderen Falle werden nicht seine Fähigkeiten, sondern es wird sein Wohnumfeld verbessert. Folglich ist dann § 40 Abs. 4 SGB XI anwendbar (BSG 62 S. 193). Demgegenüber ist der Rauchwarnmelder für einen gehörlosen Menschen in Hilfsmittel im Sinne des § 33 SGB V (BSG 116 S. 120). Insgesamt wird man allgemein die Auffassung vertreten müssen, dass eine Abgrenzung nicht „am Begriff des Hilfsmittels" vorzunehmen ist. Maßgebend ist vielmehr, welchem Ziel und Zweck das jeweilige Hilfsmittel dient (BSG 103 S. 171, zu § 55 Abs. 2 Nr. 1 SGB IX aF). In der Praxis erfolgt eine Orientierung an den Hilfsmittelverzeichnissen (§§ 139 SGB V, 78 Abs. 2 SGB XI). Die Aufnahme in ein solches Verzeichnis kann mit Anforderungen an Qualität und Wirtschaftlichkeit verbunden werden (BSG SGb 2017 S. 526 mAnm Gottwald). Anderseits ist sie nicht konstitutiv für die Leistungspflicht (BSG SozR 4-2500 § 33 Nr. 26; BSG NZS 2018 S. 416). Allerdings ergibt sich aus § 33 Abs. 1 Satz 2 SGB V insoweit eine Modifikation, als die im Hilfsmittelverzeichnis festgelegten Anforderungen erfüllt sein müssen. Insgesamt erweist sich, dass die Zuordnung des Hilfsmittels exemplarisch für das Ineinandergreifen des SGB V, des SGB IX und des SGB XI (vgl. LSG Sachs.-An. NZS 2018 S. 420). Je nach Zuordnung der Leistung ergibt sich eine Vollversorgung im SGB V, eine dem Umfang nach begrenzte Versicherungsleistung (§ 40 SGB XI) oder auch eine volle Bedarfsdeckung (§§ 99 ff. SGB IX), die aber gegenüber dem eigenen Einkommen und Vermögen nur subsidiär erfolgt (§§ 135 ff. SGB IX).

21 Die Arznei- und Heilmittel, weniger die Verband- und Hilfsmittel, sind neben der ärztlichen und der Krankenhausbehandlung der dritte große Bereich der Bemühungen um eine **Kostenbegrenzung** in der Krankenversicherung (vgl. Schulte, NZS 1993 S. 41). Die herkömmlichen Instrumente der Kostenbegrenzung bestanden und bestehen im Ausschluss bestimmter Heil- und Hilfsmittel nach § 34 SGB V (BSG SozR 3 – 2500 § 34 Nr. 2), in den **Festbeträgen** (§ 35, 36 SGB V) und in Zuzahlungen (vgl. §§ 32 Abs. 2, 39 Abs. 4 SGB V). Mit den Festbeträgen muss jedoch eine, gemessen am Stand der medizinischen Entwicklung, ausreichende Versorgung gewährleistet sein. Sie können auch unmittelbar durch die Versicherten angegriffen werden (BSG 107 S. 287). Eine größere praktische Bedeutung hat auch der Ausschluss von Arznei-, Heil- und Hilfsmitteln nach § 34 SGB V oder durch Richtlinien nach § 92 Abs. 1 Satz 2 Nr. 6 SGB V. Nach denselben Richtlinien können auf der Grundlage des § 31 Abs. 1 Satz 2 SGB V allerdings auch besondere Stoffe und Zubereitungen ausnahmsweise in die Arzneimittelversorgung einbezogen werden (BSG SGb 2009 S. 96 mAnm Temizel). Leistungsausschlüsse sind auch bei chronisch Kranken noch nicht unverhältnismäßig (BVerfG NZS 2013 S. 297).

21a Durch das Gesetz zur Neuordnung des Arzneimittelmarktes wurde eine enge Verbindung zwischen dem „Arzneimittel" und dem „Markt" hergestellt (§§ 35a ff., 130 ff. SGB V). Der Gemeinsame Bundesausschuss fasst einen Beschluss zur Bewertung des Zusatznutzens von neuen Arzneimitteln auf der Basis eines Dossiers des pharmazeutischen Unternehmens, den das Institut für Qualität und Wirtschaftlichkeit im Gesundheitswesen prüft (§ 35a SGB V). Das kann gemäß § 35a Abs. 6 SGB V) auch für bereits zugelassene und im Verkehr befindliche Arzneimittel geschehen (Pitz/Treutwein, SGb 2018 S. 466). Ergänzend zu § 35a SGB V wurde den Unternehmen durch § 131 Abs. 4 SGB V eine Informationspflicht auferlegt. Sie dient der „Herstellung einer pharmakologisch-therapeutischen und preislichen Transparenz." Unabhängig davon erfolgt generell für Arzneimittel eine Kosten-Nutzen-Bewertung von Arzneimitteln nach § 35b SGB V. Über diese rein fachlichen Bewertungen von Arzneimitteln hinaus erfolgen auch einige marktmäßige Interventionen, wie die Rabattverträge und -abschläge nach den §§ 130 und 130a SGB V (§ 1 Rn. 18b). Nicht zu unterschätzen sind auch die Rahmenverträge nach § 131 SGB V, die sich ua auf therapiegerechte Packungsgrößen erstrecken.

Insgesamt ist in den letzten Jahren der Arzneimittelmarkt immer komplizierter 22 geworden (Wille/Koch, Gesundheitsreform 2007 S. 71 ff.). Im Grunde noch außerhalb der Krankenversicherung steht die arzneimittelrechtliche Zulassung nach den § 21 ff. AMG. Ohne Zulassung darf kein Arzneimittel in den Verkehr gebracht und damit auch nicht vom Arzt verordnet werden (§ 73 Abs. 2 Satz 1 Nr. 7 SGB V). Dies dient zunächst nur der Arzneimittelsicherheit und ist eine notwendige aber – von Ausnahmen abgesehen – keine hinreichende Voraussetzung für eine Leistungspflicht der Krankenkasse (BSG SGb 2005 S. 641 mAnm Hart). Nur in Ausnahmefällen (§§ 2 Abs. 1a, 35c SGB V) besteht also eine die Zulassung im Sinne eines „off label use" überschreitende Leistungspflicht der Krankenkasse (BSG SGb 2003 S. 102 mAnm Mrozynski; BSG 109 S. 211). Dabei wird vorausgesetzt, dass es um die Behandlung einer schwerwiegenden Erkrankung geht, keine andere Therapie verfügbar ist und auf Grund medizinischer Tatsache die begründete Aussicht besteht, dass mit dem betreffenden Präparat ein Behandlungserfolg erzielt werden kann (BSG NZS 2018 S. 546).

Ein weiteres Instrument der Intervention auf dem Arznei- und Heilmittelmarkt 23 sind die Richtgrößen des § 84 SGB V. Sie regeln, in Form von Vereinbarungen, die Verordnungspraxis des Vertragsarztes. Im Grundsatz legen die Richtgrößen die Verordnungskosten je Behandlungsfall für ein Kalenderjahr fest. Dabei wird das Ausgabevolumen unter Beachtung der Kriterien des § 84 Abs. 2 Nr. 1–8 SGB V, also etwa des Alters der Patienten, festgelegt. Insbesondere werden auch medizinisch aufwändige Versorgungen als Praxisbesonderheiten berücksichtigt. Überschreitet das tatsächliche Ausgabevolumen (§ 84 Abs. 5 Satz 1–3 SGB V) das vereinbarte Ausgabevolumen, ist diese Überschreitung „Gegenstand der Gesamtverträge" (§ 84 Abs. 3 SGB V). Die Überschreitung hat also neben Wirtschaftlichkeitsprüfungen, auch Einfluss auf die an die kassenärztliche Vereinigung zu zahlende Gesamtvergütung. Werden die Wirtschaftlichkeitsziele erreicht, kommen auch Bonuszahlungen an die kassenärztliche Vereinigung in Betracht (§ 84 Abs. 4 SGB V).

Eine große Bedeutung für die Praxis haben **häusliche Krankenpflege** (§ 37 24 SGB V) und Haushaltshilfe (§ 38 SGB V). Die häusliche Krankenpflege hat in den letzten Jahren eine erhebliche Erweiterung erfahren, was in der Praxis aber auch zu Problemen geführt hat (vgl. Schumacher, RdLH 2009 S. 110). Recht kompliziert ist das Verhältnis zur Pflegeversicherung (§ 21a Rn. 21–24). Nach § 37 Abs. 1 SGB V wird sie zur Vermeidung oder zur Verkürzung eines an sich gebotenen Krankenhausaufenthalts erbracht. Um dieses Ziel zu erreichen umfasst sie alles, was im Krankenhaus geleistet wird, also konsequenterweise die Grund- und Behandlungspflege und die hauswirtschaftliche Versorgung. Die häusliche Krankenpflege nach § 37 Abs. 2 SGB V dient dagegen der Sicherung der ambulanten ärztlichen Behandlung. Sie wird also in Fällen erbracht, in denen ein Krankenhausaufenthalt nicht erforderlich ist. Insoweit umfasst sie grundsätzlich nur die Behandlungspflege. Durch Satzung der Krankenkasse kann sie aber auch auf die Grundpflege und die hauswirtschaftliche Versorgung erweitert werden. Darüber hinaus ist häusliche Krankenpflege in den Fällen des § 37 Abs. 1a SGB V auch von Gesetzes wegen im ambulanten Sektor zu leisten. Das gilt in Fällen schwerer Krankheit oder wegen akuter Verschlimmerung einer Krankheit, insbesondere nach einem Krankenhausaufenthalt. Dies ist aber nur möglich, wenn kein Pflegegrad zwischen 2 und 5 festgestellt worden ist. Ergänzend kommt auch eine stationäre Kurzzeitpflege nach § 39c SGB V in Betracht (Luthe, MedR 2016 S. 311).

25 Ursprünglich war die Erbringung der häuslichen Krankenpflege eng an den Haushalt des Versicherten oder den seiner Familie gebunden. Das BSG hatte aber entschieden, dass diese Beschränkung nicht dem Zweck des Gesetzes entspricht und dass der ursprüngliche Wortlaut des Gesetzes missverständlich war. Mit Wirkung ab dem 1.4.2007 hat der Gesetzgeber den „Ort" der häuslichen Krankenpflege erheblich erweitert und betreute Wohnformen, Schulen, Kindergärten usw. einbezogen. Dabei ist unerheblich, ob der Ort als Heim anzusehen ist oder nicht (BSG 118 S. 122; BSG SozR 4-2500 § 37 Nr. 15; LSG Hamb. ZfH/SGB 2010 S. 104; LSG Bln., NZS 2010 S. 563). Welche Orte geeignet für die häusliche Krankenpflege sind, wird nach § 37 Abs. 6 SGB V durch Richtlinien festgelegt (§ 92 Abs. 7 Nr. 3 SGB V). Entscheidendes Kriterium ist dabei, ob an dem Ort die im Einzelfall erforderliche fachlich qualifizierte häusliche Krankenpflege geleistet werden kann und darf (Weber NZS 2019 S. 52). Um eine Leistungspflicht des Trägers der Krankenversicherung auszulösen, muss aber andererseits feststehen, dass kein gleichartiger Anspruch gegen den Träger der Einrichtung gegeben ist (Weber, NZS 2011 S. 650). Aus dem Wortlaut des § 37 SGB V ergibt sich das aber nicht unmittelbar (vgl. § 37 Abs. 3 SGB V). In der Sache ist aber davon auszugehen, dass ein Anspruch auf häusliche Krankenpflege nicht besteht, wenn es sich um **einfache Maßnahmen** handelt, die jeder erwachsene Haushaltsangehörige vornehmen könnte, das gilt etwa für den Normalfall einer Medikamenteneinnahme oder die Blutdruckmessung (BSG 118 S. 122; BSG NZS 2015 S. 617).

26 Der Anspruch auf häusliche Krankenpflege besteht nicht, wenn eine im Haushalt lebende Person den Kranken in dem erforderlichen Umfange versorgen kann (§ 37 Abs. 3 SGB V). Diese Regelung ist an sich vernünftig, da das Sozialrecht nicht jede familiäre Belastung auffangen kann. Es ist deswegen im Prinzip auch richtig, wenn § 37 Abs. 3 SGB V im Heil- und Hilfsmittelbereich analog angewandt wird (BSG SozR 3-2500 § 33 Nr. 16; 18). Ein größeres Problem ergibt sich aber dann, wenn ein chronisch krankes Mitglied der Familie sehr aufwändig betreut werden muss, ohne bereits ein Pflegefall zu sein Die Belastungen können gleichwohl hier größer sein als bei einem Pflegebedarf im Sinne der §§ 14, 15 SGB XI. Dies kann sich vor allem bei Kindern ergeben, die an Diabetes oder Mucoviscidose leiden. Dennoch werden Leistungen nicht erbracht.

27 Ein anderes Problem der häuslichen Versorgung hat der Gesetzgeber jetzt weitgehend gelöst. Häufig ist bei bestimmen Behandlungsmaßnahmen nicht eindeutig zu klären, ob sie zur Behandlungspflege (§ 37 SGB V) oder zur Grundpflege (§ 14 Abs. 4 SGB XI) gehören. Bei diesen **krankheitsspezifischen Pflegemaßnahmen** handelt es sich also um Maßnahmen der Behandlungspflege, bei denen der behandlungspflegerische Hilfebedarf aus medizinisch-pflegerischen Gründen regelmäßig und auf Dauer untrennbarer Bestandteil einer pflegerischen Maßnahme in den in § 14 Abs. 2 SGB XI genannten Bereichen ist (§ 15 Abs. 5 Satz 3 SGB XI. Typischerweise haben sie eine Doppelfunktion. Konsequenterweise sind sie bei der Begutachtung der Pflegebedürftigkeit auch dann zu berücksichtigen, wenn sie Ansprüche nach dem SGB V auslösen (§ 21a Rn. 15, 21).

Soweit im Rahmen der häuslichen Krankenpflege ein Anspruch auf Grundpflege und hauswirtschaftlicher Versorgung besteht (§ 37 Abs. 1 Satz 3, Abs. 2 Satz 4 SGB V), wird in § 34 Abs. 2 Satz 1 SGB XI ein **Ruhen des Anspruchs** auf Leistungen bei häuslicher Pflege nach § 36 SGB XI angeordnet. Insoweit kann man von einem Vorrang des § 37 SGB V vor § 36 SGB XI ausgehen. Ein Ruhen des Anspruchs auf häusliche Pflege (§ 36 SGB XI) tritt auch bei einem Aufenthalt in einer Einrichtung im Sinne des § 71 Abs. 4 SGB XI ein. Das betrifft etwa Einrichtungen zur Teilhabe am Arbeitsleben. Ergänzend dazu regelt § 13 Abs. 3 Satz 3 Hs. 2 SGB XI, dass in diesen Einrichtungen die notwendige Hilfe einschließlich der Pflege zu leisten ist. Dabei kann es sich auch um häusliche Krankenpflege handeln, die nach den Grundsätzen des § 37 Abs. 2 Satz 7 und 8 SGB V geleistet wird. 28

Im Ergebnis wird die krankenhausvermeidende häusliche Krankenpflege nach § 37 Abs. 1 SGB V in einem umfassenden Sinne geleistet. Der Anspruch ist grundsätzlich auf vier Wochen je Krankheitsfall begrenzt. In begründeten Ausnahmefällen kann sie jedoch für einen längeren Zeitraum geleistet werden (§ 37 Abs. 1 Satz 4 und 5 SGB V). Da nun aber Krankenhausbehandlung nach § 39 Abs. 1 Satz 2 SGB V nur geleistet wird, wenn sie nicht durch häusliche Krankenpflege vermieden werden kann, besteht bei stationärem Versorgungsbedarf der Anspruch nach § 37 Abs. 1 SGB V im Ergebnis zeitlich unbegrenzt. Liegen die Voraussetzungen nicht mehr vor, so ist immer noch der Anspruch nach § 37 Abs. 2 SGB V zu prüfen. Diese Leistung ist im Haushalt, in der Familie oder an einem sonst geeigneten Ort zu erbringen (§ 37 Abs. 6 SGB V). Dieser Ort kann auch stationär organisiert sein (vgl. § 37 Abs. 2 Satz 3, 7 und 8 SGB V). Der Form nach ist sie selbst aber eine ambulante Leistung. Deswegen umfasst sie grundsätzlich nur die Behandlungspflege (§ 37 Abs. 2 Satz 1 SGB V). Sie kann jedoch durch Satzung auf die Grundpflege und hauswirtschaftliche Versorgung erweitert werden. Dies ist aber nicht möglich bei einem Pflegegrad 2 oder höher (§ 37 Abs. 2 Satz 5 und 6 SGB V). Dieses Verhältnis von ambulant und stationär wird durch die §§ 37 Abs. 1a und 39c SGB V modifiziert. In allen Fällen besteht ein grundsätzlicher Vorrang vor den Leistungen der Pflegeversicherung (§ 34 Abs. 2 SGB XI). 29

Die **Soziotherapie** nach § 37a SGB V stellt eine weitgehende Übernahme und Fortentwicklung der häuslichen Krankenpflege in die psychiatrische Versorgung dar. Sie ist aber begrenzt auf Anleitung und Motivation zur Inanspruchnahme von ärztlichen oder ärztlich verordneten Leistungen. Insoweit ist sie allenfalls im Ansatz eine therapeutische Leistung. Neben ihr besteht ein Anspruch auf **psychiatrische häusliche Krankenpflege** nach § 37 SGB V. Diese Leistung ist wesentlich umfassender als die Leistung nach § 37a SGB V (vgl. bereits BSG 50 S. 74 Rn. 2, 15). Der Anspruch auf **Haushaltshilfe** nach § 38 Abs. 1 SGB V besteht, wenn die in dieser Vorschrift genannten stationären Maßnahmen durchgeführt werden. Sie wird auch in den Fällen des § 37 Abs. 1a SGB V geleistet. Auf Grund einer Satzungsregelung soll Haushaltshilfe auch in anderen Fällen geleistet werden. In jedem Falle besteht der Anspruch jedoch nur dann, wenn dem Versicherten wegen Krankheit die Weiterführung des Haushalts nicht möglich ist. Voraussetzung ist weiterhin, dass im Haushalt ein Kind lebt, das das zwölfte Lebensjahr noch nicht vollendet hat oder wegen einer Behinderung auf Hilfe angewiesen ist. Die nach § 38 Abs. 4 SGB V bestehende Möglichkeit der Gewährung einer Haushaltshilfe in Form der Erstattung von Verdienstausfall für die Übernahme der Haushaltsführung durch den berufstätigen Ehepartner hat das BSG in seiner Rechtsprechung auf grundsätzlich zwei Monate eingeschränkt. Es 30 bezeichnet „den Vorrang aller aus einer Erwerbstätigkeit abzuleitenden Hinderungsgründe" als schlichte Faustregel (BSG 87 S. 149).

31 Als weitere Fortentwicklung der häuslichen Krankenpflege wurde mit § 37b SGB V die spezialisierte **ambulante Palliativversorgung** eingeführt (palliativ: nur die Krankheitserscheinungen mildernd, schmerzlindernd – praktisch unter Verzicht auf Heilung, sterbebegleitend). Schon wenige Jahre vorher hatte der Gesetzgeber in § 39a SGB V eine Rechtsgrundlage für Zuschüsse zur Behandlung im Hospiz geschaffen. Die neue Palliativversorgung umfasst ärztliche und pflegerische Leistungen, insbesondere zur Schmerztherapie. Sie soll Versicherten mit einer nicht heilbaren, fortschreitenden oder weit fortgeschrittenen Krankheit und begrenzter Lebenserwartung eine „Betreuung in der vertrauten häuslichen Umgebung ermöglichen (§ 37b Abs. 1 Satz 3 SGB V). Auch Versicherte in stationären Hospizen und in Pflegeheimen haben einen Anspruch auf diese Leistung (§ 37b Abs. 1 Satz 4, Abs. 2 SGB V). Dazu ergänzend regelt § 132g SGB V eine gesundheitliche Versorgungsplanung, die von den Pflegeeinrichtungen angeboten wird (Luthe, SGb 2016 S. 329).

32 Schon ein Bindeglied zur Pflegeversicherung und ein Zeichen einer überalterten Gesellschaft mit nicht mehr uneingeschränkt funktionierender Familie ist die Regelung des § 39a SGB V, die das Sterben im **Hospiz** sozialrechtlich flankiert. Die Krankenkasse trägt 95% der zuschussfähigen Kosten unter Berücksichtigung der Leistungen nach dem SGB XI (vgl. § 39a Abs. 2 Satz 2 SGB V). In den meisten Fällen ist hier auch eine Pflegebedürftigkeit gegeben, so dass vorrangig Pflegeleistungen in Betracht kommen. Im Ergebnis belaufen sich die Auswendungen der Pflegekasse auf die in § 43 Abs. 2 SGB XI geregelten Beträge. Ist mit den Leistungen der Kranken- und Pflegeversicherung das Hospiz nicht vollständig finanziert, so muss der Träger der Sozialhilfe je nach Art des Bedarfs nach § 52 Abs. 1 Satz 1 SGB XII iVm § 39a SGB V bzw. nach § 65 SGB XII bis zur vollen Bedarfsdeckung leisten.

33 Die Leistungen bei **Mutterschaft,** die lange Zeit nicht im Fünften Buch des Sozialgesetzbuches, sondern in einem Torso der Reichsversicherungsordnung (§§ 195 ff. RVO) geregelt waren, haben später Eingang in die §§ 24c–24i SGB V gefunden. Die bisherige Verortung fand ihre Erklärung darin, dass im Zeitpunkt der Gesundheitsreform im Jahre 1989 die Leistungen beim Schwangerschaftsabbruch so umstritten waren, dass das ganze damalige Reformwerk daran hätte scheitern können.

34 In den §§ 44–51 SGB V ist der Anspruch auf **Krankengeld** geregelt. Er besteht nach § 44 SGB V bei Arbeitsunfähigkeit infolge von Krankheit oder bei einer stationären Versorgung (Krankenhaus, Vorsorge- oder Rehabilitationseinrichtung). Keinen Anspruch haben die in § 44 Abs. 1 Nr. 1–4 SGB V genannten Versicherten. Über die Geldleistung hinaus kommen auch Hilfen zur Wiederherstellung der Arbeitsfähigkeit in Betracht, soweit sie nicht schon nach den §§ 27 ff. SGB V erbracht werden (§ 44 Abs. 4 SGB V). Der Anspruch entsteht am Tage, der auf die Feststellung der Arbeitsunfähigkeit folgt oder mit der Aufnahme in eine stationäre Einrichtung. Um eine Gesetzeslücke, die sich aus § 192 Abs. 1 Nr. 2 SGB V ergeben hatte, zu schließen (vgl. BSG NZS 2018 S. 19 mAnm Knispel), ist in § 46 SGB V ein Satz 2 eingefügt worden: „Der Anspruch auf Krankengeld bleibt jeweils bis zu dem Tag bestehen, an dem die weitere Arbeitsunfähigkeit wegen derselben Krankheit ärztlich festgestellt wird, wenn diese ärztliche Feststellung **spätestens am nächsten Werktag** nach dem zuletzt bescheinigten Ende der Arbeitsunfähigkeit erfolgt; Samstage gelten insoweit nicht als Werktage."

Krankengeld wird auch gezahlt, wenn ein Elternteil wegen der Betreuung eines **erkrankten Kindes** eine Arbeit nicht ausüben kann (§ 45 SGB V). In diesem Falle besteht der Anspruch auf Krankengeld jedem Kalenderjahr für jedes Kind längstens für 10 Arbeitstage, für alleinerziehende Versicherte längstens für 20 Arbeitstage. Insgesamt besteht der Anspruch für Versicherte für nicht mehr als 25 Arbeitstage, für alleinerziehende Versicherte für nicht mehr als 50 Arbeitstage je Kalenderjahr. Unter den Voraussetzungen des § 45 Abs. 4 Satz 1 lit. a) – c) SGB V wird Krankengeld für einen Elternteil unbefristet gezahlt (BSG 121 S. 1). Anspruch auf Krankengeld besteht auch für Spender von **Organen** oder Geweben an Versicherte (§ 44a Satz 5 SGB V), und zwar auch dann, wenn sie selbst nicht Mitglied der gesetzlichen Krankenversicherung sind (Greiner, NZS 2013 S. 241). 34a

Arbeitsunfähig ist der Versicherte, wenn er die zuletzt ausgeübte Tätigkeit vorübergehend nicht oder nur auf Gefahr der Verschlimmerung seines Gesundheitszustandes ausüben kann. Maßstab ist die zuletzt ausgeübte Tätigkeit. Nur in einem sehr engen Rahmen lässt das BSG die Verweisung auf eine gleich geartete oder ähnliche Tätigkeit zu. Das gilt besonders dann, wenn das Arbeitsverhältnis noch fortbesteht (BSG 69 S. 180). Dabei ist insbesondere auch der Inhalt des Arbeitsvertrages zu beachten (vgl. May, SGb 1988 S. 477). Besteht das Arbeitsverhältnis nicht mehr, so ist eine Verweisung auf Tätigkeiten zulässig, die der bisherigen nach Art und Bezahlung entsprechen. Dabei lässt das BSG eine Einkommenseinbuße von 10 % zu (BSG 61 S. 66). Im Übrigen geht das Gesetz von dem Grundsatz aus, dass eine Person immer nur arbeitsfähig oder arbeitsunfähig ist, obwohl es andererseits in § 74 SGB V die stufenweise Wiederaufnahme der Arbeit bei der Fiktion einer fortbestehenden Arbeitsunfähigkeit kennt (zur Abgrenzung zur Rentenversicherung vgl. BSG SozR 4-3250 § 51 Nr. 1). 35

Das Krankengeld beträgt 70 % des erzielten regelmäßigen Arbeitsentgelts, soweit es der Beitragsberechnung unterliegt (§§ 226 ff. SGB V), darf aber 90 % des Nettoentgelts nicht übersteigen. Dazu gehört auch die Überstundenvergütung, wenn die Überstunden in den letzten drei Monaten regelmäßig angefallen sind. Berücksichtigt wird auch einmalig gezahltes Arbeitsentgelt. Das erfolgt gemäß § 47 Abs. 2 Satz 6 SGB V in der Weise, dass dessen 360. Teil dem nach § 47 Abs. 2 Satz 1–5 SGB V berechnetem Arbeitsentgelt hinzugerechnet wird. Bemessungszeitraum für das Regelentgelt sind grundsätzlich die letzten abgerechneten vier Wochen (§ 47 Abs. 2 Satz 1 SGB V). Der Anspruch auf Krankengeld ruht nach § 49 Abs. 1 SGB V ua, solange tatsächlich Entgeltortzahlung geleistet wird. 36

Das Krankengeld ist keine Dauerleistung. Deswegen bestimmt § 48 Abs. 1 SGB V, dass das Krankengeld nur für 78 Wochen innerhalb von je drei Jahren gezahlt wird („Blockfrist"). Tritt eine neue Krankheit mit Arbeitsunfähigkeit hinzu, so verlängert sich die Blockfrist nicht. Nach Beginn eines neuen Drei-Jahres-Zeitraumes besteht nach § 48 Abs. 2 SGB V der Anspruch auf Krankengeld wegen derselben Krankheit nur noch, wenn a) weiterhin Versicherungsschutz mit Anspruch auf Krankengeld besteht, b) mindestens für sechs Monate wegen dieser Krankheit keine Arbeitsunfähigkeit bestand und c) eine Erwerbstätigkeit ausgeübt wurde, bzw. wenn der Versicherte der Arbeitsvermittlung zur Verfügung stand. Der eigentliche Sinn dieser zeitlichen Begrenzung des Krankengeldes besteht darin, dass bei einer dauerhaften Abhängigkeit von Entgeltersatzleistungen nicht die Krankenkasse, sondern der Träger der Rentenversicherung der richtige Adressat ist. Deswegen kann die Krankenkasse die Versicherten auch veranlassen (§ 51 Abs. 1 Satz 1 SGB V), **Leistungen zur Teilhabe** oder ggf. eine **Rente** wegen Erwerbsminderung zu beantragen (BSG SGb 2009 S. 309 mAnm May; BSG 118 37

S. 40). Unter den Voraussetzungen des § 116 Abs. 2 SGB VI gilt dieser Antrag als Rentenantrag (§ 23 Rn. 3a).

5. Besonderheiten der stationären Versorgung

38 **Krankenhausbehandlung** erfolgt nur in den nach § 108 SGB V zugelassenen Krankenhäusern. Auf Krankenhausbehandlung besteht, soweit sie notwendig ist, ein Rechtsanspruch (BSG SGb 2008 S. 295, dazu Quaas, SGb 2008 S. 261). Sie wird bisher in einer der in § 39 Abs. 1 Satz 1 SGB V genannten fünf Formen erbracht. Daraus ergibt sich auch, dass die Aufhebung der starken Zäsur zwischen dem ambulanten und dem stationären Bereich bisher nur in einem sehr engen Rahmen erreicht worden ist (§§ 39 Abs. 1 Satz 4, 115c SGB V). Das hat sich jedoch durch die Einfügung des § 39 Abs. 1 Satz 4 SGB V etwas geändert. Danach kann im Bereich der psychiatrischen Versorgung eine **stationsäquivalente Behandlung** im häuslichen Umfeld durch mobile ärztlich geleitete multiprofessionelle Behandlungsteams erfolgen (Makoski, GesR 2017 S. 425).

38a Im Hinblick auf die Verzahnung mit der ambulanten Versorgung ist hervorzuheben, dass die häusliche Krankenpflege nach § 37 SGB V in engem Zusammenhang mit der Krankenhausbehandlung nach § 39 SGB V steht. Letztere wird nur gewährt, wenn sie notwendig ist. Das ist aber ua nicht der Fall, wenn eine der Formen des § 37 SGB V möglich ist. Insoweit hat die Begrenzung der krankenhausvermeidenden häuslichen Krankenpflege nach § 37 Abs. 1 Satz 4 SGB V auf vier Wochen keine nennenswerte praktische Bedeutung. Die Befristung entfällt, wenn die häusliche Krankenpflege für einen längeren Zeitraum erfolgen muss (§ 37 Abs. 1 Satz 5 SGB V). Das ist aber bereits dann der Fall, wenn die Krankenhausbehandlung nach § 39 Abs. 1 Satz 2 SGB V nicht erforderlich ist, weil eine häusliche Krankenpflege nach § 37 Abs. 1 oder Abs. 2 SGB V erfolgen kann. Später – als § 39 Abs. 1a SGB V – eingefügt worden ist eine Regelung über das „Entlassungsmanagement" im Krankenhaus (Kuck, NZS 2016 S. 256). Dazu gehört sachlich auch die Information des Vertragsarztes durch das Krankenhaus hinsichtlich der Fortsetzung einer Arzneimitteltherapie (§ 115c SGB V). Damit wird der Übergang in den ambulanten Bereich geebnet. Mehr geschieht aber nicht (BSG 120 S. 82). Eine Weiterbehandlung des aus dem Krankenhaus entlassenen Patienten ist nur in einem sehr begrenztem Umfang möglich (§ 115a SGB V). Auch hinsichtlich der Krankenhausbehandlung erfolgt eine Bewertung der Untersuchungs- und Behandlungsmethoden durch den Gemeinsamen Bundesausschuss (§ 137c SGB V). Bis zum Erlass einer Richtlinie nach § 137c SGB V ist das Krankenhaus bei der Wahl seiner Behandlungsmethode angesichts des § 137c Abs. 3 SGB V etwas freier als der Vertragsarzt (BSG 113 S. 241; einschränkend BSG 113 S. 167; BSG 122 S. 170; LSG BW NZS 2018 S. 378). Das entbindet das Krankenhaus allerdings nicht von der Qualitätssicherung (BSG 113 S. 167; BSG NZS 2018 S. 698 mAnm Schifferdecker; vgl. auch Eichberger, SGb 2019 S. 214).

38b Die vor- oder nachstationäre Behandlung ist nur in den in § 115a SGB V genannten Fällen zulässig. Die vorstationäre Behandlung dient vor allem einer vorbereitenden Diagnostik oder auch der präoperativen Eigenblutentnahme. Die nachstationäre Behandlung dient vornehmlich der Festigung des erreichten Behandlungsziels (§ 115a Abs. 1 Nr. 1 und 2 SGB V). Beide Formen sind nach 115a Abs. 2 und 3 SGB V befristet und idR vergütungsrechtlich Bestandteile eines einheitlichen Behandlungsfalles (BSG NZS 2014 S. 177; BSG SozR 4-2500 § 115a Nr. 2). Nur wenn das nicht der Fall ist, kommen Zusatzpauschalen in

Betracht (BSG 114 S. 209). Vor- und nachstationäre Behandlung erfolgen ohne Unterkunft und Verpflegung. Sie sind deswegen als ambulante, ggf. aber auch als teilstationäre Formen der Krankenhausbehandlung anzusehen (BSG SozR 4-2500 § 39 Nr. 20). Teilstationär ist eine Versorgung bereits dann, wenn eine Aufnahme in die Einrichtung für einen nicht unwesentlichen Teil des Tages erfolgt (BSG SGb 2017 S. 288 mAnm Ricken). Dies kann auch ohne die Gewährung von Unterkunft und Verpflegung geschehen. Materielles Kriterium für die teilstationäre Versorgung ist die Tatsache, dass in der Zeit des Aufenthalts im Krankenhaus dessen spezifisches Versorgungssystem zur Behandlung der Krankheit auf der Grundlage einer stationären Eingliederung erforderlich ist (BSG NZS 2007 S. 687; BSG SozR 4-2500 § 39 Nr. 8, 20; van der Ploeg, NZS 2014 S. 410). Gemäß § 115a Abs. 1 Satz 2 SGB V können frei niedergelassene Ärzte beteiligt werden.

In zweiseitigen Verträgen wird in einem Katalog nach § 112 Abs. 2 Satz 1 **39**
Nr. 1–6 SGB V bestimmt, welche Leistungen in der Regel teilstationär erbracht werden können. Vor allem ist an die Behandlung in besonderen Tageskliniken zu denken, die es anfangs nur in der psychiatrischen Versorgung gab. In einer späteren Phase kam es dann auch zur Einführung der ambulanten Leistungserbringung durch die Krankenhäuser (Degener-Hencke, VSSR 2006 S. 93). Das gilt etwa bei einer Unterversorgung, für ambulante Behandlungen durch Krankenhäuser (§ 116a SGB V) oder für die Durchführung einer vor- oder nachstationären Behandlung. Sie setzt den Abschluss eines dreiseitigen Vertrages nach § 115 Abs. 2 Nr. 4 SGB V voraus. Gewissermaßen vom ambulanten Sektor her ist dieses System durch die ambulante spezialfachärztliche Behandlung nach § 116b SGB V erweitert worden. Bei bestimmten, in § 116b Abs. 1 Satz 2 Nr. 1–3 SGB V genannten, schwer therapierbaren Krankheiten können sowohl Krankenhäuser als auch niedergelassene Ärzte tätig werden (§ 116b Abs. 2 Satz 1 SGB V). Das Nähere zur ambulanten spezialfachärztlichen Versorgung regelt der Bundesausschuss in einer Richtlinie (§ 116b Abs. 4 Satz 1 SGB V). An den Vertragsschlüssen beteiligt sind die Landesverbände der Krankenkassen, die Kassenärztlichen Vereinigungen und die Landeskrankenhausgesellschaft. Insgesamt wird durch alle Regelungen und Vereinbarungen die ehemals strikte Trennung des ambulanten und stationären Sektors zunehmend in Frage gestellt. Eine allgemeine Regelung, die klare Grundsätze dafür schafft, wäre wünschenswert. Auf Dauer ist es jedenfalls nicht sinnvoll, Leistungsformen, wie etwa § 116b SGB V, zu entwickeln, von denen man nicht weiß, ob sie der Krankenhausbehandlung oder der vertragsärztlichen Versorgung zuzurechnen sind (Schroeder, NZS 2011 S. 47; Möller, SGb 2011 S. 557; Pitschas, VSSR 2012 S. 157).

Als eine selbständige, also von einer stationären Versorgung unabhängige, Form **40**
der ambulanten Behandlung kennt das Gesetz ausschließlich das ambulante Operieren im Sinne des § 115b SGB V. Auch hierüber muss ein dreiseitiger Vertrag abgeschlossen werden (§ 115b Abs. 1 SGB V). Zulässig ist das ambulante Operieren nur in den Fällen, die in dem Katalog nach § 115b Abs. 1 Nr. 1, Abs. 2 SGB V genannt sind. Ist das aber der Fall, so nimmt das Krankenhaus gleichberechtigt neben den frei niedergelassenen Ärzten an der ambulanten Versorgung teil. Eine geringere Ausprägung des Zwischenbereichs zur ambulanten und stationären Versorgung stellt die Fortsetzung der Arzneimitteltherapie nach § 115c SGB V dar. Sozialpolitisch interessante Sonderformen der Behandlung im Grenzbereich von ambulant und stationär, die mit dem Krankenhaus zusammenhängen, aber mehr oder weniger eigenständig sind, finden sich dagegen in § 118 SGB V (Psychiatrische Institutsambulanz), und in § 119 SGB V (Sozialpädiatrisches Zentrum). Diese

letzteren Versorgungsformen haben durch § 105 Abs. 5 SGB V insoweit eine Erweiterung erfahren, als die Kommunen in begründeten Ausnahmefällen, das ist praktisch eine bestehende Unterversorgung, „eigene Einrichtungen zur unmittelbaren medizinischen Versorgung der Versicherten betreiben" können. Die medizinischen Versorgungszentren (§ 95 SGB V) sind demgegenüber rechtlich dem ambulanten Bereich zuzuordnen. Infolge ihres konzentrierten Angebots können sie aber auch in Konkurrenz zu den stationären Versorgungsformen treten (vgl. KassKomm-Hess § 95 SGB V Rn. 19).

41 Krankenhausbehandlung ist gemäß § 73 Abs. 2 Nr. 7 SGB V zu verordnen. Zusätzlich ist die Erforderlichkeit der Krankenhausbehandlung durch das aufnehmende Krankenhaus zu prüfen (§ 39 Abs. 1 Satz 2 SGB V). Dabei ist – ex ante – auf die medizinischen Gesichtspunkte im Zeitpunkt der Behandlung abzustellen. Das gilt auch für den Abrechnungsstreit zwischen Krankenhaus und Krankenkasse (BSG SGb 2009 S. 538, dazu Seewald, SGb 2009 S. 501; BSG SGb 2010 S. 96 mAnm Penner). Der Vergütungsanspruch besteht ab dem Zeitpunkt der Inanspruchnahme der Krankenhausbehandlung und nicht erst ab der Kostenzusage (BSG SozR 4-2500 § 109 Nr. 13). In Notfällen erfolgt die Krankenhausaufnahme, ohne verordnet zu sein, allein durch einen Krankenhausarzt. Durch die Krankenhausaufnahme wird zugleich der Leistungsanspruch des Versicherten gegenüber der Krankenkasse realisiert. Dieser Sachleistungsanspruch wandelt sich dadurch in einen Anspruch auf Freistellung hinsichtlich der Kosten für die Behandlung. Solange die Krankenkasse gegenüber dem Versicherten nichts anderes erklärt, muss sie diesen Beschaffungsweg gegen sich gelten lassen (Adelt, BKK 2001 S. 39). Der Anspruch auf vollstationäre Krankenhausbehandlung besteht nur, wenn eine der genannten Leistungsformen und auch die häusliche Krankenpflege nach § 37 SGB V nicht ausreichend sind. Die freie Wahl des Krankenhauses ist nach Maßgabe des § 39 Abs. 2 und 3 SGB V eingeschränkt. Unter den Voraussetzungen des § 39 Abs. 4 SGB V sind Zuzahlungen zu leisten.

42 Durch das Gesundheitsstrukturgesetz war eine grundlegende Neuordnung des Krankenhauswesens eingeleitet worden (Grupp, NZS 1993 S. 46). Sie hat jetzt ihren Abschluss gefunden. Ein Schwerpunkt der Neuordnung besteht in einer besseren Verbindung des ambulanten mit dem stationären Bereich. Wichtiger noch ist, dass das überkommene pflegesatzorientierte Selbstkostendeckungsprinzip abgelöst worden ist. Allerdings erfolgt die Finanzierung der Krankenhäuser noch immer nach einem „dualen System". Danach werden im Wesentlichen die Investitionen für Krankenhäuser aus Steuermitteln aufgebracht. Die Vergütung der konkret erbrachten Krankenhausleistungen erfolgt durch die Krankenkassen und ist Gegenstand ständiger Auseinandersetzungen (Felix, SGb 2017 S. 181, 259).

43 Die Vergütung für die Krankenhausbehandlung ist im Laufe des letzten Jahrzehnts völlig umgestellt worden. Sie erfolgt heute auf der Basis von diagnosebezogenen Fallpauschalen. Vergütet wird also gewissermaßen, die auf Erfahrung beruhende Behandlungsdauer von „Diagnosen". Vor allem die nicht in diesem Sinne pauschalierbare psychiatrische Behandlung, psychotherapeutische Medizin und die Psychosomatik waren bisher von diesem System ausgenommen. Vereinbart werden die Fallpauschalen zwischen den Spitzenverbänden der Krankenkassen und der Deutschen Krankenhausgesellschaft (§ 9 KHEntgG).

44 Zu diesem Zweck wird im Grundsatz in der Regelung des § 17b Abs. 1 des KHG bestimmt: „Für die Vergütung der allgemeinen Krankenhausleistungen ist ein durchgängiges, **leistungsorientiertes und pauschalierendes Vergütungssystem** einzuführen. Das galt bisher nicht für die Leistungen der in § 1 Abs. 2

der Psychiatrie-Personalverordnung genannten Einrichtungen und der Einrichtungen für Psychosomatik und Psychotherapeutische Medizin. Diese Leistungsbereiche werden jetzt jedoch über das PsychEntgG durch Einfügung eines § 17d KHG in das neue Finanzierungssystem einbezogen, und zwar durch ein „durchgängiges leistungsorientiertes und pauschalierendes Vergütungssystem auf der Grundlage von tagesbezogenen Entgelten". Damit besteht zur allgemein-medizinischen Versorgung grundsätzlich kein wesentlicher Unterschied mehr (Tuschen, NZS 2013 S. 531). Der Übergang erfolgte in einer Phase in den Jahren 2013–2016 (§ 17d Abs. 4 KHG). Das Vergütungssystem für die Krankenhausversorgung hat Komplexitäten und Comorbiditäten abzubilden. Sein Differenzierungsgrad soll praktikabel sein. Mit den Entgelten nach § 17b Abs. 1 Satz 1 KHG werden die allgemeinen vollstationären und teilstationären Krankenhausleistungen für einen Behandlungsfall vergütet. Das bedeutet, dass neben der eigentlichen Krankenhausbehandlung auch die vor- und nachstationäre Behandlung nach § 115a SGB V durch die Fallpauschale abgedeckt ist. Allerdings kann im Fallpauschalen-Katalog für den Fall der Überschreitung einer Grenzverweildauer ein zusätzliches Entgelt festgelegt werden (§ 8 Abs. 2 Satz 2 Nr. 3 KHEntgG).

Dieses Vergütungssystem ist bekannter unter dem Begriff **Diagnosis-related** 45
Groups (DRG). Es stellt also eine fallgruppenorientierte Vergütung dar: Ihr Grundprinzip ist die Abbildung eines durchgeführten Eingriffes möglichst mit einem Kode, der in der Regel alle Informationen für einen medizinischen Vorgang mit allen notwendigen Komponenten, zB Vorbereitung, Lagerung, Anästhesie, Zugang, Naht usw enthält (BSG SozR 4-2500 § 109 Nr. 11). Daraus wird ein fixes Entgelt ermittelt. Dabei ist nicht erheblich, wie lange der Patient im Krankenhaus bleibt. Bei dieser fallgruppenorientierten Vergütung ist es allerdings erheblich, ob eine Operation erfolgt oder nicht. Die sozialpolitische Bewertung des DRG-Systems hängt dann sehr davon ab, welchen Differenzierungsgrad es erlangt (vgl. BSG NZS 2016 S. 225). Dieses System hat vor allem eine Verkürzung der Verweildauer im Krankenhaus bewirkt. Im Prinzip ist das auch richtig, denn diese Verweildauer ist in Deutschland unverhältnismäßig lang gewesen. Viele andere Länder haben das DRG-System bereits eingeführt. Die Gefahr besteht aber darin, dass die Fehlanreize des bisherigen tagesgleichen Pflegesatzsystems durch andere Fehlanreize ersetzt werden, also etwa den, dass die Verweildauer abgekürzt wird, um ein Krankenhausbett möglichst oft zu nutzen. So kann ein Krankenhausbett, das für eine Behandlung an sich sechs Tage lang genutzt werden muss, im Monat fünf Fallpauschalen bringen. Wird es in jedem Einzelfall nur für fünf Tage genutzt, so bringt es dieselbe Pauschale sechsmal. Erwähnenswert ist einerseits dass kein Land eine so radikale Variante des DRG-Systems eingeführt hat wie Deutschland. Andererseits kann man durch gezielte Nutzung der häuslichen Krankenpflege nach § 37 Abs. 1 SGB V dem System auch wieder die Schärfe nehmen. Nicht zu übersehen ist schließlich, dass der Fallpauschalen-Katalog wesentlich differenzierter ist, als sich dies in der sozialpolitischen Diskussion darstellt.

Mit medizinisch-fachlichen Fortentwicklung der Kranken(haus)behandlung 46
wird ihre Abgrenzung zur medizinischen Rehabilitation immer schwieriger (BSG 94 S. 139). Entscheidend ist die erweiterte Zielsetzung, die in den §§ 107 Abs. 2 Nr. 2 SGBV und 42 SGB IX zum Ausdruck kommt. Die Unterscheidung hängt maßgeblich von der Intensität der ärztlichen Tätigkeit und den verfolgten Behandlungszielen ab (BSG SozR 4-2500 § 39 Nr. 14; BSG NZS 2018 S. 815). Medizinische Rehabilitation ist Hilfestellung gegenüber dem Versicherten bei der Entwicklung eigener Abwehr und Heilungskräfte (§ 107 Abs. 2 Nr. 2 SGB V). Für die

medizinischen und ergänzenden Leistungen zur **Rehabilitation** (§ 40 SGB V) ist die Krankenkasse nur zuständig, wenn ein anderer Träger nicht leistet. Das sind vor allem die Träger der Unfallversicherung nach den §§ 27 ff. SGB VII und der Rentenversicherung nach den §§ 9 ff. SGB VI. Im Verhältnis zur Unfallversicherung ergibt sich die Zuständigkeit aus § 11 Abs. 4 SGB V. Danach leistet die Krankenkasse bei einem Arbeitsunfall nicht. Im Verhältnis zur Rentenversicherung ist von dem Grundsatz auszugehen, dass deren Zuständigkeit immer dann gegeben ist, wenn die Erwerbsfähigkeit eines Versicherten zumindest gefährdet ist und wenn sie voraussichtlich gebessert werden kann (§§ 40 Abs. 4 SGB V, 10 SGB VI). Keine Zuständigkeit des Trägers der Rentenversicherung ist gegeben, wenn die Rehabilitation einem anderen Ziel dient als dem der Sicherung der Erwerbsfähigkeit. Das gilt vor allem für Leistungen im Hinblick auf eine (drohende) Behinderung oder Pflegebedürftigkeit (§ 11 Abs. 2 SGB V). In diesen Fällen kommen nur Leistungen der Krankenversicherung in Betracht. Insoweit ist § 40 Abs. 1 SGB V seit dem GKV-WSG als Pflichtleistung ausgestaltet (vgl. Liebold, Die Rehabilitation 2008 S. 49). Demgegenüber hätte der zunächst vorgesehene § 40a SGB V-E für die geriatrische Rehabilitation keine Erweiterung der Rehabilitation, sondern nur eine Klarstellung gebracht. Ein Licht auf die Versorgungspraxis wirft § 40 Abs. 3 Satz 8 SGB V. Dort sind Zahlungen der Krankenkassen an die Pflegekassen vorgesehen, wenn an Pflegebedürftige nicht innerhalb von sechs Monaten nach Antragstellung Leistungen zur medizinischen Rehabilitation erbracht wurden. Korrespondierend dazu regelt § 87a Abs. 4 SGB XI Zahlungen der Pflegekassen an Pflegeeinrichtungen, wenn Pflegebedürftige nach Durchführung „aktivierender oder rehabilitativer Maßnahmen" in eine geringere Stufe der Pflegebedürftigkeit zurückgestuft werden.

6. Leistungseinschränkungen

47 Soweit Leistungen begrenzt sind, muss sich das ausdrücklich aus dem Gesetzestext ergeben (vgl. §§ 34, 55 SGB V). Allgemeine Gesichtspunkte, wie etwa der der Wirtschaftlichkeit und Sparsamkeit, rechtfertigen allein keine Leistungseinschränkungen. Das schließt nicht aus, dass Leistungen zunächst für einen begrenzten Zeitraum oder eine begrenzte Stundenzahl bewilligt um dann bei fortbestehendem Bedarf verlängert werden (LSG SchlH NZS 2011 S. 338). Um darüber hinaus die Inanspruchnahme von Leistungen zu steuern, sind im Leistungsrecht der Krankenversicherung verschiedene **Zuzahlungen** vorgesehen. Im Falle schwerer Erkrankungen haben sie keine Wirkung und sollen sie auch nicht haben. Lediglich, wenn die sich die Situation so darstellt, dass der Versicherte auch auf die Inanspruchnahme einer Leistung verzichten könnte, kann und soll die Zuzahlung eine gewisse steuernde Wirkung entfalten. Vieles bewegt sich hier aber im Bereich der Vermutungen. Immerhin hatte man der ehemaligen Praxisgebühr nach ihrer Einführung zunächst eine nennenswerte ausgabensenkende Wirkung zugesprochen (BSG SGb 2010 S. 245 mAnm Wolf). Es waren wohl auch nicht Sachgesichtspunkte, die zu ihrer Abschaffung geführt haben.

48 Die jeweils zu leistende Zuzahlung ergibt sich aus den einzelnen leistungsrechtlichen Vorschriften. Dort werden auch die Modalitäten der Zuzahlungen geregelt. Das gilt für die Krankenhausbehandlung nach § 39 Abs. 4 SGB V, die Arzneimittel nach § 31 Abs. 3 SGB V usw. In den §§ 61 ff. SGB V werden dann vereinheitlichende Regelungen für die Zuzahlungen (§ 61 SGB V) und insbesondere auch für die Belastungsgrenze (§ 62 SGB V) getroffen. Zuzahlungen sind allgemein in der

Weise begrenzt (§ 61 Abs. 1 SGB V), dass sie 10 % des Abgabepreises, mindestens jedoch 5 € und höchstens 10 € betragen. Für die stationäre Versorgung sind je Kalendertag 10 € zu zahlen. Das gilt jedoch nur für höchstens 28 Kalendertage im Jahr (§ 39 Abs. 4 SGB V). Für Heilmittel (zB Krankengymnastik) und häusliche Krankenpflege sind 10 € je Verordnung zu zahlen (§ 61 Abs. 1 Satz 3 SGB V). Wird die Belastungsgrenze bereits innerhalb eines Kalenderjahres erreicht, so hat die Krankenkasse eine Bescheinigung darüber auszustellen, dass für den Rest des Kalenderjahres keine Zuzahlungen mehr zu leisten sind (§ 62 Abs. 1 Satz 1 SGB V).

Beim Zahnersatz wird ein Festzuschuss geleistet (§ 55 Abs. 1 Satz 2 SGB V. Er **49**
beträgt 50 % der nach § 57 Abs. 1 Satz 6 SGB V festgelegten Behandlungskosten (Regelversorgung). Für eigene Bemühungen um die Gesunderhaltung der Zähne erhöht sich der Festzuschuss um 20 % und nach § 55 Abs. 1 Satz 5 um weitere 10 %. Bei Versicherten mit einem geringen Einkommen und Empfängern von Leistungen zum Lebensunterhalt nach dem SGB II oder SGB XII wird der Festzuschuss verdoppelt. Es werden also praktisch die Gesamtkosten des Zahnersatzes, soweit er festzuschussfähig ist, übernommen (vgl. oben Rn. 19a).

Für alle Versicherten wird in § 62 SGB V eine Belastungsgrenze festgelegt. **50**
Diese Belastungsgrenze liegt bei 2 % der jährlichen Bruttoeinnahmen zum Lebensunterhalt. Bei chronisch Kranken beträgt sie „wegen derselben schweren Erkrankung" nur 1 %. Diese Erkrankungen werden in Richtlinien nach § 92 SGB V festgelegt. Bei der Bestimmung der individuellen Belastungsgrenze ist in § 62 Abs. 2 Satz 1–4 SGB V eine Familienkomponente eingefügt. Bei Empfängern von **Leistungen zum Lebensunterhalt** nach dem SGB II oder dem SGB XII gilt als Bruttoeinnahme der gesamten Bedarfsgemeinschaft der Regelsatz des Haushaltsvorstands bzw. einer erwerbsfähigen Person im Sinne des § 20 Abs. 2 SGB II (zzt. 424 €). In einem solchen Falle wird auch der Festzuschuss nach § 55 SGB V auf 100 % erhöht (§§ 55 Abs. 2, 62 Abs. 2 Satz 5 SGB V). **Fahrtkosten** werden von der Kasse nur unter den Voraussetzungen des § 60 SGB V getragen. Zu beachten ist dabei, dass unter den engen Voraussetzungen des § 60 Abs. 1 Satz 3 SGB V auch die Fahrtkosten zur ambulanten Behandlung übernommen werden (BSG SozR 4-2500 § 60 Nr. 5; BSG NZS 2017 S. 231). In welchen Fällen das erfolgt, wird in Richtlinien des Gemeinsamen Bundesausschusses festgelegt (§ 92 Abs. 1 Satz 2 Nr. 12 SGB V). Erforderlich ist eine vorherige Genehmigung der Krankenkasse. Diese gilt in den Fällen des § 60 Abs. 1 Satz 5 SGB V als erteilt.

Die Berücksichtigung der Tatsache, dass ein Mensch seine Notlage selbst ver- **51**
schuldet hat, ist im Sozialrecht ein sehr problematischer Gesichtspunkt. Dennoch kennt auch die Krankenversicherung eine Leistungsbeschränkung aus diesem Grunde. In § 52 Abs. 1 SGB V ist eine Leistungseinschränkung auf der Grundlage einer Ermessensentscheidung vorgesehen. Voraussetzung ist, dass sich Versicherte die Krankheit entweder vorsätzlich oder bei einem Verbrechen bzw. bei einem vorsätzlichen Vergehen zugezogen haben. In einem solchen Falle kann die Krankenkasse Versicherte in angemessener Höhe an den Kosten der Leistungen beteiligen. Die Leistung als solche darf also nicht versagt werden. Zulässig ist nur ein Kostenbeitrag. Teilweise oder ganz versagt werden kann allerdings das Krankengeld. In jedem Falle ist aber eine Ermessensentscheidung zu treffen (§§ 39 SGB I, 35 SGB X). Dabei muss eine Orientierung an dem Grundgedanken erfolgen, dass eine Leistungsbeschränkung voraussetzt, dass sich ein Versicherter bedenkenlos über das Solidarprinzip hinweggesetzt hat. Weitere Gesichtspunkte sind: Das Ausmaß des Verschuldens, die Höhe der Kosten, die Leistungsfähigkeit der Versicherten unter Berücksichtigung von Unterhaltspflichten.

52 Mit Wirkung ab dem 1.4.2007 ist an § 52 SGB V ein Absatz 2 angefügt worden. Nunmehr muss die Krankenkasse Versicherte in angemessener Höhe zu den Kosten heranziehen, wenn sie sich die Krankheit „durch nicht medizinisch indizierte Operationen" zugezogen haben. Das gilt zB für ästhetische Operationen, Tätowierungen oder ein Piercing. Die Beseitigung solcher Veränderungen ist nie eine Leistung der Krankenversicherung, weil sie nicht der gezielten Bekämpfung einer Krankheit dienen. Anwendbar ist die Vorschrift nur, wenn im Zusammenhang mit den genannten Veränderungen eine Krankheit (Entzündung usw) entsteht.

53 Die Regelung des § 52a SGB V ist eine Folgeregelung zu dem weitgehenden Versicherungsschutz nach § 5 Abs. 1 Nr. 13 SGB V. Sie stellt eine Übernahme der Rechtsgrundsätze der Sozialhilfe dar (§ 23 Abs. 3 Satz 1 Nr. 4 SGB XII). Allerdings führt der Leistungsausschluss nach § 52a SGB V dazu, dass nun die in § 23 Abs. 3 Satz 4 Nr. 1 SGB XII genannten unabdingbaren Leistungen der medizinischen Versorgung vom Träger der Sozialhilfe zu erbringen sind. Zwischen § 52a SGB V und § 23 Abs. 3 SGB XII kann sich eine kleine Rechtslücke ergeben. Es ist möglich, dass Ausländer nach Deutschland gekommen sind, um Schutz in der Krankenversicherung (§ 52a SGB V), nicht jedoch, um Sozialhilfe zu erlangen (§ 23 Abs. 3 Satz 1 Nr. 4 SGB XII). In diesem Falle könnte Hilfe bei Krankheit nach § 23 Abs. 1 Satz 1 SGB XII geleistet werden. Da sich der Anspruchsausschluss auf alle Personen erstreckt, kann davon auch ein im Ausland lebender Deutscher betroffen sein (Bay. LSG NZS 2019 S. 70).

§ 21a Leistungen der sozialen Pflegeversicherung

(1) **Nach dem Recht der sozialen Pflegeversicherung können in Anspruch genommen werden:**

1. Leistungen bei häuslicher Pflege:
   a) Pflegesachleistung,
   b) Pflegegeld für selbst beschaffte Pflegehilfen,
   c) häusliche Pflege bei Verhinderung der Pflegeperson,
   d) Pflegehilfsmittel und technische Hilfen,
2. teilstationäre Pflege und Kurzzeitpflege,
3. Leistungen für Pflegepersonen, insbesondere
   a) soziale Sicherung und
   b) Pflegekurse,
4. vollstationäre Pflege.

(2) **Zuständig sind die bei den Krankenkassen errichteten Pflegekassen.**

Übersicht

Zum versicherten Personenkreis vgl. § 4 Rn. 11–15, 30. 1

Die Vorschrift ist erstmals durch das Pflegeversicherungsgesetz eingefügt worden, das am 1.1.1995 in Kraft getreten ist. Leistungen der ambulanten Pflege wurden ab dem 1.4.1995, solche der stationären Pflege ab 1.7.1996 erbracht. Von Anfang an war das SGB XI so konzipiert, dass die Leistungen niemals voll bedarfsdeckend sein sollten. Infolgedessen sind Pflegebedürftige weiterhin ergänzend auf die Leistungen der Sozialhilfe angewiesen (§§ 61 ff. SGB XII). Diese Ergänzungsfunktion hat die Sozialhilfe seit dem Inkraftreten der drei Pflegestärkungsgesetze (BGBl 2014 S. 2222; BGBl 2015 S. 2424 und BGBl 2016 S. 3191) im Hinblick auf den Versicherungsfall (§§ 14 SGB XI) nicht mehr (§ 61a SGB XII). Sie besteht aber weitgehend unverändert fort, was die Leistungen betrifft (§§ 36 ff. SGB XI, 63 ff. SGB XII). 2

Strukturell orientiert sich die Pflegeversicherung an der Krankenversicherung (§ 1 SGB XI). Charakteristisch auch für die Pflegeversicherung ist das Sachleistungsprinzip, das allerdings auf eine „Ergänzung" (§ 4 Abs. 2 Satz 1 SGB XI) bzw. eine „Entlastung" (§ 4 Abs. 2 Satz 2 SGB XI) beschränkt ist. Nur in den ausdrücklich genannten Fällen wird Kostenerstattung geleistet (§ 4 Abs. 1 Satz 1 SGB XI). Wichtig sind in diesem Zusammenhang auch der in § 43 SGB XI relativierte Vorrang der häuslichen Pflege (§ 3 SGB XI) sowie der Prävention und Rehabilitation (§§ 5, 31 SGB XI). Durch § 32 SGB XI wird die Pflegekasse zur vorläufigen Erbringung von Leistungen zur Rehabilitation ermächtigt (vgl. § 43 Rn. 5). Der Grundsatz des Vorranges der Rehabilitation vor der Pflege darf nicht so verstanden werden, dass ein Anspruch auf Leistungen zur Rehabilitation und Teilhabe den Anspruch auf Pflege ausschlösse. Er bedeutet lediglich, dass im Falle eines Pflegebedarfes auf jeden Fall die Möglichkeit der Rehabilitation geprüft und genutzt wird. Ein Licht auf die Versorgungspraxis werden die §§ 40 Abs. 3 Satz 8 SGB V und 87a Abs. 4 SGB XI. 3

Gemäß § 12 Abs. 1 und 2 SGB XI haben die Pflegekassen die pflegerische Versorgung der Versicherten sicherzustellen. Dabei wirken sie mit den Leistungserbringern partnerschaftlich zusammen. Hierzu bedienen sich des in den §§ 69 ff. SGB XI geregelten Vertragssystems. Strukturell entspricht dies dem Sicherstellungsauftrag in der Krankenversicherung, der dort allerdings grundsätzlich von den Kassenärztlichen Vereinigungen wahrgenommen wird (§§ 72 Abs. 2, 72a SGB V). Diesem speziellen System des Leistungserbringungsrechts ist eine Reihe von Maßnahmen vorgelagert, die, ohne in jedem Einzelfall Leistungsansprüche zu begründen, in erheblichem Umfang die pflegerische Infrastruktur prägen (§§ 7a–7c; 8a, 9 SGB XI). Diese Regelungen lassen sich als eine moderne Ausgestaltung des§ 17 verstehen. 4

1. Versicherungsfall der Pflegebedürftigkeit

Die Leistungen der Pflegeversicherung, die immer auch das Ziel haben, dem Pflegebedürftigen ein selbstbestimmtes Leben zu ermöglichen (§ 2 SGB XI), knüpfen an den Zustand der **Pflegebedürftigkeit** an. Zu diesem Begriff existiert eine langjährige Rechtsprechung in Abgrenzung zur Behandlungsbedürftigkeit im Sinne der Krankenversicherung (BSG 47 S. 86; BSG 59 S. 116) sowie zu den Pflegeleistungen in der Unfallversicherung (§§ 558 RVO aF; 44 SGB VII), der sozialen Entschädigung (§ 35 BVG) und in der Sozialhilfe (§§ 68, 69 BSHG aF). Im Zusammenhang mit dem Erlass des Elften Buches hatte der Gesetzgeber den Begriff der Pflegebedürftigkeit vereinheitlicht und damit vor allem in der Sozial- 5 hilfe auch etwas modifiziert (§§ 68 Abs. 4 Nr. 4 BSHG aF, 61 Abs. 5 Nr. 4 SGB XII aF). Dort rechnete man die hauswirtschaftliche Versorgung bis dahin nicht zum Pflegebereich. Der Gesetzgeber hatte aber nicht beabsichtigt, einen allumfassenden Begriff der Pflegebedürftigkeit zu schaffen (BT-Dr. 12/5262 S. 95). Auch die Neufassung des § 61a SGB XII ist nicht mit § 14 SGB XI identisch. In den ersten Jahren nach In-Kraft-Treten des SGB XI war es notwendig geworden, dass das BSG den Begriff der Pflegebedürftigkeit in vielen Details neu bestimmen musste. Die Grundlage dafür waren die §§ 14, 15 SGB XI aF. An diese Rechtsprechung wird man zwar immer noch anknüpfen können (unten Rn. 7), jedoch hat sich durch die Neufassung der §§ 14 und 15 SGB XI eine veränderte Ausgangslage bei der Klärung der Versicherungsfalles der Pflegebedürftigkeit ergeben.

6 Bei der Begutachtung der Pflegebedürftigkeit (§ 18 SGB XI) wird weiterhin die Beurteilung einzelner Verrichtungen im Vordergrund stehen. Dennoch ist es notwendig, diese Verrichtungen in einem Sinn- und Lebenszusammenhang zu sehen. Dazu bedarf es der Begründung eines möglichst allgemeinen Begriffs der Pflegebedürftigkeit. Im Mittelpunkt dieses Begriffs stehen die existenzerhaltenden Verrichtungen. Seine genaue Fassung ist jedoch schwer. Zum grundlegenden Verständnis hatte man nach altem Recht auf das Merkmal der regelmäßig wiederkehrenden gewöhnlichen Verrichtungen im Ablauf des täglichen Lebens abstellen können. Damit wurde zum Ausdruck gebracht, dass die außergewöhnlichen, zumeist also krankheitsbedingt erforderlichen Verrichtungen, nicht bzw. nur unter den genannten Voraussetzungen dem Pflegebereich zugerechnet werden können. Ergänzend dazu rechnete man zum Pflegebereich vornehmlich solche Verrichtungen, die der Kranke oder Hilflose im Normalfalle selbst vornimmt, also etwa Nahrungsaufnahme, Körperpflege, Ausscheidungen. Diese Gesichtspunkte sind für die Abgrenzung weiterhin bedeutsam. Sie werden jedoch in § 14 Abs. 1 SGB XI sachgerechter durch die Voraussetzung zum Ausdruck gebracht, dass nur solche Beeinträchtigungen für den Pflegebereich in Betracht kommen, die die Person „nicht selbständig kompensieren oder bewältigen" kann.

7 Der **neue Begriff der Pflegebedürftigkeit** und damit die Feststellung des Versicherungsfalles der Pflegeversicherung ist in einem recht komplexen, abgestuften System in den §§ 14 ff. SGB XI geregelt. Am Anfang steht eine allgemeine Legaldefinition, die noch mit dem alten Pflegebegriff übereinstimmt und die weiterhin ihre Grundlage in der ersten Stufe des Krankheitsbegriffs, der Funktionsstörung, hat. In § 14 Abs. 1 SGB XI wird das als **gesundheitlich bedingte Beeinträchtigung** umschrieben. Dadurch, dass diese sich auf die Selbständigkeit oder Fähigkeiten auswirken und die Hilfe durch andere erforderlich machen muss, unterscheidet sich die Pflegebedürftigkeit von der Krankheit, bei der die Funktionsstörung eine ärztlich verantwortete Maßnahme erfordert (vgl. § 21 Rn. 7). Die Beeinträchtigungen können in sechs abschließend geregelten Lebensbereichen vorkommen (§ 14 Abs. 2 SGB XI). Das sind Mobilität, kognitive und kommunikative Fähigkeiten, Verhaltensweisen und psychische Problemlagen, Selbstversorgung, Krankheitsbewältigung, Gestaltung des Alltagslebens und sozialer Kontakte. Dabei wird die Fähigkeit zur Haushaltsführung bei allen Kriterien nicht selbständig, sondern mit berücksichtigt (§§ 14 Abs. 3, 18 Abs. 5a SGB XI). Krankheitsspezifische Pflegemaßnahmen (unten Rn. 15) sind bei der Begutachtung zu berücksichtigen, und zwar auch dann, wenn hierfür Leistungen nach dem SGB V vorgesehen sind (§ 15 Abs. 5 SGB XI). Besonderheiten sind in § 15 Abs. 6 und 7 SGB XI für die Begutachtung pflegebedürftiger Kinder geregelt. Allerdings ist die gesetzliche Vorgabe wenig konkret. Der Pflegegrad von Kindern wird im Vergleich zu altersgerecht entwickelten Kindern ermittelt (§ 18 Abs. 6 SGB XI). Dabei erreichen Kinder im Alter bis zu 18 Monaten den Pflegegrad 5 schon ab 70 Gesamtpunkten (unten Rn. 8). Für die Ermittlung des Pflegegrades in allen anderen Fällen wird in § 15 SGB XI ein Begutachtungsinstrument zur Verfügung gestellt, das durch Verordnung (§ 16 SGB XI) und die Richtlinien nach § 17 SGB XI noch präzisiert wird.

Der **Grad der Pflegebedürftigkeit** wird in mehreren Schritten ermittelt. **8** Dabei wird das Begutachtungsinstrument zunächst in sechs Module gegliedert, die den sechs Lebensbereichen des § 14 Abs. 2 SGB XI entsprechen (§ 15 Abs. 2 SGB XI). Das Ausmaß der Beeinträchtigung wird in mehreren Schritten ermittelt. Die Grundlage hierfür sind die Anlage 1 (Bildung der Einzelpunkte) und die Anlage 2 (gewichtete Punkte) zu § 15 SGB XI. Gemäß der Anlage 1 werden aus den im Einzelfall ermittelten Schweregraden Abstufungen des individuellen Ausmaßes der Beeinträchtigung normiert. Dazu regelt § 15 Abs. 2 Satz 6 SGB XI fünf Punktbereiche. Sie legen einen Rahmen fest zwischen Punktbereich 0 „keiner" und Punktbereich 5 „schwerster" Beeinträchtigung.

Das **Bewertungsgrundmuster** ist – am Beispiel des ersten Lebensbereichs – **8a** folgendes: Die **Mobilität** wird untergliedert in die fünf Kriterien: 1. Positionswechsel im Bett, 2. Halten einer stabilen Sitzposition, 3. Umsetzen, 4. Fortbewegen innerhalb des Wohnbereichs, 5. Treppensteigen. Eine Beeinträchtigung innerhalb jedes dieser Bereiche wird mit Punkten bewertet nach dem Ausmaß: selbständig 0 Punkte, überwiegend selbständig 1 Punkt, überwiegend unselbständig 2 Punkte, unselbständig 3 Punkte. Erreichbar wäre also eine Gesamtpunktzahl von 15. Auf dieser Grundlage erfolgt dann aber noch eine **Gewichtung** dieser Punktwerte nach der Anlage 2 zu § 15 SGB XI (unten Rn. 10).

Für die anderen Lebensbereiche verläuft die Bewertung in gleicher Weise. Die **8b** Bewertung kann aber vielfältiger sein. So umfasst der Lebensbereich **Selbstversorgung** zwölf Kriterien. Die Komplexität einer solchen Zuordnung von Punkten erweist sich am Beispiel der Sondenernährung. Ist sie teilweise erforderlich, werden 6 Punkte vergeben, erfolgt sie vollständig, so werden nur 3 Punkte vergeben. Dazu wird in der Gesetzesbegründung ausgeführt:

„Das Kriterium ist mit „teilweise" (6 Punkte) zu bewerten, wenn eine parenterale Ernährung oder Sondenernährung zur Vermeidung von Mangelernährung mit Hilfe täglich und zusätzlich zur oralen Aufnahme von Nahrung oder Flüssigkeit erfolgt. Das Kriterium ist mit „vollständig" (3 Punkte) zu bewerten, wenn die Aufnahme von Nahrung oder Flüssigkeit ausschließlich oder nahezu ausschließlich parenteral oder über eine Sonde erfolgt. Bei einer vollständigen parenteralen Ernährung oder Sondenernährung werden weniger Punkte vergeben als bei einer teilweisen parenteralen Ernährung oder Sondenernährung, da der oft hohe Aufwand zur Unterstützung bei der oralen Nahrungsaufnahme im Fall ausschließlich parenteraler oder Sondenernährung weitgehend entfällt" (Anlage 1 zu § 15 SGB XI Modul 4).

In die weitere Bewertung geht allerdings nicht lediglich die Gesamtpunktzahl **9** aus den sechs Lebensbereichen ein. Das Gesetz schreibt vielmehr eine Bewertungssystematik und eine **Gewichtung** der Module vor, die auf „empirischen Erkenntnissen und sozialpolitischen Überlegungen" basiert. Dazu regelt § 15 Abs. 2 Satz 7 SGB XI, dass jedem Punktbereich in jedem Modul die in der Anlage 2 zu § 15 SGB XI festgelegten, gewichteten Punkte zugeordnet werden. Die im konkreten Fall ermittelten Punkte werden in die Tabelle der Anlage 2 zu § 15 SGB XI übernommen und nach dem dort vorgegebenen Maßstab in keine, geringe, erhebliche, schwere und schwerste Beeinträchtigung, gewissermaßen jeweils als Bandbreite zugeordnet.

10 Die einzelnen Module des Begutachtungsinstruments werden wie folgt gewichtet: Mobilität 10%, Kognitive und kommunikative Fähigkeiten gemeinsam mit Verhaltensweisen und psychische Problemlagen 15%, Selbstversorgung 40%, Krankheitsbewältigung 20%, Gestaltung des Alltagslebens und sozialer Kontakte 15%. Dies sind zugleich die höchsten Werte, die im gewichteten Einzelfall erreicht werden können (vgl. Anlage 2 zu § 15 SGB XI). So kann bei einem im Einzelfall ermittelten Punktwert von 15 im Modul Mobilität nur ein gewichteter Punktwert von 10 in die abschließende Feststellung des Pflegegrades übernommen werden. Ein in gleicher Höhe ermittelter Punktwert bei der Selbstversorgung könnte dagegen mit 20 gewichtet werden.

11 Die Gewichtung der Module soll dazu führen, dass die Beeinträchtigungen sachgerecht und angemessen in der Gesamtpunktzahl berücksichtigt werden. Dies hat eine fachliche aber auch sozialpolitische Komponente. Dazu führt die amtliche Begründung aus:

„Diese Berechnungsfolge und die Bewertungssystematik einschließlich der Gewichtung der Module bewirkt, dass der Gesamtpunkt und damit Grad der Pflegebedürftigkeit (Pflegegrad) sich nicht unmittelbar durch Summierung aller Einzelpunkte ergibt. Die Gewichtung der Module erfolgt auf der Basis von empirischen Erkenntnissen und sozialpolitischen Überlegungen: Die Gewichtung bewirkt, dass die Schwere der Beeinträchtigungen der Selbständigkeit oder der Fähigkeiten von Personen mit körperlichen Defiziten einerseits und kognitiven oder psychischen Defiziten sachgerecht und angemessen bei der Bildung des Gesamtpunktes berücksichtigt wird. So wird auch der Tatsache Rechnung getragen, dass die Bereiche Selbstversorgung und Mobilität in etwa die Aktivitäten des täglichen Lebens des § 14 Absatz 4 in der Fassung bis zum 31. Dezember 2016 abdecken, die als Verrichtungen im Sinne des bisherigen Pflegebedürftigkeitsbegriffs für die Feststellung von Pflegebedürftigkeit relevant sind. Sie haben nach pflegefachlicher und pflegepraktischer Einschätzung für die Ausprägung von Pflegebedürftigkeit und die Leistungserbringung weiterhin zentrale Bedeutung und erhalten daher insgesamt eine Gewichtung von 50 Prozent (Selbstversorgung 40 Prozent und Mobilität 10 Prozent). Die Module kognitive und kommunikative Fähigkeiten sowie Verhaltensweisen und psychische Problemlagen einerseits und das Modul Gestaltung des Alltagslebens und sozialer Kontakte andererseits erhalten zusammen einen Anteil von 30 Prozent. Die Gewichtung der Selbständigkeit im Umgang mit krankheits- und therapiebedingten Anforderungen wird aus pflegefachlichen Gründen mit 20 Prozent angesetzt.

Eine Besonderheit besteht bei der Ermittlung des gewichteten Punktes für die Bereiche 2 (kognitive und kommunikative Fähigkeiten) und 3 (Verhaltensweisen und psychische Problemlagen): Hier gehen nicht die Summen der Einzelpunkte in den einzelnen Bereichen, sondern nur der jeweils höchste Punkt aus Bereich 2 oder 3 in die Bewertung ein. Ein Grund hierfür ist, dass beide Bereiche bzw. Module einen psychosozialen Unterstützungsbedarf nach sich ziehen, der sich nicht ohne weiteres einzelnen Handlungen zuordnen lässt. Ist zB eine Pflegeperson in der Wohnung des Pflegebedürftigen tagsüber anwesend und liegen Beeinträchtigungen der Selbständigkeit und der Fähigkeiten in den Modulen 2 und 3 vor, resultiert die grundsätzliche Notwendigkeit zur Anwesenheit der Pflegeperson nicht entweder aus Modul 2 oder Modul 3. Sie kann auch aus beiden resultieren, ohne dass ein Modul vorrangig den Anlass hierfür gibt. Zudem sollen kognitive und psychische Problemlagen nicht mehrfach gewertet werden“ (BT-Drs. 18/5926 S. 113).

In einem letzten Schritt werden die gewichteten Punkte aller Module addiert (§ 15 Abs. 3 Satz 3 SGB XI). Somit stehen am Ende dieser recht komplexen Bewertung und Gewichtung die **Pflegegrade** des § 15 Abs. 3 Satz 4 SGB XI: 1 (12, 5 bis unter 27 Punkte), 2 (27 bis unter 47, 5 Punkte), 3 (47, 5 bis unter 70 Punkte), 4 (70 bis unter 90 Punkte) und 5 (90 bis 100). Bei einem spezifischen, außergewöhnlich hohen Pflegebedarf mit besonderen Anforderungen an die Pflege kann eine Zuordnung zum Pflegegrad 5 auch dann erfolgen, wenn die gewichteten Gesamtpunkte unter 90 liegen. Die amtliche Begründung nennt als Beispiel den vollständigen Verlust der Greif-, Steh- und Gehfunktionen (BT-Drs. 18/5926 S. 114). **12**

Der Versicherungsfall der Pflegebedürftigkeit bezieht sich im Grundsatz weiterhin auf die gewöhnlichen und regelmäßig wiederkehrenden Verrichtungen im Ablauf des täglichen Lebens. Allerdings vermeidet § 14 Abs. 1 SGB XI diese Formulierung. Jedoch liegt in dem Katalog des § 15 Abs. 2 Satz 8 SGB XI der Schwerpunkt immer noch auf den, jetzt umfassender verstandenen, Alltagsverrichtungen. Diese Pflegeleistungen werden in der Praxis mit dem Begriff **Grundpflege** zusammengefasst. Die hauswirtschaftlichen Versorgung hat insoweit noch immer eine Sonderstellung, als sie bei der Begutachtung im Rahmen des § 14 Abs. 2 SGB XI nicht selbständig, sondern jeweils nur mit berücksichtigt wird (§ 14 Abs. 3 SGB XI). Das könnte in der Praxis ist dazu führen, dass sie in ihrer Bedeutung vernachlässigt wird. Die Grundpflege ist in gewisser Weise ein Gegenbegriff zur **Behandlungspflege** im Sinne der Krankenversicherung. Damit wird deutlich, dass es bei den genannten Verrichtungen vor allem nicht um die Behandlung einer Krankheit geht. Unproblematisch sind solche Fälle, in denen eine Krankheit sowohl Leistungen der Behandlung als auch der Pflege auslösen kann. Wer zB nach einem Schlaganfall teilweise gelähmt ist, kann wegen dieses Zustandes sowohl Leistungen der Krankenbehandlung (Krankengymnastik) als auch der Grundpflege (Nahrungsaufnahme, Waschen) erhalten. **13**

Der **Katalog der Pflegeverrichtungen** (§ 14 Abs. 2 Nr. 1–6 SGB IX) bedarf also einer Präzisierung, die sich an der Unterscheidung von Grund- und Behandlungspflege orientiert, aber auch der Tatsache Rechnung trägt, dass die Leistungen der Pflegeversicherung nicht jeden denkbaren Pflegebedarf abdecken. Das ist heute allerdings nur noch der Fall, wenn nicht mindestens der Pflegegrad 1 erreicht ist (§ 15 Abs. 3 SGB XI). Genau genommen setzt die Pflegversicherung erst ab dem Pflegegrad 2 in vollem Umfange ein (§ 36 Abs. 1 SGB XI). Im Grenzbereich zwischen dem Pflegegrad 1 und 2 kann es deswegen wichtig werden, ob zB eine Maßnahme der Mobilität, der Krankheitsbewältigung oder der Selbstversorgung zugeordnet werden kann. Erstere wird mit dem Faktor 10%, die zweite mit 20% und letztere mit 40% gewichtet. Die Zuordnung kann also darüber entscheiden, ob überhaupt ein Pflegegrad oder ob der Pflegegrad 2 erreicht wird. **14**

Eine Grenze wird in § 15 Abs. 2 Satz 8 Nr. 4 SGB XI gezogen. Zur Grundpflege gehört auch die Bewältigung von und ein selbständiger Umgang mit krankheits- und therapiebedingten Anforderungen und Belastungen. Das umfasst aber nicht die Behandlung der Krankheit selbst. Die Abgrenzung war und ist schwierig. Weitergehend regelt § 15 Abs. 5 SGB XI, dass bei der Begutachtung der Pflegebedürftigkeit auch solche Kriterien zu berücksichtigen sind, die zu einem Hilfebedarf führen, für den Leistungen nach dem SGB V in Betracht kommen. Als wichtigsten Fall regelt das Gesetz die **krankheitsspezifischen Pflegemaßnahmen.** Das sind Maßnahmen der Behandlungspflege bei denen der behandlungspflegerische Hilfebedarf aus medizinisch-pflegerischen Gründen regelmäßig und auf Dauer **15** untrennbarer Bestandteil einer pflegerischen Maßnahme in den in § 14 Abs. 2 SGB XI genannten Bereichen ist. Hier besteht grundsätzlich auch ein Anspruch auf Leistungen der Krankenversicherung (vgl. unten Rn. 21). Dies wird in § 13 Abs. 2 Satz 2 SGB XI bekräftigt. Problematisch werden die Regelungen des gesamten Leistungskomplexes natürlich dadurch, dass bei vielen Altersbeeinträchtigungen oder Behinderungen eine Trennung der Gesamtbetreuung kaum möglich ist (unten Rn. 21–26). Zusätzliche Schwierigkeiten ergeben sich, wenn die eine oder die andere Betreuungsform den Aufenthalt in einer Einrichtung erforderlich macht (vgl. unten Rn. 38–47).

16 Die Regelung des § 14 Abs. 1 SGB XI knüpft nicht mehr ausdrücklich an den Begriff der **Funktionsstörung** an. Sie stellt vielmehr die Begriffe der körperlichen, kognitiven oder psychischen Beeinträchtigungen oder gesundheitlich bedingte Belastungen oder Anforderungen nebeneinander. Mit der weiteren Voraussetzung, dass diese nur relevant sind, wenn sie nicht selbständig kompensiert oder bewältigt werden können, bleibt der Gesetzgeber noch sehr in der Nähe der Gesundheits- bzw. Funktionsstörung. Er tut dies aber nicht mehr mit der gleichen begrifflichen Schärfe wie in § 14 Abs. 1 SGB XI aF. Dort waren Krankheit und Behinderung die entscheidenden Anknüpfungspunkte für den Begriff der Pflegebedürftigkeit. Bei der Behinderung wurde in wird auf die Beeinträchtigung des Körper- und Gesundheitszustandes abgestellt. Dieser muss vom für das Lebensalter typischen Zustand abweichen (§ 2 Abs. 1 SGB IX). In dieser Klarheit geschieht das in § 14 Abs. 1 SGB XI nicht. Damit dürfte eine alte Frage wieder relevant werden. Sie bezieht sich auf Altersbeeinträchtigungen, die vom Wortlaut des § 14 Abs. 1 SGB XI nicht mehr ausdrücklich ausgeschlossen sind. Allerdings werden in § 14 Abs. 1 Satz 1 SGB XI die Beeinträchtigungen als solche gesundheitlicher Art verstanden. Deswegen kann man nicht davon ausgehen, der Gesetzgeber hätte seinen bisherigen Anknüpfungspunkt völlig verändert. Dennoch wird man sagen müssen, dass mit der **gesundheitlichen Beeinträchtigung** nicht schon zwangsläufig eine Funktionsstörung oder gar eine Krankheit bezeichnet ist. So kennt auch § 24 Abs. 1 Nr. 1 SGB V den Begriff der Schwächung der Gesundheit, die voraussichtlich zu einer Krankheit führen könnte. Das dürfte zu einer Erweiterung des Begriffs der Pflegebedürftigkeit führen.

17 Zudem war es in der Kranken- und Pflegeversicherung schon immer schwer begründbar, dass reine Alterserscheinungen noch keine Funktionsstörungen darstellen und deswegen weder die Annahme einer Krankheit oder Pflegebedürftigkeit rechtfertigen könnten (vgl. § 21 Rn. 7). Die Abgrenzung der Pflegebedürftigkeit vom Versicherungsfall der Krankheit erfolgte dadurch, dass die Funktionsstörung im Falle des § 14 Abs. 2 SGB IX aF nicht einen Bedarf an ärztlicher oder ärztlich verantworteter Behandlung zur Folge hatte. Der Bedarf richtete sich vielmehr auf eine Hilfestellung bei den gewöhnlichen und regelmäßig wiederkehrenden Verrichtungen im Ablauf des täglichen Lebens. Davon ist im Grundsatz auch in § 14 SGB XI auszugehen. Diese Verrichtungen sind nunmehr in § 15 Abs. 2 Satz 1 SGB XI etwas umfassender geregelt. Die Ausrichtung der Hilfe auf diese Maßnahmen dient jedoch auch bei einem erweiterten Verständnis der gesundheitlichen Beeinträchtigung weiterhin der Abgrenzung zur Behandlungspflege. Fehlt es an einer gesundheitlichen Beeinträchtigung, so kommen bei gleichem Hilfebedarf nur Leistungen nach den §§ 27 Abs. 3, 70 SGB XII in Betracht.

18 Eine Sonderstellung innerhalb des Versicherungsfalls der Pflegebedürftigkeit hat noch immer die **hauswirtschaftliche Versorgung.** Während sie ursprünglich nicht zur Pflegebedürftigkeit iSd § 68 BSHG aF gehörte, hat der Gesetzgeber sie später in § 14 Abs. 4 Nr. 4 SGB XI aF übernommen. Dem entspricht jetzt auch § 64b Abs. 1 Satz 1 SGB XII. Allein durch einen Bedarf an hauswirtschaftlicher Versorgung konnte nach bisherigem Recht eine Pflegebedürftigkeit nicht begründet werden. Im Prinzip ist es dabei auch geblieben, denn in § 14 Abs. 3 SGB XII ist geregelt, dass Beeinträchtigungen der Selbständigkeit oder der Fähigkeiten, die zur Folge haben, dass die Haushaltsführung nicht mehr ohne die Hilfe Dritter bewältigt werden kann, bei den Kriterien der in § 14 Abs. 2 SGB XI genannten Bereiche berücksichtigt werden. Es erfolgt also keine davon unabhängige Begutachtung der Fähigkeit einen Haushalt zu führen. Besteht hier ein isolierter Hilfebedarf, so kann lediglich eine besondere Lebenslage nach § 70 SGB XII gegeben sein. In weniger gravierenden Fällen, beim Unterstützungsbedarf hinsichtlich einzelner Tätigkeiten, kommt die Hilfe zum Lebensunterhalt nach § 27 Abs. 3 SGB XII in Betracht (teilweise anders BSG FEVS 59 S. 481; BSG SozR 4-3500 § 18 Nr. 1).

Trotz des neu eingeführten Begutachtungsinstruments kann man auf die bisherige inhaltliche Abgrenzung des Begriffs der Pflegebedürftigkeit zurückgreifen. **19** Jede einzelne Maßnahme, die im Rahmen des § 15 Abs. 2 Satz 8 zu begutachten ist, muss als Pflege im Rechtssinne identifiziert werden. Das BSG hat in einer Reihe von Entscheidungen den Begriff der Pflegebedürftigkeit präzisiert (vgl. Udsching/Schütze-Udsching, SGB XI § 14 Rn. 4–8; Wannagat-Trenk-Hinterberger, § 14 SGB XI Rn. 23–37). Generell ist dabei festzuhalten, dass die Leistungen der Pflegeversicherung nach den §§ 36, 37 SGB XI grundsätzlich keine **Behandlungspflege** umfassen. Das gilt etwa für die Aufrechterhaltung von Vitalfunktionen wie Atmung und Kreislauf oder die Hilfe bei der Heimdialyse. Auch Hilfeleistungen bei solchen Maßnahmen gehören nicht zur Grundpflege (BSG SozR 4-3300 § 14 Nr. 3). Desgleichen wird die Kontrolle des Zuckerspiegels oder das Spritzen von Insulin nicht zur Grundpflege gerechnet (BSG 82 S. 27; dazu Igl, SGb 1999 S. 111). Dasselbe gilt für Einreibungen oder das zeitaufwändige Abklopfen von Mukoviszidose-Kindern (BSG 82 S. 276). Hüftprotektoren sind keine Leistung nach § 33 SGB V, da sie nicht die Stehfähigkeit verbessern, sondern lediglich die Folgen eines Sturzes abmildern sollen. Sie fallen also unter § 40 Abs. 1 SGB XI (vgl. § 21 Rn. 20b). Dasselbe gilt für die Treppensteighilfe (BSG SGb 2014 S. 499 mAnm Sommer). Die Begleitung zur Inanspruchnahme einer medizinischen Leistung, wie etwa der Arztbesuch oder die Ergotherapie, wurden im Bereich der Mobilität (§ 14 Abs. 4 Nr. 3 SGB XI aF) der Grundpflege zugerechnet (BSG SozR 4-3300 § 15 Nr. 1; LSG RhPf. NZS 2012 S. 385). Dazu gehörte aber zB nicht die Begleitung zu einer Behörde oder in die WfbM, weil diese nicht zur Sicherung des Aufenthalts in der eigenen Wohnung erforderlich war. Wartezeiten während der Begleitung wurden beim Zeitaufwand nicht berücksichtigt, weil die bloße Verfügbarkeit bzw. Einsatzbereitschaft einer zur Hilfeleistung bereiten Person noch keine Hilfeleistung im Sinne des § 14 Abs. 3 SGB XI aF darstellt, sondern nur als Voraussetzung für die Möglichkeit einer Hilfeleistung anzusehen ist (BSG SozR 3-3300 § 14 Nr. 6; LSG BW RdLH 2013 S. 76 mAnm Langer). Den gesamten Komplex der Mobilität wird man heute anders beurteilen müssen, da er ohne Einschränkung bzw. Konkretisierung in § 15 Abs. 2 Satz 8 Nr. 1 SGB XI genannt wird. Fraglich ist, ob man pädagogisch orientierte Hilfen für Kinder der Selbstversorgung zuordnen kann. Das wird man weiterhin verneinen müssen (vgl. LSG Bln.-Brandbg. NZS 2013 S. 708). Schwieriger zu beantworten ist die Frage der Betreuung **von Kindern, die an Diabetes leiden.** Bei ihnen muss oft eine sehr aufwändige Betreuung durchgeführt werden. Dieser zusätzliche Hilfebedarf erstreckt sich aber ganz überwiegend auf die hauswirtschaftliche Versorgung. Damit konnten diese Kinder nach altem Recht oft nicht pflegebedürftig sein. Soweit im Zusammenhang mit ihrer medizinischen Behandlungspflege Leistungen der häuslichen Krankenpflege in Betracht kamen, scheiterten diese zumeist an § 37 Abs. 3 SGB V, weil ein Elternteil die Betreuung übernehmen kann (vgl. BSG 82 S. 276; BSG NZS 2018 S. 114). In Zukunft wird man in diesen Fällen jedoch § 14 Abs. 2 Nr. 5d SGB XI anwenden müssen. Die Gewichtung erfolgt nach § 15 Abs. 2 Satz 8 Nr. 4 SGB XI (§ 15 Abs. 6 SGB XI). In den Pflegebedarf einbezogen wird also auch Umgang mit krankheits- oder therapiebedingten Anforderungen und Belastungen. Die dabei erforderliche hauswirtschaftliche Versorgung ist gemäß § 14 Abs. 3 SGB XI in die Begutachtung des Pflegebedarfs einzubeziehen. Sie dürfte bei kleineren Kindern jedoch kaum praktische Bedeutung haben. Eine Trennung von häuslicher Krankenpflege und hauswirtschaftlicher Versorgung ist nicht mehr möglich, da § 15 Abs. 5 Satz 1 SGB XI vorschreibt, dass auch solche Kriterien zu berücksichtigen sind, für die Leistungen nach dem SGB V lediglich vorgesehen sind. Im Pflegebereich kommt es deswegen auf § 37 Abs. 3 SGB V nicht mehr an. Entscheidend ist nur, ob insgesamt ein Punktwert von mindestens 12,5 erreicht wird (§ 15 Abs. 7 SGB XI).

20 Darüber hinaus gibt es eine Reihe von Fällen, in denen ein krankheitsbedingter Bedarf auch Bedeutung für die Feststellung der Pflegebedürftigkeit hat. Das gilt dann, wenn die Maßnahmen notwendigerweise in einem engen zeitlichen und sachlichen Zusammenhang mit einer der in § 14 Abs. 2 Nr. 1–6 SGB XI erforderlichen Verrichtungen vorgenommen werden müssen oder Bestandteil einer dieser Verrichtungen sind (BSG SGb 2000 S. 217 mAnm Trenk-Hinterberger; BSG SGb 2002 S. 570 mAnm Spieß). Eine eindeutige Zuordnung ist oft nicht möglich (BSG NZS 2015 S. 192). In diesen Fällen sind Maßnahmen der Behandlungspflege – als krankheitsspezifische Pflegemaßnahmen – untrennbar mit der Grundpflege verbunden. Dieses Ergebnis einer recht komplexen Rechtsprechung ist jetzt in § 15 Abs. 5 SGB XI übernommen worden (unten Rn. 21–26).

2. Verhältnis der Pflege zur Krankenbehandlung und zu den Teilhabeleistungen

21 Als Folge davon, dass der Versicherungsfall der Pflegebedürftigkeit an die gesundheitliche Beeinträchtigung anknüpft, können sich im Leistungsrecht der Pflegeversicherung **Abgrenzungsschwierigkeiten zwischen Grund- und Behandlungspflege** ergeben (§§ 36 SGB XI, 37 SGB V). Daraus resultieren Zuständigkeitsstreitigkeiten der Träger der Kranken- und der Pflegeversicherung (Waßer, KrV 2015 S. 89; Opolony, NZS 2017 S. 409; Seligmann, RdLH 2018 S. 128). Beispielhaft dafür war die Auseinandersetzung um den Katheterisierung (BSG 94 S. 192). Diese ist eine Form der Behandlungspflege, weil sie den Folgen einer Blasenlähmung und den daraus drohenden Komplikationen entgegenwirkt. Zugleich ist sie aber auch eine Hilfe bei der Blasenentleerung und insoweit eine Pflegeverrichtung im Sinne des § 14 Abs. 2 Nr. 4 SGB XI.

21a In diesem Zusammenhang ist zu beachten, dass sich die häusliche Krankenpflege nach § 37 Abs. 1 SGB V mit den Leistungen der Grundpflege teilweise überschneiden kann (§ 21 Rn. 24). Insoweit regelt § 13 Abs. 3 SGB XI „Die Leistungen nach dem Fünften Buch einschließlich der Leistungen der häuslichen Krankenpflege nach § 37 des Fünften Buches bleiben unberührt“. Dies gilt auch für krankheitsspezifische Pflegemaßnahmen, soweit diese im Rahmen der häuslichen Krankenpflege nach § 37 des Fünften Buches zu leisten sind. Die krankheitsspezifischen Pflegemaßnahmen werden in § 15 Abs. 5 Satz 2 SGB XI als untrennbarer Bestandteil pflegerischer Maßnahmen definiert (oben Rn. 20). Damit steht zunächst einmal fest, dass durch Kriterien, die Leistungen nach dem SGB V auslösen können, gleichwohl der **Pflegegrad** mit beeinflusst wird (§ 15 Abs. 5 Satz 1 SGB XI). Insgesamt regelt § 13 Abs. 2 SGB XI aber nicht ausdrücklich einen Vorrang der Leistungen der Kranken- vor solchen der Pflegeversicherung (vgl. § 13 Abs. 1 und 3 SGB XI). Im Ergebnis lässt sich ein faktischer Vorrang aus einem Komplex verschiedener Detailregelungen feststellen.

Die häusliche Krankenpflege beinhaltet auch Grundpflege und hauswirtschaftliche Versorgung (§ 37 Abs. 1 Satz 3 SGB V). Das erklärt sich letzten Endes daraus, dass auch die Krankenhausbehandlung solche Leistungen mit umfasst. Die häusliche Krankenpflege nach § 37 Abs. 1 SGB V soll die an sich erforderliche Krankenhausbehandlung **verkürzen oder vermeiden.** Das kann sie wirksam nur, wenn sie genauso umfassend ist wie die Krankenhausbehandlung. Wichtig ist aber, dass im Falle des § 37 Abs. 1 SGB V Grundpflege und hauswirtschaftliche Versorgung wegen der bestehenden medizinischen Behandlungsbedürftigkeit erforderlich sind. Denn nur in diesem Falle besteht ein Anspruch auf Krankenhausbehandlung und damit auch nur der stellvertretende Anspruch nach § 37 Abs. 1 SGB V. Anders stellt sich die Rechtslage dar, wenn keine krankenhausvermeidende, sondern nur eine die ambulante Krankenhausbehandlung **sichernde häusliche Krankenpflege** geleistet wird. Hier kann die Krankenkasse in ihrer Satzung bestimmen, dass diese Leistung auch Grundpflege und hauswirtschaftliche Versorgung umfasst (§ 37 Abs. 2 Satz 4 und 5 SGB V). Dies ist aber nicht möglich bei Versicherten mit mindestens dem Pflegegrad 2 (§ 37 Abs. 2 Satz 6 SGB V). 22

In Fällen **schwerer Erkrankung oder akuter Verschlimmerung,** insbesondere nach einem Krankenhausaufenthalt erhalten Versicherte häusliche Krankenpflege nach den Grundsätzen des § 37 Abs. 1 SGB V – obwohl keine krankenhausvermeidende häusliche Krankenpflege notwendig ist – gemäß § 37 Abs. 1a SGB V häusliche Krankenpflege einschließlich der Grundpflege und hauswirtschaftlicher Versorgung. Sofern diese Leistung nach § 37 Abs. 1a SGB V nicht ausreicht, erbringt die Krankenkasse nach § 39c SGB V Kurzzeitpflege entsprechend § 42 SGB XI. In beiden Fällen wird die Leistung nur erbracht, sofern nicht ein Pflegegrad 2, 3, 4 oder 5 gegeben ist. Die gleichen Grundsätze gelten auch für die Haushaltshilfe nach § 38 Abs. 1 Satz 3 SGB V. Mit diesen Regelungen ist eine Lücke zwischen § 37 Abs. 1 und Abs. 2 SGB V geschlossen worden. 23

Konsequenterweise wird in § 34 Abs. 2 Satz 1 SGB XI ein **Ruhen des Anspruchs** auf Leistungen bei häuslicher Pflege (§ 36 SGB XI) angeordnet, soweit im Rahmen der häuslichen Krankenpflege ein Anspruch auf Grundpflege und hauswirtschaftlicher Versorgung besteht (§ 37 Abs. 1 Satz 3, Abs. 2 Satz 4 SGB V). Dieses Ruhen wird jedoch für den Fall der Verhinderungspflege nach § 39 Abs. 1 SGB XI ausgeschlossen. Ein Ruhen des Anspruchs auf häusliche Pflege tritt dagegen bei einem Aufenthalt in einer Einrichtung im Sinne des § 71 Abs. 4 SGB XI ein. Dort wird umfassend definiert, welche Einrichtungen keine Pflegeeinrichtungen sind. Das betrifft vor allem Einrichtungen in denen Leistungen der medizinischen Rehabilitation, zur Teilhabe am Arbeitsleben und zur schulischen und sozialen Teilhabe im Vordergrund stehen, sowie den Gesamtkomplex des Wohnens behinderter Menschen (vgl. § 71 Abs. 4 Nr. 3 lit. a–c SGB XI). Ergänzend dazu regelt § 13 Abs. 3 Satz 3 Hs. 2 SGB XI, dass in diesen Einrichtungen die notwen- 24 dige Hilfe einschließlich der Pflege zu leisten ist. Dabei kann es sich auch um häusliche Krankenpflege handeln, die nach den Grundsätzen des § 37 Abs. 2 Satz 7 und 8 SGB V geleistet wird.

25 **Pflegegeld** nach den §§ 37 und 38 SGB XI wird in den ersten vier Wochen einer Krankenhausbehandlung, einer stationären Rehabilitation oder einer häuslichen Krankenpflege mit Anspruch auf Grundpflege und hauswirtschaftliche Versorgung weitergezahlt (§ 34 Abs. 2 Satz 2 SGB XI). Diese Befristung entfällt, wenn ein Versicherte im sog. Arbeitgebermodell ihre Pflege durch von ihnen beschäftigte besondere Pflegekräfte sicherstellen und bei denen § 63b Absatz 6 Satz 1 des Zwölften Buches Anwendung findet. Das heißt, dass sie nicht auf die Inanspruchnahme von Sachleistungen nach § 36 SGB XI verwiesen werden können. Dazu wird in § 11 Abs. 3 SGB V eine ergänzende Regelung getroffen. Für die angestellte Pflegekraft ist die Mitaufnahme in einem Krankenhaus oder eine Vorsorge- bzw. Rehabilitationseinrichtung vorgesehen.

26 Auch in anderen als den genannten Fällen sind Behandlungs- (§ 37 SGB V) und Grundpflege (§ 36 SGB XI) nicht immer eindeutig abzugrenzen. So können Bewegungsübungen einem altersbedingten Schwächezustand entgegenwirken und damit Grundpflege sein. Sie können aber auch der Gefahr einer infolge von Bettlägerigkeit zunehmenden Versteifung der Gelenke entgegenwirken und damit Behandlungspflege im Sinne des § 37 SGB V sein (BSG 94 S. 205). Die Schwierigkeiten, die bei der Abgrenzung bestehen, haben in der Praxis zu mehrjährigen Auseinandersetzungen geführt. Steht, so schon nach altem Recht das BSG, eine Maßnahme der Behandlungspflege in sachlichem Zusammenhang mit der Grundpflege, so ist der zeitliche Aufwand für diese Maßnahme bei der Ermittlung des Gesamtbedarfs für die Grundpflege bei der jeweiligen Verrichtung aus dem Katalog des § 14 Abs. 4 SGB XI aF mit einzubeziehen. In § 15 Abs. 5 Satz 1 SGB XI ist jetzt geregelt, dass nicht nur die **krankheitsspezifischen Pflegemaßnahmen,** sondern alle Kriterien in die Begutachtung einzubeziehen sind, die zu Leistungsansprüchen nach dem SGB V führen können. Dadurch wird in jedem Falle der Pflegegrad erhöht. Zu Doppelleistungen kann es aber nicht kommen, weil in den §§ 13 Abs. 2, 34 Abs. 2 SGB XI ein differenziertes System von Vorschriften über das Ruhen der Ansprüche geschaffen wurde.

27 Ist eine Maßnahme als Pflegeleistung anzusehen, so ergeben sich weitere Abgrenzungsfragen. Allgemein ist das Verhältnis der Pflegeleistungen zu anderen Leistungen in § 13 Abs. 1 SGB IX geregelt. Dabei besteht einerseits ein Vorrang der Pflegeleistungen der Unfallversicherung und der sozialen Entschädigung und andererseits ein Nachrang **gleichartiger Leistungen** der Sozialhilfe. Gleichartig sind aber nur die Pflegeleistungen. Insbesondere werden Leistungen der **Eingliederungshilfe** für behinderte Menschen nach den §§ 99 ff. SGB IX (§§ 53 ff. SGB XII aF) als solche nicht durch Leistungen der Pflegeversicherung verdrängt, da insoweit ein Vor- oder Nachrang mangels Gleichartigkeit nicht gegeben ist. In § 13 Abs. 3 Satz 3 SGB XI wird zunächst nur geregelt, dass die Leistungen der Eingliederungshilfe unberührt bleiben. Dies wird ergänzt durch den Satzteil „sie sind im Verhältnis zur Pflegeversicherung nicht nachrangig." Bei einzelnen konkreten Maßnahmen kann sich jedoch eine Zweckgleichheit von Eingliederungshilfe und Pflege ergeben (vgl. unten Rn. 37). Das hat zu Anwendungszweifeln geführt (BSG SGb 2018 S. 294 mAnm Reimer). In der Regelung des § 13 Abs. 3 Satz 3 SGB XI geht es jedoch um das grundlegende Verhältnis von Eingliederungshilfe und Pflegeversicherung. Dazu wird geregelt, dass die Eingliederungshilfe als solche unberührt bleibt, und dass sie im Verhältnis zur Pflegeversicherung

nicht nachrangig ist. Ihr Vorrang kann daraus auch nicht abgeleitet werden. Das ergibt sich auch nicht aus § 31 SGB XI, der den Titel „Vorrang" der Rehabilitation, also auch der Eingliederungshilfe, vor der Pflege trägt. Geregelt ist dort aber nur, dass im Pflegefall auch Maßnahmen der Rehabilitation geprüft werden müssen. Diese verdrängen keineswegs den Anspruch auf Leistungen der Pflege. Dementsprechend schließt ihrerseits die Pflegebedürftigkeit eine Rehabilitation auch nicht aus (oben Rn. 3). Auch aus den in § 13 Abs. 4 SGB XI vorgesehenen Vereinbarungen lässt sich nichts anderes ableiten (vgl. Kruse, ZfSH/SGB 2019 S. 23). Denn eine rechtliche Zuordnung kann nicht vom Willen der Leistungsberechtigten abhängen, auf den es in § 13 Abs. 4 SGB XI aber ankommt. Die Vorschrift regelt nur die Durchführung eines praktischen Zweifelsfalles. Dies folgt auch aus der Erstattungsregelung des § 13 Abs. 4 Satz 1 Nr. 2 SGB XI. Allenfalls könnte man von einem Gleichrang der Leistungen sprechen, was aber auch keinen Sinn ergibt, da eine Doppelleistung nicht verlangt werden kann. ME bekräftigen die §§ 13 Abs. 3 und 31 SGB XI allein den allgemeinen Grundsatz, dass die Feststellung einer Pflegebedürftigkeit Leistungen zur Teilhabe nicht ausschließt. Insoweit ist die Verwendung des Begriffes „Vorrang" ungenau. Ein Vorrang würde eine von zwei Leistungen ausschließen. Genau das ist in beiden Vorschriften nicht geregelt. Auch wenn man von einem Gleichrang spricht, so wird doch dem Leistungsberechtigten kein Wahlrecht eingeräumt. Also muss eine Abgrenzung vorgenommen werden (BSG SGb 2018 S. 294 mAnm Reimer). Nur wenn dies bei einer konkreten Maßnahme nicht möglich ist, dann bleibt es letzten Endes bei der Systemsubsidiarität, nämlich dass Versicherungsleistungen Vorrang vor solchen der Fürsorge haben (§ 2 Abs. 1 SGB XII). Unter diesem Blickwinkel ist dem BSG entgegen verschiedener kritischer Auffassungen zuzustimmen (vgl. unten Rn. 37). Folgende Änderung des § 13 SGB XI (BT-Drs. 18/9518 S. 12) ist nicht Gesetz geworden:

Im häuslichen Umfeld im Sinne des § 36 der Pflegebedürftigen gehen die Leistungen der Pflegeversicherung den Leistungen der Eingliederungshilfe für Menschen mit Behinderungen nach dem Zwölften Buch, dem Bundesversorgungsgesetz und dem Achten Buch vor, es sei denn, bei der Leistungserbringung steht die Erfüllung der Aufgaben der Eingliederungshilfe im Vordergrund. Außerhalb des häuslichen Umfelds gehen die Leistungen der Eingliederungshilfe den Leistungen der Pflegeversicherung vor, soweit in diesem Buch nichts anderes bestimmt ist.

Auch in anderem Zusammenhang ergeben sich größere Abgrenzungsschwierigkeiten im Hinblick darauf, dass Pflege auch aktivierende Pflege ist, die auch dem Ziel dient, „verlorene Fähigkeiten zurückzugewinnen." Zu den Aufgaben der Eingliederungshilfe gehörte es nach § 53 Abs. 3 Satz 2 SGB XII aF, den behinderten Menschen „soweit wie möglich unabhängig von Pflege zu machen". In diesem Bereich stößt eine Abgrenzung zwischen Pflegeversicherung und Eingliederungshilfe auf größere begriffliche Schwierigkeiten (Mrozynski, ZfSH/SGB 1999 S. 333; DV NDV 2009 S. 146). Dasselbe gilt angesichts der gleichen Aufgabe der medizinischen Rehabilitation nach § 11 Abs. 2 Satz 1 SGB V. Diese Zielsetzung der Eingliederungshilfe wird in die ab dem 1.1.2020 geltenden §§ 99 ff. SGB IX aber nicht mehr übernommen (vgl. §§ 109 Abs. 2, 113 SGB IX). Stattdessen trifft § 103 SGB IX weitere Abgrenzungsregelungen. Ausgegangen wird von der Regelung des § 43a SGB XI. Erhalten behinderte Menschen in einer Einrichtung im Sinne des § 71 Abs. 4 SGB XI (vgl. oben Rn. 24), Leistungen der Eingliederungshilfe, so umfasst die Eingliederungshilfe auch Pflegleistungen im **27a**

Sinne des SGB XI in diesen Einrichtungen (vgl. § 13 Abs. 3 Satz 3 Hs. 2 SGB XI). Zur Abgeltung der Pflegeaufwendungen übernimmt die Pflegekasse den in § 43a Satz 2 SGB XI genannten Betrag (zzt. 266 €). In § 103 Abs. 2 SGB IX wird diese Regelung auf ambulante Erbringungsformen erweitert. In diesem Falle umfasst die Eingliederungshilfe auch häusliche Pflege nach den §§ 64a bis 64f, 64i und 66 SGB XII, solange die Teilhabeziele erreicht werde können. Dies gilt nicht, wenn der behinderte Mensch vor Erreichen der Regelaltersgrenze (§ 35 SGB VI) keine Leistungen der Eingliederungshilfe erhalten hat. Das bedeutet aber nur, dass ein Einsetzen der Eingliederungshilfe nach dieser Altersgrenze die Pflege nicht umfasst. Gemäß § 103 Abs. 2 Satz 3 SGB IX können die Länder Kostenerstattungsregelungen treffen. Die häusliche Krankenpflege nach § 37 SGB V und die Pflegleistungen nach den §§ 36 ff. SGB XI werden von diesen Regelungen nicht berührt. Insbesondere wird in Einrichtungen nach § 43a SGB XI häusliche Krankenpflege geleistet, wenn der Bedarf an Behandlungspflege eine ständige Überwachung und Versorgung durch eine qualifizierte Pflegefachkraft erfordert (§ 37 Abs. 2 Satz 8 SGB V).

28 Leistungen zur **medizinischen Rehabilitation** werden im Allgemeinen nur nach den §§ 11 Abs. 2, 40 SGB V erbracht. Sie dienen dazu, eine drohende Pflegebedürftigkeit abzuwenden oder sie nach ihrem Eintritt zu bessern bzw. eine Verschlimmerung zu verhüten. Von der Pflege sind sie dadurch abzugrenzen, dass sie darauf ausgerichtet sind, die Fähigkeit zur eigenständigen Lebensführung zu stärken und insbesondere in späteren Lebensabschnitten eine Pflegebedürftigkeit zu vermeiden oder zu vermindern. Des Weiteren haben Maßnahmen der Rehabilitation nicht nur den Charakter einer verrichtungsbezogenen Anleitung mit dem Ziel, die Erledigung der täglich wiederkehrenden Verrichtungen durch den Pflegebedürftigen im Sinne einer Motivation zur Selbsthilfe sicherzustellen (BSG SozR 3-3300 § 14 Nr. 9). Leistungen der medizinischen Rehabilitation haben Vorrang vor der Pflege (§ 31 SGB XI). Genau betrachtet treten sie neben die Pflege (oben Rn. 3). Dasselbe gilt auch für alle Maßnahmen der Akutbehandlung nach den §§ 27 ff. SGB V. So kann ein Kontinenztraining als Heilmittel (§ 32 SGB V) vor und nach Eintritt bzw. während der Pflegebedürftigkeit erbracht werden.

28a Insgesamt fällt auf, dass es zwar weiterhin Aufgabe der medizinischen Rehabilitation ist, auf eine Verminderung der Pflegebedürftigkeit hinzuwirken. In der Eingliederungshilfe nach den §§ 99 ff. SGB IX findet sich dazu jedoch kein konkreter Hinweis mehr. Das führt natürlich dazu, dass entsprechende Möglichkeiten dort vermindert werden, wo Ansprüche auf pflegespezifische Leistungen der medizinischen Rehabilitation schon aus Sachgründen nicht bestehen, wie bei geistig behinderten Menschen. Für sie hat § 11 Abs. 2 Satz 1 SGB V aus Sachgründen keine praktische Relevanz. Hier könnte eine **aktivierende Pflege** einen Ausgleich schaffen. Das ist aber nur sehr eingeschränkt möglich. Die prägnante, sich auf alle Bereiche erstreckende, Formulierung des § 28 Abs. 4 Satz 1 SGB XI aF „vorhandene Fähigkeiten zu erhalten und verlorene zurückzugewinnen" ist nur noch etwas abgeschwächt in §§ 28 Abs. 1 Nr. 9a, 43b SGB XI für die stationäre Versorgung übernommen worden. Auch bei der Begutachtung (§ 18 Abs. 1 Satz 2 SGB XI) sind nur Feststellungen darüber zu treffen, welche Maßnahmen zur Beseitigung oder Minderung der Pflegebedürftigkeit zu ergreifen sind. Es wird aber nicht geregelt, wer die Maßnahmen zu ergreifen hat. Auch bei der Feststellung der Punktbereiche und deren Gewichtung (§ 15 Abs. 2 und 3 SGB XI) ist die aktivierende Pflege kein ausschlaggebendes Kriterium. Dasselbe ergibt ein

Blick in Anlagen 1 und 2 zu § 15 SGB XI. Schließlich kennt auch die Pflegesachleistung in § 36 Abs. 2 Nr. SGB XI nur Maßnahmen zur kognitiven Aktivierung.

3. Leistungen bei Pflegebedürftigkeit

Sofern Pflegebedürftigkeit gegeben ist, besteht ein Anspruch auf die Leistungen **29** nach den §§ 4, 28 ff. SGB XI. Seit In-Kraft-Treten des SGB XI wurde stufenweise eine fünfjährige Vorversicherungszeit innerhalb einer Rahmenfrist von zehn Jahren vor Beantragung der Pflegeleistung eingeführt (§ 33 Abs. 2 Nr. 5 SGB XI). Damit wird verhindert, dass Pflegebedürftige einen Anspruch auf Leistungen erwerben, obwohl sie nicht längere Zeit der Solidargemeinschaft angehörten.

Obwohl Pflegegeld und Pflegesachleistung immer noch im Vordergrund des **29a** Leistungssystems stehen, kann man doch feststellen, dass es zu einer gewissen Flexibilisierung im überkommenen System gekommen ist. So ist die Pflegeberatung (§ 7a SGB XII) ausgebaut worden (Krahmer/Nordmann, ZfSH/SGB 2013 S. 193). Hinzu treten die Pflegestützpunkte, die eine wohnortnahe Beratung, Versorgung und Betreuung der Versicherten gewährleisten sollen (§ 7c SGB XI). Auch der Pflegealltag modernisiert sich insoweit, als für die **Betreuung in Wohngruppen** zusätzliche Mittel bereit gestellt werden (§§ 38a, 45f SGB XI). Konsequenterweise ist § 40 SGB XI auch bei wohnumfeldverbessernden Maßnahmen in Wohngruppen anwendbar (SG Berlin NZS 2013 S. 344 mAnm Scharrer). Über das bisherige Leistungskonzept hinaus geht auch der Ausbau der häuslichen Betreuung (§ 125 SGB XI). In allen Pflegegraden tritt neben die Leistungen der **häuslichen Pflege** der Entlastungsbetrag des § 45b SGB XI (BSG NZS 2016 S. 705). Ob er, wie gesetzlich vorgesehen, immer zweckgebunden eingesetzt wird, dürfte in der Praxis kaum überprüfbar sein.

Die Leistungsvoraussetzungen werden vom MDK oder „von anderen unabhän- **29b** gigen Gutachtern" im Verfahren nach den §§ 18 ff. SGB XI festgestellt. Dabei können allerdings Überlegungen zur Kostentragung zu einer erheblichen Bürokratisierung des Verfahrens führen (§ 18 Abs. 1a SGB XI). Andererseits versteht sich das Verfahren der Begutachtung als dienstleistungsorientiert (§ 18b SGB XI) und wird fachlich und wissenschaftlich begleitet (§ 18c SGB XI. Von großer praktischer Bedeutung ist, dass § 18 Abs. 3 SGB XI ein sehr zügiges Begutachtungsverfahren vorschreibt. Spätestens 25 Arbeitstage nach Antragseingang ist eine Entscheidung der Pflegekasse mitzuteilen § 18 Abs. 3 SGB XI). Diese Regelung geht noch über § 14 Abs. 2 SGB IX hinaus. Das Recht auf Selbstbeschaffung der Leistung wird nicht berührt (§ 43 Rn. 30). Die Begutachtung hat grundsätzlich im Wohnbereich des Versicherten zu erfolgen (§ 18 Abs. 2 Satz 1 und 4 SGB XI). Bei einem dazu fehlenden Einverständnis kann die Pflegekasse die beantragten Leistungen verweigern. Diese Regelung des § 18 Abs. 2 Satz 2 SGB XI stellt eine Abweichung sowohl von den §§ 60 ff. SGB I, als auch von den §§ 20, 21 SGB XI dar. Neu eingefügt wurde die Regelung des § 18 Abs. 3a SGB XI. Danach benennt die Pflegekasse dem Versicherten unter zwei alternativen Voraussetzungen mindestens drei unabhängige Gutachter zur Auswahl. Das muss geschehen, wenn entweder a) die Pflegekasse anstelle des MDK Gutachter beauftragt oder wenn b) innerhalb von zwanzig Arbeitstagen nach Antragstellung noch keine Begutachtung erfolgt ist.

Leistungen der Pflegeversicherung werden gemäß § 33 Abs. 1 SGB XI auf **30** Antrag gewährt. Im ambulanten Bereich umfassen sie die in § 28 Abs. 1 Nr. 1–5 SGB XI genannten Leistungen, vor allem die Pflegesachleistung nach § 36 SGB XI bzw. das Pflegegeld nach § 37 SGB XI (Koch, VSSR 2000 S. 57). Im stationären Bereich sind die dies die in § 28 Abs. 1 Nr. 6–9a SGB XI genannten Leistungen. Beide Formen werden durch die in § 28 Abs. 1 Nr. 10–15 SGB XI genannten Leistungen begleitet, darunter die soziale Sicherung der Pflegeperson. Dem klassischen Pflegebereich vorgelagert sind die Leistungen nach § 28a SGB XI für Leistungsberechtigte mit dem **Pflegegrad 1.** An diese Versicherten werden Pflegesachleistungen und Pflegegeld nicht als Primärleistung erbracht. Gezahlt wird aber der Entlastungsbetrag nach § 45b Abs. 1 Satz 1 SGB XI. Dieser wird als Zuschuss auch bei der Wahl stationärer Pflege geleistet (§ 28a Abs. 3 SGB XI).

31 Die **Pflegesachleistung** erstreckt sich auf Pflegeeinsätze, die je nach Pflegegrad in § 36 Abs. 3 SGB XI betragsmäßig zzt. zwischen 689,– und 1995,– € liegen. Häusliche Pflege muss nicht unbedingt im eigenen Haushalt des Pflegebedürftigen erfolgen. In einer Einrichtung im Sinne des § 71 Abs. 4 SGB XI ist sie aber nicht zulässig (§ 36 Abs. 4 SGB XI). Pflegesachleistungen werden nach § 36 Abs. 4 Satz 2 SGB XI entweder durch Pflegekräfte erbracht, die die Kasse angestellt hat oder durch ambulante Pflegeeinrichtungen (§§ 71, 72 SGB X) bzw. durch Einzelpersonen, mit denen ein Vertrag geschlossen ist (§ 77 SGB XI). Wenn § 36 Abs. 4 Satz 4 bestimmt, dass mehrere Pflegebedürftige häusliche Pflege gemeinsam in Anspruch nehmen können, so wird damit auch eine erste Grundlage für die Betreuung in Wohngruppen geschaffen (vgl. §§ 38a, 45e SGB XII).

31a Gemäß § 77 Abs. 1 Satz 4 SGB IX dürfen Pflegekräfte kein Beschäftigungsverhältnis mit dem Pflegebedürftigen eingehen. Damit hat der Gesetzgeber dem sog. **Arbeitgebermodell** Grenzen gesetzt. Verhindert wird auf diese Weise, dass der Pflegebedürftige gemäß § 36 SGB XI die kostenaufwändigeren Pflegesachleistungen abruft, aber als Arbeitgeber der Pflegekraft letztlich die Hilfe in der gleichen Weise selbst sicherstellt (§ 37 Abs. 1 Satz 2 SGB XI), wie wenn er das geringere Pflegegeld nach § 37 SGB XI erhielte. Dies wird dadurch verhindert, dass sich die auf der Grundlage des § 36 Abs. 1 Satz 4 SGB XI tätige Einzelperson in einem Vertrag nach § 77 Abs. 1 Satz 1–3 SGB XI verpflichtet, nicht Arbeitnehmerin des Pflegebedürftigen zu werden. Das Arbeitgebermodell – soweit Verträge vor dem 1.5.1996 bestanden haben und die Leistungen vergütet worden sind – ist damit noch nicht vollständig beseitigt worden (§ 77 Abs. 1 Satz 6 SGB XI). Es ist zudem nicht im Rahmen des § 37 SGB XI ausgeschlossen. Soweit allerdings mangels vollständiger Bedarfsdeckung durch die Pflegekasse Leistungen nach den §§ 61 ff. SGB XII in Betracht kommen, geht dies zu Lasten des Trägers der Sozialhilfe (vgl. OVG NRW ZfSH/SGB 2002 S. 537). In § 63b Abs. 6 Satz 2 SGB XII wird bestimmt, dass Pflegebedürftige, die sich für das Arbeitgebermodell im Rahmen des § 37 SGB XI entschieden haben, vom Träger der Sozialhilfe nicht auf die Inanspruchnahme der höheren Pflegesachleistung nach § 36 SGB XI verwiesen werden können (vgl. unten Rn. 55a). In der Sozialhilfe muss also ein höherer Differenzbetrag ausgeglichen werden (vgl. auch § 33 Rn. 25).

31b Unter den Voraussetzungen des 37 SGB XI wird anstelle der Pflegesachleistung ein **Pflegegeld,** je nach Pflegegrad zzt. zwischen 316,– und 901,– € gezahlt. In diesem Falle muss die Pflegebedürftige selbst die Pflege durch eine Pflegeperson sicherstellen. Ist das nicht möglich, so darf das Pflegegeld nicht gewährt werden. Feststellungen dazu trifft der MDK (§ 18 SGB XI). Auch im Falle der Zahlung von Pflegegeld müssen Pflegebedürftige nach Maßgabe des § 37 Abs. 3 SGB XI eine Pflegeberatung in der eigenen Häuslichkeit in Anspruch nehmen. Dies dient der Kontrolle aber auch der Qualitätssicherung. Wird eine solche Pflegeberatung nicht abgerufen, so hat die Pflegekasse das Pflegegeld zu kürzen (§ 37 Abs. 6

SGB XI). Wird die Pflegeberatung nachgeholt, so kommt eine rückwirkende Zahlung des Pflegegeldes nicht in Betracht (BSG 91 S. 174). Das Pflegegeld wird nach den Grundsätzen des § 30 SGB XI dynamisiert. Es bleibt bei der Gewährung anderer einkommensabhängiger Sozialleistungen als Einkommen der Pflegebedürftigen außer Betracht (§ 13 Abs. 5 SGB XI).

Ursprünglich war es weitgehend unbestritten, dass die Leistungen nach den §§ 36, 37 SGB XI und auch nach § 37 SGB V das Leben in einem Haushalt voraussetzen (BT-Drs. 12/5262 S. 112; vgl. auch Lutter, BArbBl 1994/8-9 S. 29; Vollmer, BArbBl 1994/8-9 S. 43). Das bedeutete, dass Pflege nicht in einem Alten- oder Behindertenwohnheim möglich war. Diese Beschränkung hat sich im Laufe der Jahre als nicht sinnvoll erwiesen. Sie resultierte aus den kaum berechtigten Bedenken, dass die Betreuung vor allem in Altenheimen (§ 27b SGB XII) zumindest teilweise aus Mitteln der Krankenversicherung finanziert werden könnten. Als Haushalt wurde und wird der Ort angesehen, an dem oder von dem aus menschliche Grundbedürfnisse wie Ernährung, Kleidung, Körperpflege, Hygiene usw. erfüllt werden. 32

Nunmehr ist eine genaue Bestimmung des Haushalts nicht mehr erforderlich. Bereits in § 37 SGB V ist die häusliche Krankenpflege vom Haushalt abgelöst worden. Für Pflegeleistungen regelt § 36 Abs. 4 Satz 1 SGB XI, dass sie auch zulässig sind, wenn Pflegebedürftige nicht in einem Haushalt leben. Anders als in § 37 Abs. 1 Satz 1 SGB V wird aber nicht näher der „geeignete Ort" für die Pflege umschrieben (vgl. § 37 Abs. 6 SGB V). Das erscheint auch nicht so dringend erforderlich zu sein, weil im Allgemeinen Pflegeverrichtungen solche des Alltags sind, also auch keinen bestimmten Rahmen erfordern. Berücksichtigt man aber die Tatsache, dass auch krankheitsspezifische Pflegemaßnahmen Leistungen der Pflege sind, so scheint ein Verzicht auf die Regelung des „geeigneten Ortes" nicht der Weisheit letzter Schluss zu sein. Geregelt wird ausschließlich, dass in Einrichtungen nach den §§ 43 SGB und 71 Abs. 4 SGB XI keine häusliche Pflege geleistet werden kann. Für das Arbeitgebermodell ist die Sonderregelung des § 11 Abs. 3 SGB V zu beachten. 33

Die beiden Grundformen der häuslichen Pflege (Sachleistung bzw. Pflegegeld) können gemäß § 38 SGB XI kombiniert werden. Wer also die Sachleistung nur teilweise in Anspruch nimmt, kann ein anteiliges Pflegegeld verlangen. Nimmt danach ein Pflegebedürftiger des Pflegegrades 2 die Sachleistung nach § 36 SGB XI nur in Höhe von 465,– € in Anspruch, so hat er sie zu einem Drittel noch nicht ausgeschöpft. Er kann also in Höhe dieses Drittels ein Pflegegeld des gleichen Pflegegrades beanspruchen, das wären 105,– €. 34

Erweitert wird der Anspruch durch die häusliche Pflege bei **Verhinderung der Pflegeperson.** Dabei stehen als Gründe Krankheit und Erholungsurlaub der Pflegeperson im Vordergrund. Es kommen aber auch „andere Gründe" in Betracht. Insgesamt stehen aber nur ein Zeitraum von bis zu sechs Wochen und ein Geldbetrag von zzt. 1612 zur Verfügung (§ 39 SGB XI). Es können allerdings auch Mittel aus nicht in Anspruch genommener Kurzzeitpflege (§ 42 SGB XI) umgeschichtet werden (§ 39 Abs. 2 SGB XI). Der Anspruch besteht auch, wenn, während des Urlaubs der Pflegeperson, ein Pflegebedürftiger seinerseits während einer Ferienreise von einem Zentrum für behinderte Menschen betreut wird (BSG SozR 3-330 § 39 Nr. 3). Die Leistung nach § 39 SGB IX kann gemäß § 34 Abs. 1 Nr. 1 SGB XI auch bei bis zu sechswöchigem Aufenthalt im Ausland beansprucht werden (BSG SGb 2017 S. 343 mAnm Padé). Der Anspruch setzt eine vorherige mindestens sechsmonatige – aber nicht notwendigerweise ununter- 35 brochene – Pflege voraus. Neben diesen Anspruch tritt noch die Kurzzeitpflege nach § 42 SGB XI. Bei Verwandtschaft oder Schwägerschaft bis zum zweiten Grad ergeben sich aus § 39 Abs. 3 SGB XI Einschränkungen des Anspruchs. Ergänzend tritt daneben die Kurzzeitpflege nach § 42 SGB XI, die in Krisensituationen eingreift, und zwar entweder, a) wenn nach stationärer Versorgung, zumeist in einem Krankenhaus, die Pflege noch nicht hinreichend organisiert ist, oder b) in Fällen, in denen vorübergehend häusliche oder teilstationäre Pflege nicht möglich oder nicht ausreichend ist.

36 Schließlich wird der Anspruch durch die Gewährung von **Pflegehilfsmitteln** (Desinfektionsmittel, Inkontinenzhilfen usw.) und technischen Hilfen (Deckenlift, Pflegebett, Hausnotrufanlage) nach § 40 SGB XI ergänzt. Ihr wesentliches Merkmal besteht darin, dass sie (nur) die Pflege erleichtern oder zu einer selbständigen Lebensführung beitragen (BSG SozR 4-3300 § 40 Nr. 7; BSG 101 S. 22) Diese Hilfsmittel werden nicht ärztlich verordnet. Die Notwendigkeit eines beantragten Hilfsmittels wird durch den MDK unter Beteiligung einer Pflegefachkraft festgestellt (§ 40 Abs. 1 Satz 2 SGB XI). Ähnlich wie nach § 128 SGB V für die Hilfsmittel in der Krankenversicherung werden auch in der Pflegeversicherung die Hilfsmittel in einem Pflegehilfsmittelverzeichnis ohne Rechtsverbindlichkeit aber mit großer praktischer Bedeutung festgelegt. Vorrangig ist entsprechend den allgemeinen Grundsätzen zu prüfen, ob Hilfsmittel iSd § 33 SGB V von der Krankenkasse zu leisten sind (§ 40 Abs. 1 Satz 1 SGB XI). Für Hilfsmittel, die sowohl der Krankenbehandlung (Hilfsmittel) als auch der Grundpflege (Pflegehilfsmittel) dienen, ist in § 40 Abs. 5 SGB XI eine ergänzende Regelung getroffen worden. Im Falle eines Antrags auf Hilfsmittel entscheidet der Träger, bei dem die Leistung beantragt worden ist, über die Bewilligung der Hilfsmittel und Pflegehilfsmittel (§ 40 Abs. 5 Satz 1 SGB XI).

36a Für den komplizierten Bereich der Pflegehilfsmittel (§ 40 SGB XI) und ihrer Abgrenzung von den ambulant zu erbringenden Hilfsmitteln der Krankenversicherung (§ 33 SGB V) sind in § 40 Abs. 5 Satz 2–5 SGB XI Grundsätze geregelt, mit denen eine zügige Leistungserbringung sowie eine sachgerechte Abgrenzung und **Kostenaufteilung im Hilfsmittelbereich** gewährleistet werden soll. Danach prüft der Leistungsträger, bei dem die Leistung beantragt wird, ob ein Anspruch gegenüber der Kranken- oder der Pflegekasse besteht. Er entscheidet über die Leistung. In Richtlinien wird geregelt, in welchem Verhältnis die Ausgaben für Hilfs- und Pflegehilfsmittel pauschal aufzuteilen sind. Darüber hinaus werden Einzelheiten zur Umsetzung einer Pauschalierung festgelegt. Dabei ist von Erfahrungswerten auszugehen. Diese Regelung stellt eine ergänzende aber eigenständige Regelung zu den §§ 16, 43 SGB I und 14 SGB IX dar (§ 43 Rn. 5). Sie ist eine bemerkenswerte Modifikation des § 30 Abs. 1 SGB IV, die aber bei komplexen Bedarfen erforderlich ist (vgl. § 11 Rn. 31; § 29 Rn. 17). Von der Vorschrift des § 40 Abs. 5 SGB XI ausdrücklich ausgenommen bleibt der stationäre Bereich (§ 40 Abs. 5 Satz 8 SGB XI).

37 In § 40 Abs. 4 SGB XI ist schließlich geregelt, dass die Pflegekassen finanzielle Zuschüsse zur Verbesserung des individuellen Wohnumfeldes gewähren (zB unterfahrbarer Küchenherd, fest verankerte Klingelleuchte). Voraussetzung ist, dass dadurch die häusliche Pflege ermöglicht oder erheblich erleichtert oder eine möglichst selbständige Lebensführung des Pflegebedürftigen wiederhergestellt wird (BSG NZS 2016 S. 268). Zu den Leistungen gehört auch das Anbringen von Vorkehrungen, die das unkontrollierte Verlassen der Wohnung durch einen Demenzkranken verhindern (BSG SozR 3-3300 § 40 Nr. 8). Dasselbe gilt aber auch für Vorkehrungen, die in anderen Fällen das Verlassen der Wohnung erleichtern (BSG SozR 4-3300 § 40 Nr. 9). Die Leistungen nach § 40 Abs. 4 SGB XI zur Verbesserung des Wohnumfeldes umfassen nicht nur Umbauten. Übernommen werden können auch die Kosten für den Umzug in eine dem Pflegebedarf entsprechende Wohnung (BSG SozR 4-3300 § 40 Nr. 4). Es muss sich um Einbaumaßnahmen handeln. Mobile Hilfen scheiden also aus. Auch Instandsetzungen vorhandener Umbauten können übernommen werden. Allerdings darf der Zuschuss „je Maßnahme“ 4000 € zzt. nicht übersteigen. (BSG SGb 2018 S. 294 mAnm Reimer). Hat sich die objektive Pflegesituation verändert, so ist ein neuer Zuschuss zu leisten. Leben in einer Wohnung mehrere, bis zu vier, Pflegebedürftige, steht jedem dieser Betrag zu. Die Leistungen nach § 40 Abs. 4 SGB XI haben Vorrang vor zweckgleichen Leistungen der Eingliederungshilfe nach § 113 Abs. 2 SGB IX (§ 53 SGB XII aF). Insoweit ist § 13 Abs. 3 Satz 3 SGB XI einschränkend auszulegen (vgl. oben Rn. 27).

4. Stationäre Versorgung

Sofern die Pflege im häuslichen Bereich nicht in ausreichendem Umfang sichergestellt werden kann, besteht nach § 41 SGB XI Anspruch auf **teilstationäre Pflege** einschließlich der Beförderung in die Einrichtung der Tages- bzw. Nachtpflege. Je nach Pflegegrad werden zzt. hierfür Aufwendungen zwischen 689,– € und 1995,– € übernommen. Gemäß § 41 Abs. 2 Satz 1 SGB XI übernimmt die Pflegekasse neben den pflegebedingten Aufwendungen auch die Aufwendungen der sozialen Betreuung und der medizinischen Behandlungspflege. Gemäß § 41 Abs. 3 SGB XI ist eine Kombination unterschiedlicher Pflegeleistungen möglich, ohne dass eine Anrechnung auf die Ansprüche erfolgt. Über § 41 SGB XI hinaus besteht auch im Rahmen der teilstationären Pflege ein ergänzender Anspruch auf vollstationäre Kurzzeitpflege nach § 42 SGB XI. **38**

In § 43 SGB XI wird ein Anspruch auf **vollstationäre Pflege** begründet. **39** Ursprünglich war er gegenüber den anderen Ansprüchen nachrangig (§ 33 Rn. 14). Der Nachrang wurde allerdings bereits in § 43 Abs. 3 SGB XI aF insoweit durchbrochen, als ein Pflegebedürftiger vollstationäre Pflege wählen konnte, ohne stationär pflegebedürftig zu sein. In diesem Falle erhielt er einen Zuschuss in Höhe der Leistungen des § 36 Abs. 3 SGB XI aF. Nach der Neufassung des § 43 Abs. 1 SGB XI besteht der Anspruch auf stationäre Pflege ohne Einschränkungen. Die von der Pflegekasse zu zahlenden Geldbeträge liegen je nach Pflegegrad zzt. zwischen 770 € und 2005 €. Sie sind damit nur geringfügig höher als die Beträge für die ambulante Pflegesachleistung nach § 36 SGB XI. Auch Leistungsberechtigte des Pflegegrades 1 haben den Anspruch nach § 43 Abs. 1 SGB XI. Sie erhalten für ihre Aufwendungen (§ 43 Abs. 1 Satz 2 SGB XI) einen Zuschuss von 125 €, der dem Entlastungsbetrag (§§ 28a, 45b SGB XI) entspricht (§ 43 Abs. 3 SGB XI). Was die stationäre Pflege betrifft, so besteht ein gewisses Spannungsverhältnis mit der Sozialhilfe. Wie praktisch alle Leistungen der Pflegeversicherung, sind auch solche nach § 43 SGB XI nicht bedarfsdeckend und müssen durch Leistungen der Sozialhilfe ergänzt werden. In § 65 SGB XII ist nun weiterhin ein etwas modifizierter Nachrang der stationären gegenüber der teilstationären bzw. ambulanten Pflege geregelt. Nach § 43 Abs. 1 SGB XI besteht der Anspruch auf vollstationäre Pflege ohne weitere Voraussetzungen. Gemäß § 65 Satz 1 SGB XII besteht er nur, wenn häusliche oder teilstationäre Pflege nicht möglich ist, oder wegen der Besonderheit des Einzelfalles nicht in Betracht kommt. Damit können in den Fällen, in denen lediglich der Wunsch nach stationärer Pflege besteht, nur diejenigen Pflegebedürftigen ihren Anspruch nach § 43 Abs. 1 SGB XI realisieren, die in der Lage sind, den Differenzbetrag selbst aufzubringen. Die Finanzierung einer nicht erforderlichen stationären Betreuung durch Sozialleistungen entspricht nicht dem überkommenen System (vgl. § 33 Rn. 19a). Der Konflikt wird allerdings dadurch entschärft, dass die nach § 43 Abs. 1 SGB XI zu übernehmenden Beträge nicht erheblich über denen des § 36 Abs. 3 SGB XII liegen.

40 Ähnlich wie im Krankenhaussektor besteht auch im Pflegebereich eine duale Finanzierung. Danach tragen die Pflegekassen die Betriebskosten und die Länder die Investitionskosten der Pflegeeinrichtungen (§ 82 SGB XI). Die Pflegevergütung ist von den Pflegebedürftigen oder deren Kostenträgern zu übernehmen. Pflegebedingt sind nur solche Aufwendungen, die zur Vergütung der Pflegeleistungen in der Pflegeeinrichtung zu erbringen sind. Einbezogen sind allerdings auch die Kosten der medizinischen Behandlungspflege (§ 43 Abs. 2 Satz 1 SGB XI). Daraus erwächst das grundsätzliche Problem der leistungsgerechten Vergütung, deren Bestimmung, anfangs mangels anderer sicherer Kriterien, nur auf der Basis eines „externen", also im Wesentlichen marktmäßigen Vergleichs erfolgt ist (BSG 87 S. 199). Solange aber der Gesetzgeber auch in der stationären Versorgung keine volle Bedarfsdeckung vorsieht, kann man bei der Vergütung nur sehr bedingt an den tatsächlichen Betreuungsbedarf anknüpfen. Eine volle Bedarfsdeckung ist in jedem Falle erst durch die Sozialhilfe möglich. In § 84 Abs. 2 Satz 3 SGB XI ist im Übrigen eine Berücksichtigung der Pflegegrade vorgesehen. In dem System der Pflegegrade kommt – und zwar auch für den stationären Bereich – zum Ausdruck, dass bei höherem Bedarf höhere Versicherungsleistungen zu erbringen sind (vgl. unten Rn. 41, 61).

41 Jedenfalls bei der stationären Pflege ist die Besonderheit zu beachten, dass die Vergütung der Leistungen des Heimes, einschließlich der Betreuung und, soweit kein Anspruch nach § 37 SGB V besteht, der Behandlungspflege nach §§ 84 Abs. 8, 85 Abs. 3 SGB XI über die Pflegesatzvereinbarung abgesichert ist. Für Unterkunft und Verpflegung hat der Pflegebedürftige selbst aufzukommen (§ 82 Abs. 1 Satz 4 SGB XI). In § 84 SGB XI besteht zwar eine Koppelung der Pflegeklassen an die Pflegegrade (vgl. BSG 107 S. 37; BSG 113 S. 250). Diese Bindung ist jedoch durch Neufassung des § 84 SGB XI wesentlich modifiziert worden. Der Pflegegrad des einzelnen Pflegebedürftigen hat nur noch Bedeutung für den **Leistungsanteil der Pflegekasse.** Es verbleibt ein einrichtungseinheitlicher Eigenanteil, in dem sich der durch die Pflegekassen nicht abgedeckte Versorgungsbedarf aller Heimbewohner ausdrückt. An ihm müssen sich die Heimbewohner, bzw. der Träger der Sozialhilfe beteiligen. Im Ergebnis kommt es für diesen Eigenanteil nicht mehr darauf an, welchen Umfang die Pflegebedürftigkeit des Einzelnen hat (vgl. unten Rn. 61). Davon unabhängig führt die Einstufung in eine höhere Pflegeklasse noch nicht zu einem höheren Pflegegrad. Hierzu ist in § 87a Abs. 2 SGB XI geregelt, dass der Heimträger den Bewohner schriftlich und begründet auffordern kann, einen höheren Pflegegrad zu beantragen, sofern für eine Erhöhung Anhaltspunkte bestehen (unten Rn. 62). In jedem Fall leistet die Pflegekasse nur die in § 43 Abs. 2 SGB XI genannten Sätze. Veränderungen in den Kosten, ohne dass sich der Pflegegrad ändert, führen nur dazu, dass sich die Kosten für den Pflegebedürftigen, bzw. den Träger der Sozialhilfe verändern.

42 Unabhängig von der die gesamte Pflege berührenden Frage der leistungsgerechten Pflegevergütung ist die Tatsache zu sehen, dass die Pflegekasse, nach Maßgabe des § 43 Abs. 2 SGB XI, nur die Pflegesätze des § 84 SGB XI übernimmt. In den

Pflegesätzen dürfen keine Aufwendungen berücksichtigt werden, die nicht der Finanzierungszuständigkeit der sozialen Pflegeversicherung unterliegen (§ 82 Abs. 1 Satz 2–4 SGB IX). Die Pflegesätze sind Entgelte für die Pflegeleistungen des Pflegeheims sowie für die Betreuung und, soweit kein Anspruch auf Krankenpflege nach § 37 SGB V besteht, für die **medizinische Behandlungspflege** (§§ 43 Abs. 2, 82 Abs. 1 Satz 3 SGB XI). Ein solcher Anspruch besteht unter den engen Voraussetzungen des § 37 Abs. 2 Satz 3 SGB V. In jedem Falle muss der Pflegebedürftige die Aufwendungen für **Unterkunft, Verpflegung** und Zusatzleistungen (§ 88 SGB XI) selbst tragen. Ist er dazu nicht in der Lage, so werden diese Leistungen zum Lebensunterhalt vom Träger der Sozialhilfe erbracht (§ 27b SGB XII). Nur in den engen Grenzen des § 43 Abs. 2 Satz 3 SGB XI übernimmt die Pflegekasse diese Aufwendungen.

Lebt ein Pflegebedürftiger in einem **Wohnheim** für behinderte Menschen, so kann er dort keine stationäre Pflege erhalten, weil dieses Wohnheim nicht die Voraussetzungen des § 71 Abs. 2 Nr. 1 und 2 SGB XI erfüllt (vgl. § 71 Abs. 4 SGB XI). Vor allem um eine Vermischung des Altenheim- und des Pflegebereichs zu verhindern, hatte der Gesetzgeber in § 71 Abs. 1 SGB XI klare Kriterien für dies Pflegeeinrichtung aufgestellt, die das Behindertenwohnheim nicht erfüllt (BSG 103 S. 78). Andererseits kann der behinderte Mensch häusliche Pflege nach § 36 Abs. 4 Satz 1 Hs. 1 SGB XI auch erhalten, wenn er nicht in seinem eigenen Haushalt lebt. Damit ist eigentlich die Grundlage für die nach § 71 Abs. 1 und 4 SGB XI vorgenommene scharfe Zäsur entfallen (oben Rn. 24). Dennoch hält der Gesetzgeber daran fest, dass auch häusliche Pflege ua nicht in Behindertenwohnheimen geleistet werden kann. Folglich ist dort weder stationäre noch ambulante Pflege möglich (§ 36 Abs. 4 Satz 1 Hs. 2 SGB XI). Das hat die in den Behindertenwohnheimen angestrebte ganzheitliche Betreuung jedoch erheblich erschwert. Dass behinderte Menschen in diesen Einrichtungen oft auch Pflege erhalten, ist unstreitig. Sie ist dort auch sicherzustellen (§ 13 Abs. 3 Satz 3 SGB XI). Im Rechtssinne war und ist dies aber ebenso wenig Pflege wie eine entsprechende Versorgung im Krankenhaus, etwa nach einer schweren Operation (§ 39 SGB V). Nach längeren Auseinandersetzungen hat man die Kompromissregelung des § 43a SGB XI getroffen. Danach leisten die Pflegekassen zur Abgeltung der pflegerischen Aufwendungen im Behindertenwohnheim monatlich einen Betrag von 10 % des vereinbarten Heimentgelts nach § 75 Abs. 3 SGB XII zzt. höchstens jedoch 266,– €. In Einzelfällen werden auch Leistungen nach § 37 Abs. 2 Satz 7 und 8 SGB V erbracht. 43

Kompliziert ist die Rechtslage bei der Ausstattung mit Hilfsmitteln im **stationären Bereich** (v. Heinz, SGb 2003 S. 20). Pflegeheime, nicht dagegen Alten- oder Behindertenwohnheime, müssen so ausgestattet sein, dass zusätzliche Hilfsmittel grundsätzlich nicht erforderlich sind. Sie gehören vielmehr zum Inventar des Pflegeheims. Allerdings gilt das nur für den heiminternen Betrieb und wenn diese Hilfsmittel nicht individuell angepasst werden müssen (BSG 85 S. 287). Individuell angepasst und damit grundsätzlich von der Krankenkasse auch während der stationären Versorgung in der Pflegeeinrichtung zu leisten sind vor allem Hilfsmittel wie Hörgeräte, orthopädische Schuhe usw. Ob ein Hilfsmittel individuell von der Kranken- oder der Pflegekasse zu leisten ist, hängt im Wesentlichen davon ab, wie ein Heim auszustatten ist, was also zur „Heimsphäre“ zu rechnen ist (LSG Thür. NZS 2013 S. 510, mobiler Patientenlifter). Entfaltet also ein Pflegebedürftiger, der auf einen Rollstuhl angewiesen ist, Aktivitäten außerhalb des Heimes, so muss die Krankenkasse als Hilfsmittel im Sinne des § 33 SGB V einen 44

Rollstuhl leisten. Insoweit muss die Abgrenzung zumindest auch danach erfolgen, ob ein konkreter Behinderungsausgleich im Sinne der Rehabilitation oder Teilhabe erfolgt, oder ob ganz überwiegend die Pflege im Vordergrund steht (BSG SozR 4-2500 § 33 Nr. 5; BSG SGb 2006 S. 488 mAnm Linke).

45 Es hatte sich bald gezeigt, dass eine genauere Begründung erforderlich war: Obwohl weitgehend auch zur Heimausstattung gehörig, ist die behinderungsgerechte Dekubitusmatratze Hilfsmittel im Sinne des § 33 SGB V, wenn sie nach ärztlicher Verordnung zur Behandlung eines akuten oder zur Vermeidung eines unmittelbar drohenden Druckgeschwürs erforderlich ist. Damit wird sie in das ärztliche Behandlungskonzept einbezogen. Anders ist dies konsequenterweise, wenn diese Matratze der allgemeinen Prophylaxe dient. Hier steht der Aspekt der sachgemäßen Pflege ganz im Vordergrund. Das BSG hat auch zur Versorgung von Pflegebedürftigen in stationären Einrichtungen mit Rollstühlen (BSG 85 S. 287) und mit Ernährungspumpen (BSG 89 S. 271) entschieden, dass die Pflicht der Krankenkasse zur Leistung von Hilfsmitteln, die der Sicherung des Erfolgs der Krankenbehandlung oder dem Behinderungsausgleich dienen, grundsätzlich nicht schon deshalb ausgeschlossen ist, weil sich der Versicherte dauerhaft in einer Pflegeeinrichtung aufhält. Die Leistungspflicht der Krankenkasse umfasst allerdings nicht alle Gegenstände, die – neben anderen Zwecken – auch dem Ausgleich einer Behinderung dienen. Andernfalls müsste auch typisches Inventar von Pflegeeinrichtungen als von der Krankenkasse zu leistendes Hilfsmittel angesehen werden. Besteht der Verwendungszweck eines Gegenstands ganz überwiegend darin, die Durchführung der Pflege zu ermöglichen oder zu erleichtern, so begründet allein die Tatsache, dass er auch zum Behinderungsausgleich eingesetzt wird, noch nicht die Leistungspflicht der Krankenkasse. Das gilt etwa für den einfachen Schiebérollstuhl, der primär Transportfunktionen innerhalb des Heimes erfüllt, sowie das Pflegebett. Demgegenüber fällt ein Hilfsmittel, das zur Durchführung von Behandlungspflege erforderlich ist, grundsätzlich in die Leistungspflicht der Krankenkasse und ist nicht vom Pflegeheim vorzuhalten.

46 Die Pflicht der Krankenkasse zur Versorgung der Versicherten mit Hilfsmitteln endet nach der gesetzlichen Konzeption des SGB V und des SGB XI dort, wo bei vollstationärer Pflege die Pflicht des Heimträgers auf Versorgung der Heimbewohner mit Hilfsmitteln einsetzt. Bei vollstationärer Pflege hat der Träger des Heimes für die im Rahmen des üblichen Pflegebetriebs notwendigen Hilfsmittel zu sorgen, weil er verpflichtet ist, die Pflegebedürftigen ausreichend und angemessen zu pflegen, zu betreuen und mit medizinischer Behandlungspflege zu versorgen (§ 43 Abs. 1, 2 und § 43a SGB XI). Nach § 11 Abs. 1 SGB XI hat die Pflege in einem Pflegeheim (§ 71 Abs. 2 SGB XI) nach dem allgemein anerkannten Stand medizinisch-pflegerischer Erkenntnisse zu erfolgen. Die Heime müssen daher das für die vollstationäre Pflege notwendige Inventar bereithalten. Einen geeigneten Anhaltspunkt für die von den Heimen vorzuhaltenden Hilfsmittel bietet – ohne dass hier eine abschließende Beurteilung jedes einzelnen Hilfsmittels vorzunehmen ist – zB die „Gemeinsame Verlautbarung der Spitzenverbände der Kranken- und Pflegekassen zur Ausstattung von Pflegeheimen mit Hilfsmitteln". Hierzu zählen zB alle Hilfsmittel, die bei Verwirrtheitszuständen, Lähmungen und sonstigen Funktionseinschränkungen üblicher Art (zB bei Altersdemenz, Morbus Alzheimer, Folgen eines Schlaganfalls, Multipler Sklerose und Querschnittslähmungen) benötigt werden.

47 Die gesetzliche Krankenversicherung hat darüber hinaus nur solche Hilfsmittel zur Verfügung zu stellen, die nicht der „Sphäre" der vollstationären Pflege zuzurechnen sind. Das sind im wesentlichen 1. individuell angepasste Hilfsmittel, die ihrer Natur nach nur für den einzelnen Versicherten bestimmt und grundsätzlich nur für ihn verwendbar sind (zB Hörgeräte, Prothesen); 2. Hilfsmittel, die der Befriedigung eines allgemeinen Grundbedürfnisses außerhalb des Pflegeheims dienen (BSG 89 S. 271). Einen etwas anderen Anknüpfungspunkthat hat der Gesetzgeber bei der häuslichen Krankenpflege gewählt (§ 37 Abs. 2 Satz 3 SGB V). Danach besteht innerhalb des Pflegeheimes ein Anspruch bei besonders hohem Bedarf an medizinischer Behandlungspflege.

Insbesondere der Begriff **„Heimsphäre"** ist nicht in dem Sinne zu verstehen, **48** dass damit alle Hilfsmittel aus der Leistungspflicht der Krankenkasse herausfielen, die nur innerhalb des Heimes verwendet werden. Der Ausdruck „Heimsphäre" ist kein bloß räumlich zu verstehendes Abgrenzungskriterium. Er beschreibt vielmehr die inhaltliche Zuordnung, die bei jedem Hilfsmittel erfolgen muss und damit auch was zur Vorhaltepflicht der Pflegeeinrichtung gehört (Sächs. LSG L 1 KR 193/15 Rn. 34, juris). Die Heimsphäre lässt sich daher nicht allgemein für Pflegeheime jeder Art beschreiben, sondern wird zB für Pflegeheime mit Pflegebedürftigen überwiegend des Pflegegrades 2 anders aussehen als bei Pflegeheimen mit beatmungsbedürftigen Schwerstpflegebedürftigen oder Apallikern.

Soweit der Versorgungsvertrag, den die Pflegekassen mit dem Heimträger **49** abschließen (§ 73 Abs. 1 SGB XI), nichts Ausdrückliches zur Heimausstattung vorschreibt, ist lediglich die zur Durchführung von üblichen Maßnahmen der Grundpflege und der hauswirtschaftlichen Versorgung erforderliche Ausstattung vorzuhalten, weil sich dies aus dem Wesen jeder Pflegeeinrichtung ohne Weiteres ergibt. Was im Einzelnen dazu gehört und wie die Abgrenzung zu den von den Krankenkassen zu leistenden Hilfsmitteln in diesen Bereichen vorzunehmen ist, kann auch nur jeweils für konkrete Gegenstände entschieden werden. Vor dem Hintergrund der Tatsache, dass die Rehabilitation immer auf einen gewissen Erfolg ausgerichtet ist, spricht einiges dafür, auch solche Gegenstände der Heimausstattung zuzurechnen, bei denen zwar noch ein gewisser Behinderungsausgleich zu erkennen ist, ganz überwiegend aber die Pflege im Vordergrund steht, weil eine Selbstbestimmung und Teilhabe am Leben in der Gesellschaft (vgl. § 1 Satz 1 SGB IX) nicht mehr möglich ist, eine Rehabilitation damit nicht mehr stattfindet (vgl. BSG SozR 4-2500 § 33 Nr. 5). Jedoch regelt § 33 Abs. 1 Satz 3 SGB V, dass die Ausstattung mit Hilfsmitteln nicht davon abhängig ist, in welchem Umfang eine Teilhabe am Leben in der Gemeinschaft noch möglich ist. Das entspricht der rechtlichen Situation außerhalb des Heimes und bedeutet im Ergebnis, dass auch innerhalb des Pflegeheimes an diejenigen Menschen Leistungen der Krankenbehandlung oder zum Behinderungsausgleich erbracht werden (zB Rollstuhl), die zur Benutzung des Hilfsmittels in der Lage sind.

Zu größeren rechtlichen Schwierigkeiten haben die Auseinandersetzungen um **50** das Hilfsmittel der Anti-Dekubitusmatraze geführt. Sie bestehen im stationären Bereich unverändert fort. Bei der Beurteilung der Frage, ob eine Anti-Dekubitusmatratze der Behandlung oder der Pflege zugeordnet werden muss, hat das BSG folgende Auffassung entwickelt: Besteht der Verwendungszweck eines Gegenstands ganz überwiegend darin, die Durchführung der Pflege zu ermöglichen oder zu erleichtern, so begründet allein die Tatsache, dass er auch zum Behinderungsausgleich eingesetzt wird, noch nicht die Leistungspflicht der Krankenkasse. Des Weiteren hat das BSG klargestellt, dass Hilfsmittel, die zur Durchführung von Behandlungspflege erforderlich sind, grundsätzlich in die Leistungspflicht der Krankenkasse fallen und nicht vom Pflegeheim vorzuhalten sind.

51 Allerdings können Anti-Dekubitusmatratzen nicht ohne weiteres dem Komplex „Behandlung" oder dem der „Pflege" zugeordnet werden. Denn sie dienen bei unterschiedlicher Konstruktion und Beschaffenheit zum einen der Behandlung akuter Druckgeschwüre und damit der Behandlungspflege und zum anderen nur zur Vermeidung derartiger Gesundheitsstörungen. Ob die Dekubitusvorsorge ebenfalls der Behandlungspflege zuzuordnen oder eine reine Pflegemaßnahme ist, ist umstritten. Soweit Anti-Dekubitusmatratzen unter pflegerischen Gesichtspunkten allein zur Prophylaxe eingesetzt werden, steht der Aspekt der Pflege ganz im Vordergrund, obgleich sie auch in diesem Zusammenhang in bestimmtem Umfang dem Behinderungsausgleich dienen, eben weil sie eine krankheits- oder behinderungsbedingt eingeschränkte Fähigkeit zum Körperlagewechsel kompensieren sollen. Die Leistungspflicht der Krankenkasse kann in derartigen Fällen nicht durch den mit Einführung des SGB IX in den § 33 Abs. 1 SGB V aufgenommenen weiteren Zweck der Hilfsmittelversorgung begründet werden, „einer drohenden Behinderung vorzubeugen". Für Leistungen der Rehabilitation und Teilhabe ist vielmehr erforderlich, dass die Behinderung nicht nur allgemein, sondern konkret und unmittelbar drohen muss. Eine solche Situation besteht aber bei einer allgemeinen Dekubitusprophylaxe nicht.

52 Auch die Pflege muss darauf ausgerichtet sein, weitere Behinderungen, eine Erhöhung des pflegerischen Hilfebedarfs oder eine Zunahme von Beschwerden auf Grund des die Pflegebedürftigkeit begründenden Gesamtzustands zu vermeiden. Von daher müsste bei weiter Auslegung nicht nur ein Großteil der die Pflege erleichternden Hilfsmittel, sondern auch der Teil des Aufwands für pflegerische Dienstleistungen, der den genannten Zwecken dient, der Krankenversicherung zugeordnet werden. Eine derart weit gehende Leistungspflicht der Krankenversicherung hat der Gesetzgeber aber nach der Feststellung von Pflegebedürftigkeit nicht beabsichtigt. Von diesem Zeitpunkt an fallen alle Maßnahmen, die der Grundpflege zuzuordnen sind, in die Zuständigkeit der Pflegeversicherung, auch soweit sie vorbeugenden Charakter haben. Dies wird für den Bereich der ambulanten Pflege etwa durch § 37 Abs. 2 Satz 6 SGB V klargestellt. Danach wird die Grundpflege als Leistung der Krankenkasse nach Eintritt von Pflegebedürftigkeit mit dem Pflegegrad 2 ausgeschlossen.

53 Wird die Anti-Dekubitusmatratze allerdings im Zuge eines ärztlichen Behandlungskonzepts zur Behandlung von oder zur Nachsorge nach akuten Dekubitalgeschwüren eingesetzt, so steht der Aspekt der Behandlungspflege im Vordergrund und begründet deshalb die Leistungspflicht der Krankenkasse (oben Rn. 45). In diesen Fällen kann die Krankenkasse dem Anspruch des Versicherten auch nicht entgegen halten, der Dekubitus sei durch einen Pflegefehler in der Einrichtung entstanden. Außerdem muss beim Auftreten eines Druckgeschwürs nicht notwendigerweise ein Pflegedefizit zu Grunde liegen. Der Entstehung eines Druckgeschwürs kann nach medizinisch-pflegewissenschaftlichen Erkenntnissen zwar in der Regel durch bewegungsfördernde Maßnahmen entgegen gewirkt werden; dieses Ziel ist aber nicht bei allen Pflegebedürftigen erreichbar. Einschränkungen bestehen vor allem bei Personen, deren gesundheitliche Situation eine konsequente Anwendung der erforderlichen prophylaktischen Maßnahmen nicht zulässt. Die Leistungspflicht der Krankenkasse entsteht in solchen Fällen nicht erst dann, wenn es um die Behandlung eines akuten Druckgeschwürs geht, sondern stets, wenn nach ärztlicher Einschätzung die Entstehung eines Dekubitusses ohne den Einsatz einer speziellen Anti-Dekubitusmatratze unmittelbar droht. Es handelt sich hier also nicht mehr um eine allgemeine Dekubitusprophylaxe, sondern um

die Abwendung einer konkret und unmittelbar drohenden Erkrankung. Zur Vorhaltepflicht eines Pflegeheims gehören danach von allen Systemen nur diejenigen, die allgemein der Prophylaxe dienen und lediglich eine druckreduzierende Weichlagerung ermöglichen (Stufe 0). Ist aus medizinischer oder pflegewissenschaftlicher Sicht dagegen ein so genanntes Wechseldrucksystem (Stufen 1 bis 4) erforderlich, so handelt es sich um ein Hilfsmittel, das der Krankenbehandlung dient und deshalb dem Versicherten von der Krankenkasse zur Verfügung zu stellen ist.

5. Verhältnis zur Sozialhilfe

Die Pflegeversicherung war anfangs in zweifacher Hinsicht nicht bedarfsdeckend konzipiert. Sie hatte zunächst einen zu engen Pflegebegriff (§§ 14, 15 SGB XI aF). Zum anderen waren und sind ihre Leistungen der Höhe nach so begrenzt, dass auch ein vollständig in der Pflegeversicherung zu berücksichtigender Bedarf nicht gedeckt werden kann. Nur in diesem zweiten Aspekt unterscheiden sich heute noch Pflegeversicherung und Sozialhilfe. Hinsichtlich des Verhältnisses der Pflegeversicherung zu den Pflegeleistungen der **Sozialhilfe** gilt zunächst einmal § 62a SGB XII. Danach hat die Entscheidung der Pflegekasse **Bindungswirkung** auch für die Sozialhilfe, soweit sie auf Tatsachen beruht, die bei Entscheidungen sowohl der Pflegekasse als auch des Trägers der Sozialhilfe zu berücksichtigen sind. **54**

Ursprünglich hatte die Sozialhilfe eine spezifische Ergänzungsfunktion. Wer nach § 14 SGB XI aF keine Pflegestufe erreichte, weil er nicht mindestens täglich 90 Minuten täglich der Pflege bedurfte, erhielt auf der Grundlage des § 61 Abs. 1 Satz 2 SGB XII aF die wesentlichen Pflegleistungen vom Träger der Sozialhilfe. Das war häufig die sog. Pflegestufe 0. Wichtig war auch, dass Leistungen für „andere Verrichtungen" – gemessen an § 14 Abs. 4 SGB XI aF – erbracht wurden. Hieraus könnte sich in Zukunft in Einzelfällen eine Versorgungslücke ergeben (vgl. LSG BW ZfSH/SGB 2015 S. 743). Eine der Pflegestufe 0 entsprechende Regelung besteht jetzt nicht mehr im Pflegegrad 1. Die Pflegekasse erbringt danach zwar nur die begrenzten Leistungen des § 28a SGB XI. Dem entspricht jetzt aber auch die Regelung des § 66 SGB XI. Da gemäß § 63b Abs. 1 SGB XII Pflegeleistungen der Sozialhilfe nicht erbracht werden, soweit Ansprüche nach anderen Rechtsvorschriften, insbesondere des SGB XI, bestehen, kommt der Sozialhilfe auch beim Pflegegrad 1 keine nennenswerte Ergänzungsfunktion zu. Es ist aber ein wichtiger Punkt zu beachten. Soweit Personen nur den Pflegegrad 1 erreicht haben, oder mit ihrem Betreuungsbedarf sogar darunter liegen, haben sie für einzelne personen- oder haushaltsbezogene Verrichtungen Anspruch auf Hilfe nach § 27 Abs. 3 SGB XII. Es handelt sich dabei um eine Hilfe zum Lebensunterhalt, der in § 27a Abs. 1 SGB XII definiert wird und die keineswegs auf materielle Leistungen beschränkt ist. Sie erstreckt sich zB auf Ernährung, Körperpflege und die Versorgung des Haushalts. Haben Personen einen deutlich höheren Betreuungsbedarf und erstreckt sich dieser allein auf die hauswirtschaftliche Versorgung, so kommt eine Hilfe nach § 70 SGB XII in Betracht. Diese könnte uU die personenbezogene Hilfe nach § 27 Abs. 3 SGB XII ergänzen. **54a**

Die Pflegegrade (§§ 61a–61c SGB XII) und die Leistungen der Sozialhilfe (§§ 63b ff. SGB XII orientieren sich an der Pflegeversicherung, sind ihr gegenüber aber nachrangig. Da die Sozialhilfe aber bedarfsdeckend konzipiert ist, entfallen hier entscheidende Begrenzungen. So wird zwar das Pflegegeld nach § 64a SGB XII in Orientierung an § 37 SGB XI gezahlt, dasselbe gilt aber nicht für die **55** häusliche Pflegehilfe nach § 64b SGB XII. Diese ist bedarfsdeckend. Entsprechendes gilt für die Verhinderungs- und die Kurzzeitpflege (§§ 64c, 64h SGB XII). Auch die stationäre Pflege nach § 65 SGB XII wird ohne die Obergrenzen, wie sie § 43 Abs. 2 SGB XI festlegt, geleistet. Unter den Regelungen zur Leistungskonkurrenz ist besonders § 63b Abs. 5 SGB XII beachtenswert. Die Vorschrift bestimmt, dass neben der Pflegesachleistung (§ 36 SGB XI) und der häuslichen Pflege nach § 64b SGB XII ein Pflegegeld gezahlt wird. Es kann jedoch um bis zu 2/3 gekürzt werden (§ 66 Abs. 2 Satz 2 SGB XII). Neben der Leistung nach § 36 SGB XI wird also immer noch ein **sozialhilferechtliches Restpflegegeld** gezahlt. Es handelt sich hier nicht lediglich um eine intern sozialhilferechtliche Wirkung Vorschrift, denn § 63b Abs. 5 Hs. 2 SGB XII bezieht auch gleichartige Leistungen nach anderen Rechtsvorschriften ein. Auch aus § 63b Abs. 1 SGB XII ergibt sich keine Einschränkung. Wird die Pflegesachleistung nach § 36 SGB XI voll ausgeschöpft, so wird daneben in der Pflegeversicherung kein Pflegegeld gezahlt. Damit ist § 63b Abs. 5 Hs. 2 SGB XII anzuwenden.

55a Ein Pflegegeld nach § 37 SGB XI wird dagegen in vollem Umfang auf die Leistung nach § 64a SGB XII angerechnet. Wählt also ein Versicherter das Pflegegeld nach § 37 SGB XI, so kann eine Aufstockung durch die Sozialhilfe nicht erfolgen. Allerdings werden auch in diesem Falle die zusätzlichen Kosten für häusliche Pflegehilfe nach § 64b Abs. 1 Satz 2 SGB XII übernommen. Im Rahmen der Selbsthilfeobliegenheit (§ 2 Abs. 1 SGB XII) wird man den Pflegebedürftigen in diesem Falle aber zunächst auf die Inanspruchnahme der betragsmäßig höheren Pflegesachleistung nach § 36 SGB XI verweisen können. Eine Ausnahme ist in § 63b Abs. 6 SGB XII nur für das Arbeitgebermodell geregelt worden (oben Rn. 31a). Eine die Versicherungsleistungen ergänzende Funktion haben die Leistungen nach den §§ 61 ff. SGB XII also nur bei den Pflegesachleistungen nach § 36 SGB XI, den ergänzenden Leistungen nach den §§ 39, 40, 42 SGB XI und schließlich bei der vollstationären Pflege (§ 43 SGB XI).

56 Leistungen der Sozialhilfe werden nachrangig im Verhältnis zu eigenem Einkommen und Vermögen und auch gegenüber Unterhaltspflichtigen erbracht. Insoweit treffen die §§ 85 ff. SGB XII Regelungen betreffend den Hilfebedürftigen und die Mitglieder seiner Bedarfsgemeinschaft (§ 19 Abs. 2 und 3 SGB XII). Bei ambulanter Pflege (§ 64b SGB XII) kommt ein Einsatz von Einkommen nach den §§ 85–87 SGB XII in Betracht. Im stationären Bereich werden Leistungen zum Lebensunterhalt nach § 27b SGB XII und solche der Pflege (§ 65 SGB XII) erbracht. Der Einkommenseinsatz bei der Pflege erfolgt im Wesentlichen nach § 88 Abs. 1 Satz 2 SGB XII. Häufig verbleibt dabei dem Pflegebedürftigen nur der Barbetrag des § 27b SGB XII. Insbesondere wenn von zwei Partnern der eine stationäre Pflege erhält und der andere im häuslichen Bereich verbleibt, ist § 92a SGB XII anzuwenden. Diese Vorschrift ist auf alle Fälle stationärer Versorgung anwendbar. Nach der entscheidenden Regelung des § 92a Abs. 3 SGB XII ist bei der Prüfung des angemessenen Einkommenseinsatzes der bisherigen Lebenssituation des im Haushalt verbliebenen Partners Rechnung zu tragen. Vermögen wird im Rahmen der §§ 66a, 90 SGB XII geschont.

56a Soweit andere Unterhaltspflichtige herangezogen werden, erfolgt nach § 94 Abs. 2 SGB XII eine weitestgehende Schonung der Eltern eines pflegebedürftigen volljährigen Kindes. Auf Partner oder Kinder anderer pflegebedürftiger Personen erstreckt sich diese Regelung nicht (vgl. § 1 Rn. 12). Sie werden im Rahmen ihrer Unterhaltspflicht herangezogen. Hier ergeben sich beim Elternunterhalt Beschränkungen aus der Grundüberlegung dass Eltern ihre Lebensstellung nicht von den Kindern ableiten. Daraus folgt ein verhältnismäßiger hoher notwendiger Eigenbedarf und eine dementsprechender Schonung von Rücklagen zur ergänzenden Alterssicherung der heranzuziehenden Kinder (BGHZ 186 S. 350; BGH NJW 2013 S. 301; BGHZ 205 S. 165, BGHZ 213 S. 288; BGH NJW 2019 S. 512, zu § 94 Abs. 3 Nr. 2 SGB XII). Geplant ist eine Neuregelung, die sich an § 43 Abs. 5 SGB XII orientiert.

6. Ergänzende Leistungen

Die Leistungen, die neben Pflegesachleistung und Pflegegeld treten, sind im Laufe der Jahre immer weiter entwickelt worden. Auf der Grundlage der §§ 7 ff. SGB XI hat sich eine beratend präventive Infrastruktur entwickelt (Krahmer, ZfSH/SGB 2018 S. 379). Dabei stehen die Pflegestützpunkte (§ 7c SGB XI) und die Pflegekurse (§ 45 SGB XI) im Vordergrund. Ein weiter Schwerpunkt ist die Entwicklung des gemeinsamen Wohnens von Pflegebedürftigen. Das beginnt mit der gemeinsamen Inanspruchnahme von Pflegesachleistungen (§ 36 Abs. 4 Satz 2 SGB XI) und wird fortgesetzt durch zusätzliche Leistungen im ambulant betreuten Wohnen (§ 38a SGB XI) und erstreckt sich bis hin zur Anschubfinanzierung dieser Wohnformen (§ 45e SGB XI). Einen Einfluss auf die Entwicklung der Infrastruktur dürfen auch die Angebote zur Unterstützung im Alltag haben. Sie sollen dazu beitragen, Pflegepersonen zu entlasten und helfen Pflegebedürftigen, möglichst lange in ihrer häuslichen Umgebung zu bleiben, soziale Kontakte aufrechtzuerhalten und ihren Alltag weiterhin möglichst selbständig bewältigen zu können (§ 45a SGB XI). 57

Ein wichtiger Bestandteil des sozialpolitischen Anliegens der Pflegeversicherung war die **soziale Sicherung der Pflegeperson,** die das Gesetz als eigenen Anspruch dieser Person ausgestaltet hat. Unter den Voraussetzungen des § 44 Abs. 1 SGB XI werden zugunsten der Pflegeperson Beiträge an den Träger der Rentenversicherung gezahlt. Pflegeperson ist nur, wer einen Pflegebedürftigen nicht erwerbsmäßig mindestens 10 Stunden an mindestens zwei Tagen in der Woche in seiner häuslichen Umgebung pflegt (BSG SGb 2011 S. 161 mAnm Marschner). Diese Personen sind gemäß § 3 Satz 1 Nr. 1a SGB VI rentenversichert (vgl. BSG SozR 4-2700 § 2 Nr. 29). Beiträge werden zudem für die Pflegeperson nur abgeführt, wenn sie neben der Pflege nicht mehr als dreißig Stunden in der Woche erwerbstätig ist (§ 44 Abs. 1 SGB XI). Nach § 2 Abs. 1 Nr. 17 SGB VII besteht ein Schutz der Pflegeperson in der Unfallversicherung (BSG SGb 2011 S. 292 mAnm Linder/Schlaeger; Schlaeger, SGb 2016 S. 684). 57a

Unabhängig von diesem spezifischen Schutz der Pflegeperson in der Rentenversicherung gibt es in der Praxis immer wieder Fälle, in denen eine Pflegekraft Arbeitnehmer des Pflegebedürftigen ist (BSG SozR 3 – 2200 § 539 Nr. 6). Solche Pflegekräfte sind nach den allgemeinen Bestimmungen in den Schutz der Sozialversicherung einbezogen. Klarstellend regelt hierzu § 3 Satz 2 SGB VI, dass Pflegepersonen nicht in der Rentenversicherung versicherungspflichtig sind, wenn sie für ihre Tätigkeit ein Arbeitsentgelt erhalten, das den Umfang des Pflegegeldes nach § 37 SGB XI für eine entsprechende Pflegetätigkeit nicht übersteigt. 58

7. Leistungserbringungsrecht

Das Verhältnis der Pflegekassen zu den Leistungserbringern bestimmt sich allgemein nach den auf der Grundlage des § 75 SGB XI zu schließenden **Rahmenverträgen** (Udsching, NZS 1999 S. 473). Die Vergütung der Pflegeleistungen 59

(§§ 82 ff. SGB XI) erfolgt über die Pflegesätze im stationären Bereich (§ 84 SGB XI) und nach einer Gebührenordnung bei der ambulanten Pflege (§§ 89, 90 SGB XI). Leistungen der Pflegeversicherung können nur von Einrichtungen erbracht werden, die die Voraussetzungen des § 71 Abs. 1 SGB XI erfüllen. Maßgeblich ist, dass sie wirtschaftlich selbständig und unter ständiger Verantwortung einer ausgebildeten Pflegekraft arbeiten. Diese Voraussetzung ist nur dann erfüllt, wenn die **Pflegefachkraft** „die Pflegeleistungen für jeden Heimbewohner zumindest in den Grundzügen selbst festlegt, ihre Durchführung organisiert und ihre Umsetzung angemessen kontrolliert" (BSG 103 S. 78). Pflegeeinrichtungen sind nicht, die in § 71 Abs. 4 SGB XI genannten Einrichtungen, also etwa solche der Teilhabe am Arbeitsleben. Mit der Einrichtung wird ein **Versorgungsvertrag** nach § 72 SGB XI geschlossen. Nur durch einen solchen Versorgungsvertrag wird überhaupt eine Zulassung zur Pflege erlangt. Zugleich mit der Zulassung wird gemäß § 72 Abs. 4 Satz 2 SGB XI im Rahmen des Versorgungsauftrags ein Kontrahierungszwang der Pflegeeinrichtung mit den Pflegebedürftigen begründet. Gemäß § 72 Abs. 2 SGB XI ist der Abschluss von Gesamtversorgungsverträgen zugelassen worden. Damit wird der Abschluss einheitlicher Versorgungsverträge für Pflegeeinrichtungen ermöglicht, die „vor Ort organisatorisch miteinander verbunden sind". Für die häusliche Pflege (§§ 36, 37 SGB XI) können darüber hinaus auch Verträge mit geeigneten Einzelpersonen nach § 77 SGB XI geschlossen werden. Hinsichtlich der Eignung trifft § 77 SGB XI keine näheren Regelungen. **Pflegeeinrichtungen** dagegen müssen die Voraussetzungen des § 71 SGB XI erfüllen.

60 Allgemeine Regelungen über die Vergütung sind in den §§ 82 ff. SGB XI getroffen worden. Weniger ausgeprägt als in der Krankenversicherung aber auch für die Pflegeversicherung prägend ist das duale Finanzierungssystem. Die Investitionskosten für Pflegeeinrichtungen werden also nicht aus dem Beitragsaufkommen aufgebracht, sondern entstammen einer eigenständigen Investitionsförderung. Diese zu organisieren obliegt den Ländern (§ 9 SGB XI). Soweit die Investitionsaufwendungen einer Pflegeeinrichtung nicht von dem zuständigen Bundesland aufgebracht worden ist, dürfen die Leistungsberechtigten damit belastet werden. Das muss aber in einer gesonderten Berechnung erfolgen (§ 82 Abs. 3 Satz 1 SGB XI). Die duale Finanzierung hat also zur Folge, dass die Pflegevergütung nicht die gesamten Kosten der Pflege widerspiegelt (Weber, NZS 2013 S. 406).

61 Es erfolgt eine Einstufung der Pflegebedürftigen in Pflegeklassen. In § 84 SGB XI besteht zwar eine Koppelung der Pflegeklassen an die Pflegegrade (vgl. BSG 107 S. 37; BSG 113 S. 250). Diese Bindung ist jedoch durch Neufassung des § 84 SGB XI, wenn nicht aufgegeben, so doch wesentlich modifiziert worden. Der Pflegegrad des einzelnen Pflegebedürftigen hat nur noch Bedeutung für den Leistungsanteil der Pflegekasse. Es verbleibt nach neuem Recht ein einrichtungseinheitlicher Eigenanteil, in dem sich der durch die Pflegekassen nicht abgedeckte Versorgungsbedarf aller Heimbewohner ausdrückt. An ihm müssen sich die Heimbewohner, bzw. der Träger der Sozialhilfe beteiligen. Im Ergebnis kommt es für diesen Eigenanteil nicht mehr darauf an, welchen Umfang die Pflegebedürftigkeit des Einzelnen hat (Udsching/Schütze-Schütze § 84 Rn. 17–19). ME ist es doch sehr zweifelhaft, ob man ein Pflegeklassensystem entwickeln darf, in dem letzten Endes ein Heimbewohner mit geringerem Pflegebedarf die Pflege eines anderen mit höherem Bedarf mitfinanzieren muss. Der erstere kann dabei sogar wirtschaftlich schlechter stehen als der letztere. Nur soweit der Träger der Sozialhilfe für beide Eigenanteile eintreten muss, ist das Ergebnis neutral. Seine Neuregelung hat der Gesetzgeber wie folgt begründet:

„Für die Pflegesätze im vollstationären Bereich sind in den Pflegegraden 2 bis 5 für die jeweilige Pflegeeinrichtung gleich hohe Beträge für die nicht von der Pflegeversicherung gedeckten Kosten vorzusehen (einrichtungseinheitliche Eigenanteile). Diese werden ausgehend von dem jeweiligen prospektiven Versorgungsaufwand abzüglich der Summe des Leistungsbetrags nach § 43 für die Pflegegrade 2 bis 5 ermittelt. Damit wird erreicht, dass der von den Pflegebedürftigen bzw. vom zuständigen Sozialhilfeträger zu tragende Eigenanteil nicht mehr mit der Schwere der Pflegebedürftigkeit steigt. Dies ist im Rahmen der Reform insbesondere deshalb von Bedeutung, weil sonst Pflegebedürftige mit erheblich eingeschränkter Alltagskompetenz infolge des Erreichens höherer Pflegegrade höhere Eigenanteile als nach dem bisherigen Recht zu tragen hätten… Die vollstationären Leistungsbeträge nach § 43 werden in ihrer Höhe so zueinander gestaffelt, dass sie zusammen mit dem einrichtungseinheitlichen Eigenanteil im Durchschnitt den …festgestellten Aufwandsrelationen entsprechen. Um auch bei Änderungen der Leistungsbeträge der Pflegeversicherung (zB durch eine Leistungsdynamisierung) eine einheitliche Höhe der Eigenanteile zu gewährleisten sind diese dann für die Pflegeeinrichtung neu zu ermitteln. Mit dem Übergang zu einrichtungseinheitlichen Eigenanteilen in den Pflegegraden 2 bis 5 wird für die finanzielle Planung der Pflegebedürftigen und ihrer Angehörigen Sicherheit geschaffen. Für sie ergibt sich eine Vereinfachung der Vergleichbarkeit und der individuellen Kalkulation" (BT-Drs. 18/5926 S. 137).

Allerdings führt die Einstufung in eine höhere Pflegeklasse noch nicht zu einem höheren Pflegegrad. Es ist aber zu betonen, dass der Träger des Pflegeheims die Zahlung des Pflegesatzes eines höheren Pflegegrades verlangen kann. Er kann jedoch nicht anstelle des Pflegebedürftigen dessen Zuordnung zu einem höheren Pflegegrad beantragen. Vielmehr ist in § 87a Abs. 2 SGB XI geregelt, dass der Heimträger der Bewohner schriftlich und begründet auffordern kann, einen höheren Pflegegrad zu beantragen, sofern für eine Erhöhung Anhaltspunkte bestehen. Weigert sich der Bewohner, so kann der Heimträger ab dem ersten Tag des zweiten Monats vorläufig den Pflegesatz nach dem nächsthöheren Pflegegrad berechnen. Erweist sich die Annahme des Heimträgers nach Entscheidung der Pflegekasse als unzutreffend, so ist der Betrag zurückzuzahlen (§ 87a Abs. 2 Satz 3 und 4 SGB XI). In jedem Fall leistet die Pflegekasse nur die in § 43 Abs. 2 SGB XI genannten Sätze, die sich ersichtlich an den Pflegegraden orientieren. Veränderungen in den Kosten, ohne dass sich der Pflegegrad ändert, führen nur dazu, dass sich die Kosten für den Pflegebedürftigen, bzw. den Träger der Sozialhilfe verändern. **62**

Was im Detail eine „leistungsgerechte Vergütung" ist (§§ 82 Abs. 1 Satz 1 Nr. 1, 84 Abs. 2 SGB XI), lässt sich positiv schwer bestimmen (vgl. Udsching/Schütze-Schütze, SGB XI § 82 Rn. 4–13). Vor dem Hintergrund der Rechtsprechung des BSG sind die Kostensätze in einem zweistufigen Verfahren zu ermitteln: Auf der ersten Stufe erfolgt eine Plausibilitätsprüfung der vom Heimträger geltend gemachten einzelnen Kostensätze (BSG 102 S. 227; BSG 113 S. 258; BSG SozR 4-3500 § 75 Nr. 10). Dabei erfolgt eine Orientierung an den Vorjahreskosten unter Berücksichtigung der Lohnentwicklung, des Personalschlüssels usw (interner Vergleich). Auf der zweiten Stufe ist ein externer Vergleich der geforderten Kostensätze mit denen vergleichbarer Pflegeeinrichtungen aus der Region vorzunehmen. Dabei kommt es auf die örtliche Lage der Einrichtung an (vgl. BSG SozR 4-3500 § 75 Nr. 8). Liegt der geforderte Kostensatz über den Vergleichswerten, so sind die Gründe für seine wirtschaftliche Angemessenheit zu **63** überprüfen (BSG SozR 4-3300 § 89 Nr. 1). Dabei ist die „Vergleichbarkeit" immer ein Problem (vgl. Bieback, SGb 2018 S. 321). Soweit die geforderte Pflegevergütung im unteren Drittel vergleichbarer Einrichtungen liegt, erfolgt keine weitere Prüfung. Im anderen Falle erfolgt eine weitere wirtschaftliche Angemessenheitsprüfung. Im Ergebnis sind interner und externer Vergleich nur Hilfsmittel für die Feststellung der Leistungsgerechtigkeit der Vergütung. Beide Alternativen können aber nie allein den Ausschlag geben.

64 In § 82 Abs. 2 SGB XI ist dazu ergänzend geregelt, welche Aufwendungen nicht in der Pflegevergütung enthalten sein dürfen. Entgelte für Unterkunft und Verpflegung sind getrennt auszuweisen (§ 87 SGB XI). Im Prinzip ist weiterhin davon auszugehen, dass § 82 Abs. 1 SGB XI eine Grundsatzregelung trifft. Dabei dürfen nur Aufwendungen berücksichtigt werden, die entweder bereits angefallen sind oder sicher anfallen werden. In § 82 Abs. 2 SGB XI ist geregelt, welche Aufwendungen nicht berücksichtigt werden dürfen. Das gilt nach bisheriger Rechtsprechung zu § 82 Abs. 2 Nr. 1 SGB XI aF auch für fiktive Eigenkapitalzinsen, die nach Auffassung des BSG dem § 82 Abs. 1 SGB XI zuzuordnen sind. Damit werden sie Bestandteil der Pflegevergütung des § 82 Abs. 1 SGB XII (BSG 109 S. 96). Ergänzend dazu regelt § 82 Abs. 3 SGB XI, welche der in § 82 Abs. 2 SGB XI genannten Aufwendungen die Pflegeeinrichtung dem Pflegebedürftigen gesondert in Rechnung stellen darf. Durch die Neufassung des § 82 Abs. 2 Nr. 1 SGB XI („Kapitalkosten") dürfte die einschränkende Auffassung des BSG obsolet sein (zweifelnd Weber, NZS 2013 S. 406). Allerdings können nur die Aufwendungen gesondert in Rechnung gestellt werden, die prinzipiell öffentlich gefördert werden könnten (§ 82 Abs. 3 Satz 1 SGB XI).

65 Trotz der Regelung des § 87a Abs. 2 SGB XI ist es in der Praxis nicht ausgeschlossen, dass im Falle der Veränderung des Pflegebedarfs Pflegekasse und Sozialhilfeträger nicht zeitlich koordiniert tätig werden. Das erklärt sich daraus, dass die Pflegekasse auf Antrag tätig wird, wohingegen für den Sozialhilfeträger der Kenntnisgrundsatz des § 18 Abs. 1 SGB XII gilt. Dieser Kenntnisgrundsatz ist durch die Rechtsprechung bereits in den vergangenen Jahren weiterentwickelt worden (vgl. Mrozynski, ZfSH/SGB 2007 S. 463). Dazu hat das BSG eine klarstellende Entscheidung betreffend das Verhältnis der Sozialhilfe zur Pflegeversicherung getroffen. Das Gericht geht davon aus, dass es für den Träger der Sozialhilfe erforderlich aber auch ausreichend ist, dass die Notwendigkeit des Pflegebedarfs erkennbar wird. Nicht notwendig ist die Kenntnis vom Umfang der Hilfe. Ist diese Situation während des Aufenthalts in einem Pflegeheim gegeben, so sind die Voraussetzungen des § 48 Abs. 1 Satz 2 Nr. 1 SGB X gegeben. Der Verwaltungsakt ist mit Wirkung ab dem Zeitpunkt der Änderung der Verhältnisse aufzuheben (BSG SGb 2013 S. 295 mAnm Löcher). Allerdings darf der Heimträger nicht übersehen, dass eine höhere Leistungs- und Zahlungspflicht erst entsteht, wenn er den Vertrag mit dem Heimbewohner durch einseitige Erklärung angepasst hat (§ 8 Abs. 2 WBVG, bzw. das jeweilige Landesrecht).

66 Nicht nur aus den vertraglichen Vereinbarungen nach den §§ 72, 77 SGB XI, sondern auch aus einer Reihe weiterer Vorschriften wird deutlich, dass die **Qualitätssicherung** der Pflegeleistung ein besonderes Anliegen des Gesetzgebers war. Das ergibt sich etwa aus den §§ 37 Abs. 4 und 45 SGB XI. Generell ist die Qualitätssicherung in den §§ 112–120 SGB XI geregelt. Besonders heikel ist in diesem Zusammenhang die Veröffentlichung von Transparenzberichten. Durch sie ist immer auch die Berufsfreiheit des Heimträgers berührt. Aus diesem Grund ist immer das durch § 115 Abs. 1a SGB XI vorgegebene Verfahren zu beachten.

Zuständig für die versicherungsrechtlichen Leistungen der Pflege sind die **Pflegekassen** (§§ 46 ff. SGB XI). Sie sind räumlich und personell eng mit den Krankenkassen verbunden, sind jedoch selbständige Körperschaften des öffentlichen Rechts (Notstadt, BArbBl 1994/8-9 S. 39). Die Finanzierung erfolgt durch Beiträge (§§ 54 ff. SGB XI). Da die Leistungen der Pflegeversicherung den gesamten Pflegebedarf oft nicht decken, besteht eine ergänzende Zuständigkeit der Träger der Sozialhilfe (§§ 61 ff. SGB XII). In den §§ 110 ff. SGB XI sind Regelungen für die private Pflegeversicherung getroffen worden. 67

§ 21b Leistungen bei Schwangerschaftsabbrüchen

(1) **Nach dem Fünften Abschnitt des Schwangerschaftskonfliktgesetzes können bei einem nicht rechtwidrigen oder unter den Voraussetzungen des § 218a Abs. 1 des Strafgesetzbuches vorgenommenen Abbruch einer Schwangerschaft Leistungen in Anspruch genommen werden.**

(2) **Zuständig sind die Orts-, Betriebs- und Innungskrankenkassen, die Sozialversicherung für Landwirtschaft, Forsten und Gartenbau als landwirtschaftliche Krankenkasse, die Deutsche Rentenversicherung Knappschaft-Bahn-See und die Ersatzkassen.**

In Deutschland wurden bei insgesamt fallender Tendenz im Jahre 2000 etwa 135.000 Schwangerschaftsabbrüche gemeldet. Bis zum Jahr 2018 sank die Zahl auf knapp unter 100.000. Über 95 % der gemeldeten Schwangerschaftsabbrüche werden nach der Beratungsregelung vorgenommen. Medizinische und kriminologische Indikationen waren in 4 % der Fälle die Begründung für den Abbruch. Für die kriminologische Indikation werden durch die Jahre hin mit gewissen Schwankungen jährlich etwa 25 Fälle genannt. Für die medizinische Indikation gilt Entsprechendes bei etwa 3200 Fällen (Statistisches Bundesamt, 2012 Fachserie 12, Reihe 3). Knapp 50 % der Frauen sind beim Schwangerschaftsabbruch zwischen 18 und 29 Jahre alt. Die Zahl der 30–39jährigen liegt bei 40%. Die Zahl der unter 18jährigen ist bis 2018 auf 3% gesunken. 1

Die Vorschrift dient der Umsetzung der Entscheidung des BVerfG zur § 218 StGB (BVerfG 88 S. 203). Tragend für die sozialrechtliche Lösung des Problems ist die Unterscheidung des nicht rechtswidrigen und des (lediglich) straflosen Abbruchs einer Schwangerschaft. Daran knüpft auch die Regelung des § 21b an. Dieser Unterscheidung korrespondieren die Leistungen der Krankenversicherung und solche, die systematisch der öffentlichen Fürsorge zuzurechnen sind. In § 24b SGB V werden Schwangerschaftsabbruch und Sterilisation geregelt. Die Absätze 1 und 2 der Vorschrift wurde durch das Schwangeren- und Familienhilfegesetz (BGBl I 1992 S. 1398) in das SGB V eingefügt. Als Folge der Entscheidung des BVerfG zu § 218 StGB wurden mit dem Schwangerschafts- und Familienhilfeänderungsgesetz (BGBl I 1995 S. 1050) in § 24b SGB V die Absätze 3 und 4 angefügt. Dabei wurde auch § 21b SGB I eingefügt. Wesentliche Teile des ehemaligen Schwangeren- und Familienhilfegesetzes sind als Fünfter Abschnitt in das Schwangerschaftskonfliktgesetz (BGBl I 1995 S. 1054) eingegangen. Dabei wurde auch § 21b angepasst (BGBl I 2010 S. 1864). Substantielle Rechtsänderungen haben sich seit 1995 allenfalls durch die Neuregelugnen zur Information ergeben (vgl. BGBl 2019 S. 350). 2

Im Spannungsfeld der straf- und sozialrechtlichen Grundsätze hat das BVerfG zum einen klargestellt: Dem Gesetzgeber ist es grundsätzlich nicht verwehrt, zu 3 einem Konzept für den Schutz des ungeborenen Lebens überzugehen, das in der Frühphase der Schwangerschaft bei Schwangerschaftskonflikten den Schwerpunkt auf die Beratung der Frau legt, um sie für das Austragen des Kindes zu gewinnen, und dabei auf eine indikationsbestimmte Strafdrohung und die Feststellung von Indikationstatbeständen zu verzichten. Die staatliche Schutzpflicht erfordert es, dass die im Interesse der Frau notwendige Beteiligung des Arztes zugleich einen Schutz für das ungeborene Leben bewirkt. Jedoch: Schwangerschaftsabbrüche, die ohne Feststellung einer Indikation nach der Beratungsregelung vorgenommen werden, dürfen nicht für gerechtfertigt (nicht rechtswidrig) erklärt werden. Es entspricht rechtsstaatlichen Grundsätzen, dass einem Ausnahmetatbestand rechtfertigende Wirkung nur dann zukommen kann, wenn das **Vorliegen seiner Voraussetzungen** unter staatlicher Verantwortung festgestellt wird. Das Grundgesetz lässt es nicht zu, für die Vornahme eines Schwangerschaftsabbruchs, dessen Rechtmäßigkeit nicht festgestellt ist, einen Anspruch auf Leistungen der gesetzlichen Krankenversicherung zu gewähren (BVerfG 88 S. 203). Andererseits verliert auch die (möglicherweise) rechtswidrig handelnde Schwangere den Anspruch auf sozialstaatliche Fürsorge nicht. Deswegen ist auch die Gewährung von Sozialhilfe für nicht mit Strafe bedrohte Schwangerschaftsabbrüche nach der Beratungsregelung in Fällen wirtschaftlicher Bedürftigkeit ebenso wenig verfassungsrechtlich zu beanstanden wie die Fortzahlung des Arbeitsentgelts (BVerfG 88 S. 203).

4 Auf der Grundlage dieser Rechtsprechung regelt § 218a StGB zwei auch sozialrechtlich zu unterscheidende Arten des nicht strafbaren Schwangerschaftsabbruchs. Von § 218a Abs. 2 und 3 StGB werden zwei Fälle des nicht rechtswidrigen Schwangerschaftsabbruchs erfasst. Die dort geregelten Indikationen haben zur Folge, dass der Schwangeren die sozialstaatlichen Mittel voll, also auch für den Abbruch der Schwangerschaft, zur Verfügung stehen. Dies setzt aber die **Rechtmäßigkeit des Schwangerschaftsabbruchs** voraus. Darüber hinaus nimmt § 218a Abs. 1 StGB den Schwangerschaftsabbruch von der Tatbestandsmäßigkeit des § 218 StGB aus, wenn nach Vorlage einer Bescheinigung über die Beratung, der Abbruch bis zur zwölften Schwangerschaftswoche erfolgt ist. Die Tatsache, dass in diesem Falle der Abbruch nicht tatbestandsmäßig ist, wird als nicht haltbar bezeichnet – und ist hoffnungslos umstritten (Schönke-Schröder/Eser/Weißer § 218a Rn. 13 ff.). Die Regelung schließt jedenfalls nicht aus, dass der Abbruch jenseits aller strafrechtlichen Erwägungen grundsätzlich verboten und damit rechtswidrig ist. Demgegenüber trifft § 218a Abs. 4 StGB eine weniger weitgehende Regelung, nach der der Schwangerschaftsabbruch lediglich straflos bleibt, seine Rechtswidrigkeit bleibt hier offen. Zur **Einwilligungsfähigkeit** der minderjährigen Schwangeren vgl. § 36 Rn. 19–22).

5 Das Sozialrecht muss in einer strafrechtlich verfahrenen Situation nach seinen immanenten Grundsätzen anwendbar bleiben. Auch in den Fällen des möglicherweise rechtswidrigen Schwangerschaftsabbruchs bedarf die Schwangere der sozialstaatlichen Fürsorge. Grundsätzlich können hier aber die Mittel der sozialen Krankenversicherung nicht direkt zur Vornahme des Schwangerschaftsabbruchs eingesetzt werden. Andererseits ist es nicht Aufgabe des Sozialrechts unter Androhung der Versagung des Schutzes, die Schwangere zu einem bestimmten Verhalten zu veranlassen. Der sozialstaatliche Schutz für die Frau, die eine Schwangerschaft abgebrochen hat, muss also grundsätzlich gewährleistet bleiben. Werden der Frau in diesem Falle staatliche Fürsorgeleistungen gewährt, so setzt sich der Staat zu den Anforderungen, die an seine Schutzpflicht für das Leben zu stellen sind, nicht in Widerspruch. Er verhindert damit von vornherein, dass Frauen den Weg in

die Illegalität suchen und damit nicht nur sich selbst gesundheitlichen Schaden zufügen, sondern auch dem Ungeborenen die Chance einer Rettung durch ärztliche Beratung nehmen (BVerfG 88 S. 203). Diesen Zwecken dienen heute vor allem die Bestimmungen des Schwangerschaftskonfliktgesetzes (SchKG). Sie sind jedenfalls weniger widerspruchsvoll als die strafrechtliche Regelung.

Beim Schwangerschaftsabbruch bestehen leistungsrechtlich zwei Alternativen: 6
Ist der Schwangerschaftsabbruch nicht rechtswidrig (§ 218a Abs. 2 und 3 StGB), so bestehen die Ansprüche nach § 24b Abs. 1 und 2 SGB V und damit eine Leistungspflicht der Krankenkasse. Wird dagegen der Schwangerschaftsabbruch unter den Voraussetzungen des § 218a Abs. 1 StGB vorgenommen, so bestehen für Versicherte nur die Ansprüche nach § 24b Abs. 3 SGB V. Klarstellend regelt § 24b Abs. 4 SGB V, welche Ansprüche im Einzelnen nicht bestehen. Das sind im Wesentlichen die **Ansprüche zur Vornahme des Abbruchs,** dessen Rechtmäßigkeit ja nicht feststeht.

Ergänzend finden die Vorschriften der §§ 19 und 20 SchKG Anwendung. 7
Durch diese Regelungen wird die bedürftige Schwangere, die einen Abbruch unter den Voraussetzungen des § 218a Abs. 1 StGB vornehmen lässt, den Schwangeren, die nicht rechtswidrig handeln, im sozialrechtlichen Ergebnis weitgehend gleich gestellt. Bedürftig ist eine Schwangere im Wesentlichen dann, wenn sie sich in einer wirtschaftlichen Lage befindet, die etwa der Hilfe in besonderen Lebenslagen nach den §§ 47 ff. SGB XII entspricht (vgl. § 28 Rn. 44 ff.). Der Gesetzgeber hat es aber vermieden, auf die Bestimmungen des Sozialhilferechts (SGB XII) zu verweisen. Er hat vielmehr in § 19 Abs. 2 SchKG eigenständige Einkommensgrenzen festgelegt und in § 19 Abs. 3 SchKG die Sondertatbestände des Leistungsbezugs nach den §§ 27 ff. SGB XII oder der Unterbringung in einer stationären Einrichtung geregelt. In diesen Fällen gelten die Voraussetzungen des § 19 Abs. 2 SchKG als erfüllt. Die Nichterwähnung der §§ 41 ff. SGB XII (dauerhaft erwerbsunfähige Frauen) ist als ein praktisch ohnehin kaum bedeutsames Redaktionsversehen zu betrachten. Hinsichtlich des Schonvermögens wird nicht auf die §§ 12 SGB II, 90 SGB XII verwiesen. Es wird lediglich darauf abgestellt, ob das Vermögen kurzfristig verwertbar ist oder nicht bzw. ob dessen Einsatz eine unbillige Härte bedeuten würde. Dabei besteht aber insoweit eine Unstimmigkeit, als beim Bezug von Leistungen nach den §§ 19 ff. SGB II die Voraussetzungen des § 19 Abs. 2 SchKG als erfüllt gelten. In diesem Fall kann aber ein nennenswertes Schonvermögen vorhanden sein (§ 12 SGB II). Die Bestimmungen der §§ 19 ff. SchKG werden von den Krankenkassen auftragsweise für die Bundesländer durchgeführt (§ 21 SchKG). Damit kann auch in verfahrensrechtlicher Hinsicht eine Diskriminierung der mittellosen Schwangeren vermieden werden. Auf diese Möglichkeit hat bereits das BVerfG in seiner Entscheidung vom 28.5.1993 hingewiesen (BVerfG 88 S. 203).

Der Anspruch auf Leistungen bei einem nicht rechtswidrigen Schwanger- 8
schaftsabbruch setzt einen Versicherungsschutz (§§ 5–10, 19 SGB V) voraus. Des Weiteren besteht der Anspruch gemäß § 24b Abs. 1 Satz 1 und 2 SGB V nur, wenn der Eingriff durch einen Arzt und in einem Krankenhaus oder einer sonstigen hierfür vorgesehenen Einrichtung iSd § 13 Abs. 1 des SchKG vorgenommen wird. Im Falle eines nicht rechtswidrigen Schwangerschaftsabbruchs ist es nicht erforderlich, dass eine Beratung iSd §§ 219 StGB, 5 SchKG durchgeführt worden ist. Da in diesem Falle jedoch das Vorliegen einer medizinisch-sozialen Indikation festgestellt werden muss, sind im Ergebnis ähnliche Erwägungen anzustellen, wie

bei der Schwangerschaftskonfliktberatung. Allerdings umfassen sie auch und in erster Linie gesundheitliche Aspekte bei der Schwangeren.

9 Gemäß § 218a Abs. 2 StGB muss lediglich festgestellt werden, dass der Abbruch der Schwangerschaft unter Berücksichtigung der gegenwärtigen und zukünftigen Lebensverhältnisse der Schwangeren nach ärztlicher Erkenntnis angezeigt ist, um eine Gefahr für das Leben oder die Gefahr einer schwerwiegenden Beeinträchtigung des körperlichen oder seelischen Gesundheitszustandes der Schwangeren abzuwenden, und die Gefahr nicht auf andere für sie zumutbare Weise abgewendet werden kann. Diese Voraussetzungen gelten auch als erfüllt, wenn die Schwangere nach ärztlicher Erkenntnis Opfer einer Straftat nach den §§ 176–179 StGB geworden ist. Es müssen zudem dringende Gründe für die Annahme sprechen, dass die Schwangerschaft auf der Tat beruht und seit der Empfängnis nicht mehr als zwölf Wochen vergangen sind.

10 Nur unter diesen Voraussetzungen besteht der Anspruch nach § 24b Abs. 1 und 2 SGB V. Gemäß § 24b Abs. 2 Satz 1 SGB V erstreckt er sich zunächst auf eine Beratung über die Erhaltung der Schwangerschaft. Da § 24b Abs. 2 SGB V vom Vorliegen einer medizinisch-sozialen Indikation ausgeht, muss eine sehr umfassende Beratung über die gegenwärtige und künftige Situation der Schwangeren und des Kindes erfolgen. Diese Beratung ist nicht mit der Beratung nach § 5 Abs. 2 SchKG zu verwechseln. Sie muss ausführlich und klar sein. Auch wenn die Beratung zielorientiert erfolgt, so muss sie dennoch ergebnisoffen sein und darf nicht den Charakter einer Beeinflussung der Schwangeren annehmen.

11 Des Weiteren besteht nach § 24b Abs. 2 SGB V Anspruch auf Untersuchung der Voraussetzungen für den nicht rechtswidrigen Schwangerschaftsabbruch und auf die wesentlichen Leistungen der Krankenbehandlung. Zu einer vollständigen Beratung gehört auch der Hinweis auf die Möglichkeiten einer Inanspruchnahme von Sozialleistungen. Das ist nicht etwa nur der Hinweis auf eine Kindertagesbetreuung nach den §§ 22 ff. SGB VIII, der in der Situation, in der sich die Schwangere befindet, kaum eine aktuelle Hilfe darstellt. Hinzuweisen ist aber etwa auch die Hilfe für allein Erziehende (§ 18 SGB VIII), auf Beratung und Beistandschaft nach den §§ 52a, 55 SGB VIII, auf den Unterhaltsanspruch nach § 1615l BGB, auf die Möglichkeit einer Einschränkung der Verfügbarkeit bei Arbeitslosigkeit (§ 138 Abs. 5 Nr. 1 SGB III), auf Unterhaltsersatzleistungen nach § 1 UVG, auf die Leistungen zum Lebensunterhalt nach den §§ 19 ff. SGB II. Hierbei ist besonders hervorzuheben, dass die von der Schwangeren des Öfteren befürchtete Heranziehung ihrer Eltern ausgeschlossen ist (§ 9 Abs. 3 SGB II).

12 In § 218a Abs. 3 StGB wird der Fall einer kriminologischen Indikation nach den Grundsätzen der medizinisch-sozialen Indikation des § 218a Abs. 2 StGB behandelt. Nicht ganz geklärt ist die Frage, ob dies – unmittelbar nach § 218a Abs. 2 StGB – auch für die sog. embryopathische Indikation gilt. Dabei könnte der Eindruck entstehen, eine beim ungeborenen Leben festgestellte **Behinderung** könnte ein Rechtfertigungsgrund für einen Schwangerschaftsabbruch sein. Dies wird man vor dem Hintergrund des Benachteiligungsverbots des Art. 3 Abs. 2 Satz 2 GG so nicht sagen können. Die Tatsache aber, dass das Ungeborene behindert ist, ist im Rahmen der sich nach § 218a Abs. 2 StGB zu bildenden ärztlichen Erkenntnis zu berücksichtigen. Diese Indikation knüpft allein und in allen Fällen daran an, dass es – bei aller Respektierung des Lebensrechts – einer Schwangeren unzumutbar sein kann, das Kind auszutragen (vgl. Rundschreiben, DOK 1993 S. 739). Obwohl formal auf die psychische Situation der Schwangeren abgestellt wird, kann dabei die Behinderung des Ungeborenen ein ausschlaggebender

Gesichtspunkt sein. Davon ist der Gesetzgeber, dem diese Problematik bekannt war, offensichtlich ausgegangen. Kann sich der Arzt in diesem Falle nicht vom Vorliegen einer Indikation überzeugen, so muss er die Schwangere auf die Beratungsregelung des § 219 StGB verweisen. Erfolgt in diesem Falle die nach den §§ 5 ff. SchKG erforderliche Beratung, so kann der Schwangerschaftsabbruch auf der Grundlage des § 24b Abs. 3 SGB V durchgeführt werden.

Besondere ethische und rechtliche Probleme ergeben sich angesichts der Tatsache, dass nicht alle Behinderungen schon in der Frühphase der Schwangerschaft festgestellt werden können (vgl. Kainer, DÄBl 2002 S. 2037). Eine Frist für den Abbruch gibt es in diesen Fällen aber nicht. Damit kann es vorkommen, dass der Abbruch einer Schwangerschaft zu einem Zeitpunkt erfolgt, zu dem das Kind außerhalb des Mutterleibes schon (fast) lebensfähig ist. Angesichts der medizintechnischen Entwicklung kommt es immer mehr zu einer Vorverlagerung dieses Zeitpunktes. Wird die Leibesfrucht immer Mutterleib abgetötet und dann zum Abgang gebracht, so bleibt die Frage ihrer selbständigen Lebensfähigkeit natürlich im Dunkel. Auf jeden Fall wird damit vermieden, dass das behinderte Kind lebensfähig zur Welt kommt. Dies dürfte das Motiv für diese Variante des Schwangerschaftsabbruch sein. **13**

Die Vornahme des Abbruchs einer Schwangerschaft **ohne Vorliegen einer Indikation** erfolgt nicht auf der Grundlage des § 24b Abs. 1 und 2 SGB V. Sie setzt eine Beratung nach den § 5–7 SchKG in einer anerkannten Schwangerschaftskonfliktberatungsstelle (§ 9 SchKG) voraus. Diese Beratung muss sich auf alle Möglichkeiten erstrecken, die die Schwangere veranlassen könnten, das Kind auszutragen (§ 5 Abs. 2 SchKG). Über die Tatsache der Beratung muss die Schwangere eine nach § 7 SchKG auszustellende Bescheinigung vorlegen. Der Abbruch muss von einem Arzt und in einer der Einrichtungen nach § 13 SchKG vorgenommen werden. **14**

Sind diese Voraussetzungen erfüllt, so hat die versicherte Schwangere die Ansprüche nach § 24b Abs. 3 und 4 SGB V. Dazu gehören zunächst einmal alle ärztlichen Handlungen, die auf den Erhalt der Schwangerschaft ausgerichtet sind. Bedeutsam ist vor allem die in § 24b Abs. 3 Nr. 1–3 SGB V begründete Zielsetzung des Schutzes der Gesundheit der Schwangeren, des Ungeborenen und ihrer (künftigen) Kinder. Ausgeschlossen von dem Leistungskatalog des § 24b Abs. 3 SGB V sind lediglich die echten Abbruchsleistungen. Um in der Praxis Klarheit zu schaffen, hat der Gesetzgeber sie in § 24b Abs. 4 SGB V aufgezählt. Die Vorschrift lautet: **15**

(4) Die nach Absatz 3 vom Anspruch auf Leistungen ausgenommene ärztliche Vornahme des Abbruchs umfasst

1. die Anästhesie,
2. den operativen Eingriff oder die Gabe einer den Schwangerschaftsabbruch herbeiführenden Medikation,
3. die vaginale Behandlung einschließlich der Einbringung von Arzneimitteln in die Gebärmutter,
4. die Injektion von Medikamenten,
5. die Gabe eines wehenauslösenden Medikamentes,
6. die Assistenz durch einen anderen Arzt,
7. die körperlichen Untersuchungen im Rahmen der unmittelbaren Operationsvorbereitung und der Überwachung im direkten Anschluss an die Operation.

Es besteht darüber hinaus kein Anspruch auf Leistungen zur Nachbehandlung bei komplikationslosem Verlauf des Abbruchs. Insoweit besteht auch kein **16**

Anspruch auf Krankengeld, da in § 24b Abs. 3 SGB V, anders als in § 24b Abs. 2 SGB V, nicht auf § 44 Abs. 1 SGB V verwiesen wird und die Voraussetzungen des § 44 Abs. 1 SGB V mangels einer Krankheit nicht erfüllt sind.

17 Die in § 24b Abs. 4 SGB V näher aufgeführten Kosten für den lediglich straflosen Abbruch werden von der Versicherten selbst getragen (vgl. Rundschreiben, DOK 1993 S. 740). Im Falle ihrer Mittellosigkeit werden sie nach den §§ 19, 20 SchKG von den Ländern aufgebracht. Der Begriff der Mittellosigkeit wird in § 1 Abs. 2 und 3 SchKG näher umschrieben (vgl. vorn Rn. 7). Sollte die Frau nach dem Abbruch der Schwangerschaft nicht in der Lage sein, ihren Lebensunterhalt zu bestreiten, so besteht ein Anspruch auf Leistungen der Hilfe zum Lebensunterhalt nach den §§ 19 ff. SGB II. Dieser Anspruch besteht völlig unabhängig von der Strafbarkeit oder Straflosigkeit eines Abbruchs. Er ist nur davon abhängig, dass sich die Frau nicht selbst helfen kann (§ 2 SGB II).

18 Ergeben sich aber aus einem Abbruch der Schwangerschaft, sei er strafbar oder nicht, Komplikationen, so besteht ein Anspruch der versicherten Frau nach den §§ 27 ff. SGB V, da nun die Voraussetzungen für eine Krankenbehandlung gegeben sind. Da es für das Leistungsrecht der Krankenversicherung grundsätzlich nicht darauf ankommt, ob sich die Versicherte eine Krankheit schuldhaft zugezogen hat. Die Vorschrift des § 52 SGB V wird in Komplikationsfällen für nicht anwendbar erklärt. Das soll sich aus dem Ausnahmecharakter der Vorschrift ergeben, der eine erweiternde Auslegung und damit die Anwendung auf den 3. Abschnitt des 3. Kapitels nicht zulasse (Noftz in Hauck/Noftz, § 52 SGB V Rn. 5; KassKomm-Schifferdecker, § 52 SGB V Rn. 8). Dies ist jedoch abzulehnen. Anknüpfungspunkt ist eine Krankheit. Wie sie entstanden ist, ist nicht relevant. Es besteht damit kein Anlass für eine erweiternde Auslegung. Die Gegenmeinung will die Vorschrift vielmehr einengend auslegen. Genauer wird man also sagen müssen, dass die Folgen des Schwangerschaftsabbruchs sehr wohl vorsätzlich im Sinne des § 52 Abs. 1 SGB V hingenommen worden sind. Dazu genügt eine bloße Inkaufnahme. Richtigerweise wird man hier an eine teleologische Reduktion des § 52 Abs. 1 SGB V insoweit denken müssen, als der gesetzgeberische Plan des § 21b SGB I nur lückenhaft verwirklicht worden ist (BT-Drs. 13/1850 S. 23, 24).

19 Sofern man sich dazu nicht entschließen kann, sind angesichts der Regelungen des SchKG für die Krankenkasse jedoch keine Ermessensgesichtspunkte erkennbar, die eine negative Entscheidung nach § 52 Abs. 1 SGB V tragen könnten. Besteht bei einer Schwangeren kein Versicherungsschutz, ein Fall, der wegen § 5 Abs. 1 Nr. 13 SGB V kaum noch eintreten kann, so erhält sie Leistungen nach den §§ 47 ff. SGB XII. Hier ist ebenso wie in der Krankenversicherung zu prüfen, ob der Abbruch nicht rechtswidrig oder lediglich straflos ist (§ 52 Abs. 1 Satz 1 SGB XII). Im ersteren Falle werden die Leistung ausschließlich nach den §§ 47 ff. SGB XII erbracht. Im letzteren Fall ist der Leistungsanspruch wie in der Krankenversicherung begrenzt. Neben ihn treten aber die Ansprüche nach den §§ 19, 20 SchKG.

20 Zuständig für die gesamten Leistungen beim Abbruch einer Schwangerschaft sind die Träger der Krankenversicherung. Dies gilt auch für die Leistungen nach § 21 SchKG Die Krankenkassen müssen diese Kosten aber nicht selbst tragen. Sie werden ihnen von den Ländern erstattet (§ 22 SchKG).

§ 22 Leistungen der gesetzlichen Unfallversicherung

(1) **Nach dem Recht der gesetzlichen Unfallversicherung können in Anspruch genommen werden:**

1. **Maßnahmen zur Verhütung von Arbeitsunfällen, Berufskrankheiten und arbeitsbedingten Gesundheitsgefahren und zur Ersten Hilfe sowie Maßnahmen zur Früherkennung von Berufskrankheiten und arbeitsbedingten Gesundheitsgefahren,**
2. **Heilbehandlung, Leistungen zur Teilhabe am Arbeitsleben und andere Leistungen zur Erhaltung, Besserung und Wiederherstellung der Erwerbsfähigkeit sowie zur Erleichterung der Verletzungsfolgen einschließlich wirtschaftlicher Hilfen,**
3. **Renten wegen Minderung der Erwerbsfähigkeit,**
4. **Renten an Hinterbliebene, Sterbegeld und Beihilfen,**
5. **Rentenabfindungen,**
6. **Haushaltshilfe,**
7. **Betriebshilfe für Landwirte.**

(2) **Zuständig sind die gewerblichen Berufsgenossenschaften, die Sozialversicherung für Landwirtschaft, Forsten und Gartenbau als landwirtschaftliche Berufsgenossenschaft, die Gemeindeunfallversicherungsverbände, die Feuerwehr-Unfallkassen, die Unfallkassen der Länder und Gemeinden, die gemeinsamen Unfallkassen für den Landes- und kommunalen Bereich und die Unfallversicherung Bund und Bahn.**

Übersicht

Zum versicherten Personenkreis vgl. § 4 Rn. 11–15. 1

Die Unfallversicherung schützt die Ausübung bestimmter Tätigkeiten durch 2 eine versicherte Person. Ausgehend von den Beschäftigten ist in der Unfallversicherung der Kreis der **versicherten Personen** außerordentlich weit gezogen (§ 2 Abs. 1 Nr. 1–17 SGB VII). Er erstreckt sich nicht nur auf die Bereiche der Bildung von der Kindertagesbetreuung bis hin zur Hochschule (§ 2 Abs. 1 Nr. 8 SGB VII), sondern auch auf die „unechte Unfallversicherung", die systematisch eher der sozialen Entschädigung zuzurechnen ist, wie die Hilfe bei „gemeiner Gefahr und Not" bzw. beim Spenden von Blut oder **körpereigenen Organen** (BSG SozR 4-2700 § 2 Nr. 15, Nr. 21). Im letzteren Falle wird allein durch die operative Blut-Organentnahme der Versicherungsfall des § 7 SGB VII noch nicht verwirklicht. Insoweit kommen Leistungen nach § 27 Abs. 1a SGB V in Betracht. Erst wenn Nachbehandlungen erforderlich werden oder Spätschäden auftreten, die als Aus- oder Nachwirkungen der Spende oder des daraus resultierenden Gesundheitsrisiko anzusehen sind, wird gemäß § 12a Abs. 1 Satz 2 SGB VII vermutet, dass dadurch der Versicherungsfall verwirklicht worden ist (BSG SGb 2012 S. 743 mAnm Leube). Gemäß § 2 Nr. 14 lit. a und b SGB VII sind Personen versichert, die einer **Meldepflicht** nach dem SGB II oder SGB III unterliegen und die einer besonderen an sie im Einzelfall gerichteten Aufforderung nachkommen (BSG NZS 2018 S. 835). Entsprechendes gilt bei der Teilnahme an einer Maßnahme zur beruflichen Eingliederung. Eher dem privaten Bereich entstammt der Unfallversicherungsschutz der Pflegeperson nach § 2 Abs. 1 Nr. 17 SGB VII (BSG SozR

4-2700 § 2 Nr. 16; LSG NRW SGb 2011 S. 292 mAnm Linder/Schlaeger). Hier können sich Abgrenzungsfragen zur nicht geschützten Behandlungspflege (§ 37 Abs. 3 SGB V) ergeben (LSG BW Breith. 2015 S. 543). Das betrifft die krankheitsspezifischen Pflegemaßnahmen (§ 21a Rn. 15). Wieder anders ist dies im Falle einer Tagesmutter, die gemäß § 2 Abs. 1 Nr. 9 SGB VII in der Wohlfahrtspflege tätig ist (BSG SozR 4-2700 § 2 Nr. 18). Selbst im Kernbereich der Unfallversicherung kann nicht immer klar zwischen der versicherten Person und der Ausübung einer versicherten Tätigkeit getrennt werden (§ 8 SGB VII). So ist eine Person nach § 2 Abs. 2 Satz 1 SGB VII „wie" ein nach § 2 Abs. 1 Nr. 1 SGB II Versicherter versichert. Es wird also an eine Tätigkeit angeknüpft (unten Rn. 6). Nach § 2 Abs. 1 Nr. 15 lit. a SGB VII, ist versichert, wer sich nicht zwangsläufig aus betriebsbezogenen Gründen (lit. b und c) in einer stationären Betreuung befindet (BSG SozR 4-2700 § 2 Nr. 14; dazu Krasney, NZS 2011 S. 601; Spellbrink, NZS 2019 S. 281). Der Unfallversicherungsschutz erklärt sich daraus, dass sich diese Person in fremde Obhut begeben hat. Als mittelbare Folge eines Arbeitsunfalls behandelt das Gesetz die Schädigung bei einer Maßnahme nach § 11 SGB VII, die nach Aufforderung des Unfallversicherungsträgers durchgeführt wird (BSG SGb 2012 S. 339 mAnm Sandbiller). Ganz allgemein ist zu beachten, dass der Begriff des „Beschäftigten" in § 2 Abs. 1 Nr. 1 SGB VII umfassender ist als der parallele Begriff des Arbeitsverhältnisses (BSG NZS 2012, 826).

2a Das Gesetz stellt den Arbeitsunfall (§ 8 SGB Abs. 1 VII) in den Mittelpunkt seiner Regelung und daneben die Berufskrankheiten (§ 9 SGB VII). Der früher besonders geregelte Wegeunfall (§ 550 RVO aF) wird heute ohne sachliche Änderung mit einer Reihe anderer Risiken der Unfallversicherung in § 8 Abs. 2 Nr. 1–5 SGB VII als versicherte Tätigkeit geregelt. Dieses Regelungskonzept ist auch in systematischer Hinsicht sinnvoll, da alle Versicherungsfälle die gleiche Grundstruktur erkennen lassen und sich diese Grundstruktur in erster Linie am Beispiel des Arbeitsunfalls entwickelt hat. Eine besondere Regelung erhält der Versicherungsfall des Gesundheitsschadens einer Leibesfrucht in § 12 SGB VII, die erst nach einer Entscheidung des BVerfG in den Schutz der Unfallversicherung einbezogen wurde (vgl. dazu Becker, VSSR 2010 S. 247, 246). In § 11 SGB VII werden die mittelbaren Folgen eines Versicherungsfalles geregelt (Bay. LSG Breith. 1999 S. 507). Strukturell hätten die dort in den Nr. 1–3 genannten Verrichtungen auch als versicherte Tätigkeiten geregelt werden können.

1. Versicherungsfall

3 Als **Unfall** definiert man ein plötzlich auftretendes, von außen kommendes schädigendes Ereignis, das zeitlich begrenzt, höchstens eine Arbeitsschicht lang, wirkt und das zu einem Gesundheitsschaden oder zum Tod führt (BSG 46 S. 283). Ein vom eigenen Willen des Versicherten getragenes, zu einem Schaden führendes Verhalten ist, da nicht „von außen kommend" kein Unfallereignis (BSG SozR 4-2700 § 8 Nr. 42). Die grundlegenden Voraussetzungen, die erfüllt sein müssen, damit man von einem **Arbeitsunfall** sprechen kann, bestehen in Folgendem: Es muss eine **versicherte Tätigkeit** ausgeübt worden sein. Das ist eine Tätigkeit von Personen im Sinne der §§ 2, 3 oder 6 SGB VII (§ 8 Abs. 1 SGB VII). Zwischen dieser Tätigkeit und dem von außen auf den Körper wirkenden Ereignis, dem **Unfallereignis,** muss ein **innerer Zusammenhang** festgestellt werden können. Dabei genügt es, wenn trotz ungeklärter Umstände hinsichtlich des Eintritts des Unfallereignisses zur der versicherten Tätigkeit ein enger zeitlicher und räumlicher

Zusammenhang besteht und keine versicherungsfremden Gründe, etwa eine eigenwirtschaftliche Verrichtung, ersichtlich sind (BSG SozR 4-2700 § 8 Nr. 43). Unfallereignis kann jedes übliche Geschehen sein. Ein außergewöhnliches Geschehen ist nicht erforderlich (BSG SozR 4-2700 § 8 Nr. 42). Darüber hinaus muss ein **Kausalzusammenhang** gegeben sein, der im Laufe der Jahre von der Rechtsprechung ausdifferenziert worden ist (Becker, SGb 2007 S. 721; Köhler, SGb 2014, 69).

Versicherte Tätigkeit ist eine der in § 2 Abs. 1 Nr. 1–17 SGB VII genannten 4 Tätigkeiten, also in erster Linie eine Tätigkeit im Rahmen eines Beschäftigungsverhältnisses (§ 2 Abs. 1 Nr. 1 SGB VII). Etwas weiter gefasst ist der Begriff der versicherten Tätigkeit in der Unfallversicherung der Schüler (§ 2 Abs. 1 Nr. 8b SGB VII). Er umfasst alle Aktivitäten, die in den organisatorischen Verantwortungsbereich der Schule fallen. Damit erstreckt sich der Schutz nicht nur auf den Unterricht, sondern auch auf die Pausen und die Teilnahme an Schulveranstaltungen (BSG SozR 4-2700 § 2 Nr. 13; BSG NZS 2000 S. 619). Sofern ein Unfallversicherungsschutz auf mehreren Rechtsgrundlagen besteht, regelt § 135 SGB VII die Rangverhältnisse mit grundsätzlichem Vorrang des § 2 Abs. 1 Nr. 1 SGB VII (BSG 4-2700 § 135 Nr. 2).

Grundmerkmal einer jeden versicherten Tätigkeit ist es, dass sie wesentlich im 5 betrieblichen Interesse ausgeübt wird (BSG 12 S. 247; BSG 50 S. 100; BSG SGb 1991 S. 26 mAnm Watermann; BSG SozR 3-2200 § 548 Nr. 19; Ockenga, SozVers 1991 S. 244; Krasney, VSSR 1993 S. 96). Bei Tätigkeiten, die untrennbar sowohl privaten als auch betrieblichen Zwecken dienen **(gemischte Tätigkeiten),** besteht Versicherungsschutz, wenn sie wesentlich auch einem betrieblichen Zweck dienen (BSG SGb 2011 S. 583 mAnm Köhler). Auch diese Frage ist nach dem allgemeinen Grundsatz des Zurechnungszusammenhanges zu entscheiden (vgl. BSG SozR 3-2200 § 548 Nr. 34). Er besteht allerdings immer, wenn der Versicherte bei einer grundsätzlich unversicherten Tätigkeit, wie der Einnahme einer Mahlzeit, einer besonderen Betriebsgefahr ausgesetzt ist (BSG SozR 2200 § 548 Nr. 22). Ein aus persönlichen Gründen erfolgter **tätlicher Angriff** kann durchaus einem betrieblichen Zweck zugerechnet werden, wenn der Angriff erst durch die dem betrieblichen Bereich zugeordneten Verhältnisse möglich oder durch sie begünstigt worden ist (BSG SGb 1997 S. 88 mAnm Wolber; vgl. auch BSG SGb 2009 S. 681 mAnm Holtstraeter). Die gleiche Handlung kann aber auch entschädigungsrelevante Gewalttat sein (§ 5 Rn. 13). Allerdings ergeben sich hier Abgrenzungsprobleme zu § 1 OEG (dazu Mutschler, SGb 2011 S. 684; Mutschler, NZS 2014 S. 647).

Zu Abgrenzungsproblemen führt häufig die Tatsache, dass gemäß § 2 Abs. 2 6 Satz 1 SGB VII auch Personen versichert sind, „die wie nach Absatz 1 Nr. 1 Versicherte tätig werden". Das wäre etwa die zupackende Hilfe eines Dritten beim Beladen eines Kfz. Hier verläuft eine unklare Grenzlinie zwischen dem versicherten Personenkreis und der versicherten Tätigkeit (BSG SozR 4-2700 § 2 Nr. 5; Nr. 6). Eine solche Tätigkeit ist gegeben, wenn sie ernstlich dem fremden Unternehmen zu dienen bestimmt ist, wenn sie dem mutmaßlichen oder ausdrücklichen Willen des Unternehmers entspricht und ihrer Art nach typischerweise von Beschäftigten ausgeübt wird (BSG SozR 4-2700 § 2 Nr. 5; Bay. LSG NZS 2002 S. 548; LSG SchlH NZS 2013 S. 430; Spitzlei/Schneider, NZS 2018 S. 633). Ausgeschlossen sind Gefälligkeiten unter Freunden bzw. Tätigkeiten, die auf Grund einer Vereinszugehörigkeit ausgeübt werden (Krasney, NZS 1999 S. 577). Auch eine typische nachbarschaftliche Hilfe würde hier ausscheiden (LSG

Ns.-Brem. Breith. 2014 S. 537 Rn. 28). Des Weiteren scheiden Tätigkeiten in besonderen Beziehungen aus. Vor dem Hintergrund des Art. 6 Abs. 1 GG darf das aber nicht dazu führen, dass aus der Sonderbeziehung Ehe nacheilige Schlussfolgerungen für den Versicherungsschutz gezogen werden (BSG NZS 2019 S. 34). Insbesondere darf die sich aus § 1353 Abs. 1 Satz 2 BGB ergebende wechselseitige Verantwortung der Eheleute nicht überspannt werden.

7 Das An- und Auskleiden gehört dem privaten und damit unversicherten Bereich an, es sei denn es würde besondere Schutzkleidung getragen. Entsprechendes gilt für die körperliche Reinigung. Grundsätzlich nicht einem betrieblichen Zweck dient die **Nahrungsaufnahme,** die als menschliches Grundbedürfnis eigenwirtschaftlich ist (Molketin, SGb 2017 S. 196). Anders ist dies jedoch, wenn das Essen oder Trinken erforderlich ist, um überhaupt die Arbeit fortsetzen zu können. Das ist typischerweise bei der Notwendigkeit des Trinkens infolge großer Hitze oder von Staubentwicklung der Fall. Dasselbe gilt, wenn die Nahrungsaufnahme zur Kräftigung und damit auch zur Fortsetzung der Tätigkeit erforderlich ist (BSG SozR 2200 § 548 Nr. 97; BSG SozR 3-2700 § 8 Nr. 11). Ein Zurechnungszusammenhang mit der versicherten Tätigkeit besteht auch dann, wenn sich der Unfall auf dem Betriebsgelände, also etwa auf dem Weg zur Werkskantine, ereignet (BSG SozR 3-2700 § 8 Nr. 2). Der Schutz erstreckt sich auch auf den öffentlichen Straßenraum, der betreten wird, um eine Gaststätte außerhalb des Betriebes zu erreichen (BSG SozR 3-2200 § 550 Nr. 15). Ein Erholungsspaziergang während der Arbeitspause steht nur dann unter Versicherungsschutz, wenn er plötzlich und unerwartet notwendig geworden ist (BSG SozR 3-2700 § 8 Nr. 8; vgl. auch BSG 87 S. 294). Entscheidend ist immer, ob sich aus der **Handlungstendenz** eine Betriebsbezogenheit der Verrichtung ergibt. Dabei stellen Ort und Zeit der Handlung nur Indizien dar. Die Tendenz zur Erfüllung von Pflichten aus dem Beschäftigungsverhältnis ist ein wichtiges, aber nicht das einzige Kriterium (Krasney, NZS 2013 S. 681). Das ist bei einer **„gemischten Motivationslage"** nicht der Fall, wenn bei der Vornahme einer Handlung das Eigeninteresse des Versicherten überwiegt (BSG SozR 4-2700 § 8 Nr. 6). Insoweit ist zu prüfen, ob die Verrichtung auch vorgenommen worden wäre, wenn die privaten Gründe nicht vorgelegen hätten (BSG SozR 4-2700 § 8 Nr. 33). Dies ist von **gemischten Tätigkeiten** zu unterscheiden. Hier werden zwei Handlungen vorgenommen, die sich nicht trennen lassen. Das ist etwa der Fall, wenn der Versicherte während einer Rufbereitschaft einen Spaziergang macht und dabei ein dienstliches Telefonat führt (BSG NZS 2014 S. 442 Rn. 20). Der sonst als eigenwirtschaftlich bezeichnete Bereich kann auch auf einer **Dienstreise** unter Versicherungsschutz stehen, wenn der Versicherte dort zwangsläufig einer besonderen Gefahr ausgesetzt ist (BSG SozR 4-2700 § 8 Nr. 26). Weitergehend ist auch der Versicherungsschutz nach § 2 Abs. 1 Nr. 8a SGB VII geregelt. Das Kind ist danach „während" des Besuchs einer Tageseinrichtung, und damit auch bei der Einnahme von Mahlzeiten geschützt. Auch während dieser Zeit ist das Kind der Obhut des Personals anvertraut (LSG Nds.-Brem. NZS 2010 S. 50).

7a Angesichts der Veränderungen in der Arbeitswelt sind die Fälle schwer einzuordnen, in denen die Versicherten in ihrem eigenen Haushalts eine versicherte Tätigkeit ausüben **(Home Office),** die häufiger schwer von eigenwirtschaftlichen Tätigkeiten zu trennen sind. Wer sich auf dem Weg vom Heimarbeitsplatz zur Nahrungsaufnahme in die Küche begibt und dabei einen Unfall erleidet, stünde nach den zuvor genannten Kriterien wie „auf dem Weg in die Kantine" eigentlich unter Versicherungsschutz. Das BSG verneint dies aber unter Hinweis darauf, dass die Nahrungsaufnahme eigenwirtschaftlich sei und dass sich auf diesem Weg keine typische Betriebsgefahr verwirklichen würde (BSG SozR 4-2700 § 8 Nr. 48; BSG 122 S. 1). Demgegenüber ist davon auszugehen, dass alle Wege innerhalb der eigenen Wohnung, bei denen die eigenwirtschaftliche Komponente fehlt, grundsätzlich als Betriebswege geschützt sind (Leube, SGb 2012 S. 380; Spellbrink, NZS 2016 S. 527; Ricke, WzS 2017 S. 9). Dabei kommt es aber auf die Klärung folgender Fragen an: a) dient der Ort, an dem sich der Unfall ereignete, wesentlich auch Betriebszwecken, b) war der rein persönliche Lebensbereich schon verlassen c) welche konkrete Tätigkeit mit welchem Nutzungszweck wurde zum Unfallzeitpunkt festgestellt? Die beiden erstgenannten Gesichtspunkte knüpfen eher an objektive Gegebenheiten an. Der letztere verweist eher auf die Handlungstendenz und damit auf eine subjektive Komponente, wobei im privaten Bereich eher mit gemischten Tätigkeiten zu rechnen ist (bereits BSG SozR Nr. 20 zu § 543 RVO Rn. 14–17; BSG NZS 2014 S. 788 Rn. 20; BSG 124 S. 93).

Betriebliche Gemeinschaftsveranstaltungen sind versicherte Tätigkeiten, 8
wenn sie vom Unternehmen oder zumindest mit seinem Einvernehmen organisiert sind und der Förderung des Betriebsklimas dienen (Bieresborn, SGb 2007 S. 472; Greiner, SGb 2009 S. 581). Das gilt auch für betriebliche Sportveranstaltungen (BSG SozR 3-2200 § 548 Nr. 29; BSG SozR 4-2700 8 Nr. 11), erstreckt sich aber nicht zwangsläufig auf den „gemeinsamen Ausklang" solcher Veranstaltungen (BSG NZS 2017 S. 625 Rn. 14 mAnm Kainz). Abweichende Grundsätze gelten auch für sog. Motivationsreisen, die eine Belohnung für einzelne besonders erfolgreiche Betriebsangehörige darstellen. Es ist zwar erforderlich (BSG 87 S. 294), aber es reicht allein noch nicht aus, dass eine Veranstaltung vom Unternehmer oder im Einvernehmen mit ihm organisiert wird (BSG SozR-2200 § 548 Nr. 40; BSG SGb 2009 S. 662; BSG 121 S. 297). Hinzukommen muss, dass solche Veranstaltungen grundsätzlich allen Betriebsangehörigen offen stehen, im Wesentlichen auf sie begrenzt sind und einem betrieblichen Zweck dienen. Das ist nicht der Fall, wenn eine Sportveranstaltung „Ausgleichs- oder Wettkampfcharakter" hat (BSG SozR 4-2700 § 8 Nr. 2; Nr. 16). Auch eine Belohnung („Prämie") für einzelne Betriebsangehörige erfüllt diese Voraussetzung nicht. „Es steht jedem Unternehmen zwar frei, seine Mitarbeiter durch <Incentive-Reisen> zu höheren Leistungen anzuspornen; das Unternehmen hat es jedoch nicht in der Hand, den gesetzlichen Unfallversicherungsschutz auf sonst unversicherte Tatbestände auszuweiten, und zwar auch dann nicht, wenn hierdurch die persönliche Verbundenheit einer Gruppe von Beschäftigten mit dem Betrieb gestärkt würde (BSG SozR 2200 § 548 Nr. 21). Das Interesse der Unternehmensleitung, dass sich aus solchen Veranstaltungen wahrscheinlich auch eine Motivation zu Leistungssteigerungen ergibt, reicht nicht aus, für solche Betätigungen den rechtlich wesentlichen Zusammenhang mit der betrieblichen Tätigkeit herzustellen. Der Unternehmer honoriert insoweit eine bestimmte Leistung mit einem geldwerten Vorteil, ohne dass dadurch die vom Unternehmen finanzierte Reise für die Betriebsangehörigen zu einer betrieblichen Tätigkeit wird" (BSG SozR 3-2200 § 548 Nr. 21). Werden Profisportler teilweise zur Ausübung von Sport von der Arbeit freigestellt und erleiden sie einen Sportunfall, so ist dieser nur dann als Arbeitsunfall anzusehen, wenn die Ausübung von Sport zu den arbeitsvertraglichen Pflichten gehört und insbesondere auch dem Weisungsrecht des Arbeitgebers unterliegt (BSG SGb 2009 S. 534). Anderseits ist die Teilnahme eines Vertreters an der Veranstaltung nicht erforderlich (BSG NZS 2017 S. 25 Rn. 16 mAnm Waltermann).

9 In einem weiteren Schritt (BSG 48 S. 224, 226; BSG 58 S. 76; BSG 61 S. 127, 128) ist nach der Feststellung einer versicherten Tätigkeit, zusätzlich zu prüfen, ob ein innerer Zusammenhang besteht, ob also das unfallbringende Verhalten dieser versicherten Tätigkeit zugerechnet werden kann **(Zurechnungszusammenhang).** Es handelt sich dabei um eine Entscheidung nach rein wertenden Gesichtspunkten, mit der die Grenzen des Versicherungsschutzes innerhalb der gesetzlichen Unfallversicherung bestimmt werden (Krasney, VSSR 1993 S. 94). „Die Einstandspflicht des Unfallversicherungsträgers wird nur begründet, wenn der durch die versicherte Verrichtung objektiv mit verursachte Unfall … eine Gefahr mit verwirklicht hat, gegen die die begründete Versicherung schützen soll. Diese Voraussetzung wird zumeist erfüllt sein, bedarf aber stets der Entscheidung“ (BSG 112 S. 117). Damit ist in erster Linie ausgesagt, dass ein rein zeitlicher oder räumlicher Zusammenhang zwischen der versicherten Tätigkeit und dem unfallbringenden Verhalten nicht genügt, um die Voraussetzungen für die Annahme eines Arbeitsunfalls zu bejahen (BSG 58 S. 76). Es ist wertend zu entscheiden, ob das Handeln der betreffenden Person der versicherten Tätigkeit zugerechnet werden muss (BSG SGb 2011 S. 583 mAnm Köhler). Daraus wird ersichtlich: anders als sonst für die Unfallversicherung typisch ist, ist der Zurechnungszusammenhang nicht kausal orientiert, sondern nach der Finalität des Handelns zu beurteilen (Ricke, BG 1984 S. 351). Es genügt also zB nicht, wenn sich der Versicherte im Zeitpunkt des Unfalls auf dem Weg zwischen der Wohnung und dem Ort der Tätigkeit befunden hat. Er muss die Wegstrecke zu einem dem Unternehmen dienlichen Zweck zurückgelegt haben (Ricke, NZS 1999 S. 486; Krasney, NZS 2000 S. 373). Ein Zurechnungszusammenhang besteht, wenn nach der Handlungstendenz des Versicherten die Tätigkeit objektiv betriebsnützlich war (BSG SGb 1991 S. 186 mAnm Brandenburg). Zur Kausalität vgl. unten Rn. 14 ff.

2. Wegeunfall, Berufskrankheit

10 Der **Wegeunfall** (§ 8 Abs. 2 Nr. 1 SGB VII) ist im Prinzip nach den gleichen Kriterien zu beurteilen wie der Arbeitsunfall (Thüsing, SGb 2000 S. 595; Krasney, SGb 2013 S. 313; Schur/Spellbrink, SGb 2014 S. 589). Versicherte Tätigkeit ist das Zurücklegen des Weges zwischen Wohnung und Arbeitsplatz. Nicht erforderlich ist, dass der kürzeste Weg genommen wird. Ein längerer Weg ist geschützt, wenn dessen Wahl wegen des genutzten Verkehrsmittels oder im Hinblick auf die Verkehrsverhältnisse notwendig oder zweckmäßig, insbesondere weniger gefahrvoll ist (BSG SGb 2002 S. 345 mAnm Wilde). Andererseits genügt es nicht, wenn sich der Versicherte zum Zeitpunkt des Unfalls auf dem Weg zwischen Wohnung und Arbeitsplatz befindet. Er muss diesen Weg mit einer betriebsbezogenen Handlungstendenz zurücklegen. Entscheidend ist zudem noch, „dass sich durch den Unfall jeweils eine Gefahr verwirklicht hatte, vor der der jeweilige Versicherungstatbestand gerade schützen sollte, nämlich die Gefahr eines Sturzes während des der versicherten Tätigkeit zuzurechnenden Laufens bzw. eines Verkehrsunfalls während des dem Zurücklegen des Weges zuzurechnenden Steuerns eines Kraftfahrzeugs“ (BSG SGb 2016 S. 705 mAnm Ricke).

10a Der Versicherungsschutz beginnt mit dem Verlassen des häuslichen Bereichs, durch welche Gebäudeöffnung auch immer (BSG 52 S. 38; BSG 63 S. 212; BSG NZS 2018 S. 232). Vorbereitungshandlungen stehen grundsätzlich nicht unter Versicherungsschutz (BSG SozR 3-2200 § 550 Nr. 19, Nr. 39; vgl. LSG Thür. L

1 U 1165/17, juris). Das gilt nach Auffassung des BSG auch für eine die Fahrt **vorbereitende** Prüfung der Straßenverhältnisse, etwa der Eisglätte (BSG SGb 2018 S. 715 mAnm Plagemann). Der Weg endet mit dem Erreichen des Betriebsgeländes. Versicherungsschutz kann aber auch bestehen, wenn der Weg zur Arbeit von einem anderen als dem Wohnort aus angetreten wird (BSG 22 S. 60; BSG 32 S. 38; BSG 62 S. 113). Sonderregelungen trifft § 8 Abs. 2 Nr. 2–4 SGB VII (Kindesbetreuung, Fahrgemeinschaften, Wochenendheimfahrer). In den Versicherungsschutz einbezogen sein können auch Wege von einem sonstigen **dritten Ort.** Ausdrücklich regelt § 8 Abs. 2 Nr. 1 SGB VII nur einen Endpunkt des Weges, nämlich den unmittelbaren Weg „nach und von dem Ort der Tätigkeit". Der andere Endpunkt muss nicht zwangsläufig die Wohnung sein. Allerdings kann nicht von jedem Ausgangspunkt aus ein Versicherungsschutz bestehen. Es muss ein angemessenes Verhältnis bestehen, das sich vor allem aus dem Verhältnis des Zweckes, der Zeitdauer und der Entfernung ermitteln lässt (vgl. Krasney, SGb 2013 S. 316). Ein solcher Fall kann gegeben sein, wenn der Versicherte das Haus verlässt, um vor Beginn seiner Arbeit eine Behörde oder einen Arzt aufzusuchen. Der Weg dorthin ist auf jeden Fall eigenwirtschaftlich. Benötigt der Versicherte für diese eigenwirtschaftliche Tätigkeit bei der Behörde oder dem Arzt mindestens zwei Stunden, so tritt er den (versicherten) Weg zur Arbeit von einem dritten Ort aus an. Benötigt er eine kürzere Zeit, so erfolgt eine Beurteilung nach den Grundsätzen des Um- bzw. Abweges bzw. der Unterbrechung (BSG NZS 2017 S. 38). In keinem Falle geschützt ist der Weg vom oder zu einem dritten Ort, wenn er im Verhältnis zu dem normalen Arbeitsweg unangemessen lang ist – 45km statt 50m. Hier steht der eigenwirtschaftliche Zweck bei der Wahl des Ausgangspunktes im Vordergrund (BSG SGb 2002 S. 181 mAnm Jung). Eine drei- bis sechsfach längere Entfernung ist nicht beanstandet worden, wobei der Entfernung nicht die allein ausschlaggebende Bedeutung zukommen darf (BSG SozR 2200 § 550 Nr. 78). Entscheidend ist auch hier, ob ein Zurechnungszusammenhang mit dem betrieblichen Interesse festzustellen ist (LSG SchlH NZS 2002 S. 489; LSG Nds. Breith. 2002 S. 614). Ein irrtümlich längerer Abweg kann unter Versicherungsschutz stehen, wenn die Abweichung aus den Wegeverhältnissen resultiert (BSG NZS 2017 S. 313).

Versicherungsschutz besteht hier also nur, solange sich der Versicherte auf dem **11**
direkten Weg zwischen Wohnung und Arbeitsplatz befindet (BSG SGb 1999 S. 81 mAnm Benz). Nicht zu den versicherten Tätigkeiten gehören **Um-** und **Abwege.** Umwege führen zu einer Verlängerung des Weges zwischen Wohnung und Arbeitsplatz, Abwege führen in eine andere Richtung und wieder auf den Ausgangsweg zurück. Beim Unfallversicherungsschutz muss man Um- und Abwege nach drei Merkmalen unterscheiden. Wird die Wahl eines längeren Weges dadurch bedingt, dass dieser weniger gefahrvoll ist oder wird er wegen der Benutzung eines bestimmten Verkehrsmittels erforderlich, so besteht auch auf dem Umweg Versicherungsschutz. Besonders geschützt ist der Umweg nach § 8 Abs. 2 Nr. 2a SGB VII, wenn er erforderlich wird, weil der Versicherte auf dem Weg zur Arbeit sein Kind fremder Obhut anvertrauen muss (Schlaeger, NZS 2009 S. 559). Ein Um- bzw. Abweg kann aber auch dadurch bedingt sein, dass ein Arbeitnehmer auf dem Heimweg zB Briefe des Betriebes bei der Post aufgibt. In diesem Falle ist der Um- bzw. Abweg ein **Betriebsweg** und steht deswegen zwar nicht nach § 8 Abs. 2 Nr. 1 SGB VII, wohl aber nach § 8 Abs. 1 SGB VII unter Versicherungsschutz. Auf dem Betriebsweg (§ 8 Abs. 1 SGB VII) besteht aber nicht das „Umwegprivileg" des § 8 Abs. 2 Nr. 2a SGB VII, um ein Kind in fremde Obhut

zu bringen. Dies besteht nur, um die Arbeit überhaupt antreten zu können (BSG SozR 4-2700 § 8 Nr. 36). Schließlich, und das ist der häufigste Fall, können Um- bzw. Abweg privaten Verrichtungen dienen. Hier gilt der Grundsatz, dass ganz minimale Abweichungen in räumlicher und zeitlicher Hinsicht (wenige Meter oder Minuten) am Versicherungsschutz nichts ändern. Größere Abweichungen stehen nicht unter Versicherungsschutz (BSG 20 S. 219; BSG SozR 4-2700 § 8 Nr. 62). Versicherungsschutz ist aber bei einem Schüler gegeben, der aus Unachtsamkeit vorübergehend vom direkten Heimweg abweicht (BSG SGb 2008 S. 730 mAnm Leube). Auf einem der genannten Um- oder Abwege besteht zudem dann Versicherungsschutz, wenn er erforderlich wurde, damit die Tätigkeit ausgeübt werden kann (BSG SozR 3-2200 § 550 Nr. 16). Das kann auch der Erwerb eines Medikaments sein. Das gilt jedoch nicht, wenn dies allein der persönlichen Gesunderhaltung dient (BSG SozR 4-2700 § 8 Nr. 6). War der Um- oder Abweg nicht geschützt, so lebt der Versicherungsschutz bei Rückkehr auf den üblichen Weg wieder auf. Schließlich kann der Weg auch unterbrochen werden. Auch in diesem Falle lebt der Versicherungsschutz nach der Unterbrechung wieder auf (BSG 91 S. 293). Das ist jedoch dann nicht der Fall, wenn die Unterbrechung länger als zwei Stunden dauert. Diese längere Unterbrechung beendet also den Zusammenhang mit der versicherten Tätigkeit (BSG 62 S. 100). Bei der Einordnung der Um- und Abwege kann es entscheidend darauf ankommen, wann der Um- oder Abweg **begonnen** hat (BSG NZS 2013 S. 872) oder **beendet** wurde (BSG SGb 2014 S. 392 mAnm Leube; v. Koppenfels-Spies, NZS 2014 S. 881). Hierbei wird man nicht allein auf die geänderte Handlungstendenz abstellen dürfen, sondern auch darauf, dass sich die Änderung im tatsächlichen Geschehen dokumentiert (BSG SozR 4-2700 § 8 Nr. 62). So kann ein Ab- oder Umweg schon beginnen, wenn ein Fahrzeug zum Zweck der Richtungsänderung ausgebremst wird. Das Ende des Ab- oder Umweges ist erst erreicht, wenn der Versicherte an den Ort zurückgekehrt ist, an dem der Versicherungsschutz geendet hatte.

12 Als Arbeitsunfall gilt nach § 9 SGB VII auch die **Berufskrankheit** (Keller, SGb 2001 S. 226; Axer, SGb 2016 S. 177; Kranig, SGb 2016 S. 504). Diese Gleichsetzung gilt auch für den strukturellen Aufbau dieses Versicherungsfalles (vgl. Becker, SGb 2010 131). Das Gesetz geht vom sog. Enumerationsprinzip aus. In der Berufskrankheitenverordnung (BKVO), die auf der Grundlage des § 551 Abs. 1 Satz 2 RVO aF (§ 9 Abs. 6 SGB VII) ergangen ist, sind derzeit 68 Krankheiten bezeichnet, die als Berufskrankheiten anerkannt werden können (Listenerkrankungen). Allerdings genügt das Vorliegen einer der genannten Krankheiten und die Ausübung einer bestimmten Tätigkeit nicht, um eine Berufskrankheit anzunehmen (BSG NZS 2012 S. 151). Hinzukommen müssen gesicherte Erfahrungssätze, die einen typischen Geschehensablauf hinsichtlich der beruflichen Verursachung ergeben (BSG SGb 1999 S. 39 mAnm Ricke; BSG SozR 4-5671 Anl. 1 Nr. 3). Durch die BKVO sind die praktischen Probleme jedoch erheblich vermindert. Die in der Berufskrankheitenverordnung bezeichneten Krankheiten beziehen sich nur auf besondere Einwirkungen denen bestimmte Personengruppen durch ihre Arbeit in erheblich höherem Grade als die übrige Bevölkerung ausgesetzt sind (BSG SozR 2200 § 551 RVO Nr. 1; BSG 28 S. 38; BSG 32 S. 8; BSG 58 S. 230). Die Berechtigung zur Aufnahme in die Liste kann bei sog. Volkskrankheiten zweifelhaft sein. Sie ist jedenfalls nur unter engen, nämlich tätigkeitsspezifischen, Voraussetzungen möglich, wie das in Nr. 2108 der Liste für „Bandscheibenbedingte Erkrankungen der Lendenwirbelsäule durch langjähriges Heben oder Tragen schwerer Lasten ..." geschehen ist (BSG SGb 1999 S. 576 mAnm Ricke; BSG SGb 2009 S. 246, dazu Römer/Brandenburg/Woltjen, SGb 2009 S. 192; vgl. auch LSG Bln. NZS 2001 S. 100; LSG SchlH NZS 2002 S. 377; LSG BW Breith. 2009 S. 307).

Ist eine bestimmte Krankheit nicht in der BKVO bezeichnet, so hat sie der Träger der Unfallversicherung wie eine Berufskrankheit entschädigen, wenn die Voraussetzungen für die Aufnahme in die Liste der Berufskrankheiten nach **neuen Erkenntnissen** erfüllt sind (BSG 49 S. 148; BSG 52 S. 272; BSG 59 S. 295; BSG SGb 2014 S. 328 mAnm Jung). Neu sind Erkenntnisse, die dem Verordnungsgeber noch nicht bekannt waren (BVerfG 58 S. 369). Eine Behörde oder ein Gericht sind in diesem Falle nicht berechtigt, einen Stichtag festzulegen (BSG SGb 1997 S. 479 mAnm Ricke; BVerfG SGb 2006 S. 94 mAnm Welti). Die neuen Erkenntnisse müssen aber im Zeitpunkt der Entscheidung über den Antrag vorliegen. Sie sind dann der Entscheidung zu Grunde zu legen. Zu diesem Zeitpunkt realisiert sich das versicherte Risiko. Es kommt also nicht auf den Zeitpunkt der Erkrankung an. Auf jeden Fall müssen alle materiellen Voraussetzungen für die Aufnahme der Krankheit in die Liste vorliegen (BSG 59 S. 295). Zur Vorläuferregelung des § 9 Abs. 2 SGB VII hat das BSG entschieden, dass die Vorschrift des § 551 Abs. 2 RVO aF keine allgemeine Härteklausel ist (BSG SGb 1994 S. 381 mAnm Jung). Vielmehr sollten dadurch Krankheiten zur Entschädigung gelangen, die nur deshalb nicht in die Listen aufgenommen wurden, weil die Erkenntnisse der medizinischen Wissenschaft über die besondere Gefährdung bestimmter Personengruppen in ihrer Arbeit bei der letzten Fassung der Anlage zur BKVO noch nicht vorhanden waren oder trotz Nachprüfung noch nicht ausreichten (BSG SGb 2014 S. 328 mAnm Jung; LSG BW NZS 2010, 227). 13

3. Kausalitätslehre

Neben dem Arbeitsunfall gibt es wohl kaum einen anderen Versicherungsfall, 14 der durch eine so umfangreiche Kasuistik gekennzeichnet ist. Andererseits ist er in seiner Grundstruktur relativ klar. In allen Fällen ist der Arbeitsunfall in folgenden Schritten zu prüfen: War die Person, die den Unfall erlitten hat, versichert; hat sie eine versicherte, also der betrieblichen Sphäre zuzurechnende und nicht nur eine eigenwirtschaftliche Tätigkeit ausgeübt; war diese Tätigkeit wesentliche Ursache des Unfalls? Hier genügt die Wahrscheinlichkeit des Ursachenzusammenhanges. War der Unfall wesentliche Ursache für den Gesundheitsschaden? Auch hier genügt die Wahrscheinlichkeit des Ursachenzusammenhanges (Benz, SGb 2001 S. 220). Zunächst muss die Unfallkausalität, also die Ursächlichkeit der Verrichtung für den Unfall, festgestellt werden (dazu Molketin, SGb 2016 S. 621). Dies ist grundsätzlich zu vermuten. Erforderlich ist des Weiteren die Feststellung der haftungsbegründenden Kausalität. Sie ist zu bejahen, wenn ein Ursachenzusammenhang zwischen dem Unfallereignis und dem Erstschaden festgestellt werden kann. Schließlich ist die Ursächlichkeit des Erstschadens für den andauernden Unfallschaden festzustellen. Dies ist die dritte Stufe, die haftungsausfüllenden Kausalität (BSG SGb 2007 S. 242 mAnm Keller; BSG SGb 2008 S. 52 mAnm Holtstraeter). Neu eingeführt worden ist die Kausalitätsvermutung des § 12a Abs. 1 Satz 2 SGB VII bei Blut- und Organspenden (dazu Ricke, NZS 2013 S. 171). Zum missverständlichen Begriff der (Wirk)ursache (BSG 118 S. 18 Rn. 19) vgl. Bultmann, SGb 2016 S. 143; Spellbrink, SGb 2017 S. 1.

15 Auf der ersten Stufe, der **Unfallkausalität,** bedarf es in der Regel keiner positiven Feststellung. Vielmehr wird die Ursächlichkeit vermutet (LSG Sachs.-Anh. NZS 2009 S. 332). Diese Vermutung kann aber durch eine Konkurrenzursache widerlegt werden. Eine Unfallkausalität ist damit insbesondere in den Fällen einer inneren Ursache, einer gemischten Tätigkeit, einer unerheblichen Unterbrechung oder einer eingebrachten Gefahr zu klären, da bei diesen Fallgestaltungen gerade nicht ausgeschlossen werden kann, dass neben der im sachlichen Zusammenhang mit der versicherten Tätigkeit stehenden Verrichtung zur Zeit des Unfalls eine weitere, nicht versicherten Zwecken zuzurechnende Ursache hinzugetreten ist (BSG 97 S. 54; BSG SozR 4-2700 § 8 Nr. 31). Damit liegt die Beweislast beim Träger der Unfallversicherung. Das wäre zB der Beweis, dass ein Kfz infolge hohen Alkoholkonsums nicht geführt oder eine dem Unternehmen objektiv dienliche Tätigkeit nicht vorgenommen werden konnte (unten Rn. 17). Auf den beiden anderen Stufen wird die Kausalitätsfrage nach der Theorie der wesentlichen Bedingung entschieden (vgl. unten Rn. 19).

16 In allen praktisch bedeutungsvollen Fällen ist mit der Bejahung des wesentlichen Zusammenhanges zwischen dem Unfallereignis und dem Erstschaden, also die **haftungsbegründende Kausalität,** gegeben und damit die wichtigste Voraussetzung für die Annahme eines Arbeitsunfalls festgestellt. Allerdings ist die selbständige Prüfung der haftungsbegründenden Kausalität nicht überflüssig. Sie betrifft die Frage des Ursachenzusammenhanges des Erstschadens und dem andauernden Unfallschaden (BSG SozR 3-3200 § 81 Nr. 16). Das kann insbesondere bei den sog. inneren Ursachen zweifelhaft sein (Keller, NZS 1995 S. 58). Erleidet etwa ein Arbeitnehmer bei Ausübung einer versicherten Tätigkeit infolge eines Kreislaufleidens einen Ohnmachtsanfall und wird dadurch ein Unfall verursacht, so ist der Gesundheitsschaden nicht wesentlich durch das Unfallereignis, sondern durch das davon unabhängige Leiden verursacht worden. Ein Unfallversicherungsschutz ist aber auch in diesem Falle gegeben, wenn sich auf das schädigende Ereignis besondere betriebliche Umstände ausgewirkt haben (BSG SozR 2200 § 548 Nr. 81; BSG SGb 1990 S. 496 mAnm Münzer, zu psychischen Erkrankungen vgl. Spellbrink, SGb 2013 S. 154).

17 Eine zum Teil schwierige Prüfung ist auch in den **Trunkenheitsfällen** erforderlich. Dabei ist zwischen der betrieblichen Tätigkeit und der Teilnahme am öffentlichen Straßenverkehr zu unterscheiden. Ist der Arbeitnehmer bei Volltrunkenheit zu einer dem Unternehmen dienlichen Tätigkeit nicht mehr in der Lage (vollständiger Leistungsausfall), so fehlt es bereits an der ersten Stufe, der Unfallkausalität (BSG 48 S. 176; 224; LSG SchlH Breith 2009 S. 116). Ob es zu einem alkoholbedingten Leistungsabfall gekommen ist, muss durch Vollbeweis, also mit an Sicherheit grenzender Wahrscheinlichkeit, festgestellt werden. Davon ist das Gericht nur bei einem Unfall, der sich bei der Teilnahme am öffentlichen Straßenverkehr ereignet hat, und nur dann enthoben, wenn eine absolute Fahruntüchtigkeit (1,1 ‰) festgestellt worden war. Hier spricht der Beweis des ersten Anscheins für die Fahruntüchtigkeit. Im betrieblichen Rahmen ist dagegen Unfallversicherungsschutz grundsätzlich dann noch gegeben, wenn trotz alkoholbedingten Leistungsabfalls noch eine versicherte Tätigkeit ausgeübt wird. Allerdings muss jetzt die schwierige Abwägung vorgenommen werden, ob der Alkoholkonsum oder ein betrieblicher Umstand wesentliche Unfallursache war. Das kann auch von der Art der betrieblichen Tätigkeit abhängen (Köhler, VSSR 2011 S. 72, 73). Es fehlt an der haftungsbegründenden Kausalität, wenn die Trunkenheit die rechtlich wesentliche Ursache für den Unfall war.

Diese Grundsätze gelten im Prinzip auch für den Wegeunfall (§ 8 Abs. 2 Nr. 1 SGB VII) und bei alkoholbedingter Fahruntüchtigkeit im **öffentlichen Straßenverkehr** sowie beim Betriebswegeunfall. Hier gewinnt aber die in der Unfallversicherung nicht unmittelbar anwendbare und nur für die Benutzung eines Kfz im öffentlichen Straßenverkehr zulässige Unterscheidung in relative (0,5 ‰) und absolute Fahruntüchtigkeit (1,1 ‰) an Bedeutung hinsichtlich der **Beweislage.** Zunächst einmal muss eine alkoholbedingte Verminderung der Fahrleistung festgestellt werden. Dabei kommt es zusätzlich zum Alkoholkonsum auf Beweisanzeichen für die Verminderung der Fahrleistung an. Bei der absoluten Fahruntüchtigkeit (1,1 ‰) gilt auch insoweit der Beweis des ersten Anscheins. Sodann muss festgestellt werden, ob der Alkoholkonsum wesentliche Ursache für den Unfall war. Denn auch bei einer im strafrechtlichen Sinne absoluten Fahruntüchtigkeit ist es möglich, dass sich der Versicherte verkehrsgerecht verhalten und dass sich allein eine Wegegefahr verwirklicht hat. Auch im Falle einer relativen Fahruntüchtigkeit muss zunächst im Vollbeweis aufgeklärt werden, ob die Fahrleistung vermindert war und sodann, ob die Trunkenheit wesentliche Ursache für den Unfall war. Hierbei ist darauf abzustellen, ob ohne den Einfluss des Alkohols der Unfall sich wahrscheinlich nicht ereignet hätte (BSG 43 S. 293; LSG SchlH NZS 2016 S. 591). Die Beweisanforderungen sind unterschiedlich, je nachdem, wie hoch die Blutalkoholkonzentration ist. Ist die Aufklärung der Wirkung anderer Ursachen nicht möglich, ist jedoch die alkoholbedingte Verminderung der Fahrleistung festgestellt, so greifen die Grundsätze des Anscheinsbeweises durch. Der Versicherte trägt dann also das Risiko der Unaufklärbarkeit. In diessem Fall besteht kein Versicherungsschutz (BSG 45 S. 285). Das gilt unabhängig davon, ob ein strafbares Verhalten festzustellen war (BSG SGb 2009 S. 428 mAnm Hänlein). Wird eine absolute Fahruntüchtigkeit festgestellt, dann ist nach der allgemeinen Lebenserfahrung eine verminderte Fahrleistung anzunehmen und grundsätzlich zugleich auch davon auszugehen, dass sie wesentliche Ursache für den Unfall war. Ein Versicherungsschutz besteht nur dann, wenn andere betriebsbezogene Umstände als wesentliche Ursachen für den Unfall festgestellt wurden. Es kommt darauf an, ob der Versicherte, hätte er nicht unter Alkoholeinfluss gestanden, bei gleicher Sachlage wahrscheinlich (nicht) verunglückt wäre (BSG SGb 1998 S. 600 mAnm Keller). Ergänzend kann in diesen Fällen § 101 Abs. 2 SGB VII zur Anwendung kommen. Danach können Leistungen ganz oder teilweise versagt werden, wenn sie nach rechtskräftigem, strafgerichtlichen Urteil als vorsätzliches Vergehen anzusehen sind (LSG SchlH Breith. 2008 S. 850). Weniger stringent ist die vergleichbare Regelung des § 52 SGB V. Im Übrigen ergeben sich Abgrenzungsprobleme zur selbstgeschaffenen Gefahr (Rn. 18). **17a**

Diese Grundsätze, die für die Benutzung eines Kfz entwickelt wurden, gelten sinngemäß, aber ohne die jeweiligen Grenzwerte auch für andere Verkehrsteilnehmer (vgl. KassKomm-Ricke, § 8 Rn. 114). Ähnliche Beweisregeln bestehen beim Cannabiskonsum. Hier geht das BSG davon aus, dass dieser Konsum wesentliche Ursache des Unfalls ist, wenn ein THC-Wert von mindestens 1ng/ml festgestellt wurde „und weitere Beweisanzeichen die drogenbedingte Fahruntüchtigkeit belegen" (BSG SGb 2008 S. 52 mAnm Holtstraeter). Entsprechendes gilt selbst für die medizinisch indizierte Medikamenteneinnahme (BSG 59 S. 193, ablehnend Köhler, VSSR 2011 S. 85, 85). Die Behandlung der Trunkenheitsfälle durch die Rechtsprechung, die von den Grundsätzen, die für andere „innere Ursachen" (Rn. 20) abweicht, wird kritisch gesehen (Sandbiller, SGb 2012 S. 576). Die Trunkenheitsfälle wären besser nach den Grundsätzen zu behandeln, die für selbstge- **17b** schaffene Gefahren gelten. Der Rechtsprechung des BSG ist demgegenüber zu entnehmen, dass man die Trunkenheitsfälle in Zukunft eher strenger beurteilen wird (BSG 112 S. 117; vgl. Köhler, VSSR 2011 S. 67, 68).

18 Bei den **selbstgeschaffenen Gefahren** kann die Unfallkausalität oder auch die haftungsbegründende Kausalität zweifelhaft sein. Nach Auffassung des BSG ist die selbstgeschaffene Gefahr kein besonderes Rechtsprinzip oder eigenständiger Rechtssatz zur Zusammenhangsbeurteilung beim Arbeitsunfall, sondern nur im Rahmen der Abwägung zwischen der versicherten und der nicht versicherten Ursache als Element der letzteren bei der Beurteilung des Zusammenhangs zu berücksichtigen. (BSG 97 S. 54). Mit der selbstgeschaffenen Gefahr wird also ein nicht betriebsbezogenes Element bezeichnet. Die Annahme einer selbstgeschaffenen Gefahr ist nicht schon bei verbotswidrigem oder strafbaren Verhalten gerechtfertigt (BSG NZS 2002 S. 47 mAnm Schur), sondern erst wenn die aus betriebsfremden Gründen selbstgeschaffene Gefahr die betriebsbedingten Umstände so weit zurückdrängt, dass sie keine wesentliche Bedingung mehr für den Unfall bilden. Das kann bei einer strafgerichtlichen Verurteilung wegen rücksichtslosen Verhaltens im Straßenverkehr anzunehmen sein (BSG 30 S. 14; BSG 43 S. 15; BSG 64 S. 159; BSG 75 S. 180; BSG SozR 2200 § 548 Nr. 60; BSG SGb 1994 S. 236 mAnm Schroth zu § 81 SVG). Zu den Besonderheiten bei Schülerunfällen vgl. BSG 56 S. 129; BSG SozR 2200 § 548 Nr. 48; BSG SGb 1993 S. 529 mAnm Wolber; BSG SGb 1995 S. 74 mAnm Wolber; LSG Chemnitz Breith. 1999 S. 55; BSG SGb 2008 S. 730 mAnm Leube).

19 Nach der besonderen **Kausalitätslehre** der Unfallversicherung sind zunächst alle Ursachen einzubeziehen, die nicht hinweg gedacht werden können, ohne dass der Erfolg entfiele. Sodann stellt man bei der wertenden Prüfung der Unfallursachen darauf ab, ob eine Bedingung wegen ihrer besonderen Beziehung zum Erfolg zu dessen Eintritt wesentlich beigetragen hat (BSG 54 S. 184; BSG 63 S. 277; BSG SGb 2007 S. 242 mAnm Keller). Bei dem Merkmal der Wesentlichkeit geht es darum, all diejenigen Bedingungen im naturwissenschaftlichen Sinne auszuscheiden, denen unter Berücksichtigung des Schutzzwecks der Unfallversicherung jegliche Betriebsbezogenheit fehlt, die also der eigenwirtschaftlichen Sphäre des Versicherten zuzuordnen sind. Insoweit kann man auch nicht sagen, die Theorie der wesentlichen Bedingung bedeute gegenüber der zivilrechtlichen Adäquanztheorie eine Einengung. Ein ganz außergewöhnlicher – nicht adäquater – Umstand kann betriebsbezogen und damit wesentliche Ursache für das schädigende Ereignis sein (Krasney, VSSR 1993 S. 108). Während die einzelnen Elemente des Versicherungsfalles bewiesen sein müssen, genügt es, dass die haftungsbegründende Kausalität hinreichend wahrscheinlich ist (BSG 58 S. 76; BSG 61 S. 127). Es muss mehr für als gegen den Kausalzusammenhang sprechen (LSG Sach.-Anh. SGb 2012 S. 54 mAnm Molketin). Entsprechendes gilt für die haftungsausfüllende Kausalität. In diesem Sinne hat das BSG auch zu dem gleichgelagerten Problem in der sozialen Entschädigung entschieden (vgl. § 5 Rn. 19–22). Die Unterscheidung in haftungsbegründende und haftungsausfüllende Kausalität wurde wiederholt als wenig hilfreich angesehen (Schulin in: Schulin HS-UV § 27 Rn. 109; Ricke, BG 1996 S. 770). Gegenwärtig neigt man eher zu einer weiteren Differenzierung mit unterschiedlichen Beweisanforderungen (oben Rn. 14). Auf jeden Fall müssen natürlich die Tatsachen, aus denen man auf die Kausalität schließt, bewiesen sein (Hess. LSG SGb 1994 S. 37 mAnm Heilmann). Beim Wegeunfall trägt der Versicherte die Beweislast dafür, dass sich durch das Unfaller-

eignis ein Risiko verwirklicht hat, vor dem gerade die Wegeunfallversicherung schützt (BSG SGb 2016 S. 705 mAnm Ricke).

Auf der nächsten Stufe ist, nach der gleichen Lehre, die haftungsausfüllende 20 Kausalität zu prüfen. Ihre Feststellung ist nicht mehr für die Anerkennung eines Arbeitsunfalls, wohl aber ua für die Verletztenrente erforderlich (BSG 97 S. 54). Sie ist dann zu bejahen, wenn die Ursächlichkeit des Erstschadens für den andauernden Unfallschaden wesentlich auf das Unfallgeschehen zurückzuführen ist. Das kann bei einer schon vorhandenen Krankheitsanlage (Vorschädigung) zu verneinen sein (Erlenkämper, SGb 1997 S. 355). In diesem Zusammenhang spricht man von einer **Gelegenheitsursache** dann, wenn das schädigende Ereignis einen Gesundheitsschaden (zB Herzinfarkt, Bandscheibenvorfall) auslöst, der – auf einem Vorschaden beruhend – auch bei jeder alltäglichen Belastung eingetreten wäre. Ein rechtlich nicht wesentlicher Kausalzusammenhang im Sinne einer bloßen Gelegenheitsursache ist hier dann gegeben, wenn die Krankheitsanlage so stark ausgeprägt oder so leicht ansprechbar war, dass es zur Auslösung akuter Erscheinungen nicht besonderer, in ihrer Art unersetzlicher äußerer Einwirkungen bedurfte, sondern diese Erscheinungen auch durch jedes andere alltägliche Ereignis oder ganz ohne äußere Einwirkungen etwa zur selben Zeit ausgelöst worden wären (BSG 62 S. 220; BSG SGb 2006 S. 166 mAnm Ricke).

Eine haftungsausfüllende Kausalität ist auch dann gegeben, wenn das Unfaller- 21 eignis eine ruhende Krankheitsanlage zum Ausbruch gebracht, verschlimmert oder zu einer Verkürzung des Lebens um mindestens ein Jahr geführt hat (BSG 62 S. 220). Das Kriterium der Lebenszeitverkürzung gewinnt aber nur dann Bedeutung, wenn Vorschädigung und Unfallereignis konkurrierende Ursachen für den Tod sind. Ist eindeutig das Unfallereignis Ursache für den Tod (ein Schwerkranker erleidet einen tödlichen Wegeunfall), so spielt die Vorschädigung keine Rolle mehr (Benz, BG 1992 S. 437). Ähnliches gilt auch für die **Verschlimmerung.** Lässt sich der Verschlimmerungsanteil abgrenzen, so ist nur er Unfallfolge. Ist das nicht möglich, so beruht der ganze verschlimmerte Zustand wesentlich auf dem Unfall.

Im Zusammenhang mit der haftungsausfüllenden Kausalität ist auch der gleich- 22 sam entgegengesetzte Fall des **Nachschadens** von Bedeutung. Grundsätzlich kann ein Schädigungsvorgang, der zu einem Arbeitsunfall geführt hat (zB der Verlust eines Auges), nicht mehr später durch ein unfallunabhängiges Ereignis, das sich mit dem Unfallschaden überlagert (zB der Verlust auch des zweiten Auges), beeinflusst werden (Vießmann, SGb 2014 S. 537). Eine Ausnahme wird vor allem dann gemacht, wenn das unfallabhängige und das unfallunabhängige Ereignis zu dem unteilbaren Gesamtbefinden, der Hilflosigkeit iSd § 44 SGB VII, geführt haben. In diesem Falle ist davon auszugehen, dass das Unfallereignis den Gesamtzustand der Hilflosigkeit wesentlich mit verursacht hat (BSG 41 S. 70; 81). Vom Nachschaden zu unterscheiden ist eine durch den ursprünglichen Unfall wesentlich mit verursachte spätere mittelbare Schädigung. Wer nach einem Arbeitsunfall eine Beinprothese trägt, und in einer bestimmten Situation – wesentlich durch die Vorschädigung bedingt – stürzt, erleidet eine **mittelbare Schädigung** und nicht lediglich einen Nachschaden (Vießmann, SGb 2013 S. 68).

4. Leistungen

Die **Leistungen** sind in den §§ 26 ff. SGB VII geregelt. Einen wesentlichen 23 Schwerpunkt bilden die Leistungen zur medizinischen Rehabilitation und zur

Teilhabe am Arbeitsleben. Deren Ziele sollen gemäß §§ 14, 26 Abs. 2 SGB VII mit allen geeigneten Mitteln angestrebt werden (Keller, SGb 2000 S. 459). Durch § 14 Abs. 3 SGB VII sind die Träger der Unfallversicherung auch in die nationale Präventionsstrategie einbezogen worden (§§ 20d–20f SGB V). Da der Versicherte nach einem Arbeitsunfall idR auch krank im Sinne der Krankenversicherung ist, bestehen an sich auch Ansprüche nach den §§ 27 ff. SGB V. In § 11 Abs. 4 SGB V ist jedoch geregelt, dass im Falle eines Arbeitsunfalls oder einer Berufskrankheit kein Anspruch auf Leistungen der Krankenversicherung besteht. Dasselbe gilt im Falle der Pflegebedürftigkeit gemäß § 13 Abs. 1 Nr. 3 SGB XI. Im Ergebnis bedeutet dass, das Heilbehandlung in der Unfallversicherung in einem sehr umfassenden Sinne geleistet wird (§ 27 SGB VII) und dass auch im Pflegefall bedarfsdeckende Leistungen erbracht werden (§ 44 SGB VII). Entsprechendes gilt für die Leistungen zur Rehabilitation und Teilhabe (§§ 35 ff. SGB VII). Demgegenüber ist der Versicherte in den sonstigen Fällen der Rehabilitation und Teilhabe häufiger auch auf Leistungen der Eingliederungshilfe für behinderte Menschen angewiesen, die trotz ihrer Stellung in den §§ 90 ff. SGB IX einen sozialhilferechtlichen Charakter behalten haben. Wegen der umfassenden Aufgabe der Träger der Unfallversicherung ist dies hier praktisch nie der Fall. Nicht ganz unumstritten ist die Auffassung, dass das Leistungsspektrum der Unfallversicherung nicht so weit reicht, dass auch die Kosten für einen Berufsbetreuer (§ 1896 BGB) zu übernehmen wären (§ 2 Rn. 16a). Insoweit verweist § 39 SGB VII auf die §§ 44, 53 und 54 SGB IX, deren Auslegung ergibt nach Auffassung des BSG einen solchen Anspruch nicht (BSG SozR 4-2700 § 39 Nr. 2).

24 Die Leistungen der **Heilbehandlung** entsprechen im Wesentlichen denen der Krankenversicherung (vgl. § 21 Rn. 13–46), gehen jedoch darüber hinaus. In § 26 Abs. 1 SGB VII wird zunächst geregelt, dass die Leistungen „nach Maßgabe der folgenden Vorschriften und unter Beachtung des Neunten Buches erbracht werden". Das bedeutet aber letzten Endes, dass im Zweifelsfalle die Vorschriften der Unfallversicherung Vorrang haben (§ 7 Satz 1 SGB IX). Damit gilt Folgendes: Anders als § 27 SGB V enthält § 27 SGB VII keine abschließende Aufzählung der Leistungen. Außerdem sind in dieser Vorschrift die Leistungen der Akutbehandlung, der medizinischen Rehabilitation und der Pflege einheitlich geregelt. Hervorzuheben ist, dass die Unfallversicherung uneingeschränkte Sachleistungen erbringt und dass auch keine Zuzahlungen erfolgen. Leistungsausschlüsse wie etwa für Brillen gibt es ebenfalls nicht (vgl. §§ 29–33 SGB V). Von praktischer Bedeutung für die Heilbehandlung ist das in § 28 Abs. 4 SGB VII geregelte **Durchgangsarzt-Verfahren,** durch das einerseits das Recht auf freie Arztwahl eingeschränkt und andererseits eine frühzeitige und sachgemäße unfallmedizinische Versorgung sichergestellt werden soll (BSG 34 S. 255).

25 Für die Dauer der Arbeitsunfähigkeit wird ein **Verletztengeld** gezahlt. Es entspricht in seinen Voraussetzungen und in der Berechnung dem Krankengeld (§§ 45 ff. SGB VII). Es ist allerdings höher, da das Regelentgelt bis zum 360. Teil des Höchstjahresarbeitsverdienstes berücksichtigt wird (§ 47 Abs. 1 Nr. 1 SGB VII). Das Verletztengeld endet unter den unterschiedlichen Voraussetzungen des § 46 Abs. 3 SGB VII, insbesondere also dann, wenn die Arbeitsunfähigkeit endet oder wenn eine Leistung der Teilhabe am Arbeitsleben beginnt.

26 Unmittelbar im Anschluss an die Heilbehandlung regelt § 44 SGB VII die **Pflege** bei Hilflosigkeit (vgl. § 21a Rn. 7–20). Neben der sozialen Entschädigung ist die Unfallversicherung der zweite Sozialleistungsbereich, der das Risiko der Pflegebedürftigkeit vollständig abdeckt. Gemäß § 44 Abs. 1 SGB VII wird als

Sachleistung entweder eine Pflegekraft gestellt oder es wird ein Pflegegeld gezahlt (Benz, BG 2001 S. 89). Erforderlichenfalls ist stationäre Pflege zu erbringen. Anders als bei den Leistungen der Pflegeversicherung (§§ 28 ff. SGB XI) ist die Pflege in der Unfallversicherung immer bedarfsdeckend. Damit kommen hier niemals Leistungen nach den §§ 61 ff. SGB XII in Betracht.

Hinsichtlich der Leistungen zur **Teilhabe am Arbeitsleben** verweist § 35 27
SGB VII auf die nicht abschließend geregelten Leistungen nach den §§ 49–55, 57, 58, 60, 61 SGB IX. Sie entsprechen denen der anderen Rehabilitationsträger. Noch darüber hinaus bestimmt § 6 Abs. 1 Nr. 3 SGB IX, dass der Träger der Unfallversicherung auch Leistungen im Arbeitsbereich einer WfbM erbringt. Allerdings erstreckt sich die Regelung nicht auf alle nach § 2 SGB VII Versicherten. Bei der Auswahl der einzelnen Leistungen fällt in der Praxis ins Gewicht, dass wir es in der Unfallversicherung mit Behinderungen zu tun haben, die zumeist erst im Laufe des Berufslebens entstanden sind. Darüber hinaus handelt es sich idR um körperliche Behinderungen. Deswegen dominiert in der Unfallversicherung die Weiterbildung in Form der Umschulung. Während einer Leistung zur Teilhabe am Arbeitsleben wird nach den §§ 49 ff. SGB VII **Übergangsgeld** gezahlt, wenn der Verletzte entweder arbeitsunfähig ist oder wegen der Teilnahme an einer berufsfördernden Maßnahme an der Ausübung einer ganztägigen Erwerbstätigkeit gehindert ist. Das Übergangsgeld wird nach den gleichen Grundsätzen berechnet wie das Krankengeld. Es wird jedoch nach Maßgabe des § 50 SGB VII gekürzt.

Renten an Verletzte werden nach § 56 Abs. 1 SGB VII geleistet, wenn die 28
Erwerbsfähigkeit des Versicherten über die 26. Woche nach dem Unfall hinaus gemindert ist und der Anspruch auf Verletztengeld endet (§ 72 Abs. 1 Nr. 1 SGB VII). Die zentrale materielle Voraussetzung besteht darin, dass die Erwerbsfähigkeit des Versicherten um mindestens ein Fünftel gemindert sein muss. Der Begriff der Minderung der Erwerbsfähigkeit (MdE) wird als nicht mehr zeitgemäß angesehen. Hinzu kommt heute auch, dass die Entwicklung der prothetischen Versorgung eine Qualität erreicht hat, die das Ausmaß einer Schädigung relativieren kann, wie das etwa bei der Versorgung mit einem mikroprozessor-gesteuerten C-leg angenommen wird (vgl. § 21 Rn. 20b). Die Einbeziehung der prothetischen Möglichkeiten bei der Feststellung der MdE ist nach Auffassung des BSG jedoch begrenzt (BSG SGb 2017 S. 716 Rn. 24, 25 mAnm Hebeler; weitergehend Spellbrink/Nusser, SGb 2017 S. 550).

In der sozialen Entschädigung ist der Begriff der MdE durch den Begriff „Grad 28a
der Schädigungsfolgen" (GdS) ersetzt worden (vgl. Benz, SGb 2011 S. 625). Im Schwerbehindertenrecht wird auf den Grad der Behinderung (GdB) abgestellt. In der Unfallversicherung hat man trotz anfangs anderer Absicht an dem Begriff der MdE festgehalten (BT-Drs. 16/6541 S. 31; Spellbrink/Nusser, SGb 2017 S. 550). Sieht man davon ab, dass nur bei der Bewertung des GdS und des GdB die auf die rechtsstaatliche klareren Kriterien der Versorgungsmedizin-Verordnung abzustellen ist, bestehen keine nennenswerten Unterschiede zwischen den Begriffen (vgl. Kruschinsky, SGb 2017 S. 691). Geringere Einbußen in der Erwerbsfähigkeit und solche von kürzerer Dauer werden grundsätzlich nicht durch Entschädigungsleistungen der Unfallversicherung ausgeglichen. Eine Ausnahme davon besteht gemäß § 56 Abs. 1 Satz 3 SGB VII bei mehreren Arbeitsunfällen, die je mindestens eine 10 %ige und zusammen mindestens eine 20 %ige MdE zur Folge haben. In diesem Falle ist für jeden Unfall eine Verletztenrente zu zahlen, ohne dass eine Gesamt-MdE gebildet werden müsste oder könnte (Stütz-MdE). Her-

vorzuheben ist, dass in diesem Falle Schädigungen im Zusammenhang mit der Beamtenversorgung und der sozialen Entschädigung den Arbeitsunfällen gleich stehen (§ 56 Abs. 1 Satz 4 SGB VII). Das bedeutet für die Praxis, dass im Einzelfall eine MdE auch dann festgestellt werden muss, wenn sie das Ausmaß für eine Entschädigungsleistung (20 %) nicht erreicht hat (BSG SozR 3 – 2200 § 581 Nr. 3; 4). Wird der Versicherte durch einen Arbeitsunfall mehrfach geschädigt, so ist eine Gesamt-MdE zu bilden, die nicht lediglich durch eine Zusammenrechnung der einzelnen MdE-Werte, sondern durch eine Gesamtbeurteilung erfolgen muss. Das hat in der Weise zu geschehen, dass zunächst die einzelnen Funktionsbeeinträchtigungen und ihr Grad ermittelt werden müssen. Sodann ist eine Gesamtbewertung vorzunehmen (Benz, SGb 2009 S. 699). Dabei ist zu berücksichtigen, dass sich die Schädigung verschiedener Gliedmaßen sehr unterschiedlich auswirken kann (§ 24 Rn. 14–19). Der Verlust einer Hand und einer Ohrmuschel haben ganz andere Wirkungen als der Verlust einer Hand und zweier Finger an der anderen Hand (funktionelle Überlagerung). Für die Gesamt-MdE gilt, wie für jede Feststellung einer MdE, dass ihr eine gewisse Schwankungsbreite eigentümlich ist (BSG 43 S. 53). In der praktischen Handhabung von Erfahrungswerten und Anhaltspunkten wird dies nicht immer ganz deutlich. Es fehlt vor allem an einer schlüssigen Begründung dafür, warum der einen oder anderen Beeinträchtigung dieser oder jener MdE-Wert zugeschrieben wird. Auch insoweit hätte die Einbeziehung der Versorgungsmedizin-Versorgung (§ 24 Rn. 16) Vorteile. Das könnte jedoch nur durch Gesetz geschehen.

29 Die MdE wird definiert als der Verlust der Fähigkeit, unter Einsatz aller körperlichen und geistigen Fähigkeiten und unter Ausnutzung aller Arbeitsgelegenheiten auf dem allgemeinen Arbeitsmarkt einem Erwerb nachzugehen (BSG 63 S. 207). Die MdE ist in der Unfallversicherung und in der sozialen Entschädigung weitgehend gleich zu handhaben (BSG SozR 2200 § 581 Nr. 6; BSG 41 S. 70; 80). In der Unfallversicherung gilt das Prinzip der **abstrakten Schadensberechnung** (Krasney, BG 1982 S. 250). Bei der Feststellung der MdE spielt also die individuelle Leistungseinbuße praktisch keine Rolle. Auszugehen ist vielmehr von der abstrakten Fähigkeit eines Menschen auf dem allgemeinen Arbeitsmarkt durch Arbeit einen Erwerb zu erzielen. Die Einbuße daran durch einen Unfall erreicht beim Verlust einer Hand oder eines Auges ein unterschiedliches Ausmaß. Da bei der Bemessung dieser MdE die konkret ausgeübte Tätigkeit keine Rolle spielt, ist auch das Einkommen des Versicherten bzw. die Einkommenseinbuße nicht von Bedeutung. Dieser abstrakten Schadensberechnung entspricht es, wenn immer von einer 100 %igen Erwerbsfähigkeit vor dem Unfall auszugehen ist (BSG 43 S. 208; BSG 55 S. 13; BSG SGb 1992 S. 616 mAnm Masuch).

30 Die bei der Bestimmung der MdE vorgesehene abstrakte Bezugnahme auf das Erwerbsleben wird kritisiert (vgl. Gitter, SGb 1993 S. 300). Mit einem gewissen Recht lässt sich die Auffassung vertreten, die Anforderungen für die Ausübung einer Erwerbstätigkeit hätten sich in den einzelnen Berufssparten so ausdifferenziert, dass das Erwerbsleben als allgemeiner Maßstab für die Bewertung einer Beeinträchtigung im Grunde nicht mehr in Betracht kommen kann. Andererseits sind die großen praktischen Schwierigkeiten, die sich bei der Bestimmungen einer MdE nach individuellen Maßstäben und solchen von Teilarbeitsmärkten ergeben, nicht zu übersehen (Ricke, BG 1989 S. 288). Aus der Sicht der Praxis spricht deswegen mehr dafür, an der bisherigen abstrakten Schadensbemessung festzuhalten und sie mit der allgemein verminderten Konkurrenzfähigkeit des Verletzten und den höheren Anstrengungen, die ihm nun generell im Arbeitsleben abverlangt werden, zu rechtfertigen (Krasney, BG 1982 S. 251; Pappai, SGb 1993 S. 303). Demgegenüber ist eine volle oder teilweise Erwerbsminderung in der Rentenversicherung stärker individualisierend, aber nach der Neufassung des § 43 SGB VI heute auch nicht mehr unter Berücksichtigung der Tätigkeitsmerkmale einzelner konkreter Berufe oder zumindest von Berufsgruppen zu bestimmen (§ 23 Rn. 7–11). Die Unterschiede bei der Feststellung einer Erwerbsminderung im Sinne der Rentenversicherung einerseits und der MdE in der Unfallversicherung bzw. der sozialen Entschädigung sowie des GdB im Schwerbehindertenrecht (§§ 69 ff. SGB IX) andererseits bestehen zwar fort. Infolge der Tatsache, dass es heute einen individualisierenden Berufsschutz aber nicht mehr gibt, sind sie kleiner geworden. Die Unterschiede zwischen der MdE in Unfallversicherung und sozialer Entschädigung (Grad der Schädigungsfolgen) sowie dem GdB fielen schon bisher kaum ins Gewicht, soweit man ohnehin überwiegend auf das Erwerbsleben abstellt. Dennoch berücksichtigt die soziale Entschädigung die Schädigungsfolgen „in allen Lebensbereichen" (§ 30 BVG). Demgegenüber ist die Regelung in der Unfallversicherung enger. In § 56 Abs. 2 Satz 1 SGB VII wird nur auf die sich aus der Beeinträchtigung des Leistungsvermögens ergebenden verminderten Arbeitsmöglichkeiten auf dem gesamten Gebiet des Erwerbslebens abgestellt. Das ist nur dann als konsequent anzusehen, wenn man den Einzelnen auf seine Arbeitskraft reduziert und mehr noch, wenn man der Auffassung ist, deren Einsatz bzw. deren Verlust hätte mit dem individuellen Lebensentwurf nichts zu tun.

Im Einzelnen bereitet die Berücksichtigung von **Vor-** bzw. **Nachschäden** **31** gewisse Schwierigkeiten. Es handelt sich dabei um Schädigungen, die unfallunabhängig vor bzw. nach dem Unfall eingetreten sind. Da immer von einer Erwerbsfähigkeit von 100 % vor dem Unfall auszugehen ist, findet ein Vorschaden bei der Bemessung der MdE grundsätzlich keine Berücksichtigung. Eine Ausnahme ist dann zu machen, wenn der geschädigte Körperteil bereits vorgeschädigt war. In diesem Falle ist die MdE geringer zu bemessen, wobei es entscheidend auf den zusätzlichen anatomischen und funktionellen Verlust ankommt. Ein rein rechnerischer Abzug von der MdE ist nicht zulässig. Vielmehr ist eine Gesamtbewertung vorzunehmen (§ 24 Rn. 18). Ein Vorschaden kann aber auch zu einer Erhöhung der unfallbedingten MdE führen, wenn paarige Organe betroffen sind, zB Verlust der zweiten Hand durch einen Unfall (§ 24 Rn. 19, 20).

Grundsätzlich kann auch ein unfallunabhängiger Nachschaden keinen Einfluss **32** auf eine einmal festgesetzte MdE haben. Umstritten ist aber die sog. **funktionelle Überlagerung.** Sie ist dann gegeben, wenn ein unfallunabhängiger Nachschaden mit einem Unfallschaden im Sinne einer Verschlechterung des Gesamtzustandes zusammenwirkt. So führt der Verlust der Sehkraft auf einem Auge in der Unfallversicherung zu einer Festsetzung der MdE auf 25 %. Daran ändert sich nach Auffassung des BSG nichts, wenn ein unfallunabhängiger Nachschaden zu einer völligen Erblindung führt (vgl. § 24 Rn. 18, 19). Im umgekehrten Falle, also bei einem unfallunabhängigen Vorschaden und der Erblindung durch einen Arbeitsunfall beträgt die MdE 100 %, denn bei ihrer Bemessung ist immer von einer vollen Erwerbsfähigkeit vor dem Unfall auszugehen. Auch bei einem Nachschaden ist das BSG jedoch, anders als bei der Bewertung der MdE (BSG 43 S. 208), bei der Feststellung der Pflegebedürftigkeit (§ 44 SGB VII) der Auffassung, dass die Hilflosigkeit ein unteilbares Gesamtbefinden darstellt, die auch bei einem Vor- oder Nachschaden wesentlich durch den Arbeitsunfall verursacht worden sein kann (BSG 41 S. 70; 80). Diese kann man eigentlich im Falle einer Erblindung nicht anders behandeln (BSG 87 S. 63 zu § 35 BVG).

33 In der Praxis haben sich vor dem Hintergrund der Verwaltungstätigkeit und Gutachterpraxis Erfahrungswerte zur Feststellung der MdE herausgebildet, die als Gliedertaxen bezeichnet werden (vgl. die Erfahrungswerte zum Grad der Minderung der Erwerbsfähigkeit, Kass-Komm-Ricke, § 56 Rn. 40 ff.). Danach wird der Verlust eines jeden Gliedes mit einem bestimmten Grad der MdE bewertet. Die danach anzugebenden Prozentsätze sind Mindestsätze und sollen grundsätzlich durch 10 teilbar sein. Nur für das Schwerbehindertenrecht ist dies in § 152 Abs. 1 Satz 5 SGB IX jedoch ausdrücklich so geregelt. Das bedeutet etwa für die Amputation einer Hand eine MdE von 50–60 %, für die eines Armes 70 %. Auf diese Weise gewinnt die Verletztenrente stark den Charakter einer Entschädigungsleistung für den Verlust an körperlicher Integrität bzw. für die Funktionseinbuße. Dabei ist in der Unfallversicherung der Ersatz des immateriellen Schadens grundsätzlich ausgeschlossen (§ 56 Abs. 2 SGB VII). Auch Einbußen, die sich nur in der privaten Sphäre auswirken, spielen für die Festsetzung der MdE keine Rolle. Angesichts der abstrakten Bemessung der MdE lässt sich sagen, dass bei nicht allzu schweren Einbußen die nach der MdE festgesetzte Verletztenrente ein Zusatzeinkommen darstellt. Das ist dann der Fall, wenn der Versicherte seine bisherige oder eine gleichwertige Tätigkeit weiterhin ausüben kann.

34 Eine gewisse **individualisierende Bewertung** der Unfallfolgen ist nur auf der Grundlage des § 56 Abs. 2 Satz 3 SGB VII möglich (BSG 66 S. 226; BSG SGb 1993 S. 317 mAnm Nehls). Danach sind bei der Bemessung der MdE die Nachteile zu berücksichtigen, die der Verletzte dadurch erleidet, dass er bestimmte, von ihm erworbene besondere berufliche Kenntnisse und Erfahrungen nicht mehr oder nur noch vermindert nutzen kann. Es handelt sich dabei um eine Ausnahmevorschrift, die von der Rechtsprechung zurückhaltend angewendet wird (BSG SozR § 581 Nr. 18; BSG SozR 3-2200 § 581 Nr. 6; BSG SozR 3-2200 § 581 Nr. 7). Nicht für die Festsetzung des MdE wohl aber für die des Jahresarbeitsverdienstes gelten die Regelungen der §§ 82 ff. SGB VII, die eine gewisse Individualisierung zulassen (§ 87 SGB VII).

35 Die Höhe der Verletztenrente bestimmt sich einmal nach dem Ausmaß der MdE und zum anderen nach dem **Jahresarbeitsverdienst.** Der Mindestbetrag des Jahresarbeitsverdienstes ist nach Altersgruppen unterschiedlich für Versicherte festgesetzt. Er beträgt 25, 33 1/3, 40 bzw. 60 % des Bezugsgröße des § 18 SGB IV (§§ 85, 86 SGB VII). Nach der gesetzlichen Regelung des § 85 Abs. 2 SGB VII beträgt er höchstens das Zweifache der maßgebenden Bezugsgröße im Zeitpunkt des Versicherungsfalles. In den Satzungen der Berufsgenossenschaften ist er jedoch regelmäßig auf das Drei- bis Vierfache erhöht. Die Vollrente bei einer MdE von 100 % beträgt 2/3 des Jahresarbeitsverdienstes. Die Teilrente ist entsprechend geringer zu bemessen (§ 56 Abs. 3 SGB VII).

36 Nach den §§ 63 ff. SGB VII werden Leistungen an Hinterbliebene erbracht. Hierzu hat das BSG klargestellt, dass ein Leistungsausschluss nach § 101 Abs. 1 SGB VII nicht in Betracht kommt, wenn der Tod des Versicherten durch Zustimmung der Hinterbliebenen zu einem legalen Behandlungsabbruch herbeigeführt wurde (BSG 118 S. 18, dazu Doering-Striening, ErbR 2016 S. 10). Treffen Renten aus der Unfall- und der Rentenversicherung zusammen, so wird unter den Voraussetzungen des § 93 SGB VI die Rente aus der Rentenversicherung nicht geleistet, soweit beide Renten zusammen vor Einkommensanrechnung den nach § 93 Abs. 3 SGB VI zu bestimmenden Grenzbetrag überschreiten. Unter den Voraussetzungen der §§ 75 ff. SGB VII werden Rentenabfindungen gezahlt.

Entsprechend der Vielfalt der versicherten Personenkreises (§ 2 SGB VII) ist in der Unfallversicherung über die Berufsgenossenschaften hinaus eine Vielfalt von Trägern zuständig (vgl. §§ 114 ff. SGB VII). Allerdings hat das Unfallversicherungsmodernisierungsgesetz (BGBl I 2008 S. 2130) eine Neuorganisation eingeleitet. So war gemäß § 222 SGB VII die Zahl der gewerblichen Berufsgenossenschaften bis zum 31.12.2009 auf neun zu reduzieren. Gemäß §§ 223 und 224 SGB VII waren die Unfallversicherungsträger er öffentlichen Hand auf je einen pro Land und im Bund zu reduzieren (im Einzelnen Colella/Kranig, BG 2008 S. 388). 37

§ 23 Leistungen der gesetzlichen Rentenversicherung einschließlich der Alterssicherung der Landwirte

(1) **Nach dem Recht der gesetzlichen Rentenversicherung einschließlich der Alterssicherung der Landwirte können in Anspruch genommen werden:**

1. in der gesetzlichen Rentenversicherung:
   a) Leistungen zur Prävention, Leistungen zur medizinischen Rehabilitation, Leistungen zur Teilhabe am Arbeitsleben, Leistungen zur Nachsorge sowie sonstige Leistungen zur Teilhabe einschließlich wirtschaftlicher Hilfen,
   b) Renten wegen Alters, Renten wegen verminderter Erwerbsfähigkeit und Knappschaftsausgleichsleistung,
   c) Renten wegen Todes,
   d) Witwen- und Witwerrentenabfindungen sowie Beitragserstattungen,
   e) Zuschüsse zu den Aufwendungen für die Krankenversicherung,
   f) Leistungen für Kindererziehung,

2. in der Alterssicherung für Landwirte:
   a) Leistungen zur Prävention, Leistungen zur medizinischen Rehabilitation, Leistungen zur Nachsorge sowie ergänzende und sonstige Leistungen zur Teilhabe einschließlich Betriebs- oder Haushaltshilfe,
   b) Renten wegen Erwerbsminderung und Alters,
   c) Renten wegen Todes,
   d) Beitragszuschüsse,
   e) Betriebs- und Haushaltshilfe oder sonstige Leistungen zur Aufrechterhaltung des Unternehmens der Landwirtschaft.

(2) **Zuständig sind**

1. in der allgemeinen Rentenversicherung die Regionalträger, die Deutsche Rentenversicherung Bund und die Deutsche Rentenversicherung Knappschaft-Bahn-See,

2. in der knappschaftlichen Rentenversicherung die Deutsche Rentenversicherung Knappschaft-Bahn-See,

3. in der Alterssicherung der Landwirte die Sozialversicherung für Landwirtschaft, Forsten und Gartenbau als landwirtschaftliche Alterskasse.

Übersicht

1 Zum versicherten Personenkreis vgl. § 4 Rn. 11–15. Die Versicherungsfälle der Rentenversicherung sind das Erreichen der Altersgrenze (§§ 35 ff. SGB VI), die Erwerbsminderung (§ 43 SGB VI) und der Tod (§§ 46 ff. SGB VI).

1. Rehabilitation und Teilhabe

2 Durch den Vorrang der Leistungen zur Rehabilitation und Teilhabe vor der Rente (§§ 9 Abs. 1 Satz 2 SGB VI; 9 SGB IX) wird die Zielsetzung der entsprechenden Leistungen in der Rentenversicherung verdeutlicht (Jabben, Kreikebohm, Rodewald, NZS 2012 S. 661, 730). Sie dienen der Sicherung der Erwerbsfähigkeit. Jedoch konnten schon immer Leistungen zur Rehabilitation auch dann erbracht werden, wenn der Eintritt des Versicherungsfalles der vollen oder teilweisen Erwerbsminderung (§ 43 SGB VI) nicht droht. Durch § 14 Abs. 1 SGB VI ist der präventive Ansatz der Rehabilitation noch verstärkt worden. Leistungen werden nunmehr auch erbracht an Versicherte, die erste gesundheitliche Beeinträchtigungen aufweisen, die die ausgeübte Beschäftigung gefährden. In § 9 Abs. 2 SGB VI wird klargestellt, dass der Träger der Rentenversicherung hinsichtlich der Leistungen zur Teilhabe kein Entschließungs-, sondern nur ein Auswahlermessen hat.

2a Die **persönlichen Voraussetzungen** für die Leistungen zur Rehabilitation und Teilhabe bestehen darin, dass die Erwerbsfähigkeit eines Versicherten infolge von Krankheit oder Behinderung zumindest erheblich gefährdet sein muss (§ 10 Nr. 1 SGB VI) und dass voraussichtlich eine Minderung der Erwerbsfähigkeit abgewendet (§ 10 Nr. 2a SGB VI) bzw. die Erwerbsfähigkeit wesentlich gebessert werden kann (§ 10 Nr. 2b SGB VI). Das Kriterium der Minderung bzw. Verbesserung der Erwerbsfähigkeit dient jedoch nicht dazu, den Anspruch auf Teilhabeleistungen als solchen zu begründen. Er dient vielmehr der Abgrenzung der Zuständigkeiten von Kranken- und Rentenversicherung. So können an Versicherte Leistungen zur medizinischen Rehabilitation auch erbracht werden, wenn sie gleichwohl erwerbsunfähig bleiben, wie Mitarbeiter in einer WfbM, wohl aber ihr Restleistungsvermögen in dem vorhandenen Rahmen erhalten werden kann. In diesem Falle sind aber Leistungen nach § 40 SGB V zu erbringen (BSG SGb 2018 S. 109 mAnm Temming). Es genügt andererseits auch, wenn bei teilweiser Erwerbsminderung ohne Besserungsaussicht wenigstens der Arbeitsplatz erhalten, bzw. ein anderer Arbeitsplatz dadurch erlangt werden kann (§ 10 Nr. 2c SGB VI). In diesem Falle werden allerdings nur Leistungen zur Teilhabe am Arbeitsleben erbracht. Dies kann etwa in Form der Umwandlung des Arbeitsplatzes in eine Teilzeitbeschäftigung, aber auch durch Übernahme der Beförderungskosten bei eingeschränkter Wegefähigkeit geschehen (BSG 110 S. 1).

2b Zur Erfüllung der **versicherungsrechtlichen Voraussetzungen** muss entweder eine Wartezeit von 15 Jahren erfüllt sein oder eine Rente wegen verminderter Erwerbsfähigkeit bezogen werden (§ 11 Abs. 1 SGB VI). Im Übrigen ist zu unterscheiden: Bei den Leistungen zur **medizinischen** Rehabilitation genügt es, wenn der Versicherte eine der Voraussetzungen des § 11 Abs. 2 SGB VI erfüllt. Es reichen also uU sehr geringe Beitragsleistungen (§ 11 Abs. 2 Nr. 1 und 2 SGB VI).

Im Kern genügt es, wenn vor der Antragstellung eine insgesamt sechsmonatige Beitragsleistung innerhalb eines Zwei-Jahres-Zeitraumes zurückgelegt worden ist (§ 11 Abs. 2 Nr. 1 SGB II). Seit die Bezieher von Arbeitslosengeld II nicht mehr beitragspflichtig in der Rentenversicherung sind (§ 58 Abs. 1 Satz 1 Nr. 6 SGB VI), verlängert sich der Zwei-Jahres-Zeitraum um die Zeit des Bezugs von Arbeitslosengeld II (§ 11 Abs. 1 Satz 3 SGB VI). Damit können auch länger zurückliegende Beiträge berücksichtigt werden. Leistungen zur **Teilhabe am Arbeitsleben** werden unter den Voraussetzungen des § 11 Abs. 2a SGB VI erbracht. Sie müssen also entweder im Anschluss an eine medizinische Rehabilitation erforderlich werden (Nr. 2), oder es müsste ohne sie Rente wegen verminderter Erwerbsfähigkeit (§ 43 SGB VI) zu leisten sein (Nr. 1).

Die Leistungen zur medizinischen Rehabilitation (§ 15 SGB VI) und zur Teilhabe am Arbeitsleben (§ 16 SGB VI) sind nicht abschließend aufgezählt. Sie orientieren sich heute an den §§ 42 ff., 49 ff. und 64 ff. SGB IX. Auf diese Vorschriften wird in den §§ 15 und 16 SGB VI jeweils verwiesen. Die beschränkte Reichweite des SGB IX zeigt sich aber am Beispiel der unterstützten Beschäftigung des § 55 SGB IX. Diese, auch unionsrechtlich wichtige Eingliederung behinderter Menschen auf dem allgemeinen Arbeitsmarkt, steht in ihrer systematischen Stellung zwischen der beruflichen Rehabilitation und der behinderungsgerechten Arbeit. Für letztere erbringt die Rentenversicherung keine Leistungen. Um hier nicht eine Erweiterung des Leistungsspektrums in der Rentenversicherung herbeizuführen, verweist § 16 SGB IX nicht auf § 55 SGB IX. Von dieser Einschränkung abgesehen, ist allen Leistungen zur Rehabilitation und Teilhabe in der Rentenversicherung gemeinsam, dass sie auf die Sicherung der Erwerbsfähigkeit ausgerichtet sind, das gilt also auch für die Leistungen zur medizinischen Rehabilitation (§ 9 SGB VI). Gemäß § 17 SGB VI werden Leistungen zur **Nachsorge** sowohl im Anschluss an medizinische als auch an berufsfördernde Maßnahmen erbracht. Während der medizinischen Rehabilitation oder der Teilhabe am Arbeitsleben wird nach den §§ 20 ff. SGB VI ein **Übergangsgeld** gezahlt. Es hat die gleiche Lohnersatzfunktion wie das Krankengeld, wird im Grundsatz genauso berechnet (§§ 66 ff. SGB IX), jedoch wird es nach Maßgabe des § 66 Abs. 1 Satz 3 Nr. 1 und 2 SGB IX gegenüber dem Krankengeld gekürzt. 3

Das Verhältnis der Renten- zur Unfallversicherung ist einfach. Im Falle eines Arbeitsunfalls werden Leistungen nicht erbracht (§ 12 Abs. 1 Nr. 1 SGB VI). Im Verhältnis zur Arbeitsförderung begründet § 22 Abs. 2 SGB III deren Nachrang. Etwas vielschichtiger ist das **Verhältnis zur Krankenversicherung.** Zunächst einmal können Kranke, deren Erwerbsfähigkeit gefährdet ist, nach § 51 SGB V veranlasst werden, Leistungen zur Rehabilitation und Teilhabe zu beantragen. Im Übrigen gilt Folgendes: Leistungen zur Krankenbehandlung während der Phase einer akuten Behandlungsbedürftigkeit werden vom Träger der Rentenversicherung grundsätzlich nicht erbracht (§ 13 Abs. 2 Nr. 1 SGB V). Hier besteht also eine Alleinzuständigkeit des Trägers der Krankenversicherung auch in einem „Rehabilitationsfall". Eine Versorgungslücke kann nicht mehr entstehen, da gemäß § 5 Abs. 1 Nr. 13 SGB V ein weitestgehend geschlossener Versicherungsschutz in der Krankenversicherung begründet worden ist. Was die Leistungen zur medizinischen Rehabilitation angeht (vgl. § 107 Abs. 2 Nr. 1 und 2 SGB V), so leistet der Träger der Rentenversicherung nur zur Sicherung der Erwerbsfähigkeit. Besteht das Rehabilitationsziel (lediglich) darin, eine Behinderung oder Pflegebedürftigkeit auszugleichen (§ 11 Abs. 2 Satz 1 SGB V), so besteht eine eigenständige Leistungspflicht des Trägers der Krankenversicherung. Schließlich leistet er auch, 3a wenn ein behinderter Mensch nicht die versicherungsrechtlichen Voraussetzungen des § 11 Abs. 1 SGB VI erfüllt (§ 40 Abs. 4 SGB V).

2. Renten

4 Die Rentenversicherung ist der finanziell aufwändigste Bereich des Systems der sozialen Sicherung. Die Leistungen belaufen sich über die Jahre hin, auf etwa ein Drittel des Sozialbudgets. Ihre Stabilität ist mehr als die anderen Bereiche von der wirtschaftlichen und der Bevölkerungsentwicklung abhängig. Dabei kommt es entscheidend darauf an, wie sich der Anteil der Erwerbstätigen entwickelt (dazu Kaltenstein, SGb 2017 S. 301; Ruland, NZS 2018 S. 793). Zudem klaffen nur in der Rentenversicherung die Lebensphasen von Arbeit und Beitragszahlung sowie Leistungsbezug stark und systemprägend auseinander. Damit haben alle Reformüberlegungen zu kämpfen (Bieback, VSSR 2011 S. 93; Rische, NZS 2013 S. 601). Allerdings ist das ungleiche Verhältnis von Beitragszahlern und Leistungsempfängern nur ein Faktor unter anderen. Letzen Endes kommt es auf die Summe der Entgelte an, aus denen Beiträge abgeführt werden (Kaltenstein, SGb 2017 S. 301). Im Laufe der großen Zeiträume wechseln auch die Schwerpunkte der Reformdiskussion. Seite einigen Jahren stehen die Fragen der Generationengerechtigkeit, einer Verhinderung künftiger Altersarmut und des Wandels der Beschäftigungsverhältnisse hin zur Versicherungsfreiheit im Vordergrund (Rische/Thiede, NZS 2013 S. 601; Schlegel, NZS 2017 S. 241; Schmitt, VSSR 2018 S. 197; Köhler-Rama, SGb 2019 S. 80). Die Begriffe „gebrochene Versicherungsbiografie“ und „Ausweitung des Niedriglohnsektors“ verdeutlichen den Zusammenhang der Reformanliegen (vgl. Fock/Fuchsloch/Mecke/Merz, SGb 2018 S. 595). Unausweichlich zu sein scheint die Anhebung der Altersgrenze auch über das 67. Lebensjahr hinaus. Dabei wird zunehmend ein Automatismus von Renteneintrittsalter und Veränderung der Lebenserwartung favorisiert (vgl. Ruland, NZS 2018 S. 801). Da infolge der Ausgangssituation in der Rentenversicherung immer lange Zeiträume versicherungsrechtlich erfasst werden müssen, besteht, mehr als in anderen Sozialrechtsbereichen, die Notwendigkeit, bei Gesetzesänderungen Übergangsregelungen für Altfälle zu schaffen. Aus der daraus resultierenden Notwendigkeit detailliert zu differenzieren (vgl. § 237 Abs. 3 und 4 SGB VI) können sich schwierige Fragen der Gleichbehandlung der Versicherten ergeben (BVerfG SGb 2010 S. 30 mAnm Becker). Seit der Rentenreform 1992 werden die Übergangsregelungen in den §§ 228 ff. SGB VI zusammengefasst.

5 Die Rentenarten werden einleitend in § 33 SGB VI geregelt. Ein **Rentenanspruch** besteht gemäß § 34 Abs. 1 SGB VI, wenn der Versicherte die für die jeweilige Rente erforderliche Wartezeit erfüllt hat und in seiner Person die zusätzlichen Voraussetzungen der jeweils in Betracht kommenden Rentenart vorliegen. Wird eine Rente wegen Alters vor Erreichen der Mindestversicherungsdauer (§ 34 Abs. 1 SGB V) in Anspruch genommen, so darf die auf das Jahr bezogene Hinzuverdienstgrenze des § 34 Abs. 2 SGB VI nicht überschritten werden. Wird sie überschritten, so besteht ein Anspruch auf Teilrente (§ 34 Abs. 3–3g SGB VI). Die Regelaltersrente wird gezahlt, wenn der Versicherte die Altersgrenze des § 35 SGB VI erreicht hat. Diese wird sukzessive in einer Übergangsphase bis zum Jahre 2029 vom 65. auf das 67. Lebensjahr angehoben (§ 235 SBG VI). Nur von den Versicherten, die nach 1964 geboren sind, wird die Altersgrenze erst mit 67 Jahren erreicht. Abweichend von der klassischen Regelaltersrente kennt das Gesetz noch Altersrenten für verschiedene Versichertengruppen (§§ 36–40 SGB VI). Diese Ver-

sicherten können schon mit Vollendung des 60. bzw. des 62. oder 63. Lebensjahres eine Altersrente beanspruchen, wenn sie eine zusätzliche Voraussetzung erfüllen das gilt zB für langjährig Versicherte (§ 36 SGB VI) und für besonders langjährig Versicherte (§ 38 SGB VI). Hierzu trifft § 236b SGB VI eine ergänzende Regelung. Strittig war, unter welchen Voraussetzungen die Zeit des Bezugs von Arbeitslosengeld bei der Erfüllung der Wartezeit von 45 Jahren berücksichtigt werden kann (§ 51 Abs. 3a SGB VI). Das BSG hat eine streng am Wortlaut orientierte restriktive Auslegung des § 51 Abs. 3a Satz 1 Hs. 2 SGB VI vorgenommen (BSG 124 S. 58). Dies ist durchaus nachvollziehbar, weil die Regelung zur Vermeidung von Missbräuchen getroffen wurde. Schwerbehinderte Menschen können unter den Voraussetzungen des § 37 SGB VI vorzeitig in Rente gehen. Für Altfälle gilt § 236a SGB VI. Die vorzeitige Altersrente wegen Arbeitslosigkeit wird nur noch unter den Voraussetzungen des § 237 SGB VI gezahlt. Eine Übergangsregelung für die Altersrente für Frauen trifft § 237a SGB VI. In jedem Falle muss die allgemeine Wartezeit von fünf Jahren (§ 50 Abs. 1 SGB VI) erfüllt sein. Für alle Neuzugänge einer vorzeitigen Rente (§ 34 SGB VI) sind die Altersgrenzen entsprechend der allgemeinen Regelung angehoben worden. Ein vorzeitiger Wechsel in den Ruhestand erhöht die Rentenbezugsdauer. Deswegen wird der Zugangsfaktor, der im Regelfalle 1,0 beträgt (§ 77 Abs. 2 Satz 1 Nr. 1 SGB VI) gemäß § 77 Abs. 2 Satz 1 Nr. 2 SGB VI vermindert. Für jeden Monat, den eine Altersrente früher in Anspruch genommen wird, wird der Zugangsfaktor um 0,003 abgesenkt. Entsprechendes gilt für die Erhöhung bei späterer Inanspruchnahme der Rente (§ 77 Abs. 2 Satz 1 Nr. 2 SGB VI). Dadurch wird die statistisch zu erwartende Dauer der Rentenzahlung über die Höhe der Rente ausgeglichen (§ 63 Abs. 5 SGB VI).

Eine Neuerung der Rentenreform 1992 ist die Möglichkeit der Inanspruch- 6
nahme einer Voll- oder **Teilrente** unter den Voraussetzungen des § 42 SGB VI. Deren geringster Teil kann sich auf 10% der Vollrente belaufen. Wie sich aus § 42 Abs. 3 SGB VI ergibt hängt der Anspruch auch von der betrieblichen Situation ab. Sobald die Voraussetzungen für die Zahlung einer Rente wegen Alters erfüllt sind, kann die Wahl einer Voll- oder Teilrente ausgeübt werden. An seine einmal getroffene Entscheidung ist der Versicherte nicht gebunden. Er kann also auf die Teilrente wieder verzichten oder auch eine Vollrente beanspruchen. Die Modifikation des Zugangsfaktors nach § 77 Abs. 2 SGB VI erfolgt für den jeweiligen Rententeil. Wer eine Teilrente vorzeitig in Anspruch nimmt, erhält also einen niedrigeren Zugangsfaktor für diesen Rententeil. Das gilt nach § 77 Abs. 3 Satz 2 und 3 Nr. 2 SGB VI auch für Renten bei verminderter Erwerbsfähigkeit (BSG 101 S. 193; vgl. Bieback, SGb 2009 S. 629, 633). Nimmt ein Versicherter den anderen Rententeil erst nach Vollendung der Regelaltersgrenze des § 35 SGB VI in Anspruch, so wird dafür der Zugangsfaktor um 0,005 erhöht (Ruland, NJW 1992 S. 2).

3. Verminderte Erwerbsfähigkeit

Die früheren **Renten wegen verminderter Erwerbsfähigkeit** wurden nach 7
§ 43 SGB VI aF bei Berufs- und nach § 44 SGB VI aF bei Erwerbsunfähigkeit gezahlt. Sie sind mit der Neuregelung des § 43 SGB VI durch die Renten wegen teilweiser bzw. wegen voller Erwerbsminderung ersetzt worden. Die Renten wegen Berufs- oder Erwerbsunfähigkeit werden nur noch bei einem Rentenbe-

ginn vor dem 1.1.2001 gezahlt. Die Praxis wird also noch für eine gewisse Zeit mit ihnen befasst sein (§§ 240, 241 SGB VI).

8 In der Neuregelung unterscheidet das Gesetz von der vollen die teilweise Erwerbsminderung, die nach § 43 Abs. 1 Satz 2 SGB VI gegeben ist, wenn der Versicherte krankheits- oder behinderungsbedingt auf nicht absehbare Zeit außerstande ist, unter den üblichen Bedingungen des allgemeinen Arbeitsmarktes mindestens sechs Stunden täglich erwerbstätig zu sein. Erreicht die zeitliche Einsetzbarkeit nicht mindestens drei Stunden täglich, so liegt eine volle Erwerbsminderung vor (§ 43 Abs. 2 Satz 2 SGB VI). Dasselbe gilt für Versicherte, die in einer WfbM tätig sind und überhaupt nicht auf dem allgemeinen Arbeitsmarkt tätig sein können.

9 Im Einzelnen ist die Beurteilung der noch vorhandenen der Erwerbsfähigkeit, zumal im Zusammenhang der unterschiedlichen Versicherungszweige, schwierig (Lambert, SGb 2007 S. 394; Steiner, SGb 2011 S. 310, 365; Kruschinsky, SGb 2017 S. 691; SGb 2018 S. 23). Hat in der Rentenversicherung die Resterwerbsfähigkeit eines Leistungsberechtigten noch einen Umfang von mindestens **sechs** Stunden täglich, so ist keine Erwerbsminderung im Sinne des Gesetzes anzunehmen. Der Versicherte kann auf alle einfachen Tätigkeiten auf dem gesamten Arbeitsmarkt verwiesen werden. Grundsätzlich sind diese aber als Tätigkeitsfelder konkret zu benennen. Davon kann nur abgesehen werden, wenn der Versicherte noch in der Lage ist, vollschichtig leichte Arbeiten zu verrichten (BSG 109 S. 189). Insbesondere ist in diesem Falle die **Lage des Arbeitsmarktes** nicht zu berücksichtigen (§ 43 Abs. 3 SGB VI). Dabei ergibt sich aber folgende Einschränkung: Es kann gleichwohl eine volle Erwerbsminderung gegeben sein, wenn beim Leistungsberechtigten eine **schwere spezifische Leistungsbehinderung** oder eine Summierung **ungewöhnlicher Leistungseinschränkungen** vorliegen. Bei den Leistungseinschränkungen müssen immer mehrere Beeinträchtigungen festgestellt werden, die in ihrer Summierung das denkbare Einsatzfeld immer mehr einschränken. In diesen Fällen muss die mögliche Verweisungstätigkeit benannt werden. Demgegenüber kann bereits eine einzige spezifische Leistungsbehinderung allein schon diese Wirkung haben (vgl. Sächs. LSG NZS 2017 S. 793; LSG BW NZS 2017 S. 872). Sie muss jedoch auf einer gesundheitlichen Beeinträchtigung beruhen. Bei einem derart verminderten Leistungsvermögen, können es die **Verhältnisse auf dem Arbeitsmarkt** sein, die letzten Endes eine Erwerbstätigkeit ausschließen (BSG SGb 1998 S. 221, dazu Lilge, SGb 1998 S. 195; BSG SGb 2013 S. 476 mAnm Ebsen). Jedoch kann ein nicht auf **gesundheitlichen Einschränkungen** beruhender Analphabetismus nicht als schwere spezifische Leistungsbehinderung berücksichtigt werden. Man wird ihn bei den ungewöhnlichen Leistungseinschränkungen nur dann berücksichtigen können, wenn es bei ihnen nicht auf die gesundheitlichen Voraussetzungen ankommt. (BSG SGb 2013 S. 470 mAnm Ebsen). In der Praxis sind diese Voraussetzungen vor allem dann anzunehmen, wenn etwa der Versicherte krankheitsbedingt den Arbeitsplatz nicht aufsuchen kann, häufige unübliche Pausen benötigt oder wenn er nur in Teilbereichen eines Tätigkeitsfeldes einsetzbar ist.

9a Besteht unter Berücksichtigung der genannten Einschränkungen eine Leistungsfähigkeit von **drei Stunden bis unter sechs Stunden** täglich, so ist eine volle Erwerbsminderung anzunehmen, wenn auch in diesem Falle beim Leistungsberechtigten eine schwere spezifische Leistungsbehinderung oder eine Summierung ungewöhnlicher Leistungseinschränkungen festzustellen sind. Der Fall kann aber auch so liegen, dass für den Leistungsberechtigten, der unter sechs, aber mehr als drei Stunden täglich arbeiten kann, für den aber lediglich ein **Teilzeitarbeitsplatz** von zB vier Stunden **nicht vorhanden** ist. Obwohl hier eigentlich eine nur rentenrechtlich relevante teilweise Erwerbsminderung anzunehmen wäre, kann dies zur Annahme einer vollen Erwerbsminderung führen (Arbeitsmarktrente). Unter den sich wandelnden Verhältnissen auf dem Arbeitsmarkt, ist jedoch das (Nicht-)Vorhandensein von Teilzeitarbeitsplätzen sorgfältig zu prüfen. Insbesondere kann nach § 8 TzBfG ein Anspruch auf Verringerung der Arbeitszeit bestehen (vgl. Steiner, SGb 2011 S. 365–367). Die Berücksichtigung der **Lage des Arbeitsmarktes** ist nur bei einer Leistungsfähigkeit von mindestens sechs Stunden täglich ausgeschlossen, kann und muss also bei einer teilweisen Erwerbsminderung erfolgen (§ 43 Abs. 3 Hs. 2 SGB VI). Kann ein Leistungsberechtigter zeitlich **nicht mindestens drei Stunden** täglich unter den üblichen Bedingungen des allgemeinen Arbeitsmarktes erwerbstätig sein, so ist eine volle Erwerbsminderung gegeben (§ 43 Abs. 2 Satz 2 SGB VI). Das gilt auch für die Grundsicherung nach § 41 Abs. 1 Nr. 2 SGB XII oder nach § 8 Abs. 1 SGB II. Für Versicherte, die in einer **WfbM** tätig sind und überhaupt nicht auf dem allgemeinen Arbeitsmarkt beschäftigt werden können, ist nach § 43 Abs. 2 Satz 3 Nr. 1; § 1 Satz 1 Nr. 2 SGB VI von Gesetzes wegen eine Erwerbsminderung anzunehmen.

Insgesamt folgt daraus, dass nicht erwerbsgemindert ist, wer mindestens sechs **10** Stunden täglich unter den üblichen Bedingungen des allgemeinen Arbeitsmarktes tätig sein kann. Die Tatsache, dass er bei einer Leistungseinschränkung dennoch und letzten Endes auch auf Grund seiner Krankheit oder Behinderung angesichts der Lage auf dem Arbeitsmarkt keinen Arbeitsplatz findet, hat in der Rentenversicherung als Risiko der Arbeitslosigkeit außer Betracht zu bleiben. Insoweit regelt § 43 Abs. 3 Hs. 2 SGB VI zum Begriff der Erwerbsminderung bei einer Einsetzbarkeit von mindestens sechs Stunden täglich: „dabei ist die **jeweilige Arbeitsmarktlage** nicht zu berücksichtigen“. Wer also mindestens in der Lage ist, sechs Stunden zu arbeiten, kann sich zur Begründung seiner Erwerbsminderung nicht auf die ungünstige Arbeitsmarktlage berufen, wohl aber kann er wegen seiner schweren spezifischen Leistungsbehinderung oder summierten Leistungseinschränkungen voll erwerbsgemindert sein. Auf diese Fälle erstreckt sich die Regelung des § 43 Abs. 3 Hs. 1 SGB VI nicht, da sie auf die **üblichen Bedingungen** des allgemeinen Arbeitsmarktes abstellt, die angesichts schwerer spezifischer Leistungsbehinderungen oder ungewöhnlicher Leistungseinschränkungen nicht erfüllt werden können. Davon zu unterscheiden ist § 43 Abs. 3 Hs. 2 SGB VI, der auf die jeweilige Arbeitsmarktlage (Ausmaß des Arbeitsplatzangebots) abstellt (Joussen, NZS 2002 S. 294; Majerski-Pahlen, NZS 2002 S. 475). Nicht ausgeschlossen ist es danach, dass die Leistungsfähigkeit von drei bis unter sechs Stunden bei Fehlen eines Teilzeitarbeitsplatzes zur Annahme der vollen Erwerbsminderung führen kann. Insoweit, bei einer Leistungsfähigkeit von drei bis unter sechs Stunden, hat in der Rentenversicherung die Lage des Arbeitsmarktes noch eine Bedeutung – daher die Bezeichnung Arbeitsmarktrente.

Die Begriffe „Bedingungen des allgemeinen Arbeitsmarktes“ und „Arbeits- **11** marktlage“ sind also zu unterscheiden. Die Arbeitsmarktlage macht Aussagen über den Beschäftigungsstand bzw. das Vorhandensein von Arbeitsplätzen auf dem allgemeinen Arbeitsmarkt. Dieser Arbeitsmarkt mit seinen üblicherweise gestellten Anforderungen hat dagegen durchaus eine Bedeutung für die Bestimmung des Begriffs der vollen Erwerbsminderung. Wer so erkrankt ist, dass er auch unter guten Arbeitsmarktbedingungen nicht beschäftigt werden könnte, ist voll erwerbsgemindert. Der Arbeitsmarkt ist ihm wegen seiner **Krankheit oder Behinde-**

rung verschlossen, obwohl er eigentlich noch, ggf. auch vollschichtig tätig sein könnte, ihm aber keine zumutbare Verweisungstätigkeit benannt werden kann. Die üblichen Bedingungen des allgemeinen Arbeitsmarktes sind bei der Beurteilung einer Erwerbsminderung also immer zu berücksichtigen. Die Lage des Arbeitsmarktes ist bei einer Leistungsfähigkeit von drei bis unter sechs Stunden in dem Sinne berücksichtigen, als Teilzeitarbeitsplätze nicht vorhanden sind. Insgesamt ergibt sich das Urteil einer Erwerbsminderung also aus einem Bedingungsgefüge von gesundheitlichen Voraussetzungen und der Lage bzw. den üblichen Bedingungen des allgemeinen Arbeitsmarktes.

11a Im Verhältnis zu § 8 Abs. 1 SGB II und § 41 Abs. 3 SGB XII, die beide Fälle der Erwerbsunfähigkeit regeln, sind Unterschiede zur Rentenversicherung zu machen. In beiden Bereichen, insbesondere in der Grundsicherung für Arbeitsuchende hat die teilweise Erwerbsminderung keine Bedeutung, da die Leistungsberechtigten nach der Zielsetzung des Gesetzes ja auf den Arbeitsmarkt vermittelt werden sollen. Insoweit heißt es in der amtlichen Begründung auch nur, § 8 Abs. 1 SGB II „lehne" sich an die Rentenversicherung an (BT-Drs. 15/1516 S. 52). Andererseits wird man im SGB II und SGB XII auch die Leistungseinschränkungen und Leistungsbehinderungen berücksichtigen müssen, da sie eine Erwerbstätigkeit auf dem allgemeinen Arbeitsmarkt praktisch ausschließen. Der Leistungsanspruch im Sozialhilferecht nach § 41 Abs. 3 SGB XII hängt über die volle Erwerbsminderung hinaus noch von weiteren Voraussetzungen ab. Hier muss die Erwerbsminderung dauerhaft in dem Sinne sein, dass es unwahrscheinlich ist, sie zu beheben. Dies ist in § 43 SGB VI nicht zwingend vorgeschrieben. Außerdem darf im Rahmen der §§ 19 ff. SGB II, 41 SGB XII unter keinen Umständen die Lage des Arbeitsmarktes berücksichtigt werden. So führt bei einer Leistungsfähigkeit von mehr als drei Stunden ein fehlender Teilzeitarbeitsplatz nur dazu, dass Leistungen nach den §§ 19 ff. SGB II erbracht werden, weil in diesem Falle ja immer noch eine Erwerbsfähigkeit von über drei Stunden anzunehmen ist (§ 8 Abs. 1 SGB II). Erst bei einer Erwerbsminderung von dem Ausmaß, dass der Leistungsberechtigte nur noch weniger als drei Stunden täglich erwerbstätig sein kann, besteht kein Anspruch mehr nach den §§ 19 ff. SGB II (BSG 105 S. 201). Der Anspruch nach § 41 Abs. 3 SGB XII besteht in diesem Falle aber nur, wenn die Erwerbsminderung dauerhaft in dem dargelegten Sinne ist. Ist eine volle Erwerbsminderung, im Sinne einer Einsetzbarkeit von weniger als drei Stunden, gegeben, und ist gleichwohl Dauerhaftigkeit nicht zu prognostizieren, dann besteht weder ein Anspruch nach § 19 ff. SGB II, noch nach § 41 Abs. 3 SGB XII (Blüggel, SGb 2011 S. 9). In diesem Falle werden Leistungen zum Lebensunterhalt nach den §§ 27 ff. SGB XII erbracht. Dem Rentenversicherungsträger ist für diese Fälle auch im Fürsorgesystem eine Aufgabe zugewiesen worden (§§ 44a Abs. 1 Satz 5 SGB II, 45 SGB XII, 109a SGB VI). Er hat praktisch alle Fälle der Erwerbsminderung zu begutachten (Chojetzki, NZS 2010 S. 662).

4. Rentenrechtliche Zeiten

12 Wesentliche versicherungsrechtliche Voraussetzung für die Rentenzahlung ist die Erfüllung der **Wartezeit,** die gemäß § 50 SGB VI je nach Rentenart unterschiedlich lang ist. Zudem wird der Rentenanspruch noch an die in § 50 SGB VI genannten zusätzlichen Voraussetzungen geknüpft. Grundsätzlich ist nach § 51 Abs. 1 SGB VI die Erfüllung der Wartezeit nur durch Beitragszeiten möglich. Aus den §§ 50 ff. SGB VI ergibt sich jedoch eine Reihe von Modifikationen.

Die versicherungsrechtlichen Voraussetzungen, die im Falle einer Rente wegen teilweiser oder voller Erwerbsminderung erfüllt sein müssen, sind im Wesentlichen gleich. Gemäß § 50 Abs. 1 Nr. 2 SGB VI ist eine Wartezeit von fünf Jahren zu erfüllen (§ 43 Abs. 1 Nr. 3, Abs. 3 Nr. 3 SGB VI). Wer schon als voll Erwerbsgeminderter in das Arbeitsleben eingetreten ist, muss eine Wartezeit von 20 Jahren erfüllen. Dies ist idR bei einer Beschäftigung in einer WfbM der Fall (§ 50 Abs. 2 SGB VI). Neben der Erfüllung der Wartezeit muss der Versicherte in den letzten fünf Jahren vor Eintritt der Erwerbsminderung drei Jahre mit Pflichtbeitragszeiten belegt haben (§ 43 Abs. 1 Nr. 2 SGB VI). Bedeutung kann auch die vorzeitige Erfüllung der Wartezeit nach § 53 SGB VI erlangen, die hauptsächlich bei einem Arbeitsunfall in Betracht kommt. 13

Die Höhe der Rente wegen Erwerbsminderung wird bei Eintritt des Versicherungsfalles im frühen Lebensalter maßgeblich von der Zurechnungszeit nach § 59 SGB VI beeinflusst. Sie wurde im Zusammenhang mit weiteren Verbesserungen schrittweise vom 62. auf das 67. Lebensjahr verlängert (BGBl 2018 S. 2016). Der Rentenartfaktor (§ 67 SGB VI) beträgt bei der Rente wegen Alters oder wegen voller Erwerbsminderung 1; bei der Rente wegen teilweiser Erwerbsminderung jedoch nur 0,5, da der Gesetzgeber bei dieser Rentenart davon ausgeht, dass der Versicherte noch eine unter halbschichtige Tätigkeit ausübt. 14

Die Renten wegen Todes werden nach den § 46 ff. SGB VI als Witwen- bzw. Witwerrenten und als Waisenrenten gezahlt. Soweit sich gleichgeschlechtliche Lebenspartner (§ 33b SGB I) in gleicher Lage wie der hinterbliebene Ehepartner befinden, ist eine rentenrechtliche Gleichstellung gemeinschafts- und inzwischen auch verfassungsrechtlich geboten. Davon geht jetzt die Regelung des § 46 Abs. 4 SGB VI aus. Die Erziehungsrente nach § 47 SGB VI regelt den Sonderfall einer Rente aus eigener Versicherung des Hinterbliebenen bei einer Scheidung und dem nachfolgenden Todesfall des geschiedenen Ehepartners. Kinder (§ 48 Abs. 3 SGB VI) haben Anspruch auf Halb- oder Vollwaisenrente (§ 48 Abs. 1 und 2 SGB VI). Letzteres ist dann der Fall, wenn sie keinen Elternteil mehr haben, der abstrakt unterhaltspflichtig war (vgl. §§ 1601, 1603 BGB). Auf die Rente wegen Todes ist nach Maßgabe des § 97 SGB VI Einkommen der Hinterbliebenen anzurechnen (Brosius-Gersdorf, SGb 2016 S. 241, 321). Eine zur Unfallversicherung ergangene Rechtsprechung hat auch in der Rentenversicherung Bedeutung. Ein Ausschluss der Leistung kommt nicht in Betracht, wenn der Tod des Versicherten durch einen legalen **Behandlungsabbruch** herbeigeführt wurde (§ 22 Rn. 36). 15

Die Alterssicherung der Landwirte ist im Jahre 1994 durch die Agrarsozialreform auf eine neue Grundlage gestellt worden (BGBl 1994 S. 1890). Als Kernstück dieser Reform wurde eine eigene Versicherungspflicht der Bäuerin (§ 1 Abs. 1 Nr. 2 ALG) und damit nach § 11 ALG auch ein eigener Rentenanspruch geschaffen (Rombach, SGb 1994 S. 455). 16

Für den Rentenanspruch sind die verschiedenen **rentenrechtlichen Zeiten** von erheblicher Bedeutung (vgl. § 54 SGB VI). In ihnen kommt auch die sozialpolitische Konzeption der Rentenversicherung zum Ausdruck (Leyendecker, ZfSH/SGB 1989 S. 618; Michaelis/Heller, DAngVers 1990 S. 10; Erwe, NZS 1995 S. 1). Das Gesetz unterscheidet vollwertige Beitragszeiten, beitragsfreie und beitragsgeminderte Zeiten (§ 54 Abs. 2 und 3 SGB VI). Beitragszeiten sind vor allem solche der versicherungspflichtigen Beschäftigung (§ 1 Satz 1 Nr. 1 SGB VI), aber auch der **Erziehung** eigener Kinder und von Pflegekindern iSd § 56 Abs. 2 Nr. 2 SGB I (BSG SGb 2018 S. 283 mAnm Schuler-Harms). Dasselbe gilt für die nicht gewerblichen **Pflege** (§ 3 Satz 1 Nr. 1, 1a SGB VI). Allerdings kann man wohl nur 17 in einem begrenzten Umfang von einer Beitragsbezogenheit der Rente sprechen (Kaltenstein, SGb 2018 S. 1). Die wichtigsten beitragsfreien Zeiten sind die **Anrechnungszeiten** des § 58 SGB VI. Die in § 58 Abs. 2 SGB VI genannten Anrechnungszeiten (bei Krankheit, Schwangerschaft, Mutterschaft oder Arbeitslosigkeit) werden nur berücksichtigt, wenn eine versicherungspflichtige Zeit (Beschäftigung, Wehr- oder Zivildienst) **unterbrochen** worden ist (BSG 53 S. 54; BSG SozR 3-2200 § 1259 Nr. 10). Beitragsgeminderte Zeiten ergeben sich in Kalendermonaten, die sowohl mit Beitrags- als auch mit Anrechnungszeiten (§ 58 SGB VI) belegt sind (BSG NZS 2016 S. 908). Das ist nicht nur der Fall, wenn eine Beitragszeit in einen Monat hineinreicht, der mit einer Anrechnungszeit belegt ist. Beitragsgemindert sind Zeiten der beruflichen Ausbildung (§ 54 Abs. 3 Satz 2 SGB VI) und vor allem auch die Anrechnungszeiten, für die in den Jahren 1984 bis 1991 Beiträge gezahlt wurden, und die der Versicherte teilweise mit getragen hat (vgl. § 1385b RVO aF). Beitragsgeminderte Zeiten erhalten mindestens den Wert einer beitragsfreien Zeit (§ 71 Abs. 2 SGB VI).

18 **Andere Anrechnungszeiten,** wie auch die nur noch für Altfälle relevanten Ersatzzeiten (vgl. § 250 SGB VI) und die Zurechnungszeiten (§ 59 SGB VI). Sie sind in der Terminologie des Gesetzes beitragsfreie Zeiten. Außerdem kennt das Gesetz in § 57 SGB VI die Berücksichtigungszeiten (unten Rn. 20). Jede dieser Zeiten hat einen anderen Einfluss darauf, ob eine Rente erworben ist und in welcher Höhe sie gezahlt wird.

19 **Ersatzzeiten** gibt es im neuen Rentenrecht nicht mehr. Für eine Übergangszeit werden die vor dem 1. Januar 1992 erworbenen Ersatzzeiten, die sich im Wesentlichen auf die Folgen von Krieg und Vertreibung beziehen, noch auf der Grundlage des § 250 SGB VI berücksichtigt. Mit einer Ausnahme in § 51 Abs. 3 SGB VI dienen die **Anrechnungszeiten** der §§ 58, 252 SGB VI nicht der Erfüllung einer Wartezeit. Das gilt also vor allem für Zeiten der Arbeitsunfähigkeit, Schwangerschaft, Mutterschaft oder Arbeitslosigkeit, wenn keine Entgeltersatzleistungen bezogen worden sind (vgl. § 3 Satz 1 Nr. 3 SGB VI) und für Zeiten der Ausbildung des Versicherten. Der Bezug von Arbeitslosengeld II war anfangs den anderen Entgeltersatzleistungen gleichgestellt. Seit dem 1.1.2011 sind Zeiten dieses Bezugs nur noch Anrechnungszeiten (§ 58 Abs. 1 Satz 1 Nr. 6 SGB VI). Eine Besonderheit für den Fall des Eintritts der Erwerbsminderung vor Vollendung des 60. Lebensjahres besteht für die **Zurechnungszeiten** des § 59 SGB VI, die Ausdruck des sozialen Schutzprinzips der gesetzlichen Rentenversicherung sind. Für die Zeitspanne bis zur Vollendung des 67. Lebensjahres wird im Hinblick auf die Rentenberechnung der Beitragseingang fingiert (§ 59 Abs. 2 Satz 2 SGB VI).

20 Eine besondere Funktion haben die **Berücksichtigungszeiten** nach § 57 SGB VI. Sie wurden erst durch die Rentenreform 1992 eingeführt und beziehen sich auf die Zeiten der Erziehung eines Kindes bis zum vollendeten zehnten Lebensjahr. Zwar können Kindererziehungszeiten auch mit Pflichtbeiträgen belegt sein. Dies gilt nach 56 SGB VI jedoch nur für drei Jahre. Gelten für die Erziehung nach diesem Zeitraum Pflichtbeiträge nicht mehr als gezahlt (§ 56 Abs. 1 SGB VI), so kommt gemäß § 57 SGB VI immer noch eine Berücksichtigungszeit in Betracht. Eine entsprechende Regelung gilt nach §§ 249b, 279e SGB VI auch für Zeiten einer nicht erwerbsmäßigen **Pflege** in dem Zeitraum vom 1.1.1992 bis zum 31.3.1995. Infolge der Einführung der Pflegeversicherung ist jedoch die nicht erwerbsmäßige Pflege unter den Voraussetzungen des § 3 Satz 1 Nr. 1a SGB VI Beitragszeit geworden.

Die Berücksichtigungszeit des § 57 dient weder der Erfüllung der Wartezeit, noch hat sie als solche eine rentensteigernde Wirkung. Sie hat keinerlei rentenrechtliche Bedeutung, wenn sie mit einer Beitragszeit zusammentrifft (§ 71 Abs. 3 SGB VI), wie dies in den ersten drei Jahren der Kindererziehung der Fall ist (§ 56 Abs. 1 SGB VI). Sie wirkt sich also erst in den folgenden Jahren der Kindererziehung aus, falls der Elternteil in dieser Zeit keine Beiträge zahlt. Ihrem wesentlichen Grundgedanken nach soll die Berücksichtigungszeit verhindern, dass sich bei der Rentenberechnung Nachteile daraus ergeben, dass Zeiten der Kindererziehung über den in § 56 SGB VI genannten Zeitraum hinaus an sich eine Lücke in der Rentenbiografie darstellen würden, wie dies im alten Rentenrecht noch der Fall war. Die Kindererziehungszeit ist also keine rentenrechtliche Lücke. Sie entfalten ihre Wirkung im Zusammentreffen mit anderen rentenrechtlichen Zeiten, wie den §§ 43 Abs. 4 Nr. 2, 50 Abs. 5, 51 Abs. 3, 71 Abs. 3 Nr. 1 (vgl. KassKomm/Gürtner, § 57 Rn. 3). Unter den Voraussetzungen des § 70 Abs. 3a SGB VI erfolgt eine Höherbewertung von Beitragszeiten, wenn während einer Berücksichtigungszeit eine Teilzeitbeschäftigung ausgeübt wird. **21**

Die **Gesamtleistungsbewertung** dient der Verwirklichung der Beitragsgerechtigkeit. Danach erhalten die beitragsfreien Zeiten (Anrechnungs-, Ersatz- und Zurechnungszeit) einen bestimmten Durchschnittswert, der sich für den Versicherten aus dem Verhältnis der Versicherungsmonate ergibt, die er in seinem Versichertendasein mit Beiträgen hätte belegen können und die er tatsächlich mit Beiträgen belegt hat (§ 71 Abs. 1 SGB VI). Lücken im Versicherungsverlauf wirken sich dabei nachteilig auf die Gesamtleistungsbewertung aus. Im Verhältnis der tatsächlich geleisteten Beiträge zu den Beiträgen, die dem Versicherten möglich gewesen wären, verminderten sie auch den Wert der beitragsfreien Zeiten. Der Grundgedanke der Gesamtleistungsbewertung besteht also darin, dass den beitragsfreien Zeiten iSd § 54 Abs. 4 SGB VI die Entgeltpunkte zugeordnet werden, die sich aus dem – im Laufe des Versichertenlebens erworbenen – durchschnittlichen Beitragswert ergeben. Je nach dem Umfang der Beitragsjahre erfährt damit die beitragsfreie Zeit eine unterschiedliche Bewertung. **22**

Allerdings sollen sich die als Berücksichtigungszeiten bezeichneten Zeiten der Kindererziehung (§ 57 SGB VI), die ja ab dem vierten Jahr (§ 56 Abs. 1 SGB VI) eigentlich eine Lücke in den Beitragsmonaten darstellen, nicht nachteilig auswirken. Deswegen werden nur bei der Gesamtleistungsbewertung jedem Kalendermonat der Berücksichtigungszeit die Entgeltpunkte zugeordnet, die sich ergeben würden, wenn diese Kalendermonate Kindererziehungszeiten iSd § 56 SGB VI wären. **23**

Die Rentenformel ist nichts anderes als die Umsetzung der Regelung des § 64 SGB VI. Bei der Rentenberechnung sind einige Werte zu multiplizieren. Das Produkt ist die Monatsrente. Auszugehen ist von den **Entgeltpunkten.** Wer ein Jahr lang Beiträge aus dem Durchschnittseinkommen der Versicherten entrichtet hat, erhält einen Entgeltpunkt (§ 63 Abs. 2 Satz 2 SGB VI). Zeiten der Berufsausbildung werden mit monatlich höchsten 0,0625 Entgeltpunkten belegt (§ 74 Satz 2 VI). Das entspricht 75 % des Durchschnittsverdienstes. Zeiten einer schulischen Ausbildung werden nur für höchstens drei Jahre bewertet (§ 74 Satz 3 SGB VI). Für Kindererziehungszeiten sind dies 0,0833 Entgeltpunkte (§ 70 Abs. 2 SGB VI). Unter den Voraussetzungen des § 262 SGB VI werden im Rahmen der sog. Rente nach Mindesteinkommen für Versicherte mit mindestens 35 Jahren an rentenrechtlichen Zeiten (§ 54 SGB VI) die erworbenen Entgeltpunkte um das 1,5fache des tatsächlichen Durchschnittswertes erhöht. Dabei darf jedoch nicht der Wert **24** überschritten werden, der 75 % des Durchschnittseinkommens aller Versicherten entspricht (0,0625 Entgeltpunkte monatlich).

24a Entgeltpunkte werden auch für Anrechnungs- und Zurechnungszeiten entsprechend der Gesamtleistungsbewertung erworben (§ 63 Abs. 3 SGB VI). Die im Laufe des Versicherungslebens erworbenen Entgeltpunkte werden mit dem **Zugangsfaktor** für frühere oder spätere Inanspruchnahme der Rente (§ 77 SGB VI) multipliziert (oben Rn. 5). Das Produkt sind die persönlichen Entgeltpunkte, in ihm drückt sich die individuelle Leistung des Versicherten aus. Es wird mit dem **aktuellen Rentenwert** multipliziert, der den allgemeinen Lebensstandard widerspiegelt. Dabei sind jedoch nur die beitragspflichtigen Einkünfte relevant (§ 68 SGB VI). Der Wert wird entsprechend der Nettolohnentwicklung jeweils zum 1. Juli eines jeden Jahres durch Verordnung festgelegt (§ 69 SGB VI). Der aktuelle Rentenwert ist der Betrag einer monatlichen Rente, der erworben wird, wenn ein Jahr lang Beiträge aus einem Durchschnittseinkommen entrichtet werden. Im Jahr der Rentenreform 1992 betrug der aktuelle Rentenwert in Ostdeutschland 23, 47 DM und in Westdeutschland 41,44 DM. Im Jahre 1995 war er auf 35,45 DM für Ostdeutschland und auf 46 DM für Westdeutschland festgesetzt worden. Für das Jahr 2002 galten die Werte 22,70 € bzw. 25,86 €. In zehn Jahren hatte sich also der Abstand zwischen dem Osten und dem Westen Deutschlands nur langsam vermindert. Ab dem 1.7.2009 gelten die nicht weiter angenäherten aktuellen Rentenwerte von 24, 13 € (Ost) und 27, 20 € (West). Die Lohnentwicklung hatte dazu geführt, dass im Juli 2010 der aktuelle Rentenwert auf 26, 63 € gesunken wäre. Das ist durch Einführung einer Schutzklausel in § 68a SGB VI verhindert worden (unten Rn. 28). Im Juli 2013 belief sich der aktuelle Rentenwert auf 28, 14 €. Im Juli 2018 lagen die Werte bei 30,69 € und 32,03 €. Obwohl damit insgesamt der individuelle Beitrag einen erheblichen Einfluss auf die Rente hat, ist er doch nur ein Faktor in der Rentenformel. Maßgeblich für die Rentenhöhe ist das Verhältnis dieses Beitrags zum Durchschnittsverdienst (oben Rn. 24).

25 Das Produkt aus den persönlichen Entgeltpunkten und dem aktuellen Rentenwert wird nun noch mit dem **Rentenartfaktor** des § 67 SGB VI multipliziert. Bei der Rente wegen Alters oder wegen voller Erwerbsminderung beträgt er 1, wirkt sich also auf das Ergebnis nicht aus. Bei anderen Rentenarten, die nicht auf einen vollen Lohnausgleich hin konzipiert sind, wie etwa die Rente wegen teilweiser Erwerbsminderung oder die Waisenrente (vgl. § 63 Abs. 4 SGB VI), ergibt sich ein dem Rentenartfaktor entsprechendes geringeres Produkt.

26 Das im Kalenderjahr durch Beiträge versicherte Arbeitsentgelt wird in Entgeltpunkte umgerechnet (§ 63 Abs. 2 SGB VI). Damit liegt der Schluss nahe, dass der Beitrag der maßgebende Faktor für die Rente ist. Im Grunde aber ist der Entgeltpunkt nur ein Arbeitsentgelt-Quotient, der den relativen Wert der Arbeitsleistung des Versicherten im Vergleich zur durchschnittlichen Arbeitsleistung zeitgleich Beschäftigter ausdrückt. Vor diesem Hintergrund ist es fraglich, ob man von einer Beitragsbezogenheit der Rente sprechen kann. Das BSG bezeichnet diesen Begriff als „ rechtlich schlicht falsch" (BSG Vorlagebeschluss, B 4 RA 5/05 R Rn. 331, juris; BSG 92 S. 113, dazu Kaltenstein, SGb 2018 S. 1). Jedoch ist der individuelle Beitrag, einschließlich des Arbeitgeberanteils, wirtschaftlich und eigentumsrechtlich betrachtet Teil der Lohnkosten. Davon geht auch das BSG aus (BSG 86 S. 262 Rn. 160) Je höher die individuellen Lohnkosten sind, umso höher wird der Beitrag und damit der Wert eines Entgeltspunkts. Insoweit weist die Rente doch einen gewissen Beitragsbezug auf. Dieser Zusammenhang wird auch nicht dadurch aufgelöst, dass die Rente erst bei Rentenbeginn feststeht und dann auch der Höhe nach vom aktuellen Rentenwert abhängt. Man kann lediglich nicht von einer (individuellen) Beitragsäquivalenz sprechen. Dies wird auch die Formulierung in § 63 Abs. 1 SGB VI ausgedrückt. Die Höhe der Rente richtet sich vor allem nach der Höhe der durch Beiträge versicherten Arbeitsentgelte. Dieser Beitragsbezug erstreckt sich sowohl auf die individualisierenden Entgeltpunkte (§ 66 Abs. 1 SGB VI) als auch auf den generalisierenden aktuellen Rentenwert (§ 68 Abs. 1 Satz 1 SGB VI).

Die jährliche **Rentenanpassung** wird in der Weise durchgeführt, dass jeweils in die Berechnung der neue aktuelle Rentenwert (oben Rn. 24) eingesetzt wird. Die Veränderung erfolgt nach den Grundsätzen des § 68 Abs. 2–7 SGB VI. Künftig wird die Rentenanpassung in zwei wesentlichen Punkten modifiziert. Ziel ist es, die Belastungen der Altersvorsorge gerechter auf Beitragszahler und Leistungsbezieher zu verteilen. Erstens wurde in das Gesetz ein Nachhaltigkeitsfaktor eingefügt, der die demografische Entwicklung, die Rentenzugänge und die Situation auf dem Arbeitsmarkt widerspiegelt (§ 68 Abs. 4 und 5 SGB VI). Danach soll die Höhe der Rentenanpassung in Abhängigkeit von der Entwicklung des Verhältnisses von Rentnern und Beitragszahlern erfolgen. Die Rentenanpassung fällt umso geringer aus, je ungünstiger sich das Verhältnis von Rentnern und Beitragszahlern entwickelt. Zumindest theoretisch kommt es zu einer höheren Anpassung, wenn sich die arbeitende Bevölkerung positiv entwickelt. 27

Ergänzt wird der Nachhaltigkeitsfaktor durch die Sicherungsklausel des § 68a Abs. 1 SGB VI. Danach darf die Berücksichtigung der Veränderung des durchschnittlichen Beitragssatzes und des Nachhaltigkeitsfaktors nicht dazu führen, dass der bisherige aktuelle Rentenwert verringert wird, was im Jahre 2010 akut geworden war. Durch die Kombination der beiden Faktoren darf es also nicht dazu kommen, dass die Rentenanpassung zu einer Absenkung der Renten führt. Wohl aber kann allein die Entwicklung der Einkommen dazu führen, dass die Renten sinken (Ruland, SGb 2004 S. 327; Ruland, SGb 2019 S. 193). Modifiziert wurde das System durch den Anpassungsfaktor (§ 68a Abs. 3 SGB VI). Unterbleibt eine an sich notwendige Absenkung der Renten, so entsteht daraus ein Ausgleichsbedarf, der ab 2011 durch Halbierung des Anpassungssatzes abgeschmolzen wurde (§§ 68a Abs. 3, 255g Abs. 2 SGB VI). Zum Sicherungsniveau und zur Altersarmut vgl. Bieback, SGb 2009 S. 639. 28

Des Weiteren ist in die Rentenanpassungsformel der private Altersvorsorgeanteil eingegangen (Ruland, NZS 2002 S. 505). Ursprünglich wurde damit gerechnet, dass die Renten bis zum Jahre 2030 um ca. 7 % niedriger ausfallen werden, als es ohne die Änderungen geschehen wäre. Die Beiträge sollen auf 20–22 % begrenzt werden. Sie liegen zzt. knapp unter 19%. Zudem sollte verhindert werden, dass das Nettorentenniveau unter 67 % sinkt. Insoweit sieht § 154 Abs. 3 SGB VI aber nur vor, dass die Bundesregierung geeignete Maßnahmen vorschlägt (vgl. Köhler, DAngV 2001 S. 166, 167). Derzeit wird mit einem Rentenniveau von kaum 50% gerechnet. 29

5. Private Altersvorsorge

Mit dem Altersvermögens- und dem Altersvermögensergänzungsgesetz (BGBl I 2001 S. 403, 1310) wurde der Schritt von der **umlagefinanzierten Altersvorsorge** zu einer privaten, staatlich geförderten **Altersvorsorge im Kapitaldeckungsverfahren** getan (Riester-Rente). Es handelt sich hierbei aber nur um die Ergänzung, nicht um die Ersetzung des überkommenen Systems. Der 30

Kerngedanke der Regelungen besteht darin, dass die Rente aus der Rentenversicherung um den Altersvorsorgeanteil gemindert wird. Diese Minderung erfolgt schon dann und in dem Umfange, in dem eine private Altersvorsorge möglich ist, ob sie in Anspruch genommen wurde, ist nicht erheblich. Der Altersorgsorgeanteil steigerte sich in den Jahren 2002 bis 2012 von 0,5 auf 4,0 % (§ 255e Abs. 3 SGB VI). Der aktuelle Rentenwert wurde in der Übergangsphase bis 2013 nach der Formel des § 255e Abs. 4 SGB VI aF ermittelt. Entscheidend ist dabei die auf Dauer in die Formel eingefügte Minderung um den Altersvorsorgeanteil (§ 68 SGB VI).

31 Parallel zu der Absenkung des Rentenniveaus wurde die private Altersvorsorge mit staatlicher Förderung aufgebaut (§§ 79–99 EStG). Sie stieg ab dem Jahr 2002 von 1 % bis im Jahr 2008 ein Anteil von 4 % der Beitragsbemessungsgrenze erreicht war. Die Förderung erfolgt nach Wahl des Berechtigten entweder durch eine steuerlich abzugsfähige Sonderausgabe (§ 10a EStG) oder durch Zulagen (§§ 79 ff. EStG). Wer einen entsprechenden Anteil von seinem sozialversicherungspflichtigen Einkommen einer privaten Altersvorsorge zuführt, erhält eine Grundzulage und eine Kinderzulage. Sie belaufen sich ab 2018 auf 175 € jährlich für jeden Ehepartner und für das Kind auf 185 € bzw. 300 € – bei Geburt nach dem 31.12.2007 – (§§ 84, 85 EStG). Der Betrag für die Altersvorsorge muss nicht zur Gänze vom Versicherten aufgebracht werden. Erforderlich ist aber ein Mindest-Eigenbetrag 4 % des beitragspflichtigen Vorjahreseinkommens (§ 86 EStG). Bei dem Eigenbeitrag wird bereits die Zulage mindernd berücksichtigt (§ 86 Abs. 1 Satz 2 EStG). Wenn nach Abschluss der Aufbauphase ein Ehepaar mit einem Kind und einem sozialversicherungspflichtigen Einkommen von 50.000 € daraus 4 % für die Altersvorsorge, also 2000 €, aufwendet, so erhält es insgesamt eine Zulage 475 € (§§ 79, 84, 85 EStG). Es muss also selbst nur noch 1525 € aufbringen. Die Zulage ist unabhängig von der Höhe des individuellen Einkommens, so dass die staatliche Förderung bei geringerem Einkommen auch die Hälfte der Vorsorgeaufwendungen erreichen kann. Dies wäre im Beispielsfalle bei einem Einkommen von knapp 25.000 € gegeben. Bei noch geringerem Einkommen kann dementsprechend die Zulage auch mehr als die Hälfte der Vorsorgeaufwendungen ausmachen.

32 Förderungsfähig sind die betriebliche Altersvorsorge, Direktverträge aber auch das selbst genutzte Wohnungseigentum (vgl. § 92a EStG). Gefördert wird die Altersvorsorge nur unter bestimmten, in § 1 AltZertG geregelten und zu zertifizierenden Voraussetzungen. Sie muss ua eine gleich bleibende oder steigende Rente frühestens ab dem 62. Lebensjahr vorsehen. Die Vertragskosten (Abschluss und Vertrieb) müssen auf fünf Jahre verteilt werden. Die Kündigung des Vertrages darf nicht ausgeschlossen sein. Pfändung des angelegten Geldes und seine Anrechnung bei Fürsorgeleistungen sind ausgeschlossen (§ 11b Abs. 1 Satz 1 Nr. 4 SGB II; § 82 Abs. 2 Satz 1 Nr. 3 SGB XII). Über Details des Versicherungsverlaufs muss alljährlich eine Bescheinigung ausgestellt werden (§ 92 EStG). Für die Leistungsphase müssen mindestens die eingezahlten Beiträge zugesagt sein. Gewisse Bedenken wirtschaftlicher Art bestehen gegenüber der privaten Altersvorsorge insoweit, als hier eine Dynamisierung nicht gegeben ist. Auch erstreckt sich die Zertifizierung der Versicherungsunternehmen nicht auf ihre wirtschaftliche Bonität. Damit ist nicht ausgeschlossen, dass es für Versicherte zu wirtschaftlichen Einbußen kommen kann (Eichenhofer, SGb 2003 S. 1). Insoweit hat die Einführung der beitragsunabhängigen bedarfsorientierten Grundsicherung sowohl im Einzelfall als auch,

was das Verhältnis der Generationen untereinander angeht, eine wichtige Ergänzungsfunktion (§ 28 Rn. 11).

Zuständig sind die in § 23 Abs. 2 genannten Sozialleistungsträger. Die Zuständigkeitsaufteilung im Einzelnen erfolgt nach den §§ 125 ff. SGB VI. 33

§ 24 Versorgungsleistungen bei Gesundheitsschäden

(1) Nach dem Recht der sozialen Entschädigung bei Gesundheitsschäden können in Anspruch genommen werden:

1. Heil- und Krankenbehandlung sowie andere Leistungen zur Erhaltung, Besserung und Wiederherstellung der Leistungsfähigkeit einschließlich wirtschaftlicher Hilfen,

2. besondere Hilfen im Einzelfall einschließlich Leistungen zur Teilhabe am Arbeitsleben,

3. Renten wegen anerkannten Schädigungsfolgen,

4. Renten an Hinterbliebene, Bestattungsgeld und Sterbegeld,

5. Kapitalabfindung, insbesondere zur Wohnraumbeschaffung.

(2) [1]Zuständig sind die Versorgungsämter, die Landesversorgungsämter und die orthopädischen Versorgungsstellen. [2]Für die besonderen Hilfen im Einzelfall sind die Kreise und kreisfreien Städte sowie die Hauptfürsorgestellen zuständig. [3]Bei der Durchführung der Heil- und Krankenbehandlung wirken die Träger der gesetzlichen Krankenversicherung mit. [4]Für die Leistungen nach den §§ 80, 81a bis 83a des Soldatenversorgungsgesetzes ist die Bundeswehrverwaltung zuständig.

Übersicht

1 Durch das Gesetz zur Änderung des Bundesversorgungsgesetzes (BGBl I 2007 S. 2904) wurde die soziale Entschädigung in verschiedenen Einzelpunkten an die neuere sozialrechtliche Entwicklung angepasst. Insbesondere wurde der nicht mehr zeitgemäße Begriff der Minderung der Erwerbsfähigkeit (MdE) durch den Begriff „Grad der Schädigungsfolgen" (GdS) ersetzt). Substantielle Änderung sind damit nicht verbunden (Vogl, SGb 2008 S. 583). In jüngster Zeit wurden vor allem Änderungen im Leistungsrecht vorgenommen (BGBl I 2011 S. 2153; BGBl 2018 S. 840). Zu erwarten ist die Eingliederung der sozialen Entschädigung in ein SGB XIV (Nielsson, SGb 2017 S. 378; Schmidt/Süsskind, NZS 2017 S. 452; Kranig, SGb 2019 S. 65; Becker, Soziales Entschädigungsrecht, 2018). In diesem Zusammenhang ist vor allem mit einer stärkeren Psychologisierung beim Gewaltbegriff, bis hin zu Einbeziehung der bloßen Drohung (§ 13 SGB XIV-E) und bei der Bewertung der Schädigungsfolgen zu rechnen. Angestrebt wird eine schnellere Hilfe für Geschädigte, die gleichfalls vor allem Gewaltopfern zugute kommt (§§ 26 ff. SGB XIV-E). Die Grundtatbestände der sozialen Entschädigung sind relativ weit gefasst und dürften auch in Zukunft nicht verändert werden (§ 5 Rn. 2–18). Ihnen ist gemeinsam, dass Gesundheitsschäden als Folge eines beson-

deren Opfers von der staatlichen Gemeinschaft abgegolten werden. Das kann allerdings auch aus „anderen Gründen" geschehen.

2 Die **Leistungen** (§ 9 BVG) umfassen: Medizinische Maßnahmen (§§ 10 bis 24a), Beschädigtenrente (§§ 29 bis 34) und Pflegezulage (§ 35), Bestattungsgeld (§ 36) und Sterbegeld (§ 37), Renten an Hinterbliebene (§§ 38 bis 52) und Bestattungsgeld (§ 36 BVG) auch beim Tod von Hinterbliebenen (§§ 53, 53a), sowie Leistungen der Kriegsopferfürsorge (§§ 25 bis 27l), die wie alle Fürsorgeleistungen nachrangig erbracht werden. Ist der Bedarf jedoch ausschließlich schädigungsbedingt, so ist Einkommen nicht einzusetzen (§ 25c Abs. 3 Satz 2 BVG). In diesem Falle ist also der Begriff der Fürsorge kein Systemmerkmal, sondern er bezeichnet nur die in § 25b BVG genannten Leistungen. Im Allgemeinen besteht auf alle Leistungen ein Rechtsanspruch. Nur in wenigen Fällen ist der Verwaltung ein Ermessen eingeräumt. Das gilt zB für die stationäre Behandlung in Kureinrichtungen (§ 11 Abs. 2 BVG). Damit bleibt die soziale Entschädigung hinter der Entwicklung in der Krankenversicherung zurück (§ 40 Abs. 1 SGB V). Größere praktische Bedeutung hat dies aber nicht. Insbesondere gilt auch in der sozialen Entschädigung der Grundsatz Rehabilitation und Teilhabe vor Rente (§ 9 Abs. 2 SGB IX). Dieser Grundsatz führt bei Anwendung des § 11 Abs. 2 BVG zu einer Reduzierung des Ermessens auf Null. Kein Ermessen ist in § 1 Abs. 3 Satz 2 BVG mit der sog. Kann-Versorgung geregelt. Es handelt sich hier vielmehr um ein Kompetenz-Kann, mit dem der Anwendungsspielraum des Gesetzes durch Verwaltungsentscheidung erweitert werden darf (BSG SGb 1995 S. 132 mAnm Hansen).

1. Verhältnis zur Krankenversicherung

3 Bei den medizinischen Leistungen ergeben sich Schwierigkeiten, weil schon immer die meisten Beschädigten bzw. Leistungsempfänger auch krankenversichert waren. Das ist seit 2007 durch Einfügung des § 5 Abs. 1 Nr. 13 SGB V noch erweitert worden. Insoweit regelt § 10 Abs. 7 BVG einen recht weitgehenden Ausschluss von Leistungen, die nicht unmittelbar mit der sozialen Entschädigung zusammen hängen. Grundsätzlich sollen also durch das kausal orientierte System der sozialen Entschädigung nur die **Schädigungsfolgen** abgedeckt werden. Unter den Voraussetzungen des § 10 Abs. 1 Satz 2 BVG (Verschlimmerung als Versorgungsleiden) werden auch bei schädigungsunabhängigen Leiden Leistungen erbracht. Dasselbe gilt für Schwerbeschädigte (§ 10 Abs. 2 BVG) und in den Fällen des § 10 Abs. 4–6 BVG). Diese Ausnahmen werden aber durch die **Ausschlussgründe** des § 10 Abs. 7 BVG wieder eingeschränkt.

4 Im Hinblick auf den grundlegenden Zusammenhang von sozialer Entschädigung und sozialer Krankenversicherung (§ 18c Abs. 1 BVG) ist immer zu prüfen, ob eine bestimmte Gesundheitsstörung durch eine Schädigung wesentlich verursacht worden ist. Grundsätzlich kommen nur in diesem Falle Leistungen der sozialen Entschädigung in Betracht. Ist allerdings eine unteilbare Gesamtleistung, die auch schädigungsunabhängige Elemente umfasst, wesentlich durch eine Schädigungsfolge bedingt, so ist insgesamt Heilbehandlung zu leisten (BSG SozR 4-3100 § 18c Nr. 1).

5 Die Heilbehandlung entspricht im Wesentlichen den Leistungen der sozialen Krankenversicherung (§ 21 Rn. 13 ff.). Teilweise geht die soziale Entschädigung darüber hinaus. Das gilt etwa in § 11 Abs. 1 Satz 1 Nr. 3, Abs. 6 BVG, was die Versorgung mit Brillen betrifft (vgl. § 33 Abs. 2–4 SGB V). Des Weiteren schließt

§ 18 Abs. 1 Satz 2 BVG eine Selbstbeteiligung aus. Infolge der allgemeinen Verweisung in § 11 Abs. 1 Satz 2 BVG auf die Leistungen der Krankenversicherung ist eine Anpassung des § 11 BVG nicht erforderlich. Da sich die Verweisung in § 11 Abs. 1 Satz 2 BVG auf die Leistungen der Krankenversicherung, also auf den Fünften Abschnitt des SGB V, bezieht, sind insbesondere die §§ 13 Abs. 2 Satz 1, 53 Abs. 1 und 3 SGB V nicht anwendbar. Eine eigenständige Kostenerstattung ist in § 18 Abs. 3 und 4 BVG geregelt. Sie entspricht im Wesentlichen § 13 Abs. 3 SGB V. Die Leistungen der sozialen Entschädigung werden darüber hinaus in vollem Umfange als Sachleistungen erbracht. Wenn es dazu in § 18 Abs. 1 Satz 1 BVG heißt, „soweit sich aus diesem Gesetz oder dem Neunten Buch nichts anderes ergibt, dann ist damit das persönliche Budget im Sinne des § 29 SGB IX gemeint (§ 29 Rn. 21). Konkretisiert wird dieser Anspruch in § 9 Abs. 2 BVG.

Die medizinischen Leistungen umfassen Heil- und Krankenbehandlung (§§ 11, 6
12 BVG). Die Heilbehandlung ist umfassender als die Krankenbehandlung. Der entscheidende Unterschied besteht aber in der Ausrichtung auf den Personenkreis: Im Wesentlichen wird **Heilbehandlung** dem Beschädigten selbst **für die Schädigungsfolgen** geleistet (§ 10 Abs. 1 BVG). Ist er schwerbeschädigt, wird sie ihm auch für Gesundheitsstörungen geleistet, die nicht Folge einer Schädigung sind (§ 10 Abs. 2 BVG). **Krankenbehandlung** wird dem Beschädigten für die in § 10 Abs. 4 und 5 BVG genannten Personen geleistet. Die Leistungen der Heilbehandlung sind etwas umfassender als die der Krankenbehandlung (§ 12 BVG). So ist die Versorgung mit **Zahnersatz** in der Heilbehandlung als Sachleistung ausgestaltet (§ 11 Abs. 1 Nr. 4 BVG), während in der Krankenbehandlung nach § 12 Abs. 2 BVG nur Zuschüsse gewährt werden.

Eine gewisse Sonderstellung nimmt die **Versorgung mit Hilfsmitteln** ein. 7
Die Leistungen sind in der nach § 24a BVG erlassenen Orthopädieverordnung konkretisiert worden. Die Verordnung darf insbesondere den gesetzlichen Leistungsumfang, der mindestens dem der Krankenversicherung entspricht, nicht einengen. (BSG 80 S. 164; BSG SozR 3-3100 § 13 Nr. 2). Von Bedeutung ist dabei die Regelung des § 16 Nr. 5 OrthV. Daraus ergibt sich, dass in der sozialen Entschädigung auch die Ausstattung mit **Gebrauchsgegenständen des täglichen Lebens** zur Versorgung mit Hilfsmitteln gehört. Im Vergleich mit der eingeschränkteren Vorschrift des § 33 SGB V ergibt sich das aus der Zielsetzung der sozialen Entschädigung. Gemäß § 10 Abs. 1 BVG richtet sie sich, unter Verweis auf § 4 Abs. 1 SGB IX, auf eine möglichst umfassende Teilhabe am Leben in der Gesellschaft. Ähnlich umfassend ist die Aufgabe der Unfallversicherung (§ 26 Abs. 2 Nr. 3 SGB VII). Soweit ausschließlich Krankenversicherte einen Unterstützungsbedarf bei der Alltagsbewältigung haben, benötigen sie über die Leistungen nach § 33 SGB V hinaus Hilfsmittel iSd § 113 SGB IX. Hiermit sind sie dann aber letztlich auf Fürsorgeleistungen angewiesen, wobei allerdings die §§ 135 ff. SGB IX eine weitgehende wirtschaftliche Entlastung bringen. Für die orthopädische Versorgung paariger Gliedmaßen von Beschädigten, die auch krankenversichert sind, trifft § 9 OrthV eine Regelung, nach der zwar einheitlich zu leisten, aber ein Erstattungsanspruch des anderen Trägers, idR der Krankenkasse unberührt bleibt, weil diese Leistung teilbar ist (BSG SozR 3-3100 § 18c Nr. 4).

Die Durchführung der Heil- und Krankenbehandlung obliegt den Versorgungs- 8
ämtern. Im Wesentlichen entscheiden sie jedoch nur über die **Grundelemente des Versorgungsanspruchs** (BSG SozR 3100 § 18c BVG Nr. 14; BSG SGb 1990 S. 159 mAnm v. Einem). Darüber hinaus liegt nur ein Teil Versorgung in ihren Händen (§ 18c Abs. 1 Satz 2 BVG). Im Übrigen werden die Träger der

Krankenversicherung an der Erbringung der Leistungen beteiligt (§ 18c Abs. 1 Satz 2 und Abs. 3 BVG). Dabei besteht zwar eine Auffangzuständigkeit der Krankenkasse am Wohnort, wenn ein Beschädigter nicht versichert ist, aber auch in diesem Falle kann das Kassenwahlrecht ausgeübt werden (BSG 109 S. 138).

9 Unter den Voraussetzungen der §§ 16 ff. BVG wird an den Beschädigten ein **Versorgungskrankengeld** gezahlt. Leistungsvoraussetzung ist entweder eine Arbeitsunfähigkeit im Sinne der gesetzlichen Krankenversicherung (§ 16 Abs. 1 BVG) oder als selbständiger Tatbestand die Durchführung einer der in § 16 Abs. 2 BVG genannten Maßnahmen, also vor allem die Durchführung einer stationären Behandlung (BSG SozR 3100 § 20 Nr. 1). Das entspricht § 44 Abs. 1 SGB V.

10 Im Einzelnen ergeben sich bei Beschädigten, die auch krankenversichert sind, Schwierigkeiten aus dem Zusammentreffen von Kranken- und Versorgungskrankengeld. Wird die Arbeitsunfähigkeit durch eine Nichtschädigungsfolge verursacht, so besteht bereits ein Anspruch auf Krankengeld nach den §§ 44 ff. SGB V. Tritt später auch eine Arbeitsunfähigkeit wegen einer Schädigung hinzu, so ändert sich daran nichts. Im umgekehrten Falle besteht nur ein Anspruch auf Versorgungskrankengeld. Von diesem Grundsatz gibt es eine Ausnahme, da § 16 Abs. 1 und 2 BVG zwei rechtlich selbständige Tatbestände regelt. Es kann sich ergeben, dass Arbeitsunfähigkeit wegen einer Nichtschädigungsfolge (§ 44 SGB V) besteht und wegen einer Schädigungsfolge eine Badekur durchgeführt wird (§ 16 Abs. 2 BVG). In diesem Falle bestehen zwei selbständige Ansprüche. Nach § 49 Abs. 1 Nr. 3 SGB V ruht der Anspruch auf Krankengeld (vgl. BSG SozR 3100 § 16 Nr. 4). Folgt auf eine Zahlung von Krankengeld die Zahlung von Versorgungskrankengeld, so ist gemäß § 16d BVG das bisherige Entgelt zugrunde zu legen.

11 Die Leistungen zur Teilhabe am Arbeitsleben (§ 26, 26a BVG) für Beschädigte entsprechen den Leistungen der Sozialversicherung und der Arbeitsförderung. Durch § 49 SGB IX sind sie jetzt vollständig aneinander angeglichen. Obwohl die berufliche Förderung Teil der Kriegsopferfürsorge ist, ist hier der Nachranggrundsatz des § 25a BVG durch § 26 Abs. 5 Satz 2 BVG wieder aufgehoben. Während der Teilnahme an einer Maßnahme zur Teilhabe am Arbeitsleben wird ein **Übergangsgeld** (§ 26a BVG) gezahlt, das wie das Krankengeld berechnet, aber je nach familiärer Lage des Berechtigten auf 80 % oder 70 % gekürzt wird. Jüngere Beschädigte, die vor dem Beginn der berufsfördernden Maßnahme noch nicht beruflich tätig gewesen sind, erhalten eine Unterhaltsbeihilfe. Für deren Bemessung gelten die Vorschriften über die Erziehungsbeihilfe (§ 27 BVG).

2. Fürsorgeleistungen

12 Aufgabe der **Kriegsopferfürsorge** ist es, sich der Beschädigten und ihrer Familienmitglieder sowie der Hinterbliebenen in allen Lebenslagen anzunehmen (§ 25 Abs. 2 BVG). Gemäß § 27d Abs. 1 BVG umfasst sie Leistungen, die denen der Sozialhilfe entsprechen (§§ 27 ff., 47 ff. SGB XII) aber noch über sie hinausgehen (§ 27d Abs. 2 BVG). Das betrifft sowohl das Leistungsspektrum (vgl. §§ 27a–27g BVG) als auch das im Rahmen des Nachranges der Kriegsopferfürsorge (§ 25a BVG) einzusetzende Einkommen und Vermögen. Zu den Einzelheiten treffen die §§ 25a ff BVG selbständige Regelungen, die gleichfalls von den Bestimmungen des Dritten Kapitels des Zwölften Buches abweichen. Für die Eingliederungshilfe für behinderte Menschen wird in § 27d Abs. 3 BVG unmittelbar auf die §§ 90–122 SGB IX verwiesen. Ausgeschlossen von der Verweisung ist das Vertragsrecht der §§ 123 ff. SGB IX und der Einsatz von Einkommen und Vermögen (§§ 135 ff.

SGB XII). Insoweit werden in § 27d Abs. 1 Satz BVG Sonderregelungen für den Einsatz von Einkommen und in § 27d Abs. 1 Satz 2 BVG für den Einsatz von Vermögen getroffen. Danach sind bei ausschließlich schädigungsbedingtem Bedarf weder Einkommen noch Vermögen einzusetzen. Darüber hinaus gilt eine allgemeine Billigkeitsklausel.

Neu geregelt wurde der Pflegebereich. Nach der Grundsatzregelung des § 26c Abs. 1 BVG erhalten Beschädigte und Hinterbliebene Hilfe zur Pflege in entsprechender Anwendung des § 13 SGB XII. Das bezieht sich auf das Verhältnis von ambulanter und (teil)stationärer Pflege. Ergänzend wird auf die Anwendung der §§ 61 ff. SGB XI verwiesen. Die Leistungen nach § 35 BVG gehen dieser Hilfe zur Pflege nach § 26c Abs. 1 BVG vor. Dementsprechend ruht auch der Anspruch auf Versicherungsleistungen zur Pflege (§§ 28 ff. SGB XI) gemäß § 13 Abs. 3 Nr. 3 SGB XI, wenn Leistungen nach § 35 BVG erbracht werden. Die dort geregelten Leistungen knüpfen abweichend von den §§ 14, 28 ff. SGB XI an den Begriff der Hilflosigkeit und sehen Pflegezulagen in sechs Stufen vor. Dabei entsprechen für die Überleitung im Rahmen des § 27k BVG die Pflegestufen I bis III den Pflegegraden 2–4 (BT-Drs. 18/10510 S. 70). Daran dürfte sich auch die zukünftige Praxis orientieren. Sofern die Leistungen nach § 35 BVG nicht bedarfsdeckend sind, werden Leistungen nach § 26c Abs. 1 BVG erbracht. Für die Feststellung der Einkommensgrenzen (§§ 85 ff. SGB XII) gilt nur § 27d Abs. 5 Satz 1 Nr. 1 und 2 BVG. Dass in den §§ 26c Abs. 1 und 35 BVG nicht auf die §§ 14 und 15 BVG Bezug genommen wird, dürfte in der Praxis immer dann zu Schwierigkeiten führen, wenn gemäß § 26c Abs. 1 BVG Hilfe zur Pflege nach den Bestimmungen des SGB XII zu leisten ist, da sich die §§ 61a und 61b SGB XII an den §§ 14 und 15 SGB XI orientieren. Demgegenüber gelten für § 26c Abs. 1 BVG äußerst vage Maßstäbe (vgl. A 4 lit. b VersMedV). 13

3. Renten an Beschädigte

Die Renten an Beschädigte (§§ 30 ff. BVG) umfassen die Grund- und die Ausgleichsrente sowie den Berufsschadensausgleich. Zur Grundrente wird unter den Voraussetzungen des § 31 Abs. 4 BVG eine Schwerstbeschädigtenzulage gezahlt. 14

Die nach § 31 BVG zu zahlende **Grundrente** soll die Nachteile allgemein ausgleichen, die der Berechtigte infolge der gesundheitlichen Schädigung erlitten hat. In dieser Ausgleichsfunktion richtet sie sich sowohl auf die immateriellen als auch auf die materiellen Einbußen. Wegen dieser Funktion bleibt die Grundrente in der Grundsicherung für Arbeitsuchende und im Sozialhilferecht als Einkommen außer Betracht (§§ 11a Abs. 1 Nr. 2 SGB II, 82 Abs. 1 Satz 1 SGB XII). Bemessen wird die Grundrente nach dem Grad der Schädigungsfolgen. Er ist mit Blick auf die allgemeinen Auswirkungen der Funktionsbeeinträchtigungen in allen Lebensbereichen zu beurteilen. Wie in der Unfallversicherung (§ 22 Rn. 29) erfolgt dabei eine noch immer abstrakte Feststellung der Funktionsbeeinträchtigung nach der körperlichen, geistigen oder seelischen Gesundheitsstörung in allen Lebensbereichen (§ 30 Abs. 1 Satz 1 BVG). Es wird also nur berücksichtigt, welche Bedeutung ein Organ, ein Glied des Körpers oder eine menschliche Funktion allgemein hat. Demgegenüber spielen individuelle Fähigkeiten oder der konkret ausgeübte Beruf des Beschädigten grundsätzlich keine Rolle. Daraus folgt auch, dass bei der Festsetzung der GdS von einer Erwerbsfähigkeit von 100 % auszugehen ist, und zwar auch dann, wenn eine Vorschädigung besteht (§ 22 Rn. 31). 15

16 Die abstrakte Bezugnahme auf das Erwerbsleben ist in den vergangenen Jahren immer problematischer geworden, da sich die Anforderungen an die „Befähigung zur üblichen, auf Erwerb gerichteten Arbeit" (§ 30 Abs. 1 Satz 2 BVG aF) in den einzelnen Berufssparten sehr ausdifferenziert haben und kaum noch vergleichbar sind (Wilke/Förster, SozEntschR § 30 Rn. 2; zur gleichen Diskussion in der Unfallversicherung vgl. § 22 Rn. 30). Dem ist durch Neufassung des § 30 Abs. 1 Satz 1 BVG Rechnung getragen worden. Danach ist der Grad der Schädigungsfolgen nach den allgemeinen Auswirkungen der Funktionsbeeinträchtigungen, die durch die als Schädigungsfolge anerkannten körperlichen, geistigen oder seelischen Gesundheitsstörungen bedingt sind, in allen Lebensbereichen zu beurteilen. Diese Neufassung entspricht einer „schleichend vollzogenen Neuorientierung" des § 30 BVG durch die Rechtsprechung (Knickrehm/Dau, Gesamtes Soziales Entschädigungsrecht, § 30 Rn. 6). Demgegenüber ist die Regelung in der Unfallversicherung enger. In § 56 Abs. 2 Satz 1 SGB VII wird nur auf die sich aus der Beeinträchtigung des Leistungsvermögens ergebenden verminderten Arbeitsmöglichkeiten auf dem gesamten Gebiet des Erwerbslebens abgestellt (vgl. § 22 Rn. 29, 30).

4. Grad der Schädigungsfolgen

17 Auch im Hinblick auf die Funktion der nach § 31 BVG zu zahlenden Grundrente war es nicht sinnvoll auf den missverständlichen Begriff der Minderung der Erwerbsfähigkeit abzustellen. Grundlage für die Feststellung der GdS waren anfangs in der Praxis die vom Bundesminister für Arbeit und Sozialordnung herausgegebenen „Anhaltspunkte für die ärztliche Gutachtertätigkeit im sozialen Entschädigungsrecht und nach dem Schwerbehindertengesetz". Ihr Charakter als Rechtsnorm war lange Zeit zweifelhaft (vgl. § 31 Rn. 18, 19), wenn auch im Interesse der Vereinfachung und Gleichbehandlung in der Praxis als Entscheidungsgrundlage von großem Vorteil (BSG SozR 3100 § 30 Nr. 13; BSG SGb 1991 S. 227 mAnm Wolf; BSG SGb 2009 S. 168 mAnm Borner). Es war deswegen sinnvoll, diese Anhaltspunkte als Versorgungsmedizinische Grundsätze nach § 30 Abs. 17 BVG als Versorgungsmedizin-Verordnung (BGBl I 2008 S. 1412) zu erlassen. Materiell entsprach und entspricht die Rechtspraxis weitgehend derjenigen der Unfallversicherung (vgl. BSG SozR § 581 Nr. 6; BSG 41 S. 70; 80).

18 Wichtig ist auch, dass bei mehrfacher Schädigung, anders als in der Unfallversicherung, immer ein Gesamt-GdS festgesetzt wird, und zwar auch dann, wenn die Entschädigung nach unterschiedlichen Rechtsgrundlagen erfolgt, wenn also etwa ein Kriegsopfer später Opfer einer Gewalttat wird (vgl. §§ 84 Abs. 3 SVG, 3 Abs. 1 OEG). Die Festsetzung des Gesamt-GdS hat in der Weise zu erfolgen, dass zunächst die einzelnen Funktionsbeeinträchtigungen und ihr Grad ermittelt werden müssen. Sodann ist eine Gesamtbewertung vorzunehmen (Benz, SGb 2009 S. 699). Der Gesamt-GdS wird also nicht durch eine Summation der Einzel-GdS festgesetzt (vgl. § 22 Rn. 28a). Vielmehr gilt folgender Grundsatz: „Bei der Beurteilung des Gesamt-GdS ist in der Regel von der Funktionsbeeinträchtigung auszugehen, die den höchsten Einzel-GdS bedingt, und dann im Hinblick auf alle weiteren Funktionsbeeinträchtigungen zu prüfen, ob und inwieweit hierdurch das Ausmaß der Behinderung größer wird, ob also wegen der weiteren Funktionsbeeinträchtigungen dem ersten GdS 10 oder 20 oder mehr Punkte hinzuzufügen sind, um der Behinderung insgesamt gerecht zu werden" (A 3

lit. a VersMedV). Die einzelnen Schädigungen können sich in ihrem Zusammentreffen sehr unterschiedlich aufeinander auswirken. Sie können einander überhaupt nicht beeinflussen (Verlust einer Hand und einer Ohrmuschel), sie können ineinander aufgehen (Verlust paariger Organe), sich überschneiden oder wechselseitig verstärken (Verlust eines Beines und eines Armes). Die Festsetzung eines solchen Gesamt-GdS auf der Grundlage mathematischer Formeln ist grundsätzlich abzulehnen, da auf diese Weise die schwierige Bewertungsfrage nicht gelöst werden kann (vgl. Ockenga, SozVers 1991 S. 281; Ustarbowski, SGb 1991 S. 15; Goedelt, ZfS 1994 S. 102; Bochnik, MedSach 1994 S. 4; Benz, SGb 2011 S. 625).

Gewisse Schwierigkeiten bereitet die Berücksichtigung schädigungsunabhängiger Vor- und Nachschäden (Vießmann, SGb 2013 S. 68). **Vorschaden** ist eine Gesundheitsstörung, die bei Eintritt der versorgungsrechtlich relevanten Schädigung bereits bestanden hat. Da im Falle einer Vorschädigung immer von einer Erwerbsfähigkeit von 100 % auszugehen ist, kann eine Vorschädigung bei der Bemessung des GdS grundsätzlich keine Berücksichtigung finden (vgl. 22 Rn. 31). Eine Ausnahme ist aber dann zu machen, wenn der geschädigte Körperteil selbst schon vorgeschädigt war. In diesem Falle wird der GdS geringer bemessen, wobei maßgebend ist, zu welchem zusätzlichen anatomischen und funktionellem Verlust die Schädigung geführt hat. (A 12 lit. a VersMedV). Eine Schädigung an verschiedenen Körperteilen, die sich gegenseitig nicht beeinflussen, bleibt außer Betracht. Sind verschiedene Körperteile oder paarige Organe betroffen und verstärkt der Vorschaden die schädigungsbedingte Funktionsstörung, so ist der schädigungsbedingte GdS unter Umständen höher zu bewerten, als es bei isolierter Betrachtung der Schädigungsfolgen zu geschehen hätte. In jedem Falle muss eine Gesamtbewertung vorgenommen werden. Rein rechnerische Abzüge vom GdS sind nicht zulässig. 19

Der **Nachschaden** ist ein Schaden, der nach Abschluss der versorgungsrechtlich erheblichen Ursachenkette aufgetreten und den Schädigungsfolgen deshalb nicht mehr zuzurechnen ist (BSG SozR 3100 § 30 Nr. 71). Im Einzelnen kann aber die Bewertung von Erst- und Zweitereignis recht kompliziert sein (Vießmann, SGb 2014 S. 537). Grundsätzlich kann ein unfallunanbhängiger Nachschaden keinen Einfluss auf einen einmal festgesetzten GdS haben. Das ist aber anders bei der sog. **funktionellen Überlagerung** von Schädigungen zu beurteilen. Sie ist dann gegeben, wenn ein schädigungsunabhängiger Nachschaden mit einem Schaden im Sinne einer Verschlechterung des Gesamtzustandes zusammenwirkt. So führt der schädigungsbedingte Verlust der Sehkraft auf einem Auge zu einem GdS von 30 %. Daran ändert sich nach Auffassung des BSG nichts, wenn ein schädigungsunabhängiger Nachschaden zu einer völligen Erblindung führt. Im umgekehrten Falle, also bei einem schädigungsunabhängigen Vorschaden und einer schädigungsabhängigen Erblindung beträgt der GdS 100 %, denn bei seiner Bemessung ist immer von einer vollen Erwerbsfähigkeit vor der Schädigung auszugehen. Auch bei einem Nachschaden ist das BSG, anders als bei der Bewertung des GdS, bei der Feststellung der Pflegebedürftigkeit (§ 35 BVG) der Auffassung, dass die Hilflosigkeit ein unteilbares Gesamtbefinden darstellt, die auch bei einem Vor- oder Nachschaden wesentlich durch die Schädigung verursacht worden sein kann (BSG 41 S. 70; 80; BSG 87 S. 63). Dies kann zu einer Erhöhung der Pflegestufe führen (A 13 lit. b VersMedV)). Der Nachschaden muss nicht auf einem schädigenden Ereignis beruhen. Auch Anlage und Alter können einen Nachschaden bewirken. 20

21 Insgesamt war die abstrakte Schadensbemessung in der sozialen Entschädigung gegenüber der Unfallversicherung schon immer etwas flexibler. Durch die Neuformulierung des § 30 Abs. 1 Satz 1 BVG und der dabei notwendigen Einbeziehung der Auswirkungen der Schädigungsfolgen „in allen Lebensbereichen" ist dieser Spielraum noch größer geworden. Darüber hinaus kann gemäß § 30 Abs. 2 BVG eine besondere berufliche Betroffenheit zu einer Höherbewertung der GdS führen. Auch dies ist angesichts des Wortlauts dieser Vorschrift in größerem Umfange möglich als in der Unfallversicherung nach §§ 56 Abs. 2 SGB VII. Gemäß § 30 Abs. 2 BVG hat eine umfassende Einzelfallbeurteilung zu erfolgen (BSG SozR 3100 § 30 Nr. 34). Insoweit ist diese Vorschrift, anders als § 56 Abs. 2 Satz 3 SGB VII, nicht nur eine Ausnahmevorschrift (§ 22 Rn. 34).

22 Über die Renten hinaus wird auf der Grundlage des § 30 Abs. 3–11 BVG ein **Berufsschadensausgleich** gezahlt. Damit soll der Einkommensverlust ausgeglichen werden, den der Beschädigte aus gegenwärtiger oder früherer Tätigkeit erleidet. Dies ist erst nach „Anwendung des Absatzes 2" möglich (§ 30 Abs. 3 BVG). Es muss also zunächst ein Ausgleich über die besondere berufliche Betroffenheit gesucht werden. Der Berufsschadensausgleich wird nach einem Vergleichseinkommen bemessen. Es berechnet sich aus dem monatlichen Durchschnittseinkommen der Berufs- oder Wirtschaftsgruppe, der der Beschädigte ohne die Schädigung nach seinen Verhältnissen (Kenntnisse, Fähigkeiten, Arbeits- und Ausbildungswillen) wahrscheinlich angehört hätte. Vor allem aus Gründen der Verwaltungsvereinfachung wird zur Feststellung des Vergleichseinkommens nach § 30 Abs. 5 Satz 2 BVG auf den Maßstab der Beamtenbesoldung abgestellt. Für schädigungsunabhängige Nachschäden gilt die Regelung des § 30 Abs. 11 BVG. Dabei gelten aber Arbeitslosigkeit und altersbedingtes Ausscheiden aus dem Erwerbsleben grundsätzlich nicht als Nachschäden. Beim Ausscheiden aus dem Arbeitsleben wird der Nachschaden nach § 30 Abs. 3–8 BVG berechnet.

23 Die nach § 32 BVG zu zahlende Ausgleichsrente hat Entgeltersatzfunktion. Deswegen ist sie gemäß § 33 Abs. 1 BVG um anrechenbares Einkommen zu mindern. Aus § 2 der Ausgleichsrentenverordnung ergibt sich, dass eine Reihe von Einkünften nicht berücksichtigt wird. Auch die Ausgleichsrente wird nach dem Ausmaß der GdS bemessen (§ 32 Abs. 2 BVG).

24 Die Renten an **Hinterbliebene** (§§ 38 ff. BVG) umfassen neben den Witwen- und Waisenrenten unter den Voraussetzungen der §§ 49–51 BVG auch Elternrenten. Leistungsvoraussetzung ist der Tod des Beschädigten durch eine Schädigungsfolge. Unter den Voraussetzungen des § 48 BVG werden an Witwen und Waisen Beihilfen gezahlt, wenn der Tod nicht durch eine Schädigungsfolge eingetreten ist.

25 Die Zuständigkeit in der sozialen Entschädigung ist vielfältig. Grundsätzlich sind die Versorgungsämter und die Landesversorgungsämter zuständig (vgl. BGBl 1951 S. 169). In diesem organisatorischen Rahmen sind einzelnen Stellen, zB den orthopädischen Versorgungsstellen und den Integrationsämtern bestimmte Aufgaben zugewiesen. Gemäß § 18c Abs. 1 Satz 3 BVG sind auch die Krankenkassen für die Durchführung des Gesetzes sachlich zuständig, und zwar selbst dann, wenn der Beschädigte nicht ihr Mitglied ist. Die Fürsorgeleistungen nach den §§ 25a ff. BVG werden von den kreisfreien Gemeinden und den Landkreisen im Rahmen ihrer sozialhilferechtlichen Zuständigkeit erbracht. In den neuen Bundesländern sind auf Grund einer Regelung im Einigungsvertrag die Versorgungsämter als Teile in die dortigen Ämter für Soziales und Versorgung bzw. Familie und Soziales eingegangen.

§ 25 Kindergeld, Kinderzuschlag, Leistungen für Bildung und Teilhabe, Elterngeld und Betreuungsgeld

(1) [1]**Nach dem Bundeskindergeldgesetz kann nur dann Kindergeld in Anspruch genommen werden, wenn nicht der Familienleistungsausgleich nach § 31 des Einkommensteuergesetzes zur Anwendung kommt.** [2]**Nach dem Bundeskindergeldgesetz können auch der Kinderzuschlag und Leistungen für Bildung und Teilhabe in Anspruch genommen werden.**

(2) **Nach dem Recht des Bundeselterngeld- und Elternzeitgesetzes kann Elterngeld und Betreuungsgeld in Anspruch genommen werden.**

(3) **Für die Ausführung des Absatzes 1 sind die nach § 7 des Bundeskindergeldgesetzes bestimmten Stellen und für die Ausführung des Absatzes 2 die nach § 12 des Bundeselterngeld- und Elternzeitgesetzes bestimmten Stellen zuständig.**

Übersicht

1. Entlastung der Familie

1 Die Entlastung der Familie erfolgt vor allem im Steuerrecht und in vielen Einzelbereichen des Sozialrechts (vgl. § 6 Rn. 22). Vom Familienleistungsausgleich im engeren Sinne spricht man zumeist nur im Zusammenhang mit dem Kinder- und dem Elterngeld. Seiner praktischen Bedeutung kann man damit aber nicht mehr gerecht werden. Kinder- und Elterngeld sind direkt darauf ausgerichtet, die Eltern bzw. den Elternteil **zeitgleich zu entlasten,** wenn Unterhaltsleistungen zu erbringen sind. Demgegenüber wirkt sich vor allem die Kindererziehungszeit in der Rentenversicherung (§§ 3 Satz 1 Nr. 1, 56 SGB VI) erst aus, wenn die Kindererziehungsphase längst abgeschlossen ist. Beides hat nicht zu der politisch auch gewollten Zunahme an Geburten geführt. Erst in neuerer Zeit ist die Familienpolitik dazu übergegangen, Entlastungen auch im nicht ökonomischen Bereich zu schaffen. Dazu gehört zwar auch die Elternzeit nach den §§ 15 ff. BEEG. Jedoch dürfte eine unmittelbare und dauerhafte Wirkung eher der Ausbau der Kindertagesbetreuung haben (§§ 22 ff. SGB VIII). Die Diskussion um die **Autonomie in der Elternverantwortung** (vgl. § 8 Rn. 11) bei so unterschiedlichen Konzepten im Familienleistungsausgleich wie der Einführung der Leistungen für Bildung und Teilhabe (§ 28, 29 SGB II) und des ehemaligen Betreuungsgeldes (§ 4a BEEG) lässt zumindest Differenzierungen in der Familienpolitik erkennen, die zuweilen etwas vorschnell als Inkonsequenz bezeichnet werden. Anerkennen muss man, dass es unterschiedliche Lebensentwürfe auch bei Eltern gibt (§ 6 Rn. 8).

2 Die elterlichen Unterhaltsleistungen umfassen die materielle Sicherung des Kindes sowie den Erziehungs- und Betreuungsbedarf. Erst durch beide wird sein Existenzminimum gesichert (§ 6 Rn. 14). Insoweit ist vor allem im Kindergeld seit einigen Jahren ein Wandel festzustellen. Ursprünglich diente es der Entlastung der Eltern, und zwar wurde anfangs nur der materielle Aufwand teilweise ausgegli-

chen (vgl. noch BSG 91 S. 73). Trotz grundsätzlich noch immer fortbestehender Anspruchsberechtigung der Eltern selbst wandelt das Kindergeld allmählich seinen Charakter. Zunehmend dient es in erster Linie der **materiellen Grundsicherung des Kindes.** Im Fürsorgesystem wird dies ausdrücklich geregelt. Dort wird das Kindergeld, das für ein Kind in einer Bedarfsgemeinschaft (§ 11 Abs. 1 Satz 4 und 5 SGB II) oder für ein minderjähriges Kind (§ 82 Abs. 1 Satz 3 SGB XII) gezahlt wird, als Einkommen des Kindes behandelt „soweit es bei dem jeweiligen Kind zur Sicherung des Lebensunterhalts … benötigt wird." Wird Kindergeld für ein (volljähriges) Kind gezahlt, so ist es dessen Einkommen, soweit es nachweislich an das nicht im Haushalt lebende Kind von SGB II-Leistungsberechtigten gezahlt wird (§ 1 Abs. 1 Nr. 8 Alg II-VO). Entsprechendes wird man auch für § 82 Abs. 1 Satz 3 SGB XII annehmen müssen (vgl. § 31 Satz 2 EStG). Die Neigung, das Kindergeld direkt zur Sicherung der Existenz des Kindes zu verwenden, hat sich auch in der Reform des Unterhaltsrechts fortgesetzt (Born, NJW 2008 S. 1). Dort regelt § 1612b BGB einen den Unterhaltsbedarf mindernden Vorwegabzug des Kindergeldes (vgl. § 19a Rn. 44a). Zum Kinderzuschlag nach § 6a BKGG vgl. unten Rn. 14.

3 Mit dem Jahressteuergesetz 1996 wurde die Trennung von steuerrechtlichem (§§ 62 ff. EStG) und sozialrechtlichem Kindergeld eingeführt. Durch das Gesetz zur Familienförderung (BGBl I 1999 S. 2552) und das Zweite Gesetz zur Familienförderung (BGBl I 2001 S. 2074) wurde der Familienleistungsausgleich an die verfassungsrechtliche Lage angepasst. Gemäß § 31 Satz 1 EStG ist das gegenwärtige Recht dadurch gekennzeichnet, dass die Existenz des Kindes entweder dadurch gesichert wird, dass seine Eltern die Freibeträge nach § 32 Abs. 6 EStG oder das steuerrechtliche Kindergeld (§ 62 ff. EStG) in Anspruch nehmen. Es ist nicht ganz zutreffend, die Auffassung zu vertreten, die Eltern hätten ein Wahlrecht. Das steuerrechtliche Kindergeld wird als monatliche Steuervergütung gezahlt (§ 31 Satz 3 EStG). Am Ende des Jahres prüft das Finanzamt von Amts wegen, ob das Kindergeld ausreicht, die verfassungsrechtlich gebotene Steuerfreistellung zu bewirken (Nolde, FR 1995 S. 845). Ist dies nicht der Fall, muss der Kinderfreibetrag abgezogen werden. Dabei wird das im Laufe des Jahres gezahlte Kindergeld verrechnet (§ 31 Satz 4 und 5 EStG). Im Allgemeinen ist es auch für die mittleren und etwas höheren Einkommensgruppen günstiger, das steuerrechtliche Kindergeld in Anspruch zu nehmen.

2. Kindergeld

4 Nur wer im Inland nicht unbeschränkt steuerpflichtig ist oder nicht nach § 1 Abs. 3 EStG als unbeschränkt steuerpflichtig behandelt wird, erhält das sozialrechtliche Kindergeld, wenn er zusätzlich eine der in § 1 Abs. 1 Nr. 1–4 BKGG genannten Voraussetzungen erfüllt. Vorrangig ist also steuerrechtliches Kindergeld zu gewähren (§ 2 Abs. 4 BKGG). Das sozialrechtliche Kindergeld bleibt damit auf die kleine Gruppe von Leistungsberechtigten beschränkt, die, mangels Steuerpflicht, nicht den Familienleistungsausgleich nach § 31 EStG in Anspruch nehmen kann. Beide Kindergeldarten werden gemäß §§ 62–66 EStG; §§ 1–6 BKGG nach denselben Voraussetzungen gewährt (vgl. Gerlach, ZfF 2011 S. 49). Je nach Art des Kindergeldes führt allerdings der Rechtsweg zu den Finanz- bzw. Sozialgerichten. Ein grundlegendes Problem einer steuerrechtlichen Lösung des Familienlastenausgleichs, soweit er die Existenzsicherung des Kindes betrifft, besteht jedoch in Folgendem: Anders als dies beim Kindergeld der Fall ist, hat die steuerrechtliche

Variante zur Folge, dass die Entlastung der Eltern mit steigendem Einkommen zunimmt (Birk/Wernsmann, JZ 2001 S. 218).

Umstritten war und ist, unter welchen Voraussetzungen Kindergeld an nicht freizügigkeitsberechtigte Ausländer zu zahlen ist (§ 30 Rn. 129). Freizügigkeitsberechtigt sind mit wenigen Einschränkungen EU-Bürger (vgl. §§ 2, 4 FreizügG/EU). Andere Ausländer waren in der Vergangenheit leistungsberechtigt, wenn sie einen gewöhnlichen Aufenthalt im Inland hatten. Nach der Neuregelung des § 1 Abs. 3 BKGG stellt das Gesetz maßgeblich darauf ab, ob der Ausländer in den inländischen Arbeitsmarkt integriert ist. Das gilt gemäß § 62 Abs. 2 EStG auch für das steuerliche Kindergeld (BGBl I 2006 S. 2915). Allerdings können Kinder nur berücksichtigt werden, die, von wenigen Ausnahmen abgesehen, ihren Wohnsitz oder gewöhnlichen Aufenthalt im Inland haben. In diesem Punkt unterscheiden sich nur noch dem Wortlaut nach deutsches Sozial- und Steuerrecht. Das erklärt sich daraus, dass gemäß § 62 Abs. 1 Nr. 2 EStG eine Einkommenssteuerpflicht auch ohne Wohnsitz bzw. gewöhnlichen Aufenthalt im Inland bestehen kann. In diesem Falle muss das steuerrechtliche Kindergeld gezahlt werden (vgl. § 2 Abs. 5 BKGG; § 63 Abs. 1 Satz 3 EStG). Im Grunde ebenso regelt Art. 67 VO (EG) 883/2004, dass inländische Familienleistungen an EU-Bürger, deren Kinder in einem anderen Mitgliedsstaat leben, so erbracht werden, als ob die Kinder in dem Beschäftigungsstaat des EU-Bürgers lebten. Dies engt den Anwendungsspielraum des § 2 Abs. 5 BKGG ein. Sind allerdings gleiche Leistungen nach den Rechtsvorschriften mehrerer Mitgliedsstaaten zu gewähren, so ist dabei aber die Prioritätsregel des Art. 68 Abs. 1 lit. b) iii) VO (EG) 883/2004) zu berücksichtigen, die in diesem Falle dem Wohnort der Kinder den Vorzug gibt (vgl. § 30 Rn. 133). 5

Kindergeld wird für Kinder iSd § 2 BKGG (§§ 32 Abs. 1, 63 Abs. 1 EStG) gezahlt. Das Gesetz wählt die Formulierung **„berücksichtigt"**, weil Kinder entweder als Zahlkinder oder als Zählkinder in Betracht kommen. Für letztere wird an den Berechtigten kein Kindergeld gezahlt, zB weil der andere Elternteil das Kindergeld erhält. Solche **Zählkinder** belasten den Berechtigten aber unterhaltsrechtlich. Sie können deswegen zB bei seinen Kindern aus zweiter Ehe mitgezählt werden und dort zu einer Erhöhung des Kindergeldes beitragen, obwohl zB für das Kind aus erster Ehe an die Mutter dieses Kindes Kindergeld gezahlt wird (vgl. § 54 Rn. 33). 6

Neben den eigenen, natürlichen oder adoptierten Kindern gehören zu den Kindern auch Stiefkinder, das sind die alleinigen Kinder des Ehepartners, Pflegekinder, Enkel und Geschwister (§ 2 Abs. 1 Nr. 1–3 BKGG). Nur bei diesen Kindern stellt das Gesetz auf die zusätzliche Leistungsvoraussetzung der Aufnahme in den Haushalt ab (BSG 33 S. 105; 270, BSG SGb 1994 S. 489 mAnm Igl). Eine Haushaltsaufnahme liegt nur vor, wenn das Kind ständig in der gemeinsamen Wohnung lebt und dort versorgt und betreut wird. Eine zeitweilige auswärtige Unterbringung zu Ausbildungszwecken schadet nicht. Pflegekinder sind nur solche Kinder, mit denen ein familienähnliches auf längere Dauer berechnetes Band besteht. Dazu gehört auch, dass ein Obhutsverhältnis des Kindes zu seinen Eltern nicht mehr besteht (§ 56 Rn. 15–20). 7

Kinder, die das 18. Lebensjahr vollendet haben, werden nur unter den zusätzlichen Voraussetzungen des § 2 Abs. 2 BKGG berücksichtigt. Das sind Kinder unter 21 Jahren, die als Arbeitsuchende gemeldet sind. Entsprechendes gilt für Kinder unter 25 Jahren, die für einen Beruf ausgebildet werden oder mangels eines Ausbildungsplatzes noch nicht ausgebildet werden können. Gleichfalls berücksichtigt 8 werden Kinder in einem freiwilligen sozialen oder ökologischem Jahr, Freiwilligendienst leisten oder die sich in einer Übergangszeit zwischen zwei Ausbildungsabschnitten befinden. Kinder, die infolge einer vor Vollendung des 25. Lebensjahres eingetretenen Behinderung außerstande sind, sich selbst zu unterhalten, werden ohne Altersgrenze berücksichtigt (vgl. aber BSG SozR 4-5870 § 1 Nr. 2).

9 Für den praktisch wichtigsten Fall der Ausbildung des Kindes bis zur Vollendung des 25. Lebensjahres gilt Folgendes: Mit der Annahme einer Ausbildung ist die Rechtsprechung großzügig. So kommt es nicht darauf an, dass die Ausbildung in förmlichen Ausbildungsgängen geregelt ist. Auch Praktika und Sprachaufenthalte können der Ausbildung dienen. Erforderlich ist jedoch, dass die Schul- bzw. Berufsausbildung die Arbeitskraft des Kindes überwiegend in Anspruch nimmt (BSG SozR 3-5870 § 2 Nr. 29; aA BFH 189 S. 88). Insbesondere bei Praktika ist festzustellen, dass bei ihnen der Ausbildungszweck im Vordergrund steht.

10 Bei Kindern über 18 Jahren, die sich in Ausbildung befinden, ist die frühere Einkommensgrenze aufgehoben worden. Kindergeld wird auch nach Abschluss einer erstmaligen Berufsausbildung oder eines Erststudiums gewährt. Nicht mehr der aktuellen Entwicklung entspricht die Auffassung, dass der Bachelor-Abschluss die Beendigung einer Erstausbildung bedeutet (vgl. § 7 Abs. 1a BafÖG). Während jeder Ausbildung nach einer Erstausbildung wird Kindergeld gewährt, wenn das Kind nicht parallel dazu einer Erwerbstätigkeit von mehr als 20 Wochenstunden nachgeht (§ 2 Abs. 2 Satz 2 BKGG; § 32 Abs. 4 Satz 2 EStG). Letzteres kann schon während der Dauer eines Ferienjobs der Fall sein.

11 Im Hinblick auf die weitgehende Gleichstellung nach § 2 Abs. 1 BKGG können mehrere Personen anspruchsberechtigt sein. Es wird jedoch für jedes Kind nur einer Person Kindergeld gewährt (§ 3 Abs. 1 BKGG). Insoweit legt § 3 Abs. 2 BKGG eine Rangfolge fest. Vorrang hat diejenige Person, in deren Haushalt das Kind aufgenommen ist. Das betrifft vor allem geschiedene und getrennt lebende Ehepartner. Lebt das Kind gemeinsam mit einem Elternteil in dem Haushalt eines der Genannten, so bestimmen diese Personen untereinander, wer kindergeldberechtigt ist. Ggf. kann das Familiengericht eine Entscheidung treffen (§ 3 Abs. 2 Satz 3 und 4 BKGG). In § 3 Abs. 2 Satz 5 BKGG wird eine Sonderregelung für den Fall getroffen, dass das Kind in einem gemeinsamen Haushalt mit den Eltern und Großeltern lebt. Durch die Regelung des § 3 Abs. 2 BKGG wird es den dort Genannten ermöglicht, das Kind bei sich zu berücksichtigen, was zu einer Erhöhung des Gesamtkindergeldes führen kann. Lebt das Kind nicht im Haushalt einer der Personen, die die Anspruchsvoraussetzungen für das Kindergeld erfüllen, so wird nach § 3 Abs. 3 BKGG das Kindergeld der Person gewährt, die dem Kind eine Unterhaltsrente zahlt.

12 Die Höhe des Kindergeldes steigt mit der Zahl der Kinder von zzt. 204 € für das erste und zweite Kind, über 210 € für das dritte bis auf 235 € ab dem vierten Kind. Wird eines von vier Kindern älter als in § 2 BKGG geregelt, so entfällt das Viertkindergeld.

13 Schwierigkeiten bereitet es, das Kindergeld in seiner öffentlich-rechtlichen **Zweckbestimmung** von anderen, unterhaltsbezogenen Sozialleistungen und den Familienunterhalt (§§ 1601 ff. BGB) zu unterscheiden. Im Hinblick auf die Grundsicherung für Arbeitsuchende und das Sozialhilferecht ist hervorzuheben, dass das Kindergeld keine Leistung ist, die zu einem ausdrücklich genannten Zweck iSd §§ 11a Abs. 3 SGB II, 83 Abs. 1 SGB XII gewährt wird (BVerwG NVwZ 1986 S. 382). Das BVerwG hat zum Kindergeld die Auffassung vertreten, dass sich aus seiner Bezeichnung lediglich ableiten lässt, es würde dazu dienen, die in der Person des Kindes entstehenden Kosten der allgemeinen Lebensführung teilweise zu decken. Für die Erziehungspersonen solle eine wirtschaftliche Erleichterung geschaffen werden. Dabei genüge es, wenn das Kindergeld als Ausgleich für die Mehrbelastung den Eltern zufließt. Es ist also grundsätzlich als Einkommen der Eltern zu berücksichtigen (OVG Lüneburg FEVS 51 S. 335; BVerwG 114 S. 339). In diesem allgemeinen Sinne ist das Kindergeld auch dann noch zweckgerichtet verwendet, wenn es dem Kind nur mittelbar und auch nur teilweise zugute kommt, etwa wenn mit dem Kindergeld eine Haushaltshilfe bezahlt wird (BVerwG 60 S. 10, 12; OVG Hamburg FamRZ 1992 S. 1228). Vorübergehend wurden bis zum 30.6.2005 befristet, geringfügige Anteile des Kindergeldes gemäß § 76 Abs. 2 Nr. 5 BSHG aF nicht als Einkommen berücksichtigt. Die gegenwärtige Rechtslage ist dadurch gekennzeichnet, dass das Kindergeld vorrangig der Existenzsicherung des minderjährigen Kindes dient (§ 11 Abs. 1 Satz 4 und 5 SGB II). Davon abgesehen ist es weiterhin nicht zweckbestimmt. Insbesondere ist es – wegen der Zweckgleichheit – auf den Fürsorgebedarf des Kindes und ggf. der Eltern und auch auf den Unterhaltsbedarf des Kindes anzurechnen (§ 19a Rn. 44a). Im Hinblick auf die existenzsichernde Zweckbestimmung des Kindergeldes wird in § 54 Abs. 4 seine Pfändbarkeit auf Unterhaltsansprüche von Kindern beschränkt (vgl. § 54 Rn. 33). Diese Einschränkung wirkt sich aber nicht unmittelbar aus, wenn Eltern Anspruch auf den Freibetrag nach § 32 Abs. 6 EStG haben. Dadurch wird lediglich das Nettoeinkommen erhöht. Zum **Kinderwohngeld** vgl. § 26 Rn. 4a–4d.

Probleme im Fürsorgesystem ergeben sich, für wenn ein Kind wegen einer schweren Behinderung Kindergeld ohne Altersbegrenzung nach § 2 Abs. 2 Nr. 3 BKGG bezogen wird. Erhält dieses Kind zusätzlich Leistungen der Grundsicherung wegen dauerhafter voller Erwerbsminderung nach § 41 Abs. 3 SGB XII und zugleich Leistungen der Eingliederungshilfe nach den §§ 90 ff. SGB IX oder der Pflege nach den §§ 61 ff. SGB XII, dann stellt sich die Frage nach der Berücksichtigung des Kindergeldes anders. Dies hat vor allem zu Auseinandersetzungen geführt, wenn ein volljähriges Kind gemäß § 41 Abs. 3 SGB XII Leistungen der Grundsicherung wegen einer dauerhaften vollen Erwerbsminderung erhält. Die Schwierigkeiten, die sich hier ergeben haben, sind auch ein Beispiel dafür, dass sich der Gesetzgeber zu sehr auf die Grundsicherung für Arbeitsuchende konzentriert und dabei die Besonderheiten der Sozialhilfe aus dem Auge verliert. Auch im SGB VIII ergeben sich gewisse Besonderheiten. Insoweit bestimmt § 94 Abs. 3 SGB VIII, dass ein Elternteil, der Kindergeld bezieht, bei Leistungen „über Tag und Nacht" außerhalb des Elternhauses einen Kostenbeitrag mindestens in Höhe des Kindergeldes zu zahlen hat. Bei Kindergeldzahlungen für mehrere Kinder ist aber immer nur von dem Anteil des Kindergeldes für das Kind auszugehen, das Hilfe nach den §§ 27 ff. SGB VIII erhält. An volljährige, nicht im elterlichen Haushalt lebende Kinder können die Eltern das Kindergeld weiterreichen. Wenn solche Kinder nach § 41 SGB VIII Hilfe für junge Volljährige erhalten, kann es zu Diskrepanzen mit § 94 Abs. 3 SGB VIII kommen. Durch Verweis auf den Erstattungsanspruch (§ 74 Abs. 2 EStG) in § 94 Abs. 3 Satz 2 SGB VIII wird der Elternteil faktisch daran gehindert, das Kindergeld an das Kind weiterzuleiten. Für diesen Fall wird § 1 Abs. 1 Nr. 8 Alg II VO durch Gesetz verdrängt. **13a**

In der **Sozialhilfe** trifft zunächst § 82 Abs. 1 Satz 3 SGB XII eine parallele Regelung zu § 11 Abs. 1 Satz 4 und 5 SGB II. Danach ist bei Minderjährigen das Kindergeld Einkommen des jeweiligen Kindes, „soweit" es bei diesem zur Deckung des notwendigen Lebensunterhals benötigt wird. Wird es nicht (vollstän- **13b** dig) benötigt, wird das Kindergeld zu dem entsprechenden Teil als Einkommen der Eltern betrachtet (vgl. aber § 19a Rn. 44a). Maßstab ist die Berechnung des Lebensunterhalts für das Kind nach den §§ 27 ff. SGB XII (vgl. § 28 Rn. 5). Nach dem Wortlaut des Gesetzes ist es nicht erforderlich, dass das Kind im Haushalt der Eltern lebt. Die Praxis nimmt hier allerdings durch Auslegung eine Angleichung an § 11 Abs. 1 Satz 4 und 5 SGB II vor. Das minderjährige Kind wird im Allgemeinen im Haushalt der Eltern leben und gehört gemäß §§ 19 Abs. 1, 27 Abs. 2 Satz 3 SGB XII zur Bedarfsgemeinschaft. Wenn das nicht der Fall ist, ist es vorzuziehen, am Wortlaut des Gesetzes festzuhalten und den Sozialleistungsträger auf den Weg der §§ 48 Abs. 1 Satz 4 SGB II, 74 Abs. 1 Satz 4 EStG zu verweisen (vgl. unten Rn. 13d).

13c Da in § 82 Abs. 1 SGB XII eine Regelung für volljährige Kinder fehlt, bleibt es bei dem Grundsatz, dass das Kindergeld Einkommen des Berechtigten ist. Durch Antrag an das Familiengericht kann ein anderer Berechtigter als die Eltern bestimmt werden (§§ 64 Abs. 2 und 3 EStG, § 3 Abs. 2 und 3 BKGG). Darüber hinaus kann auf der Grundlage der §§ 48 Abs. 1 SGB I bzw. 74 Abs. 1 EStG von der Verwaltungsbehörde eine von der Berechtigung abweichen Auszahlung des Kindergeldes vorgesehen werden. Maßgebend ist dabei die Frage, wer für den Lebensunterhalt des Kindes sorgt. Eine Regelung über die Weiterleitung des Kindergeldes für ein volljähriges Kind durch den Berechtigten, die § 1 Abs. 1 Nr. 8 Alg II VO entsprechen würde, fehlt im SGB XII. Dennoch hat die Praxis der Sozialhilfe ähnliche Grundsätze zur Weiterleitung in Orientierung an den früheren Regelungen der Sozialhilfe entwickelt (BSG 98 S. 121; LSG NRW ZfSH/SGB 2018 S. 355). Maßgebend war dabei, dass die Zuordnung des Kindergeldes der materiellen Rechtslage entsprechen und überprüfbar sein muss. Das BSG hält eine Weiterleitung des Kindergeldes an das volljährige Kind mit der Wirkung, dass es sein Einkommen ist, dann für zulässig, wenn die Weiterleitung zeitnah, dh innerhalb eines Monats erfolgt, und wenn eine Lage gegeben ist, in der auch eine Abzweigung nach § 48 SGB I, 74 EStG erfolgen könnte (BSG FEVS 60 S. 346; Sächs. LSG FEVS 64 S. 321). Das ist der Fall, a) wenn der Kindergeldberechtigte, seiner Unterhaltspflicht nicht nachkommt (§ 48 Abs. 1 Satz 1 SGB I), oder b) wenn er mangels Leistungsfähigkeit nicht unterhaltspflichtig ist (§ 48 Abs. 1 Satz 3 SGB I oder c) wenn er nur Unterhalt in einer Höhe eines Betrages zu leisten braucht, der geringer ist als der Betrag des Kindergeldes (§ 48 Abs. 1 Satz 3 SGB I). Letzteres gilt auch dann, wenn er durch gesetzliche Regelung von einer Unterhaltsleistung entbunden ist (vgl. § 43 Abs. 5 Satz 1 SGB XII).

13d Leiten die Eltern eines volljährigen Kindes das Kindergeld nicht an das Kind weiter, so kann es vom Träger der Sozialhilfe nicht dazu veranlasst werden, im Rahmen seiner Selbsthilfeobliegenheit (§ 2 Abs. 1 SGB XII) eine Abzweigung (§§ 48 Abs. 1 SGB I, 74 Abs. 1 EStG) zu verlangen. Dies erklärt sich daraus, dass die Leistungen der Grundsicherung wegen einer dauerhaften vollen Erwerbsminderung ohne Berücksichtigung von Unterhaltsansprüchen erbracht werden (§ 43 Abs. 1 Satz 1 SGB XII). Damit sind auch die Voraussetzungen für eine Abzweigung nach § 48 Abs. 1 Satz 1 oder 3 SGB (§ 74 Abs. 1 Satz 1–3 EStG) nicht erfüllt. Letzten Endes würde durch eine Abzweigung das Ziel des § 43 Abs. 5 Satz 1 SGB XII konterkariert. Vor diesem Hintergrund ist es dann aber doch nicht ausgeschlossen, dass das Kindergeld, das die Eltern eines dauerhaft vollerwerbsgeminderten Kindes beziehen, an einen Leistungsträger ausgezahlt wird, der dem Kind Leistungen zum Lebensunterhalt erbringt (BFH 224 S. 290). Anwendbar sind die Vorschriften der §§ 48 Abs. 1 Satz 4 SGB I und 74 Abs. 1 Satz 4 EStG.

Danach kann die Auszahlung des Kindergeldes auch an eine „Person oder Stelle" erfolgen, die dem Kind Unterhalt gewährt. Es ist nicht zu übersehen, dass sich in den Wertungen eine gewisse Spannung zu § 43 Abs. 5 Satz 1 SGB XII ergibt. Wenn die Eltern jedoch im Rahmen der Grundsicherung nach § 41 Abs. 5 SGB XII von Unterhaltspflichten freigestellt sind, dann bedeutet das noch nicht zwingend, dass die Eltern auch ein Kindergeld beziehen sollten, ohne dass sie durch eine Unterhaltspflicht belastet sind, also in diesem Punkt ähnlich stehen, wie Eltern, die kein Kind haben. Der mögliche Widerspruch löst sich dadurch auf, dass nach den §§ 48 Abs. 1 Satz 4 SGB I bzw. 74 Abs. 1 Satz 4 EStG eine Ermessensentscheidung zu treffen ist. Im Rahmen des nach den Grundsätzen des § 39 SGB I auszuübenden Ermessens müssen alle tatsächlichen Aufwendungen der Eltern, die sie für ihr behindertes Kind haben, berücksichtigt werden. Erreichen diese Aufwendungen den Betrag des Kindergeldes, so ist eine Abzweigung abzulehnen (FG Münster, ZfSH/SGB 2011 S. 427). Nicht berücksichtigt werden dürfen „fiktive" Aufwendungen der Eltern. Auszugehen ist vielmehr von den glaubhaft gemachten Aufwendungen, die den Eltern im Zusammenhang mit der Betreuung und dem Umgang mit dem Kind tatsächlich entstehen (BFH 224 S. 228). Abgezweigt werden kann nur der überschießende Teil des Kindergeldes. Lebt das volljährige, dauerhaft vollerwerbsgeminderte Kind im Haushalt seiner Eltern, so kann von einem Wirtschaften aus einem Topf ausgegangen werden. Daraus folgt dann auch die Annahme, dass ein durch eigene Einkünfte des Kindes nicht gedeckter Bedarf von den Eltern gedeckt wird. Damit ist in diesen Fällen für eine Entscheidungen nach den §§ 48 Abs. 1 Satz 4 SGB I, 74 Abs. 1 Satz 4 EStG kein Raum.

In § 5 BKGG sind Beginn und Ende des Anspruchs geregelt. Das Kindergeld **13e** ist schriftlich zu beantragen (§ 9 BKGG). Es wird monatlich für den vollen Monat gezahlt, in dem der Anspruch entstanden oder fortgefallen ist (§ 11 BKGG). Gemäß § 9 Abs. 2 BKGG wird ein Kind das das 18. Lebensjahr vollendet hat, nur berücksichtigt, wenn der Berechtigte anzeigt, dass die Voraussetzungen des § 2 Abs. 2 BKGG vorliegen, insbesondere also wenn sich das Kind in einer Ausbildung befindet. Kindergeld erhält nicht, wer die in § 4 BKGG genannten Kinderzulagen zu Sozialleistungen und ähnlichen Leistungen erhält (vgl. BSG 70 S. 257). Das Gesetz wird von der Bundesagentur für Arbeit (Familienkasse) durchgeführt. Die Aufwendungen trägt der Bund aus Steuermitteln (§ 8 BKGG).

3. Kinderzuschlag

Mit der Arbeitsmarktreform des Jahres 2005 wurde in § 6a BKKG ein **Kinder-** **14** **zuschlag** eingeführt. Seine rechtliche und praktische Bedeutung hat er nur, wenn eine Familie am Rande der Leistungsgrenzen des SGB II lebt und allein die Tatsache, dass auch ein oder mehrere Kinder in der Familie leben, dazu führen würde, dass diese Familie als Bedarfsgemeinschaft im Sinne des § 7 SGB II Leistungen nach den §§ 19 ff. SGB II erhielte. Durch den Kinderzuschlag soll verhindert werden, dass die Familie diese Leistungen in Anspruch nehmen muss. Kurz: Kindergeld, Kinderzuschlag und Wohngeldanteil des Kindes zusammen, sollen – gemessen am Leistungsniveau der §§ 19 ff. SGB II – dessen Existenz sichern. Nach seiner Zielsetzung, zu verhindern, dass eine Familie allein durch die Geburt eines Kindes arm im Sinne einer SGB II-Leistungsberechtigung wird, wird der Kinderzuschlag nicht gezahlt, wenn die Familie über so geringe Einkünfte erzielt, dass Armut ohnehin nicht verhindert werden kann. Eine vergleichbare Regelung fehlt für die Sozialhilfe.

14a Mit dem Kinderzuschlag ist noch keine eigenständige Kindergrundsicherung erreicht worden. Erreicht ist nur ein Einstieg in die **Bekämpfung der Kinderarmut,** die bisher kaum mehr bewirkt hat, als einen Wechsel von einem Teilsystem (Fürsorge) in ein anderes (Sozialförderung). Das aber ist in einer Reihe von Fällen immerhin geschehen. Man rechnete anfangs damit, durch den Kinderzuschlag etwa 150.000 Kinder vor Armut bewahren zu können (vgl. Martens, SozSich 2005 S. 289). Durch Neufassung der Vorschrift mit Wirkung zum 1.10.2008 sollte dieser Anteil deutlich erhöht werden können (BT-Drs. 18/8867 S. 5). Gerechnet wurde mit weiteren 120.000 Kindern. Nach dem 5. Armuts- und Reichtumsbericht stellt sich die Situation heute wie folgt dar:

„Nur wenige Kinder in Deutschland leiden jedoch unter erheblichen materiellen Entbehrungen. Betrachtet man den Anteil der Haushalte mit einem beschränkten Zugang zu einem durchschnittlichen Lebensstandard und den damit verbundenen Gütern, so sind rund 5 Prozent der Kinder und Jugendlichen unter 18 Jahren in Deutschland betroffen.

Die Gründe für Kinderarmut liegen insbesondere in eingeschränkter Erwerbstätigkeit der Eltern. So beträgt das Armutsrisiko von Kindern 64 Prozent, wenn in der Familie kein Elternteil erwerbstätig ist. Bei einem in Vollzeit erwerbstätigen Elternteil fällt das Armutsrisiko für Kinder deutlich auf etwa 15 Prozent. Sind beide Elternteile erwerbstätig und arbeitet ein Elternteil Vollzeit, sinkt das Armutsrisiko der Kinder auf 5 Prozent. Zusammenhänge sind auch zwischen der Familienform und dem Armutsrisiko zu beobachten, da Familien mit mindestens drei Kindern oder Ein-Eltern-Familien besonders häufig von niedrigem Nettoäquivalenzeinkommen betroffen sind. Ebenso haben Kinder mit Migrationshintergrund ein deutlich höheres Armutsrisiko als Kinder ohne Migrationshintergrund, insbesondere bei eigener Migrationserfahrung. In den genannten Familienformen ist die Erwerbsintensität regelmäßig – freiwillig oder unfreiwillig – niedriger als in Paarfamilien mit nur einem oder zwei Kindern ohne Migrationshintergrund. Gute und auskömmliche Erwerbsarbeit der Eltern trägt somit wesentlich zur Verringerung von Kinderarmut bei“ (BT-Drs. 18/8867 S. XVIII).

14b Geht man von knapp 14 Mill. minderjährigen Kindern in Deutschland aus, so leben gut 60.000 in armen Familien. Eine völlige Beseitigung der Kinderarmut lässt sich realistischer Weise nicht erreichen. Mit § 6a BKGG wurde zunächst ein Kinderzuschlag für jedes minderjährige, unverheiratete Kind, das im Haushalt der Eltern lebt, in Höhe von 140 € eingeführt, der längere Zeit nicht angehoben wurde. Seit Juli 2019 beläuft er sich auf 185 €. Ab dem 1.1.2021 wird der Kinderzuschlag nach den Grundsätzen des § 6a Abs. 2 BKGG festgesetzt (§ 20 Abs. 2 BKGG). Nach einer vorrübergehend für das Jahr 2019 geltenden, recht komplizierten Fassung des § 6a BKGG (BGBl 2019 S. 530), gilt ab dem 1.1.2020 (BGBl 2019 S. 532) Folgendes: Der Kinderzuschlag wird unter drei Voraussetzungen gezahlt, die kumulativ vorliegen müssen. Es muss

1. ein Anspruch auf steuerliches Kindergeld oder entsprechende Leistungen (§ 4 BKGG) bestehen. Des Weiteren müssen
2. die Kindergeldberechtigten, sofern sie allein erziehend sind, über ein Einkommen verfügen, das sich auf mindestens 600 € beläuft. Für beide Eltern gilt ein Betrag von 900 €. Einkommen ist Einkommen im Sinne des § 11 Abs. 1 Satz 1 SGB II. Dieses Einkommen wird nicht nach § 11b SGB II bereinigt. Das ist also der Bruttolohn. Berücksichtigt werden aber auch alle anderen Einkünfte. Außer Betracht bleiben jedoch Kinder- und Wohngeld, sowie der Kinderzu-

schlag, zB für ein erstes Kind. Diese erst später eingeführte **Mindesteinkommensgrenze** dient auch dem Zweck, Eltern leichter erkennen zu lassen, ob sie den Kinderzuschlag erhalten können. Liegt das Einkommen unter den genannten Beträgen, dann ist nicht damit zu rechnen, dass durch den auf 185 € begrenzten Kinderzuschlag ein Leistungsbezug nach dem SGB II verhindert werden kann. Infolgedessen wird er nicht erbracht. Zusätzlich darf

3. bei Bezug des Kinderzuschlags keine Hilfebedürftigkeit nach § 9 SGB II bestehen. Dabei bleiben die Bedarfe nach § 28 SGB II außer Betracht.

Mit dem Kinderzuschlag soll erreicht werden, dass Leistungen nach den §§ 19 ff. SGB II an die ganze Bedarfsgemeinschaft nicht erbracht werden müssen. Nur mit dieser Maßgabe wird gemäß § 6a Abs. 3 BKGG der Kinderzuschlag gezahlt. Er soll zusammen mit dem Kinder- und Wohngeld den Bedarf des Kindes decken. Der Höchstbetrag von zzt. 185 € mindert sich, wenn das Kind eigenes Einkommen oder Vermögen hat, das nach den §§ 11 bis 12 SGB II zu berücksichtigen ist. Da Wohn- und Kindergeld sowie der Kinderzuschlag das Existenzminimum des Kindes decken sollen, werden diese Einkünfte nicht berücksichtigt. Der Anspruch auf Wohngeld ist nur bei Bezug von SGB II-Leistungen ausgeschlossen (§ 7 Abs. 1 Nr. 1 WoGG). Dessen Bezug soll durch den Kinderzuschlag aber gerade vermieden werden. Damit können alle Mitglieder der Bedarfsgemeinschaft zusätzlich zum Kinderzuschlag Wohngeld erhalten. Zum Kinderwohngeld vgl. § 26 Rn. 4a–c. Anderes Einkommen des Kindes wird nur zu 45% angerechnet. Auf die Eltern selbst kommt es in diesem Punkt nicht an, denn nach der Konzeption des Gesetzes sind die Eltern ja ohne das Kind nicht arm iSd SGB II. Im Ergebnis soll also eine Hilfebedürftigkeit nicht nur des Kindes, sondern aller Mitglieder der Bedarfsgemeinschaft im Sinne der §§ 7 Abs. 3 Nr. 2, 9 Abs. 1 SGB II vermieden werden. In § 11 Abs. 1 Satz 4 SGB II ist die Anrechnung des Kinderzuschlags als Einkommen des Kindes vorgesehen, und zwar, abweichend vom tatsächlichen Zufluss, für den Monat, in dem Hilfebedürftigkeit vermieden werden soll (BSG 124 S. 243). Dasselbe gilt für das Kindergeld, jedoch nur, soweit es zur Sicherung des Lebensunterhalts des jeweiligen Kindes benötigt wird. Das ist aber in dem Grenzfall des § 6a BKGG immer gegeben. **14c**

Hinsichtlich des Bedarfs der Eltern und ihres Einkommens, das berücksichtigt wird, ergeben sich Abweichungen von der Berechnung nach dem SGB II (vgl. § 19a Rn. 26 ff.). Gemäß § 6a Abs. 5 Satz 1 und 2 BKGG wird das Einkommen der Eltern unter Ausschluss des Wohngeldes und des Kinderzuschlags ermittelt. Unberücksichtigt bleiben hier auch Einkommen und Vermögen der Kinder. Bei den Bedarfen für Unterkunft und Heizung wird nicht auf das Kopfteilprinzip des SGB II abgestellt (vgl. § 19b Rn. 34). Vielmehr gelten die Grundsätze des 12. Existenzminimumberichts (§ 6a Abs. 5 Satz 3 SGB II). Danach wird zB der Anteil an den Unterkunftskosten bei Eltern mit zwei Kindern mit 71,83% und bei einem allein erziehenden Elternteil mit einem Kind mit 77, 10% ermittelt (BT-Drs. 19/5400). Übersteigt das Elterneinkommen den auf diese Weise festgestellten Bedarf, so schließt dies nach der Neuregelung den Kinderzuschlag jedoch nicht vollständig aus. Vielmehr wird er in diesem Falle nicht mehr in voller Höhe geleistet. Übersteigt das Einkommen der Eltern ihren nach § 6a Abs. 5 BKGG ermittelten Gesamtbedarfs, so wird es auf den Kinderzuschlag angerechnet. Vom Erwerbseinkommen werden jedoch nur 45% berücksichtigt (§ 6a Abs. 6 BKGG). In § 20 Abs. 2 ist BKGG für den Zeitraum bis zum 31.12.2022 eine erweiterte Zugangsmöglichkeit zum Kinderzuschlag geregelt (6 Abs. 1a BKGG). **14d**

14e **Grundidee des Kinderzuschlags** besteht darin, dass die Eltern aus ihrem Einkommen den eigenen Bedarf decken können und Armut, hier im Sinne des Bezugs von SGB II-Leistungen, lediglich dadurch entsteht, dass Kinder in der Familie lebt. Eine dadurch entstehende Armut soll durch den Kinderzuschlag vermieden werden. Ist das nicht erreichbar, liegt also das nach den Grundsätzen der §§ 11 ff. SGB II zu berücksichtigende Einkommen bereits unter dem Elternbedarf, kann Armut ohnehin nicht verhindert werden. Also wird der Kinderzuschlag nicht geleistet. Es werden vielmehr Leistungen nach den §§ 19 ff. SGB II erbracht. Anders formuliert: Lebt eine Familie am Rande, jedoch nicht unter der durch das Mindesteinkommen des § 6a Abs. 1 Nr. 2 BKGG vereinfachend formulierten Armutsgrenze, können also die Eltern aus ihrem Einkommen gerade noch ihren, aber nicht mehr den Mindestbedarf der Kinder decken, so werden die SGB II-Leistungen, die an sich wegen der Kinder an die Bedarfsgemeinschaft zu erbringen wären, in Kinderzuschläge für jedes Kind transformiert. Durch diese Verlagerung des Falles in die Sozialförderung (§ 6a BKGG) wird ein Wechsel in das Fürsorge-System (§§ 19 ff. SGB II), der allein durch die Geburt eines Kindes entstehen würde, vermieden.

15 Gemäß § 6a Abs. 3 Satz 3 BKGG muss nicht nur das Kind, sondern auch der jeweilige Elternteil zumutbare Anstrengungen unternehmen, Kindeseinkommen zu erzielen. Im Wesentlichen sind also **Unterhaltsvorschussleistungen** zu verlangen bzw. ist ein Unterhaltsanspruch gegen den anderen Elternteil durchzusetzen. Hierzu kann nach § 55 SGB VIII eine Beistandschaft errichtet werden. Das so erzielte Einkommen des Kindes mindert nach § 6a Abs. 3 BKGG den Kinderzuschlag. Im Übrigen wird er in voller Höhe geleistet, wenn nach Berücksichtigung des elterlichen Einkommens (mit Ausnahme des Wohngeldes) oder des Vermögens ein an sich zu leistender Geldbetrag verbleibt, der in seiner Höhe den Grundsicherungsleistungen nach den §§ 19 ff. SGB II entspricht. Der Kinderzuschlag wird also nicht nur durch Kindeseinkommen, sondern auch durch **Einkommen der Eltern** gemindert. Von dem **Erwerbseinkommen** der Eltern, das den nach §§ 11–12 SGB II maßgeblichen Betrag übersteigt, werden jedoch – als Arbeitsanreiz – jeweils nur 45% als Einkommen angerechnet (§ 6a Abs. 6 BKGG). Dieser Vorteil besteht bei sonstigem Einkommen nicht. Treffen beide Einkunftsarten zusammen, so wird nur das sonstige Einkommen in voller Höhe auf den Kinderzuschlag angerechnet. Zu berücksichtigen ist auch, dass die Zahlung des Kinderzuschlags zur Folge hat, dass nun Wohngeld bezogen werden kann, was beim Bezug von SGB II-Leistungen ausgeschlossen ist (§ 7 Abs. 1 Nr. 1, § 8 WoGG).

15a Wird ein Kinderzuschlag gezahlt, dann bedeutet das im Ergebnis, dass an die Bedarfsgemeinschaft keine Leistungen nach § 19 ff. SGB II erbracht werden müssen. Als weitere Folge ergibt sich daraus, dass auch keine Leistungen nach den §§ 14 ff. SGB II erbracht werden. Der damit verbundene Nachteil hält sich insoweit in Grenzen, als insbesondere Eingliederungsleistungen auch auf der Grundlage des Arbeitsförderungsrechts erbracht werden. Die §§ 44 ff. SGB III sind in diesem Falle unmittelbar anzuwenden, da Leistungen nach dem SGB II nicht erbracht werden.

16 Der Bewilligungszeitraum für den Kinderzuschlag beträgt grundsätzlich sechs Monate. Er wird nicht für Zeiten vor Antragstellung geleistet (§ 6a Abs. 7 BKGG). Allerdings kann sich gerade im Zusammenhang mit dem Kinderzuschlag ergeben, dass zunächst Leistungen nach den §§ 19 ff. SGB II beantragt werden. In diesem Falle ist die Regelung des § 28 SGB X anwendbar. Danach kann der Kinderzuschlag noch unverzüglich nach Ablauf eines Monats nachdem die Ablehnung des

Arbeitslosengeldes II bindend geworden ist, beantragt werden. In diesem Falle wirkt der Antrag für ein Jahr zurück.

Da durch Anwendung des § 42 SGB I nicht alle Eilfälle befriedigend gelöst werden können, hat der Gesetzgeber für das Fürsorgesystem in den §§ 41a SGB II und 44a SGB XII Regelungen eingeführt, auf deren Grundlage vorläufige Entscheidungen über den Anspruch ergehen können. Über § 42 SGB I hinaus hat das insbesondere praktische Bedeutung, wenn zur Feststellung der Anspruchsvoraussetzungen voraussichtlich längere Zeit erforderlich ist. Die systematisch bessere Neufassung des § 42 SGB I hat der Gesetzgeber vermieden, weil er sich mit der Erweiterung wohl auf das Fürsorgesystem beschränken wollte. Die ursprünglich in § 11 Abs. 5 BKGG aF vorgesehene entsprechende, wenn auch eingeschränkte Anwendung des § 41a SGB II bei der Entscheidung über den Kinderzuschlag ist aufgehoben worden. Die §§ 330 Abs. 2 und 3 Satz 1, 331 SGB III werden für entsprechend anwendbar erklärt (§ 11 Abs. 6 BKGG nF). **16a**

Durch § 11 Abs. 5 BKGG ist eine weitere, den Kinderzuschlag betreffende, Änderung im Verwaltungsverfahrensrecht vorgenommen worden. Abweichend von § 50 Abs. 1 SGB X ist ein Kinderzuschlag nicht zu erstatten, soweit sein Bezug den Anspruch auf Leistungen nach dem SGB II ausschließt oder mindert. Dies dient der Vermeidung von Wertungswidersprüchen, da beide Leistungen im Prinzip die gleiche Zielsetzung haben. In der amtlichen Begründung wird dazu ausgeführt: **16b**

„Wenn der Kinderzuschlag nach Ablauf des Bewilligungszeitraums rückwirkend überprüft und dabei festgestellt wird, dass Hilfebedürftigkeit nach dem SGB II durch den Kinderzuschlag nicht vermieden wurde, also eine wesentliche Anspruchsvoraussetzung für den Bezug von Kinderzuschlag nicht vorlag, muss der Kinderzuschlag nach geltender Rechtslage zurückgefordert werden. Da der Kinderzuschlag nach der gesetzlichen Regelung im Wege einer Prognoseentscheidung jeweils für 6 Monate in die Zukunft bewilligt wird, ist es hier schon im Gesetz angelegt, dass es regelmäßig zu einer Rückabwicklung kommen kann" (BT-Drs. 18/8041 S. 66).

4. Elterngeld

Das Elterngeld ist an die Stelle des Erziehungsgeldes getreten, das seit dem 1.1.2009 nicht mehr gezahlt wird. Allerdings sind die bisherigen arbeitsrechtlichen Regelungen über die Elternzeit weitgehend unverändert in die §§ 15 ff. BEEG übernommen worden. Das BEEG steht insoweit noch im konzeptionellen Zusammenhang mit dem herkömmlichen Familienleistungsausgleich, als es auf eine wirtschaftliche Entlastung der Eltern zielt. Es weist aber insoweit darüber hinaus, als es die Erziehung der Kinder durch beide Elternteile unmittelbar fördern und damit einen Ausgleich von Berufs- und Familienarbeit herbeiführen will (Jung, SGb 2009 S. 449; Dau, SGb 2009 S. 261). Elterngeld wird auf **schriftlichen Antrag** hin und rückwirkend für drei Monate gezahlt. Im Antrag ist anzugeben, für welche Monate Basiselterngeld (§ 4 Abs. 2 Satz 2 BEEG) bzw. Elterngeld plus (§ 4 Abs. 3 Satz 1 BEEG) gezahlt werden soll (unten Rn. 23a). Insoweit können beide Elternteile Elterngeld beantragen. Ihre Entscheidung kann bis zum Ende des Bezugszeitraumes geändert werden (§ 7 BEEG). In begrenztem Umfange kann dies auch rückwirkend geschehen (§ 7 Abs. 2 BEEG). Uneingeschränkt kann rückwirkend vom bereits in Anspruch genommenen Elterngeld plus auf das Basisgeld übergegangen werden (§ 7 Abs. 2 Satz 4 BEEG). **17**

18 Als allgemeine Leistungsvoraussetzung gilt nach § 1 Abs. 1 BEEG, dass einen Anspruch auf Elterngeld hat, wer seinen Wohnsitz oder seinen gewöhnlichen Aufenthalt in Deutschland hat, mit seinem Kind in einem Haushalt lebt, dieses Kind selbst betreut und erzieht und keine oder keine volle Erwerbstätigkeit ausübt. Inlandsaufenthalt und eingeschränkte Erwerbstätigkeit zugunsten der Betreuung des eigenen Kindes sind also die Kernmerkmale des Anspruchs. Allerdings wird im Gesetz nicht ausdrücklich geregelt, dass die Erwerbsarbeit wegen und zum Zweck der Betreuung des Kindes eingeschränkt werden muss. Nach dem Wortlaut der Vorschrift genügt es, wenn der Elternteil das Kind „selbst betreut und erzieht." Objektiv feststellbar ist unter allen Merkmalen des § 1 Abs. 1 BEEG eigentlich nur das gemeinsame Leben in einem Haushalt. Die unionsrechtlichen Schwierigkeiten wie beim Kindergeld, wenn Eltern und Kind nicht in demselben Mitgliedsstaat leben (oben Rn. 5), gibt es beim Elterngeld nicht, weil das Kind von einem Elternteil betreut und erzogen werden muss

19 In § 1 Abs. 2 BEEG wird der Grundtatbestand mit Blick auf eine Auslandsberührung ergänzt. Das betrifft Fälle der Einbeziehung in die deutsche Sozialversicherung im Rahmen der Ausstrahlung (§ 4 SGB IV) und andere beruflich bedingte Auslandsaufenthalte. Ersetzt wird damit aber nur das Erfordernis eines inländischen Wohnsitzes oder gewöhnlichen Aufenthalts (§ 1 Abs. 1 Nr. 1 BEEG). Über § 1 Abs. 7 BEEG werden nicht freizügigkeitsberechtigte Ausländer einbezogen. Das betrifft im Wesentlichen die Voraussetzung ihrer Integration in den deutschen Arbeitsmarkt. Freizügigkeitsberechtigte EU-Bürger stehen Inländern gleich. Das gilt dann auch für Grenzgänger (vgl. oben Rn. 5). Unter den Voraussetzungen des § 1 Abs. 7 BEEG erhalten auch nicht freizügigkeitsberechtigte Ausländer Elterngeld (vgl. BVerfG 132 S. 72; BSG ZfSH/SGB 2011 S. 92).

20 In § 1 Abs. 3 BEEG wird geregelt, unter welchen Voraussetzungen für fremde Kinder Elterngeld gezahlt wird. Das betrifft insbesondere die Erziehung der Kinder des Partners oder solche, die in Adoptionspflege genommen sind. Die Regelung wird aber nicht auf andere Pflegekinder erweitert. Adoptierte Kinder sind eigene Kinder. In den Fällen schwerer Erkrankung oder Behinderung eines Elternteils kann die Erziehungsaufgabe auch von nahen Verwandten übernommen werden (§ 1 Abs. 4 BEEG).

21 Der Berechtigte muss mit dem Kind in einem **Haushalt** leben (BVerfG SGb 1994 S. 430). Dies muss im Rahmen eines rechtmäßigen Aufenthalts geschehen (Bay. LSG NZS 2017 S. 757). Dabei ist es nicht erforderlich, dass der Elternteil einen eigenen Haushalt führt. Da es hauptsächlich um die Erziehungsleistung geht, genügt es, ist aber auch unbedingt erforderlich, dass Elternteil und Kind in einem Haushalt leben. Da andererseits der gemeinsame Haushalt als äußeres Merkmal für die persönliche Sorge für das Kind steht, ist nicht auf den Begriff des Haushalts im sonst üblichen sozialrechtlichen Sinne (§§ 37 SGB V, 36 SGB XI) abzustellen. Ein gemeinsamer Haushalt ist im Grundsatz auch anzunehmen, wenn ein Elternteil in einer gemeinsamen Wohnform für Mütter/Väter und Kinder iSd § 19 SGB VIII lebt, und zwar auch dann, wenn dies Heimcharakter hat, der Elternteil also keinen eigenen Haushalt führt. Davon ist aber nicht mehr bei einer Mitaufnahme des Kindes in eine Justizvollzugsanstalt auszugehen (BSG SGb 2014 S. 629 mAnm Grühn). Dabei stellt das BSG jetzt auf den familiären Rahmen ab, den der gemeinsame Haushalt bildet und auch darauf, dass in diesem Haushalt keine familienfremden Personen leben. Diese Auffassung könnte allerdings auch eine einschränkende Rückwirkung auf die Wohnform nach § 19 SGB VIII haben (BSG SozR 4-7837 § 1 Nr. 5).

Das Erfordernis der **Einschränkung der Erwerbstätigkeit** wird in § 1 Abs. 6 BEEG konkretisiert. Erwerbstätigkeit ist jede auf Gewinnerzielung ausgerichtete Tätigkeit. Die wöchentliche Arbeitszeit darf 30 Wochenstunden im Monatsdurchschnitt nicht übersteigen. Die Urlaubszeit ist einer Erwerbstätigkeit zuzurechnen (BSG 120 S. 189). Insgesamt geht das Gesetz relativ weit, da es bereits genügt, wenn die Erwerbstätigkeit um etwa ein Viertel eingeschränkt wird. Andererseits wird es damit vielen Betrieben eher möglich, eine Elternzeit zu organisieren. Keine zeitliche Beschränkung besteht zudem, wenn der Elternteil eine Beschäftigung zur Berufsbildung ausübt. Des Weiteren kann ein Elternteil in dem Sinne des § 1 Abs. 6 BEEG erwerbstätig sein, wenn er als Tagespflegeperson im Sinne des § 23 SGB VIII tätig ist und nicht mehr als fünf fremde Kinder in Tagespflege betreut. Von dieser Höchstzahl geht das Gesetz ohnehin aus (§ 43 Abs. 2 SGB VIII). In § 1 Abs. 8 BEEG sind Einkommensgrenzen für den Bezug von Elterngeld eingeführt worden. **22**

Der Besuch einer Schule oder Hochschule ist schon begrifflich keine Erwerbstätigkeit. Im Übrigen ist der Begriff der Beschäftigung zur Berufsbildung iSd § 1 Abs. 6 Abs. 1 BEEG weit auszulegen (BSG SozR 3-7833 § 2 Nr. 1). Der Bezug von Elterngeld soll also nicht zu einer Unterbrechung der Ausbildung nötigen. Kritisiert wurde allerdings schon zum früheren Erziehungsgeld, dass der Elternteil neben der Erziehung immerhin eine 30stündige Erwerbstätigkeit ausüben kann. Die dabei bestimmende Vorstellung des Gesetzgebers, Eltern würden Erziehung und Erwerbstätigkeit gleichberechtigt untereinander aufteilen, hatte zunächst im Gesetz keinen Niederschlag gefunden. Als erforderlich wurde hier ein gemeinsames Arbeitszeitkontingent beider Eltern angesehen (Huber, NZA 2000 S. 1319). Wenn man dieses Budget für die Eltern heute mit 60 Stunden bemisst und wenn man dabei nur zwei Vätermonate ansetzen kann, dann bleibt es bei der Vorstellung, dass ein Elternteil seine Erwerbstätigkeit nur für gut ein Jahr um 10 Stunden wöchentlich einschränken muss, um ein Kind „selbst zu erziehen und zu betreuen" (vgl. Schwab, FamRZ 2007 S. 6). Diesen Bedenken trägt die Neuregelung des § 4 Abs. 4 BEEG zwar im Ansatz Rechnung. Profitieren können davon aber eher gut verdienende Eltern (Graue, SGb 2016 S. 421). **23**

Im Zusammenhang mit der Flexibilisierung der Leistungen durch das **Elterngeld plus** sind Art und Dauer des Bezugs von Elterngeld in § 4 BEEG umgestaltet worden. Anspruch auf Elterngeld haben die Eltern gemeinsam (§ 4 Abs. 4 Satz 1 BEEG). Ein Elternteil erhält Elterngeld jedoch nur, wenn er es für mindestens zwei Monate in Anspruch nimmt (§ 4 Abs. 5 Satz 2 BEEG). Ursprünglich wurde Elterngeld bis zum 14. Lebensmonat des Kindes gezahlt (Basiselterngeld). Nach der Neuregelung kann im Grundsatz dieses Elterngeld für die doppelte Leistungsdauer aber jeweils nur zur Hälfte in Anspruch genommen werden. Hinzu tritt noch der **Partnerschaftsbonus** des § 4 Abs. 4 Satz 3 BEEG für vier weitere Monate des Bezugs von Elterngeld plus. Aus diesen Regelungen folgt, dass nach § 4 Abs. 1 Satz 2 BEEG nunmehr Elterngeld plus auch nach dem 14. Lebensmonat bezogen werden kann, solange es ab dem 15. Lebensmonat in aufeinander folgenden Lebensmonaten von zumindest einem Elternteil in Anspruch genommen wird. Dieses Elterngeld darf aber höchstens die Hälfte des normalen monatlichen Zahlbetrages ausmachen (§ 4 Abs. 3 Satz 2 und 3 BEEG). Die Eltern können die jeweiligen Monatsbeträge abwechselnd oder gleichzeitig beziehen (§ 4 Abs. 2 Satz 4 BEEG). Beide Eltern haben gemeinsam Anspruch auf zwölf Monate Elterngeld (§ 4 Abs. 4 Satz 1 BEEG). Erfolgt für zwei Monate eine Minderung des Einkommens aus Erwerbstätigkeit – praktisch des anderen Elternteils (§ 1 Abs. 1 **23a**

Nr. 4, Abs. 6 BEEG) – so verlängert sich die Bezugsdauer um zwei Monate. Damit sind die ehemaligen Vätermonaten genauer als **Partnermonate** zu bezeichnen (§ 4 Abs. 4 Satz 2 BEEG). Dabei gilt weiterhin, dass ein Elternteil allein das Elterngeld nur für höchsten zwölf Monate beziehen kann (§ 4 Abs. 5 Satz 1 BEEG). Ergänzend regelt § 4 Abs. 4 Satz 3 BEEG einen Partnerschaftsbonus zum Elterngeld plus, wenn **beide Elternteile gleichzeitig** in vier aufeinander folgenden Monaten ihre Erwerbstätigkeit auf 25 bis 30 Wochenstunden im Monatsdurchschnitt reduzieren. Diesen Anspruch hat jeder Elternteil (§ 4 Abs. 4 Satz 3 BEEG). Die Umgestaltungen (Partnermonate bzw. Partnerschaftsbonus) hängen also grundsätzlich davon ab, dass beide Elternteile die Erziehungsaufgabe übernehmen (vgl. unten Rn. 32). Davon regelt § 5 Abs. 6 BEEG Ausnahmen bei insgesamt problematischen Lebensverhältnissen. Das reduzierte Elterngeld plus bei verlängerter Leistungsdauer kann dagegen auch von einem Elternteil allein Anspruch genommen werden (§ 4 Abs. 1 Satz 2 BEEG). Was die Höchstbezugsdauer des Elterngeldes angeht, so regelt § 4 Abs. 4 Satz 1–3 BEEG die Ansprüche beider Eltern. In § 4 Abs. 5 Satz 1 BEEG ist dagegen die Höchstbezugsdauer des einzelnen Elternteils geregelt. Im Ergebnis kann der Partnerschaftsbonus nur von beiden Eltern gemeinschaftlich in Anspruch genommen werden.

24 Die Höhe des Elterngeldes bestimmt sich nach § 2 BEEG. Es beläuft sich auf 67 % des durchschnittlichen **Erwerbseinkommens** im letzten Jahr vor der Geburt. Dieser Bemessungszeitraum kann je nach Einkommensart unterschiedlich sein (§ 2b Abs. 1 und 2 BEEG) und sich auch nach den Grundsätzen des § 2b Abs. 1 Satz 2 BEEG verschieben (BSG NZS 2017 S. 745 mAnm Nielssen). Es wird bis zu einem Höchstbetrag von 1 800 € monatlich für volle Monate gezahlt, in denen die berechtigte Person kein Einkommen aus Erwerbstätigkeit hat. Gemäß § 2c BEEG werden ein Geschwisterbonos und ein Zuschlag bei Mehrlingsgeburten gezahlt. Krankengeld ist kein Erwerbseinkommen (BSG SozR 4-7837 § 2 Nr. 8). Verschiedene Zweifelsfragen zum anrechenbaren Einkommen, insbesondere des Verhältnisses zum Steuerrecht (Ismer/Luft/Schachameyer, NZS 2013 S. 327; Grübnau-Ricken, NZS 2016 S. 737; Koppenfels-Spies, NZS 2017 S. 641) und zu den Beträgen, die vom Einkommen abzusetzen sind, hat der Gesetzgeber aufgegriffen und in den §§ 2–2f BEEG geregelt (BSG 123 S. 1; 276; BSG SozR 4-7837 § 2c Nr. 2; Nr. 3) Insgesamt werden besser verdienende Eltern durch das Elterngeld stärker gefördert als schwächere Bevölkerungsgruppen. In dieser Hinsicht kann man in ihm ein egalisierendes Moment nicht erkennen, ihm sogar einen elitären Zug nachsagen. Doch Umverteilung bzw. Egalisierung ist kein notwendiges Element von Sozialleistungen. Nur wenn das Elterngeld jedenfalls im Ansatz eine Entgeltersatzleistung ist, bietet es allen Eltern einen Anreiz für seine Inanspruchnahme (Brosius-Gersdorf, NJW 2007 S. 177, 180). In dieser Funktion ist das Gesetz konsequent ausgestaltet. Weitergehende Regelungen wären sicher möglich gewesen. Verfassungsrechtlich war der Gesetzgeber dazu jedoch nicht verpflichtet (BVerfG NJW 2011 S. 2869). Folge dieser gesetzgeberischen Entscheidung ist, dass der Differenzbetrag des Elterngeldes zwischen dem den unteren und den oberen Einkommensgruppen 1500 € betragen kann (BSG 103 S. 291; Weilert, DVBl 2010 S. 164).

25 Andererseits wurde die Situation wirtschaftlicher Schwächer nicht übersehen. War das Einkommen vor der Geburt geringer als 1 000 €, so erhöht sich der Prozentsatz von 67 Prozent um 0,1 Prozentpunkte für je 2 Euro, um die das maßgebliche Einkommen den Betrag von 1 000 Euro unterschreitet, auf bis zu 100 Prozent (§ 2 Abs. 2 BEEG). Der maßgebliche Erhöhungssatz ergibt sich aus der Differenz von 1000 zu dem geringeren Nettoeinkommen. Diese Differenz ist durch 20 zu teilen. Liegt also das reale Einkommen bei 700 €, so ist die Differenz 300, geteilt durch 20 ergibt dies 15. Damit beläuft sich der für § 2 Abs. 1 Satz 1 BEEG maßgebliche Prozentsatz nicht auf 67, sondern auf 82 % (Birk, ZfSH/SGB 2007 S. 5). Das Elterngeld beträgt also 82 % von 700 €. Durch nachträgliche Einfügung des § 2 Abs. 2 Satz 2 BEEG wurde bewirkt, dass bei einem Einkommen von über 1200 € der Prozentsatz von 67 % schrittweise auf 65 % abgesenkt wird.

Gemäß §§ 2b und 2c BEEG ist für die Berechnung des Elterngeldes maßgeblich das Einkommen, das in den letzten zwölf Monaten vor der Geburt des Kindes erzielt wurde, und zwar auch dann, wenn es erst später zugeflossen ist (BSG 107 S. 18; BSG SozR 4-7837 § 2 Nr. 13). Mit § 2c Abs. 1 Satz 2 BEEG ist eine zwingenden Bindung an das materielle und formelle Steuerrecht eingeführt worden (BSG SozR 4-7837 § 2c Nr. 2 Rn. 19). Diese ist allerdings nicht ganz problemlos (Alt, ZfSH/SGB 2018 S. 691). Zeiten, die in § 2b Abs. 1 Nr. 1 – Nr. 4 BEEG genannt sind (Erziehung eines älteren Kindes, Mutterschutz, schwangerschaftsbedingte Krankheit) bleiben außer Betracht. Sinkt das durchschnittliche Einkommen nach der Geburt, weil die Erwerbstätigkeit eingeschränkt wird, so erfolgt ein Ausgleich nach § 2 Abs. 3 BEEG. Es wird eine Differenz aus dem Einkommen vor und nach der Geburt errechnet. Das Elterngeld wird dann in Höhe des nach § 2 Abs. 1 oder 2 BEEG maßgeblichen Prozentsatzes des Unterschiedsbetrages dieser Einkommen aus Erwerbstätigkeit gezahlt. Eine Veränderung nach § 2 Abs. 3 Satz 1 BEEG erfolgt nicht, da Letzteres nur bei geringem Einkommen vor der Geburt möglich ist. 26

Das Mindestelterngeld beläuft sich auf 300 € (§ 2 Abs. 4 BEEG). Es wird auch gezahlt, wenn vor der Geburt kein Einkommen erzielt wurde. Dieses Mindestelterngeld bleibt bei Sozialleistungen, deren Zahlung von anderen Einkommen abhängig ist, unberücksichtigt (§ 10 Abs. 1, Abs. 5 Satz 2 BEEG). Das Erwerbseinkommen ist nach den Grundsätzen des § 2c–2f BEEG zu ermitteln. Dabei wird auf das Einkommenssteuerrecht Bezug genommen. Grundsätzlich ist vom Nettoeinkommen auszugehen. In anderen Fällen gelten die steuerrechtlichen Grundsätze über die Gewinnermittlung (Oyda, NZS 2010 S. 194). 27

In § 3 BEEG ist die Anrechnung von Einkünften auf das Elterngeld geregelt. Dadurch wird das Elterngeld aber noch keine Fürsorgeleistung, weil eine solche Anrechnung auch bei anderen Leistungen der Sozialförderung, insbesondere im BAföG und im SGB III erfolgt. Praktisch relevant werden können Entgeltersatzleistungen (§ 3 Abs. 1 Nr. 5 BEEG) oder auch das Elterngeld für ein älteres Kind § 3 Abs. 1 Nr. 4 BEEG. Die Anrechnung trifft dann aber mit dem Geschwisterbonos nach § 2a Abs. 1 BEEG zusammen. 28

Mutterschaftsgeld wird nach den Grundsätzen des § 3 Abs. 1 BEEG angerechnet (BSG SozR 4-7837 § 4 Nr. 6). Anrechenbar ist das Mutterschaftsgeld in der Krankenversicherung (§ 24i SGB V) mit Ausnahme der Leistungen nach § 19 Abs. 2 MuSchG. Das betrifft angesichts der Regelung des § 5 Abs. 1 Nr. 13 SGB V den kaum noch praktisch relevanten Fall einer nicht krankenversicherten Frau, die während der Schutzfristen Leistungen zu Lasten des Bundes erhält. Die Regelung des § 20 MuSchG betrifft Zuschüsse des Arbeitgebers zum Mutterschaftsgeld, soweit sie der Frau für die Zeit ab der Geburt zustehen. Das Mindestelterngeld bleibt von der Anrechnung unberührt. Wird während der Lebensmonate des Kindes anrechenbares Mutterschaftsgeld gezahlt, so gelten diese Monate als für das Elterngeld verbraucht, und zwar auch dann, wenn die Voraussetzungen für die Zahlung von Elterngeld nicht vorlagen (BSG NJW 2018 S. 422 Rz. 16). 29

Damit wird verhindert, dass die Anrechnung von Mutterschaftsgeld durch Wahl des Antragszeitpunkts umgangen wird.

30 Für andere Entgeltersatzleistungen gelten entsprechende Anrechnungsregeln mit der Maßgabe, dass der berechtigten Person gleichfalls das Mindestelterngeld von 300 € verbleibt (§ 3 Abs. 2 BEEG). Wird also nach der Geburt Arbeitslosen- oder Krankengeld (1000 €) gezahlt, so wird dies auf „das für das ersetzte Einkommen zustehende Elterngeld" angerechnet, „soweit letzteres den Betrag von 300 € übersteigt". Besteht etwa ein Anspruch auf 950 € Elterngeld, so übersteigt das Elterngeld den Mindestbetrag um 650 €. Das Arbeitslosengeld wird auf diesen Betrag des Elterngeldes angerechnet, das damit in Höhe von 650 € entfällt. Gezahlt werden aber 1000 € Arbeitslosengeld und das Mindestelterngeld von 300 € (Birk, ZfSH/SGB 2007 S. 8).

31 Diese Anrechnungsgrundsätze gelten auch, sofern nach Landesrecht Elterngeld oder vergleichbare Leistungen gezahlt werden (§ 10 Abs. 2 BEEG). Entsprechendes gilt für das Unterhaltsrecht. Insoweit bestimmt § 11 Satz 1 BEEG, dass **Unterhaltsverpflichtungen** durch die Zahlung des Elterngeldes nur insoweit berührt werden, als das Elterngeld monatlich 300 € übersteigt (dazu Scholz, FamRZ 2007 S. 7, 9).

32 Die Bezugsdauer ist in § 4 BEEG geregelt. Grundsätzlich wird das Elterngeld vom Tag der Geburt bis zur Vollendung des 14. Lebensmonats für höchstens 14 Monate gezahlt. Ein **Elternteil allein** kann allerdings nur für 12 Monate Elterngeld beziehen (BSG ZfSH/SGB 2012 S. 24). Durch das Elterngeld plus haben sich die Bezugsdauern verlängert (oben Rn. 23a). Im Prinzip aber kann die volle Leistungsdauer nur ausgeschöpft werden, wenn beide Elternteile die Erziehungsaufgabe übernehmen (§ 4 Abs. 5 Satz 1 BEEG). In der Tatsache, dass die volle Leistungsdauer nur in Anspruch genommen werden kann, wenn beide Eltern die Erziehungsaufgabe übernehmen, könnte man einen Verstoß gegen das aus Art. 6 Abs. 1 GG abzuleitende Neutralitätsgebot gegenüber allen Formen der inneren Gestaltung der familiären Beziehungen sehen. Wer innerhalb einer Familie welche Aufgabe übernimmt, bleibt grundsätzlich den Ehepartnern überlassen. Andererseits verpflichtet Art 3 Abs. 2 Satz 2 GG den Staat eine Benachteiligung von Geschlechtern zu beseitigen. Solange das Bild der Familie noch durch die „Hausfrauenehe" gekennzeichnet ist, darf der Staat im Rahmen der Familienförderung im Sinne eine Umgestaltung intervenieren. Erforderlichenfalls ist der Gesetzgeber sogar verpflichtet, der Verfestigung einer überkommenen Rollenverteilung zwischen Mutter und Vater in der Familie zu begegnen (BVerfG FamRZ 2011 S. 1645). Dies ist mit den ursprünglich zwei „Vätermonaten" noch sehr maßvoll ausgefallen (Brosius-Gersdorf, VSSR 2008 S. 299). Durch das Elterngeld plus und den Partnerbonus ist allerdings die staatliche Einfluss verstärkt worden (Brose, NZS 2017 S. 361). Das wird auch im Gesetzesentwurf ausdrücklich betont: „Für Paare soll die gemeinsame Bewältigung der vielfältigen Anforderungen, die sich ihnen in Familie und Beruf stellen, erleichtert werden; für Mütter soll eine frühere Wiederaufnahme einer nicht geringfügigen Erwerbstätigkeit in Teilzeit und für Väter soll die Verringerung der Erwerbstätigkeit zugunsten der Betreuung ihres Kindes lohnender werden. Alleinerziehende sollen die neuen Angebote ebenfalls nutzen können" (BT-Drs. 18/2583 S. 16). Insgesamt zeichnet sich ein positiver Verlauf für das neu gestaltete Elterngeld ab (Unterrichtung der Bundesregierung BT- Drs. 19/400 S. 16).

33 Um die sozialpolitischen Ziele des Gesetzes zu erreichen, musste der Gesetzgeber in den §§ 15–21 BEEG Regelungen treffen, die das Arbeitsverhältnis berühren

(Sowka, NZA 2000 S. 1185). Insbesondere regelt § 15 BEEG einen **arbeitsrechtlichen Anspruch auf Elternzeit** (Bruns, FamRZ 2007 S. 251). Sie kann auch darin bestehen, dass die regelmäßige wöchentliche Arbeitszeit auf 30 Stunden reduziert wird. Die Elternzeit kann auch anteilig, von jedem Elternteil allein oder von beiden Elternteilen gemeinsam genommen werden. Die Elternzeit kann bis zur Vollendung des dritten Lebensjahres des Kindes genommen werden, übersteigt also die Höchstbezugsdauer des Erziehungsgeldes um fast zwei Jahre (§ 15 Abs. 2–7 BEEG).

In § 12 BEEG werden ergänzende Regelungen getroffen: Die mit der Ausführung des Gesetzes betrauten Behörden werden von den Landesregierungen bestimmt. Die Regelung des § 12 BEEG hat bewirkt, dass die sachliche **Zuständigkeit** im Bundesgebiet sehr uneinheitlich geregelt ist. Das Spektrum reicht von der Zuständigkeit der Landkreise und kreisfreien Gemeinden bis hin zu den Versorgungsämtern. In allen Fällen ist jedoch der Rechtsweg zu den Sozialgerichten gegeben (§ 13 BEEG). 34

§ 26 Wohngeld

(1) **Nach dem Wohngeldrecht kann als Zuschuß zur Miete oder als Zuschuß zu den Aufwendungen für den eigengenutzten Wohnraum Wohngeld in Anspruch genommen werden.**

(2) **Zuständig sind die durch Landesrecht bestimmten Behörden.**

Zum Recht auf Verschaffung von Wohnraum vgl. § 2 Rn. 4, § 7 Rn. 8, 9. 1

Nach den §§ 1, 3 Abs. 1 WoGG wird Wohngeld auf Antrag zur wirtschaftlichen Sicherung „angemessenen und familiengerechten“ Wohnens geleistet. Etwa 1,5% der privaten Haushalte beziehen Wohngeld. Die Zahlungen erfolgen als Mietzuschuss oder als Lastenzuschuss für ein Eigenheim. In keinem Falle können die vollen Kosten für den Wohnraum übernommen werden. Dies ist lediglich auf der Grundlage des § 22 SGB II möglich (§ 19a Rn. 34). Daraus ergeben sich Abgrenzungsprobleme mit dem Wohngeldrecht (unten 3–4d). In den §§ 3 Abs. 1, 5 WoGG wird bestimmt, wer antragsberechtigt ist. Bei gemietetem Familienwohnraum bestimmen die Haushaltsmitglieder die wohngeldberechtigte Person (§ 3 Abs. 3 Satz 2 WoGG). Ursprünglich war dies im Zweifelsfalle der Haushaltsvorstand (BVerwG 38 S. 18). Zur Höhe des Wohngeldes legt § 19 Abs. 1 WoGG eine Wohngeldformel fest. Sie setzt sich aus den Faktoren der zu berücksichtigenden Miete (M), des monatlichen Einkommens (Y) und der Haushaltsgröße (a, b, c) zusammen. Einzelheiten ergeben sich aus den Anlagen 1 und 2 zum Gesetz. Letzten Endes wird das Wohngeld aus einer Tabelle abgelesen, die verschiedene Faktoren integriert (Familiengröße, Haushaltseinkommen, Miethöhe, örtliches Mietniveau (§§ 12, 13 WoGG). 2

Bestimmte Personen sind gemäß §§ 7, 8 WoGG vom Wohngeld ausgeschlossen. Das betrifft insbesondere Empfänger von Leistungen nach dem SGB II und dem SGB XII, die häufig auch als Transferleistungsempfänger bezeichnet werden. Der Ausschluss dieser Personen vom Wohngeld hat eine wechselvolle Geschichte, die erst durch die Änderungen des Wohngeldrechts zum 1.1.2009 zu einem vorläufigen Abschluss gekommen ist. Im Grundsatz sollen die Personen vom Wohngeld ausgeschlossen sein, deren finanzieller Wohnbedarf bereits bei der Ermittlung ihrer Fürsorgeleistung berücksichtigt wird (vgl. §§ 22 SGB II, 35 SGB XII). Damit war eine wohngeldrechtliche Benachteiligung von Empfängern von Fürsorgeleistun- 3 gen verbunden. Ein Ausgleich sollte zunächst im Erstattungsrecht erfolgen (§§ 40 Abs. 4 SGB II aF, 105 Abs. 2 SGB XII aF). Es hat sich aber erwiesen, dass dies nicht ausreichend ist. In einzelnen Fällen können Leistungsberechtigte, die an sich iSd SGB II oder SGB XII gerade noch hilfebedürftig sind, durch den Bezug von Wohngeld ihre Hilfebedürftigkeit ausschließen. Das kann dann für sie zu dem Vorteil führen, dass sie Ersparnisse nicht angreifen müssen (§§ 12 SGB II, 90 SGB XII). Diese Möglichkeit besteht nunmehr auch infolge der Neuregelung des § 8 Abs. 1 Satz 3 Nr. 3 WoGG, wo klargestellt wird, dass für Personen der Ausschluss vom Wohngeld entfällt und sodann Wohngeld nachträglich beantragt werden kann, wenn die Entscheidung über die Transferleistung, die das Wohngeld ausschließt, zurück genommen oder aufgehoben wird (BT-Drs. 18/8041 S. 50). Das betrifft die §§ 45 und 48 SGB X. Wenn in diesem Fällen die Leistungen zu erstatten sind (§ 50 SGB X), kann Wohngeld nachträglich beantragt werden.

4 Auf der Basis der recht komplizierten §§ 7, 8 WoGG ist – im Zusammenhang mit § 12a SGB II – ein im Grunde begrenztes Wahlrecht eingeführt worden. Zunächst regelt § 7 Abs. 1 WoGG den vom Wohngeld ausgeschlossenen Personenkreis und erweitert diesen Ausschluss in § 7 Abs. 2 WoGG auf **Haushaltsmitglieder,** im Wesentlichen also auf die **Bedarfsgemeinschaft** (vgl. § 7 Abs. 2 Nr. 1 und 2 WoGG). Terminologisch ist in diesem Punkt Folgendes zu beachten: Durch § 7 Abs. 2 WoGG werden auch Haushaltsmitglieder vom Wohngeld ausgeschlossen, die bei der Berechnung der Fürsorgeleistung berücksichtigt worden sind. Dabei wird zutreffenderweise im Falle des Arbeitslosengeldes auf § 7 Abs. 3 SGB II verwiesen und damit auf die Bedarfsgemeinschaft. Nicht verwiesen wird auf die Mitglieder der Haushaltsgemeinschaft des § 9 Abs. 5 SGB II. Diese können zwar auch bei der „gemeinsamen Ermittlung des Bedarfs" berücksichtigt werden. Sie sind jedoch keine Leistungsempfänger. Deswegen sind sie nicht vom Wohngeld ausgeschlossen. Entsprechendes gilt für den ebenfalls nicht erwähnten § 39 SGB XII. Die anfangs umstrittene Frage, ob SGB II-Leistungsberechtigte, die gemäß § 31 SGB II mit einer Sanktion belegt wurden, vom Wohngeld ausgeschlossen sind, regelt § 7 Abs. 3 WoGG in dem Sinne, dass selbst die vollständige Sanktion nach § 31a Abs. 1 Satz 3 SGB II zu einem Ausschluss vom Wohngeld führt. Eine so weitgehende Sanktion dürfte aber verfassungsrechtlich nicht haltbar sein (§ 19a Rn. 13). Der Ausschluss vom Wohngeld tritt gemäß § 8 Abs. 1 WoGG mit Beginn des Verwaltungsverfahrens ein, also bereits mit der Beantragung der in § 7 Abs. 1 WoGG genannten Leistungen, insbesondere der Leistungen zum Lebensunterhalt nach dem SGB II und dem SGB XII.

4a Hierzu ist aber einer Sonderregelung zu beachten: Der Ausschluss besteht insbesondere nicht vorbehaltlich des § 7 Abs. 1 Satz 3 Nr. 2 WoGG. Das betrifft den Fall des § 12a SGB II. Danach sind Leistungsberechtigte verpflichtet, vorrangige Leistungen, also auch Wohngeld, zu beantragen. Diese Verpflichtung wird jedoch in § 12a Satz 2 Nr. 2 SGB II dahingehend eingeschränkt, dass Wohngeld nur in Anspruch genommen werden muss, wenn dadurch die Hilfebedürftigkeit aller Mitglieder der Bedarfsgemeinschaft für einen zusammenhängenden Zeitraum von mindestens drei Monaten beseitigt wird. Das kann im Einzelfall nur in einem aufwändigen Verfahren geprüft werden. In dieser Zeit soll der Antrag auf Leistungen nach dem SGB II nicht zum Ausschluss vom Wohngeld führen. Entsprechendes gilt für die Leistungen zum Lebensunterhalt nach den §§ 27 und § 41 SGB XII (§ 19 SGB XII). Ergänzend sind bei diesem Rückausschluss § 7 Abs. 1 Satz 3 Nr. 2a) und b) WoGG zu beachten.

Im Grundsatz können jedoch die Leistungsberechtigten zwischen der Inanspruchnahme von Fürsorgeleistungen und Wohngeld wählen (vgl. §§ 7 Abs. 1 Satz 3 Nr. 2; 8 Abs. 1 Satz 3, Abs. 2 WoGG). Insbesondere ist es weiterhin möglich, dass für ein Kind Wohngeld für seinen Mietanteil beantragt wird, auch wenn die Obliegenheit nach § 12a SGB II nicht besteht und andere Familienmitglieder Leistungen nach dem SGB II erhalten, also vom Wohngeld ausgeschlossen sind. Das ist vor allem dann der Fall, wenn durch das Wohngeld, ergänzt durch Kindergeld und ggf. durch Unterhaltsansprüche die **Hilfebedürftigkeit des Kindes,** aber nicht auch seines Elternteils vermieden werden kann. In diesem Falle ist der Elternteil, aber nicht das Kind vom Wohngeld ausgeschlossen. Inhaber des Wohngeldanspruchs bleibt der Elternteil, der die Wohnung gemietet hat. Dies folgt aus § 3 Abs. 3 Satz 1 WoGG, da das Wohngeldrecht keine Einzelansprüche kennt. Im SGB II ist es dann allerdings als Einkommen des Kindes zu behandeln, weil es gemäß §§ 28 Abs. 2 Satz 1, 40 WoGG zur Entlastung des wohngeldberechtigten Haushaltsmitglieds, also zur Begleichung seiner Mietaufwendungen zu verwenden ist (BSG SGb 2019 S. 186 Rn. 17–20 mAnm Derksen). 4b

Ein Antrag auf Fürsorgeleistungen kann auch zurück genommen werden (§ 8 Abs. 1 Satz 3 Nr. 1 WoGG). Führt allerdings die Inanspruchnahme von Wohngeld zusammen mit Einkommen dauerhaft zu einer Unabhängigkeit von den Leistungen nach dem SGB II oder SGB XII, so bleibt es beim Nachrang der Fürsorgeleistungen (§§ 2 Abs. 1 Satz 1 SGB II, 2 Abs. 1 SGB XII). Daraus resultiert die Obliegenheit, Wohngeld zu beantragen (§§ 5 Abs. 3, 12a SGB II). Damit ergibt sich im Gesamtzusammenhang Folgendes: Grundsatz ist, dass der Ausschluss vom Wohngeld **nur dann nicht besteht,** wenn durch Wohngeld eine Hilfebedürftigkeit im Sinne des § 9 SGB II vermieden bzw. beseitigt werden kann (§ 7 Abs. 1 Satz 3 Nr. 2 WoGG). Das ist auch bei einzelnen Mitgliedern der Bedarfsgemeinschaft, im Prinzip aber nur bei kindergeldberechtigten Kindern möglich. Daraus wird aber erst eine Obliegenheit, Wohngeld zu beantragen, wenn die Voraussetzungen des § 12a Satz 2 Nr. 2 SGB II erfüllt sind. Zum Kinderzuschlag vgl. § 25 Rn. 14b–4d. 4c

Um die Wohngeldberechtigung zu erhalten, muss gemäß § 7 Abs. 1 Satz 3 Nr. 2 WoGG alternativ hinzutreten, dass entweder während der Dauer des Verwaltungsverfahrens über die Grundsicherung für Arbeitsuchende Leistungen nach den §§ 19 ff. SGB II noch nicht erbracht worden sind, oder der Träger der Grundsicherung für Arbeitsuchende seine Leistungen als nachrangig verpflichteter Leistungsträger nach § 104 SGB X erbracht hat. Da der Hilfebedürftige während des Verwaltungsverfahrens, in dem der Anspruch auf Wohngeld und die Vermeidung der Hilfebedürftigkeit im Sinne des § 9 SGB II geklärt werden müssen, nicht ohne bereite Mittel bleiben kann, besteht der zumeist einzig gangbare Weg in der Praxis darin, dass der Grundsicherungsträger Leistungen als nachrangig verpflichteter Träger erbringt und seinen Erstattungsanspruch gegenüber dem vorrangigen Träger anmeldet (§§ 104, 111 SGB X). 4d

Von dieser Besonderheit abgesehen, sind die in § 7 Abs. 1 Nr. 1–9 WoGG genannten Empfänger von Transferleistungen ab Beginn des Antragsmonats vom Wohngeld ausgeschlossen. Der Ausschluss greift bereits ab Beginn des Antragsmonats ein, und zwar auch dann, wenn noch keine Leistungen bezogen werden (§ 8 Abs. 1 Satz 2 Nr. 1 WoGG). Das betrifft in der Praxis vor allem die Empfänger von Leistungen zum Lebensunterhalt nach den §§ 19 ff. SGB II oder den §§ 27 ff. 41 ff. SGB XII einschließlich der Mitglieder von Bedarfsgemeinschaften (§ 7 Abs. 2 WoGG). Der Ausschluss vom Wohngeld gilt unter den Voraussetzungen 5 des § 8 Abs. 1 Satz 3 WoGG nicht als erfolgt. Das betrifft vor allem die Versagung oder den Verzicht auf die Leistung. In letzterem Falle ist § 46 Abs. 2 SGB I nicht anzuwenden (§ 8 Abs. 2 WoGG).

5a Darüber hinaus gibt es noch einige weniger wichtige Fälle des Ausschlusses bzw. des Nachranges von Wohngeldansprüchen. So erhalten Wehrdienst- und Zivildienstleistende, deren Unterkunft anderweit gesichert ist, kein Wohngeld (§ 20 Abs. 1 WoGG). Dasselbe gilt für Empfänger von Leistungen der Ausbildungsförderung nach den §§ 2 BAföG und 56 ff. SGB III (BVerfG 96 S. 315), wenn alle Haushaltsmitglieder dem Grunde nach leistungsberechtigt sind (§ 20 Abs. 2 WoGG). In den Leistungen der Ausbildungsförderung sind die Unterkunftskosten in pauschalierter Form enthalten. Bedarfsdeckende Leistungen werden in vielen Fällen auf der Grundlage des § 7 Abs. 5 und 6 SGB II erbracht (§ 18 Rn. 25). Des Weiteren besteht ein Wohngeldanspruch nicht, wenn dessen Inanspruchnahme missbräuchlich wäre, „insbesondere wegen erheblichen Vermögens" (§ 21 Nr. 3 WoGG).

6 Materiell setzt der Anspruch auf Wohngeld voraus, dass der Berechtigte nicht nur vorübergehend einen **Wohnraum** bewohnt. Der wohngeldrechtliche Wohnraumbegriff wird nur von einem Raum erfüllt, der zur dauernden Wohnnutzung tatsächlich sowie (bau)rechtlich dazu geeignet und vom Verfügungsberechtigten dazu bestimmt ist (BVerwG 87 S. 299). Diese Rechtsprechung ist in § 2 WoGG übernommen worden. Darüber hinaus gehört zum Wohnen eine auf eine gewisse Dauer angelegte eigenständige Gestaltung des häuslichen Lebens und der mit der Haushaltsführung verbundenen Tätigkeiten unter Ausschluss Dritter. Eine Nutzung für Wohnzwecke ist immer dann ausgeschlossen, wenn die Räumlichkeit nur vorübergehend oder zusätzlich zu anderem Wohnraum genutzt wird. Eine Unterkunft, die nach der Bestimmung des Verfügungsberechtigten nur der Abhilfe in einer **Notsituation** bis zum Auffinden einer eigenen Wohnung zur Verfügung gestellt wird, ist dagegen kein Wohnraum (BVerwG 90 S. 315). Das gilt etwa für Wohnwagen, Gartenlauben, Zelte, Notunterkünfte und Schlafstellen. Dagegen sind als Wohnraum anzusehen, Dauerwohnrechte und Heimplätze im Sinne des Heimgesetzes. Bei Wohneigentum wird ein Lastenzuschuss gezahlt, der nach Voraussetzungen und Höhe dem Wohngeld entspricht (§ 3 WoGG).

7 Antragsberechtigt ist, wer einen Mietvertrag oder ein gleichgestelltes Rechtsverhältnis eingegangen ist (§ 3 Abs. 1 und 2 WoGG). Erfüllen mehrere Personen, die Haushaltsmitglieder sind (§ 5 WoGG), diese Voraussetzungen, so bestimmen sie den Antragsberechtigten (§ 3 Abs. 3 WoGG). Wohngeldberechtigt ist dann nur diese Person. Wer nur vorübergehend abwesend ist, bleibt Haushaltsmitglied. Dabei ist auf möglichst objektive Kriterien abzustellen. Es besteht jedenfalls keine Vermutung für oder gegen eine vorübergehende Abwesenheit, wenn diese zu Ausbildungszwecken erfolgt. Nach den Verhältnissen in der Wohnung muss die Rückkehr aber ohne größere Veränderungen möglich, dh also der Wohnraum muss noch verfügbar sein (BVerwG 38 S. 18).

8 Für Ausländer gilt § 3 Abs. 5 WoGG. Auf EU-Bürger sind die §§ 2, 4 Freizügigkeitsgesetz/EU anzuwenden. Andere Ausländer müssen insbesondere einen Aufenthaltstitel oder eine Duldung nach dem Aufenthaltsgesetz, ein Recht auf Aufenthalt nach einem völkerrechtlichen Abkommen oder eine Aufenthaltsgestattung nach dem Asylverfahrensgesetz haben,

9 Der Anspruch auf Tabellenwohngeld wird gemäß § 4 WoGG maßgeblich von drei Faktoren bestimmt. Es sind dies die Familiengröße, die tatsächlichen Aufwendungen für den Wohnraum und das Familieneinkommen. Die Höhe des Wohngeldes wird nach der Formel des § 19 WoGG ermittelt.

Haushaltsmitglieder (BVerwG 54 S. 358) sind die in § 5 Abs. 1 Nr. 1–6 WoGG Genannten (Ehegatten, Lebenspartner, eheähnliche Partner, Verwandte und Verschwägerte in gerade Linie sowie in der Seitenlinie bis zum dritten Grade, Stief- und Pflegekinder (§§ 1589, 1590 BGB). Zu den Haushaltsmitgliedern gehören auch die Pflegemutter oder der Pflegevater eines Haushaltsmitglieds (§ 5 Abs. 1 Nr. 6 WoGG). 10

Die tatsächlichen **Aufwendungen** für den Wohnraum werden in den § 9–11 WoGG näher umschrieben. Auszugehen ist von dem nach § 535 BGB zu entrichtenden Mietzins für leer angemieteten Wohnraum einschließlich der „kalten" Nebenkosten (zB Wasserverbrauch, Müllbeseitigung) aber ausschließlich der Vergütungen, die sich nicht auf den eigentlichen Wohnraum beziehen (Heizung-Warmwasserversorgung, Garage, Hausgarten usw). Soweit bei Eigentumswohnungen eine Belastung aus dem Kapitaldienst (Zinsen) und Kosten für die Bewirtschaftung des Wohnraumes entstehen, sind diese zugrunde zu legen (§ 10 WoGG). Gemäß § 11 WoGG bleiben bestimmte Teile der Miete oder Belastung außer Betracht. Das gilt vor allem für gewerblich genutzte Teile des Wohnraums. In § 12 WoGG werden Mietstufen und Höchstbeträge festgelegt. Die vorübergehende Einbeziehung der Heizkosten (§ 12 Abs. 6 WoGG aF) ist wieder aufgehoben worden. Ist ein Haushaltsmitglied vom Wohngeld ausgeschlossen, so ist nur der Anteil der Miete oder Belastung zu berücksichtigen, der dem Anteil der zu berücksichtigenden Haushaltsmitglieder an der Gesamtzahl der Haushaltsmitglieder entspricht. 11

Entscheidenden Einfluss auf die Höhe des Wohngeldes hat die Regelung des § 12 Abs. 1–5 WoGG. Die **berücksichtigungsfähige Miete** bzw. Belastung (Höchstbeträge) ergeben sich daraus, dass die Mietstufe aus der Zugehörigkeit der Wohnung zu einer Gemeinde ermittelt wird. Danach ergeben sich sechs verschiedene Mietstufen. Diese berücksichtigungsfähige Miete, die vom regionalen Mietniveau abhängt, wird in den Gemeinden ermittelt. Maßgebend dabei sind die Mieten, die von Wohngeldempfängern gezahlt werden (§ 12 Abs. 3 WoGG). Berücksichtigt man die Tatsache, dass Empfänger von Fürsorgeleistungen vom Wohngeld ausgeschlossen sind (oben Rn. 4), so kann das zu einer gewissen Verzerrung führen. Jede Gemeinde wird gemäß der so festgestellten „bundesdurchschnittlichen" Miete in eine der sechs Stufen eingeordnet (§ 12 Abs. 4 WoGG). Ergänzenden Einfluss hat natürlich die Zahl der Haushaltsmitglieder, die die Wohnung bewohnen. Dabei spielt die Größe der Wohnung keine ausdrückliche Rolle, wenn sie auch mittelbar Einfluss auf die berücksichtigungsfähige Miete hat (§ 12 Abs. 1–5 WoGG). 12

Gemäß den §§ 13 ff. WoGG ist das Jahreseinkommen zu ermitteln (BVerwG 85 S. 314). In § 14 WoGG werden die einzelnen Einkunftsarten positiv aufgezählt (BVerwG 101 S. 86). Dabei erfolgt nur im Grundsatz eine Orientierung am Steuerrecht. Ein Ausgleich mit negativen Einkünften aus anderen Einkunftsarten oder mit negativen Einkünften des zusammenveranlagten Ehegatten ist nicht zulässig (§ 14 Abs. 1 Satz 3 WoGG). Gemäß § 15 Abs. 1 Satz 1 WoGG ist von den gesamten zu erwartenden Bruttoeinnahmen einschließlich einmalig gezahlten Arbeitsentgelts (Urlaubs-, Weihnachtsgeld), aller zu berücksichtigenden Haushaltsangehörigen auszugehen. Bestimmte Einkunftsarten werden nur zum Teil berücksichtigt. Das gilt etwa für Leistungen nach dem Lastenausgleichsgesetz (§ 14 Abs. 2 Nr. 8 WoGG) oder auch für den Aufwendungsersatz von Pflegeper- 13 sonen (§ 14 Abs. 2 Nr. 26 WoGG). In § 16 WoGG werden pauschale Abzugsbeträge für Steuern und Sozialversicherung und in § 17 WoGG werden Freibeträge geregelt. Auch zu erwartende Unterhaltsleistungen werden nach § 18 WoGG nur pauschal berücksichtigt. Auf Grund der Regelung des § 10 Abs. 1 BEEG gilt das Mindestelterngeld bis zu einer Höhe von 300 € nicht als Einkommen. Kindergeld wird nicht als Einkommen berücksichtigt.

14 In einem letzten Schritt werden nun die nach § 12 Abs. 1–5 WoGG ermittelten Höchstbeträge für Miete bzw. Belastung in ein Verhältnis zum Haushaltseinkommen gesetzt. Je nach der Höhe dieses Einkommens ergibt sich dann, ob noch ein Wohngeld gezahlt wird und wie hoch dieses ist. Der Zahlbetrag ergibt sich aus der Wohngeldtabelle bei der zuschussfähigen Miete und dem zu berücksichtigendem monatlichen Gesamteinkommen.

15 Zuständig für die Gewährung des Wohngeldes sind in den meisten Bundesländern die Landkreise und kreisfreien, teilweise auch die kreisangehörigen Gemeinden. In den Stadtstaaten sind die Bezirks- bzw. Ortsämter zuständig.

§ 27 Leistungen der Kinder- und Jugendhilfe

(1) **Nach dem Recht der Kinder- und Jugendhilfe können in Anspruch genommen werden:**

1. **Angebote der Jugendarbeit, der Jugendsozialarbeit und des erzieherischen Jugendschutzes,**
2. **Angebote zur Förderung der Erziehung in der Familie,**
3. **Angebote zur Förderung von Kindern in Tageseinrichtungen und in Tagespflege,**
4. **Hilfe zur Erziehung, Eingliederungshilfe für seelisch behinderte Kinder und Jugendliche sowie Hilfe für junge Volljährige.**

(2) **Zuständig sind die Kreise und die kreisfreien Städte, nach Maßgabe des Landesrechts auch kreisangehörige Gemeinden; sie arbeiten mit der freien Jugendhilfe zusammen.**

Übersicht

1. Allgemeine Regelungen

1 Das Kinder- und Jugendhilfegesetz ist zwar ein Besonderer Teil des Sozialgesetzbuches. Systematisch eindeutig lässt sich das nur für die Leistungen nach diesem Gesetz, nicht aber für die anderen Aufgaben sagen. Dabei ist zu betonen, dass auch die in § 2 Abs. 3 SGB VIII genannten Aufgaben Teil des Kinder- und Jugendhilferechts sind und damit in das Sozialgesetzbuch gehören. Sie lassen sich lediglich nicht in das System der Sozialleistungen einfügen. Nicht nur in diesem Zusammenhang, sondern allgemein für die Anwendung einzelner Normen des Kinder- und Jugendhilferechts ist die Unterscheidung des § 2 SGB VIII von erheblicher Bedeutung. Nur bei den Leistungen kommt die Einordnung des Gesetzes als

SGB VIII in das Sozialgesetzbuch eindeutig zum Ausdruck – und nur hier ergeben sich Abgrenzungsprobleme zu den anderen Sozialleistungsbereichen.

Unter den allgemeinen Vorschriften der §§ 1–10 SGB VIII hatten schon immer das – spannungsreche – Verhältnis der freien zur öffentlichen Jugendhilfe (OVG Weimar BeckRS 2016, 115953), sowie das Wunsch- und Wahlrecht eine erhebliche Bedeutung. Diese Regelungen, die den §§ 5 und 9 SGB XII entsprechen, unterstreichen die Verankerung der Kinder- und Jugendhilfe im Fürsorgesystem, aus dem sie sich freilich im Laufe der Jahre gelöst hat. Das hat dazu geführt, dass sie in systematischer Hinsicht heute zumindest teilweise eher der Sozialförderung zuzuordnen ist. Das gilt natürlich vor allem für die Kindertagesbetreuung nach den §§ 22 ff. SGB VIII. Gleiches gilt vor allem für die Förderung der Erziehung in der Familie (§§ 16 ff. SGB VIII), die nicht mehr an einen spezifischen Bedarf im Sinne eines Defizits anknüpft. Eindeutig anders ist das nur noch bei den Hilfen zur Erziehung nach den §§ 27 ff. SGB VIII. Diese setzen voraus, dass eine dem Kindeswohl entsprechende Erziehung nicht gewährleistet ist. **1a**

Erst nachdem das SGB VIII schon länger als ein Jahrzehnt in Kraft war, in Ostdeutschland sogar drei Monate früher als im alten Bundesgebiet, nämlich dort seit dem Tag der Wiedervereinigung; erst nach der Jahrtausendwende zeigte sich immer deutlicher, dass man im Gesetzgebungsverfahren einen wesentlichen Punkt übersehen hatte: den spezifischen Schutzauftrag der Jugendämter, der sich eigentlich schon immer aus Art. 6 Abs. 2 Satz 2 GG ergibt. Im Zusammenhang mit der Begründung eines einfachgesetzlichen Schutzauftrags der Jugendämter nach § 8a SGB VIII im Jahre 2005 wurden weitere Schutzvorschriften präzisiert bzw. eingefügt (§§ 42, 43–45, 72a SGB VIII). Ganz im Vordergrund steht der **Schutzauftrag des Jugendamtes,** der als solcher nicht durch Vereinbarung an Leistungserbringer delegiert werden darf. Vielmehr muss das Jugendamt in seinen Vereinbarungen mit den freien Trägern sicherstellen, dass ihm von ihnen die Tatsachen mitgeteilt werden, die es für die Erfüllung seines Schutzauftrags benötigt (§ 8a Abs. 4 SGB VIII). Durch nachträgliche Einfügung des § 8b SGB VIII ist den Personen, die in beruflichem Kontakt mit Kindern oder Jugendlichen stehen, hinsichtlich der Einschätzung eines Kindeswohlgefährdung ein Anspruch auf Beratung durch eine „insoweit" erfahrene Fachkraft eingeräumt worden. **1b**

Der Schutzauftrag veranlasst das Jugendamt bereits dann zum Handeln, wenn ihm gewichtige Anhaltspunkte für die Gefährdung des Wohls eines Kindes oder Jugendlichen bekannt werden. In diesem Falle muss das **Gefährdungsrisiko** im Zusammenwirken mehrerer Fachkräfte eingeschätzt werden (§ 8a Abs. 1 Satz 1 SGB VIII). Wenn auch häufig Gefährdungen vom familiären Nahraum ausgehen, so stellt § 8a SGB VIII darauf allein nicht ab, geschweige, dass er einen Vorwurf gegenüber den Eltern formuliert. **Anhaltspunkte** beim Kind oder Jugendlichen können zB sein nicht plausibel erklärbare Verletzungen, auch Selbstverletzungen, Krankheitssymptome unzureichende Flüssigkeits- oder Nahrungsaufnahme, Hygienemängel, Weglaufen, Streunen, Schulversäumnisse. Aus dem sozialen Umfeld können Gewalthandlungen, wirtschaftliche Notlagen, desolate Wohnverhältnisse Anhaltspunkte sein (vgl. Deutscher Verein, NDV 2006 496). Wenn dem Jugendamt solche Anhaltspunkte bekannt werden, muss es die Gefährdung abschätzen. Das Risiko einer falschen oder gar unterbleibenden Einschätzung trägt das Jugendamt. Allerdings kann es über die Signifikanz von Anhaltspunkten unterschiedliche Auffassungen geben. Das gilt etwa für die Tatsache, dass Eltern keine Früherkennungsmaßnahmen nach § 26 SGB V in Anspruch nehmen (VGH Kassel NJW 2013 S. 1753). Daraus sollen noch keine Schlüsse zu ziehen sein **1c**

(DiJuF JAmt 2008 S. 137). Man wird hier aber differenzieren müssen. Es ist keine Überforderung des Jugendamtes, wenn es in einem solchen Falle bei den Eltern schriftlich nachfragt. Erhält es eine plausible Erklärung, so kann es damit sein Bewenden haben. Das Argument, der Staat könnte sich auf diese Weise allzu sehr in die elterliche Erziehung einmischen, ist zwar nicht von der Hand zu weisen, man wird ihm aber entgegensetzen können, dass es in Art. 6 Abs. 2 Satz 2 GG lediglich heißt: „über ihre Betätigung wacht die staatliche Gemeinschaft". Konsequenterweise wird aus § 8a SGB VIII eine strafrechtliche Garantenpflicht der Mitarbeiter des Jugendamtes abgeleitet (AG Medebach NZFam 2017 S. 703). Es ist demgegenüber der Verhältnismäßigkeitsgrundsatz, der den Staat an einer voraussetzungslosen Überwachung hindert. Er braucht Anhaltspunkte, die in § 8a Abs. 1 Satz 1 SGB VIII als „gewichtig" bezeichnet werden. Dieses Adjektiv erläutert die Anhaltspunkte. Gewichtig muss nicht schon der Verstoß gegen die elterliche Sorge sein, gewichtig muss auch nicht die Gefährdung des Kindes sein. Diese Gesichtspunkte ergeben sich erst im Zusammenhang mit der folgenden „Einschätzung des Gefährdungsrisikos". Letzten Endes geht es um die Aussagekraft einer Tatsache. So werden Hygienemängel erst durch eine gewisse Regelmäßigkeit gewichtig. Demgegenüber ist das Einnässen bei einem Kind im Kindergartenalter (§ 24 Abs. 3 SGB VIII) immer „als Anhaltspunkt" gewichtig. Ob über dieses Wächteramt hinaus eingegriffen werden kann, ist eine andere Frage. Die Korrektur elterlichen Verhaltens hängt von Bedingungen ab, wie sie in § 1666 BGB formuliert werden (Maunz/Dürig-Badura, Art. 6 GG Rn. 139).

2 In § 10 SGB VIII werden verschiedene **Rangverhältnisse** geregelt (vgl. Wiesner/Wiesner, SGB VIII § 10 Rn. 33). Sie betreffen nicht nur das Sozialrecht. Vorrangig müssen Schulen und Unterhaltspflichtige eintreten (§ 10 Abs. 1 und 2 SGB VIII). Andere Rangverhältnisse bestehen, wenn Leistungen gleich oder gleichartig sind, auch wenn sie sich nur teilweise überschneiden. Das kann zur Folge haben, dass der nachrangig verpflichtete Träger Leistungen des vorrangig verpflichteten, die nicht vollständig bedarfsdeckend sind, aufstocken muss. Vorrang haben etwa die Leistungen der §§ 27 ff. SGB V vor § 40 SGB VIII. In diesem Falle wird aber § 5 Abs. 1 Nr. 13 SGB V durch § 40 SGB VIII als anderweitigem Anspruch verdrängt (BSG NZS 2010 S. 627). Die Hilfe nach § 41 SGB VIII verdrängt § 67 SGB XII (§ 67 Satz 2 SGB XII). Etwas komplexer ist das Verhältnis von § 20 SGB VIII und § 70 SGB XII, da § 20 SGB VIII auf die überwiegende Betreuung des Kindes durch einen Elternteil und die Unterstützung des anderen abstellt. In § 70 SGB XII wird nur der Fall geregelt, in dem ein anderer Haushaltsangehöriger den Haushalt, zu dem auch die Kinderbetreuung gehört, nicht führen kann. Im Prinzip aber hat § 20 SGB VIII Vorrang (§ 10 Abs. 4 Satz 1 SGB VIII). Leistungen zum Lebensunterhalt als Annexleistungen der Jugendhilfe (§ 39 SGB VIII) verdrängen immer die §§ 19 ff. SGB II, 27 ff. SGB XII).

2a Vorrang haben des Weiteren Leistungen des **Arbeitsförderungsrechts.** Das gilt insbesondere für die berufliche Bildung nach den §§ 56 ff. SGB III. Besonders deutlich wird dieses Wechselverhältnis in § 10 Abs. 3 SGB VIII, der grundsätzlich den Vorrang des SGB VIII vor dem SGB II, dann aber einen Vorrang der Leistungen zur beruflichen Eingliederung vor dem SGB VIII regelt. Im Ergebnis haben nur die Leistungen zur Eingliederung in Arbeit Vorrang vor der Jugendhilfe. Das betrifft vor allem die §§ 3 Satz 2, 14–16g SGB II. Entsprechendes gilt zum Teil für den Komplex der Bildung und Teilhabe (§§ 6b Abs. 2 BKGG, 28 Abs. 6 SGB II, 34 Abs. 6 SGB XII). Im Verhältnis zum **Sozialhilferecht** ist durch § 10 Abs. 4 Satz 1 SGB VIII zunächst einmal klargestellt worden, dass die Leistungen des

Kinder- und Jugendhilferechts Vorrang vor denen der Sozialhilfe haben (BVerwG 109 S. 325).

In § 10 Abs. 4 Satz 2 SGB VIII wird für **behinderte Kinder und Jugendliche** **2b** der Vorrang der Leistungen nach den §§ 90 ff. SGB IX geregelt, soweit es sich um geistige oder körperliche Behinderung handelt. Nur im Falle einer seelischen Behinderung geht § 35a SGB VIII den §§ 90 ff. SGB IX vor (BVerwG ZfSH/SGB 2012 S. 33). Im Einzelnen gibt es hier eine Reihe von Schwierigkeiten (unten Rn. 9–12). So haben auch geistig bzw. körperlich behinderte Kinder und Jugendliche einen Anspruch auf Leistungen nach den §§ 27 ff. SGB VIII, wenn ihr erzieherischer Bedarf nicht aus der Behinderung resultiert (VGH München FEVS 44 S. 258). Andererseits ändert sich am Vorrang der Leistungen nach den §§ 90 ff. SGB IX nichts, wenn neben der körperlichen oder geistigen auch eine seelische Behinderung festgestellt wird. Es ist also nicht erforderlich, nach dem Schwerpunkt der einen oder anderen Behinderungsart zu entscheiden. Es genügt „jede Überschneidung der Leistungsbereiche" (BSG 117 S. 53 Rn. 26; OVG Münster L 20 SO 476/12 Rn. 70, juris). Die Regelung des § 10 Abs. 4 Satz 2 SGB VIII bringt allerdings gewisse Gleichheitsprobleme mit sich. Sie haben sich durch die Reform des SGB IX noch vergrößert. In der Eingliederungshilfe nach § 138 SGB IX werden die Eltern eines geistig oder körperliche behinderten Kindes zu den **Maßnahmekosten** nicht oder nur in sehr geringem Umfang (§ 137 Abs. 2 SGB IX) herangezogen. Generell werden also Einkommen und Vermögen nach den §§ 135 ff. SGB IX in erheblichem Umfange geschont. Demgegenüber können sich bei den Eltern seelisch behinderter Kinder erhebliche Kostenbeiträge ergeben (§§ 91 Abs. 1 Nr. 6, Abs. 2 Nr. 3; 92 Abs. 1 Nr. 5; §§ 1, 6, 7 KostenbeitragsVO; BGBl I 2005 S. 2907).

2. Hilfen zur Erziehung

Die Leistungen der Jugendhilfe sind im Zweiten Kapitel des SGB VIII geregelt. **3** Sie gliedern sich in vier Abschnitte, wobei der gewichtige Unterschied zwischen den ersten drei und dem vierten Abschnitt besteht. Der erste Abschnitt befasst sich in den §§ 11–15 SGB VIII mit der Jugend(sozial)arbeit im weitesten Sinne. Der zweite und dritte Abschnitt enthalten Vorschriften mit familienunterstützendem Charakter. Die §§ 16–21 SGB VIII regeln die Förderung der Erziehung in der Familie, die §§ 21–26 SGB VIII die Förderung von Kindern in Tageseinrichtungen und in der Tagespflege. Mit den **Hilfen zur Erziehung** ist im vierten Abschnitt, in den §§ 27–41 SGB VIII, der Schwerpunkt des Kinder- und Jugendhilferechts geregelt. Im Gegensatz zu den Leistungen nach den §§ 11–26 SGB VIII setzen die Hilfen zur Erziehung voraus, dass das Wohl des Kindes- oder Jugendlichen nicht mehr gewährleistet ist (§ 27 Abs. 1 SGB VIII). Ein wesentlicher Teil dieser Hilfen wird auch an junge Volljährige erbracht. Dabei ist allerdings von dem Grundsatz auszugehen, dass die Leistungen nach Vollendung des 21. Lebensjahres idR nur dann „für einen begrenzten Zeitraum" gewährt werden, wenn sie vorher begonnen worden waren (§ 41 SGB VIII). Ist diese Voraussetzung nicht erfüllt, so sind vom Träger der Sozialhilfe Leistungen nach § 67 SGB XII zu erbringen.

Hinsichtlich der Leistungen im Einzelnen ist hervorzuheben, dass das Gesetz **4** vor den Hilfen zur Erziehung (§ 27 ff. SGB VIII) eine Reihe von Hilfs- und Förderangeboten regelt, die mit dazu beigetragen haben, den präventiven Charakter des Kinder- und Jugendhilferechts zu prägen. Das gilt insbesondere für die allgemeine Jugendarbeit (§§ 11–14 SGB VIII) und für die familienbezogenen Hilfen (§§ 16–19 SGB VIII). Erst nach einer längeren Vorbereitungsphase wurde der Anspruch auf einen Kindergartenplatz realisiert (§ 24 SGB VIII). In der gegenwärtigen Situation harrt die Jugendberufshilfe nach § 13 Abs. 3 SGB VIII noch einer wirksamen Umsetzung in die Praxis. Dabei kann sie nur eine pädagogische Begleitung während der beruflichen Integration junger Menschen darstellen. Gleichwohl ist eine Zusammenarbeit mit den Arbeitsagenturen bei der konzeptionellen Ausgestaltung der beruflichen Bildung erforderlich. So sehen die §§ 48 und 49 SGB III Leistungen zur Berufsorientierung und zur Berufseinstiegsbegleitung vor. Erstere werden bereits an Schüler erbracht und setzen voraus, dass „Dritte" sich mit mindestens 50 % an der Förderung beteiligen (§ 48 Abs. 1 Satz 1 SGB III). Diese Dritten können natürlich die Schulverwaltungen aber auch die Jugendämter sein. Für die **berufsvorbereitenden Bildungsmaßnahmen** nach § 51 SGB III ist in § 54 Nr. 1 SGB III auch die Kostenübernahme für das Ausbildungs- und Betreuungspersonal vorgesehen. Darin wird die Verklammerung von Jugendberufshilfe und Arbeitsförderung deutlich. Die Einstiegsqualifizierung kann sich insbesondere an lernbeeinträchtigte und sozial benachteiligte Ausbildungssuchende wenden (§ 54a Abs. 4 Nr. 3 SGB III). Im Rahmen der berufsvorbereitenden Bildungsmaßnahmen kann schließlich ein Hauptschulabschluss nachgeholt werden (51 Abs. 3 SGB III). Begleitend zu diesen Maßnahmen kommen immer auch Leistungen der Jugendberufshilfe nach § 13 Abs. 3 SGB VIII in Betracht. Sie sind aber nicht als eine sozialpädagogische Begleitung bei der beruflichen Integration zu verstehen. Vielmehr tragen sie der Lebenssituation des jungen Menschen beim Übergang von der Schule in den Beruf Rechnung. Die Grenzziehung ist, zumal in Zeiten des Kostendrucks, sicher schwierig. Die Jugendberufshilfe darf sich aber nicht darauf beschränken, allein auf ein berufliches Funktionieren hinzuwirken. Das ergibt sich aus dem systematischen Zusammenhang in dem § 13 Abs. 3 mit § 1 Abs. 1 SGB VIII steht.

5 § 27 SGB VIII ist die Grundnorm für eine Reihe nicht abschließend aufgezählter **Hilfen zur Erziehung** (§§ 28–35 SGB VIII). Sie reichen von der Erziehungsberatung (§ 28 SGB VIII) bis hin zu den hochkomplexen Formen der sozialpädagogischen Familienhilfe (§ 31 SGB VIII) und der intensiven sozialpädagogischen Einzelbetreuung (§ 35 SGB VIII). Kernleistungen sind die Vollzeitpflege (§ 33 SGB VIII) und die Heimerziehung bzw. die betreute Wohnform (§§ 34, 48a SGB VIII). Dabei ist die klassische Heimerziehung seit Jahrzehnten in den Hintergrund gedrängt worden. Für ältere Jugendliche, die einer Ablösung von der Familie bedürfen ist oft die Pflegestelle keine geeignete Hilfe, hier hat § 34 SGB VIII in der Form des betreuten Wohnens neue Bedeutung bekommen. Im Rahmen der Hilfe zur Erziehung werden auch **Leistungen zum Lebensunterhalt** erbracht. Das erfolgt nach Maßgabe des § 39 SGB VIII, soweit der Lebensunterhalt „außerhalb des Elternhauses" sicherzustellen ist. Das gilt in erster Linie für die §§ 33 und 34 SGB VIII, aber in beschränkterem Umfang auch für § 32 SGB VIII. Bei Besuchen oder probeweisem Aufenthalt im Elternhaus findet § 39 SGB VIII keine Anwendung. Ggf. müssen Leistungen nach den §§ 19 ff. SGB II erbracht werden (OVG Koblenz FEVS 60 S. 423; LSG BW NZS 2011 S. 587). Ein etwa fehlender Krankenversicherungsschutz wird über § 40 SGB VIII aufgefangen. Die Regelung stellt eine „anderweitige" Absicherung im **Krankheitsfall** dar und schließt damit die Anwendung des § 5 Abs. 1 Nr. 13 SGB V aus (BSG SozR 4-2500 § 5 Nr. 10). Da die Hilfen zur Erziehung und verschiedene andere Leistungen (§§ 13 Abs. 3, 19, 35a SGB VIII) durch freie Träger erbracht werden, musste

das Verhältnis der Leistungsträger, der Jugendämter, zu diesen **Leistungserbringern** geregelt werden. Das ist in den §§ 78a ff. SGB VIII geschehen und entspricht im Wesentlichen den rechtlichen Regelungen, die auch in der Sozialhilfe bestehen (§§ 75 ff. SGB XII). Schwerpunkte dieses Komplexes sind jeweils die Themen „Qualitätssicherung" und „leistungsgerechtes Entgelt".

Unter den einzelnen Hilfen zur Erziehung besteht **kein Rangverhältnis.** Vielmehr ist diejenige Hilfe zu leisten, die zur Deckung des Bedarfs am geeignetsten ist. Umstritten ist, ob die Auswahl unter den einzelnen Hilfearten ein reiner Subsumtionsvorgang ist, ob das Jugendamt einen Beurteilungsspielraum hat oder ob die Auswahl nach Ermessensgesichtspunkten erfolgt (Maas, RsDE 1998/39 S. 6). ME handelt es sich hier um den Fall eines intendierten Ermessens (§ 39 Rn. 42). Unabhängig davon kann allerdings nicht übersehen werden, dass die Frage der Kosten noch immer einen Einfluss auf die Auswahl der Hilfe hat (vgl. Wabnitz/Wiesner, ZfJ 1992 S. 498). Die Konzentration aller Hilfen auf der kommunale Ebene, die das Kinder- und Jugendhilfegesetz bewirkt hat (§ 85 SGB VIII) und die Notwendigkeit, die Auswahl der Hilfe im Hilfeplan zu begründen (§ 36 SGB VIII) erschweren heute ein Ausweichen auf kostengünstige aber sachlich nicht berechtigte Lösungen. **5a**

Für die Hilfen zur Erziehung enthalten die §§ 36–40 SGB VIII ergänzende Regelungen, die je nach Hilfeart einen unterschiedlichen Stellenwert haben. So werden gemäß § 36 SGB VIII die Personensorgeberechtigten, das Kind und der Jugendliche in die Entscheidung über die Hilfeart einbezogen und es wird ein Hilfeplan erstellt (vgl. Maas, ZfJ 1992 S. 60). Ergänzend dazu normiert § 36a SGB VIII eine **„Steuerungsverantwortung",** die einerseits die Bedeutung des Hilfeplanes unterstreicht, aber noch einmal das Wunsch- und Wahlrecht betont. Modifiziert wird die Steuerungsverantwortung in § 36a Abs. 2 SGB VIII in der Weise, dass niederschwellige ambulante Hilfen, insbesondere die Erziehungsberatung (§ 28 SGB VIII) ohne die sonst im Einzelfall erforderliche vorherige Einschaltung des Jugendamtes erbracht werden können. Dazu sind freilich Vereinbarungen erforderlich. Als Gegenstück dazu, bei Systemversagen, regelt § 36a Abs. 3 SGB VII die **Selbstbeschaffung** von Leistungen (dazu § 43 Rn. 30). **5b**

Vor allem bei der Hilfe zur Erziehung außerhalb der eigenen Familie ist eine Zusammenarbeit mit den Eltern anzustreben (§ 37 SGB VIII). Unter den Voraussetzungen des § 1688 BGB sind im Rahmen der Hilfen nach den §§ 33, 34, 35 oder 35a SGB VIII Betreuungspersonen zur **Vertretung der Personensorgeberechtigten** in der Ausübung der Personensorge befugt. Die flankierende Regelung des § 38 SGB VIII hat kaum praktische Bedeutung. Die Vertretung betrifft vor allem Rechtsgeschäfte des täglichen Lebens, Fragen, die mit dem Besuch einer Schule oder Ausbildungsstätte oder der Abwendung von Gefahren für das Kind oder den Jugendlichen zusammenhängen. Diese Befugnis besteht nach § 1688 Abs. 3 Satz 1 BGB schon dann, wenn der Personensorgeberechtigte nichts anderes erklärt. Das entspricht unzweifelhaft praktischen Bedürfnissen (vgl. ZfJ 1991 S. 306), steht aber etwas im Widerspruch zur hohen Einschätzung des Elternrechts, durch die das Kinder- und Jugendhilferecht, jedenfalls bis zur Einführung des § 8a SGB VIII gekennzeichnet war und im Hinblick auf die Konzeption des § 27 Abs. 1 SGB VIII als Anspruch der Personensorgeberechtigen noch immer gekennzeichnet ist. **5c**

Mit Ausnahme der Hilfen nach den §§ 31 und 32 SGB VIII werden die Hilfen zur Erziehung auch an **junge Volljährige** geleistet (§ 41 Abs. 1 SGB VIII). Das sind nach § 7 Abs. 1 Nr. 3 SGB VIII junge Menschen, die 18 aber noch nicht **6**

27 Jahre alt sind. Dabei ist zu beachten, dass eine Hilfe in der Regel bis zu Vollendung des 21. Lebensjahres neu gewährt werden kann. Nach diesem Lebensabschnitt darf ein Hilfe nur noch fortgesetzt werden, und zwar höchstens bis zur Vollendung des 27. Lebensjahres (§ 41 Abs. 1 Satz 2 SGB VIII). Sofern ein junger oder älter gewordener Mensch nicht die Voraussetzungen des § 41 SGB VIII erfüllt, kommen für seine Betreuung Leistungen nach dem Sozialhilferecht in Betracht. Bei einem gewichtigen Ausmaß seiner Schwierigkeiten findet § 67 SGB XII Anwendung. Liegen seine Schwierigkeiten unterhalb dieser Schwelle, so ist ihm Hilfe zum Lebensunterhalt, insbesondere in einer stationären Einrichtung zu leisten (§ 27b SGB XII). Diese Hilfe dient auch seiner persönlichen Betreuung (§ 11 Abs. 2 SGB XII). Solche Leistungen werden auch erbracht, wenn mit einer gesellschaftlichen Integration nicht (mehr) zu rechnen ist, aber ein Betreuungsbedarf besteht. In der Vergangenheit waren die Leistungen zum stationären Lebensunterhalt (§§ 27b, 11 SGB XII) auch die Rechtsgrundlage für das Mutter-Kind-Heim. Diese Hilfe ist weitgehend in § 19 SGB VIII aufgegangen. Leistungen nach § 19 SGB VIII werden an alle jungen Menschen, die Mutter oder Vater eines Kindes unter sechs Jahren sind, erbracht (§ 7 Abs. 1 Nr. 4 SGB VIII). Einer Verweisung in § 41 SGB VIII bedurfte es also nicht. Ist es im Einzelfalle zweifelhaft, ob Leistungen nach den §§ 19, 41 SGB VIII oder den §§ 27b, 67 SGB XII zu erbringen sind, so kommen gemäß § 43 Vorleistungen in Betracht (vgl. § 43 Rn. 20–26).

3. Eingliederungshilfe

7 In § 35a SGB VIII wird ein selbständiger Anspruch auf Eingliederungshilfe für seelisch behinderte junge Menschen begründet. Dabei genügt das Drohen einer solchen Behinderung. Im Einzelnen ist es nicht immer leicht, eine drohende seelische Behinderung (§ 35a SGB VIII) von einem anderen Erziehungsproblem (§ 27 SGB VIII) oder von einer geistigen Behinderung, etwa beim Autismus, abzugrenzen (VGH München FEVS 61 S. 317). Falsch wäre es jedenfalls, dabei auf die Krankheitsbilder der Erwachsenenpsychiatrie abzustellen (vgl. Remmschmid/Fommbonne, Der Nervenarzt 1999 S. 577). Gegenwärtig ergeben sich noch immer bei Schulschwierigkeiten, die mit der Legasthenie oder der Dyskalkulie zusammenhängen, seelische Belastungssituationen, bei denen eine drohende Behinderung angenommen wird (vgl. OVG Münster ZfSH/SGB 2010 S. 373). Vor diesem Hintergrund sind dann Hilfen zur Erlangung einer angemessenen Schulbildung nach den §§ 35a Abs. 3 SGB VIII zu erbringen (Cremer/Kolok, DVBl 2014 S. 333). Sofern die Schule in der Lage ist, solchen Problemen Rechnung zu tragen, kann man nicht ohne Weiteres von einer drohenden seelischen Behinderung sprechen. Insoweit hat sich die schulische Situation bei der Legasthenie in den letzten Jahren spürbar verbessert. Das gleiche kann man aber nicht von den anderen Teilleistungsstörungen sagen (vgl. OVG Bautzen FEVS 61 S. 430). Die Rechtsprechung tendiert in der letzten Zeit dahin, insbesondere bei einem Privatschulbesuch nur die behinderungsbedingten Mehrkosten zuzusprechen (BSG SozR 4-3500 § 54 Nr. 10). Das kann uU zu Konflikten mit der Behindertenrechtskonvention führen, wenn das staatliche Schulsystem kein kostenfreies, geeignetes Lehrangebot machen kann (vgl. § 10 Rn. 1–1d).

8 In § 35a Abs. 1 Satz 1 und 2 SGB VIII wird die (drohende) Behinderung in Übereinstimmung mit § 2 Abs. 1 SGB IX definiert. Abweichend von den §§ 20, 21 SGB XI bestimmt § 35a Abs. 1a Satz 1 Nr. 1–3 SGB VIII, dass eine Begutachtung

grundsätzlich nur durch einen Facharzt erfolgen kann. Diese Begutachtung erstreckt sich aber nur auf die Frage, ob eine „Abweichung der seelischen Gesundheit“ im Sinne des § 35a Abs. 1 Satz 1 Nr. 1 SGB VIII festzustellen ist. Für die ergänzende Feststellung der Teilhabegefährdung (§ 35a Abs. 1 Satz 1 Nr. 2 SGB VIII) ist das nicht erforderlich. Ohne eine Begutachtung darf das Jugendamt die Voraussetzungen des § 35a SGB VIII nicht bejahen. Darauf aufbauend prüft das Jugendamt, ob eine Beeinträchtigung der Teilhabe gegeben oder zu erwarten ist (LSG NRW 12 B 745/17, juris). Diese Sekundärfolge muss sich nicht zwangläufig ergeben. Im Zusammenhang mit der Begutachtung werden häufig zwei Dinge übersehen. Die hierbei entstehenden Kosten sind Verfahrenskosten, die dem Leistungsberechtigten nicht auferlegt werden dürfen (§ 64 SGB X). Des Weiteren handelt das Jugendamt bei der Anwendung des § 35a SGB VIII als Rehabilitationsträger (§ 6 Abs. 1 Nr. 6 SGB IX). Das bedeutet ua, dass dem Leistungsberechtigten gemäß § 17 Abs. 1 Satz 2 SGB IX in der Regel drei möglichst wohnortnahe Gutachter zu benennen sind.

Das Vor- und Nachrang-Verhältnis in der Eingliederungshilfe ist nach § 10 **9**
Abs. 1 und 4 SGB VIII zu klären (vgl. oben Rn. 2). Zunächst bestimmt § 10 Abs. 1 Satz 1 SGB VIII, dass die Schule Vorrang vor den Leistungen der Jugendhilfe hat. Hierzu hat das BSG eine nicht unumstrittene Auffassung entwickelt, wonach im pädagogischen Kernbereich des Lehrers keinerlei Leistungen der Eingliederungshilfe in Betracht kommen (§ 29 Rn. 15). In § 10 Abs. 4 Satz 1 SGB VIII wird dann das Rangverhältnis bei unterschiedlichen Behinderungen geregelt. An seelisch behinderte junge Menschen werden Leistungen nach § 35a SGB VIII erbracht. Bei allen anderen Behinderungsarten bleibt es bei den Leistungen nach den §§ 90 ff. SGB IX. Abgrenzungsfragen werden mit der Formel gelöst, dass eine Leistungskonkurrenz nur dann besteht, wenn Leistungen gleich, gleichartig, einander entsprechend oder zumindest teilweise überschneidend sind (BVerwG 137 S. 85).

Unterschiedliche Auffassungen werden vom BSG und vom BVerwG für den **9a**
Fall vertreten, in dem eine **geistig behinderte Mutter,** die ein Kind unter sechs Jahren erzieht, dabei einer Hilfe bedarf. Dieser Frau könnten entweder Leistungen nach § 90 SGB IX erbracht werden (BVerwG 135 S. 159). Sie könnte stattdessen aber auch Leistungen nach § 19 SGB VIII erhalten (BSG 103 S. 39). Man wird diese Streitfrage nicht dadurch lösen können, dass man darauf abstellt, wem die erforderliche Hilfe geleistet wird. Vielmehr muss man davon ausgehen, dass Mutter und Kind die Hilfe erhalten. Die Mutter, um ihrer Aufgabe gerecht werden zu können, das Kind, um seine dem § 1 Abs. 1 SGB VIII entsprechende Entwicklung zu gewährleisten. Davon, dass insoweit ein recht komplexer Bedarf zu decken ist, gehen beide Gerichte aus. Die Rechtsgrundlage hat auch keinen Einfluss auf die Qualität der Hilfe, die in jedem Falle in einer Einrichtung gewährt wird, die in der Lage ist, der spezifischen Bedarfssituation Rechnung zu tragen. Es handelt sich also um eine reine Rechtsfrage, die allerdings die Zuständigkeit des Leistungsträgers betrifft und für die Leistungsberechtigten lediglich Folgen hinsichtlich der Kostenbeiträge hat, die im Falle der Gewährung von Eingliederungshilfe nach § 90 SGB IX die gegenüber den §§ 91 ff. SGB VIII günstigeren Vorschriften der §§ 92 Abs. 2, 94 Abs. 2 SGB XII anwendbar sind (Rn. 2a, 16).

Das BSG will in dem genannten Falle § 19 VIII anwenden. Die in der Vorschrift **10**
geforderte „Persönlichkeitsentwicklung“ kann auch in einer geistigen Behinderung zu sehen sein. Maßgeblich stellt das Gericht darauf ab, dass nach § 19 SGB VIII eine multifunktionale Komplexleistung an zwei Generationen erbracht wird. Dieser kommt zwar keine den § 53 SGB XII aF (§ 90 SGB IX) verdrängende

Spezialität zu, jedoch greift die Vorrangregelung des § 10 Abs. 4 Satz 2 SGB VIII, die ihrerseits § 19 SGB VIII verdrängen würde, auch nicht ein. Der dort geregelte Vorrang der Eingliederungshilfe setzt nämlich nach der Rechtsprechung des BVerwG voraus (BVerwG 109 S. 325), dass die konkurrierenden Leistungen „gleich, gleichartig, einander entsprechend, kongruent, einander überschneidend oder deckungsgleich" sind. Nach Auffassung des BSG gibt es zwischen den Leistungen nach § 19 SGB VIII und 53 SGB XII aF (§ 90 SGB IX) nur eine personelle Teilidentität und keine sachliche Zielidentität. Demgegenüber ist das BVerwG der Auffassung, dass der gesamte Bedarf von Mutter und Kind auf der Grundlage des § 53 SGB XII aF (§ 90 SGB IX) gedeckt werden kann. Es bestreitet nicht, dass dies auch auf der Grundlage des § 19 SGB VIII möglich ist. Wegen der nach seiner Auffassung gegebenen Identität der Leistungen, die in einer „zumindest teilweisen Kongruenz" besteht, wendet das BVerwG § 10 Abs. 4 Satz 2 SGB XII an. Folge ist, dass die Eingliederungshilfe die Leistungen der Kinder- und Jugendhilfe, also auch § 19 SGB VIII, verdrängt (BVerwG 137 S. 85 Rn. 12).

11 Die Vor- und Nachteile der beiden Lösungen dürften sich die Waage halten. Bei Anwendung des § 90 SGB IX müssten das nicht behinderte Kind bzw. seine Geschwister auf einer anderen Rechtsgrundlage in eine Betreuungsform genommen werden. Hierfür könnten sich die §§ 27 Abs. 3, 27b SGB XII oder auch § 19 SGB VIII anbieten. Ist die Mutter nicht wesentlich in der Teilhabe eingeschränkt, wären nur Ermessensleistungen nach § 99 SGB IX iVm § 53 Abs. 2 SGB XII zu erbringen. Im Rahmen seines Ermessens könnte der Sozialhilfeträger die Frau auf die Inanspruchnahme des § 19 SGB VIII verweisen. Bei einer Anwendung des § 19 SGB VIII muss die Hilfe auf eine andere Grundlage gestellt werden, wenn das Kind älter als sechs Jahre geworden ist. Die Vorschrift ist überhaupt nicht anwendbar, wenn beide Eltern behindert sind und beide das Kind betreuen wollen, aber dazu nicht in der Lage sind.

12 Es ist wohl unausweichlich, dass die Frage dem Gemeinsamen Senat der oberen Bundesgerichte vorgelegt wird (§ 2 Abs. 1, 11 Abs. 1 RsprEinhG). Dies müsste durch das BSG erfolgen, denn es hat unter Aufhebung und Zurückverweisung der Entscheidung eines LSG seine Gesichtspunkte nur als Entscheidungshilfen für das LSG bezeichnet. Daran war das BVerwG nicht gebunden. Bis zu einer endgültigen Klärung der Frage, muss jeweils im konkreten Fall ein Zuständigkeitskonflikt gelöst werden. Dabei ist § 14 SGB IX nicht anwendbar. Diese Vorschrift setzt voraus, dass sich zwei Rehabilitationsträger im Zuständigkeitskonflikt befinden. Hinsichtlich die hier auch in Rede stehenden Anwendung des § 19 SGB VIII ist das Jugendamt aber kein Rehabilitationsträger (§ 6 Abs. 1 Nr. 6 SGB IX). Dabei kommt im praktischen Fall noch folgender Gesichtspunkt zum Tragen: Das seine Zuständigkeit bestreitende Jugendamt trägt vor, es wäre eine Teilhabeleistung (§ 90 SGB IX) zu erbringen. Der seine Zuständigkeit bestreitende Sozialhilfeträger trägt vor, es sei keine Teilhabeleistung (§ 19 SGB VIII) zu erbringen.

4. Andere Aufgaben der Jugendämter

13 Das Dritte Kapitel des Gesetzes befasst sich mit den **anderen Aufgaben** des Jugendamtes (§ 2 Abs. 3 SGB VIII). Streng genommen gehören sie nicht mehr zur Vorschrift des § 27 SGB VIII. Gleichsam als Bindeglied zu den Leistungen kennt das Gesetz in § 42 SGB VIII die Inobhutnahme (OVG Lüneburg FEVS 61 S. 221) und den Schutz von Kindern und Jugendlichen in Familienpflege und Einrichtungen (§ 43–49 SGB VIII). Eine **Inobhutnahme** darf nur bei einer dringenden Gefahr für das Wohl des Kindes oder Jugendlichen erfolgen. Sie hat zudem immer einen vorläufigen Charakter (VGH München NJW 2017 S. 1976). Vor allem im Zusammenhang mit § 42 SGB VIII hat sich das Problem der „Baby-Klappe" – treffender: vertrauliche Kindesabgabe oder anonymen Geburt – ergeben (Bieritz-Harder RsDE 2000/46 S. 33; Mielitz, JAmt 2006 S. 120; Haas, FamRZ 2010 S. 781). Letzten Endes scheitert die Anwendung des § 42 SGB VIII nicht an den vielfältigen Problemen, die sich bei diesem Thema stellen. Die Tatsache, dass im Zusammenhang mit der anonymen Abgabe eines Kindes in fremde Obhut mehrere Rechtsverstöße familien-, personenstands- und strafrechtlicher Art gibt (Neuheuser, ZKJ 2006 S. 458) hat keinen Einfluss auf die Rechtmäßigkeit der Inobhutnahme des Kindes (VGH München JAmt 2006 S. 148). Zur Altersfeststellung nach § 42f SGB VIII vgl, § 33a Rn. 8).

Die **Familiengerichtshilfe** (§§ 50-58 SGB VIII) bildet neben den Hilfen zur Erziehung den zweiten großen Aufgabenkreis Kinder- und Jugendhilferechts. Dieser Abschnitt befasst sich schwerpunktmäßig mit der Mitwirkung im gerichtlichen Verfahren, und zwar vor dem Familiengericht (§§ 50, 51 SGB VIII) und vor dem Jugendgericht (§ 52 SGB VIII). Im Vierten Kapitel wird in den §§ 61–68 SGB VIII der für das Jugendhilferecht der Komplex des Schutzes von **Sozialdaten** geregelt. Hier begründet § 65 SGB VIII einen besonderen Vertrauensschutz für die persönliche und erzieherische Hilfe, in den alle Mitarbeiter des Jugendamtes, also nicht nur spezielle Fachkräfte, einbezogen sind. 14

Das Siebte Kapitel enthält Vorschriften über die örtliche (§§ 85–88 SGB VIII) und die sachliche (§ 89 SGB VIII) **Zuständigkeit.** Dem Grundsatz nach geht § 85 SGB VIII davon aus, dass die örtliche Zuständigkeit des Jugendamtes nach dem gewöhnlichen Aufenthalt der Eltern begründet wird. Wegen der Vielgestaltigkeit der Aufgaben der Jugendhilfe sieht das Gesetz jedoch eine Reihe von Abweichungen von diesem Grundsatz vor. Hinsichtlich der sachlichen Zuständigkeit ist vor allem zu betonen, dass jetzt bundesweit das Prinzip der **Kommunalisierung** der Jugendhilfe anerkannt ist. Das bedeutet also, dass grundsätzlich alle Aufgaben der Jugendhilfe von den Landkreisen und kreisfreien Gemeinden wahrgenommen werden. Nur soweit in § 85 Abs. 2 SGB VIII etwas anderes geregelt ist, ist das Landesjugendamt sachlich zuständig. In den §§ 89 ff. SGB VIII ist die Kostenerstattung unter den Trägern der Jugendhilfe geregelt. 15

In der Kostenbeteiligung ist eine Unterscheidung zu machen. Für Leistungen, die nicht zur Hilfe zur Erziehung gehören, regelt § 90 SGB VIII eine pauschalierte Kostenbeteiligung. Das gilt insbesondere auch für Kinder in Kindertageseinrichtungen und in Kindertagespflege (§ 90 Abs. 1 Satz 1 Nr. 3 SGB VIII). Hier gilt im Ansatz noch das Äquivalenzprinzip. Allerdings bestehen hier erhebliche Einschränkungen. So gilt der Grundsatz dass Kostenbeiträge erhoben werden können, aber nicht müssen (§ 90 Abs. 1 Satz 1 SGB VIII). Die Kostenbeiträge können nach Einkommen und Kinderzahl gestaffelt werden, sie können ganz oder teilweise erlassen werden (§ 90 Abs. 2 SGB VIII), außerdem kennt das Gesetz Zumutbarkeitsgrenzen, die sich an den §§ 85 ff. SGB XII orientieren (§ 90 Abs. 3 und 4 SGB VIII). Dieses modifizierte Äquivalenzprinzip gilt nicht für die Hilfen zur Erziehung, sowie für §§ 13 Abs. 3, 19, 21 SGB VIII. Hier werden Kostenbeiträge nach Maßgabe der §§ 91–94 SGB VIII erhoben. Dabei wird zwischen voll- und teilstationären Leistungen unterschieden (§ 91 Abs. 1 und Abs. 2 SGB VIII). Bei ambulanten Hilfen werden keine Kostenbeiträge erhoben. Auf der Grundlage der KostenbeitragsVO werden die Kostenbeiträge aus einer Tabelle abgelesen. Diese 16 differenziert nach Kinderzahl, Einkommensgruppen und der Hilfeform als voll oder teilstationär (oben Rn. 2).

§ 28 Leistungen der Sozialhilfe

(1) **Nach dem Recht der Sozialhilfe können in Anspruch genommen werden:**
1. Hilfe zum Lebensunterhalt,
1a. Grundsicherung im Alter und bei Erwerbsminderung,
2. Hilfen zur Gesundheit,
3. ***(aufgehoben)***
4. Hilfe zur Pflege,
5. Hilfe zur Überwindung besonderer sozialer Schwierigkeiten,
6. Hilfe in anderen Lebenslagen
sowie die jeweils gebotene Beratung und Unterstützung.

(2) **Zuständig sind die Kreise und kreisfreien Städte, die überörtlichen Träger der Sozialhilfe und für besondere Aufgaben die Gesundheitsämter; sie arbeiten mit den Trägern der freien Wohlfahrtspflege zusammen.**

Übersicht

1. Gemeinsame Grundsätze des Leistungsrechts

1 Die Leistungen der Sozialhilfe umfassen einerseits die Hilfe zum Lebensunterhalt und die Grundsicherung im Alter bzw. bei voller Erwerbsminderung (§ 1 Nr. 1 und 2 SGB XII) und anderseits Leistungen, die bislang als Hilfe in besonderen Lebenslagen bezeichnet wurden (§ 1 Nr. 3–7 SGB XII). Mit der Aufgabe dieser Bezeichnung wollte der Gesetzgeber der Sozialhilfe aber keine Änderung bei den „notlagenspezifisch unterschiedlichen Leistungsvoraussetzungen" vornehmen (BT-Drs. 15/1514 S. 53, 54). In der Praxis ist der Begriff Hilfe in besonderen Lebenslagen als Oberbegriff für die Hilfen nach § 1 Nr. 3–7 SGB XII weiterhin gebräuchlich. Das Verhältnis des SGB XII zum SGB II bestimmt sich nach den Grundsätzen der §§ 5 Abs. 2 SGB II und 21 SGB XII. Daraus folgt, dass Leistungen nach den §§ 27 ff. SGB XII nicht erhält, wer dem Grunde nach leistungsberechtigt nach den §§ 19 ff. SGB II ist. Dementsprechend schließt § 7 Abs. 1 Satz 1 Nr. 1 und 2 SGB II aus, dass Leistungen nach den §§ 41 ff. SGB XII erbracht werden. Erfolgt dagegen ein Ausschluss der Leistungen der Grundsicherung für Arbeitsuchende nach § 7 Abs. 4 SGB II (§ 19a Rn. 18–22e), so werden Leistungen nach § 27b SGB XII erbracht. Die Hilfen nach den §§ 47 ff. SGB XII bleiben von den Ausschlussregelungen unberührt. Zu den allgemeinen Grundsätzen der Sozialhilfe vgl. § 9 Rn. 38–54; zur Armut § 9 Rn. 3–29; zu den Regelsätzen § 19a Rn. 30b–30l); zu Leistungen an Ausländern vgl. § 30 Rn. 51).

Die Leistungen zum Lebensunterhalt, auch in der Form der Grundsicherung im Alter und bei voller Erwerbsminderung werden im Wesentlichen nach gleichen Grundsätzen erbracht (§ 42 SGB XII). Allerdings ist eine vorläufige Entscheidung nach § 44a SGB XII nicht im Rahmen der §§ 27 ff. SGB XII möglich (§ 42 Rn. 27c). Die Hilfe zum Lebensunterhalt ist nicht nur auf die Deckung des Grundbedarfs (Ernährung, Kleidung, Unterkunft) ausgerichtet (§§ 27–39 SGB XII). Der notwendige Lebensunterhalt wird in den §§ 27 Abs. 3 und 27a Abs. 1 SGB XII umfassender definiert als die in § 20 Ab. 1 SGB II. Dazu gehören auch immaterielle Bedürfnisse, wie etwa die Beratung und Aktivierung (§ 11 SGB XII), Hilfen zur Alltagsbewältigung (§ 27 Abs. 3 SGB XII) oder die Betreuung in stationärer Versorgung, wie etwa in einem Altenheim (§ 27b SGB XII). Die Hilfe nach § 27b SGB XII wird jedem gewährt, der einer stationären Betreuung zum Lebensunterhalt bedarf. Dabei muss es sich um eine Einrichtung iSd § 13 Abs. 1 SGB XII handeln. Materiell ist sie dadurch zu definieren, dass in ihr „Leistungen" (§ 11 SGB I) erbracht werden. Einrichtungen des Untersuchungshaft- oder Strafvollzugs fallen nicht darunter. Damit ist § 27b SGB XII dort nicht anzuwenden. Nach Auffassung des BSG ist jedoch, vor allem hinsichtlich des Barbetrags, § 27b SGB XII analog anwendbar (BSG NZS 2018 S. 508 Rn. 21). 2

Die Hilfe in besonderen Lebenslagen konzentriert sich auf herausgehobene, vom allgemeinen Lebensbedarf zu unterscheidende, Bedarfslagen, wie Krankheit, Behinderung, Pflegebedürftigkeit und besondere soziale Schwierigkeiten (§ 47–74 SGB XII). Nicht in allen Fällen lässt sich eine scharfe Trennung zwischen der Hilfe zum Lebensunterhalt und den besonderen Lebenslagen machen. Umstritten war lange Zeit die Frage, ob die Hilfe in einem Frauenhaus, der Hilfe zum Lebensunterhalt (§ 27b SGB XII) zuzurechnen ist, oder ob sie als Hilfe zur Überwindung besonderer sozialer Schwierigkeiten geleistet werden muss (§ 67 SGB XII). In den typischen Bedarfsfällen war schon immer letzteres anzunehmen (OVG Münster FEVS 52 S. 38). Dem ist später auch durch § 1 der VO zu § 67 SGB XII Rechnung getragen worden. 2a

Gemäß § 27 Abs. 3 SGB XII gehört auch die Verrichtung einzelner **häuslicher Tätigkeiten** sowie einzelner **personenbezogener Verrichtungen** (zB die nicht medizinisch indizierte Fußpflege) zur Hilfe zum Lebensunterhalt. Bei einer umfassenden Beeinträchtigung des Selbsthilfevermögens kommt dann im **häuslichen Bereich** die Haushaltshilfe nach § 70 SGB XII als Hilfe in besonderen Lebenslagen in Betracht. Diese wiederum berührt teilweise auch Pflegeleistungen, zu denen nach den §§ 14 Abs. 3 IX; 62a SGB XII auch die hauswirtschaftliche Versorgung gehört (unten Rn. 21). Ein Teil der Schwierigkeiten, die sich derzeit im Verhältnis der Hilfe zum Lebensunterhalt zu den besonderen Lebenslagen ergeben, erklärt sich auch daraus, dass die Leistungen der Grundsicherung für Arbeitsuchende in den §§ 19 ff. SGB II zu sehr auf die materiellen Bedarfe reduziert sind und dass deswegen ein Rückgriff auf die Hilfen in besonderen Lebenslagen, insbesondere die §§ 61, 67 und 73 SGB XII erforderlich zu sein scheint, da diese durch § 5 Abs. 2 Satz 1 SGB II nicht ausgeschlossen sind. Bei solchen „atypischen Bedarfen" handelt es sich jedoch häufig um Bedarfe, die dem notwendigen Lebensunterhalt zuzurechnen sind. Deswegen ist ein leistungsrechtliche Antwort entweder über die §§ 19 ff. SGB II oder die §§ 27 ff. SGB XII zu suchen. Insoweit scheint § 21 Abs. 6 SGB II zunehmend an Bedeutung zu gewinnen (§ 19a Rn. 30c–30k). Die Vorschrift des § 16a SGB II kann diese Ergänzungsfunktion allenfalls begrenzt übernehmen, da sie auf die Eingliederung in Arbeit ausgerichtet ist. 3

4 Die Zuordnung zur Hilfe zum Lebensunterhalt, bzw. zur Hilfe in besonderen Lebenslagen hat praktische Konsequenzen. Sie kann zum einen Einfluss darauf haben, ob der örtliche oder der überörtliche Träger der Sozialhilfe sachlich zuständig ist (§ 97 SGB XII). Zum anderen wird der Einsatz des Einkommens bei der Hilfe in besonderen Lebenslagen nach den §§ 47 ff. SGB XII nur in geringerem Umfange verlangt als bei der Hilfe zum Lebensunterhalt (§§ 85–88 SGB XII). Schließlich steht auch die Verantwortung der Familie nur bei der Hilfe zum Lebensunterhalt im Vordergrund (vgl. §§ 19, 36, 94 SGB XII). Für alle Hilfearten wird in § 11 Abs. 3 Satz 2 SGB XII eine Obliegenheit zur Ausübung einer zumutbaren Tätigkeit begründet. Sie umfasst auch eine Unterstützung dazu, einschließlich des Angebots einer solchen Tätigkeit. Infolge der Neuordnung der Teilhabe am Arbeitsleben im Rahmen des § 111 SGB IX wird die Regelung des § 11 Abs. 3 Satz 2 SGB XII bei erheblicher Leistungsminderung eine größere Bedeutung erlangen (§ 29 Rn. 15d).

2. Hilfe zum Lebensunterhalt

5 Der notwendige Lebensunterhalt nach den §§ 27 ff. SGB XII setzt sich aus den laufenden und nur noch eingeschränkt aus den einmaligen Leistungen zusammen. Diese Hilfe ist die eigentliche **Basissicherung des Fürsorgesystems,** weil nur sie – bei Vorliegen einer Notlage – voraussetzungslos gewährt wird. Dies ergibt sich aus einem Vergleich der §§ 7 Abs. 1 SGB II und § 41 Abs. 2 und 3 SGB XII mit § 27 Abs. 1 SGB XII. Bei der laufenden Hilfe zum Lebensunterhalt ist ein bestimmter Gesamtbedarf zu errechnen (§§ 27–30 SGB XII). Auszugehen ist von den **Regelbedarfen** iSd § 28 SGB XII. Sie werden, sofern keine Neuermittlung durch die EVS erfolgt, gemäß § 28a Abs. 1 SGB XII jeweils zum 1. Januar eines Jahres fortgeschrieben. Dabei ist die Lohn- und Preisentwicklung zu berücksichtigen. Unter den Voraussetzungen des § 29 SGB XII können die Länder durch Rechtsverordnung abweichende Regelungen treffen. Demgegenüber sind die Regelbedarfe im SGB II Bundesgesetz festgelegt (§ 20 Abs. 2 SGB II). Die frühere prozentuale Abstufung der Regelbedarf je nach Alter und Lebenssituation ist durch § 8 RBEG ersetzt worden. Nicht wesentlich abweichend vom früheren Recht kennt die Vorschrift sechs Regelbedarfsstufen. Aus § 27a Abs. 1 SGB XII wird ersichtlich, welche Bedarfspositionen grundsätzlich in den Regelbedarfen erfasst werden. Es handelt sich dabei um Bedarfe, die gewöhnlich bei allen Hilfeempfängern mit einer gewissen Regelmäßigkeit auftreten. Anders als das SGB II ist die Sozialhilfe schon immer von einem Individualisierungsgrundsatz geprägt (§§ 9 SGB XII, 3 BSHG aF). Dies hat auch für die Regelbedarfe zur Folge, dass gemäß § 27a Abs. 4 SGB XII im Einzelfall der Regelsatz abweichend von der maßgebenden Regelbedarfsstufe, also höher oder niedriger, festgesetzt werden muss (BSG 125 S. 56). Die Voraussetzungen dafür sind im Gesetz relativ eng gefasst. Jedoch sind sie in einem Fürsorgesystem unerlässlich, weil hier nicht in allen Fällen davon ausgegangen werden kann, dass der Leistungsberechtigte bereite Mittel zur Deckung besonderer Bedarfe zur Verfügung hat. Dies hat das BVerfG für das SGB II beanstandet. Der Gesetzgeber hat darauf mit der Schaffung eines besonderen Mehrbedarfs nach § 21 Abs. 6 SGB II reagiert (§ 19a Rn. 30c). Im SGB XII ist es bei der Regelung des § 27a Abs. 4 SGB XII geblieben. Eine Erhöhung des Regelsatzes soll danach nicht bei einmaligen Bedarfen in Betracht kommen (LSG NRW ZfSH/SGB 2015 S. 533). Dagegen spricht jedoch der von § 21 Abs. 6 SGB II abweichende Wortlaut des § 27a Abs. 4 SGB XII sowie die Tatsache, dass

die Unterscheidung in einmalige und laufende Bedarfe nur noch in § 31 SGB XII relevant ist (§ 19a Rn. 30b–30k). Bei der Verringerung des Regelbedarfs wegen anderweitiger Deckung ergeben sich Abgrenzungsprobleme zu § 82 Abs. 1 Satz 1 SGB XII (BSG 99 S. 252 Rn. 19; BSG 106 S. 62 Rn. 36).

Der zweite Berechnungsposten in der Hilfe zum Lebensunterhalt sind die **Mehrbedarfszuschläge** des § 30 SGB XII, die in begrenztem Umfang kumuliert werden können (vgl. § 30 Abs. 6 SGB XII). Sie entsprechen im Wesentlichen § 21 SGB II (§ 19a Rn. 29). Grundsätzlich werden die Mehrbedarfszuschläge prozentual aus dem maßgebenden Regelsatz, der dem jeweiligen Haushaltsmitglied zusteht, errechnet. Den Mehrbedarf nach § 30 Abs. 1 Nr. 1 und 2 SGB XII kennt nur die Sozialhilfe, weil nur hier an Alter oder Erwerbsminderung angeknüpft wird (§ 41 Abs. 2 und 3 SGB XII). Bei jedem Mehrbedarf nach § 30 Abs. 1 SGB XII ist zu beachten, dass zusätzlich zu den Voraussetzungen nach § 30 Abs. 1 Nr. 1 oder 2 SGB XII ein Bescheid nach § 152 Abs. 4 SGB IX (weitere gesundheitliche Merkmale) oder ein Ausweis nach § 152 Abs. 5 SGB IX (Schwerbehinderung mit dem Merkzeichen G) als Nachweis vorliegt. Bis zu diesem Zeitpunkt besteht aber in Anspruch nach § 27a Abs. 4 Satz 1 SGB XII (BSG SozR 4-3500 § 30 Nr. 5). In der Grundsicherung für Arbeitsuchende besteht (nur) beim Sozialgeld die vergleichbare Regelung des § 23 Nr. 4 SGB II. Von größerer praktischer Bedeutung ist der Mehrbedarf wegen Alters, der in den letzten Jahren eher eingeschränkt worden ist (§ 30 Abs. 1 Satz 1 Hs. 2 SGB XII). Der Mehrbedarf für allein Erziehende hat im SGB XII kaum Bedeutung (BSG 102 S. 290). Gegenstand von Auseinandersetzungen ist häufig der Mehrbedarf für kostenaufwändige Ernährung bei Krankheit nach § 30 Abs. 5 SGB XII, da er in „angemessener" Höhe geleistet wird (BSG SozR 4-4200 § 21 Nr. 2). Zu diesem Mehrbedarf existieren Empfehlungen, deren Rechtscharakter noch immer umstritten ist (§ 31 Rn. 20). Wird ein Mehrbedarf nach § 30 SGB XII bewilligt, so schließt das eine abweichende Bemessung des Regelbedarfs nach § 27a Abs. 4 Satz 1 Nr. 1 SGB XII aus, sofern der Bedarf bereits durch den Mehrbedarfszuschlag gedeckt ist (BSG FEVS 68 S. 114 Rn. 18–22). Das setzt aber voraus, dass im konkreten Fall geklärt wird, welcher Mehrbedarf durch § 30 SGB XII im Detail gedeckt ist (vgl. § 19a Rn. 30c–30l). 6

Die Berechnung der laufenden Leistungen zum Lebensunterhalt wird um die Kosten der **Unterkunft** vervollständigt (§ 19a Rn. 34). Sie werden gemäß § 35 SGB XII einschließlich der Heizung und in Abhängigkeit vom örtlichen Wohnungsmarkt geleistet. Angemessen sind zwar die Kosten der Unterkunft, die unter den gegebenen Verhältnissen auf dem Wohnungsmarkt aufgewendet werden müssen (BSG SozR 4-4200 § 22 Nr. 30; BSG SGb 2013 S. 246 mAnm Groth). Maßstab ist aber zugleich der Standard der unteren Einkommensgruppen. Nach § 35 Abs. 2 Satz 1 und 2 SGB XII werden zu hohe Kosten der Unterkunft „in der Regel" nur vorübergehend übernommen (BSG SozR 4-4200 § 22 Nr. 8). Allerdings ist auch hier zu berücksichtigen, ob der Leistungsberechtigte in der Lage ist, die Unterkunftskosten zu senken (§ 19a Rn. 36). Der Hilfeempfänger kann jedoch die zu hohen Aufwendungen für die Unterkunft aus den Mitteln senken, die ihm im Sozialhilfebezug zur freien Verfügung bleiben (BVerwG FEVS 51 S. 49; einschränkend OVG Hamburg FEVS 53 S. 65). Gemäß § 35 Abs. 2 Satz 3 SGB XII hat ein Hilfeempfänger vor Anmietung einer Wohnung den Träger der Sozialhilfe von den maßgeblichen Umständen in Kenntnis zu setzen. Sind die Aufwendungen für die Unterkunft unangemessen hoch, so werden nur die angemessenen Unterkunftskosten übernommen, es sei denn der Träger der Sozialhilfe 7 hat den höheren Aufwendungen vorher zugestimmt. Wohnungsbeschaffungskosten werden unter den Voraussetzungen des § 35 Abs. 2 Satz 5 und 6 SGB XII übernommen. Kein Hilfesuchender darf auf eine Obdachlosenunterkunft verwiesen werden, da diese keine angemessene Unterkunft iSd § 35 SGB XII darstellt (OVG Berlin NJW 1980 S. 2484; vgl. aber OVG Münster FEVS 42 S. 241; Greifeld, Jus 1982 S. 819). Steht dem Hilfesuchenden aus tatsächlichen Gründen jedoch nur eine Obdachlosenunterkunft zur Verfügung, so sind die dort erhobenen Gebühren im Rahmen des § 2 SGB XII als Kosten der Unterkunft zu übernehmen (BVerwG 100 S. 136). Zu den Mietschulden vgl. § 19a Rn. 39).

8 Regelbedarf, Mehrbedarf und die Kosten der Unterkunft ergeben den **Gesamtbedarf.** Dies ist aber nicht der gesamte notwendige Lebensunterhalt iSd § 27 SGB XII. Neben den laufenden Bedarf treten vor allem die einmaligen Leistungen nach § 31 SGB XII. Eine genaue Abgrenzung der laufenden von den einmaligen Leistungen ist schwer möglich, hat aber wegen der abschließenden Regelung der einmaligen Bedarfe in § 31 SGB XII an praktischer Bedeutung verloren (§ 19a Rn. 31). Sie werden durch die Übernahme von Versicherungsbeiträgen nach den §§ 32 bis 33 SGB XII und die Leistungen für Bildung und Teilhabe § 34 SGB XII (§ 19a Rn. 32) ergänzt. Insbesondere für die Übernahme von Beiträgen zur privaten Krankenversicherung wird es als ausreichend angesehen, wenn die Beiträge im Basistarif nach den §§ 152, 193 VVG übernommen werden (BSG 109 S. 281; LSG BW NZS 2017 S. 517). Einmalige Bedarfe (§ 31 SGB XII) werden häufig in pauschalierter Form gedeckt. Solche **Pauschalierungen** haben den Vorzug einer Verwaltungsvereinfachung und auch einer Erleichterung für den Hilfeempfänger, der über die ihm zustehenden Mittel freier disponieren kann. Jede Pauschalierung läuft jedoch Gefahr den Individualisierungsgrundsatz des § 9 SGB XII zu verfehlen. Zu gering angesetzte Pauschalen verstoßen zudem gegen das Bedarfsdeckungsprinzip, wenn eine Aufstockung der Hilfe nur erschwert möglich ist. Das BVerwG hat im Jahre 1970 eine sehr enge Auffassung zur Pauschalierung vertreten. Sie wurde nur als zulässig angesehen, wenn, wie vor allem bei den Heizkosten, eine eindeutige Bestimmung des Bedarfs objektiv nicht möglich ist. Dabei werden aber gewisse Toleranzgrenzen akzeptiert (BVerwG 35 S. 178).

9 Eine weitere Besonderheit sowohl gegenüber der Grundsicherung im Alter und bei Erwerbsminderung, als auch der Grundsicherung für Arbeitsuchende ist die Hilfe zum **Lebensunterhalt in einer Einrichtung** (§ 27b SGB XII). Diese wurde anfangs nicht nach Regelsätzen gewährt. In der Neufassung nimmt § 27b Abs. 1 Satz 2 SGB XII Bezug auf die Regelbedarfsstufen 3–6 außerdem wird auf die §§ 30 ff. SGB XII verwiesen. Hinsichtlich der Kosten der Unterkunft gelten die Maßstäbe des § 42 Nr. 4b SGB XII, also ein Durchschnittswert im Bereich des örtlich zuständigen Trägers. Der weitere notwendige Lebensunterhalt iSd § 27b Abs. 1 Nr. 2 SGB XII wird in § 27b Abs. 2 SGB XII konkretisiert und umfasst vor allem den Barbetrag und eine Bekleidungspauschale. Der Barbetrag wird mindestens in der Höhe des § 27b Abs. 3 SGB XII erbracht. Weiterhin hat der Gesetzgeber keine Konkretisierung des § 27b Abs. 1 Nr. 1 SGB XII vorgenommen. Das betrifft den in der Einrichtung erbrachten Lebensunterhalt. Neben den genannten Konkretisierungen ist dies der wichtigste Kostenbestandteil, nämlich die in der Praxis sog. heimübliche persönliche Betreuung. Deren Kosten und damit auch deren Umfang ergeben sich aus den Vereinbarungen nach § 76 SGB XII, also nicht aus dem Gesetz. Häufig handelt es sich bei der Hilfe nach § 27b SGB XII aber um die Aufnahme in ein Altenheim oder ein Mutter-Kind-

Heim, soweit nicht Leistungen nach § 19 SGB VIII erbracht werden. Eine Heimunterbringung kommt auch ergänzend zur Hilfe in besonderen Lebenslagen in Betracht (Pflegeheim, Wohnheim für behinderte Menschen). Nur wenn eine „gesundheitlich bedingte Beeinträchtigung" besteht (§ 21a Rn. 7), kommen Leistungen nach den §§ 61 ff. SGB XII in Betracht. Insoweit bestehen ausreichend gesetzliche Maßstäbe für die Betreuungskosten. Bei der Betreuung behinderter Menschen finden die §§ 123 ff. SGB IX Anwendung. Hinter diesen Regelungen bleibt § 27b Abs. 1 Nr. 1 SGB XII zurück. Nur in wenigen Fällen werden auch Leistungen nach den §§ 19 ff. SGB II in Einrichtungen erbracht (§ 7 Abs. 4 Satz 3 Nr. 1 und 2 SGB II). Eine Anpassung der Leistungen nach den §§ 19 ff. SGB II an den stationären Bedarf erfolgt im SGB II nicht. Das ist im Grunde auch nicht erforderlich, weil je nach Lage des Falles die Betreuungskosten nach § 67 SGB XII oder den §§ 90 ff. SGB IX übernommen werden. Eine wenig konsequente Rechtslage ergibt sich schließlich bei der Grundsicherung im Alter. In § 42 SGB XII werden die Bedarfe geregelt. Dabei wird nicht auf die Anwendung des § 27b SGB XII verwiesen (vgl. unten Rn. 11).

Auf den Gesamtbedarf der Hilfe zum Lebensunterhalt ist grundsätzlich das **10** **Einkommen** iSd §§ 82 ff. SGB XII des Hilfesuchenden bzw. der Einstandsgemeinschaft anzurechnen. Abzusetzen sind die in § 82 Abs. 2 SGB XII genannten Beträge (BSG SozR 4-4200 § 11 Nr. 54). Der Freibetrag zur Förderung der Arbeitsbereitschaft ist der Höhe nach auf die Hälfte der Regelbedarfsstufe 1 begrenzt, kann aber in begründeten Fällen abweichend festgelegt werden (§ 83 Abs. 3 SGB XII). Diese deutliche Abweichung von § 11b Abs. 2 SGB II ist vom Gesetzgeber gewollt und rechtlich nicht zu beanstanden (BSG NZS 2018 S. 787). Einkommen ist alles, was jemand im Bedarfszeitraum wertmäßig dazu erhält, Vermögen ist das, was er in diesem Zeitraum bereits hat (§ 19a Rn. 43). Entscheidend ist der Zeitpunkt des tatsächlichen Zuflusses der Mittel (BVerwG 108 S. 296; BSG 101 S. 291). Zumindest unglücklich ist die Regelung des § 82 Abs. 2 Satz 2 SGB XII, wonach abweichend von § 11 Abs. 1 Satz 2 SGB II alle **Einnahmen in Geldeswert** anrechenbares Einkommen sind (§ 19a Rn. 43). Übersteigt das Einkommen den Gesamtbedarf, so wird keine Hilfe geleistet. Bleibt das Einkommen unter dem Gesamtbedarf, so ist die Differenz als laufende Hilfe zum Lebensunterhalt zu leisten. Im Prinzip ist bei den einmaligen Leistungen genauso zu verfahren (§ 31 SGB XII). Zum **Kindergeld als Einkommen** vgl. § 19a Rn. 44; § 25 Rn. 13a–13d)

Auch das Vermögen ist grundsätzlich zu verwerten, soweit dies in § 90 SGB XII **10a** und der Verordnung zu § 90 SGB XII vorgesehen ist (§ 19a Rn. 47). Es besteht nicht die Möglichkeit, Vermögen nur fiktiv zu verwerten. Solange es tatsächlich vorhanden ist, steht es einem Bezug von Sozialhilfeleistungen entgegen (BVerwG 106 S. 105). Grundsätzlich kommt es nicht darauf an, aus welchen Mitteln das Vermögen angespart worden ist. Das gilt selbst dann, wenn es aus Mitteln der laufenden Hilfe zum Lebensunterhalt stammt (OVG Bautzen FEVS 48 S. 199). Als Härte iSd § 88 Abs. 3 BSHG aF wurde es aber angesehen, wenn der Einsatz eines Vermögens verlangt wird, das aus dem Erziehungsgeld angespart wurde (BVerwG 105 S. 199). Das gilt heute sinngemäß für § 90 Abs. 3 SGB XII und das Elterngeld. **Schonvermögen** sind nach § 90 Abs. 2 Nr. 8 SGB XII insbesondere das selbstbewohnte angemessene Hausgrundstück (BVerwG 90 S. 252; BSG 100 S. 186; BSG NZS 2017 S. 357) und die in der Verordnung zu § 90 Abs. 2 Nr. 9 SGB XII genannten Beträge. Bei den Haushaltsgegenständen, die nach § 90 Abs. 2 Nr. 4 SGB XII geschont werden, kann es zu Wertungswidersprüchen mit dem

Pfändungsschutz bei der Sachpfändung kommen (§ 811 ZPO). Zum **Rückkauf** einer Versicherung vgl. § 19a Rn. 47i; zu den Bestattungsvorsorge- und Grabpflegeverträgen vgl. BSG 100 S. 131; Gotzen, ZfF 2014 S. 223).

3. Grundsicherung im Alter und bei voller Erwerbsminderung

11 In § 42 SGB XII werden zwei Gruppen der Leistungsberechtigten geregelt. In beiden Fällen handelt es sich um Personen, für die eine Erwerbstätigkeit auf dem allgemeinen Arbeitsmarkt nicht (mehr) in Betracht kommt. Ist eine der beiden Voraussetzungen des § 41 Abs. 2 SGB XII (Alter) oder § 41 Abs. 3 SGB XII (dauerhafte volle Erwerbsminderung) erfüllt, so werden als eine besondere Form der Hilfe zum Lebensunterhalt die Leistungen nach § 42 SGB XII erbracht. Sie entsprechen weitgehend der allgemeinen Hilfe zum Lebensunterhalt nach den §§ 27 ff. SGB XII. Das ergibt sich aus der Verweisung in § 42 Abs. 1 SGB XII auf die §§ 28–37a SGB XII.

12 Personen, die Leistungen der Grundsicherung nach § 41 Abs. 2 oder 3 SGB XII beziehen, erhalten auch Hilfe zum Lebensunterhalt nach den §§ 27 ff. SGB XII, sofern ihr Bedarf durch die Grundsicherung nicht gedeckt ist. Insbesondere umfassen die Leistungen § 42 SGB XII nicht die stationäre Hilfe zum Lebensunterhalt (§ 27b SGB XII). Die Regelung des § 42 Nr. 4b SGB XII erstreckt sich nur auf die Ermittlung der Höhe der Unterkunftskosten. Damit tritt die Hilfe nach § 27b SGB XII neben die Grundsicherung nach § 42 SGB XII. Sie ist aber kein Bestandteil der Grundsicherung. Folglich greift in diesem Falle die Entlastung der Unterhaltspflichtigen hier nicht ein. Das gilt vor allem für die Betreuung im Altenheim. Im Übrigen ergänzt § 27b SGB XII auch die Eingliederungshilfe (§§ 90 ff. SGB IX, 27b SGB XII), die Pflege (§§ 61, 27b SGB XII) oder die Hilfe zur Überwindung besonderer sozialer Schwierigkeiten (§§ 67, 27b SGB XII), soweit diese **in stationärer Form** erbracht werden. Damit sind im Zusammenhang mit der Altersarmut zwei Annahmen fragwürdig. Erstens beschränkt sich die Grundsicherung für **alte Menschen** auf die ambulanten Leistungen zum Lebensunterhalt. In § 42 Nr. 1 und 2 SGB XII wird neben den Regelsätzen nur auf den Zweiten Abschnitt des Dritten Kapitels verwiesen. Gegenwärtig reichen auch kleinere Renten idR noch aus, um den ambulanten Bedarf zum Lebensunterhalt zu decken. Es besteht also nur in einem verhältnismäßig geringen Umfang das Bedürfnis einer Entlastung der jüngeren Generation. Entstehen die hohen Kosten für Leistungen nach § 27b SGB XII, so ist § 43 Abs. 5 SGB XII nicht anwendbar. Es erfolgt also keine Entlastung der jüngeren Generation. Zweitens war mit der Verlagerung der Eingliederungshilfe für **behinderte Menschen** in die §§ 90 ff. SGB IX die Hoffnung verbunden, sie und ihre Familie unabhängig von der Sozialhilfe zu machen. Das ist für die Eingliederungshilfe auch weitgehend gelungen (§§ 135 ff. SGB IX). Ist der behinderte Mensch dauerhaft voll erwerbsgemindert, so tritt unter den Voraussetzungen der §§ 41 Abs. 3, 43 Abs. 5 SGB XII die Entlastung bei den ambulanten Leistungen zum Lebensunterhalt ein (§ 42 SGB XII). Sofern für den allgemeinen Lebensbedarf § 27b SGB XII neben der Eingliederungshilfe anwendbar ist, kommt es weder zu einer Entlastung nach § 136 Abs. 1 SGB IX („Leistungen nach diesem Teil"), noch nach § 43 Abs. 5 SGB XII, da § 27b SGB XII systematisch nicht zur Grundsicherung im Alter bzw. bei voller Erwerbsminderung gehört (§ 42 SGB XII).

13 Die Leistungsvoraussetzungen der Grundsicherung im Alter sind nach § 41 Abs. 2 SGB XII festzustellen. Besteht Unklarheit über das Alter, so ist § 33a SGB I anzuwenden. In der Grundsicherung bei voller Erwerbsminderung bereitet praktische Schwierigkeiten vor allem die Leistungsvoraussetzung des § 41 Abs. 3 GB XII, die „dauerhafte volle Erwerbsminderung". Diese Voraussetzung ist gemäß § 45 SGB XII vom Träger der Rentenversicherung zu klären (§ 109a SGB VI). Sie ist nicht inhaltsgleich mit § 8 Abs. 1 SGB II. Vielmehr orientiert sie sich weitgehend am Rentenanspruch wegen voller Erwerbsminderung nach § 43 SGB VI (§ 23 Rn. 7 ff.). Ein wesentlicher Unterschied besteht aber darin, dass § 41 Abs. 3 SGB XII voraussetzt, dass es unwahrscheinlich ist, dass die Erwerbsminderung behoben werden kann (Dauerhaftigkeit). Häufig werden kleinere Renten nach § 43 SGB VI durch die Grundsicherung nach § 41 Abs. 3 SGB XII aufgestockt. Renten werden in der Anfangsphase zumeist „auf Zeit" geleistet (§ 102 Abs. 2 SGB VI). Daraus kann aber nicht gefolgert werden, dass ein Grundsicherungsanspruch noch nicht bestehen würde. Die „Rente auf Zeit" wird – von der Ausnahme § 102 Abs. 2 Satz 3 SGB VI abgesehen – ohne nähere Prüfung der Dauer geleistet. Bei solchen Renten muss also gesondert festgestellt werden, ob eine dauerhafte Erwerbsminderung vorliegt. Das darf nie allein deswegen verneint werden, weil die Rente auf Zeit gewährt wird. Grundsätzlich trifft der Träger der Rentenversicherung die erforderlichen Feststellungen nach § 45 SGB XII (§ 109a SGB VI).

Die Berechnungsgrundsätze entsprechen weitgehend denen beim Arbeitslosen- **14**
geld II (§§ 19 ff. SGB II) bzw. der Hilfe zum Lebensunterhalt (oben Rn. 5–8). Auch für die der Unterkunft und Heizung gelten an sich die allgemeinen Grundsätze des § 35 SGB XII. Jedoch wird in § 42a SGB XII eine differenzierende Regelung für **unterschiedliche Wohnformen** getroffen. So kompliziert die Regelung ist, so sinnvoll ist sie (Schwabe, ZfF 2017 S. 101; Hahn, info also 2018 S. 6). Allerdings hätte man eine solche Regelung einheitlich für den gesamten Unterkunftsbedarf im SGB II und SGB XII schaffen sollen. Bei der Auslegung der §§ 22 SGB II und 35 SGB XII wird man sich aber an § 42a SGB XII orientieren können (BT-Drs. 18/9984 S. 93). Zu unterscheiden ist in § 42a SGB XII, ob eine leistungsberechtigte Person in oder außerhalb einer Einrichtung lebt (§ 42a Abs. 1 SGB XII). Lebt sie in einer Einrichtung iSd § 27b SGB XII, so wird der nach § 42 Nr. 4 lit. b SGB XII ermittelte Durchschnittswert als Kosten der Unterkunft anerkannt. Alternativ stellt § 42a Abs. 2 SGB XII darauf ab, ob die leistungsberechtigte Person in einer Wohnung lebt. In diesem Falle ist § 42a Abs. 3 und 4 SGB XII anzuwenden. Lebt sie außerhalb von Einrichtungen in einer sonstigen Unterkunft, so ist § 42a Abs. 5 SGB XII anzuwenden. Zum Zweck der Unterscheidung definiert § 42a Abs. 2 Satz 2 SGB XII die Wohnung und den persönlichen Wohnraum als

Zusammenfassung mehrerer Räume, die von anderen Wohnungen oder Wohnräumen baulich getrennt sind und die in ihrer Gesamtheit alle für die Führung eines Haushalts notwendigen Einrichtungen, Ausstattungen und Räumlichkeiten umfassen. Persönlicher Wohnraum ist ein Wohnraum, der Leistungsberechtigten allein oder zu zweit zur alleinigen Nutzung überlassen wird, und zusätzliche Räumlichkeiten sind Räume, die ihnen zusammen mit weiteren Personen zur gemeinsamen Nutzung überlassen werden.

Lebt die leistungsberechtigte Person in der in § 42a Abs. 3 Satz 1 Nr. 1 SGB XII beschriebenen Konstellation mit Familienmitgliedern und sind diese Mieter oder Eigentümer der Wohnung, ist aber die leistungsberechtigte Person nicht vertraglich verpflichtet, die Unterkunftskosten zu tragen, so sind gleichwohl die Aufwendungen dafür nach den Grundsätzen des § 42a Abs. 3 Sätze 3–5 SGB XII zu übernehmen (Mehrpersonenhaushalt). Wichtig ist dabei, dass § 42a Abs. 3 Satz 5 SGB XII auf die Anwendung des § 42a Abs. 4 Satz 1 SGB XII verweist. Das betrifft den Fall, dass die leistungsberechtigte Person in einem (gut situierten) Mehrpersonenhaushalt lebt, in dem sie durch ihren Unterkunftskostenanteil wirtschaftlich überfordert wäre. Hier wird vom Kopfanteil der Unterkunftskosten ausgegangen. Dabei wird zwar immer noch auf die Angemessenheit dieses Anteils abgestellt. Jedoch findet nun die (Zumutbarkeits)regelung des § 35 Abs. 2 Satz 2 SGB XII Anwendung (BT- Drs. 18/9984 S. 93, 94). Lebt die leistungsberechtigte Person mit anderen Personen in einer Wohnung (Wohngemeinschaft) und ist sie vertraglich zur Tragung der Unterkunftskosten verpflichtet, so sind die Aufwendungen dafür nach den Grundsätzen des § 42a Abs. 4 Satz 1–3 SGB XII zu übernehmen. Dasselbe gilt, wenn die leistungsberechtigte Person in einem Mehrpersonenhaushalt iSd § 42a Abs. 3 Nr. 1 SGB XII lebt und wenn sie dort vertraglich zur Tragung der Unterkunftskosten verpflichtet ist. Besteht keine vertragliche Verpflichtung, so ist § 42a Abs. 3 Satz 3–5 anzuwenden. Lebt die leistungsberechtigte in einer sonstigen Unterkunft, also in einer solchen, die in § 42a Abs. 2 SGB XII nicht konkretisiert ist, das kann ein Wohnwagen, eine Obdachlosenunterkunft oder auch ein Hotelzimmer sein, so gelten die Grundsätze des § 42a Abs. 5 SGB XII. In diesem Falle ist die Obergrenze für die zu übernehmenden Kosten der Betrag der Warmmiete für einen Ein- bzw. Mehrpersonenhaushalt. Unter den Voraussetzungen des § 42a Abs. 5 können auch höhere Aufwendungen übernommen werden (BT-Drs. 18/9984 S. 94).

15 Auch die **Anrechnung von Einkommen** des Leistungsberechtigten nach den § 82–84 SGB XII entspricht den Grundsätzen § 11 SGB II (oben Rn. 10, § 19a Rn. 43–46). Das Schonvermögen mit zzt. grundsätzlich 5000 € pro leistungsberechtigter Person in § 90 Abs. 2 Nr. 9 SGB XII und der dazu gehörigen Verordnung ist allerdings viel geringer als in § 12 Abs. 2 Nr. 1–3 SGB II. Soweit sich im SGB XII Besonderheiten bei der Bedarfsdeckung ergeben, hängen sie nicht mit den Berechnungsgrundsätzen zusammen. Von § 43 Abs. 1 SGB XII abgesehen, bietet auch die Tatsache keine größeren Probleme, dass bei älteren Menschen die Bedarfsgemeinschaft aus einem Mitglied besteht, das den Anspruch nach § 41 Abs. 2 SGB XII hat. Das andere Mitglied kann wegen seines Alters noch Empfänger von Arbeitslosengeld II sein (gemischte Bedarfsgemeinschaft). Die Regelungen über die Bedarfsgemeinschaften sind insoweit inhaltsgleich. (§§ 7 Abs. 3 SGB II, 19 Abs. 2 SGB XII). Schwierigkeiten bereitet hier allerdings die Anrechnung von Einkommen und Vermögen.

16 Die Leistungen in der **gemischten Bedarfsgemeinschaft** werden für jeden Berechtigten nach dem für ihn geltenden Gesetz berechnet. Soweit hier Einkommen zu berücksichtigen ist (Rente, Erwerbseinkommen), gelten die jeweiligen Anrechnungsregeln der Gesetze. Damit gelten von Gesetzes wegen unterschiedliche Frei- und Schonbeträge (im Einzelnen § 19a Rn. 23a). Eine gewisse Schwierigkeit der ganzen Berechnung ergibt sich aus § 43 Abs. 1 SGB XII. Diese Vorschrift sieht vor, dass Einkommen und Vermögen des Partners nach den Grundsätzen des SGB XII angerechnet werden. Das bedeutet zB auch, dass das hohe Schonvermögen nach § 12 Abs. 1 Nr. 1 SGB II nicht mehr geschont wird, wenn einer der Partner Leistungen nach § 41 Abs. 3 SGB XII erhält. Das BSG neigt jedoch dazu, der gemischten Bedarfsgemeinschaft die Vorteile des SGB II zu belassen (BSG 112 S. 61; BSG SozR 4-4200 § 9 Nr. 12). Das ist dogmatisch schwer zu begründen, weil nicht nur der Gesetzeswortlaut, sondern auch das Konstrukt „Bedarfsgemeinschaft" gegen diese Auffassung sprechen. Sozialpolitisch

hat diese Auffassung aber für sich, dass das vorhandene Vermögen nicht schon für den älteren, zumeist männlichen Partner, aufgebraucht wird.

17 Die Grundsicherung im Alter und bei Erwerbsminderung hat ihre Bedeutung vor allem in der gegenüber anderen Fürsorgeleistungen weitgehenden Freistellung von unterhaltspflichtigen Eltern (gegenüber erwerbsunfähigen Kindern) bzw. von Kindern (gegenüber ihren Eltern). Dies folgt aus der Regelung des § 43 Abs. 5 SGB XII. Sie werden jeweils bei Einkünften von bis zu 100.000 € jährlich nicht herangezogen. Es handelt sich dabei um das Gesamteinkommen iSd § 16 SGB IV. Dieser Betrag dürfte insbesondere deswegen nicht mehr zeitgemäß sein, weil er keine Familienkomponente enthält. Unter Geschwistern genießt jedes die Schonung in Höhe des Betrages. Es kann sich ergeben, dass eines von ihnen ein Einkommen von über und das andere von unter 100.000 € hat. In diesem Falle wird Grundsicherung nicht geleistet (§ 43 Abs. 5 Satz 1 SGB XII). Der Anspruch ist schon ausgeschlossen, wenn nur ein unterhaltspflichtiges Familienmitglied mehr als 100.000 € verdient (BSG SozR 4-3500 § 43 Nr. 3). Es kommen nur die Leistungen nach den §§ 27 ff. SGB XII in Betracht. Damit erfolgt eine umfassende Heranziehung der Kinder nach § 94 SGB XII im Rahmen ihrer Unterhaltspflicht. Dies ist für das geringer verdienende Kind von Nachteil, da es nach seiner eigen Einkommenssituation eigentlich unter § 43 Abs. 5 SGB XII fällt. In diesem Fall hat der BGH in der Inanspruchnahme dieses Kindes eine unbillige Härte iSd § 94 Abs. 3 Nr. 2 SGB XII gesehen (BGH NJW 2015 S. 2655). Die weitgehende Schonung der anderen Generation erfolgt nicht im Verhältnis der Ehepartner zueinander (§ 43 Abs. 1 SGB XII). Im Übrigen hat die Schonung Auswirkungen für alle Einkommensgruppen. Denn der jeweilige unterhaltsrechtliche Bedarf wird zunächst einmal in Höhe der Grundsicherungsleistung gedeckt, er ist also auf den zivilrechtlichen Unterhaltsanspruch anzurechnen. Es besteht eine unterhaltsrechtliche Obliegenheit, die Leistungen nach den §§ 41 ff. SGB XII in Anspruch zu nehmen.

4. Hilfen in besonderen Lebenslagen

18 Das Fürsorgesystem wird falsch verstanden, wenn es nur unter dem Blickwinkel der materiellen Armut (Hilfe zum Lebensunterhalt) begriffen wird. Schon im Rahmen der Hilfe zum Lebensunterhalt (§§ 19 ff. SGB II, 27 ff. SGB XII) sind immaterielle Bedarfspositionen gegeben. Obwohl das SGB II diese weitgehend ausblendet, lässt sich ein solcher Bedarf in den §§ 14 ff. SGB II erkennen. Das gilt in besonderem Maße für § 16a SGB II. Dieser immaterielle Bedarf beschränkt sich in den § 14 ff. SGB II aber auf die Eingliederung in das Arbeitsleben. Von der Systematik des Gesetzes her handelt es sich dabei immer noch um eine Hilfe zum Lebensunterhalt – das SGB II kennt keine anderen Leistungen. Demgegenüber entspricht das SGB XII sehr viel mehr der überkommenen Fürsorge, da es neben der Hilfe zum Lebensunterhalt die besonderen Lebenslagen der §§ 47 ff. SGB XII kennt. Der Begriff der Hilfe in besonderen Lebenslagen (HbL) ist als Oberbegriff für eine Reihe von Hilfe und als Abgrenzung zum Lebensunterhalt weiterhin von Bedeutung. Die Hilfe in besonderen Lebenslagen erstreckt sich auf Bedarfe, die nicht typischerweise mit der täglichen Lebensführung zusammenhängen, sondern nur in besonderen Fällen vorkommen (47–74 SGB XII).

19 Die wichtigsten sind Hilfen bei Krankheit (§ 47 SGB XI), Behinderung (§ 90 SGB IX), Pflegebedürftigkeit (§ 61 SGB XII), Besonderen sozialen Schwierigkeiten (§ 67 SGB XII), Angewiesenheit auf Haushaltshilfe (§ 70 SGB XII). Die

besondere Lebenslage der Blindenhilfe (§ 72 SGB XII) ist insoweit von geringem Interesse, als die Bundesländer eigene Blindenhilfegesetze haben. Die Übernahme der Bestattungskosten nach § 74 SGB XII war im alten Recht ein Teil der Hilfe zum Lebensunterhalt und gehört jetzt zu den besonderen Lebenslagen. Sie war und ist weiterhin ein Sonderfall im Leistungssystem. Eines der Hauptprobleme der Praxis besteht darin, festzustellen, wer zur Bestattung „verpflichtet" ist (BSG 109 S. 61; LSG BW FEVS 68 S. 213; LSG NRW FEVS 68 S. 522). Die Hilfe nach § 73 SGB XII stellt eine Öffnungsklausel für Bedarfe dar, die auftreten können. Dadurch wird aber § 73 SGB XII nicht zu einer allgemeinen Auffangnorm. Ihre Funktion kann die Vorschrift nur entfalten, wenn ein Sachverhalt gegeben ist, der den bekannten besonderen Lebenslagen vergleichbar ist.

20 Allgemein im Fürsorgesystem besteht ein Nachrang der Hilfen (§ 2 SGB XII). Bei den §§ 47 ff. SGB XII ist er besonders schwer festzustellen, weil ein Teil des Bedarfs vorrangig gedeckt werden kann. Wegen des umfassenden Versicherungsschutzes nach § 5 Abs. 1 Nr. 13 SGB V und im Hinblick auf § 52 Abs. 1 Satz 1 SGB XII haben die Leistungen der Hilfe zur Gesundheit erheblich an praktischer Bedeutung verloren (BSG 107 S. 177). Bei der Eingliederungshilfe für behinderte Menschen, die jetzt nicht mehr in § 53 SGB XII, sondern in den §§ 90 ff. SGB IX geregelt ist, ist das im Prinzip nicht anders. In systematischer Hinsicht ist sie Sozialhilfe geblieben (§ 29 Rn. 2a), was besonders sinnfällig in ihrem Nachrang zum Ausdruck kommt (§ 91 SGB IX). Auch nach der Neuregelung, die im Leistungsspektrum viel konkretisiert, aber wenig verändert hat, sind zunächst die Versicherungsleistungen der medizinischen und beruflichen Rehabilitation zu prüfen. Ähnlich stellt es sich bei der Hilfe zur Pflege (§ 61 SGB XII) dar (§ 21a Rn. 54). Hier kommen zunächst die Leistungen der Pflegeversicherung in Betracht (§§ 36 ff. SGB XI). Keine vorrangigen Leistungen der Sozialversicherung werden erbracht bei den Hilfen zur Überwindung besonderer sozialer Schwierigkeiten (§ 67 SGB XII). Die Sozialversicherung kennt diesen Komplex in keiner Weise. Bei der Haushaltshilfe (§ 70 SGB XII) gibt es teilweise vorrangige Leistungen (§§ 37, 38 SGB V, 20 SGB VII, 36 SGB XI).

21 Die Abgrenzung der Hilfen nach den §§ 47 ff. SGB XII untereinander und von der Hilfe zum Lebensunterhalt ist nicht immer ganz leicht. Das ergibt der Vergleich von § 27 Abs. 3 SGB XII mit § 70 SGB XII. In § 27 Abs. 3 SGB XII besteht ein Bedarf auf Hilfe bei **einzelnen Verrichtungen** zum Lebensunterhalt (personen- oder haushaltsbezogen). Bei § 70 SGB XII – einer besonderen Lebenslage – besteht der Hilfebedarf bezüglich des **ganzen Haushalts.** Personenbezogene Verrichtungen kommen hier nicht in Betracht. Besteht insoweit ein Bedarf, sind Leistungen zur Pflege oder bei geringerem Bedarf solche nach § 27 Abs. 3 SGB XII zu prüfen.

22 In § 47 SGB XII ist vom **Krankheitsbegriff** der Krankenversicherung auszugehen, also von einer Funktionsstörung, die durch ärztlich verantwortete Maßnahmen zumindest gelindert werden kann (§ 21 Rn. 7). Die Leistungen nach den §§ 47 ff. SGB XII entsprechen denen der Krankenversicherung. Dies wird im Sinne einer Leistungsbegrenzung in § 52 Abs. 1 SGB XII ausdrücklich geregelt. Daraus ergeben sich dann größere Probleme, wenn die Leistungen der Krankenversicherung nicht bedarfsdeckend sind. Das gilt weniger für besondere Heilmethoden oder Arzneimittel, weil es bei ihnen in der Krankenversicherung grundsätzlich ausreichenden Ersatz gibt (§ 21 Rn. 13, 19). In einigen Fällen bestehen aber Begrenzungen für Leistungen, die dann auch von Hilfebedürftigen aus den verfügbaren materiellen Mitteln beschafft werden müssen. So ist seit einigen Jahren das Hilfsmittel „Brille" aus dem Leistungskatalog der Krankenversicherung weitgehend gestrichen (§ 33 Abs. 2 SGB V). Bei versicherten Arbeitnehmern, konnte der Gesetzgeber noch davon ausgehen, dass sie aus ihrem Einkommen Rücklagen für bestimmte Gesundheitsleistungen, wie etwa eine Normalbrille, bilden. Diese Annahme ist aber bei Hilfebedürftigen nur bedingt möglich. Dieses Problem ist nicht leicht zu lösen (§ 19a Rn. 30b–30l). Im SGB XII kommt nur eine Regelbedarfserhöhung nach § 27a Abs. 4 Satz 1 SGB XII in Betracht. Gesundheitsleistungen werden aber schon in der EVS mit etwa 16 € monatlich ausgewiesen und gehören damit zum laufenden Lebensunterhalt. Eine Regelbedarfserhöhung kommt also nur in Betracht, wenn im Einzelfall diese Beträge nicht bedarfsdeckend sind. Bei den Zuschüssen zum Zahnersatz kann sich ein vergleichbares Problem nicht ergeben, da nach § 55 Abs. 2 SGB V für Hilfeempfänger bedarfsdeckende Festzuschüsse geleistet werden. Dies gilt darüber hinaus auch für nicht hilfebedürftige Versicherte mit geringen Einkünften (§ 55 Abs. 2 Nr. 1 SGB V).

Bei der **Eingliederungshilfe** für behinderte Menschen nach den §§ 53 ff. **23**
SGB XII ist mit Wirkung ab dem 1.1.2020 aus dem SGB XII herausgelöst worden. Die Leistungsträger heißen jetzt Träger der Eingliederungshilfe und dürften in der Verwaltungspraxis auf lange Zeit dieselben Behörden bleiben, wie es bisher der Fall war. Allgemein ist zwar beim Begriff der Behinderung von der Grundregel des § 2 SGB IX auszugehen. Doch es war im Gesetzgebungsverfahren nicht gelungen, diesen Begriff konsequent auf das neue Eingliederungshilferecht zu erstrecken (§ 10 Rn. 2). Deswegen wird bis auf Weiteres der leistungsberechtigte Personenkreis nach § 53 Abs. 1 und 2 SGB XII in der am 31.12.2019 geltenden Fassung bestimmt (§ 99 SGB IX). Das gilt auch für die § 1–3 EinglVO. Diese Vorschriften werde also noch bis Ende 2022 die Eingliederungshilfe bestimmen (Art. 25a BTHG). Entscheidend für den Begriff der Behinderung ist, dass zu einer Krankheit (genauer: einer Funktionsstörung) ein Integrationsrisiko hinzutritt. Der Begriff Behinderung umfasst immer körperliche, geistige und seelische Leiden. Nicht mehr gebräuchlich war lange Zeit der selbständige Begriff der Sinnesbehinderung (Hör- und Sehvermögen). Er findet jetzt in § 2 Abs. 1 SGB IX wieder Verwendung. Seelisch behinderte Kinder erhalten höchstens bis zum Lebensalter von 27 Jahren (§ 41 SGB VIII) ihre Leistungen nach § 35a SGB VIII.

Die entscheidende Neuerung des § 2 Abs. 1 SGB IX, nämlich die Wechselwir- **24**
kung der Funktionsstörung mit „mit Einstellungs- und umweltbedingten Barrieren" findet sich derzeit noch nicht in § 99 SGB IX (vgl. § 10 Rn. 2). Anders als in der Sozialversicherung muss im jetzt noch geltenden § 53 Abs. 1 SGB XII das Integrationsrisiko „wesentlich" sein. Bei einer nicht wesentlichen Behinderung werden Ermessensleistungen erbracht bzw. der Hilfebedürftige muss sie allein bewältigen. Praktisch ist diese Einschränkung meistens ohne Bedeutung. Wie bei jeder Leistung zur Rehabilitation und Teilhabe besteht auch für die Eingliederungshilfe das Erfordernis einer Erfolgsaussicht. In § 53 Abs. 1 Satz 1 SGB XII ist dies folgendermaßen geregelt: Leistungen werden erbracht, „solange nach der Besonderheit des Einzelfalles … Aussicht besteht, dass die Aufgabe der Eingliederungshilfe erfüllt werden kann".

Die Rechtsprechung stellt sehr geringe Anforderung an die Erfolgsaussicht. **25**
Dies geschieht vor allem unter Hinweis auf § 53 Abs. 3 Satz 2 SGB XII, auf den in § 99 SGB IX aber nicht verwiesen wird. Danach gehört zur Aufgabe der Eingliederungshilfe ua, den behinderten Menschen „soweit wie möglich unabhängig von Pflege zu machen." Das rechtfertigt schon ganz geringe Fortschritte in der Betreuung (OVG Saarlouis FEVS 29 S. 29; VGH München RdLH 2006 S. 65). Es

genügt der Erhalt des Erreichten. Fortschritte müssen von einem Außenstehenden erkennbar sein. Sie dürfen also nicht nur subjektiv empfunden werden. In der Rehabilitation durch die Rentenversicherung sind im Grunde zT keine höheren Anforderungen an die Erfolgsaussicht zu stellen. Gemäß § 10 Abs. 1 lit. c SGB VI genügt es, dass durch Leistungen zur Teilhabe am Arbeitsleben der Arbeitsplatz erhalten bleiben kann. Bei anderen Leistungen muss aber wenigstens eine Verbesserung des Leistungsvermögens erreichbar sein, die den Zustand voller Erwerbsminderung behebt. Es würde aber genügen, von daher auf eine teilweise Erwerbsminderung zu kommen (vgl. §§ 10, 43 SGB VI).

26 Angesichts der umfassenden Leistungen zur Rehabilitation und Teilhabe wird der Bedarf behinderter Menschen weitgehend im Versicherungssystem gedeckt. Für die Eingliederungshilfe verbleiben deswegen häufig nur Leistungen zur sozialen Teilhabe (§§ 113 ff. SGB IX). Die heute wichtigste Leistung der Eingliederungshilfe ist die Hilfe zu einer angemessenen Schulbildung, über die eine inklusive Beschulung behinderter Kinder angestrebt und zunehmend auch verwirklicht wird (BVerwG 123 S. 316; BSG SozR 4-3500 § 54 Nr. 10). Dazu besteht vor dem Hintergrund der UN-BRK ein besonderer Anlass (§ 10 Rn. 1–1d). Als Teilhabe an Bildung ist sie in § 112 SGB IX geregelt. Dort kommt es aber nicht zu einem Ausschluss der Sonderschule oder auch nur zu einem expliziten Vorrang der inklusiven Beschulung. Dazu hätte dem Bund auch die Kompetenz gefehlt.

27 Wegen der besonders engen Verbindungen der **Hilfe zur Pflege** mit der Pflegeversicherung ist auch in der Sozialhilfe vom versicherungsrechtlichen Begriff der Pflegebedürftigkeit auszugehen (§ 62a SGB XII). Unter Aufgabe des früheren verrichtungsbezogenen Pflegebegriffs regeln die §§ 14 und 15 SGB XII fünf Pflegegrade. Dabei liegt der Schwerpunkt weiterhin auf der Fähigkeit zur Bewältigung von Alltagsverrichtungen (§ 21a Rn. 5). Diese werden nach neuem Recht gewichtet (§ 15 Abs. 2 Satz 8 SGB XII). Soweit ein Betreuungsbedarf besteht, der zu einer Bewertung führt, die unter dem **Pflegegrad 1** bleibt, ist immer darauf zu achten, ob Hilfen nach § 27 Abs. 3 SGB XII in Betracht kommen. Das führt in der Praxis zumeist dazu, dass dem Hilfebedürftigen nahe gelegt wird, die Anerkennung des Pflegegrades 1 anzustreben, was zu seinen Obliegenheiten gehört. Solange diese Frage jedoch noch nicht entschieden ist (vgl. § 18 SGB XI), sind Leistungen nach § 27 Abs. 3 SGB XII zu erbringen. Der Grundsatz des Nachranges der Sozialhilfe (§ 2 Abs. 1 SGB XII), greift nur ein, soweit dem Hilfebedürftigen „bereite Mittel" zur Verfügung stehen (§ 9 Rn. 42)

28 Eine teilhabeorientierte Pflege lässt sich vor dem Hintergrund der §§ 14, 15 SGB XI nicht erreichen. Immerhin muss man betonen, dass Pflegebedürftige auf jeden Fall einen Anspruch auf Leistungen zur Rehabilitation und Teilhabe haben. Dieser Anspruch ist weder durch Alter noch durch einen hohen Pflegegrad ausgeschlossen. In § 11 Abs. 2 SGB V wird ausdrücklich die Verminderung der Pflegebedürftigkeit als Aufgabe der medizinischen Rehabilitation durch die Krankenversicherung bezeichnet. Entsprechendes galt bisher auch für die nicht medizinischen, bzw. nachrangigen Leistungen der Eingliederungshilfe nach § 53 Abs. 3 Satz 2 SGB XII aF. Nach § 90 Abs. 1 SGB IX hat die Eingliederungshilfe diese Aufgabe nicht mehr. In § 90 Abs. 2 SGB IX wird das Ziel möglichst unabhängig von Pflege zu leben, nur als Aufgabe der medizinischen Rehabilitation normiert. Dies ergibt sich bereits aus § 11 Abs. 2 SGB V. Zudem werden die Leistungen nach § 90 Abs. 2 SGB IX nur nachrangig erbracht (§ 91 SGB IX). Wegen des umfassenden Versicherungsschutzes (§ 5 Abs. 1 Nr. 13 SGB V) hat § 90 Abs. 2 SGB IX also kaum praktische Bedeutung (vgl. § 21a Rn. 28a).

Alle Leistungen der Pflegeversicherung sind so konzipiert worden, dass sie nicht bedarfsdeckend sind. Deswegen müssen zu diesem Zweck Fürsorgeleistungen erbracht werden. Das insoweit die Pflegeversicherung vervollständigende Leistungssystem der §§ 63 ff. SGB XII hat vor allem diese Aufgabe. Konstruktiv ist das Verhältnis der Hilfe zur Pflege zur Pflegeversicherung so geregelt, dass § 63b Abs. 1 SGB XII auf die Leistungen der Pflegeversicherung verweist. Insoweit treffen die § 63b Abs. 5, 64c SGB XII wichtige ergänzende Regelungen. Vor allem sie sollen gewährleisten, dass im Ergebnis beim Pflegebedürftigen immer eine volle Bedarfsdeckung erfolgt (vgl. § 21a Rn. 54–55a). Soweit ergänzende Leistungen nach den §§ 61 ff. SGB XII erbracht werden, erfolgt eine Heranziehung zu den Kosten nach den Grundsätzen der §§ 85 ff. SGB XII (dazu § 21a Rn. 56, 56a). 29

Die **Hilfe zur Überwindung besonderer sozialer Schwierigkeiten** (§ 67 SGB XII) wendet sich an Personen, deren besondere Lebenssituation nicht allein mit materieller Armut beschrieben werden kann. Zumeist handelt es sich um Hilfebedürftige, deren Selbsthilfefähigkeit in besonderem Maße beeinträchtigt ist. Die Ursachen dafür sind im sozialen Kontext zu suchen. Häufig spricht man hier von extremer Armut, meint dabei aber nicht nur die materielle Armut (§ 9 Rn. 21). Die Leistungen nach § 67 SGB XII sind nachrangig gegenüber allen anderen Leistungen des Fürsorgesystems, einschließlich der Leistungen der Jugendhilfe (§§ 27 ff., 41 SGB VIII). Liegt also ein Fall von Behinderung oder Pflegebedürftigkeit vor, so sind die Hilfen nach den §§ 90 ff. SGB IX oder 61 ff. SGB XII zu prüfen. Insbesondere ist auch bei jungen Menschen erst zur prüfen, ob Hilfe für sie, also vor allem auch die Hilfe für junge Volljährige nach § 41 SGB VIII in Betracht kommt. 30

Hilfen in besonderen sozialen sind nicht lediglich wirtschaftliche Schwierigkeiten und haben unmittelbar auch nichts mit „Krankheit" oder „Behinderung" zu tun. Diese Bedarfe müssen also zunächst ausgeschlossen werden. Das gilt selbst dann, wenn bei Alkoholkranken oder psychisch Behinderten der soziale Kontext beeinträchtigt ist. Immer wieder kommt es bei diesen Personen allerdings vor, dass sie sowohl krank als auch sozial ausgegliedert sind. Dennoch wird der Bedarf nach den §§ 90 ff. SGB IX gedeckt. Nur sofern diese Hilfe nicht ausreichend oder nicht geeignet ist, kommt ergänzend § 67 SGB XII zur Anwendung. In diesem Fall ist also ein Anspruch nach § 67 SGB XII gegeben, wenn spezifische Probleme zu der Behinderung hinzutreten, die zunächst eine Hilfe zur Überwindung besonderer sozialer Schwierigkeiten erforderlich erscheinen lassen, weil der tatsächliche Bedarf durch die Eingliederungshilfe nicht gedeckt werden kann. Häufig ist dies gegeben, wenn der Leistungsberechtigte bei sozialer Ausgliederung auf Leistungen der Eingliederungshilfe erst vorbereitet werden muss. Deswegen wird in § 67 Satz 2 SGB XII der Nachranggrundsatz insoweit modifiziert, als durch die vorrangige Hilfe der Bedarf tatsächlich gedeckt werden kann. 31

Abstrakt kaum zu beschreiben ist der leistungsberechtigte Personenkreis. Bei ihm müssen „besondere" – „soziale" Schwierigkeiten festgestellt werden. Es geht also um Fälle extremer Randständigkeit. Die besonderen sozialen Schwierigkeiten ergeben sich idR aus einer Summierung von Einzelproblemen: Familiärer Hintergrund (Situation im Elternhaus, Alkohol, Gewalthandlungen im Elternhaus, Trennung, Scheidung); Schulische und berufliche Entwicklung: (Schulversagen, Lehrabbruch, fehlende Abschlüsse, häufiger Arbeitsplatzwechsel, Phasen der Arbeitslosigkeit, vergebliche Eingliederungsversuche); Besondere Ereignisse im bisherigen Leben: (Beziehungen, Beziehungsabbrüche Verhalten bei Konflikten, Straffälligkeit, Strafhaft, Bewährungswiderrufe, Krankheiten, Alkohol, Tab- 32 letten, Suizidversuch Gewalterfahrung, sexueller Missbrauch als Täter oder Opfer, Schulden, Pfändungen, Zwangsräumungen, Obdachlosigkeit).

33 Umstritten war in der Vergangenheit, ob eine Frau, die in ein Frauenhaus geht, dort Leistungen nach § 67 SGB XII beanspruchen kann. Bei der Beantwortung dieser Frage ist allein zu prüfen, ob in diesem Falle „besondere soziale Schwierigkeiten" anzunehmen sind. Das lässt sich bei einer schlichten Trennung vom Partner auch dann nicht bejahen, wenn dies mit wirtschaftlichen Problemen verbunden ist (§§ 19 ff. SGB II, 27b SGB XII). In § 1 Abs. 2 der VO zu § 67 SGB XII ist aber der typische Fall des Frauenhauses geregelt, die Lösung aus „gewaltgeprägten Lebensumständen". Dies ist einer Frau aus eigener Kraft oft nicht möglich. Sie bedarf dann der Hilfen nach § 68 Abs. 1 SGB XII (OVG Münster FEVS 52 S. 98).

34 Häufig gelingt es bei dem Personenkreis, den § 67 SGB XII im Auge hat, erst in einem mehrjährigen Betreuungsprozess wenigstens ein Minimum an menschenwürdiger Existenz aufzubauen. Zumeist bleiben diese Menschen aber vom Hilfesystem abhängig. Dort, wo Veränderungen nicht, oder nicht mehr erreicht werden können, beschränkt sich die Hilfe auf Leistungen zum Lebensunterhalt (§ 27b SGB XII). Das bedeutet also, dass die Hilfen nach § 67 SGB XII nur dann bzw. solange geleistet werden, als eine Veränderung zum Positiven möglich erscheint.

35 Besonders im Vorfeld der Pflegebedürftigkeit ist häufig ein Bedarf gegeben, der fast übergangslos von der Hilfe zum Lebensunterhalt bis zu den Hilfen in besonderen Lebenslagen reicht. Mit zunehmendem Alter nimmt die Fähigkeit zur eigenständigen Vornahme von Alltagsverrichtungen ab. Insoweit ist die **Weiterführung des Haushalts** gefährdet. Die einsetzenden partiellen Schwächen und Beeinträchtigungen werden in der Regel zunächst durch Hilfen aufgefangen, die in § 27 Abs. 3 SGB XII umschrieben sind. Es handelt sich um die „für den Lebensunterhalt erforderlichen Verrichtungen". Das können sowohl einzelne haushaltsbezogene, als auch personenbezogene Verrichtungen, etwa die Fußpflege sein. Für diese Hilfen werden Leistungen nach § 27 Abs. 3 Satz 1 SGB XII erbracht. Von den Leistungsberechtigten kann ein angemessener Kostenbeitrag verlangt werden (§ 27 Abs. 3 Satz 2 SGB XII). Erhalten die Hilfeempfänger bereits materielle Hilfen zum Lebensunterhalt – das sind zumeist die ausschließlich materiellen Leistungen der Grundsicherung im Alter – dann wird die immateriellen Hilfen der Regelsatz nach § 27a Abs. 4 Satz 1 SGB XII erhöht. Im Ergebnis ist also je nach Fallgestaltung entweder § 27 Abs. 3 oder § 27a Abs. 4 Satz 1 SGB XII anzuwenden.

36 Mit zunehmender Altersbeeinträchtigung – immer noch vor Eintritt einer Pflegebedürftigkeit – kann der Wechsel in ein Altenheim angezeigt sein. In diesem Falle werden noch immer als Hilfe zum Lebensunterhalt Leistungen zur stationären Versorgung nach § 27b SGB XII erbracht. Die Aufnahme in ein Altenheim lässt sich aber häufig noch vermeiden, solange Leistungen nach § 70 SGB XII erbracht werden. Hierbei handelt es sich um eine Hilfe in besonderen Lebenslagen. Sie setzt voraus, dass ein eigener Haushalt vorhanden ist und dieser weder durch die hilfebedürftige Person, noch durch einen Haushaltsangehörigen fortgeführt werden kann. Zwar werden die Leistungen in der Regel nur vorübergehend erbracht (§ 70 Abs. 1 Satz 2 SGB XII). Das gilt jedoch nicht, wenn durch die Leistungen die Aufnahme in eine stationäre Einrichtung vermieden oder hinausgeschoben wird (§ 70 Abs. 1 Satz 3 SGB XII). Die Grundsicherung im Alter fängt diesen Bedarf nicht auf (vgl. oben Rn. 36). Das bedeutet allerdings auch, dass

bei diesem Bedarf Unterhaltspflichtige nach den allgemeinen Grundsätzen des Sozialhilferechts herangezogen werden. Insoweit ist zu konstatieren, dass die, den Unterhaltspflichtigen entlastende Vorschrift des § 43 Abs. 5 SGB XII nur auf die Leistungen nach § 42, nicht aber nach § 70 SGB XII Anwendung findet. Eine spürbare Entlastung der Kinder von Leistungsberechtigten erfolgt aber im Unterhaltsrecht (BGHZ 186 S. 350; BGH NJW 2013 S. 301; BGHZ 205 S. 165, BGHZ 213 S. 288).

Auch in anderen Fällen kann § 70 SGB XII angewendet werden. Das ist zB eine zeitlich begrenzter Krankenhaus- oder Kuraufenthalt eines Elternteils. In diesem Falle kann sogar die Übernahme der angemessenen Kosten für eine vorübergehende anderweitige Unterbringung von Haushaltsangehörigen erfolgen. Entsprechend dem Nachranggrundsatz des § 2 Abs. 1 SGB XII ist im Zusammenhang mit § 70 SGB XII zu prüfen, ob vorrangige Leistungen nach § 38 SGB V oder nach § 20 SGB VIII in Betracht kommen. Insgesamt dürfte § 70 SGB XII eine zunehmende Bedeutung erlangen, da die Hilfe geeignet ist, die sich entwickelnden Formen eines betreuten Wohnens alter Menschen in ihrer angestammten Umgebung abzusichern. 37

Ohne nähere Konkretisierung ist in § 73 SGB XII vorgesehen. Leistungen in **sonstigen Lebenslagen** zu erbringen, wenn sie den Einsatz öffentlicher Mittel rechtfertigen. Diese Regelung darf nicht zu der Annahme veranlassen, dass das Sozialhilferecht gewissermaßen durch Einfügung einer Öffnungsklausel für alle wünschenswerten Fälle eine Hilfe bereit hielte. Die in Rechtsprechung und Literatur genannten Fälle (Reisekosten, Schuldentilgung, Hilfe im Frauenhaus, Prozesskosten, Kosten für einen Betreuer) lassen erkennen, dass ein Lebenssachverhalt, der unter § 73 SGB XII subsumiert werden soll, „eine gewisse Nähe zu den besonderen Lebenslagen der §§ 47–74 SGB XII haben" muss (LSG Nds.-Brem. FEVS 56 S. 503). 38

Solche Konstellationen können sich im Zusammenhang mit der Entlastung einer Familie ergeben, die ein chronisch krankes oder pflegebedürftiges Mitglied betreut, wenn die Leistungen von Kranken- und Pflegeversicherung zur Entlastung der Familie nicht ausreichen. Den Rechtsgedanken der §§ 22 Abs. 8 SGB II und 36 SGB XII entsprechend wird man auch die Übernahme von Schulden, die im Zusammenhang mit der **Beschaffung einer Betreuung** in besonderen Lebenslagen entstanden sind, nach § 73 SGB XII zulassen müssen, wenn andernfalls die Fortführung einer notwendigen Betreuung gefährdet wäre. 39

Angesichts der begrenzten SGB II-Leistungen und der Unmöglichkeit, auf die Leistungen der Hilfe zum Lebensunterhalt nach den §§ 27 ff. SGB XII zurückzugreifen (§ 5 Abs. 2 Satz 1 SGB II), hatte das BSG über die Frage zu entscheiden, wie die Fahrkosten eines Elternteils zur Ausübung des **Umgangsrechts** mit seinen Kindern nach der Scheidung zu behandeln sind. Diese Frage hat insoweit eine verfassungsrechtliche Relevanz, als das Umgangsrecht nach Art. 6 GG geschützt ist und nicht an fehlenden materiellen Mitteln scheitern darf. Das BSG hatte auf diesen Fall § 73 SGB XII angewandt (BSG 97 S. 242). 40

Die Kosten der Ausübung des Umgangsrechts gehören jedoch bereits zum notwendigen Lebensunterhalt. Sie stellen keine besondere Lebenslage dar. Dies könnte man nur bei einem Sachverhalt annehmen, der den §§ 47 ff. SGB XII vergleichbar ist. In diesem Sinne hatte auch das BVerwG schon zum Sozialhilferecht entschieden – das gilt auch heute noch in § 27a Abs. 4 Satz 1 SGB XII. Damit ist beim Anfall von Umgangskosten der Regelsatz zu erhöhen. Diese Möglichkeit bestand anfangs nach § 20 SGB II nicht. Infolge der Rechtsprechung des 41

BVerfG (oben Rn. 18) war es erforderlich geworden, für die atypischen Bedarf eine Regelung in § 21 Abs. 6 SGB II zu schaffen (§ 19a Rn. 33c–33l). Dort werden sie aber, anders als im SGB XII, als Mehrbedarf behandelt.

42 Unabhängig von der verfassungsrechtlichen Frage resultiert aus der Auffassung des BSG die Gefahr, dass sich § 73 SGB XII zu einer allgemeinen Auffangnorm entwickelt. In der Vergangenheit hatte sich in der Rechtsprechung angedeutet, dass man immer dann zur Anwendung des § 73 SGB XII neigte, wenn das Arbeitslosengeld II dem individuellen Bedarf nicht ausreichen Rechnung trägt. So wurde etwa versucht, einen erhöhten Schulbedarf von Kindern über § 73 SGB XII aufzufangen. Der Schulbesuch und seine Kosten sind aber ganz sicher keine besondere Lebenslage eines Kindes.

43 Darüber hinaus gibt es eine Reihe anderer Bedarfe, die anfangs im SGB II nicht gedeckt werden konnten. Das gilt zB für die Übergrößen bei Kleidung, die man schwerlich als besondere Lebenslage ansehen konnte. Komplizierter ist die Rechtslage bei den immateriellen Bedarfen nach § 27 Abs. 3 SGB XII. Insoweit ist im SGB II vor dem Hintergrund der relativ eng gefassten Vorschrift des § 21 Abs. 6 SGB II eine Verwaltungspraxis relevant, die derjenigen zu § 27a Abs. 4 Satz 1 SGB XII entspricht (vgl. § 19a Rn. 30i).

5. Heranziehung zu den Kosten der Hilfen in besonderen Lebenslagen

44 Bei der Heranziehung des Leistungsberechtigten ist zu unterscheiden, ob Leistungen zum Lebensunterhalt einschließlich der Grundsicherung oder ob Hilfen in besonderen Lebenslagen (§§ 47 ff. SGB XII erbracht werden. Nur bei letzteren sind die Kostenbeiträge durch die Einkommensgrenzen der §§ 85–89 SGB XII begrenzt. Werden Dritte zu den Kosten herangezogen, so ist entscheidend, ob mit ihnen eine Bedarfs- bzw. Einstandsgemeinschaft besteht (§ 19 Abs. 1–3 SGB XII). Ist das der Fall, so wird das zu berücksichtigende Einkommen unmittelbar bei der Hilfegewährung – wie eigenes Einkommen des Hilfebedürftigen – berücksichtigt. Besteht eine Bedarfs- bzw. Einstandsgemeinschaft nicht, so kann eine Kostenheranziehung Dritter nur durch den Übergang (§§ 33 SGB II, 94 SGB XII) – bzw. die Überleitung § 93 SGB XII von Ansprüchen erfolgen, die der Hilfebedürftige gegen die betreffende Person hat.

45 In diesem Zusammenhang sind die Einstands- und die Haushaltsgemeinschaft zu unterscheiden. Je nach Hilfeart ist die Einstandsgemeinschaft, die in der Terminologie des SGB II eine Bedarfsgemeinschaft ist (§ 7 Abs. 3 SGB II), unterschiedlich groß. Im Wesentlichen gehören dazu Ehe- und Lebenspartner, sowie Partner eheähnlicher Gemeinschaften (§§ 19, 20 SGB XII). Allerdings müssen Kinder für ihre Eltern nicht nach den gleichen Grundsätzen eintreten wie Eltern für ihre Kinder (§ 19 Abs. 1 Satz 2 SGB XII, 9 Abs. 2 Satz 2 SGB II). Bei der Grundsicherung im Alter gehören nur die Ehepartner zur Einstandsgemeinschaft (§ 43 Abs. 2 Satz 2 SGB XII). Weniger zwingend ausgestaltet ist § 39 SGB XII. Wenn, wie dort vorausgesetzt, eine Haushaltsgemeinschaft besteht, folgt daraus die Vermutung eines gemeinsamen Wirtschaftens und der Bedarfsdeckung (BSG 102 S. 258; BSG SozR 4-4200 § 9 Nr. 6). Anders als in § 9 Abs. 5 SGB II hängt die Annahme einer Haushaltsgemeinschaft nicht davon ab, ob die Zusammenlebenden verwandt oder verschwägert sind. In der Grundsicherung im Alter ist die Anwendung des § 39 SGB XII ausgeschlossen (§ 43 Abs. 6 SGB XII). Dasselbe gilt gemäß § 39 Satz 3 SGB XII für Schwangere, Personen,

die ein Kind unter sechs Jahren erziehen und für in der Haushaltsgemeinschaft betreute behinderte bzw. pflegebedürftige Menschen. Damit ist der Verbleib dieser Personen in der Familie erleichtert. Von den Voraussetzungen der Haushaltsgemeinschaft ist die Höhe des Regelbedarfs der Haushaltsangehörigen zu unterscheiden. Lebt ein erwachsener (behinderter) Mensch zusammen mit einem Elternteil in einem Haushalt, so ist für ihn die Regelbedarfsstufe 1 anzunehmen. Keine der anderen Regelbedarfsstufen des § 8 Abs. 1 RBEG ist auf ihn anzuwenden. Insbesondere ist er nicht Partner iSd § 8 Abs. 1 Nr. 2 RBEG (BSG FEVS 68 S. 107).

Bei den Kostenbeiträgen ist zunächst zu prüfen, ob Einkommen und Vermögen 46 des Hilfebedürftigen selbst oder (auch) der Mitglieder seiner Bedarfs- bzw. Einstandsgemeinschaft einzusetzen ist. Reichen die dort vorhandenen Beträge nicht aus, so ist zweitens zu prüfen, ob Ansprüche gegenüber anderen übergeleitet werden können oder übergehen (§§ 93, 94 SGB XII). Hierbei ist zu beachten, dass gemäß § 94 SGB XII der Unterhaltsanspruch auf den Träger der Sozialhilfe übergeht. Die Heranziehung erfolgt also im Rahmen des Unterhaltsrechts. Nur ergänzend findet § 94 Abs. 3 SGB XII Anwendung (unten Rn. 50).

Während bei der Hilfe zum Lebensunterhalt grundsätzlich das gesamte Ein- 47 kommen der Einstandsgemeinschaft einzusetzen ist, sind die Regelungen über den Einsatz eigenen Einkommens bei den Hilfe in besonderen Lebenslagen so konzipiert, dass ein durchschnittlicher Arbeitnehmerhaushalt durch eine Hilfe in besonderen Lebenslagen keine zu großen Belastungen erfährt. Allerdings wird nach § 90 SGB XII ein Vermögen nur in bescheidenerem Umfang geschont als nach § 12 SGB II. Für Barbeträge gilt zusätzlich ein Betrag von 5000 € für jede volljährige Person. Für Minderjährige gilt dasselbe, wenn sie alleinstehend sind. Andernfalls werden nur 500 € geschont. In besonderen Fällen können die Beträge angemessen erhöht werden (§§ 1, 2 VO zu § 90 SGB XII). Anderes Vermögen, insbesondere das selbst bewohnte Familieneigenheim, wird weitgehend wie im SGB II geschont (§ 90 SGB XII).

Beim Einsatz **eigener Mittel bei den Hilfen in besonderen Lebenslagen** 48 (§§ 47 ff. SGB XII) werden Einkommensgrenzen errechnet. Bei der Berechnung ist so vorzugehen, dass zunächst eine Bedarfs- bzw. Einstandsgemeinschaft nach § 19 Abs. 3 SGB XII festgestellt wird. Sodann ist nach § 85 SGB XII die Einkommensgrenze zu ermitteln. Dabei sind die Heizkosten nicht zu den Aufwendungen der Unterkunft zu rechnen. Dies ergibt sich aus dem Verhältnis des § 35 Abs. 1–3 zu Abs. 4 SGB XII (BR-Drs. 344/15 S. 30) gehören. Im sprachlichen Wechsel von den „Kosten" zu „Aufwendungen" dürfte das nicht klar zum Ausdruck kommen (vgl. § 22 SGB II). Übersteigt das bereinigte Einkommen diese Einkommensgrenze, so wird nach § 87 Abs. 1 SGB XII aus dem Übersteigungsbetrag ein angemessener Teil als Kostenbeitrag verlangt. Das ist also der Einsatz des Einkommens **über der Einkommensgrenze.** Weitergehend sind in § 88 Abs. 1 Nr. 1 und 2 SGB XII Fälle geregelt, in denen auch der Einsatz des Einkommens **unter der Einkommensgrenze** verlangt werden kann. In Nr. 1 sind die zweckidentischen Leistungen angesprochen. Das wäre etwa der Fall, wenn zB ein nach einem Kfz-Unfall ein Mensch Hilfe nach den §§ 47 ff. SGB XII erhielte und ihm zugleich von der Haftpflichtversicherung Schadenersatz (nicht Schmerzensgeld) geleistet würde. Der Schadenersatz dient dem gleichen Zweck wie die Leistung der Sozialhilfe und wird voll angerechnet. In § 88 Abs. 1 Nr. 2 SGB XII ist der Fall des Einsatzes geringfügiger Mittel geregelt. Das sind Beträge von ca. 15 € mtl. Vor allem bei Personen in besonderen sozialen Schwierigkeiten

(§ 68 Abs. 2 SGB II) werden keine oder nur geringe Kostenbeiträge gefordert. Das betrifft aber nur die Hilfen nach § 67 SGB XII, nicht die Leistungen zum Lebensunterhalt, die in diesen Fällen häufig auch erforderlich sind.

49 In den §§ 85, 87 SGB XII werden nur die Kostenbeiträge für die ambulanten Hilfen in besonderen Lebenslagen geregelt. Deswegen sind die relativ hohen Einkommensgrenzen gerechtfertigt, weil die Leistungsberechtigten weiterhin ihren Lebensunterhalt bestreiten müssen. Wird dagegen über einen längeren Zeitraum (§ 88 Abs. 1 Satz 2 SGB XII) die Hilfe in den besonderen Lebenslagen stationär erbracht, kann auch auf das Einkommen unter der Einkommensgrenze zurückgegriffen werden. Insoweit werden für die Hilfe in besonderen Lebenslagen selbst die Kostenbeiträge nach § 88 Abs. 1 Satz 2 SGB XII errechnet. Wird ergänzend – wie häufig in der Praxis – neben einer Betreuungsleistung nach den §§ 47 ff. SGB XII auch stationäre Hilfe nach § 27b SGB XII erbracht und verbleibt ein Partner im gemeinsamen Haushalt, so besteht trotz räumlicher Trennung die Bedarfsgemeinschaft fort. Es werden in allen Fällen von „Leistungen in Einrichtungen" die Kostenbeiträge nach der Regelung des § 92a SGB XII berechnet: Es wird immer das häuslich Ersparte verlangt (§ 92a Abs. 1 SGB XII). Darüber hinaus wird die Aufbringung der Mittel in angemessenem Umfang verlangt, wenn die stationäre Betreuung voraussichtlich längere Zeit, mehr als sechs Monate, dauert (§ 92a Abs. 2 SGB XII). Entscheidend ist dabei, dass der bisherigen Lebenssituation des Haushalt verbliebenen Partners und der unverheirateten minderjährigen Kinder Rechnung zu tragen ist (§ 92a Abs. 3 SGB XII). Bei der Festsetzung dieser Beträge haben die Leistungsträger keinen Beurteilungsspielraum. Auch ein Ermessen wird nicht ausgeübt (§ 39 Rn. 13).

50 Führt die Heranziehung der Mitglieder einer Bedarfs- bzw. Einstandsgemeinschaft nicht zum vollen Kostenersatz, so sind die Überleitung und der Übergang von Ansprüche zu prüfen (§§ 93, 94 SGB XII). Der **Übergang von Unterhaltsansprüchen** kann eingeschränkt sein. Beim Arbeitslosengeld II ist der Übergang des Unterhaltsanspruchs nach § 33 Abs. 2 SGB II ausgeschlossen. Auch bei § 94 SGB XII ist aus unterschiedlichen Gründen die Heranziehung Unterhaltspflichtiger ausgeschlossen oder eingeschränkt. Das gilt nach § 94 Abs. 1 SGB XII vor allem bei Verwandtschaft im zweiten Grad oder schwangeren bzw. allein erziehenden Elternteilen, wenn das Kind noch nicht sechs Jahre alt ist. Werden Leistungen der Eingliederungshilfe für behinderte Menschen nach den §§ 90 ff. SGB IX erbracht, so erfolgt eine weitgehende Schonung der Eltern, Ehepartner und Kinder (§§ 135 ff. SGB IX). Diese Schonung setzt sich aber nicht fort, wenn die behinderten Menschen auch pflegebedürftig sind. In diesem Falle werden nur Eltern volljähriger Kinder geschont, dann aber auch bei höchstem Einkommen und Vermögen (§ 94 Abs. 2 SGB XII). Für Kinder pflegebedürftiger Eltern ergeben sich aber aus dem Unterhaltsrecht spürbare Grenzen der Heranziehung (vgl. oben Rn. 36). Eine dementsprechende Entlastung gibt es nicht im Verhältnis zu anderen Familienmitgliedern. Damit ergibt sich ein gewisses Spannungsverhältnis zu Art. 6 Abs. 2 GG, der Ehe und Familie und nicht nur Eltern schützt (§ 29 Rn. 14b).

§ 28a Leistungen der Eingliederungshilfe

(1) **Nach dem Recht der Eingliederungshilfe können in Anspruch genommen werden:**

1. Leistungen zur medizinischen Rehabilitation,

2. Leistungen zur Teilhabe am Arbeitsleben,

3. Leistungen zur Teilhabe an Bildung,
4. Leistungen zur Sozialen Teilhabe.

(2) **Zuständig sind die durch Landesrecht bestimmten Behörden.**

Die Vorschrift ist weitgehend überflüssig. Sie wiederholt nur, was in § 29 Abs. 1 Nr. 1–3 SGB I im Gesamtzusammenhang der Rehabilitation und Teilhabe behinderter Menschen geregelt ist. Sie hat wohl hauptsächlich die Funktion, herauszustellen, dass die Eingliederungshilfe in Zukunft nicht mehr im SGB XII geregelt sein wird. Ersichtlich wird aus der Vorschrift aber auch, dass es eine eigenständige materielle Absicherung behinderter Menschen nicht gibt. Erfüllen sie nicht die Voraussetzungen, an die eine Erbringung von Engeltersatzleistungen geknüpft ist (§ 29 Abs. 1 Nr. 4), so sind sie auf Leistungen nach den §§ 19 ff. SGB II und 27 ff., 41 ff. SGB XII angewiesen. Das hat zugleich zur Folge, dass die wirtschaftliche Entlastung behinderter Menschen und ihrer Familie (§§ 135 ff. SGB IX) wirkungslos bleibt. Es fehlt also weiterhin eine allgemeine Regelung, die den Ausgleich einer behinderungsbedingten Minderung des Leistungsvermögens zum Gegenstand hat. 1

§ 29 Leistungen zur Rehabilitation und Teilhabe behinderter Menschen

(1) **Nach dem Recht der Rehabilitation und Teilhabe behinderter Menschen können in Anspruch genommen werden**

1. Leistungen zur medizinischen Rehabilitation, insbesondere
   a) Frühförderung behinderter und von Behinderung bedrohter Kinder,
   b) ärztliche und zahnärztliche Behandlung,
   c) Arznei- und Verbandmittel sowie Heilmittel einschließlich physikalischer, Sprach- und Beschäftigungstherapie,
   d) Körperersatzstücke, orthopädische und andere Hilfsmittel,
   e) Belastungserprobung und Arbeitstherapie,

2. Leistungen zur Teilhabe am Arbeitsleben, insbesondere
   a) Hilfen zum Erhalten oder Erlangen eines Arbeitsplatzes,
   b) Berufsvorbereitung, berufliche Anpassung, Ausbildung und Weiterbildung,
   c) sonstige Hilfen zur Förderung der Teilhabe am Arbeitsleben,

2a. Leistungen zur Teilhabe an Bildung, insbesondere
   a) Hilfen zur Schulbildung, insbesondere im Rahmen der allgemeinen Schulpflicht und zum Besuch weiterführender Schulen einschließlich der Vorbereitung hierzu,
   b) Hilfen zur schulischen Berufsausbildung,
   c) Hilfen zur Hochschulbildung,
   d) Hilfen zur schulischen beruflichen Weiterbildung,

3. Leistungen zur Sozialen Teilhabe, insbesondere
   a) Leistungen für Wohnraum,
   b) Assistenzleistungen,
   c) heilpädagogische Leistungen,
   d) Leistungen zur Betreuung in einer Pflegefamilie,
   e) Leistungen zum Erwerb und Erhalt praktischer Kenntnisse und Fähigkeiten,

f) Leistungen zur Förderung der Verständigung,
g) Leistungen zur Mobilität,
h) Hilfsmittel,

4. unterhaltssichernde und andere ergänzende Leistungen, insbesondere
a) Krankengeld, Versorgungskrankengeld, Verletztengeld, Übergangsgeld, Ausbildungsgeld oder Unterhaltsbeihilfe,
b) Beiträge zur gesetzlichen Kranken-, Unfall-, Renten- und Pflegeversicherung sowie zur Bundesagentur für Arbeit,
c) Reisekosten,
d) Haushalts- oder Betriebshilfe und Kinderbetreuungskosten,
e) Rehabilitationssport und Funktionstraining,

5. besondere Leistungen und sonstige Hilfen zur Teilhabe schwerbehinderter Menschen am Leben in der Gesellschaft, insbesondere am Arbeitsleben.

(2) **Zuständig sind die in den §§ 19 bis 24, 27 und 28 genannten Leistungsträger und die Integrationsämter.**

Übersicht

1 Zur UN-Behindertenrechtskonvention vgl. § 10 Rn. 1; zum Begriff der Behinderung vgl. § 10 Rn. 2; zum beschleunigten Zugang zu den Leistungen zur Teilhabe vgl. §§ 16 Rn. 17–24; 43 Rn. 30–42.

1a Die Rehabilitation und Teilhabe wurde durch das BTHG (BGBl I 2016 S. 3234) in einigen wichtigen Bereichen neu geordnet. Die einzelnen Teile dieses Gesetzes treten sukzessive seit dem 1.1.2017 bis zum 1.1.2023 in Kraft. Für einige Bereiche wurden Übergangsvorschriften erlassen. Damit ist allein schon die Frage der zeitlichen Geltung der jeweils anzuwenden Vorschrift des SGB IX klärungsbedürftig. Hinzu kommt die Tatsache, dass die Anwendungsprobleme, die sich aus den Rückwirkungen des gegliederten Systems auf die Rehabilitation und Teilhabe ergeben (§ 7 SGB IX), auch durch die Reform nicht behoben worden sind (Busse, SGb 2017 S. 307; Kainz, NZS 2017 S. 649.

Schematische Übersicht über das Inkrafttreten einzelner Teile des BTHG

Sachgebiet	Bisherige Regelung	Neuregelung	Inkrafttreten	Übergangsvorschrift	Bemerkungen
Behinderung	§ 2 SGB IX	§ 2 SGB IX	2018 Art. 26 Abs. 1 BTHG		Einbeziehung von einstellungs- und umweltbedingten Barrieren

Sachgebiet	**Bisherige Regelung**	**Neuregelung**	**Inkrafttreten**	**Übergangsvorschrift**	**Bemerkungen**
Behinderung/ Eingliederungshilfe I	§ 53 SGB XII	§ 99 SGB IX	2018 Art. 26 Abs. 1 BTHG	§ 99 SGB IX ist selbst nur Übergangsvorschrift	Anwendung des alten Rechts in der Eingliederungshilfe. Weitere Änderung zum 1.1.2023
Behinderung/ Eingliederungshilfe II	§ 53 SGB XII	§ 99 SGB IX	2023 Art. 25a, 26 Abs. 5 BTHG	§ 99 SGB IX	Neufassung des § 99 SGB IX durch weiteres Bundesgesetz
Grundlagenvorschriften der Rehabilitation und Teilhabe	§§ 1–63 SGB IX	§§ 1–89 SGB IX	1.1.2018 Art. 26 Abs. 1 BTHG	–	Präzisierung der Regelungen, insbesondere Bedarfsermittlung, Zusammenarbeit der Träger, Vertragsrecht (§§ 12, 25, 36 SGB IX)
Leistungen der Eingliederungshilfe	§§ 53 ff. SGB XII	§§ 90–122 SGB IX	1.1.2020 Art. 26 Abs. 4 BTHG	§§ 140 ff. SGB XII, Art. 12 BTHG	Änderungen der §§ 53 ff. SGB XII für die Übergangszeit 2018 und 2019
Verträge mit den Leistungserbringern in der Eingliederungshilfe	§§ 75 ff. SGB XII	§§ 123–134 SGB IX	1.1.2018 Art. 26 Abs. 1 und 4 BTHG Das Inkrafttreten dieses Teils wird vorgezogen	§ 139 SGB XII, Art. 12 BTHG	Eingliederungshilfe bleibt dennoch bis zum 31.12.2019 im SGB XII (Art. 13 BTHG). Schon vorher können Verträge nach den §§ 123 ff. geschlossen werden.
Gesamtplanverfahren in der Eingliederungshilfe	§ 58 SGB XII	§§ 117–122 SGB IX	2020 Art. 26 Abs. 4 BTHG Art. 12 BTHG	§§ 141–145 SGB XII	Das neue Gesamtplanverfahren wird durch die Übergangsregelungen im SGB XII vorgezogen
Anrechnung von Einkommen in der Eingliederungshilfe	§§ 85–89, 92, 94 SGB XII	§§ 135–138 SGB IX	1.1.2020 Art. 26 Abs. 4 BTHG		Grundlegende Änderungen ab 1.1.2020

Sachgebiet	Bisherige Regelung	Neuregelung	Inkrafttreten	Übergangsvorschrift	Bemerkungen
Anrechnung von Vermögen in der Eingliederungshilfe	§ 90 SGB XII	§§ 139, 140 SGB IX	2020 Art. 26 Abs. 4 BTHG	§ 60a SGB XII	Seit 1.1.2017 Vorwegnahme durch § 60a SGB XII
Schwerbehindertenrecht	§§ 68–108 SGB IX	§§ 151–191 SGB IX	2018 Art. 26 Abs. 1 BTHG		

1. Teilhabeleistungen im gegliederten System

2 Die Vorschrift des § 29 enthält lediglich eine **nicht abschließende Aufzählung** der wichtigsten Leistungen zur Rehabilitation und Teilhabe, aufgeteilt in fünf Gruppen. Mit diesen fünf Gruppen orientiert sich die Vorschrift an den ausführlicheren Bestimmungen des Neunten Buches. Die erste Gruppe der medizinischen Rehabilitation ist in den §§ 42–48 SGB IX geregelt. Daran schließt sich die zweite Gruppe mit den Leistungen zur Teilhabe am Arbeitsleben (§§ 49–63 SGB IX) an. Ergänzt wurde diese Gruppe, in § 75 SGB IX durch Leistungen zur Teilhabe an Bildung (Bieritz-Harder, SGb 2017 S. 491; Luthe, NZS 2017 S. 441). Die dritte Gruppe umfasst die Leistungen zur sozialen Teilhabe nach den §§ 76–84 SGB IX und die besonderen Regelungen des Eingliederungshilferechts der §§ 90–150 SGB IX. Die Leistungen der vierten Gruppe ergänzen die erste und zweite Gruppe (unten Rn. 3). In der fünften Gruppe ist das durch das Neunte Buch in die Rehabilitation und Teilhabe übernommene Schwerbehindertenrecht geregelt. Soweit es um Teilhabeleistungen geht, sind sie schwerpunktmäßig in den §§ 184 ff. SGB IX geregelt. Das **Schwerbehindertenrecht** der §§ 151 ff. SGB IX umfasst auch als Teil des Neunten Buches Regelungen, die nicht zum Sozialrecht gehören. Das gilt vor allem für die Beschäftigungspflicht nach den §§ 154 ff. SGB IX und den besonderen Kündigungsschutz §§ 168 ff. SGB IX (Palsherm, SGb 2017 S. 370; Schnelle, NZA 2017 S. 880).

2a Das zur dritten Gruppe zu rechnende Eingliederungshilferecht war ursprünglich in den §§ 53 ff. SGB XII aF geregelt. Es ist nun in die §§ 90 ff. SGB IX überführt worden (Keil, SGb 2017 S. 447; Mrozynki, ZfSH/SGB 2017 S. 450; Diehm, ZfSH/SGB 2018 S. 71) In systematischer Hinsicht ist dies in zweifacher Hinsicht fragwürdig. Während sonst die besonderen Bereiche des Teilhaberechts ihre Grundlagen weiterhin in den anderen Büchern des Sozialgesetzbuches, den „Leistungsgesetzen" finden (zB in den §§ 27 ff. SGB V; 9 ff. SGB VI), ist in Zukunft das Leistungsgesetz zur Eingliederungshilfe nur im SGB IX geregelt. Des Weiteren resultierte daraus die Notwendigkeit einer Fiktion in § 7 Abs. 1 Satz 3 SGB IX. Danach ist die Eingliederungshilfe „ein Leistungsgesetz im Sinne der Sätze 1 und 2", was ja durch die Verlagerung in das SGB IX gerade nicht der Fall sein soll. Außerdem ist die Eingliederungshilfe in systematischer Hinsicht Sozialhilfe geblieben, insbesondere ist sie, anders als etwa die Leistungen der Sozialversicherung, nachrangig und bedarfsabhängig. Das wird auch durch die Leistungen zur Existenzsicherung bei behinderten Menschen noch unterstrichen. Diese sind weiterhin in den §§ 19 ff. SGB II, 27, 41 SGB XII geregelt.

Sowohl die erste als auch die zweite Gruppe werden typischerweise, wenn auch nicht in allen Fällen durch die Leistungen der vierten Gruppe, also unterhaltssichernde und andere ergänzende Leistungen flankiert. Dabei übernehmen das Kranken- und das Übergangsgeld die wichtige Aufgabe der wirtschaftlichen Sicherung des behinderten Menschen für die Zeit in der er Leistungen zur Rehabilitation und Teilhabe in Anspruch nimmt. Die Voraussetzungen für diese Leistungen sind häufig leicht zu erfüllen (vgl. § 11 Abs. 2 SGB VI). Eine Behinderung als solche löst dagegen nie einen Anspruch auf Entgeltersatzleistungen aus. Besteht für einen behinderten Menschen die Notwendigkeit einer Existenzsicherung, so sind selbständige, im Grunde nicht rehabilitationsspezifische Leistungen der Hilfe zum Lebensunterhalt nach den §§ 19 ff. SGB II bzw. den 27 ff., 41 ff. SGB XII zu erbringen. Auch dort knüpft der im Fürsorgesystem häufig vorkommende Mehrbedarf nicht allein an eine Behinderung an (§§ 21 Abs. 4 SGB II; 30 Abs. 4 SGB XII). 3

Mit der Aufzählung der Leistungen im Gesetzestext wird das Spektrum der Rehabilitation und Teilhabe in seiner ganzen Breite dargelegt. Die eigentliche Problematik der Eingliederung behinderter Menschen besteht aber darin, dass die Zuständigkeit für die Leistungen zur Rehabilitation und Teilhabe in fast allen Fällen auf verschiedene Sozialleistungsträger verteilt sind. Leistungen zur Eingliederung behinderter Menschen in **einheitlicher Trägerschaft** erbringen nur die Träger der Unfallversicherung (§§ 26 ff. SGB VII) und der Träger der sozialen Entschädigung (§§ 10 ff. BVG). In allen anderen Fällen ist die Zuständigkeit in der Rehabilitation auf mehrere Sozialleistungsträger verteilt. Die Akutversorgung (Krankenbehandlung) ist grundsätzlich vom Träger der Krankenversicherung (§§ 27 ff. SGB V) zu erbringen. Die Leistungen zur **medizinischen Rehabilitation** sind auf Kranken- und Rentenversicherung verteilt (§§ 40 SGB V, 9 ff. SGB VI). Inhaltlich unterscheiden sie sich dadurch, dass nur die Leistungen des Trägers der Rentenversicherung (§ 10 SGB VI) auf die Sicherung der Erwerbsfähigkeit beschränkt sind (BSG 119 S. 136). In der Krankenversicherung dienen dieselben Leistungen einem umfassenden, auf medizinische Maßnahmen beschränkten, Behinderungsausgleich (§§ 11 Abs. 2, 43 SGB V). Leistungen zur **Teilhabe am Arbeitsleben,** soweit sie den Charakter der beruflichen Rehabilitation haben, werden vom Träger der Rentenversicherung (§ 16 SGB VI) und nachrangig vom Träger der Arbeitsförderung (§§ 112 ff. SGB III) erbracht (vgl. § 22 Abs. 2 SGB III). Leistungen zur Eingliederung des behinderten Menschen in die Gesellschaft sind in zwei Untergruppen aufzuteilen. Soweit solche Eingliederungsmaßnahmen mit medizinischen oder berufsfördernden Maßnahmen durchgeführt werden, ist auch diese Eingliederung des behinderten Menschen der medizinischen Rehabilitation bzw. der Teilhabe am Arbeitsleben zuzuordnen. Ist das nicht der Fall, so werden eigenständige Leistungen zur **sozialen Teilhabe** vom Träger der Jugendhilfe oder vom Träger der Eingliederungshilfe erbracht. So ist gemäß § 42 Abs. 3 Nr. 6 SGB IX das Training lebenspraktischer Fähigkeiten Bestandteil der medizinischen Rehabilitation. Es kann auch Bestandteil von Leistungen zur Teilhabe am Arbeitsleben sein (§ 49 Abs. 6 Nr. 5 SGB IX). Selbständig erbracht, kann dieselbe Maßnahme auch eine Leistung der Eingliederungshilfe für behinderte Menschen sein (§§ 78, 113 SGB IX). Eine besondere Zwischenform ist auch die stufenweise Wiedereingliederung in das Arbeitsleben (§ 44 SGB IX), die vom Gesetzgeber noch als Maßnahme der medizinischen Rehabilitation angesehen wird (Nebe, SGb 2015 S. 125). Zuständigkeitskonflikte sind über § 14 SGB IX zu lösen (§ 16 Rn. 17 ff.). Es wäre hilfreich gewesen, wenn sich der Gesetzgeber 4 der Aufgabe angenommen hätte, allgemeine Kriterien für die Beantwortung solcher Abgrenzungsfragen zu regeln.

5 Im Bereich der Teilhabe am Arbeitsleben beschränkt sich die Eingliederung behinderter Menschen nicht allein auf die **berufliche Rehabilitation.** Diese ist nur im Sinne einer gezielten Verbesserung der individuellen beruflichen Fähigkeiten zu verstehen. Ist das nicht möglich oder ist eine solche Maßnahme erfolgreich abgeschlossen worden, so ist der behinderte Mensch noch immer nicht beruflich eingegliedert. Lange Zeit hat man dies lediglich als ein (Sonder-)problem der Arbeitslosigkeit betrachtet. Erforderlich ist, unabhängig von der Lage des Arbeitsmarktes, vielmehr auch die Schaffung behinderungsgerechter Arbeitsbedingungen. Das wird bis auf den heutigen Tag nicht als Kernaufgabe der beruflichen Rehabilitation betrachtet. Im Verantwortungsbereich der klassischen Träger der Teilhabe am Arbeitsleben ergeben sich hier praktisch keine Ansprüche (§§ 117 ff. SGB III, 16 SGB VI). Überdeutlich wird dies in der fehlenden Verweisung in § 16 SGB VI auf § 55 SGB IX (vgl. §§ 119 Abs. 1 Nr. 2, 122 Abs. 1 Nr. 2 SGB III). Für die über die berufliche Rehabilitation hinausgehende **Teilhabe am Arbeitsleben** kommen Leistungen nach dem Schwerbehindertenrecht (§§ 184 ff. SGB IX) und der Eingliederungshilfe (§§ 58, 111 Abs. 1 Nr. 1 SGB IX) in Betracht. Dabei ist auffallend, dass § 111 SGB IX, anders als der bisher anwendbare § 54 SGB XII keine Hilfen zur Arbeit für besonders leistungsgeminderte behinderte Menschen mehr vorsieht (BTDrs. 18/9522 S. 282). Für solche Hilfen bietet nur noch § 11 Abs. 3 Satz 2 SGB XII eine Grundlage. Dies setzt aber den Bezug von Leistungen zum Lebensunterhalt voraus (§§ 27, 41 SGB XII). Das dürfte in diesen Fällen aber zumeist gegeben sein.

5a Erst in den letzten Jahren ist die Schaffung **behinderungsgerechter Arbeitsbedingungen** stärker in das Blickfeld der Teilhabe am Arbeitsleben getreten. Zugleich werden die Unterschiede zwischen der beruflichen Rehabilitation und der behinderungsgerechten Beschäftigung überbrückt. Das gilt etwa für die Arbeitsassistenz (§§ 49 Abs. 8 Nr. 3, 102 Abs. 3; 55, 185 Abs. 5 SGB IX). Als eine wichtige Neuerung in der Teilhabe am Arbeitsleben, die ihren Standort zwischen der beruflichen Rehabilitation und der behinderungsgerechten Arbeit gefunden hat, ist die unterstützte Beschäftigung anzusehen (§ 55 SGB IX). Sie ist als eine am individuellen Bedarf des behinderten Menschen orientierte Hilfe konzipiert, die als eine Alternative zu den vorhandenen institutionellen Angeboten der beruflichen Förderung zu verstehen ist (Mrozynski, ZfSH/SGB 2016 S. 299; Baur, br 2017, 36; Agel, br 2017, 40). Ihre Hauptaufgabe besteht darin, den behinderten Menschen durch gezielte Förderung in ein sozialversicherungspflichtiges Beschäftigungsverhältnis zu integrieren (Rombach, SGb 2009 S. 61). Die Tatsache, dass in § 16 SGB VI nicht auf § 55 SGB IX verwiesen wird, ist kein Redaktionsversehen, sondern Ausdruck der Tatsache, dass die Aufgaben der Rentenversicherung auf die berufliche Rehabilitation im engeren Sinne beschränkt sind.

6 Die **leistungsrechtliche Zuordnung** einer jeden einzelnen Maßnahme ist entscheidend für die Bestimmung der **Zuständigkeit** eines Sozialleistungsträgers. Die Akutversorgung richtet sich unmittelbar auf den körperlichen oder geistig-seelischen Zustand des Versicherten. Sie ist in erster Linie ärztliche Behandlung. Der Arzt darf nur unter den Voraussetzungen des § 28 SGB V die Hilfeleistung anderer anordnen. Auch in diesem Falle verantwortet er die gesamte Behandlung (BSG 42 S. 16; BSG 53 S. 144). Anders als die Akutversorgung ist die **medizinische Rehabilitation** darauf ausgerichtet, dem behinderten Menschen Hilfestellung bei der Entwicklung eigener Abwehr- und Heilungs- und Widerstandskräfte

zu leisten. Dies geschieht ua durch die Verwendung von Arznei- und Heilmitteln aber auch durch geistige und seelische Einwirkung (vgl. § 107 Abs. 2 SGB V). Infolge der Entwicklung im medizinischen Sektor wird die Unterscheidung in Akutbehandlung und medizinische Rehabilitation immer schwieriger (BSG 94 S. 139). Das gilt insbesondere im Bereich der psychiatrischen Versorgung (BSG SGb 2005 S. 701 mAnm Eichenhofer). Doch die unterschiedlichen Zuständigkeiten zwingen zu einer Abgrenzung. Im Prinzip werden Leistungen zur medizinischen Rehabilitation vom Träger der Kranken- und der Rentenversicherung erbracht. Ersterer leistet jedoch nur, wenn eine andere Zuständigkeit nicht begründet ist (§ 40 Abs. 4 SGB V). Im Grundsatz gilt Folgendes: Der Träger der Rentenversicherung leistet nach den §§ 9 ff. SGB VI dann, wenn die Erwerbsfähigkeit des Versicherten zumindest gefährdet ist und wenn durch die Leistungen voraussichtlich eine Besserung eintritt bzw. eine wesentliche Verschlechterung verhindert werden kann (§ 10 Abs. 1 Nr. 2 SGB VI). Diese Leistungspflicht entspricht der zentralen Aufgabe der Rentenversicherung, die darin besteht, die Erwerbsfähigkeit der Versicherten zu erhalten. Demgegenüber richten sich die Aufgaben der Krankenversicherung allgemein auf die Gesundheit der Versicherten. Besonders herausgehoben sind in § 11 Abs. 2 SGB V medizinische Leistungen, die eine (drohende) Behinderung oder Pflegebedürftigkeit abwenden, beseitigen, bessern oder die einer Verschlimmerung vorbeugen sollen. Soweit eine solche medizinische Rehabilitation nicht der Eingliederung in das Erwerbsleben dient, leistet nur der Träger der Krankenversicherung. Sind dagegen die persönlichen Voraussetzungen einer Gefährdung und möglichen Sicherung der Erwerbsfähigkeit gegeben, dann leistet der Träger der Rentenversicherung. Er leistet gleichwohl nicht, wenn nicht auch die versicherungsrechtlichen Voraussetzungen des § 11 SGB VI erfüllt sind. Damit ergibt sich – auch im Hinblick auf § 5 Abs. 1 Nr. 13 SGB V – eine gewisse Auffangzuständigkeit des Trägers der Krankenversicherung. Nur in Ausnahmefällen (§ 21 Rz. 19) können dabei aber die Grenzen des Leistungsrechts überwunden werden (BSG 124 S. 1).

Die Leistungen zur medizinischen Rehabilitation sind nicht abschließend aufgezählt (§§ 42 SGB IX; 40 SGB V, 15 SGB VI). Die Stellung des Arztes ist nicht mehr so zentral wie bei der Akutversorgung, wenn auch die Praxis auf eine ärztliche Beteiligung dringt (vgl. § 107 Abs. 2 SGB V, 15 Abs. 2 Satz 2 SGB VI). Die Leistungskataloge lassen erkennen, dass in der medizinischen Rehabilitation auch Mittel eingesetzt werden können, die sonst der Akutversorgung dienen, wie etwa Arznei- und Heilmittel (§ 42 Abs. 2 SGB IX). Sie machen die einzelne Maßnahme aber noch nicht zu einer Akutversorgung. Vielmehr wird dadurch deutlich, dass der Einsatz der Mittel in der medizinischen Rehabilitation nicht begrenzt ist. Nach ihrem Gesamtbild muss die Maßnahme aber auf eine Hilfestellung bei der Entwicklung eigener Abwehr- und Heilungs- und Widerstandskräfte ausgerichtet sein (BSG 94 S. 139; BSG SozR 4-2500 § 39 Nr. 14). 7

Nur in dem Komplex der **Teilhabe am Arbeitsleben,** der als berufliche Rehabilitation zu bezeichnen ist, ist der Träger der Rentenversicherung leistungspflichtig. Im Ansatz ergibt sich damit eine alleinige Leistungspflicht des Trägers der Krankenversicherung für die Akutversorgung sowie eine nachrangige Zuständigkeit für die medizinische Rehabilitation. Der Träger der Rentenversicherung leistet für die gesamte Rehabilitation (§§ 40 SGB V, 11 SGB VI). Diese Zuständigkeit ist zumindest seit der Einfügung des § 11 Abs. 2a SGB VI weitgehend gegeben. Danach leistet der Träger der Rentenversicherung – wenn nicht schon ein Fall des § 11 Abs. 1 Nr. 1 oder 2 SGB VI gegeben ist – wenn andernfalls eine 8

Rente wegen verminderter Erwerbsfähigkeit zu zahlen wäre (§ 43 SGB VI) oder wenn im Anschluss an eine medizinische Maßnahme eine Leistung zur Teilhabe am Arbeitsleben erforderlich ist. Versicherte, die die Voraussetzungen des § 11 Abs. 1, Abs. 2a SGB VI nicht erfüllen, das sind vor allem geistig behinderte jüngere Menschen, erhalten ihre Leistungen zur Teilhabe am Arbeitsleben praktisch ausschließlich vom Träger der Arbeitsförderung nach den §§ 112 ff. SGB III, der nur dann leistet, wenn eine andere Zuständigkeit nicht begründet ist (§ 22 Abs. 2 SGB III).

2. Vorbehalt abweichender Regelungen

9 An der Vielfalt der Zuständigkeiten und der unterschiedlichen Leistungsvoraussetzungen hat das Neunte Buch nichts geändert. So ergibt sich aus § 6 SGB IX bereits, dass die Rehabilitationsträger Leistungen zur Teilhabe in unterschiedlichem Umfang erbringen. Insbesondere entwertet die Vorschrift des § 7 SGB XI das Neunte Buch als einen Allgemeinen Teil. Die Vorschrift verpflichtet dazu, in jedem Falle einer konkret ermittelten Leistung (§§ 42, 49, 76 SGB IX) in dem Leistungsgesetz, das für den jeweiligen Rehabilitationsträger gilt, zu ermitteln, ob ein Rechtsanspruch besteht. Das ist nicht vergleichbar mit § 37 SGB I, der in seinem Satz 2 einen Vorrang des Allgemeinen Teils regelt und zumindest insoweit den Charakter eine Kodifikation hat. In einem derart komplexen System, wie es das Sozialrecht darstellt, wird man wie bei jeder Kodifikation auf die Strukturen der Besonderen Teile Rücksicht nehmen müssen. Wenn aber § 7 Satz 1 SGB IX regelt, dass sich die Leistungsansprüche aus den jeweiligen Leistungsgesetzen ergeben und wenn § 7 Satz 2 SGB IX regelt, dass sich auch die Zuständigkeiten und Voraussetzungen aus den jeweiligen Leistungsgesetzen ergeben, wenn zudem die Zusammenarbeit der Rehabilitationsträger über wenig verbindliche Konstrukte wie „im Benehmen" (§ 19 Abs. 1 SGB IX) oder „Empfehlungsvereinbarung" (§ 26 SGB IX) organisiert wird, dann bleibt von dem zu oft beschworenen Paradigmawechsel – ein Begriff, der ohnehin völlig verfehlt ist – nicht viel. Durch das BTHG wurde zwar in § 27 SGB IX eine Verordnungsbefugnis für das Bundesministerium für Arbeit und Soziales eingeführt, wenn die Rehabilitationsträger ihrer Aufgabe zum Abschluss von Empfehlungsvereinbarungen nicht nachkommen. Es ist aber nicht möglich durch Verordnung die gesetzlich geregelten Zuständigkeiten zu ändern. Damit kann die Zusammenarbeit der Rehabilitationsträger nicht einer größeren Verbindlichkeit ausgestattet werden. Dagegen spricht auch die Gesetzesbegründung (BT-Drs. 18/9522 S. 243).

9a Mit In-Kraft-Treten des Gesetzes wurden allerdings die wichtigsten Vorschriften in den Besonderen Teilen, den Leistungsgesetzen, in der Weise geändert, dass sie hinsichtlich des Leistungsumfanges den Regelungen des Neunten Buches entsprechen. So regelt § 11 Abs. 2 Satz 3 SGB V, dass der Träger der Krankenversicherung Leistungen zur medizinischen Rehabilitation „unter Beachtung des Neunten Buches" erbringt. Das ist allerdings nur der Fall, soweit sich aus dem SGB V nichts anderes ergibt. Ähnlich sind auch die Regelungen in Renten- und Unfallversicherung (§§ 15 Abs. 1 SGB VI, 27 Abs. 1 SGB VII). Das gilt nicht nur für die medizinische Rehabilitation, sondern auch für die Teilhabe am Arbeitsleben (§§ 16 SGB VI, 35 SGB VII). Entsprechendes gilt für die soziale Entschädigung (§ 26 BVG). Die Arbeitsförderung ist durch ein recht kompliziertes System von allgemeiner beruflicher Bildung und beruflicher Rehabilitation gekennzeichnet. Deswegen erklärt § 127 Abs. 1 SGB III bei den Teilnahmekosten nur die

§§ 33, 44, 53 und 54 SGB IX für anwendbar. Insbesondere die Leistungen an Arbeitgeber werden im Arbeitsförderungsrecht weiterhin nach eigenen Grundsätzen geregelt (§§ 46, 88 ff., 131 ff. SGB III). Insbesondere lässt die in § 16 SGB VI fehlende Verweisung auf § 55 SGB IX erkennen, dass sich die Weiterentwicklung der Teilhabe am Arbeitsleben doch in Grenzen hält.

In der **Jugendhilfe** ist die Verweisungskette etwas komplizierter. In § 35a SGB Abs. 3 VIII ist Folgendes geregelt: „Aufgabe und Ziele der Hilfe, die Bestimmung des Personenkreises sowie Art und Form der Leistungen richten sich nach Kapitel 6 des Teils 1 des Neunten Buches sowie § 90 und den Kapiteln 3 bis 6 des Teils 2 des Neunten Buches, soweit diese Bestimmungen auch auf seelisch behinderte oder von einer solchen Behinderung bedrohte Personen Anwendung finden und sich aus diesem Buch nichts anderes ergibt." Damit wird nach einer recht unübersichtlichen Verweisung der Grundsatz des § 7 Satz 1 SGB IX wiederholt, dass für die Leistungen zur Teilhabe die Vorschriften des Neunten Buches nur gelten, soweit sich aus dem SGB VIII nichts Abweichendes ergibt. Der Hinweis auf das Kapitel 6 erstreckt sich auf die §§ 26–35 SGB IX und damit immerhin auch auf das persönliche Budget (§ 29 SGB IX). Darüber hinaus wird die Grundlagenvorschrift der Eingliederungshilfe (§ 90 SGB IX) für anwendbar erklärt. Nicht verwiesen wird auf § 99 SGB IX und den dort „konservierten" überkommenen Begriff der Behinderung. In der Jugendhilfe ist also unmittelbar § 2 SGB IX anzuwenden. Die Verweisung auf die Kapitel 3 bis 6. des 2. Teils des SGB IX erstreckt sich auf die §§ 109–116 SGB IX und damit auf den Kernbereich der Teilhabeleistungen (Kunkel/Kunkel, ZfSH/SGB 2017 S. 194). **10**

Eine Sonderregelung hat in allen Sozialleistungsbereichen die Förderung im Berufsbildungsbereich der **Werkstatt für behinderte Menschen** (WfbM) erfahren. Sie ist auf zwei Jahre begrenzt und kann wird zunächst nur für ein Jahr bewilligt (§ 57 Abs. 3 SGB IX). Diese Begrenzung bedeutet allerdings nicht, dass eine erneute Förderung des behinderten Menschen generell ausgeschlossen wäre. Es kommt vielmehr entscheidend darauf an, ob durch eine wiederholte Förderung das Rehabilitationsziel erreicht werden kann (BSG 73 S. 83). Nach Beendigung der Förderung muss der behinderte Mensch in der Lage sein, einen produktiven Arbeitsplatz einzunehmen. Dessen Kosten – es handelt sich hier nicht mehr um eine berufliche Rehabilitation, sondern um die Ausübung einer behinderungsgerechten Arbeit – werden nach den §§ 58, 111 Abs. 1 Nr. 1 SGB IX also in praktisch allen Fällen, aus Mitteln der Eingliederungshilfe, aufgebracht. Durch § 63 Abs. 2 Nr. 1 SGB IX ist darüber hinaus auch eine Zuständigkeit des Trägers der Unfallversicherung begründet worden. **11**

Zur Förderung der behinderungsgerechten Beschäftigung auf dem allgemeinen Arbeitsmarkt werden auch **Leistungen an Arbeitgeber** erbracht (§ 50 SGB IX). Im Übrigen aber ist die Förderung der Ausübung einer behinderungsgerechten Beschäftigung noch wenig entwickelt. Sie wird nicht zur beruflichen Rehabilitation im engeren Sinne gerechnet und erfolgte bisher vornehmlich auf der Basis der §§ 58, 111 Abs. 1 Nr. 1 SGB IX als Tätigkeit auf einem produktiven Arbeitsplatz in einer WfbM. Dieses relativ unflexible System ist aber vor allem durch die § 60 und 61 SGB IX modifiziert worden. Durch § 61 SGB IX ist ein Budget für Arbeit geschaffen worden. Es dient der Förderung eines versicherungspflichtigen Beschäftigungsverhältnisses für diejenigen behinderten Menschen, die an sich die Voraussetzungen für eine Beschäftigung auf einem produktiven Arbeitsplatz in der WfbM erfüllen. Damit sind Ansätze dafür erkennbar, dass die Entwicklung des Ausgleichs einer behinderungsbedingten Minderung der Erwerbsfähigkeit über **12** das Sozialbudget möglich erscheint. Gewissermaßen das Gegenstück dazu ist die Möglichkeit der Inanspruchnahme von „Anderen" Leistungsanbietern nach § 60 SGB IX. Es handelt sich hier eher um Fälle von geringerem Leistungsvermögen. Die damit angesprochenen behinderten Menschen können Formen der beruflichen Förderung in Anspruch nehmen, die flexibler ausgestaltet sind als die WfbM. Insgesamt lässt sich in den §§ 55, 60 und 61 SGB IX erkennen, dass sich die beruflichen Förderung behinderter Menschen allmählich aus den überkommenen Formen löst. Ergänzt wird dies durch die Inklusionsbetriebe der §§ 215 ff. SGB IX. Im Hinblick darauf, dass die sich Vertragsstaaten der UN-BRK dazu verpflichtet haben, die Beschäftigungsmöglichkeiten behinderter Menschen auf dem allgemeinen Arbeitsmarkt zu verbessern, wird man diese Ansätze stärker als ausbauen und die Mittel umlenken müssen (vgl. Art. 27 Abs. 1 lit. b–f UN-BRK). Allerdings regelt § 60 Abs. 3 SGB IX dazu einschränkend, dass eine Verpflichtung der Leistungsträger, die Leistungen durch Andere Anbieter zu ermöglichen nicht besteht. Dies durfte im Hinblick auf die §§ 17, 37 SGB I so nicht geschehen (vgl. §§ 17 Rn. 6, 37 Rn. 7).

13 In der vierten Gruppe nennt § 29 die unterhaltssichernden und **ergänzenden Leistungen,** die hauptsächlich neben die Leistungen zur medizinischen oder beruflichen Rehabilitation treten. Der Sicherung des Lebensunterhalts dienen vor allem das Kranken- (§§ 65 Abs. 1 Nr. 1 SGB IX, 44 SGB V) und das Übergangsgeld (§§ 65 Abs. 1 Nr. 3 SGB IX 20 ff. SGB VI). Das Übergangsgeld hat die gleiche Entgeltersatzfunktion wie das Krankengeld und wird im Wesentlichen wie das Krankengeld berechnet (§§ 66–68 SGB IX). Es wird jedoch gemäß § 66 Abs. 1 SGB IX gegenüber dem Krankengeld vermindert (BSG NZS 2018 S. 139, dazu Herberg, NZS 2018 S. 146). Da Teilnehmer an Maßnahmen zur medizinischen Rehabilitation oder zur Teilhabe am Arbeitsleben idR einen vollen Schutz in der Sozialversicherung genießen (vgl. §§ 5 Abs. 1 Nr. 6, 192 Abs. 1 Nr. 3 SGB V, 3 Nr. 3 SGB VI, 26 Abs. 2 SGB III), gehört zu den ergänzenden Leistungen nach § 64 Abs. 1 Nr. 2 SGB IX auch die Übernahme der Sozialversicherungsbeiträge.

14 Die Leistungen der dritten Gruppe (§§ 76–84 SGB, 113 IX), der **sozialen Teilhabe,** haben durch die Überführung in das SGB IX ihren grundlegenden Charakter nicht geändert. Sie sind jedoch in erheblichem Maße präzisiert und begrifflich modernisiert worden. Das gilt auch für den Begriff der Assistenzleistungen, der eigentlich jede Form einer Unterstützung umfasst, soweit sie behinderungsbedingt erforderlich wird (§ 78 Abs. 1 SGB IX). Die Leistungen sind in § 76 Abs. 2 SGB IX nicht abschließend geregelt. Sie werden im Grunde nur durch ihre Zielsetzung einer selbstbestimmten und eigenständigen Bewältigung des Alltags einschließlich der Tagesstrukturierung konkretisiert. Deswegen kann die behinderungsgerechte Ausstattung eines Kfz auch zur sozialen Teilhabe erforderlich sein (BSG NZS 2017 S. 593 mAnm Rasch). Trotz der Verlagerung dieser Leistungen in das SGB IX handelt es sich weiterhin in systemtischer Hinsicht um Leistungen der Sozialhilfe. Das wird durch die Neuregelungen der Kostenbeiträge der Hilfeempfänger und ihrer Familien nicht in Frage gestellt, sondern bestätigt. Ein derartiger Nachrang der Leistungen ist prägend für das Fürsorgesystem.

14a Die Berechnung der Kostenbeiträge ist in den §§ 135 ff. SGB IX geregelt. Gegenüber den bisherigen Regelungen der §§ 85 ff. SGB XII kommt es damit zu einer deutlichen Besserstellung behinderter Menschen und aller ihrer unterhaltspflichtigen Familienmitglieder. Dies gilt ab dem 1.1.2020. Im Grundsatz wird dann bei Ausübung einer sozialversicherungspflichtigen Beschäftigung davon ausgegangen, dass dem behinderten Menschen, bzw. bei behinderten Kindern den Eltern, oberhalb eines bestimmten Einkommens ein moderater Kostenbeitrag zumutbar ist. Der untere Grenzbetrag beläuft sich auf ein Einkommen von 85% der jährlichen Bezugsgröße des § 18 SGB IV. Im Jahre 2018 waren das 85% aus 32340 €, Ost bzw. 36540 €, West (§ 136 Abs. 1 Nr. 1 SGB IX). Der Prozentsatz ist mit einer Familienkomponente ausgestattet und erhöht sich um 15% für den Partner und um weitere 10% für jedes unterhaltsberechtigte Kind (§ 136 Abs. 3 und 4 SGB IX). Aus dem Einkommen oberhalb dieser, auf das Jahr bezogenen, Grenzbeträge ist ein monatlicher Betrag von 2% aufzubringen (§ 137 SGB IX). Das wären also bei einem Jahreseinkommen (West) von 40.000 € mtl. ca. 180 €. Bei behinderten Kindern, die im Haushalt ihrer Eltern leben, beläuft sich der Erhöhungsbetrag für jede leistungsberechtigte Person sogar auf 75% (§ 136 Abs. 5 SGB IX). Wie schon nach geltendem Recht (§ 92 Abs. 2 SGB XII) werden ohnehin bei den meisten Leistungen der Eingliederungshilfe für behinderte Kinder keine Kostenbeiträge erhoben (§ 138 Abs. 1 Nr. 1–8 SGB IX). Bei volljährigen behinderten Menschen sind die Kostenbeiträge der (unterhaltspflichtigen) Eltern, wie bisher, begrenzt (vgl. §§ 94 Abs. 2 SGB XII, 138 Abs. 4 SGB IX). Das Schonvermögen ist auch nach künftigem Recht zunächst nach § 90 Abs. 2 Nr. 1–8 SGB XII zu ermitteln (§ 139 SGB IX). Zusätzlich wird ein Barvermögen von 150% der jährlichen Bezugsgröße geschont. Damit liegt das Schonvermögen etwas oberhalb der Beträge, die auch nach § 12 Abs. 2 Satz 2 SGB II geschont werden.

Eine Problematik dieser Regelungen besteht darin, dass sie nur auf die Einglie- **14b** derungshilfe anwendbar sind: „Leistungen nach diesem Teil…" (§ 136 Abs. 1 SGB IX). Ist der behinderte Mensch auch pflegebedürftig und bedarf er, ergänzend zu den Versicherungsleistungen, der Hilfe zur Pflege nach den §§ 61 ff. SGB XII, so gelten nur die Regelungen des SGB XII. Ein Schonvermögen von bis zu 25.000 € wird ihm nur zugestanden, wenn es durch eigene Erwerbstätigkeit während des Bezug von Pflegeleistungen erworben wurde (§ 66a SGB XII). Was den Einsatz eigenen Einkommens und die Entlastung der Kinder bzw. der Partner angeht, so bleibt es bei den Regelungen der §§ 87, 88, 94 und 92a SGB XII. Uneingeschränkt geschont werden nur die Eltern behinderter Kinder. Diese aber ohne Rücksicht auf die Höhe ihres Einkommens oder Vermögens (§ 94 Abs. 2 SGB XII). Eine spürbare Entlastung der Kinder von Leistungsberechtigten erfolgt im Unterhaltsrecht (BGHZ 186 S. 350; BGH NJW 2013 S. 301; BGHZ 205 S. 165, BGHZ 213 S. 288; BGH NJW 2019 S. 512, zu § 94 Abs. 3 Nr. 2 SGB XII). Dasselbe gilt aber nicht unter Ehepartnern. Es ist auch nicht so, dass mit der Schonung der Eltern gewissermaßen das Familienvermögen zusammengehalten werden kann. Zumindest der Erbteil des behinderten und pflegebedürftigen Kindes wird als sein Vermögen bei der Hilfe eingesetzt. Dies lässt sich nur durch testamentarische Konstruktionen verhindern (vgl. § 19a Rn. 47c). Wenn man berücksichtigt, das durch Art. 6 Abs. 1 GG Ehe und Familie geschützt werden, und eben nicht nur die Eltern, dann ist das Ungleichgewicht, dass durch § 94 Abs. 2 SGB XII ohne Obergrenzen geregelt wird, doch gewissen Bedenken ausgesetzt. Diese Regelung ist auch in systematischer Hinsicht verfehlt, denn es ist nicht Aufgabe des Fürsorgesystems sogar höchste Einkommen und Vermögen zu schonen (Gerlach, ZfF 2019 S. 121).

Ein weiteres Bedenken ergibt sich aus dem Umstand, dass behinderte Men- **14c** schen ihren behinderungsbedingten Bedarf nur zu einem geringeren Teil über das Leistungssystem der Sozialversicherung decken können und damit in entsprechendem Maße auf Leistungen der Sozialhilfe angewiesen sind. So haben die

Träger der Sozialhilfe im Jahre 2015 mit gut 17 Mrd. € allein für die Eingliederungshilfe mehr Geld ausgegeben, als alle anderen Rehabilitationsträger zusammen. Nicht nur im Hinblick darauf, sondern aus Rechtsgründen bleibt zu betonen, dass sich das soziale Recht des § 10 Nr. 2 auf das Leben in der Gesellschaft ausrichtet, und dass aus einzelnen Vorschriften zu schließen ist, das die Erreichung dieses Ziels nicht allein auf der Grundlage des Sozialhilferechts zu erfolgen hat (vgl. §§ 1 SGB IX, 43 Nr. 2 SGB V). Bei Behinderungen, die sich in einer Beeinträchtigung der sozialen Kompetenz des Individuums äußern, ist vielmehr dieser Platz in der Gemeinschaft ua auch durch Leistungen der medizinischen Rehabilitation zu sichern. So kann das **betreute Wohnen,** das explizit nur in den §§ 76 Abs. 1, 112 SGB IX und damit in der Eingliederungshilfe als eine Leistung zur sozialen Teilhabe genannt ist, bei entsprechender leistungsrechtlicher Ausgestaltung auch eine Leistung der medizinischen Rehabilitation sein (LSG RhPf. Breith. 2012 S. 771).

14d Darüber hinaus gibt es ohnehin eine Reihe von Überschneidungen im Grenzbereich der Leistungen zur medizinischen Rehabilitation, zur Teilhabe am Arbeitsleben oder am Leben in der Gemeinschaft (BSG 102 S. 90). So ist die Ausstattung mit einem Hilfsmittel, etwa einem **Hörgerät,** bereits eine Akutversorgung im Sinne des § 33 SGB V. Es kann als solches also auch im Rahmen der medizinischen Rehabilitation nach § 42 Abs. 2 Nr. 6 SGB IX erbracht werden (vgl. § 11 Rn. 31, § 21 Rn. 20b). In diesem Falle ist § 7 Satz 1 SGB IX zu beachten. Das schließt nach Auffassung des BSG aber nicht aus, das Hörgerät auch als Hilfsmittel im Sinne des § 55 Abs. 2 Nr. 1 SGB IX aF (§ 76 Abs. 2 Nr. 8 SGB IX) und damit als Hilfsmittel zur sozialen Teilhabe zu behandeln (BSG 103 S. 171, vgl. dagegen BSG 109 S. 122 – Arbeitstherapie in der medizinischen Rehabilitation; LSG NRW FEVS 61 S. 460 – Reittherapie als Heilmittel; BVerwG ZfSH/SGB 2013 S. 146 – Reittherapie als Teilhabe am Leben in der Gemeinschaft). Die Abgrenzung erfolgt in diesen Fällen nicht nach dem Begriff des Hilfsmittels, sondern danach, welchen Zielen und Zwecken das Hilfsmittel dient. Insoweit muss man dem BSG zustimmen. Das Gericht geht davon aus, dass die mögliche Zuordnung des Hörgeräts zu § 55 Abs. 2 Nr. 1 SGB IX aF (§§ 76 Abs. 2 Nr. 8, 78 Abs. 3 SGB IX) auch zur Folge hat, dass in diesem Falle die Leistungsbegrenzungen, die die Krankenversicherung kennt, nicht durchgreifen (vgl. § 33 Abs. 1 Satz 4 SGB V). Auch zur Petö-Therapie hat das BSG entschieden, dass ihr möglicher Ausschluss als Heilmittel im Sinne des § 32 SGB V nicht bedeutet, dass sie auch keine Hilfe zu einer angemessenen Schuldbildung sein könnte (BSG SozR 4-3500 § 54 Nr. 6; LSG SchlH FEVS 63 S. 565; NZS 2017 S. 596; LSG BW ZfSH/SGB 2011 S. 162; LSG NRW FEVS 64 S. 323). Wenn also die Petö-Therapie kein Heilmittel ist, dann kann sie natürlich zwanglos unter § 76 Abs. 2 SGB IX fallen. Das BSG neigt dabei zu einem „sowohl als auch". Folge dieser recht weitgehenden Auffassung ist, dass man nicht nur das Hilfsmittel, sondern jede medizinische Leistung, die auch der Teilhabe am Leben in der Gemeinschaft dient, auch auf der Grundlage des § 78 SGB IX erbringen kann (so wohl auch BSG SozR 4-2500 § 33 Nr. 26 – GPS-System). Das muss dann aber auch für eine Brille gelten. Sie ist zwar in vielen Fällen durch § 33 Abs. 2 SGB V von der Leistungspflicht der Krankenkasse ausgeschlossen. Jedoch ist sie unbestreitbar ein Hilfsmittel und kann konsequenterweise nach § 76 SGB IX zur sozialen Teilhabe erbracht werden. Die Funktionsbeeinträchtigung der Augen muss lediglich den Charakter einer Behinderung im Sinne des § 2 SGB IX haben und die Brille muss der Teilhabe am Leben in der Gemeinschaft dienen.

14e Dagegen ergibt sich auf anderer Ebene zunehmend eine Begrenzung der Teilhabeleistungen daraus, dass in letzter Zeit stärker betont wird, dass im Rahmen der Eingliederungshilfe jeweils nur die behinderungsbedingten Mehrkosten zu übernehmen sind (BSG SozR 4-3500 § 54 Nr. 10; LSG NRW ZfSH/SGB 2011 S. 36). Daraus ergibt sich auch die Konsequenz, dass vor allem die Leistungen nach den §§ 6; 76 ff.; 113 ff. SGB IX nur zur Deckung solcher Bedarfe erbracht werden können, die behinderungsbedingt entstanden sind, und die zu ihrer Deckung erbracht werden. Es wird ein allgemeiner Vorbehalt der Erforderlichkeit formuliert, bei dem nicht zu übersehen ist, dass es auch um eine Kostenbegrenzung geht (LSG Thür. FEVS 61 S. 139; LSG NRW ZfSH/SGB 2013 S. 102). Damit ist noch nicht gesagt, dass Dienstleistungen oder Gegenstände, die der Alltagsbewältigung dienen, von den Leistungen nach den §§ 76 ff.; 113 ff. SGB IX ausgeschlossen wären. Jedoch wird stärker geprüft, ob diese Leistungen gezielt dem Behinderungsausgleich dienen (vgl. § 9 Abs. 3 EinglVO aF). Dogmatisch betrachtet verläuft das im Grunde durch eine Verallgemeinerung des Grundsatzes, der in § 47 Abs. Abs. 1 Nr. 3 SGB IX zum Ausdruck kommt. Danach sind Gebrauchsgegenstände des täglichen Lebens keine Hilfsmittel. Dabei ist aber zu beachten, dass sich diese Regelung nur auf die medizinischen Hilfsmittel erstreckt (vgl. § 33 Abs. 1 Satz 1 SGB V). Diese Einschränkung wird naturgemäß in § 76 SGB IX nicht gemacht. Die in § 76 SGB IX durchaus als zulässig anzusehende Begrenzung der „Erforderlichkeit zum Behinderungsausgleich" darf aber nicht formelhaft verwendet werden. Es geht um die soziale Teilhabe und damit immer auch um „Alltägliches" und, nach der Neufassung des § 2 SGB IX, auch um die Beseitigung umweltbedingter Barrieren. Einer Kritik, die in der Rechtsprechung zur Erforderlichkeit eine Einschränkung des § 55 SGB IX aF sieht, muss man allerdings entgegen halten, dass das neuere Verständnis des Begriffs der Behinderung (§ 2 Abs. 1 SGB IX) auch dazu veranlasst, die vorhandenen Fähigkeiten eines behinderten Menschen stärker zu betonen. Eine Rechtsprechung, die auf diese Fähigkeiten abstellt und damit auch den Leistungsanspruch begrenzt ist jedenfalls nicht inkonsequent. Es bleibt auch zu beachten, dass in diesem Grenzbereich kein Mensch ohne die erforderliche Hilfe bleiben darf. Insoweit wird – freilich in der Hilfe zum Lebensunterhalt – durch § 27 Abs. 3 SGB XII eine untere Grenzlinie gezogen (§ 28 Rn. 3). Für den **Schulbesuch** eines behinderten Kindes ist allerdings folgende Modifikation vorzunehmen:

15 Was den Beispielskatalog der Leistungen zur Teilhabe an Bildung angeht (§§ 75, 112 SGB IX), so ist eine Orientierung am Vorbild des § 40 BSHG aF erkennbar. Ganz im Vordergrund stehen die Frühförderung und die Hilfen zu einer **Schulbildung.** Der Effekt inklusiver Kindergärten und Schulklassen ist daran zu messen, was nach ihnen geschieht. „Nach" das ist der Nachmittag und das sind die auf die Schulzeit folgenden Jahre. Zudem ist der Besuch einer Regelschule für das behinderte Kind immer auch eine Frage der sozialen Teilhabe (OVG Sachsen JAmt 2017 S. 462). Das BSG ist der Auffassung, dass beim Besuch einer Privatschule im Rahmen des § 54 Abs. 1 Nr. 1 SGB XII aF ohnehin lediglich die behinderungsbedingten erforderlichen unterstützenden Hilfsmaßnahmen finanziert werden können, nicht aber der gesamte Schulunterricht: „Die Schulbildung selbst, also der Kernbereich der pädagogischen Arbeit, der sich nach der Gesetzessystematik nicht unter Auslegung der schulrechtlichen Bestimmungen, sondern der sozialhilferechtlichen Regelungen bestimmt, obliegt hingegen allein den Schulträgern ... Dass der Kernbereich der pädagogischen Arbeit der Schule den Regelungen über die Eingliederungshilfe entzogen ist, bestätigt § 54 Abs. 1 Satz 1

Nr. 1 SGB XII dadurch, dass die Bestimmungen über die Ermöglichung der Schulbildung im Rahmen der allgemeinen Schulpflicht… unberührt bleiben sollen" (BSG 112 S. 196 Rn. 15; vgl. Sächs. LSG FEVS 70 S. 139). Diese Rechtsprechung hat das BSG bestätigt und ausgeführt, dass den Kernbereich nicht berühren „alle integrierenden, beaufsichtigenden und fördernden Assistenzdienste…, die flankierend zum Unterricht erforderlich sind, damit der behinderte Mensch das pädagogische Angebot der Schule überhaupt wahrnehmen kann." Damit hat es sich auch der Kritik ausgesetzt (BSG SGb 2017 S. 653 mAnm Riehle). Das BSG bekräftigt seine Auffassung, dass Leistungen nach § 54 SGB XII aF „außerhalb des Kernbereichs pädagogischer Tätigkeit" zu erbringen sind. Ausdrücklich heißt es „dass im Kernbereich pädagogischer Tätigkeit keine, auch keine nachrangige Leistungspflicht des Sozialhilfeträgers besteht (BSG 110 S. 301 Rn. 21).

15a Abgesehen von den begrifflichen Schwierigkeiten ist die Abklärung der Sphären „schulische Bildung" und „Teilhabe an Bildung" durchaus notwendig. Entgegen dem BSG gehört sie jedoch in das Erstattungsrecht. Gemäß § 2 Abs. 1 SGB XII sind auch vorrangige Leistungen zunächst zu erbringen. Die Verweisung des BSG auf die Schulpflicht ist für das Verfahren nach § 104 SGB X dienlich. Jedoch zwingt der Wortlaut des § 54 SGB XII aF „Hilfe zu einer angemessenen Schulbildung insbesondere im Rahmen der allgemeinen Schulpflicht" nicht zu einer Einschränkung bereits auf der Anspruchsebene. Die Rechtsprechung des BSG hat zur Folge, dass bei Untätigkeit des öffentlichen Schulträgers das Kind gänzlich von der Teilhabe an Bildung ausgeschlossen wäre. Demgegenüber veranlassen bereits die §§ 2 Abs. 2, 10 SGB I zu einer weiten Auslegung der §§ 54 SGB XII aF, 112 SGB IX (vgl. § 2 Rn. 13). Folgendes tritt hinzu: Im Rahmen des Art. 24 Abs. 2 lit. b UN-BRK muss das Kind einen Anspruch auf Teilhabe am unentgeltlichen Unterricht haben. Nur wenn eine öffentliche Schule dem behinderten Kind einen integrativen, unentgeltlichen Unterricht anbieten kann, ist der Besuch einer Privatschule nicht erforderlich. Das ist jedoch in der gegenwärtigen Situation nicht immer der Fall. Wenn sich nun aber nach innerstaatlichem Recht, also heute nach § 112 SGB IX, der Anspruch des behinderten Kindes auf die Übernahme der Kosten nicht auf den Kernbereich der pädagogischen Arbeit erstreckt, dann ist in dem Falle, in dem nur an einer Privatschule eine inklusive Beschulung möglich ist, der Schulbesuch insgesamt nicht mehr unentgeltlich. Auch wenn man mit dem BSG der Auffassung ist, dass sich aus Art. 24 UN-BRK kein subjektives Recht einräumt, dann entspricht gleichwohl seine Auslegung des § 54 Abs. 1 Satz 1 Nr. 1 SGB XII aF nicht Art. 24 Abs. 2 lit. b UN-BRK (§ 10 Rn. 1b–1d).

15b Die Diskussion um die inklusive Beschulung verliert etwas an Überzeugungskraft, wenn man die Tatsache berücksichtigt, dass die Zeit nach der Schule seltener ins Blickfeld gerät. An eine inklusive Schulphase kann sinnvollerweise nur ein inklusives Arbeitsleben anschließen. Jedoch finden bisher von jährlich etwa 50.000 Schulabgängern mit sonderpädagogischem Förderbedarf weniger als ein Zehntel einen betrieblichen Ausbildungsplatz. Welchen Anteil dabei die inklusive Beschulung hat, ist nicht ganz klar (Vollmer, Inklusion in der Berufsbildung, 2016; Gehrmann, Betriebe auf der Grenze: Integrationsfirmen und Behindertenwerkstätten zwischen Markt und Sozialorientierung, 2015, zur Praxis vgl. Dresen/Haddenhorst, ZfF 2018 S. 207). Zum Hochschulzugang vgl. EGMR NZS 2017 S. 299.

15c Wohl nicht nur mangels einer Kompetenz des Bundes kommt es in den Regelungen über die Teilhabe an Bildung (§§ 75, 112 SGB IX) weder zu einem Ausschluss der Sonderschule noch zu einem Vorrang der inklusiven Beschulung.

Auch Art. 24 Abs. 2 lit. b UN-BRK regelt dies nicht. Nach einer weitergehenden Auffassung des BSG geht die UN-BRK nicht über das Benachteiligungsverbot des Art. 3 Abs. 3 Satz 2 GG hinaus (BSG 110 S. 194, zu Art. 25 UN-BRK). Auch für die Auslegung des § 33 SGB V ergäben sich aus der UN-BRK keine zusätzlichen Gesichtspunkte (BSG NZS 2013 S. 701). Diese Auffassung zu § 33 SGB V ändert aber nichts daran, dass generell die Vorschriften der UN-BRK bei der Auslegung des innerstaatlichen Rechts zu beachten, und dass staatlicherseits Maßnahmen zu ergreifen sind, die zu einer schrittweisen Realisierung der Rechte behinderter Menschen führen. Letzteres ist aus Art. 3 Abs. 3 Satz 2 GG nicht abzuleiten (Krajewski, JZ 2010 S. 120, 125). Generell gilt aber, dass **allgemeine Leistungsausschlüsse,** die sich auf alle Leistungsberechtigten beziehen, weder durch die UN-BRK, noch durch Art. 3 Abs. 3 Satz 2 GG überwunden werden können, denn der „allgemeine" Ausschluss diskriminiert niemanden (BSG 110 S. 183).

Ursprünglich wurde in der dritten Gruppe, in § 29 Abs. 1 Nr. 3e SGB I aF **15d** noch eine Hilfe genannt, die sich auf die Ausübung einer angemessenen Tätigkeit erstreckte, soweit Leistungen zur Teilhabe am Arbeitsleben nicht möglich sind. Der Gesetzgeber hatte hier vor allem an eine betreuende Beschäftigung gedacht. Häufig erfolgte sie zwar in einer WfbM „unter ihrem Dach" aber nicht mehr auf der Grundlage der §§ 56–58 SGB IX. Letztere wäre noch Teilhabe am Arbeitsleben (§ 19 Abs. Abs. 1 Nr. 3f). Dieser Förder- und Betreuungsbereich kam auch für diejenigen behinderten Menschen in Betracht, bei denen „nicht damit zu rechnen ist, dass sie zu einem späteren Zeitpunkt in der Lage sein werden, auch nur ein Mindestmaß an wirtschaftlich verwertbarer Arbeitsleistung zu erbringen" (Sächs. LSG FEVS 61 S. 229). Diese **Hilfe zur Arbeit** ist abgeschafft worden. Verblieben ist lediglich eine Betreuung in der WfbM nach § 219 Abs. 3 SGB IX. Für eine betreuende Beschäftigung außerhalb der WfbM findet sich im SGB IX keine Rechtsgrundlage. Das ist insoweit problematisch, als die behinderten Menschen auf diese Weise weder in eine Arbeit in der WfbM, noch innerhalb der Räumlichkeiten der WfbM in die Gesellschaft eingegliedert werden. Auf der Grundlage des offenen Leistungskatalogs der Sozialhilfe kommen allerdings auch Leistungen außerhalb der Werkstatt in Betracht (vgl. § 11 Abs. 3 Satz 2 SGB XII).

Mit Nr. 3 lit. f) wird auf die in § 82 SGB IX geregelte Förderung der Verständi- **16** gung hingewiesen. Das betrifft in erster Linie aber nicht ausschließlich die Unterstützung durch einen **Gebärdendolmetscher.** Die Verständigung wird nur bei besonderen Anlässen gefördert. Damit sind hauptsächlich der Arztbesuch und Behördenkontakte gemeint (BSG SozR 4-1500 § 51 Nr. 13; LSG Hamb. ZfSH/SGB 2015 S. 144; LSG RhPf. ZfSH/SGB 2016 S. 563). So kann aus § 82 SGB IX kein Anspruch auf Förderung der Verständigung mit einem gehörlosen Familienmitglied abgeleitet werden. Hier fehlt es an einem „besonderen" Anlass (LSG BW FEVS 65 S. 361; dazu Heinz, ZfSH/SGB 2016 S. 227)). Da man jedoch § 82 SGB IX nicht als einschränkende Vorschrift verstehen kann, muss man aus den §§ 76 Abs. 2, 78 Abs. 1 SGB IX einen Anspruch auf Förderung grundlegender kommunikativer Kompetenzen ableiten müssen (so auch BT-Drs. 18/9522 S. 260; 263). Die anderen, in der dritten Gruppe nicht abschließend genannten Leistungen haben alle eine Förderung des behinderten Menschen zum Inhalt, die darauf ausgerichtet ist, ihm ein eigenständiges Leben in der Gemeinschaft zu ermöglichen. Das reicht von den Leistungen für den Wohnraum als solchen (§ 77 SGB IX) über das selbstbestimmte Leben, die Tagesstrukturierung, auch im betreuten Wohnen, „Assistenzleistungen" (§ 78 Abs. 1 SGB IX), Betreuung in einer Pflegefamilie

(§ 80 SGB IX), heilpädagogische Leistungen (§ 79 SGB IX) und solche zur Förderung der Mobilität (§ 83 SGB IX). Damit sind die zentralen Bereiche der Eingliederungshilfe umschrieben. Das sind Leistungen, die, nur wenn sie unselbständig erbracht werden, Bestandteil der medizinischen Rehabilitation (§ 42 Abs. 3 SGB IX) oder der Teilhabe am Arbeitsleben (§ 49 Abs. 6 SGB IX) sein können. Im Normalfall werden sie als Leistungen zur sozialen Teilhabe nach § 113 SGB IX erbracht.

3. Die Integration von Leistungen

17 Wegen des komplexen Bedarfs, der bei der Rehabilitation und Teilhabe behinderter Menschen in der Regel gegeben ist, ist eine Integration von Leistungen besonders wichtig. Dem steht aber oft die Vorschrift des § 30 Abs. 1 SGB IV entgegen. Danach dürfen die Versicherungsträger Mittel nur für die Erfüllung eigener Aufgaben verwenden. Eine Integration von Leistungen unterschiedlicher Träger lässt aber oft nicht mehr erkennen, in welchem Umfang die Träger an der jeweiligen Leistung beteiligt sind. In Einzelfällen weicht der Gesetzgeber von § 30 Abs. 1 SGB IV ab. Eine der praktisch wichtigsten Regelungen stellt die Vorschrift des § 40 Abs. 5 SGB XI dar, die bis zur Möglichkeit einer anteiligen Finanzierung von Hilfsmitteln im Sinne der Kranken- und Pflegeversicherung gegangen ist (§§ 11 Rn. 31; 21a Rn. 37a; 43 Rn. 5)

18 Im Rahmen der Früherkennung und Frühförderung behinderter Kinder hatte der Gesetzgeber schon bei dem erstmaligen Inkrafttreten des SGB IX im Jahre 2001 die Grundlagen für eine Integration von Leistungen gelegt (§ 30 SGB IX aF). Diese Regelungen wurden jetzt in die §§ 46 und 79 SGB IX übernommen. In § 46 Abs. 1 SGB IX werden zwei unterschiedliche Leistungsgruppen geregelt. Dabei normiert § 46 Abs. 1 SGB IX zunächst die medizinischen Leistungen (§ 46 Abs. 1 Nr. 1 und 2 SGB IX), wobei die nichtärztlichen, gleichwohl medizinischen, also etwa die sozialpädiatrischen, Leistungen, unter ärztlicher Verantwortung erbracht werden müssen (§ 46 Abs. 1 Nr. 2 SGB IX). In § 46 Abs. 2 SGB IX wird eine Reihe von nichtmedizinischen Leistungen der Früherkennung und Frühförderung geregelt, also etwa psychologische, heilpädagogische und sonderpädagogische Leistungen. Diese werden hauptsächlich durch interdisziplinäre Frühförderstellen erbracht (§ 46 Abs. 2 Satz 1 SGB IX). Demgegenüber werden (nur) die nach § 46 Abs. 1 SGB IX erbrachten Leistungen mit den heilpädagogischen Leistungen nach § 79 SGB IX zu einer Komplexleistung zusammen gefasst. Maßnahmen der Komplexleistung können interdisziplinär gleichzeitig oder nacheinander sowie in unterschiedlicher oder wechselnder Intensität erbracht werden (§ 46 Abs. 2 Satz 3 SGB IX). Die Abrechnung der Entgelte erfolgt auf der Grundlage von Rahmenvereinbarungen (§ 46 Abs. 4 Nr. 4 und Abs. 5 SGB IX). Das ermöglicht eine integrierte Leistungserbringung im gegliederten System, ohne dass in jedem Einzelfall die sachliche Zuständigkeit geklärt werden muss. Einzelheiten sind in der Verordnung über Früherkennung und Frühförderung Rahmenvereinbarungen getroffen worden (BGBl I 2003 S. 998 und 2016 S. 3224).

18a Hinsichtlich des gesamten Komplexes der Rehabilitation und Teilhabe konnte sich der Gesetzgeber nicht zu einer Integration von Leistungen entschließen. Lediglich bei der Frühförderung behinderter Kinder hat er in § 46 SGB IX eine Ausnahmeregelung getroffen. Sozialpädiatrische Leistungen und solche der Frühförderung (§ 46 Abs. 2 Nr. 2 SGB IX) lassen sich noch weniger als andere Leistungen in das Schema von Akutbehandlung, medizinischer Rehabilitation und nachrangiger Eingliederungshilfe für behinderte Kinder einordnen. Das ist einer der Gründe für die wechselvolle Geschichte der sozialpädiatrischen Versorgung in der Krankenversicherung (vgl. Welke, RdLH 2015 S. 8). Im Grundsatz ist davon auszugehen, dass alle Leistungen der Krankenversicherung sowie der Jugend- und Eingliederungshilfe in die Frühförderung einbezogen werden können, und dass andererseits im Regelfall auf keine der Leistungen vollständig verzichtet werden kann.

Für die Leistungen nach § 46 Abs. 2 SGB IX ist eine Komplexleistung nicht **19** vorgesehen. Die dort genannten nicht medizinischen Leistungen werden zwar interdisziplinär erbracht. Sachlich zuständig ist aber je nach Art der Behinderung immer der Träger der Jugend- oder der Eingliederungshilfe. Der für die Komplexleistung entscheidende Gesichtspunkt einer integrierten Leistungserbringung durch mehrere Sozialleistungsträger ist nur in § 46 Abs. 1 und 3 SGB IX gegeben. Diese Leistungen gehen über eine interdisziplinäre Erbringung insoweit hinaus, als sie nicht im Einzelfall abzurechnen sind. Das ist bei den Leistungen nach § 42 SGB IX nicht der Fall. Ein Bedürfnis dazu besteht an sich auch, wenn in der Frühförderstelle (§ 46 Abs. 2 SGB IX) auch Leistungen zu Lasten der Krankenkasse erbracht werden. Mehr als eine Kooperation der Leistungserbringer, die aber die Grenze der sachlichen Zuständigkeit nicht relativieren darf, ist hier nicht möglich. Jede Leistungsintegration stößt in § 46 Abs. 2 SGB IX an die Grenze des § 30 SGB IV. Diese ist bisher nur für die Leistungen nach § 46 Abs. 1 Nr. 1 und 2 SGB IX aufgehoben worden.

Relativ eng gefasst ist § 46 Abs. 3 Satz 2 SGB IX, wonach (nur) die in § 46 **20** Abs. 1 SGB IX genannten Leistungen mit solchen nach § 79 SGB IX zu einer Komplexleistung zusammengefasst werden. Diese Leistungen werden in allen Fällen nur an noch nicht eingeschulte Kinder erbracht. Das gilt auch für schwerstbehinderte Kinder (§ 79 Abs. 1 Satz 2 SGB IX). In § 79 Abs. 3 SGB IX wird ergänzend zu § 46 Abs. 3 Satz 1 SGB IX die Grundlage für die Integration dieser Leistungen in eine Komplexleistung geregelt. Die auf einen Teilbereich der integrierten Versorgung behinderter Kinder beschränkten Regelungen der §§ 46 und 79 SGB IX finden ihre Erklärung nur darin, dass der Gesetzgeber auch angesichts des komplexen Bedarfs, wie er in der Rehabilitation typischerweise auftritt, an der Zuständigkeitsordnung im gegliederten System festhalten wollte.

4. Persönliches Budget

Auch die Einführung des persönlichen Budgets ist insoweit mit einer gewissen **21** Integration der Leistungen verbunden, als es in der Regel „trägerübergreifend" erbracht wird (§ 29 Abs. 1 Satz 3 SGB IX). Nach neuem Recht (§ 29 Abs. 1 Satz 4 SGB IX) kann das persönliche Budget auch von einem einzelnen Rehabilitationsträger bewilligt werden, was anfangs umstritten war (LSG Nds.-Brem. RdLH 2015 S. 14). Sein Schwerpunkt liegt darauf, dem behinderten Menschen „ein möglichst selbstbestimmtes Leben zu ermöglichen." Zu diesem Zweck wird ihm auf Antrag von den beteiligten Rehabilitationsträgern in der Regel ein Geldbetrag ausgezahlt, aus dem er seinen behinderungsbedingten Bedarf deckt. In begründeten Fällen werden Gutscheine ausgegeben (§ 29 Abs. 2 Satz 2 SGB IX). Auch das persönliche Budget ist an die leistungsrechtlichen Voraussetzungen der Einzelgesetze gebunden (vgl. § 11 Rn. 35). Deren Grenzen können also nicht überwunden werden (vgl. LSG Nds.-Brem. FEVS 66 S. 172). Beteiligt sind alle Rehabilitationsträger, die Integrationsämter und auch die Pflegekassen (§ 29 Abs. 1 Satz 5

SGB IX). Einzelheiten verfahrensrechtlicher Art ergaben sich vor allem aus § 3 BudgetV (BGBl I 2004 S. 1055; 2016 S. 3224). Die wesentlichen Merkmale der Zielvereinbarung ergeben sich jetzt aus § 29 Abs. 4 SGB IX. Federführend ist der Rehabilitationsträger, der nach § 14 SGB IX zuständig ist (vgl. § 16 Rn. 17). Er wird lediglich als „Beauftragter" bezeichnet. Mit dem Begriff wird verdeutlich, dass der Rehabilitationsträger nicht unabhängig von Weisungen handeln darf. Auf die Durchführung des in der BudgetV vorgesehenen Bedarfsfeststellungsverfahrens kann nicht verzichtet werden. Die Entscheidung über das Budget ergeht durch Verwaltungsakt (BSG 110 S. 83).

21a Welche Leistungen budgetfähig sind, ergibt sich aus der etwas unübersichtlichen Regelung des § 29 Abs. 1 Satz 5 SGB IX. Im Kern betrifft das alle erforderlichen Rehabilitationsleistungen („Leistungen zur Teilhabe"), und „auch" Leistungen der genannten Rehabilitationsträger, die sich auf alltägliche und regelmäßig wiederkehrende Bedarfe des behinderten Menschen beziehen, also etwa die häusliche Krankenpflege nach § 37 SGB V, die keine Rehabilitationsleistung ist. Einbezogen sind auch die Leistungen der Pflegekassen nach den §§ 36, 38, 38a, 40 Abs. 2, 41 SGB XI. Darunter werden die Sachleistungen der §§ 36, 38 und 41 SGB XI nur in Form von Gutscheinen erbracht (§ 35a SGB XI). Nicht in das persönliche Budget einbezogen sind etwa Leistungen zum Lebensunterhalt durch den Träger der Sozialhilfe. Dessen Leistungen beschränken sich unabhängig von der Integration der Eingliederungshilfe in das SGB IX (§§ 90 ff. SGB IX) auf die Hilfe zur Pflege (§ 61 SGB XII).

22 Gegenüber dem früheren Gesetzestext (§ 17 SGB IX aF) fällt auf, dass der in § 28 Abs. 1 Satz 2 SGB IX aufgestellte Grundsatz, der Rehabilitationsträger bleibt bei jeder Erbringungsform „für die Ausführung der Leistung verantwortlich" nicht mehr auf das persönliche Budget erstreckt wird (§ 29 SGB IX). Das ist vor dem Hintergrund der gewollten Autonomie des behinderten Menschen durchaus konsequent. Es ist auch angesichts der beim persönlichen Budget **fehlenden vertraglichen Beziehung** zwischen Rehabilitationsträger und Leistungserbringer (vgl. §§ 38 SGB IX, 75 ff. SGB XII) anders nicht zu realisieren. Es ist allerdings die Frage, ob der behinderte Mensch immer in der Lage ist, die Verantwortung allein zu tragen. Dazu braucht er nicht nur Informationen über die Leistungserbringung. Er muss auch die Möglichkeit einer Einflussnahme haben. Diese hatten auch bisher schon die Selbstzahler in Einrichtungen nur in begrenztem Umfang. Im Wesentlichen bleibt auch der Inhaber des persönlichen Budgets darauf beschränkt, zwischen mehreren Anbietern von Leistungen auszuwählen. Diese Möglichkeit bestand aber auch bisher schon auf der Grundlage des Wunsch- und Wahlrechts nach § 9 SGB IX. Auch dann, wenn der behinderte Mensch zur autonomen Entscheidung in der Lage ist, fragt sich, ob der Rehabilitationsträger so weitgehend aus der Verantwortung für den Erfolg der Maßnahme entlassen werden sollte, wie dies durch § 29 SGB IX geschehen ist. Ist jedoch der behinderte Mensch auf der Grundlage eines persönlichen Budgets nicht wirksam eingegliedert worden, so besteht sein Anspruch fort. Dieser ergibt sich aus den jeweiligen Leistungsgesetzen (§ 7 SGB IX). Eine Einschränkung des Anspruch wegen eines zuvor in Anspruch genommenen persönlichen Budgets ist nicht möglich (§ 31 SGB I).

23 Im Kontrast zu der verminderten Verantwortlichkeit des Leistungsträgers bleibt aber der Antragsteller selbst sechs Monate an die Entscheidung gebunden. Wenn man es genau betrachtet, besteht keine **Bindung an den eigenen Antrag, sondern an die Entscheidung** des Leistungsträgers (§ 29 Abs. 1 Satz 6 SGB IX).

Sie muss ja nicht vollständig mit dem Antrag deckungsgleich sein. Droht allerdings das persönliche Budget in eine Sackgasse zu münden, so kann die Entscheidung durch den Rehabilitationsträger nach § 48 SGB X aufgehoben werden. Er selbst ist ja nur im Rahmen der allgemeinen Verfahrensregeln an seine Entscheidung gebunden.

Zum Teil geht man heute davon aus, dass sich das persönliche Budget von der Dreiteilung in Dienst- Geld- und Sachleistungen gelöst hat (BT-Drs. 18/9522 S. 243), also eine eigenständige Leistung ist. Wesentliche Merkmale für diese Leistung sind, dass dem Berechtigten ein Geldbetrag selbständigen Verwirklichung seines Teilhabeanspruchs zur Verfügung gestellt wird und dass es auf der Ebene der Leistungserbringung keine Rechtsbeziehung zum Leistungsträger gibt (Peters-Lange, SGb 2015 S. 649). Anders, nämlich weiterhin als **Geldleistung,** wird dies für den Regelfall in § 29 Abs. 2 Satz 1 SGB IX formuliert (vgl. BSG 110 S. 83). Bei einer Gesamtbewertung ist zudem zu bedenken, dass die nach § 29 Abs. 4 SGB IX zu erlassende Budgetverordnung mit ihrer zwingend vorgesehenen **Zielvereinbarung,** einem öffentlich-rechtlichem Vertrag, ein Steuerungsinstrument geschaffen hat, das aus der Sicht des Leistungsträgers kaum weniger wirksam ist, als eine ohnehin rechtsstaatlich eingebundene Ermessensentscheidung. Bei der Zielvereinbarung geht es zudem nicht mehr allein um die Umsetzung eines Bereichs, der durch das Gesetz bereits determiniert ist. Dazu bedürfte es keiner Zielvereinbarung. Hinzu kommt, dass der auf Hilfe angewiesene behinderte Mensch, im Regelfall einer Mehrheit von Leistungsträgern gegenübersteht. Man wird deswegen darauf achten müssen, ob im konkreten Fall bei den Partnern der Zielvereinbarung, eine hinreichende Vertragsparität gegeben ist, die nach Auffassung des BVerfG allgemein Wirksamkeitsvoraussetzung für einen Vertrag ist (BVerfG 103 S. 89; BSG 123 S. 69). Ein solcher Fall ist allerdings nur anzunehmen „bei besonders einseitiger Lastenverteilung und einer erheblich ungleichen Verhandlungsposition der Vertragspartner." Zudem dürfte beim öffentlich-rechtlichen Vertrag die Gewährleistung einer Vertragsparität nicht so sehr im Vordergrund stehen wie im Privatrecht. Andererseits steht auch die Zielvereinbarung ganz im Zeichen der Verwirklichung eines selbstbestimmten Lebens des behinderten Menschen, der auf die Inanspruchnahme von Sozialleistungen angewiesen ist, was in Ansehung des Art. 2 Abs. 1 GG den Unterschied zwischen öffentlichem und Privatrecht relativiert. Praktische Probleme können sich hier bei der Ausrichtung der individuellen Förder- und Leistungsziele ergeben. 24

Die durch das persönliche Budget entstehenden Zusatzkosten, insbesondere für **Beratung und Qualitätssicherung,** sind nicht beziffert worden. Sie werden in der Ökonomie aber als außerordentlich hoch angesehen (Hajen, NDV 2001 S. 66). Diesem Problem trägt die Regelung des § 29 Abs. 2 Satz 5 und 6 SGB IX nicht ausreichend Rechnung. Die Leistungen müssen bedarfsdeckend sein. Dabei sollen die bisherigen Kosten nicht überschritten werden. Außerhalb des Teilhaberechts, in § 11 Abs. 2 Satz 5 SGB XII, ist ein selbständiger Anspruch auf **Budgetberatung** eingeführt worden. Dabei ist vorrangig auf die freie Wohlfahrtspflege hinzuweisen. Beratungskosten werden allerdings grundsätzlich nur übernommen, wenn eine wirtschaftliche Situation gegeben ist, wie sie bei der Hilfe zum Lebensunterhalt besteht oder zu erwarten ist (§ 28 Rn. 5 ff.). Damit sind die Voraussetzungen für § 29 SGB IX zu eng gefasst. Immerhin bestimmt § 11 Abs. 5 Satz 3 Hs. 2 SGB XII, dass in anderen Fällen als der Hilfe zum Lebensunterhalt, die Kosten der Budgetberatung übernommen werden können. 24a

24b Der Bericht der Bundesregierung über die Ausführung der Leistungen des Persönlichen Budgets aus dem Jahre 2006 sieht in diesem Punkt allerdings kein Problem. In dem Bericht wird die Auffassung vertreten, dass ohne Inanspruchnahme professioneller Hilfen, Unterstützungsleistungen ua von ehrenamtlich tätigen Personen und auch von den Mitarbeitern der gemeinsamen Servicestellen (§ 22 SGB IX aF) erbracht werden. „Daneben zeigt die Auswertung aber auch, dass Beratungs- und Unterstützungsleistungen durchaus bei Bedarf aus dem gesamten Persönlichen Budget finanzierbar sind." (BT-Drs. 16/3983 S. 69; zweifelnd Siefert, SGb 2015 S. 13, 18). Es heißt dann aber doch: „Bei der Betrachtung der Daten zur Beratung und Unterstützung muss jedoch berücksichtigt werden, dass die an dem Modellprojekt zum Persönlichen Budget beteiligten Regionen zum Teil eine besondere Infrastruktur für Beratung und Unterstützung geschaffen haben. Ob diese auch nach Abschluss der Modellphase erhalten bleiben kann, ist zur Zeit noch offen." (BT-Drs. 16/3983 S. 69). Die Servicestellen sind abgeschafft (§ 241 Abs. 7 SGB IX). Im Übrigen sind die Schlussfolgerungen der Bundesregierung nur vor dem Hintergrund der Tatsache tragfähig, dass in der Modellphase eine „besondere Infrastruktur für Beratung und Unterstützung" bestanden hat. Daran fehlt es jetzt. Darüber hinaus ist auffallend, dass der Gesetzgeber in der Krankenversicherung eine Verbraucher- und Patientenberatung als notwendig erachtet (§ 65b SGB V), in der Rehabilitation und Teilhabe aber nicht.

25 Im Gesetz nicht im Detail geregelt worden ist, wie bei einer nicht sachgerechten **Verwendung der Mittel** verfahren werden muss (Peters-Lange, SGb 2015 S. 649 zu § 17 SGB IX aF). Lediglich gemäß § 29 Abs. 4 Nr. 1 und 3 SGB IX wird in einer Zielvereinbarung über die über die Ausrichtung der individuellen Förder- und Leistungsziele, die Erforderlichkeit eines Nachweises für die Deckung des festgestellten individuellen Bedarfs sowie die Qualitätssicherung entschieden. Nach § 29 Abs. 4 Satz 5 SGB IX kann eine Kündigung erfolgen, wenn die Antrag stellende Person die Vereinbarung, insbesondere hinsichtlich des Nachweises zur Bedarfsdeckung und der Qualitätssicherung nicht einhält. In diesem Falle wird der Verwaltungsakt aufgehoben. Weder das Gesetz noch die Verordnung enthalten Regelungen darüber, wie dann weiter zu verfahren ist. Das Recht des behinderten Menschen auf ein persönliches Budget ist durch einen falschen Einsatz der Mittel nicht verwirkt. Eine Ermessensentscheidung wird auch in diesem Falle nicht getroffen (§ 29 Abs. 1 SGB IX). Andererseits bedeutet die Autonomie des behinderten Menschen auch nicht die Verlagerung der Verantwortung für den Erfolg des Rehabilitationsgeschehens auf ihn allein. Der Anspruch auf Rehabilitation und Teilhabe und damit auch der Anspruch auf ein persönliches Budget gegen den jeweiligen Rehabilitationsträger besteht vielmehr solange fort, als der behinderte Mensch nicht eingegliedert ist. Die Möglichkeit einer praktisch sinnvolleren Auslegung wird aus § 29 SGB IX nicht ersichtlich.

25a Würde die Verantwortung des Rehabilitationsträgers mit der Auszahlung des Geldbetrags enden, so kamen nach bisherigem Recht zusätzliche Belastungen auf die Sozialhilfeträger zu. Selbst wenn ausschließlich Leistungen der Sozialhilfe durch ein persönliches Budget ausgeführt wurden, bestand keine Möglichkeit, eine nochmalige Leistung bei zweckwidriger Verwendung der Mittel zu verweigern. Das ergab sich bereits aus dem Bedarfsdeckungsprinzip des § 2 Abs. 1 SGB XII (BVerwG 38 S. 307). Auch die Frage einer schuldhaften Herbeiführung des Bedarfs hatte insoweit keine Bedeutung (BVerwG 32 S. 271). Letztlich musste also der Träger der Sozialhilfe Leistungen zur Bedarfsdeckung auch dann erbringen, wenn die Mittel des persönlichen Budgets zweckwidrig verwendet wurden.

Nach neuem Recht ergeben sich die gleichen Konsequenzen aus dem Eingliederungshilferecht der §§ 90 ff, 102 SGB IX. Ein Nachrang der Eingliederungshilfe besteht weiterhin nur, wenn Leistungen anderer Träger erbracht werden (§ 91 SGB IX).

5. Zusammenarbeit der Rehabilitationsträger

Um die Schwierigkeiten, die sich aus der Zuständigkeitsordnung ergeben, in Grenzen zu halten, hat der Gesetzgeber im Neunten Buch eine Reihe von **Koordinierungsregelungen** geschaffen. Anders als für das Leistungsrecht geregelt (§ 7 Abs. 1 SGB IX), haben diese Vorschriften des 2. Bis 4. Kapitels Vorrang vor den besonderen Teilen, den Leistungsgesetzen, des Sozialgesetzbuches (§ 7 Abs. 2 SGB IX). Von den Vorschriften des Kapitels 4 (§§ 14–24 SGB IX) kann zudem durch Landesrecht überhaupt nicht abgewichen werden (§ 7 Abs. 2 Satz 2 SGB IX). **26**

In den §§ 12–24 SGB IX werden Grundlagenregelungen über die Koordinierung der Leistungen getroffen. Sie werden durch die Zusammenarbeit der Rehabilitationsträger (§§ 25–27 SGB IX) ergänzt. Für diese gilt aber wieder der Vorrang der Leistungsgesetze (vgl. § 7 Abs. 1 und 2 SGB IX). In § 15 SGB IX wird eine weitgehende Leistungsverantwortlichkeit des nach § 14 SGB IX (vorläufig) zuständigen Rehabilitationsträgers begründet. Auch generell müssen bei unterschiedlicher sachlicher Zuständigkeit die nach dem individuellen Bedarf voraussichtlich erforderlichen Leistungen hinsichtlich Ziel, Art und Umfang funktionsbezogen festgestellt und schriftlich so zusammengestellt werden, dass sie nahtlos ineinandergreifen (§ 19 SGB IX). **27**

Eine wichtige Nahtstelle zum Leistungsrecht bilden die Regelungen über die Bedarfsermittlung (§ 12 SGB IX) und den Teilhabeplan, wenn, wie zumeist in der Praxis, mehrere Rehabilitationsträger verantwortlich sind (§ 19 SGB IX). Unter den Voraussetzungen des § 20 SGB IX findet eine Teilhabekonferenz statt. Durch das Teilhabeplanverfahren kann der Zeitpunkt der Leistungserbringung nicht hinausgezögert werden. Der Plan wird innerhalb der für die Entscheidung über den Antrag maßgeblichen Frist erstellt (§ 19 Abs. 2 SGB IX). Es gelten also die Grundsätze des § 14 Abs. 2 und 3 SGB IX. Etwas schwerfällig wird das Verfahren, wenn auch Leistungen der Eingliederungshilfe zu erbringen sind. Für sie gilt ergänzend das Gesamtplanverfahren der §§ 117 ff. SGB IX. Sofern der Träger der Eingliederungshilfe verantwortlicher Rehabilitationsträger ist (§ 15 SGB IX), gelten die Vorschriften für das Gesamtplanverfahren ergänzend im Teilhabeplanverfahren (§ 21 SGB IX). **28**

Hinsichtlich der **Zusammenarbeit** besteht eine wesentliche Einschränkung im Gesetzestext darin, dass für die Erstellung des Teilhabeplanes nach § 19 Abs. 1 SGB IX nur ein Benehmen unter den Rehabilitationsträgern herzustellen ist. Das bedeutet im Wesentlichen, dass eine Willensübereinstimmung zwischen der entscheidenden und der beteiligten Stelle nicht erforderlich ist. Nach der Rechtsprechung des BSG erschöpft sich das Benehmen aber auch nicht in einer bloßen Anhörung, die der anzuhörenden Stelle lediglich die Gelegenheit verschafft, ihre Auffassung zu der beabsichtigten Sachentscheidung darzulegen. Das Benehmen setzt vielmehr eine Fühlungnahme voraus, die von dem Willen des Entscheidenden getragen ist, auch die Belange der anderen Seite zu berücksichtigen und sich mit ihr zu verständigen. Bleiben dennoch unüberbrückbare Meinungsverschiedenheiten bestehen, gibt allerdings der Wille derjenigen Stelle, die die Entschei- **29** dung zur treffen hat, den Ausschlag. Einmal mehr im Hinblick auf § 6 Abs. 2 SGB IX wird die sachliche Zuständigkeit in alleiniger Entscheidungskompetenz durch das Erfordernis des „Benehmens“ nicht eingeschränkt (BSG SozR 3-2500 § 85 Nr. 7). Konsequenterweise betonte bereits die amtliche Begründung zum SGB IX, es handelte sich bei Abs. 1 nur um eine interne Koordination. Eine gemeinsame Bescheidung oder gar eine inhaltliche Modifizierung der Einzelansprüche ist nicht vorgesehen (BT-Drs. 14/5074 S. 101). In der amtlichen Begründung zum BTHG wird diese Formulierung zwar nicht wiederholt. Es wird jedoch ausgeführt, „Absatz 1 entspricht weitgehend den bisherigen Vorgaben für die Koordinierung von Leistungen.“ (BT-Drs. 18/9522 S. 238).

30 Man muss dieses Benehmen in dem Spannungsbogen sehen, der auf der einen Seite von Selbständigkeit und Eigenverantwortlichkeit der Rehabilitationsträger (§ 6 Abs. 2 SGB IX) bestimmt ist und der auf der anderen Seite durch eine strikte Beschränkung der Leistungserbringung auf den Rahmen der eigenen Zuständigkeit (§ 4 Abs. 2 Satz 2 SGB IX) begrenzt ist. Vor dem Hintergrund der Gesetzeslage wird ersichtlich, dass eine integrierte Erbringung von Leistungen zur Rehabilitation nicht möglich ist. Nur in einem Falle, der Regelung über die Sozialpädiatrischen Zentren in § 46 Abs. 4 und 5 SGB IX, hat sich der Gesetzgeber dazu entschlossen, eine Leistungsintegration im Sinne einer Komplexleistung einzuführen. An anderer Stelle hat der Gesetzgeber dagegen sogar dafür gesorgt, dass nicht einmal ergänzende Leistungen zur Rehabilitation, die in eine andere Zuständigkeit fallen, durch den vorläufigen Eintritt des zunächst leistenden Rehabilitationsträgers erbracht werden können (§ 15 Abs. 1 Satz 1 SGB IX). Ein Vorbild für eine weitergehende Regelung hätte § 40 Abs. 5 SGB XI sein können (vgl. §§ 11 Rn. 31; 21a Rn. 36a).

31 Ansatzweise kennt § 10 SGB IX eine bessere Koordination. Diese Regelung beschränkt sich allerdings auf die Sicherung der Erwerbsfähigkeit. So ist nach § 10 Abs. 1 SGB IX bei der Einleitung medizinischer Maßnahmen zu prüfen, ob auch Leistungen zur Teilhabe am Arbeitsleben erforderlich sind. Nach den Grundsätzen des § 54 SGB IX wird die Bundesagentur für Arbeit beteiligt. Weitergehend trifft § 12 SGB IX eine Regelung über die frühzeitige Bedarfserkennung. Damit wird im Ansatz eine gemeinsame Verantwortung der Rehabilitationsträger begründet. Sie geht aber nicht über den Stand hinaus, der schon nach altem Recht erreicht worden war (BSG 74 S. 244).

32 In den §§ 25 und 26 SGB IX ist eine Reihe sehr wichtiger Bereiche geregelt, die in der Praxis Gegenstand einer Kooperation sein sollten. Allerdings sind die in § 25 Abs. 1 Nr. 2 und 4 SGB IX begründeten Aufgaben schwer zu erfüllen. Eine einvernehmliche **Klärung von Abgrenzungsfragen** unter den Rehabilitationsträgern erfolgt in der Praxis häufig nicht, sondern führt immer wieder zu gerichtlichen Auseinandersetzungen (BSG SozR 3-2600 § 13 Nr. 1, 2, 4). Hier wäre eigentlich eine Aufgabe des Gesetzgebers zu erfüllen, aber ihr hat er sich auch schon früher nicht gestellt (vgl. § 13 Abs. 4 SGB VI). Von der Verwaltung kann diese Aufgabe eigentlich nur bewältigt werden, wenn der Gesetzgeber den Leistungsträgern normative Kriterien an die Hand gibt. Insgesamt stoßen praktisch alle Regelungen zur Koordination an die Grenzen der Selbständigkeit und Eigenverantwortlichkeit der Rehabilitationsträger (§ 6 Abs. 2 SGB IX). Das gilt auch für die Vereinbarung **gemeinsamer Empfehlungen** iSd § 26 SGB IX. Auch ihnen kommt kein verpflichtender Charakter zu. Das gilt trotz des missverständlichen Begriffs der Vereinbarung, denn Gegenstand der Vereinbarung ist nur eine Empfehlung. Zur **Zuständigkeitsklärung** vgl. § 16 Rn. 17).

Zur **Zuständigkeit** konnte denn auch in § 29 Abs. 2 nur ein höchst allgemein gehaltener und damit für die Praxis kaum brauchbarer Hinweis auf die §§ 19–24, 27 und 28 erfolgen. Dass ein konkreter Leistungsträger nicht genannt werden konnte, erklärt sich natürlich daraus, dass die meisten Sozialleistungsträger mit der Aufgabe der Eingliederung behinderter Menschen befasst sind. Die eigentlichen Schwierigkeiten bestehen in der leistungsrechtlichen Zuordnung einzelner Maßnahmen zur Rehabilitation und Teilhabe. Ist sie möglich, dann ergibt sich oft die Zuständigkeit eines Leistungsträgers von selbst. Wegen dieser Probleme hatte bisher die Vorleistungspflicht bei der Eingliederung behinderter Menschen ihre größte praktische Bedeutung. Sie ist durch die Zuständigkeitsklärung nach § 14 SGB IX ersetzt worden (vgl. § 16 Rn. 17 ff.). Dabei darf aber nicht übersehen werden, dass behinderte Menschen auch einen Pflegebedarf haben können. Besteht auch dieser Bedarf, so ist § 14 SGB IX nicht anwendbar, weil dort nur die **Leistungen zur Teilhabe** (§ 6 SGB IX) geregelt werden. Entsprechendes gilt, wenn Leistungen zum Lebensunterhalt nach den §§ 19 SGB II, 27, 41 SGB XII beansprucht werden. Hier gelten die allgemeinen Regelungen der §§ 16, und 43 SGB I, die ggf. neben § 14 SGB IX anzuwenden sind. Dass diese Trennung nicht sehr sinnvoll ist, erweist sich etwa am Beispiel des behinderungsbedingten Mehrbedarfs (BSG NZS 2018 S. 312, dazu Bender NZS 2018 S. 315). **33**

Dritter Abschnitt Gemeinsame Vorschriften für alle Sozialleistungsbereiche dieses Gesetzbuchs

Erster Titel Allgemeine Grundsätze

§ 30 Geltungsbereich

(1) **Die Vorschriften dieses Gesetzbuchs gelten für alle Personen, die ihren Wohnsitz oder gewöhnlichen Aufenthalt in seinem Geltungsbereich haben.**

(2) **Regelungen des über- und zwischenstaatlichen Rechts bleiben unberührt.**

(3) **[1]Einen Wohnsitz hat jemand dort, wo er eine Wohnung unter Umständen innehat, die darauf schließen lassen, daß er die Wohnung beibehalten und benutzen wird. [2]Den gewöhnlichen Aufenthalt hat jemand dort, wo er sich unter Umständen aufhält, die erkennen lassen, daß er an diesem Ort oder in diesem Gebiet nicht nur vorübergehend verweilt.**

Übersicht

1. Allgemeine Regelungen des Internationalen Sozialrechts

1 Seit der Wiedervereinigung ist der Begriff des räumlichen Geltungsbereichs gleichbedeutend mit dem des Inlands. Während § 30 Abs. 3 eine für das ganze Sozialrecht geltende Legaldefinition enthält, die allerdings auch bereichsspezifische Unterschiede kennt (unten Rn. 15, 23, 28, 31), sind § 30 Abs. 1 und 2 Bestandteile des Internationalen Sozialrechts. Nach wohl überwiegender Auffassung rechnet man dazu alle Normen, sowohl die inländischen als auch die über- und zwischenstaatlichen, die Sachverhalte mit Auslandsbezug regeln. Es muss sich dabei um Normen des formellen Sozialrechts handeln. So richtet sich etwa der **Versorgungsausgleich** (§§ 1587 ff. BGB) nicht nach den Grundsätzen des § 30 Abs. 1 und 2, sondern nach denen des IPR, da er systematisch seine Zuordnung zum Bürgerlichen Recht gefunden hat (BGHZ 75 S. 245).

2 Ein Auslandsbezug im weiteren Sinne besteht auch dann, wenn ein ausschließlich einen Deutschen betreffender Sachverhalt mit Wirkung für das Inland geregelt wird, also wenn etwa die §§ 13 Abs. 4, 5; 18 SGB V regeln, dass Leistungen der Krankenversicherung nur unter bestimmten Voraussetzungen im Ausland erbracht werden (vgl. unten Rn. 7, 98–104). Mittelbar werden von dieser Vorschrift auch ausländische Leistungserbringer betroffen. Konkret ist immer zu fragen, auf welche

Geschehnisse außerhalb Deutschlands ist das deutsche Sozialrecht anwendbar, und zwar in der Weise, dass Auslandssachverhalte auch im Inland berücksichtigt werden (zB Versicherungszeiten), bzw. dass Leistungen des deutschen Sozialrecht im Ausland erbracht (exportiert) werden können

Bei der Zuordnung einer Norm zum Internationalen Sozialrecht wird nicht 3
auf die Herkunft der Norm, sondern auf den zu regelnden Konfliktfall abgestellt. Dieser Konfliktfall muss einen Auslandsbezug haben (v. Maydell, Internationales Sozialversicherungsrecht, Festschrift zum 25jährigen Bestehen des BSG Bd. 2, 1979 S. 943; Steinmeyer, SRH § 33 Rn. 8). Die jeweilige Norm selbst kann, wie § 30, der nationalen oder auch der internationalen Rechtsordnung zugehörig sein. Zum Internationalen Sozialrecht gehören daher neben § 30 Abs. 1 und 2 auch die vielen zwischenstaatlichen Abkommen, die vor allem die Sozialversicherung betreffen und die überstaatlichen Normen, insbesondere der Europäischen Union (vgl. unten Rn. 32 ff.). Nach ihren hauptsächlichen Zielsetzungen können die Normen, wie § 30 und wie bisher noch weitgehend die sozialrechtlichen Normen der EU, Kollisionsnormen sein, also nur regeln, welches nationale oder übernationale Recht Anwendung findet. Sie können aber auch darauf ausgerichtet sein, international einheitliche sozialrechtliche Standards zu schaffen und damit als Sachnormen das nationale Recht zu harmonisieren. Das erfolgt vor allem durch die Übereinkommen der Internationalen Arbeitsorganisation (Eichenhofer, Internationales Sozialrecht, 1994 S. 6 ff.). Seit dem Vertrag von Amsterdam gilt dasselbe zunehmend auch für die EU (Art. 151 ff. AEUV; Art. 136 ff. EGV), die sich in einem Übergangstadium von der Koordinierung zur Harmonisierung des Sozialrechts befindet (Eichenhofer, Sozialrecht der Europäischen Union, 2018 S. 221 ff.). Dieser Prozess verläuft allerdings nicht harmonisch (vgl. unten Rn. 51 ff.). Insgesamt bezeichnet man heute als Internationales Sozialrecht alle Normen mit internationalem Regelungsgegenstand. Soweit Normen des Internationalen Sozialrechts Kollisionsnormen sind, haben sie als Anknüpfungspunkte hauptsächlich den Wohn- oder Beschäftigungsort. Ersterer dominiert bei den steuerfinanzierten und letzter bei den beitragsfinanzierten Sozialleistungen.

Die Vorschriften des Sozialgesetzbuches gelten für alle Personen mit Wohnsitz 4
oder gewöhnlichem Aufenthalt im Inland unabhängig von ihrer Staatsangehörigkeit (§ 30 Abs. 1). Teilweise wird an den lediglich tatsächlichen Aufenthalt angeknüpft (§ 23 Abs. 1 Satz 1 SGB XII). Umstritten ist, ob § 30 Abs. 1 nur für natürliche oder auch für **juristische Personen** gilt. Nach einer Auffassung ist dies zu bejahen. In diesem Falle ist auf den Sitz der juristischen Person abzustellen (Hauck/Noftz, SGB I § 30 Rn. 6; Peters/Hommel, SGB I § 30 Anm. 9). Nach anderer Auffassung kommt eine analoge Anwendung der Vorschrift in Betracht (Bley, SozVersGesKomm § 30 Anm. 2d; Lilge, SGB I § 30 Rn. 27). Schließlich wird auch die Anwendbarkeit des § 30 auf juristische Personen verneint (Wannagat-Rüfner, SGB I § 30 Rn. 6). Der letzteren Auffassung ist der Vorzug zu geben. Die Begriffe Wohnsitz und gewöhnlicher Aufenthalt haben im Sozialrecht eine vom Bürgerlichen Recht abweichende Bedeutung. Dasselbe wird man für den Firmensitz nicht annehmen können. Damit fehlen sichere Kriterien für eine analoge Anwendung. Es kommt hinzu, dass in den Besonderen Teilen des Sozialgesetzbuches, insbesondere in den §§ 3–6 SGB IV so viele abweichende Regelungen getroffen wurden, dass für eine Anwendung des § 30 auf juristische Personen kaum ein Bedürfnis bestehen dürfte. Zur Dienstleistungsfreiheit von juristischen Personen vgl. EuGH Slg. 2002 I-9919 – Überseering. Ganz überwiegend handelt es sich bei den Leistungen, die auf der Grundlage des § 30 Abs. 1 zu erbringen

sind, um Leistungen an natürliche Personen. Entsprechendes gilt dann auch für die Erfüllung von Pflichten, die mit der Leistungserbringung verbunden sind. Betrachtet man den Fall des Geheimnisschutzes mit Auslandsberührung, so ergibt sich bereits aus § 35 eine Erstreckung auf juristische Personen (BSG 47 S. 118).

5 Zumindest in der Vergangenheit wurde überwiegend die Auffassung vertreten, die Vorschrift des § 30, die inhaltlich weitgehend den früheren Rechtszustand übernimmt, regele in Anknüpfung an das **Territorialitätsprinzip** den räumlichen und persönlichen Geltungsbereich des Sozialgesetzbuches (Hauck/Noftz, SGB I § 30 Rn. 1; v. Maydell, GK-SGB I § 30 Rn. 31 ff.; KassKomm-Seewald § 30 Rn. 2; aA Eichenhofer, Internationales Sozialrecht, 1994 S. 41 f.). Damit kommt es für die Anwendung der Vorschriften des Sozialgesetzbuches nicht entscheidend darauf an, ob der Leistungsberechtigte deutscher Staatsangehöriger ist, wie beim Nationalitäts- oder Personalitätsprinzip (BSG 57 S. 96). Eine darüber hinausgehende Aussagekraft dürfte der Begriff des Territorialitätsprinzips aber nicht mehr haben, da immer häufiger an Geschehnisse im Ausland angeknüpft wird (Steinmeyer, SRH § 33 Rn. 35). Eingeschränkt ist der Grundsatz etwa bei § 1 OEG, der an Gewalttaten im Inland, auf einem deutschen Schiff oder Luftfahrzeug anknüpft. Wieder anders regelt § 24 Abs. 1 Satz 2 SGB XII, dass unter engen Voraussetzungen Leistungen an Deutsche im Ausland erbracht werden können. Insgesamt geht das Sozialrecht von einem personell bestimmten Risikoverband aus, bei dem in der Sozialversicherung auf den Beschäftigungsort und in anderen Sozialrechtsbereichen vielfach auf die Wohnung (Wohnsitz oder gewöhnlicher Aufenthalt) des Anspruchstellers abgestellt wird (vgl. Selb, VSSR 1976 S. 293; Schulte, ZSR 1976 S. 339). Die sozialstaatliche Einstandspflicht besteht also nach der Grundaussage des Gesetzes für alle Personen, die in einer bestimmten Weise räumlich an den Geltungsbereich des Sozialgesetzbuches gebunden sind, sei es auch durch Gleichstellung von Auslandssachverhalten. Betrachtet man § 30 als Ausdruck des Territorialitätsprinzips, dann man muss sagen, dass es in den Besonderen Teilen des Sozialgesetzbuches so viele Ausnahmen von diesem Grundsatz gibt, dass § 30 nur insoweit eine größere Bedeutung hat, als die Begriffe Wohnsitz und gewöhnlicher Aufenthalt definiert werden (vgl. unten Rn. 14, 24). Praktisch besonders wichtige Ausnahmen bestehen in den §§ 3–6 SGB IV für die Ein- und Ausstrahlung in der Sozialversicherung. Da die Sozialversicherung der bei weitem wichtigste Teil des Sozialrechts ist, kann man durchaus die Auffassung vertreten, dass sich in den §§ 30 SGB I, 3–6 SGB IV das Verhältnis von Regel und Ausnahme verkehrt (vgl. Rn. 85 –89). Nicht nur damit zusammenhängend hat sich das Unionsrecht in einer Weise entwickelt, die einen Zusammenhang mit § 30 Abs. 1 nicht mehr erkennen lässt.

6 Vielfach wird kritisiert, dass das Territorialitätsprinzip kaum ein präziser Maßstab für die Frage der Anwendung inländischen Rechts ist. Dieses Prinzip stehe vielmehr für eine Vielzahl sehr unterschiedlicher Anknüpfungspunkte, die für die Anwendung der inländischen Rechtsordnung sprechen können. Ausschlaggebend können zB sein: der tatsächliche oder der gewöhnliche Aufenthalt, der Wohnsitz, der Beschäftigungsort, der Ort einer Tätigkeit oder einer Handlung, der Sitz des Unternehmens oder des Versicherungsträgers (BSG 47 S. 118). Wegen der in § 30 Abs. 1 zum Ausdruck kommenden Anknüpfungspunkte wird deswegen auch enger vom Wohnsitz- oder auch Wohnortprinzip gesprochen (Wannagat-Rüfner, SGB I § 30 Rn. 4; v. Maydell, GK-SGB I § 30 Rn. 31). Aber auch das ist missverständlich, weil eben auch an den gewöhnlichen Aufenthalt angeknüpft wird und zudem der Begriff des Wohnsitzes im Sozialrecht eine etwas andere Bedeutung

hat als im Zivilrecht (vgl. unten Rn. 15–19). Unbestritten ist aber, dass durch das Territorialitätsprinzip zum Ausdruck gebracht wird, dass der Anknüpfungspunkt für die Anwendung der deutschen Rechtsordnung jedenfalls ein territorialer ist (BSG 33 S. 280; BSG 35 S. 43, BSG 57 S. 96). Nicht gesagt ist damit aber schon um welchen Anknüpfungspunkt (Wohnort, Beschäftigungsort usw) es sich dabei handelt.

Ursprünglich wurde die Kollisionsregel des Territorialitätsprinzips als Ausdruck 7
der Tatsache angesehen, dass die Hoheitsgewalt eines Staates an seinen Grenzen endet. Dem entspricht etwa die Regelung des § 34 Abs. 1 Nr. 1 SGB XI, die bei einem Auslandsaufenthalt des Ruhen von Leistungen der Pflegeversicherung anordnet. Heute lässt sich aber das Territorialitätsprinzip nicht mehr als solches betrachten, das einschränkend wirkt. Vielmehr können vor seinem Hintergrund modifizierende – **einschränkende und ausweitende** – Regelungen getroffen werden, deren Reichweite durch Auslegung zu ermitteln ist (vgl. LSG NRW FEVS 62 S. 86). Unter anderem Blickwinkel lassen sich die Regelungen als solche bezeichnen, die das Sozialrecht auf Deutsche **erstrecken,** die im Ausland leben, bzw. Ausländer die im Inland leben, **einbeziehen.** Insgesamt ist hervorzuheben, dass ein Staat durch das Territorialitätsprinzip nicht daran gehindert ist, in seinem Hoheitsgebiet Rechtsfolgen an Sachverhalte zu knüpfen, die sich im Ausland ereignet haben (BSG 33 S. 280; BSG 43 S. 255; BSG 47 S. 118). Demgegenüber können Ansprüche aus Kindererziehungszeiten (§ 56 SGB VI) nur bei rechtmäßigem Inlandsaufenthalt erworben werden (BSG SozR 3-2600 § 56 Nr. 7; BSG SozR 3-6710 Art 1 Nr. 1 Rn. 22). Auch Leistungsvoraussetzungen können im Ausland mit Wirkung für das Inland erfüllt werden (§ 88 Satz 3 SGB III aF). Die im Inland erworbenen Leistungsansprüche können oder müssen sogar im Ausland erfüllt werden. So verliert ein Rentner, der ausschließlich eine Rente aus der deutschen Rentenversicherung bezieht, nicht seinen Status als Versicherter in der inländischen Krankenversicherung, wenn er seinen Wohnsitz ins Ausland verlegt. Werden bei einem vorübergehenden Aufenthalt in Deutschland Leistungen der Krankenversicherung erforderlich, so gilt nur deutsches Recht (BSG 84 S. 98). Es können auch einschränkende Regelungen getroffen werden (§ 110 ff. SGB VI), die allerdings innerhalb der EU kaum Wirkung entfalten (vgl. § 18 SGB V). Einen Anspruch auf Leistungen bei Arbeitslosigkeit hat nur, wer den Vermittlungsbemühungen der Agentur für Arbeit zu Verfügung steht (§ 138 Abs. 1 Nr. 3 SGB III). Das ist praktisch nur von einem grenznahen Ort im Ausland aus möglich und steht damit gleichfalls unter dem Einfluss des Unionsrechts (unten Rn. 120). Darüber hinaus kann sich auch aus sonstigem zwischenstaatlichem Recht ergeben, dass auch bei einem gewöhnlichen Aufenthalt im Ausland aus früher erworbenen Ansprüchen Leistungen von einem inländischen Sozialleistungsträger verlangt werden können (BSG SozR 3-1200 § 30 Nr. 12). Andererseits müssen die gesundheitlichen Voraussetzungen für eine Rente wegen verminderter Erwerbsfähigkeit (§ 43 SGB VI) bereits im Inland erfüllt worden sein, wenn nach einer Auswanderung ein entsprechender Rentenanspruch geltend gemacht wird (BSG SozR 3-2200 § 1321 Nr. 1).

Zweifelhaft ist, ob in besonders gelagerten Fällen (Colonia Dignidad) ein Leis- 7a
tungsträger dazu auch verpflichtet sein kann, Geldleistungen, die an sich ins Ausland zu erbringen sind, treuhänderisch zurückzuhalten (vgl. § 2 Rn. 8; § 61 Rn. 9). Betrachtet man heute das Territorialitätsprinzip etwas grundsätzlicher in seiner Ausrichtung auf die personale Geltung, wie es in § 30 Abs. 1 zum Ausdruck kommt, so wird man sagen müssen, dass es nicht mehr die Funktion hat, dem

Ausland gegenüber eine zwingend ablehnende Zäsur zu normieren, sondern es soll die Reichweite der sozialstaatlichen Einstandspflicht der Bundesrepublik Deutschland bestimmen (Bley, SozVersGesKomm § 30 Anm. 1c; Schlegel in jurisPK-SGB I § 30 Rn. 17). Dann aber stellt sich das „territorium" nicht mehr allein als Herrschaftsverband dar, sondern es begründet darüber hinaus eine Verantwortung für Personen, die sich in einem bestimmten Gebiet aufhalten (vgl. BSG 57 S. 96). Da nun aber die Solidargemeinschaft durch ein uneingeschränktes Eintreten für alle, die sich im Inland aufhalten, überfordert wäre, sind Regelungen darüber erforderlich, wann und in welchem Umfang im Einzelfall diese Verantwortung gegeben sein soll. Sie kann uU auch für Inländer im Ausland gegeben sein (vgl. §§ 24 SGB XII, 6 Abs. 3 SGB VIII). Solche Regelungen finden sich in den Besonderen Teilen des Sozialgesetzbuches, teils als Kollisions-, teils als Sachnormen. Dieser Umstand trägt nicht dazu bei, das Sozialrecht übersichtlich zu gestalten. Er ist aber die unausweichliche Konsequenz des so verstandenen Territorialitätsprinzips (vgl. BSG 31 S. 288; BSG 33 S. 280).

8 Unabhängig davon, ob man § 30 als Ausdruck des Territorialitätsprinzips betrachtet oder nicht, hat die Vorschrift den Charakter einer **Kollisionsnorm.** Als Kollisionsnorm regelt sie nur einen Anknüpfungstatbestand, also die Frage, ob auf den zu beurteilenden Sachverhalt die inländische Sozialrechtsordnung einschließlich aller Rechte und Pflichten heranzuziehen ist. Anders als im Internationalen Privatrecht wird also nicht danach unterschieden, ob inländisches oder ausländisches Recht den Beurteilungsmaßstab abgibt. Die Frage, ob ausländisches Sozialrecht auf den Sachverhalt Anwendung finden könnte, bleibt damit im Zusammenhang des § 30 offen (vgl. Schuler, Das Internationale Sozialrecht der Bundesrepublik Deutschland 1988 S. 232; Eichenhofer, Internationales Sozialrecht, 1994 S. 64).

9 Von den Kollisionsnormen des Internationalen Sozialrechts sind die **Sachnormen** zu unterscheiden. Diese Normen regeln nicht, ob inländisches Recht anzuwenden ist. Wird vielmehr diese kollisionsrechtliche Vorfrage bejaht, dann kann eine inländische Sachnorm immer noch regeln, dass an einen Ausländer nur unter bestimmten Voraussetzungen eine Leistung zu erbringen ist. So regelt die Kollisionsnorm des § 30, ob in einem Falle mit Auslandsberührung überhaupt Kindergeld geleistet wird. Aus der Sachnorm des § 1 Abs. 3 BKGG ergibt sich dann, dass bestimmte Ausländer, also vor allem solche die nicht als EU-Bürger freizügigkeitsberechtigt sind, nur unter engeren Voraussetzungen als Deutsche einen Anspruch auf Kindergeld haben (unten Rn. 129). Unter den Voraussetzungen der Sachnorm des § 2 Abs. 5 Satz 1 BKGG kann es sich sogar ergeben, dass selbst ein Inländer nicht beim Kindergeld berücksichtigt wird. Dies ist eine logische Konsequenz aus der Tatsache, dass das Sozialrecht jedenfalls bei den steuerfinanzierten Leistungen an das Wohnortsprinzip anknüpft. In § 2 Abs. 5 Satz 2 BKGG wird sogar wieder an das Nationalitätsprinzip angeknüpft. Es bleibt aber auch insoweit beim Charakter einer Sachnorm. Eine zusätzliche praktische Schwierigkeit bei der Anwendung von Sachnormen besteht im Hinblick auf § 30 Abs. 2 darin, dass sich eine weitere Modifikation aus zwischenstaatlichen Übereinkommen ergeben kann (BSG 53 S. 49; BSG SozR 5870 § 2 Nr. 33).

10 **Äquivalenzregeln** des Internationalen Sozialrechts haben die Funktion, Sachnormen des nationalen Sozialrechts so zu modifizieren, dass ausländische Rechtsverhältnisse an das inländische Recht angepasst werden (Eichenhofer, Internationales Sozialrecht, 1994 S. 81). Der einfachste Fall ist die Gleichstellung eines Ausländers mit einem Inländer (Personengleichstellung). Ein komplizierterer Fall

ist die Gleichstellung ausländischer Versicherungsverläufe mit denen im Inland (Tatbestandsgleichstellung). Sie erfolgt vor allem im Recht der Europäischen Union (Rn. 32 ff.). Von einer Gebietsgleichstellung spricht man, wenn eine Leistung, die grundsätzlich von einem Inlandsaufenthalt abhängig ist (vgl. § 7 Abs. 1 Nr. 4 SGB II), auch im Ausland erbracht wird, wie unter Geltung des § 24 SGB II aF. Zu den Leistungen der Grundsicherung für Arbeitsuchende innerhalb der EU (vgl. unten Rn. 51 ff.). Insbesondere die EU tendiert zu einer Gebietsgleichstellung, die aber noch nicht vollständig erreicht ist. Die Verbindung von Grundsätzen des IPR mit einer Äquivalenzregel ist in § 34 Abs. 1 zu sehen. Aus dem IPR kann sich ergeben, dass ein Familienrechtsverhältnis nach ausländischem Recht zu beurteilen ist (vgl. Reuß, FamRZ 2019 S. 1). Für das innerstaatliche Sozialrecht ist es dann nur relevant, wenn es dem innerstaatlichen Familienrecht entspricht, ihm äquivalent ist (§ 34 Rn. 4, 8a). In § 34 Abs. 2 (Mehrehe) kann man eine Ausnahme von dem Erfordernis der Äquivalenz sehen oder auch deren Fiktion.

Nicht zu den Grundsätzen des Internationalen Sozialrechts, sondern zu denen **11** der Sachverhaltsaufklärung bzw. denen der Auslegung gehört die Feststellung genereller Tatsachen. So erfordert die Feststellung des „allgemein anerkannten Standes der medizinischen Erkenntnisse“ auch die Berücksichtigung von Erkenntnissen aus dem internationalen Bereich (BSG SGb 2006 S. 689 mAnm Legde).

Der in § 37 allgemein normierte und durch § 30 Abs. 2 erweiterte Vorbehalt **12** abweichender Regelungen hat, insgesamt betrachtet, eine besonders große praktische Bedeutung für das **Internationale Sozialrecht.** In vielen Fällen bestehen in den Besonderen Teilen des Sozialgesetzbuches Vorschriften, die § 30 entweder völlig abändern oder mit zusätzlichen Regelungen versehen. Hervorzuheben ist dabei, dass eine abweichende Regelung entweder ausdrücklich vorgenommen sein muss oder sich aus dem Strukturprinzip eines Besonderen Teils ergeben kann (vgl. § 37 Rn. 8–10). Von grundsätzlicher Bedeutung kann es dabei sein, ob es sich um beitrags- oder steuerfinanzierte Sozialleistungen handelt. Die Grundsätze des Internationalen Sozialrechts ergeben sich demnach aus einer Zusammenschau des § 30 mit den vielen Normen des innerstaatlichen Rechts. Leitend ist dabei, dass im Allgemeinen entweder an den Beschäftigungsort oder an den Wohnort angeknüpft wird.

Das auf diese Weise ermittelte innerstaatliche Internationale Sozialrecht ist aber **13** oft im konkreten Fall für die Beantwortung einer Rechtsfrage nur von geringer Bedeutung, weil gemäß § 30 Abs. 2 Regelungen des über- und zwischenstaatlichen Rechts unberührt bleiben. Dieser Grundsatz wird für die Begründung des Versicherungsschutzes in der Sozialversicherung in § 6 SGB IV und für das Leistungsrecht in der Rentenversicherung in § 110 Abs. 3 SGB VI wiederholt. Im Allgemeinen erfolgt also die Beantwortung einer sozialrechtlichen Frage in drei Schritten, wobei von § 30 auszugehen ist. Gemäß § 30 Abs. 1 ist Anknüpfungspunkt für die Anwendung sozialrechtlicher Normen der Wohnsitz oder der gewöhnliche Aufenthalt im Inland. Für die Sozialversicherung erfolgt durch § 3 SGB IV eine Modifizierung dieses Grundsatzes. Danach ist Anknüpfungspunkt für die Versicherungspflicht der Arbeitnehmer in Kranken-, Pflege-, Renten- und Unfallversicherung der Beschäftigungsort. Davon wiederum macht zB Art. 13 des Zusatzabkommens zum Natotruppenstatut eine Ausnahme. Dort wird angeordnet, dass deutsches Sozialrecht nicht auf Angehörige der Truppen, das zivile Gefolge und deren Familienangehörige anwendbar ist (vgl. BSG SGb 1993 S. 320 mAnm Költzsch). Dieser Rechtszustand endet aber, wenn ein gewöhnlicher Aufenthalt im Inland begründet wird (BSG SozR 3–1200 § 30 Nr. 16; BSG 107 S. 1; zum Elterngeld vgl. BSG SozR 4-7837 § 1 Nr. 6).

2. Wohnsitz und gewöhnlicher Aufenthalt

14 Anknüpfungspunkt für soziale Rechte, die nicht mit der Ausübung einer Erwerbstätigkeit zusammenhängen, zB Kinder- und Elterngeld, sind im Allgemeinen der Wohnsitz bzw. der gewöhnliche Aufenthalt. Schwierigkeiten der Anknüpfung zwischen Wohn- bzw. Beschäftigungsort ergeben sich, wenn die Ausübung einer Erwerbstätigkeit in mittelbarem Zusammenhang mit der Wahrnehmung eines sozialen Rechts steht. Das wäre etwa die Kindererziehungszeit einer ausländischen Arbeitnehmerin nach § 56 SGB VI, die ihr Kind vorübergehend in ihrem Heimatland erzieht (BSG SozR 3-2600 § 56 Nr. 8, 13; Zuleeg-Feuerhahn, ZSR 1992 S. 568) oder die Zahlung von Kindergeld gemäß § 2 Abs. 2 Nr. 1 BKGG aF an ausländische Arbeitnehmer, deren Kinder in ihrem Heimatland arbeitslos sind (Eichenhofer, SGb 1991 S. 165). In der geltenden Fassung setzt § 2 Abs. 2 Nr. 1 BKGG die Meldung bei einer Arbeitsagentur im Inland voraus.

15 Der aus vielen detaillierten Regelungen des über-, zwischen- und innerstaatlichen Rechts abzuleitende Geltungsbereich des Sozialgesetzbuches wird in § 30 Abs. 1 durch den **Wohnsitz und den gewöhnlichen Aufenthalt** eingegrenzt. Beide Begriffe haben einen speziellen sozialrechtlichen Sinngehalt. So wird im EU-Sozialrecht der Wohnort als Ort des gewöhnlichen Aufenthalts bezeichnet. Als Aufenthalt wird der vorübergehende Aufenthalt angesehen (Art. 1 lit. j und k VO EG 833/2004). Bei der Auslegung des § 30 Abs. 3 sind diese unionsrechtlichen Definitionen zu beachten. Dies ist erforderlich, um die Einheitlichkeit und Effektivität des Unionsrechts zu gewährleisten. Denn angesichts der Freizügigkeit aller Unionsbürger könnte eine abweichende Definition bereits einen Verstoß gegen Art. 18 VO EG 833/2004 darstellen, was sogar zu einer Versorgungslücke führen könnte (vgl. EuGH C-90/97, juris – Swaddling). Jedoch sind Unterschiede zum Recht der EU zu beachten. Dort dienen sie zumeist der Klärung des Verhältnisses zweier Mitgliedstaaten (unten Rn. 22). Im innerstaatlichen Recht werden die Begriffe in § 30 Abs. 3 näher bestimmt. Sie sind aber einer ergänzenden Auslegung bedürftig. Insbesondere ist der Begriff des **Wohnsitzes** nicht mit dem gleichen Begriff des Zivilrechts identisch (§ 7 BGB). Trotz einiger unterschiedlicher Auffassungen in der Rechtsprechung ist es jedoch nicht zulässig, die Begriffe Wohnsitz bzw. gewöhnlicher Aufenthalt mit Blick auf die Besonderen Teile des Sozialgesetzbuches unterschiedlich auszulegen (BSG 60 S. 262). Es ist auch bedenklich, wenn diese Begriffe nach der Zielsetzung der Besonderen Teile „eingefärbt" werden (BSG SozR 3-7833 § 1 Nr. 2). So nimmt das LSG NRW im SGB II den gewöhnlichen Aufenthalt eines Ausländers nur an, wenn er über einen Aufenthaltstitel verfügt (LSG NRW NZS 2013 S. 149). Dies wird man dahingehend einschränken müssen, dass ein gewöhnlicher Aufenthalt nur bei den Personen anzunehmen ist, die im Inland verbleiben dürfen, der Aufenthalt also zukunftsoffen ist (unten Rn. 29). Der Gesetzgeber ist zudem dazu übergegangen, dort wo er die Begriffe des § 30 Abs. 3 in den Besonderen Teilen des Sozialgesetzbuches verwendet oder an sie anknüpft, zusätzliche Merkmale in die gesetzlichen Regelungen aufzunehmen (vgl. § 1 Abs. 1 Nr. 1–4; 1 Abs. 7 BEEG). Darin verbinden sich dann die Elemente von Kollisions- und Sachnormen (vgl. unten Rn. 30).

16 Der Begriff des Wohnsitzes hat vor allem in § 5 Abs. 2 BAföG praktische Bedeutung. Dasselbe gilt wegen des sachlichen Zusammenhangs mit dem Inneha-

ben von Wohnraum auch für § 2 WoGG. Wenn nicht die Sonderregelungen der §§ 3–6 SGB IV eingreifen, stellt das Sozialrecht häufiger (auch) auf den gewöhnlichen Aufenthalt ab (§§ 1 Abs. 1 Nr. 1 BEEG; 7 Abs. 1 Nr. 4 SGB II, 56 Abs. 3 Satz 1 SGB VI). Im Kinder- und Jugendhilferecht sowie im Sozialhilferecht wird der Begriff des gewöhnlichen (§§ 86 Abs. 1 SGB VIII, 98 Abs. 2, 108 SGB XII) noch durch den des tatsächlichen Aufenthalts ergänzt (§§ 87 SGB VIII, 98 Abs. 1 SGB XII).

In Übereinstimmung mit dem Bürgerlichen Recht ist unter dem Wohnsitz der räumliche Bereich zu verstehen, in dem sich der Lebensmittelpunkt einer Person befindet. Während die Begründung eines Wohnsitzes im Bürgerlichen Recht eine rechtsgeschäftsähnliche Handlung ist (§ 7 BGB), kommt es für die Auslegung des § 30 Abs. 3 Satz 1, wie regelmäßig im Sozialrecht, nur auf die tatsächlichen Verhältnisse an (BSG 49 S. 254). Diese vom Steuerrecht (§§ 8–10 AO) inspirierte und auf die tatsächlichen Verhältnisse ausgerichtete Auslegung des Begriffs Wohnsitz ist erforderlich, um zu verhindern, dass durch eine bloß formale Begründung des Wohnsitzes im bürgerlich-rechtlichen Sinne Sozialleistungen missbräuchlich in Anspruch genommen werden. Damit verschwimmen allerdings die Grenzen zum Begriff des gewöhnlichen Aufenthalts. Konsequenterweise sind aber der Abschluss eines Mietvertrages und die polizeiliche Meldung zwar Indizien, aber keine ausschlaggebenden Kriterien für die Begründung eines Wohnsitzes. 17

Nach der Definition des § 30 Abs. 3 Satz 1 muss die Person eine Wohnung innehaben. **Wohnung** in diesem Sinne ist nur ein Raum, der tatsächlich und (bau)rechtlich zur dauernden Wohnnutzung geeignet und vom Verfügungsberechtigten dazu bestimmt ist. Das ist vor allem dann nicht der Fall, wenn eine Unterbringung nur für eine vorübergehende Notsituation erfolgt (BVerwG 87 S. 299 zu § 4a WoGG; §§ 1, 3 WoGG aF). Zum Wohnen gehört die auf eine gewisse Dauer angelegte Nutzung. Es umfasst die mit der eigenständigen Gestaltung des häuslichen Lebens üblicherweise verbundenen Tätigkeiten (OVG Hamburg DöV 1966 S. 572). Deswegen muss der Wohnraum auch objektiv so beschaffen sein, dass er in dem genannten Sinne genutzt werden kann. Nicht erforderlich ist die alleinige Nutzung von sanitären Anlagen oder Kochgelegenheiten. In den Besonderen Teilen kann der Begriff des Wohnraumes eine erhebliche Bedeutung für die häusliche Krankenpflege nach § 37 SGB V und die häusliche Pflege nach den §§ 36, 37 SGB XI haben (Töns, DOK 1986 S. 275). In weitgehender Übereinstimmung mit § 30 Abs. 3 und in Abgrenzung zu anderen Formen der Unterkunft regelt § 42a Abs. 2 Satz 2 SGB XII einen leistungsrechtlichen Begriff der Wohnung. Daran anknüpfend werden in § 42a Abs. 3 und 4 SGB XII recht komplexe Regelungen über Wohnverhältnisse getroffen (vgl. § 28 Rn. 14). 18

Des Weiteren muss sich das Merkmal der gewissen Dauer, das mit dem Wohnen verbunden ist, aus Umständen ergeben, die darauf schließen lassen, dass die Wohnung beibehalten und benutzt wird. Durch die Worte „beibehalten und benutzt" unterstreicht der Gesetzgeber nicht nur das Element der gewissen **Dauer.** Verlangt wird auch beim Begriff des Wohnsitzes eine Prognose (BSG 63 S. 47). In diese Prognose müssen alle rechtlichen und tatsächlichen Gesichtspunkte einbezogen werden, die einen Einfluss auf den Verbleib haben können (BSG 65 S. 84). Darüber hinaus wird auch auf die tatsächlichen Verhältnisse abgestellt. Sie hängen zwar eng mit dem Begriff des Wohnens zusammen. Bei einem Wohnsitz lediglich im Sinne des § 7 BGB wäre dies aber nicht zwingend erforderlich. Insoweit ist es richtig, den sozialrechtlichen Begriff des Wohnsitzes durch das **tatsächliche Wohnen** zu definieren. Bezeichnenderweise verwendet demgegenüber § 7 BGB 19 nicht den Begriff des Wohnens, sondern den der Niederlassung. Den Anspruch auf Kindergeld verneint das BSG bei einem Studenten, der bei einem mehrjährigen Auslandsstudium seinen inländischen Wohnsitz aufgegeben hat und sich nur für wenige Wochen im Jahr besuchsweise im Inland aufhält (BSG SGb 1998 S. 226 mAnm Schnath). Dieser Rechtsprechung steht zwar § 5 Abs. 1 Hs. 2 BAföG insoweit entgegen, als ein Aufenthalt im Ausland allein zum Zwecke einer Ausbildung nie geeignet ist, dort einen Wohnsitz zu begründen. Das bedeutet wiederum nicht zwangsläufig, dass der Wohnsitz im Inland beibehalten worden ist (vgl. unten Rn. 21). Zum Wohnsitz im grenznahen Ausland vgl. unten Rn. 24.

20 Als Konsequenz aus dieser auf die rein tatsächlichen Verhältnisse abstellenden Sichtweise können nach herrschender Auffassung auch **Minderjährige,** die nicht handlungsfähig iSd § 36 sind, im Sozialrecht einen Wohnsitz begründen (BSG 53 S. 49; v. Maydell, GK- SGB I § 30 Rn. 35; Bley, SozVersGesKomm § 30 Anm. 4a). Dem kann in dieser Allgemeinheit jedoch nicht zugestimmt werden. Zwar ist § 8 Abs. 1 BGB, wonach ein Minderjähriger ohne den Willen seines gesetzlichen Vertreters keinen Wohnsitz begründen kann, im Sozialrecht nicht anwendbar. Gegen die Wohnsitzbegründung durch einen Minderjährigen spricht jedoch, dass die nach § 30 Abs. 3 Satz 1 erforderliche Prognose, er werde die Wohnung beibehalten, solange nicht möglich ist, als der Personensorgeberechtigte noch danach trachtet, seinen eigenen, entgegenstehenden Willen zu verwirklichen (so BVerwG 74 S. 206 Rn. 16–19 zum gewöhnlichen Aufenthalt nach § 11 JWG aF). Die Auffassung, ein entgegenstehender Wille der Personensorgeberechtigten sei unbeachtlich (KassKomm-Seewald § 30 SGB I Rn. 25) lässt sich nicht mit Art. 6 Abs. 1 GG vereinbaren. Sie ist allenfalls dann vertretbar, wenn die Voraussetzungen für die Einschränkung der Personensorge erfüllt sind (vgl. unten Rn. 25). Die gleichen Gesichtspunkte gelten für Personen, die geschäftsunfähig iSd § 104 Nr. 2 BGB sind, sofern sie unter Betreuung stehen und ein entsprechender Einwilligungsvorbehalt (§ 1903 BGB) erteilt ist (vgl. auch EuG 48 S. 321). Kinder ausländischer Arbeitnehmer, die sich mit Willen ihrer Eltern im Heimatland aufhalten, haben deswegen konsequenterweise im Inland keinen gewöhnlichen Aufenthalt (BSG 53 S. 49). Eine Ausnahme ist davon aber zu machen, wenn der Aufenthalt im Heimatland nur vorübergehend ist (BSG 79 S. 147, einschränkend zu BSG 53 S. 49). Das ist vor allem dann der Fall, wenn sich die Kinder zur Ausbildung zeitlich begrenzt in ihrem Heimatland aufhalten (zum Kindergeld vgl. unten Rn. 129–131).

21 In der Regel wird man davon ausgehen müssen, dass bei einem **Auslandsaufenthalt,** der ein Jahr nicht überschreitet, der Wohnsitz im Inland beibehalten wird. Eher im Hinblick auf die prognostischen Erwägungen ist die Auffassung des BSG zu rechtfertigen, nach der auch bei einem zweijährigen Auslandsaufenthalt der Wohnsitz nicht aufgegeben wurde, wenn die Wohnung zur jederzeitigen Benutzung zur Verfügung steht, der Wohnungsinhaber nicht die Absicht hat, sich auf unabsehbare Zeit im Ausland aufzuhalten und seiner Rückkehr keine tatsächlichen Hindernisse entgegenstehen (BSG SozR 5870 § 1 Nr. 4). Diesen Grundsätzen entsprechen die Wohnsitzregelungen für Studenten und die ehemals Wehrpflichtigen. Gemäß § 5 Abs. 1 Hs. 2 BAföG hat ein Student seinen ständigen Wohnsitz nicht dort, wo er sich lediglich zum Zwecke der Ausbildung aufhält (vgl. oben Rn. 19). Auch der Wehrpflichtige begründete, anders als sonstige Soldaten, seinen Wohnsitz nicht an seinem Standort, da er sich dort nur vorübergehend aufhielt (vgl. § 9 Abs. 1 und 2 BGB). In diesen Grundsätzen, die für Studenten und Wehrpflichtige gelten, ist keine Übernahme der §§ 7 ff. BGB zu sehen.

22 Da ein Wohnsitz auch dann gegeben ist, wenn eine Wohnung nicht ständig benutzt wird, kann eine Person auch mehrere Wohnsitze haben. Wer sich jedoch bei einer mehrjährigen Auslandsbeschäftigung in seiner beibehaltenen Wohnung (§ 7 BGB) nur noch im Urlaub aufhält, hat keinen Wohnsitz im Inland (BSG SozR 5870 § 1 Nr. 7). Bei solchen Sachverhalten können sich kollisionsrechtliche Schwierigkeiten ergeben, denn es kann ein Wohnsitz im Inland, der andere im Ausland liegen (v. Maydell, GK-SGB I § 30 Rn. 45). Für den Anwendungsbereich des Art. 10 der VO EWG 1408/71 geht der EuGH davon aus, dass eine Person nicht zwei gewöhnliche Aufenthalte in zwei verschiedenen Mitgliedsstaaten haben kann (EuGH ZESAR 2013 S. 456 – Wencel, mAnm Schuler; EuGH ZESAR 2014 S. 495 Rn. 46, 47 mAnm Vießmann). Dem kann man unter dem Blickwinkel des Kollisionsrechts der EU nicht widersprechen, da in erster Linie Beschäftigungs- und Wohnort, das ist unionsrechtlich zumeist nur der gewöhnliche Aufenthalt, in verschiedenen Mitgliedsstaaten zu unterscheiden sind. Dies dient der Klärung der Frage, ob das Recht des einen oder des anderen Mitgliedsstaates anwendbar ist. Die gleiche Frage stellt sich aber nicht, wenn ein Unionsbürger innerhalb eines Mitgliedsstaates mehrere Wohnungen hat. Deswegen kann für **zwei Inlandsaufenthalte** anders entschieden werden. Wer als Angehöriger einer Auslandsvertretung in Deutschland exterritorial ist, hat gleichwohl seinen Wohnsitz im Inland. Denn **Exterritorialität** im völkerrechtlichen Sinne bedeutet nur, nicht der Herrschaftsgewalt des Empfangsstaates unterliegend. Der Wohnsitz liegt dennoch auf dem Gebiet dieses Staates (BSG 58 S. 233). In Art. 11 VO EG 957/2009 werden beispielhaft Kriterien für den Wohnort genannt, die auch für das innerstaatliche Recht relevant sein dürften (vgl. EuGH ZESAR 2014 S. 495 mAnm Vießmann).

23 Der Begriff des **gewöhnlichen Aufenthalts** ist zwar in § 30 Abs. 3 Satz 2 allgemein für das Sozialrecht geregelt (Franck, SGb 1999 S. 547; Wendtland, ZESAR 2013 S. 435). Das BSG interpretiert diesen Begriff in der Rechtsprechung verschiedener Senate aber sehr stark unter Berücksichtigung der jeweiligen gesetzlichen Regelungen in den Besonderen Teilen. Es spricht von seiner „Einfärbung" in die einzelgesetzliche Materie (BSG SozR 3-7833 § 1 Nr. 2). Dem widersprechen der 4. und der 13. Senat unter Hinweis darauf, dass die Vorschrift eine einheitliche Begriffsbestimmung für das ganze Sozialrecht beinhalte (BSG 113 S. 60; BSG SGb 1996 S. 383 mAnm v. Einem). Dem kann aber entgegen gehalten werden, dass alle Rechtsbegriffe jeweils im systematischen Zusammenhang und dann durchaus unterschiedlich ausgelegt werden. Dies gilt etwa auch für den Begriff des gewöhnlichen Aufenthalts im Steuerrecht (BFH NJW 1997 S. 612). Damit ergibt sich ein sehr schillerndes Bild des gewöhnlichen Aufenthalts. Unstreitig ist, dass nicht auf das Innehaben einer Wohnung abgestellt werden darf und damit auch nicht auf eine polizeiliche Meldung. Im Übrigen orientiert sich der Begriff auch am Vorbild des § 9 AO. Stärker noch als beim Wohnsitz rücken beim gewöhnlichen Aufenthalt die tatsächlichen Verhältnisse, die Anwesenheit an einem bestimmten Ort bzw. einer Gemeinde, in den Mittelpunkt der Beurteilung. Der gewöhnliche Aufenthalt kann schon am Tage des Zuzugs begründet werden. Es kommt also nicht auf eine bestimmte Zeitdauer des bisherigen Aufenthalts, sondern auf die Prognose „nicht nur vorübergehend" an (OVG Koblenz FEVS 53 S. 41). Dabei müssen alle relevanten Umstände „erkennbar" sein (OVG Koblenz FEVS 53 S. 476). Insbesondere ist immer eine tatsächliche Aufenthaltnahme erforderlich (VGH München FEVS 57 S. 5; Sächs. LSG FEVS 61 S. 169). Allein der Wunsch, an einen bestimmten Ort zu ziehen, begründet selbst dann

noch keinen gewöhnlichen Aufenthalt, wenn der Ehepartner bereits dort lebt (BSG SozR 3-1200 § 30 Nr. 13). Wenn der tatsächliche Wille für die Aufenthaltnahme genügt, kann jedoch der Gesundheitszustand ein Hinderungsgrund sein, der der Aufenthaltnahme entgegensteht (Bay. LSG ZfSH/SGB 2012 S. 607).

23a In allen Fällen müssen die Umstände erkennen lassen, dass sich die betreffende Person an dem Ort oder in dem Gebiet nicht nur vorübergehend aufhält, dass sie dort also ihren Lebensmittelpunkt hat. Unter „Ort" ist die politische Gemeinde zu verstehen (BVerwG 42 S. 196; OVG Koblenz FEVS 53 S. 91). Das Innehaben einer Wohnung wird nicht verlangt. Die tatsächlichen Umstände müssen von Amts wegen festgestellt werden (§ 20 SGB X). Deswegen wird man der Auffassung nicht folgen können, die dem Leistungsberechtigten die Beweislast für seinen gewöhnlichen Aufenthalt auferlegt (Bay. LSG FEVS 60 S. 377). Insbesondere sprechen auch Rechtsverletzungen als solche nicht gegen die Begründung eines gewöhnlichen Aufenthalts. Das gilt etwa für den Verstoß gegen die Wohnsitzauflage nach § 12a AufenthG (LSG NRW NZS 2017 S. 474). Es kann allerdings an der Prognose des nicht nur vorübergehenden Aufenthalts fehlen.

23b Trotz der Anknüpfung an die tatsächlichen Verhältnisse, sind einige **Modifikationen** zu beachten. Bleibt der Betroffene mit seinem bisherigen Aufenthaltsort, an den er zurückkehren will, verbunden, dann ist sein derzeitiger Aufenthalt nur vorübergehend (VGH München FEVS 52 S. 373). Der gewöhnliche Aufenthalt wird auch als „faktischer Wohnsitz" bezeichnet, der durch zeitweilige Abwesenheit bei Rückkehrwillen nicht aufgehoben wird (vgl. DIV DA 1999 S. 51). Es kann sich jedoch ergeben, dass prognostische Gesichtspunkte so zwingend sind, dass zB bei mehrjähriger Abwesenheit zum Zwecke eines Studiums der gewöhnliche Aufenthalt am früheren Ort verbleibt (BSG 63 S. 93, vgl. aber oben Rn. 19, 21). Aus dem gleichen prognostischen Grund begründet ein Spätaussiedler in einem Übergangsheim nur dann einen gewöhnlichen Aufenthalt, wenn er sich am Ort des Heimes „bis auf Weiteres" aufhält (VG Meiningen ZfF 1996 S. 253; BVerwG FEVS 49 S. 434). Auch der Aufenthalt in einem **Frauenhaus** ist häufig nur vorübergehend (EuG 54 S. 72). Auch aus diesem Grund ist die Sonderregelung des § 36a SGB II erforderlich geworden. Sind die allgemeinen Voraussetzungen erfüllt, so kann allerdings auch in einem Frauenhaus ein gewöhnlicher Aufenthalt begründet werden (LSG Hess. ZfSH/SGB 2017 S. 650). In der **Grundsicherung für Arbeitsuchende** gilt folgende Besonderheit: Das Fehlen eines Wohnsitzes oder gewöhnlichen Aufenthalts in Deutschland steht dem Anspruch auf Sozialgeld eines nichterwerbsfähigen Leistungsberechtigten, der mit einem erwerbsfähigen Leistungsberechtigten in einer Bedarfsgemeinschaft lebt, nicht entgegen (BSG SGb 2015 S. 567 mAnm Bittner). Diese Ausnahme ist allerdings auf das Sozialgeld beschränkt (§§ 23 SGB II, 2 JArbSchG). Das BSG begründet seine Auffassung auch damit, dass § 30 unter dem Vorbehalt abweichender Regelungen steht (§ 37). Dies muss nicht ausdrücklich geschehen sein, sondern kann sich auch aus dem Gesamtzusammenhang der Vorschriften ergeben (vgl. § 37 Rn. 8–10). In diesem Punkt ist dem BSG zuzustimmen. Den Materialien ist jedoch eher zu entnehmen, dass der Gesetzgeber das Gegenteil beabsichtigt hat (BT-Drs. 15/1515 S. 52).

24 Nach der Definition des § 30 Abs. 3 Satz 2 genügt ein Aufenthalt unter nicht näher bezeichneten Umständen, die jedoch eine Prognose zulassen müssen. Deswegen wird man, anders als beim Wohnsitz, nicht darauf abstellen dürfen, dass bestimmte Kriterien, die mit dem Wohnen verbunden werden, auch beim gewöhnlichen Aufenthalt erfüllt sein müssen. Insbesondere kommt es nicht darauf an, wozu der Aufenthaltsort vom Verfügungsberechtigten bestimmt worden ist (zB Abbruchhaus, Tiefgarage, Parkanlagen, Auffangheim). Auch die Eignung des Aufenthaltsorts für die eigenständige Gestaltung der mit der Haushaltsführung verbundenen Tätigkeiten ist nicht wesentlich für den Begriff des gewöhnlichen Aufenthalts. Zu fordern ist allerdings, dass am gewöhnlichen Aufenthaltsort der Schwerpunkt der persönlichen Lebensverhältnisse gegeben ist (BSG 67 S. 243; LSG Sachs.-Anh. ZfSH/SGB 2009 S. 680), wenn auch diese Lebensverhältnisse nicht dem Bild des „Wohnens" entsprechen müssen. So kann auch ein Wohnungsloser in einer bestimmten Gemeinde einen gewöhnlichen Aufenthalt begründen (VGH München FEVS 52 S. 373). Es ist deswegen bedenklich, wenn die Auffassung vertreten wird, ein Hauptbahnhof würde sich grundsätzlich nicht als eine für die Begründung eines gewöhnlichen Aufenthalts ausreichende Behausungsmöglichkeit eignen (ZSpr ZfF 1999 S. 298). Auf sie kommt es gerade nicht an. In diesem Zusammenhang ist es von Bedeutung, dass in der Definition des § 30 Abs. 3 Satz 2 neben dem Begriff des „Ortes" der des „Gebietes", nicht aber der des „Hauses oder Heimes" verwendet wird. Ein gewöhnlicher Aufenthalt ist auch an dem Ort anzunehmen, an dem ein zu lebenslanger Strafhaft Verurteilter seine Strafe verbüßt, denn es kommt nicht auf die Freiwilligkeit der Begründung des gewöhnlichen Aufenthalts an (BSG SozR 3 – 1200 § 30 Nr. 5; BVerwG 138 S. 48; vgl. auch DIV, DA 1995 S. 345). Schwer nachzuvollziehen ist die Entscheidung des BSG, wonach ein Deutscher, der nach seiner Heirat seine Familienwohnung nach Dänemark verlegt, so behandelt werden muss, als hätte er seinen gewöhnlichen Aufenthalt im Inland (BSG 45 S. 95). Davon ist noch der Fall zu unterscheiden, in dem für den früheren Anspruch auf Erziehungsgeld bei einem **grenznahen Wohnsitz im Ausland** verbunden mit einer wirtschaftlichen, kulturellen und sozialen Einbindung in eine inländische Gemeinde ein gewöhnlicher Aufenthalt im Inland angenommen wird (LSG NRW Breith. 1995 S. 436). Allerdings waren damals schon Antikumulierungsvorschriften zu beachten (BSG 80 S. 288). Zum heutigen Elterngeld vgl. unten Rn. 132. Bei Grenzgängern, die zuvor Ansprüche im Inland erworben haben, ist das BVerfG der Auffassung, eine an Art. 3 Abs. 1 GG orientierte verfassungskonforme Auslegung des § 30 Abs. 1 gebiete im grenznahen Bereich ermögliche die Erstreckung des Begriffs des Wohnsitzes auch auf das Ausland (BSG SGb 1996 S. 397 mAnm Bieback; BSG SGb 2009 S. 712; BVerfG SozR 3-1200 § 30 Nr. 20; BSG 104 S. 280; BSG SozR 4-6050 Art 71 Nr. 2). Diese Rechtsprechung ist auch auf gleichgelagerte Fälle beim gewöhnlichen Aufenthalt zu übertragen. Das wird man jedoch nur dann annehmen können, wenn Ansprüche auf Grund von zuvor im Inland entrichtete Beiträge erworben worden waren (BSG 101 S. 224; SozR 4-1200 § 30 Nr. 8, zum Existenzgründungszuschuss im europäischen und außereuropäischen Ausland). Davon ist allerdings eine leistungsrechtliche Frage zu unterscheiden. Lebt ein Unionsbürger, der zuvor in Deutschland zB Ansprüche auf Leistungen der Arbeitslosenversicherung erworben hat, im grenznahen Ausland und hat er auch dort einen Anspruch erworben, so kann er nur dort seinen Anspruch geltend machen, denn das Kollisionsrecht der EU kennt grundsätzlich kein Wahlrecht des Unionsbürgers (vgl. unten Rn. 112, 123).

Nach überwiegender Auffassung können auch Minderjährige einen gewöhnlichen Aufenthalt begründen. ME ist dies nur unter den oben Rn. 20 genannten Voraussetzungen möglich. Grundsätzlich können also die Eltern einen gewöhnlichen Aufenthalt des Kindes bestimmen oder beenden (Sächs. LSG FEVS 61 S. 169). Ein positiver Wille der Eltern reicht allein aber nicht aus, vielmehr ist **25** auch bei Minderjährigen eine tatsächliche Aufenthaltnahme, und zwar durch das Kind selbst, erforderlich (BVerwG NVwZ 2003 S. 616; OVG Bautzen FEVS 60 S. 285). Bei Leistungen an Kinder kommt es häufiger vor, dass sich der Berechtigte in regelmäßigem Wechsel an zwei Orten aufhält. Das gilt etwa bei einem auswärtigen Schulbesuch und der regelmäßigen Rückkehr in die elterliche Wohnung an den Wochenenden und in den Ferien. In diesem Falle ist der gewöhnliche Aufenthalt unter Berücksichtigung der wirtschaftlichen und familiären Verhältnisse und damit zumeist am Ort der elterlichen Wohnung zu bestimmen (VGH Mannheim FEVS 46 S. 449; ZSpr ZfF 1998 S. 230).

26 Mit dem Begriff des gewöhnlichen Aufenthalts ist die Regelmäßigkeit des Aufenthalts verbunden. Dabei genügt die bloße, allerdings unter den gegebenen Umständen auch realisierbare Absicht, sich an dem Ort oder in dem Gebiet bis auf Weiteres aufzuhalten. Die Erfüllung von Merkmalen wie der Sesshaftigkeit oder Endgültigkeit ist nicht erforderlich (EuG 46 S. 384; 471). Für den gewöhnlichen ist ein ständiger Aufenthalt an dem jeweiligen Ort nicht notwendig. Deswegen kann eine Person auch mehrere gewöhnliche Aufenthalte haben. Von besonderer praktischer Bedeutung ist die Tatsache, dass es die **Umstände des Aufenthalts** sind, die eine **Prognose** zulassen müssen, die Person werde an dem jeweiligen Ort oder in diesem Gebiet nicht nur vorübergehend verweilen (BSG 63 S. 47; BSG 65 S. 84; BSG SozR 3 – 1200 § 30 Nr. 9). Damit genügen der bloße Wunsch oder die Absicht allein noch nicht. Gegen die Regelmäßigkeit oder Dauerhaftigkeit können subjektive Gesichtspunkte sprechen, so kann man bei einem Nichtsesshaften oft davon ausgehen, dass er nicht zu bleiben beabsichtigt. Er hat dann keinen gewöhnlichen, wohl aber mehrere tatsächliche Aufenthalte (§ 98 Abs. 1 SGB XII). Es können aber auch objektive Gesichtspunkte gegen den gewöhnlichen Aufenthalt sprechen, so wenn die Person an dem gewünschten Ort nicht verbleiben darf (unten 29–31).

27 In der Regel wird man nach einem gewissen Zeitablauf von der Begründung eines gewöhnlichen Aufenthalts sprechen können. Zwingend ist das aber auch nicht. Vielmehr sind alle subjektiven und objektiven Umstände zu würdigen (BSG 27 S. 88; BSG 49 S. 254; BSG 60 S. 262). Vor allem die Praxis ist bemüht, der Zeitkomponente eine gewisse prognostische Bedeutung beizumessen (OVG Lüneburg FEVS 52 S. 26; ZSpr ZfF 1999 S. 298). Im Kinder- und Jugendhilferecht geschieht das zumeist in Orientierung am Haager Minderjährigenschutzabkommen bei einem Zeitablauf von sechs Monaten. Ein Umkehrschluss wäre allerdings unzulässig. Insbesondere wird man zu dem eher individualistisch formulierten § 30 Abs. 3 Satz 2 nicht die Auffassung vertreten dürfen, die Annahme des gewöhnlichen Aufenthalts setze eine gewisse Eingliederung in das soziale Umfeld voraus, die durch den Zeitablauf indiziert werde (so DIV, DAVorm 1999 S. 835).

28 Für die **Leistung der Sozialhilfe** im Ausland hat das BVerwG eine etwas engere Auffassung entwickelt. Leistungen werden dann nicht erbracht, wenn der Hilfesuchende seinen gewöhnlichen Aufenthalt im Ausland hat (§ 24 Abs. 1 Satz 1 SGB XII). Davon kann im Einzelfall abgewichen werden. Als Voraussetzung hierfür genügt es nicht schon, wenn die Umstände erkennen lassen, der Hilfesuchende werde an dem fraglichen Ort nicht nur vorübergehend verweilen (§ 30 Abs. 3 Satz 2). Erforderlich ist für den Sonderfall des § 24 Abs. 1 Satz 2 SGB XII vielmehr eine Integration in das soziale Umfeld im Ausland (BVerwG 99 S. 158). Ist das nämlich nicht der Fall, so ist es den betreffenden Personen zuzumuten, im Inland um Hilfe nachzusuchen. Das BVerwG sieht in dieser Rechtsprechung keinen

Verstoß gegen § 30 Abs. 3 Satz 2. Vielmehr sei aus § 37 Satz 1 abzuleiten, dass die allgemeinen Regelungen des SGB I nur gelten, soweit sich aus dem Sozialhilferecht nichts Abweichendes ergibt (§ 37 Rn. 11). Allerdings ist § 24 Abs. 1 Satz 2 SGB XII später sehr eng gefasst worden. Leistungen können nur erbracht werden, wenn einer der in § 24 Abs. 1 Satz 2 Nr. 1–3 SGB XII genannten zwingenden Gründe vorliegt vgl. unten Rn. 138).

Je nach Art des Aufenthaltstitels (§ 4 AufenthG) ist der Status von **Ausländern** 29
unterschiedlich. So setzt die Befristung einer Aufenthaltserlaubnis (§ 7 Abs. 1 Satz 1 AufenthG) allein noch keinen Endpunkt, da die Erlaubnis wiederholt erteilt werden kann (§ 8 AufenthG). An einem gewöhnlichen Aufenthalt des Ausländers fehlt es aber dann, wenn sich aus der Würdigung des Einzelfalles ergibt, dass die Befristung zugleich eine Entscheidung über das Ende des Aufenthalts enthält, wenn es also an der „Zukunftsoffenheit" des Aufenthalts fehlt (BSG SozR 3-2600 § 56 Nr. 7). Diese fehlt typischerweise aus objektiven Gründen, wenn eine Aufenthaltserlaubnis nach dem beabsichtigten Aufenthaltszweck befristet ist (§ 7 Abs. 2 Satz 1 AufenthG). Mit einer Niederlassungserlaubnis, die nach § 9 Abs. 1 Satz 1 AufenthG unbefristet erteilt wird, wird dagegen idR ein gewöhnlicher Aufenthalt begründet. Es sei denn der Ausländer wünscht ihn subjektiv nicht. Ausländer, die nach § 22 AufenthG aus völkerrechtlichen oder zwingenden humanitären Gründen aufgenommen werden, erhalten eine Aufenthaltserlaubnis. Damit wird idR ein gewöhnlicher Aufenthalt begründet (vgl. BVerwG 111 S. 200). Auch ein Ausländer, der nicht abgeschoben werden darf (§§ 60, 60a AufenthG), dessen Ausreisepflicht also fortbesteht, kann im Inland durchaus einen gewöhnlichen Aufenthalt haben. Das BSG ist sogar der Auffassung, dass in diesem Falle der Begriff des „rechtmäßigen" Aufenthalts iSd § 1 SchwbG aF verfassungskonform auszulegen ist. Danach soll der jahrelang ausländerrechtlich geduldete Aufenthalt genügen, wenn mit einer Abschiebung nicht zu rechnen ist und die Voraussetzungen für die Erteilung einer Aufenthaltsbefugnis nach § 30 Abs. 3 AuslG aF vorliegen (BSG 84 S. 253). Auch § 2 Abs. 2 SGB IX stellt alternativ auf die Rechtmäßigkeit des Wohnsitzes oder des gewöhnlichen Aufenthalts ab. Kein gewöhnlicher Aufenthalt wird durch die Aufenthaltsgestattung nach § 55 AsylVfG zur Durchführung des Asylverfahrens begründet. Wird ein Ausländer durch die Ausländerbehörde ausgewiesen, so endet der gewöhnliche Aufenthalt auch dann, wenn dagegen ein Rechtsbehelf eingelegt wird (vgl. aber Hess. LSG info also 2018 S. 265 mAnm Knoblauch zu § 5 FreizügG/(EU).

Besondere Schwierigkeiten hat die Rechtsprechung zum gewöhnlichen Auf- 30
enthalt von **Asylbewerbern** bereitet. Hier war es insbesondere nicht leicht, einheitliche Kriterien beim Kinder- und Erziehungsgeld (Elterngeld) sowie bei der Familienversicherung nach § 10 SGB V (§ 205 RVO aF) zu entwickeln. Teilweise wurden die Schwierigkeiten durch Neufassung der §§ 1 Abs. 3 BKGG, 1 Abs. 7 BEEG behoben. Unabhängig von diesen Neufassungen gilt nach Auffassung der Rechtsprechung für den gewöhnlichen Aufenthalt eines Asylbewerbers Folgendes: Es wird zwar nach § 55 AsylVfG eine Aufenthaltsgestattung erteilt. Solange aber der Asylanspruch noch nicht bindend oder rechtskräftig festgestellt ist, hat der Asylbewerber im Inland regelmäßig keinen gewöhnlichen Aufenthalt (BSG 49 S. 254; BSG 62 S. 47; BSG 70 S. 197; BSG 71 S. 78). Das erklärt sich daraus, dass in diesem Falle trotz rechtmäßigen Aufenthalts (BSG 53 S. 294) noch keine Prognose über den weiteren Verbleib im Inland möglich ist (OVG Magdeburg FEVS 51 S. 367). Diese Rechtsprechung ist verfassungsrechtlich nicht angreifbar (BVerfG 3–1200 § 30 Nr. 6). Ist jedoch abzusehen, dass der Asylbewerber nach

Abschluss des Verfahrens nicht aus dem Inland abgeschoben wird, dann hat er bereits ab diesem Zeitpunkt hier seinen gewöhnlichen Aufenthalt (BSG SozR 7833 § 1 Nr. 4; BSG SozR 3 – 1200 § 30 Nr. 8; BVerfG SozR 3–7833 § 1 Nr. 4). Dasselbe gilt für ein Kind eines anerkannten Asylbewerbers ab der Geburt, auch wenn es selbst erst später anerkannt wird (LSG RhPf. Breith. 1997 S. 361) Ein gewöhnlicher Aufenthalt ist auch dann anzunehmen, wenn ein Asylanspruch nicht besteht, die Abschiebung aber aus anderen, zumeist humanitären, Gründen unterbleiben wird (BSG 63 S. 47; BSG 67 S. 238; BSG SGb 1994 S. 85 mAnm Wollenschläger/Halbleib). Für den Fall, dass der Asylanspruch zu Recht besteht, hat der Asylberechtigte seinen gewöhnlichen Aufenthalt im Inland ab dem Zeitpunkt der Einreise und nicht erst dann, wenn der Anspruch im Verwaltungsverfahren festgestellt worden ist (BSG 65 S. 261; BSG SozR 3–1200 § 30 Nr. 8; vgl. aber BSG 72 S. 13). Zu diesem Zeitpunkt endet aber die Verpflichtung nach § 48 AsylVfG in einer Gemeinschaftsunterkunft zu wohnen. Das kann Einfluss auf die Begründung des gewöhnlichen Aufenthalts insoweit gewinnen, als nunmehr der weitere Aufenthalt an dem Ort der Gemeinschaftsunterkunft freiwillig ist und damit Schlüsse auf einen zukunftsoffenen Verbleib an diesem Ort zulässig sind (VGH München FEVS 53 S. 127).

31 Die Grundsätze über den gewöhnlichen Aufenthalt von Asylbewerbern wurden von der Rechtsprechung nicht einheitlich und großzügiger gehandhabt, wenn es darum ging, bei einem Familienmitglied eines Asylbewerbers einen Anspruch auf Familienkrankenhilfe nach § 205 RVO aF zu begründen (BSG 57 S. 93; BSG 80 S. 209). Sie gelten im Übrigen auch für staatenlose Ausländer (BSG 60 S. 262). Im Hinblick auf die besonderen Aufgaben der Kinder- und Jugendhilfe hat die Rechtsprechung bei Asylbewerbern trotz Ungewissheit über deren Verbleib im Inland gleichfalls einen gewöhnlichen Aufenthalt angenommen. Dies wurde auch mit der einzelgesetzlichen Einfärbung des Begriffs begründet (VG Münster ZfJ 1997 S. 430). Das bedeutet also, dass mit dem grundsätzlich ja rechtmäßigen Aufenthalt im Inland (§ 55 AsylVfG) bei Minderjährigen eher ein gewöhnlicher Aufenthalt verbunden wird (vgl. Peter, ZfJ 2003 S. 81).

3. Grundsätze des Sozialrechts in der Europäischen Union

32 In weiten Bereichen wird das innerstaatliche Internationale Sozialrecht durch über- oder zwischenstaatliches Recht, insbesondere durch das **Recht der Europäische Union,** modifiziert (oben Rn. 3). Doch auch hier geht es grundsätzlich nur um die Frage, ob eine Norm des innerstaatlichen Sozialrechts auf einen Sachverhalt mit Auslandsberührung Anwendung findet. Nur in begrenztem Umfange erfolgt im Sozialrecht eine Angleichung der Normen in den einzelnen Staaten (vgl. Eichenhofer, Sozialrecht der Europäischen Union, 2018 S. 221 ff.; Fuchs, SGb 2008 S. 201; Eichenhofer (Hrsg), 50 Jahre nach ihrem Beginn – Neue Regeln für die Koordinierung sozialer Sicherheit, 2009; Husmann, NZS 2009 S. 547; 652; Tiedemann, ZfSH/SGB 2010 S. 220; Frenz, NZS 2011 S. 81). Im Verhältnis zu den Staaten, die nicht zur Europäischen Union gehören, existiert ein umfassendes Vertragswerk (Plöger/Wortmann, Sozialversicherungsabkommen mit ausländischen Staaten, Loseblattwerk; Bokeloh, SGb 2013 S. 453; 506). Zusätzlich kommen auch die sozialen Standards des Europarates, der UN und vor allem die Übereinkommen der Internationalen Arbeitsorganisation zur Anwendung (BSG 30 S. 226). Sie sind in erster Linie auf eine Harmonisierung des

Sozialrechts in den einzelnen Staaten ausgerichtet und müssen von den einzelnen Staaten ratifiziert worden sein (Schulin/Winkler, ZSR 1995 S. 520).

Betrachtet man im sozialrechtlichen Zusammenhang nur das **Unionsrecht,** so ergeben sich folgende Konkretisierungsstufen: Als allgemeine Regel begründet Art. 18 AEUV ein Verbot der Diskriminierung wegen der Staatsangehörigkeit. Für Arbeitnehmer, genauer für wirtschaftlich aktive Unionsbürger, besteht gemäß Art. 45 ff. AEUV das Recht auf Freizügigkeit. Nur hieraus ergeben sich unmittelbare sozialrechtliche Konsequenzen, die aus dem freien Zugang zum europäischen Arbeitsmarkt resultieren. Die höchste Konkretisierungsstufe wird in zwei EU-Verordnungen erreicht (VO EG 883/2004 und VO EU 492/2011). Auf der gleichen Konkretisierungsstufe stehen die Richtlinien der EU. Anders als die Verordnungen sind sie aber im Inland nicht unmittelbar geltendes Unionsrecht. Vielmehr müssen sie erst durch die Mitgliedsstaaten umgesetzt werden. Dies ist in Deutschland etwa für die Freizügigkeitsrichtlinie (RL 2004/38/EG) durch das FreizügG/EU geschehen. Praktische Bedeutung für die Anwendung des Sekundärrechts hat zudem die Durchführungsverordnung VO EG 987/2009. Die frühere Datenschutzrichtlinie ist jetzt durch die Datenschutzverordnung ersetzt worden. Sie ist also im Inland unmittelbar geltendes Recht (vgl. § 35 Rn. 3). 33

Anders als das sonstige zwischenstaatliche Recht gilt das Unionsrecht ohne Transformationsakt, also unmittelbar, im Inland. Das gilt zum einen für das Primärrecht, also den Vertragswerken zur Schaffung der EU (Lissabonner Vertrag, Abl EG 2007/C 306/1) und zum anderen für das Sekundärrecht, also für das auf der Grundlage dieser Verträge geschaffene Recht (unten Rn. 37 ff.). Abgeschwächt gilt das auch für die Richtlinien, die noch durch die Mitgliedsstaaten umgesetzt werden müssen. Unterbleibt dies, so führt das zu einem Vertragsverletzungsverfahren. Soweit unter einzelnen Mitgliedsstaaten der EU noch zwischenstaatliche Abkommen bestehen, haben sie zumindest keine praktische Bedeutung mehr (vgl. Resch, NZS 1996 S. 603; Bokeloh, NZS 2015 S. 321). Allerdings kann auch ihre Fortgeltung vereinbart worden sein (Art. 8 VO EG 883/2004). Im Verhältnis zum Sozialrecht der EU gilt dann aber ein Günstigkeitsprinzip. 34

Die im AEUV garantierten Grundfreiheiten, also insbesondere der Gleichbehandlungsgrundsatz (Art. 18 AEUV) und die Freizügigkeitsrechte (Art. 21, 45 AEUV) gelten unmittelbar, aber nicht uneingeschränkt. Vielmehr wurde in der Rechtsprechung des EuGH ein vierstufiger Rechtfertigungstatbestand entwickelt, der heute unstrittig ist. Er wird vom EuGH wie folgt zusammengefasst: „Aus der Rechtsprechung des Gerichtshofes ergibt sich jedoch, dass nationale Maßnahmen, die die Ausübung der durch den Vertrag garantierten grundlegenden Freiheiten behindern oder weniger attraktiv machen können, vier Voraussetzungen erfüllen müssen: Sie müssen in nichtdiskriminierender Weise angewandt werden, sie müssen aus zwingenden Gründen des Allgemeininteresses gerechtfertigt sein, sie müssen geeignet sein, die Verwirklichung des mit ihnen verfolgten Zieles zu gewährleisten, und sie dürfen nicht über das hinausgehen, was zur Erreichung dieses Zieles erforderlich ist" (EuGH NJW 1996 S. 597 – Gebhard). Diese Voraussetzungen, die über Art. 36 AEUV hinausgehen und gewissermaßen immanente Schranken aller Grundfreiheiten sind, wirken sich natürlich auch aus, wenn im Zusammenhang mit der Ausübung einer der Grundfreiheiten Sozialleistungen in Anspruch genommen werden. Vor dem Hintergrund dieser „Gebhard-Formel" sind auch angesichts des Gleichbehandlungsgebots des Art. 18 Abs. 1 AEUV und des Art. 4 VO EG 883/2004 Differenzierungen möglich. 35

36 Unter den beiden Verordnungen (VO EG 883/2004 und VO EU 492/2011) regelt erstere die sozialen Rechte der europäischen Arbeitnehmer. Bei der letzteren ist es zweifelhaft, wie eng sie mit der Stellung als Arbeitnehmer verknüpft ist. Die Meinungsverschiedenheiten der letzten Jahre erklären sich hauptsächlich aus folgendem Umstand: Das Unionsrecht wandelt sich seit einer Reihe von Jahren von dem Anknüpfungspunkt des Arbeitnehmers stärker zum Anknüpfungspunkt des EU-Bürgers (EuGH EuzW 1998 S. 372 – Martínez Sala). Dessen in Art. 21 AEUV geregelte Freizügigkeit begründet aber – anders als die des Arbeitnehmers (Art. 45 Abs. 3 AEUV) – nicht explizit soziale Rechte des Unionsbürgers im anderen Mitgliedsstaat. Andererseits markiert das Konzept der Unionsbürgerschaft „einen Prozess der Loslösung der Gemeinschaftsrechte von ihren wirtschaftlichen Denkmustern" (Husmann, NZS 2009 S. 549). Insoweit fällt auch auf, dass aus der Regelung des Art. 2 VO (EG) 883/2004 zum persönlichen Anwendungsbereich alle Hinweise auf die Erwerbstätigkeit entfernt worden sind, worin sich eine gewisse Umorientierung andeutet, was aber noch keine Konsequenzen für den Einzelfall hat, sofern der innerstaatliche soziale Schutz an die Erwerbstätigkeit anknüpft. Zudem bleibt es dabei, dass grundsätzlich für Arbeitnehmer das Recht des **Beschäftigungsstaates** und für wirtschaftlich nicht aktive Unionsbürger das Recht des **Wohnstaates** gilt. Dennoch ist nicht zu übersehen, dass sich das Unionsrecht hin zu einem allgemeinen Gleichbehandlungsrecht entwickelt, das bereits einen erheblichen Einfluss auf das Sozialrecht gewonnen hat (Frenz, ZESAR 2011 S. 307). Dem entgegengesetzt ist allerdings die Entwicklung eines freizügigkeitsrechtlichen Begriffs der Sozialhilfe durch den EuGH (unten Rn. 51).

36a Insbesondere für die praktische Realisierung der Arbeitnehmerfreizügigkeit hat die VO EG 883/2004 eine zentrale Bedeutung. Danach gilt gemäß Art. 11 Abs. 1 VO EG 883/2004 der Grundsatz, dass Unionsbürger den Rechtsvorschriften nur eines Mitgliedsstaates unterliegen. Angeknüpft wird vorrangig an den Beschäftigungsstaat. Dies wird unter Sachgesichtspunkten aber vielfältig modifiziert. So wird bei Unionsbürgern, die nicht unter Art. 11 Abs. 3 lit. a–d VO EG 883/2004 fallen, gemäß Art. 11 Abs. 3 lit. d VO EG 883/2004 grundsätzlich die Zuständigkeit des Wohnmitgliedsstaates begründet (Art. 17 ff. VO EG 883/2004). Im Falle der Arbeitslosigkeit ergeben sich unterschiedliche Zuständigkeiten mit einer Dominanz des Wohnmitgliedsstaates (Art. 11 Abs. 3 lit. c, Art. 64, 65 VO EG 883/2004). Sonderregelungen ergeben sich auch bei einer Entsendung und für Grenzgänger (Art. 12, 13 VO EG 883/2004). Dies gilt vor allem für de Krankenversicherungsschutz (unten Rn. 90). Die Zuständigkeit zweier Mitgliedsstaaten besteht nach diesen Regelungen grundsätzlich nicht (vgl. Art. 13 VO EG 883/2004). Eine Ausnahme kann sich bei Arbeitslosigkeit im Falle von Geldleistungen und Leistungen zur Eingliederung ergeben (unten Rn. 118). Neben der Tatbestandsgleichstellung und der Aufhebung der Wohnortklauseln (Art. 5 und 7 VO EG 883/2004) besteht als weiterer wichtiger allgemeiner Grundsatz, der vor allem in der Arbeitslosen- und der Rentenversicherung Bedeutung hat. Es ist die Zusammenrechnung von Zeiten, die in verschiedenen Mitgliedsstaaten verbracht wurden (Art. 6 VO EG 883/2004).

36b Unstatthaft ist nach Art. 18, 20 AEUV jede Diskriminierung nach der Herkunft eines EU-Bürgers (Becker, VSSR 2000 S. 221). Das gilt nach Art. 157 AEUV seit jeher auch, wegen des Bezugs zum Arbeitsleben und des damit verbundenen sozialen Schutzes bei Diskriminierung nach dem Geschlecht (EuGH SGb 1996 S. 224 – Megener/Scheffel, dazu Rombach, SGb 1996 S. 193).

„Die Freizügigkeit der Arbeitnehmer verbietet einem Mitgliedstaat zum einen, eine Maßnahme zu erlassen, die die Arbeitnehmer mit Wohnsitz in seinem Hoheitsgebiet begünstigt, wenn sie zu einer Begünstigung der eigenen Staatsangehörigen führt und so eine Diskriminierung aufgrund der Staatsangehörigkeit schafft. Angesichts des Wortlauts von Art. 45 Abs. 2 AEUV, wonach die Abschaffung jeder auf der Staatsangehörigkeit beruhenden unterschiedlichen Behandlung der Arbeitnehmer der Mitgliedstaaten angestrebt wird, in Verbindung mit Art. 26 AEUV verbietet diese Freizügigkeit zum anderen auch die unterschiedliche Behandlung gebietsfremder Arbeitnehmer, wenn sie zu einer ungerechtfertigten Bevorzugung der Staatsangehörigen bestimmter Mitgliedstaaten gegenüber anderen Staatsangehörigen führt (EuGH EuZW 2015 S. 643 – Sopora).

Verboten ist auch eine **mittelbare Diskriminierung,** die darin besteht, dass **36c** eine Regelung auf andere Merkmale als die Staatsangehörigkeit oder das Geschlecht abstellt, also an sich unterschiedslos anwendbar ist, im Ergebnis aber doch eine Gruppe begünstigt oder benachteiligt (Becker, VSSR 2000 S. 229). Davon ist aber zB nicht auszugehen, wenn eine nationale Vorschrift bestimmte Tätigkeitsformen (Teilzeitarbeit) von der Versicherungspflicht freistellt, oder sie einbezieht, wenn dabei nicht nach nationalen Kriterien differenziert wird (BSG 100 S. 62). Keine mittelbare Diskriminierung der eigenen Staatsangehörigen eines Mitgliedsstaates ist darin zu sehen, dass bei der Anwerbung qualifizierter Arbeitnehmer eine sachlich begründbare steuerliche Kompensation für „extraterritoriale Kosten“ eingeräumt wird, wenn sie grundsätzlich allen Arbeitnehmern zu Gute kommt (EuGH EuZW 2015 S. 643 – Sopora, dazu Gerstenberg, EuZW 2018 S. 448). Weitergehend sieht Art. 19 AEUV zusätzliche Antidiskriminierungsmerkmale vor (zB Herkunft, Religion, Alter). Eine Diskriminierung ist bereits anzunehmen, wenn eine nationale Regelung geeignet ist die Freizügigkeit „zu behindern oder weniger attraktiv zu machen“ (EuGH ZESAR 2009 S. 132 Rn. 45 mAnm Wallrabenstein).

Für das Sozialrecht haben als Sekundärrecht die VO EG 883/2004, VO EG **37** 987/2009 und die VO EU 492/2011 eine besondere Bedeutung. Zur geplanten Reform vgl. Eichenhofer, SGb 2017 S. 605. Erstere VO betrifft die soziale Sicherheit der Arbeitnehmer; die zweite deren verwaltungsmäßige Umsetzung und letztere die sozialen Vergünstigungen, die nicht zwangsläufig an das Arbeitsverhältnis geknüpft sind. Während sich die allgemeine Sozialrechtskoordinierung, betreffend das Arbeitsverhältnis, inzwischen konsolidiert hat, hat es im Bereich der sozialen Vergünstigungen für Arbeitnehmer in der letzten Zeit, zumindest in Deutschland eine recht stürmische Entwicklung gegeben. Ein Teil der sozialen Vergünstigungen nach Art. 7 der VO EU 492/2011 für Arbeitnehmer hat sich zu den „beitragsunabhängigen Geldleistungen“ weiter entwickelt. Diese – hybriden – Leistungen enthalten sowohl Merkmale der in Art. 3 VO EG 883/2004 genannten Versicherungsleistungen, als auch Merkmale der Sozialhilfe. Insoweit können sie weder eindeutig der Sozialversicherung, noch dem Fürsorgesystem zugerechnet werden. Sie finden heute ihre Rechtsgrundlage in Art. 70 der VO EG 883/2004. Folge ist, dass in diesem Falle auch für sie das Gleichbehandlungsgebot des Art. 4 VO EG 883/2004 gilt. Diese **beitragsunabhängigen Geldleistungen** sollen „einen zusätzlichen, ersatzweisen oder ergänzenden Schutz gegen die Risiken zu gewähren, die von den in Artikel 3 Absatz 1 VO EG 883/2004 genannten Zweigen der sozialen Sicherheit gedeckt sind, und den betreffenden Personen ein Mindesteinkommen zur Bestreitung des Lebensunterhalts garantieren, das in Beziehung zu dem wirtschaftlichen und sozialen Umfeld in dem betreffenden Mitgliedstaat steht...“

38 Angesichts der Auseinandersetzungen um die Reichweite unionsrechtlicher Regelungen ist zu betonen, dass die Freizügigkeit der Unionsbürger nicht völlig homogen im Primärrecht verankert ist. So ist die Freizügigkeit der **Arbeitnehmer** in den Art. 45 ff. AEUV garantiert und durch wichtige Grundsätze der Sozialrechtskoordination in Art. 48 AEUV untermauert (Eichenhofer, JZ 2005 S. 558). Entsprechendes gilt nach Art. 49 AEUV für die Niederlassungsfreiheit, die Aufnahme und Ausübung **selbstständiger Erwerbstätigkeiten** umfasst. Nicht in gleicher Weise gilt das für **wirtschaftlich nicht aktive Unionsbürger** nach den Art. 18, 20 ff. AEUV. Ihnen steht die Freizügigkeit nach Art. 21 AEUV nur vorbehaltlich der in den Verträgen und Durchführungsvorschriften vorgesehen Beschränkungen und Bedingungen zu. In diesem Zusammenhang erhalten dann die Art. 14 Abs. 3, 24 Abs. 2 der RL 2004/38/EG erhebliche Bedeutung. Die danach grundsätzlich mögliche Ausweisung eines wirtschaftlich nicht aktiven Unionsbürgers im Zusammenhang mit der Inanspruchnahme von Leistungen der Sozialhilfe begründet für den Mitgliedsstaat nur eine Befugnis. Unionsrechtlich sind die Ausweisungsbefugnisse der Mitgliedsstaaten nicht näher geregelt (unten Rn. 51).

39 Die frühere VO EWG 1408/71 enthielt in ihren Art. 13 ff. bisher schon Kollisionsnormen und in den Art. 18 ff., 73 Äquivalenzregeln (vgl. oben Rn. 7–10). Sie wurde am 1.11.2009 durch die weiterentwickelten VO EG 883/2004 und 987/2009 abgelöst (Husmann, ZESAR 2010 S. 97). Die neue, systematisch besser gefasste, VO EG 883/2004 trifft in den Art. 1–10 Allgemeine Bestimmungen und darin insbesondere in Art. 2 und 3 Regelungen über den persönlichen und sachlichen Geltungsbereich und, in den Art. 4–6 VO EG 883/2004 grundsätzlich allgemein geltende Äquivalenzregeln (vgl. Art. 66 VO EG 883/2004). Das betrifft die Gleichbehandlung aller Unionsbürger (Art. 4), die Gleichstellung von Tatbeständen (Art. 5), also insbesondere Versicherungsverläufe und die Zusammenrechnung von Zeiten (Art. 6). Mit der Aufhebung der Wohnortklauseln in Art. 7 VO EG 883/2004 wird erreicht, dass der Leistungsumfang nicht wohnortabhängig modifiziert wird. Dazu ergänzend regelt Art. 10 VO EG 883/2004 ein Kumulierungsverbot.

40 In den Art. 11 ff. VO EG 883/2004 werden die praktisch wichtigen Koordinationsregeln normiert (dazu Voigt, ZESAR 2004 S. 73, 121; Fuchs, SGb 2008 S. 201; Eichenhofer, SGb 2010 S. 185). Die Auslegung der Vorschriften erfolgt nach einem Grundsatz, der in systematischer Hinsicht eine gewisse Nähe zu § 2 Abs. 2 SGB I hat. Bestimmend ist das „Petroni-Prinzip" (EuGH Slg. 1975 I-1149 – Petroni). Danach darf die Anwendung der Koordinierungsregeln nicht zum Verlust von Ansprüchen in einem Mitgliedsstaat führen (Bokeloh, ZESAR 2012 S. 121). Es handelt sich dabei um Sachverhalte mit Auslandsbezug, in denen sich das Recht eines Mitgliedsstaates für den Anspruchsberechtigten günstiger auswirkt, als es die Koordinierungsregeln verlangen. Solche Fälle kommen häufiger bei den Familienleistungen und den Leistungen bei Arbeitslosigkeit vor (EuGH ZESAR 2016 S. 128 – Franzen, Giesen, van den Berg, mAnm Devetzi). Das bedeutet also: aus den Koordinierungsregeln ergibt sich nur der Bereich, den die Mitgliedsstaaten nicht unterschreiten dürfen. Sie können ihn aber überschreiten. Sie dürfen demnach „überobligatorische Rechtspostionen" einräumen. In diesem Falle können sie sich aber nicht auf koordinationsrechtliche Regelungen als rechtsvernichtende Einwendungen berufen (Vießmann, NZS 2015 S. 687; Bokeloh, ZESAR 2016 S. 358). Diese Grundsätze schließen es allerdings nicht aus, dass sich aus den Koordinationsregeln ergibt, dass nur das Recht eines Staates, also etwa nur des

Beschäftigungs- oder nur des Wohnstaates anwendbar ist (vgl. Art. 11–13 VO EG 883/2004). Das Petroni-Prinzip wirkt sich also nur aus, wenn Leistungen kumulativ zusammentreffen (EuGH ZESAR 2008 S. 455 – Bosmann; dazu Devetzi, ZESAR 2012 S. 449).

Nach seinem **persönlichen Geltungsbereich** bezieht sich das Sekundärrecht vor allem, aber nicht ausschließlich, auf die **soziale Sicherheit** der Arbeitnehmer (Art. 2 VO EG 883/2004). Sein sachlicher Geltungsbereich erstreckt sich auf die Leistungen bei Krankheit und Mutterschaft, Invalidität, Alter, an Hinterbliebene, bei Arbeitsunfällen und Berufskrankheiten, Sterbegeld, bei Arbeitslosigkeit und auf Familienleistungen (Art. 3 VO EG 883/2004). Leistungen der Pflegeversicherung gehören zu den Leistungen bei Krankheit (EuGH ZESAR 2017 S. 433 – Tolley mAnm Padé). Falls eine Leistung an eines der in Art. 3 Abs. 1 VO EG 883/2004 genannten Risiken knüpft, unterliegt sie der Sozialrechtskoordinierung, auch wenn die Leistung steuerfinanziert ist, sofern in Anhang XI nicht anderes bestimmt wurde (Art. 3 Abs. 2 VO EG 883/2004). 41

Darüber hinaus gilt die VO gemäß Art. 3 Abs. 3 auch für die in Art. 70 VO EG 883/2004 genannten besonderen beitragsunabhängigen Geldleistungen. Sie weisen Merkmale sowohl der sozialen Sicherheit als auch der Sozialhilfe auf (unten Rn. 46, 74 ff.). Das trifft auch auf die Grundsicherung für Arbeitsuchende zu (vgl. Rn. 51 ff.). Dass das SGB II auch Elemente der Fürsorge enthält, ist im Hinblick auf Art. 3 Abs. 3 VO EG 883/2004 nicht relevant. Auch arbeitsrechtliche Leistungen, wie die Entgeltfortzahlung im Krankheitsfalle sind im gemeinschaftsrechtlichen Sinne Leistungen der sozialen Sicherheit bei Krankheit. Bei der Anwendbarkeit der VO ist also nicht auf das nationale Recht abzustellen, es erfolgt vielmehr eine Klassifizierung der Leistungen nach dem Unionsrecht. Danach gehören nicht zu den Leistungen der sozialen Sicherheit solche der sozialen Entschädigung, einschließlich der in Deutschland sog. unechten Unfallversicherung (unten Rn. 105; § 22 Rn. 2). Bemerkenswert ist, dass die Verordnung, also auch ihr Art. 70, für die „soziale und medizinische Fürsorge" nicht gilt (Art. 3 Abs. 5 VO EG 883/2004). Das betrifft in Deutschland vor allem die Hilfe zum Lebensunterhalt (§ 27 SGB XII), die Grundsicherung im Alter und bei dauerhafter Erwerbsminderung (§ 41 SGB XII). 42

Da durch die Art. 45 ff. AEUV die **Freizügigkeit** der Arbeitnehmer garantiert ist, musste das Sozialrecht der EU so ausgestaltet werden, dass ein Arbeitnehmer, der von einem Land der EU in ein anderes wechselt, keine Nachteile im Bereich der sozialen Sicherheit erleidet (Art. 48 AEUV). Dies bedeutet vor allem eine einheitliche Berücksichtigung von Sachverhalten, die für den Erwerb von Sozialleistungsansprüchen erforderlich sind **– Tatbestandsgleichstellung –** im ganzen Gebiet der EU. Entsprechendes gilt für die **Zusammenrechnung** von Zeiten, das sind Versicherungs- Beschäftigungs- und Wohnzeiten (Art. 6 VO EG 883/2004). Bei der **Gleichstellung** von Leistungen, Einkünften, Sachverhalten oder Ereignissen (Art. 5 VO EG 883/2004) ergibt sich die Schwierigkeit zu bestimmten, wann man von gleichartigen Leistungen oder von entsprechenden Sachverhalte sprechen kann (vgl. Vießmann, ZESAR 2018 S. 449). Ergänzend regelt Art. 7 VO EG 883/2004 die **Aufhebung der Wohnortklauseln,** und zwar nur für Geldleistungen. So kann durch ein in einem EU-Staat bezogenes Arbeitslosengeld auch im Inland die Voraussetzung des § 20 Nr. 3b SGB VI erfüllt werden (BSG SozR 3-2200 § 1241 Nr. 3). Einfluss auf die Höhe der Leistungen hat dies jedoch nicht. Hierfür gilt das Recht eines jeden Mitgliedsstaates. 43

44 Etwas modifiziert gelten diese Grundsätze auch für die Erfüllung anderer Leistungsvoraussetzungen (Art. 44, 50, 61, 68 VO EG 883/2004). Für die Gewährleistung der Freizügigkeit ist außerdem die Erbringung von Leistungen in jedem Mitgliedsstaat – **Leistungsexport** – erforderlich (Art. 7 VO EG 883/2004). Das gilt grundsätzlich für alle Geldleistungen (Art. 21 VO EG 883/2004). Unter den Voraussetzungen des Art. 64 Abs. 1c VO EG 883/2004 werden jedoch Leistungen bei Arbeitslosigkeit nur für drei Monate erbracht. Der Zeitraum kann allerdings auf sechs Monate verlängert werden (Art. 61–65 VO EG 883/2004). Leistungen bei Krankheit und Mutterschaft werden unter den Voraussetzungen der Art. 17 ff. VO EG 883/2004 innerhalb der Gemeinschaft mit der Einschränkung erbracht, dass unter den Voraussetzungen des Art. 20 Abs. 1 VO EG 883/2004 eine Genehmigung des zuständigen Trägers erforderlich ist. Hier allerdings ergibt sich ein Spannungsverhältnis zur Dienstleistungsfreiheit (unten Rn. 90–104).

45 Diese, von der EU verfolgten, Ziele der Freizügigkeit werden durch die VO EG 883/2004 verwirklicht, und zwar vom historischen Ausgangspunkt her zunächst nur für Arbeitnehmer und auch nur für diejenige soziale Sicherheit, die aus dem Arbeitsverhältnis resultiert. Die alte VO bediente sich dabei anfangs gegenüber dem deutschen Recht eines engeren Begriffs der sozialen Sicherheit. Immerhin gehört auch das Erziehungsgeld – und damit heute das Elterngeld – zur sozialen Sicherheit, weil es unabhängig von jeder auf Ermessensausübung beruhenden Einzelfallbeurteilung der persönlichen Bedürftigkeit gewährt wird und damit keine Fürsorgeleistung ist (EuGH SozR 3–6050 Art. 4 Nr. 8 – Hoever-Zachow). Heute hat es oberhalb des Mindestelterngeldes den Charakter einer Entgeltersatzleistung (§ 25 Rn. 27). Im Grenzbereich des sozialen Sicherheit entwickelt sich zunehmend eine Grauzone (Beschorner, ZESAR 2009 S. 320). Welche Leistungen, die sowohl Merkmale der sozialen Sicherheit als auch der Sozialhilfe aufweisen, und von der sozialen Sicherheit ieS ausgenommen sein sollen, ergibt sich auch aus der sog. **Notifizierung** durch die einzelnen Mitgliedsstaaten der EU. Die dahingehenden Erklärungen der Mitgliedsstaaten, dass einzelne ihrer Rechtsverhältnisse nicht der sozialen Sicherheit im Sinne des EU-Rechts unterstehen, müssen aber ihrerseits im Einklang mit dem EU-Recht stehen. Dazu regelt Art. 70 Abs. 2 VO EG 883/2004 folgende für Deutschland relevante Einzelheiten:

46 Im Zusammenhang mit der **Arbeitsmarktreform** und der Einführung der Grundsicherung für Arbeitsuchende und im Alter bzw. bei dauerhafter Erwerbsminderung hat es im Grenzbereich der sozialen Sicherheit Unstimmigkeiten gegeben. Wohl auch weil die Unterscheidung von Leistungen der sozialen Sicherheit und solchen der sozialen Vergünstigung immer weniger überzeugend geworden ist, wurde zunächst in die VO (EWG) Nr. 1408/71 ein Art. 10a eingefügt. Danach wurde für die EU-Mitgliedsstaaten die Möglichkeit eingeführt, bei beitragsunabhängigen Leistungen den Export in andere Mitgliedsstaaten auszuschließen. Dieser Grundsatz wurde später aus Gründen der Rechtssicherheit durch Art. 4 Abs. 2a VO (EWG) 1408/71 mit Wirkung ab dem 5.5.2005 ergänzt und in Art. 70 VO EG 883/2004 fortgeführt. Danach können bestimmte Leistungen, die sowohl Merkmale der sozialen Sicherheit als auch solche der Sozialhilfe aufweisen, als „besondere beitragsunabhängige Geldleistungen" von der **Exportpflicht** ausgenommen werden. Weitere Voraussetzung ist, dass a) diese Leistungen einen zusätzlichen, ersatzweisen oder ergänzenden Schutz vor Risiken gewähren, für die Leistungen der sozialen Sicherheit in Betracht kommen oder dass sie dem besonderen Schutz behinderter Menschen dienen. Des Weiteren müssen b) diese Leistungen steuerfinanziert und dürfen nicht von Beiträgen abhängig sein. Schließlich müssen

sie c) in den Anhang X der Verordnung aufgenommen werden. In diesen Anhang hat die Bundesrepublik die Leistungen der Grundsicherung im Alter und bei voller Erwerbsminderung (§§ 41 ff. SGB XII) eintragen lassen. Dasselbe geschah für die Grundsicherung für Arbeitsuchende, jedoch mit der Maßgabe, dass eine Exportfähigkeit gegeben ist, wenn zu diesen Leistungen ein Zuschlag nach § 24 SGB II aF gezahlt wurde. Solange also dem Grunde nach ein Anspruch auf Leistungen nach § 24 SGB II aF bestand, war das ganze Arbeitslosengeld II auch im EU-Ausland zu erbringen (Fuchs, NZS 2007 S. 1). Diese Vorschrift ist ersatzlos gestrichen worden. Im Ergebnis ist heute das Arbeitslosengeld II nicht in einen EU-Staat exportierbar. Schließlich darf das Exportverbot das Recht auf Freizügigkeit nicht in einem Maße beeinträchtigen, das über das hinausgeht, was zur Erreichung des von dem nationalen Gesetz verfolgten legitimen Zieles erforderlich ist. Ggf. ist die Nichtexportklausel wegen Verstoßes gegen Art. 21, 45 AEUV für unanwendbar zu erklären (EuGH Slg. 2007 I-6909 – Hendrix).

Vor allem mit Blick auf Freizügigkeit der Arbeitnehmer (Art. 45 AEUV) und **47** Unionsbürgerschaft (Art. 20 AEUV) ist schließlich die VO EU 492/2011 von zunehmender Bedeutung. Sie weist insoweit über die aus dem Arbeitsverhältnis als solchem resultierende soziale Sicherheit hinaus, als allen Arbeitnehmern der Mitgliedsstaaten der EU „die gleichen sozialen und steuerlichen Vergünstigungen" zu gewähren sind (Art. 7 Abs. 2 VO EU 492/2011). Insoweit genügt es, wenn eine **soziale Vergünstigung** nicht unmittelbar auf Arbeitnehmer zugeschnitten ist, wenn sie aber auch von im Aufenthaltsstaat ansässigen Arbeitnehmern in Anspruch genommen wird (vgl. Husmann, ZfSH/SGB 2010 S. 90). Die Regelung des Art. 7 Abs. 2 VO EU 492/2011 greift nur ein, wenn nicht schon ein spezielleres Diskriminierungsverbot, also insbesondere eines der in VO EG 883/2004 genannten, eingreift. Vorrang hat auch Art. 70 VO EG 883/2004. Der Begriff der Vergünstigung ist weit zu fassen. Gemeint sind damit alle öffentlichen Zuwendungen an eine einzelne, in einem EU-Staat arbeitende oder sich gewöhnlich aufhaltende Person, die deren wirtschaftliche oder soziale Lage verbessern soll. Die Vergünstigungen erstrecken sich vom Schutz schwerbehinderter Menschen über die Ausbildungsbeihilfen bis hin zur Tarifgestaltung im Personennahverkehr. In Grenzbereichen besteht allerdings noch eine Unklarheit. Unter den Begriff der Vergünstigung im Sinne der VO EU 492/2011 fallen jedenfalls Leistungen, die – ohne direkt an das Arbeitsverhältnis anzuknüpfen – Arbeitnehmern wegen ihres Wohnortes im Inland gewährt werden (EuGH NJW 1986 S. 2181 – Marshall; vgl. aber EuGH ZESAR 2010 S. 344 – Gottwald). Auf diese Vorschrift kann sich nicht berufen, wer lediglich zur Arbeitsuche in den Aufenthaltsstaat übergewechselt ist. Insoweit ist aber die speziellere Norm des Art. 45 Abs. 3 AEUV oder Art. 70 VO EG 883/2004 anwendbar. Teilweise wird der sachliche Geltungsbereich des Art. 7 Abs. 2 der VO EU 492/2011 auf alle Leistungen der Sozialhilfe erstreckt, also etwa auch auf die Hilfe für Wohnungslose nach § 67 SGB XII, obwohl trotz des Ausbaus der Freizügigkeit in der EU Art. 7 Abs. 2 VO EU 492/2011 noch immer am Begriff des Arbeitnehmers festhält (Eichenhofer, Internationales Sozialrecht,1994 S. 270 unter Hinweis auf das EFA; LSG Nds.-Brem. FEVS 59 S. 369; vgl. dagegen noch Schulte, ZfSH/SGB 1992 S. 470, 471). Über das Sozialrecht hinaus erklärt Art. 7 Abs. 4 VO EU 492/2011 alle Bestimmungen in Kollektiv- und Einzelarbeitsverträgen für nichtig, die eine Ungleichbehandlung der Unionsbürger bei den Arbeits- und Kündigungsbedingungen vorsehen.

48 Trotz extensiver Auslegung des Art. 7 Abs. 2 VO EU 492/2011 (EuGH 1990 I-4185 – di Leo) wird von einem Teil der Literatur auch bei den sozialen Vergünstigungen weiterhin ein irgendwie gearteter Bezug zum Arbeitsleben gefordert, wenn diese Leistungen auch nicht mehr nur „auf Grund" eines Arbeitsverhältnisses gewährt werden (Steinmeyer in Fuchs, Europäisches Sozialrecht, 2018 VO EU 492/2011 Rn. 3–18; Eichenhofer, Sozialrecht der Europäischen Union, 2018 S. 212). Bei dem gegenwärtigen Stand des Unionsrechts muss man wohl von einer Situation des Umbruchs ausgehen. Die Einführung der Unionsbürgerschaft löst allmählich die Orientierung am Status des Arbeitnehmers ab, wie sich aus den Art. 18 und 20 AEUV ableiten lässt. Doch das Sekundärrecht hat sich nicht in dem gleichen Tempo entwickelt (Art. 20 Abs. 1 AEUV). Das bedeutet zwar, dass es eine Freizügigkeit der Unionsbürger gibt. Mit dieser Freizügigkeit korrespondiert aber nicht immer auch ein sozialer Schutz (vgl. aber LSG Nds.-Brem. FEVS 59 S. 369). Insoweit hat die ursprünglich sehr weitgehende Rechtsprechung des EuGH (EuGH JZ 2005 S. 1160 – Bidar mAnm Kadelbach) Widerspruch gefunden (Sander, DVBL 2005 S. 1014; Hailbronner, JZ 2005 S. 1138). Aus der neueren Rechtsprechung des EuGH (vgl. unten Rn. 74 ff.) wird sogar wieder eine restriktivere Tendenz ersichtlich. Die Freizügigkeit der Arbeitnehmer nach Art. 45 AEUV geht damit noch immer über die Freizügigkeit nicht erwerbstätiger Unionsbürger hinaus (§ 4 FreizügG/EU). Die für letztere geltenden Art. 21–25 AEUV kennen eine so weitgehende Regelung nicht (vgl. aber Husmann, NZS 2009 S. 547; 652). Es ist auch nicht auszuschließen, dass man vor dem Hintergrund der neueren Rechtsprechung des EuGH die Entwicklung teilweise wieder zurück genommen wird.

49 Zusammenfassend lässt sich feststellen: Die Freizügigkeit der Unionsbürger basiert auf dem unionsrechtlichen Grundsatz des Art. 21 AEUV, der in den Art. 14 Abs. 1 und 4b und 24 Abs. 2 der RL 2004/38/EG konkretisiert ist. Danach steht Unionsbürgern ein voraussetzungsloses dreimonatiges Aufenthaltsrecht zu, solange sie die Sozialhilfeleistungen des Aufnahmemitgliedstaats nicht unangemessen in Anspruch nehmen. Nach Art. 14 Abs. 4b RL 2004/38/EG dürfen sie auf keinen Fall ausgewiesen werden, solange sie nachweisen können, dass sie weiterhin Arbeit suchen und dass sie eine begründete Aussicht haben, eingestellt zu werden. Der Aufnahmemitgliedstaat ist jedoch nicht verpflichtet, anderen Personen als Arbeitnehmern oder Selbstständigen … während der ersten drei Monate des Aufenthalts oder gegebenenfalls während des längeren Zeitraums nach Artikel 14 Absatz 4 lit. b RL 2004/38/EG einen Anspruch auf Sozialhilfe zu gewähren. Das gilt auch für die in Art. 70 VO EG 883/2004 genannten Leistungen (unten Rn. 74).

50 Das **Aufenthaltsrecht der Bürger der EU,** einschließlich des europäischen Wirtschaftsraums (EWR) wird zunehmend von dem besonders geschützten Status als Arbeitnehmer abgelöst und knüpft in den Art. 18, 21 45 AEUV mehr und mehr an die Unionsbürgerschaft. Damit kann der arbeitsuchende Unionsbürger sein Aufenthaltsrecht immer auch auf Art. 21 AEUV stützen. Jedoch muss man die Freizügigkeit in der EU und den Zugang von Unionsbürgern zu Sozialleistungen voneinander unterscheiden (Hailbronner, ZfSH/SGB 2009 S. 195; Frenz, ZESAR 2011 S. 307). Andererseits bleibt die Verknüpfung des Freizügigkeitsrechts (Art. 21 AEUV) mit dem Diskriminierungsverbot (Art. 18 AEUV) nicht ohne Einfluss auf den sozialrechtlichen Status des Unionsbürgers (Rn. 77–82). Vor dem Hintergrund der RL 2004/38/EG und des FreizügG/EU, das diese Richtlinie im Inland umsetzt, gilt zunächst einmal allgemein Folgendes: Art. 6 RL 2004/38/EG gesteht jedem Unionsbürger ein voraussetzungsloses dreimonatiges

Aufenthaltsrecht in einem Mitgliedsstaat zu. Dieses Recht muss nur in Anspruch genommen werden, sofern er nicht schon ein anderes Freizügigkeitsrecht, etwa als Arbeitnehmer, gegeben ist. Die zeitliche Begrenzung von drei Monaten wird in Art. 7 Abs. 1 RL 2004/38/EG aufgehoben aber zugleich wird das Freizügigkeitsrecht an weitere Voraussetzungen gebunden. Der Unionsbürger muss entweder Arbeitnehmer oder Selbständiger sein oder über ausreichende Existenzmittel verfügen (Art. 7 Abs. 1 lit. a und b RL 2004/38/EG). In dem ersten Dreimonats-Zeitraum, für den diese Einschränkungen nicht gelten, muss allerdings der Mitgliedsstaat dem Unionsbürger kein Recht auf Leistungen der Sozialhilfe (bzw. auf Ausbildungs- oder Studienbeihilfe) einräumen (Art. 24 Abs. 2 RL 2004/38/EG). Wie weit diese Befugnis eines Mitgliedstaates geht, war im Zusammenhang mit der Freizügigkeit zur Arbeitsuche in den letzten Jahren heftig umstritten (unten Rn. 51 ff.). Der Verlust des Freizügigkeitsrechts ist durch die Ausländerbehörde festzustellen (§ 5 Abs. 4 FreizügG/EU). Er entfaltet Rechtswirkungen erst mit Bestandskraft oder wenn der Sofortvollzug angeordnet ist (Hess. LSG info also 2018 S. 265 mAnm Koblauch).

4. Sozialleistungen beim Zugang zum deutschen Arbeitsmarkt

Das deutsche Sozialrecht macht den Zugang zum inländischen Arbeitsmarkt 51
davon abhängig, dass dem Ausländer ein Freizügigkeitsrecht zukommt (§ 18 AufenthG). Ist das nicht der Fall, dann werden auch Fürsorgeleistungen nur in sehr begrenztem Umfang erbracht (§§ 7 Abs. 1 Satz 2 SGB II, 23 SGB XII). Dies entspricht nicht der überkommenen, wohl aber der aktuellen Rechtsprechung des EuGH (EuGH EuZW 2004 S. 507 – Collins, dazu Strick, NJW 2005 S. 2184; EuGH ZESAR 2014 S. 36 – Brey, mAnm Schreiber; EuGH ZESAR 2015 S. 125 Rn. 83 – Dano; EuGH ZESAR 2016 S. 29 Rz. 44–46 – Alimanovic mAnm Eichenhofer). Der argumentative Anknüpfungspunkt für den EuGH besteht darin, dass er, beginnend mit der Rechtssache Dano, einen freizügigkeitsrechtlichen Begriff der Sozialhilfe entwickelt, was er in der Rechtssache Collins noch anders gesehen hatte. Von der neuen Rechtsprechung ist auszugehen. Das bedeutet einen weitgehenden Ausschluss von Unionsbürgern von Fürsorgeleistungen aber auch von den „besonderen beitragsunabhängigen Geldleistungen" nach Art. 70 VO EU 883/2004. Anders ist dies nur, wenn der Unionsbürger ein Freizügigkeitsrecht basierend auf der Freizügigkeitsrichtlinie (RL 2004/38/EG) hat. Daraus ergibt sich eine starke Dominanz des Sekundärrechts. Allerdings besteht das Freizügigkeitsrecht der Unionsbürger gemäß Art. 21 AEUV nur „vorbehaltlich der in den Verträgen und in den Durchführungsvorschriften vorgesehenen Beschränkungen und Bedingungen".

Was das Verhältnis des SGB II zum SGB XII angeht, so erfolgt eine Abgrenzung 52
nach den §§ 7 Abs. 3 SGB II und 21 SGB XII, also im Wesentlichen nach dem Kriterium der Erwerbsfähigkeit. Im Falle eines Ausschlusses vom SGB II sind allerdings immer Ansprüche nach dem SGB XII zu prüfen. Das gilt vor allem für Personen, die zwar erwerbsfähig, aber gleichwohl vom SGB II ausgeschlossen sind. (BSG SGb 2018 S. 101 mAnm Eichenhofer). Für die meisten Ausländer bedeutet das eine Verweisung auf das SGB XII. Die in § 23 Abs. 3 Satz 1 und 2 SGB XII geregelten Ausschlüsse gehen jedoch genauso weit die des § 7 Abs. 1 SGB II. Es verbleiben Ansprüche nach § 23 Abs. 3 Satz 3–6 SGB XII. Bei anderen steuerfinanzierten Sozialleistungen, wie dem Kindergeld (§ 1 Abs. 3 BKGG), besteht eine vergleichbare rechtliche Situation (vgl. Hohnerlein, ZESAR 2018 S. 157, 161).

Jedoch kann sich bei Versicherungsleistungen, die an die nicht an ein Aufenthaltsrecht, sondern an die Beschäftigung anknüpfen (§ 4 Rn. 13), eine andere Lage ergeben.

53 Die Regelung des § 7 Abs. 1 Satz 2 Nr. 1 SGB II betrifft neben anderen Ausländern auch EU-Bürger und ist deswegen besonders kompliziert. Die betroffenen Ausländer werden unter dem negativen Oberbegriff zusammengefasst, dass sie weder im Inland als Arbeitnehmer bzw. Selbständige tätig, also nicht wirtschaftlich aktiv sind, noch dass sie freizügigkeitsberechtigte EU-Bürger sind. An diese Regelung knüpft § 23 Abs. 3 Satz 1 Nr. 1 SGB XII an. Eine Rückausnahme besteht nur auf der Grundlage des § 2 Abs. 3 FreizügG/EU. Unionsbürger, die sich nicht auf diese Vorschrift berufen können, sind anderen Ausländern im Wesentlichen gleichgestellt. Für Unionsbürger besteht allerdings ein Freizügigkeitsrecht zur Arbeitsuche (Art. 45 Abs. 3 AEUV). Doch auch sie sind gemäß § 7 Abs. 1 Satz 2 Nr. 2b SGB II von den Leistungen der Grundsicherung für Arbeitsuchende ausgeschlossen, was sich in § 23 Abs. 3 Satz 1 Nr. 1 SGB XII als Ausschluss von der Sozialhilfe fortsetzt. Strukturell gleiche Regelungen werden in den §§ 7 Abs. 1 Satz 2 Nr. 2c SGB II und 23 Abs. 3 Satz 1 Nr. 3 SGB XII getroffen.

54 Ist ein Ausländer jedoch als **Arbeitnehmer,** sei es auch nur in geringem Umfang – dh mehr als unwesentlich – tätig, so greifen die Ausschlussklauseln der §§ 7 Abs. 1 Satz 2 Nr. 1 SGB II, 23 Abs. 3 Satz 1 Nr. 1 SGB XII nicht ein (vgl. EuGH EuZW 2010 S. 268 – Genc; LSG NRW NZS 2016 S. 953; BSG B 14 AS 18/17 R, juris). Damit ergeben sich für alle Ausländer folgende Rückausnahmen: Von Fürsorgeleistungen ausgeschlossen sind Ausländer in den ersten drei Monaten ihres Aufenthalts. Dabei sind die §§ 7 Abs. 1 Satz 2 Nr. 1 SGB II, 23 Abs. Abs. 3 Satz 1 Nr. 1 SGB XII wie folgt zu lesen: Ausländer sind während der ersten drei Monate ihres Aufenthalts vom SGB II und SGB XII ausgeschlossen, es sei denn, sie wären Arbeitnehmer bzw. Selbständige, oder EU-Bürger, die freizügigkeitsberechtigt sind. Als Arbeitnehmer würden sie schon zu der ersten Gruppe gehören. Die Eigenschaft sowohl als Arbeitnehmer, als auch als Selbständiger wird unter den Voraussetzungen des § 2 Abs. 3 FreizügG/EU aufrechterhalten (EuGH NZS 2018 S. 279 – Gusa).

55 Der Ausschluss für die ersten drei Monate erklärt sich daraus, dass das Unionsrecht in Art. 5 Abs. 1, 6 Abs. 1 RL 2004/38/EG ein voraussetzungsloses dreimonatiges Freizügigkeitsrecht der Unionsbürger regelt. Für diese Zeit muss aber kein Anspruch auf Leistungen der Sozialhilfe eingeräumt werden (vgl. oben Rn. 50). Der Ausschluss für die ersten drei Monate gilt zwar auch für Ausländer, die nicht Unionsbürger sind. Für sie hat er jedoch keine praktische Bedeutung, da bei ihnen allgemeine Voraussetzung für die Erteilung einer Aufenthaltserlaubnis ohnehin die Sicherstellung des Lebensunterhalts ist (§§ 2 Abs. 3, 5 Abs. 1 Nr. 1 AufenthG). Allerdings muss diese Voraussetzung nicht in allen Fällen erfüllt sein (§ 5 Abs. 3 AufenthG). Insoweit regelt § 28 Abs. 1 Satz 1 AufenthG für den Fall des Familiennachzugs durch Soll- und Kann-Vorschriften abgestufte Ausnahmen von der Notwendigkeit selbst für den Unterhalt zu sorgen, begrenzt auf den Nachzug von Ehepartnern, minderjährigen und unverheiratete Kindern eines Deutschen, bzw. deren Elternteile, der die Personensorge ausübt (BSG SozR 4-4200 § 7 Nr. 33).

56 In § 4 FreizügG/EU ist das drei Monate überschreitende Aufenthaltsrecht daran geknüpft, dass der wirtschaftlich nicht aktive Unionsbürger „über ausreichenden Krankenversicherungsschutz und ausreichende Existenzmittel" verfügt. Es ist nicht erforderlich, dass der Einreisende selbst über die Existenzmittel verfügt. Sie können auch in der Person eines Dritten vorhanden sein. Nicht einmal das Bestehen

einer (unterhalts)rechtlichen Beziehung zu diesem Dritten ist erforderlich. Denn das Risiko des Wegfalls ausreichender Mittel besteht unabhängig davon, ob es sich um eigene oder fremde Mittel handelt. Insbesondere kann der Mitgliedsstaat während des ganzen Aufenthalts überprüfen, ob die Voraussetzungen der Richtlinie noch erfüllt sind (EuGH EuZW 2006 S. 410 – Kommission/Belgien). Bei einem Aufenthalt von über drei Monaten ist gemäß Art. 7 RL 2004/38/EG davon auszugehen, dass der Unionsbürger einer abhängigen oder selbständigen Erwerbstätigkeit nachgeht, oder über die notwendigen Existenzmittel verfügt (§ 4 Satz 1 FreizügG/EU).

Die Leistungsausschlüsse im SGB II und SGB XII knüpfen an das Fehlen eines **57** Aufenthaltsrechts. Ergänzend zu dem Ausschluss nach § 7 Abs. 1 Satz 2 Nr. 1 SGB II sind die Rückausnahmen nach § 7 Abs. 1 Satz 3 SGB II bzw. § 23 Abs. 3 Satz 2 SGB XII zu beachten. Sie regeln, dass der Ausschlussgrund des § 7 Abs. 1 Satz 2 Nr. 1 SGB II bzw. des § 23 Abs. 3 Satz 1 Nr. 1 SGB XII nicht für die Ausländer gilt, die im Besitz einer der Aufenthaltserlaubnisse des Kapitel 2 Abschnitt 5 des Aufenthaltsgesetzes sind. Das betrifft die Aufenthaltserlaubnisse nach den §§ 22, 23, 23a, 24, 25, 25a und 25b AufenthG. Der Familiennachzug nach § 28 AufenthG ist jedoch erst im Abschnitt 6 des Kapitel 2 geregelt. Auf ihn erstreckt sich die Rückausnahme also nicht. Damit wird der Familiennachzug zwar nicht unmittelbar eingeschränkt. Es wird jedoch verhindert, dass der Familiennachzug zur Arbeitsuche durch Leistungen nach dem SGB II oder dem SGB XII unterstützt wird.

Hierzu ist aber ergänzend zu beachten, dass für einen Teil der Erlaubnisse nach **58** den §§ 22–25b AufenthG, die also eine Rückausnahme von den §§ 7 Abs. 1 Satz 2 Nr. 1 SGB II, 23 Abs. 3 Satz 1 Nr. 1 SGB XII begründen, eine **Leistungsberechtigung nach § 1 AsylbLG** besteht und deswegen im Ergebnis der Ausschluss nach den §§ 7 Abs. 1 Satz 2 Nr. 3 SGB II, 23 Abs. 2 SGB XII eingreift. So kann zB ein Ausländer über einen Aufenthaltstitel nach § 23 Abs. 1 Satz 1 AufenthG verfügen. Danach kann die oberste Landesbehörde „aus völkerrechtlichen oder humanitären Gründen oder zur Wahrung politischer Interessen der Bundesrepublik Deutschland anordnen, dass Ausländern aus bestimmten Staaten oder in sonstiger Weise bestimmten Ausländergruppen eine Aufenthaltserlaubnis erteilt wird." Mit dieser Aufenthaltserlaubnis fällt der Ausländer unter § 1 Abs. 1 Nr. 3a AsylbLG. Folglich ist er schon deswegen vom SGB II und dem SGB XII ausgeschlossen. Die Ausschlüsse und die Rückausnahmen betreffen ihn also nicht. In diesem Sinne hat das BSG zu einem Aufenthaltstitel nach § 25 Abs. 5 AufenthG entschieden (BSG SGb 2016 S. 103 mAnm Aubel). Es handelt sich hierbei um den Fall der rechtlichen oder tatsächlichen Unmöglichkeit einer Ausreise (§ 1 Abs. 1 Nr. 3c AsylbLG).

Als problematisch anzusehen sind die Ausschlussgründe der §§ 7 Abs. 1 Satz 2c) **59** SGB II und 23 Abs. 3 Satz 1 Nr. 3 SGB XII. Sie erstrecken sich nur auf Unionsbürger, und zwar auf diejenigen, die ihr Aufenthaltsrecht allein oder neben einem Aufenthaltsrecht nach Art. 10 (EU) Nr. 492/2011 ableiten. Das betrifft **Kinder von EU-Bürgern,** die in einem anderen Mitgliedstaats beschäftigt gewesen sind. Diese Kinder können in diesem Mitgliedsstaat unter den gleichen Bedingungen wie dessen Staatsangehörigen am allgemeinen Unterricht sowie an der Lehrlings- und Berufsausbildung teilnehmen. Es handelt sich hierbei um ein eigenständiges, vom Freizügigkeitsrecht unabhängiges Aufenthaltsrecht (LSG SchlH ZfSH/SGB 2017 S. 291 Rn. 23–26). Daraus ist der Schluss zu ziehen, dass dieser Ausschlussgrund gemeinschaftswidrig ist. Dem wird mit folgender Argumentation widersprochen: Unionsbürger haben nur dann einen gleichberechtigten Anspruch auf Leistungen der Sozialhilfe, wenn sie ihr Freizügigkeitsrecht auf die Freizügigkeitsrichtlinie (RL 2004/38/EG) stützen (Wilde, ZfSH/SGB 2018 S. 207). Dies folgt aus der Rechtsprechung des EuGH (EuGH ZESAR 2016 S. 29 Rz. 50 – Alimanovic mAnm Eichenhofer; EuGH ZESAR 2016 S. 386 Rn. 38, 39 – Garcia-Nieto). Demgegenüber hat das BSG entschieden: „Einem Ausschluss von SGB II-Leistungen entgegenstehende andere Aufenthaltsrechte von Kindern und betreuenden Eltern können sich auch aus von Kindern von Arbeitnehmern erworbenen Rechten auf Fortführung der Ausbildung nach Art 10 VO (EU) 492/2011 ergeben" (BSG 120 S. 139). Allerdings ist diese Entscheidung schon vor der Neufassung der §§ 7 SGB II, 23 SGB XII ergangen. Dennoch wird man die Rechtsprechung des EuGH so verstehen können, dass ein Aufenthaltsrecht bestehen muss, dass es aber nicht darauf ankommt, wo es im Sekundärrecht seine Grundlage hat. In den genannten Urteilen war nur die RL 2004/38 EG entscheidungsrelevant. Insoweit ist also noch eine Klärung durch den EuGH erforderlich (LSG NRW NZS 2019 S. 314).

60 Leistungsberechtigt nach dem SGB II oder SGB XII bleiben Unionsbürger und ihre Familienangehörigen, wenn sie zwar nicht wirtschaftlich aktiv, also nicht Arbeitnehmer oder Selbständige sind, wenn sie aber seit mindestens fünf Jahren ihren gewöhnlichen Aufenthalt im Bundesgebiet haben. In diesem Falle verfügen sie über ein **Daueraufenthaltsrecht** nach § 4a FreizügG/EU. Dies gilt nicht, wenn der Verlust des Rechts nach § 2 Absatz 1 des Freizügigkeitsgesetzes/EU festgestellt wurde. Die Fünf-Jahres-Frist beginnt mit der Anmeldung bei der zuständigen Meldebehörde. Unter den Voraussetzungen des § 4a Abs. 2 Freizügigkeitsgesetzes/EU entsteht das Daueraufenthaltsrecht schon vor Ablauf von fünf Jahren.

61 Originär **nicht vom SGB II und SGB XII ausgeschlossen** sind Arbeitnehmer und Selbständige sowie darüber hinaus Unionsbürger deren Freizügigkeit nach § 2 Abs. 3 FreizügG/EU erhalten bleibt (§§ 7 Abs. 1 Satz 2 Nr. 1 SGB II, 23 Abs. 3 Satz 1 Nr. 1 SGB XII). Diese Regelungen, die also den Ausschluss von Unionsbürgern von Anfang an nicht umfassen, erstrecken sich gemäß § 2 Abs. 3 FreizügG/EU auf: Arbeitnehmer und selbständig Erwerbstätige bei

1. vorübergehender Erwerbsminderung infolge Krankheit oder Unfall,
2. unfreiwilliger durch die zuständige Agentur für Arbeit bestätigter Arbeitslosigkeit oder Einstellung einer selbständigen Tätigkeit infolge von Umständen, auf die der Selbständige keinen Einfluss hatte, nach mehr als einem Jahr Tätigkeit,
3. Aufnahme einer Berufsausbildung, wenn zwischen der Ausbildung und der früheren Erwerbstätigkeit ein Zusammenhang besteht; der Zusammenhang ist nicht erforderlich, wenn der Unionsbürger seinen Arbeitsplatz unfreiwillig verloren hat.

Bei unfreiwilliger durch die zuständige Agentur für Arbeit bestätigter Arbeitslosigkeit nach weniger als einem Jahr Beschäftigung bleibt das Recht aus Absatz 1 während der Dauer von sechs Monaten unberührt.

62 Es handelt sich dabei also um Personen, deren Tätigkeit als Arbeitnehmer (oben Rn. 36) vorübergehend unterbrochen ist (BSG SozR 4-4200 § 7 Nr. 54; BSG FEVS 69 S. 385). Der Grund dafür kann auch in einer Schwangerschaft liegen (EuGH ZESAR 2015 S. 30 – Saint Prix mAnm Eichenhofer). Berücksichtigt wird auch eine vorausgehende selbständige Tätigkeit. Insoweit ist Art. 7 Abs. 3 lit. b im Zusammenhang mit Art. 7 Abs. 1 lit. b RL 2004/38/EG zu sehen, dies insbesondere angesichts differierender sprachlicher Fassungen in den Mitgliedsstaaten (EuGH NZS 2018 S. 279 Rn. 27–34 – Gusa) Nur diese Personen werden in den Rückausnahmen (§ 7 Abs. 1 Satz 2 Nr. 1 SGB II, 23 Abs. Abs. 3 Satz 1 Nr. 1 SGB XII) genannt und sind also leistungsberechtigt nach dem SGB II bzw. dem SGB XII. Diese Regelungen entsprechen weitgehend dem Art. 7 Abs. 3 RL 2004/38/EG. Von größerer praktischer Bedeutung ist die erste Alternative des § 2 Abs. 3 Satz 1 Nr. 2 FreizügG/EU. Danach bleibt bei **unfreiwilliger Arbeitslosigkeit,** die von der Agentur für Arbeit bestätigt wurde, das Freizügigkeitsrecht des § 2 Abs. 1 FreizügG/EU unberührt. Aus § 2 Abs. 3 Satz 2 FreizügG/EU ergibt sich, dass dies bei einer Tätigkeit von weniger als einem Jahr nur für sechs Monate erfolgt. Keine Befristung besteht, wenn die Tätigkeit mindestens ein Jahr lang ausgeübt wurde. Es ist nicht möglich, hier Befristungen aus anderen Vorschriften zu übernehmen. Dies gilt insbesondere für die Sechs-Monats-Frist des § 2 Abs. 1 Nr. 1a FreizügG/EU, die den anderen Fall der Einreise zur Arbeitsuche regelt. Lediglich wenn der Unionsbürger generell aus dem Arbeitsleben ausgeschieden ist, dürfte die Regelung des § 2 Abs. 3 Satz 2 FreizügG/EU nicht mehr eingreifen. Davon kann bei einer Inanspruchnahme von Leistungen nach dem SGB II jedenfalls nicht ausgegangen werden (§§ 2 Abs. 1, 7 Abs. 1 SGB II). Zudem bestehen hinreichende Möglichkeiten, auf den Leistungsberechtigten Druck auszuüben, eine Tätigkeit aufzunehmen (§§ 15, 31 SGB II).

Es gibt noch weitere Einschränkungen des Ausschlusses vom SGB II bzw. vom SGB XII. So sind nach §§ 7 Abs. 1 Satz 2 Nr. 2 SGB II bzw. 23 Abs. 3 Satz 1 Nr. 2 SGB XII von dem berechtigten Personenkreis alle Ausländer, auch Unionsbürger, ausgenommen, wenn sich ihr Aufenthaltsrecht allein aus dem Zweck der Arbeitsuche ergibt. Dabei kommt es nicht auf die Motivation, sondern auf den objektiven Aufenthaltsstatus an. Maßgeblicher Ausschlussgrund ist also der Aufenthaltsstatus des **alleinigen Zwecks der Arbeitsuche.** Verfügt demnach ein Ausländer aus einem anderen Grund über einen Aufenthaltstitel und ist er auch arbeitsuchend, so gehört er durchaus zum berechtigten Personenkreis nach den §§ 7 Abs. 1 Satz 2 Nr. 1 SGB II, 23 Abs. 3 Satz 1 Nr. 2 SGB XII. Größere praktische Bedeutung hat dabei das Aufenthaltsrecht Familienangehöriger nach § 3 FreizügG/EU. Der Personenkreis dieser Familienmitglieder ist in § 3 Abs. 2 Freizügigkeitsgesetz relativ weit gezogen. **62a**

Sind arbeitsuchende **Ausländer nicht EU-Bürger,** dann besteht ein so weitgehendes Aufenthaltsrecht nicht. Sie müssen zunächst einen **Aufenthaltstitel** nach den §§ 4 ff, 18 AufenthG erhalten. Grundsatznormen für die Beschäftigung von Ausländern auf dem deutschen Arbeitsmarkt sind die § 18 ff. AufenthG. Im Zusammenhang mit der Grundsicherung für Arbeitsuchende sind vor allem die § 18 Abs. 2, 39 Abs. 2 AufenthG anzuwenden. Danach kann die Bundesagentur für Arbeit einer Aufenthaltserlaubnis zur Ausübung einer Beschäftigung unter relativ engen Voraussetzungen zustimmen. Dabei sind nachteilige Auswirkungen auf den deutschen Arbeitsmarkt zu vermeiden. Das Zustimmungserfordernis nach § 39 Abs. 2 AufenthG besteht nicht, wenn durch Rechtsverordnung nach § 42 AufenthG oder durch zwischenstaatliche Vereinbarung bestimmt ist, dass die Ausübung einer Beschäftigung ohne Zustimmung der Bundesagentur zulässig ist. Ergänzend anzuwenden ist die Beschäftigungsverordnung (BGBl 2004 S. 2937, BGBl 2016 S. 1953). Vor diesem Hintergrund wird festgestellt, ob eine Zustimmung der Bundesagentur erforderlich ist und ob sie erteilt werden kann. Grundsätzlich kann also die Neuerteilung eines Aufenthaltstitels zur Ausübung einer Beschäftigung nicht dazu führen, dass die Arbeitslosigkeit steigt, weil schon bei **63** der Zustimmung nach § 39 Abs. 2 AufenthG das Erfordernis der wirksamen Bekämpfung der Arbeitslosigkeit zu beachten ist. Ein Aufenthaltstitel zur Ausübung einer Beschäftigung könnte also nicht erteilt werden, wenn der einreisewillige Ausländer arbeitslos würde. Es genügt nicht die „abstrakte rechtliche Möglichkeit", eine Beschäftigung aufzunehmen. Das Zustimmungserfordernis nach § 39 AufenthG führt mit dem Merkmal, dass die Beschäftigung von Ausländern keine nachteilige Auswirkungen auf den inländischen Arbeitsmarkt haben darf, ein konkretes Element in die Entscheidung ein. Das ergibt sich insbesondere auch aus § 18 AufenthG. Danach orientiert sich die Zulassung ausländischer Beschäftigter an den Erfordernissen des Wirtschaftsstandortes Deutschland unter Berücksichtigung der Verhältnisse auf dem Arbeitsmarkt und dem Erfordernis, die Arbeitslosigkeit wirksam zu bekämpfen. Ist eine Zustimmung der Bundesagentur nicht erforderlich, so ist § 18 Abs. 5 AufenthG anzuwenden. Im Ergebnis wird ein Aufenthaltstitel zur Ausübung einer Beschäftigung nur erteilt, wenn neben einer Berufsausübungserlaubnis ein konkretes Arbeitsplatzangebot vorliegt. Es genügt also auch hier nicht die allgemein bestehende Möglichkeit auf der Grundlage eines Aufenthaltstitels nach § 18, 19 oder 19a AufenthG eine Beschäftigung ausüben zu können. Im Ergebnis kann auch in dem Falle, in dem die Zustimmung der Bundesagentur nicht erforderlich ist, kein Aufenthaltstitel erteilt werden, der zu einer Erhöhung der Arbeitslosigkeit führte.

64 Ein völliger Ausschluss von existenzsichernden Leistungen würde bei allen Ausländern, die sich im Inland aufhalten, gegen Art. 1 Abs. 1 GG verstoßen. Die Neuregelung des § 23 SGB XII ist in der Weise gefasst, dass Absatz 1 Satz 1 und 2 den Umfang der Sozialhilfe für alle Ausländer einschränkt. Gemäß § 23 Abs. 1 Satz 4 SGB XII gelten diese Einschränkungen des § 23 Abs. 1 SGB XII jedoch nicht, wenn sich Ausländer im Besitz einer Niederlassungserlaubnis oder eines befristeten Aufenthaltstitels befinden (§§ 7 und 9 AufenthG) und wenn sie sich voraussichtlich dauerhaft im Inland aufhalten. Durch § 23 Abs. 3 SGB XII werden die Leistungseinschränkungen des § 7 Abs. 1 Satz 2 SGB II in der Sozialhilfe fortgesetzt. Ergänzend dazu regelt § 23 Abs. 3 Satz 3–6 SGB XII Überbrückungsleistungen. Auch diese Regelungen unterscheiden nicht mehr zwischen Unionsbürgern und anderen Ausländern.

65 Einen grundsätzlichen Ausschluss von den Leistungen der Sozialhilfe begründet § 23 Abs. 2 SGB XII für Leistungsberechtigte nach dem **Asylbewerberleistungsgesetz.** Der in den §§ 1, 1a AsylbLG genannte Personenkreis erhält also Fürsorgeleistungen unter Anwendung besonderer Bestimmungen, die gegenüber dem SGB XII dem Umfange nach eingeschränkt, aber auch in dieser Begrenzung einer verfassungsrechtlichen Beurteilung standhalten müssen (BVerfG 132 S, 134, dazu Deibel, ZfSH/SGB 2012 S. 582). Der Ausschluss greift selbst dann ein, wenn diese Personen mit Leistungsberechtigten nach dem SGB II oder SGB XII in Bedarfsgemeinschaft leben (BSG NZS 2019 S. 271). Die Leistungen umfassen die in den §§ 3 und 4 AsylbLG genannten Grundleistungen sowie Leistungen bei Krankheit, Schwangerschaft und Geburt sowie sonstige Leistungen nach § 6 AsylbLG. Nach § 5 AsylbLG werden Arbeitsgelegenheiten geschaffen, die angenommen werden müssen. Unter den Voraussetzungen des § 2 AsylbLG werden Leistungen unter Anwendung der Bestimmungen des SGB XII erbracht, wenn sich ein Berechtigter „seit 15 Monaten ohne wesentliche Unterbrechung im Bundesgebiet" aufgehalten „und die Dauer des Aufenthalts nicht rechtsmissbräuchlich selbst beeinflusst" hat. Er bleibt aber im Sinne des Gesetzes, trotz Bezugs von Leistungen, die denen des SGB XII entsprechen, Bezieher von Leistungen für

Asylbewerber. An ihn werden also Leistungen lediglich auf dem **Niveau der Sozialhilfe** erbracht.

Für Ausländer, die 66

a) nicht Asylbewerber und ihnen auch nicht gleichgestellt sind (§ 1 Abs. 1 Nr. 2–7 AsylbLG), oder

b) die nach § 7 Abs. 1 Satz 2 SGB II von den Leistungen der Grundsicherung für Arbeitsuchende ausgenommen sind

gelten die Bestimmungen des § 23 Abs. 1 und 3 SGB XII. Danach werden neben der Hilfe zum Lebensunterhalt die wichtigsten Grundleistungen bei Krankheit, Schwangerschaft und Mutterschaft sowie zur Pflege erbracht. Andere Leistungen können erbracht werden, soweit dies im Einzelfall gerechtfertigt ist (§ 23 Abs. 1 Satz 3 SGB XII). Infolge der Neufassung des § 23 Abs. 3 SGB XII ist der Anwendungsspielraum der Ermessensregelung des § 23 Abs. 1 Satz 3 SGB XII erheblich eingeschränkt worden. Ziel der Gesetzgebung war es, zu verhindern, dass die Ausschlüsse des § 7 Abs. 1 Satz 2 SGB II durch die Sozialhilfe unterlaufen werden (BT-Drs. 18/10211 S. 11). Dies konnte nicht erreicht werden im Hinblick auf Ausländer, die in das Europäische Fürsorgeabkommen einbezogen sind (vgl. unten Rn. 83). Die Angehörigen der Signatarstaaten sind jeweils in gleicher Weise zu behandeln wie die eigenen Angehörigen des Aufenthaltsstaates (Art. 1 EFA). Aus der einleitenden Formulierung des § 23 Abs. 3 SGB XII „erhalten keine Leistungen nach Absatz 1" ist zunächst einmal zu schließen, dass die bisherige Praxis einer generellen Anwendung der Ermessensnorm des § 23 Abs. 1 Satz 3 SGB XII auf alle Fälle der Leistungsausschlüsse bzw. -einschränkungen nicht mehr fortgesetzt werden sollte. Die Formulierung „erhalten keine Leistungen" führt also dazu, dass an die betroffenen Ausländer auch keine Ermessensleistungen erbracht werden. An deren Stelle tritt die Härteklausel des § 23 Abs. 3 Satz 6 Hs. 2 SGB XII (LSG SH FEVS 70 S. 89; LSG BW FEVS 70 S. 112).

In § 23 Abs. 3 Satz 1 SGB XII werden vier Gruppen von Ausländern genannt, 67
die keine – also auch keine eingeschränkten – Leistungen nach § 23 Abs. 1 SGB XII erhalten. Das sind

1. gemäß § 23 Abs. 3 Satz 1 Nr. 1 SGB XII Ausländer für die ersten drei Monaten ihres Aufenthalts, sofern sie im Inland weder Arbeitnehmer noch Selbständige sind und die auch nicht zu den Personen gehören, die nach § 2 Abs. 3 FreizügG/EU freizügigkeitsberechtigt sind, die also nicht den in dieser Vorschrift fortgesetzten Schutz der Arbeitnehmer genießen. Häufig handelt es sich um Personen, die im Inland arbeitslos geworden sind (§ 2 Abs. 3 Satz 1 Nr. 2, Satz 2 FreizügG/EU). Die Vorschrift ergänzt § 7 Abs. 1 Satz 2 Nr. 1 SGB II. Zu § 23 Abs. 3 Satz 1 Nr. 1 SGB XII ist klarzustellen, dass das Unionsrecht in Art. 5 Abs. 1, 6 Abs. 1 RL 2004/38/EG ein voraussetzungsloses dreimonatiges Freizügigkeitsrecht der Unionsbürger regelt. Ergänzend dazu bestimmt Art. 24 Abs. 2 RL 2004/38/EG das ein Mitgliedsstaat diesen Unionsbürgern für diese Zeit keinen Anspruch auf Leistungen der Sozialhilfe gewähren muss. Demgegenüber sind mit den Arbeitnehmern und den Selbständigen, sowie den Unionsbürgern, die in § 2 Abs. 3 FreizügG/EU genannt sind, Personen bezeichnet, die Leistungen sowohl nach dem SGB II als auch nach dem SGB XII erhalten können. Die Vorschrift ist also zu lesen: „ Ausländer erhalten keine Leistungen, es sei denn sie wären Arbeitnehmer…". Klarzustellen ist weiterhin, dass die Regelung alle Ausländer betrifft, aber zumeist nur für Unionsbürger relevant ist. Die Formulierung „für die ersten drei Monate" ist zudem nicht so zu verstehen, dass danach Leistungen erbracht werden. Vielmehr ist dann zu prü-

fen, ob sich ein Anspruch bzw. ein Ausschluss aus einer anderen Regelung des SGB II oder des SGB XII ergibt.

2. gemäß § 23 Abs. 3 Satz 1 Nr. 2 SGB XII Ausländer, die kein Aufenthaltsrecht haben. Dieser Leistungsausschluss ergänzt § 7 Abs. 1 Satz 2 Nr. 2a) SGB II. Das gleiche gilt für Ausländer, deren Aufenthaltsrecht sich allein aus dem Zweck der Arbeitssuche ergibt. Sofern es sich hierbei um Unionsbürger handelt, knüpft die Regelung an den Gedanken des EuGH an, wonach ein Leistungsausschluss in Abhängigkeit vom Aufenthaltsrecht unionsrechtlich zu rechtfertigen ist (vgl. oben Rn. 51). Die weitergehende Regelung des Leistungsausschlusses auch bei einem Aufenthaltsrecht zu Arbeitsuche bezieht sich auf das ausdrückliche Freizügigkeitsrecht zur Arbeitsuche nach Art. 45 Abs. 3 AEUV. Diese Regelung ergänzt § 7 Abs. 1 Satz 2 Nr. 2b) SGB II. Während dieser Zeit der Arbeitssuche kann der Mitgliedsstaat gemäß Art. 24 Abs. 2 RL 2004/38/EG einen Anspruch auf Leistungen der Sozialhilfe ausschließen (unten Rn. 76).
3. gemäß § 23 Abs. 3 Satz 1 Nr. 3 SGB XII Ausländer, die ihr Aufenthaltsrecht allein oder neben einem Aufenthaltsrecht nach Art. 10 (EU) Nr. 492/2011 ableiten. Das betrifft Kinder eines EU-Bürgers, der in einem anderen Mitgliedstaats beschäftigt (gewesen) ist. Diese Kinder können in diesem Mitgliedssatt unter den gleichen Bedingungen wie dessen Staatsangehörigen am allgemeinen Unterricht sowie an der Lehrlings- und Berufsausbildung teilnehmen. Dieser Ausschluss ergänzt § 7 Abs. 1 Satz 2 Nr. 2c) SGB II.
4. gemäß § 23 Abs. 3 Satz 1 Nr. 4 SGB XII Ausländer, die eingereist sind, um Sozialhilfe zu erlangen. Dieser Ausschlussgrund ergänzt keine vergleichbare Regelung des § 7 Abs. 1 Satz 2 SGB II. Ein Anspruch auf Leistungen der Grundsicherung für Arbeitsuchende wird aber im Allgemeinen schon deswegen nicht bestehen, weil in diesem Falle kein gewöhnlicher Aufenthalt im Inland begründet werden kann (§ 7 Abs. 1 Satz 1 Nr. 4 SGB II). Ein solcher Aufenthalt ist nicht „zukunftsoffen" iSd § 30 Abs. 3 SGB I (oben Rn. 29).

68 In § 23 Abs. 3 Satz 2 SGB XII werden einige Ausländer von den Leistungsausschlüssen ausgenommen. Die Regelung bezieht Ausländer ein, die im Besitz eines Aufenthaltstitels nach den §§ 22–26 AufenthG sind. Es handelt sich dabei um Aufenthalte aus völkerrechtlichen, humanitären oder politischen Gründen. Das gilt etwa für gut integrierte junge Menschen (§ 25a AufenthG), jedoch auch zur Wahrung politischer Interessen der Bundesrepublik (§ 23 AufenthG). In einigen Fällen sind diese Ausländer jedoch leistungsberechtigt iSd § 1 Abs. 1 Nr. 3 AsylbLG und infolge dessen dann doch vom SGB II und vom SGB XII ausgeschlossen (§§ 7 Abs. 1 Satz 2 Nr. 3 SGB II, 23 Abs. 2 SGB XII). Das gilt für die Aufenthaltserlaubnisse nach den §§ 23 Abs. 1, 24, 25 Abs. 4 und 5 AufenthG.

69 Für die vom SGB II und vom SGB XII ausgeschlossenen Ausländer werden in § 23 Abs. 3 Satz 3–7 SGB XII Regelungen getroffen, die den Ausschluss teilweise rückgängig machen, um so seine Verfasssungskonformität zu erreichen. So wird in § 23 Abs. 3 Satz 3 SGB XII eine Grundlagenregelung für Überbrückungsleistungen getroffen. Sie erstreckt sich auf alle in § 23 Abs. 3 Satz 1 SGB XII getroffenen Ausschlüsse. Die dort genannten Personen erhalten für längstens einen Monat eingeschränkte Hilfen und diese nur einmalig innerhalb von zwei Jahren. Über die Überbrückungsleistungen nach § 23 Abs. 3 und Abs. 3a SGB XII sind die Leistungsberechtigten zu unterrichten. In § 23 Abs. 3 Satz 5 SGB XII wird der **Umfang der Überbrückungsleistungen** geregelt. Diese erstrecken sich auf Bedarfe für die Ernährung, Körper- und Gesundheitspflege sowie Unterkunft und Heizung. Die Überbrückungsleistungen bleiben also hinter den Regelbedarfen zurück. Sie erstrecken sich andererseits aber auch auf Gesundheitsleistungen, einschließlich der Hilfen bei Schwangerschaft und Mutterschaft, mit Ausnahme des § 50 Nr. 4 SGB XII. Leistungen für Kleidung werden in diesem Rahmen nicht genannt. In § 23 Abs. 3 Satz 6 SGB XII wird eine ergänzende Härteregelung getroffen. Sie erstreckt sich sowohl auf den Umfang (Hs. 1) als auch auf die Dauer der Leistungen (Hs. 2).

In **zeitlicher Hinsicht** werden die Leistungen über einen Monat hinaus 70 erbracht, soweit dies im Einzelfall auf Grund besonderer Umstände zur Überwindung einer besonderen Härte und zur Deckung einer zeitlich befristeten Bedarfslage geboten ist. Diese Vorschrift dürfte in der Praxis häufiger Anwendung finden, weil die Abschiebung eines Ausländers innerhalb eines Monats oftmals schwer zu realisieren ist. Dies ist allerdings nur möglich zur Deckung einer „zeitlich befristeten Bedarfslage". Nach ihrem Wortlaut kann die Vorschrift also keine Anwendung finden, wenn die Abschiebung eines Ausländers dauerhaft unmöglich erscheint. Daraus wird auch deutlich, dass der enge Rahmen, den der Gesetzgeber in § 23 Abs. 3 SGB XII gezogen hat, an verfassungsrechtliche Grenzen stößt.

Eine weitere Einschränkung der Leistungsausschlüsse wird in § 23 Abs. 3 Satz 7 71 vorgenommen. Sie setzt voraus, dass sich der Ausländer seit mindestens fünf Jahren ohne wesentliche Unterbrechung im Inland tatsächlich aufgehalten hat. Die Aufenthaltsdauer beginnt mit dem Tag, an dem sich der Ausländer bei der zuständigen Meldebehörde meldet. Zeiten des nicht rechtmäßigen Aufenthalts, in denen eine Ausreisepflicht bestand, werden auf Zeiten des tatsächlichen Aufenthalts nicht angerechnet (§ 23 Abs. 3 Satz 9 SGB XII). Ein nicht rechtmäßiger Aufenthalt allein ist also nicht leistungsschädlich. Gedacht hat der Gesetzgeber an einen „tatsächlich verfestigten" Aufenthalt, der allerdings keine Auswirkung auf die Beurteilung der Rechtmäßigkeit des Aufenthalts hat (BT-Drs. 18/10211 S. 14).

Für Unionsbürger ist die Regelung des § 23 Abs. 3 Satz 7 SGB XII bedeutungs- 72 los, da sie gemäß § 4a FreizügG/EU bei fünfjährigem rechtmäßigem Aufenthalt im Inland ein **Daueraufenthaltsrecht** erwerben. Unionsbürger können sich auf diese Vorschrift nicht berufen, wenn der Verlust des Rechts nach § 2 Absatz 1 des Freizügigkeitsgesetzes/EU festgestellt worden ist. Insoweit ist eine bestandskräftige oder sofort vollziehbare Feststellung der Ausländerbehörde nach §§ 5 Abs. 4, 7 Abs. 1 FreizügG/EU erforderlich bzw muss Rechtskraft eingetreten sein (Sächs. LSG FEVS 70 S. 132). Sind dagegen alle Voraussetzungen erfüllt, so werden abweichend von § 23 Abs. 3 Satz 1 Nr. 2 und 3 SGB XII die Leistungen nach § 23 Abs. 1 Satz 1 und 2 SGB XII erbracht.

Mit § 23 Abs. 3a SGB XII wird eine Praxis der vergangenen Jahre korrigiert. 73 Zur alten Rechtslage wurde die Auffassung vertreten, dass es dem Ausländer, der seinen Lebensunterhalt nicht aus eigenen Mitteln bestreiten kann, freistehe, in sein Heimatland zurückzukehren (vgl. LSG Nds.-Brem. FEVS 68 78). In diesen Fällen „ist der Staat im Rahmen seiner Gewährleistungspflicht allenfalls gehalten, Reise- und Verpflegungskosten zur Existenzsicherung" … zu gewähren (LSG Bln.-Brandbg. L 20 AS 2161/15 B ER Rn. 22, juris). Vor dem Hintergrund des § 31 SGB I hat jedoch kein Sozialleistungsträger die Möglichkeit, Sozialleistungen (Rückreisekosten) zu kreieren. Ob man § 27a Abs. 4 Satz 1 SGB XII in diesem Sinne so weit auslegen konnte, wie es die Praxis tat, mag heute dahinstehen. In § 23 Abs. 3a SGB XII ist jetzt die Grundlage dafür geschaffen worden, dass die angemessenen Kosten der Rückreise – in allen Fällen nur darlehensweise – übernommen werden können.

5. Unionsrechtliche Grenzen der Leistungsausschlüsse

74 Auszugehen ist von einem, vom EuGH mehrfach bestätigten, freizügigkeitsrechtlichen Begriff der Sozialhilfe (oben Rn. 51 ff.). Daran anknüpfend hat der Gesetzgeber mit den §§ 7 Abs. 1 Satz 2 SGB II, 23 Abs. 3 SGB XII relativ klare und weitgehende Leistungsausschlüsse geregelt. Damit wurde ein relativ geschlossenes Ausschlusssystem geschaffen. Vor dem Hintergrund der bisherigen Rechtsprechung des EuGH hätte es aber zu einer anderen Rechtsentwicklung kommen können. Insbesondere seine Einordnung der besonderen beitragsunabhängigen Leistungen nach Art. 70 VO EU 883/2004 als Leistungen der Sozialhilfe im Sinne des Art. 24 Abs. 2 RL 2004/38/EG ist problematisch. Das gilt schon wegen des Wortlauts des Art. 70 Abs. 1 VO EU 883/2004. Diese Leistungen müssen sowohl Merkmale der sozialen Sicherheit als auch Merkmale der Sozialhilfe aufweisen. Sie können also nicht nur als Sozialhilfe betrachtet werden. Außerdem dienen sie dem zusätzlichen, ersatzweisen oder ergänzenden Schutz gegen die in Art. 3 Abs. 1 VO EU 883/2004 genannten Risiken. Dazu gehört auch das Risiko der Arbeitslosigkeit. Dass der EuGH mit seiner Rechtsprechung auch die Eingliederung behinderter Menschen erschwert hat, soll hier nicht weiter verfolgt werden (vgl. Art. 70 Abs. 2 lit. a ii VO EU 883/2004). Insgesamt wurde mit einer Rechtsentwicklung gebrochen, die spätestens mit der Einführung einer Unionsbürgerschaft begonnen hatte (Art. 20 AEUV). Auch der EuGH hatte in seiner Rechtsprechung ursprünglich andere Akzente gesetzt. Das gilt sowohl, was die Freizügigkeit zur Arbeitsuche (Art. 45 Abs. 3 AEUV), als auch was die Gleichbehandlung der Unionsbürger angeht (Art. 21 AEUV).

75 Zum Zugang zum Arbeitsmarkt hatte der EuGH in der Rechtssache Collins ausgeführt:

„Angesichts der Einführung der Unionsbürgerschaft und angesichts der Auslegung, die das Recht der Unionsbürger auf Gleichbehandlung in der Rechtsprechung erfahren hat, ist es nicht mehr möglich, vom Anwendungsbereich des Artikels 48 Absatz 2 EG-Vertrag, der eine Ausprägung des in Artikel 6 EG-Vertrag garantierten tragenden Grundsatzes der Gleichbehandlung ist, eine finanzielle Leistung auszunehmen, die den Zugang zum Arbeitsmarkt eines Mitgliedstaats erleichtern soll…

Die mit dem Jobseekers Act 1995 eingeführte Beihilfe für Arbeitsuchende ist eine Leistung der sozialen Sicherheit, die, da sie das Arbeitslosengeld und die Sozialhilfe ersetzt, u.a. voraussetzt, dass eine Person, die sie beantragt, dem Arbeitsmarkt zur Verfügung steht, dass sie aktiv nach einer Beschäftigung sucht und dass ihr Einkommen und Vermögen bestimmte Beträge nicht überschreiten.

Es kann als legitim angesehen werden, dass ein Mitgliedstaat eine solche Beihilfe erst gewährt, nachdem das Bestehen einer tatsächlichen Verbindung des Arbeitsuchenden mit dem Arbeitsmarkt dieses Mitgliedstaats festgestellt wurde.

Das Bestehen einer solchen Verbindung kann sich u.a. aus der Feststellung ergeben, dass der Betroffene während eines angemessenen Zeitraums tatsächlich eine Beschäftigung in dem betreffenden Mitgliedstaat gesucht hat.

Ein Wohnorterfordernis ist zwar grundsätzlich geeignet, eine solche Verbindung sicherzustellen, es ist jedoch nur dann verhältnismäßig, wenn es nicht über das zur Erreichung dieses Ziels Erforderliche hinausgeht. Insbesondere muss seine Anwendung durch die nationalen Behörden auf klaren und im Voraus bekannten Kriterien beruhen. Wenn für die Erfüllung dieser Voraussetzung eine Mindestaufenthaltsdauer verlangt wird, so darf sie jedenfalls nicht über das hinausgehen, was erforderlich ist, damit die nationalen Behörden sich vergewissern können, dass die betreffende Person tatsächlich auf der Suche nach einer Beschäftigung auf dem Arbeitsmarkt des Aufnahmemitgliedstaats ist." (EuGH EuZW 2004 S. 507 – Collins, dazu Strick NJW 2005 S. 2184)

Diese Ausführungen hat der Gerichtshof in der Rechtssache Prete bekräftigt.

„Art. 39 Abs. 3 EG verleiht den Staatsangehörigen der Mitgliedstaaten u. a. das Recht, sich im Hoheitsgebiet der übrigen Mitgliedstaaten frei zu bewegen und sich dort aufzuhalten, um eine Beschäftigung zu suchen. Die Staatsangehörigen eines Mitgliedstaats, die in einem anderen Mitgliedstaat eine Beschäftigung suchen, fallen somit in den Anwendungsbereich von Art. 39 EG und haben daher Anspruch auf die in Abs. 2 dieser Bestimmung vorgesehene Gleichbehandlung (vgl. ua Urteil Collins, Randnrn. 56 und 57).

Hierzu ergibt sich aus der Rechtsprechung des Gerichtshofs, dass die Tragweite des Anspruchs auf Gleichbehandlung Arbeitsuchender durch die Auslegung dieses Grundsatzes im Licht anderer Bestimmungen des Unionsrechts, insbesondere des Art. 12 EG, zu bestimmen ist (Urteil Collins, Randnr. 60).

Unionsbürger, die sich rechtmäßig im Hoheitsgebiet des Aufnahmemitgliedstaats aufhalten, können sich nämlich in allen Situationen, die in den sachlichen Anwendungsbereich des Unionsrechts fallen, auf Art. 12 EG berufen. Der Unionsbürgerstatus ist dazu bestimmt, der grundlegende Status der Angehörigen der Mitgliedstaaten zu sein, der denjenigen unter ihnen, die sich in der gleichen Situation befinden, unabhängig von ihrer Staatsangehörigkeit und unbeschadet der insoweit ausdrücklich vorgesehenen Ausnahmen Anspruch auf die gleiche rechtliche Behandlung gibt (vgl. ua Urteil Collins, Randnr. 61 und die dort angeführte Rechtsprechung).

Insoweit hat der Gerichtshof klargestellt, dass es angesichts der Einführung der Unionsbürgerschaft und angesichts der Auslegung, die das Recht der Unionsbürger auf Gleichbehandlung in der Rechtsprechung erfahren hat, nicht mehr möglich ist, vom Anwendungsbereich des Art. 39 Abs. 2 EG, der eine Ausprägung des in Art. 12 EG garantierten tragenden Grundsatzes der Gleichbehandlung ist, eine finanzielle Leistung auszunehmen, die den Zugang zum Arbeitsmarkt eines Mitgliedstaats erleichtern soll (vgl. Urteile Collins, Randnr. 63, und vom 15. September 2005, Ioannidis, C-258/04 Slg. 2005, I-8275, Randnr. 22).

Es steht fest, dass das Überbrückungsgeld, das die im Ausgangsverfahren in Rede stehende nationale Regelung vorsieht, eine Sozialleistung ist, die jungen Menschen den Übergang von der Ausbildung zum Arbeitsmarkt erleichtern soll..." (EuGH ZESAR 2013 S. 182 – Prete).

Zur Gleichbehandlung der Unionsbürger in Ansehung der Sozialhilfe wurde in der Rechtsache Trojani entschieden:

Erstens fällt nach der Rechtsprechung des Gerichtshofes eine Leistung der Sozialhilfe wie das Minimex in den Anwendungsbereich des Vertrages ...

Zweitens kann sich ein nicht wirtschaftlich aktiver Unionsbürger bei solchen Leistungen auf Art. 12 EG berufen, wenn er sich im Aufnahmemitgliedstaat für eine bestimmte Dauer rechtmäßig aufgehalten hat oder eine Aufenthaltserlaubnis besitzt.

Drittens stellt eine nationale Regelung, wie die im Ausgangsverfahren streitige, insofern eine nach Art. 12 EG verbotene Diskriminierung aus Gründen der Staatsangehörigkeit dar, als sie den Unionsbürgern, die sich in dem Mitgliedstaat rechtmäßig aufhalten, ohne seine Staatsangehörigkeit zu besitzen, die Leistung von Sozialhilfe auch dann nicht gewährt, wenn sie die Voraussetzungen erfüllen, die für die Staatsangehörigen dieses Mitgliedstaats gelten.

Es ist hinzuzufügen, dass es dem Aufnahmemitgliedstaat unbenommen bleibt, festzustellen, dass ein Staatsangehöriger eines anderen Mitgliedstaats, der Sozialhilfe in Anspruch genommen hat, die Voraussetzungen für sein Aufenthaltsrecht nicht mehr erfüllt. Der Aufnahmemitgliedstaat kann in einem solchen Fall unter Einhaltung der vom Gemeinschaftsrecht gezogenen Grenzen eine Ausweisungsmaßnahme vornehmen. Die Inanspruchnahme des Sozialhilfesystems durch einen Unionsbürger darf jedoch nicht automatisch eine solche Maßnahme zur Folge haben …

Daher ist auf die zweite Frage zu antworten, dass einem Unionsbürger, der im Aufnahmemitgliedstaat nicht kraft Art. 39, 43 oder 49 EG ein Aufenthaltsrecht besitzt, dort bereits auf Grund seiner Unionsbürgerschaft in unmittelbarer Anwendung von Art. 18 I EG ein Aufenthaltsrecht zustehen kann. Die Wahrnehmung dieses Rechts unterliegt den in dieser Bestimmung genannten Beschränkungen und Bedingungen, jedoch haben die zuständigen Behörden dafür Sorge zu tragen, dass bei der Anwendung dieser Beschränkungen und Bedingungen die allgemeinen Grundsätze des Gemeinschaftsrechts und insbesondere der Grundsatz der Verhältnismäßigkeit beachtet werden. Sobald eine Person, die sich in einer Situation wie der des Kl. befindet, jedoch eine Aufenthaltserlaubnis besitzt, kann sie unter Berufung auf Art. 12 EG eine Leistung der Sozialhilfe wie das Minimex beanspruchen EuGH EuZW 2005 S. 307 Rn. 42–46 – Trojani mAnm Wollenschläger).

76 Der Bruch mit der bisherigen Rechtsentwicklung dürfte unübersehbar sein. Dies erwähnt der EuGH jedoch in seiner neueren Rechtsprechung nicht. Jedoch hat er seine Ausführungen in der Rechtsache Trojani bisher nicht revidiert. Das würde bedeuten, dass bei Bestehen eines Aufenthaltsrechts der Unionsbürger auch in Ansehung der Sozialhilfe eine Gleichbehandlung mit den Inländern beanspruchen kann. Damit wäre in den Fällen des Aufenthalts zur Arbeitsuche (Art. 45 Abs. 3 AEUV) zumindest § 23 Abs. 3 SGB XII unionsrechtlich nicht zu halten. Es ist aber zu erwarten, dass der EuGH auch insoweit seine Rechtsprechung zu Art. 24 Abs. 2 RL 2004/38/EG fortsetzen wird (oben Rn. 51). Unionsrechtliche Bedenken gegenüber der Ausschlussregelung des § 7 Abs. 1 Satz 2 SGB II bestehen demgegenüber nicht, da dem Mitgliedsstaat jedenfalls nicht vorgegeben ist, in welchem System er den notwendigen Minimalschutz der Unionsbürger regelt. Grundsätzlich konnten also die verbleibenden Ansprüche von Ausländern, auch von Unionsbürgern, in die Sozialhilfe verlagert werden.

77 Nach den Erwägungsgründen 10 und 16 zur RL 2004/38/EG und den Argumenten des EuGH in der Rechtssache Trojani darf ein Ausschluss von den Leistungen der Sozialhilfe nicht ohne Einschränkungen erfolgen. Zumindest daran wird man auch für die gegenwärtige Rechtsentwicklung festhalten können. Danach ist das voraussetzungslose dreimonatige Aufenthaltsrecht nur durch „unangemessene" Inanspruchnahme von Sozialhilfe beschränkbar. Zudem ist der Grundsatz der Verhältnismäßigkeit zu beachten. Dies ist zunächst einmal nur in Ansehung des Aufenthaltsrechts geregelt (Art. 14 Abs. 1 und 3 RL 2004/38/EG). Prinzipiell könnte also das Aufenthaltsrecht fortbestehen, aber ein Anspruch auf Sozialhilfe ausgeschlossen sein (Art. 24 Abs. 2 RL 2004/38/EG). Dem Mitgliedsstaat ist jedoch nur die Befugnis verliehen, einen Anspruch auf Sozialhilfe auszuschließen. Dabei muss er die allgemeinen Grundsätze des Unionsrechts und insbesondere den Grundsatz der Verhältnismäßigkeit beachten. Das Spannungsverhältnis zwischen Art. 14 Abs. 1 und 3 sowie Art. 24 Abs. 2 RL 2004/38/EG kann nicht durch einen kategorischen Ausschluss des Anspruchs auf Leistungen der Sozialhilfe gelöst werden. Denn das hätte zur Voraussetzung, dass in allen Fällen des Ausschlusses ohne Einzelfallprüfung die Grundsätze des Unionsrechts beachtet worden wären. Erforderlich ist eine individualisierende Prüfung durch den Aufenthaltsstaat. Im Gesamtzusammenhang bestehen die Bedenken gegenüber den §§ 7 SGB II und 23 SGB XII in der Unverhältnismäßigkeit der Regelungen.

Erwägungsgründe zur RL 2004/38/EG Nr. 10 und 16:

10. Allerdings sollten Personen, die ihr Aufenthaltsrecht ausüben, während ihres ersten Aufenthalts die Sozialhilfeleistungen des Aufnahmemitgliedstaats nicht unangemessen in Anspruch nehmen. Daher sollte das Aufenthaltsrecht von Unionsbürgern und ihren Familienangehörigen für eine Dauer von über drei Monaten bestimmten Bedingungen unterliegen.

16. Solange die Aufenthaltsberechtigten die Sozialhilfeleistungen des Aufnahmemitgliedstaats nicht unangemessen in Anspruch nehmen, sollte keine Ausweisung erfolgen. Die Inanspruchnahme von Sozialhilfeleistungen sollte daher nicht automatisch zu einer Ausweisung führen. Der Aufnahmemitgliedstaat sollte prüfen, ob es sich bei dem betreffenden Fall um vorübergehende Schwierigkeiten handelt, und die Dauer des Aufenthalts, die persönlichen Umstände und den gewährten Sozialhilfebetrag berücksichtigen, um zu beurteilen, ob der Leistungsempfänger die Sozialhilfeleistungen unangemessen in Anspruch genommen hat, und in diesem Fall seine Ausweisung zu veranlassen. In keinem Fall sollte eine Ausweisungsmaßnahme gegen Arbeitnehmer, Selbstständige oder Arbeitssuchende in dem vom Gerichtshof definierten Sinne erlassen werden, außer aus Gründen der öffentlichen Ordnung oder Sicherheit.

Wenn in Art. 24 Abs. 2 RL 2004/38/EG geregelt ist, dass der Mitgliedsstaat **78** dem Unionsbürger keinen Anspruch auf Leistungen der Sozialhilfe einräumen muss, so findet sich dazu in § 23 Abs. 3 Nr. 1 SGB XII eine entsprechende Ausschlussregelung (vgl. auch § 7 Abs. 1 Satz 2 Nr. 1 SGB II). Aufenthaltsrechtlich betrachtet soll nur eine „unangemessene" Inanspruchnahme von Leistungen der Sozialhilfe verhindert werden (Art. 14 Abs. 1 RL 2004/38/EG). Ist ein Unionsbürger während seines dreimonatigen Aufenthalts oder während der Zeit der Arbeitsuche nur geringfügig oder kurzzeitig auf Leistungen der Sozialhilfe angewiesen, so ändert dies an seinem Aufenthaltsrecht nichts. Der kategorische Ausschluss nach § 23 Abs. 3 Nr. 1 SGB XII geht zu weit, da der Unionsbürger in den ersten drei Monaten seines Aufenthalts auch an einer angemessenen Inanspruchnahme von Leistungen der Sozialhilfe gehindert wird.

Nun haben jedoch alle Ausländer einen Anspruch auf Leistungen der Sozial- **79** hilfe im Umfange des § 23 Abs. 3 Satz 5 SGB XII. Insoweit könnten auch unionsrechtliche Bedenken nicht bestehen. Die Lage ändert sich jedoch im Hinblick auf den unionsrechtlichen **Gleichbehandlungsgrundsatz** des Art. 18 AEUV. Der Unionsbürger hat die gleichen Ansprüche auf eine „Leistung der Sozialhilfe wie das Minimex…, – eine belgische Fürsorgeleistung (oben Rn. 75). Aus dem Zusammenhang ist diese Formulierung nicht so zu verstehen, dass der Anspruch auf eine Leistung der Sozialhilfe nur in Höhe der Existenzminimums besteht. Dem würde die Regelung des § 23 Abs. 3 Satz 5 SGB XII wohl noch entsprechen. Die Beschränkung der Unionsbürger auf die, gegenüber den §§ 27 ff. SGB XII geringere Leistung der Sozialhilfe wäre jedoch keine Gleichbehandlung im Sinne der bisherigen Rechtsprechung des EuGH. Unionsrechtlich betrachtet hätte man hier zumindest eine Ermessensentscheidung ermöglichen müssen. Damit ergibt sich derzeit noch die etwas spannungsreiche Rechtslage, dass unter dem Blickwinkel des Freizügigkeitsrechts einem Unionsbürger während der ersten drei Aufenthaltsmonate bzw. der Zeit der Arbeitsuche ein Anspruch auf

Leistungen der Sozialhilfe nicht eingeräumt werden muss (oben Rn. 51). Solange sich der Unionsbürger aber rechtmäßig in einem Mitgliedsstaat aufhält, ist er mit den Bürgern dieses Staates auch in Ansehung der Sozialhilfe gleich zu behandeln (oben Rn. 77). Im Hinblick auf die Rechtslage in der EU, auch angesichts der neueren Rechtsprechung des EuGH wird man zumindest einen kategorischen Ausschluss nicht als rechtmäßig ansehen können.

80 Ergänzend zu diesen unionsrechtlichen Erwägungen ist noch auf folgenden Gesichtspunkt hinzuweisen: In der Rechtssache Alimanovic führt der EuGH zu den Leistungen nach dem SGB II aus:

„Unbeschadet dessen ist darauf hinzuweisen, dass solche Leistungen nach der Rechtsprechung des Gerichtshofs auch unter den Begriff „Sozialhilfe" … fallen. Dieser Begriff bezieht sich nämlich auf sämtliche von öffentlichen Stellen eingerichteten Hilfssysteme, die auf nationaler, regionaler oder örtlicher Ebene bestehen und die ein Einzelner in Anspruch nimmt, der nicht über ausreichende Existenzmittel zur Bestreitung seiner Grundbedürfnisse und derjenigen seiner Familie verfügt und deshalb während seines Aufenthalts möglicherweise die öffentlichen Finanzen des Aufnahmemitgliedstaats belasten muss, was geeignet ist, sich auf das gesamte Niveau der Beihilfe auszuwirken, die dieser Staat gewähren kann…

Im vorliegenden Fall ist im Übrigen festzustellen, dass …die überwiegende Funktion der in Rede stehenden Leistungen gerade darin besteht, das Minimum an Existenzmitteln zu gewährleisten, das erforderlich ist, um ein Leben zu führen, das der Menschenwürde entspricht.

Aus diesen Erwägungen ergibt sich somit, dass die betreffenden Leistungen nicht als finanzielle Leistungen, die den Zugang zum Arbeitsmarkt eines Mitgliedstaats erleichtern sollen, eingestuft werden können…" (EuGH ZESAR 2016 S. 29 Rz. 44–46 – Alimanovic mAnm. Eichenhofer).

80a Schließt man sich auch dieser Rechtsprechung des EuGH an, dann bedürfte die Schlussfolgerung, die Leistungen nach den §§ 19 ff. SGB II könnten nicht als solche eingestuft werden, die den **Zugang zum Arbeitsmarkt** erleichtern sollen, angesichts ihrer engen Verknüpfung mit den §§ 14 ff. SGB II einer näheren Begründung (BSG ZfSH/SGB 2014 S. 158). Selbst unter Berücksichtigung der Rechtsprechung des EuGH muss man die Leistungen nach den §§ 14 ff. SGB II als Leistungen ansehen, die den Zugang zum Arbeitsmarkt erleichtern sollen. Von diesen Leistungen kann der arbeitsuchende Unionsbürger auch bei Anwendung des Art. 24 Abs. 2 RL 2004/38/EG nicht ausgeschlossen werden. Hierdurch würde der Widerspruch zu den Entscheidungen in den Rechtssachen Collins und Trojani allzu deutlich (oben Rn. 75). Man kann dagegen nicht argumentieren, die Leistungen nach den §§ 14 ff. SGB II wären untrennbar mit den Geldleistungen nach den §§ 19 ff. SGB II verbunden, auf die der arbeitsuchende Unionsbürger keinen selbständigen Anspruch hat. Abgesehen davon, dass diese Koppelung nach dem Wortlaut der in zwei Abschnitten geregelten § 14 Abs. 1 und 2 und 19 Abs. 1 SGB II nicht zwingend ist, wäre genau eine solche Koppelung nicht mit dem Unionsrecht vereinbar.

81 Nach geltendem Recht wird durch den Ausschluss der Unionsbürger von allen Leistungen des SGB II und durch ihre Verweisung auf § 23 Abs. 3 SGB XII, auch wenn der Unionsbürger, der zur Arbeitsuche eingereist ist, und der für diese Zeit ein Aufenthaltsrecht hat, von Anfang an, vollständig und ohne zeitliche Begrenzung auch von den Leistungen, die unbezweifelbar der **Eingliederung in den Arbeitsmarkt** dienen (§ 16 SGB II), ausgeschlossen. Auch der EuGH rechtfertigt den Ausschluss nur in Bezug auf die Sozialhilfe (EuGH ZESAR 2016

S. 29 Rn. 56–58 – Alimanovic mAnm Eichenhofer). Im Ergebnis hat auch der arbeitsuchende Unionsbürger nicht die gleichen Chancen wie ein Inländer auf dem deutschen Arbeitsmarkt Fuß zu fassen. Vor dem Hintergrund der Art. 18, 45 Abs. 3 AEUV erscheint eine Rechtfertigung dieser Ungleichbehandlung nicht möglich. Entsprechendes gilt für die strikte, keine individuelle Prüfung zulassende, Beschränkung des Anspruchs auf § 23 Abs. 3 SGB XII.

Im Ergebnis ist der freizügigkeitsrechtliche Begriff der Sozialhilfe zumindest in methodischer Hinsicht ein problematisches Konstrukt. In diesem Punkt werden auch die Art. 34 Abs. 2, 52 Abs. 1 der EUGrdCh – jedenfalls im Hinblick auf die Einreise zur Arbeitsuche, die gemäß Art. 45 AEUV immer zu Recht erfolgt – nicht ausreichend gewürdigt, wonach ein diskriminierungsfreier Zugang zu Sozialleistungen garantiert wird (Art. 34 EUGrdCh) und Einschränkungen dem Grundsatz der Verhältnismäßigkeit entsprechen müssen (Art. 52 EUGrdCh). Insgesamt entsteht der Eindruck, dass der EuGH allein das Sekundärrecht in den Blick genommen hat, das jedoch am Primärrecht zu messen ist (Devetzi/Schreiber, ZESAR 2016 S. 15; Wallrabenstein, ZESAR 2016 S. 349; Greiner/Kock, NZS 2017 S. 201). 82

Soweit unionsrechtliche Regelungen nicht eingreifen, können die Leistungseinschränkungen im SGB XII auch an die Grenzen des **Europäischen Fürsorgeabkommens** stoßen. Infolge der neueren Rechtsprechung des EuGH (oben Rn. 51) und der weitgehenden Ausschlüsse nach § 7 Abs. 1 Satz 2 SGB II hat es wieder größere praktische Relevanz bekommen. Das gilt jedoch nur für die Staaten, die Mitglied des Abkommens sind, also etwa nicht für Bulgarien, Polen, Rumänien, Tschechien und Ungarn. Art. 1 EFA begründet für die Dauer des **tatsächlichen Aufenthalts** (BSG SozR 4-3500 § 23 Nr. 4; LSG BW ZfSH/SGB 2017 S. 756) neben dem Anspruch auf Gleichbehandlung bei den Leistungen der „sozialen und Gesundheitsfürsorge" auch einen durch Art. 7 EFA **begrenzten Ausweisungsschutz.** Damit konnte zwar der Versicherungsschutz in der Krankenversicherung nach § 5 Abs. 1 Nr. 13 SGB V für Ausländer eingeschränkt werden. Jedoch sind die Einschränkungen in § 23 Abs. 1 und 3 SGB XII unwirksam, soweit sie Staatsangehörige der Vertragsstaaten betreffen. 83

6. Einzelfragen der Sozialrechtskoordinierung

Auch innerhalb der EU ist an die allgemeinen Grundsätze des internationalen Sozialrechts anzuknüpfen. Allerdings werden diese häufig durch die speziellen Koordinationsregelung der EU verdrängt. Der EG-Vertrag begründete ursprünglich nicht ausdrücklich die Verpflichtung zu einer **Angleichung der Systeme** der sozialen Sicherheit in den einzelnen Mitgliedsstaaten (EuGH EuZW 2011 S. 606 – Tomaszewska; Tiedemann, ZfSH/SGB 2012 S. 266; Vießmann, ZESAR 2017 S. 149). Letzten Endes ist sie aber unvermeidbar geworden. Aus den Art. 151 ff. AEUV ergibt sich jetzt verstärkt, dass die enge Zusammenarbeit unter den Mitgliedsstaaten in sozialen Fragen zu fördern ist. Dabei geht Art. 151 Abs. 2 AEUV jedoch weiterhin von „der Vielfalt der einzelstaatlichen Gepflogenheiten" aus. Immerhin kann man sagen, dass schon bisher durch die VOen 1612/68 und 1408/71, jetzt 883/2004 und 492/2001 eine enge Verflechtung, der im Übrigen selbständigen Ordnungen der sozialen Sicherheit in den einzelnen Mitgliedsstaaten bewirkt worden ist (Eichenhofer, JZ 1992 S. 272). Dabei ist die Grenze zwischen Koordinierung und Harmonisierung nicht immer ganz leicht zu ziehen (vgl. EuGH Slg 2009, I-9085 – Leymann). Im Zusammenhang mit den Verträgen von 84

Maastricht ist die Tendenz zu einer Angleichung der Sachnormen des Sozialrechts in den Mitgliedstaaten verstärkt worden. So ist in Art. 153 Abs. 1 lit. h AEUV geregelt, dass die berufliche Eingliederung der aus dem Arbeitsmarkt ausgegrenzten Personen zu fördern ist. Dies hatte bereits Einfluss auf § 41 Abs. 2 Nr. 3 SGB IX aF. Dort ist festgelegt, dass die Werkstatt für behinderte Menschen deren Übergang auf den allgemeinen Arbeitsmarkt fördern muss – eine Aufgabe, die in der Vergangenheit eher vernachlässigt wurde, jetzt aber doch durch die §§ 55, 61 SGB IX verstärkt in Angriff genommen worden ist (Rombach, SGb 2009 S. 61). Wenig beachtet, wird, dass die Regelung des Art. 153 AEUV nicht auf behinderte Menschen begrenzt ist, sondern dass sie sich auf alle Personen erstreckt, die aus dem Arbeitsmarkt ausgegliedert sind (vgl. EuGH ZESAR 2013 S. 242 – Caves Krier mAnm Eichenhofer).

85 Infolge der Zusammenhänge mit dem zwischen- und überstaatlichen hat das innerstaatliche Internationale Sozialrecht erheblich an Bedeutung verloren. Dennoch ist bei der Entscheidung einer praktischen Frage immer von der Grundlagenregelung des § 30 auszugehen. Die inhaltlich sehr weitgehenden und in ihrer sozialpolitischen Bedeutung sehr umfassenden, von § 30 zum Teil abweichenden Regelungen davon ergeben sich für die Sozialversicherung aus den §§ 3–5 SGB IV über die **Aus- und Einstrahlung** (Schuler, Das Internationale Sozialrecht der Bundesrepublik Deutschland 1988 S. 410; Giesen, NZS 1996 S. 309; Giesen, VSSR 2008 S. 327). Gemäß § 6 SGB IV bleibt über- und zwischenstaatliches Recht unberührt. Demgemäß sind die vergleichbaren Regelungen des Unionsrechts in Art. 12, 13 VO EG 883/2004 zu beachten. Entsprechend dem Grundsatz des § 3 Nr. 1 SGB IV wird auch in der EU für die Versicherungspflicht und die -berechtigung grundsätzlich an den Beschäftigungsort oder an den Ort der selbständigen Tätigkeit angeknüpft. Nur soweit die Vorschriften über Versicherungspflicht bzw. -berechtigung eine Beschäftigung oder selbständige Tätigkeit nicht voraussetzen, kommt es auf den Wohnsitz oder den gewöhnlichen Aufenthalt an (BSG 32 S. 194; BSG 33 S. 137).

86 Wenn also für die Begründung des Versicherungsschutzes regelmäßig der Ort der Beschäftigung oder einer selbständigen Tätigkeit ausschlaggebend ist, dann ist im Zweifel dort anzuknüpfen, wo der Schwerpunkt der **Beschäftigung** liegt. Das wird häufig am Sitz des Unternehmens sein (BSG 33 S. 137; 280). Angesichts der Globalisierung ist allerdings eine Anknüpfung nicht mehr ganz leicht. So wird man die Beschäftigung eines ausländischen Arbeitnehmers bei einer inländischen Konzerntochter eines ausländischen Unternehmens als eine Inlandsbeschäftigung mit allen Folgen für die Beitragsentrichtung ansehen müssen. Voraussetzung ist jedoch, dass der Arbeitnehmer in den Betrieb der Inlandstochter eingegliedert ist und auch von ihr sein Arbeitsentgelt erhält. Es liegt also kein Fall der Einstrahlung vor (BSG 79 S. 214; BSG SGb 2000 S. 418 mAnm Klose). Bei einer Entsendung des Arbeitnehmers ins Ausland wird der Versicherungsschutz im Inland aufrechterhalten, wenn die Entsendung infolge der Eigenart der Beschäftigung oder vertraglich im Voraus zeitlich begrenzt ist (§ 4 Abs. 1 SGB IV). Sie kommt in der fortdauernden organisatorischen Einbindung in den inländischen Betrieb zum Ausdruck. Es muss im voraus feststehen, dass eine Rückkehr ins Inland erfolgt (BSG SGb 1995 S. 611 mAnm Schuler). Jede **Ausstrahlung** setzt voraus, dass das Beschäftigungsverhältnis bereits im Inland begründet worden war, sei es auch nur für den Zweck der Entsendung (BSG SGb 1984 S. 360 mAnm Steinmeyer). Dementsprechende Grundsätze gelten gemäß § 5 SGB IV für die **Einstrahlung,** wenn also ein Arbeitnehmer auf Grund eines im Ausland bestehenden Beschäftigungsverhältnisses ins Inland entsandt wurde (BSG 39 S. 241; BSG 43 S. 65; BSG 53 S. 150; BSG 60 S. 96). Zur einheitlichen Handhabung der Bestimmungen über die Versicherungspflicht haben die Sozialleistungsträger im Internet abrufbare Richtlinien zur Aus- und Einstrahlung beschlossen. Die Sondervorschrift des Art. 12 Abs. 1 VO EG 883/2004 regelt generell für die EU einen Verbleib in der Sozialversicherung des Heimatstaates, wenn die Auslandsbeschäftigung voraussichtlich vierundzwanzig Monate nicht übersteigt. Die im Zusammenhang mit der Entsendung auszustellende **Bescheinigung E 101** entfaltet für die beteiligten Staaten eine Bindungswirkung, auch wenn sie auf falschen Tatsachen beruht. Sie kann nur über ein Vertragsverletzungsverfahren nach Art. 259 AEUV angegriffen werden (EuGH ZESAR 2018 S. 174 – A-Rosa mAnm Reinhard). Eine Mischform von Ein- und Ausstrahlung regelt Art. 13 VO EG 883/2004, wenn ein Unionsbürger gleichzeitig in zwei oder mehreren Mitgliedsstaaten beschäftigt ist. In diesem Falle ist grundsätzlich der Wohnmitgliedsstaat zuständig, wenn dort ein wesentlicher Teil der Beschäftigung ausübt, bzw. wenn die Tätigkeit in mehr als zwei Mitgliedsstaaten ausgeübt wird (Meeßen/Wilman, NZS 2010 S. 25; Fuchs ZESAR 2019 S. 105).

Obwohl sich die Regelungen des § 3 Nr. 1 und 2 SGB IV ihrem Wortlaut 87
nach nur auf die Begründung des Versicherungsschutzes beziehen, sind sie nach überwiegender Auffassung auch auf das **Leistungsrecht** der Sozialversicherung anzuwenden (BSG 31 S. 288; BSG 33 S. 280; v. Maydell, GK-SGB I § 30 Rn. 84; Bley, SozVersGesKomm § 30 Anm. 3b). Das wird vor allem mit dem engen Äquivalenzverhältnis von Beitrag und Leistung in der Sozialversicherung erklärt (BVerfG 51 S. 1; BSG 33 S. 280; BSG 35 S. 43). In der Sache wird man dem nicht widersprechen können. Eine allgemeine, für die gesamte Sozialversicherung geltende, Klarstellung durch den Gesetzgeber im Rahmen der §§ 3–6 SGB IV wäre aber wünschenswert gewesen. Notwendig ist sie allerdings nicht. Man wird das Äquivalenzprinzip zwischen Beitrag und Leistung als ein besonderes Strukturprinzip der Sozialversicherung ansehen müssen. Das genügt für die Annahme einer abweichenden Regelung iSd § 37, wenn auch der Begriff des Strukturprinzips mit Unsicherheiten behaftet ist (§ 37 Rn. 11–19).

Anstelle einer grundsätzlichen leistungsrechtlichen Regelung in den §§ 3–6 88
SGB IV hat der Gesetzgeber den Weg gewählt, in den einzelnen Zweigen der Sozialversicherung spezielle Vorschriften für die Fälle mit Auslandsberührung zu treffen (BSG SozR 2200 § 381 Nr. 16). Dabei hat er auch Modifikationen bei der Versicherungspflicht vorgenommen.

Damit ergibt sich für das zwischen- und überstaatliche Sozialrecht folgender 89
Rechtszustand: Auszugehen ist von § 30, der für die Sozialversicherung weitgehend durch die §§ 3–6 SGB IV verdrängt wird. Die dort aufgestellten Rechtsgrundsätze lassen sich zwar auf das Leistungsrecht erstrecken, jedoch werden in den einzelnen Teilen der Sozialversicherung Sonderregelungen sowohl für die Versicherungspflicht als auch für das Leistungsrecht getroffen. Noch verbleibende offene Fragen sind in Orientierung am Grundsatz der Äquivalenz von Beitrag und Leistung, als einem Strukturprinzip der Sozialversicherung, zu beantworten (vgl. § 37 Rn. 11 –19). Schließlich ist in jedem Falle zu prüfen, ob das Unionsrecht oder eine zwischenstaatliche Vereinbarung Anwendung findet. Im ersteren Falle folgt aus Art. 4 VO EG 883/2004, dass alle Unionsbürger grundsätzlich die gleiche Rechtsstellung haben. Ergänzend dazu regelt Art. 11 Abs. 1–3 VO EG 883/2004 den Grundsatz, dass Unionsbürger bei der Zuordnung eines Sachverhalts nur den **Rechtsvorschriften eines der Mitgliedsstaaten** unterliegen. Aus den Art. 12–

16 VO EG 883/2004 ergeben sich Abweichungen zu § 11 Abs. 3 VO EG 883/2004, die aber den Grundsatz nicht in Frage stellen. Die unionsrechtliche Zuordnung kann von den Mitgliedsstaaten nicht abgeändert werden. Anknüpfungspunkt ist dabei vorrangig der Beschäftigungs- und nachrangig der Wohnstaat. Zeiten vorübergehender Beschäftigungslosigkeit beenden die Zuständigkeit des ersteren nicht (EuGH SozR 6050 Art 13 Nr. 8 – Ten Holder). Insgesamt wird so – bezogen auf jeweils zurückgelegte Zeiten – die Zugehörigkeit zu einem System begründet (EuGH ZESAR 2013 S. 331 – Mulders mAnm Hauschild). Dabei ergibt sich eine gewisse Dominanz des Beschäftigungsstaates (Vießmann, ZESAR 2015 S. 149, 199). Sie setzt sich bei Leistungsansprüchen grundsätzlich fort (Art. 17 ff. VO EG 883/2004), was auch in dem Begriff der Sachleistungsaushilfe zum Ausdruck kommt (unten Rn. 94–100). Bei den Leistungen bei Arbeitslosigkeit werden diese Grundsätze nur im Prinzip aufrecht erhalten (unten Rn. 118–125). Modifikationen ergeben sich auch bei den Familienleistungen (Rn. 129–134). Die Art. 11–16 VO EG 883/2004 haben in allen Fällen eine „weichenstellende" Bedeutung (Vießmann, ZESAR 2015 S. 200).

90 Die **Krankenversicherungspflicht** der Arbeitnehmer wird in Übereinstimmung mit den allgemeinen Grundsätzen, die sich aus den §§ 3–5 SGB IV ergeben, am Ort der Beschäftigung begründet. Bei Rückkehr aus dem Ausland kann sich ein Arbeitnehmer unter den Voraussetzungen des § 9 Abs. 1 Nr. 5 SGB V freiwillig versichern. Für andere Personengruppen bestehen dazu Sonderregelungen. So besteht der Krankenversicherungsschutz der Studenten nach § 5 Abs. 1 Nr. 9 SGB V nur, wenn sie an einer staatlichen oder staatlich anerkannten Hochschule, also praktisch an einer deutschen Hochschule, eingeschrieben sind. Auf den Wohnsitz oder gewöhnlichen Aufenthalt des Studenten wird ausdrücklich nicht abgestellt. Einen der Ein- bzw. Ausstrahlung entsprechenden Sachverhalt kann es danach nicht geben. Wohl aber kann gemäß § 10 Abs. 1 Nr. 1 SGB V in diesem Falle eine Familienversicherung fortbestehen, da ein Studium im Ausland nicht unbedingt die Aufhebung des Wohnsitzes im Inland zur Folge hat (oben Rn. 16, 19). Die nachrangige Versicherungspflicht nach § 5 Abs. 1 Nr. 13 SGB V ist für Personen, die nicht EU-Bürger sind, nach Maßgabe des § 5 Abs. 11 Satz 1 SGB V eingeschränkt (BSG SozR 4-2500 § 5 Nr. 20). EU-Bürger werden von der Versicherungspflicht nach § 5 Abs. 1 Nr. 13 SGB V nicht erfasst, wenn die Voraussetzungen des § 4 FreizügG/EU gegeben sind (§ 5 Abs. 11 Satz 2 SGB V). Das bedeutet im Ergebnis, dass ein wirtschaftlich nicht aktiver und damit nicht uneingeschränkt freizügigkeitsberechtigter EU-Bürger selbst für seinen Versicherungsschutz sorgen muss. Da für diese EU-Bürger die volle Freizügigkeit nach den Art. 21, 45 AEUV nicht besteht, ist diese Regelung mit dem Unionsrecht vereinbar.

91 Beim Versicherungsfall der Krankheit ergeben sich keine besonderen Probleme. Im Bereich der EU ist ein deutscher Krankenversicherungsträger an die Feststellung der Arbeitsunfähigkeit durch einen Arzt in einem Mitgliedsstaat der EU gebunden. Er kann lediglich eine erneute Untersuchung durch einen Arzt seiner Wahl veranlassen (EuGH BB 1987 S. 1254 – Rindone). Ein entsprechender Grundsatz besteht aber nicht im Verhältnis zu anderen Staaten, dh ein ärztliches Attest muss nicht akzeptiert werden, es sei denn er ergäbe sich aus einem zwischenstaatlichen Abkommen (BSG SozR 3-2200 § 182 Nr. 12). Auch innerhalb der EU bedeutet die Vermutung der Richtigkeit einer Erklärung eines Mitgliedsstaates nicht, dass anderen jede Möglichkeit einer Reaktion genommen wäre. In letzter Konsequenz ergibt sich die Möglichkeit einer Klage zum EuGH nach Art. 259

AEUV (EuGH ZESAR 2016 S. 436 – Kommission/Malta, dazu Leidenmüller, ZESAR 2016 S. 441).

In leistungsrechtlicher Hinsicht ist zwar von dem Grundsatz auszugehen, dass angesichts der in der EU garantierten Waren- und Dienstleistungsfreiheit eine grenzüberschreitende Inanspruchnahme von Leistungen gewährleistet ist (BSG 98 S. 94). Jedoch ergeben sich noch immer gewisse Schwierigkeiten aus den verschiedenen Grundstrukturen der Krankenversicherungen, und bisher noch immer aus den Unterschieden zwischen dem Kostenerstattungs- und dem **Sachleistungsprinzip** (§ 21 Rn. 4 ff.) in den einzelnen Staaten. Das Sachleistungsprinzip ist der hauptsächliche Grund dafür, dass bei einem Aufenthalt im Ausland gemäß § 16 Abs. 1 Nr. 1 SGB V generell das Ruhen der Leistungen der Krankenversicherung eintritt. Konsequenterweise ist das Ruhen des Krankengeldanspruchs nur in dem Rahmen des § 16 Abs. 4 SGB V vorgesehen. Die Einschränkungen, die sich aus dem Sachleistungsprinzip ergeben, werden aber durch über- zwischenstaatliche Übereinkommen im Sinne einer Leistungsaushilfe durch den Aufenthaltsstaat häufig wieder aufgehoben (§ 6 SGB IV). Andere Grundsätze ergeben sich in der EU. 92

Der grundsätzlich noch bestehende Unterschied zwischen dem Sachleistungs- und dem Kostenerstattungsprinzip ist in der EU weitgehend beseitigt worden. Hier erfolgt praktisch einschränkungslos der Export von Geldleistungen Art. 7 VO EG 883/2004. Das gilt auch für das **Pflegegeld** nach § 37 SGB XI (§ 34 Abs. 1a SGB XI), das zwar der Beschaffung einer Sachleistung, jedoch nicht der Bezahlung einer konkreten Leistung (Pflege) dient (EuGH EuZW 1998 S. 217 – Molenaar; dazu Gassner, NZS 1998 S. 313; Eichenhofer, SGb 1999 S. 57; Bassen, NZS 2010, 479; Janda, ZESAR 2016 S. 307). Übereinstimmend mit der in § 38 SGB XI vorgesehene Kombination von Geld- und Sachleistungen zur Pflege bestimmt Art. 34 Abs. 1 Satz 2 VO EG 883/2004, dass die in einem Aufenthaltsstaat erhaltene Sachleistung dazu führt, dass die Geldleistung um den Betrag der Sachleistung gemindert wird, der dem Mitgliedsstaat in Rechnung gestellt wird. Darüber hinaus sind Regelungen eines Mitgliedsstaates, die den Sachleistungsanspruch einschränken, zu respektieren (EuGH ZESAR 2012 S. 491 – Kommission/Deutschland). Kennt ein Mitgliedsstaat in seiner Krankenversicherung keinen **Selbstbehalt,** so erfolgt eine Erstattung bei einem unvorhergesehenen Krankenhausaufenthalt (Art. 19 VO EG 883/2004) in einem anderen Mitgliedsstaat, der den Selbstbehalt kennt, auch nur unter Abzug des Selbstbehalts, denn nur diese Kosten sind bei der Sachleistungsaufhilfe entstanden (EuGH ZESAR 2010 S. 479 Kommission/Spanien, dazu Janda ZESAR 2010 S. 465). In diesem Konfliktfall wird zwar einerseits die Dienstleistungsfreiheit geringfügig eingeschränkt. Andererseits aber würde die gegenteilige Auffassung einen gewissen Druck zur Harmonisierung der Systeme entfalten. 93

Im Einzelnen gelten für **Sachleistungen** im Sinne des Art. 3 VO EG 883/2004 bei Mutterschaft und Krankheit, einschließlich Pflege und Rehabilitation (BSG SozR 3-2200 § 1241 Nr. 3) nach Art. 17–22 VO EG 883/2004 folgende Grundsätze: Versicherte und ihre Familienangehörigen, die in einem anderen als dem zuständigen Staat wohnen, erhalten Sachleistungen vom Wohnstaat. Sie haben auch während des Aufenthalts in dem zuständigen Mitgliedstaat Anspruch auf Sachleistungen. Die Sachleistungen werden vom zuständigen Träger für dessen Rechnung nach den für ihn geltenden Rechtsvorschriften erbracht, als ob die betreffenden Personen in diesem Mitgliedstaat wohnen würden (Art. 18 Abs. 1 VO EG 883/2004). Grenzgänger können also zwischen dem Wohn- und dem 94

Aufenthaltsstaat wählen (Art. 18 VO EG 883/2004). **Grenzgänger** sind solche EU-Bürger, die in dem einen Staat wohnen und die sich in dem anderen aufhalten, um einer Arbeit nachzugehen. Sie müssen sich mindestens einmal wöchentlich in den Wohnstaat begeben (Art. 1 lit. f) VO EG 883/2004). Grenzgänger und auch nicht „Arbeitnehmer, der nicht Grenzgänger ist", ist allerdings nicht, wer nach Beendigung seines Beschäftigungsverhältnisses seinen Wohnsitz in einen EU-Staat verlegt und im bisherigen Staat Leistungen bei Arbeitslosigkeit beantragt (vgl. unten Rn. 118). Leistungen bei Krankheit für Rentenbezieher weichen von den Regelungen, die für Arbeitnehmer gelten, ab (Art. 22–24 VO EG 883/2004). Für Grenzgänger werden sie unter den Voraussetzungen des Art. 28 VO EG 883/2004 fortgesetzt. Für den Fall, dass ein Arbeitnehmer in zwei EU-Staaten beschäftigt ist, stellt Art. 13 Abs. 1 lit. a VO (EG) 883/2004 auf den Wohnstaat ab, wenn dort ein wesentlicher Teil der Tätigkeit ausgeübt wird. Als Beleg für ihren krankenversicherungsrechtlichen Status erhalten die Grenzgänger eine „A 1 Bescheinigung" (Art. 19 Abs. 2 VO EG 987/2009).

95 Im neugefassten § 13 Abs. 4–6 SGB V ist zunächst einmal eine „Europäisierung" der Leistungspflicht der Krankenkassen eingeführt worden, die vor dem Hintergrund sowohl der Koordinationsregelungen (Art. 17 ff. VO EG 883/2004) als auch der Rechtsprechung des EuGH zur Warenverkehrs- und Dienstleistungsfreiheit unvermeidbar geworden war (Fuchs NZS 2005 S. 225; Becker, NZS 2005 S. 449; Tiedemann, ZESAR 2012 S. 14; Bieback, ZESAR 2013 S. 143). Sofern eine Krankenbehandlung unter dem Blickwinkel der **Dienstleistungsfreiheit** in Anspruch genommen wird, erfolgt dies sekundärrechtlich auf der Grundlage der **Patientenrichtlinie** (RL 2011/24/EU). Daraus ergibt sich ein gewisses Spannungsverhältnis (Schulz-Weidner, ZESAR 2015 S. 319, 367; Kaeding, ZESAR 2016 S. 259). So knüpfen die Art. 17–19 VO EG 883/2004 an das Recht des Aufenthaltsstaates an. Für die Patientenrichtlinie (RL 2011/24/EU) gilt demgegenüber die Maßgabe des Rechts des Wohnstaates. Aus Art. 8 Abs. 3 RL 2011/24/EU ergibt sich jedoch eine gewisse Dominanz der **Koordinationsregeln** der Art. 17 ff. VO EG 883/2004, weil deren Voraussetzungen immer geprüft werden müssen, „es sei denn, der Patient wünscht etwas anderes". Gewissermaßen im Zentrum der beiden Rechtskreise steht Art. 20 VO EG 883/2004, der koordinationsrechtlich den Fall regelt, in dem sich ein Versicherter zum Zwecke der Behandlung in einen anderen Mitgliedsstaat begibt. Dieser Fall kann auch als Inanspruchnahme der Dienstleistungsfreiheit (RL 2011/24/EU) verstanden werden (vgl. unten Rn. 101).

96 Die grundsätzliche Möglichkeit einer **grenzüberschreitenden Leistungserbringung** kann unterschiedliche Auswirkungen auf ein mitgliedsstaatliches Gesundheitssystem haben. Soweit hier unionsweite Regulierungen als erforderlich angesehen werden, können sie im Prinzip nur über das Wettbewerbsrecht der EU erfolgen, denn die Organisation der gesundheitlichen Versorgung liegt gemäß Art. 168 Abs. 7 AEUV in den Händen der Mitgliedsstaaten (vgl. EuGH ZESAR 2016 S. 233 – Consorzio Artigiano, dazu Haslinger, ZESAR 2016 S. 241). Das könnte den Grundsatz der solidarischen Ausgestaltung schwächen (vgl. § 1 Rn. 18 ff.). Nahe liegt auch die Möglichkeit, dass es zu einem Qualitätswettbewerb kommt, der dazu führen würde, dass die Unionsbürger höherwertige und kostenaufwändigere Leistungen in einem anderen als in ihrem Wohnstaat beanspruchen. Dabei entfalten allerdings die zum großen Teil inhaltsgleichen Art. 8 RL 2011/24/EU und Art. 20 Abs. 2 VO EG 883/2004 eine gewisse Steuerungswirkung. Eine nennenswerte praktischer Relevanz hat eine solche

Steuerung aber nur, wenn der Einsatz einer hoch spezialisierten und kostenintensiven medizinischen Infrastruktur erforderlich ist oder wenn die erforderliche Behandlung im gesamten Wohnstaat nicht innerhalb eines medizinisch vertretbaren Zeitraums geleistet werden kann. Die Frage des „medizinisch vertretbaren Zeitraumes" lässt nicht von der des medizinischen Standards trennen. Derzeit erfolgen Abgrenzungen eher im Rahmen des konkreten Einzelfalles. Längerfristig dürfte sich aber eine durchaus wünschenswerte Angleichung der medizinischen Versorgung in der EU ergeben (vgl. EuGH ZESAR 2015 S. 86 Rn. 31–43 – Petru, dazu Bieback, ZESAR 2015 S. 55; Kaeding, ZESAR 2015 S. 457). In § 13 Abs. 5 Satz 2 SGB V wird für die Vorabgenehmigung insoweit ein Qualitätsmerkmal eingeführt, als auf den allgemein anerkannten Stand der medizinischen Erkenntnisse abgestellt wird. Unter den Voraussetzungen des § 13 Abs. 4 SGB V können Leistungen ohne Vorabgenehmigung in einem Mitgliedstaat in Anspruch genommen werden.

Für die Erbringung von **Sachleistungen** regelt das Unionsrecht drei im Kern zu unterscheidende Sachverhalte. In Art. 17, 18 VO EG 883/2004 ist der Fall geregelt, dass a) ein Unionsbürger in einem Mitgliedsstaat wohnt und in dem anderen arbeitet, also Grenzgänger im Sinne des Art. 1 lit. f VO EG 883/2004 ist. Je nach Sachlage gelten für sie entweder die krankenversicherungsrechtlichen Vorschriften des Wohnstaates (Art. 17 VO EG 883/2004) oder des Aufenthaltsstaates (Art. 18 Abs. 1 Satz 2 VO EG 883/2004). Art. 19 Abs. 1 VO EG 883/2004 betrifft den Fall b) eines Aufenthalts in einem anderen Mitgliedsstaat, also vor allem Urlauber. Ein solcher Aufenthalt ist an sich „vorübergehend", genau betrachtet ist damit gemeint, dass die Erkrankung „gelegentlich" eines Besuches eintritt (vgl. EuGH ZESAR 2014 S. 495 – Health Service Executive, mAnm Vießmann). Es gelten die versicherungsrechtlichen Bestimmungen des Aufenthaltsstaates. Schließlich regelt Art. 20 VO EG 883/2004 c) die gezielte Inanspruchnahme von Gesundheitsleistungen in einem anderen Mitgliedsstaat. Für den Fall a) des Grenzgängers besteht kein Erfordernis der Genehmigung des inländischen Krankenversicherungsträgers. Dasselbe gilt für den Fall b) des Urlaubers soweit dies medizinisch notwendige Leistungen betrifft (Art. 19 Abs. 1 VO EG 883/2004). Für nicht notwendige Leistungen wird eine Liste von Sachleistungen erstellt. Insoweit ist eine „vorherige Vereinbarung" mit dem zuständigen Träger erforderlich Art. 19 Abs. 2 VO EG 883/2004). Für den Fall c) der **gezielten Inanspruchnahme** von Leistungen in einem Mitgliedsstaat gilt gemäß Art. 20 VO EG 883/2004 Folgendes: Es ist eine Vorabgenehmigung erforderlich. Diese wird erteilt, wenn die betreffende Behandlung Teil der Leistungen ist, die nach den Rechtsvorschriften des Wohnmitgliedstaats erbracht werden und die Behandlung nicht in einem medizinisch vertretbarem Zeitraum erbracht werden kann (Art. 20 Abs. 1, Abs. 2 Satz 2 VO EG 883/2004). Ist dies der Fall, so werden die Leistungen nach den für den Aufenthaltsstaat geltenden Vorschriften erbracht (Art. 20 Abs. 2 Satz 2 VO EG 883/2004). **97**

Abweichend davon kommt **außerhalb der EU** gemäß § 18 Abs. 1 SGB V ein Ruhen der Leistungen dann nicht in Betracht, wenn die Behandlung nur im Ausland möglich ist (vgl. LSG RhPf. Breith. 1993 S. 710). Es genügt noch nicht, wenn die Krankheit generell im Inland behandelt werden kann. Vielmehr ist auf das spezifische Krankheitsbild abzustellen (BSG SozR 3-2500 § 18 Nr. 1). Andererseits darf eine Krankenkasse die Kosten für eine Auslandsbehandlung nicht übernehmen, wenn eine „gleich oder ähnlich erfolgversprechende Behandlung" im Inland möglich ist (BSG 84 S. 90; BSG 92 S. 164). Zur Organtransplantation **98** im Ausland vgl. § 17 Rn. 25; Linke, NZS 2005 S. 467; Tiedemann, ZfSH/SGB 2013 S. 331). Ergänzende Regelungen trifft § 18 Abs. 3 SGB V, für Fälle, in denen ein Versicherungsschutz nicht erlangt werden kann. Für Versicherte, die im Ausland beschäftigt werden, begründet § 17 SGB V eine vorläufige Leistungspflicht des Arbeitgebers.

99 Etwas erweiternd zu den unionsrechtlichen Koordinationsregeln bestimmt § 13 Abs. 4 Satz 1 SGB V konsequenterweise, dass Versicherte Leistungen grundsätzlich im EU-Ausland in Anspruch nehmen und Kostenerstattung verlangen können. Der Anspruch ist nach § 13 Abs. 4 Satz 3 und 6 SGB V grundsätzlich auf die Höhe der Inlandskosten begrenzt (BSG SozR 4-2500 § 13 Nr. 24). Vor dem Hintergrund der Rechtsprechung (EuGH NZS 2001 S. 478 – Smits/Peerbooms; EuGH EuZW 2001 S. 471 – Vandbraekel) und damit zur Sicherung einer ausgewogenen Versorgungsstruktur kann bei **stationären Leistungen** (§ 39 SGB V) nach § 13 Abs. 5 SGB V eine vorherige Zustimmung der Krankenkasse verlangt werden. Sie kann nur versagt werden, wenn eine entsprechende Inlandsbehandlung möglich ist (§ 13 Abs. 5 Satz 2 SGB V). Diese Rechtsprechung ist auf Fälle erweitert worden, bei denen vergleichbare Zwänge der Kostenkontrolle bestehen, wie beim Einsatz von medizinischen Großgeräten im ambulanten Bereich (EuGH ZESAR 2011 – Kommision/Frankreich, mAm Kessler). Insgesamt bestand jedenfalls in der Vergangenheit ein erhebliches Spannungsverhältnis zwischen den Koordinationsregeln und der Dienstleistungsfreiheit (unten Rn. 100–104). Betreffend die Koordinationsregeln haben die Mitgliedsstaaten der EU der Rechtsprechung des EuGH nicht folgen wollen (vgl. Fuchs, NZS 2005 S. 225; Tiedemann, ZESAR 2012 S. 14). Allerdings hat die Patientenrichtlinie (2011/24/EU) zu einer weitgehenden Angleichung geführt (Hernekamp/Jäger-Lindemann, ZESAR 2011 S. 403; Tiedemann, NZS 2011 S. 887; Bieback, ZESAR 2013 S. 143).

100 Bis vor wenigen Jahren war die gesamte Leistungserbringung und insbesondere der Gesundheitsmarkt innerhalb der EU noch weitgehend national organisiert (vgl. dazu Hölzel, br 1992 S. 49; Neumann-Duesberg, BKK 1993 S. 642; Bieback, DRV 1994 S. 25; v. Maydell in Schulin HS-KV § 64 Rn. 93). Das hat sich unter dem Einfluss des europäischen **Wettbewerbsrechts** nun grundlegend geändert. Zwar gilt auch weiterhin: Die Mitgliedstaaten der EU gestalten ihre Sozialsysteme eigenständig. In Art. 48 AEUV ist eine Koordinierung, jedoch nicht eine Harmonisierung von Sozialleistungen geregelt. Das Sozialrecht überschneidet sich jedoch in vielfältiger Weise mit dem Wettbewerbsrecht. Dieser Prozess ist nachhaltig durch das Unionsrecht geprägt worden (§ 1 Rn. 18 ff.). Daraus ergeben sich Konsequenzen, die eine Öffnung des Leistungs- und Leistungserbringungsrechts hin auf den europäischen Binnenmarkt erforderlich machen. Von dieser Notwendigkeit geht auch der EuGH aus. Insbesondere war für ihn schon der bisherige Art. 22 VO 1408/71 nicht als eine Spezialregelung anzusehen, die eine Anwendbarkeit der Vorschriften über die **Marktfreiheit** ausschlösse. Dasselbe ist heute auch für Art. 20 VO EG 883/2004 anzunehmen. In den beiden sich berührenden Rechtskreisen geht es um die Freizügigkeit der Arbeitnehmer. Unabhängig davon ist die Freiheit des Waren- und Dienstleistungsverkehrs zu sehen. Unter dem Blickwinkel des in den Art. 35 und 36 AEUV geregelten **freien Warenverkehrs** und der in den Art. 56 und 57 AEUV geregelten **Dienstleistungsfreiheit** hat der EuGH entschieden, dass eine nationale Regelung, die die Erstattung der Kosten für eine medizinische Leistung von der Genehmigung des Trägers der sozialen Sicherheit des Versicherten abhängig macht, den elementaren Grundsatz des freien Verkehrs verletzt (einschränkend Fuchs, NZS 2002 S. 337). Die Tatsache, dass eine entsprechende Regelung zur sozialen Sicherheit gehört, schließt die Anwendung der Wettbewerbsregeln nicht aus. Das gilt auch für den **Absatz medizinischer Erzeugnisse** (EuGH NZS 1998 S. 280; 283 – Kohll/Decker; BSG 98 S. 1). Damit kann dem Versicherten bei Auslandsbehandlungen die Kostenerstattung nicht verwehrt und damit kann Art. 20 VO EG 883/2004 letzten Endes neutralisiert werden. Allerdings ist zu beachten, dass Art. 20 VO EG 883/2004 die Sachleistungsaushilfe regelt. Im Rahmen der auf die passive Dienstleistungsfreiheit des Art. 56 AEUV (Art. 49 EGV) zurückzuführenden und damit grundsätzlich nicht einschränkbaren Patientenmobilität geht es aber um Kostenerstattungsansprüche (§ 13 Abs. 4 SGB V). Gemeinschaftsrechtliche Einschränkungen bei der grenzüberschreitenden Erbringung von Gesundheitsleistungen bestanden seit jeher vor allem im Bereich der stationären Versorgung (EuGH NZS 2001 S. 478– Smits/Peerbooms; EuGH Slg. 2003 I-12403 – Inizan).

Die Patientenrichtlinie (2011/24/EU) hat in dem Konfliktfeld zwischen der **101** sozialrechtlichen Koordinierung und der Dienstleistungsfreiheit, hier also der Patientenmobilität, Regelungen getroffen, die zu einer gewissen Angleichung führen (Art. 1 RL 2011/24/EU). Die Patientenrichtlinie schränkt die Art. 17–19 VO EG 883/2004 nicht ein. Soweit nach diesen Vorschriften Sachleistungen erbracht werden müssen, hat es damit sein Bewenden (oben Rn. 92–99). Lediglich im Falle einer **gezielten Inanspruchnahme** von Leistungen in einem anderen Mitgliedsstaat (Art. 20 VO EG 883/2004) handelt es sich überhaupt um Patientenmobilität. Art. 8 RL 2011/24/EU führt für eine Reihe von Gesundheitsleistungen eine Vorabgenehmigung ein und beschränkt damit in gewisser Weise die Dienstleistungsfreiheit. Dafür gibt es aber eine Reihe von sachlichen Gründen. Diese Gründe sind in Art. 8 Abs. 2 RL 2011/24/EU abschließend geregelt. Sie betreffen Gesundheitsleistungen, für die a) ein hoher Planungsbedarf besteht (Krankenhausaufenthalt, Einsatz einer hoch spezialisierten und kostenintensiven Infrastruktur), b) bei deren Inanspruchnahme ein besonderes Risiko für den Patienten oder die Bevölkerung besteht oder c) bei denen im Hinblick auf den Leistungserbringer „ernsthafte und spezifische" Bedenken hinsichtlich der Qualität oder Sicherheit des Versorgung bestehen. Gemäß Art. 8 Abs. 3 RL 2011/24/EU stellt der Versicherungsmitgliedstaat fest, ob die Bedingungen der VO EG Nr. 883/2004 erfüllt sind. Ist dies der Fall, so wird die Vorabgenehmigung gemäß der genannten Verordnung erteilt, es sei denn, der Patient wünscht etwas anderes (Art. 8 Abs. 3 RL 2011/24/EU). Damit kommt den Koordinationsregelungen der Art. 17–20 VO EG Nr. 883/2004 ein gewisser Vorrang zu. Der Patient kann sich aber auch anders, also für die Anwendung der Patientenrichtlinie und damit für Dienstleistungsfreiheit entscheiden. Ein wichtiger Unterschied besteht noch darin, dass die VO EG Nr. 883/2004 auch auf Pflegleistungen anwendbar ist. Darauf erstreckt sich die Patientenrichtlinie nicht (Tiedemann, ZESAR 2012 S. 14; Bieback, ZESAR, 2013 S. 143).

Vor dem Hintergrund der Waren- und Dienstleistungsfreiheit ist aber Folgendes **102** festzustellen: Unstreitig ist heute, dass die Existenz der Sozialversicherungs-Monopole in den Mitgliedstaaten zu respektieren ist (EuGH NJW 1993 S. 2597 – Poucet mAnm Eichenhofer). Hauptkriterien sind dabei, dass diese Monopole auf der Basis des Versicherungszwanges einen sozialen Ausgleich organisieren (unten Rn. 107). Diese Abweichungen vom freien Wettbewerb lassen sich aber nicht auf die gesamte innerstaatliche Ausgestaltung des jeweiligen Sozialsystems übertragen. Wenn also ein Mitgliedsstaat das **Sachleistungsprinzip** eingeführt hat, dann darf das nicht dazu führen, dass eine aus dem freien Waren- und Dienstleistungsverkehr folgende Kostenerstattung unterlaufen werden kann (Fuchs, NZS 2005 S. 225; Möschel, JZ 2007 S. 601). Das Sachleistungsprinzip ist ein Prinzip der Organisation der Leistungserbringer und unterliegt dabei auch den Gesetzen des Marktes (EuGH NZS 2001 S. 478– Smits/Peerbooms; EuGH EuzW 2001 S. 471 – Vanbraekel). Die Mitgliedsstaaten werden durch das Recht, ihre Sozialversicherungssysteme eigenständig auszugestalten, nicht von der Pflicht befreit, für einen freien Waren- und Dienstleistungsverkehrs zu sorgen (Steinmeyer, ZSR 1999 S. 739 ff.). Speziell im Hinblick auf das deutsche überwiegend öffentlich-rechtlich organisierte Leistungserbringungssystem wird man ein alternatives System entwickeln müssen, dass den Anbietern von Leistungen im europäischen Ausland die Möglichkeit gibt, Verträge mit den Leistungsträgern zu schließen. Andernfalls ergäbe sich eine Diskriminierung, die ausschließlich von der Staatsangehörigkeit abhinge. Sie wäre bei der Ablehnung eines Vertragsschlusses gegeben, wenn dies unter Hinweis darauf geschieht, dass der Anbieter einer Leistung seinen Sitz im EU-Ausland hat (vgl. § 13 Abs. 4 Satz 2 SGB V, 88 Satz 3 SGB III aF). Wenn der Anbieter von Leistungen seinen Sitz nicht im Inland hat, muss „in anderer Weise die Überprüfung sichergestellt" sein. Inzwischen ist in § 140e SGB V die Grundlage für ein Vertragssystem mit EU-Leistungserbringern geschaffen worden (vgl. auch § 1 Rn. 18 ff.).

103 Schwierigkeiten ergaben sich im Detail insoweit, als die Vorschriften des Leistungserbringungsrechts ganz auf die bisherigen Verhältnisse einer Erbringung von Leistungen im Inland ausgerichtet waren. Sie bedurften also einer Anpassung an das EU-Recht. Eine Europäisierung des Leistungserbringungsrechts wird dennoch nicht leicht zu bewerkstelligen sein, weil mit dem inländischen System der Sach- bzw. Naturalleistung sehr weitgehende Möglichkeiten einer **Steuerung der Versorgung** verbunden sind. Dazu gehört etwa die ohnehin nur noch ausnahmsweise zulässige Beschränkung auf eine bedarfsgerechte Zulassung von Leistungserbringern, der Grundsatz der Gesamtvergütung für Ärzte und die Einflussnahme auf die Ausgaben vor allem für Arzneien, auf die Verordnungspraxis, die Vermeidung überflüssiger diagnostischer Maßnahmen oder von Krankenhauseinweisungen. Hinsichtlich der Qualitätssicherung medizinischer Leistungen dürften keine größeren Bedenken bestehen. Die medizinische Versorgung in Europa ist seit langem Gegenstand einer Vielzahl von Koordinierungs- und Harmonisierungsregelungen der EU.

104 Bei einer Zunahme der Marktfreiheiten könnte die Steuerung der Leistungserbringung erschwert sein. Bisher hat sich aber selbst in Grenzregionen gezeigt, dass es durch die Inanspruchnahme von Marktfreiheiten nur marginale Veränderung gegeben hat. Andererseits setzt der Gesetzgeber seit längerem auf die **Marktmechanismen** auch im Interesse einer **Kostenbegrenzung** (§ 69 SGB V). Dazu kann er sich in Fällen einer Berührung mit dem EU-Ausland schwerlich in Widerspruch setzen. Unübersehbare Schwierigkeiten gibt es im **Vertragsarztrecht** (§§ 72 ff. SGB V), das öffentlich-rechtlich organisiert und mit Zulassungsbeschränkungen und Disziplinarbefugnissen ausgestattet ist. Sie können nur im Inland durchgesetzt werden. Andererseits lässt der EuGH Beschränkungen der Freiheit des Waren- und Dienstleistungsverkehrs nur zu, wenn dies der Schutz der öffentlichen Ordnung oder der Gesundheit der Bürger verlangt (BSG SozR 3-2500 § 18 Nr. 8). Des Weiteren kann eine Einschränkung aus zwingenden Gründen des Allgemeininteresses geboten sein (EuGH Slg. 1984 I-523 – Duphar). Davon ist im Sozialrecht auszugehen, wenn anders das **finanzielle Gleichgewicht** des inländischen Systems der sozialen Sicherheit gefährdet wäre oder wenn die medizinische Versorgung der Bevölkerung nicht anders aufrechterhalten werden könnte (Art. 106 Abs. 2 AEUV). Damit können gewisse Einschränkungen auch über die stationäre Versorgung hinaus gerechtfertigt werden (Becker, NZS 2005 S. 449).

Der Versicherungsschutz in der **Unfallversicherung** (§§ 2–7 SGB VII) knüpft nach Maßgabe der §§ 3–6 SGB IV an eine Tätigkeit im Inland. Soweit ein Versicherungsschutz nach § 2 Abs. 2 Satz 1 SGB VII begründet ist, gelten die gleichen Grundsätze wie für Beschäftigungsverhältnisse (BSG SGb 1986 S. 125 mAnm Igl/Schuler). In den Fällen des § 2 Abs. 3 SGB VII wird der Unfallversicherungsschutz Beschäftigter auf Auslandsbeschäftigungen erstreckt. Im Übrigen gilt die Sonderregelung des § 2 Abs. 3 Satz 2 SGB VII, und zwar nur, soweit es sich nicht um eine Beschäftigung oder eine selbständige Tätigkeit handelt (vgl. BSG 115 S. 256). Für letztere gelten schon generell die §§ 3–6 SGB IV. Dagegen kennt das Gesetz für die **gleichgestellten Verrichtungen** (zB den Schulbesuch) nur den Fall der Ausstrahlung iSd § 4 SGB IV. Einen Sonderfall zu dem Komplex Ein- und Ausstrahlung stellt die Regelung des § 2 Abs. 3 Satz 3 SGB VII dar. Sie entspricht materiell den Grundsätzen der sozialen Entschädigung (unechte Unfallversicherung). Wer eine an sich nach § 2 Abs. 1 Nr. 13 SGB VII unter Unfallversicherungsschutz stehende Rettungshandlung im Ausland vornimmt, genießt Versicherungsschutz nur, wenn er im Inland seinen Wohnsitz oder gewöhnlichen Aufenthalt hat (§ 2 Abs. 3 Satz 5 SGB VII). Das ist zB dann nicht der Fall, wenn ein Ausländer im Ausland einen Deutschen rettet (BSG 35 S. 70). 105

Unter den Versicherungsfällen ist insbesondere auf den **Wegeunfall** ausländischer Arbeitnehmer hinzuweisen. Auch wenn sie auf längere Sicht in Deutschland arbeiten, behalten sie im Allgemeinen ihren Lebensmittelpunkt im Heimatland. Deswegen genießen sie auf dem Wege dorthin Versicherungsschutz gemäß § 8 Abs. 2 Nr. 1 SGB VII. Zum Problem der grenzüberschreitenden Entstehung und Entschädigung von Berufskrankheiten vgl. Raschke, BG 1988 S. 128. Die Erbringung von Sach- bzw. Dienstleistungen im Ausland (Leistungsaushilfe) ist in zwischenstaatlichen Abkommen geregelt. Innerhalb der EU sind die Art. 36 ff. VO EG 833/2004 anzuwenden (Steinmeyer, BG 1995 S. 99). Insoweit gilt nahezu uneingeschränkt der Grundsatz der Gebietsgleichstellung (Art. 5, 40 Abs. 3 VO EG 833/2004). Hinsichtlich der zu erbringenden Leistungen knüpft Art. 36 Abs. 1 VO EG 833/2004 an die Grundsätze an, die für die Sachleistungsaushilfe in der Krankenversicherung gelten (oben Rn. 92–97). Ob darüber hinaus mit Blick auf die Besonderheiten der Unfallversicherung auch hier von einer Waren- und Dienstleistungsfreiheit ausgegangen werden kann, war längere Zeit umstritten (vgl. Fuchs, in Eichenhofer (Hrsg) 50 Jahre nach ihrem Beginn – Neue Regeln für die Koordinierung sozialer Sicherheit, 2009 S. 209, 215). Inzwischen ist aber klargestellt, dass die Versicherungsmonopole, auf der Basis von Versicherungszwang einen Solidarausgleich organisieren, nicht gegen Unionsrecht verstoßen (EuGH ZESAR 2009 S. 343 – Kattner; dazu Fuchs, SGb 2012 S. 507; anders Giesen, ZESAR 2004 S. 151; Seewald SGb 2004 S. 387; § 1 Rn. 18). 106

Für die Feststellung von **Berufskrankheiten** gilt innerhalb der EU die Sondervorschrift des Art. 38 VO EG 883/2004. Hat danach eine Person in mehreren Mitgliedstaaten eine Tätigkeit ausgeübt und sich eine Berufskrankheit zugezogen, so werden Leistungen ausschließlich nach den Rechtsvorschriften des letzten der beteiligten Mitgliedstaaten gewährt. Dabei ist nur auf die erstmalige ärztliche Feststellung der Berufskrankheit abzustellen. Deren Entstehungsursachen können also durchaus in einem anderen Mitgliedstaat liegen. Allerdings muss die gefahrbringende Tätigkeit auch in dem letzten Staat ausgeübt worden sein. 107

108 Soweit die unechte Unfallversicherung nach § 2 Abs. 1 Nr. 13 SGB VII berührt ist und damit im Grunde kein Arbeitsunfall sondern ein Fall der sozialen Entschädigung gegeben ist, lassen sich die Art. 36 ff. VO EG 883/2004 nicht anwenden. Die insoweit zu erbringenden Leistungen stellen allerdings soziale Vergünstigungen iSd Art. 7 Abs. 2 VO EU 492/2011 dar (Eichenhofer, Sozialrecht der Europäischen Union, 2018 S. 169, Eichenhofer, SGb 2010 S. 185). Art. 70 VO EG 883/2004 ist nicht anwendbar, da die Leistungen nach § 2 Abs. 1 Nr. 13 SGB VII nicht beitragsunabhängig sind. Außerdem erfolgt ein Ausschluss nach Art. 3 Abs. 5 VO EG 883/2004.

109 Gemäß § 97 SGB VII werden an Berechtigte, die ihren gewöhnlichen Aufenthalt außerhalb eines EU-Staates haben, einschränkungslos Geldleistungen erbracht. Für alle anderen Leistungen erhalten die Berechtigten eine angemessene Kostenerstattung, einschließlich der Kosten für eine Pflegekraft oder der Heimpflege. Als angemessen werden die Kosten in dem Umfange angesehen, in dem sie im Inland angefallen wären. Bei der Festlegung des genauen Betrages von Leistungen nach § 44 SGB VII sind die Verhältnisse im Ausland zu berücksichtigen (BSG SozR 3-2200 § 558 Nr. 3). Für EU-Bürger gilt die weitergehende, im Rahmen der Leistungsaushilfe auch auf Sachleistungen zu erstreckende Regelung des Art. 36 Abs. 2 VO EG 883/2004.

110 Auch bei der Begründung des Versicherungsschutzes in der **Rentenversicherung** gelten die §§ 3–6 SGB IV. Eine Sonderregelung dazu besteht gemäß § 7 Abs. 1 Satz 2 SGB VI insoweit, als lediglich Deutsche, die ihren gewöhnlichen Aufenthalt im Ausland haben, der Versicherung freiwillig beitreten können. Für pflichtversicherte Bürger eines EU-Staates ist die freiwillige Versicherung jedoch gemäß Art. 14 Abs. 3 VO EG 883/2004 möglich, wenn für sie als Arbeitnehmer oder Selbständige zu irgendeiner Zeit die Vorschriften der deutschen Rentenversicherung gegolten haben. Andere Ausländer müssen im Falle der freiwilligen Versicherung ihren Wohnsitz oder gewöhnlichen Aufenthalt im Inland haben (§ 3 Nr. 2 SGB IV).

111 Soweit **Beitragszeiten** Einfluss auf die Höhe der Leistung haben, sind sie nur zu berücksichtigen, wenn die Beiträge an einen inländischen Träger der Sozialversicherung gezahlt wurden. Hinsichtlich der Berücksichtigung anderer versicherungsrechtlicher Zeiten (Anrechnungs-, Ersatz- und Zurechnungszeiten) ergibt sich ein sehr uneinheitliches Bild (Ruland, DRV 1990 S. 709; Grotzer, DRV 1993 S. 67; Eichenhofer, SGb 1994 S. 353). Eine Ausbildung (§ 58 Abs. 1 Nr. 4 SGB VI) kann auch im Ausland absolviert worden sein (BSG 56 S. 36). Arbeitslosigkeit als Anrechnungszeit (§ 58 Abs. 1 Nr. 3 SGB VI) setzt die Meldung bei einer Arbeitsagentur im Inland voraus. Besonderheiten können sich auch insoweit aus zwischenstaatlichen Abkommen ergeben, wobei zum Teil nach Beschäftigungs- und Anrechnungszeiten differenziert wird (BSG SozR 4-2600 § 237 Nr. 13).

112 Die Zurücklegung bestimmter Versicherungszeiten im Inland als Leistungsvoraussetzung ist wiederum in der EU nicht notwendig (Art. 6, 51 VO EG 883/2004). Allerdings erfolgt die **Zusammenrechnung** von Zeiten, die ein Arbeitnehmer in einem Mitgliedsstaat der EU zurückgelegt hat, nur im Hinblick auf die Anspruchsbegründung. Was die Höhe der Leistung angeht, so richtet sie sich nach den Zeiten, die in dem zuständigen Staat zurückgelegt wurden (Schuler, Das Internationale Sozialrecht der Bundesrepublik Deutschland 1988 S. 541 ff; Eichenhofer, Sozialrecht der Europäischen Union, 2018 S. 154 ff.). Die Kollisionsregeln sind zwingend (Art. 50–53 VO EG 883/2004). Folglich hat der einzelne

Unionsbürger, der Zeiten in verschiedenen Mitgliedsstaaten zurück gelegt hat, kein Wahlrecht, ob diese Zeiten für seinen Rentenanspruch angerechnet werden, und zwar auch dann nicht, wenn ihm das einen Vorteil brächte (EuGH NZS 2011 S. 375 Rn. 52 – van Delft, van Willigen) Auch außerhalb der EU bestehen vertragliche Vereinbarungen, die eine Zusammenrechnung von Zeiten vorsehen. Nach Auffassung des BSG ist dabei grundsätzlich eine kumulative Zusammenrechnung von Zeiten, also solchen Zeiten, die in zwei verschiedenen Vertragsstaaten der Bundesrepublik zurückgelegt wurden, zulässig (BSG 57 S. 23). Diese Art der Zusammenrechnung wird jedoch in neueren Abkommen ausgeschlossen (vgl. BSG 72 S. 25; 196).

Auch bei der Berücksichtigung von **Kindererziehungszeiten** in der Renten- 113
versicherung nach § 56 Abs. 3 Satz 1 SGB VI wird grundsätzlich an eine Erziehung im Inland angeknüpft. Eine Erziehung im Inland ist gegeben, wenn sich der erziehende Elternteil hier mit dem Kind gewöhnlich aufgehalten hat (BSG 71 S. 78; 227; BSG SozR 3-2600 § 56 SGB VI Nr. 6; v. Einem, SGb 1993 S. 204). Eine Ausnahme, im Sinne einer Gleichstellung wird davon nach § 56 Abs. 3 Satz 2 und 3 SGB VI gemacht. Bei einem gewöhnlichen Aufenthalt der Eltern im Ausland während der Erziehung oder unmittelbar vor der Geburt des Kindes, erfolgt eine Gleichstellung, wenn dort Pflichtbeitragszeiten erworben worden sind. Innerhalb der EU gilt demgegenüber die allgemeine Gleichstellungsregelung nach Art. 5 VO EG 883/2004; Art. 44 VO EG 987/2009 (EuGH ZESAR 2012 S. 483 – Reichel-Albert). Angesichts der im Detail unterschiedlich konstruierten Sicherungssysteme in den Mitgliedstaaten bereitet die Berücksichtigung von Kindererziehungszeiten allerdings einige Probleme. Insbesondere lassen sie sich als Beitragszeiten oder als Familienleistungen betrachten (Jorens/Overmeiren, Allgemeine Prinzipien der Koordinierung in Verordnung 883/2004, in Eichenhofer (Hrsg) 50 Jahre nach ihrem Beginn – Neue Regeln für die Koordinierung sozialer Sicherheit, 2009 S. 129).

Die Erziehungsrente des § 47 SGB VI weist eher die Merkmale einer Rente 114
wegen Todes auf und ist als Rente im Sinne des Art. 67 VO EG 883/2004 und nicht als Familienleistung anzusehen (EuGH ZESAR 2014 S. 489 Rn. 48 – Würker). Gewisse Schwierigkeiten bereitete schon immer die Feststellung der Versicherungsfälle von **Berufs- und Erwerbsunfähigkeit.** Das setzt sich, wenn auch erheblich abgeschwächt für die **verminderte Erwerbsfähigkeit** iSd § 43 SGB VI fort. Soweit es dabei auf den bisherigen Beruf ankommt, wird eine „aus dem Ausland mitgebrachte Qualifikation" berücksichtigt, wenn sie im Inland ihre Bestätigung findet (BSG SozR 2200 § 1246 RVO Nr. 53). Wurden Qualifikationen in einem EU-Staat erworben, so sind sie im Inland anzuerkennen. Ein Berufsschutz besteht aber nicht immer. Insoweit kann es auch zu einer gewissen Besserstellung gegenüber Staaten kommen, die nicht Mitglied der EU sind (BSG 83 S. 192; BSG SozR 3-2200 § 1246 Nr. 58; BSG 3-2600 § 43 Nr. 15). Nach § 43 SGB VI gibt es im gegenwärtigen Recht ohnehin keinen Berufsschutz mehr, so dass sich diese Fragen jedenfalls für die künftigen Rentenfälle erledigt haben. Soweit in Altfällen bei der Feststellung der Berufs- oder Erwerbsunfähigkeit, die Verhältnisse des Arbeitsmarktes in die Beurteilung einzubeziehen sind, ist auf den deutschen Arbeitsmarkt abzustellen (Schuler, Das Internationale Sozialrecht der Bundesrepublik Deutschland 1988 S. 572). Darauf kann es auch im geltenden Recht noch ankommen, da nach § 43 Abs. 3 Hs. 2 SGB VI nF nur die Berücksichtigung der „Lage" des Arbeitsmarktes ausgeschlossen ist. Dasselbe gilt für die Altfälle einer Rente bei Arbeitslosigkeit nach §§ 38, 237 SGB VI (BSG 33 S. 137).

Auch hier ist also auf die Verhältnisse auf dem deutschen Arbeitsmarkt abzustellen. Besondere Probleme bei der Koordinierung bestehen bei den Leistungen bei Invalidität weiterhin angesichts der Tatsache, dass in den Mitgliedsstaaten unterschiedliche Systeme bestehen. Beim Typ A genügt es, dass bei Eintritt der Invalidität Versicherungsschutz besteht, beim Typ B ist die Zurücklegung von Versicherungszeiten erforderlich, wobei ein Versicherungsschutz nicht mehr bestehen muss (§ 50 Abs. 1 Nr. 2 SGB VI). Hier treffen die Art. 44–46 VO EG 833/2004 recht komplizierte Koordinierungsregeln.

115 Leistungsrechtliche Regelungen allgemeiner Art ergeben sich für die **Rentenversicherung** aus den §§ 110 ff. SGB VI. Dabei knüpft § 110 Abs. 2 SGB VI insoweit an das Äquivalenzprinzip an, als Berechtigte, die ihren gewöhnlichen Aufenthalt im Ausland haben, Leistungen der Rentenversicherung erhalten. Dieser Grundsatz wird durch die §§ 111–114 SGB VI modifiziert. So besteht im Ausland kein Anspruch auf einen Zuschuss zu den Aufwendungen für die Krankenversicherung (§ 111 Abs. 2 SGB VI). Ein Anspruch auf Leistungen zur Rehabilitation besteht nur, wenn im Antragsmonat ein Pflichtbeitrag entrichtet worden ist, bzw. wenn im Anschluss an eine versicherte Beschäftigung oder selbständige Tätigkeit Arbeitsunfähigkeit vorlag. Darüber hinaus gilt allgemein für die Rehabilitation, dass Leistungen nur unter den Voraussetzungen des § 18 SGB IX im Ausland erbracht werden. Zusätzlich zu beachten sind allerdings die wettbewerbsrechtlichen Folgerungen, die sich aus der Dienstleistungsfreiheit ergeben (oben Rn. 100 ff.). Eine Rente wegen verminderter Erwerbsfähigkeit wird nur geleistet, wenn der Anspruch unabhängig von der jeweiligen Arbeitsmarktlage, also wegen des Gesundheitszustandes, besteht (§ 112 SGB VI). Das entspricht im Wesentlichen dem innerstaatlichen Recht (§ 43 Abs. 3 SGB VI). Die Sonderregelungen der §§ 113, 114 SGB VI betreffen die Höhe der Rente. Für alle diese Modifikationen gilt, dass sie nur in Frage kommen, soweit sich aus über- oder zwischenstaatlichem Recht nichts anderes ergibt (§ 110 Abs. 3 SGB VI). Innerhalb der EU wird eine Rente nach den Grundsätzen des Art. 52 Abs. 1 VO EG 833/2004 berechnet. Dazu wird zunächst die „autonome" Leistung nach dem Recht des zuständigen Staates ermittelt. Das ist der Staat, der die Leistung zuerkennt, wenn die Leistungsvoraussetzungen allein nach seinem Recht erfüllt wurden. Danach wird die anteilige Leistung festgestellt. Zu diesem Zweck wird zunächst der „theoretische" Betrag ermittelt. Das ist der Betrag, der sich ergäbe, wenn alle rentenrechtlichen Zeiten unter das Recht des zuerkennenden Staates fielen. Anschließend wird tatsächliche Betrag der anteiligen Leistung ermittelt, indem der theoretische Betrag in ein Verhältnis der für den zuerkennenden Staat geltenden Vorschriften über die rentenrechtlichen Zeiten zu den Zeiten der beteiligten Mitgliedsstaaten gesetzt wird. Der Leistungsberechtigte kann in jedem Mitgliedsstaat die höheren Beträge der autonomen oder anteiligen Leistung verlangen (Art. 52 Abs. 3 VO EG 883/2004). Eine Kürzung von Geldleistungen ist im Bereich der EU durch Art. 5, 21 VO EG 883/2004 generell ausgeschlossen (vgl. bereits EuGH SozR 3-2600 § 97 Nr. 5 – Insalaca).

116 Im **Arbeitsförderungsrecht** gelten auf Grund der Regelung des § 1 Abs. 1 Satz 2 SGB IV die gemeinsamen Vorschriften über die Sozialversicherung weitgehend auch für das SGB III. Damit werden die §§ 3–6 SGB IV für anwendbar erklärt. Allerdings ist die Arbeitsförderung systematisch nicht nur der Sozialversicherung zuzuordnen. Im Leistungsrecht bringt vor allem § 59 Abs. 1 bis 3 SGB III bei der Förderung der beruflichen Ausbildung eine Sonderregelung für Ausländer. Sie gilt nicht für die Weiterbildung nach den §§ 81 ff. SGB III, da diese Leistungen

stark beitragsabhängig sind und deswegen an den Gedanken des Äquivalenzprinzips anzuknüpfen ist.

Für die Leistungen zur Teilhabe am Arbeitsleben behinderter Menschen (§§ 49 SGB IX, 112 ff. SGB III) trifft § 31 SGB IX eine flexible Regelung für die Erbringung von Leistungen im Ausland. Sie gilt zum einen für alle Rehabilitationsträger, die Leistungen zur Teilhabe erbringen (§ 6 SGB IX). Zum anderen ist sie für den Bereich der EU zu eng gefasst, da § 31 Satz 1 SGB IX die „wirtschaftlichere" Ausführung der Leistungen zur Voraussetzung erhebt. Entsprechendes gilt für § 31 Satz 2 SGB IX, der nur die grenznahe Erbringung von Leistungen zur Teilhabe am Arbeitsleben regelt. 117

Für die Erbringung von **Leistungen bei Arbeitslosigkeit** (§§ 136 ff. SGB III) ist gemäß Art. 11 Abs. 2, 61 Abs. 2 VO EG 883/2004 – vorbehaltlich der Art. 12–16 VO EG 883/2004 – der Beschäftigungsstaat zuständig. Davon abweichend wird in Art. 11 Abs. 3 lit. c, 65 VO EG 883/2004 die Zuständigkeit des Wohnstaates begründet. Das betrifft vollarbeitslose Grenzgänger. Als Geldleistungen wären Leistungen bei Arbeitslosigkeit an sich problemlos ins Ausland zu exportieren. Da der Anspruch jedoch die persönliche Meldung beim zuständigen Arbeitsamt voraussetzt (§ 141 SGB III) und außerdem von der Verfügbarkeit des Arbeitslosen abhängt (§ 138 Abs. 5 SGB III), kommen Leistungen häufig nur im Inland in Betracht. Diese Beschränkung des Anspruchs auf das Inland wird in der EU modifiziert. Insbesondere erstreckt sich die Exportpflicht nach Art. 7 VO EG 883/2004 nur eingeschränkt auf das Arbeitslosengeld I für vollarbeitslose Unionsbürger (Art. 64 VO EG 883/2004). Für die Entstehung des Leistungsanspruchs gelten die Regelungen der Art. 61 ff. VO EG 883/2004. Danach werden Versicherungs- und Beschäftigungszeiten zusammengerechnet. Allgemeine Grundlage dafür sind die Art. 5, 6, 11 VO EG 883/2004. Die Anrechnung von Zeiten kann allerdings in den einzelnen Mitgliedsstaaten unterschiedlich ausgestaltet sein (EuGH ZESAR 2017 S. 84 – Office national de l'emploi). Sie werden koordiniert aber nicht harmonisiert. Wenig entwickelt ist das System bei den Leistungen zur Eingliederung in den Arbeitsmarkt (Bieback, ZESAR 2017 S. 801). Mit einer einheitlichen Arbeitslosenversicherung in der EU ist nicht so bald zu rechnen (Eichenhofer, ZESAR 2015 S. 259; Kommission, ZESAR 2018 S. 305). Allerdings existiert ein Europäischer Sozialfond, dessen wesentliche Aufgabe in der Bekämpfung der Langzeitarbeitslosigkeit besteht (Art. 162 AEUV). Keine Leistungen bei Arbeitslosigkeit sind solche nach den §§ 19 ff. SGB II. Systematisch gehören sie zur Fürsorge 118

Die in unterschiedlichen Mitgliedsstaaten absolvierten **Versicherungs- und Beschäftigungszeiten,** als allgemeine Voraussetzungen für den Leistungsanspruch, werden in dem zuständigen Staat nur unter eingeschränkten Voraussetzungen berücksichtigt (Art. 61 Abs. 1 Satz 2 VO EG 883/2004). Danach gilt Folgendes: Ist der Leistungsanspruch von der Zurücklegung von Versicherungszeiten, Beschäftigungszeiten oder Zeiten einer selbstständigen Erwerbstätigkeit abhängig, so werden diese Zeiten, zB solche einer selbstständigen Erwerbstätigkeit, nur berücksichtigt, wenn sie auch nach den Rechtsvorschriften des zuständigen Mitgliedstaats Versicherungszeiten gewesen wären (EuGH SozR 3-6050 Art. 4 Nr. 9 – Losada). Diese Unterscheidung in Versicherungs- und Beschäftigungszeiten erklärt sich daraus, dass in einigen Mitgliedstaaten der EU Leistungen bei Arbeitslosigkeit beitragsabhängig nach Versicherungsgrundsätzen gewährt werden. In anderen werden die Leistungen nur in Abhängigkeit von der früheren Beschäftigung oder auch an Selbständige erbracht (vgl. 28a SGB III). In Art. 61 Abs. 2 VO EG 883/2004 ist zudem vorgesehen, dass die betreffende Person die relevanten 119

Zeiten „unmittelbar zuvor" nach den Vorschriften des zuständigen Staates zurückgelegt hat, nach denen Leistungen beantragt werden (EuGH ZESAR 2017 S. 84 Rn. 28, 29 – Office national de l'emploi). In Deutschland finden die §§ 142 und 143 SGB III Anwendung. In Art. 62 VO EG 883/2004) ist die Bemessung der Leistung geregelt. Gemäß Art. 62 Abs. 1 VO EG 883/2004 wird das Einkommen berücksichtigt, das während der letzten Beschäftigung bezogen wurde. Das gilt auch dann, wenn der Arbeitslose während eines Teils der Beschäftigungen den Rechtsvorschriften eines anderen Mitgliedsstaates unterlag (Art. 62 Abs. 2 VO EG 883/2004). Damit kann das Arbeitslosengeld gemessen an den §§ 150, 151 SGB III höher oder auch geringer sein, als es ohne Auslandsbezug wäre (BSG SozR 4-4300 § 131 Nr. 6; LSG BW info also 2013 S. 153). Bei der Berechnung wird sichergestellt, dass eine Berücksichtigung von Kindern bei unterschiedlichen Wohnsitzen der Eltern nicht doppelt erfolgen kann (vgl. § 149 SGB III). Nach Aufhebung der Wohnortklauseln (Art. 7 VO EG 883/2004) ist es aber auch nicht erforderlich, dass die beim Arbeitslosengeld zu berücksichtigenden Kinder im selben Staat leben wie der Arbeitslose.

120 Unter den engen Voraussetzungen des Art. 64 VO EG 883/2004 wird dem Arbeitslosen ein Gestaltungsrecht beim **Wechsel in ein anderes Land der EU** eingeräumt. Nach einer Karenzzeit von vier Wochen behält er den im Wohnstaat, der auch sein Beschäftigungsstaat war, erworbenen Leistungsanspruch für drei Monate, die auf sechs Monate verlängert werden können. Weitere Voraussetzung ist nach Art. 64 Abs. 1 lit. b VO EG 883/2004, dass er sich in dem anderen EU-Staat arbeitslos meldet, verfügbar bleibt und sich der dortigen Kontrolle unterwirft, ohne dass dadurch ein Leistungsanspruch erworben wird. Die im neuen Wohnstaat ausgeübte Kontrolle, ist lediglich eine Form der Leistungsaushilfe. Die Möglichkeit einer Kontrolle durch die Arbeitsverwaltung ist die entscheidende unionsrechtliche Voraussetzung für die Leistungen bei Arbeitslosigkeit (EuGH EuZW 2006, 500 – De Cuyper). Die Regelungen dienen insoweit der Freizügigkeit in Europa, als sie auch die Möglichkeiten der Arbeitssuche auf mehrere Mitgliedstaaten erstrecken (BSG SozR 3–1200 § 30 Nr. 12; LSG BW Breith. 1995 S. 283). Diese Freizügigkeit wird allerdings auf einen relativ engen Rahmen begrenzt, so dass die Frage aufgeworfen wird, ob dies noch mit Art. 45 AEUV vereinbar ist (Eichenhofer, JZ 1995 S. 1052). Das ist aber zu bejahen (EuGH C-551/16, juris). Davon unabhängig wird eine Auslegung für vorzugswürdig erachtet, nach der Art. 64 VO EG 883/2004 auch dann anzuwenden ist, wenn der Arbeitslose nicht „ausreist" (vgl. Art. 64 Abs. 1 lit. b VO EG 883/2004), sondern sich von seinem Wohnstaat aus, einem anderen Mitgliedsstaat effizient zur Verfügung stellt (Vießmann, ZESAR 2015 S. 199 Fn. 61).

121 **Grenzgänger,** also Personen, die in einem Mitgliedsstaat arbeiten und in der Regel täglich, mindestens einmal die Woche, in ihren Wohnstaat zurückkehren (Art. 1 lit. f VO EG 883/2004), treffen die Art. 11 Abs. 3 lit. c, 62 Abs. 3, 65 VO EG 883/2004 ergänzende Regelungen (BSG SGb 1995 S. 310 mAnm Mummenhoff). Grundgedanke ist dabei, ob der Grenzgänger besser über den Beschäftigungs- oder den Wohnstaat eingegliedert werden kann. Auch der Arbeitnehmerfreizügigkeit ist Rechnung zu tragen. Nach Art. 65 Abs. 1 VO EG 883/2004, also insbesondere bei Kurzarbeit („chômage partiel"), bleibt der Staat der vorausgegangenen Beschäftigung zuständig. Diese Zuständigkeit des Beschäftigungsstaates bleibt solange bestehen, als die Beschäftigung nicht gänzlich aufgegeben ist (EuGH ZESAR 2016 S. 124 – Franzen). Ein vollarbeitsloser Grenzgänger muss sich nach Art. 65 Abs. 2 VO EG 883/2004 der Arbeitsverwaltung seines Wohnmitgliedsstaates zur Verfügung stellen und den dortigen Verpflichtungen nachkommen (Art. 65 Abs. 3 Satz 1 VO EG 833/2004). Im Falle einer Rückkehr dorthin nach Eintritt der Arbeitslosigkeit nimmt er seine Beitrags- bzw. Beschäftigungszeiten mit in seinen Wohnmitgliedsstaat (EuGH NZS 2015 S. 261 – Mertens; Vießmann, ZESAR 2015 S. 149, 199). Er kann sich zusätzlich im letzten Beschäftigungsstaat arbeitslos melden (Art. 65 Abs. 3 Satz 2 VO EG 883/2004). Zudem bleibt das Recht, sich unter den Voraussetzungen des Art. 64 VO EG 833/2004 in einen anderen Mitgliedsstaat zu begeben, unberührt.

Wer nicht echter Grenzgänger ist und nach Eintritt der Arbeitslosigkeit nicht **122** in seinen Wohnmitgliedsstaat zurückkehrt, muss sich der Arbeitsverwaltung des Mitgliedsstaates zur Verfügung stellen, dessen Rechtsvorschriften zuletzt für ihn gegolten haben (Art. 65 Abs. 2 Satz 3 VO EG 883/2004). Damit ist bei Arbeitslosigkeit grundsätzlich der Beschäftigungsstaat zuständig. Insoweit wird unterstellt, dass dieser unechte Grenzgänger seinen Lebensmittelpunkt im Beschäftigungsstaat hat. Auch in diesem Falle kommt es auf die Beitrags- bzw. Beschäftigungszeiten im Beschäftigungsstaat an. Anders ist dies, wenn er in seinen Wohnmitgliedsstaat zurückkehrt. Es kann sich auch die andere Variante ergeben, dass ein Grenzgänger, die Voraussetzungen des Art. 1 lit. f VO EG 883/2004 nur deswegen nicht erfüllt, weil er nicht mindestens einmal in der Woche in seinen Wohnmitgliedsstaat zurückkehrt, etwa weil die Entfernung zu groß ist. Davon abgesehen ist er aber Grenzgänger, weil er seinen Lebensmittelpunkt im Wohnmitgliedsstaat beibehalten hat („atypischer" Grenzgänger). Diesem atypischen Grenzgänger wurden zunächst die Wahlrechte der unechten Grenzgänger zugestanden. Der EuGH legt Art. 65 VO EG 883/2004 aber dahingehend aus, dass diese Vorschrift dem atypischen Grenzgänger nur die Möglichkeit bietet, sich zusätzlich der Arbeitsverwaltung des betreffenden Staates zur Verfügung zu stellen, aber nicht, um dort materielle Leistungen bei Arbeitslosigkeit zu erhalten (EuGH ZESAR 2013 S. 366 – Jeltes, dazu Geiger, info also 2013 S. 147; Fuchs, ZESAR 2013 S. 343). Der Anspruch ist vielmehr auf Eingliederungsleistungen begrenzt. Arbeitslosengeld kann der atypische Grenzgänger nur vom Wohnmitgliedsstaat beanspruchen, er muss also auch die dortigen Leistungsvoraussetzungen erfüllen. Der Unterschied zwischen dem unechten und dem atypischen Grenzgänger besteht also darin, dass ersterer seinen Lebensmittelpunkt im Beschäftigungsstaat und letzterer ihn im Wohnstaat hat.

Von dieser Einschränkung abgesehen, kann sich gemäß Art. 65 Abs. 2 Satz 2 **123** VO EG 883/2004 der vollarbeitslose Grenzgänger zusätzlich auf den Beschäftigungsstaat konzentrieren und sich der dortigen Arbeitsverwaltung zur Verfügung stellen (vgl. BSG ZESAR 2009 S. 450 mAnm Eichenhofer; Bay. LSG L 10 AL 81/15, juris). In diesem Falle muss er den Verpflichtungen der Arbeitsverwaltung in seinem Beschäftigungsstaat nachkommen (Art. 65 Abs. 3 Satz 2 VO EG 833/2004). Besteht nach diesen Grundsätzen des Koordinationsrechts ein Anspruch auf Geldleistungen bei Arbeitslosigkeit gegenüber dem Wohnstaat, dann kann im Beschäftigungsstaat kein Anspruch auf diese Leistungen geltend gemacht werden, und zwar auch dann nicht, wenn der Wohnort grenznah liegt (BSG NZS 2018 S. 415). Die zwingenden Koordinationsregeln der VO EG 883/2004 räumen dem Unionsbürgern grundsätzlich kein Wahlrecht ein (oben Rn. 24, 112). Es besteht allerdings ein Anspruch auf Eingliederungsleistungen.

Insgesamt haben die Art. 64 und 65 VO EG 883/2004 folgende Regelungs- **124** struktur: Geldleistungen bei Arbeitslosigkeit werden immer nur vom Beschäftigungs- oder vom Wohnstaat erbracht. Abgesehen von Art. 64 VO EG 883/2004 hat der Arbeitslose kein Wahlrecht. Leistungen zur Eingliederung bei Arbeitslosigkeit kommen in allen Fällen im Beschäftigungs- und im Wohnstaat in Betracht, soweit diese im jeweiligen Staat vorgesehen sind (Art. 64 Abs. 1 lit. b), 65 Abs. 2 Satz 2, 65 Abs. 3 Satz 2 VO EG 883/2004). Zum Verwaltungsvollzug vgl. Art. 56 VO EG 987/2009.

125 Soweit Leistungen zu Lasten des grundsätzlich leistungspflichtigen Wohnstaates erbracht werden (vgl. Art. 65 Abs. 5 VO EG 833/2004), erfolgt nach Art. 65 Abs. 6 und 7 VO EG 833/2004 eine Erstattung. Eine Sonderregelung ist mit Art. 65a VO EG 833/2004 geschaffen worden. Einige Mitgliedsstaaten verfügen auch über einen Schutz bei Arbeitslosigkeit für Selbständige (vgl. § 28a Abs. 3 SGB III). Grundsätzlich sind in diesem Falle die Regeln des Art. 65 VO EG 833/2004 anwendbar. Verfügt der danach eigentlich zuständige Mitgliedsstaat nicht über einen Schutz für Selbständige, so muss sich der Arbeitslose bei dem Staat anmelden, in dem er zuletzt seine selbständige Erwerbstätigkeit ausgeübt hat. Zusätzlich kann er sich der Arbeitsverwaltung in seinem Wohnmitgliedssaat zur Verfügung stellen (Fuchs, ZESAR 2013 S. 343, 346). Es können sich auch andere Rückwirkungen aus dem EU-Ausland ergeben. So ruht nach § 156 Abs. 1 Nr. 4 SGB III ein Anspruch auf Arbeitslosengeld, wenn eine Altersrente aus der gesetzlichen Rentenversicherung gezahlt wird. Dies gilt für das Arbeitslosengeld in Deutschland auch, wenn in einem EU-Staat eine Altersrente gezahlt wird (BSG SGb 1995 S. 211; dazu Hohnerlein, SGb 1995 S. 191).

126 Die Umlage zum **Insolvenzgeld** wird von inländischen Unternehmen für die bei ihnen Beschäftigten aufgebracht (§ 358 ff. SGB III). Gezahlt wird Insolvenzgeld nur bei einer Insolvenz eines inländischen Unternehmens schon deswegen, weil nur im Inland eine Insolvenz angeordnet werden kann. Allerdings begründet auch ein ausländisches Insolvenzereignis den Anspruch für im Inland beschäftigte Arbeitnehmer (§ 165 Abs. 1 Satz 3 SGB III). Aus § 167 Abs. 2 SGB III ergibt sich jedoch, dass das Insolvenzgeld auch in das Ausland gezahlt werden kann (vgl. BMF, DB 1979 S. 1533 zu § 141d Abs. 2 AFG aF).

127 Leistungen der **sozialen Entschädigung** werden nach § 7 BVG grundsätzlich nur an deutsche Staatsangehörige und deutsche Volkzugehörige (vgl. Art. 116 Abs. 1 GG, § 6 BVFG) erbracht (Art. 3 Abs. 5 lit. b VO EG 833/2004). Ausnahmen ergeben sich für die Kriegsopferversorgung aus § 7 Abs. 1 Nr. 3 BVG (Knickrehm, Gesamtes Soziales Entschädigungsrecht, § 7 Rn. 5). Unter den Voraussetzungen der §§ 64 ff. BVG werden jedoch Leistungen der sozialen Entschädigung auch im Ausland erbracht. Eine Opferentschädigung kam ursprünglich nach § 1 Abs. 1 OEG nur in Betracht, wenn der tätliche Angriff im Inland oder auf einem deutschen Schiff oder Luftfahrzeug erfolgte. Diese Einschränkung erklärt sich noch aus einem engen Verständnis des Territorialitätsprinzips, die im Einklang mit der allgemeinen Zielsetzung des Opferentschädigungsrechts mit der Möglichkeit einer Ausübung der deutschen Hoheitsgewalt steht (Behn, ZfS 1993 S. 289). Ursprünglich erfolgte auch die Entschädigung ausländischer Opfer von Gewalttaten nur, wenn eine **Gegenseitigkeit** (BSG 60 S. 186) geben war. Diese Regelung verstieß gegen das EU-Recht und war entsprechend anzupassen. Davon abgesehen bleibt es in § 1 Abs. 4 Nr. 3 OEG bei dem Grundsatz der Gegenseitigkeit (vgl. BSG 78 S. 51; EuGH SozR 6030 Art. 7 Nr. 3). Für andere Ausländer gilt die Regelung des § 1 Abs. 5 OEG. Verfassungsrechtlich wäre dies aber nicht geboten gewesen (BSG 78 S. 51). Für Deutsche im Ausland besteht Schutz unter den Voraussetzungen des § 3a OEG. Unter engen Voraussetzungen wird nach § 60 Abs. 2 IfSG Entschädigung auch für Auslandsimpfungen geleistet (BSG 42 S. 172).

In § 1 Abs. 7 OEG werden Regelungen zum Leistungsexport getroffen, die sich allerdings nicht auf Unionsbürger erstrecken (BSG 109 S. 149).

Die Vergünstigungen des Schwerbehindertenrechts erhalten Personen, die ihren Wohnsitz, ihren gewöhnlichen Aufenthalt oder ihre Beschäftigung auf einem Arbeitsplatz rechtmäßig im Inland haben (§ 2 Abs. 2 SGB IX). Die ausländerrechtliche Duldung (§ 60a AufenthG) begründet dabei zwar noch nicht einen rechtmäßigen Aufenthalt im Inland. Unter engen Voraussetzungen lässt das BSG jedoch eine Duldung genügen (BSG 106 S. 101). **128**

Häufiger Streitpunkt sind die **Familienleistungen** iSd Art. 3 Abs. 1 lit. j VO EG 883/2004. Das sind nach Art. 1 lit. z VO EG 883/2004 alle Geld- oder Sachleistungen, die zum Ausgleich von Familienlasten bestimmt sind, mit Ausnahme von Unterhaltsvorschüssen sowie besonderen Geburts- und Adoptionsbeihilfen nach Anhang I (Erwägungsgründe Nr. 36 VO EG 883/2004). Der Begriff der Familie ist weit gefasst. Als berechtigte Personen sind auch die Kinder anzusehen. Damit kann auch der Wohnort der Kinder leistungsrelevant werden (EuGH ZESAR 2006, 27 – Dodl/Oberhollenzer). Von Bedeutung ist insbesondere, dass nach Aufhebung der Wohnortklauseln die Höhe von Geldleistungen grundsätzlich nicht vom Wohnort des Berechtigten oder seines Familienangehörigen abhängig gemacht werden darf (Art. 7 VO EG 883/2004). Keine Familienleistungen sind Zuschüsse des Arbeitgebers. Dasselbe gilt für Zulagen zu Renten. Umstritten ist, ob auch steuerliche Vergünstigungen wegen eines Kindes zu den Familienhilfen zu rechnen sind. An sich sind sie keine Leistungen, sondern stellen nur eine Verminderung der Steuerlast dar. Die herrschende Auffassung stellt auf die dem deutschen Kindergeld entsprechende Funktion der Steuerfreibeträge ab und rechnet sie zu den Familienleistungen (Eichenhofer, Sozialrecht der Europäischen Union, 2018 S. 192; Hohnerlein, ZESAR 2018 S. 157). Diese Auffassung kann sich auf die Rechtsprechung des EuGH berufen (EuGH Slg. 1995 I-2821 – Martinez). In Art. 6 VO EG 883/2004 ist eine Zusammenrechnung von Versicherungs- und Beschäftigungs- und Wohnzeiten auch bei den Familienleistungen vorgesehen. Die Tatsache einer Berücksichtigung unterschiedlicher Zeiten erklärt sich daraus, dass in den einzelnen Mitgliedsländern Familienleistungen teilweise wohnortabhängig, teilweise abhängig vom Status als Arbeitnehmer gewährt werden. Nach Art. 67 VO EG 833/2004 hat der EU-Bürger als Person, also unabhängig von seinem Status als Arbeitnehmer, auch für Familienangehörige, die in einem anderen Mitgliedsstaat wohnen, Anspruch auf Familienleistungen gegen den gemäß Art. 11–16, 68 VO EG 833/2004 zuständigen also vorrangig gegen den Beschäftigungsstaat (Merkel/Vießmann, VSSR 2012 S. 249; Bokeloh, ZESAR 2016 S. 358). Das gilt entsprechend, wenn zwei Elternteile die Voraussetzungen für eine Familienleistung in verschiedenen Staaten erfüllen. Bei unterschiedlicher Höhe wird gemäß Art. 68 Abs. 2 VO EG 833/2004 der Differenzbetrag geleistet (unten Rn. 133). Daraus ergibt sich, trotz des grundsätzlichen Vorranges des Beschäftigungsstaats, auch die Konsequenz, dass ein Grenzgänger, der dem System der sozialen Sicherheit des Beschäftigungsstaats unterliegt, und der täglich in den Wohnstaat zurückkehrt, nach den nationalen Rechtsvorschriften des Wohnmitgliedstaats Familienleistungen im letztgenannten Staat beziehen kann, wenn er deren Voraussetzungen im Beschäftigungsstaat nicht erfüllt (EuGH ZESAR 2008 S. 455 – Bosmann mAnm Eichenhofer; vgl. auch Devetzi, ZESAR 2012 S. 447). **129**

Kindergeld wird grundsätzlich in Anknüpfung an den Status als Arbeitnehmer gezahlt. Das geschieht vorrangig als monatliche Steuervergütung nach den §§ 62 ff. **130**

EStG. Nur insofern als Steuern nicht anfallen wird Kindergeld als Sozialleistung erbracht, und zwar in der Weise, dass nach § 1 Abs. 1 Nr. 1 BKGG anspruchsberechtigt ist, wer sich in einem Versicherungspflichtverhältnis nach den §§ 24 ff. SGB III befindet oder nach § 28 Abs. 1 Nr. 1 SGB III versicherungsfrei ist. Für nicht freizügigkeitsberechtigte Ausländer – dazu können nach § 4 FreizügG/EU auch Unionsbürger gehören (oben Rn. 56) – wird die Anspruchsberechtigung in § 1 Abs. 3 Nr. 1–3 BKGG zusätzlich vom Besitz einer Niederlassungserlaubnis oder einer Aufenthaltserlaubnis zur Ausübung einer Erwerbstätigkeit abhängig gemacht. Ergänzend bestimmt § 2 Abs. 5 BKGG, dass sowohl bei dem Anspruch als solchem als auch bei der Höhe des Kindergeldes (§ 6 BKGG) nur die Kinder berücksichtigt werden, die ihren Wohnsitz oder gewöhnlichen Aufenthalt im Inland haben. Für **Unionsbürger** kann dies aber nicht gelten, da die Wohnortklauseln durch Art. 7, 67 VO EG 883/2004 aufgehoben worden sind. Gemäß Art. 67 Abs. 1 Satz 1 VO EG 883/2004 hat eine Person auch für Familienangehörige, die in einem anderen Mitgliedstaat wohnen, Anspruch auf Familienleistungen nach den Rechtsvorschriften des zuständigen Mitgliedstaats, als ob die Familienangehörigen in diesem Mitgliedstaat wohnen würden. Insoweit darf auch die Höhe der Leistung nicht in Abhängigkeit vom Wohnort modifiziert werden (so bereits EuGH SozR 6050 Art 73 Nr. 9 Rn. 23 – Pinna). Das zwingt die Mitgliedsstaaten zwar nicht zur Angleichung der Leistungssätze von Familienleistungen. Jedoch ist ein Leistungsexport von Kindergeld möglich. Daraus folgt auch: Wird in den Mitgliedsstaaten Kindergeld in unterschiedlicher Höhe geleistet, so wird gemäß Art. 68 Abs. 2 Satz 1 VO EG 883/2004 der Differenzbetrag gezahlt (BFH III R 16/14, juris). Dieses Differenzkindergeld ist nicht aus einem Gesamtkindergeld (vgl. § 54 Rn. 33–39), sondern jeweils bezogen auf das einzelne Kind zu errechnen (BFH III R 34/15, juris). Das Differenzkindergeld wird jedoch nicht gezahlt, wenn der Leistungsanspruch ausschließlich durch den Wohnort ausgelöst wird (Art. 68 Abs. 2 Satz 2 VO EG 883/2004).

131 Der **Exportanteil am Kindergeld** liegt in den Mitgliedsländern zwischen 0,5 und 2% aller Kindergeldzahlungen. Dennoch ist der Kindergeldtransfer in hohem Maß ideologieanfällig. Deswegen ist in Zukunft mit Einschränkungen zu rechnen. Dafür hat der EuGH in Fortführung seiner Rechtsprechung zu Art. 24 Abs. 2 RL 2004/38/EG (oben Rn. 51) den Weg bereitet. Er hat es als legitim erachtet, den Anspruch auf Familienleistungen von wirtschaftlich nicht aktiven Unionsbürgern (oben Rn. 56) an die Voraussetzung eines rechtmäßigen Aufenthalts zu knüpfen (EuGH ZESAR 2017 S. 37 Rn. 81 – Kommission ./. Vereinigtes Königreich). Diese Entscheidung wird im Zusammenhang mit den Bestrebungen des Vereinigten Königreichs, die EU zu verlassen, gesehen (Hohnerlein, ZESAR 2018 S. 157, 160 Fn. 18–20; vgl. auch Fuchs, NZS 2018 S. 83). Diese Bestrebungen waren auch Anlass zu Überlegungen, die Höhe des Kindergeldes innerhalb der EU an deren Aufenthaltsstaat anzupassen (vgl. Bokeloh, ZESAR 2016 S. 358, 359; Devetzi, NZS 2017 S. 881, 885). Da die Rechtsprechung zum Kindergeld aber letzten Endes nicht aus Art. 67 VO EG 883/2004, sondern aus den Art. 45–48 AEUV abzuleiten ist (vgl. EuGH SozR 6050 Art 73 Nr. 9 Rn. 21 – Pinna), wäre aber die Änderung des Primärrechts erforderlich (Thüsing/Hütter, NZS 2016 S. 411).

132 Etwas andere Grundsätze gelten für das **Elterngeld.** Diese Familienleistung wird nicht zwingend vom Status als Arbeitnehmer abhängig gemacht. Sie orientiert sich am Wohnortprinzip, wobei unterstellt wird, dass das gemeinsame Wohnen in einem Haushalt die Erziehung des Kindes umfasst. Allgemein wird in § 1

Abs. 1 Nr. 1–4 BEEG als Berechtigter genannt, wer einen Wohnsitz oder seinen gewöhnlichen Aufenthalt in Deutschland hat, mit seinem Kind in einem Haushalt lebt, dieses Kind selbst betreut und erzieht und keine oder keine volle Erwerbstätigkeit ausübt. Von dem Wohnsitz- bzw. Aufenthaltserfordernis wird unter den in § 1 Abs. 2 BEEG genannten Voraussetzungen abgesehen. Dazu gehören vor allem die Fälle der Ausstrahlung. Für nicht freizügigkeitsberechtigte Ausländer wird die Anspruchsberechtigung in § 1 Abs. 7 BEEG vom Besitz einer Niederlassungserlaubnis bzw. einer Aufenthaltserlaubnis zur Ausübung einer Beschäftigung abhängig gemacht (vgl. oben Rn. 130).

Bürger der EU-Mitgliedstaaten erhalten Kinder- oder Elterngeld zwar unter den grundsätzlich gleichen Voraussetzungen wie Inländer. Allerdings hat Art. 68 VO EG 883/2004 dazu Prioritätenregelungen geschaffen. Sie sehen auch Differenzleistungen vor. Insoweit wird für die leistungsrechtliche Anknüpfung die Rangfolge von Beschäftigung oder selbständige Tätigkeit, Rentenbezug und Wohnort gewählt. Dabei ist zu unterscheiden, ob Familienleistungen von mehreren Mitgliedsstaaten aus a) unterschiedlichen Gründen oder aus b) denselben Gründen zu gewähren sind: 133

a) Sind Leistungen von mehreren Mitgliedstaaten aus unterschiedlichen Gründen zu gewähren, so gilt folgende Rangfolge: an erster Stelle stehen die durch eine Beschäftigung oder eine selbstständige Erwerbstätigkeit ausgelösten Ansprüche, darauf folgen die durch den Bezug einer Rente ausgelösten Ansprüche und schließlich die durch den Wohnort ausgelösten Ansprüche.
b) Sind Leistungen von mehreren Mitgliedstaaten aus denselben Gründen zu gewähren, so richtet sich die Rangfolge nach den folgenden subsidiären Kriterien:
   - bei Ansprüchen, die durch eine Beschäftigung oder eine selbstständige Erwerbstätigkeit ausgelöst werden: der Wohnort der Kinder, unter der Voraussetzung, dass dort eine solche Tätigkeit ausgeübt wird, und subsidiär gegebenenfalls die nach den widerstreitenden Rechtsvorschriften zu gewährende höchste Leistung. Im letztgenannten Fall werden die Kosten für die Leistungen nach in der Durchführungsverordnung festgelegten Kriterien aufgeteilt;
   - bei Ansprüchen, die durch den Bezug einer Rente ausgelöst werden: der Wohnort der Kinder, unter der Voraussetzung, dass nach diesen Rechtsvorschriften eine Rente geschuldet wird, und subsidiär gegebenenfalls die längste Dauer der nach den widerstreitenden Rechtsvorschriften zurückgelegten Versicherungs- oder Wohnzeiten;
   - bei Ansprüchen, die durch den Wohnort ausgelöst werden: der Wohnort der Kinder.

Das Verfahren zur Durchführung der Art. 67 und 68 VO EG 883/2004 ist in Art. 60 VO 987/2009 geregelt. Vor allem in Grenzregionen kann es vorkommen, dass beide Elternteile in unterschiedlichen Mitgliedsstaaten Ansprüche auf Familienleistungen haben. Dadurch kann sich eine Abweichung von dem Grundsatz des Art. 11 Abs. 1 VO EG 883/2004 ergeben, wonach immer nur die Zuständigkeit eines Mitgliedsstaates gegeben ist (EuGH ZESAR 2016 S. 128 Rn. 58 – Franzen, Giesen, van den Berg, mAnm. Devetzi). Für diesen Fall ist folgendes geregelt:

Kommt dieser Träger zu dem Schluss, dass seine Rechtsvorschriften nach Artikel 68 Absätze 1 und 2 der Grundverordnung prioritär anzuwenden sind, so zahlt er die Familienleistungen nach den von ihm angewandten Rechtsvorschriften. Ist dieser Träger der Meinung, dass aufgrund der Rechtsvorschriften eines anderen Mitgliedstaats ein Anspruch auf einen Unterschiedsbetrag nach Artikel 68 Absatz 2 der Grundverordnung bestehen könnte, so übermittelt er den Antrag unverzüglich dem zuständigen Träger des anderen Mitgliedstaats und informiert die betreffende Person; außerdem unterrichtet er den Träger des anderen Mitgliedstaats darüber, wie er über den Antrag entschieden hat und in welcher Höhe Familienleistungen gezahlt wurden.

134 Aus der einfachen Tatsache, dass ein Elternteil in Deutschland lebt und der andere mit dem Kind in einem anderen Mitgliedsstaat verbleibt, kann sich folgende weitere Konsequenz ergeben: Aus § 60 Abs. 1 Satz 2 VO EG 987/2009 ergibt sich die Fiktion, dass die gesamte Familie in dem Beschäftigungsmitgliedsstaat wohnt. Gemäß Art. 3 Abs. 2 BKGG gilt unter mehreren Personen diejenige als vorrangig anspruchsberechtigt, die das Kind in ihren Haushalt aufgenommen hat. Unionsrechtlich wird aber nur die Antragsberechtigung geregelt (EuGH NJW 2016 S. 1147 – Trapkowski). Aus der Fiktion folgt, dass der im Ausland lebende Elternteil im Inland als antragsberechtigt zu behandeln ist (BFH 253 S. 134 zur Parallelvorschrift des § 64 Abs. 2 EStG). Aus § 60 Abs. 1 VO EG 987/2009 folgt aber nicht, dass die antragsberechtigte Person auch anspruchsberechtigt ist. Dies ergibt sich vielmehr aus dem innerstaatlichen Recht. Zu weiteren Zweifelfragen vgl. Hohnerlein, ZESAR 2018 S. 159–161. Diese Grundsätze müssten auch für das Elterngeld zum Tragen kommen, wenn nur ein Elternteil in Deutschland arbeitet. Hier hat zwar allein der das Kind betreuende Elternteil einen Anspruch. Jedoch wird unionsrechtlich fingiert, dass er im Inland lebt. Damit ist die Voraussetzung des § 1 Abs. 1 Nr. 1 BEEG erfüllt.

135 Gemäß § 3 Abs. 5 WoGG erhalten Ausländer, die dort als „ausländische Personen" bezeichnet werden, unter ähnlichen Bedingungen **Wohngeld,** die auch im Kinder- und Elterngeldrecht gelten. Sie müssen entweder aufenthaltsberechtigt nach dem FreizügG/EU sein oder einen Aufenthaltstitel bzw. eine Duldung nach dem Aufenthaltsgesetz haben, aufenthaltsberechtigt nach einem völkerrechtlichen Abkommen, heimatloser Ausländer sein oder eine Aufenthaltsgestattung nach dem Asylverfahrensgesetz haben. Eine Wohngeldberechtigung besteht auch für Personen, die auf Grund einer Rechtsverordnung vom Erfordernis eines Aufenthaltstitels befreit sind. Sie besteht nicht für ausländische Personen, die durch eine völkerrechtliche Vereinbarung von der Anwendung deutscher Vorschriften auf dem Gebiet der sozialen Sicherheit befreit sind.

136 Für die Ausbildungsförderung ist die Frage des **Hochschulzugang**s vorgreiflich. Dieser Zugang, da er nicht unmittelbar mit der Erbringung von Sozialleistungen verbunden ist, hängt nicht direkt mit dem Zugang zum Arbeitsmarkt zusammen. Er resultiert deswegen allein aus dem Recht auf Freizügigkeit der Unionsbürger (Art. 21 AEUV). Zwar sind die Mitgliedsstaaten frei, sich für ein bestimmtes Ausbildungssystem zu entscheiden, das auch Auswahlverfahren zulassen kann Art. 165 Abs. 1 AEUV). Haben sie sich jedoch für ein System entschieden, so verlangt es der Gleichbehandlungsgrundsatz des Art. 18 AEUV, dass alle Unionsbürger nach diesem System behandelt werden (EuGH EuZW 2010 S. 465 – Bressol/Chaverot). Leistungen der **Ausbildungsförderung** sind soziale Vergünstigungen im Sinne des Art. 7 Abs. 2 VO EU 492/2011 (EuGH ZESAR 2017 S. 132 – Depesme). Gemäß § 8 Abs. 1 BAföG knüpfen sie an die deutsche Staatsangehörigkeit an. Unter den Voraussetzungen des § 8 Abs. 1 Nr. 2–7, Abs. 2, 2a, 3 und 4 BAföG können jedoch auch ausländische Studierende diese Leistungen beanspruchen (vgl. Ramsauer/Stallbaum, NJW 1992 S. 1144). Allerdings ist insoweit auch die Freizügigkeit von Unionsbürgern durch Art. 24 Abs. 2 RL 2004/38/EG Beschränkungen ausgesetzt (oben Rn. 50, 67). Im Grundsatz gilt Folgendes: Zur Abwehr übermäßiger Belastungen können sich die Mitgliedstaaten darauf beschränken, Ausbildungsförderung nur solchen Studenten zu gewähren, die nachgewiesen haben, dass sie sich bis zu einem gewissen Grad in die Gesellschaft des Gaststaates eingegliedert haben (EuGH JZ 2005 S. 1160 – Bidar; mAnm. Kadelbach). Als Voraussetzung kann der Mitgliedstaat eine vorangegangene Aufenhaltsdauer von fünf Jahren festlegen. Die insoweit einschränkenden Regelungen finden sich in Art. 16, 24 Abs. 2 RL 2004/38/EG. Man wird es bei der Ausbildungsförderung als zulässig ansehen können, wenn ein Mitgliedsstaat verlangt, dass vor Inanspruchnahme einer Ausbildungsförderung eine gesellschaftliche Integration des Studierenden erfolgt war. Die alleinige Anknüpfung an die Aufenthaltsdauer oder eine reine Wohnortklausel differenzieren aber nicht genug (EuGH NJW 2013 S. 2879 – Prinz, Seeberger; Husmann, NZS 2009 S. 655). Zur Durchführung der Richtlinie in Deutschland wird in § 8 Abs. 1 Nr. 2 BAföG die Ausbildungsförderung für Unionsbürger davon abhängig gemacht, dass sie ein Recht auf Daueraufenthalt iSd Freizügigkeitsgesetzes/EU besitzen (vgl. auch § 8 Abs. 1 Nr. 3–5 BAföG). Für andere Ausländer gelten die speziellen Tatbestände des § 8 Abs. 1 Nr. 6 und 7, Abs. 2–3 BAföG).

Gemäß § 4 BAföG werden Leistungen grundsätzlich nur zum Besuch einer Ausbildungsstätte im Inland erbracht. Dasselbe gilt aber nach § 5 BAföG vor allem dann nicht, wenn die Ausbildung im Ausland dem Ausbildungsziel dienlich ist und auf die Ausbildungszeit angerechnet werden kann. Ein weiterer Grund besteht in der grenzüberschreitenden Zusammenarbeit von Ausbildungsstätten. Allgemeine Voraussetzung für die Auslandsförderung ist, dass der Auszubildende seinen ständigen Wohnsitz im Inland hat. Der ständige Wohnsitz ist in § 5 Abs. 1 BAföG insoweit abweichend von § 30 Abs. 3 definiert, als ein Aufenthalt am Ausbildungsort allein zum Zwecke der Ausbildung nicht geeignet ist, dort einen ständigen Wohnsitz zu begründen. Diese Vorschrift ist auf die besondere Situation des Sozialleistungsberechtigten abgestimmt, der sich in Ausbildung befindet (vgl. oben Rn. 19, 21). In § 6 BAföG kennt das Gesetz auch den Ausnahmefall der Förderung von Deutschen, die ihren ständigen Wohnsitz im Ausland haben. Insgesamt dürfte in Zukunft auch die „Mitnahme" der Studienförderung in einen anderen Mitgliedsstaat der EU größere Bedeutung erlangen (EuGH ZESAR 2013 S. 37 – Kommission/Niederlande, mAnm Weber). 137

Die Leistungen der **Sozialhilfe** knüpfen regelmäßig an den tatsächlichen, und nur in besonderen Fällen an den gewöhnlichen Aufenthalt (§ 98 Abs. 1 und 2 SGB XII). Der gewöhnliche Aufenthalt hat im innerstaatlichen Recht vor allem Bedeutung für die Erstattungsansprüche (§ 108 SGB XII). Nur für die Frage eines Erstattungsanspruchs regelt § 109 SGB XII die Fiktion, dass in einer **Einrichtung** (§ 98 Abs. 2 SGB XII) kein gewöhnlicher Aufenthalt begründet werden kann. Dies dient dem Schutz der Einrichtungsorte vor übermäßiger Kostenbelastung (vgl. BSG SozR 4-3500 § 109 Nr. 1). 138

Deutsche, die ihren gewöhnlichen Aufenthalt im Ausland haben, erhalten unter den Voraussetzungen des § 24 SGB XII Leistungen der Sozialhilfe (unten Rn. 143). Es handelt sich dabei um eine Ausnahme vom Territorialitätsprinzip (oben Rn. 5). Die Vorschrift des § 24 SGB XII ist jedoch nicht bei einem längeren Auslandsurlaub anwendbar, weil in diesem Falle dort kein gewöhnlicher Aufenthalt begründet wird (vgl. oben Rn. 28). Für die Zeit dieses Auslandsaufenthalts 139 kann aber durchaus ein Erhaltungsbedarf im Inland, etwa für die Unterkunftskosten, gegeben sein (BVerwG NVwZ 2000 S. 572).

140 Ausländer, die sich tatsächlich im Inland aufhalten, haben einen nach § 23 Abs. 1 Satz 1 SGB XII eingeschränkten Anspruch auf Leistungen der Sozialhilfe. Für die dort nicht genannten Hilfearten, besteht gemäß § 23 Abs. 1 Satz 3 SGB XII ein Anspruch auf Ermessensleistungen. Das gilt etwa für die §§ 53 und 67 SGB XII. Nach der Verlagerung der Eingliederungshilfe nach den § 53 ff. SGB XII in die §§ 90 ff. SGB IX ab dem 1.1.2020 (vgl. § 29 Rn. 14), ist § 100 SGB IX anzuwenden. Dabei setzt sich aber eine, bisher in der Sozialhilfe umstrittene, Rechtslage fort. Ausländer, die eingereist sind, um Eingliederungshilfe zu erlangen, haben keinen Anspruch. Ihnen können aber Leistungen erbracht werden (§ 100 Abs. 3 SGB IX). Will man hier kein Redaktionsversehen annehmen, so kann es sich dabei nur um den Fall des § 100 Abs. 1 Satz 2 SGB IX handeln, weil in anderen Fällen ohnehin nur Ermessensleistungen in Betracht kommen. Für andere Leistungen der Sozialhilfe gilt auch bei behinderten Menschen § 23 Abs. 3 Nr. 4 SGB XII. Zur **Einreise, um Leistungen zu erlangen,** genügt nach einer modifizierten Auffassung des BVerwG nicht schon der bedingte Vorsatz (BVerwG 59 S. 73). Vielmehr muss der Zweck, Sozialhilfe zu erlangen, seinen Einreiseentschluss prägend gewesen sein (BVerwG 90 S. 212). Kinder eines solchen Ausländers haben an sich einen eigenen Anspruch auf Leistungen der Sozialhilfe. Ihnen wird jedoch gemäß § 166 BGB das Wissen und Wollen ihres gesetzlichen Vertreters zugerechnet (OVG NRW, NDV 1991 S. 99).

141 Die Einschränkungen des § 23 Abs. 1 Satz 1 SGB XII (§ 100 Abs. 1 Satz 1 SGB IX) gelten nicht, wenn der Ausländer im Besitz einer Niederlassungserlaubnis oder eines Aufenthaltstitels bei voraussichtlich dauerhaftem Inlandsaufenthalt besitzt (§§ 23 Abs. 1 Satz 4 SGB XII, 100 Abs. 1 Satz 2 SGB IX). Leistungsberechtigte nach § 1 AsylbLG erhalten keine Leistungen der Sozialhilfe (§ 1 Abs. 1 Nr. 1–7 AsylbLG). Die entscheidenden **Einschränkungen der Leistungen** an Ausländer ergeben sich aus § 23 Abs. 3–6 SGB XII. Sie reduzieren die Leistungen der Sozialhilfe in zeitlicher Hinsicht und im Umfang auf das, was gemäß Art. 1 Abs. 1 GG geboten ist. Die Regelungen wurden als Konsequenz auf der Rechtsprechung des EuGH zur Freizügigkeit wirtschaftlich nicht aktiver Unionsbürger eingeführt (vgl. oben Rn. 76). Was den Anspruch auf Leistungen der Sozialhilfe angeht, so sind Unionsbürger anderen Ausländern praktisch gleichgestellt (vgl. oben Rn. 67, 69).

142 Soweit unionsrechtliche Regelungen nicht eingreifen, können die Leistungseinschränkungen im SGB XII auch an die Grenzen des Europäischen Fürsorgeabkommens (EFA) stoßen. Infolge der neueren Rechtsprechung des EuGH (oben Rn. 76) und der weitgehenden Ausschlüsse nach § 7 Abs. 1 Satz 2 SGB II hat es wieder größere praktische Relevanz bekommen. Das gilt jedoch nur für die Staaten, die Mitglied des Abkommens sind, also etwa nicht für Bulgarien, Polen, Rumänien, Tschechien und Ungarn. Art. 1 EFA begründet für die Dauer des Aufenthalts neben dem Anspruch auf Gleichbehandlung bei den Leistungen der „sozialen und Gesundheitsfürsorge" zusätzlich einen durch Art. 7 EFA begrenzten Ausweisungsschutz. Damit konnte zwar der Versicherungsschutz in der Krankenversicherung nach § 5 Abs. 1 Nr. 13 SGB V für Ausländer eingeschränkt werden. Jedoch sind die Einschränkungen in § 23 Abs. 1 und 3 SGB XII unwirksam, soweit sie Staatsangehörige der Vertragsstaaten betreffen.

143 In Abweichung zum früheren Recht stellt § 24 Abs. 1 Satz 1 SGB XII den Grundsatz auf, dass **Deutsche,** die einen gewöhnlichen Aufenthalt **im Ausland**

haben, keine Leistungen erhalten. Enger als dies in § 30 Abs. 3 Satz 2 SGB I formuliert ist, setzt der gewöhnliche Aufenthalt im Ausland voraus, dass es dort zu einer gewissen **Verfestigung der Lebensverhältnisse** gekommen ist. Es ist von der Notwendigkeit eines Daueraufenthalts im Ausland auszugehen (BSG 124 S. 153). Häufig ist die Rückkehr ins Inland eine Form der zumutbaren Selbsthilfe. Vor allem in diesen Fällen findet § 5 KonsG Anwendung. Erst in § 24 Abs. 1 Satz 2 SGB XII werden **Ausnahmen** von dem grundsätzlichen Ausschluss nach § 24 Abs. 1 Satz 1 SGB XII zugelassen. Danach werden Leistungen im Ausland erbracht, wenn dies dort wegen einer außergewöhnlichen Notlage für einen Deutschen unabweisbar ist **und wenn zudem nachgewiesen wird,** dass dem Deutschen die Rückkehr ins Inland nicht möglich ist, 1. weil er wegen Pflege und Erziehung eines Kindes aus rechtlichen Gründen im Ausland bleiben muss, 2. dasselbe gilt bei längerfristiger stationärer Betreuung oder schwerer Pflegebedürftigkeit, oder 3. wenn der Leistungsberechtigte durch hoheitliche Gewalt an der Rückkehr gehindert ist.

Die **außergewöhnliche Notlage** und der Grund, der die Rückkehr unmöglich macht, müssen kumulativ vorliegen (LSG Hamburg FEVS 67 S. 77). Eine außergewöhnliche Notlage wird angenommen, wenn der Betroffene gesundheitsbedingt außerstande ist, für seinen Lebensunterhalt zu sorgen, oder wenn die ernsthafte Gefahr eines Abgleitens in das Milieu der Nichtsesshaftigkeit besteht (Bay. LSG FEVS 61 S. 407). Dies relativierend meint das BSG, dass sich die außergewöhnliche Notlage in erster Linie nach dem allgemeinen Lebensstandard und den Anschauungen im Aufenthaltsland bestimmt (BSG 124 S. 153). Dennoch ist der Rigorismus der Vorschrift zu beanstanden. So wird zB zugemutet, den Partner in dessen letzten Lebenswochen zu verlassen und nach Deutschland zurückzukehren. Eine außergewöhnliche Notlage wird angenommen, „wenn ohne die Hilfeleistung an den im Ausland lebenden Deutschen eine nicht unerhebliche Beeinträchtigung existenzieller Rechtsgüter droht, mithin Leben, Gesundheit, oder sonstige elementare Grundvoraussetzungen der menschlichen Existenz unmittelbar gefährdet sind (LSG BW FEVS 57 S. 403). Die in § 24 Abs. 1 Satz 2 Nr. 1–3 SGB XII genannten Tatsachen (Erziehung eines Kindes, längerfristige stationäre Betreuung, hoheitliche Gewalt) sind abschließend. Dabei handelt es sich ausnahmslos um objektive Hinderungsgründe (Bay. LSG FEVS 61 S. 407). Diese Gründe, die eine Rückkehr unmöglich machen, müssen, in Abweichung von § 20 SGB X, vom Hilfebedürftigen nachgewiesen werden. **144**

Weitere Modifikationen des Anspruchs ergeben sich aus § 24 Abs. 2–4 SGB XII. Insbesondere wird ein Nachrang gegenüber den Leistungen des Aufenthaltsstaates begründet, der aber nur eingreift, wenn Leistungen tatsächlich erbracht werden oder wenn sie zu erwarten sind (LSG NRW Breith. 2015 S. 457). Zumeist handelt es sich dabei um Leistungen auf der Grundlage des Europäischen Fürsorgeabkommens. Art und Maß der Leistungen werden an die besonderen Verhältnisse im Aufenthaltsstaat angepasst (§ 24 Abs. 3 SGB XII). Abweichend von § 18 SGB XII besteht das Antragsprinzip (§ 24 Abs. 4 SGB XII). Sachlich zuständig ist der überörtliche Träger der Sozialhilfe. Die örtliche Zuständigkeit richtet sich nach dem Geburtsort der antragstellenden Person. Bei einer Personenmehrheit richtet sich die örtliche Zuständigkeit nach der ältesten Person von ihnen (§ 24 Abs. 5 SGB XII). Liegt der Geburtsort im Ausland oder ist er nicht zu ermitteln, so wird die örtliche Zuständigkeit des Trägers im Inland durch eine Schiedsstelle bestimmt. **145**

146 Die Leistungen des **Kinder- und Jugendhilferechts** sind keine Familienleistungen. Sie werden nach individualisierenden Bedarfsgesichtspunkten gewährt und gehören damit überwiegend zum Bereich der Fürsorge (§ 27 SGB VIII). Gemäß § 6 Abs. 1 SGB VIII knüpfen die Leistungen an den tatsächlichen Aufenthalt im Inland an. Der gewöhnliche Aufenthalt hat nur für die Begründung der örtlichen Zuständigkeit eines Jugendamtes eine Bedeutung (§ 86 SGB VIII). Ausländer können trotz tatsächlichen Aufenthalts im Inland jedoch nur dann Leistungen beanspruchen, wenn sie rechtmäßig oder auf Grund einer ausländerrechtlichen Duldung (§ 60a AufenthG) einen gewöhnlichen Aufenthalt im Inland haben (§ 6 Abs. 2 SGB VIII). Auch in diesem Zusammenhang ist die Rechtsprechung zum gewöhnlichen Aufenthalt der Asylbewerber zu beachten (oben Rn. 30). Unter den Voraussetzungen des § 6 Abs. 3 SGB VIII werden bei Aufenthalt im Ausland Leistungen an Deutsche erbracht. Es genügt also der bloße uU vorübergehende Aufenthalt.

147 Das Kinder- und Jugendhilferecht unterscheidet zwischen Leistungen und der Erfüllung anderer Aufgaben (§§ 2 Abs. 2 und 3 SGB VIII). Die Sonderregelung für Ausländer gilt nur für die Leistungen. Soweit gegenüber Kindern und Jugendlichen andere Aufgaben zu erfüllen sind (vgl. §§ 42 ff. SGB VIII), genügt der tatsächliche Aufenthalt eines Ausländers im Inland (§ 6 Abs. 1 Satz 2 SGB VIII). Das gilt vor allem für die Inobhutnahme nach § 42 SGB VIII. Zur Altersfeststellung vgl. § 33a Rn. 8, 8a. Auch was die Rechtsstellung Minderjähriger angeht, ist zudem eine Reihe von zwischenstaatlichen Vereinbarungen zu beachten. Das gilt in besonderem Maße für das Haager Minderjährigenschutzabkommen (vgl. Oberloskamp, FuR 1992 S. 61, 131; BAG der Landesjugendämter, ZfJ 1992 S. 585).

§ 31 Vorbehalt des Gesetzes

Rechte und Pflichten in den Sozialleistungsbereichen dieses Gesetzbuchs dürfen nur begründet, festgestellt, geändert oder aufgehoben werden, soweit ein Gesetz es vorschreibt oder zuläßt.

Übersicht

1. Entwicklung des Gesetzesvorbehalts

1 Historisch wurzelt der Vorbehalt des Gesetzes in dem Streben des liberalen Bürgertums nach Gewährleistung von Freiheit und Eigentum gegenüber unberechtigten, dh durch die Parlamente nicht sanktionierten, staatlichen Eingriffen. Er wurde anfangs im Sozialrecht eher skeptisch betrachtet. So wurde in ihm auch ein Hemmnis für die weitere Entwicklung des Sozialrechts gesehen (Köbl, Allgemeine Rechtstheorie, Festschrift zum 25jährigen Bestehen des BSG Bd. 2, 1979 S. 1078). In ihrer begrenzenden Wirkung wurde in der Regelung des § 31 aber auch die Gefahr ausgemacht, dass die Sozialleistungsträger nur noch Vollstrecker des gesetzgeberischen Willens wären (Bley, ZSR 1976 S. 75). Demgegenüber

kann man trotz einer grundsätzlichen Gesetzesbindung in der Verwendung unbestimmter Rechtsbegriffe, die zum Teil mit Beurteilungsermächtigungen einhergehen, eine Zunahme der administrativen Letztentscheidungskompetenz feststellen, die im Hinblick auf § 31 zwar bedenklich, in einer Reihe von Fällen aber unausweichlich ist (Köhler, VSSR 2009 S. 61). Abgesehen davon herrscht die zutreffende Auffassung vor, dass sich § 31 weitgehend bruchlos in die Gesamtrechtsordnung einfügt. Zumindest seit das BVerfG die Versicherungsansprüche unter den Schutz des Art. 14 GG gestellt hat (§ 4 Rn. 7), steht dies auch im Einklang mit der historischen Entwicklung.

Auch unter dem Grundgesetz bezog sich der Gesetzesvorbehalt zunächst nur 2
auf die Eingriffsverwaltung und diente lediglich dem Schutz von Freiheit und Eigentum des Bürgers (BVerfG 40 S. 249). Den gesellschaftlichen Hintergrund des aus Art. 20 Abs. 3 GG abzuleitenden Gesetzesvorbehalts (BVerfG 49 S. 89) bildete ein gewisser Antagonismus zwischen Regierung und Parlament in der konstitutionellen Monarchie. So gibt es ihn heute nicht mehr. Deswegen war der Gesetzesvorbehalt zu überdenken. Es wird vor allem darauf hingewiesen, dass Regierung und Parlamentsmehrheit idR die gleichen politischen Ziele verfolgen. Andererseits darf nicht übersehen werden, dass die Regierung gegenüber dem Parlament einen erheblichen Informationsvorsprung hat, und dass sie sich auch leichter als einzelne Gruppen im Parlament in der Öffentlichkeit Gehör verschaffen kann. Auch bei gleichgerichteter politischer Zielsetzung gibt es also durchaus noch Divergenzen zwischen Regierung und Parlament. Der Vorbehalt des Gesetzes war deswegen nicht aufzugeben, sondern an die neue Situation anzupassen. Das bedeutete einmal, der Tatsache Rechnung zu tragen, dass der „Eingriff" nicht mehr das entscheidende Kriterium dafür ist, wann und in welchem Ausmaß die Freiheit des Bürgers in Frage steht. Gerade mit Blick auf die umfassende gesellschaftliche Bedeutung des Sozialrechts in praktisch allen Lebensbereichen muss man anerkennen, dass das Angebot von staatlichen Leistungen an den Bürger für eine Existenz in Freiheit oft nicht weniger bedeutungsvoll ist als das Unterbleiben eines Eingriffs (BVerfG 40 S. 249). Zum anderen galt es, der öffentlichen Wirkung des parlamentarischen Geschehens und damit auch der Gesetzgebung hinreichend Rechnung zu tragen. Ein relativ naheliegender erster Schluss, der vor dem Hintergrund dieser Entwicklung aus § 31 SGB I zu ziehen ist, besteht darin, dass Leistungen nicht unter Hinweis auf einen Rechtsmissbrauch vorenthalten werden dürfen, wenn deren gesetzliche Voraussetzungen erfüllt sind (Bay. LSG L 12 EG 6/11, juris). Insbesondere ist es nicht den rechtsethischen Anschauungen des Rechtsanwenders überlassen, festzulegen, wann ein Missbrauch vorliegt (BSG 103 S. 284).

So wurde der Gesetzesvorbehalt unter der Geltung des Grundgesetzes allmäh- 3
lich auf die Leistungsverwaltung erstreckt (Thieme, JZ 1973 S. 692; Henke, DöV 1977 S. 41), wurde auf diese Weise zum „Totalvorbehalt" und wandelte sich schließlich zum **Parlamentsvorbehalt.** Letzterer verlangt, dass der Gesetzgeber alle wesentlichen Entscheidungen, und zwar grundsätzlich in Gesetzesform, selbst treffen muss und dass der Exekutive die weniger grundsätzlichen Fragen überlassen bleiben (BVerfG 40 S. 237; BVerfG 47 S. 46; BVerfG 49 S. 89; BVerfG 51 S. 251). Das BVerfG selbst bezeichnet es heute als ständige Rechtsprechung, dass der Gesetzgeber verpflichtet ist, losgelöst vom Merkmal des „Eingriffs", in grundlegenden normativen Bereichen, zumal im Bereich der Grundrechtsausübung, alle wesentlichen Entscheidungen selbst zu treffen (BVerfG 49 S. 126). Diese **Wesentlichkeitstheorie** hat zwar eine vielfältige Kritik erfahren. Sie ist jedoch nicht grundsätzlich in Frage gestellt worden (Kisker, NJW 1977 S. 1313; Kloepfer, JZ

1984 S. 685). In der Kritik wird vor allem beanstandet, dass das Kriterium der Wesentlichkeit zu unbestimmt sei, als dass man mit seiner Hilfe so schwierige verfassungsrechtliche und -politische Fragen der Kompetenzabgrenzung von Regierung und Parlament entscheiden könnte. Demgegenüber muss man feststellen, dass der Begriff des Eingriffs zwar relativ exakt ist, er ist aber nicht mehr geeignet, die gegenwärtigen Probleme zu lösen. Bei allen begrifflichen Schwierigkeiten ist zudem zu beachten, dass eine Funktion der Wesentlichkeitstheorie darin besteht, den durch die Dimension der staatlichen Leistung erweiterten Gesetzesvorbehalt nicht ausufern zu lassen. Es geht also darum, Kriterien des Begriffs „wesentlich" zu entwickeln. Unstreitig gehört dazu die Grundrechtsrelevanz einer staatlichen Maßnahme. Darüber hinaus umfasst der Begriff die verfassungsrechtlichen Grundsätze, die mit der Rechts- und Sozialstaatlichkeit verbunden werden. Damit steht der Begriff der Wesentlichkeit für die Grundrechte und die fundamentalen verfassungsrechtlichen Prinzipien. Nach seiner Entstehungsgeschichte aus dem Eingriffsvorbehalt und im Hinblick auf die **Begrenzungsfunktion,** die er hat, kann er im Grunde auch nicht mehr umfassen. Angesichts der Normenflut sollte er dies auch nicht. Der Gesetzgeber muss das Wesentliche selbst regeln und er tut gut daran, sich darauf zu beschränken. Sehr zweifelhaft ist es, ob auch den politisch umstrittenen Fragen die Würde der Wesentlichkeit zuzubilligen ist (Kisker, NJW 1977 S. 1318). Solche Fragen könnten dann nicht in den Amtsstuben entschieden, sondern müssten im Parlament und damit öffentlich und kontrovers diskutiert werden. Demgegenüber ist aber zu betonen, dass auch, und zwar zunehmend häufiger, über Unwesentliches politisch gestritten wird. Zum anderen lässt sich ein Konsens über das politisch Wesentliche nicht herstellen. Außerdem besteht die Gefahr, dass das BVerfG über dieses Verständnis der Wesentlichkeit noch stärker in den politischen Prozess hineingezogen wird. Unbestreitbar bleibt schließlich in allen Fällen, dass im Grenzbereich des Kriteriums der Wesentlichkeit eine gewisse Unsicherheitszone dessen verbleibt, was unbedingt vom Gesetzgeber geregelt werden muss.

4 Die an die Grundlagen des Verfassungsrechts rührenden Erwägungen zum Gesetzesvorbehalt bilden zwar den Hintergrund auch für § 31, jedoch haben sie im Sozialrecht kaum praktische Bedeutung. Dass der Gesetzesvorbehalt nicht nur für die Eingriffsverwaltung gilt, wird durch § 31 zumindest für das Sozialrecht klargestellt. Was die Auseinandersetzungen um die Wesentlichkeitstheorie angeht, so ist im Sozialrecht eher ein Zuviel an Normen zu konstatieren. Eine gründliche Beschäftigung mit dieser Lehre könnte im Sozialrecht sogar dazu anregen, dass der Gesetzgeber weniger, also nur das Wesentliche regelt und auf diese Weise der Selbstverwaltung mehr Raum lässt. Das gilt auch im Hinblick auf die überwiegend vertretene Auffassung, dass die Wesentlichkeitstheorie eine Einschränkung der Delegationsbefugnis des Gesetzgebers mit sich bringt. Wenn der Gesetzgeber wesentliche Fragen selbst zu entscheiden hat, dann darf er sie nicht an einen Verordnungsgeber oder an die Selbstverwaltung delegieren. Dem ist zwar im Prinzip zuzustimmen. Man wird aber sagen müssen, dass der Gesetzgeber dem Wesentlichkeitserfordernis auch dadurch gerecht werden kann, dass er die Voraussetzungen für den Erlass von Rechtsnormen im Range unter dem formellen Gesetz, präzise benennt. Auf diese Weise könnte die Wesentlichkeitstheorie dazu beitragen, der im Laufe der Jahre immer laxer gehandhabten Formel vom Inhalt, Zweck und Ausmaß der Ermächtigung nach Art. 80 Abs. 1 Satz 2 GG (BVerfG 38 S. 348) wieder Konturen zu geben.

2. Reichweite des Gesetzesvorbehalts

Nicht völlig geklärt ist, mit welchem **Gesetzesbegriff** die Vorschrift arbeitet. 5
Nach einer Auffassung ist unter Gesetz jeder Rechtssatz zu verstehen (Hauck/Noftz § 31 Rn. 6, 7). Demgegenüber wird überwiegend die Ansicht vertreten, Gesetz im Sinne des § 31 ist einmal das formelle Gesetz und zum anderen die gesetzesabgeleitete Regelung, also Verordnungen, Satzungen, Anordnungen, auch das Gewohnheitsrecht nicht dagegen Verwaltungsvorschriften. Auch die frühere Festsetzung des Festbetrages erging gemäß § 35a SGB V aF als Rechtsnorm. Gegenwärtig werden die Festbeträge in Richtlinien nach § 92 SGB V bestimmt (§ 35 SGB V). Das ist ein Beispiel dafür, dass sich im untergesetzlichen Bereich eine gewisse Beliebigkeit in der Form der Normierung feststellen lässt. Das ist vor allem deswegen nicht ganz unproblematisch, weil die strengen Voraussetzungen des Art. 80 GG explizit nur für Verordnungen gelten.

Hinsichtlich der untergesetzlichen Rechtsnormen ist es ausreichend aber auch 6
erforderlich, dass die Ermächtigung zu ihrem Erlass in einem formellen Gesetz enthalten ist. Die gegenteilige Ansicht lässt sich nicht mit dem Wortlaut „soweit ein Gesetz es vorschreibt oder zulässt" begründen. Wollte man der Auffassung sein, die Möglichkeit der Begründung, Feststellung, Änderung oder Aufhebung von Rechten bestehe schon, wenn ein Gesetz dies zulässt, also nicht ausdrücklich ausschließt, dann würde man den Sinn der gesetzlichen Regelung des § 31 nicht richtig erfassen. Mit dem Merkmal „soweit ein Gesetz dies zulässt" ist einmal gemeint, dass die Verwaltung in bestimmten Fällen durch Gesetz zu Ermessensentscheidungen (§ 39) ermächtigt sein kann. Außerdem kann durch Gesetz der Erlass von Anordnungen, Verordnungen oder Satzungen „zugelassen" sein (vgl. etwa §§ 13 SGB II, 72, 80b SGB III; 37 Abs. 2 Satz 4 und 5 SGB V; 60 SGB XII).

Nicht als Gesetz iSd § 31 anzusehen sind Verwaltungsvorschriften, und zwar 7
auch dann nicht, wenn man ihnen Normcharakter beimisst (vgl. unten Rn. 17). Dasselbe gilt für die Grundsätze des allgemeinen Verwaltungsrechts. Als zulässig wird jedoch ein ergänzender Rückgriff auf diese Grundsätze angesehen (BSG 54 S. 286; BSG SozR 1200 § 31 Nr. 1). Diese Auffassung ist insoweit nicht ganz unproblematisch, als sie damit begründet wird, die erwähnten Grundsätze müssten solange anerkannt werden, als das Allgemeine Verwaltungsrecht nicht kodifiziert ist. Wenn nun § 31 das Erfordernis einer formell-gesetzlichen Regelung begründet, dann können schwerlich bei einer Unterlassung des Gesetzgebers nicht kodifizierte Grundsätze als Gesetz anerkannt werden. Die Vorschrift des § 31 könnte damit in Teilbereichen leer laufen. Deswegen wird der Rückgriff auf Grundsätze des Allgemeinen Verwaltungsrechts nicht oder nur sehr bedingt zugelassen (Kretschmer, GK-SGB I § 31 Rn. 14–16; Wannagat-Rüfner, SGB I § 31 Rn. 7). Richterrecht ist als Gesetz iSd § 31 anzusehen, soweit es das Ergebnis von Auslegung oder Rechtsfortbildung ist.

Zweifelhaft ist schließlich, ob als Gesetz im Sinne des § 31 das **Haushaltsgesetz** 8
ausreicht (Bleckmann, DVBl 2004 S. 333). Die ablehnende Auffassung beruft sich unter Hinweis auf Art. 110 Abs. 4 Satz 1 GG darauf, dass das Haushaltsrecht kein im Verhältnis Bürger/Staat wirksames Recht setzen kann (Kretschmer, GK-SGB I § 31 Rn. 13; Wannagat-Rüfner, SGB I § 31 Rn. 7; Henke, DöV 1977 S. 41). Grundsätzlich wird man es mit der überwiegenden Auffassung zumindest für die leistende Verwaltung genügen lassen, wenn der Verwaltung im Haushaltsgesetz Mittel für einen bestimmten Zweck ausgewiesen werden. Dies entspricht auch der Ansicht des BSG (BSG 36 S. 175; BSG 37 S. 144; BSG 48 S. 120). Nach

Auffassung des Gerichts genügt es, wenn die Mittel etatmäßig in der Weise zur Verfügung gestellt werden, dass die Regierung über sie für die genannten Zwecke verfügen kann. Die Vergabe kann nach Maßgabe von Richtlinien eines Bundesministers erfolgen (BSG SozR 1200 § 31 Nr. 1).

8a Im Zusammenhang mit der nach § 31 prinzipiellen **Zulässigkeit der Delegation auf untergesetzliche Normen** ergeben sich praktische Probleme. Ein Verstoß gegen § 31 liegt bereits dann vor, wenn in einer Verordnung die Ermächtigungsnorm unzutreffend interpretiert wird (BSG 101 S. 70 zu § 13 SGB II). Gelegentlich engt eine untergesetzliche Norm den Gesetzestext zu weit ein. Dies ist häufig eine Frage des Vorranges und nicht des Vorbehalts des Gesetzes, der ausdrücklich in § 31 geregelt ist (Hauck/Noftz § 31 Rn. 2, Weselski in jurisPK-SGB I § 31 Rn. 15). Vorrang und Vorbehalt des Gesetzes sind jedoch lediglich begriffliche Differenzierungen des Rechtsstaatsprinzips, die der Verfassungstext selbst gar nicht vornimmt. Beide finden ihre Grundlage in Art. 20 Abs. 3 GG. Danach ist alle staatliche Gewalt an „Gesetz und Recht" gebunden. Nachdem dies heute unbestrittenermaßen für Eingriffs- und Leistungsverwaltung gilt, hat diese gegenüber dem differenzierenden Sprachgebrauch engere Formulierung des § 31 keine praktische Bedeutung mehr, zumal sich § 31 auch auf die Änderung von Rechten und Pflichten erstreckt. Außerdem sind Vorrang und Vorbehalt des Gesetzes nicht immer sinnvoll zu trennen. So wird in § 18 Abs. 2 Satz 1 SGB XI bestimmt, dass Leistungsberechtigte „in ihrem Wohnbereich" zu untersuchen sind. Hierzu könnte ein Leistungsträger in Richtlinien nach § 17 SGB XI festlegen, die Wohnung dürfte auch gegen den Willen des Leistungsberechtigten betreten werden, oder dies sei jedenfalls möglich mit Zustimmung des Leistungsberechtigten aber gegen den Willen eines Mitbewohners. Hier wäre die Frage zu erörtern, ob die Ermächtigungsgrundlage des § 17 SGB XI hierfür ausreicht bzw. ob die Duldungspflicht des § 18 Abs. 2 Satz 1 SGB XI unzulässiger Weise ausgedehnt oder eine gesetzlich nicht vorgesehene Pflicht geschaffen wird. Das kann unterschiedlich unter dem Blickwinkel des Vorranges oder des Vorbehalts des Gesetzes beurteilt werden. Unter Berücksichtigung des historischen Hintergrundes wird man jedoch sagen müssen, dass § 31 klargestellt hat, dass der Grundsatz der Gesetzmäßigkeit der Verwaltung auch in der Leistungsverwaltung gilt, und dass es unerheblich ist, ob im Einzelfall der Vorrang oder der Vorbehalt des Gesetzes tangiert ist.

9 Einschränkende, also zumindest gegen Art. 20 Abs. 3 GG verstoßende Regelungen, sind wiederholt in Anordnungen der Bundesagentur für Arbeit getroffen worden (BSG 71 S. 169). So wurden die Voraussetzungen für die Stellung von Anträgen zu eng gehandhabt (BSG SozR § 66 SGB I Nr. 7) oder es wurden finanzielle Leistungen an Rehabilitanden zu stark eingeschränkt (BSG 72 S. 169). In § 2 Abs. 1 Nr. 1a der früheren A Ausbildung wurde unzulässigerweise die Förderung eines erwachsenen Auszubildenden davon abhängig gemacht, dass die Ausbildung in einem nach § 28 BBiG aF anerkannten Beruf erfolgt. Diese Einschränkung wird jedoch in § 28 Abs. 2 BBiG aF nur für Auszubildende unter 18 Jahren gemacht (§ 4 Abs. 3 BBiG). Der mit dieser Vorschrift verbundene Schutzgedanke greift bei Erwachsenen nicht. Deswegen darf die Förderung nach den §§ 56 ff. SGB III (§ 40 AFG aF) nicht entgegen ihrem Wortlaut im Sinne der Wertung des § 4 Abs. 3 BBiG eingeengt werden (BSG 71 S. 122). Die Leistung nach § 49 AFG aF setzte nur Arbeitslosigkeit voraus. Sie durfte nicht zusätzlich von einer Meldung als arbeitslos abhängig gemacht werden (BSG SGb 1994 436 mAnm Steinmeyer; ebenso BSG SozR 3-3870 § 33 Nr. 1). Nicht mit dem Gesetz vereinbar war schließlich § 2 Abs. 3 der früheren A Reha. Danach galten Personen, die alkohol- oder drogenabhängig sind, allein auf Grund dieser Tatsache nicht als behindert. Richtigerweise sind diese Personen selbst dann als behindert iSd 19 SGB III anzusehen, wenn sie auch der Resozialisierung bedürfen (BSG 54 S. 54). Darüber hinaus wird auf Grund der Zusammensetzung des Verwaltungsrates der Bundesagentur für Arbeit die demokratische Legitimation ihrer Normsetzungsbefugnis in Zweifel gezogen (Ebsen, VSSR 1990 S. 59). Diese Auffassung dürfte aber, wie sich aus den erwähnten Entscheidungen ergibt, vom BSG nicht geteilt werden. Die Rahmenvereinbarung über den Rehabilitationssport und das Funktionstraining vom 1.10.2003 konnte mangels gesetzlicher Grundlage den Leistungsanspruch behinderter Menschen auf ein Funktionstraining nicht auf zwölf bzw. 24 Monate begrenzen (BSG SozR 4-2500 § 43 Nr. 1). Als etwas übertrieben wird man die Auffassung des 8. Senats ansehen müssen, wonach bei einem Darlehensvertrag nach § 24 Abs. 2 SGB II die Berechnung von Zinsen einen Verstoß gegen § 31 darstellen würde (BSG 116 S. 80). Ein Vertrag nach § 24 SGB II ist ein öffentlich-rechtlicher Vertrag (§§ 53 ff. SGB X). Ergänzend gelten die Bestimmungen des Bürgerlichen Rechts, also auch § 448 BGB. Damit können Zinsen vereinbart werden.

Auch in Ermessensrichtlinien fehlt es zuweilen an gesetzlichen Grundlagen. **10** Wenn dort etwa ein nicht zu übernehmender Bagatellbetrag für Fahrtkosten bei der Erfüllung der Meldepflicht von Arbeitsuchenden festgelegt wird (§§ 59 SGB II, 309 Abs. 4 SGB III), dann ist dabei die wirtschaftliche Lage des Leistungsberechtigten zu berücksichtigen (BSG SozR 4-4200 § 59 Nr. 1). Erhält der Meldepflichtige Leistungen nach den §§ 19 ff. SGB II, dann ist in der ihm zustehenden Regelleistung zzt. nur ein monatlicher Gesamtbetrag von 35,33 € für die Benutzung von Verkehrsmitteln enthalten (Schwabe, ZfF 2019 S. 1). Daran muss sich die Festlegung einer Bagatellgrenze orientieren (vgl. § 39 Rn. 45).

Dieselbe Problematik hat sich wiederholt auch im Zusammenhang mit den **11** Leistungen der Krankenversicherung ergeben. Auch hier kann der Anspruch eines Versicherten auf eine bestimmte Leistung unmittelbar aus dem Gesetz abzuleiten sein. Demgegenüber kann es sich ergeben, dass die im Rahmen der Selbstverwaltung erlassenen Richtlinien enger gefasst sind (vgl. unten Rn. 31). In diesem Falle ergibt sich der Anspruch des Versicherten unmittelbar aus dem Gesetz, da die Richtlinie nicht vom Gesetz gedeckt ist (BSG 52 S. 134; BSG 63 S. 102; BSG 63 S. 163; BSG SGb 1994 S. 527 mAnm Plagemann). An diesem, aus § 31 abzuleitenden Grundsatz, hatte sich auch durch die Neufassung der §§ 34 Abs. 4 SGB V nichts geändert. Durch diese Regelung wurde die seit langem bestehende Tendenz, die Selbstverwaltungsbefugnisse nicht nur durch Gesetz, sondern auch durch Verordnungsermächtigungen einzuschränken, verstärkt. Doch auch der Verordnungsgeber ist nicht davor gefeit, gegen § 31 zu verstoßen. So kann nach § 34 Abs. 4 SGB V die Übernahme geringfügiger Kosten für den Gebrauch von Hilfsmitteln im Verordnungswege beschränkt werden (vgl. BSG SozR 3-2500 § 33 Nr. 11). In diesem Zusammenhang ist in zwei Fällen streitig geworden, ob der Verordnungsgeber den Begriff der geringfügigen Kosten (Bagatellmittel) falsch interpretiert, eine zu enge Konkretisierung des § 34 SGB V vorgenommen und damit zugleich gegen § 31 verstoßen hat (vgl. SG Hamburg, Breith. 1992 S. 813; Bay. LSG Breith. 1994 S. 89; LSG Hamburg Breith. 1994 S. 110; LSG Niedersachsen Breith. 1994 S. 441). Im Falle von Hörgerätebatterien ist das BSG davon ausgegangen, dass deren Ausschluss, trotz relativ hoher Dauerkosten, von der Ermächtigungsnorm gedeckt ist (BSG 74 S. 232). Für eine elektrisch betriebene

Milchpumpe, für die 150,–DM zu zahlen waren, hat das BSG das Gegenteil angenommen (BSG SozR 3-2500 § 34 Nr. 2). Das Gericht stellte beim Abgabepreis auf den Wert des einzelnen Gegenstandes ab und nicht auf die Dauerbelastung für den Versicherten. In Übereinstimmung mit anderen Rechtsgebieten legte es ihn bei etwa 50,–DM fest. Zeitliche Begrenzungen einzelner Leistungen, die nicht im Gesetz vorgesehen sind, können nicht durch Rahmenvereinbarungen eingeführt werden (BSG SozR 4-2500 § 43 Nr. 1). Mit § 31vereinbar ist eine Praxis der Träger der Eingliederungshilfe Leistungen nach den §§ 53 ff. SGB XII aF, 90 ff. SGB IX **für begrenzte Zeiträume zu bewilligen.** Zulässig ist lediglich, das Vorliegen der Leistungsvoraussetzungen innerhalb bestimmter Zeitabschnitte erneut zu überprüfen.

12 In der Grundsicherung und in der Sozialhilfe führt die Aufrechnung mit Erstattungsansprüchen idR zu einer faktischen Kürzung der Regelleistung. Nur unter den engen Voraussetzung der §§ 42a, 43 SGB II bzw. des § 26 Abs. 2 SGB XII darf eine solche Einschränkung des Rechts aus den §§ 20 SGB II, 28 SGB XII erfolgen (VGH München FEVS 48 S. 26). Auch die Gerichte sind gelegentlich in Konflikt mit § 31 gekommen. So ist in der früheren Rechtsprechung zum missglückten Arbeitsversuch, mit dem ein Ausschluss von der Versicherungspflicht nach § 5 Abs. 1 Nr. 1 SGB V begründet wurde, als eine vor dem Hintergrund des § 31 nicht vertretbare Einschränkung von Rechten angesehen worden (vgl. § 2 Rn. 23). Andererseits hat das BSG die Bezahlung eines Gebärdendolmetschers bei der Krankenbehandlung als eine nach § 31 unzulässige Ausweitung der Rechte nach den §§ 27 ff. SGB V angesehen (BSG 76 S. 109). Hier ist nun der Gesetzgeber tätig geworden (§ 82 SGB IX). In ähnlicher Weise hat das BSG entschieden, dass sich aus § 39 SGB VII keine Rechtsgrundlage dafür ergeben würde, dass der Träger er Unfallversicherung die Kosten für einen Berufsbetreuer übernehmen müsse. Allerdings wird man immer auch die Auslegungsregel des § 2 Abs. 2 berücksichtigen müssen (§ 2 Rn. 16a; § 22 Rn. 23). Demgegenüber wird man die in der Literatur vertretene Auffassung, nach § 10 SGB V beitragsfrei versicherte Mitglieder der Krankenversicherung könnten in stärkerem Maße als andere Versicherte auf die familiäre Solidarität verwiesen werden (vgl. Schulin HS-KV § 6 Rn. 62–64), als eine unzulässige Einschränkung von Rechten ansehen müssen. Diese Auffassung ist im Hinblick sowohl auf § 2 Abs. 2, als auch auf § 31 nicht haltbar. Man kann zwar § 37 Abs. 3 SGB V restriktiv auslegen, darf dabei aber nicht nach der Art der Mitgliedschaft differenzieren.

13 Der Vorbehalt des Gesetzes erstreckt sich nicht nur auf den Erlass von Verwaltungsakten, sondern erfasst jede Art von **Verwaltungstätigkeit,** sofern dadurch Rechte oder Pflichten berührt werden. Nach einer gegenteiligen Auffassung soll sich § 31 nicht auf schlichtes Verwaltungshandeln beziehen, weil es in diesem Falle an einer „Begründung, Festellung usw." fehlen würde (Hauck/Noftz, SGB I § 31 Rn. 4; Weselski in jurisPK-SGB I § 31 Rn. 27). Der Gesetzeswortlaut ist jedoch anders zu verstehen: Das Verwaltungshandeln bezieht sich auf Rechte und Pflichten. Das Handeln als solches kann die Wirkung einer „Begründung, Feststellung usw" von Rechten bzw. Pflichten haben. Die Vorschrift ist nicht verletzt, wenn Rechte oder Pflichten nicht „begründet, festgestellt usw" wurden. Die Handlungsform als solche ist gar nicht Gegenstand der Regelung. Vielmehr ist es die Wirkung, die ein Verwaltungshandeln hat. Diese Frage ist im Zusammenhang mit der Weigerung an Bewohner der Colonia Dignidad, eine Rente auszuzahlen, auch innerhalb des BSG kontrovers gewesen (§ 2 Rn. 8; § 17 Rn. 1; 61 Rn. 10). Der Vorbehalt des Gesetzes gilt letztlich auch für die Beratung nach

§ 14 und macht insoweit deutlich, dass ein **Beratungsfehler** nur durch eine **gesetzlich zulässige Amtshandlung** korrigiert werden kann (vgl. § 14 Rn. 36). Dementsprechend gibt es auch für das Ansinnen eines Leistungsträgers, bis zu einem bestimmten Termin einen Antrag zu stellen, keine Rechtsgrundlage. Hier wird also ohne eine Rechtsgrundlage eine Pflicht begründet (LSG NRW L 9 B 38/08 AS, juris). Dasselbe gilt, wenn der Leistungsberechtigte veranlasst wird, innerhalb eines bestimmten Zeitraumes einen Antrag nicht zu stellen. Damit schränkt die Behörde ihre Pflicht aus § 20 Abs. 3 SGB X ein; und damit zugleich auch das korrespondierende Recht des Leistungsberechtigten. Bei der Gewährung von Auskünften oder Akteneinsicht ist darauf zu achten, dass der Geheimnisschutz Dritter nicht verletzt wird. Insoweit bietet § 25 SGB X keine Ermächtigungsgrundlage für die **Übermittlung von Sozialdaten** über einen Unbeteiligten (vgl. BSG SozR 1200 § 35 Nr. 1). Bei Verstorbenen hat der Gesetzgeber dem durch Neufassung des § 35 Abs. 5 Rechnung getragen. Auch der Abschluss von **Leistungserbringungsverträgen** (§§ 124 ff. SGB V, 36 ff. SGB IX, 75 ff. SGB XII kann unter dem Blickwinkel des § 31 zu beurteilen sein, wenn in diesen Verträgen, etwa aus Kostengründen, Vereinbarungen getroffen werden, die ein Recht des Leistungsberechtigten (zB §§ 37 SGB V, 90 SGB IX) einschränken (LSG BW ZfSH/SGB 2006 S. 33). Die Regelung des § 32 ist in diesen Fällen nur anwendbar, wenn der Leistungsverbringungsvertrag privatrechtlicher Natur ist (vgl. Eicher, SGb 2013 S. 127; Ladage, SGb 2013 S. 553). Verletzt sein kann dagegen auch § 53 Abs. 1 SGB X.

Der Gesetzesvorbehalt erstreckt sich auf **alle Rechte und Pflichten.** Er ist **14** also nicht auf soziale Rechte begrenzt (§§ 2, 11). Es kommt auch nicht darauf an, wie eine Rechtsposition des Bürgers im Gesetz bezeichnet wird. Deswegen stehen ua auch die Erstattungsansprüche nach den §§ 50, 102 ff. SGB X unter einem Gesetzesvorbehalt. Die Begründung von Pflichten, die im Zusammenhang mit der Inanspruchnahme von Sozialleistungen verbunden sind, wäre schon nach dem traditionellen Eingriffsvorbehalt zu beurteilen. Bestimmte Wohlverhaltensklauseln würden immer die Freiheit des Sozialleistungsberechtigten berühren. In dieser Allgemeinheit bestehen sie nicht. Bei jeder Verhaltensanforderung ist zu prüfen, ob für sie eine Rechtsgrundlage besteht. Die Mitwirkungspflichten nach den §§ 60 ff. sind dabei nicht die einzigen rechtlichen Regelungen. Auch in den Besonderen Teilen des Sozialgesetzbuches finden sich Regelungen, die denen der Mitwirkungspflichten entsprechen (§ 60 Rn. 3–6). So kennen insbesondere die Grundsicherung für Arbeitsuche und das Sozialhilferecht eine ausgeprägte Selbsthilfeobliegenheit (§§ 2 SGB II, 1 Satz 2 Hs. 2 SGB XII). Ähnliches gilt für die Bereitschaft des Arbeitslosen, jede zumutbare Arbeit auf dem allgemeinen Arbeitsmarkt anzunehmen (§§ 10 SGB II, 140 SGB III). Besondere Fälle zulässiger Rechtseinschränkungen sind in den §§ 145 SGB III und 51 Abs. 2 SGB V geregelt. Ein Bezieher der dort genannten Entgeltersatzleistungen kann danach veranlasst werden, einen Rehabilitations- bzw. Rentenantrag zu stellen. In diesem Falle verliert er häufig den Anspruch auf dass höhere Arbeitslosen- oder Krankengeld (vgl. BSG SGb 2002 S. 168 mAnm Hess).

Zumindest soweit Anspruchsleistungen betroffen sind, müssen die **Nebenbestimmungen** zum bewilligenden Verwaltungsakt (§ 32 SGB X) immer auch einer **15** Prüfung nach § 31 SGB I standhalten (vgl. Korte, NZS 2014 S. 853). Besonders ist darauf zu achten, dass die Praxis gelegentlich Verhaltensanforderungen stellt, für die es keine rechtliche Grundlage gibt. In einer gewissen Zahl von Fällen schafft der Gesetzgeber erst später die Rechtsgrundlage dafür. Eine Fall aus neuerer

Zeit ist die sog. treuhänderische Rückübertragung einer nach § 91 BSHG aF übergegangenen Unterhaltsforderung. Teilweise wurde darin ein Verstoß gegen § 31 gesehen, der eine Nichtigkeit der Übertragung zur Folge hat (OLG Hamburg FamRZ 1994 S. 1428; aA OLG Stuttgart DA 1995 S. 645). Der BGH hat sie nach § 32 beurteilt und für nichtig erklärt (BGH FamRZ 1996 S. 1203). Später wurde in § 91 BSHG ein Abs. 4 angefügt, der die treuhänderische Übertragung für zulässig erklärt (vgl. jetzt § 95 Abs. 5 SGB XII). In der Vergangenheit schuf etwa die Bundesagentur für Arbeit eine zeitliche Beschränkung für die Förderung in der Werkstatt für behinderte Menschen, obwohl es anfangs dafür keine Rechtsgrundlage gab. Erst später wurden entsprechende Regelungen in den §§ 11 Abs. 3 RehaAnglG, 58 Abs. 1a AFG aF geschaffen (vgl. auch BSG 73 S. 83). Ursprünglich gab es keine Regelung dafür, Personen, die sich im Freiheitsentzug befinden, von den Leistungen zur Rehabilitation auszuschließen (vgl. § 1236 RVO aF). Die Praxis verfuhr aber schon immer in dem erwähnten Sinne. Eine gesetzliche Regelung dafür wurde erst durch § 12 Abs. 1 Nr. 5 SGB VI geschaffen. Ein Beispiel aus der Gegenwart ist die Praxis der Sozialhilfeträger, Personen, die zu den Kosten der Sozialhilfe herangezogen werden können, über § 116 BSHG aF (§ 117 SGB XII) hinaus die Pflicht aufzuerlegen, eine Veränderung der wirtschaftlichen Verhältnisse mitzuteilen. Eine solche Pflicht gibt es gemäß § 60 Abs. 1 Nr. 2 nur für den Hilfeempfänger selbst. Besonders umstritten war in der Vergangenheit die Verpflichtung des Hilfeempfängers, ein Kfz, das er im Besitz hat, stillzulegen. Teilweise wurde dies mit der Erfüllung von Mitwirkungspflichten, genauer einer Selbsthilfeobliegenheit nach § 2 Abs. 1 BSHG aF (§ 2 Abs. 1 SGB XII) begründet. Teilweise wurde die Auffassung vertreten, im Besitz eines Kfz läge ein unwirtschaftliches Verhalten des Hilfeempfängers iSd § 25 Abs. 2 Nr. 2 BSHG aF, 26 Abs. 2 Nr. 2 SGB XII (vgl. OVG Lüneburg FEVS 36 S. 336; OVG Bremen FEVS 37 S. 471). Die Gefahr einer solchen Überdehnung des jeweiligen Gesetzeswortlautes liegt darin, dass einer bestimmten Gruppe von Sozialleistungsberechtigten Verhaltenspflichten auferlegt werden, die für andere nicht gelten. Damit wird auch die gleichheitssichernde Funktion des Gesetzes und des Gesetzesvorbehalts tangiert (Schoch, DVBl 1988 S. 869). Inzwischen löst die Rechtsprechung das Problem in systematischer Hinsicht richtig über § 20 SGB X, indem sie dem Hilfebedürftigen abverlangt, die angesichts des Haltens eines Kfz bestehenden Zweifel an seiner Hilfsbedürftigkeit auszuräumen (OVG Hamburg FEVS 43 S. 286). Pflichten dieser Art treffen grundsätzlich jeden Leistungsberechtigten bei grundsätzlich jeder Leistung. Diese Problematik besteht auch im SGB II, obwohl dort das Kfz zum Schonvermögen gehört (§ 12 Abs. 3 Nr. 1 SGB II). Aus dieser Regelung folgt nicht, dass auch die Kosten für die Unterhaltung oder den Betrieb des Kfz zu übernehmen wären (vgl. Schwabe, ZfF 2013 S. 1). Der Hilfebedürftige muss also auch hier darlegen können, wie er aus den Leistungen nach den §§ 19 ff. SGB II das Kfz unterhält.

15a Gewisse Bedenken geben sich im Hinblick auf die Frage, ob man noch davon ausgehen kann, dass die angemessenen **Kosten der Unterkunft** im Gesetz geregelt ist. Zwar kann man dies nicht annehmen, wenn ein Gesetzesbegriff wie der der „Angemessenheit“ ausgelegt werden muss. Das BVerfG hat jedoch für den notwendigen Lebensunterhalt im Sinne der §§ 19 ff. SGB II eine nachvollziehbare und transparente gesetzliche Regelung verlangt. Dies ist sehr bald nach der Entscheidung des Gerichts für die Regelbedarfe geschehen (vgl. §§ 2–8 RBEG). Die Kosten der Unterkunft machen aber oftmals fast die Hälfte des notwendigen Lebensunterhalts aus. Für ihre Bestimmung existiert keine vergleichbar exakte

Regelung. Allerdings muss man hier die Schwierigkeiten einer bundesweit gesetzlichen Regelung der angemessenen Unterkunftskosten berücksichtigen. Insoweit dürfte eine Satzungsregelung im örtlichen Bereich die praktikablere Lösung sein (vgl. §§ 22a–22c SGB II). Sie ergeht auf Grund eines Gesetzes und ist deswegen auch im Hinblick auf § 31 unproblematisch. Allerdings „können" die Länder die kommunalen Träger „ermächtigen oder verpflichten". Damit dürfte der Regelung des § 31 nicht Genüge getan sein. Das BSG hat für die Ermittlung der Kosten der Unterkunft ein sehr differenziertes „schlüssiges Konzept" der Leistungsträger gefordert (vgl. dazu § 19a Rn. 34–36). Dazu ist die Frage aufzuwerfen, ob man mit diesem Konzept nicht doch über eine bloße Auslegung des Begriffs der Angemessenheit hinausgeht. Insbesondere wird das schlüssige Konzept nicht für die Anwendung des § 22 SGB II im Einzelfall entwickelt. Es wirkt im Zuständigkeitsbereich des Leistungsträgers generell und abstrakt und hat damit eher den materiellen Charakter einer Rechtsnorm, für deren Erlass in dieser Form und mit diesem Gegenstand keine Gesetzesgrundlage besteht (§ 13 SGB II). Auch insoweit wäre also eher eine Satzungsregelung zu fordern.

Umstritten ist schließlich auch, ob sich der Vorbehalt des Gesetzes nur auf **16** den Komplex der Sozialleistungen erstreckt (Schnapp, BochKomm § 31 Rn. 21; Wannagat-Rüfner, SGB I § 31 Rn. 4) oder ob er auch das Verhältnis der Sozialleistungsträger untereinander (Hauck/Noftz, SGB I § 31 Rn. 4–6; Kretschmer, GK SGB I § 31 Rn. 11) und zu Dritten (Bley, SozVersGesKomm § 31 Anm. 2d) umfasst. Letzterer Auffassung ist zuzustimmen, obwohl der Wortlaut des Gesetzes „in den Sozialleistungsbereichen" nicht eindeutig ist. Er ist jedenfalls weiter als der Begriff der Sozialleistung. Häufig lässt sich auch keine klare Trennung vornehmen. So gehört die Regelung des § 43 zu den Vorleistungen. Sie weist aber insoweit auch auf das Verhältnis der Sozialleistungsträger untereinander, als sie die Zuständigkeit berührt und Folgen für das Erstattungsrecht hat (§§ 102 ff. SGB X). Das gilt für die heutige Vorschrift des § 14 SGB IX in noch stärkerem Maße (§ 16 Rn. 17 ff.). Insbesondere besteht auch der Erstattungsanspruch nach § 102 Abs. 1 SGB X nur, wenn auf Grund gesetzlicher Vorschriften vorgeleistet wurde. Der Gesetzesvorbehalt auch im Verhältnis zu Dritten hat ua Bedeutung für das sich immer stärker entwickelnde Vertragssystem zwischen den Leistungsträgern und den Leistungserbringern. Nur wo entsprechende Regelungen bestehen (vgl. §§ 40 Abs. 2 SGB V; 15 Abs. 2 SGB VI; 36 ff. SGB IX; 71 SGB XI), ist der Abschluss eines Vertrages zwingende Leistungsvoraussetzung. Das galt zB nicht für die §§ 85–87 SGB III aF Inzwischen regelt § 81 Abs. 1 Nr. 3 SGB III eine Zulassung zur Förderung (vgl. AZAV BGBl I 2012 S. 504). Beim Abschluss solcher Verträge sind auch die Leistungserbringer mit ihren Rechten berührt. Allerdings hat das BSG in zwei Entscheidungen solche Rechte zwar unter dem Blickwinkel des Art. 12 GG, nicht aber unter dem des § 31 SGB I beurteilt (BSG SGb 2001 S. 328 mAnm Meydam; BSG SGb 2001 S. 450 mAnm Bieback).

3. Administrative Normsetzungsbefugnisse

Im Allgemeinen hat die Praxis mit dem Vorbehalt des Gesetzes keine größeren **17** Schwierigkeiten. Zu sehr ist § 31 in den Zusammenhang mit Art. 20 Abs. 3 GG und den daraus abzuleitenden Grundsätzen des Art. 80 Abs. 1 GG eingebunden, als dass es über seine grundlegende Bedeutung Zweifel geben könnte. Probleme ergeben sich allerdings im Hinblick auf die Frage, in welchem Ausmaß Regelungen auf der Ebene unterhalb des Gesetzes zulässig sind. Die Verwaltung selbst bringt eine Vielzahl von Handlungsanleitungen hervor, die von der Verordnung über Satzungen, Anordnungen, Verwaltungsvorschriften, Runderlassen, Richtlinien bis hin zu Einzelweisungen gehen. Sie alle unterscheiden nicht in der klassischen Weise zwischen Rechtsnorm, Plan, Verwaltungsakt oder sonstiger Amtshandlung, sondern ergeben sich geradezu unsystematisch aus der Notwendigkeit des Verwaltungshandelns. Vor allem sind auch Erlass und Annullierung dieser Verwaltungsvorschriften nicht in der Weise geregelt, wie es für Gesetz und Verordnung der Fall ist. Auch kann es ganz im Belieben der Verwaltungsspitze stehen, ob sie von der Befugnis zum Erlass einer Verordnung Gebrauch macht, oder ob sie verwaltungsintern den Weg über die Abfassung von norminterpretierenden Richtlinien wählt. Hätte zB die Bundesregierung die Verordnung nach § 60 SGB XII aF (Abgrenzung des Personenkreises der behinderten Menschen und Maßnahmen der Eingliederungshilfe) nicht erlassen, so hätte jeder Sozialhilfeträger für sich norminterpretierende Richtlinien mit gleicher Wirkung aber von ganz anderem Rechtscharakter erlassen können – ein Ergebnis, das im Hinblick auf § 31 zu denken gibt.

18 Dass dieses Problem nicht nur theoretischer Natur ist, wird am Beispiel eines angrenzenden Sachgebiets deutlich. Der Personenkreis der schwerbehinderten Menschen ergibt sich nur vage aus § 2 Abs. 2 SGB IX. Zu seiner näheren Bestimmung existierten bisher sog. **Anhaltspunkte** des BMA, die als Richtlinien für den ärztlichen Sachverständigen bezeichnet werden und dem aktuellen medizinischen Erkenntnisstand entsprachen (Bürck, ZfS 1999 S. 129). Tatsächlich aber hatten die Anhaltspunkte in Teilbereichen Normcharakter und insoweit fehlte in der Vergangenheit für ihren Erlass die Ermächtigungsgrundlage. Ein Verwaltungsakt, der seine alleinige rechtliche Begründung aus den Anhaltspunkten bezieht, wurde vom BSG unter Hinweis auf § 31 als rechtswidrig angesehen (BSG SGb 1991 S. 227 mAnm Wolf). Diese Position wurde aber in einer späteren Entscheidung modifiziert. Danach sollten die bisherigen Anhaltspunkte trotz fehlender Ermächtigungsgrundlage als „geschlossenes Beurteilungsgefüge", das von einem sachverständigen Gremium erstellt wird, nur eingeschränkter richterlicher Kontrolle unterliegen. Den Anhaltspunkten sollte keine Normqualität zukommen, sie wären **antizipierte Sachverständigengutachten** und wirkten sich normähnlich aus (BSG SGb 1993 S. 579 mAnm Neumann). Das wurde auch für § 48 SGB X angenommen (BSG SozR 3-3870 § 3 Nr. 5). Danach wirkte die Änderung der Anhaltspunkte wie eine Änderung der rechtlichen Verhältnisse. Insbesondere sollten die Anhaltspunkte nur einer eingeschränkten richterlichen Kontrolle unterliegen. Sie konnten nach Auffassung des BSG hinsichtlich ihrer generellen Richtigkeit nicht durch Einzelfallgutachten widerlegt werden (BSG SozR 3-3870 § 4 Nr. 19). Mit seiner Rechtsprechung griff das BSG unmittelbar in die Diskussion die normkonkretisierenden Verwaltungsvorschriften ein (unten Rn. 22–28). Allerdings musste man für die Vergangenheit sagen, dass der Begriff der normähnlichen Wirkung der Anhaltspunkte – bei gleichzeitiger Qualifizierung als antizipiertes Sachverständigengutachten – zumindest missverständlich war. Entweder ein Satz normiert oder er tut es nicht. Im ersteren Falle ist er ein Rechtsatz, im zweiten Falle ist er es nicht. Eine Zwischenform ist nicht denkbar. Zudem wird man im Hinblick auf die neuere Rechtsprechung des BVerfG sagen müssen, dass wegen Art. 19 Abs. 4 GG ein geschlossenes Beurteilungsgefüge, auch wenn es von einem sachverständigen Gremium kraft Sachnähe und Kompetenz erstellt worden ist, jedenfalls dann einer vollständigen gerichtlichen Kontrolle unterliegt, wenn die Verwaltungsentscheidung Grundrechtsrelevanz hat (§ 39 Rn. 23). In einer späteren Entscheidung, betreffend die Richtlinien zur Abgrenzung des Personenkreises der Schwerpflegebedürftigen, engte das BSG seine Auffassung denn auch etwas ein. Sowohl die erwähnten Anhaltspunkte als auch die Richtlinien sind bei der Gesetzesauslegung lediglich mit heranzuziehen. In keinem Falle sind sie geeignet, den Rechtsanspruch einzuengen oder auszuweiten (BSG SGb 1994 S. 579 mAnm Schulin). Dennoch hat das BSG an der Auffassung einer normähnlichen Wirkung der Anhaltspunkte festgehalten BSG SGb 2004 S. 378 mAnm Mälicke; BSG SGb 2009 S. 168 mAnm Kaiser). Das BVerfG hat diese Rechtsprechung bestätigt, solange sich das BSG nicht strikt an die Anhaltspunkte gebunden sieht (BVerfG SozR 3-3870 § 3 Nr. 6).

Angesichts der vielen rechtlichen Bedenken, die gegenüber der Einordnung der Anhaltspunkte bestehen, war bereits seit 1997 vorgesehen, den Anhaltspunkten eine eindeutige rechtliche Grundlage zu geben (BArbBl 1997/4 S. 78). Mit Wirkung zum 1.1.2009 wurden die Anhaltspunkte durch die **Versorgungsmedizinischen Grundsätze** ersetzt. Die zunächst unter größerem Verweisungsaufwand geschaffene Rechtsgrundlage (§ 69 Abs. 1 Satz 5 SGB IX aF) befindet sich in den §§ 152 Abs. 1 Satz 4 SGB IX; 30 Abs. 17 BVG, Anlage zu § 2 VersMedV (BGBl 2008 S. 2412; 2017 S. 2541). Damit haben sich die Bedenken gegenüber den Anhaltspunkten und ihren Nachfolge-Grundsätzen erledigt. Das betrifft aber nicht andere Schöpfungen der Verwaltung, die einen normativen Charakter haben. Bedenken werden auch gegenüber den **MdE-Tabellen** der Unfallversicherung geäußert, insofern als sie als „normähnliches Beurteilungsgefüge" angesehen werden (Spellbrink/Nusser, SGb 2017 S. 550). Damit wird aber wohl eher ihre praktische Handhabung beschrieben. **19**

Zu denken wäre zunächst an die Empfehlungen des Deutschen Vereins für öffentliche und private Fürsorge zur Gewährung von **Krankenkostzulagen in der Sozialhilfe** (NDV 2009 S. 503). Es handelt sich dabei um Mehrbedarfszuschläge nach den §§ 21 Abs. 5 SGB II, 30 Abs. 5 SGB XII. Diese Empfehlungen ergehen auf der Grundlage medizinischer und ernährungswissenschaftlicher Erkenntnisse. In der Literatur war umstritten, ob sie – ähnlich wie die Anhaltspunkte – als antizipierte Sachverständigengutachten mit der Folge, dass sie grundsätzlich keiner Einzelfallwiderlegung zugänglich sind, betrachtet werden müssen. Das BSG hatte diese Frage für die Empfehlungen 1997 verneint (BSG SGb 2009 S. 161 mAnm Busse). Dasselbe wird man für die Empfehlungen 2008 tun müssen, obwohl diese gründlicher erarbeitet worden sind als bisher (vgl. NDV 2008 S. 503). Die größere Objektivierbarkeit kann keinen Einfluss auf die Geltung haben. Demgegenüber will das LSG Nds.-Brem. diese Empfehlungen wieder als antizipierte Sachverständigengutachten behandeln (LSG Nds.-Brem. ZfSH/SGB 2009 S. 364). Dagegen sprechen jedoch alle Gesichtspunkte, die schon gegen die Anhaltspunkte vorzubringen waren. Insbesondere hat diese rechtliche Einordnung zur Folge, dass eine vollständige Sachverhaltsaufklärung durch das Gericht erforderlich ist. Diese Auffassung ist vom BSG für die Empfehlungen 2008 bestätigt worden (BSG SozR 4-4200 § 21 Nr. 15). Für die Empfehlungen kommt noch hinzu, dass sie von einem privatrechtlich organisierten Verein formuliert worden sind. Diesem letzteren Einwand sind Verwaltungsvorschriften nicht ausgesetzt. **20**

In einem angrenzenden Rechtsgebiet, den beamtenrechtlichen Beihilfevorschriften, hat sich das sich das BVerwG grundsätzlich mit der Frage des Verhältnisses von Verwaltungsvorschriften und Gesetzesvorbehalt auseinandergesetzt (BVerwG 121 S. 103). Anders als die Beihilfevorschriften der Länder, die überwiegend in Satzungen geregelt sind, war das Beihilferecht des Bundes Gegenstand **21** von Verwaltungsvorschriften. Während das BVerwG bislang davon ausgegangen war, dass solche normkonkretisierende Verwaltungsvorschriften innerhalb der von der Norm gesetzten Grenzen auch für die Gerichte verbindlich wären, hat es diese Auffassung in seiner Entscheidung zum Beihilferecht gründlich revidiert. Administrative Bestimmungen haben nach Ansicht des BVerwG nicht den Charakter von Rechtsnormen – und entsprechen also auch nicht einem Gesetzesvorbehalt, wie er in § 31 formuliert ist. Damit folgt das Gericht auch dem EuGH, der seinerseits in ständiger Rechtsprechung die Auffassung entwickelt hat, Verwaltungsvorschriften sind nicht geeignet EU-Richtlinien in innerstaatliches Recht zu transformieren (EuGH NVwZ 1997 S. 369 – Kommission/Bundesrepublik Deutschland). Insbesondere fehlt es jenen an verfahrensrechtlichen Garantien und Publizität, zudem sind sie als solche nicht justiziabel.

21a Die gleichen Schwierigkeiten können sich bei der **Organtransplantation** ergeben (vgl. § 17 Rn. 22e–23f). Grundsätzlich steht dem Versicherten das Recht nach den §§ 27, 28, 39 SGB V auf ärztliche Behandlung und, wenn es in diesem Rahmen medizinisch geboten ist, auch auf Ausstattung mit einem Organ zu. Da auch dieses Recht nur durch oder auf Grund eines Gesetzes eingeschränkt werden kann, muss man sich angesichts der Organknappheit immer die Frage stellen, ob die Zuteilung eines Organs an einen Leistungsberechtigten nicht auch den Ausschluss eines anderen von der Versorgung darstellt. Da die Warteliste nach § 10 Abs. 2 Nr. TPG auf der Grundlage von Richtlinien der Bundesärztekammer nach § 16 TPG erstellt wird, stellt sich die Frage, ob diese Gesetz im Sinne des § 31 sind. Diese – umstrittene – Frage wird man noch eher verneinen müssen, als die vergleichbare Frage bei den Richtlinien der Krankenversicherung (unten Rn. 34–44). Zumindest wird man aber sagen müssen, dass die Richtlinien nach den §§ 10, 16 TPG nicht in verfassungskonformer Weise zustande gekommen sind.

22 Die Problematik der Verwaltungsvorschriften war in der Vergangenheit – besonders umstritten im Falle eines atomrechtlichen Genehmigungsverfahrens (BVerwG 72 S. 300) – Gegenstand einer Auseinandersetzung um die **Normsetzungsbefugnisse** der Verwaltung und damit letztlich um den Gesetzesvorbehalt geworden (Ossenbühl, Zur Auswirkung von Verwaltungsvorschriften, Festgabe aus Anlass des 25jährigen Bestehens des Bundesverwaltungsgerichts, München 1978 S. 433; Beckmann, DVBl 1987 S. 611; Gusy, DVBl 1987 S. 497; Erbguth, DVBl 1989 S. 473; Gerhardt, NJW 1989 S. 2233; Hill, NVwZ 1989 S. 401; Wolf, DöV 1992 S. 849; Di Fabio, DVBl 1992 S. 1338; Papier, DVBl 1993 S. 809; Saurer, DöV 2005 S. 587).

23 Angesichts des besonderen Gewichts der Verwaltung und angesichts der Vielfalt von Durchführungsvorschriften im Sozialrecht ganz unterschiedlichen Charakters konnte es nicht ausbleiben, dass dieses Problem auch hier aufgegriffen wurde (Kummer, SGb 1977 S. 387; Baader, JZ 1990 S. 409; Ebsen, VSSR 1990 S. 57; Baader, SGb 1992 S. 241; Clemens, NZS 1994 S. 337). Auch im Sozialrecht ist spätestens seit der Rechtsprechung zu den Anhaltspunkten erkennbar geworden, dass eine gründliche Auseinandersetzung mit der Normsetzungsbefugnis der Verwaltung unausweichlich geworden ist (vgl. oben Rn. 18) Das BSG hat in früheren Entscheidungen für besonders gelagerte Fälle eine gewisse Bindungswirkung von Verwaltungsvorschriften angenommen (BSG 29 S. 41; BSG 34 S. 115). Das Gericht war aber wohl anfangs nur dahin zu verstehen, dass lediglich ein Gesetz- oder Verordnungsgeber selbst auf **von ihm erlassene Richtlinien** als Normbestandteil verweisen kann (BSG 34 S. 115). Zumindest im Falle dieser sog. statischen Verweisung auf eine bestimmte Richtlinie stellt sich das Problem der administrativen Normsetzung nicht, weil die Normativwirkung ausschließlich vom Gesetz oder der Verordnung ausgeht. Es handelt sich hier im Grunde nur um eine Frage der Formulierung der Rechtsnorm. Rechtlich heikel ist die dynamische Verweisung, in der also auf die jeweils geltende Fassung einer Richtlinie Bezug genommen wird (BVerfG 78 S. 32). In diesem Falle kann die Verwaltung durch ihre Richtlinie den Inhalt der verweisenden Norm bestimmen (Kummer, SGb 1977 S. 392; Wolf, DöV 1992 S. 852). Das LSG RhPf. hat die Bindungswirkung der Durchführungsanordnung eines Trägers der Unfallversicherung in Auseinandersetzung mit der verwaltungsgerichtlichen Rechtsprechung zum Immissionsschutzrecht für denkbar gehalten, im konkreten Fall aber abgelehnt (LSG RhPf. Breith. 1993 S. 541). Zuzustimmen ist der Auffassung, nach der die dynamische Verweisung auf Verwaltungsvorschriften im Grunde eine unzulässige Rechtssetzung außerhalb des Einflussbereichs des dazu legitimierten Rechtssetzungsorgans ist (LSG BW NZS 2017 S. 467). Die oberen Gerichte, auch das BSG, haben zur administrativen Normsetzungsbefugnis eine etwas schwankende Haltung eingenommen (vgl. unten Rn. 27). In neuerer Zeit lässt sich gegenüber einer allgemeinen Bindungswirkung von Verwaltungsvorschriften eher Skepsis feststellen (BSG SGb 1994 S. 527 mAnm Plagemann; BSG SGb 1994 S. 579 mAnm Schulin). Besonders zu beurteilen sind dabei noch die Richtlinien in der Krankenversicherung (unten Rn. 34).

Die Diskussion ist gegenwärtig alles andere als zu einem Abschluss gekommen. 24
Der Streit entzündet sich bereits an der Frage, ob Verwaltungsvorschriften Rechtsnormen sind. In Übereinstimmung mit der Rechtsprechung unterscheidet die hL norminterpretierende, dh im Wesentlichen kommentierende, und normkonkretisierende Verwaltungsvorschriften. Zu den MdE-Tabellen in der Unfallversicherung vgl. Spellbrink/Nusser, SGb 2017 S. 550.

Soweit die Verwaltungsvorschriften norminterpretierenden Charakter haben, 25
dienen sie lediglich der internen Steuerung des Verwaltungshandelns. Außenwirkung misst man ihnen herkömmlicherweise über das Konstrukt der **Selbstbindung** der Verwaltung im Sinne einer Gleichbehandlung aller vergleichbaren Fälle (Art. 3 Abs. 1 GG) bei. Sie sind Indiz für das Vorhandensein einer bestimmten Verwaltungspraxis. Bezeichnenderweise kann es zu einer solchen Selbstbindung schon durch die bloße Existenz von Verwaltungsvorschriften, also vor jeder praktischen Übung, kommen, wenn sich gleichsam die Erwartungen der Bürger auf einen bestimmten gleichförmigen Vollzug richten (BVerwG DöV 1971 S. 748; BVerwG 52 S. 199; vgl. aber BSG 29 S. 249; BSG 51 S. 150). Das kommt einer Außenwirkung der Verwaltungsvorschriften schon sehr nahe (Ossenbühl, Zur Auswirkung von Verwaltungsvorschriften, Festgabe aus Anlass des 25jährigen Bestehens des Bundesverwaltungsgerichts, München 1978 S. 442, 443). ME darf man das nur für die Ermessensrichtlinien annehmen. Sofern dagegen eine (rechtlich unzutreffende) behördliche Norminterpretation gemäß Art. 3 Abs. 1 GG über die Selbstbindung Außenwirkung für eine Vielzahl von Fällen erhält, wird damit das Gesetz abgeändert. Dies geschieht zudem in einer Form, die vom Gesetzgebungsverfahren völlig abweicht. In jedem Falle aber ist die Kompetenz der Judikative betroffen, die allein das Gesetz verbindlich interpretiert. Im Ermessensbereich ist dagegen innerhalb einer gewissen Bandbreite jede Entscheidung rechtmäßig. Eine Selbstbindung wäre in diesem Rahmen weder gesetzeswidrig, noch würde gegen eine Kompetenznorm verstoßen.

Schwerer wiegt dieses Argument bei den **normkonkretisierenden Verwal-** 26
tungsvorschriften. Ihnen soll die Qualität von Rechtsnormen zukommen.

Dabei ist Normkonkretisierung mehr als begriffliche Klarstellung oder Subsumtion, sie enthält eine gestalterische Entscheidung der Verwaltung, wird auf diese Weise zur Normentwicklung und ist damit im Ergebnis Regelung. Das wäre solange unproblematisch, als diesen Verwaltungsvorschriften nur Innenwirkung zukommen würde. Die von der Verwaltung erlassenen normkonkretisierenden Verwaltungsvorschriften sollen jedoch Außenwirkung haben und damit auch für die Gerichte verbindlich sein. Entscheidend ist dabei nicht eine lediglich faktische Außenwirkung, die ohnehin unbestreitbar ist. Es kommt vielmehr auf die über den innerbehördlichen Bereich hinausgehende intendierte Ausrichtung an. In diesem Falle, und nur in diesem Falle, kann von einer Rechtsnorm mit Außenwirkung die Rede sein. Es liegt auf der Hand, dass diese Lehre an die Grundfesten des Gesetzesvorbehalts und auch an die der Rechtsquellenlehre rührt. Dabei ist zu betonen, dass die systematische Einordnung von Verwaltungsvorschriften als **Rechtsnormen** nichts über deren verfassungsrechtliche Zulässigkeit aussagt. Diese kann sich erst aus einer Auseinandersetzung mit den Art. 83 ff. GG ergeben.

27 Die Entwicklung verläuft nicht gleichmäßig. Eine Aufwertung haben die Verwaltungsvorschriften vor allem im Bereich von Umweltschutz und Technik, und hier insbesondere im Atomrecht, erfahren (Jarass, JuS 1999 S. 105). Die anfängliche Auffassung des BVerwG, die später vom BSG aufgegriffen wurde (oben Rn. 18), normkonkretisierende Verwaltungsvorschriften enthielten ein „antizipiertes Sachverständigengutachten" (BVerwG 55 S. 250), bringt diesen Sachverhalt plastisch zum Ausdruck. Hier wurde vom Gericht im Grunde noch auf der Basis des Selbstbindungskonstrukts argumentiert, denn ein Gutachten kann, ähnlich wie eine ständige Übung, immerhin ein Indiz für eine bestimmte Verwaltungspraxis sein. Die Verwaltungsvorschriften wurden im Leitsatz der erwähnten Entscheidung auch nur als „bedeutsam" für das Gericht bezeichnet. Damit ist eine Bindungswirkung noch nicht intendiert. Erst später wurden die normkonkretisierenden Verwaltungsvorschriften für verbindlich erklärt (BVerwG 72 S. 300). Davon scheinen die oberen Gerichte inzwischen wieder etwas abzurücken (BVerfG 80 S. 257; BVerwG 77 S. 285; EuGH JZ 1991 S. 1031- Kommission/Bundesrepublik Deutschland mAnm Rupp) So betont das BVerwG, dass allgemeine Verwaltungsvorschriften Gegenstand und nicht Maßstab gerichtlicher Kontrolle wären. Es lässt allerdings im Bereich des Umwelt- und Technikrechts Ausnahmen von diesem Grundsatz zu (BVerwG 107 S. 338, 340).

28 Ein naheliegender Einwand gegen die Zulässigkeit von Verwaltungsvorschriften mit Außenwirkung könnte sich aus Art. 80 Abs. 1 GG ergeben (Oldiges, NJW 1984 S. 1930; Maurer, VVDStL 1985/43 S. 162; Breuer, NVwZ 1988 S. 112). Danach bedürfen Rechtsverordnungen einer Ermächtigungsgrundlage. Das könnte für normkonkretisierende Verwaltungsvorschriften nicht anders sein. Dagegen ließe sich immerhin einwenden, dass Art. 80 GG nur den **Funktionsbereich der Gesetzgebung** regelt und damit folgerichtig nur die Frage unter welchen Voraussetzungen der Gesetzgeber die ihm von der Verfassung zugewiesenen Aufgaben delegieren darf. Der Funktionsbereich der Exekutive ergibt sich demgegenüber aus dem auch systematisch selbständigen Abschnitt der Art. 83 ff. GG. Die Kernfrage zu den normkonkretisierenden Verwaltungsvorschriften besteht nun darin, ob sich aus den die Exekutive betreffenden Vorschriften die Befugnis zum Erlass von Rechtsnormen mit Außenwirkung ergibt. Das wird von der wohl überwiegenden Auffassung aus historischen und systematischen Erwägungen grundsätzlich verneint (vgl. Kirchhoff in Maunz-Dürig, Komm. z. GG Art. 84 Rn. 13, 30). Die Art. 70 ff. GG regeln die Gesetzgebung des Bundes und die

Art. 83 ff. GG die Ausführung der Gesetze. Aus diesem Zusammenhang ist nicht abzuleiten, dass der Begriff der Ausführung der Gesetze nun wiederum die Befugnis zum Erlass von Rechtsnormen mit umfasst. Die Lehre von den normkonkretisierenden Verwaltungsvorschriften steht und fällt damit, ob man eine originäre Kompetenz der Exekutive zur Rechtserzeugung anerkennt. Nach wohl hL kann die Bundesregierung mit Zustimmung des Bundesrates nur in dem engen Rahmen des Art. 84 Abs. 2 GG allgemeine Verwaltungsvorschriften erlassen. Die danach bestehende „Rechtserzeugungskompetenz" ist im Sozialrecht etwa für die Allgemeinen Verwaltungsvorschriften zum **Bundesversorgungsgesetz** anzunehmen. Sie mag sich darüber hinaus auf Verwaltungsvorschriften mit Außenwirkung erstrecken, soweit die Behördenzuständigkeit geregelt wird (BVerwG 36 S. 91; BVerfG 40 S. 237). Ob man aber mit Blick auf die typische Form der Verwaltungstätigkeit sagen kann: Die Bürgergerichtetheit des Einzelvollzugs rechtfertige eine entsprechende Außenwirkung der hierauf unmittelbar bezogenen Verwaltungsvorschriften (so Erbguth, DVBl 1989 S. 481; ähnlich Di Fabio, DVBl 1992 S. 1340), ist doch sehr zweifelhaft. Ihre Legitimation bezieht die begrenzte Letztentscheidungskompetenz der Verwaltung aus den Gesichtspunkten, die für die Beurteilungsermächtigung tragend sind (vgl. § 39 Rn. 19 ff.). Dabei ist entscheidend, dass diese Letztverbindlichkeit nicht auf der Ebene der Auslegung des unbestimmten Rechtsbegriffs gegeben ist, sondern bei der Anwendung des Gesetzes auf den Einzelfall. Nicht bei der Gesetzesauslegung, sondern nur bei der Frage, ob im Einzelfall die gesetzlichen Tatsachenvoraussetzungen als erfüllt anzusehen sind, ist eine Beurteilungsermächtigung anzuerkennen. Von diesem Gedankengang her kann man nicht von der Bürgergerichtetheit des Einzelvollzugs, der in bestimmten Fällen (zB bei Prüfungsentscheidungen) nicht voll gerichtlich überprüfbar ist, auf eine Bindungswirkung von normkonkretisierenden Verwaltungsvorschriften auch für die Gerichte gelangen. Dadurch würde der alles entscheidende Schritt vom Einzelfall auf eine generelle Regelung hin getan. Dies würde die für die gesamte Funktionsteilung der Gewalten tragende Unterscheidung zwischen allgemeiner Regel und individueller Entscheidung verwischen (vgl. Rupp, Ermessen, unbestimmter Rechtsbegriff und kein Ende, Festschrift für Zeitler, 1987 S. 456–460).

Man mag normkonkretisierende Verwaltungsvorschriften für sinnvoll oder gar notwendig halten (Hill, NVwZ 1989 S. 405). Ihre **Rechtfertigung** wäre auf einer anderen Ebene zu suchen (BVerfG 61 S. 82; Breuer, NVwZ 1988 S. 112; Lübbe-Wolff, DöV 1987 S. 897). Insbesondere kann man nicht argumentieren, ein Monopol der Legislative war nur solange anzuerkennen als Rechtssetzung und Rechtsvollzug eindeutig getrennt werden konnten (Hill, NVwZ 1989 S. 403). Eine solche eindeutige Trennung konnte noch nie vorgenommen werden. Außerdem sind begriffliche Fragen von solchen der durch die Verfassung zu regelnden Kompetenzabgrenzung zu unterscheiden. 29

Trotz aller aus dem Gesetzesvorbehalt abzuleitenden Bedenken hat die Lehre von den normkonkretisierenden Verwaltungsvorschriften eine gewisse Anerkennung gefunden. Die Erklärung dafür dürfte in den Schwierigkeiten moderner Staatsverwaltung liegen. Die für das staatliche Handeln zum Teil erforderliche große Sachkunde, die in die Gesetzgebung oft nur in aufwändigen Verfahren eingebunden werden kann, können sich die Gerichte zumeist nicht verschaffen. Die Auffassung, normkonkretisierende Verwaltungsvorschriften enthielten ein „antizipiertes Sachverständigengutachten" bringen diesen Sachverhalt plastisch zum Ausdruck. Nicht ohne Grund wird den normkonkretisierenden Verwaltungs- 30 vorschriften Bindungswirkung nur dort zugesprochen, wo in einer gesetzlichen Regelung ausdrücklich ein Konkretisierungsbedarf besteht, etwa im Sinne einer Formulierung „nach dem Stand von Wissenschaft und Technik" und wo, wie etwa in den §§ 48, 51 BImSchG, zugleich Vorkehrungen für eine richtige Normkonkretisierung getroffen worden sind (so Gerhardt, NJW 1989 S. 2237, 2238). Auch hier bleibt aber zu fragen – eine Rechtserzeugungskompetenz der Exekutive unterstellt – wo dies geregelt sein soll. Aus Art. 84 Abs. 2 GG lässt sich dazu nichts entnehmen (vgl. Gusy, DVBl 1987 S. 501).

31 Die Rechtsprechung erweist sich nach allem zu Recht als eher zurückhaltend (BVerfG 80 S. 257; BVerwG 77 S. 285); sie lehnt diese Lehre aber nicht vollständig ab. Immerhin hat das BVerwG in einem atomrechtlichen Genehmigungsverfahren einer Richtlinie des Bundesinnenministers als normkonkretisierender Verwaltungsvorschrift Bindungswirkung auch für die Gerichte zuerkannt (BVerwG 72 S. 300). Dies hat das BVerfG als einen möglicherweise zulässigen Sonderfall bezeichnet (BVerfG 78 S. 227). Inzwischen dürfte die Skepsis der beiden oberen Gerichte aber eher wieder etwas größer geworden sein. Das ergibt sich vor allem aus der neueren Rechtsprechung zum Beurteilungsspielraum (§ 39 Rn. 19 ff), die für den Komplex der administrativen Normsetzung nicht folgenlos bleiben dürfte (Schultze-Fielitz, JZ 1993 S. 780).

32 Zieht man aus der Lehre von der normkonkretisierenden Verwaltungsvorschrift Konsequenzen für das Sozialrecht, so wird man ihr zumindest hier keinerlei Außenwirkung zusprechen dürfen. Auch von den Befürwortern der Lehre wird zugestanden, dass für derartige Verwaltungsvorschriften kein Raum mehr bleibt, wenn ein Rechtsgebiet vom Gesetzgeber durchnormiert ist, was in weiten Bereichen für das Sozialrecht zutrifft (vgl. Martens, JuS 1987 S. 103). Andererseits wird die Außenwirkung von Verwaltungsvorschriften im Bereich der gesetzesfreien Leistungsverwaltung häufiger bejaht, was aber wohl für norminterpretierende Verwaltungsvorschriften und nur über das Konstrukt der Selbstbindung der Verwaltung (Art. 3 Abs. 1 GG) möglich ist. Einzuräumen ist hier allerdings, sollte die Lehre auch im Sozialrecht Anerkennung finden, dann wären normkonkretisierende Verwaltungsvorschriften konsequenterweise als Gesetze iSd § 31 einzuordnen. Davon ist das Sozialrecht aber weit entfernt. So bemängelt das BSG trotz der Ableitungsversuche aus den Art. 83 ff. GG das Fehlen einer Ermächtigungsgrundlage und postuliert zudem für die jeweils wesentlichen Fragen eines Sozialrechtsbereichs parlamentarische Grundentscheidungen (BSG SGb 1991 S. 227 mAnm Wolf). Im Zusammenhang mit den normkonkretisierenden Verwaltungsvorschriften wird sogar eine „umgekehrte Wesentlichkeitstheorie" konstatiert (vgl. Erichsen, DVBl 1985 S. 28; Hill, NVwZ 1989 S. 407). Die für die jeweilige Verwaltungsentscheidung wesentlichen Fragen würden oft nicht im Gesetz, sondern in einer Verwaltungsvorschrift geregelt.

33 Durch den Gesetzesvorbehalt ist es allerdings nicht ausgeschlossen, dass im Rahmen der **Selbstverwaltung** Richtlinien im Range unter dem Gesetz erlassen werden (BSG 67 S. 256). Das galt in der Vergangenheit unangefochten zB für die Heil- und Hilfsmittelrichtlinien, die auf der Grundlage der §§ 91, 92 SGB V ergehen (vgl. Ebsen, VSSR 1990 S. 57; Clemens, NZS 1994 S. 337). Für sie besteht aber eine Ermächtigungsgrundlage und sie sind in jedem Falle am Gesetz zu messen (BSG 73 S. 271). Dasselbe gilt etwa für die Anordnungen der Bundesagentur für Arbeit. Sonstige Richtlinien, die in großer Vielfalt bestehen (Rehabilitationsrichtlinien, Sozialhilferichtlinien) haben nur norminterpretierenden Charakter. In ihrem tatsächlichen Gewicht für die alltägliche Verwaltungspraxis dürfen sie jedoch nicht unterschätzt werden. Das gilt etwa für die Richtlinien in der Pflegeversicherung (BSG 73 S. 146; vgl. Bieback, SGb 1995 S. 573). Umstritten war in der Vergangenheit die Zulässigkeit der Festlegung des Regelbedarfs nach § 22 BSHG aF durch ministeriellen Runderlass. Die Zulässigkeit wurde aber überwiegend bejaht (vgl. BVerwG NDV 1994 S. 155 mAnm Wienand). Dennoch hat der Gesetzgeber aus guten Gründen später in § 22 Abs. 3 BSHG aF (§ 28 Abs. 2 SGB XII) die Festlegung durch Rechtsverordnung vorgesehen (vgl. Wolf, DöV 1992 S. 856). Gegenwärtig gelten die Bestimmungen des Regelbedarfs-Ermittlungsgesetzes.

4. Richtlinien in der gesetzlichen Krankenversicherung

Über diesen (Rn. 30–32) weitgehend gesicherten Stand im öffentlichen Recht ist die Entwicklung in der Krankenversicherung hinausgegangen. Dabei hat das BSG eine gewisse Vorreiterrolle übernommen und eine sehr grundsätzliche Kontroverse ausgelöst. Ursprünglich hieß es noch, dass einer untergesetzlichen Norm die erforderliche gesetzliche Ermächtigung fehle, wenn der Gesetzgeber nicht wenigstens gewisse Grundstrukturen des Normgefüges vorgegeben hat, aus denen der Ermächtigungsrahmen derart konkret hervorgeht, dass zwischen den normativen Vorgaben und dem vom „Sekundärnormgeber" zu konkretisierenden Rahmeninhalt kein dem verfassungsrechtlichen Zweck der Rechtssicherheit widersprechendes unbestimmtes Umsetzungsfeld verbleibt (BSG 67 S. 256). Heute regeln die Richtlinien ganz im Sinne einer umgekehrten Wesentlichkeitstheorie (oben Rn. 32) den Inhalt des Leistungsanspruchs der Versicherten. Die Frage, welche Bedeutung den Richtlinien der Bundesausschüsse in diesem Zusammenhang und darüber hinaus zukommt, ist in der Krankenversicherung in mehrfacher Hinsicht von grundlegender Bedeutung, und zwar über die Einführung neuer Untersuchungs- und Behandlungsmethoden (§ 92 Abs. 1 Nr. 5 SGB V) sowie über die Verordnung von Arznei-, Verband-, Heil- und Hilfsmitteln (§ 92 Abs. 1 Nr. 6 SGB V) hinaus für das gesamte Leistungs- und Leistungserbringungsrecht der Krankenversicherung einschließlich der Bedarfsplanung der vertragsärztlichen Versorgung (§ 101 SGB V). Als wichtigstes allgemeines krankenversicherungsrechtliches Anliegen im Zusammenhang mit der Auseinandersetzung um den Rechtsnormcharakter der Richtlinien ist wohl das Bestreben anzusehen, das Leistungs- und Leistungserbringungsrecht aufeinander abzustimmen: Die Richtlinien, die nach den §§ 92 Abs. 8, 95 Abs. 3 Satz 2 SGB V Bestandteil der Bundesmantelverträge werden, sind für die Vertragsärzte verbindlich (BSG 78 S. 70). Für den einzelnen Arzt ergibt sich ergänzend eine verpflichtende Wirkung aus § 81 Abs. 3 Nr. 2 SGB V. Da nach Auffassung des BSG mit den Richtlinien auch über die von der Krankenkasse den Versicherten geschuldete Behandlung entschieden wird, soll dadurch die grundsätzliche Übereinstimmung der §§ 27 ff. und 72 ff. SGB V bewirkt sein. Die Regelung des § 91 Abs. 6 SGB V ordnet eine Wirkung von Richtlinien an, die schon über die Selbstverwaltung hinaus weist. 34

Die ursprüngliche Auffassung, in den §§ 27 ff. SGB V werden keine subjektiven Rechte der Versicherten im herkömmlichen Sinne, sondern es wird ein Rahmenrecht begründet, ist aufgegeben worden (§ 21 Rn. 11). Das ändert nichts daran, dass die Ansprüche Versicherter zunächst generell-abstrakt durch die Richtlinien und sodann im Einzelfall in der Behandlung durch den Vertragsarzt verbindlich für die Krankenkasse und den Versicherten konkretisiert werden (BSG 73 S. 278; BSG 77 S. 194; BSG 81 S. 84). Die rechtsstaatlichen Bedenken bestehen nun 35 vornehmlich darin, dass auf beiden Ebenen die gerichtliche Kontrolle vermindert ist. Soweit der Leistungsanspruch im Einzelfall konkretisiert wird, ist die Tatsachenfeststellung erschwert, ua weil das Vertragsarztrecht mit seinen abweichenden Strukturprinzipien (vgl. § 37 Rn. 8 ff.) ein Abgehen von den §§ 8 ff. SGB X rechtfertigt. Damit werden die Leistungsvoraussetzungen nicht auf dem üblichen Verfahrensweg festgestellt. Bei den vorgelagerten Richtlinien steht ihr Zustandekommen und der Einfluss der Interessen der Beteiligten kaum noch auf dem Prüfstand. Bei der rechtlichen Würdigung dieses Gesamtkomplexes darf man vor allem nicht übersehen, dass der Gesundheitsbereich nur noch begrenzt steuerbar ist (Arnold, NZS 1996 S. 196; Prinz, BKK 1998 S. 599; Kühn, SF 1998 S. 132).

36 Zu den Richtlinien hatte der 4. Senat des BSG zuerst noch etwas einschränkend entschieden, dass es sich bei ihnen nicht lediglich um antizipierte Sachverständigengutachten, sondern um Bundesrecht handelte, das für die Krankenversicherungsträger und die Kassenärzte verbindlich ist. Das Richtlinienrecht wurde zunächst nur dem Innenrechtsbereich der Verwaltung zugeordnet. Es konnte also auch nach Auffassung des BSG die gesetzlich verankerten subjektiv-öffentlichen Rechte der Versicherten weder einschränken noch über deren gesetzliche Grenzen hinaus erweitern. Damit war die Diskrepanz zwischen Leistungs- und Leistungserbringungsrecht begründet. Jedoch war dieses Verwaltungsbinnenrecht als Ausspruch der vom Gesetzgeber zur näheren Bestimmung des Inhalts und der Formen kassenärztlicher Versorgung bestellten, mit besonderer Sachkunde versehenen Bundesausschüsse im Streit um Leistungen zur Krankenbehandlung vor den Sozialgerichten für die Sachentscheidung grundsätzlich maßgeblich, was die Diskrepanz zwischen Leistungs- und Leistungserbringungsrecht wieder verminderte. Insgesamt waren nach früherer Rechtsprechung die Gerichte an die Richtlinien wie an sonstiges Verwaltungsbinnenrecht rechtlich nicht gebunden (BSG 73 S. 287, 288). Zu der schwierigen Frage der rechtlichen Bedeutung von Richtlinien hat das BSG also anfangs eine Position gefunden, die man als Verbindlichkeit im Innenverhältnis mit einer zusätzlichen faktischen Außenwirkung gegenüber den Versicherten im Sinne eines antizipierten Sachverständigengutachtens charakterisieren kann. Dies ist angesichts der insgesamt noch immer klärungsbedürftigen Frage der Richtlinien als rechtlich weiterhin möglich, insbesondere auch als praktikabel anzusehen. Normkonkretisierenden Charakter und damit eine verbindliche Außenwirkung hat das Gericht den Richtlinien zunächst nicht beigemessen. Das BVerfG hat diese Frage bis in die jüngste Vergangenheit offen gelassen (BVerfG 115 S. 25). Allerdings hat es zuletzt darauf hingewiesen, dass die vorgebrachten Zweifel an der demokratischen Legitimation des Gemeinsamen Bundesausschusses (GBA) durchaus gewichtig seien (BVerfG 140 S. 229 Rn. 22; vgl. dagegen BSG NZS 2017 S. 231).

37 Jedoch hat das BSG in den Entscheidungen mehrerer Senate seine Rechtsprechung fortentwickelt und ist auch den rechtlichen Bedenken, die in der Literatur geäußert wurden, entgegengetreten (vgl. BSG 96 S. 261; BSG 103 S. 106; BSG SozR 4-2500 § 137 Nr. 6, 7). Zu den Richtlinien nach § 92 Abs. 1 Nr. 5 SGB V ist der 1. Senat zu der Auffassung gelangt, dass sie Teil eines umfassenden Gefüges untergesetzlicher Normen wären, die von den zur Sicherstellung der vertragsärztlichen Versorgung gebildeten Körperschaften der Krankenkassen und Ärzte aufgrund gesetzlicher Ermächtigung gemeinsam zu dem Zweck erlassen werden, eine den Vorgaben des Gesetzes entsprechende ambulante ärztliche Versorgung der Versicherten zu gewährleisten. Die dabei praktizierte Form der Rechtssetzung durch Kollektivverträge (Normsetzungsverträge) zwischen Krankenkassenverbänden und Kassenärztlichen Vereinigungen, die von gemeinsamen Gremien der Ärzte und Krankenkassen beschlossen werden, hat nach Auffassung des BSG in der gesetzlichen Krankenversicherung eine lange, in die vorkonstitutionelle Zeit zurückreichende Tradition. Historisch ist dies zwar zutreffend. Jedoch lässt sich für die Vergangenheit nicht feststellen, dass dieses frühere System durch Richtlinien in der Form außenwirksamer Rechtsnormen gekennzeichnet war (vgl. Ossenbühl, NZS 1997 S. 501). Auch das BSG legt diesen Zeitpunkt erst frühestens mit In-Kraft-Treten des SGB V im Jahre 1989 fest (BSG 63 S. 163; BSG 73 S. 271; BSG 81 S. 80).

Ob das zur Erfüllung der Sachleistungsverpflichtung und zur Sicherung einer ausreichenden Versorgung bereits Anfang der dreißiger Jahre entwickelte und seither historisch gewachsene öffentlich-rechtliche System kollektivvertraglicher Beziehungen die Zuweisung von Normsetzungsbefugnissen an die Vertragspartner rechtfertigt bzw. verlangt, ist schon allgemein zweifelhaft. Wenn man sie bejaht, dürfte ein historischer Rückblick wenig ergeben. Der frühere Reichsausschuss der Ärzte und Krankenkassen hatte keineswegs so ausgeprägte Befugnisse, dass man sagen könnte, das heutige Recht wäre aus vorkonstitutioneller Zeit übernommen worden (Koch, SGb 2001 S. 115). Die Richtlinien als Bestandteile der Normsetzungsverträge müssen nach Auffassung des BSG ihre Verbindlichkeit teilen. Fraglich ist nur, wo das rechtlich verankert ist. Zwar sieht das Grundgesetz die Schaffung materiellen Rechts durch Normverträge nicht vor (vgl. Ossenbühl, NZS 1997 S. 499). Jedoch ist das BSG der Auffassung, dem Grundgesetz wäre kein numerus clausus zulässiger Rechtssetzungsformen in dem Sinne zu entnehmen, dass neben den ausdrücklich genannten Instrumenten des formellen Gesetzes und der Rechtsverordnung sowie den vom BVerfG anerkannten Regelungstypen der autonomen Satzung und der Tarifvertragsnormen weitere Formen der Rechtssetzung schlechthin ausgeschlossen wären (BSG 81 S. 54; BSG 81 S. 73). Das ist aber nicht die zentrale Frage. Selbst wenn man nämlich zugesteht, dass es einen numerus clausus zulässiger Rechtssetzungsformen nicht gibt, wird man die Wertung, die in den Art. 70 ff., 83 ff. GG zum Ausdruck gelangt, auch bei neu zu entwickelnden Rechtssetzungsformen nicht vernachlässigen dürfen. Hier gilt natürlich das grundsätzliche Demokratiegebot, auch und insbesondere für die Satzungsautonomie im Rahmen der Selbstverwaltung, die nur soweit gehen kann, dass sich Satzungsregelungen nur auf den Kreis der repräsentierten Betroffenen beschränken, dass sie jedoch nicht die Rechtsstellung Außenstehender regeln können. Angesichts der Zusammensetzung der Bundesausschüsse (§ 91 Abs. 2 SGB V) muss man von „zwei Legitimationssträngen" sprechen (Koch, SGb 2001 S. 166). Weil, anders als es der Begriff des Normsetzungsvertrages nahe legt, nichts vereinbart, sondern weil beschlossen wird (§ 92 Abs. 1 SGB V), ist es immer möglich, dass eine der beiden Gruppen, die Vertreter der Ärzteschaft bzw. der Krankenkassen, von der anderen majorisiert wird. Damit ist dann aber auch die Legitimationskette für die jeweils unterlegene Gruppe abgerissen. Ist die Ärzteschaft unterlegen, so könnte man noch an eine eigenständige verpflichtende Wirkung der Richtlinie über die Satzung der kassenärztlichen Vereinigung gemäß § 81 Abs. 3 Nr. 2 SGB V denken. Eine ähnliche Wirkung kann sich aber für die Versicherten, die in keiner Form organisiert sind, nicht ergeben. Sie verfügen gemäß § 140f SGB V zwar über gewisse Rechte (BSG 116 S. 15). Einen Einfluss auf das Zustandekommen einer Richtlinie haben sie jedoch nicht. Angesichts des zunehmenden Gewichts der nichtärztlichen Leistungserbringer (§§ 124 ff. SGB V), die überhaupt nicht an den Bundesausschüssen beteiligt sind (§ 91 Abs. 1 Satz 1 SGB V), bedarf es auch bei 38 ihnen einer Begründung dafür, wie die Kollektivverträge auf sie erstreckt werden können.

39 Der 6. Senat war schon vor dem 1. Senat zu dem gleichen Ergebnis gelangt, hat aber die Richtlinien nicht als Teile von Normsetzungsverträgen angesehen, sondern ihnen den Charakter von Satzungen beigemessen und dabei den Bundesausschuss als Anstalt des öffentlichen Rechts angesehen, der Satzungsautonomie verliehen ist (BSG 78 S. 70). Dabei wird der Begriff der Anstalt des öffentlichen Rechts (organisatorische Zusammenfassung personeller und sächlicher Mittel, bestimmte Zwecksetzung, Nutzungsverhältnis) ganz erheblich ausgedehnt. Insbesondere müsste man die Versicherten, die ja auch rechtlich gebunden sein sollen, als Nutzer des Bundesausschusses ansehen. Auf eine Betroffenen-Partizipation bei der Ausgestaltung der Entscheidungsgremien wenigstens durch Beteiligung der relevanten Gruppen will auch der 6. Senat nicht verzichten (BSG 78 S. 80). Ohne von seiner Konstruktion ausdrücklich abzuweichen, meint der 6. Senat mit Blick auf die Rechtsprechung des 1. Senats später, die mit der Anstaltskonstruktion übereinstimmenden Ergebnisse und normativen Wirkungen „hätte" der Gesetzgeber auch erreichen können, indem er die Körperschaften ermächtigt, durch Verträge miteinander bindende Normen für die jeweiligen Mitglieder und diejenigen der weiteren nachgeordneten Körperschaften im Sinne von Normsetzungsverträgen zu schaffen (BSG 82 S. 41). Der 1. Senat, der die Ausschüsse zu Recht als gemeinsame Gremien von Körperschaften bezeichnet (§ 91 Abs. 1 SGB V), hat sich mit der Anstaltskonstruktion bisher nicht auseinander gesetzt. Insgesamt entsteht der Eindruck, dass der 1. und der 6. Senat des BSG zwar dasselbe Ergebnis erreichen wollen (außenwirksame Verbindlichkeit von Richtlinien), dass sie aber wechselseitig die jeweils gegebene Begründung hierfür nicht akzeptieren. Beide Senate gehen jedoch davon aus, dem Grundgesetz lasse sich kein Verbot entnehmen, für einen begrenzten Bereich Satzungsautonomie auf eine Einrichtung zu übertragen, die von zwei Körperschaften gebildet wird und demokratisch legitimiert ist (BSG 82 S. 41; BSG 110 S. 183).

40 Man wird dem BSG entgegenhalten müssen, dass man auf eine grundsätzliche und ins einzelne gehende Klärung der in die Rechtsquellenlehre hineinreichenden Fragen auf Dauer nicht verzichten kann. Das BVerfG hat sie bisher nicht entschieden (BVerfG 115 S. 25; BVerfG 140 S. 229). Die Meinungen in der Literatur sind uneinheitlich (vgl. Papier, VSSR 1990 S. 123; v. Zezschwitz, Festschrift für Söllner, 1990 S. 645; Ossenbühl, NZS 1997 S. 497; Schwerdtfeger, NZS 1998 S. 49, 97; Sodan, NZS 1998 S. 305; Sodan, NZS 2000 S. 581; Di Fabio, NZS 1998 S. 449; Gitter/Köhler-Fleischmann, SGb 1999 S. 4; Francke, SGb 1999 S. 7; Schnapp, SGb 1999 S. 62; Wimmer, NZS 1999 S. 113; Francke, SGb 1999 S. 5; Axer, Normsetzung der Exekutive in der Sozialversicherung, 2000 S. 119 ff.; Engelmann, NZS 2000 S. 1, 76; Koch, SGb 2001 S. 109, 166; Hebeler, DöV 2002 S. 936; Joussen, SGb 2004 S. 334; Schimmelpfeng-Schütte, MedR 2006 S. 21; Engelmann, MedR 2006 S. 245; Kingreen, NZS 2007 S. 113; *Schlottmann/Haag*, NZS 2008, S. 524; Rennert, JZ 2009 S. 976; Neumann, NZS 2010 S. 593; Hauck, NZS 2010 S. 600; Gassner, NZS 2016 S. 121; Köhler, SGb 2017 S. 188; Klafki/Loer, VSSR 2017 S. 343; Kingreen, MedR 2017 S. 8). Das BSG bezeichnet das verfassungsrechtliche Problem als eines der Frage nach der Rechtserzeugungskompetenz. Im Gegensatz zu den vom Gericht genannten Regelungstypen, vor allem des Satzungsrechts, ist es aber bei den Richtlinien nicht ganz zweifelsfrei, ob sie in vollem Umfange demokratisch legitimiert sind. Insbesondere wird die Verbindlichkeit der Richtlinien nun auch auf die Versicherten, die Beitragszahler

und die nichtärztlichen Leistungserbringer erstreckt, was bisher so nicht geschehen war. Gerade weil die Versicherten und die nichtärztlichen Leistungserbringer an der Normsetzung durch Richtlinien nur sehr vermittelt oder gar nicht beteiligt sind, wird man ihre verpflichtende Wirkung ausführlicher begründen müssen. Lässt sich eine solche Begründung nicht finden, so wird man die überkommende Auffassung, der Rechtsanspruch des Versicherten ergäbe sich ausschließlich aus den §§ 27 ff., beibehalten müssen. Für ihn und für die Gerichte hätten die Richtlinien dann lediglich einen norminterpretierenden Charakter.

Tatsächlich lässt sich für die Richtlinien als Rechtsnormen mit Außenwirkung, 41 im Hinblick auf Versicherte und einzelne Leistungserbringer gleichviel, ob sie als Bestandteile von Normsetzungsverträgen oder als Satzungsregelungen angesehen werden, eine außerordentlich schwache demokratische Legitimation finden (Schwerdtfeger, NZS 1998 S. 51, 52; Kingreen, VVStRL Bd. 70 2011 S. 160 ff.). Allerdings sind Einrichtungen der Selbstverwaltung in begrenztem Umfang sogar zu Regelungen gegenüber Nichtmitgliedern befugt (BVerfG 107 S. 59, grundlegend dazu Böckenförde Isensee/Kirchhoff, HdbStR Bd. I § 22 Rn. 10 ff., 33, 34). Das hat der Gesetzgeber später durch § 91 Abs. 6 SGB V unterstrichen (BSG 105 S. 1).

Auch wenn die Bundesausschüsse Gremien von Körperschaften sind, haben 42 aus der Sicht der Versicherten die Bundesverbände der Krankenkassen anstaltliche Züge. In ihren Verwaltungsräten sind die Versicherten, allerdings nur über die Vertreter der Krankenkassen (§ 209 Abs. 2 Satz 2 SGB V), repräsentiert. Entsprechendes gilt aus der Sicht der Vertragsärzte für die Kassenärztliche Bundesvereinigung. Deswegen werden die Bundesausschüsse als gemeinsame Organe selbstverwalteter Anstalten gedeutet (Schwerdtfeger, NZS 1998 S. 51). Die Ermächtigung zum Erlass von Richtlinien kommt in § 92 SGB V klar zum Ausdruck. Nicht ganz ohne Gewicht ist auch der Hinweis auf die Befugnisse des Bundesgesundheitsministers als Mitglied der demokratisch legitimierten Bundesregierung nach § 94 SGB V. Diese sind nach Auffassung des BSG auf eine Rechtsaufsicht beschränkt (BSG 103 S. 106). Nach anderer Ansicht reicht eine bloße Beanstandungsbefugnis für eine demokratische Legitimation nicht aus (Wimmer, MedR 1997 S. 225). Daraus ergäbe sich kein positiver Einfluss auf das Zustandekommen einer Richtlinie. Immerhin kann nunmehr der Bundesminister gemäß § 94 Abs. 1 Satz 1 bis 5 SGB V Richtlinien beanstanden und auch eigene Richtlinien erlassen. Eine Legitimation ergäbe sich dann aber allenfalls für die Richtlinien, die ministeriell erlassen worden sind. Zumindest das dürfte über eine bloße Rechtsaufsicht hinausgehen. Diese letztere Möglichkeit könnte allenfalls angesichts der Besonderheiten, die innerhalb der funktionalen Selbstverwaltung in der Sozialversicherung auch in verfassungsrechtlicher Hinsicht bestehen (BVerfG 107 S. 59; BVerfG 111 S. 191, 333), dem Bundesausschuss die notwendige demokratische Legitimation verleihen: Überlässt der Gesetzgeber „öffentlich-rechtlichen Körperschaften und Anstalten als Trägern funktionaler Selbstverwaltung bestimmte Aufgaben zur Regelung in Satzungsautonomie, darf er ihnen die Rechtsetzungsbefugnis nicht zur völlig freien Verfügung überlassen, sondern muss institutionelle Vorkehrungen zur Wahrung der Interessen der von ihr erfassten Personen treffen" (BVerfG 111 S. 191, kritisch dazu Jestaedt, JuS 2004 S. 649; Classen, Demokratische Legitimation im offenen Rechtsstaat, 2009 S. 63 ff.). Dieser Rettungsversuch einer Normsetzungsbefugnis des Gemeinsamen Bundesschusses müsste aber – als institutionelle Vorkehrung – die Form eines Genehmigungserfordernisses annehmen. Daran fehlt es in § 94 Abs. 1 SGB V, denn das Wirksamwerden der Richtlinien ist nicht von einer positiven Zustimmung des Bundesministeriums für Gesundheit abhängig. Es ist auch nicht durch das Vorlageverfahren suspendiert.

43 Eine lückenlose demokratische Legitimation des Gemeinsamen Bundesausschusses lässt sich trotz vieler Ableitungsversuche in der Vergangenheit bis aus den heutigen Tag im Gesetzestext nicht finden (vgl. Kingreen, NZS 2007 S. 115–119). Das BSG weist demgegenüber darauf hin, dass sich aus der Sicht der Versicherten eine demokratische Legitimation der an der Abfassung der Richtlinien Beteiligten auch über § 46 iVm § 31 Abs. 3a SGB IV ergebe (BSG 82 S. 41). Es muss aber, soweit es nicht nur um periphere Fragen geht, zumindest eine reale Einflusschance der Normunterworfenen bestehen (BVerfG 83 S. 60; BVerwG 106 S. 64). Angesichts der Zusammensetzung der Ausschüsse (§ 91 Abs. 2 SGB V) und insbesondere angesichts der in § 92 SGB V geregelten bloßen Anhörungsrechte ist das aber nicht gewährleistet. Anfangs verneinte das BSG einen prinzipiellen Interessengegensatz zwischen den im Bundesausschuss vertretenen Gruppen. Diese Einschätzung beruht aber auf einer recht idealistischen Annahme der „Ausbalancierung" der notwendigen Entscheidungen (BSG 78 S. 82). Auch mit Blick auf die Verhältnisse in der Praxis wird dem BSG ua entgegengehalten, dass die beiden im Bundesausschuss vertretenen Gruppen in erster Linie eigene Interessen wahrnehmen (Schimmelpfeng-Schütte, NZS 1999 S. 532).

44 Inzwischen bezeichnet das BSG den Gemeinsamen Bundesausschuss als „interessenpluralistisch zusammengesetztes" Organ (BSG 103 S. 106). Damit ist aber über die realen Einflusschancen der Normunterworfenen auch nichts ausgesagt. Im Zusammenhang mit der Abfassung der Richtlinien vertreten die Kassen weder ihre Versicherten, noch die in den §§ 124 ff. SGB V genannten Leistungserbringer. Letztere können sich sogar in einem Gegensatz zu den Kassen, zur Ärzteschaft und den Versicherten befinden. Vor diesem Hintergrund deutet sich eine Antwort auf die Legitimationsfrage an. Die Anforderungen an eine lückenlose demokratische Legitimation sind im Rahmen der Selbstverwaltung dann etwas weniger streng, wenn eine Entscheidung der Selbstverwaltungsorgane die Mitglieder, nicht aber, wenn sie Außenstehende betrifft (vgl. § 17 Rn. 23b und oben Rn. 38). Dazu führt das BVerfG aus: „Denn es ist nicht ausgeschlossen, dass der Gemeinsame Bundesausschuss für eine Richtlinie hinreichende Legitimation besitzt, wenn sie zum Beispiel nur an der Regelsetzung Beteiligte mit geringer Intensität trifft, während sie für eine andere seiner Normen fehlen kann, wenn sie zum Beispiel mit hoher Intensität Angelegenheiten Dritter regelt, die an deren Entstehung nicht mitwirken konnten. Maßgeblich ist hierfür insbesondere, inwieweit der Ausschuss für seine zu treffenden Entscheidungen gesetzlich angeleitet ist" (BVerfG 140 S. 229 Rn. 22).

45 Die Notwendigkeit einer Ausdifferenzierung der untergesetzlichen Rechtsquellen in der modernen Verwaltung, auch durch normkonkretisierende Verwaltungsvorschriften, ist nicht zu bezweifeln. Sie bedarf aber einer klaren verfassungsrechtlichen Grundlage. Der bisherigen Rechtsprechung des BVerfG wird man eine Bestätigung für die Auffassung des BSG nicht entnehmen können (vgl. Axer, Normsetzung der Exekutive in der Sozialversicherung, 2000 S. 157–162, 224 f.; Koch, SGb 2001 S. 168). Auch durch das Stückwerk an Nachbesserungen (vgl. §§ 91 Abs. 6, 94 Abs. 1 SGB V) wird bisher die Legitimationsgrundlage nicht nachhaltig verbessert. Nach jetzigem Stand dürfte die ursprüngliche Einordnung der Richtlinien als norminterpretierende Verwaltungsvorschriften praktischen Bedürfnissen gerecht werden und allen verfassungsrechtlichen Zweifeln entzogen sein. Für eine Fortentwicklung hätte der Gesetzgeber zwei Möglichkeiten zur

Auswahl. Entweder er begrenzt die Bindungswirkung der Richtlinien auf Ärzte und Krankenkassen oder er erweitert die Legitimationsbasis des GBA dadurch, dass er eine effektive Einflussmöglichkeit auf die Entstehung der Richtlinien all derer schafft, die von der Richtlinie betroffen sind. Das sind vor allem die sonstigen Leistungserbringer (§§ 124 ff. SGB V) aber auch die Mitglieder der Krankenkassen.

§ 32 Verbot nachteiliger Vereinbarungen

Privatrechtliche Vereinbarungen, die zum Nachteil des Sozialleistungsberechtigten von Vorschriften dieses Gesetzbuchs abweichen, sind nichtig.

Übersicht

1. Gegenstand der Vereinbarung

Die Vorschrift stellt eine Erweiterung des Anwendungsbereichs des § 134 BGB dar, sie beschränkt sich aber auf das Sozialrecht. Das gilt insoweit, als Vereinbarungen auch dann nichtig sind, wenn sie nicht gegen ein gesetzliches Verbot verstoßen (BGHZ 51 S. 255), sondern für den Sozialleistungsberechtigten lediglich nachteilig sind. Der Vorschrift des § 32 wird allgemein nur eine geringe praktische Bedeutung beigemessen (vgl. aber Bürck, VSSR 1990 S. 287). Das erklärt sich daraus, dass bei einem Verstoß gegen ein gesetzliches Verbot bereits § 134 BGB eingreift. Diese Folge aus § 134 BGB ergibt sich also auch im Sozialrecht. Sind darüber hinaus öffentlich-rechtliche Regelungen Gegenstand einer privaten Vereinbarung, so unterliegen sie ohnehin nicht der Dispositionsfreiheit von Privatpersonen und können deswegen nicht wirksam abgeändert werden. 1

Der Hauptzweck des § 32 besteht darin, zu verhindern, dass sozialrechtliche Positionen zum Gegenstand privatrechtlicher Absprachen werden. Dabei ist nach dem Wortlaut des § 32 nicht Voraussetzung, dass der Sozialleistungsberechtigte selbst Partei einer solchen benachteiligenden Absprache sein muss. Ist er dies nicht, so handelt es sich allerdings bereits zumeist um einen unzulässigen Vertrag zu Lasten Dritter. Damit bedarf es dann keiner Anwendung des § 32 mehr, um die Nichtigkeitsfolge festzustellen. Als **Sozialleistungsberechtigter** ist auch derjenige anzusehen, der selbst (noch) keine sozialrechtliche Position inne hat, sie aber ohne die in Frage stehende Vereinbarung inne hätte oder haben könnte. Die Vorschrift erstreckt sich nicht auf Personen, die im Sozialrecht lediglich Pflichten zu erfüllen haben. Das sind etwa die Arbeitgeber im Hinblick auf § 28a SGB IV. Arbeitgeber können aber auch als Berechtigte unter § 32 fallen (§§ 88 ff. SGB III, 3 SGB VII; 50, 185 Abs. 3 Nr. 2 SGB IX). 2

Im angrenzenden **Arbeitsrecht** besteht der vergleichbare Grundsatz, dass kollektivarbeitsrechtliche Regelungen nicht durch Einzelarbeitsverträge zum Nachteil des Arbeitnehmers abbedungen werden dürfen. Noch weiter geht das Unionsrecht bei grenzüberschreitenden Sachverhalten. Hier regelt Art. 7 Abs. 4 der VO EU 492/2011, dass alle Bestimmungen in Kollektiv- oder Einzelarbeitsverträgen, die den Zugang zur Beschäftigung, Entlohnung und sonstige Arbeits- und Kündi- 2a gungsbedingungen betreffen, nichtig sind, soweit sie für Arbeitnehmer, die Staatsangehörige eines anderen Mitgliedstaats sind, diskriminierende Bedingungen vorsehen oder zulassen. Trotz der weitergehenden unionsrechtlichen Regelungen betreffend die Freizügigkeit aller wirtschaftlich aktiven Unionsbürger (Art. 45 ff. AEUV) erstreckt sich der besondere Schutz des Art. 7 Abs. 4 der VO EU 492/2011 nicht auf Tätigkeitsformen, die außerhalb des Beschäftigungsverhältnisses angesiedelt sind (vgl. § 4 Rn. 14, 25). Demgegenüber gilt § 32 im ganzen Sozialrecht.

3 Nach dem Wortlaut der Vorschrift des § 32 wird die Rechtsfolge der Nichtigkeit nur für **Vereinbarungen** festgelegt. Dieselbe Folge ergibt sich also nicht für eine einseitige Willenserklärung des Sozialleistungsberechtigten. Sie ist grundsätzlich zulässig. Die unterschiedliche Bewertung des einseitig erklärten Verzichts (§ 46) und der zweiseitigen Vereinbarung (§ 32) erklärt sich daraus, dass der Gesetzgeber nur bei letzterer davon ausging, der Sozialleistungsberechtigte könne einer Drucksituation ausgesetzt sein. Sollte eine solche Situation auch bei einem Verzicht gegeben sein, so kann der Verzicht jederzeit **widerrufen** werden (§ 46 Abs. 1 Hs. 2). Dieselbe Widerrufsmöglichkeit hätte der Gesetzgeber auch in § 32 vorsehen können. Er hat sich jedoch für die Folge der Nichtigkeit entschieden. In dieser Wertung steht § 32 in einem deutlichen Widerspruch zu der Wertung der §§ 53 und 54. Abtretbarkeit und Pfändbarkeit von Sozialleistungen werden damit begründet, dass diese, wie das Arbeitsentgelt, verkehrsfähig sein sollen. Die sich aus dieser Verkehrsfähigkeit von Sozialleistungen ergebenden Konsequenzen sind jedoch für das ganze System des Sozialrechts viel gravierender als der geringe Spielraum, der den Parteien ohne die Regelung des § 32 ohnehin nur zur Verfügung stünde (vgl. § 53 Rn. 1).

4 Erklärt der Leistungsberechtigte gegenüber dem Arbeitgeber einen „Verzicht" auf den Beitragszuschuss des Arbeitgebers nach § 257 SGB V, so ist § 46 nicht anwendbar. Letztere Vorschrift gilt nur für Erklärungen gegenüber einem Leistungsträger iSd § 12. Das BSG ist jedoch der Auffassung, dass § 32 auf Vereinbarungen zwischen Arbeitgeber und Arbeitnehmer „jedenfalls entsprechend angewendet werden" muss (BSG 83 S. 40). Daran wird zum einen deutlich, dass die unterschiedliche Behandlung von Verzicht und Vereinbarung praktisch nicht sehr sinnvoll ist. Verzichtet nämlich der Arbeitnehmer auf die Leistung aus § 257 SGB V, so ist dies in der Regel Teil einer gesamten Vereinbarung. Dass sich die Folge des § 32 unmittelbar auch aus Absprachen zwischen Arbeitgeber und Arbeitnehmer ergeben kann, dürfte schon aus dem Wortlaut der Vorschrift ersichtlich sein. Es wird nur vorausgesetzt, dass „privatrechtliche Vereinbarungen" „zum Nachteil des Sozialleistungsberechtigten" von „Vorschriften dieses Gesetzbuches", also auch von § 257 SGB V abweichen. Auf den Rechtscharakter des Anspruchs kommt es hier also nicht an (GemS-OGB SGb 1975 S. 505 mAnm Gitter).

5 Die Regelung erfasst nur privatrechtliche Vereinbarungen. Für öffentlich-rechtliche Verträge gelten die §§ 53 ff. SGB X. Anwendbar sein kann aber auch § 31, wenn durch den Vertrag ein Recht des Leistungsberechtigten geändert, also etwa eingeschränkt wird (unten Rn. 13). Insbesondere haben auch die Leistungsvereinbarungen nach den §§ 75 ff. SGB XII öffentlich-rechtlichen Charakter (BVerwG 94 S. 202; BSG SozR 4-3500 § 9 Nr. 1). Anders beurteilt wird das lediglich für den Zahlungsanspruch des Leistungserbringers auf Grund des Schuldbeitritts des Sozialhilfeträgers (Eicher, SGb 2013 S. 127; Ladage, SGb 2013 S. 553). Auch wenn man dem zustimmt, kann sich daraus aber kein Rechtsnachteil für den Sozialleistungsberechtigten ergeben. Hinsichtlich der Abgrenzung von Privatrecht

und öffentlichem Recht wird regelmäßig darauf hingewiesen, es komme auf die in Frage stehenden Rechtsnormen bzw. auf den Gegenstand der vertraglichen Vereinbarung an. Aber genau das kann eben der Streitpunkt sein, wie die unterschiedliche Bewertung ein und desselben Sachverhalts selbst durch die oberen Gerichte erkennen lässt (vgl. BSG 51 S. 108; BSG SGb 1986 S. 28 mAnm. Narr; GemS-OGB NJW 1986 S. 2359). So ist auch für das Beispiel, das im Regierungsentwurf zu § 32 genannt wird, umstritten, ob es überhaupt als zum Privatrecht gehörend zu qualifizieren ist. Das Beispiel betrifft die Abrede zwischen Arbeitgeber und Arbeitnehmer, dass einer von beiden einen höheren Beitragsanteil zur Sozialversicherung zu übernehmen hat, als dies gesetzlich vorgesehen ist (BT-Drucks. 7/868 S. 27). Der Regierungsentwurf geht offensichtlich von einer privatrechtlichen Abrede aus. Demgegenüber wird in der Literatur betont, es handelte sich hier um einen öffentlich-rechtlichen Vertrag zwischen Privaten, der freilich unwirksam sei, da er gegen die zwingende Vorschrift des § 381 RVO aF (vgl. § 249 SGB V, 168 SGB VI) verstoße (Gitter, BochKomm § 32 Rn. 22). Nach anderer Ansicht handelt es sich hierbei um eine privatrechtliche **Lohnnebenabrede** (Kretschmer, GK-SGB I § 32 Rn. 9; Lilge § 32 Rn. 21, 22). Letzterer Auffassung ist zuzustimmen. Schon nach dem Parteiwillen ist die Abrede nicht so zu verstehen, als sollten die gesetzlichen Regelungen über die Tragung der Beiträge abgeändert werden. Gegenstand der Vereinbarung ist vielmehr ein bestimmter Betrag des Nettoeinkommens. Das Beispiel des Regierungsentwurfs und seine umstrittene rechtliche Qualifizierung verdeutlicht jedoch, dass auch bei § 32 immer mit schwierigen Abgrenzungsfragen zwischen öffentlichem und privatem Recht zu rechnen ist. Die praktische Auswirkung ist allerdings gering. Hält man eine öffentlich-rechtliche Vereinbarung unter Privaten für prinzipiell möglich, so ist sie schon deshalb unwirksam, weil den Privatrechtssubjekten in aller Regel die Dispositionsbefugnis über den Gegenstand des Vertrages fehlt. Nur in den privatrechtlichen Fällen greift die Nichtigkeitsfolge des § 32 ein.

2. Begriff des Nachteils

Die privatrechtliche Vereinbarung ist nur dann nichtig, wenn sie für den Sozi- 6
alleistungsberechtigten von Nachteil ist. Ein lediglich ideeller Nachteil reicht nicht aus. Der **Nachteil** kann in einer Verminderung von Rechten, in einer Vermehrung von Pflichten oder auch in einer verfahrensrechtlichen Erschwerung bestehen. Umstritten ist, ob die Nichtigkeitsfolge schon eintritt, wenn eine insgesamt vorteilhafte Vereinbarung sich in einzelnen Punkten nachteilig auswirkt oder ob es erforderlich ist, dass die Vereinbarung gleichsam per **Saldo** insgesamt nachteilig sein muss. Zum Teil wird die letztere Auffassung vertreten (Bürck, VSSR 1990 S. 293). Es ist aber hervorzuheben, dass eine Saldierung von Vor- und Nachteilen, zumal im Sozialrecht, äußerst schwierig ist. Damit würde der Schutzzweck der Vorschrift erheblich beeinträchtigt (Kretschmer, GK-SGB I § 32 Rn. 10; Wannagat-Rüfner, SGB I § 32 Rn. 7; Fastabend in Hauck/Noftz, SGB I § 32 Rn. 17–19). Vor allem ist darauf hinzuweisen, dass nach dem Zweck des § 32 sozialrechtliche Positionen als solche schon nicht Gegenstand von privatrechtlichen Vereinbarungen werden sollen. Darüber hinaus könnte eine Saldierung, die auch immaterielle Gesichtspunkte mitberücksichtigen müsste (zB Verzicht auf Versicherungsschutz bei Krankheit gegen Beitragsersparnisse oder andere wirtschaftliche Vorteile) zu Unsicherheiten beim Ergebnis der Saldierung führen. Es ließe sich außerdem oftmals auch nicht klären, ob ein bestimmter

Nachteil um eines Vorteils willen in Kauf genommen wurde. So könnte bei einer Kündigung unklar bleiben, in welchem Umfang der Verzicht auf einen Antrag auf Arbeitslosengeld Einfluss auf die Höhe der Abfindung gehabt hat (vgl. BSG SozR 1200 § 14 Nr. 28). Damit wäre die Frage der Nichtigkeitsfolge unnötig lange offen. Im Ergebnis ist im Rahmen des § 32 jede Saldierung abzulehnen. Vielmehr ist jede einzelne Abrede gesondert einer Nichtigkeitsprüfung zu unterziehen. Nach vermittelnder Auffassung ist im Rahmen einer limitierten Gesamtwürdigung ein Nachteil dann anzunehmen, wenn sich die Gesamtsituation der sozialen Sicherung des Leistungsberechtigten, gegenüber dem Zustand, der vor der Vereinbarung bestand, verschlechtert hat (Lilge, SGB I § 32 Rn. 31).

7 Umstritten ist, ob eine privatrechtliche Vereinbarung, die mehrere Punkte umfasst und in der nur die sozialrechtlich relevante Abrede nichtig ist, im Übrigen nach dem Grundsatz des § 139 BGB behandelt werden muss (Kretschmer, GK-SGB I § 32 Rn. 26). Wegen des Schutzzwecks der Vorschrift des § 32 wird man § 139 BGB nicht in dem Sinne anwenden dürfen, dass im Zweifel der ganze Vertrag nichtig ist. Schon nach dem Wortlaut des § 32 geht es nur um Nachteile für den Sozialleistungsberechtigten. Er könnte in einer Drucksituation auf soziale Rechte verzichten. Um diesen Schutz zu verwirklichen, genügt es, wenn die sozialrechtlich relevante Klausel nichtig ist. Dies entspricht den Grundsätzen, die die Rechtsprechung zu § 139 BGB entwickelt hat (Gitter, BochKomm § 32 Rn. 33; Wannagat-Rüfner, SGB I § 32 Rn. 8; Bürck, VSSR 1990 S. 294).

3. Einzelfälle

8 Es gibt nur eine begrenzte Zahl von praktisch relevanten Fällen, in denen § 32 anwendbar ist (Bürck, VSSR 1990 S. 287). Besonders große Bedeutung hatten Abfindungsvereinbarungen nach § 128 AFG aF, in denen der ausscheidende Arbeitnehmer erklärt, **Arbeitslosengeld** nicht oder nur für eine begrenzte Zeit zu beanspruchen. Eine solche Abrede ist nach § 32 nichtig (BSG 63 S. 112; vgl. auch Gagel, BB 1988 S. 1957). Zwar kann der Arbeitslose ein dementsprechendes Ergebnis bei der Arbeitslosmeldung auch heute noch erreichen, indem er kein Arbeitslosengeld beantragt (§§ 141, 323 Abs. 1 SGB III), er kann sich jedoch nicht dazu verpflichten. Auch die Vereinbarung einer Abfindung bei Beendigung eines Arbeitsverhältnisses, die keine Abfindung für den Verlust des Arbeitsplatzes ist, sondern den Zweck hat, noch zu leistende Zahlungen nicht als Arbeitsentgelt erscheinen zu lassen und damit der Beitragspflicht zu entziehen, verstößt gegen § 32 (BSG Breith. 1991 S. 708). Einer Beurteilung nach § 32 können auch Vereinbarungen zwischen einem Leistungsberechtigten und einem Leistungserbringer zu unterziehen sein, da diese in aller Regel privatrechtlicher Natur sind, wie etwa Absprachen zwischen dem Versicherten und einem Vertragsarzt (LSG Bln.-Brandbg. L 1 KR 475/07, juris; LSG Saarl. L 2 KR 1/11, juris).

9 Die Regelung des § 32 erstreckt sich nicht nur auf Sozialleistungen, sondern auf alle „Vorschriften dieses Gesetzbuches". Deswegen ist ua nichtig die Vereinbarung, ein Arbeitnehmer solle kein Ehrenamt in der Sozialversicherung übernehmen. Als nichtig angesehen wird auch die Vereinbarung, zusätzlich zu einer geringfügigen Beschäftigung keine weitere gleicher Art zu übernehmen, um so das Entstehen einer Beitragspflicht (§ 8 Abs. 2 SGB IV) zu verhindern (Bürck, VSSR 1990 S. 298). Nach Auffassung des BAG ist eine solche Vereinbarung nach Art. 12 GG zu beurteilen, würde also als unzulässiger Eingriff in die Berufsfreiheit gemäß § 134 BGB unwirksam sein (BAG 60 S. 135). Die Nichtigkeitsfolge ergibt

sich auch für alle anderen zivilrechtlichen Umgehungsversuche bei der Begründung der Versicherungspflicht, insbesondere bei Scheinselbständigkeit und Schwarzarbeit. Eine **Lohnherabsetzung** zum Schein, um die Versicherungspflichtgrenze zu unterschreiten, ist bereits nach § 117 BGB und nicht erst nach § 32 nichtig. Vereinbart werden kann auch nicht, dass eine bestimmte Tätigkeit freiberuflich sein soll. Dies unterliegt keiner Vereinbarung. Ob also ein versicherungspflichtiges Beschäftigungsverhältnis vorliegt oder nicht, ergibt sich nur aus der Bewertung der tatsächlichen Gegebenheiten. Bei der Gestaltung der tatsächlichen Verhältnisse haben die Parteien allerdings einen Freiraum (vgl. BSG SozR 3-2200 § 539 RVO Nr. 27; § 4 Rn. 25). Als nach § 32 nichtig ist auch der Verzicht auf Lohnfortzahlung anzusehen, da in diesem Falle sofort Krankengeld gezahlt wird (vgl. § 49 Abs. 1 Nr. 1 SGB V). Das hat Einfluss auf die Gesamtdauer der sozialen Sicherung des Arbeitnehmers im Falle der Krankheit (§ 48 SGB V). Dieses Ergebnis besteht unabhängig davon, ob man § 3 EntgFG auch auf bereits fällig gewordene Lohnansprüche anwendet (vgl. BAG USK 7695; Bürck, VSSR 1990 S. 304). Umstritten war früher, ob die Krankenkasse Hilfsmittel (§ 33 SGB V) leihweise überlassen darf (BSG 64 S. 260). Abgesehen davon, dass es sich hier um öffentlich-rechtliche Verträge handelt, ist inzwischen die Zulässigkeit einer leihweisen Überlassung ausdrücklich geregelt (§ 33 Abs. 5 SGB V). In der Praxis ist gelegentlich festzustellen, dass die Leistungsträger über den Rahmen der §§ 22 Abs. 6 Satz 3, Abs. 8, 24 SGB II, 37a, 38 SGB XII hinaus Leistungen der Hilfe zum Lebensunterhalt in Form von **Darlehen** gewähren. Ob es sich hier um eine privatrechtliche Vereinbarung handelt, ist umstritten (Salje, DöV 1988 S. 333; Aschermann, ZfF 1989 S. 121; Gent, SGb 1987 S. 495). Überwiegend wird ein öffentlich-rechtlicher Vertrag angenommen (vgl. VGH Kassel FEVS 44 S. 10), der dann wegen Verstoßes gegen zwingendes Recht nichtig ist (§§ 53 ff. SGB X). Auch die Mindermeinung könnte in diesem Falle nicht § 32 anwenden. Vielmehr liegt in der Gewährung eines im Sozialhilferecht nicht vorgesehenen Darlehens ein Verstoß gegen § 31 (BGH DAVorm 1994 S. 503 zu § 91 BSHG aF; Brüggemann, DAVorm 1995 S. 137). Auch sog. treuhänderische Rückübertragung einer nach § 91 BSHG aF übergegangenen Unterhaltsforderung zum Zwecke der Prozessführung wurde nach § 32 beurteilt und als nichtig angesehen (BGH FamRZ 1996 S. 1203). Später wurde in § 91 BSHG aF ein Abs. 4 (§ 94 Abs. 5 SGB XII) angefügt, der die treuhänderische Übertragung für zulässig erklärt. Zum Verhältnis von Unterhaltsverzicht und Sozialhilfe vgl. OLG Hamm FamRZ 2004 S. 1294.

Im Rahmen der **Selbstbeschaffung** einer Leistung (§§ 30 SGB II, 13 Abs. 3 SGB V, 36a Abs. 3 SGB VIII, 18 SGB IX, 34b SGB XII), kann sich der Leistungsberechtigte gegenüber dem Leistungserbringer verpflichten, die Leistung zu vergüten, falls sich herausstellen sollte, dass der Leistungsträger Kosten nicht erstattet, wenn der Primäranspruch nicht besteht (vgl. § 43 Rn. 30). Darin liegt kein Verstoß gegen § 32, denn das Risiko, dass die Anspruchsvoraussetzungen erfüllt sind, trägt grundsätzlich der Anspruchsberechtigte selbst. Der Schutzzweck des § 32 wäre erst berührt, wenn der Leistungserbringer aus den Leistungsberechtigten aus einem Grund zurückgreifen würde, der in der Sphäre der ersteren begründet ist. Das könnte zB die Leistung auf der Grundlage einer nicht mehr gültigen ärztlichen Verordnung sein (BSG SGb 2007 S. 292 mAnm Igl). **10**

Nicht ganz zweifelsfrei ist auch eine praktische Entwicklung in der Kinder- und Jugendhilfe. Unter den Voraussetzungen des § 24 SGB VIII hat ein Kind einen Anspruch auf einen Kindergartenplatz. Zuweilen werden zu diesen Kindergärten **Elternvereine** gegründet. Sofern ein Kind nur dann einen Kindergartenplatz **11** erhält, wenn seine Eltern ein Mitgliedschaftsverhältnis zu diesem Verein begründet haben, liegt ein Verstoß gegen § 32 vor. In der Praxis wird ein solcher Zusammenhang zumeist nicht ausdrücklich hergestellt. Er würde zum Nachteil des Kindes von § 24 SGB VIII abweichen. Allein die Erwartung eines solchen Nachteils durch die Eltern dürfte nicht ausreichen, um für § 32 relevant zu werden. Andererseits ist es unerheblich, dass das Kind Leistungsberechtigter ist, aber die Eltern eine privatrechtliche Vereinbarung im Sinne einer Vereinsmitgliedschaft treffen. Nach dem Wortlaut des § 32 muss nicht der Leistungsberechtigte persönlich die Vereinbarung treffen. Der Grundsatz, dass Verträge zu Lasten Dritter unwirksam sind, greift hier nicht ein, weil die Eltern im Falle einer an sich nicht gewünschten Mitgliedschaft, eine Vereinbarungen zu ihren eigenen Lasten treffen. Streng genommen könnte man sogar sagen, dass auch § 32 nicht erfüllt ist, denn durch die Begründung einer Mitgliedschaft wird nicht zum Nachteil des Kindes von § 24 SGB VIII abgewichen. Die ratio der Vorschrift besteht aber darin, dass soziale Rechte nicht zur Disposition privatrechtlicher Vereinbarungen stehen sollen.

12 Schließlich gibt es gelegentlich in der Praxis Abreden zwischen Arbeitgeber und Arbeitnehmer, einen Antrag auf **Anerkennung als schwerbehindert** zu stellen oder nicht zu stellen. Beide Möglichkeiten können für den Arbeitgeber, je nach seiner Interessenlage, von Vorteil sein. Im ersteren Falle liegt der Vorteil in der Erfüllung der Beschäftigungspflicht und der Höhe der zu zahlenden Ausgleichsabgabe (§§ 154 ff. SGB IX). Die fehlende Anerkennung kann Einfluss auf den Umfang des Kündigungsschutzes nach den §§ 15 ff. KüSchuG haben. Eine Vereinbarung, den Antrag nach §§ 2, 152 SGB IX nicht zu stellen, ist eindeutig nach § 32 nichtig. Das wird man aber nicht annehmen können, wenn sich der Arbeitnehmer verpflichtet, diesen Antrag zu stellen. Dadurch werden weder seine Rechte vermindert, noch seine Pflichten gemehrt. Es ist also kein Nachteil erkennbar. Tangiert wird lediglich die Entscheidungsfreiheit des Arbeitnehmers, als schwerbehindert anerkannt werden zu wollen oder dies zu unterlassen. Das betrifft seine allgemeine Handlungsfreiheit (Art. 2 Abs. 1 GG). Dies hat das BSG bereits für den Umfang der Feststellung nach § 1 SchwbG aF (§ 2 Abs. 2 SGB IX) entschieden (BSG SGb 1987 S. 126 mAnm Kopp). Man wird diese alleinige Verfügungsbefugnis auch darauf erstrecken müssen, ob überhaupt ein Antrag gestellt werden soll. Eine vertragliche Beschränkung dieses, letztlich aus Art. 2 Abs. 1 GG abzuleitenden Rechts, dürfte als sittenwidrig iSd § 138 BGB anzusehen sein. Damit ist diese Abrede nichtig, ohne dass § 32 anzuwenden wäre.

13 Schwierigkeiten können generell im Verhältnis des Leistungsberechtigten zum Leistungsträger einerseits und zum Leistungserbringer andererseits ergeben. Vereinbarungen zwischen Leistungsträger und Leistungserbringer, die die Vergütung betreffen, haben keinen Einfluss auf den Anspruch des Leistungsberechtigten und können unter diesem Gesichtspunkt nicht nach § 32 nichtig sein, bzw. gegen § 53 SGB X verstoßen. Das betrifft etwa die leistungserbringungsrechtliche Zuordnung eines Leistungsberechtigten zu einem Leistungstyp, bzw. einer Gruppe von Leistungsberechtigten (vgl. § 76 Abs. 2 Satz 3 SGB XII). Demgegenüber können im Verhältnis zwischen dem Leistungsberechtigten und dem Leistungserbringer Zweifelsfragen entstehen, die sich vor allem aus dem Wohn- und Betreuungsvertragsrecht ergeben, also privatrechtlicher Natur sind. Ändert sich während des Aufenthalts in einer Einrichtung der Betreuungsbedarf eines Leistungsberechtigten, so hat das zunächst leistungsrechtliche Konsequenzen. Sie wirken auf den Betreuungsvertrag zurück, der unter Beachtung der §§ 8 und 9 WBVG geändert, also an den erhöhten Betreuungsbedarf angepasst werden kann. Werden mit dem

Leistungsberechtigten Vereinbarungen zur Vereinfachung der Anpassung des Vertrages geschlossen, so stellt sich zunächst schon die verbraucherschutzrechtliche Frage der unzulässigen Abweichung von dem Gesetz (§ 16 WBVG). Das betrifft die sogenannten Gleitklauseln (BGH NJW 2008 S. 1818 zu § 6 HeimG aF). Ist unabhängig davon durch diese Vereinbarungen die Deckung des Bedarf des Leistungsberechtigten aus den §§ 43 SGB XI, 27b, 61 SGB XII tangiert, so ist die Abrede nach § 32 nichtig (LSG BW ZfF 2013 S. 61). Kein Verstoß gegen § 32 ist anzunehmen, wenn im Falle eines Zweifels über das Bestehen eines Versicherungsschutzes eine Vergütungsvereinbarung zwischen dem Leistungserbinger und dem Leistungsberechtigten geschlossen wird. Diese verliert ihre Wirksamkeit, wenn später das Bestehen eines Versicherungsschutzes festgestellt wird (BSG SozR 4-3500 § 75 Nr. 6 Rn. 15). Man wird hier von einer auflösenden Bedingung in der Vereinbarung ausgehen müssen.

§ 33 Ausgestaltung von Rechten und Pflichten

[1]Ist der Inhalt von Rechten oder Pflichten nach Art oder Umfang nicht im einzelnen bestimmt, sind bei ihrer Ausgestaltung die persönlichen Verhältnisse des Berechtigten oder Verpflichteten, sein Bedarf und seine Leistungsfähigkeit sowie die örtlichen Verhältnisse zu berücksichtigen, soweit Rechtsvorschriften nicht entgegenstehen. [2]Dabei soll den Wünschen des Berechtigten oder Verpflichteten entsprochen werden, soweit sie angemessen sind.

Übersicht

1. Grundformen der Ausgestaltung von Rechten und Pflichten

1 In der Vorschrift ist eine Reaktion des Gesetzgebers auf die ansonsten weitgehende Typisierung im Sozialrecht zu sehen. In ihr werden **zwei Grundsätze** geregelt, die eng miteinander zusammenhängen. Satz 1 begründet das Individualisierungsprinzip; Satz 2 schafft ein Wunsch- und Wahlrecht des Berechtigten oder Verpflichteten. Zusammengefasst werden beide unter dem Oberbegriff der Ausgestaltung von Rechten und Pflichten. Praktische Bedeutung haben beide Sätze vornehmlich bei der Mitwirkung des Leistungsberechtigten. Sie stellt sich aber nicht nur als Recht zur Mitwirkung dar. Bereits in § 33 Satz 1 werden auch die Pflichten angesprochen. Diese Regelung findet ihre Ergänzung durch die Mitwirkungspflichten nach den §§ 60 ff. Eine in der Praxis immer nur unter Widerständen durchsetzbare Konsequenz aus § 33 besteht darin, dass „Die logische Konsequenz jeder Individualität" … die „Absage an Pauschalierung oder Typisierung" ist (Siefert, SGb 2015 S. 14, 15).

2 Als sozialpolitischer Hintergrund des Mitwirkungsgedanken ist vor allem der Grundsatz zu sehen, dass das Vertrauen zwischen Bürger und Verwaltung gestärkt wird und dass der Bürger nicht Objekt der Verwaltung sein soll (v. Maydell, GK-

SGB I § 33 Rn. 16). Letzteres ergibt sich aber bereits aus Art. 1 Abs. 1 GG. Der Grundsatz der Wahrung der Menschenwürde verlangt vor allem, dass dem Einzelnen ein Rechtsanspruch auf Sozialleistungen, speziell auch solchen der Sozialhilfe, einzuräumen ist (BVerwG 1 S. 159). Auch in neueren Vorschriften wird die Wahrung der Menschenwürde nicht direkt im Zusammenhang mit dem Wunsch- und Wahlrecht gesehen. Vielmehr wird, wie in § 11 Abs. 2 SGB XI, die Art und Weise der Leistungserbringung zwingend geregelt. Demgegenüber bezieht sich die Vorschrift des § 33 nicht auf die Rechtsansprüche als solche, sondern auf deren **Ausgestaltung.** Sie bezieht sich also nicht auf das „Ob", sondern auf das „Wie" der Leistungen (BVerwG 91 S. 114 zu § 3 BSHG aF, 9 SGB XII). Vor diesem Hintergrund sind zwar typisierende und pauschalierende Regelungen in Verwaltungsvorschriften nicht ausgeschlossen. Diese müssen aber so offen sein, dass der Regelung des § 33 immer Rechnung getragen werden kann. Durch § 33 werden also auch allzu restriktive Verwaltungsvorschriften unterbunden (ähnlich Lilge, SGB I § 33 Rn. 42). In der Praxis hat die Vorschrift ihre besondere Bedeutung bei der Ausübung des **Ermessens.** Dennoch liegt der Kern des Mitwirkungsgedanken sehr nahe bei dem der Vermeidung einer bloßen Objektstellung des Bürgers. Im Wesentlichen geht es bei der Mitwirkung darum, dem Bürger, der nun einmal auf Sozialleistungen angewiesen ist, der also häufig einen Teil seiner Autonomie eingebüßt hat, so viel wie möglich an eigener Entfaltungsfreiheit zu erhalten (Krasney, DOK 1982 S. 705). Dem kann man durchaus Gesichtspunkte der Effizienz hinzufügen. Die Erbringung von persönlichen, also auch von sozialen, Dienstleistungen ist nur möglich unter aktiver Beteiligung des Leistungsempfängers. Ja, die Qualität der Dienstleistung lässt sich in dem Maße steigern, in dem der Leistungsempfänger in die „Dienstleistungsproduktion" einbezogen wird (vgl. Maleri, Grundlagen der Dienstleistungsproduktion, 1991 S. 55 ff.; Eichenhofer, SGb 2003 S. 368; Welti, SGb 2003, 379).

3 Vorbild für die Vorschrift des § 33 ist § 9 SGB XII (§ 3 BSHG aF). Deswegen ist die Rechtsprechung zu § 3 BSHG aF auch für § 33 von Bedeutung. Beide Regelungen sind jedoch nicht völlig gleich. Zunehmende Bedeutung für die Ausgestaltung von Rechten und Pflichten erlangt auch § 8 SGB IX (Siefert, SGb 2015 S. 13). Dort erwähnt der Gesetzgeber das Wunsch- und Wahlrecht des behinderten Menschen vor den persönlichen Verhältnissen. Diese werden in § 33 Satz 1 und in § 8 Abs. 1 Satz 1 SGB IX nicht mit den gleichen Begriffen konkretisiert, was wohl keine rechtliche Bedeutung hat, denn „im Übrigen gilt § 33 des Ersten Buches". Auch die Tatsache, dass nach § 8 Abs. 1 Satz 3 SGB IX die besonderen Bedürfnisse der behinderten Mütter, Väter und Kinder zu berücksichtigen sind bringt keine Erweiterung des Anwendungsspielraums der Vorschrift, sondern versteht sich angesichts des § 33 Satz 1 von selbst. Eine Erweiterung stellt jedoch § 8 Abs. 2 SGB IX dar. Danach können ambulante Leistungen zur Teilhabe auf Antrag auch als Geldleistungen erbracht werden, wenn die Leistungen hierdurch voraussichtlich bei gleicher Wirksamkeit wirtschaftlich zumindest gleichwertig ausgeführt werden können. Dies ist noch kein persönliches Budget (§ 29 SGB IX), stellt aber eine Vorstufe dazu dar.

3a Eine gewisse Diskrepanz der §§ 33 SGB I, 8 SGB IX besteht zu der Regelung des § 104 SGB IX. Hier wird noch einmal, speziell für die Eingliederungshilfe, eine Regelung zu den „Besonderheiten des Einzelfalles" getroffen. Aus dem Verhältnis der §§ 104 Abs. 3 Satz 4 und 116 Abs. 2 SGB IX zueinander ergibt sich, dass damit die Grundlage für die **gemeinsame Inanspruchnahme** von bestimmten Leistungen (§ 116 Abs. 2 SGB IX) geschaffen wurde. Dieses „Pooling" von Leistungen war im Gesetzgebungsverfahren umstritten. Man wird es in dem Rahmen, den die §§ 104 Abs. 3 und 116 Abs. 2 SGB IX im Hinblick auf die Zumutbarkeit setzen, akzeptieren müssen. Die amtliche Begründung (BT-Drs.18/9522 S. 286 führt aus:

„Nicht selten benötigen mehrere Leistungsberechtigte gleiche Leistungen zum gleichen Zeitpunkt und am gleichen Ort. Dies kann beispielsweise der Fall sein bei der Begleitung von Leistungsberechtigten bei der Erledigung von Einkäufen, bei der gemeinsamen Inanspruchnahme von Assistenten im Zusammenhang mit dem Erlernen von Tätigkeiten zur Haushaltsführung wie beispielsweise Kochen oder bei Beförderungen mit einem Fahrdienst. Hier soll die Möglichkeit geschaffen werden, dass die Leistung gleichzeitig an mehrere Leistungsberechtigte erbracht werden kann.“

Eine dementsprechende Regelung hätte jedoch in § 33 SGB I getroffen werden müssen. Denn es setzt in der Inklusion doch einen fragwürdigen Akzent, wenn man einzelne Einschränkungen behinderten Menschen zumutet, dasselbe jedoch nicht für andere Leistungsberechtigte, etwa für die Jugend- oder Altenhilfe vorsieht (Mrozynski, ZfSH/SGB 2017 S. 450). Die im Grunde moderaten Einschränkungen beim Wunsch- und Wahlrecht behinderter Menschen werden im Vergleich zu anderen Leistungsberechtigten umso problematischer als man auch das Benachteiligungsverbot des Art. 3 Abs. 3 Satz 2 GG mit in die Überlegungen einbeziehen muss. Durch die § 104 Abs. 3, 116 Abs. 2 SGB IX werden behinderten Menschen mehr Einschränkungen zugemutet als anderen Leistungsberechtigten. Genau das hätte bei einer Regelung in § 33 vermieden werden können.

Wie bereits erwähnt, bezieht § 33 auch die Stellung des Verpflichteten ein. **3b** Damit ist aber nicht der Sozialleistungsträger gemeint, soweit er zu einem bestimmten Tun verpflichtet ist, sondern der Leistungsberechtigte in seiner sozialrechtlichen **Pflichtenstellung.** Die wichtigste Einschränkung des § 33 Satz 1 besteht darin, dass die Vorschrift nur anwendbar ist, wenn der Inhalt von Rechten und Pflichten nach Art und Umfang nicht im Einzelnen bestimmt ist. Damit ist sie für Geldleistungen zumeist bedeutungslos. Eine gewisse Relevanz hat sie lediglich, wenn es um die Modalitäten der Auszahlung geht (BSG SozR 1200 § 47 Nr. 1). Hat der Leistungsberechtigte rechtzeitig die Auszahlung auf ein bestimmtes Konto gewünscht, so hat die Überweisung auf ein anderes Konto keine Erfüllungswirkung mehr (BSG SGb 2004 S. 631 mAnm Joussen). Dem Einwand von Joussen dem Bestimmungsrecht des Leistungsberechtigten sei schon durch die §§ 270, 363 BGB Rechnung zu tragen, wird man entgegensetzen müssen, dass die §§ 33 Satz 2, 47 SGB I Sollvorschriften sind. Damit bleibt für den Leistungsträger in atypischen Fällen ein Entscheidungsspielraum, der nach § 270 BGB für sonstige Schuldner nicht besteht.

In der **Hilfe zum Lebensunterhalt** nach den §§ 27 ff. SGB XII (§§ 11 ff. **4** BSHG aF) kann die Frage, ob Geld- oder Sachleistungen auch vom Wunsch- und Wahlrecht des Hilfeempfängers abhängen. Dabei ist der Wunsch, die Hilfe in Form einer Geldleistung zu erhalten, in besonderer Weise zu beachten (BVerwG 72 S. 354). Insoweit regelt § 10 Abs. 3 SGB XII jetzt einen gewissen Vorrang der Geldleistung vor der Sachleistung (§ 11 Rn. 19). Ausdrücklich lässt § 10 Abs. 3 SGB XII aber den auf eine Sachleistung gerichteten Wunsch zu. Was die Höhe der Geldleistungen betrifft, so ergeben sich aus dem relativ starren System der Regelbedarfe weitere Schwierigkeiten bei der **Berücksichtigung der persönlichen Verhältnisse.** Dies ist umso problematischer, als bei den Leistungsberechtigten im Fürsorgesystem ein wirtschaftlicher Gestaltungsspielraum im Allgemeinen nicht besteht (vgl. § 19a Rn. 30b–30k).

5 Jedoch waren, entgegen einer verbreiteten Praxis, die **Regelsätze der Sozialhilfe** nie derart festgelegt, dass im Einzelfall keine Abweichung möglich gewesen wäre. Insoweit war § 22 Abs. 1 Satz 2 BSHG aF Ausdruck des § 33 Satz 1, bzw. der spezielleren Regelung des § 3 BSHG aF. In der Sozialhilfe gilt auch heute noch dasselbe auf der Grundlage der §§ 9, 27a Abs. 4 Satz 1 SGB XII, wenn die Regelung jetzt auch etwas eingeschränkt ist. Nach altem Recht erfolgte eine abweichende Bemessung der Regelsätze nach den Besonderheiten des Einzelfalles. Die Neuregelung des § 27a Abs. 4 Satz 1 SGB XII stellt darauf ab, dass der Bedarf entweder anderweit gedeckt ist oder unabweisbar seiner Höhe nach erheblich von einem durchschnittlichen Bedarf abweicht. Feststehend ist nur die Struktur der Regelbedarfe, wie sie in § 8 RBEG zum Ausdruck kommt. Sie selbst kann nicht nach individualisierenden Maßstäben verändert werden, weil insoweit der Umfang der Leistungen im Einzelnen geregelt ist. Das schließt aber nicht aus, dass individuell gemäß § 27a Abs. 4 Satz 1 SGB XII ein abweichender Bedarf ermittelt wird (§ 28 Rn. 5).

5a Die **Grundsicherung für Arbeitsuchende** weicht von diesen Grundsätzen erheblich ab. Zwar gilt auch dort § 33 SGB I. Jedoch sind die Regelleistungen ausnahmslos in § 20 Abs. 2 SGB II gesetzlich festgeschrieben. Diese Vorschrift kennt also keine Bedarfsindividualität. Damit ist es – anders als in § 33 Satz 1 SGB I vorgesehen – nicht möglich, die persönlichen Verhältnisse des Hilfebedürftigen zu im Rahmen der Regelleistungen zu berücksichtigen. Dass demgegenüber ein so weitgehender Ausschluss der Berücksichtigung persönlicher Verhältnisse in einem Fürsorgesystem nicht zulässig ist, hat das BVerfG inzwischen entschieden (BVerfG 125 S. 175, dazu Schulz, SGb 2010 S. 201). Eine Folgerung daraus bestand in der Einführung des § 21 Abs. 6 SGB II, dessen Bezeichnung in der Literatur als Härteklausel missverständlich ist. Bei diesem **„atypischen Bedarf"** handelt es sich um einen individuellen Bedarf zum notwendigen Lebensunterhalt, der mangels einer Fundierung in der EVS nicht im Regelbedarf seinen Ausdruck findet. Das entspricht durchaus auch anderen Vorschriften des SGB II. So kennen die Kosten der Unterkunft in § 22 Abs. 1 Satz 3 SGB II eine gewisse Individualisierung bei der Berücksichtigung der Besonderheiten des Einzelfalls. Das gleiche gilt bei den Leistungen zur Eingliederung nach den §§ 16 ff. SGB II, bei denen die Wünsche des Leistungsberechtigten zu berücksichtigen sind. Nur im Ansatz ist eine Berücksichtigung der persönlichen Verhältnisse bei den etwas ungenau als „einmalig" bezeichneten Leistungen nach § 24 Abs. 3 SGB II möglich. Jedenfalls hier ist der Inhalt des Rechts nur bedingt nach der Art und nicht nach dem Umfang „im Einzelnen" bestimmt. In § 24 Abs. 3 Satz 2 SGB II ist lediglich geregelt, dass Leistungen für diese Bedarfe gesondert erbracht werden. Entsprechendes gilt für § 31 SGB XII. Diese Regelungen sind insgesamt für ein Fürsorgesystem zu restriktiv. Folgende Erweiterung bietet sich an:

5b Die für die Berücksichtigung des Einzelfalles relevanten Vorschriften des § 27a Abs. 4 Satz 1 SGB XII und § 21 Abs. 6 SGB II enthalten zwei annähernd gleich lautende einschränkende Klauseln. Der im Einzelfall unabweisbare Bedarf darf nicht nur einmalig sein, sondern er muss „laufend" bzw. voraussichtlich für die Dauer von „mehr als einem Monat" bestehen. Danach könnte ein einmaliger atypischer Bedarf, wie hoch er auch sein mag, nicht gedeckt werden. Bei der genauen Lektüre der Urteilsgründe in (BVerfG 125 S. 175 Rn. 204–209 ergibt sich jedoch, dass das Gericht zwar wiederholt die Formel „dauernder, nicht nur einmaliger Bedarf“ verwendet. Entscheidend ist aber, dass es einen Verfassungsverstoß annimmt, weil die Vorschriften des SGB II unter keinen Umständen die Berücksichtigung des Einzelfalles vorsahen. Entscheidend ist also die Frage, ob die unabweisbaren Besonderheiten des Einzelfalles durch die Regelbedarfe erfasst werden können oder nicht. Demgegenüber hat das BVerfG die Unterscheidung in „einmalig“ und „laufend“ nur deswegen vorgenommen, weil allein § 23 Abs. 1 SGB II aF eine Möglichkeit vorsah „einmalige oder kurzfristige Spitzen im Bedarf durch ein Darlehen“ zu beheben (BVerfG 125 S. 175 Rn. 208). Ein solches Darlehen, verbunden mit einer moderaten Tilgung aus den Regelleistungen hat das Gericht auch für zulässig erachtet (BVerfG 125 S. 175 Rn. 150). Weitergehende Schlüsse aus dieser Rechtsprechung sind nicht zu ziehen. Die Frage lautet also nicht, ob ein Bedarf laufend und einmalig ist, sondern ob er durch den Einsatz eines Betrages von etwa 10% der Regelleistungen in einem zeitlichen Rahmen von etwa drei Monaten gedeckt werden kann. Insoweit erfasst die Regelung es § 21 Abs. 6 SGB II nicht vollständig das Problem des atypischen Bedarfs. Angesichts der engen Grenzen, die das SGB II noch immer einer Berücksichtigung der persönlichen Verhältnisse setzt, könnte jedoch die Vorschrift des § 21 Abs. 6 SGB II eine gewisse Ausgleichsfunktion bekommen, die zu einer besseren Abstimmung mit § 33 führt. In der neueren Rechtsprechung wird sie konsequenterweise analog angewandt, wenn ein Bedarf nicht laufend besteht, sondern nur einmalig ist (LSG Ns.-Brem. ZfSH/SGB 2018 S. 165, dazu Lenze info also 2018 S. 55). Die Voraussetzung, das Bestehen eine planwidrigen Regelungslücke, ist insoweit gegeben, als der Gesetzgeber übersehen hat, dass Fälle eines einmaligen Bedarfs gegeben kann, der so hoch ist, dass er nicht durch zumutbare Einsparungen aus dem Regelsatz gedeckt werden kann (vgl. § 19a Rn. 30c).

2. Leitlinie bei der Ermessensausübung

Im Übrigen aber hat § 33 seine größere praktische Bedeutung bei den **Dienstleistungen** und hier vor allem im Rahmen des Auswahlermessens (vgl. § 39 Rn. 32). Die praktischen Beispiele, die in der Literatur genannt werden und die sich aus der Rechtsprechung ergeben (BSG SozR 1200 § 47 SGB I Nr. 1 – Überweisung des Kindergeldes auf ein Konto eigener Wahl), lassen erkennen, dass die Vorschrift außerhalb der Kinder- und Jugend- bzw. Sozialhilfe und außerhalb der Rehabilitation kaum Bedeutung hat, da dort die Rechte und Pflichten zumeist im Einzelnen bestimmt sind. Bedeutsam ist dabei aber, dass das BSG § 33 SGB I auch auf die Wahl zwischen zwei gleich geeigneten Hilfsmitteln iSd § 33 SGB V, also auf eine Sachleistung angewandt hat (BSG SozR 3-1200 § 33 Nr. 1; BSG SozR 4-1200 § 33 Nr. 1; LSG Nds.-Brem. NZS 2005 S. 255). Weitergehend hat das BSG auch eine Wahl zwischen gleich geeigneten Heil- und Hilfsmitteln zugelassen (BSG SGb 2002 S. 401 mAnm Mrozynski). In einem anderen Punkt wird das Wunsch- und Wahlrecht in der Praxis jedoch vernachlässigt: Auch die Erfüllung von **Mitwirkungspflichten** nach den §§ 60 ff. muss in allen Sozialleistungsbereichen nach den Grundsätzen des § 33 erfolgen. Dem Leistungsberechtigten muss also zumindest Gelegenheit gegeben werden, sich darüber zu äußern, auf welche Weise er seine Mitwirkungspflichten zu erfüllen gedenkt. 6

Die Grundsätze des § 33 Satz 1 sind vor allem bei der **Ermessensausübung** zu beachten (BSG SozR 2200 § 1243 RVO Nr. 7). In diesem Rahmen sind die in § 33 Satz 1 genannten Gesichtspunkte von Amts wegen in die Entscheidung einzubeziehen. In der Sozialhilfe ist die speziellere Norm des § 9 Abs. 2 SGB XII 7 anzuwenden. Allerdings gibt es heute keine festen Regeln mehr. Weder gibt es uneingeschränkt einen Vorrang der Geld- vor der Sachleistung (§ 10 Abs. 3 SGB XII), noch den Grundsatz ambulant vor stationär (§§ 9 Abs. 2 Satz 2, 13 Abs. 1 SGB XII). Maßgeblich ist vielmehr wie das Ziel der Sozialhilfe am besten erreicht werden kann. Von besonderer Bedeutung ist die Berücksichtigung persönlicher Verhältnisse auch bei der Entscheidung über Leistungen zur medizinischen Rehabilitation (Krause/Nitsche, ZfSH/SGB 1984 S. 51). So muss im Rahmen des Auswahlermessens berücksichtigt werden, ob die Beteiligung des Ehepartners der Rehabilitation dienlich ist. In diesem Falle muss zumindest eine wohnortnahe Einrichtung ausgewählt werden (LSG NRW L 8 B 15/08 R ER, juris). Die Berücksichtigung des Familienzusammenhalts ist grundsätzlich bei der Leistungserbringung ein ermessensleitender Gesichtspunkt. Allgemein muss die Auswahl der Rehabilitationseinrichtung nach den Grundsätzen der §§ 40 SGB V, 13 Abs. 1 SGB VI erfolgen (BSG SozR 2200 § 1236 RVO Nr. 43). Hier ist oft ein gewisser Dirigismus der Rehabilitationsträger festzustellen. Die großen, überregional angelegten, Einrichtungen beeinträchtigen nicht nur den Aufbau einer regionalen Versorgungsstruktur, sondern verhindern auch, mangels tatsächlicher Gegebenheiten, Ermessensentscheidungen, die den Grundsätzen des § 33 Satz 1 entsprechen. Mit der Regelung des § 8 SGB IX hat der Gesetzgeber das Wunsch- und Wahlrecht für den gesamten Komplex der **Rehabilitation und Teilhabe** bekräftigt (Neumann, ZfSH/SGB 2003 S. 292; Fuhrmann/Heine, SGb 2009 S. 516). Ob dies zu einer Weiterentwicklung in der Praxis führt, hängt aber eben nicht nur von rechtlichen Regelungen ab. Vieles lässt sich nur über eine Gestaltung der sozialen Infrastruktur nach § 17 in die Tat umsetzen. Insoweit wird in § 36 Abs. 1 und Abs. 2 SGB IX ein Qualitätsmanagement geregelt. Unter den danach zertifizierten Einrichtungen (§ 37 SGB IX) können die Leistungsberechtigten wählen. Die Wahl ist nur noch durch den Mehrkostenvorbehalt eingeschränkt (§§ 8 Abs. 1 Satz 2 Hs. 2 SGB IX; 33 Satz 2 SGB I), der jedoch zum Teil, wie in den §§ 39 Abs. 2, 40 Abs. 2 Satz 2 SGB V, relativ weit geht (unten Rn. 17). Andererseits war es anfangs entgegen der amtlichen Begründung zum SGB IX nicht zutreffend, dass auch die Einführung des **Persönlichen Budgets** (§ 17 Abs. 1 Nr. 4 SGB IX aF) als Ausdruck des Wunsch- und Wahlrechts erfolgte. In den §§ 9 Abs. 2, 17 Abs. 1 Nr. 4 SGB IX aF war insoweit zunächst nur ein Antragsrecht des behinderten Menschen begründet. Erst seit der Neufassung des § 17 Abs. 2 Satz 1 iVm § 159 Abs. 5 SGB IX aF ist mit Wirkung ab dem 1.1.2008 beim Persönlichen Budget ein uneingeschränktes Antragsrecht eingeführt worden (§ 29 SGB IX).

3. Auslegung unbestimmter Rechtsbegriffe

8 Unbestrittenermaßen hat § 33 eine wichtige ermessensleitende Funktion. Demgegenüber ist die Vorschrift entgegen der wohl überwiegenden Auffassung (vgl. v. Maydell, GK-SGB I § 33 Rn. 16; Bley, SozVersGesKomm § 33 Anm. 5; Welti/Sulek, VSSR 2000 S. 459, Lilge; SGB I § 33 Rn. 18) nicht bei der Auslegung **unbestimmter Rechtsbegriffe** und auch nicht im Rahmen einer Beurteilungsermächtigung anwendbar. Schon nach dem Wortlaut der Vorschrift geht es um die Ausgestaltung von Rechten und Pflichten, was logisch gegenüber der Feststellung dieser Rechte bzw. Pflichten nachrangig ist (vgl. LSG Ns.-Brem. FEVS 62 S. 415). Die Feststellung, auch im Rahmen der Beurteilungsermächtigung, ist ein reiner Auslegungs- und Subsumtionsvorgang, auch wenn man einräumen muss, dass die Grenzen zum Ermessen nicht immer klar zu ziehen sind (vgl. § 39 Rn. 13, 19). Die Rechtsgeltung selbst kann aber nicht einem Individualisierungsprinzip, wie es in § 33 zum Ausdruck kommt, überantwortet werden. Das würde die Allgemeinheit des Gesetzes insofern in Frage stellen, als die Verbindlichkeit einer Regelung ua von den „persönlichen" oder sogar „örtlichen" Verhältnissen abhängig sein könnte. Das ist auch bei der Ausübung einer Beurteilungsermächtigung nicht zuzulassen. Sie ist der Verwaltung ja nur deswegen eingeräumt, weil die Umsetzung des Subsumtionsvorganges auf den Einzelfall nur bedingt kontrollierbar ist (§ 39 Rn. 13). Nicht aber darf die Verwaltung im Rahmen ihrer Beurteilungsermächtigung von Fall zu Fall darüber entscheiden, ob wegen der persönlichen Verhältnisse die Rechtsnorm überhaupt und wie sie anwendbar ist.

Unter dem Blinkwinkel des Art. 19 Abs. 4 GG ist hinsichtlich der „verhältnisorientierten" Auslegung bzw. Ausgestaltung unbestimmter Rechtsbegriffe Folgendes zu erwägen: Die hier abgelehnten Stimmen in der Literatur vertreten die Auffassung, Adressat des § 33 wäre die Verwaltung und zumindest nicht in gleichem Maße die Rechtsprechung. Mit anderen Worten, die Ausgestaltung von Rechten erfolgt durch die Verwaltung. Rechtsprechung soll eine davon zu unterscheidende, und zwar eingeschränkte Aufgabe sein (Lilge, SGB I § 33 Rn. 18–20; Weselski in jurisPK-SGB I § 33 Rn. 30, 31). Diese Auffassung ist zurückzuweisen. Adressat einer Norm ist immer die ganze Staatsgewalt. Sie ist in ihrer Gesamtheit an „Gesetz und Recht" gebunden. Für eine Abstufung unter den drei Gewalten ergibt sich aus Art. 20 Abs. 3 GG kein Hinweis. Wenn das für den Beurteilungsspielraum in begrenztem Umfang anders gesehen wird, dann folgt das aus der Erkenntnis, dass die Rechtsprechung hier aus tatsächlichen Gründen an ihre Funktionsgrenzen stößt (§ 39 Rn. 19 ff.). 9

Bisher war es unbestritten, dass die Auslegung unbestimmter Rechtsbegriffe letztverbindlich durch die Gerichte erfolgt. Demgegenüber wird im Zusammenhang mit der Ausgestaltung und Auslegung unbestimmter Rechtsbegriffe nach Maßgabe des § 33 der Verwaltung ein gerichtlich nicht kontrollierbarer Bereich der Ausgestaltung unbestimmter Rechtsbegriffe zugestanden: „Normadressat(en) in diesem Sinne sind nicht die Gerichte" (Weselski in jurisPK-SGB I § 33 Rn. 31; Lilge, SGB I § 33 Rn. 20;). Insoweit bedarf es noch einer Begründung dazu, inwieweit hierdurch Art. 19 Abs. 4 GG nicht verletzt ist. Richtig dürfte nach allem vielmehr sein, dass die „Ausgestaltung" zwar ein recht schillernder Rechtsbegriff ist, dass er sich vielleicht auch auf mehr als das Ermessen bezieht (zB die Ausgestaltung der sozialen Infrastruktur), dass er aber jedenfalls nicht die Auslegung unbestimmter Rechtsbegriffe meint. Im Übrigen ist die Auffassung, die Rechtsprechung hätte sich zu dieser Frage noch nicht geäußert, gleichfalls unzutreffend. Das BSG hat vielmehr entschieden, dass der Individualisierungsgrundsatz keinen Einfluss auf die Feststellung der Leistungsvoraussetzungen hat. Seine Anwendung beschränkt sich auf die Rechtsfolgeseite (BSG 108 S. 206). 10

In § 33 Satz 1 der Vorschrift werden einzelne Kriterien für die Ausgestaltung von Rechten und Pflichten genannt. Sie haben zwar den Charakter einer abschließenden Aufzählung, jedoch sind sie so allgemein gehalten, dass kaum persönliche oder sachliche Verhältnisse denkbar sind, die nicht berücksichtigt werden müssten. Nach dem klaren Wortlaut des Gesetzes hat ihre Berücksichtigung auch dann zu erfolgen, wenn der Leistungsberechtigte sich nicht in eine bestimmte Richtung äußert. Das bedeutet auch, dass die Ermittlungen **von Amts wegen** auf der Grundlage des § 20 SGB X auf alle relevanten Gesichtspunkte hin erfolgen müssen. Die Notwendigkeit, einer amtswegigen Berücksichtigung der in Satz 1 11 genannten Merkmale hat nicht zur Folge, dass zB persönliche Verhältnisse einen Einfluss auf die Auslegung einer **zwingenden Rechtsvorschrift** hätten. So hat das BSG seine frühere Rechtsprechung zum Begriff des Hilfsmittels (vgl. § 21 Rn. 20a) in letzter Zeit wieder eingeschränkt. Dazu hat es jetzt entschieden, dass die Leistungspflicht der Krankenkassen sich nicht auf solche Hilfsmittel erstreckt, die ein Versicherter allein wegen der Besonderheiten seiner individuellen Wohnverhältnisse benötigt, die in einer anderen Wohnung aber entbehrlich wären (BSG 107 S. 44).

12 Das Individualisierungsprinzip findet seine Grenze an entgegenstehenden Rechtsvorschriften (§ 33 Satz 1 Hs. 2). Damit wird auch deutlich, dass die Auffassung, die § 33 auch auf die Auslegung von unbestimmten Rechtsbegriffen und die Beurteilungsermächtigung anwenden will, letztlich nicht haltbar ist. Die **entgegenstehenden Rechtsvorschriften** wären ja wieder nach den Grundsätzen des § 33 Satz 1 auszulegen und würden damit an Verbindlichkeit ihrer Begrenzungsfunktion eine Einbuße erleiden. Im Übrigen bringt § 33 Satz 1 Hs. 2 eine Selbstverständlichkeit zum Ausdruck. Bereits der Vorbehalt des Gesetzes nach § 31 ließe es nicht zu, Rechte nach den persönlichen Verhältnissen zu begründen, zu ändern oder aufzuheben. Deswegen ist es im Ergebnis richtig, den Vorbehalt entgegenstehender Rechtsvorschriften auch auf das Wunsch- und Wahlrecht des § 33 Satz 2 anzuwenden. Fehlt es an einer ausdrücklichen Regelung, so schließt das die Anwendung des § 33 nicht aus (BSG 109 S. 138).

4. Wunsch- und Wahlrecht

13 § 33 Satz 2 ist gegenüber Satz 1 eine eigenständige Vorschrift. Dem steht die missverständliche Wortwahl des „dabei" in Satz 2 nicht entgegen (Wannagat-Rüfner, SGB I § 33 Rn. 9). Im Ergebnis bedeutet das, dass der Wunsch des Hilfeempfängers nicht nur im Rahmen der Einzelerwägungen des Satz 1 zu berücksichtigen ist, sondern dass er eigenständige Bedeutung hat. Das Wort „dabei" erstreckt sich also auf die gesamte Ausgestaltung von Rechten und Pflichten, einschließlich eher verwaltungsorganisatorischer Entscheidungen (BSG 109 S. 138). Besteht allerdings ein Anspruch nicht, so ist seine Herleitung über das Wunsch- und Wahlrecht nicht möglich (LSG Ns.-Brem. FEVS 62 S. 415).

13a Im Gegensatz zu § 33 Satz 1 setzt dessen Satz 2 einen Wunsch des Berechtigten oder Verpflichteten voraus. Über dieses Wunsch- und Wahlrecht ist er gemäß § 14 zu beraten. Grundsätzlich ist jeder Wunsch als angemessen anzusehen. Er muss auch nicht begründet werden (BVerwG 35 S. 290). Eine Unangemessenheit des Wunsches kann also nur bei Vorliegen besonderer Gründe angenommen werden. Die Vorschrift des § 33 Satz 2 enthält in den gesetzlichen Merkmalen „soll" und „angemessen" ein hinreichendes Korrektiv gegenüber Wünschen, die unerfüllbar sind oder dem wohlverstandenen Interesse des Leistungsberechtigten nicht entsprechen. Konkreter formuliert jetzt § 8 Abs. 1 SGB IX, dass **berechtigten Wünschen** zu entsprechen ist. Berechtigt ist ein Wunsch nur, aber grundsätzlich immer dann, wenn ihm nach den Normen des Leistungs- und Leistungserbringungsrechts entsprochen werden kann (unten Rn. 13c). Ähnlich wird dies auch in § 2 Abs. 2 SGB XI geregelt. Danach soll Wünschen des Pflegebedürftigen zur Gestaltung der Hilfe, soweit sie angemessen sind, im Rahmen des Leistungsrechts, entsprochen werden. Das Wunsch- und Wahlrecht verdeutlicht nach allem, dass gegenüber einer zu starken Betonung der Erfordernisse einer reibungslosen Verwaltung Zurückhaltung geboten ist. Das gleiche gilt für Belegungspraktiken und die

Berücksichtigung einrichtungstypischer Besonderheiten. Im Rahmen des geltenden Rechts ist grundsätzlich jedem Wunsch zu entsprechen. Nur in atypischen Fällen ist auf der Grundlage des § 39 eine Ermessensentscheidung zu treffen, die nach den Regeln des § 35 Abs. 1 SGB X zu begründen ist.

Die **Äußerung des Wunsches** ist keine rechtsgeschäftliche Erklärung. Sie setzt also weder eine bürgerlich-rechtliche Geschäftsfähigkeit noch die sozialrechtliche Handlungsfähigkeit des § 36 voraus. Es nicht einmal erforderlich, dass der Leistungsberechtigte zu einem irgendwie sinnvollen Handeln fähig ist. So kann auch ein schwer geistig behinderter Mensch, der etwa in einer Einrichtung lebt, einen bestimmten Wunsch kundtun. Nicht erkennbar ist, inwiefern mit der Äußerung eines Wunsches als solchem rechtsgeschäftliche Erklärungen in Frage stehen sollen (so aber Wannagat-Rüfner, SGB I § 33 Rn. 4). Entscheidend ist der natürliche Wille. **13b**

Grundsätzlich muss dem Wunsch entsprochen werden. Lediglich in atypischen Fällen, deren Vorliegen die Verwaltung darzulegen hat, kann die Erfüllung des Wunsches unterbleiben. In diesem atypischen Fall ist jedoch immer noch eine Ermessensentscheidung zu treffen und zu begründen (vgl. § 39 Rn. 7). Keineswegs darf also in einem atypischen Fall ein Wunsch ohne Weiteres zurückgewiesen werden. Auch bei der Frage, ob ein Wunsch unangemessen ist, sind ähnlich wie bei § 33 Satz 1 die gesamten persönlichen und sachlichen Umstände zu würdigen. Namentlich ist ein Wunsch unangemessen, wenn er zu einer ungeeigneten Form der Hilfe führen würde (BSG SozR 2200 § 1236 RVO Nr. 43). Auch die entstehenden **Mehrkosten** sind bei § 33 Satz 2 ein Gesichtspunkt der Einfluss auf die Beurteilung der Angemessenheit des Wunsches hat (BVerwG 75 S. 343). Zumindest die Praxis der Sozialhilfe akzeptiert idR Mehrkosten in Höhe von 20 % (BVerwG 65 S. 52). Dabei ist aber immer auf die Bedarfsnähe des Wunsches abzustellen (unten Rn. 20). In den §§ 39 Abs. 2, 40 Abs. 2 Satz 2, Abs. 3 SGB V ist die Übernahme von Mehrkosten relativ weitgehend eingeschränkt. Diese Vorschriften sind jedoch im Lichte des § 33 auszulegen, da insoweit der Kodifikationsgrundsatz des § 37 Satz 2 eingreift. Im Falle einer Selbstbeschaffung kann die Erstattung der Kosten in Betracht kommen, die von der Krankenkasse ohnehin zu tragen wären (vgl. LSG BW L 4 KR 2071/05, juris). **13c**

Relativ weit ging die Berücksichtigung des Wunsches im Falle des § 43 Abs. 4 SGB XI aF Danach konnte ein Pflegebedürftiger vollstationäre Pflege wählen, wenn an sich die ambulante Pflege ausreichte. Er erhielt dann nur einen Zuschuss zu den pflegebedingten Aufwendungen und musste die Mehrkosten tragen. Dadurch konnten für den Leistungsträger keine Mehrkosten entstehen. In der Neufassung des § 43 SGB XI wird die Erforderlichkeit stationärer Pflege sogar nicht mehr gesondert geprüft (vgl. Udsching/Schütze-Wiegand § 43 SGB XI Rn. 8). Wegen der Angleichung der finanziellen Leistungen für die ambulante und stationäre Pflege (vgl. §§ 36 Abs. 3, 43 Abs. 2 SGB XI) wird dies nicht mehr als erforderlich angesehen (BT-Drs. 18/510 S. 110). Die damit verbundene Wahlfreiheit zwischen ambulanter und stationärer Pflege, hängt aber davon ab, dass der Leistungsberechtigte die Mehrkosten der stationären Pflege selbst tragen kann. Das folgt aus der Regelung der §§ 9 Abs. 2 Satz 2, 65 SGB XII, die eine Kostenübernahme für stationäre Pflege von deren Notwendigkeit abhängig machen (§ 21a Rn. 39). In der Krankenversicherung wäre eine stationäre Behandlung nach Wunsch undenkbar (§ 39 SGB V). Zur Rehabilitation vgl. unten Rn. 16a. **14**

Von der Frage der Gliederung der Versorgungsstruktur in ambulant und (teil)stationär abgesehen, wird man es auch in der Sozialhilfe zulassen müssen, dass **14a** der Hilfeempfänger einen Teil der Mehrkosten einer gewünschten Hilfeform selbst trägt, um auf diese Weise die vom Träger der Sozialhilfe zu übernehmenden Mehrkosten auf den zulässigen Rahmen zu begrenzen. Zulässig ist dies aber nur durch Einsatz sog. **freier Mittel,** also solcher, die nicht ohnehin als Einkommen eingesetzt werden müssten (§§ 11 SGB II, 82 SGB XII). Möglich ist das etwa durch gezielte Verwendung des Mehrbedarfszuschlags nach §§ 21 SGB II, 30 SGB XII oder auch durch die nach den §§ 11, 21 SGB II, 82, 90 SGB XII geschonten Einkommens- bzw. Vermögensbeträge (BVerwG FEVS 51 S. 49). Entsprechendes gilt für die Verwendung des Mindestelterngeldes nach § 10 Abs. 2 BEEG, das kein einsetzbares Einkommen ist.

15 Einen Eigenanteil kann der Leistungsberechtigte aber grundsätzlich nicht tragen, wenn eine Sachleistung zu erbringen ist. Das Sachleistungsprinzip verträgt sich nicht mit einer Beschränkung des Leistungsträgers auf Zuschüsse. Sind Hilfsmittel an einen behinderten Menschen zu erbringen, so sieht § 47 Abs. 3 SGB IX gleichwohl die Möglichkeit vor, dass die Leistungsberechtigten die Mehrkosten eines aufwändigeren Hilfsmittels tragen. Darüber hinaus können nach § 8 Abs. 2 SGB IX generell alle Sachleistungen an behinderte Menschen auf Antrag als Geldleistungen erbracht werden. In diesem Rahmen ist dann auch die Übernahme eines Mehrkostenanteils durch den Leistungsberechtigten zulässig (vgl. dagegen Bay. LSG Breith. 1998 S. 14 zum Hilfsmittel in Luxusausführung).

16 In der Literatur wird die Auffassung vertreten, das Wunsch- und Wahlrecht rechtfertige kein eigenmächtiges Handeln des Sozialleistungsberechtigten (Peters/Hommel, SGB I § 33 Anm. 4). In dieser Allgemeinheit ist das nicht zutreffend. Sofern der Sozialleistungsberechtigte zur Selbstbeschaffung befugt ist (vgl. § 43 Rn. 30), kann er den Sozialleistungsträger durchaus vor vollendete Tatsachen stellen. Dies darf nur nicht dazu führen, dass sich der Sozialleistungsberechtigte durch die Selbsthilfe eine gesetzlich nicht vorgesehene Leistung beschafft. Er allein trägt die Verantwortung dafür, dass die Voraussetzungen des Primäranspruchs erfüllt sind (§ 43 Rn. 30). Wenn nun aber zB in § 40 Abs. 3 Satz 1 SGB V geregelt ist, dass die Krankenkasse die **Rehabilitationseinrichtung** nach Ermessensgesichtspunkten auswählt, dann bedeutet dies auch eine gewisse Einschränkung des Primäranspruchs, wobei allerdings die gesetzlichen Merkmale des § 40 Abs. 3 Satz 1 Satz 1 SGB V ermessensleitend sind. Der Sozialleistungsträger entscheidet in diesem Falle auch nach bereits durchgeführter Selbstbeschaffung unter Anwendung des § 40 Abs. 3 Satz 1 SGB V über den Anspruch. Dabei hat er im Rahmen seines Auswahlermessens auch den Wunsch des Berechtigten zu berücksichtigen.

16a Eine stationäre Rehabilitation wird grundsätzlich in einer zertifizierten Rehabilitationseinrichtung erbracht, mit der ein Versorgungsvertrag besteht (§ 40 Abs. 2 Satz 1 SGB V). Bei der Wahl einer **Rehabilitationseinrichtung** kommt hinzu, dass das Wahlrecht nach § 40 Abs. 2 Satz 4 SGB V nach Auffassung des BSG nur besteht, wenn eine zwar nach §§ 36, 37 SGB IX zertifizierte, aber vertragslose Einrichtung gewählt wird und die Mehrkosten getragen werden (BSG SozR 4-2500 § 40 Nr. 7). Die Einfügung des ausschließenden Merkmals „vertragslose Einrichtung" in § 40 Abs. 2 Satz 4 SGB V dürfte aber schwerlich im Einklang mit §§ 33 Satz 2, 37 Satz 2 erfolgt sein. Auch die Wahl zwischen zwei (zertifizierten) Vertragseinrichtungen muss möglich sein und ist durch den Wortlaut des § 40 Abs. 2 SGB V nicht ausgeschossen. Geregelt ist nur, dass bei der Wahl einer nicht vertragsgebundenen Einrichtung immer der Mehrkosten zu tragen sind. Nicht die Vertragslosigkeit, sondern die Eignung bzw. der Kostenvergleich ist ein Kriterium für § 33 Satz 2. Allgemeiner formuliert: Eignung (im

Sinne einer Zertifizierung), Medizinische Erfordernisse, Wirtschaftlichkeitsgebot und das Wunsch- und Wahlrecht sind Ermessenskriterien, die alle berücksichtigt werden müssen. Während die ersten beiden Kriterien kaum durch eine drittes relativiert werden können, kann es zwischen dem Wirtschaftlichkeitsgebot und dem Wunsch- und Wahlrecht durchaus zu einem Konflikt kommen, der dann durch den Mehrkostenvorbehalt des § 33 Satz 2 gelöst werden muss (vgl. Hauck, SGb 2014 S. 8, 14; Bold, NZS 2014 S. 129, Fuhrmann/Heine, SGb 2014 S. 297). Demgegenüber ist das BSG der Auffassung: „Soweit man das Wunsch- und Wahlrecht nicht auf einen dem Wirtschaftlichkeitsgebot des SGB V konformen Anwendungsbereich reduzieren will, tritt es jedenfalls bei Ansprüchen auf Reha-Leistungen nach dem SGB V hinter dessen speziellere Anforderungen zurück". Das Gericht stellt dabei auf die Besonderheiten im Bereich der Wirtschaftlichkeit in der Krankenversicherung ab (§ 12 SGB V), die durch § 8 SGB IX nicht geändert wurden und die etwa auch den Arzneimittelbereich prägen. Bei den Reha-Einrichtungen betont es insbesondere das Interesse am Erhalt der Infrastruktur (BSG 113 S. 231): Warum diese nun aber gerade durch die Wahl einer (anderen) Vertragseinrichtung gefährdet sein soll, ist nicht erkennbar. Zumal § 40 Abs. 2 Satz 2 SGB V für diesen Fall die Auferlegung der Mehrkosten nicht ausschließt. Sie wird nur wegen der Vertragsgebundenheit der Einrichtung zumeist nicht relevant werden (vgl. BSG SGb 2018 S. 700 Rn. 18–22).

Andererseits kann die vorhandene Versorgungsstruktur durchaus dem Wunsch- und Wahlrecht Grenzen setzen. Dies ist aber nur möglich, soweit dem Wunsch Rechtsvorschriften entgegenstehen (§ 33 Satz 1 Hs. 2). So besteht geringfügig eingeschränkt das Recht auf freie Arzt- und Krankenhauswahl (§§ 76 Abs. 2, 39 Abs. 2 SGB V). Desgleichen besteht das Recht, die Apotheke frei zu wählen (§ 31 Abs. 1 Satz 5 SGB V). Es kann allerdings Versorgungsformen geben, in denen es aus medizinischen Gründen erforderlich ist, dass mit bestimmten Apotheken nach einem besonderen Vergabeverfahren (§ 1 Rn. 19b) Exklusivverträge geschlossen werden, die zugleich auch das Recht aus § 31 Abs. 1 Satz 5 SGB V einschränken. Geregelt wurde dies im Hinblick auf die anwendungsfertigen Zytostatikazubereitungen (BSG SGb 2017 S. 219 mAnm Kieser). Diese darf der Apotheker auf Grund einer Absprache unmittelbar an den anwendenden Arzt abgeben (§ 11 ApoG). Auf dieses Geschehen hat der Leistungsberechtigte nur mittelbar insoweit einen Einfluss, als er den Arzt frei wählen kann. Damit ist § 11 Abs. 2 ApoG eine medizinisch begründete, dem Wahlrecht entgegenstehende Rechtsvorschrift. Insoweit ist die Gesetzesbegründung, jedoch nicht der Gesetzestext etwas unklar (vgl. BT-Drs. 16/3100 S. 142). **16b**

5. Mehrkostenvorbehalt

Im Einzelnen bereitet in § 33 Satz 2 nur die Beurteilung der Mehrkosten wirkliche Probleme. Diese Frage stellt sich zumeist, wenn im Rahmen der Sozialhilfe entweder stationäre Hilfe zum Lebensunterhalt (§ 27b SGB XII), Eingliederungshilfe (§§ 53 ff. SGB XII; §§ 90 ff. SGB IX) oder Hilfe zur Pflege in einem Heim (§§ 43 SGB XI; 61 ff. SGB XII) geleistet wird. Sie ist aber grundsätzlich auch bei der Aufnahme in ein Krankenhaus oder eine Kur- bzw. Rehabilitationseinrichtung relevant (vgl. § 39 Abs. 2 SGB V). Der Gesetzestext erwähnt die Mehrkosten nicht ausdrücklich. Man wird sie aber als ein Moment bei der Beurteilung der Angemessenheit des Wunsches einfließen lassen können. Das bedeutet auch, dass der Kostengesichtspunkt allein nie den Ausschlag geben kann. Das ist auch bei **17** den Wünschen behinderter Menschen nicht anders, weil § 8 Abs. 1 SGB IX auf die Vorschrift des § 33 SGB I verweist (vgl. BSG USK 2013-67 Rn. 23 zu § 9 SGB IX aF).

17a Mit den Leistungserbringern bestehen Kostenvereinbarungen. Solche Vereinbarungen sind pauschalierende Absprachen, die nur annähernd etwas darüber aussagen, welche Kosten die konkrete Hilfe in einem Einzelfall verursacht. Zwar wird überwiegend die Auffassung vertreten, Maßstab für die noch angemessenen Mehrkosten sei eine Art **Durchschnittspflegesatz** aus mehreren Einrichtungen (Drewes, RsDE 1991/13 S. 17). Zumeist wird man in der Praxis auf diese Weise zu befriedigenden Ergebnissen gelangen können. Der Sozialleistungsberechtigte hat jedoch einen **individuellen Anspruch** auf Deckung seines eigenen Bedarfs gegenüber dem Sozialleistungsträger. Die Kosten dafür sind der Maßstab für die angemessenen Mehrkosten. Der Fall kann so liegen, dass die Betreuung im Einzelfall höhere Kosten verursacht als dies in der Kostenvereinbarung zum Ausdruck kommt. Lediglich dadurch, dass in einer Einrichtung schwere und leichte Fälle betreut werden, gleichen sich im unterschiedlichen Betreuungsaufwand Kostennachteil und -vorteil für die Einrichtung in der pauschalierenden Regelung wieder aus. Will nun der einzelne Sozialleistungsberechtigte eine andere, teurere, Einrichtung in Anspruch nehmen, so dürften die Mehrkosten eigentlich nicht nach der pauschalierenden Regelung mit der ersten Einrichtung beurteilt werden, sondern danach, wie hoch die Betreuungskosten für ihn bisher objektiv waren. Das wird sich oft auch nur schätzen lassen. Wichtig ist es nur, für Grenzfälle deutlich werden zu lassen, dass die pauschalierende Kostenvereinbarung nicht der allein gültige Maßstab für die Mehrkosten sein kann. Sie hat keinen Einfluss auf den Anspruch des Leistungsberechtigten, sondern regelt eine Form der Abrechnung zwischen Leistungsträger und Leistungserbringer und entbindet letzteren nicht davon, eine bedarfsdeckende Leistung zu erbringen. Durch die Neufassung der § 75 ff. SGB XII, die mehr Transparenz in die Kostensatzgestaltung bringen sollte, hat sich an diesem Problem nichts geändert. Zu beachten ist aber § 77 Abs. 3 SGB XII.

18 Dem § 33 vergleichbare Regelungen in den besonderen Teilen des Sozialgesetzbuches finden sich vor allem in §§ 9 SGB XII und 5 SGB VIII (Neumann, RsDE 1988/1 S. 1). In § 9 Abs. 2 SGB XII wird das in der Sozialhilfe besonders wichtige **Individualisierungsgebot** geregelt. Danach ist vor allem auf die Person des einzelnen Hilfeempfängers abzustellen. Insbesondere darf der Sozialhilfeträger nicht gruppenspezifische Entscheidungen treffen (zB Sachleistungen für alle Alkoholkranken). Auch in diesem Falle ist über die Hilfe immer nach den Besonderheiten des Einzelfalles (§§ 9 Abs. 1 SGB XII; 24 Abs. 2 SGB II) zu entscheiden und den Wünschen des Hilfeempfängers zu entsprechen. Allerdings kann im Einzelfall der Übergang auf eine Sachleistung die geeignete Form der Hilfe sein (BVerwG 72 S. 354). Aus dieser Entscheidung des BVerwG hat das VG Stade geschlossen, es ließe sich mit § 33 (§ 9 Abs. 2 SGB XII) nicht vereinbaren, dass der Träger der Sozialhilfe die Hilfe zum Lebensunterhalt davon abhängig macht, dass ein Nichtsesshafter zusätzlich die Hilfe zur Überwindung besonderer sozialer Schwierigkeiten nach § 67 SGB XII in Anspruch nimmt (VG Stade, ZfF 1993 S. 130). Diese Auffassung ist in der Begründung jedoch nicht richtig. Der Individualisierungsgrundsatz kann es sogar gebieten, dass Hilfen miteinander kombiniert werden. Im Ergebnis ist die Entscheidung jedoch aus einem anderen Grunde richtig. Die Gewährung der Hilfe zum Lebensunterhalt kann nicht von einer Voraussetzung abhängig gemacht werden, die das Gesetz selbst nicht vorsieht (Inanspruchnahme einer weiteren Hilfe). Das ergibt sich unmittelbar aus § 31 und findet

seinen Ausdruck auch in dem Vorbehalt des § 33 Satz 1 Hs. 2 „soweit Rechtsvorschriften nicht entgegenstehen".

Die sozialhilferechtliche Regelung über den Mehrkostenvorbehalt ist im Grunde dreigliedrig. In Übereinstimmung mit § 33 regelt § 9 Abs. 2 Satz 1 SGB XII, dass angemessenen Wünschen entsprochen werden soll. Nicht Satz 1, sondern Satz 3 ist anzuwenden, wenn die Kosten unverhältnismäßig sind (BVerwG 97 S. 103). Die 20 %-Regel, die sich in der Praxis für die Beurteilung der Angemessenheit der Mehrkosten im Sinne des Satzes 1 herausgebildet hat (oben Rn. 13), darf nicht dazu führen, dass Besonderheiten des Einzelfalles ausgeblendet werden und zu schematisch verfahren wird. § 9 Abs. 2 Satz 2 SGB XII trifft eine besondere Regelung für die **stationäre Versorgung.** Sie soll nur erfolgen, wenn sie nach der Besonderheit des Einzelfalles erforderlich ist. In der Neufassung des Gesetzes ist das Wahlrecht noch darüber hinaus eingeschränkt worden. Es kann jetzt nur noch im Hinblick auf Einrichtungen ausgeübt werden, mit denen eine Kostenvereinbarung nach § 75 Abs. 3 SGB XII geschlossen worden ist. Diese Einschränkung kennt § 33 nicht. Insoweit ist bei der Neufassung des § 9 Abs. 2 Satz 2 SGB XII die Regelung des § 37 Satz 2 SGB I nicht beachtet worden. Ohne diesem Gesichtspunkt Rechnung zu tragen, wird überwiegend die Auffassung vertreten, dass der Wunsch des Leistungsberechtigten nicht als Besonderheit des Einzelfalles im Sinne des § 9 Abs. 2 Satz 2 SGB XII anzusehen ist (vgl. LSG BW FEVS 66 S. 270 Rn. 39). Ganz generell scheint das BSG Regelung des Leistungserbringungsrechts, die eine Einschränkung der Wahlfreiheit der Leistungsberechtigten bewirken, für zulässig erachten (BSG SGb 2017 S. 219 Rn. 26–28 mAnm Kieser). Diese wären dann entgegenstehende Rechtsvorschriften iSd § 33 Satz 1 Hs. 2. Damit verstärkt sich die Tendenz einer Dominanz des Leistungserbringungsrechts gegenüber dem Leistungsrecht. Allerdings ist auch davon auszugehen, dass, zumindest im Pflegebereich gegenüber bestehenden Vereinbarungen mit den Leistungserbringern der Einwand unverhältnismäßiger Mehrkosten nicht erhoben werden kann. „Vielmehr inkorporieren die Vereinbarungen nach den §§ 75 ff. SGB XII bzw. §§ 82 ff. SGB XI iVm § 75 Abs. 5 SGB XII bereits den in § 9 Abs. 2 Satz 3 SGB XII normierten Mehrkostenvorbehalt" (BSG SGb 2018 S. 700 Rn. 20–23). Dies müsste dann in der jeweils konkreten Vereinbarung festgestellt werden können. **19**

Weitgehend lässt sich die Vorschrift des § 9 Abs. 2 Satz 2 SGB XII als Sonderfall des Mehrkostenvorbehalts verstehen. Sie betrifft aber nicht nur die Kosten, sondern steht allgemein im Zeichen der Zurückdrängung oder genauer der Differenzierung der stationären Versorgung. Insoweit erfolgt eine Ergänzung durch § 13 Abs. 1 Satz 1–6 SGB XII. Ganz allgemein darf die Diskussion über die Mehrkosten nicht die Sicht dafür verstellen, dass es immer und vorrangig um die geeignete Form der Bedarfsdeckung geht (BVerwG 94 S. 127). Richtet sich der Wunsch auf eine stationäre Versorgung, so ist § 9 Abs. 2 Satz 2 Hs. 1 SGB XII anzuwenden. Wird eine ambulante Versorgung gewünscht, so gilt § 13 Abs. 1 Satz 3 SGB XII. In beiden Fällen sind die Mehrkosten kein allein ausschlaggebender Gesichtspunkt. Daraus ergeben sich für das Verhältnis von ambulant und stationär zwei allgemeine Grundsätze: Dem Wunsch nach (teil)stationärer Hilfe soll nur entsprochen werden, wenn der Bedarf nicht ambulant gedeckt werden kann. Auf eine kostengünstigere stationäre anstelle einer ambulanten Hilfe darf der Leistungsberechtigte nur verwiesen werden, wenn die stationäre Form zumutbar ist. Ist das nicht der Fall, so darf ein Kostenvergleich nicht vorgenommen werden. Diesen Grundsätzen **19a** entspricht auch die Regelung des § 104 Abs. 3 SGB IX (vgl. auch unten Rn. 23, 24).

20 Die dritte Variante des Mehrkostenvorbehalts nach § 9 Abs. 2 Satz 3 SGB XII negativ gefasst. Sie gilt innerhalb ambulanter bzw. (teil)stationärer Formen. Den Wünschen soll nicht entsprochen werden, wenn deren Erfüllung mit unverhältnismäßigen Mehrkosten verbunden wäre (DV, NDV 2000 S. 286). Die Unverhältnismäßigkeit kann nur durch **Kostenvergleich** festgestellt werden. Sie ist dann gegeben, wenn die Mehrbelastung im Sozialhilfehaushalt zu dem Gewicht der vom Hilfebedürftigen angeführten Gründe für seine Wahl nicht mehr im rechten Verhältnis steht. Die Frage nach der (Un-) Verhältnismäßigkeit wunschbedingter Mehrkosten erschöpft sich also nicht in einem rein rechnerischen Kostenvergleich. Der Mehrkostenvorbehalt in § 9 Abs. 2 Satz 3 SGB XII verlangt vielmehr auch eine wertende Betrachtungsweise (BVerwG 97 S. 110). Diese ist allerdings durch eine Sollvorschrift sehr eingeschränkt. Immerhin kann in atypischen Fällen auch solchen Wünschen, die in diesem Sinne unverhältnismäßig sind, im Rahmen einer Ermessensentscheidung entsprochen werden. Insgesamt wird man in § 9 Abs. 2 SGB XII die Sätze 1–3 nicht völlig getrennt betrachten dürfen. Für den ganzen § 9 Abs. 2 SGB XII und darüber hinaus allgemein für jedes Wunsch- und Wahlrecht gilt die Formel: Je größer die **Bedarfsnähe** der gewünschten Hilfegestaltung ist, umso berechtigter kann der Wunsch des Hilfeempfängers sein (BVerwG 97 S. 103).

21 Im Rahmen des § 9 Abs. 2 Satz 3 SGB XII ist ein Kostenvergleich zwischen der konkret angebotenen und der gewünschten Hilfe vorzunehmen (VGH Mannheim FEVS 48 S. 86). Nicht etwa könnten hohe Kosten allein dazu führen, dass einem Hilfewunsch nicht entsprochen werden müsste. Hohe Kosten als solche sind kein Grund, einen Bedarf nicht zu decken (BVerwG 94 S. 127). Das ist in einzelnen Fällen nur dann möglich, wenn in einer Vorschrift das gesetzliche Merkmal vertretbar oder angemessen verwendet wird wie in den §§ § 54 Abs. 1 Nr. 2, 3 SGB XII aF, 104 Abs. 2 SGB IX (BVerwG 91 S. 114; OVG Lüneburg FEVS 41 S. 68). Im Regelfall ist also festzustellen, ob eine realisierbare und geeignete Alternative für die Bedarfsdeckung besteht. Diese muss zumutbar sein. Erst dann kommt es überhaupt zu einem Mehrkostenvergleich (LSG BW L 7 SO 1357/10 ER-B, juris)

22 In den Kostenvergleich gehen nur diejenigen Kosten ein, die der Sozialleistungsträger selbst aufzuwenden hätte. Gesamtgesellschaftliche Kosten für Maßnahmen, die jedermann kostenlos zugänglich sind, sind beim Kostenvergleich gemäß § 9 Abs. 2 Satz 2 SGB XII außer Acht zu lassen. Soll zB ein behindertes Kind auf der Grundlage der §§ 53, 54 SGB XII aF, § 75 SGB IX in eine private Sonderschule gegeben werden, dann ist beim Kostenvergleich davon auszugehen, dass der Sozialhilfeträger beim Besuch einer öffentlichen Sonderschule überhaupt keine Kosten aufzuwenden hätte (BVerwG 75 S. 350). In diesem Zusammenhang ist aber Art. 24 UN-BRK zu beachten (§ 10 Rn. 1–1d). Beim Vergleich von Einrichtungen kann andererseits der Sozialhilfeträger nicht einwenden, die Mehrkosten wären deswegen unverhältnismäßig, weil er eine eigene Einrichtung wegen der gewünschten Hilfe in anderer Form nicht voll belegen könnte (BVerwG 35 S. 287). Denn, welche Einrichtung auch immer belegt wird, es entstehen in jedem Falle Kosten, die aus Sozialhilfemitteln aufzubringen sind.

23 Im Sozialhilferecht soll dem Wunsch nach stationärer Hilfe nur unter den Voraussetzungen des § 9 Abs. 2 Satz 2 SGB XII entsprochen werden, also grundsätzlich nur dann, wenn in einer anderen Form der Hilfe das Ziel der Sozialhilfe

nicht erreicht werden kann. Die Pflegeversicherung regelt dies in § 43 SGB XI nF eher im Sinne einer freien Wahl. Weil die Notwendigkeit der stationären Pflege nicht mehr Tatbestandsvoraussetzung ist (vgl. oben Rn. 14). Wählt der Pflegebedürftige eine objektiv nicht notwendige stationäre Hilfe, so werden die weitergehenden Kosten aber nicht vom Träger der Sozialhilfe nach den §§ 61 ff. SGB XII zu übernommen. Dem stehen die Regelungen der §§ 9 Abs. 2 Satz 2, 65 SGB XII entgegen (vgl. oben Rn. 14). Davon gibt es nur beim sog. Arbeitgebermodell nach § 63b Abs. 6 SGB XII eine begrenzte Ausnahme (unten Rn. 25).

Hinsichtlich der Mehrkostenfrage ergibt sich in der Sozialhilfe noch ein zusätzliches Problem aus dem in § 9 Abs. 2 Satz 2 SGB XII geregelten begrenzten Vorrang offener Hilfen. In Einzelfällen, vor allem bei der häuslichen Pflege mit einem Pflegeaufwand von nahezu 24 Stunden am Tag, kann die ambulante Pflege teurer sein als die Heimpflege. Im **Vorrang offener Hilfen,** der insoweit in § 9 Abs. 2 Satz 2 SGB XII nicht eingeschränkt ist, sind Kostengesichtspunkte nicht angesprochen. Hier ist jedoch ergänzend § 13 Abs. 1 Satz 3 bis 6 SGB XII heranzuziehen. Der Vorrang offener Hilfen gilt nicht, wenn eine geeignete stationäre Einrichtung zumutbar und eine ambulante Leistung mit unverhältnismäßigen Mehrkosten verbunden ist. Vor dem Hintergrund der Vorläuferregelung des § 3a BSHG aF war es umstritten, ob die in diesem Falle Frage der Mehrkosten überhaupt erörtert werden darf (vgl. Giese, RsDE 1989/4 S. 39). Die Gerichte neigten demgegenüber von Anfang an dazu, diese Kostenerwägungen eher zuzulassen (VGH Kassel NDV 1988 S. 188; VG München RsDE 1990/10 S. 67; VGH München SGb 1990 S. 382 mAnm Giese). Der Gesetzgeber hatte noch in § 3a BSHG aF einen Satz 2 eingefügt. Dem entspricht die jetzige Regelung des § 13 Abs. 2 Satz 3 SGB XII. Immerhin dürfen angesichts dieser Wertung des § 13 Abs. 2 Satz 3 und 5 SGB XII Kostengesichtspunkte nicht allein ausschlaggebend sein (VGH München FEVS 57 S. 175). Bei der Frage der Zumutbarkeit einer stationären Hilfe sind die persönlichen, familiären und örtlichen Verhältnisse angemessen zu berücksichtigen. Das setzt in der Praxis immer voraus, dass ein umfassender Vergleich der geeigneten und auch realisierbaren Hilfsangebote vorgenommen wird (vgl. Jürgens, NDV 1996 S. 393). **24**

Ob sich nach der Neufassung des § 43 SGB XI an diesem Verhältnis von ambulant und stationär in der Pflegeversicherung eine andere Lage ergeben hat, ist zweifelhaft. Zwar gehen die nach den §§ 28 ff. SGB XI zu erbringenden Leistungen weiterhin von einem grundsätzlichen Vorrang ambulanter vor stationärer Pflege aus, jedoch ist bei letzterer die Berücksichtigung der Besonderheiten des einzelnen Falles möglich (§§ 2–4 SGB XI). In § 43 SGB XI wird jedoch ein Anspruch auf vollstationäre Pflege begründet, der nicht von zusätzlichen Voraussetzungen abhängt. Die Leistungen sind allerdings nach § 43 Abs. 2 SGB XI begrenzt und übersteigen die Leistungen der häuslichen Pflege nur geringfügig (§ 36 Abs. 3 SGB XI). Selbst wenn man im gegenteiligen Fall unverhältnismäßig hohe Kosten für die ambulante Pflege errechnet, ergibt sich, dass der Pflegekasse selbst durch eine teurere ambulante Pflege höhere Kosten nicht erwachsen können (vgl. §§ 36 Abs. 3, 37 Abs. 1, 43 Abs. 2 SGB XI). Die höheren Kosten hätte der Träger der Sozialhilfe im Rahmen der ergänzenden Leistungen nach den §§ 61 ff. SGB XII aufzubringen (oben Rn. 14). Die Regelung des § 9 Abs. 2 Satz 2 SGB XII stünde dem nicht entgegen, da sie nur gegen die stationäre Versorgung gerichtet ist. Wählt also der Pflegebedürftige eine ambulante Pflege, die erheblich kostenaufwändiger ist als die stationäre Pflege, so kann ihn der Träger der Sozialhilfe nicht gemäß § 9 Abs. 2 Satz 2 SGB XII, wohl aber nach § 9 Abs. 2 Satz 3 **24a**

SGB XII und unter Berücksichtigung der Wertentscheidung des § 13 Abs. 1 Satz 3–6 SGB XII auf eine stationäre Form der Hilfe verweisen. Nur wenn die Zumutbarkeit der stationären Hilfe bejaht wird, ist anschließend ein Kostenvergleich vorzunehmen (§ 13 Abs. 1 Satz 4–6 SGB XII). Im Ergebnis bedeutet das, dass die Pflegeversicherung zwar ein sehr umfassendes Wunsch- und Wahlrecht zwischen ambulant und stationär kennt. Es findet jedoch seine Grenzen an den Bestimmungen des Sozialhilferechts.

25 Ein ähnliches Problem ergibt sich bei der Wahl zwischen der Pflegesachleistung (§ 36 SGB XI) und dem Pflegegeld (§ 37 SGB XI). Hier könnte es sich ergeben, dass zwar die kostenaufwändigere Pflegesachleistung einen Bedarf deckt, das geringere Pflegegeld dazu aber nicht ausreicht. In diesem Falle müsste der Träger der Sozialhilfe ergänzende Leistungen nach den §§ 61 ff. SGB XII erbringen. Anders als bei der stationären Pflege stellt das Gesetz keinerlei Kriterien für die Wahl zwischen § 36 und § 37 SGB XI auf. Insbesondere muss mit dem Pflegegeld nicht die gesamte Pflege sichergestellt werden, sondern nur seinem „Umfang entsprechend". Dennoch ist der Pflegebedürftige in seiner Wahl nicht frei. Man wird davon ausgehen müssen, dass der Träger der Sozialhilfe den Pflegebedürftigen im Rahmen seiner Selbsthilfeobliegenheit (§ 2 Abs. 1 SGB XII) auf volle Ausschöpfung der Versicherungsleistung und damit auf die Pflegesachleistung verweisen darf (vgl. § 63b Abs. 1 SGB XII). Wo das in besonderen Fällen (zB Wechsel der Betreuungsperson) nicht tunlich ist, kann der Träger der Sozialhilfe die Mehrkosten übernehmen. Aus seiner Sicht wäre dies ein Ermessensgesichtspunkt, der dazu führen würde, gemäß § 9 Abs. 2 Satz 3 SGB XII einen kostenaufwändigeren Wunsch zu erfüllen. Dem Wunsch, die Pflege im Rahmen eines Arbeitgebermodells durchzuführen (§ 63b Abs. 6 SGB XII), hat der Gesetzgeber in § 77 Abs. 1 Satz 3–6 SGB XI Grenzen gesetzt (vgl. § 21a Rn. 30).

25a Vor dem Hintergrund des Art. 19 UN-BRK wird die Auffassung vertreten, dass im Bereich des **betreuten Wohnens** ein Mehrkostenvorbehalt nicht mehr erhoben werden darf. Dagegen ergeben sich bereits Gesichtspunkte aus Art. 4 Abs. 2 UN-BRK, die die derzeitige und unmittelbare Anwendbarkeit der UN-BRK im Einzelfall betreffen (vgl. § 10 Rn. 1–1d). Auf jeden Fall aber ist die UN-BRK bei der Gesetzesauslegung durch die Gerichte zu beachten. Insoweit bestimmt Art. 19 lit. a UN-BRK aber nur, dass behinderte Menschen gleichberechtigt die Möglichkeit haben, ihren Aufenthaltsort zu wählen und zu entscheiden, wo und mit wem sie leben. Die UN-BRK selbst ist kein Leistungsgesetz. Sie verpflichtet jedoch die Staaten, jeden Druck auf behinderte Menschen zu unterlassen, in einer bestimmten Form zu leben und zu wohnen. Nach weitergehendem innerstaatlichen Recht dürfen sie nicht benachteiligt werden (Art. 3 Abs. 3 Satz 2 GG). Dieses Benachteiligungsverbot ist kein Bevorzugungsgebot (BVerfG 96 S. 341). Auch soweit die Grundrechte eine Teilhabedimension haben, ergibt sich daraus allein noch kein subjektives Recht auf Erbringung staatlicher Leistungen zur Ermöglichung einer freien Wahl der Wohnung ohne Rücksicht auf die damit zusammenhängenden Kosten. Dies lässt sich weder aus Art. 3 GG, noch aus Art. 19 UN-BRK ableiten. Vielmehr besteht Bereich der Teilhaberechte ein Finanzierungsvorbehalt (BVerfG 33 S. 303). Vor dem Hintergrund der Art. 3 Abs. 3 Satz 2 GG und 19 UN-BRK wird man deswegen das innerstaatliche Recht nur dahingehend auslegen können, dass Kostenvorbehalte nicht eine Form des Drucks annehmen dürfen, dass auf eine gewünschte Wohnform ganz verzichtet wird. Das aber ergibt sich bereits jetzt aus den §§ 33 SGB I, 9, 13 SGB XII. Darüber hinaus besteht gemäß Art. 4 Abs. 2 UN-BRK eine Verpflichtung der

Vertragsstaaten, die Ziele der Konvention „nach und nach" zu verwirklichen (§ 10 Rn. 1d).

Im **Kinder- und Jugendhilferecht** ist das Wunsch- und Wahlrecht noch einmal modifiziert. So sind nach § 5 Satz 3 SGB VIII die Leistungsberechtigten, das sind zumindest im Rahmen des § 27 SGB VIII die Personensorgeberechtigten, auf ihr Wunsch- und Wahlrecht hinzuweisen. Der Grundsatz des § 14 SGB I ist also direkt in die gesetzliche Regelung aufgenommen worden. Der Gesetzgeber unterscheidet außerdem das Recht, zwischen Einrichtungen und Diensten verschiedener Träger zu wählen von dem davon unabhängig bestehenden Recht, Wünsche hinsichtlich der Gestaltung der konkreten Hilfe zu äußern. Letzteres Recht erschöpft sich also nicht in einer einmaligen Wahl, sondern dauert im Hilfeprozess an. Damit wird auch der freie Träger der Jugendhilfe, der die Erziehungsmaßnahme letztlich durchführt, in die Pflicht genommen. Darüber hinaus fehlt es in § 5 SGB VIII völlig an dem gesetzlichen Merkmal der Angemessenheit. Das bedeutet, dass der Träger der Jugendhilfe, abgesehen vom Fall der unverhältnismäßigen Mehrkosten, einen Wunsch nur dann nicht erfüllen muss, wenn in einem atypischen Fall ein Abweichen von der Sollvorschrift gerechtfertigt ist. Das dürfte im Wesentlichen nur dann gegeben sein, wenn eine ungeeignete Form der Hilfe gewünscht wird. Mitwirkungsbefugnisse von Kindern und Jugendlichen selbst bestehen nur im Rahmen des § 8 SGB VIII. 26

Mit der Ausübung des Wunsch- und Wahlrechts bzw. der Gestaltung der Hilfe können spezifische Kosten verbunden sein. Sie können vor allem mit dem sog. Probewohnen in Heimen für alte oder behinderte Menschen bzw. in solchen der Jugendhilfe entstehen (vgl. BVerwG 40 S. 312) Sie sind mE als Verfahrenskosten zu behandeln und dürfen deswegen beim Sozialleistungsberechtigten nicht erhoben werden (§ 64 SGB X). Für diese Auffassung spricht auch, dass der Gesetzgeber im Rahmen der Teilhabe am Arbeitsleben Berufsfindung und Eignungsabklärung dem Verfahren zur Auswahl der Leistungen zugerechnet hat (vgl. § 49 Abs. 4 Satz 2 SGB IX). 27

§ 33a Altersabhängige Rechte und Pflichten

(1) **Sind Rechte oder Pflichten davon abhängig, daß eine bestimmte Altersgrenze erreicht oder nicht überschritten ist, ist das Geburtsdatum maßgebend, das sich aus der ersten Angabe des Berechtigten oder Verpflichteten oder seiner Angehörigen gegenüber einem Sozialleistungsträger oder, soweit es sich um eine Angabe im Rahmen des Dritten oder Sechsten Abschnitts des Vierten Buches handelt, gegenüber dem Arbeitgeber ergibt.**

(2) **Von einem nach Absatz 1 maßgebenden Geburtsdatum darf nur abgewichen werden, wenn der zuständige Leistungsträger feststellt, daß**
1. **ein Schreibfehler vorliegt, oder**
2. **sich aus einer Urkunde, deren Original vor dem Zeitpunkt der Angabe nach Absatz 1 ausgestellt worden ist, ein anderes Geburtsdatum ergibt.**

(3) **Die Absätze 1 und 2 gelten für Geburtsdaten, die Bestandteil der Versicherungsnummer oder eines anderen in den Sozialleistungsbereichen dieses Gesetzbuchs verwendeten Kennzeichens sind, entsprechend.**

Übersicht

1 Die Vorschrift, die den Charakter einer Beweisregel hat, knüpft nicht an die Staatsangehörigkeit an und ist im Hinblick auf das Diskriminierungsverbot des Art. 18 AEUV unionsrechtlich unbedenklich (EuGH NZS 2000 S. 506, dazu Stürmer, NZS 2001 S. 347). Damit gilt sie auch für EU-Bürger (LSG Hamburg NZS 2004 S. 376; LSG BW NZS 2018 S. 200 mAnm Matlok). Die Vorschrift war notwendig geworden, nachdem sich die Zahl von Änderungsanträgen hinsichtlich des Geburtsdatums gehäuft hatte (Engelhard, NZS 1997 S. 218). Solche Änderungen sind bei Leistungsberechtigten, die im Inland geboren wurden idR nicht erforderlich, bzw. Anträge, die dies zum Ziel haben, sind nicht aussichtsreich, weil die bei den Standesämtern geführten Geburtenregister sehr verlässlich sind. Das ist aber nicht in allen Ländern der Fall. So haben im Ausland geborene Leistungsberechtigten oftmals nach der ersten Angabe ihres Geburtsdatums erkannt, dass ein anderes Datum für sie vorteilhaft sein könnte, und deswegen versucht, eine Änderung zu erreichen (BT-Drs. 13/8994 S. 67). Dem entgegenzuwirken, ist das Ziel der Vorschrift, die sowohl die Maßgeblichkeit des Geburtsdatums also auch die Voraussetzungen für eine Abweichung von der Angabe festgelegt (Joussen, NZS 2004 S. 120). Im Steuerrecht ist § 33a nicht anzuwenden. Dort ist das tatsächliche Alter festzustellen (BFH NZS 2010 S. 169 mAnm Schumacher). Die Bindungswirkung der Vorschrift erstreckt sich auch nicht auf die Arbeitsgerichte (LAG Hamm SGb 2002 S. 104). Das hat insgesamt den Nachteil, dass das „sozialrechtliche" und das „arbeits- bzw. steuerrechtliche" Alter nicht nur divergieren können, sondern dass diese Divergenz angesichts der Regelung des § 33a Abs. 2 auch dann nicht behoben werden kann, wenn das wahre Alter feststeht. Ähnliche Divergenzen kann es auch im Kinder- und Jugendhilferecht geben (unten Rn. 8).

1. Erstangabe

2 In § 33a Abs. 1 wird die Maßgeblichkeit eines Geburtsdatums geregelt. Wird mangels hinreichender Kenntnis nur das Geburtsjahr, nicht aber Tag und Monat angegeben, so ist auch diese Angabe verbindlich. Gegen die Praxis, in solchen Fällen den 1. Juli des Jahres als Geburtstag anzunehmen, hat das BSG keine Bedenken (BSG SGb 2004 S. 181 mAnm Seewald). Insbesondere ist nach Auffassung des BSG nach Klärung der Geburtsdaten eine neue Versicherungsnummer nicht zu vergeben, denn insoweit ist die anfangs vergebene Versicherungsnummer gerade nicht auf Grund einer nach § 33a zu berücksichtigenden Änderung des Geburtsdatums fehlerhaft geworden. Demgegenüber hatte das LSG noch die Auffassung vertreten, von der Sperrwirkung des § 33a sei nur das Jahr aber nicht die anfangs fehlenden und die später ergänzten Angaben zum Tag und zum Monat erfasst. Dieser Auffassung ist entgegen dem BSG zuzustimmen. Anfangs waren Tag und Monat keine Angaben iSd § 33a Abs. 1. Demgegenüber meint das BSG seit jeher wären auch der unbekannte Tag und Monat der Geburt – in Form von **Leerziffern** – Bestandteil der Geburtsdaten in der Versicherungsnummer. Diese

Daten – das gilt jedenfalls für den 1. Juli – werden nicht vom Berechtigten angegeben, sondern vom Leistungsträger angenommen. Wird später das richtige Geburtsdatum genannt, so ist das eine Erstangabe. Zudem wird man auch stärker auf die unterschiedlichen Zwecke der Vorschriften abstellen müssen. Die Vergabe einer Versicherungsnummer mit Leerziffern zieht die Konsequenz aus der Tatsache, dass einzelne Daten unbekannt geblieben sind. Mit § 33a soll der Leistungsmissbrauch bekämpft werden. Werden anfangs unbekannte Daten später nachgereicht, so hat das nichts mit Leistungsmissbrauch zu tun.

Maßgebend ist die erstmalige Angabe des Geburtsdatums vor einem, also nicht unbedingt dem zuständigen, Sozialleistungsträger (§ 12) oder einem Arbeitgeber. Eine **Erstangabe** liegt auch dann vor, wenn der Leistungsberechtigte unter Verschleierung seiner wahren Identität unrichtige Angaben zu seiner Person und dem für § 33a entscheidenden Datum gemacht hat, etwa um seine Abschiebung zu vermeiden (LSG RhPf. Breith. 2012 S. 1041). Diese zunächst etwas weitgehende Auffassung hat aber ihre Berechtigung darin, dass sich an einer falschen Angabe des Geburtsdatums nichts ändern kann, wenn zusätzlich noch weitere falsche Angaben gemacht werden. Zudem muss die Erstangabe in einer Form gemacht worden sein, die einer Überprüfung nach den Grundsätzen des § 20 SGB X standhält. 3

Die Erstangabe muss vom Berechtigten oder Verpflichteten bzw. von seinen Angehörigen gemacht worden sein. Wer Angehöriger ist, wird nur in § 16 Abs. 5 SGB X definiert. Diese Vorschrift regelt aber eine völlig andere Fallkonstellation, die sich auf die Unvoreingenommenheit im Verwaltungsverfahren erstreckt. Wer **Angehöriger** ist, wird auch in § 11 Abs. 1 Nr. 1 StGB geregelt. Beide Vorschriften sind sehr weit gefasst. Daraus wird man schließen müssen, dass der Gesetzgeber, wenn er keine besondere Einschränkung vornimmt, von einem weiten Begriff des Angehörigen ausgehen will. Schon aus Gründen der Rechtssicherheit wird man den Begriff deswegen nicht auf den der „nächsten Angehörigen" eingrenzen dürfen (Wannagat-Jung § 33a SGB I Rn. 9). Auch für eine Beschränkung auf Ehe-, Lebenspartner und Verwandte in gerader Linie gibt das Gesetz nichts her. An sich zuzustimmen ist der Auffassung, dass wegen der Sachnähe der Angehörigenbegriff des § 73 Abs. 2 Satz 2 Nr. 2 SGG angewendet werden sollte (Lilge, SGB I § 33a Rn. 21). Nach dessen Änderung und der nunmehrigen Verweisung auf § 15 AO führt das aber auch nicht dazu, dass der Angehörigenbegriff eingeschränkt wird. Praktische Probleme dürften sich aus einem weit gefassten Personenkreis zumeist nicht ergeben, weil es idR Ehepartner oder Eltern sein werden, die die Angabe machen. Auf diesen Personenkreis sollte der Wortlaut der Regelung des § 33a eingeschränkt werden. Das ist aber durch Auslegung nicht möglich. 3a

Die Angabe kann mündlich gemacht werden oder durch Vorlage eines Reisepasses erfolgen. Im Falle der Mündlichkeit kann es aber schwer sein, festzustellen, bei welcher Angabe es sich um eine Erstangabe handelt. Deswegen ist eine Dokumentation der Angabe in einem Aktenstück zumindest empfehlenswert. Obwohl § 33a Abs. 1 regelt, dass die Erstangabe maßgebend ist, kann die Regelung nicht so verstanden werden, dass der Sozialleistungsträger jede Angabe hinzunehmen hätte. Schon wegen der Rechtswirkungen, die sich aus der Erstangabe ergeben, wird man mit dem Vorgang der Angabe eine gewisse Förmlichkeit verbinden müssen. Sie ist also nicht gleichzusetzen mit der schlichten Entgegennahme einer Äußerung des Berechtigten oder Verpflichteten. Den Begriff der Angabe wird man vielmehr so auslegen müssen, dass er auf der Seite des Leistungsberechtigten eine Äußerung über eine Tatsache, den Tag der Geburt, darstellt. Er selbst kann 4 von der Richtigkeit der Äußerung überzeugt sein, die Unwahrheit sagen, sich aber auch irren. Deswegen gehört zur „Angabe“ auch, dass sie von dem entgegennehmenden Sozialleistungsträger geprüft wird. Zumeist wird dies durch einen Blick in den Pass und die Aufnahme des Datums in ein Aktenstück erfolgen. Anlass zu einer genaueren Überprüfung ergibt sich dagegen schon, wenn der Berechtigte oder Verpflichtete über keinerlei Unterlagen verfügt, die Hinweise auf seine Geburt geben könnten. Zweifel werden sich auch einstellen, wenn die Altersangabe und das äußere Erscheinungsbild deutlich auseinander fallen. Schließlich können auch Angaben durch sehr entfernte Verwandte Anlass zu einer genaueren **Überprüfung** sein. Die erstmalige Angabe vor einer Behörde löst also eine Amtsermittlung nach § 20 SGB X aus. Dies ist umso wichtiger, als die erstmalige Angabe eine weitgehende Bindungswirkung entfaltet und eine Abweichung von ihr nur ausnahmsweise möglich ist. Auch soweit die Angabe zunächst vor einem Arbeitgeber gemacht wird, ist der Sozialleistungsträger nicht auf eine ungeprüfte Entgegennahme beschränkt (vgl. Wannagat-Felix, § 28a SGB IV Rn. 17). Eine gewisse Unsicherheit ergibt sich daraus, dass die Erstangabe, zumal vor einem Arbeitgeber (unten Rn. 6), nicht förmlich erfolgt. Wenn sie nicht nur entgegen genommen, sondern auch überprüft wird, gibt es einen zeitlichen Spielraum, in dem noch nicht die Grundsätze des § 33 Abs. 2 gelten. Es empfiehlt sich also den Abschluss der ersten Angabe zeitlich genau in den Akten zu dokumentieren.

5 Ist eine Angabe in diesem Sinne gemacht, ist sie also vom Sozialleistungsträger für seine Verwaltungsvorgänge festgelegt worden, so ist sie maßgebend. Maßgebend heißt nicht unwiderleglich. Es bedeutet aber, dass der Berechtigte oder Verpflichtete an die Angabe gebunden ist und dass alle Sozialleistungsträger von ihr ausgehen müssen. Insoweit entfaltet also die Erstaufnahme durch einen Sozialleistungsträger auch **Rechtswirkungen** für andere Leistungsträger, die daran nicht beteiligt waren. Die Verbindlichkeit der Angabe tritt allein mit der Erklärung ein. Sie ist nicht etwa davon abhängig, dass auf ihrer Grundlage bereits Leistungen erbracht wurden. Die Maßgeblichkeit der Erstangabe kann nur unter den Voraussetzungen des § 33a Abs. 2 in Frage gestellt werden. Insbesondere ist auch eine analoge Anwendung des § 119 BGB ausgeschlossen.

6 Die Angabe muss vor einem **Sozialleistungsträger oder gegenüber dem Arbeitgeber** gemacht werden. Als Angabe vor einem Sozialleistungsträger wird man es nicht ansehen dürfen, wenn zB ein Asylbewerber bei der Einreise eine Angabe bei einer Grenzkontrolle macht, und diese die Angaben, sei es auch mit Einverständnis des Einreisenden, etwa an ein Sozial- oder Jugendamt weiterleitet. Hier dürfte dem Einreisenden das Bewusstsein dafür fehlen, Angaben vor einem Sozialleistungsträger zu machen. Überhaupt keine Anwendung kann § 33a auf Angaben finden, die vor den Behörden gemacht werden, die das Asylbewerberleistungsgesetz ausführen (§ 10 AsylbLG). Dieses Gesetz gehört nicht zum Sozialrecht im formellen Sinne (§ 1 Rn. 26). Die das AsylbLG ausführenden Behörden sind keine Leistungsträger iSd § 12 (Hess. LSG L 2 R 163/16, juris). Dasselbe gilt für Angaben vor einem Leistungserbringer. Bei den Angaben vor einem Arbeitgeber handelt es sich um die Fälle der §§ 28a–28r IV. Betroffen sind also das Meldeverfahren bei Aufnahme der Beschäftigung und die Ausstellung des Sozialversicherungsausweises. Auch eine einmal gegenüber einem Arbeitgeber gemachte Angabe wirkt im ganzen Sozialrecht, also nicht nur gegenüber der Beitragseinzugsstelle. Außerhalb des Sozialrechts hat sie aber nur eine Indizwirkung.

7 Die Maßgeblichkeit der Angabe erstreckt sich darauf, dass eine **bestimmte Altersgrenze** „erreicht oder nicht überschritten“ ist. Ihre größte praktische

Bedeutung hat sie im Rentenrecht. Sie kann aber auch in vielen anderen Fällen relevant werden. Im Rentenrecht geht es vor allem darum, ob die Altersgrenzen der §§ 35 ff. SGB VI erreicht sind. In der Krankenversicherung kann es demgegenüber darauf ankommen, ob die Altersgrenzen des § 10 Abs. 2 SGB V für die Familienversicherung nicht überschritten sind. Entsprechendes gilt für die Pflegeversicherung nach § 25 Abs. 2 SGB XI. In der Arbeitsförderung kann die Angabe für die Leistungsdauer des Arbeitslosengeldes nach § 147 SGB III sein. Auch bei der Hilfe für junge Volljährige nach § 41 SGB VIII kann es auf sie ankommen.

2. Sonderfälle

Zum Teil wird für die **Kinder- und Jugendhilfe** eine abweichende Auffassung vertreten: Dort wird eine Altersbestimmung nach medizinisch-fachlichen Gesichtspunkten empfohlen, wenn genügend Gründe gegen die Richtigkeit der Angaben eines jungen Menschen sprechen (vgl. DIJuF JAmt 2003 S. 527; 529). Das würde im Hinblick auf die Leistungen nach den §§ 11–41 SGB VIII der Regelung des § 33a Abs. 1 aber nur entsprechen, wenn zuvor keine Angaben gemacht worden wären, also in unmittelbarem Zusammenhang mit einer Überprüfung der Erstangabe des Alters. Einen **Sonderfall** stellt demgegenüber die **Inobhutnahme** nach § 42 SGB VIII dar. Festzustellen ist hier in jedem Falle, ob die Person, die eine Inobhutnahme wünscht, minderjährig ist (OVG Bln.-Brandbg. OVG 6 S 3.13, juris). Ob hier eine von § 33a abweichende Verfahrensweise zulässig ist, konnte in der Vergangenheit fraglich sein, weil § 33a zwar Rechte und Pflichten betrifft, aber nicht ausdrücklich solche, die den Zugang zu Sozialleistungen zum Gegenstand haben. Die Regelung des § 33a steht Abschnitt „Gemeinsame Vorschriften für alle Sozialleistungsbereiche." Man wird sie deswegen nur auf Sozialleistungen beziehen können. Die Inobhutnahme ist aber **keine Sozialleistung,** sondern eine andere Aufgabe des Jugendamtes (§ 2 Abs. 3 Nr. 1 SGB VIII). Damit konnte für sie die Sonderregelung des § 42f SGB VIII getroffen werden (§ 62 Rn. 5b). 8

Die Regelung des § 42f betrifft allerdings nur die vorläufige Inobhutnahme bei unbegleiteter Einreise (§ 42a SGB VIII). Aus dem genannten Grund (Sozialleistungen) verstößt diese Regelung auch nicht gegen § 37 Satz 2. Unionsrechtliche Bedenken (oben Rn. 1) wird man auch hier zurückstellen können, obwohl sich die Regelung auf alle ausländischen Kinder und Jugendlichen erstreckt. Eine vorläufige Inobhutnahme kann bereits dann erfolgen, wenn auf Grund einer Ersteinschätzung die Minderjährigkeit erst noch festgestellt werden muss (OVG Bremen ZfSH/SGB 2016 S. 202 Rn. 16). Dies erfolgt auf der Grundlage der §§ 20, 21 SGB X, also etwa auch durch Anhörung des Beteiligten (§ 21 Abs. 1 Satz 2 Nr. 2 SGB X). Über die Einsicht in Ausweisepapiere und eine qualifizierte Inaugenscheinnahme (OVG Bremen ZfSH/SGB 2018 S. 229), etwa durch Zeugen und Sachverständige oder von Schriftstücken hinaus regelt § 42f SGB VIII für Zweifelsfälle auch die Möglichkeit einer ärztlichen Untersuchung zur Altersbestimmung (VGH München ZfSH/SGB 2017 S. 113). Eine von Amts wegen vorzunehmende Untersuchung darf nur darf nur mit Einwilligung der betroffenen Person und ihres Vertreters durchgeführt werden (§ 42f Abs. 2 Satz 2). In § 42a Abs. 3 SGB VIII wird für den Fall der Inobhutnahme sogar ein Notvertretungsrecht des Jugendamtes begründet (OLG Bremen ZfSH/SGB 2018 S. 670). Eine Vertretung wäre an sich nicht erforderlich, wenn der Minderjährige einsichtsfähig ist (§ 60 Rn. 15). Davon geht das Gesetz aber nicht aus. Die Ausländerbehörde 9 ist nicht an die Entscheidung des Jugendamtes gebunden (OVG Hamburg JAmt 2017 S. 262).

3. Abweichungen von der Erstangabe

10 In § 33a Abs. 2 sind die einzigen Gründe genannt, die eine Abweichung von der Erstangabe rechtfertigen. Liegen sie vor, so hat der Berechtigte oder Verpflichtete einen Anspruch auf Neufeststellung. Eine Frist wird dafür nicht festgelegt. Wenn in § 33a Abs. 2 geregelt ist, dass von der Erstangabe abgewichen werden darf, dann ist darin kein Ermessen zu sehen, sondern eine Ermächtigung und Befugnis (BSG 88 S. 89). Das bedeutet auch, dass abgewichen werden muss, wenn die Voraussetzungen des § 33a Abs. 2 vorliegen, wenn also der Beweis erbracht ist. Bis zu einem gewissen Grade kann man dennoch sagen, dass sich § 33a an dem Grundsatz der formellen Wahrheit orientiert. Immerhin ist eine Fallgestaltung denkbar, nach der es durch spätere Erkenntnisse offensichtlich geworden ist, dass die erste Altersangabe falsch ist. Wenn keiner der Gründe des § 33a Abs. 2 vorliegt, kann die falsche Angabe dennoch nicht geändert werden. In diesem Punkt dürfte der Gesetzgeber etwas zu weit gegangen sein. In besonders gelagerten Fällen ist es denkbar, dass der Berechtigte oder Verpflichtete in einem entschuldbaren Irrtum gehandelt hat oder dass Personensorgeberechtigte über ihn falsche Angaben gemacht haben, die dem Berechtigten aber gemäß § 166 BGB zugerechnet werden. Wird nun, etwa durch Urkunden von zwingendem Beweiswert oder durch biochemische oder morphologische Messungen, das Gegenteil bewiesen (vgl. Ritz-Timme ua, SGb 2002 S. 492), dann dürfte von der Regelung des § 33a eine unverhältnismäßige Einschränkung des Persönlichkeitsrechts (Art. 2 Abs. 1 GG) ausgehen. Dies gilt umso mehr, als die Regelung des § 33a nicht auf die Feststellung des wahren Geburtsdatums abzielt, sondern allein der Bekämpfung des Leistungsmissbrauchs dient. Das BSG hat es zwar für denkbar gehalten, dass in bestimmten Fallkonstellationen Art. 14 Abs. 1 GG verletzt sein könnte. Eine Verletzung der Art. 2 Abs. 1 iVm Art. 1 Abs. 1 GG oder Art. 3 Abs. 1 GG hat es jedoch verneint (BSG SozR 3-1200 § 33a Nr. 1; 2; vgl. auch BSG SozR 3-1200 § 33a Nr. 2; BSG SozR 4-1200 § 33a Nr. 2). Ein Verstoß gegen Verfassungs- oder Unionsrecht ist ebenfalls nicht gegeben (EuGH SozR 3-1200 § 33a Nr. 3; BVerfG SozR 4-1200 § 33a Nr. 3).

10a In § 33a Abs. 2 Nr. 1 wird mit dem **Schreibfehler** bei der Erstangabe eher ein Fall der Praxisroutine geregelt. Als Schreibfehler wird man nicht nur rein mechanische Vorgänge (Tippfehler, Zahlendreher) ansehen dürfen. Relevant ist auch ein unbewusstes Geschehen, dass einem Erklärungsirrtum gleichkommt. Auch ein Übersetzungsfehler, der dem Berechtigten selbst unterläuft, ist in diesem weiteren Sinne ein Schreibfehler. Allerdings entstehen hier Beweisprobleme. Keine Bedeutung hat es, ob der Schreibfehler vom Berechtigten oder einem Angehörigen gemacht wurde. Jedenfalls ist ihre Angabe Erstangabe im Sinne des § 33a. Weicht die Aufnahme einer mündlichen Angabe in ein Dokument durch einen Sachbearbeiter davon ab, so ist diese nicht mehr relevant. Sie ist gewissermaßen „Zweitangabe", die nicht einmal vom Berechtigten selbst stammt. Der Vortrag, die mündliche Erstangabe des Datums nicht noch einmal im geschriebenen Text überprüft zu haben, ist schon deswegen nicht von der Hand zu weisen, weil Zahlenangaben oft keine so große Aufmerksamkeit geschenkt wird. Im Übrigen genügt ja die Mündlichkeit der Angabe, um die Rechtswirkungen des § 33a Abs. 1 auszulösen. Ob es sich also überhaupt um einen relevanten Schreibfehler handelt, ist nach den Grundsätzen des § 20 SGB X zu ermitteln. Eine Beweislastregelung trifft § 33a Abs. 2 nicht (aA Fastabend in Hauck/Noftz § 33a Rn. 15). Nur ein Schreibfehler rechtfertigt eine Korrektur nach § 33a Abs. 2 Nr. 1. Das kann aber zB bei der mündlichen Erstangabe durch den Berechtigten als „thirty" oder „thirteen" durchaus zweifelhaft sein. Die fehlerhafte Aufnahme in ein Dokument durch einen Sachbearbeiter könnte in diesem Falle auch auf einem Hör- oder Übersetzungsfehler beruhen, infolgedessen keine Erstangabe und damit irrelevant sein. Diese Annahme ist aber nicht zwingend. Falsch könnte auch die mündliche Erstangabe gewesen sein. Insgesamt kann man also sagen, dass Schreibfehler entweder unbeachtlich sind, weil sie auf eine Erstangabe folgen, oder dass sie nach § 33 Abs. 2 Nr. 1 behoben werden können (vgl. Weselski in jurisPK-SGB I § 33a Rn. 41–45). Was als Schreibfehler anzusehen ist, ist durch Auslegung zu ermitteln. Für Beweisfragen ist hier kein Raum.

Die eigentliche praktische Bedeutung des § 33a ergibt sich im Zusammenhang 11
mit § 33a Abs. 2 Nr. 2. Das von der Erstangabe abweichende Geburtsdatum muss sich aus einer Urkunde ergeben. Der Begriff **Urkunde** ist nicht auf bestimmte – etwa behördliche – Schriftstücke beschränkt. Er umfasst **alle Gedankenerklärungen,** die in Niederschriften dokumentiert sind, und die geeignet sind, im Rechtsverkehr als Beweismittel zu dienen (BGHZ 65 S. 300). Als eine für § 33a Abs. 2 Nr. 2 relevante Urkunde wurde auch ein Schulverzeichnis angesehen (BSG SGb 2004 S. 697). In § 33a Abs. 2 wird nicht verlangt, dass das Geburtsdatum als solches in der Urkunde ausdrücklich und vollständig vermerkt ist. Es ergibt sich aus der Urkunde auch, wenn die durch die Urkunde bewiesenen Tatsachen auf ein abweichendes Geburtsdatum iSd § 33a Abs. 2 schließen lassen (BSG SGb 2004 S. 697). In § 33a Abs. 2 wird auch nicht verlangt, dass das Original der Urkunde vorgelegt wird. Verlangt wird nur, dass das Original der Urkunde vor dem Zeitpunkt der Erstangabe iSd § 33a Abs. 1 ausgestellt worden ist. Ob der Kopie der Urkunde ein hinreichender Beweiswert zukommt, unterliegt der Überzeugungsbildung der Behörde bzw. des Gerichts. Das gilt auch für den Beweiswert der Urkunde selbst. Nur weil es sich um einen bestimmten Urkundentyp (Geburtsregister, gerichtliches Urteil) handelt, kann nicht schon unterstellt werden, ihm komme voller Beweiswert zu. Wird durch Gerichtsurteil ein Eintrag in einem Personenstandsregister geändert und liegen beide vor der Erstangabe nach § 33a Abs. 1, dann kommt keiner der beiden Urkunden automatisch ein größerer Beweiswert zu (BSG SGb 2002 S. 275). Inhaltlich muss die Überzeugung streng genommen nicht dahin gehen, dass die Erstangabe nach § 33a Abs. 1 unzutreffend ist. Es genügt, wenn sich aus der Urkunde ein von der Erstangabe nach § 33a Abs. 1 **abweichendes Geburtsdatum** ergibt. Diese Überzeugung muss und darf sich nur aus der Urkunde ergeben. Es muss auch mit hinreichender Sicherheit feststehen, dass die Urkunde vor dem Zeitpunkt der Erstangabe nach § 33a Abs. 1 ausgestellt worden ist. Eine Erstangabe vor einem **ausländischen Sozialleistungsträger** oder Arbeitgeber ist dabei nicht zu berücksichtigen (SG Oldenburg NZS 2011 S. 800). **Nicht** erforderlich ist es, dass sich eine Überzeugung dahingehend bildet, dass das **in der Urkunde dokumentierte Datum richtig** ist. Nach Auffassung des BSG hat der Gesetzgeber in der Regelung des § 33a Abs. 1 die unbedingte Anknüpfung an das wahre Geburtsdatum aufgegeben (BSG SozR 3-1200 § 33a Nr. 1). „Deshalb braucht das Tatsachengericht auch bei der Prüfung, ob sich aus einer älteren ein vor der ersten Angabe abweichendes Geburtsdatum ergibt, nicht unbedingt das wahre historische Datum der Geburt zu ermitteln" (BSG 88 S. 89). Festzustellen ist also eigentlich nur ein Widerspruch zu einem

früheren Datum. Dabei ist der Gesetzgeber davon ausgegangen, dass ein Geburtsdatum in einer Urkunde, die vor der Erstangabe nach § 33a Abs. 1 ausgestellt worden ist, keinerlei Schluss auf einen Leistungsmissbrauch nahelegt. Dies war ihm wichtiger als die Richtigkeit der Angaben (BT-Drs. 13/8994 S. 67). Wenn man nun aber davon auszugehen hat, dass bestimmten Urkunden nicht der Beweiswert zukommt, auf den man sich im Inland gewöhnlich einrichten kann, dann ermöglicht § 33a zumindest theoretisch auch die Ersetzung einer richtigen Erstangabe durch ein falsches Geburtsdatum aus einer Urkunde. Dabei ist aber auch die Rechtsprechung des EuGH zu berücksichtigen, wonach Personenstandsurkunden, die von zuständigen Stellen anderer Mitgliedsstaaten der Europäischen Union ausgestellt wurden, (nur) als unverbindlich anzusehen sind, wenn deren Richtigkeit durch konkrete einzelfallbezogene Anhaltspunkte ernstlich in Frage gestellt ist (EuGH SozR 3-7670 § 66 Nr. 1).

12 In § 33a Abs. 3 werden die Grundsätze über die Erstangabe und die Abweichung davon für die **Versicherungsnummer** und vergleichbare Kennzeichen der Sozialleistungsträger übernommen. Die Versicherungsnummer enthält gemäß § 147 Abs. 2 Nr. 2 SGB VI auch das Geburtsdatum. Sind die Voraussetzungen des § 33a Abs. 2 erfüllt, so wird eine neue Versicherungsnummer vergeben. Die Neuvergabe kann aber nur erfolgen, wenn dadurch eine unrichtige durch eine richtige Versicherungsnummer ersetzt wird. Richtig ist jedoch nach Auffassung des BSG das, was sich nach Anwendung des § 33a ergibt.

§ 33b Lebenspartnerschaften

Lebenspartnerschaften im Sinne dieses Gesetzbuches sind Lebenspartnerschaften nach dem Lebenspartnerschaftsgesetz.

1 Die Regelung läuft fast auf eine Tautologie hinaus. Sie ist eigentlich auch nicht nötig, da in praktisch allen Fällen der Begriff der Lebenspartnerschaft durch Auslegung zu ermitteln ist. Darüber hinaus ist eine auf das Sozialrecht begrenzte Definition wenig sinnvoll, da inzwischen die Lebenspartnerschaft in allen Rechtsbereichen die gleiche Bedeutung erlangt hat. Deswegen hätte es auch mit der Regelung des § 1 Abs. 1 LPartG sein Bewenden haben können. Dagegen sind in den §§ 1297 ff. BGB sogar weder das Verlöbnis noch die Ehe definiert. Einer gewissen Präzisierung und Abgrenzung zur Lebenspartnerschaft bedurfte es im Verhältnis zum Begriff der **eheähnlichen Gemeinschaft.** Beide basieren auf der Bereitschaft eines vorbehaltlosen Eintretens der Partner füreinander. Dies hat das BVerfG für die eheähnliche Gemeinschaft aus der Ähnlichkeit zur Ehe abgeleitet (BVerfG 87 S. 234). Für die Lebenspartnerschaft hat der Gesetzgeber diesen Grundsatz in § 2 Satz 2 LPartG übernommen. Eheähnliche Gemeinschaften konnten in der Vergangenheit nur von Partnern unterschiedlichen Geschlechts begründet werden. Nur dann konnte man sie als der Ehe – die bisher Heterosexualität voraussetzte – ähnlich ansehen. Lebenspartnerschaften sind dagegen auch nach den Änderungen zur Ehe ausschließlich gleichgeschlechtlich. Inzwischen hat es der Gesetzgeber als geboten erachtet, auch die „lebenspartnerschaftsähnliche Gemeinschaft" zu regeln (§ 20 SGB XII). Damit sind also gleichgeschlechtliche Personen gemeint, die – ohne eingetragen zu sein – gemeinsam leben und füreinander eintreten wollen. Dieser Grundsatz wurde auch in § 7 Abs. 3 Nr. 3c SGB II übernommen. Eine gewisse praktische Schwierigkeit ergibt sich noch daraus, dass

es begrifflich nicht ausgeschlossen ist, dass gleichgeschlechtliche aber heterosexuelle Menschen eine Lebenspartnerschaft miteinander begründen.

Eheähnliche bzw. lebenspartnerschaftsähnliche Gemeinschaften sind in Begründung und Auflösung unförmlich. Ihre Wirkungen im Sozialrecht beschränken im Wesentlichen auf die §§ 7 Abs. 3 Nr. 3c SGB II und 20 SGB XII. Die Begründung von Lebenspartnerschaften erfolgt dagegen in einem Verfahren, das dem der **Eheschließung nachgebildet** ist (Schwab, FamRZ 2001 S. 385). Aus Art. 6 Abs. 1 GG abzuleitende verfassungsrechtliche Bedenken bestehen gegenüber der Lebenspartnerschaft nicht (BVerfG FamRZ 2002 S. 1169; Freytag, DöV 2002 S. 445). Zur **Begründung der Lebenspartnerschaft** geben zwei gleichgeschlechtliche Personen unter gleichzeitiger Anwesenheit gegenseitig und persönlich eine Erklärung ab, die nicht unter eine Zeitbestimmung oder Bedingung stehen darf. Die Erklärung ist gegenüber der „zuständigen Behörde" abzugeben. Das ist je nach landesrechtlicher Ausgestaltung zumeist das Standesamt, möglich ist auch der Notar. Die Erklärung hat den Inhalt, miteinander eine Partnerschaft auf Lebenszeit führen zu wollen. Verbunden mit dieser Erklärung ist eine Erklärung über den Vermögensstand (§ 1 Abs. 1 LPartG). Eine kirchliche „Quasi-Trauung" konnte der Gesetzgeber nicht regeln. Vereinzelt sind die Kirchen aber dazu übergegangen, Lebenspartnerschaften zu segnen. 2

Die Entscheidung, in Zukunft auch eine Ehe zwischen Personen gleichen Geschlechts zuzulassen (§ 1353 Abs. 1 BGB nF), erforderte keine Änderung des § 33b, wohl aber des Lebenspartnerschaftsgesetzes (BGBl 2017 S. 2787). Eine Änderung wäre nur dann erforderlich gewesen, wenn der Gesetzgeber die Lebenspartnerschaften von Gesetzes wegen in Ehen umgewandelt hätte, was nicht geschehen ist. Die Lebenspartner selbst können aber ihre Verbindung durch Erklärung vor dem Standesamt umwandeln (§ 20a LPartG). Neue Lebenspartnerschaften können nicht mehr begründet werden (Schwab, FamRZ 2017 S. 1284). Damit wird § 33b erst zu einem späteren Zeitpunkt obsolet. Ob eine Entscheidung des BVerfG zur dieser Frage erforderlich war, ist umstritten. Es geht zunächst nur um die Auslegung des Begriffs Ehe in Art. 6 Abs. 1 GG, der in der Vergangenheit nur auf heterosexuelle Paare anwendbar erschien. Der Gesetzgeber konnte sich auf den Standpunkt stellen, dass ein gesellschaftlicher Wandel dergestalt stattgefunden hat, der ein Festhalten an der ausschließlich heterosexuellen Ehe nicht als sinnvoll erscheinen lässt. Verbindlich ausgelegt werden können Verfassungsnormen nur vom BVerfG. Das hat allerdings im Jahre 1982 die Ehe als eine Verbindung von Personen verschiedenen Geschlechts definiert (BVerfG 62 S. 323). Noch im Jahre 1992 stellte es bei der eheähnlichen Gemeinschaft darauf ab, dass zwischen den Partnern eine Verantwortungs- und Einstehensgemeinschaft besteht, die einer Ehe gleichwertig ist. Dabei betrachtete es die Ehe weiterhin als Verbindung zwischen Frau und Mann (BVerfG 84 S. 234 Rn. 92). Es ist also durchaus möglich, dass das BVerfG an dieser Auslegung festhält (so Froese, DVBl 2017 S. 1152; Schmidt, NJW 2017 S. 2225). Andererseits hat das BVerfG den Begriff der Familie in erheblichem Umfang fortentwickelt (vgl. § 6 Rn. 1–8). Gegen eine derartige Entwicklung auch des Begriffs der Ehe spricht nicht, wenn man in ihr, wie in der Familie, eine Institutsgarantie sieht. Es ist deswegen eher zu erwarten, dass das BVerfG seine enge Definition aufgibt (vgl. Hecker, NVwZ 2018 S. 621). Vor diesem Hintergrund bedürfte es dann auch keiner Verfassungsänderung. Wie auch immer die Entscheidung ausfällt, sie hat für die Anwendung des § 33b keine besondere Relevanz (vgl. unten Rn. 3a). 2a

3 In § 1 Abs. 2 LPartG ist geregelt, wer keine Lebenspartnerschaft begründen konnte. Insbesondere hinderte eine bestehende Ehe oder Lebenspartnerschaft die zusätzliche Begründung einer Lebenspartnerschaft. Auch eine Eheschließung war bei einer bestehenden Lebenspartnerschaft nicht möglich (§ 1306 BGB). Die Wirkungen der Lebenspartnerschaft ergeben sich weiterhin aus den § 2 ff. LPartG. Dabei werden starke Ähnlichkeiten zu Ehe erkennbar. Die vermögensrechtlichen Angelegenheiten werden durch Erklärung oder Vertrag geregelt (§§ 6 und 7 LPartG). In § 10 LPartG wird ein Erbrecht des Lebenspartners geschaffen, das dem Erbrecht des überlebenden Ehegatten entspricht (§ 1931 BGB). Auch bei Getrenntleben und nach Aufhebung der Lebenspartnerschaft bestehen Unterhaltspflichten, die dem Scheidungsunterhalt nachgebildet sind (§§ 12 und 16 LPartG). Die Aufhebung der Lebenspartnerschaft erfolgt durch gerichtliches Urteil (§ 15 LPartG). Es besteht eine Lebensgemeinschaft, die Partner konnten sich, und können sich noch immer, für einen gemeinsamen Namen entscheiden. Es ist nur eine Neugründung ausgeschlossen (BGBl 2017 S. 2787). Nach § 5 LPartG bestehen Unterhaltspflichten, wobei auf die Bestimmungen über den ehelichen Unterhalt verwiesen wird.

3a Bei den **sorgerechtlichen Fragen,** die einen allein sorgeberechtigten Elternteil betreffen, war § 1629 BGB Vorbild (§ 9 LPartG). Diese Regelung war von Anfang an im Interesse des Kindes verbesserungsbedürftig. Eine gemeinsame Adoption eines Kindes durch beide Lebenspartner war aber anfangs nicht zulässig. Um in dieser Situation den Interessen des Kindes einigermaßen gerecht zu werden, hatte man das sog. Kleine Sorgerecht des Lebenspartners geschaffen (Dethloff, NJW 2001 S. 2602). Diese Situation ist inzwischen behoben worden, weil das BVerfG einen Verstoß gegen Art. 3 Abs. 1 und Art. 6 Abs. 2 GG annimmt, wenn gleichgeschlechtliche Partner mit einem Kind eine Familie bilden, ihnen aber die Sukzessivadoption verwehrt wird (BVerfG FamRZ 2013 S. 521). Darin liegt nicht nur ein Verstoß gegen Art. 3 Abs. 1 GG. Vielmehr können gleichgeschlechtliche Eltern auch Elternteile im Sinne des Art. 6 Abs. 2 GG sein. Demgegenüber wird beim Ehegattensplittung nur einen Verstoß gegen den Gleichheitssatz des Art. 3 Abs. 1 GG – nicht aber gegen Art. 6 Abs. 1 GG – angenommen (BVerfG FamRZ 2013 S. 1103). Das heißt im Ergebnis, dass das BVerfG zwar die Begriffe „Familie" und „Elternschaft" an die gesellschaftliche Situation anzupassen bereit ist. Dasselbe gilt bisher aber nur in geringerem Maße die für die Ehe (BVerfG FamRZ 2008 S. 487, Ortszuschlag für Beamte; BVerfG FamRZ 2013 S. 521, Sukzessivadoption). Eine weitere Liberalisierung folgt jetzt aber daraus, dass der Ausschluss der Stiefkindadoption für verfassungswidrig erklärt worden ist (BVerfG NJW 2019 S. 1793).

4 Die rechtlichen **Wirkungen der Lebenspartnerschaft** sind **im Sozialrecht** nur unter Verzögerung durch einige Bundesländer eingetreten. Das insoweit erforderliche Lebenspartnerschafts-Ergänzungsgesetz war zustimmungsbedürftig und konnte anfangs weder den Bundesrat, noch den Vermittlungsausschuss passieren (BT-Drs. 14/3751; BT-Drs. 14/4878). Insbesondere mussten die Vorschriften, die eine Berücksichtigung des Einkommens des Ehegatten vorsehen, um den Lebenspartner erweitert werden. Inzwischen ist durchgehend das gesetzliche Merkmal „Ehegatte" um das des „Lebenspartners" erweitert worden. Im Allgemeinen Teil ist eine Regelung über die Sonderrechtsnachfolge eingefügt worden (§ 56 Abs. 1 Nr. 1a). Auch die Familienversicherung nach § 10 SGB V ist auf den Lebenspartner erstreckt worden. Dasselbe gilt für die Pflegeversicherung nach § 25 Abs. 1 SGB XI. Renten an Hinterbliebene (§§ 46 ff. SGB VI) wurden zunächst noch

nicht an Lebenspartner gezahlt. Inzwischen ist hier aber eine Anpassung vorgenommen worden. Gemäß § 46 Abs. 4 SGB VI gilt steht die Lebenspartnerschaft der Ehe gleich. Dasselbe ist aber nicht im Kindergeldrecht erfolgt (BFH/NV 2005 S. 695). Relativ spät erfolgte die Neufassung des § 2 Abs. 1 Nr. 1 BKGG nach der als Kinder auch die (alleinigen) Kinder des Ehegatten und auch des Lebenspartners berücksichtigt werden.

Die Gesetzesanpassungen waren aus Gründen des Unionsrechts erforderlich 5
geworden. Wenn der Gesetzgeber im Rentenrecht eine Gleichstellung vornimmt, dies aber im Kindergeldrecht zunächst unterließ, dann erklärte sich das daraus, dass das Kindergeld eine Familienleistung ist (vgl. Merkel/Vießmann, VSSR 2012 S. 249). Jedoch konnte die alte Regelung des § 2 Abs. 1 Nr. 1 BKGG nach der Entscheidung zum Ehegattensplitting (BVerfG FamRZ 2013 S. 1103) nicht mehr beibehalten werden. Allerdings resultiert die EuGH-Rechtsprechung zur Lebenspartnerschaft aus dem Gleichbehandlungsgebot in Beschäftigung und Beruf, zu der auch die Hinterbliebenenversorgung, allerdings nicht unbedingt das Kindergeld zu rechnen ist. Eine allgemeine Regelung zur Gleichstellung ist in § 33b also aus Gründen des Unionsrechts nicht erforderlich (vgl. § 33c Rn. 2, 3). Der EuGH sieht in der rentenrechtlichen Ungleichbehandlung von Personen, die in einer Ehe bzw. einer Lebenspartnerschaft leben, einen Verstoß gegen die Richtlinie 2000/78/EG (Verwirklichung der Gleichbehandlung in Beschäftigung und Beruf), da bei der Differenzierung unmittelbar an die sexuelle Ausrichtung angeknüpft wird. Insgesamt wirft die Frage der Gleichstellung der Lebenspartnerschaft mit der Ehe noch einige Fragen auf, die nach dem Recht der Mitgliedstaaten durchaus unterschiedlich beantwortet werden können, in Deutschland aber durch § 46 Abs. 4 SGB VI beantwortet sein dürften. Danach gilt als Heirat auch die Begründung einer Lebenspartnerschaft. Der EuGH hatte insoweit entschieden:

> „Art. 1 in Verbindung mit Art. 2 der Richtlinie 2000/78/EG zur Festlegung eines allgemeinen Rahmens für die Verwirklichung der Gleichbehandlung in Beschäftigung und Beruf steht einer Regelung entgegen, wonach der überlebende Partner nach Versterben seines Lebenspartners keine Hinterbliebenenversorgung entsprechend einem überlebenden Ehegatten erhält, obwohl die Lebenspartnerschaft nach nationalem Recht Personen gleichen Geschlechts in eine Situation versetzt, die in Bezug auf diese Hinterbliebenenversorgung mit der Situation von Ehegatten vergleichbar ist. Es ist Sache des vorlegenden Gerichts, zu prüfen, ob sich ein überlebender Lebenspartner in einer Situation befindet, die mit der eines Ehegatten, der die Hinterbliebenenversorgung aus dem betreffenden berufsständischen Versorgungssystem erhält, vergleichbar ist“ (EuGH EuZW 2008 S. 314 – Maruko; vgl. auch BVerfG 124 S. 199).

Vor diesem Hintergrund ist inzwischen im inländischen Recht von folgendem 6
Grundsatz auszugehen: die Tatsache, dass Ehe und Lebenspartnerschaft hinsichtlich der Rechte und Pflichten der Partner weitgehend gleich ausgestaltet sind, hat zur Folge, dass auf sie auch der Gleichheitssatz des Art. 3 Abs. 1 GG anzuwenden ist (BVerfG 124 S. 199; BVerfGE 126 S. 400; BVerfGE 133 S. 377). Es geht also nicht um irgendeine wesensgemäße Gleichheit von Ehe und Lebenspartnerschaft, sondern allein darum, wie sie in einem Rechtssystem ausgestaltet sind. Soweit ausländische Rechtsordnungen, wie etwa Spanien die Ehe von gleichgeschlechtlichen Partnern kennen, waren diese zunächst im Inland gemäß § 34 als einer Lebenspartnerschaft entsprechend anzuerkennen. Eine Behandlung als Ehe nach deutschem Recht war bisher nicht möglich. Insoweit entsprach die ausländische Ehe von gleichgeschlechtlichen Partnern nicht der inländischen Ehe (§ 34 Abs. 1).

Die weiterhin bestehende Möglichkeit einer Lebenspartnerschaft hat aber keine Bedeutung mehr für die ausländische Ehe Gleichgeschlechtlicher. Allerdings verbleiben noch einige Zweifelsfragen, die sich aus international schwer oder nicht vergleichbaren Personenverbindungen ergeben, das gilt etwa für den französischen PACS (§ 34 Rn. 10).

§ 33c Benachteiligungsverbot

[1]Bei der Inanspruchnahme sozialer Rechte darf niemand aus Gründen der Rasse, wegen der ethnischen Herkunft oder einer Behinderung benachteiligt werden. [2]Ansprüche können nur insoweit geltend gemacht oder hergeleitet werden, als deren Voraussetzungen und Inhalt durch die Vorschriften der besonderen Teile dieses Gesetzbuchs im Einzelnen bestimmt sind.

Übersicht

1. Unionsrechtliche Grundlagen

1 Die Vorschrift ist vor dem Hintergrund der Umsetzung von vier EU-Richtlinien in das innerstaatliche Recht zu sehen (Richtlinien 2000/43/EG; 2000/78/EG; 2002/73/EG; 2004/113/EG). Diese basieren auf der primärrechtlichen Regelung des Art. 19 AEUV, der von den Mitgliedstaaten verlangt, umfassende Antidiskriminierungsmaßnahmen zu ergreifen und damit weit über das ursprüngliche Verbot einer Diskriminierung nach der Staatsangehörigkeit hinausgeht (§ 30 Rn. 33). Dieser Prozess erfolgte hauptsächlich durch das Inkrafttreten des Allgemeinen Gleichbehandlungsgesetzes – AGG (BGBl I 2006 S. 1897). Durch § 2 Abs. 2 AGG wird hinsichtlich der Gleichbehandlung nicht nur auf § 33c verwiesen. Es wird auch eine Einschränkung vorgenommen. Während § 1 AGG, wie auch Art. 19 AEUV eine Benachteiligung aus Gründen der Rasse oder wegen der ethnischen Herkunft, des Geschlechts, der Religion oder Weltanschauung, einer Behinderung, des Alters oder der sexuellen Identität verhindern soll, beschränkt sich § 33c auf die Rasse, die ethnische Herkunft und die Behinderung. Neben der sexuellen Identität fehlt vor allem die Erwähnung des für das Sozialrecht besonders relevanten aber auch sehr schwierigen Merkmals des Alters als unzulässiges Differenzierungsmerkmal (EuGH ZESAR 2013 S. 125 – Hörnfeld; Schulte, SozSich 2013 S. 153).

2 Mit der nur eingeschränkten Übertragung der relevanten Begriffe aus den vier Richtlinien der EU in das Sozialrecht verstößt der Bundesgesetzgeber nicht gegen Gemeinschaftsrecht. Vielmehr bestimmt Art. 3 Abs. 3 der Richtlinie 2000/78/EG (Verwirklichung der Gleichbehandlung in Beschäftigung und Beruf): „diese Richtlinie gilt nicht für Leistungen jeder Art seitens der staatlichen Systeme oder der damit gleichgestellten Systeme einschließlich der staatlichen Systeme der sozialen Sicherheit oder des sozialen Schutzes“. Diese Einschränkung rechtfertigt sich insoweit, als die EU einerseits keine Kompetenz zur Gestaltung des Sozialrechts der Mitgliedstaaten hat, andererseits dient die Richtlinie aber auch der Verwirkli-

chung der Gleichbehandlung in Beschäftigung und Beruf. Demgegenüber regelt die Richtlinie 2000/43/EG allgemein die Anwendung des Gleichbehandlungsgrundsatzes ohne Unterschied der Rasse oder der ethnischen Herkunft. Sie beschränkt sich auf diese beiden Merkmale. In der Rechtsfolge erstreckt sie sich gemäß Art. 3 Abs. 1 auch auf „e) den Sozialschutz, einschließlich der sozialen Sicherheit und der Gesundheitsdienste; f) die sozialen Vergünstigungen". Daraus folgt: Die Richtlinie 2000/78/EG erfasst tatbestandlich alle Antidiskriminierungsmerkmale des Art. 19 AEUV. In der Rechtsfolge erstreckt sie sich auf Beschäftigung und Beruf. Nur insoweit berührt sie Teilbereiche des Sozialrechts. Eine Trennung der beiden Rechtsbereiche ist aber kaum möglich. So kennt das Arbeitsrecht die eng begrenzte Möglichkeit einer krankheitsbedingten Kündigung. Wird aber eine davon nicht immer klar abgrenzendbare Behinderung festgestellt (EuGH ZESAR 2013 S. 415 – Ring, Skouboe Werge), so stellt sich vor dem Hintergrund des Art. 2 Abs. 2 lit. b RL 2000/78 EG die an sich arbeitsrechtliche Frage einer diskriminierenden Kündigung wegen einer Behinderung (EuGH ZESAR 2018 S. 489 – Conejero mAnm Hänlein). Auch sofern in diesem Falle nicht schon eine Schwerbehinderung vorliegt (§§ 151 ff. SGB IX), müssten zur Vermeidung der Kündigung aber auch sozialrechtliche Fragen geklärt werden. Das betrifft etwa § 10 Abs. 1 Nr. 2c SGB VI (vgl. die Erwägungsgründe 20, 21 RL 2000/78/EG).

Demgegenüber bezieht die Richtlinie 2000/43/EG tatbestandlich nur die 3
Rasse und die ethnische Herkunft ein, vor allem aber nicht das Alter, das auch in § 33c Satz 1 nicht erwähnt wird. In der Rechtsfolge erstreckt sie sich auf das ganze Sozialrecht. Ganz problemlos ist das Merkmal „Alter" im Sozialrecht nicht, das gilt immer dann, wenn es sich auch auf den Komplex „Beschäftigung und Beruf" bezieht (Davilla, SGb 2010 S. 557, 562; Joussen, ZESAR 2011 S. 201). Insoweit wäre zwar bei den gesetzlichen Altersgrenzen der §§ 35 ff. SGB VI an einen Verstoß gegen die Richtlinie 2000/78/EG zu denken. Doch deren Art. 6 Abs. 2 kennt dementsprechend zulässige Ungleichbehandlungen, die keine Diskriminierung darstellen (EuGH SGb 2015 S. 391 – Lacher, mAnm Bokeloh). Darüber hinaus sind gesetzliche und tarifrechtliche Regelungen, die Regelaltersgrenzen vorsehen, ein legitimes Ziel staatlicher Arbeitsmarkt- und Haushaltspolitik (EuGH ZESAR 2008 S. 42 – Palacios; EuGH NZA 2010 S. 1167 – Rosenbladt; dazu Thüsing ZESAR 2009 S. 130; EuGH ZESAR 2016 S. 436 – Kommission ./. Malta, mAnm Leidenmüller; Röns, NZS 2015 S. 335; EuGH NZA 2019 S. 241 – Escribano Vindel; EuGH NZA 2019 S. 444 – Horgan).

Eine **Benachteiligung** liegt dann vor, wenn der Träger eines der Diskriminie- 4
rungsmerkmale des § 33c im Hinblick darauf eine Beeinträchtigung im Recht erfährt. Dabei würde es schon genügen, wenn die Inanspruchnahme eines sozialen Rechts zeitlich verzögert würde. In Art. 2 Abs. 2 lit. a RL 2000/43/EG wird insoweit bestimmt, dass eine Diskriminierung dann gegeben ist, wenn der Berechtigte in einer vergleichbaren Situation eine weniger günstige Behandlung als eine andere Person erfährt, erfahren hat oder erfahren würde (§ 3 Abs. 1 AGG).

Praktisch wichtiger dürfte die sog. mittelbare Diskriminierung sein. Insoweit 5
regelt Art 2 Abs. 2 lit. b RL 2000/43/EG: eine **mittelbare Diskriminierung** liegt vor, wenn dem Anschein nach neutrale Vorschriften, Kriterien oder Verfahren Personen, die einer Rasse oder ethnischen Gruppe angehören, in besonderer Weise benachteiligen können, es sei denn, die betreffenden Vorschriften, Kriterien oder Verfahren sind durch ein rechtmäßiges Ziel sachlich gerechtfertigt, und die Mittel sind zur Erreichung dieses Ziels angemessen und erforderlich (vgl. § 3 Abs. 2 AGG).

2. Innerstaatliches Recht

6 Insgesamt war der Gesetzgeber unionsrechtlich nicht gehalten, in § 33c eine über Rasse und ethnische Herkunft hinausgehende sozialrechtliche Regelung zu treffen. Die Notwendigkeit der Einbeziehung der Behinderung in § 33c ergibt sich demgegenüber aus dem Benachteiligungsverbot des Art. 3 Abs. 3 Satz 2 GG. Eine weitergehende sozialrechtliche Regelung, die dem § 1 AGG entspricht, findet sich dennoch in § 19a SGB IV. Sie richtet sich aber bezeichnenderweise auf den Zugang zur Berufsberatung, zur Berufsbildung und zur beruflichen Weiterbildung und beschränkt sich damit weitgehend auf den Arbeitsmarkt. Flankiert wird diese Regelung von § 36 Abs. 2 Satz 1 und 2 SGB III, der sich ebenfalls an § 1 AGG orientieren. Damit wird die Richtlinie 2000/78/EG hinsichtlich Beschäftigung und Beruf umgesetzt. Unabhängig davon, dass der Bundesgesetzgeber nur das geregelt hat, was unionsrechtlich unumgänglich war, ist § 33c aber immer auch an Art. 3 Abs. 3 GG zu messen, der weitere Antidiskriminierungsmerkmale normiert.

7 Die Begriffe Rasse und ethnische Herkunft werden aus Art. 1 RL 2000/43/EG übernommen. Vor allem aus der Verwendung des Adjektivs und der Verbindung beider Begriffe ist zu schließen, dass die – von anderen Merkmalen isolierte – soziale Herkunft nicht gemeint ist. Das dritte Merkmal, die Behinderung wird in der Richtlinie als Antidiskriminierungsmerkmal nicht genannt. Der in Deutschland besonders belastete Begriff der Rasse hätte angesichts des Begriffs der ethnischen Herkunft ganz vermieden und durch den der Abstammung ersetzt werden können. Damit wären die sprachlich-kulturellen, familiär-biologischen und sozialen Faktoren, auf die es entscheidend ankommt, abgebildet worden. Jedenfalls hat die Anwendung des Art. 3 Abs. 1 GG nicht darunter gelitten, dass ihm der Begriff der Rasse fehlte. Er wird zwar in Art. 3 Abs. 3 GG erwähnt, hat aber in der Rechtspraxis nur eine untergeordnete Bedeutung. In der theoretischen Auseinandersetzung wird er als irrational abgetan (vgl. Maunz/Dürig-Langenfeld Art. 3 GG Rn. 45). Probleme bereitet allerdings das racial profiling. Der Begriff der Behinderung ist in § 2 Abs. 1 SGB IX definiert. Entscheidend ist dabei, dass sich vor dem Hintergrund einer geistigen, seelischen oder körperlichen Funktionsstörung ein Integrationsrisiko feststellen lässt (§ 10 Rn. 2).

8 Die Vorschrift beschränkt sich auf Nachteile bei der Inanspruchnahme sozialer Rechte. Damit bezieht sie sich allgemein auf § 11, aber auch auf die §§ 13–15. Die Ansprüche sind von den Leistungsträgern zu erfüllen (§ 12). Dabei ergibt sich aus dem Diskriminierungsverbot allein noch kein Anspruch. Vielmehr trifft § 33c Satz 2 eine dem § 2 Abs. 1 Satz 2 entsprechende Regelung. Die Anspruchsvoraussetzungen müssen sich also jeweils aus den Besonderen Teilen des Sozialgesetzbuches ergeben. Die Beschränkung des § 33c Satz 1 entspricht auch der Auslegung des Benachteiligungsverbots des Art. 3 Abs. 3 Satz 2 GG, das nach Auffassung des BVerfG seinerseits kein Bevorzugungsgebot darstellt (BVerfG 96 S. 288; BVerfG 99 S. 341).

3. Leistungserbringungsrecht

9 Keine Anwendung kann § 33c im direkten Verhältnis der Leistungsträger zu den Leistungserbringern finden, denn diese nehmen in ihrer Person keine sozialen Rechte wahr, vielmehr üben sie, wie etwa der Vertragsarzt, eine selbständige berufliche Tätigkeit aus. Dass auch insoweit eine Diskriminierung nicht erfolgen darf, ergibt sich jedoch aus Art. 3 Abs. 1 lit. a der Richtlinie 2000/43/EG. Dort

wird ausdrücklich auch der Zugang zu einer selbständigen Erwerbstätigkeit geschützt. Insoweit muss das öffentlich-rechtliche Leistungserbringungsrecht noch an die Richtlinie angepasst werden. In den Fällen, in denen die Leistungserbringungsverträge privatrechtlichen Charakter haben, gelten allerdings bereits die §§ 1, 19 AGG.

Des Weiteren gilt die Vorschrift auch nicht unmittelbar im Verhältnis des Leistungsberechtigten zum Leistungserbringer. Allerdings sind die Leistungsträger auf Grund der Regelung des § 33c dazu verpflichtet, auf eine Gestaltung der Rechtsbeziehungen hinzuwirken, die eine Diskriminierung nach den drei Merkmalen vermeidet. Die damit zu vermeidende Benachteiligung erfolgt idR über die Leistungserbringungsverträge (vgl. §§ 109 ff. SGB V; 21 SGB IX; 75 ff. SGB XII). Soweit der Leistungsberechtigte selbst gegenüber einem Leistungserbringer Rechte durchsetzen will, bewegt er sich allerdings im Privatrechtsverkehr. Insoweit finden unmittelbar die §§ 19 ff. AGG Anwendung. 10

Das bedeutet etwa, dass nach gegenwärtigem Recht ein behindertes Kind im Alter ab einem bzw. drei Jahren einen Anspruch darauf hat, gemeinschaftlich mit anderen Kindern in einer Kindertageseinrichtung betreut zu werden. Dies ergibt sich konkret aus § 24 Abs. 2 und 3 SGB VIII. Der Anspruch für ein unter dreijähriges Kind ist in § 24 Abs. 2 SGB VIII geringfügig modifiziert. Im Rahmen ihrer Gesamtverantwortung nach den §§ 69 ff. SGB VIII müssen die Träger der Jugendhilfe darauf hinwirken, dass geeignete Kindertageseinrichtungen geschaffen werden. Im Rahmen der Vereinbarungen nach den §§ 77, 78a Abs. 2 SGB VIII sind die finanziellen und konzeptionellen Voraussetzungen dafür zu schaffen (vgl. auch § 22a SGB VIII). Die Pflicht zur Betreuung behinderter mit nicht behinderten Kindern wird in § 22a Abs. 4 SGB VIII konkretisiert, allerdings davon abhängig gemacht, dass der Hilfebedarf dies zulässt. Problematisch sind insoweit etwa arbeits- bzw. dienstrechtliche Anweisungen an das Erziehungspersonal, keine Hilfestellung bei der Medikamenteneinnahme zu leisten. 11

Sind die Voraussetzungen des § 22a Abs. 4 SGB VIII erfüllt, ist jedoch eine Kindertagesstätte in kommunaler oder privater Trägerschaft nicht bereit, ein behindertes Kind aufzunehmen, so müssen die Eltern über die §§ 19 ff. AGG eine vertragliche Vereinbarung durchsetzen. Dabei kann es entscheidend auf die Beweislastregelung des § 22 AGG ankommen: „Wenn im Streitfall die eine Partei Indizien beweist, die eine Benachteiligung wegen eines in § 1 genannten Grundes vermuten lassen, trägt die andere Partei die Beweislast dafür, dass kein Verstoß gegen die Bestimmungen zum Schutz vor Benachteiligung vorgelegen hat". Diese Grundsätze gelten sinngemäß auch für alle anderen Diskriminierungsmerkmale, die in den §§ 1 AGG, 33c SGB I und 19a SGB IV genannt sind. Die zivilrechtliche Stellung (§§ 19 ff. AGG) ist dabei in allen Fällen gleich. Unterschiede ergeben sich nur im Sozialrecht. 12

Insoweit ist auch im Zusammenhang mit § 33c die Beweislastregelung von Art. 8 RL 2000/43/EG zu beachten, als deren Ausdruck schon § 22 AGG geschaffen wurde. Insoweit gilt: Die Mitgliedstaaten ergreifen im Einklang mit ihrem nationalen Gerichtswesen die erforderlichen Maßnahmen, um zu gewährleisten, dass immer dann, wenn Personen, die sich durch die Nichtanwendung des Gleichbehandlungsgrundsatzes für verletzt halten und bei einem Gericht oder einer anderen zuständigen Stelle Tatsachen glaubhaft machen, die das Vorliegen einer unmittelbaren oder mittelbaren Diskriminierung vermuten lassen. Dem Beklagten obliegt es zu beweisen, dass keine Verletzung des Gleichbehandlungsgrundsatzes vorgelegen hat. 13

14 Einschränkend lässt Art. 4 RL 2000/43/EG auch Abweichungen von der Gleichbehandlung zu. Danach können die Mitgliedstaaten regeln, dass eine Ungleichbehandlung aufgrund eines mit der Rasse oder der ethnischen Herkunft zusammenhängenden Merkmals keine Diskriminierung darstellt, wenn das betreffende Merkmal aufgrund der Art einer bestimmten beruflichen Tätigkeit oder der Rahmenbedingungen ihrer Ausübung eine wesentliche und entscheidende berufliche Voraussetzung darstellt und sofern es sich um einen rechtmäßigen Zweck und eine angemessene Anforderung handelt. In § 33c werden jedoch keine Gründe geregelt, die eine Ungleichbehandlung rechtfertigen könnten. Unionsrechtlich wären sie zulässig. Angesichts der Formulierung in Art. 4 RL 2000/43/EG lässt sich die Auffassung vertreten, dass ein Tatbestand der Ungleichbehandlung nicht vorliegt, wenn einer der genannten Gründe feststellbar ist. Es handelt sich dann also nicht erst um Rechtfertigungsgründe für eine Ungleichbehandlung, vielmehr ist schon der Tatbestand nicht erfüllt.

15 Konkretisierend ließen sich für diese Auffassung Anknüpfungsmerkmale aus den §§ 8–10 AGG entnehmen, die allerdings bei der Inanspruchnahme sozialer Rechte nicht immer von Bedeutung sind.

§ 8 Zulässige unterschiedliche Behandlung wegen beruflicher Anforderungen

(1) Eine unterschiedliche Behandlung wegen eines in § 1 genannten Grundes ist zulässig, wenn dieser Grund wegen der Art der auszuübenden Tätigkeit oder der Bedingungen ihrer Ausübung eine wesentliche und entscheidende berufliche Anforderung darstellt, sofern der Zweck rechtmäßig und die Anforderung angemessen ist.

(2) Die Vereinbarung einer geringeren Vergütung für gleiche oder gleichwertige Arbeit wegen eines in § 1 genannten Grundes wird nicht dadurch gerechtfertigt, dass wegen eines in § 1 genannten Grundes besondere Schutzvorschriften gelten.

§ 9 Zulässige unterschiedliche Behandlung wegen der Religion oder Weltanschauung

(1) Ungeachtet des § 8 ist eine unterschiedliche Behandlung wegen der Religion oder der Weltanschauung bei der Beschäftigung durch Religionsgemeinschaften, die ihnen zugeordneten Einrichtungen ohne Rücksicht auf ihre Rechtsform oder durch Vereinigungen, die sich die gemeinschaftliche Pflege einer Religion oder Weltanschauung zur Aufgabe machen, auch zulässig, wenn eine bestimmte Religion oder Weltanschauung unter Beachtung des Selbstverständnisses der jeweiligen Religionsgemeinschaft oder Vereinigung im Hinblick auf ihr Selbstbestimmungsrecht oder nach der Art der Tätigkeit eine gerechtfertigte berufliche Anforderung darstellt.

(2) Das Verbot unterschiedlicher Behandlung wegen der Religion oder der Weltanschauung berührt nicht das Recht der in Absatz 1 genannten Religionsgemeinschaften, der ihnen zugeordneten Einrichtungen ohne Rücksicht auf ihre Rechtsform oder der Vereinigungen, die sich die gemeinschaftliche Pflege einer Religion oder Weltanschauung zur Aufgabe machen, von ihren Beschäftigten ein loyales und aufrichtiges Verhalten im Sinne ihres jeweiligen Selbstverständnisses verlangen zu können.

§ 10 Zulässige unterschiedliche Behandlung wegen des Alters

Ungeachtet des § 8 ist eine unterschiedliche Behandlung wegen des Alters auch zulässig, wenn sie objektiv und angemessen und durch ein legitimes Ziel gerechtfertigt ist. Die Mittel zur Erreichung dieses Ziels müssen angemessen und erforderlich sein. Derartige unterschiedliche Behandlungen können insbesondere Folgendes einschließen:

1. die Festlegung besonderer Bedingungen für den Zugang zur Beschäftigung und zur beruflichen Bildung sowie besonderer Beschäftigungs- und Arbeitsbedingungen, einschließlich der Bedingungen für Entlohnung und Beendigung des Beschäftigungsverhältnisses, um die berufliche Eingliederung von Jugendlichen, älteren Beschäftigten und Personen mit Fürsorgepflichten zu fördern oder ihren Schutz sicherzustellen,
2. die Festlegung von Mindestanforderungen an das Alter, die Berufserfahrung oder das Dienstalter für den Zugang zur Beschäftigung oder für bestimmte mit der Beschäftigung verbundene Vorteile,
3. die Festsetzung eines Höchstalters für die Einstellung auf Grund der spezifischen Ausbildungsanforderungen eines bestimmten Arbeitsplatzes oder auf Grund der Notwendigkeit einer angemessenen Beschäftigungszeit vor dem Eintritt in den Ruhestand,
4. die Festsetzung von Altersgrenzen bei den betrieblichen Systemen der sozialen Sicherheit als Voraussetzung für die Mitgliedschaft oder den Bezug von Altersrente oder von Leistungen bei Invalidität einschließlich der Festsetzung unterschiedlicher Altersgrenzen im Rahmen dieser Systeme für bestimmte Beschäftigte oder Gruppen von Beschäftigten und die Verwendung von Alterskriterien im Rahmen dieser Systeme für versicherungsmathematische Berechnungen,
5. eine Vereinbarung, die die Beendigung des Beschäftigungsverhältnisses ohne Kündigung zu einem Zeitpunkt vorsieht, zu dem der oder die Beschäftigte eine Rente wegen Alters beantragen kann; § 41 des Sechsten Buches Sozialgesetzbuch bleibt unberührt,
6. Differenzierungen von Leistungen in Sozialplänen im Sinne des Betriebsverfassungsgesetzes, wenn die Parteien eine nach Alter oder Betriebszugehörigkeit gestaffelte Abfindungsregelung geschaffen haben, in der die wesentlich vom Alter abhängenden Chancen auf dem Arbeitsmarkt durch eine verhältnismäßig starke Betonung des Lebensalters erkennbar berücksichtigt worden sind, oder Beschäftigte von den Leistungen des Sozialplans ausgeschlossen haben, die wirtschaftlich abgesichert sind, weil sie, gegebenenfalls nach Bezug von Arbeitslosengeld, rentenberechtigt sind.

§ 34 Begrenzung von Rechten und Pflichten

(1) **Soweit Rechte und Pflichten nach diesem Gesetzbuch ein familienrechtliches Rechtsverhältnis voraussetzen, reicht ein Rechtsverhältnis, das gemäß Internationalem Privatrecht dem Recht eines anderen Staates unterliegt und nach diesem Recht besteht, nur aus, wenn es dem Rechtsverhältnis im Geltungsbereich dieses Gesetzbuchs entspricht.**

(2) **Ansprüche mehrerer Ehegatten auf Witwenrente oder Witwerrente werden anteilig und endgültig aufgeteilt.**

Übersicht

1. Familienrechtliche Verhältnisse im Sozialrecht

1 Die Regelung wurde im Zusammenhang mit der Neuordnung des Internationalen Privatrechts eingefügt. Sie soll bewirken, dass familienrechtliche Rechtsverhältnisse mit Auslandsberührung im deutschen Sozialrecht nicht ohne Weiteres anerkannt werden. Diese Einschränkung erklärt sich daraus, dass das deutsche Sozialrecht oft an den Sinngehalt der Begriffe des Familienrechts anknüpft. Das können Statusverhältnisse wie die Ehe sein oder auch familienrechtliche Leistungsansprüche wie der Unterhaltsanspruch. Haben die familienrechtlichen Begriffe einer ausländischen Rechtsordnung nicht denselben Sinngehalt, so würde durch Anknüpfung an sie auch die sozialrechtliche Regelung verändert. Das soll – unter weitgehender Tolerierung der ausländischen Rechtsverhältnisse – durch die Regelung des § 34 vermieden werden. Zu Recht trägt die Vorschrift deswegen die Überschrift „Begrenzung von Rechten und Pflichten". Große praktische Bedeutung hat sie nicht. Das gilt seit der Neufassung der §§ 1591 ff., 1615a BGB insbesondere für Kindschaftsverhältnisse, wobei nach neuem deutschen Recht nicht einmal mehr die Ehelichkeit auf den Status des Kindes einen Einfluss hat.

2 In zweierlei Hinsicht weicht die Vorschrift des § 34 von § 30 Abs. 2 ab. Letztere ist eine Kollisionsnorm des Internationalen Sozialrechts, nach der ausschließlich darüber entschieden wird, ob inländisches Sozialrecht Anwendung findet. Demgegenüber ist § 34 eine Sachnorm, die also die Geltung des deutschen Sozialrechts für Sachverhalte mit Auslandsberührung modifiziert. Zudem kommt sie erst dann zur Anwendung, wenn nach den Grundsätzen des **Internationalen Privatrechts** (§§ 3 ff. EGBGB) feststeht, dass das in Frage stehende Rechtsverhältnis nach ausländischem Recht zu beurteilen ist. Nur wenn diese Frage bejaht werden kann, ist gemäß § 34 zu prüfen, ob das anzuerkennende Rechtsverhältnis einem inländischen Rechtsverhältnis entspricht. Dabei ist ausgehend von dem Familienrechtsverhältnis eine Entsprechung mit dem deutschen Sozialrecht festzustellen. Bevor ein Familienrechtsverhältnis nach den Grundsätzen des Internationalen Privatrechts beurteilt wird, ist außerdem zu klären, ob eine **zwischenstaatliche Vereinbarung** mit vorrangig geltenden Regelungen besteht (Art. 3 Abs. 2 EGBGB). In diesem Falle gelten nur diese Regelungen. Schließlich findet die Vorschrift des § 34 dann keine Anwendung, wenn sich aus dem Internationalen Privatrecht ergibt, dass auf das in Frage stehende Rechtsverhältnis inländisches Recht anzuwenden ist.

3 Der sozialpolitische Sinn des § 34 besteht darin, Verzerrungen in der Sozialrechtsordnung durch ausländisches Familienrecht zu vermeiden. Wenn nämlich das Sozialrecht in mancher Hinsicht an das Familienrecht anknüpft, dann geschieht das natürlich in Orientierung an den deutschen familienrechtlichen Instituten. So wird unter Hinweis auf die amtliche Begründung regelmäßig betont, dass das deutsche Sozialrecht nicht die Annahme an Bruders statt kenne (BT-Drs. 10/504 S. 96). Abgesehen davon, dass über eine Annahme an Bruders statt in familienrechtlicher Hinsicht keine Adoption begründet werden kann, ist der Hinweis im Leistungsrecht – mit einer Ausnahme – unergiebig. Im Prinzip knüpft das Sozialrecht keine Folgen an die Geschwister-Beziehung. Insbesondere wird familienrechtlich keine Unterhaltspflicht begründet. Sie könnte also auch nicht sozial-

rechtlich relevant werden. Auch vom Bruder oder der Schwester abgeleitete Sozialleistungsansprüche kennt das deutsche Sozialrecht nicht. Es kann sich ergeben, dass die ältere Schwester ihren jüngeren Bruder bei sich aufnimmt und betreut. Dessen Berücksichtigung beim Kindergeld erfolgt aber nicht wegen des Geschwister-Verhältnisses, sondern weil hier eine Pflegekindschaft bestehen kann (§ 2 Abs. 1 Nr. 2 BKGG). Als Ausnahme trifft § 9 Abs. 5 SGB II eine Regelung über die **Haushaltsgemeinschaft.** Danach wird unter bestimmten Voraussetzungen eine (teilweise) Bedarfsdeckung vermutet, wenn ein Hilfebedürftiger mit Verwandten oder Verschwägerten zusammenlebt und gemeinschaftlich wirtschaftet. Dies könnte auch den an Bruders statt Angenommenen betreffen. Die Parallelvorschrift des § 39 Abs. 1 SGB XII knüpft nicht an die Verwandtschaft an. Damit stellt sich diese Frage dort nicht. Das Geschwister-Verhältnis kann in der Sonderrechtsnachfolge eine Rolle spielen (§ 56 Abs. 2 Nr. 3).

Bei der Anwendung des § 34 Abs. 1 ist zunächst festzustellen, ob ein familienrechtliches Rechtsverhältnis überhaupt Voraussetzung für die Ausübung von Rechten und Pflichten nach dem Sozialgesetzbuch ist. Die Existenz eines solchen **Familienrechtsverhältnisses** muss gleichsam sozialrechtliche Vorfrage sein. Beispielsweise kann das Bestehen einer Ehe Tatbestandsvoraussetzung einer sozialrechtlichen Norm sein (vgl. § 10 Abs. 1 SGB V). Außer der Ehe sind folgende Familienrechtsverhältnisse im Sozialrecht relevant: Unterhaltspflicht, Scheidung, Kindschaftsverhältnisse, Annahme als Kind, Betreuung iSd § 1896 BGB. Als Familienrechtsverhältnis ist auch die eingetragene Lebenspartnerschaft anzusehen. Zwar ist sie in einem eigenen Gesetz außerhalb des Familienrechts geregelt, doch ist sie der Ehe nachgebildet (§ 33b Rn. 3, 4). Zur **Minderjährigen-Ehe** vgl. unten Rn. 8b. **4**

Das Familienrechtsverhältnis hat zB Bedeutung: in der Krankenversicherung für die Familienversicherung (§ 10 SGB V), in der Unfall- und Rentenversicherung für die Leistungen an Hinterbliebene (§§ 46 ff. SGB VI; 63 ff. SGB VII), dasselbe gilt für die soziale Entschädigung (§§ 38 ff. BVG). Einfluss kann das Familienrechtsverhältnis auch auf die Höhe von Leistungen bei Arbeitslosigkeit (§ 149 Nr. 1 SGB III) haben, wobei es entscheidend auf das Bestehen einer Unterhaltspflicht ankommt. Entsprechendes gilt für Kinder- und Elterngeld (§§ 1 BKGG, 1 BEEG). Im Zusammenhang mit der Ausbildungsförderung sowohl nach § 56 ff. SGB III als auch nach § 11 BAföG kann das Familienrechtsverhältnis Einfluss auf die Heranziehung Unterhaltspflichtiger haben. Entsprechendes gilt nach den §§ 7 Abs. 3 SGB II und 19 Abs. 1–3 SGB XII. Etwas abgeschwächt ist der Zusammenhang mit dem Unterhaltsrecht jetzt in den §§ 91 ff. SGB VIII. An den familienrechtlichen Beziehungen wird aber festgehalten (§ 92 Abs. 1 Nr. 4 und 5 SGB VIII. **5**

2. Anerkennung von Familienrechtsverhältnissen

Bevor man also zu einer Anwendung der Sachnorm des § 34 Abs. 1 gelangt, ist unter Anwendung der deutschen Kollisionsnormen des Internationalen Privatrechts zu klären, ob ein Familienrechtsverhältnis nach ausländischem Recht überhaupt anzuerkennen ist. Die eigentliche Schwierigkeit besteht dann darin, das ausländische Familienrechtsverhältnis darauf zu überprüfen, ob es einem vergleichbaren deutschen Familienrechtsverhältnis, und zwar im Hinblick auf seine Funktion innerhalb des Sozialrechts, entspricht (vgl. Behn RV 1986 S. 217, 218). **6**

7 Infolge der Pluralisierung der Lebensverhältnisse auch im familiären Bereich und durch die Entwicklung der Fortpflanzungsmedizin haben sich neue Probleme ergeben. Angesichts einer bislang noch eher restriktiven deutschen Familienpolitik stellen sich etwa Fragen einer im Ausland bewirkten **Leihmutterschaft** und einer daran anschließenden ausländischen Adoption. Erstere ist in Deutschland unter Strafe gestellt, und zwar dann, wenn die Frau nach der Geburt bereit ist, ihr Kind Dritten auf Dauer zu überlassen (§ 1 Abs. 1 Nr. 7 ESchG). Wird das Kind im Inland ausgetragen, dann stellt sich die Frage, ob der Mutterschaft der soziale Schutz versagt werden kann. Diese Frage ist zu verneinen, ohne dass es einer Prüfung nach § 34 bedarf, denn die Schwangerschaft ist kein Rechtsverhältnis, sondern ein Tatsache. Wird das Kind im Inland geboren, so ist es das Kind der Leihmutter (§ 1591 BGB). Auch hier bedarf es keiner Prüfung des § 34. Erst wenn das Kind im Ausland geboren und auch dort adoptiert wird, muss eine Prüfung nach § 34 erfolgen (Dethloff, JZ 2014 S. 922; Eichenhofer, SGb 2016 S. 184). Eine solche **Adoption** ist anzuerkennen, auch wenn sie nach inländischem Recht nicht erfolgen könnte. Dabei ist eine Gleichgeschlechtlichkeit der Partner unter Geltung des § 1353 BGB nF ohnehin bedeutungslos geworden (§ 33b Rn. 2a), da die Annahme durch ein Ehepaar erfolgt (§ 1741 BGB). Bei solchen Überlegungen spielt auch der menschenrechtliche Grundsatz des Art. 8 EMRK eine Rolle, wonach Elternlosigkeit des Kindes zu vermeiden ist (EGMR FamRZ 2014 S. 1525 mAnm Helms). Dieser Auffassung ist auch der BGH:

„Denn die ausländische Gerichtsentscheidung ist jedenfalls nicht schon deswegen mit dem ordre public unvereinbar, weil sie auf einer vom deutschen Recht abweichenden rechtlichen Wertung und Beurteilung des Kindeswohls beruht. Wenn das ausländische Recht vielmehr zu dem Ergebnis gelangt, dass einer die Rahmenbedingungen zum Schutz der Leihmutter erfüllenden Leihmutterschaftsvereinbarung rechtliche Anerkennung zukommt, und im Hinblick auf das Kindeswohl der sozialen Elternschaft als bewusst und lebenslang übernommener Elternverantwortung den Vorrang einräumt…, ist der ordre public jedenfalls in der vorliegenden Fallkonstellation, dass ein Wunschelternteil auch genetischer Elternteil des Kindes und die Leihmutter mit dem Kind nicht genetisch verwandt ist, nicht verletzt (BGHZ FamRZ 2015 S. 240 Rn. 62 mAnm Helms).

8 Wenn also von einer grundsätzlichen Anerkennung ausländischer familienrechtlicher Entscheidungen auszugehen ist, dann findet dieser Grundsatz seine Grenze nur am **ordre public** des Art. 6 EGBGB. Danach wird die Grenze einer Anerkennung gesetzt durch die Formel einer „offensichtlichen Unvereinbarkeit" des Rechtsanwendungsergebnisses mit wesentlichen inländischen Rechtsgrundsätzen (vgl. v. Hein in MüKo zum BGB Art. 6 EGBGB Rn. 13). Dieses wertende Urteil betrifft nicht die ausländische Norm als solche, sondern nur das inländische Auslegungsergebnis im Einzelfall. Es erfolgt also keine Normkontrolle (BGHZ 160 S. 332). Klarstellend regelt Art. 6 Satz 2 EGBGB, dass die Anwendung nicht gegen Grundrechte verstoßen darf. Ergänzende Regelungen zum Familienrecht sind in den Art. 13 ff. EGBGB getroffen worden.

8a Durch die Anerkennung der Ehe auch von gleichgeschlechtlichen Partnern (§ 1335 BGB nF) ist eine Reihe von Zweifelsfragen, insbesondere auch der Adoption, gelöst worden. (KG Berlin FamRZ 2015 S. 943, zu Art. 19 EGBGB, dazu Frie, FamRZ 2015 S. 889; Dethloff, JZ 2014 S. 922). Das gilt aber zB nicht für die Leihmutterschaft selbst. Da man aber bei der Frage des ordre public auf das Gesamtergebnis im Einzelfall abstellen muss, kann man durch die Einbeziehung des sozialen Schutzes das ausländische familienrechtliche Rechtsverhältnis „Leihmutterschaft" noch eher anerkennen, als wenn man der Leihmutter den Schutz versagen würde. Nicht die Durchsetzung des inländischen ordre public, sondern die Anerkennung des Rechtsverhältnisses muss aber das Ziel der Anwendung des Art. 6 EGBGB sein (so im Ergebnis Eichenhofer, SGb 2016 S. 184, 188). Das gilt auch für die Adoption des auf diese Weise zur Welt gekommenen Kindes.

3. Sonderformen der Ehe

Etwas schwieriger zu beurteilen ist das Familienrechtsverhältnis, wenn es sich um eine **Minderjährigen-Ehe** handelt. Danach gilt folgender Grundsatz: Die Voraussetzungen der Eheschließung unterliegen für jeden Verlobten dem Recht des Staates, dem er angehört (Art. 13 Abs. 1 EGBGB). Fehlt eine Voraussetzung, so ist § 13 Abs. 2 Nr. 1–3 EGBGB anzuwenden. Deutsches Recht ist insbesondere anzuwenden, wenn einer der Verlobten Deutscher ist, oder wenn er seinen gewöhnlichen Aufenthalt im Inland hat (Nr. 1). Des Weiteren müssen zumutbare Schritte zur Erfüllung der fehlenden Voraussetzung unternommen worden sein (Nr. 2), und es muss mit der Eheschließungsfreiheit unvereinbar sein, die Eheschließung zu versagen (Nr. 3). Nach dem dann anzuwendenden inländischen Recht darf die Ehe nicht vor Eintritt der Volljährigkeit eingegangen werden (§ 1303 BGB). Hatte einer der Verlobten das 18., der andere das 16. Lebensjahr vollendet, so konnte das Familiengericht bisher nach § 1303 Abs. 2 BGB aF einen Dispens erteilen. Diese Möglichkeit besteht seit der Neufassung der Vorschrift nicht mehr. Solche Ehen konnten aber auch im Inland noch vor dem 22.7.2017 geschlossen worden sein. Für ihre Aufhebbarkeit gilt altes Recht (Art. 44 EGBGB). **8b**

Unterliegt dagegen eine Ehe ausländischem Recht, so regelt Art. 13 Abs. 3 Nr. 1 und 2 EGBGB die **Unwirksamkeit der Ehe,** wenn im Zeitpunkt der Eheschließung einer der Verlobten nicht das 16. Lebensjahr vollendet hatte. War er 16, aber noch nicht 18 Jahre alt, so ist die Ehe **aufhebbar.** Abzustellen ist auf den Zeitpunkt der Eheschließung. Gemäß § 1314 Abs. 1 Nr. 1 BGB kann eine Ehe aufgehoben werden, wenn sie mit einem Minderjährigen über 16 Jahren geschlossen worden war. Das ist im Allgemeinen eine im Ausland geschlossene Ehe (§ 1303 Abs. 1 Satz 2 BGB). Diese ist aber zunächst einmal als gegeben hinzunehmen. Im Zusammenhang mit einer Aufhebung dieser Ehe sind nun im Rahmen des § 1315 Abs. 1 Nr. 1b BGB alle Fragen des ordre public zu prüfen, wie dies etwa bei der Leihmutterschaft verbunden mit einer Auslandsadoption der Fall ist (oben Rn. 7–8a). Dabei wird entscheidend sein, in welchem Umfang der jüngere Partner durch die Ehe in den sozialen Schutz einbezogen ist (AG Frankenthal NZFam 2018 S. 331 mAnm Majer). Sind beide Partner Ausländer dürfte das aber nur eine geringe Rolle spielen. Sind dagegen Kinder vorhanden, dürfte viel gegen eine Aufhebung sprechen. **8c**

Im Grunde ergibt sich aus der recht komplizierten Rechtslage in der Praxis kein größeres Anwendungsproblem für § 34. War einer der Partner bei der Eheschließung unter 16 Jahre alt, so ist auch die im Ausland geschlossene die Ehe unwirksam (Art. 13 Abs. 3 Nr. 1 EGBGB). Damit besteht in diesem Falle kein familienrechtliches Rechtsverhältnis. Wird das Bestehen einer wirksamen Ehe behauptet, so muss dies dokumentiert sein. Aus dem Dokument wird sich auch das Alter im Zeitpunkt der Eheschließung ergeben. Sollte das nicht der Fall sein, so muss der Sozialleistungsträger inzident das Bestehen einer Ehe feststellen (§§ 20, 21 Abs. 2 SGB X). Was das Alter angeht, so wird man hier § 33a nicht anwenden **8d** können, weil ein familienrechtliches Rechtsverhältnis und damit eine Vorfrage zum Sozialrecht zu prüfen ist (vgl. § 33a Rn. 8). Eine Ehe von Minderjährigen über 16 Jahren ist dagegen zunächst als wirksam anzusehen. Sie kann nach den §§ 1313 ff. BGB nur durch gerichtliche Entscheidung aufgehoben werden. Vor dieser Entscheidung ist sie ein familienrechtliches Rechtsverhältnis. Danach ist sie es nicht mehr. Zur familienrechtlichen Problematik von Kinder-Ehen vgl. Andrae, NZFam 2016 S. 923; Antomo NJW 2016 S. 3558; Coester, FamRZ 2017 S. 77; Bongartz, NZFam 2017 S. 541; Reuß, FamRZ 2019 S. 1.

9 Für eine Übergangszeit haben sich größere Schwierigkeiten aus der Frage ergeben, wie eine nach ausländischem Recht geschlossene Ehe von zwei gleichgeschlechtlichen Partnern zu behandeln ist. Wenn man einerseits berücksichtigt, dass das Sozialrecht die Mehrehe einiger ausländischer Rechtsordnungen nur als Ausnahme von § 34 Abs. 1 hinnimmt (§ 34 Abs. 2), dann konnte man bisher auch einer **gleichgeschlechtlichen Ehe** die Anerkennung versagen. Diese Frage hat sich durch Neufassung des § 1353 Abs. 1 BGB erledigt (§ 33b Rn. 2a). In der Vergangenheit war aber bereits die gleichgeschlechtliche **Lebenspartnerschaft** im Inland anerkannt. Das musste Rückwirkungen für die Beurteilung der im Ausland geschlossenen Ehe von gleichgeschlechtlichen Partnern haben. Um sie anerkennen zu können, musste es nicht zu einer Erweiterung des § 34 Abs. 2 kommen. Man konnte vielmehr von einer Entsprechung im Sinne des Abs. 1 ausgehen. Aus diesem Rechtsverhältnis, das im Ausland eine vollgültige Ehe darstellen kann, konnten aber nur Ansprüche soweit geltend gemacht und Pflichten nur insoweit begründet werden, als sie sich auch aus der anerkannten Lebenspartnerschaft im Inland ergaben. Die ausländische, etwa in den Niederlanden, Belgien oder Spanien geschlossene Ehe gleichgeschlechtlicher Partner war also gleichsam auf das Rumpfgebilde einer anerkannten Partnerschaft reduziert worden. Das war unproblematisch, weil es auch schon vor Neufassung des § 1353 BGB weitgehend zu einer sozialrechtlichen Gleichstellung der Lebenspartnerschaft mit der Ehe gekommen war (vgl. § 46 Abs. 4 SGB VI). Weiterhin ist zu berücksichtigen, dass auch nach ausländischen Rechtsordnungen oft nur Lebenspartnerschaften geschlossen werden. Diese können allerdings, wie etwa die **heterosexuelle Lebenspartnerschaft,** sowohl vom inländischen Bild der Ehe, also auch der Lebenspartnerschaft abweichen (vgl. MüKo-Coester Art. 17b Rn. 27 ff.). Die Frage, ob Art. 17b EGBGB auf die heterosexuelle Lebenspartnerschaft anzuwenden ist, ist umstritten, aber wohl eher zu bejahen (Bamberger-Roth-Hau/Posek Art. 17b EGBGB Rn. 16 ff.). Für die Anwendung des § 34 war jedenfalls in allen diesen Fällen von den weitgehend an die neue Rechtslage angepassten sozialrechtlichen Regelungen über die Lebenspartnerschaft auszugehen. Die ausländische heterosexuelle Lebenspartnerschaft entspricht der inländischen (gleichgeschlechtlichen) Lebenspartnerschaft. Diese Frage stellt sich auch noch unter dem geltenden Recht. Zwar kann die Ehe jetzt zwischen Partnern gleichen Geschlechts geschlossen werden. Die alten Lebenspartnerschaften können aber fortbestehen und neue, sei es heterosexuelle, sei es gleichgeschlechtliche, können nicht mehr geschlossen werden (§ 33 Rn. 2a).

10 Kennt dagegen eine ausländische Rechtsordnung eine **zeitliche begrenzte** Ehe oder Lebenspartnerschaft, so sind diese weder mit der inländischen Ehe noch mit der Lebenspartnerschaft vergleichbar. Kernmerkmal beider ist das keiner zeitlichen Begrenzung ausgesetzte vorbehaltlose Eintreten für einander, „auf Lebenszeit“ (§ 1 Abs. 1 LPartG). Konkret ergibt sich diese Frage im Hinblick auf den französischen Pacte civil de solidarité. Dieser PACS kann von gleichge-

schlechtlichen und heterosexuellen Partnern geschlossen werden. Daran würde heute eine Entsprechung nach § 34 Abs. 1 nicht mehr scheitern (vgl. Rauscher, MüKo zum FamFG § 103 Rn. 8). Jedoch wird der PACS nicht auf Lebenszeit geschlossen. Weiterhin werden zwar auch Beistandspflichten begründet, aber im Wesentlichen nur vermögensrechtliche Fragen geregelt. Das deutsche Recht hält aber an der Verbindung auf Lebenszeit fest. Dies wird auch nicht durch die gesellschaftliche Entwicklung widerlegt (vgl. § 8 Rn. 6). Insgesamt kann man den PACS deswegen weder der Ehe, noch der Lebenspartnerschaft gleichstellen (Rosenzweig, Eingetragene Lebenspartnerschaft und Pacte civil de solidarité, Diss Potsdam 2009).

Wird also bei der Anwendung einer sozialrechtlichen Norm die Relevanz eines 11
Familienrechtsverhältnisses bejaht, so ist nach den Art. 13 ff. EGBGB zu prüfen, ob dieses Rechtsverhältnis nach einer ausländischen Rechtsordnung zu beurteilen ist. Dabei ist auch zu beachten, dass die Prüfung der Frage, ob ein ausländisches Familienrechtsverhältnis besteht, im Falle der innerstaatlichen Verweisung auf das Recht eines ausländischen Staates (Art. 4 Abs. 1 EGBGB) auch nach dem Internationalen Privatrecht dieses ausländischen Staates erfolgen muss. Zur **Mehrehe** sind keine besonderen Erwägungen anzustellen (unten Rn. 13). Sie wird in § 34 Abs. 2 unmittelbar als wirksam anerkannt (vgl. Coester-Waltjen/Heiderhoff, JZ 2018 S. 762; Majer, NZFam 2019 S. 242).

4. Sozialrechtliche Konsequenzen

Praktische Bedeutung hat die Klärung einer familienrechtlichen Vorfrage im 12
Allgemeinen nur für die Inanspruchnahme von Leistungen iSd. §§ 18 ff. Demgegenüber knüpft beispielsweise die Beitragspflicht in der Sozialversicherung bislang nicht an Familienrechtsverhältnisse an. Eine Ausnahme stellt die Beitragspflicht für Kinderlose in der Pflegeversicherung dar (§ 55 Abs. 3 SGB XI). Dies könnte auch in anderen Bereichen der Sozialversicherung relevant werden. Das Sozialrecht kennt darüber hinaus eine Reihe von Auskunftspflichten, die für Familienangehörige gelten. Das gilt im Zusammen hang mit der Unterhaltspflicht etwa im Fürsorgesystem für die §§ 60 Abs. 4 SGB II und 117 SGB XII und in der Sozialversicherung für § 99 SGB X. Darüber hinaus ist das Leistungsrecht nicht der einzige Anwendungsfall des § 34. So kann sich auch einmal die Frage der Handlungsfähigkeit iSd § 11 SGB X stellen, wenn nach ausländischem Recht eine Entmündigung erfolgt ist, die es nach deutschem Recht nicht mehr gibt (§§ 1896 ff. BGB). Sofern die Entmündigung im Ausland zu einer Beschränkung der Geschäftsfähigkeit führt, wäre daraus eine **Handlungsunfähigkeit** iSd § 11 Abs. 2 SGB X abzuleiten. Daran würde sich auch nichts ändern, wenn gemäß Art. 24 Abs. 1 Satz 2 EGBGB für den ausländischen Mündel ein Betreuer bestellt wird, weil sich die Geschäftsfähigkeit nach dem jeweiligen Heimatrecht beurteilt (Art. 7 Abs. 1 EGBGB). Insoweit ist die Sonderregelung des § 11 Abs. 3 SGB X zu beachten. Danach gelten die §§ 53 und 55 ZPO entsprechend. Also gilt ein Ausländer, dem es nach dem Recht seines Landes an der Prozessfähigkeit mangelt, als prozessfähig, wenn ihm nach dem Recht des Prozessgerichts die Prozessfähigkeit zusteht (§ 55 ZPO). Wird in einem Rechtsstreit eine prozessfähige Person durch einen Betreuer oder Pfleger vertreten, so steht sie für den Rechtsstreit einer nicht prozessfähigen Person gleich (§ 53 ZPO). Damit gelten auch für die Handlungsfähigkeit von Ausländern die gleichen Grundsätze wie für Inländer. Man wird in diesem Falle zu folgendem Ergebnis gelangen müssen: Die Entspre-

chung iSd § 34 Abs. 1 ist darin zu sehen, dass ein im Ausland Entmündigter einem Betreuten im Inland gleichsteht, für den ein Einwilligungsvorbehalt nach § 1903 BGB erteilt wurde. Das hat dann eine Handlungsunfähigkeit unter den Voraussetzungen des § 11 Abs. 2 SGB X zur Folge.

13 § 34 Abs. 2 bedeutet vor allem die Anerkennung der Mehrehe bei den Leistungen an Hinterbliebene. Über diese Leistungen hinaus wird man § 34 Abs. 2 als Ausnahmeregelung nicht ausdehnen können. Die Regelung ist insoweit eine Ausnahme von Absatz 1, als die Mehrehe der deutschen Einehe nicht entspricht. Anwendbar ist die Vorschrift auch, wenn eine ausländische Rechtsordnung die Mehrehe mit mehreren Männern anerkennt. Das ergibt sich aus der Verwendung des Begriffs „Witwerrente“ in § 34 Abs. 2. Nach den Grundsätzen des Internationalen Privatrechts ist die grundsätzliche Möglichkeit einer Mehrehe jedoch hinzunehmen. Während das deutsche Recht eine Aufteilung von Leistungen an Hinterbliebene nur bei Scheidung und nachfolgender Eheschließung kennt (§ 91 SGB VI), überträgt § 34 Abs. 2 die Anerkennung Mehrehe und damit der Aufteilung von Leistungen in das Sozialrecht. Die Regelung sieht vor, dass die Rente an Hinterbliebene anteilig aufgeteilt wird. Anteilig bedeutet in diesem Falle im Verhältnis der Ehejahre der jeweiligen Ehepartner (vgl. § 91 Satz 3 SGB VI). Islamischen Grundsätzen entspricht es dagegen, wenn alle Witwen gleichbehandelt werden. Dies ist etwa im deutsch-marokanischen Sozialversicherungsabkommen vorgesehen (BGBl II 1986 S. 552). Die Frage, ob eine Aufteilung ohne Rücksicht auf die Ehedauer in allen anderen Fällen erfolgt hat das BSG offen gelassen (BSG 87 S. 88 Rn. 24). Wenn es in Abs. 2 heißt, die Aufteilung erfolgt endgültig, dann bedeutet dies, dass beim Tode einer der hinterbliebenen Ehefrauen die anderen weiterhin nur auf ihre anfänglich errechneten Anteile beschränkt sind. Nicht ausgeschlossen ist es jedoch, dass eine anfangs übersehene Hinterbliebene später zu Lasten der Anteile der anderen zusätzlich berücksichtigt wird. Ganz generell ist durch das gesetzliche Merkmal „endgültig“ auch nicht die Anwendung des § 44 SGB X ausgeschlossen.

14 Die Frage, ob die ausländische **Mehrehe** dem deutschen **ordre public** wiederspricht, kann so nicht gestellt werden, und zwar auch nicht im Hinblick darauf, dass nur Männer mehrere Frauen haben können (oben Rn. 7, 8). In Anwendung des Art. 6 EGBGB darf nicht die ausländische Rechtsnorm überprüft werden, sondern nur das Anwendungsergebnis. Auch nur dieses Ergebnis muss mit den Grundrechten (Art. 3, 6, 14 GG) vereinbar sein. Das Ergebnis einer Anwendung des § 34 Abs. 2 lautet aber lediglich, dass eine Rente auf mehrere Hinterbliebene verteilt wird. Darin ist keine Grundrechtsverletzung zu sehen. Insbesondere erstreckt sich der Schutz des Art. 14 GG nicht auf die Hinterbliebenenrente (BVerfG 97 S. 271; BSG 87 S. 88 Rn. 27). Insgesamt liegt der Fall nicht anders, wenn nach einer Ehescheidung mit einem Versorgungsausgleich eine neue Ehe geschlossen wird und der hinterbliebene Partner einen durch den früheren Versorgungsausgleich geminderten Rentenanspruch hat.

15 Nur in ihrem Abs. 2 ermächtigt die Vorschrift des § 34 dazu, ausländischen Ehen über das Modell des inländischen Rechts hinaus eine Anerkennung zu Teil werden zu lassen. Von diesem Grundsatz gibt es jedoch aus Verfassungsgründen eine weitere Ausnahme. Unstrittig wird die sog. hinkende Ehe im Inland anerkannt (BVerfG 62 S. 323). Sie wurde zwar im Inland geschlossen, dabei wurde jedoch eine Form gewählt, die nur nach ausländischem, nicht aber nach inländischem Recht vorgesehen ist (Art. 13 Abs. 3 EGBGB). Eine Respektierung dieses Rechtsverhältnisses als Ehe sieht Art. 13 Abs. 3 Satz 2 EGBGB nur vor, wenn keiner der Verlobten Deutscher ist. Eine Anerkennung einer **„hinkenden Ehe"**, also einer Ehe zwischen einem Ausländer und einer Deutschen in einer Form, die in Deutschland nicht vorgesehen ist, entspricht nicht ganz dem Grundsatz des § 34 Abs. 1. Danach folgt das Sozialrecht dem Internationalen Privatrecht. Eigentlich dürfte ein Rechtsverhältnis, das nach deutschem Internationalen Privatrecht nicht anerkannt wird (Art. 13 Abs. 3 Satz 2 EGBGB), keine Folgen im deutschen Sozialrecht haben. Im Hinblick auf Art. 6 GG wird nur bei der hinkenden Ehe eine Ausnahme gemacht (vgl. Beitzke, Familienrechtliche Vorfragen im Sozialrecht, BSG-Festschrift Bd. 2, 1979 S. 483; Eichenhofer, Internationales Sozialrecht 1994 S. 101).

§ 35 Sozialgeheimnis

(1) [1]**Jeder hat Anspruch darauf, dass die ihn betreffenden Sozialdaten (§ 67 Absatz 2 Zehntes Buch) von den Leistungsträgern nicht unbefugt verarbeitet werden (Sozialgeheimnis).** [2]**Die Wahrung des Sozialgeheimnisses umfasst die Verpflichtung, auch innerhalb des Leistungsträgers sicherzustellen, dass die Sozialdaten nur Befugten zugänglich sind oder nur an diese weitergegeben werden.** [3]**Sozialdaten der Beschäftigten und ihrer Angehörigen dürfen Personen, die Personalentscheidungen treffen oder daran mitwirken können, weder zugänglich sein noch von Zugriffsberechtigten weitergegeben werden.** [4]**Der Anspruch richtet sich auch gegen die Verbände der Leistungsträger, die Arbeitsgemeinschaften der Leistungsträger und ihrer Verbände, die Datenstelle der Rentenversicherung, die in diesem Gesetzbuch genannten öffentlich-rechtlichen Vereinigungen, Integrationsfachdienste, die Künstlersozialkasse, die Deutsche Post AG, soweit sie mit der Berechnung oder Auszahlung von Sozialleistungen betraut ist, die Behörden der Zollverwaltung, soweit sie Aufgaben nach § 2 des Schwarzarbeitsbekämpfungsgesetzes und § 66 des Zehnten Buches durchführen, die Versicherungsämter und Gemeindebehörden sowie die anerkannten Adoptionsvermittlungsstellen (§ 2 Absatz 2 des Adoptionsvermittlungsgesetzes), soweit sie Aufgaben nach diesem Gesetzbuch wahrnehmen, und die Stellen, die Aufgaben nach § 67c Absatz 3 des Zehnten Buches wahrnehmen.** [5]**Die Beschäftigten haben auch nach Beendigung ihrer Tätigkeit bei den genannten Stellen das Sozialgeheimnis zu wahren.**

(2) [1]**Die Vorschriften des Zweiten Kapitels des Zehnten Buches und der übrigen Bücher des Sozialgesetzbuches regeln die Verarbeitung von Sozialdaten abschließend, soweit nicht die Verordnung (EU) 2016/679 des Europäischen Parlaments und des Rates vom 27. April 2016 zum Schutz natürlicher Personen bei der Verarbeitung personenbezogener Daten, zum freien Datenverkehr und zur Aufhebung der Richtlinie 95/46/EG (Datenschutz-Grundverordnung) (ABl. L 119 vom 4.5.2016, S. 1; L 314 vom 22.11.2016, S. 72) unmittelbar gilt.** [2]**Für die Verarbeitungen von Sozialdaten im Rahmen von nicht in den Anwendungsbereich der Verordnung (EU) 2016/679 fallenden Tätigkeiten finden die Verordnung (EU) 2016/679 und dieses Gesetz entsprechende Anwendung, soweit nicht in diesem oder einem anderen Gesetz Abweichendes geregelt ist.**

(2a) **Die Verpflichtung zur Wahrung gesetzlicher Geheimhaltungspflichten oder von Berufs- oder besonderen Amtsgeheimnissen, die nicht auf gesetzlichen Vorschriften beruhen, bleibt unberührt.**

(3) **Soweit eine Übermittlung von Sozialdaten nicht zulässig ist, besteht keine Auskunftspflicht, keine Zeugnispflicht und keine Pflicht zur Vorlegung oder Auslieferung von Schriftstücken, nicht automatisierten Dateisystemen und automatisiert verarbeiteten Sozialdaten.**

(4) **Betriebs- und Geschäftsgeheimnisse stehen Sozialdaten gleich.**

(5) **[1]Sozialdaten Verstorbener dürfen nach Maßgabe des Zweiten Kapitels des Zehnten Buches verarbeitet werden. [2]Sie dürfen außerdem verarbeitet werden, wenn schutzwürdige Interessen des Verstorbenen oder seiner Angehörigen dadurch nicht beeinträchtigt werden können.**

(6) **[1]Die Absätze 1 bis 5 finden neben den in Absatz 1 genannten Stellen auch Anwendung auf solche Verantwortliche oder deren Auftragsverarbeiter,**
1. die Sozialdaten im Inland verarbeiten, sofern die Verarbeitung nicht im Rahmen einer Niederlassung in einem anderen Mitgliedstaat der Europäischen Union oder in einem anderen Vertragsstaat des Abkommens über den Europäischen Wirtschaftsraum erfolgt, oder
2. die Sozialdaten im Rahmen der Tätigkeiten einer inländischen Niederlassung verarbeiten.

[2]Sofern die Absätze 1 bis 5 nicht gemäß Satz 1 anzuwenden sind, gelten für den Verantwortlichen oder dessen Auftragsverarbeiter nur die §§ 81 bis 81c des Zehnten Buches.

(7) **[1]Bei der Verarbeitung zu Zwecken gemäß Artikel 2 der Verordnung (EU) 2016/679 stehen die Vertragsstaaten des Abkommens über den Europäischen Wirtschaftsraum und die Schweiz den Mitgliedstaaten der Europäischen Union gleich. [2]Andere Staaten gelten insoweit als Drittstaaten.**

Übersicht

1. Neuordnung des Sozialdatenschutzes

1 In ihrer ursprünglichen Fassung stammt die Vorschrift noch aus der Zeit vor der grundlegenden Entscheidung des BVerfG zum Recht auf informationelle

Selbstbestimmung (BVerfG 65 S. 1). Maßgebend ist danach auch unter Geltung der Datenschutz-Grundverordnung-EU (DS-GVO), der VO (EU) 2016/679):

1. Unter den Bedingungen der modernen Datenverarbeitung wird der Schutz des Einzelnen gegen unbegrenzte Erhebung, Speicherung, Verwendung und Weitergabe seiner persönlichen Daten von dem allgemeinen Persönlichkeitsrecht des GG Art. 2 Abs. 1 in Verbindung mit GG Art. 1 Abs. 1 umfasst. Das Grundrecht gewährleistet insoweit die Befugnis des Einzelnen, grundsätzlich selbst über die Preisgabe und Verwendung seiner persönlichen Daten zu bestimmen.
2. Einschränkungen dieses Rechts auf „informationelle Selbstbestimmung" sind nur im überwiegenden Allgemeininteresse zulässig. Sie bedürfen einer verfassungsgemäßen gesetzlichen Grundlage, die dem rechtsstaatlichen Gebot der Normenklarheit entsprechen muss. Bei seinen Regelungen hat der Gesetzgeber ferner den Grundsatz der Verhältnismäßigkeit zu beachten. Auch hat er organisatorische und verfahrensrechtliche Vorkehrungen zu treffen, welche der Gefahr einer Verletzung des Persönlichkeitsrechts entgegenwirken

Diese Rechtsprechung wurde durch das Bundesdatenschutzgesetz vom 20.12.1990 in das einfache Gesetzesrecht überführt. Für das Sozialrecht wurde der Anschluss an diesen Stand des Rechts durch das 2. SGBÄndG gefunden. Dabei erfolgte eine weitgehende Übernahme der Terminologie und der Systematik des Bundesdatenschutzgesetzes. Mit dem Gesetz zur Änderung des Datenschutzgesetzes vom 18.5.2001 wurde das Bundesdatenschutzgesetz in seiner damals dritten Fassung an die Erfordernisse des Gemeinschaftsrechts angepasst (BGBl I 2001 S. 904). Zur gleichen Zeit wurde mit der Neufassung des SGB X auch der Schutz der Sozialdaten auf den neuesten Stand gebracht (BGBl I 2001 S. 130, 921). Damit konnte für einen gewissen Zeitraum von einer weitgehend homogenen Rechtsmaterie ausgegangen werden (Steinbach, NZS 2002 S. 15; Grimm, JZ 2013 S. 585; Timmermann, DVBl 2019 S. 249). Mit Wirkung ab dem 25.8.2018 ist das gesamte Datenschutzrecht, einschließlich des Sozialdatenschutzes, durch die Datenschutz-Grundverordnung-EU (DS-GVO), der VO (EU) 2016/679), neu geordnet worden (Art. 16 Abs. 2 AEUV). Vor diesem Hintergrund mussten sowohl das Bundesdatenschutzgesetz (BGBl 2017 S. 2097), als auch die §§ 67 ff. SGB X (BGBl 2017 S. 2541) gründlich überarbeitet werden (dazu Schantz, NJW 2016 S. 1841; Bieresborn, NZS 2017 S. 887; 926; Bieresborn, NZS 2018 S. 10; Bieresborn/Giesberts/Kaminski, SGb 2018 S. 449, 530; Freund/Shagdar, 2018 S. 135, 267; Kühling/Sackmann, NVwZ 2018 S. 681).

Das bisherige Datenschutzrecht hatte sich an dem vom BVerfG aus Art. 1 Abs. 1 und Art. 2 Abs. 1 GG abgeleiteten Grundsatz des Schutzes des informationellen Selbstbestimmungsrechts orientiert. Dem entspricht auch der 1. Erwägungsgrund der DS-GVO: 2

Der Schutz natürlicher Personen bei der Verarbeitung personenbezogener Daten ist ein Grundrecht. Gemäß Artikel 8 Absatz 1 der Charta der Grundrechte der Europäischen Union (im Folgenden „Charta") sowie Artikel 16 Absatz 1 des Vertrags über die Arbeitsweise der Europäischen Union (AEUV) hat jede Person das Recht auf Schutz der sie betreffenden personenbezogenen Daten.

Dennoch hat die DS-GVO eine gewisse Verlagerung der Akzente gebracht. So heißt es im 2. Erwägungsgrund der Verordnung:

Die Grundsätze und Vorschriften zum Schutz natürlicher Personen bei der Verarbeitung ihrer personenbezogenen Daten sollten gewährleisten, dass ihre Grundrechte und Grundfrei-

heiten und insbesondere ihr Recht auf Schutz personenbezogener Daten ungeachtet ihrer Staatsangehörigkeit oder ihres Aufenthaltsorts gewahrt bleiben. Diese Verordnung soll zur Vollendung eines Raums der Freiheit, der Sicherheit und des Rechts und einer Wirtschaftsunion, zum wirtschaftlichen und sozialen Fortschritt, zur Stärkung und zum Zusammenwachsen der Volkswirtschaften innerhalb des Binnenmarkts sowie zum Wohlergehen natürlicher Personen beitragen.

Das Ziel, zu einer Entwicklung und Stärkung des Binnenmarktes beizutragen, könnte mit seiner wirtschaftlichen Zwecksetzung durchaus in Konflikt mit dem allgemeinen Persönlichkeitsrecht geraten (Körner, ZESAR 2013 S. 100, 158). Damit wäre, im Hinblick auf Art. 2 Abs. 1 GG, der Anwendungsvorrang der DS-GVO in Frage gestellt (vgl. BVerfG JZ 1987 S. 236 mAnm Rupp). Dieser wäre auch im Hinblick auf Art. 23 Abs. 1 Satz 2 iVm 79 Abs. 3 GG nicht legitimiert. Insbesondere aber wird man bei dieser Frage nicht auf die Erwägungsgründe, sondern nur auf die einzelnen Regelungen der Verordnung abstellen dürfen. Aus ihnen ist nicht erkennbar, dass das Persönlichkeitsrecht hinter wirtschaftliche Interessen zurücktreten müsste.

2. Verhältnis zu den allgemeinen Grundsätzen des Daten- und Geheimnisschutzes

3 Obwohl die Grundverordnung (DS-GVO) als EU-Verordnung das nationale Recht verdrängt, ist der Sozialdatenschutz weiterhin in eine Reihe von ähnlichen Regelungskomplexen eingebettet. Das erklärt sich vor allem daraus, dass die DS-GVO verschiedentlich Öffnungsklauseln enthält (vgl. Art. 6 Abs. 1 lit. c; 9 Abs. 2 lit. a DS-GVO), die es den Mitgliedsstaaten ermöglichen, das Datenschutzrecht durch eigene Regelungen im nationalen Recht auszufüllen. Auf diese Weise ergibt sich im Datenschutz ein Mehrebenensystem. Dabei können durch einen Grundsatz, der etwas forsch als Wiederholungsverbot bezeichnet wird, Anwendungsprobleme im Verhältnis zur Grundverordnung vermieden werden (unten Rn. 15). Im innerstaatlichen Recht ist § 35 Abs. 1 Satz 1 für das Sozialgeheimins zwar insoweit grundlegend, als festgelegt wird, dass Sozialgeheimnisse nicht unbefugt verarbeitet werden dürfen. Dieser Schutz wird erst durch die Befugnisse und deren Einschränkungen in der Grundverordnung und durch die Bestimmungen der §§ 67 ff. SGB X verdeutlicht.

4 Der **sachliche Geltungsbereich** der DS-GVO erstreckt sich auf „die ganz oder teilweise automatisierte Verarbeitung personenbezogener Daten sowie für die nichtautomatisierte Verarbeitung personenbezogener Daten, die in einem Dateisystem gespeichert sind oder gespeichert werden sollen" (Art. 2 Abs. 1 DS-GVO). Bei nichtautomatisierter Verarbeitung ist also auf den Zweck der Speicherung in einem Datensystem abzustellen. Im innerstaatlichen Recht kommt der DS-GVO ein Geltungsvorrang zu, der allerdings das Recht auf informationelle Selbstbestimmung unberührt lässt. Für die Verwaltungspraxis bestimmend sind die Vorschriften des Bundesdatenschutzgesetzes, auf die jedoch im Sozialgesetzbuch nur in wenigen Einzelfällen verwiesen wird (§§ 81 Abs. 2 SGB X; 14–16 BDSG). Im öffentlich-rechtlichen Bereich finden sie nicht nur Anwendung auf den Schutz von Dateien, sondern auf alle personenbezogenen Daten (§ 1 Abs. 1 Satz 1 BSDG). Lediglich für nicht öffentliche Stellen gilt eine Beschränkung. Die Bestimmungen des Bundesdatenschutzgesetzes gelten dort nur „für die ganz oder teilweise automatisierte Verarbeitung personenbezogener Daten sowie die nicht automatisierte Verarbeitung personenbezogener Daten, die in einem Dateisystem

gespeichert sind oder gespeichert werden sollen, es sei denn, die Verarbeitung durch natürliche Personen erfolgt zur Ausübung ausschließlich persönlicher oder familiärer Tätigkeiten" (§ 1 Abs. 1 Satz 2 BDSG). Das entspricht Art. 2 Abs. 2 lit. c DS-GVO. Der Schutz entfällt also, wenn der Bezug zu einer beruflichen oder wirtschaftlichen Tätigkeit fehlt. In diesem Zusammenhang ist mit Abgrenzungsfragen zu rechnen:

Als persönliche oder familiäre Tätigkeiten könnte auch das Führen eines Schriftverkehrs oder von Anschriftenverzeichnissen oder die Nutzung sozialer Netze und Online-Tätigkeiten im Rahmen solcher Tätigkeiten gelten. Diese Verordnung gilt jedoch für die Verantwortlichen oder Auftragsverarbeiter, die die Instrumente für die Verarbeitung personenbezogener Daten für solche persönlichen oder familiären Tätigkeiten bereitstellen (18. Erwägungsgrund).

Was das Verhältnis der einzelnen Regelungskomplexe zueinander angeht, so bestimmt § 1 Abs. 2 BDSG, dass andere bundesrechtliche Vorschriften über den Schutz personenbezogener Daten Vorrang vor denen des Bundesdatenschutzgesetzes haben. Dieser Vorrang besteht also insbesondere für die §§ 35 SGB I, 67 ff. SGB X. Die Anwendung der Vorschriften des **Bundesdatenschutzes** ist also insoweit ausgeschlossen als die Regelungen der §§ 35 SGB I, 67 ff. SGB X reichen. Für Sachverhalte, die sie nicht oder nicht abschließend regeln, finden ergänzend die Bestimmungen des Bundesdatenschutzgesetzes Anwendung (§ 1 Abs. 2 Satz 1 BDSG). Sie gelten also weiterhin subsidiär. **5**

Sowohl was den allgemeinen Datenschutz als auch was das Sozialgeheimnis angeht, gilt Folgendes: Für die **Kirchen** gelten weiterhin eigene kirchliche Datenschutzregelungen. Dabei ist eine Aufsicht vorzusehen (Art. 91 Abs. 2 DS-GVO). Im sozialen Bereich ist darüber hinaus der strafrechtliche Geheimnisschutz nach § 203 StGB von Bedeutung. Ergänzt wird dieser Geheimnisschutz noch durch § 353b StGB für das Dienstgeheimnis und die dienstrechtlichen und arbeitsvertraglichen Grundsätzen zur Verschwiegenheit (§§ 39 BRRG, 9 BAT). Für die kirchlichen Träger ist in diesem Zusammenhang § 3 der Arbeitsvertragsrichtlinien zu nennen. Klarstellend dazu bestimmt § 1 Abs. 2 Satz 2 BDSG, dass sonstige Regelungen zur Wahrung gesetzlicher Geheimhaltungspflichten unberührt bleiben. Das gilt also vor allem für den straf- sowie den arbeits- und dienstrechtlichen Geheimnisschutz. Eine entsprechende Regelung für das Sozialgeheimnis trifft § 35 Abs. 2a. Diese Bestimmungen konnten im innerstaatlichen Recht beibehalten werden, weil die Grundverordnung diesen Komplex nicht regelt (Erwägungsgrund 164). Da § 35 Abs. 1 Satz 1 SGB I und § 1 SGB X nur die Leistungsträger erwähnen kommt eine unmittelbare Bindung der **Leistungserbringer** nicht in Betracht. Entsprechendes gilt für die **Gerichte.** Eine Verpflichtung kann aber über § 78 SGB X begründet werden (Wolff, NZS 2011 S. 161). **6**

Für den sozialrechtlichen Geheimnisschutz stellt sich das **Mehrebensystem** im Ergebnis wie folgt dar: Es gelten vorrangig die Bestimmungen der DS-GVO, insbesondere die Art. 1–23 DS-GVO. Dort, wo die Grundverordnung Öffnungsklauseln enthält, konnte der innerstaatliche Gesetzgeber eigene Regelungen treffen, was in den §§ 35 SGB I, 67 ff. SGB X geschehen ist. Nur wo diese Regelungen unvollständig sind, greifen die Bestimmungen des BDSG ein. Das Verhältnis des innerstaatlichen Rechts zum Unionsrecht wird klarstellend in den §§ 1 Abs. 5 BDSG sowie § 35 Abs. 2 SGB I und 67 Abs. 1 SGB X geregelt. Es wird auch eine Erweiterung des Anwendungsbereichs der Grundverordnung vorgenommen. Deren sachlicher Anwendungsbereich ist durch Art. 2 Abs. 2 lit. a–d DS-GVO **7** eingeschränkt. Demgegenüber enthalten die Art. 6 Abs. 2 und 9 DS-GVO Öffnungsklauseln. Damit wird zugleich der Regelungsspielraum der Mitgliedsstaaten erweitert. Insbesondere schützt § 35 Abs. 1 das Sozialgeheimnis auch dann, wenn die relevanten Informationen nicht in eine strukturierte Datei iSd Art. 4 Nr. 6 DS-GVO aufgenommen worden sind (Bieresborn/Giesberts-Kaminski, SGb 2018 S. 550, 551). Dazu regelt § 35 Abs. 2 Satz 2 eine entsprechende Anwendung der Grundverordnung. Des Weiteren erfolgt die entsprechende Anwendung der DS-GVO auf Betriebs- und Geschäftsgeheimisse. Dasselbe gilt für den Schutz der Sozialdaten Verstorbener, auf den sich die Grundverordnung ebenfalls nicht erstreckt (27. Erwägungsgrund). Jedoch können die Mitgliedsstaaten eigene Regelungen über die Verarbeitung personenbezogener Daten Verstorbener schaffen. Das ist in § 35 Abs. Abs. 5 geschehen (vgl. unten Rn. 72).

8 Für das Verhältnis des § 35 SGB I zu § 203 StGB ist ergänzend festzustellen, dass der Anspruch auf den Schutz der Sozialdaten nach § 35 Abs. 1 Satz 1 zunächst einmal gegen den Sozialleistungsträger als solchen gerichtet ist (vgl. unten Rn. 29). Das ergibt sich aus dem gesetzlichen Merkmal „von den Leistungsträgern" in § 35 Abs. 1. Demgegenüber besteht die strafrechtliche Sanktion des § 203 StGB gegenüber den Vertretern der einzelnen in dieser Vorschrift genannten Berufsgruppen (Ensslen, NDV 1999 S. 121; Riehle, ZfJ 1999 S. 463). Als relativ gesichert wird man jetzt die Auffassung ansehen müssen, nach der die Übermittlungsbefugnisse nach den §§ 67 ff. SGB X noch keine Offenbarungsbefugnis iSd § 203 StGB darstellen. Auch hier gilt der Grundsatz, dass die §§ 67 ff. SGB X nur dem Leistungsträger eine Befugnis verleihen. Eine Ausnahme davon wird in § 100 SGB X gemacht. Dort wird eine Auskunftspflicht der Heilberufe begründet. Es bedarf aber der gesetzlichen Regelung oder der Einwilligung des Betroffenen.

9 Der strafrechtliche **Geheimnisschutz** tritt also als persönliche Verpflichtung neben die eher institutionelle Ausrichtung des § 35. Das bedeutet vor allem bei einer persönlichen Beratung, dass im innerbehördlichen oder innerbetrieblichen Bereich der Anstellungsträger des Beraters es respektieren muss, dass die Tatsache und der Inhalt der Beratung unter dem Geheimnisschutz des § 203 StGB stehen. Allerdings erstreckt sich die Pflicht zur Geheimhaltung nur auf bestimmte Berufsgruppen, insbesondere Ärzte, Psychologen und Sozialarbeiter (vgl. BAG NDV 1987 S. 333). Der Geheimnisschutz bedeutet insoweit auch eine Einschränkung des Direktionsrechts des Arbeitgebers (vgl. Mörsberger, NDV 1987 S. 325; Heckel, NVwZ 1994 S. 224).

10 Ergänzend dazu ist § 76 Abs. 1 SGB X zu beachten. Wurden Sozialdaten von einem Arzt oder einer anderen in § 203 Abs. 1 und 4 StGB genannten Person einem Sozialleistungsträger zugänglich gemacht, so ist eine weitere Übermittlung nur zulässig, wenn eine der genannten Personen selbst übermittlungsbefugt wäre. Der berufliche Geheimnisschutz setzt sich also beim Sozialleistungsträger fort. Davon werden allerdings in § 76 Abs. 2 und 3 SGB X Ausnahmen gemacht. Wobei im Falle des § 76 Abs. 2 Nr. 1 iVm § 69 Abs. 1 Nr. 1 SGB X der Betroffene die Möglichkeit hat, zu widersprechen. Dazu besteht aber zumeist kein Anlass, weil die Daten in Erfüllung der gesetzlichen Aufgabe eines Leistungsträgers übermittelt und somit nicht neu erhoben werden müssen. Dies dient auch dem Ziel des § 96 Abs. 2 SGB X, Doppeluntersuchungen zu vermeiden.

11 Inzwischen ist immer klarer geworden, dass jede Form des Geheimnisschutzes den innerbetrieblichen oder **innerbehördlichen Datenfluss** in jeder Hinsicht einschränkt und einschränken muss. Das folgt unmittelbar aus der Definition des „Dritten" in § 4 Nr. 10 DS-GVO. Demgemäß besteht eine Verpflichtung zur

Sicherstellung des Sozialgeheimnisses „innerhalb des Leistungsträgers" (§ 35 Abs. 1 Satz 2). Außerdem müssen die Beschäftigten das Sozialgeheimnis auch während ihrer Tätigkeit gegenüber anderen, nicht befugten Mitarbeitern, und nach Beendigung ihrer Tätigkeit wahren (vgl. § 35 Abs. 1 Satz 2 und 5). Konsequenzen daraus hat der Gesetzgeber relativ früh in § 65 SGB VIII gezogen. Soweit danach im Rahmen einer persönlichen oder erzieherischen Hilfe personenbezogene Daten einem Mitarbeiter des Jugendamtes anvertraut wurden, gilt der in dieser Vorschrift geregelte sehr weitgehende Geheimnisschutz. Damit hat der Gesetzgeber in § 65 SGB VIII die institutionelle Ausrichtung des § 35 mit der persönlichen des § 203 StGB verbunden, und auf alle Mitarbeiter des Jugendamtes ausgedehnt. Nur wenn ein Mitarbeiter des Jugendamtes zu einer Offenbarung iSd § 203 StGB befugt ist, ist auch die Weitergabe iSd § 65 SGB VIII zulässig (Ensslen, NDV 1999 S. 124; Riehle, ZfJ 2000 S. 290; Kunkel, ZfSH/SGB 2000 S. 643). Im Zusammenhang mit dem Ausbau des Schutzauftrags der Jugendämter (§ 8a SGB VIII) musste der Geheimnisschutz geringfügig modifiziert werden (§§ 64 Abs. 2a, 65 Abs. 1 Nr. 4 SGB VIII). Die Wahrnehmung von Aufsichts-, Kontroll- und Disziplinarbefugnissen wird für alle Behörden durch die Regelung des § 67c Abs. 3 SGB X gewährleistet, soweit die Speicherung, Veränderung oder Nutzung von Sozialdaten betroffen ist. Eingeschränkt sind Kontrollbefugnisse weiterhin im Zusammenhang mit § 203 StGB (vgl. unten Rn. 12).

Gleichsam die Kehrseite des Geheimnisschutzes stellt damit auch heute noch die Schwierigkeit dar, personenbezogene Daten bei Dritten zu erheben, die die Sozialleistungsträger für die Erfüllung ihrer gesetzlichen Aufgaben einschließlich der Wahrnehmung von **Kontrollbefugnissen** benötigen. Auseinandersetzungen hatte es vor allem bei der Überprüfung von Abrechnungen der Ärzte und Krankenhäuser durch die Krankenkassen und die Rechnungshöfe gegeben (OVG Lüneburg, NJW 1975 S. 2263; LSG Nds. NJW 1980 S. 2776; BSG 55 S. 150; BSG 59 S. 172). Letztlich konnten sich die Auffassungen, die aus dem **Arztgeheimnis** des § 203 Abs. 1 Nr. 1 StGB eine Beschränkung von Kontrollbefugnissen ableiteten wollten (Baur, SGb 1984 S. 150), nicht durchsetzen. Befugnisnormen für eine Offenbarung von Geheimnissen (§ 203 StGB) im Zusammenhang mit einer haushaltsrechtlichen Kontrolle sind Art. 114 Abs. 2 GG und die entsprechenden landesrechtlichen Bestimmungen (BVerwG 82 S. 56). Soweit darüber hinaus die Krankenkassen allgemein Kontrollaufgaben wahrnehmen, sind die Krankenhäuser sowie die Vorsorge- und Rehabilitationseinrichtungen nach § 301 SGB V befugt und verpflichtet, die dort genannten Angaben zu übermitteln. Nach § 275 SGB V besteht auch ein Prüfungsrecht der Krankenkassen hinsichtlich der tatsächlichen Erbringung einer abgerechneten Leistung. In diesem Falle können die Kassen aber nicht aus eigenem Recht Einsicht in die Behandlungsunterlagen verlangen, vielmehr muss der Medizinische Dienst tätig werden (BSG 90 S. 1). Für den Bereich der Kinder- und Jugendhilfe begründete erstmals § 64 Abs. 3 SGB VIII aF eine Offenbarungsbefugnis für die Wahrnehmung von Kontroll- und Aufsichtsuntersuchungen sowie von Organisationsuntersuchungen. Dieser Rechtsgrundsatz ist später durch § 67c Abs. 3 SGB X auf das ganze Sozialrecht erstreckt worden. **12**

Neuere gesetzliche Regelungen begründen detaillierte Kontrollbefugnisse vor allem zur Vermeidung und Aufdeckung des **Leistungsmissbrauchs** (vgl. §§ 52, 52a SGB II 397 SGB III, 118 SGB XII). Nur in Einzelfällen sind mit diesen Kontrollbefugnissen auch Auskunftspflichten derjenigen verbunden, die das Geheimnis wahren müssen (§§ 56 ff. SGB II). Eine für das Sozialgesetzbuch gene- **13** rell bestehende **Auskunftspflicht** begründet § 100 SGB X nur für Ärzte und Angehörige eines anderen Heilberufs. Die Auskunftspflicht besteht nur für Einzelfälle. Sie besteht zudem nur, soweit es gesetzlich vorgesehen ist oder der Betroffene im Einzelfall eingewilligt hat (vgl. unten Rn. 35 ff.). Eine dementsprechende Mitteilungspflicht für den Medizinischen Dienst wird durch § 277 SGB V begründet. In diesem Zusammenhang ist auf die nach § 276 Abs. 4 SGB V bestehenden Kontrollbefugnisse des Medizinischen Dienstes der Krankenkassen im stationären Bereich hinzuweisen. Dabei wird den Besonderheiten der psychiatrischen Versorgung Rechnung getragen (vgl. §§ 275 Abs. 3a, 276 Abs. 4 Satz 2 SGB V). Im Hinblick auf das Arztgeheimnis ist hervorzuheben, dass es nach der ehemaligen Fassung des Bundesdatenschutzgesetzes der Kontrolle durch den Datenschutzbeauftragten unterlag (§ 24 Abs. 2 Satz 1 Nr. 2 BDSG aF). Nach der sozialrechtlichen Parallelvorschrift des § 81 Abs. 1 und 2 SGB X galt dies infolge der Verweisung auf diese Vorschrift. In der jetzt geltenden Fassung des § 16 Abs. 3 Nr. 2 BSDSG wird nur noch das Amts- nicht aber mehr das Berufsgeheimnis erwähnt. Die alte Regelung wäre wohl nicht mit Art. 38 Abs. 1 lit. b; 58, 90 DS-GVO vereinbar gewesen, da entsprechende Befugnisse nur den Aufsichtsbehörden zustehen, zu denen der Datenschutzbeauftrage nicht gerechnet wird (Erwägungsgrund 164).

3. Begriffsbestimmungen

14 Mit der Regelung des § 35 sollte ursprünglich für das Sozialrecht eine Geheimnisschutzvorschrift geschaffen werden, die dem Steuer- sowie dem Post- und Fernmeldegeheimnis gleichkommt. Inzwischen ist in dieser Trias das Sozialgeheimnis die dominierende Rechtsfigur geworden. Die Regelung war vor allem deswegen dringend geboten, weil den Sozialleistungsberechtigten im Rahmen der Mitwirkungspflichten nach den §§ 60–64 eine weitgehende Offenbarung ihrer persönlichen Verhältnisse obliegt. Der für die Praxis entscheidende Schwerpunkt des Sozialdatenschutzes liegt jedoch nicht in § 35 SGB I, sondern in den §§ 67 ff. SGB X. Dort mussten auch die meisten Anpassungen an die Grundverordnung vorgenommen werden.

15 Daraus ergeben sich aber gewisse Spannungen mit dem unionrechtlichen **Wiederholungsverbot.** Danach ist grundsätzlich davon auszugehen, dass unionsrechtliche Vorschriften nicht im innerstaatlichen Recht wiederholt werden dürfen. Dadurch soll eine unterschiedliche Auslegung wortgleicher Vorschriften vermieden werden. Jedoch hat der EuGH die Wiederholung bestimmter Sequenzen des Unionsrechts im innerstaatlichen Recht, um die Regelungen verständlich zu machen, für zulässig erachtet (EuGH C-272/83 Rn. 27, juris). Dieser Gesichtspunkt wurde auch in den 8. Erwägungsgrund der DS-GVO übernommen (Bieresborn, NZS 2017 S. 10, 11; etwas enger Schantz, NJW 2016 S. 1841; Freund/Shagar, SGb 2018 S, 135, 138). Insgesamt dürfte der Begriff Wiederholungsverbot etwas missverständlich sein. Als Verbot hätte er ja eine gesetzliche Regelung zur Voraussetzung. Man wird deswegen darunter eher einen Auslegungsgrundsatz verstehen müssen, mit dem – bei einem Anwendungsvorrang des Unionsrechts – unterschiedliche Auslegungen gleichlautender Gesetzesbegriffe verhindert werden sollen. So hat der EuGH lediglich „festgestellt, dass die Verordnungen der Gemeinschaft als solche unmittelbar in jedem Mitgliedsstaat gelten und allein auf Grund ihrer Veröffentlichung im Amtsblatt der Gemeinschaft in Kraft treten. Deshalb darf ein Mitgliedsstaat nicht eine Lage schaffen, in der die unmittelbare Geltung der Gemeinschaftsverordnungen aufs Spiel gesetzt würde“ (EuGH C-

272/83 Rn. 26, juris; EuGH Slg 1973 S. 101 Rn. 17; EuGH C-592/11 Rn. 36). Es bedarf insbesondere keiner besonderen Maßnahme zur Umsetzung des Unionsrechts in das Recht der Mitgliedstaaten. Der einzelne Mitgliedsstaat darf jedoch Maßnahmen zur Durchführung einer Verordnung ergreifen, um entstandene Zweifel zu beheben. Er darf aber keine Auslegungsregeln mit bindender Wirkung erlassen (EuGH Slg. 1978 S. 99 Rn. 22/27; EuGH C-24/13 Rn. 16). Die Mitgliedstaaten müssen also alles unterlassen, was die Geltung einer Unionsnorm in Frage stellen könnte. Konsequenterweise müssen sie nationale Vorschriften an das Unionsrecht anpassen (EuGH C-160/99 Rn. 23). Das ist durch die Neufassung der §§ 67 ff. SGB X geschehen. Dabei war darauf zu achten, dass der Geltungsvorrang des Unionsrechts nicht in Frage gestellt wird. Mehr sagt der Begriff Wiederholungsverbot aber nicht aus.

Die zu schützenden **Sozialdaten** waren ursprünglich als personenbezogene 16
Daten zunächst ausschließlich in § 67 Abs. 1 SGB X aF in Übereinstimmung mit § 3 Abs. 1 BDSG definiert (vgl. Bay. LSG FEVS 65 S. 563 Rn. 18). Heute ergänzen sie nur noch Art. 4 Nr. 1 DS-GVO. Danach bezeichnet der im Hinblick auf die Entwicklung der Informationstechnik komplizierter gewordene der Ausdruck als personenbezogene Daten:

alle Informationen, die sich auf eine identifizierte oder identifizierbare natürliche Person (betroffene Person) beziehen; als identifizierbar wird eine natürliche Person angesehen, die direkt oder indirekt, insbesondere mittels Zuordnung zu einer Kennung wie einem Namen, zu einer Kennnummer, zu Standortdaten, zu einer Online-Kennung oder zu einem oder mehreren besonderen Merkmalen, die Ausdruck der physischen, physiologischen, genetischen, psychischen, wirtschaftlichen, kulturellen oder sozialen Identität dieser natürlichen Person sind, identifiziert werden kann.

Es muss sich dabei um Daten handeln, die von einer Stelle im Sinne des § 35 im Hinblick auf ihre Aufgaben nach dem Sozialgesetzbuch verarbeitet werden. Verarbeitung ist bereits die einfache Kenntnisnahme von Unterlagen (Bay. LSG NZS 2014 S. 672 Rn. 15). Die Aufgaben werden über die Bestimmungen des Sozialgesetzbuches hinaus durch § 67 Abs. 3 SGB X erweitert. Außerdem erklärt das innerstaatliche Recht auch **betriebs- und geschäftsbezogene Daten** für schutzbedürftig, sofern sie Geheimnischarakter haben (§ 35 Abs. 4). Das gilt auch für juristische Personen. Zum Schutz dieser Daten findet die Grundverordnung entsprechende Anwendung (§ 35 Abs. 2 Satz 2). Personenbezogene Daten natürlicher Personen müssen keinen Geheimnischarakter haben.

Eine Sonderregelung, die § 67 Abs. 12 SGB X aF entspricht trifft Art. 9 Abs. 1 17
DS-GVO für **besondere Kategorien personenbezogener Daten.** Danach ist die

„Verarbeitung personenbezogener Daten, aus denen die rassische und ethnische Herkunft, politische Meinungen, religiöse oder weltanschauliche Überzeugungen oder die Gewerkschaftszugehörigkeit hervorgehen, sowie die Verarbeitung von genetischen Daten, biometrischen Daten zur eindeutigen Identifizierung einer natürlichen Person, Gesundheitsdaten oder Daten zum Sexualleben oder der sexuellen Orientierung einer natürlichen Person … untersagt".

Auf den nicht nur in Deutschland belasteten Begriff rassische Herkunft, der auch im 51. Erwägungsgrund als problematisch angesehen wird, hätte man verzichten können. Die Begriffe „familiär" und „sozial" hätten ihn gut ersetzt. Das Verarbeitungsverbot wird jedoch für die in Art. 9 Abs. 2 lit. a–j geregelten Fälle wieder aufgehoben. Unter ihnen sind im Sozialrecht besonders wichtig die Daten mit **Gesundheitsbezug** (lit. h und i). Weitergehend kann das Verbot auf Grund einer mitgliedsstaatlichen Regelung für den Fall einer Einwilligung aufgehoben werden (Art. 9 Abs. 2 lit. a DS-GVO). Das ist in § 67a Abs. 1 Satz 2 SGB X und § 22 BDSG geschehen. Die Erhebung solcher Daten kann also erfolgen. Ergänzend müssen für diese Daten im Einzelnen präzisierte spezifische Maßnahmen zur Wahrung der Interessen der betroffenen Personen vorgesehen werden (§ 22 Abs. 2 Nr. 1–10 BDSG). Dies ist geschehen, um den Anforderungen des Art. 9 Abs. 2 DS-GVO Rechnung zu tragen (BT-Drs. 18/12611 S. 102).

18 Als **Verarbeiten** definiert Art. 4 Nr. 2 DS-GVO sehr allgemein:

jeden mit oder ohne Hilfe automatisierter Verfahren ausgeführten Vorgang oder jede solche Vorgangsreihe im Zusammenhang mit personenbezogenen Daten wie das Erheben, das Erfassen, die Organisation, das Ordnen, die Speicherung, die Anpassung oder Veränderung, das Auslesen, das Abfragen, die Verwendung, die Offenlegung durch Übermittlung, Verbreitung oder eine andere Form der Bereitstellung, den Abgleich oder die Verknüpfung, die Einschränkung, das Löschen oder die Vernichtung.

19 **Verantwortlicher** im Sinne des Datenschutzes ist gemäß Art. 4 Nr. 7 DS-GVO:

die natürliche oder juristische Person, Behörde, Einrichtung oder andere Stelle, die allein oder gemeinsam mit anderen über die Zwecke und Mittel der Verarbeitung von personenbezogenen Daten entscheidet; sind die Zwecke und Mittel dieser Verarbeitung durch das Unionsrecht oder das Recht der Mitgliedstaaten vorgegeben, so kann der Verantwortliche beziehungsweise können die bestimmten Kriterien seiner Benennung nach dem Unionsrecht oder dem Recht der Mitgliedstaaten vorgesehen werden.

20 Besondere praktische Bedeutung hat der in Art. 4 Nr. 11 DS-GVO definierte Begriff der **Einwilligung** (vgl. unten Rn. 34). Das ist jede von der betroffenen Person

freiwillig für den bestimmten Fall, in informierter Weise und unmissverständlich abgegebene Willensbekundung in Form einer Erklärung oder einer sonstigen eindeutigen bestätigenden Handlung, mit der die betroffene Person zu verstehen gibt, dass sie mit der Verarbeitung der sie betreffenden personenbezogenen Daten einverstanden ist.

Das Einholen der Einwilligung selbst ist Bestandteil der Datenerhebung und fällt damit bereits unter den Begriff der Verarbeitung im Sinne des Art. 4 Nr. 1 DS-GVO(Bieresborn, NZS 2017 S. 890 Fn. 33).

21 In Art. 4 Nr. 12 DS-GVO wird als **Verletzung personenbezogener Daten** jede Verletzung der Datensicherheit angesehen, die

die, ob unbeabsichtigt oder unrechtmäßig, zur Vernichtung, zum Verlust, zur Veränderung, oder zur unbefugten Offenlegung von, beziehungsweise zum unbefugten Zugang zu personenbezogenen Daten führt, die übermittelt, gespeichert oder auf sonstige Weise verarbeitet wurden.

22 In § 67 Abs. 4 SGB X wird ergänzend bestimmt, dass der Leistungsträger (§ 12 SGB I), der Daten verarbeitet, „verantwortlicher“ Leistungsträger ist. Bei Gebietskörperschaften wird der Begriff des „Verantwortlichen“ jedoch auf die Organisationseinheiten eingeschränkt, die eine Aufgabe nach einem der besonderen Teile des Sozialgesetzbuches funktional durchführen. In Art. 4 Nr. 3 DS-GVO wird der Begriff der Einschränkung der Verarbeitung fast tautologisch definiert. Das

Unionsrecht kennt dagegen in Art. 4 Nr. 4 DS-GVO das Profiling, das im innerstaatlichen Sozialdatenschutz kaum eine Bedeutung haben dürfte. In Art. 4 Nr. 5, 6, 8–10 DS-GVO werden weitere relativ klare Begriffe definiert (Pseudonomisierung, Dateisystem, Auftragsverarbeiter, Empfänger, Dritter). **Auftragsverarbeiter** sind diejenigen, die die Instrumente für die Verarbeitung personenbezogener Daten bereitstellen (§ 35 Abs. 6). Weitere wichtige Definitionen finden sich in Art. 4 Nr. 13–15 DS-GVO, also die Begriffe der **genetischen und biometrischen Daten.** Zu letzteren gehören Lichtbilder nur unter der Voraussetzung, dass „sie mit speziellen technischen Mitteln verarbeitet werden, die die eindeutige Identifizierung oder Authentifizierung einer natürlichen Person ermöglichen" (51. Erwägungsgrund). Erwähnenswert ist noch die Definition der grenzüberschreitenden Datenverarbeitung in Art. 4 Nr. 23 DS-GVO. Der praktisch wichtige Begriff des **Übermittelns** (unten Rn. 28, 66) erfährt keine besondere Definition. Er ist unselbständiger Bestandteil der Verarbeitung (Art. 4 Nr. 2 DS-GVO.

Die Grundverordnung selbst definiert nicht den Begriff der **Anonymisierung.** 23
Allerdings wird das zu schützende personenbezogene Datum in Art. 4 Nr. 1 DS-GVO selbst dadurch definiert, dass es sich auf eine identifizierte oder identifizierbare Person bezieht.

Dazu heißt es im 26. Erwägungsgrund:

„Um festzustellen, ob eine natürliche Person identifizierbar ist, sollten alle Mittel berücksichtigt werden, die von dem Verantwortlichen oder einer anderen Person nach allgemeinem Ermessen wahrscheinlich genutzt werden, um die natürliche Person direkt oder indirekt zu identifizieren, wie beispielsweise das Aussondern. Bei der Feststellung, ob Mittel nach allgemeinem Ermessen wahrscheinlich zur Identifizierung der natürlichen Person genutzt werden, sollten alle objektiven Faktoren, wie die Kosten der Identifizierung und der dafür erforderliche Zeitaufwand, herangezogen werden, wobei die zum Zeitpunkt der Verarbeitung verfügbare Technologie und technologische Entwicklungen zu berücksichtigen sind. Die Grundsätze des Datenschutzes sollten daher nicht für anonyme Informationen gelten, d. h. für Informationen, die sich nicht auf eine identifizierte oder identifizierbare natürliche Person beziehen, oder personenbezogene Daten, die in einer Weise anonymisiert worden sind, dass die betroffene Person nicht oder nicht mehr identifiziert werden kann. Diese Verordnung betrifft somit nicht die Verarbeitung solcher anonymer Daten, auch für statistische oder für Forschungszwecke."

Damit ist das Kriterium „nicht identifizierbar", also anonym, geringfügig eingeschränkt. Dagegen wird in Art. 4 Nr. 5 DS-GVO der Begriff der Pseudonymisierung dadurch definiert, dass er nur durch zusätzliche Informationen, die gesondert aufbewahrt und vor unberechtigtem Zugriff geschützt sind, entschlüsselt werden kann.

In Art. 5 DS-GVO werden allgemeine Grundsätze geregelt, die für jeden Vor- 24
gang der Datenverarbeitung gelten (Art. 4 DS-GVO). Dazu gehören etwa Rechtmäßigkeit und Transparenz der Verarbeitung sowie Integrität, Vertraulichkeit und Rechenschaftspflicht. Daraus Schlüsse für die praktische Arbeit zu ziehen, dürfte schwierig sein. Konkreter sind die Grundsätze der Datenminimierung und der **Zweckbindung.** Letztere ist bei einer Nutzung nicht mehr gegeben, die vom ursprünglichen Erhebungszweck abweicht (§ 78 SGB X). Dies ist nicht generell unzulässig, bedarf aber einer besonderen Legitimation. Allgemein gilt dies gemäß Art. 89 DS-GVO vor allem für wissenschaftliche und statistische Zwecke. Im Übrigen gelten die Grundsätze des Art. 6 Abs. 4 lit. a–e DS-GVO. Im innerstaatlichen Recht ist im Leistungsbereich eine Auflockerung der Zweckbindung in

§ 67c Abs. 2–5 SGB X geregelt. Dasselbe ist für § 69 Abs. 1 Nr. 1–3 SGB X anzunehmen.

4. Grundsätze des Sozialdatenschutzes im SGB X

25 Unter Wahrung des Geltungsvorranges der DS-GVO wird in § 35 Abs. 2 bestimmt, dass der Sozialdatenschutz im Zweiten Kapitel des SGB X und den übrigen Büchern des SGB abschließend geregelt ist. Soweit der originäre Anwendungsbereich der DS-GVO nicht berührt ist, finden das SGB und die DS-GVO entsprechende Anwendung, soweit nichts Abweichendes geregelt ist (§ 35 Abs. 2 Satz 2). In rechtstechnischer Hinsicht ist der sozialrechtliche Geheimnisschutz so konzipiert, dass in § 35 SGB I der allgemeine Grundsatz des Schutzes von Sozialdaten geregelt wird. Wesentliche Rechtsgrundsätze über den Umgang mit solchen Daten werden in den §§ 67 ff. SGB X geschaffen. Sie erstrecken sich auf die Erfüllung von Aufgaben nach dem SGB. Gegenüber dem bisherigen Recht werden die Aufgaben durch den Katalog des § 67 Abs. 3 SGB X insoweit erweitert, als auch die anderen dort genannten Aufgaben, die den Sozialleistungsträgern zugewiesen sind, in den Sozialdatenschutz einbezogen wurden. Das betrifft nur einzelne Aufgaben nach dem Asylbewerberleistungsgesetz (§ 9 AsylbLG). In systematischer Hinsicht hätten § 35 Abs. 1 Satz 4 SGB I und § 67 Abs. 3 SGB X besser aufeinander abgestimmt werden müssen, weil teilweise Anspruchsgegner (Behörden der Zollverwaltung), teilweise Aufgaben (Arbeitssicherheit) genannt werden, ohne dass dies Einfluss auf den Umfang des Sozialdatenschutzes hat.

26 In den neu gefassten §§ 67a ff. SGB X wird die **Verarbeitung** von Sozialdaten geregelt. Dabei wird betont, dass diese Vorschriften Art. 4 DS-GVO nur ergänzen (vgl. oben Rn. 26). Nach § 67a Abs. 1 SGB X erfolgt die **Erhebung** von Sozialdaten durch die in § 35 Abs. 1 Satz 4 SGB I genannten Stellen, und zwar nur, soweit dies für die Erfüllung ihrer Aufgaben erforderlich ist. Zu solchen Aufgaben gehört zB nicht – trotz Einführung des Kassenwahlrechts – die Datenerhebung zum Zwecke der Mitgliederwerbung (BSG 90 S. 162). **Betroffener** ist nicht zwangsläufig der Leistungsberechtigte, sondern derjenige, über den Daten beschafft werden. Der Grundsatz, dass Daten beim Betroffenen zu erheben sind, wird durch § 67a Abs. 2 Satz 2 SGB X eingeschränkt. Diese Frage ist auch in Art. 14 DS-GVO angesprochen. Ihr Gegenstand ist aber nur, was zu geschehen hat, wenn die Daten nicht beim Betroffenen erhoben werden. Eine innerstaatliche Regelung war also zulässig (BSG 110 S. 75, Amtsermittlung; Hess. LSG ZfSH/SGB 2015 S. 37, zu 62 Abs. 2 SGB VIII). Eine Erweiterung der Fremderhebung auf der Grundlage des Art. 6 Abs. 4 DS-GVO ist nicht möglich, da mit § 67a Abs. 2 SGB X zulässiger Weise eine innerstaatliche Rechtsvorschrift geschaffen wurde.

27 Der Begriff der **Verarbeitung von Daten** und ihrer Einschränkung ist bereits in Art. 4 Nr. 2 und 3 DS-GVO geregelt. Ergänzend dazu treffen die §§ 67b und 67c SGB X klarstellende Regelungen über Speicherung, Veränderung, Nutzung, Übermittlung, Einschränkung der Verarbeitung und Löschung von Sozialdaten, sowie deren Nutzung abweichend vom Erhebungszweck (§ 67c Abs. 2 SGB X). Unter Nutzung ist auch die Weitergabe **an Befugte** innerhalb der verantwortlichen Stelle zu verstehen. Die Konkretisierung durch die §§ 67b und 67c SGB X ist an sich sinnvoll, da der Begriff der Verarbeitung in Art. 4 Nr. 2 DS-GVO doch sehr allgemein gehalten ist.

28 In den §§ 67d–77 SGB X werden Grundsätze der Übermittlung von Daten geregelt. Praktisch besonders wichtig ist die Definition des **Übermittelns** (unten

Rn. 66). Sie ersetzt den früheren zu sehr mit dem Geheimnis verbundenen Begriff des Offenbarens. In Art. 4 Nr. 2 DGVO wird das Übermitteln als Teil der Verarbeitung durch verschiedene Formen der Offenlegung von Daten definiert. Dazu ergänzt Art. 4 Nr. 9 DS-GVO den Begriff des Empfängers als eine „natürliche oder juristische Person, Behörde, Einrichtung oder andere Stelle, der personenbezogene Daten offengelegt werden, unabhängig davon, ob es sich bei ihr um einen Dritten handelt oder nicht. Die allgemeinen Voraussetzungen für die Übermittlung regelt Art. 5 Abs. 4 DS-GVO. Unter Übermitteln versteht das Gesetz entweder die Weitergabe von Sozialdaten von der verantwortlichen Stelle an einen Dritten (Art. 4 Nr. 10 DS-GVO), die Einsichtnahme in die Daten oder deren Abruf durch letzteren (§ 67d Abs. 1 SGB X). Zum Übermitteln gehört auch die Bekanntgabe nicht gespeicherter Sozialdaten aus dem Wissen eines Sachbearbeiters. Nach den Grundsätzen des § 67d Abs. 2 SGB X sind zu übermittelnde von anderen Daten zu trennen. Im Hinblick auf die neuere Entwicklung im Datenaustausch war es erforderlich geworden, organisatorische Vorkehrungen zum Datenschutz bei automatisierter Abrufverfahren zu treffen (§ 79 SGB X).

Der Sozialdatenschutz des § 35 SGB I beinhaltet in erster Linie das Verbot 29 unbefugter Erhebung und Verarbeitung. Darauf ist er jedoch nicht mehr beschränkt. Der Anspruch richtet sich zunächst einmal gegen die in § 35 Abs. 1 Satz 4 genannten Träger und Verbände. Er wird aber auf deren innere Struktur erweitert. So umfasst der Schutz gemäß § 35 Abs. 1 Satz 2 auch die Verpflichtung durch bestimmte **personelle, technische und organisatorische Vorkehrungen** das Sozialgeheimnis aktiv zu wahren. Die danach verantwortlichen Personen müssen das Sozialgeheimnis auch nach Beendigung ihrer Tätigkeit wahren (§ 35 Abs. 1 Satz 5). Wie dies zu geschehen hat, wird in den Art. 24, 25 und 40, 41 DS-GVO geregelt. Darüber hinaus ist aus der Tatsache, dass § 35 Abs. 1 Satz 2 SGB I vorschreibt, Sozialdaten nur den dazu befugten Mitarbeitern zugänglich zu machen, der funktionale Stellenbegriff (oben Rn. 10) auf einen funktionsspezifischen Datenschutz hin zu erweitern. Das bedeutet, dass auch die Mitarbeiter **innerhalb einer Stelle** nur Zugang zu den Sozialdaten erlangen können, wenn sie im Einzelfall nach ihrer Aufgabe dazu befugt sind. Ist das nicht der Fall, so werden die Daten nicht mehr lediglich genutzt. Vielmehr sind die Grundsätze für eine Übermittlung von Daten anzuwenden (Rn. 28, 66). Einen spezifischen Schutz der Sozialdaten Beschäftigter und ihrer Angehörigen begründet § 35 Abs. 1 Satz 3 dadurch, dass sie nicht an Personen gelangen dürfen, die Personalentscheidungen treffen.

Im Zusammenhang mit dem Ausbau der organisatorischen Vorkehrungen beim 30 Datenschutz haben auch die Grundsätze der **Datenvermeidung und Datensparsamkeit** mehr Beachtung gefunden. So regelt Art. 5 Abs. 1 lit. c DS-GVO in den Grundsätzen für die Verarbeitung personenbezogener Daten, dass die Daten dem Zweck angemessen und erheblich sowie auf das für die Zwecke der Verarbeitung notwendige Maß beschränkt sein müssen, was die Verordnung als **Datenminimierung** bezeichnet. In diesem Zusammenhang ist auch von den Möglichkeiten der Anonymisierung und Pseudonymisierung Gebrauch zu machen. Eine gewisse allgemeine Distanz zur Datenverarbeitung, die in § 67b Abs. 4 SGB X aF zum Ausdruck kam, findet sich jetzt in § 22 Abs. 1 DS-GVO. Danach darf bei rechtlich relevanten Entscheidungen die Bewertung einzelner Persönlichkeitsmerkmale nicht ausschließlich auf die automatisierte Verarbeitung von Sozialdaten gestützt werden.

31 Eine unverzichtbare Neuerung, die allerdings im Verordnungstext als „Recht auf Vergessenwerden" etwas zu übertrieben formuliert wird, bringt Art. 17 DS-GVO. Unter den dort in den Absätzen 1 und 2 genannten Voraussetzungen und den Einschränkungen des Absatzes 3 kann die betroffene Person von den Verantwortlichen die Löschung der Daten verlangen. Ähnliche Regelungen gab es schon in den §§ 20 BDSG aF 84 SGB X aF. In der Neufassung des § 84 SGB X wird etwas zurückhaltender das Recht auf Löschung konkretisiert und auch relativiert.

32 Was die praktische Anwendung der geltenden Datenschutzregelungen angeht, so regeln die §§ 67a ff. SGB X alle Einzelheiten und vor allem genau umgrenzte Durchbrechungen des Sozialdatenschutzes. Dabei gilt gemäß § 67a Abs. 2 Nr. 1 SGB X, dass Sozialdaten grundsätzlich **beim Betroffenen zu erheben** sind. Ausnahmen davon sind abschließend in § 67a Abs. 2 Satz 2 Nr. 2 SGB X geregelt (vgl. unten Rn. 56). Werden Sozialdaten nicht beim Betroffenen erhoben, so ist der Betroffene gemäß Art. 14 DS-GVO davon zu unterrichten, und zwar in jedem Falle über die Namen und Kontaktdaten des Verantwortlichen und des Datenschutzbeauftragten, den oder die Empfänger sowie die Zwecke und Kategorien der Daten.

33 Für die **Verarbeitung** von Sozialdaten iSd Art. 4 Nr. 2 DS-GVO; § 67b SGB X gilt der Grundsatz, dass eine Einwilligung des Betroffenen erforderlich ist, es sei denn, eine andere Rechtsvorschrift des SGB würde die Verarbeitung oder Nutzung erlauben oder anordnen (Art. 6 Abs. 1 DS-GVO; § 67b Abs. 1 SGB X). Das gilt auch für die besonders sensiblen Daten des Art. 9 Abs. 1 DS-GVO. Eingeschränkt wird die Übermittlung einzelner besonders sensibler Daten iSd Art. 9 Abs. 2 DS-GVO durch § 67b Abs. 1 Satz 2 SGB X auf die Übermittlungsbefugnisse nach den §§ 68–77 SGB X, bzw. auf solche nach anderen gesetzlichen Vorschriften.

34 Für den praktisch wichtigen Fall der Datenverarbeitung auf der Grundlage einer Einwilligung trifft Art. 7 DS-GVO eine allgemeine Grundlagenregelung, die im SGB X nur noch geringfügig ergänzt werden konnte:

(1) Beruht die Verarbeitung auf einer Einwilligung, muss der Verantwortliche nachweisen können, dass die betroffene Person in die Verarbeitung ihrer personenbezogenen Daten eingewilligt hat.

(2) Erfolgt die Einwilligung der betroffenen Person durch eine schriftliche Erklärung, die noch andere Sachverhalte betrifft, so muss das Ersuchen um Einwilligung in verständlicher und leicht zugänglicher Form in einer klaren und einfachen Sprache so erfolgen, dass es von den anderen Sachverhalten klar zu unterscheiden ist. Teile der Erklärung sind dann nicht verbindlich, wenn sie einen Verstoß gegen diese Verordnung darstellen.

(3) Die betroffene Person hat das Recht, ihre Einwilligung jederzeit zu widerrufen. Durch den Widerruf der Einwilligung wird die Rechtmäßigkeit der aufgrund der Einwilligung bis zum Widerruf erfolgten Verarbeitung nicht berührt. Die betroffene Person wird vor Abgabe der Einwilligung hiervon in Kenntnis gesetzt. Der Widerruf der Einwilligung muss so einfach wie die Erteilung der Einwilligung sein.

(4) Bei der Beurteilung, ob die Einwilligung freiwillig erteilt wurde, muss dem Umstand in größtmöglichem Umfang Rechnung getragen werden, ob unter anderem die Erfüllung eines Vertrags, einschließlich der Erbringung einer Dienstleistung, von der Einwilligung zu einer Verarbeitung von personenbezogenen Daten abhängig ist, die für die Erfüllung des Vertrags nicht erforderlich sind.

Konkretisierend dazu regelt § 67b Abs. 2 SGB X dass die Einwilligung schriftlich oder elektronisch erfolgen soll. Damit kann im atypischen Fall mündlich eingewilligt werden. Das kann etwa in einer Notsituation erfolgen auch bei schwierigem Klientel, bei dem Schriftlichkeit eher Misstrauen erweckt. Allerdings besteht hier immer das Risiko festzustellen, ob Freiwilligkeit gegeben ist. In jedem Falle muss vor Einholung der Einwilligung auf den Zweck der vorgesehenen Verarbeitung, auf die Folgen der Verweigerung der Einwilligung sowie auf die jederzeitige Widerrufsmöglichkeit hingewiesen werden.

Im Zusammenhang mit der Einwilligung können sich Grenzen aus dem Recht 35 auf informationelle Selbstbestimmung ergeben. Generell ist neben der **Einwilligungsfähigkeit** (§ 60 Rn. 18–20) zu berücksichtigen, ob es zu dem Zeitpunkt, zu dem die Einwilligung erteilt worden war, an einer Vertragsparität fehlte, das bedeutet im Datenschutz, dass zwischen der betroffenen Person und dem Verantwortlichen ein klares Ungleichgewicht gegeben war (vgl. den 43. Erwägungsgrund), oder dass ein ähnliches Ungleichgewicht bestanden hat (BVerfG SozR 4-1200 § 60 Nr. 1). Erkennt der Sozialleistungsträger die Unwirksamkeit der Erklärung, dann ist das auch für ihn gleichbedeutend mit dem Fehlen der Einwilligung. In diesem Zusammenhang ist es wichtig, dass die Verarbeitung von Sozialdaten auch deren Übermittlung umfasst (Art. 4 Nr. 2 DS-GVO). Die Regelung des § 67b Abs. 1 SGB X, einschließlich des Erfordernisses der Einwilligung, erstreckt sich damit auch nach der Neuregelung des Sozialdatenschutzes weiterhin auf die Übermittlung. Soweit eine Einwilligung nicht erteilt ist, sehen die §§ 67d, 67e–77 besondere **Übermittlungsbefugnisse** vor. Eine andere Möglichkeit für die Übermittlung gibt es nicht. Das BSG hat dies zwar offen gelassen (BSG 47 S. 118). Seine Entscheidung bezieht sich jedoch auf die Rechtslage vor der erstmaligen Regelung der §§ 35 SGB I, 67 ff. SGB X, die noch nicht durch einen abschließenden Katalog gekennzeichnet war (vgl. Medding, SGb 1986 S. 57). Lediglich im Rahmen der Tätigkeit des Bundes- oder der Landesrechnungshöfe konnte man bisher eine höherrangige Offenbarungsbefugnis auf der Grundlage des Art. 114 GG anerkennen (vgl. BT-Dr. 11/1693 S. 61). Insoweit gilt jetzt § 67c Abs. 3 SGB X.

Das innerstaatliche Sozialrecht kennt weiterhin **bereichsspezfische Regelungen** über den Sozialdatenschutz. Die Grundverordnung schließt solche Regelun- 36 gen nicht aus. Der Gesetzgeber hat zunehmend in den einzelnen Sozialleistungsbereichen eigene Regelungen über den Sozialdatenschutz getroffen (§§ 50 ff. SGB II; 284 ff. SGB V; 147 ff. SGB VI; 199 ff. SGB VII; 61 ff. SGB VIII). Das hat zur Folge, dass die Daten nach den jeweils bereichsspezifischen Regelungen erhoben und verarbeitet werden können. Fehlte dort eine Rechtsgrundlage für eine Übermittlung, so konnte bisher nicht ohne weiteres auf eine allgemeine Regelung zurückgegriffen werden. Das gilt insbesondere auch für eine im bereichsspezifischen Zusammenhang fehlende Einwilligung. Dies hat das BSG in einer Entscheidung für die Einschaltung von Abrechnungsunternehmen in der Versorgung gesetzlich Krankenversicherter entschieden (BSG 102 S. 134). Der Gesetzgeber hat relativ schnell auf diese Frage reagiert und mit den §§ 295 und 295a SGB V eine Rechtsgrundlage für das Abrechnungsverfahren geschaffen (vgl. Leisner, NZS 2010 S. 129; Bieresborn, ZfSH/SGB 2010 S. 200; übergreifend Jandt/Roßnagel/Wilke, NZS 2011 S. 641). Diese grundlegende Frage, ob bei Existenz einer bereichsspezifischen Regelung im Falle einer Datenübermittlung auf die allgemeinen innerstaatlichen Vorschriften zurückgegriffen werden kann, dürfte sich heute erledigt haben. Fehlt es an einer Einwilligung bzw. einer anderen Rechtsgrundlage für die Übermittlung, so ist auf der Grundlage des Art. 6 Abs. 4 lit. a–c DS-GVO zu prüfen, ob eine Übermittlung erfolgen darf (vgl. den 54. Erwägungsgrund).

37 Im Kinder- und Jugendhilferecht hat der Gesetzgeber auf Anregung der damaligen Datenschutzbeauftragten besonders weitgehende bereichsspezifische Vorschriften geschaffen. Die Abweichungen bestehen zum einen in einer Ausweitung des Geheimnisschutzes, wenn nach § 64 Abs. 2 SGB VIII die Übermittlungsbefugnis nach § 69 SGB X mit der Maßgabe eingeschränkt wird, dass die Übermittlung nicht den Erfolg einer zu gewährenden Leistung der Kinder- und Jugendhilfe in Frage stellen darf. Das geht über eine bloße Konkretisierung des gesetzlichen Merkmals „erforderlich" hinaus. Verstärkt wird der Geheimnisschutz nach § 65 Abs. 1 Nr. 1 SGB VIII auch dadurch, dass ein besonderer Vertrauensschutz für persönliche und erzieherische Hilfen begründet wird. Diese Regelung geht über § 76 SGB X hinaus, weil der Vertrauensschutz auf alle Berufsgruppen erstreckt wird. Eine Modifikation gegenüber der Übermittlungsbefugnis nach § 69 SGB X erfolgt in § 65 Abs. 1 Nr. 2 SGB VIII insoweit, als bestimmte personenbezogene Daten an das Familiengericht weitergegeben werden können. Dies erfolgt nicht immer zur Erfüllung einer sozialen Aufgabe iSd § 69 SGB X, sondern zB um familienrechtliche Maßnahmen nach den §§ 1666, 1671 BGB, sei es auch im Interesse des Kindeswohls, zu ermöglichen. Eine zusätzliche Einschränkung musste zur Realisierung des Schutzauftrags der Jugendämter vorgenommen werden (§§ 8a, 65 Abs. 1 Nr. 4 SGB VIII). Sehr häufig bilden familienrechtliche Maßnahmen die unerlässliche erste Stufe zur Inanspruchnahme von Leistungen des Kinder- und Jugendhilferechts, nämlich durch die Tätigkeit des Ergänzungspflegers (§ 1909 BGB). Sie dienen so noch einer Aufgabe nach dem Sozialgesetzbuch. Das ist aber keineswegs zwangsläufig der Fall (§ 8 Rn. 11). Eingriffe in die elterliche Sorge können auf den familienrechtlichen Rahmen beschränkt bleiben. Dann aber wird überhaupt keine Aufgabe mehr nach dem Sozialgesetzbuch erfüllt. Schließlich weist § 61 Abs. 3 SGB VIII insoweit über § 78 SGB X hinaus, als er als erste sozialrechtliche Regelung eine weitgehende Einbeziehung Dritter, also der freien Träger der Jugendhilfe, in den Geheimnisschutz brachte.

38 Eine Modifikation der allgemeinen Grundsätze ist auch durch die Vorschriften der §§ 52 SGB II, 397 SGB III und 118 SGB XII vorgenommen worden. Sie regeln umfassende Datenerhebungen aber zugleich auch Befugnisse zur Datenübermittlung. Diese erfolgt in einem Datenabgleich unter den Sozialleistungsträgern und mit anderen Behörden. Nach ihrer Zielsetzung sollen sie einen Leistungsmissbrauch vermeiden bzw. aufdecken helfen (vgl. Zeitler, NDV 1999 S. 105). Insoweit sind sie als bereichsspezifische Konkretisierungen des § 69 Abs. 1 Nr. 1 und 2 SGB X anzusehen.

5. Berechtigter, Verpflichteter

39 Anspruch auf den Schutz von **Sozialdaten,** einschließlich der Betriebs- und Geschäftsgeheimnisse, hat nach dem Wortlaut des Gesetzes „jeder". Dieser Grundsatz wird in § 67 Abs. 1 SGB X dahingehend konkretisiert, dass sich der Sozialdatenschutz nur auf natürliche Personen erstreckt (Art. 4 Nr. 1 DS-GVO). Demgegenüber erfolgt der Schutz von **Betriebs- und Geschäftsgeheimnissen** sowohl bei natürlichen als auch bei juristischen Personen (§ 67 Abs. 2 Satz 2 SGB X). Der Schutz erstreckt sich in jedem Falle nicht nur auf Versicherte oder sonst Leistungsberechtigte, sondern auf **alle Verfahrensbeteiligten,** etwa auch auf Personen, die im Hinblick auf Leistungen an andere Personen Angaben über ihre persönlichen oder wirtschaftlichen Verhältnisse machen mussten (vgl. §§ 99 SGB X, 47 Abs. 4 BAföG, 117 SGB XII). Die vom Gesetz als „jeder" bezeichnete

Person ist zugleich auch der **Betroffene** im Sinne des Datenschutzrechts, der nicht Leistungsberechtigter sein muss, auf den sich die Daten aber beziehen, und der im Falle des Art. 7 Abs. 1 DS-GVO ggf. in die Verarbeitung einwilligen muss (§ 67b Abs. 2 SGB X). Der Anspruch auf den Schutz von Sozialdaten erlischt nicht mit dem Tode des Betroffenen. Dies ist jetzt grundsätzlich in § 35 Abs. 5 Satz 2 geregelt. Zweifelhaft ist, ob der Rechtsnachfolger (Erbe) die Einwilligung erteilen kann (unten Rn. 72).

Die **Verpflichtung** zur Wahrung des Sozialgeheimnisses trifft in erster Linie 40 die Sozialleistungsträger iSd § 12 und Empfänger im Sinne des Art. 4 Nr. 9 DS-GVO, also vor allem natürliche und juristische Personen, denen die Daten übermittelt wurden. Sie erstreckt sich auch auf den Schutz der Sozialdaten im Ausland (BSG 47 S. 118). Konsequenterweise werden die Übermittlungsbefugnisse für Fälle mit Auslandsberührung durch § 77 SGB X begrenzt (Art. 44 ff. DS-GVO) Diese Verpflichtung ist in der Neufassung der Vorschrift konkretisiert worden. Auch innerhalb ein und derselben Stelle gibt es keinen uneingeschränkten Datenfluss (§ 35 Abs. 1 Satz 2). Die Schutzpflicht wird darüber hinaus auf die in § 35 Abs. 1 Satz 4 genannten Verbände, Arbeitsgemeinschaften und Behörden, einschließlich der Zollverwaltung und der Post, erstreckt. Die Regelung war erforderlich, da die Genannten bei der Erfüllung ihrer Aufgaben oftmals zwangsläufig mit personenbezogenen Daten in Berührung kommen. Wichtig ist jetzt die Einbeziehung der Integrationsfachdienste, die umfassende Daten über behinderte Menschen erheben können (§§ 192 ff. SGB IX). Die **Integrationsfachdienste** stehen als „Dienste Dritter" außerhalb der Arbeits- und Sozialverwaltung und werden in ihrem Auftrage tätig (§ 194 SGB IX). Bereits mit den Vorläufervorschriften der §§ 109, 111 SGB IX aF wurde die Regelung des § 35 erstmals unmittelbar auf private Träger erstreckt.

Die praktisch wichtigste **Erweiterung des Adressatenkreises** für den Sozial- 41 datenschutz erfolgt des Weiteren durch § 69 Abs. 1 Nr. 1 SGB X. Dasselbe gilt im Falle der befugten Weitergabe von Daten an Dritte. Das werden bei der Auseinandersetzung um die Bewilligung von Sozialleistungen oft die Gerichte sein. Sie werden nach § 78 Abs. 1 Satz 2 SGB X in den Schutz des Sozialgeheimnisses eingebunden. Dabei ist die Verarbeitungs- und Nutzungsbefugnis in § 78 Abs. 1 Satz 6 SGB X erweitert worden. Die Grundverordnung gilt an sich nicht für Behörden der Strafverfolgung, einschließlich des Schutzes vor Gefahren für die öffentliche Sicherheit (Art. 2 Abs. 2 lit. d DS-GVO). Soweit Sozialdaten betroffen sind, kommt aber die entsprechende Anwendung nach § 35 Abs. 2 Satz 2 in Betracht. Darüber hinaus gilt die DS-GVO auch im **gerichtlichen Verfahren,** soweit dort eine zumindest teilweise automatisierte Verarbeitung oder auch nur die Speicherung personenbezogener Daten erfolgt (Art. 2 Abs. 1 DS-GVO). Die Zulässigkeit einer solchen Verarbeitung folgt aus Art. 6 Abs. 1 lit. c DS-GVO iVm Art. 92 GG). Lediglich wenn eine gerichtliche Akte keine strukturierte Sammlung personenbezogener Daten darstellt (Art. 4 Nr. 6 DS-GVO), findet die DS-GVO keine Anwendung. Doch das dürfte bald der Vergangenheit angehören (§ 65b Abs. 1a SGG). Allerdings darf die Unabhängigkeit der Justiz nicht gefährdet werden. Das gilt insbesondere für die Aufsicht (20. Erwägungsgrund). Daraus ergibt sich eine Reihe prozessualer Fragen (Elsaeßer SGb 2018 S. 279; Bieresborn/Giesberts-Kaminski, SGb 2018 S. 452–455; 531–535).

Schutzpflichtig ist die **verantwortliche Stelle,** das ist bei Sozialleistungsträgern 42 iSd § 12 der Leistungsträger selbst (Art. 24–26 DS-GVO). Diese Verantwortlichkeit entsteht aus jeder Art der Verarbeitung von Daten. Dabei ergibt sich die

Verantwortlichkeit bereits beim schlichten Empfang von Daten, zB durch eine bloße Anfrage einer anderen Behörde, aus der vielleicht nur vorübergehenden Speicherung der Daten (Art. 4 Nr. 2 DS-GVO). Bei Gebietskörperschaften handelt es sich in funktionaler Betrachtungsweise bei der verantwortlichen Stelle um denjenigen Teil eines Trägers, der eine bestimmte Aufgabe wahrnimmt, zu deren Erfüllung er personenbezogene Daten benötigt. Dieser **funktionale Stellenbegriff** ist charakteristisch für das gesamte Datenschutzrecht (§ 67 Abs. 4 SGB X). Stellen in diesem Sinne können durchaus auch zwei Verwaltungseinheiten sein, die bei der Erfüllung einer Aufgabe funktional zusammenwirken müssen, wie etwa das Sozial- und das Rechtsamt (Art. 26 DS-GVO). Insbesondere bei den Trägern der Jugend- und Sozialhilfe, den Landkreisen und kreisfreien Gemeinden, ist auf Schaffung und datenschutzrechtliche Sicherung klar abgegrenzter Funktionseinheiten zu achten. Sie müssen also bei ihren Entscheidungen, die die innere Organisation betreffen, den datenschutzrechtlichen Bestimmungen Rechnung tragen.

43 Wegen der institutionellen Ausrichtung des § 35 Abs. 1 Satz 1 sind unmittelbare Adressaten des Anspruchs weiterhin nicht die **Mitarbeiter** des jeweiligen Leistungsträgers. Sie sind lediglich dienstrechtlich zum Geheimnisschutz verpflichtet. Eine Bekräftigung dieser Verpflichtung und zugleich auch ein erster Ansatz zu einer individuellen Ausrichtung des Sozialdatenschutzes ergibt sich durch § 35 Abs. 1 Satz 2. Dasselbe ergibt sich aus den Straf- und Bußgeldvorschriften der §§ 85 und 85a SGB X.

44 Dem Arbeitgeber eines Versicherten obliegt nicht die Wahrung des Sozialgeheimnisses (BSG 57 S. 253). Im Beschäftigungsverhältnis besteht aber die besondere Datenschutzpflicht nach § 26 BDSG. Auch im Sozialrecht kann sich eine solche Verpflichtung ergeben, wenn dem Arbeitgeber Sozialdaten vom Leistungsträger übermittelt wurden (§ 78 SGGB X). Das wird häufig im Rahmen der stufenweisen Wiedereingliederung nach § 44 SGB IX der Fall sein. Gleichfalls nicht unmittelbar zur Wahrung des Sozialgeheimnisses verpflichtet sind die Leistungserbringer, deren sich der Sozialleistungsträger zur Erfüllung seiner gesetzlichen Aufgabe bedient. Das betrifft in erster Linie die Vertragsärzte, die Krankenhäuser und die sonstigen Leistungserbringer iSd §§ 132 ff. SGB V. Im Sozialhilferecht gilt Entsprechendes für die freie Wohlfahrtspflege (§§ 5, 75 SGB XII). Eine Ausnahme ist in § 61 Abs. 3 SGB VIII für die freien Träger der Jugendhilfe gemacht.

45 Andere als die Sozialleistungsträger sind jedoch dann wie diese selbst zur Wahrung des Sozialgeheimnisses verpflichtet, wenn ihnen personenbezogene Daten nach den Grundsätzen der §§ 67 ff. SGB X übermittelt worden sind (§ 78 Abs. 1 Satz 2 SGB X). Diese **Verpflichtung Dritter,** das Sozialgeheimnis zu wahren, besteht aber schon nicht mehr, wenn ihnen personenbezogene Daten von den Sozialleistungsberechtigten selbst mitgeteilt worden sind, sei dies auch bei der Inanspruchnahme einer Sozialleistung der Fall gewesen. Allerdings müssen Dritte sowohl die Geheimhaltungspflichten beachten (§ 203 StGB), als auch die allgemeinen Bestimmungen des Datenschutzes einhalten (Art. 2 Abs. 1 DS-GVO; § 1 Abs. 4 Satz 2 Nr. 1 BDSG). Die Mängel des § 78 SGB X sind dadurch aber noch nicht beseitigt worden, denn auch Art. 4 Nr. 9 DS-GVO schützt nur die bereits erhobenen Daten, die an den Empfänger, weiter gegeben werden. Zwar verpflichtet Art. 2 DS-GVO unmittelbar auch den Leistungserbringer. Der Schutz erstreckt sich jedoch nur auf Daten, die in einem Dateiensystem gespeichert sind oder gespeichert werden sollen.

Der insgesamt durch § 35 Abs. 1 Satz 1 eingeschränkte Schutz des Sozialgeheimnisses ist angesichts des Verhältnisses der öffentlichen Leistungsträger zu den oftmals privater Leistungserbringern, das das ganze Sozialrecht kennzeichnet (vgl. § 17), und angesichts der Bedeutung des informationellen Selbstbestimmungsrechts heute nicht mehr zu rechtfertigen. Wenn ein Leistungsträger, beispielsweise die Krankenkasse oder der Sozialhilfeträger, seine gesetzliche Aufgabe oftmals nur durch Einschaltung eines privaten Leistungserbringers erfüllen kann, dann ist die Offenbarung persönlicher Verhältnisse letzterem gegenüber sozialrechtlich nicht mehr indifferent. In diesem Falle muss auch sichergestellt werden, dass der Leistungsberechtigte gegenüber dem Leistungserbringer den gleichen Schutz seiner persönlichen Angaben genießt, wie er den Sozialdaten zukommt. Der strafrechtliche Geheimnisschutz reicht schon deswegen nicht aus, weil in ihn über § 203 StGB nur bestimmte Berufsgruppen, vor allem Ärzte, Psychologen und Sozialarbeiter, einbezogen sind. Auch die arbeitsrechtliche Pflicht zur Verschwiegenheit reicht nicht aus, da es bei einer Verletzung dieser Pflicht in den Händen des Arbeitgebers liegt, ob überhaupt Konsequenzen und welche Konsequenzen daraus gezogen werden. Teilweise ist der Sozialdatenschutz ergänzt worden, wie es etwa durch § 61 Abs. 3 SGB VIII für die Kinder- und Jugendhilfe geschehen ist. Bezeichnenderweise wurde diese Vorschrift auf Anregung der Datenschutzbeauftragten in das Gesetz aufgenommen. 46

In allen Sozialleistungsbereichen ist also Folgendes erforderlich: Werden von einem Leistungsträger Einrichtungen oder Dienste Dritter in Anspruch genommen, so ist, über § 78 SGB X hinaus, durch Vereinbarung mit dem Dritten sicherzustellen, dass der Schutz personenbezogener Daten wie bei dem Sozialleistungsträger selbst gewährleistet ist. Für die Rehabilitation und Teilhabe behinderter Menschen regelt jetzt auch § 38 Abs. 1 Nr. 5 SGB IX, dass die Erbringer von Leistungen durch ein Vertragssystem in den Sozialdatenschutz einbezogen werden. Steinbach sieht mit einem gewissen Recht eine dementsprechende allgemeine Regelung bereits in § 97 Abs. 1 SGB X (Steinbach in Hauck/Noftz, SGB I § 35 Rn. 42, 43). Danach wären die §§ 61 Abs. 3 SGB VIII, 38 Abs. 1 Nr. 5 SGB X nur Klarstellungen eines allgemeinen Grundsatzes. 47

Eine gewisse Uneinheitlichkeit gelangt aber bereits dadurch in das Gesetzesrecht, dass § 35 Abs. 1 Satz 4 die Integrationsfachdienste, also private Dritte, direkt in den Sozialdatenschutz einbezieht (oben Rn. 40). Insgesamt würde es sich also empfehlen, eine über den Grundgedanken des § 97 Abs. 1 SGB X hinausgehende Regelung allgemeinen Charakters in § 35 SGB I oder in den §§ 67 ff. SGB X zu treffen. Sie dürfte sich nicht auf die „sachgerechte Aufgabenwahrnehmung“ beschränken, sondern müsste eine unmittelbare Einbeziehung des Leistungserbringers in den Sozialdatenschutz bewirken. Begrenzt auf Beratungsleistungen nach dem SGB II und dem SGB XII hat der Deutsche Verein für öffentliche und private Fürsorge Hinweise entworfen, die für die Behandlung von Sozialdaten im Verhältnis der Leistungserbringer, Leistungsträger und der Leistungsberechtigten zur Anwendung kommen können (NDV 2011 S. 204). Letzen Endes würde durch eine ergänzende gesetzliche Regelung auch ein Wertungswiderspruch beseitigt. Nach § 35 Abs. 4 stehen bisher nur Betriebs- und Geschäftsgeheimnisse den Sozialdaten gleich. 48

6. Schutzbereich

Seinem Inhalt nach richtet sich der Anspruch auf den Schutz von personenbezogenen Daten im Sinne des Art. 4 Nr. 1 DS-GVO(§ 67 Abs. 2 SGB X) und auf 49

Betriebs- und Geschäftsgeheimnisse (§ 35 Abs. 4). Es ist nicht erforderlich, dass die betroffene Person selbst diese Angaben gemacht hat. Es genügt vielmehr, wenn sich die Daten auf eine identifizierte oder identifizierbare Person beziehen (oben Rn. 16). Dabei kann es sich um Tatsachen oder um Wertungen handeln. Dazu wird man auch **Wertungen von Gutachtern** rechnen müssen. Personenbezogene Daten sind alle Informationen über die betroffene Person. Es kommt nicht auf die Art der Information an, sondern nur auf die Tatsache ihrer Speicherung in einem Dateiensystem (Art. 2 Nr. 1, 4 Nr. 1 DS-GVO). Im Falle einer Auseinandersetzung über die Richtigkeit eines Gutachtens kommt eine Einschränkung der Verarbeitung nach § 84 Abs. 2 SGB X in Betracht (so Bieresborn, NZS 2017 S. 889 Fn. 32). Insbesondere werden beim Leistungsträger vorhandene Daten nicht nur geschützt, wenn sie erhoben worden sind. Sozialdaten darf man auch nicht im Sinne von Geheimnissen deuten. Insoweit weicht § 35 Abs. 1 deutlich von § 203 StGB ab. Unter die Schutzpflicht fallen auch an sich belanglose Daten. Es lassen sich ganze Beispielskataloge von Einzelangaben erstellen, die unter das Sozialgeheimnis fallen. Sie sind überflüssig, denn in Art. 4 Nr. 1 DS-GVO heißt es „alle Informationen". Überwiegend Kritik gefunden hat die frühere Auffassung des BSG, wonach die **Versicherungsnummer** kein Sozialdatum sei (BSG 78 S. 13). Die Regelung des § 150 Abs. 2 Nr. 2 SGB VI regelt aber nur eine Begrenzung des Inhalts der Stammsatzdatei (KassKomm-Polster, § 150 SGB VI Rn. 8). Unabhängig davon konnte sie schon nach altem Recht als Einzelangabe einer bestimmten Person zugeordnet werden. Sie war damit Sozialdatum (Steinbach in Hauck/Noftz, SGB I § 35 Rn. 46–48). Wichtig ist, im Grundsatz klarzustellen, dass an sich keine Rangfolge von Sozialdaten besteht. Lediglich im Zusammenhang mit der Übermittlungsbefugnis im Rahmen der Amtshilfe nach § 68 SGB X ist anzuerkennen, dass es einzelne weniger brisante Daten gibt. Es gilt im Übrigen in der Verwaltung eine Sensibilisierung für die Vielfalt von alltäglichen Verletzungen des Sozialgeheimnisses zu entwickeln.

50 Jedes Datum, das sich auf einen Sozialleistungsberechtigten beziehen lässt, fällt unter die Regelung des § 35 Abs. 1. So stellt es eine unzulässige Übermittlung von Sozialdaten dar, wenn auf einem Überweisungsformular, vermerkt wird, um welche Leistung, zB laufende Hilfe zum Lebensunterhalt nach §§ 27 ff. SGB XII, es sich handelt (VG Düsseldorf, NJW 1985 S. 1794; BVerwG 96 S. 147). Unzulässig ist auch der Hinweis „Sozialleistung", nicht aber die Angabe eines Aktenzeichens, bzw. einer Kundennummer (Bay. LSG FEVS 65 S. 428 Rn. 20–24). Wichtig ist es deswegen auch, die Akteneinsicht (§ 25 SGB X) oder Aktenübersendung so einzugrenzen, dass Sozialdaten unbeteiligter Dritter nicht zugänglich gemacht werden (BVerwG 119 S. 11, vgl. aber LG Aachen JAmt 2005 S. 376 – Behördeninformant; VG Gelsenkirchen ZfSH/SGB 2004 S. 569 – Einsicht durch freien Träger). Eine begrenzte Ausnahme, also die zusätzliche Übermittlung an sich nicht relevanter Daten, ist nur unter den Voraussetzungen des § 67d Abs. 2 SGB X, also bei Untrennbarkeit der Daten, zulässig. Dabei werden aber Nutzung und Veränderung dieser Daten ausgeschlossen. Auch die Tatsache des Aufenthalts in den Diensträumen eines Sozialleistungsträgers, zB zur Arbeitsvermittlung, fällt unter die Schutzpflicht (LG Berlin, NDV 1983 S. 151; KG Berlin NDV 1985 mAnm Molitor; vgl. auch OLG Bremen, MedR 1984 S. 112 zu § 203 StGB). Vor diesem Hintergrund hätte es eigentlich nicht mehr der Entscheidung des BSG bedurft, wonach der Bezug von Leistungen nach dem SGB II ein vollumfängliches zu schützendes Sozialdatum ist (BSG 110 S. 75, dazu Neumann, SozSich 2013 S. 27; vgl. aber SG Duisburg ZfF 2011 S. 234). Eine Übermittlung von Sozialdaten liegt auch dann vor, wenn ein Träger der Sozialhilfe nach Ausübung seines Ermessens gemäß § 10 Abs. 3 SGB XII einem Hilfesuchenden einen Gutschein zur Empfangnahme von Sachleistungen aushändigt. Dadurch wird Außenstehenden die Tatsache des Leistungsbezugs bekannt. Soweit der Träger der Sozialhilfe bei dieser Entscheidung jedoch pflichtgemäß im Sinne des § 10 Abs. 3 SGB XII handelte, ist dies in Erfüllung einer gesetzlichen Aufgabe iSd § 69 Abs. 1 Nr. 1 SGB X geschehen (vgl. unten Rn. 67). Entsprechendes kann auch bei der Übermittlung einer Anschrift gelten (vgl. OLG Schleswig SGb 1994 S. 478). Aus Gründen des Sozialdatenschutzes kann der Arbeitgeber nicht am Verfahren zur Feststellung der Schwerbehinderteneigenschaft seines Arbeitnehmers beteiligt werden (Bayer. LSG Breith. 1985 S. 81). Ein eigenes Widerspruchs- und Klagerecht hat er ohnehin nicht (BSG 89 S. 119).

Abweichungen von diesen Grundsätzen ergeben sich bei Betriebs- und 51
Geschäftsgeheimnissen (Rogall, NStZ 1983 S. 1). Sie sind nur dann zu schützen, wenn sie Geheimnischarakter haben (§ 67 Abs. 1 Satz 2 SGB X). Im Einzelnen kann die Auslegung des Begriffs Betriebs- und Geschäftsgeheimnis in Orientierung an § 17 Abs. 1 UWG erfolgen. Danach darf die geheimzuhaltende Tatsache nur einem eng begrenzten Personenkreis bekannt sein. Sie muss zu einem bestimmten Geschäftsbetrieb in Beziehung stehen. Der Inhaber muss ein schutzwürdiges wirtschaftliches Interesse an der Geheimhaltung haben. Es muss ein Geheimhaltungswille bestehen und das Geheimnis darf nicht oder nicht leicht zugänglich sein (Köhler/Bornkamm, Unlauterer Wettbewerb-Gesetz, § 17 Rn. 4–12a mit Einzelbeispielen). Praktische Schwierigkeiten ergeben sich dann, wenn bestimmten Sozialdaten kein Geheimnischarakter zukommt, aber zweifelhaft ist, ob sie nach § 35 Abs. 1 Satz 1 oder 35 Abs. 4 zu schützen sind. Nur im ersteren Falle käme bei Sozialdaten ohne Geheimnischarakter eine Verletzung des Sozialgeheimnisses überhaupt in Betracht. Da grundsätzlich jede Angabe ein Sozialdatum sein kann, kommt der Regelung des § 35 Abs. 1 Satz 1 Vorrang zu. Im Zweifel darf es also nicht auf den Geheimnischarakter ankommen.

Für den Fall, dass eine Übermittlung von Sozialdaten nicht zulässig ist, stellt 52
§ 35 Abs. 3 klar, dass auch die dort genannten Auskunftspflichten und prozessualen Pflichten nicht bestehen (vgl. Ensslen, NDV 1999 S. 121). Insoweit ergibt sich nicht nur ein Recht, sondern auch die Pflicht, Auskunft bzw. Zeugnis zu verweigern. In diesen Fällen ist auch eine Durchsuchung beim Leistungsträger oder eine Aktenbeschlagnahme nicht zulässig (LG Fulda JAmt 2004 S. 438). Soweit die Übermittlung von Daten im gerichtlichen Verfahren erforderlich erscheint, ist sie also nur zulässig, wenn die besonderen Befugnisse nach den §§ 69 Abs. 1 Nr. 1 und 2 SGB X, 73 bis 74a SGB X gegeben sind.

Ein darüber hinausgehendes **Zeugnisverweigerungsrecht** im Bereich der 53
sozialen Arbeit ist bisher nur punktuell anerkannt worden. Das gilt im strafprozessualen Rahmen für Mitarbeiter in Schwangerschaftsberatungs- (§ 53 Abs. 1 Nr. 3a StPO) und Drogenberatungsstellen (§ 53 Abs. 1 Nr. 3b StPO). Es darf keine Aussagegenehmigung nach § 54 StPO erteilt werden (vgl. DIV-Gutachten, ZfJ 1991 S. 598). Im zivilprozessualen Bereich, etwa bei Eingriffen in die elterliche Sorge, nach einer intensiven Betreuung durch das Jugendamt (§ 31 SGB VIII) können sich heikle Probleme des Sozialdatenschutzes ergeben. Das ist vor allem dann der Fall, wenn zunächst Leistungen der Hilfe zur Erziehung nach § 27 SGB VIII erbracht wurden, dabei viel aus dem Innenraum der Familie bekannt wurde und später ein Gericht im Rahmen einer Entscheidung über die elterliche Sorge (§ 1671 BGB) auf diese Kenntnisse zurückgreifen will. Hier besteht jedoch auch

außerhalb des § 35 Abs. 3 ein Zeugnisverweigerungsrecht nach § 383 Abs. 1 Nr. 6 ZPO (OLG Hamm, DAVorm 1991 S. 1079).

54 Sofern ein Sozialgeheimnis gegeben ist, besteht eine Schutzpflicht in zweierlei Hinsicht. Neben die herkömmliche Einschränkung der Möglichkeit zur Erhebung, Verarbeitung und Nutzung von Sozialdaten ist nach § 35 Abs. 1 Satz 2 und 3 die Verpflichtung getreten, durch technische und **organisatorische Maßnahmen** Vorkehrungen gegen eine Verletzung des Sozialgeheimnisses zu treffen. Einzelheiten dazu sind in den 24 ff. DS-GVO geregelt. Praktisch wichtig sind vor allem die organisatorischen und technischen Maßnahmen zur Datensicherung in EDV-Anlagen, zur organisatorischen Trennung von Daten, die Ermöglichung von Einzelberatungsgesprächen ggf. in einem besonderen Dienstraum, Erlass von Dienstanweisungen zur Datensicherung, persönliche Verpflichtung der Mitarbeiter zum Datenschutz, Bestellung von Beauftragten für den Datenschutz. Zu vermeiden ist auch, dass in der Person einzelner Mitarbeiter Daten miteinander verbunden werden. So müssen zB personenbezogene Daten aus der Erziehungsbeistandschaft (§ 30 SGB VIII) auch personell von der Jugendgerichtshilfe (§ 52 SGB VIII) abgegrenzt werden. Besondere Vorkehrungen sind schließlich gegen einen unzulässigen Abruf von Daten zu treffen (§ 79 SGB X). Einen besonderen Fall der Inkompatibilität regelt § 35 Abs. 1 Satz 3. Personalentscheidungen sollen vor allem nicht unter dem Einfluss der Kenntnis von Daten aus dem Leistungsbereich getroffen werden.

7. Besondere Vorschriften zur Datenverarbeitung

55 In Art. 4 Nr. 2 DS-GVO wird nur allgemein der Begriff der Verarbeitung geregelt (oben Rn. 18). In den konkretisierenden Vorschriften der §§ 67a und 67b werden weiterhin einzelne Formen der Datenverarbeitung unterschieden. Dies dient lediglich der Klarstellung (vgl. oben Rn. 15). Auch wenn Daten durch die Verwaltung generell zu schützen sind, so gewinnt der Sozialdatenschutz seine besondere praktische Bedeutung doch im Verwaltungsverfahren. Aus § 35 Abs. 2 ergibt sich, dass eine Befugnis zur Erhebung (§ 67a SGB X), Verarbeitung und Nutzung (§ 67b SGB X) von Sozialdaten nur aus den §§ 67a und 67e SGB X abgeleitet werden kann. Die anderen Vorschriften in dem Katalog der §§ 67a–77 SGB X begründen keine Befugnis zur Erhebung von Daten. Die Vorschrift des Art. 4 Nr. 2 DS-GVO, die als Verarbeitung auch das Erheben von Daten regelt, schafft allein noch keine Befugnis. Sie dient lediglich der Begriffsbestimmung.

56 Die **Datenerhebung** erfolgt grundsätzlich beim Betroffenen und auch nur dann, wenn sie für die Erfüllung von Aufgaben nach dem Sozialgesetzbuch erforderlich ist (§ 67a Abs. 1 Satz 1 SGB X). Dem Betroffenen gegenüber sind die in Art. 13 Abs. 1 DS-GVO genannten Informationen, insbesondere über den Erhebungszweck, zu geben. Das kann gemäß Art. 14 Abs. 3 lit. a DS-GVO auch nach Erlangung der personenbezogenen Daten geschehen. Unter diesen engen Voraussetzungen ist eine **„verdeckte Datenerhebung"**, die also den Betroffenen über den ganzen Vorgang zunächst im Unklaren lässt, zulässig (einschränkend OVG Weimar NZS 2011 S. 358). Im innerstaatlichen Recht findet dies seine Grundlage in der Rechtsprechung des BVerfG: „Das Grundrecht auf informationelle Selbstbestimmung ist nicht schrankenlos gewährleistet. Der Einzelne muss vielmehr solche Beschränkungen seines Rechts hinnehmen, die durch überwiegende Allgemeininteressen gerechtfertigt sind… Diese Beschränkungen bedürfen jedoch einer verfassungsmäßigen gesetzlichen Grundlage, die insbesondere dem

Grundsatz der Verhältnismäßigkeit und dem Gebot der Normenklarheit entsprechen muss (BVerfG 115 S. 320 Rn. 81).

Zumindest bei schwer aufzuklärenden **Einzelfällen eines konkreten Verdacht** des Leistungsmissbrauchs kann man bei Maßnahmen mit geringer Eingriffsintensität in den §§ 6 Abs. 1 Satz 2 SGB II, 21 Abs. 1 Satz 1 Nr. 4, 67a Abs. 2 Nr. 2 SGB X eine Rechtsgrundlage finden. Unter Beachtung der Art. 13 Abs. 1; 14 Abs. 3 lit. a, Abs. 5 lit. b DS-GVO wird man daran weiterhin festhalten können, und zwar auch dann, wenn der Vorgang den Charakter einer verdeckten Datenerhebung hat. Wegen der hohen Eingriffsintensität (Art. 13 GG) gilt das jedoch nicht für verdeckte Beobachtungen im Wohnbereich (v. Wulffen/Schütze-Bieresborn SGB X § 67a Rn. 7a). Darüber hinaus ist zu beachten, dass die Grundverordnung gemäß Art. 2 Abs. 2 lit. d DS-GVO keine Anwendung findet, wenn die dazu zuständigen Behörden der Strafverfolgung oder der Gefahrabwehr tätig werden. Unter diese Ausnahme fällt jedoch nicht die Datenerhebung zur Bekämpfung des **Leistungsmissbrauchs.** Sie findet ihre datenschutzrechtliche Grundlage in § 67a Abs. 2 SGB X und wird in § 67e SGB X erweitert (vgl. § 60 Rn. 12a). Unter den Voraussetzungen des § 67a Abs. 2 Satz 2 Nr. 1 und 2 SGB X können Daten auch bei anderen Stellen oder Personen erhoben werden. Dabei müssen die in Nr. 1 genannten Voraussetzungen kumulativ vorliegen. Im Falle der Nr. 2 genügt es, wenn eine der Voraussetzungen erfüllt ist. Werden Daten auf diese Weise erhoben, so besteht die Informationspflicht nach Art. 14 Abs. 3 lit. a DS-GVO. Datenschutzrechtliche Relevanz haben auch die §§ 315 ff. SGB III, 64 SGB II, 118 SGB XII. 56a

Alle erhobenen oder sonst gespeicherten Daten unterliegen der **Zweckbindung** (§ 67c Abs. 1 SGB X). Es besteht also der Grundsatz, dass Daten nur für den Zweck gespeichert, verändert oder genutzt werden dürfen, für den sie erhoben worden sind. Davon lässt § 67c Abs. 2 SGB X eng begrenzte Ausnahmen zu. In Nr. 1 ist der Fall geregelt, in dem **dieselbe Stelle** die Daten für eine von dem ursprünglichen Erhebungszweck abweichende gesetzliche Aufgabe benötigt. So können Daten, die für Leistungen bei Arbeitslosigkeit (§§ 136 ff. SGB III) erhoben wurden, auch für Maßnahmen der Weiterbildung (§§ 81 ff. SGB III) verwendet werden. Dieselbe Abweichung vom Erhebungszweck ist im auch Falle der Einwilligung (Nr. 2) und für wissenschaftliche Zwecke unter den Voraussetzungen des § 75 Abs. 1, 2, 4a Satz 1 SGB X zulässig. Auch die Speicherung, Veränderung und Nutzung von Daten für Aufsichts- und Kontrollbefugnisse bzw. Ausbildung und Prüfungen ist zulässig (§ 67c Abs. 3 SGB X). Einen besonderen Fall der Zweckbindung begründet § 78 SGB X für den Fall der Übermittlung von Daten an Dritte (oben Rn. 41). 57

Als besonders herausgehobener Fall der Verarbeitung ist die Übermittlung von Sozialdaten anzusehen In § 67d SGB X werden den **Übermittlungsbefugnissen** allgemeine Grundsätze der Übermittlung vorangestellt. Die einzelnen Übermittlungsbefugnisse ergeben sich aus den §§ 67e–77 SGB X. Damit ist grundsätzlich von einem numerus clausus der Übermittlungsbefugnisse auszugehen. Dies wurde in § 67d SGB X aF noch klar zum Ausdruck gebracht. Allerdings wurde auch dort auf „andere Rechtsvorschriften“ verwiesen. Dieser numerus clausus ist nun durch Anpassung der Vorschrift an das Unionsrecht modifiziert worden (vgl. BT-Drs. 18/12611 S. 105). So sind in Art. 6 Abs. 4 DS-GVO enge Voraussetzungen für die Übermittlung geregelt, wenn diese nicht auf einer „Einwilligung“ oder „Rechtsvorschrift“ beruht. In diesem Falle sind die nicht abschließend geregelten („unter anderem“) Voraussetzungen des Art. 6 Abs. 4 lit. a–e DS-GVO zu prüfen. 58

59 In den §§ 76 und 77 SGB X sind Einschränkungen der Übermittlungsbefugnisse geregelt. Sie erstrecken sich auf die strafrechtliche Geheimhaltungspflicht (§ 203 StGB) und auf Fälle mit Auslandsberührung. In § 76 Abs. 2 SGB X wird die Einschränkung der Übermittlungsbefugnis für den Fall einer Begutachtung wieder aufgehoben. Dabei wird aber ein Widerspruchsrecht begründet (vgl. auch § 200 SGB VII). Die frühere Diskussion darüber, ob es eine Übermittlungsbefugnis im Falle des **rechtfertigenden Notstandes** (§ 34 StGB) gibt, dürfte sich durch Art. 6 Abs. 4 DS-GVO erledigt haben. Greift eine der Regelungen der §§ 67a–77 SGB X ein, so besteht grundsätzlich für den Sozialleistungsträger nur eine Befugnis zur Übermittlung, über deren Ausübung er nach pflichtgemäßem Ermessen zu entscheiden hat (§ 39). Erst aus den gesetzlichen Regelungen, auf die in § 71 Abs. 1 SGB X verwiesen wird, kann sich eine **Übermittlungspflicht** ergeben. Besondere sozialrechtliche Übermittlungspflichten ergeben sich zudem aus den §§ 301 SGB V, 100 SGB X. Jede Übermittlung ist auf das Maß der Erforderlichkeit beschränkt.

60 Die für den Schutz des Sozialgeheimnisses praktisch wichtigste Übermittlungsbefugnis ist die **Einwilligung** in jedem Einzelfall nach Art. 7, 8 DS-GVO, § 67b Abs. 2 SGB X. Grundsätzlich keine Einwilligung ist in den Fällen der §§ 68 und 69 SGB X erforderlich. Einwilligen muss der Betroffene. Das ist die Person, auf die sich die personenbezogenen Daten beziehen. Eine (nachträgliche) Genehmigung reicht nicht aus. In Art. 7 DS-GVO ist nicht ausdrücklich geregelt, unter welchen allgemeinen Voraussetzungen eine Einwilligung wirksam ist. Insbesondere wird die Schriftlichkeit der Einwilligung nicht zwingend vorgeschrieben (Art. 7 Abs. 2 DS-GVO). Es muss lediglich ein Nachweis der Einwilligung geführt werden können (Art. 7 Abs. 1 DS-GVO). In Art. 4 Nr. 11; 7 Abs. 4 DS-GVO wird klargestellt, dass eine Einwilligung nur freiwillig abgeben werden kann. Zusätzliche Voraussetzungen für die Einwilligung durch Kinder werden in Art. 8 DS-GVO geregelt.

61 Die Einwilligung setzt weder eine Geschäftsfähigkeit (§§ 104 ff. BGB), noch die sozialrechtliche Handlungsfähigkeit (§ 36) voraus. Erforderlich ist vielmehr, dass der Einwilligende die Tragweite seiner Entscheidung erkennt. Ergänzend regelt § 67b Abs. 2 SGB X, dass der Nachweis der Freiwilligkeit grundsätzlich schriftlich oder elektronisch erfolgen soll. In atypischen Fällen kann also auf diese Form, nicht aber auf die Einwilligung verzichtet werden. Dabei genügt nicht ein organisatorisches oder sonstiges Interesse des Sozialleistungsträgers. Es darf lediglich auf das Interesse dessen abgestellt werden, der einwilligen muss. Aus diesen Grundsätzen wird man schließen müssen, dass eine konkludente Einwilligung, wie sie bei § 203 StGB zulässig ist, im Falle der §§ 35 SGB I, 67b Abs. 2 SGB X nicht in Betracht kommt. Die konkludente Einwilligung ist im Interesse eines reibungslosen Rechtsverkehrs entwickelt worden (vgl. Kreuzer, NJW 1975 S. 2235). Dieses Interesse, ebenso das „Verfahrensinteresse" im Sozialverwaltungsverfahren, rechtfertigt nicht die Annahme einer konkludenten Einwilligung im Rahmen des § 67b Abs. 2 SGB X. Demgegenüber wird man eine mutmaßliche Einwilligung, etwa bei einem Bewusstlosen, für zulässig halten müssen, da sie in seinem wohlverstandenen Interesse unterstellt wird. Zu dieser Auffassung veranlasst auch Art. 6 Abs. 4 lit. a–c DS-GVO, der eine Datenerhebung auch ohne Einwilligung kennt und einschränkt. Der Unterschied zur konkludenten Einwilligung ist darin zu sehen, dass deren Vorliegen bewiesen werden muss. Der Fall der mutmaßlichen Einwilligung ist als ein solcher des Fehlens iSd Art. 6 Abs. 4

DS-GVO zu behandeln. Es wird nur gemutmaßt. Bei der konkludenten Einwilligung wird behauptet, sie liege vor.

Zusätzliche Voraussetzung für jede Einwilligung ist der Hinweis auf den Erhebungszweck, die Folgen der Verweigerung der Einwilligung sowie auf die jederzeitige Widerrufsmöglichkeit der Einwilligung (§ 67b Abs. 2 SGB X). Ergänzend regelt Art. 8 DS-GVO Voraussetzungen, die bei der **Einwilligung durch Kinder** erfüllt sein müssen. Dabei wird eine Altersgrenze von 16 Jahren geregelt, die allerdings von den Mitgliedstaaten bis auf 13 Jahre herabgesetzt werden kann (Art. 8 Abs. 1 und 2 DS-GVO). Unterhalb dieser Altersgrenzen ist eine Zustimmung durch den Personensorgeberechtigten erforderlich. Das allgemeine Vertragsrecht der Mitgliedsstaaten wird durch diese Regelungen nicht berührt (Art. 8 Abs. 3 DS-GVO). Damit könnte in Deutschland in seltenen Fällen eine Einwilligung auf der Grundlage der §§ 110, 112 BGB wirksam sein. 62

8. Sozialdatenschutz im Verwaltungsverfahren

Trotz der klaren Regelung über die Verarbeitung personenbezogener Daten lässt sich gleichwohl nicht uneingeschränkt feststellen, dass der Betroffene letztlich über seine Sozialdaten frei verfügen könnte. Dagegen spricht schon die Existenz der §§ 68–77 SGB X. Darüber hinaus aber gehört es zu den **Mitwirkungspflichten** des Leistungsberechtigten nach § 60 Abs. 1 Nr. 1 nicht nur selbst alle leistungserheblichen Tatsachen anzugeben, sondern auch der Erteilung der erforderlichen Auskünfte durch Dritte zuzustimmen. Dabei besteht ein konkreter Zusammenhang zwischen „leistungserheblich" (§ 60 Abs. 1 SGB I) und „erforderlich" (§ 67a SGB X). Wenn nicht ein Fall des § 69 Abs. 1 SGB X vorliegt, ist also der Leistungsberechtigte im Rahmen seiner Mitwirkungspflicht oft gehalten, die Einwilligung nach Art. 6 Abs. 1 lit. a DS-GVO erteilen. Tut er es nicht, so besteht ein Leistungsverweigerungsrecht nach § 66. Man wird nicht so weit gehen können, darin eine Umgehung des § 76 Abs. 1 SGB X zu sehen. Die Entbindung von der Pflicht, ein Geheimnis zu wahren, darf aber nur in den unbedingt erforderlichen Fällen verlangt werden. Insbesondere darf im Falle eines Sozialhilfebezugs nicht verlangt werden, alle ortsansässigen Banken von ihrer Schweigepflicht zu entbinden (vgl. Wendt, CuR 1987 S. 774; Stahlmann, info also 2006 S. 10). Das ist heute umso weniger zulässig, als gegen Leistungsmissbrauch auf der Grundlage des § 118 SGB XII vorzugehen ist. Des Weiteren kann unter engen Voraussetzungen nach den §§ 93, 93b AO eine **Kontenabfrage** erfolgen (vgl. BVerfG 112 S. 284; BSG 118 S. 301). Insoweit enthält die Abgabenordnung in § 93 Abs. 8 Nr. 1 a–e AO eine Befugnis der dort genannten Leistungsträger zur Datenerhebung (vgl. im Einzelnen § 60 Rn. 14). 63

Die Einwilligung nach § Art. 6 Abs. 1 lit. a DS-GVO steht als ein besonders herausgehobener Fall, neben den anderen **Übermittlungsbefugnissen** der §§ 68–77 SGB X. Einen Vorrang der ersteren vor den letzteren gibt es aber nicht. Vorrangig ist lediglich die Datenerhebung beim Betroffenen (oben Rn. 26, 32). Im Rahmen einer nach den §§ 3 und 4 SGB X zulässigen **Amtshilfe** dürfen – nach einem Ersuchen – die in § 68 Abs. 1 Satz 1 SGB X genannten, weniger sensiblen, Daten nur an die genannten Stellen übermittelt werden. Die Übermittlung ist zudem nur dann zulässig, wenn die ersuchte Stelle unter Würdigung der objektiven Gegebenheiten festgestellt hat, dass schutzwürdige Belange des Betroffenen dem nicht entgegenstehen. Es besteht darüber hinaus keine Verpflichtung zur Übermittlung von Sozialdaten, wenn die ersuchende Stelle sich die 64

Angaben auf andere Weise beschaffen kann (§ 68 Abs. 1 Satz 2 SGB X). In jedem Falle trägt die übermittelnde Stelle die Verantwortung dafür, dass die Übermittlung zulässig ist (§ 67d Abs. 1 Satz 1 SGB X). Erfolgt die Übermittlung auf Ersuchen eines Dritten, so trägt dieser die Verantwortung für die Richtigkeit der Angaben in dem Ersuchen (§ 67d Abs. 1 Satz 2 SGB X).

65 Angesichts des Zusammenwirkens der verschiedenen Sozialleistungsträger im gegliederten System hat die Übermittlungsbefugnis des § 69 Abs. 1 Nr. 1 SGB X eine besonders große praktische Bedeutung. Danach ist die Übermittlung von Sozialdaten zulässig, soweit sie zur Erfüllung einer **gesetzlichen Aufgabe** nach dem Sozialgesetzbuch (§ 67 Abs. 2 SGB X), einschließlich eines gerichtlichen Verfahrens (§ 69 Abs. 1 Nr. 2 SGB X) erforderlich ist. Gegenüber dem bisherigen Recht werden die Aufgaben durch den Katalog des § 67 Abs. 3 SGB X insoweit erweitert, als auch andere Aufgaben, die den Sozialleistungsträgern zugewiesen sind, in den Sozialdatenschutz einbezogen wurden (§ 67 Abs. 3 Nr. 1–4 SGB X). Darüber hinaus werden durch § 69 Abs. 2 SGB X bestimmte andere Stellen den Sozialleistungsträgern gleichgestellt. Weitere Übermittlungsbefugnisse, die mit der Aufgabenerfüllung eng zusammenhängen, werden in den §§ 69 Abs. 3–5, 70 SGB X geregelt. Eine Datenübermittlung nach § 69 Abs. 1 Nr. 1 oder 2 SGB X kann, anders als dies im Rahmen der Amtshilfe erforderlich ist, ohne ein Ersuchen erfolgen. Die Erfüllung der gesetzlichen Aufgabe kann bei der Stelle liegen, die die Daten übermittelt oder auch bei derjenigen, die Kenntnis von den Daten erhält. Erfüllt die übermittelnde Stelle eine gesetzliche Aufgabe nach dem Sozialgesetzbuch, dann kann sie Sozialdaten auch an Stellen weiterleiten, die selbst nicht zu Sozialleistungsträgern gehören. So kann, etwa bei einer Pfändung von Ansprüchen auf Sozialleistungen, ein Sozialleistungsträger auch dem Vollstreckungsgericht bestimmte Daten mitteilen, die für eine Entscheidung nach § 54 Abs. 2 erforderlich sind. Dasselbe gilt natürlich auch für die Mitteilung von Daten, wenn der Leistungsträger selbst Beklagter ist. In allen diesen Fällen ist der Empfänger der Daten über § 78 in den Datenschutz eingebunden.

66 Die Übermittlung muss **erforderlich** sein. Das ist dann nicht der Fall, wenn der andere Sozialleistungsträger die Daten beim Betroffenen selbst erheben kann. Insoweit besteht ein datenschutzrechtlicher Vorrang der Erhebung beim Betroffenen gegenüber der Übermittlung (VGH Mannheim FEVS 42 S. 32). Im Kinder- und Jugendhilferecht genügt die Erforderlichkeit allein nicht. Dort ist die Übermittlung an die weitere Voraussetzung geknüpft, dass durch sie der Erfolg einer zu gewährenden Leistung, also im Wesentlichen einer Erziehungshilfe, nicht in Frage gestellt wird (§ 64 Abs. 2 SGB VIII).

67 Eine nicht unerhebliche praktische Bedeutung hat die Übermittlungsbefugnis des § 69 Abs. 1 Nr. 1 SGB X im Zusammenhang mit der Beitragseinziehung, der Bekämpfung illegaler Beschäftigung, einschließlich der sich daraus ergebenden strafrechtlichen Sanktionen. So ist auch eine **Strafanzeige** durch § 69 Abs. 1 Nr. 2 SGB X gedeckt. Allerdings entscheidet im Rahmen dieser Vorschrift der Sozialleistungsträger selbst, ob er Daten übermitteln will und darf. Er muss also prüfen, ob die Übermittlung zur Erfüllung einer gesetzlichen Aufgabe notwendig ist. Das kommt nicht bei allen Straftaten in Betracht. So muss etwa das Jugendamt eine Kindesmisshandlung zunächst mit seinen Möglichkeiten unterbinden (vgl. § 8a SGB VIII). Ist dies allerdings nicht möglich, dann erfolgt die Übermittlung gegenüber den Strafverfolgungsbehörden befugtermaßen (vgl. Weichert, ZfSH/SGB 1993 S. 301; Stange, ZfJ 1997 S. 97; Ollmann, ZfJ 1998 S. 354; Renèlt, ZfSH/SGB 2002 S. 579, 643; DIJuF-Gutachten JAmt 2003 S. 183). Auch im

Falle einer Unterhaltspflichtverletzung (§ 170b StGB) kann nicht unbesehen eine Übermittlung erfolgen, sondern nur dann, wenn sie die Notwendigkeit von Sozialleistungen zur Folge hat.

Demgegenüber steht die Übermittlungsbefugnis des § 73 SGB X im Zeichen des staatlichen Strafverfolgungsinteresses (Kerl, NJW 1984 S. 2444; Kröger, ZfJ 1993 S. 21). Dort entscheidet das Gericht, ob und in welchem Umfange die Übermittlung von Sozialdaten zulässig ist (§ 73 Abs. 3 SGB X). Eine uneingeschränkte Übermittlung von Daten kommt nach § 73 Abs. 1 SGB X bei einem Verbrechen oder einer sonstigen Straftat von „erheblicher Bedeutung" in Betracht. Bei anderen Straftaten erfolgt eine Übermittlung von Sozialdaten nur im Umfange des § 73 Abs. 2 SGB X (vgl. LG Hamburg, NJW 1984 S. 1570; LG Frankfurt, NJW 1987 S. 84; Gutachten des Deutschen Vereins, NDV 1989 S. 239; Igl, CuR 1985 S. 94; Kunkel, NDV 2008 S. 415). Soweit Daten besonders geschützt sind (§ 203 StGB, 65 SGB VIII), ist auch eine richterliche Anordnung nach § 73 SGB X nicht zulässig (LG Saarbrücken JAmt 2007 S. 321). Hier gilt bereits die Grundregel des § 35 Abs. 3. Eine anders ausgerichtete Übermittlungsbefugnis im gerichtlichen Verfahren ergibt sich aus § 74 Nr. 1 SGB X. In diesem Falle dient das gerichtliche Verfahren aber privaten Interessen, nämlich der Durchsetzung familienrechtlicher Ansprüche. Die Unanwendbarkeitsklausel des Art. 2 Abs. 2 lit. d DS-GVO greift in allen diesen Fällen nicht ein. Sie nimmt nur die Tätigkeit der Strafverfolgungsbehörden selbst von der Grundverordnung aus. Das hat auch zur Folge, dass der innerstaatliche Gesetzgeber eigene Regelungen treffen konnte. 68

Die übrigen Übermittlungsbefugnisse der §§ 69 Abs. 1 Nr. 3 und 70–75 SGB X beziehen sich auf klar umgrenzte einzelne Aufgabengebiete. Nur im Rahmen der besonderen gesetzlichen Mitteilungspflichten nach § 71 SGB X wird aus der Übermittlungsbefugnis auch eine **Übermittlungspflicht** (vgl. Schnapp/Düring, NJW 1988 S. 738). Letztere wird allerdings nicht im Sozialrecht, sondern in den Gesetzen begründet, auf die § 71 SGB X verweist. Solche Pflichten bestehen vor allem nach § 71 Abs. 2 Nr. 1 SGB X, 87 Abs. 1 AufenthG. Sie sind, anders als die sonstigen Übermittlungspflichten (vgl. § 71 Abs. 1 SGB X), besonders umstritten, weil sie durch die Inanspruchnahme von Sozialleistungen ausgelöst werden können (vgl. Maas, NDV 1990 S. 417). Eine gleichsam umgekehrte Verbindung von Auskunftspflicht und Übermittlungsbefugnis stellt § 74 Abs. 1 Nr. 2 SGB X für die außergerichtliche Durchsetzung von **Unterhaltsansprüchen** und den Ausgleichsanspruch im Rahmen des Versorgungsausgleichs dar. Besteht in diesen Fällen nach Bürgerlichem Recht eine Auskunftspflicht, so begründet sie eine Übermittlungsbefugnis für den Sozialleistungsträger. Für die vorrangig erforderliche Mahnung darf die Anschrift des Auskunftspflichtigen übermittelt werden (§ 74 Satz 2 SGB X). Die Übermittlungsbefugnisse der §§ 72 und 73 SGB X (Schutz der inneren Sicherheit und Strafverfolgung) sind als vom Gesetzgeber selbst abschließend geregelte Fälle der Güterabwägung anzusehen. 69

9. Sozialdatenschutz Verstorbener

Eine besondere Befugnis zur Verarbeitung – und damit auch zur Erhebung (Art. 4 Nr. 2 DS-GVO – von Sozialdaten schafft im geltenden Recht nur § 35 Abs. 5 Satz 2. Sie ist zulässig, wenn schutzwürdige Interessen des Verstorbenen oder seiner Angehörigen dadurch nicht beeinträchtigt werden. Werden sie beeinträchtigt, so ist die Verarbeitung jedoch noch nicht ausgeschlossen. Sie richten sich in diesem Falle aber nach den §§ 67 ff. SGB X (§ 35 Abs. 5 Satz 1). Durch 70

§ 35 Abs. 5 Satz 2 werden diese Befugnisnormen also auf den Todesfall lediglich modifiziert, nicht aber gänzlich ersetzt. Der früher als unpraktikabel empfundene Ausschluss der Erhebung von Daten ist beseitigt worden. Hat allerdings ein Hinterbliebener einer Obduktion zugestimmt (vgl. § 63 Abs. 2 Satz 2 SGB VII) und befindet er sich im Besitz eines Obduktionsbefundes, so ist dessen Verwertung durch den Sozialleistungsträger eine Datenerhebung nicht beim Verstorbenen, sondern beim Hinterbliebenen (LSG NRW NZS 2004 S. 655; Fröde, NZS 2004 S. 645; BSG SGb 2005 S. 709 mAnm Spickhoff). Dieser und nicht der Verstorbene ist Betroffener im Sinne des Datenschutzrechts.

71 Etwas anders stellt sich die gegenwärtige Rechtslage im Leistungserbringungsrecht dar. Dort ist nicht § 35 anzuwenden, vielmehr folgt die Pflicht zum Geheimnisschutz als vertragliche Pflicht aus dem Leistungserbringungsverhältnis zu dem Leistungsberechtigten (BGHZ 185 S. 74). Auch diese Pflicht besteht über den Tod hinaus. Als vertragliche Nebenpflicht besteht zudem in Orientierung an Art. 1 Abs. 1, 2 Abs. 1 GG ein Informationsanspruch des Leistungsberechtigten gegenüber dem Leistungserbringer, die alle leistungserheblichen Tatsachen betreffen (BVerfG SozR 4-1300 § 25 Nr. 1). Kommt ein Leistungsberechtigter, etwa infolge eines Pflegefehlers, zu Tode, so hat häufiger der Träger der Krankenversicherung in der letzten Lebensphase des Leistungsberechtigten und infolge eines möglicherweise bestehenden Pflegefehlers, Leistungen erbracht. Insoweit kann ein Schadenersatzanspruch des Leistungsberechtigten gegenüber dem Leistungserbringer nach § 116 SGB X auf den Träger der Krankenversicherung übergehen. Dessen Begründung ist zumeist nur durch Einsicht in die Unterlagen des Leistungserbringers, etwa der Pflegedokumentation, möglich. Der Anspruch darauf geht in entsprechender Anwendung der §§ 401 Abs. 1, 412 BGB auf den Träger der Krankenversicherung über. Der Leistungserbringer kann dem in der Regel nicht erfolgreich entgegensetzen, der Verstorbene habe in die Offenbarung nicht eingewilligt. Vielmehr ist in diesem Falle grundsätzlich von dessen mutmaßlicher Einwilligung in die Weitergabe der relevanten Daten auszugehen (BGH NZS 2013 S. 553). Diese Auffassung, dass mit dem vertraglichen Anspruch auch das Recht zur Einwilligung in die Offenbarung von personenbezogenen Daten vererbt wird, dürfte etwas außerhalb datenschutzrechtlicher Grundsätze stehen. Der Vergleich mit Tagebuchaufzeichnungen, Briefen usw ist kaum tragfähig. Der besondere Schutzanspruch für personenbezogene Daten ergibt sich aus ihrer Speicherung in einem Datensystem (Art. 2 Abs. 1 DS-GVO). Es wäre deswegen wohl sinnvoller, auch im Zivilrecht Art. 6 Abs. 4 DS-GVO anzuwenden. Dem steht jedoch entgegen, dass die DS-GVO nicht für den Datenschutz Verstorbener gilt. Damit ist aber auch die Möglichkeit eröffnet, dass die Mitgliedsstaaten eigene Reglungen treffen.

72 Das ist nur in § 35 Abs. 5 geschehen. Insoweit gelten die Grundsätze der §§ 67 ff. SGB. Sofern also eine Übermittlungsbefugnis nach den §§ 68–77 SGB X nicht gegeben ist, kommt es darauf an, ob eine Einwilligung des Verstorbenen vorliegt (§ 67b Abs. 2 SGB X). Deren Vererbbarkeit kann vor allem nicht nach den §§ 56 ff. erfolgen, da sich diese Vorschriften nur auf Geld- Sach- und Dienstleistungen beziehen. Für das Verhältnis zum behandelnden Arzt, auf das sich § 35 Abs. 5 nicht erstreckt, ist der BGH der Auffassung, dass das Recht, eine Einwilligung in die Offenbarung zu erteilen, als höchstpersönliches Recht nicht vererbbar ist. Allenfalls wäre an eine mutmaßliche Einwilligung des Verstorbenen zu denken (vgl. BGH JZ 1984 S. 279 Rn. 28 mAnm Giesen; LSG Berlin Breith. 1989 S. 705). Für den Fall eines Facebook-Accounts gelangt der BGH vor dem Hintergrund schuld- und erbrechtliche Erwägungen der Auffassung: „Der Anspruch auf Zugang zu dem Benutzerkonto und den dort gespeicherten Inhalten ergibt sich aus dem auf die Erben übergegangenen schuldrechtlichen Vertrag zwischen“ dem Erblasser und dem Anbieter des sozialen Netzwerks. Dem stehen nach Auffassung des BGH, weder das postmortale Persönlichkeitsrecht des Verstorbenen noch datenschutzrechtliche Regelungen entgegen (BGH NZFamR 2018 S. 800 Rn. 18). Damit ist eine generelle Aussage zur Frage der Vererbarkeit nicht gemacht worden. Insbesondere geht der BGH davon aus, dass das vertraglich begründete Zugangsrecht zu einem sozialen Netzwerk keinen höchstpersönlichen Charakter hat und dass auch das postmortale Persönlichkeitsrecht des Verstorbenen nicht beeinträchtigt ist (BGH NZFamR 2018 S. 800 Rn. 39, 52). Unter datenschutzrechtlichen Gesichtspunkten käme es darauf aber nicht an. Der BGH hat sich deswegen auch mit der Grundverordnung auseinander gesetzt. Er hat ihre Anwendbarkeit aber verneint, weil sie sich nicht auf den Schutz personenbezogener Daten von Verstorbenen erstreckt (BGH NZFamR 2018 S. 800 Rn. 65–67).

Damit ergibt sich bei der Erbringung von Sozialleistungen eine gewisse Diskre- 73
panz zu § 35 Abs. 5 Satz 2, der eine eigenständige Rechtsgrundlage für die Verarbeitung von Sozialdaten, aber nicht anderer, damit zusammenhängender, Daten darstellt. Bei höchstpersönlichen Verträgen, dazu dürften praktisch alle Verträge mit Leistungserbringern zu rechnen sein (vgl. §§ 630a ff. BGB), ist davon auszugehen, dass der Erbe auch vor dem Hintergrund der Rechtsprechung des BGH keinen Zugang zu den Informationen des Leistungserbringers erlangen kann. Auf der Basis dieser privatrechtlichen Verträge könnte ohnehin immer der Zugang Dritter zu den Informationen ausgeschlossen werden. Die Regelung des § 35 Abs. 5 gilt nur für Sozialdaten Verstorbener. Auf die Daten der Leistungserbringer ist sie auch nicht entsprechend anwendbar. Die DS-GVO gilt ebenfalls nicht für die Daten Verstorbener. Die Mitgliedsstaaten können aber eigene Regelungen treffen (27. Erwägungsgrund). Das ist in Deutschland jedoch nur für Sozialdaten geschehen. Zwar ist § 1 Abs. 4 Satz 2 Nr. 1 BDSG auch auf die privaten Leistungserbringer anzuwenden. Doch auch das Bundesdatenschutzgesetz trifft keine Regelung für die Daten Verstorbener. Ob man dort eine Regelung für das ganze Zivilrecht treffen sollte, dürfte sehr zweifelhaft sein. Empfehlen könnte sich aber eine erweiterte Regelung des § 35 Abs. 5, der sich dann zusätzlich, jedoch nur auf die bei den Leistungserbringern vorhandenen Informationen erstrecken würde.

Generell dürfte der Datenschutz Verstorbener weder im Erb- noch im Schuld- 74
recht seinen richtigen Standort haben. Sachgerechter wäre eine Regelung, nach der im Falle des Todes die einmal erteilte Einwilligung erlischt. Neu eingewilligt werden könnte nicht mehr, weil nur der Verstorbene betroffene Person im Sinne des Datenschutzrechts ist. Das folgt unmittelbar aus Art. 4 Nr. 1 DS-GVO, denn beim Erben sind die hier relevanten Daten nicht erhoben worden. Nicht er, sondern nur der Verstorbene kann durch die erhobenen Daten identifiziert werden. Nur diese Person kann und muss in die Verarbeitung und damit auch in die Übermittlung einwilligen. Das aber wäre nicht mehr möglich. Das folgt unmittelbar aus Art. 4 Nr. 1 iVm Art. 7 Nr. 1 DS-GVO. Die Folge wäre, dass im Falle eines Verstorbenen die Regelung über die fehlende Einwilligung des Art. 6 Abs. 4 lit. a–e DS-GVO anzuwenden wäre. Dies erfordert ähnlich wie in § 35 Abs. 5 Satz 2 eine Abwägung der Interessen. Bei den Verträgen mit den Leistungserbringern ließe sich zudem eine größere Übereinstimmung mit § 35 Abs. 5 herstellen. Verhindert werden könnte in keinem Falle dass in privatrechtrechtlichen Verträgen

der Zugriff Dritter auf die Daten, sei es auch durch den Erben, durch Vereinbarung ausgeschlossen werden kann.

10. Betroffenenrechte und administrative Maßnahmen

75 Um die Betroffenenrechte zu gewährleisten, legt die Grundverordnung ein außerordentlich starkes Gewicht auf technische und organisatorische Maßnahmen des Datenschutzes (78. Erwägungsgrund). Diese dürften wohl auch wirksamer sein, als subjektive Rechte, wären sie auch noch so klar definiert. Darüber hinaus werden Betroffene oft keine Kenntnis von der Verletzung datenschutzrechtlicher Bestimmungen erlangen. Deswegen hat die in Art. 33 DS-GVO normierte Pflicht des Verantwortlichen, im Falle einer Verletzung des Schutzes personenbezogener Daten, die Aufsichtsbehörde zu informieren, nicht nur eine subsidiäre Funktion. Zu informieren ist auch die betroffene Person (Art. 34 DS-GVO).

76 In den Art. 12–18, 21 DS-GVO werden umfassende Betroffenenrechte geregelt. Allgemein schreibt Art. 12 DS-GVO eine transparente Information und Kommunikation vor. Betroffene sind über den Gesamtvorgang der Erhebung zu informieren, wenn Daten bei ihnen (Art. 13 DS-GVO) erhoben werden. Diese Informationen werden „zum Zeitpunkt der Erhebung", also nicht später, gegeben (§ 13 Abs. 1 Satz 1 DS-GVO). Für die Erhebung bei einem Dritten gilt Art. 14 Abs. 1–3 DS-GVO. Die Informationen betreffen nicht den Inhalt der Daten. Insoweit bestehen aber die Rechte nach Art. 15 und 20 DS-GVO. Dabei begründet Art. 15 DS-GVO einen Auskunftsanspruch der Betroffenen über die, sie betreffenden Daten und weitere, in Art. 15 Abs. 1 lit. a–h genannte, Informationen. Letzteres geht über das bisherige Recht (§ 83 SGB X aF) hinaus (vgl. BSG 107 S. 86 Rn. 13). In Art. 20 DS-GVO wird das weitergehende Recht der Betroffenen auf Bereitstellung ihrer personenbezogenen Daten begründet. Dies dient auch dazu, dass Betroffene selbst den Überblick über „ihre Daten" behalten. Vor dem Hintergrund des verbreiteten Datentransfers gehört zum Informationsanspruch auch, das im Anwendungsbereich des § 35 wohl weniger wichtige Recht, „alle verfügbaren Informationen über die Herkunft der Daten" zu erlangen (Art. 15 Abs. 2 lit. g DS-GVO). Zu informieren ist auch über eine zweckändernde Weiterverarbeitung der Daten (Art. 13 Abs. 3, 14 Abs. 3 DS-GVO).

77 In den Art. 16–19 DS-GVO werden die Rechte auf Berichtigung und auf Löschung der Daten, bzw. der Einschränkung der Verarbeitung geregelt. Von einem Recht auf „Vergessenwerden" kann aber nicht die Rede sein (vgl. Art. 17 Abs. 3 lit. b–d DS-GVO). In § 84 SGB X ist zudem eine Einschränkung des Rechts auf Berichtigung bzw. Löschung geregelt. Insoweit kann auch die Entfernung eines **Aktenstücks** verlangt werden (Thür. LSG NZS 2015 S. 360). Grundsätzlich hat die betreffende Person auch das Recht auf Bereitstellung der sie betreffenden personenbezogenen Daten, die sie unter den Voraussetzungen des Art. 20 Abs. 1 Nr. 1 und 2 DS-GVO an einen anderen Verantwortlichen übermitteln kann. In den Art. 21 und 22 DS-GVO geregelt sind die Rechte der betroffenen Person, sich der Verarbeitung seiner Daten zu widersetzen. Gemäß Art. 21 Abs. 1 DS-GVO besteht – aus besonderen Gründen, die in der Person des Betroffenen liegen – ein **Widerspruchsrecht** im Falle einer Datenverarbeitung nach Art. 6 Abs. 1 lit. e oder f DS-GVO. Das Widerspruchsrecht besteht jedoch nicht, wenn die Datenverarbeitung auf der Grundlage des Art. 6 Abs. 1 lit. c DS-GVO erfolgt. Das ist in der Praxis zumeist im Rahmen der Amtsermittlung nach § 20 SGB X der Fall. Insoweit können sich Abgrenzungsfragen zu Art. 6 Abs. 1 lit. e DS-GVO ergeben (Bieresborn, NZS 2018 S. 13). Für das Sozialrecht ist darüber hinaus wichtig, das Recht, „nicht einer ausschließlich auf einer automatisierten Verarbeitung – einschließlich Profiling – beruhenden Entscheidung unterworfen zu werden" (Art. 22 Abs. 1 DS-GVO). Darin drückt sich eine gewisse Skepsis gegenüber dem modernen Informationssystem aus (vgl. den 71. Erwägungsgrund und bereits § 67b Abs. 4 SGB X aF). In Art. 23 DS-GVO ist eine allgemeine **Beschränkung der Betroffenenrechte** (Art. 5, 12–22, 34 DS-GVO) durch die Union oder die Mitgliedstaaten geregelt. Das ist zum Teil in den §§ 81 ff. SGB X geschehen (§§ 82–84 SGB X).

In den Art. 24 ff. DS-GVO, §§ 79 ff. SGB X ist eine Vielzahl von technischen und organisatorischen Maßnahmen des Datenschutzes geregelt. Sie sind die Konsequenz aus der Tatsache, dass Daten in weit größerem Umfange fließen, als dies der Begriff des Datenschutzes vermuten lässt. Insbesondere die Art. 24–31 DS-GVO sind Ausdruck eines präventiven Datenschutzes. Dabei ist im Rahmen der Technikgestaltung die datenschutzfreundliche Voreinstellung (Art. 25 DS-GVO) im deutschen Recht eine Neuerung. Entsprechendes gilt für die nachhaltige Kontrolle der Auftragsverarbeiter (Art. 4 Nr. 8; 28, 79 DS-GVO). In den Art. 31–36 DS-GVO werden eher administrative Maßnahmen geregelt. Es folgen in den Art. 37 ff. DS-GVO die Vorschriften über den Datenschutzbeauftragten (§ 81 SGB X). Die Art. 40–43 DS-GVO schaffen Rechtsgrundlagen für die Ausarbeitung von Verhaltensmaßregeln und Zertifizierungen. Auf der Grundlage der Art. 44 ff. DS-GVO erfolgt die Übermittlung von Daten in Staaten und an Organisationen außerhalb der EU. Recht umfangreich sind die Regelungen über die Aufsichtsbehörden (Art. 51–77 DS-GVO). 78

Rechtsschutz und Haftung sind in den Art. 78 ff. DS-GVO geregelt. Dabei ist auf die Vertretung durch Organisationen hinzuweisen, die aber bei weitem kein Verbandklagerecht begründet (Art. 80 DS-GVO). In den §§ 81a und 81b SGB X wird für den Sozialdatenschutz eine Zuständigkeit der Sozialgerichte begründet. Es muss ein Zusammenhang mit einer Angelegenheit nach § 51 Abs. 1 und 2 SGG geben sein. In anderen Fällen ist die Zuständigkeit der Verwaltungsgerichte gegeben (§ 20 BDSG). Für Schadenersatz- und Amtshaftungsklagen bleiben die ordentlichen Gerichte zuständig (BT-Drs. 18/12611 S. 116). Bei berechtigtem Interesse kann die fehlende Befugnis zur Verarbeitung von Daten auch Gegenstand einer Unterlassungs- oder Feststellungsklage sein (BSG 47 S. 118; BSG B 1 KR 31/17 R, juris). Im Falle der unbefugten Übermittlung von Sozialdaten besteht zunächst ein unmittelbar aus § 35 Abs. 1 Satz 1 abzuleitendes Verwertungsverbot. Darüber hinaus können Betroffene die Rückführung der Daten in den geschützten Bereich mit einem **Folgenbeseitigungsanspruch** durchsetzen, sofern die Daten noch nicht verarbeitet sind. 79

Nach Art. 82 DS-GVO besteht ein Schadenersatzanspruch. Dabei begründet Art. 82 Abs. 4 DS-GVO eine Gesamtschuldnerschaft mehrerer Beteiligter (§ 421 BGB), was zumeist vorliegen dürfte. Der Schadenersatzanspruch ist auch im Falle eines immateriellen Schadens bei einem Verstoß gegen die Grundverordnung gegeben. Kriterien für dessen Höhe wird erst die Rechtsprechung entwickeln müssen. Da das nicht durch die innerstaatlichen Gerichte geschehen kann (vgl. oben Rn. 3), dürften die Beträge höher ausfallen, als es in der in Deutschland üblichen, eher zurückhaltenden, Rechtsprechung der Fall ist. 80

Grundsätzlich ist auch ein Amtshaftungsanspruch nach § 839 BGB, 34 GG gegenüber der Stelle zu bejahen, die Sozialdaten unbefugt oder unrichtig verarbeitet hat. Gegen einzelne Mitarbeiter kann zudem disziplinarisch vorgegangen wer- 81 den. Droht eine unbefugte Verarbeitung, insbesondere eine Übermittlung von Sozialdaten zum wiederholten Male, so kann der Anspruch auf Geheimhaltung mit der vorbeugenden Unterlassungsklage, ggf. durch einstweilige Anordnung nach § 86b Abs. 2 SGG durchgesetzt werden. Die Geldbußen bei Verstößen gegen die Grundverordnung erreichen eine beachtliche Höhe (Art. 80 Abs. Abs. 5 DS-GVO). Mangels eigener Kompetenz musste die EU die Regelung von strafrechtlichen Sanktionen den Mitgliedstaaten überlassen (Art. 84 DS-GVO). Dies ist durch die §§ 85 SGB X, 42 BDSG geschehen (vgl. Martini/Wagner/Wenzel, VerwArch 2018 S. 163).

§ 36 Handlungsfähigkeit

(1) [1]**Wer das fünfzehnte Lebensjahr vollendet hat, kann Anträge auf Sozialleistungen stellen und verfolgen sowie Sozialleistungen entgegennehmen.** [2]**Der Leistungsträger soll den gesetzlichen Vertreter über die Antragstellung und die erbrachten Sozialleistungen unterrichten.**

(2) [1]**Die Handlungsfähigkeit nach Absatz 1 Satz 1 kann vom gesetzlichen Vertreter durch schriftliche Erklärung gegenüber dem Leistungsträger eingeschränkt werden.** [2]**Die Rücknahme von Anträgen, der Verzicht auf Sozialleistungen und die Entgegennahme von Darlehen bedürfen der Zustimmung des gesetzlichen Vertreters.**

Übersicht

1. Verhältnis zum Bürgerlichen Recht

1 Die Vorschrift setzt eine beschränkte Geschäftsfähigkeit des Minderjährigen voraus. Der Begriff der Handlungsfähigkeit hat eine recht schillernde Bedeutung (vgl. Lilge § 36 Rn. 11). Er geht insoweit über die bloße Tathandlung (Realakt) hinaus, als er die Fähigkeit benennt, wissentlich und willentlich eine Rechtsfolge herbeizuführen. Welche das sein kann, ergibt sich aus dem jeweiligen Rechtsgebiet. Handlungsfähig ist eine Person im Sozialrecht dann, wenn ihre Handlungen im Verwaltungsverfahren Rechtswirkungen entfalten können. Sie erstreckt sich auf die Antragstellung, die Verfolgung von Anträgen und die Entgegennahme von Leistungen mit Erfüllungswirkung. Damit können auch gewisse Pflichten verbunden sein (§§ 60 ff. SGB I, 21 Abs. 2 SGB X). Zum Erstattungsverfahren vgl. unten Rn. 20.

1a Die Handlungsfähigkeit ist der Teilmündigkeit der §§ 112, 113 BGB nachgebildet. Sie hat, wie die bürgerlich-rechtlichen Regelungen, materiell-rechtlichen Charakter. Sie enthält allerdings auch deutliche verfahrensrechtliche Elemente (vgl. §§ 11 SGB X, 12 VwfG). Der Begriff der Handlungsfähigkeit im Sozialrecht ist weitgehend identisch mit dem Begriff des Bürgerlichen Rechts, der dort zumeist als Oberbegriff für Geschäfts- (§§ 104 ff. BGB) und Deliktfähigkeit (§ 828 BGB) verwendet wird. Darüber hinaus ist er aber auch dort als die Fähigkeit zu verstehen, Rechtshandlungen wirksam vornehmen zu können. Im Sozialrecht bezieht sich dieser Begriff auf alle Handlungen, die mit der Durchsetzung von Ansprüchen auf Sozialleistungen verbunden sind. Das ist im Rahmen des § 36 aber nur für einen Ausschnitt aus dem Sozialrecht der Fall. Keineswegs also kann man sagen, Fünfzehnjährige wären sozialrechtlich voll handlungsfähig. Hauptsächlich besteht die Handlungsfähigkeit im **Antragsverfahren,** das auf die Erlangung von Sozialleistungen ausgerichtet ist, wobei der Antrag einer rechtsgeschäftsähnlichen Handlung des Bürgerlichen Rechts entspricht. Die Entgegennahme von Sozialleistungen hat idR Erfüllungscharakter iSd § 362 BGB. Abgesehen von diesem Kernbereich der Handlungen im Verwaltungsverfahren ist es im Einzelfall schwierig zu sagen, wann eine Handlungsfähigkeit erforderlich ist. So hat die Erfüllung mancher (zB § 61), aber nicht aller Mitwirkungspflichten (zB § 60) den Charakter eines Realaktes im Sinne des Bürgerlichen Rechts. Hierzu bedarf es keiner Handlungsfähigkeit (unten Rn. 13).

Geschaffen wurde die Vorschrift in der Absicht, den Minderjährigen, die in ein Arbeits- und Beschäftigungsverhältnis und damit in eine sozialrechtliche Pflichtenstellung eintreten, bei der Geltendmachung der sich daraus ergebenden Rechte ein selbständiges Handeln zu ermöglichen. Allerdings beschränkt sich diese gegenüber dem Bürgerlichen Recht erweiterte Handlungsfähigkeit nicht auf die Sozialversicherung, sondern erstreckt sich ua auch auf die Kinder- und Jugendhilfe. Dort aber bestehen bei den entscheidenden Leistungen nach den §§ 27 ff. SGB VIII nur Ansprüche der Personensorgeberechtigten, nicht der Kinder selbst (vgl. § 8 Rn. 10 ff.). Die Handlungsfähigkeit nach § 36 ist als partielle Handlungsfähigkeit zu bezeichnen, da sie auch im Sozialrecht keineswegs umfassend wirkt. Vielmehr können Minderjährige nur in relativ unproblematischen Bereichen des Sozialrechts selbständig handeln (vgl. § 36 Abs. 2 Satz 2). **2**

Entgegen dem OVG Bremen wird man nicht die Auffassung vertreten können, dass ein Minderjähriger im Rahmen einer **Inobhutnahme** nach § 42a SGB VIII wegen der damit „verbundenen Begünstigungen, … gemäß § 36 Abs. 1 Satz 1 SGB I partiell handlungs- und infolgedessen prozessfähig" ist (OVG Bremen NVwZ 2016 S. 1188). Die Inobhutnahme nach § 42a SGB VIII ist keine Sozialleistung, sondern eine andere Aufgabe des Jugendamtes nach § 2 Abs. 3 Nr. 1 SGB VIII (§ 33a Rn. 8, 8a). Damit kann § 36 keine Anwendung finden. Allenfalls wäre hier § 107 BGB mit gleichem Ergebnis anwendbar (vgl. unten Rn. 20). **2a**

Die Vorschrift des § 36 ist also nicht die einzige Norm, die Minderjährigen eine Handlungsfähigkeit zuspricht. So sind der Regelung des § 36 die §§ 104 ff. BGB gleichsam vorgelagert. Abgesehen von dem im Sozialrecht weitgehend unbedeutenden § 110 BGB können Minderjährige bereits im Rahmen der Teilmündigkeit nach §§ 112, 113 BGB unbeschränkt geschäftsfähig sein. Sie sind dann insoweit auch im Sozialrecht handlungsfähig. Das ergibt sich aber nicht aus § 36, sondern aus § 11 Abs. 1 Nr. 2 SGB X. Andererseits können Minderjährige, die nach § 104 Nr. 2 BGB geschäftsunfähig sind, nicht sozialrechtlich handlungsfähig sein. Des Weiteren gilt die Sonderregelung des § 105a BGB nur für geschäftsunfähige Personen, die volljährig sind (Pawlowski, JZ 2003 S. 66). Sie hat im Zusammenhang mit den §§ 36 SGB I, 11 SGB X auch deswegen keine Bedeutung, weil sie sich lediglich auf Geschäfte des täglichen Lebens erstreckt. **3**

Da die Handlungsfähigkeit nichts an der familienrechtlichen Stellung Minderjähriger ändert, musste der Gesetzgeber auch darauf Bedacht nehmen, dass durch **4** die Begründung einer sozialrechtlichen Handlungsfähigkeit die elterliche Sorge nicht allzu sehr tangiert wird (vgl. § 36 Abs. 2 Satz 1). In dem Umfange allerdings, in dem Minderjährige handlungsfähig sind, sind die Eltern nicht zu ihrer Vertretung befugt (aA Schellhorn, GK-SGB I § 36 Rn. 14). Das bedeutet nach einer weitergehenden Auffassung ua auch, dass der **gesetzliche Vertreter** eines handlungsfähigen Minderjährigen für diesen keine Anträge auf Sozialleistungen stellen und verfolgen, wohl aber, dass er sie zurücknehmen kann (§ 36 Abs. 2 Satz 2). Handelt der gesetzliche Vertreter gleichwohl, so ist § 177 BGB entsprechend anzuwenden. Vereinzelt wurde die Auffassung vertreten, bei widersprüchlichen Erklärungen des Minderjährigen und seines gesetzlichen Vertreters ginge die Erklärung des letzteren vor. Dies solle sich aus dem Rechtsgedanken des § 36 Abs. 2 Satz 1 ergeben (vgl. Wannagat-Jung, SGB I § 36 Rn. 9). Schon aus Gründen der Rechtsklarheit wird man jedoch die **Einschränkungsbefugnis** des § 36 Abs. 2 Satz 1 nicht mit einer Erklärungsbefugnis gleichsetzen dürfen. Zudem würde das Erfordernis der Schriftlichkeit umgangen. Darüber hinaus muss die Einschränkung dem zuständigen Leistungsträger zugehen (§ 130 Abs. 1 und 3 BGB). Auch bei zwei sich widersprechenden Anträgen genügt dagegen der Zugang bei unzuständigen Leistungsträgern (§ 16 Rn. 5, 12). Die Eltern sind also auf eine Einschränkung nach § 36 Abs. 2 Satz 1 beschränkt. Diese hat jedoch keine Rückwirkung auf § 36 Abs. 1 Satz 1.

5 Einschränkend ist allerdings Folgendes festzustellen: Bleibt der Minderjährige untätig, so sind nach Auffassung des BSG die gesetzlichen Vertreter befugt, für ihr Kind Anträge auf Sozialleistungen zu stellen (BSG 94 S. 282). Für diese Auffassung spricht, dass die Eltern durch § 36 Abs. 1 Satz 1 ja nicht aus ihrer Pflichtenstellung des Art. 6 Abs. 1 GG entlassen sind. Wenn aber das BSG seine Auffassung nur für den Fall des „untätigen" Minderjährigen entwickelt hat, dann müssen die Eltern ja von dieser Tatsache Kenntnis haben und vor allem die Tatsachen entsprechend bewerten. Der Minderjährige könnte sich ja auch aus nachvollziehbaren Gründen entschieden haben, eine bestimmte Sozialleistung (zB nach den §§ 19 ff. SGB II) nicht in Anspruch nehmen zu wollen. Insbesondere wird man dem Gericht darin nicht folgen können, dass das Gesetz im Wesentlichen den Fall geregelt hat, „dass der Minderjährige von seiner Handlungsfähigkeit Gebrauch gemacht" hat. Die Handlungsfähigkeit ist gegeben oder sie ist nicht gegeben. Auch der Aufbau des § 36 spricht gegen die Annahme, einer „latent fortbestehenden" Vertretungsbefugnis der Eltern. Die Handlungsfähigkeit entsteht zu einem bestimmten Zeitpunkt (§ 36 Abs. 1 Satz 1), sie ist sachlich beschränkt (§ 36 Abs. 2 Satz 1) und sie kann zusätzlich von den Eltern eingeschränkt werden (§ 36 Abs. 2 Satz 1). Angesichts dieser Klarheit der Regelung, wird man nicht annehmen dürfen, dass das „gesetzgeberische Schweigen dahin zu deuten (ist), dass die Eltern eines „passiven" 15jährigen uneingeschränkt für diesen Sozialleistungsanträge stellen und verfolgen können". Dazu besteht auch keine Notwendigkeit. Die Eltern können die Handlungsfähigkeit jederzeit unter Beachtung des § 36 Abs. 2 Satz 1 einschränken. Dazu bedürfen sie nicht einmal eines Anlasses oder einer Information. Deswegen ist es aus Gründen der Rechtssicherheit vorzuziehen, dass die Eltern die Erklärung nach § 36 Abs. 2 Satz 1 abgeben und Leistungen für den Minderjährigen beantragen. Das kann ggf. in ein und demselben Schreiben geschehen.

6 Die Vorschrift ist in engem Zusammenhang mit § 11 SGB X zu sehen. Während § 36 jedoch nur die Handlungsfähigkeit des Minderjährigen – unabhängig von den §§ 104 ff. BGB – regelt, knüpft § 11 Abs. 1 Nr. 1 und 2 SGB X an

die bürgerlich-rechtliche **Geschäftsfähigkeit** an und bezieht sich auch auf die Vornahme von Verfahrenshandlungen von Personen, die aus anderen Gründen als ihrer Minderjährigkeit in der Geschäftsfähigkeit beschränkt sind (§ 11 Abs. 2 SGB X). Das betrifft Volljährige, die nach § 1986 BGB unter Betreuung stehen und bei denen nach § 1903 BGB ein **Einwilligungsvorbehalt** ausgesprochen ist (vgl. v. Einem, SGb 1991 S. 477; Behn, SozVers 1992 S. 309).

Ein Minderjähriger ist handlungsfähig also dann, wenn er entweder nach den Bestimmungen des Bürgerlichen Rechts geschäftsfähig (§ 11 Abs. 1 Nr. 2 SGB X) oder wenn ein Fall des § 36 gegeben ist. Bei Volljährigen wird dagegen in § 11 Abs. 2 SGB X ausschließlich an die Vorschriften des Bürgerlichen Rechts angeknüpft. Eine Parallele zu § 36 gibt es bei ihnen nicht. Allerdings wird eine entsprechende Anwendung des § 36 Abs. 1 Satz 2 und Abs. 2 in bei den Sozialleistungsberechtigten in Erwägung gezogen, die zwar unter Betreuung stehen (§ 1896 BGB), für die aber kein Einwilligungsvorbehalt ausgesprochen ist (Behn, SozVers 1992 S. 317). Dieser Auffassung ist jedoch wegen der grundlegenden Unterschiede von Minderjährigem- und Betreuungsrecht nicht zu folgen. Diese Betreuten sind vielmehr gemäß § 11 Abs. 1 Nr. 1 SGB X handlungsfähig. 7

Für Ausländer gilt an sich die Regelung des Art. 7 EGBGB. Danach richtet sich ihre Geschäftsfähigkeit nach dem Heimatrecht. In § 11 Abs. 3 SGB X wird jedoch ua § 55 ZPO für entsprechend anwendbar erklärt. Damit gelten für die Handlungsfähigkeit von Ausländern die gleichen Grundsätze wie für Inländer (vgl. § 34 Rn. 12). 8

2. Wirkung im Antragsverfahren

Der Minderjährige muss das 15. Lebensjahr vollendet haben, also 15 Jahre alt geworden sein (§ 187 Abs. 2 BGB). In diesem Falle kann er Anträge auf Sozialleistungen iSd § 11 stellen und verfolgen. Er kann auch bis dahin vorgenommene Verfahrenshandlungen seiner Eltern genehmigen (BSG 104 S. 48). Ein **Antrag** ist gestellt, wenn das Begehren unmissverständlich zum Ausdruck gebracht wird (§ 16 Rn. 1–5). Dabei ist es im Zusammenhang des § 36 als unerheblich anzusehen, ob der Antrag materiell-rechtliche oder nur verfahrensrechtliche Bedeutung hat. Unter Verfolgung eines Antrags sind alle Handlungen zu verstehen, die darauf ausgerichtet sind, das Verwaltungsverfahren in dieser Sache einzuleiten oder zu einem Abschluss zu bringen (§§ 8 ff. SGB X). Die Vorschrift wird für entsprechend anwendbar gehalten, wenn ein Antrag nicht erforderlich ist, der Sozialleistungsträger also nach § 18 Satz 2 Nr. 1 SGB X das Verfahren von Amts wegen eingeleitet hat (Schellhorn, GK-SGB I § 36 Rn. 10). Eine analoge Anwendung ist aber nicht notwendig, da selbst ein Handlungsunfähiger die Anregung zur Eröffnung eines amtswegigen Verfahrens geben kann. Nicht erforderlich ist ein Antrag vor allem in der Sozialhilfe, da dort gemäß § 18 Abs. 1 SGB XII ab Kenntnis zu leisten ist. **Kenntnis** verschaffen kann nicht nur der Handlungsunfähige, sondern sogar ein Unbeteiligter. Im Sinne einer Anregung ist auch die Verfolgung der Sache durch den materiell berechtigten, aber handlungsunfähigen Minderjährigen möglich. Eine entsprechende Anwendung dieser Vorschrift ist insbesondere auch dann nicht notwendig, wenn der Minderjährige, wie nach überwiegender Auffassung bei den Hilfen zur Erziehung nach den §§ 27 ff. SGB VIII, mangels eines eigenen Rechtsanspruchs einen Antrag auf Leistungen nicht stellen kann, der Träger der Jugendhilfe das Verfahren aber von Amts wegen eingeleitet hat (vgl. Mrozynski, ZfJ 1999, 403, 467). Bei den von Amts wegen zu betreibenden Verfahren ist eine 9 unmittelbare, also nicht erst entsprechende Anwendung des § 36 Abs. 1 Satz 1 bei der Entgegennahme der Leistung mit Erfüllungswirkung und bei der Einlegung eines Widerspruchs geboten.

10 Das Verfolgen des Antrags umfasst auch noch die Einlegung eines Widerspruchs (§§ 68 VwGO, 83 SGG). Für die gerichtliche Verfolgung des Anspruchs gelten dagegen die besonderen Vorschriften der §§ 62 Abs. 1 Nr. 2 VwGO, 71 Abs. 2 SGG über die Prozessfähigkeit, die dann gegeben ist, wenn der Minderjährige entweder nach den Vorschriften des Bürgerlichen Rechts partiell rechtsfähig oder nach § 36 handlungsfähig ist.

11 Nimmt der Handlungsfähige Sozialleistungen entgegen, so hat dies für den Sozialleistungsträger **Erfüllungswirkung** (§ 362 BGB). Ob und in welchem Umfange der Minderjährige über die empfangene Leistung verfügen kann, ergibt sich allein aus den §§ 104 ff. BGB und den Bestimmungen des Familienrechts. Gewisse Probleme ergeben sich dann, wenn sich der Minderjährige, etwa im Rahmen der §§ 27 ff. SGB VIII, in einem Heim befindet und dort nach §§ 39 Abs. 2 SGB VIII einen **Barbetrag,** ein Taschengeld, erhält. Frei verfügen könnte er darüber bei strenger Auslegung des § 110 BGB nur, wenn ihm die Mittel von seinem gesetzlichen Vertreter oder mit dessen Zustimmung von einem Dritten überlassen worden sind. Im Interesse einer praktikablen Handhabung wird man hier bei Inanspruchnahme der Leistungen nach den §§ 27 ff. SGB VIII durch den gesetzlichen Vertreter eine konkludente Zustimmung iSd § 110 BGB annehmen müssen.

12 Die Handlungsfähigkeit erstreckt sich auf alle Handlungen, die mit dem Ablauf des Verwaltungsverfahrens verbunden sind. Das gilt etwa im Rahmen von Ermittlungshandlungen nach § 20 SGB X aber auch für die Anhörung nach den §§ 21 Abs. 1 Nr. 2, 24 SGB X, die Akteneinsicht nach § 25 SGB X, die Beantragung von Vorschüssen oder Vorleistungen (§§ 42, 43), die formlose Bekanntgabe nach § 37 SGB X und für die förmliche Zustellung nach §§ 65 SGB X, 6 VwZG. Letztere hat nur dann an den gesetzlichen Vertreter zu erfolgen, wenn der Sozialleistungsberechtigte unter Betreuung (§ 1896 BGB) steht, und zwar auch dann, wenn ein Einwilligungsvorbehalt nicht ausgesprochen ist (§ 6 Abs. 1 Satz 2 VwZG). An den nach § 36 handlungsfähigen Minderjährigen ist dagegen selbst zuzustellen (vgl. Behn, SozVers 1992 S. 316). Zumindest missverständlich ist die Auffassung, „an einen Geschäftsunfähigen zB an einen Minderjährigen" könne nicht rechtswirksam zugestellt werden (App, SGb 1996 S. 366). Sowohl im Antragsverfahren, als auch bei der Erfüllung von Mitwirkungspflichten kann es zu einer **Datenverarbeitung** kommen. Gemäß Art. 8 DS-GVO kann dazu grundsätzlich nur ab Vollendung des 16. Lebensjahres eingewilligt werden. Die Mitgliedsstaaten können die Altersgrenze jedoch auf das 13. Lebensjahr herabsetzten (vgl. § 35 Rn. 62). Da dies nicht in einer gesonderten Datenschutzregelung geschehen muss, ist die Vorschrift des § 36 Abs. 1 ausreichend.

3. Mitwirkungspflichten

13 Grundsätzlich kann der handlungsfähige Minderjährige auch die Mitwirkungspflichten erfüllen (§§ 60 Rn. 15–20; 61 Rn. 2; 63 Rn. 4a). Allerdings darf man die Handlungsfähigkeit nicht auf Bereiche ausweiten, die der Erfüllung der Mitwirkungspflicht vorgelagert sind. Das betrifft vor allem die Zustimmung zu der Erteilung von Auskünften durch Dritte (§ 60 Abs. 1 Nr. 1). Dabei kann es sich um die Entbindung des Arztes von der Schweigepflicht handeln. Darüber hinaus kann auch die Zustimmung zu einer Untersuchung (§ 62) oder zu einer **Heilbehandlung** (§ 63) erforderlich werden. Die dazu erforderlichen Erklärungen kann ein Minderjähriger nur abgeben, wenn er die Tragweite seiner Einwilligung und des Eingriff zu überschauen vermag, also über die erforderliche Reife verfügt (bereits BGHZ 29 S. 36). Die sozialrechtliche Handlungsfähigkeit ist hiervon zu unterscheiden. Dh also, dass sich der handlungsfähige Minderjährige dazu bereit erklären kann, eine der in den §§ 60–63 vorgesehenen Mitwirkungshandlungen vorzunehmen. Vor ihrem konkreten Vollzug muss aber völlig unabhängig von § 36 geprüft werden, ob er über die erforderliche Reife verfügt, zB in eine Heilbehandlung einzuwilligen. Erfüllt der handlungsfähige Minderjährige seine Mitwirkungspflichten nicht, so ist im Rahmen der Ermessensentscheidung nach § 66 Abs. 1 oder 2 zu prüfen, ob vor einer Versagung der Leistungen der gesetzliche Vertreter einzuschalten ist. Das dürfte idR zu bejahen sein. Es wird auch an eine analoge Anwendung des § 36 Abs. 2 Satz 2 für möglich gehalten, da der Wortlaut zwar den Verzicht, aber nicht den Entzug und die Versagung der Leistung umfasst. Damit wäre eine Zustimmung des gesetzlichen Vertreters erforderlich (Lilge, SGB I § 36 Rn. 36). Sachgerechter erscheint die (ggf. nochmalige) Information des gesetzlichen Vertreters (§ 36 Abs. 1 Satz 2), der dann, ohne besonderen Aufwand, die Handlungsfähigkeit nach § 36 Abs. 2 Satz 1 einschränken und die erforderliche Mitwirkungshandlung vornehmen kann.

4. Einzelfälle

Bei anderen außerhalb des Verwaltungsverfahrens liegenden wichtigen Handlungen bereitet § 36 Abs. 1 Satz 1 gewisse Schwierigkeiten. Das betrifft etwa die Ausübung von **Gestaltungsrechten** wie den freiwilligen Beitritt zur Krankenversicherung oder auch die Meldung als arbeitslos (§§ 136, 323 Abs. 1 SGB III). In diesen Fällen wird man sich dann für eine analoge Anwendung des § 36 Abs. 1 Satz 1 aussprechen müssen, wenn diese Handlungen letztlich unmittelbar auf die Erlangung von Sozialleistungen ausgerichtet sind (vgl. Schmitt, Die Handlungsfähigkeit im Sozialrecht, 1982 S. 107 ff). Das gilt etwa für die Meldung der Arbeitsunfähigkeit (§ 49 Abs. 1 Nr. 5 SGB V). Für das Kassenwahlrecht besteht eine Sonderregelung in § 175 Abs. 1 Satz 3 SGB V. 14

Im Übrigen aber spricht der Wortlaut des § 36 Abs. 1 Satz 1 und der im Wortlaut erkennbare Sinn der Vorschrift (§ 36 Abs. 1 Satz 1, Abs. 2) eher für eine enge Auslegung. Deswegen wird man den Minderjährigen etwa für die Beendigung eines Versicherungsverhältnisses nicht als handlungsfähig ansehen dürfen (vgl. LSG SchlH Breith. 1992 S. 796 bei einem Geschäftsunfähigen). Aus dem gleichen Grunde besteht keine Handlungsfähigkeit für einen Antrag auf Befreiung von der Versicherungspflicht (§ 8 SGB V). Auch einen Antrag auf Beitragserstattung nach § 210 SGB VI kann der Minderjährige nicht stellen. Die Beitragserstattung ist zwar eine Sozialleistung. Sie geht jedoch einher mit dem Verlust an Rechten aus der Sozialversicherung. Dieser Gesichtspunkt muss genügen, um eine Handlungsfähigkeit des Minderjährigen zu verneinen, da § 36 Abs. 1 Satz 1 erkennbar auf den rechtlichen Vorteil für den Minderjährigen abstellt (aA Bley, SozVersGesKomm § 36 Rn. 4; Lilge, SGb I § 36 Rn. 31). Entsprechendes gilt für die Entgegennahme einer Abfindung durch einen Minderjährigen. Auch die Abfindung ist mit einem teilweisen Verzicht auf Sozialleistungen verbunden (vgl. §§ 75 ff. SGB VII, § 72 BVG). Schließlich wird man die Handlungsfähigkeit auch nicht auf den Abschluss von Verträgen (§§ 53 ff. SGB X) 15 erstrecken dürfen, da dies schon vom Wortlaut des § 36 nicht erfasst wird. Eine Handlungsfähigkeit besteht für die Beantragung der Schwerbehinderteneigenschaft nach § 152 SGB IX, da sie ist auf die Erlangung von Sozialleistungen ausgerichtet ist (Lilge, SGB I § 36 Rn. 31). Dass sie andererseits das Persönlichkeitsrecht des behinderten jungen Menschen tangieren kann, rechtfertigt eine gegenteilige Auffassung nicht, da § 36 Abs. 1 Satz 1 auf solche Gesichtspunkte nicht abstellt. Eine Sonderregelung trifft § 148 SGB V. Bei der Errichtung einer Betriebskrankenkasse dürfen auch minderjährige Arbeitnehmer abstimmen. Diese Regelung des Gesetzgebers ist auch als ein Hinweis darauf zu verstehen, dass § 36 hinsichtlich seines gegenständlichen Bereichs nicht zu weit ausgelegt werden darf. Die Handlungsfähigkeit soll die selbständige Erlangung von Sozialleistungen ermöglichen – mehr nicht. Die Erstattung zu Unrecht entrichteter Beiträge wird man außerhalb des Anwendungsbereichs des § 36 behandeln müssen. Die Beiträge sind unter den in § 26 SGB IV geregelten alternativen Voraussetzungen zu erstatten oder nicht zu erstatten. Auf einen Antrag des Berechtigten kommt es hier nicht an. Insoweit hat die Handlungsfähigkeit des Minderjährigen auch keinen Einfluss auf das Verfahren. Zu beachten sind lediglich die §§ 11 und 12 SGB X.

5. Stellung des gesetzlichen Vertreters

16 Der gesetzliche Vertreter soll sowohl über die Antragstellung als auch über erbrachte Leistungen **unterrichtet** werden. In besonderen Fällen kann dies also eine zweimalige Unterrichtung bedeuten. Eine bestimmte Form ist für die Unterrichtung nicht vorgesehen. Soweit sich die Leistungserbringung im normalen Rahmen bewegt, genügt die Unterrichtung eines Elternteils, da davon ausgegangen werden kann, dass beide Eltern die Ausübung der elterlichen Sorge in der Weise aufeinander abgestimmt haben, dass bei den Vorgängen des täglichen Lebens einer den anderen vertritt. Dies ergibt sich aber nicht aus § 1629 Abs. 1 Satz 2 BGB, da diese Vorschrift nur bei einer Willenserklärung gegenüber einem Kind gilt. Einen solchen Fall regelt § 36 Abs. 1 Satz 2 jedoch nicht. Für allein erziehende Elternteile gelten die §§ 1671, 1680, 1681 BGB. Sind die Eltern eines Kindes nicht verheiratet, es besteht also keine **Vaterschaft** nach § 1592 Nr. 1 BGB, sondern nach § 1592 Nr. 2 BGB, so gelten gemäß § 1615a BGB die allgemeinen Vorschriften über die elterliche Sorge. Damit sind eheliche und nicht eheliche Kinder gleichgestellt. Grundsätzlich üben die Eltern die elterliche Sorge gemeinsam aus (§ 1626 BGB). Sind sie jedoch nicht verheiratet, so gilt dies nur, wenn sie nach § 1626a BGB eine **Sorgeerklärung** abgeben. Ist dies nicht der Fall, so übt die Mutter die elterliche Sorge allein aus (§ 1626a Abs. 2 BGB). Die Mutter kann die Abgabe einer Sorgeerklärung nicht mehr verhindern (vgl. §§ 1626a–1626d BGB). Das frühere anders lautende deutsche Recht entsprach nicht dem Art. 8 EMRK (EuGMR NJW 2010 S. 501). Auch die **Scheidung** als solche ändert grundsätzlich nichts an der gemeinsamen Ausübung der elterlichen Sorge. Anwendbar ist aber § 1687 BGB. Leben die Eltern getrennt, so ist nur in Angelegenheiten, die für das Kind von erheblicher Bedeutung sind, ein gegenseitiges Einvernehmen erforderlich (§ 1687 Abs. 1 Satz 2 BGB). Lässt sich ein Einvernehmen nicht erzielen, so ist § 1628 BGB anzuwenden. Dem Elternteil, der während der Ausübung des Umgangsrechts nach § 1687 Abs. 1 Satz 4 BGB die tatsächliche Betreuung ausübt, kommt auch in dieser Zeit keine alleinige Vertretungsbefugnis zu (BSG 104 S. 48). Allerdings können

sich die Eltern immer gegenseitig bevollmächtigen. Für die Ausübung des **Umgangsrechts** und die damit zusammenhängenden Leistungen ist zudem in § 38 Abs. 2 SGB II eine besondere Vertretungsbefugnis geschaffen worden. Die genannten Grundsätze sind auch zu beachten, wenn der Sozialleistungsträger den gesetzlichen Vertreter unterrichtet. Über die personensorgeberechtigten Eltern hinaus können andere gesetzliche Vertreter der Vormund, hier ggf. auch als Amtsvormund (55 SGB VIII) und der Ergänzungspfleger (1909 BGB) sein. Letzterer kommt vor allem im Rahmen der Kinder- und Jugendhilfe in Betracht, wenn die elterliche Sorge teilweise nach § 1666 BGB entzogen und auf den Ergänzungspfleger übertragen worden war. Ist der gesetzliche Vertreter nicht bekannt, so ist er nach den Grundsätzen des § 20 SGB X zu ermitteln. Der Beistand (§ 55 Abs. 1 SGB VIII) ist nicht gesetzlicher Vertreter.

Die Unterrichtung dient weniger dem Schutz des Minderjährigen als vielmehr 17
dem elterlichen Interesse an der Ausübung der elterlichen Sorge, die eine Kenntnis der tatsächlichen Umstände voraussetzt. Es soll jedoch nur unterrichtet werden. Das bedeutet, dass der Sozialleistungsträger im Regelfalle unterrichten muss, in atypischen Fällen hat er nach Ermessensgesichtspunkten zu entscheiden, ob eine Unterrichtung erfolgt (vgl. § 39 Rn. 7).

Wann ein im Zusammenhang mit § 36 solcher **atypischer Fall** vorliegt, hat in 18
Orientierung an der Rechtsprechung des BVerfG zu erfolgen. Zur Drogenberatung hat das Gericht ausgeführt, dass in besonders gelagerten Fällen eine Information der Eltern durch einen Berater zu Reaktionen führen könne, die im Interesse des Kindes nicht zu verantworten sind. Das gilt vor allem dann, wenn eine tiefgreifende Störung des Vertrauensverhältnisses zwischen Eltern und Kind festzustellen ist, aber auch wenn andere, den Eltern im Grunde nicht vorwerfbare, Reaktionen von ihnen zu erwarten sind (etwa bei Drogenkonsum oder ungewollter Schwangerschaft). In diesem Falle, wenn eindeutig das Kindesinteresse im Vordergrund steht, verstößt das Vorenthalten von Informationen nicht gegen Art. 6 Abs. 2 Satz 1 GG (BVerfG 59 S. 360). Diese Rechtsprechung hat der Gesetzgeber in der Regelung des § 8 Abs. 3 SGB VIII aufgegriffen.

In seiner Entscheidung zu § 218 StGB hat das BVerfG an seine frühere Recht- 19
sprechung angeknüpft und eine Mitteilung an den gesetzlichen Vertreter ausgeschlossen (BVerfG 88 S. 203). Grundvoraussetzung für jeden Abbruch einer Schwangerschaft ist natürlich, dass die Schwangere einwilligt. Einwilligungsfähig ist auch die minderjährige Schwangere, wenn sie die Tragweite des Eingriffs überschauen kann. Das kann sie – unabhängig vom Vorliegen einer Indikation – nach Auffassung des Gesetzgebers nur nach umfassender Beratung (§§ 218a Abs. 1, 219 StGB, 24b Abs. 2 SGB V). Freilich ist die Frage der Einwilligungsfähigkeit im Zivilrecht umstritten (unten Rn. 22). Im Sozialrecht gilt folgendes: Nimmt eine Schwangere, die das fünfzehnte Lebensjahr vollendet hat, Leistungen nach § 24b SGB V selbst in Anspruch (§ 36 Abs. 1 Satz 1), so soll die Krankenkasse an sich den gesetzlichen Vertreter auch über die erbrachten Sozialleistungen unterrichten (Abs. 1 Satz 2). Der Fall eines Schwangerschaftsabbruchs bei einer Minderjährigen ist allerdings grundsätzlich als ein atypischer Fall zu betrachten, der es der Krankenkasse ermöglicht, von einer Unterrichtung des Personensorgeberechtigten abzusehen. Heikler ist die Fallgestaltung, in der der Personensorgeberechtigte die Handlungsfähigkeit der Minderjährigen gemäß Abs. 2 Satz 2 mit der Folge einschränkt, dass sie Leistungen nach § 24b SGB V nicht in Anspruch nehmen kann (unten Rn. 22).

6. Grenzen der Handlungsfähigkeit

20 Schon dem Wortlaut des Gesetzes nach besteht eine Handlungsfähigkeit des Minderjährigen nach § 36 nicht im Aufhebungs- und Erstattungsverfahren nach den §§ 45, 48, 50 SGB X. Das Aufhebungs- und Erstattungsverfahren ist ein eigenständiges **Verwaltungsverfahren,** in dem die **Anhörung** des Minderjährigen (§ 24 SGB X) allein nicht ausreichend ist. Es ist zumindest auch ein gemäß § 1629 Abs. 1 Satz 1 BGB sorgeberechtigter Elternteil anzuhören. Von der Anhörung des anderen kann uU nach § 24 Abs. 2 SGB X abgesehen werden (BSG SozR 4-4200 § 38 Nr. 3 Rn. 13–19; vgl. auch BSG 104 S. 48, zur Vertretung im gerichtlichen Verfahren). Die Anhörung nur des Elternteils reicht allerdings auch nicht aus, da der Minderjährige unabhängig von seinem Recht nach § 36 Abs. 1 jedenfalls Beteiligter im Sinne des § 24 SGB X ist. Dies folgt aus den §§ 11 Abs. 1 Nr. 2, 11 Abs. 3, 12 Abs. 1 Nr. 2 SGB X. Lediglich an einen geschäftsunfähigen Minderjährigen könnte der später zurückzunehmende Verwaltungsakt nicht wirksam zugestellt werden. In diesem Falle war an den sorgeberechtigten Elternteil zuzustellen und er ist anzuhören. Allerdings ist auch ein nach § 36 Abs. 1 Satz 1 handlungsunfähiger Minderjähriger im **gerichtlichen Verfahren** gegen einen Erstattungsbescheid gemäß § 71 Abs. 2 Satz 1 SGG prozessfähig. Das gilt generell für **alle** Minderjährigen, soweit sie nach den Vorschriften des öffentlichen oder privaten Rechts als geschäftsfähig anerkannt sind. Das gerichtliche Verfahren gegen einen Erstattungsbescheid ist auf die Erlangung eines rechtlichen Vorteils gerichtet. Damit ist § 107 BGB anzuwenden (SG Stralsund ZfSH/SGB 2017 S. 573). Im Falle der Betreuung eines Volljährigen (§ 1896 BGB) mit Einwilligungsvorbehalt (§ 1903 BGB) gelten diese Grundsätze gemäß § 71 Abs. 6 SGG, 53 ZPO jedoch nicht, wenn der Betreuer den Rechtsstreit betreibt (BSG NZS 2017 S. 264).

20a Generell ist die Handlungsfähigkeit des Minderjährigen selbst nach den Grundsätzen des § 36 Abs. 2 Satz 2 kraft Gesetzes **eingeschränkt.** Sie kann darüber hinaus durch Erklärung der gesetzlichen Vertreter eingeschränkt werden (§ 36 Abs. 2 Satz 1). Die Einschränkung muss schriftlich (§ 126 BGB) erfolgen und wird erst wirksam, wenn sie dem Sozialleistungsträger zugegangen ist (§ 130 Abs. 1 und 3 BGB). Man wird eine Erklärung beider Elternteile verlangen müssen. Dies ergibt sich zum einen daraus, dass die Einschränkung eine Abweichung vom Normalfall des § 36 Abs. 1 darstellt, zum anderen dient dies der Rechtssicherheit, da andernfalls Eltern einander widersprechende Erklärungen abgeben könnten. Die Einschränkung kann jederzeit durch die Erklärung der gesetzlichen Vertreter rückgängig gemacht werden.

21 Einschränken bedeutet dem Wortsinn nach, dass dem Minderjährigen ein Rest an Handlungsfreiheit verbleiben muss (Bley, SozVersGesKomm § 36 Rn. 11b; Lilge, SGB I § 36 Rn. 68). Besonders praktikabel ist diese Auffassung nicht. Die Erklärung des gesetzlichen Vertreters wird ja im gegliederten System gegenüber verschiedenen Sozialleistungsträger abgegeben, die kaum einen Anlass oder eine datenschutzrechtliche Grundlage haben dürften, sich über den Umfang der Erklärung nach § 36 Abs. 2 zu verständigen. Im Übrigen ist die Einschränkungsbefugnis Ausdruck der elterlichen Sorge (Art. 6 Abs. 2 GG). Man sollte deswegen nicht ohne Not, dieses Recht schon auf der begrifflichen Ebene zu eng fassen. Man wird demnach eine Einschränkung auch bis zum völligen Ausschluss der Handlungsfähigkeit zulassen müssen. Abzulehnen ist auch die Auffassung, die Einschränkungserklärung des gesetzlichen Vertreters könne nur bezogen auf den kon-

kreten Fall abgegeben werden (so Schellhorn, GK-SGB I § 36 Rn. 20). Diese Auffassung ist vom Wortlaut der Vorschrift her nicht geboten, denn § 36 Abs. 2 Satz 1 bezieht sich auf § 36 Abs. 1 Satz 1 und erwähnt nicht § 36 Abs. 1 Satz 2. Im Übrigen wird sie auch der familienrechtlichen Ausgangslage nicht gerecht (§ 1626 BGB). Allerdings müssen die einschränkenden Erklärungen gegenüber den jeweils zuständigen Leistungsträgern abgegeben werden. Eine analoge Anwendung des § 16 Abs. 2 Satz 1 kommt nicht in Betracht. Die Einschränkung ist keine Erklärung, die im weitesten Sinne den Zugang des Erklärenden zu Sozialleistungen betrifft (vgl. § 16 Rn. 9).

Die eigentlichen Probleme ergeben sich auch nicht aus dem Umfang der **22** Einschränkung, sondern wann dies durch Eltern oder Vormund überhaupt geschehen darf. Dies ist keine sozialrechtliche Frage; sie ist vielmehr allein im Familienrecht zu entscheiden. Das bedeutet zunächst einmal, dass der Sozialleistungsträger die Entscheidung des gesetzlichen Vertreters hinnehmen muss. Nach dem Grundsatz des § 1626 Abs. 2 BGB müssen die Eltern aber die wachsende Fähigkeit und das wachsende Bedürfnis des Kindes zu selbständigem und verantwortungsbewusstem Handeln respektieren. Tun sie es nicht, so ergeben sich daraus noch keine unmittelbaren Konsequenzen, dh der Sozialleistungsträger kann gegen eine Einschränkung der Handlungsfähigkeit nicht über § 1626 Abs. 2 BGB vorgehen. Erst wenn sich das Verhalten der Eltern als **missbräuchlich** darstellt, können, ggf. von Amts wegen, familiengerichtliche Maßnahmen nach § 1666 BGB getroffen werden. Sie anzuregen, ist jeder, also auch der Sozialleistungsträger, befugt. Man wird sogar sagen müssen, dass er dies vor dem Hintergrund seiner behördlichen Betreuungspflicht tun muss, wenn er von einem entsprechend gelagerten Fall Kenntnis erlangt. Solche Konstellationen haben sich wiederholt im Familienrecht ergeben. Sie haben alle eine gewisse sozialrechtliche Relevanz, etwa wenn es um die Einwilligung in eine Bluttransfusion und damit auch um Leistungen nach § 27 SGB V geht (OLG Hamm, FamRZ 1968 S. 221). Kontrovers wird in der familienrechtlichen Literatur die Einwilligung in den Abbruch der Schwangerschaft diskutiert (OLG Hamm NJW 1998 S. 3424; Scheerer, FamRZ 1997 S. 589; Moritz, ZfJ 1999 S. 92). In allen diesen Fällen ist die Entscheidung allein im Familienrecht auf der Grundlage des § 1666 BGB zu treffen. Stellt sich die Ausübung der elterlichen Sorge als missbräuchlich dar, so ist sie zu dem entsprechenden Teil nach § 1909 BGB auf einen Ergänzungspfleger zu übertragen. Handelten die Eltern nicht missbräuchlich, so hat es mit ihrer Entscheidung sein Bewenden. Ein sozialrechtliches Problem ergibt sich also nicht (oben Rn. 19).

Die Regelung des § 36 Abs. 2 Satz 2 bringt teilweise eine Klarstellung, teilweise **23** eine Ausnahmeregelung hinsichtlich der Bereiche, die von der Handlungsfähigkeit des Minderjährigen nicht erfasst werden. In diesen Fällen ist die Zustimmung, dh die vorherige Einwilligung oder nachträgliche Genehmigung (§§ 182–184 BGB) des gesetzlichen Vertreters erforderlich. Eltern müssen gemeinschaftlich handeln, können jedoch einander vertreten. Für die **Rücknahme** von Anträgen erfolgt in § 36 Abs. 2 Satz 1 nur eine Klarstellung, weil sich dies bereits aus § 36 Abs. 1 Satz 1 ergibt. Dasselbe gilt für den **Verzicht** auf Sozialleistungen (§ 46), der ebenfalls nicht vom Wortlaut des § 36 Abs. 1 Satz 1 „Anträge stellen und verfolgen" umfasst wird. Die Regelung gilt auch, wenn Rücknahme oder Verzicht nur auf einen Teil des Antrags bzw. der Leistung erstrecken.

Eine einschränkende Regelung wird aber hinsichtlich der Entgegennahme von **24** Darlehen, nicht aber schon für die Beantragung, getroffen. Eine **darlehensweise**

Gewährung von Sozialleistungen kennt das Sozialrecht in verschiedener Hinsicht. Bei Minderjährigen hat sie jedoch nur eine geringe praktische Bedeutung. Eine darlehensweise Gewährung von Ausbildungsförderung nach § 17 Abs. 2 BAföG kommt nur für Studenten und deswegen nur selten bei Minderjährigen in Betracht. Die Ausbildungsförderung nach §§ 56 ff. SGB III wird nicht mehr darlehensweise gewährt. Entsprechendes gilt für die Weiterbildung nach den §§ 81 ff. SGB III. Es bleibt nur die darlehensweise Gewährung von Leistungen zur Unterkunft nach 22 Abs. 8 Satz 4 SGB II, sowie die abweichende Erbringung von Leistungen nach § 24 Abs. 1 SGB II. Die Leistungen zur Unterkunft sollen als Darlehen, die abweichende Erbringung muss als Darlehen erfolgen (§ 24 Abs. 1 Satz 1 SGB II). Mit Blick auf den Minderjährigen ergibt sich eine neue Zweifelsfrage aus § 42a Abs. 1 Satz 2 SGB II. Danach können Darlehen an einzelne Mitglieder oder auch an die ganze Bedarfsgemeinschaft gemeinsam vergeben werden. Hier ist also ein Ermessen auszuüben. Man wird Minderjährige nur unter zwei Voraussetzungen in eine Darlehensvergabe einbeziehen dürfen. Das Darlehen muss auch ihrer eigenen Bedarfsdeckung dienen und sie müssen in der Lage sein, ihre Verpflichtungen innerhalb eines überschaubaren Zeitraumes aus eigenem Einkommen zu erfüllen (vgl. § 19a Rn. 30d). Dies ist letztlich aus der Rechtsprechung des BVerfG abzuleiten (BVerfG 125 S. 175). Sofern die Eltern als gesetzliche Vertreter ihre Kinder in ein Darlehen nach § 42a Abs. 2 SGB II einbeziehen, ist auch die Möglichkeit einer Interessenkollision in Erwägung zu ziehen. Damit sind die §§ 1629 Abs. 2, 1796 BGB zu prüfen. Noch enger ist die Auffassung des BSG. Danach ist nur die durch den Mietvertrag zivilrechtlich verpflichtete Person … als Darlehensnehmer anzusehen (BSG SozR 4-4200 § 22 Nr. 80 Rn. 25). Das kann aber durchaus auch einen Minderjährigen betreffen. Unabhängig von diesen Fragen ist die **Haftungsbeschränkung** bei Minderjährigen nach § 1629a BGB zu beachten (BSG 108 S. 289).

25 Zu beachten ist dabei außerdem Folgendes: Wird ein **Darlehen** ohne die erforderliche Zustimmung des gesetzlichen Vertreters gewährt, so ist der Darlehensbescheid rechtswidrig und gemäß § 45 SGB X zurückzunehmen. In diesem Falle erfolgt eine Erstattung nach § 50 SGB X (vgl. BSG 45 S. 38). In den praktisch relevanten Fällen der Erbringung von Leistungen nach dem SGB II ist aber an die Anwendung des § 38 SGB II zu denken. Danach gilt der erwerbsfähige Hilfebedürftige (der frühere Haushaltsvorstand) als bevollmächtigt, Leistungen nach dem SGB II für die Mitglieder seiner Bedarfsgemeinschaft zu beantragen und entgegenzunehmen. Bei der Beantragung von Leistungen nach den §§ 22 Abs. 8, 24 Abs. 1 SGB II wird man von einer Vertretungsbefugnis auch hinsichtlich der darlehensweisen Gewährung an den Minderjährigen ausgehen können. Gerade aber in schwierigen Familienverhältnissen, wie sie im Zusammenhang mit den genannten Leistungen auftreten können, kann es häufiger vorkommen, dass der Minderjährige nicht mehr in Bedarfsgemeinschaft mit seinen Eltern lebt (vgl. § 7 Abs. 3 SGB II). In solchen Fällen gilt § 38 SGB II nicht. Vielmehr ist eine ausdrückliche Zustimmung nach § 36 Abs. 2 Satz 2 erforderlich. Nicht als Darlehen anzusehen und damit zulässig sind Vorschüsse und Vorleistungen nach den §§ 42, 43.

26 Die erforderliche Zustimmungserklärung ist an keine Form gebunden. Nach wohl überwiegender Auffassung ist sie jedoch eine empfangsbedürftige Willenserklärung. Es gelten die Grundsätze des § 130 Abs. 1 und 3 BGB über den Zugang von Willenserklärungen entsprechend.

7. Zurechnung des Vertreterverhaltens

In dem großen Bereich, in dem der Minderjährige auch im Sozialrecht gesetzlich vertreten ist, haben sich immer wieder Zweifelsfragen ergeben, wann ein Verwaltungsakt, vor allem wegen unrichtiger Angaben durch den gesetzlichen Vertreter, gemäß § 45 SGB X zurückgenommen werden darf. Richtigerweise ist davon auszugehen, dass der Verwaltungsakt gegenüber dem Minderjährigen ergangen und auch ihm gegenüber zurückzunehmen ist (BVerwG FEVS 43 S. 324; OVG Münster FEVS 43 S. 25). Grundsätzlich ist dem Minderjährigen auch das Fehlverhalten seines gesetzlichen Vertreters zuzurechnen. Das ist aus § 166 BGB abzuleiten. Die sich daraus ergebenden Schwierigkeiten lassen sich nur in einem sehr engen Rahmen mindern, und zwar bei der Ermessensentscheidung nach § 45 SGB X, ob der Verwaltungsakt gegenüber dem Minderjährigen zurückgenommen werden soll, und beim Geltendmachen von Schadenersatzansprüchen gegenüber dem gesetzlichen Vertreter (vgl. Mrozynski, SGb 1993 S. 13). Die Rechtsprechung geht zwar davon aus, dass die §§ 44 ff. SGB X ein geschlossenes System enthielten. Daneben wären Schadenersatzansprüche nicht gegeben (BSG 66 S. 176; BVerwG 91 S. 13). Es wäre aber zu erwägen, einen Schadenersatzanspruch gegen den gesetzlichen Vertreter dann zuzulassen, wenn nach einer Ermessensentscheidung der Verwaltungsakt gegenüber dem Minderjährigen nicht zurückgenommen wird. Diese Fallkonstellation hat die Rechtsprechung bisher nicht behandelt (vgl. BSG SozR 3-1300 § 50 Nr. 16). Der Gesetzgeber scheint jedoch einen anderen Weg zu bevorzugen. Begrenzt auf die Sozialhilfe wurde zunächst die Sonderregelung des § 103 SGB XII (§ 92a Abs. 4 BSHG aF) getroffen (VGH Mannheim FEVS 46 S. 330). Entsprechendes gilt nach § 34 SGB II. Danach muss die Kosten der zu Unrecht erbrachten Sozialhilfe derjenige erstatten, der die Leistung durch vorsätzliches oder grob fahrlässiges Verhalten herbeigeführt hat. Diese Regelung wurde durch die Rechtsprechung zu den unrichtigen Angaben durch den gesetzlichen Vertreter veranlasst, beschränkt sich aber nicht auf ihn. In diesen Fällen muss der Vertreter Kostenersatz leisten und damit eine eigene Verpflichtung erfüllen, die aus einer zu Unrecht erbrachten Leistung resultiert. Es muss also kein Ausgleich über die Rücknahme nach § 45 SGB X bewirkt werden. Unabhängig davon ist aber in allen Fällen der Zurechnung des Verhaltens des gesetzlichen Vertreters die Beschränkung der **Minderjährigenhaftung** nach § 1629a BGB zu beachten (BSG 108 S. 289). 27

Eine besondere Situation kann sich ergeben, wenn der gesetzliche Vertreter aus Arglist die Stellung eines Antrags auf Sozialleistungen zugunsten eines Minderjährigen unterlässt. Auch diese Frage ist als Verletzung der Pflichten aus den §§ 1626 ff. BGB grundsätzlich im Familienrecht zu lösen. Wird aber ein Antrag auf Leistungen an Hinterbliebene nach §§ 1 OEG, 38 ff. BVG nicht gestellt, weil ein Elternteil die Tötung des anderen durch ihn verschleiern will, so kann dies ein Grund für Leistungen nach § 60 Abs. 1 Satz 2 und 3 BVG im Zeitraum vor der Antragsstellung sein (BSG 59 S. 40). Weitergehend vertritt jetzt das BSG die Auffassung, dass dem minderjährigen Gewaltopfer das Verschulden seines gesetzlichen Vertreters, der aus tat- und täterbestimmten eigenen Interessen keinen Antrag auf Beschädigtenrente stellt – abweichend von § 166 BGB – nicht zuzurechnen ist (BSG 94 S. 282; BSG SozR 4-3100 § 60 Nr. 5). Das BSG stellt dabei auf den Schutzzweck des OEG, auf den Interessenkonflikt der Eltern und auf die Wertung des § 208 BGB ab. Dem ist im Ergebnis zuzustimmen. Zu betonen bleibt aber, dass das Familienrecht für einen derartigen Interessenkonflikt die Bestellung eines 28

Vormunds vorsieht (§§ 1629 Abs. 2, 1796 BGB). Gründe der Praktikabilität dürften nicht gegen diesen Weg sprechen, weil in den Fällen, in denen das Kind Gewaltopfer eines Elternteils wird, ohnehin sorgerechtseinschränkende Maßnahmen in Betracht kommen. Diese werden in der Praxis im Rahmen des einstweiligen Rechtsschutzes herbeigeführt. Eine analoge Anwendung des § 208 BGB im Rahmen des § 60 Abs. 1 BVG wird man allerdings in Erwägung ziehen müssen.

29 Diese Rechtslage lässt sich aber nicht verallgemeinern und insbesondere nicht als Grundsatz auf § 36 übertragen. Das Problem verbleibt also im Familienrecht. Immerhin hat die Rechtsprechung im Falle von Hilfen zur Erziehung nach den §§ 27, 33 SGB VIII eine Antragsrücknahme durch die Personensorgeberechtigten als rechtsmissbräuchlich und damit als unbeachtlich behandelt (OVG Lüneburg FamRZ 1998 S. 707 mAnm Hoffmann). Aber auch dieses Korrektiv, das ohnehin nur in besonders gelagerten Einzelfällen wirken kann, lässt sich nicht zu dem Grundsatz einer Antragsfiktion bei Arglist des gesetzlichen Vertreters verallgemeinern. Eine besonders heikle Situation ist gegeben, wenn eine unverheiratete Mutter den Namen des Vaters verschweigt und als Folge davon der Zugang des Kindes zu Sozialleistungen erschwert wird, weil bei Unkenntnis des Vaters und seiner Leistungsfähigkeit nicht geklärt werden kann, ob das Kind bedürftig ist. Das betrifft vor allem die Leistungen zum Lebensunterhalt nach den §§ 19 ff. SGB II aber auch Unterhaltsvorschussleistungen nach § 1 Abs. 3 UVG (BVerwG 89 S. 192; OVG Stuttgart DAVorm 1992 S. 1135). Da es seit der Reform des Nichtehelichenrechts keine Amtsvormundschaft mehr gibt, übt die Mutter die volle elterliche Sorge allein aus. Infolgedessen kommt es auch zu einer Zurechnung der Kenntnis der Mutter zu Lasten des Kindes nach § 166 Abs. 1 BGB und damit letztlich mangels einer Aufklärbarkeit der unterhaltsrechtlichen Vorfragen (§ 20 SGB X) zu einer Ablehnung der Hilfe für das Kind. Das ist letzten Endes eine Konsequenz der inzwischen vollständig durchgeführten Reform des Nichtehelichenrechts. Einen rechtlichen Sonderstatus soll es nicht mehr geben. Allerdings ist das Kind schon dann als bedürftig anzusehen, wenn es nicht über bereite Mittel zur Bedarfsdeckung verfügt. Die Vermutung allein, der Vater wäre leistungsfähig ist also dann bedeutungslos, wenn sich keine Hinweise darauf ergeben, dass er auch tatsächlich leistet (§ 9 Rn. 42, 47). Sollte sich später etwas anderes ergeben, so könnten beide Eltern nach § 34 SGB II bzw. 103 SGB XII in Anspruch genommen werden.

§ 36a Elektronische Kommunikation

(1) **Die Übermittlung elektronischer Dokumente ist zulässig, soweit der Empfänger hierfür einen Zugang eröffnet.**

(2) **[1]Eine durch Rechtsvorschrift angeordnete Schriftform kann, soweit nicht durch Rechtsvorschrift etwas anderes bestimmt ist, durch die elektronische Form ersetzt werden. [2]Der elektronischen Form genügt ein elektronisches Dokument, das mit einer qualifizierten elektronischen Signatur versehen ist. [3]Die Signierung mit einem Pseudonym, das die Identifizierung der Person des Signaturschlüsselinhabers nicht unmittelbar durch die Behörde ermöglicht, ist nicht zulässig. [4]Die Schriftform kann auch ersetzt werden**

1. **durch unmittelbare Abgabe der Erklärung in einem elektronischen Formular, das von der Behörde in einem Eingabegerät oder über öffentlich zugängliche Netze zur Verfügung gestellt wird;**

2. bei Anträgen und Anzeigen durch Versendung eines elektronischen Dokuments an die Behörde mit der Versandart nach § 5 Absatz 5 des De-Mail-Gesetzes;
3. bei elektronischen Verwaltungsakten oder sonstigen elektronischen Dokumenten der Behörden durch Versendung einer De-Mail-Nachricht nach § 5 Absatz 5 des De-Mail-Gesetzes, bei der die Bestätigung des akkreditierten Diensteanbieters die erlassende Behörde als Nutzer des De-Mail-Kontos erkennen lässt;
4. durch sonstige sichere Verfahren, die durch Rechtsverordnung der Bundesregierung mit Zustimmung des Bundesrates festgelegt werden, welche den Datenübermittler (Absender der Daten) authentifizieren und die Integrität des elektronisch übermittelten Datensatzes sowie die Barrierefreiheit gewährleisten; der IT-Planungsrat gibt Empfehlungen zu geeigneten Verfahren ab.

[5]In den Fällen des Satzes 4 Nummer 1 muss bei einer Eingabe über öffentlich zugängliche Netze ein elektronischer Identitätsnachweis nach § 18 des Personalausweisgesetzes, nach § 12 des eID-Karte-Gesetzes oder nach § 78 Absatz 5 des Aufenthaltsgesetzes erfolgen; in der Kommunikation zwischen dem Versicherten und seiner Krankenkasse kann die Identität auch mit der elektronischen Gesundheitskarte nach § 291 Absatz 2a des Fünften Buches elektronisch nachgewiesen werden.

(2a) **[1]Ist durch Rechtsvorschrift die Verwendung eines bestimmten Formulars vorgeschrieben, das ein Unterschriftsfeld vorsieht, wird allein dadurch nicht die Anordnung der Schriftform bewirkt. [2]Bei einer für die elektronische Versendung an die Behörde bestimmten Fassung des Formulars entfällt das Unterschriftsfeld.**

(3) **[1]Ist ein der Behörde übermitteltes elektronisches Dokument für sie zur Bearbeitung nicht geeignet, teilt sie dies dem Absender unter Angabe der für sie geltenden technischen Rahmenbedingungen unverzüglich mit. [2]Macht ein Empfänger geltend, er könne das von der Behörde übermittelte elektronische Dokument nicht bearbeiten, übermittelt sie es ihm erneut in einem geeigneten elektronischen Format oder als Schriftstück.**

(4) **[1]Die Träger der Sozialversicherung einschließlich der Bundesagentur für Arbeit, ihre Verbände und Arbeitsgemeinschaften verwenden unter Beachtung der Grundsätze der Wirtschaftlichkeit und Sparsamkeit im jeweiligen Sozialleistungsbereich Vertrauensdienste, die eine gemeinsame und bundeseinheitliche Kommunikation und Übermittlung der Daten und die Überprüfbarkeit der qualifizierten elektronischen Signatur auf Dauer sicherstellen. [2]Diese Träger sollen über ihren jeweiligen Bereich hinaus Vertrauensdienste im Sinne des Satzes 1 verwenden. [3]Die Sätze 1 und 2 gelten entsprechend für die Leistungserbringer nach dem Fünften und dem Elften Buch und die von ihnen gebildeten Organisationen.**

Übersicht

1. Die Entwicklung des elektronischen Rechtsverkehrs

1 Die Regelung betrifft die Übermittlung elektronischer Dokumente, ohne diese zu definieren. Nach allgemeiner Auffassung sind deren wesentliche Merkmale, die elektronische Herstellung, Versendung oder Abrufung und die elektronische Speicherbarkeit. Elektronische Herstellung ist auch das Einscannen eines Dokuments. Erstmals eingefügt wurde die Vorschrift durch das Dritte Gesetz zur Änderung verwaltungsverfahrensrechtlicher Vorschriften (BGBl I 2002 S. 3322). Sie entspricht den §§ 126a BGB, 3a VwfG, 87a AO und weiteren Regelungen in den einzelnen Fachgesetzen (BGBl I 2002 S. 3322). Durch Art. 4 des Gesetzes zur Förderung der elektronischen Verwaltung (E-Government-Gesetz-EGovG) wurde die Vorschrift an die neuere Entwicklung angepasst (BGBl 2013 S. 2749). Im Wesentlichen wurden neuere Formen für das Antragsverfahren als zulässig anerkannt (Schulz/Tischer, NZS 2012 S. 254; Terpitz/Rauchhaus, MMR 2013 S. 10). Dabei wurde der ehemalige Abs. 2 in Abs. 2 und Abs. 2a neu gegliedert. Die Datensicherheit wurde weder eingeschränkt, noch maßgeblich fortentwickelt. Erweitert wurden aber die Möglichkeiten der elektronischen Kommunikation (unten Rn. 7). Für das gerichtliche Verfahren gelten die besondere Regelungen der §§ 65a SGG, 46c ArbGG, 55a VwGO und 130a ZPO (Müller, NZS 2018 S. 207). Einzelheiten regelt die Verordnung über den elektronischen Rechtsverkehr (BGBl 2017 S. 3803). Gemäß § 1 ERVV gilt sie jedoch nicht für die Sozialverwaltung. Im Sozialrecht gelten neben § 36a vor allem auch die Regelungen über den elektronischen Verwaltungsakt (§§ 33 Abs. 2 und 5, 37 Abs. 2 SGB X). Die Neuerungen, die bei der Einführung des § 36a in den Materialien als Schritt auf dem Wege zur Verwirklichung der Bürgergesellschaft bezeichnet wurden, sind jedoch nur eine notwendige Konsequenz aus der Entwicklung der elektronischen Kommunikation in den letzten Jahren. In den Gesetzen, einschließlich des § 36a, die den elektronischen Rechtsverkehr regeln, finden sich keine Vorschriften zum Datenschutz. Das ist im Grunde auch nicht nötig, weil die Datenschutzgrundverordnung der EU (DS-GVO) unmittelbar auf natürliche und juristische Personen Anwendung findet, die Daten verarbeiten. Dazu gehört ua auch die Erhebung und Speicherung (§ 4 Nr. 2 DS-GVO). Im Einzelnen § 35 Rn. 14 ff.

2 Die Regelung des § 36a Abs. 1 bestätigt eigentlich nur das Vorhandene und erklärt für zulässig, was ohnehin seit längerem gängige Praxis ist. Sie begründet generell die Zulässigkeit der Übermittlung elektronischer Dokumente, also sowohl für die Leistungsberechtigten, die Leistungserbringer als auch für die Verwaltung. Auf Seiten des jeweiligen Empfängers muss ein **Zugang eröffnet** worden sein. Für weitergehende Folgerungen musste auch der Sicherheit im Datenverkehr Rechnung getragen werden. Dies geschah in § 36a Abs. 2 aF durch Bezugnahme auf das damalige Signaturgesetz (BGBl I 2001 S. 876). In § 36a Abs. 2 Satz 1 und 2 nF wird an dessen Grundsätzen in sprachlich knapper Form festgehalten. In Gang gesetzt wurde die Rechtsentwicklung durch die Richtlinie der EG über Rahmenbedingungen für elektronischen Signaturen (Richtlinie 1999/93/EG). Diese wurde durch die VO (EU) 910/2014 (eIDAS-VO) aufgehoben. Die Umsetzung dieser Verordnung in das innerstaatliche Recht erfolgte durch das Vertrauensdienstegesetz (VDG) und die dazu gehörige Verordnung, mit denendas Signatur-

gesetz abgelöst wurde (BGBl. 2017 S. 2745; 2019 S. 114). Da die EU von der früheren Richtlinie auf eine Verordnung übergegangen war, bestand kein nennenswerter eigener Spielraum für den innerstaatlichen Gesetzgeber mehr. Insgesamt musste § 36a nur punktuell an die eIDAS-VO angepasst werden.

Grundlegend für die Einordnung elektronischer Dokumente sind die Begriffsbildungen des Art. 3 VO (EU) 910/2014. Der neu eingeführte Vertrauensdienst wird in Art. 3 Nr. 16 VO (EU) 910/2014 definiert: **3**

Vertrauensdienst ist ein elektronischer Dienst, der in der Regel gegen Entgelt erbracht wird und aus Folgendem besteht:
a) Erstellung, Überprüfung und Validierung von elektronischen Signaturen, elektronischen Siegeln oder Zeitstempeln, und Diensten für die Zustellung elektronischer Einschreiben sowie von diese Dienste betreffenden Zertifikaten oder
b) Erstellung, Überprüfung und Validierung von Zertifikaten für die Website-Authentifizierung oder
c) Bewahrung von diese Dienste betreffenden elektronischen Signaturen, Siegeln oder Zertifikaten.

Diese Vertrauensdienste sollen den gesamten elektronischen Rechtsverkehr sichern. Einzelheiten sind in den Art. 19 ff. der VO (EU) 910/2014 geregelt. Dabei ist Ziel der Verordnung die unionseinheitliche Regelung der Vertrauensdienste und die Koordination nationaler Systeme zur elektronischen Identifizierung (Roßnagel, NJW 2014 S. 3686). Leitend war der Grundsatz, im gesamten Rechtsverkehr neben die Schriftform eine gleichberechtigte elektronische Form zu stellen. Das bedeutete aber auch, zumindest für verfahrensentscheidende Vorgänge, eine spezifische Datensicherung in Form einer qualifizierten Signatur zu entwickeln (§ 36a Abs. 2 Satz 2), die sowohl den Urheber der Daten als auch deren Inhalt betrifft.

2. Einfache elektronische Kommunikation

Die Eröffnung der elektronischen Kommunikation im Sinne des § 36a Abs. 1 ist zunächst nichts anderes als ein zusätzlicher Weg des Kontakts zwischen Bürger und Verwaltung. Anfangs wurde die Auffassung vertreten, dass es nicht zulässig wäre, dem Bürger die Nutzung dieses Weges vorzuschreiben (vgl. BT-Drs. 14/4662; 14/9000; 14/9259). Auch nach der Neufassung des § 36a hat sich daran nicht ausdrücklich etwas geändert. Für den Bürger besteht keine Verpflichtung, einen Zugang für elektronische Dokumente zu eröffnen. Hat er ihn aber eröffnet, so kommt dem nach inzwischen überwiegender Auffassung der Erklärungswert zu, er wolle Dokumente auf elektronischem Wege empfangen (vgl. aber unten Rn. 5–7). Weitergehend bestimmt § 2 Abs. 2 EGovG, dass jede Behörde des Bundes den Zugang für die elektronische Kommunikation eröffnen muss. Die Verwaltungspraxis hat sich zum Teil schon in der Weise fortentwickelt, dass die Schriftform, wie in § 36a Abs. 1 und 2 Satz 1 geregelt, nicht nur durch die elektronische Form ersetzt werden kann, sondern auch schon ersetzt worden ist. Damit ist eine Entwicklung möglich geworden, nach der dem Bürger im Einzelfall faktisch nur noch die letztere Form für den Behördenkontakt zur Verfügung steht (vgl. § 18 Abs. 1 UStG). Nur durch Rechtsvorschrift kann aber auch etwas anderes – also der immer noch mögliche **Ausschluss der elektronischen Form** – bestimmt sein, was inzwischen unwahrscheinlich geworden ist. **4**

5 Während in § 36a Abs. 2 nur zwischen schriftlicher und elektronischer Form gewählt werden kann, begründet § 36a Abs. 1 die Zulässigkeit jeglicher elektronischer Kommunikation. Dabei stehen die allgemeinen Grundsätze des SGB I nicht zur Disposition. Insbesondere ist auch der mündliche Behördenkontakt durch § 36a Abs. 1 nicht berührt. So können **Anträge,** für die eine Schriftform nicht gefordert ist, mündlich oder auch gemäß § 36a Abs. 1, also ohne Signatur, gestellt werden. Dass dadurch möglicherweise die Identität des Antragstellers nicht geklärt ist, ändert nichts an der Wirksamkeit des Antrags. Die Identität kann auch nach Eröffnung des Verwaltungsverfahrens geklärt werden. Auf elektronischem Wege kann auch die **Mitwirkungspflicht** nach § 60 Abs. 2 erfüllt werden. Praktisch bedeutet das im Sozialrecht weiterhin, dass etwa § 16 für alle Kommunikationsformen, auch für elektronische Dokumente, gilt. Der Leistungsträger muss also auch bei ihnen auf die Stellung klarer und sachdienlicher Anträge hinwirken und deren Ergänzung anregen (§ 16 Abs. 3). Auch für das elektronische Dokument gilt der Grundsatz, dass ein bei einem unzuständigen Träger gestellter Antrag unverzüglich weiterzuleiten ist (§ 16 Abs. 2). Ggf. ist § 36a Abs. 3 im Verhältnis der Leistungsträger untereinander entsprechend anzuwenden. Diese Auffassung muss man jedenfalls dann vertreten, wenn die Vorschrift nur als Konkretisierung von Nebenpflichten betrachtet (vgl. unten Rn. 11, 12). Wie auch bei den herkömmlichen Schriftstücken trägt der Absender auch bei elektronischen Dokumenten das Übermittlungsrisiko. Insoweit gelten auch die Grundsätze, die für die Wiedereinsetzung in den vorigen Stand entwickelt wurden (vgl. OLG Düsseldorf NJW 2003 S. 833).

6 In § 36a Abs. 1 wird für Bürger und Verwaltung die Möglichkeit der Übermittlung elektronischer Dokumente geschaffen, soweit der Empfänger hierfür einen **Zugang eröffnet** hat. Damit ist dieser Zugang ein zusätzlicher Kommunikationsweg zwischen Bürger und Verwaltung, dessen mit Rechtswirkungen verbundene Nutzung ausschließlich von der Entscheidung des Empfängers abhängig ist. Er muss also nicht nur die technischen Voraussetzungen schaffen, sondern den **elektronischen Zugang auch wollen.** In der Gesetzesbegründung wird allerdings davon ausgegangen, dass die Eröffnung des Kommunikationsweges durch Angabe einer e-mail-Adresse idR auf dem Briefkopf erfolgt. Dadurch würde der Empfänger konkludent seine Bereitschaft erklären, Eingänge auf diesem Weg anzunehmen. Dies entspreche heute der Verkehrssitte und gelte jedenfalls für Behörden, Firmen, Rechtsanwälte usw (BT-Drs. 14/9000 S. 30, 31). Dieser im Jahre 2002 noch recht weitgehenden Einschätzung der Verkehrssitte im Hinblick auf die elektronische Kommunikation ist der Bundesrat entgegengetreten. Nach seiner Auffassung erscheint es aus Gründen der Rechtsklarheit und der Rechtssicherheit erforderlich, die Zustimmung der Beteiligten als Voraussetzung für eine rechtsverbindliche elektronische Abwicklung von Verwaltungsverfahren vorzusehen (BT-Drs. 14/9259 S. 1; vgl. BVerwG BayVBl 2017 S. 568 Rn. 19).

7 Über die Auffassung des Bundesrates dürfte die gesellschaftliche Entwicklung hinausgegangen sein. Heute wird man eine solche Verkehrssitte nicht mehr in Zweifel ziehen können (unten Rn. 8). Die Regelung des § 36a Abs. 1 ist nunmehr so auszulegen, dass jeder, Bürger und Behörde, Empfänger sind, wenn sie einen Zugang für elektronische Dokumente eröffnet haben. Damit ist grundsätzlich davon auszugehen, dass ein Antrag, wie auch jede andere Willenserklärung, durch den **Eingang einer e-mail** in den Machtbereich des Empfängers gelangen kann. Gesetzliche Grenzen ergeben sich weiterhin aus den §§ 104 ff. BGB; 36 SGB I und 11 SGB X. Ebenso wenig wie bei der normalen Post besteht eine Verpflichtung, den Zugang regelmäßig zu überprüfen. Es genügt, wenn das elektronische

Dokument in den Machtbereich des Empfängers gelangt ist. Insoweit ist auf den allgemeinen Rechtsgedanken des § 130 BGB zu verweisen. Antragsteller tragen allerdings auch bei dieser Kommunikationsform die Beweislast für den Zugang ihrer Anträge, dh der abrufbaren Speicherung der e-Mail im elektronischen Postfach des Empfängers. Das erfolgt durch die Vorlage des Ausdrucks der Sendebestätigung mit korrekter Angabe der e-Mail-Adresse des Empfängers. Bewiesen ist damit aber zunächst nur die **Tatsache des Versendens.** Allerdings ist von folgender **Beweisregel** auszugehen: „Hat der Antragsteller bei der Ermittlung seiner Email von der Funktion <Eingangsbestätigung> bzw. <Lesebestätigung> keinen Gebrauch gemacht und kann er infolgedessen durch Vorlage seines Sendeprotokolls weder den Vollbeweis noch den Anscheinsbeweis für die Speicherung seiner Email auf dem Empfangsserver des Grundsicherungsträgers erbringen, so kann sich der Grundsicherungsträger nicht auf bloßes **Bestreiten des Zugangs** beschränken. Er hat im Rahmen seiner sekundären Darlegungslast zur Widerlegung der individuellen Wirkung des Sendeberichts nachvollziehbar darzulegen, warum eine Speicherung der an ihn abgesandten elektronischen Willenserklärung in seiner Empfangseinrichtung nicht erfolgt ist bzw. aus welchen Gründen er dies nicht darlegen kann (LSG NRW ZfSH/SGB 2018 S. 52).

Allein auf die sich entwickelnde **Verkehrssitte,** dass mit der Eröffnung des Zugangs auch erklärt wird, man wolle Dokumente auf diesem Wege empfangen darf man bei der Übermittlung elektronischer Dokumente aber nicht abstellen. In jedem Falle kann sich der Einzelne durch klare anders lautende Erklärungen gegen eine Verkehrssitte stellen. Er kann also über eine e-mail-Adresse verfügen und zugleich erklären, dass er über sie keine elektronischen Dokumente empfangen will. Vor dem Hintergrund einer Verkehrssitte ist diese Erklärung aber auch erforderlich. Dabei lässt sich eine Entwicklung im Datenverkehr erkennen, dass sich zwar inzwischen ein großer Teil der Bevölkerung des Internets bedient. Heute muss man aber auch davon ausgehen, dass das Misstrauen gegenüber dieser Kommunikationsform größer geworden ist, so dass sich zumindest ein nennenswerter Teil der Nutzer bei höchstpersönlichen oder finanziell aufwändigen Vorgängen aus dem Internet eher zurückzieht, bzw. dass Empfehlungen, die in diese Richtung gehen, ernst genommen werden. Es ist also unter rechtlichem Blickwinkel schwierig, uneingeschränkt von einer Verkehrssitte zu sprechen, da dieser Begriff nicht allein unter dem Blickwinkel der Majorität verstanden werden darf, sondern dass in dem Wortbestandteil „Sitte" auch ein gewisser Konsens der am Rechtsverkehr Teilnehmenden vorauszusetzen ist. Im Hinblick auf Art. 2 Abs. 1 GG wird man den Einzelnen auch nicht vor die Wahl stellen dürfen, entweder mit allen rechtlichen Konsequenzen an der elektronischen Kommunikation teilzunehmen oder ganz darauf zu verzichten. Insoweit wird man § 18 Abs. 1 UStG, der zu elektronischen Abgabe der Umsatzsteuererklärung verpflichtet – zumal im Hinblick auf seine Härteklausel – als Berufsausübungsregelung rechtlich nur halten können, sofern die Möglichkeit nach § 36a Abs. 2 Satz 4 SGB I gegeben ist, also kein Zwang besteht, über einen e-mail-Zugang zu verfügen (vgl. unten Rn. 9, 11). Man darf letzten Endes, zumal im Sozialrecht, auch nicht übersehen, dass der Verwaltung mit ihren technischen und personellen Möglichkeiten der Datenverarbeitung eine zusätzliche Überlegenheit gegenüber dem Leistungsberechtigten zuwächst. **8**

Der Gesetzgeber hat zeit- und inhaltsgleich die Regelungen der §§ 3a VwfG, 87a AO, 36a SGB I und 126a BGB getroffen. Dabei hat er den Grundsatz aufgestellt, dass die Übermittlung elektronischer Dokumente zulässig ist, wenn der **9**

Empfänger einen Zugang eröffnet hat. Auf Grund der Verwendung des Merkmals „zulässig" kann dies nur bedeuten, dass die Übermittlung rechtswirksam erfolgen kann. Unabhängig davon entspricht es aber den überkommenen Grundsätzen der **konkludenten Einwilligung** (oben Rn. 6), dass einer der Genannten auf seinem Briefkopf oder seiner Homepage auch erklären kann, er wolle die – je nach Rechtsstandpunkt – aus der gesetzlichen Vorschrift oder aus der Verkehrssitte abzuleitende Rechtswirkung nicht gegen sich gelten lassen. Unzulässig ist nur der geheime Vorbehalt (§ 116 BGB). Nach einer engeren Auffassung ist weiterhin davon auszugehen, dass auf Seiten des Bürgers die bloße Angabe einer e-mail-Adresse den Erklärungswert einer Empfangsbereitschaft noch nicht hat. Aus Gründen der Rechtssicherheit sollte man selbst dann noch nicht von einer Empfangsbereitschaft ausgehen, wenn sich der Bürger zunächst in elektronischer Form an die Verwaltung gewandt hat. Sie kann ihm auf diese Weise antworten. Zustellen kann sie erst, wenn sich der Bürger ausdrücklich in dem genannten Sinne erklärt haben. Ist das geschehen, so gelten die allgemeinen Grundsätze über den Zugang von Willenserklärungen. Technische Übermittlungsfehler fallen in die Verantwortungssphäre des Absenders. Das elektronische Dokument ist dann zugegangen, wenn es in den Machtbereich des Empfängers, also in sein elektronisches Postfach gelangt ist (Mankowski, NJW 2004 S. 1901). Die tatsächliche Kenntnisnahme fällt dann in die Verantwortungssphäre des Empfängers.

10 Entsprechende Grundsätze gelten auch für den Erlass eines **Verwaltungsaktes.** Dabei ist zunächst festzustellen, dass für den Verwaltungsakt Schriftlichkeit nicht zwingend vorgeschrieben ist. Dennoch hat der Fall, in dem ein Verwaltungsakt mündlich ergeht (§ 33 Abs. 2 Satz 1 SGB X), zumeist nur theoretische Bedeutung. Jedenfalls könnte hierfür die einfache elektronische Form gewählt werden. In diesem Falle wäre nur § 36a Abs. 1 und nicht auch Abs. 2 anwendbar. Die Rechtsfragen der Zustellung sind aber in beiden Fällen gleich (unten Rn. 15). Von der Bekanntgabe des Verwaltungsaktes wird am dritten Tag nach der Absendung eines elektronischen Dokuments ausgegangen (§ 37 Abs. 2 Satz 2 und 3 SGB X). Hierzu wird die Auffassung vertreten, dass die Behörde nach Ermessensgesichtspunkten entscheidet, ob sie die postalische oder elektronische Form der Übermittlung wählt (KassKomm-Mutschler § 37 SGB X Rn. 15). Diesen Spielraum hat sie aber nur, wenn der Empfänger, sei es auch nur konkludent, diese Form der Zustellung akzeptiert hat. Weitergehend regelt jetzt § 37 Abs. 2a SGB X, dass mit Einwilligung des Beteiligten (§ 12 SGB X). elektronische Verwaltungsakte dadurch bekannt gegeben werden können, dass sie – nach Authentifizierung – von dem Beteiligten oder seinem Bevollmächtigten über öffentlich zugängliche Netze abgerufen werden können. Der Verwaltungsakt gilt am Tag nach dem **Abruf** als bekannt gegeben. Wird er nicht innerhalb von zehn Tagen nach Absenden einer Benachrichtigung über die Bereitstellung abgerufen, so wird diese beendet. Die Bekanntgabe ist dann nicht bewirkt. Die Bereitstellung kann wiederholt werden.

11 Das ganze Konzept der elektronischen Kommunikation steht etwas im Widerspruch zu § 9 SGB X, der die **Nichtförmlichkeit** des Verwaltungsverfahrens regelt. Datensicherheit unter strikter Beachtung des § 9 SGB X wäre sicher nicht möglich. Insoweit ist es sinnvoll, dass in § 36a Abs. 2a klarstellend geregelt wird, in dem Fall, in dem durch Rechtsvorschrift die Verwendung eines bestimmten Formulars mit einem **Unterschriftsfeld** vorgeschrieben ist, dadurch allein noch nicht die Anordnung der Schriftform bewirkt wird (vgl. § 13 EGovG). Zwar ist für die Schriftform immer eine Unterschrift erforderlich. Der Gegenschluss, wenn eine Unterschrift verlangt wird, sei immer auch die Schriftform vorgeschrieben, ist jedoch nicht zulässig (KassKomm-Körner § 36a SGB I Rn. 39). Das Erfordernis der Unterschrift kann laut Gesetzesbegründung zB auch die Funktion haben, die Hemmschwelle gegenüber Falschangaben zu erhöhen (BT-Drs. 17/11473 S. 45). Im Ergebnis kann ein Antrag in diesem Falle auch mündlich gestellt werden. Damit entfallen die besonderen Erfordernisse der elektronischen Kommunikation. Möglich ist es aber, dass der Antragsteller den einfachen Weg des § 36a Abs. 1 wählt, also etwa seinen – mündlich zulässigen – Antrag per e-mail übermittelt. Wird in diesem Fall das Formular für eine elektronische Versendung an die Behörde gefasst, so entfällt das Unterschriftsfeld.

3. Ersetzung der Schriftform durch Signatur

In § 36 Abs. 2 wird der wohl wichtigste Fall des elektronischen Kontakts zwischen Bürger und Verwaltung geregelt. Allerdings findet die elektronischen Kommunikation nur wenig Akzeptanz in der Bevölkerung (Stelkens/Bonk/Sachs/Schmitz, VwVfG § 3a Rn. 24). Die Regelung des § 36a Abs. 2 ersetzt nicht § 36a Abs. 1, sondern ergänzt ihn durch zusätzliche Möglichkeiten und Anforderungen. Die durch Rechtsnorm angeordnete **Schriftform** kann durch die elektronische Form ersetzt werden. Damit werden alle Funktionen, die der Schriftform zukommen, insbesondere auch die Echtheits- und die Beweisfunktion, auf das elektronische Dokument übertragen. Dieses ist – sofern nicht eine in Abs. 2 Satz 4 Nr. 1–4 geregelte elektronische Form gewählt wird – mit einer **qualifizierten elektronischen Signatur** zu versehen. Dem entspricht auch die privatrechtliche Regelung des § 126a BGB. 12

In Art. 3 Nr. 10–12 VO (EU) 910/2014 wird unterschieden: die „elektronische Signatur", die „fortgeschrittene elektronische Signatur" und die „qualifizierte elektronische Signatur". Nur letzere ist für § 36a Abs. 2 Satz 1 und 2 relevant. Ihr kommen die gleichen Rechtswirkungen zu wie der handschriftlichen Unterschrift. Sie muss die Voraussetzungen des Art. 26 VO (EU) 910/2014 erfüllen, von einer qualifizierten elektronischen Signaturerstellungseinheit erstellt worden sein und auf einem qualifizierten Zertifikat für elektronische Signaturen beruhen (vgl. unten Rn. 16). Die Verwendung eines **Pseudonyms,** also: eines Namens, der die Identifizierung der Person nicht unmittelbar durch den Signaturschlüsselinhaber ermöglich, ist nicht zulässig (§ 36a Abs. 2 Satz 3). Die Voraussetzungen des Art. 26 VO (EU) 910/2014 sind erfüllt, wenn die Signatur 13

a) eindeutig dem Unterzeichner zugeordnet ist,
b) seine Identifizierung ermöglicht,
c) sie unter Verwendung elektronischer Signaturerstellungsdaten erstellt, die der Unterzeichner mit einem hohen Maß an Vertrauen unter seiner alleinigen Kontrolle verwenden kann,
d) so mit den auf diese Weise unterzeichneten Daten verbunden ist, dass eine nachträgliche Veränderung der Daten erkannt werden kann.

Durch § 36a Abs. 2 Satz 1 wird nur die Schriftform ersetzt. Ein Schriftstück, dass weder die erforderliche qualifizierte elektronische Signatur verwendet, noch eine der in Abs. 2 Satz 4 Nr. 1–4 angebotenen elektronischen Formen benutzt, erfüllt demnach nicht die Voraussetzung der Schriftlichkeit und ist unwirksam, sofern Schriftform gefordert ist (DIJuF-Gutachten JAmt 2003 S. 293). Dies ist ein inzwischen wohl anerkannter Grundsatz der elektronischen Kommunikation

(§ 126a BGB). Zur Schriftform im Rechtsmittelverfahren vgl. BSG 108 S. 289; BSG 122 S. 71).

14 Entsprechendes gilt für den schriftlichen Verwaltungsakt, der gleichfalls durch eine elektronische Form ersetzt werden kann (§ 37 Abs. 2 SGB X). Auch für diese gilt dann § 36a Abs. 2 Satz 2. Allerdings sind die Besonderheiten des § 33 Abs. 3–5 SGB X zu beachten. Insbesondere können bei einem automatisch erlassenen Verwaltungsakt Unterschrift und Namenswiedergabe fehlen (§ 33 Abs. 5 SGB X). Außerdem kann gemäß § 33 Abs. 4 SGB X eine dauerhafte Überprüfbarkeit der Signatur vorgeschrieben und können damit die Anforderungen an die Datensicherheit nochmals verstärkt werden. Durch diese verwaltungsverfahrensrechtlichen Regelungen wird aber § 36a Abs. 2 in der Sache nicht eingeschränkt (vgl. § 33 Abs. 5 Satz 1 Hs. 2 SGB X). Durch § 36a Abs. 2 nicht geregelt werden die Fälle, in denen Anträge mündlich gestellt werden können (§ 16 Rn. 3) oder in denen Kenntnis iSd § 18 Abs. 1 SGB XII verschafft wird. Hierfür gilt ausschließlich Abs. 1. Das heißt, wenn der Empfänger den Zugang eröffnet hat, kann der Antrag auch durch einfaches elektronisches Dokument gestellt werden.

15 In § 36a Abs. 2 Satz 2 wird für die Rechtsverbindlichkeit des schriftlichen Kontakts zur Behörde das Erfordernis einer **qualifizierten elektronischen Signatur** geregelt. Das ist jedoch nur erforderlich, soweit ein Fall des Abs. 2 Satz 1 gegeben ist, also nicht für die bereits formlos wirksame Antragstellung (§ 36a Abs. 1) und auch nicht für die Fälle des § 36a Abs. 2 Satz 4. Allgemein betrachtet sind elektronische Signaturen Daten, die anderen Daten beigefügt werden, logisch mit ihnen verknüpft sind und die der Unterzeichner zum Unterzeichnen verwendet, die also zu seiner Authentifizierung dienen (Art. 3 Nr. 10 VO (EU) 910/2014). Sie gewährleisten, dass eine signierte Nachricht von einem identifizierbaren Absender stammt und während der Übermittlung nicht verändert wurde (Schmitz/Schlatmann, NJW 2002 S. 1281). Insoweit ist eine elektronische Signatur mit einem Siegel für ein elektronisches Dokument vergleichbar (vgl. Art. 3 Nr. 13–17 VO (EU) 910/2014). Signiert wird mittels eines privaten Schlüssels. Diesem korrespondiert ein öffentlicher Schlüssel, der die Überprüfung der Signatur ermöglicht. Zur Verschlüsselung wird das Verfahren der asymetrischen Kryptographie (Geheimschrift) eingesetzt. Das ist eine mit Algorithmen arbeitende Methode, also ein Rechenverfahren, das in genau festgesetzten Schritten abläuft. Als asymetrisch wird das Verfahren bezeichnet, weil der Absender mit einem privaten Schlüssel arbeitet. Der Empfänger überprüft mit einem anderen öffentlichen Schlüssel, den er von einem Vertrauensdienstanbieter erhält, ob das Dokument vom Absender stammt und ob es unverändert bei ihm angekommen ist (Hähnchen, NJW 2001 S. 2833). Die Schlüsselpaare sind einmalig und einer Person zugeordnet. Häufig erfolgt die Speicherung der relevanten Daten auf einer Chipkarte, die nur mit einer PIN eingesetzt werden kann. Möglich sind aber auch andere sichere Signaturerstellungseinheiten, wie biomethrische Authentisierungstechniken (BT-Drs. 14/9000 S. 31).

16 In den Anhäng I – III der VO (EU) 910/2014 werden Mindestvoraussetzungen geregelt.

Für Qualifizierte Zertifikate für elektronische Signaturen gemäß Anhang I verlangt die Verordnung Folgendes:

a) eine Angabe, dass das Zertifikat als qualifiziertes Zertifikat für elektronische Signaturen ausgestellt wurde, zumindest in einer zur automatischen Verarbeitung geeigneten Form;

b) einen Datensatz, der den qualifizierten Vertrauensdiensteanbieter, der die qualifizierten Zertifikate ausstellt, eindeutig repräsentiert und zumindest die Angabe des Mitgliedstaats enthält, in dem der Anbieter niedergelassen ist, sowie
– bei einer juristischen Person: den Namen und gegebenenfalls die Registriernummer gemäß der amtlichen Eintragung;
– bei einer natürlichen Person: den Namen der Person;

c) mindestens den Namen des Unterzeichners oder ein Pseudonym; wird ein Pseudonym verwendet, ist dies eindeutig anzugeben;

d) elektronische Signaturvalidierungsdaten, die den elektronischen Signaturerstellungsdaten entsprechen;

e) Angaben zu Beginn und Ende der Gültigkeitsdauer des Zertifikats;

f) den Identitätscode des Zertifikats, der für den qualifizierten Vertrauensdiensteanbieter eindeutig sein muss;

g) die fortgeschrittene elektronische Signatur oder das fortgeschrittene elektronische Siegel des ausstellenden qualifizierten Vertrauensdiensteanbieters;

h) den Ort, an dem das Zertifikat, das der fortgeschrittenen elektronischen Signatur oder dem fortgeschrittenen elektronischen Siegel gemäß Buchstabe g zugrunde liegt, kostenlos zur Verfügung steht;

i) den Ort der Dienste, die genutzt werden können, um den Gültigkeitsstatus des qualifizierten Zertifikats zu überprüfen;

j) falls sich die elektronischen Signaturerstellungsdaten, die den elektronischen Signaturvalidierungsdaten entsprechen, in einer qualifizierten elektronischen Signaturerstellungseinheit befinden – eine geeignete Angabe dieses Umstands, zumindest in einer zur automatischen Verarbeitung geeigneten Form.

4. Andere Formen der Ersetzung der Schriftform

Eine **Erweiterung der elektronischen Kommunikation** ist in § 36a Abs. 2 17
Satz 4 Nr. 1–4 vorgenommen worden. Die Vorschrift entspricht § 3a Abs. 2 VwVfG. Danach kann die **Schriftform** auch durch neu entwickelte Formen ersetzt werden. Für diese Form besteht nicht die Voraussetzung der Verwendung einer qualifizierten elektronischen Signatur. Das gilt einmal für die Erklärung in einem elektronischen Formular über Eingabegeräte oder öffentlich zugängliche Netze (Nr. 1), des Weiteren für Anträge, Anzeigen und Verwaltungsakte als D-Mail-Nachricht (Nr. 2 und 3) sowie schließlich für sonstige sichere Verfahren, die durch Rechtsverordnung zugelassen werden (Nr. 4). Nur für die elektronische Kommunikation nach § 36a Abs. 2 Satz 4 Nr. 1 sind die Identitätsnachweise nach § 18 PAuswG, § 12 eID-Karte-Gesetz und § 78 Abs. 5 AufenthG zu erbringen (§ 2 Abs. 3 EGovG). Für den elektronischen Kontakt des Versicherten mit der Krankenkasse kann die Identität gemäß § 291 Abs. 2a SGB V auch mit der Gesundheitskarte nachgewiesen werden (§ 36a Abs. 2 Satz 5).

Vor allem durch § 36a Abs. 2 Satz 4 Nr. 1 wird die **unmittelbare Eingabe** in 18
ein bereit gestelltes Formular der Behörde ermöglicht. Unmittelbar bedeutet, dass nicht etwa das Formular herunter geladen wird, sondern dass die Eingabe der Daten direkt über das allgemein zugängliche Eingabegerät der Behörde erfolgt. Das Formular kann vom Verwender nicht verändert werden. Wird dagegen ein Formular der Behörde herunter geladen und als e-Mail-Anhang versandt, dann ist § 36a Abs. 2 Satz 2 anzuwenden. Erforderlich ist in diesem Falle eine qualifizierte elektronische Signatur (BT-Drs. 17/11473 S. 49).

19 In den Fällen des § 36a Abs. 2 Satz 4 Nr. 2 (Bürger/Behörde) und Nr. 3 (Behörde/Bürger) wird dagegen die Versendung eines elektronischen Dokuments unter Verwendung einer D-Mail geregelt. Diese ersetzt die qualifizierte elektronische Signatur und geht insoweit über sie hinaus, als nicht nur das einzelne elektronische Dokument signiert wird, sondern die gesamte e-Mail-Nachricht einschließlich beigefügter Anlagen (Stelkens/Bonk/Sachs/Schmitz in VwVfG § 3a Rn. 38e). Gemäß § 1 Abs. 1 D-MailG sollen D-Mail-Dienste auf einer elektronischen Kommunikationsplattform, die einen sicheren, vertraulichen und nachweisbaren Geschäftsverkehr für jedermann im Internet sicherstellen. Die Diensteanbieter werden unter den Voraussetzungen der §§ 17, 18 D-MailG akkreditiert (vgl. Roßnagel, NJW 2011 S. 1473). Die adäquate Sicherung des Dokuments erfolgt auf der Grundlage des § 5 Abs. 5 D-MailG. Das gilt auch im Widerspruchsverfahren (unten Rn. 20) und folgt letztlich aus dem Grundsatz des § 371a ZPO. Die dort geregelte Beweiskraft elektronischer Dokumente erstreckt sich gleichermaßen auf solche mit einer qualifizierten elektronischen Signatur, als auch auf solche mit einer gemäß § 5 Abs. 5 D-MailG geprüften Absendebestätigung. Nur unter diesen Voraussetzungen kann die Schriftform gewahrt werden. Die §§ 3–5 D-MailG regeln insgesamt Folgendes:

De-Mail-Dienste stellen auf einer elektronischen Kommunikationsplattform einen sicheren, vertraulichen und nachweisbaren Geschäftsverkehr für jedermann im Internet sicher. Der akkreditierte Diensteanbieter ermöglicht dem Nutzer den Zugang zu seinem De-Mail-Konto und den einzelnen Diensten mit einer sicheren Anmeldung oder auf Verlangen des Nutzers auch ohne eine solche sichere Anmeldung. Für die sichere Anmeldung hat der Anbieter sicherzustellen, dass zum Schutz gegen eine unberechtigte Nutzung der Zugang zum De-Mail-Konto nur möglich ist, wenn zwei geeignete und voneinander unabhängige Sicherungsmittel eingesetzt werden; soweit bei den Sicherungsmitteln Geheimnisse verwendet werden, ist deren Einmaligkeit und Geheimhaltung sicherzustellen. Der Zugang zum De-Mail-Konto erfolgt ohne eine sichere Anmeldung, wenn nur ein Sicherungsmittel, in der Regel Benutzername und Passwort, verwendet wird. Der Nutzer kann verlangen, dass der Zugang zu seinem De-Mail-Konto ausschließlich mit einer sicheren Anmeldung möglich sein soll. Dazu regelt dann § 5 Abs. 5 D-Mail-Gesetz: „Der akkreditierte Diensteanbieter muss dem Nutzer ermöglichen, seine sichere Anmeldung im Sinne von § 4 in der Nachricht so bestätigen zu lassen, dass die Unverfälschtheit der Bestätigung jederzeit nachprüfbar ist. Um dieses dem Empfänger der Nachricht kenntlich zu machen, bestätigt der akkreditierte Diensteanbieter des Senders die Verwendung der sicheren Anmeldung nach § 4. Hierzu versieht er im Auftrag des Senders die Nachricht mit einer dauerhaft überprüfbaren qualifizierten elektronischen Signatur; sind der Nachricht eine oder mehrere Dateien beigefügt, bezieht sich die qualifizierte elektronische Signatur auch auf diese.

Obwohl Internet- und e-mail-Kontakte eine breite Verwendung gefunden haben, konnte sich die gesicherte und mit Rechtsverbindlichkeit ausgestattete elektronische Kommunikation bisher nur in begrenztem Umfange entwickeln. Dem sollte auch das D-MailG entgegenwirken. Die damit verbundenen Erwartungen dürften sich bisher nicht erfüllt haben (Roßnagel, NJW 2011 S. 1473 (1478). Es ist damit zu rechnen, dass unter den in § 36a Abs. 2 Satz 4 Nr. 1–4 geregelten Möglichkeiten nur die Abgabe von Erklärungen in ein Eingabegerät der Behörde (§ 36a Abs. 1 Satz 4 Nr. 1) größere Akzeptanz finden wird.

5. Widerspruchsverfahren

Schwierig zu beantworten ist die Frage, wie zu verfahren ist, wenn, etwa beim **Widerspruch,** Schriftform vorgeschrieben ist, der Widerspruchsführer aber die nunmehr vorgeschriebene qualifizierte Signatur nicht verwendet. Der Auffassung, in diesem Falle wäre der Widerspruch unwirksam, wird entgegen gehalten, dass Formvorschriften nicht Selbstzweck sein dürften. Die Verwaltung hätte über den Widerspruch zu entscheiden, wenn keine Zweifel über Identität und Inhalt bestünden. Wenn insoweit eine Berufung auf die Entscheidungen BSG 49 S. 85 und BSG SozR 1500 § 87 Nr. 5 erfolgt, so erscheint dies doch sehr weit hergeholt (LSG Thür. L 6 KR 834/15 B ER). Dort ging es um eine trotz Ablaufs der Frist tatsächlich erfolgte Widerspruchsentscheidung, hier geht es um die Identität des Urhebers einer elektronisch übermittelten Nachricht (Hess. LSG L 9 AS 161/07 ER, juris). Nach einer engeren Auffassung kann die Behörde den Widerspruch zurückweisen, sie kann aber auch über ihn entscheiden (Kintz, NVwZ 2004 S. 1434). Wenn es bei der Feststellung der Identität darauf ankommen soll, ob der Urheber einer e-mail die wesentlichen Details des Verfahrens kennt (Datum, Aktenzeichen usw.), dann müsste man ihm unter gleichen Voraussetzungen auch zubilligen, einen Widerspruch telefonisch einzulegen. 20

Die Rechtslage ist eigentlich klar. Der Widerspruch ist schriftlich einzulegen (§ 84 Abs. 1 SGG). Durch eine einfache e-mail im Sinne des § 36a Abs. 1 kann die Schriftform nicht gewahrt werden. Fehlt es auch an einer qualifizierten elektronischen Signatur, so kann die Schriftform auch nicht gemäß § 36a Abs. 2 ersetzt werden. Damit ist der Widerspruch nicht wirksam eingelegt. Anders ist dies aber zu beurteilen, wenn an die e-mail ein Schriftsatz als pdf-Datei mit Unterschrift angehängt ist und dieser von der Behörde ausgedruckt wird. Hier besteht eine Parallele zur Übermittlung durch ein Fax. Dass die Unterschrift nur in der Kopie wiedergegeben ist, ist unschädlich, wenn der im Original unterzeichnete Schriftsatz eingescannt, elektronisch als PDF-Datei übermittelt, von der Behörde entgegengenommen und ausgedruckt worden ist (Sächs. LSG L 7 AS 205/11 B ER, juris). Zuvor hatte schon der GmS-OGB (BGHZ 144 S. 160) entschieden, dass bestimmende Schriftsätze formwirksam durch elektronische Übertragung einer Textdatei mit eingescannter Unterschrift auf ein Faxgerät des Gerichts übermittelt werden können. Über die Zulässigkeit einer vorher eingescannten Unterschrift hinaus besteht aber keine Tendenz dahingehend, dass die Schriftform weiter eingeschränkt wird. Insoweit setzt auch § 36a Abs. 2 eine Grenze. Wenn dessen Voraussetzungen nicht erfüllt sind, kann die Wirksamkeit der Einlegung des Widerspruchs nicht allein dadurch herbeigeführt werden, dass durch den Ausdruck der Datei eine körperliche Urkunde erstellt wird. 21

Zumindest wenn, wie im Regelfall des schriftlichen Verwaltungsablaufs, keine eindeutige Klarheit über die Identität des Urhebers besteht, wird man jedoch eine Betreuungspflicht aus dem Sozialrechtsverhältnis dergestalt annehmen können, dass die Verwaltung den Bürger auffordern muss, einen formgerechten Widerspruch einzulegen. Es besteht kein Anlass diese Betreuungspflicht auf bestimmte Fallgruppen (früherer elektronischer Kontakt, Erkennbarkeit des Urhebers) einzuschränken. Erkennt die Behörde den Formverstoß, dann muss sie den Urheber der (einfachen) e-mail darauf hinweisen. Letzterer trägt dann allerdings ein nicht geringes Verspätungsrisiko. Bei der Entscheidung, ob Wiedereinsetzung in den vorigen Stand zu gewähren ist, gelten gegenüber § 27 SGB X keine erweiterten Bedingungen. Insbesondere ist die Vorstellung, den Formvorschriften genügt zu 22 haben, wie sonst bei der Verschuldensfragen nach § 27 Abs. 1 SGB X zu klären. Da die Skepsis gegenüber der Datensicherheit eher gewachsen ist, wird man kaum annehmen können, dass ein Formverstoß im Rahmen des § 36a Abs. 2 „ohne eigenes Verschulden" vorgekommen ist. Größere Härten lassen sich auf der Grundlage des § 44 SGB X vermeiden. Nach anderer Auffassung soll die Lesebestätigung den Anscheinsbeweis für den (fristgerechten) Zugang einer elektronisch übermittelten aber nicht mit der qualifizierten Signatur versehenen Nachricht erbringen (Mankowski, NJW 2004 S. 1901; vgl. auch Schmitz/Schlatmann, NJW 2002 S. 1283, 1284). Dem wird man aber nicht zustimmen können, da die Sicherheit der Authentizität des Absenders einer einfachen e-mail nicht gewährleistet ist (BSG B 13 RJ 5/01 R, juris, und oben Rn. 7).

6. Interoperationalität

23 Mit der Regelung des Abs. 3 wird der Tatsache Rechnung getragen, dass Programme häufig **nicht kompatibel** sind. Dem Absender wird nicht nur unverzüglich (§ 121 Abs. 1 BGB) mitgeteilt, dass die Behörde das Dokument nicht bearbeiten kann. Mitgeteilt werden müssen auch die für die Behörde geltenden technischen Rahmenbedingungen. Macht nun, was nach dem vorher Geschehenen wahrscheinlich ist, der Empfänger des Dokuments gegenüber der Behörde geltend, er könne seinerseits das Dokument nicht bearbeiten, so hat eine erneute Übermittlung, ggf. als Schriftstück zu erfolgen. Vorher ist ein Schriftstück nicht zugegangen. Nach Auffassung des Gesetzgebers handelt es sich dabei um Nebenpflichten, die sich aus dem Verwaltungsrechtsverhältnis ergeben, „das Bürger und Verwaltung durch ihre Kommunikation schaffen" (BT-Drs. 14/9000 S. 31). Anders als bei Übermittlungsfehlern (oben Rn. 2) ist davon auszugehen, dass durch den Zugang eines Dokuments, das nicht bearbeitet werden kann, Fristen gewahrt werden, sofern der Inhalt des Dokuments überhaupt verifizierbar ist. Erforderlich ist allerdings, dass die in Abs. 3 erforderliche Ersatzhandlung vorgenommen wird. Unterbleibt sie infolge eines Verwaltungsfehlers, so wird man deren Vornahme im Rahmen des Herstellungsanspruchs fingieren müssen (§ 14 Rn. 23). Kann der Empfänger den Inhalt des Schriftstücks auch über die Ersatzhandlungen nicht zur Kenntnis nehmen, so ist es ihm nicht zugegangen.

24 Die Regelung des Abs. 4 ist eine Konsequenz aus dem gegliederten System des Sozialrechts. Den Trägern der Sozialversicherung einschließlich der Bundesagentur für Arbeit wird vorgeschrieben, Zertifizierungsdienste zu verwenden, die eine „Interoperabilität" der elektronischen Signaturen sicherstellen. Diese Zertifizierungsdienste können in eigener Trägerschaft eines oder aller Sozialleistungsträger bestehen. Möglich ist aber auch die Inanspruchnahme privater Dritter (BT-Drs. 14/9000 S. 34). In Abs. 4 Satz 3 ist vorgesehen, dass diese Regelungen auch für die Leistungserbringer in Kranken- und Pflegeversicherung gelten. Die damit verbundene Einschränkung ihrer Entscheidungsfreiheit wird man noch als eine zulässige Berufsausübungsregelung iSd Art. 12 Abs. 1 Satz 2 GG ansehen können.

§ 37 Vorbehalt abweichender Regelungen

[1]Das Erste und Zehnte Buch gelten für alle Sozialleistungsbereiche dieses Gesetzbuchs, soweit sich aus den übrigen Büchern nichts Abweichendes ergibt; § 68 bleibt unberührt. [2]Der Vorbehalt gilt nicht für die §§ 1 bis 17 und 31 bis 36. [3]Das Zweite Kapitel des Zehnten Buches geht

dessen Erstem Kapitel vor, soweit sich die Ermittlung des Sachverhaltes auf Sozialdaten erstreckt.

Übersicht

1. Eingeschränkte Kodifikation des Sozialrechts

Durch § 37 Satz 1 Hs. 1 wird eine für das Vorhaben einer Kodifikation des 1 Sozialgesetzbuches wichtige klarstellende Regelung getroffen. Danach gelten die Vorschriften des SGB I und des SGB X grundsätzlich in allen Sozialleistungsbereichen. Sie wird jedoch in Hs. 2 wieder eingeschränkt. Diese **Einschränkung** gilt wiederum gemäß Satz 2 nicht für die als besonders wichtig anzusehenden §§ 1 bis 17 und 31 bis 36 des Ersten Buches. Für diese Vorschriften gilt also der Kodifikationsgrundsatz uneingeschränkt. Abweichende Regelungen in den Besonderen Teilen des Sozialgesetzbuches können also nicht wirksam getroffen werden. An diesen Grundsatz hat sich der Gesetzgeber wiederholt nicht gehalten (vgl. unten Rn. 5). Zweifelhaft könnte sein, wann eine Regelung „abweichend" ist. In den Materialien wird ausgeführt, dass die Regelungen in den Besonderen Teilen „teilweise ausdrücklich oder nach dem Sinnzusammenhang modifiziert" sein können (BT-Drs. 7/868 S. 29). Damit wird aber nicht viel geklärt, zumal der Begriff einer (noch zulässigen) Modifizierung gegenüber der (nicht zulässigen) Abweichung kaum präzise abzugrenzen ist. Man wird nicht allein auf den abweichenden Wortlaut der Vorschrift abstellen müssen. Vielmehr gilt ganz pragmatisch: Führt die Auslegung der Vorschrift in einem Besonderen Teil zu einem anderen Ergebnis, als dies im Allgemeinen Teil vorgesehen ist, so handelt es sich um eine abweichende Regelung. Das kann auch bedeuten, dass man im Zweifel die Auslegung vorzuziehen hat, die dem Allgemeinen Teil entspricht. Zu den abweichenden Strukturprinzipien vgl. unten Rn. 8.

Ursprünglich erstreckte sich der Vorbehalt des § 37 Satz 2 auch auf das zweite 1a Kapitel des Zehnten Buches (§§ 67–85 SGB X). Damit war der Schutz von **Sozialdaten** weitgehend vor gesetzlicher Änderung gesichert. Durch das 2. SGBÄndG wurde jedoch der Gedanke einer Kodifikation des Sozialdatenschutzes zugunsten bereichsspezifischer Regelungen aufgegeben. Nicht abänderbar ist weiterhin § 35. Jedoch können die § 67 ff. SGB X geändert werden. Soweit § 35 Abs. 2 diese Regelungen für anwendbar erklärt, sind sie in ihrer jeweils geltenden Fassung – auch soweit in anderen Gesetze ergänzende Regelungen getroffen werden – anwendbar. Damit enthält § 37 Satz 2 also keine Regelungssperre mehr, die verhindern könnte, dass es in den Besonderen Teilen des Sozialgesetzbuches eigenständige und von den allgemeinen Grundsätzen abweichende Regelungen über den Vollzug des Sozialdatenschutzes gibt (vgl. §§ 284 ff. SGB V; 147 ff. SGB VI; 61 ff. SGB VIII; 93 ff. SGB XI). Dies entspricht dem Erfordernis des bereichsspezifischen Datenschutzes (vgl. § 35 Rn. 36). In der Neufassung des § 37 regelt nunmehr Satz 3 in Bezug auf Sozialdaten nur noch, dass das Zweite Kapitel des Zehnten Buches dessen Erstem Kapitel vorgeht. Das bedeutet, dass die Ermittlung des Sachverhalts (§ 20 SGB X) unter dem Vorbehalt der Wahrung des Sozialgeheimnisses steht (§ 67a SGB X). Insbesondere im Verhältnis der Sozialleistungsträger untereinander wird damit die große praktische Bedeutung des § 69 SGB X unterstrichen. Zu dem Vorbehalt des § 37 SGB I ist noch der spezielle Vorbehalt des § 7 SGB IX innerhalb des Rechts der Rehabilitation und Teilhabe behinderter Menschen hinzugetreten. Für diese Leistungen gilt ein weitgehender Vorbehalt zugunsten der Besonderen Teile des Sozialgesetzbuches, also insbesondere der Kranken-, Renten- und Unfallversicherung sowie der Arbeitsförderung gegenüber den Bestimmungen des SGB IX (unten Rn. 3).

2 Insgesamt erhält nicht nur das Erste, sondern gemeinsam mit ihm auch das Zehnte Buch den Charakter eines Allgemeinen Teils des Sozialrechts. Für die Rehabilitation und Teilhabe haben die §§ 1–74 SGB IX zusätzlich den Charakter eines Allgemeinen Teils. Das gilt aber nicht für die §§ 151 ff. SGB IX, die den Besonderen Teil des Schwerbehindertenrechts regeln. Der Unterschied, der zwischen dem SGB I und dem SGB X besteht, lässt sich nicht übersehen. Er erklärt sich daraus, dass im Ersten Buch wesentliche Grundsätze des Sozialrechts geregelt sind (vgl. §§ 2–10), während der Schwerpunkt des Zehnten Buches auf dem Verwaltungsverfahren liegt. Gegenüber den Grundlagenregelungen des SGB I ist das im SGB X geregelte Verfahren jedoch nicht unwesentlich. Darüber hinaus kann man materielle und verfahrensrechtliche Grundsätze oft nicht trennen. Das gilt auch für das Sozialrecht. So ergeben sich Zusammenhänge zwischen den §§ 16 SGB I und 8 ff. SGB X; 35 SGB I und 67 ff. SGB X; 36 SGB I und 11 SGB X; 60 ff. SGB I und 20 SGB X. Diese Vorschriften ergänzen einander. Ähnlich regeln die §§ 1–41 SGB IX für die Rehabilitation und Teilhabe sowohl wesentliche Grundlagen (§§ 2, 8 SGB IX) als auch das Verfahren (§§ 12 ff. SGB IX).

3 Angesichts der divergierenden Grundprinzipien der einzelnen Besonderen Teile des Sozialgesetzbuches war der Vorbehalt abweichender Regelungen in diesen Büchern unausweichlich. Insoweit hat Satz 1 mit seinen beiden Halbsätzen in erster Linie eine praktische Funktion. In den gesetzlichen Regelungen der Besonderen Teile bedarf es nicht mehr ausdrücklich der Regelung dass eine Bestimmung des Ersten oder Zehnten Buches Anwendung findet. Vielmehr besteht eine Vermutung dahingehend, dass diese Bestimmungen in allen Büchern des SGB gelten. Es ist nur dann eine Regelung zu treffen, wenn dies nicht der Fall sein soll. So gilt die Regelung über Vorschüsse nach § 42 überall dort, wo keine spezielle Regelung getroffen worden ist. Eine besondere Regelung besteht zB im Ausbildungsförderungsrecht bei der erstmaligen Antragstellung in einem Ausbildungsabschnitt nach § 51 Abs. 2 BAföG. Also ist (nur) hier § 42 nicht anwendbar. Damit spricht zunächst eine Vermutung dafür, dass die Bestimmungen des Ersten und Zehnten Buches in allen Teilen des Sozialgesetzbuches gelten. Diese **Vermutung** begründet den Charakter einer **Kodifikation** eines Rechtsgebietes. Es ist demgegenüber nicht erforderlich und praktisch auch nicht realisierbar, dass die Bestimmungen eines Allgemeinen Teils uneingeschränkt in allen Besonderen Teilen gelten. Angesichts der divergierenden Rechtsprinzipien des Sozialrechts, angesichts ihrer Vielfalt und im Hinblick auf die fehlende definitorische Abstimmung der Begriffe (zB des Begriffs Pflege) muss man allerdings feststellen, dass der kodifikatorische Charakter des Sozialgesetzbuches äußerst bescheiden ist. Gleichwohl kann man sagen, dass die anfängliche Skepsis gegenüber dem Vorhaben einer Kodifikation eines Sozialgesetzbuches heute einer realistischen, teils sogar positiven Einschätzung gewichen ist. Andererseits bedeutet die Regelung des § 7 SGB IX einen erheblichen Rückschlag für den Kodifikationsgedanken. In ihrem ersten Satz regelt die Vorschrift einen Vorbehalt der Leistungsgesetze, das sind insbesondere

das SGB III, SGB V, SGB VI und das SGB VIII, gegenüber den Bestimmungen des SGB IX. Die „Vermutung" spricht also hier gegen die Regelungen allgemeinen Charakters, die das SGB IX getroffen hat. Das ist genau der Gegensatz zu einer Kodifikation. In § 7 Abs. 1 Satz 2 SGB IX wird dann sogar noch für die Leistungsvoraussetzungen und die Zuständigkeit bestimmt, dass hierfür nur die für „den jeweiligen Rehabilitationsträger geltenden" Leistungsgesetze anzuwenden sind. Für diese Bereiche regelt das SGB IX also überhaupt nichts.

Die allgemeine Bedeutung des Ersten und des Zehnten Buches für das gesamte 4
Sozialrecht wird dadurch weiter abgeschwächt, dass für den wichtigsten Bereich, nämlich die Sozialversicherung, weitere Regelungen allgemeinen Charakter getroffen werden mussten. Es sind die Gemeinsamen Vorschriften für die Sozialversicherung, die ihren Standort im SGB IV gefunden haben. Sie gelten für Kranken-, Pflege-, Unfall- und Rentenversicherung. Anfangs galten sie nur infolge einer besonderen Verweisung für die Arbeitslosenversicherung (Arbeitsförderung). Nunmehr regelt § 1 Abs. 1 Satz 2 SGB IV, dass die Gemeinsamen Vorschriften auch für die Arbeitsförderung gelten. Davon sind nur noch ausgenommen die §§ 29–66 SGB IV, die die Selbstverwaltung der Sozialversicherung betreffen. Dasselbe gilt für die §§ 91–94 SGB IV, in denen die Stellung der Versicherungsämter geregelt wird. Beide Regelungskomplexe passen nicht auf die Organisationsstruktur der Bundesagentur für Arbeit. Sie ist den anderen Versicherungsträgern nicht vergleichbar. Gleichwohl „gilt" sie gemäß § 1 Abs. 1 Satz 3 SGB IV „als Versicherungsträger".

Die Tatsache, dass immer davon auszugehen ist, dass in den Besonderen Teilen 5
eine abweichende Regelung bestehen kann, begründet eine gewisse Rechtsunsicherheit, die aber wohl unvermeidbar ist. Insoweit entspricht Satz 1 Hs. 2 praktischen Bedürfnissen. Durch diese Vorschrift sind die beiden Auslegungsgrundsätze „lex posterior derogat legi priori" und „lex specialis derogat legi generali" zugunsten des Grundsatzes relativiert, dass die Regelungen in einem Besonderen Teil Vorrang vor solchen des SGB I und des SGB X haben. Abweichende Regelungen können sich auch aus Verordnungen ergeben. Das Landesrecht kann dagegen nur abweichende Regelungen treffen, wenn dies im Bundesrecht ausdrücklich so vorgesehen ist. Der praktisch wichtigste Fall war bisher das in Bayern dem Bildungsbereich zugerechnete Kindergartenrecht. Insoweit lässt § 26 Satz 2 SGB VIII, und damit ein Buch des SGB, eine abweichende landesrechtliche Regelung zu. Folge ist etwa, dass der Schutz des Sozialgeheimnisses (§ 35) hier nicht gilt, weil nach bayerischer Rechtsauffassung die Betreuung im Kindergarten nicht zum Sozialrecht gehört. Durch die Neuregelung der §§ 22 ff. SGB VIII hat sich diese Frage aber erledigt. Demgegenüber kann ein Landesgesetzgeber hinsichtlich der Vorleistungspflicht nicht eine von § 43 abweichende Regelung über vorläufige Leistungen treffen (aA VGH München FEVS 39 S. 408; vgl. auch VGH München FEVS 52 S. 471). Soweit zulässigerweise in den Besonderen Teilen abweichende Regelungen getroffen wurden und diese lückenhaft sind, kann eine Ergänzung unter Heranziehung der Vorschriften des SGB I und des SGB X erfolgen. Dies ergibt sich bereits aus dem Merkmal „soweit". In Satzungen können grundsätzlich keine abweichenden Regelungen getroffen werden. Abweichendes muss sich aus den „übrigen Büchern" ergeben. Eine Ausnahme wird man deswegen nur dann machen können, wenn sich aus einem Buch eine Satzungsermächtigung mit der Befugnis zu abweichenden Regelungen ergibt.

Für eine **analoge Anwendung** der Bestimmungen des Ersten und Zehnten 6
Buches dürfte praktisch kein Raum bestehen. Daran zu denken wäre in den

Bereichen, die nicht zum formellen Sozialrecht gehören (§ 68), die aber materiell Sozialrecht sind. Das wäre etwa das Lastenausgleichs- und das Asylbewerberleistungsrecht. Hier fehlt es allerdings an der für eine Analogie notwendigen planwidrigen Regelungslücke, da sich der Gesetzgeber bewusst für eine Nichtaufnahme dieser Gesetze in das Sozialgesetzbuch entschieden hat. Allerdings kann im Einzelfall eine ausdrückliche gesetzliche Verweisung vorgenommen worden sein. So bestimmt § 9 Abs. 3 AsylbLG, dass § 44 SGB X entsprechend anwendbar ist. Wegen des Sachzusammenhangs gelten auch die §§ 40 Abs. 1 SGB II, und 116a SGB XII (BSG B 7 AY 3/12 R, juris). Noch etwas umfassender ist die Verweisung des § 2 AsylbLG auf das SGB XII (BSG SozR 4-3520 § 7 Nr. 2). Mehr wird aber nicht geregelt. Deswegen können insbesondere die Vorschriften über Vorschuss und Vorleistung (§§ 42, 43 SGB I) nicht noch zusätzlich für entsprechend anwendbar erklärt werden.

7 Wenn in § 37 Satz 2 geregelt ist, dass der Vorbehalt des Satzes 1 nicht für die §§ 1–17 und 31 bis 36 gilt, wenn also diese Vorschriften uneingeschränkt im ganzen Sozialgesetzbuch gelten sollen, dann ist Folgendes fraglich: Man könnte den in diesen Vorschriften geregelten Standard nur als Mindeststandard ansehen. Damit könnten in den Besonderen Teilen weitergehende Regelungen zugunsten des Leistungsberechtigten auch im Verhältnis zu Satz 2 getroffen werden (Schellhorn, GK-SGB I § 37 Rn. 14). Gegen diese Auffassung spricht jedoch bereits der Wortlaut. Außerdem darf man den Allgemeinen Teil nicht als ein Gesetz ansehen, das ausschließlich im Interesse der Leistungsberechtigten geschaffen wurde. In ihr kommt der kodifikatorische Charakter des Sozialgesetzbuches und nicht ein Günstigkeitsprinzip zum Ausdruck. Kein Verstoß gegen § 36 ist darin zu sehen, dass § 27 SGB VIII den Minderjährigen kein Recht auf Hilfen zur Erziehung einräumt. Durch diese Vorschrift wird nicht die Handlungsfähigkeit modifiziert. Vielmehr werden die Personensorgeberechtigten zu Anspruchsinhabern erklärt. Fraglich ist aber, ob eine Regelung wie § 14 SGB IX getroffen werden durfte. Sie regelt deutliche Abweichungen gegenüber § 16 SGB I. Letztere ist aber gemäß § 37 Satz 2 vom Vorbehalt ausgenommen, gilt also uneingeschränkt. Durch § 37 Satz 2 ist auch die Bezugnahme auf die Auslegungsgrundsätze des Vorranges des späteren bzw. spezielleren Gesetzes ausgeschlossen. Deswegen konnte der Gesetzgeber auch keine Regelung wie § 14 Abs. 5 SGB IX schaffen, wonach eine Weiterleitung nach § 16 Abs. 2 SGB I ausgeschlossen ist. Er hätte dies nur dadurch erreichen können, dass er § 37 Satz 2 nochmals modifiziert, wie er es beim Datenschutz getan hat (vgl. Mrozynski, SGb 2016 S. 1).

2. Abweichende Strukturprinzipien

8 Größere Schwierigkeiten bewirkt eine Rechtsauffassung, die bislang als gesichert anzusehen war, die jetzt aber teilweise zur Disposition steht (vgl. unten Rn. 11 ff.). Sie besteht darin, dass nicht nur ausdrückliche gesetzliche Regelungen, sondern auch sog. abweichende Strukturprinzipien eines Besonderen Teils dazu führen können, dass eine Vorschrift des Ersten oder Zehnten Buches nicht anwendbar ist. Solche Strukturprinzipien sind aus den allgemeinen Grundgedanken und aus dem Normgefüge eines Besonderen Teils zu entwickeln (BSG SGb 1994 S. 384 mAnm Neumann). Bei ihrer Annahme oder Ablehnung ist mit in Erwägung zu ziehen, dass im ersteren Falle immer auch der Kodifikationsgedanke beeinträchtigt wird. Doch schon in den Materialien wird darauf hingewiesen, dass sich abweichende Grundsätze auch aus dem **Sinnzusammenhang der Regelun-**

gen ergeben können (BT-Drs. 7/868 S. 29). Dass ergibt sich daraus, dass § 37 Satz 1 regelt: „soweit sich aus den übrigen Büchern nichts Abweichendes ergibt". Es wird also nicht lediglich auf konkrete Einzelvorschriften verwiesen (BSG 117 S. 186 Rn. 20). Ein theoretisches Problem mit erheblichen praktischen Auswirkungen besteht darin, dass über die Reichweite der abweichenden Strukturprinzipien Meinungsverschiedenheiten bestehen können. Dies wiegt umso schwerer, als eine Abweichung von den Regelungen des Ersten und Zehnten Buches auch nur partiell gegeben sein kann mit der Folge, dass sich ein Gefüge der Vorschriften des Allgemeinen Teils und eines Besonderen Teils ergibt (vgl. § 20 Abs. 1 Nr. 3, 4 BAföG). Noch unübersichtlicher wird die Rechtslage dadurch, dass etwa § 119 SGB X materiell der gesetzlichen Rentenversicherung zuzuordnen ist und diese Vorschrift eine nach § 37 Abs. 1 SGB I zulässige Abweichung von § 44 Abs. 4 Satz 1 SGB X trifft. Soweit nach § 119 SGB X Beiträge für längere Zeiträume rückwirkend beim Träger der Rentenversicherung eingehen, kann er sich nicht mit Erfolg auf die Ausschlussklausel des § 44 Abs. 4 Satz 1 SGB X berufen (BSG 89 S. 151).

In der **Krankenversicherung** hatte sich zunächst zu § 27 SGB V die Auffassung herausgebildet, diese Vorschrift würde dem Versicherten kein subjektives Recht, sondern lediglich ein Rahmenrecht auf Krankenbehandlung einräumen. Dies wird heute so nicht mehr vertreten. Das ändert aber nichts daran, dass das Recht aus § 27 SGB V durch den Vertragsarzt konkretisiert wird. Die darin zum Ausdruck gelangende Stellung des Vertragsarztes ist auch in verfahrensrechtlicher Hinsicht eine besondere Ausprägung der Krankenversicherung und damit eine Abweichung von den §§ 8 ff. SGB X. Abweichend von den §§ 8 ff. SGB X beleiht das Gesetz den jeweils vom Versicherten gewählten Vertragsarzt mit der öffentlich-rechtlichen Rechtsmacht, die versicherungsrechtlichen Voraussetzungen des Eintritts des Versicherungsfalles der Krankheit für den Versicherten und die Krankenkasse verbindlich festzulegen. Diese Rechtsmacht erstreckt sich ferner darauf, im Rahmen und in den Formen der kassenärztlichen Versorgung (§§ 72 Abs. 2, 92 SGB V) mit rechtlicher Bindung für die zuständige Krankenkasse im Leistungsverhältnis zum Versicherten festzusetzen, welche nach Zweck oder Art bestimmten Dienste oder Sachen zur Krankenbehandlung medizinisch notwendig zu erbringen sind (BSG 73 S. 278). Die Krankenkasse kann dem Versicherten nicht entgegenhalten, dass sie die Diagnose für falsch oder die verordnete Leistungsart für nicht notwendig hält. Sofern der Arzt pflichtwidrig handelt, muss eine Klärung im Verhältnis Krankenkasse/Vertragsarzt erfolgen (vgl. § 106 SGB V). Dieser Grundsatz besteht allerdings nur insoweit, als nicht einzelne Bestimmungen des SGB V eine förmliche Entscheidung durch die Krankenkasse und damit auch eine Antragstellung vorsehen (vgl. § 13 Abs. 3a SGB V). Eine Rechtfertigung der Stellung des Vertragsarztes sowohl in materiell- als auch in verfahrensrechtlicher Hinsicht kann nur über § 37 Satz 1 Hs. 2 als nicht ausdrücklich geregeltes aber den Strukturen der Krankenversicherung immanentes Prinzip erfolgen. Allgemein ist zwar wegen des Kodifikationsgrundsatzes, der in § 37 zum Ausdruck kommt, Zurückhaltung bei der Annahme eines abweichenden Strukturprinzips geboten. In den verzweigten Regelungen des Vertragsarztrechts wird man es aber erkennen können (BSG SozR 3-1300 § 45 Nr. 25). Allgemein zu den Leistungserbringungsverträgen in der Krankenversicherung vgl. Boerner, SGb 2000 S. 389; Vießmann, VSSR 2010 S. 105). 9

Es kommt auch vor, dass zunächst die Existenz eines abweichenden Strukturprinzips behauptet und dann erst später eine entsprechende Regelung getroffen 10 wird. So ist jetzt in § 36a Abs. 2 SGB VIII eine Abweichung von dem in den §§ 8 ff. SGB X geregelten Verfahren eingeführt worden. Das Verwaltungsverfahren wird für **niedrigschwellige ambulante Dienste** der Kinder- und Jugendhilfe, insbesondere für die Erziehungsberatung, als zu schwerfällig angesehen. Deswegen bestimmt § 36a Abs. 2 SGB VIII nach dem Vorbild des Vertragsarztrechts, dass die Jugendämter Verträge schließen, in denen „die Voraussetzungen und die Ausgestaltung der Leistungserbringung sowie die Übernahme der Kosten" geregelt wird. Damit ist das Jugendamt bei der Einleitung solcher Hilfen nicht der Herr des Verfahrens. Allerdings sind die Verträge so auszugestalten, dass das Jugendamt letztlich die in den §§ 69 ff. SGB VIII geregelte Gesamtverantwortung behält.

3. Besonderheiten in der Sozialhilfe

11 Größere praktische Bedeutung haben die Auseinandersetzungen um die abweichenden Strukturprinzipien bisher nur in der Sozialhilfe erlangt. Dabei knüpft das BVerwG an den zentralen Grundsatz der Sozialhilfe an, dass Hilfe grundsätzlich nicht für die Vergangenheit, sondern nur zur akuten **Bedarfsdeckung** geleistet wird. Daraus hat das Gericht zunächst geschlossen, dass die Antragsfiktion des § 16 Abs. 2 Satz 2 nicht für die Sozialhilfe gilt (BVerwG 69 S. 9). Zwar sind auch Leistungen der Sozialhilfe auf Antrag zu gewähren. Leistungsvoraussetzung ist jedoch immer die Kenntnis des zuständigen Trägers der Sozialhilfe (§ 18 Abs. 1 SGB XII). Sie konnte nach der ursprünglichen Auffassung des Gerichts nicht fingiert werden. Streng genommen folgt dieses Ergebnis schon aus dem Wortlaut des § 16 Abs. 2 Satz 2 (antragsabhängig) und nicht erst aus dem abweichenden Strukturprinzip der Sozialhilfe. Letzteres lässt es eigentlich nicht zu, dass das gesetzliche Merkmal der Antragsabhängigkeit einer Leistung so ausgelegt werden kann, dass in jedem Falle die Stellung eines Antrags bei einem unzuständigen Sozialleistungsträger die Rechtsfolgen des § 16 Abs. 2 Satz 2 auch im Sinne einer Kenntnisfiktion ausgelöst wird. Denn dadurch, dass der Antrag bei einem unzuständigen Sozialleistungsträger gestellt wird, erlangt der zuständige Träger der Sozialhilfe noch keine Kenntnis. Wohl im Hinblick auf die vielen praktischen Schwierigkeiten, die sich aus einer restriktiven Auslegung des § 16 Abs. 2 ergeben, hat das BVerwG seine Rechtsprechung geändert. Das Gericht betont zwar weiterhin, dass Leistungen der Sozialhilfe nicht „antragsabhängig" wären. Dennoch ist es der Auffassung, dass „die Sozialhilfe von diesem Antrag, wenngleich nur mittelbar wegen der mit ihm vermittelten Kenntnis abhängig" ist (BVerwG 98 S. 248). Damit wandte auch das BVerwG später § 16 Abs. 2 Satz 2 auch auf die Sozialhilfe an (§ 16 Rn. 33–35).

12 Das in dem Kenntnisgrundsatz begründete abweichende Strukturprinzip der Sozialhilfe reichte allerdings zu keiner Zeit so weit, dass auch die Pflicht zur Weiterleitung nach § 16 Abs. 2 Satz 1 ausgeschlossen wäre (vgl. § 16 Rn. 16). Weiterhin war nach Auffassung des bis 2005 zuständigen BVerwG § 44 SGB X in der Sozialhilfe nicht anwendbar (BVerwG 68 S. 285; BVerwG 55 S. 320). Diese Auffassung ergibt sich wiederum daraus, dass Leistungen der Sozialhilfe nicht für die Vergangenheit zu erbringen sind. Demgegenüber sieht § 44 Abs. 4 SGB X eine **rückwirkende Leistungserbringung** vor. Andererseits soll eine **Verzinsung** von Leistungen der Sozialhilfe nach § 44 SGB I nicht gegen den Bedarfsdeckungsgrundsatz sprechen (BVerwG 66 S. 91). Dies ist daraus abzuleiten, dass das Verzinsungsgebot, nicht nur den Ausgleich für eine zeitweise nicht mögliche Nutzung des Geldbetrages darstellt. Die Verzinsungspflicht stellt vielmehr auch ein Druckmittel dar, schnell über die Leistungsvoraussetzungen zu entscheiden (§ 17 Abs. 1). Unter Berufung auf die Rechtsprechung des BVerwG (BVerwG 58 S. 68) ist die Praxis der Auffassung, Sonderrechtsnachfolge und Vererblichkeit von Sozialleistungen (§§ 56, 58) wären wegen des Grundsatzes der akuten Bedarfsdeckung in der Sozialhilfe ausgeschlossen. In diesem sehr engen Sinne war die Rechtsprechung des BVerwG jedoch nie zu verstehen (BVerwG 96 S. 18). Später hatte das Gericht klargestellt, dass Leistungen der Sozialhilfe unter bestimmten Voraussetzungen vererblich sein können (vgl. § 59 Rn. 9–12). Durch Einfügung des § 28 Abs. 2 BSHG aF (§ 19 Abs. 6 SGB XII) hat der Gesetzgeber eine sachlich begrenzte Klarstellung in der Sozialhilfe vorgenommen, ohne jedoch die Frage der Vererblichkeit zu regeln (unten Rn. 19).

Dass das abweichende Strukturprinzip der Sozialhilfe äußerst differenziert zu handhaben ist, ergibt sich aus einer neueren Entwicklung in der Sozialhilfe. Der Grundsatz, dass keine Hilfe für die Vergangenheit zu leisten ist, lässt sich nicht auf alle sozialhilferechtliche Regelungen übertragen, die im Ergebnis rückwirkend zu einer Hilfe oder zu ihrer Erhöhung führen. So besteht bei bestimmten Erkrankungen nach § 30 Abs. 5 SGB XII ein Mehrbedarf wegen kostenaufwändiger Ernährung. Diese Hilfe kann, entsprechend dem abweichenden Strukturprinzip, nicht für die Vergangenheit geleistet werden. Es ist andererseits aber möglich, dass mit gleicher Zielrichtung nach § 87 Abs. 1 Satz 2 SGB XII Aufwendungen für eine kostenaufwändigere Ernährung vom Einkommen abgesetzt werden, also ein geringerer Betrag des Einkommens bei der Berechnung der Sozialhilfe berücksichtigt wird. Solche **besonderen Belastungen** können auch noch nachträglich berücksichtigt werden (OVG Hamburg FEVS 43 S. 277 zu § 84 Abs. 1 Satz 2 BSHG aF). 13

Nicht als Fall eines abweichenden Strukturprinzips der Sozialhilfe kann man den Grundsatz der Nichtaufrechenbarkeit von in der Vergangenheit zu viel gezahlter Sozialhilfe betrachten. Die Nichtaufrechenbarkeit ergibt sich vielmehr aus § 394 BGB iVm § 17 Abs. 1 Satz 2 SGB XII. Danach sind Leistungen der Sozialhilfe – anders als die der Grundsicherung für Arbeitsuchende – unpfändbar. Gegen **unpfändbare Forderungen** findet die Aufrechnung nicht statt. Sie ist ausnahmsweise nur in den Fällen des § 26 Abs. 2 SGB XII (vgl. §§ 42a, 43 SGB II) und auch nur in dem dort genannten Umfang zulässig. 14

Darüber hinaus wurde früher die Auffassung vertreten, dass die Vorschrift des § 51 Abs. 2 auf den genannten Fall nicht anwendbar ist. Sie bezieht sich auf „laufende" Leistungen im Sinne des § 48 SGB X. Diesen Charakter hätten Leistungen der Sozialhilfe regelmäßig nicht, da sie immer der akuten Bedarfsdeckung dienen. Sie wurden nicht als rentengleichen Dauerleistungen angesehen (BVerwG 64 S. 224). Doch schon nach überkommener Rechtsauffassung konnte der Sozialhilfeträger eine Entscheidung treffen, in der er zum Ausdruck bringt, dass er den Bedarfsfall für einen längeren Zeitraum regeln will (BVerwG 89 S. 81). Für diesen Zeitraum waren die Leistungen der Sozialhilfe schon immer als laufende Leistungen anzusehen. Auch in diesem Punkt vertritt das BSG eine noch etwas weitergehende Auffassung. Nach seiner Ansicht beschränkt sich ein Bescheid über einmalige Leistungen auf ein einmaliges Ge- oder Verbot oder eine einmalige Gestaltung der Rechtslage. Das ist schon nicht mehr der Fall, wenn „der Bewilligungszeitraum in die Zukunft reicht". Er ist in diesem Falle ein auf Dauer „für den gesamten Monat März" berechnetes Rechtsverhältnis (BSG SGb 2013 S. 295 mAnm Löcher). Die Unterscheidung von einmaliger und laufender Leistung ist also danach vorzunehmen, dass erstere sich auf eine einmalige Gestaltung der Rechts- 14a lage beschränkt, während letztere eine Regelung auch für die Zukunft vornimmt. Ein längerer Zeitraum ist dabei nicht erforderlich.

15 Der Auffassung des BVerwG zum abweichenden Strukturprinzip der Sozialhilfe konnte man noch nie in vollem Umfange folgen. Richtig ist zunächst, dass der Träger der Sozialhilfe grundsätzlich nur ab Kenntnis und nicht rückwirkend leistet. Der entscheidende Gesichtspunkt des § 18 Abs. 1 SGB XII besteht darin, dass der Hilfebedürftige diejenige Leistung erhält, die er zur Deckung seines akuten Bedarfs benötigt. Die Sozialhilfe darf also nie den Charakter einer Entschädigung für nicht erhaltene Leistungen bekommen. Aus dem Kenntnisgrundsatz des § 18 Abs. 1 SGB XII leitete das BVerwG konsequenterweise auch den Gesamtfallgrundsatz ab. Danach hat der Träger der Sozialhilfe ohne Bindung an bestimmte Anträge zu prüfen, welche einzelnen Hilfen zur Beseitigung einer Notlage, die dem Träger der Sozialhilfe zur Kenntnis gelangt ist, zu erbringen sind (BVerwG 22 S. 322). Wenn nun der Träger der Sozialhilfe **trotz Kenntnis vom Gesamtfall** nur über einzelne Leistungen positiv entscheidet, also etwa eine Haushaltshilfe nach § 70 SGB XII, aber nicht Hilfe zur Pflege nach den §§ 61 ff. SGB XII bewilligt, dann muss er unbestrittenermaßen dann rückwirkend leisten, wenn sich der Hilfesuchende Rechtsschutz (§§ 42, 68 VwGO) verschafft hat. An sich kann, nach einem uU mehrjährigen Rechtsstreit, ein Bedarf rückwirkend nicht mehr gedeckt werden. Gleichwohl vertrat auch das BVerwG die Auffassung, um der Effektivität des Rechtsschutzes willen, müssten in diesem Falle Leistungen für die Vergangenheit erbracht werden (BVerwG 68 S. 289). Dabei muss man jedoch berücksichtigen, dass der Kenntnisgrundsatz des § 18 Abs. 1 SGB XII gerade deswegen besteht, weil das Klientel der Sozialhilfe oft weniger selbsthilfefähig ist als andere Sozialleistungsberechtigte. Anders ausgedrückt: der Kenntnisgrundsatz ist eine Erweiterung und keine Einschränkung des Antragsprinzips. Wer seine Rechte nicht kennt, wer sich keinen Rechtschutz verschafft, mag nicht generell schutzbedürftiger sein als andere. Im Bereich des § 18 Abs. 1 SGB XII ist aber davon auszugehen, dass das Schutzbedürfnis relativ groß ist. Es kommt hinzu, dass das BVerwG den gleichfalls aus § 18 Abs. 1 SGB XII abzuleitenden Gesamtfallgrundsatz unnötig schwächt. Ein Träger der Sozialhilfe, der trotz hinreichender Kenntnis (§ 20 SGB X) von einer Notlage nur über eine einzelne beantragte Leistung entscheidet, braucht, außer im Falle eines Rechtsstreits, nicht damit zu rechnen, rückwirkend Leistungen erbringen zu müssen. Innerhalb eines aus § 18 Abs. 1 SGB XII abzuleitenden abweichenden Strukturprinzips der Sozialhilfe konnte man dem Grundsatz **„keine Hilfe für die Vergangenheit"** noch nie mehr Gewicht beimessen als dem „Gesamtfallgrundsatz" (vgl. auch Atzler, ZfF 1992 S. 75).

4. Neuorientierung der Rechtsprechung

16 In der Rechtsprechung des seit 2005 zuständigen BSG deutet sich seit einiger Zeit an, dass es nicht mehr in dem bisherigen Umfang an dem Konstrukt des abweichenden Strukturprinzips festhalten will. In einer Entscheidung zur Frage, ob § 44 SGB X in der Grundsicherung im Alter und bei voller Erwerbsminderung nach den §§ 41 ff. SGB XII anzuwenden ist, hat es anders als das BVerwG geurteilt, also § 44 SGB X angewandt. Diese Folge war aber bereits daraus abzuleiten, dass der Anspruch nach § 41 SGB XII „auf Antrag" geltend zu machen ist. Die Grundsicherung kannte also kein vom Kenntnisgrundsatz geprägtes Strukturprinzip, das in der Formel „keine Hilfe für die Vergangenheit" zusammengefasst wird. Das wird man nach der Neufassung der Vorschrift anderes sehen müssen, denn das

Antragserfordernis steht nicht mehr in der Anspruchsnorm des § 41 Abs. 3 SGB XII, sondern in der Verfahrensvorschrift des § 44 Abs. 1 SGB XII (§ 14 Rn. 55, 55a). Noch unter Geltung des BSHG war der Kenntnisgrundsatz mehr und mehr in Frage gestellt worden (vgl. Mrozynski, ZfSH/SGB 2007 S. 463). Obwohl für die Entscheidung zu § 41 SGB XII nicht zwingend erforderlich, deutete das BSG zunächst nur in einem obiter dictum an, an der Rechtsprechung des BVerwG nicht festhalten zu wollen (BSG 99 S. 137). Später hat es sich festgelegt: „Die Rechtsprechung des BVerwG zur Nichtanwendung des § 44 SGB X wird deshalb weder für das SGB XII noch für das BSHG aufrechterhalten. Vielmehr kommt für die rückwirkende Korrektur rechtswidriger Leistungsablehnungen grundsätzlich § 44 SGB X zur Anwendung. Lediglich im Rahmen der Anwendung des § 44 SGB X ist zu beachten, dass, selbst wenn frühere Leistungsablehnungen rechtswidrig gewesen sein sollten, eine Rücknahme dieser Bescheide jedenfalls insoweit nicht mehr möglich ist, als aktuell ein Bedarf nicht mehr besteht" (BSG SozR 4-1300 § 44 Nr. 15; BSG 102 S. 126; vgl. auch LSG NRW Breith 2008 S. 709). Insoweit kann man also von einem abweichenden sozialhilferechtlichen Strukturprinzip des Bedarfswegfalls sprechen, das der Anwendung des § 44 SGB X entgegensteht (BSG SGb 2010 S. 608 mAnm Dörr; dazu auch Pattar, NZS 2010 S. 7; Bogun, info also 2010 S. 108; Hochheim, NZS 2010 S. 302; Petersen, ZfSH/SGB 2001 S. 19).

Aus seiner einschränkenden Auslegung des abweichenden Strukturprinzips hat **16a** das BSG in seiner neueren Rechtsprechung eine ergänzende Konsequenz gezogen, dass die erforderliche Kenntnis des Sozialhilfeträgers schon dann gegeben ist, wenn die Notwendigkeit der Hilfe dargetan oder sonst erkennbar ist. Nicht erforderlich ist die Kenntnis der Details und der Höhe des Bedarfs (BSG SGb 2013 S. 295 mAnm Löcher). Die frühere Auffassung hatte vor allem im Pflegebereich nachteilige Konsequenzen. Hier treffen typischerweise Leistungen der Pflegeversicherung mit solchen der Sozialhilfe zusammen (§§ 36 ff. SGB XI und 61 ff. SGB XII). Die rechtlich unterschiedliche Behandlung beider Teilkomplexe in der Weise, dass nur bei Versicherungsleistungen § 44 SGB X anwendbar war, hat das BSG auch durch ein modifiziertes Verständnis des Kenntnisgrundsatzes beendet. Unter dem Blickwinkel des Verfahrensrechts betrachtet, ist Kenntnis bereits dann gegeben, wenn der Sozialhilfeträger über so viel Informationen verfügt, dass er sich veranlasst sehen muss, Feststellungen hinsichtlich des Bedarfs zu treffen (BSG SGb 2012 S. 105 mAnm Grube). Er muss insbesondere auch einen ihm bekannten Fall im Auge behalten. Das bedeutet vor allem im Pflegebereich oder bei sonst progredientem Verlauf, dass er mit einer Erhöhung des Bedarfs rechnen muss (§ 28 Rn. 51–53). Dieser Zeitpunkt ist ggf. auch für die Entscheidung nach § 48 SGB X maßgebend.

Nach der Entwicklung der letzten Jahre ist also damit zu rechnen, dass die **17** Bedeutung des abweichenden Strukturprinzips in der Sozialhilfe auf ein vernünftiges Maß zurückgeführt wird. Das BSG schließt mit dem abweichenden Strukturprinzip nicht die Anwendung des § 44 SGB X aus. Es rückt auch nicht vollständig von der überkommenen Rechtsprechung ab. Vielmehr begrenzt es das abweichende Strukturprinzip auf die Überlegung, dass auch bei rückwirkenden Leistungen nach § 44 Abs. 4 SGB X immer noch ein aktueller Bedarf gedeckt werden muss. Es wird also weiterhin keine Entschädigung für unterbliebene Hilfe geben. Auch der Kenntnisgrundsatz setzt weiterhin voraus, dass der Sozialhilfeträger über verfahrensrelevante Grundlageninformationen verfügt. In der Grundsicherung für

Arbeitsuchende hatte sich diese Frage von Anfang an erledigt, da diese Leistungen auf Antrag erbracht werden (§ 37 Abs. 1 SGB II).

18 Man wird sich also weiterhin mit dem Problem auseinandersetzen müssen, dass Leistungen der Sozialhilfe nie einen Entschädigungscharakter für unterbliebene Hilfe annehmen können. Die Rechtsprechung lässt eine Abweichung nur um der **Effektivität des Rechtsschutzes** willen zu. Es ist nicht erkennbar, dass hier eine Erweiterung auch auf andere Fälle unterbliebener Leistungen vorgenommen würde. Man wird jedoch § 44 SGB X in der Sozialhilfe immer schon dann anwenden müssen, wenn in den genannten Fällen die nachträgliche Korrektur der Verwaltungsentscheidung nicht lediglich zu einer Entschädigung führt, wenn also auf irgendeine Weise der Bedarf noch gedeckt werden kann. Das sind die Fälle, in denen Hilfe von anderen Personen, in der Nachbarschaft oder der Familie gewährt wurde, wenn dies üblicherweise nur gegen Entgelt geschieht. Dabei ist vor allem an die Verwendung des Pflegegeldes zu denken (vgl. BVerwG 90 S. 217). Häufiger dürfte es vorkommen, dass von freien Trägern Hilfe in größerem Umfange geleistet wurde, als der Träger der Sozialhilfe zunächst anerkannt hat. Auch in diesen Fällen führt eine nachträgliche Korrektur der Verwaltungsentscheidung nicht zu einer bloßen Entschädigung, sondern der Träger leistet nachträglich für eine Hilfe, für die zu leisten er verpflichtet war. Die Anwendung der Vorschrift des § 44 SGB X ist also allenfalls dann wegen eines abweichenden Strukturprinzips der Sozialhilfe nicht möglich, wenn infolge der fehlerhaften Verwaltungsentscheidung jede Leistung unterblieben ist. Bestand aber ein Bedarf und ist er auch von einem Dritten gedeckt worden, so steht die spätere Vergütung der Leistung nicht im Widerspruch zum Bedarfsdeckungsprinzip der Sozialhilfe (aA Rothkegel, ZfSH/SGB 2002 S. 11). Kein Fall des § 44 SGB X ist dagegen gegeben, wenn die Leistung der Sozialhilfe mangels jeglicher Kenntnis unterblieben ist. In diesem Falle konnte selbst eine fehlerhafte Entscheidung nicht ergehen. Nur in eng begrenzten Ausnahmefällen sind hier Leistungen für die Vergangenheit nach den §§ 34, 73 SGB XII möglich (vgl. OVG Lüneburg FEVS 33 S. 118). Auch in Fällen der häuslichen Pflege und des Mehrbedarfs für allein Erziehende haben die Gerichte Leistungen für die Vergangenheit zugesprochen (OVG Münster FEVS 53 S. 84; VGH München FEVS 55 S. 67).

18a Anfangs unterschied das BSG in allen Fällen der Fremd- oder Selbsthilfe zur Bedarfsdeckung, etwa auch beim Rückgriff auf das Schonvermögen noch danach, ob im Falle des Eingreifens des § 44 SGB X eine Bedürftigkeit fortbesteht (BSG 104 S. 213). Das erscheint befremdlich, wenn im Zeitpunkt der Selbsthilfe diese Bedürftigkeit bestanden hatte. Dennoch kann man insoweit der älteren Auffassung des BSG zustimmen, als die nach § 44 Abs. 4 Satz 1 SGB X zu erbringende Leistung, zu welchem Zeitpunkt auch immer, eine Sozialhilfeleistung ist, die Bedürftigkeit voraussetzt. Auch die rückwirkende Leistung ist eine Leistung der Sozialhilfe. Folglich kann nicht von einer Sonderregelung für pauschalierende Fürsorgeleistungen ausgegangen werden, weil auch für sie die allgemeinen Leistungsgrundsätze gelten. Dennoch deutet sich eine **Änderung der Rechtsprechung** an (vgl. § 14 Rn. 55a, 56). Für das SGB II hat das BSG entschieden, dass die Leistungserbringung für die Vergangenheit nicht voraussetzt, dass der Leistungsberechtigte noch im Bezug der Leistungen nach dem SGB II steht (BSG NZS 2017 S. 335 mAnm Mushoff). Da sich das BSG in der Begründung seiner Entscheidung ausdrücklich auf die Verweisung auf die §§ 44 SGB X, 330 SGB III in § 40 Abs. 1 Satz 1 und Abs. 2 SGB II bezieht, ist es nicht sicher, ob im SGB XII mit der Fortführung dieser Rechtsprechung zu rechnen ist. Zur der Voraussetzung, dass ein Leistungsbezug noch andauern müsse, meint das BSG allerdings: „Eine solche – zusätzliche – Anspruchsvoraussetzung lässt sich dem geltenden Recht nicht entnehmen" (vgl. auch BSG 106 S. 155). Dies könnte man nun auch für die Sozialhilfe annehmen. Es ist insbesondere darauf hinzuweisen, dass auch nach einem längeren Rechtstreit Leistungen der Sozialhilfe erbracht werden, ohne dass es darauf ankommt, ob der Kläger, der obsiegt hat, noch im Leistungsbezug steht. Die Erklärung dafür ergibt sich, abweichend von einer inzwischen wohl überwiegenden Auffassung, aber aus dem Prozessrecht. Im gerichtlichen Verfahren wird der Träger der Sozialhilfe zur Leistung verurteilt. Damit hat es sein Bewenden. Im Verfahren nach § 44 SGB X werden Leistungen aber immer „nach den Vorschriften der besonderen Teile", hier also des SGB XII, erbracht (§ 44 Abs. 4 Satz 1 SGB X). Leistungen können dort nur zur Deckung eines Bedarfs erbracht werden. Werden Leistungen „nach den Vorschriften" des SGB II erbracht, so geht das BSG jetzt davon aus, dass ein andauernder Leistungsbezug nicht erforderlich ist. Den Unterschied könnte man damit rechtfertigen, dass durch § 40 Abs. 1 Satz 1 SGB II eine stärkere Einbindung des SGB II in die allgemeinen Vorschriften bewirkt worden ist. Doch auch die Leistungen nach den §§ 19 ff. SGB II sind bedarfsabhängig, was im Rahmen des § 44 Abs. 4 Satz 1 SGB X zu berücksichtigen ist. Das bedeutet jedoch nicht, dass ein Leistungsbezug fortbestehen muss. Es darf aber im Fürsorgesystem nicht zu reinen Entschädigungsleistungen für unterbliebene Hilfe kommen. Hier wäre an § 839 BGB zu denken. Eine engere Auslegung des § 44 Abs. 4 Satz 1 SGB X harmoniert auch besser mit der „gesetzlich zulässigen" Amtshandlung beim Herstellungsanspruch. Entwickelt sich die Rechtsprechung des BSG weiter, so wird sich in der Tat über kurz oder lang die Frage stellen, ob nicht auch der Herstellungsanspruch zu einem reinen Schadenersatzanspruch fortzuentwickeln ist Bei der hier bevorzugten engeren Auslegung der Vorschriften bleibt dennoch, sowohl im SGB II als auch im SGB XII, ein gewisser Spielraum für flexible Lösungen (§ 14 Rn. 56).

Ähnliche Erwägungen gelten auch für die Vererblichkeit von Leistungen der 19
Sozialhilfe. Wurde vor dem Tode die Hilfe tatsächlich geleistet, so kann diese Leistung noch vergütet werden. Eine Sonderrechtsnachfolge nach § 56 ist ausgeschlossen. Es besteht jedoch kein von den §§ 58, 59 abweichendes Strukturprinzip der Sozialhilfe (vgl. § 59 Rn. 9–12). Zwar hat der Gesetzgeber jetzt in § 19 Abs. 6 SGB XII eine Regelung getroffen, wonach der Anspruch auf Leistungen nach dem Tode des Hilfeempfängers einem Dritten zusteht. Diese Vorschrift erstreckt sich jedoch nur auf die „Hilfe in einer Einrichtung" und das „Pflegegeld".

Außerhalb der Sozialhilfe hatte es vor allem Auseinandersetzungen um die Frage 20
der Übertragbarkeit (§ 53) und Pfändbarkeit (§ 54) von **Kindergeld** gegeben. Sie haben sich durch die Neufassung des § 54 Abs. 4 weitgehend erledigt. Der frühere Grundsatz, dass § 44 SGB X nicht in der Sozialhilfe Anwendung finden könne, ist nicht auf die Ausbildungsförderung übertragen worden (BVerwG 71 S. 220). Demgegenüber findet § 44 SGB X auf die Hilfe zur Erziehung (§§ 27 ff. SGB VIII) keine Anwendung, da hier dieselben Erwägungen anzustellen sind wie in der Sozialhilfe (VGH Kassel FEVS 42 S. 370). Kein abweichendes Strukturprinzip kann in der Grundsicherung für Arbeitsuchende angenommen werden. Insbesondere im Hinblick auf § 44 SGB X trifft jedoch § 40 SGB II eine abweichende Regelung. Darin wird zunächst das SGB X für anwendbar erklärt. Sodann werden in § 40 Abs. 1 Satz 2 SGB II ausdrückliche abweichende Regelungen getroffen. Darin wird die Anwendbarkeit des § 44 Abs. 1 Satz 1 SGB X eingeschränkt. Eine weitere Konsequenz der Anwendbarkeit des § 44 SGB X im Fürsorgesystem hat

der Gesetzgeber in den §§ 40 Abs. 1 Satz 2 SGB II und 116a SGB XII gezogen. Danach wird die in § 44 Abs. 4 SGB X geregelte rückwirkende Leistungserbringung von vier Jahren auf ein Jahr verkürzt. Begründet wird das mit dem Gegenwärtigkeitsprinzip von Fürsorgeleistungen (zum Herstellungsanspruch vgl. § 14 Rn. 51). Im Bereich des Schwerbehindertenschutzes geht das BSG davon aus, dass von dem in § 30 geregelten Territorialprinzip abzuweichen ist, wenn ein im Ausland lebender **schwerbehinderter** Mensch eine Feststellung nach § 69 SGB IX aF (§ 152 SGB IX) verlangt und wenn sich für ihn daraus weitere Rechte im Inland ergeben können, die nicht an den Wohnsitz oder gewöhnlichen Aufenthalt im Inland gebunden sind (BSG 99 S. 9; BSG B 9 SB 1/10 R, juris). Genau genommen ist das aber keine Frage des Schwerbehindertenrechts. Vielmehr muss man dasselbe in allen Fällen annehmen, in denen Rechte im Inland entstehen können, die nicht an den Wohnsitz im oder gewöhnlichen Aufenthalt im Inland gebunden sind. Das ist dann aber keine Frage des § 37 Satz 1 mehr, sondern allgemein Auslegungsfrage zu § 30 (§ 30 Rn. 24, 85).

Zweiter Titel Grundsätze des Leistungsrechts

§ 38 Rechtsanspruch

Auf Sozialleistungen besteht ein Anspruch, soweit nicht nach den besonderen Teilen dieses Gesetzbuchs die Leistungsträger ermächtigt sind, bei der Entscheidung über die Leistung nach ihrem Ermessen zu handeln.

1 Der **Anspruch** ist das subjektive Recht des Sozialleistungsberechtigten, von einem anderen, dem Sozialleistungsträger, ein Tun oder Unterlassen zu verlangen (§ 194 Abs. 1 BGB). Es ist zwar zutreffend, dass der Aspekt des Unterlassens im Sozialrecht eine untergeordnete Bedeutung hat, obwohl er im Rahmen der §§ 45 und 48 SGB X, also bei der Einschränkung der Möglichkeit einer Rücknahme des Verwaltungsakts durchaus auch eine praktische Bedeutung hat. Nicht zutreffend ist dagegen die Auffassung, ein bürgerlich-rechtlicher Anspruch würde die Klagbarkeit auslösen, während es im Sozialrecht immer noch eines Verwaltungsaktes bedürfe (so Krahmer in LPK-SGB I § 38 Rn. 5). Einerseits ist die Klagbarkeit eine Frage der Fälligkeit des Anspruchs, die mit dessen Entstehung weder im bürgerlichen noch im Sozialrecht zusammen treffe muss (§ 41 Rn. 1, 6). Wichtiger noch ist andererseits, dass die Klagbarkeit des Anspruchs auf Sozialleistungen auch ohne den Verwaltungsakt gegeben sein kann (§ 40 Rn. 1, § 43 Rn. 30).

1a Wesentlich für die Anspruchsnorm ist, dass mit ihr der Berechtigte, der Verpflichtete und der Inhalt der Verpflichtung festgelegt sind. Diese Definition gilt auch für das Sozialrecht (BSG 14 S. 240; BSG 48 S. 194). Der Anspruch kann auf die Leistung selbst ausgerichtet sein oder auf eine fehlerfreie Ermessensausübung bei der Entscheidung über die Leistung. Letzteres ist in § 39 geregelt. Die prinzipielle Begründung eines Rechtsanspruchs auf Sozialleistungen ist Ausdruck eines modernen, gleichermaßen vom Rechts- und Sozialstaatsprinzip des Art. 20 Abs. 1 GG geprägten Verständnisses des Sozialrechts. Diese Entwicklung hatte allerdings nicht erst mit dem Grundgesetz eingesetzt. Unter dem Grundgesetz musste vom BVerwG lediglich noch für die **Sozialhilfe** klargestellt werden, dass der Bürger ein subjektives Recht auf Leistungen hat und dass er nicht Objekt der

Fürsorge ist (BVerwG 1 S. 159). Innerhalb der Sozialhilfe und des Armenwesens bedeutete diese Umorientierung einen erheblichen Fortschritt. Das gleiche kann man aber nicht für die Sozialversicherung sagen, für die auch § 38 keine grundlegende Neuerung brachte. Dass eine völlige Angleichung des Rechtsanspruchs auf Leistungen der Sozialhilfe (vgl. § 17 Abs. 1 Satz 1 SGB XII) an die Grundsätze anderer Sozialleistungsbereiche noch immer nicht erreicht ist, ergibt sich etwa auch aus dem Vertrag über die Herstellung der Einheit Deutschlands, Kapitel X, Sachgebiet H, Abschnitt III (BGBl II 1990 S. 889). Danach waren in der Anfangszeit nach der Wiedervereinigung in Ostdeutschland von den dortigen Trägern der Sozialhilfe gesetzliche Ansprüche nur insoweit zu erfüllen, als die im Einzelfall dafür erforderlichen sozialen Dienste und Einrichtungen vorhanden oder sonst mit den zur Verfügung stehenden Mitteln erreichbar sind. Derartig weitgehende Relativierungen des Rechtsanspruchs bestanden für diese Übergangszeit in anderen Teilen des Sozialrechts nicht (vgl. § 17 Rn. 7). Auch die für die Sozialhilfe geltende Formulierung in § 17 Abs. 1 Satz 2 SGB XII „soweit bestimmt wird, dass die Leistung zu erbringen ist" ist nicht so klar wie die Formulierung in § 38 „soweit nicht … die Leistungsträger ermächtigt sind … nach ihrem Ermessen zu handeln". Andererseits setzt sich die unter dem Grundgesetz begonnene Entwicklung mit etwas verändertem Akzent in der Rechtsprechung des seit 2005 für die Grundsicherung und Sozialhilfe (SGB II und SGB XII) zuständigen BSG fort. Die Besonderheiten, die das BVerwG bislang in der Sozialhilfe ausmachte, werden in der Rechtsprechung des BSG auf ein erheblich geringeres Maß reduziert (vgl. § 37 Rn. 11–19). Insgesamt kommt es auf mehreren Ebenen zu einer stärkeren Einbeziehung des Fürsorgesystems in das allgemeine Sozialrecht. Dies geht über die Begründung des Rechtsanspruchs noch hinaus.

Der Anspruch beschränkt sich auf **Sozialleistungen** iSd § 11. Dadurch ist 2 nicht ausgeschlossen, dass in den besonderen Teilen des Sozialgesetzbuches durch gesetzliche Regelung auch **andere Ansprüche** begründet werden. Das gilt etwa für den Anspruch auf Beitragserstattung nach § 26 Abs. 2 SGB IV. Deswegen kann es in diesem Falle (vgl. BSG 61 S. 226) und auch bei vergleichbaren Vorschriften dahinstehen, ob das jeweils sonst eingeräumte Recht einen Anspruch iSd § 38 begründet (vgl. KassKomm-Spellbrink § 38 SGB I Rn. 5). Nur dort, wo nicht eindeutig erkennbar ist, ob eine Norm des Sozialrechts einen Rechtsanspruch einräumt, muss geklärt werden, ob es sich um eine Sozialleistung handelt. Ist diese Frage zu bejahen, so ist im Zweifel die Begründung eines subjektiven Rechts durch die Norm anzunehmen. Insoweit ist § 38 auch eine Auslegungsregel (vgl. § 2 Abs. 2). So werden nach den 107 ff. SGB V Versorgungsverträge mit Krankenhäusern geschlossen. Mit Blickrichtung auf die Krankenhäuser bestimmt § 109 Abs. 2 Satz 1 SGB V, dass ein Anspruch auf Abschluss eines Versorgungsvertrages nach § 108 Nr. 3 SGB V nicht besteht (vgl. aber BSG 78 S. 233). Hier kommt es also nicht mehr auf die Regelung des § 38 an. Eine entsprechende Regelung gibt es aber nicht für den Abschluss eines Versorgungsvertrages mit einer Rehabilitationseinrichtung nach § 111 Abs. 2 Satz 1 SGB V. In diesem Falle kommt es darauf an, ob ein solcher Vertragsschluss eine Sozialleistung iSd § 11 ist. Das ist zu verneinen, weil durch den Abschluss des Vertrages erst die Erbringung einer Sozialleistung vorbereitet wird. Deswegen ergeben sich aus § 38 keine zusätzlichen Gesichtspunkte. Dasselbe gilt für den Abschluss von Vereinbarungen in der Kinder- und Jugendhilfe nach § 77 SGB VIII und der Sozialhilfe nach § 75 SGB XII (vgl. BVerwG 94 S. 202). Das wiederum schließt nicht aus, dass bei solchen Verträgen die Art. 3 Abs. 1 und 12 Abs. 1 GG zu beachten sind (vgl. § 1

Rn. 18 ff.). Damit besteht zumindest ein Anspruch auf chancengleichen Zugang potentieller Leistungserbringer zur Versorgung (BVerfG NZS 2004 S. 420; BSG 101 S. 142, BSG 106 S. 29; BGH NZS 2004 S. 33; Koenig/Schreiber, SGb 2010 S. 317; Wilke, NZS 2012 S. 444; Koop, NZS 2017 S. 103).

3 Wenn und soweit ein Rechtsanspruch besteht, hat der Bürger eine starke Rechtsposition. Von herausragender Bedeutung ist dies aber nicht. Die Rechtsprechung hat den Begriff des Ermessens dermaßen rechtsstaatlich eingebunden und die Ausübung des **Ermessens** ist durch eine Vielfalt von Richtlinien so geregelt, dass das Ermessen oft dem Rechtsanspruch gleichkommt (vgl. § 39 Rn. 42–48). Gegen die Bedeutung des Rechtsanspruchs im Sozialrecht spricht dagegen nicht, dass der Gesetzgeber oft unbestimmte Rechtsbegriffe verwendet und der Verwaltung Prognosespielräume und Beurteilungsermächtigungen einräumt. Dies ist keine Besonderheit des Sozialrechts, kennzeichnet das heutige Verwaltungsrecht allgemein und mindert nur in begrenztem Umfang den Rechtsschutz des Bürgers (vgl. §§ 31 Rn. 25; 39 Rn. 19).

3a Die Vorschrift büßt ihre praktische Bedeutung durch die „Soweit-Klausel" erheblich ein. Eine Aussagekraft hat sie nur in Gemeinschaft mit den Einzelregelungen der Besonderen Teile des Sozialgesetzbuches. Soweit dort der Verwaltung ein Ermessen eingeräumt wird, besteht kein Anspruch auf die Leistung. Insoweit wird an die einschränkende Regelung des § 2 Abs. 1 Satz 2 angeknüpft. Andererseits ergibt sich aus § 38 auch, dass grundsätzlich nur entweder ein subjektives öffentliches Recht auf die Leistung oder auf den fehlerfreien Gebrauch des Ermessens besteht. Möglich ist aber auch eine Kombination beider. So kann ein Anspruch auf die Leistung bestehen, zugleich wird dem Leistungsträger ein Auswahlermessen hinsichtlich der Erbringungsform der Leistung eingeräumt. Andererseits können zwar im Gesetz vorgesehene Eignungskriterien und Erfolgsprognosen den Anspruch einschränken. Dasselbe darf aber zB nicht durch ungeschriebene Altersgrenzen geschehen (vgl. LSG Nds.-Brem. L 10 R 80/08 ER zu § 9 SGB VI, juris). In diesem Zusammenhang ergeben sich aus der Existenz des Rechtsanspruchs schwierige Fragen der Verteilungsgerechtigkeit vor allem bei Gesundheitsleistungen. Wenn man in mancher Hinsicht noch durch Mengenausweitung der Leistungen in Verbindung mit Beitragserhöhungen Rechtsansprüche erfüllen kann, so geht das bei Gesundheitsleistungen, die nicht ausgeweitet werden können, nicht mehr. Bei der Organvergabe führt das zu kaum lösbaren Konflikten. (vgl. Huster, Festschrift für Schnapp 2008 S. 463; Hess, NZS 2015 S. 761). Ein Anspruch auf diese Leistung besteht bei Licht betrachtet nicht. Es geht ausschließlich darum, Kriterien für eine gerechte Verteilung zu entwickeln (vgl. § 17 Rn. 22–25).

4 Bei **Sollvorschriften** ist in Übereinstimmung mit den allgemeinen verwaltungsrechtlichen Grundsätzen für den Regelfall von einem Rechtsanspruch auszugehen (§ 39 Rn. 7). Hinsichtlich der atypischen Fallgestaltung besteht ein Ermessensspielraum. Eine weitere Möglichkeit, nämlich die Begründung eines lediglich objektiven Rechts ist schon nach dem Wortlaut des § 38 ausgeschlossen. Etwas anderes ergibt sich nicht aus der Regelung des § 2 Abs. 1 Satz 2. Danach können aus den sozialen Rechten grundsätzlich keine Ansprüche abgeleitet werden (vgl. § 2 Rn. 11, 12). Demgegenüber bezieht sich § 38 auf Sozialleistungen, die in den Besonderen Teilen geregelt sind. Nicht aus § 2 Abs. 1 Satz 2, wohl aber aus § 38 ist für Sozialleistungen abzuleiten, dass auch im Sozialrecht, wie allgemein im öffentlichen Recht, von dem Grundsatz auszugehen ist, dass einer Verpflichtung eines Trägers der öffentlichen Verwaltung auch ein Rechtsanspruch des Einzelnen

korrespondiert (BVerwG 37 S. 243). Demnach gibt es auch im Sozialrecht ein lediglich objektives Recht, das also den Sozialleistungsträger zu einem Tun verpflichten würde, ohne einen Anspruch des Sozialleistungsberechtigten zu begründen, nur, wenn dies aus der Norm erkennbar wird. Von diesem Grundsatz bestehen im Allgemeinen Teil des Sozialgesetzbuches zwei wesentliche Ausnahmen. Gemäß § 13 ist die Aufklärung zwar eine Verpflichtung der Sozialleistungsträger. Dieser Verpflichtung korrespondiert nach herrschender Auffassung jedoch kein subjektives Recht (§ 13 Rn. 7). Entsprechendes gilt für die Gewährleistungspflicht nach § 17 Abs. 1. In der Sozialhilfe wird man angesichts der gegenüber § 38 erweiterten Formulierung in § 17 Abs. 1 Satz 1 SGB XII ebenfalls annehmen müssen, dass dort eine nur objektive Verpflichtung, jedoch noch kein subjektives Recht begründet. Die Materialien geben dafür aber nichts her (BT-Drs. 15/1514 S. 57). Allerdings sind in den einzelnen Normen Rechtsansprüche begründet worden (§§ 27 Abs. 1, 41 Abs. 1, 61 SGB XII).

Die Verweisung auf die Besonderen Teile des Gesetzbuches birgt zum Teil 5
Unsicherheiten in sich. In einzelnen Normen ist es nicht ganz klar, ob ein Rechtsanspruch besteht oder ein Ermessen eingeräumt ist. In diesem Falle ist zugunsten des Rechtsanspruchs zu entscheiden (BSG 54 S. 14). In Einzelfällen kann es sich auch ergeben, dass trotz leistungsrechtlicher Identität in einem Falle ein Rechtsanspruch besteht, im anderen ein Ermessen eingeräumt ist. So erbrachte der Träger der Rentenversicherung alle Leistungen zur Rehabilitation nach Ermessensgesichtspunkten (§ 9 Abs. 2 SGB VI aF). Demgegenüber bestand auf die besonderen Leistungen nach den § 102 SGB III aF ein Rechtsanspruch. Die Zuständigkeit für Leistungen zur Teilhabe am Arbeitsleben bestimmt sich nach der Erfüllung der in § 11 Abs. 1 SGB VI geregelten Beitragszeiten. Dabei führte die Erfüllung der Beitragszeit nach § 11 Abs. 1 SGB VI zu einer Zuständigkeit des Trägers der Rentenversicherung und damit zu einer Ermessensleistung. Waren dagegen keine oder zu wenig Beiträge entrichtet worden, so bestand ein Rechtsanspruch nach § 102 SGB III aF. Die Neufassung der Vorschrift ist im Sinne einer Ermessensregel gefasst worden (§ 112 SGB III). In § 9 Abs. 2 SGB VI nF wird ein Rechtsanspruch begründet. Damit hat sich das Verhältnis umgekehrt.

Noch problematischer ist die Rechtslage im Kinder- und Jugendhilfe- sowie 6
im Sozialhilferecht. So hat nach den §§ 53, 54 SGB XII aF auch das geistig oder körperlich behinderte Kind einen eigenen Rechtsanspruch auf Leistungen. Entsprechendes gilt ab dem 1.1.2020 für die dann anwendbare Vorschrift des § 91 SGB IX (§ 29 Rn. 1a). Für das Kinder- und Jugendhilferecht sah sich der Gesetzgeber in wohl unzutreffender Einschätzung des Elternrechts (Art. 6 GG) veranlasst, dem **Minderjährigen,** trotz der missverständlichen Regelung des § 1 SGB VIII, überhaupt keinen Rechtsanspruch auf Hilfen zur Erziehung nach den §§ 27 ff. SGB VIII einzuräumen. Das bedeutete zunächst, dass der seelisch behinderte Minderjährige keinen eigenen Anspruch auf die Leistungen der Jugendhilfe hatte. Wohl um seinen Fehler im Verhältnis zu § 53 SGB XII (§ 91 SGB IX) zu korrigieren, hat der Gesetzgeber dem seelisch behinderten jungen Menschen in § 35a SGB VIII einen Rechtsanspruch auf Eingliederungshilfe eingeräumt. Es fehlt aber weiterhin an einem Rechtsanspruch von Kindern und Jugendlichen auf Hilfen zu Erziehung. Mit Wirkung ab dem 1.1.1996 ist dagegen dem Kinde selbst ein Rechtsanspruch auf Betreuung in einer Kindertagesstätte eingeräumt worden (§ 24 Abs. 1 SGB VIII). Damit besteht hinsichtlich des Rechtsanspruchs im Kinder- und Jugendhilferecht eine völlig uneinheitliche Rechtslage.

§ 39 Ermessensleistungen

(1) [1]**Sind die Leistungsträger ermächtigt, bei der Entscheidung über Sozialleistungen nach ihrem Ermessen zu handeln, haben sie ihr Ermessen entsprechend dem Zweck der Ermächtigung auszuüben und die gesetzlichen Grenzen des Ermessens einzuhalten.** [2]**Auf pflichtgemäße Ausübung des Ermessens besteht ein Anspruch.**

(2) **Für Ermessensleistungen gelten die Vorschriften über Sozialleistungen, auf die ein Anspruch besteht, entsprechend, soweit sich aus den Vorschriften dieses Gesetzbuchs nicht Abweichendes ergibt.**

Übersicht

1 Nach ihrem Wortlaut erstreckt sich die Vorschrift nur auf die Entscheidung über Sozialleistungen. Da § 39 jedoch die allgemein anerkannten Grundsätze der Ermessensausübung aufgreift, ist die sprachliche Einschränkung auf Sozialleistungen ohne nennenswerte Bedeutung. Die Grundsätze gelten vielmehr generell für das Sozialrecht (BSG 123 S. 35). In § 39 Abs. 2 werden die Vorschriften über Anspruchsleistungen für entsprechend anwendbar erklärt. Das gilt jedoch nur, soweit sich aus diesen Vorschriften nichts Abweichendes ergibt (unten Rn. 6).

1. Ermessen, unbestimmter Rechtsbegriff, Beurteilungsermächtigung

2 Eine Ermessensnorm räumt dem Leistungsträger die Befugnis ein, zwischen mehreren Rechtsfolgen auszuwählen, wobei jede der Rechtsfolgen, rechtmäßig ist, sofern § 39 beachtet wurde (BSG 54 S. 14; BVerwG 62 S. 241). Die zeitweise immer wieder geäußerten rechtsstaatlichen Bedenken gegenüber dem Ermessen (vgl. Rupp, NJW 1969 S. 1273) haben letztlich in der Praxis nie ein größeres Gewicht bekommen können. Das Ermessen ist in seiner rechtlichen Einbindung verfassungsrechtlich außer Streit (BVerfG 9 S. 137; BVerfG 18 S. 353; BVerfG 38 S. 369; BVerfG 49 S. 184). Es ist nie freies, sondern immer „pflichtmäßiges" Ermessen, dh es darf nur in strenger Bindung an die Ziele desjenigen Gesetzes betätigt werden, in dessen Vollzug die Verwaltung handelt (BVerfG 18 S. 363). Das Ausmaß des Gestaltungsspielraums der Verwaltung hängt von der Ausgestaltung der Ermessensnorm durch den Gesetzgeber, und damit im Wesentlichen vom **Zweck der Ermächtigung,** ab.

3 Man kann sagen, dass die Lehre vom Ermessen im Grunde die Lehre von den gesetzlichen Voraussetzungen und den gesetzlichen Grenzen des Ermessens ist. Allerdings kann nicht übersehen werden, dass Ermessensspielräume unterschiedlich groß sind, ja dass man fast sagen kann, Ermessen und Ermessen sind zweierlei.

So konnte der Träger der Rentenversicherung nach den §§ 9 ff. SGB VI aF Leistungen zur Rehabilitation erbringen. Sein Spielraum für eine ablehnende Entscheidung war immer außerordentlich eng. Demgegenüber hat zB die Bundesrepublik Deutschland bei ihrer Entscheidung, ob sie sich für die Freilassung eines Repräsentanten des Herrschaftssystems, das in den Jahren von 1933 bis 1945 bestand, einsetzt, einen außerordentlich großen Ermessensspielraum, bei dem sie auch die außenpolitischen Interessen der Bundesrepublik berücksichtigen kann. Sogar die Frage der Rechtmäßigkeit der Verurteilung kann sie dabei in den Hintergrund treten lassen (BVerwG 62 S. 16, 17).

Wird der Verwaltung ein Ermessen eingeräumt, so kommt das im Gesetzestext durch eine bestimmte Wortwahl zum Ausdruck. Typischerweise geschieht das durch die Verwendung von Worten wie „kann“, „darf“, „ist befugt“, „ist berechtigt“. Jedoch ist nicht immer mit der Wahl eines der genannten Begriffe die Einräumung eines Ermessens verbunden. So ist nach § 48 SGB VIII das Jugendamt befugt, dem Träger einer erlaubnispflichtigen Einrichtung die Tätigkeit eines bestimmten Mitarbeiters zu untersagen. Diese Befugnis begründet kein Ermessen, sondern eine Ermächtigung gegenüber Dritten und damit eine strenge Gesetzesbindung. Es ist also immer unter Anwendung der herkömmlichen Auslegungsregeln festzustellen, ob der Verwaltung ein Ermessen eingeräumt ist (BSG 54 S. 15). Eine solche Auslegung kann ergeben, dass bei Verwendung des Wortes „kann“ eine Aussage die Struktur hat „darf nur wenn, … muss dann aber auch“ (Bachof, JZ 1972 S. 645). So vertritt das BSG zur sog. Kann-Versorgung nach § 1 Abs. 3 Satz 2 BVG die Auffassung, dass der Behörde kein Ermessen eingeräumt sei. Es handelte sich hier vielmehr um ein „Kompetenz-Kann“ (BSG SGb 1995 S. 132 mAnm Hansen; BSG SGb 1995 S. 172 mAnm Grell/Gramatke). Dasselbe gilt für § 124 Abs. 6 SGB V. Danach kann die Zulassung eines Leistungserbringers widerrufen werden. Dies muss geschehen, wenn die Zulassungsvoraussetzungen des § 124 Abs. 1 Satz 2 SGB V nicht mehr vorliegen (BSG 77 S. 113; anders noch BSG 28 S. 80). Ebenfalls kein Entschließungsermessen ist anzunehmen, wenn die Verwaltung nach § 24 Abs. 4 SGB II Leistungen als Darlehen erbringen kann, wenn im Bedarfsmonat voraussichtlich Einnahmen bei dem Leistungsberechtigten anfallen. Vielmehr müssen Leistungen erbracht werden und nur dann, wenn voraussichtlich Einnahmen anfallen, darf die Form eines Darlehens gewählt werden. Es handelt sich bei dem „kann“ also um eine Ermächtigung zur Bewilligung eines Darlehens anstelle eines Zuschusses. Andernfalls wäre die Gewährleistung des Existenzminimums für den Zeitraum von fast einem Monat von Ermessenserwägungen abhängig (§ 19a Rn. 44). Demgegenüber ist bei der Rückforderung nach § 50 Abs. 2 Satz 2 SGB X ein Ermessen auszuüben, obwohl der Wortlaut „sind sie zu erstatten“ dagegen spricht. Dass hier eine Ermessensnorm gegeben ist, ergibt sich aus der Verweisung auf § 45 SGB X. In § 45 Abs. 1 SGB X wird dann das Ermessen mit den Worten „darf er“ begründet (BSG SozR 1300 § 50 Nr. 3; Rieker, NZS 2013 S. 653). 4

Gelegentlich kann erst durch Zusatzerwägungen ermittelt werden, ob der Behörde ein Ermessen eingeräumt ist. So sind gemäß § 12a Satz 1 SGB II Leistungsberechtigte verpflichtet, vorrangige Sozialleistungen in Anspruch zu nehmen. Dem Wortlaut nach wird weder ein Verhalten der Behörde, noch gar ein Ermessensspielraum geregelt. Dennoch wird einhellig die Auffassung vertreten, dass die Behörde den Leistungsberechtigten erst nach einer Ermessensentscheidung auffordern darf, vorrangige Leistungen zu beantragen (vgl. Geiger, SGb 2016 S. 386). Diese Auffassung wird unter Hinweis auf § 5 Abs. 3 SGB II begrün- 4a det. Stellt der Leistungsberechtigte den Antrag nach § 12a SGB II nicht, so kann der Leistungsträger seinerseits diesen Antrag stellen. Das entspricht der Tradition des Fürsorgesystems (§§ 97 SGB VIII, 95 SGB XII). In diesem Rahmen muss der Leistungsträger eine Ermessensentscheidung treffen. Wenn das der Fall ist, so die einhellige Auffassung, dann ist auch bei der Aufforderung nach § 12a SGB II eine Ermessenentscheidung zu treffen. Andernfalls könnte es sich ergeben, dass nach einer (zwingenden) Aufforderung nach § 12a SGB II eine Entscheidung nach § 5 Abs. 3 SGB II auf Grund von jetzt erst angestellten Ermessenserwägungen nicht mehr erfolgt (BSG 119 S. 271, dazu Bülow jM 2015 S. 462). Auch in der Regelung über die Auskunftspflicht nach § 60 SGB II ist nicht aus dem Wortlaut der Vorschrift erkennbar, dass ein Ermessen auszuüben ist. Dies ergibt sich erst aus dem Zusammenhang mit § 21 Abs. 1 Satz 2 Nr. 1 SGB X (BSG NZS 2016 S. 873).

5 Gesetzestechnisch ist die **Ermessensnorm** folgendermaßen zu kennzeichnen: Der Gesetzgeber legt den Tatbestand fest und bezeichnet die Voraussetzungen, unter denen der Verwaltung ein Ermessen eingeräumt ist. Diese Voraussetzungen werden von der Verwaltung durch Auslegung der Norm und Ermittlung des Sachverhalts festgestellt. Dabei sind auch der Spielraum des Ermessens und damit seine Grenzen festzulegen. Liegen alle Voraussetzungen vor, so muss das Ermessen ausgeübt werden. Beispielsweise erhalten gemäß § 53 Abs. 1 Satz 1 SGB XII Personen die infolge einer Behinderung wesentlich in ihrer Fähigkeit zur gesellschaftlichen Teilhabe eingeschränkt sind, Leistungen der Eingliederungshilfe. Diese Regelung gilt gemäß § 99 SGB IX fort (vgl. § 29 Rn. 1a). Hier sind allein unbestimmte Rechtsbegriffe auszulegen. Gemäß § 53 Abs. 1 Satz 2 SGB XII kann jedoch Personen mit einer anderen Behinderung Eingliederungshilfe gewährt werden. Ergeben Auslegung und Sachverhaltsfeststellung, dass eine Behinderung vorübergehend oder nicht wesentlich ist, so muss also eine Ermessensentscheidung getroffen werden. Der Nichtgebrauch des Ermessens ist in der Praxis ein häufiger Fehler, der schon durch genaue Lektüre des Gesetzestextes vermieden werden kann (vgl. LSG BW FEVS 61 S. 321). Allerdings muss und darf von dem Ermessen nur Gebrauch gemacht werden, wenn alle anderen Voraussetzungen der Regelung gegeben sind (BSG SozR 3-1200 § 39 Nr. 1). Gewisse Anwendungsschwierigkeiten bereitet § 66 Abs. 1. Eine Ermessensentscheidung kann erst dann getroffen werden, wenn die Verweigerung der Mitwirkung die Aufklärung des Sachverhalts erheblich erschwert hat. Erst wenn diese tatbestandliche Voraussetzung erfüllt ist, ist der Weg zum Ermessen eröffnet. In diesem Falle sind sogar drei Ermessensentscheidungen zu treffen. Zunächst ist zu prüfen, ob von weiteren Ermittlungen abzusehen ist, ob die Leistung vorenthalten werden kann und sodann, ob die ganz oder teilweise geschieht (§ 66 Rn. 10).

6 Abgesehen davon, dass bei Einräumung eines Ermessens kein Anspruch auf die Sozialleistung selbst, sondern nur auf fehlerfreie Ermessensausübung besteht, gelten nach § 39 Abs. 2 für Ermessensleistungen keine anderen Grundsätze als für Sozialleistungen, auf die ein Anspruch besteht. Für die **Entstehung des Anspruchs** auf die nach Ermessensgrundsätzen zu erbringende Sozialleistung musste konsequenterweise in § 40 Abs. 2 eine Sonderregelung getroffen werden. Die Erfüllung der tatbestandlichen Voraussetzungen einer Ermessensnorm genügt ja noch nicht für die Entstehung des Anspruchs. Hinzukommen muss die zusprechende **Ermessensentscheidung.** Der Anspruch auf die Leistung selbst entsteht also grundsätzlich mit Bekanntgabe dieser Entscheidung.

7 Auch wenn in einem Gesetz das Wort „soll“ verwendet wird, ist grundsätzlich vom Vorliegen eines Ermessensspielraums auszugehen. Allerdings ist in diesem

Falle die Ausübung des Ermessens an das Vorliegen einer bestimmten Voraussetzung geknüpft. Es ist irreführend, im Zusammenhang mit dem Wort „kann" von einem freien und bei Verwendung des Wortes „soll" von einem gebundenen Ermessen zu sprechen. Ermessen ist niemals frei und immer gebunden. Durch die Verwendung des Wortes „soll" werden im Grunde innerhalb einer gesetzlichen Regelung die Fälle der gesetzesgebundenen und der Ermessenverwaltung miteinander integriert. Im Regelfalle bedeutet auch eine **Sollvorschrift** strenge Gesetzesbindung und nicht die Einräumung eines Ermessens. Nur wenn ein atypischer Fall vorliegt, ist der Verwaltung ein Ermessen eingeräumt. Ein atypischer Fall liegt dann vor, wenn er formal vom abstrakten Rahmen des Gesetzes, nicht aber von der Zweckbestimmung der Norm erfasst wird (BSG SGb 2002 S. 168 mAnm Hess). Die Abweichung muss so bedeutsam sein, dass die für die Regelentscheidung maßgeblichen Gründe im konkreten Falle nicht mehr tragend sind (BSG 74 S. 287; BVerwG 91 S. 92). Ob ein solcher **atypischer Fall** vorliegt, ist durch Auslegung zu ermitteln. Nur wenn er festgestellt ist, resultiert daraus ein **Ermessensspielraum** für diese Fallkonstellation. Man kann also nicht sagen, dass die Feststellung des atypischen Falles selbst nach Ermessensgesichtspunkten erfolgen würde (aA Lilge, SGB I § 39 Rn. 17).

Ein atypischer Fall ist etwa dann gegeben, wenn nach § 48 Abs. 1 Nr. 3 SGB X **8** ein Verwaltungsakt mit Wirkung ab dem Zeitpunkt der Änderung der Verhältnisse aufgehoben werden soll und Leistungen zu erstatten sind. In einem solchen Falle ist es möglich, dass „rückwirkend" eine Sozialhilfebedürftigkeit entsteht. Der Anspruch nach den §§ 27 ff. SGB XII kann aber nicht mit Wirkung für die Vergangenheit geltend gemacht werden (§ 18 Abs. 1 SGB XII). Hier greift der für § 48 Abs. 1 Nr. 3 SGB X prägende Gedanke der Vermeidung unnötiger Leistungen oder von Doppelleistungen nicht mehr ein. Es ist also von der Sollvorschrift abzuweichen und ein Ermessen auszuüben und zugleich ist das Ermessen auf Null geschrumpft. Alle Gesichtspunkte sprechen gegen eine Rücknahme mit Wirkung für die Vergangenheit (BSG SozR 3-1300 § 48 Nr. 42).

Wer von einer Sollvorschrift abweichen will, trägt die Darlegungslast dafür, **9** dass die Voraussetzungen für eine Abweichung vorliegen. Konsequenterweise ist das BSG der Ansicht, dass das Vorliegen eines atypischen Falles einer vollständigen gerichtlichen Überprüfung unterliegt (BSG SGb 1988 S. 509 mAnm Martens). Überprüft wird hier also, ob der Verwaltung überhaupt ein Ermessen eingeräumt ist. Das ist eine Rechtsfrage. Lässt sich ein atypischer Fall annehmen, dann ist das Ermessen in gleicher Weise auszuüben wie bei Verwendung des Wortes „kann". Es ist also nicht ganz zutreffend, wenn gesagt wird, Sollvorschriften würden der Verwaltung einen geringeren Ermessensspielraum einräumen. Sollvorschriften integrieren gesetzesgebundene (Regelfall) und Ermessensverwaltung (atypischer Fall). Im letzteren Falle ist durch Auslegung der Sollvorschrift, wie auch sonst beim Ermessen, zu ermitteln, wie weit der Ermessensspielraum reicht.

Zu unterscheiden ist das Ermessen vom **unbestimmten Rechtsbegriff** **10** (BVerwG FEVS 39 S. 93; OVG Münster FEVS 45 S. 119). In systematischer Hinsicht war es dabei unter dem Einfluss strenger rechtsstaatlicher Argumentation wesentlich, dass das Ermessen nie auf der Tatbestands-, sondern immer nur auf der Rechtsfolgeseite angesiedelt ist (vgl. Bullinger, JZ 1984 S. 1003). Seit einigen Jahren ist jedoch eine Entwicklung im Gange, die zu einem gründlichen Überdenken der Ermessenslehre nötigt (vgl. Schmidt, Gesetzesvollziehung durch Rechtssetzung, 1969 S. 156; Koch, Unbestimmte Rechtsbegriffe und Ermessensermächtigungen im Verwaltungsrecht, 1979 S. 102, 172; Bullinger JZ 1984 S. 1001;

Papier, Verwaltungsverantwortung und gerichtliche Kontrolle, Festschrift für Ule 1987 S. 235; Rupp, „Ermessen", „unbestimmter Rechtsbegriff" und kein Ende, Festschrift für Zeitler 1987 S. 455; Köhler, VSSR 2009 S. 61; Hwang, VerwArch 2011 S. 185). Unabhängig von der Frage, wo der systematische Standort des Ermessens in Zukunft zu suchen sein wird, ist jedenfalls festzustellen, dass sich unbestimmte Rechtsbegriffe sowohl auf der Tatbestands- als auch auf der Rechtsfolgeseite einer gesetzlichen Regelung finden.

11 Üblicherweise unterscheidet man deskriptive und normative unbestimmte Rechtsbegriffe. Als Bestandteil einer Norm sind aber Rechtsbegriffe, abgesehen von Zahlen, niemals nur deskriptiv, sondern immer auch wertausfüllungsbedürftig. Die Notwendigkeit einer Wertung ergibt sich bereits aus dem systematischen Zusammenhang, in dem ein Begriff, etwa der des Kindes, steht (vgl. §§ 2 BKGG; 10 Abs. 1 SGB V; 48 Abs. 3 SGB VI). So ist es zunächst überraschend, aber nach der gesetzlichen Wertung durchaus konsequent, dass ein Pflegekind älter als seine Pflegemutter sein kann (BSG 69 S. 191).

12 Mit Blick auf die Funktionsbereiche von Verwaltung und Rechtsprechung ist festzustellen, dass die letztverbindliche Auslegung von Rechtsbegriffen alleinige Aufgabe der Gerichte ist (BVerfG 61 S. 82). Die Existenz einer Beurteilungsermächtigung (unten Rn. 13) ändert daran nichts. Systematisch ist sie nicht im Bereich der Auslegung zu verorten, sondern in dem Vorgang der Anwendung der Norm auf einen Einzelfall (Subsumtion). Es ist zwar und besonders im Sozialrecht einzuräumen, dass unbestimmte Rechtsbegriffe in hohem Maße wertausfüllungsbedürftig sein können, und dass der Subsumtionsvorgang zumindest in Teilbereichen nicht immer rational nachvollziehbar ist. Auch auf die Auslegung haben abwägende, planende, prognostische oder sonst wertende Elemente einen Einfluss (Ewer, NVwZ 1994 S. 140). Doch das kennzeichnet nur eine tunlichst einzugrenzende Schwäche der juristischen Methode, bzw. ihre begrenzte Wirkung auf das Auslegungsergebnis. Keinesfalls kann man daraus schließen, die Gerichte hätten in Einzelfällen bestimmte Auslegungsergebnisse der Verwaltung, soweit sie vertretbar erscheinen, hinzunehmen. Das damit verbundene Bestreben einer Verminderung der gerichtlichen Kontrolldichte (vgl. Redeker, DöV 1971 S. 757; Papier, DöV 1986 S. 621; Franßen (Un)bestimmtes zum unbestimmten Rechtsbegriff, Festschrift für Zeitler, 1987 S. 434) löst ja das prinzipiell bestehende Auslegungsproblem nicht, sondern verlagert es nur auf eine andere staatliche Instanz (unten Rn. 19). Die größere Sachnähe und Fachkenntnis, die die Verwaltung oft haben mag, relativiert sich dadurch wieder, dass sie mit einem größeren Eigeninteresse in den Auslegungsprozess einbezogen ist. Dies anzuerkennen, bedeutet noch nicht, ihr eine Tendenz zu rechtswidrigen Entscheidungen nachzusagen. Vor allem im gegliederten System des Sozialrechts bedeutet ein bestimmtes Auslegungsergebnis oft nur, dass der eine oder der andere Sozialleistungsträger zuständig ist, eine Leistung zu erbringen. So bedeutet die Frage, ob ein Arbeitsunfall gegeben ist oder nicht, oftmals nur, ob die Berufsgenossenschaft oder der Träger der Krankenversicherung leistet. Teilweise sind die Auslegungsfragen noch komplizierter und folgenreicher, wie die vor diesem Hintergrund entstandene Regelung über die Nahtlosigkeit von Arbeitslosen- und Rentenversicherung (§ 145 SGB III) erkennen lässt. Dass es auch die Interessenlage der Sozialleistungsträger ist, die Einfluss auf das Auslegungsergebnis hat, lässt sich anhand einer Vielzahl von gerichtlichen Entscheidungen belegen (vgl. etwa BSG SGb 1993 S. 281 mAnm Dörr). Es ist deswegen richtig, die Auslegung letztverbindlich den Gerichten zu überantworten. Mit Blick auf die Gewährleistung der Selbstverwaltung wird aber darauf

hingewiesen, dass diese Gesichtspunkte, die ihre Grundlage in der Rechtsschutzgarantie des Art. 19 Abs. 4 GG haben, nicht in gleicher Weise für aufsichtliche Maßnahmen gelten müssen. Im Verhältnis der Selbstverwaltungsträger und der Aufsichtsbehörden wird man ersteren mehr Eigenständigkeit zubilligen können als in ihrem Verhältnis zu den Gerichten (Schnapp in: Schulin HS-KV § 52 Rn. 73; Schneider, SGb 1996 S. 45).

Vom Ermessen gleichfalls zu unterscheiden ist die **Beurteilungsermächtigung** (Ramsauer, FamRZ 1988 S. 1121; Bamberger, VerwArch 2002 S. 217), wenn dies auch noch schwieriger ist als beim unbestimmten Rechtsbegriff (BVerwG 62 S. 339; BVerwG 65 S. 22). Das wird angesichts der Tatsache deutlich, dass die Beurteilungsermächtigung nach einer mehr als vierzigjährigen Diskussion erneut einer verfassungsgerichtlichen Revision unterworfen worden ist (vgl. unten Rn. 23–25). In gewisser Weise kann man zwar sagen, Beurteilungsermächtigungen und Ermessen wären nicht kategorial zu trennen (Schmidt-Aßmann, VVDStRL 1976/34 S. 252). Von grundlegender Bedeutung ist jedoch die Tatsache, dass der Entscheidungsprozess unterschiedlich verläuft. Gleichermaßen für das Ermessen und die Beurteilungsermächtigung gilt zwar, dass die Auslegung des Gesetzes und die zutreffende Tatsachenfeststellung gerichtlich voll überprüfbar sind. Das Ermessen ist dadurch gekennzeichnet, dass Zweckmäßigkeitserwägungen angestellt werden. Liegt dagegen eine Beurteilungsermächtigung vor, so ist der Entscheidungsprozess immer ein solcher der Subsumtion, also etwa der Frage, ob eine konkrete Prüfungsleistung noch unter den Begriff „ausreichend" fällt. Ob die gedankliche Operation darauf beschränkt ist, oder ob sie sich auch auf die Auslegung erstreckt, ist freilich umstritten. Jedenfalls sollte der Unterschied nicht verwischt werden, mag man auch einräumen müssen, dass der Entscheidungsprozess in beiden Fällen nicht immer klar trennbar und nicht immer rational nachvollziehbar ist und mag deswegen in beiden Fällen die gerichtliche Kontrolle tatsächlich an ihre Funktionsgrenzen stoßen. Diese Tatsache bedeutet jedoch keine generelle Limitierung richterlicher Tätigkeit. **13**

Beurteilungsspielräume finden sich, gleichsam im Gefolge vieler unbestimmter Rechtsbegriffe, typischerweise auf der Tatbestandsseite des Gesetzes. Angesichts der Unvertretbarkeit bestimmter Beurteilungsvorgänge wird jenseits der Gesetzesauslegung der Verwaltung eine **Einschätzungsprärogative,** ein gerichtlich nicht voll überprüfbarer Entscheidungsspielraum, eingeräumt. Dem Problem angemessener ist die Wortwahl „Beurteilungsermächtigung" (BVerfG 61 S. 82; BVerfG JZ 1993 S. 784 mAnm Pietzcker). Die Rechtfertigung einer Beurteilungsermächtigung ergibt sich nicht, oder zumindest nicht allein, aus der Unvertretbarkeit von Beurteilungsvorgängen. Vielmehr muss der jeweils anzuwendenden Norm die Ermächtigung der Verwaltung für eine Entscheidung zu entnehmen sein, die angesichts objektiv gegebener Umstände nur begrenzt gerichtlich kontrollierbar ist (Schmidt-Aßmann/Groß, NVwZ 1993 S. 617; Hofmann, NVwZ 1995 S. 740). Dadurch wird besser verdeutlicht, dass nicht in erster Linie die Unbestimmtheit des Rechtsbegriffs, sondern die mit der Verminderung der gerichtlichen Kontrolldichte verbundene – begrenzte – Letztentscheidungskompetenz der Verwaltung das maßgebliche Kriterium ist (Erichsen, DVBl 1985 S. 25). **14**

In der Praxis überwiegen trotz der wissenschaftlichen Diskussion um Prognose- und Risikoentscheidungen auch heute noch in erster Linie Prüfungs- bzw. Schulentscheidungen und beamtenrechtliche Beurteilungen (BVerwG 57 S. 130). Im Sozialrecht hat das BSG der Bundesagentur für Arbeit eine Beurteilungsermächtigung hinsichtlich der Frage, ob eine Maßnahme der beruflichen Bildung „unter **15**

Berücksichtigung von Lage und Entwicklung des Arbeitsmarktes zweckmäßig ist", eingeräumt (BSG SGb 1997 S. 541 mAnm Schweiger). Dasselbe gilt aber nicht für die Frage, ob der Bewerber voraussichtlich mit Erfolg an der Maßnahme teilnehmen wird. Sie ist gerichtlich, uU mit Hilfe eines Sachverständigen, voll überprüfbar (BSG SozR 3-4100 § 36 Nr. 5). Keine Beurteilungsermächtigung, sondern ein Ermessensspielraum kam der Bundesagentur für Arbeit zu, wenn bei der Bewilligung von Eingliederungszuschüssen nach § 217 SGB III aF, abzuwägen war, ob die Arbeitsmarkt- gegenüber den Arbeitgeberinteressen überwiegen (BSG SozR 4-4300 § 217 Nr. 2). Die gerichtliche Überprüfung beschränkt sich bei der Beurteilungsermächtigung auf die Frage, ob ein vorgeschriebenes Verfahren eingehalten ist, ob die Sachverhaltsermittlung vollständig und zutreffend war, das Gesetz richtig ausgelegt wurde, ob allgemeingültige Bewertungsgrundsätze beachtet wurden oder ob sonst sachwidrige Gesichtspunkte Einfluss auf die Entscheidung gewonnen haben. Ganz im Vordergrund steht die Einhaltung des Gleichheitssatzes (vgl. Schulze-Fielitz, JZ 1993 S. 772).

16 Die Auffassung des BVerwG zur Beurteilungsermächtigung wird man als etwas enger bezeichnen müssen als die des BSG. Für ersteres waren zumindest in der Vergangenheit nur die Unwiederholbarkeit und Unvertretbarkeit einer Entscheidung Gesichtspunkte, die für die Einräumung einer Beurteilungsermächtigung sprachen. Demgegenüber nimmt das BSG etwa auch für die Begriffe angemessene Höhe oder Erhöhung (BSG 36 S. 292; BSG 55 S. 245) eine Beurteilungsermächtigung an. Doch auch die Rechtsprechung des BVerwG zur Beurteilungsermächtigung blieb nicht auf Prüfungs- und Schulentscheidungen begrenzt. Sie ist auf dienstliche Beurteilungen (BVerwG 86 S. 59) und Prognoseentscheidungen (BVerwG 64 S. 283; BVerwG DVBl 1972 S. 895 mAnm Redeker) erstreckt worden. Dabei ist nicht immer klar erkennbar, warum das Gericht in einigen Fällen eher extensiv (BVerwG 41 S. 265; BVerwG 59 S. 213; BVerwG 62 S. 339; BVerwG 72 S. 197) und in anderen eher restriktiv (BVerwG 40 S. 357; BVerwG 45 S. 162; BVerwG 65 S. 22) entschieden hat. Insgesamt war im letzten Jahrzehnt eine Tendenz zu verzeichnen, der Verwaltung eine Beurteilungsermächtigung auch dort zuzugestehen, wo man es früher nicht getan hätte.

17 Allerdings darf man in allen diesen Fällen Beurteilungsermächtigungen nur dann annehmen, wenn dies sachlich gerechtfertigt ist. So billigt auch das BSG bei der nach § 10 SGB VI vorzunehmenden Prognose dem Träger der Rentenversicherung keine Beurteilungsermächtigung zu (BSG SGb 1991 S. 495 mAnm Vömel). Dies ist vielmehr nur möglich, wenn eine Prognose vor dem Hintergrund größerer zB wirtschaftlicher Zusammenhänge zu stellen wäre (Nierhaus, DVBl 1977 S. 22). Die volle Überprüfbarkeit von prognostischen Einzelbeurteilungen hat das BSG, auch unter Hinweis auf die Rechtsprechung des BVerfG, noch einmal begründet (BSG 67 S. 228; BSG SozR 3 – 4100 § 60 Nr. 1). Das gleiche gilt, wenn eine komplexe Situation (Schwerpflegebedürftigkeit) die Grundlage für eine Entscheidung des Sozialleistungsträgers abgibt (BSG SGb 1994 S. 579 mAnm Schulin).

18 Einen Sonderfall bilden schließlich die Entscheidungen, die durch bestimmte gesetzlich vorgesehene Gremien ergehen, die auf Grund besonderer Sachkunde zusammengesetzt sind (BVerwG 77 S. 75). Neuerdings wird hier stärker auf den Gesichtspunkt der demokratischen Legitimation solcher Gremien abgestellt (BVerwG 77 S. 291). Der Jugendhilfeausschuss (§ 71 SGB VIII) und der Fachausschuss einer Werkstatt für behinderte Menschen (§ 2 WVO) sind keine Gremien, denen eine Beurteilungsermächtigung zukommt. Sie verfügen zwar idR über eine große Sachkunde, doch schon ihre Zusammensetzung bzw. Weisungsfreiheit ist nicht so ausgestaltet, dass man ihnen eine Beurteilungsermächtigung zubilligen könnte (BSG SozR 3-4100 § 58 Nr. 6).

2. Verminderung der gerichtlichen Kontrolldichte

In dem geradezu klassischen Thema des Verwaltungsrechts, Ermessen, unbestimmter Rechtsbegriff und Beurteilungsermächtigung wird in neuerer Zeit die Unterscheidbarkeit der drei Begriffe grundsätzlich in Frage gestellt. Auf diese Weise entstehen auch Zweifel über ihren Standort innerhalb der jeweiligen Norm. Damit zusammenhängend bildet sich allgemein eine größere Bereitschaft heraus, bei der Auslegung von Rechtsbegriffen grundsätzlich mehrere Lösungen als richtig und dementsprechend mehrere Entscheidungen als rechtmäßig anzuerkennen (einengend jedoch BVerfG 64 S. 261, 279). Dieser nicht mehr ganz neuen rechtstheoretischen Erkenntnis zur Begriffsbildung kann man sich gewiss nicht verschließen. Aus der letztlich nicht möglichen logischen Präzisierung von Rechtsbegriffen ergibt sich zwangsläufig die Folge, dass man Ermessen, unbestimmten Rechtsbegriff und Beurteilungsermächtigung nicht klar voneinander abgrenzen kann. Das hat wiederum die praktische Konsequenz, dass ihre systematische Verortung im Tatbestand oder in der Rechtsfolge und damit das Ausmaß der gerichtlichen Kontrollmöglichkeit im Zweifel bleibt. 19

Die neuere Lehre, die sich ua auf frühere Untersuchungen von Bachof und Ule berufen kann (vgl. Bachof, JZ 1955 S. 97; Ule, DVBl 1955 S. 148), hat aus dieser Erkenntnis jedoch zu weitgehende Schlussfolgerungen gezogen, die bis hin zur Rechtsquellenlehre und zur Relativierung des Gesetzesvorbehalts reichen (vgl. § 31 Rn. 17–33). Ein Problem ergibt sich auch daraus, dass Rechtsbegriffe zwangsläufig aus der Umgangssprache gebildet werden. Mit ihrer Hilfe müssen aber hochkomplexe Problembereiche geregelt werden. Das bedeutet, dass auch im Auslegungsprozess von der naiven Anschauung zur differenzierten Erfahrung vermittelt werden muss und zwar nicht nur bei der Beurteilung der Gefährlichkeit von technischen Großprojekten, sondern auch bei der Anwendung sozialrechtlicher Begriffe, wie etwa der **Arbeitsunfähigkeit.** Dieser Begriff ist einerseits an den Begriff der Krankheit gebunden und erfordert also auch die Einbeziehung medizinischen Wissen. Zugleich sind die Verhältnisse des Arbeitslebens einschließlich arbeitsvertraglicher Regelungen zu berücksichtigen. Nach Auffassung des BSG ist Arbeitsunfähigkeit nur anzunehmen, wenn der Versicherte die zuletzt ausgeübte oder eine gleichartige Tätigkeit vorübergehend nicht oder nur auf die Gefahr einer Verschlimmerung seines Gesundheitszustandes ausüben kann (BSG 69 S. 180). Damit wird der Auslegungsprozess auch von prognostischen und Zumutbarkeitserwägungen bestimmt. Wenn man zusätzlich die Tatsache berücksichtigt, dass hier auch höchst subjektive Vorstellungen vom menschlichen Leiden eine Rolle spielen, dann wird man nicht davon ausgehen können, dass es nur eine richtige Auslegung des Begriffs der Arbeitsunfähigkeit geben kann. Das aber ist von der Kompetenz zur Auslegung eines Gesetzesbegriffs zu unterscheiden. 20

Für den Begriff der **Erforderlichkeit der Krankenhausbehandlung** gelten ähnliche Erwägungen. Dabei war der 3. Senat des BSG zunächst davon ausgegangen, dem Krankenhausarzt stünde eine Beurteilungsermächtigung (Einschätzungsprärogative) hinsichtlich der Erforderlichkeit der Krankenhausbehandlung zu (BSG SozR 4-2500 § 112 Nr. 6). Nach Vorlage des 1. Senats hat der Große Senat jedoch entschieden, dass die Erforderlichkeit der Krankenhausbehandlung von 21 den Gerichten in vollem Umfange zu überprüfen ist. Dabei ist von dem im Behandlungszeitpunkt verfügbaren Wissens- und Kenntnisstand des verantwortlichen Krankenhausarztes auszugehen (BSG SGb 2008 S. 295, dazu Quaas, SGb 2008 S. 261). Das bedeutet auch, dass die vorhandene ambulante Versorgungsstruktur in die Entscheidung einzubeziehen ist. Nach § 39 Abs. 1 Satz 2 SGB V darf Krankenhausbehandlung nur gewährt werden, wenn teilstationäre vor- und nachstationäre oder ambulante Behandlung einschließlich häuslicher Krankenpflege nicht möglich ist. Es fällt schwer, einen solchen Entscheidungsvorgang noch als Auslegung zu betrachten.

22 Die neue Lehre läuft jedoch angesichts dieser bekannten Schwierigkeiten Gefahr, die Anforderungen an die gerechte, dh auch zwingend abgeleitete und begründete Entscheidung zu überspannen, sodann zu erkennen, dass es sie nicht geben kann, um dann in die naive Rechtsanschauung des Alltags zurückzufallen (vgl. Franßen, (Un)bestimmtes zum unbestimmten Rechtsbegriff, Festschrift für Zeitler, 1987 S. 429 ff.). Man kann die prinzipielle Unterscheidbarkeit von Ermessen, unbestimmtem Rechtsbegriff und Beurteilungsermächtigung bezweifeln, nicht bezweifeln kann man, dass es dem Gesetzgeber in dem jeweiligen Einzelgesetz mehr oder weniger gut gelingt, Rechtsbegriffe zu präzisieren. Damit stellt sich auch die Frage der gerichtlichen Kontrollmöglichkeit und -dichte nicht prinzipiell, sondern immer nur anhand der Einzelgesetze (vgl. Papier Verwaltungsverantwortung und gerichtliche Kontrolle, Festschrift für Ule 1987 S. 244). Soweit „Kontrollexzesse" zu vermeiden sind, wird man weitere Lehren aus der Wesentlichkeitstheorie (vgl. § 31 Rn. 3, 4) ziehen müssen. Der Spielraum, der der Verwaltung durch die rechtsstaatliche Einbindung des Ermessens entzogen wurde, kann ihr teilweise, aber auf allen Ebenen der Rechtsnorm und im Einklang mit Art. 20 Abs. 3 GG dadurch wieder zurückgeben werden, dass sich der Gesetzgeber auf Leitentscheidungen beschränkt. Darüber hinaus könnte an sich eine behutsame Ausweitung der Beurteilungsermächtigung der Verwaltung einen größeren Spielraum verschaffen. Dem dürfte jedoch die Rechtsprechung des BVerfG entgegenstehen (vgl. unten Rn. 23–25).

23 Die Tatsache, dass man nicht nur im Sozialrecht, sondern ganz allgemein eine Zunahme unbestimmter Rechtsbegriffe feststellen kann, erklärt sich nicht allein aus der Gesetzgebungstechnik, sondern überwiegend daraus, dass die gesellschaftlichen Verhältnisse komplexer geworden sind, was gelegentlich als Pluralisierung der Lebensverhältnisse bezeichnet wird (BT- Drucks. 11/6576 S. 27). Nicht die abstrakt richtige Lösung eines Problems, sondern die flexible Reaktion darauf kennzeichnet die gegenwärtige Verwaltungstätigkeit. Wenn man aber anerkennen muss, dass Rechtsbegriffe so gefasst sind, dass mehrere Auslegungen richtig sein können, dann müssen auch mehrere Entscheidungen rechtmäßig sein. Aus diesem Erkenntnisproblem wird für den Funktionsbereich der Verwaltung die Konsequenz gezogen, dass ein Gericht eine Verwaltungsentscheidung dann nicht aufheben könne, wenn sie sich als eine von möglichen rechtmäßigen Entscheidungen darstellt. Die Begründung soll sich aus § 113 Abs. 1 VwGO ergeben (vgl. auch § 131 SGG). Danach hebt das Gericht den Verwaltungsakt auf, soweit er rechtswidrig ist. Können aber mehrere Entscheidungen rechtmäßig sein, so rechtfertige das eben noch keine Aufhebung. Dazu zwinge auch die Regelung des Art. 19 Abs. 4 GG nicht. Dies bedeutet in der Sache eine wesentliche Ausweitung der Beurteilungsermächtigung auf den gesamten Normtext und entwickelt sich hin bis zur Rekonstruktion eines Tatbestandsermessens (Bullinger, JZ 1984 S. 1009; Martens, Jus 1987 S. 105). Soweit geht die Rechtsprechung nicht. Sie beharrt, mit geringfügigen Einschränkungen, darauf, dass die Letztentscheidung über die Rechtmäßigkeit den Gerichten zukommt. Das BVerwG hatte jedoch im Zusammenhang mit der Eignung einer Schrift zur Jugendgefährdung anerkannt, die Vorstellung, es gäbe hier nur eine richtige Lösung, erweise sich als Fiktion. Es hat auch akzeptiert, dass ein nach bestimmten Kriterien (Fachkenntnis, gesellschaftliche Repräsentanz) zusammengesetztes Spruchgremium, die Bundesprüfstelle iSd § 9 GjS aF, Gewähr für ein Höchstmaß an Objektivität der Entscheidung biete. In diesem Falle obliege den Verwaltungsgerichten nur die Prüfung, ob das Gremium von einem zutreffend und vollständig ermittelten Sachverhalt ausgegangen ist, ob sie die Grenzen ihrer Einschätzungsprärogative eingehalten und die richtigen Maßstäbe angewendet hat. „Sind mehrere rechtmäßige Entscheidungen möglich, verlangt Art. 19 Abs. 4 GG nicht, dass die Auswahl unter ihnen letztverantwortlich vom Gericht getroffen wird" (BVerwG JZ 1972 S. 206 mAnm Bachof). Trotz zum Teil anderslautender Äußerungen im Schrifttum (vgl. Nierhaus, DVBl 1977 S. 20) ist in dieser Rechtsprechung nur die Tendenz zur behutsamen Ausweitung der Beurteilungsermächtigung zu sehen (vgl. BVerfG 49 S. 135, 140). Mit ihrer recht weitgehenden Begründung wurde die Rechtsprechung des BVerwG so auch nicht fortgesetzt (vgl. Bullinger, JZ 1984 S. 1004; Erichsen, DVBl 1985 S. 23; Gärditz, NVwZ 2009 S. 1005). Das Gericht hat in der Folgezeit die Gefahren, die von einer unkontrollierbaren Übertragung der Letztentscheidungskompetenz auf **Spruchgremien** ausgehen, betont. Ihre Sachkunde ist angesichts der nun einmal bestehenden Einbindung in Interessenzusammenhänge keine Gewähr für eine objektiv richtige Entscheidung. So wurde zwar an der Einschätzungsprärogative der Bundesprüfstelle festgehalten (BVerwG 77 S. 84, 85). Dasselbe geschah aber nicht, trotz zugestandener Sachkunde, für die Normausschüsse des Deutschen Instituts für Normung, da in ihnen auch Vertreter bestimmter Branchen und Unternehmen vertreten sind, die deren Interessenstandpunkte einbringen (BVerwG 77 S. 291).

Inzwischen nötigt die Rechtsprechung des BVerfG dazu, die Frage der Beurtei- **24**
lungsermächtigung erneut zu überdenken. Allerdings kann von einer völligen Revision nicht die Rede sein, insoweit scheint die Kritik am BVerfG etwas übertrieben zu sein (vgl. Redeker, NVwZ 1992 S. 305). Das Gericht tritt den Tendenzen zur Verminderung der gerichtlichen Kontrolldichte insoweit entgegen, als es eine Beurteilungsermächtigung umso weniger zulassen will, je mehr die Verwaltungsentscheidung Grundrechtsrelevanz hat. Das BVerfG stellt insgesamt den **Grundrechtsschutz** über die Erfordernisse der **Verwaltungspraktikabilität** (vgl. dagegen BVerwG JZ 1993 S. 790 mAnm Geis; BVerwG JZ 1993 S. 794 mAnm Gusy). Vor allem gesteht das BVerfG der Fachverwaltung und den einzelnen Gremien keine Letztentscheidungskompetenz auf Grund ihrer Sachkunde zu. Sie gewährleistet nämlich nicht, dass alle Gesichtspunkte gewürdigt und alle Interessen bewertet und objektiv gewichtet wurden. Erforderlichenfalls muss sich der Richter die Sachkunde mit Hilfe eines Sachverständigen aneignen. Soweit eine Entscheidung von Gremien getroffen wird, ist es darüber hinaus erforderlich, dass das Auswahlverfahren für die Mitglieder rechtssatzförmig geregelt ist. Auf diese Weise ist die demokratische Legitimation des Gremiums sicherzustellen. Andererseits betont das Gericht, dass Art. 19 Abs. 4 GG die Existenz einer Beurteilungsermächtigung auch im Bereich der Grundrechte nicht schlechthin ausschließt. Sie kann sich aus der Natur der Sache oder den objektiven Funktionsgrenzen der Rechtsprechung ergeben (BVerfG JZ 1991 S. 1077 mAnm Pietzcker; BVerfG JZ 1991 S. 965 mAnm Gusy; BVerfG JZ 1993 S. 784 mAnm Pietzcker).

25 Im Hinblick auf Art. 19 Abs. 4 GG wird man insgesamt zur Beurteilungsermächtigung eine restriktive Auffassung vertreten müssen. Insoweit bestehen gegenüber einer Regelung, wie sie mit § 114a VwGO-E vorgeschlagen wurde, Bedenken (vgl. Grupp, Behördliche Beurteilungsspielräume im schlanken Staat, Festschrift für Blümel 1999 S. 139). Die Schwierigkeit der Materie oder die Sachkunde der Verwaltung dürfen keine entscheidenden Gesichtspunkte für eine teilweise Verlagerung der Letztentscheidungskompetenz auf die Verwaltung sein. Für das BVerfG kommt nur in eng begrenzten Ausnahmefällen eine Beurteilungsermächtigung in Betracht. Sie sind erst dann anzunehmen, wenn die Rechtsprechung an ihre Funktionsgrenze stößt (BVerfG 84 S. 34). Diese Situation ist dann gegeben, wenn ein Gericht unter Ausschöpfung aller prozessualer Möglichkeiten, einschließlich der Verwertung von Sachverständigengutachten, keine den Prozessbeteiligten prinzipiell überlegene Entscheidung treffen kann.

26 Besondere Schwierigkeiten ergeben sich dann, wenn innerhalb einer gesetzlichen Regelung unbestimmte Rechtsbegriffe mit einem Ermessensspielraum verknüpft sind. Zwar kann man grundsätzlich sagen, dass Rechtsbegriff und Ermessensspielraum je für sich auszulegen bzw. zu handhaben sind. Jedoch können beide aufs engste miteinander verbunden sein, so dass eine Trennung praktisch kaum möglich ist. Dieser Auffassung ist der GmS-OGB zu § 131 AO. Er hat für diesen Fall der sog. **Koppelungsvorschrift** angenommen, der unbestimmte Rechtsbegriff der Unbilligkeit könne so sehr in den Ermessensbereich hineinragen, dass beide eine unlösbare Verbindung eingingen. In diesem Falle würden einheitlich die Grundsätze für die gerichtliche Überprüfung von Ermessensentscheidungen gelten (GmS-OGB NJW 1972 S. 1411 mAnm Kloepfer). Es ist aber zu beachten, dass das Gericht diese Auffassung nur im Hinblick auf die Entstehungsgeschichte des § 131 AO vertreten hat. Keineswegs darf daraus abgeleitet werden, im Falle der Koppelung von unbestimmten Rechtsbegriffen mit Ermessensspielräumen, würden stets letztere dominieren (BSG 51 S. 149; BSG 52 S. 268; BSG 59 S. 111; BVerwG 40 S. 353, 356; BVerwG 45 S. 162, 164; BVerwG 72 S. 4). Es ist vielmehr anhand der jeweiligen Rechtsnorm durch Auslegung zu ermitteln, ob eine solche unlösbare Verbindung und damit eine Koppelungsvorschrift gegeben ist (BSG SGb 1973 S. 265 mAnm Ule; BSG SGb 1988 S. 509 mAnm Martens). Nur in diesem Falle sind die Grundsätze anwendbar, die für die gerichtliche Kontrolle von Ermessensentscheidungen gelten. Da dies dann aber auch für den, mit dem Ermessen unlösbar verknüpften unbestimmten Rechtsbegriff gilt, sofern er auf der Tatbestandsseite angesiedelt ist, läuft die Rechtsprechung zur Koppelungsvorschrift auf die begrenzte Anerkennung eines Tatbestandsermessens hinaus.

3. Grundsätze der Ermessensausübung

27 Ist der Sozialleistungsträger befugt, ein Ermessen auszuüben, dann muss er auch von dieser Ermächtigung Gebrauch machen. Gemäß § 39 Abs. 1 Satz 1 besteht ein formelles subjektives öffentliches Recht auf die pflichtgemäße Ausübung des Ermessens (BSG 59 S. 219). Das bedeutet zunächst, dass der Sozialleistungsträger selbst und von Amts wegen (§ 20 SGB X) die Voraussetzungen für die Ausübung des Ermessens klärt (BVerwG 49 S. 44). Zunächst muss er durch Auslegung der Rechtsnorm ermitteln, ob ihm ein Ermessensspielraum überhaupt zusteht und welcher gesetzliche Rahmen ihm dafür eingeräumt ist. Dabei ist ein einheitlicher Ermessensspielraum nach Auffassung des BSG auch dann anzunehmen, wenn einem gesetzlich gebundenen Anspruch (Beitragserstattung nach § 27 Abs. 2

SGB IV) ein im Ermessenswege auszuübendes Leistungsverweigerungsrecht (Einrede der Verjährung) gegenübersteht (BSG SGb 1988 S. 83 mAnm Geschwinder).

Durch Auslegung muss der Sozialleistungsträgers den Zweck und die Grenzen des Ermessens bestimmen. Sie ergeben sich auf verfassungsrechtlicher Ebene vor allem aus den Geboten der Rechts- und Sozialstaatlichkeit, der Geeignetheit und der Verhältnismäßigkeit der Mittel, sowie des Vertrauensschutzes (BVerfG 49 S. 184), aus dem Gleichbehandlungsgrundsatz (BVerfG 51 S. 386, 389) aber etwa auch aus dem Gebot des Schutzes von Ehe und Familie (BVerfG 51 S. 399). Der Sachverhalt muss zutreffend festgestellt (vgl. dazu Schmidt, SGb 1984 S. 554) und alle wesentlichen tatsächlichen Umstände müssen vollständig ermittelt und in die Entscheidung einbezogen werden (BVerwG 62 S. 108). Bei der Kündigung eines schwerbehinderten Menschen gehört dazu auch die Bewertung der unterschiedlichen Interessenlagen von Arbeitgeber und Arbeitnehmer (BVerwG br 1996 S. 142). Die möglichen und zulässigen Rechtsfolgen sind mit Blick auf die Besonderheiten des Einzelfalles gegeneinander abzuwägen (BVerwG 56 S. 254). Auch ein missbräuchliches Verhalten des Leistungsberechtigten kann ein Gesichtspunkt bei der Ermessensausübung sein (LSG Sachs.-Anh. FEVS 63 S. 410). Insgesamt müssen alle Ermessensgesichtspunkte richtig im Sinne einer **Abwägungsproportionalität** gewichtet worden sein (BSG SGb 2011 S. 541 mAnm Nehls). Bei der Abweichung von **Ermessensrichtlinien** ist zu prüfen, ob ein hinreichender Grund für eine solche Abweichung gegeben ist, dann aber muss auch von der Richtlinie abgewichen werden (BSG 50 S. 33; BSG 51 S. 147; BSG 54 S. 91; BSG 84 S. 108; BSG SozR 3-1200 § 39 Nr. 3). Teilweise schränkt die jeweils anzuwendende Norm den Ermessensspielraum ein. So wird bei der Einschränkung der Hilfe nach § 26 Abs. 1 Satz 1 und 2 SGB XII geregelt, „soweit wie möglich ist zu verhüten, dass die unterhaltsberechtigten Angehörigen … mit betroffen werden." 28

Da das Ermessen vor allem eine Ausrichtung der Entscheidung auf die Verhältnisse des Einzelfalles ermöglichen soll, ist ein besonderes Gewicht auf die jeweiligen Umstände des konkreten Falles zu legen (BSG SozR 3-2200 § 558 Nr. 3). Des Weiteren ist die gegebene Interessenlage zu bewerten. Für das Sozialrecht bedeutet dies vor allem, dass § 33 zu beachten ist. Es soll also den Wünschen des Berechtigten oder Verpflichteten entsprochen werden. Sofern der Sozialleistungsträger nicht davon ausgehen kann, der Sozialleistungsberechtigte kenne zwar sein Wahlrecht, wolle es aber nicht ausüben, muss er ihn gemäß § 14 darüber beraten. Generell ermessensleitend im Sozialrecht ist schließlich auch § 2 Abs. 2. Auch bei der Ausübung des Ermessens ist sicherzustellen, dass die **sozialen Rechte** möglichst weitgehend verwirklicht werden (vgl. § 2 Rn. 15, 18). 29

Zur pflichtgemäßen Ausübung des Ermessens gehört in verfahrensrechtlicher Hinsicht auch, dass die Entscheidung entsprechend den Grundsätzen des § 35 Abs. 1 SGB X **begründet** wird (BSG 59 S. 30). Die Entscheidung muss erkennen lassen, ob alle Gesichtspunkte (oben Rn. 28) beachtet worden sind (BSG B 7 AL 2/10 R, juris). Davon kann nur abgesehen werden, wenn einer der Ausnahmegründe des § 35 Abs. 2 SGB X vorliegt. Die Begründung muss also erkennen lassen, von welchen Gesichtspunkten sich die Behörde bei der Ausübung des Ermessens hat leiten lassen (BSG 48 S. 12; 192). Dies ist auch deswegen erforderlich, weil im Streitfalle der Nachweis geführt werden muss, dass vom Ermessen in der gebotenen Weise Gebrauch gemacht wurde. Insbesondere genügt es nicht, wenn eine ablehnende Entscheidung damit begründet wird, sie entspreche den gesetzlichen Bestimmungen. Dies deutet nur auf die Prüfung der Rechtmäßigkeit 30 hin, lässt aber eine Ermessensausübung nicht erkennen. Ausführungen zu unbestimmten Rechtsbegriffen oder zur Beurteilungsermächtigung genügen aus den gleichen Gründen nicht (BSG 59 S. 157) Entsprechendes gilt für die formelhafte Wendung, die Entscheidung erfolge nach „pflichtgemäßem Ermessen" oder „Besonderheiten sind nicht ersichtlich" (LSG BW Breith. 2010 S. 99). Mit dieser Formel könnten alle Ermessensentscheidungen, sogar solche, die bei gleichem Sachverhalt divergieren, begründet werden.

30a Andererseits genügt es, wenn „die Verwaltungsbehörde im verwaltungsgerichtlichen Verfahren ihre Gründe bekanntgab und der Betroffene zu ihnen Stellung nehmen konnte. Die Verwaltung braucht dem Betroffenen die Gründe ihrer Entscheidung – in dem Bescheid selbst oder vor oder nach dessen Erlass – nur in solcher Weise und solchem Umfange bekanntzugeben, dass er seine Rechte sachgemäß verteidigen kann. Liegen zB die Gründe auf der Hand oder sind sie dem Betroffenen bereits bekannt, so kann in dem Verwaltungsbescheid eine Begründung unterbleiben oder eine sehr kurze Begründung genügen" (BVerwG 22 S. 215; BSG 38 S. 168). Damit ist zugleich ausgesagt, dass es keine allgemein gültigen Kriterien für die Begründung einer Ermessensentscheidung gibt. Insbesondere sind auch die intellektuellen Fähigkeiten des Adressaten mit zu berücksichtigen.

31 Die Ermessensausübung kann noch im **Widerspruchsverfahren** erfolgen. Darüber hinaus ist es zulässig, wenn der Sozialleistungsträger zu einem späteren Zeitpunkt des Verfahrens tatsächlich angestellte Ermessenserwägungen vorträgt (OVG Münster NJW 1981 S. 936). In diesem Falle wird nur die Begründung nachgeholt. Davon ist das **Nachschieben von Gründen** zu unterscheiden (BSG 59 S. 222). Auch das ist grundsätzlich zulässig, wenn die Gründe zum Zeitpunkt der Entscheidung bereits vorlagen, der Verwaltungsakt durch das Nachschieben nicht in seinem Wesen verändert und die Rechtsverteidigung dadurch nicht unangemessen beeinträchtigt wird (BSG 57 S. 9). Ein Nachschieben von Gründen ist dann nicht zulässig, wenn der Entscheidung überhaupt keine Ermessenserwägungen zugrunde liegen, weil in diesem Falle nicht klar ist, ob sich der Sozialleistungsträger bewusst war, eine Ermessensentscheidung zu treffen. Nur ausnahmsweise, nämlich dann, wenn der Tenor der Entscheidung eindeutig feststeht, ist ein Nachschieben von Gründen zulässig, wenn ein Kollegialorgan entschieden hat (Meyer-Ladewig/Keller/Leitherer/Schmidt § 54 Rn. 35). Unabhängig davon und abweichend von einer früheren Rechtsprechung des 7. Senats (BSG 64 S. 36) hält es das BSG (GrS) für zulässig, dass während eines gerichtlichen Verfahrens ein Verwaltungsakt ersetzt wird, der mangels Anhörung (§ 24 SGB X) oder Ermessensausübung rechtswidrig war (BSG 75 S. 159). Hier werden keine Gründe nachgeschoben, es wird vielmehr eine neue Ermessensentscheidung getroffen. Der neue Verwaltungsakt wird gemäß § 96 SGG Gegenstand des Verfahrens.

32 Herkömmlicherweise unterscheidet man das Entschließungs- und das Auswahlermessen. Beide können in einer Vorschrift aufs engste miteinander verbunden sein (BSG 4-4300 § 217 Nr. 2). Das erstere bezieht sich auf die Entscheidung der Behörde, ob sie überhaupt eine in ihr Ermessen gestellte Entscheidung treffen will. Dies hat im Leistungsrecht kaum praktische Bedeutung (BSG 108 S. 80, zu § 16 SGB II). So konnte nach der Regelung des § 9 Abs. 2 SGB VI aF der Träger der Rentenversicherung Leistungen zur Rehabilitation erbringen. Angesichts des Grundsatzes Teilhabe vor Rente (§ 9 Abs. 1 Satz 2 SGB VI) hatte er jedoch praktisch kein **Entschließungsermessen** mehr (BSG 66 S. 87). Allenfalls konnte er noch in engem Rahmen der Zeitpunkt der Leistung bestimmen (§ 13 Abs. 1

SGB VI). Dabei läuft er immer Gefahr, von seinem Ermessen einen fehlerhaften Gebrauch zu machen, wenn er den Zeitpunkt nicht nach dem Rehabilitationsbedürfnis, sondern nach der Auslastung der von ihm selbst betriebenen Einrichtungen bestimmt (vgl. Schmid/Egner, DAngV 2002 S. 369, 372). Ein Entschließungsermessen besteht für jeden Sozialleistungsträger nach § 43 Abs. 1 bei den vorläufigen Leistungen, jedoch nur solange der Berechtigte sie nicht beantragt hat. Schließlich hat der Sozialleistungsträger bei der Rücknahme eines rechtswidrigen begünstigenden Verwaltungsaktes nach § 45 SGB X ein Entschließungsermessen. Praktisch größere Bedeutung hat das **Auswahlermessen.** Das gilt insbesondere in den Fällen, in denen eine Norm des Leistungsrechts von mehreren Möglichkeiten ausgeht, unter denen der Leistungsträger eine Auswahl zu treffen hat. Hier kann es aber im Einzelfall zweifelhaft sein, ob dem Leistungsträger ein Ermessen eingeräumt ist, oder ob der Gesetzgeber davon ausgegangen ist, dass bei der Auswahl nur eine Entscheidung richtig sein kann. Lediglich die Tatsache, dass ein Leistungskatalog nicht abschließend formuliert ist, lässt nicht auf einen Ermessensspielraum schließen. Auch dies muss durch Auslegung ermittelt werden. In der Eingliederungshilfe begründet § 107 Abs. 2 SGB IX ein Auswahlermessen, das durch § 102 Abs. 2 SGB IX begrenzt ist. In der ganz ähnlichen, nicht einmal abschließenden Regelung des § 27 Abs. 2 SGB VIII soll nach überwiegender Auffassung dem Jugendamt dagegen kein Auswahlermessen eingeräumt sein (dazu Maas, RsDE 1998/39 S. 1). Ein Auswahlermessen besteht hinsichtlich der Art der Einrichtung, die zur Leistungserbringung in Anspruch genommen wird, wenn ein Rehabilitationsträger eine medizinische Maßnahme durchführt (BSG SozR 2200 § 1236 Nr. 43).

Fraglich ist, ob man das **Planungsermessen** (vgl. BVerwG 45 S. 309) innerhalb der Ermessenslehre gesondert behandeln soll. Häufig geht es mit Prognoseentscheidungen einher und rührt damit auch an die Beurteilungsermächtigung. Es ist zumindest einzuräumen, dass der Entscheidungsspielraum der Verwaltung hier größer ist als sonst im Ermessen. Eine solche planerische Gestaltungsfreiheit gibt es vor allem bei der Erstellung von Bebauungsplänen oder in der Raumordnung. Im Sozialrecht finden wir es nur ansatzweise. Immerhin wird man sagen müssen, dass die Frage des Abschlusses oder der Kündigung eines Versorgungsvertrages mit einem Krankenhaus oder einer Rehabilitationseinrichtung (§§ 109 ff. SGB V; 8 Abs. 2 KHG) Elemente eines solche Planungsermessens enthält (anders noch BVerwG 62 S. 86; BVerwG 72 S. 38). Wenn man auch der Verwaltung in diesem Bereich einen größeren Entscheidungsspielraum zubilligt, so bedeutet das natürlich nicht die Freistellung von der Notwendigkeit, die tatsächlichen Grundlagen der Entscheidung festzustellen, die gesetzliche Ausgangslage durch zutreffende Auslegung der Norm zu klären, die Grenzen der Entscheidungsbefugnis einzuhalten und die Gründe und Wertungen zu benennen (Nierhaus, DVBl 1977 S. 24). 33

4. Ermessensfehler

Ob man die Ermessensfehler in bestimmter Weise systematisieren sollte, ist zweifelhaft. Es ist vor allem nicht ersichtlich, welchen Erkenntniswert dies für die Ermessenslehre hat. Höchstens kann die Vielfalt der möglichen Ermessensgesichtspunkte und Ermessensfehler verdeutlicht werden. Herkömmlicherweise unterscheidet man Ermessensüberschreitung, Ermessensunterschreitung und den Ermessensfehlgebrauch. Es kann sich auch ergeben, dass Elemente der Tatbestandsebene fehlerhafter Weise in den Ermessensbereich verlagert werden (vgl. 34

BVerwG NJW 1995 S. 1041). Die Zuordnung des Ermessensnichtgebrauchs erfolgt schon unterschiedlich. Teilweise werden auch Verfahrensfehler bei der Ermessensausübung gesondert behandelt (vgl. im Einzelnen Alexy, JZ 1986 S. 701). Für das Sozialrecht ist zu betonen, dass § 54 Abs. 2 SGG nur zwei Ermessensfehler benennt, nämlich die Überschreitung der gesetzlichen Grenzen des Ermessens und die Verfehlung des Zwecks der Ermächtigung. Auch das BVerwG rückt diese beiden Gesichtspunkte in den Mittelpunkt (BVerwG 34 S. 214, 215). Zu beachten ist, dass eine unrichtige Annahme der Verwaltung einen Ermessensfehler nur dann begründet, wenn sie für die Ermessensentscheidung bestimmend war (BSG 48 S. 8).

35 Spezifisch sozialrechtliche Ermessensfehler ergeben sich aus den §§ 2 Abs. 2, 33 und 66. Jede Ermessensausübung muss darauf bedacht sein, die sozialen Rechte möglichst weitgehend zu verwirklichen (§ 2 Abs. 2). Immer – auch wenn der Berechtigte von sich aus dazu nichts vorgetragen hat – sind die persönlichen Verhältnisse iSd § 33 Satz 1 zu berücksichtigen. Im Falle einer fehlenden Mitwirkung (§§ 60 ff.) kann der Sozialleistungsträger zwar gemäß § 66 Abs. 1 und 2 die Leistung ganz oder teilweise versagen oder entziehen. Tatsächliche Voraussetzung für die Ermessensausübung ist aber die Frage, ob durch die Verweigerung der Mitwirkung die Aufklärung des Sachverhalts erheblich erschwert wird (§ 20 SGB X). Da diese Möglichkeit nicht der Sanktion dienen, sondern die Erfüllung der Mitwirkungspflichten durchsetzen helfen soll, muss in die Abwägung mit einbezogen werden, ob weiter ermittelt wird und in welchem Umfange der Sozialleistungsberechtigte zur Erfüllung dieser Pflichten in der Lage ist. Ggf. ist eine Beratung nach § 14 erforderlich. Auch die Bestellung eines Vertreters nach § 15 SGB X kann angezeigt sein. Schließlich muss entschieden und begründet werden, warum ggf. nicht die teilweise Versagung der Leistung ausreicht. Eine vollständige Versagung nach § 66 kann auch unverhältnismäßig sein, wenn ein großer Teil des Sachverhalts bereits geklärt ist und nur noch Randfragen offen sind. Dasselbe gilt bei Leistungen nach den §§ 19 ff. SGB II, wenn die Versagung auch die Unterkunftskosten erfasst (§ 22 SGB II).

36 Wichtig für die verfahrensrechtliche Behandlung von Ermessensfehlern ist, dass **unzweckmäßige Entscheidungen** zwar im Widerspruchsverfahren beanstandet werden können (§§ 68 VwGO, 77 SGG), die gerichtliche Kontrolle beschränkt sich jedoch auf die Rechtmäßigkeit der Entscheidung des Sozialleistungsträgers (§§ 114 VwGO, 54 Abs. 2 Satz 1, 131 SGG). Wird also ein Ermessensfehler festgestellt, so erfolgt im Allgemeinen eine Aufhebung des Verwaltungsaktes verbunden mit dem Ausspruch einer Verpflichtung zur Neuentscheidung unter Beachtung der Rechtsauffassung des Gerichts. Lediglich bei einer Schrumpfung des Ermessens auf Null trifft das Gericht selbst eine Sachentscheidung. Der Gesichtspunkt der Prozessökonomie erfordert grundsätzlich eine Entscheidung in einem einzigen Verfahren. Im Einzelfall können die Interessen des Leistungsberechtigten aber dagegen sprechen (BSG 63 S. 37). Ermessensfehler haben darüber hinaus haftungsrechtliche Konsequenzen. Ist eine Ermessensentscheidung rechtswidrig, so liegt darin immer auch eine **Amtspflichtverletzung** iSd § 839 BGB, 34 GG (BGHZ 75 S. 120). Dasselbe gilt jedoch nicht für eine lediglich unzweckmäßige Entscheidung (BGH NJW 1979 S. 1354).

37 Der in der Praxis wohl wichtigste Ermessensfehler liegt dann vor, wenn von dem Ermessen nicht entsprechend dem **Zweck der Ermächtigung** Gebrauch gemacht wurde (BVerwG 30 S. 313; BVerwG 39 S. 90; BVerwG 51 S. 166). Dieser Zweck ist zunächst aus der konkreten Norm, die der Verwaltung ein Ermessen einräumt, durch Auslegung zu erschließen. Verhilft die Analyse der konkreten Norm nicht zu einer vollständigen Klärung des Zwecks, so ist auf den systematischen Zusammenhang, in dem die Norm steht, die allgemeinen Rechtsgrundsätze, die Verfassung und den Sinnzusammenhang der gesamten Rechtsordnung (Bachof, JZ 1972 S. 643) abzustellen. Für das Sozialrecht bedeutet dies vor allem, dass man den Zweck jeweils eingebunden in den einzelnen Sozialrechtsbereich ermitteln muss. Aus den Einzelgesetzen können sich Gesichtspunkte ergeben, in welche Richtung vom Ermessen Gebrauch zu machen ist (vgl. BVerwG 91 S. 82). Es wäre ein Ermessensfehler, in der sozialen Entschädigung oder in der Sozialversicherung sozialhilferechtliche Grundsätze heranzuziehen. Im Leistungsrecht der Sozialhilfe haben demgegenüber Elemente des Verschuldens keinen Platz. Anders ist dies nur bei der Heranziehung zu den Kosten der Hilfe nach § 103 SGB XII. Das gilt in großem Umfange auch sonst im Sozialrecht. In Einzelfällen kann das Verschulden aber eine Rolle spielen (vgl. §§ 52 SGB V; 2 Abs. 2 OEG). Sehr nahe an eine Verschuldensregelung heran kommt die Vorschrift des § 36 Abs. 1 Satz 1 SGB XII. Dort kann die Hilfe davon abhängig gemacht werden, dass sie „gerechtfertigt" ist.

Von einer **Ermessensüberschreitung** (Ermessensmissbrauch) spricht man, 38
wenn die äußeren Grenzen eines Ermessensspielraumes nicht beachtet werden. Das ist dann der Fall, wenn eine Rechtsfolge bestimmt wird, die das Gesetz nicht vorsieht. Nimmt demgegenüber die Verwaltung ein Ermessen an, wo es ihr tatsächlich nicht zusteht, so liegt darin ein Auslegungsfehler aber keine Ermessensüberschreitung (BSG 54 S. 19). Darüber können aber auch Zweifel bestehen. So räumt mE § 24 Abs. 4 SGB II entgegen einer wohl überwiegenden Auffassung, kein Ermessen ein. Diese Frage ist durch Auslegung zu klären (oben Rn. 4). Praktische Bedeutung hat die Ermessensüberschreitung in erster Linie in der Eingriffsverwaltung, zumindest im Leistungsrecht kommt sie seltener vor. Das erklärt sich daraus, dass der Gesetzgeber typischerweise die Leistungen in der jeweiligen Norm entweder abschließend (§ 27 SGB V) oder beispielhaft (§ 49 Abs. 3 SGB IX) aufzählt. Diese Regelungstechnik besteht auch dann, wenn dem Sozialleistungsträger im Übrigen ein Auswahlermessen eingeräumt ist (vgl. §§ 13 Abs. 1, 16 SGB VI). Als einen Fall der Ermessensüberschreitung wird man es aber ansehen müssen, wenn der Sozialleistungsträger seine Ermessensentscheidung mit einer Nebenbestimmung versieht, die nach § 32 Abs. 2 SGB X gesetzlich nicht vorgesehen ist.

Eine **Ermessensunterschreitung** (Ermessensmangel) ist gegeben, wenn die 39
Verwaltung einen Ermessensspielraum nicht voll ausschöpft oder gar nicht erkennt, dass sie ein Ermessen auszuüben hat (BVerwG 31 S. 213). Dieser Fehler kann sich im Leistungsrecht oftmals ergeben. So wird in der Praxis regelmäßig übersehen, dass Vorschüsse (§ 42) oder Vorleistungen (§ 43) erbracht werden können. Auch bei der Rücknahme rechtswidriger begünstigender Verwaltungsakte (§ 45 Abs. 1 SGB X) und der damit verbundenen Erstattung (§ 50 Abs. 3 SGB X) verfahren die Sozialleistungsträger oft so, als würde es sich hier um eine gesetzesgebundene Verwaltung handeln und übten in der Vergangenheit ein Ermessen gar nicht erst aus (BSG SozR 1300 § 45 Nr. 12; 19; 24; 34; 38; 39; 46; 47). Immer wieder wird bei der Verletzung von Mitwirkungspflichten übersehen, dass bei der daraus resultierenden Entscheidung nach § 66 Abs. 1 drei Ermessensentscheidungen zu treffen sind (LSG BW L 7 1703/06 juris; Sächs. LSG ZfSH/SGB 2008 S. 154). Bei einer zweiten Sanktion in der Grundsicherung für Arbeitsuchende war gemäß § 31 Abs. 3 Satz 6 SGB II aF zu prüfen, ob Sachleistungen zu erbringen sind

(LSG NRW info also 2009 S. 277). Dabei konnte das Ermessen angesichts der vorbehaltlosen Garantie des Existenzminimums auf Null schrumpfen (vgl. § 9 Rn. 3–5). In der Neufassung des § 31a Abs. 3 Satz 1 SGB II ist die Ermessensausübung von einem Antrag des Leistungsberechtigten abhängig gemacht worden, was sich wohl aus dem früher häufigen Nichtgebrauch des Ermessens durch die Jobcenter erklärt. In der Sache hat sich aber nichts geändert, denn über das Antragsrecht ist der Leistungsberechtigte nach § 14 zu beraten (§ 14 Rn. 10). In der gegenwärtigen Sozialhilfepraxis wird zumeist nicht erkannt, dass gemäß § 27b Abs. 2 SGB XII über die Höhe des Barbetrages eine Ermessensentscheidung zu treffen ist („mindestens"). Einen Ermessensmangel wird man auch dann annehmen müssen, wenn bei Leistungen, die als Zuschuss oder als Darlehen gewährt werden können, der Leistungsträger davon ausgeht, es gäbe einen Vorrang der darlehensweisen Gewährung vor dem Zuschuss (§ 22 Abs. 1 Satz 2 SGB XII). Richtigerweise ist über die Leistungsform nach Ermessensgesichtspunkten zu entscheiden (BSG SozR 4100 § 57 Nr. 2). Zuweilen ist aus dem Gesetzeswortlaut nicht erkennbar, dass ein Ermessen auszuüben ist. So hatte gemäß § 25 Abs. 1 BSHG aF keinen Anspruch auf Leistungen der Sozialhilfe, wer sich weigert, eine zumutbare Arbeit zu leisten (§ 39a SGB XII). Nach Auffassung des BVerwG bedeutet dies nicht nur einen Ausschluss des Anspruchs, sondern zugleich auch die Verpflichtung, nunmehr Hilfe nach Ermessensgesichtspunkten zu leisten (BVerwG 29 S. 99; BVerwG 67 S. 1). Erkannte der Träger der Sozialhilfe dies nicht, so lag darin eine Ermessensunterschreitung (vgl. VGH Mannheim FEVS 43 S. 413). In der Nachfolgevorschrift des § 39a SGB XII ist dem Sozialhilfeträger allerdings ein Ermessen nur noch insoweit eingeräumt, als sie über die Höhe der Verminderung zu entscheiden haben. Geradezu missverständlich war die Regelung des § 23 Abs. 3 SGB XII aF. Danach hatten Ausländer die nach Deutschland eingereist sind, um Sozialhilfe zu erlangen, keinen Anspruch auf Sozialhilfe. Das bedeutet aber nur, dass in diesem Falle eine Ermessensentscheidung nach § 23 Abs. 1 Satz 3 SGB XII aF zu treffen war. Diese konnte nicht etwa ablehnend mit der Unrechtmäßigkeit des Aufenthalts begründet werden, sondern musste Art. 1 Abs. 1 GG beachten. Übersieht der Leistungsträger, dass er eine Ermessensentscheidung zu treffen hat, so kann das im Rahmen einer einstweiligen Anordnung auch bedeuten, dass das Gericht diese Entscheidung trifft, sofern damit nicht die die Vorwegnahme der Entscheidung in der Hauptsache verbunden ist (LSG SchlH; Info also 2014 S. 276).

40 Der Begriff des **Ermessensfehlgebrauchs** ist gleichsam ein Sammelbegriff für alle denkbaren Ermessensfehler. Soweit er nicht im Verfahrensbereich angesiedelt ist (BVerwG 42 S. 113), kennzeichnet er hauptsächlich die Kehrseite des Zwecks der Ermächtigung. Ein Ermessensfehlgebrauch liegt vor, wenn unzureichende oder sachwidrige Erwägungen angestellt wurden, wenn die Grundrechte, der Verhältnismäßigkeitsgrundsatz, das Sozialstaatsprinzip, die Maßstäbe des § 2 Abs. 2 oder sonst zwingendes Recht nicht beachtet wurden.

41 In besonderen Fällen kann der Ermessensspielraum in der Weise eingeschränkt sein, dass nur noch eine einzige von allen denkbaren Entscheidungen rechtmäßig ist. In diesem Falle hat der Sozialleistungsträger keine Wahlmöglichkeit zwischen mehreren Alternativen (Ermessensreduzierung auf Null). Häufiger dürfte wohl die Reduktion auf einige wenige Entscheidungsalternativen sein. Lediglich bei einer **Ermessensreduzierung auf Null** steht dem Sozialleistungsberechtigten nicht nur das formell subjektive öffentliche Recht auf die pflichtmäßige Ausübung des Ermessens zu, sondern unmittelbar auf die Gewährung der Leistung, die als einzig ermessensgerecht zu bewilligen wäre (BSG 45 S. 5; BSG 52 S. 267, 272; BSG 73 S. 211; BSG SozR 3-1300 § 50 Nr. 16; BSG 124 S. 238 Rn. 12). In der Systematik der Ermessensfehlerlehre wäre eine andere Entscheidung eine Ermessensüberschreitung.

5. Einzelfälle

In der Krankenversicherung besteht nach § 37 Abs. 1 SGB V ein Anspruch auf **krankenhausvermeidende häusliche Krankenpflege** für grundsätzlich vier Wochen. In begründeten Ausnahmefällen kann die Leistung nach § 37 Abs. 1 Satz 5 SGB V für einen längeren Zeitraum bewilligt werden. Eine Koppelungsvorschrift (vgl. oben Rn. 26) wird man hier nicht annehmen können. Der Zweck der Ermächtigung ergibt sich unmittelbar aus § 39 Abs. 1 SGB V. Danach besteht ein Anspruch auf Krankenhausbehandlung nur, wenn ua häusliche Krankenpflege nicht ausreicht. Solange also Krankenhausbehandlungsbedürftigkeit objektiv gegeben, das Behandlungsziel aber auch anders erreichbar ist, kann ein zweckgerechter Ermessensgebrauch nach § 37 Abs. 1 Satz 5 SGB V nur in einer länger dauernden häuslichen Krankenpflege liegen. 42

Als ungewöhnlich wird man die Regelung des § 18 Abs. 1 Satz 3 Hs. 2 SGB XI ansehen müssen. Danach haben die Versicherten im Falle der **Pflegebedürftigkeit** einen Anspruch auf Leistungen zur medizinischen Rehabilitation. Häufig ist ohnehin der als Anspruchsnorm ausgestaltete § 40 SGB V anwendbar. Die bisherige Ermessensnormen des § 9 Abs. 2 SGB VI aF wurde durch § 18 SGB XI jedoch nicht in zwingende Anspruchsnormen umgestaltet, noch wurden ihre Voraussetzungen modifiziert. Beide Vorschriften standen nebeneinander. Man wird die Regelung des § 18 Abs. 1 Satz 3 Hs. 2 SGB XI aber im Sinne eines **intendierten Ermessens** anwenden müssen (BVerwG 72 S. 1). Es zeichnet sich dadurch aus, dass eine Ermessensnorm dahingehend auszulegen ist, „dass sie für den Regelfall von einer Ermessensausübung in einem bestimmten Sinne ausgeht". Kann also eine Pflegebedürftigkeit durch Leistungen zur medizinischen Rehabilitation gemindert werden, so kann das Ermessen praktisch nur im Sinne einer zusprechenden Entscheidung ausgeübt werden. Bei einem intendierten Ermessen müssen also für eine gegenteilige Entscheidung besondere Gründe vorliegen. „Liegt ein vom Regelfall abweichender Sachverhalt nicht vor, so versteht sich das Ergebnis der Abwägung von selbst." Ist das der Fall, „so bedarf es insoweit auch keiner … das Selbstverständliche darstellenden Begründung" (BVerwG 105 S. 57). Der Entscheidungsspielraum der Behörde wird also in eine bestimmte Richtung gelenkt. In diesem Falle sind die Anforderungen an eine Begründung (§ 35 SGB X) erheblich abgesenkt. Strukturell entspricht das intendierte Ermessen der Sollvorschrift (Volkmann, DöV 1996 S. 282; Borowski, DVBl 2000 S. 149). Ein nicht unproblematischer Fall des intendierten Ermessens war in § 7 Abs. 2 SGB III aF geregelt, wenn die Auswahlentscheidung unter förderungsbedürftigen Personen vom prognostizierten Eingliederungserfolg abhängig gemacht wurde (vgl. jetzt § 7 Satz 2 Nr. 1–3 SGB III). 42a

Zweifel haben sich auch beim **persönlichen Budget** nach § 29 SGB IX ergeben. Nach der ursprünglichen Fassung des § 17 SGB IX aF bestand nur ein Anspruch auf pflichtgemäße Ausübung des Ermessens. Das hatte zur Folge, dass Pflichtleistungen, wie etwa nach § 40 SGB V, immer zu erbringen waren. Ihre Einbindung in ein persönliches Budget hing aber von einer zusätzlichen Ermessensentscheidung ab. Seit dem Januar 2008 besteht ein Rechtsanspruch auf das 42b persönliche Budget (§ 159 Abs. 5 SGB IX aF). Vor diesem Hintergrund ist die jetzige Regelung zu beurteilen. Zwar besteht ein Anspruch auf ein persönliches Budget. Das ändert aber nichts daran, dass zB Leistungen zur Teilhabe nach § 112 SGB III als Ermessensleistungen zu erbringen sind. Der Träger der Arbeitsförderung entscheidet also zunächst nach Ermessensgesichtspunkten über die Leistungen nach § 112 SGB III. Trifft er eine zusprechende Entscheidung, so muss er sie auf Antrag des behinderten Menschen in ein persönliches Budget integrieren (BSG 108 S. 158 Rn. 17). Andererseits hat es das BSG als zulässig angesehen, dass auf der Grundlage des § 17 SGB IX aF eine Ermessensentscheidung zugunsten eines persönlichen Budgets zur Inanspruchnahme einer nicht anerkannten WfbM, obwohl die zugrunde liegende Norm des § 40 SGB IX aF (§ 57 SGB IX) nur Leistungen in einer anerkannten WfbM kennt (BSG 109 S. 293 Rn. 27). Es ist fraglich, ob man diese Rechtsprechung noch aufrecht erhalten kann. Damit könnten vor allem Regelungen des Leistungserbringungsrechts relativiert werden, was man im Rahmen des Ermessens in § 17 SGB IX aF noch hätte steuern können. Anders formuliert, es fragt sich, ob das Ziel des persönlichen Budgets, dem behinderten Menschen ein selbstbestimmtes Leben in eigener Verantwortung zu ermöglichen (BSG 109 S. 293 Rn. 28), so weitreichende Konsequenzen haben kann, das auch Regelungen des Leistungserbringungsrechts übergangen werden können (vgl. auch BSG SGb 2012 S. 655 mAnm Palsherm; Peters-Lange, SGb 2015 S. 649, 651).

43 Besonders komplex ist die Ausübung des Ermessens bei der Zustimmung des Integrationsamtes zur **Kündigung** eines schwerbehinderten Menschen (BVerwG 90 S. 287; BVerwG 99 S. 336; VGH Mannheim br 1995 S. 196). Insoweit lässt § 168 SGB IX keine konkreten Ermessensgesichtspunkte erkennen. In § 172 SGB IX wird zwar eine Einschränkung der Ermessensentscheidung geregelt. Dies betrifft jedoch nur Sonderfälle. Bei der Zustimmung zur Kündigung ist ohne konkrete Anhaltspunkte im Gesetz eine umfassende Abwägung vorzunehmen. Sie muss das Interesse des einzelnen schwerbehinderten Menschen, des Arbeitgebers und der Gruppe der Schwerbehinderten berücksichtigen (vgl. Seidel, br 1996 S. 101). Dabei können schon die Interessen des Einzelnen und der Gruppe der schwerbehinderten Menschen widerstreiten (vgl. Klare, br 1993 S. 76; Brill, br 1993 S. 97; Seidel, RsDE 1994/26 S. 32).

44 Zum Teil schwierige Fragen des Ermessensfehlgebrauchs ergeben sich im Zusammenhang mit der Arbeitsförderung bzw. der Teilhabe am Arbeitsleben. Das erklärt sich wohl daraus, dass jede Individualentscheidung auch arbeitsmarktpolitische Relevanz hat und in den prognostischen Bereich hineinragt (oben Rn. 15). Ein relativ durchsichtiger Fall des Ermessensfehlgebrauch eines Trägers der Rentenversicherung besteht darin, dass einem Leistungsberechtigten im Alter von 45 Jahren nach einem Bandscheibenvorfall eine Umschulungsmaßnahme verwehrt wurde, da infolge seines Alters keine Aussicht auf Eingliederung in den Arbeitsmarkt bestanden hätte (LSG BW NZS 2008 S. 319). Der entscheidende Ermessensfehler liegt dabei nicht einmal in der Fehleinschätzung von Krankheit und Alter, sondern darin, dass die Möglichkeit ergänzender Leistungen zur Eingliederung ins Arbeitsleben im Rahmen des Ermessens nicht berücksichtigt wurden (§ 49 Abs. 6–8 SGB IX). Schwieriger war die Ermessensausübung bei den Eingliederungszuschüssen an Arbeitgeber nach § 88 SGB III (§ 217 SGB III aF). Nach Auffassung des BSG war es zulässig, die Leistung davon abhängig zu machen, dass die Arbeitgeberinteressen gegenüber den arbeitmarktlichen Interessen nicht überwiegen (BSG SozR 4-4300 § 217 Nr. 2). Wie komplex eine Ermessensent-

scheidung sein kann ergibt sich aus folgendem Begründungssatz des BSG: „Von einer fehlerhaften Ermessensausübung i. S. einer gebundenen Ablehnungsentscheidung der BA ist auszugehen, wenn der Eingliederungszuschuss allein mit der Begründung abgelehnt worden ist, die Förderung eines Arbeitsverhältnisses unter Verwandten komme nur ausnahmsweise in Betracht, wenn die Initiative zur Einstellung von der BA ausgegangen und für den zu besetzenden Arbeitsplatz ein Vermittlungsauftrag des Arbeitgebers ohne Beschränkung auf eine bestimmte Person erteilt worden sei“ (BSG SozR 4-4300 § 217 Nr. 2).

Ein Fall, der im Grenzbereich zwischen dem SGB II und dem SGB III liegt, 45
ist darin zu sehen, dass Ermessenserwägungen, die in der Arbeitsförderung zulässig sind, unzulässiger Weise auf die Grundsicherung für Arbeitsuchende übertragen wurden. Zugleich zeigt sich darin die eingeschränkte Bedeutung von Ermessensrichtlinien. In der Arbeitsförderung hat die Bundesagentur für Arbeit einen nicht zu übernehmenden Bagatellbetrag für Fahrtkosten bei der Erfüllung der Meldepflicht von Arbeitsuchenden in ihren Richtlinien festgelegt (§§ 59 SGB II, 309 Abs. 4 SGB III). Dabei musste sie auch die wirtschaftliche Lage des Leistungsberechtigten zu berücksichtigen. Erhält der Meldepflichtige Leistungen nach den §§ 19 ff. SGB II, dann ist in der ihm zustehenden Regelleistung zzt. nur ein monatlicher Gesamtbetrag von 35,33 € für die Benutzung von Verkehrsmitteln enthalten (Schwabe, ZfF 2019 S. 1). Daran muss sich die Festlegung einer Bagatellgrenze orientieren (BSG SGb 2008 S. 740 mAnm Hase). Insoweit es also als ein Ermessensfehlgebrauch zu betrachten, wenn ein nach § 309 Abs. 4 SGB III zulässigerweise mit 6 € festgelegter, vom Meldepflichtigen selbst zu tragender Bagatellbetrag auf den nach den §§ 19 ff. SGB II Hilfebedürftigen übertragen wird, der dann mit einer Fahrt bereits 1/5 seines Monatsbetrages ausgeschöpft hat. Der entscheidende Ermessensfehler liegt in diesem Falle darin, dass der Hilfebedürftige weitere Fahrten aus den Beträgen seiner Regelleistung finanzieren müsste, die für andere Lebensbedarfe vorgesehen sind.

Bei der Schaffung von Arbeitsgelegenheiten nach § 16d SGB II hat der Träger 46
der Grundsicherung ein Auswahlermessen zwischen der Begründung eines normalen Arbeitsverhältnisses (§ 16d Abs. 1 Satz 1 SGB II) und der Schaffung gemeinnütziger und zusätzlicher Arbeit als 1-€-Job (OVG Münster FEVS 43 S. 28, zu § 19 BSHG aF). Der Zweck der Ermächtigung ist unmittelbar aus den §§ 1 und 3 SGB II zu erschließen und jetzt in § 16d Abs. 5 SGB II konkretisiert. Danach sollen die Hilfeempfänger möglichst auf Dauer in Arbeit eingegliedert und befähigt werden, unabhängig von den Leistungen der Grundsicherung zu leben. Deswegen ist vorrangig anzustreben, dass ein normales, versicherungspflichtiges Arbeitsverhältnis begründet wird.

In wenigen Fällen kennt das Fürsorgesystem die darlehensweise Bewilligung 46a
von Leistungen. So ist in § 42a Abs. 1 Satz 2 SGB II geregelt, dass ein Darlehen an einzelne Mitglieder der Bedarfsgemeinschaft oder auch an mehrere gemeinsam vergeben werden kann. Es besteht also ein Auswahlermessen, das nur durch die Zugehörigkeit zu einer Bedarfsgemeinschaft (§ 7 Abs. 3 SGB II) normativ eingeschränkt ist. Nach Auffassung der BA soll auch ein Darlehen an minderjährige Kinder möglich sein (Fachliche Weisungen § 42a Nr. 7). Die Rechtsprechung hat den Ermessensspielraum jedoch erheblich eingeschränkt. Auch wenn der Darlehensvertrag nach § 42a SGB II als öffentlich-rechtlicher Vertrag anzusehen ist, so gelten doch ergänzend die Vorschriften des BGB (§ 61 SGB X). Da die Bedarfsgemeinschaft, auf die sich auch § 42a SGB II bezieht, keine Haftungsgemeinschaft ist, wird man die Regelung dahingehend auslegen müssen, dass Darlehensnehmer

nur werden kann, wer durch darlehensweise Gewährung einer Leistung des Jobcenters begünstigt wurde. Die Rückzahlungsverpflichtung darf dann nur die Darlehensnehmer treffen, die auch Begünstigte des Darlehens geworden sind. Da die Darlehensnehmer aber Gesamtschuldner werden (BT-Drs. 17/3404 S. 116), haftet jeder auf das Ganze (§ 421 BGB), also uU auch für fremde Darlehensschuld. Deswegen ist vom Ermessen grundsätzlich in der Weise Gebrauch zu machen, dass ggf. mehrere Einzeldarlehensverträge geschlossen werden, was nach dem Wortlaut des § 42a Abs. 1 SGB II möglich ist. Andernfalls wird eine Familienhaftung eingeführt, die bereits dem Schuld- und dem Familienrecht fremd ist. Es ist also zu verhindern, dass durch Ermessensentscheidung eine Haftung für eine fremde Darlehensschuld begründet wird. Dies kann nicht der Zweck der Ermächtigung sein. Dieser ist vielmehr darauf zu beschränken, dass eine Gesamtschuldnerschaft nur begründet werden darf, wenn an die Bedarfsgemeinschaft eine unteilbare Leistung erbracht wird, was nur in wenigen Fällen vorkommt.

46b Insbesondere wenn Kinder in einer Bedarfsgemeinschaft betroffen sind, ist zusätzlich Folgendes zu beachten: Einer Darlehensvergabe an **Minderjährige** steht der Minderjährigenschutz entgegen (vgl. Sächs. LSG FEVS 67 S. 85). Dies ergibt sich unmittelbar aus § 1643 Abs. 1, 1822 Nr. 8 BGB. Danach können Eltern ihr Kind nicht ohne familiengerichtliche Genehmigung beim Abschluss eines Darlehensvertrages vertreten. Zwar wird das Familiengericht in diesen Fällen praktisch nie eingeschaltet. Jedoch muss das Jobcenter im Rahmen seines nach § 42a Abs. 1 Satz 2 SGB II auszuübenden Ermessens diese Gesichtspunkte prüfen. Bei der Übernahme von Mietschulden ist die Auffassung des BSG sehr eng. Das Gericht gelangt zu dem Ergebnis, dass es allein sachgerecht ist, „nur die durch den Mietvertrag zivilrechtlich verpflichtete Person … als Darlehensnehmer anzusehen (BSG SozR 4-4200 § 22 Nr. 80). Dem schließt sich das Sächs. LSG an (FEVS 67 S. 85). Diese Auffassungen dürften aber doch etwas weit gehen. Es ist sachgerechter, im Rahmen des Ermessens danach zu entscheiden, wer von der Mietschuldenübernahme einen Nutzen hat, und wem die Verfehlungen, die zu den Mietschulden führten, zuzurechnen sind. Entscheidend kann dabei auch sein, was das Sächs. LSG hervorhebt, dass das Einkommen von Kindern zunächst zur Deckung ihres Bedarfs einzusetzen ist (vgl. §§ 9 Abs. 2 Satz 2, 11 Abs. 1 Satz 4 SGB II) und somit auch nicht zur Deckung der Schulden ihrer Eltern.

47 Bei der Entscheidung über Art und Maß der Sozialhilfe (§ 17 Abs. 2 SGB XII) ist einerseits dem Grundsatz einer möglichst selbständigen Lebensführung Rechnung zu tragen (BVerwG NJW 1991, 2305). Andererseits kann es gerade das Individualisierungsprinzip des § 9 SGB XII verlangen, zB bei einer Alkoholkrankheit von einer Geld- auf eine Sachleistung überzugehen (§§ 20 Abs. 3 SGB II; 10 Abs. 3 SGB XII. Dabei wiederum ist dem Verhältnismäßigkeitsgrundsatz Rechnung zu tragen (VG Dessau info also 1994 S. 146). Trotz der Neuregelung des § 23 SGB XII wäre es verfehlt, wenn bei der Sozialhilfe für Ausländer im Rahmen der Ermessensentscheidung nach § 23 Abs. 1 Satz 3 SGB XII ausländerpolizeiliche Erwägungen angestellt würden. Schwierigkeiten ergeben sich häufig auch bei der Ermessensausübung im Rahmen einer Schuldenübernahme nach den §§ 22 Abs. 8 SGB II, 36 SGB XII (vgl. BVerfG SGb 2017 S. 643 mAnm Wunder; LSG Bln.-Brandbg NZS 2017 S. 557; Hahn, NZS 2017 S. 732). Diese Vorschriften stellen einerseits abweichende Regelungen von den §§ 27 ff. SGB XII dar, sind aber andererseits immer noch im Fürsorgesystem, insbesondere im Bedarfsdeckungsprinzip, verankert (§ 9 Rn. 41). Damit ist es nicht leicht, den Zweck der Ermächtigung zu erschließen. Die Übernahme von Schulden ist danach jedenfalls nur dann zulässig, wenn auf diese Weise ein Bedarf gedeckt wird. Das gilt für Mietschulden vor allem dann, wenn dadurch der Wohnraum erhalten werden kann (vgl. §§ 543 Abs. 1, 569 Abs. 3 BGB).

Ganz allgemein wird das Ermessen fehlerfrei immer nach den rechtlichen Regeln des eigenen Zuständigkeitsbereichs der Behörde ausgeübt. Dementsprechend dürfen auch Leistungen in einem Sozialleistungsbereich nicht deshalb versagt werden, weil ein Anspruch gegenüber einem anderen Sozialleistungsträger besteht. Dies ist teilweise ausdrücklich geregelt (vgl. §§ 5 Abs. 1 SGB II; 10 Abs. 1 Satz 2 SGB VIII; 185 Abs. 6 SGB IX), ergibt sich aber generell aus dem Grundsatz der Ermessensausübung nach dem eigenen Zuständigkeitsbereich. So durfte auch ein Träger der Rentenversicherung Rehabilitationsleistungen nach § 9 Abs. 2 SGB VI aF nicht deshalb versagen, weil gleichartige Ansprüche gegen den Träger der Krankenversicherung nach § 40 SGB V bestehen (vgl. BMA, BArbBl 1995/1 S. 54). **48**

Generell muss der Leistungsträger auch eigene Fehler bei seiner Ermessensentscheidung mit berücksichtigen. Das kann des Öfteren praktisch werden, wenn er eine Ermessensentscheidung über die Einrede der Verjährung trifft. Schwieriger wird diese Frage bei der Ausübung des Ermessens nach § 45 SGB X, wenn über die **Rücknahme eines** rechtswidrigen begünstigenden **Verwaltungsaktes** zu entscheiden ist. In konsequenter Anwendung der Grundsätze der Ermessenslehre verlangt das BSG, dass eine Abwägung aller Gesichtspunkte zu erfolgen hat. Das betrifft Fehler der Behörde ebenso, wie Fehler des Leistungsberechtigten (§ 45 Abs. 2 Satz 3 SGB X). Es liegt auf der Hand, dass etwa eine arglistige Täuschung durch den Leistungsberechtigten größeres Gewicht hat, als eine Fahrlässigkeit auf Seiten des Leistungsträgers. Im Falle einer mindestens groben Fahrlässigkeit auf Seiten des Leistungsberechtigten wird nach Auffassung des BSG die Ermessensentscheidung auch dann nicht fehlerhaft, wenn die Behörde ihren eigenen Fehler nicht in die Abwägung mit einbezieht. Allerdings lässt sich die Frage aufwerfen, ob man die normative Wertung des § 45 Abs. 2 Satz 3 SGB X auf die Ermessensprüfung übertragen kann. Das wird man wegen der Verknüpfung der Absätze 1–4 in § 45 SGB X bejahen müssen („unter der Einschränkung der Absätze 2 bis 4"). Bei dieser letzteren Frage kann auch nicht nach dem Gewicht der Fehler differenziert werden (SGB 2015 S. 335, 343 mAnm Merten). **48a**

6. Ermessen und Haushaltslage

Ein gerade im Sozialrecht nicht leicht zu bewertender Sonderfall des Ermessensgebrauchs nach dem Zweck der Ermächtigung bzw. des Ermessensfehlgebrauchs liegt im Falle der Berücksichtigung finanzieller Gesichtspunkte vor. Allgemein muss man zunächst sagen, dass die Berücksichtigung **fiskalischer Erwägungen** bei der Ermessensausübung nicht schlechthin ausgeschlossen ist (BVerwG 15 S. 254; BVerwG 16 S. 196; BVerwG 22 S. 215, 219; BVerwG NVwZ 1989 S. 469; BSG 9 S. 232, 234; BSG 27 S. 54, 57; BSG 28 S. 288, 291; BSG 46 S. 183, 185). Das wird man schon deswegen annehmen müssen, weil die Verwaltung nach den Grundsätzen der Wirtschaftlichkeit und Sparsamkeit zu verfahren hat (Art. 114 Abs. 2 Satz 1 GG; § 69 Abs. 2 SGB IV). Insbesondere ist der allgemeine Zusammenhang des finanziell Möglichen mit dem sozialen Leistungsrecht nicht zu leugnen (BVerfG 33 S. 333). Die Schwierigkeit besteht aber darin, solche allgemeinen Gesichtspunkte in eine sachgerechte Haushaltsplanung und Ermessensausübung **49** umzusetzen (vgl. Kirchhof, NVwZ 1983 S. 511; Mußgnug VVDStRL 1987/47 S. 116; Ebsen DVBl 1988 S. 888).

50 Das BSG hat es als zulässig angesehen, dass im Rahmen der Bewilligung von ergänzenden (sonstigen) Leistungen zur Rehabilitation nach § 1242 RVO aF (§ 31 SGB VI) finanzielle Erwägungen angestellt werden können. Dabei ist es allerdings ermessensfehlerhaft, wenn nicht geprüft wird, ob wenigstens ein Teil der Kosten übernommen werden kann (BSG SozR 2200 § 1242 Nr. 3). Das ist wiederum nur möglich, wenn diese Leistungen nicht den Charakter von Sachleistungen haben. Das BSG hat es auch als zulässig angesehen, dass die Übernahme der Restkosten beim Zahnersatz im Rahmen der früheren Härteregelung des § 182c RVO aF im Hinblick auf die angespannte Haushaltslage abgelehnt wurde (BSG 52 S. 267, 270). So kann auch die Vermeidung der Belastung eines aktuellen Haushalts mit Nachzahlungen für die Vergangenheit ein zulässiger Gesichtspunkt bei der Ermessensausübung in § 44 Abs. 2 Satz 2 SGB X sein (BSG 82 S. 50). Andererseits wurde die Ablehnung eines Überbrückungsgeldes nach § 55a AFG aF allein wegen Erschöpfung der Haushaltsmittel als ermessensfehlerhaft angesehen (BSG 67 S. 279).

51 In grundsätzlicher Hinsicht erweist sich die Berücksichtigung finanzieller Erwägungen im Rahmen der Ermessensausübung als kompliziert. Allgemein ist darauf hinzuweisen, dass das soziale Leistungsrecht (Außenrecht) nicht zur Disposition der **Haushaltsansätze** (Binnenrecht) der Sozialleistungsträger steht. Das gilt nach dem Grundsatz des § 39 Abs. 2 auch für Ermessensleistungen. Durch einen zu geringen Ansatz von Mitteln in den Haushaltsplänen könnten sie die Entscheidung des Gesetzgebers unterlaufen. Damit ist zunächst Folgendes festzuhalten: je dichter das sachliche Recht das Handeln der Verwaltung gegenüber dem Bürger regelt, desto weniger können haushaltsrechtliche Erwägungen Einfluss auf die Entscheidung der Verwaltung gewinnen. Soweit Rechtsansprüche – sei es auch nur auf pflichtgemäße Ermessensausübung – bestehen, sind diese gegenüber jedem Leistungsberechtigten und zu jeder Zeit zu erfüllen. Deswegen kann allein die Erschöpfung der Haushaltsmittel kein Gesichtspunkt für eine ablehnende Entscheidung sein. Es ist vielmehr Sache des Sozialleistungsträgers, die Mittel im Haushalt so anzusetzen, dass die Inanspruchnahme der jeweiligen Sozialleistung durch die Sozialleistungsberechtigten ständig möglich ist. Im Laufe eines Haushaltsjahres kann also ab einem bestimmten Zeitpunkt ein Anspruch nicht mit der Begründung abgelehnt werden, die Mittel wären erschöpft (vgl. § 68 Abs. 2 SGB IV). Erforderlichenfalls muss die Leistungsfähigkeit durch einen Nachtragshaushalt gewährleistet werden. Fehlt es gleichwohl an Mitteln, so ist es Sache des Gesetzgebers, ggf. durch ein Haushaltssicherungsgesetz, das Leistungsrecht zu ändern. Damit ergibt sich insgesamt für die Berücksichtigung finanzieller Erwägungen, was allgemein für die Ermessensausübung gilt: Sie dürfen erfolgen, wenn der Zweck der Ermächtigung in der jeweiligen Ermessensnorm in diese Richtung weist (BSG SGb 1991 S. 487 mAnm Pitschas). In diesem Sinne stellen die §§ 68, 69 SGB IV nur klar, dass die Haushaltsansätze von den Versicherungsträgern so zu machen sind, dass eine gleichmäßige Gewährung der Leistungen über das ganze Haushaltsjahr gewährleistet ist.

7. Ermessensrichtlinien

52 Häufig wird die Ermessensausübung durch **Richtlinien** in mehr oder weniger weitem Umfang geregelt (Kummer, SGb 1977 S. 387). Verfassungsrechtliche

Bedenken bestehen insoweit nicht (BVerfG NVwZ 1984 S. 166). Dennoch ist nicht zu übersehen, dass die Richtlinien jeder Förmlichkeit entbehren können. Sie ergehen als Verfügungen, Dienstanweisungen, Erlasse oder Rundschreiben und können in der gleichen Weise auch wieder aufgehoben werden. Dies ist die Grundlage für eine Verwaltungspraxis, die Gesetze ausführt, die in einem komplizierten Verfahren nach den Art. 70 ff. GG geschaffen und auch wieder aufgehoben werden müssen. Solche Richtlinien, das wird heute kaum noch bezweifelt, haben den Charakter von Rechtsnormen (aA LSG Sachs.-Anh. info also 2014 S. 171 Rn. 29). Davon zu trennen und umstritten ist jedoch, ob und in welchem Umfang sie **Außenwirkung** haben, also etwa auch die Gerichte binden (vgl. § 31 Rn. 23–33). Zumindest für Richtlinien, die sich auf die Ausübung des Ermessens beziehen, wird man das verneinen müssen. Solche Richtlinien dienen der internen Steuerung der Verwaltungstätigkeit. Ihre besondere Problematik besteht darin, dass an ihre Abfassung und Handhabung alle Anforderungen zu stellen sind, die allgemein für die Ermessensausübung gelten (vgl. BSG 48 S. 192; BSG 50 S. 33; BSG 51 S. 148; BSG 84 S. 108). Andererseits verleiten sie zu einer subsumtionsähnlichen Verwaltungspraxis. Da das Ermessen vor allem die Berücksichtigung der Besonderheiten des Einzelfalles ermöglichen soll, dürfen Ermessensrichtlinien nie so zwingend abgefasst sein, dass sie nur eine Entscheidung zulassen. Ermessensausübung durch den einzelnen Beamten im konkreten Einzelfall darf also nie auf eine Richtlinienanwendung reduziert werden (BSG 50 S. 33; BSG 54 S. 91; BVerwG NJW 1980 S. 75; BVerwG 70 S. 127; BSG SozR 4-4200 § 59 Nr. 1).

Eine besonders große praktische Bedeutung gewinnen die Ermessensrichtlinien 53 dadurch, dass sie qua **Selbstbindung** der Verwaltung, die über den Gleichbehandlungsgrundsatz (Art. 3 Abs. 1 GG) eine Verbindlichkeit nach außen erlangt, dem Bürger einen Rechtsanspruch auf eine bestimmte Entscheidung der Verwaltung verschaffen (BVerwG 104 S. 220). Voraussetzung ist jedoch, dass die durch Richtlinien begründete Verwaltungspraxis rechtmäßig ist (BVerwG NVwZ 1982 S. 101). Rechtlich relevant ist allerdings nicht die Verletzung der Verwaltungsvorschrift, sondern die mit der Änderung des tatsächlichen Verhaltens verbundene Verletzung des Gleichheitssatzes. Konstruktiv befriedigt die Selbstbindung insoweit nicht, als sie erst eintritt, wenn zumindest ein Fall im Sinne der Richtlinien entschieden wurde (BSG 29 S. 249; BSG 51 S. 150). Manches spricht dafür, schon mit dem Erlass der Richtlinien, zumindest nach ihrer Veröffentlichung, ein Vertrauen des Bürgers auf eine bestimmte, antizipierte, Verwaltungspraxis zu schützen (vgl. BVerwG DöV 1971 S. 748; BVerwG 52 S. 199). Bedenken gegen diese Konstruktion bestehen aber insoweit, als bei ihr der Unterschied zwischen der Selbstbindung durch Richtlinien und der außenwirksamen Rechtsnorm verwischt wird. Außerdem ist die Selbstbindung kein Fall des Vertrauensschutzes, was sich schon daraus ergibt, dass die Verwaltung auch eine langjährig geübte Praxis ändern kann.

Aus zwei Gründen kann die Verwaltung von einer einmal vorgenommenen 54 Selbstbindung abweichen. Der erste Fall besteht darin, dass Besonderheiten des Einzelfalles eine Abweichung rechtfertigen, dh also im Grunde, dass eine Selbstbindung durch Richtlinien in diesem Falle nicht bewirkt werden sollte. Der zweite, praktische wichtigere, Fall besteht darin, dass die Verwaltung ihre ursprüngliche Entscheidungspraxis aufgeben will. Sie hebt also ihre Richtlinie auf und ersetzt sie ggf. durch eine neue. In diesem Falle muss sie, gewissermaßen in einer ersten neuen Entscheidung, von ihrer bisherigen Richtlinie abweichen können.

55 Häufig wird in solchen Richtlinien die Verwaltungstätigkeit auch insoweit gesteuert, als sie sich auf die **Auslegung von Rechtsbegriffen** beziehen. Hinsichtlich des Problems der Selbstbindung der Verwaltung ist hier sorgfältig zu unterscheiden. Eine Selbstbindung der Verwaltung kann es nur im Ermessensbereich geben. Wird in den Richtlinien eine bestimmte Auslegung des Gesetzes geregelt, so kann dies keinerlei Bindungswirkung entfalten (BVerwG 34 S. 278). Angesichts dieser Mengelage und der praktischen Bedeutung der Richtlinien kann es sich ergeben, dass sie in ihrer Wirkung nicht nur den Einzelanspruch gefährden, sondern dass ihre Existenz auch einen Verstoß gegen § 17 Abs. 1 Nr. 1 darstellen. Eine Genehmigung von Richtlinien, wie sie etwa in § 94 Abs. 1 SGB V vorgesehen ist, wäre unpraktikabel und wohl auch nicht notwendig. Empfehlen würde sich aber eine stärkere aufsichtliche Kontrolle von Richtlinien (vgl. im Verhältnis des § 17 SGB I zu § 409 BGB BSG SGb 2015 S. 45 Rn. 24 mAnm Bigge).

§ 40 Entstehen der Ansprüche

(1) **Ansprüche auf Sozialleistungen entstehen, sobald ihre im Gesetz oder auf Grund eines Gesetzes bestimmten Voraussetzungen vorliegen.**

(2) **Bei Ermessensleistungen ist der Zeitpunkt maßgebend, in dem die Entscheidung über die Leistung bekanntgegeben wird, es sei denn, daß in der Entscheidung ein anderer Zeitpunkt bestimmt ist.**

Übersicht

1. Entstehung des Anspruchs ex lege

1 Die wesentliche Bedeutung der Vorschrift besteht in dem Grundsatz, dass das Entstehen eines Anspruchs auf Sozialleistungen nicht davon abhängt, ob und wann der Sozialleistungsträger dessen **Voraussetzungen** feststellt. Es kommt vielmehr auf den Zeitpunkt an, zu dem die gesetzlichen Voraussetzungen vorgelegen haben (BSG SozR 4-3800 § 1 Nr. 12 Rn. 15). Wird also etwa im Zusammenhang mit § 11 Abs. 5 SGB V zunächst Krankengeld geleistet und erst später das Vorliegen eines Arbeitsunfalls festgestellt, dann bestand der Anspruch gegenüber der Krankenkasse von Anfang an nicht. Er ist also nicht erst mit der Feststellungsentscheidung durch die Berufsgenossenschaft entfallen (BSG SGb 1998 S. 368 mAnm Gitter/Tofall). Auch die Kenntnis des Sozialleistungsberechtigten von den tatsächlichen Umständen ist keine Entstehungsvoraussetzung (BSG 34 S. 1). Desgleichen hat die Antragsrücknahme keinen Einfluss auf das Bestehen des Anspruchs (§ 16 Rn. 8). Selbst wenn man davon ausgeht, dass der Verzicht Einfluss auf den Bestand des Anspruchs hat (§ 46 Rn. 4), so ergibt sich jedoch aus § 46 Abs. 1 Hs. 2, dass dies letztlich ohne Wirkung für die Zukunft bleibt. Insgesamt ist also zu sagen, dass der Anspruch entstanden ist, sobald die Merkmale eines Gesetzes oder einer untergesetzlichen Rechtsnorm erfüllt sind (BSG SGb 1994 S. 185 mAnm Dörr). Zu diesem Zeitpunkt tritt gemäß § 41 auch die Fälligkeit ein (vgl. aber 41 Rn. 8, 9). Ein Antrag ist grundsätzlich nicht erforderlich (unten Rn. 9). Das gesamte

Verwaltungsverfahren (§§ 8 ff. SGB X), auch der Erlass eines die Leistung bewilligenden **Verwaltungsaktes** haben nur deklaratorische Bedeutung. Dasselbe gilt insbesondere für die im sozialrechtlichen Dreiecksverhältnis übliche Kostenübernahmeerklärung (§ 1 Rn. 19c). Sie darf nicht als anspruchsbegründet angesehen werden. Insbesondere darf nicht in den Vereinbarungen nach § 76 SGB XII festgelegt werden, dass eine Hilfeleistung erst nach einer Kostenübernahmeerklärung erfolgen darf. Darin läge ein Verstoß gegen § 40 SGB I mit der Folge der Unwirksamkeit dieser Vereinbarung (§ 53 SGB X).

Gelegentlich entwickelt die Praxis Anspruchsvoraussetzungen, die im Gesetz 2 nicht enthalten sind. So kennt das Gesetz für den Anspruch auf Arbeitslosengeld I nach § 137 SGB III nicht die Vorlage einer Arbeitsbescheinigung des Arbeitgebers nach §§ 133 AFG aF; 312 SGB III (LSG Nds.-Brem. info also 2009 S. 262). Andererseits können zwar im Gesetz vorgesehene Eignungskriterien und Erfolgsprognosen den Anspruch einschränken. Dasselbe darf aber nicht durch ungeschriebene Altersgrenzen geschehen (vgl. LSG Nds.-Brem. L 10 R 80/08 ER zu § 9 SGB VI, juris).

Eigenständig geregelt sind Entstehung und Fälligkeit bei den Ermessensleistungen. 3 Bei ihnen wird gemäß § 40 Abs. 2 grundsätzlich auf die Bekanntgabe der Entscheidung abgestellt. Auch in anderen Besonderen Teilen des Sozialgesetzbuches kann die Entstehung von Ansprüchen abweichend von Abs. 1 geregelt sein, da § 40 nicht von der Vorschrift des § 37 Satz 2 berührt ist. So entsteht der Anspruch auf Krankengeld unter den unterschiedlichen Voraussetzungen des § 46 Abs. 1 Nr. 1 und 2 SGB V. Dagegen lässt sich nicht die Auffassung vertreten, der Anspruch auf Kindergeld für ein Kind, dessen Eltern nicht verheiratet sind, entstünde erst mit Anerkennung der Vaterschaft (§ 1592 Nr. 2 BGB). Die Anerkennung kann vielmehr bis zur Geburt zurückwirken (BSG 54 S. 153). Weil der Anspruch trotz Entstehung aus „allgemeinen Rechtsgründen" (§ 1600a Satz 2 BGB aF; § 1594 Abs. 1 BGB) nicht geltend gemacht werden kann, hat das BSG im Erstattungsrecht eine entsprechende Anwendung des § 111 Satz 2 SGB X vorgenommen, der bestimmt, dass die Ausschlussfrist frühestens mit der Entstehung des Erstattungsanspruchs beginnt. Das war nur notwendig, weil der Anspruch auf Kindergeld vor Anerkennung der Vaterschaft entstanden war (BSG 66 S. 246).

Über die Fälligkeit hinaus haben diese Grundsätze, dass es also nicht auf einen 4 feststellenden Verwaltungsakt ankommt, vor allem Bedeutung für Vorschüsse und Vorleistungen nach den §§ 42 und 43, die ebenfalls nur an das Bestehen des Anspruchs anknüpfen. Dasselbe gilt für Verzinsung (§ 44) und Verjährung (§ 45). Der Beginn der Verzinsung hängt allerdings zusätzlich vom Eingang des vollständigen Leistungsantrags ab (§ 44 Abs. 2). Auch Übertragung und Verpfändung (§§ 53, 54) setzen nur das Bestehen eines Anspruchs voraus nicht aber eine feststellende Entscheidung durch den Sozialleistungsträger. Gewisse Besonderheiten enthält auch die Regelung über die **Sonderrechtsnachfolge.** Sie erfolgt bei fälligen Ansprüchen (§ 56 Abs. 1). Dasselbe gilt nach § 58 für die **Vererbung.** Darüber hinaus ergibt sich aus § 59 Satz 2 für beide Fälle der Rechtsnachfolge, dass die Ansprüche erlöschen, wenn sie im Zeitpunkt des Todes weder festgestellt sind, noch ein Verwaltungsverfahren über sie anhängig ist (§§ 8 ff. SGB X). Daraus wird erkennbar, dass der Gesetzgeber mit den Regelungen der §§ 56, 59 zum Ausdruck bringen wollte, dass das Entstehen eines Anspruchs nach den Grundsätzen des § 40 Abs. 1 für die Rechtsnachfolge nicht ausreicht (§ 56 Rn. 7). Für sie ist vielmehr der alte, aber aufgegebene Gedanke (BSG 34 S. 1) von Bedeutung, dass für die Entstehung des Anspruchs ein Antrag erforderlich ist.

5 Die Regelung des § 40 Abs. 1 bezieht sich auf **Anspruchsleistungen** iSd § 38. Dabei wird der Anspruch definiert, als das Recht, von einem anderen ein Tun oder Unterlassen zu verlangen (§ 194 BGB). Er entsteht nicht nur, wenn die gesetzlichen, sondern auch wenn untergesetzliche Voraussetzungen erfüllt sind. Das betrifft außer den Verordnungen vor allem die Anordnungen der Bundesagentur für Arbeit und andere im Rahmen der Selbstverwaltung erlassene Rechtsnormen (§ 31 Rn. 17 ff.). Nach den Grundsätzen des Bürgerlichen Rechts wird ein Anspruch dann als entstanden angesehen, wenn er **klagbar** ist. Genau betrachtet ist dies aber eine Frage der Fälligkeit. Die Vorschrift des § 194 BGB definiert den Anspruch und normiert, dass er der Verjährung unterliegt. Mehr wird nicht geregelt (vgl. MüKo- Grothe § 194 Rn. 2). Eine Regelung zum Leistungszeitpunkt trifft erst § 271 BGB. Für das Sozialrecht wird eine Modifikation der Klagbarkeit im Sinne der Möglichkeit einer erfolgreichen Antragstellung (Wannagat-Rüfner, SGB I § 40 Rn. 3; Kretschmer, GK-SGB I § 40 Rn. 6) oder der Erfüllbarkeit (Bley, SozVersGesKomm § 40 Anm. 3) befürwortet. Das ist nicht erforderlich. Wichtigstes Kriterium für die Entstehung eines Anspruchs ist nicht die Art in der er geltend gemacht wird, also Antragstellung oder Klageerhebung. Entscheidend ist vielmehr die rechtlich begründete Möglichkeit, die Leistung zu fordern (vgl. Ludwig, SGb 1976 S. 356). In diesem Sinne ist der Begriff der Klagbarkeit zu verstehen. Bleibt man bei dem eingeführten Begriff, der Anspruch sei entstanden, wenn er klagbar ist, dann ist darin die Möglichkeit einer erfolgreichen Antragstellung bzw. die Erfüllbarkeit mit enthalten. Umgekehrt sagen die beiden letzteren Begriffe nicht weniger aus als der der Klagbarkeit.

6 Demgegenüber wird darauf hingewiesen, dass im Sozialrecht der Anspruch nicht sofort eingeklagt werden könne, dass vielmehr zuvor grundsätzlich ein Verwaltungsakt ergehen müsse (Kretschmer, GK-SGB I § 40 Rn. 4). Damit wird aber unnötigerweise beim Begriff der Entstehung des Anspruchs auf ein Element Bezug genommen, das durch § 40 Abs. 1 gerade herausgenommen wurde, nämlich die Antragstellung bzw. die Feststellung der Anspruchsvoraussetzungen durch einen Sozialleistungsträger (§ 38 Rn. 1, § 43 Rn. 30).

7 Klagbar ist auch im Sozialrecht der Anspruch ohne den vorherigen Erlass eines Verwaltungsaktes (§§ 88 SGG, 75 VwGO). In Ausnahmefällen ist der Anspruch im Rahmen der Selbstbeschaffung einer Sozialleistung (§ 43 Rn. 30) unter engen Voraussetzungen sogar ohne vorherige Antragstellung durchsetzbar (BSG 57 S. 1).

8 Des Weiteren ist eine sofortige Klagbarkeit schon im Bürgerlichen Recht für die Entstehung des Anspruchs nicht gefordert. Die mit dem Wort „sofort" angesprochene zeitliche Dimension hat mit der Entstehung des Anspruchs nichts zu tun. Sie bezieht sich vielmehr auf die Fälligkeit und den Beginn der Verjährungsfrist (vgl. BGHZ 55 S. 341; BGHZ 79 S. 176). Soweit in der Literatur aus der Rechtsprechung des BSG andere Schlüsse gezogen werden, wird nicht hinreichend der Tatsache Rechnung getragen, dass sich die entscheidenden Ausführungen des Gerichts auf § 29 RVO aF und damit auf die Fälligkeit beziehen (BSG 34 S. 15–17). Die praktischen Konsequenzen dieser unterschiedlichen Auffassungen sind dann gering, wenn Entstehen und Fälligkeit, wie es in den §§ 40 und 41 vorgesehen ist, zeitlich zusammentreffen. Die **Fälligkeit** des Anspruchs erfährt jedoch in den Besonderen Teilen des Sozialgesetzbuches eine Vielzahl von Sonderregelungen zu § 41. Damit fallen im Ergebnis dann doch oft Entstehen des Anspruchs und Fälligkeit auseinander (§ 41 Rn. 8, 9). Das hat vor allem erhebliche Bedeutung für den Lauf der Verjährungsfrist (§ 45 Rn. 11). Ein Sonderfall ist dann gegeben, wenn es der Gesetzgeber ist, der einen Anspruch mit Rückwirkung

zuerkennt. In diesem Falle wird der Anspruch mit der Verkündung im Bundesgesetzblatt fällig (BSG SGb 1994 S. 583 mAnm Zeihe).

Wenn also die rechtlich begründete Möglichkeit, die Leistung zu fordern, entscheidendes zeitliches Merkmal für die Entstehung des Anspruchs ist, dann ist damit grundsätzlich auch ausgesagt, dass es auf die Antragstellung nicht ankommt. Beispielsweise entsteht der Anspruch auf eine Verletztenrente nach § 72 Abs. 1 Nr. 1 SGB VII dann, wenn der Anspruch auf Verletztengeld endet (BSG 55 S. 238 zu § 580 RVO aF). Entsprechendes gilt für das vorgezogene Übergangsgeld nach den §§ 1241d Abs. 1 RVO. aF, 25 Abs. 2 SGB VI aF; jetzt §§ 9 Abs. 3, 65 Abs. 1 Nr. 3 SGB IX (BSG SozR 1200 § 44 Nr. 21). 9

2. Antrag im formell- und materiellrechtlichen Sinne

Grundsätzlich werden die Leistungen der Sozialversicherung und der Arbeitsförderung gemäß § 19 Satz 1 SGB IV auf Antrag erbracht. Demgegenüber werden Leistungen der Unfallversicherung auch von Amts wegen erbracht (§ 19 Satz 2 SGB IV). Im **Fürsorgesystem** ist zu unterscheiden. Für die Leistungen der Grundsicherung für Arbeitsuchende sowie der Grundsicherung im Alter und bei voller Erwerbsminderung gilt das Antragsprinzip (§§ 37 SGB II, 44 Abs. 1 SGB XII). Etwas abschwächend führt das BSG zu § 4a Abs. 1 GSiG aF aus, dass dieser Antrag „nur eine <Türöffnerfunktion> für die besondere, im Verfahren vereinfachte und teilweise privilegierte Grundsicherungsleistung besitzt" (BSG 104 S. 207) Für die anderen Leistungen der Sozialhilfe (§§ 27 ff. 47 ff. SGB XII) gilt der **Kenntnisgrundsatz** des § 18 Abs. 1 SGB XII (BSG SGb 2017 S. 155 mAnm Grube). Daraus folgt für den Beginn des Verwaltungsverfahrens, dass die Behörde nach Ermessensgrundsätzen entscheidet, ob sie ein Verfahren durchführt. Dies gilt jedoch nicht, wenn sie von Amts wegen oder auf Antrag hin tätig werden muss. Insbesondere darf sie nicht tätig werden, wenn ein Antrag erforderlich ist und dieser nicht vorliegt (§ 19 SGB X). 10

In weiten Bereichen des Sozialrechts hat der **Antrag** nur formell-rechtliche Bedeutung (§ 16 Rn. 2 ff.). Dieser Antrag, der grundsätzlich auch (fern)mündlich oder auf elektronischem Wege gestellt werden kann (§ 36a Rn. 4), ist auslegungsfähig und oft auch auslegungsbedürftig. Dabei sind die Grundsätze des § 133 BGB zu beachten (vgl. § 16 Rn. 1–7). Besonderheiten bestehen beim Antrag nach § 13 Abs. 3a SGB V (§ 43 Rn. 35), wenn diesem eine Genehmigungsfunktion zukommen soll (vgl. § 43 Rn. 35). Nur in bestimmten Fällen hat der Gesetzgeber den Antrag zur Anspruchsvoraussetzung erhoben und ihm damit einen **materiellrechtlichen Charakter** verliehen (vgl. Berger, DVBl 2009 S. 409). Er hat dann den gleichen Rechtscharakter wie jedes andere gesetzliche Merkmal (BSG 36 S. 87; BSG 41 S. 89). Das konnte nach den alten Fassung des § 30 SGB XII nur der „Besitz" eines Ausweises nach § 69 Abs. 4 SGB IX aF sein (BSG SozR 4-3500 § 30 Nr. 4). Auch die Voraussetzungen für die Leistungen der sozialen Entschädigung werden nur auf Antrag festgestellt (§ 1 Abs. 1 BVG). Ursprünglich wurden die Leistungen bei Arbeitslosigkeit nur auf einen Antrag im materiellrechtlichen Sinne erbracht (§ 110, 105 AFG aF). Nach geltendem Recht (§§ 137; 323 Abs. 1 SGB III) kommt dem Antrag auf Leistungen bei Arbeitslosigkeit nur noch formell-rechtliche Bedeutung zu. Dasselbe gilt für den Antrag auf Krankengeld nach § 44 SGB V. Das BSG misst dem Antrag auf Kraftfahrzeughilfe nach § 10 KfzHV materiell-rechtliche Bedeutung bei (BSG SozR 3-5765 § 10 Nr. 2). Hier wird man jedoch differenzieren müssen. Bei § 10 KfzHV handelt es sich um 10a eine Sollvorschrift. Soweit ein atypischer Fall gegeben ist, gelten die Grundsätze für Ermessensentscheidungen nach § 40 Abs. 2 (vgl. unten Rn. 19). In einem Regelfall ist § 40 Abs. 1 anwendbar. Liegt er vor, so hat der Antrag auf Kraftfahrzeughilfe nur formell-rechtliche Bedeutung (vgl. BSG SozR 3-5765 § 10 Nr. 2). Nach der früheren Vorschrift des § 1248 RVO aF wurde das Antragserfordernis als materiell-rechtliche Voraussetzung im Gesetzestext erwähnt. In den jetzt geltenden §§ 35 ff. SGB VI ist das nicht mehr der Fall. Man wird deswegen die Auffassung vertreten müssen, dass das Stammrecht in der Rentenversicherung unabhängig von einem Antrag entsteht (KassKomm-Kater § 115 SGB VI Rn. 4). Das Antragserfordernis für die Einzelleistung findet sich jetzt in dem Abschnitt Beginn, Änderung und Ende von Renten nach den §§ 99 ff. SGB VI und in § 115 Abs. 1 SGB VI. Sowohl der Wortlaut der §§ 99, 115 SGB VI als auch ihre systematische Stellung sprechen für ein formell-rechtliches Verständnis des Antrags bei allen Rentenansprüchen. Dafür sprechen auch die allgemeinen Regelungen des § 19 Satz 1 und 2 SGB IV. In der Rentenversicherung findet sich eine abweichende Regelung in § 210 SGB VI. Danach hat der Antrag auf **Beitragserstattung** materiell-rechtliche Bedeutung (BSG 41 S. 89). Zu den damit zusammenhängenden Problemen bei der Pfändung künftiger Rentenansprüche vgl. § 54 Rn. 8. Keine materiell-rechtliche Bedeutung hat der Antrag auf Pflegeleistungen nach § 33 Abs. 1 SGB XI. Anders ist dies für die Vorläuferregelung des § 53 SGB V aF entschieden worden (BSG SGb 1998 S. 77 mAnm Mrozynski).

11 Materiell-rechtliche Bedeutung hat nach überkommener Auffassung auch § 5 BSHG aF. Das wird auch für § 18 Abs. 1 SGB XII angenommen. Danach werden Leistungen der Sozialhilfe grundsätzlich nicht auf Antrag, sondern ab Kenntnis erbracht. Erst durch Kenntnis des Trägers der Sozialhilfe soll der Anspruch entstehen. Demnach wurde § 5 BSHG aF nicht lediglich als eine Vorschrift angesehen, die sich auf die Fälligkeit der Leistungen der Sozialhilfe bezieht (BVerwG 66 S. 90; VGH Kassel FEVS 44 S. 249). ME gibt es keinen Grund unter Geltung des § 18 Abs. 1 SGB XII an dieser Auffassung festzuhalten (Grube/Wahrendorf § 18 Rn. 15). Diese Vorschrift regelt: „Die Sozialhilfe … setzt ein … sobald dem Träger der Sozialhilfe … bekannt wird. Diese Formulierung spricht jedenfalls nicht für ein materiell-rechtliches Verständnis der Kenntnisverschaffung (vgl. Mrozynski, ZfSH/SGB 2007 S. 463). Es kommt hinzu, dass nach neuerer Rechtsprechung des BSG, nicht einmal die Kenntnis aller Einzelheiten des Anspruchs erforderlich ist (vgl. § 37 Rn. 11–18).

12 Die in wenigen Vorschriften des Sozialrechts vorgenommene Gleichstellung des Antrags mit den anderen materiell-rechtlichen Voraussetzungen einer Anspruchsnorm wird damit gerechtfertigt, dass zumindest in bestimmten Bereichen das **Persönlichkeitsrecht** des Antragstellers so sehr im Vordergrund steht, dass es ihm durch ein materiell-rechtlich gefasstes Antragsrecht überlassen bleiben soll, über die Entstehung des Anspruchs zu entscheiden (BSG 61 S. 180). Über diese materiell-rechtliche Konstruktion des Antragserfordernisses ist jedoch der Persönlichkeitsschutz keineswegs immer zu erreichen, weil auch andere als der zunächst Leistungsberechtigte, zB seine Hinterbliebenen, antragsberechtigt sein können (BSG 63 S. 204). Auch durch die strafrechtliche Aufklärung eines Geschehens, das sozialrechtliche Konsequenzen hat, wie vor allem in der Opferentschädigung (vgl. § 1 OEG), kann der mit dem Antragserfordernis verfolgte Persönlichkeitsschutz letztlich wirkungslos bleiben (vgl. Wilke/Fehl, SozEntschR § 1 Rn. 110). Die Regelung des § 35 Abs. 5 Satz 2 erstreckt sich nur auf den Schutz von Sozialdaten.

13 Mit einer Reihe von beachtlichen Gründen kritisiert Bley die Auffassung, dem Antrag komme in bestimmten Fällen materiell-rechtliche Bedeutung zu. Sachgerechter sei ein allein formell-rechtliches Verständnis des Antrags (Bley, SozVersGesKomm § 40 Anm. 4b). In der Tat wird man dieser Ansicht, entgegen der herrschenden Auffassung, in fast allen Punkten zustimmen können. Insbesondere in den Fällen, in denen das BSG ausnahmsweise auf einen Antrag verzichten will (vgl. BSG 63 S. 204), führt ein formell-rechtliches Verständnis des Antrags zu flexibleren Lösungen (vgl. § 18 SGB X).

14 Aus einem wesentlichen Grund wird man letztlich einer uneingeschränkt formell-rechtlichen Auffassung vom Antrag dennoch nicht folgen können. Ansprüche auf Sozialleistungen können gepfändet werden, wenn sie entstanden sind (vgl. § 54 Rn. 8). Fehlt es bei bestimmten Leistungen an einem Antrag im materiellrechtlichen Sinne, so ist eine Pfändung nicht möglich, weil der Anspruch nicht entstanden ist. Es bleibt dann also der Entscheidung des Sozialleistungsberechtigten überlassen, ob er den Anspruch entstehen lassen will. Bei einem lediglich formellrechtlichen Charakter des Antrags wäre dies nicht möglich, weil der Anspruch auch ohne Antrag entsteht. Damit ist er auch pfändbar. Folglich würde das in dem Antrag im materiell-rechtlichen Sinne sich manifestierende Persönlichkeitsrecht auf den Gläubiger übergehen. Wollte man diese Konsequenz vermeiden, wäre die Pfändung sinnlos. Unter dem Blickwinkel des Persönlichkeitsschutzes ist das bei dem ähnlichen Fall einer Abtretung und auch bei einer Sonderrechtsnachfolge schon wieder anders, denn unabhängig davon, wie man den Antrag versteht, hängt der Rechtsübergang von einem Tun des Sozialleistungsberechtigten, der Abtretungserklärung (§ 53) oder der Antragstellung (§ 59), zumindest aber der amtswegigen Eröffnung eines Verwaltungsverfahrens ab. Dagegen wendet Lilge ein, dass es keinen grundsätzlichen Schutz vor Pfändung gibt (Lilge, SGB I § 40 Rn. 18). Dem ist zwar zuzustimmen. Hier geht es aber darum, dass verhindert werden soll, dass ein vom Persönlichkeitsschutz geprägtes Recht auf den Gläubiger übergeht.

15 Bei regelmäßig wiederkehrenden Leistungen, vor allem bei den Leistungen der Arbeitsförderung und der Rentenversicherung, wird zwischen dem **Stammrecht** und dem Anspruch auf die einzelnen Leistungen unterschieden (BSG 48 S. 159; BSG 57 S. 211). Im Grundsatz ist davon auszugehen, dass beide zu unterschiedlichen Zeitpunkten entstehen können (BSG 7 S. 108; BSG 20 S. 209). Da das Stammrecht weder Leistungsrechte noch -pflichten begründet, kann es selbst nicht fällig werden (BSG SozR 3-2600 § 300 Nr. 3). Es wird allerdings auch die Auffassung vertreten, das Stammrecht könne teilweise, nämlich im Umfange des jeweiligen Einzelanspruchs fällig werden (Lilge, SGB I § 41 Rn. 22). Nur der Einzelanspruch, der idR mit dem Zahlungsanspruch identisch ist, entsteht regelmäßig entweder zu gesetzlich festgelegten Zeitpunkten oder auf Antrag und nur er wird fällig. Des Weiteren ist mit dem Bescheid über den Einzelanspruch auch keine Entscheidung über das Stammrecht verbunden. Die Bindungswirkung dieses Bescheides erstreckt sich nicht auf das Stammrecht (BSG SozR 3-4100 § 100 Nr. 5). Ist erneut über einen Einzelanspruch zu entscheiden, so muss auch das Bestehen des Stammrechts erneut festgestellt werden. Von diesem Grundmuster weicht die Rechtslage beim Krankengeld in der zweiten und jeder weiteren Blockfrist iSd § 48 Abs. 1 SGB V etwas ab. Hier ruht der nach § 46 SGB V entstandene Anspruch gemäß § 49 Abs. 1 Nr. 5 SGB V, solange der Kasse die (fortdauernde) Arbeitsunfähigkeit nicht erneut gemeldet wird (BSG SozR 2200 § 183 Nr. 51).

16 Unter bestimmten Voraussetzungen ist der Anspruch ausgeschlossen. Dies entspricht im Grundsatz einem Leistungsverweigerungsrecht und kann sowohl das Stammrecht als auch den Einzelanspruch betreffen. So schließt die absichtliche Verminderung der Erwerbsfähigkeit in der Rentenversicherung das Stammrecht aus (§ 103 SGB VI). Demgegenüber betrifft die Leistungsbeschränkung bei Selbstverschulden nach § 52 SGB V nur den Einzelanspruch. Eine Verwirkung (BSG 59 S. 87) kommt grundsätzlich sowohl für das Stammrecht als auch den Einzelanspruch in Betracht, wird idR aber nur den Einzelanspruch betreffen. Ein Ruhen der Leistungen, etwa nach § 49 SGB V, kommt nur für den Einzelanspruch in Betracht. Dasselbe gilt nach den §§ 45 und 46 sowohl für die für Verjährung als auch den Verzicht (BSG 42 S. 219). Auch der Entzug oder die Versagung der Leistung nach § 66 betrifft nur den Einzelanspruch.

3. Ermessensleistungen

17 Eine von diesen Grundsätzen abweichende Regelung wird in § 40 Abs. 2 für Ermessensleistungen getroffen. Ansprüche auf diese Leistungen können erst entstehen, wenn die Entscheidung über die Leistung bekannt gegeben wird. Eine bestimmte Form der **Bekanntgabe** ist nicht vorgeschrieben (§ 39 SGB X). Es genügt, wenn die Entscheidung mit Wissen und Willen des Leistungsträgers nach außen hin dem Adressaten kundgetan wird, so dass er die Möglichkeit hat von ihr Kenntnis zu nehmen. Bis zu diesem Zeitpunkt könnte die Entscheidung noch geändert werden. Nach diesem Zeitpunkt ist dies nur unter den Voraussetzungen der §§ 44 ff. SGB X möglich. Der eigentliche Grund für diese Regelung über die Entstehung des Anspruchs besteht darin, dass im Falle der Ausübung des Ermessens immer mehrere Entscheidungen rechtmäßig sein können. Deswegen soll vor einer Entscheidung der Verwaltung darüber, welche von mehreren rechtmäßigen Entscheidungen sie für zweckmäßig erachtet, ein Anspruch nicht entstehen.

18 Gewisse Schwierigkeiten können sich bei Sollvorschriften ergeben. Im Regelfall besteht ein Anspruch auf die Leistung. Es gilt dann also § 40 Abs. 1. In atypischen Fällen, deren Vorliegen der Sozialleistungsträger darzulegen hat (vgl. § 39 Rn. 7), ist er befugt, nach Ermessensgesichtspunkten zu entscheiden. Dann gilt § 40 Abs. 2. In dem Maße, in dem man über den Umfang des Regelfalles geteilter Meinung sein kann, kann auch das Entstehen des Anspruchs zweifelhaft sein. Da der Begriff des Regelfalles ein unbestimmter Rechtsbegriff ist, kann nur ein Gericht verbindlich über diese Frage befinden. Die Schwierigkeiten wären geringer, wenn man § 40 Abs. 2 nicht auf das Stammrecht, sondern nur auf den Einzelanspruch beziehen würde. Dazu gibt es aber weder im Wortlaut der Vorschrift, noch in der Gesetzesbegründung einen Anknüpfungspunkt (BT-Drs. 7/868 S. 29).

19 Der **Entstehungszeitpunkt** von Ermessensleistungen kann abweichend von der Bekanntgabe bestimmt werden (BSG 46 S. 127). Damit kann der Sozialleistungsträger, mehr noch als bei der Bekanntgabe, Einfluss auf den Zeitpunkt der Entstehung des Anspruchs nehmen. Überwiegend wird die Ansicht vertreten, eine richtige Ermessensausübung müsste in den meisten Fällen dazu führen, den Entstehungszeitpunkt auf den Zeitpunkt zu legen, zu dem dem Sozialleistungsträger alle Voraussetzungen für die Ermessensausübung bekannt waren (Wertenbruch, BochKomm § 40 Rn. 22; Bley, SozVersGesKomm § 40 Anm. 6c). Dieser Zeitpunkt ist aber objektiv schwer bestimmbar. Es kommt hinzu, dass die notwendigen Voraussetzungen für die Ermessensausübung uU von der Erfüllung einzelner

Mitwirkungspflichten (§§ 60 ff.) abhängen können. Welche dies im konkreten Falle sind, kann der Sozialleistungsberechtigte oft nicht ohne eine Beratung erkennen. In zeitlicher Hinsicht wird deswegen immer eine gewisse Unsicherheitszone bestehen.

Eine besondere Lage zum Entstehungszeitpunkt ist im Zusammenhang mit der **Selbstbeschaffung** (§§ 30 SGB II, 13 Abs. 3 SGB V, 36a Abs. 3 SGB VIII, 15 SGB IX, 34b SGB XII) gegeben (§ 43 Rn. 30). Gemäß § 40 Abs. 2 entsteht der Anspruch bei Ermessensleistungen erst mit Bekanntgabe der Entscheidung. Erst zu diesem Zeitpunkt wird der Anspruch fällig (§ 41). Da eine Leistung vor Fälligkeit nicht gefordert werden kann, ist insoweit auch eine Selbstbeschaffung nicht möglich. Ohne zusätzliche Begründung ist im Ermessensbereich also die Selbstbeschaffung nur bei unberechtigter Ablehnung möglich. Eine **Selbstbeschaffung wegen Unaufschiebbarkeit** der Leistung wird man aber mit einer Hilfserwägung zulassen müssen. Stellt sich im Laufe des Verfahrens heraus, dass die Leistung unaufschiebbar war und hat der Leistungsberechtigte sich die Leistung in der zulässigen Form selbstbeschafft, dann muss der Sozialleistungsträger prüfen, ob er die Entstehung des Anspruchs nach Abs. 2 Hs. 2 vorverlegt. Liegt der Fall einer grundsätzlich berechtigten Selbstbeschaffung vor, werden Ermessensgesichtspunkte zumeist für eine **Vorverlegung** sprechen (vgl. BSG SozR 3-5765 § 10 Nr. 3). Im Wesentlichen zu demselben Ergebnis gelangt das OVG Schleswig, das die Auffassung vertritt, nach einer zulässigen Selbstbeschaffung könne eine Ermessensentscheidung nicht mehr nachgeholt werden (OVG Schleswig FEVS 53 S. 521). 20

Nicht die Regelung des § 40 Abs. 1, sondern die des § 40 Abs. 2 soll auch dann anwendbar sein, wenn im Einzelfall ein Ermessen auf Null reduziert ist (Wannagat-Rüfner, SGB I § 40 Rn. 7). Wenn sich die Regelung des § 40 Abs. 2 aber daraus erklärt, dass im Falle des Ermessens mehrere rechtmäßige Entscheidungen möglich sind, dann gilt dieser Gesichtspunkt bei der **Ermessensreduzierung auf Null** gerade nicht, so dass man sich in diesem Fall für die Anwendung des § 40 Abs. 1 aussprechen muss, zumal in diesen Fällen auch prozessual eine Verurteilung zu einer Leistung erfolgt (vgl. Meyer-Ladewig/Keller/Leitherer, § 131 Rn. 12a; BSG 30 S. 150). Demgegenüber vertritt das BSG die Auffassung, dass auch in diesen Fällen immer noch ein Ermessen ausgeübt wird. Diese Ermessensausübung kann aber nur ein bestimmtes Ergebnis haben (BSG SozR 1200 § 40 Nr. 3). Dagegen wird man einwenden müssen, dass Ermessen nicht ausgeübt wird, wenn nur eine einzige Entscheidung rechtmäßig sein kann. Die Tätigkeit der Verwaltung, die zu diesem Ergebnis führt, liegt nicht im Ermessensbereich, sondern in dem der Amtsermittlung (§ 20 SGB X). Sie ist in diesem Falle ein reiner Erkenntnisprozess und keine Zweckmäßigkeitserwägung. Entgegen dem BSG ist mE deswegen im Falle einer Ermessensreduzierung auf Null § 40 Abs. 1 anzuwenden. Die für jede Entscheidung erforderliche Transparenz ergibt sich ohnehin aus der Begründungspflicht des § 35 SGB X. Eine gewisse Bedeutung dürfte in diesem Zusammenhang auch der Gesichtspunkte der Vermeidung einer überlangen Verfahrensdauer haben (vgl. BSG SGb 2011 S. 541 mAnm Nehls). Wenn diese Frage letztlich ohne größere praktische Bedeutung ist, dann deswegen, weil die Fälle einer eindeutigen Ermessensreduzierung auf Null äußerst selten sein dürften. Immerhin wird in dem Falle, in dem die nach §§ 14, 43 Abs. 1 erforderliche Beratung unterblieben ist, eine Ermessensreduzierung auf Null angenommen (Hess. LSG FEVS 63 S. 467). Im Rahmen des § 24 Abs. 3 SGB II kann das Auswahlermessen des Leistungsträ- 21 gers auf Null reduziert sein, weil er die Leistungen immer in Form einer Geldleistung erbringt (BSG SozR 4-4200 § 23 Nr. 10).

§ 41 Fälligkeit

Soweit die besonderen Teile dieses Gesetzbuchs keine Regelung enthalten, werden Ansprüche auf Sozialleistungen mit ihrem Entstehen fällig.

1 Unter Fälligkeit ist derjenige Zeitpunkt zu verstehen, zu dem der Schuldner die konkrete Leistung bewirken muss und zu dem der Gläubiger sie frühestens fordern kann (BSG SozR 3-2600 § 300 Nr. 3). Mit der Bestimmung des Zeitpunktes der Fälligkeit knüpft die Vorschrift an § 40 an. Sie ist vor dem Hintergrund des früheren Meinungsstreits über den Zusammenhang von **Fälligkeit und Verjährung** zu sehen. Ursprünglich hatte das BSG in verschiedenen Entscheidungen die Auffassung vertreten, eine Fälligkeit sei erst nach Antragstellung gegeben, und zwar auch dann, wenn der Antrag nur formell-rechtliche Bedeutung für die Leistung hat (§ 40 Rn. 12, 13). Später hat der Große Senat des BSG den Rechtsgedanken des § 271 BGB in das Sozialrecht übernommen und entschieden, dass Ansprüche auf Sozialleistungen grundsätzlich mit ihrem Entstehen fällig werden (BSG 34 S. 1; BSG 56 S. 1). Diese Rechtsprechung, die sich zunächst nur auf die Sozialversicherung erstreckte, hat der Gesetzgeber in § 41 für das ganze Sozialrecht übernommen. Die jetzige Regelung, die etwa auch bei der Verzinsung (§ 44) zu beachten ist, muss vor allem im Zusammenhang mit § 45 gesehen werden. Ihre entscheidende Bedeutung hat sie also für den Lauf der Verjährungsfrist. Würde man deren Beginn auf den Zeitpunkt der Entstehung des Anspruchs legen (Heinze, DAngV 1977 S. 269), so würde uU die Verjährung schon vor Fälligkeit des Anspruchs laufen, also bevor die Leistung überhaupt verlangt werden könnte. Das wäre zwar im Hinblick darauf unproblematisch, als Entstehung und Fälligkeit an sich gemäß §§ 40, 41 zeitlich zusammentreffen. In den Besonderen Teilen wird jedoch zur Fälligkeit eine Vielzahl von Sonderregelungen getroffen (vgl. unten Rn. 11), so dass im Ergebnis Entstehung und Fälligkeit häufig doch nicht zusammentreffen.

2 Über die grundsätzliche Frage des Zusammenhanges von Entstehen des Anspruchs und Fälligkeit hinaus hat letztere schon im Regelungskomplex der §§ 40–45 nicht immer den gleichen Stellenwert. Da das Entstehen des Anspruchs nicht von einem Antrag abhängt (vgl. § 16 Rn. 1–3), es sei denn, er hätte als Bestandteil der Anspruchsnorm materiell-rechtliche Bedeutung (§ 40 Rn. 12, 13), tritt ohne ihn dann eine Fälligkeit ein, wenn Sonderregelungen nicht bestehen. In diesen Fällen kann uU auch die **Verjährungsfrist** laufen, ohne dass der Sozialleistungsberechtigte von der Erfüllung der Anspruchsvoraussetzungen Kenntnis hatte (§ 45 Rn. 2). Gleichsam automatisch ergeben sich Anspruchsentstehung und damit auch die Fälligkeit bei der Verletztenrente nach §§ 46 Abs. 3 Nr. 1, 72 Abs. 1 Nr. 1 SGB VII mit Wegfall der Arbeitsunfähigkeit und dem darauf beruhenden Anspruch auf Verletztengeld (BSG 55 S. 238 zu § 580 RVO aF). Entsprechendes gilt für das vorgezogene Übergangsgeld nach den §§ 1241d Abs. 1 RVO aF, 25 Abs. 2 SGB VI aF (BSG SozR 1200 § 44 Nr. 21).

3 Eine von der Entstehung des Anspruchs unabhängige Bedeutung hat die Fälligkeit im Zusammenhang mit der **Verzinsung,** die darüber hinaus bei Erstanträgen nur bei der Erfüllung der weiteren Voraussetzung des § 44 Abs. 2 beginnt. Ähnliches gilt auch für die Sonderrechtsnachfolge (§ 56) und die Vererbung (§ 58).

Hier wird neben der Fälligkeit vorausgesetzt, dass der Anspruch festgestellt oder zumindest ein Verwaltungsverfahren anhängig ist (§ 59 Satz 2).

Anders stellt sich das Verhältnis von Entstehung des Anspruchs und seiner Fälligkeit bei den **Ermessensleistungen** dar. Bei ihnen wirkt sich die Sonderregelung des § 40 Abs. 2 auch auf Fälligkeit und Verjährung aus. Sie hängen also grundsätzlich von der Bekanntgabe der Entscheidung ab (§ 40 Rn. 17). Keine Besonderheiten ergeben sich bei Verzinsung und Sonderrechtsnachfolge. Bei der Verzinsung dürften allerdings mit Entstehung und Fälligkeit immer zugleich auch die Voraussetzungen des § 44 Abs. 2 erfüllt sein, denn nur bei Eingang des vollständigen Leistungsantrags kann eine Ermessensentscheidung überhaupt getroffen werden. **4**

Die Vorschrift des § 41 bezieht sich nur auf die Fälligkeit von Sozialleistungen. Auch ohne ihren ersten Halbsatz 1 würde sie zB nicht auf Beitragsschulden erstreckt werden können. Für sie besteht die Sonderregelung des § 23 SGB IV. Auch die **Entgeltansprüche** der Leistungserbringer, wie Vertragsärzte, Krankenhäuser und sonstigen Leistungserbringer (§§ 115 SGB V, 75 ff. SGB XII), können nicht nach § 41 beurteilt werden, da auch sie keine Sozialleistungen sind (BSG 49 S. 227; BSG 56 S. 116; BSG SozR 4100 § 56 I Nr. 21). Demgegenüber gilt die Vorschrift natürlich gleichermaßen für Geld-, Sach- und Dienstleistungen sowie für Kostenerstattungsansprüche (vgl. §§ 13 Abs. 3 SGB V, 15 Abs. 1 SGB IX). **5**

Wenn Fälligkeit bedeutet, dass der Sozialleistungsberechtigte die Leistung sofort verlangen kann und der Sozialleistungsträger sie sofort bewirkten muss, dann folgt daraus, dass im Sozialrecht in der Regel beides zusammenfällt, denn ohne ein Leistungsverlangen kann eine Erfüllung nicht erfolgen (BSG 91 S. 68). In dem Merkmal der sofortigen Leistungsverpflichtung unterscheiden sich in den §§ 40 und 41 Entstehung und Fälligkeit. Entstehung des Anspruchs bedeutet nicht zwingend sofortige Leistungsverpflichtung bzw. Klagbarkeit (vgl. § 40 Rn. 5–7). Fällig werden kann nicht das Stammrecht, sondern nur der Einzelanspruch, weil das Stammrecht als solches weder Leistungsansprüche noch -pflichten begründet (BSG SozR 3-2600 § 300 Nr. 3). Es wird allerdings auch die Auffassung vertreten, das Stammrecht könne teilweise, nämlich im Umfange des jeweiligen Einzelanspruchs fällig werden (Lilge, SGB I § 41 Rn. 22). **6**

Die Regelung über die Fälligkeit gilt nur, soweit in den Besonderen Teilen keine Regelungen enthalten sind. Im Wesentlichen entspricht dies dem Grundsatz des § 37. Allerdings muss es sich hier, anders als bei § 37, nicht um abweichende Regelungen handeln. Die vorrangigen Regelungen in den Besonderen Teilen können auch gleichlautend sein. Dies ist jedoch ohne praktischen und vor allem auch ohne größeren Erkenntniswert. Wichtiger ist schon, dass sich eine andere Regelung zur Fälligkeit nicht aus einem abweichenden Strukturprinzip eines Besonderen Teils des Sozialgesetzbuches ergeben kann (§ 37 Rn. 8 ff.). Es muss sich im Falle des § 41 also immer um eine **ausdrückliche Regelung** handeln. Demgegenüber können sich in § 37 Abweichungen aus den „übrigen Büchern" ergeben. **7**

Die Vorschrift des § 41 wird dadurch entwertet, dass es in den Besonderen Teilen des Sozialgesetzbuches eine Vielzahl von Regelungen über die Fälligkeit gibt. So erfolgt in der Krankenversicherung eine Erstattung des zunächst vom Versicherten getragenen Teils der Kosten für die kieferorthopädische Behandlung erst, wenn die Maßnahme entsprechend dem Behandlungsplan abgeschlossen ist (§ 29 Abs. 2 und 3 SGB V). Dabei handelt es sich aber nicht lediglich um eine **8**

Fälligkeitsregelung, sondern zumindest auch um eine Anspruchsvoraussetzung. Auch innerhalb des BSG umstritten ist die einstweilige Zahlungspflicht der Krankenkasse beim Krankenhausaufenthalt. Um die Liquidität der Krankenhäuser zu erhalten, ist in § 11 Abs. 1 Satz 3 KHEntgG geregelt, dass die Pflegesatzvereinbarungen Bestimmungen enthalten müssen, die eine zeitnahe Zahlung durch die Krankenkasse gewährleisten (vgl. § 109 Abs. 4 Satz 3 SGB V). Es handelt sich dabei im Grunde um eine Fälligkeitsregelung für Teilbeträge, von der selbst strittige Fälle nicht ausgenommen sind, es sei denn, die Krankenkasse könnte substantiierte Einwendungen gegen die Forderung des Krankenhauses erheben (BSG SGb 2010 S. 96 mAnm Penner).

9 Nach § 99 SGB VI beginnt die Rente grundsätzlich zu dem Zeitpunkt, zu dem Anspruchsvoraussetzungen erfüllt sind, sofern sie innerhalb von drei Monaten beantragt wird. Nach diesem Zeitpunkt begründet der Antrag den Rentenbeginn. Die Verletztenrente in der Unfallversicherung beginnt nach den Regelungen des § 72 SGB VIII je nach Fallgestaltung zu unterschiedlichen Zeitpunkten. Mit dem gesetzlichen Merkmal des **Beginnens** wird vom Gesetzgeber festgelegt, wann die vom Stammrecht zu unterscheidende erste Einzelleistung zu erbringen ist (§§ 99 SGB VI, 580 RVO aF, 72 SGB VII). Hierbei ist es strittig, ob es sich um eine Frage der Entstehung, der Fälligkeit oder um die Festlegung eines besonderen Zahlungstermins handelt (vgl. Bley, SozVersGesKomm § 40 Anm. 4a bb; § 41 Anm. 2c; Rolfs in Hauck/Noftz, SGB I § 40 Rn. 8, 9f; Wannagat-Rüfner, SGB I § 40 Rn. 3; KassKomm-Kater § 99 RdNr 5–7). Schon im Hinblick auf eine eindeutige Regelung der Verzinsung (§ 44) spricht vieles dafür, dass mit dem gesetzlichen Merkmal „beginnt" die Fälligkeit der ersten Einzelleistung gemeint ist. Das BSG war jedoch zunächst der Auffassung, dass es sich beim Beginn um einen Fall der Entstehung des Anspruchs handelt. So führte das Gericht aus, mit dem Beginn der Rente ist der Zeitpunkt gemeint, zu dem der aus dem Stammrecht abgeleitete Anspruch auf die erste Einzelleistung entsteht (BSG 3-2000 § 95 Nr. 1). Ganz einheitlich war aber zumindest die Terminologie auch nicht. So wurde als Beginn einer Leistung der Zeitpunkt bezeichnet, „von dem an sie beansprucht werden kann" (BSG 76 S. 218). Das ließe sich eher im Sinne einer Fälligkeit verstehen. Diese Auffassung wird durch die neuere Rechtsprechung bestätigt. Das BSG sieht in der Festsetzung des Beginns einer Rente den Zeitpunkt der Fälligkeit, wobei allerdings vom Beginn über die Entstehung auf die Fälligkeit geschlossen wird (BSG 91 S. 68). Später hat es die Beginnvorschrift des § 101 Abs. 1 SGB VI als Fälligkeitsbestimmung angesehen (BSG 95 S. 112).

10 Beginn ist jedenfalls nicht die tatsächlich laufende Zahlung (Marschner, ZfSH/SGB 1996 S. 234). Anders ist dies wiederum in § 46 Nr. 1 SGB V zu beurteilen. Dort entsteht der Anspruch auf Krankengeld mit dem tatsächlichen Beginn der Krankenhausbehandlung. Unter Beginn im Sinne des § 99 SGB VI ist das Entstehen des Stammrechts und des ersten Einzelanspruchs zu verstehen. Die Fälligkeit der Einzelleistung ist dann in § 118 SGB VI geregelt.

11 Die wichtigsten Regelungen in den Besonderen Teilen sind: Laufende Geldleistungen der Unfall-und Rentenversicherung mit Ausnahme des Verletzten- und Übergangsgeldes werden am Ende des Monats **fällig,** in dem sie entstanden sind (§§ 118 Abs. 1 SGB VI, 96 Abs. 1 Satz 1 SGB VII). Demgegenüber wird Wohngeld monatlich im voraus gezahlt (§ 26 Abs. 2 WoGG). Für alle Leistungen der Pflegeversicherung gilt § 33 SGB XI. Die Leistungen werden ab Antragstellung erbracht. Der Zusatz „frühestens jedoch von dem Zeitpunkt an, in dem die Anspruchsvoraussetzungen vorliegen" ist im Hinblick auf § 40 überflüssig. Leistungen bei Arbeitslosigkeit werden nach Ablauf des Leistungszeitraums gezahlt (§ 337 Abs. 2 SGB III). Diese Fälligkeitsregelung entspricht dem Zahlungsmodus des vorrangegangen Arbeitsverhältnisses (vgl. BSG SozR 3 – 1200 § 44 Nr. 2). Gemäß § 15 Abs. 1 BAföG wird Ausbildungsförderung mit Beginn der Ausbildung frühestens ab dem Antragsmonat gezahlt. Auch Leistungen der sozialen Entschädigung werden frühestens mit dem Antragsmonat erbracht (§§ 18a, 60 BVG). Die früheren Regelungen für das Kindergeld die §§ 9, 20 BKGG aF (zweimonatliche Zahlung), sind durch § 11 Abs. 1 BKGG ersetzt worden. Nunmehr wird das Kindergeld monatlich fällig. Für die Sozialhilfe schließlich begründet erst Kenntnis iSd § 18 Abs. 1 SGB XII die Leistungspflicht des Trägers (Grube/ Wahrendorf § 18 Rn. 16). Bei stationärer Versorgung in der Krankenversicherung entsteht er Anspruch auf Krankengeld nach § 46 Nr. 1 SGB V mit deren Beginn. Gemäß § 46 Nr. 2 SGB V entsteht in den anderen Fällen der Anspruch auf Krankengeld erst mit dem Tag, der auf die ärztliche Feststellung folgt. Mangels einer abweichenden Regelung wird der Anspruch nach § 46 Nr. 1 und 2 SGB V auch fällig. Allerdings ruht der Anspruch unter den Voraussetzungen des § 49 SGB V, also vor allem solange Arbeitsentgelt gezahlt wird oder die Arbeitsunfähigkeit der Krankenkasse nicht gemeldet wird (§ 49 Abs. 1 Nr. 1 und 5 SGB V). Ein Sonderfall ist gegeben, wenn der Gesetzgeber einer Regelung rückwirkende Geltung beilegt. In diesem Falle wird eine Leistung erst mit Verkündung im Bundesgesetzblatt fällig (BSG SGb 1984 S. 583 mAnm Zeihe).

§ 42 Vorschüsse

(1) [1]**Besteht ein Anspruch auf Geldleistungen dem Grunde nach und ist zur Feststellung seiner Höhe voraussichtlich längere Zeit erforderlich, kann der zuständige Leistungsträger Vorschüsse zahlen, deren Höhe er nach pflichtgemäßem Ermessen bestimmt.** [2]**Er hat Vorschüsse nach Satz 1 zu zahlen, wenn der Berechtigte es beantragt; die Vorschußzahlung beginnt spätestens nach Ablauf eines Kalendermonats nach Eingang des Antrags.**

(2) [1]**Die Vorschüsse sind auf die zustehende Leistung anzurechnen.** [2]**Soweit sie diese übersteigen, sind sie vom Empfänger zu erstatten.** [3]**§ 50 Abs. 4 des Zehnten Buches gilt entsprechend.**

(3) **Für die Stundung, Niederschlagung und den Erlaß des Erstattungsanspruchs gilt § 76 Abs. 2 des Vierten Buches entsprechend.**

Übersicht

1. Bestehen des Anspruchs dem Grunde nach

Angesichts der häufig langen Bearbeitungszeiten für Anträge auf Sozialleistun- 1
gen ist eine Regelung, die Vorschusszahlungen ermöglicht, schon im Hinblick

auf § 17 Abs. 1 Satz 1 geboten. Bei der Geldleistung muss es sich um eine Sozialleistung handeln. Allerdings wird auch im Falle einer Vergütung an einen Leistungserbringer nach § 75 SGB XII, ein Vorschuss nach § 42 für möglich gehalten (LSG Nds.-Brem. ZfSH/SGB 2007 S. 607, 610, anders wohl BSG SozR 4-2500 § 264 Nr. 1). Anders als das Steuerrecht in den §§ 164, 165 AO kennt das Sozialrecht keine ausdrückliche allgemeine Vorschrift über den Erlass vorläufiger Entscheidungen, sondern nur den begrenzten Vorschuss auf eine Geldleistung (vgl. aber unten Rn. 27–29). Allen praktischen Bedürfnissen wird die Vorschrift des § 42 denn auch nicht gerecht, da sie zur Voraussetzung hat, dass der Anspruch dem Grunde nach feststeht und Zweifel nur hinsichtlich der Höhe der Geldleistung verbleiben dürfen. Sind Sozialleistungen vom Einkommen abhängig, wie solche der Sozialhilfe, der Ausbildungsförderung oder das Wohngeld, so lassen sich Grund und Höhe des Anspruchs zumeist nur einheitlich feststellen.

1a In den Besonderen Teilen werden des Öfteren Regelungen getroffen, die von § 42 abweichen. Das gilt etwa für die Ausbildungsförderung in den §§ 51 BaföG, 7 Abs. 6 Nr. 2b SGB II. Danach werden Leistungen bereits dann erbracht, wenn der Grund des Anspruchs noch nicht feststeht. Insoweit hat § 42 kaum praktische Bedeutung. Darüber hinaus wurde in der früheren Arbeitslosenhilfe eine Vorschusszahlung auch dann als zulässig erachtet, wenn nur die Bedürftigkeit wegen der Berücksichtigung von Einnahmen nach (§§ 138 AFG aF; 193 SGB III aF) streitig war (LSG RhPf. SGb 1992 S. 547). Daran hat später § 2 Abs. 7 Nr. 2 Alg II-VO angeknüpft, der jetzt gegenüber der weitergehenden Regelung des § 41a Abs. 1 Satz 1 Nr. 1 SGB II nur noch eine geringe praktische Bedeutung haben dürfte. Nach§ 2 Abs. 7 Nr. 2 Alg II-VO kann das Einkommen geschätzt werden, wenn die Entscheidung über die Erbringung von Leistungen keinen Aufschub duldet. In der Regelung über die vorläufigen Leistungen in der Grundsicherung für Arbeitsuchende nach § 41a Abs. 1 Satz 1 Nr. 1 SGB II ist einer neuer Gesichtspunkt hinzugekommen, der im Fürsorgesystem unerlässlich ist. Deswegen ist ergänzend zu § 41a SGB II, wenn auch mit zeitlicher Verzögerung, § 44a Abs. 1 Nr. 1 SGB XII getreten. In beiden Fällen genügt es, wenn die **Voraussetzungen des Anspruchs mit hinreichender Wahrscheinlichkeit** vorliegen (unten Rn. 27c). Damit ist für Fürsorgeleistungen die Voraussetzung, dass der Grund des Anspruchs feststehen muss, entfallen. Darüber wird erst im abschließenden Verfahren nach den §§ 41a Abs. 3 SGB II, 44a Abs. 5 SGB XII entscheiden (unten Rn. 27c–27e). Eine so weitgehende Regelung besteht schon nicht mehr, wenn bei den Leistungen bei Arbeitslosigkeit die Verfügbarkeit, und damit der Grund des Anspruchs, nicht geklärt ist (§ 138 Abs. 1 Nr. 3 SGB III). Auch in diesem Falle kann nach § 42 ein Vorschuss nicht verlangt werden. Jedoch kommt die Anwendung des § 328 Abs. 1 Satz 1 Nr. 3 SGB III in Betracht (vgl. unten Rn. 27). Hierbei kann es sich aber auch um den anders gelagerten Fall des § 145 SGB III handeln. Dort ist im Falle einer Minderung der Leistungsfähigkeit eine Vorleistungspflicht geregelt, die in systematischer Hinsicht eher in der Nähe von § 43 SGB I angesiedelt ist.

2 Bei den oft schwierigen Ermittlungen hinsichtlich des Grundes der Leistungen, etwa über die Frage, ob eine **verminderte Erwerbsfähigkeit** (§ 43 SGB VI) gegeben ist, bleibt die Regelung des § 42 ohne Wirkung. In diesen Fällen muss der Berechtigte zunächst andere Sozialleistungen in Anspruch nehmen. Das kann im Falle einer möglichen Erwerbsunfähigkeit das Krankengeld (§ 44 SGB V) oder eine Leistung bei Arbeitslosigkeit sein (vgl. § 145 SGB III). Soweit diese Vorschriften nicht eingreifen, sind zunächst, wie auch sonst in Fällen einer Unklarheit über die Anspruchsvoraussetzungen, Leistungen zum Lebensunterhalt zu erbringen (§§ 19 ff. SGB II, 27 ff. SGB XII). In diesem Falle können Anwendungszweifel darüber hinzukommen, ob die Voraussetzungen des § 8 Abs. 1 SGB II oder des § 43 Abs. 3 SGB XII erfüllt sind. In diesem Falle wären unter den Voraussetzungen des § 44a Abs. 1 Satz 7 SGB II zunächst Leistungen der Grundsicherung für Arbeitsuchende zu erbringen (unten Rn. 9–11). Andere Zweifelsfragen ergeben sich im Hinblick auf § 96a Abs. 1 SGB VI. Danach wird eine Rente wegen Erwerbsfähigkeit nur gezahlt, wenn die Hinzuverdienstgrenze nicht überschritten wird. Würde diese Regelung den Grund des Anspruchs betreffen, dann wäre ein Vorschuss nach § 42 nicht möglich. Nach dem Willen des Gesetzgebers betrifft diese Regelung jedoch nur die Höhe des Anspruchs (KassKomm-Schumacher, § 96a SGB VI Rn. 5). Deswegen ist bei Unklarheit zur Höhe des Hinzuverdienstes § 42 anzuwenden. Das kann zur Folge haben, dass der gesamte Vorschuss nach § 42 Abs. 2 zu erstatten ist (BSG SGb 2013 S. 710 mAnm Jährling-Rahnefeld).

Schwierig ist die Rechtslage beim Vorschuss auch, wenn **Ermessensleistungen** beansprucht werden und die tatsächlichen Voraussetzungen für die Ermes- 3
sensausübung noch nicht geklärt sind. Auch hier steht der Anspruch noch nicht dem Grunde nach fest (§ 40 Abs. 2). Stehen die ermessensrelevanten Tatsachen jedoch fest, so kann sich auch für die Durchführung eines Verwaltungsverfahrens die Überzeugung bilden, der Anspruch stehe dem Grunde nach fest (unten Rn. 5, 6). Eine größere praktische Bedeutung hat dies nicht, denn § 42 erstreckt sich nur auf Geldleistungen und diese sind in der Regel keine Ermessensleistungen (vgl. § 43 Rn. 16). Wenn in allen noch verbleibenden unklaren Fällen zunächst Leistungen der Sozialhilfe erbracht werden müssen, dann handelt es sich im rechtstechnischen Sinne nicht um Vorschüsse oder Vorleistungen, sondern um eine zeitnahe Bedarfsdeckung in einer akuten Notsituation (§ 2 Abs. 1 SGB XII). Die sozialpolitisch unerwünschte einstweilige Verweisung eines Versicherten auf die Sozialhilfe kann dadurch abgemildert werden, dass der Sozialhilfeträger zunächst von der Berücksichtigung von Einkommen absieht (§§ 19 Abs. 5; 27 ff. SGB XII). Er kann später, wenn der Anspruch feststeht, vom Hilfeempfänger selbst Aufwendungsersatz verlangen (§ 19 Abs. 5 Satz 1 Hs. 2 SGB XII) oder nach § 104 Abs. 1 und 2 SGB X auch einen Erstattungsanspruch gegenüber dem zuständigen Leistungsträger anmelden (vgl. Grube in Grube/Wahrendorf SGB XII § 19 Rn. 21).

Gleichfalls nicht anwendbar ist § 42 bei Ansprüchen auf **Dienst- oder Sach- 4
leistungen.** Das gilt auch dann, wenn der Leistungsträger sie in Form von Geldzahlungen an einen Leistungserbringer, etwa ein Krankenhaus, vergütet, denn auch in diesem Falle handelt es sich nicht um Geldleistungen. Insbesondere in den Fällen, in denen Ansprüche auf Dienst- oder Sachleistungen längere Bearbeitungszeiten erfordern, kommt aber eine **Selbstbeschaffung** der Leistung durch den Sozialleistungsberechtigten in Betracht, wenn die Sache keinen Aufschub duldet. Erforderlich ist grundsätzlich eine vorherige Antragstellung und dass es dem Berechtigten nicht zumutbar ist, eine Entscheidung über den Anspruch abzuwarten (BSG 57 S. 1; 157; BVerwG 90 S. 154). Diese Möglichkeit einer Selbstbeschaffung von Sozialleistungen besteht grundsätzlich in allen Sozialleistungsbereichen, insoweit sind die §§ 30 SGB II, 13 Abs. 3 SGB V, 36a SGB VIII, § 18 SGB IX, 34b SGB XII nur Ausdruck eines allgemeinen Rechtsgedankens (§ 43 Rn. 30). Eine Selbstbeschaffung der Sozialleistung ist nur dann nicht zulässig, wenn die gesetzliche Regelung ausdrücklich eine Entscheidung des Sozialleistungsträgers über den Anspruch zur Leistungsvoraussetzung erhebt, wie es etwa bei den früheren Arbeitsbeschaffungsmaßnahmen in § 263 Abs. 2 SGB III aF vor-

gesehen war (BSG 69 S. 274). Dies hatte seinen Grund darin, dass hier auch arbeitsmarktpolitische Zweckmäßigkeitserwägungen anzustellen waren. Dies könnte man auch im Rahmen des § 16 SGB II so sehen. Allerdings müsste dann die Selbstbeschaffung ausdrücklich ausgeschlossen sein, was im SGB II nicht geschehen ist. Das § 30 SGB II die Selbstbeschaffung ausdrücklich nur im Bereich der Bildung und Teilhabe regelt, dürfte nur als Klarstellung, aber nicht als Ausschluss in anderen Fällen zu verstehen sein.

5 So klar das gesetzliche Merkmal „dem Grunde nach" auch ist, so sehr bestehen doch Zweifel darüber, wann seine Annahme gerechtfertigt ist. Nach dem Wortlaut der Vorschrift genügt es, wenn der Anspruch iSd § 40 entstanden ist. Voraussetzung für eine Vorschusszahlung ist also nicht, dass der Sozialleistungsträger bereits eine Feststellung über den Anspruch in einem förmlichen Verfahren (§ 8 ff. SGB X) getroffen hat und nur noch die Höhe zweifelhaft ist (vgl. BSG 55 S. 287). Nach einer engeren Auffassung ist es erforderlich, dass die Anspruchsvoraussetzungen zur Überzeugung des Leistungsträgers festgestellt dh erwiesen sind (Lilge, SGB I § 42 Rn. 25, 26). Die Verwendung des Merkmals „festgestellt" ist in diesem Zusammenhang zumindest missverständlich. Es hat nicht die Bedeutung, „in einem Verwaltungsverfahren festgestellt" (vgl. aber Lilge, SGB I § 42 Rn. 26, Rolfs in Hauck/Noftz, SGB I § 42 Rn. 13). Wenn der Gesetzgeber den Begriff „dem Grunde nach" verwendet, ist genau das nicht gemeint. So ist von den Leistungen nach dem SGB II ausgeschlossen, wer dem Grunde nach Ausbildungsförderung nach dem Bafög erhält (§ 7 Abs. 5 Satz 1 SGB II). Hier ist es nicht erforderlich, dass der Anspruch auf Ausbildungsförderung festgestellt ist. Dies könnte, mangels sachlicher Zuständigkeit, durch den Träger der Grundsicherung ohnehin nicht geschehen. Entsprechendes gilt nach § 21 Satz 1 SGB XII. Danach ist von den Leistungen der Sozialhilfe ausgeschlossen, wer dem Grunde nach leistungsberechtigt nach dem SGB II ist. Gemeint ist mit diesem Merkmal, dass zur Überzeugung des Leistungsträgers eine Zugehörigkeit zu dem jeweils leistungsberechtigten Personenkreis gegeben ist. Darüber muss aber kein Verwaltungsverfahren durchgeführt werden. Es könnte ohnehin nur unter den Voraussetzungen des § 18 SGB X eröffnet werden. Vielmehr wird diese Frage bei einem Antrag auf die in Rede stehende Leistung – hier also der Vorschuss – inzidenter geprüft. Regelmäßig verfährt die Praxis so, wenn im Fürsorgesystem im Rahmen der Kosten für eine Unterkunft auch Heizkosten zu übernehmen sind (§§ 22 SGB II, 35 SGB XII). Das erfolgt sinnvollerweise immer vor der Heizperiode (OVG NRW FEVS 55 S. 52).

6 Andererseits genügt es nicht, dass das Bestehen des Anspruchs dem Grunde nach lediglich wahrscheinlich ist (BSG DVBl 1988 S. 449 mAnm Bieback). In solchen Fällen können aber andere Vorschriften anwendbar sein oder eine Vorwegzahlung in Betracht kommen (vgl. unten Rn. 27–29) Wenn es also für einen Vorschuss nach § 42 nur zur Überzeugung des Leistungsträgers feststehen muss, dass der Anspruch besteht, dann muss auch bei **Ermessensleistungen** noch keine förmliche Entscheidung iSd § 40 Abs. 2 erfolgt sein. Es genügt auch hier, wenn deren Voraussetzungen verwaltungsintern feststehen. Das erfolgt im Rahmen des § 8 SGB X durch eine behördliche Tätigkeit, die auf die Prüfung der Voraussetzungen für den Erlass eines Verwaltungsaktes gerichtet sind. Es besteht keine verwaltungsverfahrensrechtliche Regelung, die vorschreiben würde, dass ein „Bestehen des Anspruchs dem Grunde nach" in einem gesonderten Rechtsakt festgestellt werden könnte oder gar müsste. Kein Gegenargument gegen diese Auffassung ergibt sich aus § 40 Abs. 2. Danach ist bei Ermessensleistungen zwar der Zeitpunkt der Bekanntgabe entscheidend. Jedoch betrifft diese Bekanntgabe die Ermessensleistung als solche. Das kann nicht lediglich der Anspruch dem Grunde nach sein. Damit kommt es auf die einschränkende Formulierung in § 40 Abs. 2 „es sei denn“ allenfalls noch insoweit an, als das Gesetz damit erkennen lässt, dass bei Ermessensleistungen mehrere Zeitpunkte möglich sind.

Sollte dagegen der Hauptanspruch, sei es auch nur dem Grunde nach, bereits in einem anderen Verwaltungsverfahren festgestellt worden sein, so ist der Leistungsträger insoweit an die Entscheidung gebunden. Unberührt bleiben allerdings die §§ 44 ff. SGB X. Entsprechendes gilt für das Gericht, wenn der Vorschuss in einem Rechtsstreit durchgesetzt werden soll. Das wird zumeist im Verfahren der einstweiligen Anordnung nach §§ 86b Abs. 2 SGG, 123 VwGO geschehen. Aus verfahrensrechtlichen Gründen ist in diesem Falle zu verlangen, dass das Gericht das Bestehen des Anspruchs, hier also die Voraussetzungen für einen Vorschuss, für überwiegend wahrscheinlich hält. In diesem Rahmen prüft es auch, ob mit gleicher Wahrscheinlichkeit der Hauptanspruch dem Grunde nach besteht. Die Regelung des § 42 erübrigt also nicht das Verfahren der einstweiligen Anordnung nach den §§ 86b Abs. 2 SGG, 123 VwGO. Vielmehr kann auch ein Vorschuss in diesem Verfahren durchzusetzen sein. **7**

Überwiegend wird die Auffassung vertreten, zusätzliche Voraussetzung sei die **Fälligkeit** des Anspruchs (Bley, SozVersGesKomm § 42 Anm. 2b; Rolfs in Hauck/Noftz, SGB I § 42 Rn. 15, 29; Groth in jurisPK-SGB I § 42 Rn. 27; Lilge, SGB I § 42 Rn. 21; aA Wannagat-Jung § 42 Rn. 9). Dabei wird darauf hingewiesen, dass gemäß §§ 40 und 41 Entstehung und Fälligkeit auf einen Zeitpunkt fallen, bzw. dass die Fälligkeit in § 42 eine ungeschriebene Voraussetzung sei. Diesen Auffassungen ist jedoch nicht zu folgen. Zum einen gibt es in den Besonderen Teilen des Sozialgesetzbuches eine Vielzahl von abweichenden Vorschriften zur Fälligkeit (vgl. § 41 Rn. 10). Zum anderen setzt § 42 schon nach seinem Wortlaut nur voraus, dass der Anspruch dem Grunde nach besteht; eine Fälligkeit wird also nicht gefordert. Betrachtet man zudem mit dem BSG den Anspruch auf einen Vorschuss als einen materiell-rechtlichen Anspruch, der gegenüber dem Hauptanspruch selbständig ist (BSG SozR 3-1200 § 42 Nr. 2), dann besteht kein Grund dafür, ihn enger an das Schicksal des Hauptanspruch zu binden, als der Gesetzeswortlaut dies verlangt. Unter Übernahme der allgemeinen Grundsätze zur Fälligkeit (§ 271 BGB) wird argumentiert, ein Anspruch könne zwar vor Fälligkeit erfüllt werden, es bestehe aber keine Verpflichtung dazu. Dabei wird ein wichtiger Punkt nicht hinreichend gewürdigt. Hauptanspruch und Vorschuss sind voneinander zu trennen. Die fehlende Fälligkeit des ersteren hat keinen Einfluss auf die Fälligkeit des letzteren (aA auch insoweit Bley, SozVersGesKomm § 42 Anm. 1e). Der fällige Vorschuss wird zulässigerweise auf die nicht fällige Hauptleistung gezahlt und auf sie angerechnet (§ 42 Abs. 2 Satz 1). Auch das BSG neigt, jedenfalls bei der umstrittenen Vorwegzahlung (vgl. unten Rn. 29) dazu, eine Fälligkeit des Anspruchs nicht zu fordern (BSG DVBl 1988 S. 452 mAnm Bieback). Schließlich ist darauf hinzuweisen, dass das Erfordernis der Fälligkeit eines Hauptanspruchs, dessen Höhe ohnehin noch nicht feststeht, reichlich konstruiert erscheint. Bei Fälligkeit kann ja die Leistung gefordert werden. Die Verurteilung zu einer Geldleistung in ungenannter Höhe ist nicht möglich. Schließlich lässt sich die restriktive Auslegung des § 42 nicht damit rechtfertigen, dass sie nach „Sinn und Zweck“ die negativen Auswirkungen einer verzögerten Leistungsfeststellung mindern soll. Das mag ein Hauptanliegen des Gesetzgebers sein, ist aber nicht der einzige Grund. Entscheidend spricht die Auslegungsregel des § 2 Abs. 2 gegen die hier **8** abgelehnte Auffassung. Diese Auffassung erschwert den Zugang zu Sozialleistungen. Ergänzend tritt ein Hinweis auf § 31 hinzu. Die Regelung über den Vorschuss wird durch ein Merkmal eingeengt (Fälligkeit), die im Gesetzeswortlaut nicht enthalten ist. Das geht über eine ohnehin nicht uneingeschränkt zulässige restriktive Auslegung des Gesetzes hinaus (§ 2 Abs. 2).

9 Während bei Unklarheit der Anspruchsvoraussetzungen ursprünglich der Rückgriff auf Leistungen der Sozialhilfe relativ problemlos war, bestehen seit der Arbeitsmarktreform 2005 auch im Rahmen der **Grundsicherung** Ungewissheiten über den Grund des Anspruchs, wohingegen die Höhe des Anspruchs relativ klar ist. Die Rechtslage stellt sich als eine Mischform von Vorschuss (§ 42) und Vorleistung (§ 43) dar, weil verbunden mit Zweifeln über den Grund des Anspruchs auch solche über die Zuständigkeit bestehen. Erfüllt der Leistungsberechtigte die Voraussetzungen des § 7 Abs. 1 SGB II, ist er also insbesondere erwerbsfähig (§ 8 Abs. 1 SGB II), so stehen ihm die Leistungen der §§ 19 ff. SGB II zu. Ist er nicht erwerbsfähig, so kommen entweder Leistungen der Grundsicherung bei dauerhafter und voller Erwerbsminderung nach den §§ 41 ff. SGB XII in Betracht, oder – sind diese engen Voraussetzungen nicht erfüllt – es ist Hilfe zum Lebensunterhalt nach den §§ 27 ff. SGB XII zu leisten. Die hier vor allem bei Ungewissheit der (vollen) Erwerbsfähigkeit bestehenden Zweifel über den Grund des Anspruchs, werden nur teilweise über § 44a Abs. 1 Satz 2 und 7 SGB II behoben. Stellt die Agentur für Arbeit fest, dass der Leistungsberechtigte erwerbsfähig bzw. nicht erwerbsfähig ist, entscheidet sie also über den Grund des Anspruchs, so kann einer der beteiligten Leistungsträger, vor allem der Träger der Kranken- bzw. der Rentenversicherung oder der Träger der Sozialhilfe Widerspruch einlegen. Nach Einholung eines Gutachtens gemäß § 109a Abs. 2 SGB VI entscheidet die Agentur für Arbeit. Bis zu deren Entscheidung werden Leistungen der Grundsicherung für Arbeitsuchende nach den §§ 19 ff. SGB II erbracht (§ 44a Abs. 1 Satz 7 SGB II). Nach Sinn und Zweck der Regelung darf die Agentur für Arbeit eine „fehlende Erwerbsfähigkeit nicht annehmen, ohne den zuständigen Träger der Sozialhilfe eingeschaltet zu haben" (BSG 97 S. 231). Denn dies ist die Voraussetzung dafür, dass der in diesem Falle zuständige Sozialhilfeträger die Feststellung akzeptieren oder ihr widersprechen kann (§ 44a Abs. 1 Satz 1 Nr. 2 SGB II).

10 Erbringt das Jobcenter zunächst Leistungen der Grundsicherung für Arbeitsuchende und wird später festgestellt, dass ein solcher Anspruch, praktisch zumeist mangels einer Erwerbsfähigkeit, nicht gegeben ist, so besteht nach der Regelung des § 44a Abs. 3 SGB II ein Erstattungsanspruch. Weil die Leistungsvoraussetzungen nachträglich entfallen sind, ist § 103 SGB X anzuwenden. Der Erstattungsanspruch hängt allerdings davon ab, dass dem Hilfebedürftigen eine andere Leistung zur Sicherung des Lebensunterhalts zuerkannt wurde. Das sind Leistungen nach den §§ 27 ff. oder 41 ff. SGB XII. Die für die Erbringung von Leistungen nach den §§ 27 ff. SGB XII erforderliche Kenntnis (§ 18 Abs. 1 SGB XII) gilt als an dem Tag erlangt, an dem Widerspruch gegen die Feststellung der Agentur für Arbeit erhoben wird (§ 44a Abs. 3 Satz 2 SGB II). Wurden zunächst Leistungen nach den §§ 19 ff. SGB II erbracht und wird später festgestellt, dass ein Anspruch auf eine Rente nach § 43 SGB VI besteht, so muss der Träger der Rentenversicherung nach § 104 SGB X erstatten, denn im Verhältnis zu ihm leisten die Träger der Grundsicherung nachrangig.

11 Mit Blick auf die **Grundsicherung für Arbeitsuchende** ist also festzustellen, dass ein Hilfebedürftiger einen Vorschuss nach § 42 erst dann erhält, wenn der

Grund des Anspruchs nach den §§ 19 ff. SGB II feststeht. Steht der Grund nicht fest, so erhält er Leistungen nach den §§ 19 ff. SGB II, wenn von einem Leistungsträger Widerspruch eingelegt worden ist (§ 44a Abs. 1 Satz 7 SGB II). Ist keiner der beiden Fälle gegeben, so ist unter beiden Blickwinkeln betrachtet, der Grund des Anspruchs nicht festgestellt. Damit greifen die Ausschlussklauseln der §§ 5 Abs. 2 SGB II und 21 Satz 1 SGB XII nicht ein. Es werden insoweit Leistungen der Sozialhilfe erbracht. Stehen innerhalb der Sozialhilfe die Voraussetzungen des § 41 SGB XII nicht fest, sind Leistungen nach den §§ 19 Abs. 1, 27 ff. SGB XII zu erbringen. Diese Rechtslage ist jetzt insoweit modifiziert worden, als § 41a Abs. 1 SGB II regelt, dass das Jobcenter vorläufig zu entscheiden hat, wenn die Anspruchsvoraussetzungen mit hinreichender Wahrscheinlichkeit vorliegen (unten Rn. 27). Auf diese Leistung kann der Träger der Sozialhilfe den Leistungsberechtigten verweisen (§§ 9 SGB I, 2 Abs. 1 SGB XII). Gelangt das Jobcenter zu der Auffassung, dass eine hinreichende Wahrscheinlichkeit nicht gegeben ist, bleibt es bei der „Notkompetenz" des Trägers der Sozialhilfe (§§ 9 SGB I, 2 Abs. 1 SGB XII).

2. Beginn und Ende der Vorschussleistung

12 Gewisse Zweifel bestehen auch hinsichtlich der zweiten wesentlichen Voraussetzung für die Vorschusszahlung. Für die Feststellung der Höhe der Leistung muss voraussichtlich längere Zeit erforderlich sein. Im Grundsatz wird man sagen können, dass es bei der Bestimmung dieses Zeitraumes wesentlich darauf ankommt, welchen Zweck die jeweilige Leistung erfüllen soll. So wird man bei oft unvorhersehbaren Ereignissen, wie Arbeitsunfähigkeit oder Arbeitslosigkeit, den Zeitraum sehr kurz bestimmen müssen. Das bedeutet also, dass ein Vorschuss auch bei geringfügiger Verzögerung zu zahlen ist. Nicht im gleichen Sinne zu bewerten ist der Rentenanspruch bei Erreichen der Altersgrenze (§§ 35 ff. SGB VI), da dieser Zeitpunkt vorhersehbar ist und vor allem auch der Antrag auf die Leistung bereits vor Erfüllung der gesetzlichen Voraussetzungen gestellt werden kann.

13 Andere Versuche, den Zeitraum zu konkretisieren, lassen sich kaum aus dem Gesetz ableiten. Teilweise wird die Monatsfrist des § 42 Abs. 1 Satz 2 zur Bestimmung der „längeren Zeit" herangezogen. Ein Kalendermonat soll danach eine längere Zeit sein. Hinzu kommen soll dann noch ein Kalendermonat nach Beantragung des Vorschusses (Schellhorn, GK-SGB I § 42 Rn. 15). Diese Auffassung ist jedoch abzulehnen. Die Frist des § 42 Abs. 1 Satz 2 Hs. 2 von einem Kalendermonat soll dem Sozialleistungsträger eine Entscheidung über die Rechtsfrage der Vorschusszahlung ermöglichen. Sie hat nichts mit der Bestimmung der Höhe der Leistung, also des Hauptanspruchs, zu tun. Die Frist zur Bearbeitung des Antrags auf einen Vorschuss nach § 42 Abs. 1 Satz 2 gilt im Übrigen für alle Sozialleistungen einheitlich. Demgegenüber kann nicht bestritten werden, dass für die Berechnung einer Rente, vielleicht mit Beitragszahlungen im Ausland oder unter Berücksichtigung der Verhältnisse in der früheren DDR, eine ganz andere Zeit erforderlich ist, als etwa für die Berechnung des Krankengeldes. Gleichfalls nicht richtig ist es, bei der Bestimmung der „längeren Zeit" zwischen einmaligen und laufenden Leistungen zu differenzieren. Auch beim Bedarf auf eine einmalige Leistung kann die Erwerbsgrundlage unmittelbar gefährdet sein, so etwa bei der Reparatur einer behinderungsgerechten Kfz-Ausstattung für einen behinderten Menschen. Auch hier muss also uU der Entscheidungszeitraum kurz sein. Eher

schon angemessen ist es, bei der Bestimmung der Frist für die Feststellung der Höhe der Leistung darauf abzustellen, ob die Sozialleistung einen teilweisen oder totalen Ausfall des Erwerbseinkommens ersetzen soll. Dabei ist zu beachten, dass auch der teilweise Ausfall des Erwerbseinkommens dazu führen kann, dass der Berechtigte schnell auf Leistungen der Grundsicherung oder der Sozialhilfe angewiesen sein würde. Das ist durch Vorschusszahlung zu vermeiden. Leistungen der Sozialhilfe können grundsätzlich nicht an die Stelle eines Vorschusses treten. Auch er ist vielmehr eine vorrangige Hilfeform iSd §§ 12a SGB II, 2 Abs. 1 SGB XII. Nur wenn der Anspruch nicht realisiert werden kann, hat der Träger der Grundsicherung oder der Sozialhilfe den akut bestehenden Bedarf zu decken.

14 Insgesamt betrachtet, lassen sich nur drei grundlegende Kriterien nennen, nach denen die „längere Zeit" bestimmt werden kann. Welchen Zweck erfüllt die Sozialleistung, in welchem Ausmaß ist der Berechtigte auf sie angewiesen und wie schwierig ist die Feststellung der Höhe der Leistung im Einzelfall? Dabei ist der Gesichtspunkt, es komme auf die typische Bearbeitungszeit an, mit größter Vorsicht zu handhaben, weil in diesem Falle zu viele verwaltungsinterne Vorgänge auf die Bestimmung der Frist Einfluss haben (Jahn, SGB I § 42 Rn. 5). Bei besonders dringlichem Bedarf und einfacher Klärung des Anspruchsgrundes ist der Vorschuss schon am Tage der Antragstellung zu leisten. Beim Krankengeld wird eine Woche genannt (Bley, SozVersGesKomm § 42 Anm. 3c). Offensichtlich in Orientierung an der Frist für eine Untätigkeitsklage (§ 88 SGG) wird auch ein Zeitraum von sechs Monaten genannt (Jahn, SGB I § 42 Rn. 6). Als allgemeiner Bezugspunkt ist er wenig geeignet, weil die entsprechende Klagefrist nach § 75 VwGO drei Monate beträgt. Nach allem lässt sich eine eindeutige, für alle Fälle geltende Frist, aus dem Gesetz nicht ableiten. Einen mittelbaren Einfluss auf die Bestimmung der „längeren Zeit" für die Entscheidung über die Höhe des Anspruchs haben auch die §§ 13 Abs. 3a SGB V und 18 Abs. 1 bis 3 SGB IX, die zur Beschleunigung des Verwaltungsverfahrens beitragen sollen. Allerdings gelten sie nur für Gesundheits- und Teilhabeleistungen und betreffen überdies vorrangig Sach- und Dienstleistungen.

15 Jeder Sozialleistungsträger muss auf das Recht, einen Vorschuss beantragen zu können, hinweisen (§ 17 Abs. 1 Nr. 1). Wird ein Antrag nicht gestellt, erfolgt die Entscheidung über den Vorschusses nach Ermessensgesichtspunkten. Das gilt sowohl für die Frage, ob ein Vorschuss zu zahlen ist, als auch dafür, in welcher Höhe dies erfolgen soll. Schon bei der Frage, ob ein Vorschuss zu leisten ist, könnte man die Erwägung anstellen, ob der Leistungsberechtigte ohne den Vorschuss hilfebedürftig würde (vgl. Lilge § 42 Rn. 46). Das ist aber fragwürdig, weil man damit uU ein Element des Fürsorgesystems in eine Versicherungsleistung einfügen würde. Die Entscheidung über den Vorschuss erfolgt durch Verwaltungsakt. Es genügt, wenn sich aus dem Verfügungssatz ergibt, dass der Träger eine „einstweilige" Regelung hat treffen wollen (BSG SozR 3-1200 § 42 Nr. 3). Wird gemäß § 42 Abs. 1 Satz 2 ein **Antrag** gestellt, so ist ein Vorschuss zu zahlen. Das Gesetz nennt als **antragsbefugt** den Berechtigten. Darunter ist im Hinblick auf die Funktion des Vorschusses, zur Verwirklichung der sozialen Rechte beizutragen, nur der Sozialleistungsberechtigte selbst, grundsätzlich jedoch nicht ein Dritter zu verstehen (Rolfs in Hauck/Noftz, SGB I § 42 Rn. 29, 30; Lilge, SGB I § 42 Rn. 59). Hinsichtlich des **Rechtsnachfolgers,** wird man abweichend von der wohl überwiegenden Auffassung eine differenzierende Meinung vertreten müssen. Häufig dienen Entgeltersatzleistungen der Sicherung des Lebensbedarfs einer ganzen Familie. Im Falle des Todes des unmittelbar Leistungsberechtigten wird man in einer solchen Situation den in § 56 Abs. 1 Satz 1 genannten Personen das Recht einräumen müssen, einen Vorschuss zu beantragen. Als antragsberechtigt ist auch derjenige anzusehen, der eine Abzweigung nach § 48 verlangen kann. In seinem Falle gelten die aus den §§ 3–10 abzuleitenden Gesichtspunkte wie beim Leistungsberechtigten selbst. Antragsberechtigt sind des Weiteren die Träger Grundsicherung für Arbeitsuchende, der Jugend- und Sozialhilfe nach den §§ 5 Abs. 3 SGB II, 97 SGB VIII, 95 SGB XII, da auch auf diese Weise bewirkt werden soll, dass die Leistung dem Berechtigten selbst zukommt. Im Übrigen besteht an einer Einbeziehung Dritter in die Antragsbefugnis kein Bedürfnis, da in diesen Fällen ein Vorschuss immer noch nach **Ermessensgesichtspunkten** geleistet werden kann. Über das Antragsrecht ist der Berechtigte nach § 14 zu beraten (aA Lilge, SGB I § 42 Rn. 60). Wird die Beratung unterlassen, so schrumpft das nach § 42 Abs. 1 Satz 1 SGB eingeräumte Ermessen auf Null (Hess. LSG FEVS 63 S. 467, zu § 43).

15a Mit einem Antrag auf die Hauptleistung ist im Allgemeinen noch kein Antrag auf einen Vorschuss gestellt. Im Falle eines Antrags auf einen Vorschuss bleibt es weiterhin dabei, dass die **Höhe** nach Ermessensgesichtspunkten zu bestimmen ist. Ausschlaggegend für die Höhe des Vorschusses ist die voraussichtliche Höhe der Sozialleistung. Es kann nicht in allen Fällen als ermessenswidrig angesehen werden, wenn der Vorschuss hinter dem Betrag zurückbleibt, der ggf. als Hilfe zum Lebensunterhalt (§§ 19 ff. SGB II, 27 ff. SGB XII) zu leisten wäre, denn nicht selten bleiben Sozialleistungen hinter diesem Betrag zurück, so dass ohnehin ergänzende Hilfe zum Lebensunterhalt zu leisten ist. Andere Sozialleistungen, wie etwa das Wohngeld, verfolgen ohnehin nicht den Zweck der Deckung des notwendigen Lebensbedarfs. Der Sozialleistungsträger darf jedoch den Vorschuss nicht so niedrig ansetzen, dass er jedes Risiko der Überzahlung ausschließt. Dieser Möglichkeit ist vielmehr durch Anrechnung nach § 42 Abs. 2 oder Erstattung nach § 42 Abs. 3 Rechnung zu tragen.

16 Die Zahlung des Vorschusses erfolgt spätestens nach Ablauf eines Kalendermonats nach Eingang des Antrags. Im Einzelfall kann es sich dabei also um einen Zeitraum von fast zwei Monaten handeln. Es ist angesichts der gebräuchlichen Unterscheidung zwischen Monat und Kalendermonat nicht davon auszugehen, dass der Gesetzgeber in § 42 Abs. 1 Satz 2 ersteres gemeint habe. Der Antrag kann mit fristwahrender Wirkung auch bei einem unzuständigen Leistungsträger eingehen (§ 16 Abs. 2). Die Vorschusszahlung endet mit der Entscheidung über die Hauptleistung. Einer besonderen Aufhebung des Vorschussbescheides bedarf es nicht (BSG SozR 3-2400 § 14 Nr. 12; BSG SozR 3-1200 § 42 Nr. 3). Er erledigt sich vielmehr auf andere Weise gemäß § 39 Abs. 2 SGB X (OVG Münster FEVS 44 S. 334).

17 Umstritten ist, ob mit der Entscheidung über eine Vorschusszahlung zugleich entschieden wird, dass der Anspruch dem Grunde nach besteht. Dies wird teilweise bejaht (Schellhorn, GK-SGB I § 42 Rn. 12). Gegen diese Auffassung spricht, dass eine solche Bindungswirkung dem Ziel des § 42, eine rasche Hilfeleistung zu ermöglichen, zuwiderlaufen würde. Auch die Tatsache der relativ unförmlichen Bewilligung des Vorschusses spricht eher dagegen. Zutreffend wird deswegen die Auffassung vertreten, dass jede Bewilligung eines Vorschusses unter dem Vorbehalt einer endgültigen Leistungsfeststellung steht (Bley, SozVersGesKomm § 42 Anm. 4c). Dieser Ansicht ist auch das BSG, das besonders auf den eigenständigen Rechtscharakter der Vorschusses gegenüber der Hauptleistung abstellt (BSG 55 S. 287). Konsequenterweise ist nach Beendigung der Voraussetzungen für eine erbrachte vorläufige Leistung eine eigenständige Entscheidung über die endgültige Leistung zu treffen. Es darf also nicht lediglich die vorläufige Entscheidung geändert werden (BSG SGb 2016 S. 343 mAnm Straßfeld, zu § 328 SGB III).

3. Anrechnung und Erstattung

18 Vorschüsse sind gemäß § 42 Abs. 2 Satz 1 auf die Leistung anzurechnen. Sie erfolgt auf die zustehende Leistung, über die infolgedessen entschieden worden sein muss (BSG SozR 4-5671 § 3 Nr. 6 Rn. 20). Der Leistungsträger hat hierbei keinen Ermessensspielraum. Die **Anrechnung** muss erfolgen. Ein entsprechender Vorbehalt ist nicht erforderlich. Die einschränkende Vorschrift des § 51 über die Aufrechnung ist hierbei nicht anzuwenden, da § 42 Abs. 2 Satz 1 keinen Sonderfall der Aufrechnung darstellt (vgl. unten Rn. 20). Der Leistungsberechtigte hat ja für die Zeit, für die ihm die Sozialleistung zusteht, diese durch den Vorschuss teilweise erhalten. Durch Anrechnung der Überzahlung wird also der Zahlbetrag nur auf den gesetzlich vorgesehenen Umfang der Sozialleistung reduziert. Ist die Anrechnung versehentlich unterblieben, so hat der Sozialleistungsträger kein weitergehendes Recht, Vorschüsse zurückzufordern, denn § 42 Abs. 2 Satz 1 begründet keine Pflicht, nicht angerechnete Vorschüsse zurückzuerstatten (unten Rn. 19). Insbesondere ist § 45 SGB X nicht anwendbar, einmal weil der Vorschuss zu Recht geleistet wurde (BSG 57 S. 38) und zum anderen, weil § 42 Abs. 2 Satz 3 nur auf § 50 Abs. 4 SGB X verweist. Nach nicht unbestrittener Auffassung (LSG RhPf. Breith. 1996 S. 943) erfolgt die Aufhebung des Bescheides über den Vorschuss nicht nach § 45 SGB X. Vielmehr trifft § 42 eine **eigenständige Regelung.** Insbesondere ergibt sich aus § 42 kein Vertrauensschutz. Der Argumentation, dass allgemein Vorleistungsbescheide echte Bescheide sind, die auch bestandskräftig werden können, ist entgegenzusetzen, dass im Zusammenhang mit § 42 nur inzident, nicht aber in einem förmlichen Verwaltungsverfahren über das Bestehen des Anspruchsgrundes entschieden wird. Das gilt etwa auch im Hinblick auf die Neuregelung des § 41a SGB II. Auch danach wird das Bestehen des Anspruchs auf Leistungen nach den §§ 19 ff. SGB II (noch) nicht festgestellt (vgl. Rn. 27). Für das Entstehen des Erstattungsanspruchs nach § 42 Abs. 2 genügt es, wenn sich nachträglich das Nichtbestehen des Anspruchs herausstellt

19 Soweit gezahlte Vorschüsse die zustehende Leistung übersteigen, sind sie zu erstatten (§ 42 Abs. 2 Satz 2). Es besteht also auch in diesem Falle kein Ermessensspielraum. Zu erstatten ist auch, wenn sich erst im Laufe des Verfahrens herausstellt, dass der Anspruch dem Grunde nach nicht besteht (BSG SGb 2011 S. 523 mAnm Rohlfs/Dieckmann). Insgesamt ist die Rückabwicklung eines zu Unrecht gezahlten Vorschusses abweichend von den §§ 44 ff. SGB X geregelt und darf nur über § 42 Abs. 2 erfolgen. Das bedeutet auch, dass bei der Rückabwicklung eines Vorschusses nicht zwischen dessen rechtmäßiger bzw. rechtswidriger Leistung unterschieden werden muss (BSG SozR 4-1200 § 42 Nr. 1). Es genügt, wenn der Vorschuss höher war als die Hauptleistung. Das ist auch dann der Fall, wenn die Hauptleistung überhaupt nicht beansprucht werden konnte. Auch in diesem Zusammenhang bedarf es keiner Aufhebung des den Vorschuss bewilligenden Bescheides nach § 45 SGB X. Vielmehr erfolgt die Erstattung nach § 42 Abs. 2 Satz 2 (oben Rn. 18). Streng am Wortlaut des § 42 Abs. 2 orientiert, könnte man allerdings sagen, dass die Anrechnung auf eine überhaupt nicht zustehende Leistung nicht möglich ist und diese auch nicht übersteigen kann (KassKomm-Schifferdecker § 42 Rn. 41–43). Nach dieser Auffassung wären auf den Vorschussbe-

scheid die §§ 45, 50 SGB X anwendbar. Der entscheidende Gesichtspunkt für die Anwendung des § 42 Abs. 2 SGB I und nicht des § 45 SGB X ist aber darin zu sehen, dass der Empfänger des Vorschusses weiß, dass es sich hierbei um eine vorläufige Leistung handelt (BT-Drs. 7/868 S. 29). Damit fehlt es an einer Grundlage für den Vertrauensschutz. Dies ist auch die Konsequenz aus der Tatsache, dass im Zusammenhang mit dem Vorschuss über das Bestehen des Hauptanspruchs nicht förmlich entschieden wird (oben Rn. 5).

Der **Erstattungsanspruch** entsteht mit der Vorschusszahlung. Aus dem Sinnzusammenhang der Regelung des Abs. 1 und insbesondere auch aus der Tatsache, dass die Höhe des Hauptanspruchs erst noch festgestellt werden muss, ist aber zu schließen, dass der Erstattungsanspruch erst mit Bekanntgabe des endgültigen Leistungsbescheids fällig werden kann. Er kann, anders als die Anrechnung (oben Rn. 18), im Wege der Aufrechnung unter Beachtung der Voraussetzungen des § 51 durchgesetzt werden. Erstattungspflichtig ist auch der Rechtsnachfolger (§§ 56–59). Für die Erstattung gelten die Grundsätze über die Verjährung nach § 50 Abs. 4 SGB X entsprechend. Dabei wird insbesondere auf die bürgerlichrechtlichen Vorschriften über Hemmung und Neubeginn der Verjährung verwiesen (vgl. § 45 Rn. 13–20). **20**

Unter den Voraussetzungen des § 42 Abs. 3 darf der Erstattungsanspruch gestundet, niedergeschlagen oder erlassen werden. Es ist also ein Ermessen auszuüben. Die Vorschrift ist entsprechend bei sog. Urteilsleistungen anzuwenden (BSG SozR 3-1300 § 45 Nr. 10). Seit dem 2. ÄndG SGB I erfolgt in § 42 eine Verweisung auf § 76 Abs. 2 SGB IV. Im Zusammenhang mit dieser Änderung wurde § 76 Abs. 2 Nr. 3 SGB IV neu gefasst. Ein Antrag des Vorschussempfängers ist nicht erforderlich, wohl aber die Erfüllung von Mitwirkungspflichten (§§ 60 ff.) bei der Prüfung der Voraussetzungen für die Entscheidung nach § 42 Abs. 3. Sie kann in allen drei Fällen auch teilweise erfolgen. Im Zusammenhang mit der Stundung kann eine Ratenzahlung bewilligt werden. Die unbestimmten Rechtsbegriffe des § 76 Abs. 2 SGB IV legen einen weiten Rahmen für die Entscheidung des Sozialleistungsträgers fest. Die Stundung bedeutet ein Hinausschieben der Fälligkeit, der Erlass einen endgültigen Verzicht auf die Forderung (vgl. § 397 BGB). Die Niederschlagung besteht in der Entscheidung, den Anspruch vorläufig oder dauernd nicht geltend zu machen. Eine Änderung der materiellen Rechtslage tritt dadurch nicht ein. Während über Stundung und Erlass durch Verwaltungsakt entschieden wird, hat die Niederschlagung nur verwaltungsinterne Wirkung. **21**

Eine Stundung (§ 76 Abs. 2 Nr. 1 SGB IV), also das Hinausschieben der Fälligkeit, erfolgt, wenn die sofortige Einziehung eine erhebliche Härte bedeuten würde. Dies ist mehr als eine bloße Härte und weniger als die besondere Härte iSd § 42 Abs. 3 Nr. 3 aF. Allgemein lässt sich nur so viel feststellen, dass die mit der Zahlung von Geldbeträgen empfundene Belastung nicht ausreicht, eine erhebliche Härte festzustellen. Andererseits ist es nicht erforderlich, dass durch die Erstattung beim Vorschussempfänger eine wirtschaftliche Notlage eintritt. Zum Zweck einer einheitlichen Anwendung des Begriffs der erheblichen Härte könnten die Sozialleistungsträger von einer Bedarfsberechnung im Sozialhilferecht ausgehen (vgl. § 28 Rn. 5–8). **22**

Die Stundung hat des Weiteren zur Voraussetzung, dass die Durchsetzung des Anspruchs nicht gefährdet wird. Lässt die objektive wirtschaftliche Lage des Vorschussempfängers eine solche Gefährdung als möglich erscheinen, so ist der Anspruch entweder gleich durchzusetzen oder es ist ein Erlass nach § 76 Abs. 2 Nr. 3 SGB IV zu prüfen. Der gestundete Erstattungsanspruch soll angemessen **23** verzinst werden. In der Höhe muss er nicht dem im Bankverkehr üblichen Zinssatz entsprechen. Er sollte im mittleren Bereich zwischen dem Marktzins und dem nach § 44 liegen. Er muss jedenfalls auf die persönlichen und wirtschaftlichen Verhältnisse des Leistungsberechtigten ausgerichtet sein und einen gewissen Anreiz bieten, die Forderung zu tilgen. Schließlich erfolgt die Stundung in der Regel nur gegen Sicherheitsleistung (§§ 232–240 BGB). Dh also, in den typischen Fällen muss die Sicherheitsleistung erfolgen. In atypischen Fällen entscheidet der Sozialleistungsträger nach Ermessensgesichtspunkten (§ 39 Rn. 7).

24 Eine **Niederschlagung** (§ 76 Abs. 2 Nr. 2 SGB IV) erfolgt, wenn die Einziehung entweder erfolglos zu sein scheint oder ihre Kosten außer Verhältnis zur Höhe des Anspruchs stehen. IdR lässt sich dies nicht ohne mindestens einen vorherigen Vollstreckungsversuch feststellen. Auf ihn kann aber zB verzichtet werden, wenn der Vorschussempfänger Leistungen der Hilfe zum Lebensunterhalt bezieht (§ 17 Abs. 1 Satz 2 SGB XII) oder wenn sich sonst ergibt, dass er überschuldet ist. Hierbei ist aber zu beachten, dass die Befriedigung privater Gläubiger nicht zu Lasten öffentlicher Haushalte erfolgt. Deswegen sollte der Sozialleistungsträger seine Entscheidung über die (teilweise) Niederschlagung davon abhängig machen, dass auch andere Gläubiger gegenüber dem Schuldner vergleichsbereit sind. Das steht im Zusammenhang mit der neuen sozialen Aufgabe, der Hilfe bei Überschuldung (vgl. § 11 Abs. 5 SGB XII).

25 Bisher war Voraussetzung für einen Erlass (§ 76 Abs. 2 Nr. 3 SGB IV) eine besondere Härte. Sie war idR dann gegeben, wenn der Vorschussempfänger auf Leistungen der Sozialhilfe angewiesen ist (BSG 57 S. 145). Diese Angewiesenheit musste dauerhaft bestehen, weil im anderen Falle eine Stundung ausreichte. Nach der Neufassung des § 76 Abs. 2 Nr. 3 SGB IV erfolgt der Erlass, wenn die Einziehung nach Lage des einzelnen Falles unbillig wäre. Darin kann man eine gewisse Ausweitung der Voraussetzungen für den Erlass sehen. Es bleibt aber zu betonen, dass die Schwelle oberhalb einer erheblichen Härte liegen muss, weil in diesem Falle eine Stundung nach § 76 Abs. 2 Nr. 1 SGB IV in Betracht käme. Unbillig ist die Rückforderung immer, wenn die Leistung des Vorschusses zu einer Anrechnung auf die laufende Hilfe zum Lebensunterhalt geführt hat und die spätere Rückforderung zur Folge hat, dass der frühere Anspruch auf Leistungen der Sozialhilfe nicht mehr realisiert werden kann, weil dem das aus § 18 Abs. 1 SGB XII folgende grundsätzliche Verbot rückwirkender Sozialhilfeleistungen entgegensteht (LSG SH Breith. 1999 S. 222). In allen Fallgestaltungen kann sich der Erlass auch auf einen Teilbetrag beschränken.

26 Der Erstattungsanspruch verjährt in vier Jahren nach Bekanntgabe des endgültigen Leistungsbescheids. Insoweit erklärt § 42 Abs. 2 Satz 2 die Regelung des § 50 Abs. 4 SGB X für entsprechend anwendbar. Eine direkte Anwendung dieser Vorschrift ist nicht möglich, da der zu erstattende Betrag gemäß § 42 Abs. 1 und damit zu Recht geleistet worden ist.

4. Sonderregelungen

27 In den Besonderen Teilen des Sozialgesetzbuches bestehen einige **Sonderregelungen** zu § 42. Auch Art. 50 der VO EG 987/2009 kennt eine vorläufige Leistung. Sie kommt in Betracht, wenn ein Mitgliedsstaat der EU feststellt, dass nach seinen Rechtsvorschriften ein Anspruch auf Leistungen besteht, ohne dass in anderen Mitgliedsstaaten zurückgelegte Versicherungs- oder Wohnzeiten berücksichtigt werden müssten (Art. 52 Abs. 1 lit. a VO EG 888/2004). Innerstaatliche

Sonderregelungen sehen zum Teil vorläufige Leistungen vor, wenn relevantes oder anzurechnendes Einkommen erst noch ermittelt werden muss (§§ 36, 51 Bafög; 8 Abs. 3 BEEG, 2 Abs. 7 Nr. 2 Alg II-VO). Zum Teil genügt es, dass die Anspruchsvoraussetzungen mit hinreichender Wahrscheinlichkeit erfüllt werden (§ 168 Satz 1 Nr. 1–3 SGB III). Der Sache nach handelt es sich hier um Vorschüsse, wenn die vorläufige Leistung davon abhängig gemacht ist, dass der Anspruch dem Grunde nach gegeben ist. Im Falle eines Erstattungsanspruchs ist, sofern, wie in § 8 Abs. 3 BEEG, eine Sonderregelung nicht besteht, § 42 Abs. 2 SGB I analog anwendbar (BSG SozR 4-7837 § 2 Nr. 14 Rn. 39–41).

Größere praktische Bedeutung hat § 51 Abs. 2 BaföG. Diese Regelung gilt nur bei Erstanträgen in einem Ausbildungsabschnitt. Sie bezieht sich aber auf alle für die Entscheidung über den Antrag erforderlichen Feststellungen. Sie setzt also nicht zwingend voraus, dass der Anspruch dem Grunde nach besteht. Kann die Entscheidung über den Antrag nicht binnen sechs Kalenderwochen getroffen werden, so wird Ausbildungsförderung monatlich als Vorschuss gezahlt. Ergänzt wird diese Vorschrift durch § 7 Abs. 6 Nr. 2b) SGB II. Danach sind unter engen Voraussetzungen auch Leistungen der Grundsicherung für Arbeitsuchende zu erbringen, solange über einen Antrag auf Ausbildungsförderung noch nicht entschieden ist. Nach § 60a BVG kann eine Ausgleichsrente entsprechend den im Zeitpunkt der Bescheiderteilung bekannten Einkommensverhältnissen vorläufig festgesetzt werden. Die für den Versorgungsträger bestehende Möglichkeit, einen Vorbehaltsbescheid nach § 22 Abs. 4 KOVVfG zu erlassen, schließt die Anwendung des § 42 nicht aus (BSG SozR 3-1200 § 42 Nr. 8). 27a

Drei weitere Fälle des Vorschusses sind im **Arbeitsförderungsrecht** geregelt (Schmidt-De Caluwe, NZS 2001 S. 240). Sie bestehen nur unter den Voraussetzungen des § 328 Abs. 1 Nr. 1–3 SGB III. Die beiden ersten Nummern erstrecken sich auf Grundsatzfragen, die vor den oberen Gerichten streitig sind. Es handelt sich hier also um rechtlich streitige Fälle und nicht wie sonst bei den Vorschuss um ungeklärte tatsächliche Leistungsvoraussetzungen. Demgegenüber bringt die Nr. 3 insoweit eine gewisse Ausweitung des Anwendungsspielraumes des § 42, als der Vorschuss schon gezahlt wird, wenn die Voraussetzungen des Hauptanspruchs mit hinreichender Wahrscheinlichkeit vorliegen. Der Anspruch muss also noch nicht dem Grunde nach feststehen. Weitere Voraussetzung ist aber, dass der Arbeitnehmer die Umstände, die einer sofortigen abschließenden Entscheidung entgegenstehen, nicht zu vertreten hat. Im Hinblick auf § 37 SGB I wird man sagen müssen, dass § 328 Abs. 1 Nr. 3 SGB III für den Bereich der Arbeitsförderung § 42 SGB I verdrängt. Die Nr. 1 und 2 treten dagegen neben § 42 SGB I. Alle Vorschussleistungen nach § 328 Abs. 1 SGB III werden nach Ermessensgesichtspunkten erbracht. Jedoch regelt § 328 Abs. 1 Satz 3 SGB III, dass im Falle der Nr. 3 auf Antrag zu entscheiden ist. Das entspricht also § 42 Abs. 1 Satz 2. 27b

Diese recht unterschiedlichen Regelungen sind jetzt um die §§ 41a SGB II, 44a SGB XII ergänzt worden, ohne dass sich der Gesetzgeber entschließen konnte, § 42 SGB I selbst zu erweitern, was zumindest bei allen existenzsichernden Leistungen erforderlich wäre (Mrozynski, SGb 2016 S. 1, 69). Über § 2 Abs. 7 Alg II-VO hinaus, der die Schätzung von anrechenbarem Einkommen zulässt, sieht § 41a Abs. 1 Satz 1 Nr. 1 SGB II eine vorläufige Entscheidung vor, wenn zur Feststellung der Voraussetzungen des Anspruchs auf Geld- oder Sachleistungen voraussichtlich längere Zeit erforderlich ist und die Anspruchsvoraussetzungen mit hinreichender Wahrscheinlichkeit vorliegen. Dasselbe gilt für Geld- und Sachleistungen, wenn der Grund des Anspruchs feststeht. Diese Regelung des § 41a 27c

Abs. 1 Satz 1 Nr. 2 SGB II erweitert § 42 SGB I nur um die Sachleistung. Das in § 41a SGB II eingeräumte Ermessen ist idR im Hinblick auf die existentielle Bedeutung auf Null geschrumpft (LSG München L 7 AS 427/17 B ER, juris). Die Regelung des § 41a SGB II schließt die Anwendbarkeit des § 42 SGB I nicht aus. Insbesondere kann eine vorläufige Entscheidung auch nur zu einem abtrennbaren Streitgegenstand ergehen und im Übrigen eine endgültige Entscheidung getroffen werden. Das könnte etwa durch gesonderte Entscheidung über die Regelleistungen (§ 20 SGB II) und die Kosten der Unterkunft (§ 22 SGB II) geschehen (Formann, SGb 2016 S. 615; Merold, NZS 2016 S. 926; Geiger, NZS 2017 S. 139). Sind die Fragen, die Anlass für eine vorläufige Entscheidung waren, geklärt, so ist eine endgültige Entscheidung zu treffen, „sofern die vorläufig bewilligte Leistung nicht der abschließend festzustellenden entspricht oder eine abschließende Entscheidung beantragt wird“ (§ 41a Abs. 3 Satz 1 SGB II; § 328 Abs. 2 SGB III). Es ist also nicht in allen Fällen eine neue, abschließende Entscheidung zu treffen (Geiger, ZfSH/SGB 2018 S. 7). Wird sie notwendig, so genügt aber nicht allein eine Änderung der vorläufigen Entscheidung (vgl. BSG SozR 4-4200 § 40 Nr. 9 zu § 328 Abs. 3 SGB III). Ausnahmsweise darf bei der abschließenden Entscheidung nach § 41a Abs. 4 SGB II von einem Durchschnittseinkommen ausgegangen werden (BSG SozR 4-4200 § 11 Nr. 81). Eine weitgehend inhaltsgleiche Regelung ist auch in § 44a SGB XII getroffen worden. Sie erstreckt sich aber nur auf Geldleistungen und schon wegen ihrer systematischen Stellung nur auf die Grundsicherung im Alter und bei voller Erwerbsminderung. Damit gilt sie nicht für die Hilfe zum Lebensunterhalt nach den §§ 27 ff. SGB XII. Gerade solche Leistungen können aber in besonders problematischen Fällen in Betracht kommen. Das ist zum einen die Möglichkeit des Ausschlusses vom SGB II wegen stationärer Unterbringung (§ 7 Abs. 4 Satz 1 SGB II). In solchen Fällen sind Leistungen nach § 27b SGB XII zu erbringen. Insoweit besteht ein besonderer Betreuungsbedarf. Das ist ähnlich in einer zweiten Fallgruppe. In ihr kommen Leistungen nach dem SGB II nicht in Betracht, weil der Hilfebedürftige nicht erwerbsfähig im Sinne des § 8 Abs. 1 SGB II ist. Zugleich kann es sich aber ergeben, dass er nicht dauerhaft voll erwerbsgemindert im Sinne des § 41 Abs. 3 SGB XII. Es besteht gleichwohl gegenüber durchschnittlichen Fällen eine gesteigerte Hilfebedürftigkeit. Genau für diese Fälle hat der Gesetzgeber keine Leistungen nach § 44a SGB XII vorgesehen. Die einzige Erklärung, die dafür zu finden ist, ergibt sich aus der Vermutung, dass der Gesetzgeber die Leistungen nach § 23 SGB XII von der vorläufigen Erbringung ausschließen wollte.

27d Den Hintergrund für die Neuregelungen der §§ 41a SGB II, 44a SGB XII gibt wohl die Rechtsprechung des BVerfG zur Folgenabwägung im Rahmen der einstweiligen Anordnung ab (BVerfG SGb 2015 S. 175, dazu Burkiczak, SGb 2015 S. 151). Danach gelten folgende Grundsätze:„Die Gerichte sind, wenn sie ihre Entscheidung nicht an einer Abwägung der widerstreitenden Interessen, sondern an den Erfolgsaussichten in der Hauptsache orientieren, in solchen Fällen gemäß Art. 19 Abs. 4 Satz 1 GG gehalten, die Versagung vorläufigen Rechtsschutzes auf eine eingehende Prüfung der Sach- und Rechtslage zu stützen. Ist dem Gericht dagegen eine vollständige Aufklärung der Sach- und Rechtslage im Eilverfahren nicht möglich, so ist anhand einer Folgenabwägung zu entscheiden. Auch in diesem Fall sind die grundrechtlichen Belange des Antragstellers umfassend in die Abwägung einzustellen“ (BVerfG NZS 2009 S. 674 Rn. 11; BVerfG NZS 2019 S. 471). Eine abschließende Entscheidung über den Anspruch erfolgt grundsätzlich erst in den Verfahren nach den §§ 41a Abs. 3 SGB II; 44a Abs. 5

SGB XII. Das hat auch noch im Widerspruchsverfahren zu geschehen (BSG NZS 2019 S. 275; BSG NZS 2019 S. 312).

Selbst wenn man diese Grundsätze nicht auf alle grundrechtsrelevanten Lebenssachverhalte erstrecken will, dann betreffen sie aber zumindest über die Leistungen zum Lebensunterhalt (Art. 1 Abs. 2 GG) hinaus auch die elementaren Gesundheitsleistungen (Art. 2 Abs. 2 GG). Wenn zudem das BVerfG in Bezug auf die erwähnten Leistungen sogar für das gerichtliche Verfahren im Rahmen einer Folgenabwägung eine Entscheidung in Kauf nimmt, die sich erst später als objektiv unzutreffend herausstellen kann, dann gilt dies auch für das Verwaltungsverfahren, das nicht mit der gleichen Richtigkeitsgewähr wie das gerichtliche Verfahren ausgestattet ist. Anders gewendet, wenn die Verwaltung in der Vergangenheit eine Leistungen ablehnen konnte, solange der Anspruchsgrund nur hinreichend wahrscheinlich war, dann war im Verfahren der einstweiligen Anordnung immer noch anders zu entscheiden. Jetzt ist die Rechtslage weitgehend vereinheitlicht. Damit werden auch gerichtliche Verfahren vermieden. Im Ergebnis bedeutet das aber auch, dass die begrenzten Regelungen der §§ 41a SGB II, 44a SGB XII im Rahmen der §§ 27 ff. SGB XII wirkungslos bleiben. **27e**

Zu widersprechen ist der Auffassung, § 42 könne im Kinder- und Jugendhilferecht bzw. der Sozialhilfe keine Anwendung finden. Sie wird damit begründet, in diesen Rechtsgebieten wäre immer ein unaufschiebbarer, tatsächlich vorhandener Bedarf zu decken (Schellhorn, GK-SGB I § 42 Rn. 43). Dies ist zwar zutreffend, das Gesetz legt jedoch nicht fest, welcher Art die Sozialleistung sein muss, mit der der Bedarf gedeckt wird. Auch durch einen Vorschuss kann ein Bedarf unmittelbar und zeitnah gedeckt werden (vgl. Deutscher Verein, NDV 1998 S. 62). In der Jugendhilfe hat § 42 aber deswegen keine praktische Bedeutung, weil hier – abgesehen von § 39 SGB VIII – keine Geldleistungen erbracht werden. Zur vergleichbaren und praktisch häufigeren Problematik des § 43 ist sich das BVerwG für dessen Anwendbarkeit und Jugend- und Sozialhilfe entschieden (vgl. § 43 Rn. 19–26). **28**

5. Vorwegzahlung

Die Regelung hinsichtlich des Vorschusses deckt nicht alle Fälle ab, in denen eine vorläufige Leistungserbringung sinnvoll erscheint. Dem Bedürfnis nach einer Ermächtigung zum Erlass vorläufiger Entscheidungen, wie es sie im Sozialrecht ausdrücklich nur in einzelnen Fällen, insbesondere in den §§ 41a SGB II, 328 SGB III, 44a SGB XII gibt, kommt die praktische Übung der Vorwegzahlung entgegen (vgl. Leopold, info also 2008 S. 104). Sie kann nicht unmittelbar aus § 42 abgeleitet werden. Die Vorwegzahlung erfolgt während des Verwaltungsverfahrens durch eine einstweilige Regelung des Sozialleistungsträgers über den Anspruch. Nach Auffassung des BSG ist er nur dann dazu befugt, wenn eine abschließende Entscheidung nach dem Stand der Ermittlungen im Entscheidungszeitpunkt dem Grunde nach noch nicht möglich ist (BSG DVBl 1988 S. 449 mAnm Bieback; BSG 67 S. 119). Der Verwaltungsakt muss im Verfügungssatz als vorläufig gekennzeichnet sein (BSG 112 S. 74 Rn. 16; BSG SozR 3-1300 § 31 Nr. 10). Die dogmatische Begründung der Vorwegzahlung erfolgt nicht einheitlich. Zunächst begründete das BSG die generelle Befugnis zur Vorwegzahlung mit § 32 Abs. 1 2 Alt. SGB X (BSG DVBl 1988 S. 449 mAnm Bieback). Es ist allerdings schwierig, aus der Rechtsgrundlage für eine Nebenbestimmung die Befugnis zum Erlass eines (vorläufigen) Verwaltungsaktes abzuleiten (vgl. KassKomm-Mutschler § 32 Rn. 6a; **29** aA v. Wulffen/Schütze-Engelmann § 32 Rn. 10). Später wurde die Ermächtigung hierzu aus §§ 17 Abs. 1 Nr. 1 SGB I und 9 Satz 2 SGB X abgeleitet. Die Regelung des § 32 Abs. 1 SGB X stellt danach lediglich noch die Rechtsgrundlage für die ergänzenden Nebenbestimmungen dar (BSG 67 S. 120). Demnach soll § 32 Abs. 1 SGB X insoweit keine abschließende Regelung enthalten (Schimmelpfennig, Vorläufige Verwaltungsakte, 1989 S. 128). Als Rechtsgrund für die Vorwegzahlung wird auch die analoge Anwendung des § 123 VwGO (§ 86b Abs. 2 SGG) genannt (Heilemann, SGb 1992 S. 442). Der 2. Senat des BSG neigt dazu, die Vorwegzahlung mit einer Analogie zu § 42 zu begründen (BSG SozR 3 – 1200 § 42 Nr. 2). Gegen diese Auffassung tendiert der 7. Senat (BSG SGb 1997 S. 534 mAnm Maier). Wendet man § 42 entsprechend an, so erfolgt dann auch die Erstattung entsprechend § 42 Abs. 2. Gerade aber in der Analogie zu § 42 ist die Vorwegzahlung auf Geldleistungen beschränkt. Auch insoweit kann sie nur in Ausnahmefällen in Betracht kommen (BSG SGb 1999 S. 419; dazu Bieback, SGb 1999 S. 393). Die Möglichkeit vorläufiger Dienst- und Sachleistungen kann nicht in (entsprechender) Anwendung des § 42 erfolgen. Sie muss entweder über die Selbstbeschaffung (§ 43 Rn. 30) oder durch analoge Anwendung der §§ 86b Abs. 2 SGG, 123 VwGO begründet werden.

30 Insgesamt ist die dogmatische Begründung der Vorwegzahlung unsicher. Ihre Zulässigkeit muss nicht über das sehr viel weitergehende Institut des vorläufigen Verwaltungsaktes begründet werden (vgl. Axer, DöV 2003 S. 271). Die rechtlichen Bedenken auch gegenüber der Vorwegzahlung ergeben sich vor allem aus der Richtigkeitsgewähr des Verwaltungsverfahrens (§ 20 SGB X). Dem steht aber die Verpflichtung gegenüber, dem Berechtigten ua einen rechtzeitigen Zugang zu den Sozialleistungen zu ermöglichen (§ 17 Abs. 1 Nr. 1). Theoretisch zutreffend ist die Auffassung, eine Vorwegzahlung könnte prinzipiell immer Verwaltungsunrecht sein, weil ja die Leistungsvoraussetzungen nicht abschließend geklärt sind. Unrecht ist aber auch das Unterlassen einer Leistung, allein wegen der erforderlichen Bearbeitungszeit, jedenfalls dann, wenn der Anspruch objektiv besteht und fällig ist (§§ 40, 41). Der durchaus ernst zu nehmenden rechtsstaatlichen Argumentation ist schließlich entgegenzuhalten, dass die Wurzeln des vorläufigen Verwaltungsaktes und auch der Vorwegzahlung zumeist nicht in den Zweifeln über das materielle Recht begründet sind, sondern im zeitaufwändigen Verwaltungsverfahren (Schimmelpfennig, Vorläufige Verwaltungsakte, 1989 S. 147).

31 Ein praktisches Bedürfnis, die Vorwegzahlung zu ermöglichen, wird allenthalben anerkannt. Die generelle Zulassung eines vorläufigen Verwaltungsaktes, die diesem praktischen Bedürfnis entgegen käme (BVerwG DVBl 1983 S. 851, 1247 mAnm Henke; OVG Münster NVwZ 1991 S. 588), begegnete demgegenüber ursprünglich erheblichen Bedenken (Kopp, DVBl 1989 S. 238; Maier, ZfS 1989 S. 78; Kemper, DVBl 1989 S. 981). Diese sind inzwischen einer eher positiven Beurteilung des vorläufigen Verwaltungsaktes gewichen (Di Fabio, DöV 1991 S. 629). Für den begrenzten Zweck der Vorwegzahlung bedarf es zudem keiner grundsätzlichen Anerkennung dieses umstrittenen Rechtsinstituts. Auch mit Blick auf § 31 wird man eine ausreichende Rechtsgrundlage für die Vorwegzahlung, wenn überhaupt, nur in den §§ 17 Abs. 1 Nr. 1 SGB I, 9, 32 SGB X finden können. Vor diesem Hintergrund erscheint sogar eine behutsame Fortentwicklung hin zur allgemeineren Vorwegleistung möglich. Die Auffassung mehrerer Senate des BSG hat der 4. Senat folgendermaßen zusammengefasst:

„Auch die Aufzählung der unterschiedlichen Arten von zulässigen Nebenstimmungen in § 32 Abs. 2 SGB X hindert nicht, eine eigenständige Regelung der Vorwegzahlung als zulässige Nebenbestimmung nach § 32 Abs. 1 Alt 2 SGB X zu erkennen. Der Katalog in § 32 Abs. 2 SGB X enthält keine auch für Abs. 1 geltende abschließende Aufzählung der möglichen zulässigen Nebenbestimmungen... Vielmehr richtet sich die im Einzelfall zulässige Nebenbestimmung nach der ermächtigenden Rechtsvorschrift... oder der tatsächlichen Notwendigkeit eine Nebenbestimmung zu erlassen, um die gesetzlichen Voraussetzungen des jeweiligen VA sicherzustellen. Der erkennende Senat schließt sich daher bei der oben aufgezeigten Sachlage der Rechtsprechung von 4., 7. und 11. Senat des BSG an, wonach sich die Regelung des § 32 Abs. 1 SGB X als die geeignete Grundlage für Vorwegzahlungen i. S. einer eigenständigen Nebenbestimmung erweist, wenn diese zur sachgerechten Erfüllung eines Gesetzesauftrags... erforderlich sind" (BSG 112 S. 126; kritisch dazu KassKomm-Mutschler, § 32 SGB X Rn. 6a).

Die gegenteilige Ansicht hält eine Vorwegzahlung für unzulässig. Insbesondere lehnt der 5. Senat des BSG eine entsprechende Anwendung des § 42 ab (BSG SGb 1997 S. 534 mAnm Maier). Die Auffassung, eine Schließung der Lücke könne nur durch die Sozialhilfe erfolgen (Bley, SozVersGesKomm § 42 Anm. 1 e cc), trägt nicht ausreichend der Tatsache Rechnung, dass der Anspruch bereits besteht, wenn die gesetzlichen Voraussetzungen erfüllt sind (§ 40 Rn. 1). Gerade wenn man, wie die hL, zusätzlich noch auf die Fälligkeit abstellt, besteht kein Grund, eine Vorwegzahlung auszuschließen, denn der Sozialleistungsträger leistet nur, was er nach dem Gesetz leisten muss. Gegebenenfalls könnte er, sei es auch im Verfahren nach den §§ 86b Abs. 2 SGG, 123 VwGO, zur Leistung verurteilt werden. Eine Vorwegzahlung ist somit auch geeignet, unnötige Rechtsstreitigkeiten zu vermeiden. Es ist weder methodisch noch sozialpolitisch gerechtfertigt, jegliche Lücke im Leistungssystem durch die Sozialhilfe schließen zu lassen. Zunächst ist immer nach Lösungsmöglichkeiten im jeweiligen Sozialleistungsbereich oder im Verfahrensrecht zu suchen (§ 2 Abs. 1 SGB XII). Letztlich verheißt der Weg über die Sozialhilfe auch keine praktisch brauchbare Lösung. Die Sozialhilfe selbst ist häufig durch längere Bearbeitungszeiten gekennzeichnet. Das gilt insbesondere für die Klärung der komplizierten Bedarfslagen nach den §§ 90 ff. SGB IX, 61 und 67 SGB XII. Die hier abgelehnte Auffassung müsste also entweder in der gesamten Sozialhilfe, also auch über § 44a SGB XII hinaus, eine Vorwegzahlung anerkennen, oder sie müsste es zulassen, dass bestimmte Bedarfe nicht gedeckt werden. Das ließe sich im Hinblick darauf, dass das Problem häufig in den langen Bearbeitungszeiten wurzelt, kaum rechtfertigen. **32**

Nach Abwägung aller Gesichtspunkte erweist es sich als sinnvoll, aber auch als notwendig, in § 17 oder 42 SGB I eine Rechtsgrundlage für eine vorläufige Entscheidung im Sozialrecht zu treffen. Dabei könnte der Gesetzgeber die Anforderungsschwelle für elementare existenzsichernde und Gesundheitsleistungen niedriger ansetzen als für andere Sozialleistungen. Dies folgt auch aus der Rechtsprechung des BVerfG (oben Rn. 27d). Ein Standort in § 17 wäre dann vorzuziehen, wenn der Gesetzgeber nur eine allgemeine objektive Verpflichtung zum Erlass einer vorläufigen Entscheidung, aber keinen Rechtsanspruch einräumen wollte. Gegen einen Anspruch würde sprechen, dass die Rechtslage nicht abschließend geklärt ist. Es muss auf jeden Fall eine Folgenabwägung stattfinden. Gegebenenfalls ist das Risiko einer objektiv unrichtigen zusprechenden Entscheidung einer gleichermaßen wahrscheinlichen Ablehnung vorzuziehen. (Nur) eine ablehnende Entscheidung muss die Sachentscheidung abschließend und nicht nur summarisch klären. Das wiederum entbindet den Leistungsberechtigten nicht von den erforderlichen Mitwirkungshandlungen (§§ 60 ff. SGB I; 21 Abs. 2 SGB X, insbesondere nicht davon, seinen Beitrag zur Aufklärung des Sachverhalts zu leis- **33** ten (BVerfG NZS 2009 S. 674 Rn. 11; Bay. LSG ZFSH/SGB 2014 S. 758 Rn. 22).

§ 43 Vorläufige Leistungen

(1) [1]**Besteht ein Anspruch auf Sozialleistungen und ist zwischen mehreren Leistungsträgern streitig, wer zur Leistung verpflichtet ist, kann der unter ihnen zuerst angegangene Leistungsträger vorläufig Leistungen erbringen, deren Umfang er nach pflichtgemäßem Ermessen bestimmt. [2]Er hat Leistungen nach Satz 1 zu erbringen, wenn der Berechtigte es beantragt; die vorläufigen Leistungen beginnen spätestens nach Ablauf eines Kalendermonats nach Eingang des Antrags.**

(2) [1]**Für die Leistungen nach Absatz 1 gilt § 42 Abs. 2 und 3 entsprechend. [2]Ein Erstattungsanspruch gegen den Empfänger steht nur dem zur Leistung verpflichteten Leistungsträger zu.**

Übersicht

1. Vorschuss und Vorleistung

1 Die Regelung des § 43 bezieht sich auf jede Sozialleistung (§ 11), also nicht nur, wie § 42, auf Geldleistungen. Anders als nach § 42 besteht bei den vorläufigen Leistungen nicht die Schwierigkeit der Begründung eines Leistungsanspruchs bevor dessen gesetzlichen Voraussetzungen durch den Sozialleistungsträger geklärt sind (vgl. § 42 Rn. 2, 3). Eine vorläufige Leistung nach § 43 kann nur erbracht werden, wenn der Anspruch besteht. Für den Zweck der Vorleistung kommt es aber nicht darauf an, dass die Leistung eindeutig einem Leistungsträger zugeordnet werden kann. Wäre das möglich, so bestünde kaum noch ein Anlass für eine Vorleistung. Die Vorleistung setzt also immer eine gewisse Unklarheit voraus, die andererseits nicht mehr gegeben ist, wenn bei objektiver Betrachtungsweise der Anspruch unter keinen Umständen gegeben sein kann. Der typische Anlass für eine Vorleistung besteht also dann, wenn Zweifel bei der leistungsrechtlichen Zuordnung eines im Grunde berechtigten Begehrens auf die Frage der Zuständigkeit des Sozialleistungsträgers durchschlagen. Das kann zB dann der Fall sein, wenn Meinungsverschiedenheiten darüber bestehen, ob eine bestimmte Form der medizinischen Versorgung eine Akutbehandlung oder eine medizinische Rehabilitation ist. Hierzu trifft § 24 SGB IX eine ergänzende Regelung. Danach bleiben die Verpflichtungen der Rehabilitationsträger zur Erbringung vorläufiger Leistungen unberührt. Erbringen sie solche Leistungen, so bindet sie das nicht bei der Feststellung des Rehabilitationsbedarfs. Nur wenn ausdrücklich Leistungen zur

Teilhabe beantragt werden, ist die Anwendung des § 43 SGB I ausgeschlossen (§ 24 Satz 3 SGB IX). In diesem Falle ist nach § 14 SGB IX zu verfahren.

Benötigt dagegen ein Minderjähriger allein Geldleistungen, so kann der Träger **1a** der Jugendhilfe für ihre Erbringung unter keinem Gesichtspunkt zuständig sein (vgl. § 39 SGB VIII). In diesem Falle kommt also auch keine Vorleistung in Betracht, wohl aber die Weiterleitung eines Antrags nach § 16 Abs. 2. Schließlich können auch die §§ 42 und 43 nebeneinander anwendbar sein, wenn dem Grunde nach feststeht, dass eine Geldleistung verlangt werden kann, wenn aber die Höhe der Leistung und zugleich zweifelhaft ist, welcher Träger die Leistung zu erbringen hat. Hier leistet der zuerst angegangene Träger (§ 43) nach § 42. Solche Fälle können bei Zweifeln über die Verfügbarkeit (§ 138 Abs. 5 SGB III) gegeben sein und wenn dabei, bei entsprechendem Bedarf unklar ist, ob Leistungen bei Arbeitslosigkeit (§§ 136 ff. SGB III) oder der Leistungen zum Lebensunterhalt (§§ 19 ff. SGB II) verlangt werden können (vgl. unten Rn. 20 ff.). An sich ist eine solche Konstellation auch bei einer Leistungsminderung gegeben. Hier könnte sich eine Konkurrenz zwischen dem Anspruch auf Arbeitslosengeld (§§ 136 ff. SGB III) und einer Rente wegen verminderter Erwerbsfähigkeit ergeben (§ 43 SGB VI). In diesem Falle greift jedoch die Nahtlosigkeitsregelung des § 145 SGB III ein.

Für § 42 und § 43 ist gleichermaßen klarzustellen, dass der Anspruch gemäß **2** § 40 Abs. 1 bereits dann entstanden ist, wenn dessen gesetzliche Voraussetzungen vorliegen. Es bedarf also in keinem Falle der förmlichen Feststellung des Anspruchs durch den Sozialleistungsträger in einem Verwaltungsverfahren. Der Leistungsträger muss lediglich zum Ausdruck bringen, nach § 42 bzw. § 43 leisten zu wollen. Im Falle eines Vorschusses nach § 42 ist, anders als bei der vorläufigen Leistung nach § 43, die Höhe der Leistung noch nicht festgestellt (LSG NRW L 20 SO 453/11, juris).

Die Ungewissheit besteht bei § 43 im Allgemeinen in der sachlichen bzw. **3** örtlichen **Zuständigkeit** des Sozialleistungsträgers (vgl. unten Rn. 10). Das BSG ist der Auffassung, dass die Voraussetzungen für eine Vorleistung dann gegeben sind, wenn der Vorleistende zur Zeit der Leistungsgewährung entweder positive Kenntnis von der Zuständigkeit eines anderen Leistungsträgers hat oder sich darüber erkennbar im Unklaren befindet (BSG SozR 1300 § 102 Nr. 1). Damit ist die Vorschrift des § 43 hauptsächlich eine Reaktion des Gesetzgebers auf die Schwierigkeiten, die sich aus dem gegliederten System des Sozialrechts ergeben. Sie ergänzt die Regelung des § 16 Abs. 2. Auseinandersetzungen um die Zuständigkeit sollen nicht zu Lasten des Sozialleistungsberechtigten ausgetragen werden. Demgegenüber ist der Vorschuss nach § 42 hauptsächlich eine Reaktion auf das oft zeitaufwändige Verwaltungsverfahren. Gänzlich unproblematisch sind beide Vorschriften nicht. Durch vorläufige Leistungen nach § 43 kann das System der Zuständigkeiten tangiert werden. Eine als Vorschuss erbrachte Leistung nach § 42 kann sich als materiell rechtswidrig erweisen, wenn sich herausstellt, dass ihre gesetzlichen Voraussetzungen nicht vorliegen (vgl. § 42 Rn. 29).

2. Spezielle Vorleistungspflichten

Im Hinblick auf die grundlegende Zielsetzung des § 43, Schwierigkeiten zu **4** vermeiden, die sich aus dem gegliederten System ergeben, ist das Regelungskonzept des Gesetzgebers zur vorläufigen Leistung zu kritisieren. Die Vorschrift des § 43 ist eingebunden in eine Reihe anderer, vergleichbarer Regelungen. Die wichtigsten unter ihnen sind die §§ 44a Abs. 1 Satz 7 SGB II; 23 SGB III; 139 SGB VII;

86d SGB VIII; §§ 14, 24, 185 Abs. 7 SGB IX; 2 Abs. 3 SGB X und 98 Abs. 2 Satz 3 SGB XII.

5 Im Zusammenhang mit der Einführung der **Pflegeversicherung** ist die weitere Vorleistungsvorschrift des § 32 SGB XI hinzugekommen. Auch sie geht über die anderen Regelungen zur Vorleistung hinaus. Grundsätzlich erbringt ein Sozialleistungsträger Vorleistungen nach den Rechtsvorschriften, die für ihn gelten. Gemäß § 32 SGB XI erbringt die Pflegekasse jedoch vorläufige Leistungen zur medizinischen Rehabilitation und damit nach Rechtsvorschriften, die in der Pflegeversicherung an sich nicht anwendbar sind. Als eine Fortentwicklung der §§ 16, 43 SGB I und des 14 SGB IX ist die Regelung des § 40 Abs. 5 SGB XI anzusehen (§ 11 Rn. 37, 38). Sie betrifft die Abgrenzung der Hilfsmittel im Sinne des § 33 SGB V von den Pflegehilfsmitteln nach § 40 Abs. 1 SGB XI und damit eigentlich einen klassischen Fall des § 43. Zu seiner Vermeidung ist Folgendes geregelt: Gemäß § 40 Abs. 5 SGB XI prüft der Leistungsträger, bei dem der Antrag eingegangen ist, ob Leistungen nach § 33 SGB V oder nach § 40 Abs. 1 SGB XI zu erbringen sind. Diese Entscheidung ist keine Vorleistung mehr, konsequenterweise kann auch nicht nach § 16 Abs. 2 weitergeleitet werden. Einzelheiten zum Verhältnis der Kranken- und Pflegekasse regelt § 40 Abs. 5 Satz 2–8 SGB XI. Dabei ist auch eine pauschale Kostenteilung vorgesehen (§ 40 Abs. 5 Satz 2 SGB XI). Vor dem Hintergrund des Rechtsgedanken, der in § 30 Abs. 1 SGB IV zum Ausdruck kommt, sind solche Regelungen nur in begrenztem Umfange möglich, aber auch nicht ausgeschlossen (vgl. § 46 Abs. 5 SGB IX).

6 Aus dem **Gesamtzusammenhang** der verschiedenen Vorleistungsvorschriften ergibt sich, dass sie nicht, wie man es erwarten könnte, die Schwierigkeiten des gegliederten Systems beheben. Vielmehr spiegelt sich die Grundproblematik dieses Systems auch in der Vorleistung wider. Wird nämlich in der Praxis eine Vorleistung verlangt, so muss erst aus dem systematischen Zusammenhang der gesetzlichen Regelungen über die Vorleistung geklärt werden, welche Vorschrift anwendbar und damit auch, welcher Sozialleistungsträger vorleistungspflichtig ist. Das ist zwar im Grundsatz immer noch weniger kompliziert als die Zuordnung einzelner Hauptleistungen im gegliederten System; erfolgt aber nach demselben methodischen Prinzip.

7 Teilweise steigern die gesetzlichen Regelungen über die Vorleistung noch die Unübersichtlichkeit des gegliederten Systems. Mit § 14 SGB IX hat der Gesetzgeber versucht, zumindest für den Bereich der Rehabilitation und Teilhabe behinderter Menschen eine **Zuständigkeitsklärung** herbeizuführen. Im Grundsatz wird dort geregelt, dass jeder Rehabilitationsträger innerhalb von 14 Tagen nach Antragseingang seine Zuständigkeit feststellen muss. Verneint er sie, so muss er den Antrag innerhalb dieser kurzen Zeitspanne an den nach seiner Auffassung zuständigen Träger weiterleiten. Zumindest aus den Gesetzesmaterialien ergibt sich, dass der Rehabilitationsträger, an den weitergeleitet worden ist, seinerseits nicht noch einmal weiterleiten darf (§ 16 Rn. 17 ff.). Neben § 14 SGB IX bestand in der Vergangenheit für § 43 praktisch kein Anwendungsspielraum. Insbesondere erfolgte eine Erstattung nur nach § 14 Abs. 4 SGB IX aF und nicht nach den §§ 102, 104 SGB X (BSG 104 S. 294). Inzwischen regelt § 24 Satz 3 SGB IX ausdrücklich, dass § 43 SGB I keine Anwendung findet, wenn Leistungen zur Teilhabe beantragt werden. Diese Neuregelung kontrastiert etwas mit der vom BSG zumindest bei den Hörgeräten vertretenen Auffassung, dass der bei einem Träger der GKV gestellte Antrag „immer auch ein Antrag auf Leistungen zur Teilhabe ist“ (BSG 117 S. 192).

Keine Anwendung findet § 14 SGB IX, wenn ein behinderter Mensch zusätzlich zu den Leistungen zur Teilhabe auch Leistungen zum Lebensunterhalt nach den §§ 19 ff. SGB II bzw 27 ff. SGB XII beantragt. Für diesen Fall ist gesondert nach den §§ 43 SGB I, 44a Abs. 1 Satz 7 SGB II zu entscheiden, welche vorläufige Leistung in Betracht kommt.

Nach allem ist auch bei der Auslegung der gesetzlichen Regelungen über die Vorleistung darauf zu achten, dass derjenigen Auslegung der Vorzug gegeben wird, die den einfachsten Zugang zu den Sozialleistungen ermöglicht (§§ 2 Abs. 2, 17). Vor diesem Hintergrund ergibt sich dann, dass § 43 nach seiner systematischen Stellung im Sozialgesetzbuch und auch nach seinem Wortlaut als Kernregelung über die Vorleistung anzusehen ist. Ihr Zurücktreten gegenüber spezielleren Vorschriften bedarf einer besonderen Begründung, die im Hinblick auf § 2 Abs. 2, 17 nur darin bestehen kann, dass die jeweils speziellere Vorschrift einen einfacheren Zugang zu Sozialleistungen bzw. eine sachgerechtere Versorgung gewährleistet. 8

3. Entstehung und Fälligkeit des Anspruchs

Die vorläufige Leistung nach § 43 hat zur Voraussetzung, dass der Anspruch nicht nur entstanden (§ 40 Rn. 1, 5), sondern auch fällig ist (§ 41 Rn. 5, 6). Auch darin unterscheidet sich die Vorschrift von § 42. Der Vorschuss setzt eine Fälligkeit der Hauptleistung nicht voraus (§ 42 Rn. 8). Das Erfordernis der Fälligkeit erklärt sich bei § 43 daraus, dass die vorläufige Leistung nicht in zeitlicher Hinsicht vorgezogen wird, sondern dass ein Träger, dessen Zuständigkeit zumindest zweifelhaft ist, leistet. Wenn auch vor Fälligkeit geleistet werden kann, so besteht doch eine Verpflichtung dazu nicht. Demgegenüber ist der Vorschuss als Leistung vor Fälligkeit zu verstehen (vgl. aber § 42 Rn. 8). 9

Des Weiteren muss die Zuständigkeit streitig sein. Das ist dann der Fall, wenn zumindest zwei Träger ihre Leistungspflicht bestritten haben (BSG SozR 3100 § 11 Nr. 18). Das muss nicht durch einen Verwaltungsakt geschehen sein. Ein Streit über die Leistungspflicht ist jedoch schon dann nicht mehr gegeben, wenn einer der beiden Leistungsträger bereits bestandskräftig seine Leistungspflicht abgelehnt hat (LSG NRW FEVS 63 S. 45). Obwohl § 43 eine Reaktion des Gesetzgebers auf die unübersichtliche Zuständigkeitsordnung ist, ist es nicht zwingend erforderlich, dass die Zuständigkeit als solche bestritten wird. Schon nach dem Wortlaut des § 43 Abs. 1 Satz 1 genügt es, dass bestritten wird, „wer zur Leistung verpflichtet" ist (BSG SozR 3100 § 11 Nr. 18). Demnach genügt es zB wenn eine Berufsgenossenschaft ihre Zuständigkeit für einen Versicherten bestreitet und die Krankenkasse demgegenüber vom Vorliegen eines Arbeitsunfalls ausgeht. Auch in diesem Falle bestehen objektive Anhaltspunkte für eine Unsicherheit darüber, wer zur Leistung verpflichtet ist. Damit sind die Voraussetzungen für eine Vorleistung erfüllt. Etwas anders liegt der Fall, wenn etwa beim Anspruch auf Lohnersatzleistungen durch einen Arbeitslosen die Arbeitsagentur dessen Verfügbarkeit bestreitet (§ 138 Abs. 5 SGB III) und der Träger der Krankenversicherung eine Arbeitsunfähigkeit nicht annimmt (§ 44 Abs. 1 SGB V). Hier erklären sich beide Sozialleistungsträger prinzipiell für zuständig, verneinen jedoch mit jeweils unterschiedlichen Argumenten die materiellen **Voraussetzungen ihrer Leistungspflicht.** Diese Argumente können in bestimmten Fällen, zB bei Leistungsberechtigten, die am Rande der Gesellschaft leben und dem § 67 SGB XII zuzuordnen sind, durchaus zutreffend sein. Hier kommt 10 eine Vorleistung nicht in Betracht. Für den angrenzenden Fall einer nicht nur vorübergehenden Minderung der Leistungsfähigkeit hat der Gesetzgeber in § 145 SGB III eine besondere Regelung getroffen. In solcher Fällen ist immer an die „Notkompetenz" des Trägers der Sozialhilfe zu denken (§ 2 Abs. 1 SGB XII). Sie besteht zugunsten desjenigen, der („wer") nicht in der Lage ist, … sich selbst zu helfen (vgl. § 9 SGB I).

11 Keinen Einfluss auf die Vorleistungspflicht hat die Frage, ob man im Verhältnis von zwei Sozialleistungsträgern von einer vorrangigen Leistungspflicht eines der beiden Trägers sprechen muss. Eine Unklarheit in der Zuständigkeit kann sowohl bestehen, wenn man dies bejaht oder verneint. Das Verhältnis von Vor- und Nachrang bei zwei Sozialleistungsträgern hat nur Bedeutung dafür, auf welche der Vorschriften der §§ 102 ff. SGB X ein Erstattungsanspruch zu stützen ist (vgl. BSG SozR 1300 § 105 Nr. 1).

12 Vorleisten kann bzw. muss derjenige Sozialleistungsträger, der **zuerst angegangen** ist. Das ist derjenige, der zuerst, sei es mündlich oder schriftlich, mit dem Leistungsbegehren befasst worden ist (OVG Lüneburg FEVS 37 S. 326; BVerwG 91 S. 177). Das gesetzliche Merkmal „angegangen" kann vor allem dann Bedeutung erlangen, wenn in einem Buch des SGB die Schriftlichkeit des Antrags vorgesehen ist. Angegangen im Sinne des § 43 ist auch dieser Leistungsträger, selbst wenn das nur mündlich geschehen ist. Ein Nachsuchen um eine Beratung (§ 14) genügt allerdings noch nicht. Aus dem Beratungsgespräch kann sich aber ein Leistungsbegehren ergeben. Angegangen ist ein Leistungsträger auch, wenn ihm ein Sachverhalt zur Kenntnis gebracht wird, der ihn gemäß § 18 Nr. 1 SGB X veranlassen müsste, von Amts wegen tätig zu werden. Der Kompetenzkonflikt, der zur Vorleistung führt, setzt nicht voraus, dass gegen einen der Leistungsträger gerichtlich vorgegangen wird (OVG Schleswig FEVS 55 S. 266). Weigert sich andererseits der zuerst angegangene Sozialleistungsträger, die Vorleistung zu erbringen, so kann nicht ein Dritter vorleisten (BVerwG FEVS 42 S. 224). In diesem Falle ist vielmehr der Vorleistungsanspruch selbst gerichtlich, ggf. im Verfahren nach der §§ 86b Abs. 2 SGG, 123 VwGO, durchzusetzen (vgl. LSG SH Breith. 2009 S. 760). Eine Ausnahme davon regelt § 86d SGB VIII, der eine Vorleistung auch dann kennt, wenn der zuständige Träger nicht tätig wird. Die in allen anderen Fällen bestehende Notkompetenz des Sozialhilfeträgers nach § 2 Abs. 1 SGB XII hat nicht den Rechtscharakter einer Vorleistung. Sie ist Bedarfsdeckung unter den Voraussetzungen der Sozialhilfe, zB § 2 Abs. 1 SGB XII iVm § 48 SGB XII. Eine Erstattung erfolgt in diesem Falle nicht nach § 102 SGB X, sondern nach § 104 SGB X.

13 Ob vorgeleistet wird, entscheidet der Sozialleistungsträger nach Ermessensgesichtspunkten. Bei einem entsprechenden **Antrag des Berechtigten** (vgl. § 42 Rn. 15) muss er vorleisten, und zwar spätestens nach Ablauf eines Kalendermonats nach Eingang des Antrags. Das bedeutet also, dass nach dem Antragsmonat noch ein ganzer weiterer Kalendermonat verstreichen kann. Antragsberechtigt sind auch der Träger der Grundsicherung nach § 5 Abs. 3 SGB II, der Träger der Sozialhilfe nach § 95 SGB XII und der Träger der Jugendhilfe nach § 97 SGB VIII (aA Lilge, SGB I § 43 Rn. 39).

13a Insbesondere ist die Begründung der Gegenauffassung nicht überzeugend. Auf die genannten Leistungsträger soll § 43 deswegen nicht anwendbar sein, weil ein darauf gerichteter Antrag nicht Teil des Feststellungsverfahrens ist und die Leistungsträger nicht in gleichem Maße hilfebedürftig sind wie ein Leistungsberechtigter. In § 43 Abs. 1 Satz 2 wird lediglich auf den Berechtigten abgestellt. Nach den §§ 5 Abs. 3 SGB II, 97 SGB VIII, 95 SGB XII wird die Feststellung einer Sozialleistung betrieben. Sozialleistung ist hier die Vorleistung nach § 43. Könnten dies die nachrangig zuständigen Leistungsträger nicht veranlassen, so könnte das Verwaltungsverfahren blockiert werden. Zwangsläufig müsste dann der Rechtsweg beschritten werden. Im Übrigen ist die Gegenauffassung aus einem weiteren Grunde unpraktikabel. Die nachrangigen Leistungsträger könnten den Leistungsberechtigten im Rahmen seiner Selbsthilfeobliegenheit veranlassen, den Antrag nach § 43 zu stellen (vgl. §§ 12a Satz 1, 15 Abs. 3 Satz 2 Nr. 3, 31 Abs. 1 Satz 1 Nr. 1 SGB II; §§ 2, 11 Abs. 2 Satz 3 SGB XII).

Wird ein Antrag nach § 43 Abs. 1 Satz 1 nicht gestellt, so entscheidet der Leistungsträger nach Ermessensgesichtspunkten, ob vorgeleistet wird. Da aber über das Antragsrecht gemäß § 14 zu beraten ist, vertritt des Hessische LSG die Auffassung, dass das Ermessen, zu der Frage, ob vorgeleistet wird, auf Null geschrumpft ist (Hess. LSG FEVS 63 S. 467). Rein konstruktiv würde sich das auch aus dem Herstellungsanspruch ergeben, der aber nicht passen soll. Wurde ein Antrag nicht gestellt, wird auch der Zeitpunkt für die Vorleistung nach Ermessensgesichtspunkten bestimmt. In jedem Falle wird über den Umfang der Leistung nach pflichtgemäßem Ermessen entschieden (vgl. § 42 Rn. 15). Die Vorleistung muss damit nicht die Höhe der endgültigen Leistung erreichen. Es wäre jedoch ermessensmissbräuchlich, die Leistung so zu begrenzen, dass der Bedarf nicht gedeckt werden kann. Die Entscheidung erfolgt durch Verwaltungsakt, in dem der Charakter als Vorleistung zu verdeutlichen ist. Wie auch beim Vorschuss wird durch eine Vorleistung nicht verbindlich über das Bestehen des Anspruchs entschieden (§ 42 Rn. 17). Das ergibt sich bei der Vorleistung zusätzlich daraus, dass hier ein möglicherweise unzuständiger Sozialleistungsträger über die Leistungsvoraussetzungen entscheiden würde. Wird der endgültig verpflichtete Leistungsträger festgestellt, so braucht der die Vorleistung bewilligende Verwaltungsakt nicht aufgehoben zu werden. Er erledigt sich vielmehr gemäß § 39 Abs. 2 SGB X (vgl. OVG Münster FEVS 44 S. 334). Eine Bindungswirkung entfaltet die Vorleistung ohnehin nicht. Stellt sich heraus, dass der vorleistenden Träger auch der endgültig zuständige Träger ist, so ist er nicht gehindert, eine das Bestehen des Hauptanspruchs abschlägige Entscheidung zu treffen. 14

Die Regelung des § 43 hat einen leistungsrechtlichen Charakter. Das ergibt sich bereits aus ihrer Stellung im Gesetz. Sie ist also keine bloße Zuständigkeitsnorm. Eine Vorleistung wird auf die Hauptleistung erbracht (§ 43 Abs. 2). Das gilt auch angesichts der Tatsache, dass zum Zeitpunkt der Leistung noch nicht feststeht, welcher Sozialleistungsträger letztlich leistungspflichtig ist. Zugeordnet wird die Vorleistung nur als solche dem vorleistenden Leistungsträger (vgl. § 102 Abs. 2 SGB X). Nach Klärung der Zuständigkeit erfolgt eine endgültige Zuordnung der Leistung. Niemals aber kann man die Vorleistung als Leistung auf eine fremde Schuld bezeichnen. Denn ob der vorleistende Leistungsträger eine eigene oder eine fremde Schuld erfüllt, ist zu diesem Zeitpunkt gerade unklar. Insoweit ist es auch zumindest terminologisch nicht angebracht, von einer Erfüllungswirkung der Vorleistung zu sprechen. 15

4. Vorleistung bei Ermessensansprüchen

Überwiegend wird die Auffassung vertreten, dass eine Vorleistung nach § 43 nicht in Betracht komme, wenn die Entscheidung in das Ermessen des Sozialleistungsträgers gelegt ist (Wannagat-Jung, SGB I § 43 Rn. 5; Rolfs in Hauck/Haines, 16

§ 43 Rn. 5, 6; Bley, SozVersGesKomm § 43 Anm. 2c; Lilge, SGB I § 43 Rn. 18, einschränkend Schellhorn, GK-SGB I § 43 Rn. 9). Für diese Auffassung könnte sprechen, dass § 43 das Bestehen eines Anspruchs auf Sozialleistungen voraussetzt. Das ist aber beim Vorschuss nach § 42 nicht anders und hat in erster Linie Bedeutung für § 40 Abs. 2. Die aus der Tatsache resultierenden Bedenken, dass Ermessensleistungen erst mit der Ermessensentscheidung entstehen, und damit die Vorleistung an sich ausgeschlossen ist, sind nicht gering zu erachten. Sie können aber aus einer Reihe von Gründen zurückgestellt werden.

16a Zunächst ist festzuhalten, dass die Situation bei § 43 dergestalt ist, dass das Bestehen des (Ermessens)anspruchs als solchem nicht mehr streitig ist und dass lediglich einer von zwei Trägern als Leistender in Betracht kommt. Unklar ist, wen dies betrifft. Eine restriktive Auslegung des § 43 bei Ermessensleistungen, muss sich mit der Tatsache auseinandersetzen, dass angesichts zunehmender Kenntnis des Sozialrechts häufig – wohl in mehr als der Hälfte der Fälle – der zuerst angegangene auch der endgültig leistungspflichtige Träger ist. Er könnte zunächst kein Ermessen ausüben und nicht vorleisten. In der Situation einer Vorleistung bleibt allgemein nur die Wahl zwischen der Ermessensausübung durch einen unzuständigen Träger und dem Unterbleiben einer Ermessensentscheidung eines zuständigen Trägers. Es könnte nicht geleistet werden, obwohl die Leistungspflicht bereits feststeht. Dieses Auslegungsergebnis wäre im Hinblick auf die §§ 2 Abs. 2, 17 Abs. 1 Nr. 1 bedenklich.

16b Nicht tragfähig ist das Argument, der vorleistende Träger wüsste nicht, welche – auf Richtlinien basierende – Verwaltungspraxis er zugrunde legen müsste. Solche Richtlinien können ohnehin nur dienstrechtlich die Mitarbeiter des Leistungsträgers binden, der sie erlassen hat. Der vorleistende Träger kann also immer nur seine eigenen Richtlinien anwenden. Darüber hinaus kommt im Sozialrecht das Entschließungsermessen immer seltener vor. Wo das überhaupt der Fall ist, könnte es sogar zu einen Kompetenzkonflikt zwischen Ermessens- und Anspruchsleistungen kommen (vgl. §§ 37 Abs. 1 Satz 5 iVm 39 Abs. 1 Satz 1 SGB V; 33 SGB VII). Hier würde eine zu restriktive Handhabung der Vorleistung beim Ermessen mangels eines alternierenden Anspruchs auch die Vorleistung im Verhältnis zum Träger einer Anspruchsleistung hindern. Noch schwieriger würde sich die Lage im Verhältnis von Soll- und Anspruchsleistungen darstellen, da hier der Kompetenzkonflikt nur im atypischen Fall, der festgestellt werden müsste, auftreten könnte (§§ 41 Abs. 1 Satz 2 SGB VIII, 67 SGB XII). Wenn die hier abgelehnte Auffassung darüber hinaus § 43 jedenfalls im Falle einer Ermessensreduzierung auf Null anwenden will (Rolfs in Hauck-Noftz, SGB I § 43 Rn. 5), dann erweist sie sich als widersprüchlich. Ob ein solcher Fall gegeben ist, muss nach denselben Kriterien ermittelt werden, nach denen Ermessen ausgeübt wird. Wenn der vorleistende Träger kein Ermessen ausüben darf, dann darf auch nicht dessen Reduzierung auf Null feststellen. Schließlich würde der Ausschluss einer Vorleistung bei Ermessensleistungen unausweichlich zu einem Eintreten des Trägers der Sozialhilfe nach § 2 Abs. 1 SGB XII auch dann führen müssen, wenn Gegenstand der Auseinandersetzung Leistungen der Sozialversicherung sind.

17 Entgegen der wohl herrschenden Auffassung wird man deswegen sagen müssen, dass § 43 uneingeschränkt auch auf Ermessensleistungen anwendbar ist (ebenso Rode, BochKomm § 43 Rn. 9; KassKomm-Schifferdecker § 43 Rn. 10–13, nur für ein Auswahlermessen). Konstruktiv wird man das so lösen müssen, dass der vorleistende Träger auch die Ermessensentscheidung trifft. Dieser ja nur mögliche Eingriff in die Zuständigkeit eines anderen Trägers ist durch die Regelung über die Vorleistung legitimiert. Zu dieser Auffassung veranlasst letzten Endes die Vorschrift des § 102 SGB X. Danach richtet sich der Umfang des Erstattungsanspruchs nach den für den vorleistenden Träger geltenden Rechtsvorschriften. Insoweit wird die Auffassung vertreten, dass sich der Erstattungsanspruch auch auf Leistungen erstreckt, „auf die kein Rechtsanspruch" besteht, also auf Ermessensleistungen (KassKomm-Kater, § 102 Rn. 26; v. Wulffen/Schütze-Roos, SGB X § 102 Rn. 18). Ist aber auch für sie eine Erstattung geregelt, dann muss zuvor ein Ermessen ausgeübt worden sein. Das wäre nur anders, wenn man die Anwendung des § 102 SGB X auf das Auswahlermessen beschränken würde. Insgesamt übt der vorleistende Sozialleistungsträger nach den für ihn geltenden Vorschriften sein Ermessen aus (vgl. LSG Nds. Breith. 1986 S. 326). Im Erstattungsstreit nach § 102 SGB X wird man davon ausgehen müssen, dass dem Sozialleistungsträger, der endgültig zur Leistung verpflichtet ist, die Berufung auf Ermessensgesichtspunkte abgeschnitten ist (vgl. BSG 45 S. 290 Rn. 22; BSG SozR 2200 § 184a Nr. 5 Rn. 22).

Der vorleistende Träger bestimmt den **Umfang der Leistungen** nach Ermes- **18**
sensgesichtspunkten. Er kann jedoch nur in dem Rahmen vorleisten, in dem er nach seinen leistungsrechtlichen Vorschriften überhaupt Leistungen erbringen kann. Dieser Grundsatz ergibt sich aber nicht unmittelbar aus dem Wortlaut des § 43. Erst aus § 102 Abs. 2 SGB X ist abzuleiten, dass sich der Umfang des Erstattungsanspruchs gegenüber dem endgültig zur Leistung verpflichteten Leistungsträger nach den für den vorleistenden Leistungsträger geltenden Bestimmungen richtet. Angesichts der Aufgabe der Vorleistung ist jedoch nicht zu verlangen, dass eine leistungsrechtliche Identität festgestellt wird. So meint das BSG, dass es dem Zweck der Vorleistung widersprechen würde, umfassende Ermittlungen über die leistungsrechtliche Zuordnung zu verlangen. Vielmehr ist in einer typisierenden Betrachtungsweise festzustellen, in welcher Form eine Leistung üblicherweise erbracht wird (BSG 51 S. 247). Eine Abweichung von diesen Grundsätzen besteht gemäß § 32 SGB XI (oben Rn. 5).

Auch bei einer typisierenden Betrachtungsweise ergibt sich noch eine Reihe **19**
von Problemen. So kann es sich im Grenzbereich der medizinischen Versorgung ergeben, dass Zweifel bestehen, ob ein Patient noch der Akutbehandlung in einem Krankenhaus bedarf (§ 39 SGB V) oder ob er heimpflegebedürftig ist (§§ 43 SGB XI; 61 SGB XII). In diesem Falle wird idR der Träger der Krankenversicherung zuerst angegangen sein, da er die vorausgehende Leistung der Krankenhausbehandlung bisher erbracht hat. Dennoch kann er nicht vorleisten. Heimpflege gehört nicht zu den typischen Leistungen der gesetzlichen Krankenversicherung. Der Träger der Sozialhilfe, da nicht zuerst angegangen, ist nicht nach § 43 vorleistungs-, wohl aber nach § 2 Abs. 1 SGB XII eintrittspflichtig. Ähnliche Schwierigkeiten können sich im Umfeld des Alkoholmissbrauchs ergeben. Besteht insoweit ein Betreuungsbedarf, ist aber unklar, ob eine Sucht festgestellt werden kann, so ist entweder der Träger der Krankenversicherung nach den §§ 27 ff. SGB V oder der Träger der Sozialhilfe nach § 67 SGB XII zuständig. In diesem Falle kann der Träger der Krankenversicherung nicht vorleisten, da er Leistungen zur reinen sozialen Betreuung nicht erbringen kann. Auch hier ist der nicht zuerst angegangene Träger der Sozialhilfe nicht vorleistungs-, sondern nach § 2 Abs. 1 SGB XII eintrittspflichtig. War der Träger der Sozialhilfe in den beiden Fällen zuerst angegangen, so besteht eine Vorleistungspflicht nach § 43, denn nach seinem Spektrum kann er jede der in Betracht kommenden Leistungen erbringen.

5. Jugend- und Sozialhilfe

20 Auseinandersetzungen hat es auch um die Vorleistungspflicht in Jugend- und Sozialhilfe gegeben. Anfänglich war wiederholt die Auffassung vertreten worden, § 43 könne in der Jugend- und Sozialhilfe keine Anwendung finden. Dies wurde aus dem weitergehenden Auftrag der **Sozialhilfe,** der Deckung jeden akuten Bedarfs, abgeleitet (vgl. Schellhorn-GK SGB I, § 43 Rn. 43). Dieser Auffassung war aus einer Reihe von Gründen schon immer zu widersprechen. Einer Auseinandersetzung mit ihr bedarf es jetzt nicht mehr, weil die oberen Gerichte nun in ständiger Rechtsprechung die Auffassung vertreten, § 43 finde in Jugend- und Sozialhilfe ohne Einschränkung Anwendung (BVerwG 91 S. 177; OVG Münster FEVS 46 S. 470; VGH München FEVS 46 S. 474; VGH Kassel FEVS 43 S. 191; LSG SH Breith 2009 S. 760). Anzuwenden ist § 43 auch, wenn zwei Träger der Jugend- oder Sozialhilfe untereinander ihre Zuständigkeit bestreiten. Das kann sich etwa ergeben, wenn zweifelhaft ist, ob eine Hilfeform als ambulant oder stationär anzusehen ist (§§ 97, 98 Abs. 2 SGB XII). Zu beachten ist allerdings, dass für den Fall der Aufnahme in eine Einrichtung § 98 Abs. 2 Satz 3 SGB XII eine Sonderregelung zur örtlichen Zuständigkeit trifft (OVG Schleswig FEVS 55 S. 266). Steht danach innerhalb von spätestens vier Wochen nicht der gewöhnliche Aufenthalt des Hilfesuchenden fest oder liegt ein Eilfall vor, so ist der Träger der Sozialhilfe des tatsächlichen Aufenthalts vorleistungspflichtig.

21 Gleichfalls als Sonderregelung, die § 43 aber nur teilweise verdrängt, ist § 86d SGB VIII anzusehen (VGH München FEVS 52 S. 471). Danach ist der Träger der **Jugendhilfe** am tatsächlichen Aufenthalt des Kindes, des Jugendlichen oder des jungen Volljährigen vorleistungspflichtig, wenn die örtliche Zuständigkeit nicht feststeht oder wenn der örtlich zuständige Träger nicht tätig wird. Dasselbe gilt auch für Leistungen nach § 19 SGB VIII. Die Regelung des § 86d SGB VIII erstreckt sich aber nur auf Zweifel bei der örtlichen Zuständigkeit (vgl. auch § 2 SGB X). Ist die sachliche Zuständigkeit zweifelhaft, so ist weiterhin allein § 43 anzuwenden. Das kann sich zum Beispiel ergeben, wenn zweifelhaft ist, ob Hilfe an junge Volljährige nach § 41 SGB VIII oder Hilfe zur Überwindung besonderer sozialer Schwierigkeiten nach § 67 SGB XII zu leisten ist. Auch bei Leistungen an seelisch behinderte junge Menschen (§ 35a SGB VIII) können sich Zweifel ergeben, ob diese Leistungen zur medizinischen Rehabilitation (§ 42 SGB IX) oder zur selbstbestimmten Lebensführung (§§ 90 ff. SGB IX) zu rechnen sind. Hier ist erforderlichenfalls eine Zuständigkeitsklärung nach § 14 SGB IX vorzunehmen. Eine ergänzende Anwendung des § 43 SGB I kommt nur in Betracht, wenn nicht Leistungen zur Teilhabe, sondern zB solche nach § 27 ff. SGB VIII beantragt worden waren (vgl. § 24 Satz 3 SGB IX).

22 Darüber hinaus bestehen noch besondere Meinungsverschiedenheiten über die sachliche Zuständigkeit zwischen den Trägern der Jugend- und Sozialhilfe **in Abhängigkeit von der Behinderungsart.** Eine weitgehende Behebung der früheren Zuständigkeitszweifel hat § 10 Abs. 4 SGB VIII gebracht. Danach sind Leistungen der Eingliederungshilfe für seelisch behinderte junge Menschen vom Träger der Jugendhilfe zu erbringen (§§ 10 Abs. 4, 35a, 41 SGB VIII). Bei geistiger oder körperlicher Behinderung ist weiterhin der Träger der Sozialhilfe zuständig (§§ 10 Abs. 4 SGB VIII, 90 ff. SGB IX). Bei einigen Behinderungsarten kann es nun zweifelhaft sein, ob eine geistige oder eine seelische Behinderung anzunehmen ist. Dasselbe kann sich in der Frühförderung ergeben. In der Vergangenheit führten die Abgrenzungsschwierigkeiten häufig zu leistungsrechtlichen Auseinan-

dersetzungen zwischen den Trägern der Jugend- und der Sozialhilfe. Durch die Einbeziehung der seelisch behinderten jungen Menschen in die Jugendhilfe (§ 35a SGB VIII) sind die Fälle des reinen Zuständigkeitskonflikts wesentlich vermindert, wenn auch nicht gänzlich beseitigt worden. Zumindest gibt es Grenzfälle zwischen seelischen und geistigen Behinderungen. Des Öfteren wird der Autismus genannt (BVerwG 91 S. 114). Die bei Zuständigkeitszweifeln im Zusammenhang mit Leistungen zur Rehabilitation und Teilhabe anzuwendende Vorschrift des § 14 SGB IX ist letztlich auch nicht geeignet, das Problem endgültig auszuräumen, weil zumindest in einem Erstattungsstreit nach § 16 SGB IX die Art der Behinderung geklärt werden muss. Schwer einzuordnen sind auch Mehrfachbehinderungen. Bei ihnen ist nach umstrittener Auffassung in Übereinstimmung mit allgemeinen sozialrechtlichen Grundsätzen § 35a SGB VIII anwendbar, wenn das Schwergewicht auf der seelischen Behinderung liegt. Jedoch auch hier kann es Zweifel darüber geben, wo im konkreten Fall das Schwergewicht liegt. Zur Lösung dieser Probleme bedarf es einer gesetzlichen Regelung, die nicht in der Begründung einer Vorleistungspflicht bestehen kann (§ 27 Rn. 7–12.

Die auch fachlich begründeten Zweifelsfälle (Autismus, Mehrfachbehinderungen) können in der Praxis zu einer gewissen Zurückhaltung bei der Vorleistung führen. Im Normalfalle einer Anwendung des § 14 SGB IX lässt sich im Erstattungsstreit mit der notwendigen Sicherheit klären, welcher Leistungsträger sachlich zuständig ist. Besteht aber eine grundsätzliche Meinungsverschiedenheit darüber, ob zB der Autismus eine geistige oder seelische Behinderung ist bzw. wo das Schwergewicht einer Mehrfachbehinderung liegt, dann riskiert jeder Leistungsträger, dass er im Erstattungsstreit die tatsächlichen Voraussetzungen seines Erstattungsanspruchs nicht belegen kann. Es bleibt aber dabei, dass zunächst § 14 SGB IX anzuwenden ist. Die gleichwohl bestehenden Meinungsverschiedenheiten werden in den Erstattungsstreit verlagert. Auch dort sind sie – durch Gesetzesauslegung – nicht grundsätzlich lösbar. 23

Zum Verhältnis von Leistungen der Jugend- und Sozialhilfe hat das BVerwG eine klärende Entscheidung zu § 10 Abs. 4 SGB VIII getroffen. Das Gericht geht zunächst davon aus, dass § 10 Abs. 4 Satz 1 SGB VIII allein betrachtet, einen generellen Vorrang der Jugend- vor der Sozialhilfe begründet. Insoweit ist § 10 Abs. 4 Satz 2 SGB VIII eine Sonderregelung, die weder weit noch eng auszulegen ist. Es kommt lediglich darauf an, dass die Tatbestandsmerkmale des Satzes 2 erfüllt sind. Das ist dann der Fall, wenn Leistungen der Eingliederungshilfe nach §§ 90 ff. SGB IX erbracht werden oder zu erbringen sind. Nach Auffassung des BVerwG hängt also die Abgrenzung von § 10 Abs. 4 Satz 1 und 2 SGB VIII allein von der mit der Jugendhilfeleistung konkurrierenden Sozialhilfeleistung ab. Ist diese Leistung von der in Satz 2 bezeichneten Art, so gilt der Vorrang der Sozialhilfe, im anderen Falle der Vorrang der Jugendhilfe (BVerwG 109 S. 325). 24

Diese Auslegung, die § 10 Abs. 4 SGB VIII durch das BVerwG erfahren hat, führt insoweit zu einer Klärung der Zweifelsfragen, als etwa bei Mehrfachbehinderungen nur der Charakter der Leistung bestimmt werden muss. Daraus ergibt sich dann, ob § 10 Abs. 4 Satz 1 oder Satz 2 SGB VIII anzuwenden ist. Nur wenn Satz 1 anwendbar ist, leistet der Träger der Jugendhilfe. Ein Vor-Nachrang-Verhältnis ergibt sich danach nur, wenn die Voraussetzungen sowohl für Leistungen der Jugend- als auch der Sozialhilfe gegeben sind (vgl. DIJuF, JA 2001 S. 119). Die Entscheidung des BVerwG beantwortet aber nicht die Zweifelsfrage, die sich daraus ergibt, dass bei der Zuordnung einer Behinderungsart fachliche Unklarheiten auch hinsichtlich der Leistungen bestehen. Ergeben sich Meinungsverschie- 25 denheiten darüber, ob etwa der Autismus eine geistige oder seelische Behinderung ist, dann ist auch unklar, ob Leistungen nach § 35a SGB VIII oder §§ 90 ff. SGB IX zu erbringen sind. Es kommt hinzu, dass bestimmte Leistungen, wie etwa heilpädagogische Maßnahmen, überhaupt nicht eindeutig dem einen oder dem anderen Sozialleistungsbereich zugeordnet werden können. Sie sind also nicht im Sinne der Auffassung des Bundesverwaltungsgerichts entweder „Jugendhilfe- oder Sozialhilfeleistungen". Das ergibt sich schon formal daraus dass § 35a Abs. 3 SGB VIII auf die Bestimmungen des Sozialhilferechts verweist. Diese Verweisung macht bei heilpädagogischen Maßnahmen für seelisch behinderten jungen Menschen aus der „Jugendhilfe-" eine „Sozialhilfeleistung". Die Regelung des Vorranges der Jugendhilfe in § 10 Abs. 4 Satz 1 SGB VII setzt also voraus, dass feststeht, ob eine Leistung der Jugendhilfe erbracht wird. Genau das aber kann zweifelhaft sein. Die damit weiterhin gegebene Möglichkeit von Zuständigkeitsstreitigkeiten zwischen den Trägern der Jugend- und Sozialhilfe bei den Leistungen an behinderte junge Menschen können zwar durch eine Zuständigkeitsklärung nach § 14 SGB IX behoben werden. Sie setzt sich aber im Erstattungsstreit fort.

25a Nach Auffassung der Rechtsprechung können sich ähnliche Zuständigkeitszweifel auch ergeben, wenn für einen geistig oder körperlich behinderte jungen Menschen Hilfen deswegen erforderlich werden, weil die Eltern als Erziehungspersonen versagen (VGH München FEVS 32 S. 139; BVerwG FEVS 35 S. 309). An sich ist bei diesen Behinderungen der Träger der Sozialhilfe zuständig (§§ 10 Abs. 4 Satz 1 SGB VIII, 90 ff. SGB IX). Der Bedarf kann aber in besonderen familiären Situationen allein aus erzieherischen Gründen ausgelöst sein. In diesem Falle muss der Träger der Jugendhilfe bei jeder Behinderungsart nach den §§ 27 ff. SGB VIII leisten. In diesem Falle kommt bei Zuständigkeitszweifeln nicht die Anwendung des § 14 SGB IX in Betracht, weil der Träger der Jugendhilfe hier nicht als Rehabilitationsträger im Sinne des § 6 Abs. 1 Nr. 6 SGB IX tätig wird. Vielmehr ist § 43 SGB I anzuwenden. Die Auffassung der oberen Gerichte wird man als höchst unpraktikabel ansehen müssen, da der Anlass für die Hilfe (Behinderung oder erzieherisches Versagen) in solchen Situationen kaum sicher zu klären ist. Das wird deutlich, wenn in der Praxis die Auseinandersetzung darüber zu führen ist, ob die mangelnde Fähigkeit der Eltern, mit der Krankheit des Kindes umzugehen, Leistungen der Jugendhilfe oder der Eingliederungshilfe für Behinderte zur Folge hat (Zentrale Spruchstelle, ZfF 1992 S. 252).

26 Innerhalb der Sozialhilfe, etwa bei Alkoholmissbrauch, kann zweifelhaft sein, ob Leistungen nach den §§ 90 ff. SGB IX oder nach den §§ 67 ff. SGB XII zu erbringen sind. Das hängt davon ab, ob (bereits) eine drohende seelische Behinderung anzunehmen ist (§ 99 SGB IX, Art. 25a BTHG). Eine Zuständigkeitsklärung nach § 14 SGB IX kann hier nicht erfolgen, da diese voraussetzt, dass ein Zuständigkeitskonflikt zwischen zwei Rehabilitationsträgern besteht. Der beteiligte Träger der Sozialhilfe, der Leistungen nach § 67 SGB XII zu erbringen hätte, ist jedoch kein Rehabilitationsträger im Sinne des § 6 Abs. 1 Nr. 7 SGB IX. Deswegen müsste eigentlich eine Vorleistung nach § 43 SGB I erfolgen. Das gilt aber dann nicht, wenn Leistungen zur Teilhabe beantragt wurden. Für diesen Fall bestimmt § 24 Satz 3 SGB IX dass § 43 SGB I nicht anzuwenden ist. Auch eine Weiterleitung nach § 16 SGB I ist ausgeschlossen (§ 14 Abs. 5 SGB IX). Im Ergebnis könnte das dazu führen, dass von einem Leistungsträger, der nicht Rehabilitationsträger ist, Leistungen zur Teilhabe bewilligt werden müssen (§ 14 Abs. 2 Satz 1 SGB IX). Es könnte sein, dass der Gesetzgeber in den §§ 14 Abs. 5, 24 Satz 3 SGB IX mehr geregelt hat, als er regeln wollte. Damit wäre an eine teleologische

Reduktion zu denken und § 43 SGB I anzuwenden. Die Materialien zu dieser Frage sind unergiebig (BT-Drs. 18/9522 S. 237, 243

6. Erstattung

Soweit eine Erstattung vorläufig erbrachter Leistungen erforderlich wird, ist ein Ausgleich unter den beteiligten Sozialleistungsträgern nach den Grundsätzen des § 102 SGB X vorzunehmen. Dabei hat der endgültig verpflichtete Leistungsträger immer in dem Umfange zu erstatten, in dem der vorleistende Träger nach den für ihn geltenden Vorschriften geleistet hat (§ 102 Abs. 2 SGB X). Im Verhältnis der Sozialleistungsträger untereinander sind Sach- und Dienstleistungen in Geld zu erstatten (§ 108 SGB X). Der Erstattungsanspruch gegenüber einem anderen Leistungsträger ist im Wege der allgemeinen Leistungsklage nach § 54 Abs. 5 SGG geltend zu machen (BSG 49 S. 71; BSG 72 S. 163). Hätte der endgültig verpflichtete Leistungsträger nach den für ihn geltenden Vorschriften weniger leisten müssen, als dies der vorleistende Träger nach seinen Vorschriften tun musste, so kommt ein Erstattungsanspruch nach § 43 Abs. 2 Satz 2 nur gegenüber dem Leistungsberechtigten in Betracht. Einen selbständigen Erstattungsanspruch begründet § 2 Abs. 3 Satz 2 SGB X in dem Falle, dass während der Leistungserbringung die **örtliche** Zuständigkeit wechselt und der zunächst befasste Leistungsträger solange weiterleitet, bis die zuständig gewordene Behörde den Fall übernimmt. Auf die Anwendung des § 102 Abs. 2 SGB X wird verwiesen (BVerwG 149 S. 333). Im Falle einer Zuständigkeitsklärung nach § 14 SGB IX erfolgt eine Erstattung nach § 16 SGB IX. Musste der Träger der Sozialhilfe nach § 2 Abs. 2 SGB XII eintreten (vgl. oben Rn. 10), so erfolgt eine Erstattung nach § 104 SGB X. 27

Hat der vorleistende Träger im Widerspruch zu den spezialgesetzlichen Regelungen (oben Rn. 4–7) vorgeleistet, so kann er keine Erstattung verlangen, denn er hat nicht im Sinne des § 102 Abs. 1 SGB X „auf Grund gesetzlicher Vorschriften“, also nicht rechtmäßig vorgeleistet (BVerwG 118 S. 52). Hat er seine Zuständigkeit für die Vorleistung jedoch irrtümlich angenommen, sich also nicht bewusst über die Zuständigkeitsgrenzen hinweggesetzt, so besteht ein Erstattungsanspruch nach § 105 SGB X (BSG 58 S. 263). Stellt sich im Laufe des Verfahrens heraus, dass die Voraussetzungen für die Erbringung einer Sozialleistung überhaupt nicht vorlagen, so besteht kein Erstattungsanspruch. Der Sozialleistungsträger, der vorgeleistet hat, kann in diesem Falle nur vom Leistungsempfänger Erstattung gemäß § 50 SGB X verlangen. Das setzt jedoch voraus, dass eine Rücknahme des Verwaltungsaktes nach den §§ 45, 48 SGB X möglich ist, mit dem die Vorleistung erbracht wurde. Davon zu unterscheiden ist ein Erstattungsbegehren nach den §§ 45, 48, 50 SGB X gegen den Leistungsberechtigten durch den Sozialleistungsträger, der endgültig zuständig ist, wenn die Leistung von ihm zu Unrecht erbracht worden war. 28

Für die **Anrechnung** der im Wege einer vorläufig erbrachten Leistung und den Erstattungsanspruch gegen den Leistungsberechtigten selbst gelten die Grundsätze des § 42 Abs. 2 und 3 entsprechend (vgl. § 42 Rn. 18). Der Leistungsberechtigte hat ggf. auch den Wert von Dienst- oder Sachleistungen zu erstatten. Gegen diese Auffassung könnte sprechen, dass § 108 SGB X nur im Verhältnis der Sozialleistungsträger untereinander gilt, und dass sich § 42 nur auf Geldleistungen erstreckt. Dienst- und Sachleistungen könnten danach also von der Erstattung durch den Leistungsberechtigten ausgeschlossen sein. In § 43 Abs. 2 wird § 42 Abs. 2 und 3 jedoch nur für entsprechend anwendbar erklärt. Eine entsprechende 29

Anwendung von § 42 Abs. 2 und 3 lässt auch den Wertersatz von Dienst- und Sachleistungen zu. Zu Stundung, Niederschlagung und Erlass vgl. § 42 Rn. 13–17.

7. Selbstbeschaffung

30 Der Sozialleistungsberechtigte ist nicht auf die Inanspruchnahme von Vorleistungen beschränkt. Diese wäre im Hinblick auf § 17 Abs. 1 umso weniger sinnvoll, als die Praxis von der Vorschrift des § 43 nur sehr zögerlichen Gebrauch macht (Hederich, NDV 1990 S. 364; Mrozynski, SGb 1987 S. 404; Mrozynski, NDV 2000 S. 110, Grube, ZfJ 2001 S. 288; Hinrichs, ZfJ 2003 S. 449). Sowohl nach der Rechtsprechung des BSG als auch nach der des BVerwG ist es als gesichert anzusehen, dass der Sozialleistungsberechtigte sich die Leistung dann selbst beschaffen kann, wenn ihm die Leistung rechtswidrig versagt wurde oder wenn ihm aus anderen Gründen nicht zuzumuten ist, die Entscheidung des Sozialleistungsträgers abzuwarten (BVerwG 90 S. 157). Diesen allgemeinen sozialrechtlichen Grundsatz hat der Gesetzgeber für die Krankenversicherung in § 13 Abs. 3 SGB V übernommen (BSG SGb 1993 S. 477 mAnm Meydam). Allgemeiner Anknüpfungspunkt für die Selbstbeschaffung ist ein Systemversagen (BSG 79 S. 125; 190; 257; BSG 98 S. 257; BSG SozR 4-2500 § 13 Nr. 20; OVG Münster JAmt 2012 S. 548). In der Krankenversicherung ist ein solcher Fall auch gegeben, wenn der **Gemeinsame Bundesausschuss** (§§ 91, 92 SGB V) objektiv willkürlich eine neue Behandlungsmethode nicht für die vertragsärztliche Versorgung empfiehlt. Der Primäranspruch ergibt sich im Detail aus § 135 SGB V (BSG 113 S. 241). Da andererseits nur selbstbeschafft werden kann, worauf ein Anspruch besteht, trägt der Leistungsberechtigte selbst die Verantwortung dafür, dass die Voraussetzungen des Primäranspruchs gegeben sind. Daran fehlt es bereits, wenn der Gemeinsame Bundesausschuss lediglich kein Negativvotum abgegeben hat (BSG 113 S. 167). Das kann nur dann anders beurteilt werden, wenn der in die Leistungserbringung einbezogene Vertragsarzt beim Versicherten die Vorstellung erweckt, er würde eine gesetzliche Leistung erbringen (Hess. LSG NZS 2012 S. 20). Erfüllt sind die Voraussetzungen des Primäranspruchs allerdings auch, wenn ein Arzneimittel im Rahmen des off-label-use beansprucht werden konnte. Dasselbe wird man für heute die Fälle des § 2 Abs. 1a SGB V annehmen müssen (BSG NZS 2013 S. 175 mAnm Gaßner). Wurde die Erfüllung einer **Mitwirkungspflicht** abgelehnt, so besteht kein Recht auf Selbstbeschaffung (Sächs. LSG NZS 2017 S. 794).

30a Der Anspruch richtet sich auf den Ersatz der **erforderlichen Aufwendungen** für die notwendig gewordene Leistung. Dabei kann es sich auch um die Leistung eines nicht zugelassenen Leistungserbringers handeln, was auch zu einer privatärztlichen Honorarforderung führen kann. Wird diese von der Krankenkasse als überhöht angesehen und verlangt rechtliche Auseinandersetzung über die Honorarforderung, so muss sie dem Versicherten eine Kostenfreistellung für den Rechtstreit über die ärztliche Abrechnung anbieten (BSG 117 S. 10). Zu den Kosten der Selbstbeschaffung gehören auch Zinsen für einen Kredit, der erforderlich war, um die Selbstbeschaffung zu finanzieren. Ein Rückgriff auf § 44 ist nicht notwendig (BSG 111 S. 289 Rn. 43). Der Erstattungsanspruch besteht aber nur, wenn der Versicherte effektiv mit den Kosten belastet ist, woran es bei nicht ordnungsgemäßer Abrechnung fehlen kann (BSG SozR 4-2500 § 13 Nr. 37). Zum Kostenersatz bei selbstbeschafftem Kindergartenplatz vgl. BVerwG NJW 2018 S. 1489; zur Amtspflichtverletzung vgl. BGH NJW 2017 S. 397, dazu Noak ZJS 2017 S. 106.

Von diesen Grundgedanken her ist grundsätzlich eine **Selbstbeschaffung** von 31
Sozialleistungen nur **nach Antragstellung** möglich (BSG 98 S. 26; BSG 105 S. 170; OVG Koblenz ZfSH/SGB 2013 S. 164, zu §§ 24, 25 SGB VIII). Sie kann zudem nur erfolgen, wenn die Sache keinen Aufschub duldet (BSG SozR 3–2500 § 13 Nr. 15; 22). Das BVerwG spricht insoweit von einer Obliegenheit zur rechtzeitigen Antragstellung (BVerwG 92 S. 1; BVerwG 96 S. 152). Das betrifft allerdings nur in der Vergangenheit liegende Behandlungseinheiten (BVerfG NZS 2009 S. 376 mAnm Lindemann). Davon abgesehen, dürfen schon im Hinblick auf die §§ 17 Abs. 1 Nr. 1, 40 SGB I keine strengen Anforderungen daran gestellt werden, dass eine Maßnahme keinen Aufschub duldet. Die Selbstbeschaffung ist also nicht erst dann möglich, wenn eine Notlage eingetreten ist. Die Leistungsträger werden durch eine Selbstbeschaffung also nicht überfordert. Das erklärt sich schon daraus, dass der Leistungsberechtigte das Risiko dafür trägt, dass die Leistungsvoraussetzungen des Primäranspruchs erfüllt sind. Der Leistungsträger muss also immer nur das leisten, was gesetzlich vorgesehen ist. Unabhängig davon kann ein Antrag nur dann nachgeholt werden, wenn eine rechtzeitige Antragstellung nicht möglich gewesen ist. Nur hier kommt es auf das Vorliegen einer Notsituationen an (BSG 57 S. 1; 157).

Noch nicht vollständig geklärt ist, ob auch die Selbstbeschaffung von **Ermes-** 32
sensleistungen zulässig ist. Im Hinblick auf die relativ engen Voraussetzungen für eine Selbstbeschaffung, wird man sagen müssen, dass (nur) der untätig gebliebene Leistungsträger insoweit mit Ermessenserwägungen abgeschnitten ist (vgl. BSG SozR 2200 § 184a Nr. 5 S. 21; BSG RdLH 2013 S. 120 mAnm Zumbansen). Zu einer Selbstbeschaffung im Rahmen des § 24 Abs. 3 SGB II konnte das BSG allerdings eine Entscheidung hierzu vermeiden. Es ist lediglich der Auffassung, dass der Leistungsträger gegen einen Kostenerstattungsanspruch schon dann nicht einwenden kann, er hätte Ermessenserwägungen anstellen können, wenn er im Falle eines Auswahlermessens unter Geld- und Sachleistungen ohnehin nur Geldleistungen erbringt (BSG SozR 4-4200 § 23 Nr. 10). Weitergehend hat das BSG bereits entschieden, dass im Rahmen der Selbstbeschaffung sogar ein nicht zur Versorgung zugelassener Leistungserbringer in Anspruch genommen werden kann, wenn diese Tatsache darauf beruht, dass der Leistungsträger die notwendige Information unterlassen hat (BSG 111 S. 289). Hierin zeigt sich eine gewisse Nähe der Selbstbeschaffung zum Herstellungsanspruch. Das LSG Baden-Württemberg ist der Auffassung, dass sich bei einer Selbstbeschaffung nach rechtswidriger Ablehnung das Ermessen auf die vom Versicherten gewählte Maßnahme verengt, wenn der Versicherte mit einer geeigneten Maßnahme begonnen hat (LSG BW NZS 2014 S. 788).

Insgesamt sieht das BSG in dem Recht auf Selbstbeschaffung einen **allgemei-** 33
nen Rechtsgedanken des Sozialrechts (BSG 89 S. 50). Am deutlichsten kommt er in § 13 Abs. 3 Satz 1 SGB V zum Ausdruck: „Konnte die Krankenkasse eine unaufschiebbare Leistung nicht rechtzeitig erbringen oder hat sie eine Leistung zu Unrecht abgelehnt und sind dadurch Versicherten für die selbstbeschaffte Leistung Kosten entstanden, sind diese von der Krankenkasse in der entstandenen Höhe zu erstatten, soweit die Leistung notwendig war.“ Nur teilweise ist dieses Recht auch in den Sozialleistungsbereichen ausdrücklich geregelt worden. Für den Komplex der Rehabilitation und Teilhabe behinderter Menschen hat § 18 SGB IX unter weitgehender Übernahme der Rechtsprechung eine solche Regelung zur

Selbstbeschaffung getroffen (Benz, NZS 2002 S. 511). Durch die abgestuften Regelungen in § 18 Abs. 1–4 SGB IX wird das Recht zur Selbstbeschaffung im Kern nicht eingeschränkt. Dieses ergibt sich aus § 18 Abs. 6 SGB IX. Bei einer Selbstbeschaffung ohne vorherige Antragstellung ergibt sich, aus dem Rehabilitationsrecht heraus begründet (§ 6 Abs. 1 SGB IX), eine gewisse Schwierigkeit, den Rehabilitationsträger zu finden, der für die Primärleistung zuständig ist (§ 18 Abs. 6 Satz 3 SGB IX). Im Rahmen der Selbstbeschaffung ist jedenfalls § 14 SGB IX nicht anwendbar.

34 Nachträglich ins Gesetz eingefügt wurden auch die §§ 30 SGB II, 36a Abs. 3 SGB VIII, 15 SGB IX und 34b SGB XII. Die unterschiedlichen Einzelregelungen dürfen aber nicht in dem Sinne verstanden werden, dass eine Selbstbeschaffung nur auf der Grundlage der jeweiligen konkreten Bestimmungen möglich wäre. Abgesehen von § 17 Abs. 1 Nr. 1 SGB I, der eher für eine Beschleunigung des Verfahrens spricht, wird man das Recht zur Selbstbeschaffung eher aus den §§ 31, 40 SGB I ableiten können. Der Anspruch besteht, wenn seine gesetzlichen Voraussetzungen vorliegen (§ 40 SGB I). Dazu gehört nicht die förmliche Zuerkennung mittels eines Verwaltungsaktes durch einen Sozialleistungsträger (§ 31 SGB I). Lediglich der Weg, auf dem der Anspruch durchzusetzen ist, wird im Verwaltungsverfahren vorgegeben. Aus der Sicht des Leistungsberechtigten gehört dazu aber nur, dass er das Verwaltungsverfahren in Gang setzt (§ 18 SGB X). Ihren systematisch richtigen Standort hat die Selbstbeschaffung hinter den §§ 42, 43 SGB I.

8. Genehmigungsfiktion

35 Einen weiteren, zunächst auf die Krankenversicherung beschränkten Sonderfall, der § 17 Abs. 1 Nr. 1 konkretisiert und systematisch in der Nähe von § 43 SGB I, 13 Abs. 3 SGB V und 14 SGB IX angesiedelt ist, regelt § 13 Abs. 3a SGB V. Es handelt sich hierbei um einen auf einer **Genehmigungsfiktion** beruhenden Anspruch. Eine dementsprechende Regelung ist auch für Leistungen zur Rehabilitation und Teilhabe in § 18 Abs. 1–4 SGB IX getroffen worden. Die Regelung des § 13 Abs. 3a SGB V hat den Zweck einer Beschleunigung des Verwaltungsverfahrens. Sie erleichtert aber auch die Selbstbeschaffung, die sie andererseits insoweit nicht einschränkt, als die überkommenen Grundsätze der Selbstbeschaffung (oben Rn. 30–34) nicht modifiziert werden. So kann der Leistungsträger dem Leistungsberechtigten eine begründete Mitteilung zu den Gründen einer Verzögerung machen (§§ 13 Abs. 3a Satz 5 SGB V, 18 Abs. 1 SGB IX). Dadurch wird aber nur der Eintritt der Genehmigungsfiktion verhindert. Das Recht zur Selbstbeschaffung (§§ 13 Abs. 3 SGB V, 18 Abs. 6 SGB IX) bleibt davon unberührt. Eine Genehmigungsfiktion erleichtert demgegenüber die Selbstbeschaffung insoweit, als dadurch das Risiko des Bestehens des Primäranspruchs weitgehend auf den Leistungsträger verlagert wird. Im Grunde ergeben sich aus § 13 Abs. 3a SGB V zwei Ansprüche. In Satz 6 führt die Genehmigungsfiktion zu einem Naturalleistungsanspruch. Daneben tritt in Satz 7 ein Kostenerstattungsanspruch bei (erleichterter) Selbstbeschaffung (BSG 121 S. 40; aA Koppenfels-Spieß, NZS 2016 S. 601, 603).

36 Die Vorschrift des § 13 Abs. 3a SGB V ist im Zusammenhang mit dem Gesetz zur Verbesserung der Patientenrechte ins SGB V eingefügt worden. Sie wird in den Materialien als Sanktion gegenüber säumigen Kassen bezeichnet (BT-Drs. 17/10488 S. 32) und erstreckt sich auf alle Gesetzes- und Satzungsleistungen, und zwar auch solche, bei denen ein Ermessen auszuüben ist, also alle Leistungen im

Sinne des § 11 SGB I. Teilweise wird das aus systematischen Gründen nicht für Geldleistungen angenommen (Becker/Kingreen, SGB V § 13 Rn. 28). Diese Einschränkung ergibt sich aber nicht aus dem Wortlaut des Gesetzes. Auch die amtliche Begründung ist insoweit nicht eindeutig, als der Begriff Ausnahme vom Sachleistungsprinzip nicht den Sinn einer Beschränkung dieser Ausnahme auf Sachleistungen hat (vgl. BT-Drs. 17/10488 S. 32). Man wird zugestehen müssen, dass der Gedanke einer Selbstbeschaffung einer Geldleistung verbunden mit einem Kostenerstattungsanspruch in Geld wenig Sinn macht. Der Hinweis auf die Möglichkeit einer Kreditaufnahme durch den Versicherten dürfte andererseits auch nicht in allen Fällen eine Lösung darstellen (vgl. BSG SGb 2016 S. 592 Rn. 10, 11 mAnm Hackstein; vgl. auch Ulmer, SGb 2017 S. 567). Keine praktische Bedeutung hat die Vorschrift in den meisten Fällen der routinemäßigen medizinischen Versorgung mittels der Gesundheitskarte, da die Leistungen vom Vertragsarzt verordnet und dann ohne vorherigen Kontakt mit der Krankenkasse in Anspruch genommen werden. Anders ist dies etwa bei der kieferorthopädischen Behandlung (§ 29 SGB V), der Versorgung mit Hilfsmitteln (§ 33 SGB V), der Soziotherapie (§ 37a SGB V) oder der Krankenhausbehandlung in einem anderen EU-Staat (§ 13 Abs. 5 SGB V). Eine herausragende Bedeutung hat § 13 Abs. 3a SGB V, wenn im Falle einer lebensbedrohlichen Erkrankung die Leistungen gemäß § 2 Abs. 1a SGB V beschafft werden müssen (§ 21 Rz. 19).

Nach der Grundlagenregelung des § 13 Abs. 3a SGB V muss die Krankenkasse über einen Leistungsantrag zügig, spätestens bis zum Ablauf von drei Wochen, nach Antragseingang entscheiden (dazu § 16 Rn. 29). Tut sie es nicht, so gilt der Antrag als genehmigt. Voraussetzung ist aber, dass der Antrag hinreichend bestimmt war (BSG 123 S. 293). Davon ist auszugehen, wenn auf seiner Grundlage auch ein Verwaltungsakt hätte ergehen können (§§ 31, 33 SGB X). Das gilt auch für einen mündlichen Antrag (LSG RhPf. Breith. 2018 S. 81). Ist eine Stellungnahme des Medizinischen Dienstes erforderlich, so verlängert sich die Frist auf grundsätzlich fünf Wochen (LSG BW Breith. 2017 S. 806). Auch dies ist dem Versicherten mitzuteilen (BSG SGb 2016 S. 592 Rn. 28 mAnm Hackstein). Der Medizinische Dienst nimmt innerhalb von drei Wochen gutachtlich Stellung. Kann die Frist nicht eingehalten werden, teilt die Kasse dies dem Leistungsberechtigten unter Darlegung der Gründe rechtzeitig schriftlich mit. Erfolgt keine Mitteilung oder besteht kein hinreichender Grund, so fingiert das Gesetz nach Ablauf der Frist das Bestehen des Anspruchs: „Erfolgt keine Mitteilung eines hinreichenden Grundes, gilt die Leistung nach Ablauf der Frist als genehmigt" (§ 13 Abs. 3a Satz 6 SGB V). Kraft dieser Genehmigungsfiktion entsteht ein Naturalleistungsanspruch. Die Leistungsberechtigten können sich die erforderliche Leistung aber auch selbst beschaffen. In diesem Falle ist die Krankenkasse zur Erstattung der hierdurch entstandenen Kosten verpflichtet (§ 13 Abs. 3a Satz 7 SGB V). Die Selbstbeschaffung muss nicht bei einem zugelassenen Leistungserbringer erfolgen. Sie ist auch im Ausland möglich (BSG NZS 2019 S. 257 Rn. 33 mAnm Knispel). Gemäß § 13 Abs. 3a Satz 8 SGB V werden die Fälle der „fiktiven Genehmigung" dokumentiert. 37

Die Vorschrift soll die Stellung des Versicherten stärken und setzt die Kasse unter einen erheblichen Entscheidungsdruck. Eine deutliche Verbesserung gegenüber § 13 Abs. 3 SGB V ergibt sich daraus, dass nach Ablauf der relativ kurzen Frist von drei bzw. fünf Wochen der Antrag als genehmigt gilt. Diese Fiktion erstreckt sich nur auf die Genehmigung, nicht aber darauf, dass der geltend gemachte Anspruch dem Leistungsrecht der Krankenversicherung entspricht. Das 38 bedeutet, dass bei zunächst eintretender Genehmigungsfiktion noch nichts über deren materieller Rechtmäßigkeit ausgesagt ist (vgl. unten Rn. 40). Will die Krankenkasse den Eintritt der Genehmigungsfiktion verhindern, so kann sie das nur dadurch bewirken, das sie den Antragsteller von einem hierfür hinreichenden Grund und einer taggenau bestimmten Fristverlängerung noch vor Fristablauf in Kenntnis setzt (§ 13 Abs. 3a Satz 1 und 6 SGB V). Eine als genehmigt geltende Leistung kann der Versicherte als Sachleistung verlangen oder sie sich selbst beschaffen (BSG 121 S. 40). Er hat im letzteren Falle einen Kostenerstattungsanspruch in voller Höhe (§ 13 Abs. 3a Satz 7 SGB V). Allerdings sind Zuzahlungen abzuziehen, da der Versicherte nur so gestellt werden soll, wie er stünde, wenn die Kasse rechtzeitig geleistet hätte. Eine ähnliche Regelung wird in § 18 Abs. 1–4 SGB IX getroffen. Sie erstreckt sich auf alle **Leistungen zur Teilhabe** (§ 13 Abs. 3a Satz 9 SGB V). Auch hier gilt die Leistung als genehmigt, wenn keine taggenaue, begründete Mitteilung erfolgt (§ 18 Abs. 2 und 3 SGB IX). Dabei trifft § 18 Abs. 5 SGB IX folgende Einschränkung: Die Erstattungspflicht besteht nicht „1. wenn und soweit kein Anspruch auf Bewilligung der selbstbeschafften Leistungen bestanden hätte und 2. die Leistungsberechtigten dies wussten oder infolge grober Außerachtlassung der allgemeinen Sorgfalt nicht wussten" (vgl. unten Rn. 40).

39 Eine Genehmigung kann nur fingiert werden, wenn ein **hinreichend bestimmter Antrag** auf eine Leistung gestellt worden ist, die der Versicherte für erforderlich halten durfte und die nicht offensichtlich außerhalb des Leistungskatalogs der Krankenversicherung liegt (BSG NZS 2019 S. 189, 472). Einschränkend wird ein „befundgestützter" Leistungsantrag verlangt (LSG Bln.-Brandbg. NZS 2019 S. 272; LSG Hamburg NZS 2019 S. 390 mAnm Knispel). Dabei ist zu berücksichtigen, dass der Gesetzgeber mit § 13 Abs. 3a SGB V den Leistungskatalog der Krankenversicherung nicht erweitern wollte. Vielmehr bezweckt die Vorschrift eine „Beschleunigung der Bewilligungsverfahren bei den Krankenkassen" (BT-Drs. 17/10488 S. 32). Insoweit dient die Vorschrift der Umsetzung des § 17 Abs. 1 Nr. 1 SGB I. Danach ist darauf hinzuwirken, dass die Versicherten die ihnen zustehenden Leistungen zügig erhalten. Auch das spricht dafür, bei der Genehmigungsfähigkeit von Anträgen eher restriktiv zu verfahren oder eine Korrektur über § 45 SGB V zuzulassen (unten Rn. 40). Insgesamt bestehen Zweifel darüber, wie im Falle Genehmigungsfiktion das Merkmal der „erforderlichen" Leistung auszulegen ist (§ 13 Abs. 3a Satz 6 SGB V). Nach einer wohl überwiegenden Auffassung tritt die Genehmigungsfiktion nach § 13 Abs. 3a Satz 6 SGB V nur ein, wenn die beantragte Leistung zum System der Sach- und Dienstleistungen der gesetzlichen Krankenversicherung gehört (Knispel, SGb 2014 S. 374, Hahn, SGb 2015 S. 149). Nur dann kann sie erforderlich sein. In der Begründung zu § 18 SGB IX wird ausgeführt, dass nur Evidenzfälle von der Genehmigungsfunktion ausgeschlossen wären (BT-Drs. 18/9522 S. 238). Damit wird der Praxis wenig an die Hand gegeben, die mit dem Begriff der „subjektiv erforderlichen Leistung" operieren muss (BSG SGb 2016 S. 592 mAnm Hackstein). Als Beispiel für die praktischen Schwierigkeiten ist etwa zu nennen, dass die Übernahme der vollen Kosten des Zahnersatzes, also ohne einen Eigenanteil des Versicherten, nicht fingiert werden kann. Allerdings ist diese Frage nicht ganz so leicht zu beantworten, wenn man den doppelten Festzuschuss nach § 55 Abs. 2 SGB V in Erwägung zieht. Aus den in der Krankenkasse vorhandenen Daten kann sich häufig ergeben, dass der Antragsteller zum Personenkreis des § 55 Abs. 2 Satz 2 Nr. 1, 2, oder 3 SGB V gehört. Damit wäre von Amts wegen der doppelte Festzuschuss zu bewilligen, also im Rahmen des § 13 Abs. 3a SGB V auch zu fingieren. Kommt dagegen

eine Abweichung vom Festzuschuss nach § 55 Abs. 1 Satz 3 SGB V in Betracht, so kann eine Fiktion nur eintreten, wenn der Antrag entsprechend klar war.

Im Hinblick auf die Besonderheit des § 13 Abs. 3a SGB V wird die Auffassung vertreten, dass die Regelungen der §§ 44 ff. SGB X über die Rücknahme von Verwaltungsakten nicht angewandt werden dürfen, da andernfalls die praktische Bedeutung der Genehmigungsfiktion wieder relativiert würde (LSG Saarl. KrV 2015 S. 258 Rn. 22; SG Dessau ZfSH/SGB 2014 S. 436 Rn. 19 vgl. aber Stelkens/Bonk/Sachs/Stelkens VwVfG § 42a Rn. 22, 60–65). Für diese Auffassung ist jedoch eine Rechtsgrundlage nicht erkennbar. Sinn und Zweck der Genehmigungsfiktion schließen zB weder die Anwendung des § 44 Abs. 4 SGB X, noch des § 48 Abs. 1 SGB X aus. Es besteht des Weiteren kein Anlass, den Vertrauensschutz nach § 45 SGB X zu erweitern oder einzuschränken. Im Falle des § 13 Abs. 3a SGB V ist von einem, wenn auch fingierten, Bescheid auszugehen (BSG 123 S. 293). Zunächst hatte der 1. Senat des BSG entschieden, dass die Krankenkasse „eine fingierte Leistungsgenehmigung nur zurücknehmen, widerrufen oder aufheben kann, wenn die Voraussetzungen der Genehmigungsfiktion von Anfang an nicht vorlagen oder später entfallen sind" (BSG SGb 2016 S. 592 Rn. 31, 32 mAnm Hackstein). Zunehmend wird – entgegen dem ersten Senat (BSG 124 S. 251 Rn. 38) – die Auffassung vertreten, dass im Verfahren nach § 45 SGB X die materielle Rechtmäßigkeit auch des fingierten Verwaltungsaktes zu prüfen ist (BSG 123 S. 144 Rn. 50, dazu Schneider, NZS 2018 S. 753; vgl. auch Knispel, GesR 2017 S. 749; Ulmer, SGb 2017 S. 567; Krüger, NZS 2017 S. 521; Spitzlei, NZS 2018 S. 759; Barkow v. Creytz, NZS 2018 S. 933). Hauptsächlich wird diese Auffassung darauf gestützt, dass einer fingierten Genehmigung keine größere Bestandskraft zukommen kann als einem formellen Verwaltungsakt. Im Ergebnis ist der Auffassung zuzustimmen, nach der die Rücknahme des fiktiven Verwaltungsaktes unter den Voraussetzungen des § 45 SGB X zulässig ist, nach denen auch ein tatsächlich erlassener Verwaltungsakt zurück genommen werden kann (LSG NRW L 16 KR 202/16 Rn. 47, juris; KassKomm-Schifferdecker SGB V § 13 Rn. 140a; Becker/Kingreen, SGB V § 13 Rn. 31; anders BSG B1 KR 18/18 R Rn. 28, juris). 40

Andererseits soll die Krankenkasse im Falle der Genehmigungsfiktion mit allen Einwendungen ausgeschlossen sein, die im normalen Verwaltungsverfahren zu einer Ablehnung des Antrags hätten führen können (LSG NRW L 5 KR 222/14 B ER, juris). Eine zu enge Auffassung dazu würde das Risiko zu sehr auf den Versicherten verlagern, der häufig nicht beurteilen kann, ob eine Leistung zum System der Krankenversicherung gehört, bzw. ob sie evident davon abweicht. Nicht zu übersehen ist auch, dass gemäß § 13 Abs. 3a Satz 6 SGB V die Leistung als genehmigt gilt. Das kann sich nur auf die beantragte Leistung beziehen. Die Gefahr, dass dadurch Leistungen erbracht werden müssen, die nicht zum System der Krankenversicherung gehören, ist geringer, als es gelegentlich in der Literatur gesehen wird. Das gilt jedenfalls dann, wenn man § 45 SGB X für anwendbar hält. In den Fällen des § 13 Abs. 3a SGB V besteht typischerweise der Vertrauensschutz des § 45 Abs. 2 Satz 2 SGB X, der eingreift, wenn die erbrachte Leistung bereits verbraucht ist. Folglich kann nur bei mindestens grobfährlässiger Unkenntnis der Rücknahmegrund des § 45 Abs. 2 Satz 3 Nr. 3 SGB X gegeben sein. Dabei kann eine Entscheidung nach § 45 SGB X nicht auf Gründe gestützt werden, deren Vorliegen nach § 13 Abs. 3a SGB V fingiert wurde (Becker/Kingreen, SGB V § 13 Rn. 30). Das betrifft vor allem Aspekte des Verfahrens. Man wird insgesamt § 13 Abs. 3a SGB V unter diesem Blickwinkel auslegen müssen. Hätte 41 der Gesetzgeber eine vergleichbare Regelung für alle Sozialleistungen getroffen, so hätte sie ihren Standort in den §§ 31 ff. des SGB X, finden müssen. Deswegen sind alle Überlegungen, die zu einer Ausweitung des Leistungskatalogs führen, problematisch. Kurz: Der Sache nach ist § 13 Abs. 3a SGB V eine Vorschrift des Verfahrensrechts und dient der Beschleunigung. Mehr ist nicht geregelt.

42 Nach nicht unbestrittener Auffassung ist § 13 Abs. 3a SGB V auch im Widerspruchsverfahren zu beachten, andernfalls würde man den Versicherten im Widerspruchsverfahren auf die Untätigkeitsklage verweisen, was zu einer empfindlichen Schwächung der Vorschrift und zudem vermehrt zu ablehnenden Entscheidungen führen könnte (Vogl, NZS 2014 S. 210). Andererseits soll die Vorschrift verhindern, dass Entscheidungen über den Leistungsanspruch zu lange hinausgezögert werden. Mehr ergibt sich aus den Materialien nicht. Ist einmal ablehnend entschieden worden, so entsteht eine ganz andere Frage, nämlich die, ob der Anspruch überhaupt besteht. Das kann eine Frage der Beurteilung von Tatsachen oder eine Frage der Auslegung des Gesetzes sein. Diese Fragen lassen sich nicht generell, auch nicht im Widerspruchsverfahren, in der kurzen Frist des § 13 Abs. 3a SGB V klären. Hätte der Gesetzgeber das gewollt, so hätte er dies erkennen lassen müssen. Die Rechtsfolge, dass nach einer Untätigkeit der Kasse von drei bzw. fünf Wochen, das Bestehen des Anspruchs fingiert wird, ist gravierend genug. Dasselbe kann man, ohne ausdrückliche Regelung, nicht mehr annehmen können, wenn die Kasse den Anspruch einmal geprüft und darüber entschieden hat (Wenner, SGB 2013 S. 165; Knispel, SGb 2014 S. 374; Hahn, SGb 2015 S. 146). Dem Versicherten bleibt danach im Widerspruchsverfahren nur die Möglichkeit einer Selbstbeschaffung nach § 13 Abs. 3 SGB V oder ggf. der Antrag auf einstweilige Anordnung (§ 86b Abs. 2 SGG).

43 In § 13 Abs. 3 und Abs. 3a SGB V sind insgesamt zwei zu unterscheidende Fälle der Selbstbeschaffung geregelt. Wenn es dazu in § 13 Abs. 3a Satz 7 SGB V heißt, „Beschaffen sich Leistungsberechtigte nach Ablauf der Frist eine erforderliche Leistung selbst, ist die Krankenkasse zur Erstattung der hierdurch entstandenen Kosten verpflichtet", dann schränkt das nicht die allgemeine Selbstbeschaffung vor Ablauf der Drei-Wochen-Frist ein, sondern stellt nur klar, dass die Rechtsfolge des § 13 Abs. 3a Satz 6 SGB V, die Genehmigungsfiktion, vorher nicht eintritt. Vor Ablauf der Drei-Wochen-Frist gilt also der Antrag noch nicht als genehmigt. Kommt es in diesem Zeitraum zu einer Selbstbeschaffung nach § 13 Abs. 3 SGB V, so trägt der Versicherte das Risiko, dass der Primäranspruch als solcher besteht. Ist das nicht der Fall, so genießt er keinen Vertrauensschutz und es besteht auch kein Kostenerstattungsanspruch. Nach Ablauf der Frist des § 13 Abs. 3a Satz 6 SGB V gilt die Leistung als genehmigt. Es kann also im Rahmen der Reichweite der Genehmigungsfiktion nicht mehr eingewandt werden, der Primäranspruch bestünde nicht. Jedoch kann ein Verfahren nach § 45 SGB X durchgeführt werden. Dabei kann es entscheidend auf den Vertrauensschutz ankommen (vgl. oben Rn. 40).

§ 44 Verzinsung

(1) **Ansprüche auf Geldleistungen sind nach Ablauf eines Kalendermonats nach dem Eintritt ihrer Fälligkeit bis zum Ablauf des Kalendermonats vor der Zahlung mit vier vom Hundert zu verzinsen.**

(2) **Die Verzinsung beginnt frühestens nach Ablauf von sechs Kalendermonaten nach Eingang des vollständigen Leistungsantrags beim zustän-**

digen Leistungsträger, beim Fehlen eines Antrags nach Ablauf eines Kalendermonats nach der Bekanntgabe der Entscheidung über die Leistung.

(3) [1]**Verzinst werden volle Euro-Beträge.** [2]**Dabei ist der Kalendermonat mit dreißig Tagen zugrunde zu legen.**

Übersicht

1. Gegenstand der Verzinsung

Die Vorschrift trifft eine Sonderregelung über die Verzinsung von Geldleistungen im Sozialrecht. Eine weitere Sonderregelung findet sich in § 27 SGB IV für die Erstattung zu Unrecht entrichteter Beiträge. In beiden Fällen ist die Verzinsung, anders als beim Verzugszins, nicht verschuldensabhängig (LSG RhPf. NZS 2003 S. 380). Neben den Regelungen der §§ 44 SGB I und 27 SGB IV können die Vorschriften des Bürgerlichen Rechts keine Anwendung finden (BSG 55 S. 92; BSG SozR 1300 § 63 SGB X Nr. 9). Der Zinsanspruch ist Teil der Hauptleistung und geht damit auch auf einen Rechtsnachfolger über (§§ 53, 56). Soweit Regelungen nicht bestehen, sind Geldleistungen im Sozialrecht überhaupt nicht zu verzinsen (BVerfG SozR 4-1200 § 44 Nr. 1; Mehrtens, BG 1976 S. 357). Das entspricht dem allgemeinen **Grundsatz,** dass öffentlich-rechtliche Geldforderungen **nicht verzinst** werden, es sei denn es bestünde, wie im Steuerrecht (§ 233a AO), eine ausdrückliche Regelung (BSG 22 S. 150; BSG 56 S. 116; LSG SchlH Breith. 1998 S. 779). 1

Für **Geldforderungen,** soweit sich § 44 auf sie nicht erstreckt, ist es bisher nicht zu einer Aufgabe dieses engen Grundsatzes gekommen. Das betrifft etwa die Verzinsung von **Honorarforderungen** der Ärzte (BSG 105 S. 236) ebenso wie Erstattungsansprüche unter den Sozialleistungsträgern (BSG B 8 SO 22/08 R, juris), als auch den **Erstattungsanspruch** des Sozialhilfeträgers wegen überhöhter Zahlungen an einen Leistungserbringer (BVerwG 115 S. 139). Eine **Ausnahme** von diesen Grundsätzen macht § 108 SGB X bei Erstattungsansprüchen der nachrangigen Träger der Jugend- und Sozialhilfe, sowie der Kriegsopferfürsorge gegenüber anderen Leistungsträgern. Diese Regelung erstreckt sich schon nicht mehr auf die Träger der Grundsicherung für Arbeitsuchende (Sächs. LSG NZS 2013 S. 355). In § 28r SGB IV wird ein zu verzinsender Schadenersatzanspruch gegenüber der Krankenkasse als Einzugsstelle geregelt. Eine Sonderregelung wird auch in § 6b Abs. 5 SGB II getroffen. Die Begründung für die insgesamt restriktive Rechtsprechung des BSG ist denkbar einfach: Es besteht keine Rechtsgrundlage und ein allgemeiner Rückgriff auf die §§ 288 ff. BGB ist angesichts einer Reihe von Detailregelungen im Sozialrecht nicht möglich. Diese sind zu unterschiedlich, als dass man sie als Ausdruck eines allgemeinen Rechtsgedanken betrachten könnte. Insoweit ist es auch konsequent, wenn eine Verzinsung der Leistungen nach dem **Asylbewerberleistungsgesetz** nach § 44 nicht vorgenommen wird, weil dieses Gesetz nicht Bestandteil des formellen Sozialrechts ist (§ 68 AsylbLG). Die in § 9 AsylbLG vorgesehene entsprechende Anwendung einzelner 1a sozialrechtlicher Vorschriften schließt also, mangels einer planwidrigen Regelungslücke, eine analoge Anwendung des § 44 aus. Demgegenüber kann die Verzinsung von Leistungen der Sozialhilfe nach § 44 SGB I nicht mit einem abweichenden Strukturprinzip (§ 37 Rn. 8) ausgeschlossen werden (LSG Bln.-Brandbg. FEVS 62 S. 133; LSG BW FEVS 64 S. 516; LSG Nds.-Brem. NZS 2018 S. 916; unten Rn. 2).

1b Es bleibt damit bei dem Grundsatz, dass öffentlich-rechtliche Geldforderungen nur verzinst werden, wenn dafür eine ausdrückliche Regelung besteht, sei es auch in Form einer Verweisung (LSG BW FEVS 64 S. 516). Das gilt etwa für § 10 AAG, der die Anwendung der Bestimmungen vorschreibt, die für die gesetzliche Krankenversicherung gelten. Damit wird auch auf § 44 verwiesen (BSG 121 S. 194 Rn. 14, 37). **Nicht verzinst** werden soll der Anspruch auf eine Sozialleistung, die ein Leistungsträger auf sich **übergeleitet** hat, bzw. der auf ihn **übergegangen** ist. Nach überwiegender Auffassung wird dies damit begründet, dass der Zinsvorteil allein dem Bürger zugute kommen soll, und dass es sich bei solchen Ansprüchen in Wirklichkeit um Erstattungsansprüche handelt (vgl. Timme in LPK-SGB I § 44 Rn. 7 in Übereinstimmung mit der hM). Diese Auffassung ist nur im Ansatz zutreffend. Genau betrachtet gilt Folgendes: Ansprüche auf Sozialleistungen können weder übergeleitet werden (§ 93 Abs. 1 Satz 1 SGB XII), noch übergehen (§§ 33 Abs. 1 Satz 1 SGB II, 94 SGB XII). An die Stelle der Zession tritt das Erstattungsrecht der §§ 102 ff. SGB X. Hier erfolgt eine Verzinsung unter den Voraussetzungen des § 108 Abs. 2 SGB X. Andere Ansprüche, oft sind es **Unterhaltsansprüche,** können übergeleitet werden oder sie gehen über (§§ 33 SGB II, 93, 94 SGB XII). Bei ihnen kommt ohnehin keine Verzinsung nach § 44 in Betracht. Als zivilrechtliche Unterhaltsansprüche werden sie aber nach § 288 BGB verzinst. Nicht verzinst wird die **Rückforderung einer** zunächst, aber zu Unrecht beglichenen **Erstattungsforderung** des Leistungsträgers (§ 50 SGB X). Diese Rückforderung bezieht sich zwar mittelbar auf eine Sozialleistung. Die Rückforderung selbst ist aber eine solche nicht (BSG 115 S. 121 Rn. 22).

1c Zu beachten ist die ergänzende Sonderregelung des § 50 Abs. 2a Satz 1 und 2 SGB X. Dort ist eine **Verzinsung der Rückforderung** von 5% über dem Basiszins (§ 247 BGB) eingeführt worden. Von der Verzinsung kann insbesondere dann abgesehen werden, wenn der Begünstigte die Umstände, die zur Rücknahme zum Widerruf oder zur Unwirksamkeit des Verwaltungsaktes geführt haben (§ 276 BGB) nicht zu vertreten hat. Es ist also eine Ermessensentscheidung zu treffen, die sich nicht auf die Frage von Vorsatz oder Fahrlässigkeit beschränken darf. Nicht ganz eindeutig ist es, ob auch der Zinssatz vermindert werden kann. In § 50 Abs. 2a Satz 1 SGB X heißt es nicht „bis zu 5%". Wenn aber nach § 50 Abs. 2a Satz 2 SGB X auch ganz auf die Verzinsung verzichten kann, wird man auch deren Reduzierung zulassen können. Ein weiterer Fall ist in § 50 Abs. 2a Satz 3 SGB X geregelt. Eine Verzinsung erfolgt auch, wenn eine zweckgebundene Leistung nicht alsbald nach der Auszahlung zweckentsprechend verwendet wird. Das könnte für die §§ 93 ff., 110 ff. SGB III praktisch werden.

1d Liegt ein Fall einer öffentlich-rechtlichen **Geschäftsführung ohne Auftrag** vor, so erfolgt der Aufwendungsersatz (§ 670 BGB) in analoger Anwendung der zivilrechtlichen Vorschriften, also auch des § 288 BGB. Für eine Anwendung des § 44 ist damit kein Raum (BSG NZS 2018 S. 275 mAnm Brose). Eine solche Konstellation wird sich in Zukunft auch in den Fällen der Nothilfe in der Eingliederungshilfe für behinderte Menschen häufiger ergeben, weil mit deren Übernahme in die §§ 90 ff. SGB IX die Regelung des § 25 SGB XII nicht mehr anwendbar ist, also eine Nothilfe nur noch im Rahmen der §§ 677 ff. BGB möglich ist. In den noch im SGB XII verbliebenen Fällen der **Nothilfe** erfolgt keine Verzinsung nach § 44, da der Anspruch nach § 25 Satz 1 SGB XII kein Anspruch auf eine Sozialleistung ist (BSG 114 S. 161). Von § 44 unberührt bleibt schließlich auch die Frage, ob ein Darlehen, das ein Leistungsträger vergibt (§§ 22 Abs. 6 Satz 3, 24 Abs. 1 und 5 SGB II, 91 SGB XII), verzinst werden kann. Das hat das BSG verneint (BSG 116 S. 80).

Auch **Prozesszinsen** können im Erstattungsverfahren nicht verlangt werden **1e**
(BSG 99 S. 102). Dasselbe wird man auch für den Anspruch auf Kostenerstattung nach § 63 SGB X im Widerspruchsverfahren annehmen müssen. Er ist keine unselbständige Nebenforderung des Hauptanspruchs (BSG SozR 1300 § 63 Nr. 9; aA Lilge § 44 Rn. 24). Wegen der abschließenden Regelung des Zinsanspruchs können Zinsen auch nicht über den Herstellungsanspruch verlangt werden. Davon zu unterscheiden ist die Verzinsung der über den **Herstellungsanspruch** geltend gemachten Leistung, die umstrittenermaßen nach § 44 erfolgt (unten Rn. 10). Ausgeschlossen ist es schließlich nicht, dass ein auf den Zinsschaden gerichteter **Amtshaftungsanspruch** nach § 839 BGB besteht. Dieser Anspruch ist allerdings verschuldensabhängig (BVerwG 16 S. 346). Das BSG wendet sich weiterhin gegen jede Ausdehnung der Zinsansprüche. So spricht es auch dann keinen Ersatz der Zinsen zu, die bei einer Kreditaufnahme entstanden sind, um die Forderung aus einem Erstattungsbescheid zu befriedigen, der später aufgehoben wurde (BSG 76 S. 233). Anders stellt sich jedoch die Rechtslage im Falle eines **öffentlich-rechtlichen Vertrages** iSd §§ 53 ff. SGB X dar. Hier sieht § 61 SGB X ausdrücklich die **Anwendung der Vorschriften des Bürgerlichen Gesetzbuches** vor. Das bedeutet, dass hier nicht nur der Verzugszins, sondern jeglicher Verzugsschaden geltend gemacht werden kann, der dem Gläubiger nach den §§ 286 ff. BGB zusteht (BSG SozR 3–1300 § 61 Nr. 1). Vor diesem Hintergrund wird eine vorsichtige Hinwendung der Rechtsprechung zu einer weitergehenden Verzinsung konstatiert, die zumindest eine durchgehende Bejahung des Anspruches auf Prozesszinsen erwarten lässt (Müller, SGb 2010 S. 336). Dies hängt aber im Wesentlichen damit zusammen, dass in besonderen Vorschriften oder bei öffentlich-rechtlichen Verträgen über § 61 SGB X der Weg zur Anwendung der §§ 288 BGB eröffnet ist. Ein weiterer Gesichtspunkt hat sich daraus, ergeben, dass § 69 Satz 4 SGB V aF (§ 69 Abs. 1 Satz 3 SGB V nF) die Vorschriften des BGB für anwendbar erklärt und in einem Krankenhausbehandlungsvertrag nach § 115 Abs. 1 Nr. 1 SGB V auch Verzugszinsen vereinbart werden konnten (BSG SozR 4-2500 § 69 Nr. 7; vgl. auch BSG NZS 2010 S. 154). Ebenso hat das BSG im Falle eines Bereicherungsanspruchs auch Prozesszinsen zugesprochen, weil im vertraglichen Bereich, der im konkreten Falle nicht erforderlich gewesenen stationären Behandlung gemäß § 17 Abs. 1 Satz 3 PflV aF Verzugszinsen vorgesehen waren (BSG 92 S. 223). Insgesamt wird man in diesen Entscheidungen keine Änderung der Rechtsprechung zu den Verzugs- und Prozesszinsen sehen können, sondern lediglich die konsequente Anwendung der §§ 288 ff. BGB, sofern ein Gesetz auf sie verweist.

Zinseszins kann auch dann nicht verlangt werden, wenn der Zinsanspruch **2**
selbst besteht. Dies ist unmittelbar aus dem Wortlaut des § 44 abzuleiten, der nur die Verzinsung der Geldleistung als solche vorsieht. Es bedarf also keines Rückgriffs auf § 289 BGB. Entsprechendes ergibt sich aus § 27 SGB IV für die Beiträge zur Sozialversicherung. Nicht ganz eindeutig ist die Rechtslage hinsichtlich der **Prozesszinsen.** In der Rechtsprechung der Verwaltungsgerichte werden sie unter

analoger Anwendung des § 291 BGB bei öffentlich-rechtlichen Geldforderungen zugesprochen, wenn das jeweilige Fachrecht keine gegenteilige Regelung getroffen hat (BVerwG 7 S. 95; BVerwG 114 S. 61; OVG Lüneburg FEVS 51 S. 175; OVG Münster FEVS 52 S. 44). Das BSG lässt bisher auch die analoge Anwendung des § 291 BGB im Sozialrecht nicht zu (BSG 24 S. 118; BSG 29 S. 44; BSG 35 S. 195). Schon unter der Geltung des § 44 hat das Gericht seine Auffassung für den Bereich der Sozialversicherung bekräftigt (BSG SGb 1981 S. 32 mAnm Sieveking; BSG B 8 SO 22/08 R, juris). Im Falle eines Anspruchs auf Ausgleich einer Wehrdienstbeschädigung (§ 85 BVG), der dem beamtenrechtlichen Unfallausgleichsanspruch nachgebildet ist und damit eine öffentlich-rechtliche Geldforderung außerhalb des Sozialrechts darstellt, spricht der 9. Senat des BSG Prozesszinsen analog § 291 BGB zu und stellt zugleich die bisherige Auffassung, im Sozialrecht könnten Prozesszinsen nicht verlangt werden, in Frage (BSG 64 S. 230). Der Anspruch nach § 257 Abs. 2 SGB V ist als öffentlich-rechtliche Geldforderung gegenüber dem Arbeitgeber (BSG 37 S. 292) nicht nach § 44 zu verzinsen, wohl aber ist auf ihn § 291 BGB analog anwendbar (BSG SozR 3-2500 § 257 SGB V Nr. 1; aA BSG 71 S. 72 für die Rückforderung der Erstattung nach § 128a AFG aF). Bei einem Anspruch nach dem AsylbLG können Prozesszinsen verlangt werden (BSG SozR-1200 § 44 Nr. 8).

3 Der Zinsanspruch ist eine unselbständige Nebenforderung, die eine Fälligkeit des **Hauptanspruchs** voraussetzt. Über den Zinsanspruch ist von Amts wegen zu entscheiden. Das kann getrennt oder in verschiedenen Bescheiden geschehen (BSG SozR 4-1300 § 63 Nr. 15). Verzinst werden volle Monate. Soweit Vorschüsse oder Vorleistungen (§§ 42, 43) erbracht wurden, erfolgt nur eine Verzinsung des Restbetrages. Schon angefallene Zinsen gehen mit der Hauptforderung auf den Rechtsnachfolger über (§§ 54, 56). Nach dem Übergang hat der Rechtsnachfolger einen eigenen Zinsanspruch (BSG SozR 3-1200 § 44 Nr. 8).

4 Die Beschränkung des Zinsanspruchs nach § 44 Abs. 1 auf vier vom Hundert (vgl. § 288 BGB nF) verstößt auch angesichts von wesentlich höheren **Säumniszuschlägen** bei rückständigen Steuern nicht gegen Art. 3 Abs. 1 GG (BVerfG SozR 1200 § 44 SGB I Nr. 20). Für die Berechnung der Zinsen knüpft § 44 Abs. 3 an die zivilrechtlichen Grundsätze an.

2. Sozialleistungen

5 Die Verzinsung ist nur für einmalige oder laufende **Geldleistungen** vorgesehen. Das sind Geldleistungen iSd § 11, also vor allem alle Entgeltersatzleistungen aber auch Eltern- und Kindergeld usw. Schon begrifflich kommt eine Verzinsung von Dienst- oder Sachleistungen nicht in Betracht. Des Weiteren kann sich eine Verzinsung schon deswegen nicht auf das Stammrecht erstrecken, weil dieses nicht fällig werden kann. Etwas anderes gilt aber für den **Erstattungsanspruch** bei Selbstbeschaffung der Leistung nach den §§ 30 SGB II; 13 Abs. 3 SGB V; 36a SGB VIII; 18 SGB IX; 34b SGB XII (§ 11 Rn. 21). Als eine Geldleistung in diesem Sinne ist auch der Anspruch auf Beitragserstattung in der Rentenversicherung anzusehen. Dies war weitgehend unstrittig für die frühere Regelung des § 1303 RVO aF, da § 1235 Nr. 4 RVO aF die Beitragserstattungen zu den Regelleistungen der Rentenversicherung rechnete. Insbesondere hat es das BSG nicht für erforderlich gehalten, dass in jedem Falle die Sozialleistung iSd § 11 der Verwirklichung der sozialen Rechte der §§ 3–10 dient (BSG 55 S. 40; BSG 56 S. 1, 116; BSG 64 S. 227). Vor allem kann eine **Beitragserstattung** in der Rentenver-

sicherung nicht dem Ziel des § 4 dienen. Darauf kommt es für den Begriff der Geldleistung aber nicht an (§ 11 Rn. 2–5). Allerdings ist der Gesetzeswortlaut heute nicht mehr so eindeutig. Seit der Rentenreform wird die Beitragserstattung (§ 210 SGB VI), anders als in § 1235 Nr. 4 RVO aF, nicht mehr ausdrücklich als Leistung der Rentenversicherung erwähnt. Eine Änderung der bisherigen Rechtslage beabsichtigte der Gesetzgeber damit jedoch nicht (Finke/Geisler/Schmidt, DAngV 1990 S. 57). Zu verzinsen ist auch der Gegenwert für ungültig gewordene Beitragsmarken (BSG SGb 1984 S. 583 mAnm Zeihe).

In den Zweifelsfällen ist zu bedenken, dass es in § 11 lediglich heißt „Gegenstand der sozialen Rechte sind …". Deswegen wird man beim Begriff der Sozialleistung nicht darauf abstellen müssen, dass sie in allen Fällen der Verwirklichung der sozialen Rechte der §§ 3–10 dienen muss. Es genügt, wie bei der Beitragserstattung, auch ein Anspruch auf eine Geldleistung, die dem Einzelnen auf Grund seiner Stellung als Sozialleistungsberechtigter zusteht (vgl. § 11 Rn. 4–6). Eine Verzinsung der Ansprüche auf Kostenersatz für das Vorverfahren lehnt das BSG jedoch ab und stellt dabei im Gegensatz zu seiner sonstigen Rechtsprechung stärker auf den Gedanken der Verwirklichung der sozialen Rechte ab (BSG SozR 1300 § 63 Nr. 9; BSG RV 1986 S. 200 mAnm v. Einem). 6

Würde man bei der Auslegung des Begriffs der Geldleistung iSd §§ 11, 44 stärker als es die wohl hL tut, auf die Verwirklichung der sozialen Rechte nach den §§ 3–10 abstellen, dann würden sich uU daraus Konsequenzen für die Anwendung der §§ 53 und 54 ergeben. Ein auf den Gläubiger übergegangener Anspruch auf Sozialleistungen würde dann nicht mehr der Verwirklichung der sozialen Rechte, sondern der Schuldentilgung dienen und könnte nicht nach § 44 verzinst werden. 7

Nach § 44 zu verzinsen sind auch Ansprüche auf Leistungen der **Sozialhilfe,** obwohl diese nur der Deckung eines gegenwärtigen Bedarfs dienen und nur unter engen Voraussetzungen rückwirkend erbracht werden. Das darin zum Ausdruck gebrachte abweichende Strukturprinzip der Sozialhilfe lässt das BVerwG bei der Verzinsung nicht gelten, da die Verzinsungspflicht auch eine Beschleunigung der Bearbeitung bezweckt und somit dem schnellen Zugang zu Sozialleistungen iSd § 17 Abs. 1 Nr. 1 dient (BVerwG 66 S. 91; aA OVG Lüneburg, FEVS 24 S. 121). Angesichts der Tatsache, dass das BSG nach neuem Recht dem abweichenden Strukturprinzip weniger grundsätzlich Bedeutung bemisst als früher das BVerwG, dürfte sich an dieser Rechtsprechung nichts ändern (vgl. § 37 Rn. 11–18). Besonderheiten der Sozialhilfe ergeben sich lediglich hinsichtlich des Beginns der Verzinsung nach § 44 Abs. 2 2 Alt., und auch nur dann, wenn tatsächlich kein Antrag worden gestellt war. Solche Zinsen sind nicht wiederum als Einkommen anzurechnen, soweit weiterhin Fürsorgeleistungen erbracht werden. Das folgt zwar nicht aus dem Wortlaut des Anrechnungsverbots der §§ 11a Abs. 1 Nr. 1 SGB II, 82 Abs. 1 Satz 1 SGB XII, weil die Zinsen keine Leistung nach den genannten Vorschriften, sondern nach § 44 sind, wohl aber sprechen Sinn und Zweck gegen eine Anrechnung (LSG NRW ZfSH/SGB 2016 S, 493 Rn. 24–27). Der Sinn des § 44 besteht auch darin, eine zügige Leistungserbringung zu veranlassen (§ 17 Abs. 1 Nr. 1). Eine spätere Anrechnung der **Zinsen als Einkommen,** würde dem entgegenwirken. Andererseits behandelt der BFH Zinsen nach § 45 als Einkünfte aus Kapitalvermögen nach § 20 EStG (Intemann, NZA 2016 S. 1192). 8

Als Geldleistung anzusehen ist der Zuschuss nach § 18 Abs. 5 (18 Abs. 7 nF) BVG (BSG SozR 1200 Nr. 13). Nicht entsprechend anwendbar ist § 44 auf die Beitragszuschüsse nach den §§ 257, 258 SGB V (BSG SozR 2200 § 405 Nr. 12; 9

SozR 3-2500 § 257 Nr. 1). Zu Unrecht erhobene Beiträge sind nach § 26 SGB IV zu erstatten und nach § 27 Abs. 1 zu verzinsen (BSG SozR 4-2400 § 27 Nr. 8).

10 Die Rückforderung rechtmäßig entrichteter **Beiträge** erfolgt nicht nach den 26 ff. SGB IV. Deswegen kann auch eine Verzinsung nicht nach § 27 SGB IV erfolgen. Soweit die Rückforderung der rechtmäßig entrichteten Beiträge im Rahmen des **Herstellungsanspruchs** in Betracht kommt (vgl. § 14 Rn. 23), erfolgt nach Auffassung des BSG keine Verzinsung nach § 44 (BSG 55 S. 40; BSG 96 S. 161), da eine solche Rückforderung nicht dem Zweck der Verwirklichung der sozialen Rechte diene (aA unter Hinweis auf die Inkonsequenz dieser Rechtsprechung Lilge, SGB I § 44 Rn. 12, 27). In der Tat wird man entgegen dem BSG eine im Rahmen des Herstellungsanspruchs zu erbringende Leistung als Sozialleistung ansehen und folglich auch nach § 44 verzinsen müssen. Es muss kein soziales Recht verwirklicht werden, vielmehr genügt es, dass der auf Herstellung gerichtete Anspruch auf Erstattung der rechtmäßig entrichteten Beiträge aus der Stellung des Einzelnen als eines Sozialleistungsberechtigten resultiert (§ 11 Rn. 6–8). Für den Kostenerstattungsanspruch bei **Selbstbeschaffung** (vgl. § 43 Rn. 30) hat das BSG entschieden, dass der Zinsanspruch zu den notwendigen Beschaffungskosten gehöre und damit Teil der Kostenerstattung ist. Dieser Anspruch geht nach Auffassung des BSG dem Anspruch nach § 44 vor (BSG 111 S. 289). Diese Sonderbehandlung des Erstattungsanspruchs erscheint aber nicht notwendig.

11 Nicht zu den Geldleistungen gehören die Ansprüche der Vertragsärzte, der Krankenhäuser und der sonstigen Leistungserbringer iSd §§ 115 SGB V, 75 SGB XII (LSG SchlH Breith. 1998 S. 779). Dasselbe gilt für **Erstattungsansprüche** nach den §§ 102 ff. SGB X (BSG SGb 1981 S. 32 mAnm Sieveking; BSG 56 S. 116; BSG SozR 4100 § 56 AFG Nr. 21). Auch der Anspruch auf Erstattung der Kosten der Rechtsverfolgung zählt nicht zu den Geldleistungen (BSG SozR 1300 § 63 Nr. 9).

3. Vollständiger Leistungsantrag beim zuständigen Leistungsträger

12 In § 44 Abs. 2 sind zwei ergänzende Alternativen zur Fälligkeit geregelt. Zum einen betrifft diese Regelung die Frage, wann ein vollständiger Leistungsantrag gestellt ist zum anderen, wie beim Fehlen eines Leistungsantrags zu verfahren ist. Beide betreffen den Beginn der Verzinsung. Ein vollständiger Leistungsantrag liegt vor, wenn der zuständige Leistungsträger durch ihn in die Lage versetzt wird, den geltend gemachten Anspruch nach Grund und Höhe zu überprüfen, also die Amtsermittlung (§ 20 SGB X) zügig durchzuführen und die erforderlichen tatsächlichen Feststellungen zu treffen (BSG SozR 4-1200 § 44 Nr. 2; LSG Nds.-Brem. info also 2009 S. 262).

12a Teilweise wurde bisher in der Literatur die Auffassung vertreten, es genüge nicht der Eingang des Antrags bei einem der in § 16 Abs. 2 Satz 1 genannten, also unzuständigen, Stellen oder Leistungsträger. Das BSG hat jedoch mit überzeugenden Gründen entschieden, dass für die Zinsen das gleiche gelten müsse wie für die Hauptleistung. Demnach genügt trotz des missverständlichen Wortlauts des § 44 Abs. 2 auch hier der Antragseingang bei einem iSd § 16 Abs. 2 Satz 1 **unzuständigen Leistungsträger** bzw. bei einer der dort genannten Stellen. Jede andere Interpretation würde nach Auffassung des BSG zu einem Normwiderspruch zwischen den §§ 16 und 44 führen, da für die Geldleistung etwas anderes gelten würde als für die Verzinsung eben dieser Leistung (BSG 66 S. 234). Das BSG hat allerdings zugestanden, dass sich auch für die gegenteilige Auffassung gute Gründe finden ließen (BSG Breith. 1996 S. 214). Wird der Rentenantrag vom Ausland aus gestellt, so ist auf den Zeitpunkt des Eingangs beim inländischen Rentenversicherungsträger abzustellen (BSG SozR 4-1200 § 44 Nr. 2). Etwas anderes kann sich aus einem Sozialversicherungsabkommen ergeben (BSG 92 S. 159). Innerhalb der EU hat sich schon länger der Grundsatz der Aufhebung der Wohnortklauseln durchgesetzt (Art. 81 VO EG 883/2004). Damit genügt ein Antrag bei einem Leistungsträger in der EU.

Es besteht schließlich keine gesetzlich vorgegebene **zeitliche Folge** zwischen 13
Fälligkeit und Antrag. Der Antrag kann also mit Wirkung für den Lauf der Verzinsung durchaus schon vor Entstehung und Fälligkeit des Anspruchs gestellt werden. Er kann überhaupt nur unter Beachtung der Voraussetzungen des § 20 Abs. 3 SGB X zurückgewiesen werden. Anträge, die auf Leistungen zur Rehabilitation und Teilhabe oder auf Renten gerichtet sind (§ 116 SGB VI) lösen alternativ die Frist für eine Verzinsung beider Leistungen aus (BSG SozR 1200 § 44 Nr. 21; BSG SozR 4-1200 § 44 Nr. 3). Aus der Möglichkeit einer Antragstellung schon vor Entstehung des Anspruchs ergeben sich einige Schwierigkeiten. Von selbst versteht es sich dabei, dass die Frist für die Verzinsung gemäß § 44 Abs. 1 erst nach Ablauf eines Kalendermonats nach dem Eintritt der Fälligkeit zu laufen beginnt (BSG 55 S. 238). Werden etwa ab einem bestimmten Zeitpunkt die Voraussetzungen für den Bezug einer Rente (§ 35 ff. SGB VI) erfüllt, so kann der Antrag (§ 99 SGB VI) schon früher gestellt werden. Der Anspruch entsteht erst (§ 40) und wird erst fällig (§ 41), wenn alle gesetzlichen Voraussetzungen erfüllt sind, also vor allem die Altersgrenze erreicht ist. Das gilt auch für andere Voraussetzungen, zB die Verschlimmerung eines Leidenszustandes, die erst im Laufe des Verwaltungsverfahrens erfüllt werden (BSG SozR 3 – 1200 § 44 Nr. 3) und gleichermaßen, wenn erst im Laufe des Verwaltungsverfahrens der Anspruch durch eine Gesetzesänderung entsteht (BSG 56 S. 1). In diesen Fällen kann also trotz früherer Antragstellung der Anspruch erst zu einem späteren Zeitpunkt entstehen und fällig werden. Die Frist läuft dem gemäß immer erst, wenn Fälligkeit und der vollständige Leistungsantrag gemeinsam gegeben sind (vgl. SG Hamburg Breith. 1995 S. 783). Demgegenüber kommt es nicht auf eine zeitliche Reihenfolge an. Wurde allerdings einmal ein Antrag gestellt und sind dem Sozialleistungsträger alle erforderlichen Tatsachen bekannt, so ist für den Lauf der Frist für die Verzinsung der Zeitpunkt des zunächst gestellten Antrags entscheidend. Das gilt umstrittenermaßen auch dann, wenn die darauf getroffene Entscheidung unrichtig ist und später eine Korrektur verlangt wird und wenn Leistungen nach § 44 Abs. 4 SGB X rückwirkend erbracht werden (BSG SozR 3-1200 § 44 Nr. 4). War also der ursprüngliche Antrag vollständig gestellt und ist nur rechtlich fehlerhaft entschieden worden, so ist nach noch nicht vollständig geklärter Auffassung nicht erst ein auf das **Wiederaufgreifen der Angelegenheit** nach § 44 SGB X gerichteter Antrag für den Lauf der Verzinsungsfrist entscheidend. Erheblich ist vielmehr der Zeitpunkt des ursprünglich gestellten Antrags (BSG SozR 1200 § 44 Nr. 4, noch zu § 40 VfG-KOV, Hess. LSG ZfSH/SGB 2018 S. 162; aA LSG BW L 10 R 2516/08, juris; LSG NRW Breith. 2013 S. 1044, BSG SozR 4-1300 § 44 Nr. 15 Rn. 24 offen gelassen). Die gegenteilige Auffassung stellt darauf ab, dass der Nachzahlungsanspruch erst mit der Rück-

nahme des ursprünglichen Bescheids entsteht. Erst zu diesem Zeitpunkt kann er fällig und verzinst werden.

14 Bei der Beurteilung der Frage, ob ein **Antrag vollständig** ist, muss auf die Verantwortungssphären des Leistungsträgers und des Leistungsberechtigten abgestellt werden. Dabei kommt es auf die wechselseitige Abhängigkeit von Beratung (§ 14), Amtsermittlung (§ 20 SGB X) und Mitwirkungspflichten nach den §§ 60 ff. an (BSG 65 S. 160). Ein Antrag ist dann vollständig gestellt, wenn der Leistungsberechtigte alle Angaben gemacht hat, die er machen konnte und machen musste, um dem Leistungsträger die zügige Bearbeitung seines Antrags zu ermöglichen (BSG SozR 1200 § 44 Nr. 11). Dabei dürfen keine unzumutbaren Anforderungen gestellt werden (BSG SozR 1200 § 44 Nr. 16). Insbesondere ist im Zusammenhang mit den §§ 60 ff. zu beachten, dass die Mehrzahl der Mitwirkungspflichten nur auf Verlangen des Leistungsträgers erfüllt werden müssen. Ihre Erfüllung gehört also nicht schon von vornherein zum vollständigen Leistungsantrag. Dasselbe gilt für die Vorlage von Beweismitteln. Verwendet der Leistungsträger **Antragsvordrucke,** so ist der Antrag spätestens dann vollständig gestellt, wenn der Leistungsberechtigte den Vordruck vollständig ausgefüllt und die beizubringenden Unterlagen eingereicht hat. Das ergibt sich aus einer Zusammenschau der §§ 16 Abs. 3, 17 Abs. 1 Nr. 3 und 60 Abs. 2 (BSG 65 S. 160). Daraus wird auch ersichtlich, dass die Wirksamkeit eines Antrags idR vor dessen Vollständigkeit eintritt (LSG NRW L 9 SO 354/16, juris). Das Ausfüllen von Antragsvordrucken kann nur im Rahmen der Mitwirkungspflichten verlangt werden (§ 60 Abs. 2). Ist das der Fall, dann gehört dies zur Vollständigkeit des Antrags. Er ist aber bereits vorher in mündlicher Form wirksam gestellt. Ein Leistungsantrag ist als vollständig zu behandeln, wenn die Unvollständigkeit vom Leistungsträger zu vertreten ist (LSG NRW NZS 2015 S. 757). Das ist allerdings in dem Gefüge von Amtsermittlungs-, Beratungs- und Mitwirkungspflicht nicht immer leicht festzustellen. Wird ein Prozessvergleich mit dem Inhalt einer rückwirkenden Leistungserbringung geschlossen, so ist im Zweifel davon auszugehen, dass sich die Parteien darüber verständigt haben, dass ein vollständiger Leistungsantrag gestellt worden war (LSG NRW L 19 AS 1168/12, juris).

14a Auf einen Antrag des Leistungsberechtigten kann ganz verzichtet werden, wenn der Leistungsträger den Leistungsberechtigten darüber informiert, dass er das Verfahren **von Amts wegen** betreibt (BSG 55 S. 238). Diese Mitteilung an den Leistungsberechtigten hat also die gleiche rechtliche Wirkung wie ein Antrag von ihm. Ein Antrag des Leistungsberechtigten wird in diesem Falle nicht etwa fingiert, er ist vielmehr entbehrlich (vgl. unten Rn. 16). Allerdings genügt es nicht, dass die den Anspruch begründenden Tatsachen objektiv vorliegen. Sie müssen vielmehr auch dem Leistungsträger bekannt sein (BSG SozR 3–1200 § 44 Nr. 4). Für den Beginn der Verzinsung gilt in diesem Falle § 44 Abs. 2 Hs. 2. Es wird also auf die Bekanntgabe der Entscheidung abgestellt.

15 Rentenleistungen, die mit auf einer Beitragsnachentrichtung beruhen, sind dann vollständig beantragt, wenn die Nachentrichtung nach Beitragsklassen und nach Zeiträumen spezifiziert ist. In diesem Falle kann der Rentenversicherungsträger den Anspruch nach Grund und Höhe prüfen (BSG SozR 1200 § 44 Nr. 5, 8, 11). Wird ein Antrag auf Teilhabeleistungen gestellt und hat dieser eine Rentenantragsfiktion (§ 116 SGB VI), so ist die Vollständigkeit des Rentenantrags gesondert festzustellen (BSG SozR 4-1200 § 44 Nr. 3).

16 Fehlt es sowohl an einem Antrag als auch an einer Mitteilung darüber, dass das Verfahren betrieben wird, so beginnt die Verzinsung nach Ablauf eines Kalendermonats nach Bekanntgabe der Entscheidung (§ 44 Abs. 2). Das gesetzliche Merkmal des „Fehlens eines Antrags" ist nicht auf die Fälle beschränkt, in denen ein Antrag für die Bewilligung einer Sozialleistung nicht erforderlich ist. Auch bei Verfahren, die **von Amts wegen** betrieben werden (§ 18 SGB X), kann ein Antrag als Kundgabe des Leistungsbegehrens tatsächlich gestellt sein oder fehlen (BSG SozR 1200 § 44 Nr. 3 Rn. 17, 18). Nur darauf, ob ein Antrag in diesem Sinne gestellt ist oder ob er fehlt, ist bei der Frage, welche der beiden Alternativen des Abs. 2 anzuwenden ist, abzustellen (BSG SozR 4-1200 § 44 Nr. 6 Rn. 17, 18). Wird eine Antragsleistung von Amts wegen erhöht, so beginnt die Verzinsung sechs Monate nach der Fälligkeit der Erhöhungsbeträge (BSG SozR 3-1200 § 44 Nr. 9).

4. Beginn und Ende der Verzinsung

Die Verzinsung setzt **Fälligkeit** (§ 41) voraus, die, soweit Regelungen in den Besonderen Teilen nicht bestehen, mit der Entstehung des Anspruchs (§ 40) zusammentrifft (vgl. BSG SozR 3 – 1200 § 44 Nr. 2). Bei Ermessensleistungen gilt für die Entstehung der Zeitpunkt des § 40 Abs. 2. Rechtserheblich ist also der Zeitpunkt der Bekanntgabe der Ermessensentscheidung, der allerdings auch abweichend festgelegt werden kann (§ 40 Rn. 17). Fälligkeit ist also die erste Voraussetzung für die Verzinsung. Sie reicht aber nicht aus. Für **Neuanträge** wird des Weiteren in § 44 Abs. 2 einschränkend geregelt, dass die Verzinsung frühestens nach Ablauf von sechs Kalendermonaten nach Eingang des vollständigen Antrags beim zuständigen Leistungsträger beginnt. Mit dieser Frist wird dem Sozialleistungsträger eine Bearbeitungszeit eingeräumt. Nach Auffassung des BSG beginnt die Verzinsung generell nicht schon mit Ablauf eines Kalendermonats nach Fälligkeit, wie sich aus § 44 Abs. 1 schließen ließe. Diese Vorschrift regelt nur die Berechnung des Zinses, die stets mit dem Monat beginnt. Teilmonate werden nicht in die Berechnung einbezogen (BSG SozR 4-1200 § 44 Nr. 6 Rn. 14–18). Dem ist im Grundsatz zuzustimmen. Darauf ist § 44 Abs. 1 aber nicht beschränkt. In der Vorschrift wird auch geregelt, dass eine Verzinsung ab dem Monat nach der Fälligkeit erfolgt, wenn verspätet ausgezahlt wird (vgl. BT-Drs. 7/868 S. 30). Die Einschränkung „frühestens nach Ablauf von sechs Kalendermonaten" in § 44 Abs. 2 betrifft ausschließlich Neuanträge. 17

Im laufenden Leistungsbezug kommt es also auf die Fälligkeit an. Dazu gibt es zum Teil Sonderregelungen. Leistungen bei **Arbeitslosigkeit** werden nach Ablauf des Leistungszeitraums gezahlt (§ 337 Abs. 2 SGB III). Diese Fälligkeitsregelung entspricht dem Zahlungsmodus des vorrangegangen Arbeitsverhältnisses (vgl. BSG SozR 3 – 1200 § 44 Nr. 2). Dementsprechend zeitversetzt erfolgt die Verzinsung. Entsprechendes gilt für die **Rente** (§ 118 SGB VI). Bei anderen Sozialleistungen, die zumeist am Beginn des Monats fällig werden, beginnt die Verzinsung zu Beginn des Folgemonats. Der Anspruch auf **Krankengeld** entsteht mit Beginn der stationären Behandlung (§ 46 Satz 1 Nr. 1 SGB V), bzw. am Tage nach der ärztlichen Feststellung der Arbeitsunfähigkeit (§ 46 Satz 1 Nr. 2 SGB V). Fälligkeit tritt nach § 41 ein, regelmäßig also im Ablauf eines Monats. Ist dies der Fall, so beginnt die Verzinsung erst zu Beginn des übernächsten Monats. Das erklärt sich daraus, dass § 44 Abs. 1 in jedem Falle auf den Ablauf eines Kalendermonats nach Fälligkeit abstellt. 17a

Daraus ergibt sich für den **Beginn** der Verzinsung Folgendes: Bei den üblichen Lohnersatzleistungen, wie Kranken- oder Arbeitslosengeld, dürfte die Bearbei- 18 tungszeit von sechs Monaten für Neuanträge zumeist nicht ausgeschöpft werden, so dass es überhaupt nicht zu einer Verzinsung kommt. Anders ist dies typischerweise bei Rentenansprüchen (dazu Maier, DAngV 1978 S. 132). Der Zeitpunkt des Rentenbeginns ist regelmäßig bekannt. Geht man von einem Rentenbeginn am 1.7.2019 aus, so kann der vollständige Leistungsantrag schon erheblich früher, zB am 10.2.2019, gestellt worden sein. Die Frist von sechs Monaten läuft dann vom 1.3.2019 bis zum 31.8.2019. Bei einer Fälligkeit des ersten Rentenbetrages am 1.7.2019 beginnt die Verzinsungsfrist nach § 44 Abs. 1 an sich am 1.8.2019. Zu diesem Zeitpunkt ist aber bei einem Neuantrag die Frist von sechs Monaten des § 44 Abs. 2 noch nicht abgelaufen, so dass letztlich die Verzinsung erst vom 1.9.2019 ab läuft. Der am 1.8.2019 fällig werdende Rentenbetrag ist ebenfalls erst vom 1.9.2010 ab zu verzinsen, da zu diesem Zeitpunkt sowohl die Frist von einem Monat (§ 44 Abs. 1) als auch die Frist von sechs Monaten (§ 44 Abs. 2) abgelaufen ist. Alle später fällig werdenden Rentenbeträge sind jeweils von den Folgemonaten ab zu verzinsen, der Rentenbetrag vom 1.9.2019 also ab dem 1.10.2019 usw

19 Die Verzinsung endet mit dem Ablauf eines Kalendermonats vor der Zahlung. Das Gesetz lässt es nicht zu, dabei in irgendeiner Form auf das Datum des Bescheids abzustellen. Auch der Tag der Bankgutschrift ist nicht das entscheidende Datum. Vielmehr gelten die Grundsätze über die Erbringung von Geldschulden. Es kommt also auf den Zeitpunkt der **Einzahlung** durch den Schuldner an. Unübliche Verzögerungen im Überweisungsverkehr gehen nicht zu seinen Lasten und sind nicht geeignet, die Verzinsungsfrist zu verlängern. Bei Sozialleistungen spricht zwar einiges dafür, auf den Zeitpunkt abzustellen, zu dem die Leistung in die Verfügungsmacht des Leistungsberechtigten gelangt (so Lilge § 44 Rn. 52). Im Zusammenhang mit § 44 geht es jedoch nur um die **Verzinsung.** Da es sich bei ihnen immer nur um kleine Beträge für wenige Tage handeln kann, wird man auf das folgende praktikable Ergebnis abstellen müssen: Die Zinsen werden **von Amts wegen** festgestellt. Der Leistungsträger kennt den Zeitpunkt der Einzahlung. Käme es auf ihn nicht an, so müsste er zwangsläufig in jedem Falle eine ergänzende Zinsberechnung auf den Zeitpunkt des Zugangs vornehmen. Anders liegt die Problematik bei der Hauptleistung, zumal wenn es sich um Fürsorgeleistungen handelt. Im Hinblick auf sie ist der Leistungsträger gemäß § 17 Abs. 1 Nr. 1 verpflichtet, den Zeitpunkt so zu wählen, dass die Leistung dem Berechtigten rechtzeitig am Anfang des Bedarfsmonats zur Verfügung steht (vgl. § 47 Rn. 12). Es bleibt aber dabei, dass man weder aus § 44, noch aus § 47 eine Verantwortung des Leistungsträgers für unübliche Verzögerungen im Überweisungsverkehr ableiten kann. Gemäß § 44 Abs. 1 endet der Zeitraum „vor der Zahlung". In § 47 werden Regelungen zum Leistungsort getroffen. Die Geldleistung muss auf ein Konto oder an einen anderen Ort überwiesen werden. Selbst wenn man der Auffassung ist, dass § 47 die Anwendung der bürgerlich-rechtlichen Vorschriften ausschlösse, so könnte das nur die Hauptleistung betreffen. Für die Verzinsung gilt § 44 Abs. 1. Wenn man hier noch darüber streiten wollte, ob damit die Ein- oder die Auszahlung gemeint ist, wird man die Antwort in den Materialien suchen müssen, die sehr auf die Praktikabilität des Ergebnisses abstellen (BT-Drs. 8/868 S. 30).

§ 45 Verjährung

(1) **Ansprüche auf Sozialleistungen verjähren in vier Jahren nach Ablauf des Kalenderjahrs, in dem sie entstanden sind.**

(2) **Für die Hemmung, die Ablaufhemmung, den Neubeginn und die Wirkung der Verjährung gelten die Vorschriften des Bürgerlichen Gesetzbuchs sinngemäß.**

(3) [1]**Die Verjährung wird auch durch schriftlichen Antrag auf die Sozialleistung oder durch Erhebung eines Widerspruchs gehemmt.** [2]**Die Hemmung endet sechs Monate nach Bekanntgabe der Entscheidung über den Antrag oder den Widerspruch.**

Übersicht

1. Verjährung, Verwirkung, Ausschlussfrist

1 Die Verjährung wird damit gerechtfertigt, dass der Zweck einer Sozialleistung nach einer bestimmten Zeit nicht mehr erreicht werden könnte (Lilge, SGB I § 45 Rn. 7–9; KassKomm-Schifferdecker, § 45 Rn. 2). Diese Begründung ist allerdings nur bedingt tragfähig. Das wird schon daraus ersichtlich, dass die einzelnen Sozialleistungen sehr unterschiedliche Funktionen haben, dass aber die Verjährung einheitlich auf vier Jahre festgelegt worden ist. Ansprüche auf einmalige Leistungen, auf Kindergeld oder Rentenansprüche verjähren innerhalb derselben Frist. Auch der Hinweis auf den Grundsatz des „in praeteritum non vivitur“ (Rolfs in Hauck/Noftz, SGB I § 45 Rn. 1), wie er in § 1613 BGB zum Ausdruck kommt, erscheint im Hinblick auf die immerhin vierjährige Verjährungsfrist unangebracht. Entsprechendes gilt für den Hinweis auf Beweisschwierigkeiten. Auch im Falle einer Amtsermittlung gehen Beweisschwierigkeiten zu Lasten des Anspruchstellers. Einer Verjährung, auf die sich ja der Anspruchsgegner beruft, bedürfte es daher nicht. Des Weiteren wird aus der Vielzahl der in den §§ 195–197 BGB genannten Forderungen ersichtlich, dass dem Bürgerlichen Recht der Gesichtspunkt der Zweckverfehlung bei der Verjährung fremd ist. Die eigentlichen Gründe für die Verjährung von Sozialleistungen dürften deswegen in der Herstellung des **Rechtsfriedens** und in der Überschaubarkeit der Belastung öffentlicher Haushalte liegen (BSG 34 S. 11).

2 In § 45 Abs. 2 wird nur auf **einzelne Verjährungsvorschriften** des Bürgerlichen Rechts, nicht aber auf den ganzen Komplex der §§ 194–218 BGB verwiesen. Zudem wird nur die „sinngemäße“ Anwendung vorgeschrieben. Verjährung betrifft Ansprüche auf einmalige oder laufende Geld-, Sach- sowie Dienstleistungen iSd § 11 und tritt allein durch einen bestimmten **Zeitablauf** ein (§ 40 Rn. 1). Es ist also weder ein bestimmtes Verhalten des Berechtigten noch seine **Kenntnis** von den Anspruchsvoraussetzungen erforderlich (vgl. LSG NRW NZS 1994 S. 413). Die Antragstellung hat für den Lauf der Verjährung nur dann Bedeutung, wenn der Antrag eine materiell-rechtliche Funktion hat. In diesem Falle entsteht der Anspruch erst mit der Antragstellung (vgl. § 40 Rn. 12, 13). Der Lauf der Verjährung kann also in diesem Sonderfall frühestens zu diesem Zeitpunkt beginnen.

3 Die grundsätzliche Möglichkeit einer Verjährung ohne ein Zutun des Leistungsberechtigten ist im sozialen Rechtsstaat deswegen noch hinzunehmen, weil

nicht das Stammrecht, sondern nur der Einzelanspruch verjähren kann (BSG 34 S. 13; BSG 79 S. 177). Was die Wirkung der Verjährung angeht, so lässt sie den Anspruch als solchen bestehen (§§ 214 ff. BGB). Diejenigen Auffassungen, die dahin gingen, im öffentlichen Recht würde die Verjährung zum Erlöschen des Anspruchs führen, konnten sich nicht durchsetzen (vgl. Dörr, DVBl 1984 S. 16). Dem Sozialleistungsträger wird also lediglich ein **Leistungsverweigerungsrecht** eingeräumt. Über die Frage, ob er sich darauf berufen will, entscheidet der Leistungsträger nach Ermessensgesichtspunkten. Das bedeutet, dass er entsprechende Erwägungen nach den Grundsätzen des § 39 anstellen muss (vgl. § 39 Rn. 27–30). Da das Rechtsinstitut der Verjährung nicht allein der Überschaubarkeit der Belastung öffentlicher Haushalte, sondern auch dem Rechtsfrieden dient, sind ausschließlich finanzielle Erwägungen nicht zulässig (BSG SGb 1988 S. 83 mAnm Geschwinder). Sie dürfen allerdings, wie auch sonst bei Ermessensentscheidungen, eine Rolle spielen (vgl. BSG SGb 1996 S. 77 mAnm Hansen). Dabei muss aber auch die wirtschaftliche Lage des Leistungsberechtigten berücksichtigt werden. Auch die Frage, wer das Versäumnis verursacht oder verschuldet hat, spielt eine Rolle (BSG SozR 3-1200 § 45 Nr. 2). Erhebt der Sozialleistungsträger die Einrede der Verjährung, was er **in jeder Tatsacheninstanz** tun kann (vgl. BGH NJW 2008 S. 3434; dazu Kroppenberg, NJW 2009 S. 642), so handelt er grundsätzlich nicht missbräuchlich. Er hat seine Entscheidung aber nach den Grundsätzen des § 35 Abs. 1 SGB X zu begründen (BSG SozR 3-1200 § 45 Nr. 2). Vor allem lässt ein schlichter Fehler im Verwaltungsablauf, der mit zu einer Verjährung des Anspruchs beiträgt, die Berufung auf die Verjährung noch nicht ermessensmissbräuchlich erscheinen (Ludwig, DAngV 1976 S. 359). Auch eine Zusicherung (§ 34 SGB X) schließt eine spätere Berufung auf die Verjährung nicht aus. Eine Ausnahme ist nur im Falle des venire contra factum proprium zu machen. Sie ist vor allem dann gegeben, wenn der Leistungsträger durch eine unzutreffende Auskunft oder Beratung mit zur Verjährung beigetragen hat. Rechtsmissbräuchlich ist die Berufung auf die Verjährung auch dann, wenn der Sozialleistungsträger eine Entscheidung von Amts wegen zu treffen hatte (zB Umwandlung einer Rente wegen verminderter Erwerbsfähigkeit in eine solche wegen Alters) und deren Unterbleiben mit zur Verjährung des Anspruchs beitrug (BSG 62 S. 10). Genau genommen sind Fehler der Verwaltung unter den rechtlich verschiedenen Blickwinkeln der **unzulässigen Rechtsausübung** (§ 242 BGB) und der missbräuchlichen Ermessensausübung zu beurteilen (BSG 79 S. 177). Eine unzulässige Rechtsausübung ist vor allem dann anzunehmen, wenn das Verhalten der Behörde dergestalt ursächlich war, dass es den Leistungsberechtigten von der rechtzeitigen Inanspruchnahme der Leistung abgehalten hat. Dies dürfte gegenüber **Ermessensfehlern** der gewichtigere Vorgang sein und letztlich immer auch eine für die Erhebung der Einrede der Verjährung zu treffende Ermessensentscheidung ausschlaggebende Bedeutung haben. Auch Bund und Länder können sich grundsätzlich ohne Verstoß gegen die Pflicht zu bundesfreundlichem Verhalten auf Verjährung berufen (BSG SozR 4-1200 § 45 Nr. 9). Diese Grundsätze der unzulässigen Rechtsausübung gelten auch zugunsten der Verwaltung (BSG NZS 2016 S. 231, für den Fall einer Nachversicherung). Eine beanstandungsfreie Betriebsprüfung schließt die spätere Berufung des Leistungsträgers auf Verjährung aber nicht aus, wenn zu Unrecht entrichtete Beiträge zurück gefordert werden (BSG 115 S. 1).

4 Die Entscheidung über die Erhebung der Einrede der Verjährung ist kein Verwaltungsakt. Sie kann also nicht selbständig angegriffen werden. Der Leistungsberechtigte muss vielmehr die Leistung selbst einklagen. In diesem Zusammenhang prüft das Gericht, ob eine Verjährung eingetreten und ob die Erhebung der Einrede den Grundsätzen der Ermessensausübung entspricht.

Von der Verjährung sind die **Verwirkung** und die Ausschlussfrist zu unterscheiden (Jung, ZfSH/SGB 1988 S. 22). Eine Verwirkung ist dann anzunehmen, wenn auf Grund eines bestimmten Verhaltens des Sozialleistungsberechtigten (Verwirkungsverhalten) der Sozialleistungsträger darauf vertrauen durfte, dass jener das Recht nicht mehr geltend machen werde (Vertrauensgrundlage). Hinzukommen muss, dass der Sozialleistungsträger tatsächlich darauf vertraut hat, dass das Recht nicht mehr ausgeübt wird (Vertrauenstatbestand) und er sich infolgedessen in seinen Vorkehrungen und Maßnahmen so eingerichtet hat (Vertrauensverhalten), dass ihm durch die verspätete Durchsetzung des Rechts ein unzumutbarer Nachteil entstehen würde (BSG 35 S. 91; BSG 47 S. 194; BSG 50 S. 227; BSG 80 S. 41; BSG FEVS 44 S. 478; BSG SozR 4-2500 § 109 Nr. 58; BSG 2014 S. 497; BSG NZS 2015 S. 578). Eine Verwirkung tritt, mangels eines Vertrauensschutzes nicht ein, wenn es der Leistungsträger unterlassen hat, vom Leistungsberechtigten bestimmte Mitwirkungshandlungen (§§ 16 Abs. 3, 60 ff. SGB I, 20, 21 SGB X) zu verlangen. Vor allem kann allein ein Nichtweiterbetreiben des Verwaltungsverfahrens durch den Leistungsberechtigten (unten Rn. 21) nicht zu einer Verwirkung führen (BSG SGb 2010 S. 731 mAnm Winter). Die Verwirkung begründet, anders als die Verjährung, nicht nur ein Leistungsverweigerungsrecht, sondern führt zum Erlöschen des Anspruchs. Sie ist im Rechtsstreit also von Amts wegen zu berücksichtigen. Innerhalb der relativ kurzen Verjährungsfrist des § 45 kann es grundsätzlich nicht zu einer Verwirkung kommen (BSG 116 S. 130 Rn. 22; BSG SGb 2016 S. 41 mAnm Felix). 5

Ob eine Ausschlussfrist vorliegt, ist durch Auslegung der jeweiligen Rechtsnorm zu ermitteln. Ist eine Ausschlussfrist abgelaufen, so führt das zur Vernichtung des Anspruchs. Auch hier erfolgt die Berücksichtigung von Amts wegen. Beim Ablauf einer Ausschlussfrist ist allerdings Wiedereinsetzung in den vorigen Stand nach § 27 SGB X möglich. Die praktisch wichtigste **Ausschlussfrist** von vier Jahren ist in § 44 Abs. 4 SGB X für die rückwirkende Leistungserbringung geregelt (Platz, BG 1986 S. 236). Im Fürsorgesystem ist sie auf ein Jahr abgekürzt worden (§§ 40 Abs. 1 Satz 1 SGB II, 116a SGB XII). Die Ausschlussfrist unterscheidet sich von der Verjährung ua dadurch, dass im Falle des § 44 SGB X zu einem früheren Zeitpunkt über den Leistungsanspruch durch Verwaltungsakt entschieden worden war und dieser später zurückgenommen werden soll. Demgegenüber tritt die Verjährung schon durch reinen Zeitablauf bei einer schlichten Nichtleistung ein. Wird zB die Zahlung einer Geldleistung ohne Erlass eines einstellenden Verwaltungsaktes nur tatsächlich eingestellt, so schließt die Regelung des § 44 Abs. 4 SGB X die Anwendung des § 45 SGB I nicht aus (BSG 74 S. 267). Sind dagegen die besonderen Voraussetzungen für die Rücknahme eines Verwaltungsaktes gegeben, so ist § 44 SGB X gegenüber § 45 SGB I die speziellere Vorschrift (BSG 79 S. 177). Das bedeutet vor allem, dass hier eine Einrede der Verjährung nicht erhoben werden und die dabei erforderliche Ermessenserwägung nicht angestellt werden muss. Die Ausschlussfrist des § 44 Abs. 4 SGB X ist vielmehr von Amts wegen zu beachten. Einzelne Vorschriften des Verjährungsrechts, insbesondere solche über die Hemmung, können trotz der Unterschiede von Verjährung und Ausschlussfrist auch beim Lauf von Ausschlussfristen angewandt werden (BSG SozR 4-2500 § 106 Nr. 28). 6

6a Auch innerhalb des BSG ist es nicht ganz unumstritten, ob die Ausschlussfrist des § 44 Abs. 4 SGB X entsprechend auf den **Herstellungsanspruch** anzuwenden ist. Die Anwendung der Vorschrift des § 44 Abs. 4 SGB X kommt jedenfalls dann in Betracht, wenn ein Verwaltungsakt wegen Nichtberücksichtigung eines Herstellungsanspruchs rechtswidrig war, da hier § 44 Abs. 1 SGB X als spezialgesetzliche Norm bei der Korrektur fehlerhafter Verwaltungsakte unmittelbar eingreift (BSG SozR 4-1300 § 44 Nr. 12). Verallgemeinernd führt der 13. Senat des BSG aus:

„Aus diesen Gründen kann es für den zeitlichen Umfang der rückwirkenden Leistung nicht wesentlich sein, ob der Leistungsträger eine Leistung durch Verwaltungsakt zu Unrecht versagt oder er aus anderen ihm zuzurechnenden Gründen den Berechtigten nicht in den Leistungsgenuss kommen lässt; der Berechtigte ist im letzteren Fall keinesfalls schutzwürdiger als im ersten. Die Rechtsähnlichkeit der Fallgruppen erfordert daher die Gleichbehandlung. Der Herstellungsanspruch, der die Verletzung einer Nebenpflicht des Leistungsträgers (zB Beratung) sanktioniert, kann nicht weiter reichen als der Anspruch nach § 44 Abs. 1 SGB X als Rechtsfolge der Verletzung der Hauptpflicht“ (BSG B 13 R 23/13 Rn. 17, juris).

6b In den Fällen, in denen auf Grund eines Verwaltungsfehlers ein **Verwaltungsakt nicht ergangen** ist, würde die Anwendung des § 44 Abs. 4 SGB X auf den (selbständigen) Herstellungsanspruch den Ausschluss des Anspruchs und die Berücksichtigung von Amts wegen bedeuten. Deswegen wird man letzten Endes die Anwendung des § 44 Abs. 4 SGB X auf den Herstellungsanspruch ablehnen müssen, da andernfalls ein Anspruch untergehen könnte, obwohl ein Fehlverhalten der Verwaltung vorliegt und zu keinem Zeitpunkt eine verfahrensrechtliche Kontrolle erfolgt war (BSG SGb 2007 S. 675 mAnm Mrozynski). Abweichend von der Auffassung des BSG muss man hier an eine Anwendung der Verjährungsvorschrift und damit lediglich an ein Leistungsverweigerungsrecht der Verwaltung denken. Bei einer wertenden Betrachtung der Vorgänge um den Herstellungsanspruch (§ 14 Rn. 23, 35–40) dürfte man bei ihm eine größere Rechtsähnlichkeit mit der schlichten Nichtleistung (Verjährung) als mit der Entscheidung durch Verwaltungsakt (Ausschlussfrist) finden. Auf den Herstellungsanspruch wäre also eigentlich § 45 anzuwenden. Allerdings würde man bei den Fallgestaltungen (Verwaltungsfehler), die zu einem Herstellungsanspruch führen, wohl häufig zu dem Ergebnis gelangen, dass die Berufung der Verwaltung selbst auf den Ablauf der Verjährungsfrist ermessensmissbräuchlich ist. Die Folge wäre, dass der Geltendmachung des Herstellungsanspruchs überhaupt keine zeitlichen Grenzen gesetzt wären. Diese Konsequenz ist es wohl, die das BSG bewogen hat, auf den Herstellungsanspruch § 44 Abs. 4 SGB X analog anzuwenden (BSG 60 S. 247). Das Gericht ist zusätzlich der Auffassung, dass dort, wo es um die Verjährung geht, für den Herstellungsanspruch kein Raum ist. Auch insoweit ist also der Herstellungsanspruch als subsidiär anzusehen (§ 14 Rn. 34). Im Falle der Einrede der Verjährung sind aber im Rahmen der Ermessensausübung, oft dieselben Umstände zu berücksichtigen, die für einen Herstellungsanspruch sprechen könnten (BSG 79 S. 177).

6c Eine klare Trennung von Ausschlussfrist und Verjährung gibt es ohnehin nicht. So wendet das BSG auf die Ausschlussfrist des § 106 Abs. 2 SGB V die Grundsätze der **Hemmung der Verjährung** an (BSG SozR 4-2500 § 106 Nr. 28). Es bliebe eigentlich nur die Möglichkeit einer analogen Anwendung des § 44 Abs. 4 SGB X auf den Herstellungsanspruch (so BSG 87 S. 280 Rn. 29; BSG 98 S. 162 Rn. 17, 18). ME fehlt es jedoch bereits an einer Rechtsähnlichkeit von bestandskräftiger

Ablehnung und schlichter Nichtleistung ohne Durchführung eines Verwaltungsverfahrens. Jedoch sind nach der Auffassung des BSG die Einrede der Verjährung und der Herstellungsanspruch zwei einander ausschließende Tatbestände. Davon ist die Verjährungsfrist zu unterscheiden (unten Rn. 7a, 8).

6d Ob darüber hinaus aus § 44 Abs. 4 SGB X ein allgemeiner Rechtsgrundsatz folgt, wonach Sozialleistungen rückwirkend nicht für eine längere Zeit als vier Jahre zu erbringen sind, wurde früher nicht einheitlich beantwortet (BSG 62 S. 10; BSG 74 S. 267), ist heute aber zu verneinen (BSG 79 S. 177; BSG 91 S. 1; BSG SozR 3-1300 § 44 Nr. 25). Insbesondere ist § 44 Abs. 4 SGB X auch nicht entsprechend auf § 839 BGB anzuwenden (BGH NJW-RR 1989, 1252). Ursprünglich wurde über § 44 Abs. 4 SGB X hinaus noch die Auffassung vertreten, aus § 45 SGB I ergäbe sich ein **allgemeines Rechtsprinzip** einer vierjährigen Verjährungsfrist im Sozialrecht und damit zusammenhängend die Möglichkeit einer Einrede, aber eben nur einer Einrede. Diese Auffassung ist nur insoweit geringfügig eingeschränkt worden, als das BSG § 45 SGB I in vielen Fällen entsprechend anwendet (unten Rn. 7).

7 In § 45 ist nur die Verjährung von Ansprüchen auf Sozialleistungen geregelt. Die Vorschrift wird vom BSG jedoch auch auf Tatbestände erstreckt, die nicht unmittelbar die Sozialleistung betreffen (vgl. aber § 11 Rn. 13). Zum Teil wendet das Gericht § 45 entsprechend an (BSG SozR 4-2500 § 140d Nr. 3). Das gilt etwa für den Vergütungsanspruch eines Krankenhausträgers wegen der Behandlung eines Versicherten, bei dem die Krankenkasse eine Kostenübernahmeerklärung abgegeben hat (BSG 3-1200 § 45 Nr. 8; BSG SozR 4-2500 § 69 Nr. 1; Fischer, NZS 2003 S. 301). Dasselbe gilt für den Honoraranspruch eines Vertragsarztes (BSG 76 S. 117; BSG B 6 KA 51/17 B, juris), den Honorarkürzungsbescheid (BSG 72 S. 271; BSG 97 S. 84), den Rückforderungsanspruch wegen Überzahlung einer Behandlung (BSG SozR 4-2500 § 276 Nr. 1), den Vergütungsanspruch eines Rettungsdienstes (BSG SozR 4-1200 § 45 Nr. 4) und einen Arzneimittelregress gegen eine Universität (SozR 2200 § 368e Nr. 10). Auf den Förderungsanspruch nach § 74 SGB VIII ist § 45 zumindest entsprechend anwendbar (VG Stuttgart, ZfF 2009 S. 108).

7a Seine Rechtsprechung zur Anwendung des § 45 SGB I begründet das BSG unter Hinweis darauf, dass die „Verjährungsfrist von vier Jahren **Ausdruck eines allgemeinen Prinzips** ist, das der Harmonisierung der Vorschriften über die Verjährung öffentlich-rechtlicher Ansprüche dient" (zusammenfassend BSG SozR 4-1200 § 45 Nr. 9 Rn. 15). Es führte zum Teil auch aus, § 45 sei entsprechend anzuwenden (BSG SozR 4-2500 § 140d Nr. 3 Rn. 38). Zumindest gegen das letztere Argument ist im Hinblick auf das Leistungserbringungsrecht einzuwenden, dass es hier an der Voraussetzung einer planwidrigen Regelungslücke fehlt. Die Verträge mit den Leistungserbringern sind in aller Regel öffentlich-rechtliche Verträge. Es gelten also die §§ 53 ff. SGB X. Gemäß § 61 SGB X finden die Vorschriften des bürgerlichen Rechts, und damit auch die §§ 194 ff. BGB, ergänzende Anwendung. Gegen diese Regelung wird man am Ende auch kaum mit einem anderslautenden allgemeinen Prinzip argumentieren können. Nicht erkennbar ist, dass das BSG seine Rechtsprechung ändern würde.

2. Sondervorschriften

8 Im Grundsatz sieht das BSG in § 45 den Ausdruck des allgemeinen Rechtsprinzips einer vierjährigen Verjährungsfrist im Sozialrecht, soweit Sonderregelungen

nicht bestehen (BSG 3-1200 § 45 Nr. 8, Nr. 9). Der engere Anknüpfungspunkt einer lediglich analogen Anwendung der Vorschrift, hat insoweit keine wesentliche Änderung gebracht, da in weiten Bereichen ausdrückliche Sonderregelungen bestehen und im Übrigen § 45 Abs. 2 auf die Vorschriften des Bürgerlichen Rechts verweist (BSG SGb 2007 S. 675 mAnm Mrozynski). Die Existenz einer Vielzahl von Sonderregelungen ist auch ein Gesichtspunkt, der gegen die Annahme eines allgemeinen Rechtsprinzips spricht. Sonderregelungen bestehen jedenfalls nicht nur für Beitrags- und Beitragserstattungsansprüche nach den §§ 25, 27 Abs. 2 SGB IV. Bei vorsätzlich vorenthaltenen Beiträgen gilt jedoch nach § 25 Abs. 1 Satz 2 SGB IV noch eine dreißigjährige Verjährungsfrist (LSG NRW SGb 2004 S. 43). In diesem Falle reicht ein bedingter Vorsatz aus. Dabei genügt es, wenn die Bösgläubigkeit vor Ablauf der vierjährigen Verjährungsfrist eintritt (BSG SGb 2016 S. 34). In anderen Fällen der Erstattung zu Recht oder zu Unrecht entrichteter Beiträge gilt die Vorschrift des § 195 BGB über die regelmäßige Verjährungsfrist (BSG 80 S. 41). Sie beträgt nach neuem Recht drei, gemäß §§ 25 Abs. 1 Satz 1, 27 Abs. 2 SGB IV aber vier Jahre und beginnt mit dem Ablauf des Kalenderjahrs der Beitragsentrichtung, und zwar auch dann, wenn der Anspruch erst später entsteht (BSG 118, 213; BSG SozR 4-2400 § 27 Nr. 7). Bei **Erstattungsansprüchen** gegenüber dem Sozialleistungsberechtigten ist § 50 Abs. 4 SGB X anzuwenden. Das gilt auch bei Vorschüssen und Vorleistungen (§§ 42 Abs. 2 Satz 2, 43 Abs. 2 Satz 1). Eine Sonderregelung erfahren die Erstattungsansprüche der Sozialleistungsträger untereinander nach den §§ 102 ff. SGB X. Der Anspruch ist innerhalb der Ausschlussfrist des § 111 SGB X anzumelden. Darüber hinaus verjähren Erstattungsansprüche nach § 113 SGB X (BSG FEVS 44 S. 348). Soweit ein Anspruchsübergang nach § 116 SGB X in Betracht kommt, gelten für den übergegangenen Anspruch die Verjährungsvorschriften des Bürgerlichen Rechts, insbesondere § 852 BGB (BGHZ 133 S. 192; Binkert, SGb 2013 S. 626). Nicht anwendbar ist § 45 schließlich auf Ansprüche eines Sozialleistungsträgers nach § 118 Abs. 4 SGB VI (LSG SchlH Breith. 2004 S. 422). Entsprechend anwendbar ist § 45 auf den Vergütungsanspruch des Leistungserbringers gegen den Leistungsträger (BSG SozR 4-1200 § 45 Nr 8; BSG SGb 2016 S. 41 mAnm Felix; BSG 112 S. 141; LSG RhPf. FEVS 63 S. 69). Im Krankenhausbereich gilt folgende Neuregelung des § 109 Abs. 5 SGB V: Ansprüche der Krankenhäuser auf Vergütung erbrachter Leistungen und Ansprüche der Krankenkassen auf Rückzahlung von geleisteten Vergütungen verjähren in zwei Jahren nach Ablauf des Kalenderjahrs, in dem sie entstanden sind (dazu Ricken, NZS 2019 S. 241).

9 Besondere Regelungen bestehen auch für die §§ 34 Abs. 3 Satz 1 SGB II, 103 Abs. 3 Satz 1 SGB XII. In beiden Fällen läuft eine Frist von drei Jahren. Nach deren Ablauf erlischt der Anspruch. Es handelt sich also um Ausschlussfristen. Im Übrigen aber wird man die allgemeinen Verjährungsregelungen der §§ 194 ff. BGB schon aus Gründen der Rechtssicherheit generell anwenden müssen, wenn Sonderregelungen nicht bestehen. Von der Vorschrift des § 45 sind gleichfalls nicht erfasst die Ansprüche des Sozialhilfeträgers auf **Aufwendungsersatz** nach den §§ 19 Abs. 5, 27 Abs. 3 Satz 2 SGB XII, da es sich auch bei ihnen nicht um Ansprüche auf eine Sozialleistung handelt. Für diesen Aufwendungserstattungsanspruch gelten die §§ 194 ff. BGB und damit auch die allgemeine Regelung über die Verjährung des § 195 BGB entsprechend. Die Verjährungsfrist beträgt nach neuem Schuldrecht also drei Jahre, früher waren es auch bei Ansprüchen des Sozialhilfeträgers 30 Jahre (BVerwG 75 S. 173 zu § 11 BSHG aF). Demgegenüber wendet das BSG auf den Erstattungsanspruch der Versorgungsverwaltung gegen-

über einer anderen öffentlich-rechtliche Stelle nach § 81b BVG die Vorschrift des § 45 Abs. 4 aF entsprechend an (BSG 41 S. 287). Diese Vorschrift bezog sich auf die Erstattungsansprüche nach den §§ 42 und 43. Für sie gilt jetzt § 50 Abs. 4 SGB X mit einer vierjährigen Verjährungsfrist entsprechend. Da § 50 SGB X den Anspruch des Sozialleistungsträgers gegenüber dem Sozialleistungsberechtigten regelt, wird man ihn nicht analog auf den Fall des § 81b BVG anwenden können. Das gleiche gilt für § 113 SGB X, da § 81b BVG ausdrücklich nicht das Verhältnis der Sozialleistungsträger untereinander, sondern dasjenige der Versorgungsverwaltung zu anderen öffentlich-rechtlichen Stellen regelt. Man wird sich deswegen unter Übernahme der Auffassung des BVerwG entgegen dem BSG im Falle des § 81b BVG für eine Verjährungsfrist von heute drei Jahren aussprechen müssen, da eine von § 195 BGB abweichende Verjährungsvorschrift nicht besteht (aA Wilke/Fehl, SozEntschR § 81b Rn. 6, für Anwendung des § 113 SGB X; vgl. auch Knickrehm/Vogl, Gesamtes Soziales Entschädigungsrecht § 81b Rn. 4 für Anwendung des § 45 SGB I).

Demgegenüber wurde verschiedentlich für **Schadenersatzansprüche** der Verwaltung gegenüber dem Bürger aus Gründen der Waffengleichheit eine entsprechende Anwendung des § 852 BGB gefordert (zur Fragwürdigkeit dieses Arguments BSG 116 S. 130 Rn. 20). Im Zusammenhang mit dem eigenständigen öffentlich-rechtlichen Schadenersatzanspruch des § 47a BAföG hatte das BVerwG in der Tat eine Verjährung nach § 852 BGB angenommen (BVerwG FamRZ 1993 S. 739; ebenso VGH Kassel FamRZ 1996 S. 1179). Inzwischen ist die Waffengleichheit durch eine entsprechende Anwendung der §§ 195, 199 BGB mit einer dreijährigen Verjährungspflicht hergestellt (vgl. Lilge § 45 Rn. 16). Da aber § 852 BGB mit seiner 10jährigen Verjährungsfrist weiterhin gilt, kann es zu einem anderen Wertungswiderspruch kommen. Allgemein bei unerlaubten Handlungen gilt § 852 BGB mit seiner grundsätzlich zehnjährigen Verjährungsfrist (BGH I ZR 265/15, juris). Im Verhältnis zur Verwaltung soll dagegen § 195 BGB anwendbar sein. Davon geht auch § 113 SGB VII im Falle einer Haftung gegenüber dem Versicherungsträger wegen der vorsätzlichen oder grob fahrlässigen Herbeiführung eines Arbeitsunfalles aus (§ 110 SGB VII). Das kann in der Unfallversicherung allerdings zumeist nicht zu Verwerfungen führen, wenn bei grober Fahrlässigkeit die Haftungsprivilegien der §§ 104 ff. SGB VII eingreifen. Eine Verjährung nach § 852 BGB erfolgt jedoch nur, wenn der Ersatzpflichtige durch eine **unerlaubte Handlung** auf Kosten des Verletzten etwas erlangt hat. Das kommt in der Unfallversicherung selten vor. Ist das jedoch der Fall, so wird man aber weiterhin an die Anwendung des § 852 BGB denken müssen. Das gilt in besonderem Maße für den Ersatz der Aufwendungen, die dem Träger der Unfallversicherung bei Schwarzarbeit entstanden sind (§ 110 Abs. 1a SGB VII). 10

3. Beginn und Ende der Verjährungsfrist

Obwohl der Wortlaut des § 45 Abs. 1 nicht ganz eindeutig den Beginn der Verjährungsfrist regelt, ergibt der Sinn der Regelung, dass der Lauf der **Verjährungsfrist** nicht schon mit der Entstehung des Anspruchs beginnt, sondern mit Beginn des Jahres, das auf die Fälligkeit im Sinne des § 41 folgt. Unmissverständlicher ist insoweit § 199 BGB. Infolgedessen endet die Verjährung grundsätzlich mit dem Ende des vierten Jahres nach dem Beginn der Frist. Kommt es während des Laufs der Frist zu einer Hemmung oder zum Neubeginn der Verjährung, so endet die Frist auch im Jahresablauf. In den Besonderen Teilen des Sozialgesetzbu- 11 ches besteht eine Vielzahl von abweichenden Regelungen über die Fälligkeit (vgl. § 41 Rn. 10). Die Entstehung des Anspruchs allein genügt noch nicht, um den Lauf der Verjährungsfrist in Gang zu setzen. Der Auffassung, die insoweit eine Entstehung des Anspruchs genügen lässt (vgl. § 41 Rn. 1), ist entgegenzuhalten, dass die Verjährung nur dann beginnen kann, wenn der Leistungsberechtigte objektiv in der Lage ist, den Anspruch geltend zu machen (BSG 73 S. 103). Soweit aus der Rechtsprechung des BSG etwas Gegenteiliges abgeleitet wird, ist dies unzutreffend. Das Gericht hat zu § 200 BGB (§ 198 BGB aF) ausdrücklich darauf hingewiesen, dass trotz des Wortlautes dieser Vorschrift (Entstehung) auf die Fälligkeit des Anspruchs abzustellen ist (BSG 34 S. 15). Das entspricht der gesicherten Auffassung im Bürgerlichen Recht und der Rechtsprechung des BGH (BGHZ 55 S. 341). Trotz der weiterhin missverständlichen Wortwahl in § 199 Abs. 1 Nr. 1 BGB nF hat sich daran auch nach der Schuldrechtsmodernisierung nichts geändert. Im Übrigen ist darauf hinzuweisen, dass die umstrittene Vorschrift des § 29 Abs. 3 RVO aF lautete: „Der Anspruch auf Leistungen der Versicherungsträger verjährt in vier Jahren nach der Fälligkeit …".

12 Eine weitere Voraussetzung für den Beginn der Verjährung, also etwa Antrag, Kenntnis der Leistungsvoraussetzungen usw besteht nicht (vgl. BGH SGb 2011 S. 596 mAnm Kunte; BGH NZS 2012 S. 625, zur Kenntnis bei Ansprüchen der Leistungsträger). Bei Ermessensleistungen ist gemäß § 40 Abs. 2 grundsätzlich an den Zeitpunkt der Bekanntgabe der Entscheidung anzuknüpfen (§ 40 Rn. 17). Nach dem Wortlaut des § 45 Abs. 1 beginnt der Lauf der Verjährung, sprachlich nicht völlig übereinstimmend mit dem Grundsatz des § 199 Abs. 1 BGB „nach Ablauf des Kalenderjahres", also am 1. Januar des darauf folgenden Jahres, in dem der Anspruch entstanden, dh also fällig geworden ist (dazu Lilge, SGB I § 45 Rn. 23–27). In der Neufassung des § 199 Abs. 1 Nr. 2 BGB wird zusätzlich auf eine Kenntnis des Gläubigers von gewissen Umständen abgestellt. Dazu gehören auch die den Anspruch begründenden Umstände. Man könnte erwägen, ob man diesen Rechtsgrundsatz mangels abweichender Regelungen auch im Sozialrecht anwenden muss. Dagegen spricht, dass § 45 Abs. 1, anders als die schuldrechtliche Neuregelung, zusätzliche Merkmale nicht kennt. In § 45 Abs. 2 wird nur auf einzelne Institute des Bürgerlichen Rechts aber nicht vollständig auf die Regelungen über die Verjährung verwiesen.

12a Eine einmal **eingetretene Verjährung** des Anspruchs auf Erstattung zu Unrecht entrichteter Beiträge wird durch einen Bescheid, der die Beitragspflicht rückwirkend feststellt, nicht wieder beseitigt (LSG NRW NZS 2014 S. 39). Davon ist zu unterscheiden, dass eine Verjährung nicht eintritt, solange durch Verwaltungsakt die Versicherungspflicht festgestellt ist (BSG SozR 4-2400 § 27 Nr. 2). Wiederum anders zu beurteilen ist die Rechtslage, wenn durch eine Betriebsprüfung nach Ablauf der vierjährigen Verjährungsfrist festgestellt wird, dass die Beiträge vorsätzlich vorenthalten wurden. Allerdings muss die Bösgläubigkeit noch vor Ablauf der kurzen Verjährungsfrist eingetreten sein. In diesem Falle wird lediglich später, aber noch im Lauf der Verjährungsfrist, festgestellt, dass die längere 30jährige Verjährungsfrist besteht (BSG SGb 2016 S. 34).

4. Anwendung der bürgerlich-rechtlichen Bestimmungen

13 Infolge der **Modernisierung des Schuldrechts** haben sich gewisse Modifikationen auch für § 45 ergeben (dazu Mansel, NJW 2002 S. 89; Lehmacher, BG 2003 S. 384). Terminologisch ist § 45 inzwischen an das neue Schuldrecht angepassst worden. Dabei kam es zu einer Einschränkung der früheren Unterbrechung zugunsten der Hemmung der Verjährung (Rolfs, NZS 2002 S. 169). Gemäß § 45 Abs. 2 gelten für Hemmung (§§ 203–211 BGB), Neubeginn (§ 212 BGB) und Wirkung (§ 214 BGB) der Verjährung die §§ 194 ff. BGB sinngemäß. Soweit der Gesetzgeber dort Änderungen vorgenommen hat, wirken sie auf das Sozialrecht zurück. Unter Übernahme der Rechtsgedanken des § 210 BGB aF wurde bisher die Verjährung durch einen schriftlichen Antrag oder durch Erhebung eines Widerspruchs unterbrochen (BVerwG 57 S. 306). Ein mündlicher Antrag führte nicht zur Unterbrechung der Verjährung, ggf. kann in diesem Falle aber eine Berufung auf die Verjährung ermessensmissbräuchlich sein. Die Unterbrechung dauerte bis zur Bekanntgabe der Entscheidung über den Antrag oder den Widerspruch (§ 45 Abs. 3 Satz 2). Wurden Antrag oder Widerspruch zurückgenommen, so galt die Unterbrechung als nicht erfolgt. Nach neuem Recht muss man in diesem Falle § 204 Abs. 1 Nr. 12 BGB anwenden. Bei sonst gleicher rechtlicher Würdigung ist **an die Stelle der früheren Unterbrechung,** also des heutigen **Neubeginns der Verjährung** (§ 212 BGB), **die Hemmung getreten.** Es kommt also nicht zu einem Neubeginn, vielmehr wird der fragliche Zeitraum nicht in die Verjährungsfrist eingerechnet (§ 209 BGB). Dabei regelt § 204 Abs. 1 Nr. 12 BGB allerdings zusätzlich, dass innerhalb von drei Monaten nach Erledigung des Gesuchs Klage erhoben wird. Keine Änderung hat sich für den Erlass eines begünstigenden Verwaltungsaktes ergeben. Er hat die Wirkung eines Anerkenntnisses. Für das Anerkenntnis sieht § 212 Abs. 1 Nr. 1 BGB den Neubeginn der Verjährung vor, was der bisherigen Unterbrechung entspricht.

Da § 45 nicht in vollem Umfang auf das Bürgerliche Recht verweist, ist zweifel- **14**
haft, ob insbesondere die § 197 Abs. 1 Nr. 3 BGB (218 BGB aF) auch im Sozialrecht gilt (Wannagat-Jung, SGB I § 45 Rn. 6). Die Vorschrift regelt eine dreißigjährige Verjährungsfrist und bezieht sich also weder auf die Hemmung, noch auf den Neubeginn der Verjährung oder die Wirkung der Verjährung. Damit verweist § 45 Abs. 2 nicht auf sie. Ob man sie gleichwohl im Sozialrecht anwenden kann, hängt davon ab, ob man in § 45 insgesamt eine Sonderregelung über die Verjährung im Sozialrecht sieht, oder ob man der Ansicht ist, § 45 Abs. 1 enthielte nur eine Sonderregelung für die Verjährungsfrist und § 45 Abs. 3 eine ergänzende Regelung für die Hemmung und für den Neubeginn der Verjährung. In diesem Falle würde das Rechtsinstitut der Verjährung nur durch Sondervorschriften im Sozialrecht modifiziert bzw. ergänzt. Im Übrigen bliebe es aber bei den allgemeinen Regelungen der §§ 194 ff. BGB. Davon kann man aber zumindest nach der Modernisierung des Schuldrechts weder angesichts der Entstehungsgeschichte noch im Hinblick auf den Aufbau der Vorschrift des § 45 ausgehen. Abs. 1 enthält ausschließlich eine Regelung über die Frist, Abs. 3 regelt, dass die Verjährung auch durch schriftlichen Antrag oder durch einen Widerspruch gehemmt wird. Abs. 2 verweist nur auf bestimmte Elemente des Verjährungsrechts. Es wird also nur punktuell an die bürgerlich-rechtlichen Voraussetzungen angeknüpft. Im Ergebnis gilt damit § 197 Abs. 1 Nr. 3 BGB nicht im Sozialrecht. Das bedeutet, dass **rechtskräftig festgestellte Ansprüche** des Sozialleistungsberechtigten gegenüber dem Leistungsträger nur nach Abs. 1, also in vier Jahren, verjähren können. Die gegenteilige Auffassung würde in vielen Fällen zu keinem anderen Ergebnis gelangen. Sie müsste zumeist die Vorschrift des § 197 Abs. 2 BGB über die kürzere Verjährung anwenden, da im Sozialrecht zumeist regelmäßig wiederkehrende Leistungen eingeklagt wurden, die erst künftig fällig werden (BSG SozR 1200 § 45 SGB I Nr. 5 S. 5; BSG 74 S. 267).

15 Eine **Hemmung** der Verjährung tritt in den Fällen der §§ 203 ff. BGB ein. Im Sozialrecht haben vor allem die in den §§ 203, 204 Abs. 1 Nr. 1, 5, 9, 12 BGB genannten Gründe praktische Bedeutung. Gehemmt sein wird die Verjährung auch im Sozialrecht am häufigsten bei einer Verhandlung über die den Anspruch begründenden Umstände (§ 203 BGB) und bei der Rechtsverfolgung (§ 204 Abs. 1 Nr. 12 BGB). Dabei ist die Überprüfung der Vergütung eines Krankenhauses auf der Grundlage des § 275 Abs. 1 SGB V nicht als vereinbarte Begutachtung im Sinne des § 204 Abs. 1 Nr. 8 BGB anzusehen. Es kommt also nicht zu einer Hemmung (BSG SozR 4-2500 § 275 Nr 11; BSG SGb 2015 S. 213 mAnm Ricken). Etwas anderes gilt aber für den Prüfantrag beim Arzneimittelregress, wenn der Arzt davon Kenntnis erlangt (BSG SozR 4-2500 § 106 Nr. 28). Praktisch wichtig werden kann im Sozialrecht auch der Fall des § 210 BGB, also die Ablaufhemmung bei nicht voll Geschäftsfähigen. Eine sinngemäße Anwendung im Sozialrecht hat zur Folge, dass eine Hemmung nur eintritt, wenn keine Handlungsfähigkeit iSd §§ 36 SGB I, 11 SGB X gegeben ist (§ 36 Rn. 4–6). Bei einem Betreuten (§ 1896 BGB) tritt die Hemmung allerdings nur ein, wenn ein Einwilligungsvorbehalt nach § 1903 Abs. 1 BGB erteilt ist. Wenn dem der Gedanke der Rechtssicherheit entgegen gehalten wird (Kretschmer, GK-SGB I, § 45 Rn. 19), so ist darauf zu erwidern, dass in jedem Falle der Schutz von Personen, auch wenn sie unerkennbar minderjährig oder in der Geschäftsfähigkeit beschränkt sind, immer Vorrang vor der Rechtssicherheit hat. Zur Hemmung durch höhere Gewalt nach § 206 BGB wegen des Vertrauens auf die Erklärung einer Behörde vgl. BGH DAVorm 1995 S. 105.

16 Die Hemmung bewirkt, dass der Zeitraum, während dessen die Verjährung gehemmt ist, in die Verjährungsfrist nicht eingerechnet wird (§ 209 BGB). Fällt der Grund für die Hemmung fort, so läuft die Verjährung weiter. Beendet wird die Hemmung gemäß § 204 Abs. 2 BGB sechs Monate nach der rechtskräftigen Entscheidung oder anderweitigen Beendigung des eingeleiteten Verfahrens. Das wird in § 45 Abs. 3 Satz 2 dahingehend konkretisiert, dass auf die Bekanntgabe der Entscheidung abgestellt wird. Gerät das Verfahren dadurch in Stillstand, dass die Parteien es nicht mehr betreiben, so ist das für die Beendigung der Hemmung relevante Ereignis „die letzte Verfahrenshandlung" der Parteien, des Gerichts oder der sonst befassten Stelle (§ 204 Abs. 2 Satz 2 BGB).

17 Die ehemalige Unterbrechung wird jetzt treffender als **Neubeginn der Verjährung** bezeichnet. Es gelten die Gründe des § 212 BGB sinngemäß. Im Sozialrecht hat wohl nur § 212 Abs. 1 Nr. 1 BGB eine praktische Bedeutung. Leistet der Schuldner eine Abschlags- oder Zinszahlung bzw. eine Sicherheit, dann bestätigt sich darin auch sein Bewusstsein von der bestehenden Schuld. Dies soll zum Neubeginn der Verjährung führen. Eine solche Wirkung könnte man auch dem **Vorschuss** nach § 42, und ebenfalls der durch die in der Praxis entwickelten Vorwegzahlung (§ 42 Rn. 29) beimessen. Entsprechendes wird man aber nicht für die neu eingeführten §§ 41a SGB II und 44a SGB XII annehmen können, da für deren Anwendung schon eine „hinreichende Wahrscheinlichkeit" genügt. Praktische Bedeutung hat dies aber auch in den erst genannten Fällen nicht, weil es auch beim Vorschuss noch an einer Fälligkeit des Hauptanspruchs fehlt. Dies ist aber Voraussetzung dafür, dass die Verjährungsfrist überhaupt zu laufen beginnt. Der vorläufigen Leistung nach § 43 wird man unter keinen Umständen eine unterbrechende Wirkung beimessen können, weil der Leistungsträger in diesem Falle seine Zuständigkeit bestreitet und in der (vermeintlichen) Erbringung zu Lasten eines anderen Leistungsträgers keinerlei anerkennende Wirkung zu sehen ist. Das-

selbe gilt, wenn auf der Basis einer Zuständigkeitsklärung nach § 14 SGB IX geleistet wird. Auch dem Eintreten eines Sozialhilfeträger nach § 2 Abs. 1 SGB XII kommt keine anerkennende Wirkung zu.

In vielen Fällen, in denen früher nach einer Unterbrechung die Verjährung neu begann, hat sich der Gesetzgeber heute für eine Hemmung entschieden. Das gilt vor allem für die gerichtliche Geltendmachung und damit auch für deren Erweiterung in § 45 Abs. 3 um die Antragstellung und den Widerspruch. In Übereinstimmung mit § 204 BGB tritt an die Stelle der früheren Unterbrechung die Hemmung. Sie endet sechs Monate nach Bekanntgabe der Entscheidung über den Antrag oder den Widerspruch. Eine Wirkung, die zur Hemmung der Verjährung führen könnte, hat insbesondere nicht die einfache Mahnung. Erforderlich ist nach § 44 Abs. 3, vielmehr ein schriftlicher Antrag. Bei einem Antrag, der zur Hemmung der Verjährung führt, kann es sich allerdings nicht um einen Antrag im materiell-rechtlichen Sinne handeln. Ein solcher Antrag lässt den Anspruch erst entstehen (vgl. § 40 Rn. 12, 13). Eine Hemmung der Verjährung ist beim erstmaligen Beginn der Frist schon begrifflich ausgeschlossen (vgl. BSG 34 S. 8; BVerwG 90 S. 37). Das BSG hatte nach altem Recht jedem Antrag, also im formell- wie im materiell-rechtlichen Sinne, die damals noch unterbrechende Wirkung beigemessen (BSG SGb 1993 S. 481 mAnm v. Einem). 18

Von dem Grundsatz, dass ein Antrag nur zur Hemmung einer bereits laufenden Verjährung führen kann, ist lediglich im Falle eines Hinausschiebens des Beginns der Verjährung nach § 199 Abs. 1 Nr. 1 BGB eine Ausnahme zu machen. Hier kann das die Hemmung der Verjährung bewirkende Ereignis zwischen der Fälligkeit und dem erstmaligen Beginn der Verjährung liegen (BGHZ 52 S. 47; BVerwG 90 S. 39). Das erklärt sich daraus, dass § 199 Abs. 1 Nr. 1 BGB (§ 201 BGB aF) ausschließlich aus Gründen der Praktikabilität den Lauf der **regelmäßigen Verjährungsfrist** auf den Lauf des jeweiligen Kalenderjahres hinausschiebt. In diesem Falle ist aber der Anspruch, der zu verjähren droht, schon früher entstanden und fällig geworden. Damit sind die materiellen Voraussetzungen für eine Hemmung der Verjährung gegeben. Da die Frist aber noch nicht läuft, wirkt im Falle des § 199 Abs. 1 Nr. 1 BGB das diese Hemmung bewirkende Ereignis in die Zukunft. 19

Unterbleibt nach einem Antrag mit der Wirkung einer Hemmung der Verjährung eine der in § 45 Abs. 3 Satz 1 genannten Entscheidungen, so müsste unter Übernahme der zum alten Recht entwickelten Grundsätze der erneute Lauf der Verjährungsfrist allein dadurch wieder einsetzen, dass ein Antragsteller das **Verwaltungsverfahren nicht weiterbetreibt.** Dies könnte sich nur aus einer sinngemäßen Anwendung des § 212 Abs. 2 und 3 BGB ergeben. Diese Vorschrift gilt aber nur für den Neubeginn der Verjährung. In § 45 Abs. 3 ist jedoch ein Fall der Hemmung geregelt. Damit käme eher die Anwendung des § 204 Abs. 2 BGB in Betracht. Zweifelhaft ist jedoch, wann man im Sozialrecht sagen kann, ein Verfahren würde nicht weiter betrieben. 20

Zu dieser Frage war bisher die Rechtsprechung des BSG und des BVerwG nicht ganz einheitlich. Diese Uneinheitlichkeit erklärt sich aus der unterschiedlichen Einschätzung beider Gerichte zur Bedeutung eines Antrags nach § 45 Abs. 3, die heute nur in einer hemmenden Wirkung zu sehen sein kann (vgl. oben Rn. 15). Das BSG hat zunächst entschieden, nicht betrieben wird das Verfahren dann, wenn von demjenigen, der sich auf Unterbrechung, heute Hemmung, beruft, erwartet werden kann, dass er auf den Verfahrensfortgang eingewirkt hätte. Das 21

Gericht hat allerdings auch hervorgehoben, dass in einem Verfahren, in dem die Offizialmaxime gilt, vom Leistungsberechtigten außer dem Antrag keine weitere Aktivität zu erwarten ist (BSG SozR 3-1200 § 45 Nr. 1; BSG 91 S. 159). Letztlich hat das Gericht dann aber in Verallgemeinerung des § 44 Abs. 4 SGB X (vgl. BSG 62 S. 10) allein den Zeitablauf für ein Nichtbetreiben ausreichen lassen (BSG SozR 1200 § 45 Nr. 5 S. 5, 6). Demgegenüber meint das BVerwG, für ein Weiterbetreiben notwendig sei ein besonderes auf das Einfordern der zu beanspruchenden Leistung gerichtetes rechtsförmliches Verhalten des Berechtigten, ein mahnungsähnlicher weiterer Antrag (BVerwG 90 S. 41). Dies hält das BSG in seiner späteren Entscheidung nicht für erforderlich (BSG SGb 1993 S. 481 mAnm v. Einem).

22 Das BSG wandte sich ursprünglich aber wohl mit unzutreffenden Gründen gegen die Auffassung des BVerwG. Während das BVerwG von seinem Ausgangspunkt aus, dass der **Antrag im materiell-rechtlichen** Sinne die Verjährung nicht unterbricht für die erst noch zu bewirkende Hemmung (vormals Unterbrechung) der Verjährung einen weiteren „mahnungsähnlichen Antrag" verlangt, befasst sich das BSG mit dem anderen Fall der Beendigung der bereits eingetretenen Hemmung (vormals Unterbrechung) dadurch, dass das Verfahren nicht weiterbetrieben wird. Beide Fallkonstellationen sind nicht vergleichbar. Gehemmt werden kann der Lauf der Verjährung nur durch ein bestimmtes Verhalten des Leistungsberechtigten, hier durch einen Antrag (§ 45 Abs. 3). Von einem Nicht-Weiterbetreiben des Verfahrens, das die durch ein früheres Ereignis bereits eingetretene Hemmung enden lässt, kann man in der Tat mit der neueren Rechtsprechung des BSG nicht schon dann sprechen, wenn der Leistungsberechtigte nach Antragstellung untätig bleibt. In diesem Falle muss der Leistungsträger vielmehr gemäß § 20 SGB X das Verfahren zum Abschluss bringen (so BSG SGb 1993 S. 481 mAnm v. Einem). Der entscheidende Streitpunkt besteht also in der Frage, ob der Antrag im materiell-rechtlichen Sinne den Lauf der Verjährung hemmt (vormals unterbricht). Bejaht man das mit dem BSG, dann kann bei Untätigkeit ein Nicht-Weiterbetreiben durch den Sozialleistungsberechtigten nicht angenommen werden. Vielmehr ist vom Leistungsträger zu erwarten, dass er das Verfahren zum Abschluss bringt. Misst man mit dem BVerwG dem Antrag im materiell-rechtlichen Sinne keine Bedeutung für die Hemmung der Verjährung bei, dann läuft ohne weiteres die Verjährungsfrist. In diesem Falle kommt es auf ein zusätzliches hemmendes Ereignis an. Das BVerwG sieht es in der mahnungsähnlichen Handlung. Inzwischen vertritt auch das BSG im Anschluss an das BVerwG die Auffassung, dass eine mahnungsähnliche Handlung erforderlich ist, wenn der ursprüngliche Antrag materiell-rechtliche Voraussetzung für die Entstehung des Anspruchs war (BSG SozR 3-1200 § 45 Nr. 9). Dies wurde so für die ehemalige Arbeitslosenhilfe entschieden. Dabei ist aber zu beachten, dass nach der Neuregelung des § 323 SGB III dem Antrag auf Leistungen bei Arbeitslosigkeit heute nur noch verfahrensrechtliche Bedeutung zukommt (§ 16 Rn. 1; § 40 Rn. 10). Davon abgesehen, gibt es nunmehr eine einheitliche Rechtsprechung des BVerwG und des BSG zur Hemmung der Verjährung. Nur bei einem Antrag im materiell-rechtlichen Sinne, der den Anspruch zunächst erst entstehen lässt, tritt die Hemmung erst durch eine spätere mahnungsähnliche Handlung ein. Darüber hinaus kommt auch eine Verwirkung des Leistungsanspruchs als Folge eines bloßen Nichtbetreibens nicht in Betracht (BSG SGb 2010 S. 731 mAnm Winter).

§ 46 Verzicht

(1) **Auf Ansprüche auf Sozialleistungen kann durch schriftliche Erklärung gegenüber dem Leistungsträger verzichtet werden; der Verzicht kann jederzeit mit Wirkung für die Zukunft widerrufen werden.**

(2) **Der Verzicht ist unwirksam, soweit durch ihn andere Personen oder Leistungsträger belastet oder Rechtsvorschriften umgangen werden.**

Übersicht

1. Funktion des Verzichts

Dem Wortlaut nach erstreckt sich die Vorschrift auf alle Sozialleistungen (§ 11 Rn. 5). Dazu gehören aber nicht das Stammrecht und Gestaltungsrechte. Häufig wird dasselbe Ziel durch den Nichtgebrauch einer Möglichkeit erreicht. Die Zulässigkeit des Verzichts wird damit begründet, dass auch Sozialleistungen dem Bürger nicht aufgezwungen werden können (Eichenhofer, VSSR 1991 S. 185). Dies gilt aber nur, soweit der Bürger handlungsfähig iSd § 36 SGB I, 11 SGB X ist. Der Grundsatz, dass Sozialleistungen dem Bürger nicht aufgezwungen werden sollen, prägt auch das Kinder- und Jugendhilferecht, insbesondere bei den Hilfen zur Erziehung nach den §§ 27 ff. SGB VIII. Anders als nach dem früheren Jugendwohlfahrtsgesetz können diese Leistungen grundsätzlich weder dem Minderjährigen, noch seinen Eltern für ihn aufgezwungen werden. Die Möglichkeit des Zwanges ist allerdings nicht beseitigt, sondern nur in das Familienrecht verlagert worden. Unter bestimmten Voraussetzungen kann die elterliche Sorge nach § 1666 BGB eingeschränkt und in diesem Umfange auf einen Ergänzungspfleger (§ 1909 BGB) übertragen werden. Das ist mit dem Jugendamt häufig ein Sozialleistungsträger (§ 55 SGB VIII). Der Ergänzungspfleger setzt die Ansprüche nach den §§ 27 ff. SGB VIII durch. Damit werden im Ergebnis Sozialleistungen auch den Eltern eines Minderjährigen und ihm selbst aufgezwungen. Dieser vom Familienrecht ausgehende Druck ist durch die Bekräftigung des Schutzauftrags der Jugendämter in § 8a SGB VIII zum Teil wieder zurück in das Sozialrecht verlagert worden. Die gleichen Gesichtspunkte gelten an sich auch für die mit Zwang verbundenen Maßnahmen der Inobhutnahme nach § 42 SGB VIII. Bei ihnen handelt es sich jedoch nicht um Sozialleistungen iSd § 11, sondern um andere Aufgaben des Jugendamtes (§ 2 Abs. 3 SGB VIII). **1**

Es erscheint zweifelhaft, ob die Möglichkeit eines Verzichts sinnvoll und praktisch überhaupt notwendig ist. Der **Dispositionsfreiheit** des Bürgers ist hinreichend Rechnung getragen, wenn er die Möglichkeit hat, die Beantragung von Sozialleistungen zu unterlassen. Eines zusätzlichen Verzichts bedarf es hierzu nicht. Darüber hinaus besteht im Rahmen des Abschlusses eines öffentlich-rechtlichen Vertrages, vor allem eines Vergleichsvertrages, nach den §§ 53 ff. SGB X insoweit die Möglichkeit eines durch § 53 Abs. 2 SGB X begrenzten Verzichts, als typischerweise beide Teile beim Vertragsschluss aufeinander zugehen, also Rechtspositionen räumen. Auf einen solchen zweiseitigen Vertrag findet § 46 keine Anwendung. Demgegenüber will das BSG § 46 auf einen Verzicht anwenden, der in **2** einem Prozessvergleich ausgesprochen wird (BSG SozR 2200 § 1251 Nr. 115). Von einem Verzicht kann man dabei dann nicht sprechen, wenn sich die Parteien in einem Prozess zur Beendigung eines Verfahrens über Tatsachen und deren Bewertung verständigen (vgl. LSG BW Breith. 2011 S. 848). Noch kein Verzicht liegt in der einfachen Antragsrücknahme oder im Unterlassen einer Antragstellung. Dasselbe gilt, wenn Mitwirkungspflichten nach den §§ 60 ff. nicht erfüllt werden. Demgegenüber wird die Auffassung vertreten, dass ein **Hinausschieben eines Antrags** auf Leistungen nach den §§ 19 ff. SGB II mit dem Ziel die Anrechnung von Einkommen zu verhindern, ein nach § 46 Abs. 2 unzulässiger Verzicht auf Leistungen ist (Geiger, info also 2011 S. 106, 107). Dem wird man schon deswegen nicht zustimmen können, weil es anders als etwa in den §§ 51 Abs. 2 SGB V, 145 Abs. 2 SGB III nur gemäß § 12a SGB II eine Obliegenheit zur Antragstellung gibt. In sehr begrenztem Umfange hat der Gesetzgeber dieses Problem durch § 37 Abs. 2 Satz 1 SGB II gelöst. Danach wirkt der Antrag auf den Ersten des Monats zurück. Für diese Zeit, in der Einkommen zugeflossen sein mag, kann nicht verzichtet werden (§ 46 Abs. 2). Wieder anders zu beurteilen ist die Tatsache, ob die Tilgungsvereinbarung, der zufolge ein dem Leistungsberechtigten gewährtes Darlehen aus Leistungen getilgt werden soll (§ 42a SGB II), einen Verzicht mit beinhaltet (SG Berlin info also 2011 S. 275). Das ist an sich zu bejahen. Es stellte sich lediglich die Frage der Wirksamkeit des Verzichts, die zu verneinen war (BSG 110 S. 288). Jedoch sieht § 42a Abs. 2 SGB II jetzt zwingend eine solche Tilgung aus Leistungen vor (§ 19a Rn. 39). Damit kommt es nach geltendem Recht auf einen Verzicht nicht mehr an.

3 Für einen besonderen Fall wird man allerdings die eigenständige Bedeutung des Verzichts anerkennen müssen. Im Falle des Bezugs von Leistungen zum Lebensunterhalt (§ 7 Abs. 1 WoGG), insbesondere nach den §§ 19 ff. SGB II bzw. 27 ff. SGB XII erfolgt ein grundsätzlicher Ausschluss vom Wohngeld. Vor allem in der Grundsicherung für Arbeitsuchende hat sich in einzelnen Fällen die Lage ergeben, dass durch den Bezug von Wohngeld eine Hilfebedürftigkeit iSd § 9 SGB II hätte vermieden werden können. Der Ausschluss vom Wohngeld erfolgte anfänglich aber immer bereits bei Beantragung von Leistungen nach den §§ 19 ff. SGB II also zu einem Zeitpunkt zu dem nicht immer klar ist, ob Hilfebedürftigkeit besteht oder nicht. Durch Neufassung der §§ 7, 8 WoGG hat der Gesetzgeber diese Konstellation insoweit bereinigt, als der Ausschluss vom Wohngeld nicht mehr zwangsläufig bereits im Verwaltungsverfahren erfolgt (§ 7 Abs. 1 Satz 3 Nr. 2 lit. a und b WoGG), wenn durch Wohngeld die Hilfebedürftigkeit iSd § 9 SGB II vermieden oder beseitigt werden kann. Des Weiteren kann nach § 8 Abs. 2 WoGG ua auf das Arbeitslosengeld II verzichtet werden, um Wohngeld zu beantragen. Der Ausschluss vom Wohngeld gilt in diesem Falle als vom Zeitpunkt des Verzichts an als nicht erfolgt. Die dabei mögliche Belastung des für das Wohngeld zuständigen Leistungsträgers wird in Kauf genommen. Insoweit schließt § 8 Abs. 2 WoGG die Anwendung des § 46 Abs. 2 Hs. 2 SGB I aus. Der Verzicht nach § 8 Abs. 2 WoGG ist an keine weitere Voraussetzung als der der Vermeidung des Bezugs von Fürsorgeleistungen (§ 7 Abs. 1 WoGG) geknüpft (§ 26 Rn. 3–4d). Damit wird auch der Grundsatz modifiziert, dass auf das Wohngeld als vorrangiger Leistung nur unter engen Voraussetzungen verzichtet werden kann (vgl. § 12a Satz 1 und 2 SGB II).

4 Hinsichtlich der Bedeutung des Verzichts betont die wohl herrschende Auffassung, der Verzicht gehe über das bloß verfahrensrechtliche Nicht-Geltendmachen hinaus und habe einen **materiell-rechtlichen Charakter** (Wannagat-Jung,

SGB I § 46 Rn. 13; Rolfs in Hauck/Noftz, SGB I § 46 Rn. 20). Auch nach Auffassung des BSG führt der Verzicht zum Erlöschen des Anspruchs (BSG SozR 3-1200 § 46 SGB I Nr. 3). Es fragt sich aber, ob dieses materiell-rechtliche Verständnis des Verzichts angebracht ist. Nach § 46 Abs. 1 Hs. 2 ist sein jederzeitiger Widerruf mit Wirkung für die Zukunft möglich. Wenn der Verzicht zum Erlöschen des Anspruchs führt, dann legt das ein Verständnis eines anschließenden Widerrufs als Entstehung des Anspruchs durch einseitige Erklärung des Sozialleistungsberechtigten nahe. Ein materiell-rechtliches Verständnis dürfte also wenig sinnvoll sein.

Ein Verzicht ist nur bei Ansprüchen auf Sozialleistungen möglich. Soweit es der Sozialleistungsträger selbst ist, der Ansprüche nicht geltend macht, verwendet das Gesetz die Begriffe der **Niederschlagung** und des **Erlasses** (§ 42 Abs. 3). Dabei wird § 76 Abs. 2 SGB IV für entsprechend anwendbar erklärt. Allein der Erlass hat den Charakter eines Verzichts. Demgegenüber bedeutet die Niederschlagung nur, dass der Anspruch auf Grund einer verwaltungsinternen Entscheidung, zeitweise oder dauernd, nicht geltend gemacht wird. Sie ändert aber nichts an dem materiellen Rechtszustand. **5**

2. Verzichtserklärung

Während der Verzicht im Bürgerlichen Recht als **Erlassvertrag** konstruiert ist (§ 397 BGB), erfolgt er im Sozialrecht durch einseitige empfangsbedürftige **Willenserklärung,** auf die § 130 Abs. 1 und 3 BGB Anwendung finden. Der Verzicht kann nicht unter einer Bedingung abgegeben werden. Das Gesetz sieht für die Verzichtserklärung Schriftform vor (§ 126 BGB). Der Verzichtende muss voll geschäftsfähig sein. Eine Handlungsfähigkeit iSd § 36 genügt nicht, da § 36 Abs. 2 Satz 2 den Verzicht ausdrücklich ausschließt. Diese Einschränkung gilt aber schon nicht mehr für den Widerruf des Verzichts. Insoweit ist § 107 BGB anzuwenden, weil der Widerruf des Verzichts lediglich einen rechtlichen Vorteil bringt. Deswegen könnte sogar ein beschränkt geschäftsfähiger Minderjähriger, der noch nicht handlungsfähig im Sinne des § 36 ist, den Verzicht widerrufen (§ 11 Abs. 1 Nr. 2 SGB X). **6**

Ein Verzicht kann unter entsprechender Anwendung der §§ 119, 123 BGB angefochten werden. Wegen der Möglichkeit des Widerrufs nur mit Wirkung für die Zukunft nach § 46 Abs. 1 Hs. 2 hat dies vor allem bei einmaligen Leistungen praktische Bedeutung. Eine solche Anfechtung kommt jedoch auch in der Sozialhilfe in Betracht, obwohl dort grundsätzlich keine Leistungen für die Vergangenheit erbracht werden. Der Träger der Sozialhilfe leistet ab Kenntnis (§ 18 Abs. 1 SGB XII). Diese ist nicht in einem bloß faktischen Sinne zu verstehen. So endet eine rechtlich relevante Kenntnis mit der Bestandkraft eines das Verfahren beendenden Verwaltungsaktes. Die Anfechtung eines Verzichts in der Sozialhilfe wirkt, anders als der Widerruf nach § 46 Abs. 1 Hs. 2, zurück. Damit wird die rein faktische Kenntnis des Trägers der Sozialhilfe wieder rechtlich in der Weise relevant, dass er trotz Kenntnis nicht geleistet hat. Im Rechtssinne handelt es sich nach einer Anfechtung also nicht um eine Leistung für die Vergangenheit. **7**

Die wirksame Abgabe eines Verzichts setzt voraus, dass sich aus dem Wortlaut der Erklärung und aus den Begleitumständen klar ergibt, ob und in welchem Umfang der Berechtigte verzichtet. Das ist vor allem bei formularmäßigen Verzichtserklärungen zu beachten (BSG SGb 1996 S. 335 mAnm Schnath). Sind diese Voraussetzungen nicht erfüllt, so ist der Verzicht unwirksam. Es bedarf also nicht **8** erst der Anfechtung. Andererseits muss die Erklärung nicht ausdrücklich als Verzicht bezeichnet werden. Auch in der Einschränkung eines Antrags kann ein Verzicht zu sehen sein. Erforderlich ist aber immer eine „schriftliche Erklärung", aus der sich ergibt, dass ein Recht nicht geltend gemacht werden soll (BSG 60 S. 11).

9 Wenn nur der Verzicht auf Sozialleistungen geregelt ist, dann bedeutet das auch, dass § 46 nicht den Verzicht auf **bürgerlich-rechtliche,** insbesondere **Lohnansprüche** erfasst, die Auswirkungen auf die Erbringung von Sozialleistungen haben (vgl. BSG 61 S. 54; BSG 66 S. 238). Gegen die Möglichkeit eines solchen Verzichts spricht vor allem nicht § 46 Abs. 2, denn dadurch wird der Verzicht auf Sozialleistungen eingeschränkt. Allerdings kann ein Verzicht auf Sozialleistungen zB Unterhaltspflichtige belasten. Das begründet die Unwirksamkeit nach § 46 Abs. 2. Verzichtet werden kann nur auf die Einzelleistungen, nicht jedoch auf das **Stammrecht** (BSG SozR 3-1200 § 46 Nr. 3, 8; BSG SozR 4-1200 § 46 Nr. 1). Der jeweilige Einzelanspruch muss zwar bereits entstanden, darf aber noch nicht erfüllt sein. Nicht erforderlich ist es, dass der Anspruch, auf den verzichtet wird, bereits durch Verwaltungsakt konkretisiert worden ist. Einem praktischen Anliegen bei Dauerleistungen entspricht es, auch den Verzicht auf künftige Ansprüche zuzulassen. Der Wortlaut des Gesetzes, wonach auf Ansprüche verzichtet wird, lässt die Auslegung zu, dass darunter auch künftig fällige Ansprüche zu verstehen sind. Die Formulierung, „durch Verzicht erlöschen allein künftig entstehende und fällig werdende Einzelansprüche" dürfte angesichts des Wortlauts des § 46 Abs. 1 etwas zu eng sein (BSG SozR 4-1200 § 46 Nr. 1). Wegen der Möglichkeit des jederzeitigen Widerrufs mit Wirkung für die Zukunft ist dem Schutzbedürfnis des Leistungsberechtigten Genüge getan. Damit hat der Verzicht auf diese Ansprüche allerdings auch nur einen geringen praktischen Nutzen.

10 Verzichten kann der Leistungsberechtigte nur, wenn hinsichtlich des Gegenstandes des Verzichts über die **Dispositionsfreiheit** verfügt. Das ist auch angesichts der Tatsache, dass die Erbringung von Sozialleistungen Freiwilligkeit beim Berechtigten voraussetzt, keineswegs immer der Fall. Ein Verzicht kann also vor allem dann nicht erfolgen, wenn ihm überwiegende öffentliche Interessen entgegenstehen (BSG 47 S. 293; BSG 48 S. 211; BVerwG NJW 1982 S. 840). Größere praktische Bedeutung hat die Frage erlangt, ob auf eine Rente wegen verminderter Erwerbsfähigkeit (§ 43 SGB VI) verzichtet werden kann, um möglichst lange das zumeist höhere Krankengeld in Anspruch zu nehmen. Das ist grundsätzlich der Fall. Die Dispositionsfreiheit des Versicherten kann aber dadurch eingeschränkt werden, dass ihn die Krankenkasse gemäß § 51 Abs. 1 SGB V veranlassen kann, ua einen Rentenantrag zu stellen. Hierüber entscheidet die Krankenkasse nach Ermessensgesichtspunkten. Dabei hat sie die berechtigten Interessen des Versicherten zu berücksichtigen (BSG 52 S. 26). Infolge der sich daraus ergebenden Einschränkung der Dispositionsfreiheit, kann der Versicherte keinen Verzicht mehr erklären (BSG SGb 1996 S. 276 mAnm Buschmann). Eine dementsprechende Rechtslage besteht auch nach § 145 Abs. 2 SGB III (vgl. auch BSG SGb 2002 S. 168 mAnm Hess). Entsprechendes gilt nach § 12a Satz 1 SGB II (vgl. oben Rn. 3).

3. Reichweite des Verzichts

11 Verzichtet werden kann auf Rechte nicht auf Tatsachen. So hat das BSG den Verzicht auf die Vertriebeneneigenschaft für unzulässig angesehen. Bei ihr handelt

es sich um eine Tatsache, die nicht durch eine Erklärung ungeschehen zu machen ist (BSG 43 S. 41). In diesem Zusammenhang ist darauf hinzuweisen, dass auf Berechnungselemente des Rentenanspruchs nicht verzichtet werden kann (BSG 32 S. 136; BSG SozR 2200 § 1255 Nr. 6; BSG SozR 3-2600 § 71 Nr. 3). Der Grund dafür ist darin zu sehen, dass es ein fest gefügtes System der Rentenberechnung gibt (§§ 64 ff. SGB VI), dessen Teile nicht zur Disposition des Rentenberechtigten stehen (vgl. Hanisch, DRV 1967 S. 23). Nicht verzichtet werden kann auf den Beitragszuschuss nach § 257 SGB V durch Vereinbarung zwischen Arbeitgeber und Arbeitnehmer oder auch durch einseitige Erklärung. Dem steht in beiden Fällen zwar nicht § 46, wohl aber § 32 SGB I entgegen (BSG 83 S. 40). Gleichfalls nicht verzichtet werden kann auf den Beitragsanteil an der Krankenversicherung der Rentner, den der Träger der Rentenversicherung zu tragen hat (§ 249a SGB V). Insoweit besteht keine Dispositionsfreiheit des Versicherten. Der Beitragsanteil ist vom Träger der Rentenversicherung an die Krankenkasse zu zahlen (BSG SozR 3-1200 § 46 Nr. 6). Auch die Wahl unter mehreren Rentenarten ist durch § 89 SGB VI beschränkt (LSG Nds. SGb 1997 S. 527).

Sofern der Anspruch **teilbar** ist, ist ein Verzicht auch teilweise möglich. Das ist 12
selbst dann der Fall, wenn an sich eine einheitliche Bewertung eines Sachverhalts erfolgen müsste (BSG 11 S. 26). So hat es das BSG für zulässig erachtet, dass ein behinderter Mensch bei der Beantragung der Schwerbehinderteneigenschaft nach § 1 SchwbG aF (§§ 2 Abs. 2, 151 SGB IX) die Berücksichtigung einzelner Behinderungen ausschließt. Das Versorgungsamt muss in diesem Falle unter Berücksichtigung nur der nicht ausgeschlossenen Behinderungen entscheiden, ob eine Schwerbehinderteneigenschaft besteht (BSG SGb 1987 S. 126 mAnm Kopp; vgl. auch Bay. LSG 16 SB 141/08, juris). Die Zulässigkeit eines Verzichts auch in diesem Falle erklärt sich aus dem starken Bezug der Entscheidung zum Persönlichkeitsrecht des behinderten Menschen. Das harmoniert nicht ganz mit der Auffassung, dass auf Tatsachen nicht verzichtet werden kann (oben Rn. 11). Ein Verzicht kann nicht in der Weise beschränkt werden, dass der Eintritt einzelner mittelbarer Rechtsfolgen ausgeschlossen wird. So führt der Verzicht auf Leistungen bei Arbeitslosigkeit (§§ 136 ff. SGB III) auch dazu, das eine Pflichtmitgliedschaft in der Kranken- und Rentenversicherung nach den §§ 5 Abs. 1 Nr. 2 SGB V, 3 Nr. 3 SGB VI nicht besteht. Dies ist aber keine Frage der Uneinschränkbarkeit des Verzichts, sondern seine Folge. Nach dem Verzicht fehlt es an dem gesetzlichen Merkmal des Bezugs von Leistungen. Im Hinblick auf den Schutz in der Krankenversicherung greift stattdessen § 5 Abs. 1 Nr. 13 SGB V ein.

Obwohl § 46 nur den Verzicht auf Sozialleistungen regelt, will das BSG diese 13
Vorschrift entsprechend auch auf die Anhörung im **Verwaltungsverfahren** gemäß § 24 SGB X (§ 34 SGB I aF) angewendet wissen (BSG 53 S. 167). Darüber hinaus wird die Auffassung vertreten, es könne auch auf andere verfahrensrechtliche Positionen verzichtet werden (Tannen, SGb 1987 S. 15). Demgegenüber betont das BSG aber, dass eine entsprechende Anwendung des Verzichts nicht bei solchen verfahrensrechtlichen Normen möglich wäre, die überwiegend der Wahrung öffentlicher Interessen dienten. Einen Verzicht auf verfahrensrechtliche Positionen wird man grundsätzlich nicht zulassen dürfen, da die meisten verfahrensrechtlichen Regelungen in erster Linie dazu beitragen sollen, dass objektiv richtige Verwaltungsentscheidungen ergehen. Damit ist unmittelbar auch das Rechtsstaatsprinzip des Art. 20 GG berührt. Hier ginge der Verzicht über Dispositionsfreiheit des Einzelnen hinaus (vgl. BVerwG NJW 1982 S. 840). Allenfalls wenn öffentliche Interessen nicht tangiert werden, könnte man an einen Verzicht auf verfahrensrechtliche Positionen

denken. So wird man einen Verzicht auf die Amtsermittlung (§ 20 SGB X) nicht zulassen können. An einen Verzicht auf Akteneinsicht (§ 25 SGB X) könnte man an sich denken. In diesem Falle genügt es aber völlig, wenn der Berechtigte das Recht nicht geltend macht. Abzulehnen ist insbesondere die weitergehende Auffassung von Tannen, der sogar einen Verzicht auf den Pfändungsschutz zulassen will (Tannen, SGb 1987 S. 16). Mit dieser Ansicht, die weit über die Rechtsprechung des BSG hinausgeht, soll in Fällen eines krassen Leistungsmissbrauchs, dem Leistungsträger ein Regress ermöglicht werden. Damit wird aber der gesetzliche Rahmen verlassen. Ein solcher Verzicht wäre schon wegen Umgehung einer Rechtsvorschrift gemäß § 46 Abs. 2 unwirksam (vgl. BSG 110 S. 288). Eine andere Frage ist, ob unter bestimmten Voraussetzungen die Berufung auf die Unpfändbarkeit (§ 850c ZPO) und damit auf die Nichtaufrechenbarkeit (§§ 394 BGB, 51 SGB I) gegen den Grundsatz der Wahrung von Treu und Glauben verstoßen kann. Auch das wird man verneinen müssen, da der Pfändungsschutz auch im öffentlichen Interesse besteht (BGH ZfSH/SGB 2011 S. 90). Ohnehin wäre in einem solchen Falle zwar ein Regress des Sozialleistungsträgers möglich, jedoch nur bis zur Grenze der §§ 43 SGB II, 26 Abs. 2 SGB XII.

14 Nach seinem Wortlaut lässt § 46 auch den Verzicht auf Leistungen der **Sozialhilfe** zu (VGH Kassel FEVS 41 S. 33). Diese Möglichkeit wird man in einem Falle verneinen müssen. Aus verschiedenen Regelungen des SGB II und des SGB XII wird ersichtlich, dass die Möglichkeit der Einschränkung der Hilfe zum Lebensunterhalt nicht jene Bedarfsposition berühren darf, die man als das zum Lebensunterhalt Unerlässliche bezeichnet (§§ 31a Abs. 1 SGB II, 26 SGB XII). Sie dient der Wahrung der Menschenwürde des Hilfeempfängers nach Art. 1 Abs. 1 GG (§ 9 Rn. 3–7) und ist deswegen seiner Disposition entzogen (vgl. BVerfG 82 S. 60; BVerwG 92 S. 112; BSG 100 S. 221; BSG 110 S. 288). Der schwierigen Bewertung dessen, was zum Lebensunterhalt unerlässlich ist, weicht die Praxis der Sozialhilfe dadurch aus, dass sie in den gesetzlich vorgesehenen Fällen eine Kürzung des Regelsatzes um bis zu 20–30 % zulässt. Nach den §§ 31a Abs. 1, 43 SGB II ist dies ein Betrag, der zzt. noch 30 % der Regelleistung entspricht, aber in dieser Allgemeinheit nicht Art. 1 Abs. 1 GG entspricht (BVerfG 137 S. 34 Rn. 120, 121). Eine Neuregelung wird stärker individualisieren müssen. Zumindest in Höhe der Beträge, die einer Kürzung nicht zugänglich sind, wird man auch einen Verzicht auf Leistungen der Sozialhilfe nicht zulassen dürfen (vgl. OVG Lüneburg FEVS 54 S. 526, wo ein Widerruf zugelassen und damit offensichtlich die Wirksamkeit des Verzichts unterstellt wird). Diese Überlegungen müssen auch angestellt werden, wenn man der an sich überholten Auffassung (§ 37 Rn. 11–18) zuneigt, Leistungen der Sozialhilfe wären keine rentengleichen Dauerleistungen. Sie würden jeweils täglich neu bewilligt. Der durch die Entgegennahme des Verzichts auf das Existenzminimum bewirkte Verstoß gegen Art. 1 Abs. 1 GG hat keine zeitliche Dimension. Er verliert seine Bedeutung insbesondere nicht dadurch, dass er nur „für einen Tag" wirkt (aA LPK-SGB I-Krahmer/Markovic § 46 Rn. 10). Insbesondere ist darauf hinzuweisen, dass nach Auffassung des BVerfG die staatliche Verpflichtung, sich schützend und fördernd vor die Grundrechte des Einzelnen auch besteht, wenn deren Verletzung nur möglich erscheint oder nur zeitweilig andauert (BVerfG NZS 2009 S. 674).

15 Der Verzicht kann jederzeit widerrufen werden. Schriftlichkeit ist in diesem Falle nicht erforderlich. Mit der Möglichkeit des **Widerrufs** kann man den Verzicht auf Leistungen der Sozialhilfe nicht rechtfertigen, weil der Widerruf nur für die Zukunft wirkt. Der Träger der Sozialhilfe muss aber bei Kenntnis leisten (§ 18

Abs. 1 SGB XII). Nimmt er einen Verzicht entgegen, so erlangt er auch Kenntnis. Zumindest muss er sich bei einer als Verzicht bezeichneten Erklärung veranlasst sehen zu prüfen, ob der Anspruch auf Leistungen der Hilfe zum Lebensunterhalt überhaupt entstanden ist und ob durch den Verzicht das zum Lebensunterhalt Unerlässliche tangiert wird.

Unter den Voraussetzungen des § 46 Abs. 2 ist der Verzicht **unwirksam.** Damit 16
soll vor allem verhindert werden, dass andere Personen mit Unterhaltsansprüchen oder andere Sozialleistungsträger (BSG SozR 3 – 1200 § 46 Nr. 3; BSG SozR 4-4300 § 194 Nr. 8), insbesondere der Träger der Sozialhilfe, mit Leistungspflichten belastet werden. Die umstrittene Frage, ob auf das Vorruhestandsgeld zum Zwecke des Erwerbs von Rentenansprüchen verzichtet werden kann (Schüren, NZA 1985 S. 449; Löschau, DAngV 1986 S. 311), hat sich durch Zeitablauf erledigt.

Der Verzicht ist auch unwirksam, wenn durch ihn Rechtsvorschriften umgan- 17
gen werden (BSG 34 S. 277; BSG 110 S. 288). Damit sind solche Rechtsvorschriften gemeint, die nicht zur Disposition des Sozialleistungsberechtigten stehen, aber vom Verzicht mit berührt werden. So ist es ihm solange möglich, auf eine Altersrente oder eine solche wegen verminderter Erwerbsfähigkeit zu verzichten, als die Krankenkasse an ihn noch keine Aufforderung nach § 51 Abs. 1 SGB V gerichtet hat (vgl. oben Rn. 10). Damit kann der Berechtigte durch Verzicht immer versuchen, die jeweils höchste Leistung zu erhalten (BSG SozR 3-1200 § 46 Nr. 3). Ein Verstoß gegen § 46 Abs. 2 ist erst dann gegeben, wenn durch den Verzicht eine vom Gesetz gewollte Lastenverteilung zwischen den Leistungsträgern abgeändert wird. Auch **Unterhaltsberechtigte** dürfen nicht benachteiligt werden. Zur Verflechtung von Unterhalts- und Sozialrecht beim Verzicht vgl. Hess, FamRZ 1996 S. 981. Stellt ein Sozialleistungsträger fest, dass der Anspruch wegen Verzichts entfällt, so hat dies Tatbestandswirkung. Solange diese Entscheidung nicht aufgehoben ist, kann nicht vorgebracht werden, der Verzicht wäre unwirksam (BSG SGb 1993 S. 32 mAnm Breunig).

§ 47 Auszahlung von Geldleistungen

(1) **Soweit die besonderen Teile dieses Gesetzbuchs keine Regelung enthalten, sollen Geldleistungen kostenfrei auf ein Konto des Empfängers bei einem Geldinstitut, für das die Verordnung (EU) Nr. 260/2012 des Europäischen Parlaments und des Rates vom 14. März 2012 zur Festlegung der technischen Vorschriften und der Geschäftsanforderungen für Überweisungen und Lastschriften in Euro und zur Änderung der Verordnung (EG) Nr. 924/2009 (ABl. L 94 vom 30.3.2012, S. 22) gilt, überwiesen oder, wenn der Empfänger es verlangt, kostenfrei an seinen Wohnsitz innerhalb des Geltungsbereiches dieser Verordnung übermittelt werden.**

(2) **Bei Zahlungen außerhalb des Geltungsbereiches der in Absatz 1 genannten Verordnung trägt der Leistungsträger die Kosten bis zu dem von ihm mit der Zahlung beauftragten Geldinstitut.**

Übersicht

1. Regelmäßiger Zahlungsweg

1 Die Vorschrift enthält eine Grundsatzregelung über die Auszahlung von laufenden und einmaligen Geldleistungen iSd § 11. Sie wird durch die §§ 48–50 und 53–59 auf sehr unterschiedliche Fallgestaltungen hin modifiziert. In den Fällen, die in den letzteren Vorschriften geregelt sind, kann auch ein anderer als der Sozialleistungsberechtigte selbst Empfänger der Leistung sein. Für ihn gilt gleichfalls die Grundlagenregelung des § 47. Bei der Benutzung von Überweisungsformularen ist der Sozialdatenschutz zu beachten (§ 35 Rn. 50). Da die Vorschrift nur die Auszahlung von Geldleistungen regelt und als regelmäßige Alternativen „Konto" und „Wohnsitz" nennt, wird man aus ihr nicht die Verpflichtung des Leistungsberechtigten ableiten dürfen, ein Konto einzurichten (aA Schellhorn, GK-SGB I § 47 Rn. 9). Was üblich ist, muss noch nicht verpflichtend sein. Darüber hinaus ist es für überschuldete Leistungsberechtigte noch immer nicht leicht, ein Konto zu eröffnen. Es wäre ihnen auch nicht zumutbar, dies durch vergebliche Versuche zu belegen. Bisher war nur in § 337 Abs. 1 Satz 3 SGB III, und insoweit als abweichende Regelung von § 47, bestimmt, dass eine kostenfreie Überweisung an den Wohnsitz oder gewöhnlichen Aufenthalt erfolgen muss, wenn der Empfänger nachweist, dass ihm die Errichtung eines Kontos ohne eigenes Verschulden nicht möglich ist. Selbst in § 337 SGB III wird nicht die Verpflichtung begründet, ein Konto zu eröffnen. Diese Regelung wird jetzt in § 42 SGB II übernommen (dazu Sächs. LSG L 3 AS 770/13, juris). In einem Fürsorgesystem ist sie aber problematisch, weil hier eine unmittelbare und zeitnahe Bedarfsdeckung und damit auch grundsätzlich eine Barauszahlung beim Leistungsträger gewährleistet sein muss. Dies ist in § 42 SGB II nicht vorgesehen. Die Praxis hatte nach Inkrafttreten des SGB II relativ schnell den Ausweg gefunden, Hilfebedürftigen Postbarschecks auszuhändigen.

2 Die Vorschrift regelt nur die Form der Auszahlung von Geldleistungen. Hinsichtlich der rechtlichen Beurteilung von Geldschulden, etwa als Schickschulden und damit auch hinsichtlich der **Gefahrtragung** geltend ergänzend die §§ 241 ff. BGB. Besondere Zahlungsmodalitäten können auch in den Besonderen Teilen des Sozialgesetzbuches geregelt sein. Das gilt zB für die §§ 42 SGB II, 337 SGB III, die gegenüber § 47 die Wahlmöglichkeit einer Überweisung an den Wohnsitz einschränken (unten Rn. 11–14).

3 Im Prinzip orientiert sich § 47 an den Grundsätzen des § 270 BGB (Meydam, SGb 1981 S. 532). Als modernere Vorschrift rückt § 47 aber die Überweisung auf ein **Konto** bei einem Geldinstitut in dem Mittelpunkt. In diesem Punkt hat die Schuldrechtsmodernisierung an § 270 BGB nichts geändert. Das Konto bei einem Geldinstitut muss sich für den Überweisungsverkehr eignen. Dabei kann es sich auch um ein Bausparkonto handeln (BSG SozR 1200 § 47 Nr. 1). Allerdings sind seit der Neufassung des § 47 die im europäischen Zahlungsverkehr geltenden Grundsätze „für Überweisungen und Lastschriften" zu beachten. Es handelt sich dabei im Wesentlichen um banktechnische Details der Abwicklung von Zahlungen (vgl. Art. 1–9 VO (EU 260/2012). Nachdem nun die Umstellung erfolgt ist, dürften sie keine praktischen Probleme mehr bereiten. Hervorzuheben ist allerdings Art. 1 Abs. 1, wonach die Verordnung für alle Zahlungsvorgänge in Euro in dem Gebiet der EU, also nicht nur für grenzüberschreitende Vorgänge, gilt. Gemäß Art. 1 Abs. 2 gilt die Verordnung nicht für einzelne Transaktionen, wie „Zahlungsvorgänge, die über Telekommunikations-, digitale oder IT-Geräte abgewickelt werden". Sozialrechtlich ist das ohne Bedeutung.

Der Leistungsberechtigte kann auch das Konto einer **anderen Person,** etwa des Ehepartners, wählen, wenn er darüber (auch) verfügungsberechtigt ist. In diesem Falle konnten sich in der Vergangenheit Probleme bei der Zwangsvollstreckung ergeben, denn der besondere Pfändungsschutz des § 55 aF bestand nur für das Konto des Berechtigten. Entsprechendes gilt heute für § 850k Abs. 7 ZPO, der insoweit an die Stelle des § 55 aF getreten ist. Dort besteht der Pfändungsschutz auf dem Pfändungsschutzkonto des Schuldners. Darüber hinaus wird man es aber nicht als zulässig ansehen können, dass die Geldleistung auf Wunsch des Leistungsberechtigten auf das Konto eines beliebigen Empfängers überwiesen wird (so Schellhorn, GK-SGB I § 47 Rn. 7). Nach dem Wortlaut des § 47 muss es sich um ein Konto des Empfängers der Geldleistung handeln. Es ist also zumindest dessen Verfügungsbefugnis über das Konto vorauszusetzen. Einen Ausnahmefall regelt § 26 Abs. 1 WoGG. Danach kann die Leistung auch auf ein Konto eines Haushaltsmitglieds überwiesen werden. Weitergehend wird die Auffassung vertreten, Waisenrenten könnten auch auf das Konto des überlebenden Elternteils überwiesen werden (Zweng/Scheerer/Buschmann, SGB I § 47 Anm. II 2). Auch diese Auffassung ist nicht vom Gesetzeswortlaut gedeckt. Berechtigter ist die Waise selbst. Nur wenn sie nicht handlungsfähig iSd § 36 ist oder wenn die Handlungsfähigkeit nach § 36 Abs. 2 eingeschränkt ist, kann der gesetzliche Vertreter die Modalitäten der Auszahlung bestimmen. Der Leistungsträger kann es in keinem Falle. Vom Wortlaut nicht gedeckt ist die Auffassung, eine Überweisung auf ein Konto ins Ausland könne nur erfolgen, wenn der Empfänger dort seinen Wohnsitz hat. Keine Stütze im Gesetzestext findet die Ansicht, dass eine Übermittlung der Geldleistung ins **Ausland** nicht kostenfrei erfolgen könne (Jahn, SGB I § 47 Rn. 13). Können Geldleistungen im Ausland in Anspruch genommen werden, so hat die Übermittlung auf ein dortiges Konto oder an den dortigen Wohnsitz zu erfolgen. Weder ist ein Zusammenhang zwischen beiden herzustellen, noch können allein die Kosten ein Ausschlussgrund sein. Zwar wird seit der Neufassung des § 47 Abs. 2 bestimmt, dass der Leistungsträger bei Zahlungen außerhalb der EU die Überweisungskosten bis zu dem von ihm mit der Zahlung beauftragten Geldinstitut trägt. Für die darüber hinaus gehenden Kosten ist aber immer noch eine Abweichung von der Sollvorschrift des § 47 Abs. 1 Satz 1 möglich. Insoweit ist § 33 durch die Neufassung nicht eingeschränkt worden. Ein Wunsch ist nur dann unangemessen, wenn er einen unverhältnismäßigen Verwaltungsaufwand oder unverhältnismäßige Kosten zur Folge hat (vgl. BSG SozR 1200 § 47 Nr. 1). 4

Abweichend vom BSG wird die Auffassung vertreten, dass im Rahmen des § 47 in keinem Falle auf § 33 zurückgegriffen werden könne, da bereits durch die §§ 270, 362 BGB vorbestimmt sei, dass der Schuldner die Überweisung auf das vom Gläubiger angegeben Konto vornehmen müsse. Jedoch ist bereits § 270 BGB dispositives Recht (MüKo-Krüger § 270 BGB Rn. 10). Darüber hinaus weicht das Sozialrecht vom Bürgerlichen Recht ab, da die Sollvorschrift des § 47 dem Leistungsträger einen begrenzten Entscheidungsspielraum über den Zahlungsweg einräumt (BSG SGb 2004 S. 631 mAnm Joussen). Im atypischen Falle hat er eine Ermessensentscheidung zu treffen. In diesem Rahmen soll der Leistungsträger die Wünsche des Leistungsberechtigten berücksichtigen. 5

In diesem Zusammenhang ist stärker zu berücksichtigen, dass in § 47 die Sollvorschrift und das Wunsch- und Wahlrecht nicht völlig deckungsgleich sind. Die Überweisung soll auf ein Konto des Berechtigten erfolgen. In jedem atypischen Fall ist von der Sollvorschrift abzuweichen. Das Wunsch- und Wahlrecht ist nur einer von mehreren Gründen. Beispielsweise ist die Auffassung, bei unklaren 6

Angaben des Berechtigten würde der Zahlungsanspruch ruhen, es würde also keine Überweisung erfolgen, nicht ganz zutreffend (Pflüger in jurisPK-SGB I § 47 Rn. 18). Ein Ruhen des Anspruchs müsste irgendwo geregelt sein (§ 31). Das ist aber nicht der Fall. Stellt sich zB heraus, dass der Berechtigte im Falle einer erheblichen Hilfebedürftigkeit in einer Einrichtung untergebracht worden ist, so wäre unverzüglich von der Sollvorschrift abzuweichen und nach Ermessensgrundsätzen eine passende Form der Überweisung zu wählen. Für die Folgezeit wäre die Anwendung des § 15 SGB X in Betracht zu ziehen.

7 Hat der Berechtigte in seinem Antrag ein bestimmtes Konto angegeben und erfolgt die Überweisung iSd § 47 grundlos auf ein anderes Konto, so hat diese nur Erfüllungswirkung, wenn sich der Berechtigte damit einverstanden erklärt. Soweit das nicht der Fall ist, muss eine nochmalige Überweisung auf das angegebene Konto erfolgen. Damit handelt es sich letzten Endes um eine Doppelzahlung, die nach § 50 Abs. 2 SGB X zurück abgewickelt werden muss (VGH Mannheim FEVS 54 S. 34; BSG SGb 2004 S. 631 mAnm Joussen). Man wird in diesem Falle jedenfalls dann in entsprechender Anwendung des § 273 BGB ein Zurückbehaltungsrecht des Leistungsträgers annehmen müssen, wenn dem Berechtigten die erste Überweisung tatsächlich zugegangen war und er auch über sie vollständig verfügen konnte. Handelt es sich um eine einfache Fehlüberweisung an eine andere Person, so ist der Leistungsträger gegenüber dem Empfänger auf § 812 BGB verwiesen, denn ihm gegenüber besteht keine leistungsrechtliche Beziehung, die über § 50 Abs. 2 SGB X rückabgewickelt werden könnte.

8 Die Überweisung hat **kostenfrei** zu erfolgen. Selbst tragen muss der Leistungsberechtigte dagegen die allgemeinen Kosten der Kontoführung (BSG SozR 3 – 1200 § 47 Nr. 1). Dies kann bei Empfängern von Leistungen der Hilfe zum Lebensunterhalt zu einer gewissen Unterschreitung der Bedarfsdeckungsgrenzen führen. Gemäß §§ 20 SGB II, 28 SGB XII gehören Kontoführungsgebühren zum allgemeinen Lebensbedarf, der in den Regelbedarfen berücksichtigt ist und damit durch die Leistungen gedeckt wird.

9 Der Sozialleistungsträger leistet rechtzeitig, wenn er den Beitrag fristgerecht einzahlt. **Verzögerungen** im Überweisungsverkehr (die Verspätungsgefahr) gehen nicht zu seinen Lasten. Allerdings muss er bei der Wahl des Einzahlungszeitraumes den üblichen Zeitablauf mitberücksichtigen (vgl. BSG SGb 1985 S. 81 mAnm v. Einem). Dies ist vor allem bei Empfängern von Leistungen der Hilfe zum Lebensunterhalt nach den §§ 19 ff. SGB II, 27 ff. SGB XII zu beachten. Bei ihnen kann nicht davon ausgegangen werden, dass sie über wirtschaftliche Reserven verfügen. Geht ihnen der Geldbetrag zu spät zu, müssen sie ihr Konto überziehen und mit relativ hohen Sollzinsen rechnen. Dies kann, weil die untere Ebene der Bedarfsdeckung erreicht ist, zu erheblichen Nachteilen führen. **Erfüllungswirkung** iSd § 362 bzw. des § 364 BGB hat die Überweisung erst dann, wenn sie auf dem Konto des Leistungsberechtigten eingeht.

10 Sofern die vom Sozialleistungsträger beauftragte Bank die Überweisung noch nicht ausgeführt hat, kann noch ein Widerruf der Zahlung erfolgen (§ 665 BGB). Im Übrigen aber können Überzahlungen nicht im Wege einer einfachen Rückbuchung korrigiert werden. Vielmehr hat eine Rücknahme nach §§ 45, 50 Abs. 2 SGB X zu erfolgen und es ist ein Erstattungsanspruch nach § 50 Abs. 1 SGB X geltend zu machen. Ist eine Zahlung nicht an den Sozialleistungsberechtigten, sondern an seinen **Erben** erfolgt, so besteht diesem gegenüber ein Anspruch nach § 812 BGB. Dies erklärt sich daraus, dass der Erbe bzw. ein sonstiger Dritter nicht an dem Sozialrechtsverhältnis beteiligt ist (BGHZ 71 S. 180; BSG 61 S. 11). Zur

Regelung des § 118 Abs. 3 und 4 SGB VI, die eine spezielle Rücküberweisungs- bzw. Erstattungspflicht der Empfänger begründet, vgl. § 57 Rn. 5–7)

2. Sonderregelungen

Die in § 47 vorgesehene Art der Auszahlung besteht nur, soweit die Besonderen Teile des Sozialgesetzbuches keine anderen Regelungen enthalten. Damit wird § 37 wiederholt. Abweichende Regelungen bestehen beispielsweise in §§ 119 SGB VI, 99 SGB VII (grundsätzliche Zahlung durch die Deutsche Post AG), § 337 SGB III (Überweisung des Arbeitslosengeldes auf das vom Arbeitslosen angegebene Konto und nur unter Kostenvorbehalt an den Wohnsitz oder gewöhnlichen Aufenthalt), § 51 Abs. 1 BAföG (ausschließlich unbare Zahlung monatlich im Voraus), § 26 Abs. 1 WoGG (Zahlung an andere Personen) und § 66 Abs. 2 BVG (Überweisung auch an Empfangsberechtigte), § 93 SVG (Benennung eines Kontos im Bundesgebiet). Im Fürsorgesystem haben die §§ 22 Abs. 7 Satz 2 SGB II, 35 Abs. 1 Satz 3 SGB XII als Auszahlung an Dritte eine größere praktische Bedeutung (vgl. unten Rn. 13, 14). 11

Nicht in § 47 geregelt ist also die Erbringung von **Dienst- und Sachleistungen.** Aus dem Grundsatz, dass Dienst- und Sachleistungen unmittelbar einen Bedarf decken sollen, ist abzuleiten, dass sie als Bringschulden anzusehen sind, und dass grundsätzlich in der Wohnung des Gläubigers zu leisten ist. In besonderen Fällen, etwa beim Krankenhaus- oder Heimaufenthalt ist am tatsächlichen Aufenthalt des Gläubigers zu leisten (vgl. § 98 SGB XII). Dies ist aus § 269 Abs. 1 BGB abzuleiten. Danach ist der Leistungsort bei Fehlen einer ausdrücklichen Regelung aus der Natur des Schuldverhältnisses zu entnehmen. Im Falle einer Kostenerstattung für die Selbstbeschaffung einer Leistung (zB § 13 Abs. 3 SGB V) ist § 47 zumindest entsprechend anwendbar. 12

Da es sich bei § 47 um eine Sollvorschrift handelt, ist in atypischen Fällen, deren Vorliegen der Sozialleistungsträger darzulegen hat, eine Abweichung möglich (§ 39 Rn. 7). Das kommt vor allem im **Sozialhilferecht** bei unwirtschaftlichem Verhalten des Hilfeempfängers in Betracht (§§ 24 Abs. 2 SGB II, 9 Abs. 1, 10 Abs. 3 SGB XII). Soweit hier von Geld- auf Sachleistungen übergegangen werden kann, fallen diese nicht in den Regelungsbereich des § 47, der nur die Auszahlung von Geldleistungen modifiziert. Sonderregelungen zu § 47 stellen die §§ 22 Abs. 7 Satz 2 SGB II und 35 Abs. 1 Satz 3 SGB XII dar. Danach können Leistungen für Unterkunft und Heizung an Dritte, insbesondere den Vermieter oder ein Energieversorgungsunternehmen, direkt überwiesen werden, wenn die zweckentsprechende Verwendung der Mittel nicht sichergestellt ist. Weniger flexibel sind die vergleichbaren Regelungen im SGB II, das keinen Individualisierungsgrundsatz kennt (§ 9 Abs. 1 SGB XII). Immerhin kann der Leistungsträger nach § 24 Abs. 2 SGB II auf Sachleistungen übergehen, wenn sich der Hilfebedürftige als ungeeignet erweist, mit der Regelleistung seinen Bedarf zu decken. Gedacht wird hier vor allem an die Fälle von Drogen- bzw. Alkoholsucht. (VGH Mannheim FEVS 54 S. 30). 13

Es kommt auch eine Auszahlung in den Amtsräumen des Leistungsträgers in Betracht. Daran ist wiederum besonders in der Sozialhilfe zu denken. Hier kann es sich häufiger ergeben, dass der Hilfeempfänger auf eine sofortige Auszahlung eines Geldbetrages angewiesen ist. Die Verpflichtung des Trägers der Sozialhilfe zur zeitnahen Bedarfsdeckung ergibt sich aus § 2 Abs. 1 SGB XII. Zu diesem Zweck muss sich der Leistungsträger während der Dienststunden durch die Mög- 14 lichkeit einer Barauszahlung leistungsbereit halten (vgl. § 17 Abs. 1 Nr. 1). Für dringende Bedarfsfälle muss er auch dafür vorsorgen, dass er außerhalb der Dienststunden leistungsbereit ist. In Abweichung von der Regel des § 47 kann er dies etwa unter Einschaltung einer Bahnhofsmission erreichen (vgl. § 5 Abs. 2 SGB XII).

3. Kostentragung bei abweichendem Zahlungsweg

15 Verfügt der Leistungsberechtigte nicht über ein Konto bei einem Geldinstitut, so ist dies ein weiterer Grund für den Sozialleistungsträger von der Sollvorschrift abzuweichen. In diese Richtung geht auch die Regelung des § 337 Abs. 1 Satz 3 SGB III. In § 42 Abs. 3 Satz 2 SGB II ist dementsprechend geregelt, dass Leistungen der Grundsicherung für Arbeitsuchende auch an den gewöhnlichen Aufenthalt oder Wohnsitz übermittelt werden. Dies geschieht allerdings grundsätzlich unter Abzug der dadurch veranlassten Kosten. Ob dieser Abzug in Form eines Verwaltungsaktes erfolgen muss, ist zweifelhaft. Es wird auch die Auffassung vertreten, dass der Abzug des geringen Betrages als schlichtes Verwaltungshandeln einzuordnen ist (LSG NRW FEVS 70 S. 37). Das wird man aber im Hinblick auf § 42 Abs. 3 Satz 2 und 3 SGB II nicht annehmen können. Des Weiteren ist umstritten, ob der Abzug als Aufrechnung anzusehen ist. Deren Voraussetzungen (§§ 51 Abs. 2 SGB I, 43 Abs. 1 Nr. 1–4 SGB II) dürften idR nicht vorliegen. Das ist wohl der Grund dafür, warum hier ein eigenständiges Rechtsinstitut angenommen wird. Dessen Grundlage wäre dann ausschließlich § 42 Abs. 3 Satz 2 SGB II (Eicher/Luik/Greiser § 42 Rn. 49). Worin – gegenüber der Aufrechnung – die Eigenständigkeit des § 42 Abs. 3 bestehen soll, wird aber nicht ausgeführt. Sie ist im Hinblick auf § 387 BGB auch schwer erkennbar. Eine Anhörung muss in diesem Falle „mit Blick auf den Rechtsgedanken" des § 24 Abs. 2 Nr. 7 SGB X nicht erfolgen (Gagel/Kallert § 42 SGB II Rn. 80). Die Vorschrift wird als Ausnahme für Bagatellfälle bezeichnet (v. Wulffen/Schütze/Siefert § 24 SGB X Rn. 36; BT-Drs. 12/5187 S. 35). Nach anderer Auffassung soll § 24 Abs. 2 Nr. 2 SGB X anwendbar sein (Sächs. LSG ZfSH/SGB 2014 S. 114 Rn. 44). Das spricht für die Annahme eines Verwaltungsaktes. Die Vorschrift des § 24 Abs. 2 Nr. 7 SGB X gilt dem Wortlaut nach für die Aufrechnung (§§ 51, 52 SGB I). Das stellt wiederum die Eigenständigkeit des Rechtsinstituts in Frage. Aus den Gesetzesmaterialien zu § 42 SGB II ergibt sich keine Begründung. Dort wird nur der Text des § 42 SGB II-E wiederholt (BT-Drs. 15/1516 S. 63). Eine Anlehnung an § 42 Abs. 2 Satz 1 SGB I kommt nicht in Betracht, weil dort Leistungen, die bereits erbracht worden sind, lediglich angerechnet werden. Insgesamt kann man also feststellen, dass die Besonderheit des § 42 Abs. 3 Satz 2 SGB II darin zu sehen ist, dass es sich hier um eine Bagatelle handelt, bei der die Möglichkeit eines Widerspruchs als ausreichend angesehen wird. Vorzuziehen wäre eine Erweiterung der §§ 43 Abs. 1 Nr. 1–4 SGB II um den weiteren Tatbestand des Kostenabzugs, der dann auch mit § 24 Abs. Abs. 2 Nr. 7 SGB X harmonieren würde.

16 Vom Abzug der Überweisungskosten ist abzusehen, wenn der Leistungsberechtigte nachweist, dass ihm die Einrichtung eines Kontos ohne eigenes Verschulden nicht möglich ist (§ 42 Abs. 3 Satz 3 SGB II). Soweit keine abweichenden Regelungen von § 47 bestehen, kann der Leistungsberechtigte anstelle der Überweisung auf ein Konto auch die Übermittlung, zB durch Postanweisung an seinen **Wohnsitz,** dh seine Wohnung, verlangen. Da auch in diesem Punkt im Gesetz Kostenfreiheit vorgesehen ist, können unangemessene Mehrkosten eine andere Entscheidung nur als Abweichen von der Sollvorschrift rechtfertigen (BSG SozR 1200 § 47 Nr. 1). Abzulehnen ist die Auffassung, mit dem Wohnsitz sei nicht die Wohnung gemeint, sondern die politische Gemeinde, in der sich die Wohnung befindet (Schellhorn, GK-SGB I § 47 Rn. 10; KassKomm-Seewald § 47 Rn. 12; Pflüger in jurisPK-SGB I § 47 Rn. 32). Diese Auffassung orientiert sich zu sehr an dem Wohnsitzbegriff des § 7 BGB und trägt den Besonderheiten des sozialrechtlichen Wohnsitzbegriffs nicht hinreichend Rechnung (§ 30 Rn. 11–17). Der entscheidende Unterschied zur Niederlassung nach § 7 BGB besteht darin, dass der Sozialleistungsberechtigte einen Wohnsitz nur dort begründen kann, wo er über eine Wohnung verfügt: „Einen Wohnsitz hat jemand dort, wo er eine … Wohnung innehat" (§ 30 Abs. 3). Deswegen ist, entgegen einer wohl überwiegenden Auffassung, der Begriff des Wohnsitzes in § 47 im Sinne der Wohnung auszulegen (so wohl auch Meydam, SGb 1981 S. 533; Schlegel in jurisPK-SGB I § 30 Rn. 32). Ähnlich hat die Rechtsprechung die Auszahlung iSd § 47 als „Platzgeschäft" (§§ 269, 270 BGB) angesehen (OVG Schleswig ZfF 1995 S. 131). Die erwähnte gegenteilige Auffassung ist schließlich auch unpraktikabel.

Die politische Gemeinde ist keine ausreichende Postanschrift. Wenn ein Leis- **17**
tungsberechtigter seinen Wohnsitz zB in Berlin oder München hat, dann müsste dorthin, und nicht an die Wohnung, überwiesen werden. Es könnte also auf dem üblichen postalischen Wege überhaupt nicht ausgezahlt werden. Der Begriff „übermitteln" lässt sich gewiss so auslegen, dass darunter „auch" die Schaffung von Auszahlungsmöglichkeiten an jedem Wohnsitz zu verstehen ist. Das ist aber nicht die einzig mögliche Auslegung, die zur Folge hätte, dass ein Geldzustelldienst nur in Ausnahmefällen, etwa bei gesundheitlichen Problemen, verlangt werden könnte (so LSG BW L 11 R 190/12, juris). Das würde zudem bedeuten, dass auch in sehr kleinen Gemeinden für den Normalfall Zahlstellen eingerichtet werden müssten. Vor dem Hintergrund seiner engen Auffassung, begründet das LSG Baden-Württemberg die Anerkennung des Ausnahmefalles eines Geldzustelldienstes mit § 33 Satz 2 SGB I. In diesem Falle ist auf den Wunsch des Berechtigten abzustellen. Grundsätzlich bedarf dieser keiner Begründung (§ 33 Rn. 11). Insbesondere ist der vom Gericht genannte Grund des Vorliegens besonderer Umstände keine Voraussetzung für die Anwendung des § 33 Satz 2. Überzogene Wünsche können über die gesetzlichen Merkmale „soll" und „angemessen" zurückgewiesen werden. In dem vom LSG Baden-Württemberg zitierten § 9 Abs 3 RentSV heißt es für die Rentenzahlungen ganz ähnlich, dem „berechtigten Interessen der Zahlungsempfänger (ist) Rechnung zu tragen, soweit hierdurch keine Mehraufwendungen entstehen oder die Mehraufwendungen im Hinblick auf die Umstände des Einzelfalls gerechtfertigt erscheinen".

§ 48 Auszahlung bei Verletzung der Unterhaltspflicht

(1) [1]**Laufende Geldleistungen, die der Sicherung des Lebensunterhalts zu dienen bestimmt sind, können in angemessener Höhe an den Ehegatten, den Lebenspartner oder die Kinder des Leistungsberechtigten ausgezahlt werden, wenn er ihnen gegenüber seiner gesetzlichen Unterhaltspflicht nicht nachkommt.** [2]**Kindergeld, Kinderzuschläge und vergleichbare Rentenbestandteile (Geldleistungen für Kinder) können an Kinder, die bei der Festsetzung der Geldleistungen berücksichtigt werden, bis zur Höhe des Betrages, der sich bei entsprechender Anwendung des § 54 Abs. 5 Satz 2 ergibt, ausgezahlt werden.** [3]**Für das Kindergeld**

gilt dies auch dann, wenn der Kindergeldberechtigte mangels Leistungsfähigkeit nicht unterhaltspflichtig ist oder nur Unterhalt in Höhe eines Betrages zu leisten braucht, der geringer ist als das für die Auszahlung in Betracht kommende Kindergeld. [4]Die Auszahlung kann auch an die Person oder Stelle erfolgen, die dem Ehegatten, dem Lebenspartner oder den Kindern Unterhalt gewährt.

(2) **Absatz 1 Satz 1, 2 und 4 gilt entsprechend, wenn unter Berücksichtigung von Kindern, denen gegenüber der Leistungsberechtigte nicht kraft Gesetzes unterhaltspflichtig ist, Geldleistungen erbracht werden und der Leistungsberechtigte diese Kinder nicht unterhält.**

Übersicht

1. Gegenstand der Abzweigung

1 Die Vorschrift, als Abzweigung bezeichnet, ist ebenso wie die §§ 49 und 50 eine Ergänzung zu der grundsätzlichen Regelung des § 47 über die Auszahlung von Sozialleistungen iSd § 11 (§ 11 Rn. 1–6). Die in den §§ 48–50 geregelten Abweichungen betreffen dem Empfänger der Geldzahlung, der nicht mit dem Empfänger der Sozialleistung identisch ist. Die Abweichung von der Regel des § 47 erfolgt in § 48 von Amts wegen als Ermessensentscheidung oder, wie typischerweise in der Praxis, auf Antrag der Ehepartners oder der Kinder. Das in der Praxis häufig abgezweigte Kindergeld nach § 1 BKGG ist eine Sozialleistung. Dasselbe gilt aber nicht für das **steuerliche Kindergeld** nach den §§ 62 ff. EStG. Für diese Leistung trifft jedoch § 74 EStG eine dem § 48 vergleichbare Regelung über die Auszahlung des Kindergeldes in angemessener Höhe (vgl. BFH 224 S. 290). Beide Vorschriften können auch nebeneinander Anwendung finden, wenn die Auszahlung des Kindergeldes nach § 74 EStG den Unterhaltsbedarf nicht vollständig deckt und der Unterhaltspflichtige noch andere Sozialleistungen bezieht. Allerdings können auch nach § 48 nur laufende Leistungen, die der Sicherung des Lebensunterhalts zu dienen bestimmt sind, Gegenstand der Abzweigung sein. Laufende sind der Gegenbegriff zu einmaligen Leistungen. Es handelt sich also um solche, die regelmäßig wiederkehrend für bestimmte Zeitabschnitte gezahlt werden. Die Frage, welche Leistungen der Sicherung des Lebensunterhalts dienen, wird nicht einheitlich beantwortet (vgl. unten Rn. 12). Auf jeden Fall gehören dazu alle Entgeltersatzleistungen.

2 Die Vorschrift erklärt sich daraus, dass die meisten Sozialleistungen nicht nur der Deckung des Lebensbedarfs des Berechtigten selbst, sondern auch seiner **unterhaltberechtigten** Kinder und seines Ehepartners dienen. Der Gesetzgeber beabsichtigte mit der Regelung des § 48, Unterhaltsberechtigten in Höhe ihres Unterhaltsanspruchs den Zugriff auf diese Sozialleistungen zu ermöglichen, ohne sie auf den Weg der gerichtlichen Durchsetzung mit anschließender Pfändung zu verweisen. Dieses Ziel lässt sich in der Praxis nur schwer erreichen, da im Falle einer Abzweigung die wesentlichen unterhaltsrechtlichen Vorfragen geprüft werden müssen (vgl. Grimm, SozVers 1982 S. 169; Wilde/Schütte, SGb 1984 S. 154).

Die dabei übliche Bezugnahme auf die Unterhaltstabellen der Oberlandesgerichte bedingt aber eine recht schematische Überprüfung des Unterhaltsrechts (vgl. BSG SozR 3-1200 § 48 Nr. 4). Das ist an sich zu rechtfertigen, weil es nicht Aufgabe der Sozialleistungsträger ist, Fragen zur Höhe des Unterhaltsanspruchs zu entscheiden. Andererseits ist es auch der Zweck des § 48 Unterhaltsprozesse vermeiden zu helfen. Dies kann letztlich aber nur dadurch geschehen, dass der Unterhaltsanspruch möglichst exakt ermittelt wird. Die Abzweigung darf also nur erfolgen, wenn eine konkrete unterhaltsrechtliche Leistungspflicht festgestellt worden ist (BSG 93 S. 203). Insoweit musste sich die Praxis der Sozialleistungsträger auf die seit dem 1.1.2008 bestehende neue Situation im Unterhaltsrecht einstellen (Born, NJW 2008 S. 1; Klinkhammer, FamRZ 2008 S. 193; Schürmann, FamRZ 2008 S. 313). Sie ist durch mindestens zwei neue Grundmerkmale zu charakterisieren: Es besteht der Grundsatz des bedarfsmindernden Vorwegabzugs des Kindergeldes (§ 1612b Abs. 1 BGB). Des Weiteren rückt der Ehepartner nach den minderjährigen und den Kindern im Sinne des § 1603 Abs. 2 Satz 2 BGB auf den zweiten Rang (§ 1609 Nr. 1 und 2 BGB). Zu berücksichtigen ist auch, dass die Unterhaltstabellen ihre größte praktische Bedeutung im Fall einer Scheidung haben. In § 48 wird dagegen in Ansehung des Ehepartners gerade nicht von der Scheidung ausgegangen.

Eine Abzweigung kann nur im Interesse der unterhaltsberechtigten Kinder und 3
des Ehegatten erfolgen. Nur sie sind antragsberechtigt. Bei mehreren Kindern ist der Abzweigungsbetrag auf die Berechtigten aufzuteilen und konkret zu bestimmen (BSG SozR 4-1200 § 48 Nr. 2). Entsprechendes gilt, wenn auch zugunsten des Ehepartners abgezweigt wird. Soweit ein Unterhaltsanspruch bereits **tituliert** ist, und infolgedessen die Abzweigung nur der Vermeidung der Zwangsvollstreckung dient, hat der titulierte Unterhaltsanspruch gleichwohl keinen Vorrang vor den anderen Ansprüchen (BSG 93 S. 203). Der eingetragene Lebenspartner, nicht jedoch der geschiedene Ehepartner kann eine Abzweigung verlangen. Letzterer ist auf die gerichtliche Durchsetzung seiner Ansprüche verwiesen. Dasselbe gilt, wenn einer der Berechtigten rückständigen Unterhalt durchsetzen will, da die Abzweigung nur die Sicherstellung des laufenden Unterhalts gewährleisten soll.

Im Falle einer Abzweigung kann der Unterhaltsberechtigte Auszahlung an sich 4
selbst nach den Grundsätzen des § 47 verlangen. Er ist dann Empfänger im Sinne dieser Vorschrift. Ob ein **Minderjähriger,** der iSd § 36 handlungsfähig ist, selbst eine Abzweigung verlangen kann, hängt davon ab, ob man die Abzweigung als Antrag auf Sozialleistungen ansehen kann. Im Hinblick auf den Zweck der Regelung des § 48 wird man das bejahen müssen. Es genügt allerdings nicht allein auf das Merkmal „entgegennehmen" in § 36 Abs. 1 abzustellen, denn dies kann ja erst die Folge der Abzweigung sein. Allerdings könnte es sich ergeben, dass der Sozialleistungsberechtigte, bei dem die Abzweigung erfolgen soll, im Rahmen der Ausübung der elterlichen Sorge eine Einschränkung der Handlungsfähigkeit nach § 36 Abs. 2 Satz 1 vornimmt. Zwar könnte in diesem Falle von Amts wegen abgezweigt werden, der Personensorgeberechtigte könnte aber auch dann noch die Handlungsfähigkeit hinsichtlich der Entgegennahme von Sozialleistungen (vgl. § 36 Abs. 1 Satz 1) einschränken. Um Ziel und Zweck der Abzweigung zu erreichen, müsste also, sofern nicht die Fälle einer Alleinvertretung nach § 1629 Abs. 1 Satz 3 oder Abs. 2 Satz 2 BGB vorliegen, eine familiengerichtliche Entscheidung nach den §§ 1629 Abs. 2 Satz 3, 1796 BGB herbeigeführt werden.

Die Abzweigung erfolgt idR auf **Antrag** des Unterhaltsberechtigten als Verwal- 5
tungsakt gegenüber dem Unterhalts- und dem Sozialleistungsberechtigten. Nur

ausnahmsweise eröffnet der Sozialleistungsträger das Verfahren ohne einen Antrag (§ 18 SGB X). Vor jeder Entscheidung über eine Abzweigung ist der Unterhaltspflichtige gemäß § 24 SGB X anzuhören. Davon darf auch in dringenden Fällen nicht abgesehen werden. Ein Fall des § 24 Abs. 2 Nr. 1 SGB X (Gefahr im Verzuge) ist hier nicht gegeben. Im Falle einer akuten Bedarfslage müssen vielmehr zunächst die Träger der Grundsicherung für Arbeitsuchende oder der Sozialhilfe leisten (§§ 19 ff. SGB II; 27 ff. SGB XII). In diesem Umfange geht der Unterhaltsanspruch auf sie über (§§ 33 SGB II, 94 SGB XII).

6 Ob der Sozialleistungsträger abzweigt, entscheidet er nach seinem pflichtgemäßem Ermessen (§ 39). Auch über den **Zeitpunkt** entscheidet er unter Berücksichtigung einer angemessenen Anhörungsfrist von etwa zwei bis drei Wochen nach pflichtgemäßem Ermessen (BSG SozR 1200 Nr. 12; 13). Frühester Zeitpunkt für eine Abzweigung ist der Tag der Antragstellung (BSG 57 S. 127). Da die praktisch übliche Reihenfolge Antrag, Abzweigung, Auszahlung nicht zwingend im Gesetz vorgesehen ist, wird man bei vorliegendem Antrag auch eine Abzweigung mit Rückwirkung zulassen müssen. Diese Notwendigkeit kann sich bei andauernder Unterhaltspflichtverletzung und dem Ausstehen einer Nachzahlung ergeben. Das BSG lässt sogar die Abzweigung bereits ausgezahlter Sozialleistungen zu, wenn der Antrag zuvor eingegangen ist (BSG 57 S. 127).

7 Kein Ermessen steht dem Sozialleistungsträger hinsichtlich der **Höhe** des Abzweigungsbetrages zu. Hier räumt ihm aber das BSG einen Beurteilungsspielraum bei der Bestimmung der angemessenen Höhe ein (BSG 55 S. 245; BSG 59 S. 30). Dabei sind auch tatsächliche Aufwendungen des Unterhaltspflichtigen zugunsten des Unterhaltsberechtigten zu berücksichtigen (zB Besuchsfahrten, Unterkunft). Eine solche Situation kann sich vor allem dann ergeben, wenn nach § 48 Abs. 1 Satz 4 zugunsten eines Leistungsträgers abgezweigt wird.

7a Die Entscheidung über die Abzweigung ist ein Verwaltungsakt, der sowohl gegenüber dem Leistungsberechtigten (Unterhaltsschuldner) als auch gegenüber dem Antragsteller ergeht (BFH 252 S. 155). Beide sind also dessen Adressaten. Somit können beide den Verwaltungsakt mit Widerspruch und Anfechtungsklage angreifen. Der Rechtsweg ist zu den Sozial- bzw. Verwaltungsgerichten eröffnet (§§ 51 SGG, 40 VwGO), da das der Abzweigung zugrunde liegende Rechtsverhältnis nicht im Unterhalts- sondern im Sozialrecht zu suchen ist.

8 Mit der Abzweigung nach § 48 verschafft sich der Sozialleistungsträger selbst die Befugnis, an einen Dritten zu leisten. Dieser Dritte ist idR ein Unterhaltsberechtigter. Aus dieser Sicht stellt die Abzweigung eine Einziehungsberechtigung dar (vgl. v. Einem, SGb 1994 S. 263). Auf Grund der Regelung des § 48 Abs. 1 Satz 4 kann die Auszahlung aber auch an Personen oder Stellen erfolgen, die dem Ehepartner bzw. dem Kind Bar- oder Betreuungsunterhalt iSd § 1610 Abs. 2 BGB leisten (BSG 53 S. 218). Das sind häufig der Träger der **Jugend-** oder der **Sozialhilfe** bzw. der Träger der Grundsicherung für Arbeitsuchende oder auch Pflegeeltern, und zwar auch dann, wenn ihnen das Jugendamt ein Pflegegeld nach § 39 SGB VIII zahlt. Handelt es sich bei den Stellen, die dem Ehegatten oder dem Kind Leistungen erbringen, um Sozialleistungsträger, so tritt die Möglichkeit der Abzweigung neben den Erstattungsanspruch nach § 104 Abs. 1 Satz 4 SGB X (BSG 53 S. 218). Ein solcher Erstattungsanspruch hat Vorrang gegenüber einer Abzweigung nach § 48, sofern sie von einer in dieser Vorschrift genannten Person verlangt wird (BSG 64 S. 96; BSG SGb 1991 S. 317 mAnm v. Einem; BSG ZfJ 1993 S. 555). Gegen diese Rechtsprechung wird unter Berufung auf das Prioritätsprinzip eingewandt, dass sich ein genereller Vorrang vor der Abzweigung nicht aus der Funktion des Erstattungsanspruchs ergeben könne (Moll in Hauck/Noftz, SGB I § 48 Rn. 9). Dieser Einwand ist jedoch nicht durchschlagend. Die Rangverhältnisse der unterschiedlichen Formen des Rechtsüberganges bestimmen sich keineswegs immer nach dem **Prioritätsprinzip.** Es ist letztlich eine Frage der Auslegung der jeweils anzuwendenden Normen, ob Rangverhältnisse nach anderen Gesichtspunkten zu bestimmen sind als nach der zeitlichen Reihenfolge (vgl. § 53 Rn. 15–21). In dieser Hinsicht wird man die erwähnte Entscheidung des BSG – entgegen der Kritik daran – als richtig ansehen müssen (vgl. auch BFH/NV 2014 S. 322). Im Verhältnis der §§ 48 SGB I, 104 SGB X hätte eine mit Vorrang ausgestattete Abzweigung sachlich keine Berechtigung, weil wegen derselben Unterhaltspflichtverletzung, derentwegen die Abzweigung erfolgt, ein Träger der Jugend- oder Sozialhilfe bzw. der Grundsicherung für Arbeitsuchende eintritt. Der Unterhaltsbedarf also durch ihn gedeckt wird (vgl. §§ 19 ff. SGB II, 27 ff. SGB XII, 39 SGB VIII). Seinem Erstattungsanspruch gebührt damit, unabhängig von der zeitlichen Reihenfolge, materiell der Vorrang (§ 53 Rn. 19).

In der Befugnis, an einen Dritten zu leisten, beschränkt sich die Rechtswirkung 9 der Abzweigung. Insbesondere findet nicht ein Wechsel in der materiellen Leistungsberechtigung statt, wie er bei einer Abtretung (§ 398 BGB) oder bei einem Pfändungs- und Überweisungsbeschluss (§§ 829, 835 ZPO) erfolgt. So kann der Sozialleistungsberechtigte auch nach der Abzweigung die Sozialleistung fordern, allerdings muss er hinsichtlich des abgezweigten Betrages Leistung an den Unterhaltsberechtigten verlangen. Kommt eine Erstattung nach § 50 SGB X in Betracht, so muss der Sozialleistungsberechtigte den gesamten Betrag, also auch den abgezweigten Teil, erstatten (BSG 68 S. 107; BSG SozR 3 – 1300 § 50 Nr. 10). Allerdings geht jeder Erstattung ein Aufhebungsverfahren nach den §§ 45, 48 SGB X voraus. Damit ist ein Ermessen auch hinsichtlich der Höhe der Erstattung auszuüben.

Der Leistungsträger seinerseits kann mit Ansprüchen gegenüber dem Sozialleis- 10 tungsberechtigten **aufrechnen,** da letzterer Gläubiger bleibt. Ob er in entsprechender Anwendung der §§ 392, 406 BGB auch gegenüber dem Unterhaltsberechtigten aufrechnen kann (so v. Einem, SGb 1994 S. 263), wird man bezweifeln müssen. Nach dem Wortlaut des § 406 BGB bleibt lediglich die bisherige Aufrechnungslage gegenüber dem „neuen Gläubiger" erhalten. Zunächst fehlt es schon an einem neuen Gläubiger (Rn. 11). Zudem könnte sich der Sozialleistungsträger durch die Abzweigung, die ja auch von Amts wegen vorgenommen werden kann, eine zusätzliche Aufrechnungsmöglichkeit verschaffen. Demgegenüber wird man in entsprechender Anwendung des § 398 BGB eine Abtretung des abgezweigten Betrages unter den Voraussetzungen des § 53 auch durch den Unterhaltsberechtigten zulassen müssen, da Interessen des Sozialleistungsträgers bzw. des Sozialleistungsberechtigten dadurch nicht berührt werden.

Auch wenn der abgezweigte Betrag Sozialleistung bleibt, wird der Unterhalts- 11 berechtigte also nicht zum Sozialleistungsberechtigten oder sonst Gläubiger der Leistung. In § 48 wird lediglich die Auszahlung geregelt. Deswegen ist der Unterhaltsberechtigte nach der Abzweigung auch nicht daran gehindert, seinen **Unterhaltsanspruch** im Klagewege und durch Zwangsvollstreckung weiterzuverfolgen. Dazu ist ihm uU sogar zu raten. Wird ein Teil der Sozialleistung zu seinen Gunsten abgezweigt, so kann gleichwohl die ganze Sozialleistung im Rahmen des § 54 der Pfändung unterworfen sein (vgl. dazu Günther, SGb 1994 S. 639; v. Einem, SGb 1994 S. 643). Das kann bedeuten, dass ein Gläubiger des Sozialleistungsberechtigten durch eine spätere Maßnahme der Zwangsvollstreckung die frühere Abzweigung letztlich zu Fall bringt.

2. Laufende Leistungen zur Sicherung des Lebensunterhalts

12 Abgezweigt werden können nur **laufende Geldleistungen** und zwar für den Zeitraum, nach dem sie fällig geworden sind (§ 41). Dazu gehören auch Nachzahlungen auf laufende Leistungen. Leistungen der Sozialhilfe wurden in der Vergangenheit nicht als laufenden Leistungen angesehen (vgl. § 51 Rn. 11). Jedoch haben sich infolge der Rechtsprechung des BSG hierzu neue Akzente ergeben (§ 37 Rn. 11–18). Größere praktische Bedeutung hat diese Frage aber nicht. Generell hat jeder Hilfebedürftige einen eigenen Anspruch auf Leistungen der Sozialhilfe. Ist zudem objektiv die Situation einer Abzweigung gegeben, dann werden der Leistungsberechtigte und der Unterhaltsberechtigte nicht in einem gemeinsamen Haushalt leben. In diesem Falle sind Leistungen der Hilfe zum Lebensunterhalt ohnehin getrennt zu bewilligen und auszuzahlen (vgl. §§ 19 Abs. 1, 27 Abs. 2 SGB XII). Leistungen der Grundsicherung für Arbeitsuchende waren von Anfang an als laufende Leistungen zur Sicherung des Lebensunterhalts anzusehen. Diese werden gemäß §§ 37, 41 Abs. 1 SGB II auf Antrag für grundsätzlich sechs Monate bewilligt. Allerdings scheitert die Abzweigung auch hier zumeist an den Leistungsmodalitäten bei Getrenntleben (unten Rn. 17). Der Charakter als laufende Leistung geht nicht verloren, wenn eine Sozialleistungen für einen bestimmten Zeitabschnitt nachträglich gezahlt wird. Ausgenommen von der Abzweigung sind Dienst- und Sachleistungen. Dasselbe gilt, wenn für eine selbstbeschaffte Sachleistung nach §§ 13 Abs. 3; 37 Abs. 4; 38 Abs. 4 SGB V, 18 SGB IX Kosten zu erstatten sind. Ob der Kostenerstattungsanspruch den Rechtsgrundsätzen der Geld- oder der Sachleistung folgt (vgl. § 11 Rn. 16–18), kann im Zusammenhang mit der Abzweigung dahinstehen. Auf jeden Fall dient er nicht der Sicherung des Lebensunterhalts.

13 Wenn man den unterhaltsrechtlichen Zweck des § 48 berücksichtigt, dann könnten sich die Zweifel an der bisherigen Auslegung des Begriffs „Deckung des Lebensbedarfs" ergeben. Unterhaltsrechtlich ist es keineswegs so, dass bestimmte Sozialleistungen einen Sonderstatus hätten. Im Grundsatz geht das Unterhaltsrecht dahin, dass alle Sozialleistungen unterhaltsrechtlich relevantes Einkommen sind. Es kann sich jedoch ergeben, dass der Unterhaltspflichtige einen **besonderen Bedarf** hat, den er durch eine bestimmte Sozialleistung deckt. Durch Einfügung des § 1610a BGB ist diese Zuordnung nicht grundsätzlich geändert aber im Sinne einer Vermutungswirkung modifiziert worden.

14 Werden nach § 1610a BGB für Aufwendungen infolge eines Körper- oder Gesundheitsschadens Sozialleistungen in Anspruch genommen, so wird bei der Feststellung des Unterhaltsanspruchs vermutet, dass die Kosten der Aufwendungen nicht geringer sind als die Höhe dieser Sozialleistungen (OLG Hamm FamRZ 1994 S. 1193). Vor allem bei stark pauschalierenden oder nicht auf den individuellen Bedarf abstellenden Sozialleistungen (vgl. §§ 56 ff. SGB VII) kann die **Vermutung** unterhaltsrechtlich widerlegt werden. Also könnte man aus unterhaltsrechtlicher Sicht sagen, dass alle Sozialleistungen der Deckung des Lebensbedarfs dienen, soweit sie nicht für einen Sonderbedarf aufgebraucht werden. Das entspricht auch der allgemeinen Lebenserfahrung. Im Rahmen der Abzweigung wird man deswegen an dem engen sozialrechtlichen Begriff der Sicherung des Lebensunterhalts nicht festhalten können. Andererseits handelt der Sozialleistungsträger nicht

ermessenswidrig, wenn er im Rahmen der Abzweigung von der Vermutungswirkung des § 1610a BGB ausgeht, also Sozialleistungen, die zur Deckung eines Körper- oder Gesundheitsschadens erbracht werden, von der Abzweigung ausnimmt. Insoweit ist der Unterhaltsberechtigte auf den Klageweg verwiesen.

Auch einmalige Geldleistungen, zB die Kraftfahrzeughilfe (§§ 49 Abs. 8 Nr. 1 **15**
SGB IX, 2 KfzHV) können nicht abgezweigt werden. Dasselbe gilt für die Leistungen zur Verbesserung der Eingliederung von Arbeitnehmern nach den §§ 88 ff. SGB III. Bei ihnen handelt es sich zwar um Leistungen, die letztlich der Sicherung des Lebensunterhalts dienen, jedoch um solche an den Arbeitgeber, die dem Arbeitnehmer in Form von Lohnkostenzuschüssen zugehen. Für das Kurzarbeitergeld ist eine Abzweigung durch die Spezialregelung des § 108 Abs. 1 SGB III ausdrücklich ausgeschlossen. Hingegen ist eine Abtretung zulässig, wenn sie dem Arbeitgeber angezeigt wird (§ 108 Abs. 2 Satz 2 SGB III).

Abzweigbar sind die laufenden Leistungen nur, wenn sie der **Sicherung des** **16**
Lebensunterhalts zu dienen bestimmt sind. Das gilt zunächst einmal für alle Entgeltersatzleistungen, wie Krankengeld, Renten, Arbeitslosengeld, Unterhalts- und Übergangsgeld, Kindergeld usw. Eindeutig nicht gilt das etwa für Leistungen zur Sicherstellung der Pflege (§§ 37 SGB XI, 35 BVG). Dazwischen gibt es eine Reihe von Leistungen, deren Abzweigbarkeit zweifelhaft ist. Eine enge Auffassung hinsichtlich der Abzweigbarkeit wird nicht der unterhaltsrechtlichen Funktion des § 48 gerecht. Nicht der Deckung des Lebensbedarfs dient die Grundrente des sozialen Entschädigungsrechts (§ 31 BVG). Gleichfalls nicht abgezweigt werden können Teile von Leistungen der Ausbildungsförderung (§§ 11 ff. BAföG, 56 ff. SGB III). Sie sind zwar zur Deckung des allgemeinen Lebensbedarfs bestimmt, jedoch nur für den des Auszubildenden selbst während seiner Ausbildung. Entsprechendes gilt für den Zuschuss zur Krankenversicherung (§ 106 SGB VI). Ob das **Wohngeld** abgezweigt werden kann, ist umstritten, aber letztlich zu bejahen, denn es dient der Deckung des Wohnbedarfs, der Teil des allgemeinen Lebensbedarfs ist (aA Moll in Hauck/Noftz, SGB I § 48 Rn. 3).

In der **Grundsicherung für Arbeitsuchende** war der frühere Zuschlag nach **17**
§ 24 SGB II aF abzweigbar (BSG SozR 4-1200 § 48 Nr. 3). Dasselbe galt und gilt aber grundsätzlich nicht für die laufenden Leistungen der Grundsicherung für Arbeitsuchende (§§ 19 ff. SGB II) und der Sozialhilfe (§§ 27 ff. SGB XII). Zwar sind unter den Voraussetzungen der §§ 7 Abs. 3 SGB II, 19 SGB XII sog. Bedarfs- oder Einsatzgemeinschaften zu bilden, so dass in der Praxis regelmäßig ein einheitlicher Betrag an die Familie ausgezahlt wird. Jedoch hat jedes Mitglied der Familie einen eigenen Anspruch auf Leistungen der Grundsicherung bzw. der Sozialhilfe, so dass es schon deswegen an den Voraussetzungen für eine Abzweigung fehlt. Verletzt also ein Elternteil seine Unterhaltspflicht, so kann es nicht dazu kommen, dass weiterhin der Gesamtbetrag der Hilfe an ihn ausgezahlt wird. Sollte nach Auflösung einer Bedarfsgemeinschaft ein Träger der Grundsicherung für Arbeitsuchende etwa durch einen Antrag auf Abzweigung Kenntnis von diesem Sachverhalt erlangen, so müsste er seine nach den §§ 38, 41 SGB II für die inzwischen aufgelöste Bedarfsgemeinschaft getroffene Entscheidung gemäß § 48 SGB X aufheben. Lediglich für die Dauer dieses Verfahrens könnte eine Abzweigung erfolgen.

Das BSG geht dagegen in einem Fall, in dem diese Frage nicht mehr entschei- **17a**
dungserheblich war, von einer Abzweigbarkeit der Leistungen der **Grundsicherung für Arbeitsuchende** aus (BSG SozR 4-1200 § 48 Nr. 3). Diese Lage kann sich aber allenfalls in einer Ausnahmesituation oder innerhalb eines sehr kurzen

Zeitraumes ergeben (LSG Nds.-Brem. FamRZ 2002 S. 1834; LSG Nds.-Brem. Breith. 2016 S. 480). Abgezweigt werden kann nur zu Gunsten von Ehepartnern und Kindern. Nur bei Zusammenleben bilden sie eine Bedarfsgemeinschaft (§ 7 Abs. 3 Nr. 3a und 4 SGB II). In diesem Falle ergeht trotz Bestehens von **Einzelansprüchen** ein einheitlicher Bescheid (§ 38 SGB II). Wenn trotz Zusammenlebens eine Unterhaltspflicht nicht erfüllt wird, wäre an eine Abzweigung zu denken. In diesem Falle ist aber bereits die Vermutung, dass der erwerbsfähige Leistungsberechtigte zur Entgegennahme der Leistungen bevollmächtigt ist, widerlegt (§ 38 Abs. 1 Satz 1 SGB II). In dem praktisch wichtigeren Fall des Auszugs eines Partners oder eines Kindes aus der gemeinsamen Wohnung, ist bereits die Bedarfsgemeinschaft aufgelöst. Folglich sind Einzelansprüche geltend zu machen. Bereits ausgezahlte Leistungen können auf Grund eines später gestellten Antrags nicht abgezweigt werden. Was die künftigen Leistungen angeht, so sind Einzelansprüche auf SGB II-Leistungen geltend zu machen. Ein bestehender Verwaltungsakt ist nach § 48 SGB X aufzuheben. Dem Jobcenter dürfte dieser Sachverhalt durch einen Antrag nach § 48 SGB I zur Kenntnis gelangen. Es muss dann nach § 48 SGB X vorgehen. Das gilt auch, wenn ein Kind in eine Maßnahme nach den §§ 27 ff. SGB VIII genommen worden ist und der Träger der Jugendhilfe nach § 48 Abs. 1 Satz 4 SGB I vorgeht. In diesen Fällen (§§ 33, 34 SGB VIII) besteht ohnehin nur ein Anspruch auf Leistungen zum Lebensunterhalt nach § 39 SGB VIII. Wird dagegen ein behindertes Kind in eine stationäre Betreuung außerhalb der Familie nach den §§ 90 ff. SGB IX genommen, so erhält es Leistungen zum Lebensunterhalt nach § 27b SGB XII (vgl. §§ 7 Abs. 3 Nr. 4 SGB II, 41 Abs. 3 SGB XII). Ein etwa noch bestehender SGB II-Bescheid ist ebenfalls nach § 48 SGB X aufzuheben. Es bestehen Einzelansprüche der Familienmitglieder auf Leistungen nach dem SGB II und dem SGB XII. Eine besondere Situation kann sich ergeben, wenn die **Unterhaltsberechtigten keine SGB II-Leistungen beziehen.** In diesem Falle kann aus dem eigenen SGB II-Leistungsanspruch des Unterhaltspflichtigen nicht zu Gunsten eines Kindes oder Partners abgezweigt werden, weil aus ihm keine Unterhaltspflicht folgt, also auch nicht verletzt werden kann (vgl. OLG Hamm ZfSH/SGB 2012 S. 668). Für eine Abzweigung ist, abgesehen vom Kindergeld, also grundsätzlich kein Raum. Davon kann sich eine praktisch relevante Ausnahme ergeben: Der Unterhaltspflichtige bezieht Leistungen nach dem SGB II unter Berücksichtigung des Freibetrages wegen Erwerbstätigkeit nach § 11b Abs. 2 und 3 SGB II (vgl. § 19a Rn. 46). In Höhe dieses Freibetrages wäre an sich an eine Abzweigung zu denken (SG Hannover NZS 2013 S. 874). Zu beachten ist aber, dass in Höhe des Freibetrags lediglich das Erwerbseinkommen des Leistungsberechtigten anrechnungsfrei bleibt. Erwerbseinkommen kann aber nicht abgezweigt werden. Die Entscheidung müsste also so ausfallen, dass aus der SGB II-Leistung mit der Begründung abgezweigt wird, dass dem Unterhaltspflichtigen im rechnerischen Endergebnis unter Berücksichtigung des nicht angerechneten Einkommensanteils ein Betrag in Höhe des notwendigen Lebensunterhalts verbleibt.

3. Abhängigkeit vom Unterhaltsrecht

18 Materielle Voraussetzung der Abzweigung ist, dass der Leistungsberechtigte seine gesetzliche Unterhaltspflicht, sei es auch nur zeit- oder teilweise, verletzt. Auf die Erfüllung des Straftatbestandes des § 170b StGB kommt es dabei nicht an, und zwar weder, was die relativ engen strafrechtlichen Tatbestandsmerkmale, noch was die strafrechtliche Schuld angeht. Eine einmalige Nichtzahlung genügt im Regelfalle für die Anwendung des § 48 nicht. Andererseits ist nicht zu fordern, dass der Sozialleistungsberechtigte längere Zeit nicht geleistet hat oder einen bestimmten Teilbetrag schuldet bzw. seine Unterhaltspflicht nachhaltig verletzt. Dies fordert der Gesetzestext nicht. Vielmehr ist auf Grund des bisherigen Verhaltens des Unterhaltspflichtigen zu schließen, ob er seiner **Unterhaltspflicht nicht nachkommt.** Dies – also ein bloßes Nichtleisten von Unterhalt – nimmt der BFH für die Abzweigung von Kindergeld sogar dann an, wenn Unterhalt nicht zu leisten ist, weil ein behindertes Kind Grundsicherung nach den §§ 41 ff. SGB XII erhält, die Eltern also wegen § 43 Abs. 5 Satz 1 SGB XII unterhaltsrechtlich weitgehend entlastet sind (§ 28 Rn. 17). Auch dies ergibt sich aber aus der Sonderregelung des § 48 Abs. 1 Satz 3. Bei einer stationären Unterbringung des Kindes, kann das Kindergeld nach § 48 Abs. 1 Satz 4 grundsätzlich zu Gunsten des Sozialhilfeträgers abgezweigt werden. Entstehen dem Kindergeldberechtigten allerdings weiterhin materielle Aufwendungen für das Kind, so ist dies bei der Abzweigungsentscheidung zu berücksichtigen. Ermessensgerecht ist idR das Kindergeld nicht an den Sozialhilfeträger, sondern an die Eltern auszuzahlen. (BFH 224 S. 228, 290).

Ob die materiellen Voraussetzungen der Abzweigung erfüllt sind, ist im Sinne **19**
einer Prognose festzustellen. Die mit der Prognose verbundene Unsicherheit ist hinzunehmen, da durch die Abzweigung nur bewirkt wird, was dem materiellen Unterhaltsrecht entspricht. Schon wegen des deutlichen Gegenwartsbezugs der Unterhaltszahlung kann sich die Prognose auf einen sehr kurzen Zeitraum beschränken. Das Gesetz benutzt das Präsens „nicht nachkommt." Andererseits darf der Sozialleistungsträger durch die Abzweigung nicht einen unterhaltsrechtlichen Streit entscheiden. Er wird selten über den Grund und häufiger über die Höhe des Unterhalts geführt. Vor allem bei volljährigen Kindern kann auch die Art der Unterhaltsgewährung umstritten sein (§ 1612 Abs. 2 BGB). Stellt der Sozialleistungsträger in diesen Fällen fest, dass es ernsthafte Gründe für Meinungsverschiedenheiten gibt, die über ein bloßes Bestreiten der Unterhaltspflicht hinausgehen, so wird er im Rahmen seiner Ermessensentscheidung von einer Abzweigung absehen müssen (BSG 59 S. 30). Schwerwiegende Nachteile drohen den Unterhaltsberechtigten dadurch nicht, da Unterhaltsansprüche auch im Wege der einstweiligen Verfügung durchgesetzt werden können (§§ 935 ff. ZPO). Solange der Unterhaltsberechtigte nicht über bereite Mittel verfügt (§ 9 Rn. 42), also solange der Unterhaltsstreit nicht entschieden ist oder der Unterhaltspflichtige sonst nicht leistet, kommen Leistungen der Hilfe zum Lebensunterhalt nach den §§ 19 ff. SGB II, 27 ff. SGB XII in Betracht. Werden letztere gewährt, so ist für eine einstweilige Verfügung kein Raum.

Ein Unterhaltsanspruch besteht nur unter den Voraussetzungen der §§ 1360, **20**
1361 BGB für den Ehegatten und der §§ 1601 ff. BGB für die Kinder. Er richtet sich, wie aus § 1610 Abs. 2 BGB ersichtlich, auf die Deckung des gesamten Lebensbedarfs (BSG 57 S. 63). **Materielle Voraussetzung des Unterhaltsanspruchs** sind unter Berücksichtigung aller Einkünfte die Leistungsfähigkeit des Unterhaltsschuldners und die Bedürftigkeit des Unterhaltsgläubigers. Sind diese beiden Voraussetzungen nicht gegeben, so besteht ein Unterhaltsanspruch nicht (vgl. §§ 1602 Abs. 1, 1603 Abs. 1 BGB). Es handelt sich dabei also nicht lediglich um ungeschriebene Voraussetzungen der Abzweigung, sondern um materielle Bestandteile des Unterhaltsanspruchs und damit auch der Abzweigung. Der Sozialleistungsträger muss also diese Voraussetzungen feststellen (§ 20 SGB X). Auf der

Seite des Antragstellers ist vor allem zu prüfen, ob er eigenes Einkommen hat, bzw. ob er seiner sehr weitgehenden Erwerbsobliegenheit nachkommt (BGH FamRZ 1985 S. 1245; BGH FamRZ 1986 S. 885, 1085). Beim Leistungsberechtigten, kann ein besonderer Bedarf, in Ausnahmefällen sogar eine Überschuldung (vgl. § 1603 Abs. 1 BGB) eine Leistungsfähigkeit und damit eine Unterhaltspflicht ausschließen (BGH FamRZ 1984 S. 657; BGH FamRZ 1987 S. 372). Dasselbe gilt für die Strafhaft. Anders ist dies nur, wenn die zu Grunde liegende Straftat unterhaltsrechtlichen Bezug hat.

21 Ist die Unterhaltspflicht festgestellt, so muss der Sozialleistungsträger die Höhe des Abzweigungsbetrages ermitteln. Dieser Aufgabe ist er nur enthoben, wenn ein Unterhaltstitel vorliegt. In diesem Falle gilt der darin festgestellte Betrag (BSG SozR 4-1200 § 48 Nr. 3). Allerdings ist der Leistungsträger nicht gehindert, im Rahmen der Prüfung einer Angemessenheit des Abzweigungsbetrages Feststellungen darüber zu treffen, ob der Eigenbedarf des Unterhaltspflichtigen gewährleistet ist (DIJuF, DAVorm 2000 S. 855). Bei der Feststellung der Höhe wird man dagegen eine Bezugnahme auf die Pfändungsschutzvorschriften, insbesondere auch auf die einfach zu handhabende Pfändungstabelle des § 850c ZPO nicht zulassen dürfen (vgl. BSG 55 S. 245; BSG 57 S. 59). Einmal gelten diese Vorschriften nur im Vollstreckungsverfahren. Die unterhaltsrechtlichen Festlegungen des Eigenbedarfs sind völlig anderer, nämlich materiell-rechtlicher Natur. Darüber hinaus ist die Tabelle zu § 850c ZPO im Unterhaltsrecht nur subsidiär anwendbar (vgl. § 850d ZPO). Eine Ausnahme davon ist dann zu machen, wenn bereits ein **vollstreckbarer Unterhaltstitel** vorliegt und vor diesem Hintergrund eine Abzweigung erfolgt. Deren Höhe ist unter Anwendung des § 850d ZPO zu ermitteln (BSG SozR 4-1200 § 48 Nr. 3). In anderen Fällen kann sich eine richtige Orientierung für die Bestimmung der angemessenen Höhe nur aus den weitgehend koordinierten **Unterhaltstabellen** der Oberlandesgerichte sowie aus deren unterhaltsrechtlichen Leitlinien ergeben. Dabei ist es nicht notwendig, sich an die Zuständigkeitsgrenzen der Oberlandesgerichte zu halten (BSG SozR 1200 § 48 Nr. 11). Sonderregelungen für Kinder, deren Eltern nicht verheiratet sind, gibt es auch im Unterhaltsrecht nicht mehr (vgl. §§ 1615a ff.). Bei der Abzweigung wird man vom **Mindestunterhalt** des § 1612a Abs. 1 BGB ausgehen müssen, der grundsätzlich nicht unterschritten werden darf. Besondere Sorgfalt ist aber auch dabei auf die Feststellung des Betrages zu richten, der dem Unterhaltspflichtigen als Eigenbedarf verbleiben muss. Insoweit hat das BVerfG entschieden, dass die finanzielle Leistungsfähigkeit des Unterhaltspflichtigen jedenfalls dort endet, wo er nicht mehr in der Lage ist, seine eigene Existenz zu sichern. Andererseits wäre sein Grundrecht aus Art. 2 Abs. 1 GG verletzt. Grundsätzlich kann dabei von den entsprechenden Beträgen in den Unterhaltstabellen ausgegangen werden (BVerfG FamRZ 2007 S. 273). Wird ein Betrag abgezweigt, der den Unterhaltsanspruch gegen den Leistungsberechtigten übersteigt, so kann letzterer jedenfalls gegen den Sozialleistungsträger, in dessen Interesse abgezweigt worden ist (§ 48 Abs. 1 Satz 4), im Wege der Eingriffskondiktion nach § 812 BGB vorgehen (OLG Celle 17 WF 33/13, juris). Subsidiär käme auch ein Anspruch aus § 839 BGB gegen den abzweigenden Leistungsträger in Betracht.

22 Bei der Handhabung der gebräuchlichsten Unterhaltstabelle des OLG Düsseldorf sind einige grundlegende Dinge zu beachten (Klinkhammer, FamRZ 2008 S. 193). Auszugehen ist vom gesamten Nettoeinkommen einschließlich des Wohngeldes. Das Kindergeld wird nach der Neuregelung des § 1612b BGB auf den Unterhaltsanspruch des Kindes angerechnet. Das erfolgt jedoch nur zur Hälfte,

solange ein Elternteil seine Unterhaltspflicht durch Betreuung des Kindes erfüllt. Nur Erwerbseinkommen ist um 5 % zu kürzen. Die in der Tabelle genannten Werte, beziehen sich auf den Scheidungsunterhalt, wenn für zwei minderjährige Kinder und ggf. noch für den geschiedenen Ehepartner und Unterhalt zu leisten ist. Ist für mehr oder weniger Kinder Unterhalt zu leisten, so verfährt die Praxis in der Weise, dass sie in der Tabelle eine halbe Stufe höher oder tiefer geht. Der Unterhaltsanspruch des anderen Elternteils folgt im Rang dem Kindesunterhalt iSd § 1609 Nr. 1 BGB. Er ist also nur relevant, wenn der Bedarf der Kinder gedeckt ist. Der Bedarfskontrollbetrag in der Düsseldorfer Tabelle sollte dem Unterhaltspflichtigen verbleiben. Der notwendige Eigenbedarf (Gruppe 1 der Tabelle) muss ihm verbleiben. Da bei einer Abzweigung nach § 48 idR nicht von einer Erwerbstätigkeit auszugehen ist, beträgt er zzt. nur 880 €. Bei der Ausübung einer Erwerbstätigkeit erhöht er sich auf 1080 €. Dabei geht die Tabelle davon aus, dass in diesem Betrag 430 € für die Unterkunft enthalten sind. Diese Beträge halten einer Vergleichsberechnung nach den §§ 19 ff. SGB II gerade noch Stand. Sollte der Unterhaltsberechtigte jedoch einen Mehrbedarf im Sinne des § 21 SGB II haben, so wäre auch die unterhaltsrechtliche Berechnung entsprechend anzupassen. Reicht das Einkommen zur Deckung des Eigenbedarfs des Unterhaltspflichtigen und der gleichrangigen Unterhaltberechtigten (§ 1909 BGB) nicht aus, dann ist eine sog. Mangelfallberechnung vorzunehmen (Gerhardt, FuR 2010 S. 241). Im **Mangelfall** ist vorab ist der notwendige Eigenbedarf des Unterhaltspflichtigen abzuziehen. Der Rest, die Verteilungsmasse, wird im Verhältnis zum an sich notwendigen Gesamtbedarf aller Unterhaltsberechtigten gekürzt. Besteht zB ein Tabellen-Unterhaltsbedarf von zwei Kindern in Höhe von 366 € und 419 €, also insgesamt von 785 €, stehen aber nur 400 € als Verteilungsmasse zur Verfügung, so wird jeder Tabellen-Unterhaltsanspruch mit 400/785 multipliziert.

Dem Unterhaltsschuldner muss immer ein Betrag verbleiben, der einerseits 23
dem unterhaltsrechtlichen Eigenbedarf entspricht und der andererseits zumindest nicht geringer ist, als sein Bedarf iSd §§ 19 ff. SGB II, 27 ff. SGB XII (BGHZ 111 S. 194). Beides ist also bei der Abzweigung zu gewährleisten. Nicht zu folgen ist der Ansicht, die aus Gründen der Verwaltungsvereinfachung den doppelten Eckregelsatz (§ 20 SGB II, 28 SGB XII) zum Maßstab für die Abzweigung erklärt (Maier, SGb 1976 S. 309). Dafür fehlt jede Grundlage, selbst innerhalb der Sozialhilfe. Eine Bedarfsberechnung in der Grundsicherung für Arbeitsuchende oder im Sozialhilferecht hat wesentlich detaillierter zu erfolgen (vgl. § 19a Rn. 26). Die Bezugnahme auf die Regelleistung ist in keiner Weise aussagekräftig. Deren Verdoppelung ist eher irreführend, da sie den unzutreffenden Eindruck erweckt, dadurch sei der Bedarf des Unterhaltschuldners gesichert.

4. Geldleistungen für Kinder

Besondere Vorschriften enthält § 48 im Falle der **Geldleistungen für Kinder.** 24
Es handelt sich dabei neben dem Kindergeld um Kinderzuschläge (§§ 33b BVG; 270 SGB VI) und vergleichbare Rentenbestandteile. Letztere haben als Kinderzuschüsse der gesetzlichen Rentenversicherung keine praktische Bedeutung mehr, da sie nur noch bei einem Rentenbeginn vor dem 1.1.1984 in Betracht kamen. Der erhöhte Leistungsbetrag nach § 149 Nr. 1 SGB III ist nicht als Geldleistung für Kinder anzusehen (vgl. aber BSG 104 S. 65 für zur früheren Arbeitslosenhilfe).

Geldleistungen für Kinder können nach Maßgabe des § 54 Abs. 5 Satz 2 abge- 25
zweigt werden. Hierbei ist zu unterscheiden zwischen den Zahlkindern, also

Kindern, für die der Sozialleistungsberechtigte Kindergeld erhält und den Zählkindern, für die er kein Kindergeld erhält, die aber nach dem Grundsatz des § 2 BKGG Einfluss auf die Höhe des Gesamtkindergeldes haben. Der typische Fall dieser Art besteht darin, dass ein Kind von einem früheren Ehepartner betreut wird und dieser auch Kindergeld erhält (§ 3 Abs. 2 BKGG). Der andere Ehepartner ist wieder verheiratet und hat in der neuen Ehe Kinder. Das Kind aus erster Ehe ist Zählkind. Es bewirkt, dass die Kinder in der neuen Ehe als zweites und drittes Kind gezählt werden. Im Falle der Abzweigung des Kindergeldes ist folgendermaßen zu verfahren: Hat der Sozialleistungsberechtigte nur Zahlkinder, so ist für jedes Kind der Betrag abzuzweigen, der bei gleichmäßiger Verteilung des Kindergeldes auf jedes Kind entfällt. Hat der Sozialleistungsberechtigte Zahl- und Zählkinder, so gilt Folgendes: Der Kindergeldgrundbetrag, das ist der Betrag ohne Berücksichtigung des **Zählkindvorteils,** ist durch die Zahl der Zahlkinder zu teilen. Sodann ist der Zählkindvorteil durch die Zahl aller Kinder zu teilen. Für Zahlkinder wird die Summe aus beiden Teilbeträgen abgezweigt, für Zählkinder nur ihr Anteil aus dem Zählkindvorteil (im Einzelnen § 54 Rn. 33). Zum Differenzkindergeld im Unionsrecht vgl. § 30 Rn. 130.

26 Darüber hinaus ist die Abzweigung von Kindergeld nach § 48 Abs. 1 Satz 3 auch dann möglich, wenn der Kindergeldberechtigte mangels eigener Leistungsfähigkeit nicht oder nur zu einem geringen Betrag unterhaltspflichtig ist, also auch keine Unterhaltspflichtverletzung erfolgt. Auch hierin wird die immer deutlicher werdende Funktion des Kindergeldes, das Existenzminimum des Kindes zu sichern, erkennbar (vgl. §§ 11 Abs. 1 Satz 3 SGB II, 1612b BGB.

27 In § 48 Abs. 2 ist eine entsprechende Anwendung des Absatzes 1, mit Ausnahme von Satz 3 vorgesehen, wenn auf Grund bestimmter sozialrechtlicher Regelungen bei der Höhe von Geldleistungen solche Kinder berücksichtigt werden, denen der Sozialleistungsberechtigte nicht unterhaltspflichtig ist, er aber diese Kinder nicht unterhält, wovon die sozialrechtlichen Regelungen bei der Erhöhung der Geldleistung aber ausgehen. Es handelt sich dabei um Pflege- und Enkelkinder oder auch um Kinder nur des anderen Ehepartners, sofern sie der Berechtigte in seinen Haushalt aufgenommen hat (vgl. § 2 Abs. 1 Nr. 1 BKGG). Nur sofern für Enkelkinder eine Unterhaltspflicht besteht (§§ 1601, 1606 Abs. 2 BGB, ist bereits Abs. 1 anzuwenden. Im Falle des Abs. 2 kann der ganze Betrag der Geldleistung abgezweigt werden, denn die Kinder sollen Nutznießer der ihretwegen gewährten Sozialleistung sein (BSG 57 S. 127). Dies gilt auch, wenn für diese Kinder ein Träger der Kinder- und Jugendhilfe oder der Sozialhilfe eintritt (§ 48 Abs. 2 iVm § 48 Abs. 1 Satz 4). Unter Abs. 2 können auch eigene Kinder fallen, denen der Berechtigte mangels eigenen Leistungsvermögens nicht unterhaltspflichtig ist. Soweit Kindergeld abgezweigt wird, ist in diesem Falle aber bereits die speziellere Regelung des Abs. 1 Satz 3 unmittelbar anzuwenden.

28 Da Kindergeld, ggf. ohne Altersgrenze, auch für **erwachsene behinderte Kinder** geleistet wird, ist strittig, ob Kindergeld abgezweigt werden kann, wenn diese Kinder gemäß § 41 Abs. 3 SGB XII Grundsicherung für dauerhaft Erwerbsgeminderte erhalten. In diesem Falle entsteht den Eltern keine Unterhaltslast, weil sie zu diesen Leistungen nicht herangezogen werden (§§ 43 Abs. 5, 94 Abs. 1 Satz 3 Hs. 2 SGB XII). Für die Parallelvorschrift des § 74 Abs. 1 Satz 4 EStG hat der BFH entschieden, dass die Voraussetzungen für eine Abzweigung des Kindergeldes an einen Sozialleistungsträger, also an eine solche nach § 48 Abs. 1 Satz 4, auch dann erfüllt sind, wenn der Kindergeldberechtigte nicht zum Unterhalt seines volljährigen, behinderten Kindes verpflichtet ist, weil es Grundsicherungsleistungen nach § 41 ff. SGB XII erhält (BFH 224 S. 228, 290). Diese Grundsätze sind auch für § 48 zu übernehmen, dessen Abs. 1 Satz 4 der Regelung des § 74 Abs. 1 EStG entspricht. Daraus ergibt sich scheinbar ein Widerspruch. Die Eltern eines behinderten Kindes werden nach den §§ 41 Abs. 3, 43 Abs. 5 SGB XII nicht zu den Kosten des Lebensunterhalts dieses Kindes herangezogen. Letztlich aber kann das Kindergeld nach § 48 Abs. 1 Satz 4 zu Gunsten des Leistungsträgers abgezweigt werden, der dem Kind Leistungen zum Lebensunterhalt erbringt. Der Widerspruch löst sich auf, wenn man berücksichtigt, dass die Eltern durch die Grundsicherung nach den §§ 41 Abs. 3, 43 Abs. 5 SGB XII zwar entlastet werden sollen, dass ihnen aber nicht zusätzlich das Kindergeld zustehen soll (FG Münster ZfSH/SGB 2011 S. 427). Hinzu kommt, dass eine Ermessensentscheidung zu erfolgen hat. Bei der Abzweigung sind im Rahmen des Ermessens nach § 48 Abs. 1 Satz 4 Betreuungsleistungen des Kindergeldberechtigten für sein volljähriges behindertes Kind zu berücksichtigen. Das darf aber nur insoweit erfolgen, als ihm bei der Betreuung und beim Umgang mit dem Kind tatsächlich entstandene und glaubhaft gemachte Aufwendungen erwachsen sind. In diesem Umfange darf eine Abzweigung nicht erfolgen. Darüber hinaus hat der BFH entschieden, dass das Ermessen dahingehend auszuüben ist, dass eine Abzweigung grundsätzlich nicht erfolgen darf, wenn das behinderte Kind im Haushalt des Kindergeldberechtigten lebt (BFH 241 S. 270). Dabei wird davon ausgegangen, dass Unterhaltsleistungen mindestens in Höhe des Kindergeldes erbracht werden. Auf die Vorschrift des § 138 Abs. 1 SGB IX kommt es in diesem Zusammenhang nicht an, da dort nur Leistungen der Eingliederungshilfe, nicht aber zum Lebensunterhalt geregelt sind.

Während jeder Abzweigung können sich Leistungsfähigkeit und Bedürftigkeit 29
ändern. Liegt in einem solchen Falle kein Unterhaltstitel vor, so muss eine Aufhebung nach den Grundsätzen des § 48 SGB X erfolgen. Liegt ein Unterhaltstitel vor, so ist dies erst dann möglich, wenn der Titel nach einer Abänderungsklage gemäß § 323 ZPO angepasst wurde. Zu angrenzenden familienrechtlichen Fragen vgl. Schneider, NZS 2018 S. 392.

§ 49 Auszahlung bei Unterbringung

(1) **Ist ein Leistungsberechtigter auf Grund richterlicher Anordnung länger als einen Kalendermonat in einer Anstalt oder Einrichtung untergebracht, sind laufende Geldleistungen, die der Sicherung des Lebensunterhalts zu dienen bestimmt sind, an die Unterhaltsberechtigten auszuzahlen, soweit der Leistungsberechtigte kraft Gesetzes unterhaltspflichtig ist und er oder die Unterhaltsberechtigten es beantragen.**

(2) **Absatz 1 gilt entsprechend, wenn für Kinder, denen gegenüber der Leistungsberechtigte nicht kraft Gesetzes unterhaltspflichtig ist, Geldleistungen erbracht werden.**

(3) **§ 48 Abs. 1 Satz 4 bleibt unberührt.**

Die Vorschrift begründet neben § 48 eine weitere Ergänzung zu der grundsätz- 1
lichen Regelung über die Auszahlung von Sozialleistungen nach § 47 durch Bestimmung eines anderen Empfängers der Geldzahlung als des Leistungsberechtigten selbst (§ 48 Rn. 1). In vieler Hinsicht entspricht die speziellere und damit vorrangige Vorschrift des § 49 der Regelung des § 48. Sie wird durch § 50 ergänzt.

Letztere ist nachrangig gegenüber § 49 (§ 50 Abs. 2). Im Vergleich zur Abzweigung nach § 48 Abs. 1 setzt § 49 jedoch vor allem nicht voraus, dass eine Verletzung der Unterhaltspflicht durch den Sozialleistungsberechtigten festgestellt wurde. Das Gesetz unterstellt insoweit eine konkrete Gefährdung der Unterhaltsberechtigten als Folge der Unterbringung des Leistungsberechtigten. Die Entscheidung über die Auszahlung erfolgt auf Antrag des Sozialleistungs- oder Unterhaltsberechtigten nach Anhörung des (§ 24 SGB X) des ersteren durch Verwaltungsakt gegenüber beiden (vgl. § 48 Rn. 5). Anders als in § 48 kann der Antrag von **jedem Unterhaltsberechtigten** gestellt werden. Eine Ermessensentscheidung des Leistungsträgers erfolgt hier, anders als nach § 48, nicht.

1a Hinsichtlich des Antrags des Sozialleistungsberechtigten selbst besteht, abgesehen von Fällen der Straf- bzw. Untersuchungshaft, immer der Anlass, zu prüfen, ob eine Handlungsfähigkeit iSd § 11 SGB X gegeben ist. Das erklärt sich daraus, dass in den Unterbringungsgesetzen der Länder eine geistig-seelische Erkrankung oder Sucht Unterbringungsvoraussetzung ist (vgl. Art. 1 Bay UntbG). Entsprechendes gilt für die Maßregeln der §§ 63 und 64 StGB. Minderjährige Unterhaltsberechtigte müssen gemäß § 36 handlungsfähig sein (vgl. § 48 Rn. 4).

2 Ist bereits in der Zeit vor der Unterbringung nach § 48 SGB I abgezweigt worden, so kommt eine Aufhebung dieser Entscheidung nach § 48 SGB X in Betracht, da der eigene Unterhaltsbedarf des Untergebrachten jetzt wesentlich geringer sein kann. Damit erhöht sich der Betrag, der für den Unterhaltsberechtigten zur Verfügung steht. Aus § 49 Abs. 3 ergibt sich, dass die Abzweigung zugunsten von Personen oder Stellen, die anstelle des untergebrachten Leistungsberechtigten Unterhalt gewähren, unberührt bleibt (§ 48 Abs. 1 Satz 4). Diese Regelung erklärt sich daraus, dass bei einem Antrag die Entscheidung nach § 49 ergehen muss. Gewährt jedoch eine andere Person oder Stelle dem Ehegatten oder den Kindern Unterhalt (vgl. § 48 Rn. 8), so soll die Möglichkeit der Auszahlung an sie erhalten bleiben. Wenn es in § 49 Abs. 3 heißt, § 48 Abs. 1 Satz 4 bleibe unberührt, dann muss der Sozialleistungsträger unabhängig von der Reihenfolge der Anträge nach § 48 bzw. 49 in jedem Falle auch eine Entscheidung darüber treffen, ob eine Auszahlung an die materiell Unterhaltsberechtigten oder an die unterhaltgewährende Person oder Stelle erfolgen soll. Eine vorangegangene anders lautende Entscheidung muss ggf. nach § 48 Abs. 1 Satz 1 SGB X korrigiert werden.

3 Wichtigste materielle Voraussetzung der Auszahlungsanordnung ist die Unterbringung des Leistungsberechtigten in einer Anstalt oder einer Einrichtung. Sie muss auf Grund richterlicher Anordnung erfolgt sein und länger als einen Kalendermonat andauern. Eine Unterbringung vom 15. Tag eines Monats bis zum 20. Tag des Folgemonats genügt damit nicht. Beim Strafvollzug ergibt sich die Dauer aus der ausgesprochenen Strafe, wobei bei kurzen Freiheitsstrafen (vgl. § 47 StGB) die naheliegende Möglichkeit der Aussetzung des Strafrests mit in Erwägung zu ziehen ist (§ 57 StGB). Bei sonstigen Unterbringungen kann die Dauer der Unterbringung unklar sein. Es ist nicht erforderlich, dass bei einer Entscheidung nach § 49 die Unterbringung bereits einen Kalendermonat angedauert hat. Ebenfalls nicht erforderlich ist es, dass bei ungewisser Dauer der Unterbringung, vor der Entscheidung ein Kalendermonat abzuwarten ist. Häufig wird der Antrag nach § 49 erst nach einiger Zeit der Unterbringung gestellt werden. In jedem Falle ist bei der Entscheidung über die Unterbringungsdauer eine Prognose zu treffen. Dabei ist nicht die Dauer der bisherigen Unterbringung, sondern das Wissen über den Zustand des Untergebrachten ein Kriterium für die Entscheidung. Fehlprognosen über die Fortdauer der Unterbringung sind unproblematisch, da Irrtümer immer über § 48 SGB X korrigiert werden können.

In der Gegenwart hat sich der Freiheitsentzug vor allem in der psychiatrischen Versorgung oft zu einer Maßnahme der Krisenintervention entwickelt. Deswegen sind über die Dauer der zu erwartenden Unterbringung sichere Vorhersagen nicht immer möglich. Im Übrigen bedarf es einiger Klarstellungen. Der Begriff Unterbringung umfasst entgegen dem im Straf- und Sicherheitsrecht üblichen Sprachgebrauch alle **freiheitsentziehenden Maßnahmen.** Dazu gehören in erster Linie der Straf- und Maßregelvollzug (§§ 2, 129 StVollzG), die Untersuchungshaft (§§ 112 ff. StPO), die polizeiliche Unterbringung nach den jeweiligen Landesgesetzen, die entweder als Unterbringungsgesetze, wie in Bayern und Baden-Württemberg, oder als Gesetze über Hilfen und Schutzmaßnahmen bei psychischer Erkrankung, wie in den meisten norddeutschen Ländern bezeichnet werden. Auch die Beobachtung nach § 29 IfSG kann den Charakter einer Unterbringung haben. Der Begriff Anstalt oder **Einrichtung** ist nicht iSd §§ 13 Abs. 2, 98 Abs. 2 SGB XII auszulegen. Entscheidendes Merkmal ist ihr freiheitsentziehender Charakter. Freiheitsentziehung ist die allseitige Einschränkung der körperlichen Bewegungsfreiheit, die zur Folge hat, dass der einzelne seinen Willen, sich wann und wohin auch immer, frei zu bewegen, nicht ungehindert durchsetzen kann (Hantel, JuS 1990 S. 865; Gusy, NJW 1992 S, 457). Ganz kurzzeitig wirkende Maßnahmen werden nicht als freiheitsentziehend angesehen (BVerwG 62 S. 325; BGHZ 82 S. 261). Ob diese Einschränkung vertretbar ist, kann für § 49 dahinstehen. 4

Beurlaubungen unterbrechen den Freiheitsentzug nicht (vgl. § 13 Abs. 5 StVollzG, bzw. das entsprechende Landesgesetz). Der in der Literatur erörterte Fall des Entweichens, bei dem eine alsbaldige Rückführung in die Anstalt nicht möglich ist, dürfte keine praktische Bedeutung haben. Die Entscheidung über die Auszahlung dürfte dem Entweichen vorausgegangen sein. Ihre Aufhebung müsste nach § 48 SGB X erfolgen. Solange aber der Entwichene keinen Unterhalt leistet, wird man sein Entweichen zwar für ihn, aber nicht für die Auszahlungsanordnung als „wesentliche Änderung" ansehen können. Selbst bei einer auch insoweit gegenteiligen Auffassung müsste – ohne Antrag – im Rahmen des Ermessens umgehend eine Abzweigung nach § 48 SGB I erfolgen. 5

Im Zusammenhang des § 49 wird auch der Jugendarrest genannt, jedoch zu Unrecht. Er ist zwar eine freiheitsentziehende Maßnahme, jedoch der Dauer nach auf vier Wochen begrenzt (§§ 16 ff. JGG). Er kommt also für § 49 nicht in Betracht. Entsprechendes gilt zumeist für § 42 Abs. 3 und 5 SGB VIII. Aus einem anderen Grunde hat auch die Unterbringung im Rahmen des Betreuungsrechts keine Bedeutung für § 49. Nach dem Wortlaut der Vorschrift wird eine richterliche Anordnung des Freiheitsentzugs vorausgesetzt. Nach § 1906 Abs. 2 BGB bedarf der Betreuer für die freiheitsentziehende Unterbringung einer richterlichen Genehmigung. In diesem Falle kann er, er muss jedoch den Betreuten nicht unterbringen. Damit fehlt es an ihrer richterlichen Anordnung. Das gleiche gilt, wenn im Rahmen der Ausübung der elterlichen Sorge freiheitsentziehende Maßnahmen in Betracht kommen (§§ 1631b, 1666, 1909 BGB). Liegt nicht die Anordnung einer Freiheitsentziehung vor, so ist zu prüfen, ob § 48 Anwendung finden kann. 6

Die anderweitige Auszahlung ist nur bei **laufenden Geldleistungen** möglich, die der Sicherung des Lebensunterhalts zu dienen bestimmt sind (vgl. dazu § 48 Rn. 12–17). Sie erfolgt, anders als bei § 48, nur auf Antrag, steht andererseits aber nicht im Ermessen des Leistungsträgers. Zahlungen werden an die Unterhaltsbe- 7 rechtigten iSd familienrechtlichen Bestimmungen geleistet (vgl. aber § 49 Abs. 2). Eine Leistung an Dritte kommt, abgesehen von § 49 Abs. 3, nicht in Betracht. Es müssen die unterhaltsrechtlichen Voraussetzungen, also Leistungsfähigkeit und Bedürftigkeit geprüft werden (vgl. dazu § 48 Rn. 18–24). Abweichend von § 48 kommen hier aber alle Unterhaltsberechtigten, also auch die Eltern und der geschiedene Ehegatte des Untergebrachten als Empfänger der Auszahlung in Betracht (vgl. §§ 1601, 1569 ff. BGB). Das erschwert, falls kein Unterhaltstitel vorliegt, die Feststellung der Höhe des auszuzahlenden Betrages, denn anders als beim Kindes- und Ehegattenunterhalt bestehen beim sonstigen Verwandtenunterhalt nur in begrenztem Umfang oberlandesgerichtlichen Leitlinien, an denen sich der Sozialleistungsträger orientieren könnte. Auch bei Ehegatten und Kindern ist die Orientierung an den Unterhaltstabellen der OLGe im Rahmen des § 49 noch problematischer als bei § 48. Im Falle der Unterbringung ist ja der Lebensbedarf des Sozialleistungsberechtigten zu einem erheblichen Teil durch die Einrichtung gedeckt. Sein notwendiger **Eigenbedarf** (§ 1603 Abs. 1 BGB) ist deswegen geringer zu veranschlagen als sonst im Unterhaltsrecht. Eine Orientierung dieses Eigenbedarfs am Barbetrag iSd § 27b Abs. 2 SGB XII dürfte etwas zu hoch sein, da die Bedarfssituation außerhalb des Freiheitsentzugs vielfältiger ist. Man wird den Eigenbedarf deswegen nach Bestimmungen über das Hausgeld gemäß § 47 StVollzG bzw. dem jeweiligen Landesrecht festsetzen müssen und dabei gewisse Abstufungen danach vornehmen können (vgl. § 47 Abs. 1 und 2 StVollzG), ob der Untergebrachte gesteigert unterhaltspflichtig ist (§ 1603 Abs. 2 BGB) oder nicht. Zusätzlich ist aber zu berücksichtigen, ob bestimmte Aufwendungen zur Schuldentilgung oder auch zum Erhalt der Wohnung erforderlich sind.

8 Häufig wird das, was nach § 49 an die Unterhaltsberechtigten ausgezahlt werden kann, zur Deckung des Unterhaltsbedarfs nicht ausreichen. In diesem Falle sind die Unterhaltsansprüche nach den Grundsätzen der Mangelfallberechnung zu kürzen (§ 48 Rn. 22). Dabei ist zu berücksichtigen, dass auch eine Mutter, die minderjährige Kinder erzieht, nicht mehr den gleichen Rang wie diese hat (§ 1909 BGB). Andererseits ist das Kindergeld nach § 1612b BGB (hälftig) zur Deckung seines **Barbedarfs** zu verwenden (Born, NJW 2008 S. 1; Klinkhammer, FamRZ 2008 S. 193; Schürmann, FamRZ 2008 S. 313). Zu diesen Schwierigkeiten bei der Feststellung der **Höhe** des Unterhalts kommt ein Konstruktionsfehler des Gesetzes hinzu. Anders als bei § 48 Abs. 1 Satz 1 räumt der Gesetzgeber dem Sozialleistungsträger bei § 49 Abs. 1 keinen Beurteilungsspielraum hinsichtlich der Höhe des auszuzahlenden Betrages ein. Vielmehr ist auszuzahlen, soweit der Leistungsberechtigte kraft Gesetzes unterhaltspflichtig ist. Einziger, im Sozialrecht aber nicht sehr praktikabler, Maßstab ist also das Unterhaltsrecht.

9 Die Auszahlung kann nach § 49 Abs. 2 auch an Kinder erfolgen, denen gegenüber der Leistungsberechtigte nicht unterhaltspflichtig ist, für die er aber Geldleistungen erhält (vgl. dazu § 48 Rn. 25). Dabei braucht, anders als bei § 48, nicht geprüft zu werden, ob er diese Kinder unterhält. Auch bei einer Auszahlung von Geldleistungen für Kinder braucht nicht festgestellt zu werden, ob der Untergebrachte, etwa wegen mangelnder Leistungsfähigkeit überhaupt unterhaltspflichtig ist (vgl. § 48 Rn. 27, 28).

§ 50 Überleitung bei Unterbringung

(1) **Ist der Leistungsberechtigte untergebracht (§ 49 Abs. 1), kann die Stelle, der die Kosten der Unterbringung zur Last fallen, seine Ansprüche**

auf laufende Geldleistungen, die der Sicherung des Lebensunterhalts zu dienen bestimmt sind, durch schriftliche Anzeige an den zuständigen Leistungsträger auf sich überleiten.

(2) **Die Anzeige bewirkt den Anspruchsübergang nur insoweit, als die Leistung nicht an Unterhaltsberechtigte oder die in § 49 Abs. 2 genannten Kinder zu zahlen ist, der Leistungsberechtigte die Kosten der Unterbringung zu erstatten hat und die Leistung auf den für die Erstattung maßgebenden Zeitraum entfällt.**

(3) **Die Absätze 1 und 2 gelten entsprechend, wenn für ein Kind (§ 56 Abs. 1 Satz 1 Nr. 2, Abs. 2), das untergebracht ist (§ 49 Abs. 1), ein Anspruch auf eine laufende Geldleistung besteht.**

Die Vorschrift vervollständigt die nach den §§ 48 und 49 bestehenden Möglich- **1**
keiten einer von den Grundsätzen des § 47 abweichenden Auszahlung von Sozialleistungen. Anders als die §§ 48 und 49 setzt die Regelung des § 50 jedoch keine Entscheidung des verpflichteten Sozialleistungsträgers voraus, sondern hängt von einer Überleitung derjenigen öffentlichen Stelle ab, die die Kosten der Unterbringung vorläufig zu tragen hat. Dabei muss die überleitende Stelle selbst berücksichtigen, dass die Unterhaltsberechtigten Vorrang haben (§ 50 Abs. 2). Unter den laufenden Leistungen dürfen nur solche übergeleitet werden, die der Sicherung des Lebensunterhalts zu dienen bestimmt sind. Angesichts des Wortlauts des Absatzes 1 ist zweifelhaft, ob auch „private Stellen" überleiten können (vgl. Lilge § 50 Rn. 8). Diese müssten dann aber befugt sein, einen Verwaltungsakt zu erlassen. Das Gesetz spricht lediglich von der Stelle, der die Kosten zur Last fallen. Darin wird man kaum eine (konkludente) Ermächtigung zum Erlass eines Verwaltungsaktes sehen können. Im Übrigen ist nicht ersichtlich, welcher privaten Stelle die Kosten einer freiheitsentziehenden Maßnahme zur Last fallen sollten, dass sie also, ohne die Regelung des § 50, diese Kosten endgültig tragen müsste.

Die Überleitungsanzeige muss schriftlich erfolgen und dem Sozialleistungsträ- **2**
ger zugehen. Dadurch und im Zeitpunkt des Zugangs der Anzeige wird der Übergang des Anspruchs bewirkt. Ob er wirklich besteht, ist im Zeitpunkt der Überleitung nicht zu prüfen. Es besteht aber das Erfordernis der Gleichzeitigkeit des Sozialleistungsanspruchs und des Kostenersatzanspruchs der öffentlichen Stelle. Umstritten ist die Frage, ob die **Überleitungsanzeige** ein Verwaltungsakt ist. Nach einer Auffassung soll sie dies nur gegenüber dem untergebrachten Leistungsberechtigten sein. In der Vergangenheit wurde die Überleitungsanzeige als öffentlich-rechtliche Willenserklärung angesehen. Nach zutreffender und heute uneingeschränkt vertretener Auffassung ist sie ein Verwaltungsakt mit Doppelwirkung. Sie wird mit Zugang der Anzeige an den Leistungsträger wirksam. Der leistungsberechtigte Untergebrachte ist gemäß § 24 SGB X zu hören.

Ob übergeleitet wird, entscheidet die jeweilige Stelle nach ihrem Ermessen. **3**
Bei der Überleitung braucht die genaue Höhe der Kosten, die der Stelle zur Last fallen, noch nicht festzustehen (BVerwG 42 S. 198). Es wird also „dem Grunde nach" übergeleitet. Im Verhältnis zu sonstigen Vorschriften, die eine Überleitung regeln (§§ 93 SGB XII 95 SGB VIII) weist § 50 eine wesentliche Besonderheit auf. Anders als in den genannten Vorschriften ist in § 50 die Überleitung von Sozialleistungen geregelt. Es wird also eine Überleitungsanzeige gegenüber einem Sozialleistungsträger erlassen. In den vergleichbaren Fällen der §§ 93 SGB XII, 95 SGB VIII ist die Überleitung von Sozialleistungen ausgeschlossen. Übergeleitet wird dort ein Unterhaltsanspruch. Bei einer vergleichbaren Situation mit Sozial-

leistungen erfolgt unter den Leistungsträgern eine Erstattung nach den §§ 102 ff. SGB X. Dagegen wird nach § 50 der Anspruch auf Sozialleistungen übergeleitet. Die Überleitung bewirkt, dass mit Zugang der Anzeige die überleitende Stelle Inhaber des Rechtsanspruchs wird und ihn, wie der Leistungsberechtigte selbst geltend machen muss. Eine sog. Rechtswahrungsanzeige (§ 94 Abs. 4 SGB XII) kennt § 50 nicht.

4 Letztlich müssen in den meisten Fällen die Untergebrachten selbst die **Kosten der Unterbringung** zahlen. Das ergibt sich für die sicherheitsrechtliche Unterbringung aus den landesrechtlichen Regelungen (vgl. zB Art. 25 Bayer. UnterbG; § 33 ThürPsychKG). Für den Strafvollzug besteht angesichts der noch geringen Entlohnung der Gefangenenarbeit eine Übergangsregelung. An sich muss der Gefangene gemäß § 50 StVollzG bzw. dem jeweiligen Landesrecht einen Haftkostenbeitrag leisten. Davon wird jedoch nach § 50 Abs. 1 Satz 1 Nr. 1–3 StVollzG abgesehen, solange der Gefangene arbeitet, nicht arbeitet, weil er nicht arbeiten muss oder ohne sein Verschulden nicht arbeiten kann oder wenn er die geringen Bezüge nach § 43 StVollzG erhält. Für eine Überleitung nach § 50 ist in diesem Falle kein Raum.

5 Erforderlich ist eine mit Freiheitsentzug verbundene Unterbringung des Leistungsberechtigten (vgl. § 49 Rn. 4, 5). Übergeleitet werden können nur laufende Geldleistungen, die der Sicherung des Lebensunterhalts zu dienen bestimmt sind (vgl. § 48 Rn. 12–17).

6 Nicht völlig geklärt, aber ohne größere praktische Bedeutung, ist der **Rechtscharakter der Überleitung.** Ihrer Natur nach ist sie zwischen der Abtretung (§ 398 BGB) und dem Pfändungs- und Überweisungsbeschluss (§§ 829, 835 ZPO) angesiedelt. Mit letzterem ist ihr der Zwangscharakter gemeinsam. Von rechtlicher Bedeutung ist nur, dass die Überleitungsanzeige einen Verwaltungsakt darstellt und den Übergang der Forderung bewirkt (Gläubigerwechsel). Entgegen einer verbreiteten Auffassung ist das Bestehen eines Über-Unterordnungs-Verhältnisses kein notwendiges Kriterium für den Begriff des Verwaltungsaktes. Entscheidend ist vielmehr die gesetzliche Ermächtigung zum Erlass eines Verwaltungsaktes (Mutschler in KassKomm § 31 SGB X Rn. 12). Die Gleichordnung der beteiligten Stellen spricht also nicht gegen die Annahme eines Verwaltungsaktes (aA Siefert in KassKomm § 50 SGB I Rn. 5). Als Verwaltungsakt muss die Überleitungsanzeige zugestellt werden. Entgegen der wohl hM genügt ein einfacher Brief nicht.

6a Der Sozialleistungsträger kann mit befreiender Wirkung nur noch an die überleitende Stelle leisten. Nach der Überleitung ist die Sozialleistung mit Wirkung gegenüber der überleitenden Stelle nicht mehr abtretbar (§ 53) und nicht mehr dem Zugriff der Gläubiger des Untergebrachten ausgesetzt (§ 54). Desgleichen kann der Sozialleistungsberechtigte nach der Überleitung einen Verzicht (§ 46) nicht mehr aussprechen. Erfolgte eine der genannten Rechtshandlungen vor der Überleitung, so geht letztere ins Leere. Geht dagegen ein Anspruch von Gesetzes wegen über, so könnte man im Hinblick auf die ältere Rechtsprechung des BSG der Ansicht sein, dieser Übergang hätte immer Vorrang vor einer Überleitung (BSG SozR 2200 § 183 RVO Nr. 7). Diese Auffassung dürfte sich in dieser Allgemeinheit aber nicht vertreten lassen. Im Grundsatz wird man sich zwar angesichts der Regelungen der §§ 51–55 für alle Formen des Rechtsüberganges am **Prioritätsprinzip** orientieren müssen. Dieser Grundsatz lässt jedoch Ausnahmen zu (vgl. § 48 Rn. 8; § 53 Rn. 15–21). Eine praktisch wichtige Ausnahme davon besteht etwa in § 113 SGB XII. Im Zusammenhang mit der Überleitung sind aber keine Gesichtspunkte ersichtlich, die eine Ausnahme vom Prioritätsprinzip zuließen.

Die Überleitungsanzeige muss **schriftlich** erfolgen und an den zuständigen Leistungsträger gerichtet sein. Da sie als Verwaltungsakt mit Doppelwirkung gegenüber dem Sozialleistungsträger und dem Sozialleistungsberechtigten ergeht, stellt sich die Frage, ob auch beide gegen die Überleitung Widerspruch (§§ 68 VwGO; 78 SGG) einlegen können. Das war in der Vergangenheit umstritten. Die Entscheidung hängt davon ab, ob nicht nur der Untergebrachte, sondern auch der Sozialleistungsträger als **Drittschuldner** in seinen Rechten verletzt sein kann. Dies ist wegen der Betreuungspflichten des Sozialleistungsträgers (§ 14 Rn. 8) gegenüber dem Sozialleistungsberechtigten und der sich daraus ergebenden haftungsrechtlichen Konsequenzen zu bejahen (vgl. BVerwG 92 S. 281). 7

Infolge der Überleitung tritt nur eine Änderung in der Person des Gläubigers ein. Insbesondere muss der Sozialleistungsträger in eigener Zuständigkeit prüfen, ob der übergeleitete Anspruch überhaupt besteht. Ist dies nach Auffassung des Sozialleistungsträgers nicht der Fall, so trifft er eine entsprechende Entscheidung. Es ist dann Sache der überleitenden Stelle, den vermeintlichen Anspruch geltend zu machen. 8

Es muss eine **zeitliche Deckungsgleichheit** zwischen den Unterbringungskosten und der Sozialleistung bestehen. Eine Gleichartigkeit von Unterbringungskosten und Sozialleistung ist aber nicht erforderlich. Zu beachten ist lediglich, dass Kindergeld nicht zur Deckung der Unterbringungskosten eines Elternteils herangezogen werden darf (vgl. §§ 1612b BGB; 48 Abs. 1 Satz 2 SGB I). Die Überleitungsanzeige bewirkt den Übergang der Forderung bis zur Höhe der Unterbringungskosten. Jedoch muss dem Untergebrachten mindestens ein Betrag verbleiben, der dem Arbeitsentgelt des § 43 StVollzG entspricht. Außerdem erfasst der Anspruchsübergang nicht die Beträge, die an Unterhaltsberechtigte (vgl. dazu § 49 Rn. 6) oder an die in § 49 Abs. 2 genannten Kinder zu zahlen sind. Es muss aber feststehen, dass die Zahlungen tatsächlich erfolgen. Ergeht eine Entscheidung nach § 49 erst nach einer solchen gemäß § 50, so ist letztere zu ändern. Anwendbar sind die §§ 43 ff. VwVfG (vgl. unten Rn. 12). 9

Die Regelung des § 50 Abs. 1 gilt entsprechend, wenn ein Kind, für das einem Unterhaltsberechtigten ein Anspruch auf Sozialleistungen zusteht, untergebracht ist (§ 50 Abs. 3). Ist dagegen das untergebrachte Kind selbst Anspruchsberechtigter, so gilt bereits § 50 Abs. 1. Das könnte ein Fall des § 1 Abs. 2 BKGG sei. Eine Unterbringung im Sinne des § 50 ist nicht gegeben, wenn im Rahmen der Ausübung der elterlichen Sorge freiheitsentziehende Maßnahmen nach den §§ 1631b, 1666, 1909 BGB ergriffen werden (§ 49 Rn. 6). Häufig werden darüber hinaus Maßnahmen der Kinder- und Jugendhilfe durchgeführt (§§ 27 ff. SGB VIII). In diesem Falle müssen auch das Kind oder der Jugendliche einen Kostenbeitrag nach den §§ 91 ff. SGB VIII leisten. 10

Nach der Entlassung des Untergebrachten entfällt die wichtigste gesetzliche Voraussetzung für die Überleitung. Deswegen allein verliert sie jedoch nicht ihre Wirkung. Sie ist gesondert aufzuheben (vgl. Rn. 9 und 12). Das gilt aber nicht im Falle einer Beurlaubung des Untergebrachten, denn in diesem Falle dauert nach der Vorstellung des Gesetzgebers die freiheitsentziehende Unterbringung an (vgl. § 13 Abs. 5 StVollzG). 11

Was den Rechtsschutz angeht, so ist hinsichtlich der Überleitung als solcher und dem übergeleiteten Anspruch zu unterscheiden. Gegen die Überleitung ist der Rechtsweg zu den Verwaltungsgerichten eröffnet. Die Natur des Rechtsver- 12 hältnisses, aus dem der Klageanspruch hergeleitet wird, ist nämlich nicht im Sozialrecht zu suchen, sondern in dem Rechtsgebiet, das der Überleitung zugrunde liegt, also in der Frage, wem die Kosten der Unterbringung zur Last fallen. Das ist unter keinen Umständen ein Sozialleistungsträger, sondern idR eine Stelle der allgemeinen inneren oder der Justizverwaltung. Eine besondere Rechtswegzuweisung existiert nicht. Etwas anderes ergibt sich auch nicht aus landesrechtlichen Regelungen, die eine Kostentragungspflicht eines Sozialleistungsträgers vorsehen (vgl. etwa § 33 ThürPsychKG). Die Unterbringung, dh im sozialrechtlichen Sinne, die stationäre Aufnahme, ist aus Gründen der öffentlichen Sicherheit oder Ordnung erforderlich. Insoweit besteht eine Leistungspflicht der Sozialleistungsträger nicht, und zwar auch dann nicht, wenn der Untergebrachte (ambulant) behandlungsbedürftig ist. Eine andere Auffassung wird man aber vertreten müssen, wenn sozialrechtlich eine **stationäre Versorgung** und zusätzlich eine sicherheitsrechtlich Unterbringung erforderlich sind (BSG 35 S. 134). In diesem Falle sind die Voraussetzungen für eine Kostentragung durch einen Sozialleistungsträger erfüllt (vgl. § 39 SGB V). Ein Ruhen des Anspruchs kommt nur in den Fällen des § 16 Abs. 1 Nr. 4 SGB V in Betracht. Sie tritt also vor allem nicht bei einer sicherheitsrechtlichen Unterbringung nach Landesrecht ein. Dennoch kann sich eine Zuständigkeit der Sozialgerichte nicht ergeben. Übernimmt der Sozialleistungsträger die Kosten, so kommt es nicht mehr zu einer Überleitung. Übernimmt er sie nicht, dann trägt eine Stelle der inneren Verwaltung zunächst die Kosten. Leitet sie später über, dann liegt dieser Überleitung als solcher noch immer eine Vorschrift des Unterbringungsrechts über die Kostentragung zugrunde. Bei einem Rechtsstreit über die Überleitung ist also der Rechtsweg zu den Verwaltungsgerichten eröffnet.

13 Anders ist dies nur, wenn der übergeleitete Anspruch selbst geltend gemacht wird. Bei ihm handelt es sich um einen Sozialleistungsanspruch, der durch die Überleitung seinen Rechtscharakter nicht verändert. Es ist also je nach Art der Sozialleistung die Zuständigkeit der Verwaltungs- oder der Sozialgerichte gegeben (§§ 51 SGG; 40 VwGO). Die gegenteilige und wohl überwiegende Auffassung (Lilge, SGB I § 50 Rn. 14; Siefert in KassKomm § 50 SGB I Rn. 18, Kruse in LPK-SGB I § 50 Rn. 13) würdigt nicht hinreichend den unterschiedlichen Rechtscharakter der Ansprüche. Der Hinweis auf die frühere Rechtsprechung des BSG ist insoweit nicht tragfähig, als dort nur die Überleitungsanzeige (als Verwaltungsakt) angegriffen wurde, ohne dass der übergeleitete Kindergeldanspruch in Frage gestellt worden war (BSG 13 S. 279 Rn. 17). Zudem ist es unstrittig, dass die nach den §§ 33 SGB II, 94 SGB XII im Sozialrecht übergehenden Unterhaltsansprüche vor den Familiengerichten geltend zu machen sind. Die hier abgelehnte Auffassung, der man den Vorzug einer größeren Praktikabilität nicht absprechen kann, müsste noch darlegen, warum sie zwei gleiche Rechtsfragen unterschiedlich beantwortet.

§ 51 Aufrechnung

(1) **Gegen Ansprüche auf Geldleistungen kann der zuständige Leistungsträger mit Ansprüchen gegen den Berechtigten aufrechnen, soweit die Ansprüche auf Geldleistungen nach § 54 Abs. 2 und 4 pfändbar sind.**

(2) **Mit Ansprüchen auf Erstattung zu Unrecht erbrachter Sozialleistungen und mit Beitragsansprüchen nach diesem Gesetzbuch kann der**

zuständige Leistungsträger gegen Ansprüche auf laufende Geldleistungen bis zu deren Hälfte aufrechnen, wenn der Leistungsberechtigte nicht nachweist, dass er dadurch hilfebedürftig im Sinne der Vorschriften des Zwölften Buches über die Hilfe zum Lebensunterhalt oder der Grundsicherung für Arbeitsuchende nach dem Zweiten Buch wird.

Übersicht

1. Anknüpfung an das Bürgerliche Recht

1 Unter unausgesprochener Übernahme der Grundgedanken der §§ 387 ff. BGB in § 51 lässt die Vorschrift die Aufrechnung gegen Ansprüche auf Geldleistungen iSd § 11 zu. Herkömmlicherweise bezeichnet man die Aufrechnung als wechselseitige Tilgung von Forderungen. Sie kann erfolgen, wenn eine Aufrechnungslage gegeben ist (§ 387 BGB). Das heißt, die Forderung mit der verrechnet wird, muss fällig und die Gegenforderung erfüllbar sein. Soweit die Aufrechnung reicht, führt sie also zum Erlöschen der aufgerechneten Forderung. Vor allem deswegen ist für die Aufrechnung, unabhängig davon, ob man sie als Verwaltungsakt betrachtet oder nicht, das Bestimmtheitserfordernis für den Verfügungssatz zu beachten (LSG Bln.-Brandbg. NZS 2013 S. 944, für die Verrechnung). Schon mit dem Begriff der Aufrechnung knüpft § 51 an das Bürgerliche Recht an. Auszugehen ist also von den bürgerlich-rechtlichen Vorschriften, die in einzelnen Punkten durch § 51 modifiziert werden. In Anknüpfung an die §§ 387 ff. BGB sind immer die in jedem Falle zu beachtenden Voraussetzungen für eine Aufrechnung, also Fälligkeit, Gleichartigkeit und Gegenseitigkeit der Forderungen festzustellen (BSG 45 S. 271; BSG 49 S. 157; BSG NZS 2019 S. 196). Eine Gleichartigkeit besteht zB nicht, wenn einer Geldforderung ein noch nicht realisierter Schadenersatzanspruch gegenüber steht (BSG SozR 4-2500 § 264 Nr. 3). Eine Gegenseitigkeit ist auch dann nicht gegeben, wenn Forderung und Gegenforderung bei zwei verschiedenen Rentenversicherungsträgern begründet sind. Insoweit gibt es keine „sachliche Einheit der allgemeinen Rentenversicherung" (BSG SozR 4-1200 § 51 Nr. 1). Im Sozialrecht gelten, je nach Fallgestaltung, auch alle anderen Regelungen der §§ 387 ff. BGB, so etwa auch die Tilgungsreihenfolge (BSG SozR 4-7610 § 366 Nr. 1). Zusätzlich sind die **Voraussetzungen** des § 51 Abs. 1 bzw. 2 zu beachten. Insbesondere ist immer eine Ermessensentscheidung zu treffen. Diese kann nur noch im Widerspruchsverfahren nachgeholt werden (Sächs. LSG NZS 2015 S. 160 Rn. 51).

1a Die Einschränkungen des § 51 Abs. 1 und 2 gelten jedoch nur, wenn der Sozialleistungsträger aufrechnen will. Auch der **Leistungsberechtigte** kann gegenüber dem Sozialleistungsträger eine Aufrechnung erklären (BSG 63 S. 224). In diesem Falle gelten ausschließlich die §§ 387 ff. BGB (BSG 76 S. 28). Für die Aufrechnung des Bürgers gegenüber dem Staat trifft § 395 BGB allerdinge eine ergänzende Regelung. Danach ist die Aufrechnung nur zulässig, „wenn die Leistung an dieselbe Kasse zu erfolgen hat, aus der die Forderung des Aufrechnenden" zu begleichen ist. Diese Regelung, die für eine Aufrechnung die Einschränkung einer „Kassenidentität" auf Seiten des Schuldners schafft, ist nach ihrem Wortlaut (Bund, Land, Kommunen) zumindest nicht auf Leistungsträger mit eigener Rechtspersönlichkeit anzuwenden. Im Verhältnis zu ihnen gelten nur die allgemeinen Bestimmungen der §§ 387 ff. BGB). Der Leistungsträger kann nicht nur gegenüber dem Berechtigten, sondern auch gegenüber dem **Leistungserbringer,** und zwar dann uneingeschränkt nach den §§ 387 ff. BGB aufrechnen (LSG RhPf. ZfSH/SGB 2011 S. 354). Dies gilt auch, wenn der Leistungserbringer aufrechnet (BSG SozR 4-5562 § 11 Nr. 2). Gleichfalls nach den §§ 387 ff. BGB (analog) erfolgt eine Aufrechnung zwischen Krankenhausträger und Krankenkasse (BSG SGb 2017 S. 288 Rn. 11 mAnm Ricken; BSG NZS 2019 S. 196, im Verhältnis zur Kassenärztlichen Vereinigung; vgl. auch LSG Saarl. NZS 2016 S. 661).

1b **Sonderregelungen** für die Aufrechnung durch Sozialleistungsträger treffen die §§ 333 SGB III, 12 BKGG, 19 Satz 1 BAföG und 42a, 43 SGB II sowie § 26 Abs. 2 SGB XII. In allen Fällen handelt es sich um eine erleichterte Aufrechenbarkeit, soweit Erstattungsansprüche durchgesetzt werden sollen. Dabei ermöglichen es die §§ 42a, 43 SGB II und 26 Abs. 2 SGB XII sogar die Aufrechnung unterhalb der Grenze des Regelbedarfs bis auf das zum Lebensunterhalt Unerlässliche (vgl. unten Rn. 28; § 54 Rn. 21–23). Insoweit gehen die §§ 42a, 43 SGB II, 26 Abs. 2 SGB XII noch über § 51 Abs. 2 hinaus. Dies war in der Vergangenheit nur möglich, wenn ein Erstattungsanspruch des Leistungsträgers wegen vorsätzlich oder grob fahrlässig falscher Angaben des Hilfeempfängers entstanden ist. Inzwischen wurde die Aufrechnungsmöglichkeit in § 42a Abs. 2 SGB II nochmals erweitert. Vor einer Aufrechnung wegen eines Erstattungsanspruchs (§ 50 SGB X) muss immer eine Rücknahme des Verwaltungsaktes und Beachtung der §§ 45, 48 SGB X erfolgt sein. Ob der Abzug der Kosten für die Überweisung einer Geldleistung nach den §§ 42 Abs. 3 Satz 2 SGB II; 337 Abs. 1 Satz 2 SGB III eine Aufrechnung darstellt, ist umstritten (vgl. § 47 Rn. 15).

2 Der zuständige Leistungsträger kann nach § 51 Abs. 1 mit jeder Forderung aufrechnen, die er gegen den Berechtigten hat (Gegenforderung). Es muss sich also nicht um eine Forderung handeln, die, wie ein Beitragsanspruch, im Sozialrechtsverhältnis wurzelt. Des Weiteren geht § 51 Abs. 1 von dem im Bürgerlichen Recht bestehenden Gleichlauf von Pfändbarkeit und Aufrechenbarkeit aus (§ 394 Satz 1 BGB). Die Pfändbarkeit von Sozialleistungen ist jedoch gegenüber dem Bürgerlichen Recht modifiziert. Das Sozialrecht kennt deswegen auch eine besondere **Begrenzung der Aufrechnung.** Damit kann der Sozialleistungsträger zwar gegen jeden Anspruch auf Sozialleistungen iSd § 11 (Hauptforderung) aufrechnen, soweit er nicht nach § 54 Abs. 3 unpfändbar ist. Unpfändbar ist zB das Pflegegeld nach § 37 SGB IX. Ein zusätzlicher Schutz wird dadurch bewirkt, dass die Aufrechnung an weitere Voraussetzungen geknüpft ist. Verwiesen wird insoweit auf § 54 Abs. 2 und 4. Das bedeutet, dass gegen Ansprüche auf einmalige Geldleistungen nur unter den Voraussetzungen des § 54 Abs. 2 aufgerechnet werden kann (vgl. § 54 Rn. 16). Soweit gegen laufende Geldleistungen aufgerechnet werden soll, sind nur die Voraussetzungen des § 54 Abs. 4 einzuhalten.

3 In § 51 Abs. 2 wird die Möglichkeit einer **Aufrechnung erweitert** (Sonnenschein, SGb 2006 S. 278). Diese Möglichkeit nach § 51 Abs. 2 tritt neben die Aufrechnung nach § 51 Abs. 1. Insoweit hat der Sozialleistungsträger also ein Wahlrecht. Die im Grundsatz für den Leistungsträger günstigere Aufrechnungsmöglichkeit nach § 51 Abs. 2 besteht aber nur, wenn die Gegenforderung Beitrags-

und Erstattungsansprüchen des Leistungsträgers betrifft. Beitragsansprüche sind solche nach den §§ 20 ff. SGB IV. Als Beitragsanspruch ist auch die Umlage nach § 354 SGB III (§ 186a AFG aF) anzusehen, da der Begriff des Beitrags im Sozialrecht nicht eng verstanden werden darf (BSG SozR 1200 § 51 Nr. 10). Der Erstattungsanspruch muss wegen zu Unrecht erbrachter Leistungen iSd §§ 44 ff. SGB X bestehen. Sehr weit geht die Regelung des § 19 BaföG. Danach kann ein Anspruch auf Erstattung der Ausbildungsförderung (§§ 20 BaföG, 50 SGB X) ohne die Beschränkungen durch § 51 Abs. 1 oder 2 aufgerechnet werden. Dabei ist aber die Einschränkung zu beachten, dass dies nur für die Ausbildungsförderung der „abgelaufenen Monate" gilt. Damit kann eine Beeinträchtigung des aktuellen Existenzminimums nicht eintreten. Außerdem ist immer eine Ermessensentscheidung zu treffen (vgl. Fischer, NZS 2003 S. 196). Auch § 333 Abs. 1 SGB III enthält eine gegenüber § 51 Abs. 2 erweiternde Regelung. Danach kann in voller Höhe aufgerechnet werden, wenn eine Entgeltersatzleistung zu Unrecht gewährt wurde, weil der Anspruch wegen der Anrechnung von Nebeneinkommen gemindert war oder wegen einer Sperrzeit ruhte. Zumindest im Rahmen der auch nach § 333 SGB III zu treffenden Ermessensentscheidung (unten Rn. 9) ist die Untergrenze der Aufrechnung durch das Entstehen der Hilfebedürftigkeit im Sinne des SGB II oder SGB XII zu ziehen (vgl. Gagel-Kallert, SGB III § 333 Rn. 19–22).

Andere Ansprüche als die ausdrücklich genannten Ansprüche des Sozialleis- 4
tungsträgers, auch soweit sie im Sozialrechtsverhältnis wurzeln, können nicht nach § 51 Abs. 2 aufgerechnet werden. So können Erstattungsansprüche nach den §§ 42 Abs. 2, 43 Abs. 2 nicht nach § 51 Abs. 2, sondern müssen nach § 51 Abs. 1 aufgerechnet werden (vgl. BSG SozR 1200 § 51 Nr. 8). Dementsprechend besteht keine Aufrechnungsmöglichkeit nach § 51 Abs. 2 für die Krankenkasse wegen ihrer Ansprüche, die nach § 52 SGB V bei Leistungseinschränkungen wegen Selbstverschuldens bestehen. Der danach festzusetzende Eigenanteil des Versicherten ist kein Beitragsanspruch. Er ist aber auch kein Erstattungsanspruch, weil trotz der in § 52 SGB V angeordneten Leistungsbeschränkungen die Leistungen nicht „zu Unrecht" erbracht wurden. Mit ihrem Anspruch nach § 52 SGB V kann die Krankenkasse also nur nach § 51 Abs. 1 aufrechnen.

Zusätzliche Besonderheiten sind zu beachten, wenn gegen eine **Leistung aus** 5
dem Fürsorgesystem aufgerechnet werden soll. Bereits Gegenansprüche der Leistungsträger sind selten. In einigen Fällen bestehen Ansprüche der Leistungsträger auf eine Darlehensrückzahlung (§ 42a SGB II). Das gilt etwa bei Darlehen für Mietkautionen (§ 22 Abs. 6 Satz 3 SGB II). Dabei ist zunächst festzuhalten, dass Leistungen der Grundsicherung für Arbeitsuchende erst seit der Neuregelung des § 42 Abs. 4 SGB II unpfändbar sind. Sie können auch nicht abgetreten oder sonst übertragen werden. Entsprechend den Grundsätzen des § 394 BGB müsste eigentlich auch die Aufrechnung ausgeschlossen sein. Genau das aber hat der Gesetzgeber so nicht geregelt. Vielmehr ist auf der Grundlage der §§ 42a, 43 SGB II eine weitgehende Aufrechnung möglich. Häufig sind die Leistungen nach den §§ 19 ff. SGB II der Höhe nach unpfändbar iSd § 850c ZPO und damit im Allgemeinen nicht aufrechenbar sind (§ 394 BGB). Doch gemäß §§ 42a, 43 SGB II besteht unabhängig davon im SGB II die Möglichkeit der Aufrechnung. Das ist keineswegs nur bei der Erstattung von zu Unrecht erbrachten Leistungen der Fall (§ 43 Abs. 1 Nr. 1 SGB II). Demgegenüber sieht der BGH selbst bei einer auf unerlaubter Handlung beruhenden Forderung eine Pfändung in den Sozialhilfebedarf (§ 850f ZPO) nicht als zulässig an. Das gilt selbst in dem Falle, in dem die Voraus-

setzungen des § 850f Abs. 2 ZPO erfüllt sind (BGH NJW-RR 2011, 706). Gemäß § 42a Abs. 2 SGB II wird jedoch gegenüber Leistungen zum Lebensunterhalt auch dann aufgerechnet, wenn ein Fehlverhalten des Leistungsberechtigten nicht vorgelegen hat. Es besteht auch, anders als in § 43 SGB II, kein Ermessensspielraum. Auch § 26 Abs. 2 SGB XII lässt in der Sozialhilfe eine Aufrechnung zu. Dies erfolgt im Rahmen einer Ermessensentscheidung jedoch nur, wenn Leistungen auf Grund eines Fehlverhaltens des Leistungsberechtigten zu Unrecht erbracht worden waren. Besteht also ein Anspruch des Sozialhilfeträgers, so kann nur unter engen Voraussetzungen aufgerechnet werden (unten Rn. 19, 19a). Ist ein solcher Sachverhalt nicht gegeben, so kann die Forderung eines Sozialhilfeträgers wegen eines Kostenbeitrags (§ 27 Abs. 3 Satz 2, 92 Abs. 1 Satz 2 SGB XII), nicht gegen eine Leistung der Sozialhilfe aufgerechnet werden (§ 394 BGB). Ausnahmen, die den Regelungen des SGB II entsprechen, werden nur in § 26 Abs. 2 Satz 1 und Abs. 3 SGB XII gemacht (vgl. Hess. LSG FEVS 59 S. 496).

6 Während es im Sozialhilferecht nur die in § 26 Abs. 2 SGB XII geregelte Möglichkeit einer Aufrechnung aus dem Regelbedarf gibt, besteht in der Grundsicherung für Arbeitsuchende also eine Vielzahl von Möglichkeiten der Aufrechnung (§§ 42a Abs. 2, 43 Abs. 2). Was die Höhe der Aufrechnung angeht, so ist nach dem Anlass der Aufrechnung zu differenzieren. Im Ergebnis liegen die Aufrechnungsbeträge zwischen 10 % und 30 % der Regelleistung (unten Rn. 19). Hinzu treten noch ergänzende Sonderregelungen des § 42a Abs. 3–6 SGB II).

2. Erweiterte Aufrechnung

7 Die Aufrechnung nach § 51 Abs. 2, die nur gegen laufende Leistungen möglich ist, unterscheidet sich von derjenigen nach § 51 Abs. 1 in zweifacher Hinsicht. Im Falle des § 51 Abs. 2 findet keine **Billigkeitsprüfung** statt (§ 54 Rn. 17). In §§ 51 Abs. 1, 54 Abs. 2 ist diese Prüfung der Billigkeit allerdings auch nur bei der Aufrechnung gegen Ansprüche auf einmalige Leistungen vorgesehen. Was den Umfang der Aufrechnung angeht, so besteht folgender Unterschied: Die Aufrechnung nach § 51 Abs. 1 erfolgt im Rahmen der Pfändbarkeit von Arbeitseinkommen (§ 54 Abs. 4). Demgegenüber kann sie nach § 51 Abs. 2 bis zur Hälfte der vom Sozialleistungsträger geschuldeten Geldleistung erfolgen. In diesem Falle dürfen der Berechtigte sowie dessen Ehepartner und unterhaltsberechtigten Kinder durch die Aufrechnung nicht hilfsbedürftig iSd §§ 19 ff. SGB II oder 27 ff. SGB XII werden. Ist das der Fall, dann darf im gerichtlichen Verfahren nur dies festgestellt, aber kein zulässiger Aufrechnungsbetrag festgesetzt werden (BSG 51 S. 98; BSG 52 S. 98; BSG 66 S. 63).

8 Abweichend von § 20 SGB X muss nach der Neufassung der Vorschrift allerdings der Leistungsberechtigte selbst nachweisen, dass er durch die Aufrechnung hilfebedürftig wird. Das vereinfacht die Aufrechnung zu sehr. Im Regelfall wird sie nämlich den notwendigen Lebensbedarf tangieren, wenn sie die Hälfte der Sozialleistung erfasst. Diesen kann man bei einer vierköpfigen Familie überschlägig bei etwa 1500–1800 € veranschlagen. Bei einem Alleinstehenden liegt er bei etwa 650–750 € (§ 19a Rn. 26 ff.). Diese Beträge wären dann der auch nach § 51 Abs. 2 nicht aufrechenbare Teil der Sozialleistung. Damit ist häufig schon eine Aufrechnung „bis zu deren Hälfte" ausgeschlossen. Nach der Neuregelung des § 51 Abs. 2 muss der Leistungsberechtigte also häufig eine Tatsache beweisen, die ohnehin bekannt ist. Nur wenn man die Aufrechnung als **Verwaltungsakt** ansieht, muss der Leistungsberechtigte gemäß § 24 SGB X vorher angehört wer-

den. Diese Frage ist weiterhin umstritten (unten Rn. 22). Nur für die Grundsicherung für Arbeitsuchende hat der Gesetzgeber in § 43 Abs. 4 Satz 1 SGB II ausdrücklich geregelt, dass die Aufrechnung schriftlich durch Verwaltungsakt zu erklären ist.

Allerdings wird die Auffassung vertreten, dass unabhängig vom Rechtscharakter der Aufrechnung eine Anhörung nach § 24 SGB X erfolgen muss. Dies würde sich daraus erklären, dass nach § 24 Abs. 2 Nr. 7 SGB X (nur) im Falle einer Bagatellaufrechnung die Anhörung unterbleiben kann (Lilge, SGB I § 51 Rn. 19). Diese Vorschrift lässt sich aber eher so verstehen, dass sie ausschließlich die Frage der Anhörung regelt, wenn die Aufrechnung als Verwaltungsakt ergeht. Das ergibt sich daraus, dass § 24 Abs. 1 SGB X die Anhörung vor Erlass eines Verwaltungsaktes regelt. Genau das aber ist für die Aufrechnung zweifelhaft (unten Rn. 22). Man wird § 51 Abs. 2 jedoch insoweit einengend auslegen müssen, dass nicht des Beweises durch den Leistungsberechtigten bedarf, was für den Leistungsträger offenkundig ist. Diese Abklärung wird mindestens im Rahmen der nach § 51 Abs. 2 zu treffenden Ermessensentscheidung erfolgen müssen, die sich auch auf die Höhe des Aufrechnungsbetrages erstreckt. Anders formuliert: die Beweislast des Leistungsberechtigten entbindet den Leistungsträger nicht von der Amtsermittlung (§ 20 SGB X) und von der in § 51 geregelten Ermessensausübung. Zu einem non liquet kommt es nur, wenn die Amtsermittlung nicht zu einer Klärung führt, ob Hilfebedürftigkeit eintritt. Daraus folgt: Ein Sozialleistungsträger, der erkennt oder erkennen muss, dass durch eine Aufrechnung Hilfebedürftigkeit eintritt, handelt ermessenswidrig. 9

Bei der Aufrechnung nach § 51 Abs. 2 ist – anders als nach § 51 Abs. 1 – die Einhaltung der Pfändungsgrenzen nach den § 54 Abs. 4 iVm § 850c ZPO nicht erforderlich (BSG 45 S. 271; Bay. LSG Breith. 1980 S. 526). Das gilt auch dann, wenn die Pfändungsgrenze für den Schuldner günstiger ist als der Betrag der notwendigen Leistungen zum Lebensunterhalt. Hinsichtlich der Abstimmung der Pfändungsgrenzen und dem notwendigen Lebensunterhalt vgl. § 54 Rn. 22. Soweit mit Erstattungsansprüchen nach den Sonderregelungen des § 12 BKGG bzw. § 19 Satz 1 BAföG aufgerechnet wird, darf dies zwar bis zur vollen Höhe des Gegenanspruchs geschehen. Hilfsbedürftigkeit kann dadurch aber nicht eintreten, denn die genannten Vorschriften begründet keine Abweichung von § 51 Abs. 2 Hs. 2 (BSG SozR 3 – 1200 § 51 Nr. 3, zu § 19 BAföG vgl. oben Rn. 3). Eine Ausnahme davon machen nur die §§ 42a Abs. 2, 43 SGB II, 26 Abs. 2 SGB XII). 10

Trotz Vorliegens der Voraussetzungen nach § 51 Abs. 2 erweitert sich für den Sozialleistungsträger die Aufrechnungsmöglichkeit nicht, wenn der Betrag der Leistungen zum Lebensunterhalt nach den §§ 19 ff. SGB II deutlich über der Hälfte des Anspruchs auf die laufende Geldleistung liegt (§ 51 Abs. 2). Das wird oft der Fall sein, da in die Berechnung der Hilfe zum Lebensunterhalt auch die Kosten der Unterkunft eingehen (vgl. BSG 66 S. 63). Da beide Aufrechnungsmöglichkeiten unabhängig voneinander bestehen, könnte der Sozialleistungsträger in diesem Falle an sich eine Aufrechnung nach § 51 Abs. 1 erklären. Er wäre dann nur an die Einhaltung der Pfändungsgrenzen des § 850c ZPO gebunden. Diese können heute nur noch in Ausnahmefällen unter dem Betrag liegen, der dem notwendigen Lebensbedarf iSd §§ 19 ff. SGB II entspricht (vgl. § 54 Rn. 21). Für die Pfändung hat der Gesetzgeber überdies dem Schuldner die Möglichkeit der Beantragung einer Heraufsetzung der Pfändungsfreigrenze auf den Betrag der Hilfe zum Lebensunterhalt eingeräumt. Ausdrücklich gilt dies nur für die Pfändung. Über die durch § 850f Abs. 1a ZPO garantierte Mindestsicherung kann 11 sich aber auch der Sozialleistungsträger nicht hinwegsetzen. Deswegen muss der aufrechnende Sozialleistungsträger im Rahmen seiner Ermessensausübung auch § 850f Abs. 1a ZPO beachten (relativ eng LSG SchlH Breith. 2011 S. 928). Auf diese Weise ist mittelbar auch bei der Aufrechnung nach § 51 Abs. 1 der notwendige Lebensunterhalt iSd §§ 19 ff. SGB II gesichert (vgl. §§ 19a Rn. 26 ff., 53 Rn. 40; 54 Rn. 22). Das ergibt sich allerdings nicht schon daraus, dass § 51 Abs. 1 auf § 54 Abs. 4 verweist. Die erhöhte Pfändungsgrenze nach § 850f Abs. 1a ZPO ergibt sich erst, wenn sie vom Vollstreckungsgericht festgestellt ist. Bei einer Aufrechnung wird das Vollstreckungsgericht nicht tätig. Deswegen muss der Sozialleistungsträger seine Aufrechnungserklärung, zumindest nach einem Antrag des Sozialleistungsberechtigten, durch Ermessensentscheidung selbst beschränken (vgl. auch Bay. LSG Breith. 2008 S. 620, bei Wohnsitz im Ausland).

12 Ob der Sozialleistungsträger und wem gegenüber (§ 421 BGB) er die Aufrechnung erklärt, entscheidet er nach Ermessensgesichtspunkten. In die Entscheidung müssen alle Gesichtspunkte eingehen, die Einfluss auf die Aufrechnung haben können (LSG RhPf. NZS 2003 S. 223, dazu Fischer, NZS 2003 S. 196). Hinsichtlich der Höhe der Aufrechnung ist der Leistungsträger zwingend an die gesetzlichen Obergrenzen des § 51 Abs. 1 und 2 gebunden. Ermessensgesichtspunkte können auch dafür sprechen, die Aufrechnung nur unterhalb dieser Grenze zu erklären. Die Aufrechnung ist im Bürgerlichen Recht, eine einseitige, empfangsbedürftige Willenserklärung (§ 130 BGB). Sie kann weder unter einer Bedingung noch unter einer Zeitbestimmung abgegeben werden (§ 388 Satz 2 BGB). Ob das auch für die Aufrechnung im Sozialrecht gilt, ist umstritten (unten Rn. 22).

13 Die **Fälligkeit** ist in zweierlei Hinsicht zu prüfen. Gemäß § 387 BGB ist Voraussetzung, dass der aufrechnende Teil die ihm gebührende Leistung fordern und die ihm obliegende Leistung bewirken kann. Letzteres ist spätestens bei der Fälligkeit möglich. Was die Forderung angeht, mit der aufgerechnet wird (Sozialleistungsanspruch, Hauptforderung), so genügt ihre Erfüllbarkeit, die schon vor der Fälligkeit gegeben sein kann (BSG 45 S. 271). Der Sozialleistungsträger kann danach immer dann aufrechnen, wenn die Sozialleistung fällig ist. Das bestimmt sich nach § 41 und den abweichenden Regelungen in den Besonderen Teilen des Sozialgesetzbuches (§ 41 Rn. 10). Die Aufrechnung ist darüber hinaus aber auch möglich, wenn er die Leistung bewirken kann. Davon ist auszugehen, wenn der Anspruch iSd § 40 entstanden ist. Das bedeutet wegen der Regelung des § 40 Abs. 2 für **Ermessensleistungen,** dass zunächst eine Ermessensentscheidung zu treffen ist, ehe aufgerechnet werden kann (vgl. § 40 Rn. 17). Hinsichtlich der Fälligkeit der Gegenforderung kommt es auf deren Rechtscharakter an. Wegen der Vielgestaltigkeit der möglichen Gegenforderungen lässt sich also keine allgemeine Aussage machen. Die Fälligkeit ist vielmehr in dem jeweiligen Rechtsverhältnis zu prüfen. Beitragsforderungen werden nach § 23 SGB IV fällig. Der Erstattungsanspruch nach § 50 SGB X wegen zu Unrecht erbrachter Leistungen wird mit Bekanntgabe des Verwaltungsaktes (§ 37 SGB X) fällig. Entsprechendes gilt im Grundsatz für alle anderen Forderung des Sozialleistungsträgers, die im Sozialrechtsverhältnis gründen.

14 Die Tatsache, dass eine Forderung, gegen die aufgerechnet werden soll, einredebehaftet ist, hindert zwar nach § 390 BGB die Aufrechnung. In der Praxis kommt jedoch im Wesentlichen nur eine Einrede der Verjährung in Betracht. Für diesen Fall traf ursprünglich § 390 Satz 2 BGB eine Sonderregelung. Bestand im Zeitpunkt vor Eintritt der Verjährung bereits eine Aufrechnungslage, so konnte auch gegen die verjährte Forderung aufgerechnet werden (BSG 49 S. 158). Diese Regelung ist durch das Schuldrechtsmodernisierungsgesetz aufgehoben worden. Im Ergebnis bedeutet das nach gegenwärtiger Rechtslage, dass auch gegen eine verjährte Forderung nicht mehr aufgerechnet werden kann. Allerdings ist § 215 BGB zu beachten. Die Aufrechnung ist nicht ausgeschlossen, wenn der Anspruch zu dem Zeitpunkt noch nicht verjährt war, zu dem erstmals aufgerechnet werden konnte.

Die sich aus dem gegliederten System des Sozialrechts ergebenden Fragen der **15** **Gegenseitigkeit** (vgl. BSG 15 S. 36) haben infolge der Regelung des § 52 ihre praktische Bedeutung verloren (vgl. § 52 Rn. 1). Davon abgesehen aber ist im Falle einer Aufrechnung die Gegenseitigkeit der Forderungen immer positiv festzustellen. Dies verlangt nicht, dass die Forderungen aus dem gleichen Rechtsverhältnis stammen. Eine Gegenseitigkeit der Beiträge zur Rentenversicherung im Verhältnis zu einer Rente besteht auch angesichts der Tatsache, dass die Beiträge von der Krankenkasse als Beitragseinzugsstelle eingezogen werden (BSG 15 S. 122). Anderseits hat das BSG eine Gegenseitigkeit verneint, wenn der Träger der Pflegeversicherung mit seinem Anteil am Gesamtsozialversicherungsbeitrag gegen Vergütungsansprüche eines mit offenen Beitragsschulden in Insolvenz geratenen Pflegeheims aufrechnen will (BSG 101 S. 1) Fraglich ist, ob es an der Gegenseitigkeit dann fehlt, wenn auf einer Seite verschiedene Rentenversicherungsträger an der Aufrechnung beteiligt sind. Nach der früheren Rechtsprechung des BSG würde es gegen Treu und Glauben verstoßen, würde sich der Schuldner angesichts der nur formalen rechtlichen Selbständigkeit der Rentenversicherungsträger auf die fehlende Gegenseitigkeit berufen (BSG 28 S. 288). Seit Inkrafttreten des § 52 muss man diese Rechtsprechung als überholt ansehen. Auch wenn verschiedene Leistungsträger desselben Versicherungszweiges betroffen sind, ist eine Gegenseitigkeit zu verneinen (BSG 2014 S. 139 mAnm Pflüger). Der Anspruch kann also nur durch eine Verrechnung nach § 52 durchgesetzt werden.

Eine wesentliche Modifikation ergibt sich aus der Anwendung der §§ 56 ff. **16** Danach hindert das Erfordernis der Gegenseitigkeit nicht die Aufrechnung gegenüber dem **Rechtsnachfolger** (§ 56), da jetzt Gegenseitigkeit gegeben ist. Gehen also Leistungsansprüche auf den Sonderrechtsnachfolge über, so kann der Leistungsträger diese mit Nachlassverbindlichkeiten aufrechnen. Gemäß § 57 Abs. 2 Satz 3 ist sogar die Aufrechnung ohne die in § 51 genannten Beschränkungen der Höhe zulässig. Daraus folgt aber auch, dass alle anderen Voraussetzungen hinsichtlich der Aufrechnung gegenüber dem Rechtsnachfolger zu prüfen sind. Anders gestaltet sich die Rechtslage bei Leistungen an Hinterbliebene, die nicht Rechtsnachfolger geworden sind (§§ 46 ff. SGB VI). Ihre Ansprüche sind zwar von dem verstorbenen Leistungsberechtigten, dem gegenüber die Aufrechnungslage bestanden hat, abgeleitet. Es fehlt jedoch deswegen an einer Gegenseitigkeit, weil es sich um eigene Ansprüche der Hinterbliebenen handelt. Entsprechendes gilt, wenn im Rahmen der Familienversicherung nach § 10 SGB V Leistungen verlangt werden (vgl. auch § 54 Rn. 7).

Eine Gegenseitigkeit besteht ebenfalls nicht, wenn eine GmbH Beiträge schul- **17** det und einer ihrer Gesellschafter Sozialleistungen beansprucht. Etwas anderes ließe sich nur annehmen, wenn bei einer Ein-Mann-GmbH die Voraussetzungen für eine Durchgriffshaftung erfüllt sind (BSG 19 S. 18). Schuldet hingegen ein Arbeitgeber Beiträge auf Grund der Regelungen des § 28e SGB IV, so ist eine Gegenseitigkeit gegeben, wenn er seinerseits Sozialleistungen beansprucht. Weitere Modifikationen bei der Aufrechnung und Verrechnung des Erstattungsanspruchs der Versicherungsträger ergeben sich aus § 28 SGB IV.

18 Auch im Falle der **gesetzlichen Vertretung** ist die Gegenseitigkeit sorgfältig zu klären. Besteht ein Erstattungsanspruch nach den §§ 45 ff. SGB X weil der gesetzliche Vertreter unzutreffende Angaben gemacht hat, so schuldet der gesetzlich Vertretene die Erstattung nach § 50 SGB X. Obwohl also der gesetzliche Vertreter selbst für die fehlerhafte Entscheidung und die Rücknahme nach § 45 SGB X ursächlich geworden ist, besteht ihm gegenüber kein Erstattungsanspruch (vgl. § 36 Rn. 27 ff.). Beansprucht also der gesetzliche Vertreter in seiner Person Sozialleistungen, so besteht keine Gegenseitigkeit mit dem Erstattungsanspruch gegenüber dem gesetzlich Vertretenen. Der Sozialleistungsträger kann aber nach Ermessensgesichtspunkten von einer Rücknahme nach § 45 SGB X absehen und, soweit die Voraussetzungen vorliegen, gegenüber dem gesetzlichen Vertreter einen Schadenersatzanspruch nach den §§ 823 Abs. 2 BGB, 263 StGB geltend machen. In diesem Falle besteht auch eine Gegenseitigkeit, wenn der gesetzliche Vertreter seinerseits Sozialleistungen beansprucht. Aus dieser Rechtslage hat der Gesetzgeber inzwischen insoweit die Konsequenz gezogen, als er dem Träger der Grundsicherung bzw. der Sozialhilfe nach den §§ 34 Abs. 1 SGB II, 103 Abs. 1 Satz 2 SGB XII einen Kostenersatzanspruch gegenüber dem gesetzlichen Vertreter eingeräumt hat. Mit diesem Anspruch kann unter zusätzlicher Beachtung der §§ 42a, 43 SGB II, 26 Abs. 2 SGB XII aufgerechnet werden.

18a Hinsichtlich der Gegenseitigkeit trifft auch § 12 BKGG eine Sonderregelung. Soweit die Aufrechnung mit einem Anspruch auf Erstattung von Kindergeld erfolgen soll, kommt es, soweit Elternteile betroffen sind, auf die Gegenseitigkeit nicht an, wenn die Elternteile nicht dauernd getrennt leben. Damit soll einer Manipulation durch die Bestimmung des Kindergeldberechtigten vorgebeugt werden.

19 Bei Fürsorgeleistungen scheitert die Aufrechnung eigentlich an § 51 Abs. 1 und 2. Es bestehen jedoch Ausnahmeregelungen. Hierzu hat das BSG grundsätzlich entschieden:

„Gegenstand der Ausgestaltung des Grundrechts auf Gewährleistung eines menschenwürdigen Existenzminimums als Gewährleistungsrecht durch den Gesetzgeber sind nicht nur die Höhe der Leistungen zur Sicherung des Lebensunterhalts und das Verfahren ihrer Bemessung und Anpassung. Gegenstand können vielmehr auch Leistungsvoraussetzungen und -ausschlüsse (vgl. § 7 SGB II), Leistungsminderungen (vgl. §§ 31 ff SGB II) und Leistungsmodalitäten (vgl. §§ 37, 41 und 42 SGB II) sein. Bei der Aufrechnung nach § 43 SGB II handelt es sich um eine Leistungsmodalität in diesem Sinne. Unmittelbarer Maßstab für ihre verfassungsrechtliche Prüfung ist nicht, ob die Leistungen evident unzureichend sind und ob sie, sind sie nicht evident unzureichend, durch den Gesetzgeber verfahrensgerecht bemessen worden sind. Vielmehr bedarf verfassungsrechtlicher Prüfung, ob gegen bewilligte existenzsichernde Leistungen in Höhe von 30 % des maßgebenden Regelbedarfs über bis zu drei Jahre aufgerechnet werden kann mit bestandskräftigen Erstattungsansprüchen wegen zu Unrecht erbrachter Leistungen, die auf einem dem Leistungsberechtigten vorwerfbaren Verhalten beruhen. Insoweit ist dem Grundrecht als Gewährleistungsrecht zu entnehmen, dass dem Gesetzgeber das Knüpfen negativer Konsequenzen an vorwerfbares Verhalten von Leistungsberechtigten jedenfalls solange nicht verwehrt ist, wie sichergestellt ist, dass den Betroffenen die auch in dieser Lage unerlässlichen Mittel zur Bestreitung des Lebensunterhalts zur Verfügung stehen…" (BSG SGb 2017 S. 515 mAnm Schmid-De Caluwe).

Diese Grundsätze prägen jede Aufrechnung im Fürsorgesystem. Hinsichtlich der Höhe der Aufrechnung ist nach der Art des Erstattungsanspruchs zu differenzieren (§ 43 Abs. 2 SGB II). Nur bei den Erstattungsansprüchen, die sich aus § 50 SGB X wegen zu Unrecht erbrachter Leistungen ergeben (§ 45 SGB X) dann **kann** ein Betrag von bis zu 30 % der Regelleistung aufgerechnet werden (Bay. LSG ZfSH/SGB 2013 S. 710). Aufrechnungen wegen zu hoher Vorschüsse oder Vorleistungen dürfen nur in Höhe von 10 % der Regelleistung erfolgen (§ 43 Abs. 2 Satz 1 SGB II). Wird wegen mehrerer Ansprüche aufgerechnet, so besteht eine Gesamtobergrenze von 30 % der Regelleistung (§ 43 Abs. 2 Satz 2; Abs. 3 SGB II). Eine besondere Situation besteht nach § 42a Abs. 2 SGB. Hat der Leistungsberechtigte während des Leistungsbezugs ein Darlehen erhalten, so **muss** eine Aufrechnung aus den laufenden Regelleistungen erfolgen. Vor Inkrafttreten dieser Regelung hatte das BSG die Aufrechnung während des Leistungsbezugs noch nach § 51 Abs. 1 allein wegen der Höhe der Leistungen und der daraus resultierenden Unpfändbarkeit ausgeschlossen (BSG 110 S. 288). Ein solches Darlehen kann, etwa als **Kautionsdarlehen** nach § 22 Abs. 6 Satz 3 SGB II wegen eines erhöhten Wohnbedarfs gewährt worden sein. Dennoch erfolgt eine Aufrechnung aus dem Regelbedarf. Insoweit weniger problematisch ist ein Darlehen nach § 24 Abs. 1 SGB II, dies jedenfalls dann, wenn der Leistungsberechtigte in vorwerfbarer Weise die Gewährung eines Darlehens herausgefordert hat. Das ist aber auch im Falle des § 24 Abs. 1 SGB II nicht immer so. Vor allem ein Kautionsdarlehen kann dazu führen, dass der Leistungsberechtigte etwa drei Jahre lang Regelleistungen erhält, die um 10 % gemindert sind. Dadurch wird das verfassungsrechtlich garantierte Existenzminimum noch nicht gefährdet (vgl. Merhold, ZfSH/SGB 2016 S. 293; Guttenberger, info also 2017 S. 57; Blüggel/Wagner, NZS 2018 S. 677).

Verschiedentlich ist die Auffassung entwickelt worden, die Vorschrift des § 42a Abs. 2 SGB II sei nicht auf das Kautionsdarlehen anzuwenden (Nguyen, SGb 2016 S. 202). Das lässt sich jedoch schon nach dem Wortlaut der Vorschrift nicht rechtfertigen. Eine teleologische Reduktion der Vorschrift würde voraussetzen, dass der Gesetzgeber mehr geregelt hat, als er wollte. Dafür gibt es keinen Anhaltspunkt (BSG B 14 AS 31/17 R, juris). Allerdings wird die Unanwendbarkeitsthese auch in der Rechtsprechung vertreten (LSG NRW (7. Senat) ZfSH/SGB 2017 S. S. 561 Rz. 27; aA LSG NRW (19. Senat) L 19 AS 787/17, juris). Das Ergebnis dieser – keiner Ermessenserwägung zugänglichen – Aufrechnungsmöglichkeit ist allerdings in einem Fürsorgesystem jedenfalls dann untragbar, wenn es dazu führt, dass ein Leistungsberechtigter allein wegen eines erhöhten (Wohn)bedarfs Einschränkungen hinnehmen müsste. Der darin auch erkennbare Verstoß gegen den Gleichheitssatz veranlasst allerdings nicht dazu, der Norm unter Berufung auf Art. 3 Abs. 1 GG die Gefolgschaft zu versagen. Den Ausweg aus dieser verfahrenen Lage hat das SG Berlin relativ früh erkannt und es veranlasst, schon die Gewährung eines Darlehens nach § 22 Abs. 6 Satz 3 SGB II in Frage zu stellen. Die Kaution soll als Darlehen gewährt werden. Von diesem Regelfall ist zugunsten eines nicht rückzahlbaren Betrages abzuweichen, wenn absehbar ist, dass der Leistungsberechtigte nicht in der Lage ist, das Darlehen innerhalb von etwa drei Monaten zurückzuzahlen (SG Berlin info also 2011 S. 275). Dies folgt insbesondere auch aus der Rechtsprechung des BVerfG. Danach kann einem Leistungsberechtigten nur für einen relativ kurzen Zeitraum zugemutet werden, auf einen Teil der Regelleistung zu verzichten (BVerfG 125 S. 175). War in einem solchen Falle zunächst ein Darlehen gewährt worden, so ist dies auf der Grundlage des § 44 SGB X in einen Zuschuss umzuwandeln. **19a**

20 Unter **Gleichartigkeit** ist bei der Aufrechnung nur zu verstehen, dass sich Ansprüche auf Geldleistungen gegenüberstehen müssen. Bei Kostenerstattungsansprüchen wegen unterbliebener Dienst- oder Sachleistung (vgl. § 13 Abs. 3 SGB V) ist im Einzelfall zu prüfen, ob sie einer Geldleistung gleichzustellen sind (§ 11 Rn. 21). Da der Kostenerstattungsanspruch der Bezahlung der unterbliebenen Sach- oder Dienstleistung dient und diese Zahlung gesichert sein muss, ist er hier wie diese zu behandeln. Damit fehlt es an einer Gleichartigkeit. Auch bei Geldleistungen, die in engem Zusammenhang mit Sachleistungen erbracht werden, soll es an der Gleichartigkeit fehlen. Das wäre etwa bei der Übernahme von Reisekosten nach § 28 SGB VI im Zusammenhang mit einer Rehabilitationsmaßnahme der Fall (Heinze, BochKomm § 51 Rn. 10). Für diese Auffassung findet sich jedoch keine Stütze im Gesetz. Allerdings können Ermessensgesichtspunkte gegen eine Aufrechnung sprechen. Das wäre vor allem dann der Fall, wenn die Rehabilitationsmaßnahme mangels Auszahlung der Reisekosten nicht angetreten werden könnte. Wenn nach § 8 Abs. 2 SGB IX Leistungen zur Teilhabe, die als Sachleistung zu erbringen sind, auf Antrag des Berechtigten als Geldleistungen gewährt werden, so wird man auch in diesem Falle nicht mehr von der Gleichartigkeit ausgehen können. Entsprechendes ist für § 37 SGB IX – also das Pflegegeld anstelle der Pflegesachleistung – in § 54 Abs. 3 Nr. 3 SGB I ausdrücklich geregelt. Diese Vorschrift wird man heute auch auf die Fälle des § 8 Abs. 2 SGB IX erstrecken müssen.

21 Aus welchem Rechtsverhältnis die aufzurechnenden Ansprüche stammen, ist gleichgültig. Auch die Tatsache, dass für die in Aufrechnung gestellte Gegenforderung ein anderer Rechtsweg vorgesehen ist als für die Sozialleistung, schließt die Aufrechnung nicht aus. Infolge der Neufassung des § 17 Abs. 2 GVG braucht bei bestrittener Gegenforderung heute keine Aussetzung des Rechtsstreits mehr zu erfolgen. Es besteht vielmehr eine Gesamtzuständigkeit des Gerichts, bei dem die Sache anhängig ist (BVerwG 96 S. 71).

3. Rechtscharakter der Aufrechnung

22 Umstritten ist die Frage, welchen **Rechtscharakter** die Aufrechnung im öffentlichen Recht hat (Weber, SGb 1999 S. 225; Seewald, SGb 2012 S. 446; Pflüger in jurisPK-SGB § 51 Rn. 49). In der Rechtsprechung des BVerwG wird die Aufrechnungserklärung auch dann als rechtsgeschäftliche Ausübung eines schuldrechtlichen Gestaltungsrechts angesehen, wenn sie von einem Träger hoheitlicher Verwaltung abgegeben wird (BVerwG 66 S. 218; ebenso BFH 149 S. 482; aA Schmidt, JuS 1984 S. 28). Demgegenüber wird bisher nach Auffassung des BSG im Sozialrecht die Aufrechnung durch Verwaltungsakt (§ 31 SGB X) nach Anhörung des Berechtigten (§ 24 SGB X) bewirkt (BSG 53 S. 208; BSG 67 S. 146; SG Osnabrück NZS 2015 S. 840). Wirksam wird sie gemäß § 37 Abs. 1 Satz 1, 39 Abs. 1 Satz 1 SGB X mit der Bekanntgabe an den Leistungsberechtigten (BSG 64 S. 17)). Ein Widerspruch (§§ 68 VwGO, 83 SGG) hat nur unter den Voraussetzungen der §§ 80 VwGO, 86 SGG keine aufschiebende Wirkung. Das kann vor allem die durch Aufrechnung durchgesetzte Rückforderung von Leistungen betreffen (Meyer-Ladewig/Keller/Leitherer/Schmidt, SGG § 86a Rn. 5). Ausdrücklich geregelt hat der Gesetzgeber das Erfordernis eines Verwaltungsaktes nur für den Fall des § 43 Abs. 4 Satz 1 SGB II, so dass nicht einmal in der angrenzenden Sozialhilfe Klarheit geschaffen wurde.

23 Nach der gegenteiligen Auffassung, die die Aufrechnung als empfangsbedürftige öffentlich-rechtliche Willenserklärung ansieht (Hess. LSG FEVS 59 S. 496), ist ein Rechtsschutz gegen die Aufrechnung nicht erforderlich. Obwohl schon immer eine Reihe von Argumenten gegen die Einordnung der Aufrechnung als Verwaltungsakt vorgebracht wurden, war das BSG bisher als einziges unter den oberen Gerichten anderer Auffassung. Es ging also davon aus, die Aufrechnung würde durch Verwaltungsakt erfolgen (dazu Wehrhahn, SGb 2007 S. 468; v. Rath, DöV 2010 S. 180). Diese Auffassung hat bisher nur der 4. Senat des BSG aufgegeben (BSG SozR 4-1200 § 52 Nr. 1; aA LSG BW Breith. 2010 S. 93). Dem hat der 13. Senat widersprochen (BSG 13 R 31/08 R, juris). Insoweit ist diese Frage auch innerhalb des BSG weiterhin noch nicht abschließend geklärt. Auch eine inzwischen erfolgte Entscheidung des Großen Senats des BSG (BSG 109 S. 81) hat keine endgültige Klarstellung gebracht, weil diese sich ausdrücklich nur auf die Rechtsnatur der Verrechnung nach § 52 beschränkt. Diese kann als Verwaltungsakt erfolgen. Dem hat sich der 13. Senat angeschlossen (BSG SozR 4-1200 52 Nr. 5). Es scheint allerdings ausgeschlossen zu sein, dass zur Aufrechnung nach § 51 eine andere Auffassung vertreten wird.

24 Gegen die Auffassung, eine Aufrechnung erfolge durch **Verwaltungsakt** werden einige gewichtige Argumente vorgebracht. In ihrer rechtlichen Bedeutung ist die Aufrechnung nichts anderes als die Erfüllung einer Geldforderung durch Zahlung. Sie ist deren Surrogat und darf nicht anders als die Geldzahlung selbst behandelt werden. Insbesondere würde sie keine Form des Verwaltungszwanges darstellen. Dass ein Gläubiger einseitig aufrechnen kann, ergibt sich schon aus den Bestimmungen des Bürgerlichen Rechts. Die Aufrechnung in Form eines Verwaltungsaktes könnte uU dazu führen, dass damit eine zivilrechtliche Forderung, wie etwa im Falle des § 116 SGB X, allein dadurch dass sie durch Verwaltungsakt erfolgt, ohne Einschaltung der Zivilgerichte durchgesetzt wird. Sie zwingt den Aufrechnungsgegner unnötigerweise dazu, gegen die Aufrechnung mit Widerspruch und Anfechtungsklage vorzugehen, wenn er eine Bestandskraft der Aufrechnung vermeiden will (Ehlers, NVwZ 1983 S. 446; vgl. auch KassKomm-Siefert § 51 Rn. 21). Das kann aber gerade für den Leistungsberechtigten auch von Vorteil sein, weil er nicht sofort den Klageweg beschreiten muss und zudem sein Widerspruch aufschiebende Wirkung hat (vgl. § 39 SGB II). Versäumt er den Widerspruch, so kann die durch Aufrechnung vorenthaltene Sozialleistung mittels einer Entscheidung nach § 44 SGB X für vier Jahre rückwirkend erbracht werden.

24a Es spricht einiges dafür, entgegen dem BSG, die Aufrechnung als öffentlich-rechtliche Willenserklärung anzusehen (Ebsen, DöV 1982 S. 389; Correll, ZfSH/SGB 1998 S. 268). Als Rechtsschutz kommt nach dieser Auffassung eine auf die Erbringung der Sozialleistung gerichtete echte Leistungsklage (§ 54 Abs. 5 SGG) in Betracht. Ganz konsistent ist die bisherige gegenteilige Rechtsprechung des BSG allerdings auch nicht, so hat es auch die Streitfrage, welchen Rechtscharakter die Aufrechnung hat, im Ergebnis offengelassen (BSG 67 S. 147) und eher beide Formen für zulässig gehalten (BSG SGb 1997 S. 328 mAnm Dörr; BSG 107 S. 78 zu § 140b aF). Seit längerem deutet sich also eine Annäherung der Standpunkte bzw. ein Einlenken des BSG an. Demgegenüber hat das OVG Münster entschieden, dass die Aufrechnung nach § 25a BSHG aF (§ 26 Abs. 2 SGB XII) auf jeden Fall als Verwaltungsakt erfolgen muss. Es hat dabei wesentlich darauf abgestellt, dass die Aufrechnung auf der Basis einer Ermessensentscheidung erfolgt (OVG

Münster FEVS 47 S. 569; OVG Münster FEVS 48 S. 390). Diese erfolgt in den Fällen des § 42a Abs. 2–5 SGB II nicht, jedoch in den Fällen des § 43 SGB II.

24b Unabhängig von dem Meinungsstreit gilt aber Folgendes: Erklärt der Sozialleistungsträger – je nach Standpunkt in zulässiger oder unzulässiger Weise – die Aufrechnung tatsächlich in Form eines Verwaltungsaktes, so ist dagegen auf jeden Fall mit Widerspruch und Anfechtungsklage vorzugehen (LSG RhPf. NZS 2006 S. 542; LSG Hamburg, NZS 2009 S. 111). Eine Umdeutung der durch Verwaltungsakt erklärten in eine rechtsgeschäftliche Aufrechnung ist nicht zulässig (VGH München FEVS 46 S. 116). Definitiv ist der VGH München der Auffassung, dass weder § 51 SGB I, noch § 25a BSHG aF (§ 26 Abs. 2 SGB XII) dem Sozialhilfeträger die Befugnis verleihen, die Aufrechnung durch Verwaltungsakt zu erklären (VGH München FEVS 47 S. 353). Ob sich in der Sozialhilfe diese beiden Handlungsalternativen einander ausschließen, lässt das BSG demgegenüber dahingestellt (BSG SGb 1997 S. 328 mAnm Dörr).

24c Die Gewichtung aller Argumente, die für und wider den Rechtscharakter der Aufrechnung vorgebracht werden, wird man letzten Endes danach vornehmen müssen, dass es keine klare materielle Rechtsgrundlage für die Aufrechnungserklärung in Form eines Verwaltungsaktes gibt. Jedenfalls reichen die schwachen Ansatzpunkte des Verwaltungsverfahrensrechts für eine solche Annahme nicht aus. Das gilt für § 8 SGB X, der lediglich regelt, dass das Verwaltungsverfahren mit dem Erlass eines Verwaltungsverfahrens oder eines öffentlich-rechtlichen Vertrages regelt, sowie für § 24 Abs. 2 Nr. 7 SGB X, der zwar den Schluss zulässt, dass der Gesetzgeber der Aufrechnungserklärung den Rechtscharakter eines Verwaltungsaktes beigemessen hat. Doch auch diese Vorschrift ist keine Ermächtigungsgrundlage. Die einzige ausdrückliche Rechtsgrundlage für eine Aufrechnung durch Verwaltungsakt findet sich in § 43 Abs. 4 Satz 1 SGB II. Jedoch beschränkt sie sich auf die Grundsicherung für Arbeitsuchende. Eine entsprechende Regelung wäre als ein § 51 Abs. 3 allgemein erforderlich gewesen. Genau das Gegenteil hat aber der Große Senat des BSG entschieden. Er ist der Auffassung, dass die Verwaltung zum Erlass eines Verwaltungsaktes keiner besonderen Ermächtigung bedürfe. Diese ergebe sich vielmehr unmittelbar aus den §§ 51 und 52 (BSG 109 S. 81). Die Befugnis zum Erlass eines Verwaltungsaktes ergibt sich nach Auffassung des Großen Senats zumindest aus der Systematik des Gesetzes und der Eigenart des Rechtsverhältnisses, bzw. sie werde stillschweigend vorausgesetzt, wie sich aus § 24 Abs. 2 Nr. 7 SGB X ergäbe. Definitiv entschieden hat der Große Senat nur, dass eine Verrechnung nach § 52 durch Verwaltungsakt erfolgen darf. Das wird man auch auf die Aufrechnung übertragen müssen. Offen geblieben ist aber, ob die Form des Verwaltungsaktes auch gewählt werden muss. Dies hat der 1. Senat verneint (BSG 121 S. 194 Rn. 13). Er geht vielmehr von einer Wahlmöglichkeit zwischen Willenserklärung und Verwaltungsakt aus (BSG 121 S. 185 Rn. 14).

4. Verhältnis der Aufrechnung zu anderen Formen des Rechtsüberganges

25 Soweit der Anspruch auf die Geldleistung vom Berechtigten gemäß § 53 **abgetreten** worden war, ist die Aufrechnung durch den Sozialleistungsträger grundsätzlich nur unter den Voraussetzungen des § 406 BGB zulässig (vgl. BSG SozR 3 – 1200 § 52 Nr. 3). Diese Vorschrift wird durch § 53 Abs. 5 modifiziert. Danach wird die Möglichkeit der Aufrechnung durch den Sozialleistungsträger insoweit erweitert, als seine Kenntnis von der Abtretung auch dann unschädlich ist, wenn sie im Zeitpunkt des Erwerbs der Gegenforderung gegeben war. Demgegenüber ist nach § 406 BGB die Aufrechnung ausgeschlossen, wenn beim Erwerb der Gegenforderung Kenntnis von der Abtretung vorhanden war. Durch § 53 Abs. 5 soll dem Sozialleistungsträger eine Durchsetzung von Erstattungsansprüchen erleichtert werden (§ 53 Rn. 4).

Eine **Pfändung** des Anspruchs auf Sozialleistungen nach § 54 schließt dagegen nur dann die Aufrechnung aus, wenn im Zeitpunkt der Pfändung eine Aufrechnungslage noch nicht bestanden hatte (§ 392 BGB). Ausgeschlossen ist die Aufrechnung danach nur, wenn der Schuldner die Forderung, mit der er aufrechnen will, nach der Pfändung erworben hat oder wenn diese Forderung erst nach der Pfändung und später als die gepfändete Forderung fällig wird. Für diesen Sonderfall wird also vom sonst vorherrschenden Prioritätsprinzip des Zwangsvollstreckungsrechts abgewichen. In der Praxis bedeutet das zumeist eine weitgehende Möglichkeit der Aufrechnung gegen gepfändete Ansprüche auf laufende Geldleistungen (vgl. Kamprad, DRV 1991 S. 354). 26

Grundsätzlich gilt nach Auffassung des BSG für das Verhältnis von Aufrechnung bzw. Verrechnung und den verschiedenen Formen des Rechtsüberganges (§§ 50, 53, 54 SGB I, 102ff SGB X; 37 BAföG; 33 SGB II; 94 SGB XII) einschließlich der Überleitung (§ 95 SGB VIII) das **Prioritätsprinzip** (§§ 48 Rn. 8; 53 Rn. 15–21). Ältere Entscheidungen, die einen anderen Schluss zulassen, können nicht verallgemeinert werden. Ist ein Teil des Anspruchs auf eine Sozialleistung abgetreten (§ 53) oder gepfändet worden (§ 54), besteht gleichwohl eine Aufrechnungslage und soll gegenüber dem Rechnungsnachfolger aufgerechnet werden, so ist sie nur dann wirksam, wenn sie ihm gegenüber erklärt wurde (BSG 64 S. 17). Zur Abzweigung vgl. §§ 48 Rn. 8; 53 Rn. 19. 27

Im Falle der **Insolvenz** des Schuldners ist zunächst festzuhalten, dass die Sozialleistung als solche überhaupt nur mit dem pfändbaren Anteil dem Insolvenzverfahren unterfallen kann (§§ 36 InsO, 54 SGB I, 850f Abs. 1 ZPO). Der unpfändbare Anteil ist keinerlei Zugriff der Gläubiger ausgesetzt (LSG RhPf. Breith. 2014 S. 239). Vor diesem Hintergrund und mit dieser Einschränkung wäre also grundsätzlich die Aufrechnung weder nach § 51 Abs. 1, noch nach § 51 Abs. 2 ausgeschlossen. Ergänzend ist aber zu beachten, dass die Aufrechnung in den Fällen des § 96 InsO generell unzulässig ist (BSG 121 S. 194). Größere praktische Bedeutung kann aber die in § 94 InsO geregelte Möglichkeit einer Aufrechnung erlangen, wenn die Aufrechnungslage schon vor Eröffnung der Insolvenz gegeben war (BSG 108 S. 56). In § 114 Abs. 1 InsO wird die Möglichkeit der Aufrechnung zeitlich begrenzt auf zwei Jahre erweitert auf Bezüge „aus einem Dienstverhältnis oder an deren Stelle tretende laufende Bezüge." Damit erstreckt sich die Möglichkeit einer Aufrechnung auch auf Entgeltersatzleistungen (vgl. § 52 Rn. 10). Auch in der Wohlverhaltensperiode (§ 295 InsO) gibt es kein allgemeines Aufrechnungsverbot. Allerdings ist die Aufrechnung gegen die Forderung auf die Bezüge, die von der Abtretungserklärung nach § 287 Abs. 2 InsO erfasst werden, nicht mehr zulässig (§ 294 Abs. 3 InsO). 27a

5. Umfang der Aufrechnung

Wenn die Aufrechnung nach § 51 Abs. 1 positiv an die Pfändbarkeit gemäß § 54 Abs. 2 und 4 geknüpft ist, dann bedeutet dies zunächst, dass die Aufrechnung der Höhe nach begrenzt ist (§ 54 Rn. 20). Auch bei der Aufrechnung darf das gesetzliche Merkmal „wie Arbeitseinkommen" in § 54 Abs. 4 nicht übersehen 28 werden. Das bedeutet, dass zunächst eine Pfändbarkeit und damit die Aufrechenbarkeit (§ 394 BGB) nach der **Pfändungstabelle** zu § 850c ZPO für Arbeitseinkommen zu prüfen ist. Vor allem wenn die Kosten der Unterkunft gering sind, kann der danach unpfändbare Betrag höher sein als der Bedarf zum Lebensunterhalt nach den §§ 19 ff. SGB II. Ist der unpfändbare Betrag geringer als der **Bedarf zum Lebensunterhalt,** so muss der Sozialleistungsträger auch im Falle des § 51 Abs. 1 im Rahmen seiner Ermessensentscheidung § 850f Abs. 1a ZPO beachten und darf nur mit einem geringeren Betrag aufrechnen (vgl. § 53 Rn. 40; § 54 Rn. 22). Das wird häufig in Hochpreisgebieten notwendig sein, weil im Rahmen der Feststellung des notwendigen Lebensunterhalts nach den §§ 19 ff. SGB II die effektiven Kosten der Unterkunft zu berücksichtigen sind (BSG 66 S. 63). Bei der Aufrechnung gegen Ansprüche auf einmalige Leistungen ist eine Billigkeitsprüfung iSd § 54 Abs. 2 vorzunehmen. Zur Berechnung vgl. § 19a Rn. 26 ff.

29 Über die Höhe der Aufrechnung hinaus ist durch die Verweisung auf § 54 Abs. 2 und 4 auch geregelt, dass nach § 54 unpfändbare Ansprüche nicht aufrechenbar sind. Das ergibt sich für Ansprüche auf Sach- und Dienstleistungen schon aus dem gesetzlichen Merkmal der Gleichartigkeit. In diesem Zusammenhang sind nach herrschender Auffassung **Geldleistungen für Kinder** und Elterngeld von der Aufrechnung ausgeschlossen. Das gilt wegen der positiven Verweisung auf § 54 Abs. 2 und 4 uneingeschränkt für die Aufrechnung nach § 51 Abs. 1 (vgl. § 54 Abs. 3 und 5). Dieser mit der positiven Verweisung verbundene Ausschluss gilt allerdings nicht ausdrücklich, wenn nach § 51 Abs. 2 aufgerechnet wird. In dieser Vorschrift wird gerade von den Voraussetzungen des § 51 Abs. 1 und damit von der Verweisung auf § 54 Abs. 2 und 4 abgesehen. In der Praxis handelt es sich in diesen Fällen zumeist um die zulässige Aufrechnung mit Erstattungsansprüchen (§§ 45 ff. SGB X) bei einer zu Unrecht erbrachten Leistung. Nach dem Wortlaut des § 51 Abs. 2 ist eine Aufrechnung auch mit Beitragsansprüchen möglich. Das BSG ist jedoch der Ansicht, eine im Rahmen des § 51 Abs. 2 vorgenommene Aufrechnung bzw. Verrechnung würde gegen die Zweckbestimmung des Kindergeldes verstoßen. Es hat dabei ausdrücklich die Ansicht zurückgewiesen, der Ausschluss der Aufrechnung gegen einen Kindergeldanspruch ergäbe sich nur aus Ermessensgesichtspunkten (BSG 53 S. 208). Für die Auffassung des BSG spricht an sich auch die Neufassung des § 54 Abs. 5, der eine Pfändung des Kindergeldanspruchs nur entsprechend seiner Zweckbestimmung zulässt. Damit wird an sich auch die Aufrechnung eingeschränkt. Dagegen spricht aber, dass bei der Aufrechnung im Rahmen des § 51 Abs. 2 auf die Pfändbarkeit der Forderung gerade nicht abgestellt wird (vgl. oben Rn. 5). Konsequenterweise kann nach Auffassung des BSG der Leistungsträger mit einem Anspruch auf Erstattung überzahlten Erziehungsgeldes (Elterngeldes) in den Grenzen des § 51 Abs. 2 aufrechnen (BSG SGb 1997 S. 328 mAnm Dörr). Diese Auffassung wird man unter Geltung des § 12 BKGG, der auf § 51 Abs. 1 und 2 verweist, auch auf das Kindergeld erstrecken müssen. Damit muss man zu der Auffassung gelangen, dass wegen der Zweckbestimmung der Geldleistungen für Kinder zwar keine Verrechnung mit Beitragsansprüchen oder anderen Forderungen erfolgen darf. Die Aufrechnung mit Erstattungsansprüchen wegen zu Unrecht erbrachten Eltern- oder Kindergeldes ist aber im Rahmen des § 51 Abs. 2 zulässig. Auf jeden Fall ist auch dabei zu vermeiden, dass durch die Aufrechnung eine Angewiesenheit auf Leistungen nach dem SGB II oder SGB XII entsteht. Bei der Aufrechnung gegen das Elterngeld kann allerdings eine Sozialhilfebedürftigkeit nicht entstehen. Anders als das Kindergeld wird gemäß § 10 Abs. 1 BEEG das Mindestelterngeld von 300 € nicht auf Fürsorgeleis-

tungen angerechnet. Mit der Aufrechnung wird dem erziehenden Elternteil folglich auch kein sozialhilferechtlich relevanter Betrag, sondern ausschließlich das zusätzliche Elterngeld entzogen.

§ 52 Verrechnung

Der für eine Geldleistung zuständige Leistungsträger kann mit Ermächtigung eines anderen Leistungsträgers dessen Ansprüche gegen den Berechtigten mit der ihm obliegenden Geldleistung verrechnen, soweit nach § 51 die Aufrechnung zulässig ist.

Die im Bürgerlichen Recht unbekannte Möglichkeit der Verrechnung ist eine Konsequenz des gegliederten Systems des Sozialrechts. Angesichts der Vielfalt der Sozialleistungsträger, die in ihren verschiedenen Zuständigkeiten Sozialleistungen an den Bürger erbringen, fehlt es oft an dem für die Abtretung erforderlichen Merkmal einer Gegenseitigkeit der Forderungen (vgl. § 51 Rn. 15). Dadurch wäre in vielen Fällen eine Aufrechnung ausgeschlossen. In der Verrechnung wird das Merkmal der Gegenseitigkeit mit Blick auf die Besonderheiten des gegliederten Systems modifiziert. Etwas übertrieben erscheint die Kritik an der Verrechnung, die dahin geht, sie würde die Transparenz im Sozialrecht noch weiter verringern (v. Maydell, GK-SGB I § 52 Rn. 5). Im Allgemeinen wird der Bürger keine klaren Vorstellungen von den Voraussetzungen der Aufrechnung haben. Die Verrechnung kann sogar geeignet sein, dem Bürger zu verdeutlichen, dass es einen sozialrechtlichen Grundzusammenhang gibt, der auch durch das System schwer durchschaubarer Zuständigkeiten letzten Endes nicht aufgehoben wird. In § 52 wird nur von der Voraussetzung der Gegenseitigkeit abgesehen, und es wird das besondere sozialrechtliche Institut der Verrechnung geschaffen. Alle anderen Voraussetzungen der Aufrechnung bleiben aber erhalten (BVerwG 66 S. 218; BSG 67 S. 143; BSG SozR 3-1200 § 52 Nr. 3). Insbesondere gelten auch für die Verrechnung die unterschiedlichen Aufrechnungsvoraussetzungen nach § 51 Abs. 1 und 2. Von ihnen kann einerseits im Falle des § 57 Abs. 2 Satz 2 abgesehen werden. Andererseits darf, wegen der Regelung der §§ 54 Abs. 3 und 5 nur bedingt mit Ansprüchen auf Eltern- und Kindergeld verrechnet werden (§ 51 Rn. 29). Auch eine Anwendung des § 43 SGB II, der eine Aufrechnung von bis zu 30 % des Regelbedarfs vorsieht ist im Rahmen der Verrechnung nicht möglich. Entsprechendes gilt für § 42a Abs. 2 SGB II. Wurde etwa zu Unrecht Krankengeld gezahlt und besteht insoweit ein Erstattungsanspruch nach § 50, gegenüber dem Versicherten, der jetzt Leistungen nach den §§ 19 ff. SGB II bezieht, so kann die Krankenkasse nicht das Jobcenter ermächtigen, nach § 43 SGB II zu verrechnen (§ 51 Rn. 19). Das ergibt sich bereits daraus, dass § 52 nur die Anwendung des § 51 Abs. 1 und 2 vorsieht. Zum Rechtscharakter der Verrechnung vgl. § 51 Rn. 22–24c. 1

Aus der Tatsache einer strikten Verweisung auf § 51 Abs. 1 und 2 folgt auch, dass eine Verrechnung nur bei einem entsprechenden Vorgehen eines Leistungsträgers gegenüber einem Leistungsberechtigten möglich ist. Bestehen andere Konstellationen der Aufrechnung, rechnet also der Leistungsberechtigte auf, oder kommt es zu Aufrechnungen von Leistungserbringern gegenüber Leistungsträgern, so gilt § 51 nicht (§ 51 Rn. 1a). Folglich kann es auch keine Verrechnung geben. Anwendung finden nur die §§ 387 ff. BGB. Dabei ist insbesondere das Kriterium der Gegenseitigkeit zu beachten. 1a

2 Materiell setzt die Verrechnung eine **Ermächtigung** desjenigen Sozialleistungsträgers voraus, der Gläubiger einer bestandskräftigen Forderung gegenüber einem Sozialleistungsberechtigten ist. Parallel dazu muss der verrechnende Sozialleistungsträger gegenüber dem Sozialleistungsberechtigten zur Erbringung einer Leistung verpflichtet sein. Damit wird gleichsam die bürgerlich-rechtliche **Gegenseitigkeit** der Forderungen ersetzt. Die Ermächtigung ist vor der Verrechnung zu erteilen. Eine Genehmigung könnte entsprechend den Grundgedanken der §§ 184, 185 Abs. 2 BGB eine Verrechnung, die einseitig rechtsgestaltenden Charakter hat, nicht zur Wirksamkeit verhelfen. Die Ermächtigung ergeht als einseitige empfangsbedürftige Willenserklärung gegenüber dem anderen Leistungsträger und hat nur verwaltungsinternen Charakter. Erst die Verrechnung selbst, die wie die Aufrechnung nach umstrittener Auffassung grundsätzlich nicht in Form eines Verwaltungsaktes ergehen muss (vgl. § 51 Rn. 22 ff.), entfaltet gegenüber dem Leistungsberechtigten Wirkungen.

3 Der Verrechnung liegt also ein öffentlich-rechtliches Auftragsverhältnis zwischen zwei Sozialleistungsträgern iSd § 12 zugrunde, für das § 87 SGB X insoweit ergänzend gilt, als diese Regelung für den wichtigsten Fall der Verrechnung, die Nachzahlung, eine Beschleunigung des Verfahrens regelt. Es ist nämlich nicht zwingend, dass die Höhe des zu verrechnenden Betrages im Zeitpunkt der Ermächtigung feststeht. Dem ersuchenden Leistungsträger wird jedoch eine Frist von zwei Monaten gesetzt innerhalb deren er die Höhe seiner Forderung ermitteln muss (§ 87 Abs. 1 SGB X). Das geschieht dadurch, dass dem leistungspflichtigen Träger ein zweimonatiges Zurückbehaltungsrecht eingeräumt wird, für das es sonst keine Rechtsgrundlage gäbe. Im Übrigen ist aber das Bestimmtheitserfordernis für den Verfügungssatz zu beachten (§ 51 Rn. 1). Entsprechende Grundsätze bestehen gemäß § 87 Abs. 2 SGB X beim Anspruchsübergang (v. Wulffen-Schütze, SGB X § 87 Rn. 2–6). Entgegen einer verbreiteten Auffassung in der Literatur lehnt es das BSG ab, auf das Auftragsverhältnis die §§ 662 ff. BGB entsprechend anzuwenden. Dazu bestehe angesichts der ausführlichen Regelungen, die der öffentlich-rechtliche Vertrag in den §§ 53 ff. SGB X erfahren habe, kein Bedürfnis (BSG 69 S. 238).

4 Einen Sonderfall der Verrechnung, der sich von § 52 deutlich abhebt, regelt § 43c SGB V. Danach werden Zuzahlungen von den Leistungserbringern, die also keine Leistungsträger iSd § 12 sind, mit ihrem Vergütungsanspruch gegenüber der Krankenkasse verrechnet. Nicht erforderlich ist ein Ersuchen. In § 43c SGB V ist die Verrechnung vielmehr zwingend gesetzlich geregelt. Terminologisch ist der Begriff Verrechnung auch hier gerechtfertigt, weil es gleichfalls an einer Gegenseitigkeit fehlt. In ähnlicher Weise ein Sonderfall der Verrechnung, im Sinne einer verkürzten Form, ist die Einbehaltung von Beiträgen gemäß § 255 Abs. 1 SGB V (BSG SozR 4-1200 § 52 Nr. 3). Sie hat eher den Charakter einer Auszahlungsanordnung, die allerdings nicht auf einer Entscheidung des Leistungsträgers beruht (vgl. § 48 SGB I; § 22 Abs. 7 SGB II).

5 Insbesondere im Hinblick auf die Insolvenz (unten Rn. 10) ist es wichtig, klarzustellen, dass die Verrechnungslage nicht erst mit der Ermächtigung entsteht. Für sie gelten vielmehr die allgemeinen Voraussetzungen der Aufrechnungslage (§ 387 BGB). Danach muss die Forderung mit der verrechnet wird, fällig und die Gegenforderung erfüllbar sein. Die Ermächtigung muss sich immer auf ein bestimmtes Verrechnungsersuchen beschränken, kann sich dabei aber auf wiederkehrende Leistungen (Renten) erstrecken (BSG 69 S. 238). Eine bestimmte Form ist für die Ermächtigung nicht vorgesehen. Sie ist empfangsbedürftig kann aber

auch konkludent erfolgen (Benz, WzS 1986 S. 294). Die Ermächtigung muss hinreichend klar zum Ausdruck kommen (LSG NRW Breith. 2010 S. 808). Weitergehend wird unter Hinweis auf die §§ 111 Satz 2 und 3, 182 Abs. 3 BGB Schriftform verlangt (Heinze, BochKomm § 52 Rn. 8; Lilge, SGB I § 52 Rn. 7c). Dieser Auffassung wird man insoweit Rechnung tragen müssen, als zwar die Schriftform keine Wirksamkeitsvoraussetzung ist, dass sie aber zur Vermeidung einer Zurückweisung der Verrechnungserklärung durch den Leistungsberechtigten die Ermächtigung tunlichst schriftlich zu erteilen ist.

Nach dem Wortlaut des § 52 „kann" die Verrechnung auf Grund einer Ermächtigung erfolgen. Daraus haben sich Meinungsverschiedenheiten hinsichtlich des Verbindlichkeitsgrades ergeben. Überwiegend wird die Auffassung vertreten, der ermächtigte Sozialleistungsträger darf das Verrechnungsersuchen nicht grundlos zurückweisen. Schwierigkeiten bereitet aber die Begründung der Verpflichtung, dem Verrechnungsersuchen nachzukommen. Teilweise wird sie überhaupt verneint (LSG RhPf. Breith. 1981 S. 362; SG Berlin Breith. 1984 S. 490; Benz, WzS 1986 S. 330; Thelen, DAngVers 1987 S. 111). Aus den Regelungen der §§ 86 ff. SGB X kann jedenfalls eine Verpflichtung nicht entnommen werden, da mit der Verrechnung keine Aufgaben im Sinne dieser Vorschriften erfüllt werden. Auch der Fall einer Amtshilfe ist nicht gegeben (Benz, WzS 1986 S. 294, 330). Schließlich lässt sich auch aus dem gesetzlichen Merkmal „Ermächtigung" eine Rechtspflicht zur Annahme nicht ableiten. Nahe liegt es deswegen, die Auffassung zu vertreten, die Annahme des Verrechnungsersuchens stünde im Ermessen des ersuchten Leistungsträgers. Das BSG ist demgegenüber der Ansicht, dass ein Ermessen allgemein nur im Verhältnis zum Bürger ausgeübt werde. Das Verhältnis der Leistungsträger untereinander ist vielmehr durch ein Pflichtenverhältnis gekennzeichnet (§ 3 SGB X, Art. 35 GG). Im Übrigen stehe das gesetzliche Merkmal „kann" nicht für ein Ermessen, sondern für eine Befugnis in dem Sinne, dass die Aufrechnung möglich ist, obwohl es an der Gegenseitigkeit fehlt. Insoweit ist es ein Kompetenz-Kann mit dem Sinngehalt „darf nur wenn, muss dann aber auch" (BSG SozR 4-1200 § 52 Nr. 1). Nur scheinbar ergibt sich damit ein Widerspruch zu § 51. Danach „kann" aufgerechnet werden. Überwiegend wird dies als eine Ermessensentscheidung angesehen (§ 51 Rn. 22). Dort aber wird die Aufrechnung als eine Entscheidung gegenüber dem Bürger ausgeübt. Insoweit ist es konsequent, von einem Ermessen auszugehen. In § 52 wird mit dem „kann" aber das Verhältnis unter Sozialleistungsträgern geregelt. Da aber in § 52 auf § 51 verwiesen wird („soweit nach"), muss der verrechnende Sozialleistungsträger gegenüber dem Bürger in gleicher Weise von seinem Ermessen Gebrauch machen, wie dies bei der Aufrechnung der Fall ist (Hess. LSG L 5 R 336/12, juris). 6

Würde man demgegenüber die Verrechnung in das Belieben des ersuchten Sozialleistungsträgers stellen, so würde § 52 weitgehend leer laufen. Die Vorschrift des § 52 ist deswegen so auszulegen, dass der ersuchende Sozialleistungsträger entscheidet, ob er einen anderen und welchen anderen er mit der Verrechnung beauftragen will. Der andere Sozialleistungsträger muss grundsätzlich das Ersuchen annehmen, es sei denn, es würden gewichtige Gründe dagegen sprechen. Das können nur solche sein, die zu einer Gesetzeswidrigkeit der Verrechnung führten, zB eine unzulässige Verrechnung von Kindergeld (§ 51 Rn. 29). Mit der Annahme des Ersuchens wird ein öffentlich-rechtlicher Vertrag iSd §§ 53 ff. SGB X geschlossen (BSG 53 S. 208; BSG 69 S. 238). Im Ergebnis ist also bei § 52 von einem Kontrahierungszwang auszugehen. 7

8 Die Ermächtigung hat nicht zur Folge, dass die aufzurechnende Forderung übergeht. Nach außen handelt der ermächtigte Sozialleistungsträger jedoch im eigenen Namen. Insbesondere muss er auch die in § 51 vorgesehenen Ermessensentscheidungen selbst treffen. In diese Entscheidung müssen alle Gesichtspunkte eingehen, die Einfluss auf die Verrechnung haben können (LSG RhPf. NZS 2002 S. 668). Zwingend ist er an die Höhe der Verrechnung nach § 51 Abs. 1 und 2 gebunden (vgl. § 51 Rn. 28). Die Rechtswirkungen einer Verrechnung treten zunächst in der Person des ermächtigten Leistungsträgers ein. Er führt die Verrechnung als eigene Aufgabe durch und hat das durch die Verrechnung Erlangte herauszugeben (§§ 61 SGB X, 667 BGB). Der Auftrag ist so durchzuführen, dass der ermächtigende Sozialleistungsträger keinen Schaden erleidet. Liegen zwei Ermächtigungen vor, so muss der ermächtigte Sozialleistungsträger die Ersuchen in der Reihenfolge ihres Eingangs bearbeiten. Im Falle einer Schlechterfüllung haftet er auf Schadensersatz (§ 280 BGB). Möglich ist auch, dass der ermächtigende Sozialleistungsträger seinerseits Leistungen an den Berechtigten zu erbringen hat. In diesem Falle können Aufrechnung und Verrechnung nebeneinander treten. Entgegen einer wohl überwiegenden Auffassung (Benz, WzS 1986 S. 294; Lilge, SGB I § 52 Rn. 9a, 22) lässt sich eine Subsidiarität der Verrechnung aus dem Gesetz nicht entnehmen. Das Gegenteil folgt insbesondere nicht daraus, dass die Verrechnung erst in § 52 und damit nach der Aufrechnung geregelt worden ist. Dies ergibt sich aus dem Sachgesichtspunkt, dass die Verrechnung an die Aufrechnung anknüpft. Gibt es keine Subsidiarität der Verrechnung, so folgt daraus auch, dass die Entscheidung für eine Verrechnung statt einer Aufrechnung nicht als rechtsmissbräuchlich anzusehen ist.

9 Das Rangverhältnis zwischen Verrechnung, Abtretung (§ 53), Pfändung (§ 54) und Erstattungsanspruch (§§ 102 ff. SGB X) bestimmt sich weitgehend nach dem **Prioritätsprinzip** (§§ 48 Rn. 8; 53 Rn. 15–21). Das gilt auch für andere Formen des Rechtsüberganges (§§ 50 SGB I, 203 SGB III, 37 BAföG, 33 SGB II, 94 SGB XII, 95 SGB VIII). Zu § 113 SGB XII vgl. § 53 Rn. 16, 17. Insbesondere findet die, dieses Prinzip modifizierende, Vorschrift des § 392 BGB auf die Verrechnung entsprechende Anwendung (vgl. dazu Günther, ZfSH/SGB 1999 S. 515). Die Tatsache, dass eine Verrechnung erst nach dem Verrechnungsersuchen erfolgen kann, ändert nichts am Bestehen der Aufrechnungslage (oben Rn. 5). Die zeitliche Differenz ist also angesichts des Zwecks der Regelung des § 52 ohne Bedeutung (BSG 67 S. 156). Wurde ein Teil des Anspruchs auf Sozialleistungen abgetreten (§ 53) oder gepfändet (§ 54) und soll die Verrechnung gegenüber dem neuen Gläubiger erfolgen, so ist sie nur wirksam, wenn sie ihm gegenüber erklärt wurde (BSG 64 S. 17; LSG RhPf. NZS 2019 S. 240). Zur Abzweigung vgl. § 48 Rn. 8, 53 Rn. 19.

10 Noch nach altem Recht hat das BSG entschieden, für den Fall des Konkurses stehe die Verrechnung der Aufrechnung gleich (BSG 67 S. 143). Nach dem neuen Insolvenzrecht entspricht jedoch die Rechtslage bei der Verrechnung nicht mehr vollständig derjenigen bei der Aufrechnung. Allgemein gilt dabei, dass der in § 94 InsO geregelte Erhalt der Aufrechnungsmöglichkeit, die vor Eintritt des Insolvenzereignisses gegeben war, nach § 114 Abs. 2 InsO auch auf Entgeltersatzleistungen erstreckt wird (§ 51 Rn. 27a). Eine Berücksichtigung der Aufrechnung im Insolvenzverfahren setzt eine Gegenseitigkeit der Forderungen voraus. Dabei ist insbesondere hervorzuheben, dass sich mit den in § 1 InsO begründeten Zielen (gleichmäßige Befriedigung aller Gläubiger und Restschuldbefreiung für den redlichen Schuldner) die Annahme eines Vorrechts einzelner Gläubiger grundsätzlich

nicht vereinbaren lässt. Deswegen wurde zunächst § 114 InsO restriktiv, im Sinne der grundsätzlichen Verneinung einer Privilegierung von Schuldnern, ausgelegt (OLG Köln ZIP 2000 S. 2263). So ist zwar in § 114 Abs. 2 InsO ein gewisser Schutz der Aufrechnungslage auch für den Sozialleistungsträger vorgesehen. Ob sich aber dieser Schutz auch auf die Verrechnungslage erstrecken lässt, kann jedoch weder dem Gesetzestext, noch den Materialien entnommen werden (vgl. BT-Drs. 12/7302 S. 165). Die Rechtsprechung hatte anfangs den Schutz der Aufrechnungslage nicht auf die Verrechnung erstreckt. Sie ließ sich dabei von dem Gedanken leiten, dass man nicht allgemein von einer „Einheit der Sozialleistungsträger" sprechen könne (Bay ObLG NZS 2001 S. 535; LG Göttingen NZS 2001 S. 651). Wäre, ohne ausdrückliche gesetzliche Regelung, eine solche Annahme zulässig, dann hätte es auch nicht der Regelung des § 52 bedurft. Demgegenüber hat das BSG entschieden, dass weder die Ermächtigung zur Verrechnung, noch die Verrechnungserklärung selbst einen für die §§ 94, 114 Abs. 2 InsO schädlichen Forderungserwerb darstellt (BSG 92 S. 1; LSG RhPf. Breith. 2014 S. 239). Auch der BGH erstreckt den Schutz des Einzelgläubigers nach den § 94, 114 Abs. 2 InsO auf den Fall, in dem ein Sozialleistungsträger die Ermächtigung nach § 52 bereits erteilt hatte, bevor über das Vermögen des Leistungsberechtigten die Insolvenz eröffnet wurde (BGHZ 177 S. 1, dazu Eichenhofer, SGb 2013 S. 293). Darüber hinaus gibt es in der Wohlverhaltensperiode kein allgemeines Aufrechnungs- bzw. Verrechnungsverbot. Allerdings ist die Aufrechnung bzw. die Verrechnung gegen die Forderung auf die Bezüge, die von der Abtretungserklärung nach § 287 Abs. 2 InsO erfasst werden, nicht mehr zulässig (§ 294 Abs. 3 InsO).

§ 53 Übertragung und Verpfändung

(1) **Ansprüche auf Dienst- und Sachleistungen können weder übertragen noch verpfändet werden.**

(2) **Ansprüche auf Geldleistungen können übertragen und verpfändet werden**
1. **zur Erfüllung oder zur Sicherung von Ansprüchen auf Rückzahlung von Darlehen und auf Erstattung von Aufwendungen, die im Vorgriff auf fällig gewordene Sozialleistungen zu einer angemessenen Lebensführung gegeben oder gemacht worden sind oder,**
2. **wenn der zuständige Leistungsträger feststellt, daß die Übertragung oder Verpfändung im wohlverstandenen Interesse des Berechtigten liegt.**

(3) **Ansprüche auf laufende Geldleistungen, die der Sicherung des Lebensunterhalts zu dienen bestimmt sind, können in anderen Fällen übertragen und verpfändet werden, soweit sie den für Arbeitseinkommen geltenden unpfändbaren Betrag übersteigen.**

(4) **Der Leistungsträger ist zur Auszahlung an den neuen Gläubiger nicht vor Ablauf des Monats verpflichtet, der dem Monat folgt, in dem er von der Übertragung oder Verpfändung Kenntnis erlangt hat.**

(5) **Eine Übertragung oder Verpfändung von Ansprüchen auf Geldleistungen steht einer Aufrechnung oder Verrechnung auch dann nicht entgegen, wenn der Leistungsträger beim Erwerb des Anspruchs von der Übertragung oder Verpfändung Kenntnis hatte.**

(6) [1]**Soweit bei einer Übertragung oder Verpfändung Geldleistungen zu Unrecht erbracht worden sind, sind sowohl der Leistungsberechtigte als auch der neue Gläubiger als Gesamtschuldner dem Leistungsträger zur Erstattung des entsprechenden Betrages verpflichtet.** [2]**Der Leistungsträger hat den Erstattungsanspruch durch Verwaltungsakt geltend zu machen.**

Übersicht

1. Verkehrsfähigkeit der Sozialleistungen

1 Mit Schaffung des Allgemeinen Teils des Sozialgesetzbuches hat sich der Gesetzgeber entschlossen, eine weitgehende Verkehrsfähigkeit der Sozialleistung einzuführen. Sie soll, wie das Arbeitseinkommen, übertragbar (§ 53) und pfändbar (§ 54) sein. In beiden Fällen gelten jedoch sozialrechtliche Sonderregelungen. Für eine Verkehrsfähigkeit der Sozialleistung wie des Arbeitseinkommens spricht der aus Art. 2 Abs. 1 GG abzuleitende Gedanke der Privatautonomie. Er geht jedoch nicht so weit, dass die Übertragbarkeit von Ansprüchen auf Sozialleistungen auch durch Tarifverträge geregelt werden könnte. Das folgt bereits daraus, dass § 1 Abs. 1 Hs. 2 TVG die Tarifvertragsparteien nur dazu ermächtigt, Rechtsnormen in Bezug auf Arbeitsverhältnisse zu schaffen (BAG 72 S. 290; BSG 115 S. 110 Rn. 23). In den §§ 53, 54 ist also nicht nur die Verkehrsfähigkeit von Sozialleistungen in einem engen Rahmen geregelt. Diese Normen können auch nicht durch privatrechtliche Vereinbarung abgeändert werden. Nicht ausgeschlossen ist allerdings, dass in Individualarbeitsverhältnissen Absprachen nach § 53 Abs. 2 Nr. 1 getroffen werden. Wenn § 53 nicht denjenigen nennt, der die Abtretung erklären kann, dann ist das nicht relevant. Im Rahmen der Privatautonomie kann ohnehin nur der Inhaber eines Anspruchs verfügen. Ausnahmen bedürfen einer ausdrücklichen Regelung.

2 Gegen die in den §§ 53 und 54 vorgenommene Gleichstellung der Sozialleistung mit dem Arbeitseinkommen auch im Hinblick auf ihre Verkehrsfähigkeit spricht jedoch ein zentraler Grundgedanke des Sozialrechts. Während das Arbeitseinkommen **Äquivalent** für die geleistete Arbeit ist, gilt selbst für die beitragsabhängigen Sozialleistungen allenfalls der Gedanke der Globaläquivalenz (§ 4 Rn. 10). Auch eine Leistung der Sozialversicherung stellt idR nie den Gegenwert für gezahlte Beiträge dar. In besonderen Fällen können die beim Berechtigen erhobenen Beiträge gemessen an der Höhe der Sozialleistung sogar minimal sein (vgl. § 59 SGB VI; §§ 136 ff. SGB III). Damit trägt die Solidargemeinschaft über die §§ 53 und 54 immer auch zur Befriedigung des Gläubigers bei. Das ist im Hinblick auf die Aufgaben nach § 1 bedenklich. Deswegen wird man die insgesamt positive sozialpolitische Bewertung der §§ 53, 54 in der Literatur nicht teilen können (vgl. Wannagat-Jung, SGB I § 53 Rn. 4; Häusler in Hauck/Noftz, SGB I § 53 Rn. 2; KassKomm-Siefert § 53 Rn. 2). Inzwischen wird allerdings auch unter

Hinweis auf das Abtretungsverbot bei der privaten Altersvorsorge nach § 97 EStG auf die sozialpolitischen Bedenken gegenüber § 53 hingewiesen (Pflüger in jurisPK-SGB I § 53 Rn. 19).

Die Entwicklung, die das Kreditwesen in den letzten 30 Jahren genommen hat, **2a** lässt weitere Zweifel an dem Sinn der Regelungen der §§ 53, 54 aufkommen (vgl. die Ausgangssachverhalte in BSG 57 S. 218; BSG 60 S. 87; BSG 65 S. 258; BSG SozR 1300 SGB X § 104 Nr. 4). Insbesondere kann das Instrument der Abtretung nach § 53 höchst unkompliziert, häufig in Allgemeinen Geschäftsbedingungen, eingesetzt werden (vgl. Kohte, ZiP 1988 S. 1225). Zudem schafft jede Abtretung von Ansprüchen dem Gläubiger eine bessere Sicherung als eine Pfändung. Sie erfolgt bereits bei der Kreditvergabe. Erforderlich ist nur, dass die §§ 53 ff. SGB X beachtet werden, da die der Übertragung zu Grunde liegende Sicherungsabrede nach § 53 als öffentlich-rechtlicher Vertrag anzusehen ist (unten Rn. 7). Allerdings handelt es sich hier um den seltenen Fall eines öffentlich-rechtlichen Vertrages unter Privaten, auf den die §§ 53 ff. SGB X nur entsprechend anwendbar sind (v. Wulffen/Schütze-Engelmann, SGB X § 53 Rn. 15a). Als **Verfügung** auch über einen künftigen Anspruch stellt die Abtretung darüber hinaus eine dauerhafte Form der Sicherung des Gläubigers dar. Während bei der Abtretung von Arbeitseinkommen für den Gläubiger immer das Risiko einer Beendigung des Arbeitsverhältnisses besteht und damit auch die Abtretung wirkungslos werden kann, gilt dies im Sozialrecht in weit geringerem Maße. Insbesondere in der Rentenversicherung ist die Rechtsbeziehung zwischen dem Sozialleistungsträger und dem Sozialleistungsberechtigten dauerhaft. Bis zu einem gewissen Grade kann sich damit die soziale Sicherheit in Kreditsicherheit wandeln (vgl. § 54 Rn. 3, 4). Dies kann zugleich die Folge haben, dass die Träger der Grundsicherung für Arbeitsuchende oder der Sozialhilfe auch dort für die Bedarfsdeckung einzutreten hat, wo an sich in einem anderen Bereich der sozialen Sicherheit Vorsorge getroffen worden war. Das bedeutet auch, dass in erheblichem Umfange Mittel der Sozialhilfe letztlich für die Schuldentilgung eingesetzt werden müssen (vgl. BSG 57 S. 218). Dieses Problem ist durch § 113 SGB XII nicht behoben worden, denn dort wird nur dem Erstattungsanspruch nach § 104 SGB X ein genereller Vorrang eingeräumt.

In § 53 sind Abtretung (§ 393 BGB) und Verpfändung (§ 1273 BGB) geregelt. **3** Letztere hat kaum praktische Bedeutung und kann im Sozialrecht gänzlich vernachlässigt werden. Ausgeschlossen ist die Abtretung von Ansprüchen auf Sach- und Dienstleistungen. Die Frage, ob auch ihre **Surrogate** und Erstattungsansprüche abtretbar bzw. pfändbar sind, ist umstritten (Lilge, SGB I § 53 Rn. 21; Häusler in Hauck/Noftz, SGB I § 53 Rn. 22). Diese Frage betrifft also vor allem zweckgebundene Geldleistungen wie das persönliche Budget nach § 29 SGB IX und Kostenerstattungsansprüche wegen der Selbstbeschaffung einer Sozialleistung (vgl. §§ 30 SGB II; 13 Abs. 3 SGB V; 36a Abs. 2 SGB VIII; 15 SGB IX; 34b SGB XII). Generell wird man davon ausgehen müssen, dass man die Verkehrsfähigkeit dieser Ansprüche im Einzelnen anhand der §§ 53 Abs. 2 und 3 sowie 54 Abs. 3 und 4 prüfen muss. Das Ergebnis hängt davon ab, ob man den Kostenerstattungsanspruch nur als solchen und damit als Geldleistung betrachtet, oder ob man auf die selbstbeschaffte Sach- oder Dienstleistung, also den Primäranspruch, abstellt. Vgl. dazu § 11 Rn. 21–23. Im Ergebnis wird man eine Abtretung nach § 53 Abs. 2 dann und nur dann zulassen müssen, wenn dadurch der Anspruch auf denjenigen übergeht, der als Leistungserbringer an der Selbstbeschaffung der Leistung mitgewirkt hat. Modell dafür ist § 13 Abs. 3 SGB V.

3a Besondere Schwierigkeiten bereitet das **persönliche Budget** für behinderte Menschen. Es soll ihnen ein möglichst selbstbestimmtes Leben ermöglichen (§ 29 Abs. 1 Satz 1 SGB IX). Der Gesetzgeber bezeichnet es in § 29 Abs. 2 Satz 1 SGB IX für den Regelfall als Geldleistung. Demgegenüber erfolgt aber eine sehr kleinteilige Umsetzung des persönlichen Budgets durch Zielvereinbarungen (§ 29 Rn. 21). Es ließe sich deswegen durchaus die Auffassung vertreten, dass das persönliche Budget derart auf die Sach- und Dienstleistungen zur Teilhabe ausgerichtet ist (§ 29 Abs. 1 Satz 5 SGB IX, dass es als Leistung eigener Art und jedenfalls nicht als Geldleistung behandelt werden kann (vgl. Peters-Lange, SGb 2015 S. 649). Das widerspricht aber der ausdrücklichen Regelung des § 29 Abs. 2 Satz 1 SGB IX. Im Ergebnis wird man das persönliche Budget so behandeln müssen, wie den Kostenerstattungsanspruch bei Selbstbeschaffung (oben Rn. 3). Die Leistung nach § 29 Abs. 2 SGB wird gewissermaßen zur Selbstbeschaffung erbracht. Anders als beim Surrogat folgt sie nicht dem Primäranspruch, sondern sie geht ihm voraus. Damit kann eine Abtretung in erster Linie nach § 53 Abs. 2 Nr. 2 erfolgen. Dies ist verbunden mit einer gewissen Kontrolle durch den Leistungsträger (§ 14 SGB IX). Die Alternative zu dieser Auffassung wäre der völlige Ausschluss des persönlichen Budgets von der Abtretbarkeit (§ 53 Abs. 1). Das würde aber nicht dem Wortlaut des § 29 Abs. 2 entsprechen und auch die vom Gesetz angestrebte Selbstbestimmung beeinträchtigen. Die relativ freie Abtretung nach § 53 Abs. 3 käme ohnehin nicht in Betracht, da das persönliche Budget nicht der Sicherung des Lebensunterhalts dient.

4 Soweit die Abtretbarkeit nicht ausgeschlossen ist, muss man nach § 53 Abs. 2 und 3 differenzieren. Die Vorschrift des § 53 Abs. 2 erstreckt sich in ihren beiden Ziffern auf laufende und einmalige Geldleistungen iSd § 11 unabhängig von ihrer Höhe. Für die Fälle des § 53 Abs. 2 begründen weder § 53 Abs. 3 noch der notwendige Lebensunterhalt iSd §§ 19 ff. SGB II, 27 ff. SGB XII eine Untergrenze der Abtretbarkeit. Stattdessen ist die Abtretung nach § 53 Abs. 2 auf Rechtsvorgänge eingeschränkt, die eng mit den Aufgaben nach § 1 zusammenhängen. Insoweit ist die Abtretung auch weitgehend unproblematisch. Demgegenüber regelt § 53 Abs. 3 die Abtretung nur von **laufenden Geldleistungsansprüchen,** die der Sicherung des Lebensunterhalts zu dienen bestimmt sind (§ 48 Rn. 12 ff.; § 51 Rn. 7 ff.). In diesen Fällen bestimmt sich die Höhe der Abtretung nach den Grundsätzen, die für Arbeitseinkommen gelten (vgl. § 400 BGB). In § 53 Abs. 4 und 5 sind überwiegend verwaltungstechnische Aspekte des Rechtsüberganges geregelt. Dabei erweitert § 53 Abs. 5 gegenüber § 406 BGB die Möglichkeit der Aufrechnung und Verrechnung (vgl. § 51 Rn. 25). Der später eingefügte § 53 Abs. 6 begründet eine Gesamtschuldnerschaft zwischen dem Leistungsberechtigten und dem nach der Abtretung neuen Gläubiger, soweit Leistungen zu Unrecht erbracht worden sind. Durch § 113 SGB XII wird die Abtretbarkeit nicht eingeschränkt. Geregelt werden dort nur Rangverhältnisse.

5 Über die Regelung des § 53 Abs. 1 hinaus ist die Abtretbarkeit von Sozialleistungen in einzelnen Fällen in den Besonderen Teilen des Sozialgesetzbuches ausgeschlossen oder eingeschränkt. Der Ausschluss gilt für Leistungen der Sozialhilfe nach § 17 Abs. 1 Satz 1 SGB XII (vgl. aber unten Rn. 27). Ähnlich regelt § 42 Abs. 4 SGB II den Ausschluss der Abtretung, nimmt aber ausdrücklich § 53 Abs. 2 davon aus. Entsprechendes gilt für Leistungen der Kinder- und Jugendhilfe bereits nach § 53 Abs. 1, da es sich bei Ihnen um Ansprüche auf Dienstleistungen handelt (vgl. §§ 27 ff. SGB VIII). Ausgeschlossen ist auch die Abtretung von Ansprüchen nach dem AsylbLG (BSG 114 S. 292). Eingeschränkt ist die Abtretbarkeit einzelner

Leistungen des Arbeitsförderungsrechts (vgl. §§ 108 Abs. 2 Satz 2 SGB III). Eine Abtretbarkeit des Kindergeldes war ursprünglich weitgehend ausgeschlossen (vgl. BSG 53 S. 201). Im Hinblick auf die Regelungen der §§ 48 Abs. 1 Satz 2, 54 Abs. 5 wird man eine auf den Zweck des Kindergeldes beschränkte Abtretbarkeit zulassen müssen. Das kann jedoch nur im Rahmen des § 53 Abs. 2 Nr. 1 oder 2 geschehen. Insbesondere kann der Zweck des Kindergeldes bei der Auslegung des wohlverstandenen Interesses in § 53 Abs. 2 Nr. 2 seine Berücksichtigung finden (vgl. BSG SozR 3-1200 § 53 Nr. 6).

2. Rechtscharakter der Abtretung

Die Abtretung eines Anspruchs auf Sozialleistungen stellt, anders als die ihr zu 6
Grunde liegende Vereinbarung, ein Verfügungsgeschäft iSd §§ 398 ff. BGB dar. Wie für alle Verfügungen gilt für sie das sachenrechtliche **Bestimmtheitsgebot.** Danach muss auch für Außenstehende klar sein, wer Inhaber des Rechts ist. „Eine Abtretung ist nur dann hinreichend bestimmt und damit wirksam, wenn die betreffende Forderung und ihr Rechtsgrund so genau bezeichnet sind, dass bei verständiger Auslegung unzweifelhaft feststeht, auf welche Ansprüche sie sich bezieht." (Bay. LSG NZS 2016 S. 638 mAnm Stage). Als Verfügung kann die Abtretung auch nicht durch spätere Ereignisse unwirksam werden. Eine Kündigung ist allenfalls im Hinblick auf die der Abtretung zugrunde liegende Sicherungsabrede möglich. Sie ändert jedoch nichts an dem Verfügungsgeschäft. Allerdings kann die Abtretung eines Anspruchs auflösend bedingt sein, was der Parteiabsprache entnommen werden muss. Fehlt es daran, so besteht nach Schuldtilgung ein Anspruch auf Rückabtretung der übertragenen Forderung.

Nach anfangs fast einhellig vertretener Auffassung war die Abtretung als bürger- 7
lich-rechtliches Verfügungsgeschäft nicht an eine **Schriftform** gebunden (oben Rn. 2). Das BSG hat diese Frage zunächst offengelassen. Später hat es entschieden, dass es sich bei der Abtretung um einen öffentlich-rechtlichen Vertrag handelt, auf den § 56 SGB X entsprechend anwendbar ist (BSG SGb 1994 S. 80 mAnm Ebsen). Inzwischen hat der 2. Senat des BSG entschieden, das Schweigen des Gesetzgebers zur Schriftform der Abtretung sei beredt, weil er sich ausdrücklich mit dem Formerfordernis der Verträge nach § 53 beschäftigt und diese nicht gewollt habe (BSG SGb 2010 S. 476 mAnm Pflüger). Dem wird man nichts entgegen setzen können. Der anfangs vorgesehene § 53 Abs. 4-E sah die Abtretung auf einem amtlichen Vordruck vor. Darauf wurde dann aber im Gesetzgebungsverfahren verzichtet: „Auf das im Regierungsentwurf vorgesehene Formerfordernis bei der Übertragung oder Verpfändung von Ansprüchen auf Geldleistungen soll, um Erschwernisse im Rechtsverkehr zu vermeiden, verzichtet werden. Die Regelungen des bürgerlichen Rechts, die insoweit entsprechend heranzuziehen sind, erscheinen als ausreichend, den Schuldner bei der Abtretung von Forderungen vor einer doppelten Inanspruchnahme zu schützen" (BT-Drs. 11/2460 S. 6, 15). Diese Begründung geht zwar nicht auf das eigentliche Anliegen des Regierungsentwurfs ein, das gegen eine voreilige Abtretung gerichtet war, aber die Aussage im Gesetzgebungsverfahren ist klar. Insoweit kommt auch in der seit dem 1.1.1989 geltenden Fassung des § 53 hinreichend klar zum Ausdruck, dass für die Abtretung eine Schriftform nicht gewollt ist (§ 56 SGB X). Das schließt aber nicht aus, dass die Schriftform vorzuziehen ist. Im Wesentlichen nur dadurch kann erreicht werden, dass mit befreiender Wirkung nur noch an den neuen Gläubiger geleistet werden kann (§ 410 BGB).

8 Jede Abtretung setzt eine volle **Geschäftsfähigkeit** des Zedenten voraus. Die Vorschrift des § 36 findet keine Anwendung, da sich die Handlungsfähigkeit im Wesentlichen auf das Geltendmachen von Ansprüchen auf Sozialleistungen erstreckt, nicht jedoch auf ihre Übertragung. Die Handlungsfähigkeit des Schuldners kann bei Volljährigen gemäß § 11 Abs. 2 SGB X eingeschränkt sein (vgl. § 36 Rn. 20).

9 Nicht einheitlich beantwortet wird die Frage, wie der weitere Vollzug der Abtretung zu behandeln ist. Unstrittig dürfte dabei nur sein, dass die Feststellung der Voraussetzungen des § 53 Abs. 2 durch Verwaltungsakt zu erfolgen hat (unten Rn. 23). Das BSG vertritt die Ansicht, der Sozialleistungsträger habe im Verhältnis zum Berechtigten nicht jedoch gegenüber dem Abtretungsgläubiger die Höhe des nach der Abtretung auszuzahlenden Betrages durch **Verwaltungsakt** festzustellen (BSG 57 S. 211; BSG 76 S. 184; BSG SozR 3-1300 § 50 Nr. 25). Gegenüber dem Berechtigten erfolgt nach Auffassung des 4. Senats lediglich eine Mitteilung des ihm noch auszuzahlenden Betrages. Diese stellt keine Regelung dar (BSG 70 S. 37). Der 5. Senat ist der Auffassung, dass „zumindest gegenüber dem Versicherten" durch Verwaltungsakt zu entscheiden ist (BSG SozR 3-1200 § 53 Nr. 7). Später hat der 4. Senat seine Auffassung modifiziert. Danach sind der unpfändbare, dem Leistungsberechtigten zustehende, Teil und der pfändbare, dem Zessionar zustehende, Teil des Sozialleistungsanspruchs aufzuspalten. In Bezug auf beide ergeht ein Verwaltungsakt (BSG SGb 2004 S. 483 mAnm Fuchs/Pollandt). In diese Richtung tendiert wohl auch der 13. Senat (BSG SGb 2015 S. 45 mAnm Bigge). Vor diesem Hintergrund wird konsequenterweise die Auffassung vertreten, dem Zessionar könne die Rechtsposition, die er durch die Abtretung erlangt hat, nur durch Verwaltungsakt entzogen werden (so LSG Bremen Breith. 1989 S. 565).

10 Damit erfolgt eine einheitliche Behandlung von Abtretung und Pfändung (vgl. § 54 Rn. 2). Ein Verwaltungsakt ist nach Auffassung des BSG dagegen nicht erforderlich, wenn nicht über Höhe und Umfang des Sozialleistungsanspruchs, sondern lediglich über die Auszahlung des abgetretenen oder gepfändeten Betrages gestritten wird (BSG 60 S. 87; BSG 61 S. 100; BSG 64 S. 17; BSG 67 S. 143). In diesem Falle ist also die echte Leistungsklage nach § 54 Abs. 5 SGG zu erheben. Die Anhebung der Pfändungsfreigrenzen nach § 850f Abs. 1a ZPO, die nach Auffassung des BSG auch bei der Abtretung möglich ist (vgl. unten Rn. 40), erfolgt durch Verwaltungsakt. In der Literatur wird dagegen überwiegend die Auffassung vertreten, nach einer Abtretung oder Pfändung wäre eine zusätzliche Entscheidung durch Verwaltungsakt in keinem Falle erforderlich. Insbesondere hätten die Entscheidungen des Sozialleistungsträgers nach Abtretung oder Pfändung nicht mehr den Charakter von Regelungen. Es fehle sowohl am Regelungswillen als auch am Regelungsbedarf. Gegenüber dem Zessionar fehle es zusätzlich an der Regelungsbefugnis (Dörr, SGb 1988 S. 8; aA Tannen, DRV 1988 S. 101; Tannen DRV 1993 S. 186).

11 Zumindest bei der Pfändung könnten sich darüber hinaus Probleme beim Rechtsschutz ergeben. Neben den sozialgerichtlichen Rechtsschutz gegen den Verwaltungsakt, in dem die Höhe des auszuzahlenden Betrages festgestellt wird, könnte eine Erinnerung nach § 766 ZPO treten. Dieses Problem bestünde bei der Abtretung nicht, denn ihre Rechtswirkungen ergeben sich allein aus dem Verfügungsakt des Sozialleistungsberechtigten. Das Vollstreckungsgericht ist an der Abtretung in keiner Weise beteiligt. Das BSG steht einer **unterschiedlichen Behandlung von Abtretung und Pfändung** eher ablehnend gegenüber (BSG

61 S. 100; BSG 67 S. 143). Jedoch besteht schon allgemein keine Notwendigkeit, Abtretung und Pfändung in allen Einzelheiten gleich zu behandeln. Für das Sozialrecht kommt hinzu, dass beide in den §§ 53 und 54 doch so unterschiedlich gefasst worden sind, dass daraus auch unterschiedliche rechtliche Folgerungen für den Vollzug beider gezogen werden können. Letztlich ergeben sich auch nur aus der einheitlichen Behandlung von Abtretung und Pfändung die rechtlichen Widersprüche. Man sollte deswegen die Entscheidung über Höhe und Umfang des abgetretenen Betrages dem Sozialleistungsträger in Form eines Verwaltungsaktes überlassen. Das hätte auch den Vorteil, dass die Verfügung über den Sozialleistungsanspruch letztlich mit der Autorität eines öffentlichen Leistungsträgers ausgestattet wird. Er wäre nicht nur Zahlstelle, sondern würde auch die Wirksamkeit der Abtretung prüfen. Das gleiche Bedürfnis besteht nicht nach einer Pfändung, denn hier ist es das Vollstreckungsgericht, das eine Entscheidung über den gepfändeten Betrag getroffen hat (vgl. § 54 Rn. 46). Hier bleibt auch objektiv für den Sozialleistungsträger nichts mehr zu regeln. Darüber hinaus werden Komplikationen in der gerichtlichen Zuständigkeit vermieden, da im Falle der Pfändung nur eine Erinnerung nach § 766 ZPO zulässig ist. Über die Abtretung und ihren Umfang ist also durch Verwaltungsakt zu entscheiden. Er wäre mit Widerspruch und Anfechtungsklage anzugreifen. Geht es dagegen lediglich um die Auszahlung des Betrages, dann ist sowohl bei der Abtretung als auch bei der Pfändung der Erlass eines Verwaltungsaktes nicht mehr nötig. In diesem Falle wäre die echte Leistungsklage nach § 54 Abs. 5 SGG zu erheben.

3. Wirkungen der Abtretung

In keinem Falle berührt die Abtretung die Gestalt des Sozialrechtsverhältnisses. 12
Es findet lediglich ein Gläubigerwechsel statt. Nach § 53 ist nur das Recht abtretbar, die Auszahlung von festgestellten Leistungsansprüchen zu verlangen. Es erfolgt keine Umgestaltung des Sozialrechtsverhältnisses Insbesondere erlangt der Zessionar auch nicht die Befugnis, den Anspruch prozessual geltend zu machen (BSG 97 S. 6; LSG NRW L 19 AS 391/12 B, juris). Hinsichtlich der **Antragsbefugnis** im Verwaltungsverfahren ist zu unterscheiden (vgl. § 40 Rn. 10). Nur wenn der Antrag lediglich formell-rechtliche Bedeutung hat, erwirbt der Zessionar mit dem Anspruch die Antragsbefugnis. Eine Antragsbefugnis im materiell-rechtlichen Sinne verbleibt beim Zedenten (BSG 68 S. 144; Thür. LSG L 1 U 173/10, juris). Die Rücknahme des Antrags durch ihn ist möglich, sofern er auf dieses Recht nicht ausdrücklich verzichtet hat. Übertragen wird auch immer nur der einzelne Leistungsanspruch, nicht das Stammrecht (BSG 48 S. 159; BSG SozR 3-4100 § 134 Nr. 7). In der Praxis ist das aber weitgehend bedeutungslos, denn im Falle des § 53 ist es unstrittig, dass auch künftige Leistungsansprüche, soweit sie bestimmbar sind, abgetreten werden können (BSG 68 S. 144). Bei der Abtretung sowohl fälliger als auch künftiger Ansprüche muss ihre genaue Bezeichnung erfolgen. Es reicht also zB nicht aus, wenn die Ansprüche als „Leistungen der Bundesagentur für Arbeit" abgetreten werden sollen. Abzutreten wäre in diesem Falle vielmehr der Anspruch auf Übergangs- (§§ 119 ff. SGB III) bzw. auf Arbeitslosengeld (§§ 136 ff. SGB III). Fehlt es an einer solchen genauen Bezeichnung, so ist die Abtretung mangels Bestimmtheit unwirksam (BSG SGb 1993 S. 70 mAnm Schuler). Im Anwendungsbereich des § 53 Abs. 2 Nr. 1 können künftige Ansprüche nicht abgetreten werden (unten Rn. 23). Hier wird vielmehr eine **Fälligkeit** des Anspruchs vorausgesetzt (BSG SozR 1200 § 53 Nr. 8).

13 Der Sozialleistungsträger kann als Schuldner iSd § 404 BGB dem neuen Gläubiger alle **Einwendungen** entgegensetzen, die er auch dem bisherigen gegenüber hatte. Insbesondere kann der Sozialleistungsträger unter den Voraussetzungen des § 406 BGB auch aufrechnen. Diese Befugnis ist durch § 53 Abs. 5 noch erweitert worden. Entsprechendes gilt nach § 408 BGB für eine mehrfache Abtretung. Des Weiteren gilt im Sozialrecht auch die Vorschrift über die Abtretungsanzeige (§ 409 BGB). Das bedeutet, dass nach einer **Anzeige durch den Gläubiger** (Sozialleistungsberechtigter) der Schuldner (Sozialleistungsträger) die angezeigte Abtretung auch dann gegen sich gelten lassen muss, wenn sie nicht erfolgt oder nicht wirksam ist (§ 409 Abs. 1 Satz 1 BGB). Im Hinblick auf § 17 Abs. 1 Nr. 1, wonach der Leistungsträger gewährleisten muss, dass der „Berechtigte". die ihm zustehende Leistung erhält, hat das BSG jedoch entschieden, dass den Sozialleistungsträger eine Prüfungspflicht trifft und dass er begründeten Zweifeln hinsichtlich der Wirksamkeit der Abtretung nachgehen muss (§ 17 Rn. 1a).

13a Bei der in der Praxis gebräuchlichen **stillen Zession,** die oft nur der Sicherung, nicht schon der Befriedigung des Gläubigers dient, erfolgt eine Anzeige der Abtretung nicht. Damit kann also der Sozialleistungsträger weiterhin mit befreiender Wirkung an den Sozialleistungsberechtigten leisten. Eine Ausnahmeregelung stellt die Vorschrift des § 108 Abs. 2 Satz 2 SGB III dar. Die Abtretung des Anspruchs auf **Kurzarbeitergeld** ist nur wirksam, wenn der Gläubiger sie dem Arbeitgeber anzeigt. Jede **Abtretungsanzeige** muss, wie die Abtretung selbst, eindeutig sein (LSG Berlin NZS 2000 S. 553). Im Übrigen werden aber keine besonderen Anforderungen gestellt. Es kann etwa die Vorlage der Kopie eines Kreditvertrages genügen (BSG 76 S. 184). Die mit der Abtretungsanzeige verbundene Offenbarung der Tatsache einer Abtretung muss die Interessen des Zedenten wahren. Insbesondere muss er vor der Anzeige informiert werden (BGH NJW 1994 S. 2754).

14 Für die Fälle einer **Rückabwicklung** nach den §§ 45, 50 SGB X, wenn der Anspruch vorher abgetreten worden war, wurde teilweise schon nach altem Recht die Auffassung vertreten, dass der Leistungsträger seinen Anspruch sowohl gegenüber dem Leistungsberechtigten als auch gegenüber dem Abtretungsgläubiger geltend machen kann (vgl. dazu Heilemann, SozVers 1999 S. 148). Dies wurde vom BSG jedoch anders beurteilt (BSG SozR 3-1300 § 50 Nr. 25). Erst durch den später eingefügten § 53 Abs. 6 wurde eine Gesamtschuldnerschaft zwischen dem Leistungsberechtigten und dem nach der Abtretung neuen Gläubiger begründet. Gegenüber beiden wird der Erstattungsanspruch durch Verwaltungsakt geltend gemacht (§ 53 Abs. 6 Satz 2). Dies gilt jedoch nur, soweit Leistungen zu Unrecht erbracht worden sind. Die Regelung entspricht § 37 Abs. 2 AO. Nunmehr kann also der Leistungsträger seinen Anspruch aus § 50 SGB X erleichtert durchsetzen. Insoweit bestimmt § 421 BGB, dass jeder Schuldner die ganze Leistung bewirken muss. Sie kann allerdings nur einmal verlangt werden. Soweit sich jedoch die Frage eines Vertrauensschutzes nach § 45 Abs. 2 SGB X stellt, ist nur auf die Person des Leistungsberechtigten abzustellen. Hat der Leistungsträger nach Abtretung die Leistung noch nicht erbracht, so muss er, für den Fall, dass eine Rücknahme nach § 45 SGB X erfolgen kann, dennoch nicht an den Abtretungsgläubiger auszahlen. In diesem Falle ist vielmehr § 404 BGB anzuwenden. Der Leistungsträger kann dem neuen Gläubiger gegenüber die Einwendungen entgegensetzen, die er zur Zeit der Abtretung gegen den bisherigen Gläubiger hatte. Diese Einwendungen ergeben sich aus den §§ 45, 50 SGB X.

4. Konkurrenzen

Im Verhältnis von Abtretung und Pfändung gilt auch im Sozialrecht das **Prioritätsprinzip.** Eine nach der Abtretung ausgesprochene Pfändung geht also ins Leere (BSG 60 S. 87). Entsprechendes gilt auch, wenn die Forderung übergeleitet worden war bzw. übergegangen ist (§§ 33 SGB II, §§ 95 SGB VIII; 94 SGB XII). Gewisse Schwierigkeiten bereitet das Rangverhältnis zum gesetzlichen Forderungsübergang. Hierzu wird teilweise die Auffassung vertreten, der gesetzliche Forderungsübergang hätte in jedem Falle Vorrang, insbesondere vor der Abtretung, der Aufrechnung und auch vor der Pfändung (Vgl. Wannagat-Jung, SGB I § 51 Rn. 23–26). In dieser Allgemeinheit lässt sich das aber nicht sagen. Aus § 412 BGB ergibt sich, dass für den gesetzlichen Forderungsübergang grundsätzlich das gleiche gilt wie für die Abtretung. Allerdings sind nicht alle gesetzlichen Forderungsübergänge einheitlich zu beurteilen (vgl. MüKo-Roth/Kieninger § 412 Rn. 4–8). Höchstrichterlich geklärt war der Vorrang des gesetzlichen Forderungsüberganges im Zusammenhang der §§ 183, 1299 RVO aF (BSG 28 S. 255; BSG 32 S. 56; BSG SozR 2200 § 183 RVO Nr. 7; LSG Bremen SGb 1969 S. 389 mAnm Godemann). Dasselbe galt für § 1542 RVO aF Hierzu hat der BGH ausgeführt: 15

„Der Versicherungsträger erwirbt nicht etwa kraft eigenen Rechts Ansprüche gegen den Geschädigten; sein Rechtserwerb ist nicht ursprünglich, er ist vielmehr abgeleitet aus dem Recht des Geschädigten; dessen Ansprüche gehen auf den Versicherungsträger über. Dieser Übergang soll aber im Interesse des Versicherungsträgers so früh wie möglich erfolgen. Auch nur ein geringfügiger messbarer Zeitraum zwischen Entstehung und Übergang könnte dem Versicherungsträger bereits zum Nachteil gereichen, so wenn der Geschädigte zB nach dem die Schadenersatzansprüche begründenden Ereignisse auf diese Ansprüche verzichtet … Die Schadenersatzforderung entsteht zwar in der Person des geschädigten Sozialversicherten, geht aber unmittelbar mit ihrer Entstehung durch die Person des Ersatzberechtigten hindurch auf den Sozialversicherungsträger derart über, dass sich Entstehung und Übergang zeitlich überschneiden" (BGHZ 48 S. 190, 191).

Seine Rechtsprechung hat der BGH für die Fälle des Forderungsüberganges nach Schadensfällen entwickelt (vgl. BGH NJW 1984 S. 607). Sie lässt sich nicht ohne Weiteres verallgemeinern. Vielmehr ist durch Auslegung zu ermitteln, ob in einem Falle des gesetzlichen Forderungsüberganges durch den Gesetzgeber eine Durchbrechung des Prioritätsprinzips vorgesehen ist. Keineswegs kann man dies generell als ein Merkmal des gesetzlichen Forderungsüberganges betrachten. So darf zB unter den Voraussetzungen des § 7 Abs. 3 Satz 2 UVG der gesetzliche Übergang eines Unterhaltsanspruchs nicht zum Nachteil des Unterhaltsberechtigten geltend gemacht werden.

Allgemein ist Folgendes zu sagen: Bei der Beurteilung des Rangverhältnisses der Abtretung zu anderen Formen des Rechtsüberganges, insbesondere zur Pfändung (§ 54) oder zum Erstattungsanspruchs (§§ 102 ff. SGB X), orientiert sich das BSG heute weitgehend am Prioritätsprinzip (BSG 67 S. 143). Eine völlig einheitliche Linie ist dabei nicht festzustellen (vgl. Kamprad, DRV 1991 S. 352; Zöller/Stöber, ZPO § 804 Rn. 5; Gruber in MüKo zur ZPO § 804 Rn. 31–39). Die Beurteilung von Zweifelsfragen wird auch deswegen erschwert, weil teilweise ausdrückliche gesetzliche Regelungen bestehen, die eine Abweichung vom Prioritätsprinzip zulassen (§§ 392 BGB, 53 Abs. 4 und 5 SGB I). So ist die Regelung des § 113 SGB XII als die gesetzgeberische Antwort auf eine langjährige Auseinanderset- 16 zung um Rangverhältnisse zu verstehen. Nach § 113 SGB XII gehen heute Erstattungsansprüche der Träger der Sozialhilfe gegen andere Leistungsträger nach § 104 SGB X einer Übertragung (Abtretung), Pfändung oder Verpfändung des Anspruchs vor, auch wenn sie vor Entstehen des Erstattungsanspruchs erfolgt sind.

17 Im Grundsatz ist davon auszugehen, dass eine Abtretung von einer späteren Pfändung nicht berührt wird. In **Abweichung vom Prioritätsprinzip** hindert die Pfändung eine Aufrechnung (§ 51) nur, wenn der Schuldner die Forderung, mit der er aufrechnen will, erst nach der Pfändung erworben hat, oder wenn diese Forderung erst nach der Pfändung und später als die gepfändete Forderung fällig geworden ist (§ 392 BGB). Das gilt auch für die Verrechnung (§ 52). Gemäß § 53 Abs. 5 und abweichend von § 406 BGB wird das Prioritätsprinzip insoweit durchbrochen, als eine Aufrechnung durch den Sozialleistungsträger auch dann noch möglich ist, wenn er beim Erwerb seiner Forderung von der Abtretung des Sozialleistungsanspruchs Kenntnis hat. Damit soll vor allem die Realisierung von Erstattungsansprüchen (§ 50 SGB X) ermöglicht werden (vgl. § 51 Rn. 25). Da § 53 Abs. 5 nur Manipulationen durch Verfügungen des Sozialleistungsberechtigten verhindern soll, besteht eine entsprechende Erweiterung der Aufrechnungsmöglichkeit nicht, wenn der Anspruch auf Sozialleistungen gepfändet wurde. In diesem Falle erfolgte ja keine Verfügung durch den Schuldner selbst.

18 Entsprechend dem Prioritätsprinzip wird man heute nicht nur bei der Überleitung sondern auch beim Übergang eines Anspruchs (§§ 50 SGB I, 33 SGB II, 37 BAföG, 95 SGB VIII, § 94 SGB XII) im ihrem Verhältnis zur Abtretung, Aufrechnung bzw. Pfändung verfahren müssen. Eine andere Behandlung des Anspruchsübergangs rechtfertigt sich in diesem Zusammenhang nicht, da der Gesetzgeber die Form des Überganges oft nur aus Gründen der Klarheit und der Vereinfachung gewählt hat. Bei der Bestimmung des Rangverhältnisses ist bei der Überleitung der Zeitpunkt der Bekanntgabe der Überleitungsanzeige maßgebend. Beim Übergang eines Anspruchs ist darauf abzustellen, wann die gesetzlichen Voraussetzungen für den Übergang erfüllt sind.

19 Etwas anderes gilt nach der Rechtsprechung des BSG bei der Abzweigung nach § 48 im Verhältnis zum Erstattungsanspruch nach § 104 SGB X. Diese Auffassung begründet das Gericht folgendermaßen: Durch eine Abzweigung nach § 48 soll bei Verletzung der Unterhaltspflicht ein Teil der Geldleistung möglichst unkompliziert dem Unterhaltsberechtigten ausgezahlt werden. Häufig tritt nun wegen derselben Verletzung der Unterhaltspflicht ein Sozialleistungsträger, zumeist der Träger der Jugend- oder der Träger der Sozialhilfe, ein. Eine mit Vorrang gegenüber § 104 SGB X ausgestattete Abzweigung hätte hier keine Berechtigung mehr. Da der Bedarf des Unterhaltsberechtigten durch den Träger des Jugend- oder Sozialhilfe gedeckt ist, entspricht es dem Sinn und Zweck der Regelungen der §§ 48 SGB I und 104 SGB X, dass der Erstattungsanspruch des Trägers der Jugend- oder der Sozialhilfe Vorrang vor der Abzweigung hat (BSG SGb 1991 S. 317, 319 mAnm v. Einem; LSG NRW L 18 R 334/11, juris). Entsprechendes gilt heute für den Träger der Grundsicherung für Arbeitsuchende.

20 Davon zu unterscheiden ist die Frage, in welchem Verhältnis eine Abzweigung nach § 48 zur Abtretung steht. Da die Abzweigung keinen Rechtsübergang bewirkt, sondern nur eine andere Auszahlung ermöglicht, kann der Leistungsberechtigte nach einer Abzweigung uneingeschränkt abtreten (vgl. Günther, ZfSH/SGB 1998 S. 272). Dementsprechend wird eine Abtretung nicht durch eine spätere Abzweigung beeinflusst (vgl. § 48 Rn. 8).

Insbesondere im Hinblick auf das Verhältnis der Abtretung zum Erstattungsanspruch nach den §§ 102 ff. SGB X hatte das BSG wegen seiner Orientierung am Prioritätsprinzip wiederholt nachdrückliche Kritik erfahren (vgl. insbesondere André, NDV 1985 S. 337; aA v. Einem, SGb 1987 S. 147). Sie hatte das Gericht aber nur bewogen, seine Auffassung noch ausführlicher zu begründen (BSG 69 S. 244–246). Abtretung und Pfändung konnten danach also auch einem Erstattungsanspruch vorgehen. Der Streit wurde durch die Neuregelung des § 122a BSHG aF (§ 113 SGB XII) behoben (oben Rn. 16). Die Auseinandersetzung um diese Frage bestätigt aber, dass im Zweifel, aber keineswegs immer, vom Prioritätsprinzip auszugehen ist (vgl. Denck, ZZP 1989/102 S. 1). 21

Ist die Forderung wirksam abgetreten worden, so treffen den Sozialleistungsträger gegenüber dem Zedenten die gleichen Sorgfaltspflichten wie sie der Schuldner im Bürgerlichen Recht hat. Gegebenenfalls kann der Zedent ihm gegenüber einen Schadenersatzanspruch aus positiver Forderungsverletzung (§ 280 BGB) geltend machen (BSG SGb 1993 S. 70 mAnm Schuler). Es besteht sogar eine umfassendere Prüfungspflicht des Sozialleistungsträgers (oben Rn. 13). 22

5. Sonderformen der Abtretung

In § 53 Abs. 2 Nr. 1 ist die Abtretung eines Anspruchs auf laufende oder einmalige Geldleistungen unter Verzicht auf jede Untergrenze geregelt. Für diesen Fall wird also der **Gleichlauf von Pfändbarkeit und Abtretbarkeit** (§ 400 BGB) aufgehoben. Dasselbe gilt für § 53 Abs. 2 Nr. 2 (vgl. § 54 Rn. 2). Dies hat nach dem Sinn der Vorschrift durchaus eine sachliche Berechtigung. Durch die Regelung soll es Dritten, zB dem Arbeitgeber oder auch einem Wohlfahrtsverband, erleichtert werden, dem Sozialleistungsberechtigten Vorschüsse oder sonst private Zuwendungen zu gewähren. In § 53 Abs. 2 wird keine Untergrenze für den Abtretungsbetrag für den Abtretungsbetrag genannt. Entscheidungserhebliche Merkmale sind demgegenüber die Fälligkeit (§ 53 Abs. 2 Nr. 1) und das wohlverstandene Interesse (§ 53 Abs. 2 Nr. 2). Die Feststellung der Voraussetzungen des § 53 Abs. 2 muss durch Verwaltungsakt erfolgen (LSG NRW L 18 R 334/11, juris). 23

Die Einschränkung der Abtretbarkeit in § 53 Abs. 2 Nr. 1 ergibt sich nicht, wie in anderen Fällen, aus dem Gesichtspunkt der Höhe, sondern aus dem Zweck der Regelung. Der Dritte muss für Außenstehende erkennbar im Vorgriff auf fällig gewordene Sozialleistungen (§ 41 Rn. 6) tätig geworden sein. Er kann, wie häufig der Arbeitgeber, ein Darlehen gewährt haben. Auf die Sicherung des Rückzahlungsanspruchs wegen eines Darlehens ist die Abtretung nach § 53 Abs. 2 Nr. 1 aber nicht beschränkt. Das Eintreten eines Dritten kann auch darin bestehen, dass er Sachkosten für Unterkunft und Verpflegung aufwendet. Das kann im Rahmen der Wohlfahrtspflege vor allem bei einer Heimaufnahme gegeben sein. Auch zur Sicherung der Erstattung dieser Aufwendungen kann die Abtretung erfolgen. 24

In jedem Falle darf das Tätigwerden des Dritten nur der **angemessenen Lebensführung** des Sozialleistungsberechtigten dienen. Ob dies der Fall gewesen ist, muss der Sozialleistungsträger vor der Auszahlung an den Dritten prüfen. Davon hängt die Wirksamkeit der Abtretung ab. Zu strenge Anforderungen bei der Bestimmung des angemessenen Lebensbedarfs dürfen nicht gemacht werden. Andernfalls würde der sozialpolitische Zweck der Vorschrift, private Hilfe zu erleichtern, gefährdet. Dass, wie in der Literatur oft genannt, Luxus- und Spekulationsgeschäfte nicht darunter fallen, versteht sich von selbst. Da aber der Gesetzgeber an dieser Stelle nicht den Begriff des notwendigen Lebensunterhalts verwen- 25 det, stellen die Leistungen zum Lebensunterhalt keinen Maßstab dar. Der Begriff der angemessenen Lebensführung liegt jedenfalls oberhalb des Existenzminimums. Nur als Untergrenze für eine angemessene Lebensführung könnte man den Betrag ansehen, der sich aus einer überschlägigen Berechnung der Hilfe zum Lebensunterhalt (§§ 19 ff. SGB II, 27 ff. SGB XII) für den Sozialleistungsberechtigten und seine unterhaltsberechtigten Familienangehörigen ergibt. Nach dem Zweck der Regelung wird man im Übrigen auf die bisherige Lebensstellung des Sozialleistungsberechtigten abstellen müssen. Das ergibt sich auch aus der Formulierung, dass der Dritte **im Vorgriff auf die** fällig gewordene **Sozialleistung** eingetreten sein muss. Im Hinblick auf die Tatsache, dass Ansprüche auf Sozialleistungen gemäß § 53 Abs. 3 bis zur Pfändungsgrenze und über lange Zeiträume abgetreten werden können, darf eine zu enge Auslegung des § 53 Abs. 2 nicht zu Wertungswidersprüchen führen. Insbesondere ist zu beachten, dass es bei Anwendung des § 53 Abs. 2 Nr. 1 nicht zu einer unangemessenen Inanspruchnahme von Sozialleistungen kommen kann. So können bei einem Rentenbewerber die überschlägige Berücksichtigung seines Einkommens und die Dauer seines Arbeitslebens, ergeben, ob er etwa eine Rente im Durchschnittsbereich zu erwarten hat. Ähnlich leicht zu schätzen wäre ein Anspruch auf Kranken- oder Arbeitslosengeld. Insgesamt wird man also individualisierende Gesichtspunkte, wie die bisherige Lebensstellung und generalisierende Gesichtspunkte berücksichtigen müssen. Letztere ergeben sich aus dem Sozialleistungssystem und dabei insbesondere – über den notwendigen Lebensunterhalt als Minimum hinaus – die in den §§ 47 ff. SGB XII genannten Bedarfslagen. Im Hinblick darauf können auch sehr hohe Kosten der angemessenen Lebensführung dienen, wenn diese darin besteht, dass der Leistungsberechtigte durch Eintritt eines Dritten etwa die erforderliche Pflege erhält (§§ 36 ff. SGB XI, 61 SGB XII).

26 Umstritten ist, ob eine **zeitliche Identität** zwischen dem abgetretenen Anspruch auf Sozialleistungen und der Hilfegewährung durch den Dritten zu fordern ist. Nach einer Auffassung ist dies im Gesetz nicht vorgesehen und würde die Rechtsbeziehungen unnötig komplizieren (KassKomm-Siefert § 53 Rn. 23). Gegen diese Auffassung spricht jedoch, dass ein Verzicht auf jede Untergrenze für die Abtretung ohne eine andere ausreichende Beschränkung sozialpolitisch bedenklich ist. Eine Komplizierung der Rechtsbeziehungen kann deswegen vonnöten sein. Konsequenterweise wird die Auffassung vertreten, dass das gesetzliche Merkmal „im Vorgriff" eine Auslegung im Sinne einer zeitlichen Identität von privater Hilfegewährung und Abtretung zulässt (v. Maydell, GK-SGB I § 53 Rn. 15). Dem ist zuzustimmen. Genau betrachtet geht es um das Verhältnis dreier Zeitpunkte: Den der Abtretungserklärung, der Fälligkeit der Leistung und den der im Vorgriff darauf gemachten Aufwendung. Man kann sich auf den Standpunkt stellen, die Formulierung „Aufwendungen, die Vorgriff auf fällig gewordene Sozialleistungen … gemacht worden sind…" verlange nicht, dass auch die Abtretung nach der Fälligkeit erklärt wurde. Es genüge also, wenn die Aufwendungen nach Fälligkeit der Leistung gemacht wurden. In der Praxis, etwa bei einem Gehaltsvorschuss, wird der Zeitpunkt der Abtretung nur geringfügig vorausgehen. Dies hält der 13. Senat für möglich, ohne sich darauf festzulegen (BSG SGb 2015 S. 45 Rn. 22 mAnm Bigge). Demgegenüber verlangt der 5. Senat ausdrücklich, dass die betroffenen Ansprüche schon „bei der Abtretung" fällig sein müssen (BSG 115 S. 110 Rn. 18). Diese Auffassung harmoniert nicht mit dem zivilrechtlichen Grundsatz, dass auch künftige Forderungen abgetreten werden können. Die Materialien sprechen in diesem Zusammenhang nur von „Vorschüssen" Dritter auf die

Sozialleistung, ohne auf die Fälligkeit einzugehen (BT-Drs. 7/868 S. 32). Eine praktische Bedeutung hat diese Frage nur, wenn Entstehung und Fälligkeit des Anspruchs zeitlich nicht zusammen treffen (§§ 40, 41).

Nach dem Zweck der Regelung und in Übereinstimmung mit den Auffassun- 27
gen im Bürgerlichen Recht wird man die Ansicht vertreten müssen, dass § 53 Abs. 2 Nr. 1 auch auf Leistungen der **Sozialhilfe** anwendbar ist. Ausdrücklich geregelt ist dies für die Grundsicherung für Arbeitsuche in § 42 Abs. 4 Satz 2 SGB II. Demgegenüber sind die Leistungen der Sozialhilfe nach § 17 Abs. 1 Satz 2 SGB XII ua nicht abtretbar. Im Hinblick darauf könnte man die Abtretung eines Anspruchs auf Leistungen der Sozialhilfe in Anwendung des § 134 BGB als nichtig ansehen (LSG Sachs.-Anh. NZS 2017 S. 558). Jedoch hat man im Bürgerlichen Recht in Abweichung von § 400 BGB die Abtretbarkeit von Lohnforderungen trotz ihrer Unpfändbarkeit dann zugelassen, wenn sie zu einem Zweck erfolgte, die dem Grundgedanken des § 53 Abs. 2 Nr. 1 entspricht. So hat der BGH ausgeführt: was mit dem Verbot der Abtretbarkeit nach § 400 BGB erreicht werden soll, nämlich die Sicherung des notwendigen Lebensunterhalts, kann in Ausnahmefällen nur durch Zulassung der Abtretung erreicht werden (vgl. BGHZ 59 S. 109; BGHZ 127 S. 354). So liegt es auch beim Eintreten eines Dritten anstelle des Sozialhilfeträgers und der Abtretung des Sozialhilfeanspruchs. Inzwischen ist die lange Zeit umstrittene und vom BAG für Lohnansprüche verneinte Frage (BAG NJW 2001 S. 1443) jedenfalls durch das BSG geklärt (BSG SozR 4-1500 § 153 Nr. 16). Sie ist in der Weise zu beantworten, dass der Grundsatz der Unpfändbarkeit dann zurücktreten kann, wenn ein Dritter vorschussweise eintritt und wenn sein Rückzahlungsanspruch durch Abtretung gesichert werden soll (Rothkegel, Die Strukturprinzipien des Sozialhilferechts, 2000 S. 44). Dieser Auffassung schien bereits die Praxis in der Kinder- und Jugendhilfe zuzuneigen. Das gilt jedenfalls für Fälle, in denen eine Erziehungsleistung erbracht, aber noch nicht vergütet worden ist. Allerdings handelt es sich dabei nicht um eine Geldleistung iSd § 11 (BVerwG FEVS 44 S. 309; DV-Gutachten, NDV 1999 S. 238; OVG Münster ZfJ 2002 S. 114).

Das BSG beschränkt die Abtretbarkeit von Ansprüchen auf Leistungen der 27a
Sozialhilfe auf den Ausgleich der Folgen des wegen eines Systemversagens entstandenen Schadens (dazu § 43 Rn. 30). Es lässt also nicht die Abtretung des Primäranspruchs zu (BSG SozR 4-1500 § 153 Nr. 16 Rn. 20). Das BSG stellt dabei auf den Wortlaut des § 17 Abs. 1 Satz 2 SGB XII ab. Danach kann der Primäranspruch weder abgetreten noch gepfändet werden. Diese Auffassung ist etwas enger als die des BGH, der unter den genannten Voraussetzungen gerade die Abtretung der unpfändbaren Forderung zulässt (BGHZ 59 S. 109, 115). Allerdings stellt auch der BGH darauf ab, dass der Berechtigte den „vollen Gegenwert“ für die abgetretene Leistung erhalten hat (BGHZ 13 S. 360). Das dürfte eine Hilfeleistung in dringenden Notfällen nur in geringem Maße erschweren, zumal ergänzend für jedermann die Regelung über die Nothilfe nach § 25 SGB XII eingreift. Dabei muss es sich aber immer um Leistungen der Sozialhilfe (SGB XII) handeln. Das gilt zB nicht mehr für Leistungen der Eingliederungshilfe für behinderte Menschen, die jetzt nach den §§ 90 ff. SGB IX zu erbringen sind. Die dort entstandene Lücke wird man durch die §§ 677 ff. BGB schließen müssen (vgl. BVerwG 37 S. 133). Eine andere Möglichkeit bestünde darin, die Rechtsprechung des BSG zur begrenzten Abtretbarkeit von Leistungen der Sozialhilfe auf Leistungen nach dem SGB XII zu beschränken, sie also nicht auf das SGB IX zu erstrecken. Materi-

ell sind jedoch die Leistungen nach den §§ 90 ff. SGB IX weiterhin Sozialhilfe (§ 29 Rn. 2a).

28 Aus den genannten Gründen wird man § 53 Abs. 2 Nr. 1 auch auf die Surrogate von Sach- und Dienstleistungen anwenden müssen. Entgegen einer wohl überwiegenden Auffassung wird man sie grundsätzlich als nicht abtretbar ansehen dürfen (§ 11 Rn. 21–23). Dieser Gedanke greift aber dann nicht mehr durch, wenn ein Dritter die Sach- oder Dienstleistung erbracht hat und der Sozialleistungsberechtigte einen Kostenerstattungsanspruch gegen den Sozialleistungsträger hat (vgl. §§ 13 Abs. 3 SGB V, 18 SGB IX). Zur Sicherung des Aufwendungsersatzanspruchs dieses Dritten ist eine Abtretung des Kostenerstattungsanspruchs an ihn als abtretbar anzusehen (so auch für den künftigen Kostenerstattungsanspruch BSG 97 S. 6; aA LSG Nds.-Brem. NZS 2006 S. 249).

29 Eine weitere Möglichkeit der Abtretung des Anspruchs auf laufende oder einmalige Geldleistungen ohne Rücksicht auf jede Untergrenze ergibt sich aus § 53 Abs. 2 Nr. 2. Sie ist vor allem deswegen unproblematisch, weil der zuständige Sozialleistungsträger feststellen muss, dass sie im **wohlverstandenen Interesse** des Berechtigten liegt. Diese Feststellung trifft er durch Verwaltungsakt, und zwar vor oder nach der Abtretung (vgl. §§ 182, 184 BGB). In vielen Fällen werden sich die „angemessene Lebensführung" und das „wohlverstandene Interesse" überschneiden, so dass alternativ § 53 Abs. 2 Nr. 1 oder Nr. 2 anwendbar ist. Vorzuziehen ist aber die in § 53 Abs. 2 Nr. 2 vorgesehene Entscheidung des Sozialleistungsträgers, da sie für die Beteiligten eine größere Rechtssicherheit schafft.

29a Der Begriff des wohlverstandenen Interesses ist einer vollständigen richterlichen Kontrolle zugänglich (vgl. § 39 Rn. 8). Es ist idR dann zu bejahen, wenn der Sozialleistungsberechtigte für die Abtretung ein volles wirtschaftliches Äquivalent erhält (BGHZ 127 S. 354). Angenommen wurde dies bei der Abtretung der Arbeitslosenhilfe eines Obdachlosen für die Nutzungsentschädigung in einer Obdachlosenunterkunft (BSG SozR 3-1200 § 53 Nr. 9). Das gleiche Ergebnis wäre aber auch über § 53 Abs. 2 Nr. 1 zu erreichen. Trotz des Erhalts eines Äquivalents wäre ein wohlverstandenes Interesse zu verneinen, wenn sich der Sozialleistungsberechtigte einen seine wirtschaftlichen Verhältnisse übersteigenden Gegenstand oder Kredit verschafft. Die Anwendung des § 53 Abs. 2 Nr. 1 würde zu keinem anderen Ergebnis führen. Insbesondere darf sich kein Missverhältnis von Leistung und Gegenleistung aus einer Übersicherung des Gläubigers ergeben. Abzustellen ist auch auf den Zweck der konkreten Sozialleistung (BSG SozR 3-1200 § 53 Nr. 6). Dies bedeutet natürlich eine gewisse Einschränkung der Autonomie der Leistungsberechtigten. Doch das ist in dem Begriff des „wohlverstandenen" Interesses angelegt. Es ist vor allem auf folgenden Unterschied hinzuweisen: Im Gegensatz zu § 53 Abs. 2 Nr. 1, kennt die Regelung des § 53 Abs. 2 Nr. 2 nicht die Einschränkung, dass die abzutretende Sozialleistung bereits **fällig** geworden sein muss. Auch muss die Abtretung nicht im **Vorgriff,** also beschränkt auf einen bestimmten Zeitraum in der Zukunft, erfolgen.

30 Andererseits kommt es nicht zwangsläufig auf einen wirtschaftlichen **Gegenwert** an. Den Ausschlag können auch ideelle Kriterien geben, wenn sie einer wirtschaftlichen Bewertung zugänglich sind. Es ginge aber zu weit, einen Gegenwert auch in „sittlich-moralischer" Hinsicht zu sehen (KassKomm-Siefert § 53 Rn. 28, 29; BSG Breith. 1973 S. 325; Bay. LSG Breith. 1978 S. 2). Es muss sich auch bei einem ideellen Vorteil immer ein gewisser wirtschaftlicher Bezug herstellen lassen.

31 Schließlich ist es nach der Rechtsprechung des BSG nicht zulässig, das wohlverstandene Interesse in Verbindung mit der Untergrenze für eine Abtretung (vgl. § 53 Abs. 3) zu bringen (BSG SozR 1200 § 53 Nr. 2). Bei der Anwendung der selbständigen Regelung des § 53 Abs. 2 Nr. 2 darf man also nicht argumentieren, es läge nicht im wohlverstandenen Interesse des Leistungsberechtigten, wenn eine Abtretung über die nach § 53 Abs. 3 abtretbaren Beträge hinaus erfolgen solle. In § 53 Abs. 2 Nr. 2 ist eine solche Abtretung gerade für zulässig erklärt worden.

32 Bejahen kann man das wohlverstandene Interesse, wenn sich, etwa bei der Übernahme von Miet- oder Energieschulden nach den §§ 22 Abs. 8 SGB II, 36 SGB XII, der Träger der Grundsicherung für Arbeitsuchende bzw. der Sozialhilfe die Ansprüche auf **Wohn- und Kindergeld** abtreten lässt. Beide Sozialleistungen sollen dazu beitragen, den Lebensbedarf der Familie, also auch die Unterkunft der Kinder, zu sichern (BSG SozR 1200 § 53 Nr. 2). Gegen dieses Ergebnis spricht nicht die beschränkte Pfändbarkeit des Kindergeldes nach § 54 Abs. 5, da in § 53 Abs. 2 Nr. 2 der Gleichlauf von Abtretbarkeit und Pfändbarkeit gerade aufgehoben ist und im Übrigen, soweit eine Abtretbarkeit gegeben ist, den Kindesinteressen Rechnung getragen wird.

33 Bei einer Abtretung zur Begleichung von **Schulden,** wie auch immer sie entstanden sein mögen, wird man ein wohlverstandenes Interesse nicht annehmen dürfen (LSG NRW Breith. 1994 S. 53). Das ist auch dann nicht möglich, wenn dadurch eine zwangsweise Beitreibung vermieden wird. Es werden allerdings auch ideelle Vorteile als ausreichend angesehen, soweit sie eine wirtschaftliche Komponente haben (vgl. KassKomm-Siefert, § 53 Rn. 28, 29; Häusler in Hauck/Noftz, SGB I § 53 Rn. 30, 31). Die §§ 53 Abs. 3 und 54 lassen jedoch erkennen, welchen Weg der Gesetzgeber für die Schuldentilgung, ggf. im Wege des Zwangs, vorgesehen hat. Das Interesse des Gläubigers darf nicht so hoch veranschlagt werden, dass in diesen Fällen auf eine Untergrenze für die Abtretung verzichtet wird (vgl. auch BSG SozR 3-1200 § 53 Nr. 6). In diesem Falle ist eine Abtretung also nur unter Beachtung des § 53 Abs. 3 möglich.

34 Auch die in der Praxis der Sozialhilfe gebräuchliche Abtretung von Ansprüchen auf Arbeitslosengeld, Krankengeld usw liegt nicht im wohlverstandenen Interesse des Leistungsberechtigten. Sie wird zuweilen in der Praxis verlangt, wenn sich die Auszahlung dieser Leistungen verzögert und der Sozialleistungsberechtigte deswegen vorübergehend ohne bereite Mittel ist (§ 2 Abs. 1 SGB XII). In diesem Falle ist heute der Träger der Grundsicherung für Arbeitsuchende nach den §§ 19 ff. SGB II und weiterhin der Träger der Sozialhilfe nach den §§ 27 ff. SGB XII zur Leistung verpflichtet und darf sie nicht von einer Gegenleistung oder Erklärung des Hilfesuchenden abhängig machen. Vielmehr ist der Träger der Grundsicherung für Arbeitsuchende bzw. der Sozialhilfe auf einen Erstattungsanspruch nach § 104 SGB X zu verweisen. Das ist im Falle der Anwendung der §§ 22 Abs. 8 SGB II, 36 SGB XII anders, da diese Vorschriften eine Ermessensentscheidung vorsehen und die Hilfen außerdem darlehensweise gewährt werden können. Ob aus der Rechtsprechung des BSG zu schließen ist, das Gericht würde in allen Fällen von Leistungen nach den §§ 22 Abs. 8 SGB II, 36 SGB XII die Abtretbarkeit eines Anspruchs auf andere Sozialleistungen nach § 53 Abs. 2 Nr. 2 als zulässig ansehen, ist nicht klar ersichtlich. In einer derartigen Konstellation hat das Gericht eine Abtretung nur mangels Bestimmtheit beanstandet und keine Ausführungen zum wohlverstandenen Interesse gemacht (BSG SGb 1993 S. 70 mAnm Schuler).

6. Abtretbarkeit und Pfändbarkeit

35 Soweit eine Abtretung von **laufenden Geldleistungen** erfolgen soll, die der Sicherung des Lebensunterhalts zu dienen bestimmt sind, verweist § 53 Abs. 3 auf die Bestimmungen der Zivilprozessordnung. Es handelt sich also um eine Blankettabtretung. Laufende Leistungen sind solche, die regelmäßig wiederkehrend für bestimmte Zeitabschnitte gewährt werden. Der Sicherung des Lebensunterhalts dienen die meisten Sozialleistungen, insbesondere die Entgeltersatzleistungen (vgl. § 48 Rn. 12 ff.). Soweit sich die Abtretung nach den für das Arbeitseinkommen geltenden Vorschriften richtet, wird in § 53 Abs. 3 nur auf die unpfändbaren Beträge verwiesen. Teilweise wird die Auffassung vertreten, es werde auf die §§ 850 ff. ZPO insgesamt verwiesen (Wannagat-Jung, SGB I § 53 Rn. 10). Diese Auffassung ist jedoch abzulehnen. Es werden nur die Vorschriften der §§ 850c, 850d ZPO zur Höhe der unpfändbaren Beträge für anwendbar erklärt (vgl. BSG 70 S. 280). Insbesondere besteht bei der Abtretung nicht die Möglichkeit der Anwendung des § 850f Abs. 1a ZPO (vgl. aber unten Rn. 42). Deswegen kann es sich nach einer Abtretung – wenn auch nur noch in Ausnahmefällen – ergeben, dass der notwendige Lebensunterhalt des Leistungsberechtigten iSd §§ 19 ff. SGB II, 27 ff. SGB XII nicht gesichert ist (vgl. BSG SozR 1300 § 104 SGB X Nr. 4; LSG Nds. info also 1991 S. 77 mAnm Hullerum).

36 Die Abtretung in Orientierung an § 850c ZPO erfolgt bei jedem Gläubiger. Bei der Bestimmung des abtretbaren Betrages ist die Pfändungstabelle anzuwenden. Insbesondere ist die Zahl derjenigen Familienmitglieder zu beachten, denen auf Grund gesetzlicher Vorschriften **Unterhalt** geleistet wird. Der Unterhalt muss tatsächlich geleistet werden. Verändert sich die Zahl der Unterhaltsberechtigten, so ist der abgetretene Betrag entsprechend zu verändern. Dies geschieht jedoch nicht, wie nach § 850g ZPO, durch Antrag an das Vollstreckungsgericht, das bei der Abtretung keine Befugnisse hat, sondern durch unmittelbare Anwendung der Pfändungstabelle. Im Streitfalle muss der Sozialleistungsberechtigte gegen den Sozialleistungsträger den ihm zustehenden Auszahlungsbetrag im Wege der allgemeinen Leistungsklage (§ 54 Abs. 5 SGG) durchsetzen. Auch deswegen ist es sinnvoll, dass der Leistungsträger durch Verwaltungsakt bestimmt, welcher Betrag abgetreten ist (vgl. oben Rn. 8–10).

37 Ein gewisses Vorrecht ist in § 850d ZPO dem **Unterhaltsgläubiger** eingeräumt. Soweit ein Betrag nach der Tabelle zu § 850c ZPO für sonstige Gläubiger unpfändbar ist, kann er vom Unterhaltsberechtigten noch nach § 850d ZPO gepfändet und damit auch von ihm abgetreten werden. Dem Schuldner ist jedoch so viel zu belassen, als er für seinen notwendigen Lebensunterhalt und zur Erfüllung seiner vorrangigen laufenden gesetzlichen Unterhaltspflichten bedarf. Hierbei erfolgt eine Orientierung an den §§ 19 ff. SGB II, 27 ff. SGB XII. Demgegenüber ist im Vollstreckungsrecht eine Bezugnahme auf die unteren Werte der Düsseldorfer Tabelle nicht möglich (BGHZ 156 S. 30). Der Betrag nach § 850d ZPO dem Schuldner verbleibende Betrag darf aber nicht höher sein als die Beträge, die in der Tabelle zu § 850c ZPO ausgewiesen sind. Im praktischen Ergebnis bedeutet das zumeist, dass die Pfändung nach § 850d ZPO dann erfolglos bleibt, wenn die Leistungen zum Lebensunterhalt über den Tabellenwerten zur § 850c ZPO liegen. Die Gesichtspunkte, die für § 850d ZPO gelten, schlagen unmittelbar auf die Abtretung nach § 53 Abs. 3 durch.

38 Zweifelhaft ist, ob auf Antrag des Gläubigers für die Abtretung eine **Zusammenrechnung** von Arbeitseinkommen bzw. mehrerer Sozialleistungen nach

§ 850e Nr. 2a ZPO erfolgen kann. Durch die Bildung eines Gesamtbetrages der Leistungen würde sich innerhalb der Tabelle zu § 850c ZPO einer höherer pfändbarer und damit auch abtretbarer Betrag ergeben. Dies wird in der Literatur überwiegend für zulässig gehalten (vgl. Häusler in Hauck/Noftz, SGB I § 53 Rn. 39; Lilge, SGB I § 53 Rn. 46; Denck, MDR 1979 S. 450; Grunsky, ZIP 1983 S. 910). Auch das BSG hat diese Möglichkeit bejaht (BSG 61 S. 274; eher zweifelnd BGH NJW 1997 S. 2823; dem BSG zustimmend LSG BW L 13 R 1662/12, juris). Die Zusammenrechnung soll mit Einverständnis des Sozialleistungsberechtigten durch den Sozialleistungsträger erfolgen können. Dieser Auffassung ist jedoch nicht zuzustimmen. Die Vorschrift des § 850e Nr. 2a ZPO begründet ausschließlich eine Kompetenz des Vollstreckungsgerichts und gilt infolgedessen auch nur im Vollstreckungsverfahren. Entgegen der herrschenden Meinung ist sie auf die Abtretung nicht anwendbar (Mrozynski, SGb 1989 S. 382).

Des Weiteren ist nach Auffassung des BSG im Rahmen der Abtretung auch 39
§ 850c Abs. 4 ZPO analog anwendbar. Nach dieser Vorschrift kann das Vollstreckungsgericht auf Antrag des Gläubigers den unpfändbaren Betrag nach **billigem Ermessen** abweichend von der Tabelle zu § 850c ZPO bestimmen. Im Rahmen der Abtretung sind für die Entscheidung hierüber die Sozialgerichte zuständig (BSG SGb 1994 S. 80 mAnm Ebsen). Auch gegen diese Auffassung wird man einwenden müssen, dass der Rahmen einer Analogie überschritten ist. Bei der Begründung von Zuständigkeiten ist Klarheit geboten. Angesichts des Wortlautes beider Vorschriften ist die Zuständigkeit der Vollstreckungsgerichte eindeutig. Sie kann nicht, auch nicht im Wege der Analogie, auf die Sozialgerichte übertragen werden.

Von seinem Standpunkt aus hat das BSG konsequenterweise auch § 850f Abs. 1a 40
ZPO auf die Abtretung übertragen (BSG 76 S. 184 Rn. 46; aA LSG NRW SGb 2003 577). Diese Vorschrift findet auf die Pfändung von Sozialleistungen Anwendung (§ 54 Rn. 23 ff.). Danach kann der unpfändbare Teil heraufgesetzt werden, wenn anders der **notwendige Lebensunterhalt** des Schuldners durch die Tabelle zu § 850c ZPO nicht gesichert ist. Angesichts der Neufassung des § 54 und angesichts der sozialpolitisch unerwünschten Konsequenzen einer Abtretung von Ansprüchen auf Sozialleistungen bei Gefährdung des notwendigen Lebensunterhalts iSd §§ 19 ff. SGB II, 27 ff. SGB XII lag also eine Fortführung der bisherigen Rechtsprechung des BSG nahe. Es hat bisher dem Sozialleistungsträger, aber nicht den Sozialgerichten die Heraufsetzungsbefugnis nach § 850 f. Abs. 1a ZPO auch bei der Abtretung zubilligt. Sie erfolgt durch Verwaltungsakt (BSG SozR 3-1200 § 53 Nr. 7). Damit hat sich dann weitgehend die Frage erledigt, ob durch § 53 Abs. 3 generell der notwendige Lebensunterhalt gesichert sein muss (vgl. oben Rn. 34). Besser wäre es allerdings, wenn sich der Gesetzgeber dazu entschließen könnte, § 53 Abs. 3 im Sinne der Rechtsprechung des BSG um einen Satz 2 zu erweitern, wonach die §§ 850 ff. ZPO für anwendbar erklärt werden und die Sozialgerichte an die Stelle der Vollstreckungsgerichte treten. Zu dem gleichen Problem bei der Aufrechnung vgl. § 51 Rn. 11.

Nach der Grundlagenregelung des § 407 BGB kann der Schuldner ab Kenntnis 41
von der Abtretung mit befreiender Wirkung nur noch an den neuen Gläubiger leisten. Davon trifft § 53 Abs. 4 eine abweichende Regelung, die sich aus den verwaltungstechnischen Schwierigkeiten der EDV erklärt. Eine weitere Abweichung vom Bürgerlichen Recht bringt § 53 Abs. 5. Danach hindert eine Kenntnis des Sozialleistungsträgers von der Abtretung die Aufrechnung oder Verrechnung nicht. Damit werden die Möglichkeiten des Sozialleistungsträgers verglichen mit

anderen Gläubigern (§ 406 BGB) erweitert. Durch die Regelung des § 53 Abs. 5 soll verhindert werden, dass der Sozialleistungsberechtigte durch Abtretung die Durchsetzung von **Erstattungsansprüchen** nach § 50 SGB X im Wege einer Aufrechnung oder Verrechnung verhindert. Nach ihrem Wortlaut erfasst die Vorschrift des § 53 Abs. 5 aber auch alle anderen Ansprüche, die der Sozialleistungsträger gegen den Sozialleistungsberechtigten haben kann. Sie haben jedoch nur eine untergeordnete praktische Bedeutung.

42 Die Zweifelsfragen, die sich bei der Abtretung von Sozialleistungen ergeben, sind nicht gering (vgl. Elling, NZS 2000 S. 281). Selbst wenn man mit dem BSG die Zusammenrechnung nach § 850e Nr. 2a ZPO für zulässig hält und auch eine Anwendbarkeit des § 850f Abs. 1a ZPO auf die Abtretung befürwortet, ist zumindest die Höhe des abgetretenen Betrages nicht immer eindeutig. Eine gewisse Klarheit kann in diesen Fällen ein bestandskräftig gewordener Verwaltungsakt über die Höhe des Abtretungsbetrages schaffen. Es bleibt aber auch dann das grundlegende materiell-rechtliche Problem, dass der notwendige Lebensunterhalt des Schuldners iSd §§ 19 ff. SGB II, 27 ff. SGB XII nicht immer gewährleistet ist. Durch Bezugnahme auf die Pfändungstabelle (§ 850c ZPO) hat dies noch nie geschehen können. Die Beträge berücksichtigen nicht die besondere Situation kinderreicher Familien und nicht den Wohnbedarf. Sie werden auch in größeren Zeiträumen an die Entwicklung angepasst als die Regelleistungen im SGB II und im SGB XII (vgl. §§ 20 Abs. 1a SGB II, 28a SGB XII). Eine Anpassung nach § 850f Abs. 1a ZPO, die im Einzelfall erfolgt, kann zudem an überwiegenden Belangen des Gläubigers scheitern. Darüber hinaus hat der Schuldner den entsprechenden Nachweis zu führen. Wenn zwar nicht die Garantie des Existenzminimums (Art. 1 Abs. 1 GG), wohl aber der staatlich vermittelte Zugriff auf das Einkommen des Einzelnen maßgeblich über die Sozialhilfesätze über Art. 2 Abs. 1 GG zu konkretisieren ist (§ 9 Rn. 4– 6), dann kann es auf solche Gesichtspunkte nicht ankommen. Man wird also auch nach neuem Recht zumindest in Einzelfällen, zu dem Ergebnis gelangen müssen, dass die Abtretung selbst nichtig ist (Mrozynski, Verschuldung und sozialer Schutz, 1989 S. 77 ff.; Grote, Einkommensverwertung und Existenzminimum des Schuldners in der Verbraucherinsolvenz, 2000 S. 9 ff.) Diese Bewertung wird nicht nur unter dem Blickwinkel des § 138 BGB, sondern auch unter dem des § 134 BGB zu erfolgen haben. Der Sozialleistungsträger, der insoweit Bedenken hat, wird sich für eine Hinterlegung nach § 372 BGB entscheiden müssen.

§ 54 Pfändung

(1) **Ansprüche auf Dienst- und Sachleistungen können nicht gepfändet werden.**

(2) **Ansprüche auf einmalige Geldleistungen können nur gepfändet werden, soweit nach den Umständen des Falles, insbesondere nach den Einkommens- und Vermögensverhältnissen des Leistungsberechtigten, der Art des beizutreibenden Anspruchs sowie der Höhe und der Zweckbestimmung der Geldleistung, die Pfändung der Billigkeit entspricht.**

(3) **Unpfändbar sind Ansprüche auf**

1. **Elterngeld und Betreuungsgeld bis zur Höhe der nach § 10 des Bundeselterngeld- und Elternzeitgesetzes anrechnungsfreien Beträge sowie dem Erziehungsgeld vergleichbare Leistungen der Länder,**

2. Mutterschaftsgeld nach § 19 Absatz 1 des Mutterschutzgesetzes, soweit das Mutterschaftsgeld nicht aus einer Teilzeitbeschäftigung während der Elternzeit herrührt, bis zur Höhe des Elterngeldes nach § 2 des Bundeselterngeld- und Elternzeitgesetzes, soweit es die anrechnungsfreien Beträge nach § 10 des Bundeselterngeld- und Elternzeitgesetzes nicht übersteigt,

2a. Wohngeld, soweit nicht die Pfändung wegen Ansprüchen erfolgt, die Gegenstand der §§ 9 und 10 des Wohngeldgesetzes sind,

3. Geldleistungen, die dafür bestimmt sind, den durch einen Körper- oder Gesundheitsschaden bedingten Mehraufwand auszugleichen.

(4) **Im übrigen können Ansprüche auf laufende Geldleistungen wie Arbeitseinkommen gepfändet werden.**

(5) [1]**Ein Anspruch des Leistungsberechtigten auf Geldleistungen für Kinder (§ 48 Abs. 1 Satz 2) kann nur wegen gesetzlicher Unterhaltsansprüche eines Kindes, das bei der Festsetzung der Geldleistungen berücksichtigt wird, gepfändet werden.** [2]**Für die Höhe des pfändbaren Betrages bei Kindergeld gilt:**

1. Gehört das unterhaltsberechtigte Kind zum Kreis der Kinder, für die dem Leistungsberechtigten Kindergeld gezahlt wird, so ist eine Pfändung bis zu dem Betrag möglich, der bei gleichmäßiger Verteilung des Kindergeldes auf jedes dieser Kinder entfällt. Ist das Kindergeld durch die Berücksichtigung eines weiteren Kindes erhöht, für das einer dritten Person Kindergeld oder dieser oder dem Leistungsberechtigten eine andere Geldleistung für Kinder zusteht, so bleibt der Erhöhungsbetrag bei der Bestimmung des pfändbaren Betrages des Kindergeldes nach Satz 1 außer Betracht.

2. Der Erhöhungsbetrag (Nummer 1 Satz 2) ist zugunsten jedes bei der Festsetzung des Kindergeldes berücksichtigten unterhaltsberechtigten Kindes zu dem Anteil pfändbar, der sich bei gleichmäßiger Verteilung auf alle Kinder, die bei der Festsetzung des Kindergeldes zugunsten des Leistungsberechtigten berücksichtigt werden, ergibt.

(6) **In den Fällen der Absätze 2, 4 und 5 gilt § 53 Abs. 6 entsprechend.**

Übersicht

1. Verkehrsfähigkeit der Sozialleistungen

Durch Begründung der Abtretbarkeit und Pfändbarkeit von Sozialleistungen 1
hat der Gesetzgeber erreichen wollen, dass Sozialleistungen, ähnlich wie das Arbeitsentgelt, verkehrsfähig werden (vgl. dazu auch BVerfG 11 S. 283; BVerfG 33 S. 199). Daraus hat sich eine Reihe von Schwierigkeiten ergeben, die ihre Erklärung in dem Verhältnis des Sozialrechts zum Bürgerlichen und zum Zwangsvollstreckungsrecht finden. Das Thema der Verschuldung ist inzwischen auch

eines des Sozialrechts geworden. So hat der Gesetzgeber ein besonderes sozialhilferechtliches Beratungsangebot bei Verschuldung eingeführt (vgl. § 16a Nr. 2 SGB II; § 11 Abs. 5 Satz 2 SGB XII). Unabhängig davon lassen sich die sozialpolitischen Zweifelsfragen, die sich aus der Verkehrsfähigkeit von Sozialleistungen ergeben, heute nicht mehr übersehen (vgl. § 53 Rn. 1).

2 Das Bürgerliche und das Zwangsvollstreckungsrecht sind durch einen **Gleichlauf** von Aufrechnung (§ 394 BGB), Abtretung (§ 400 BGB) und Pfändung (§ 850c ZPO) gekennzeichnet. Einen solchen Gleichlauf gab es zunächst in dieser Form im Sozialrecht nicht. Im 1. ÄndG zum SGB I (BGBl 1988 S. 1046) hat der Gesetzgeber zunächst versucht, die mit § 54 aF verbundenen verfahrensrechtlichen Probleme zu lösen. Dieser Versuch hat sich als praktisch wenig sinnvoll erwiesen. Daraufhin wurde im 2. ÄndG zum SGB I (BGBl 1994 S. 1229) durch Neufassung des § 54 Abs. 4 der besondere Pfändungsschutz für laufende Geldleistungen aufgegeben. Ein völliger Gleichlauf von Pfändbarkeit und Abtretbarkeit ist aber noch immer nicht gegeben. Er besteht zwar im Verhältnis von Aufrechnung bzw. Verrechnung (§§ 51, 52) zur Pfändung (§ 54) jedoch nicht im Verhältnis der Pfändung zur Abtretung (§ 53). Insbesondere können nach § 54 Abs. 4 laufende Geldleistungen gepfändet werden, soweit sie nicht in § 54 Abs. 3 ausdrücklich für unpfändbar erklärt sind. Nach § 53 Abs. 3 sind laufende Geldleistungen dagegen nur abtretbar, wenn sie der Sicherung des Lebensunterhalts zu dienen bestimmt sind (vgl. § 48 Rn. 12 ff.). Der Sicherung des Lebensunterhalts dient aber ua auch das Elterngeld, das unpfändbar ist, soweit es den Mindestbetrag nach § 10 BEEG nicht übersteigt. Damit stimmen die §§ 53 Abs. 3 einerseits und 54 Abs. 3 und 4 andererseits nicht völlig überein. Dasselbe gilt auch für das Kindergeld, das nur unter den Voraussetzungen des § 54 Abs. 5 pfändbar ist, jedoch in größerem Umfange abgetreten werden kann (vgl. § 53 Rn. 32). Soweit Kindergeld wegen der Kosten einer Maßnahme der Jugendhilfe an den Träger der Jugendhilfe abzuführen ist, wendet das BSG § 54 Abs. 5 Satz 2 analog an (BSG SozR 3-1200 § 54 Nr. 3).

3 Bei der Pfändung war bisher durch das Gesetz garantiert, dass eine **Hilfsbedürftigkeit** iSd §§ 11 ff. BSHG aF nicht eintreten konnte (§ 54 Abs. 3 Nr. 2 aF). Nach der Neufassung soll diese Funktion nunmehr von § 850f Abs. 1a ZPO übernommen werden (BT-Dr. 11/5187 S. 29). Gegenüber der bisherigen Fassung ist der Schutz jedoch abgeschwächt worden. Einmal muss nicht bei der Pfändung selbst schon geprüft werden, ob eine Hilfsbedürftigkeit iSd §§ 19 ff. SGB II, 27 ff. SGB XII eintritt. Vielmehr muss der Sozialleistungsberechtigte durch einen Antrag an das Vollstreckungsgericht aktiv werden. Darüber hinaus erfolgt nach § 850f Abs. 1 ZPO die Sicherung des notwendigen Lebensunterhalts des Schuldners nur, wenn dem nicht überwiegende Belange des Gläubigers entgegenstehen.

4 Die Auffassung des BSG, dass § 850f Abs. 1a ZPO auch auf die Abtretung Anwendung findet (vgl. aber §§ 53 Rn. 40), ist nicht unwidersprochen geblieben. Insbesondere der BGH dürfte sie kaum teilen, nachdem er bereits hinsichtlich der Zusammenrechnung nach § 850e Nr. 2a ZPO Bedenken geäußert hat (§ 53 Rn. 38). Die Ablehnung einer Analogie aus dem Zwangsvollstreckungsrecht hat zur Konsequenz, dass ein gut beratener Gläubiger die Abtretung einer Pfändung vorzieht. Der abgetretene Betrag kann nicht geringer (§ 850c ZPO) wohl aber höher als der gepfändete Betrag sein (§ 850f Abs. 1a ZPO). Zudem erlangt der Gläubiger eine frühzeitige Sicherung seiner Forderung, zumeist schon bei der Kreditvergabe, da auch künftige Forderungen abgetreten werden können. Das erfolgt unkompliziert durch Abtretungserklärung nach § 53 Abs. 3 und ist dauerhaft, da die Verfügung über Sozialleistungen, zB Rentenansprüche, von Wechsel-

fällen im Arbeitsleben unabhängiger ist als die Lohnabtretung. Demgegenüber setzt die Pfändung nach § 54 zunächst einen Titel voraus. Im Falle der Pfändung kann zudem die mit Unwägbarkeiten verbundene Prüfung nach § 850f Abs. 1a ZPO erfolgen.

In § 54 ist zunächst einmal die **grundsätzliche Pfändbarkeit** von Sozialleis- 5
tungen geregelt. Gepfändet wird immer nur die einzelne Leistung, nicht das Stammrecht (BSG 48 S. 159; BSG SozR 3-4100 § 134 Nr. 7). Auch im Übrigen bleibt das Sozialrechtsverhältnis durch die Pfändung unberührt. Sofern der Antrag materiell-rechtlichen Charakter hat (vgl. § 40 Rn. 11, 12), kann der Sozialleistungsberechtigte auch nach der Pfändung diesen Antrag zurücknehmen. Hat der Antrag nur formell-rechtliche Bedeutung, so geht das Antragsrecht mit der Pfändung über. Auch der Gläubiger kann also diesen Antrag stellen (vgl. BSG 68 S. 144 zur Abtretung; vgl. aber OLG Karlsruhe, Rpfleger 1984 S. 155 zur Pfändung). Die Pfändung erfolgt durch das Vollstreckungsgericht, das auch die sozialrechtlichen Voraussetzungen der Pfändung prüfen muss. Die zu pfändende Leistung muss genau bezeichnet sein. Hinsichtlich der Höhe genügt vollstreckungsrechtlich häufig die Pfändung unter Bezugnahme auf die **Pfändungstabelle** (§ 850c Abs. 3 Satz 2 ZPO). Die Ermittlung des pfändbaren Betrages bleibt dann dem Drittschuldner überlassen.

Die grundsätzliche Pfändbarkeit von Sozialleistungen bedeutet für die Gesetzes- 6
auslegung, dass es einer besonderen Begründung bedarf, wenn die Unpfändbarkeit eines Anspruchs auf Sozialleistungen angenommen werden soll. Dies ist anders bei der Regelung des § 850b ZPO, die in mancher Hinsicht Vorbild für § 54 war.

Sozialleistungen sind alle Leistungen iSd § 11. Damit gehören etwa auch 7
Ansprüche auf Beitragserstattung (§ 210 SGB VI) zu den Sozialleistungen (§ 11 Rn. 11–15). Ansprüche auf Erstattung zu Unrecht entrichteter Beiträge (§ 26 Abs. 2 SGB IV) gehören dagegen nicht zu den Sozialleistungen. Sie unterliegen deswegen der allgemeinen Forderungspfändung nach den §§ 828 ff. ZPO. Demgegenüber ist der Anspruch nach § 44 SGB X eine Sozialleistung. Er ist allerdings erst nach Rücknahme des Ausgangsbescheids pfändbar. Beides ergibt sich aus § 44 Abs. 4 SGB X. Ansprüche auf Sozialleistungen, die im Wege der Sonderrechtsnachfolge nach § 56 auf den Erben übergangen sind, können nur nach § 54 gepfändet werden, weil sich durch die Sonderrechtsnachfolge der Rechtscharakter des übergegangenen Anspruchs nicht ändert. Demgegenüber unterliegen der allgemeinen Forderungspfändung solche Ansprüche, die gemäß § 58 entsprechend dem Bürgerlichen Recht vererbt wurden. Aus der Regelung des § 57 Abs. 2 Satz 3, die für die Sonderrechtsnachfolge gilt, kann man nicht auf die Pfändbarkeit aller vererbten Sozialleistungsansprüche nur nach den §§ 828 ff. ZPO schließen. Die dort vorgesehene Privilegierung gilt nur für Sozialleistungsträger. Im Übrigen ist der Sonderrechtsnachfolger bis zu einem gewissen Grade in den sozialen Schutz einbezogen (vgl. § 56 Rn. 3–6). Das rechtfertigt eine Pfändung bei ihm nur nach den Grundsätzen des § 54. Beim Zessionar pfändbar ist auch der Anspruch, den der Sozialleistungsberechtigte an diesen nach § 53 abgetreten hat. Dabei handelt es sich aber um eine reine Forderungspfändung nach den §§ 828 ff. ZPO, denn in der Person des Zessionars, der nun bei der Pfändung dieses Anspruchs in die Rolle des Schuldners tritt, handelt es sich zwar formell aber nicht mehr funktional um eine Sozialleistung. Das ist hier nicht anders als bei einem Geldbetrag, den ein Sozialleistungsträger ausgezahlt und den der Berechtigte zur Deckung seines Lebensbedarfs verwandt hat.

8 Während die Abtretbarkeit künftiger, bereits bestimmbarer Ansprüche unstreitig ist, war in der Vergangenheit die Frage umstritten, ob künftige Ansprüche auf Sozialleistungen auch gepfändet werden können. Das ist selbst nach der Neufassung des § 54 unter keinen Umständen möglich, wenn der Antrag auf die Sozialleistung materiell-rechtliche Bedeutung hat (vgl. § 40 Rn. 12, 13). In diesem Falle ist das Entstehen des Anspruchs noch völlig ungewiss, weil die Antragstellung im Belieben des Berechtigten steht (vgl. OLG Karlsruhe, Rpfleger 1984 S. 156). Hat der Antrag, wie in den meisten Fällen, nur formell-rechtliche Bedeutung, so wurden bisher hinsichtlich der Pfändbarkeit künftiger Ansprüche unterschiedliche Auffassungen vertreten (LG Aurich Rpfleger 1992 S. 72 mAnm Kohte; OLG Köln NJW 1992 S. 3307; BFH NJW 1992 S. 855; BGH NJW 2003 S. 1457, 3774; David, NJW 1991 S. 2615; Danzer, NJW 1992 S. 1026; Nieuwenhuis, NJW 1992 S. 2007; Kohte, NJW 1992 S. 398). Das noch nicht rentennahe Alter des Schuldners steht einer Pfändung künftiger Ansprüche grundsätzlich nicht entgegen (BGH NJW 2003 S. 1457).

9 Die gegenteiligen Auffassungen gründeten auf 54 Abs. 3 aF. Danach musste bei der Pfändung nicht nur eine Billigkeitsprüfung vorgenommen, sondern auch positiv festgestellt werden, dass eine Hilfsbedürftigkeit iSd §§ 11 ff. BSHG aF nicht eintreten konnte. Beides ist nach § 54 Abs. 4 nF nicht mehr erforderlich. Die Antragsbefugnis des Sozialleistungsberechtigten nach § 850f Abs. 1a ZPO hat auf den Pfändungsvorgang zunächst einmal keinen Einfluss. Demnach muss man nach geltendem Recht davon ausgehen, dass auch künftige Ansprüche auf Sozialleistungen pfändbar sind (vgl. Diepenbrock, NZS 2004 S. 585). Das ist häufig die Pfändung fortlaufender Bezüge. Bei ihnen muss ein im Wesentlichen gleiches Rechtsverhältnis fortbestehen (BSG 64 S. 17). Ein letzter Schritt ist mit der Einführung des **Pfändungsschutzkontos** nach § 850k ZPO gemacht worden. Unter Aufhebung des § 55 SGB I ist dort eine generelle Regelung für Guthaben auf einem Konto des Schuldners bei einem Kreditinstitut getroffen worden. Es ist nicht mehr erheblich, aus welchen Forderungen das Guthaben stammt. Auch wenn Sozialleistungen auf dieses Konto überwiesen werden, ist der Rechtsweg zu den Vollstreckungsgerichten gegeben (Bay. LSG NZS 2015 S. 268).

2. Einschränkung der Pfändbarkeit

10 In Übereinstimmung mit § 53 Abs. 1 regelt § 54 Abs. 1, dass Ansprüche auf Dienst- und Sachleistungen nicht gepfändet werden können. Damit geht das Sozialrecht noch über die Regelung des § 399 BGB hinaus. Die Frage, ob auch die **Surrogate** von Sach- und Dienstleistungen und Erstattungsansprüche abtretbar bzw. pfändbar sind, ist umstritten (Lilge, SGB I § 53 Rn. 21; Häusler in Hauck/Noftz, SGB I § 53 Rn. 22, § 54 Rn. 32). Diese Frage betrifft also vor allem zweckgebundene Geldleistungen wie das persönliche Budget nach § 29 SGB IX und Kostenerstattungsansprüche wegen der Selbstbeschaffung einer Sozialleistung (vgl. § 43 Rn. 30–41). Generell wird man davon ausgehen müssen, dass man die Verkehrsfähigkeit dieser Ansprüche im Einzelnen anhand der §§ 53 Abs. 2 und 3 sowie 54 Abs. 3 und 4 prüfen muss. Danach ist von folgendem Grundsatz auszugehen: Pfändbarkeit und Abtretbarkeit bestehen insoweit, als der Rechtsübergang nur an den Gläubiger erfolgen kann, der zur Realisierung des Primäranspruchs beigetragen hat, also im Wesentlichen an einen Leistungserbringer des Sozialrechts. Vgl. dazu § 11 Rn. 21–23 und § 53 Rn. 3, 3a).

Über die Regelung des § 54 Abs. 1 hinaus können in einzelnen Fällen Sozialleistungen **unpfändbar** sein oder sie können nur unter bestimmten Voraussetzungen gepfändet werden. Unpfändbar sind die in § 54 Abs. 3 aufgezählten Sozialleistungen. Entsprechendes gilt nach § 17 Abs. 1 Satz 2 SGB XII für alle Leistungen der Sozialhilfe und nach § 42 Abs. 2 Satz 1 SGB II für die Grundsicherung für Arbeitsuchende. Diese Leistungen können – mangels Pfändbarkeit – auch nicht nach § 850e Nr. 2a ZPO mit zu pfändendem Arbeitseinkommen zusammen gerechnet werden. Die Unpfändbarkeit nach den genannten Vorschriften erstreckt sich aber nicht auf Gegenstände, die aus Mitteln dieser Leistungen beschafft wurden. Das hat größere praktische Bedeutung für Empfänger von Leistungen der Sozialhilfe und der Grundsicherung für Arbeitsuchende. Solche Gegenstände unterliegen grundsätzlich der allgemeinen Sachpfändung nach den §§ 803 ff. ZPO. Soweit sich in diesem Zusammenhang Widersprüche zu der Unpfändbarkeit von Sachen nach § 811 ZPO ergeben, kann an sich der Träger der Sozialhilfe dem Hilfesuchenden sozialhilferechtlich notwendige (§ 27 Abs. 1 SGB XII) und gleichwohl pfändbare Sachen nach Ermessensgesichtspunkten (§ 17 Abs. 2 SGB XII) leihweise überlassen. Auf der Grundlage der §§ 19 ff. SGB II dürfte das kaum zu realisieren sein. Gänzlich ausgeschlossen ist dies in den §§ 24 Abs. 3 SGB II, 31 SGB XII. Pfändbar sind grundsätzlich auch die nach den §§ 12 SGB II und 90 SGB XII geschonten Gegenstände und Werte. 11

Wird eine Geldleistung der Sozialhilfe auf ein Konto des Berechtigten überwiesen, so besteht Pfändungsschutz nur noch unter den Voraussetzungen des § 850k ZPO. Leistungen der Grundsicherung für Arbeitsuchende sind als solche erst seit der Neuregelung des § 42 Abs. 4 SGB II pfändbar (BGH NZS 2013 S. 315). Sie bleiben im Allgemeinen ohnehin unter der Grenze des § 850c ZPO und sind schon deswegen unpfändbar. Leistungen der Grundsicherung für Arbeitsuchende sind jedoch unter den Voraussetzungen des § 53 Abs. 2 abtretbar (§ 42 Abs. 4 Satz 2 SGB II). Sie sind zudem nach Maßgabe der §§ 42a, 43 SGB II aufrechenbar. **Kindergeld** kann nach § 54 Abs. 5 nur wegen gesetzlicher Unterhaltsansprüche eines Kindes gepfändet werden (vgl. unten Rn. 33 ff.). Eingeschränkt ist die Pfändbarkeit von Ansprüchen auf einmalige Geldleistungen (§ 54 Abs. 2). Wird eine nach Maßgabe des § 54 unpfändbare Sozialleistungen gepfändet, so ist dagegen mit der Erinnerung nach § 766 ZPO vorzugehen (unten Rn. 40). 11a

Kurzarbeiter- und Insolvenzgeld sind nach Maßgabe der §§ 108 Abs. 2, 171 SGB III pfändbar. In Übereinstimmung mit der allgemeinen sozialpolitischen Zielsetzung des Elterngeldes, wird das **Elterngeld** einschließlich vergleichbarer Leistungen der Länder für unpfändbar erklärt. Diese Unpfändbarkeit erstreckt sich aber nur auf das Mindestelterngeld in Höhe von 300 € nach § 10 Abs. 1 BEEG. Die darüber hinausgehenden Beträge haben Entgeltersatzfunktion. Unpfändbar ist auch das nach § 19 Abs. 1 MuSchG gezahlte **Mutterschaftsgeld** (vgl. § 3 Abs. 1 Nr. 1a BEEG). Die Unpfändbarkeit des Mutterschaftsgeldes beschränkt sich jedoch auf die Höhe des Betrages, der sich aus § 10 BEEG ergibt, also auf höchstens 300 €. Eine Unpfändbarkeit besteht jedoch schon nicht mehr, wenn während der Elternzeit eine nach § 15 Abs. 4 BEEG zulässige Teilzeitarbeit ausgeübt wurde und daraus ein Anspruch auf Mutterschaftsgeld resultiert. Dasselbe gilt, wenn das Mutterschaftsgeld anstelle von Arbeitslosengeld gezahlt wird. In diesem Falle vertritt das Mutterschaftsgeld die nach § 156 Abs. 1 Nr. 2 SGB III ruhenden Leistungen bei Arbeitslosigkeit. Diese können gemäß § 3 Abs. 2 BEEG neben das Elterngeld treten, auf das gemäß § 3 Abs. 1 BEEG gezahlte Mutterschaftsgeld angerechnet wird (vgl. § 25 Rn. 29). Man muss also sagen, dass das Mutterschafts- 12 geld grundsätzlich pfändbar ist. Unpfändbar ist es nur, soweit es nach § 3 Abs. 1 BEEG auf das Elterngeld angerechnet wird, also dessen Funktion hat (vgl. BT-Drs. 12/5187 S. 29).

13 Die nach § 54 Abs. 3 Nr. 2a eingeschränkte Unpfändbarkeit von **Wohngeld** entspricht dem alten Grundsatz, dass der Rechtsübergang einer Sozialleistung jedenfalls dann möglich sein muss, wenn dadurch ihr Zweck erfüllt wird. Insoweit ist das Wohngeld wegen Ansprüchen pfändbar, die Gegenstand der §§ 9 und 10 WoGG sind. Das betrifft also das Entgelt für die Gebrauchsüberlassung von Wohnraum und die Kosten für den Kapitaldienst und die Bewirtschaftung von Wohnraum.

13a Fast gleichzeitig haben sich der BGH und das BSG mit der Frage auseinandersetzen müssen, ob Rückzahlungen bzw. Guthaben, die dem Bedarf **Unterkunft und Heizung** zuzuordnen sind (§ 22 Abs. 3 Satz 1 SGB II) der Pfändung unterliegen. Häufig handelt es sich zumeist um Vorauszahlungen für Betriebskosten, die nicht vollständig ausgeschöpft wurden. Solche Rückzahlungen sind Einkommen des Hilfebedürftigen und mindern seinen Bedarf. Dieses Einkommen wird dem Unterkunftsbedarf zugeordnet. Das findet seinen Grund in der Finanzierungszuständigkeit nach § 6 Abs. 1 SGB II. Entscheidend ist, dass, aber nicht wie dieses Guthaben entstanden ist. Die Minderung erfolgt für den Monat nach der Rückzahlung oder Gutschrift. Damit ist der Betrag für den Schuldner noch kurze Zeit verfügbar. Könnte die Gutschrift gepfändet werden, so stünde er für die Deckung des Unterkunftsbedarfs im Folgemonat nicht mehr zur Verfügung und müsste erneut geleistet werden (§ 22 SGB II). Beide Gerichte haben sich gegen die Pfändbarkeit ausgesprochen (BSG NZS 2013 S. 273 Rn. 19, 20; BGH NZS 2013 S. 903 Rn. 8; Flatow, NJW 2013 S. 2802). Das geschieht mit den annähernd gleichlautenden Begründungen, dass dem Schuldner keine Gegenstände entzogen werden dürften, die ihm dann zur Sicherung seiner Existenz als Leistungen der Sozialhilfe wieder zur Verfügung gestellt werden müssten. Dem kann man nicht widersprechen. Eine gewisse Schwäche der Argumentation besteht aber darin, dass eine vollstreckungsrechtliche Norm nicht genannt wird (unten Rn. 26a). Aus der Rechtsprechung wäre zu folgern, dass diese Grenzen bei jedem Zugriff von Gläubigern auf das Einkommen von Schuldnern zu beachten wären. Das wäre dann als allgemeiner Vorbehalt zu den §§ 51–54 zu formulieren. Jedoch ist dies auch in der Zwangsvollstreckung durch § 850f ZPO nicht vollständig geschehen, da dessen Anwendung von einem Antrag des Schuldners abhängig ist (unten Rn. 23, 26a). In den vom BSG und BGH zu entscheidenden Fällen war ein solcher Antrag unterbleiben. Das Jobcenter hätte in diesen Fällen zwar nicht als Drittschuldner, wohl aber, Kenntnis vorausgesetzt, nach § 14 eine Beratung durchführen müssen (unten Rn. 24).

14 Unpfändbar sind nach § 54 Abs. 3 Nr. 3 auch **einmalige oder laufende** Geldleistungen, die einen Körper- oder **Gesundheitsschaden** ausgleichen sollen. Hierzu gehören alle Sozialleistungen, die nach ihrer Zweckbestimmung entweder ausschließlich oder neben einem ideellen Ausgleich den durch einen Körper- oder Gesundheitsschaden bedingten Mehrbedarf decken sollen. In der amtlichen Begründung werden als unpfändbar beispielhaft die §§ 14, 15, 31, 35 BVG, also vor allem die Grundrente und die Pflegezulage, genannt. Einzubeziehen ist auch das Pflegegeld nach § 37 SGB XI. Der Anspruch nach § 36 SGB XI ist schon als Pflegesachleistung gemäß § 54 Abs. 1 unpfändbar. Dasselbe gilt auch für die in vielen Sozialleistungsbereichen gewährte Kraftfahrzeughilfe nach der Kraftfahrzeughilfe-Verordnung (BGBl 1987 S. 2251). Heute wird man diese Unpfändbarkeit auch auf Geldleistungen erstrecken müssen, die auf Antrag nach § 8 Abs. 2 SGB IX anstelle von Sachleistungen gewährt werden. Insoweit würde eine Pfändung verhindern, dass der durch einen Gesundheitsschaden bedingte Mehraufwand „bei gleicher Wirksamkeit wirtschaftlich zumindest gleichwertig ausgeführt werden" kann (§ 8 Abs. 2 Satz 1 SGB IX). Entsprechendes gilt auch für das **Persönliche Budget** nach § 29 SGB IX, weil auch diese Geldleistung in strikter Orientierung am behinderungsbedingten Bedarf erbracht wird (vgl. §§ 11 Rn. 21–23; 53 Rn. 3, 3a). Pfändbar sind demgegenüber alle Leistungen an behinderte Menschen, die Einkommensverluste ausgleichen sollen, also vor allem das Übergangsgeld (§§ 119 ff. SGB III; 20 ff. SGB VI, 45 ff. SGB IX) oder die Ausgleichsrente und der Berufsschadensausgleich nach den §§ 30, 32 BVG (BT-Drs. 12/5187 S. 29).

Die Vorschrift des § 54 Abs. 3 Nr. 3 ist der unterhaltsrechtlichen Regelung des **15** § 1610a BGB nachgebildet. Dort besteht jedoch nur eine widerlegbare Vermutung, dass der zum Ausgleich der Schädigung benötigte Geldbetrag nicht geringer ist als die Sozialleistung. Demgegenüber wird nach § 54 Abs. 3 Nr. 3 uneingeschränkt die Unpfändbarkeit begründet. Es kann sich also ergeben, dass ein Unterhaltsgläubiger zwar die Vermutung des § 1610a BGB widerlegen, gleichwohl die Geldleistung nicht pfänden kann.

Soweit Ansprüche auf **einmalige Geldleistungen** gepfändet werden sollen, **16** ist die in § 54 Abs. 2 vorgesehene Billigkeitsprüfung vorzunehmen. Dabei sind nach der nicht abschließenden Aufzählung der Vorschrift alle Umstände des Falles zu prüfen. Abweichend von den allgemeinen Bestimmungen des Zwangsvollstreckungsrechts (§ 850 ff. ZPO), insbesondere auch von § 850b Abs. 2 ZPO, kommt es dabei auf die gesamten Einkommens- und Vermögensverhältnisse des Leistungsberechtigten an. Berücksichtigt werden können aber auch die wirtschaftlichen Verhältnisse des Gläubigers. Lebt er in wirtschaftlicher Bedrängnis, so kann eine Pfändung eher der Billigkeit entsprechen. Daran kann es im umgekehrten Falle umso eher fehlen. Eine Pfändung kann nur erfolgen, wenn sich das Vollstreckungsgericht positiv von der Billigkeit der Pfändung überzeugt hat.

Im Mittelpunkt der **Billigkeitsprüfung** stehen die Art des beizutreibenden **17** Anspruchs sowie Höhe und Zweckbestimmung der Leistung (OLG Celle NJW 1977 S. 1641; OLG Köln NJW 2696). Dabei kommt es entscheidend darauf an, ob sich zwischen der Art des beizutreibenden Anspruchs und dem Zweck der Leistung ein sachlicher Zusammenhang herstellen lässt. Ein Teil solcher Leistungen ist nach der Neufassung des § 54 Abs. 3 bereits allgemein unpfändbar. Eine Billigkeitsprüfung muss also nur noch bei einmaligen Leistungen vorgenommen werden, die nicht dem Ausgleich für einen Körper- und Gesundheitsschaden dienen (§ 54 Abs. 2). Das wird man etwa für die zweckgebundenen Rentenabfindungen nach den §§ 75 ff. SGB VII annehmen müssen. **Abfindungen** in diesem Sinne sind aber nur solche Leistungen, die zum Erlöschen des Sozialleistungsanspruchs führen, ein Wiederaufleben des Anspruchs also grundsätzlich ausgeschlossen ist (vgl. § 77 Abs. 1 SGB VII). Das gilt nicht für die sog. Witwenabfindungen, wie sie in den §§ 107 SGB VI, 80 SGB VII und 44 BVG geregelt sind. Gleichwohl wird man auch diese unechten Abfindungen nach § 54 Abs. 2 beurteilen müssen. Wichtig ist dabei aber, dass sie als solche bezeichnet werden. Eine Billigkeitsprüfung wird angesichts des Zwecks der Witwenabfindungen idR gegen ihre Pfändbarkeit sprechen (vgl. BSG 60 S. 34). Nachzahlungen für regelmäßig wiederkehrende Leistungen sind demgegenüber keine einmaligen Leistungen, da es nicht auf den Zeitpunkt der Auszahlung ankommt, sondern darauf, mit welcher Zielsetzung sie erbracht werden, also etwa ob sie einen laufenden Lebensbedarf decken sollen. Nachzahlungen sind demnach nach § 54 Abs. 4 zu pfänden.

18 Nach § 54 Abs. 3 aF hing allgemein die Pfändung laufender Leistungen von einer Billigkeitsprüfung ab. Die Rechtsprechung dazu gilt heute nur noch für die Pfändung einmaliger Leistungen nach § 54 Abs. 2. Dabei ergibt sich eine Vielfalt von Gesichtspunkten, die weit über die Bewertung der gesamten wirtschaftlichen Lage von Gläubiger und Schuldner hinausgehen. Bei der Art des beizutreibenden Anspruchs kann es darauf ankommen, ob den Gläubiger mit die Verantwortung dafür trifft, dass der Schuldner Verpflichtungen eingegangen ist, die seine Verhältnisse übersteigen (LG Kassel NJW 1977 S. 303; KG Berlin MDR 1981 S. 505). Auch bestimmte Praktiken des Kreditgewerbes, selbst soweit sie noch nicht als sittenwidrig iSd § 138 BGB anzusehen sind, können dazu führen, eine Pfändung nach § 54 Abs. 2 als unbillig anzusehen (LG Köln NJW 1977 S. 1641; OLG Frankfurt MDR 1978 S. 323).

19 Positiv für eine Billigkeit der Pfändung spricht die Tatsache, dass sich ein Zusammenhang zwischen der Art des Anspruchs und der Zweckbestimmung der Leistung herstellen lässt (LG Göttingen NJW 1988 S. 2676). Bisher wurde aus diesem Grunde die Pfändung einer Kraftfahrzeughilfe durch den Lieferanten des Kfz bzw. der behinderungsgerechten Ausstattung als zulässig angesehen. Sie ist heute jedoch gemäß § 54 Abs. 3 Nr. 3 unpfändbar. Unpfändbar sind nur die in § 54 Abs. 3 Nr. 3 genannten Leistungen, sie sind es selbst dann, wenn sie im Einzelfall für die Deckung des allgemeinen Lebensbedarfs eingesetzt werden. Insoweit ergibt sich ein gewisser Wertungswiderspruch zu § 1610a BGB (vgl. oben Rn. 15). Die früheren Zweifelsfragen zur Billigkeit der Pfändung von Kindergeld haben sich durch die Neuregelung des § 54 Abs. 5 erledigt.

3. Pfändung wie Arbeitseinkommen

20 Soweit Ansprüche auf laufende Geldleistungen gepfändet werden sollen, gilt die Regelung des § 54 Abs. 4. Laufende Leistungen sind solche, die regelmäßig wiederkehrend für bestimmte Zeitabschnitte gewährt werden. Im Gegensatz zu § 53 Abs. 3 erstreckt sich die Vorschrift auf alle laufenden Geldleistungen, also nicht nur auf solche, die der Sicherung des Lebensunterhalts zu dienen bestimmt sind (vgl. § 48 Rn. 12 ff.). Viele Leistungen, die nicht nach § 54 Abs. 3 Nr. 3 unpfändbar sind, also vor allem die verschiedenen Formen der Ausbildungshilfe (§§ 56 ff. SGB III, 11 ff. BAföG) können nach geltendem Recht an sich gepfändet werden. Die Pfändung scheitert aber letztlich an der geringen Höhe der Geldleistungen (§ 850c ZPO).

21 Die Pfändung nach § 54 Abs. 4 richtet sich heute nur noch nach den Vorschriften, die für die Pfändung des Arbeitseinkommens gelten. Hinsichtlich der Höhe des pfandfreien Betrages gelten vor allem die §§ 850c und 850d ZPO. Anwendbar sind aber auch alle anderen Vorschriften über die Pfändung des Arbeitseinkommens. Das gilt vor allem für § 850c Abs. 4 ZPO. Danach kann der pfandfreie Betrag abweichend von den Tabellenwerten festgesetzt werden. Ein höherer pfändbarer Betrag kann sich auch durch Zusammenrechnung zweier Sozialleistungen nach § 850e Nr. 2a ZPO oder ihre Zusammenrechnung mit Arbeitseinkommen (§ 850e Nr. 2 ZPO) ergeben. Auch wenn ein Unterhaltsanspruch durchgesetzt wird, kann sich der Schuldner auf § 850f ZPO berufen. Wegen des Vorrechtsbereichs des § 850d Abs. 1 Satz 2 ist jedoch der Spielraum hierfür nicht

besonders groß, zumal gemäß § 850f Abs. 1 ZPO auch die überwiegenden Belange des Unterhaltsgläubigers zu berücksichtigen sind.

Ursprünglich durfte die Pfändung von Sozialleistungen nicht dazu führen, dass der **notwendige Lebensunterhalt** des Schuldners iSd §§ 11 ff. BSHG aF gefährdet war (vgl. § 19a Rn. 26 ff.). Diese Einschränkung besteht heute nicht mehr. Im Anschluss an eine missverständliche Entscheidung des BGH (BGHZ 92 S. 339) wird in der vollstreckungsrechtlichen Praxis behauptet, durch die Einhaltung der Tabellenwerte des § 850c ZPO wäre der notwendige Lebensunterhalt des Schuldners im Normalfalle sichergestellt (unten Rn. 31). Das ist jedoch nicht immer der Fall. Einmal weisen die Tabellenwerte zu § 850c ZPO die Kosten der Unterkunft nicht gesondert aus. Sie sind jedoch Bestandteil des notwendigen Lebensunterhalts nach den §§ 19 ff. SGB II, 27 ff. SGB XII. Darüber hinaus werden die Regelsätze des § 28 SGB XII regional unterschiedlich festgelegt. Sie beziehen sich also auf den örtlichen Lebensstandard, wenn auch weitgehend eine Orientierung an § 20 SGB II erfolgt. Die Tabelle zu § 850c ZPO findet demgegenüber bundesweit einheitliche Anwendung. Sie kann allerdings auch nicht im Falle von geringen Unterkunftskosten nach unten abgeändert werden (OVG Münster FEVS 49 S. 463). Schließlich werden die Regelsätze nach §§ 22 Abs. 1a SGB II, 28a Abs. 2 SGB XII jeweils jährlich zum 1. Januar an die Preisentwicklung angepasst. Demgegenüber wird gemäß § 850c Abs. 2a ZPO die Pfändungstabelle nur alle zwei Jahre, jeweils zum 1. Juli angepasst (zuletzt BGBl 2019 S. 443). Mit Blick auf Art. 6 GG ist es darüber hinaus nicht haltbar, wenn in der Tabelle zu § 850c ZPO nicht mehr als fünf unterhaltsberechtigte Personen berücksichtigt werden. Bei besonderem Umfang der Unterhaltspflicht ist der Schuldner dagegen auf einen Antrag nach § 850f Abs. 1c ZPO verwiesen. 22

Infolge der Neufassung des § 54 Abs. 4 hat die Vorschrift des § 850f Abs. 1a ZPO eine wichtige ergänzende Sicherungsfunktion bekommen. Weist der Schuldner nach, dass bei einer Pfändung sein notwendiger Lebensunterhalt (§§ 19 ff. SGB II, 27 ff. SGB XII) nicht gedeckt ist, so kann ihm das Vollstreckungsgericht auf Antrag von dem an sich nach §§ 850c, 850d, 850i ZPO pfändbaren Arbeitseinkommen einen Teil belassen. Das gilt infolge der Verweisung in § 54 Abs. 4 auch für Sozialleistungen. Völlig gesichert ist der notwendige Lebensunterhalt dadurch nicht, da das Gesetz nicht festlegt, welcher Teil dem Schuldner zu belassen ist. Außerdem sind überwiegende Belange des Gläubigers zu berücksichtigen (vgl Kothe/Zimmermann, NDV 2000 S. 244). 23

Das Vollstreckungsgericht muss die Vorschrift des § 850f Abs. 1a ZPO erst auf **Antrag des Schuldners** anwenden. Außerdem muss der Schuldner einen Beweis führen. Dies wird er in der Regel durch Vorlage einer Bescheinigung des für ihn zuständigen Trägers der Grundsicherung für Arbeitsuchende bzw. der Sozialhilfe tun können. Auf Ausstellung einer solchen Bescheinigung hat er im Rahmen der persönlichen Hilfe nach § 11 SGB XII einen Rechtsanspruch. Anders als das Vollstreckungsgericht muss der Sozialleistungsträger zwar nicht auf Grund seiner Stellung als Drittschuldner (§ 840 ZPO), wohl aber im Rahmen seiner Betreuungspflicht (§ 14 Rn. 8) von Amts wegen prüfen, ob durch die Pfändung der notwendige Lebensunterhalt des Sozialleistungsberechtigten tangiert ist (LSG BW Breith. 1998 S. 512) bzw. ob bei einmaligen Leistungen eine Billigkeitsprüfung vorgenommen wurde (Wolber, NJW 1980 S. 24; v. Einem, DGVZ 1988 S. 1). Der Leistungsträger kann bei Unrichtigkeit nicht selbst den Pfändungsbeschluss abändern (LSG Nds. SGb 2000 S. 368), sondern nur dessen Änderung anregen, also insbesondere den Leistungsberechtigten auffordern, nach § 766 ZPO vorzuge- 24 hen (unten Rn. 41). Unterbleibt dies, so kann der Leistungsberechtigte allerdings nicht im Rahmen des Herstellungsanspruchs so gestellt werden, als wäre ein sachlich unzutreffender Pfändungsbeschluss geändert worden. Solange ein Vollstreckungsgericht entschieden hat, ist der Beschluss zu beachten (BSG SozR 3-1200 § 14 Nr. 28). In Betracht kommen kann allerdings ein Amtshaftungsanspruch (§ 14 Rn. 47).

25 Die Prüfung des notwendigen Lebensunterhalts verlangt eine genaue Anwendung der Vorschriften der Grundsicherung für Arbeitsuchende bzw. des Sozialhilferechts (vgl. § 19a Rn. 26 ff., § 28 Rn. 4–7). Maßgeblich ist der sozialhilferechtliche Bedarf des Schuldners und seiner mit ihm in Bedarfsgemeinschaft (§§ 7 Abs. 3 SGB II, 19 Abs. 1 und 2 SGB XII) lebenden Unterhaltsberechtigten (BSG 66 S. 63; OLG Köln FamRZ 1993 S. 584). Für alle sind die unterschiedlich hohen Regelleistungen festzustellen. Hinzu kommen die Mehrbedarfszuschläge nach § 21 SGB II, 30 SGB XII. Ein weiterer, häufig über die Zulässigkeit der Pfändung entscheidender Posten in der **Bedarfsberechnung** sind die Kosten der Unterkunft (§§ 22 SGB II, 35 SGB XII). Maßgeblich sind die tatsächlich aufzuwendenden Kosten (vgl. § 19a Rn. 34). Das Kindergeld ist bedarfsdeckend zu berücksichtigen (OLG Stuttgart FamRZ 2002 S. 186). Gegenüber den älteren Berechnungsbeispielen ist aber zu beachten, dass der frühere Mehrbedarf bei der Ausübung einer Erwerbstätigkeit nicht mehr angesetzt werden darf. Der Gesetzgeber hat die bisherige Vorschrift des § 23 Abs. 4 Nr. 1 BSHG aF abgeschafft. Stattdessen werden Freibeträge bei der Ausübung einer Erwerbstätigkeit vom Einkommen abgesetzt (§§ 11 Abs. 2 Satz 2, 30 SGB II; 82 Abs. 3 SGB XII). Das heißt aber auch, dass diese Beträge nicht mehr in die Bedarfsberechnung eingehen und damit auch nicht im Rahmen des § 850f Abs. 1a ZPO berücksichtigt werden können. Andererseits ist es nicht zulässig, Teile des notwendigen Lebensunterhalts im Sinne der §§ 19 ff. SGB II, 27 ff. SGB XII in die Pfändung einzubeziehen (BGH ZfSH/SGB 2011 S. 90, Pfändung wegen vorsätzlich begangener unerlaubter Handlung).

26 Die Regelung des § 850f Abs. 1a ZPO erstreckt sich nur auf die Hilfe zum Lebensunterhalt. Der notwendige Lebensunterhalt umfasst allerdings auch Betreuungskosten. Das gilt vor allem für die Kosten des Aufenthalts in einem **Heim.** Sie sind auf der Grundlage der §§ 27 Abs. 3, 27b SGB XII der Hilfe zum Lebensunterhalt zuzurechnen. Das bedeutet vor allem, dass wegen der Höhe der Kosten bei einem Aufenthalt des Schuldners in einem Altenheim eine erfolgreiche Pfändung von Sozialleistungen nur selten möglich ist. Tritt der Schuldner nach der Pfändung in ein Altenheim ein, so ist erneut ein Antrag nach § 850f Abs. 1a ZPO zu stellen, da sich die Pfändungsvoraussetzungen geändert haben. Die Grundsicherung für Arbeitsuchende kennt Leistungen für den stationären Lebensunterhalt nicht.

26a Umstritten ist die Frage, ob § 850f Abs. 1a ZPO auch anzuwenden ist, wenn eine Pfändung dazu führt, dass der Bedarf von Mitgliedern der Bedarfsgemeinschaft (§ 9 Abs. 2 SGB II), denen gegenüber der Schuldner **nicht unterhaltspflichtig** ist, nicht mehr gedeckt werden kann (dazu Rein, NZS 2018 S. 723, 726). Das können sowohl nichteheliche Partner, als auch deren alleinige Kinder sein (§ 7 Abs. 3 Nr. 3c, Abs. 3 Nr. 4 SGB II). Ob man dieses Problem durch die Annahme einer faktischen Unterhaltspflicht lösen kann, ist mE angesichts des klaren Wortlauts des § § 850f 1a ZPO zweifelhaft. Vielmehr wird man von dem überkommenen Grundsatz ausgehen müssen, dass in einem Fürsorgesystem nur bereite Mittel als Einkommen angerechnet werden können (§§ 9 Rn. 41, 42; 19a

Rn. 44a). Gepfändete Beträge sind keine bereiten Mittel. Das bedeutet, dass sie innerhalb einer Bedarfsgemeinschaft auch nicht als Einkommen berücksichtigt werden können. Damit ist der notwendige Lebensunterhalt nicht mehr sichergestellt. Das hat zwar zur Konsequenz, dass letzten Endes eine Zwangsvollstreckung zu Lasten der Staatskasse durchgesetzt wird. Dies ist zu vermeiden (oben Rn. 13a); bedarf aber auch einer gesetzlichen Regelung (so noch in BGH NJW-RR 2004 S. 789 Rn. 7). Die Konsequenzen von wenig aufeinander abgestimmten Regelungen (§§ 850f ZPO, 9 Abs. 2 SGB II), können durch Auslegung nicht behoben werden.

Schwieriger ist die Frage zu beantworten, wie zu verfahren ist, wenn der Schuldner Hilfe in **besonderen Lebenslagen** nach den §§ 47 ff. SGB XII erhält. 27
Diese Hilfe steht auch den Empfängern der Grundsicherung für Arbeitsuchende zu (§ 5 Abs. 2 Satz 1 SGB II). Das kann etwa bei der Aufnahme in ein Wohnheim für behinderte Menschen oder ein Pflegeheim der Fall sein. In diesen Fällen reichen auch hohe Einkünfte zumeist nicht aus, um die Kosten zu decken. Man wird die Auffassung vertreten müssen, dass der Anteil der Kosten, der sich in diesem Falle auf Unterkunft und Verpflegung erstreckt (vgl. § 27b SGB XII), unter die Voraussetzungen der Unpfändbarkeit nach § 850f Abs. 1a ZPO fällt. Soweit darüber hinaus Hilfe in besonderen Lebenslagen nach den §§ 47 ff. SGB XII zu leisten ist, muss der dafür notwendiger Bedarf aus **besonderen persönlichen Gründen** durch einen zusätzlichen Antrag gemäß § 850f Abs. 1b ZPO an das Vollstreckungsgericht sichergestellt werden.

Eine Anwendung des § 850f Abs. 1b ZPO kommt auch im Falle der Pflegebe- 27a
dürftigkeit in Betracht. Das gilt allerdings nicht, wenn der **Pflegebedürftige** das Pflegegeld nach § 37 SGB XI in Anspruch nimmt. Gesetzliche Voraussetzung dafür ist, dass der Pflegebedürftige in eigener Verantwortung den Pflegebedarf decken kann. Ist ihm dies nicht möglich, so kann er die Kosten einer Hilfe nicht über die Erhöhung des pfandfreien Betrages auf den Gläubiger verlagern. Ihm ist zuzumuten, die wertmäßig höhere Pflegesachleistung nach § 36 SGB XI in Anspruch zu nehmen. Auch diese Leistung deckt den Pflegebedarf nicht vollständig. Diese Kosten sind jedoch nicht mehr vermeidbar. Sie müssen in erster Linie durch eigenes Einkommen gedeckt werden. Erforderlichenfalls kommen Leistungen der Sozialhilfe (§§ 61 ff. SGB XII) in Betracht. Dies ist durch eine Erhöhung nach § 850f Abs. 1b ZPO zu verhindern (BGH NJW-RR 2018, 370 Rn. 26–32). Insgesamt wird man also sagen müssen, dass ehe eine Erhöhung nach § 850f ZPO in Betracht kommt, die jeweils günstigste sozialrechtliche Lösung oberhalb der Sozialhilfe in Anspruch zu nehmen ist. Das folgt bereits aus § 2 SGB XII. Diese Grundsätze wird man konsequenter Weise auch auf das Arbeitgebermodell erstrecken müssen (vgl. § 21a Rn. 31a).

In allen Fällen einer Pfändung von Sozialleistungen kommt auch eine Erhöhung 28
des pfändbaren Betrages in Betracht. Am Anfang steht immer die Prüfung, welcher Betrag nach der Tabelle zu § 850c ZPO unpfändbar ist. Dessen Höhe wird maßgeblich dadurch beeinflusst, wie vielen Personen der Schuldner auf Grund gesetzlicher Vorschriften tatsächlich Unterhalt leistet. Das bloße „abstrakte" Bestehen einer **Unterhaltspflicht** reicht also nicht aus. Der pfandfreie Betrag kann unter den Voraussetzungen des § 850c Abs. 4 ZPO auf Antrag des Gläubigers auch herabgesetzt werden (BAG 42 S. 55; BAG 53 S. 359). Liegen die Voraussetzungen des § 850e Nr. 2a ZPO vor, so kann sich bei Zusammenrechnung von Arbeitseinkünften mit Sozialleistungen, etwa dem nach § 54 Abs. 3 Nr. 2a pfändbaren

Wohngeld, ein höherer pfändbarer Betrag ergeben (LG Heilbronn Rpfleger 1999 S. 455).

29 Eine Erhöhung oder Verminderung des pfandfreien Betrages kann schließlich nach § 850g ZPO in Betracht kommen, wenn sich die Voraussetzungen für die Pfändung nach § 850c ZPO geändert haben.

30 Betreibt ein Unterhaltsgläubiger die Zwangsvollstreckung, so findet ergänzend zu § 850c ZPO die Vorschrift des § 850d ZPO Anwendung. Danach muss der **Unterhaltsgläubiger** nicht beschränkt auf die Beträge, die sich aus der Tabelle zu § 850c ZPO ergeben, pfänden. In § 850d ZPO wird ihm vielmehr ein **Vorrechtsbereich** eingeräumt. In diesen Bereich können andere Gläubiger nicht hinein pfänden. Außerdem ist die sog. Vorratspfändung von künftigen Ansprüchen wegen noch fällig werdender Forderungen des Gläubigers zulässig (§ 850d Abs. 3 ZPO). Nur insoweit hat der Unterhaltsgläubiger einen gewissen Vorrang gegenüber anderen Gläubigern. Das zwangsvollstreckungsrechtliche Prioritätsprinzip wird dadurch nicht grundsätzlich beseitigt. Es wirkt zumindest unter den Unterhaltsgläubigern. Der Vorrechtsbereich des § 850d ZPO steht auch dem Sozialleistungsträger zu, auf den der Unterhaltsanspruch übergegangen ist (vgl. §§ 37 BAföG, 203 SGB III, 94 SGB XII). Auch in diesem Falle wird kein anderer als ein Unterhaltsanspruch durchgesetzt (BAG NJW 1971 S. 2094). Dieser Gedankte lässt sich aber nicht auf § 54 Abs. 5 übertragen (vgl. unten Rn. 33). Gemäß § 850d Abs. 3 ZPO kann auch eine Pfändung werden künftig fällig werdender Unterhaltsansprüche erfolgen.

31 Geht der Unterhaltsgläubiger nach § 850d ZPO vor, so ist dem Schuldner so viel zu belassen, wie er für seinen notwendigen Lebensunterhalt und zur Erfüllung der laufenden Unterhaltspflichten benötigt, soweit sie dem vollstreckenden Unterhaltsgläubiger vorgehen (vgl. §§ 1609 BGB, 850d Abs. 2 ZPO). Zur Ausfüllung des Begriffs „notwendiger Lebensunterhalt" wird in der Literatur gelegentlich in sehr allgemeiner Weise auf die Bestimmungen des Sozialhilferechts verwiesen (Smid in MüKo zur ZPO § 850d Rn. 22; Zöller/Stöber, § 850d Anm. 7). Anfangs wurde sogar, offensichtlich zur vereinfachten Handhabung der Bestimmung, das Doppelte des Regelleistungen (§§ 20 SGB II, 28 SGB XII) zum Maßstab erklärt. Das trägt noch mehr zur Verwirrung bei als jeder Verzicht auf eine nähere Erläuterung, da der Regelsatz nur einer von mehreren Rechnungsposten ist und seine Verdoppelung nichts über die Bedarfsdeckung aussagt (vgl. § 19a Rn. 26 ff., § 28 Rn. 4–7). Mangels ausdrücklicher gesetzlicher Regelungen wäre es an sich zulässig, einen eigenen zwangsvollstreckungsrechtlichen Begriff des notwendigen Lebensunterhalts zu entwickeln, da die Mindestsicherungen im Unterhalts-Zwangsvollstreckungs- und Sozialrecht nicht identisch sind (vgl. etwa §§ 1603 BGB; 811 Nr. 1 ZPO und §§ 19 ff. SGB II). Solche **unterschiedlichen Mindestsicherungen** sind im Hinblick auf die Rechtsprechung des BVerfG zur Steuerfreiheit des Existenzminimums kaum wünschenswert (BVerfG 82 S. 60; BVerfG 99 S. 216). Diese Rechtsprechung hat ihre Bedeutung auch im Vollstreckungsrecht (vgl. Schubert, FuR 1992 S. 152). Damit empfiehlt sich eine Orientierung möglichst exakt an den Vorschriften über die Hilfe zum Lebensunterhalt, wie es jetzt auch vom BGH verlangt wird (BGHZ 156 S. 30). Eine Übereinstimmung mit § 850c ZPO lässt sich damit aber nicht herstellen. Die in der Tabelle zu § 850c ZPO ausgewiesenen Werte sind zumeist höher als die Leistungen zum Lebensunterhalt. In einigen Fällen können sie aber auch darunter liegen. Das betrifft vor allem größere Familien oder Schuldner mit hohen Mietkosten oder besonderen Bedarfen zum Lebensunterhalt (§ 19a Rn. 29).

32 Die Unklarheiten hinsichtlich der Sicherung des Mindestbedarfs werden nicht dadurch behoben, dass der Schuldner auch bei der Pfändung nach § 850d ZPO einen Antrag nach § 850f Abs. 1a ZPO stellen kann. Der notwendige Lebensunterhalt iSd § 850d ZPO ist bereits bei der Pfändung als solcher zu berücksichtigen. Das Vollstreckungsgericht darf insoweit also nicht erst einen Antrag des Schuldners abwarten. Außerdem ist im Rahmen des § 850d ZPO eine Prüfung von Amts wegen vorzunehmen. Es bedarf hier also keines Beweises durch den Schuldner wie bei § 850f Abs. 1a ZPO.

4. Pfändung des Kindergeldes

33 Nur sofern ein Kind einen gesetzlichen Unterhaltsanspruch geltend macht, kann es über die Vorschriften der §§ 850c, 850d ZPO hinaus zusätzlich auch nach § 54 Abs. 5 pfänden. Andere, auch wenn sie dem Kind Unterhalt geleistet haben, können nicht nach § 54 Abs. 5 pfänden (vgl. oben Rn. 30). Diese Einschränkungen gelten selbst für die Träger der Jugend- und Sozialhilfe (DIJuF-Gutachten, DAVorm 2000 S. 1110). Die Pfändung nach § 54 Abs. 5 erfasst sowohl das Kindergeld als auch auf vergleichbare Rentenbestandteile (§§ 270 SGB VI, 33b BVG, 4 BKGG). Keine selbständige Pfändbarkeit im Interesse des Kindes wird man beim erhöhten Leistungssatz nach § 149 Nr. 1 SGB III annehmen dürfen (DIJuF JAmt 2003 S. 537). Danach erhöht sich das Arbeitslosengeld I um sieben Prozentpunkte, wenn der Arbeitslose „mindestens ein Kind" hat. Diese Erhöhung wird zwar auch wegen des Kindes gewährt. Sie könnte auch bei mehreren Kindern bei einer Pfändung nach Kopfteilen aufgeteilt werden. Anders als bei den sonstigen Leistungen für Kinder handelt es sich beim erhöhten Leistungssatz aber nicht um eine selbständige Leistung, sondern nur um eine Berechnungsgröße eines einheitlichen Arbeitslosengeldes I. Der erhöhte Leistungssatz ist damit keine Geldleistung für Kinder, wie sie in § 48 Abs. 1 Satz 2 definiert wird. Zu den **unionsrechtlichen** Fragen des Kindergeldes vgl. § 30 Rn. 129 ff.).

34 Bei der Anordnung der Pfändbarkeit geht der Gesetzgeber davon aus, dass das Kindergeld, wenigstens dann dem Kinde gebührt, wenn der Unterhaltspflichtige keinen Unterhalt leistet. Unterhaltsrechtlich wirkt sich das so aus, dass der Zufluss des Kindergeldes an den Unterhaltspflichtigen leistungserhöhende Wirkung hat und als für den Unterhalt verfügbares Mittel iSd § 1603 Abs. 2 BGB anzusehen ist (vgl. BSG FEVS 37 S. 78; BGH ZfJ 1987 S. 414 mAnm Brüggemann). Die Regelung des § 54 Abs. 5 ist mit dem Jahressteuergesetz 1996 (BGBl I 1995 S. 1274) auch auf das steuerliche Kindergeld nach § 76 EStG erstreckt worden. Auch in diesem Falle erfolgt also eine Pfändung wie sie beim sozialrechtlichen Kindergeld erfolgt (vgl. unten Rn. 37, 38). Dennoch leidet § 76 EStG an einer Unstimmigkeit. Das steuerliche Kindergeld ist als Steuerfreibetrag ausgestaltet. Es tritt an die Stelle des sozialrechtlichen Kindergeldes (§§ 31, 32 Abs. 6, 63 ff. EStG). Damit erhöht sich das Nettoeinkommen des Schuldners. Dieses Nettoeinkommen wird bei der Pfändung durch jeden Gläubiger zu Grunde gelegt. Der durch den Steuerfreibetrag erhöhte Teil des Nettoeinkommens ist also nicht allein den Kindern vorbehalten (vgl. Steder, DAVorm 1996 S. 350).

35 Die in der Düsseldorfer Tabelle schematisch abgebildeten Unterhaltsansprüche der Kinder sind ua nach Altersgruppen abgestuft, also auch unabhängig von der Leistungsfähigkeit des Schuldners unterschiedlich hoch. Darüber hinaus ist zu beachten, dass bei minderjährigen Kindern die Leistung von Unterhalt auch in der Gewährung von Betreuungsunterhalt liegen kann (§ 1610 Abs. 2 BGB). Unter

den Voraussetzungen des § 1612 BGB können sich die Unterhaltspflichtigen auch bei volljährigen Kindern für die Gewährung von Naturalunterhalt entscheiden. In diesen Fällen ist keine Verletzung der Unterhaltspflicht festzustellen. Damit kann nicht nach § 54 Abs. 5 gepfändet werden.

36 Gegenüber der sehr differenzierten unterhaltsrechtlichen Ausgangssituation bringt § 54 Abs. 5 eine für die Zwangsvollstreckung schematisierende Lösung (Hornung, Rpfleger 1988 S. 218). Dabei ist zu unterscheiden, ob das die Pfändung betreibende Kind zu den Kindern gehört, für die der Vollstreckungsschuldner Kindergeld erhält (Zahlkinder). In diesem Falle (§ 54 Abs. 5 Nr. 1) ist der auf das Gesamtkindergeld entfallende Anteil des Kindes pfändbar, das die Zwangsvollstreckung betreibt. Dabei bleibt der Erhöhungsbetrag außer Betracht, der sich deswegen ergibt, weil der Vollstreckungsschuldner mit einer dritten Person, also zumeist in zweiter Ehe, ein weiteres Kind hat.

37 In der die Nr. 1 ergänzenden Regelung des § 54 Abs. 5 Nr. 2 sind im Grunde zwei Fallkonstellationen geregelt. Zum einen betrifft sie den Fall, in dem ein Kind pfändet, für das der Vollstreckungsschuldner kein Kindergeld erhält, weil einer anderen Person das Kindergeld zusteht (§ 3 BKGG). Dieses Kind (Zählkind) wird aber bei der Berechnung der Höhe des Kindergeldes mitgezählt, das der Vollstreckungsschuldner für seine anderen Kinder (Zahlkinder) erhält. Hat also der Vollstreckungsschuldner ein Kind aus erster Ehe, für das sein früherer Ehepartner Kindergeld erhält, so zählt dieses Kind beim Kindergeld, das der Vollstreckungsschuldner für Kinder aus zweiter Ehe erhält, mit. Er erhält also für diese Kinder nicht das geringere Kindergeld für die ersten, sondern das höhere Kindergeld ab dem dritten Kind. Darin liegt der Zählkindvorteil, der materiell gewährt wird, weil der Vollstreckungsschuldner mehrere Kinder hat und ihnen auch unterhaltspflichtig ist. Pfändet das erste Kind nach § 54 Abs. 4 Nr. 2, dann kann es nur seinen Anteil an dem Zählkindvorteil erhalten. Darüber hinaus ist bestimmt, dass auch ein pfändendes Zahlkind neben seinem Anteil am Kindergeldgrundbetrag (§ 54 Abs. 4 Nr. 1) den Anteil aus dem Erhöhungsbetrag (Zählkindvorteil) erhält, der sich aus der gleichmäßigen Verteilung dieses Betrages auf alle Kinder ergibt.

38 Bei der Pfändung nach § 54 Abs. 5 ist also insgesamt das Kindergeld, das der Vollstreckungsschuldner erhält, in einen Kindergeldgrundbetrag und in den Erhöhungsbetrag aufzuteilen. Der Kindergeldgrundbetrag ist derjenige Betrag des Kindergeldes, der dem Schuldner zu leisten wäre, wenn es das Zählkind nicht gäbe. Der Erhöhungsbetrag ist der Zählkindvorteil. Da das Kindergeld für die ersten zwei Kinder gleich hoch ist, ab dem dritten Kind um zzt. 6,– € und ab dem vierten Kind um 31,– € erhöht wird, beläuft sich der Zählkindvorteil in diesem Falle auf 37,– € (§ 6 BKGG). Der Kindergeldgrundbetrag ist durch die Zahl der Zahlkinder und der Erhöhungsbetrag ist durch die Zahl aller Kinder zu teilen. Pfändet ein Zahlkind, so erhält es seinen Anteil an dem Kindergeldgrundbetrag und an dem Erhöhungsbetrag. Pfändet ein Zählkind, so erhält es nur seinen Anteil an dem Erhöhungsbetrag.

39 Ist also ein Schuldner zunächst nicht verheiratet und hat er ein Kind, für das dessen Mutter Kindergeld erhält (§ 3 Abs. 2 BKiGG) und wird er dann Vater von vier weiteren Kindern in einer später geschlossenen Ehe, so ist das erste Kind Zählkind. Das Kindergeld für sein zweites Kind bleibt unverändert bei 194,– €. Für sein drittes, viertes und fünftes Kind erhält er nicht das geringere Kindergeld von 194,– € sondern das erhöhte Kindergeld von 200,– € und zweimal 225,– €. Insgesamt erhält er also für seine später geborenen vier Kinder statt 813,– € den Betrag von 844,– €. Der Zählkindvorteil beläuft sich auf 31,– €. Der Erhöhungsbetrag, also derjenige über 194,- €, für alle Kinder liegt er bei 68,– €. Pfändet das zuerst geborene Kind, so erhält es daraus seinen Anteil von 13,60 €. Pfändet eines der später geborenen Kinder, so erhält es 194,– € aus dem Kindergeldgrundbetrag und 13,60 € aus dem Erhöhungsbetrag. Das Gesamtkindergeld beträgt 1038,– €. Für jedes Kind stehen im Ergebnis 207,60 € zur Verfügung. Zum Differenzkindergld im Unionsrecht vgl. § 30 Rn. 130.

5. Verfahrensfragen

Die verfahrensrechtlichen Fragen der Pfändung von Ansprüchen auf Sozialleistungen sind nur noch in den §§ 828 ff. ZPO geregelt. Zuständig für die Pfändung von Sozialleistungen ist das Vollstreckungsgericht am Gerichtsstand des Schuldners. Durch den Pfändungs- und Überweisungsbeschluss ergeht ein Verbot an den Leistungsträger als Drittschuldner, an den Schuldner zu zahlen. Diesem wird aufgegeben, sich einer Verfügung über die Leistung zu enthalten (§ 829 ZPO). Darüber hinaus erfolgt eine Überweisung des Anspruchs an den Gläubiger zur Einziehung oder an Zahlung statt (§ 835 ZPO). Sofern eine öffentlich-rechtliche Geldforderung beigetrieben wird, erfolgt dies nach den Verwaltungsvollstreckungsgesetzen des Bundes bzw. der Länder. Für die Sozialleistungsträger gilt § 66 SGB X. **40**

Der Gläubiger muss einen hinreichend bestimmten **Pfändungsantrag** stellen. **41** Entsprechendes gilt für den Pfändungsbeschluss. Nicht hinreichend bestimmt ist ein Pfändungsbeschluss, wenn er sich allgemein auf Ansprüche auf laufende Geldleistungen gegen einen bestimmten Sozialleistungsträger richtet. Vielmehr muss die Sozialleistung als solche bestimmt werden (BSG 53 S. 260; BSG 60 S. 43). Nach der Neufassung des § 54 muss der pfändbare Betrag nicht mehr genau bezeichnet werden. Es genügt vielmehr, wenn der Pfändungsbeschluss auf die Tabelle zu § 850c ZPO verweist. Der Drittschuldner, also der Leistungsträger, muss den gepfändeten Betrag anhand der Tabelle ermitteln. Im Hinblick auf die §§ 14, 17 Abs. 1 Nr. 1 ist es darüber hinaus notwendig, dass der Sozialleistungsträger über seine Stellung als Drittschuldner hinaus verpflichtet ist, die Höhe des gepfändeten Betrages zu prüfen (§ 17 Rn. 1a). Der Pfändungs- und Überweisungsbeschluss ist aber zunächst als wirksam zu behandeln (BSG 68 S. 144). Wurde bei der Pfändung das Gesetz verletzt, wurde also zB bei der Festlegung der Pfändungsgrenze nach § 850c ZPO ein unterhaltsberechtigtes Kind nicht berücksichtigt, so hat er bei dem Sozialleistungsberechtigten anzuregen, sich durch Einlegen einer Erinnerung nach § 766 ZPO Rechtsschutz zu verschaffen. Der Sozialleistungsträger muss dies erforderlichenfalls auch selbst tun. Das ergibt sich aus seiner Stellung als Drittschuldner. Er muss außerdem die Stellung eines Antrags nach § 850f Abs. 1a ZPO oder nach § 850g ZPO anregen. Diese Anträge kann er nicht selbst stellen. Im Arbeitsförderungsrecht ist dabei die Sonderregelung des § 108 Abs. 2 SGB III zu beachten. Bei dieser Leistung gilt der Arbeitgeber als Drittschuldner. In anderen Fällen ist es die Arbeitsagentur (§ 334 SGB III). Führt der Sozialleistungsträger einen unzutreffenden Pfändungsbeschluss aus, so kommen Amtshaftungsansprüche nach § 839 BGB in Betracht (Wolber, NJW 1980 S. 24). Trotz des Sozialgeheimnisses (§ 35) muss auch der Sozialleistungsträger die Erklärungen des Drittschuldners nach § 840 ZPO abgeben. Auch insoweit kann sich eine Schadenersatzpflicht ergeben (§ 840 Abs. 2 Satz 2 ZPO).

Wird der Pfändungsantrag des Gläubigers abgelehnt, so kann dieser die Durch- **42** griffserinnerung nach § 11 Abs. 2 Satz 1 RPflG und im Anschluss daran eine sofortige Beschwerde nach § 793 ZPO einlegen. Entspricht der Sozialleistungsträger dem Pfändungs- und Überweisungsbeschluss nicht oder nicht in vollem Umfange, so muss der Anspruch vom Gläubiger vor den Sozialgerichten geltend gemacht werden (BSG 53 S. 182). Wird nach einer Pfändung auf Grund einer Erinnerung des Schuldners der Pfändungs- und Überweisungsbeschluss wieder aufgehoben, so kann der Gläubiger auch hinsichtlich der Sozialleistungsansprüche, die vor der Aufhebung fällig geworden sind, keine Zahlung verlangen (BSG SozR 1750 § 836 Nr. 1).

43 Die Fehler bei der Pfändung können recht unterschiedlich sein. Es kann an der Bestimmtheit fehlen weil die Sozialleistung nicht hinreichend klar bezeichnet worden war. Angesichts des § 54 Abs. 3 Nr. 1–3 kann auch eine unpfändbare Forderung gepfändet worden sein. Auch eine fehlerhafte Anwendung der Tabelle nach § 850c ZPO kommt vor. Der Schuldner kann in allen diesen Fällen gegen die Pfändung mit der Erinnerung nach § 766 ZPO vorgehen. Diese Erinnerung kann auch der Sozialleistungsträger als Drittschuldner einlegen. Beanstandet der Schuldner, dass sein notwendiger Lebensunterhalt nicht mehr sicher gestellt ist, so muss er einen Antrag nach § 850f Abs. 1a ZPO stellen. Die Möglichkeit des § 766 ZPO besteht für den Schuldner aber nicht im Falle des § 850f ZPO, weil bei dessen Nichtbeachtung die Pfändung nicht fehlerhaft ist. Vielmehr muss der Schuldner einen entsprechenden Antrag stellen ist. Der Gläubiger kann nach § 766 ZPO vorgehen, wenn er die Anwendung des § 850f ZPO für falsch hält. In diesen Konstellationen besteht allerdings eine Beratungspflicht des Leistungsträgers gegenüber dem Leistungsberechtigten nach § 14. Das Recht, das dort geregelt ist, besteht in dem Zugang zu der Sozialleistung, soweit sie unpfändbar ist. Eine Korrektur über den Herstellungsanspruch ist allerdings nicht möglich (oben Rn. 25). Es wird sogar eine Pflicht des Sozialleistungsträgers für möglich gehalten, selbst ein Rechtsmittel einzulegen (BSG SozR 3-1200 § 54 Nr. 1 Rn. 30). Für § 850f ZPO gilt das allerdings nicht. In diesem Falle ist ein Antrag des Schuldners erforderlich. Sind Fehler der Pfändung nicht erkennbar, so gibt der Leistungsträger auf Verlangen die Erklärung nach § 840 ZPO ab.

44 Gepfändet werden in einem Verfahren immer all diejenigen Ansprüche, die einem **einheitlichen Rechtsverhältnis** entstammen. Das ist etwa anzunehmen, wenn nach der Pfändung einer Rente wegen Erwerbsminderung diese in eine Rente wegen Alters umgewandelt wird. Dasselbe ist aber nicht anzunehmen, wenn nach einer Krankenbehandlung mit Zahlung von Krankengeld unmittelbar anschließend eine Fortsetzung als medizinische Rehabilitation durch den Träger der Rentenversicherung erfolgt (§§ 40 Abs. 4 SGB V, 11 SGB VI). Hier hat bereits der Drittschuldner gewechselt. Insgesamt ist die Pfändung von Sozialleistungen im Laufe der Jahre immer stärker an die Pfändung von Arbeitseinkommen herangeführt worden. Wurde etwa das Krankengeld gepfändet, wurde der Sozialleistungsberechtigte wieder arbeitsfähig und erkrankt er danach wieder an einem anderen Leiden, so handelt es sich nicht um denselben Anspruch. Es muss also eine neue Pfändung erfolgen (BSG 18 S. 76). Die Pfändung von Arbeitslosengeld erstreckt sich bei zwischenzeitlicher Arbeitsaufnahme auch auf den bei erneuter Arbeitslosigkeit zustehenden Anspruch, wenn der Arbeitslose in der Zwischenzeit keine neue Anwartschaft (§§ 142, 143 SGB III) erworben hat. Eine bloße Unterbrechung des Leistungsbezugs hat hier also keinen Einfluss auf den Bestand des Pfändungs- und Überweisungsbeschlusses (BSG 53 S. 182; BSG SozR 1750 § 832 Nr. 2).

Was das Rangverhältnis der Pfändung zur Rechtsnachfolge bzw. zur Aufrechnung oder Verrechnung angeht, so orientiert sich das BSG seit Inkrafttreten der §§ 53, 54 trotz verschiedener Einwände in der Literatur weitgehend am **Prioritätsprinzip.** Die praktisch wichtigste Ausnahme davon wird in § 113 SGB XII begründet (vgl. § 53 Rn. 15–21). Diese Regelung als die gesetzgeberische Antwort auf eine langjährige Auseinandersetzung um Rangverhältnisse zu verstehen. Nach § 113 SGB XII gehen Erstattungsansprüche, die der Träger der Sozialhilfe gegen andere Leistungsträger nach § 104 SGB X hat, einer Übertragung (Abtretung), Pfändung oder Verpfändung des Anspruchs vor, und zwar auch dann, wenn sie vor Entstehen des Erstattungsanspruchs erfolgt sind. **45**

Wie auch bei der Abtretung (§ 53 Rn. 9–11) ist es bei der Pfändung umstritten, auf welche Weise der Sozialleistungsträger den Pfändungsbeschluss auszuführen hat (vgl. Dörr, SGb 1988 S. 8; Tannen, DRV 1993 S. 186; Lilge § 54 Rn. 65). Geht es lediglich um die Auszahlung des gepfändeten Betrages, so ist der Erlass eines Verwaltungsaktes nicht erforderlich (LSG SchlH Breith. 2002 S. 382). Zu erheben ist vielmehr die echte Leistungsklage nach § 54 Abs. 5 SGG. Das BSG neigt aber zu der Annahme, dass die Entscheidung über Umfang und Höhe des gepfändeten Anspruchs durch Verwaltungsakt ergehen muss (BSG 53 S. 182; BSG 60 S. 87; BSG 61 S. 100; BSG 64 S. 17; BSG 67 S. 143). Aus dieser Auffassung ergeben sich jedoch Schwierigkeiten beim Rechtsschutz. Gegen die Entscheidung des Vollstreckungsgerichts wäre die Erinnerung nach § 766 ZPO, gegen die Entscheidung des Sozialleistungsträgers wären Widerspruch und Anfechtungsklage zulässig. Damit könnten verschiedene Rechtswege beschritten werden. Für den Fall der Pfändung wird man deswegen eine Entscheidung durch Verwaltungsakt nicht annehmen dürfen. Insoweit besteht weder die Notwendigkeit, noch angesichts der Entscheidung des Vollstreckungsgerichts, überhaupt die Möglichkeit, etwas zu regeln. Damit werden in diesem Punkt Abtretung und Pfändung unterschiedlich behandelt (vgl. § 53 Rn. 10, 11). **46**

Soweit eine Pfändbarkeit von Sozialleistungen gegeben ist, regelt § 54 Abs. 6 die entsprechende Anwendung des § 53 Abs. 6. Damit erhält der Sozialleistungsträger die Möglichkeit der Aufrechnung trotz eines Rechtsüberganges sowohl gegenüber dem Leistungsberechtigten als auch gegenüber dem Pfändungsgläubiger. Beide haften als Gesamtschuldner. Dies gilt jedoch nur für den Fall, dass Leistungen zu Unrecht erbracht worden sind und gemäß §§ 45, 50 SGB X ein Erstattungsanspruch gegenüber dem Leistungsberechtigten besteht. Dieser Erstattungsanspruch soll weder durch Abtretung noch durch Pfändung vereitelt werden können (§ 53 Rn. 17). **47**

§ 55 *(aufgehoben)*

§ 56 Sonderrechtsnachfolge

(1) [1]**Fällige Ansprüche auf laufende Geldleistungen stehen beim Tode des Berechtigten nacheinander**
1. dem Ehegatten,
1a. dem Lebenspartner,
2. den Kindern,
3. den Eltern,
4. dem Haushaltsführer

zu, wenn diese mit dem Berechtigten zur Zeit seines Todes in einem gemeinsamen Haushalt gelebt haben oder von ihm wesentlich unterhalten worden sind. [2]Mehreren Personen einer Gruppe stehen die Ansprüche zu gleichen Teilen zu.

(2) **Als Kinder im Sinne des Absatzes 1 Satz 1 Nr. 2 gelten auch**

1. **Stiefkinder und Enkel, die in den Haushalt des Berechtigten aufgenommen sind,**
2. **Pflegekinder (Personen, die mit dem Berechtigten durch ein auf längere Dauer angelegtes Pflegeverhältnis mit häuslicher Gemeinschaft wie Kinder mit Eltern verbunden sind),**
3. **Geschwister des Berechtigten, die in seinen Haushalt aufgenommen worden sind.**

(3) **Als Eltern im Sinne des Absatzes 1 Satz 1 Nr. 3 gelten auch**

1. **sonstige Verwandte der geraden aufsteigenden Linie,**
2. **Stiefeltern,**
3. **Pflegeeltern (Personen, die den Berechtigten als Pflegekind aufgenommen haben).**

(4) **Haushaltsführer im Sinne des Absatzes 1 Satz 1 Nr. 4 ist derjenige Verwandte oder Verschwägerte, der an Stelle des verstorbenen oder geschiedenen oder an der Führung des Haushalts aus gesundheitlichen Gründen dauernd gehinderten Ehegatten oder Lebenspartners den Haushalt des Berechtigten mindestens ein Jahr lang vor dessen Tod geführt hat und von diesem überwiegend unterhalten worden ist.**

Übersicht

1 Die §§ 56–59 sind folgendermaßen zu gliedern: Während § 56 die Sonderrechtsnachfolge regelt, erstreckt sich § 58 auf die Vererbung von Geldleistungen iSd § 11, die nicht der Sonderrechtsnachfolge nach § 56 unterliegen. Für **beide Fälle** regelt § 59 die Vorfrage, wann eine Rechtsnachfolge in Sozialleistungen überhaupt möglich ist. Nicht vererbt werden können Ansprüche auf Dienst- oder Sachleistungen. Bei den Geldleistungen muss zumindest ein Verwaltungsverfahren anhängig sein (§ 59). Nicht geregelt wird in diesem Abschnitt die Vererbung von Ansprüchen gegen einen Sozialleistungsträger, die keine Sozialleistungen zum Gegenstand haben. Für sie gelten ausschließlich die §§ 1922 ff. BGB. Die Ausschlagung einer Erbschaft erstreckt sich nicht auf die Sonderrechtsnachfolge. Insoweit muss gesondert ein Verzicht erfolgen (§ 57 Rn. 2). Zum Sozialdatenschutz Verstorbener vgl. § 35 Rn. 70.

1. Abweichungen vom Erbrecht

2 Die Vorschrift des § 56 regelt die **Sonderrechtsnachfolge** in fällige laufende Geldleistungen, also eine Abweichung von den erbrechtlichen Grundsätzen der Gesamtrechtsnachfolge nach den §§ 1922 ff. BGB. Die Vorschrift erstreckt sich nur auf Leistungen iSd § 11 und schränkt diese noch weiter ein. Nicht erfasst sind

Beitragserstattungsansprüche, die der Erbe nur nach allgemeinem Erbrecht geltend machen kann (BSG SozR 1500 § 75 Nr. 44). Insoweit besteht keine völlige Übereinstimmung mit den §§ 11, 44. Der Unterschied lässt sich daraus erklären, dass von § 56 Abs. 1 nur **laufende Geldleistungen** erfasst werden. Nicht erforderlich ist, dass die Leistung zur Sicherung des Lebensunterhalts bestimmt sind (vgl. § 48 Rn. 12 ff.). Andererseits kann sich eine laufende Leistung im Einzelfall auch auf einen **einmaligen Auszahlungsvorgang** beschränken. Der 3. und der 9. Senat des BSG haben zunächst den Kostenerstattungsanspruch nach § 13 Abs. 3 SGB V nicht als laufende, sondern als einmalige Geldleistung angesehen, obwohl er sich „aus mehreren Einzelansprüchen zusammensetzen" kann (BSG 92 S. 42; BSG SGb 2007 S. 292 mAnm Igl). Sofern ein Anspruch auf eine einmalige Leistung oder ein Beitragserstattungsanspruch **fällig** war, wurde er gemäß §§ 58 Satz 1, 59 Satz 2 nach den Grundsätzen des Bürgerlichen Rechts vererbt (BSG SozR 3 – 5850 § 27a Nr. 1). Von dieser Auffassung hat sich der 1. Senat des BSG jedoch abgegrenzt. Er betrachtet jedenfalls die Kostenerstattungsansprüche nach den §§ 13 Abs. 3 SGB V, 18 Abs. 1 SGB IX als Ansprüche auf „laufende" Geldleistungen. Gegenstand der Kostenerstattung sind Leistungen, die regelmäßig wiederkehrend für bestimmte Zeitabschnitte gezahlt werden. Sie verlieren ihren Charakter nicht dadurch, dass sie als Kostenerstattung verspätet oder als zusammenfassende Zahlung für mehrere Zeitabschnitte geleistet werden (§§ 30 SGB II; 13 Abs. 3 Satz 1 SGB V; 36a Abs. 2 SGB VIII; § 15 Abs. 1 SGB IX; 34b SGB XII). „Dem Zweck der Sonderrechtsnachfolge in § 56 SGB I wird es in besonderem Maße gerecht, diesen Kostenerstattungsanspruch als einen Anspruch auf laufende Geldleistungen anzusehen. Es beschränkt in aller Regel die Lebensführung nicht nur des Leistungsberechtigten, sondern aller Familienangehörigen, die mit ihm in einem gemeinsamen Haushalt leben, wenn Ansprüche auf laufende Geldleistungen nicht rechtzeitig erfüllt werden" (BSG 97 S. 112, BSG 111 S. 137; vgl. auch BSG NZS 2012 S. 340; BSG SozR 4-2500 § 60 Nr. 7; BSG B 1 KR 1/19 B, juris). Dass eine laufende Leistung der Sicherung des Lebensunterhalts dient, ist für § 56, anders als für § 53 Abs. 3, nicht erforderlich (vgl. § 11 Rn. 22; § 48 Rn. 12 ff.).

Eine Sonderregelung wurde in § 165 Abs. 4 SGB III getroffen. Danach hat auch der Erbe des Arbeitnehmers den Anspruch auf Insolvenzgeld. Da das **Insolvenzgeld** eine einmalige Leistung ist, greift hier § 56 nicht ein. Vielmehr erfolgt eine Vererbung nach § 58. Das ist im Grunde nicht sachgerecht, da das Insolvenzgeld wie sonstige Entgeltersatzleistungen, der Sicherung des Familienunterhalts dient, ein Umstand, der zur Regelung des § 56 geführt hat. Das BSG hatte zudem ursprünglich nur zu einer Fallkonstellation entschieden, in der das Insolvenzereignis nach dem Tode des Arbeitnehmers eingetreten war. Hier hatte er zu seinen Lebzeiten noch keinen Anspruch auf damalige Konkursausfallgeld, sondern lediglich einen Anspruch auf Arbeitsentgelt. Darauf war § 56 nicht anwendbar (BSG SozR 4100 § 141 Nr. 1). In den Fällen des Todes nach dem Insolvenzereignis ließe sich eine Sonderrechtsnachfolge nach § 56 nur dadurch begründen, dass man das Insolvenzgeld, da es sich auf „die vorausgegangenen drei Monate des Arbeitsverhältnisses" bezieht (§ 165 Abs. 1 SGB III) als laufende Leistung betrachtet. Diese wäre im Hinblick auf die Rechtssprechung zum Kostenerstattungsanspruch (vgl. oben Rn. 2) durchaus möglich, wird in der Literatur aber abgelehnt (Gagel/Peters-Lange, SGB II/SGB III § 165 Rn. 131; Brand/Kühl SGB III § 165 Rn. 77). 3

Die Sonderrechtsnachfolge nach § 56 tritt nur für Ansprüche „auf" Sozialleistungen ein. Eine Sonderrechtsnachfolge erfolgt zB nicht in den Kostenerstattungs- 4 anspruch „gegen“ den Verstorbenen wegen zu Unrecht erhaltener Leistungen nach den §§ 45, 50 SGB X (VGH München FEVS 58 S. 76). Jedoch bestimmt § 57 Abs. 2 Satz 1, dass der Sonderrechtsnachfolger mit einem anderen, auf ihn übergegangenen Anspruch „für die nach diesem Gesetzbuch bestehenden Verbindlichkeiten des Verstorbenen“ gegenüber dem Leistungsträger haftet. Insoweit, dh in diesem Umfang, entfällt die Erbenhaftung (vgl. § 57 Rn. 7). Demnach kann auch gegenüber dem Sonderrechtsnachfolger mit dem Erstattungsanspruch nach § 50 SGB X aufgerechnet oder verrechnet werden (§ 57 Abs. 2 Satz 3). Die Beschränkungen der §§ 51, 52 gelten in diesem Falle nicht.

5 Der sozialpolitische Grund für die Abweichung von den Bestimmungen des Bürgerlichen Rechts besteht darin, dass Sozialleistungen zwar immer nur von einem Familienmitglied beansprucht werden können, dass sie dennoch den gesamten **Familienunterhalt** decken sollen (BSG 28 S. 102). Deswegen orientiert sich die Sonderrechtsnachfolge nach § 56 maßgeblich, wenn auch nicht in allen Fällen, an dem Gedanken einer gemeinsamen Haushaltsführung. Die Sonderrechtsnachfolge schließt sowohl die gesetzliche als auch die testamentarische Erbfolge nach den Bestimmungen des Bürgerlichen Rechts aus. Insoweit stellt sie eine Einschränkung der Testierfreiheit (Art. 14 Abs. 1 GG) des Sozialleistungsberechtigten dar. Man wird aber den Fall der Erbunwürdigkeit nach § 2339 Abs. 1 Nr. 1 BGB auch im Rahmen der sozialrechtlichen Sonderrechtsnachfolge für anwendbar halten müssen.

6 In der Sache vorrangig ist die Frage zu klären, in welchem Umfange Ansprüche auf Sozialleistungen überhaupt vererbt werden können. Während nach dem Grundsatz des § 1922 Abs. 1 BGB das Vermögen als Ganzes auf den Erben übergeht, ergibt sich aus § 59 eine eingeschränkte Erbfolge in Sozialleistungen (vgl. § 59 Rn. 6, 7). Nicht vererbt werden Ansprüche auf Dienst- und Sachleistungen. Als nicht vererbbar werden überwiegend Leistungen der Sozialhilfe angesehen (vgl. Lilge, SGB I § 56 Rn. 8b, 8c). Diese Auffassung ist aber im Hinblick auf den Unterschied von Sonderrechtsnachfolge und Vererbbarkeit zu revidieren (§ 59 Rn. 8–10). Für alle Ansprüche auf Sozialleistungen gilt, dass sie entstanden und fällig sein müssen (§§ 40, 41). Das bedeutet bei Ermessensentscheidungen, dass erst eine Bekanntgabe der Entscheidung nach § 40 Abs. 2 zur Entstehung des Anspruchs führt. Frühestens dann kann eine Fälligkeit eintreten (BSG SozR 1200 § 40 Nr. 3; LSG RhPf. Breith. 2010 S. 931). Zur Entstehung des Anspruchs kann es, wenn der Antrag materiell-rechtliche Bedeutung hat, erforderlich sein, dass die Leistung vor dem Todesfall beantragt worden war (vgl. BSG SGb 1998 S. 77 mAnm Mrozynski).

7 Eine Sonderrechtsnachfolge (§ 56) ist nur für laufende Geldleistungen vorgesehen. Andere Ansprüche auf Geldleistungen sind allgemein vererbbar (§ 58). Einmalige Geldleistungen fallen also in den Nachlass (vgl. § 58 Rn. 1) und werden damit nach den §§ 1922 ff. BGB vererbt, sofern die Voraussetzungen des § 59 Satz 1 erfüllt sind. Danach ist allgemein positiv für jede Rechtsnachfolge von Sozialleistungen (§§ 56, 58) eine **Fälligkeit des Anspruchs** erforderlich (§ 58 Satz 1). Darüber hinaus wird eine zusätzliche verfahrensrechtliche Voraussetzung gemacht. Der Anspruch muss entweder feststellt oder es muss ein Verfahren über ihn anhängig sein (§ 59 Rn. 3). Zu Rentenansprüchen mit Auslandsbezug vgl. Berthold/Reichel, NZS 2016 S. 285.

7a Nicht ganz leicht in das Verhältnis der §§ 56, 58 einzuordnen ist das persönliche Budget. Es wird einem behinderten Menschen zur selbstbestimmten Deckung seines behinderungsbedingten Bedarfs in der Regel als Geldleistung gewährt (§ 29

Abs. 2 SGB IX). Das persönliche Budget dient nicht der Deckung des Lebensunterhalts, es ist aber eine laufende Geldleistung. Damit müsste es – dem Wortlaut nach – genügen, dass die allgemeinen Voraussetzungen (oben Rn. 7) erfüllt sind. Eine Sonderrechtsnachfolge nach § 56 müsste eintreten. Angesichts der Tatsache aber, dass das persönliche Budget nur den behinderungsbedingten Bedarf decken soll und der behinderte Mensch die Geldleistung nur im Interesse seiner Selbstbestimmung erhält (§ 29 Abs. 1 Satz 1 SGB IX) ist das gesetzlich vorgegebene Ziel nach dem Tode des behinderten Menschen nicht mehr erreichbar. Hinzu kommt, dass gemäß § 29 Abs. 4 SGB IX Zielvereinbarungen getroffen werden müssen, die nach dem Tode nicht mehr eingehalten werden können. Auch der Grundgedanke der Sonderrechtsnachfolge des § 56, der Deckung des Familienbedarfs, war beim persönlichen Budget von Anfang an nicht gegeben. Problematisch werden können nur die Fälle, in denen vor dem Tod bereits ein Verwaltungsverfahren anhängig war (§ 59). Da § 29 SGB IX jetzt einen Rechtsanspruch begründet, kommen auch die Besonderheiten von Ermessensleistungen nicht mehr zum Tragen (oben Rn. 6). Hierzu hat das BSG folgende Entscheidung getroffen (BSG 121 S. 32):

„Auch wenn das PB in der Regel als Geldleistung gewährt wird und dem Grunde nach Anspruch auf Gewährung eines PB bestehen kann, unterliegt es strikter Zweckbindung. Sein Zweck besteht in notwendig zumindest auch zukunftsgerichteter selbstgestalteter Deckung des Individualbedarfs Berechtigter, der ohne PB in der Regel durch Naturalleistungen der Träger gedeckt wird. Ein Recht auf ein PB kann nur statt der von ihm insgesamt ersetzten Naturalleistungsansprüche ent- und bestehen, weil ein bestimmter individueller Bedarf in derselben Hinsicht nur auf die eine oder aber die andere Weise gedeckt werden soll und kann … Seine zukunftsgerichtete strikte Zweckbindung bewirkt, dass das Recht auf nachträgliche Gewährung eines PB – obwohl in der Regel auf Geldleistungen gerichtet – jedenfalls spätestens mit dem Tod des Berechtigten erlischt. Insoweit schränken die speziellen Grundsätze über die Gewährung des PB die Regelung über die Vererblichkeit sozialer Rechte des § 59 SGB I ein" (Rn. 19).

„Hiervon sind Fälle zu unterscheiden, in denen der Leistungsträger dem Berechtigten ein PB zuerkannt hat, der Berechtigte entsprechend der Zielvereinbarung seinen Bedarf eigeninitiativ gedeckt hat, aber vor dem Eintritt seines Todes für die selbst beschafften Teilhabeleistungen noch keine Geldleistungen erhalten hat (vgl. rechtsähnlich zur Pflicht der bisherigen KK im Falle des KK-Wechsels bereits entstandene Geldleistungsansprüche zu erfüllen … Der Geldleistungsanspruch aufgrund des bewilligten PB ist fällig und die Kosten auslösende Selbstbeschaffung entspricht dem Zweck des PB. Die Voraussetzungen einer Selbstbeschaffung nach PB-Bewilligung liegen hier indes nicht vor" (Rn. 26).

Im Ergebnis ist dieser Entscheidung nichts entgegenzusetzen. Es fragt sich nur, **7b**
wie die Begründung konstruktiv am besten erfolgen kann. Das BSG verneint eine (Sonder)rechtsnachfolge und gelangt zu dem Ergebnis, der das persönliche Budget bewilligende Verwaltungsakt hätte sich erledigt (§ 39 Abs. 2 SGB X). Im Grunde muss der Feststellung einer Erledigung aber eine teleologische Reduktion der §§ 56 ff. vorausgehen, denn es ist ganz offensichtlich, dass der Gesetzgeber mit dem Begriff der laufenden Geldleistung nicht eine solche vor Augen hatte, die später als persönliches Budget eingeführt wurde. Es ist sogar so, dass der Wortlaut des § 56 ursprünglich noch nicht zu weit geraten war, dass also mehr geregelt worden war, als geregelt werden sollte. Vielmehr ist der Wortlaut des § 56 erst später durch die Rechtsentwicklung zum persönlichen Budget zu weit geworden. Die Ausführungen des BSG sind wohl im Sinne einer teleologischen Reduktion zu verstehen. Damit wäre zunächst nur die Sonderrechtsnachfolge nach 56 ausge-

schlossen. Der Gedanke ließe sich aber auch auf die §§ 58 und 59 erstrecken. Letztlich läuft das darauf hinaus, dass das persönliche Budget nach den Grundsätzen der Dienst- und Sachleistungen behandelt wird (§ 59), denn es ist nicht von der Hand zu weisen, dass § 29 SGB IX im Grunde nur regelt, wer die Dienst- oder Sachleistung bezahlt. Gewisse Schwierigkeiten bestünden dann aber noch, wie bei einer selbstbeschafften Leistung angesichts eines noch nicht ausgezahlten persönlichen Budgets zu verfahren ist. Hier hat das BSG offensichtlich an die Grundsätze der Vererbung von Leistungen der Sozialhilfe gedacht (vgl. § 59 Rn. 8).

8 Wie auch bei der Erbfolge des Bürgerlichen Rechts geht der Anspruch behaftet mit allen Einwendungen auf den Sonderrechtsnachfolger über. Es bedarf keines neuen Antrags seinerseits. Insbesondere bleibt ein zuvor erfolgter Rechtsübergang auf Grund der §§ 53–55 wirksam. Auch im Verhältnis zum Sonderrechtsnachfolger finden die §§ 53–55 Anwendung. Der Sonderrechtsnachfolger kann aus eigener Verpflichtung einem Erstattungsanspruch nach den §§ 50, 44 ff. SGB X ausgesetzt sein. Auf- und Verrechnung können in diesem Falle ohne die Einschränkungen nach den §§ 51 und 52 erfolgen (§ 57 Abs. 2 Satz 3).

9 Typischerweise ist der Sonderrechtsnachfolger im sozialrechtlichen Sinne zugleich auch Erbe nach den §§ 1922 ff. BGB. In diesem Falle sind die Rechtsnachfolge in Sozialleistungen und in das sonstige Vermögen rechtlich getrennt zu beurteilen (BSG 31 S. 267). Insbesondere fällt der Anspruch auf Sozialleistungen nicht in den übrigen Nachlass. Desgleichen wird der im Rahmen der Sonderrechtsnachfolge übergegangene Anspruch auf Sozialleistungen nicht auf den **Erbteil** angerechnet. Auch die Haftung des Sonderrechtsnachfolgers ergibt sich ausschließlich aus § 57. Dort ist auch der Verzicht, der einer Ausschlagung der Erbschaft entspricht, für Sozialleistungen selbständig geregelt. Soweit der Sonderrechtsnachfolger auch Erbe ist, haftet er für Verbindlichkeiten, die nicht zum Sozialrecht gehören, nach § 1967 BGB. Die ggf. neben dem Verzicht gemäß § 57 erforderliche Ausschlagung der Erbschaft erfolgt nach den §§ 1944, 1945 BGB.

10 Stirbt der Sonderrechtsnachfolger, so fällt die übergangene Sozialleistung in seinen Nachlass. Es findet also nach herrschender Auffassung keine weitere Sonderrechtsnachfolge statt (Heinze, BochKomm § 56 Rn. 33; v. Maydell, GK-SGB I § 56 Rn. 30). In ähnlicher Weise wird auch eine nach §§ 53 oder 54 übergegangene Sozialleistung allein nach den Grundätzen des Bürgerlichen Rechts vererbt. Zweifelhaft war bisher, ob die Sozialleistung jedoch dann in der Sonderrechtsnachfolge verbleibt, wenn der nach dem Sozialleistungsberechtigten verstorbene Sonderrechtsnachfolger die Sozialleistung seinerseits noch nicht in Empfang genommen hat. Diese Frage wird teilweise bejaht, obwohl § 56 insoweit keine Regelung trifft (Lilge § 56 Rn. 15–18; Lebich in Hauck/Noftz, SGB I § 56 Rn. 19; Krön, NZS 1995 S. 124).

11 Das BSG hat sich im Wesentlichen der bejahenden Meinung angeschlossen. Es geht davon aus, dass der Anspruch dem nach § 56 Abs. 1 nächstrangig Begünstigten zuwächst. Das Gericht ist der Auffassung, dass der Gesetzgeber diesen Fall nicht geregelt hat. Unter allen denkbaren Auffassungen, die zu § 56 entwickelt wurden, hält es diejenige für sachgerecht, die von einer weiteren Sonderrechtsnachfolge ausgeht. Das BSG macht jedoch die Einschränkung, dass der erste Sonderrechtsnachfolger kurz nach dem Berechtigten verstirbt und dass die Geldleistung noch nicht ausgezahlt worden ist. Eine genauere Festlegung für den zu tolerierenden Zeitraum trifft das Gericht nicht. Es hält es aber für möglich, an den Rechtsgedanken des § 57 Abs. 1 anzuknüpfen und von einem Sechs-Wochen-Zeitraum auszugehen (BSG SGb 2001 S. 140 mAnm Buschmann).

2. Einzelne Sonderrechtsnachfolger

In § 56 Abs. 1 Nr. 1–4 werden die Sonderrechtsnachfolger nach Gruppen benannt. Dazu gehören inzwischen auch gleichgeschlechtliche Lebenspartner, nicht jedoch die nichtehelichen Partner. Der Anspruch steht den Mitgliedern der jeweiligen Gruppe zu gleichen Teilen zu. Anders als im allgemeinen Erbrecht (§§ 2032 ff. BGB) bilden sie also eine Gemeinschaft nach Bruchteilen (§ 741 BGB). Die Gruppen bilden untereinander ein Rangverhältnis. Wer also der niedrigeren Stufe angehört, kommt erst zum Zuge, wenn in der höheren Stufe kein Sonderrechtsnachfolger vorhanden ist. So kann der getrennt lebende Ehepartner den Haushaltsführer verdrängen (unten Rn. 14, 28). Ist keine der in den Abs. 1 Nr. 1–4 genannten Gruppen vorhanden, so erfolgt eine Vererbung nach § 58. **12**

Kinder und Eltern werden nach Maßgabe des § 56 Abs. 2 und 3 teilweise abweichend vom allgemeinen Sprachgebrauch und den familienrechtlichen Bestimmungen näher konkretisiert. Eine besondere Regelung erfährt der Haushaltsführer, der häufig eine Haushaltsführerin ist (§ 56 Abs. 1 Nr. 4) in § 56 Abs. 4. Zur besseren Einordnung der vom Familienrecht nicht geregelten Begriffe des Pflegekindes und des Haushaltsführers ist für beide an eine Art Substitutionsgrundsatz anzuknüpfen. Pflegekinder müssen „wie Kinder" mit Eltern verbunden sein (§ 56 Abs. 2 Nr. 2), der Haushaltsführer wird anstelle des dauernd verhinderten Ehepartners tätig (§ 56 Abs. 4). Er muss mit dem Leistungsberechtigten verwandt oder verschwägert sein. **13**

Ehegatte ist nur, wer zum Zeitpunkt des Todes mit dem Verstorbenen in gültiger Ehe lebte. Für den **Lebenspartner** gilt § 33b. Kinder sind die leiblichen Kinder, also sowohl die ehelichen Kinder als auch diejenigen, deren Eltern nicht verheiratet waren, wenn die Vaterschaft nach § 1592 Nr. 2 BGB anerkannt worden war. Fehlt es an einer Anerkennung, so muss eine gerichtliche Feststellung nach § 1600d BGB erfolgen. Eingeschlossen in diese Regelung sind auch die nach den §§ 1741 ff. BGB angenommenen Kinder. Wurde ein Kind nach der Eheschließung geboren, so spricht für dieses Kind die Vermutung des § 1593 Satz 1 BGB. **14**

Der Begriff des **Kindes** wird im Sozialrecht nicht einheitlich gebraucht (vgl. Niedermeyer, SGb 2010 S. 471). Ein einheitlicher Begriff des Kindes wäre mit Blick auf die unterschiedlichen Zielsetzungen der einzelnen Sozialleistungsbereiche auch schwer zu bilden. Größere Bedenken bestehen aber, wenn sogar innerhalb des Kinder- und Jugendhilferechts kein einheitlicher Begriff des Kindes verwendet wird (vgl. § 7 Abs. 1 Nr. 1 und Abs. 2 und 3 SGB VIII). Als Kinder gelten auch Stiefkinder und Enkel (§ 56 Abs. 2 Nr. 1). Erstere sind im familienrechtlichen Sinne nur Kinder des Ehepartners. Im Sozialrecht ist dies jedenfalls dann anders, wenn, wie in § 55 Abs. 3 Satz 2 SGB XI, darauf verwiesen wird (BSG 99 S. 15). Auch Geschwister des Berechtigten sind als Kinder anzusehen (§§ 56 Abs. 2 Nr. 3). In der Praxis handelt es sich dabei um seltenere familiäre Situationen, in denen sich ältere um ihre jüngeren, gleich ihnen, verwaisten Geschwister kümmern. Es kann sich dabei auch um Stiefgeschwister handeln. In den Fällen des § 56 Abs. 2 Nr. 1 und 3 ist aber die Aufnahme in den Haushalt (unten Rn. 26) des Berechtigten erforderlich. Es genügt also nicht, wenn er ihnen lediglich Unterhalt geleistet hat. Für § 56 Abs. 2 Nr. 2 ergibt sich dasselbe schon aus dem Begriff des Pflegekindes. **15**

16 Wenn es schon keinen einheitlichen Begriff des Kindes im Sozialrecht gibt, dann ist dies umso weniger für das **Pflegekind** möglich. Angesichts der langjährigen Diskussion um das Pflegekind sowohl im Familien- als auch im Kinder- und Jugendhilferecht wäre es sinnvoll, einen für alle Rechtsbereiche einheitlich geltenden Begriff des Pflegekindes zu entwickeln. Aus der Rechtsprechung ist auch ein Bemühen darum erkennbar. Zumindest kann man aber sagen, dass § 56 Abs. 2 Nr. 2 heute eine über die Sonderrechtsnachfolge hinausweisende Bedeutung für den Pflegekindbegriff hat. Ein einheitlicher Begriff würde eine weitgehende Gleichstellung des Pflegekindes mit dem leiblichen Kind fördern (vgl. §§ 1630 Abs. 3 BGB, 38 SGB VIII). Andererseits steht zwischen beiden Kindschaftsverhältnissen die Adoption.

17 Für die Regelung des § 56 Abs. 2 Nr. 2 sind drei Merkmale wichtig. Das Pflegeverhältnis muss auf **längere Dauer** angelegt sein und es muss eine häusliche Gemeinschaft bestehen. Zusätzlich ist erforderlich eine Verbindung „wie Kinder mit Eltern". Eine lediglich formale Verbindung auf Dauer und in häuslicher Gemeinschaft reicht damit nicht aus. Auch wenn ein Kind in Bereitschaftspflege genommen wird, sind die Voraussetzungen der Vorschrift nicht erfüllt, da es sich hierbei immer nur um eine vorübergehende Maßnahme handelt (BSG SozR 4-2600 § 56 Nr. 7; Hess. LSG NZS 2013 S. 743; vgl. auch Schneider, NZS 2017 S. 608, 613).

18 Eine besonders große praktische Bedeutung hat der Begriff des Pflegekindes im Kindergeldrecht bei § 2 Abs. 1 Nr. 2 BKGG, im Rahmen der rentenrechtlichen Kindererziehungszeiten nach § 56 Abs. 1 SGB VI und bei der Pflegeerlaubnis im Kinder- und Jugendhilferecht nach § 44 SGB VIII. In diesen Zusammenhängen wird der Begriff des Pflegekindes nicht einheitlich gebraucht. Gleichwohl lässt sich in der Auslegung eine gewisse Tendenz zur Vereinheitlichung des Pflegekindbegriffs erkennen. So lässt sich über die Frage der rentenrechtlichen Kindererziehungszeiten hinaus für alle Rechtsbereiche feststellen, dass ein Pflegekindverhältnis nur dann vorliegt, wenn ein Obhuts- und Betreuungsverhältnis **zu den leiblichen Eltern nicht (mehr) vorliegt** (BSG 67 S. 211; BSG SozR 3 – 1200 § 56 Nr. 2, 3). Andernfalls würde das Kind in dem neuen Familienverband noch nicht „wie mit Eltern" leben. Das erklärt sich daraus, dass jedes Eltern-Kind-Verhältnis durch eine Ausschließlichkeit gekennzeichnet ist. Ein Kind kann nicht zu seinen Eltern und zu einer dritten Person in einem Eltern-Kind-Verhältnis stehen (BSG 19 S. 106). Das Obhuts- und Betreuungsverhältnis ist dann als gelöst anzusehen, wenn der Kontakt der Eltern zu ihrem Kinde auf gelegentliche Besuche beschränkt ist und nach dem äußeren Erscheinungsbild das eigene wie ein fremdes Kind behandelt wird (BSG SozR 3 – 1200 § 56 Nr. 3). Dementsprechend kann man auch ein Pflegekindverhältnis iSd § 2 Abs. 1 Nr. 2 BKGG nicht annehmen, wenn ein Mann mit seiner Lebensgefährtin und deren Kind in einem gemeinsamen Haushalt lebt. Hier besteht das ursprüngliche Eltern-Kind-Verhältnis zwischen Mutter und Kind noch fort (BSG SozR 3-5870 § 2 Nr. 19; BSG SozR 3-1200 § 56 Nr. 6). Im Verhältnis zum Manne ließe sich allenfalls von einem Stiefkind sprechen. Andererseits ist die Annahme einer Pflegekindschaft nicht dadurch ausgeschlossen, dass das (behinderte) Pflegekind im Betrieb der Pflegeeltern mitarbeitet (BSG SozR 3-5870 § 2 Nr. 20). Dementsprechend kann eine Kindererziehungszeit für eine Großmutter als Pflegemutter nur in Betracht kommen, wenn die Beziehung des Enkelkindes zu seiner Mutter vollständig gelöst ist (BSG 67 S. 211).

19 Zur Typik dieses Eltern-Kind-Verhältnisses wird man im Regelfalle rechnen müssen, dass das Kind jünger ist als seine Eltern. Davon hat das BSG aber für das

Kindergeldrecht eine Ausnahme gemacht, wenn für einen behinderten Menschen unter den Voraussetzungen des § 2 Abs. 2 Nr. 3 BKGG über die Vollendung des 25. Lebensjahres hinaus Kindergeld geleistet wird. Ist in diesem Falle der behinderte Mensch auf dem Entwicklungsstand eines Kindes stehen geblieben, dann können seine Pflegeltern auch jünger als der behinderte Mensch sein (BSG 69 S. 191). Soweit im Kinder- und Jugendhilferecht ein Pflegekindverhältnis zu prüfen ist, genügt es im Einzelfall, wenn dem Kinde nur Unterkunft gewährt wird. Eine regelmäßige Betreuung, wie sie für das Eltern-Kind-Verhältnis typisch ist, wird dort nicht gefordert. Das erklärt sich aus dem Zweck der Pflegeerlaubnis nach § 44 SGB VIII. Das Bedürfnis nach einer mit der Pflegeerlaubnis verbundenen Kontrolle besteht gerade auch dann, wenn eine Betreuung des Kindes nicht erfolgt (vgl. § 44 Abs. 1 Satz 1 SGB VIII). Entsprechendes gilt für die längere Dauer. Auch auf sie kommt es im Kinder- und Jugendhilferecht nicht an. Erforderlich ist nur eine regelmäßige Gewährung der Unterkunft oder eine Betreuung (vgl. auch BT-Drs. 11/5948 S. 82).

Insgesamt wird man sagen müssen, dass der Klammerzusatz in § 2 Abs. 1 Nr. 2 **20** BKGG eine klärende Bedeutung für den Pflegekindbegriff überhaupt hat. Der Gesetzgeber hat ihn in etwas veränderter Form in § 56 Abs. 2 Nr. 2 aufgenommen. Dabei verwendet er das vage aber doch sinngebende Merkmal „wie Kinder mit Eltern". Zu einer Vereinheitlichung des Pflegekindbegriffs auf dieser Grundlage neigt auch das BSG (BSG SozR 3 – 1200 § 56 Nr. 2) und zwar unter Hinweis auf die Rechtsprechung des Bundesfinanzhofes (BSG SozR 3 – 1200 § 56 Nr. 5; BFH 165 S. 201). Im konkreten Rahmen erforderlich für die Annahme eines Pflegekindes ist allgemein also ein familienähnliches, auf längere Dauer berechnetes Band, die Aufnahme in den Haushalt der Pflegeperson und die Beendigung des Obhuts- und Betreuungsverhältnisses mit den leiblichen Eltern. Nicht erforderlich ist dagegen, dass eine Einschränkung der elterlichen Sorge bei den leiblichen Eltern erfolgt ist (vgl. § 1666 BGB). Der Pflegekindbegriff erschöpft sich vielmehr im Tatsächlichen. Es kommt auch nicht darauf an, ob die Pflegeeltern den Unterhalt des Kindes oder einen wesentlichen Teil davon bestritten haben (BSG SozR 3 – 1200 § 56 Nr. 5). Diese Auffassung ist auch daraus abzuleiten, dass § 56 Abs. 2 Nr. 2 auf § 56 Abs. 1 Nr. 2 verweist. Danach genügt für den Begriff des Kindes das Leben in einem gemeinsamen Haushalt („oder").

Auch der Begriff der **Eltern** wird in § 56 Abs. 3 abweichend vom Bürgerlichen **21** Recht definiert. Dabei korrespondiert der Elternbegriff mit den Regelungen über Stief- und Pflegekinder (§ 56 Abs. 2 Nr. 1 und 2). Es gelten also die zu ihnen gemachten Ausführungen sinngemäß (oben Rn. 15–19). Im Übrigen wird auf die Eltern iSd § 56 Abs. 1 Nr. 3 Bezug genommen. Eltern sind danach alle Verwandten der geraden aufsteigenden Linie, also auch Groß- und Urgroßeltern.

3. Häusliche Gemeinschaft oder Unterhaltsleistung

Ergänzend werden diese verwandtschaftlichen oder persönlichen Beziehungen **22** durch die Unterhaltsgewährung bzw. die **gemeinsame Haushaltsführung** definiert. Für die in § 56 Abs. 1 Nr. 1–4 genannten Personen genügt es, wenn der Berechtigte mit ihnen entweder in einem gemeinsamen Haushalt gelebt oder sie wesentlich unterhalten hat. Die Voraussetzungen sind alternativ gegeben. Insbesondere muss also der Haushaltsführer (§ 56 Abs. 4) nicht unbedingt mit dem Berechtigten in einem gemeinsamen Haushalt gelebt haben (vgl. aber unten Rn. 26).

23 Ein gemeinsamer **Haushalt** ist dann anzunehmen, wenn sich auf Grund der tatsächlichen Gegebenheiten eine Wohn- und Wirtschaftsgemeinschaft, die auf einige Dauer angelegt ist, feststellen lässt. Eine vorübergehende Abwesenheit, aus welchem Grunde auch immer, schadet nicht, wenn nur das Band des gemeinsamen Haushalts erhalten bleibt. Auch die Beibehaltung eines eigenen anderen Haushalts ist möglich. Grundsätzlich kann eine Person ebenso mehrere Haushalte wie mehrere Wohnsitze haben (§ 30 Rn. 22, 23). Schließlich ist es für die gemeinsame Haushaltsführung ohne Belang, wer Haushaltsvorstand ist, bzw. ob es überhaupt einen Haushaltsvorstand gibt.

24 Eine „wesentliche" ist weniger als eine „überwiegende" **Unterhaltsleistung.** Mit dem Begriff überwiegend ist mehr als die Hälfte des Unterhaltsbedarfs zu bezeichnen. Ohne dass es objektive Anhaltspunkte im Gesetz dafür gäbe, hat das BSG im Zusammenhang mit dem Kindergeldrecht angenommen, dass die Unterhaltsleistung wesentlich ist, wenn ein Viertel des Unterhaltsbedarfs gedeckt wird (BSG 21 S. 155). Abzustellen ist auf den letzten wirtschaftlichen Dauerzustand. Versuche, die Begriffe nach inhaltlichen Kriterien abzugrenzen, dürften wenig ergiebig sein. So wird der wesentliche Unterhalt als ein Minus zum überwiegenden Unterhalt angesehen. Letzterer ist mehr als die Hälfte (Lebich in Hauck/Noftz, SGB I § 56 Rn. 8). Dem wird man im Prinzip zustimmen müssen. Dadurch wird aber der Begriff „wesentlich" nur unwesentlich konkreter gefasst. Zu beachten ist in jedem Falle, dass der Unterhaltsbedarf von Minderjährigen durch Bar- und Betreuungsunterhalt gedeckt wird (§ 1610 Abs. 2 BGB). Für Volljährige wird man nur auf die Barleistung abstellen dürfen (BVerfG 17 S. 1; BSG SozR 2200 § 1266 Nr. 9).

25 Der Begriff des leiblichen bzw. adoptierten Kindes, von dem § 56 Abs. 1 Nr. 2 ausgeht, wird in § 56 Abs. 2 erweitert: „Als Kinder … gelten auch". An diese Kindschaftsverhältnisse werden strengere Anforderungen gestellt (Lilge, SGB I § 56 Rn. 25a). Für Stief- und Enkelkinder sowie Geschwister regeln § 56 Abs. 2 Nr. 1 und Nr. 3 deswegen einschränkend, dass eine **Unterhaltsgewährung** nicht ausreicht. Vielmehr müssen sie in den Haushalt des Berechtigten aufgenommen worden sein. Dies ist erforderlich, um bei diesen Kindern das Betreuungs- und Erziehungsverhältnis, das sich nicht von selbst versteht, nach außen hin sichtbar zu machen (BSG 67 S. 211; BSG SozR 3-2200 § 1267 Nr. 6).

26 Die gesetzlichen Merkmale **„Aufnahme in den Haushalt"** (§ 56 Abs. 2 Nr. 1 und 3) und „in häuslicher Gemeinschaft lebend" (§ 56 Abs. 2 Nr. 2) haben nicht den gleichen Sinngehalt. Aus dem Merkmal der Aufnahme in den Haushalt ist einmal abzuleiten, dass der Verstorbene Haushaltsvorstand gewesen sein muss (BSG 30 S. 28; BSG 67 S. 211). Diese Voraussetzung ist für das Leben in häuslicher Gemeinschaft nicht erforderlich. Darüber hinaus beschränkt sich die Aufnahme in den Haushalt nicht auf das tatsächliche Geschehen. Sie umfasst auch die Sorge für das persönliche Wohlergehen des Kindes. Die Aufnahme in den Haushalt macht also ein Betreuungs- und Erziehungsverhältnis sichtbar (BSG 67 S. 211). Demgegenüber ist die Bindung bei einem Leben in häuslicher Gemeinschaft weniger intensiv (vgl. oben Rn. 20). Beim Pflegekind tritt in § 56 Abs. 2 Nr. 2 das Merkmal „wie Kinder mit Eltern" hinzu. Zu § 2 Abs. 1 Satz 1 Nr. 1 BKGG hat das BSG entschieden, dass die Aufnahme in den Haushalt nicht unbedingt ein örtlich gebundenes Zusammenleben voraussetzt (BSG SGb 1994 S. 489 mAnm Igl). Die Haushaltsaufnahme ist danach nur die Schnittstelle von Merkmalen örtlicher (Familienwohnung), materieller (Vorsorge, Unterhalt) und immaterieller Art (Zuwendung von Fürsorge, Begründung eines familienähnlichen Ban-

des). „Diese drei Arten von Kriterien stehen zwar in enger Beziehung zueinander und mögen sich auch teilweise überschneiden, keines davon darf jedoch gänzlich fehlen" (BSG SozR 3-2200 § 1267 Nr. 6). Dementsprechend kann auch die Haushaltsaufnahme nur beendet werden, wenn nicht allein eine räumliche Trennung erfolgt, sondern wenn das familienähnliche Band „zerrissen" wird (BSG SozR 3-2600 § 48 Nr. 5).

Wenn man für die Kinder iSd § 56 Abs. 2 Nr. 1 und 3 davon ausgehen muss, dass der Berechtigte Haushaltsvorstand war, so wird man es im Hinblick auf die von Art. 3 Abs. 2 GG geforderte Rollenverteilung genügen lassen müssen, dass der Haushalt von den Eltern gemeinschaftlich geführt wurde. Nicht ausreichend ist es, wenn der verstorbene Ehepartner es nur duldete, dass der andere das Kind aufgenommen hat (BSG 17 S. 265). Desgleichen genügt es nicht, wenn der Elternteil eines Kindes gemeinsam mit diesem im Haushalt der Großeltern lebt (Lebich in Hauck/Noftz, SGB I § 56 Rn. 12, 13). In diesem Falle steht die elterliche Betreuung im Vordergrund. Das kann aber anders sein, wenn für diese Lebensform ein sachlicher Grund besteht, also etwa wenn der Elternteil behindert ist und der Unterstützung durch die Großeltern bedarf. 27

Auch der **Haushaltsführer** wird in § 56 Abs. 1 Satz 1 Hs. 2 zunächst als eine Person definiert, die mit dem Berechtigten entweder im gemeinsamen Haushalt gelebt haben oder von ihm wesentlich unterhalten worden sein muss. In Abs. 4 wird dann nur noch auf die überwiegende Unterhaltsgewährung abgestellt. Der Berechtigte muss also mehr als die Hälfte des Unterhaltsbedarfs gedeckt haben. Aus dem Zusammenhang der §§ 56 Abs. 1 Nr. 4 und 56 Abs. 4 kann man schließen, es handelte sich hierbei um ein Vorschrift, die den Umfang der Unterhaltsgewährung vom Merkmal „wesentlich" (§ 56 Abs. 1 Satz 1 Hs. 2.) auf das Merkmal „überwiegend" (§ 56 Abs. 4) hin einschränkt (Lilge, § 56 Rn. 39; KassKomm-Siefert § 56 Rn. 20). Man könnte aber die Regelungen auch so verstehen, dass im Falle einer gemeinsamen Haushaltsführung von Berechtigtem und Haushaltsführer eine überwiegende Unterhaltsleistung nicht erforderlich ist. Nur wenn es an einer gemeinsamen Haushaltsführung fehlt, verlangt das Gesetz eine überwiegende Unterhaltsleistung. Diese Interpretation würde sich in den Zusammenhang der § 56 Abs. 1 und 2 besser einfügen. Jede Auslegung hat allerdings mit dem nicht ganz homogenen Wortlaut der Vorschrift zu kämpfen. In § 56 Abs. 4 wird der Haushaltsführer zwingend durch eine überwiegende Unterhaltsgewährung definiert. Diese Definition setzt § 56 Abs. 1 Nr. 4 voraus und lässt als zusätzliche Voraussetzung alternativ das Leben in einem gemeinsamen Haushalt zu. Man kann nun diese Voraussetzung nur auf § 56 Abs. 1 Nr. 1–3 beziehen. Dann dürfte sie aber nicht auch auf die Nr. 4 beziehbar sein. Dafür spricht der Wortlaut aber nicht. 28

Der Haushalt muss mindestens ein Jahr lang vor dem Tode des Berechtigten geführt worden sein. Das Gesetz verlangt hier nicht, dass dies wesentlich oder überwiegend geschehen ist. Ein materielles Kriterium ergibt sich aus der Stellvertreterfunktion des Haushaltsführers. Man wird bei dem sich ändernden Rollenverständnis eine Haushaltsführung je zur Hälfte genügen lassen müssen. Ein Beschäftigungsverhältnis zwischen dem Berechtigten und dem Haushaltsführer darf nicht vorgelegen haben. Als weitere materielle Kriterien für den Haushaltsführer kommen hinzu, dass eine Verwandtschaft oder Schwägerschaft mit dem Berechtigten besteht. Insbesondere genügt eine eheähnliche Gemeinschaft mit dem Berechtigten nicht. Darüber hinaus muss der Haushaltsführer an Stelle des verstorbenen oder geschiedenen Ehepartners bzw. des Lebenspartners tätig gewesen sein. Das- 29 selbe gilt auch, wenn der Ehepartner infolge gesundheitlicher Gründe an der Haushaltsführung gehindert war. Aus dem Merkmal „an Stelle" ergibt sich des Weiteren, dass der Berechtigte nicht ledig gewesen sein darf. Erst durch das BBG (BGBl I 2002 S. 1467) wurde der alte Wortlaut durch die „gesundheitlichen Gründe" ersetzt. Andere Gründe wie etwa die Abwesenheit infolge Strafhaft oder auch nur ein Getrenntleben des Ehepartners von einem Berechtigten und das Eintreten eines anderen Verwandten reichen nicht aus. Waren also die Eheleute nicht geschieden, sondern lebten sie nur getrennt, so verdrängt der Ehepartner (§ 56 Abs. 1 Nr. 1) selbst dann den Haushaltsführer (§ 56 Abs. 1 Nr. 4), wenn alle anderen Merkmale des § 56 Abs. 4 erfüllt sind (vgl. Bigge/Merten, BG 2007 S. 174, 245).

30 Die Sonderrechtsnachfolge erfolgt immer in Gruppen, und zwar in der in § 56 Abs. 1 Nr. 1–4 genannten Reihenfolge. Fällt ein Mitglied der jeweiligen Gruppe, etwa durch Tod oder Verzicht, fort, so treten, abweichend vom Bürgerlichen Recht, nicht dessen Erben in die Sonderrechtsnachfolge ein. Es gibt also keine Sonderrechtsnachfolge nach Stämmen (vgl. § 1924 Abs. 3 BGB). Diese verbleibt vielmehr in der jeweiligen Gruppe, deren Mitglieder nun einen größeren Anteil an der Sozialleistung erhalten. Abweichend von § 2032 Abs. 1 BGB bilden sie keine Gesamthands- sondern eine Gemeinschaft nach Bruchteilen, da ihnen gemäß § 56 Abs. 1 Satz 2 der Anspruch auf die Sozialleistung zu gleichen Teilen zusteht (§ 741 BGB). Nur wenn eine Gruppe ganz ausfällt tritt die nächste in die Sonderrechtsnachfolge ein.

§ 57 Verzicht und Haftung des Sonderrechtsnachfolgers

(1) [1]**Der nach § 56 Berechtigte kann auf die Sonderrechtsnachfolge innerhalb von sechs Wochen nach ihrer Kenntnis durch schriftliche Erklärung gegenüber dem Leistungsträger verzichten.** [2]**Verzichtet er innerhalb dieser Frist, gelten die Ansprüche als auf ihn nicht übergegangen.** [3]**Sie stehen den Personen zu, die ohne den Verzichtenden nach § 56 berechtigt wären.**

(2) [1]**Soweit Ansprüche auf den Sonderrechtsnachfolger übergegangen sind, haftet er für die nach diesem Gesetzbuch bestehenden Verbindlichkeiten des Verstorbenen gegenüber dem für die Ansprüche zuständigen Leistungsträger.** [2]**Insoweit entfällt eine Haftung des Erben.** [3]**Eine Aufrechnung und Verrechnung nach den §§ 51 und 52 ist ohne die dort genannten Beschränkungen der Höhe zulässig.**

Übersicht

1 Die Vorschrift ist lex specialis zu § 46. Der Verzicht auf die Sonderrechtsnachfolge erfolgt nur durch höchstpersönliche, rechtsgestaltende Erklärung, die der Schriftform bedarf und amtsempfangsbedürftig ist. Auf sie finden die §§ 126, 130 Abs. 1 und 3 BGB Anwendung. Die Vorschrift des § 16 Abs. 2 ist auf den Verzicht nicht anwendbar, da die Erklärung nach § 57 gegenüber dem Leistungsträger kein

Antrag und auch ihm nicht vergleichbar ist. Soweit ein umfassender Verzicht auf die Erbschaft beabsichtigt ist, muss zusätzlich noch die an strengere Formvorschriften gebundene Erbausschlagung nach § 1945 BGB erfolgen (BSG 31 S. 267).

1. Verzicht

Ein Verzicht kann nur innerhalb von sechs Wochen ab der positiven Kenntnis von der Sonderrechtsnachfolge erklärt werden. Dabei handelt es sich um eine **Ausschlussfrist.** Im Falle eines Verzichts gelten die Ansprüche nicht als übergegangen (vgl. § 1953 Abs. 1 BGB). Der Verzicht wirkt also in die Vergangenheit. Eine der Regelung des § 1943 BGB entsprechende Annahme der Sonderrechtsnachfolge kennt das Sozialrecht nicht. Die gleiche Wirkung lässt sich aber durch einen Verzicht auf den Verzicht erreichen. Damit wäre dann ein Verzicht auf die Sonderrechtsnachfolge zu einem späteren Zeitpunkt ausgeschlossen. Größere praktische Wirkung dürfte diese Konstruktion nicht haben. 2

Sonderrechtsnachfolger werden die anderen in § 56 Abs. 1 genannten Gruppen. Die **Nachfolge** beschränkt sich zunächst auf die anderen Mitglieder der Gruppe, zu der der Verzichtende gehörte. Erst wenn kein Mitglied dieser Gruppe mehr vorhanden ist, werden die Mitglieder der rangniedrigeren Gruppe mit Wirkung auf den Todesfall Rechtsnachfolger. Die Sonderrechtsnachfolge kennt also keinen Erbgang nach Stämmen (vgl. § 1924 Abs. 3 BGB). Kommt keine der in § 56 Abs. 1 Nr. 1–4 genannten Personen in Betracht, so gibt es auch keine Sonderrechtsnachfolge. Die Vererbung folgt dann ausschließlich nach den Grundsätzen des Bürgerlichen Rechts (vgl. § 58 Rn. 1). 3

Für die **Berechnung** der Frist verweist § 26 Abs. 1 SGB X auf die §§ 187–193 BGB. Bei der Versäumung der Frist ist an eine Anfechtung in entsprechender Anwendung des § 1956 BGB zu denken. Dasselbe gilt für die Anfechtung eines rechtzeitig ausgesprochenen Verzichts. Die Anfechtung kann, wie im Falle der Annahme (§ 1954 BGB), wegen Irrtums, Täuschung oder Drohung erfolgen und dürfte deswegen zumindest bei der Versäumung der Frist kaum praktische Bedeutung haben. Ausschlagen kann nur der Sonderrechtsnachfolger höchstpersönlich. Wer als Minderjähriger iSd § 36 handlungsunfähig ist, kann nur mit Einwilligung seines gesetzlichen Vertreters auf die Sonderrechtsnachfolge verzichten. Dies umfasst den Verzicht auf Sozialleistungen, der durch § 36 Abs. 2 Satz 2 ausgeschlossen ist. Im Falle einer Rechtsbetreuung des Sonderrechtsnachfolgers ist § 11 Abs. 2 SGB X zu beachten (§ 36 Rn. 6, 7). 4

2. Haftung

Die **Haftung** des Sonderrechtsnachfolgers ist, anders als die des Erben (§ 1967 BGB), von Anfang an gegenständlich beschränkt. Eine Haftung erfolgt nur mit der übergegangenen Sozialleistung selbst, also nicht mit dem übrigen Vermögen. Sie besteht auch nur für Verbindlichkeiten nach dem Sozialgesetzbuch. Das sind in erster Linie Beitragsschulden. Dazu kann aber auch die Verpflichtung zur Erstattung nach § 50 SGB X gehören. Da mehrere Sonderrechtsnachfolger eine Gemeinschaft nach Bruchteilen bilden, haften sie nicht als Gesamtschuldner, sondern nur mit ihrem Anteil. 5

Eine Haftung des Sonderrechtsnachfolgers für Verbindlichkeiten des Verstorbenen besteht zumindest gegenüber dem zuständigen Sozialleistungsträger, also gegenüber demjenigen, der die nach § 56 übergegangene Sozialleistung zu erbringen hatte (unten Rn. 11). Im Umfange der Haftung des Sonderrechtsnachfolgers 6 entfällt die allgemeine Erbenhaftung nach § 1967 Abs. 1 BGB (§ 57 Abs. 2 Satz 2). Die Haftung des Erben bleibt jedoch auch bei Verbindlichkeiten nach dem Sozialgesetzbuch bestehen, soweit der Sonderrechtsnachfolger nicht nach den Grundsätzen des § 57 Abs. 2 Satz 1 haftet. Das ist vor allem dann der Fall, wenn etwa die Beitragsschulden höher sind als die zu beanspruchende Sozialleistung. Dagegen spricht nicht die Tatsache, dass die Sozialleistung nicht in den Nachlass fällt. Es gibt eben nur eine Sonderrechtsnachfolge in Ansprüche auf laufende Geldleistungen (§ 56 Abs. 1 Satz 1). Nur soweit mit dieser Sozialleistung gehaftet wird, entfällt die **allgemeine Erbenhaftung** (§ 57 Abs. 2 Satz 2). Eine darüber hinausgehende Befreiung des Erben von der Haftung für Verbindlichkeiten des Erblassers kennt das Gesetz nicht. Das schließt andererseits eine Dürftigkeitseinrede nach § 1990 Abs. 1 BGB nicht aus (VGH München FEVS 58 S. 76).

7 Zweifelhaft könnte die Frage sein, ob der Sonderrechtsnachfolger auch für eigene Verbindlichkeiten mit der Folge haftet, dass ihm gegenüber aufgerechnet werden kann. Man könnte geneigt sein, dies unter Hinweis auf den Wortlaut des § 57 Abs. 2 zu verneinen. Dabei würde aber übersehen, dass durch die Sonderrechtsnachfolge der Sozialleistungsanspruch in das Vermögen des Sonderrechtsnachfolgers übergeht. Er haftet dann, wie jeder andere auch, mit seinem eigenen Vermögen für seine eigenen Verbindlichkeiten. Zu beachten sind lediglich die §§ 387 ff. BGB. Davon zu unterscheiden ist die Frage, ob der Sozialleistungsträger mit einer Geldleistung iSd § 11, die er dem Sonderrechtsnachfolger schuldet, gegen einen Anspruch, den er **gegenüber dem Sonderrechtsnachfolger** nach § 57 Abs. 2 Satz 1 hat, aufrechnen kann. Dies ist schon deswegen nicht möglich, weil der Sonderrechtsnachfolger nur mit dem übergegangenen Anspruch haftet.

8 Im Hinblick auf den Grundgedanken der Sonderrechtsnachfolge in Sozialleistungen ist die Regelung des § 57 Abs. 2 Satz 3 nicht unproblematisch. Danach ist im Falle einer Auf- oder Verrechnung der Sozialleistungsträger nicht an die Beschränkungen der §§ 51 und 52 gebunden. Wohl aber gelten für Dritte die sich aus den §§ 53–55 ergebenden Beschränkungen weiterhin. Eine Privilegierung erfolgt also nur für den Sozialleistungsträger.

9 Umstritten ist, ob eine **Verrechnung** nach § 52 im Rahmen der Sonderrechtsnachfolge in Betracht kommt. Orientiert man sich ausschließlich am Wortlaut des § 57 Abs. 2 Satz 1, dann erfolgt eine Haftung des Sonderrechtsnachfolgers mit der übergegangenen Sozialleistung nur gegenüber dem **zuständigen Leistungsträger.** Demgegenüber erfasst die Verrechnung nach § 52 gerade den Fall der Forderung eines anderen Sozialleistungsträgers. Ihr gegenüber soll nach der einen Auffassung der Sonderrechtsnachfolger nicht mit der übergegangenen Sozialleistung haften. Zwar werde in § 57 Abs. 2 auf § 52 und damit auf die Möglichkeit der Verrechnung durch einen unzuständigen Träger verwiesen. Es werde jedoch nur die Beschränkung hinsichtlich der Höhe aufgehoben (v. Maydell GK SGB I § 57 Rn. 11; KassKomm-Siefert § 57 Rn. 16). Nach einer gegenteiligen Auffassung wird in § 57 Abs. 2 eine Haftung des Sonderrechtsnachfolgers gegenüber allen Sozialleistungsträgern begründet (Wannagat-Jung, SGB I § 57 Rn. 22, 23). Der letzteren Auffassung ist zuzustimmen. Es sind aber die Voraussetzungen für eine Verrechnung festzustellen (BSG SozR 4-1200 § 52 Nr. 1). Andernfalls wäre Verweisung auf § 52 wäre sinnlos. Das gilt auch dann, wenn man sie nur auf die Höhe beschränkt wissen will, denn auch in diesem Falle wäre die Verweisung auf § 51 ausreichend und die Erwähnung des § 52 überflüssig gewesen (vgl. dazu Lilge, § 57 Rn. 15–17). Der Hinweis in § 57 Abs. 2 auf den zuständigen Leistungsträger findet seine Rechtfertigung darin, dass er es ist, der bei jeder Verrechnung gegenüber dem Sonderrechtsnachfolger auftritt (vgl. § 52 Rn. 3, 7).

Allgemein darf weder durch eine Auf- noch eine Verrechnung der Betrag berührt werden, der dem notwendigen Lebensunterhalt iSd §§ 19 ff. SGB II, 27 ff. SGB XII entspricht (vgl. § 51 Rn. 11). Diese Einschränkungen gelten im Falle der Haftung des Sonderrechtsnachfolgers nicht. Da nun aber die Sonderrechtsnachfolge in Sozialleistungen von dem Grundgedanken ausgeht, dass durch Sozialleistungen idR der Familienbedarf zu decken ist, und dieser Gedanke nach dem Tode des Berechtigten noch fortwirkt, sind die Sonderrechtsnachfolger grundsätzlich in gleicher Weise schutzbedürftig wie der Berechtigte selbst. Dem hat § 57 Abs. 2 Satz 3 jedoch nicht Rechnung getragen. Die Verweisung auf die §§ 51 und 52 erklärt jedoch Auf- und Verrechnung nur für zulässig. Deswegen ist auch diesem Rahmen die Ausübung von Ermessen geboten. **10**

3. Zahlungen auf das Konto des Verstorbenen

Eine besondere Situation kann sich vor allem bei Rentenzahlungen nach dem Tode des Rentenberechtigten infolge einer **Überzahlung** auf ein Konto des Verstorbenen ergeben, sofern bei deren Auszahlung dem Leistungsträger der Tod des Rentenberechtigten noch nicht bekannt ist. Solche Leistungen gelten gemäß § 118 Abs. 3 Satz 1 SGB VI als unter Vorbehalt erbracht. Die Zahlungen dürfen insbesondere nicht zur Befriedigung eigener Forderungen des Geldinstituts verwendet werden (§ 118 Abs. 3 Satz 4 SGB VI). Das gilt auch für den Fall, in dem der Verstorbene selbst noch eine Überweisung zum Ausgleich eines Darlehens veranlasst hat (BSG SozR 4-2600 § 118 Nr. 9). In § 66 Abs. 2 BVG wird auf die Vorschrift des § 118 SGB VI verwiesen. Entsprechendes gilt für § 40 Abs. 5 SGB II. Das Geldinstitut muss eine Rücküberweisung vornehmen (Rieker, NZS 2010 S. 11; Habl, NZS 2013 S. 481; vgl. auch Lilge § 47 Rn. 35–45). Allerdings können sich aus den üblichen Bedingungen des Zahlungsverkehrs Abweichungen ergeben. Dem trägt § 118 Abs. 3 Satz 3 SGB VI Rechnung (BSG SozR 3-2600 § 118 Nr. 4, 10). Insoweit besteht der Grundsatz, dass eine Rücküberweisung nicht erfolgen muss, wenn über den entsprechenden Betrag „bereits anderweitig verfügt wurde", es sei denn, der Rückforderungsanspruch kann noch aus einem Guthaben erfüllt werden oder die Verfügung ist in Kenntnis des Todes erfolgt (BSG SozR 4-2600 § 118 Nr. 6 Rn. 17; LSG BW NZS 2013 S. 899). Das Gesetz erwähnt das Merkmal der Unkenntnis allerdings nicht. Das BSG ist jedoch der Auffassung, dass „die vom Gesetz ausdrücklich vorgeschriebene Berücksichtigung anderweitiger Verfügungen bis zu diesem Zeitpunkt kann nur so zu verstehen sein, dass sie auf der (unterstellten) Unkenntnis des Geldinstituts beruht" (BSG SozR 4-2600 § 118 Nr. 6 Rn. 17). Demgegenüber wird die Auffassung vertreten, dass die Kenntnis vom Tod völlig unerheblich ist (Habl, NZS 2013 S. 481, 485). Die Unterstellung einer Unkenntnis mag den Erfordernissen des heutigen Bankenverkehrs entsprechen. Das bedeutet aber nicht, dass man eine positive Kenntnis ignorieren müsste. Eine gegenüber dem Träger der Rentenversicherung wirksame anderweitige Verfügung ist darüber hinaus dann anzunehmen, wenn das Geldinstitut nach zivilrechtlichen Grundsätzen ein Zahlungsbegehren nicht zurückweisen konnte. Das wäre etwa die Abhebung unter Vorlage eines Sparbuchs (§ 808 Abs. 1 BGB) oder eine Abbuchung mittels eine EC-Karte und der dazu gehörigen PIN. Auf die materielle Verfügungsberechtigung kommt es nicht **11** an (BSG SGb 2010 S. 88 mAnm Joussen). Verfügt ein Betreuer in Unkenntnis des Todes des Betreuten über den auf das Konto eingegangenen Betrag, so kann er vom Träger der Rentenversicherung nicht in Anspruch genommen werden. Insoweit wird der gute Glaube des Betreuers an den Fortbestand seiner Vertretungsbefugnis nach § 1908i Abs. 1, 1893 Abs. 1, 1698a Abs. 1 BGB geschützt (BSG 122 S. 192).

12 Noch ungeklärt ist, ob die **Auflösung des Kontos** zum Untergang des Rücküberweisungsanspruchs führt. Fraglich ist, ob sich die Rücküberweisungspflicht nur auf dieses Konto bezieht, auf das die Überweisung eingegangen ist. Dieser wohl etwas zu engen Auslegung des Wortlauts „Rücküberweisung" in § 118 Abs. 3 Satz 2 und 3 SGB VI durch den 5. Senat (NZS 2018 S. 194 Rn. 31) hält der 13. Senat entgegen, dass die Bank redlicher Zahlungsmittler sein muss. Davon ist nicht mehr auszugehen, wenn der Bank bei Ausführung einer Verfügung über das Konto, eine fehlende bzw. nicht mehr bestehende Verfügungsberechtigung bekannt ist. Eindeutig geregelt sind im Gesetz die Voraussetzungen einer Überweisung auf das Konto nach dem Tode des Berechtigten, die Verpflichtung der Bank zur Rücküberweisung und deren Ausschluss, wenn über den Betrag bereits anderweitig verfügt worden war, bevor das Rückforderungsverlangen bei der Bank eingegangen war. (BSG 121 S. 18 Rn. 20). Dazu ist ein Vorlagebeschluss des 5. Senats ergangen (BSG NZS 2018 S. 194). Die Meinungsverschiedenheit der beiden Senate folgt aus zwei Merkmalen, die wohl beide nicht eindeutig aus dem Wortlaut des § 118 SGB VI zu entnehmen sind, nämlich dem Erfordernis der Gutgläubigkeit der Bank (13. Senat) und dem der Fortexistenz des Kontos (5. Senat). Aus dem Gesamtzusammenhang des § 118 Abs. 3 SGB VI wird man wohl eher entnehmen müssen, dass nur die gutgläubige Bank geschützt ist. Dies setzt nicht zwingend voraus, dass es für die Anwendung des § 118 Abs. 3 SGB VI auf die Kenntnis vom Tod überhaupt nicht ankommt (oben Rn. 11). Unkenntnis mag der Normalfall im Bankverkehr sein. Entscheidend ist aber, ob eine Bank, die positive Kenntnis vom Tod hat, geschützt werden muss. Das ist zu verneinen. Das zweite strittige Merkmal, der Begriff „Rücküberweisung" lässt sich nicht nur als „vom bestehenden Konto aus", sondern auch im Sinne von „aus der Einflusssphäre der Bank" heraus verstehen. Aus der Entstehungsgeschichte des § 118 SGB VI (dazu Escher-Weingart, SGb 2017 S. 135) wäre nur etwas anderes abzuleiten, wenn dies seinen Niederschlag im Wortlaut des Gesetzes gefunden hätte.

13 Sofern die Überweisung vom Konto wirksam ist, so ist damit der Rückforderungsanspruch des Trägers der Rentenversicherung nicht erloschen. Haben bereits Personen die auf dem Konto eingegangene Geldleistung in Empfang genommen oder über den entsprechenden Betrag verfügt, so sind sie gemäß § 118 Abs. 4 Satz 1 SGB VI zur Erstattung verpflichtet (BSG SozR 4-2600 § 118 Nr. 12; LSG Thür. Breith. 2000 S. 581). Insoweit begründet § 118 Abs. 4 Satz 1 SGB VI einen öffentlich-rechtlichen Rückforderungsanspruch des Trägers der Rentenversicherung gegenüber dem Empfänger der Leistung. Dieser wird durch Verwaltungsakt in Anspruch genommen (BSG SozR 3-2600 § 118 Nr. 2). Ergänzend dazu begründet § 118 Abs. 4 Satz 3 SGB VI eine Auskunftspflicht des Geldinstituts. Sie besteht jedoch nur, wenn und soweit eine Erstattung nach § 118 Abs. 3 SGB VI nicht in Betracht kommt, weil über den entsprechenden Betrag bereits verfügt worden war (BSG 82 S. 239; BSG SozR 3-2600 § 118 Nr. 9, 10; BSG SGb 2002 S. 287 mAnm Krause).

§ 58 Vererbung

[1]Soweit fällige Ansprüche auf Geldleistungen nicht nach den §§ 56 und 57 einem Sonderrechtsnachfolger zustehen, werden sie nach den Vorschriften des Bürgerlichen Gesetzbuchs vererbt. [2]Der Fiskus als gesetzlicher Erbe kann die Ansprüche nicht geltend machen.

Während § 56 die Sonderrechtsnachfolge in **laufende** Geldleistungen regelt, 1
bezieht sich § 58 auf die Vererbung solcher Geldleistungen, die nicht der Sonderrechtsnachfolge unterliegen. Das sind also neben den einmaligen auch die laufenden Geldleistungen, für die eine Sonderrechtsnachfolge nach § 56 nicht in Betracht kommt. Dabei zieht Satz 1 insoweit die Konsequenz aus der Rechtsnachfolge als er die Sozialleistung, soweit sie nach den §§ 56 und 57 dieser Sonderrechtsnachfolge unterliegt, vom allgemeinen Erbgang nach den §§ 1922 ff. BGB ausnimmt. Sind dagegen die Voraussetzungen der §§ 58 und 59 erfüllt, so erfolgt eine Vererbung „nach den Vorschriften des Bürgerlichen Gesetzbuches". Damit gelten also schon nach dem Wortlaut des § 58 alle und nur die Grundsätze der Erbfolge nach den §§ 1922 ff. BGB. Es kann also zB kein Verzicht nach § 57 Abs. 1 ausgesprochen werden. Vielmehr ist die Ausschlagung der Erbschaft erforderlich (§§ 1942 ff. BGB). Sofern die Forderung gegenüber einem Sozialleistungsträger überhaupt keine Sozialleistung iSd § 11 ist, gelten unmittelbar die §§ 1922 ff. BGB (§ 56 Rn. 1).

Im konkreten Fall ist zunächst § 59 zu prüfen und festzustellen, ob eine Rechts- 2
nachfolge (§§ 56, 58) bei Sozialleistungen überhaupt gegeben ist. Das ist nicht bei Ansprüchen auf **Dienst- und Sachleistungen,** sondern nur bei solchen auf Geldleistungen der Fall. Auch bei letzteren tritt eine Rechtsnachfolge jedoch nur ein, wenn sie im Zeitpunkt des Todes des Berechtigten fällig waren und der Anspruch entweder festgestellt oder ein Verfahren iSd §§ 8 ff. SGB X über ihn anhängig ist. Sodann sind die Alternativen § 56 und § 58 zu prüfen. Der Sonderrechtsnachfolge unterliegen gemäß § 56 Abs. 1 Satz 1 nur Ansprüche auf laufende Geldleistungen. Soweit andere Sozialleistungen nach den Grundsätzen des § 59 überhaupt vererblich sind, gehören sie gemäß § 58 zum Nachlass (§§ 1922 ff. BGB). Das gilt also für einmalige Geldleistungen aber etwa auch für Beitragserstattungsansprüche (BSG SozR 3-1200 § 58 Nr. 1). Die §§ 56 und 58 sind damit einander ausschließende Alternativen. Zweifelhaft kann allerdings die Zuordnung einer Leistung zu § 56 oder § 58 sein (§ 56 Rn. 2). Zum persönlichen Budget nach § 29 SGB IX vgl. § 56 Rn. 7a.

Nach in der Vergangenheit herrschender aber abzulehnender Auffassung sind 3
Ansprüche auf Leistungen der Jugend- bzw. **Sozialhilfe** nicht vererblich. Richtigerweise wird man demgegenüber die Ansicht vertreten müssen, dass sie zwar nicht der Sonderrechtsnachfolge des § 56 unterliegen, wohl aber unter bestimmten Voraussetzungen vererblich sind. Sie fallen damit gemäß § 58 Satz 1 iVm §§ 1922 ff. BGB in den Nachlass (vgl. § 59 Rn. 8–17). Demgegenüber wird teilweise von einer Vererbung nach den Grundsätzen des Bürgerlichen Rechts ausgegangen, wenn nach der Inanspruchnahme einer Dienst- oder Sachleistung durch den Leistungsberechtigten ein Anspruch auf **Kostenerstattung** besteht (vgl. § 13 Abs. 3 SGB V). Bei genauer Betrachtung sind hier aber sehr ähnliche Erwägungen anzustellen wie bei der Vererbung von Leistungen der Sozialhilfe (vgl § 56 Rn. 2; § 59 Rn. 8–18).

4 Kommt es nicht zu einer Sonderrechtsnachfolge und ist auch kein Erbe vorhanden, so wird der **Fiskus** gesetzlicher Erbe (§ 1936 BGB). Gemäß § 58 Satz 2 kann er jedoch Ansprüche nicht geltend machen. Auch diese Vorschrift bezieht sich nur auf Sozialleistungen (§ 11 Rn. 1–6), also insbesondere auf einmalige Geldleistungen und auf laufende Geldleistungen, die einer Sonderrechtsnachfolge nicht unterliegen. Für alle anderen Forderungen gegenüber einem Sozialleistungsträger gelten unmittelbar und ausschließlich die §§ 1922 ff. BGB (§ 56 Rn. 1).

5 Mit der Regelung des § 58 Satz 2 wird einmal erreicht, dass Zahlungen zwischen verschiedenen öffentlichen Haushalten vermieden werden (BSG 54 S. 186). Zugleich aber wird bewirkt, dass in diesem Falle der Anspruch als solcher bestehen bleibt. Der Fiskus kann ihn nur nicht geltend machen. Damit können Auseinandersetzungen der Sozialleistungsträger über den Anspruch weiterhin ausgetragen werden (BSG SGb 1980 S. 64 mAnm Krause). Insbesondere ist weiterhin die Durchsetzung von Erstattungsansprüchen möglich (BSG SozR 2200 § 183 Nr. 21; BT-Dr. 7/3786 S. 5). Darüber hinaus wird erreicht, dass auch Rechte Dritter, die sich aus der Rechtsnachfolge nach den §§ 53 ff. ergeben, weiterhin geltend gemacht werden können.

§ 59 Ausschluß der Rechtsnachfolge

[1]Ansprüche auf Dienst- und Sachleistungen erlöschen mit dem Tode des Berechtigten. [2]Ansprüche auf Geldleistungen erlöschen nur, wenn sie im Zeitpunkt des Todes des Berechtigten weder festgestellt sind noch ein Verwaltungsverfahren über sie anhängig ist.

Übersicht

1 Die Vorschrift schließt bestimmte Ansprüche von der Sonderrechtsnachfolge nach § 56 bzw. der Vererbung nach § 58 überhaupt aus. Bei den Ansprüchen, die der Rechtsnachfolge unterliegen, ist jeweils zu klären, ob für sie eine Sonderrechtsnachfolge (§§ 56, 57) eintritt oder ob sie gemäß § 58 nach den §§ 1922 ff. BGB vererbt werden. Sofern es sich bei den Ansprüchen gegen einen Sozialleistungsträger überhaupt nicht um Sozialleistungen iSd § 11 handelt, finden die §§ 56 ff. keine Anwendung. Damit gelten für sie auch nicht die Voraussetzungen des § 59. Die Erbfolge bestimmt sich allein nach den §§ 1922 ff. BGB.

1. Voraussetzungen des Erlöschens

2 Ansprüche auf Sach- oder Dienstleistungen sind von der Rechtsnachfolge durchgehend ausgeschlossen. Sie erlöschen gemäß § 59 Satz 1. Der Rechtsnachfolge unterliegen also nur Ansprüche auf **Geldleistungen.** Bei ihnen ist zu unterscheiden, ob es sich um laufende (§ 56) oder um einmalige (§ 58) Geldleistungen handelt. Dagegen kommt es, anders als bei § 48 oder § 53 Abs. 3, nicht darauf an, ob die laufenden Geldleistungen der Sicherung des Lebensunterhalts zu dienen bestimmt sind (§ 48 Rn. 12 ff.). Unter keinem Blickwinkel gelangt der Anspruch

auf Feststellung des GdB nach § 69 Abs. 1 SGB IX aF in die Rechtsnachfolge (LSG BW Breith. 2009 S. 1027). Er erlischt also mit dem Tode des Anspruchsinhabers. Entsprechendes gilt auch für Gestaltungsrechte. Ohne Einschränkung vererbbar sind unter den Voraussetzungen des § 59 Geldleistungen der Pflegeversicherung (§§ 37, 40 Abs. 4 SGB XI). Insbesondere bei Veränderung des Pflegegrades entstehen hier jedoch häufig Beweisprobleme (LSG Nds.-Brem. L 3 U 140/10 juris; Bay. LSG L 2 P 61/12, juris).

Die erste Voraussetzung für die Sonderrechtsnachfolge ist nicht in § 59, sondern 3
in § 56 Abs. 1 geregelt. Es ist die **Fälligkeit** des Anspruchs auf Geldleistungen (vgl. § 41 Rn. 6–9). Dasselbe gilt für die Vererbung nach § 58. Dass das Merkmal der „Fälligkeit" in § 59 Satz 2 nicht nochmals erwähnt wird, lässt nicht den Schluss zu, dass nicht fällige Ansprüche auf laufende bzw. einmalige Geldleistungen, die der Sache nach unter die §§ 56 bzw. 58 fallen, nach den Grundsätzen des Bürgerlichen Recht vererbt werden (aA Lebich in Hauck/Noftz, SGB I § 59 Rn. 6; Lilge, SGB I § 59 Rn. 4, 5). Eine Rechtsnachfolge kann nur entweder nach § 56 oder nach § 58 eintreten. In § 59 Satz 2 ist lediglich geregelt, wann Ansprüche „nur" erlöschen (vgl. unten Rn. 7). Diese Rechtsfolge tritt nicht ein, wenn ein Anspruch festgestellt worden (§§ 31, 53 SGB X), oder wenn ein Verwaltungsverfahren (§§ 8 ff. SGB X) über ihn anhängig ist (§§ 8, 18 SGB X). Das erfolgt idR durch einen Antrag. Hat der Antrag materiell-rechtliche Bedeutung (§ 40 Rn. 11, 12), so entsteht der Anspruch erst mit der Antragstellung. Dies wäre dann der früheste Zeitpunkt für die Anwendung des § 59 Satz 2 (BSG SGb 1998 S. 77 mAnm Mrozynski). Wurde das Verwaltungsverfahren, wie zumeist, durch einen Antrag im formellen Sinne eröffnet, so genügt es, wenn der Antrag bei einem iSd § 16 Abs. 2 unzuständigen Leistungsträger eingegangen ist. Verstirbt der Berechtigte zwischen Antragsaufgabe und dem Zugang es Antrags, so ist dies in entsprechender Anwendung des § 130 Abs. 2 BGB unschädlich (BSG SozVers 1977 S. 250 mAnm Eckert). Demgegenüber wird unter Hinweis auf den Wortlaut „anhängig" die Auffassung vertreten, § 130 Abs. 2 BGB könne keine Anwendung finden (v. Maydell, GK-SGB I § 59 Rn. 8). Wenn es aber in der Vorschrift heißt, dass es auf die Wirksamkeit der Willenserklärung ohne Einfluss ist, dass der Erklärende nach der Abgabe verstirbt, dann kann dies in entsprechender Anwendung des § 130 Abs. 2 BGB im Verwaltungsrecht nur bedeuten, dass die Wirkung der Erklärung eben darin liegt, das Verfahren anhängig zu machen. Diese Wirkung tritt auch in zeitlicher Hinsicht ein. Das Verwaltungsverfahren kann unter den Voraussetzungen des § 18 SGB X auch von Amts wegen eröffnet werden. Das muss aber tatsächlich geschehen sein. Es genügt also nicht, wenn es eröffnet hätte werden können. Eine Anhängigkeit des Verfahrens in diesem Sinne verlangt keine förmliche Entscheidung. Es genügt, wenn der Sozialleistungsträger intern mit der Bearbeitung der Sache befasst ist.

2. Anhängigkeit des Verfahrens

Mit der Regelung des § 59 Satz 2 wollte der Gesetzgeber erreichen, dass es 4
in der Entscheidung des Sozialleistungsberechtigten verbleibt, ob ein Anspruch geltend gemacht werden soll. Der Rechtsnachfolger kann also den bisher unterbliebenen Antrag nicht nachholen (BSG SozR 3- 1200 § 59 Nr. 2). Jedoch ist das BSG der Ansicht, dass der Sonderrechtsnachfolger ein **Wiederaufgreifen** nach § 44 SGB X beantragen kann. In diesem Falle wirkt die Entscheidung des Sozialleistungsträgers auf den Zeitpunkt des Todes des Berechtigten zurück mit

der Folge, dass das Verwaltungsverfahren zu eben diesem Zeitpunkt anhängig war (BSG 55 S. 220; BSG SozR 1300 § 44 Nr. 15; BSG SGb 1985 S. 249 mAnm Thieme). Diese Auffassung des BSG hat zwar Kritik erfahren (Adami, SozVers 1984 S. 199; Tannen, DRV 1985 S. 473), sie findet jedoch ihre Berechtigung darin, dass bei einem Wideraufgreifen nach § 44 Abs. 1 SGB X der Verwaltungsakt mit Wirkung für die Vergangenheit zurückzunehmen ist. Das begründet auch eine Anhängigkeit des Verfahrens auf den früheren, für § 59 Satz 2 entscheidenden Zeitpunkt (vgl. Dörr, SGb 2012 S. 9). Die Praxis hat sich der Rechtsprechung des BSG angeschlossen und wendet sie auch auf den Erben an (§ 58). In jedem Falle ist dieser rechtliche Weg jedoch nur dann gangbar, wenn ein Anspruch verfahrensmäßig „gefestigt" ist. Es muss zumindest ein, wenn auch ein rechtswidriger, Verwaltungsakt ergangen sein. Ist lediglich eine dem Berechtigten günstige Entscheidung, zB die Umwandlung einer Rente wegen verminderter Erwerbsfähigkeit in eine Altersrente, unterblieben, so ist die Rechtsnachfolge ausgeschlossen (BSG SGb 1985 S. 249 mAnm Thieme). Gegen die Befugnis des Sonderrechtsnachfolgers, ein Verfahren nach § 44 SGB X in Gang zu setzen hat sich der 8. Senat des BSG ausgesprochen (BSG SGb 2016 S. 357 mAnm Mrozynski). Anders hatte der 11. Senat entschieden (BSG SozR 1300 § 44 Nr. 15): „ Auch der Rechtsnachfolger … eines Leistungsberechtigten kann die Rücknahme eines diesem erteilten rechtswidrigen nichtbegünstigenden Verwaltungsaktes verlangen." Es ist darüber hinaus zu betonen, dass ein Wiederaufgreifen nach § 44 SGB X auch von Amts wegen erfolgen und damit von jedermann angeregt werden kann (BSG SozR 1200 § 59 Nr. 5; BSG 5b RJ 78/85, juris). Der 8. Senat begründet seine Auffassung im Grunde nur damit, dass ein Wideraufgreifen der „Systematik des sozialhilferechtlichen Dreiecksverhältnisses widersprechen" würde. Dieses Dreiecksverhältnis ist aber lediglich eine gedankliche Konstruktion, die dazu verhilft, die Rechtsbeziehungen der Beteiligten besser zu klären (vgl. § 1 Rn. 19c). Rechte und Pflichten ergeben sich lediglich aus den einzelnen Rechtsbeziehungen selbst. Insoweit wird die Systematik des Dreiecksverhältnisses überschätzt.

5 Wurde gegenüber dem Anspruchsinhaber die nach § 115 Abs. 6 SGB VI erforderliche Beratung unterlassen und damit ein **Herstellungsanspruch** ausgelöst (§ 14 Rn. 23), so wird nach Auffassung des 8. Senats des BSG dadurch das Erlöschen des Anspruchs gehindert, auch wenn bis zu diesem Zeitpunkt ein Verwaltungsverfahren nicht anhängig war (BSG SGb 2000 S. 29 Rn. 24 mAnm Brandenburg). Die gegenteilige Auffassung wird vom 11. Senat vertreten (BSG 57 S. 215; zustimmend LSG BW NZS 2013 S. 669; LSG BW L 6 U 1806/18 Rn. 32–42). Das LSG Baden-Württemberg begründet seine ablehnende Auffassung damit, dass andernfalls die Leistungen nicht dem Versicherten und ursprünglich Berechtigten zugute kommen soll, sondern seinen Rechtsnachfolgern iSd § 56 SGB I (LSG BW NZS 2013 S. 669; zweifel auch LSG NRW NZS 2019 S. 393). Dazu ist aber zu betonen, dass § 56 SGB I vor allem darauf abstellt, dass die Sonderrechtsnachfolge dazu dient, den Lebensbedarf der Familienmitglieder zu decken, der vor dem Tode des Berechtigten durch die Sozialleistung gedeckt wurde (§ 56 Rn. 5). Dagegen spricht auch nicht, dass § 59 Satz 2 auf die im Zeitpunkt des Todes des Berechtigten tatsächlich bestehende Rechtslage abstellt und nicht auf eine, die hätte bestehen können oder müssen (BSG 57 S. 215). Dies ist vielmehr die typische Situation bei der Fehlerkorrektur. Auch der Hinweis auf die Materialien ist unergiebig, weil dort nur allgemein zu den §§ 56–59 auf rechtssystematische und verwaltungspraktische Gründe hingewiesen wird. Zugleich wird betont, dass die Leistung nicht nur der Lebensführung des Berechtigten, sondern auch seiner Familienmitglieder dient (BT-Drs. 8/868 S. 33). Deren Situation ändert sich durch den Tod aber nicht. Insoweit ist auch unter systematischen Blickwinkel der Ausschluss der Antragswirkung inkonsequent. Soweit wie die Regelungen über die Rechtsnachfolge reichen (§§ 56–59), ist der Tod kein zusätzliches rechtsvernichtendes Ereignis. Damit muss es auch bei der für den Herstellungsanspruch ohnehin fiktiv anzunehmenden rechtzeitigen Antragstellung bleiben.

Soweit ein Anspruch iSd § 11 der Rechtsnachfolge unterliegt, erfolgt entweder 6 nach § 56 Abs. 1 eine Sonderrechtsnachfolge, die die allgemeine Erbfolge, sei es nach Gesetz, sei es durch Testament, ausschließt. Das gilt für die laufenden Geldleistungen. Existiert kein Sonderrechtsnachfolger oder handelt es sich um eine einmalige Geldleistung, so tritt gemäß § 58 die Erbfolge nach den §§ 1922 ff. BGB ein (§ 58 Rn. 1).

Wenn die Rechtsnachfolge gemäß § 59 ausgeschlossen ist, so ist damit noch 7 nichts darüber ausgesagt, dass der Anspruch erloschen ist. Gemäß § 59 Satz 2 **erlischt** ein Anspruch auf Geldleistungen nur, wenn er weder festgestellt noch ein Verwaltungsverfahren über ihn anhängig ist. Ist der Anspruch noch nicht fällig, ist aber bereits ein Verwaltungsverfahren über ihn anhängig, wie oft bei einem Rentenanspruch, dann ist weder eine Sonderrechtsnachfolge nach § 56 noch eine Vererbung nach § 58 möglich, wohl aber können Rechte Dritter nach den §§ 53 ff. an dem Anspruch bestehen. Es gilt also der Grundsatz, dass Anhängigkeit (bzw. Feststellung) und Fälligkeit Voraussetzungen für die Rechtsnachfolge sind. Fehlt es allein an einer Fälligkeit, so ist die Sonderrechtsnachfolge (§ 56) gänzlich ausgeschlossen. Erloschen ist der Anspruch auf eine Geldleistung damit nicht (§§ 59 Satz 2, 58 Satz 2).

3. Leistungen der Sozialhilfe

Nach ursprünglich herrschender Auffassung gab es keine Rechtsnachfolge 8 (§§ 56, 58) in Leistungen der Sozialhilfe (v. Maydell, GK SGB I § 59 Rn. 12; KassKomm-Siefert § 59 Rn. 5; aA Ihmels, DVBl 1979 S. 579; Krahmer, ZfF 1989 S. 99). Gänzlich geklärt ist die Frage noch immer nicht. Auch wenn es nur um die Frage der Vererblichkeit von Leistungen der Sozialhilfe geht (§ 58), wird diese Frage zT grundsätzlich verneint. Dies geschieht mit der Begründung, dass: „nach dem Tode des Hilfesuchenden die Leistung nicht mehr der Erfüllung des mit ihr verfolgten Zwecks dienen würde, weil eine etwa vorhanden gewesene Notlage in der Person des (verstorbenen) Hilfebedürftigen sich nicht mehr im Nachhinein nach dem Tode des Hilfesuchenden beheben lässt. Der Anspruch geht mit dem Tod des Hilfebedürftigen unter …" (Bay. LSG ZfSH/SGB 2017 S. 219 Rn. 31; anders LSG NRW FEVS 67 S. 525). Klarstellend wäre in diesem Zusammenhang das Wort „weil" durch das Wort „wenn" zu ersetzen. In diesem Sinne hat das BSG wiederholt entschieden (BSG SozR 4-3500 § 65 Nr. 5; BSG 123 S. 171).

Den bisher überwiegenden Auffassungen war schon bislang nicht zu folgen. Sie 8a konnten sich in dieser Allgemeinheit nicht auf die Rechtsprechung des BVerwG berufen. Bei der Frage, ob Leistungen der Sozialhilfe vererblich sind, knüpfte das Gericht an das Bedarfsdeckungsprinzip an (BVerwG 21 S. 281; BVerwG 40 S. 343; BVerwG 57 S. 237). Danach können Leistungen der Sozialhilfe immer nur zur Deckung eines akuten Bedarfs und vor allem nicht für die Vergangenheit erbracht werden. Dem entspricht es nach Auffassung des BVerwG, wenn auch die Sonderrechtsnachfolge in Leistungen der Sozialhilfe ausgeschlossen ist. Der tragende Gedanke dieser Rechtsprechung ist darin zu sehen, dass nach dem Tode des Hilfesuchenden Leistungen der Sozialhilfe nicht mehr zu dem mit ihr verfolgten Zweck erbracht werden können. Das BVerwG ließ jedoch schon immer in seiner Rechtsprechung zu dieser Frage Einschränkungen zu. So sollte der Ausschluss der Eingliederungshilfe (§ 39 BSHG aF § 90 SGB IX) von der Erbfolge regelmäßig, also offensichtlich nicht in allen Fällen, erfolgen (BVerwG FEVS 16 S. 201). In dem viel zitierten Urteil zur Hilfe zur Pflege heißt es schon im Leitsatz, dass der Ausschluss von der Erbfolge nach § 58 nur grundsätzlich erfolge (BVerwG 58 S. 68; ohne diese Einschränkung OVG Hamburg, ZfSH/SGB 1985 S. 474; OVG Münster FEVS 44 S. 284). Später hatte das BVerwG die Missverständnisse zu seiner Rechtsprechung ausgeräumt und die grundsätzliche Vererblichkeit von Leistungen der Sozialhilfe bejaht, aber eine Sonderrechtsnachfolge ausgeschlossen (BVerwG 96 S. 18).

9 Im Anschluss an die Rechtsprechung des BVerwG wird man vor dem Hintergrund der abweichenden Strukturprinzipien der Sozialhilfe und seiner Neujustierung durch das BSG (vgl. § 37 Rn. 11–17), Erwägungen über deren Zweck anstellen müssen. Ein zentrales Strukturprinzip der Sozialhilfe ist das Bedarfsdeckungsprinzip. Alle Leistungen der Sozialhilfe sind auf diesen Zweck auszurichten. Deswegen wird man sagen müssen, dass die Vererbung von Leistungen der Sozialhilfe jedenfalls dann nicht in Betracht kommen kann, wenn dadurch deren Zweck nicht (mehr) erreicht werden könnte. Inkonsequent ist die Rechtsprechung allerdings, wenn sie einen durch Bewilligungsbescheid zuerkannten Anspruch auf Leistungen der Sozialhilfe auf den Erben übergehen lässt und in diesem Falle nicht besonders prüft, ob der Zweck der Sozialhilfe erreicht werden kann (OVG Lüneburg FEVS 36 S. 466). Wo das um der Effektivität des Rechtsschutzes willen geschieht, kann wenigstens auf die höherrangige Rechtsnorm des Art. 19 Abs. 4 GG abgestellt werden (BVerwG 58 S. 74, 75).

10 Die Frage der Vererblichkeit von Leistungen der Sozialhilfe wird man vom Bedarfsdeckungsprinzip her beantworten müssen. Danach ist bei der praktisch wichtigen Frage des Pflegegeldes (§ 61 ff. SGB XII) zunächst mit dem BVerwG festzustellen, dass die Sonderrechtsnachfolge nach § 56 nicht zu interessengerechten Lösungen führt. Es kann so liegen, dass ein Pflegebedürftiger mit seinen Eltern und seinen Kindern in einem Haushalt lebt. Würden nun die Eltern die Pflege leisten, so würden dennoch nach der Rangfolge des § 56 Abs. 1 die Kinder Sonderrechtsnachfolger werden (so BVerwG 58 S. 72; LSG Nds.-Brem. L 8 SO 293/15, juris). Dabei ist aber zunächst durch das abweichende Strukturprinzip der Bedarfsdeckung nur die Sonderrechtsnachfolge nach § 56 ausgeschlossen. Es bleibt immer noch zu prüfen, ob eine Vererbung nach § 58 möglich ist. Das wird man in all den Fällen bejahen müssen, in denen ein Hilfesuchender, vor allem durch die Aufnahme in ein Alten- oder Pflegeheim Leistungen in Anspruch genommen hat. Dies ist in der Praxis häufig vor einer Kostenübernahmeerklärung des Trägers der Sozialhilfe erforderlich. Verstirbt der Hilfesuchende vor Zuerkennung des Anspruchs auf Leistungen der Sozialhilfe (vgl. § 40 Rn. 1), so hat er gegenüber dem Träger des Altenheimes Verbindlichkeiten in Höhe der Pflegekosten. Diese Verbindlichkeiten gehen auf den Erben über (§ 1967 Abs. 1 BGB). Es ist in diesem Falle gerecht und entspricht auch dem Bedarfsdeckungsprinzip, wenn der Erbe als Rechtsnachfolger auch in die Leistungen der Sozialhilfe eintritt. Das darf nicht im Wege der Sonderrechtsnachfolge, sondern nur nach § 58 iVm §§ 1922 ff. BGB geschehen. Nur auf diese Weise kann sichergestellt werden, dass die Leistungen der Sozialhilfe für den Zweck verwendet werden, für den sie bestimmt waren. Vor allem war der Bedarf des Berechtigten im Sinne des Sozialhilferechts noch nicht gedeckt, solange die Kosten für die Leistungen nicht vollständig beglichen waren (VGH Kassel FEVS 15 S. 454; OVG Lüneburg FEVS 33 S. 118). Die im Wege der Erbfolge übergegangenen Leistungen der Sozialhilfe dienen der Tilgung der Schuld für die erbrachten Dienstleistungen und damit letztlich der Deckung des Bedarfs. Etwaigen Zweifeln am Zahlungswillen des Erben kann der Träger der Sozialhilfe dadurch begegnen, dass er noch nach dem Tode des Berechtigten eine Kostenübernahmeerklärung erteilt, durch eine solche Entscheidung der Schuld gegenüber dem Leistungserbringer beitritt und diese Schuld selbst direkt begleicht. Damit tritt Erfüllungswirkung ein und dem Zweck der Sozialhilfe ist Genüge getan (vgl. auch OLG Köln NJW-RR 1995 S. 570).

Zusammenfassend und allgemein für das Sozialhilferecht hat das BVerwG im Jahre 1994 dazu entschieden: **11**

„Im Ergebnis zu Recht hat allerdings das Berufungsgericht eine Übergangsmöglichkeit der von der Klägerin geltend gemachten Ansprüche kraft Sonderrechtsnachfolge im Sinne des § 56 Abs. 1 Satz 1 SGB I verneint. Denn diese Vorschrift betrifft laufende Geldleistungen, deren nicht rechtzeitige Erbringung in aller Regel die Lebensführung nicht nur des Leistungsberechtigten, sondern auch der von der Regelung erfassten Familienangehörigen beschränkt … § 56 SGB I passt deshalb nicht auf Leistungen der hier vorliegenden Art, deren Zweck darin besteht, an denjenigen, der dem verstorbenen Berechtigten in einer Notlage geholfen hat, weitergereicht zu werden. Zudem wäre im Falle einer Sonderrechtsnachfolge nicht gesichert, dass der Erbe des Hilfebedürftigen die gegenüber dem vorleistenden Dritten bestehende Schuld mit einem über den Tod hinaus fortbestehenden Sozialhilfeanspruch befriedigen kann … Anzuwenden sind dagegen § 58 Satz 1 und § 59 Satz 2 SGB I. Die Klägerin beansprucht vom Beklagten, wie zuvor auch ihre Mutter bis zu ihrem Tode, keine Dienst- oder Sachleistungen, die nach § 59 Satz 1 SGB I mit dem Tode des Berechtigten erlöschen, sondern Kostenersatz für die Inanspruchnahme von Dienst- und Sachleistungen von dritter Seite, mithin Geldleistungen. Fällige Ansprüche auf Geldleistungen werden, wenn die Voraussetzungen für eine Sonderrechtsnachfolge im Sinne des § 56 SGB I – wie hier – nicht erfüllt sind, nach § 58 Satz 1 SGB I nach den Vorschriften des Bürgerlichen Gesetzbuchs vererbt, es sei denn, sie erlöschen mit dem Tode des Berechtigten. Diese Rechtsfolge ordnet § 59 Satz 2 SGB I nur dann an, wenn die Geldleistungsansprüche im Zeitpunkt des Todes des Berechtigten weder festgestellt sind noch ein Verwaltungsverfahren über sie anhängig ist" (BVerwG 96 S. 18).

Im Detail sind die vor allem mit der Pflege zusammenhängenden Fragen im neuen Recht noch nicht endgültig geklärt. Das BSG hatte zunächst nur die Leistung nach § 57 SGB V aF als vererblich im Sinne des § 58 SGB I angesehen (SozR 3-2500 § 57 Nr. 6). Dies ist jedoch vor allem im Hinblick darauf geschehen, dass diese Leistung als Geldleistung anzusehen war. Für das Fürsorgesystem gibt diese Entscheidung nichts her. Zwei Entscheidungen des LSG NRW beziehen sich auf die Auslegung des § 19 Abs. 6 SGB XII. In einem Falle wurden die anderen Leistungen nach § 65 SGB XII nicht als Pflegegeld angesehen und deswegen nicht dem § 19 Abs. 6 SGB XII zugeordnet (LSG NRW ZfSH/SGB 2010 S. 428; vgl. auch BSG SozR 4-3500 § 75 Nr. 6). Im anderen Falle wurde entschieden, dass die Regelungen der §§ 56 bis 59 – wie auch andere Vorschriften des SGB I (§ 68) – im Rahmen des AsylbLG keine Anwendung finden könnten (LSG NRW L 20 **12**

AY 28/08, juris). In seiner, dieses Urteil im Ergebnis bestätigenden Entscheidung, hat das BSG festgestellt, dass bereits ein Anspruch auf Geldleistungen nicht bestanden hatte. Schon deswegen war die Frage der §§ 56 ff. SGB I nicht aufzuwerfen (BSG SozR 4-3520 § 6 Nr. 1).

13 Nur mit gewissen Einschränkungen kann man die Grundsätze der Vererblichkeit von Leistungen der Sozialhilfe auf die Grundsicherung für Arbeitsuchende übertragen. Insoweit hat das SG Berlin in Auseinandersetzung mit der Entscheidung des BVerwG 96 S. 18 die Auffassung entwickelt, dass ein Anspruch auf Geldleistungen nur bei einem entsprechenden Bedarf bestehen könne. Damit sind die Leistungen zur Sicherung des Lebensunterhalts nach dem SGB II ebenso wie die Leistungen nach dem BSHG von einer aktuellen Notlage des Betroffenen abhängig. Weil die Beseitigung der Notlage nach dessen Tod nicht mehr möglich ist, ist der Einsatz öffentlicher Mittel deshalb ebenso wenig gerechtfertigt wie bei der früheren Sozialhilfe (SG Berlin, S 125 AS 6462/07, juris). Konsequenterweise wird man dazu aber einschränkend sagen müssen, dass eine Vererbung iSd § 58 dann in Betracht kommt, wenn der Verstorbene noch Aufwendungen für seine Lebensführung (bzw. Pflege) zu begleichen hat, die auf den Erben übergegangen sind.

14 Vor dem Hintergrund dieser Problemlage hat der Gesetzgeber im Jahre 1996 an § 28 BSHG einen Abs. 2 (§ 19 Abs. 6 SGB XII) angefügt. Danach steht der Anspruch des Berechtigten auf Hilfe in einer **Einrichtung** oder auf **Pflegegeld** nach seinem Tode demjenigen zu, der die Hilfe erbracht oder die Pflege geleistet hat. Mit dieser Regelung über die Rechtsinhaberschaft hat es der Gesetzgeber vermieden, eine allgemeine Vorschrift über die Vererblichkeit der Sozialhilfe zu treffen. In § 19 Abs. 6 SGB XII ist vielmehr ein Fall des gesetzlichen Forderungsüberganges geregelt. Er betrifft zudem nur die Hilfe in einer Einrichtung und das Pflegegeld. Nicht berührt sind alle ambulanten Leistungen, solche der Hilfe zum Lebensunterhalt und damit folglich auch nicht die Hilfe in einem Altenheim (§ 27b SGB XII). Gleichfalls nicht geregelt sind andere Hilfen in besonderen Lebenslagen, also etwa die Eingliederungshilfe für behinderte Menschen, die ambulant geleistet wird (OVG Bremen, ZfSH/SGB 2009 S. 51; LSG NRW ZfSH/SGB 2009 S. 571).

15 Die Neufassung des § 28 BSHG aF (§ 19 Abs. 6 SGB XII) im Jahre 1996 lässt sich schon wegen ihres geringen Anwendungsspierlaums nicht als eine Korrektur der Rechtsprechung des BVerwG verstehen, weil der Gesetzgeber in ihr gerade keine Aussagen zur Vererblichkeit macht. Deswegen wird man in § 19 Abs. 6 SGB XII nicht den Ausschluss der Vererblichkeit von Leistungen der Sozialhilfe sehen dürfen. Geregelt wurden nur die zwei praktisch wichtigsten Fälle. Eine weitergehende Wirkung wird man der Vorschrift schon deswegen nicht beimessen dürfen, weil sie eben nicht die Vererblichkeit, sondern eine cessio legis zum Gegenstand hat. Die Vererblichkeit aller Leistungen der Sozialhilfe und der Grundsicherung für Arbeitsuchende ist damit unter Heranziehung der allgemeinen Erwägungen (oben Rn. 8–10) zu begründen.

16 Hinzu kommt, dass § 19 Abs. 6 SGB XII eng ausgelegt wird. Die entscheidenden Anknüpfungsmerkmale der Vorschrift sind „Einrichtungen“ und das „Pflegegeld“. Dazu hat das BSG entschieden, dass § 19 Abs. 6 SGB XII nicht auf ambulante Pflegedienste anwendbar ist (BSG 106 S. 264). Demgegenüber kennt § 71 Abs. 1 SGB XI „ambulante Pflegeeinrichtungen“. Zu beachten ist dabei der genaue Wortlaut des § 19 Abs. 6 SGB XII. Soweit der Anspruch auf Träger von Einrichtungen übergeht, erstreckt er sich auf alle „Leistungen für

Einrichtungen". Nach der nicht sehr gelungenen Legaldefinition des § 13 Abs. 2 SGB XII sind davon die ambulanten Leistungen abzugrenzen (§ 13 Abs. 1 Satz 1 SGB XII). Als ambulant werden solche Leistungen bezeichnet, die außerhalb von Einrichtungen erbracht werden. In diesem Sinne wird § 19 Abs. 6 SGB XII ausgelegt (Hacke, ZfSH/SGB 2012 S. 377; Rein, ZfSH/ SGB 2012 S. 592).

Soweit eine Einzelperson Pflege geleistet hat, geht nur der Anspruch auf Pflege- 17
geld über. Der Träger eines Heimes kann das auf ihn übergegangen Recht erst gegenüber dem Sozialhilfeträger geltend machen, wenn er zuvor vergeblich versucht hat, sich aus dem Nachlass zu befriedigen (OLG Düsseldorf ZfSH/ SGB 2011 S. 421). Das erklärt sich daraus, dass der Verstorbene Verbindlichkeiten aus der Zeit seiner Betreuung gegenüber dem Träger der Einrichtung hatte. Diese sind als bürgerlich-rechtliche Zahlungsverpflichtungen auf den Erben übergegangen. Es erscheint in diesem Falle allerdings als einmal mehr gerechtfertigt, dass auch Sozialhilfeansprüche unter den Voraussetzungen der §§ 58, 59 auf den Erben übergehen. Es ist dabei vor allem zu beachten, dass der Sozialhilfeträger vor Leistungsbeginn gemäß §§ 88, 92a, 94 SGB XII geprüft hat, ob Kostenbeiträge vom Leistungsberechtigten bzw. von den Unterhaltspflichtigen verlangt werden können. Wurde dies verneint, dann erscheint es nicht gerechtfertigt, später den Erben, auch wenn er nicht in die Sozialhilfe eintritt, vorrangig für diesbezügliche Schulden des Verstorbenen haften zu lassen. Eine Ausnahme ist allenfalls dann zu machen, wenn eine Person Erbe wird, die ohnehin nicht nach § 94 SGB XII zu den Kosten herangezogen werden könnte.

Inzwischen hat das BSG entschieden, dass Sozialhilfeansprüche nach Maßgabe 18
der §§ 58, 59 vererblich sind, „wenn der Hilfebedürftige zu Lebzeiten seinen Bedarf mithilfe eines im Vertrauen auf die spätere Bewilligung von Sozialhilfe vorleistenden Dritten gedeckt hat, weil der Sozialhilfeträger nicht rechtzeitig geholfen oder die Hilfe abgelehnt hat" (BSG 116 S. 210; BSG 123 S. 171). Damit wird die Vererbung nach § 58 Satz 1 auf alle Leistungen der Sozialhilfe erstreckt. Insbesondere ist die Rechtsnachfolge auch in den Fällen der Selbstbeschaffung möglich (§ 43 Rn. 30). Festhalten muss man an dem Grundsatz, dass eine Vererbung davon abhängt, dass in diesem Zusammenhang Kosten entstanden sind, die der Erbe begleichen muss (vgl. LSG BW L 7 SO 4189/16 Rn. 27, juris).

Klärungsbedürftig ist noch das Verhältnis zu § 19 Abs. 6 SGB XII. In den dort 19
genannten Fällen geht der Anspruch von Gesetzes wegen auf denjenigen über, „der die Leistung erbracht oder die Pflege geleistet hat". Das ist in den meisten Fällen nicht der Erbe. Das BSG führt die bisherige Rechtsprechung erweiternd aus, dass dem Fall des vorleistenden Dritten derjenige Fall gleich steht, in dem „im Zeitpunkt des Todes wegen einer bereits vor dem Tod gedeckten Bedarfslage noch Schulden gegenüber dem Erbringer der Leistung bestehen, die aus dem Nachlass zu begleichen sind" (BSG 123 S. 171 Rn. 14). Somit sind in einem Teil der Fälle zeitgleich beide Formen des Rechtsüberganges möglich. Daraus einen Vorrang des § 19 Abs. 6 SGB XII vor der Erbfolge abzuleiten, dürfte aber erbrechtlich schwierig sein, weil gemäß § 1922 Abs. 1 BGB das Vermögen als Ganzes, also auch die Schulden des Erblassers, auf den Erben übergeht. Man wird deswegen § 58 Satz 1 als speziellere Regelung ansehen müssen. In begrenztem Umfang ist eine Abtretung des Anspruchs auf Leistungen der Sozialhilfe an den Leistungserbringer möglich (§ 53 Rn. 27, 27a).

Dritter Titel Mitwirkung des Leistungsberechtigten

§ 60 Angabe von Tatsachen

(1) [1]**Wer Sozialleistungen beantragt oder erhält, hat**
1. **alle Tatsachen anzugeben, die für die Leistung erheblich sind, und auf Verlangen des zuständigen Leistungsträgers der Erteilung der erforderlichen Auskünfte durch Dritte zuzustimmen,**
2. **Änderungen in den Verhältnissen, die für die Leistung erheblich sind oder über die im Zusammenhang mit der Leistung Erklärungen abgegeben worden sind, unverzüglich mitzuteilen,**
3. **Beweismittel zu bezeichnen und auf Verlangen des zuständigen Leistungsträgers Beweisurkunden vorzulegen oder ihrer Vorlage zuzustimmen.**

[2]**Satz 1 gilt entsprechend für denjenigen, der Leistungen zu erstatten hat.**

(2) **Soweit für die in Absatz 1 Satz 1 Nr. 1 und 2 genannten Angaben Vordrucke vorgesehen sind, sollen diese benutzt werden.**

Übersicht

1. Mitwirkungspflichten und andere Duldungs- und Verhaltenspflichten

1 Die Mitwirkungspflichten sind ein Charakteristikum des Sozialrechts. Entwickelt haben sie sich aus den auch weiterhin bestehenden **Nebenpflichten** aus dem Sozialrechtsverhältnis. Sie sind Ausdruck des Grundsatzes, dass Sozialleistungsträger und Sozialleistungsberechtigter gleichermaßen das ihnen Zumutbare tun müssen, um einander vor vermeidbarem Schaden zu bewahren (BSG 34 S. 124). Die Begründung solcher Nebenpflichten ist insoweit nicht ganz unproblematisch als in verschiedenen Bereich die Obliegenheiten der Leistungsberechtigten konkretisiert und zum Teil auch erweitert bzw. auf Dritte erstreckt wurden (BSG SozR 4-4200 § 60 Nr. 4). Erforderlich ist immer eine gesetzliche Grundlage (§§ 60 ff. SGB I, 56 ff. SGB II, 21 Abs. 2 SGB X). Daneben bestehen die nicht im Detail konkretisierten Nebenpflichten und sonstigen Obliegenheiten, die letztlich zur Erweiterung des gesetzlichen Katalogs führen können. So ist das BSG der Auffassung, es gäbe eine Obliegenheit des Leistungsberechtigten, den Leistungsträger auf mögliche rechtswidrige Umstände seiner Entscheidung hinzuweisen (BSG 114 S. 129 Rn. 26). So heißt es: „Ein solcher Hinweis ist einem Leistungsbezieher auch regelmäßig zumutbar und entspricht – wenn auch nicht direkt – den Obliegenheiten aus § 60 Abs. 1 Satz 1 Nr. 1 und 2 SGB I Tatsachen anzugeben, die für die Leistung erheblich sind, und ebensolche Änderungen mitzuteilen. Unterlässt er diesen Hinweis, besteht ab dem Kennenkönnen auch kein Anspruch auf Wertersatz mehr, vielmehr ist eine Anspruchsbegrenzung ab dem Zeitpunkt anzuneh-

men, ab dem auch aus der Laienperspektive Anlass bestanden hätte, den Beklagten auf die Fehlerhaftigkeit der Zuweisung hinzuweisen (<hier läuft etwas schief>)". Auch wenn man eine solche Nebenpflicht aus dem Sozialrechtsverhältnis entwickeln kann, so wird daran doch deutlich, dass die klar formulierten Mitwirkungspflichten dadurch doch relativiert werden können. Dabei darf aber ein wichtiger Punkt nicht übersehen werden: Die Verantwortung für die Rechtmäßigkeit einer Entscheidung trägt nicht der Leistungsberechtigte, sondern der Leistungsträger. Deswegen muss man in diesen Fällen zur Begrenzung zumindest auf die Wertung des § 45 Abs. 2 Nr. 3 SGB X zurückgreifen. Die genannte Obliegenheit kann nur dann angenommen werden, wenn der Leistungsberechtigte die Rechtswidrigkeit infolge grober Fahrlässigkeit nicht kannte. Zudem ist gegenüber der Formulierung des BSG ins Feld zu führen, dass sowohl nach § 45 SGB X als auch nach § 66 SGB I Ermessensentscheidungen zu treffen sind (vgl. BSG SGb 2015 S. 35 mAnm Mrozynski).

In den Neben- und in den Mitwirkungspflichten kommt gleichermaßen die Stellung des Sozialleistungsberechtigten innerhalb der Solidargemeinschaft deutlicher als in anderen Normen des Sozialrechts zum Ausdruck. Ihre Erfüllung ist in Bezug auf alle Sozialleistungen iSd § 11, einschließlich der Auskunft und Beratung erforderlich. Das BSG wendet die §§ 60 ff. analog auf den Fall an, in dem noch keine Sozialleistung beantragt wird, jedoch der Grad der Behinderung festgestellt wird, da dies eine Vorstufe zum Leistungsbezug ist (BSG SozR 4-1200 § 66 Nr. 7 Rn. 21). Auf andere Fälle sind sie nicht entsprechend anwendbar. Die Mitwirkungspflichten entstehen, wenn eine Sozialleistung beantragt wird. Zumindest bei Dauerverwaltungsakten bestehen sie während der ganzen leistungsrechtlichen Beziehung fort, da immer auch mit einer Änderung der Verhältnisse zu rechnen ist (§ 60 Abs. 1 Satz 1 Nr. 2). Im Übrigen kommen sie auch im Erstattungsverfahren in Betracht (§ 60 Abs. 1 Satz 2). Insbesondere folgt aus den Mitwirkungsobliegenheiten auch für den Leistungsträger eine mittelbar wirkende Verpflichtung, das Verwaltungsverfahren selbst fortzuführen. Typischerweise wird die Behörde auf einen Antrag hin tätig (§ 18 SGB X). Bleibt der Leistungsberechtigte nach der Antragstellung untätig, so gilt dasselbe nicht für den Leistungsträger. Er muss den Leistungsberechtigten auffordern, die gemäß § 60 erforderlichen Angaben zu machen und ggf. Beweismittel vorzulegen. Vor diesem Hintergrund kann es durch Untätigkeit beider Teile im Regelfall nicht zu einer Verwirkung des Anspruchs kommen (BSG SGb 2010 S. 731 mAnm Winter). **1a**

Von diesen Besonderheiten abgesehen, endet die Mitwirkungspflicht im Allgemeinen mit Erlass des Verwaltungsaktes, der über den Anspruch entscheidet (vgl. unten Rn. 21). Bei der Erfüllung der Mitwirkungspflichten ist aber auch zu berücksichtigen, dass die Pflichtenstellung in den einzelnen Sozialleistungsbereichen nicht einheitlich gesehen werden darf. Ein bestimmtes Verlangen, etwa die Vorlage einer Beweisurkunde, kann in der Krankenversicherung einen anderen Stellenwert haben als in der Sozialhilfe, weil hier öfter Personen als Leistungsberechtigte auftreten, deren Selbsthilfefähigkeit eingeschränkt ist. Entsprechendes gilt in allen Sozialleistungsbereichen, etwa bei seelisch behinderten Menschen, und zwar auch dann, wenn sie uneingeschränkt handlungsfähig sind (§ 11 SGB X). Auf diese unterschiedlichen Lebenslagen muss der Sozialleistungsträger durch Beratung (§ 14) aber auch durch eine besonders differenzierte Anwendung der §§ 65 und 66 Bedacht nehmen. Ergänzend ist darauf hinzuweisen, dass es heute auch das informationelle Selbstbestimmungsrecht ist, das Anlass gibt, die Interessen **1b** von Leistungsberechtigtem und Leistungsträger aufeinander abzustimmen (vgl. § 65 Rn. 4).

2 Die rechtliche Bedeutung der Mitwirkungspflichten kommt in ihrer Charakterisierung als **Obliegenheiten** immer noch am besten zum Ausdruck (dagegen etwa Henke, VSSR 1976 S. 51). Wie die Obliegenheiten des Zivilrechts stellen die Mitwirkungspflichten verbindliche Verhaltenspflichten dar, deren Verletzung jedoch nicht die Sanktion einer Schadenersatzpflicht, sondern den Rechtsnachteil des § 66 zur Folge hat (vgl. Wieling, AcP 1976 S. 334; Kment/Berger, VerwArch 2019 S. 121). Dass im Sozialrecht die Verletzung einer Obliegenheit nicht zwangsläufig zu diesem Rechtsnachteil führt, sondern den Leistungsträger nach § 66 nur zu einer Ermessensentscheidung ermächtigt, dürfte an dem Rechtscharakter der Mitwirkungspflichten als Obliegenheiten nichts ändern. Insbesondere ist die Erfüllung von Mitwirkungspflichten nicht mittels Verwaltungsaktes durchsetzbar oder gar einklagbar (BSG 72 S. 273). Bei einer Verletzung der Mitwirkungspflichten darf andererseits der Leistungsträger nicht untätig bleiben. Entweder muss er sich die leistungserheblichen Angaben selbst beschaffen oder eine Entscheidung nach § 66 treffen (§ 66 Rn. 9). Unterlässt er sowohl das eine als auch das andere, so besteht der richtige Rechtsschutz in einer Untätigkeitsklage, die sich auf die Leistung richten muss (BSG 75 S. 56). In einzelnen Fällen ist die Verletzung einer der Mitwirkungspflichten des § 60 Abs. 1 als **Ordnungswidrigkeit** ausgestaltet, wobei nach den einzelnen Mitwirkungspflichten differenziert wird (vgl. §§ 16 BKGG, 63 Abs. 1 Nr. 6 SGB II). Andererseits ist § 60 kein Schutzgesetz iSd § 823 Abs. 2 BGB (BSG SozR 3-1200 § 60 Nr. 1; BVerwG 91 S. 13). Demnach kann die Verletzung einer Mitwirkungspflicht als solche keinen **Schadenersatzanspruch** des Leistungsträgers gegenüber dem Leistungsberechtigten begründen. Allerdings können in Einzelfällen auf Grund besonderer Regelungen (§ 50 SGB X) Erstattungsansprüche bestehen (vgl. § 66 Rn. 8).

3 Die Mitwirkungspflichten sind zwar geschlossen in dem einheitlichen Regelungskomplex der §§ 60–67 zusammengefasst. Sie gelten auch nur, wenn Sozialleistungen beantragt oder bezogen werden (vgl. auch § 62 Rn. 4). Jedoch kennt das Sozialrecht in den Besonderen Teilen des Sozialgesetzbuches eine Reihe von Pflichten und Obliegenheiten, die den Mitwirkungspflichten sehr nahe kommen. Die Gesetzesentwicklung der letzten Jahre ist so verlaufen, dass eine Vielzahl anderer Nebenpflichten, **Selbsthilfeobliegenheiten** und sogar Ersatzpflichten im Sozialrechtsverhältnis begründet wurde. Das hat die Mitwirkungspflichten der §§ 60 ff. erheblich entwertet und auch dem Kodifikationsgedanken des Allgemeinen Teils Abbruch getan. Hinzu kommt die wachsende Schwierigkeit, die einzelnen Pflichtenkomplexe voneinander abzugrenzen. Andererseits können die Gesichtspunkte, die zu den Mitwirkungspflichten entwickelt wurden als Leitlinien der Auslegung auch für andere Nebenpflichten und Selbsthilfeobliegenheiten in Betracht kommen.

4 Beispielsweise hat nach § 10 Abs. 6 SGB V das Mitglied der Krankenkasse die für die Durchführung der Familienversicherung erforderlichen Angaben zu machen. In § 206 SGB V sind Auskunfts- und Mitteilungspflichten begründet, die es der Krankenkasse ermöglichen, Feststellungen über die Versicherungs- und Beitragspflicht zu treffen. Eine entsprechende Pflicht besteht nach § 196 SGB VI in der Rentenversicherung. Des Weiteren wird im Leistungsrecht nach § 29 Abs. 3 SGB V der von der Krankenkasse zu tragende Kostenanteil für die kieferorthopädische Behandlung nur erstattet, wenn die Behandlung abgeschlossen worden ist. Einen ähnlichen Rechtscharakter hat die Bonus-Malus-Regelung in § 55 SGB V

bei den Festzuschüssen zum Zahnersatz. In § 51 SGB V wird die Obliegenheit zur Stellung eines Antrags auf Leistungen zur Rehabilitation begründet (BSG NZS 2015 S. 382). Praktisch wichtige Auskunfts- und Nachweispflichten bestehen nach den §§ 18c Abs. 1, 28o SGB IV, 307c SGB VI, 50 Abs. 3 SGB XI. In ähnlicher Weise besteht auch eine Selbsthilfeverpflichtung des schwerbehinderten Menschen nach § 200 SGB IX deren Verletzung einen zeitweiligen Entzug der Vorteile des Schwerbehindertenrechts zur Folge haben kann. Demgegenüber wendet das BSG bei der Feststellung des Grades der Behinderung die §§ 60 ff. analog an, da dies auf den Zugang zu Sozialleistungen ausgerichtet ist (BSG SozR 4-1200 § 66 Nr. 7). Schließlich können gemäß § 2 Abs. 2 OEG Leistungen versagt werden, wenn der durch eine Gewalttat Geschädigte nicht das ihm Mögliche zur Aufklärung des Sachverhalts und zur Verfolgung des Täters beigetragen hat (Kunz/Zellner/Gelhausen/Weiner, OEG § 2 Rn. 51–59). In § 37 Abs. 3 Satz 1 SGB XI wird die Obliegenheit begründet, Pflegeeinsätze in Anspruch zu nehmen. Diese dienen der Qualitätssicherung und stehen in keinem Zusammenhang mit einer der Mitwirkungspflichten nach den §§ 60 ff. SGB I (BSG SGb 2004 S. 366 mAnm Pilz).

Besonders differenziert ist der Pflichtenkanon im Arbeitsförderungsrecht **5**
geworden (vgl. § 66 Rn. 32 ff.) Er besteht schon einleitend in § 2 Abs. 4 und 5 SGB III in der Begründung einer allgemeinen Verpflichtung zur Vermeidung von Arbeitslosigkeit. Des Weiteren trifft den Arbeitslosen nach § 309 SGB III eine Meldepflicht (BSG SozR 3-4100 § 120 Nr. 1). Sie ist nicht mit der Mitwirkungspflicht des § 61 identisch (vgl. § 61 Rn. 9). Schon unter der Geltung des AFG ist die Rechtsprechung von einer Obliegenheit zur Vermeidung von Arbeitslosigkeit ausgegangen (BSG SozR 3-4100 § 119 Nr. 14). Dies ist später in § 138 Abs. 4 SGB III zu einer allgemeinen Obliegenheit zu Eigenbemühungen ausgebaut worden. Bei der vom Gesetz geforderten Eigenbemühung „handelt es sich um eine zur Anspruchsvoraussetzung gewordene versicherungsrechtliche Obliegenheit" (BSG 96 S. 40). Deren Verletzung setzt allerdings voraus, dass sie von der Agentur für Arbeit „ausdrücklich und zumutbar konkretisiert" worden ist (BSG 95 S. 176). Eine Verletzung der Obliegenheit zu Eigenbemühungen kann aber nicht zur Anwendung des § 66 führen, vielmehr ist ausschließlich ein Sperrzeittatbestand begründet (BSG 96 S. 40). Der Arbeitslose muss bereit sein, jede zumutbare Beschäftigung anzunehmen (§§ 138, 140 SGB III). Es genügt heute also nicht mehr, wenn er dem Arbeitsamt lediglich zur Vermittlung zur Verfügung steht (§ 138 Abs. 4 und 5 SGB III). Obliegenheiten haben häufig kaum mehr als einen Appellcharakter, wie etwa § 2 Abs. 1 Satz 1 SGB II. Konkret wird das Arbeitsförderungsrecht in § 159 SGB III, wenn unter den dortigen Voraussetzungen eine Sperrzeit eintritt. Deren Verhältnis zu §§ 64, 66 Abs. 2 ist klärungsbedürftig (vgl. § 64 Rn. 7). Was die Selbsthilfeobliegenheit des Arbeitslosen angeht, so hat die Reform des SGB III ihr nur wenig mehr Nachdruck verliehen als dies bisher der Fall war. In § 38 Abs. 1 SGB III wird eine Verpflichtung des Arbeitslosen zur frühzeitigen Meldung als arbeitssuchend begründet. Hierbei ist aber die Informationspflicht des Arbeitgebers nach § 2 Abs. 2 Nr. 3 SGB III zu beachten (BSG 95 S. 8). Des Weiteren wird die Pflicht zur Aufnahme einer Beschäftigung außerhalb des Tagespendelbereichs konkretisiert (§ 140 Abs. 4 Satz 2–7 SGB III). Konkretisiert worden ist auch die Regelung über die Sperrzeit. Soweit eine Arbeit aus wichtigem Grund abgelehnt wird, muss allerdings in Zukunft der Arbeitslose Tatsachen darlegen und sogar beweisen, wenn sie in seinem Verantwortungsbereich zu suchen sind (§ 159 Abs. 1 Satz 3 SGB III). Gemäß § 159 Abs. 1 Nr. 7 SGB III führt die verspätete Meldung als arbeitslos zu einer Sperrzeit. Bei einer

Minderung der Leistungsfähigkeit besteht im Falle der Arbeitslosigkeit nach § 145 Abs. 2 SGB III die Obliegenheit, einen Rehabilitationsantrag zu stellen. Im Zusammenhang mit der Bekämpfung des **Leistungsmissbrauchs** sind schließlich nach den §§ 315 ff. SGB III vielfältige Kontroll-, Auskunfts- und Duldungspflichten begründet worden. Zu Kontrollbefugnissen vgl. unten Rn. 12; zu Ersatzpflichten § 66 Rn. 8.

5a Diesen arbeitsförderungsrechtlichen Grundsätzen entsprechen weitgehend auch die Verhaltenspflichten in der Grundsicherung für Arbeitsuchende (§§ 10, 31 Abs. 1 Nr. 1–3 SGB II). Erweitert werden sie etwa durch die Obliegenheit des § 12a SGB II, vorrangige Leistungen in Anspruch zu nehmen (BSG SozR 4-4200 § 12a Nr. 2) und die Pflicht zum Abschluss einer Eingliederungsvereinbarung (§ 15 SGB II). Dem Charakter als einem nachrangigen System des Sozialrechts entsprechend regeln die §§ 56 ff. SGB II eine Vielzahl spezieller Auskunfts- und Mitwirkungspflichten (LSG SchlH Breith. 2008 S. 353; Sommer, ZfSH/SGB 2010 S. 278; Ziegelmeier, NZS 2012 S. 135). Teilweise wird die Auffassung vertreten, dass diese speziellen Obliegenheiten als bereichsspezifische Regelungen Vorrang vor den §§ 60 ff. hätten. Das soll etwa für die Meldepflicht nach den §§ 309 SGB III, 59 SGB II, zu einem Untersuchungstermin zu erscheinen, im Verhältnis zu § 62 gelten (LSG Saarl. NZS 2012 S. 32). Folge wäre dann, dass hier § 66 keine Anwendung finden könnt. Damit läge lediglich ein Meldeversäumnis iSd §§ 159 Abs. 1 Nr. 7 SGB III, 32 SGB II vor. Man wird einen solchen Vorrang aber nur annehmen können, wenn ein Vergleich der einzelnen Obliegenheiten ergibt, dass die speziellere Vorschrift eine abschließende Regelung getroffen hat. Andernfalls ist darauf abzustellen, was der Gesetzgeber im Detail regeln wollte und welche Obliegenheit die Verwaltung vom Leistungsberechtigten im konkreten Fall erfüllt wissen will. Danach sind dann Voraussetzungen und Rechtsfolgen festzulegen (vgl. Klerks, info also 2012 S. 150; Formann, SGb 2013 S. 448).

5b Würde man etwa in § 309 SGB III nur von einer Pflicht zum Erscheinen ausgehen, aber keine Untersuchungsduldungspflicht annehmen, so wäre diese Regelung gegenüber § 62 nicht abschließend. Beide nebeneinander anzuwenden, macht aber bei der ärztlichen Untersuchung keinen Sinn und ist in diesem Falle auch nicht notwendig. In § 309 Abs. 2 Nr. 5 SGB III ist hinreichend klar geregelt, dass die Meldung zur (ärztlichen) Prüfung der Leistungsvoraussetzungen erfolgt. Darin kann man nur eine Untersuchungsduldungspflicht sehen. Im Ergebnis trifft also § 309 SGB III eine Regelung, die auch eine Duldungspflicht umfasst. Die gegenteilige Auffassung würde letzten Endes am Ergebnis nichts ändern, denn „ergänzend zu den bereichsspezifischen Regelungen ist … jeweils auf die in §§ 60 ff SGB I normierten Pflichten abzustellen. Dies gilt auch für die Norm des § 66 SGB I, die die Rechtsfolgen unterbliebener Mitwirkung im Allgemeinen normiert“ (BSG 101 S. 260). Ein Rückgriff auf § 62 wäre damit allgemein möglich. Ergibt die Auslegung, dass die Verwaltung nur § 309 SGB III angewendet hat, dann könnte die Rechtsfolge nur die eines Meldeversäumnisses sein. Die Verwaltung wäre dennoch nicht gehindert, in einem weiteren Vorgang die §§ 62, 66 anzuwenden. Das ist nur dann nicht möglich, wenn eine Norm in einem anderen Buch des SGB einen Lebenssachverhalt abschließend regelt. Das wäre etwa bei § 12a SGB II der Fall (vgl. zum Ermessen § 39 Rn. 4a). Werden die dort genannten vorrangigen Leistungen nicht in Anspruch genommen, so kann § 66 SGB I keine Anwendung finden. Vielmehr kann der Leistungsträger selbst diese Leistungen beantragen (§ 5 Abs. 3 SGB II). Dies ist eine im Fürsorgesystem typische Regelung (§ 95 SGB XII). Wird vor diesem Hintergrund die Obliegenheit nach § 12a

SGB II in eine Eingliederungsvereinbarung aufgenommen (§ 15 Abs. 1 Satz 1 Nr. 3 SGB II), so kann sich bei Verletzung nur eine Rechtsfolge aus § 31 Abs. 1 Satz 1 Nr. 1 SGB II ergeben. In keinem Falle ist also Raum für die Anwendung des § 66 (vgl. auch § 66 Rn. 36).

Insgesamt ist der Verhältnis der allgemeinen Mitwirkungspflichten (§§ 60–67) **5c** zu den Regelungen in den besonderen Teilen recht undurchschaubar. Das „austarierte Regelungsinstrumentarium" der §§ 60–67 (BSG SozR 4-4200 § 37 Nr. 1) wird durch Regelungen in den Besonderen Teilen ergänzt und muss mit ihnen abgestimmt werden. Das schwierige Verhältnis erklärt sich vor allem daraus, dass die §§ 60–67 grundlegende, wesentliche Sachverhalte des Sozialrechts regeln und in den Besonderen Teilen einerseits auf diese Grundsätze zurückgegriffen wird, andererseits werden dazu bereichsspezifische Regelungen getroffen, die im Zweifel **nur ergänzend, aber nicht ausschließend** wirken. In dem Falle, in dem einem Ansinnen der Verwaltung nicht nachgekommen wird, ist also zunächst zu klären, auf welche Rechtsgrundlage sich die Verwaltung gestützt hat und ob diese eine ergänzende oder die allgemeine Mitwirkungspflicht ausschließende Regelung getroffen hat (BSG SozR 4-4300 § 309 Nr. 2).

Diese Rechtslage ist dadurch noch komplizierter geworden, dass das LSG **5d** Baden-Württemberg die Auffassung vertreten hat, dass die §§ 60 ff. im Nachprüfungsverfahren über den Nachteilsausgleich im Schwerbehindertenrecht nicht gelten würden, da es sich hierbei nicht um eine Sozialleistung iSd § 11 handelt (dazu § 11 Rn. 11 ff.). Ihre analoge Anwendung hat das Gericht offen gelassen. Es hat jedoch die Auffassung entwickelt, im öffentlichen Recht würde ein allgemeiner Mitwirkungsgedanke gelten, der aus dem Grundsatz von Treu und Glauben abzuleiten ist (LSG BW Breith. 2012 S. 872). Das hat folgende Konsequenz: Soweit sich die wesentlichen Verhältnisse für die Zuerkennung des Schwerbehindertenschutzes geändert haben, ist der Verwaltungsakt nach § 48 SGB X aufzuheben. Dieses Verfahren ist von Amts wegen zu betreiben. In der Regel ist im Streitfalle eine medizinische Untersuchung erforderlich. Anwendung finden auf jeden Fall die §§ 20, 21 SGB X. Die Beteiligten sollen insbesondere ihnen bekannte Tatsachen und Beweismittel angeben. Gemäß § 21 Abs. 2 Satz 3 SGB X besteht eine weitergehende Pflicht nur, soweit sie durch Rechtsvorschrift besonders vorgesehen ist. Nach Auffassung des Gerichts ist § 62 nicht anwendbar. Es erscheint dann aber doch weit hergeholt, die Pflicht, eine Untersuchung zu dulden, aus der gesetzlichen Regelung des entsprechend anzuwendenden § 242 BGB abzuleiten. Es erscheint darüber hinaus auch etwas widersprüchlich, wenn man mit dem Gericht die Auffassung vertritt, dass allein ein Fernbleiben von einer ärztlichen Untersuchung keine Umkehr der Beweislast rechtfertigt, dann aber aus § 242 BGB einer Untersuchungsduldungspflicht ableitet. Man wird sich in diesen Fällen vielmehr auf die Anwendung der §§ 20, 21 SGB X beschränken müssen. Dabei ist das Fernbleiben von einer Untersuchung einer von mehreren Gesichtspunkten bei der Aufklärung des Sachverhalts. Der Leistungsträger müsste auf jeden Fall versuchen, über eine ärztliche Auskunft nach den §§ 21 Abs. 1 Satz 1 Nr. 1, 100 Abs. 1 Satz 1 Nr. 2 SGB X an die erforderlichen Informationen zu gelangen. Willigt der Betroffene auch in diesem Falle nicht ein, so mehren sich durchaus die Gesichtspunkte für eine Beweislastumkehr.

In den §§ 2 Abs. 1 SGB II und 2 Abs. 1 SGB XII werden theoretisch wie **6** praktisch gleichermaßen wichtige und allgemeine Selbsthilfeobliegenheiten des Hilfesuchenden begründet, die für die Hilfe zum Lebensunterhalt durch die §§ 10 SGB II und 11 Abs. 3 Satz 4 SGB XII im Hinblick auf die Übernahme einer

Arbeit konkretisiert werden. Dazu gehört aber schon nicht mehr die Vorlage von Bescheinigungen über eine vergebliche Arbeitssuche, da der Hilfeempfänger auf eine solche Bescheinigung keinen Anspruch hat. Auf die Arbeitsuche ist die Selbsthilfeobliegenheit nicht begrenzt. Sie erstreckt sich vielmehr auf jegliches Bemühen, die Notlage zu beenden. Auch in der **Selbsthilfeverpflichtung** kommt der Fürsorgecharakter der Grundsicherung und der Sozialhilfe zum Ausdruck. Der Gesetzgeber hat sie in den § 2 Abs. Satz 1 SGB II und 2 Abs. 1 SGB XII nicht ohne Grund im Zusammenhang mit dem Nachrang der Sozialhilfe geregelt. Dieser Nachrang greift ein, wenn Verpflichtungen anderer bestehen, oder die erforderliche Hilfe von anderen geleistet wird. Um eine solche, nicht verpflichtende Hilfe, muss aber nicht extra nachgesucht werden, denn dies wäre Bettelei. So ist auch die Verweisung auf Kleiderkammern der Wohlfahrtsverbände unzulässig. Wird von ihnen Hilfe tatsächlich geleistet, so ist dies natürlich bedarfsmindernd zu berücksichtigen. Jedoch darf der Leistungsberechtigte nicht auf die Inanspruchnahme der Hilfe Dritter verwiesen werden (BVerfG 125 S. 175). Wichtig ist darüber hinaus, zu beachten, dass die Selbsthilfeobliegenheit häufig ihre Grenzen an den tatsächlichen Verhältnissen findet. Eine Selbsthilfe ist im Fürsorgesystem überdies nur dann relevant, wenn sie faktisch zu einer zeitnahen Bedarfsdeckung führt. Das kann nur durch „bereite Mittel" geschehen. Deswegen führen die in den §§ 5 Abs. 1 SGB II, 2 Abs. 2 SGB XII geregelten Verpflichtungen anderer allein noch nicht zu einem Ausschluss der Leistungen der Grundsicherung oder der Sozialhilfe. Eine speziellere Obliegenheit des Leistungsberechtigten, die der Begrenzung von Mietkosten dient, begründen die §§ 22 Abs. 4 SGB II, 35 Abs. 2 Satz 3 SGB XII vor Abschluss eines Vertrages über eine neue Unterkunft (OVG Münster FEVS 47 S. 257; LSG Bln.-Brandbg. FEVS 60 S. 66). Eine besondere Problematik hat sich im Zusammenhang mit § 1 Abs. 3 UVG ergeben. Danach muss eine allein erziehende Mutter Auskunft über die Person des Vaters des Kindes geben. Dies ist an sich keine leistungserhebliche Tatsache iSd § 60 Abs. 1 Nr. 1. Jedoch wird § 1 Abs. 3 UVG als lex specialis angesehen, für die die Zumutbarkeitsgrenzen des § 65 nicht gelten. Allenfalls in besonderen Konfliktsituationen kann sich aus Art. 2 Abs. 1 GG ein Auskunftsverweigerungsrecht der Mutter ergeben (OVG RhPf. ZfSH/SGB 2019 S. 53; BMFuS DAVorm 1995 S. 979; DIV-Gutachten DAVorm 1997 S. 478). Es wird auch die Auffassung vertreten, dass die Offenbarung der Person des Vaters gemäß § 60 SGB I zur Durchsetzung von Unterhaltsansprüchen (§ 33 SGB II) verlangt werden kann (SG Trier NZS 2015 S. 879 Rn. 21–28). Dies mag eine zulässige Begrenzung des Persönlichkeitsrechts der Mutter sein, jedoch ist diese Tatsache nicht leistungserheblich im Sinne des § 60. Eine ähnliche Problematik kann auch beim Bezug von Leistungen der Hilfe zum Lebensunterhalt bestehen. Hier kennen die §§ 19 ff. SGB II, 27 SGB XII aber keine besondere Regelung.

7 Eine verfahrensrechtliche Regelung enthält schließlich § 21 Abs. 2 SGB X (vgl. Dörr, DAngV 1994 S. 175). Danach sollen die Beteiligten an der Feststellung des Sachverhalts mitwirken. Insbesondere sollen sie ihnen bekannte Tatsachen mitteilen (§ 21 Abs. 2 Satz 1 SGB X). Damit wird keine weitgehende Pflicht zur Ermittlung des Sachverhalts begründet. Die Vorschrift geht damit nicht über die §§ 60 ff. hinaus. Ähnliches gilt auch für die besonderen Mitwirkungspflichten des Pflegebedürftigen nach § 6 SGB XI. Eine weitergehende Regelung zur Obliegenheit trifft § 18 Abs. 2 SGB XI (vgl. unten Rn. 13).

8 Im Kindergeldrecht sind **beide Eltern** anspruchsberechtigt, auch wenn nach § 3 Abs. 1 BKGG nur einer Person Kindergeld gezahlt wird. Deswegen müssen auch beide die Mitwirkungspflichten erfüllen (BSG SozR 3-1200 § 60 Nr. 2). Im Übrigen ist auf Besonderheiten hinzuweisen. Die Mitwirkungspflichten der §§ 60 ff. bestehen nur für denjenigen, der Sozialleistungen **beantragt oder erhält** (§ 18 SGB X). Dasselbe gilt beim Bestehen eines Erstattungsanspruchs gegenüber dem Leistungsberechtigten (§ 60 Abs. 1 Satz 2). Dritte, vor allem Personen, die dem Leistungsberechtigten gegenüber **unterhaltspflichtig** sind, sind auch dann nicht in die Mitwirkungspflichten einbezogen, wenn ihre wirtschaftliche Lage Einfluss auf die Leistungsgewährung hat. Für sie sind jedoch in anderen gesetzlichen Regelungen Verpflichtungen begründet worden, die teilweise den Mitwirkungspflichten entsprechen und auf die §§ 60 ff. verweisen (vgl. §§ 98–101 SGB X). Das gilt gemäß § 8 Abs. 1 und 1a BEEG insbesondere auch für den Ehepartner und den Partner einer eheähnlichen Gemeinschaft. Eine für die Begründung der Auskunftspflicht von Angehörigen, Unterhaltspflichtigen und dem Erben eines Leistungsempfängers grundlegende Regelung enthält § 99 SGB X. Diese Vorschrift gilt für die Sozialversicherung einschließlich der Arbeitslosenversicherung und für die soziale Entschädigung. Verwiesen wird in dieser Vorschrift jedoch nur auf die §§ 60 Abs. 1 Nr. 2 und 3 sowie 65 Abs. 1. Darüber hinaus wird der Regelungsgehalt des § 65 Abs. 3 in § 99 Satz 3 SGB X wiederholt. Die anderen Vorschriften über die Mitwirkungspflichten werden also nicht für entsprechend anwendbar erklärt. Insbesondere kann dem Leistungsberechtigten nicht gemäß § 66 die Leistung entzogen werden, wenn ein Unterhaltspflichtiger oder Angehöriger seiner **Auskunftspflicht** nicht genügt. Die Erfüllung der Auskunftspflicht ist in diesen Fällen vielmehr selbständig durchzusetzen. Das geschieht gemäß § 66 Abs. 1–3 SGB X unter Anwendung der Verwaltungsvollstreckungsgesetze des Bundes bzw. der Länder (vgl. Baur, FamRZ 1986 S. 1175). Eine die ärztliche Auskunftspflicht nach § 100 SGB X modifizierende Regelung trifft § 277 SGB V für den medizinischen Dienst der Krankenkassen. Ihn treffen Verpflichtungen sowohl gegenüber dem Vertragsarzt, sonstigen Leistungserbringern als auch der Krankenkasse.

In ähnlicher Weise trifft § 315 SGB III gegenüber § 99 SGB X eine speziellere **9**
Regelung hinsichtlich der Auskunftspflicht Dritter (BSG SozR 4100 § 144 AFG Nr. 1). Dabei ist auch der Partner einer eheähnlichen Gemeinschaft in die Auskunftspflicht einbezogen (§ 315 Abs. 5 SGB III). Dem nachgebildet ist die Regelung des § 60 SGB II. Demgegenüber ist der Antragsteller gemäß § 60 Abs. 1 Nr. 1 SGB I nur verpflichtet, der Auskunft Dritter, also hier seines eheähnlichen Partners zuzustimmen bzw. ihm bekannte Informationen weiterzureichen (LSG Ns.-Brem., FEVS 59 S. 469). Eine Weigerung seines eheähnlichen Partners kann ihm im Rahmen des § 66 SGB I nicht zugerechnet werden. Das ist schon deswegen nicht möglich, weil hier, anders als etwa nach § 1580 BGB, ein Auskunftsanspruch nicht besteht (Sächs. LSG ZfSH/SGB 2013 S. 281). Der Leistungsträger muss vielmehr nach § 60 Abs. 4 SGB II den eheähnlichen Partner unmittelbar auf die Auskunft in Anspruch nehmen (BSG 104 S. 26). Insbesondere findet dabei § 60 Abs. 2 SGB II keine Anwendung, da er die rechtliche Möglichkeit des Bestehens einer Unterhaltspflicht voraussetzt (BSG 107 S. 255).

Ähnliche, teils unvollständige, Verweisungen auf Unterhaltspflichtige sowie **10**
Partner einer eheähnlichen Gemeinschaft enthalten die §§ 47 Abs. 4 BAföG, 10 Abs. 1 BKGG, 8 BEEG, 6 UVG (DIV-Gutachten, DAVorm 1993 S. 410; 544). Auskunftspflichten der zum Haushalt gehörigen Familienangehörigen begründet schließlich auch § 23 WoGG. Eine praktisch wichtige Auskunftspflicht wird durch § 117 SGB XII für die Sozialhilfe begründet (BVerwG 91 S. 375; BVerwG 92

S. 330). Diese Auskunftspflicht wird zwar auf Haushaltsmitglieder iSd § 39 SGB XII, nicht aber auf den Partner einer nichtehelichen Lebensgemeinschaft erstreckt (§ 20 SGB XII), da er weder unterhalts- noch kostenersatzpflichtig ist (vgl. Deutscher Verein, NDV 1993 S. 453; Schoch, ZfF 1994 S. 49). Nichtehleiche Partner bilden jedoch auch eine Gemeinschaft iSd § 39 SGB XII. Unter diesem Blickwinkel wird man eine Auskunftsplicht annehmen müssen (vgl. Grube/Wahrendorf, SGB XII Rn. 24). Für die Kinder- und Jugendhilfe enthält § 97a SGB VIII eine dem § 117 SGB XII entsprechende Regelung. Eine besondere Ausprägung erhält die Mitwirkungspflicht durch § 9 Abs. 3 AsylbLG. Danach werden die §§ 60–67 SGB I für entsprechend anwendbar erklärt. Zugleich erfolgt eine Erweiterung des § 60 um die Obliegenheit, die Abnahme eines Fingerabdrucks zu dulden.

11 Weder die Mitwirkungspflichten nach den §§ 60 ff. noch die Auskunftspflichten Dritter ändern grundsätzlich etwas an der in den §§ 20 ff. SGB X begründeten **Amtsermittlungspflicht** des Sozialleistungsträgers (vgl. BSG SozR 3-1200 § 66 Nr. 2). Insbesondere entbindet die Weigerung eines Beteiligten, in zumutbarer Weise am Verfahren mitzuwirken, den Leistungsträger nicht von der Amtsermittlungspflicht. Er muss vielmehr versuchen, die erforderlichen Ermittlungen selbst anzustellen (BSG SGb 2005 S. 300 mAnm Mecke). Von praktischer Bedeutung ist in diesem Zusammenhang die in § 21 Abs. 4 SGB X begründete **Auskunftspflicht der Finanzbehörden** (OVG Münster FEVS 45 S. 68). Eine gewisse, nicht unproblematische Modifikation des Amtsermittlungsgrundsatzes ergibt sich aus § 66 Abs. 1, wenn der Leistungsträger danach seine Entscheidung ohne weitere Ermittlungen treffen kann (vgl. § 66 Rn. 3, 4). Von praktischer Bedeutung ist dagegen, dass die Mitwirkungspflichten nur dann richtig und vollständig erfüllt werden können, wenn der Sozialleistungsträger seinerseits der ihm obliegende Pflicht zur Beratung nach § 14 nachkommt. Darüber hinaus hat er nach § 16 Abs. 3 auf die Stellung sachdienlicher und vollständiger Anträge hinzuwirken. Beratung, Amtsermittlung und Mitwirkung bilden damit einen einheitlichen Komplex.

12 Der Grundsatz der Amtsermittlung kann sich in Einzelfällen zu besonderen Kontrollbefugnissen des Sozialleistungsträgers verdichten. Das gilt etwa für den medizinischen Dienst der Krankenkassen (§§ 275 ff. SGB V) und für die Bekämpfung des Leistungsmissbrauchs durch die Arbeitsagenturen und Sozialhilfeträger nach den §§ 304–307 SGB III; 118 SGB XII. Zu den weitergehenden Ersatzpflichten vgl. § 66 Rn. 8. Ohne gesetzliche Grundlage gibt es jedoch solche Kontrollbefugnisse nicht. Insbesondere besteht im Rahmen des § 60 nicht die Pflicht, einen **Hausbesuch** zu dulden, wie es gelegentlich in der Sozialhilfe und noch in der Grundsicherung für Arbeitsuchende angenommen wurde. Als Instrument der Amtsermittlung (§ 20 SGB X) ist er zwar nicht unzulässig. Er stellt eine Augenscheineinnahme dar (§ 21 Abs. 1 Satz 1 Nr. 4 SGB X), die nicht ohne Einwilligung des Betroffenen erfolgen darf. Schon im Hinblick auf Art. 13 GG kann sie nicht erzwungen werden (Blüggel, SGb 2007 S. 336). Unabhängig davon muss der Zweck des Hausbesuchs klar benannt werden und es darf auch keine alternative Aufklärungsmöglichkeit bestehen (Hess. LSG NJW 2006 S. 1548). Gegen den Willen des Leistungsberechtigten darf die Wohnung niemals betreten werden. Folglich dürfen aus der Weigerung allein noch keine negativen Schlüsse gezogen werden. Kann allerdings eine bestimmte Tatsache, etwa die Renovierungsbedürftigkeit der Wohnung (§§ 22 SGB II, 35 SGB XII), nicht ohne deren Besichtigung aufgeklärt werden, so ist diese Tatsache nicht festgestellt und kann damit einer

Entscheidung über die Leistung nicht zugrunde gelegt werden (§ 20 Abs. 1 SGB X). Insoweit trägt der Leistungsberechtigte eine gewisse Mitverantwortung für die Aufklärung des Sachverhalts, die aus § 21 Abs. 2 SGB X abzuleiten ist und insoweit von den Mitwirkungspflichten abzugrenzen ist, als sie den Charakter einer Beweislastverteilung hat (vgl. LSG RhPf. ZfSH/SGB 2914 S. 761).

Der mit einer personell und zeitlich begrenzten, punktuellen, wohl aber verdeckten Observierung einer vermeintlich unbewohnten Unterkunft durch den Außendienst eines Sozialleistungsträgers verbundene Grundrechtseingriff begründet nach Auffassung des LSG NRW noch kein Verwertungsverbot für die so gefundenen Ergebnisse. Entsprechendes gilt auch für Befragungen in der Nachbarschaft (LSG NRW L 12 AS 201/11 B ER, juris; Bay. LSG L 7 AS 72/07, juris; einschränkend OVG Weimar NZS 2011 S. 358 zu § 62 SGB VIII). Zumindest bei schwer aufzuklärenden **Einzelfällen eines konkreten Verdacht** des Leistungsmissbrauchs besteht für Maßnahmen mit geringer Eingriffsintensität in den §§ 6 Abs. 1 Satz 2 SGB II, 21 Abs. 1 Satz 1 Nr. 4, 67a Abs. 2 Nr. 2 SGB X eine Rechtsgrundlage. Unter Beachtung der Art. 13 Abs. 1; 14 Abs. 3 lit. a, Abs. 5 lit. b DS-GVO wird man daran weiterhin festhalten können, und zwar auch dann, wenn der Vorgang den Charakter einer **verdeckten Datenerhebung** hat (§ 35 Rn. 56, 56a). Wegen der hohen Eingriffsintensität (Art. 13 GG) gilt das jedoch nicht für verdeckte Beobachtungen im Wohnbereich (v. Wulffen/Schütze-Bieresborn SGB X § 67a Rn. 7a). **12a**

Eine besondere Obliegenheit des Pflegebedürftigen begründet § 18 Abs. 2 SGB XI. Danach hat er seine Untersuchung im Wohnbereich zu dulden. Verweigert er dazu sein Einverständnis, so kann die Pflegekasse die beantragten Leistungen verweigern. Trotz des relativ eindeutigen Wortlauts wird man in der Vorschrift nur eine ergänzende Regelung zu den §§ 20, 21 SGB X und damit eine Regelung zur Darlegungslast sehen können. Unabhängig davon gelten allerdings auch die §§ 65, 66 SGB I. Nicht geregelt ist, wie zu verfahren ist, wenn ein lediglich Mitbewohner die Untersuchung im Wohnbereich verweigert. **13**

Keine Mitwirkungspflicht, sondern eine besondere Form der Amtsermittlung ist auch die im Sozialrecht vorgesehene Möglichkeit einer **Kontenabfrage** nach den §§ 93, 93b AO. Insoweit enthält die Abgabenordnung in § 93 Abs. 8 Nr. 1a–e AO eine Befugnis der dort genannten Leistungsträger zur Datenerhebung (Träger der Grundsicherung und Sozialhilfe, der Ausbildungsförderung und des Wohngeldes). Allerdings erfolgt sie durch ein Ersuchen an das Bundeszentralamt für Steuern. Der ersuchende Sozialleistungsträger muss beurteilen und verantworten, ob die gesetzlichen Voraussetzungen für eine Kontenabfrage erfüllt sind. Das Ersuchen ist an das Bundeszentralamt für Steuern zu richten. Im Grundsatz bleibt es dabei, dass die Daten beim Betroffenen selbst zu erheben sind. Davon kann aber durch gesetzliche Regelung eine Ausnahme zugelassen sein. Das ist dann der Fall, wenn ein vorheriges Auskunftsersuchen nicht zum Ziel geführt hat oder keinen Erfolg verspricht. Die Kontenabfrage ist also die ultima ratio der Amtsermittlung. Gemäß § 93 Abs. 9 Satz 1 AO ist vor einem Auskunftsersuchen auf die Möglichkeit einer Kontenabfrage hinzuweisen. Nach Durchführung einer Kontenabfrage ist der Betroffene, das ist der Inhaber des Kontos, über die Durchführung zu benachrichtigen (§ 93 Abs. 9 Satz 2 AO). Davon kann allerdings unter den Voraussetzungen des § 93 Abs. 9 Satz 3 AO abgesehen werden. Insoweit nehmen die §§ 31c und 32b AO eine Konkretisierung des Art. 14 Abs. 5 lit. c und d DS-GVO vor (§ 35 Rn. 63). **14**

2. Handlungsfähigkeit

15 Bei den Duldungs- und Verhaltenspflichten stellt sich die Frage der Geschäfts- bzw. Handlungsfähigkeit grundsätzlich nicht. Gewisse Schwierigkeiten bereitet demgegenüber die Erfüllung von Mitwirkungspflichten, wenn der Leistungsberechtigte minderjährig ist. Nach überwiegender Auffassung ist § 36 Abs. 2 Satz 2 entsprechend anzuwenden. Der Minderjährige wird also als nicht handlungsfähig angesehen (vgl. Lilge § 60 Rn. 12–14). Die Gleichsetzung von Verzicht und Antragsrücknahme (§ 36 Abs. 2 Satz 2) mit der Möglichkeit einer Versagung der Leistung nach § 66 ist mE schon aus strukturellen Gründen nicht zulässig. Erstere sind schlichte Erklärungen durch den Leistungsberechtigten. Bei verweigerter Mitwirkung erfolgt eine Entscheidung durch den Leistungsträger. Dieser gehen Erwägungen nach § 65 und mehrere Ermessensentscheidungen voraus (§ 66 Rn. 10). Beide Varianten sind in unterschiedlicher Weise revidierbar (§§ 46 Abs. 1 Hs. 2, 67).

15a Darüber hinaus ist die Auffassung, der Minderjährige könne zwar Mitwirkungspflichten erfüllen, verpflichtet dazu sei aber nur der gesetzliche Vertreter, wenig praktikabel. Betrachtet man die Fälle genauer, dann kann entweder eine Mitwirkungspflicht durch den Minderjährigen tatsächlich erfüllt werden. Auf die Verpflichtung des gesetzlichen Vertreters kommt es nicht mehr an; oder aber der gesetzliche Vertreter erfüllt seine Verpflichtung, jedoch weigert sich der Minderjährige. Dann ist die Mitwirkungspflicht nicht erfüllt. Dabei ist zunächst zu unterscheiden, ob eine Handlungsfähigkeit iSd § 36 gegeben ist oder nicht. Fehlt es an einer Handlungsfähigkeit, sei es auch durch Einschränkung nach § 36 Abs. 2 Satz 1, so wird der Minderjährige im vollen Umfang gesetzlich vertreten (§ 36 Rn. 13). Er bleibt als solcher jedoch Antragsteller. Das bedeutet, dass alle rechtsgeschäftlichen und rechtsgeschäftsähnlichen Erklärungen verbindlich nur vom gesetzlichen Vertreter für ihn abgegeben werden können. In allen Fällen kann auch ein Verlangen des Sozialleistungsträgers (§§ 61–64) rechtswirksam nur gegenüber dem gesetzlichen Vertreter ausgesprochen werden.

15b Nicht zu übersehen ist, dass die Erfüllung einer Mitwirkungspflicht durch den Leistungsberechtigten idR auch eine **Datenerhebung** durch den Leistungsträger ist. In der Praxis bereitet das zumeist keine Schwierigkeiten, weil zumeist von einer Einwilligung auszugehen ist (Art. 7 Abs. 1 DS-GVO). Das kann allerdings idR nicht konkludent geschehen (§ 67b Abs. 2 SGB X). Klärungsbedürftig ist die Einwilligung Minderjähriger. Gemäß Art. 8 DS-GVO kann in die Datenerhebung grundsätzlich nur ab Vollendung des 16. Lebensjahres eingewilligt werden. Die Mitgliedsstaaten können die Altersgrenze jedoch auf das 13. Lebensjahr herabsetzten (vgl. § 35 Rn. 62). Da dies nicht in einer gesonderten Datenschutzregelung geschehen muss, ist die Vorschrift des § 36 Abs. 1 als ausreichend anzusehen.

16 Erschöpft sich die Erfüllung der Mitwirkungspflicht, wie zumeist in den Fällen der §§ 61–64, im **tatsächlichen Verhalten,** so kann es auch vom Handlungsunfähigen vorgenommen werden. So kann der Minderjährige nach einem Antrag auf Berufsausbildungsbeihilfe, gleichviel ob er handlungsfähig ist oder nicht, seinen Ausbildungsvertrag vorlegen (§ 60 Abs. 1 Nr. 3). Wer den Antrag gestellt hat, ist dabei ohne Bedeutung. Entsprechendes gilt, wenn eine Heilbehandlung nach § 63 durchgeführt werden soll. In diesem Falle muss der gesetzliche Vertreter, bei Einwilligungsunfähigkeit des **Minderjährigen** zwar gegenüber dem Arzt die erforderliche Erklärung abgeben. Sie erschöpft sich letztlich aber in einer Absichtserklärung, denn in tatsächlicher Hinsicht muss sich der Handlungsunfähige selbst

der Heilbehandlung unterziehen. Weigert er sich, so muss entweder auf der familienrechtlichen Grundlage des § 1626 BGB Zwang ausgeübt werden oder die Erfüllung der Mitwirkungspflicht unterbleibt. Im letzteren Falle bedarf es aber einer besonders sorgfältigen Ermessensentscheidung nach § 66. Demgegenüber vertritt Trenk-Hinterberger die Ansicht, bei der Erfüllung der Mitwirkungspflichten nach den §§ 61–64 müssten die §§ 104 ff. BGB entsprechende Anwendung finden (Trenk-Hinterberger in Giese/Krahmer, Sozialgesetzbuch, vor I § 60 Rn. 8.1). Letztlich führt diese Auffassung aber zu keinem praktisch sinnvollen Ergebnis. Würde der gesetzliche Vertreter gemäß § 107 BGB analog in die tatsächlich vorzunehmende Handlung einwilligen, dann könnte dadurch eine tatsächliche Weigerung seitens des Minderjährigen nicht beseitigt werden. Nimmt dagegen der Minderjährige eine sich im Tatsächlichen erschöpfende Mitwirkungshandlung vor, so ist nicht ersichtlich, warum dann noch eine Einwilligung des gesetzlichen Vertreters erforderlich sein sollte. Haftungs- oder strafrechtliche Konsequenzen, die sich bei fehlender Einwilligungsfähigkeit ergeben sollten, haben keinen Einfluss auf die Frage, ob eine Mitwirkungspflicht erfüllt ist (vgl. unten Rn. 18–20).

Steht der Leistungsberechtigte unter **Betreuung** (§ 1896 BGB), so sind entspre- 17
chende Erwägungen im Hinblick auf § 1902 BGB anzustellen. Dabei ist zu beachten, dass der Betreuer gegenüber dem Betreuten nur dann Zwangsbefugnisse hat, wenn ein Einwilligungsvorbehalt nach § 1903 BGB angeordnet ist (§ 11 Abs. 2 SGB X). In den Fällen des Einwilligungsvorbehalts bedarf es also bei den rechtsgeschäftlichen und rechtsgeschäftsähnlichen Mitwirkungshandlungen einer Einwilligung des gesetzlichen Vertreters. Erschöpft sich die Mitwirkungshandlung im Tatsächlichen, so genügt ein schlichtes Tun des Betreuten. Im Falle seiner Weigerung ist die Tatsache, dass er unter Betreuung steht (§ 1896 BGB) bei der Ermessensentscheidung nach § 66 von besonderer Bedeutung (vgl. Mrozynski, SGb 1993 S. 13). Soweit es in diesem Zusammenhang um die zwangsweise Durchsetzung einer Heilbehandlung geht, hat sich durch die Rechtsprechung des BVerfG eine neue Lage ergeben, die auch im Sozialrecht eine gewisse Bedeutung erlangen kann. Danach hatte anfangs in den Landesunterbringungsgesetzen und in § 1906 Abs. 1 Nr. 2 BGB aF keine hinreichend klare Gesetzesgrundlage für eine **Zwangsbehandlung** bestanden (vgl. dazu § 63 Rn. 4a). Nach der Neufassung des § 1906a BGB sind ärztliche Zwangsmaßnahmen auch außerhalb des Freiheitsentzugs, jedoch nur bei stationärem Aufenthalt möglich (§ 1906a Abs. 1 Nr. 7 BGB). Erforderlich ist aber eine Zustimmung des Betreuungsgerichts (§ 1906a Abs. 2 BGB). Es besteht also nur ein sehr enger Spielraum für den Betreuer bei der Durchsetzung eine Mitwirkungspflicht im Sinne der §§ 62, 63. Eine Entscheidung nach § 66 könnte in keinem Falle an Handlungsunfähige zugestellt werden (LSG NRW Breith. 2018 S. 150).

Andere Schwierigkeiten ergeben sich, wenn der **gesetzliche Vertreter** eines 18
Handlungsunfähigen (§§ 36 SGB I, 11 SGB X) Mitwirkungspflichten nicht erfüllt. Nach den Grundlagenregelungen der §§ 166, 278 BGB wird das Verhalten des Vertreters dem Vertretenen zugerechnet. Das bedeutet, dass eine Weigerung des gesetzlichen Vertreters auch zu einem Entzug der Leistungen nach § 66 gegenüber dem Vertretenen führen kann. Das muss jedoch nicht zwingend erfolgen, wenn sich die Erfüllung der Mitwirkungspflicht in einem tatsächlichen Geschehen erschöpft. In diesem Falle genügt ein schlichtes Tun des Handlungsunfähigen (zB bei § 61) zur Erfüllung der Mitwirkungspflicht (aA KassKomm-Seewald § 60 Rn. 8). Wo das zur Erfüllung der Mitwirkungspflicht nicht ausreicht, wird der Leistungsträger im Rahmen seiner Ermessensausübung nach § 66 Abs. 1 oder 2

jedoch prüfen müssen, ob vor einem Entzug der Leistungen, die einem Minderjährigen oder Betreuten zu erbringen sind, familien- bzw. betreuungsrichterliche Maßnahmen gegenüber dem gesetzlichen Vertreter in Betracht kommen (§§ 1666, 1837 BGB).

19 Anders ist die Rechtslage, wenn der Minderjährige nach § 36 **handlungsfähig** ist. Hier liegt die Verantwortung allein beim Minderjährigen. Er hat die Mitwirkungspflichten zu erfüllen. Entzug und Versagung gemäß § 66 erfolgen allein wegen seiner Weigerung und nur ihm gegenüber. Für die wohl noch herrschende gegenteilige Auffassung (vgl. KassKomm-Seewald § 65 Rn. 8; Wannagat-Thieme, SGB I § 65 Rn. 9; Sichert in Hauck/Noftz, SGB I § 60 Rn. 7; Lilge, SGB I § 60 Rn. 13) findet sich keine Stütze im Gesetz. Insbesondere lässt sich nicht die Auffassung vertreten, der handlungsfähige Minderjährige könne zwar Mitwirkungspflichten erfüllen, verpflichtet dazu sei aber nur der gesetzliche Vertreter. Schon die Formulierung, der Minderjährige mache von seiner Handlungsfähigkeit Gebrauch, ist unzutreffend. Der Minderjährige ist entweder handlungsfähig oder er ist es nicht (vgl. auch Krasney, BKK 1987 S. 342). Eine Abstufung oder ein Entscheidungsrecht des Minderjährigen kennt § 36 nicht. Insbesondere kann man nicht die Verweigerung einer Erfüllung der Mitwirkungspflicht dem Verzicht oder der Rücknahme des Antrags gleichstellen (§ 36 Abs. 2 Satz 2), weil das Druckmittel des § 66, das vom Leistungsträger ausgeht, nicht dem Verzicht oder der Antragsrücknahme durch den Leistungsberechtigten ähnlich ist. Einer Modifikation des § 36 bedarf es im Grunde auch nicht. Gemäß § 36 Abs. 1 Satz 2 soll der Leistungsträger den gesetzlichen Vertreter bereits über die Antragstellung informieren. Ergeben sich Schwierigkeiten bei der Erfüllung der Mitwirkungspflichten, so wird der Leistungsträger das darauf bezogene Verhalten des gesetzlichen Vertreters zu würdigen haben. Bestehen in diesem Zusammenhang Anhaltspunkte für eine Vernachlässigung der elterlichen Sorge, so sind familienrichterliche Maßnahmen nach § 1666 BGB angebracht. In diesem Falle wäre ggf. nach § 1909 BGB ein Ergänzungspfleger zu bestellen, dessen Wirkungskreis auf die Inanspruchnahme von Sozialleistungen beschränkt sein könnte. Darüber hinaus könnte der Leistungsträger auch im Rahmen seiner Ermessensausübung nach § 66 Abs. 1 oder 2 berücksichtigen, ob die Leistungsvoraussetzungen trotz der Nichterfüllung der Mitwirkungspflichten, wenn auch unter erheblichem Aufwand, festgestellt werden können.

20 Von der Erfüllung der Mitwirkungspflichten, sei es des Handlungsunfähigen, sei es des Handlungsfähigen, sei es schließlich durch seinen gesetzlichen Vertreter ist die zivil- und strafrechtliche Seite zu trennen. Insbesondere, was die **Einwilligung** in die ärztliche Behandlung angeht, kommt es nur darauf an, ob der Einwilligende einwilligungsfähig ist. Zu prüfen ist also nur, ob er die Tragweite seiner Erklärung und des vorzunehmenden Eingriffs überschaut. Das hängt von seinem Urteilsvermögen und von der Sorgfalt ab, mit der ihn der Arzt aufgeklärt hat. Für diese Einwilligung kommt es also weder auf die Geschäfts- noch auf die Handlungsfähigkeit an.

3. Grundformen der Mitwirkungspflicht

21 In der Regel beginnen die Mitwirkungspflichten mit Eröffnung des Verwaltungsverfahrens und enden mit dessen Abschluss. Dieser Grundsatz ist aber zu modifizieren. Bei Verwaltungsakten mit Dauerwirkung bestehen einzelne Mitwirkungspflichten praktisch unbegrenzt, da gemäß § 60 Abs. 1 Nr. 2 Änderungen der Verhältnisse mitzuteilen sind. Darüber hinaus ergibt sich aus der Tatsache, dass die Mitwirkungspflichten nach § 60 Abs. 1 Satz 2 auch im Erstattungsverfahren gelten, deren Fortwirkung von bis zu vier Jahren nach Ablauf des Kalenderjahres, in dem über die Erstattung bestandskräftig entschieden worden ist (§§ 42 Abs. 2 SGB I, 50 Abs. 4 SGB X). Unabhängig von diesen zeitlichen Befristungen enden die Mitwirkungspflichten immer dann, wenn sie objektiv nicht mehr erfüllt werden können, ihre Erfüllung unzumutbar wird oder der Sachverhalt auf andere Weise aufgeklärt ist (vgl. Benz, BG 1978 S. 4). Eine darüber hinausgehende Bedeutung haben die Mitwirkungspflichten nach den §§ 63 und 64. Sie sind darauf gerichtet, eine materielle Leistungsvoraussetzung, wie etwa die Erwerbsunfähigkeit, zu beheben. Insoweit haben sie keineswegs nur eine verfahrensrechtliche Bedeutung.

Die Mitwirkungspflicht der **Angabe von Tatsachen,** die ohne Aufforderung 22
zu erfüllen ist, hat eine besonders große Bedeutung bei der Prüfung der Leistungsvoraussetzungen. Auch im Unterlassen der Mitteilung eines bestimmten Umstands kann die Verletzung einer Mitwirkungspflicht bestehen. Dabei ist aber festzustellen, ob das Unterlassen einer Mitteilung „für die Bewilligung wesentlich war und dessen Kenntnis eine rechtswidrige Bewilligung verhindert hätte" (BSG SozR 4-1300 § 45 Nr. 13). Die Tatsachenmitteilung steht also oft am Beginn des Verwaltungsverfahrens. Darauf ist sie jedoch nicht beschränkt, was sich schon aus der einleitenden Formulierung „beantragt oder erhält" ergibt. Eine bestimmte Form der Tatsachenmitteilung sieht das Gesetz nicht vor. Insbesondere genügt auch eine e-mail oder ein einfacher **Brief.** In diesem Falle kann aber eine Erkundigungspflicht bestehen, wenn etwa nach Mitteilung zusätzlicher Einkünfte, weiterhin Leistungen in gleicher Höhe erbracht werden (LSG RhPf. Breith. 2013 S. 475). Das gesetzliche Merkmal „erhält" bezieht sich nicht nur auf den laufenden Leistungsbezug, sondern auch auf den Fall, in dem die Leistungsvoraussetzungen von Amts wegen festzustellen sind (§ 18 SGB X). Nicht mehr erforderlich ist es, das Merkmal „erhält" auch auf Leistungen der Krankenversicherung für Familienangehörige zu erstrecken. Diese sind nach der Regelung des § 10 SGB V selbst versichert und damit auch selbst leistungs- und mitwirkungspflichtig (vgl. § 62 Rn. 4). Für die Erfüllung von Mitwirkungspflichten sieht das Gesetz eine bestimmte Form nicht vor.

Anzugeben sind nur Tatsachen, also insbesondere keine auf Tatsachen oder 23
Rechtsnormen gestützten **Wertungen.** So genügt ein Arbeitsloser seiner Mitwirkungspflicht, wenn der dem Arbeitsamt mitteilt, er sei „wieder in Arbeit". Insbesondere im Hinblick auf § 138 Abs. 3 SGB III darf die Arbeitsagentur daraus allein aber noch nicht schließen, die Arbeitslosigkeit wäre beendet (LSG Rh. SGb 1997 S. 374). Allerdings ist mit der Auswahl von Tatsachen oft eine Wertung verbunden. Hier ist dem Leistungsträger eine große Zurückhaltung auferlegt. Insbesondere dürfen existenzsichernde Leistungen nicht aufgrund von bloßen Mutmaßungen verweigert werden, wenn sie sich auf vergangene Umstände stützen, die über die gegenwärtige Lage eines Hilfebedürftigen keine eindeutigen Erkenntnisse ermöglichen (Hess. LSG FEVS 58 S. 185; Hess. LSG FEVS 60 S. 317). Nicht zu den Tatsachen, sondern zu den Wertungen gehört die Entscheidung, ob eine Beziehung zwischen zwei Personen den Charakter einer eheähnlichen Gemeinschaft hat. Tatsachen wären dagegen, das Zusammenleben in einem Haushalt oder das Ausmaß des gemeinsamen Wirtschaftens (vgl. BSG 107 S. 255).

Andererseits ist es nach Auffassung des BSG aber noch dem Bereich der Angabe 23a
von Tatsachen zuzurechnen, wenn von einem freiberuflich tätigen Leistungsbe-

rechtigten, dessen künftiges Einkommen ungewiss ist, verlangt wird, eine Schätzung abzugeben (BSG SGb 2014 S. 101 Rn. 15 mAnm Sichert). Dies kann auch einen beschleunigten Zugang zu Sozialleistungen erleichtern (§ 41a SGB II). Gegenüber dieser Rechtsprechung bestehen dennoch gewisse Bedenken. Das Gericht bezeichnet seine Auffassung als bereichsspezifische Konkretisierung des Tatsachenbegriffs. Das ist innerhalb einer Kodifikation, ähnlich wie beim Begriff des gewöhnlichen Aufenthalts, nicht ganz unbedenklich (vgl. § 30 Rn. 23). Man wird allerdings allgemein sagen können, dass jedenfalls die Mitteilung der Grundlagen einer Einkommensprognose noch zu den mitzuteilenden Tatsachen zu rechnen sind. Nicht dazu gehören würden aber reine Erwartungen über die Entwicklung des künftigen Einkommens. Etwas genauer betrachten muss man auch die Frage der Leistungserheblichkeit einer solchen Mitteilung. Das BSG verweist auf die §§ 40 Abs. 1 Satz 2 Nr. 1a SGB II iVm 328 Abs. 1 SGB III. Gemeint sein kann nur § 328 Abs. 1 Nr. 3 SGB III. Diese Regelung betrifft aber nur den tatbestandlich sehr eingegrenzten Fall eines voraussichtlich längeren Zeitraumes für die Feststellung der Leistungsvoraussetzungen bei einem Arbeitnehmer. Der Verweis des Gerichts auf die Einkommensanrechnung bei Selbständigen nach § 3 Abs. 2 und 3 Alg II-VO ist insoweit wenig hilfreich, als hier nur Regelungen zu „tatsächlich geleisteten notwendigen Ausgaben" und eben nicht zu Erwartungen getroffen werden. Angesichts der Tatsache, dass bei Fürsorgeleistungen, also auch im SGB II, immer nur auf bereite Mittel abgestellt werden darf (BSG 112 S. 229), wird man, entgegen dem BSG, nicht sagen können, dass Einkommenserwartungen im Entscheidungszeitpunkt, auch wenn sie auf Tatsachen beruhen, leistungserheblich sind.

24 In diesem Zusammenhang ist es von besonderer Bedeutung, dass sich die Mitwirkungspflicht nur auf die Angabe derjenigen Tatsachen erstreckt, die **für die Leistung erheblich** sind (BSG SGb 2013 S. 710 mAnm Jährling-Rahnefeld). Eine präzise Handhabung des Begriffs der Leistungserheblichkeit entspricht heute auch den Anforderungen des Datenschutzrechts (vgl. § 35 Rn. 63). Insbesondere wird man das Ansinnen einer pauschalen Weitergabe von Daten eines Arbeitsuchenden an potentielle Arbeitgeber nicht als leistungserheblich ansehen können, da die Leistung (§§ 136 SGB III, 19 ff. SGB II) davon nicht abhängt. Das gilt selbst dann, wenn dies die Eingliederung fördern würde (vgl. SG Köln info also 2013 S. 122). Die Mitwirkungspflicht der Angabe von Tatsachen umfasst nicht die Beibringung von **Kostenvoranschlägen** (vgl. § 65a Rn. 14) oder Gutachten. Soweit in diesem Zusammenhang eine Mitwirkungspflicht besteht, beschränkt sie sich darauf, dass sich der Sozialleistungsberechtigte einer verlangten Untersuchung unterzieht (vgl. § 62 Rn. 10). Bei Unklarheiten über das Bestehen bzw. den Umfang einer Mitwirkungspflicht hat eine Beratung nach § 14 zu erfolgen.

24a Auf Grund der Regelung des § 9 Abs. 3 SGB II sind die wirtschaftlichen Verhältnisse der Eltern einer **Schwangeren** auch dann nicht leistungserheblich, wenn zwischen ihnen und der Tochter eine Bedarfsgemeinschaft besteht. Dennoch können Angaben über **dritte Personen** durchaus leistungserheblich sein, wenn etwa eine weitere Person in der Wohnung eines Hilfesuchenden wohnt und möglicherweise einen Teil der Kosten trägt. Der Hilfesuchende muss keine Auskünfte über diese Person einholen, aber ihm bekannte Tatsachen mitteilen, soweit sie für ihn leistungserheblich sind (BSG SozR 1200 § 66 Nr. 13; LSG NRW ZfSH/SGB 2016 S. 669). Die etwas umfassendere Regelung des § 60 SGB II ist keiner erweiternden Auslegung zugänglich (LSG Sachs.-Anh. ZFSH/SGB 2014 S. 712; Sächs. LSG FEVS 66 S. 228). Der Leistungsträger darf sich in diesen Fällen nicht selbst an die dritte Person wenden, da er dadurch ein Sozialgeheimnis, die Tatsache des Leistungsbezugs, verletzen würde (BSG 110 S. 175).

Leistungserheblich sind vor allem Tatsachen, die mit der Erfüllung der Anspruchsvoraussetzungen, der Höhe und dem Fortbestand der Leistung zu tun haben (relativ eng Hess. LSG FEVS 57 S. 258). Dasselbe gilt für die Modalitäten der Leistungsbewirkung und die Entstehung von Leistungsverweigerungsrechten. Keineswegs aber kann man umgekehrt schließen, dass die Mitteilung tatsächlicher Verhältnisse immer auch zu den nach § 60 Abs. 1 Nr. 1 zu erfüllenden Mitwirkungspflichten gehört. So können die Verhältnisse auf dem Arbeitsmarkt für die Entscheidung der Frage, ob eine verminderte Erwerbsfähigkeit vorliegt (vgl. § 23 Rn. 7 ff.) leistungserheblich sein. Sie liegen jedoch völlig außerhalb der Möglichkeit einer Beurteilung durch den Leistungsberechtigten. Die Angabe solcher Tatsachen ist nicht erst durch § 65 Abs. 1 Nr. 3, ausgeschlossen, sondern gehört nicht zu den nach § 60 Abs. 1 Nr. 1. zu erfüllenden Mitwirkungspflichten. Anknüpfungspunkt ist hier die Amtsermittlung (§§ 20, 21 SGB X). Tatsachen iSd Vorschrift sind also nur solche, die in der Wahrnehmungs- und Einflusssphäre des Leistungsberechtigten liegen. Nicht dazu gehören auch Werturteile, also etwa die eigene Beurteilung der Arbeitsunfähigkeit (vgl. § 44 SGB V) oder der Eignung (§ 64 Abs. 2 SGB III). Wohl aber sind Tatsachen anzugeben, die solche Urteile ermöglichen. 25

Ob „alle" Tatsachen iSd § 60 Abs. 1 Nr. 1 angegeben werden können, hängt oft auch von der Beratung durch den Leistungsträger über den Umfang der Pflichten ab (§ 14 Rn. 8). Das entbindet den Leistungsberechtigten aber nicht davon, Tatsachen auch unaufgefordert mitzuteilen. Er wird lediglich nicht immer in der Lage sein, die Leistungserheblichkeit einer Tatsache zu erkennen. Eine Pflicht, gleichsam vorsorglich alles mitzuteilen, was leistungserheblich sein könnte, wird man aus § 60 Abs. 1 Nr. 1 auch im Hinblick auf das informationelle Selbstbestimmungsrecht (§ 35 Rn. 1, 29) nicht ableiten dürfen. 26

Entgegen dem BSG, das allerdings einen Fall vor In-Kraft-Treten des SGB I zu entscheiden hatte (BSG 45 S. 119), wird man im Rahmen der Mitwirkungspflichten nicht die Angabe von Tatsachen verlangen können, die sich auf **Regressansprüche** des Leistungsträgers beziehen (§ 116 SGB X). Das sind Ansprüche gegenüber dem Schädiger des Berechtigten, dem wegen der Schädigung Sozialleistungen erbracht wurden. Zwar besteht für den Sozialleistungsträger und den Sozialleistungsberechtigten die wechselseitige Verpflichtung, einander vor vermeidbarem Schaden zu bewahren. Sie ist aber nicht als Mitwirkungspflicht ausgestaltet. Eine solche Verpflichtung kann sich nur als Nebenpflicht aus dem Sozialrechtsverhältnis ergeben (vgl. Jülicher, SGb 1979 S. 445; aA Lilge, SGB I § 60 Rn. 20a). Mit Blick auf die eigenständige Bedeutung der Mitwirkungspflichten und die klar definierten Folgen ihrer Verletzung in § 66 wird man heute die Verletzung sonstiger Pflichten aus dem Sozialrechtsverhältnis anders beurteilen müssen. Auskunftspflichten im Zusammenhang mit § 116 SGB X sind deswegen ausschließlich in entsprechender Anwendung der §§ 402, 412 BGB zu behandeln. Bei Verletzung der in diesen Vorschriften begründeten Auskunftspflicht, besteht ein Anspruch aus positiver Forderungsverletzung (§ 280 BGB). In einem obiter dictum hat das BSG allerdings auch noch im Jahre 2004 auf seine frühere vertretene Rechtsauffassung Bezug genommen (BSG SGb 2005 S. 300 Rn. 21 mAnm Mecke). Im Übrigen besteht eine Reihe von selbständigen Auskunftspflichten (oben Rn. 8). Andererseits ist die Pflicht der Beteiligten durch § 21 Abs. 2 SGB X auch darauf begrenzt. 27

28 Im Zusammenhang mit § 60 Abs. 1 Nr. 1 bzw. Nr. 2 hat die Rechtsprechung zum Teil eine Erkundigungspflicht des Mitwirkungspflichtigen begründet (BayObLG ZfSH/SGB 1985 S. 214; BayObLG NZS 1993 S. 559; aA LSG SchlH SGb 1999 S. 30). Demgegenüber vertritt des BSG die Ansicht, dem Mitwirkungspflichtigen erwachse keine Ermittlungspflicht, er hat vielmehr nur die Tatsachen anzugeben, die ihm selbst bekannt sind (BSG 72 S. 118). Selbst wenn man der Auffassung des BayObLG folgen wollte, so lässt sich diese Rechtsprechung jedoch allenfalls dahin deuten, dass sich der Mitwirkungspflichtige in seiner Rechtssphäre Klarheit über seine wirtschaftlichen Verhältnisse verschaffen muss. Keineswegs lässt sich daraus eine Erkundigungspflicht in der Person des Leistungsberechtigten ableiten (so KassKomm-Seewald § 60 Rn. 26 für die Änderung von Tatsachen). Eine Erkundigungspflicht darf nicht zu einer Umkehrung der Rechtslage führen. Aus § 14 ergibt sich die Pflicht des Sozialleistungsträgers, ggf. auch ohne Nachfrage über Rechte und Pflichten nach dem Sozialgesetzbuch zu beraten (§ 14 Rn. 9, 23 ff.). Für das Antragsverfahren konkretisiert sich diese Verpflichtung durch § 16 Abs. 3. Der Gesetzgeber gibt damit zu erkennen, dass er die Konsequenzen, die sich aus der Unüberschaubarkeit des Sozialrechts ergeben, in den Verantwortungsbereich des Sozialleistungsträgers verlagert wissen will. Auch über die Mitwirkungspflichten darf man den Informationsanspruch des Leistungsberechtigten nicht in eine Erkundigungspflicht umdeuten. Dies könnte auch zur Folge haben, dass die Sozialleistungsträger ihre Informationspflichten mit weniger Nachdruck erfüllen. Je intensiver sie demgegenüber ihren Pflichten aus den §§ 13–15 nachkommen, um so eher darf man allerdings annehmen, dass die Leistungsberechtigten wissen, welche Tatsachen leistungserheblich sind.

29 Im Zusammenhang mit der Bekämpfung des Leistungsmissbrauchs in der Sozialhilfe sind die Träger der Sozialhilfe in letzter Zeit dazu übergangenen, nicht nur vorhandenes Einkommen und Vermögen (§§ 11, 12 SGB II, 82, 90 SGB XII) zu überprüfen, sondern auch **Kontenbewegungen,** die sich zum Teil auf die letzten zehn Jahre vor der Leistungsbewilligung erstrecken. Auf diese Weise soll vor allem festgestellt werden, ob ein Rückforderungsanspruch des Hilfeempfängers nach den §§ 528, 529 BGB besteht. Zu einer solchen Rückforderung kann der Hilfesuchende im Rahmen seiner Selbsthilfeobliegenheit nach § 2 Abs. 1 SGB XII verpflichtet sein. Es käme auch eine Überleitung bzw. der Übergang des Anspruchs aus § 528 BGB auf den Träger Grundsicherung oder der Sozialhilfe nach den §§ 33 SGB II, 93 SGB XII in Betracht. Diese sehr weitgehende Überprüfung von lang zurückliegenden Vermögensverfügungen ist nicht grundsätzlich ausgeschlossen, setzt aber einen konkreten Anlass für die Nachforschung voraus (Gutachten des Deutschen Vereins, NDV 1992 S. 300). Der VGH Kassel hat daran anschließend entschieden, dass ein Verlangen, Bankauskünften zuzustimmen, ohne konkrete Anhaltspunkte eine überflüssige Ermittlungstätigkeit und damit nicht „erforderlich" iSd § 60 Abs. 1 Nr. 1 sei (VGH Kassel FEVS 46 S. 104). Überwiegend wird jedoch die Überprüfung von Kontenständen durch den Leistungsträger ohne besondere Anhaltspunkte für einen Zeitraum von drei bis sechs Monate rückwirkend als zulässig angesehen. Insbesondere ist das Verlangen einer **Vorlage von Kontoauszügen** nicht erst dann zulässig, wenn der Verdacht falscher Angaben besteht (BSG 101 S. 268; LSG Sachs.-Anh. info also 2012 S. 170). Die Obliegenheit zur Vorlage der Auszüge ergibt sich ohne Weiteres aus § 60 Abs. 1 Nr. 3 SGB I und erstreckt sich auch auf Kontobewegungen, die in der Vergangenheit liegen (LSG NRW FEVS 59 S. 235). Es genügt dabei, wenn aus dem Konto lediglich zu ersehen ist, dass es dort Ein- bzw. Ausgänge gab (Sächs. LSG ZfSH/

SGB 2008 S. 154). Allerdings dürfen nach Auffassung des BSG auf den Auszügen solche Stellen „geschwärzt" werden, die Hinweise auf personenbezogene Daten wie das religiöse Bekenntnis oder die Parteizugehörigkeit enthalten (BSG SGb 2009 S. 665 mAnm Marschner). Insoweit ist aber eine Einschränkung zu machen. Soll etwa ein Gewerkschaftsbeitrag nach § 11 Abs. 2 Nr. 5 SGB II vom Einkommen abgesetzt werden, dann muss er auch als Gewerkschaftsbeitrag erkennbar sein. Hält ein Sozialhilfeempfänger ein **Kfz,** auch wenn es zum Schonvermögen gehört, so kann dies der Anlass dafür sein, ihm abzuverlangen, Tatsachen, die seine Hilfebedürftigkeit begründen, detailliert und nachvollziehbar darzulegen (OVG Hamburg FEVS 47 S. 559; OVG Münster FEVS 49 S. 37).

Nicht spontan, sondern nur auf Verlangen des Leistungsträgers muss der Sozial- 30
leistungsberechtigte der Erteilung von Auskünften durch Dritte zustimmen. Der Dritte im Sinne der Vorschrift des § 60 Abs. 1 Nr. 1 ist nicht näher konkretisiert. Es ist jeder, der über leistungserhebliche Tatsachen Auskunft geben kann. Dabei handelt es sich also nicht nur um Banken und Ärzte. Hinsichtlich des Bankguthabens ist dabei zu unterscheiden. Die einfache Mitteilung durch den Leistungsberechtigten fällt unter die Nr. 1. 1 Alt. Eine Bankauskunft fällt unter Nr. 1 2 Alt. Soll ein **Kontoauszug** vorgelegt werden, so handelt es sich um ein Beweismittel iSd Nr. 3 (BSG 101 S. 260; Ziebarth, NZS 2015 S. 569. Dasselbe gilt für die Vorlage des Personalausweises, wenn die Feststellung der Identität erforderlich ist (LSG Bln.-Brandbg. FEVS 66 S. 223). Das gilt ebenso für eine Meldebescheinigung, wenn die örtliche Zuständigkeit geprüft werden muss (Bay. LSG ZfSH/SGB 2019 S. 102). Das ist aber nur zulässig, wenn eine Meldeanschrift besteht (vgl. § 30 Rn. 14 ff.). Jedes Auskunftsverlangen des Sozialleistungsträgers muss so konkretisiert sein, dass der Leistungsberechtigte den Umfang seiner Zustimmungserklärung überschauen kann. In der Praxis erstreckt sich die Zustimmung zumeist auf die Entbindung des Arztes von der Schweigepflicht (§ 203 Abs. 1 Nr. 1 StGB) und die Ermächtigung des Arbeitgebers, der Bank usw Auskünfte zu erteilen. Dasselbe gilt aber auch für andere Personen und Institutionen. Insbesondere muss der Leistungsberechtigte, der sich in einer **Betreuungseinrichtung** befindet, damit einverstanden sein, dass diese von Zeit zu Zeit dem Sozialleistungsträger darüber Bericht erstattet, ob die Leistungsvoraussetzungen noch vorliegen. Das betrifft vor allem die Betreuung auf der Grundlage des Kinder- und Jugendhilfe- sowie des Sozialhilferechts.

Insbesondere für die Entbindung des Arztes von der **Schweigepflicht,** aber 31
auch für alle anderen Entbindungserklärungen, ist es erforderlich, dass der Erklärende die Fähigkeit hat, die Tragweite seiner Erklärung zu überschauen (vgl. oben Rn. 16). Eine Geschäfts- oder Handlungsfähigkeit ist hier nicht erforderlich. Es ist auch nicht Sache des Sozialleistungsträgers, zu prüfen, ob die Einwilligung wirksam erteilt worden ist. Ob das der Fall ist, ergibt sich ausschließlich aus dem Verhältnis zwischen dem Sozialleistungsberechtigen und dem Leistungserbringer. Gegebenenfalls wäre eine der in § 203 StGB genannten Personen wegen Geheimnisverletzung zu bestrafen. Dies würde aber kein „Verwertungsverbot" für den Sozialleistungsträger bedeuten. Insoweit können sich jedoch Grenzen aus dem Recht auf informationelle Selbstbestimmung ergeben. Generell ist bei der Frage der Wirksamkeit einer Einwilligung zu berücksichtigen, ob es zu dem Zeitpunkt, zu dem sie erteilt worden war, an einer Vertragsparität fehlte oder ob ein ähnliches Ungleichgewicht bestanden hat (BVerfG SozR 4-1200 § 60 Nr. 1). Ist das der Fall, so ist die Einwilligung unwirksam. Erkennt der Sozialleistungsträger die

Unwirksamkeit einer Einwilligung, dann ist das auch für ihn gleichbedeutend mit einem Fehlen der Einwilligung.

32 Häufiger kommt in der Praxis auch eine Auskunft durch einen anderen Sozialleistungsträger in Betracht. Dabei ergibt sich ein gewisses Spannungsverhältnis zum Sozialgeheimnis (§ 35 Rn. 63 ff.). Sofern in diesem Zusammenhang eine Übermittlung von Sozialdaten in Betracht kommt, muss eine Einwilligung erfolgen, die nicht zwingend der Schriftform bedarf (vgl. § 35 Rn. 60–63). Im Allgemeinen ist aber eine Einwilligung nicht erforderlich, da der Datenaustausch zwischen Sozialleistungsträgern in Erfüllung einer gesetzlichen Aufgabe nach dem Sozialgesetzbuch erfolgt und deswegen gemäß § 69 Abs. 1 Nr. 1 SGB X eine Übermittlung personenbezogener Daten zulässig ist.

33 Andererseits ist der Sozialleistungsberechtigte nur dazu verpflichtet, der Erteilung von Auskünften zuzustimmen. Nur in bestimmten Fällen besteht eine Auskunftspflicht Dritter (§§ 98–100 SGB X). Weigert sich der Dritte in anderen Fällen, die Auskunft zu erteilen, so ergibt sich für den Leistungsberechtigten aus § 60 Abs. 1 Nr. 1 nicht die weitergehende Verpflichtung, etwa auf Erteilung der Auskunft zu klagen. Verzichtet der Leistungsberechtigte darauf, so darf der Sozialleistungsträger keine Entscheidung nach § 66 treffen. Dies wäre nur mit der Zielsetzung möglich, eine Erfüllung der Mitwirkungspflicht zu bewirken (BSG 69 S. 235). Das ist aber bereits in dem von § 60 Abs. 1 Nr. 1 vorgesehenem Umfange geschehen. Der Sozialleistungsträger muss nun vielmehr auf der Grundlage der §§ 20, 21 SGB X eine Entscheidungsreife herbeiführen. Er kann ggf. den Dritten gemäß § 21 Abs. 1 Nr. 2 SGB X als Zeugen vernehmen. Eine Zeugnispflicht besteht jedoch nur, wenn sie durch Rechtsvorschrift vorgesehen ist (§ 21 Abs. 3 Satz 1 SGB X). Das kann uU bedeuten, dass sich im Verwaltungsverfahren nicht feststellen lässt, dass die Leistungsvoraussetzungen erfüllt sind. In diesem Falle ist der Antrag abzulehnen (vgl. oben Rn. 11 ff.). Allgemein kann man sagen, dass die Amtsermittlungspflicht des Leistungsträgers dort ihre Grenze findet, wo er den Sachverhalt nur unter Mitwirkung des Leistungsberechtigten aufklären kann (LSG NRW FEVS 57 S. 470).

34 Anzugeben ist gemäß Nr. 2 auch die Änderung der **leistungserheblichen Verhältnisse.** Dazu gehört etwa bei einem Leistungsbezieher nach dem SGB III, die Tatsache einer erneuten Arbeitsaufnahme (BSG 77 S. 175). Der Begriff der Verhältnisse ist zwar umfassender als der der Tatsachen, beschränkt sich in der Praxis zumeist aber darauf. Durchaus noch von dieser Mitteilungspflicht erfasst, wenn auch einer objektiven Beurteilung kaum zugänglich, ist etwa die Verbesserung des Gesundheitszustandes beim Krankengeldbezug. Ähnliches gilt beim Bezug einer Rente wegen verminderter Erwerbsfähigkeit (§ 43 SGB VI). Darüber hinaus ist auch bei der Änderung der Verhältnisse davon auszugehen, dass der Leistungsberechtigte ohne hinreichende Beratung oft nicht in der Lage sein wird, deren Leistungserheblichkeit zu erkennen (BSG SozR 4- 1300 § 45 Nr. 13). Eine Erkundigungspflicht des Leistungsberechtigten (vgl. oben Rn. 28) wird man auch in diesem Falle aus § 60 Abs. 1 Nr. 2 nicht ableiten können. Andererseits kann sich der Leistungsberechtigte nicht darauf berufen, dass die Änderung dem Leistungsträger bereits bekannt ist (BSG SGb 1982 S. 159 mAnm v. Maydell). Schon seinem Wortlaut nach stellt § 60 Abs. 1 Nr. 2 nicht darauf ab, dass nur dem Leistungsträger unbekannte Tatsachen mitgeteilt werden müssen. Ob und wann die Kenntnis an die für die Entscheidung zuständige Stelle gelangt, ist nie ganz sicher. Deswegen besteht ein praktisches Bedürfnis daran, § 60 Abs. 1 Nr. 2 streng wört-

lich anzuwenden. Allerdings kann § 66 nicht mehr angewendet werden, wenn der Sachverhalt anderweitig aufgeklärt ist. Zur Umdeutung vgl. § 66 Rn. 15.

In der Praxis besonders wichtig ist die Angabe von Veränderungen im Einkom- 35
men, soweit sie Einfluss auf die Leistungshöhe haben. Auch bei der Verletzung dieser Mitwirkungspflicht kommt an sich eine Entscheidung nach § 66 Abs. 1 in Betracht. Das ist vor allem dann der Fall, wenn sich der Leistungsträger über das Ausmaß und die Leistungserheblichkeit der Änderung Gewissheit verschaffen will. Daneben erfolgt in der Praxis häufig die Aufhebung eines Verwaltungsaktes mit Wirkung vom Zeitpunkt der Änderung der Verhältnisse nach § 48 Abs. 1 Satz 2 Nr. 2 SGB X.

Im Falle der zweiten Alternative der Nr. 2 kommt es auf die Leistungserheblich- 36
keit nicht an. Wenn nämlich im Zusammenhang mit der Leistung **Erklärungen** abgegeben worden sind, dann versteht sich die Erheblichkeit von selbst. Damit ist auch jede Änderung bedeutsam. Einschränkend wird man aber nach dem Sinn der Regelung sagen müssen, dass es sich bei den früheren Erklärungen um solche handeln muss, die für die Leistung erheblich waren. Man wird auch nicht in jedem Falle einer früheren Erklärung unterstellen können, dass dem Leistungsberechtigten die Bedeutung einer Änderung erkennbar, ihr Zusammenhang mit der Leistung bewusst oder ihm jede frühere Erklärung gegenwärtig ist. Die Änderung muss unverzüglich (§ 121 Abs. 1 BGB) mitgeteilt werden.

Zu den Mitwirkungspflichten gehört nach Nr. 3 schließlich auch, dass **Beweis-** 37
mittel bezeichnet werden, und zwar vom Leistungsberechtigten selbst. Ähnlich wie bei den anderen Mitwirkungspflichten ist es oft nur der Sozialleistungsträger selbst, der die Beweisbedürftigkeit von Tatsachen erkennen kann (vgl. § 21 SGB X). Auch durch diese Mitwirkungspflicht ändert sich nichts an dem Untersuchungsgrundsatz des § 20 SGB X. Nur auf Verlangen des Sozialleistungsträgers sind Beweisurkunden vorzulegen oder ist ihrer Vorlage zuzustimmen. Anders als die Pflicht nach Nr. 1 einer Auskunft durch Dritte zuzustimmen, umfasst die Pflicht nach Nr. 3 Beweisurkunden vorzulegen. Nicht ganz eindeutig ist, ob sich aus diesem Wortlaut auch die Pflicht, eine erforderliche Urkunde selbst zu beschaffen. Dies könnte sich schon aus der alternativen Formulierung im Gesetzestext ergeben, die dahin geht, der Vorlage einer Beweisurkunde lediglich zuzustimmen (BSG SozR 1200 § 66 Nr. 10). Das BSG hat demgegenüber entschieden, aus der Mitwirkungspflicht: „erwächst jedoch keine Ermittlungspflicht des Antragstellers bzw. Leistungsempfängers. Die Auskunftspflicht erstreckt sich vielmehr nur auf die Tatsachen, die ihm selbst bekannt sind. Die Behörde kann von ihm dagegen nicht verlangen, Beweismittel – etwa Nachweise über Einkommensverhältnisse – von einem privaten Dritten zu beschaffen und ihr vorzulegen“ (BSG 72 S. 118). Demgegenüber hat es jedoch eine Obliegenheit bejaht, wenn die Beweismittel bei Behörden zu beschaffen sind (BSG SozR 1200 § 66 Nr. 10). Dem liegt die einfache Überlegung zu Grunde, dass es gegenüber Privaten nicht ohne Weiteres einen Rechtsanspruch auf Aushändigung eines Beweismittels gibt (vgl. § 810 BGB). Dass es sich in allen Fällen um leistungserhebliche Urkunden handeln muss, ergibt sich schon daraus, dass es sich bei ihnen um Beweismittel handelt. Allgemein- oder amtskundige Tatsachen sind nicht beweisbedürftig. Insoweit besteht also auch keine Mitwirkungspflicht nach Nr. 3. Wenn darüber hinaus die Meldung als arbeitslos nach § 309 SGB III „persönlich“ erfolgen muss, dann erfordert dies noch nicht die Vorlage eines Personalausweises als Beweismittel. Die Vorlage kann zwar zur Personenidentifikation erforderlich sein. Die Wirksamkeit der Meldung hängt aber nicht davon ab, dass der Leistungsberechtigte den

Personalausweis mit sich führt (LSG BW info also 2011 S. 259 mAnm Geiger; LSG BW ZfSH/SGB 2018 S. 524). Diesen Grundsatz wird man auch auf die Mitwirkungspflicht des § 61 übertragen müssen.

38 Als besondere Mitwirkungspflicht ist in § 60 Abs. 2 die Verwendung von **Vordrucken** für die Erfüllung der Mitwirkungspflichten nach § 60 Abs. 1 Nr. 1 und 2 vorgesehen. Es handelt sich um eine Sollvorschrift, von der insbesondere abgewichen werden muss, wenn der Sozialleistungsberechtigte der deutschen Sprache nicht mächtig ist. Die Verwendung solcher Vordrucke ist also nicht etwa ein Wirksamkeitserfordernis bei der Stellung eines Antrags (vgl. §§ 16 Abs. 3 SGB I, 9 SGB X). Hauptzweck der Regelung des § 60 Abs. 2 sind die Verwaltungsvereinfachung und eine gewisse Erleichterung bzw. Formalisierung der Erfüllung von Mitwirkungspflichten. Vordrucke müssen nach der Regelung des § 17 Abs. 1 Nr. 3 allgemein verständlich sein. Sind sie fehlerhaft bzw. unvollständig, so ist gleichwohl davon auszugehen, dass bei ihrer Verwendung der Antrag vollständig gestellt ist (vgl. § 44 Rn. 14). Eine Entscheidung nach § 66 ist in diesem Falle niemals möglich. Gegebenenfalls kommt sogar ein Herstellungsanspruch in Betracht (§ 14 Rn. 23 ff.). Enthält ein Vordruck Fragen, die nicht leistungserheblich sind, so müssen sie nicht beantwortet werden. Auch in diesem Zusammenhang ist auf die nach § 35 begrenzte Datenerhebung hinzuweisen. Soweit Zweifel über die Leistungserheblichkeit einzelner Fragen bestehen, ist der Leistungsträger zu einer Erläuterung verpflichtet. Das ergibt sich aus dem Zusammenhang der §§ 14 und 60 Abs. 2.

39 Während nach § 60 Abs. 2 Vordrucke nur verwendet werden sollen, kann sich aus den Besonderen Teilen des Sozialgesetzbuches eine ausdrückliche Verpflichtung dazu ergeben (vgl. § 46 Abs. 3 BAföG). Auch dabei handelt es sich nicht zwangsläufig um ein Wirksamkeitserfordernis für den Antrag. So sieht § 46 Abs. 1 BAföG nur eine Schriftlichkeit des Antrags vor. Entsprechendes gilt für §§ 9 BKGG, 7 BEEG.

39a Grundsätzlich ist hinsichtlich der generellen Anforderungen an die Erfüllung der Mitwirkungspflichten nach den **individuellen Möglichkeiten** der Leistungsberechtigten zu differenzieren. Dem ist vor allem im Rahmen der Ermessensausübung nach § 66 Abs. 1 Rechnung zu tragen. In einzelnen Fällen kann es sich auch ergeben, dass sich der Leistungsträger die erforderlichen Informationen durch einen geringeren Aufwand als der Leistungsberechtigte beschaffen kann (§ 65 Abs. 1 Nr. 3). In schwierigen Fällen ist an die Bestellung eines Vertreters zu denken (§ 15 SGB X). Grundsätzlich erfolgt jedoch **keine Differenzierung nach Sozialleistungsbereichen.** Werden also Leistungen zum Lebensunterhalt beantragt (§§ 19 ff. SGB II. 27 ff. SGB XII), so kann eine Verletzung der Mitwirkungspflicht dazu führen, dass es zu einem vollständigen Leistungsausfall kommt. Zwar hat das BVerfG zum Verfahren der einstweiligen Anordnung bei existenzsichernden Leistungen (§ 86b SGG) entschieden, dass bei unklarer Ausgangslage eine Folgenabwägung vorzunehmen ist (BVerfG NJW 2005 S. 2982; BVerfG NZS 2013 S. 459; BVerfG NZS 2019 S. 471). Danach ist vor allem für den Fall der Ablehnung eines Leistungsantrags der Fall abschließend zu prüfen. Daraus folgt, dass bei existenzsichernden Leistungen im Falle einer unklaren Ausgangslage die Zurückweisung eines Anspruchs, der nur möglicherweise (nicht) besteht, wegen der damit für den Einzelnen verbundenen Konsequenzen, nicht erfolgen darf. Dieser Rechtsgedanke muss auch außerhalb des Verfahrens der einstweiligen Anordnung Beachtung finden. Das führt aber nicht zu einer Absenkung der Anforderungen an die Erfüllung der Mitwirkungspflichten, da es der Leistungsberechtigte grundsätzlich selbst in der Hand hat, dass diese erfüllt werden. Allerdings muss in diesem Falle bei der Ermessensentscheidung nach § 66 Abs. 1 eine besondere Sorgfalt walten. So wird sich der Leistungsträger grundsätzlich zunächst auf eine teilweise Versagung der Leistungen beschränken müssen (vgl. dazu LSG Bayern ZfSH/SGB 2014 S. 758; LSG Bln.-Brandbg. ZfSH/SGB 2018 S. 718).

Die Mitwirkungspflichten der Nr. 1–3 bestehen nicht nur, wenn Sozialleistungen beantragt oder bezogen werden, sondern nach der Regelung des § 60 Abs. 1 Satz 2 auch dann, wenn Leistungen zu erstatten sind. Bei der **Erstattung** von Leistungen ist vor allem an den Fall des § 50 SGB X zu denken. Erstattungen kommen aber auch nach den §§ 42 Abs. 3, 43 Abs. 2 in Betracht. In § 60 Abs. 1 Satz 2 wird für die Erstattungsfälle nur auf die Mitwirkungspflichten nach Satz 1 Nr. 1–3 verwiesen. Andere Mitwirkungspflichten bestehen hier also nicht. Jedoch bestehen die Grenzen der Mitwirkung auch in den Erstattungsfällen (§ 65 Abs. 1 Nr. 1). Entsprechendes gilt für § 65 Abs. 3, ohne dass ausdrücklich auf den Erstattungsfall Bezug genommen wird, denn diese Vorschrift bezieht sich auf jede Mitwirkungspflicht, also auch auf die nach § 60 Abs. 1 Satz 2. **40**

Es lässt sich durchaus die Auffassung vertreten, dass § 60 Abs. 1 Satz 2 auf eine Verminderung der objektiven Beweislast des Sozialleistungsträgers hinauslaufe. Dies mag im Ergebnis zutreffen. Jedoch ist auch im Sozialrecht die objektive Beweislast kein unverrückbarer Grundsatz. Nicht nur im Zusammenhang mit Erstattungsfällen haben die Mitwirkungspflichten in jenem Bereich ihre eigentliche Bedeutung, der einer Beurteilung und Einflussnahme durch den Sozialleistungsträger entzogen ist. Es ist durchaus interessengerecht, die „Beweislast" nach Risikosphären zu verteilen. **41**

Gewisse Unstimmigkeiten bestehen hinsichtlich der Frage, ob die Mitwirkungspflichten auch vom Erben zu erfüllen sind. Nach einer Ansicht soll dies nicht der Fall sein, soweit es sich um höchstpersönliche Pflichten handelt (KassKomm-Seewald § 60 Rn. 12). Wohl überwiegend wird davon ausgegangen, dass Mitwirkungspflichten vom Erben überhaupt nicht zu erfüllen sind (Kretschmer, GK-SGB I § 60 Rn. 6; Wannagat-Thieme, SGB I § 60 Rn. 3). Richtigerweise wird man zunächst feststellen müssen, ob eine Rechtsnachfolge nach den §§ 56 oder 58 gegeben ist. Ist das der Fall, dann muss der Rechtsnachfolger die Mitwirkungspflichten erfüllen, jedoch nur soweit dies leistungserheblich ist. Das bedeutet in der Praxis eine Beschränkung auf § 60. Handelt es sich dagegen um den Fall der Überzahlung einer Rente in Unkenntnis des Todes des Rentenempfängers, dann erfolgt diese Zahlung als reine Fehlüberweisung außerhalb des Sozialrechtsverhältnisses. Sie ist nach den Grundsätzen des § 118 SGB VI zurückzufordern (§ 57 Rn. 11). **42**

§ 61 Persönliches Erscheinen

Wer Sozialleistungen beantragt oder erhält, soll auf Verlangen des zuständigen Leistungsträgers zur mündlichen Erörterung des Antrags oder zur Vornahme anderer für die Entscheidung über die Leistung notwendiger Maßnahmen persönlich erscheinen.

Nur wenn der Leistungsträger es verlangt, soll der Leistungsberechtigte persönlich erscheinen. Für sein Verlangen hat der Leistungsträger einen relativ großen Ermessensspielraum, dessen Rahmen vom konkreten Verwaltungsverfahren abgesteckt wird (§ 39). In diesem Rahmen muss er bereits Alter, Krankheit, Behinde- **1** rung usw beim Leistungsberechtigten berücksichtigen. Entsprechendes gilt auch für die Notwendigkeit einer Kinderbetreuung. Insoweit ist im Rahmen der Entscheidung auch der Zeitpunkt des persönlichen Erscheinens festzulegen. Diese Gesichtspunkte erlangen also nicht erst im Rahmen der Sollvorschrift Geltung, für die kaum noch ein praktischer Anwendungsspielraum verbleibt.

2 Bei der Mitwirkungspflicht des persönlichen Erscheinens sind verschiedene Aspekte von Bedeutung. Soweit sie der mündlichen **Erörterung des Antrags** dient, soll sie einerseits zur Aufklärung des Sachverhalts beitragen (§ 20 SGB X). In dieser Funktion entspricht sie den Mitwirkungspflichten der §§ 60 und 62. Darüber hinaus aber ist sie oft das einzige geeignete Mittel, die Stellung eines sachdienlichen Antrags anzuregen (§ 16 Abs. 3) oder eine Anhörung (§ 24 SGB X) durchzuführen. Diese Funktion erfüllen andere Mitwirkungspflichten nicht unmittelbar. Das persönliche Erscheinen kann darüber hinaus zur Vornahme **anderer entscheidungserheblicher Verfahrenshandlungen** verlangt werden. Das betrifft vor allem die Beurteilung – etwa des Gesundheitszustandes oder der Arbeitsbereitschaft – durch Augenscheineinnahme (§ 21 Abs. 1 Satz 1 Nr. 4 SGB X). Auch die Abnahme einer eidesstattlichen Erklärung nach § 23 SGB X durch den Sozialleistungsträger selbst, kann ein persönliches Erscheinen erforderlich machen. Damit der Sozialleistungsberechtigte die Notwendigkeit des persönlichen Erscheinens beurteilen kann, muss ihm der Grund dargelegt werden (BSG SozR 4100 § 132 Nr. 1). Das gilt auch für die Augenscheineinnahme. Es wäre also unzulässig, das persönliche Erscheinen zur Erörterung des Antrags zu verlangen, um in Wahrheit aber äußerliche Beobachtungen beim Sozialleistungsberechtigten vorzunehmen. Erscheinen muss in jedem Falle nur, wer Sozialleistungen beantragt oder erhält. Das Erscheinen anderer Personen kommt lediglich als Beweismittel in Betracht (§§ 20, 21 SGB X). Auch Minderjährige können persönlich erscheinen. Da es sich hier um ein rein tatsächliches Geschehen handelt, ist nicht einmal eine Handlungsfähigkeit iSd § 36 erforderlich (vgl. § 60 Rn. 15–17). Fehlt diese dürfte allerdings die Erörterung des Antrags kaum sinnvoll sein. Rückwirkungen auf § 61 ergeben sich natürlich aus dem Sorgerecht des § 1626 BGB (vgl. § 60 Rn. 15–20). Insbesondere kann eine bereits gegebene Handlungsfähigkeit jederzeit durch die Sorgeberechtigten eingeschränkt werden (§ 36 Rn. 13). Unter Umständen, in Misshandlungsfällen, kann es sogar geboten sein, die Eltern vom Verfahren (§§ 27 ff. SGB VIII) auszuschließen. Dies ist nur unter Einschränkung des Sorgerechts nach § 1666 BGB möglich.

3 Das Verlangen, persönlich zu erscheinen, wird man nicht als einen **Verwaltungsakt** ansehen dürfen. Das ist selbst dann nicht der Fall, wenn dieses Verlangen mit dem Hinweis nach § 66 Abs. 3 verbunden ist. Die Mitwirkungshandlung des Leistungsberechtigten dient lediglich der Vorbereitung für den Erlass eines Verwaltungsaktes. Vor allem ist sie rechtlich nicht selbständig erzwingbar (vgl. BSG SozR 4100 § 132 Nr. 1). Diese Auffassung wird man für alle Mitwirkungshandlungen vertreten müssen (§ 62 Rn. 3).

4 Selbständig neben der Mitwirkungspflicht des § 61 steht die Meldepflicht nach § 309 SGB III. Auf diese Meldepflicht wird in § 59 SGB II für die Grundsicherung für Arbeitsuchende verwiesen (unten Rn. 9). Während der Sozialleistungsberechtigte nach § 61 persönlich nur erscheinen soll, muss er nach der Regelung des § 309 Abs. 1 SGB III erscheinen. Zu unterscheiden ist die Mitwirkungshandlung des persönlichen Erscheinens auch von der bloßen mündlichen Vorsprache des Leistungsberechtigten. Letztere dient nur der allgemeinen Förderung des Verwaltungsverfahrens. Sie kann jedoch nachträglich als Mitwirkung iSd § 61 anerkannt werden (§ 65a Abs. 2). An die Stelle des persönlichen Erscheinens tritt vor allem in der Praxis der Sozialhilfe zuweilen der **Hausbesuch.** Auch er ist nicht als Mitwirkung des Leistungsberechtigten zu beurteilen. Er ist vielmehr ein Instrument der Amtsermittlung iSd § 20 SGB X (vgl. § 60 Rn. 12, 13). Diese rechtliche Qualifizierung ist auch angesichts der Regelung des § 18 Abs. 2 Satz 1 SGB XI beizubehalten. Danach ist, bei nach Antrag auf Leistungen bei Pflegebedürftigkeit, der Versicherte in seinem Wohnbereich zu untersuchen.

Das persönliche Erscheinen dient vornehmlich der mündlichen Erörterung des Antrags. Das bedeutet nicht, dass die Mitwirkungspflicht des § 61 nur vor der Entscheidung über den Antrag besteht. Auch nach der Entscheidung kann Anlass bestehen, den Antrag zu erörtern, nämlich dann, wenn die Fortdauer der Leistungsvoraussetzungen fraglich ist. Dasselbe gilt für die Vornahme anderer Verfahrenshandlungen. Dass im Gesetzestext die Merkmale „Erörterung des Antrags" und „Entscheidung über die Leistung" getrennt sind, hat ausschließlich stilistische Gründe. Das ergibt sich aus der einleitenden Formulierung „beantragt oder erhält", die im Übrigen mit dem Gesetzestext der anderen Mitwirkungspflichten übereinstimmt (vgl. BSG SozR 4100 § 132 Nr. 1). 5

Die mündliche Erörterung muss nicht vor dem zuständigen Leistungsträger erfolgen. Sie kann vielmehr im Wege der **Amtshilfe** (§§ 3 ff. SGB X) auch von einem anderen Leistungsträger vorgenommen werden. Das ergibt sich bereits aus dem Wortlaut der Vorschrift. Wegen der Regelung des § 4 Abs. 1 Nr. 1 SGB X ist eine Amtshilfe aber nur möglich, wenn in der Person des Mitwirkungspflichtigen die Voraussetzungen des § 65 Abs. 1 Nr. 1 gegeben sind (§ 65 Rn. 7, 12). Das Verlangen des persönlichen Erscheinens muss in jedem Falle von dem zuständigen Leistungsträger ausgesprochen werden. Der **Ort** des Erscheinens ist in der Vorschrift nicht geregelt. Er kann sich auch aus der Leistungserheblichkeit ergeben. So kann etwa der zuständige Sozialleistungsträger nach § 61 das Erscheinen vor einem Orthopädie-Schuhmacher verlangen, damit dieser eine andere für die Leistung notwendige Maßnahme, zB die Anpassung einer Prothese, vornehmen kann. Allerdings muss es sich immer noch um eine für die Entscheidung über die Leistung notwendige Maßnahme handeln. Deswegen kann das Erscheinen eines SGB II-Leistungsempfängers am Ort zur Ausübung einer Arbeitsgelegenheit nicht nach § 61 verlangt werden. Anwendbar sind in diesem Falle nur die §§ 31, 31a SGB II. 6

Im Zusammenhang mit der mündlichen **Anhörung** ist zu beachten, dass auch die Erfüllung der Mitwirkungspflicht nach § 61 unter dem Vorbehalt der **Leistungserheblichkeit** steht. Eine Anhörung nach § 24 SGB X ist nur dann geboten, wenn ein Verwaltungsakt ergehen soll, der in die Rechte eines Beteiligten eingreift (BSG SozR 1200 § 34 Nr. 8). Die Anhörung ist nicht erforderlich, wenn ein Antrag lediglich abgelehnt werden soll. Darüber hinaus sieht § 24 SGB X nicht zwingend eine mündliche Anhörung vor. Daraus ist im Ergebnis zu schließen, dass ein persönliches Erscheinen nach § 61 dann nicht als Mitwirkungspflicht verlangt werden kann, wenn lediglich eine Anhörung nach § 24 SGB X erfolgen soll. Nur dann, wenn eine schriftliche Anhörung nicht geeignet ist, dem Sozialleistungsträger die erforderlichen Entscheidungsgrundlagen zu verschaffen, kann ein persönliches Erscheinen verlangt werden. Im Zusammenhang mit der Antragstellung ist das persönliche Erscheinen oft bei Personen erforderlich, die im schriftlichen Ausdruck ungeübt sind oder wenn es erforderlich ist, um auf die Stellung eines sachdienlichen Antrags hinzuwirken (§ 16 Abs. 3). Soweit dem Leistungsbe- 7 rechtigten Kosten entstehen, ergibt sich aus § 65a ein Anspruch auf Aufwendungsersatz.

8 Zwar ist die Erfüllung einer Mitwirkungspflicht eine Verfahrenshandlung, zu deren Vornahme grundsätzlich auch eine Vollmacht erteilt werden kann (§ 13 Abs. 1 Satz 2 SGB X). Dennoch kann sich der Leistungsberechtigte bei der Erfüllung der Mitwirkungspflicht nach § 61 nicht durch einen **Bevollmächtigten** vertreten lassen, da er persönlich erscheinen muss. Wohl aber kann jeder Leistungsberechtigte mit einem Beistand erscheinen (§ 13 Abs. 4 Satz 1 SGB X). Es liegt also in der Hand des Leistungsträgers, zu entscheiden, ob eine Erörterung unmittelbar mit dem Leistungsberechtigten „persönlich" erfolgen soll. Diese Entscheidung kann nicht dem Leistungsberechtigten überlassen bleiben. Dennoch ist es im Ergebnis richtig, dass der Leistungsträger, der zunächst die Erfüllung der Mitwirkungspflicht nach § 61 verlangt, später auch mit dem Erscheinen eines Bevollmächtigten einverstanden sein kann. Es kann sich dabei herausstellen, dass das persönliche Erscheinen nicht erforderlich war. In diesem Falle besteht die Mitwirkungspflicht schon nach §§ 61 bzw. 65 Abs. 1 Nr. 1 nicht mehr. Für eine Anwendung des § 66 ist in diesem Falle kein Raum. Der Fall kann aber auch so liegen, dass das persönliche Erscheinen objektiv weiterhin erforderlich ist, dass der Leistungsträger aber im Rahmen seiner Ermessenserwägungen nach § 66 Abs. 1 letztlich doch auf die Erfüllung der Mitwirkungspflicht verzichtet und von der Festsetzung eines Rechtsnachteils absieht.

9 Zweifelhaft könnte das Verhältnis von § 61 zur Meldepflicht nach § 309 Abs. 1 SGB III sein (vgl. § 60 Rn. 5–5d, 66 Rn. 36). Es ist jedoch davon auszugehen, dass die beiden Vorschriften nicht völlig gleichen Zwecken dienen und dass sie auch nach Voraussetzungen und Rechtsfolgen so unterschiedlich sind, dass man § 309 Abs. 1 SGB III nicht als lex specialis zu § 61 ansehen kann. So dient § 61 hauptsächlich der Klärung der Leistungsvoraussetzungen. Demgegenüber dient die Meldepflicht vor allem der Verhinderung des Leistungsmissbrauchs (vgl. § 309 Abs. 2 Nr. 5 SGB III). Schließlich sind auch die Rechtsfolgen in den §§ 66 Abs. 1 SGB I und 159 Abs. 1 Satz 1 Nr. 6 SGB III unterschiedlich geregelt (BSG SozR 4100 § 132 Nr. 1). Die gleichen Erwägungen gelten für die §§ 59, 31 Abs. 2 SGB II.

10 Weitgehend selbständig gegenüber der Vorschrift des § 61 lässt sich aus § 2 Abs. 2 iVm § 17 Abs. 1 Nr. 1 eine Verpflichtung des Leistungsträgers ableiten, dafür zu sorgen, dass der Berechtigte die ihm zustehende Leistung erhält. Wenn dies auf andere Weise nicht feststellbar ist, kann sich der Leistungsträger durch das Verlangen des persönlichen Erscheinens davon überzeugen. Erscheint der Leistungsberechtigte nicht, so kann dies die Rechtsfolgen des § 66 Abs. 1 auslösen, wenn die „Aufklärung des Sachverhalts erheblich erschwert" wird. Aufklärungsbedürftiger Sachverhalt sind hier nicht die Leistungsvoraussetzungen, sondern eine aus den §§ 2 Abs. 2, 17 Abs. 1 abzuleitende **Obhutspflicht des Leistungsträgers** dahingehend, dass die Leistung in die Verfügungsgewalt des Berechtigten gelangt. Erscheint der Leistungsberechtigte, und verbleiben gleichwohl Zweifel daran, dass er über die Leistung verfügen kann, so ist für eine Anwendung des § 66 kein Raum. Die §§ 2 Abs. 2, 17 Abs. 1 ihrerseits stellen keine selbständige Grundlage für Eingriffe dar, wenn sich das Ziel, die Leistung dem Berechtigten zukommen zu lassen, nicht erreichen lässt (LSG NRW Breith. 1999 S. 863; BSG 76 S. 16; BSG 86 S. 107 – Colonia Dignidad). Die Auffassungen innerhalb des BSG sind nicht einheitlich. Nach Ansicht des 4. Senats des BSG kann der Sozialleistungsträger ausnahmsweise aus Gründen des Eigentumsschutzes des Versicherten **zur**

treuhänderischen Zurückhaltung von Leistungen berechtigt oder sogar verpflichtet sein (vgl. § 2 Rn. 8). Für den Leistungsträger soll sich eine Kollision zwischen der Rentenzahlungspflicht und der Obhutspflicht ergeben. Diese würde dazu führen, dass er nach Ermessensgesichtspunkten entscheidet, welche der Pflichten er erfüllt. Das kann dann dazu führen, dass ihm eine aufschiebende Einrede gegen den Zahlungsanspruch zusteht (BSG 87 S. 239). Diese Begründung ist allerdings insoweit etwas fragwürdig, als ein Vorenthalten der Leistung auf Grund einer Obhutspflicht gleichfalls nicht dazu führt, dass die Leistung in die Verfügungsgewalt des Berechtigten gelangt. Methodisch erscheint es außerdem zweifelhaft, über das persönliche Erscheinen einen Weg zur Anwendung des § 66 Abs. 1 zu eröffnen, wenn von Anfang an klar ist, dass eigentlich eine „zweckwidrige" Verwendung der Sozialleistung zur Diskussion steht und diese Zweifel ja durch ein persönliches Erscheinen nicht ausgeräumt werden. Dennoch führt allein das persönliche Erscheinen dazu, dass die ja darauf begrenzte Mitwirkungspflicht erfüllt wird und damit keine Entscheidung nach § 66 Abs. 1 mehr getroffen werden kann. Wer persönlich erscheint und völlig unglaubhaft erklärt, die Leistung gelange in seine Verfügungsgewalt, sieht sich keiner Entscheidung nach § 66 Abs. 1 ausgesetzt. Verallgemeinert man außerdem den Gedanken einer „treuhänderischen Zurückhaltung" dann wird die Interventionsschwelle zu Eingriffen des Leistungsträgers in die Verfügungsberechtigung des Leistungsberechtigten doch herabgesetzt. Verschuldung, Verschwendung, Sucht usw könnten dann auch dazu führen, dass man dem Berechtigten die Leistung vorenthält. Auch wenn dies nur in Form eines „dilatorischen Leistungsverweigerungsrechts" geschieht, wird man schwerlich sagen können, auf diese Weise werde nicht in Rechte des Leistungsberechtigten eingegriffen (§ 31). Man wird zwar zugestehen müssen, dass zumindest ein erheblicher Verdacht besteht, dass die sich Leistungsberechtigten aus den Zwängen der Colonia Dignidad nicht befreien können. Doch auch der Alkoholkranke kann sich aus seinem Zwang nicht befreien. Solche und vergleichbare Tatsachen können staatliche Maßnahmen nur rechtfertigen, wenn eine ausdrückliche rechtliche Regelung besteht. Auch mit Hilfe der Konstruktion einer Pflichtenkollision des Leistungsträgers (Obhuts- und Leistungspflicht) lässt sich das Problem nicht lösen. Selbst wenn die Zahlung der Rente der Verwirklichung des gleichen Eigentumsrechts dient, wie ihre Vorenthaltung, so hat der Gesetzgeber jedoch eine Entscheidung zugunsten der Autonomie des Leistungsberechtigten getroffen, wie sie auch in den §§ 53 und 54 zum Ausdruck gelangt. Es dürfte sich insgesamt empfehlen, Fälle dieser Art über das Betreuungsrecht und damit nach den §§ 1896 ff. BGB zu lösen. In dem Streit um die Colonia Dignidad war freilich auch dieser Weg versperrt (vgl. Mey, DAngV 2001 S. 330). Zwar kann bei begründetem Verdacht, ein Leistungsberechtigter wäre geschäftsunfähig, die Rentenzahlung keine Erfüllungswirkung haben (vgl. § 36 Rn. 11). Der Leistungsträger muss in diesem Falle jedoch nach § 15 SGB X vorgehen, also die Bestellung eines Vertreters anregen. Bejaht das Betreuungsgericht die Voraussetzungen für die Bestellung eines Betreuers nicht, so hat der Leistungsträger dies hinzunehmen. Allenfalls wäre noch daran zu denken, dass der Leistungsberechtigte selbst sein Auszahlungsverlangen (§ 47) anfechten kann (§§ 119 ff. BGB). Nur wenn der Leistungsträger hinreichende Kenntnis von den objektiv feststellbaren Anfechtungstatsachen hat, kommt eine Leistungsverweigerung in Betracht (BSG 89 S. 111). Im Übrigen muss es bei dem Grundsatz bleiben, dass der Eingriff in eine Rechtsposition einer Rechtsgrundlage bedarf (BSG 91 S. 68). Auch wenn sich die Fragen um die Colonia Dignidad erledigt haben, bleibt das rechtliche Problem bestehen. Abhängigkeiten oder unwirtschaftliches Verhalten können immer wieder dazu führen, dass eine Sozialleistung ihren Zweck verfehlt. Einen genuin sozialrechtlichen Lösungsansatz gibt es nur in wenigen Fällen im Fürsorgesystem (vgl. §§ 24 Abs. 2 SGB II; 9 Abs. 1, 10 Abs. 3 SGB XII).

11 Obwohl es nahe gelegen hätte, hat der Gesetzgeber keine Regelung über den Unfallversicherungsschutz beim persönlichen Erscheinen getroffen. Dieser Schutz besteht in Fällen, die der Erfüllung einer Mitwirkungspflicht nach § 61 sehr nahe kommen, etwa bei der Erfüllung von Meldepflichten nach § 2 Abs. 1 Nr. 14 SGB VII oder beim Aufsuchen bestimmter Stellen zur Vorbereitung der beruflichen Rehabilitation nach § 2 Abs. 1 Nr. 15b) SGB VII oder bei entsprechenden Maßnahmen nach § 1 Abs. 2 lit. c, f BVG. Eine entsprechende Anwendung dieser Vorschriften, die nur bestimmte Einzelfälle regeln, auf § 61 ist nicht möglich.

§ 62 Untersuchungen

Wer Sozialleistungen beantragt oder erhält, soll sich auf Verlangen des zuständigen Leistungsträgers ärztlichen und psychologischen Untersuchungsmaßnahmen unterziehen, soweit diese für die Entscheidung über die Leistung erforderlich sind.

1 Untersuchungen sind alle Maßnahmen (zB Beobachtungen, Befragungen, Messungen, Entnahmen, Beibringungen), die der Aufklärung leistungsrechtlich relevanter Merkmale dienen, soweit sie am Leistungsberechtigten selbst vorgenommen werden. Erfolgen etwa Erhebungen im häuslichen Bereich des Leistungsberechtigten, so handelt es sich nicht um Untersuchungen iSd § 62. Deswegen muss der Leistungsberechtigte ua einen **Hausbesuch** nicht dulden (vgl. dazu § 60 Rn. 12). Schwierigkeiten ergeben sich in diesem Zusammenhang auch bei der Feststellung der Pflegebedürftigkeit nach § 14 SGB XI. Aus einer Reihe von leistungsrechtlichen Gründen (§§ 11 Abs. 2, SGB V; 37 Abs. 1, 40 Abs. 4 SGB XI) ist oft eine **Untersuchung des Pflegebedürftigen** im häuslichen Bereich und des häuslichen Bereichs erforderlich. Der Gesetzgeber konnte sich dennoch nicht entschließen, eine Mitwirkungspflicht der Duldung des Hausbesuchs zu begründen. Er ist vielmehr den Weg einer Sonderregelung gegangen. Nach § 18 Abs. 2 SGB XI hat der medizinische Dienst bzw. der beauftragte Gutachter den Versicherten in seinem Wohnbereich zu untersuchen. Erteilt der Versicherte dazu nicht sein Einverständnis, so kann die Pflegekasse die beantragten Leistungen verweigern. Der Gesetzgeber versteht die häusliche Untersuchung also zumindest auch als ein Instrument der Amtsermittlung (§ 20 SGB X). Um diese Form der Untersuchung durchzusetzen, darf eine Leistungsversagung nach § 66 nicht erfolgen. Wohl aber kann es mangels hinreichender Aufklärungsmöglichkeit zur Ablehnung des Antrags kommen (§ 60 Rn. 11, 12). Lediglich, wenn es um die Untersuchung als solche geht, finden die §§ 62, 65, 66 Anwendung. Deswegen ist geregelt, dass bei der häuslichen Untersuchung in der Pflegeversicherung die §§ 65, 66 unberührt bleiben (§ 18 Abs. 2 Satz 3 SGB XI). Daraus schließt das BSG, dass eine Wiederholungsuntersuchung nicht angeordnet werden darf, wenn auszuschließen ist, dass sich der Pflegebedarf in einem für die Einstufung relevanten Maße verändert hat (BSG SozR 3-3300 § 18 Nr. 2). Also geht es bei der häuslichen Untersuchung sowohl um die Amtsermittlung als auch um die Mitwirkungspflichten. Ähnlich ist auch das Bayerische LSG der Auffassung, dass eine Untersuchung nicht erforderlich ist, wenn eine zutreffende Sachbehandlung schon nach Aktenlage möglich ist (Bay. LSG SGb 1999 S. 79).

Untersuchungen können sowohl der Aufklärung des Sachverhalts als auch der Vorbereitung einer Heilbehandlung oder berufsfördernden Maßnahme dienen. Im ersteren Falle stehen sie in einem Zusammenhang mit § 60, im letzteren mit den §§ 63 und 64. Aus dieser doppelten Funktion werden bei den Folgen fehlender Mitwirkung in § 66 die Konsequenzen gezogen. Je nach Funktion der Untersuchung ist über Versagung oder Entzug der Leistung entsprechend den unterschiedlichen Voraussetzungen dafür nach § 66 Abs. 1 oder 2 zu entscheiden. Überhaupt keine Anwendung finden kann § 66, sofern die Untersuchung eines Arbeitsuchenden auf der eigenständigen Rechtsgrundlage des § 309 Abs. 1, Abs. 2 Nr. 5 SGB III verlangt wird. Eine Ablehnung durch den Leistungsberechtigten hat den Charakter eines Meldeversäumnisses im Sinne der §§ 159 SGB II bzw. 32 SGB II (vgl. § 60 Rn. 5–5d; 66 Rn. 32–34). 2

Das Verlangen, sich einer Untersuchung zu unterziehen, wird man nicht als **Verwaltungsakt** qualifizieren dürfen (§ 61 Rn. 3). Auch angesichts der oft erheblichen Belastungen und Eingriffe, die mit einer Untersuchung verbunden sind, ist daran festzuhalten, dass sie nur der Vorbereitung eines Verwaltungsaktes dient (vgl. BVerwG 34 S. 248). Insbesondere ist die Erfüllung der Mitwirkungspflicht nicht selbständig durchsetzbar. Bei dem Verlangen, sich einer Untersuchung zu unterziehen, ist aber in besonderem Maße darauf zu achten, dass eine Beratung (§ 14) über das Ablehnungsrecht nach § 65 Abs. 2 erfolgt. 3

Die Untersuchungsduldungspflicht besteht in Übereinstimmung mit den §§ 60–64 nur für denjenigen, der Sozialleistungen beantragt oder erhält. In Einzelfällen kann es erforderlich sein, Untersuchungen auch an anderen Personen durchzuführen. Zwar kann man heute nicht mehr auf den Krankenversicherungsschutz für Familienmitglieder verweisen, da diese jetzt selbst nach § 10 SGB V leistungsberechtigt sind. Es kann aber zweifelhaft sein, ob wegen einer Behinderung eine Familienversicherung über die Altersgrenze des § 10 Abs. 2 SGB V hinaus besteht (vgl. § 10 Abs. 4 SGB V). Bei dieser Frage geht es im strengen Sinne nicht darum, dass Leistungen beantragt oder erhalten werden. Es geht vielmehr um die Frage des Bestehens eines Versicherungsverhältnisses. Die bloße Mitteilungspflicht nach § 10 Abs. 6 SGB V reicht hier nicht aus. Aus der Rechtsprechung des BSG zur Antragstellung (§ 16 Rn. 12), wird man jedoch ableiten können, dass die Untersuchungsduldungspflicht auch besteht, wenn es um die Frage der „Stellung als Versicherter" geht (aA wohl Lilge, SGB I § 60 Rn. 6; § 62 Rn. 6–8). Entsprechendes wird man aber nicht annehmen können, wenn die Voraussetzungen für eine große Witwenrente wegen der Betreuung eines behinderten Kindes festgestellt werden sollen (vgl. § 46 Abs. 2 Satz 3 SGB VI). In diesem Falle geht es in keiner Weise um die Stellung des behinderten Kindes als Versicherter. Ähnliches gilt für den Kindergeldanspruch für behinderte Kinder nach § 2 Abs. 2 Nr. 3 BKGG. Zur Klärung aller Leistungsvoraussetzungen kann eine Untersuchung erforderlich sein. Das Kind selbst, das in diesen Fällen nicht leistungsberechtigt ist, muss die Untersuchung nicht im Sinne des § 62 dulden. Der Leistungsträger muss also nach den Grundsätzen der §§ 20, 21 SGB X verfahren. Kann auf diese Weise eine Tatsache nicht festgestellt werden, so darf sie der Entscheidung nicht zugrunde gelegt werden (§ 60 Rn. 12). Es wird allerdings auch die Auffassung vertreten, auch dritte Personen wären „den Mitwirkungspflichten zu unterstellen", wenn sie letztlich faktisch Begünstigte der Sozialleistung wären (Kretschmer, GK-SGB I § 62 Rn. 5). Im Hinblick auf § 31 und den Wortlaut des § 62 wird man diese Auffassung 4 aber als zu weitgehend ablehnen müssen. Das gilt auch, weil der Kreis der von einer Sozialleistung faktisch Begünstigten zu unbestimmt ist. Des Weiteren sollte eine Auslegung der §§ 60 ff. immer darauf bedacht sein, zu einem Ergebnis zu gelangen, wonach die zur Mitwirkung verpflichtete Person tunlichst durch eigene Handlungen diese Pflicht erfüllen kann.

5 Das Gesetz sieht nur auf **Verlangen** des Sozialleistungsträgers die Durchführung ärztlicher und psychologischer Untersuchungen vor. Weitere Voraussetzung ist, dass die Untersuchung für die Entscheidung über die Leistung erforderlich ist. Der Untersuchung soll sich der Sozialleistungsberechtigte unterziehen (vgl. dagegen § 60 Abs. 1). In der Sache deckt sich diese Sollvorschrift weitgehend mit den in § 65 genannten Grenzen der Mitwirkungspflicht. Dort sind im Wesentlichen die atypischen Fälle geregelt, die auch ein Abweichen von der **Sollvorschrift** des § 62 rechtfertigen. Die **Kosten** der Untersuchung sind in jedem Falle vom Sozialleistungsträger zu tragen. Es handelt sich dabei um Verfahrenskosten, die nicht beim Leistungsberechtigten erhoben werden dürfen (§ 64 SGB X). Für Fahrtkosten gilt § 65a. Der Sozialleistungsträger bestimmt, welcher Arzt oder Psychologe die Untersuchung durchführt. Soweit jedoch ein behinderter Mensch **Leistungen zur Teilhabe** beantragt, gilt die Sonderregelung des § 17 Abs. 1 Satz 2 SGB IX. Danach muss ihm der Rehabilitationsträger mindestens drei Gutachter zur Auswahl vorschlagen. Etwas weniger weit geht die Regelung des § 18 Abs. 3a SGB XI. Danach muss die Pflegekasse nur dann mindestens drei Gutachter benennen, wenn sie entweder selbst unabhängige Gutachter beauftragen will, oder wenn innerhalb von 20 Arbeitstagen nach Antragstellung noch keine Begutachtung erfolgt ist. In allen anderen Fällen wird man mE aber § 33 anwenden müssen, da sich diese Vorschrift allgemein auf Rechte und Pflichten erstreckt (§ 66 Rn. 9), also nicht nur Sozialleistungen iSd § 11 regelt (vgl. dagegen BSG SGb 2004 S. 649 mAnm Mrozynski). Auf jeden Fall aber müssen bei jeder Entscheidung über die Erfüllung der Mitwirkungspflicht von Amts wegen die persönlichen Verhältnisse des Leistungsberechtigten, insbesondere auch ein bestimmtes Krankheitsbild berücksichtigt werden (BSG FamRZ 2014 S. 1016). Im sozialgerichtlichen Verfahren muss dagegen unter den Voraussetzungen des § 109 Abs. 1 SGG auf Antrag des Versicherten, des Versorgungsberechtigten oder des Hinterbliebenen ein bestimmter Arzt als Gutachter gehört werden. Dem Sozialleistungsberechtigten ist der Zweck der Untersuchung darzulegen, da er nur so deren Erforderlichkeit beurteilen kann (BSG SozR 4100 § 132 Nr. 1 zu § 61).

5a Vor allem im Bereich von Leistungen der Kinder- und Jugendhilfe an junge Flüchtlinge hat sich die Notwendigkeit einer **Altersfeststellung** durch Untersuchung ergeben. An sich ist gemäß § 33a von dem Grundsatz der Erstangabe auszugehen (§ 33a Rn. 8). Soweit es um Leistungen der Kinder- und Jugendhilfe geht, ist an diesem Grundsatz festzuhalten (§ 37 Satz 2). Allerdings kann bzw. muss eine unmittelbare Überprüfung des Wahrheitsgehaltes der Erstangabe erfolgen (§ 20 SGB X). Dabei können auch medizinische und nichtmedizinische Untersuchungen vorgenommen werden. Soweit eine Inobhutnahme nach § 42 SGB VIII erfolgen soll, ist das Jugendamt nicht an die Erstangabe gebunden. Das erklärt sich daraus, dass § 33a den Zugang zu Sozialleistungen zum Gegenstand hat; die Inobhutnahme nach § 42 SGB VIII ist aber keine Sozialleistung (§ 33a Rn. 8, 9). Damit konnten die in § 42f SGB VIII Sonderregelungen zur Altersfeststellung im Rahmen des § 42 SGB VIII getroffen werden (Rudolf, Rechtsmedizin 2016 S. 526).

5b Sowohl für die Überprüfung der Erstangabe, als auch bei der Altersfeststellung nach § 42f SGB VIII ist Frage der Zulässigkeit von **Röntgenuntersuchungen**

aufgeworfen worden. Teilweise wird sie verneint (AG Schöneberg FamRZ 2015 S. 1071), teilweise wird sie bejaht. Insbesondere hat das OVG Hamburg recht umfassend dargelegt, dass der Einsatz von Röntgenstrahlen bei Menschen durch § 25 Röntgen-VO nicht nur zur Aufklärung einer Krankheit zugelassen ist (OVG Hamburg ZfHS/SGB 2011 S. 280 Rn. 77–82; ebenso OVG Karlsruhe FamRZ 2015 S. 2182). Es gelangt zu dem Ergebnis, dass der Einsatz von Röntgenstrahlen durch § 62 SGB I zugelassen ist. Insbesondere ist nach Auffassung des OVG Hamburg kein spezielles Zulassungsverfahren erforderlich. Angesichts der sehr engen Regelungen der §§ 23–25 RöntgenVO wird man dem Gericht aber schwerlich folgen können, wenn es aus dem Schweigen des § 62 SGB I auf eine Zulassung schließt. So regelt § 25 Abs. 1 RöntgenVO:

„Röntgenstrahlung darf am Menschen nur in Ausübung der Heilkunde oder Zahnheilkunde, in der medizinischen Forschung, in sonstigen durch Gesetz vorgesehenen oder zugelassenen Fällen, zur Untersuchung nach Vorschriften des allgemeinen Arbeitsschutzes oder in den Fällen, in denen die Aufenthalts- oder Einwanderungsbestimmungen eines anderen Staates eine Röntgenaufnahme fordern, angewendet werden. Freiwillige Röntgenreihenuntersuchungen zur Ermittlung übertragbarer Krankheiten in Landesteilen oder für Bevölkerungsgruppen mit überdurchschnittlicher Erkrankungshäufigkeit oder zur Früherkennung von Krankheiten bei besonders betroffenen Personengruppen bedürfen der Zulassung durch die zuständigen obersten Landesgesundheitsbehörden. Für die Anwendung von Röntgenstrahlung am Menschen in den nach dem Infektionsschutzgesetz vorgesehenen Fällen gelten § 23 Abs. 3 und § 24, für die übrigen Anwendungen von Röntgenstrahlung am Menschen außerhalb der Heilkunde oder Zahnheilkunde gelten die §§ 23 und 24 entsprechend."

Doch selbst wenn man dem OVG Hamburg folgt, ergibt sich aus § 65 Abs. 2 Nr. 1, dass eine Untersuchung abgelehnt werden kann, wenn bei ihr ein Schaden für die Gesundheit nicht mit hoher Wahrscheinlichkeit ausgeschlossen werden kann. Ob dieses Ablehnungsrecht beim Einsatz von Röntgenstrahlen besteht, ist umstritten. Die Praxis neigt eher dazu, es zu verneinen. Es muss dann aber im konkreten Fall dargelegt werden können, dass ein Schaden für die Gesundheit mit hoher Wahrscheinlichkeit ausgeschlossen ist (§ 65 Rn. 20). Speziell – aber auch nur – für die Inobhutnahme regelt § 42f Abs. 3 Satz 3 Hs. 2: „die Untersuchung darf nur mit Einwilligung der betroffenen Person und ihres Vertreters durchgeführt werden." Nimmt man – auf welcher Grundlage auch immer – ein Ablehnungsrecht an, so führt das allerdings nur dazu, dass der Sachverhalt nach den Grundsätzen des § 20 SGB X aufgeklärt werden muss. Das wird in den Fällen der strittigen Art, häufig zu einem non liquet führen (OVG Bremen, FamRZ 2016 S. 1614 RN. 14; Bay. VGH NVwZ-RR 2017, 238; Erb-Klünemann/Kößler, FamRZ 2016 S. 160).

Die Untersuchung kann auch in einer **stationären Beobachtung** bestehen. 6
Nicht erforderlich ist es, dass der Arzt jede einzelne Untersuchungsmaßnahme selbst durchführt. Hier gelten vielmehr die Grundsätze des § 28 Abs. 1 SGB V sinngemäß. Der Arzt kann die Hilfeleistung anderer Personen (zB medizinisch-technischer Assistenten) anordnen. Er muss sie aber selbst verantworten. Die Stellung des Psychologen ist bisher noch berufsrechtlich unzureichend geregelt. Man wird aber verlangen müssen, dass die Untersuchung nur durch einen akademisch ausgebildeten Psychologen mit entsprechendem Abschluss (Bachelor, Diplom) durchgeführt wird.

7 Keineswegs ist es erforderlich, dass es sich dabei um einen klinischen Psychologen handelt. Dazu ist innerhalb des Sozialrechts der Untersuchungsbedarf zu vielfältig. Schon bei einer Eignungsuntersuchung für eine Maßnahme der Berufsbildung außerhalb des Bereichs der Teilhabe am Arbeitsleben (§ 64 Abs. 2 SGB III) können klinische Aspekte bedeutungslos sein. Noch deutlicher wird dies, wenn es um Leistungen nach dem Kinder- und Jugendhilferecht, etwa um Hilfen zur Erziehung nach den §§ 27 ff. SGB VIII geht. Insoweit ist § 62 sogar als eine zu enge Regelung anzusehen. Gerade bei den Leistungen nach den §§ 27 ff. SGB VIII kann die Untersuchung durch einen Pädagogen oder Sozialarbeiter geboten sein. Eine Mitwirkung an einer solchen Untersuchung kann nach § 62 jedoch nicht verlangt werden. In der Praxis wird dieser Mangel allerdings nicht sehr ins Gewicht fallen, da Pädagogen und Sozialarbeiter mit diagnostischen Verfahren im Allgemeinen nicht so gut vertraut sind wie Psychologen. Soweit eine Untersuchung durch die genannten Personen erforderlich ist, muss nach § 20 SGB X verfahren werden (oben Rn. 4). Im Pflegebereich trifft § 18 SGB XI eine detaillierte Sonderregelung.

7a Eine bereichsspezifische Konkretisierung des § 62 wird in § 35a Abs. 1a Satz 1 SGB VIII vorgenommen. Danach muss die „Abweichung der seelischen Gesundheit“ von einem Arzt für Kinder- und Jugendpsychiatrie oder von einem entsprechenden Psychotherapeuten festgestellt werden. Dabei ist darzulegen, ob die Abweichung Krankheitswert hat oder auf einer Krankheit beruht. Das entspricht nicht ganz der Regelung des § 28 Abs. 3 Satz 2 SGB V, nach der die Abklärung einer Erkrankung ausschließlich durch einen Arzt erfolgen muss. Insgesamt ist die Regelung des § 35a SGB VIII auch insoweit inkonsequent, als sie die seelische Behinderung im Widerspruch zur Legaldefinition des § 2 Abs. 1 SGB IX in zwei Bereiche trennt und ihre Begutachung auch in unterschiedliche Hände legt, denn über das Integrationsrisiko (§ 35a Abs. 1 Satz 1 Nr. 2 SGB VIII) entscheidet das Jugendamt ohne die zwingende Einschaltung der im Gesetztestext genannten Fachkräfte.

8 Eine Mitwirkungspflicht besteht nur, wenn die Untersuchung erforderlich ist. Sie muss also **leistungserheblich** sein. Das bedeutet einmal, dass nicht rein vorsorglich solche Untersuchungen vorgenommen werden dürfen, die vielleicht im Laufe des Verfahrens erforderlich werden könnten. Nicht erforderlich wären auch Untersuchungen, die dem Sozialleistungsträger allgemein Aufschluss über den Gesundheitszustand des Versicherten oder einer ganzen Gruppe von Versicherten verschaffen sollen, obwohl es im Interesse einer Prävention sinnvoll sein kann, bei gehäuft auftretenden Erkrankungen breit angelegte Untersuchungen durchzuführen (vgl. § 20 Abs. 1 SGB V). Grundsätzlich bedarf es konkreter Anhaltspunkte für das Verlangen einer Untersuchung. So kann die Abgabe einer Urinprobe, die immer das Recht aus Art. 2 Abs. 1 GG tangiert, nur verlangt werden, wenn ein konkreter Verdacht des Suchtmittelgebrauchs besteht. Dieser muss zudem leistungserheblich sein (LG Heidelberg NZS 2013 S. 946).

9 Die Erforderlichkeit der Untersuchung hat aber noch einen anderen Stellenwert. Aus § 65 Abs. 1 Nr. 3 ergibt sich, dass ua eine Mitwirkungspflicht nach § 62 nicht besteht, wenn sich der Leistungsträger die erforderlichen Kenntnisse selbst beschaffen kann. Das Verhältnis der beiden Vorschriften zueinander ist nicht ganz eindeutig zu klären. Die Mitwirkungspflicht nach § 62 besteht nur, wenn die Untersuchung erforderlich ist. Auch aus dem Wortlaut der Regelung des § 65 Abs. 1 Nr. 3 ergibt sich, dass die Untersuchung nicht erst unzumutbar ist, sondern dass eine Mitwirkungspflicht ebenfalls nicht besteht. Können die erforderlichen

Kenntnisse anderweit beschafft werden, dann ist aber auch die Untersuchung iSd § 62 nicht erforderlich. Diese Vorschrift bezieht sich auf die objektive Erforderlichkeit einer Untersuchung. Mit § 65 Abs. 1 Nr. 3 wollte der Gesetzgeber dagegen vor allem erreichen, dass nicht dieselbe objektiv erforderliche Untersuchung **wiederholt** durch mehrere Sozialleistungsträger durchgeführt wird (BSG 52 S. 172). Solche Untersuchungen sind für den Sozialleistungsberechtigten auch dann belastend, wenn sie nicht mit körperlichen Eingriffen verbunden sind. Außerdem verursachen sie unnötige Kosten. Zur größeren Wirksamkeit dieses Grundsatzes bestimmt § 96 Abs. 1 Satz 1 SGB X, dass Untersuchungen in der Art und Weise vorgenommen und deren Ergebnisse so festgehalten werden sollen, dass sie auch bei der Prüfung der Voraussetzungen für andere Sozialleistungen verwendet werden können. Das bedeutet allerdings nicht, dass eine Untersuchung zu den Voraussetzungen für eine Sozialleistung schon so vorgenommen werden könnte, dass zugleich auch die Voraussetzungen für eine andere Leistung mit geklärt werden können. Die Vorschrift des § 96 Abs. 1 Satz 1 SGB X ändert nichts an dem Kriterium der Erforderlichkeit in § 62, sondern ermöglicht nur eine besondere Verwertung von zulässigen Untersuchungen. Dies ergibt sich unmittelbar aus § 96 Abs. 1 Satz 2 SGB X. Danach bestimmt sich der Umfang der Untersuchung allein nach der Aufgabe, die der Sozialleistungsträger zu erfüllen hat, der die Untersuchung veranlasste (vgl. Krasney, BKK 1987 S. 345; Kreutz, SGb 2014 S. 487). In der Pflegeversicherung gilt ergänzend § 18 Abs. 3–7 SGB XI. Eine zulässige Form der Zusammenarbeit (§ 86 SGB X) ist schließlich auch die Entscheidung verschiedener Sozialleistungsträger, eigene Untersuchungsziele zu einer einheitlichen Untersuchung zusammenzufügen. Das kann etwa geschehen, wenn bei einem behinderten Menschen die Voraussetzungen für eine medizinische und berufliche Rehabilitation geklärt werden sollen. Problem mit dem Sozialgeheimnis ergeben sich in diesen Fällen im Allgemeinen nicht, da § 69 Abs. 1 Nr. 1 SGB X eine ausreichende Rechtsgrundlage für die Datenübermittlung darstellt (vgl. § 35 Rn. 63). Eine Weiterenwicklung der Untersuchungsgrundsätze stellt die Regelung des § 109a Abs. 2 und 3 SGB VI dar. Danach begutachtet der Träger der Rentenversicherung die Erwerbsfähigkeit von Leistungsberechtigten in einem abgestuften, an das materielle Leistungsrecht angepassten Verfahren für die Zwecke der Durchführung des SGB II und des SGB XII.

Der Sozialleistungsberechtigte muss die Untersuchung nicht nur über sich ergehen lassen. Zur Mitwirkungspflicht gehört auch, dass er, falls dies verlangt wurde, nüchtern zur Untersuchung erscheint, den Anweisungen des Untersuchungspersonals Folge leistet usw. Erforderlich kann etwa auch die Einnahme von Kontrastmitteln sein. Noch nicht im Rahmen des § 62 ist die Frage zu erörtern, welche Untersuchungsmaßnahmen zulässigerweise vorgenommen werden dürfen. Diese Frage ist erst im Rahmen des § 65 Abs. 2 zu beantworten. **10**

In § 62 wird keine Regelung über die **Zumutbarkeit** bestimmter Untersuchungsmaßnahmen getroffen. Erst § 65 Abs. 2 regelt die Grenzen der Mitwirkungspflicht, die sich insbesondere bei nicht ungefährlichen oder schmerzhaften Eingriffen ergeben können (vgl. § 65 Rn. 8, 15). Zu betreuungsrechtlichen **Zwangsmaßnahmen** bei der Untersuchung vgl. § 60 Rn. 17; § 63 Rn. 4a). **11**

Auf dem Weg zu einer Untersuchung oder während einer Untersuchung kann es zu Unfällen kommen. Eine Regelung über Unfallversicherungsschutz besteht hier, ebenso wie bei § 61 nicht (vgl. § 61 Rn. 11). Insbesondere besteht auch keine Regelung dazu, wie bei Fehlern des Untersuchungspersonals zu verfahren ist. Eine Lösung ist hier nur über die §§ 823, 839 BGB zu erreichen. **12**

§ 63 Heilbehandlung

Wer wegen Krankheit oder Behinderung Sozialleistungen beantragt oder erhält, soll sich auf Verlangen des zuständigen Leistungsträgers einer Heilbehandlung unterziehen, wenn zu erwarten ist, daß sie eine Besserung seines Gesundheitszustands herbeiführen oder eine Verschlechterung verhindern wird.

1 Die Mitwirkungspflicht, sich einer Heilbehandlung zu unterziehen, findet ihre allgemeine Grundlage in der aus der Schadensminderungspflicht (§ 254 BGB) abgeleiteten Operationsduldungspflicht (§ 65 Rn. 16). Voraussetzung für das Bestehen dieser Mitwirkungspflicht sind eine Krankheit oder Behinderung (vgl. § 10 Rn. 1). Andere Anlässe sind nicht geeignet, diese Mitwirkungspflicht zu begründen. Es genügt auch nicht, wenn eine Krankheit oder Behinderung erst droht. Eine Mitwirkungspflicht lediglich bei Drohen einer Krankheit oder Behinderung lässt sich vor allem nicht unter Hinweis auf § 4 Abs. 2 begründen, da dort nur Ansprüche eingeräumt aber keine Verhaltenspflichten geschaffen werden. Grundsätzliche Bedenken gegen die Begründung einer Mitwirkungspflicht schon bei einer **drohenden Erkrankung** oder Behinderung bestehen auch deswegen, weil dem Sozialleistungsberechtigen infolge der Verpflichtung zur aktiven Mitwirkung weitgehende Verhaltenspflichten auferlegt werden (unten Rn. 6). Das lässt sich bei einer bereits eingetretenen Erkrankung rechtfertigen, würde bei ihrem Drohen aber zu weit in die Entscheidungsfreiheit des Einzelnen hineinreichen. Eine Ausnahme von diesem Grundsatz ist auch nicht bei den Leistungen zur medizinischen Rehabilitation wegen bloßer Gefährdung der Erwerbsfähigkeit erforderlich. Nach dem Wortlaut des § 66 Abs. 2 (Gefährdung) kommt in diesem Falle ein Entzug der Leistungen, zB des Übergangsgeldes nach § 20 SGB VI, in Betracht. Das ist also der Fall, wenn eine Minderung der Erwerbsfähigkeit noch nicht, sondern nur deren Gefährdung gegeben ist. Man wird in der Erfüllung der Mitwirkungspflicht, die in diesem Falle nach § 63 verlangt werden kann, dennoch kein präventives Element sehen können. Bei einer Gefährdung der Erwerbsfähigkeit liegt nämlich eine Krankheit oder Behinderung bereits vor (vgl. § 10 Abs. 1 Nr. 1 SGB VI).

2 Insgesamt muss man also sagen, dass der Sozialleistungsträger im Bereich der Prävention keine Möglichkeit hat, seinem Verlangen Nachdruck zu verleihen. Geringfügig, im Sinne einer Bonusregelung, modifiziert ist dies bei der Zahnvorsorge (§ 55 Abs. 1 Satz 3 SGB V). In gewisser Weise präventiven Charakter hat die Erfüllung der Mitwirkungspflicht insoweit, als sie geeignet ist zur Verwirklichung des Grundsatzes Teilhabe vor Rente beizutragen (§§ 3, 9 Abs. 2 SGB IX).

3 Die Mitwirkungspflicht besteht nur bei Verlangen des Sozialleistungsträgers. Dieser trägt die Kosten der Maßnahme (vgl. § 62 Rn. 5) und bestimmt auch den Arzt oder die Einrichtung, in der die Behandlung erfolgen soll. Eine freie Wahl des Arztes (§ 76 Abs. 1 SGB V) oder des Krankenhauses (§ 39 Abs. 2 SGB V) besteht nicht. Nur soweit im Rahmen der Rehabilitation und Teilhabe eine Begutachtung in Betracht kommt, gibt § 17 Abs. 1 Satz 2 SGB IX dem Leistungsberechtigten ein begrenztes Wahlrecht. Bei der Heilbehandlung kann der Sozialleistungsberechtigte aber im Rahmen des § 33 Einfluss auf die Auswahl der Maßnahme nehmen (vgl. § 62 Rn. 5). Im Übrigen gehört zu seiner Mitwirkungspflicht auch, dass er sich nach Kräften an der Durchführung der Heilbehandlung beteiligt, insbesondere also auch ärztliche Anordnungen befolgt, Medikamente einnimmt

usw. Ein Eingriff in das Grundrecht aus Art. 2 Abs. 2 Satz 1 GG wird im Falle der Mitwirkungspflicht nach § 63 verneint, da die Heilbehandlung in keinem Falle zwangsweise durchgesetzt wird.

Auch angesichts der erheblichen Belastungen, die mit einer Heilbehandlung verbunden sein können, wird man in dem Mitwirkungsverlangen keinen **Verwaltungsakt** sehen können (§ 61 Rn. 3). In Betracht kommt lediglich eine Entscheidung nach § 66 Abs. 2, die als Verwaltungsakt ergeht. Der Druck, der durch den möglichen Entzug der Sozialleistung auf den Sozialleistungsberechtigten ausgeübt wird, ist verfassungsrechtlich nicht unbedenklich. Er lässt sich im Grunde jedoch und nur dadurch rechtfertigen, dass § 65 der Erfüllung von Mitwirkungspflichten Grenzen setzt (vgl. Wannagat-Jung, SGB I § 62 Rn. 5). **4**

Soweit es in diesem Zusammenhang um die zwangsweise Durchsetzung einer Heilbehandlung geht, hat sich durch die Rechtsprechung des BVerfG zum **Unterbringungsrecht** eine neue Lage ergeben, die auch im Sozialrecht eine gewisse Bedeutung erlangen kann. Danach hatte in den Landesunterbringungsgesetzen und in § 1906 Abs. 1 Nr. 2 BGB aF keine hinreichend klare Gesetzesgrundlage für eine Zwangsbehandlung bestanden. Nach Auffassung des BVerfG gilt Folgendes: Eine Zwangsbehandlung zur Erreichung des Vollzugsziels ist nur zulässig, wenn der Untergebrachte krankheitsbedingt zur Einsicht in die Behandlungsbedürftigkeit oder zum Handeln gemäß dieser Einsicht nicht fähig ist. Maßnahmen der Zwangsbehandlung dürfen nur als letztes Mittel und nur dann eingesetzt werden, wenn sie im Hinblick auf das Behandlungsziel, das ihren Einsatz rechtfertigt, Erfolg versprechen und für den Betroffenen nicht mit Belastungen verbunden sind, die außer Verhältnis zu dem erwartbaren Nutzen stehen. Zum Schutz der Grundrechte des Untergebrachten sind besondere verfahrensmäßige Sicherungen geboten. Die wesentlichen Voraussetzungen für die Zulässigkeit einer Zwangsbehandlung bedürfen klarer und bestimmter gesetzlicher Regelung. Dies gilt auch für die Anforderungen an das Verfahren (BVerfG 128 S. 282 Rn. 44–46; BVerfG 129 S. 269). **4a**

Relativ schnell ist § 1906 BGB neu gefasst worden. Dabei regelt § 1906 Abs. 1 Nr. 1 und 2 BGB alternativ die Fälle einer Unterbringung wegen Selbstgefährdung und die Untersuchung bzw. Heilbehandlung, die ohne die Unterbringung nicht durchgeführt werden können. Ergänzend regelt § 1906a Abs. 1 Nr. 1–7 BGB kumulierend eingreifende Voraussetzungen für eine zwangsweise Untersuchung oder Heilbehandlung. Diese sind jedoch so eng gefasst, dass die Durchsetzung der Erfüllung solcher **Mitwirkungspflichten durch Maßnahmen des Betreuers,** der zudem der Genehmigung des Betreuungsgerichts bedarf (§ 1906a Abs. 2 BGB), schon rein rechtlich nur in Ausnahmefällen in Betracht kommt. Die Grundvoraussetzung, einer Untersuchung oder Behandlung des Leistungsberechtigten gegen seinen Willen „zur Abwendung eines drohenden erheblichen gesundheitlichen Schadens" kann aber durchaus gegeben sein. Wichtig ist noch der Hinweis auf § 1906a Abs. 1 Nr. 7 BGB. Die genannten Zwangsmaßnahmen können nur im stationären Bereich durchgeführt werden. Damit ist zum einen eine Zwangsunterbringung nicht mehr erforderlich. Eine ambulante Zwangsbehandlung ist aber auch nicht möglich (vgl. Janda, FamRZ 2013 S. 16; Lipp, FamRZ 2013 S. 913; Spickhoff, FamRZ 2017 S. 1633). **4b**

Während die Untersuchung nach § 62 dem Sozialleistungsträger zu den erforderlichen Kenntnissen für seine Entscheidung verhelfen soll, ist die Entscheidung im Falle des § 63 bereits getroffen worden. Die Mitwirkungspflicht dient hier der Behebung der Leistungsvoraussetzungen. Insoweit entspricht sie der Regelung **5** des § 64. Wegen Krankheit (§ 21 Rn. 7) oder Behinderung (§ 10 Rn. 2) kann eine Vielzahl von Leistungen erbracht werden. Sie reichen von der Krankenbehandlung bis hin zum Krankengeld. Von großer praktischer Bedeutung sind die Renten bei verminderter Erwerbsfähigkeit (§ 43 SGB VI). In diesem Zusammenhang sind auch die Vergünstigungen nach dem Schwerbehindertenrecht zu nennen (§ 151 ff. SGB IX). Die Mitwirkungspflicht bezieht sich in jedem Falle aber nur auf die Heilbehandlung. Sie ist in einem sehr weiten Sinne zu verstehen, umfasst also zumindest alle Formen der Akutversorgung und die medizinische Rehabilitation. Zumindest im Zusammenhang mit der Rehabilitation muss man sie auch auf die psychologische Behandlung erstrecken (vgl. § 107 Abs. 2 Nr. 2 SGB V; 42 SGB IX). Die Heilbehandlung kann auch auf die Vermeidung von Pflegebedürftigkeit gerichtet sein, da der Begriff der Pflegebedürftigkeit praktisch immer auch die begrifflichen Merkmale einer Krankheit oder Behinderung erfüllen wird (§§ 11 Abs. 2 SGB V, 31 SGB XI). Da es entscheidend auf den Anlass ankommt, wird man, etwa bei einer geistigen Behinderung, auch eine heilpädagogische Maßnahme zur Heilbehandlung rechnen müssen (vgl. §§ 46, 79, 99 ff. SGB IX). Voraussetzung dafür ist aber, dass man in § 63 von einem weiteren **Begriff der Heilbehandlung** ausgeht, als in der Krankenversicherung. Das wird man entgegen der wohl herrschenden Auffassung deswegen tun können, weil sich die Mitwirkungspflichten auf alle Leistungsbereiche erstrecken und weil sie nach § 63 auf die Maßnahmen ausgerichtet sind, die gezielt der Linderung des Leidens (Krankheit oder Behinderung) dienen. Das Gesetz verwendet hier zwar den Begriff der Heilbehandlung. Es ist nicht zwingend geboten, ihn auf den engeren Begriff der Krankenbehandlung einzugrenzen, wie das in § 27 SGB V geschehen ist. Nicht jede Behinderung, so etwa die geistige Behinderung, kann durch eine Krankenbehandlung im Sinne des § 27 SGB V gelindert werden. Deswegen muss § 63 in einem weiteren Sinne verstanden werden. Die Heilbehandlung erstreckt sich jedoch zB nicht auf die Mutterschaftshilfe (§§ 24c–24i SGB V), da deren Leistungen nicht wegen einer Krankheit oder Behinderung erbracht werden. Durchgeführt werden kann die Heilbehandlung nur von den Personen, die nach dem jeweiligen Leistungserbringungsrecht des Sozialleistungsträgers dazu befugt sind. Damit würde der Begriff der Heilbehandlung in der Krankenversicherung wieder etwas eingegrenzt werden. Nach deren Leistungserbringungsrecht sind nur der Arzt und die Personen zugelassen, deren Hilfeleistung er angeordnet hat und verantworten kann (vgl. § 28 SGB V). Darüber hinaus können aber auch andere Berufsgruppen, etwa Krankengymnasten, Logopäden und Ergotherapeuten tätig werden (§ 124 SGB V). In der Rehabilitation durch die Rentenversicherung kann das uU bedeuten, dass auf einen Arzt verzichtet werden kann (§ 15 Abs. 2 Satz 2 SGB VI).

6 Die Mitwirkungspflicht beschränkt sich auf die Heilbehandlung, weil der Gesetzgeber davon ausgeht, dass die medizinische Versorgung des Grundleidens letztlich die Erbringung von Sozialleistungen erübrigt. Insoweit wird man sagen müssen, dass die Mitwirkungspflicht nicht nur im wohlverstandenen Interesse des Sozialleistungsberechtigten besteht, sondern dass auch hier finanzielle Interessen des Sozialleistungsträgers eine Rolle spielen (BSG SGb 1984 S. 354 mAnm Bogs). Zur aktiven Mitwirkung gehört, dass der Leistungsberechtigte den Anordnungen des Arztes Folge leistet, Medikamente einnimmt und Hinweise zu seiner Ernährung, Bewegung, Genussmittelkonsum usw. beachtet.

7 Der Sozialleistungsberechtigte kann die Erfüllung der Mitwirkungspflicht ablehnen, wenn einer der Gründe des § 65 Abs. 2 Nr. 1–3 vorliegt (§ 65 Rn. 14).

Wie auch bei der Untersuchung nach § 62, gilt bei der Heilbehandlung, dass der Leistungsberechtigte mitwirken soll. Die in § 65 Abs. 2 genannten Gründe rechtfertigen zumeist schon ein Abweichen von der Sollvorschrift des § 63. Weigert sich der Leistungsberechtigte in anderen Fällen, seine Mitwirkungspflicht zu erfüllen, dann kommen Entzug oder Versagung der Leistungen nur unter den engeren Voraussetzungen des § 66 Abs. 2 in Betracht. Es können nur die dort genannten Leistungen versagt oder entzogen werden. Das gilt also etwa für das Krankengeld oder die Rente. Insbesondere für den Entzug der Heilbehandlung besteht kein Bedürfnis, weil sich der Sozialleistungsberechtigte ihr ja gerade entzieht. Erweist es sich aus anderen Gründen, etwa wegen Verstoßes gegen die Hausordnung in einer Kureinrichtung oder nachlässiger Medikamenteneinnahme, als notwendig, die Heilbehandlung zu beenden, so hat eine Entscheidung nach § 48 SGB X zu erfolgen (vgl. § 66 Rn. 15, 24).

Einer Heilbehandlung muss sich der Sozialleistungsberechtigte schließlich nur 8
unterziehen, wenn zu erwarten ist, dass dadurch eine Verbesserung des Gesundheitszustandes herbeigeführt oder wenigsten eine **Verschlechterung** verhindert wird. Wenig hilfreich ist es, wenn man den Begriff der **Erwartung** nominal etwa als einen „erheblichen Grad an Wahrscheinlichkeit" oder als einen „minderen Grad an Wahrscheinlichkeit" definiert (dazu Lilge, § 63 Rn. 22), zumal der Duden (Sinn- und sachverwandte Wörter) auch nur Erwartung als Aussicht und Aussicht als Erwartung erläutert. Viel wichtiger ist es, konkret auf den Entwicklungsstand des Versorgungssystems und auf die individuelle Lage des Leistungsberechtigten abzustellen (BSG SGb 1976 S. 408 mAnm Freitag). Ist eine Erwartung nicht gerechtfertigt, so besteht bereits die Mitwirkungspflicht nicht. Sie muss also nicht erst nach § 65 Abs. 2 abgelehnt werden. Diese Frage ist vor allem im Zusammenhang mit der Operationsduldungspflicht (§ 65 Rn. 15–17) von erheblicher Bedeutung.

Von grundsätzlicher Bedeutung und umstritten ist die Frage, wann man bei 9
der Heilbehandlung von einer **Verbesserung** des Gesundheitszustandes sprechen kann. So kann durch die Resektion eines gebrauchsunfähigen Fingers zwar die Greiffunktion der Hand verbessert werden (vgl. BSG SGb 1982 S. 313 mAnm Zerndt). Dieser Verbesserung müssen jedoch die Nachteile gegenübergestellt werden, die mit dem Eingriff in die körperliche Integrität verbunden sind. Dabei können auch subjektive Bewertungen eine Rolle spielen (BSG SGb 1984 S. 354 mAnm Bogs). Bei einer Gesamtbewertung lässt sich deswegen nicht unbedingt sagen, die **Operation** hätte eine Verbesserung des Gesundheitszustandes herbeigeführt. Bei der Frage der Resektion eines Fingers hat zudem im Hintergrund die Tatsache gestanden, dass bei einer Verschlechterung der Greiffunktion der Hand im Zusammenhang mit einem Arbeitsunfall ein Anspruch auf eine Teilrente nach § 56 SGB VII wegen einer Minderung der Erwerbsfähigkeit um 20 % gegeben war. Insoweit gilt Folgendes: Wird die Greiffunktion durch Resektion des Fingers verbessert, so ist von einer Minderung der Erwerbsfähigkeit von nur 10 % auszugehen. Damit besteht ein Rentenanspruch nicht mehr (vgl. § 56 Abs. 1 Satz 3 SGB VII). Bei der Resektion des Fingers geht es also ganz maßgeblich um die Verbesserung der Erwerbsfähigkeit. Die Mitwirkungspflicht nach § 63 besteht jedoch nur im Hinblick auf die Besserung des Gesundheitszustandes. Es ist der Sache nach schon kaum möglich, die Einbuße an körperlicher Integrität gegenüber der Verbesserung der Erwerbsfähigkeit zu gewichten (so bereits OVA Freiburg, Breith. 1950 S. 341). Darüber hinaus wird man auch im Hinblick auf § 64 sagen müssen, dass § 63 eine solche Gegenüberstellung und Bewertung schon

nach seinem Wortlaut nicht zulässt. Zwar kann eine Besserung von Störungen körperlicher Funktionen zugleich eine Besserung des Gesundheitszustandes sein. Das ist aber schon dann nicht der Fall, wenn sich diese Besserung nur im beruflichen Bereich auswirkt (BSG SGb 1982 S. 314 Rn. 18 mAnm Zerndt). Erst wenn im Rahmen einer Beurteilung nach § 63 die Erwartung berechtigt ist, durch die Heilmaßnahme werde es zumindest auch zu einer Verbesserung des Gesundheitszustandes kommen, ist nach § 65 Abs. 2 Nr. 1–3 zu prüfen, ob ein Ablehnungsgrund besteht (vgl. § 65 Rn. 14). Wenn ein Ablehnungsgrund nicht besteht, dann kann immer noch einer der allgemeinen Gründe des § 65 Abs. 1 Nr. 1–3 eingreifen (vgl. § 65 Rn. 5).

§ 64 Leistungen zur Teilhabe am Arbeitsleben

Wer wegen Minderung der Erwerbsfähigkeit, anerkannten Schädigungsfolgen oder wegen Arbeitslosigkeit Sozialleistungen beantragt oder erhält, soll auf Verlangen des zuständigen Leistungsträgers an Leistungen zur Teilhabe am Arbeitsleben teilnehmen, wenn bei angemessener Berücksichtigung seiner beruflichen Neigung und seiner Leistungsfähigkeit zu erwarten ist, daß sie seine Erwerbs- oder Vermittlungsfähigkeit auf Dauer fördern oder erhalten werden.

1 Diese Mitwirkungspflicht knüpft mit der Minderung der Erwerbsfähigkeit bzw. des Grades der anerkannten Schädigungsfolgen (§§ 29, 30 BVG) und der Arbeitslosigkeit an zwei voneinander weitgehend unabhängige Voraussetzungen an. Zugleich bewirken diese beiden Voraussetzungen, ähnlich wie in § 63 Krankheit und Behinderung, eine gewisse Einengung der Mitwirkungspflicht. Während die Mitwirkungspflichten nach den §§ 60–62 zu erfüllen sind bzw. erfüllt werden sollen, wenn allgemein Sozialleistungen beantragt oder bezogen werden, soll die Mitwirkungspflicht nach den §§ 63 und 64 nur korrespondierend zu dem jeweiligen **Anlass** für eine bestimmte Sozialleistung erfüllt werden. Das kommt in den Formulierungen „wegen Krankheit oder Behinderung" bzw. „wegen Minderung der Erwerbsfähigkeit … oder wegen Arbeitslosigkeit" zum Ausdruck. Das bedeutet etwa, dass im Falle von Sozialleistungen nach § 67 SGB XII Mitwirkungspflichten nach den §§ 63 und 64 nicht bestehen, obwohl hier ein besonderer Anlass für berufsfördernde Maßnahmen gegeben sein kann. Dasselbe gilt, wenn Maßnahmen der Hilfe zur Erziehung nach den §§ 27 ff. SGB VIII durchgeführt werden.

2 Der Sozialleistungsträger bestimmt **Ort und Zeit** der Durchführung der berufsfördernden Maßnahme. Doch auch insoweit soll nach § 33 Satz 2 den Wünschen des Berechtigten entsprochen werden (§ 62 Rn. 5). Das Verlangen der Teilnahme an einer berufsfördernden Maßnahme ist kein **Verwaltungsakt.** Insbesondere ist es nicht selbständig durchsetzbar (vgl. § 61 Rn. 3). Auch im Falle des § 64 dürfen für den Sozialleistungsberechtigten keine Kosten für die Erfüllung der Mitwirkungspflicht entstehen.

3 Das Gesetz knüpft zunächst an die Minderung der **Erwerbsfähigkeit** an. Damit nimmt es zwar sehr allgemein auf die Fähigkeit, einem Erwerb nachzugehen, Bezug. Nicht damit gemeint sind vor allem die Arbeitsunfähigkeit und die Pflegebedürftigkeit. Das bei Arbeitsunfähigkeit zu zahlende Krankengeld könnte man noch als Sozialleistung betrachten, die wegen Minderung der Erwerbsfähigkeit im weiteren Sinne gewährt wird. Dies ist aber deswegen nicht möglich, weil sich die Mitwirkungspflicht nach § 64 auf die Teilhabe am Arbeitsleben und damit

auf eine berufliche Förderung bezieht. Die Arbeitsunfähigkeit ist jedoch durch eine Heilbehandlung zu beheben. Insoweit kommt nur eine Mitwirkungspflicht nach § 63 in Betracht.

In § 64 ist hauptsächlich an die verminderte Erwerbsfähigkeit zu denken. Sie 4
ist Voraussetzung für den Erhalt einer Rente nach § 43 SGB VI. Insoweit trägt die Mitwirkungspflicht zur Verwirklichung des Grundsatzes Teilhabe vor Rente bei (§§ 3, 9 Abs. 2 SGB IX). Die Minderung der Erwerbsfähigkeit ist ihrerseits aber auch die wichtigste Voraussetzung für Leistungen zur Rehabilitation. In diesem Zusammenhang bestehen zwei Unstimmigkeiten im Gesetzestext. Die Minderung der Erwerbsfähigkeit kann Voraussetzung sowohl für medizinische Leistungen zur Rehabilitation als auch für Leistungen zur Teilhabe am Arbeitsleben sein (vgl. §§ 42, 49 SGB IX). Bei der Abgrenzung kommt es nur darauf an, ob die Minderung der Erwerbsfähigkeit mit medizinischen Mitteln oder mit solchen der beruflichen Förderung behoben werden soll. Aus dem Verhältnis der §§ 63 und 64 ergibt sich, dass die Mitwirkungspflicht nach § 64 nur besteht, wenn die Minderung der Erwerbsfähigkeit ausschließlich mit Mitteln der beruflichen Förderung behoben werden kann. Insoweit ist der Gesetzeswortlaut zu weit geraten. Besondere Schwierigkeiten können sich ergeben, wenn die Minderung der Erwerbsfähigkeit sowohl mit medizinischen als auch mit berufsfördernden Mitteln behoben werden kann. Bei bestimmten Krankheitsbildern – etwa bei schlecht verheilten Knochenbrüchen – könnte man statt an eine weitere kostspielige, zeitaufwändige und vielleicht nicht unbedingt erfolgversprechende Heilbehandlung an eine Umschulung denken. Für diesen Fall sehen die Regelungen der §§ 63, 64 kein Rangverhältnis der Mitwirkung an einer der Maßnahmen vor. Man wird dieses Problem nach § 65 Abs. 1 Nr. 2 lösen müssen. Damit wird man in der Person des Sozialleistungsberechtigten einen wichtigen Grund für die Ablehnung der einen oder der anderen Mitwirkungspflicht anerkennen müssen (vgl. § 63 Rn. 9).

Die Vorschrift des § 64 ist aber in ihrem Wortlaut auch zu eng geraten. Ein 5
Anspruch auf Leistungen zur Rehabilitation besteht nach § 10 Abs. 1 Nr. 1 SGB VI auch bei einer bloßen Gefährdung der Erwerbsfähigkeit. Ähnlich kennt auch die Unfallversicherung das Problem der drohenden Berufskrankheit (vgl. § 3 BKVO). Sowohl nach den §§ 16 SGB VI, 49 SGB IX als auch nach §§ 35 SGB VII, 49 SGB IX bestehen in diesen Fällen Ansprüche auf berufsfördernde Leistungen. Eine Pflicht zur Mitwirkung daran besteht nach dem Wortlaut des § 64 nicht (aA Kretschmer, GK-SGB I § 64 Rn. 6)). Diese Einschränkung der Mitwirkungspflicht mag zwar bemängelt werden (vgl. Benz BG 1978 S. 244). Sie stimmt jedoch mit der Zurückhaltung überein, die der Gesetzgeber auch bei den anderen Mitwirkungspflichten im Bereich der **Prävention** übt (vgl. § 63 Rn. 1, 2). Die Mitwirkungspflicht nach § 64 besteht demgegenüber, wenn Leistungen wegen Minderung der Erwerbsfähigkeit erst beantragt werden. Stellt in diesem Zusammenhang der Sozialleistungsträger jedoch keine Minderung, sondern lediglich eine Gefährdung der Erwerbsfähigkeit fest, so besteht nach dem Wortlaut des § 64 eine Mitwirkungspflicht nicht. In gewissem Gegensatz dazu ist eine Entscheidung nach § 66 Abs. 2 auch bei bloßer Gefährdung der Erwerbsfähigkeit zulässig. Das entspricht auch der Grundlagenvorschrift des § 10 Nr. 1 SGB VI. Danach liegt eine Gefährdung vor, wenn ohne die Rehabilitationsleistung mit einer Minderung der Erwerbsfähigkeit zu rechnen ist (KassKomm-Kater § 10 SGB VI Rn. 20). Wegen des Zusammenhangs dieser Vorschriften wird man die enge Fassung des § 64 (Minderung) als ein redaktionelles Versehen betrachten und die Gefährdung

einbeziehen müssen. Insgesamt begründet also eine bloß drohende Arbeitslosigkeit, zwar ein Recht auf die Leistungen nach den §§ 44 ff. SGB III, aber keine Mitwirkungspflicht nach § 64. Anders ist dies jedoch, wenn eine drohende Minderung der Erwerbsfähigkeit schon das Stadium ihrer Gefährdung erreicht hat. Dieses Ergebnis ist im Hinblick auf § 10 SGB VI sachlich berechtigt, wahrt weitgehend die Autonomie des Leistungsberechtigten und entspricht dem Wortlaut des § 66 Abs. 2 (vgl. auch § 63 Rn. 1, 2).

6 Auch bei **drohender Arbeitslosigkeit** besteht die Mitwirkungspflicht nach § 64 nicht. Lediglich in § 2 Abs. 5 SGB III wird eine kaum durchsetzbare Obliegenheit der Arbeitnehmer zur Vermeidung von Arbeitslosigkeit begründet. Des Weiteren wird in § 38 SGB III eine Verpflichtung zur frühzeitigen Meldung als arbeitssuchend begründet (BT-Drs. 15/77 S. 16). Die Mitwirkungspflicht nach § 64, berufsfördernde Leistungen nach den §§ 45 ff. SGB III in Anspruch zu nehmen, besteht weiterhin nur, wenn Leistungen bei Arbeitslosigkeit beantragt oder bezogen werden (§§ 136 ff. SGB III). Es muss sich hierbei um Leistungen handeln, mit denen das Sozialrecht unmittelbar auf die Arbeitslosigkeit reagiert, die also wegen Arbeitslosigkeit gewährt werden. Zwar werden Leistungen nach den §§ 45 ff. SGB III auch schon bei lediglich drohender Arbeitslosigkeit erbracht. Jedoch setzt § 64 akute Arbeitslosigkeit voraus. Wenn also nach einer frühzeitigen Meldung als arbeitssuchend nach § 38 SGB III Leistungen nach den §§ 44 ff. SGB III angeboten und diese abgelehnt werden, ist § 64 nicht anwendbar. Auch für die Anwendung des § 159 Abs. 1 Nr. 7 SGB III ist kein Raum. Diese Grundsätze wird man auch auf die Grundsicherung für Arbeitsuchende erstrecken müssen, die in den §§ 14 ff. SGB II ein gegenüber den §§ 44 ff. SGB III etwas erweitertes Leistungssystem und in den §§ 31 ff. SGB II eigenständige Sanktionen kennt (vgl. § 19a Rn. 48 ff.).

7 Der Ausgleich anderer wirtschaftlicher Nachteile, die sich durch die Arbeitslosigkeit ergeben, etwa ein höheres Wohngeld oder – nur noch in Ausnahmefällen – ergänzende Leistungen zum Lebensunterhalt nach den §§ 27 ff. SGB XII, wird von § 64 nicht geregelt. Unter berufsfördernden Maßnahmen sind in diesen Fällen alle Leistungen zu verstehen, die die Arbeitslosigkeit beheben sollen, insbesondere solche nach den §§ 14 ff. SGB II, 44 ff. SGB III, also allgemein vor allem Trainingsmaßnahmen, Mobilitätshilfen, Aus- und Weiterbildung. Der Begriff **Teilhabe am Arbeitsleben** ist in § 64 also weiter gefasst als in § 49 SGB IX. Dort erstreckt er sich nur auf die berufliche Rehabilitation (§§ 112 ff. SGB III, 16 ff. SGB VI). Ergänzend tritt in § 64 die Zielsetzung der **Förderung der Erwerbs- oder Vermittlungsfähigkeit** hinzu. Aus dem Sinnzusammenhang des § 64 ergibt sich, dass man den mit dem Merkmal der Förderung präzisierten Begriff der Eingliederung in das Arbeitsleben nur in dem Sinne verstehen kann, dass in jedem Falle gezielt die individuellen beruflichen Fähigkeiten des Sozialleistungsberechtigten verbessert werden sollen (vgl. BSG SozR 4100 § 56 Nr. 4). Deswegen besteht keine Mitwirkungspflicht bei der Durchführung von reinen Maßnahmen zur Beschäftigungsförderung, wie etwa einem Eingliederungszuschuss nach § 88 SGB III. Allerdings ist in diesem Falle unmittelbar aus § 159 Abs. 1 Nr. 2 SGB III als Rechtsfolge bei einer Weigerung an diesen Maßnahmen teilzunehmen, eine Sperrzeit zu verhängen. Im Übrigen ist das Verhältnis der Eingliederung des Arbeitslosen (§ 138 SGB III), zu den Voraussetzungen einer Sperrzeit (§ 159 SGB III), und der Mitwirkungspflicht nach § 64 sowie den Folgen ihrer Verletzung nicht leicht zu klären (vgl. § 60 Rn. 5–5d; § 66 Rn. 36). Demgegenüber kann man aber nicht sagen, dass es sich bei der Teilhabe am Arbeitsleben und der

Förderung der Erwerbs- oder Vermittlungsfähigkeit um zwei verschiedene Maßnahmen nach § 64 handelt. Vielmehr ist der letztere Begriff Zielsetzung bzw. Prognosemerkmal für alle Leistungen zur Teilhabe am Arbeitsleben.

Die Pflicht, an berufsfördernden Maßnahmen teilzunehmen, ist von einer **Prognose** abhängig. Dabei ist von den beruflichen Neigungen des Sozialleistungsberechtigten auszugehen. In der Rechtsprechung des BSG ergibt sich eine deutliche Tendenz dahin, beim Anspruch auf berufsfördernde Leistungen zur Rehabilitation mit Rücksicht auf Art. 12 GG den **Neigungen** des behinderten Menschen größere Beachtung zu schenken (BSG SGb 1991 S. 143 mAnm Boecken; BSG 69 S. 128; Benz, BG 1992 S. 642). Diese Rechtsprechung hat unmittelbar Einfluss auch auf § 64. Beachtet der Sozialleistungsträger nicht genügend die Neigung des Sozialleistungsberechtigen, so besteht eine Mitwirkungspflicht nach § 64 nicht. Die Neigung ist ein rein subjektives Merkmal. Bildungsstand, Alter, soziale und familiäre Verhältnisse spielen hierbei keine Rolle. Sie sind jedoch im Rahmen der **Eignung** zu berücksichtigen. Beim Grundsatz des Forderns nach den §§ 2 Abs. 1, 3 Abs. 1 SGB II wird die Neigung nicht mehr ausdrücklich erwähnt. Insoweit wird das soziale Recht des § 3 etwas zu wenig beachten. In der Praxis wird häufig übersehen wird, dass § 33 auch in der Grundsicherung Arbeitsuchende zu beachten ist (§ 37 SGB I). 8

Des Weiteren muss unter Berücksichtigung auch der Leistungsfähigkeit ein dauerhafter Erfolg der berufsfördernden Maßnahme zu erwarten sein. Entsprechend dem Bildungscharakter der Mitwirkungspflicht genügt es aber, dass die Erwerbs- oder Vermittlungsfähigkeit gefördert oder erhalten wird. Die Prognose ist also nicht schon auf die berufliche Eingliederung selbst ausgerichtet. Es genügt eine Verbesserung der Chancen des Arbeitslosen oder Erwerbsgeminderten auf dem Arbeitsmarkt. Insoweit kann es auch genügen, dass dem vorerst nicht vermittelbaren und nach den §§ 19 ff. SGB II leistungsberechtigten Arbeitslosen eine Beschäftigung nach § 16d SGB II angeboten wird, wenn damit eine dauerhafte berufliche Eingliederung angestrebt wird (§ 3 Abs. 1 Satz 1 Nr. 4 SGB II). Dasselbe wird man grundsätzlich annehmen müssen, wenn einem Erwerbsgeminderten abverlangt wird, eine Tätigkeit in einer WfbM aufzunehmen, wenn eine Tätigkeit auf dem allgemeinen Arbeitsmarkt ausgeschlossen ist. Auch die Tätigkeit im Arbeitsbereich der WfbM hat als Leistung zur Teilhabe am Arbeitsleben gemäß § 56 SGB IX einen Förderungscharakter (Bay. LSG RdLH 2006 S. 173 mAnm Wendt). In § 64 ist die Eignung nicht ausdrücklich erwähnt. Sie ist aber im Rahmen der Prognose zu berücksichtigen, da bei fehlender Eignung für eine Maßnahme ihr Erfolg nicht zu erwarten ist (vgl. § 49 Abs. 4 SGB IX). Insoweit kann auch eine Untersuchung iSd § 62 der berufsfördernden Maßnahme vorausgehen. 9

Im Fürsorgesystem besteht eine über § 64 hinausgehende, weitgehende **Selbsthilfeobliegenheit** durch Arbeit. Das gilt für die Grundsicherung nach den §§ 14 ff. SGB II als Grundsatz des Förderns und Forderns und wird besonders deutlich bei den Sanktionen angesichts der Weigerung eine Arbeit aufzunehmen (vgl. § 31a Abs. 1–3 SGB II). Auch das Sozialhilferecht kennt eine dementsprechende Erwerbsobliegenheit in § 11 Abs. 3 Satz 4 SGB XII. Allerdings sind hier die Sanktionen gegenüber der Grundsicherung für Arbeitsuchende deutlich abgeschwächt (§ 39a SGB XII). An diese Grundsätze werden die §§ 31 ff. SGB II auf der Grundlage der Rechtsprechung des BVerfG wohl angeglichen werden müssen (vgl. § 19a Rn. 13). Soweit im Fürsorgesystem lediglich die Ausübung einer Arbeit, nicht jedoch die Teilnahme an einer berufsfördernden Maßnahme verlangt wird, ist § 64 nicht anwendbar. Allerdings gelten die Regelungen der 10

§§ 14 ff., 31 ff. SGB II. Ähnliches gilt, wenn ein Leistungsberechtigter dauerhaft voll erwerbsgemindert ist, jedoch nicht die Wartezeit des § 50 Abs. 1 Nr. 2 SGB VI erfüllt. In diesem Falle erhält er Leistungen der Grundsicherung bei voller Erwerbsminderung unter den Voraussetzungen der §§ 41 ff. SGB XII. Auch hierbei handelt es sich um Leistungen wegen Minderung der Erwerbsfähigkeit. Anders ist dies, wenn in Ausnahmefällen (vgl. § 7 Abs. 4 SGB II, 27b SGB XII) Hilfe zum Lebensunterhalt nach den §§ 27 ff. SGB XII geleistet wird. Hier gilt die eigenständige Sanktionsregelung des § 39a SGB XII. In solchen Fallgestaltungen kann aber neben der Hilfe zum Lebensunterhalt ein Anspruch auf Leistungen zur Teilhabe am Arbeitsleben nach den §§ 49 SGB IX, 112 ff. SGB III bestehen, da hierfür beitragsrechtliche Voraussetzungen nicht zu erfüllen sind (vgl. dagegen § 11 Abs. 1 SGB VI). Insoweit wären die §§ 64, 66 SGB I anzuwenden.

11 Des Weiteren handelt es sich nicht um einen Fall der Verweigerung der Mitwirkungspflicht nach § 64, wenn, etwa bei nachlässiger Teilnahme an der Maßnahme oder aus **disziplinarischen** Gründen, eine berufsfördernde Maßnahme abgebrochen werden muss. Das gilt auch angesichts der Tatsache, dass die Mitwirkungspflicht auch die Pflicht zur aktiven Förderung der Maßnahme umfasst. Anlass für die Erfüllung der Mitwirkungspflicht ist die Leistung, die wegen einer Minderung der Erwerbsfähigkeit oder Arbeitslosigkeit erbracht wird, also das Arbeitslosengeld oder die Rente. Nicht einbezogen in diese Regelung ist die Leistung, die deren Behebung dient, also die berufsfördernde Maßnahme selbst. Entzieht sich der Sozialleistungsberechtigte dieser Maßnahme, so muss sie ihm nicht erst versagt werden. Erforderlichenfalls ist mit Bezug auf diese Maßnahme eine Entscheidung nach § 48 SGB X erforderlich (vgl. § 66 Rn. 15, 24).

§ 65 Grenzen der Mitwirkung

(1) **Die Mitwirkungspflichten nach den §§ 60 bis 64 bestehen nicht, soweit**
1. **ihre Erfüllung nicht in einem angemessenen Verhältnis zu der in Anspruch genommenen Sozialleistung oder ihrer Erstattung steht oder**
2. **ihre Erfüllung dem Betroffenen aus einem wichtigen Grund nicht zugemutet werden kann oder**
3. **der Leistungsträger sich durch einen geringeren Aufwand als der Antragsteller oder Leistungsberechtigte die erforderlichen Kenntnisse selbst beschaffen kann.**

(2) **Behandlungen und Untersuchungen,**
1. **bei denen im Einzelfall ein Schaden für Leben oder Gesundheit nicht mit hoher Wahrscheinlichkeit ausgeschlossen werden kann,**
2. **die mit erheblichen Schmerzen verbunden sind oder**
3. **die einen erheblichen Eingriff in die körperliche Unversehrtheit bedeuten,**

können abgelehnt werden.

(3) **Angaben, die dem Antragsteller, dem Leistungsberechtigten oder ihnen nahestehende Personen (§ 383 Abs. 1 Nr. 1 bis 3 der Zivilprozeßordnung) die Gefahr zuziehen würde, wegen einer Straftat oder einer Ordnungswidrigkeit verfolgt zu werden, können verweigert werden.**

Übersicht

1. Grundlagen im Verfassungsrecht

1 Die Vorschrift übernimmt als Begrenzung der Mitwirkungspflicht aus dem Verfassungsrecht das **Übermaßverbot,** das im Allgemeinen durch die Maßstäbe der Geeignetheit, Erforderlichkeit und Verhältnismäßigkeit seine erste Konkretisierung erfährt (Rüfner, VSSR 1977 S. 357; Faude, Selbstverantwortung und Solidarverantwortung im Sozialrecht, 1983 S. 440). Insoweit bringt § 65 keine Neuerung in das Sozialrecht, da das Übermaßverbot das ganze öffentliche Recht beherrscht. Andererseits stellt das Übermaßverbot eine sehr allgemeine Formel dar, die nur in begrenztem Umfange einer Konkretisierung zugänglich ist. Dabei ist vor allem der Zusammenhang von Bedeutung, in dem das Übermaßverbot seine Wirkung entfalten muss. Im Sozialrecht ist der Einzelne stärker in die Solidargemeinschaft eingebunden als dies sonst im öffentlichen Leben, etwa im Verhältnis des Bürgers zur Polizei, der Fall ist. Andererseits darf man von ihm nicht nur deswegen verlangen, sich zu fügen, weil er auf die Hilfe dieser Gemeinschaft angewiesen ist. Das Grundrecht des Art. 2 Abs. 1 GG ist insoweit nicht eingeschränkt. Im Rahmen der Regelung des § 65 ist also immer ein Ausgleich zwischen der Verantwortung für den Einzelnen und seiner Eigenverantwortung zu suchen. Damit geht das Übermaßverbot über die in den §§ 60–64 konkret benannten Mitwirkungspflichten hinaus und bestimmt die Auslegung aller Vorschriften des Sozialrechts. Dabei ist durchaus der Effektuierungsgrundsatz des § 2 Abs. 2 zu berücksichtigen (§ 2 Rn. 13 ff.). Zwar sollen nur die „sozialen Rechte" möglichst weitgehend verwirklicht werden. Dies soll aber durch Auslegung aller Vorschriften des SGB erfolgen. Eine extensive Handhabung der Mitwirkungspflichten kann durchaus restriktive Rückwirkungen auf die sozialen Rechte haben.

2 Die in § 65 Abs. 1 Nr. 1–3 und Abs. 2 Nr. 1–3 genannten Grenzen der Mitwirkungspflicht wirken in der Regel nicht als Ausschluss, sondern stecken einen allgemeinen Rahmen ab, innerhalb dessen die Mitwirkung gefordert werden kann. Es bleibt den Gerichten überlassen, im Einzelfall festzustellen, wann die Grenzen überschritten sind. Dies hat durch einen Ausgleich der Interessenlagen der Solidargemeinschaft und der des einzelnen Sozialleistungsberechtigten zu geschehen. Bis zu einem gewissen Grade verallgemeinerungsfähig sind solche Entscheidungen nun immer nur mit Blick auf die Interessenlage der Solidargemeinschaft als solcher. Bei ihr kann man vom Vorhandensein bestimmter übergreifender Gesichtspunkte ausgehen. Die Berücksichtigung der Interessen des einzelnen Sozialleistungsberechtigten verlangt dagegen eine wesentlich stärkere Individualisierung.

3 Es ist in diesem Zusammenhang nicht möglich, gleichsam die Interessen vieler einzelner Sozialleistungsberechtigter zusammenzufassen und von ihnen zu abstrahieren. Auf diese Weise gerät schon wieder die Interessenlage der Solidargemeinschaft in das Blickfeld. Sie ist ja nichts anderes als die Verallgemeinerung der Interessen aller ihrer Mitglieder. Alle Aussagen zu den Grenzen der Mitwirkungs-

pflicht sind deswegen nicht nur mit dem praktischen Problem belastet, einigermaßen vage zu sein. Darüber hinaus besteht die Gefahr einer zu starken Akzentuierung der Interessenlage der Solidargemeinschaft, da sie mit allgemeinen Begriffen besser zu erfassen ist als die Interessen der je einzelnen Sozialleistungsberechtigten. Das gilt etwa für den Grundsatz der wirtschaftlichen und sparsamen Verwendung der Mittel. Der Wunsch des Sozialleistungsberechtigten dagegen zB nicht an einer zwei-, sondern an einer dreijährigen berufsfördernden Maßnahme teilzunehmen, weil nur sie seiner Neigung entspricht, wird zumeist nicht mit der gleichen Überzeugungskraft vorgetragen werden können (vgl. BSG SGb 1991 S. 143 mAnm Boecken; BSG 69 S. 128; Benz, BG 1992 S. 642). Es kommt hinzu, dass dem gleichsam konstanten Argument der Wirtschaftlichkeit und Sparsamkeit sehr heterogene Interessen der einzelnen Sozialleistungsberechtigten gegenüberstehen (Neigung, familiäre Belange, eigene Einschätzung der körperlichen Integrität, Schmerzüberempfindlichkeit usw). Eine Rechtsprechung, die auf Nachvollziehbarkeit von Begründungen bedacht sein muss, wird leicht in der schlechteren Begründbarkeit auch einen Mangel an Legitimität der Interessen erkennen. Aber dieser Schluss von der Begründbarkeit auf die Legitimität ist nicht zwingend, wenn man bedenkt, mit welcher Plausibilität auch im Sozialrecht gelegentlich gänzlich unberechtigte Forderungen vorgetragen werden.

4 Zu den traditionellen verfassungsrechtlichen Anknüpfungspunkten der Erfüllung und Begrenzung von Mitwirkungspflichten ist später der Gesichtspunkt des **informationellen Selbstbestimmungsrechts** getreten. Er verlangt eine Beachtung auch im Rahmen des § 65. Das führt nicht dazu, dass die Erfüllung von Mitwirkungspflichten in nennenswertem Umfang eingeschränkt würde. Die Beachtung des informationellen Selbstbestimmungsrechts führt aber dazu, dass der Leistungsträger behutsam mit seinem Informationsverlangen umgeht (§ 35 Rn. 63). Letztlich geht es um nicht mehr und um nicht weniger, als um den Ausgleich des Interesses des Versicherungsnehmers an informationeller Selbstbestimmung und dem Offenbarungsinteresse der Versicherung (BVerfG SozR 4-1200 § 60 Nr. 1). Dies ist bei jeder Entscheidung im Rahmen der §§ 60 ff. zu berücksichtigen und gilt in besonderem Maße für § 65 Abs. 2.

2. Differenzierung nach Art der Mitwirkungspflicht

5 Die in § 65 Abs. 1 Nr. 1–3 näher bezeichneten Grenzen bestehen für alle Mitwirkungspflichten, und zwar auch, wenn diese im Erstattungsfall erforderlich werden (§ 60 Abs. 1 Satz 2). Die in § 65 Abs. 1, nicht jedoch die in Abs. 2, bezeichneten Grenzen sind von **Amts wegen** zu beachten. Unabhängig davon muss sich die Beratung nach § 14 allgemein auf die Grenzen des § 65 erstrecken. In diesem Zusammenhang ist hervorzuheben, dass nach dem Wortlaut der Regelung die Mitwirkungspflichten als solche **nicht bestehen,** soweit die Voraussetzungen des § 65 Abs. 1 Nr. 1–3 gegeben sind. Es ist also nicht so, dass die Erfüllung der Mitwirkungspflicht lediglich unzumutbar wäre. Die über § 65 Abs. 1 hinausgehenden Begrenzungen aus § 65 Abs. 2 Nr. 1–3 bestehen nur für Behandlungen und Untersuchungen (§§ 62, 63). In diesem Falle kann die Erfüllung von Mitwirkungspflichten abgelehnt werden. Es bedarf hier also zumindest einer **Äußerung** des Leistungsberechtigten. Zur Einschränkung der Handlungsfähigkeit vgl. § 60 Rn. 15–20. Eine zusätzliche Begrenzung bringt schließlich die Regelung des § 65 Abs. 3, die an sich wieder für alle Mitwirkungspflichten gilt. Sie ist jedoch auf

die Angabe von Tatsachen ausgerichtet und hat deswegen ihre größte Bedeutung im Zusammenhang mit der Mitwirkungspflicht des § 60.

Die allgemeinen Grenzen des § 65 Abs. 1 Nr. 1–3 entsprechen zwar dem Über- 6
maßverbot, folgen aber nicht systematisch ihren Einzelmaßstäben der Verhältnismäßigkeit, Erforderlichkeit und Geeignetheit. In der Nr. 1 ist direkt der Grundsatz der **Verhältnismäßigkeit** angesprochen. Er verlangt, eine Relation herzustellen zwischen der in Anspruch genommenen Sozialleistung und der konkreten Mitwirkungspflicht, deren Erfüllung verlangt wird. Die Regelung der Nr. 1 erstreckt sich darüber hinaus ausdrücklich auch auf den Fall der Erstattung von Sozialleistungen und damit auf die Angabe der Tatsachen iSd § 60 Abs. 1 Nr. 1–3 (§ 60 Rn. 22–26). Im Hinblick auf die Benennung der in § 65 Abs. 1 zu beachtenden Gesichtspunkte können „belastende generelle Lebensumstände" nicht dazu führen, dass eine Mitwirkungspflicht entfällt (Bay. LSG FEVS 63 S. 561). Sie können aber bei der Auslegung des § 65 Abs. 1 Nr. 2 einen begrenzten Einfluss auf die Frage der Zumutbarkeit bekommen. Um überhaupt innerhalb des reichlich unbestimmten Rahmens des § 65 Abs. 1 Nr. 1–3 eine Orientierung zu gewinnen, sollte man bei der Nr. 1 nur auf objektive Gesichtspunkte abstellen und die Bewertung subjektiver Merkmale in die Nr. 2 verlagern (Henke, VSSR 1976 S. 47, ablehnend Rüfner, VSSR 1977 S. 359). Das BSG neigt demgegenüber eher zu einer einheitlichen Bewertung der Mitwirkungspflichten (BSG SGb 1982 S. 313 mAnm Zerndt).

Bei der Bewertung der Verhältnismäßigkeit zunächst nur nach **objektiven** 7
Maßstäben (Nr. 1) darf mit in Erwägung gezogen werden, welchen wirtschaftlichen Nutzen eine Mitwirkungshandlung für die Solidargemeinschaft hat. In diesem Zusammenhang ist es dann durchaus auch als verhältnismäßig zu bezeichnen, wenn eine eher größere Belastung für den Sozialleistungsberechtigten zu einem erheblichen Einspareffekt beim Sozialleistungsträger führt (BSG SGb 1984 S. 354, 356 mAnm Bogs). Das wird oft im Zusammenhang mit einer Heilbehandlung (§ 63) zu erörtern sein, kann aber auch bei der beruflichen Förderung (§ 64) oder sogar bei der Angabe von Tatsachen (§ 60) eine Bedeutung erlangen. Man wird sogar soweit gehen können, dass bei der Aufklärung eines Leistungsmissbrauchs und einer daran anschließenden Erstattung nach den §§ 45, 50 SGB X (§ 60 Abs. 1 Satz 2) ein angemessenes Verhältnis der geforderten Mitwirkungshandlung, die sich in diesem Falle ja nur aus § 60 ergeben kann, immer zu bejahen ist. Bei der Erstattung, zumindest im Rahmen des § 50 SGB X, überwiegt ganz eindeutig das Interesse der Solidargemeinschaft. Eine ganz ähnliche Wertung kommt auch in § 62 Abs. 3 Nr. 2b SGB VIII zum Ausdruck, wenn danach im Zusammenhang mit § 50 SGB X Daten ohne Mitwirkung des Betroffenen erhoben werden dürfen. Anders mag man die Interessenlage in den Erstattungsfällen der §§ 42 Abs. 3, 43 Abs. 2 beurteilen.

Auch umgekehrt kann sich die Frage ergeben, ob im Falle einer eher **geringfü-** 8
gigen Sozialleistung eine aufwändige oder gar belastende Mitwirkungshandlung verlangt werden kann. Wird etwa kurz vor Erreichen der allgemeinen Altersgrenze (§ 35 SGB VI) ein Antrag auf eine Rente wegen Erwerbsminderung gestellt (§ 43 SGB VI), dann fragt sich, ob in diesem Falle noch eine aufwändige, wenn auch gefahr- und schmerzlose Untersuchung (§ 62) verlangt werden kann. Entsprechendes gilt, wenn ein geringfügiger Zuschuss zu einer Kur (§ 23 Abs. 2 SGB V) beantragt wird. Eine ähnliche Lage ergibt sich, wenn ein Hilfesuchender einen geringen Geldbetrag für eine Erstausstattung mit einem noch fehlenden Haushaltsgegenstand nach § 24 Abs. 3 Satz 1 Nr. 1 iVm Satz 3 SGB II verlangt und eine

umfassende Einkommens- und Vermögensprüfung durchgeführt wird (vgl. Trenk-Hinterberger in Giese/Krahmer, Sozialgesetzbuch I § 65 Rn. 6.2). Zur **Bankauskunft** vgl. § 60 Rn. 29. In allen diesen Fällen könnte man zu der Auffassung gelangen, die geforderte Mitwirkungshandlung wäre iSd § 65 Abs. 1 Nr. 1 unverhältnismäßig. Hier ist aber zu beachten, dass der Sozialleistungsträger nicht leisten darf, ohne die gesetzlichen Voraussetzungen der Leistungen geklärt zu haben. Deswegen hat der Verhältnismäßigkeitsgrundsatz des § 65 Abs. 1 Nr. 1 im Allgemeinen größere Bedeutung für die Frage, wie eine Mitwirkungspflicht als ob sie überhaupt zu erfüllen ist. Bevor der Sozialleistungsträger eine Anreise zu einer Untersuchung verlangt, wird er prüfen müssen, ob diese Untersuchung am Wohnort des Leistungsberechtigten durchgeführt werden kann (§§ 3 ff. SGB X). Wegen § 65 Abs. 1 Nr. 1 wäre nämlich in diesem Falle die Vornahme der Amtshandlung durch den örtlich zuständigen Leistungsträger aus rechtlichen Gründen nicht möglich. Damit sind die Voraussetzungen für eine Amtshilfe erfüllt (§ 4 Abs. 1 Nr. 1 SGB X). Zudem ist der Sozialleistungsträger im Rahmen seiner Amtsermittlung nach § 20 SGB X frei. So ist es nur in den gesetzlich vorgesehenen Fällen erforderlich, den medizinischen Dienst der Krankenkassen einzuschalten (§§ 275 ff. SGB V). In anderen Fällen genügt eine ärztliche Stellungnahme. Insbesondere ist es bei der Feststellung gesundheitlicher Voraussetzungen für die Leistungen nach den §§ 53 ff. SGB XII (§§ 90 ff. SGB IX) entgegen einer verbreiteten Praxis nicht erforderlich, dass der Träger der Sozialhilfe das Gesundheitsamt einschaltet.

9 Die in Nr. 2 angesprochene **Zumutbarkeit** öffnet die Verhältnismäßigkeitsprüfung hin zu einer Bewertung der **subjektiven** Momente und steht damit ganz im Zeichen der Berücksichtigung der Interessenlage des Sozialleistungsberechtigten. Ihm selbst wird eine Mitwirkungshandlung aus wichtigem Grund nicht zugemutet. Wichtige Gründe in diesem Sinne, die in die Abwägung eingehen könnten, kann es auf der Seite der Solidargemeinschaft nicht geben. Während es also in der Nr. 1 um objektive Gesichtspunkte geht, verlangt die in Nr. 2 vorgesehene Zumutbarkeitsprüfung, dass diesen objektiven subjektive Gesichtspunkte gegenübergestellt werden. Dies mag unter dem Blickwinkel von Verwaltungseffizienz, Finanzierbarkeit usw nicht immer als verhältnismäßig erscheinen, ist jedoch im Gesetz so vorgesehen. Mit der Zumutbarkeitsprüfung nach Nr. 2 soll geradezu erreicht werden, dass nicht allein die Effizienz zum Rechtsprinzip erhoben wird. Es ist vor allem zu sehen, dass erst die Nr. 2 zu einer gleichgewichtigen Berücksichtigung der Interessen von Solidargemeinschaft und Sozialleistungsberechtigten führt. Erstere, zumal als abstrakte Größe, wird immer eher objektive, vor allem finanzielle Gesichtspunkte (Nr. 1) ins Feld führen, denen der Sozialleistungsberechtigte oft nichts entgegensetzen kann. Demgegenüber werden die subjektiven Gesichtspunkte der Zumutbarkeitsprüfung immer eine Ausrichtung auf die Interessenlage des Sozialleistungsberechtigten bewirken. Insoweit ist es auch richtig, dass der Gesetzgeber den Begriff des **wichtigen Grundes** in einen Zusammenhang mit der Zumutbarkeit stellt (Brackmann, DOK 1976 S. 794). Damit wird betont, dass es hier auf die Gesamtheit der Umstände ankommt, die für die Willensbildung des Leistungsberechtigten entscheidend gewesen sind (Rüfner, VSSR 1977 S. 359). Es kann sich dabei durchaus um Umstände in der Außenwelt, zB familiäre oder berufliche Belange, handeln, wenn sie nur für die Entscheidung des Sozialleistungsberechtigten von Bedeutung sind (BSG 20 S. 166; BSG 33 S. 16). Allerdings sollte man nicht darauf abstellen, dass die erwähnten Umstände als Motive die Weigerung entschuldigen oder als berechtigt erscheinen lassen (so BSG 20 S. 116). Ähnlich wird auch heute noch formuliert: „Unter einem wichtigen Grund sind die die Willensbildung bestimmenden Umstände zu verstehen, die die Weigerung bzw. die Nichterfüllung der Mitwirkungshandlung entschuldigen und sie als berechtigt erscheinen lassen" (LSG Bln.-Brandbg. ZfSH/SGB 2008 S. 728). Schuldmomente sollten jedoch im Zusammenhang mit der Erfüllung von Mitwirkungspflichten tunlichst nicht erörtert werden. In systematischer Hinsicht kommt hinzu, dass die Mitwirkungspflichten nach § 65 Abs. 1 unter den dort genannten Voraussetzungen „nicht bestehen". Eine Rechtspflicht als solche kann aber nicht unter dem Blickwinkel der Schuld entfallen. Deswegen wird auch in anderen Zusammenhängen der „wichtige Grund" nicht auf der Verschuldensebene behandelt. Das gilt etwa im Zusammenhang mit der Sperrzeit nach § 159 SGB III (vgl. § 19 Rn. 33). Das Vorliegen eines wichtigen Grundes ist gerichtlich voll überprüfbar (Dahm, BG 1998 S. 104).

Relativ häufig erlangt die Frage eine Bedeutung, wann im Falle einer beruflichen Eingliederung eine **Umschulung** zumutbar ist. Das gilt sowohl im Rahmen der Rehabilitation eines behinderten Menschen als auch bei längerer Arbeitslosigkeit. Eine längere Abwesenheit von der Familie kann die Umschulung, in der vorgeschlagenen Form als unzumutbar erscheinen lassen. Dasselbe gilt für ein höheres Lebensalter nur dann, wenn ein Berufswechsel kurz vor Erreichen der Altersgrenze (§§ 35 ff. SGB VI) erfolgen soll (vgl. BSG 33 S. 16). Unzumutbar kann auch der Wechsel in einen Beruf sein, der deutlich unter dem bisherigen Qualifikationsniveau liegt. Allerdings ist die Gesetzgebung in den letzten Jahren vom Gedanken des Berufsschutzes immer mehr abgerückt (§§ 140 SGB III; 43 SGB VI). Dies bleibt nicht ohne Einfluss auf die Bewertung der Unzumutbarkeit iSd Nr. 2, die heute nur noch in Ausnahmefällen angenommen werden kann. **10**

Ganz allgemein kann nicht gesagt werden, dass subjektive Momente den Ausschlag geben könnten. Die Zumutbarkeitsprüfung verlangt nur, solche subjektiven Gesichtspunkte in die Abwägung einzubeziehen und anzuerkennen, dass es Entscheidungssituationen geben kann, in denen ihnen der Vorrang gegenüber allen anderen Gesichtspunkten gebührt. Das ist den Kritikern der Rechtsprechung des BSG entgegenzuhalten (vgl. BSG SGb 1982 S. 313 mAnm Zerndt; BSG SGb 1984 S. 354 mAnm Bogs). In beiden Fällen ging es um die prinzipiell gleiche Frage, ob eine Berufsgenossenschaft gemäß § 63 als Mitwirkungshandlung die Resektion eines nicht mehr funktionsfähigen Daumens bzw. Fingers verlangen kann. Abgesehen von der hierbei auch vorzunehmenden Bewertung nach den Grundsätzen der §§ 63, 65 Abs. 2 ist klarzustellen, dass es bereits im Rahmen der Zumutbarkeitsprüfung nach § 65 Abs. 1 Nr. 2 allein auf die Vorstellung des Betroffenen ankommen kann, wenn diese Vorstellung in sich verständlich ist und es nach objektiven Gesichtspunkten nicht zweifelsfrei erscheint, dass der Heilerfolg den Körperschaden bei weitem überwiegt. So konnte sich in dem zu entscheidenden Falle der Versicherte davon leiten lassen, eine Fingeramputation sei eine Art Selbstverstümmelung, die ihn mehr belaste als die durch die Fingerlähmung hervorgerufene Greifschwäche (BSG SGb 1982 S. 314 mAnm Zerndt). Insoweit kann man zwar der Auffassung sein, der Gesundheitszustand der Hand werde primär an ihrer Funktionsfähigkeit gemessen (so Zerndt in mAnm zu BSG SGb 1982 S. 315). Im Zusammenhang mit § 65 Abs. 1 Nr. 2 ist dieser Hinweis aber bereits methodisch verfehlt. Hier kommt es ja nur darauf an, ob der Sozialleistungsberechtigte einen aus seiner Sicht verständigen Grund für seine Weigerung hat. Diesen Grund objektiv nachzuvollziehen, bedeutet eben nicht, dass jedes Mitglied der Solidargemeinschaft denselben Grund nennen würde. **11**

12 Diesen Gesichtspunkt, dass es uU allein auf die Bewertung des Heilerfolges durch den Sozialleistungsberechtigten selbst ankommt, stellt das BSG auch später heraus. Es dürfe sich nur nicht um allgemein geäußerte Befürchtungen handeln, die nicht objektiv nachvollzogen werden können (BSG SGb 1984 S. 355 mAnm Bogs).

13 Eher auf eine pragmatische Ebene führt § 65 Abs. 1 Nr. 3 zurück. Die Mitwirkungspflicht besteht nicht, wenn die erforderlichen Kenntnisse durch den Leistungsträger mit geringerem Aufwand beschafft werden können. Es ist also die Relation im Auge zu behalten. Zudem geht es immer um die **Beschaffung einer Information.** Deswegen entfällt die Pflicht eines Leistungsberechtigten zur Vorlage von Beweisurkunden, die er **im Besitz hat** (§ 60 Abs. 1 Nr. 3), nicht gemäß § 65 Abs. 1 Nr. 3, wenn die Behörde die erforderlichen Kenntnisse durch Nachfrage bei einer anderen Stelle erlangen könnte (BVerwG 3 PKH 1/09, juris). Die Vorschrift des § 65 Abs. 1 Nr. 3 erstreckt sich nur auf die Mitwirkungshandlungen nach den §§ 60–62. Hier geht es im Wesentlichen darum, dass der Sozialleistungsträger oft einen leichteren Zugang zu Beweismitteln aller Art hat als der Sozialleistungsberechtigte. Das ist vor allem im Rahmen der **Amtshilfe** nach den §§ 3 ff. SGB X möglich. In der Praxis besteht in großem Umfange die Neigung, solche **Eigenermittlungen** vorzunehmen (BT-Drs. 8/2454 S. 9). Zu verweisen ist in diesem Zusammenhang auch auf die Auskunftspflichten von Ausbildungsstätten, Arbeitgebern, Ärzten und Angehörigen anderer Heilberufe (§§ 98, 100 SGB X, 47 BAföG). Selbst wenn es um Auskünfte Unterhaltspflichtiger geht, kann ein Verlangen des Sozialleistungsträgers nach § 99 SGB X einen geringeren Aufwand bedeuten als eine familienrechtliche Auseinandersetzung über § 1605 BGB (vgl. BGH FamRZ 1986 S. 1688; BGH FamRZ 1991 S. 1235). Gemäß § 21 Abs. 4 SGB X sind die Finanzämter auskunftspflichtig. Auf diese Weise können häufig Auseinandersetzungen über die Vorlage von Steuerbescheiden ganz vermieden werden (BSG SozR 3-7833 § 6 Nr. 2).

14 Die Regelung des § 65 Abs. 1 Nr. 3 erlangt allerdings in Einzelfällen eine größere Bedeutung, die das Verhältnis zu § 62 berührt und in den Bereich der Zumutbarkeit hineinragt. Das gilt vor allem für **wiederholte Untersuchungen** iSd § 62. Schon nach dem Wortlaut des § 62 besteht die Duldungspflicht nur, soweit die Untersuchung selbst objektiv erforderlich ist, also die Information nicht anders beschafft werden kann. Darüber hinaus besteht eine Pflicht, die Untersuchung zu dulden, nach § 65 Abs. 1 Nr. 3 nicht, wenn die Beschaffung der sich daraus ergebenden Kenntnisse mit geringerem Aufwand möglich ist (BSG 52 S. 172). Entgegen dem missverständlichen Wortlaut der Vorschrift darf eine erneute Untersuchung nach § 18 Abs. 2 Satz 5 SGB XI nicht angeordnet werden, wenn auszuschließen ist, dass sich der Pflegebedarf in einem für die Einstufung relevanten Maße verändert hat (BSG SozR 3-3300 § 18 Nr. 2). In diesen Fällen fehlt es zwar nicht an der objektiven Erforderlichkeit der Untersuchung iSd § 62. Die Mitwirkungspflicht besteht jedoch nach § 65 Abs. 1 Nr. 3 nicht (vgl. § 62 Rn. 9). Ist eine Untersuchung objektiv erforderlich, dann kann vor allem die wiederholte Untersuchung nach § 65 Abs. 1 Nr. 3 ausgeschlossen sein. Bei der Prüfung dieser Frage sind vor allem die persönlichen Belastungen für den Sozialleistungsberechtigten dem Verwaltungsaufwand gegenüber zu stellen, der bei der Beschaffung von Untersuchungsergebnissen von einer anderen Behörde entsteht. Grundsätzlich wird man ein Interesse des Berechtigten, nur einmal an einer Untersuchung teilzunehmen, anerkennen müssen. Dieses Interesse ist durch die Regelung des § 96 Abs. 1 SGB X besonders anerkannt worden (vgl. § 62 Rn. 9). Soll eine wie-

derholte Untersuchung durchgeführt werden, so muss der Sozialleistungsträger darlegen, warum die Erkenntnisse aus der früheren Untersuchung bei einem anderen Leistungsträger unzureichend sind. Praktische Probleme der **Mehrfachuntersuchungen** ergeben sich vor allem daraus, dass die Untersuchungsergebnisse bei den einzelnen Leistungsträgern nicht so dokumentiert sind, dass sie angesichts der doch unterschiedlichen Aufgaben der Leistungsträger ohne weiteres übergreifend Verwendung finden könnten. Für den Komplex der Rehabilitation und Teilhabe hat der Gesetzgeber in § 12 Abs. 1 Nr. 4 SGB IX aF (§§ 17 Abs. 2 Satz 2, 25 Abs. 1 Nr. 4 SGB IX) den Versuch gemacht, zu allgemeinen Regelungen zu gelangen. Dazu haben erstmals die Rehabilitationsträger mit Wirkung am dem 1.7.2004 die Gemeinsame Empfehlung Begutachtung abgegeben.

3. Ergänzende Regelungen bei Untersuchungen und Behandlungen

Anders als die Grenzen der Mitwirkungspflicht nach § 65 Abs. 1 Nr. 1–3 sind **15** diejenigen nach § 65 Abs. 2 Nr. 1–3 nicht von Amts wegen, sondern nur dann zu berücksichtigen, wenn der Sozialleistungsberechtigte die Erfüllung einer Mitwirkungspflicht ablehnt. Die Regelung des § 65 Abs. 2 erstreckt sich nur auf Untersuchungen und Behandlungen. Ohne dass man eine Rangfolge vornehmen könnte, regelt Nr. 1 die gefahrvollen Untersuchungen bzw. Behandlungen und Nr. 2 diejenigen, die zwar nicht gefahrvoll aber schmerzhaft sind. Die Nr. 3 schließlich bezieht sich auf solche Eingriffe, die ohne gefährlich oder schmerzhaft sein zu müssen, die geistig-seelische oder körperliche Integrität der Leistungsberechtigten berühren.

Die Vorschrift des § 65 Abs. 2 knüpft an die wechselvolle Geschichte der Recht- **16** sprechung zur **Operationsduldungspflicht** an, die schon durch das Reichsgericht entwickelt wurde. Ihre dogmatischen Grundlagen findet sie sowohl in der Schadensminderungspflicht nach § 254 Abs. 2 BGB (vgl. RGZ 129 S. 398; BGHZ 10 S. 18; OLG Oldenburg NJW 1978 S. 1200), als auch in verfassungsrechtlichen Fragen der Untersuchung des Beschuldigten gemäß § 81a StPO (BVerfG NJW 1963 S. 1597; 2368). Die Rechtsprechung zur Schadensminderungspflicht hat erheblichen Einfluss auch auf die Auslegung des § 65 Abs. 2 gewonnen (vgl. BGHZ 10 S. 18). Allerdings hat die sozialgerichtliche Rechtsprechung auch noch in der Zeit nach dem letzten Weltkrieg dem Verletzten gelegentlich mehr an Duldung abverlangt, als dies die Zivilgerichte taten (vgl. Bay. LSG SGb 1956 S. 264 mAnm Schieckel; LSG BW SGb 1968 S. 41 mAnm Schieckel). In der Rechtsprechung zu § 254 BGB wird demgegenüber ua auch der Tatsache Rechnung getragen, dass Operationen dem Geschädigten nicht gerade gegenüber dem Schädiger zugemutet werden können (BGH NJW 1994 S. 1592). Dieser Gedanke dürfte im Sozialrecht allenfalls eine untergeordnete Rolle spielen (vgl. Grunsky, JZ 1997 S. 83).

Ehe Erwägungen zu § 65 Abs. 1 und 2 angestellt werden, ist jedoch vorrangig **17** § 63 zu prüfen. Die Mitwirkungspflicht, sich einer Heilbehandlung zu unterziehen, besteht nur, wenn mit einer **Verbesserung** des Gesundheitszustandes zu rechnen ist oder zumindest, wenn seine Verschlechterung verhindert werden könnte. Nur wenn diese Frage bejaht werden kann, ist auf eine Prüfung nach § 65 überzugehen. Wenn man zB mit einigem Recht bezweifeln kann, dass die Resektion eines funktionsunfähigen Fingers eine Verbesserung des Gesundheitszustands ist, dann scheitert diese Maßnahme schon am Wortlaut des § 63 (§ 63 Rn. 9).

18 Während zunächst die anfangs grundsätzliche Gefährlichkeit von Operationen den Ausschlag bei der Beurteilung der Operationsduldungspflicht gab (vgl. RGZ 129 S. 398), hat die medizinische Entwicklung dazu geführt, dass dieser Gesichtspunkt in den Hintergrund getreten ist (OLG Oldenburg NJW 1978 S. 1200). Das führte zunächst zu einer gewissen Ausweitung der Operationsduldungspflicht. Heute haben die Gesichtspunkte von Autonomie und körperlicher Integrität größere Bedeutung erlangt. Das gilt vor allem auch für die Frage, wie der zu bewirkende Heilungserfolg im Verhältnis zu dem vorzunehmenden Eingriff überhaupt zu bewerten ist – eine Frage, die der BGH bereits im Jahre 1953 aufgeworfen hatte (ebenso OVA Freiburg, Breith. 1950 S. 341; Schieckel, SozSich 1960 S. 324).

19 In § 65 Abs. 2 Nr. 1 heißt es, die Mitwirkungshandlungen der Behandlung und Untersuchung können abgelehnt werden, wenn ein Schaden für Leben oder Gesundheit nicht mit **hoher Wahrscheinlichkeit ausgeschlossen** werden kann. Damit ist festzustellen, dass schon eine nicht nur geringe Wahrscheinlichkeit einer Schädigung zur Ablehnung berechtigt, denn der **Ausschluss** des Schadens muss mit hoher Wahrscheinlichkeit erfolgen. Unvorhersehbare Schädigungen oder atypische Behandlungsverläufe werden dabei nicht berücksichtigt (OLG Oldenburg NJW 1978 S. 1200). Das gleiche gilt für nur vorübergehende Beeinträchtigungen. Eine Komplikationsdichte ab 4 % soll die Annahme einer atypischen Gefahr ausschließen (vgl. KassKomm-Seewald § 65 Rn. 24). Darüber hinaus darf die Art der zu erwartenden Komplikation nicht außer Betracht bleiben (unten Rn. 22, 23). Die Darlegungslast dafür, dass ein Schaden mit hoher Wahrscheinlichkeit ausgeschlossen werden kann, trifft schon nach dem Wortlaut des § 65 Abs. 2 Nr. 1 den Sozialleistungsträger.

20 Nach dem Wortlaut des Gesetzes müsste an sich jede Untersuchung oder Behandlung, die mit einer Strahlenbelastung verbunden ist, abgelehnt werden können. Das gilt sowohl für Röntgenuntersuchungen als auch für nuklearmedizinische Verfahren. Die Praxis neigt jedoch in beiden Fällen dazu, ein Ablehnungsrecht nur bei stärkerer Belastung zuzulassen oder wenn andere diagnostische oder therapeutische Möglichkeiten zur Verfügung stehen (Vetter, SGb 1978 S. 223; Frick, SGb 1979 S. 254; v. Maydell, SGb 1987 S. 392; Wannagat-Thieme, SGB I § 65 Rn. 12). Solche Begründungen sind unzureichend. Schon nach dem Gesetzeswortlaut muss dargelegt werden können, dass im konkreten Fall bei einem Strahleneinsatz ein Schaden für die Gesundheit mit hoher Wahrscheinlichkeit ausgeschlossen ist. Das kann ganz sicher nicht davon abhängig gemacht werden, ob andere Methoden zur Verfügung stehen oder nicht, denn der Grad der Gefährlichkeit ergibt sich nicht aus einer Relation zu anderen Umständen. Das wäre nur anders, wenn im Rahmen einer Zumutbarkeitsregelung eine Abwägung vorgenommen werden müsste. Das ist aber bei § 65 Abs. 2 Nr. 1 nicht der Fall (vgl. § 62 Rn. 5b). Unstrittige Fälle des § 65 Abs. 2 sind vor allem schwerwiegende Eingriffe, wie eine Hirnkammerluftfüllung, die Entnahme von Rückenmarkflüssigkeit (BSG 4 S. 116), die beabsichtigte Beeinträchtigungen menschlicher Funktionen oder andere Veränderungen des durch die natürliche Entwicklung geprägten äußeren Erscheinungsbildes eines Menschen (v. Maydell, Festschrift für Wannagat 1981 S. 282). Ein Ablehnungsrecht besteht aber auch bei weniger gefahrvollen Eingriffen, wie endoskopischen Untersuchungen, zumindest im Magen-Darm-Bereich. Dabei bekommt das Merkmal des Eingriffs in die körperliche Unversehrtheit (§ 65 Abs. 2 Nr. 3) vor allem in den Fällen Bedeutung, in denen weder

Schmerzen noch eine Gefahr für die Gesundheit gegeben sind. Auf subjektive Bewertungen kommt es nicht an. Sie sind vielmehr im Rahmen des § 65 Abs. 1 Nr. 2 zu berücksichtigen.

Nach § 65 Abs. 2 Nr. 1 oder 3 können nicht abgelehnt werden die ungefährliche Operation eines Bauchnarbenbruchs (BSG 34 S. 255) oder die operative Behandlung eines Stumpfes zur besseren orthopädischen Ausstattung (LSG RhP. Breith. 1958 S. 142). Dasselbe gilt für die Blutentnahme. Als ungefährlich und damit zumutbar sind auch Elektro- und Ultraschalluntersuchungen anzusehen. Bei der Beibringung von Injektionen und Röntgen- oder Kontrastmitteln kommt es darauf an, ob der beizubringende Stoff ungefährlich ist. Eher abgelehnt werden kann die intravenöse Beibringung eines solchen Stoffes. Die operative Entfernung eines Fingers kann grundsätzlich schon nach § 65 Abs. 2 Nr. 3 als erheblicher Eingriff in die körperliche Unversehrtheit abgelehnt werden. Folgt man dieser Auffassung nicht, so ist aber auf jeden Fall zusätzlich nach § 65 Abs. 1 Nr. 2 eine Zumutbarkeitsprüfung vorzunehmen (vgl. oben Rn. 8). Zum Überblick über die üblichen Untersuchungs- und Behandlungsverfahren und zur Bewertung ihrer Risiken vgl. Schönberger/Mehrtens/Valentin, Arbeitsunfall und Berufskrankheit, 2017 S. 95 ff. 21

Zwei Dinge sind im Zusammenhang des § 65 Abs. 2 Nr. 1 von Bedeutung. Die Regelung stellt allgemein auf den Schaden für Leben oder Gesundheit ab. Bei der Annahme einer bestimmten Wahrscheinlichkeit wird nach dem Wortlaut der Vorschrift nicht nach dem **Ausmaß des Schadens** differenziert. Es kann nun so sein, dass ein Schaden sehr unwahrscheinlich ist, wenn er aber eintritt, dann mag es sich um eine sehr schwerwiegende, vielleicht lebensbedrohende Schädigung handeln. In diesem Falle ist ergänzend zu einer Bewertung der Mitwirkungspflicht nach § 65 Abs. 2 eine solche nach § 65 Abs. 1 Nr. 2 vorzunehmen (so BSG SGb 1984 S. 355 mAnm Bogs). Die Inkaufnahme einer zwar sehr unwahrscheinlichen aber sehr gewichtigen Beeinträchtigung kann unzumutbar sein. In diesem Falle könnte eine Mitwirkungshandlung allein nach § 65 Abs. 2 Nr. 1 nicht, wohl aber nach § 65 Abs. 1 Nr. 2 abgelehnt werden. Das ist auch dann anzunehmen, wenn etwa im Zusammenhang mit der Aufklärung von Missständen in der Arzneimittelversorgung eine übertriebene, wenn auch verständliche, Beunruhigung bei den Versicherten eingetreten ist. 22

Andererseits mag eine Mitwirkungshandlung unter Abwägung objektiver und subjektiver Momente nach § 65 Abs. 1 Nr. 1 und 2 im Allgemeinen verlangt werden können. Gemäß § 65 Abs. 2 Nr. 1 bzw. 2 kann dann aber doch im Einzelfall, unter Einbeziehung des § 65 Abs. 1 Nr. 2, eine rein subjektive Bewertung den Ausschlag für ein Ablehnungsrecht geben. Das wäre etwa im Hinblick auf eine im Allgemeinen ungefährliche Operation bei einem Sozialleistungsberechtigten der Fall, der zB an einer Herzerkrankung leidet. Entsprechendes gilt auch für die Bewertung von Schmerzen, die auch im seelischen Bereich liegen können. Dabei kann eine subjektive Schmerzüberempfindlichkeit den Ausschlag geben. Eine gewisse Schwierigkeit liegt allerdings darin, dass in allen Fällen des § 65 Abs. 2 der Ablehnungsgrund objektiv nachvollziehbar sein muss. 23

Mangels einer ausdrücklichen gesetzlichen Regelung wird man die Frage, unter welchen Voraussetzungen eine Untersuchung durch eine Untersuchungsperson des anderen Geschlechts abgelehnt werden kann, unterschiedlich beantworten müssen. Bei der Untersuchung des Opfers eines **sexuellen Missbrauch** durch eine Person des anderen Geschlechts wird man davon ausgehen müssen, dass in diesem Falle ein Schaden für die (seelische) Gesundheit nicht mit hoher Wahr- 23a scheinlichkeit ausgeschlossen werden kann. Damit greift § 65 Abs. 2 Nr. 1 ein. Dabei genügt es, wenn während der Untersuchung eine akute seelische Beeinträchtigung als möglich erscheint, die keineswegs eine dauerhafte seelische Gesundheitsstörung zur Folge haben muss. In den anderen Fällen wird man davon ausgehen müssen, dass bei Untersuchungen, die den Intimbereich berühren, bzw. die mit einer weitgehenden Entkleidung verbunden sind, ein wichtiger Grund dafür besteht, zu verlangen, von einer Untersuchungsperson des gleichen Geschlechts untersucht zu werden. In diesen Fällen greift § 65 Abs. 1 Nr. 2 ein. Praktikabilitätserwägungen sprechen nicht gegen diese rechtliche Bewertung, denn die Zahlen der Ärzte und Ärztinnen ist seit Jahren annähernd gleich (Dtsch Ärztebl. 2008 S. 609). Eine überkommene Praxis ist also mühelos aufzugeben.

4. Sonstige Verweigerungsgründe

24 In § 65 Abs. 3 ist der Mitwirkungspflicht eine weitere Grenze gezogen. Sie bezieht sich auf die Angabe von Tatsachen. Auch hier besteht, wie in § 65 Abs. 2, zwar die Mitwirkungspflicht, aber ein Recht, Angaben zu verweigern. Dabei muss es sich nicht um Äußerungen handeln. Vielmehr kann auch eine Untersuchung nach § 62 Rückschlüsse auf Tatsachen ermöglichen, die die Gefahr einer Verfolgung wegen einer **Straftat** oder Ordnungswidrigkeit begründen. Auch in diesem Falle ist eine Ablehnung zulässig. Ihre Gründe müssen jedoch in einer Weise dargelegt werden, die eine Überprüfung durch einen Unbeteiligten möglich machen. Es genügt also nicht, wenn der Sozialleistungsberechtigte eine lediglich unsubstantiierte Behauptung aufstellt (BSG 45 S. 124). Das Weigerungsrecht nach § 65 Abs. 3 geht darüber hinaus auch nicht soweit, dass unrichtige Angaben gemacht werden dürften.

25 In den Schutzbereich des § 65 Abs. 3 sind nicht nur der Sozialleistungsberechtigte selbst, sondern auch seine Angehörigen iSd § 383 Abs. 1 Nr. 1–3 ZPO einbezogen. Das reicht also bis zur Verwandtschaft oder Schwägerschaft in der Seitenlinie bis zum dritten bzw. zweiten Grade. Berücksichtigt man dabei, dass auch die Gefahr einer Verfolgung wegen einer bloßen Ordnungswidrigkeit zur Verweigerung bei einem entfernt Verschwägerten berechtigt, so wird man die ganze Regelung als Dämonisierung des Straf- oder Ordnungswidrigkeitenrechts kritisieren müssen. Die Gefahr einer Verfolgung wegen eines geringfügigen Delikts wiegt angesichts der Strafrahmen heute nicht mehr schwer. Dies muss man zumindest mit Blick auf die Ordnungswidrigkeiten einräumen. Häufig ist es das lediglich wirtschaftliche Interesse des Sozialleistungsberechtigten, nicht mit einem Bußgeld belegt zu werden, das hinter der Regelung des § 65 Abs. 3 steht. Dem kann und muss man aber die wirtschaftlichen Interessen der Solidargemeinschaft gegenüberstellen. Mit Blick auf geringfügige Delikte oder Ordnungswidrigkeiten, zumal bei entfernten Verwandten oder Verschwägerten, führt § 65 Abs. 3 zu einer starken Gewichtsverlagerung innerhalb der Gesamtregelung des § 65 (vgl. LSG NRW NZS 2015 S. 199). Das gilt umso mehr, als der Sozialleistungsträger gemäß § 35 verpflichtet ist, Geheimnisse zu wahren. Diese Pflicht hindert ihn oft daran, eine Strafanzeige zu erstatten (vgl. § 35 Rn. 68). Wenn andererseits die Gefahr einer Verfolgung wegen einer Straftat oder Ordnungswidrigkeit nicht besteht, jedoch andere Belastungen für nahe Angehörige zu befürchten sind (zB schwere wirtschaftliche Nachteile, zwangsweise Unterbringung oder Vollstreckungsverfahren), so kann ein wichtiger Grund iSd § 65 Abs. 1 Nr. 2 gegen die Erfüllung einer Mitwirkungspflicht sprechen (Krasney, BKK 1987 S. 347).

Zweifelhaft ist, ob der Leistungsberechtigte über sein Recht aus § 65 Abs. 3 belehrt werden muss (KassKomm-Seewald § 65 Rn. 39). Auch in diesem Rahmen wirkt sich die strafrechtliche Orientierung zu stark aus. Es handelt sich bei § 65 Abs. 3 um ein Recht auf sozialrechtlicher Grundlage, für das die Gesichtspunkte gelten, die im Zusammenhang mit § 14 den Ausschlag geben (§ 14 Rn. 7, 8). Ist also ein entsprechender Bedarf erkennbar, so muss eine Beratung erfolgen. 26

Bei einer Gesamtbetrachtung der Grenzen der Mitwirkungspflicht darf man folgenden Umstand nicht aus den Augen verlieren: Kann eine Mitwirkungshandlung abgelehnt werden, so bedeutet das nur, dass der Sachverhalt unter Heranziehung der §§ 60–64 **nicht aufgeklärt werden kann.** Der Leistungsträger muss sich dann unter Einsatz der ihm nach den §§ 20 und 21 SGB X zu Gebote stehenden Mittel um eine Aufklärung des Sachverhalts bemühen. Die berechtigte oder unberechtigte Weigerung eines Beteiligten, in zumutbarer Weise am Verfahren mitzuwirken, entbindet nicht von der Amtsermittlungspflicht. Der Leistungsträger muss vielmehr versuchen, die erforderlichen Ermittlungen selbst anzustellen (BSG SGb 2005 S. 300 mAnm Mecke). Liegt ein Fall der Beweisvereitelung durch den Leistungsberechtigten vor, so kann deren Rechtsfolge sogar eine Beweiserleichterung für den Leistungsträger bis hin zur Beweislastumkehr sein. Bleiben auch unter Berücksichtigung dieser Tatsache leistungserhebliche Umstände ungeklärt, so sind die Voraussetzungen für die Erbringung einer Leistung nicht festgestellt worden. Der Antrag ist also abzulehnen. 27

§ 65a Aufwendungsersatz

(1) [1]**Wer einem Verlangen des zuständigen Leistungsträgers nach den §§ 61 oder 62 nachkommt, kann auf Antrag Ersatz seiner notwendigen Auslagen und seines Verdienstausfalles in angemessenem Umfang erhalten.** [2]**Bei einem Verlangen des zuständigen Leistungsträgers nach § 61 sollen Aufwendungen nur in Härtefällen ersetzt werden.**

(2) **Absatz 1 gilt auch, wenn der zuständige Leistungsträger ein persönliches Erscheinen oder eine Untersuchung nachträglich als notwendig anerkennt.**

Das Gesetz sieht einen Ersatz nur bei der Erfüllung der Mitwirkungspflichten nach den §§ 61 und 62, nur für die notwendigen Auslagen bzw. den Verdienstausfall und nur auf **Antrag** des Leistungsberechtigten vor. Die Vorschrift stellt eine zu eng begrenzte Ausnahmeregelung dar, die nur auf den Anlass abstellt und nicht einmal nach der Höhe der Aufwendungen differenziert. Entstehen bei der Erfüllung der Mitwirkungspflicht nach § 60 Kosten, so ist ein Ersatz nicht vorgesehen. Dasselbe gilt für die Erfüllung sonstiger Obliegenheiten, die etwa in den §§ 56 ff SGB II geregelt sind (BSG SozR 4-4200 § 60 Nr. 2). Vor allem zu den Mitwirkungspflichten nach den §§ 63 und 64 wird hervorgehoben, dass dem Sozialleistungsberechtigten Kosten sowieso nicht entstehen dürfen. Das trifft zwar in aller Regel zu. Zumindest in einem Falle ist dies jedoch anders. Ist ein Leistungsberechtigter arbeitsunfähig, so kann der Träger der Krankenversicherung zur Behebung der Arbeitsunfähigkeit verlangen, dass sich der Leistungsberechtigte zB einer Krankenhausbehandlung unterzieht. In diesem Falle entstehen dem Leistungsberechtigten durch die Zuzahlung nach § 39 Abs. 4 SGB V Aufwendungen. Entsprechendes gilt auch in anderen Fällen, etwa bei der Behandlung in einer Rehabilitationseinrichtung (§ 32 SGB VI). Da man davon ausgehen 1 kann, dass diesen Aufwendungen Ersparnisse bei der häuslichen Lebensführung gegenüberstehen, erscheint es nicht notwendig, bei stationärer Behandlung einen Aufwendungsersatz vorzusehen, zumal diese Aufwendungen allen Versicherten entstehen, gleichviel ob sie sich der Behandlung in Erfüllung einer Mitwirkungspflicht unterziehen oder nicht.

2 Nach dem Wortlaut des § 65a soll ein Aufwendungsersatz nur erfolgen, wenn das Verlangen von einem **zuständigen Leistungsträger** ausgesprochen wird. Das BSG hat jedoch zu § 44 Abs. 2 und im Hinblick auf § 16 Abs. 2 eine andere Auffassung vertreten (§ 44 Rn. 14). Daran anknüpfend und wegen der Schwierigkeiten, die gerade im Antragsverfahren bei der Bestimmung des zuständigen Leistungsträgers bestehen können, wird man als zuständigen Leistungsträger iSd § 65a denjenigen ansehen müssen, der im Zeitpunkt des Mitwirkungsverlangens mit der Sache befasst ist. Dies wird man heute auch im Hinblick auf die Zuständigkeitsklärung nach § 14 SGB IX sagen müssen.

3 Grundsätzlich werden die Aufwendungen nur ersetzt, wenn der Sozialleistungsberechtigte einem Verlangen des Sozialleistungsträgers nachkommt. Das ergibt sich bereits aus dem Wortlaut der §§ 61 und 62. Eine Wiederholung in § 65a dient deswegen nur der Klarstellung. Wichtiger ist dagegen die Tatsache, dass § 65a Abs. 2 vorsieht, dass ein Aufwendungsersatz auch dann möglich ist, wenn das persönliche Erscheinen oder die Untersuchung **nachträglich** als notwendig anerkannt werden. Im strengen Sinne kann man nicht sagen, es handelte sich in diesen Fällen um die freiwillige Erfüllung einer Mitwirkungspflicht, denn die Mitwirkungspflicht selbst besteht in den Fällen der §§ 61 und 62 nur bei einem Verlangen. Es kommt hinzu, dass sich der Sozialleistungsberechtigte zumindest beim persönlichen Erscheinen auch nicht bewusst sein wird, dass er eine Mitwirkungspflicht erfüllt. Sowohl im Falle des Abs. 1 als auch des Abs. 2 werden Aufwendungen, die bei der Erfüllung einer Mitwirkungspflicht nach § 61 entstehen, nur in Härtefällen ersetzt. Das erklärt sich daraus, dass die beim persönlichen Erscheinen entstehenden Aufwendungen im Allgemeinen gering sind. Der Gesetzgeber hätte für alle Mitwirkungspflichten nach den §§ 60–64 auch die Lösung finden können, dass in allen Fällen ein Aufwendungsersatz erfolgt, dabei aber eine allgemeine Bagatellgrenze geschaffen wird. In den Besonderen Teilen des Sozialgesetzbuches, wie etwa nach § 22 Abs. 5 WoGG kann sogar ein völliger **Ausschluss** vorgesehen sein. Demgegenüber kennt § 309 Abs. 4 SGB III bei den vielfältigen Meldepflichten nach § 309 Abs. 2 SGB III durchgehend einen Aufwendungsersatz.

3a Wegen der Besonderheiten der Sozialhilfe soll dort ein Verdienstausfall nicht in Betracht kommen (BT-Drs. 8/2034 S. 42). Zu betonen ist jedoch, dass es für diese Auffassung weder eine Grundlage im Gesetz gibt, noch dass das ohnehin fragwürdige „abweichende Strukturprinzip der Sozialhilfe" hier eingreifen könnte (§ 37 Rn. 8). Schon immer konnte während der Vornahme einer Mitwirkungshandlung insbesondere bei den Hilfen in besonderen Lebenslagen (§§ 47 ff. SGB XII) ein nennenswerter Verdienstausfall eintreten. Im Prinzip ist das im Hinblick auf § 82 Abs. 3 SGB XII auch bei den Leistungen zum Lebensunterhalt möglich. In der Grundsicherung für Arbeitsuchende gilt dasselbe (§ 11b Abs. 3 SGB II). Für die Erfüllung der Meldepflicht nach § 32 SGB II gilt allerdings § 309 Abs. 4 SGB III entsprechend (§ 59 SGB II).

4 Obwohl die Mitwirkungsverlangen nach den §§ 61–64 keine Verwaltungsakte sind, muss man sowohl die Entscheidung nach § 65a Abs. 1 als auch Abs. 2 als

Verwaltungsakte ansehen. In beiden Fällen wird eine von der Entscheidung über die Sozialleistung unabhängige Regelung über den Aufwendungsersatz getroffen.

Ob dem Sozialleistungsberechtigten die Aufwendungen ersetzt werden, entscheidet der Leistungsträger nach **Ermessensgrundsätzen** (§ 39). Als zulässigen Ermessensgesichtspunkt der eine Ablehnung des Aufwendungsersatzes rechtfertigt, wird man es nicht ansehen dürfen, wenn das persönliche Erscheinen wegen unzureichender oder widersprüchlicher Angaben erforderlich wurde. Eine Unterscheidung in „gutwillige" und „weniger gutwillige" Leistungsberechtigte und die Übernahme der Härteklausel des § 65a Abs. 1 Satz 2 in den Ermessensbereich ist schon systematisch verfehlt. Solche unvollständigen oder widersprüchlichen Angaben sind das hauptsächliche gesetzgeberische Motiv für die Einführung der Mitwirkungspflicht des § 61 gewesen (vgl. § 61 Rn. 1). Sie können deswegen unter keinen Umständen die Versagung des Aufwendungsersatzes rechtfertigen. Dagegen kann ein kostenverursachendes Verhalten des Sozialleistungsberechtigten, das über das Maß gleichgelagerter Fälle hinausgeht, eine Ablehnung rechtfertigen. Dasselbe gilt für eine nicht ins Gewicht fallende wirtschaftliche Belastung durch die Erfüllung der Mitwirkungspflicht. 5

Ein Ermessensspielraum besteht jedoch nicht hinsichtlich der **Höhe** des Ersatzes. Zu erstatten sind die notwendigen Auslagen und Verdienstausfälle, beide jedoch nur in angemessenem Umfange. Das bedeutet für die Auslagen, dass zunächst zu prüfen ist, ob sie als solche überhaupt notwendig waren. War das der Fall, so erfolgt eine Erstattung in angemessenem Umfang, also etwa Fahrtkosten idR nur für die 2. Klasse. 6

Die **Auslagen** umfassen vor allem Aufwendungen für Telefon, Porto, Fahrtkosten, Verpflegung, nur soweit Mehrkosten entstehen, Unterkunft, aber etwa auch bei behinderten Menschen die Kosten für eine Begleitperson. Nicht dagegen können die Aufwendungen für einen Vertreter verlangt werden (vgl. BSG SozR 3-1300 § 63 Nr. 1). Durch ihn kann eine Mitwirkungspflicht nicht erfüllt werden. Das aber ist Voraussetzung für den Aufwendungsersatz (§ 61 Rn. 8). Auch wenn der Leistungsberechtigte einer der vielen anderen Selbsthilfeobliegenheiten nachkommt, können Aufwendungen entstehen, deren Ersatz ist nur in besonderen Fällen vorgesehen (vgl. § 45 SGB III). Bei Sachverhalten, die den Mitwirkungspflichten der §§ 61 und 62 ähnlich sind, wäre aber an einer entsprechende Anwendung des § 65a zu denken. Die Notwendigkeit einer Begleitperson ist immer dann anzuerkennen, wenn bei einem schwerbehinderten Menschen eine entsprechende Entscheidung nach § 229 SGB IX getroffen wurde (Merkzeichen B). Aber auch in anderen Fällen, etwa bei älteren Menschen, kann eine Begleitperson notwendig sein. Insbesondere ist zu beachten, dass nach Untersuchungen eine Begleitperson für den Rückweg zur Wohnung erforderlich sein kann. Hierauf ist der Sozialleistungsberechtigte hinzuweisen (§ 14). Wurden Ermittlungen in der Person eines Dritten durchgeführt (vgl. § 62 Rn. 4), so kommt eine Anwendung des § 65a nicht in Betracht, da diese Ermittlungen nicht in Erfüllung einer Mitwirkungspflicht, sondern in Anwendung des § 20 SGB X erfolgten. 7

Vor allem hinsichtlich des Ersatzes von Verdienstausfall wurde in der Vergangenheit oft auf das Gesetz über die Entschädigung von Zeugen und Sachverständigen (ZSEG) und das Bundesreisekostengesetz (BRKG) verwiesen (KassKomm-Seewald, § 65a Rn. 6; aA Wannagat-Jung, § 65a Rn. 9). Heute geschieht dasselbe mit dem Justizvergütungs- und Entschädigungsgesetz (JVEG). Angesichts der pauschalierenden Regelung auch im neuen Recht mit Mindest- und Höchstbeträgen sowie des Maßstabes des Bruttoeinkommens, kommt dies natürlich den Bedürfnis- 8 sen der Praxis entgegen (§ 22 JVEG). Auch im Sozialrecht mag dies als grobe Orientierung hinzunehmen sein. Doch schon mangels einer Verweisung in § 65a auf das JVEG ist der Sozialleistungsträger nicht von einer Einzelfallprüfung entbunden. Insbesondere bei Beziehern kleinerer Einkommen, kann bereits ein eintägiger Verdienstausfall bewirken, dass die Grenze zur Hilfe zum Lebensunterhalt unterschritten wird. Zumindest in diesem Falle ist nur der volle Verdienstausfall als angemessen iSd § 65a Abs. 1 Satz 1 anzusehen. Auch bei Selbständigen ist der Verdienstausfall zu erstatten, wenn sich infolge der Erfüllung der Mitwirkungspflicht eine Einschränkung der beruflichen Tätigkeit feststellen lässt. Ein bloßer Zeitverlust ist nicht erstattungsfähig.

9 Im Zusammenhang mit dem persönlichen Erscheinen (§ 61) sollen Aufwendungen nur in **Härtefällen** ersetzt werden. Das bedeutet, dass bei Vorliegen eines Härtefalles der Ersatz grundsätzlich erfolgen muss. Das Gesetz macht keine Vorgaben für die Bestimmung des Härtefalles. Die Praxis sollte sich an den Grundsätzen der Berechnung von Kostenbeiträgen bei der Hilfe in besonderen Lebenslagen orientieren (§ 28 Rn. 44). Häufig wird die Erfüllung der Mitwirkungspflicht auch nach § 61 in einer Lage erforderlich sein, die einer besonderen Lebenslage nach den §§ 47 ff. SGB XII gleichkommt. Deswegen dürften die Beträge, die als Hilfe zum Lebensunterhalt geleistet werden (§§ 27 ff. SGB XII) nicht der richtige Maßstab sein.

10 Wenn nach den für die Hilfe in besonderen Lebenslagen im Sinne der §§ 47 ff. SGB XII geltenden Grundsätzen vom Hilfesuchenden kein Kostenbeitrag gefordert werden kann, sollte dies auch für die Anwendung der Härtevorschrift des § 65a Abs. 1 Satz 2 entsprechend gelten. Aufwendungen wären in diesem Falle zu erstatten. Liegt demnach das Einkommen des Sozialleistungsberechtigten unter der Einkommensgrenze des § 85 SGB XII, so ist auch ein Härtefall anzunehmen. Liegt das Einkommen darüber, so kann unter Übernahme des Rechtsgedanken des § 87 Abs. 1 SGB XII ein am Übersteigungsbetrag zu bemessender teilweiser Aufwendungsersatz erfolgen.

11 Erfolgt das persönliche Erscheinen in einem Zusammenhang, der nicht einer besonderen Lebenslage entspricht, so wäre ein Härtefall zumindest dann anzunehmen, wenn der Sozialleistungsberechtigte ein Einkommen im Bereich der Leistungen zum Lebensunterhalt bezieht (§§ 19 ff. SGB II, 27 ff. SGB XII. Kein Argument gegen die Annahme eines Härtefalles ist es, dass im Regelsatz (§ 20 Abs. 1 SGB II, 27a Abs. 1 SGB XII) auch die Aufwendungen für die Benutzung von öffentlichen Verkehrsmitteln enthalten sind. Diese Aufwendungen dienen der allgemeinen Lebensführung und der Teilnahme am Leben in der Gemeinschaft. Die Aufwendungen zur Erfüllung der Mitwirkungspflicht sind besondere, zusätzliche Aufwendungen (vgl. Bay. LSG L 11 AS 336/18 NZB, juris).

12 Auch wenn, gemessen an den Vorschriften des Sozialhilferechts, ein Härtefall nicht vorliegt, kann in Abweichung von der Sollvorschrift ein Aufwendungsersatz erfolgen. Das ist vor allem dann anzunehmen, wenn dem Sozialleistungsberechtigten in Erfüllung der Mitwirkungspflicht zwar nicht sehr hohe aber häufige Aufwendungen entstehen.

13 Eine nachträgliche Entscheidung nach § 65a Abs. 2 setzt voraus, dass das persönliche Erscheinen oder die Untersuchung notwendig waren. Es genügt also nicht lediglich deren Förderlichkeit für das Verwaltungsverfahren. Man wird unter Übernahme des Rechtsgedanken des § 66 Abs. 1 darauf abstellen müssen, ob anders die Aufklärung des Sachverhalts erheblich erschwert gewesen wäre.

Im Zusammenhang mit dem Sozialhilfebezug entstehen gelegentlich Aufwendungen für **Kostenvoranschläge.** Deren Beibringung, etwa für die Kosten einer Wohnungsrenovierung, wird häufig vom Träger der Sozialhilfe verlangt. Für die Erstellung eines Kostenvoranschlags wird idR eine Bezahlung verlangt. Ein Aufwendungsersatz dafür ist nach dem Gesetzeswortlaut des § 65a nicht vorgesehen. Die §§ 60 ff. kennen jedoch keine Mitwirkungspflicht der Beibringung eines Kostenvoranschlags. Die Klärung der Kostenfrage obliegt vielmehr gemäß § 20 SGB X dem Träger der Sozialhilfe. Damit handelt es sich um Verfahrenskosten, die unter keinen Umständen dem Sozialleistungsberechtigten in Rechnung gestellt werden dürfen (§ 64 SGB X). 14

§ 66 Folgen fehlender Mitwirkung

(1) [1]**Kommt derjenige, der eine Sozialleistung beantragt oder erhält, seinen Mitwirkungspflichten nach den §§ 60 bis 62, 65 nicht nach und wird hierdurch die Aufklärung des Sachverhalts erheblich erschwert, kann der Leistungsträger ohne weitere Ermittlungen die Leistung bis zur Nachholung der Mitwirkung ganz oder teilweise versagen oder entziehen, soweit die Voraussetzungen der Leistung nicht nachgewiesen sind.** [2]**Dies gilt entsprechend, wenn der Antragsteller oder Leistungsberechtigte in anderer Weise absichtlich die Aufklärung des Sachverhalts erheblich erschwert.**

(2) **Kommt derjenige, der eine Sozialleistung wegen Pflegebedürftigkeit, wegen Arbeitsunfähigkeit, wegen Gefährdung oder Minderung der Erwerbsfähigkeit, anerkannten Schädigungsfolgen oder wegen Arbeitslosigkeit beantragt oder erhält, seinen Mitwirkungspflichten nach den §§ 62 bis 65 nicht nach und ist unter Würdigung aller Umstände mit Wahrscheinlichkeit anzunehmen, daß deshalb die Fähigkeit zur selbständigen Lebensführung, die Arbeits-, Erwerbs- oder Vermittlungsfähigkeit beeinträchtigt oder nicht verbessert wird, kann der Leistungsträger die Leistung bis zur Nachholung der Mitwirkung ganz oder teilweise versagen oder entziehen.**

(3) **Sozialleistungen dürfen wegen fehlender Mitwirkung nur versagt oder entzogen werden, nachdem der Leistungsberechtigte auf diese Folge schriftlich hingewiesen worden ist und seiner Mitwirkungspflicht nicht innerhalb einer ihm gesetzten angemessenen Frist nachgekommen ist.**

Übersicht

1. Rechtscharakter der Versagung

Mit der Möglichkeit einer Versagung oder des Entzugs von Leistungen ist dem Sozialleistungsträger ein Instrument an die Hand gegeben, der Erfüllung von Mitwirkungspflichten Nachdruck zu verleihen. Nur mit dieser Zielsetzung kann 1 eine Entscheidung nach § 66 erfolgen, nicht dagegen um zB eine Beitragsforderung oder um einen Erstattungsanspruch zu realisieren. Konsequenterweise ist deswegen eine rückwirkende Entziehung nach § 66 nicht möglich, denn dadurch könnte ein in der Vergangenheit liegendes Verhalten nicht mehr beeinflusst werden (BSG SGb 2002 S. 623 mAnm Schultes). Es ist gleichfalls nicht richtig, diese Vorschrift als Sanktionsnorm zu bezeichnen (BT- Drucks. 7/868 S. 34). Zwar verwendet auch die Rechtsprechung in diesem Zusammenhang beiläufig den Begriff der Sanktion (BSG SozR 1300 § 48 SGB X Nr. 1; BVerwG 71 S. 10), eher dürfte es zutreffend sein, in § 66 ein modifiziertes **Zurückbehaltungsrecht** zu sehen (OVG Berlin FEVS 41 S. 57; BSG 69 S. 235). Jedoch wird dadurch nicht der Fall des § 60 Abs. 1 Nr. 2 erfasst, wenn also eine Änderung der leistungserheblichen Verhältnisse nicht mitgeteilt wird. Hier hat die Erfüllung der Mitwirkungspflicht die Funktion, den Leistungsträger in die Lage zu versetzen, überhaupt erst eine Entscheidung – nach den §§ 44 ff. SGB X – zu treffen (BSG SGb 2004 S. 649 mAnm Mrozynski). Darüber hinaus ist das Zurückbehaltungsrecht durch die §§ 20, 21 SGB X begrenzt. Denn grundsätzlich entbindet die Weigerung eines Beteiligten, in zumutbarer Weise am Verfahren mitzuwirken, den Leistungsträger nicht von der Amtsermittlungspflicht. Er ist vielmehr gehalten, die erforderlichen Ermittlungen selbst anzustellen (BSG SGb 2005 S. 300 mAnm Mecke). In § 66 Abs. 1 heißt es: „kann … ohne weitere Ermittlungen…“ Es muss also eine Ermessensentscheidung erfolgen. Damit ergeben sich nur begrenzte Einschränkungen der Amtsermittlungspflicht (vgl. unten Rn. 4). Zum informationellen Selbstbestimmungsrecht vgl. § 65 Rn. 4.

2 Wie beim Zurückbehaltungsrecht besteht auch im Zusammenhang mit § 66 weder eine Möglichkeit des Zwanges zur Durchsetzung einer Mitwirkungspflicht noch ergibt sich bei ihrer Verletzung eine Schadenersatzpflicht. Insbesondere sind die §§ 60 ff. keine Schutzgesetze iSd § 823 Abs. 2 BGB (§ 60 Rn. 2). Vor allem deswegen lässt sich nicht von einer Sanktion sprechen. Über die Mitwirkungspflichten hinaus besteht für den Leistungsträger grundsätzlich auch nicht das Recht einer treuhänderischen Zurückhaltung der Leistung, wenn andernfalls die Ziele der §§ 2 Abs. 2, 17 Abs. 1, wie in den Fällen der Colonia Dignidad, verfehlt würden (vgl. § 61 Rn. 10). Zu anderen Verhaltenspflichten des Leistungsberechtigten, bzw. Unterhaltspflichtiger vgl. § 60 Rn. 2–14.

3 Auch wenn die Folgen fehlender Mitwirkung in § 66 Abs. 1 und 2 unterschiedlich geregelt sind, so lässt diese Vorschrift in ihren beiden Alternativen doch nur Entscheidungen zu, die auf die **Nachholung** der Mitwirkung ausgerichtet sind. Deswegen erfolgt die Versagung sowohl nach § 66 Abs. 1, als auch nach § 66 Abs. 2 nur bis zur Nachholung der Mitwirkung (unten Rn. 26). Eine Sanktion im eigentlichen Sinne ist deswegen niemals zulässig. In gleicher Weise unzulässig wäre die Durchsetzung der Erfüllung von Mitwirkungspflichten im Wege des Verwaltungszwanges. Konsequenterweise ist die Erfüllung bzw. Verletzung von Mitwirkungspflichten nicht nach Schuldgesichtspunkten zu beurteilen. Eine Ausnahme davon macht § 66 Abs. 1 Satz 2, der Rechtsfolgen an die absichtliche Erschwerung einer Aufklärung des Sachverhalts knüpft. Ein Schuldelement ist auch in § 60 Abs. 1 Nr. 2 erkennbar, wenn danach die Änderung von Tatsachen unverzüglich, also ohne schuldhaftes Zögern (§ 121 BGB), mitgeteilt werden muss (Krasney, BKK 1987 S. 384). Bei Minderjährigen ist auf die Handlungsfähigkeit iSd § 36 abzustellen (vgl. § 60 Rn. 15–20).

4 Die grundsätzliche Möglichkeit der Versagung oder des Entzugs von Leistungen bedeutet also keine grundsätzliche Abkehr vom Prinzip der **Amtsermittlung**

nach § 20 SGB X (vgl. § 60 Rn. 11). Lediglich unter den Voraussetzungen des § 66 Abs. 1 Satz 1, also bei erheblicher Erschwerung der Aufklärung des Sachverhalts, kann der Leistungsträger von weiteren Ermittlungen absehen. Amtsermittlung bedeutet im Zusammenhang mit den Mitwirkungspflichten zweierlei. Der Leistungsträger muss grundsätzlich auch bei einer Verletzung von Mitwirkungspflichten um eine Aufklärung des Sachverhalts bemüht sein. Liegt ein Fall der Beweisvereitelung durch den Leistungsberechtigten vor, so kann zusätzliche Rechtsfolge eine gewisse Beweiserleichterung für den Leistungsträger sein.

Andererseits kann es sich ergeben, dass von einem Sozialleistungsberechtigten 5 wegen der Erfüllung einer der Voraussetzungen des § 65 eine Mitwirkung nicht verlangt werden kann. In diesem Falle sind die Voraussetzungen des § 66 Abs. 1 Satz 1 nicht erfüllt, denn dort wird auch auf § 65 erwiesen. Eine Entscheidung nach § 66 Abs. 1 kann also nicht ergehen, wenn eine prinzipiell mögliche, aber **unzumutbare Mitwirkungshandlung,** zB eine nicht ungefährliche Operation, in Betracht kommt. Ist jedoch in einem solchen Falle der Sachverhalt trotz des Einsatzes aller Ermittlungsmöglichkeiten nicht aufklärbar, so bleibt es vor dem Hintergrund des § 20 SGB X dennoch dabei, dass die Nichterweislichkeit einer Tatsache zu Lasten desjenigen geht, der aus dieser Tatsache für sich günstige Rechtsfolgen ableiten will (BVerwG 67 S. 163). Das ist in diesem Falle der Sozialleistungsberechtigte. Hätte er dagegen eine nach § 65 an sich unzumutbare Mitwirkungshandlung erbracht, so hätten uU die Leistungsvoraussetzungen festgestellt werden können (vgl. Krasney, BKK 1987 S. 384).

Außerhalb des Regelungskomplexes der Mitwirkungspflichten bestehen zusätz- 6 liche Möglichkeiten einer Einflussnahme auf das Verhalten der Sozialleistungsberechtigten. So können ergänzend zu § 66 nach § 2 Abs. 2 OEG Leistungen versagt werden, wenn der Geschädigte es unterlassen hat, das ihm Mögliche zur strafrechtlichen Verfolgung des Täters zu tun. Ähnlich wird nach § 1 Abs. 3 UVG ein Anspruch auf Unterhaltsvorschuss ausgeschlossen, wenn der Elternteil, bei dem das Kind lebt, sich weigert, Auskünfte zu erteilen, die zur Durchführung des Unterhaltsvorschussgesetzes erforderlich sind (vgl. auch § 60 Rn. 6).

Darüber hinaus ergibt sich insbesondere im Zusammenhang mit der Angabe 7 von unrichtigen Tatsachen die Möglichkeit einer Strafverfolgung wegen Betruges, wenn die Voraussetzungen des § 263 StGB erfüllt sind. Schließlich kann nach den §§ 63 Abs. 1 Nr. 6 SGB II, 16 Abs. 1 Nr. 1 und 2 BKGG; 14 Abs. 1 EEG; 10 UVG; 58 Abs. 1 Nr. 1 und 2 BAföG die Verletzung bestimmter Mitwirkungspflichten als **Ordnungswidrigkeit** verfolgt werden (vgl. Bay. ObLG ZfSH/SGB 1985 S. 36, 214; Bay. ObLG NZS 1993 S. 559).

Des Weiteren legt der Gesetzgeber zunehmend Gewicht auf **schadenersatz-** 8 **rechtliche** Konsequenzen, wenn die Änderung leistungserheblicher Verhältnisse (§ 60 Abs. 1 Nr. 2) nicht mitgeteilt wird. So sind nach § 47a BAföG Ehegatten und Eltern eines Auszubildenden bei Verletzung ihrer Mitwirkungspflicht aus § 60 Abs. 1 Nr. 2 schadenersatzpflichtig. Auf die Verjährung dieses öffentlich-rechtlichen Ersatzanspruchs ist § 852 BGB entsprechend anzuwenden (BVerwG FamRZ 1993 S. 739). Eine weitergehende Interpretation der §§ 60 ff. als **Schutzgesetze** iSd §§ 823 Abs. 2, 826 BGB hat die höchstrichterliche Rechtsprechung zurückgewiesen. Selbst im Falle eines Betruges geht die Rechtsprechung davon aus, dass die §§ 44 ff. SGB X als geschlossenes System Rücknahme und Widerruf von Verwaltungsakten abschließend regeln (BSG SGb 1991 S. 186 mAnm Seewald; BVerwG 91 S. 13). Insbesondere diese Rechtsprechung hat den Gesetzgeber veranlasst, die Möglichkeit der Bundesanstalt für Arbeit zur Durchsetzung von

Erstattungsansprüchen bei unberechtigtem Leistungsbezug nach § 335 SGB III zu erweitern. Diese Regelung ist in § 40 Abs. 1 Satz 1 Nr. 3 SGB II übernommen worden.

2. Differenzierung nach Art der Mitwirkungspflicht

9 In §§ 66 Abs. 1 und 2 sind die Folgen der Verletzung von Mitwirkungspflichten je nach der Art der Mitwirkung unterschiedlich geregelt. Es muss also zunächst festgestellt werden, welche Mitwirkungspflicht, auch im Hinblick auf die Grenzen nach § 65 bestanden hat, und dass sie verletzt worden ist. Als Verletzung der Mitwirkungspflicht ist auch ihre nur teilweise oder nur unzulängliche bzw. schleppende Erfüllung anzusehen. Es genügt schon ein passives Verhalten bei einer Untersuchung (Benz, BG 1978 S. 245; Krasney, BKK 1987 S. 384). Als Verletzung der Mitwirkungspflicht sieht das BSG auch die Entscheidung des Leistungsberechtigten an, eine Untersuchung (§ 62) nur von einem von ihm ausgewählten Gutachter zuzulassen (BSG SGb 2004 S. 649 mAnm Mrozynski). Hierbei wird man aber berücksichtigen müssen, dass gemäß § 33 Satz 2 den Wünschen des Berechtigten auch bei der Erfüllung von Mitwirkungspflichten entsprochen werden soll. Diese Regelung ist in allen Büchern des SGB anzuwenden (§ 37 Satz 2). Insbesondere besteht keine, den § 33 ausschließende Regelung (§ 31). Im Rahmen der Auswahl der Beweismittel nach § 21 SGB X trifft die Behörde eine Ermessensentscheidung. Dies ist der typische Kontext, in dem § 33 Anwendung findet. Dass der Gutachter möglicherweise nicht objektiv urteilt, ist eine Frage der Beweiswürdigung. Teilweise ist diese Frage durch die Benennung mehrerer Gutachter geregelt worden (§§ 200 Abs. 2 SGB VII; 17 Abs. 1 Satz 2 SGB IX, 18 Abs. 3a SGB XI)

9a Erfüllt der Leistungsberechtigte seine Mitwirkungspflicht zwar **verspätet,** jedoch noch vor einer Entscheidung nach § 66 Abs. 1 oder 2, dann darf eine solche Entscheidung nicht mehr ergehen, weil diese Entscheidung ja nur ein Druckmittel sein darf, die Mitwirkungspflichten zu erfüllen. In gleicher Weise darf keine Entscheidung nach § 66 Abs. 1 ergehen, wenn der Sozialleistungsträger die Angaben des Leistungsberechtigten für unwahr hält. In diesem Falle ist dessen Vorbringen nach § 20 SGB X zu würdigen und der Antrag ggf. abzulehnen. Dies setzt aber eine **Entscheidungsreife** der Sache voraus. Sofern der Leistungsträger § 66 Abs. 1 anwenden will, muss es dagegen an einer Entscheidungsreife fehlen. Doch auch angesichts dieser Tatsache darf der Leistungsträger im Falle der Verletzung einer Mitwirkungspflicht nicht untätig bleiben. Er muss entweder die Entscheidungsreife herbeiführen oder nach § 66 Abs. 1 entscheiden (BSG SozR 3-1200 § 66 Nr. 2; BSG SGb 2005 S. 300 mAnm Mecke; LSG Ns.-Brem. FEVS 66 S. 130). Eine Versagung oder Entziehung darf immer nur mit Wirkung für die Zukunft erfolgen (BSG SozR 3-1200 § 66 Nr. 1).

10 Zu beachten ist, dass sowohl nach § 66 Abs. 1 als auch nach Abs. 2 Ermessensentscheidungen zu treffen sind. Der Weg zu einer **Ermessensentscheidung** ist aber erst eröffnet, wenn der Leistungsträger festgestellt hat, dass die Aufklärung des Sachverhalts durch die Verletzung der Mitwirkungspflicht erheblich erschwert ist. Das birgt in Abs. 1 immer noch Schwierigkeiten in sich, weil das Gesetz vorsieht, dass die Versagung oder Entziehung „ohne weitere Ermittlungen" erfolgen kann. Hat der Leistungsträger nur von der Tatsache Kenntnis, dass eine Mitwirkungspflicht verletzt wurde und kennt er nicht die Begleitumstände, so wird er den Anforderungen des § 39 schwerlich entsprechen können. Man wird die Regelung des Abs. 1 insbesondere nicht als ein Ermittlungsverbot interpretieren

dürfen. Vielmehr darf der Leistungsträger jetzt auf weitere Ermittlungen verzichten (BSG SGb 2005. S. 300 mAnm Mecke). Genau betrachtet muss er nun drei Ermessensentscheidungen treffen. Er „kann" auf weitere Ermittlungen verzichten; er „kann" die Leistungen ganz „oder" teilweise versagen bzw. entziehen. Im letzteren Falle hat er also ein Auswahlermessen. Für alle drei Fälle muss er die durchaus unterschiedlichen Voraussetzungen für seine Ermessensentscheidungen klären (§ 39 Rn. 35).

In § 66 Abs. 1 sind nur die Mitwirkungspflichten nach den §§ 60–62, 65 erfasst. **11**
Diese Vorschrift erstreckt sich also auf die Fälle der Aufklärung des Sachverhalts. Demgegenüber erstreckt sich § 66 Abs. 2 auf die Mitwirkungspflichten nach den §§ 62–65. Letztere Regelung orientiert sich an einem Gedanken, der weitgehend einer Schadensminderungspflicht entspricht. Eine Versagung (Ablehnung einer beantragten bzw. von Amts wegen zu erbringenden Leistung) oder Entziehung einer (bereits festgestellten oder erbrachten) Leistung soll danach dann möglich sein, wenn die Verletzung der Mitwirkungspflicht dazu führen würde, dass der Sozialleistungsberechtigte Leistungen in größerem Umfange in Anspruch nehmen müsste als bei deren Erfüllung. Dabei ist besonderes Gewicht darauf zu legen, dass § 66 Abs. 2 sowohl dann erfüllt ist, wenn die Arbeits-, Erwerbs- oder Vermittlungsfähigkeit durch Unterlassung der Mitwirkungshandlung beeinträchtigt, als auch, wenn sie lediglich nicht verbessert wird.

Die **Untersuchungen** nach § 62 werden sowohl in § 66 Abs. 1 als auch in **12**
Abs. 2 erwähnt. Das erklärt sich daraus, dass sie einerseits bei der Klärung von Leistungsvoraussetzungen (§ 66 Abs. 1) eine Rolle spielen können, andererseits auch als Vorfrage für eine Entscheidung nach § 63 oder 64 bedeutsam sind (§ 66 Abs. 2). Insoweit ergibt sich in § 62 die besondere Situation, als diese Mitwirkungspflicht nur besteht, soweit dies für die Entscheidung über die Leistung erforderlich ist. Das bezieht sich natürlich vor allem auf das Ob der Leistung. Bei einer Weigerung wäre § 66 Abs. 1 anzuwenden. Da nun aber die Erforderlichkeit der Untersuchung schon tatbestandliche Voraussetzung des § 62 ist, muss bei der Anwendung des § 66 Abs. 1 nicht mehr geklärt werden, ob die Aufklärung des Sachverhalts ohne die Untersuchung erheblich erschwert ist. Das ist bei Anwendung des § 62 schon vorauszusetzen. Geht es bei der Untersuchung nur noch darum, welche der Maßnahmen nach den §§ 63 und 64 in Betracht kommt, so ist § 66 Abs. 2 anzuwenden.

Die Verletzung der Mitwirkungspflicht muss kausal für die in § 66 Abs. 1 gere- **13**
gelten Rechtsfolgen geworden sein (BVerwG 71 S. 8). Im Falle des § 66 Abs. 2 genügt dagegen eine Wahrscheinlichkeit des ursächlichen Zusammenhanges (KassKomm-Seewald § 66 Rn. 34). Eine Entscheidung sowohl nach § 66 Abs. 1 als auch nach Abs. 2 kommt nur in Betracht, wenn zuvor ein **schriftlicher Hinweis** nach § 66 Abs. 3 erfolgt ist (unten Rn. 30).

3. Die Entscheidung über Versagung oder Entzug

Verletzt ein Sozialleistungsberechtigter seine auf die Aufklärung des Sachverhalts **14**
bezogenen Mitwirkungspflichten der §§ 60–62, so ist zunächst zu prüfen, ob dadurch die **Aufklärung** des Sachverhalts erheblich erschwert wird. Eine Verletzung der Mitwirkungspflicht, die nicht zu einer erheblichen Erschwerung der Aufklärung führt, bleibt konsequenzenlos (Rüfner, VSSR 1977 S. 360). Auch die üblichen verwaltungstechnischen Schwierigkeiten rechtfertigen also niemals eine Entscheidung nach § 66 Abs. 1. Das gilt auch dann nicht, wenn durch die Verlet-

zung der Mitwirkungspflicht eine gewisse Erschwerung eintritt. Insbesondere in diesem Zusammenhang muss der Leistungsträger nach § 65 Abs. 1 Nr. 3 prüfen, ob er sich die erforderlichen Kenntnisse durch geringeren Aufwand beschaffen kann als der Sozialleistungsberechtigte. Nur wenn das nicht der Fall ist, besteht überhaupt die Mitwirkungspflicht. Auch in diesem Falle kann eine Entscheidung nach § 66 Abs. 1 nur ergehen, wenn die Aufklärung des Sachverhalts erheblich erschwert ist. Sollte der Leistungsträger also eine Entscheidung nach § 66 Abs. 1 in Erwägung ziehen, so muss er sich selbst Gewissheit darüber verschaffen, dass ein ins Gewicht fallender Mehraufwand an Verwaltungstätigkeit als Folge einer Verletzung der Mitwirkungspflicht erforderlich wäre. Da die Entscheidung nach § 66 Abs. 1 ein Verwaltungsakt ist, muss er sie ggf. nach § 35 SGB X begründen. Zu dieser Begründung gehört eben auch, dass er darlegt, inwiefern eine erhebliche Erschwerung der Aufklärung eingetreten ist.

15 Im Grundsatz ist davon auszugehen, dass in einer Konstellation, in der eine Anwendung des § 66 in Betracht kommt, auch andere Entscheidungen getroffen werden können (vgl. auch unten Rn. 32 ff.). Das betrifft vor allem Rücknahme bzw. Aufhebung nach den §§ 45, 48 SGB X. Auch eine **Umdeutung** ist prinzipiell möglich. Entgegen einer Auffassung in der Literatur (Dörr/Gross, DAngVers 1994 S. 175; LPK-Reinhardt § 66 Rn. 8) ist das aber im Falle des § 66 Abs. 1 nicht möglich, denn ein Vorgehen nach § 48 SGB X setzt Entscheidungsreife voraus, an der es im Falle des § 66 Abs. 1 gerade fehlt. Das betrifft auch § 48 Abs. 1 Satz 2 Nr. 2 SGB X, der ohnehin nur den Zeitpunkt vorverlegt, auf den sich die Aufhebung erstrecken darf. Beide Vorschriften schließen einander aus. Das gilt demgegenüber nicht für § 66 Abs. 2, wenn nach Feststellung des Sachverhalts eine der dort vorgesehenen Maßnahmen durchgeführt werden soll. Die nach § 66 ergangenen Bescheide sind also dann einer Umdeutung zugänglich, wenn die materiellen Voraussetzungen für eine andere Entscheidung gegeben sind. Versagt zB ein Rehabilitationsträger die Weiterzahlung des Übergangsgeldes nach § 66 Abs. 2 wegen der Nichtteilnahme an einer Maßnahme, so kann diese Entscheidung wegen Fortfalls der Leistungsvoraussetzungen nach § 20 Abs. 1 Nr. 1 SGB VI in eine Entscheidung nach § 48 SGB X umgedeutet werden (BSG SGb 2002 S. 623 mAnm Schultes). Nach Auffassung des LSG Baden-Württemberg kann ein nach § 66 Abs. 1 ergangener Bescheid im Widerspruchsverfahren in einen endgültigen, die Leistung ablehnenden Bescheid, umgedeutet werden, wenn die Leistungsvoraussetzungen nicht erweislich sind (LSG BW FEVS 58 S. 91). Auch die Umdeutung eines Versagungsbescheides in einen Bescheid nach § 66 ist möglich, wenn eine Mitwirkungspflicht verletzt worden ist, und eine Belehrung entsprechend § 66 Abs. 3 erfolgt war (Bay. LSG NZS 2005 S. 499). Häufig wird aber eine Umdeutung an § 43 Abs. 1 SGB X scheitern, weil nicht alle Voraussetzungen für den Erlass des anderen Verwaltungsaktes erfüllt sind. Insbesondere kann eine Entscheidung nach § 48 SGB X nicht in eine solche nach § 66 umgedeutet werden, da nur letztere eine Ermessensentscheidung ist (vgl. (BSG 96 S. 40; BSG SozR 4-1500 § 103 Nr. 5). Die Sollvorschrift des § 48 Abs. 1 Satz 2 SGGB X betrifft nur den Zeitpunkt der Aufhebung. Auch eine Umdeutung im Verhältnis zu den Entscheidungen nach den §§ 56 ff. SGB II scheitert häufig an den unterschiedlichen Regelungen. Letztere beschränken sich auf eine Sanktion wegen eines Meldeversäumnisses (§ 32 SGB II) oder auf Schadenersatz bzw. ein Bußgeld (§§ 62, 63 SGB II). Beides ist der Regelung des § 66 fremd.

16 Eine gewisse Erweiterung erfahren die Mitwirkungspflichten in § 66 Abs. 1 Satz 2. Danach kann auch jedes andere als das in den §§ 60–62 genannte Verhalten zu einer Entscheidung nach § 66 Abs. 1 führen, wenn die Erschwerung der Aufklärung durch den Sozialleistungsberechtigten **absichtlich** erfolgt ist. Unter Absicht ist ein dolus directus zu verstehen. Genannt werden vor allem die Vernichtung von Beweisurkunden und die Einflussnahme auf Zeugen oder Sachverständige. Dabei genügt es nicht, wenn lediglich der Versuch einer solchen Einflussnahme festzustellen ist. Es ist also der Charakter der Erfolgsabhängigkeit der Handlung zu betonen. Diese besteht allerdings nur darin, dass die Aufklärung erheblich erschwert wird.

Als Folge der Verletzung der Mitwirkungspflichten, die schon in einer erheblichen Verzögerung der Bearbeitungszeit liegen kann, kommt nach § 66 Abs. 1 ein Entzug oder eine Versagung der Leistung – lediglich mit Wirkung für die Zukunft – in Betracht. Beides kann teilweise oder zeitweise, in jedem Falle aber nur bis zur **Nachholung** der Mitwirkung geschehen. Die Entscheidung erfolgt nach Ermessensgesichtspunkten. Der Sozialleistungsträger muss also Erwägungen darüber anstellen, ob er weiter ermittelt, ob er entziehen bzw. versagen will und ob dies in vollem Umfang oder teilweise geschehen soll. Dabei muss er ua berücksichtigen, ob der Sozialleistungsberechtigte auf Grund seiner Lebensumstände oder einer Krankheit gehindert war, den Mitwirkungspflichten in der gebotenen Weise nachzukommen. Ggf. ist eine erneute Beratung durchzuführen oder eine Nachfrist zu setzen (vgl. Krasney, DOK 1982 S. 709). Bei einem zeitweisen Entzug ist die Dauer anzugeben (LSG Bremen SGb 1969 S. 233). Auch in diesem Falle muss der Leistungsberechtigte vor einem neuen Entzug der Leistungen nochmals zur Mitwirkung aufgefordert werden (BSG 34 S. 255). Bei Leistungen nach den §§ 19 ff. SGB II ist besonders ausführlich zu begründen, warum in diesem Fall eine vollständige Versagung des **Existenzminimums** angemessen und verhältnismäßig ist (LSG Bln.-Brandbg. ZfSH/SGB 2018, S. 718). Das gilt vor allem, wenn auch die **Kosten der Unterkunft** (§ 22 SGB II) vorenthalten werden sollen. Dazu hat das BSG allerdings entschieden, dass vom Kopfteilprinzip nicht abzuweichen ist, wenn nur ein Mitglied der Bedarfsgemeinschaft seine Mitwirkungspflicht verletzt (vgl. § 19a Rn. 34). Das schließt aber nicht aus, dass eine daraus etwa resultierende Gefährdung der Unterkunft gleichwohl bei der Ausübung des Ermessens zu berücksichtigen ist. 17

In jedem Falle dürfen aber Entzug oder Versagung nur erfolgen, soweit die Voraussetzungen der Leistung nicht nachgewiesen sind. Die Anwendung des § 66 Abs. 1 setzt also voraus, dass die Sache **nicht entscheidungsreif** ist und eine Entscheidung auf dem üblichen Verwaltungswege auch nicht herbeigeführt werden kann (BSG 69 S. 235; BVerwG 71 S. 8). In dem Umfange, in dem der Sachverhalt bereits aufgeklärt ist, muss die Leistung erbracht werden. Steht also eine teilweise Erwerbsminderung fest (§ 43 Abs. 1 SGB VI), und kann nur eine behauptete volle Erwerbsminderung (§ 43 Abs. 2 SGB VI) nicht festgestellt werden, so ist zumindest die Rente wegen teilweiser Erwerbsminderung zu zahlen (Rüfner, VSSR 1977 S. 360). Entsprechendes gilt, wenn zwar eine Krankheit aber nicht eine Arbeitsunfähigkeit festgestellt werden konnte oder wenn ein Anspruch teilweise geklärt ist. In diesem Falle wird versagt oder entzogen, „soweit" die Leistungsvoraussetzungen nicht geklärt sind. 18

Mit der von § 66 Abs. 1 geforderten differenzierenden Entscheidung verträgt es sich nicht, wenn die Auffassung vertreten wird, die Entziehung führe zu einem Verlust des Stammrechts (vgl. KassKomm-Seewald § 66 Rn. 27). Diese Auffassung lässt sich vor allem nicht aus der Rechtsprechung des BSG ableiten (BSG 18 S. 266 Rn. 15). Nach dem Zweck der Vorschrift und auch nach ihrem Wortlaut 19 genügt es vollauf, wenn die Leistung in dem Umfange versagt oder entzogen wird, der Folge einer Verletzung der Mitwirkungspflicht war (Krasney, BKK 1987 S. 385).

20 Wenn das Gesetz in § 66 Abs. 1 die Worte „nicht nachgewiesen" verwendet, so ist darin nicht eine **Beweislastregelung** zu sehen. Es bleibt bei der Verletzung von Mitwirkungspflichten vielmehr beim Amtsermittlungsgrundsatz des § 20 SGB X (vgl. vorn Rn. 3, 11). Dieser ist allerdings in § 66 Abs. 1 dadurch eingeschränkt, dass im Falle einer erheblichen Erschwerung der Aufklärung durch den Mitwirkungspflichtigen der Sozialleistungsträger ohne weitere Ermittlungen entscheiden kann und muss (BSG SozR 3-1200 § 66 Nr. 2). Das bedeutet aber nicht eine Verlagerung der Beweislast auf den Sozialleistungsberechtigten, sondern nur eine Einschränkung der Pflicht zur Aufklärung des Sachverhalts. Auch was den Verzicht auf weitere Ermittlungen angeht, ist eine Ermessensentscheidung zu treffen. Führt jedoch die Verletzung der Mitwirkungspflicht zu einer Beweisvereitelung, dann kann es im Rahmen des § 20 SGB X auch zu einer Beweislastumkehr kommen (§ 65 Rn. 27). In jedem Falle muss aber entschieden werden.

21 Verletzt ein Sozialleistungsberechtigter seine Mitwirkungspflichten, die sich auf Untersuchung, **Heilbehandlung** oder **berufliche Förderung** beziehen (§§ 62–65), so ergeben sich die Rechtsfolgen aus § 66 Abs. 2. Dabei ist eine Prognose anzustellen (vgl. unten Rn. 27). Während sich die Regelung des § 66 Abs. 1 auf jede Sozialleistung erstreckt, werden von § 66 Abs. 2 nur Sozialleistungen erfasst, die wegen Pflegebedürftigkeit (§ 14 SGB XI), Arbeitsunfähigkeit (§ 44 SGB V), Gefährdung oder Minderung der Erwerbsfähigkeit (Leistungen zur Teilhabe iSd §§ 43, 49 SGB IX iVm §§ 9 ff. SGB VI; 26 ff. SGB VII, 112 ff. SGB III; 10, 26 BVG), anerkannten Schädigungsfolgen oder wegen Arbeitslosigkeit (§§ 19 ff. SGB II, 136 ff. SGB III) erbracht werden. Nicht in die Regelung einbezogen sind die Leistungen zur sozialen Teilhabe (§§ 76, 90 SGB IX). Ausgenommen von § 66 Abs. 2 sind auch zB Leistungen nach § 67 SGB XII. Man wird vor allem nicht die Auffassung vertreten dürfen, von § 66 Abs. 2 wären alle Sozialleistungen erfasst, die im Zusammenhang mit Arbeitslosigkeit usw in Anspruch genommen werden, also etwa auch das Wohngeld. Man wird vielmehr das gesetzliche Merkmal „wegen" in § 66 Abs. 2 so auslegen müssen, dass nur Leistungen für einen Entzug oder eine Versagung in Betracht kommen, die eine unmittelbare Reaktion des Sozialrechts auf die Arbeitslosigkeit usw darstellen. Im anderen Falle müsste man die hypothetische Frage beantworten, ob der Arbeitslose Wohngeld nicht oder in geringerem Umfange bezogen hätte, wenn er nicht arbeitslos gewesen wäre. Das würde auch voraussetzen, dass seine Erwerbsaussichten einschließlich der Höhe seines etwaigen Einkommens geprüft werden müssten.

22 Entzug oder Versagung von Leistungen kommen lediglich mit Wirkung für die Zukunft in Betracht (BSG SozR 1200 § 66 Nr. 10; BSG SozR 3-1200 § 66 Nr. 1). Eine Entscheidung nach § 66 Abs. 2 kann nur erfolgen, wenn die Voraussetzungen für die Erbringung von Leistungen selbst vorliegen. Ist das nämlich nicht der Fall, dann muss entweder bereits nach § 66 Abs. 1 versagt oder entzogen werden bzw. bei Entscheidungsreife muss schon nach den Grundsätzen des § 20 SGB X eine Ablehnung des Antrags erfolgen (vgl. BSG 69 S. 235; BSG SozR 3-1200 § 66 Nr. 2). Eine Verletzung der Mitwirkungspflichten nach § 66 Abs. 2 wäre in diesem Falle bedeutungslos. Nur wenn die allgemeinen **Leistungsvoraussetzungen feststehen,** bzw. wenn diese Fragen im Antragsverfahren geklärt sind, ist eine Verletzung der Mitwirkungspflichten nach den §§ 62–65 überhaupt noch relevant. Es kommen also insbesondere die Verweigerung einer Heilbehand-

lung oder der Teilnahme an einer beruflichen Förderung in Betracht. Ist das der Fall, so ist im Rahmen einer Prognoseentscheidung zu prüfen, ob als Folge der Verletzung der Mitwirkungspflicht die Arbeits-, Erwerbs- oder Vermittlungsfähigkeit beeinträchtigt oder nicht verbessert wird und damit an sich umfassendere Leistungen in Betracht kämen als bei einer Erfüllung der Mitwirkungspflicht. Dies kann naturgemäß nur als **Wahrscheinlichkeitsurteil** erfolgen (vgl. unten Rn. 27).

Sollte die Weigerung, bei einer Heilbehandlung mitzuwirken (§ 63), dazu **23** geführt haben, dass zu einem späteren Zeitpunkt wegen Verschlechterung des Gesundheitszustandes sogar Leistungen in größerem Umfange erforderlich werden, so können diese unter keinen Umständen versagt werden, sofern jetzt die Mitwirkungspflichten der §§ 60 ff. erfüllt werden. Auch darin wird deutlich, dass § 66 keine Sanktionsnorm ist. Insoweit ist die Verletzung der Mitwirkungspflicht auch von der absichtlichen Herbeiführung einer Minderung der Erwerbsfähigkeit zu unterscheiden. Sie schließt nach § 103 SGB VI einen Rentenanspruch aus, erfordert aber einen dolus directus (KassKomm-Kater § 103 SGB VI Rn. 5). Die Weigerung, sich ärztlich behandeln zu lassen, bezieht sich allein noch nicht auf die Folge des Eintritt der Erwerbsminderung. Sie erfüllt zwar die Voraussetzungen des § 63 mit der Folge des § 66 Abs. 2 aber nicht die Voraussetzungen des § 103 SGB VI (BSG SozR 2200 § 1277 Nr. 2). Entsprechende Erwägungen sind auch bei § 52 Abs. 1 SGB V anzustellen. Dort genügt aber der dolus eventualis.

Nach § 66 Abs. 2 kann nur diejenige Leistung ganz oder teilweise und nur bis **24** zur **Nachholung** der Mitwirkung versagt oder entzogen werden, die wegen der Arbeitsunfähigkeit usw erbracht wird (§ 67 Rn. 4–8). Das wäre also etwa das Krankengeld oder eine Rente wegen Erwerbsminderung. Nicht entzogen werden kann die Leistung die zur Behebung der Arbeitsunfähigkeit usw. erforderlich ist, also etwa die Krankenhilfe oder die berufsfördernde Maßnahme selbst. Dazu besteht idR auch kein praktisches Bedürfnis, da der Sozialleistungsberechtigte in den Fällen, an die in § 66 Abs. 2 gedacht ist, die Mitwirkung an der Heilbehandlung, beruflichen Förderung usw gerade verweigert. Die darauf ausgerichteten Maßnahmen müssen also nicht entzogen oder versagt werden (vgl. BSG SGb 2002 S. 623, 629 mAnm Schultes). Vielmehr ist als Druckmittel zur Teilnahme an diesen Maßnahmen die Versagung oder der Entzug der Kompensationsleistung, der Rente, des Krankengeldes usw. erforderlich. Sollte es dagegen notwendig sein, eine Maßnahme der beruflichen Förderung oder der Heilbehandlung zu beenden, weil der Berechtigte sie nachlässig betreibt oder sich der Behandlung entzieht, so muss, ausgerichtet auf diese Leistung, wegen **veränderter Verhältnisse** eine Entscheidung nach § 48 SGB X erfolgen. Denn Voraussetzung der Bewilligung einer Leistung zB zur medizinischen Rehabilitation oder beruflichen Förderung ist die andauernde Bereitschaft des Berechtigten, sich an der Durchführung der Maßnahme zu beteiligen, also etwa den Aufenthalt in einer Einrichtung zur beruflichen Rehabilitation nicht lediglich zur Unterkunft zu benutzen (BSG SozR 1300 § 48 Nr. 1).

Weniger noch als im Falle des § 66 Abs. 1 ist der Sozialleistungsträger bei **25** Anwendung des § 66 Abs. 2 einer weiteren Ermittlung enthoben (§ 20 SGB X). Das bedeutet vor allem, dass er alle ihm zu Gebote stehenden Ermittlungsmöglichkeiten nutzen muss, um Grundlagen für seine **Prognoseentscheidung** zu erhalten, die sich darauf erstrecken muss, ob die in Rede stehende Fähigkeit „beeinträchtigt oder nicht verbessert" wird. Das Gesetz fordert hier keine hohe oder überwiegende Wahrscheinlichkeit. Eine Wahrscheinlichkeit des Kausalzusammenhanges liegt dann vor, wenn bei vernünftiger Erwägung aller für und gegen ihn sprechenden Umstände ersteren so viel Gewicht zukommt, dass letztere für die Überzeugungsbildung vernachlässigt werden können. Es ist aber auf jeden Fall im Rahmen der Würdigung aller Umstände zu erwägen, ob es nicht überwiegend wahrscheinlich ist, dass die berufliche Eingliederung wegen der Verhältnisse auf dem Arbeitsmarkt beeinträchtigt ist. Das liegt zumindest bei erheblicher Leistungsminderung im Bereich des Möglichen. Bei seiner Entscheidung hat der Leistungsträger auf den Zeitpunkt abzustellen, zu dem die Mitwirkungshandlung hätte vorgenommen werden müssen (LSG Nds. Breith. 1984 S. 1, 6). Einen Beurteilungsspielraum wird man ihm dabei nicht einräumen können. Erforderlichenfalls hat er die Frage mit Hilfe eines Sachverständigen zu klären (BSG SozR 3-4100 § 36 Nr. 5).

26 Wird eine Leistung versagt oder entzogen, so ist die Dauer festzulegen, da das gesetzliche Merkmal „teilweise" auch die zeitliche Komponente umfasst (BSG 34 S. 255). Der Leistungsberechtigte kann jedoch selbst bei einem unbefristeten Entzug durch Erfüllung der Mitwirkungspflicht eine Revision der Entscheidung herbeiführen. Dabei ist der Begriff der Nachholung der Mitwirkung zweifelhaft. Erfüllt werden kann die Mitwirkungspflicht bis zum Erlass des Widerspruchsbescheides über die Entscheidung nach § 66. Erst vom Zeitpunkt danach kann man von einer Nachholung sprechen (§ 67 Rn. 4–8). Diese Bestimmung des **Begriffs der Nachholung** hat nicht zur Folge, dass die zuvor getroffene Entscheidung nach § 66 Abs. 1 oder 2 rechtswidrig wäre, wenn die Mitwirkungspflicht nach Fristsetzung doch noch erfüllt wird. Es wird lediglich, sei es auch im Widerspruchsverfahren, die Entscheidung nach § 66 aufgehoben, weil die Mitwirkungspflicht nun erfüllt worden ist. Soweit Leistungen für die Vergangenheit in Betracht kommen, erfolgt eine zusätzliche Entscheidung nach § 67.

27 Zum einen ist mit Wirkung ab dem Zeitpunkt der Nachholung der Mitwirkungshandlung die nach § 66 versagende Entscheidung aufzuheben. Darin ist keine nachträgliche Leistungserbringung iSd § 67 zu sehen. Die Aufhebung der Entscheidung nach § 66 Abs. 1 bedeutet vor allem noch nicht, dass die Leistung selbst schon zu erbringen wäre. Dies ist erst möglich, wenn auf Grund der nachgeholten Mitwirkungshandlung nun die Leistungsvoraussetzungen geklärt werden können (vgl. BVerwG 71 S. 11). Ist das der Fall, dann ist die Leistung nach den Grundsätzen der §§ 40, 41 zu erbringen. War demgegenüber eine Leistung nach § 66 Abs. 2 entzogen worden, so ist die Leistung bei Nachholung der Mitwirkungshandlung und sonst unveränderten Verhältnissen (§ 48 SGB X) wieder zu erbringen. Im Falle einer Entscheidung nach § 66 Abs. 2 mussten ja die Leistungsvoraussetzungen im Zeitpunkt des Entzuges bereits vorliegen. Es bedarf hier also keiner weiteren Sachverhaltsermittlung mehr. In den Fällen des § 66 Abs. 1 und 2 hängt die Frage, ob im Falle einer Nachholung der Mitwirkungshandlung Leistungen auch mit Wirkung für die Vergangenheit erbracht werden, von einer zusätzlichen Entscheidung nach § 67 ab (LSG NRW L 19 AS 2243/17 Rn. 32, juris).

28 Eine Mitwirkungshandlung ist nur dann nachgeholt, wenn sie in dem vom Sozialleistungsträger geforderten und auch objektiv erforderlichen Umfang vorgenommen wird. Es genügt nicht, wenn ihre **Nachholung** lediglich angekündigt wird. Im Sinne einer flexiblen Handhabung des § 66 ist eine andere Auffassung (Wannagat- Thieme, SGB I § 66 Rn. 9; KassKomm-Seewald § 66 Rn. 29) nicht erforderlich, da bei Ankündigung oder Beginn der Mitwirkungshandlung nach

Ermessensgesichtspunkten eine neue Entscheidung über Versagung oder Entzug getroffen werden könnte. Diese zusätzlich mögliche Ermessensentscheidung ist aus § 66 Abs. 1 oder 2, nicht etwa aus § 48 SGB X abzuleiten. Dabei können alle Umstände des Einzelfalles berücksichtigt werden. Betrachtet man dagegen schon die bloße Ankündigung schon als Nachholung der Mitwirkung, so müssen Entzug oder Versagung zwingend aufgehoben werden, bevor sicher gestellt ist, dass Mitwirkung tatsächlich nachgeholt wird. Andererseits wird man es für eine wirksame Nachholung genügen lassen, wenn ein berufsfördernde Maßnahme oder eine Krankenbehandlung begonnen wird. Auch bei der erstmaligen Mitwirkungshandlung wird ja die Obliegenheit aus den §§ 62 oder 63 bereits mit Beginn der Maßnahme erfüllt. Höhere Anforderungen wird man auch bei der Nachholung nicht stellen dürfen. Allenfalls könnte Anlass bestehen, die Ernsthaftigkeit des Verhaltens zu bezweifeln. Wird die Mitwirkungshandlung nachgeholt, so wird die anfangs rechtmäßige Entziehung bzw. Versagung rechtswidrig. Sie bleibt aber wirksam bis sie rückwirkend zum Zeitpunkt der Nachholung aufgehoben wird (BSG 76 S. 16).

In keinem Falle darf eine Entscheidung nach § 66 Abs. 1 oder 2 getroffen **29**
oder aufrecht erhalten werden, wenn der Sozialleistungsberechtigte trotz früherer Weigerung keine **Möglichkeit** mehr hat, die Mitwirkungspflicht zu erfüllen (vgl. Rüfner, VSSR 1977 S. 362). Wer also im Falle einer Erkrankung zunächst jede Maßnahme nach § 63 verweigerte, später aber ohne Aussicht auf Besserung erwerbsunfähig ist, verliert seinen Leistungsanspruch nicht. In solchen Fällen ist lediglich zu prüfen, ob es besondere Versagungstatbestände in den Besonderen Teilen des Sozialgesetzbuches gibt (vgl. §§ 52 SGB V; 103 ff. SGB VI). Eine Entscheidung nach § 66 setzt also voraus, dass die Mitwirkungspflicht noch erfüllbar ist.

In den beiden Fällen des § 66 Abs. 1 und 2 kommt eine Versagung oder der **30**
Entzug nur unter den Voraussetzungen des § 66 Abs. 3 in Betracht. Erforderlich sind also ein vorheriger **schriftlicher Hinweis** auf die Folgen fehlender Mitwirkung und eine Fristsetzung. Sie ist schon deswegen nicht als Verwaltungsakt anzusehen, weil sie nicht selbständig durchgesetzt werden kann (vgl. Lilge, § 66 Rn. 48). Der Hinweis muss unmissverständlich sein und darf sich nicht auf die Wiederholung des Gesetzeswortlauts beschränken. Es reicht nicht, ein Formblatt auszuhändigen (BSG SozR 1200 § 66 Nr. 13; BSG SozR 2200 § 1243 Nr. 2; 3; BSG SozR 4100 § 132 Nr. 1; SozR 4-1200 § 66 Nr. 7). Es ist notwendig, die in Betracht kommende Leistungsversagung oder -entziehung klar zu bezeichnen, die im Fall einer fehlenden Mitwirkung rechtlich möglich ist (BSG SozR 4-1200 § 66 Nr. 8). Nicht erforderlich ist, dass in dem schriftlichen Hinweis schon die Rechtsfolge einer Verletzung der Mitwirkungspflicht konkret benannt ist. Entscheidend ist die **Warnfunktion** (LSG Ns.-Brem. NZS 2016 S. 155). Der schriftliche Hinweis und die **Fristsetzung** können miteinander verbunden werden. Es muss also nicht erst eine Verletzung der Mitwirkungspflichten abgewartet werden. Die Frist iSd § 66 Abs. 3 ist keine Nachfrist. Sie ist so zu bemessen, dass die Mitwirkungspflicht noch erfüllt werden kann. Ihre Verlängerung ist zulässig. Nach einer älteren Entscheidung des BSG besteht eine Hinweispflicht nicht, „wenn ihre Erfüllung nach den Umständen des Einzelfalles ohne Sinn ist“ (BSG SozR 1500 § 160 Nr. 34). In neuerer Zeit ist entschieden worden, dass einem Unterlassen des Hinweises nach § 66 Abs. 3 gleichkommt, wenn der Leistungsberechtigte die Tragweite der unterlassenen Mitwirkung nicht überblicken konnte. Das wird

häufig bei **handlungsunfähigen** Leistungsberechtigten anzunehmen sein (LSG NRW Breith. 2018 S. 150).

30a In den angrenzenden Fällen einer **Pflichtverletzung nach § 31 SGB II** kommt eine Sanktion schon in Betracht, wenn beim Leistungsberechtigten eine **Kenntnis der Pflicht vorhanden** ist. Abgesehen davon, dass dadurch Beweisprobleme entstehen wird auf die Warnfunktion des schriftlichen Hinweises verzichtet (dazu auch unten Rn. 34b). Im Hinblick darauf, dass die Sonderregelung des § 31 SGB II existiert, ist es problematisch, wenn auch zu § 66 die Auffassung vertreten wird, dass – entgegen dem Wortlaut – der schriftliche Hinweis entbehrlich sein soll, wenn feststeht, dass sich der Mitwirkungspflichtige des Inhalts der von ihm erwarteten Mitwirkungshandlung und der Folgen der Obliegenheitsverletzung bewusst ist und auch ein schriftlicher Hinweis ihn nicht veranlassen würde, ernsthaft an der Sachverhaltsaufklärung mitzuwirken (LSG BW FEVS 69 S. 161 Rn. 25, Lilge § 66 Rn. 46). Das BSG hat zu dieser Frage allenfalls Erwägungen angestellt (BSG SozR 1500 § 160 Nr. 34 Rn. 3). Ein kurzes Schreiben mit kurzer Fristsetzung genügt in diesem Falle; ist aber auch erforderlich.

31 Wird eine **Entziehung** der Leistung in Betracht gezogen, so ersetzt die Fristsetzung allein allerdings nicht eine Anhörung nach § 24 SGB X. Vielmehr musste bei der Fristsetzung auf die Möglichkeit einer Entziehung bereits hingewiesen worden sein (BSG 76 S. 16; Schur, DAngV 1996 S. 175). Erfolgt dagegen im Rahmen des § 66 Abs. 1 lediglich die erstmalige **Ablehnung** eines Leistungsantrags, so ist nach dem Wortlaut des § 24 Abs. 1 SGB X eine Anhörung überhaupt nicht erforderlich, da in diesem Falle nicht in Rechte eingegriffen wird (BSG SozR 1200 § 34 Nr. 8). Der schriftliche Hinweis und die Fristsetzung können einseitig und ohne Kenntnis der Verhältnisse beim Leistungsberechtigten erfolgen. Erst die Anhörung nach § 24 SGB X schafft die Möglichkeit, dem Leistungsträger die für die Entscheidung nach § 66 Abs. 3 erheblichen Tatsachen zu vermitteln. Deswegen muss auch dann eine Anhörung nach § 24 SGB X erfolgen, wenn zunächst nur der schriftliche Hinweis erfolgt ist und erst zu einem späteren Zeitpunkt eine Frist gesetzt wurde. Insbesondere sind auch die Gesichtspunkte für die Verweigerung der Mitwirkungspflicht, die der Sozialleistungsberechtigte zu einem früheren Zeitpunkt genannt hat, in das ggf. erneute Mitwirkungsverlangen bzw. in die Entscheidung nach § 66 Abs. 1 oder 2 einzubeziehen.

31a Die Entscheidung nach § 66 ergeht durch Verwaltungsakt. Grundsätzlich kommen als **Rechtsschutz** Widerspruch und Anfechtungsklage in Betracht. Beide haben nach der Neufassung des § 39 SGB II („entzieht") keine aufschiebende Wirkung mehr. Gegenstand der Klage gegen die Entscheidung nach § 66 ist nicht der materielle Anspruch, sondern nur die Frage, ob eine Mitwirkungspflicht verletzt worden ist (Bay. LSG info also 2015 S. 227). Sofern allerdings Leistungen noch nicht erbracht wurden, können diese grundsätzlich nur im Wege der Verpflichtungsklage und ggf. im Wege der einstweiligen Anordnung nach § 86b Abs. 2 SGG erlangt werden. Das BSG geht aber davon aus, dass auch dann eine Verpflichtungsklage zulässig ist, wenn „sich bei einer Aufhebung der Entscheidung über die Versagung wegen fehlender Mitwirkung das Verwaltungsverfahren lediglich wiederholen würde" (BSG 104 S. 26; LSG Ns.-Brem. FEVS 64 S. 313). Für den Fall, dass vor Anwendung des § 66 die Leistungsvoraussetzungen schon teilweise festgestellt worden waren, sind trotz Anwendung des § 66 diese Leistungen teilweise zu erbringen (Bay. LSG FEVS 63 S. 561). Insoweit ist das Auswahlermessen in § 66 Abs. 1 „ganz oder teilweise" eingeschränkt.

4. Konkurrenzen

32 Da die Mitwirkungspflichten durch eine Reihe von Selbsthilfeobliegenheiten ergänzt werden, ist es in einzelnen Fällen schwierig, zu bestimmten, welche Rechtsfolgen bei der Verletzung einzelner Verhaltenspflichten eintreten (§ 60 Rn. 5–5d). Wenn etwa § 29 Abs. 2 und 3 SGB V regelt, dass beim Versicherten finanzielle Nachteile eintreten, wenn eine kieferorthopädische Maßnahme nicht entsprechend dem Behandlungsplan abgeschlossen wird, so kann darin auch die Verletzung einer Mitwirkungspflicht nach § 63 liegen. Allerdings würde der Entzug der Leistung nach § 66 Abs. 2 ins Leere gehen. Insoweit hat § 29 Abs. 3 Satz 2 SGB V eine eigenständige Bedeutung.

33 Dementsprechend hat auch nach § 138 Abs. 5 Nr. 2 SGB III die Bereitschaft an einer berufsfördernden Maßnahme teilzunehmen, Bedeutung für die Leistungserbringung. Anders als § 66 Abs. 2 bei der Verweigerung der Mitwirkungspflicht stellt § 138 Abs. 5 SGB III jedoch auf die **Verfügbarkeit** ab. In der Praxis kann sich der Fall so darstellen, dass eine Weigerung des Arbeitslosen, an einer beruflichen Förderung teilzunehmen, im Einzelfall nur als Verletzung der Mitwirkungspflicht aus § 64 angesehen werden kann, was die Rechtsfolge des § 66 Abs. 2 auslöst. Derselbe Sachverhalt kann aber auch eine Sperrzeit nach § 159 Abs. 1 Nr. 4 SGB III auslösen oder auf eine fehlende Verfügbarkeit schließen lassen (§ 138 Abs. 5 SGB III). In diesem Falle besteht überhaupt kein Anspruch auf Leistungen bei Arbeitslosigkeit nach den 136 ff. SGB III. Zu den Eigenbemühungen nach § 138 Abs. 1 Nr. 2 SGB III hat das BSG entschieden, diese wären als Obliegenheiten zu **Anspruchsvoraussetzungen** erhoben worden und würden die Anwendung des § 66 ausschließen (BSG 95 S. 176; BSG 96 S. 40). Die Zuordnung einzelner Obliegenheiten ist allerdings nicht immer so eindeutig möglich. So lässt allein die Tatsache, dass sich ein Arbeitsloser weigert, sich einer Untersuchung zu unterziehen, den Schluss auf eine fehlende Verfügbarkeit nicht zu (BSG SGb 2006 S. 484 mAnm Marschner). In diesem Falle kommt es darauf an, ob eine Untersuchung nach § 62 SGB I oder nach § 309 Abs. 2 Nr. 5 SGB III verlangt worden war. Die Rechtsfolgen ergeben sich dann aus § 66 Abs. 2 SGB I bzw. aus § 159 Abs. 1 Nr. 6 SGB III (vgl. § 60 Rn. 5a).

34 Noch schwerer zu beantworten ist in diesem Zusammenhang eine weitere mit der Weigerung zusammenhängende Frage. Es ist zweifelhaft, ob neben der Möglichkeit einer Entscheidung nach § 66 Abs. 2 die Verhängung einer **Sperrzeit** nach § 159 Abs. 1 Nr. 4 SGB III in Betracht kommt. Die zunächst wohl überwiegende Auffassung sah schon in § 144 SGB III aF (§ 159 SGB III nF) eine lex specialis, die eine Anwendung des § 66 Abs. 2 ausschließt (Gagel-Winkler, SGB III § 159 Rn. 299 ff.; Niesel, SGB III § 144 Rn. 116 ff.; Vogel, NZS 1997 S. 250). Für das Verhältnis der Mitwirkungspflicht nach § 61 zur Meldeanordnung nach § 132 AFG aF (§ 309 SGB III) hat das BSG jedoch anders entschieden (BSG SozR 4100 § 132 Nr. 1). Es hat erneut seine Auffassung bekräftigt, dass das Nichterscheinen eines Leistungsberechtigten nach Erhalt einer Meldeaufforderung als Indiz für die fehlender Verfügbarkeit sowie als Verletzung der Mitwirkungsobliegenheit des Arbeitslosen zur Angabe von Tatsachen (§ 60) und zum persönlichen Erscheinen (§ 61) angesehen werden kann. Der Leistungsträger kann also sein Ansinnen an den Leistungsberechtigten sowohl Meldeaufforderung als auch als Mitwirkungspflicht nach den §§ 60, 61 konkretisieren und damit dann auch § 66 anwenden (BSG SozR 4-4300 § 309 Nr. 2). Demgegenüber besteht inzwischen unstrittig eine Spezialregelung gegenüber § 66 in § 12a SGB II (unten Rn. 37). Unterlässt

es danach der Hilfebedürftige eine vorrangige Leistung in Anspruch zu nehmen, so ergibt sich daraus als einzige Rechtsfolge die Möglichkeit, dass das Jobcenter selbst diese Leistungen nach § 5 Abs. 3 SGB II beantragt (LSG NRW info also 2017 S. 37, dazu Klerks, info also 2016 S. 263). Das entspricht einer fürsorgerechtlichen Tradition (vgl. §§ 97 SGB VIII, 95 SGB XII).

34a Fraglich ist allerdings, ob man die für diese Entscheidung maßgeblichen Gesichtspunkte auf das Verhältnis von §§ 64, 66 zu § 159 SGB III übertragen kann. Das ist mE zu bejahen. Einmal erstreckt sich die Mitwirkungspflicht des § 64 nur auf berufsfördernde Maßnahmen, also solche der beruflichen Bildung. Darüber hinaus ist eine Prognose der Verbesserung der Vermittlungsfähigkeit zu erstellen. Schließlich ist auch die Neigung des Sozialleistungsberechtigten angemessen zu berücksichtigen. Bei einer Weigerung, die Mitwirkungspflicht zu erfüllen, ist nach § 66 Abs. 2 eine Ermessensentscheidung zu treffen. Demgegenüber erstreckt sich die Regelung der §§ 136, 159 SGB III auf jede zumutbare Arbeit. In diesem Rahmen kann sogar eine berufliche Herabqualifizierung des Arbeitslosen zulässig werden (vgl. 140 SGB III). Weigert sich der Arbeitslose, so tritt die Sperrzeit nach § 159 SGB III zwingend ein. Bei Sperrzeiten von mindestens 21 Wochen iSd § 161 Abs. 1 Nr. 2 SGB III erlischt sogar der Anspruch auf Leistungen bei Arbeitslosigkeit. Demnach regeln die §§ 64, 66 Abs. 2 und die §§ 136, 159 SGB III zwei Bereiche, die sich zum Teil überschneiden, die im Übrigen aber nach Voraussetzungen und Rechtsfolgen doch sehr unterschiedlich sind. Die §§ 64, 66 Abs. 2 ermöglichen eine flexiblere Lösung und sind deswegen zumindest dem Komplex der beruflichen Bildung angemessener. Demnach sind die §§ 136, 159 SGB III nicht als leges speciales anzusehen. Der Träger der Arbeitsförderung kann also entweder nach den §§ 64, 66 Abs. 2 oder nach den §§ 136, 159 SGB III vorgehen. Seine Entscheidung muss er nach Ermessensgesichtspunkten treffen und begründen (§§ 39 SGB I, 35 SGB X). Nur wenn im Zusammenhang mit der Weigerung einer Teilnahme an berufsfördernden Maßnahmen eine Mitwirkungspflicht nicht bestanden hat und also auch nicht verletzt wurde, kann ausschließlich nach § 159 SGB III verfahren werden.

34b Auch bei einer **Pflichtverletzung** entstehen rechtliche Schwierigkeiten dann, wenn eine Pflicht im Sinne des § 31 SGB II auch eine Mitwirkungspflicht ist. Das sind bei den Leistungen wegen Arbeitslosigkeit praktisch alle berufsfördernden Maßnahmen. Es liegt nahe, auch § 31 SGB als das gegenüber § 66 SGB I speziellere bzw. auch spätere Gesetz anzusehen. Das scheitert aber daran, dass § 31 SGB wirkliche Sanktionen regelt, die sogar bis zum Fortfall der Leistungen führen können (§ 31a SGB II). Lässt sich also ein Verhalten sowohl unter § 66 SGB I, als auch unter § 31 SGB II subsumieren, so wird man in Orientierung am Verhältnismäßigkeitsgrundsatz in allen diesen Fällen zunächst das mildere Mittel einsetzen müssen. Das kann aber nicht dazu führen, dass die Verwaltung etwa einen schriftlichen Hinweis nach § 66 Abs. 3 unterlässt, um dann zur Anwendung des § 31 SGB II zugelangen. Vielmehr muss der schriftliche Hinweis nachgeholt werden. Im Allgemeinen wird dann eine Entscheidung nach § 66 Abs. 2 zur dem gewünschten Ergebnis führen. Nur wenn das nicht der Fall ist, kann § 31 SGB II angewendet werden (vgl. oben Rn. 30).

35 Soweit es um die Verletzung von Mitwirkungspflichten im Zusammenhang mit Leistungen der **Sozialhilfe** geht, wurde bisher die Auffassung vertreten, dass § 66 Abs. 1 nicht anwendbar ist. Vielmehr wäre § 25 BSHG aF (§ 39a SGB XII) eine abweichende Regelung iSd § 37 (Kretschmer, GK-SGB I § 66 Rn. 8; Spr. Münster EuG 47 S. 276). Diese Auffassung war und ist jedoch abzulehnen (vgl. OVG Münster FEVS 44 S. 30). Es kommt im Einzelfall darauf an, welche Obliegenheit Gegenstand der Entscheidung ist. Wird dem Leistungsberechtigten ein Verhalten abverlangt, das unter die §§ 60–64 fällt, so findet zumindest auch § 66 Anwendung (vgl. VGH Mannheim NVwZ-RR 1994 S. 521). Nur eingeschränkt zuzustimmen ist dem LSG NRW, wenn es die Auffassung vertritt, im Falle einer Ablehnung der Aufnahme einer Tätigkeit sei nur § 39a SGB XII anzuwenden, da die Mitwirkungspflichten der §§ 60 ff. nur verfahrensrechtliche Pflichten des Hilfebedürftigen betreffen würden (LSG NRW FEVS 59 S. 182). Zumindest für die §§ 63 und 64 gilt, dass mit diesen Mitwirkungspflichten dem Leistungsberechtigten Verhaltenspflichten abverlangt werden, die auf die Behebung der materiellen Leistungsvoraussetzungen ausgerichtet sind. Das führt insbesondere bei § 64 zu einem spannungsreichen Verhältnis der Mitwirkungspflicht zu den Obliegenheiten im Arbeitsförderungsrecht und in der Grundsicherung für Arbeitsuchende.

Das schwierige Verhältnis der allgemeinen Mitwirkungsobliegenheiten zu den **36**
bereichsspezifischen Regelungen in den Besonderen Teilen des SGB (§ 60 Rn. 5–5d) wirkt sich auch auf die Anwendung des § 66 aus. Sofern man mit einem Teil der Literatur davon ausgeht, dass die speziellen Regelungen die allgemeinen Vorschriften der §§ 60–67 ausschlössen, bedeutet das in der Arbeitsförderung und in der Grundsicherung für Arbeitsuchende, dass vor allem im Anwendungsbereich dessen, was in § 64 geregelt ist, nur die §§ 159 SGB III, 31 ff. SGB II Anwendung finden können. Das führt in der Grundsicherung für Arbeitsuchende zu einer unflexiblen Reaktion. So wären in § 31 Abs. 1 und 2 SGB II spezielle Verhaltenspflichten geregelt. Werden diese verletzt, so greift der Sanktionsmechanismus des § 31a SGB II ein. Das bedeutet ua, dass eine Absenkung in mehreren Stufen erfolgt. Dabei belässt § 31a Abs. 1 SGB II dem Leistungsträger keinerlei Spielraum für eine einzelfallorientierte Entscheidung. Es ist jedoch nicht zu übersehen, dass vor allem in § 16 Abs. 1–4 SGB II eine Vielzahl von berufsfördernden Maßnahmen geregelt wird, die auch unter § 64 fallen. Ausgehend von der Rechtsprechung des BSG (oben Rn. 34) wird die Verwaltung in diesen Fällen zumindest auch die §§ 64, 66 anwenden können. Dabei können im Rahmen einer Ermessensentscheidung alle relevanten Umstände berücksichtigt werden. Das ist allerdings nicht möglich, wenn dem Hilfebedürftigen lediglich die Ausübung einer Beschäftigung abverlangt wird. Diese wäre keine berufsfördernde Maßnahme iSd §§ 64, 66 Abs. 2. In diesem Falle wären nur die §§ 31, 31a SGB II anwendbar. Zwar ist der Begriff „Teilhabe am Arbeitsleben“ in § 64 nicht nur in dem engen Sinne der beruflichen Rehabilitation, wie in § 49 SGB IX, zu verstehen. Jedoch ergibt sich aus dem Sinnzusammenhang des § 64, dass zumindest eine gezielte Förderung der individuellen beruflichen Fähigkeiten zu verlangen ist (vgl. BSG SozR 4100 § 56 Nr. 4). Davon kann man aber nicht ausgehen, wenn dem Leistungsberechtigten eine **reine Arbeitsleistung** abverlangt wird. Nur insoweit sind die Merkmale des § 64 nicht erfüllt. Folglich könnten bei einer Weigerung nur die §§ 31, 31a SGB II angewandt werden. Entsprechendes gilt im Arbeitsförderungsrecht für die Anwendung des § 159 SGB III. Würde demgegenüber einem Hilfebedürftigen vergeblich die Erfüllung einer Mitwirkungspflicht abverlangt, also etwa eine Bescheinigung über die Höhe seines Einkommens vorzulegen (§ 60 Abs. 1 Satz 1 Nr. 3), so wäre nur § 66 anzuwenden, weil die Obliegenheiten des § 31 Abs. 1 SGB II diesen Fall nicht erfassen. Im Ergebnis ist also in jedem Einzelfall zu prüfen, ob die Voraussetzungen der § 60–64 erfüllt sind und damit § 66 anzuwenden ist oder ob eine andere Obliegenheit betroffen ist. Im Bereich des § 64 wird es häufig zu Überschneidungen kommen. Für die Anwendung auch des § 64 spricht, dass damit gegenüber den §§ 31, 31a SGB II flexiblere Lösungen möglich sind (vgl. § 19a Rn. 13).

37 Insgesamt wird man von folgenden **Grundsätzen** ausgehen müssen: Bestehen in den Besonderen Teilen Vorschriften, die auch Sachverhalte regeln, in denen auch Mitwirkungspflichten zu erfüllen sind, so ist zunächst festzustellen, ob sich solche Vorschriften auf eine Reaktion in der Vergangenheit beschränken. Das praktisch wichtigste Beispiel ist die Sperrzeit. Solche Vorschriften stehen nicht in Konkurrenz zu den Mitwirkungspflichten, die immer unmittelbar das zukünftige Verhalten des Leistungsberechtigten beeinflussen sollen. Etwas anderes gilt zB für § 159 Abs. 1 Nr. 4 SGB III. Geschieht das auch durch andere Vorschriften, wie etwa durch § 309 SGB III und 32 SGB II, so ist entsprechend dem Grundsatz der Verhältnismäßigkeit das mildere Mittel einzusetzen. Das spricht häufig dafür, zunächst § 66 anzuwenden. Das BSG hat entschieden, dass § 309 SGB III neben den Vorschriften über die Mitwirkungspflichten anwendbar ist. Es hat sich aber zu einer Rangfolge nicht geäußert (BSG SozR 4-4300 § 309 Nr. 2). Unberührt von diesem Verhältnis bleiben spezielle Obliegenheiten, die nicht auch Mitwirkungspflichten sein können. Das gilt insbesondere für die §§ 12a SGB II, 145 SGB III und 51 SGB V (BSG NZS 2015 S. 382).

§ 67 Nachholung der Mitwirkung

Wird die Mitwirkung nachgeholt und liegen die Leistungsvoraussetzungen vor, kann der Leistungsträger Sozialleistungen, die er nach § 66 versagt oder entzogen hat, nachträglich ganz oder teilweise erbringen.

1 Es entspricht der Grundkonzeption der Regelungen über die Mitwirkungspflicht, dass der Entzug oder die Versagung von Sozialleistungen in keinem Falle eine Sanktionswirkung bekommen soll (§ 66 Rn. 1). Es besteht also kein Anlass mehr, eine Entscheidung nach § 66 aufrechtzuerhalten, wenn sie ihren Zweck, die Erfüllung einer Mitwirkungspflicht, erreicht hat. Deswegen ist in § 67 sogar die nachträgliche Erbringung von Sozialleistungen vorgesehen. Allerdings geschieht das nur noch im Rahmen einer Ermessensentscheidung. Außerdem ist eine nur zeit- oder teilweise Erbringung der Sozialleistung möglich. Bei seiner Ermessensentscheidung darf sich der Sozialleistungsträger nicht von Gesichtspunkten wie Sanktion oder Verschulden leiten lassen, da diese bei der Erfüllung von Mitwirkungspflichten keine Rolle spielen dürfen. Entscheidend ist auch im Falle des § 67 der Grundsatz des § 2 Abs. 2. Dabei ist vor allem darauf abzustellen, ob der Bedarf, den die Sozialleistung abdecken soll, noch besteht, und ob er noch in dem gesetzlich vorgesehenen Sinne gedeckt werden kann. Insbesondere darf die nachträgliche Leistungserbringung keinen reinen Entschädigungscharakter für zunächst unterbliebene Hilfe haben. Rückwirkende Leistungen der Sozialhilfe nach § 67 kamen anfangs überhaupt nicht in Betracht. Hier galt bisher uneingeschränkt der Grundsatz, dass immer nur ein gegenwärtiger Bedarf gedeckt werden kann (§ 9 Rn. 48). Diesen Grundsatz hat das BSG zwar nicht aufgegeben, jedoch hat es ihn modifiziert. Leistungen für vergangene Zeiträume können durchaus erbracht werden, wenn sie geeignet sind, einen noch gegenwärtig bestehenden Bedarf zu decken (§ 37 Rn. 11–18). Sollten dem Leistungsberechtigten wegen der Nichterfüllung der Mitwirkungspflicht Schulden, insbesondere Mietschulden entstanden sein, so kann deren Übernahme durch den Träger der Grundsicherung oder der Sozialhilfe erfolgen Dabei handelt es sich nicht um eine Leistung für die Vergangenheit im herkömmlichen Sinne, sondern um eine besondere Form der Deckung eines in der Vergangenheit entstandenen, aber noch andauernden Bedarfs.

Die Regelung des § 67 gilt also nur, soweit Leistungen für die Vergangenheit erbracht werden. Für Leistungen mit Wirkung für die Zukunft genügt eine Entscheidung nach § 66. Im Übrigen gelten die allgemeinen leistungsrechtlichen Grundsätze. Die für die Vergangenheit zu erbringende Leistung kann nicht verzinst werden. Soweit mit Wirkung für die Zukunft geleistet wird, beginnt die Verzinsung frühestens mit dem Zeitpunkt, zu dem die Mitwirkungshandlung erbracht wurde (§ 44 Abs. 2). 2

Die Entscheidung nach § 67 ist **von Amts wegen** zu treffen und tunlichst mit der Entscheidung nach § 66 Abs. 2 zu verbinden. Im Falle der Versagung nach § 66 Abs. 1 besteht im Zeitpunkt der Nachholung der Mitwirkungspflicht idR noch kein Anlass für eine Entscheidung nach § 67, da die Leistungsvoraussetzungen noch nicht feststehen. Dies aber ist die grundlegende Voraussetzung für eine Entscheidung nach § 67 (§ 66 Rn. 22). Zum Begriff der Nachholung vgl. § 66 Rn. 24–28). 3

In der Praxis ergibt sich eine gewisse Unklarheit aus dem zentralen gesetzlichen Merkmal der Vorschrift. Es ist zweifelhaft, ab welchem **Zeitpunkt** man von einer Nachholung der Mitwirkung zu sprechen hat. Von der Klärung dieser Frage hängen verschiedene Fragen ab, die sich bei der Anwendung der §§ 66, 67 ergeben. Als nachgeholt könnte man jede Mitwirkungshandlung ansehen, die nach dem Ablauf der vom Sozialleistungsträger gesetzten Frist vorgenommen wird. Dies wäre der denkbar früheste Zeitpunkt für den Begriff der Nachholung. Als spätesten Zeitpunkt könnte man denjenigen ansehen, der nach der Bestandskraft der Entscheidung nach § 66 eintritt (so VGH München FEVS 28 S. 118). Diese Auffassung wird vor allem damit begründet, dass die Rechtmäßigkeit der Entscheidung nach § 66 vorgreiflich für die Entscheidung nach § 67 ist (OVG Münster ZfSH/SGB 1985 S. 275). 4

Beide Auffassungen begegnen jedoch Bedenken. Gegen die erste Auffassung spricht, dass eine nach Fristablauf vorgenommene Mitwirkungshandlung auch dann eine Nachholung wäre, wenn trotz Fristablaufs eine Entscheidung nach § 66 noch nicht getroffen worden ist. Eine Nachholung nach § 67 setzt jedoch schon nach dem Wortlaut des § 67 die Existenz einer Entscheidung nach § 66 voraus. Nach dem Zweck der Mitwirkungspflichten kann zudem eine Versagung oder ein Entzug nicht mehr erfolgen, wenn die Mitwirkungshandlung zu irgendeinem Zeitpunkt vor der Entscheidung nach § 66 doch noch vorgenommen worden ist. Dann aber ist es auch nicht sinnvoll, von einer Nachholung der Mitwirkung zu sprechen. Insbesondere ergäbe sich in diesem Falle die widersprüchliche Folge, dass zwar ein Entzug oder eine Versagung der Leistungen nach § 66 nicht mehr möglich ist, gleichwohl aber die Ermessensentscheidung nach § 67 getroffen werden könnte. 5

Gegen die zweite Auffassung (Bestandskraft als entscheidender Zeitpunkt) spricht, dass ein Verwaltungsakt, also auch die Entscheidung nach § 66, von der überwiegenden Auffassung selbst dann als wirksam angesehen wird, wenn er noch nicht unanfechtbar ist. Es fehlt lediglich an seiner Vollziehbarkeit. Im Zusammenhang der §§ 66, 67 ist nun festzustellen, dass die Frage der Vollziehbarkeit auf die Regelung des § 66 beschränkt ist. Ergeht eine Entscheidung nach § 67, so handelt es sich dabei gegenüber der Vollziehung um einen selbstständigen Akt. Er setzt lediglich die **Wirksamkeit** der Entscheidung nach § 66 voraus (Humborg, ZfSH/SGB 1985 S. 392). Dann kann aber ihre Bestandskraft sinnvollerweise nicht gefordert werden. 6

7 Bei der Frage, ob eine Nachholung iSd § 67 vorliegt, kann also nur entweder auf den Zeitpunkt des Erlasses des Bescheides nach § 66 selbst oder auf den Zeitpunkt des Erlasses eines Widerspruchsbescheids zur Entscheidung nach § 66 abgestellt werden. Regelmäßig wird man im letzteren Falle eine Nachholung im Sinne des Gesetzes annehmen können. Das entspricht den allgemeinen Grundsätzen, die zum Widerspruchsverfahren entwickelt wurden. Insbesondere ist bei der Beurteilung der Rechtmäßigkeit eines Verwaltungsaktes im gerichtlichen Verfahren auf den Zeitpunkt der letzten behördlichen Entscheidung abzustellen. Das gilt etwa auch für den angrenzenden Fall der Anhörung nach § 24 SGB X (BSG SozR 1200 § 34 Nr. 1; BSG 44 S. 207) Der entscheidende Zeitpunkt ist also der des **Erlasses eines Widerspruchsbescheids.** Demnach wird man, entgegen einer wohl überwiegenden Auffassung, jede Mitwirkungshandlung, die vor diesem Zeitpunkt liegt, noch als Erfüllung und nicht als Nachholung der Mitwirkungspflicht ansehen müssen.

8 Kommt es jedoch nicht zu einem Widerspruchsverfahren, dann bleibt nur die Möglichkeit, entweder auf den Zeitpunkt des Erlasses oder den der Bestandskraft der Entscheidung nach § 66 abzustellen. Die sich daraus ergebenden praktischen Schwierigkeiten sind gering. Liegt der entscheidende Zeitpunkt bei der Bestandskraft, so würde während der Rechtsbehelfsfrist eine Unsicherheit darüber entstehen, ob eine bestimmte Handlung Mitwirkung oder deren Nachholung ist. Ergeht bereits nach Erlass einer Entscheidung nach § 66 aber noch während des Laufs der Widerspruchsfrist eine Entscheidung nach § 67 und wird die Mitwirkungshandlung noch während der Widerspruchsfrist vorgenommen, so ist die Entscheidung nach § 67 zugleich mit der nach § 66 aufzuheben, da deren gesetzliche Voraussetzungen nicht vorliegen. Würde man dagegen auf den Zeitpunkt des Erlasses der Entscheidung nach § 66 abstellen, so wäre zwar jede Mitwirkungshandlung eine Nachholung. Würde aber in einem Widerspruchsverfahren die Entscheidung nach § 66 aufgehoben, so wäre auch die Entscheidung nach § 67 aufzuheben, da eine Mitwirkungspflicht nicht verletzt worden war. Wird die Entscheidung nach § 66 nicht aufgehoben, weil entweder ein Widerspruch nicht eingelegt wurde oder die Entscheidung zu Recht ergangen war, so bleibt die Entscheidung nach § 67 bestehen. Zweifel kann es nur in einem Punkt geben. Wird die Mitwirkungshandlung nicht vorgenommen, und wird die Entscheidung nach § 66 im Widerspruchsverfahren aufgehoben, so steht erst jetzt fest, dass eine Mitwirkungspflicht nicht bestanden hat. Eine Entscheidung nach § 67 hätte also zu keinem Zeitpunkt ergehen dürfen. Auch in diesem Falle ist jedoch die Entscheidung nach § 67 aufzuheben, da ihre Voraussetzungen entfallen sind.

9 Nur die Mitwirkungshandlung, die nach dem – wie auch immer zu bestimmenden – maßgeblichen Zeitpunkt vorgenommen wird, ist als Nachholung anzusehen. Für die Nachholung der Mitwirkung genügt es nicht, wenn der Leistungsberechtigte sich lediglich dazu bereiterklärt. Er muss zumindest begonnen haben, seine nunmehrige Entscheidung in die Tat umzusetzen.

10 Von der Frage, ob eine Nachholung iSd § 67 vorliegt ist jene des rechtlichen Schicksals der Entscheidung nach § 66 zu trennen. Entgegen der Auffassung des VGH München (FEVS 28 S. 116) erledigt sich diese Entscheidung im Falle der Nachholung der Mitwirkung nicht von selbst. Ihre Rechtmäßigkeit ist allein danach zu beurteilen, ob bis zum Erlass des Widerspruchsbescheides die Mitwirkungshandlung vorgenommen wurde (BVerwG 71 S. 8). Wird die Mitwirkungshandlung nachgeholt, so wird die Entziehung nach § 66 rechtswidrig (BSG 76 S. 16). Dies aber nur in dem Sinne, dass sie nun nicht mehr dem Gesetz entspricht.

Eine Sozialleistung kann nur „bis zur Nachholung der Mitwirkung" vorenthalten werden (§ 66 Abs. 2 Hs. 2). Die Entscheidung nach § 66 bleibt jedoch wirksam, bis sie rückwirkend zum Beginn der Nachholungshandlung aufgehoben wird (BSG SozR 4440 § 8 Nr. 1). Da nach dem Gesetzeswortlaut die Versagung oder Entziehung nach § 66 bis zur Nachholung der Mitwirkung erfolgt, ist natürlich die Entscheidung nach § 66 auch zu jedem früheren Zeitpunkt der Vornahme einer Mitwirkungshandlung aufzuheben, also auch dann, wenn man noch nicht von einer Nachholung der Mitwirkung iSd § 67 sprechen kann. Nur im Falle einer Nachholung stellt sich dann die zusätzliche Frage, ob gemäß § 67 auch Leistungen für die Vergangenheit erbracht werden können (vgl. auch Krasney, BKK 1987 S. 387).

Die Regelung des § 67 ist entsprechend anwendbar, wenn die Nachholung der Mitwirkung unmöglich geworden oder die Leistungsvoraussetzungen auf andere Weise festgestellt wurden. Dagegen kann man nicht einwenden, dass ohnehin die Grundlagen für eine Entscheidung nach § 66 entfallen wären (Lilge, SGB I § 67 Rn. 12). In § 67 wird der Fall geregelt, in dem eine echte Nachholung der Mitwirkung erfolgt (§ 67) bzw. dass dies unmöglich oder unnötig geworden ist (§ 67 analog). In beiden Fällen müssen die Leistungsvoraussetzungen vorliegen. Der entscheidende Unterschied zu § 66 besteht darin, dass nunmehr eine Ermessensentscheidung über Leistungen für die Vergangenheit zu treffen ist. Die Nachholung der Mitwirkung begründet einen Anspruch auf Prüfung der Leistungen nach § 67 (Bay. LSG info also 2015 S. 227). Dass Leistungen ab Nachholung der Mitwirkungshandlung für die Zukunft zu erbringen sind, versteht sich von selbst. **11**

Vierter Abschnitt Übergangs- und Schlussvorschriften

§ 68 Besondere Teile dieses Gesetzbuches

Bis zu ihrer Einordnung in dieses Gesetzbuch gelten die nachfolgenden Gesetze mit den zu ihrer Ergänzung und Änderung erlassenen Gesetzen als dessen besondere Teile:

1. das Bundesausbildungsförderungsgesetz,
2. *(aufgehoben)*
3. die Reichsversicherungsordnung,
4. das Gesetz über die Alterssicherung der Landwirte,
5. *(aufgehoben)*
6. das Zweite Gesetz über die Krankenversicherung der Landwirte,
7. das Bundesversorgungsgesetz, auch soweit andere Gesetze, insbesondere
   a) §§ 80 bis 83a des Soldatenversorgungsgesetzes,
   b) § 59 Abs. 1 des Bundesgrenzschutzgesetzes,
   c) § 47 des Zivildienstgesetzes,
   d) § 60 des Infektionsschutzgesetzes,
   e) §§ 4 und 5 des Häftlingshilfegesetzes,
   f) § 1 des Opferentschädigungsgesetzes
   g) §§ 21 und 22 des Strafrechtlichen Rehabilitierungsgesetzes,
   h) §§ 3 und 4 des Verwaltungsrechtlichen Rehabilitierungsgesetzes,

   die entsprechende Anwendung der Leistungsvorschriften des Bundesversorgungsgesetzes vorsehen,
8. das Gesetz über das Verwaltungsverfahren der Kriegsopferversorgung,
9. das Bundeskindergeldgesetz,
10. das Wohngeldgesetz,
11. *(aufgehoben)*
12. das Adoptionsvermittlungsgesetz,
13. *(aufgehoben)*
14. das Unterhaltsvorschussgesetz,
15. der Erste, Zweite und Dritte Abschnitt des Bundeselterngeld- und Elternzeitgesetzes

15a. *(aufgehoben)*

16. das Altersteilzeitgesetz,
17. der Fünfte Abschnitt des Schwangerschaftskonfliktgesetzes.

§ 69 Stadtstaaten-Klausel

Die Senate der Länder Berlin, Bremen und Hamburg werden ermächtigt, die Vorschriften dieses Buches über die Zuständigkeit von Behörden dem besonderen Verwaltungsaufbau ihrer Länder anzupassen.

§ 70 Überleitungsvorschrift zum Verjährungsrecht

Artikel 229 § 6 Abs. 1 und 2 des Einführungsgesetzes zum Bürgerlichen Gesetzbuche gilt entsprechend bei der Anwendung des § 45 Abs. 2 und 3 in der seit dem 1. Januar 2002 geltenden Fassung.

§ 71 Überleitungsvorschrift zur Übertragung, Verpfändung und Pfändung

§ 53 Abs. 6 und § 54 Abs. 6 sind nur auf Geldleistungen anzuwenden, soweit diese nach dem 30. März 2005 ganz oder teilweise zu Unrecht erbracht werden.

Sachverzeichnis

Fette Zahlen = Paragraphen, magere Zahlen = Randnummern